NomosKommentar

Josef Berchtold [Hrsg.]

Sozialgerichts-gesetz

Handkommentar

6. Auflage

Dr. Josef Berchtold, Vorsitzender Richter am Bundessozialgericht a.D., Augsburg | **Stefan Binder**, Richter am Landessozialgericht Baden-Württemberg, Stuttgart | **Martin Bolay**, Vorsitzender Richter am Landessozialgericht Baden-Württemberg, Stuttgart | **Antje Groß**, Richterin am Sozialgericht, Heilbronn | **Jörg Littmann**, Vorsitzender Richter am Landessozialgericht Schleswig-Holstein a.D., Schleswig | **Dr. Steffen Roller**, Direktor des Sozialgerichts, Konstanz

Nomos

Zitiervorschlag: HK-SGG/Bearbeiter § ... Rn. ...

Die Deutsche Nationalbibliothek verzeichnet diese Publikation in der Deutschen Nationalbibliografie; detaillierte bibliografische Daten sind im Internet über http://dnb.d-nb.de abrufbar.

ISBN 978-3-8487-6875-2

6. Auflage 2021

Vorwort

Der Kommentar setzt mit seiner hiermit vorgelegten 6. Auflage den Übergang in der Herausgeberverantwortung fort. Herrn Peter-Bernd Lüdtke, der diesen Übergang in der Vorauflage noch verantwortlich mitgestaltet hat, gilt an dieser Stelle nochmals der herzliche Dank von Verlag und Autoren.

Erneut lässt sich auch im Jahre 2020 wenig über ein rechtspolitisches Interesse des Gesetzgebers an einer konzeptionellen Gestaltung des Sozialrechts durch seine prozessuale Konkretisierung/Materialisierung im SGG berichten. Die wenigen Änderungen beschränken sich im Wesentlichen auf terminologische/technische Anpassungen und verfehlen etwa mit einer zunehmenden Ablösung der ehrenamtlichen Richter von ihrem Status begründenden Lebenshintergrund aus „praktischen" Gründen (der Personalgewinnung) das ua dort längst offenkundige Erfordernis übergreifender Reformüberlegungen.

Befragt man die Tagespresse nach ihren Wünschen an eine leistungsfähige Justiz, findet sich neben einer in ihrer spezifischen Funktionalität nicht näher erörterten „Digitalisierung" vielfach das Idealbild des richterlichen Sozialingenieurs, der die als „Streithansel" titulierten Parteien ausdrücklich abseits der Gesetzeslage – in Coronazeiten auf Campingstühlen im Park – zu einer allseits zufrieden stellenden Verfahrensbeilegung begleitet (exemplarisch: SZ 15.2.2020, Prozess per Videokonferenz). Der Sehnsucht nach einer flächendeckenden Realisierung einer derartigen Utopie sollte man sich schon wegen der damit notwendigen Aufgabe der letztlich allein durch ihre Rechtsbindung konstituierten Dritten Gewalt in ihrer Gesamtheit nicht allzu bereitwillig überlassen. Abseits der Utopie begegnet (keineswegs nur) die Sozialgerichtsbarkeit unverändert der Versuchung der statistischen Orientierung/Optimierung ihres Tuns durch Minimierung ihres Aufwands. Schon am Beginn der Instanz erteilte „richterliche Hinweise", das von „Pebbsy" vorgesehene Zeitquantum sei bereits erschöpft (ein LSG aus dem Norden) oder mit der Klage geltend gemachte Aufhebungsgründe aus dem Verwaltungsverfahrensrecht seien von vorne herein (!) unbeachtlich (ein SG aus dem Süden), sind nicht anders als die Vermehrung von Aktenzeichen durch einen generellen Trennungsbeschluss des Präsidiums (ein SG in Rheinland-Pfalz) keineswegs nur vereinzelt zu beobachtende Warnzeichen. Längst führt zudem – wie die Situation (nicht nur) in Baden-Württemberg zeigt – der erbitterte Streit um die Kompensation massiver behördlicher Aufklärungsmängel letztlich zu Lasten des Bürgers wie des Rechts an sich zu einem Verzicht auf subsumtionsfähige Sachverhalte durch eine Stafette der Untätigkeit.

Kommentare wie der vorliegende können durch die Darstellung und Kontextualisierung der aktuellen Rechtsprechung sowie durch persönliche Anmerkungen des einzelnen Autors nur Handreichung für eine rechtsstaatliche Verfahrensgestaltung sein. Sie in der Praxis umzusetzen, bleibt unvertretbare Aufgabe der jeweiligen Amtswalter und ihrer Berufsethik.

Für die wohlwollende Kritik ihres eigenen Tuns durch Hinweise und Anmerkungen sind Verlag und Autoren unverändert dankbar.

Augsburg, im Juli 2020 Dr. Josef Berchtold

Bearbeiterverzeichnis

Dr. *Josef Berchtold,* Vorsitzender Richter am Bundessozialgericht a.D., Augsburg (§§ 1–6, 28–50, 145, 160–182)

Stefan Binder, Richter am Landessozialgericht Baden-Württemberg, Stuttgart (§§ 77–97, 151, 152, 154–159)

Martin Bolay, Vorsitzender Richter am Landessozialgericht Baden-Württemberg, Stuttgart (§§ 123–142)

Antje Groß, Richterin am Sozialgericht, Heilbronn (§§ 7–27, Vor § 51, §§ 51, 54–59, 76, 182 a–205, 207–219)

Jörg Littmann, Vorsitzender Richter am Landessozialgericht Schleswig-Holstein a.D., Schleswig (§§ 60–75, 143, 144, 153)

Dr. *Steffen Roller,* Direktor des Sozialgerichts, Konstanz (§§ 98–122, 206)

Inhaltsverzeichnis

Sozialgerichtsgesetz (SGG)

Erster Teil
Gerichtsverfassung

Erster Abschnitt Gerichtsbarkeit und Richteramt

Zweiter Abschnitt Sozialgerichte

Dritter Abschnitt Landessozialgerichte

Vierter Abschnitt Bundessozialgericht

Fünfter Abschnitt Rechtsweg und Zuständigkeit

Zweiter Teil
Verfahren

Erster Abschnitt Gemeinsame Verfahrensvorschriften

Erster Unterabschnitt Allgemeine Vorschriften

Fünfter Unterabschnitt Urteile und Beschlüsse

Sechster Unterabschnitt (aufgehoben)

Zweiter Abschnitt Rechtsmittel

Erster Unterabschnitt Berufung

Zweiter Unterabschnitt Revision

Literaturverzeichnis

Anschütz/Thoma, Handbuch des Deutschen Staatsrechts, Band II, Tübingen 1932

Bader/Funke-Kaiser/Stuhlfauth/v. Albedyll, VwGO, 7. Aufl., 2018

Baumbach/Lauterbach/Albers/Hartmann, ZPO, 77. Aufl., München 2019 (zitiert: BLAH)

Baumbach/Lauterbach/Hartmann/Anders/Gehle, ZPO, 78. Aufl., München 2020 (zitiert: BLHAG)

Berchtold, Auslegung sozialrechtlicher Normen und „eindeutiger Wortlaut", in: v. Wulffen/Krasney (Hrsg.), Festschrift 50 Jahre Bundessozialgericht, 2003, S. 97

Berchtold, Das Verbot des vorzeitigen Verfahrensabschlusses, SGb 2020, 393

Berchtold, Die Anhörungsrüge nach § 178 a SGG, NZS 2006, S. 9

Berchtold/Guttenberger, Wem kommt die Zulassung der Revision zugute, NZS 2017, 121

Berchtold/Richter, Prozesse in Sozialsachen, 2. Aufl., Baden-Baden 2016 (zitiert: PHdB-SozS)

Bettermann, Gerichtsverfassungsrecht, in: Sozialrechtsprechung – Verantwortung für den sozialen Rechtsstaat (FS BSG), Band 2, Köln 1979, S. 783

Bley u.a., Sozialgesetzbuch – Sozialversicherung – Gesamtkommentar, Wiesbaden, Stand 2002

Bogs, Sozialrechtspflege vor Einführung der Sozialgerichtsbarkeit, insbesondere Verfassung und Verfahren des Reichsversicherungsamts, in: Sozialrechtsprechung – Verantwortung für den sozialen Rechtsstaat (FS BSG) Band 1, Köln 1979, S. 3

Brackmann, Handbuch der Sozialversicherung, 2008

Breitkreuz/Fichte (Hrsg.), Sozialgerichtsgesetz, Kommentar, 2. Aufl., Berlin 2014

Bürck, Zur revisionsrechtlichen Überprüfung der Auslegung von Erklärungen durch die Instanzgerichte, in: Festschrift für Krasney, München, 1997

Dreher, Rechtsfrage und Tatfrage in der Rechtsprechung des Bundessozialgerichts, in: v. Wulffen/Krasney (Hrsg), Festschrift 50 Jahre Bundessozialgericht, 2004, 791

Estelmann, SGB II, Grundsicherung für Arbeitsuchende, Köln, 2018

Eyermann, Verwaltungsgerichtsordnung, 15. Aufl., München 2019

Finkelnburg/Dombert/Külpmann, Vorläufiger Rechtsschutz im Verwaltungsstreitverfahren, 7. Aufl., München 2017

Gerold/Schmidt, Rechtsanwaltsvergütungsgesetz, Kommentar, 24. Aufl., München 2019

Gräber, Finanzgerichtsordnung, 9. Aufl., München 2019

Hauck/Behrend, Sozialgerichtsgesetz, Kommentar mit Nebenrecht, begründet von Hennig, Neuwied – Kriftel/Ts – Berlin, Stand Januar 2020

Hauck/Noftz, SGB I, Stand Dezember 2019

Hauck/Noftz, SGB X, Stand April 2020

Hauck/Noftz, SGB XII, Stand Mai 2020

Henckel, Die Verfahrensrevision im Sozialgerichtsprozess, in: Rechtsschutz im Sozialrecht, 1965, 105

Hennig (Begr.), Sozialgerichtsgesetz, Kommentar mit Nebenrecht, fortgeführt von Hauck/Behrend, Neuwied – Kriftel/Ts – Berlin, Stand Januar 2020

Herold-Tews/Meckel, Der Sozialgerichtsprozess, 7. Aufl., München 2017

Hintz/Lowe, Sozialgerichtsgesetz, Kommentar, München 2012

Jansen (Hrsg.), Sozialgerichtsgesetz – Kommentar zum SGG mit Antrags- und Klagemustern, 4. Aufl., Freiburg/Berlin 2012

Kissel/Mayer, Gerichtsverfassungsgesetz, 9. Aufl., München 2018

Knickrehm/Kreikebohm/Waltermann, Kommentar zum Sozialrecht, 6. Aufl., München 2019

Kopp/Ramsauer, Verwaltungsverfahrensgesetz, 21. Aufl., München 2020

Kopp/Schenke, Verwaltungsgerichtsordnung, 26. Aufl., München 2020

Krasney/Udsching/Groth, Handbuch des sozialgerichtlichen Verfahrens – Systematische Gesamtdarstellung mit zahlreichen Beispielen und Mustertexten, 7. Aufl., Berlin 2016

Krodel/Feldbaum, Das sozialgerichtliche Eilverfahren, 4. Aufl., Baden-Baden 2016

Kuhla/Hüttenbrink, Der Verwaltungsprozess, 3. Aufl. 2002

Kummer, Das sozialgerichtliche Verfahren, 2. Aufl. 2004

Kummer, Die Gegenvorstellung, in: FS Krasney, München 1997, S. 277

Kummer, Die Nichtzulassungsbeschwerde, 2. Aufl. 2010

Lauterbach, Unfallversicherung, Stand: Januar 2020

Maunz/Dürig, Grundgesetz, Kommentar, Stand: Februar 2020

Maunz/Schmidt-Bleibtreu/Klein/Bethge, BVerfGG, Kommentar, 58. Aufl., München 2020 (zitiert: MSKB)

May, Die Revision, 2. Aufl., Köln 1997

Meyer-Ladewig, Revisionszulassung, Rechtssicherheit und Vertrauensschutz, in: Verwaltungsrecht zwischen Freiheit, Teilhabe und Bindung (FS BVerwG), München 1978, S. 417

Meyer-Ladewig/Keller/Leitherer/Schmidt, Sozialgerichtgesetz – Kommentar, 13. Aufl., München 2020

Mrozynski, Sozialgesetzbuch I, 6. Aufl., München 2019

Musielak, Zivilprozessordnung, 17. Aufl., München 2020

Müller, F., Juristische Methodik, 11. Aufl., Berlin 2013

Müller, F., Strukturierende Rechtslehre, 2. Aufl., Berlin 1994

Müller, F./Christensen, R., Juristische Methodik, 11. Aufl., Berlin 2013

Münder (Hrsg.), Sozialgesetzbuch II. Grundsicherung für Arbeitsuchende, Lehr- und Praxiskommentar (LPK-SGB II), 7. Aufl., Baden-Baden 2020

Peters/Sautter/Wolff, Kommentar zur Sozialgerichtsbarkeit, , Stand Januar 2020, Stuttgart – Berlin – Köln

Redeker/von Oertzen, Verwaltungsgerichtsordnung, 16. Aufl., Stuttgart – Berlin – Köln – Mainz 2014

Rohwer-Kahlmann, Aufbau und Verfahren der Sozialgerichtsbarkeit, Kommentar, St. Augustin, 48. Lieferung, 2007

Roos/Wahrendorf, Sozialgerichtsgesetz, Kommentar, München 2014

Roos/Wahrendorf, beck-online Großkommentar zum Sozialgerichtsgesetz (beckOKG SGG), Stand: 1.9.2020

Schlegel/Voelzke, Juris-Praxiskommentar, SGG, 1. Aufl. 2017

Schmidt-Aßmann, Das allgemeine Verwaltungsrecht als Ordnungsidee, 2. Aufl., Berlin 2004

Schmidt-Räntsch, Deutsches Richtergesetz, Richterwahlgesetz, 6. Aufl., München 2009

Schoch/Schneider/Bier, Verwaltungsgerichtsordnung, München, 38. Lieferung, Stand 2020

Schütze, SGB X, 9. Aufl., München 2020

Sodan/Ziekow, Verwaltungsgerichtsordnung. Großkommentar, 5. Aufl., Baden-Baden 2018

Spellbrink/Eicher, Kasseler Handbuch des Arbeitsförderungsrechts, München 2003

Stolleis, Entstehung und Entwicklung des Bundessozialgerichts, in: Sozialrechtsprechung – Verantwortung für den sozialen Rechtsstaat, Band 1 (FS BSG), Köln 1979, S. 25

Thomas/Putzo, Zivilprozessordnung, 41. Aufl., München 2020

Umbach/Clemens, BVerfGG, Kommentar, 2. Aufl., Heidelberg 2005

Vollkommer, Formenstrenge und prozessuale Billigkeit, München 1973

Wenner/Terdenge/Krauß, Grundzüge der Sozialgerichtsbarkeit, 3. Aufl. 2005

Weyreuther, Revisionszulassung und Nichtzulassungsbeschwerde in der Rechtsprechung der obersten Bundesgerichte, München 1971

Winkler (Hrsg.), Sozialgesetzbuch IV – Gemeinsame Vorschriften für die Sozialversicherung, Lehr- und Praxiskommentar (LPK-SGB IV), 2. Aufl., Baden-Baden 2015

Wolff/Bachof, Verwaltungsrecht I, 9. Aufl., München 1974

Zeihe, SGG, Soziale Gesetzgebung und Praxis, Das Sozialgerichtsgesetz und seine Anwendung, Kommentar, 64. Lieferung, Essen, Stand Januar 2020

Zöller, ZPO, 33. Aufl., Köln 2020

Sozialgerichtsgesetz (SGG)

In der Fassung der Bekanntmachung vom 23. September 1975
(BGBl. I S. 2535)
(FNA 330-1)
zuletzt geändert durch Art. 10 Siebtes Gesetz zur Änderung des Vierten Buches Sozialgesetzbuch und anderer Gesetze vom 12. Juni 2020 (BGBl. I S. 1248)

Erster Teil Gerichtsverfassung

Erster Abschnitt Gerichtsbarkeit und Richteramt

§ 1 [Besondere Verwaltungsgerichte]

Die Sozialgerichtsbarkeit wird durch unabhängige, von den Verwaltungsbehörden getrennte, besondere Verwaltungsgerichte ausgeübt.

I. Allgemeines

1. Inkraftreten. Die Vorschrift gilt seit Inkrafttreten des SGG vom 3.9.1953 (BGBl. 1953 I 1239). Im Zusammenhang mit der Verlagerung des Rechtswegs in Angelegenheiten der Sozialhilfe und des Asylbewerbergesetzes (§ 51 Abs. 1 Nr. 6 a) hatte das 7. SGGÄndG vom 9.12.2004 (BGBl. 2004 I 3302) ab 1.1.2005 – zeitlich begrenzt bis zum 31.12.2008 – einen Satz 2 eingefügt. Von der danach in Verbindung mit §§ 50 a–50 d und § 52 eingeräumten Möglichkeit, Sozialgerichtsbarkeit durch „besondere Spruchkörper der Verwaltungsgerichte und Oberverwaltungsgerichte" auszuüben, hatte indes nur das Land Bremen in dem genannten Zeitraum Gebrauch gemacht. Die – verfassungsrechtlich nicht unbedenkliche – Regelung hatte praktisch nur geringe Bedeutung und ist durch Zeitablauf entfallen. 1

2. Staatsfunktion Rechtsprechung. § 1 knüpft zunächst an die verfassungsrechtliche Gewährleistung von Rechtsschutz gegen die öffentliche Gewalt (Art. 19 2

Abs. 4 GG) durch die Staatsfunktion Rechtsprechung (Art. 92 ff. GG) und einer besonderen Sozialgerichtsbarkeit im Rahmen einer fünfgliedrigen Gerichtsbarkeit (Art. 95 GG) an.[1] Hiervon ausgehend wiederholt die Vorschrift einfachgesetzlich die durch Art. 20 Abs. 2, 3 GG gesamtstaatlich gebotene Unterscheidung der Sozialgerichtsbarkeit von der vollziehenden Gewalt und – als Ausdruck der Gewaltenteilung innerhalb der rechtsprechenden Gewalt – die von Art. 95 Abs. 1 GG vorgegebene Abgrenzung der Sozialgerichtsbarkeit mit den ihr zugewiesenen Bereichen (§ 51 idF des Gesetzes zur Neuordnung der Altersversorgung der Bezirksschornsteinfegermeister und zur Änderung anderer Gesetze)[2] von der (allgemeinen) Verwaltungsgerichtsbarkeit.[3] In diese organisatorische Abgrenzung und Unterscheidung eingebettet findet sich schließlich eine originäre einfachgesetzliche Gewährleistung der institutionellen Unabhängigkeit auch der Gerichte. Die Verfassung vertraut nämlich die rechtsprechende Gewalt den (unabhängigen) Richtern (Art. 92 Hs. 1 GG) und nicht etwa den Gerichten an, die sie lediglich ausüben (Art. 92 Hs. 2).[4] Gleichsinnige Vorschriften enthalten für die Verwaltungsgerichtsbarkeit § 1 VwGO und für die Finanzgerichtsbarkeit § 1 FGO; ähnlich für die Arbeitsgerichtsbarkeit § 1 ArbGG; allgemein: § 1 GVG.

II. Gerichtsbarkeit

3 **1. Begriff.** Gerichtsbarkeit im funktionellen Sinne[5] heißt vornehmlich Rechtsprechung (rechtsprechende Gewalt) durch staatliche Gerichte (Art. 92 GG). Rechtsschutz durch staatliche Gerichte ist wesentlich bezogen auf subjektive Rechte von Personen (Art. 19 Abs. 4 GG, § 54 Abs. 1 S. 2 und Abs. 2 S. 1) und damit auf die wirkliche Maßgeblichkeit des objektiven Rechts (der Rechtsordnung). Kennzeichen rechtsprechender Tätigkeit in funktioneller Hinsicht ist typischerweise die letztverbindliche Klärung der Rechtslage in einem Streitfall im Rahmen besonders geregelter Verfahren.[6] Bund und Ländern ist in § 2 aufgegeben, staatliche Einrichtungen zu schaffen, die den verfassungsrechtlichen Anforderungen an ein Gericht (Art. 97, 98 GG) entsprechen, um dem **rechtsstaatlichen Justizgewährungsanspruch**[7] und dem Gebot des Art. 19 Abs. 4 GG zu wirkungsvollem Rechtschutz zu genügen.

4 **2. Gewaltentrennung.** Zu den wesentlichen Elementen der staatlichen Gestaltungsverpflichtung gehört – abgesehen von der Unterworfenheit der Gerichte unter das Gesetz und damit die Legislative (Art. 97 Abs. 1 GG; § 31 SGB I) – insbesondere die **organisatorische Trennung der Sozialgerichte von Verwaltungsbehörden.**[8] Die Sozialgerichtsbarkeit hat dabei einen besonders langen Weg zurücklegen müssen, um das Versprechen der gerichtlichen Kontrolle der Verwaltung in § 182 der – nie in Kraft getretenen – Frankfurter Reichsverfassung vom

1 Berchtold in Berchtold/Richter PHdB-SozS § 6 Rn. 164 ff.
2 V. 5.12.2012, BGBl. I 2467.
3 Berchtold in Berchtold/Richter PHdB-SozS § 4 Rn. 5 ff.
4 Vgl. zur Unterscheidung Meyer in von Münch/Kunig Art. 92 Rn. 4.
5 Bettermann, Art. Rechtsprechung in: Evangelisches Staatslexikon, 1966, S. 1711, 1727, der Gerichtsbarkeit im funktionalen, organisatorischen und institutionellen Sinn unterscheidet.
6 BVerfG 8.2.2001 – 2 BvF 1/00, E 103, 111 ff.
7 BVerfG 30.4.2003 – 1 PvBU 1/02, E 107, 395 (408 ff.) = SozR 4-1100 § 103 Nr. 1.
8 Vgl. zuletzt BVerfG 22.3.2018 – 2 BvR 780/16, BVerfGE 148, 69 ff., juris Rn. 50 ff.

23.3.1849 geltendes Recht werden zu lassen.[9] Das SGG setzt sich seit dem 1.1.1954 erstmals auch hier ausdrücklich von vorkonstitutionellen Formen des Rechtsschutzes im Sozialrecht durch Spruchkörper ab, die in Behörden (Oberversicherungsämter; Reichsversicherungssamt) eingegliedert waren.[10] Der Europäische Gerichtshof für Menschenrechte (EGMR) entnimmt aus Art. 6 Abs. 1 EMRK für die Konventionsstaaten die Pflicht, ihre Justiz so zu organisieren, dass ihre Gerichte jedes Erfordernis von Art. 6 Abs. 1 EMRK – faires Verfahren, Öffentlichkeit, Rechtsschutz innerhalb angemessener Frist – erfüllen können.[11] Der Gesetzgeber hat sich zuletzt mit dem Gesetz über den Rechtsschutz bei überlangen Gerichtsverfahren und strafrechtlichen Ermittlungsverfahren vom 24.11.2011 (BGBl. 2011 I 2302) bemüht, dem nachzukommen (→ Rn. 17, → § 104 Rn. 10, → § 106 Rn. 2, → § 106 a Rn. 3, → § 110 Rn. 4, → § 111 Rn. 11, → § 114 Rn. 18 und → § 202 Rn. 8).

3. Individualrechtsschutz. Als Gerichte werden Sozialgerichte zur Verwirklichung des Individualgrundrechts auf wirksamen Rechtsschutz aus Art. 19 Abs. 4 S. 1 GG durch Richter als „unabhängige Dritte“ (Art. 97 Abs. 1, 2 GG)[12] einzelfallbezogen auf Klage tätig, wenn jemand geltend machen (behaupten) kann, durch Entscheidungen, Handeln oder Unterlassen von Trägern öffentlicher Gewalt in eigenen (subjektiven) Rechten verletzt (beschwert) zu sein (§§ 54, 55). Die Verletzung objektiven Rechts eröffnet gerichtlichen Rechtsschutz daher nur, wenn der Zweck der Norm selbst, der systematische Zusammenhang oder „eine norminterne Wirkung“ von Grundrechten ein **subjektives Recht** des Betroffenen begründet – einfach-gesetzliche **Schutznormlehre.**[13] Bloß faktische Betroffenheit oder Verletzung objektiven Rechts, das nicht den Schutz subjektiver Rechte bezweckt, reichen nicht aus, Rechtsschutz durch die Sozialgerichte in Anspruch zu nehmen, weil auch die verfassungsrechtliche Rechtsschutzgarantie des Art. 19 Abs. 4 GG nicht einen „allgemeinen Gesetzesvollziehungsanspruch“ begründet.[14] In dem gekennzeichneten Rahmen besteht ein rechtsstaatlicher **Justizgewährungsanspruch** des Bürgers, der über Art. 19 Abs. 4 GG hinaus lückenlosen und wirkungsvollen Rechtsschutz subjektiver Rechte durch staatliche Gerichte umfasst[15] und die „Selbstherrlichkeit der vollziehenden Gewalt“ gegenüber dem Bürger beseitigt.[16] 5

4. Wirkung von Entscheidungen. a) Rechtskraft; Bindungswirkung; Tatbestandswirkung. Entscheidungen der Gerichte binden grundsätzlich (vgl. § 141 Abs. 1 Nr. 2) nur die Verfahrensbeteiligten (§ 69) und diese nur, soweit das Ge- 6

9 Näher Berchtold in Berchtold/Richter PHdB-SozS § 4 Rn. 11.
10 Dazu näher: W. Bogs, Sozialrechtspflege vor Einführung der Sozialgerichtsbarkeit, FS-BSG Bd. I, S. 3 ff.; zum Ringen um eine Neugestaltung sozialrechtlichen Rechtsschutzes nach dem 2. Weltkrieg: Stolleis, FS-BSG Bd. I, S. 25 ff.
11 EGMR Urt. v. 8.6.2006 – 75529/01, NJW 2006, 2389; zur Problematik der Untätigkeitsbeschwerde vgl. Leitherer NZS 2007, 225 ff. sowie → § 172 Rn. 19 ff.
12 BVerfG 19.3.2013 – 2 BvR 2628/10, 2 BvR 2155/11, BVerfGE 133, 168 ff., juris Rn. 62.
13 Schmidt-Assmann, Ordnungsidee, 2. Aufl., S. 76 f.
14 Dazu näher: Schmidt-Assmann, Ordnungsidee, 2. Aufl., S. 69 ff.; BSG 11.5.1999 – B 11 AL 45/98 R, E 84, 67 (69 f.) = SozR 3-4300 § 36 Nr. 1; BSG 21.10.1999 – B 11/10 AL 8/98 R, E 85, 83 (91) = SozR 3-4100 § 186 b Nr. 1.
15 BVerfG 30.4.2003 – 1PvBU 1/02, E 107, 395 (408 ff.); BSG 13.12.2005 – B 4 RA 220/04 B, SozR 4-1500 § 178 a Nr. 11; vgl. auch → § 1 Rn. 11 und → § 178 a Rn. 2; zur Funktion des subjektiven Rechtsschutzes hinsichtlich der Klärung objektiven Rechts s. Berchtold in Berchtold/Richter PHdB-SozS § 4 Rn. 33.
16 BVerfG 12.1.1960 – 1 BvL 17/59, BVerfGE 10, 264 (267).

richt über den geltend gemachten Anspruch (§§ 94–96, § 123) in der Sache entschieden hat (§ 141 Abs. 1). Das gilt auch für den Rechtsstreit derselben Parteien/Beteiligten vor einem anderen Gericht, etwa im **Amtshaftungsprozess.**[17] Gerichtliche Entscheidungen sind mithin auf die Rechtskraft (§ 141) und ggf. die innerprozessuale Bindungswirkung (§§ 159 Abs. 2, 170 Abs. 5)[18] beschränkt. Sie betreffen allein den Streitgegenstand – den vom Kläger auf der Grundlage eines bestimmten Lebenssachverhalts geltend gemachten Anspruch. Zur Begründung mitgeteilte Rechtsansichten des Gerichts binden die Beteiligten nicht. Allerdings sind die Gründe ggf. heranzuziehen, um den Ausspruch des Gerichts näher zu bestimmen. Die innerprozessuale Bindungswirkung trifft auch das erkennende Gericht selbst (§ 202 iVm § 318 ZPO), das folglich – ungeachtet einer späteren besseren Erkenntnis – auch selbst an die von ihm erlassenen End- und Zwischenurteile (sowie die gleichgestellten Beschlüsse) gebunden ist. Auf sonstige Beschlüsse findet § 318 ZPO keine Anwendung. Sie sind nach Maßgabe der Regelungen im Einzelfall verbindlich. Das Spektrum reicht von der jederzeitigen Abänderbarkeit (zB § 86 a Abs. 3 S. 5) über die Pflicht zur Selbstberichtigung bei Verletzungen des Anspruchs auf rechtliches Gehör im Rahmen der **Anhörungsrüge** (§ 178 a idF des AnhörungsrügenG vom 9.12.2004 – BGBl. 2004 I 3220) bis zur urteilsähnlichen Bindung etwa im Fall der Wiedereinsetzung.[19] Daneben kann auch einer gerichtlichen Entscheidung **Tatbestandswirkung** in dem Sinne zukommen, dass ihre Existenz auch in sonstigen Zusammenhängen rechtlich zu beachten ist. Eine derartige Wirkung kommt (auch für Dritte) in Betracht, wenn eine Norm des materiellen Rechts dies – zumindest sinngemäß – anordnet,[20] und erst recht dann, wenn eine im Vorprozess rechtskräftig entschiedene Frage im nachfolgenden Rechtsstreit Vorfrage ist.[21] Über den Einzelfall hinaus kommen Gerichtsentscheidungen – auch des BSG – Wirkungen nur nach der Überzeugungskraft sachlicher Argumente zu. Davon geht das SGG bei der Zuständigkeit des Großen Senats des BSG (§ 41 Abs. 4) und den Zugangsvoraussetzungen zu den Rechtsmittelgerichten (§§ 144 Abs. 2 Nr. 1 und 2, 160 Abs. 2 Nr. 1 und 2) aus, die ua an die „grundsätzliche Bedeutung einer Rechtssache" anknüpfen. Mithin sind Sozialleistungsträger nur als Verfahrensbeteiligte im Rahmen der Rechtskraft an gerichtliche Entscheidungen im Einzelfall gebunden, nicht aber generell der Gerichtsbarkeit nachgeordnet. Im Rahmen ihrer Rechtsanwendung haben sich zur Entscheidung berufene Inhaber eines öffentlichen Amtes jedoch ungeachtet ihrer fehlenden unmittelbaren Bindung im Rahmen ihrer Verpflichtung, eine eigene rechtliche Entscheidung auf der Grundlage einer sorgfältigen und gewissenhaften Prüfung der Gesetzes- und Rechtslage zu treffen, mit der bestehenden Rechtsprechung auseinanderzusetzen und müssen ihr Ergebnis mit vertretbaren rechtlichen Erwägungen begründen; bloße Zweckmäßigkeitserwägungen genügen insofern nicht.[22] Wegen der Unabhängigkeit der Instanzgerichte kann es außerhalb der innerprozessualen – und spezialgesetzlich

17 Vgl. zur Bindung der Zivilgerichte an rechtskräftige Entscheidungen der Sozialgerichte im Amtshaftungsprozess KG Berlin 30.4.2019 – 9 W 99/18, juris Rn. 8 mH auf BGH 7.2.2008 – III ZR 76/07, juris Rn. 10 mwN.
18 Hierzu BVerfG 1.7.1954 – 1 BvR 361/52, BVerfGE 4, 1 ff.
19 BGH 7.4.1993 – XII ZR 244/91, FamRZ 1993, 1191.
20 Vollkommer in Zöller vor § 322 Rn. 5.
21 Insofern BSG 23.10.2014 – B 11 AL 52/14 B, SozR 4-1500 § 141 Nr. 3 Rn. 10.
22 LG Berlin 18.2.2010 – 9 O 259/09, juris Rn. 19 f. mH auf BGH 17.3.1994 – III ZR 27/93.

angeordneten – Bindungswirkung „nachgeordnete" Gerichte nicht geben. Die Rechtspflege ist wegen der Unabhängigkeit der Richter **konstitutionell uneinheitlich.**[23] Das Allgemeininteresse an einer einheitlichen Rechtsanwendung wird (allerdings eher theoretisch) durch die gesetzliche – und damit ungeachtet der Unabhängigkeit bindende[24] – Pflicht zur Zulassung von Rechtsmitteln und die gesonderte Kontrolle dieser Nebenentscheidung durch Nichtzulassungsbeschwerden (§§ 145, 160 a) gewahrt. Allgemein verbindlich sind nur Entscheidungen von Landessozialgerichten im Rahmen der **Normenkontrolle** von „Satzungen oder anderen im Rang unter einem Landesgesetz stehenden Rechtsvorschriften" nach § 55 a idF des Gesetzes zur Ermittlung von Regelbedarfen und zur Änderung des Zweiten und Zwölften Buches Sozialgesetzbuch (EGRBEG) vom 24.3.2011 (BGBl. 2011 I 453).

b) Musterverfahren. Die in § 114 a idF des Gesetzes zur Änderung des SGG und des ArbGG vom 26.3.2008 (BGBl. 2008 I 444) in Anlehnung an § 93 a VwGO eröffnete Möglichkeit, Musterverfahren durchzuführen, bestätigt diese Grundsätze. Die Regelung begründet ausdrücklich keine Bindung an die Entscheidung im Musterverfahren. Allerdings kann das Gericht bei Einstimmigkeit über das Fehlen tatsächlicher oder rechtlicher Besonderheiten nach § 114 a Abs. 2 Satz 1 ein vereinfachtes Verfahren einschlagen. Die Konkretisierung von Normen und **unbestimmten Gesetzesbegriffen** im Interesse der Verwaltungspraxis und einer einheitlichen Rechtsanwendung durch Quantifizierung (sog gegriffene Größen) gehört innerhalb der der Rechtserkenntnis durch methodengeleitete Auslegung gesetzten Grenzen zu den Aufgaben richterlicher Spruchtätigkeit.[25] Sie unterliegt keinen durchgreifenden verfassungsrechtlichen (funktionsrechtlichen) Bedenken.[26] 7

III. Richterliche Unabhängigkeit und Unvoreingenommenheit

1. Organisation. Für die **Rechtsprechung** sind – abgesehen von der organisatorischen Trennung von anderen Staatsfunktionen – die **persönliche und sachliche Unabhängigkeit der Richter** als wesentliche hergebrachte Grundsätze des Richteramtsrechts[27] kennzeichnend. Sie ist durch Art. 97 GG verfassungsrechtlich als grundrechtsgleiches Recht (§ 90 BVerfGG) gewährleistet; allerdings nicht als Standesprivileg, sondern mit finalem Bezug auf den Vorrang des Gesetzes und die Durchsetzung des gesetzten Rechts (Art. 97 Abs. 1 GG). Im Blick auf vielfältige Abhängigkeiten von der Zweiten Gewalt darf allerdings die tatsächliche Gewährleistung richterlicher Unabhängigkeit mit dem Ideal der Verfassung nicht gleichgesetzt werden.[28] Die nähere Ausgestaltung der Rechtsstellung von Richtern einschließlich der Grenzen richterlicher Unabhängigkeit eröffnen Art. 97 Abs. 2, 98 GG. Bund und Länder haben in Richtergesetzen Erwerb, Inhalt, Beendigung und Verlust des Amtes sowie Dienstaufsicht und Richtervertretungen 8

---

23 BVerfG 14.7.2016 – 2 BvR 661/16, NJW 2016, 3711 ff., juris Rn. 16.
24 BVerfG 14.7.2016 – 2 BvR 661/16, NJW 2016, 3711 ff., juris Rn. 17.
25 Vgl. etwa zur Bemessung der zumutbaren Wegstrecke im Rahmen der Feststellung von Erwerbsfähigkeit in der gesetzlichen Rentenversicherung BSG 28.8.2002 – B 5 RJ 8/02 R, juris, und zur Bemessung einer schädlichen Unterbrechung des Weges von und zur Tätigkeit im Recht der gesetzlichen Unfallversicherung BSG 10.10.2006 – B 2 U 20/05 R, SozR 4-2700 § 8 Nr. 19.
26 Gegen „gegriffene Größen" grundlegend allerdings: Haueisen NJW 1973, 641 ff.
27 BVerfG 14.7.2016 – 2 BvR 661/16, NJW 2016, 3711 ff., juris Rn. 14.
28 Näher Berchtold in Berchtold/Richter PHdB-SozS § 4 Rn. 94 ff.

näher geregelt. Das Deutsche Richtergesetz idF vom 19.4.1972 (BGBl. 1972 I 713) galt für Richter im Landesdienst als Rahmenrecht (Art. 75 Abs. 1 GG). Nach Wegfall der Rahmenkompetenz gilt es als Bundesrecht fort (Art. 125 b Abs. 1 GG).

9 **2. Persönliche Unabhängigkeit.** Persönliche Unabhängigkeit bedeutet **Unversetzbarkeit** und **Unabsetzbarkeit** ohne Zustimmung des Richters. Das Ende der Amtszeit von Lebenszeitrichtern und Richtern auf Zeit ist ohne Einfluss der Exekutive[29] kraft Gesetzes, durch Altersgrenzen, auf eigenen Antrag (§ 48 DRiG) oder kraft richterlicher Entscheidung aufgrund des Gesetzes (§ 21 DRiG) zu bestimmen. Auch Richtern auf Probe, Richtern kraft Auftrags, abgeordneten Richtern (als solchen), Richtern im Nebenamt und ehrenamtlichen Richtern, die an der Verbürgung des Art. 97 Abs. 2 GG nicht Teil haben und deshalb nur aus zwingenden Gründen und auf das unverzichtbare Maß beschränkt herangezogen werden dürfen,[30] kommt ein „Minimum persönlicher Unabhängigkeit" zu, jedoch können sie bei mangelnder Eignung oder Ablehnung der Übernahme in das Richterverhältnis auf Lebenszeit durch einen Richterwahlausschuss entlassen werden (§§ 22 f. DRiG). Derartige Ausformungen des Richterdienstverhältnisses müssen daher eine zeitlich begrenzte Ausnahme bleiben.

10 **3. Sachliche Unabhängigkeit.** Sachliche Unabhängigkeit bedeutet **Weisungsfreiheit** gegenüber der Exekutive und Vorgesetzten als Trägern nichtrichterlicher Gewalt.[31] Sie bezieht sich nicht nur auf die Spruchtätigkeit selbst, sondern auf die richterliche Tätigkeit insgesamt, ausgenommen Justizverwaltungsangelegenheiten.[32] Die Dienstaufsicht umfasst nicht die Maßregelung richterlicher Tätigkeit,[33] jedoch kann die Dienstaufsicht dem Richter die ordnungswidrige Art der Ausführung eines Amtsgeschäfts vorhalten und ihn zu ordnungsgemäßer unverzögerter Erledigung der Amtsgeschäfte[34] ermahnen (§ 26 Abs. 2 DRiG). Der BGH hält die Kritik der Dienstaufsicht an „offensichtlich fehlerhafter Amtsausübung" für zulässig.[35] Die allgemeine Geschäftsführung der Gerichtsverwaltung, Berichterstattung über ausstehende Erledigungen und Ablehnung von Urlaubsanträgen zur fristgerechten Absetzung von Entscheidungen dürften zulässig sein. Sie berühren nicht den der Unabhängigkeit eigenen finalen Bezug zur Bindung an das Gesetz (Art. 97 Abs. 1 GG; § 25 DRiG). Dagegen scheiden eine verbindliche Vorgabe von Erledigungszahlen, die Verpflichtung auf einen künstlich generierten und in der Außenwelt nirgends beobachtbaren „Durchschnitt"[36] und die Festschreibung von Prüffristen[37] aus. Generell gilt aber: Nicht nur Einwirkungen, die für sich bereits eine Einflussnahme auf das richterliche Entscheidungsverhalten darstellen, sondern auch bereits Maßnahmen, die „nur" eine entsprechende Gefahr begründen und den „bösen Schein" der (mittelbaren) Einflussnahme begründen, stellen eine Einflussnahme in die richterliche Entschei-

29 BVerfG 22.10.1974 – 2 BvR 147/70, E 14, 56 (71).
30 BVerfG 22.3.2018 – 2 BvR 780/15, BVerfGE 148, 69 ff., juris Rn. 63, 67.
31 BVerfG 14.7.2016 – 2 BvR 661/16, NJW 2016, 3711 ff., juris Rn. 16.
32 BVerfG 22.10.1974 – 2 BvR 147/70, E 38, 139 (152 f.).
33 BVerfGE 38, 139 (151 f.).
34 Zur Konfliktlage zwischen dem individuellen Anspruch auf effektiven Rechtsschutz durch den gesetzlichen Richter und der Unabhängigkeit des einzelnen Amtsinhabers näher Berchtold in Berchtold/Richter PHdB-SozS § 4 Rn. 96.
35 BGH 27.9.1976 – RiZ (R) 3/75, BGHZ 67, 184 (187 f.); umstritten.
36 Berchtold in Berchtold/Richter PHdB-SozS § 4 Rn. 96.
37 BVerfG 26.6.2015 – 2 BvR 2718/10 ua.

dungsfindung dar.[38] Maßgeblich ist nach der Rechtsprechung des EGMR jeweils nicht die Regelung, sondern ihre Anwendung in der Praxis.[39]

Die Sicherung und Wahrung der Verantwortlichkeit des Richters und die Achtung von Recht und Gesetz auch durch den Richter selbst setzen voraus, dass dem zur Entscheidung berufenen Richter in seiner konkreten subjektiven Belastungssituation **ausreichend Zeit** zu einer allein an Recht und Gesetz orientierten Bearbeitung des Falles zur Verfügung steht. Nur wenn dies ohne Orientierung allein an vermeintlich objektiven, durchschnittlichen Bearbeitungszeiten gewährleistet ist, kann der Richter seiner persönlichen Verantwortung gerecht werden. Auch nach der Feststellung des BVerfG erfolgt jedoch das gegenwärtige System der **Bewertung richterlicher Arbeit** nicht unwesentlich nach quantitativen Gesichtspunkten und schafft hierdurch zusätzliche Anreize für eine möglichst rasche Verfahrenserledigung auch unter Inkaufnahme inhaltlicher Defizite.[40] 11

Kein Richter ist „unabhängig", nur weil dies (grund-)gesetzlich verankert ist. 12 BVerfG 22.3.2018[41] verweist zutreffend auf die „Pflicht der Richter", sich gegen unzulässige Einflussnahmen zur Wehr zu setzen. Die Verführungen, die eigene Unabhängigkeit durch Passivität zu gefährden, legen sich zunächst scheinbar federleicht auf das richterliche (Rechts-)Gewissen, wiegen aber im Ergebnis und kollektiv toleriert individuell wie systemisch tonnenschwer. Vielfach unbewusst erscheint es aller Verwaltungsgerichtsbarkeit zunächst, den eigenen Aufwand durch Bestätigung der angegriffenen Entscheidung gering zu halten. Die Einführung „neuer" (allein auf der quantitativen Erfassung und Bewertung abstellender) „Führungsmethoden" vermag eine derartige Grundhaltung auch nach Auffassung des BVerfG zu verstärken. Für einen Vorhalt quantitativer Vergleichsdaten im Rahmen der Dienstaufsicht gilt dies erst recht.[42] Offensichtlich Mängel in der Ermittlungsdichte und eine **Stafette der Untätigkeit** vom Verwaltungs-[43] bis zum Berufungsverfahren sind die erkennbare Folge. Keineswegs beruhigend kann etwa auch wirken, wie einfach „an Gesetz und Recht" gebundene Richter – auch ohne Gesetz – davon zu überzeugen sind, dass die Anwendung von erklärtermaßen **rechtsfreien Methoden** der außergerichtlichen Konfliktbeilegung mit ihrem Amt ohne weiteres kompatibel ist.[44] Schließlich sind dem Erfindungsreichtum von Ministerien und Gerichtsverwaltungen kaum Grenzen gesetzt. Mögliche Maßnahmen reichen von der Heranziehung zu Ämtern, die nur die Gerichtsverwaltung zu vergeben vermag, die aber die Chancen einer künftigen Beförderung erhöhen, über die „freiwillige" Einbindung in psychologische Seminare mit dem Angebot individueller richterlicher Persönlichkeitsanalysen und eines Einwirkens auf die Arbeitsweise von Spruchkörpern bis zu Fortbildungsveranstaltungen in Gestalt eines Besuchs bei verfahrensbeteiligten Behörden oder Arbeitgebern und der Betreuung von Veröffentlichungen.

38 BVerfG 22.3.2018 – 2 BvR 780/16, BVerfGE 148, 69 ff., juris Rn. 58 mwN.
39 EGMR Campbell and Fell v. The United Kingdom, 28.6.1984, Nr. 7819/77 ua Rn. 80 u. Morris v. The United Kingdom, 26.2.2002, Nr. 38784/97, Rn. 68.
40 S. insgesamt BVerfG 14.7.2016 – 2 BvR 661/16, NJW 2016, 3711 ff., juris Rn. 20 f. mwN.
41 2 BvR 780/16, BVerfGE 148, 69 ff., juris Rn. 60.
42 Vgl. OLG Stuttgart 17.4.2015 – DGH 1/13, juris Rn. 111.
43 Vgl. zuletzt SG Karlsruhe 29.7.2019 – S 12 SB 877/19; 10.10.2019 – S 12 SB 1588/19, juris und S 12 SB 3054/19, ASR 2020, 76 ff. sowie Kröner SGb 2020, 204 ff.
44 Näher Berchtold in PHdB-SozS Teil 1 § 6 Rn. 672 ff., 678, 682 und NZS 2011, 401 ff., 406 ff.

13 **4. Unvoreingenommenheit.** Den Beteiligten eines gerichtlichen Verfahrens wird durch Art. 97 Abs. 1, Art. 101 Abs. 1 S. 2 GG unmittelbar verfassungsrechtlich auch gewährleistet, dass sie nicht vor einem Richter stehen, dem es an der gebotenen **Neutralität und Distanz** gegenüber den Verfahrensbeteiligten fehlt.[45] Während der Schutz der richterlichen Unabhängigkeit, der mittelbar ebenfalls der Sicherung der Unparteilichkeit dient, die allgemeine Stellung und Tätigkeit des Richters betrifft und Einwirkungen von außen fernhalten will, zielt die Unparteilichkeit auf die Voraussetzungen der Objektivität und Sachlichkeit im Hinblick auf die Beziehungen des Richter zu den Beteiligten und zum Streitgegenstand im konkreten Verfahren.[46] Der Gesetzgeber ist im Rahmen der Vorausbestimmung des gesetzlichen Richters verpflichtet, Verfahrensregelungen vorzusehen, die es im Einzelfall ermöglichen, die Gewährleistungen der Verfassung durchzusetzen (§ 60 Abs. 1 S. 1 SGG, §§ 47–49 ZPO).[47] Umgekehrt hat der Richter Einschränkungen etwa seines Grundrechts auf Glaubensfreiheit nur aus den Gesichtspunkten der weltlich-religiösen Neutralität des Staates und der Funktionsfähigkeit der Rechtspflege sowie nach angemessener Würdigung des Spannungsverhältnisses der Verfassungsgüter im Einzelfall hinzunehmen.[48]

14 **5. Wirksamer Rechtsschutz.** Die rechtsprechende Gewalt ist staatlichen (unabhängigen, neutralen und auf gesetzlicher Grundlage vorweg bestimmten) Richtern anvertraut (Art. 92, 97, 101 Abs. 1 S. 2 GG). Richterliches Verhalten hat umgekehrt dem **rechtsstaatlichen Gebot** wirksamen Rechtsschutzes (Art. 19 Abs. 4, 20 Abs. 3 GG; Art. 6 Abs. 1 EMRK) zu genügen.[49] Dabei beruht die Verantwortung für die Einhaltung dieser verfassungsrechtlichen Gewährleistungen ihrem Schwerpunkt nach bei den richterlichen Amtsinhabern. Für den Bürger ist nämlich die Gewährleistung des gesetzlichen Richters durch die **Überbeanspruchung** des einzelnen Richters/Spruchkörpers nicht tangiert.[50] Liegt eine „objektive Überlast" vor, obliegt es ggf. dem Richter, sich hierauf im Rahmen seiner Unabhängigkeit durch deren Anzeige zu berufen, während der Bürger ungeachtet des objektiven Gewährleistungsgehalts von Art. 101 Abs. 1 S. 2 GG nicht seinerseits als dessen „Interessenwalter" die aus dessen Arbeitsbelastung abgeleitete Gefährdung der richterlichen Unabhängigkeit geltend machen kann. Allerdings hat das BVerfG an anderer Stelle bereits ausdrücklich festgestellt, dass das Fehlen eines nicht an den sachlichen Verfahrenszielen orientierten eigenen Interesses des Gerichts am Verfahrensausgang im Zusammenwirken mit seiner Bindung an Gesetz und Recht (Art. 20 Abs. 3 GG) die Grundlage für die bestmögliche Ermittlung des wahren Sachverhaltes („materielle Wahrheit") und die richtige Anwendung des materiellen Rechts auf den festgestellten Sachverhalt bildet.[51] Damit kann sich aus der Belastungssituation und der vorherrschenden Art der Bewertung richterlicher Arbeit (→ Rn. 11) durchaus eine **faktische/strukturelle Beeinträchtigung** von Art. 19 Abs. 4 GG ergeben, die der Bürger indessen allenfalls

45 Berchtold in PHdB-SozS Teil 1 § 6 Rn. 202 mwN.
46 BVerfG 14.1.2020 – 2 BvR 1333/17, NJW 2020, 1049 ff., juris Rn. 96 mwN.
47 BVerfG 14.1.2020 – 2 BvR 1333/17, NJW 2020, 1049 ff., juris Rn. 98 mwN.
48 Zum Tragen eines Kopftuchs insofern BVerfG 14.1.2020 – 2 BvR 1333/17, NJW 2020, 1049 ff., juris Rn. 86 ff. mwN.
49 Näher Schmidt-Assmann in Maunz/Dürig/Herzog Art. 19 Abs. 4 Rn. 4, 14.
50 BVerfG 23.5.2012 – 2 BvR 625/12, NJW 2012, 2334 ff.
51 BVerfG 19.3.2013 – 2 BvR 2628/10, 2 BvR 2883/10, 2 BvR 2155/11, BVerfGE 133, 168 ff., juris Rn. 102.

hinsichtlich des Aspekts der Verfahrensdauer und in dessen (engen) Grenzen angreifen kann.

Bei Art. 19 Abs. 4 GG geht es nicht nur um den Zugang zu den Gerichten durch Anfechtbarkeit und Kontrolldichte von behördlichen Entscheidungen. Der verfassungsrechtliche **„Justizgewährungsanspruch“** dient der Wahrung subjektiver Rechte und damit gleichzeitig der Durchsetzung des geltenden objektiven Rechts. Er hat seinen Grund im Rechtsstaatsprinzip (Art. 20 Abs. 3, Art. 28 Abs. 1 S. 1 GG), bezieht sich – über das herkömmliche Verständnis des Art. 19 Abs. 4 GG hinaus – nicht nur auf Rechtsschutz gegenüber der vollziehenden Gewalt, sondern „umfasst den Zugang zu den Gerichten, die Prüfung des Streitbegehrens in einem förmlichen Verfahren sowie die verbindliche gerichtliche Entscheidung“, garantiert aber keinen Rechtsmittelzug.[52] Justizgewährung ist „die Kehrseite des staatlichen Gewaltmonopols, der bürgerlichen Friedenspflicht und des Selbsthilfeverbots“.[53] Das schließt die Letztentscheidungszuständigkeit von **Schiedsstellen** aus und verbietet es, den Zugang des Bürgers zu einem Gericht durch Einführung **nicht-justizieller Verfahren** („Mediation“) zu erschweren.[54] 15

Art. 19. Abs. 4 GG garantiert bereits unmittelbar von Verfassung wegen wirksamen Rechtsschutz innerhalb angemessener Zeit auch im Rahmen des vorläufigen Rechtsschutzes. Die Gerichte der Sozialgerichtsbarkeit sind daher grundsätzlich gehalten, vorläufigen Rechtsschutz zu gewähren, wenn Antragstellenden andernfalls eine erhebliche Verletzung ihrer Rechte droht, die durch die Entscheidung in der Hauptsache nicht mehr bewältigt werden kann. Je schwerer die sich aus der Versagung vorläufigen Rechtsschutzes ergebenden Belastungen wiegen und je geringer die Möglichkeit ihrer nachträglichen Kompensation wiegt, umso weniger darf das Interesse an vorläufigen Maßnahmen hintangestellt werden. Die Beurteilung des Anordnungsgrundes darf daher nicht schematisch, sondern muss nach Maßgabe einer **konkreten Bewertung im Einzelfall** beurteilt werden.[55] 16

6. Rechtsschutz bei überlangen Gerichtsverfahren. Das BVerfG und der EGMR haben wiederholt Anlass gesehen, die Dauer von Gerichtsverfahren zu beanstanden. Überdies hat der EGMR nach Art. 13 EMRK eine Rechtsschutzlücke im deutschen Recht festgestellt und ein Recht auf wirksame Beschwerde gegen die unangemessene Dauer von Verfahren begründet.[56] Mit dem Gesetz vom 24.11.2011 (BGBl. 2011 I 2302) sucht der Gesetzgeber diese Lücke ab 3.12.2011 (Art. 24 des Gesetzes) zu schließen, indem § 202, § 198 Abs. 1 Satz 1 GVG für den von einer unangemessenen Verfahrensdauer Betroffenen einen **materiellen Anspruch auf angemessene Entschädigung** begründet (näher → § 202 Rn. 13 ff). Mit dieser als **abschließend** gedachten Regelung[57] verzichtet der Gesetzgeber auf einen Rechtsbehelf mit Devolutiveffekt (zB Untätigkeitsbeschwerde), um „Belastungen für die Praxis“ zu begrenzen. Er erwartet von der Regelung „eine **konkret-präventive Beschleunigungswirkung**“.[58] Dies gilt auch für 17

52 BVerfG 30.4.2003 – 1 PbvU 1/02, E 107, 395 (401 ff., 404).
53 BVerfG 11.6.1980 – 1 PBvh 1/79, E 54, 77 (292); Schmidt-Assmann in Maunz/Dürig/Herzog Art. 19 Abs. 4 Rn. 16.
54 BVerfG 30.6.2009 – 2 BvE 2/08 ua, BVerfGE 123, 267 ff.
55 BVerfG 1.8.2017 – 1 BvR 1910/12, WuM 2017, 516 ff.
56 EGMR 26.10.2000 – 30210/96, NJW 2001, 2694.
57 BT-Drs. 17/3802, 16.
58 BT-Drs. 17/3802, 16.

die Fälle, in denen wirksamer Rechtschutz nur durch unverzügliches Handeln des Gerichts denkbar ist (PKH, einstweiliger Rechtsschutz). Mittlerweile hat die oberstgerichtliche Rechtsprechung und eine ua hierauf gründende restriktive Praxis der Instanzgerichte durch Einführung einer (durch konkrete Verfahrensschritte nicht notwendig begründeten!) **Regelverfahrensdauer von zwölf Monaten**[59] dem Rechtsbehelf im Wesentlichen die Durchschlagskraft genommen. Die Zuflucht in die **Dienstaufsichtsbeschwerde** verspricht allenfalls höchst ausnahmsweise Erfolg.

18 **7. Rechtsschutzstandards.** Zugleich hat die Gerichtsbarkeit verfassungsrechtlich vorgegebenen **„Rechtsschutzstandards“** zu genügen.[60] Zu diesen gehören:

- Ermittlung des geltenden Rechts, einschließlich des Verfassungs- und Gemeinschaftsrechts;
- die Verwertung vorgebrachter Tatsachen, das rechtliche Gehör (Art. 103 GG; § 62 SGG);
- die Garantie einer mündlichen Verhandlung vor Gericht (Art. 6 Abs. 1 EMRK; §§ 124, 105 Abs. 2, 153 Abs. 4);
- die Vereinbarkeit des einfachen mit höherrangigem Recht (Art. 100 GG; Art. 234 EG [ex-Art. 177 EGV]);
- das Gebot wirkungsvollen, einschließlich zeitnahen Rechtsschutzes (Art. 19 Abs. 4 GG);
- der Anspruch auf den gesetzlichen Richter (Art. 101 Abs. 1 S. 2 GG);
- das Gebot der Waffengleichheit von Verfahrensbeteiligten;
- das Gebot des Vertrauensschutzes;
- das Übermaßverbot bei Ermittlungen im Schutzbereich von Freiheitsrechten;
- Grundsätze fairen Verfahrens.

IV. Sozialgerichtlicher Rechtsschutz

19 **1. Vorrang und Vorbehalt des Gesetzes.** Als Rechtskontrolle der Sozialleistungsträger bedeutet Sozialgerichtsbarkeit Rechtsschutz durch unabhängige Richter („Dritte“) nach Maßgabe des gesetzten Rechts (Art. 97 Abs. 1, 20 Abs. 3 GG; § 31 SGB I), nicht Zuweisung von Leistungen nach wirtschaftlichem Bedarf oder sozialer Bedürftigkeit.[61] Den Sozialgerichten stehen Verwaltungsakte der zuständigen Sozialleistungsträger ersetzende Entscheidungen nicht zu.[62] Nach § 31 SGB I gilt für Entscheidungen gegenüber dem Bürger nicht nur der **Vorrang**, sondern auch der **Vorbehalt des Gesetzes** uneingeschränkt – dh nicht nur für Eingriffe in Freiheit und Eigentum. Die sozialpolitische Beurteilung menschlicher Bedarfslagen ist der Gesetzgebung vorbehalten. Nach ständiger Rechtsprechung lassen sich aus Verfassungsnormen, insbesondere dem Sozialstaatsgrundsatz, nicht unmittelbar Leistungsansprüche gegen die öffentliche Hand herleiten.[63] Dem Vorrang des Gesetzes dient die **Normenkontrolle**, die § 55 a idF des EGRBEG (→ Rn. 6) gegenständlich begrenzt für Rechtsnormen „im Rang unter einem Landesgesetz“ mit Wirkung ab 1.4.2011 eingeführt hat.

59 BSG 3.9.2014 – B 10 ÜG 12/13R, SozR 4-1720 § 198 Nr. 4 Rn. 54.
60 Vgl. Schmidt-Assmann in Maunz/Dürig/Herzog Art. 19 Abs. 4 Rn. 18.
61 Vgl. Berchtold näher in Berchtold/Richter PHdB-SozS § 4 Rn. 48 ff.
62 BSG 16.3.2006 – B 4 RA 24/05 B, SozR 4-1500 § 160 a Nr. 13.
63 BVerfG 12.3.1996 – 1 BvR 692/90, E 94, 241 (263) = SozR 3-2200 § 155 a Nr. 5; 9.2.2010 – 1 BvL 1/09 ua, E 125, 175 ff., juris Rn. 133, 139; BSG 25.6.1998 – B 7 AL 2/98 R, E 82, 198 (208) = SozR 3-4100 § 242 Nr. 1.

2. Grundmuster des Verwaltungsrechtsschutzes. Die Sozialgerichte sind als (besondere) Verwaltungsgerichte grundsätzlich nicht befugt, sich als erste staatliche Stelle an Stelle des Organs der vollziehenden Gewalt mit einem Sachverhalt zu befassen und haben erst recht keine Kompetenz, erstmals „verwaltungsaktersetzende Regelungen" zu treffen.[64] Ihr Aufgabenbereich ist naturgemäß erst ex post eröffnet, wenn es aus Anlass konkreter Streitigkeiten darum geht, die Rechtmäßigkeit von Entscheidungen zu prüfen, die Träger der Zweiten Gewalt im Rahmen ihrer vorgängigen und vorrangigen Befassung getroffen haben.[65] Die Rechtskontrolle der Sozialleistungsträger durch die Sozialgerichtsbarkeit ist dann umfassend. Sie entspricht dem Stand von Praxis und Lehre, den *Schmidt-Assmann*, als **„Grundmuster" des Verwaltungsrechtsschutzes** nach Art. 19 Abs. 4 GG beschrieben hat: Konkretisierung und Anwendung des geltenden Rechts im Einzelfall.[66] Sozialgerichte überprüfen demgemäß die Rechtmäßigkeit des Verwaltungsakts grundsätzlich vollständig[67] unter jedem denkbaren rechtlichen Gesichtspunkt unabhängig von der Rechtsansicht der Verwaltung.[68] Grenzen des sog **Nachschiebens von Gründen** ergeben sich unter dem Gesichtspunkt wirksamen Rechtsschutzes[69] und können ggf. ihrerseits die gerichtliche Pflicht zur weiteren Sachaufklärung begrenzen.[70] Versäumnisse der Sachaufklärung im Verwaltungsverfahren führen trotz des Verstoßes gegen das verwaltungsverfahrensrechtliche Verbot des vorzeitigen Verfahrensabschlusses (§ 20 SGB X)[71] schon wegen § 42 S. 1 SGB X grundsätzlich nicht zur Aufhebung und Zurückverweisung an die Verwaltung. Vielmehr hat das Sozialgericht die erforderlichen Erhebungen iS der Gewährung effektiven Rechtsschutzes (Art. 19 Abs. 4 GG) selbst nachzuholen und eine Sachentscheidung zu treffen.[72] Eine Ausnahme ergibt sich in Fällen, in denen die Verwaltung zum Nachteil des Bürgers in eine ihm ohne ausreichende Sachermittlungen zuerkannte Rechtsposition eingreift.[73] Ausnahmsweise – allerdings ohne Anspruch der Beteiligten hierauf und nur iS eines internen Interessenausgleichs der Staatsgewalten – kann nach § 131 Abs. 5 Satz 1 SGG die aus der nachträglichen richterlichen Sicht nicht ausreichende Sachaufklärung durch die Verwaltung zur **Zurückverweisung an die Verwaltung** führen, wenn dies unter Berücksichtigung der Belange der Beteiligten sachdienlich ist. **Wertungs-, Prognose- und Konkretisierungserfordernisse** namentlich bei unbestimmten Rechtsbegriffen setzen der richterlichen Kontrolldichte grundsätzlich keine Grenzen, es sei denn der Verwaltung ist ausnahmsweise – wie etwa bei der Beurteilung „der arbeitsmarktpolitischen Zweckmäßigkeit" oder des „besonderen arbeitsmarktpolitischen Interesses" – normativ ein eigenständiger 20

64 BSG 16.3.2006 – B 4 RA 24/05, SozR 4-1500 § 160 Nr. 13.
65 Berchtold in Berchtold/Richter PHdB-SozS § 4 Rn. 65.
66 Schmidt-Assmann, Ordnungsidee, S. 216 ff.: „Begriffs- und systembildende Arbeit am Recht"; „Kompetenz zu letztverbindlicher Definition"; Tatsachenermittlung und Subsumtion.
67 BSG 29.7.1993 – 11/9 b RAr 5/92, SozR 3-4100 § 60 Nr. 1, juris Rn. 21.
68 BSG 29.6.2000 – B 11 AL 85/99 R, E 87, 8 (12) = SozR 3-4100 § 152 Nr. 9 mwN.
69 BSG 29.6.2000 – B 11 AL 85/99 R, E 87, 8 (12) = SozR 3-4100 § 152 Nr. 9 mwN.
70 BSG 25.6.2015 – B 14 AS 30/14, SozR 4-4200 § 60 Nr. 3.
71 Berchtold in Berchtold/Richter PHdB-SozS § 6 Rn. 417.
72 BSG 17.12.1997 – 11 RAr 61/97, E 81, 259 (263) = SozR 3-4100 § 128 Nr. 5; BSG 21.9.2000 – B 11 AL 7/00, E 87, 132 (138 f.) = SozR 3-4100 § 128 Nr. 10.
73 S. exemplarisch BSG 28.6.1990 – 4 RA 57/89, BSGE 67, 104 ff. und näher Berchtold Sgb 2020, 393 ff.

Beurteilungsspielraum zuerkannt.[74] Gerade der sozialgerichtliche Rechtsschutz ist darüber hinaus sowohl in tatsächlicher wie rechtlicher Hinsicht nicht auf bloße **„Kassation“** beschränkt, sondern **grundsätzlich** auf **„Reformation“** des angefochtenen Verwaltungsakts gerichtet.[75] Auch insofern verbleiben Lücken der gerichtlichen Entscheidungskompetenz nur ausnahmsweise – etwa bei Ermessensentscheidungen (§ 131 Abs. 3) –, während etwa beim Streit über Dauerleistungen grundsätzlich auch von der Ablehnungsentscheidung der Verwaltung nicht unmittelbar erfasste Zeiträume nach Erlass des angefochtenen Verwaltungsakts ausgeurteilt werden.

21 **3. Juristische Methodik.** Die Richter sind unabhängig und nur dem Gesetz unterworfen (Art. 97 Abs. 1 GG). Die Rechtsprechung ist an Gesetz und Recht gebunden (Art. 20 Abs. 3 GG). Die Amtswalter der rechtsprechenden Gewalt sind dabei persönlich und sachlich unabhängig gerade auch soweit sie Recht und Gesetz unterworfen sind. Da nämlich der Normtext des Gesetzes lediglich äußeres Zeichen („Signal“/„Signifikant“) eines (geistigen) Inhalts ist[76] und in Ermangelung einer linearen Verbindung zwischen Wort und Bedeutung, bedarf es für die Zuweisung des rechtlichen Bedeutungsgehalts stets notwendig eines **Interpreten.**[77] Die Unrichtigkeit des Satzes, bei „klarem Wortlaut“ sei ein Gesetz nicht auslegungsfähig, ist methodisches – in der Praxis nicht immer beachtetes – Gemeingut.[78] Zur Wahrung ihrer Friedensfunktion muss die Rechtsordnung daher selbst fixieren und formal vereinheitlichen, was faktisch (hermeneutisch) ein verzweigtes Fließen bleibt. Entscheidender Akt ist insofern zunächst die Reduktion der semantischen Offenheit des Gesetzes auf den Verstehenshorizont des gesetzlich vorbestimmten (Art. 101 Abs. 1 Satz 1 GG), in seiner persönlichen Zuständigkeit zumindest bestimmbaren und gegenüber den Parteien unbefangenen (Art. 101 Abs. 1 Satz 2 GG), sachlich (Art. 92 1. Hs., Art. 97 Abs. 1 GG) und persönlich (Art. 97 Abs. 2 GG) unabhängigen und selbst (grund)rechtsgebundenen (Art. 1 Abs. 3, Art. 20 Abs. 3 GG) Richters sowie der Verbindlichkeit seines Spruchs in einem gesetzlich vorbestimmten Verfahren und in dessen Grenzen.[79] Ein Reden in der Rechtsordnung muss dessen ungeachtet in der jeweiligen Gemeinschaft der Norminterpreten[80] kommunizierbar sein. Zur Erzielung eines rechtlichen Ergebnisses innerhalb des Spruchkörpers, seiner Vermittlung an Beteiligte und Öffentlichkeit, zur Eröffnung der Überprüfbarkeit im Instanzenzug und zur Kontrolle der rechtsprechenden Gewalt durch das BVerfG[81] bedarf es daher wenigstens eines Minimums an inhaltlicher Strukturierung bei der Ermittlung des maßgeblichen „objektiven Willens“ des Gesetzgebers durch die – von Verfassung wegen verpflichtende[82] – Nutzung der klassischen Regeln der gram-

74 Vgl. die Nachweise bei BSG 29.7.1993 – 11/9 b RAr 5/92, SozR 3-4100 § 60 Nr. 1, juris Rn. 21.

75 BSG 21.9.2000 – B 11 AL 7/00 R, E 87, 132 (139) = SozR 3-4100 § 128 Nr. 10.

76 F. Müller/Christiansen, Juristische Methodik, S. 167 ff.; F. Müller, Strukturierende Rechtslehre, S. 147.

77 Zur Bedeutung der Auslegung etwa BVerfG 19.3.2013 – 2 BvR 2628/10, 2 BvR 2883/10, 2 BvR 2155/11, BVerfGE 133, 168 ff., juris Rn. 66.

78 F. Müller/Christiansen, Juristische Methodik, S. 240. S. auch Berchtold, Festschrift 50 Jahre Bundessozialgericht.

79 Berchtold in Berchtold/Richter PHdB-SozS § 4 Rn. 92.

80 Peter Häberle, Die offene Gesellschaft der Verfassungsinterpreten, JZ 1975, 297.

81 Etwa BVerfG 16.2.2012 – 1 BvR 127/10, juris Rn. 20 ff. und 25.1.2011 – 1 BvR 918/10, E 128, 193, Rn. 50 ff.

82 BVerfG 17.5.1960 – 2 BvL 11/59, 2 BvL 11/60, E 11, 126.

matischen, systematischen, teleologischen und historischen Auslegung. Da zudem dem (jedem) Normgeber von Anfang an der übergroße Teil möglicher Anwendungsfälle seiner abstrakten Rechtsidee und erst recht der künftige Wandel von Wortbedeutungen sowie die geänderte Struktur von Anwendungssachverhalten verborgen bleiben,[83] erschöpfen sich **Konkretisierungselemente** der richterlichen Rechtserkenntnis nicht in den sog. **klassischen Auslegungsregeln.**[84] Schlussfolgerungen, Analysen der rechtlich strukturierten Wirklichkeit (Normbereich) und Sacherwägungen gehen in die Konkretisierung ein. Der Normtext wird gleichwohl nicht bloßer Ausgangspunkt beliebiger Räsonnements, sondern hat Grenzfunktion, weil ihm nur methodisch ausgewiesene „Rechts- und Entscheidungsnormen" zugerechnet werden dürfen.[85] Mit solchem Verständnis der Grenzfunktion ist Konkretisierung als Ermittlung des Obersatzes für Subsumtionsschlüsse frei von „Wortknechtschaft und pseudologischer Begriffskonsequenz".[86] Die Norm verkommt umgekehrt nicht zur lediglich unverbindlichen „Anleitung zur Gestaltung sozialer Situationen" und ist Bestandteil der verfassungsmäßigen Ordnung nur insofern, als sich die richterliche Bedeutungszuweisung in den Grenzen vertretbarer Auslegung und zulässiger Rechtsfortbildung[87] bewegt.[88]

4. Sozialrechtliche Rechtsbildung. Die Zuständigkeitsbereiche der Sozialgerichtsbarkeit sind ua durch eine extrem starke **Fluktuation des materiellen Rechts** gekennzeichnet. Der Gesetzgeber ergreift sozialpolitische Maßnahmen in der äußeren Form des Gesetzes, ohne dass der im BGBl. veröffentlichte Text stets alle erforderlichen Entwicklungsstufen zur normativen Sollens-Anordnung durchlaufen hätte. Betroffene und Anwender sehen sich deshalb bei der Ermittlung eines rechtlichen Sinngehalts vielfach vor besondere Herausforderungen gestellt.[89] Das BSG steht daher primär vor der Aufgabe, die Einzelvorschrift in rechtssystematische Zusammenhänge (Regel – Ausnahme; Normenhierarchie) einzuordnen und im Vorgang der Konkretisierung ihre aktuelle Tragweite zu erschließen. Nur so kann es der Funktion revisionsgerichtlicher Rechtsprechung (Wahrung der Rechtseinheit; Rechtsfortbildung) genügen und Regelungen des Sozialrechts im Wege verfassungskonformer[90] und gemeinschaftskonformer „Auslegung"[91] in die Gesamtheit der Rechtsordnung einfügen. Die allgemeinen Zielsetzungen des Sozialrechts sind den Aufgaben des Sozialrechts (§ 1 SGB I) und den Sozialen Rechten (§§ 2 ff. SGB I) zu entnehmen. Sie eröffnen ein **Vorverständnis**[92] zur Konkretisierung der speziellen Normen des Sozialrechts und 22

83 Berchtold, Auslegung sozialrechtlicher Normen und „eindeutiger Wortlaut", S. 108.
84 Vgl. dazu: U. Huber JZ 2003, 1 ff.
85 F. Müller/Christiansen, Juristische Methodik, S. 183 ff.
86 R. Thoma in Anschütz/Thoma II S. 221, 234; zur Praxis des BVerfG: Pieroth/Aubel JZ 2003, 504 ff.
87 Zu deren Grenzen BVerfG 26.11.2018 – 1 BvR 318/17 ua, NJW 2019, 351 ff., juris Rn. 51 ff.
88 BVerfG 25.1.2011 – 1 BvR 918/10, E 128, 193, Rn. 50; 26.11.2018 – 1 BvR 318/17 ua, NJW 2019, 351ff, juris Rn. 29, 32.
89 Vgl. etwa zur Rede von „Leistungen" in § 2 SGB V Berchtold in Berchtold/Huster/Rehborn Rn. 3; derselbe in Festschrift 50 Jahre Bundessozialgericht, 97 ff., 113 ff.
90 Vgl. zB: BSG 17.8.2000 – B 10 LW 8/00 R, E 87, 76 (82, 86) = SozR 3-5868 § 32 Nr. 4; BSG 10.8.2000 – B 11 AL 93/99 R, E 87, 41 (46) = SozR 3-4100 § 128 Nr. 9.
91 BSG 20.6.2001 – B 11 AL 3/01 R, SozR 3-4100 § 141 b Nr. 23 mit Hinweisen auf Rechtsprechung des EuGH.
92 F. Müller/Christiansen, Juristische Methodik, S. 245 ff.

zur Ausübung des Ermessens (§ 2 Abs. 2 SGB I), wobei die Anspruchsvoraussetzungen im Einzelnen den besonderen Teilen des SGB zu entnehmen sind (§ 2 Abs. 1 SGB I). Die allgemeine Aufgabenstellung des Sozialrechts und die in §§ 2 ff. SGB I formulierten Sozialen Rechte gehen im Rahmen des hermeneutischen Zirkels[93] in das Ausarbeiten konkreter Anspruchsvoraussetzungen ein. Ergänzend greift das BSG regelmäßig auf die sog Materialien[94] und die historische Entwicklung des Rechtsgebiets zurück; nicht nur um den „Willen" des Gesetzgebers,[95] sondern um die verbindliche Rechtsnorm sachlich (durch Berücksichtigung des Normbereichs) zu erfassen.

23 **5. Verfahrensgrundsätze.** Die Grundsätze der **Mündlichkeit** (§ 124) und **Unmittelbarkeit** (§ 117)[96] gelten entgegen einer zunehmend rechtsvergessenen Praxis[97] unverändert auch im sozialgerichtlichen Verfahren. Sie stehen im Zusammenhang mit dem Anspruch auf rechtliches Gehör (Art. 103 Abs. 1 GG; § 62) und sind durch rechtzeitige Terminsladung – grundsätzlich zwei Wochen zwischen Zustellung der Terminsmitteilung und mündlicher Verhandlung, mindestens drei Tage (§§ 110 Abs. 1, 202; § 217 ZPO) – zu wahren.[98] Die entscheidungserheblichen Einzeltatsachen sind von den Tatsacheninstanzen nach dem **Ermittlungsgrundsatz** von Amts wegen aufzuklären (§ 103 SGG), um so – ohne Bindung an (aus „ökonomischen" Gründen vielfach defizitäre)[99] Vorermittlungen der Verwaltung,[100] (übereinstimmendes) Vorbringen und Beweisanträge der Beteiligten (§ 103 Satz 2 SGG) und erst recht an Vorgaben des Haushaltsgesetzgebers oder der Gerichtsverwaltung – als Grundlage der stets maßgeblichen **richterlichen Überzeugung** (§ 128 Abs. 1 S. 1 SGG – sicherzustellen, dass Normen des öffentlichen Rechts nur auf Sachverhalte Anwendung finden, die unzweifelhaft als deren Anwendungsfall in Betracht kommen (Art. 20 Abs. 3 GG).[101] Einen unvollständig aufgeklärten Sachverhalt darf das Gericht seiner Beweiswürdigung nicht zugrunde legen.[102] Eine **Verfahrensverkürzung** um den Preis der Erforschung der materiellen Wahrheit ist ausgeschlossen.[103] Maßgebend für den Umfang der Ermittlungen ist die Rechtsansicht des erkennenden Gerichts, das damit einerseits nicht verpflichtet ist, Tatsachen aufzuklären, die es selbst nicht für entscheidungserheblich hält, andererseits jede mögliche Aufklärung des entscheidungserheblichen Sachverhalts bis zur Grenze der Zumutbarkeit[104] stets soweit versuchen muss, dass ihm eine eigene Prüfung der nach dem materiellen Recht relevanten Tatsachen möglich ist. Die Sachaufklärungspflicht verlangt nicht, nach Tatsachen zu forschen, für deren Bestehen die Umstände des Einzelfalls keine

93 F. Müller/Christiansen, Juristische Methodik, S. 248 ff.
94 Zu deren Bedeutung bereits BVerfG 17.5.1960 – 2 BvL 11/59, 2 BvL 11/60, E 11, 126, juris Rn. 18.
95 Dazu: F. Müller/Christiansen, Juristische Methodik, S. 242 ff.
96 Berchtold in Berchtold/Richter PHdB-SozS § 6 Rn. 485 ff.
97 Berchtold in Berchtold/Richter PHdB-SozS § 6 Rn. 552 ff.
98 BSG 19.3.1992 – 12 RK 62/91, SozR 3-1500 § 110 Nr. 3.
99 Berchtold SGb 2020, 393 ff.
100 Berchtold in Berchtold/Richter PHdB-SozS § 6 Rn. 417.
101 BSG 15.12.2016 – B 5 RS 4/16 R, BSGE 122, 197 ff. Rn. 14 mwN.
102 BSG 19.12.1991 – 4/1 RA 55/90, BR/Meurer AnVNG Art. 2 § 1 und 19.12.1991 – 4/1 RA 55/90.
103 Vgl. zum Strafverfahren BVerfG 19.3.2013 – 2 BvR 2628/10, 2 BvR 2883/10, 2 BvR 2155/11, BVerfGE 133, 168 ff., juris Rn. 110.
104 BVerwG 26.8.1983 – CBVerwG 8 C 76.80, Buchholz 310 § 86 Abs. 1 VwGO Nr. 147 S. 9.

Anhaltspunkte bieten.[105] Ermittlungen „ins Blaue hinein", die Ermittlungsergebnisse des Verwaltungsverfahrens nicht wahrnehmen oder ohne entsprechenden Anhaltspunkt als „parteiisch" abtun, sind vom Grundsatz der Amtsermittlung jedenfalls nicht gefordert. Das Vorbringen von Beteiligten kann unter anderem ein Anhaltspunkt für Ermittlungen des Gerichts sein. Der Ermittlungsgrundsatz wird nur ausnahmsweise und in gesetzlich ausdrücklich geregelten Fällen durch Beibringungsobliegenheiten durchbrochen.[106]

6. Mitwirkung von Beteiligten. Das sozialgerichtliche Verfahrensrecht ordnet 24
die Gestaltung des äußeren Ablaufs, namentlich die Beschaffung des Streitstoffs, wesentlich dem Gericht zu. Dies gilt iS der Objektivität der gerichtlichen Sachermittlungen auch dort, wo es explizit um die eigenen Belange der Beteiligten geht (§ 103 S. 2 SGG), wirkt sich indessen bei an Geschwindigkeit, Kosten und Fallzahlen orientierten Gerichten keineswegs immer zu deren Vorteil aus. Zudem sind etwa nach stRspr des BSG Tatsachengerichte zu Hinweisen auf ihre Sachverhaltswürdigung nicht verpflichtet, sodass die Beteiligten schlechter stehen als im Zivilprozess (§ 139, 279 Abs. 3 ZPO) oder in Verfahren nach der VwGO (§ 86 Abs. 2).[107] Dem **status activus processualis** der Beteiligten wird dennoch durch vielfältige Gestaltungs- und insbesondere Beteiligungs-(Anhörungs-)Rechte Rechnung getragen.[108] Auch der gerichtlichen (amtlichen) Sachaufklärungspflicht sind korrespondierende Mitwirkungsrechte und -obliegenheiten zugeordnet. Die deutliche Fassung des § 76 Abs. 1 S. 1 bis 3 FGO[109] begründet gegenüber § 103 Abs. 1 und § 86 Abs. 1 VwGO keinen Unterschied in der Sache.[110] Das SGGArbGGÄndG vom 26.3.2008 (BGBl. 2008 I 444) eröffnet seit dem 1.4.2008 mit §§ 106 a, 157 a nach Fristsetzung durch das Gericht und Belehrung über die Rechtsfolgen einer Säumnis mit der **Präklusion** eine an § 87 b VwGO orientierte, nicht zwingend eintretende Sanktion.[111] Außerdem fingiert der in der praktischen Anwendung gefährliche § 102 Abs. 2 idF des SGGArbGGÄndG ebenfalls seit dem 1.4.2008 die **Fiktion der Klagerücknahme**, wenn der Kläger das Verfahren trotz Aufforderung des Gerichts länger als drei Monate nicht betreibt.[112] Eine entsprechende Anwendung für die Berufung hat das BSG zunächst verneint.[113] Durch die Einführung der fingierten Berufungsrücknahme ab 1.1.2012 durch § 156 Abs. 2 idF des Art. 8 Nr. 7 des Vierten Ge-

105 BSG 14.5.1996 – 4 RA 60/94, E 78, 207 (213) = SozR 3-2600 § 43 Nr. 3; BSG 17.12.1997 – 11 RAr 61/97, E 81, 259 (262 f.) = SozR 3-4100 § 128 Nr. 5; vgl. auch: BVerwG 23.11.1982 – 9 C 74.81, E 66, 237 f.

106 Vgl. zB: BSG 21.4.1993 – 11 RAr 25/92, E 72, 206 (209) = SozR 3-4100 § 103 a Nr. 1 jetzt: § 139 Abs. 2 Satz 2 = § 120 Abs. 2 S. 2 SGB III (alt); BSG 17.12.1997 – 11 RAr 61/97, E 81, 259 (264) = SozR 3-4100 § 128 Nr. 5; BSG 21.9.2000 – B 11 AL 7/00 R, E 87, 132 (140) = SozR 3-4100 § 128 Nr. 10; Vorbehalte in: BSG 14.3.1996 – 7 RAr 18/94, SozR 3-4100 § 103 a Nr. 2; BSG 15.6.2000 – B 7 AL 78/99 R, E 86, 187 (192) = SozR 3-4100 § 128 Nr. 8.

107 BSG 30.10.2014 – B 5 R 8/14 R, BSGE 117, 192 ff. Rn. 23.

108 Vgl. die Auflistung bei Berchtold in Berchtold/Richter PHdB-SozS § 6 Rn. 28.

109 Sie lautet: Das Gericht erforscht den Sachverhalt von Amts wegen. Die Beteiligten sind dabei heranzuziehen. Sie haben ihre Erklärungen über tatsächliche Umstände vollständig und der Wahrheit gemäß abzugeben und sich auf Anforderung des Gerichts zu den von den anderen Beteiligten vorgebrachten Tatsachen zu äußern.

110 BSG 17.12.1997 – 11 RAr 61/97, E 81, 259 (264) = SozR 3-4100 § 128 Nr. 5 mwN; BVerwG 23.11.1982 – 9 C 74.81, E 66, 267 f.

111 Näher Berchtold in Berchtold/Richter PHdB-SozS § 6 Rn. 431 ff.

112 Näher Berchtold in Berchtold/Richter PHdB-SozS § 6 Rn. 520 ff.

113 BSG 1.7.2010 – B 13 R 58/09 R, SozR 4-1500 § 102 Nr. 1.

setzes zur Änderung des SGB IV und anderer Gesetze vom 22.11.2011 (BGBl. 2011 I 3067) ist diese Rechtsprechung überholt. Mangelnde Mitwirkung im gerichtlichen Verfahren konnte allerdings schon vorher zu **Beweislastentscheidungen** führen, falls sich der Sachverhalt ohne Mitwirkung des Beteiligten als nicht aufklärbar erwies.[114] Wird die Beweisnot dadurch hervorgerufen, dass ein Verfahrensbeteiligter pflichtwidrig an der notwendigen Beweiserhebung nicht mitgewirkt oder sie vereitelt hat, darf sich das Gericht auf den aus § 444 ZPO entwickelten **allgemeinen Rechtsgedanken** stützen, dass derjenige, der durch schuldhaftes Handeln oder Unterlassen eine an sich mögliche Beweisführung vereitelt, ggf. so behandeln lassen muss, als sei die Beweisführung gelungen (vielfach zu Unrecht als „Umkehr der Beweislast" bezeichnet).[115]

25 **7. Bürgerfreundlichkeit und prozessuale Strenge.** Das sozialgerichtliche Verfahren ist herkömmlich durch seine Offenheit für die Belange des Rechtsuchenden geprägt. Die prozessualen Zugangsschwellen sind – mit Ausnahme insbesondere des Revisionsrechtszuges – gering. Mit Rücksicht auf das soziale Schutzbedürfnis ist das Verfahren – mit Einschränkungen durch § 183 idF des SGG-ÄndG vom 17.8.2001 (BGBl. 2001 I 2144) – **kostenfrei** (§ 184). Die Sammlung des Prozessstoffs obliegt nach dem Ermittlungsrundsatz (§ 103) grundsätzlich den Gerichten von Amts wegen (→ Rn. 22 f.). Die Schriftform ist immer noch eine nicht zu unterschätzende Schwelle zum gerichtlichen Rechtsschutz, die durch den **„prozessualen Begriff der Schriftform"**[116] ermäßigt wird. Die technische Möglichkeit, sich durch Übersendung elektronische Dokumente an die Gerichte zu wenden, bringt weitere Probleme mit sich.[117] Verfahrensintern stehen zur Betätigung der Aufgeschlossenheit gegenüber den häufig existentiellen Anliegen der Rechtsschutz Suchenden und für eine verständnisvolle Förderung ihrer Interessen im Sinne einer materiellen Waffengleichheit der Beteiligten prozessleitende Maßnahmen zur Verfügung, die im Einzelfall am Verfassungsgebot wirksamen Rechtsschutzes orientiert sind. Insbesondere besteht die Möglichkeit der Anhörung in einem Erörterungstermin nach § 106 Abs. 3 Nr. 7 und einer nicht nur formal gestalteten mündlichen Verhandlung (§ 112 Abs. 2).[118] Die Offenheit im Interesse eines wirksamen Schutzes sozialer Rechte sollte auch nach Inkrafttreten des SGGArbGGÄndG vom 26.3.2008 (BGBl. 2008 I 444) erhalten bleiben.[119] Allerdings sah der damalige Gesetzgeber – wie bereits wiederholt vorher – Anlass, die Sozialgerichtsbarkeit nachhaltig zu entlasten, indem er unter anderem den Zugang zu den Gerichten durch inhaltliche Anforderungen an die Klageschrift (§ 92) erhöhte, mangelhafte **Mitwirkung von Rechtsuchenden** bei der Sachaufklärung durch Präklusion verspäteten Vorbringens sanktionierte (§§ 106 a, 157 a) und den Schwellenwert zur Berufung erhöhte (§ 144 Abs. 1 Nr. 1). Nach der Begründung der Entwurfsverfasser sollten diese Änderungen vor allem die Belastung der Sozialgerichtsbarkeit nach der Erweiterung ihrer Zuständigkeit auf die Grundsicherung für Arbeitssuchende und die Sozialhilfe

---

114 Sog. objektive Beweislast: Grundlegend: BSG 24.10.1957 – 10 RV 945/55, E 6, 70 (73) st. Rspr.
115 Vgl. BSG 26.11.1992 – 7 RAr 38/92, E 71, 256 (263) = SozR 3-4100 § 119 Nr. 7.
116 GmSOGH 5.4.2000 – 1/98, SozR 3-1750 § 130 Nr. 1 = NJW 2000, 2340; BSG 13.3.2001 – B 3 KR 12/00 R, E 88, 1 (2) = SozR 3- 5425 § 1 Nr. 6.
117 Berchtold in Berchtold/Richter PHdB-SozS § 6 Rn. 72.
118 Die insbesondere in Gerichtsbescheiden vielfach zu findende Wendung, der Kläger begehre „wohl/anscheinend/sinngemäß", ist hiermit erkennbar inkompatibel.
119 Tabbara NZS 2008, 8 (9).

mindern.[120] Ungeachtet der weitgehenden Zielverfehlung der damaligen Maßnahmen, die zudem rechtlich eine Vielzahl neuer Probleme mit sich gebracht haben, sind unter Verzicht auf konzeptionelle Überlegungen auch alle seither in Kraft getretenen Änderungen konsequent mit Gesichtspunkten der **„Verfahrensbeschleunigung“** begründet worden. Umso mehr drängt sich die Frage auf, ob der verfassungsrechtlich zur substanziellen Ausgestaltung und Fortentwicklung des Prozessrechts aufgerufene (Bundes-)Gesetzgeber nicht letztlich nur an Symptomen kuriert, ohne den eigentlichen **Ursachen** für die Inanspruchnahme der Gerichte hinreichend Rechnung zu tragen. Diese dürften unter anderem in Stil und Inhalt der Sozialgesetzgebung selbst liegen, deren dilatorische (sozial-)politische Formelkompromisse weder Grundentscheidungen überzeugend vermitteln noch insbesondere von Verwaltungen und Gerichten umsetzbare rechtliche Anordnungen verlautbaren. Hinsichtlich der grundsätzlich notwendigen **Vorbefassung der Zweiten Gewalt** leidet das sozialgerichtliche Verfahren insbesondere unter deren ebenso konsequenten wie weitgehend sanktionslosen (§ 42 S. 1 SGB X) Verstößen gegen § 20 SGB X und das hiermit verbundene Verbot des vorzeitigen Verfahrensabschlusses.[121] Die vordergründige **Ökonomisierung von Verwaltungsverfahren** zwingt den Bürger, sein Recht vor Gericht zu suchen und überwälzt die Kostenlast für die Sachverhaltsaufklärung auf die – ihrerseits weithin von quantitativen Aspekten geleitete – Dritte Gewalt. Gegenmaßnahmen wie § 131 Abs. 5 und § 192 Abs. 4 sind schon wegen der mit ihnen verbundenen rechtlichen Probleme von geringer praktischer Bedeutung geblieben.[122] § 192 Abs. 4 ermöglicht eine Belastung von Sozialleistungsträgern mit den von ihnen verursachten Kosten nur, soweit der Verwaltungsakt sich auf der Grundlage der Ermittlungsarbeit des Gerichts im Nachhinein als unrichtig erweist. Zudem scheuen die Gerichte[123] erkennbar den Aufwand eines gesonderten Beschlusses und seiner Begründungserfordernisse. Anforderungen der Datenverarbeitung („Das Programm zwingt uns…“) oder die – bevorzugt an Gesichtspunkten der „Kostenminimierung“ orientierten – Vorgaben privater Berater verdrängen vielfach zwingendes Gesetzesrecht und führen zu einer Aushöhlung sozialer Rechte. Die „Begründung“ von Verwaltungsakten missachtet häufig die Anforderungen von § 35 Abs. 1 Satz 2 SGB X, mag sie sich auch im Ergebnis im gerichtlichen Verfahren als zutreffend erweisen. Gerichtliche Korrekturen im Einzelfall führen wegen der begrenzten Wirkung der Entscheidungen (→ Rn. 7) nicht zu der an sich gebotenen generellen Ausrichtung der Verwaltungspraxis am geltenden Recht.

8. Güterichter und außergerichtliche Konfliktbeilegung. Dem rechtspolitischen Bedürfnis nach Bewältigung einer angeblichen Klageflut durch ein gerichtsinternes, schnelles und kostengünstiges Verfahren mit allseits zufrieden stellendem Abschluss wurde über lange Zeit durch Implementierung des sog **Mediationsverfahrens** Rechnung getragen. Dabei handelt es sich um eine in der Tradition des amerikanischen Kommunitarismus wurzelnde Methode, Rechtsstreitigkeiten mithilfe eines Mediators und in der Verantwortung des Einzelnen einvernehmlich, jedoch staats- und normfern beizulegen. Weder die erklärte Rechtsferne des Verfahrens noch die fehlende Rechtsgrundlage noch die ökonomisch unsinnige 26

120 BT-Drs. 16/7716, 1.
121 S. hierzu näher Berchtold SGb 2020, 393.
122 Berchtold in Berchtold/Richter PHdB-SozS § 6 Rn. 425 ff.
123 Mit Ausnahme etwa des SG Lüneburg 3.9.2010 – S 2 U 5/06, BeckRS 2010, 76103.

Umwidmung angeblich überbelasteter „richterlicher Manpower“ hinderten die unkritische Aufnahme und Nutzung des Verfahrens auch in der sozialgerichtlichen Praxis.[124] Die kritischen Anmerkungen des BVerfG im Urteil zum Lissabon-Vertrag[125] blieben unbeachtet; stattdessen wurde intensiv auf den – für die gerichtsinterne Mediation gar nicht einschlägigen – Beschluss v. 14.2.2007[126] verwiesen. Mit Art. 5 des Gesetzes zur Förderung der Mediation und anderer Verfahren außergerichtlicher Konfliktbeilegung v. 21.7.2012 (BGBl. 2012 I 1577) ist zum 26.7.2012 auch in der Sozialgerichtsbarkeit ein **besonderes Verfahren** vor einem nicht entscheidungsbefugten „Richter“[127] eingeführt worden, der zur Konfliktbeilegung alle Methoden der außergerichtlichen Konfliktbeilegung (einschließlich der Mediation) nutzen kann. „Güterrichter“ ist dabei eine mögliche Funktion von Richtern, nicht aber eine richterliche Tätigkeit, sodass auch das haftungsrechtliche Spruchrichterprivileg nicht einschlägig ist.[128] Mittlerweile ist es um die Verfahren der außergerichtlichen Konfliktbeilegung (zu Recht) still geworden.

§ 2 [Gerichte der Sozialgerichtsbarkeit]

Als Gerichte der Sozialgerichtsbarkeit werden in den Ländern Sozialgerichte und Landessozialgerichte, im Bund das Bundessozialgericht errichtet.

I. Allgemeines/Normzweck

1 **1. Inkrafttreten.** Die Vorschrift gilt unverändert seit Inkrafttreten des SGG (→ § 1 Rn. 1). Sie ist unmittelbar der spezifische einfachgesetzliche Ausdruck der von Art. 95 GG ua vorgegebenen Existenz eines vom Bund als oberster Gerichtshof errichteten Bundessozialgerichts. Darüber hinaus gibt die Norm hieran mittelbar anknüpfend den Ländern einen zweigliedrigen landesrechtlichen Instanzenzug vor, der zum BSG als oberstem Rechtsmittelgericht führt.[1]

2 **2. Organisationsnorm.** Es handelt sich um eine **Organisationsnorm.** Sie verteilt die Aufgabe der Gerichtshaltung und damit deren personelle und sachliche Kosten zwischen Bund und Ländern. Das bedarf keiner weiteren Erläuterung. Grundsätzlich besteht damit ein dreistufiger Gerichtsaufbau (ebenso: § 12 GVG; § 2 VwGO; § 1 ArbGG; während für die Finanzgerichtsbarkeit ein zweistufiger Gerichtsaufbau vorgesehen ist: § 2 FGO). Daraus lässt sich aber nicht ein entsprechender Instanzenzug im Einzelfall folgern, weil die funktionelle Zuständigkeit besonderen Vorschriften vorbehalten ist (vgl. § 29 Abs. 2–4; § 39 Abs. 2). Die Rechtsschutzgarantie des Art. 19 Abs. 4 GG gewährleistet lediglich den Zu-

124 Insgesamt Berchtold in Berchtold/Richter PHdB-SozS § 6 Rn. 672 ff.
125 BVerfG 30.6.2009 – 2 BvE 2/09 ua, BVerfGE 123, 267 ff.
126 1 BvR 1351/01, NJW-RR 2007, 1073.
127 Presseberichte legen dennoch eine ebenso bedenkenlose wie allein erledigungsorientierte Konfusion der „Methoden“ nahe, vgl. etwa SZ 25.5.2020 „Prozess per Videokonferenz“.
128 Näher Berchtold in Berchtold/Richter PHdB-SozS § 6 Rn. 676 ff.
1 Näher Berchtold in Berchtold/Richter PHdB-SozS § 4 Rn. 3.

gang zum Gericht, nicht einen Instanzenzug.[2] Ob es Streitigkeiten gibt, für die aus rechtsstaatlichen Gründen die Überprüfung durch eine weitere gerichtliche Instanz vorzusehen ist, hat das BVerfG ausdrücklich offen gelassen. Das Risiko eines immerwährenden Rechtswegs besteht auch in einem solchen Fall nicht.[3]

II. Instanzenzug

1. Sozialgerichte in den Ländern. Aus der Vorschrift ergibt sich mittelbar, dass „in den Ländern" nach näherer Maßgabe des Gesetzes Zugang zu Sozialgerichten und Landessozialgerichten bestehen muss. Nicht jedes Land muss selbst mindestens ein SG und ein LSG errichten (§ 7 Abs. 2, § 28 Abs. 2). Durch Staatsverträge zwischen den Ländern können **gemeinsame Gerichte** errichtet werden (zB: Landessozialgericht Niedersachsen-Bremen in Celle). Den Ländern ist es nach der Einfügung von § 28 Abs. 1 S. 4 verboten, mehr als ein LSG zu errichten (→ § 28 Rn. 2). Allerdings dürften sie daran kaum ein Interesse haben, weil solches die Revisibilität von Landesrecht zur Folge hätte (vgl. § 162). 3

2. Gerichtsverfassung. Die Entscheidung des einfachen Gesetzgebers für den **grundsätzlich dreistufigen Instanzenzug** ist konkreter dem Gerichtsverfassungsrecht des SGG (§§ 7 ff., 28 ff., 38 ff.), den Regelungen der instanziellen Zuständigkeit (§§ 8, 29, 39) und den Vorschriften über den Zugang zu den Rechtszügen (§§ 143 ff., 160 ff.) zu entnehmen. Ein dreistufiger Rechtszug ist nicht ausnahmslos vorgesehen. Die Sozialgerichte entscheiden letztinstanzlich, soweit die Berufung nicht statthaft und nicht zugelassen ist (§ 144 Abs. 1). Die **erstinstanzliche gesetzliche Zuständigkeit der Landessozialgerichte** ist in den vergangenen Jahren immer mehr ausgedehnt worden (§ 29 Abs. 2–4). Diese Regelungen rechtfertigen sich jeweils wesentlich durch das Bedürfnis nach einer abschließenden einheitlichen Regelung von Rechtsfragen mit überregionaler Bedeutung.[4] Hier werden die Landessozialgerichte kraft Klage als Tatsachengerichte tätig; ihre Entscheidungen unterliegen im Rahmen der §§ 160 ff. der Rechtskontrolle durch das BSG. In den Fällen seiner erstinstanzlichen Zuständigkeit (§ 39 Abs. 2 und Ausnahmeregelungen etwa in § 88 Abs. 7 S. 2 SVG, § 158 Nr. 5 SGB IX, § 146 Abs. 6 S. 4 SGB III) entscheidet das **BSG im ersten und letzten Rechtszug** über Tatsachen- und Rechtsfragen. Zweistufig ist der Instanzenzug auch in den Fällen der Sprungrevision (§ 161 SGG). 4

§ 3 [Besetzung mit Berufsrichtern und ehrenamtlichen Richtern]

Die Gerichte der Sozialgerichtsbarkeit werden mit Berufsrichtern und ehrenamtlichen Richtern[1] besetzt.

2 BVerfG 12.7.1983 – 1 BvR 1470/82, E 65, 76 (90); 30.10.1990 – 2 BvR 562/88, E 83, 24 (31); 4.7.1997 – 1 BvF 1/57, E 92, 365 (410); BVerfG 30.4.2003 – 1 PvBU 1/02, E 107, 395 (408 ff.).
3 BVerfG 30.4.2003 – 1 PBvU 1/02.
4 Vgl. BR-Drs. 820/07, 17 ff. und zuletzt etwa BT-Drs. 17/3404, 131.
1 Siehe §§ 43, 45 und 45 a Deutsches RichterG.

I. Allgemeines/Normzweck

1 Die Vorschrift gilt unverändert seit Inkrafttreten des SGG (→ § 1 Rn. 1). Sie bezeichnet die Personenkreise, denen im Sinne des Art. 92 GG als Richtern Rechtsprechung durch Gerichte der Sozialgerichtsbarkeit anvertraut wird.

II. Besetzung der Spruchkörper

2 **1. Berufsrichter.** Das Richterverhältnis ist die einzige Form eines öffentlich-rechtlichen Dienst- und Treueverhältnisses, in dem Aufgaben der staatlichen Rechtsprechung wahrgenommen werden dürfen.[2] Die **Rechtsstellung der Berufsrichter** ergibt sich aus den Grundnormen der Verfassung über die Rechtsprechung (Art. 92 ff. GG), im Übrigen aus §§ 11, 32, 38 Abs. 2 S. 2–4 und dem Richteramtsrecht des DRiG idF d. Bek. vom 19.4.1972 (BGBl. 1972 I 713), zuletzt geändert durch Art. 1 des Fünften Gesetzes zur Änderung des DRiG v. 22.11.2019 (BGBl. I 1755) mWv 29.11.2019. Zu (Berufs-)Richterinnen und Richtern können Personen, die die allgemeinen Voraussetzungen für die Berufung in das Richterverhältnis (§ 9 DRiG) erfüllen, in den Rechtsformen des Richters auf Lebenszeit, auf Zeit, auf Probe oder kraft Auftrags berufen werden (§ 8 DRiG). § 11 Abs. 4 SGG ermöglicht zudem (ebenso wie § 16 VwGO) die Bestellung von Richtern im Nebenamt. Die vom Grundgesetz und nach einfachem Recht vorausgesetzte[3] **Regelform des Berufsrichterverhältnisses** ist diejenige des bei dem betreffenden Gericht planmäßig und auf Lebenszeit ernannten Richters auf Lebenszeit (§ 8, § 28 Abs. 1 DRiG), während Richter, die nach dem Maßstab des Art. 97 Abs. 2 GG nicht in vollem Umfang unabhängig sind, nur in dem zwingend gebotenen Maß zur Befriedigung unumgänglicher Bedürfnisse der Rechtspflege eingesetzt werden dürfen.[4] § 11 Abs. 4 SGG ermöglicht die Bestellung von Richtern im Nebenamt. Von der (nicht bedenkenfreien) Möglichkeit, **Richterverhältnisse auf Zeit**[5] zu begründen, wurde in der Sozialgerichtsbarkeit – anders als in der allgemeinen Verwaltungsgerichtsbarkeit (§ 17 Nr. 3, § 18 VwGO) – kein Gebrauch gemacht.[6]

3 Die **Ausübung ihres Amtes** richtet sich nach den folgenden Regeln des Gerichtsverfassungs- und Verfahrensrechts. Von der ordentlichen Besetzung der Spruchkörper nach §§ 12 Abs. 1 Satz 1, 33 Abs. 1 Satz 1, 40 Satz 1 sehen die §§ 12 Abs. 1 Satz 2, 33 Abs. 1 Satz 2, 105, 155 Abs. 3 und 4, 160 a Abs. 4 Satz 1 Hs. 2, 169 Satz 3 unter den dort genannten Voraussetzungen Ausnahmen vor. Die genannten Vorschriften bestimmen ua den nach Art. 101 Abs. 1 Satz 2 GG als grundrechtsgleiches Recht gewährleisteten gesetzlichen Richter. Die stRspr. des BVerfG und der Fachgerichte lässt Verletzungen der Vorschriften indes grund-

---

2 BVerfG 22.3.2018 – 2 BvR 780/16, BVerfGE 148, 69 ff., juris Rn. 35.
3 BVerfG 22.3.2018 – 2 BvR 780/16, BVerfGE 148, 69 ff., juris Rn. 66.
4 Zuletzt zur nicht gerechtfertigten Verwendung eines nicht planmäßigen Richters als absolutem Revisionsgrund BSG 30.7.2019 – B 1 KR 92/18 B, NZS 2020, 270 m. Anm. Kluckert.
5 Hierzu zu recht kritisch die abweichende Meinung der Richterin Herrmanns zu BVerfG 22.3.2018 – 2 BvR 780/16, BVerfGE 148, 69 ff.
6 S. hierzu BVerfG 22.3.2018 – 2 BvR 780/16, BVerfGE 148, 69 ff., juris Rn. 37 ff.

sätzlich nur bei **Willkür** als wesentlichen Mangel des Verfahrens, Wiederaufnahmegrund (§ 202; § 579 Abs. 1 Nr. 1 ZPO) und Verfassungsverstoß gelten.[7]

2. Ehrenamtliche Richter. a) Heranziehung. Der normativen **Grundregel**, dass die Gerichte der Sozialgerichtsbarkeit mit Berufsrichtern *und* ehrenamtlichen Richtern besetzt sind,[8] besagt nichts über das zahlenmäßige Verhältnis beider Gruppen und bedeutet nicht, dass letztere zu sämtlichen Entscheidungen berufen sind. Die Besetzung der Spruchkörper ist für jeden Rechtszug und je nach Entscheidungsart gesondert geregelt (§§ 12, 33, 40). Aus § 12 Abs. 1 S. 2 ergibt sich etwa, dass ehrenamtliche Richter der Sozialgerichte nur bei Urteilen – auch ohne mündliche Verhandlung – und bei Beschlüssen aufgrund einer mündlichen Verhandlung mitwirken. An Beschlüssen außerhalb der mündlichen Verhandlung und an Gerichtsbescheiden sind sie nicht beteiligt (§ 12 Abs. 1 Satz 2). Erst recht wirken sie nicht bei vorbereitenden Entscheidungen mit, die nicht selbstständig anfechtbar sind (§ 172 Abs. 2). 4

b) Status. Die **Berufung** ehrenamtlicher Richter aufgrund von Vorschlagslisten in einem nicht immer unbedenklichen Verfahren[9] (§ 14) erfolgt für eine Amtsperiode von 5 Jahren (§ 13 Abs. 1). Entfallen die Voraussetzungen für die Berufung, so begründet die Mitwirkung keinen Verfahrensmangel (§ 22 Abs. 1 S. 4). Wegen Einzelheiten der **Rechtsstellung** ehrenamtlicher Richter in der Sozialgerichtsbarkeit ist auf §§ 13 ff. zu verweisen. Ihre **Funktion** besteht darin, Kenntnisse und Erfahrungen vor allem aus dem Arbeits- und Wirtschaftsleben in die Rechtsprechung einzubringen, ohne dass der Gesetzgeber aufgrund offensichtlicher Besetzungsprobleme dem Prinzip der Repräsentation noch besondere Aufmerksamkeit schenken würde.[10] Als Laienelement in der Sozialgerichtsbarkeit wäre die Mitwirkung ehrenamtlicher Richter nicht angemessen gekennzeichnet. Sie sind nicht Schöffen, sondern bringen idealiter Handelsrichtern ähnliche Kenntnisse und Erfahrungen ein. Sie üben ihr Amt im Rahmen der Spruchtätigkeit mit den gleichen Rechten wie Berufsrichter aus (§ 19 Abs. 1). Im Rahmen ihrer auf die mündliche Verhandlung bzw. die Beschlussfassung über das Urteil beschränkten Tätigkeit haben ehrenamtliche Richter „die gleichen Rechte wie der Berufsrichter" (§ 19 Abs. 1), insbesondere also gleiches Stimmrecht mit den Berufsrichtern. 5

Die erforderlichen **Kenntnisse zur Beurteilung** von Tatsachen- und Rechtsfragen entnehmen ehrenamtliche Richter der mündlichen Verhandlung (Grundsatz der Mündlichkeit und Unmittelbarkeit), bei Entscheidungen ohne mündliche Verhandlung dem Vortrag des Berufsrichters/Berichterstatters in der Beratung. Im Übrigen bringen sie Berufs- und Lebenserfahrung ein. Da sich das Amt in der Sitzungsteilnahme und der Entscheidungsfindung erschöpft, haben ehrenamtliche Richter bei den Kollegialgerichten keinen Anspruch auf Zugang zu **vorbereitenden Entscheidungsvorschlägen** (Voten) der Berufsrichter. Weder ist dem in den sonstigen Verfahrensabschnitten allein aus Berufsrichtern bestehenden Spruchkörper eine bestimmte Art der inneren Willensbildung vorgegeben, noch 6

7 Vgl. zB: BSG 23.8.2007 – B 4 RS 2/06, SozR 4-1500 § 155 Nr. 1 mwN – die gesetzliche Grundlage dieser Einschränkung und ihre methodengerechte Begründung bleiben hier allerdings offen; Hinweise auf Rspr. des BVerfG können indes sachliche Gründe nicht ersetzen.
8 Näher Berchtold in Berchtold/Richter PHdB-SozS § 4 Rn. 100 ff.
9 Berchtold in Berchtold/Richter PHdB-SozS § 4 Rn. 106.
10 Berchtold in Berchtold/Richter PHdB-SozS § 4 Rn. 101 ff.

müssen zu deren Vorbereitung notwendig schriftliche Ausarbeitungen („Voten") erstellt werden, noch müssen derartige Ausarbeitungen ggf. bekannt gegeben werden. § 2 der Geschäftsordnung des BSG hat hieran nichts geändert und erkennt ausdrücklich das Selbstorganisationsrecht der dortigen Spruchkörper an. Urteile unterschreiben ehrenamtliche Richter nicht. In der Revisionsinstanz haben sie die Möglichkeit, sich zum Urteilsentwurf zu äußern (§ 170 a). Sanktionen bei Amtspflichtverletzungen sehen §§ 21, 22 vor.

III. Verfassungsrecht

7 Die **Mitwirkung ehrenamtlicher Richter** wahrt das verfassungsrechtliche **Gebot des Rechtsschutzes durch staatliche Gerichte** (Art. 19 Abs. 4, 92 GG). Dies gilt auch, soweit Spruchkörper der Sozialgerichtsbarkeit mehrheitlich mit ehrenamtlichen Richtern besetzt sind.[11] Das Verfassungsgebot des Rechtsschutzes durch staatliche Gerichte ist gewahrt, soweit die zuständigen Ressortminister unter Wahrung ihrer Auswahlfreiheit[12] die ehrenamtlichen Richter aufgrund von Vorschlagslisten der Fachverbände ernennen (vgl. näher: §§ 13, 14). Der staatliche Einfluss auf ihre Ernennung ist jedenfalls durch das Recht der Ressortminister gewahrt, eine Ergänzung der Vorschlagsliste zu verlangen. Auch Einzelvorschläge begründen eine ordnungsgemäße Berufung von ehrenamtlichen Richtern.[13]

§ 4 [Geschäftsstelle]

[1]Bei jedem Gericht wird eine Geschäftsstelle eingerichtet, die mit der erforderlichen Zahl von Urkundsbeamten besetzt wird. [2]Das Nähere bestimmen für das Bundessozialgericht das Bundesministerium für Arbeit und Soziales, für die Sozialgerichte und Landessozialgerichte die nach Landesrecht zuständigen Stellen.

I. Allgemeines/Normzweck

1 Die Vorschrift gilt seit Inkrafttreten des SGG (→ § 1 Rn. 1). Die Bezeichnung der zuständigen Stelle in Satz 2 wurde mehrfach angepasst. Die derzeitige Fassung gilt seit dem 31.10.2006 und beruht auf Art. 95 der Neunten Zuständigkeitsanpassungsverordnung vom 31.10.2006 (BGBl. 2006 I 2047).

II. Regelungsgehalt der Norm und Funktion der Geschäftsstelle

2 Die Geschäftsstelle ist bei jedem Gericht als dessen **zentrale Organisationseinheit** einzurichten. Soweit der Wortlaut die Einrichtung einer gemeinsamen Geschäftsstelle für mehrere Gerichte erlaubt, darf ein derartiges Vorgehen jedenfalls der zwingend durch Gesetz vorzunehmenden Errichtung des Gerichts (§ 7 Abs. 1 Satz 2) nicht widersprechen. Ausgestaltungen, die die „Geschäftsstelle" räumlich und organisatorisch nicht mehr als integrativen Teil (jedenfalls auch) des jeweiligen Gerichts („bei") erscheinen lassen, sind folglich mit dem Gesetz unvereinbar. Die Einrichtung mehrerer Geschäftsstellen bei einem Gericht oder die inter-

11 BVerfG 17.12.1969 – 2 BvR 271/68, E 27, 312 (320).
12 Berchtold in Berchtold/Richter PHdB-SozS § 4 Rn. 106 mwN.
13 BSG 23.1.1986 – 11 a RA 46/85, E 59, 280 (283) = SozR 1500 § 14 Nr. 2.

ne Untergliederung der mindestens erforderlichen einen Geschäftsstelle ist erlaubt, soweit sie dem Vollzug der zugewiesenen Aufgaben nicht entgegen steht und insbesondere den Zugang zum Gericht zur Anbringung von Rechtsschutzgesuchen gewährleistet. Der einfachgesetzliche Funktionsvorbehalt zugunsten der **Urkundsbeamten** gewährleistet schließlich für die Geschäftsstelle die besonderen Sicherungen einer qualifizierten, loyalen und gesetzestreuen Aufgabenerfüllung, wie sie sich aus Art. 33 Abs. 5 GG ergeben.[1] Die **Bestimmung „des Näheren"** ist mangels Anordnung einer bestimmten Form durch allgemeine Verwaltungsvorschriften[2] und in deren Grenzen zulässig. Abweichungen von Satz 1 kommen auf diesem Wege nicht in Betracht.

Die Geschäftsstelle arbeitet als **Teil der zweiten Gewalt** den Spruchkörpern (Kammern, Senaten) in **dienender Funktion** zu und hält diese für die Sachaufklärung und Entscheidungstätigkeit als eigentliche Richtertätigkeit frei („Richterassistenz/richterassistierende Tätigkeiten"). Ihre „unveräußerlichen" Aufgaben ergeben sich zunächst aus den **spezialgesetzlichen Zuweisungen** des SGG. Darüber hinaus kommt (aufgrund allgemeiner oder gerichtsinterner Regelungen) eine fakultative **Übertragung** von Aufgaben im Interesse des Geschäftsbetriebes wie die Aufgaben des Kostenbeamten,[3] der Erledigung des Schreibwerks oder der Gewährung von Akteneinsicht an nicht verfahrensbeteiligte Dritte, über die die Gerichtsleitung aus eigenem Recht entscheidet, in Betracht.[4] Von einer Stellung als „unabhängiges Organ der Rechtspflege"[5] ist im geschriebenen Gesetzesrecht nicht die Rede. Der Urkundsbeamte ist daher auch nicht etwa als „Organ der Rechtspflege" Gerichtsperson iS von § 60 Abs. 1 SGG,[6] sondern er ist als in § 49 Hs. 1 ZPO ausdrücklich Benannter Gerichtsperson iS von § 60 Abs. 1 SGG, der hierauf verweist. Auch wo die Geschäftsstelle in eigener Zuständigkeit und Verantwortung arbeitet, ist sie jedenfalls im Rahmen von dessen (!) Verfahrensführung assistierend schon funktional an **Weisungen des Richters** – etwa zu „ob" und „wie" einer Zustellung – gebunden.[7] Eine Anmaßung originärer richterlicher Tätigkeit durch Mitarbeiter der Geschäftsstelle führt zur Nichtigkeit entsprechender Akte, ohne dass ein Rückgriff auf die Kompetenzverteilungsregelungen des § 8 RPflG nötig oder ansatzweise methodisch gerechtfertigt wäre. Aufgaben der Geschäftsstelle werden von (statusgemäß weisungsgebundenen) Beamten des mittleren Dienstes wahrgenommen, soweit diese nach innerdienstlichen Vorschriften nicht Beamten des gehobenen Dienstes vorbehalten sind.[8] 3

Die **Feststellung, ob eine Klage** vorliegt, fällt in die alleinige Zuständigkeit des Richters (Art. 97 GG). Da die eingehenden Rechtsschutzgesuche von der sonsti- 4

1 Vgl. BVerfG 18.1.2012 – 2 BvR 133/10, BVerfGE 130, 76 ff.
2 Vgl. BVerfG 6.5.1958 – 2 BvL 37/56, 2 BvL 11/57, BVerfGE 8, 155 ff.
3 S. hierzu die gesetzliche Aufgabenverteilung in § 4 Abs. 1 S. 1 JVEG; ob hinsichtlich der Reisekosten tatsächlich die VwV Reiseentschädigung idF der Bekanntmachung v. 20.1.2014 (BAnz AT 29.01.2014 B 1) eine abweichende abschließende Zuständigkeit der Gerichtsverwaltung begründet, erscheint entgegen LSG Bln-Bbg 2.1.2017 – L 13 VE 73/16 B, eher fraglich.
4 SG Detmold 5.3.2014 – S 2 SF 52/14 E, juris Rn. 3.
5 Ohne Nachweis – jedoch viel zitiert – etwa OLG Frankfurt 25.3.2002 – 20 VA 12/2001, 20 VA 12/01, OLGR Frankfurt 2002, 167 f.
6 So aber etwa Senger in jurisPK-SGG § 4 Rn. 17.
7 Vgl. BGH 5.5.1993 – XII ZR 44/92, NJW-RR 1993, 1213 ff.
8 Vgl. zB Geschäftsordnungsvorschriften für die Sozialgerichtsbarkeit des Ministeriums der Justiz in Niedersachsen, Nds. Rpfl. 1998, S. 259.

gen Kommunikation des Gerichts (Verwaltungsvorgänge, allgemeine Auskunftsersuchen, Dienstaufsichtsbeschwerden, Petitionen etc) zu unterscheiden sind, muss die **richterliche Prüfung** jedenfalls für alle Eingänge sichergestellt sein, bei denen es sich nur entfernt (auch!) um eine Klage handeln könnte. Umgekehrt ist die Gerichtsverwaltung insofern auf unselbstständige Hilfstätigkeiten wie die Eintragung in das Streitsachenverzeichnis, das Anlegen der Akte und die Vergabe des Aktenzeichens beschränkt. Darüber hinausgehende **Kompetenzanmaßungen** sind mit der Verfassung und dem einfachen Gesetzesrecht schlechthin unvereinbar und bedürfen der wachen richterlichen Aufmerksamkeit.[9] Weder kann daher die Geschäftsstelle aus eigener Zuständigkeit eine Mehrheit in objektiver Klagehäufung (§ 56 SGG) angebrachter Klagebegehren (mit dem Ziel der „statistischen Optimierung") anstelle des Richters trennen (§ 202 S. 1 SGG iVm § 145 ZPO)[10] noch kommt etwa die formlose Abgabe einer Klage an das zuständige Gericht im Verwaltungswege in Betracht.[11] Kompetenzlose Ermächtigungen der Verwaltung durch das unzuständige Präsidium ändern hieran nichts.[12]

III. Aufgaben

5 Aufgaben der Geschäftsstelle sind zB:

- Aufnahme von Klagen, Rechtsmitteln und sonstigen Erklärungen Verfahrensbeteiligter zur Niederschrift, §§ 90, 151 Abs. 1 u. 2, 173, 178 a Abs. 2;
- Prüfung der persönlichen und wirtschaftlichen Verhältnisse im Rahmen der Prozesskostenhilfe nach Maßgabe der richterlichen Ermächtigung, § 73 a Abs. 4–6;
- Sonstige Aufgaben im Rahmen der Prozesskostenhilfe nach Maßgabe der Regelungen der ZPO, § 73 a Abs. 1 Satz 1;
- Erteilung von Ausfertigungen, Auszügen, Ausdrucken und Abschriften an Beteiligte, § 120 Abs. 2 Satz 1;
- Registratur, Aktenführung und -verwahrung;
- Aktenanforderung und -rücksendung, § 152;
- Ausführung von Ladungen und Zustellungen nach Maßgabe der Regelungen der ZPO, § 63 Abs. 2;
- Vermerk der Verkündung oder Zustellung auf dem Urteil, § 134 Abs. 3;
- Feststellung der Gebührenschuld, § 189;
- Festsetzung von zu erstattenden Kosten, § 197;
- Erteilung von Urteilsausfertigungen, § 137;
- Erstellung von Vermerken über Urteilsberichtigungen, § 138;
- Erteilung von Beschlussausfertigungen, § 142 Abs. 3;
- Aufgaben im Rahmen der Vollstreckung nach näherer Bestimmung des Achten Buchs der ZPO, § 198 Abs. 1.

---

9 Berchtold in PHdB-SozS Teil 1 § 6 Rn. 44 f.
10 LSG RhPf 17.1.2020 – L 5 KR 175/19 B, NZS 2020, 306 m. lesenswerter Anmerkung Schifferdecker.
11 Vgl. BSG 3.7.1996 – 4 S (A) 7/96, SozR 3-1500 § 166 Nr. 5.
12 Vgl. LSG RhPf 17.1.2020 – L 5 KR 175/19 B, NZS 2020, 306 und LSG NRW 15.6.2005 – L 5 B 18/05 KR.

IV. Besetzung und Rechtsstellung

6 Unabhängig von Art. 33 Abs. 4 GG ist die Geschäftsstelle jedenfalls aufgrund zwingender einfachgesetzlicher Anordnung mit der (zur Erfüllung der diesen gesetzlich zugewiesenen) erforderlichen Zahl von **Urkundsbeamten** zu besetzen. Auch hiervon können die auf „das Nähere" beschränkten Stellen nicht grundsätzlich abweichen. Eine Regelung nach dem Vorbild von § 153 Abs. 2 GVG fehlt. Dieser ist auch nicht entsprechend anwendbar. Die letztendliche Verantwortung für die Geschäftsstellentätigkeit müssen damit **Beamte** jedenfalls dort tragen, wo ihnen die Aufgabenerledigung ausdrücklich zugeordnet ist (zB § 73 a Abs. 4, 5, 6, § 90, § 122, § 134 Abs. 3, §§ 137, 138, § 142 Abs. 3, § 145 Abs. 1 § 151 Abs. 1, 2, § 152 Abs. 2, § 158 S. 1, § 173 Abs. 1 S. 1 Hs. 1, S. 2 § 178 a Abs. 2 S. 4, § 189 Abs. 2 SGG), ohne dass umgekehrt zwingend alle Geschäftsstellentätigkeit von Beamten zu erledigen wäre. Ein Verständnis, dass „der Urkundsbeamte der Geschäftsstelle Beamter oder Angestellter sein" kann,[13] ist schon mit dem klaren Wortlaut unvereinbar. Eine über die lediglich interne Vorbereitung hinausgehende Aufgabenübertragung an sonstige Bedienstete ist ausgeschlossen. Bloße Hinweise auf gewandelte Bezeichnungen („Serviceeinheiten") und die faktische Verbreitung an der Organisation privater Einheiten orientierter Vorstellungen vermögen eine Abbedingung des Gesetzes nicht zu rechtfertigen.

7 Soweit der Urkundsbeamte nicht nur administrative Hilfsaufgaben, sondern **prozessuale Aufgaben** wahrnimmt, gelten für ihn als „Gerichtsperson" die Vorschriften über den Ausschluss oder die Ablehnung von Richtern entsprechend (§ 60 Abs. 1; § 49 ZPO). Entscheidungen über Ausschluss oder Ablehnung von Urkundsbeamten trifft das Gericht, bei dem er tätig ist (§ 60 Abs. 1; § 45 Abs. 1 ZPO). Prozessuale Aufgaben, die in der ordentlichen Gerichtsbarkeit Rechtspflegern übertragen sind, erfüllt der Urkundsbeamte weisungsfrei. Dies gilt (schon aufgrund der besonderen Funktion) namentlich für die **Protokollführung** in der mündlichen Verhandlung. Zur Protokollberichtigung ist das Einvernehmen von Vorsitzendem und Urkundsbeamtem herzustellen (§ 122 iVm §§ 163 f. ZPO). Gegenüber Entscheidungen von Urkundsbeamten im Rahmen der Gebührenfeststellung und der Kostenfestsetzung ist als Rechtsbehelf der Antrag auf richterliche Entscheidung (Erinnerung) vorgesehen (§§ 189 Abs. 2, 197 Abs. 2).

§ 5 [Rechts- und Amtshilfe]

(1) Alle Gerichte, Verwaltungsbehörden und Organe der Versicherungsträger leisten den Gerichten der Sozialgerichtsbarkeit Rechts- und Amtshilfe.

(2) [1]Das Ersuchen an ein Sozialgericht um Rechtshilfe ist an das Sozialgericht zu richten, in dessen Bezirk die Amtshandlung vorgenommen werden soll. [2]Das Ersuchen ist durch den Vorsitzenden einer Kammer durchzuführen. [3]Ist die Amtshandlung außerhalb des Sitzes des ersuchten Sozialgerichts vorzunehmen, so kann dieses Gericht das Amtsgericht um die Vornahme der Rechtshilfe ersuchen.

(3) Die §§ 158 bis 160, 164 bis 166, 168 des Gerichtsverfassungsgesetzes gelten entsprechend.

13 Keller in Meyer-Ladewig/Keller/Leitherer/Schmidt § 4 Rn. 3.

I. Allgemeines/Normzweck

1 Die Vorschrift gilt unverändert seit Inkrafttreten des SGG (→ § 1 Rn. 1). Sie formt den elementaren Verfassungsgrundsatz der gegenseitigen Hilfe aller „Behörden des Bundes und der Länder" – einschließlich der Gerichte – (Art. 35 Abs. 1 GG) einfachgesetzlich für die Gerichte der Sozialgerichtsbarkeit aus. Ähnlich den Regelungen in den anderen Verfahrensordnungen (§ 156 GVG, § 14 VwGO, § 13 FGO, § 13 ArbGG) beschränkt sich auch § 5 ohne Anspruch auf Vollständigkeit auf ausgewählte Aspekte.

II. Rechts- und Amtshilfe

2 Die Begriffe Rechts- und Amtshilfe finden in Literatur und Rechtsprechung in einer verwirrenden **Bedeutungsvielfalt** Verwendung. Ausgehend vom Sprachgebrauch des Gesetzes in den anderen Verfahrensordnungen und der verfassungsgerichtlichen Rechtsprechung gilt folgendes: **Rechtshilfe** ist der Beistand der Gerichte unter einander (vgl. § 156 GVG), den sie sich durch richterliche Handlungen leisten, die der Rechtsprechung im verfassungsrechtlichen Sinne zuzuordnen sind.[1] Wo daher ein Gericht außerhalb seiner Rechtsprechungstätigkeit – wenn auch ggf. aus einem laufenden Rechtsstreit heraus – einer Behörde bei der Erfüllung von deren eigenen Aufgaben ergänzende Unterstützung,[2] etwa durch Übermittlung von Informationen, gewährt, handelt es sich um Verwaltungstätigkeit[3] und damit um **Amtshilfe.** Dasselbe gilt für den häufigen Fall des Ersuchens einer Verwaltungsbehörde um eidliche Vernehmung eines Zeugen oder Sachverständigen in einem anhängigen Verwaltungsverfahren (§ 22 SGB X).[4] Das BVerfG hat bereits in seiner Entscheidung von 1957[5] ausgeführt, dass es sich bei der eidlichen Vernehmung nicht um ein ausschließlich der Dritten Gewalt zuzurechnendes Rechtsinstitut handelt und weder die Entscheidungstätigkeit der Gerichte auf den der rechtsprechenden Gewalt übertragenen Sachgebieten durch ein derartiges Amtshilfeersuchen[6] beeinträchtigt wird noch umgekehrt eine unzulässige Einwirkung der Rechtsprechung in den Bereich der vollziehenden Gewalt vorliegt. Im Rahmen ihrer eigenen Verwaltungstätigkeit, etwa bei der Gewährung von Akteneinsicht durch den Vorstand des Gerichts nach § 299 Abs. 2 ZPO,[7]

---

1 Lückemann, Zöller GVG § 156 Rn. 2.
2 BVerfG 13.7.2011 – 2 BvR 742/10, NVwZ 2011, 1254 ff., juris Rn. 23.
3 BVerfG 2.12.2014 – 1 BvR 3106/09, BVerfGE 138, 33 ff., juris Rn. 21.
4 Bereits BVerfG 28.11.1957 – 2 BvL 11/56, BVerfGE 7, 183 ff.; ebenso zum entsprechenden Ersuchen einer Staatsanwaltschaft BVerfG 27.4.1971 – 2 BvL 31/71, BVerfGE 31, 43 ff. Anders allerdings ohne Auseinandersetzung: Durchsuchungs- und Beschlagnahmebeschlüsse eines Amtsgerichts auf Antrag eines insofern ausdrücklich als Behörde agierenden parlamentarischen Untersuchungsausschusses „Rechtshilfe", BVerfG 13.9.1993 – 2 BvR 1666/93, 2 vR 1667/93, NVwZ 1994, 54 ff., juris Rn. 14. Zu den Voraussetzungen des § 22 SGB X s. zuletzt SG Neuruppin 23.3.2016 – S 35 SF 37/16 RH, juris und 28.4.2016 RH – S 35 SF 53/16 RH, juris; LSG Bln-Bbg 30.7.2016 – L 13 SF 141/16 B, juris.
5 28.11.1957 – 2 BvL 11/56, BVerfGE 7, 183 ff.
6 Dennoch anders etwa ThürLSG 12.4.1999 – L 6 B 27/98 SF, Breithaupt 1999, 657 f.
7 BVerfG 2.12.2014 – 1 BvR 3106/09, BVerfGE 138, 33 ff., juris Rn. 20.

können umgekehrt auch die Gerichte die Amtshilfe anderer Behörden in Anspruch nehmen. Dagegen kommt eine Amtshilfe anderer Behörden im Erkenntnisverfahren, etwa durch Erteilung einer Auskunft, nicht in Betracht.[8] Weder um Rechts- noch um Amtshilfe handelt es sich demgegenüber in den Fällen, in denen dem Richter zur Sicherung von Grundrechten von vorne herein eigene Zuständigkeiten und Entscheidungskompetenzen zuerkannt sind.[9]

III. Abs. 1

Der Gesetzgeber regelt die Rechts- und ggf. Amtshilfe an und durch Gerichte jeweils bereichsspezifisch (→ Rn. 1). Für die Gerichte der Sozialgerichtsbarkeit begründet Abs. 1 zunächst spezialgesetzlich die umfassende Pflicht **aller Gerichte, Verwaltungsbehörden** und Organe der Versicherungsträger, den (allen) Gerichten der Sozialgerichtsbarkeit Rechts- und Amtshilfe zu leisten. Die Unterscheidung vollzieht sich jeweils danach, in welcher Funktion (in Ausübung rechtsprechender Gewalt oder als Verwaltungsbehörde) das Gericht agiert (→ Rn. 2). 3

IV. Durchführung der Rechtshilfe – Abs. 2, 3

Abs. 2 und 3 beschränken sich auf die Rechtshilfe, die Sozialgerichte anderen Gerichten der Sozialgerichtsbarkeit leisten, ohne den weitergehenden Art. 35 Abs. 1 GG hierdurch zu beschränken. Ob Rechtshilfe eines Sozialgerichts in Anspruch genommen wird, ist grundsätzlich Gegenstand allein der Entscheidungskompetenz des Prozessgerichts nach Maßgabe seiner Einschätzung der Sach- und Rechtslage. Dieses handelt außerhalb der mündlichen Verhandlung durch den Vorsitzenden (§ 106 Abs. 2, Abs. 3 Nr. 4) bzw. beim LSG regelmäßig durch den Berichterstatter (§ 155 Abs. 1). Die **Zweckmäßigkeit von Rechtshilfeersuchen** ist dabei sorgfältig zu erwägen, weil der Grundsatz der Unmittelbarkeit durchbrochen und damit Möglichkeiten der Beweiswürdigung eingeschränkt werden. Der erforderliche Beweisbeschluss (§ 118 Abs. 1 Satz 1, § 358 ZPO) darf über Art und Umfang der Beweisaufnahme keinen Zweifel lassen. **Beweisfragen** hat das Prozessgericht daher so zu fassen, dass der Ersuchte erkennen kann, welche Tatsachen zu erfragen sind. Andernfalls ist das Rechtshilfeersuchen nicht wirksam und vom ersuchten Richter abzulehnen.[10] Die Übersendung der **Prozessakten** ist zweckmäßig, aber nicht Wirksamkeitsvoraussetzung des Ersuchens. Das ersuchte Gericht kann sie jedoch anfordern,[11] wenn es dies für eine ergiebige Beweisaufnahme notwendig oder zweckmäßig hält.[12] 4

Spiegelbildlich hat grundsätzlich das ersuchte Gericht nicht selbst zu prüfen, ob der Beweisbeschluss verfahrensrechtlich zu beanstanden ist. Der ersuchte Richter ist vielmehr der **verlängerte Arm des Prozessgerichts.** Dessen Verfahrensfehler sind nur im Rechtszug der Prozessgerichte überprüfbar.[13] Es ist daher nicht Aufgabe des ersuchten Richters, die Notwendigkeit der Beweisaufnahme zu prü- 5

8 HessVGH 7.2.1989 – 10 TP 4115/88, JurBüro 1989, 1144 f., juris Rn. 4 mwN.

9 Vgl. BVerfG 13.7.2011 – 2 BvR 742/10, NVwZ 2011, 1254 ff.: Anordnung von Sicherungshaft nach dem Aufenthaltsgesetz; BVerfG 6.6.2015 – 2 BvR 2718/10, 2 BvR 1849/11, 2 BvR 2808/11, BVerfGE 139, 245 ff.

10 Keller in Meyer-Ladewig/Keller/Leitherer/Schmidt § 5 Rn. 3 a mwN; SG Berlin 26.9.2019 – S 118 VE 70/19 RH, juris.

11 Keller in Meyer-Ladewig/Keller/Leitherer/Schmidt, 13. Aufl., § 5 Rn. 3 a.

12 Vgl. dazu HessLSG 3.3.1982 – L 2 So-1297/81, SozVers 1983, 24.

13 BGH 8.11.952 – I ZB 15/52, JZ 1953, 230; BFH 11.9.1984 – VIII B 23/84, BFHE 142, 17.

fen[14] oder die Entscheidungserheblichkeit von Tatsachen selbst zu erarbeiten. Die Frage, ob die ersuchte Vernehmung eines Zeugen für die Entscheidung des ersuchenden Gerichts (im Einzelfall) unrechtmäßig, erforderlich oder auch nur zweckmäßig ist, unterliegt nicht der Beurteilung des ersuchten Gerichts.[15] Ebenso darf ein Ersuchen um Rechtshilfe vom ersuchten Gericht nicht allein mit der Begründung abgelehnt werden, die durchzuführende Beweisaufnahme stelle die Erhebung eines unzulässigen Ausforschungsbeweises dar.[16] Auch wenn das daher ersuchende Gericht im Hinblick auf geringe Entfernungen in der Lage wäre, die Handlung selbst vorzunehmen, ist ihre Vornahme durch das ersuchte Gericht weder schlechthin noch offensichtlich unzulässig.[17]

6 Das **Ersuchen** ist durch den nach dem Geschäftsverteilungsplan zuständigen Kammervorsitzenden des als zuständiges (Abs. 2 Satz 1) Rechtshilfegericht angegangenen Sozialgerichts zu erledigen (Abs. 2 Satz 2). Er kann mit der Durchführung einen Referendar in den Grenzen des § 10 GVG beauftragen. Grundsätzlich darf das ersuchte Gericht das Ersuchen nicht ablehnen (§ 5 Abs. 3; § 158 Abs. 1 GVG). Es prüft allerdings seine örtliche Zuständigkeit (§ 158 Abs. 2 Satz 2 GVG) und grundsätzlich auch die Zulässigkeit der Amtshandlung nach eigenem Recht (§ 158 Abs. 2 Satz 1 GVG). Bei **örtlicher Unzuständigkeit** gibt das ersuchte Gericht das Ersuchen an das zuständige Gericht ab (§ 158 Abs. 2 S. 2 GVG) und erteilt zweckmäßiger Weise dem ersuchenden Gericht eine Abgabenachricht. Ist die Amtshandlung außerhalb des Gerichtssitzes vorzunehmen, eröffnet § 5 Abs. 2 Satz 3 dem angegangenen Sozialgericht die Möglichkeit einer Abgabe an das Amtsgericht nach pflichtgemäßem Ermessen („kann"). Auf der Grundlage von Art. 35 Abs. 1 GG kommt ein derartiges Vorgehen ggf. auch unmittelbar durch das ersuchende Gericht in Betracht. Allerdings sollte hiervon wegen der für die Sachaufklärung möglicherweise erforderlichen Spezialkenntnisse zurückhaltend Gebrauch gemacht und dem Aspekt der räumlichen Nähe allenfalls in unumgänglichen Fälle (zB: mangelnde Belastbarkeit eines Zeugen; große Entfernung zum Prozessgericht) der Vorzug eingeräumt werden.[18]

7 Nur wenn das Ersuchen nicht von einem im Rechtszug (konkret) vorgesetzten Gericht stammt, prüft das angegangene Sozialgericht, ob die erbetene Handlung ausnahmsweise schlechthin (und nicht nur im Einzelfall) unzulässig ist. Eine von dem ersuchten Gericht vorzunehmende Handlung ist nur dann verboten, wenn sie schlechthin unzulässig ist, dh dass sie ohne Rücksicht auf die konkrete prozessuale Situation (abstrakt) rechtlich unzulässig sein muss.[19] Die Zulässigkeit der nachgesuchten Handlung kann insbesondere durch **Geheimhaltungsvorschriften** begrenzt sein. Eine datenschutzrechtlich erforderliche Übermittlungsbefugnis wird weder durch Art. 35 Abs. 1 GG noch durch einfachgesetzliche Regelungen der Rechtshilfe ersetzt.[20] Die Einholung von Aussagegenehmigungen bzw. Entbindungen von besonderen Schweigepflichten durch das Prozessgericht erscheint zumindest zweckmäßig. Ersuchen des im Rechtszuge vorgesetzten Gerichtes hat es jedenfalls auszuführen (§ 158 Abs. 2 GVG).

14 BAG 23.1.2001 – 10 AS 1/01, NZA 2001, 743.
15 Bereits RG 28.4.1919 – IV 1/19, RGZ 95, 286 ff., stRspr.
16 BAG 26.10.1999 – 10 AS 5/99, BAGE 92, 330 ff.
17 BAG 23.1.2001 – 10 AS 1/01, NJW 2001, 2196 ff.
18 Schmidt in Hennig § 5 Rn. 4.
19 BGH 31.5.1990 – III ZB 52/89, NJW 1990, 2936 mwN.
20 Vgl. BVerfG 2.12.2014 – 1 BvR 3106/09, BVerfGE 138, 33 ff., juris Rn. 30.

V. Rechtsmittel – Abs. 3

Gegen die **Ablehnung des Rechtshilfeersuchens** kann ohne Bindung an eine Form oder Frist das LSG, in dessen Bezirk das ersuchte Gericht seinen Sitz hat, als übergeordnetes Gericht angerufen werden (§ 5 Abs. 3, § 159 GVG). Anrufungsbefugt können das ersuchende Prozessgericht oder die Beteiligten sein (§ 159 Abs. 2 GVG). Das LSG entscheidet ohne mündliche Verhandlung (§ 159 Abs. 2 GVG). Erklärt das LSG die Rechtshilfe für unzulässig und haben ersuchtes und ersuchendes Gericht ihren Sitz im Bezirk unterschiedlicher Landessozialgerichte, kann diese Entscheidung mit der Beschwerde zum BSG angerufen werden (§ 159 Abs. 1 Satz 2 und 3 GVG).[21] § 5 Abs. 3 iVm den einschlägigen Regelungen des GVG ist für Fälle der vorliegenden Art unzweideutig lex specialis. Für § 178 (Erinnerung gegen Entscheidungen ua des ersuchten Richters als solchem) verbleibt ein Anwendungsbereich, auch wenn ihm die Frage der Rechtmäßigkeit des an ihn gerichteten Ersuchens in den Grenzen von § 158 Abs. 2 GVG nicht unterfällt. 8

VI. Kosten

Für die Rechtshilfe bleiben Gebühren außer Ansatz, Kosten und Auslagen werden dem ersuchten Gericht nicht erstattet (§ 164 GVG). 9

§ 6 [Anwendung des GVG]

Für die Gerichte der Sozialgerichtsbarkeit gelten die Vorschriften des Zweiten Titels des Gerichtsverfassungsgesetzes[1] nach Maßgabe der folgenden Vorschriften entsprechend:

1. **[1]Das Präsidium teilt die ehrenamtlichen Richter im voraus für jedes Geschäftsjahr, mindestens für ein Vierteljahr, einem oder mehreren Spruchkörpern zu, stellt die Reihenfolge fest, in der sie zu den Verhandlungen heranzuziehen sind, und regelt die Vertretung für den Fall der Verhinderung. [2]Von der Reihenfolge darf nur aus besonderen Gründen abgewichen werden; die Gründe sind aktenkundig zu machen.**
2. **Den Vorsitz in den Kammern der Sozialgerichte führen die Berufsrichter.**

I. Allgemeines

1. Inkrafttreten. Die geltende Fassung ist durch das Gesetz zur Änderung der Bezeichnungen der Richter und ehrenamtlichen Richter und der Präsidialverfassung der Gerichte vom 26.5.1972 (BGBl. 1972 I 841) eingefügt worden. Zuvor 1

21 Entsprechend für die Arbeitsgerichtsbarkeit BAG 23.1.2001 – 10 AS 1/01, NJW 2001, 2196 f. Dennoch verneinend: BayLSG 16.2.1966 – L 7/S 29/65, Breithaupt 1966, 440.

1 Siehe §§ 21 a–21 j GVG.

regelte § 6 bis zum Inkrafttreten des Deutschen Richtergesetzes vom 8.9.1961 (BGBl. 1961 I 1665) die berufliche Vorbildung von Berufsrichtern. Das Gesetz zur Stärkung der Unabhängigkeit der Richter und Gerichte vom 22.12.1999 (BGBl. 1999 I 2598) ist in die in Bezug genommenen Vorschriften des GVG eingegangen.

2 **2. Allgemeine Regeln der Geschäftsverteilung.** Der 2. Titel des GVG – die §§ 21 a ff. GVG – gelten unmittelbar nur für die ordentlichen Gerichte. Sie sind jedoch durch sämtliche Verfahrensordnungen und weitere prozessuale Regelungen wie in § 6 auch für die anderen Gerichtsbarkeiten für anwendbar erklärt worden, so dass eine einheitliche Regelung für die Geschäftsverteilung in allen Verfahren besteht.[2]

II. Verweisung – Satz 1

3 Die §§ 21 a ff. GVG gelten der Eigenart der **Gerichtsverfassung** der Sozialgerichtsbarkeit (§§ 7 ff.) entsprechend:

§ 21 a GVG [Präsidium]

(1) Bei jedem Gericht wird ein Präsidium gebildet.

(2) Das Präsidium besteht aus dem Präsidenten oder aufsichtführenden Richter als Vorsitzenden und

1. bei Gerichten mit mindestens achtzig Richterplanstellen aus zehn gewählten Richtern,
2. bei Gerichten mit mindestens vierzig Richterplanstellen aus acht gewählten Richtern,
3. bei Gerichten mit mindestens zwanzig Richterplanstellen aus sechs gewählten Richtern,
4. bei Gerichten mit mindestens acht Richterplanstellen aus vier gewählten Richtern,
5. bei den anderen Gerichten aus den nach § 21 b Abs. 1 wählbaren Richtern.

§ 21 b GVG [Wahl zum Präsidium]

(1) [1]Wahlberechtigt sind die Richter auf Lebenszeit und die Richter auf Zeit, denen bei dem Gericht ein Richteramt übertragen ist, sowie die bei dem Gericht tätigen Richter auf Probe, die Richter kraft Auftrags und die für eine Dauer von mindestens drei Monaten abgeordneten Richter, die Aufgaben der Rechtsprechung wahrnehmen. [2]Wählbar sind die Richter auf Lebenszeit und die Richter auf Zeit, denen bei dem Gericht ein Richteramt übertragen ist. [3]Nicht wahlberechtigt und nicht wählbar sind Richter, die für mehr als drei Monate an ein anderes Gericht abgeordnet, für mehr als drei Monate beurlaubt oder an eine Verwaltungsbehörde abgeordnet sind.

(2) Jeder Wahlberechtigte wählt höchstens die vorgeschriebene Zahl von Richtern.

(3) [1]Die Wahl ist unmittelbar und geheim. [2]Gewählt ist, wer die meisten Stimmen auf sich vereint. [3]Durch Landesgesetz können andere Wahlverfahren für die Wahl zum Präsidium bestimmt werden; in diesem Fall erlässt die Landesregierung durch Rechtsverordnung die erforderlichen Wahlordnungsvorschriften; sie kann die Ermächtigung hierzu auf die Landesjustizverwaltung übertragen. [4]Bei Stimmengleichheit entscheidet das Los.

(4) [1]Die Mitglieder werden für vier Jahre gewählt. [2]Alle zwei Jahre scheidet die Hälfte aus. [3]Die zum ersten Mal ausscheidenden Mitglieder werden durch das Los bestimmt.

(5) Das Wahlverfahren wird durch eine Rechtsverordnung geregelt, die von der Bundesregierung mit Zustimmung des Bundesrates erlassen wird.

(6) [1]Ist bei der Wahl ein Gesetz verletzt worden, so kann die Wahl von den in Absatz 1 Satz 1 bezeichneten Richtern angefochten werden. [2]Über die Wahlanfechtung entscheidet ein Senat des zuständigen Oberlandesgerichts, bei dem Bundesgerichtshof ein Senat dieses Gerichts. [3]Wird die Anfechtung für begründet erklärt, so kann ein Rechtsmittel gegen eine gerichtliche Entscheidung nicht darauf gestützt werden, das Präsidium sei deswegen nicht

2 Kissel/Mayer GVG § 21 a Rn. 5.

ordnungsgemäß zusammengesetzt gewesen. [4]Im Übrigen sind auf das Verfahren die Vorschriften des Gesetzes über das Verfahren in Familiensachen und in den Angelegenheiten der freiwilligen Gerichtsbarkeit entsprechend anzuwenden.

§ 21 c GVG [Vertretung der Mitglieder des Präsidiums]

(1) [1]Bei einer Verhinderung des Präsidenten oder aufsichtführenden Richters tritt sein Vertreter (§ 21 h) an seine Stelle. [2]Ist der Präsident oder aufsichtführende Richter anwesend, so kann sein Vertreter, wenn er nicht selbst gewählt ist, an den Sitzungen des Präsidiums mit beratender Stimme teilnehmen. [3]Die gewählten Mitglieder des Präsidiums werden nicht vertreten.

(2) Scheidet ein gewähltes Mitglied des Präsidiums aus dem Gericht aus, wird es für mehr als drei Monate an ein anderes Gericht abgeordnet oder für mehr als drei Monate beurlaubt, wird es an eine Verwaltungsbehörde abgeordnet oder wird es kraft Gesetzes Mitglied des Präsidiums, so tritt an seine Stelle der durch die letzte Wahl Nächstberufene.

§ 21 d GVG [Größe des Präsidiums]

(1) Für die Größe des Präsidiums ist die Zahl der Richterplanstellen am Ablauf des Tages maßgebend, der dem Tage, an dem das Geschäftsjahr beginnt, um sechs Monate vorhergeht.

(2) [1]Ist die Zahl der Richterplanstellen bei einem Gericht mit einem Präsidium nach § 21 a Abs. 2 Nr. 1 bis 3 unter die jeweils genannte Mindestzahl gefallen, so ist bei der nächsten Wahl, die nach § 21 b Abs. 4 stattfindet, die folgende Zahl von Richtern zu wählen:
1. bei einem Gericht mit einem Präsidium nach § 21 a Abs. 2 Nr. 1 vier Richter,
2. bei einem Gericht mit einem Präsidium nach § 21 a Abs. 2 Nr. 2 drei Richter,
3. bei einem Gericht mit einem Präsidium nach § 21 a Abs. 2 Nr. 3 zwei Richter.

[2]Neben den nach § 21 b Abs. 4 ausscheidenden Mitgliedern scheidet jeweils ein weiteres Mitglied, das durch das Los bestimmt wird, aus.

(3) [1]Ist die Zahl der Richterplanstellen bei einem Gericht mit einem Präsidium nach § 21 a Abs. 2 Nr. 2 bis 4 über die für die bisherige Größe des Präsidiums maßgebende Höchtzahl gestiegen, so ist bei der nächsten Wahl, die nach § 21 b Abs. 4 stattfindet, die folgende Zahl von Richtern zu wählen:
1. bei einem Gericht mit einem Präsidium nach § 21 a Abs. 2 Nr. 2 sechs Richter,
2. bei einem Gericht mit einem Präsidium nach § 21 a Abs. 2 Nr. 3 fünf Richter,
3. bei einem Gericht mit einem Präsidium nach § 21 a Abs. 2 Nr. 4 vier Richter.

[2]Hiervon scheidet jeweils ein Mitglied, das durch das Los bestimmt wird, nach zwei Jahren aus.

§ 21 e GVG [Aufgaben und Befugnisse des Präsidiums; Geschäftsverteilung]

(1) [1]Das Präsidium bestimmt die Besetzung der Spruchkörper, bestellt die Ermittlungsrichter, regelt die Vertretung und verteilt die Geschäfte. [2]Es trifft diese Anordnungen vor dem Beginn des Geschäftsjahres für dessen Dauer. [3]Der Präsident bestimmt, welche richterlichen Aufgaben er wahrnimmt. [4]Jeder Richter kann mehreren Spruchkörpern angehören.

(2) Vor der Geschäftsverteilung ist den Richtern, die nicht Mitglied des Präsidiums sind, Gelegenheit zur Äußerung zu geben.

(3) [1]Die Anordnungen nach Absatz 1 dürfen im Laufe des Geschäftsjahres nur geändert werden, wenn dies wegen Überlastung oder ungenügender Auslastung eines Richters oder Spruchkörpers oder infolge Wechsels oder dauernder Verhinderung einzelner Richter nötig wird. [2]Vor der Änderung ist den Vorsitzenden Richtern, deren Spruchkörper von der Änderung der Geschäftsverteilung berührt wird, Gelegenheit zu einer Äußerung zu geben.

(4) Das Präsidium kann anordnen, daß ein Richter oder Spruchkörper, der in einer Sache tätig geworden ist, für diese nach einer Änderung der Geschäftsverteilung zuständig bleibt.

(5) Soll ein Richter einem anderen Spruchkörper zugeteilt oder soll sein Zuständigkeitsbereich geändert werden, so ist ihm, außer in Eilfällen, vorher Gelegenheit zu einer Äußerung zu geben.

(6) Soll ein Richter für Aufgaben der Justizverwaltung ganz oder teilweise freigestellt werden, so ist das Präsidium vorher zu hören.

(7) [1]Das Präsidium entscheidet mit Stimmenmehrheit. [2]§ 21 i Abs. 2 gilt entsprechend.

(8) [1]Das Präsidium kann beschließen, dass Richter des Gerichts bei den Beratungen und Abstimmungen des Präsidiums für die gesamte Dauer oder zeitweise zugegen sein können. [2]§ 171 b gilt entsprechend.

(9) Der Geschäftsverteilungsplan des Gerichts ist in der von dem Präsidenten oder aufsichtführenden Richter bestimmten Geschäftsstelle des Gerichts zur Einsichtnahme aufzulegen; einer Veröffentlichung bedarf es nicht.

§ 21 f GVG [Vorsitz in den Spruchkörpern]

(1) Den Vorsitz in den Spruchkörpern bei den Landgerichten, bei den Oberlandesgerichten sowie bei dem Bundesgerichtshof führen der Präsident und die Vorsitzenden Richter.

(2) [1]Bei Verhinderung des Vorsitzenden führt den Vorsitz das vom Präsidium bestimmte Mitglied des Spruchkörpers. [2]Ist auch dieser Vertreter verhindert, führt das dienstälteste, bei gleichem Dienstalter das lebensälteste Mitglied des Spruchkörpers den Vorsitz.

§ 21 g GVG [Geschäftsverteilung innerhalb der Spruchkörper]

(1) [1]Innerhalb des mit mehreren Richtern besetzten Spruchkörpers werden die Geschäfte durch Beschluss aller dem Spruchkörper angehörenden Berufsrichter auf die Mitglieder verteilt. [2]Bei Stimmengleichheit entscheidet das Präsidium.

(2) Der Beschluss bestimmt vor Beginn des Geschäftsjahres für dessen Dauer, nach welchen Grundsätzen die Mitglieder an den Verfahren mitwirken; er kann nur geändert werden, wenn es wegen Überlastung, ungenügender Auslastung, Wechsels oder dauernder Verhinderung einzelner Mitglieder des Spruchkörpers nötig wird.

(3) Absatz 2 gilt entsprechend, soweit nach den Vorschriften der Prozessordnungen die Verfahren durch den Spruchkörper einem seiner Mitglieder zur Entscheidung als Einzelrichter übertragen werden können.

(4) Ist ein Berufsrichter an der Beschlussfassung verhindert, tritt der durch den Geschäftsverteilungsplan bestimmte Vertreter an seine Stelle.

(5) § 21 i Abs. 2 findet mit der Maßgabe entsprechende Anwendung, dass die Bestimmung durch den Vorsitzenden getroffen wird.

(6) Vor der Beschlussfassung ist den Berufsrichtern, die von dem Beschluss betroffen werden, Gelegenheit zur Äußerung zu geben.

(7) § 21 e Abs. 9 findet entsprechende Anwendung.

§ 21 h GVG [Vertretung des Präsidenten und des aufsichtführenden Richters]

[1]Der Präsident oder aufsichtführende Richter wird in seinen durch dieses Gesetz bestimmten Geschäften, die nicht durch das Präsidium zu verteilen sind, durch seinen ständigen Vertreter, bei mehreren ständigen Vertretern durch den dienstältesten, bei gleichem Dienstalter durch den lebensältesten von ihnen vertreten. [2]Ist ein ständiger Vertreter nicht bestellt oder ist er verhindert, wird der Präsident oder aufsichtführende Richter durch den dienstältesten, bei gleichem Dienstalter durch den lebensältesten Richter vertreten.

§ 21 i GVG [Beschlussfähigkeit des Präsidiums]

(1) Das Präsidium ist beschlußfähig, wenn mindestens die Hälfte seiner gewählten Mitglieder anwesend ist.

(2) [1]Sofern eine Entscheidung des Präsidiums nicht rechtzeitig ergehen kann, werden die in § 21 e bezeichneten Anordnungen von dem Präsidenten oder aufsichtführenden Richter getroffen. [2]Die Gründe für die getroffene Anordnung sind schriftlich niederzulegen. [3]Die Anordnung ist dem Präsidium unverzüglich zur Genehmigung vorzulegen. [4]Sie bleibt in Kraft, solange das Präsidium nicht anderweit beschließt.

§ 21 j GVG [Neuerrichtung des Präsidiums; Frist]

(1) [1]Wird ein Gericht errichtet und ist das Präsidium nach § 21 a Abs. 2 Nr. 1 bis 4 zu bilden, so werden die in § 21 e bezeichneten Anordnungen bis zur Bildung des Präsidiums von dem Präsidenten oder aufsichtführenden Richter getroffen. [2]§ 21 i Abs. 2 Satz 2 bis 4 gilt entsprechend.

(2) [1]Ein Präsidium nach § 21 a Abs. 2 Nr. 1 bis 4 ist innerhalb von drei Monaten nach der Errichtung des Gerichts zu bilden. [2]Die in § 21 b Abs. 4 Satz 1 bestimmte Frist beginnt mit dem auf die Bildung des Präsidiums folgenden Geschäftsjahr, wenn das Präsidium nicht zu Beginn eines Geschäftsjahres gebildet wird.

(3) An die Stelle des in § 21 d Abs. 1 bezeichneten Zeitpunkts tritt der Tag der Errichtung des Gerichts.

(4) [1]Die Aufgaben nach § 1 Abs. 2 Satz 2 und 3 und Abs. 3 der Wahlordnung für die Präsidien der Gerichte vom 19. September 1972 (BGBl. I S. 1821) nimmt bei der erstmaligen Bestellung des Wahlvorstandes der Präsident oder aufsichtführende Richter wahr. [2]Als Ablauf des Geschäftsjahres in § 1 Abs. 2 Satz 2 und § 3 Satz 1 der Wahlordnung für die Präsidien der Gerichte gilt der Ablauf der in Absatz 2 Satz 1 genannten Frist.

1. Gesetzlicher Richter. Die Vorschriften enthalten Teile der rechtstechnischen 4
Umsetzung des rechtsstaatlichen Verfassungsprinzips, wonach niemand seinem **gesetzlichen Richter** entzogen werden darf (Art. 101 Abs. 1 S. 2 GG). Der gesetzliche Richter wird ua über die Zuständigkeitsvorschriften durch das Gesetz selbst und aufgrund des Gesetzes durch die Geschäftsverteilungspläne des Präsidiums sowie die internen Mitwirkungspläne von Spruchkörpern (§ 6 iVm § 21 g Abs. 3 GVG) nach abstrakt-generellen Grundsätzen für den Einzelfall bestimmt.[3] Auf diese Weise ergeben sich Festlegungen des zuständigen Amtswalters nicht nur für die abschließende Entscheidung, sondern auch für richterliche Zwischenentscheidungen. Das Vertrauen der Recht Suchenden in die Unabhängigkeit und Sachlichkeit der Gerichte nähme nämlich Schaden, müsste der Bürger befürchten, sich einem Richter gegenüber zu sehen, der im Blick auf seinen Fall und seine Person bestellt worden ist.[4] Die Geschäftsverteilung nimmt das Präsidium als Organ der gerichtlichen Selbstverwaltung durch Beschlüsse vor. In der Wahl des Verteilungssystems ist das Präsidium frei. Allerdings ist für die Sozialgerichtsbarkeit die Bildung von Fachkammern (§ 10) und Fachsenaten (§§ 31, 40) zu beachten. Im Interesse sachgerechter und zügiger Erledigung der Aufgaben hat das Präsidium für eine gleichmäßige und ausgewogene Besetzung der Spruchkörper zu sorgen. Jeder Richter kann mehreren Spruchkörpern zugewiesen werden (§ 6 iVm § 21 e Abs. 1 S. 4 GVG).

Allgemein gelten für die **Geschäftsverteilung** folgende **Prinzipien:**[5]

2. Prinzipien. a) **Vollständigkeitsprinzip.** Art. 101 Abs. 1 Satz 2 GG überant- 5
wortet es zunächst dem Gesetzgeber, die fundamentalen Zuständigkeitsregelungen durch formelles Gesetz selbst zu treffen.[6] Jedenfalls durch die ergänzende Geschäftsverteilung muss eine erschöpfende Bestimmung getroffen werden, ohne dass noch Lücken verbleiben. Praktisch ist dies durch eine Auffangklausel zu

3 Näher dazu: BVerfG 8.4.1997 – 1 PbvU 1/95, E 95, 322 (330) st. Rspr.; BSG 23.8.2007 – B 4 RS 2/006 R, SozR 4-1500 § 155 Nr. 1; BSG 8.11.2007 – B 9/9 a SB 3/06 R, E 99, 189 (193); dazu kritisch Lüdtke Sgb 2008, 682 (683 f.); für die Fassung von Mitwirkungsplänen: BGH 5.5.1994 – VGS 1-4/93, BGHZ 126, 63.

4 BVerfG 8.4.1997 – 1 PBvU 1/95, BVerfGE 95, 322.

5 Dazu näher Kissel/Mayer GVG § 21 e Rn. 78 ff.

6 BVerfG 18.5.1965 – 2 BvR 40/60, BVerfGE 19, 52.

verwirklichen, die einem Spruchkörper Streitigkeiten und Entscheidungen zuweist, die keinem anderen Spruchkörper zugewiesen sind. Alle Richter müssen eingesetzt werden; die Geschäftsverteilung darf keinen Richter von einer Tätigkeit ausschließen.[7] Um eine zutreffende Erfassung aller Klagebegehren zu gewährleisten, sollte in den Geschäftsverteilungsplänen auch ausdrücklich geregelt werden, welche(r) konkrete(n) Richter zunächst über die (vorläufige) Eintragung als Streitsache entscheidet (→ § 4 Rn. 4). Das Präsidium handelt bei der Verteilung der Geschäfte seinerseits eigenverantwortlich und in richterlicher Unabhängigkeit, allerdings selbstverständlich auch hier nur innerhalb der gesetzlichen Vorgaben.[8]

6 **b) Abstraktionsprinzip.** Die Geschäftsverteilung muss nach **abstrakt-generellen Merkmalen** und darf nicht einzelfall- oder personenbezogen erfolgen. Anhand der sachlichen Merkmale muss sich eine Sache dem zur Entscheidung berufenen Richter zuordnen lassen. Das Abstraktionsprinzip soll eine Geschäftsverteilung nach Sachgesichtspunkten ohne Ansehen der Person gewährleisten. Der Gerichtsverwaltung – Geschäftsstellen eingeschlossen – darf weder ein Ermessensspielraum zur Bestimmung des zuständigen (gesetzlichen) Richters nicht überlassen bleiben,[9] noch dürfen ihr durch das seinerseits kompetenzlose Präsidium richterliche Aufgaben übertragen werden.[10]

7 **c) Bestimmtheitsgrundsatz.** Ebenso wie der Gesetzgeber unterliegen auch die Fachgerichte bei der Aufstellung der Geschäftsverteilungspläne den Bindungen des Art. 101 Abs. 1 Satz 2 GG. Insbesondere muss sich daher die aus dem **Gebot des gesetzlichen Richters** ergebende abstrakt-generelle Vorausbestimmung bis auf die letzte Regelungsstufe erstrecken, auf der es erst um die Person des konkreten Richters geht.[11] Der Bestimmtheitsgrundsatz hängt dabei mit dem Abstraktionsprinzip zusammen und hat die gleiche Zielrichtung, auch indirekte Einflüsse über die Besetzung auf die Spruchtätigkeit des Gerichts möglichst auszuschließen.

8 **d) Stetigkeitsgrundsatz und Jährlichkeitsprinzip.** Der Geschäftsverteilungsplan ist als **zeitliches Element seiner Verlässlichkeit** nach § 21 e Abs. 1 S. 2 GVG jeweils für das Geschäftsjahr (§ 21 d Abs. 1 GVG) festzulegen. Die Festsetzung einer kürzeren Geltungsdauer durch das Präsidium ist ebenso unzulässig wie eine Geltungserstreckung über das Geschäftsjahr hinaus. Der Geschäftsverteilungsplan tritt also mit Ablauf des Geschäftsjahres kraft Gesetzes außer Kraft. Die Zuteilung ehrenamtlicher Richter für ein Vierteljahr (vgl. § 6 Nr. 1) unterliegt daher grundsätzlichen Bedenken. Die Geschäftsverteilung ist für die Dauer des mit dem Kalenderjahr identischen Geschäftsjahrs grundsätzlich unveränderbar. **Ausnahmen** von diesem Grundsatz lässt § 21 e Abs. 3 GVG zu; es handelt sich um Fälle, in denen eine Änderung zur Verwirklichung des Rechtsstaatsprinzips (Art. 20 Abs. 3 GG), der Garantie wirkungsvollen Rechtsschutzes (Art. 19

---

7 BVerfG 25.2.1964 – 2 BvR 411/61, E 17, 255 (260) = NJW 1964, 1019.

8 LSG NRW 15.6.2005 – L 5 B 18/05 KR, juris Rn. 10 mwN und LSG RhPf 17.1.2020 – L 5 KR 175/19 B, NZS 2020, 306 ff. m. lesenswerter Anm. Schifferdecker.

9 BVerfG 8.4.1997 – 1 PbvU 1/95, E 95, 322 (330) st. Rspr.; BSG 23.8.2007 – B 4 RS 2/06, SozR 4-1500 § 155 Nr. 1 Rn. 22; unzutreffend BSG 8.11.2007 – B 9/9 a SB 3/06 R, E 99, 189 (193) = SozR 4-1500 § 199 Nr. 2: „Ermessen pflichtgemäß" (Rn. 20) im Widerspruch zu Rn. 18.

10 LSG NRW 15.6.2005 – L 5 B 18/05 KR, juris Rn. 10 mwN.

11 BVerfG 8.4.1997 – 1 PBvU 1/95, BVerfGE 95, 322.

Abs. 4 GG) und des mit Verfassungsrang ausgestatteten und darüber hinaus auf Art. 6 Abs. 1 Satz 1 EMRK gegründeten Verbots, anhängige Sachen zügig zu entscheiden, unerlässlich ist. Der Grund der Änderung und die Ausübung pflichtgemäßen Ermessens sollten aus der Niederschrift über die Präsidiumssitzung erkennbar sein.

e) **Vorauswirkungsprinzip.** Der Grundsatz des gesetzlichen Richters ist nur zu 9
wahren, wenn die Geschäfte für einen überschaubaren Zeitraum im Voraus verteilt werden. **Rückwirkende Regelungen** sind dem Präsidium verboten. Auch die nachträgliche Genehmigung einer ohne die Voraussetzungen des § 21 i Abs. 2 GVG „vorbehaltlich der Genehmigung des Präsidiums" getroffenen Maßnahme ist unzulässig und heilt nicht die vorschriftswidrige Besetzung des Gerichts.[12] Eine über den Jahreszeitraum hinausgehende Bestimmung verlangt das Gesetz den Präsidien nicht ab. Das BVerwG hat daher keine Bedenken, eine Neuverteilung für ein neues Geschäftsjahr auch für anhängige Sachen vorzunehmen.[13]

f) **Geltungsprinzip.** Die Geschäftsverteilung ist ohne besondere Anordnung vom 10
Zeitpunkt ihrer Geltung an vollziehbar.[14] Die Bestimmbarkeit des gesetzlichen Richters anhand eines geltenden Geschäftsverteilungsplans ist auch dann unerlässlich, wenn dessen Regelungen wegen angeblicher Rechtsmängel angefochten oder in Zweifel gezogen werden. Ein Richter kann sich folglich nicht mit Hinweis auf Zweifel an der Gesetzmäßigkeit der Geschäftsverteilung der ihm zugewiesenen Aufgaben entziehen.

III. Ehrenamtliche Richter – Nr. 1

Das Präsidium teilt die ehrenamtlichen Richter ihrem **Berufungsgrund** (§ 12 11
Abs. 2–4) entsprechend einem oder mehreren Spruchkörpern zu. Das Merkmal „mindestens für ein Vierteljahr" dürfte durch das Jährlichkeitsprinzip des § 21 Abs. 1 S. 2 GVG überholt sein und ist in der gerichtlichen Praxis – soweit erkennbar – irrelevant. Durch Aufnahme in eine Liste stellt das Präsidium die **Reihenfolge** fest, in der die ehrenamtlichen Richter zu den Verhandlungen heranzuziehen sind, und regelt die Vertretung für den Fall der Verhinderung. Verhinderungsgründe sind aktenkundig zu machen, das Gericht braucht aber die Angaben des ehrenamtlichen Richters nicht zu überprüfen. Es darf vielmehr davon ausgehen, dass ehrenamtliche Richter sich ihren Pflichten nicht ohne zwingenden Grund entziehen.[15] Erscheint der ehrenamtliche Richter ohne Angabe von Gründen nicht, und ist er nicht erreichbar, kann das Gericht von einem Verhinderungsfall ausgehen. Dabei sieht die Rechtsprechung, dass der ehrenamtliche Richter „faktisch die Wahl (hat), ob er als Richter tätig werden will oder nicht" – allerdings ist diese „Wahl" pflichtgebunden.[16] Folgerichtig kann die Geschäftsstelle ermächtigt werden, den Vertreter zu laden, wenn ein ehrenamtlicher Richter eine Verhinderung anzeigt.[17]

---

12 Kissel/Mayer GVG § 21 e Rn. 98.
13 BVerwG 18.10.1990 – 3 C 19.88, NJW 1991, 1370.
14 BVerwG 28.11.1975 – VII C 47.73, E 50, 11 (21).
15 BVerwG 20.11.1979 – 6 CB 56.79, DÖV 1980, 776; BVerwG 22.10.1985 – 7 C 78.84, NVwZ 1986, 1010.
16 BVerwG 12.12.1973 – VI C 104.73, E 44, 215 (217).
17 BVerwG 23.10.1980 – 2 C 5.80, DVBl 1981, 493.

IV. Kammervorsitz – Nr. 2

12 Es handelt sich um eine Spezialregelung gegenüber § 21 f. Abs. 1 GVG. Da die Vorschriften des GVG ohnehin entsprechend heranzuziehen sind, ist die Regel wegen § 9 Abs. 1 überflüssig.

V. Folgen von Rechtsverletzungen

13 Wegen seiner Aufgabe und Eigenart ist der **Geschäftsverteilungsplan** nicht anfechtbar.[18] Im Hinblick auf Art. 19 Abs. 4 GG hat das BVerwG[19] aber die Feststellungsklage eines Richters für zulässig gehalten, der die Rechtswidrigkeit der Geschäftsverteilung geltend gemacht hat. Es hat für den dort entschiedenen Fall allerdings festgestellt, das Präsidium habe „nicht sachfremd" und nach „pflichtgemäßem Ermessen" die Geschäftsverteilung vorgenommen.[20]

14 **Fehlerhafte Präsidiumsbeschlüsse** und die Verletzung der Geschäftsverteilung führen zu einer nicht vorschriftsmäßigen Besetzung des Gerichts, enthalten also zugleich eine Verletzung des Verfassungsprinzips des gesetzlichen Richters (Art. 101 Abs. 1 S. 2 GG). Allerdings nimmt die stRspr. des BVerfG und der Fachgerichte eine Verletzung des Art. 101 Abs. 1 Satz 2 GG grundsätzlich nur an, wenn der Verstoß auf sachwidrigen Erwägungen beruht, mithin **willkürlich** ist.[21]

15 Die nicht vorschriftsmäßige Besetzung des Gerichts kann in anhängigen Verfahren als wesentlicher Mangel des Verfahrens (§ 160 Abs. 2 Nr. 3), als absoluter Revisionsgrund (§ 202; § 547 Nr. 1 ZPO) und bei nicht anfechtbaren Entscheidungen als Nichtigkeitsgrund (§ 179 iVm § 579 Abs. 1 ZPO) geltend gemacht werden. Allerdings nimmt die Rechtsprechung einen Verstoß gegen Art. 101 Abs. 1 S. 2 GG grundsätzlich nur bei **willkürlicher Verletzung der Geschäftsverteilung** an. Die Rspr. des BSG zur Verletzung des Anspruchs auf den gesetzlichen Richter und ihren Folgen wirkt dogmatisch nicht durchdacht und nicht folgerichtig.[22] Ein bloßer Irrtum soll den absoluten Revisions- und Nichtigkeitsgrund nicht begründen, wenn der Spruchkörper im Übrigen für Rechtsstreitigkeiten des Gebietes, auf welchem die Entscheidung ergangen ist, zuständig ist.[23] Die Besetzungsrüge nach Ablehnung eines Ablehnungsantrags soll die Behauptung erfordern, die Entscheidung beruhe auf willkürlichen oder manipulativen Erwägungen,[24] obwohl eine Verletzung des Anspruchs auf den gesetzlichen Richter im Revisionsverfahren von Amts wegen zu beachten ist.[25] Ein Fehler bei der Heranziehung ehrenamtlicher Richter nach der Liste hat keine „Perpetuierungswirkung", wenn sich für die nachfolgenden Sitzungen die Reihenfolge nach der vom Präsidium beschlossenen Liste verschiebt.[26]

---

18 BVerfG 25.2.1964 – 2 BvR 411/61, E 17, 255 (257); BVerwG 28.11.1975 – VII C 47.73, E 50, 11 (18).
19 BVerwG 28.11.1975 – VII C 47.73, BVerwGE 50, 11 ff.
20 BVerwG 28.11.1975 – VII C 47.73, BVerwGE 50, 11 ff.; Kissel/Mayer GVG § 21 e Rn. 121 ff.
21 Vgl. BSG 23.8.2007 – B 4 RS 2/06 R, SozR 4-1500 § 155 Nr. 1 Rn. 26 mwN der Rspr. des BVerfG.
22 Kritisch dazu: Lüdtke Sgb 2008, 682 ff.; vgl. auch: → § 155 Rn. 12 ff.
23 BSG 5.7.1978 – 1 RJ 4/78, E 47, 13 (16) = SozR 1500 § 94 Nr. 2; BSG 21.11.1989 – 11 BAr 121/98, SozR 1500 § 6 Abs. 2.
24 BSG 3.8.2003 – B 3 P 8/03 B, SozR 4-1500 § 160 a Nr. 1.
25 S. zuletzt BSG 8.10.2019 – B 12 KR 8/19 R, SozR 4-1500 § 153 Nr 18 Rn. 17.
26 BSG 21.11.1989 – 11 BAr 121/88, SozR 1500 § 6 Nr. 2.

Zweiter Abschnitt Sozialgerichte

§ 7[1] [Errichtung, Bezirk, Zweigstellen]

(1) [1]Die Sozialgerichte werden als Landesgerichte errichtet. [2]Die Errichtung und Aufhebung eines Gerichts und die Verlegung eines Gerichtssitzes werden durch Gesetz angeordnet. [3]Änderungen in der Abgrenzung der Gerichtsbezirke können auch durch Rechtsverordnung bestimmt werden. [4]Die Landesregierung oder die von ihr beauftragte Stelle kann anordnen, daß außerhalb des Sitzes eines Sozialgerichts Zweigstellen errichtet werden.

(2) Mehrere Länder können gemeinsame Sozialgerichte errichten oder die Ausdehnung von Gerichtsbezirken über die Landesgrenzen hinaus vereinbaren.

(3) Wird ein Sozialgericht aufgehoben oder wird die Abgrenzung der Gerichtsbezirke geändert, so kann durch Landesgesetz bestimmt werden, daß die bei dem aufgehobenen Gericht oder bei dem von der Änderung in der Abgrenzung der Gerichtsbezirke betroffenen Gericht rechtshängigen Streitsachen auf ein anderes Sozialgericht übergehen.

I. Allgemeines

1. Entstehungsgeschichte. Die Vorschrift regelt die **Gerichtsorganisation der Sozialgerichte.** Abs. 1 und 2 wurden mit Inkrafttreten des SGG eingeführt und seit- 1

---

1 So ua **Baden-Württemberg:** Ausführungsgesetz zum SGG; VO zur Ausführung des SGG; VO über die Erstreckung von Kammerbezirken auf Bezirke anderer Sozialgerichte
Bayern: Gesetz zur Ausführung des SGG in Bayern (AGSGG); §§ 7 bis 13 VO über die gerichtliche Vertretung des Freistaates Bayern (Vertretungsverordnung – VertrV); VO über Zuständigkeiten in der Sozialgerichtsbarkeit; Aussonderungsbekanntmachung – ArbgSgb
Berlin: Ausführungsgesetz zum SGG
Brandenburg: G zur Errichtung der Sozialgerichtsbarkeit
Bremen: Gesetz über die Sozialgerichtsbarkeit; VO über die Dienstaufsicht in der Sozialgerichtsbarkeit; AO über die Bildung von Beratungsausschüssen für die Ernennung von Vorsitzenden der Arbeitsgerichte und von Berufsrichtern der Sozialgerichte im Lande Bremen
Hamburg: Hamburgisches Ausführungsgesetz zum SGG; AO zur Durchführung des SGG
Hessen: Hessisches Ausführungsgesetz zum SGG; Gerichte-Dienstaufsichtsverordnung
Mecklenburg-Vorpommern: GerStrukG
Niedersachsen: Niedersächsisches JustizG v. 16.12.2014
Nordrhein-Westfalen: JustizG Nordrhein-Westfalen v. 26.1.2010
Rheinland-Pfalz: Landesgesetz zur Ausführung des SGG; RdErl. des SozMin. über die Abhaltung auswärtiger Gerichtstage durch die Sozialgerichte v. 19.2.1964 (MinBl. Sp. 355)
Saarland: Gesetz zur Ausführung des SGG; VO über die Vertretung des Saarlandes vor den Gerichten der Sozialgerichtsbarkeit; Erl. betr. die Bildung der Senate beim LSG und der Kammern beim SG für das Saarland (Neufassung)
Sachsen: SächsJustizG
Sachsen-Anhalt: AG SGG LSA
Schleswig-Holstein: Schleswig-Holsteinisches Ausführungsgesetz zum SGG
Thüringen: ThürAGSGG

her nicht mehr verändert. In seiner Entstehung geht § 7 auf § 1 der VO zur einheitlichen Regelung der Gerichtsverfassung vom 20.3.1935 (GVVO – RGBl. S. 403) zurück, der für die ordentliche Gerichtsbarkeit festlegt, dass Errichtung, Aufhebung und Verlegung des Gerichtssitzes durch Gesetz angeordnet werden muss.

2 **2. Parallelvorschriften.** § 3 VwGO und § 3 FGO treffen ähnliche Regelungen, stellen jedoch auch die Änderungen von Gerichts- oder Spruchkörperbezirken unter Gesetzesvorbehalt. § 28 trifft eine ähnliche Regelung für das LSG.

II. Errichtung, Aufhebung und Verlegung des Gerichtssitzes

3 Die Organisation der Sozialgerichte untersteht gem. Abs. 1 S. 1 der **Länderhoheit.** S. 2 stellt die Errichtung, die Aufhebung sowie die Verlegung des Gerichtssitzes unter den **Vorbehalt des Gesetzes.**[2]

III. Änderung der Gerichtsbezirksgrenzen

4 Nach Abs. 1 S. 3 soll die Änderung der Abgrenzungen von Gerichtsbezirken auch durch Rechtsverordnung möglich sein. Dies dürfte aber **verfassungswidrig** sein, denn nach dem BVerfG unterliegen auch Änderungen der Grenzen von Gerichtsbezirken im Hinblick auf das **Postulat des gesetzlichen Richters** (Art. 101 Abs. 1 S. 2 GG) und der **Unabhängigkeit der Rechtspflege** (Art. 97 GG) grundsätzlich dem Gesetzesvorbehalt.[3] Dies wird damit begründet, dass durch ein Verschieben der Gerichtsbezirksgrenzen ein Richter auch gegen seinen Willen, quasi durch die Hintertür, an ein anderes Gericht versetzt, oder aus dem Amte entfernt werden könne. Eine derartig bedeutsame Maßnahme der Gerichtsorganisation sei daher der Legislative, und nicht der Exekutive, zuzuordnen. Eine Übertragung der Änderungsbefugnis auf die Exekutive ist nach Auffassung des BVerfG aber nicht schlechthin ausgeschlossen.[4] Zudem dürfte die Ermächtigung in Abs. 1 S. 3 nicht den Anforderungen des **Art. 80 Abs. 1 S. 2 GG** entsprechen, nach welchem das ermächtigende Gesetz Inhalt, Zweck und Ausmaß der Ermächtigung bestimmen muss. So fehlen in Abs. 1 S. 3 sowohl die Bestimmung des Zwecks wie auch die des Ausmaßes der Ermächtigung zur Änderungen von Gerichtsbezirken. Da die erstmalige Errichtung nach Abs. 1 S. 1 dem Landesgesetzgeber vorbehalten ist, und er insoweit auch die Verteilung der Gerichtsbezirke regeln muss, ist für jede nachfolgende Änderung schon nach dem Grundsatz des Vorranges des Gesetzes eine gesetzliche Regelung erforderlich. Demnach ist der praktische Anwendungsbereich von Abs. 1 S. 3 äußerst gering.[5] Nachdem auch die unter → Rn. 2 genannten Parallelvorschriften der VwGO und der FGO die Grenzänderungen unter den Gesetzesvorbehalt stellen, hätte der Gesetzgeber bei der letzten Novellierung durch das 7. SGGÄndG vom 9.12.2004 eine entsprechende Änderung vornehmen sollen.

2 Die einzelnen Ausführungsgesetze der Länder hierzu finden sich in der vorgehenden Fußnote.
3 BVerfG 10.6.1953 – 1 BvF 1/53, BVerfGE 2, 307.
4 BVerfG 10.6.1953 – 1 BvF 1/53, BVerfGE 2, 307 (326).
5 Hennig/Schmidt § 7 Rn. 5.

IV. Errichtung von Zweigstellen

Die Landesregierung oder die von ihr beauftragte Stelle kann nach Abs. 1 S. 4 die Errichtung von **Zweigstellen** außerhalb des Gerichtssitzes anordnen. Diese Regelung dürfte ähnlichen verfassungsrechtlichen Bedenken wie Abs. 1 S. 3 unterliegen, da auch hier ohne formelles Gesetz eine Versetzung des Richters an einen anderen Ort durchgeführt werden kann.[6] Aber auch diese Vorschrift hat bisher keine praktische Bedeutung erlangt. § 3 Abs. 1 Nr. 5 VwGO und § 3 Abs. 1 Nr. 5 FGO stellen die Errichtung von Spruchkörpern außerhalb des bestimmten Gerichtssitzes, was der Errichtung von Zweigstellen gleichkommen dürfte, unter **Gesetzesvorbehalt**. Eine dementsprechende Änderung von Abs. 1 S. 4 hätte wegen der genannten verfassungsrechtlichen Bedenken von Seiten des Bundesgesetzgebers erfolgen sollen. 5

V. Gemeinsame Sozialgerichte mehrerer Länder

Abs. 2 gibt **mehreren** Ländern die Möglichkeit, **gemeinsame** Sozialgerichte zu errichten, bzw. den **Gerichtsbezirk** eines oder mehrerer Sozialgerichte **über die Landesgrenze hinaus** auszudehnen. Der Unterschied zwischen den Alternativen besteht darin, dass bei der Errichtung eines gemeinsamen Sozialgerichts dieses das Gericht beider Länder wird, während bei der Ausdehnung des Gerichtsbezirkes auf das Gebiet eines anderen Bundeslandes das Gericht, dessen Bezirk ausgedehnt wird, das Gericht seines ursprünglichen Landes bleibt. Gemäß § 28 Abs. 2 können mehrere Länder auch ein gemeinsames LSG errichten, wovon die Länder Niedersachsen und Bremen Gebrauch gemacht haben (→ § 28 Rn. 3). 6

Angesichts der unter → Rn. 4 genannten Bedeutung der Änderungen von Gerichtsbezirken für die Verfassungsgrundsätze des **gesetzlichen Richters** und der **Unabhängigkeit der Rechtspflege** ist auch für diese Maßnahmen die Festlegung durch **Landesgesetz** notwendig. Dabei dürften für die genannten Alternativen jeweils ein Gesetz in allen beteiligten Ländern erforderlich sein. Nach der Vorschrift können zwar mehrere Länder gemeinsame Gerichte errichten und ihre Bezirke ausdehnen; dies darf aber nicht dazu führen, dass sich alle Länder zusammenschließen. Dies würde einerseits einen Verstoß gegen das föderalistische Prinzip darstellen, und andererseits dazu führen, dass durch Ländergesetze und Ländervereinbarungen „Bundesgerichte“ geschaffen werden könnten.[7]

VI. Übergang rechtshängiger Streitsachen

Abs. 3 gibt dem Landesgesetzgeber die Möglichkeit, bei Änderungen in den Gerichtbezirken sowie bei Aufhebung oder Neuerrichtung von Sozialgerichten **rechtshängige** (§ 94 Abs. 1) Streitsachen **auf andere Sozialgerichte zu übertragen.** Macht er hiervon Gebrauch, so liegt eine **Durchbrechung** der Grundsätze des § 17 Abs. 1 S. 1 GVG (der über § 202 auch im sozialgerichtlichen Verfahren gilt) und des § 98 vor, die besagen, dass die Zuständigkeit durch Änderungen nach Eintritt der Rechtshängigkeit nicht verändert wird (**perpetuatio fori**). Der Wortlaut „kann“ macht aber klar, dass bereits rechtshängige Sachen bei Änderungen nicht auf andere Gerichte verteilt werden müssen.[8] 7

6 AA Hennig/Schmidt § 7 Rn. 7; Meyer-Ladewig/Keller/Leitherer/Schmidt § 7 Rn. 4.
7 BVerfG 7.5.1974 – 2 BvL 17/73, BVerfGE 37, 191 (199) zu § 3 Abs. 2 VwGO.
8 Vgl. BVerfG 15.1.1980 – 2 BvL 1/79, SozR 1556 § 4 a Nr. 1 zu § 4 a Hess AGSGG.

§ 8 [Sachliche Zuständigkeit]

Die Sozialgerichte entscheiden, soweit durch Gesetz nichts anderes bestimmt ist, im ersten Rechtszug über alle Streitigkeiten, für die der Rechtsweg vor den Gerichten der Sozialgerichtsbarkeit offensteht.

I. Allgemeines

1 **1. Entstehungsgeschichte.** Die Vorschrift besteht unverändert seit dem Inkrafttreten des SGG am 1.1.1954.

2 **2. Parallelvorschriften.** Parallelvorschriften sind § 45 VwGO und § 35 FGO, die die Zuständigkeit der Verwaltungsgerichte und Finanzgerichte im ersten Rechtszug festlegen.

II. Sachliche Zuständigkeit

3 **1. Ausschließliche Zuständigkeit.** § 8 regelt die **sachliche** Zuständigkeit des Sozialgerichts. Es ist für alle sozialgerichtlichen Streitigkeiten (§ 51) in der ersten Instanz zuständig, soweit nicht das LSG nach § 29 die erstinstanzliche Zuständigkeit hat. Die Zuständigkeit des Sozialgerichts ist, abgesehen von den unter → Rn. 4 genannten Ausnahmen, **ausschließlich,** was sich aus § 59 entnehmen lässt, dh die Beteiligten müssen zwingend in erster Instanz vor dem Sozialgericht klagen (vgl. auch § 59). Nach der Prüfung des Rechtsweges ist die Frage der sachlichen und örtlichen (vgl. §§ 57, 58) Zuständigkeit der zweite Prüfungspunkt im Rahmen der **Zulässigkeit**sprüfung des Rechtsbehelfs. Das Gericht prüft seine Zuständigkeit **von Amts** wegen **in jedem Verfahrensstadium.** Ist es nicht zuständig, so stellt es seine Unzuständigkeit fest, und verweist den Rechtstreit nach § 98 S. 1 iVm § 17 a GVG an das zuständige Gericht. Dabei ist ein Antrag des Klägers nach der Änderung von § 17 a GVG nicht mehr erforderlich, sondern die **Verweisung** erfolgt nach Hinweis hierauf **von Amts wegen** (§ 17 a Abs. 2 S. 1 GVG) durch **Beschluss** (§ 17 a Abs. 3 GVG). Der Beschluss ist gem. § 98 S. 2 **unanfechtbar** (→ § 59 Rn. 3 f.; → § 98 Rn. 2 ff.).

4 **2. Ausnahmen.** Eine Ausnahme von der erstinstanzlichen Zuständigkeit des SG sieht ua § 39 Abs. 2 S. 2 vor. Demnach ist das **BSG** für **Bund-Länder-Streitigkeiten** im sozialgerichtlichen Rechtsweg in erster Instanz zuständig (vgl. insoweit § 39). Das BSG ist ferner erstinstanzlich zuständig bei Klagen gegen Entscheidungen des Neutralitätsausschusses bei Arbeitskämpfen nach § 160 Abs. 6 S. 4 SGB III und bei Klagen von Soldaten, die dem BND angehört haben (§ 88 Abs. 6 S. 2 SVG). Weitere Ausnahmen finden sich seit dem 8. SGGÄndG in § 29 Abs. 2 bis 4. Demnach ist das **LSG erstinstanzlich** für Klagen gegen Landesschiedsämter nach dem SGB V sowie für Klagen gegen Schiedsstellen nach § 120 Abs. 4 SGB V, § 76 SGB XI und § 80 SGB XII, in Aufsichtsangelegenheiten sowie im Hinblick auf Erstattungen nach § 6 b SGB II und Normenkontrollverfahren nach § 55 a zuständig, ferner bestehen erstinstanzliche Sonderzuständigkeiten des LSG Nordrhein-Westfalen und des LSG Berlin-Brandenburg (s. auch § 29). Der Gesetzgeber begründet diese Änderung mit der Notwendigkeit der Entlas-

tung der SG, der Prozessökonomie und der Spezialisierung des LSG Nordrhein-Westfalen und des LSG Berlin-Brandenburg.[1]

§ 9 [Besetzung; Dienstaufsicht]

(1) Das Sozialgericht besteht aus der erforderlichen Zahl von Berufsrichtern als Vorsitzenden und aus den ehrenamtlichen Richtern.

(2) Die für die allgemeine Dienstaufsicht und die sonstigen Geschäfte der Gerichtsverwaltung zuständige Stelle wird durch Landesrecht[1] bestimmt.

I. Allgemeines

1 **1. Entstehungsgeschichte.** Bis zum 6. SGGÄndG vom 17.8.2001 (BGBl. 2001 I 2144) bestand die Vorschrift aus drei Absätzen. Abs. 1 besteht unverändert seit Inkrafttreten des SGG in der Fassung vom 3.9.1953 fort. Das 6. SGGÄndG hat den früheren Abs. 3 geändert und an die Stelle des durch § 90 DRiG bereits mit Wirkung zum 1.7.1962 aufgehobenen Abs. 2 gesetzt.

2 **2. Parallelvorschriften.** Parallelvorschriften zu Abs. 1 sind § 5 Abs. 1 VwGO und § 5 Abs. 1 FGO. Anders als Abs. 2, der auf Landesrecht verweist, ist die Dienstaufsicht in § 38 VwGO und § 31 FGO dem Präsidenten direkt übertragen.

---

1 BT-Drs. 16/7716, 18 zu Nr. 8.

1 **Baden-Württemberg:** AVO SGG.
Bayern: VO über die Führung der Dienstaufsicht über die Gerichte der Sozialgerichtsbarkeit und über die Festsetzung der Zahl und die Berufung der Sozialrichter und Landessozialrichter
Brandenburg: Justiz-Zuständigkeitsübertragungsverordnung – JuZÜV
Berlin: VO zur Übertragung von Geschäften der Verwaltung und Dienstaufsicht auf die Gerichte der Sozialgerichtsbarkeit
Bremen: VO über die Dienstaufsicht in der Sozialgerichtsbarkeit im Lande Bremen
Hamburg: Anordnung zur Regelung der Dienstaufsicht über die Gerichte der Sozialgerichtsbarkeit in Hamburg
Hessen: Gerichte-Dienstaufsichtsverordnung
Mecklenburg-Vorpommern: GerStrukG
Niedersachsen: AV: Dienstaufsicht in der Sozialgerichtsbarkeit
Nordrhein-Westfalen: VO über die Sozialgerichtsbarkeit
Rheinland-Pfalz: GerOrgG
Saarland: VO über die Dienstaufsicht in der Sozialgerichtsbarkeit v. 29.4.1970 (ABl. S. 553), geänd. durch VO v. 6.2.73 (ABl. S. 137); VO über die Dienstaufsicht und die Wahrnehmung von Aufgaben der Gerichtsverwaltung in der Sozialgerichtsbarkeit v. 31.12.1972 (Amtsbl. 1973 S. 65)
Sachsen: VO der Sächs. Staatregierung über die Führung der Dienstaufsicht über die Gerichte der Sozialgerichtsbarkeit und über die Berufung der ehrenamtlichen Richter am Landessozialgericht und an den Sozialgerichten
Sachsen-Anhalt: AG SGG LSA
Schleswig-Holstein: Landesverordnung zur Regelung der Dienstaufsicht in der Sozialgerichtsbarkeit
Thüringen: Sozialgerichtsbarkeit-ZuständigkeitsVO – SozGerZustVO

II. Zusammensetzung des SG

3 Abs. 1 legt allgemein fest, dass beim SG Berufsrichter und ehrenamtliche Richter in erforderlicher Zahl tätig sind. Einzelheiten hinsichtlich der Bildung und Besetzung der Kammern ergeben sich aus § 10 und § 11. Die Bestellung der Berufsrichter ist in § 11 und im DRiG, die Bestellung der ehrenamtlichen Richter in den §§ 13 bis 23 geregelt.

Anders als im verwaltungs- und finanzgerichtlichem Verfahren sieht das SGG **keine Bestellung eines Präsidenten,** Vorsitzenden Richters (Direktor) oder Vizepräsidenten vor; aus dem BbesG und der Anlage R hierzu lässt sich jedoch entnehmen, dass ein Sozialgericht bis 9 Richterstellen von einem Präsidenten und einem Vizepräsidenten, und darunter von einem Direktor geführt wird. Bestehen 15 Richterplanstellen und mehr, so kann ein weiterer aufsichtsführender Richter bestellt werden.

III. Dienstaufsicht

4 Abs. 2 bestimmt nunmehr ab 2.1.2002 neu, dass die für die **allgemeine Dienstaufsicht** und die sonstigen **Geschäfte der Gerichtsverwaltung zuständige Stelle durch Landesrecht bestimmt** wird. Der alte Abs. 3 legte zunächst fest, dass die allgemeine Dienstaufsicht von der Landesregierung oder von der von ihr beauftragten Stelle zu führen sei. Ferner bestimmte er, dass die Landesregierung die Geschäfte der Verwaltung und der Dienstaufsicht dem Präsidenten des LSG oder dem Vorsitzenden des SG, bei mehreren Vorsitzenden einem von ihnen, übertragen könne. Mit der Neufassung hat der Bundesgesetzgeber **klargestellt,** was auch zuvor schon galt, nämlich, dass die **Dienstaufsichtsbehörde durch Landesrecht bestimmt** wird (so schon Schäfke in ZRP 83, 168, der von daher die Streichung des Abs. 3 empfahl). Dieser Empfehlung kam der Gesetzgeber nicht nach, stattdessen traf er die deklaratorische,[2] und insoweit unnötige Feststellung, dass die zuständigen Stellen dem Landesrecht zu entnehmen seien. Demnach gelten die von den Ländern nach dem alten Abs. 3 erlassenen Verordnungen fort.[3]

So gilt etwa für Baden-Württemberg die VO des JM betreffend die Geschäfte der Verwaltung und Dienstaufsicht bei den Gerichten der Sozialgerichtsbarkeit vom 30.6.1954, geändert durch Anp-VO vom 19.3.1985, die in § 2 das Justizministerium zur Dienstaufsichtsbehörde über sämtliche Gerichte der Sozialgerichtsbarkeit, den LSG-Präsidenten zum Dienstvorgesetzten über das LSG und die nachgeordneten Gerichte, und den aufsichtsführenden Vorsitzenden zum Dienstvorgesetzten über das SG bestellt.

5 Die **Dienstaufsicht** erstreckt sich auf den gesamten Dienstbetrieb des jeweiligen Gerichts, und damit auf alle dort beschäftigten Richter, Beamte, Angestellten und Arbeiter. Da **Richter** durch ihre verfassungsrechtlich garantierte **Unabhängigkeit** (Art. 97 GG) eine Sonderstellung einnehmen, kann die Dienstaufsicht sie betreffend nur ausgeübt werden, soweit ihre Unabhängigkeit nicht beeinträchtigt wird (§ 26 Abs. 1 DRiG). Maßnahmen der Dienstaufsicht dürfen daher **nicht den Inhalt von Entscheidungen** betreffen, sondern nur den Bereich der **äußeren Ordnung.**[4] Wird der Richter in Verwaltungsangelegenheiten tätig, so un-

---

2 AA Breitkreuz/Fichte § 9 Rn. 1.
3 Vgl. Fn. 1 zu § 9 SGG.
4 BGH 27.9.1979 – RiZ 3/75, NJW 77, 437.

terliegt er insoweit der allgemeinen Dienstaufsicht.[5] Die ehrenamtlichen Richter unterliegen nicht der Dienstaufsicht,[6] wohl aber den Regeln der §§ 13 bis 23.

IV. Gerichtsverwaltung

Wer für die **Gerichtsverwaltung** zuständig ist, bestimmt sich ebenfalls **nach Landesrecht.** Richtern ist es zwar untersagt, Verwaltungsaufgaben (Aufgaben der vollziehenden Gewalt) auszuüben, dies gilt aber nicht für Aufgaben der Gerichtsverwaltung. Dies lässt sich aus § 38 VwGO und § 31 FGO ausdrücklich für die Verwaltungs- und Finanzgerichtsbarkeit entnehmen, während das SGG auf eine solche Regelung verzichtet. Über § 4 Abs. 2 Nr. 1 DRiG gilt dies aber selbstverständlich auch für die Sozialgerichte. 6

§ 10 [Fachkammern]

(1) [1]Bei den Sozialgerichten werden Kammern für Angelegenheiten der Sozialversicherung, der Arbeitsförderung einschließlich der übrigen Aufgaben der Bundesagentur für Arbeit, für Angelegenheiten der Grundsicherung für Arbeitsuchende, für Angelegenheiten der Sozialhilfe einschließlich der Angelegenheiten nach Teil 2 des Neunten Buches Sozialgesetzbuch und des Asylbewerberleistungsgesetzes sowie für Angelegenheiten des sozialen Entschädigungsrechts (Recht der sozialen Entschädigung bei Gesundheitsschäden) [ab 1.1.2024: *„(Recht der sozialen Entschädigung bei Gesundheitsschäden)" gestrichen*] und des Schwerbehindertenrechts gebildet. [2]Für Angelegenheiten der Knappschaftsversicherung einschließlich der Unfallversicherung für den Bergbau können eigene Kammern gebildet werden.

(2) [1]Für Streitigkeiten aufgrund der Beziehungen zwischen Krankenkassen und Vertragsärzten, Psychotherapeuten, Vertragszahnärzten (Vertragsarztrecht) einschließlich ihrer Vereinigungen und Verbände sind eigene Kammern zu bilden. [2]Zu diesen Streitigkeiten gehören auch

1. **Klagen gegen Entscheidungen und Richtlinien des Gemeinsamen Bundesausschusses, soweit diese Entscheidungen und die streitgegenständlichen Regelungen der Richtlinien die vertragsärztliche Versorgung betreffen,**
2. **Klagen in Aufsichtsangelegenheiten gegenüber dem Gemeinsamen Bundesausschuss, denen die in Nummer 1 genannten Entscheidungen und Regelungen der Richtlinien des Gemeinsamen Bundesausschusses zugrunde liegen, und**
3. **Klagen aufgrund von Verträgen nach den §§ 73 b und 73 c des Fünften Buches Sozialgesetzbuch sowie Klagen im Zusammenhang mit der Teilnahme an der vertragsärztlichen Versorgung aufgrund von Ermächtigungen nach den §§ 116, 116 a und 117 bis 119 b des Fünften Buches Sozialgesetzbuch, Klagen wegen der Vergütung nach § 120 des Fünften Buches Sozialgesetzbuch sowie Klagen aufgrund von Verträgen nach § 140 a des Fünften Buches Sozialgesetzbuch, soweit es um die Bereinigung der Gesamtvergütung nach § 140 d des Fünften Buches Sozialgesetzbuch geht.**

5 Breitkreuz/Fichte § 9 Rn. 3.
6 Meyer-Ladewig/Keller/Leitherer/Schmidt § 9 Rn. 6.

(3) [1]Der Bezirk einer Kammer kann auf Bezirke anderer Sozialgerichte erstreckt werden. [2]Die beteiligten Länder können die Ausdehnung des Bezirks einer Kammer auf das Gebiet oder Gebietsteile mehrerer Länder vereinbaren.

I. Allgemeines

1 **1. Entstehungsgeschichte.** Die Vorschrift besteht inhaltlich im Wesentlichen unverändert seit Inkrafttreten des SGG. Abs. 1 wurde durch das 6. SGGÄndG (BGBl. 2001 I 2144) mit Wirkung zum 2.1.2002 redaktionell geändert. Entsprechend dem Sprachgebrauch des **SGB III** spricht man nun nicht mehr von der Arbeitslosenversicherung, sondern vom **Recht der Arbeitsförderung.** Entsprechend dem neu in Kraft getreten **SGB IX** wurde der Begriff **Kriegsopferversorgung** durch die Begriffe **Recht der sozialen Entschädigung** und **Schwerbehindertenrecht** ersetzt. Mit Gesetz vom 23.12.2003 (BGBl. 2003 I 2848) wurde die Bundesanstalt für Arbeit zum 1.1.2004 in Bundesagentur für Arbeit umbenannt. § 10 wurde daher insoweit redaktionell angepasst. Durch das 7. SGGÄndG vom 9.12.2004 (BGBl. 2004 I 3302) wurde Abs. 1 um die Angelegenheiten der **Grundsicherung für Arbeitsuchende, der Sozialhilfe und des Asylbewerberleistungsgesetzes** erweitert, da ab dem 1.1.2005 die Sozialgerichte für diese Materie zuständig sind. Streitigkeiten in Angelegenheiten der Sozialhilfe und des AsylbLG wurden bis dahin von den Verwaltungsgerichten entschieden. Die Grundsicherung für Arbeitsuchende, die im am 1.1.2005 in Kraft getretenen SGB II geregelt ist, ersetzt die mit Ablauf des 31.12.2004 abgeschaffte Arbeitslosenhilfe. Die Formulierung geht auf den Vorschlag des Bundesrats zurück,[1] während die Bundesregierung in ihrem Entwurf auf § 51 Abs. 1 Nr. 6 a verweisen wollte. Der Bundesrat war im Übrigen gegen eine Übertragung der Angelegenheiten des AsylbLG auf die Sozialgerichtsbarkeit, weil dies wegen der bereits bestehenden Überlastung der Sozialgerichte widersinnig sei. Auch sei diese Materie nicht derart eng mit dem Sozialhilferecht verknüpft, wie die Bundesregierung Glauben machen wolle. Lediglich in § 2 AsylbLG werde für einige Sonderfälle die Anwendung des BSHG, nunmehr SGB XII, angeordnet. Es bestünde im Gegenteil eine enge Verbindung zum Asyl- und Ausländerrecht, welches Verwaltungsgerichten zugewiesen sei. Insoweit werde auch der Rechtsschutz erweitert, denn in Leistungsangelegenheiten könne nunmehr zulassungsfrei Berufung erhoben werden, während dies in Statusfragen vor dem VG nicht möglich sei. Ferner sprächen praktische Gründe gegen die Zuweisung, da die Sozialgerichte nunmehr eine Vielzahl neuer Dolmetscher und Übersetzer benötigen würden.[2] Weitere redaktionelle Änderungen hat bzw. wird Abs. 1 S. 1 durch das BTHG vom 23.12.2016 (BGBl. 2016 I, 3234) zum 1.1.2020 und das Gesetz zur Regelung des Sozialen Entschädigungsrechts vom 12.12.2019 (BGBl. 2019 I, 2652) mit

1 BT-Drs. 15/3169, 11 zu Nr. 2 a.
2 BT-Drs. 15/3169, 11 Nr. 2 b.

Wirkung zum 1.1.2024 erfahren, da sich die Rechtsmaterie des ersteren Gebiets sich nun im SGB IX und nicht mehr im SGB XII befindet und das soziale Entschädigungsrecht dann einheitlich im SGB XIV geregelt sein wird. Abs. 1 S. 2 wurde durch das 8. SGGÄndG vom 26.3.2008 (BGBl. 2008 I 444) zu einer Ermessensentscheidung umgestaltet. Abs. 2, der mehrfach redaktionell geändert worden ist – zuletzt am 16.6.1998 (BGBl. 1998 I 1311) im Hinblick auf die Einbeziehung der Psychotherapeuten in das Vertragsarztrecht – erfuhr durch das 6. SGGÄndG eine Formulierungsänderung. Damit hat der Gesetzgeber das SGG endlich dem GesStrukturG vom 21.12.1992 (BGBl. 1992 I 1239) angepasst, das den Begriff **Kassenarzt durch Vertragsarzt** ersetzte.[3] Mit Wirkung zum 1.1.2012 hat der Gesetzgeber Abs. 2 um einen weiteren Satz ergänzt, der die vertragsärztlichen Streitigkeiten nunmehr ausdrücklich aufzählt (BGBl. 2011 I 3057). Abs. 3 besteht unverändert in der Fassung vom 3.9.1953 (BGBl. 1953 I 1239).

2. Parallelvorschriften. Entsprechende Regelungen sind im SGG für das LSG in § 31 und für das BSG in § 40 enthalten. Die Möglichkeit, den Bezirk eines Spruchkörpers auszudehnen (Abs. 3), besteht auch nach § 3 Abs. 1 Nr. 4, Abs. 2 VwGO und § 3 Abs. 1 Nr. 4, Abs. 2 FGO, die dies jedoch ausdrücklich unter den Vorbehalt des Gesetzes stellen. 2

II. Fachkammerprinzip

Das Sozialgericht besteht, wie Abs. 1 S. 1 klarstellt, aus **Kammern** (zur Kammerbesetzung → § 12 Rn. 3 ff.). Gleichzeitig legt S. 1 das sogenannte **Fachkammerprinzip** fest. Gegen dieses Fachkammerprinzip wird nicht verstoßen, wenn der Geschäftsverteilungsplan eines Gerichts bestimmt, dass eine Kammer für alle Erinnerungen nach § 189 zuständig ist.[4] Ein Verstoß gegen Abs. 1 liegt aber vor, wenn für die Deutsche Bundesbahn eine besondere Fachkammer gebildet wird[5] oder wenn ein Sachgebiet soweit auf Spruchkörper aufgeteilt wird, dass eine Zersplitterung desselben entsteht.[6] Das Fachkammerprinzip schließt jedoch nicht aus, dass einem Spruchkörper mehrere Sachgebiete zugewiesen werden.[7] 3

III. Eigene Kammern für Sozialversicherung und Knappschaftsversicherung

Nach Abs. 1 S. 1 werden beim SG Kammern für die Angelegenheiten der Sozialversicherung, der Arbeitsförderung, der Grundsicherung für Arbeitsuchende, der Sozialhilfe und des Asylbewerberleistungsgesetzes sowie des sozialen Entschädigungsrechts und des Schwerbehindertenrechts gebildet. Nach S. 2 können die Gerichte eigene Kammern für die Knappschaftsversicherung bilden. Dabei ist nach der Auffassung des BSG die Aufzählung von Sozialversicherungsrecht und den übrigen Gebieten nicht dahingehend zu verstehen, dass für jedes der aufgezählten Gebiete zwingend eine eigene Fachkammer zu bilden ist. **Eigene Kammern** seien **zwingend nur für** das **Kassenarztrecht** und, **bei Bedarf**, für die **Knappschaftsversicherung** einschließlich der Unfallversicherung für den Bergbau vorgeschrieben. Eine **eigene Kammer** sei für das **Kriegsopferversorgungsrecht** (nunmehr Soziales Entschädigungs- und Schwerbehindertenrecht) aber **sinnvoll**, 4

3 BT-Drs. 14/5943, 21 zu Nr. 4 b.
4 SG Berlin 26.4.1956 – 65 SG (bGeb) 18/55, Breith. 1956, 1061.
5 SG Würzburg 11.11.1955 – AU 862/54, SGb 1956, 394.
6 Kolmetz NZS 2011, 124 (126); Hennig/Schmidt § 10 Rn. 4.
7 Jansen § 10 Rn. 4; Hennig/Schmidt § 10 Rn. 4.

weil insoweit besondere ehrenamtliche Richter erforderlich seien.[8] Demnach wären beim SG lediglich **zwei Fachkammern zwingend** zu errichten.[9] Die Bildung einer Fachkammer für die Knappschaftsversicherung steht seit dem 8. SGGÄndG im Ermessen des jeweiligen Gerichts.[10] Da diese nach der vorhergehenden Gesetzesfassung ohnehin nur bei Bedarf zu bilden war, dürfte der Gesetzesänderung keine praktische Bedeutung zukommen.

Nachdem gemäß **Abs. 3** die Gerichtsbezirke aber erweitert werden können, sind **nicht einmal zwei Fachkammern zwingend**, wobei angesichts des Geschäftsanfalls der Gerichtsbarkeit schon aus Zahlengründen wegen § 9 Abs. 1 mehrere Kammern erforderlich sein dürften.

IV. Eigene Kammern für das Vertragsarztrecht

5 Abs. 2 legt fest, dass für das sogenannte **Vertragsarztrecht** (besser bekannt als Kassenarztrecht, wobei diese Bezeichnung seit Einführung des GesStrukturG vom 21.12.1992 obsolet ist) eigene Kammern zu bilden sind. Hierbei steht Abs. 2 zu Abs. 1 im Verhältnis der Spezialität.[11] Dabei stellt der Wortlaut klar, dass es sich bei dem Vertragsarztrecht um **Streitigkeiten aufgrund der Beziehungen zwischen Krankenkassen und Vertragsärzten, Psychotherapeuten, Vertragszahnärzten einschließlich ihrer Vereinigungen und Verbände** handelt. Nach welchen Kriterien ein Rechtstreit dem Gebiet der Krankenversicherung oder des Vertragsarztrechts zuzuordnen ist, war **umstritten**. Während der für Vertragsrecht zuständige 6. Senat des BSG einen prozessualen Ansatz verfolgte und demzufolge entsprechend dem Wortlaut von § 10 darauf abstellte, ob einer der dort genannten am Rechtstreit beteiligt ist, vertraten die für Krankenversicherung zuständigen Senate die Auffassung, dass die Zuständigkeit nach den dem Streit zugrunde liegenden materiellrechtlichen Grundlagen zu bestimmen sei. Diese beiden Auffassungen gerieten insbesondere dann in Widerstreit, wenn Entscheidungen oder Richtlinien des **Gemeinsamen Bundesausschuss** – GBA – im Streit waren, da der 6. Senat diesen als Nachfolger des Bundesausschusses der Ärzte und Krankenkassen als Vereinigung iS von Abs. 2 verstand,[12] die beiden anderen Senate aber darauf abstellten, welchem Rechtgebiet die Richtlinien oder Entscheidungen des GBA zuzuordnen waren.[13] Eine Klärung des Zuständigkeitskonfliktes über den Großen Senat[14] scheiterte, da sich der zugrunde liegende Rechtstreit unstreitig erledigte. Der Gesetzgeber hat sich entschlossen, den Konflikt durch eine Aufnahme von Katalogfällen in Abs. 2 beizulegen. Mit dem Vierten Gesetz zur Änderung des Vierten Buches Sozialgesetzbuch und anderer Gesetze vom 22.12.2011 hat der Gesetzgeber – der Rechtsauffassung des 6. Senats folgend – in drei Untergruppen bestimmte Streitigkeiten ausdrücklich als vertragsärztliche Streitigkeiten ausgewiesen.

---

8 BSG 22.1.1981 – 10/8 b RAr 2/80, USK 8118; wobei die Entscheidung den inhaltlich gleichlautenden § 31 betrifft.

9 AA Kolmetz NZS 2011, 124 (126), der sechs Kammern für notwendig hält.

10 BT-Drs. 16/7716, 17 zu Nr. 2.

11 BSG 12.8.2009 – B 3 KR 10/07 R; LSG NRW 9.7.2004 – L 10 B 6/04 KA ER, beide juris.

12 Urteile vom 6.5.2009 – B 6 A 1/08 R; 3.2.2010 – B 6 KA 31/09 R; 23.3.2011 – B 6 KA 11/10 R, und 11.5.2011 – B 6 KA 25/10 R, alle juris.

13 Urteil vom 12.8.2009 – B 3 KR 10/07 R; Beschluss vom 18.11.2009 – B 1 KR 74/08 B, beide juris.

14 Vorlagebeschluss vom 10.3.2010 – B 3 KR 36/09 B, juris.

Hierzu gehören demnach Klagen gegen Entscheidungen und Richtlinien des GBA, soweit diese allein die vertragsärztliche Versorgung betreffen, dem Vertragsarztrecht zugehören (Nr. 1), ebenso diesbezügliche Aufsichtsangelegenheiten gegenüber dem GBA (Nr. 2), ferner Klagen aufgrund von Verträgen nach den §§ 73 b[15] und 73 c SGB V und § 140 a SGB V, soweit es um die Bereinigung der Gesamtvergütung nach § 140 d SGB V geht und Klagen, die im Zusammenhang mit der Teilnahme an der vertragsärztlichen Versorgung durch Krankenhausärzte nach §§ 116, 116 a, 117 bis 120 a[16] SGB V stehen (Nr. 3). Die unter Nr. 3 genannten Regelungen des SGB V sind, da es sich um Sonderregelungen handelt, eng auszulegen.[17] Nicht zum Vertragsarztrecht gehören daher Klagen gegen Vereinbarungen über das ambulante Operieren,[18] gegen Mindestmengenverordnungen nach § 137 Abs. 3 S. 1 Nr. 2 SGB V,[19] Rechnungskürzungen durch die Krankenkassen gegenüber Nichtvertragsärzten[20] oder Schadenersatzklagen eines Vertragsarztes gegen ein Krankenhaus.[21] Auch Klagen von Versicherten gegen Entscheidungen und Richtlinien des GBA oder gegen die KÄV im Hinblick auf die Vergabe von Terminen[22] sind nicht dem Vertragsrecht zuzuordnen.[23] Zu den Einzelfällen vgl. die ausführliche Darstellung → § 12 Rn. 8 ff.

Entscheidet ein Senat bzw. eine Kammer, die für Vertragsarztstreitigkeiten zuständig ist, über eine Angelegenheit des Krankenversicherungsrechtes, so liegt nach der neueren Rechtsprechung des BSG ein **nur auf Rüge zu beachtender Verfahrensfehler** vor,[24] was jedoch angesichts des Verfassungsgrundsatzes des gesetzlichen Richters nach Art. 101 GG als doch etwas befremdlich anmutet. Als Begründung hierfür führt das BSG unter Hinweis auf § 17 a Abs. 5 GVG aus, dass der Gesetzgeber Zuständigkeitsvorschriften keine so entscheidende Bedeutung mehr wie zuvor beimisst.

Hinter Abs. 2 steht der Gedanke, dass über die komplexe Materie des Vertragsarztrechts, das sich von den übrigen Sachgebieten des sozialgerichtlichen Verfahrens stark unterscheidet, von insoweit **sachkundigen Kammern und Senaten** (§ 31 Abs. 2 und § 40 S. 2) entschieden werden soll. Trotz des eindeutigen Wortlauts der Regelung sind aber bei SG und LSG auch Spruchkörper die Regel, die neben dem Vertragsarztrecht auch noch über Streitigkeiten aus dem Sozialversicherungsrecht oder der Arbeitsförderung entscheiden. Das **BSG** ist insoweit der Auffassung, dass eine Kammer ihren Charakter als Kassen(Vertrags)arztkammer nicht dadurch verliert, dass ihr auch Angelegenheiten der Kriegsopferversorgung (nunmehr Recht der sozialen Entschädigung) zugewiesen werden.[25] Im Hinblick

---

15 BSG 21.8.2018 – B 6 KA 59/17 R, hausarztzentrierte Versorgung und klagender Dritter.
16 BSG 10.5.2017 – B 6 KA 10/16 R, juris.
17 BSG 15.3.2012 – B 3 KR 13/11 R, juris.
18 BSG 4.3.2014 – B 1 KR 16/13 R, juris.
19 BSG 12.9.2012 – B 3 KR 10/12 R; BSG 18.12.2012 – B 1 KR 34/12 R; zuletzt BSG 17.11.2015 – B 1 KR 15/15 R, alle juris. AA noch zur alten Rechtslage zur Mindestmengenregelung nach § 137 Abs. 3 S. 3 SGB V LSG Bln 21.11.2011 – L 7 KA 93/11 KL, juris.
20 SG Düsseldorf, 7.10.2016 – S 27 KR 920/16 ER, juris.
21 BSG 29.3.2016 – B 1 KR 126/15 B, juris.
22 LSG RhPf 10.8.2017 – L 5 KR 111/17 B-ER, juris.
23 Jansen § 10 Rn. 6; Breitkreuz/Fichte § 10 Rn. 1 unter Hinweis auf den Gesetzeswortlaut.
24 BSG 16.7.1996 – 1 RS 1/94, SozR 3-2500 § 34 Nr. 5; Aufgabe von BSG 13.7.1977 – 3 RK 84/76, SozR 1500 § 31 Nr. 1, das davon ausging, dass dieser Verfahrensmangel von Amts wegen zu beachten sei; bestätigt durch BSG 6.5.2009 – B 6 A 1/08 R, juris.
25 BSG 25.9.1959 – 6 RKa 7/58, SozR § 12 SGG Nr. 5.

auf diese Entscheidung und die tatsächlichen Gegebenheiten ist Abs. 2 wohl dahin gehend zu verstehen, dass **eigene Kammern** für **Vertragsarztsachen nur** zu bilden sind, **wenn** dies von den Eingangszahlen her **möglich** ist, und dass einem Spruchkörper neben dem Vertragsarztrecht lediglich **noch ein weiteres Fachgebiet** zugeordnet werden kann, damit dem Sachkundigkeitsprinzip Genüge geleistet wird.[26]

V. Ausdehnung des Kammerbezirks

6 Abs. 3 ermöglicht die Ausdehnung des Bezirks einer Kammer auf die Bezirke anderer Sozialgerichte innerhalb des gleichen Landes (S. 1) bzw. auf die Bezirke anderer Sozialgerichte über die Landesgrenze hinaus (S. 2). Anders als bei § 7 Abs. 2 wird durch diese Vorschrift nicht der gesamte Gerichtsbezirk, sondern nur der Bezirk **einer einzelnen Kammer** erweitert. Von dieser Regelung wurde v.a. auf den Gebieten der Knappschaftsversicherung[27] und des Vertragsarztrechtes[28] Gebrauch gemacht. Entsprechend dem unter → § 7 Rn. 4 Gesagten wird für diese Bezirksausdehnung ein **Landesgesetz** erforderlich sein bzw. bei der Beteiligung mehrerer Länder ein **Staatsvertrag**, der in allen beteiligten Ländern durch Gesetz legitimiert werden muss.

§ 11 [Ernennung der Berufsrichter]

(1) Die Berufsrichter werden nach Maßgabe des Landesrechts nach Beratung mit einem für den Bezirk des Landessozialgerichts zu bildenden Ausschuss[1] auf Lebenszeit ernannt.

(2) [1]Der Ausschuss ist von der nach Landesrecht zuständigen Stelle zu errichten. [2]Ihm sollen in angemessenem Verhältnis Vertreter der Versicherten, der Arbeitgeber, der Versorgungsberechtigten [ab 1.1.2024: *Berechtigten nach dem Vierzehnten Buch Sozialgesetzbuch*] und der mit dem sozialen Entschädigungsrecht oder der Teilhabe behinderter Menschen [ab 1.1.2024: *dem Recht der Teilhabe von Menschen mit Behinderungen*] vertrauten Personen sowie der Sozialgerichtsbarkeit angehören.

(3) Bei den Sozialgerichten können Richter auf Probe und Richter kraft Auftrags verwendet werden.

---

26 Im Ergebnis ebenso Meyer-Ladewig/Keller/Leitherer/Schmidt § 10 Rn. 2.
27 Etwa in Art. 1 Abs. 2 BayAGSGG und § 3 AGSGG-BW.
28 ZB § 4 AGSGG-BW iVm der VO des AM v. 17.2.1954.
1 **Baden-Württemberg:** LRiStAG
Bayern: BayRiStAG
Berlin: RiGBln
Brandenburg: BbgRiG
Bremen: RichterG
Hamburg: HambRiG
Hessen: HRiG
Mecklenburg-Vorpommern: RiG M-V
Nordrhein-Westfalen: LRiStaG
Niedersachsen: NRiG
Rheinland-Pfalz: LRiG
Saarland: SaarRiG
Sachsen: SächsRiG
Sachsen-Anhalt: LRiG
Schlewig-Holstein: LRiG
Thüringen: ThRiStAG

(4) Bei dem Sozialgericht und bei dem Landessozialgericht können auf Lebenszeit ernannte Richter anderer Gerichte und Rechtslehrer an einer staatlichen oder staatlich anerkannten Hochschule für eine bestimmte Zeit von mindestens zwei Jahren, längstens jedoch für die Dauer ihres Hauptamts, zu Richtern im Nebenamt ernannt werden.

I. Allgemeines

1. Entstehungsgeschichte. Die Vorschrift besteht im Wesentlichen unverändert seit Inkrafttreten des SGG. Abs. 1 wurde seither nicht geändert. Abs. 2 S. 1 legt seit dem 6. SGGÄndG vom 17.8.2001 (BGBl. 2001 I 2144) mit Wirkung zum 2.1.2002 fest, dass der beratende Ausschuss nicht wie zuvor von der zuständigen obersten Landesbehörde zu errichten ist, sondern überlässt dies generell dem Landesrecht. In den Abs. 2 S. 2 fügte der Gesetzgeber bereits mit Wirkung vom 1.8.1986 (Gesetz vom 24.7.1986 – BGBl. 1986 I 1110) die mit dem Schwerbehindertenrecht vertrauten Personen zu dem Kreis hinzu, aus dem der beratende Ausschuss seine Mitglieder zusammensetzt. Mit Wirkung vom 1.7.2001 (Gesetz vom 19.6.2001 – BGBl. 2001 I 3302) änderte er im Hinblick auf das neu in Kraft getretene SGB IX diese Formulierung in „mit der Teilhabe behinderter Menschen vertrauten Personen" um. Mit dem 6. SGGÄndG wurde die Bezeichnung „Kriegsopferversorgung" in „soziales Entschädigungsrecht" geändert. Durch das Gesetz zur Regelung des Sozialen Entschädigungsrechts vom 12.12.2019 (BGBl. 2019 I, 2652) mit Wirkung zum 1.1.2024 wird eine weitere sprachliche Anpassung vorgenommen, da es nunmehr nicht soziales Entschädigungsrecht heißen wird, sondern entsprechend des Titels des neuen SGB XIV vom Sozialen Entschädigungsrechts gesprochen wird. Gleichzeitig wurde eine sprachliche Angleichung an die Terminologie des BTHG vorgenommen. Abs. 3 geht auf § 90 Nr. 2 DRiG zurück, die Verwendung von Hilfsrichtern, wie in der Fassung vom 3.9.1953 (BGBl. 1953 I 1239) vorgesehen, ist heute nicht mehr möglich. 1

Abs. 4 wurde durch das 7. SGGÄndG vom 9.12.2004 (BGBl. 2004 I 3302) eingefügt. Bei SG und LSG können ab 1.1.2005 nun auch Richter anderer Gerichtszweige als Richter im Nebenamt tätig sein. Vorbild der Regelung war § 16 VwGO.[2] Mit dem Vierten Gesetz zur Änderung des Vierten Buches Sozialgesetzbuch und anderer Gesetze vom 22.12.2011 (BGBl. 2011 I 3057) hat der Gesetzgeber nun endlich auch hier die Regeln der neueren Rechtschreibung umgesetzt. Er hat zudem den Absatz 4 um die Hochschulrechtslehrer erweitert.

2. Parallelvorschriften. Entsprechende Regelungen zu Abs. 1 finden sich in § 32 Abs. 1 für das LSG, sowie in §§ 18, 36 ArbGG, 15 Abs. 1 VwGO und § 14 Abs. 1 FGO. Im Übrigen regelt § 28 Abs. 1 DRiG bereits allgemein, dass Richter bei einem Gericht nur als Richter auf Lebenszeit tätig werden dürfen, soweit bundesgesetzlich nichts anderes bestimmt ist. Richter auf Probe und kraft Auftrags können nach § 15 FGO, § 17 VwGO und §§ 22 Abs. 5, 59 Abs. 3 GVG 2

2 BT-Drs. 15/3169, 8 f.

auch in diesen Gerichtszweigen tätig werden. § 16 VwGO regelt ebenso wie Abs. 4 die Verwendung von Richtern im Nebenamt, wobei in der Verwaltungsgerichtsbarkeit auch ordentliche Professoren des Rechts nebenamtlich tätig sein dürfen.

II. Ernennung der Berufsrichter

3 Abs. 1 regelt die Ernennung der Berufsrichter, die nach Maßgabe des Landesrechts nach Beratung mit einem für den Bezirk des LSG zu bildenden Ausschuss auf Lebenszeit ernannt werden. Dies ist meist der sog. Präsidialrat oder Richterwahlausschuss.[3] Dabei soll die fehlende Durchführung der Beratung durch den Ausschuss nicht zur Nichtigkeit der Ernennung führen.[4] Der Ausschuss nach Abs. 1 darf nicht mit dem sog Richterwahlausschuss verwechselt werden, der in einigen Ländern bei der Ernennung der Richter beteiligt ist. Anders als der Richterwahlausschuss hat der Ausschuss nach Abs. 1 keine konstitutive Funktion, sondern ist, wie die Vorschrift sagt, **nur beratend tätig.** Die Voraussetzungen, die für die Ernennung als Richter gegeben sein müssen, sind für alle Gerichtsbarkeiten **einheitlich im DRiG** geregelt. Richter kann demnach nur werden, wer die Befähigung zum Richteramt hat (§§ 5–7 DRiG), Deutscher iSv Art. 116 GG ist, und die Gewähr dafür bietet, dass er jederzeit für die freiheitliche demokratische Grundordnung iS des GG eintritt (§ 9 DRiG). Dabei hat derjenige die Befähigung zum Richteramt, der im Bundesgebiet beide juristische Staatsexamina abgeschlossen hat (§§ 5, 6 DRiG), bzw., der ordentlicher Professor der Rechte an einer deutschen Universität ist. Die Beteiligung eines Ausschusses bei der Ernennung von Berufsrichtern in den übrigen Gerichtsbarkeiten ist unüblich. Einzig die Arbeitsgerichtsbarkeit kennt dieses Verfahren. Nach § 18 Abs. 1 und Abs. 2 ArbGG ist danach die Ernennung der Vorsitzenden nach Beratung mit einem Ausschuss bestehend aus Vertretern der Gewerkschaften, der Arbeitgebervereinigungen und der Arbeitsgerichtsbarkeit vorzunehmen.

III. Ausschuss

4 Nach der zum 2.1.2002 in Kraft getretenen Neufassung von Abs. 2 S. 1 ist der Ausschuss nach Landesrecht zu errichten. Zuvor hatte der Bundesgesetzgeber festgelegt, dass die Errichtung von der zuständigen obersten Landesbehörde auszuführen sei. Durch diese Gesetzesänderung dürften sich in der tatsächlichen Handhabung des Gesetzes jedoch keine Änderungen ergeben. Dem Ausschuss sollen nach Abs. 2 S. 2 in angemessenem Verhältnis Vertreter der Versicherten, der Arbeitgeber, der Versorgungsberechtigten und der mit dem sozialen Entschädigungsrecht oder der Teilhabe behinderter Menschen vertrauten Personen sowie Vertreter der Sozialgerichtsbarkeit angehören.

IV. Richter auf Probe oder kraft Auftrags

5 Abs. 3 lässt, ebenso wie seine Parallelvorschriften § 15 FGO, § 17 VwGO und die §§ 22 Abs. 5, 59 Abs. 3 GVG, die Verwendung von Richtern auf Probe und Richtern kraft Auftrags zu. Der Einsatz von Hilfsrichtern oder Zeitrichtern, was in der Anfangszeit der Sozialgerichtsbarkeit nach Abs. 3 möglich und üblich

3 Vgl. die unter Fn. 1 abgedruckten Richtergesetze der Länder.
4 LSG BW 30.9.1957 – L 3 J 81/56, DÖV 1958, 392.

war,[5] kommt nunmehr nicht mehr in Betracht. § 28 Abs. 2 S. 2 DRiG, nach dem ein Richter auf Lebenszeit den Vorsitz führen muss, steht nicht im Gegensatz zu Abs. 3, denn diese Vorschrift gilt nur für Spruchkörper, die mit mehreren Berufsrichtern besetzt sind.[6] Bei der Ernennung der Richter nach Abs. 3 wirkt der Ausschuss nach Abs. 2 nicht mit.[7]

V. Richter im Nebenamt

Ab dem 1.1.2005 können beim SG und dem LSG auch Richter anderer Gerichtszweige im Nebenamt tätig sein. Mit Wirkung zum 1.1.2012 hat der Gesetzgeber diese Regelung auch auf Hochschulrechtslehrer erweitert. Dabei steht die Vorschrift, soweit sie sich auf die Verwendung von Richtern im Nebenamt beim LSG bezieht, gesetzessystematisch an der falschen Stelle, denn § 11 steht unter der Überschrift „Zweiter Abschnitt Sozialgerichte". Entsprechend der Systematik des SGG hätte diese Regelung im Dritten Abschnitt „Landessozialgerichte" erfolgen müssen. Der Richter eines anderen Gerichts wird auf bestimmte Zeit, mindestens für die Dauer von zwei Jahren, höchstens für die Dauer seines Hauptamtes, zum Richter im Nebenamt ernannt. Voraussetzung hierfür ist, dass es sich um einen Richter auf Lebenszeit in der anderen Gerichtsbarkeit handelt. Der Richter erhält dann zusätzlich zu seinem Hauptamt ein weiteres Amt.[8] Die Verwendung von Richtern im Nebenamt widerspricht nicht § 8 DRiG, der nur den Richter auf Lebenszeit, auf Probe und kraft Auftrags nennt.[9] Als Vorlage für die Regelung diente dem Gesetzgeber § 16 VwGO. Die Regelung soll den Ländern die Möglichkeit geben, jedenfalls für eine Übergangszeit, die dort zu erwartenden personellen Engpässe durch einen nebenamtlichen Richtereinsatz abzumildern.[10] Nachdem bei Lebenszeitrichtern deren Zustimmung für die Verwendung als nebenamtlicher Richter vonnöten ist, dürfte die Regelung angesichts der bestehenden hohen Belastung in der Justiz in der Praxis kaum von Bedeutung sein. 6

§ 12 [Besetzung der Kammern]

(1) [1]Jede Kammer des Sozialgerichts wird in der Besetzung mit einem Vorsitzenden und zwei ehrenamtlichen Richtern als Beisitzern tätig. [2]Bei Beschlüssen außerhalb der mündlichen Verhandlung und bei Gerichtsbescheiden wirken die ehrenamtlichen Richter nicht mit.

(2) [1]In den Kammern für Angelegenheiten der Sozialversicherung, der Grundsicherung für Arbeitsuchende einschließlich der Streitigkeiten auf Grund des § 6 a des Bundeskindergeldgesetzes und der Arbeitsförderung gehört je ein ehrenamtlicher Richter dem Kreis der Versicherten und der Arbeitgeber an. [2]Sind für Angelegenheiten einzelner Zweige der Sozialversicherung eigene Kammern gebildet, so sollen die ehrenamtlichen Richter dieser Kammern an dem jeweiligen Versicherungszweig beteiligt sein.

5 So BSG 17.2.1956 – 6 RKa 14/55, BSGE 2, 201; LSG Hmb 5.9.1957 – ARB 12/57, Breith. 1958, 262; BayVerfGH 19.4.1958 – Vf.112-VII-56, VERFGHE BY 11, 37.
6 Schmidt-Räntsch DRiG § 28 Rn. 9.
7 Hennig/Schmidt § 11 Rn. 4.
8 BVerwG 29.10.1980 – 1 CB 138/80, juris.
9 Kopp/Schenke § 16 Rn. 1; VGH BW 9.8.1963 – II 699/62, ESVGH 13, 235.
10 BT-Drs. 15/3169, 8 f.

(3) [1]In den Kammern für Angelegenheiten des Vertragsarztrechts wirken je ein ehrenamtlicher Richter aus den Kreisen der Krankenkassen und der Vertragsärzte, Vertragszahnärzte und Psychotherapeuten mit. [2]In Angelegenheiten der Vertragsärzte, Vertragszahnärzte und Psychotherapeuten wirken als ehrenamtliche Richter nur Vertragsärzte, Vertragszahnärzte und Psychotherapeuten mit. [3]Als Vertragsärzte, Vertragszahnärzte und zur vertragsärztlichen Versorgung zugelassene Psychotherapeuten gelten auch bei diesen oder in medizinischen Versorgungszentren angestellte Ärzte, Zahnärzte und Psychotherapeuten, die Mitglied der Kassenärztlichen oder Kassenzahnärztlichen Vereinigung sind.

(4) In den Kammern für Angelegenheiten des sozialen Entschädigungsrechts und des Schwerbehindertenrechts wirken je ein ehrenamtlicher Richter aus dem Kreis der mit dem sozialen Entschädigungsrecht oder dem Recht der Teilhabe behinderter Menschen vertrauten Personen und dem Kreis der Versorgungsberechtigten, der behinderten Menschen im Sinne des Neunten Buches Sozialgesetzbuch und der Versicherten mit; dabei sollen Hinterbliebene von Versorgungsberechtigten in angemessener Zahl beteiligt werden.

[Abs. 4 ab 1.1.2024:

(4) In den Kammern für Angelegenheiten des Sozialen Entschädigungsrechts und des Schwerbehindertenrechts wirken je ein ehrenamtlicher Richter aus dem Kreis der mit dem Sozialen Entschädigungsrecht oder dem Recht der Teilhabe von Menschen mit Behinderungen vertrauten Personen und dem Kreis der Berechtigten nach dem Vierzehnten Buch Sozialgesetzbuch, der Menschen mit Behinderungen im Sinne des Neunten Buches Sozialgesetzbuch und der Versicherten mit; dabei sollen Hinterbliebene von Berechtigten nach dem Vierzehnten Buch Sozialgesetzbuch in angemessener Zahl beteiligt werden.]

(5) In den Kammern für Angelegenheiten der Sozialhilfe einschließlich der Angelegenheiten nach Teil 2 des Neunten Buches Sozialgesetzbuch und des Asylbewerberleistungsgesetzes wirken ehrenamtliche Richter aus den Vorschlagslisten der Kreise und der kreisfreien Städte mit.

I. Allgemeines

1 **1. Entstehungsgeschichte.** Die Vorschrift besteht inhaltlich im Wesentlichen unverändert seit Inkrafttreten des SGG. Abs. 1 S. 1 hat keine Änderungen erfahren. Mit Gesetz vom 11.1.1993 (BGBl. 1993 I 50) wurde Abs. 1 um S. 2 ergänzt, der

mit Wirkung vom 1.3.1993 in Kraft trat. Auch Abs. 2 wurde durch das 6. SGGÄndG vom 17.8.2001 (BGBl. 2001 I 2144) nur sprachlich an die Terminologie des SGB III (Arbeitsförderung statt Arbeitslosenversicherung) angepasst. Abs. 3 wurde vom Gesetzgeber ebenfalls zweimal sprachlich angepasst; zuerst mit Gesetz vom 16.6.1998 (BGBl. 1998 I 1311) im Hinblick auf die Einbeziehung der Psychotherapeuten in die Vertragsarztversorgung mit Wirkung vom 1.1.1999, und dann durch das 6. SGGÄndG, welches den Begriff des Vertragsarztrechtes nun auch in das SGG übertrug. Abs. 4 musste sich ebenfalls mehreren sprachlichen Anpassungen, aber auch kleineren inhaltlichen Änderungen unterziehen. Mit Wirkung zum 1.8.1986 wurde durch Gesetz vom 24.7.1986 (BGBl. 1986 I 1110) zu dem Gebiet der Kriegsopferversorgung das Schwerbehindertenrecht hinzugefügt. Mit Gesetz vom 19.6.2001 (BGBl. 2001 I 1046), in Kraft ab 1.7.2001, wurde der Begriff des Schwerbehindertenrechts begrifflich an das SBG IX (Recht der Teilhabe der behinderten Menschen) angepasst. Durch das 6. SGGÄndG vom 17.8.2001 wurde auch der Begriff der Kriegsopferversorgung in den Begriff „Angelegenheiten des sozialen Entschädigungsrechts" geändert. Gleichzeitig wurde der **Kreis der ehrenamtlichen Richter um die (Sozial-)Versicherten erweitert.** Der Gesetzgeber hat auch die zwingende Vorschrift von Abs. 4 Hs. 2 in eine Sollvorschrift umgewandelt. Grund für die letzten beiden Änderungen war das Problem, nahezu fünfzig Jahre nach dem zweiten Weltkrieg, keine ausreichende Anzahl an Versorgungsberechtigten und deren Hinterbliebenen als ehrenamtliche Richter zur Verfügung zu haben.[1] Durch das 7. SGGÄndG vom 9.12.2004 (BGBl. 2004 I 3302) wurde die Vorschrift um Abs. 5 erweitert, der die Zusammensetzung der ehrenamtlichen Richter in Angelegenheiten der Grundsicherung für Arbeitsuchende, der Sozialhilfe und des AsylbLG regelt. Seit dem 8. SGGÄndG vom 26.3.2008 (BGBl. 2008 I 444) sind für Angelegenheiten der Arbeitsförderung nicht mehr die für die Sozialversicherung zuständigen ehrenamtlichen Richter heranzuziehen, sondern diejenigen nach Abs. 5 S. 1. Der Gesetzgeber hat mit dem BUK-NOG vom 19.10.2013 (BGBl. 2013 I 3836) mit Wirkung ab 25.10.2013 Abs. 2 geändert und S. 1 des Abs. 5 gestrichen. Ehrenamtliche Richter sind nunmehr auf dem Gebiet der Sozialversicherung, der Grundsicherung für Arbeitsuchende und der Arbeitsförderung dem Kreis der Versicherten zu entnehmen. Damit erübrigt sich einerseits die mitunter schwierige Unterscheidung zwischen Arbeitnehmern und Versicherten und ermöglicht dem Spruchkörper mit denselben ehrenamtlichen Richtern in allen in § 51 Abs. 1 Nr. 1 bis 4 a SGG aufgeführten Rechtsgebieten zu verhandeln.[2] Dabei ordnet die Übergangsregelung des § 208 an, dass durch die Gesetzesänderung keine Neuwahlen erforderlich werden und die bisher aus den Kreisen der Arbeitnehmer ernannten ehrenamtlichen Richter ihre Funktion bis zum Ende der Amtsperiode weiter unverändert in den Kammern für SGB III, SGB II und § 6 a BKGG ausüben.[3]

Weitere Änderung hat der Gesetzgeber in Abs. 3, 4 und 5 vorgenommen. Während in Abs. 5 durch das BTHG vom 23.12.2016 (BGBl. 2016 I, 3234) mit Wirkung zum 1.1.2020 und Abs. 4 das Gesetz zur Regelung des Sozialen Entschädigungsrechts vom 12.12.2019 (BGBl. 2019 I, 2652) mit Wirkung zum 1.1.2024 lediglich sprachliche Anpassungen vorgenommen werden, erweitert das 7. Ge-

1 BT-Drs. 14/5943, 22 zu Nr. 6 c.
2 Breitkreuz ASR 2014, 52.
3 Breitkreuz ASR 2014, 52 (53); Wenner SozSich 2013, 354.

setz zur Änderung des SGB IV ua Gesetze den Anwendungsbereich des Vertragsarztrechts auch auf Ärzte, die in MVZ tätig sind sowie bei Vertragsärzten angestellte Ärzte, soweit sie Mitglied der KÄV oder KZÄV sind (Abs. 3 Satz 3).

2 **2. Parallelvorschriften.** Gemäß § 16 Abs. 2 ArbGG ist auch die Kammer des Arbeitsgerichts mit einem Berufsrichter und zwei ehrenamtlichen Richtern, je einem Vertreter der Arbeitnehmer und einem der Arbeitgeber, besetzt. Anders dagegen die Kammerbesetzung beim VG, die nach § 5 Abs. 3 VwGO aus drei Berufsrichtern und zwei ehrenamtlichen Richtern besteht, sofern nicht der Einzelrichter nach § 6 VwGO entscheidet. Gem. § 28 VwGO werden die ehrenamtlichen Richter für die Verwaltungsgerichtsbarkeit von den Kreisen und kreisfreien Städten vorgeschlagen.

II. Grundzüge der Kammerbesetzung

3 Abs. 1 S. 1 regelt die **Besetzung der Kammern** beim SG. Diese besteht aus einem **Berufsrichter als Vorsitzenden** und **zwei ehrenamtlichen Richtern als Beisitzern,** wobei die jeweilige Zusammensetzung der ehrenamtlichen Richter in den folgenden Absätzen der Norm geregelt wird. Diese große Besetzung hat die Kammer in der Regel aber nur bei der Entscheidung durch **Urteil**, sei es aufgrund mündlicher Verhandlung nach § 124 Abs. 1 oder ohne nach § 124 Abs. 2, oder bei **Beschlüssen,** die **im Rahmen der mündlichen Verhandlung** getroffen werden. So muss ein Ordnungsgeldbeschluss gegen einen zur mündlichen Verhandlung ordnungsgemäß geladenen, aber nicht erschienenen Zeugen oder Kläger noch in der Verhandlung von der Kammer getroffen werden. Die (spätere) Entscheidung durch den Vorsitzenden verstößt gegen das Gebot des gesetzlichen Richters nach Art. 101 Satz 2 GG,[4] außer es handelte sich um eine Sitzung vor dem Einzelrichter. Eine Entscheidung der Kammer durch Beschluss ist auch erforderlich, wenn sich der Rechtsstreit in der Hauptsache im Laufe der mündlichen Verhandlung erledigt und noch in der Verhandlung Antrag auf Kostenentscheidung nach § 193 Abs. 1 Hs. 2 gestellt wird.[5] Gleiches gilt für die Entscheidung über einen PKH-Antrag während der mündlichen Verhandlung.[6] Dieses Erfordernis stellt **S. 2 ergänzend klar,** indem er festlegt, dass die **ehrenamtlichen Richter** bei **Beschlüssen außerhalb der mündlichen Verhandlung** und bei **Gerichtsbescheiden** nach § 105 **nicht mitwirken.** Im Hinblick auf die Beschlüsse entspricht S. 2 daher der schon zuvor bestehenden Rechtslage,[7] wogegen hinsichtlich des Gerichtsbescheides eine Regelung getroffen werden musste, da § 105 die Besetzung nicht regelt und in Abs. 1 S. 3 die entsprechende Anwendung der Vorschriften über Urteile vorsieht. Ein Verstoß gegen den Grundsatz des rechtlichen Gehörs und den gesetzlichen Richter liegt vor, wenn das SG ohne oder mit nur formularmäßiger Anhörung ohne Hinweis auf die Gelegenheit zur Stellungnahme einen Gerichtsbescheid erlässt (vgl. auch § 105).[8]

4 BVerfG 2.6.2010 – 1 BvR 448/06; BayLSG 5.2.2010 – L 2 R 515/09 B; ThürLSG 22.9.2008 – L 1 B 33/08 U, alle juris.
5 BayLSG 14.9.1965 – L 4 Kr 7/65, AMBl BY 1966, B 41.
6 ThürLSG 29.9.2003 – L 2 B 37/03 RA, juris.
7 BSG GrS 1,1.
8 LSG LSA 9.2.2009 – L 8 SO 14/08, und 13.3.2009 – L 5 AS 99/08, beide juris.

III. Besetzung der Kammer in Angelegenheiten der Sozialversicherung, der Grundsicherung, der Arbeitsförderung und dem § 6 a BKGG

Abs. 2 S. 1 stellt den Grundsatz auf, dass in Streitigkeiten der **Sozialversicherung** (Kranken-, Pflege-, Renten- und Unfallversicherung) die Kammer mit je einem ehrenamtlichen Richter als Vertreter der Arbeitgeberseite und einem weiteren ehrenamtlichen Richter als Vertreter der Versicherten besetzt sein muss. Nach der Auffassung des BSG schließt die Zugehörigkeit zum Kreis der Arbeitgeber die Möglichkeit aus, ehrenamtlicher Richter als Versicherter zu sein. Dabei entscheidet das Gericht bei Angelegenheiten der Krankenversicherung der Landwirte nicht mit einer besonderen Beisitzergruppe, sondern mit einem Vertreter der Arbeitgeber und einem Vertreter der Versicherten.[9] Ebenso wird in Streitigkeiten der Alterssicherung der Landwirte, in Streitigkeiten nach dem Aufwendungsausgleichsgesetz, über das Mutterschaftsgeld, sowie über Bundeskindergeld, soweit der Rechtsweg zu den Sozialgerichten noch gegeben ist, und über Bundeselterngeld in dieser Besetzung entschieden.[10] Seit dem 25.10.2013 ist auch bei **Streitigkeiten der Arbeitsförderung** und solchen, die den Zuschlag nach **§ 6 a Bundeskindergeldgesetz** betreffen, sowie in **Streitigkeiten der Grundsicherung für Arbeitsuchende** in dieser Besetzung zu entscheiden. In der Besetzung spiegelt sich auch die Grundidee der Sozialversicherung wider, nämlich der Finanzierung und Absicherung über die Arbeitgeber und die Arbeitnehmer als Versicherten. Es dürfte in Anlehnung an die Entscheidung des BSG vom 15.10.1964[11] genügen, wenn der **Vertreter der Versicherten einem Zweig** der Sozialversicherung zugehört. S. 2 bestimmt als **Sollvorschrift**, dass bei Bildung **eigener Kammern für die einzelnen Sozialversicherungszweige** die dort tätigen ehrenamtlichen Richter **an dem jeweiligen Gerichtszweig beteiligt** sein sollen. Schon aus der Ausgestaltung als Sollvorschrift lässt sich entnehmen, dass eine Verletzung der Vorschrift nicht dazu führt, dass die Kammer vorschriftswidrig besetzt ist. 4

IV. Kammerbesetzung in Vertragsarztangelegenheiten

1. Normzweck. Nach Abs. 3 S. 1 wirken in Angelegenheiten des Vertragsarztrechts je ein ehrenamtlicher Richter aus den Kreisen der Krankenkassen und der Vertragsärzte, Vertragszahnärzte und Psychotherapeuten mit. In Angelegenheiten der Vertragsärzte, Vertragszahnärzte und der Psychotherapeuten bestehen die ehrenamtlichen Richter dagegen nur aus Vertretern der Vertragsärzte, Vertragszahnärzte und Psychotherapeuten. Das GesStrukturG v. 21.12.1992 (BGBl. 1992 I 2266) hat den Begriff Kassenarzt durch den Begriff Vertragsarzt ersetzt, und auch das SGG wurde an diesen Begriff angepasst, wobei der alte Begriff in der umgangssprachlichen Verwendung noch immer synonym verwendet wird. Mit Wirkung zum 1.7.2020 hat der Gesetzgeber den Begriff des Vertragsarztes auf angestellte Ärzte (bei Vertragsärzten oder MVZ) erweitert. Diese müssen aber ebenfalls Mitglied der KÄV bzw. KZÄV sein. Durch diese zu Abs. 2 spezielle Besetzungsvorschrift soll sichergestellt werden, dass nur ehrenamtliche Richter mitwirken, die mit den schwierigen Vorschriften und den tatsächlichen 5

9 LSG NRW 7.9.1983 – L 11 Kr 53/81, Breith. 1984, 649.
10 Meyer-Ladewig/Keller/Leitherer/Schmidt § 12 Rn. 5 f.
11 BSG 15.10.1964 – 7 RAr 63/63, BSGE 22, 41: bei Angelegenheit der Arbeitsförderung reicht Zugehörigkeit zum Zweig der allg. Sozialversicherung aus.

Verhältnissen vertraut sind.[12] Dies ist mit der richterlichen Unparteilichkeit und Neutralität vereinbar.[13]

6 **2. Abgrenzung.** Nachdem für die Besetzung des Spruchkörpers zunächst abgeklärt werden muss, ob eine Angelegenheit der Krankenversicherung vorliegt (→ § 10 Rn. 5), die der Besetzung nach Abs. 1 unterliegt, oder eine Streitigkeit des Vertragsarztrechts, ist bei Bejahung letzterer Alternative weiter zu differenzieren, ob eine Angelegenheit des Vertragsarztrechts oder der Vertragsärzte vorliegt. Die Abgrenzung, ob eine Angelegenheit des Vertragsarztrechts oder eine Angelegenheit der Vertragsärzte gegeben ist, ist Gegenstand zahlreicher sozialgerichtlicher Entscheidungen. Demnach kommt es für die Unterscheidung maßgeblich darauf an, wie die Verwaltungsstelle besetzt war, die die angefochtene Entscheidung getroffen hat.[14] Danach handelt es sich um eine Angelegenheit des Vertragsarztrechts, wenn die Verwaltungsstelle mit Vertretern von Krankenkassen und Vertragsärzten besetzt ist,[15] bzw. eine Krankenkasse aufgrund gesetzlicher oder vertraglicher Vorschriften bereits im Verwaltungsverfahren beschließend mitgewirkt hat.[16] Ist hingegen nur ein Einvernehmen mit der Krankenkasse erforderlich, so langt dies nicht aus, um die Sache als Angelegenheit des Vertragsarztrechts zu qualifizieren.[17] Diese Grundsätze gelten sinngemäß auch dann, wenn Streitgegenstand nicht eine Verwaltungsentscheidung ist, sondern die Feststellung des Bestehens eines Rechtsverhältnisses. Wird dieses gegenüber einem Gremium der gemeinsamen Selbstverwaltung von Ärzten und KKen geltend gemacht, so liegt eine Angelegenheit des Vertragsarztrechtes vor, während bei Inanspruchnahme einer nur aus Ärzten bestehenden Institution eine Angelegenheit der Vertragsärzte gegeben ist.[18] Gleiches gilt für Streitigkeiten gegen **Aufsichtsmaßnahmen.** Hier richtet sich die Unterscheidung danach, ob der Gegenstand der Aufsichtsmaßnahme eine Entscheidung ist, die nur von Mitgliedern der K(Z)ÄVen getroffen wird oder ein paritätisch gefasster Beschluss ist.[19] Liegt eine Entscheidung einer Verwaltungsstelle nicht vor, so kommt es darauf an, ob der geltend gemachte Anspruch nur Angelegenheiten der Vertragsärzte betrifft, oder die Außenrechtsbeziehungen der K(Z)ÄVen zu den KKen betroffen sind.[20] Im ersteren Fall liegt eine Angelegenheit der Vertragsärzte vor, im zweiten Fall eine Angelegenheit des Vertragsarztrechtes.

7 **3. Paritätische Besetzung.** Ist dagegen unklar, ob die Krankenkasse bereits im Verwaltungsverfahren zu beteiligen war, oder ob die Verwaltungsstelle richtig besetzt war, und ist dies als Vorfrage zu anderen Angelegenheiten streitig, so ist nach der neueren Rechtsprechung des BSG **im Zweifel mit einer paritätischen**

---

12 BSG 28.5.1965 – 6 RKa 1/65, BSGE 23, 105; BVerfG 17.12.1969 – 2 BvR 271, 342/68, BVerfGE 27, 312.
13 BSG 28.1.2009 – B 6 KA 53/07 B, juris.
14 Hierzu sehr instruktiv Wenner NZS 1999, 172 (173).
15 BSG 1.10.1990 – 6 RKa 30/89, BSGE 67, 256 (257); BSG 8.4.1992 – 6 RKa 27/90, BSGE 70, 246 (249); zuletzt BSG 29.11.2006 – B 6 KA 21/06 R, juris.
16 BSG 7.10.1976 – 6 RKa 15/75, BSGE 42, 268; BSG 15.9.1977 – 6 RKa 4/77, BSGE 44, 245.
17 Meyer-Ladewig/Keller/Leitherer/Schmidt § 12 Rn. 7.
18 LSG Bln 10.3.2004 – L 7 KA 42/98, juris.
19 LSG Bln 5.12.2001 – L 7 KA 17/99, NZS 2002, 386.
20 BSG 28.4.2004 – B 6 KA 19/03 R, juris.

Besetzung zu entscheiden.[21] Gleiches gilt auch, wenn die Verwaltungsstelle bei ihrer Entscheidung nicht richtig besetzt war.[22]

4. Einzelfälle. a) Angelegenheiten des Vertragsarztrechts. Zu den Angelegenheiten des Vertragsarztrechtes gehören: 8

- Eingliederung von Ärzten in das Krankenversorgungssystem, das den gesetzlichen KKen obliegt,[23]
- Streitigkeiten zwischen KKen, Zahnärzten und Zahntechnikern,[24]
- Feststellung der Unwirksamkeit im Kassenzahnarztrecht vereinbarter Rechtsnormen,[25]
- Streitigkeiten zwischen den durch §§ 115 ff. SGB V einbezogenen Krankenhäusern und den Landesverbänden der KK und KÄV über die Stellen, die bei Vereinbarung über die Vergütung mitzuwirken haben,[26]
- bei Forderung der Durchführung sachlich-rechnerischer Richtigstellungen einer KK von einer K(Z)ÄV,[27]
- Streit eines Pharmaunternehmen gegen Einstufung eines Arzneimittels als Me-Too-Präparats durch die KÄV,[28]
- Streit um die sachlich-rechnerische Berichtigung, auch wenn im Verlauf des Rechtsstreits ein nur mit Vertragsärzten zusammengesetztes Gremium anstelle des paritätischen Ausschusses tritt,[29]
- Nachträgliche sachlich-rechnerische Richtigstellungen als Annex zur Wirtschaftlichkeitsprüfung durch den Berufungsausschuss,[30]
- Klage eines Vertragsarztes gegen die Kündigung eines individuellen Vertrages mit einer Krankenkasse über die ärztliche Versorgung mit Akupunktur im Rahmen eines Modellvorhabens,[31]
- Streit um eine Genehmigung zur Erbringung reproduktionsmedizinischer Leistungen nach § 121 a SGB V,[32]
- Streitigkeiten zwischen KK und KÄV, ob Vertragsärzte Leistungspositionen des EBM zutreffend angesetzt haben,[33]
- Übermittlung von Abrechnungsdaten, die die Außenrechtsbeziehungen der VZÄ betreffen.[34]

Nicht zu den Angelegenheiten des Vertragsarztrechts sondern zu den Angelegenheiten der **Krankenversicherung** gehört jedoch der Streit über die Erstattung von

21 BSG 1.7.1998 – B 6 KA 44/97 R, SozR 3-5520 § 31 Nr. 7; zuletzt SchlHLSG 20.6.2006 – L 4 KA 35/03, juris.
22 BSG 10.5.1990 – 6 RKa 27/89, BSGE 67, 41 (42); BSG 25.11.1998 – B 6 KA 4/98 R, BSGE 83, 135; BSG 1.7.1998 – B 6 KA 44/97 R, SozR 3-5520 § 31 Nr. 7; BSG 8.5.1996 – 6 RKa 90/95, NZS 1996, 590.
23 BSG 4.6.1964 – 6 RKa 22/61, BSGE 21, 104.
24 BSG 1.7.1992 – 14 a/6 RKa 22/91, SozR 3-2500 § 88 Nr. 1; BSG 19.10.11 – B 6 KA 30/10 R, juris.
25 BSG 13.1.1993 – 14 a/6 RKa 67/91, SozR 3-2500 § 88 Nr. 2.
26 BSG 15.3.1995 – 6 RKa 36/93, SozR 3-2500 § 120 Nr. 5.
27 BSG 28.4.2004 – B 6 KA 19/03 R, juris.
28 LSG NRW 27.6.2006 – L 11 B 30/06 KA ER, juris; aA SG Wiesbaden 14.8.2006 – S 17 KR 182/06, juris Angelegenheit der Krankenversicherung.
29 LSG Nds-Brem 13.9.2006 – L 3 KA 79/05, juris.
30 BSG 29.11.2006 – B 6 KA 39/05 R, juris.
31 LSG BW 8.1.2006 – L 5 KA 3571/05, juris.
32 BSG 5.6.2013 – B 6 KA 28/12 R, juris.
33 BSG 11.2.2011 – B 6 KA 15/15 R, juris.
34 BSG 27.6.2018 – B 6 KA 27/17 R, juris.

Festbeträgen für Hilfsmittel[35] und der Streit über einen Erstattungsanspruch der Versorgungsverwaltung gegen die Krankenkasse.[36] Gleiches gilt, wenn die Bewertung von Untersuchungs- und Behandlungsmethoden durch den Gemeinsamen Bundesausschusses streitig ist.[37]

9 b) **Angelegenheiten der Vertragsärzte.** Angelegenheiten der Vertragsärzte liegen hingegen in folgenden Fällen vor:

- Streitigkeiten betreffend Wirtschaftlichkeitsprüfungen im Ersatzkassenbereich für vor dem 1.1.1989 liegende Quartale,[38]
- Feststellung von Schadensersatzansprüchen einer Vertragskasse gegen einen Vertragsarzt wegen mangelhafter Versorgung,[39]
- Fragen der Abrechnung mit der K(Z)ÄV,[40]
- Klage einer K(Z)ÄV gegen eine Aufsichtsverfügung des Landes,[41]
- Streit um Verpflichtung der Aufsichtsbehörde zur Genehmigung von Satzungsänderungen einer K(Z)ÄV,[42]
- Klage einer Uniklinik gegen die KAV auf Feststellung, dass sie zur ambulanten Versorgung zugelassen ist,[43]
- Klage eines Vertragsarztes gegen die ebenfalls ambulant tätigen Ärzte eines Krankenhauses auf Auskunft und Schadensersatz,[44]
- Streitverfahren über die Anerkennung als Belegarzt.[45]

10 c) **Ehrenamtliche Richter.** Dabei dürfen in Angelegenheiten der Vertragsärzte nur **zugelassene** Vertragsärzte als ehrenamtliche Richter herangezogen werden, in Angelegenheiten von **Vertragszahnärzten** auch **nur Vertragszahnärzte.**[46] Andernfalls ist das Gericht nicht vorschriftsmäßig besetzt. Andererseits ist die Rechtsprechung in Angelegenheiten von Vertragsärzten oder von Psychotherapeuten der Auffassung, dass die Richterbank sowohl mit Ärzten wie auch mit Psychotherapeuten besetzt sein kann, und sogar eine Angelegenheit eines Psychotherapeuten mit zwei Ärzten als ehrenamtlichen Richtern[47] bzw. eine Angelegenheit eines Arztes mit zwei Psychotherapeuten[48] entschieden werden kann. Grund für diese Differenzierung ist, dass bei Ärzten und Psychotherapeuten jeweils ein und dieselbe Kassenärztliche Vereinigung den Entscheidungsgremien angehört, während dies bei Zahnärzten wegen der Kassenzahnärztlichen Vereinigung nicht der Fall ist.[49]

35 BSG 9.2.1995 – 3 RK 22/94, Breith. 1995, 731.
36 BSG 8.6.1994 – 3/1 RK 31/93, SozR 3-3100 § 18 c Nr. 12.
37 SG Köln 19.10.2005 – S 19 KR 76/05, juris.
38 BSG 8.4.1992 – 6 RKa 27/90, SozR 3-2500 § 106 Nr. 10.
39 BSG 20.5.1992 – 14 a/6 RKa 9/90, SozR 3-5555 § 12 Nr. 3.
40 BSG 1.2.1995 – 6 BKa 9/93; BSG 9.2.2011 – B 6 KA 52/10 B, beide juris.
41 LSG Bln 5.12.2001 – L 7 KA 17/99, NZS 2002, 386.
42 BSG 30.10.2013 – B 6 KA 48/12 R, juris.
43 LSG Bln 10.3.2004 – L 7 KA 42/98, juris.
44 BSG 23.3.2011 – B 6 KA 11/10 R, juris.
45 BSG 23.3.2011 – B 6 KA 15/10 R, juris.
46 Ebenso Meyer-Ladewig/Keller/Leitherer/Schmidt § 12 Rn. 6 b, Breitkreuz § 12 Rn. 15; aA Hennig/Schmidt § 12 Rn. 8; Jansen § 12 Rn. 5, Roos/Wahrendorf § 12 Rn. 26.
47 BSG 25.8.1999 – B 6 KA 17/98 R, SozR 3-1500 § 12 Nr. 13.
48 HessLSG 27.9.2000 – L 7 KA 47/00.
49 HessLSG 27.9.2000 – L 7 KA 47/00.

V. Kammerbesetzung in Angelegenheiten des sozialen Entschädigungsrechts

1. Berechtigte und Versicherte. In Angelegenheiten des sozialen Entschädigungsrechts und des Schwerbehindertenrechts wirken als ehrenamtliche Richter auf der einen Seite diejenigen mit, die mit dem sozialen Entschädigungsrecht oder dem Recht der Teilhabe behinderter Menschen vertraut sind, und andererseits Vertreter aus dem Kreis der Versorgungsberechtigten, der Behinderten iS von SGB IX und der Versicherten. Bei der letzteren Gruppe sollen Hinterbliebene von Versorgungsberechtigten in angemessener Zahl berücksichtigt werden. Mit Wirkung vom 2.1.2002 können in den Streitigkeiten des sozialen Entschädigungsrechts und des Schwerbehindertenrechts **nun auch Versicherte** als ehrenamtliche Richter eingesetzt werden. Ab diesem Zeitpunkt müssen Hinterbliebene von Versorgungsberechtigten nicht mehr in angemessener Zahl berücksichtigt werden, sondern es besteht insoweit nur noch eine Sollvorschrift. Grund für beide Änderungen war, dass die Zahl der Versorgungsberechtigten und ihrer Hinterbliebenen stark abgenommen hat.[50] Dabei ist die Frage, ob eine Ersatzkasse nach § 18 c Abs. 6 BVG Aufwendungsersatz an die Versorgungsverwaltung wegen Behandlung eines Kriegsbeschädigten leisten muss, dem Sozialversicherungsrecht (Krankenversicherungsrecht), und nicht dem sozialen Entschädigungsrecht zuzuordnen.[51] 11

2. Mit dem Sozialen Entschädigungsrecht vertraute Personen. Als mit dem Sozialen Entschädigungsrecht bzw. dem Recht der Teilhabe behinderter Menschen vertraute Personen kommen Bedienstete der Verwaltung, so etwa der Regierungen, der Kreise und Gemeinden in Betracht, ebenso wie Bedienstete der Hauptfürsorgeverwaltung, die mit Angelegenheiten des Sozialen Entschädigungsrechts und dem Recht des SGB IX befasst sind. Aktive Bedienstete der Versorgungsverwaltung können aber insoweit keine ehrenamtlichen Richter sein,[52] da dies rechtsstaatlichen Grundsätzen widerspricht. **Ehemalige Bedienstete**[53] oder ehemalige Berufsrichter[54] können jedoch als ehrenamtliche Richter tätig werden, wobei bei ehemaligen Bediensteten möglicherweise ein Ausschluss wegen Besorgnis von Befangenheit im Einzelfall in Betracht kommen kann.[55] 12

3. Versorgungsberechtigte, Behinderte und Versicherte. Versorgungsberechtigte (Berechtigte nach dem XIV) sind Personen, die einen Anspruch nach dem BVG, ab 1.1.2024 SGB XIV, haben. **Menschen mit Behinderungen** sind gemäß der Legaldefinition des § 2 Abs. 1 S. 1 SGB IX Menschen, deren körperliche Funktion, geistige Fähigkeit oder seelische Gesundheit mit hoher Wahrscheinlichkeit länger als sechs Monate von dem für das Lebensalter typischen Zustand abweicht und daher deren Teilhabe am Leben in der Gesellschaft beeinträchtigt ist. Zum Begriff **Versicherter** vgl. → § 16 Rn. 5. 13

50 BT-Drs. 14/5943, 22 zu Nr. 6 b.
51 BSG 8.6.1994 – 3/1 RK 31/93, SozR 3-3100 § 18 c Nr. 2.
52 BSG Großer Senat 30.6.1960 – GS 4/60, BSGE 12, 237.
53 LSG Brem 17.4.1972 – L 4 H 3/72, Breith. 1972, 796.
54 BSG 16.12.1959 – 1 S 7/59, BSGE 11, 181.
55 LSG Brem 17.4.1972 – L 4 H 3/72, Breith. 1972, 796.

VI. Kammerbesetzung in Angelegenheiten der Sozialhilfe, der Eingliederungshilfe und des Asylbewerberleistungsgesetzes

14 Nachdem die Sozialgerichte ab dem 1.1.2005 auch über Streitigkeiten des SGB XII und des AsylbLG zu entscheiden haben, war für die insoweit zu bildenden Kammern eine Regelung für die Auswahl der ehrenamtlichen Richter zu treffen.[56]

In den Kammern für Angelegenheiten des SGB XII, des 2. Teils des SGB IX (Eingliederungshilfe) und des AsylbLG wirken ehrenamtliche Richter aus den Vorschlagslisten der Kreise und kreisfreien Städte mit. Damit entscheidet das Gericht in diesen Streitigkeiten (im Hinblick auf die ehrenamtlichen Richter) in der gleichen Besetzung wie das Verwaltungsgericht.[57]

VII. Rechtsfolgen von Verstößen

15 Wirken an einer Entscheidung ehrenamtliche Richter unter Verstoß gegen die in Abs. 2 bis 5 genannten Grundsätze mit, liegt ein wesentlicher Verfahrensmangel iSd § 144 Abs. 3 Nr. 3 bzw. ein Wiederaufnahmegrund iS von § 179 Abs. 1 iVm § 278 ZPO[58] vor. Dies ist vom Rechtsmittelgericht aber nur auf Rüge der Beteiligten hin, nicht von Amts wegen, zu beachten[59] (vgl. hierzu auch → § 10 Rn. 5).

§ 13 [Berufung und Amtsdauer der ehrenamtlichen Richter]

(1) [1]Die ehrenamtlichen Richter werden von der nach Landesrecht zuständigen Stelle aufgrund von Vorschlagslisten (§ 14) für fünf Jahre berufen; sie sind in angemessenem Verhältnis unter billiger Berücksichtigung der Minderheiten aus den Vorschlagslisten zu entnehmen. [2]Die zuständige Stelle kann eine Ergänzung der Vorschlagslisten verlangen.

(2) [1]Die Landesregierungen werden ermächtigt, durch Rechtsverordnung eine einheitliche Amtsperiode festzulegen; sie können diese Ermächtigung durch Rechtsverordnung auf die jeweils zuständige oberste Landesbehörde übertragen. [2]Wird eine einheitliche Amtsperiode festgelegt, endet die Amtszeit der ehrenamtlichen Richter ohne Rücksicht auf den Zeitpunkt ihrer Berufung mit dem Ende der laufenden Amtsperiode.

(3) [1]Die ehrenamtlichen Richter bleiben nach Ablauf ihrer Amtszeit im Amt, bis ihre Nachfolger berufen sind. [2]Erneute Berufung ist zulässig. [3]Bei vorübergehendem Bedarf kann die nach Landesrecht zuständige Stelle weitere ehrenamtliche Richter nur für ein Jahr berufen.

(4) Die Zahl der ehrenamtlichen Richter, die für die Kammern für Angelegenheiten der Sozialversicherung, der Arbeitsförderung, der Grundsicherung für Arbeitsuchende, der Sozialhilfe einschließlich der Angelegenheiten nach Teil 2 des Neunten Buches Sozialgesetzbuch und des Asylbewerberleistungsgesetzes, des sozialen Entschädigungsrechts [ab 1.1.2024: *des Sozialen Entschädigungsrechts*] und des Schwerbehindertenrechts zu berufen sind, bestimmt sich nach Landesrecht; die Zahl der ehrenamtlichen Richter für die Kammern für Angele-

56 BT-Drs. 15/3169, 9 zu Nr. 5.
57 S. § 28 Abs. 1 S. 1 VwGO; vgl. auch BT-Drs. 15/3169, 9 zu Nr. 5.
58 Meyer-Ladewig/Keller/Leitherer/Schmidt § 12 Rn. 12.
59 Roos/Wahrendorf § 12 Rn. 35 mwN; BayLSG 11.5.2016 – L 19 R 405/14, juris.

genheiten der Knappschaftsversicherung und für Angelegenheiten des Vertragsarztrechts ist je besonders festzusetzen.

(5) Bei der Berufung der ehrenamtlichen Richter für die Kammern für Angelegenheiten der Sozialversicherung ist auf ein angemessenes Verhältnis zu der Zahl der im Gerichtsbezirk ansässigen Versicherten der einzelnen Versicherungszweige Rücksicht zu nehmen.

(6) Die ehrenamtlichen Richter für die Kammern für Angelegenheiten des sozialen Entschädigungsrechts und des Schwerbehindertenrechts sind in angemessenem Verhältnis zu der Zahl der von den Vorschlagsberechtigten vertretenen Versorgungsberechtigten, behinderten Menschen im Sinne des Neunten Buches Sozialgesetzbuch und Versicherten zu berufen.

[Abs. 6 ab 1.1.2024:

(6) Die ehrenamtlichen Richter für die Kammern für Angelegenheiten des Sozialen Entschädigungsrechts und des Schwerbehindertenrechts sind in angemessenem Verhältnis zu der Zahl der von den Vorschlagsberechtigten vertretenen Berechtigten nach dem Vierzehnten Buch Sozialgesetzbuch, der Menschen mit Behinderungen im Sinne des Neunten Buches Sozialgesetzbuch und der Versicherten zu berufen.]

I. Allgemeines

1. Entstehungsgeschichte. Die Vorschrift bestand bis zum 6. SGGÄndG vom 17.8.2001 (BGBl. 2001 I 2144), abgesehen von der Einfügung des Schwerbehindertenrechts mit Gesetz vom 24.7.1986 (BGBl. 1986 I 1110) und der Anpassung an das insoweit eingeführte SGB IX mit Gesetz vom 19.6.2001 (BGBl. 2001 I 1046) in Abs. 5, in der Form, die sie schon bei Inkrafttreten des SGG hatte. Durch das 6. SGGÄndG wurde ein neuer zweiter Absatz eingefügt, ferner wurden begriffliche und inhaltliche Änderungen vorgenommen, die bei der jeweiligen Absatzkommentierung beschrieben werden. Durch das 7. SGGÄndG vom 9.12.2004 (BGBl. 2004 I 3302) wurde Abs. 4 um die Angelegenheiten der Grundsicherung für Arbeitsuchende, der Sozialhilfe und des Asylbewerberleistungsgesetzes erweitert. Redaktionelle Änderungen wurden bzw. werden durch das BTHG vom 23.12.2016 (BGBl. 2016 I, 3234) zum 1.1.2020 und das Gesetz zur Regelung des Sozialen Entschädigungsrechts vom 12.12.2019 (BGBl. 2019 I, 2652) mit Wirkung zum 1.1.2024 notwendig, da sich die Rechtsmaterie des ersteren Gebiets sich nun im 2. Teil des SGB IX und nicht mehr im SGB XII befindet und das Soziale (entsprechend dem Titel des Gesetzbuchs nunmehr großgeschrieben) Entschädigungsrecht dann einheitlich im SGB XIV geregelt sein wird. 1

Abs. 5 wurde durch das 8. SGGÄndG vom 26.3.2008 (BGBl. 2008 I 444) im Hinblick auf die in § 12 vorgenommenen Änderungen ebenfalls geändert.[1]

2 **2. Parallelvorschriften.** Die Berufung der ehrenamtlichen Richter ist in den anderen Verfahrensordnungen unterschiedlich geregelt. So werden in der Verwaltungsgerichtsbarkeit die ehrenamtlichen Richter von einem Wahlausschuss (§ 26 VwGO) auf vier Jahre gewählt (§ 25 VwGO). Auch die VwGO kennt eine Vorschlagsliste (§ 28 VwGO), weitere Einzelheiten der Auswahl sind in den §§ 27 und 29 VwGO geregelt. Im finanzgerichtlichen Verfahren regeln die §§ 22 bis 26 FGO die Berufung der ehrenamtlichen Richter. Für das Arbeitsgericht gilt § 20 Abs. 1 ArbGG; § 13 gilt über § 35 Abs. 1 S. 2 entsprechend für das LSG.

II. Berufung der ehrenamtlichen Richter

3 Nach Abs. 1 Hs. 1 werden die ehrenamtlichen Richter von der nach Landesrecht zuständigen Stelle aufgrund von Vorschlagslisten, deren Erstellung in § 14 geregelt ist, auf fünf Jahre berufen.[2] Die Amtsperiode beträgt nicht wie zuvor vier, sondern fünf Jahre. Diese Verlängerung der Amtszeit in Anlehnung an § 20 Abs. 1 ArbGG soll eine weitere Kontinuität der Rechtsprechung gewährleisten, und zudem den Verwaltungsaufwand bei den vorschlagenden und berufenden Stellen verringern.[3] Auch stellt der Bundesgesetzgeber nunmehr eindeutig klar, dass sich die für die Berufung zuständige Stelle aus dem Landesrecht ergibt. In der bis zum 1.1.2002 geltenden Fassung war noch von der Landesregierung oder der von ihr zu bestimmenden Stelle die Rede. Dabei bestimmt Hs. 2 unverändert, dass die ehrenamtlichen Richter in angemessenem Verhältnis unter billiger Berücksichtigung der Minderheiten aus den Vorschlagslisten zu entnehmen sind. Als S. 2 wurde neu die Möglichkeit eingeführt, dass die berufende Stelle eine Ergänzung der Vorschlagslisten verlangen kann. Die berufende Stelle, regelmäßig die für Gerichtsorganisation zuständigen Minister oder Präsidenten des LSG oder SG,[4] ist zwar insoweit an die vorgelegte Liste gebunden, da sie keine eigenen Vorschläge unterbreiten darf, aus S. 2 ist aber zu entnehmen, dass sie einem Personalvorschlag der Liste nicht zwingend folgen muss und daher auch Personen ablehnen darf.[5] Die Berufung stellt einen Verwaltungsakt dar.[6]

III. Bestimmung einer einheitlichen Amtsperiode

4 **Abs. 2** wurde durch das 6. SGGÄndG **neu eingefügt**. Danach werden die **Landesregierungen** durch S. 1 dazu ermächtigt, durch Rechtsverordnung eine einheitliche Amtsperiode festzulegen. Diese Ermächtigung können sie auch durch Rechtsverordnung auf die zuständige oberste Landesbehörde übertragen. Mit dieser Regelung wollte der Gesetzgeber das „Berufungsverfahren“ vereinfachen.[7] Macht die Landesregierung oder die zuständige Stelle von der Ermächtigung Gebrauch, so endet die Amtszeit der ehrenamtlichen Richter gemäß S. 2 ohne Rücksicht auf den Zeitpunkt der Berufung mit dem Ende der laufenden Amtsperiode. Das bedeutet, dass der in Abs. 1 genannte Fünfjahreszeitraum in-

1 BT-Drs. 16/7716, 17 zu Nr. 4.
2 Ausführlich zum Verfahren Bader/Hohmann NZA 2015, 321 ff.
3 Kummer SGb 2001, 705 (706); BT-Drs. 14/5943, 22 zu Nr. 7.
4 Eichenhofer SGb 2005, 313 (315) mwN.
5 Bader/Hohmann NZA 2015, 321 (322 f.).
6 Zeihe § 13 Rn. 4 b; Hintz/Lowe § 13 Rn. 4.
7 BT-Drs. 14/5943, 22 zu Nr. 7.

soweit nicht gilt, sondern durch die Festlegung einer einheitlichen Amtszeit verkürzt wird.[8]

IV. Dauer der Amtszeit

Abs. 3, der vor der Änderung durch das 6. SGGÄndG Abs. 2 war, blieb ansonsten unverändert. Er stellt klar, dass die ehrenamtlichen Richter nach Ablauf ihrer Amtszeit im Amt bleiben, bis ihre Nachfolger berufen sind. Dies gilt nicht nur nach Ablauf des Fünfjahreszeitraums nach Abs. 1, sondern auch bei Festlegung einer einheitlichen Amtsperiode nach Abs. 2.[9] Hinter dieser Regelung steht das Ziel, trotz Wechsels der ehrenamtlichen Richter den Fortgang der Rechtsprechung zu gewährleisten und so Rechtssicherheit zu schaffen. Diese Regelung entspricht auch dem Grundsatz des gesetzlichen Richters gemäß Art. 101 Abs. 1 S. 2 GG, soweit die Amtszeit nicht erheblich überschritten wird.[10] Nach dem hessischen LSG soll dies auch bei einer kurzen Überschreitung der Amtszeit nicht gelten, wenn zusätzliche Gründe hinzukommen, wie etwa die Mitteilung der berufenden Stelle im Jahr 2005, dass die Wiederberufung der ehrenamtlichen Richter, deren Amtszeit im Jahre 2005 geendet habe, nicht betrieben werde.[11] Gemäß Abs. 3 S. 2 ist eine erneute Berufung des bereits tätig gewesenen ehrenamtlichen Richters zulässig. Bei einem vorübergehenden Bedarf kann die zuständige Stelle nach Abs. 3 S. 3 auch weitere ehrenamtliche Richter für die Dauer von einem Jahr berufen. 5

V. Anzahl der zu berufenden ehrenamtlichen Richter

Laut Abs. 4 bestimmt sich die Zahl der jeweils zu berufenden Richter nach Landesrecht. Dabei ist die Anzahl der ehrenamtlichen Richter für die Kammern für Angelegenheiten der Knappschaftsversicherung und des Vertragsarztrechts jeweils gesondert festzulegen. Auch hier wurden durch das 6. SGGÄndG begriffliche Anpassungen vorgenommen, nämlich im Hinblick auf die Begriffe Arbeitsförderung, soziales Entschädigungsrecht und Vertragsarztrecht. Durch das 7. SGGÄndG wurde Abs. 4 um die Angelegenheiten der Grundsicherung für Arbeitsuchende, der Sozialhilfe und des Asylbewerberleistungsgesetzes erweitert, da die Sozialgerichte ab dem 1.1.2005 auch für diese Streitigkeiten zuständig sind. Bei Überschreitung der festgesetzten Zahl ist der überzählige Richter seines Amtes zu entheben, da die Voraussetzungen für seine Berufung nicht gegeben sind.[12] 6

VI. Zusammensetzung der ehrenamtlichen Richter in Angelegenheiten der Sozialversicherung

Abs. 5 normiert für die Angelegenheiten der Sozialversicherung, dass bei der Berufung der ehrenamtlichen Richter auf ein angemessenes Verhältnis zu der Zahl der im Gerichtsbezirk ansässigen Versicherten der einzelnen Versicherungszweige, auf die hauptsächlichen Erwerbszweige, insbesondere auch auf die Gruppe der Selbstständigen ohne fremde Arbeitskräfte Rücksicht zu nehmen ist, wobei 7

8 Kummer SGb 2001, 705 (707).
9 Kummer SGb 2001, 705 (707).
10 BSG 14.8.1986 – 2 BU 39/86; BVerfG 11.11.1986 – 1 BvR 1104/86, SozR 1500 § 13 Nr. 3.
11 HessLSG 27.4.2005 – L 6/7 KA 610/03, juris.
12 SG Hannover 4.9.1987 – S 19 S 28/87, Breith. 1988, 346.

Abs. 5 seit dem 8. SGG ÄndG nicht mehr ausdrücklich verlangt, dass auf die Haupterwerbszweige und die Selbstständigen ohne Arbeitskräfte zu achten ist. Die ehrenamtlichen Richter sollen insoweit die Zusammensetzung der (Versicherten-)Gesellschaft im Gerichtsbezirk widerspiegeln.

VII. Zusammensetzung in Angelegenheiten der Sozialen Entschädigung und des Schwerbehindertenrechts

8 Gleiches setzt Abs. 6 für die Angelegenheiten des Sozialen Entschädigungsrechts und des Schwerbehindertenrechts fest. Auch hier sind ehrenamtliche Richter in Verhältnis zu den in der Gesellschaft lebenden Versorgungsberechtigten, Behinderten und Versicherten zu berufen.

§ 14 [Vorschlagslisten, Vorschlagsrecht]

(1) [1]Die Vorschlagslisten für die ehrenamtlichen Richter, die in den Kammern für Angelegenheiten der Sozialversicherung, der Grundsicherung für Arbeitsuchende einschließlich der Streitigkeiten auf Grund des § 6 a des Bundeskindergeldgesetzes und der Arbeitsförderung mitwirken, werden aus dem Kreis der Versicherten und aus dem Kreis der Arbeitgeber aufgestellt. [2]Gewerkschaften, selbständige Vereinigungen von Arbeitnehmern mit sozial- oder berufspolitischer Zwecksetzung und die in Absatz 3 Satz 2 genannten Vereinigungen stellen die Vorschlagslisten für ehrenamtliche Richter aus dem Kreis der Versicherten auf. [3]Vereinigungen von Arbeitgebern und die in § 16 Absatz 4 Nummer 3 bezeichneten obersten Bundes- oder Landesbehörden stellen die Vorschlagslisten aus dem Kreis der Arbeitgeber auf.

(2) Die Vorschlagslisten für die ehrenamtlichen Richter, die in den Kammern für Angelegenheiten des Vertragsarztrechts mitwirken, werden nach Bezirken von den Kassenärztlichen und Kassenzahnärztlichen Vereinigungen und von den Zusammenschlüssen der Krankenkassen aufgestellt.

(3) [1]Für die Kammern für Angelegenheiten des sozialen Entschädigungsrechts und des Schwerbehindertenrechts werden die Vorschlagslisten für die mit dem sozialen Entschädigungsrecht oder dem Recht der Teilhabe behinderter Menschen vertrauten Personen von den Landesversorgungsämtern oder nach Maßgabe des Landesrechts von den Stellen aufgestellt, denen deren Aufgaben übertragen worden sind oder die für die Durchführung des Bundesversorgungsgesetzes oder des Rechts der Teilhabe behinderter Menschen zuständig sind. [Satz 1 ab 1.1.2024: [1]*Für die Kammern für Angelegenheiten des Sozialen Entschädigungsrechts und des Schwerbehindertenrechts werden die Vorschlagslisten für die mit dem Sozialen Entschädigungsrecht oder dem Recht der Teilhabe von Menschen mit Behinderungen vertrauten Personen von den Stellen aufgestellt, die für die Durchführung des Vierzehnten Buches Sozialgesetzbuch oder des Rechts der Teilhabe von Menschen mit Behinderungen zuständig sind oder denen nach Maßgabe des Landesrechts deren Aufgaben übertragen worden sind.*] [2]Die Vorschlagslisten für die Versorgungsberechtigten, die behinderten Menschen und die Versicherten werden aufgestellt von den im Gerichtsbezirk vertretenen Vereinigungen, deren satzungsgemäße Aufgaben die gemeinschaftliche Interessenvertretung, die Beratung und Vertretung der Leistungsempfänger nach dem sozialen Entschädigungsrecht oder der behinderten Menschen wesentlich umfassen und die unter Berücksichtigung von Art und Umfang ihrer bisherigen

Tätigkeit sowie ihres Mitgliederkreises die Gewähr für eine sachkundige Erfüllung dieser Aufgaben bieten. [Satz 2 ab 1.1.2024: [2]*Die Vorschlagslisten für die Berechtigten nach dem Vierzehnten Buch Sozialgesetzbuch, die Menschen mit Behinderungen und die Versicherten werden aufgestellt von den im Gerichtsbezirk vertretenen Vereinigungen, deren satzungsgemäße Aufgaben die gemeinschaftliche Interessenvertretung, die Beratung und Vertretung der Leistungsempfänger nach dem Sozialen Entschädigungsrecht oder der Menschen mit Behinderungen wesentlich umfassen und die unter Berücksichtigung von Art und Umfang ihrer bisherigen Tätigkeit sowie ihres Mitgliederkreises die Gewähr für eine sachkundige Erfüllung dieser Aufgaben bieten.*] [3]Vorschlagsberechtigt nach Satz 2 sind auch die Gewerkschaften und selbständige Vereinigungen von Arbeitnehmern mit sozial- oder berufspolitischer Zwecksetzung.

(4) Die Vorschlagslisten für die ehrenamtlichen Richter, die in den Kammern für Angelegenheiten der Sozialhilfe einschließlich der Angelegenheiten nach Teil 2 des Neunten Buches Sozialgesetzbuch und des Asylbewerberleistungsgesetzes mitwirken, werden von den Kreisen und den kreisfreien Städten aufgestellt.

I. Allgemeines

1. Entstehungsgeschichte. Die Vorschrift bestand seit Inkrafttreten des SGG inhaltlich unverändert bis zum 6. SGGÄndG vom 17.8.2001 (BGBl. 2001 I 2144). Neben begrifflichen Änderungen, die beim jeweiligen Absatz kommentiert sind, hat der Gesetzgeber den früheren Abs. 1, der Gegenstand zahlreicher Rechtsstreite bis hin zum BVerfG war, ersatzlos gestrichen. Neu ist ebenfalls, dass die in Abs. 3 S. 2 genannten Vereinigungen nun auch in Angelegenheiten der Sozialversicherung und der Arbeitsförderung zum Erstellen von Vorschlagslisten berechtigt sind. Im Gegenzug hierzu dürfen Gewerkschaften und Arbeitnehmervereinigungen nun aber auch in Angelegenheiten des sozialen Entschädigungsrechts und des Schwerbehindertenrechts Versicherte vorschlagen. Im Rahmen des Gesetzgebungsverfahrens war vom Bundesrat eine weiter gehende Erweiterung der Vorschlagsberechtigten vorgeschlagen worden, die sich jedoch wegen Bedenken der Bundesregierung im Hinblick auf mangelnde Parität der Besetzung und der Unklarheit des Begriffes „Vereinigungen von Versicherten“ nicht durchsetzen konnte.[1] Durch das 7. SGGÄndG vom 9.12.2004 (BGBl. 2004 I 3302) wurden Abs. 4 und 5 hinzugefügt, die für die ab 1.1.2005 neu hinzugekommenen Rechtsgebieten der Grundsicherung für Arbeitsuchende, der Sozialhilfe und des Asylbewerberleistungsgesetzes regeln, wer vorschlagsberechtigt ist. Seit dem 8. SGGÄndG vom 26.3.2008 (BGBl. 2008 I 444) ist in Angelegenheiten des § 6 a BKKG und der Arbeitsförderung nicht mehr in der Besetzung mit einem Versi- 1

1 Kummer SGb 2001, 705 (707); BT-Drs. 14/5943, 33 Anlage 2 Nr. 5 und S. 37 Anlage 3 zu Nr. 5.

cherten, sondern in der Besetzung mit einem Arbeitnehmer zu entscheiden (→ § 12 Rn. 15), demnach wurde auch eine Folgeänderung[2] im Hinblick auf die Vorschlagslisten nach Abs. 1 und 4 notwendig. Mit dem Vierten Gesetz zur Änderung des Vierten Buches Sozialgesetzbuch und anderer Gesetze (BGBl. 2011 I 3057) vom 22.12.2011 wurde die Formulierung von Abs. 3 Satz 1 – ohne inhaltliche Änderung – geändert. Der Gesetzgeber hat mit dem BUK-NOG vom 19.10.2013 (BGBl. 2013 I 3836) mit Wirkung ab 25.10.2013 als Folgeänderung zu § 10 Abs. 1 Abs. 1 um die Streitigkeiten aus dem Grundsicherungsrecht für Arbeitsuchende und der Arbeitsförderung erweitert und demzufolge Abs. 4 gestrichen, da ehrenamtliche Richter nunmehr auf dem Gebiet der Sozialversicherung, der Grundsicherung für Arbeitsuchende und der Arbeitsförderung dem Kreis der Versicherten zu entnehmen sind (→ § 10 Rn. 1). Der vorherige Abs. 5 ist nunmehr Abs. 4. Weitere redaktionelle Änderungen haben bzw. werden Abs. 3 S. 1 u. 2 durch das BTHG vom 23.12.2016 (BGBl. 2016 I, 3234) zum 1.1.2020 und das Gesetz zur Regelung des Sozialen Entschädigungsrechts vom 12.12.2019 (BGBl. 2019 I, 2652) mit Wirkung zum 1.1.2024 erfahren, da sich die Rechtsmaterie des ersteren Gebiets sich nun im SGB IX und nicht mehr im SGB XII befindet und das soziale Entschädigungsrecht dann einheitlich im SGB XIV geregelt sein wird.

2 **2. Parallelvorschriften.** § 20 Abs. 2 ArbGG regelt in kürzerer, aber ähnlicher Weise das Vorschlagsrecht von Gewerkschaften, Arbeitnehmervereinigungen und Arbeitgebervereinigungen. Nach § 28 Abs. 1 VwGO stellen die Kreise und kreisfreien Städte die Vorschlagslisten für die ehrenamtlichen Richter auf.

II. Angelegenheiten der Sozialversicherung, Grundsicherung für Arbeitsuchende, Angelegenheiten nach § 6 a BKGG und Arbeitsförderung

3 In Angelegenheiten der Sozialversicherung sind nach Abs. 1 die Gewerkschaften, die selbstständigen Arbeitnehmervereinigungen mit sozial- oder berufspolitischer Zwecksetzung[3] und die Sozialverbände nach Abs. 3 auf der einen Seite vorschlagsberechtigt, während auf der anderen Seite Arbeitgebervereinigungen und die in § 16 Abs. 4 Nr. 3 bezeichneten zuständigen obersten Bundes- und Landesbehörden Vorschlagslisten aufstellen.

In den Angelegenheiten der Grundsicherung für Arbeitsuchende, seit dem 8. SGGÄndG auch in Angelegenheiten nach § 6 a BKGG und in Angelegenheiten der Arbeitsförderung (→ § 12 Rn. 4), wurden die Vorschlagslisten zwar ebenfalls von den in Abs. 1 genannten Arbeitnehmervereinigungen und Gewerkschaften, sowie von Arbeitgebervereinigungen und den in § 16 Abs. 4 Nr. 3 bezeichneten zuständigen obersten Bundes- und Landesbehörden aufgestellt, dabei stellte die erste Gruppe jedoch bis zum Inkrafttreten des BUK-NOG zum 25.10.2013 (→ Rn. 1) Arbeitnehmer, nicht Versicherte, wie nunmehr, auf.

Letztere Gruppe wählt aus dem Kreis der Arbeitgeber, wobei dieser Begriff im Hinblick auf § 16 Abs. 4 Nr. 3 zu eng ist (zu den Begriffen Versicherter und Arbeitgeber → § 16 Rn. 5 ff.). Berufsständische Vereinigungen zählen nicht zu den Vorschlagsberechtigten, da in ihnen sowohl angestellte wie auch selbstständige Mitglieder vorhanden sind. Sie können daher weder den Arbeitgeber- noch den

2 BT-Drs. 16/7716, 17 zu Nr. 5.
3 Zur Frage der sozial- und berufspolitischen Zwecksetzung siehe OVG Bremen 23.11.1971 – II A 150/70, GewArch 1973, 42.

Arbeitnehmervereinigungen zugeordnet werden.[4] Abs. 1 entspricht im Wesentlichen dem früheren Abs. 2, wobei der Begriff der Arbeitslosenversicherung durch das 6. SGGÄndG entsprechend dem SBG III in den Begriff der Arbeitsförderung umgewandelt wurde. Ergänzt wurde er um das in → Rn. 1 ausgeführte Vorschlagsrecht der Sozialverbände. Durch die Streichung des früheren Abs. 1, der verlangte, dass die Vorschlagslisten die eineinhalbfache Anzahl der festgesetzten Höchstzahl der ehrenamtlichen Richter an Vorschlägen enthalten sollten, hat der Gesetzgeber klargestellt, dass es im Ermessen der vorschlagsberechtigten Vereinigungen liegt, ob sie genau die Anzahl der benötigten Kandidaten vorschlagen oder ob sie mehr Kandidaten aufführen als benötigt werden. Die berufende Stelle kann, falls ihr die Vorschläge nicht ausreichen, nach § 13 Abs. 1 S. 2 eine Ergänzung der Liste verlangen (→ § 13 Rn. 3). Mit der Streichung schließt sich der Gesetzgeber der Rechtsprechung des BVerfG an, das im Anschluss an Entscheidungen des Hessischen LSG[5] und des BSG[6] die in Hessen[7] ausgeübte Praxis, nur so viele Kandidaten vorzuschlagen, wie auch benötigt wurden, für verfassungsgemäß erklärte.[8]

III. Vertragsarztrecht

Abs. 2 entspricht, abgesehen von zwei kleinen Änderungen,[9] dem früheren Abs. 3 der Vorschrift. Hiernach werden die Vorschlagslisten für die Kammern, die über die Angelegenheiten des Vertragsarztrecht entscheiden, einerseits von den Kassenärztlichen und Kassenzahnärztlichen Vereinigungen und andererseits von den Zusammenschlüssen der Krankenkassen erstellt. Die Listen werden nach den Bezirken der Kassenärztlichen bzw. Kassenzahnärztlichen Vereinigungen erstellt. Dass die ehrenamtlichen Richter von den Kassenärztlichen Vereinigungen vorgeschlagen werden, verstößt nicht gegen Art. 97 GG und begründet auch nicht ohne Weiteres ein Recht zur Ablehnung dieser Richter.[10] 4

IV. Soziales Entschädigungsrecht und Schwerbehindertenrecht

Auch Abs. 3 entspricht inhaltlich weitgehend Abs. 4 der vorherigen Regelung. 5
Die Begrifflichkeiten wurden auch hier dem SGB IX angepasst. Eingefügt wurde durch das 6. SGGÄndG vom 17.8.2001 das zusätzliche Vorschlagsrecht für Gewerkschaften und Arbeitnehmervereinigungen in S. 2. Für die Angelegenheiten des sozialen Entschädigungsrechts und des Schwerbehindertenrechts sind die im Gerichtsbezirk vertretenen Sozialverbände vorschlagsberechtigt, soweit es Versorgungsberechtigte, Menschen mit Behinderungen und Versicherte betrifft. Dabei sind laut Gesetz nur solche Vereinigungen berechtigt, deren satzungsmäßige Aufgaben die gemeinschaftliche Interessenvertretung, die Beratung und Vertretung der Leistungsempfänger nach dem sozialen Entschädigungsrecht oder der

4 BSG 21.3.1963 – 7/3 RLw 24/61, BSGE 16, 281 im Hinblick auf die landwirtschaftliche berufsständische Vereinigung.
5 HessLSG 14.5.1985 – L 1 RJ 136/83.
6 BSG 23.1.1986 – 11 a RA 46/85, SozR 1500 § 14 Nr. 2.
7 Und auch in anderen Ländern bzw. beim BSG, vgl. BSG 26.9.1985 – 1 S 12/85, SozR 1500 § 22 Nr. 1.
8 BVerfG 9.12.1985 – 1 BvR 853/85, SozR 1500 § 13 Nr. 1.
9 „Vertragarztrecht" anstelle von „Kassenarztrecht" sowie „nach Bezirken" anstelle „bezirklich".
10 BVerfG – 2 BvR 271, 342/68, BVerfGE 27, 312; BSG 28.1.2009 – B 6 KA 53/07 B, juris mwN.

Teilhabe der behinderten Menschen wesentlich umfassen und die gleichzeitig die Gewähr bieten, die genannten Aufgaben auch sachkundig zu erfüllen. Auf der anderen Seite sind die Landesversorgungsämter berufen, die mit dem Sozialen Entschädigungsrecht und dem Recht der Teilhabe behinderter Menschen vertrauten Personen vorzuschlagen (→ § 12 Rn. 12).

V. Sozialhilfe, Eingliederungshilfe und Asylbewerberleistungsrecht

6 Die Vorschlagslisten in den Angelegenheiten der Sozialhilfe, der Eingliederungshilfe (seit 1.1.2020 im 2. Teil des SGB IX geregelt) und des Asylbewerberleistungsgesetzes werden hingegen von den Kreisen und kreisfreien Städten aufgestellt. Damit wurde durch das 7. SGGÄndG die Regelung des § 28 S. 1 VwGO für diese Streitigkeiten übernommen.[11]

§ 15 (weggefallen)

I. Allgemeines

1 Die Vorschrift wurde durch das Gesetz zur Ergänzung des Ersten Gesetzes zur Reform des Strafverfahrensrechts vom 20.12.1974 (BGBl. 1974 I 3686) mit Wirkung zum 1.1.1975, ebenso wie § 31 VwGO und § 28 FGO, aufgehoben. Sie regelte die **Vereidigung der ehrenamtlichen Richter**, und wurde ebenso wie die genannten Vorschriften der VwGO und FGO **durch § 45 DRiG ersetzt**, der die Vereidigung nun für alle Verfahrensordnungen einheitlich regelt.

II. Text

2 **§ 45 DRiG Unabhängigkeit und besondere Pflichten des ehrenamtlichen Richters**

(1) Der ehrenamtliche Richter ist in gleichem Maße wie der Berufsrichter unabhängig. Er hat das Beratungsgeheimnis zu wahren (§ 43).

(1 a) Niemand darf in der Übernahme oder Ausübung des Amtes als ehrenamtlicher Richter beschränkt oder wegen der Übernahme oder Ausübung des Amtes benachteiligt werden. Ehrenamtliche Richter sind für die Zeit ihrer Amtstätigkeit von ihrem Arbeitgeber von der Arbeitsleistung freizustellen. Die Kündigung eines Arbeitsverhältnisses wegen der Übernahme oder der Ausübung des Amtes ist unzulässig. Weitergehende landesrechtliche Regelungen bleiben unberührt.

(2) Der ehrenamtliche Richter ist vor seiner ersten Dienstleistung in öffentlicher Sitzung des Gerichts durch den Vorsitzenden zu vereidigen. Die Vereidigung gilt für die Dauer des Amtes, bei erneuter Bestellung auch für die sich unmittelbar anschließende Amtszeit. Der Schwörende soll bei der Eidesleistung die rechte Hand erheben.

(3) Der ehrenamtliche Richter leistet den Eid, indem er die Worte spricht:

„Ich schwöre, die Pflichten eines ehrenamtlichen Richters getreu dem Grundgesetz für die Bundesrepublik Deutschland und getreu dem Gesetz zu erfüllen, nach bestem Wissen und Gewissen ohne Ansehen der Person zu urteilen und nur der Wahrheit und Gerechtigkeit zu dienen, so wahr mir Gott helfe." Der Eid kann ohne die Worte „so wahr mir Gott helfe" geleistet werden. Hierüber ist der Schwörende vor der Eidesleistung durch den Vorsitzenden zu belehren.

(4) Gibt ein ehrenamtlicher Richter an, dass er aus Glaubens- oder Gewissensgründen keinen Eid leisten wolle, so spricht er die Worte:

11 BT-Drs. 15/3169, 9 zu Nr. 5 und 6.

„Ich gelobe, die Pflichten eines ehrenamtlichen Richters getreu dem Grundgesetz für die Bundesrepublik Deutschland und getreu dem Gesetz zu erfüllen, nach bestem Wissen und Gewissen ohne Ansehen der Person zu urteilen und nur der Wahrheit und Gerechtigkeit zu dienen."

Das Gelöbnis steht dem Eid gleich.

(5) Gibt ein ehrenamtlicher Richter an, daß er als Mitglied einer Religions- oder Bekenntnisgemeinschaft eine Beteuerungsformel dieser Gemeinschaft verwenden wolle, so kann er diese dem Eid oder dem Gelöbnis anfügen.

(6) Die ehrenamtlichen Richter in der Finanzgerichtsbarkeit leisten den Eid dahin, die Pflichten eines ehrenamtlichen Richters getreu dem Grundgesetz für die Bundesrepublik Deutschland und getreu dem Gesetz zu erfüllen, das Steuergeheimnis zu wahren, nach bestem Wissen und Gewissen ohne Ansehen der Person zu urteilen und nur der Wahrheit und Gerechtigkeit zu dienen. Dies gilt für das Gelöbnis entsprechend.

(7) Für ehrenamtliche Richter bei den Gerichten der Länder können der Eid und das Gelöbnis eine zusätzliche Verpflichtung auf die Landesverfassung enthalten.

(8) Über die Verpflichtung des ehrenamtlichen Richters auf sein Amt wird ein Protokoll aufgenommen.

(9) Im übrigen bestimmen sich die Rechte und Pflichten der ehrenamtlichen Richter nach den für die einzelnen Gerichtszweige geltenden Vorschriften.

III. Inhalt des § 45 DRiG

§ 45 Ab. 1 S. 1 DRiG stellt klar, dass der ehrenamtliche Richter in gleichem Maße unabhängig ist wie der Berufsrichter. Abs. 1 S. 2 verpflichtet ihn das Beratungsgeheimnis zu wahren. Nach § 45 Abs. 2 DRiG hat der ehrenamtliche Richter vor seiner ersten Verhandlung einen **Eid** mit oder ohne religiöse Beteuerung oder ein **Gelöbnis** zu leisten. Die Vereidigung wird vom **Vorsitzenden** durchgeführt. Über die Vereidigung ist ein **Protokoll** anzufertigen. Die Vereidigung gilt für die Amtszeit, also nach dem neuen Recht des § 13 Abs. 1 **für fünf Jahre**, und **bei erneuter Bestellung** auch für die **sich unmittelbar anschließende Amtszeit.** 3

Im Übrigen bestimmen sich die Rechte und Pflichten des ehrenamtlichen Richters nach den jeweiligen Verfahrensordnungen (§ 45 Abs. 9 DRiG); für das sozialgerichtliche Verfahren gelten insoweit die §§ 19 bis 22.

§ 16 [Persönliche Voraussetzungen]

(1) Das Amt des ehrenamtlichen Richters am Sozialgericht kann nur ausüben, wer Deutscher ist und das fünfundzwanzigste Lebensjahr vollendet hat.

(2) [aufgehoben]

(3) [1]Ehrenamtlicher Richter aus Kreisen der Versicherten kann auch sein, wer arbeitslos ist oder Rente aus eigener Versicherung bezieht. [2]Ehrenamtlicher Richter aus Kreisen der Arbeitgeber kann auch sein, wer vorübergehend oder zu gewissen Zeiten des Jahres keine Arbeitnehmer beschäftigt.

(4) [1]Ehrenamtliche Richter aus Kreisen der Arbeitgeber können sein

1. **Personen, die regelmäßig mindestens einen versicherungspflichtigen Arbeitnehmer beschäftigen; ist ein Arbeitgeber zugleich Versicherter oder bezieht er eine Rente aus eigener Versicherung, so begründet die Beschäftigung einer Hausgehilfin oder Hausangestellten nicht die Arbeitgebereigenschaft im Sinne dieser Vorschrift;**

2. **bei Betrieben einer juristischen Person oder einer Personengesamtheit Personen, die kraft Gesetzes, Satzung oder Gesellschaftsvertrags allein oder als Mitglieder des Vertretungsorgans zur Vertretung der juristischen Person oder der Personengesamtheit berufen sind;**
3. **Beamte und Angestellte des Bundes, der Länder, der Gemeinden und Gemeindeverbände sowie bei anderen Körperschaften, Anstalten und Stiftungen des öffentlichen Rechts nach näherer Anordnung der zuständigen obersten Bundes- oder Landesbehörde;**
4. **Personen, denen Prokura oder Generalvollmacht erteilt ist, oder Angestellte, die regelmäßig für den Arbeitgeber in Personalangelegenheiten tätig werden, sowie leitende Angestellte;**
5. **Mitglieder und Angestellte von Vereinigungen von Arbeitgebern sowie Vorstandsmitglieder und Angestellte von Zusammenschlüssen solcher Vereinigungen, wenn diese Personen kraft Satzung oder Vollmacht zur Vertretung befugt sind.**

[2]Ehrenamtlicher Richter aus den Kreisen der Arbeitgeber kann auch sein, wer in einem Zeitraum bis zu einem Jahr vor seiner Berufung die Voraussetzungen des Satzes 1 erfüllt hat und zum Zeitpunkt der Berufung weder eine Rente aus eigener Versicherung bezieht noch Versicherter ist, es sei denn, er steht oder stand in einem Beschäftigungsverhältnis nach Satz 1 Nummer 3, 4 oder 5.

(5) Bei Sozialgerichten, in deren Bezirk wesentliche Teile der Bevölkerung in der Seeschiffahrt beschäftigt sind, können ehrenamtliche Richter aus dem Kreis der Versicherten auch befahrene Schiffahrtskundige sein, die nicht Reeder, Reedereileiter (Korrespondentreeder, §§ 492 bis 499 des Handelsgesetzbuchs) oder Bevollmächtigte sind.

(6) Die ehrenamtlichen Richter sollen im Bezirk des Sozialgerichts wohnen oder ihren Betriebssitz haben oder beschäftigt sein.

I. Allgemeines

1 **1. Entstehungsgeschichte.** Die Regelung bestand unverändert in der Fassung vom 23.9.1975 bis zum 6. SGGÄndG vom 17.8.2001 (BGBl. 2001 I 2144). Durch das 6. SGGÄndG wurde dem Abs. 3 ein zweiter Satz hinzugefügt. Ebenso wurden die Nr. 3 und Nr. 4 des Abs. 4 umgestaltet. Der Gesetzgeber hat ferner Abs. 4 um die Nr. 5 erweitert. Durch das 8. SGGÄndG vom 26.3.2008 (BGBl. 2008 I 444) wurde in Abs. 3 zur Klarstellung S. 2 eingefügt, durch das

BUK-NOG vom 19.10.2013 (BGBl. 2013 I 3836) jedoch wieder aufgehoben, da ehrenamtliche Richter nun nicht nur in Streitigkeiten der Sozialversicherung, sondern auch in Angelegenheiten der Arbeitsförderung und der Grundsicherung für Arbeitsuchende aus den Kreisen der Versicherten und nicht mehr aus den Kreisen der Arbeitnehmer zu berufen sind (→ § 12 Rn. 1). Abs. 2 wurde mit Art. 8 des G. vom 21.12.2008 mit Wirkung zum 1.1.2009 aufgehoben (BGBl. 2008 I 2933). Abs. 4 Nr. 4 wurde durch das BUK-NOG hinsichtlich der Arbeitgebereigenschaft erweitert.[1] Mit dem 7. Gesetz zur Änderung des SGB IV ua Gesetze vom 12.6.2020 (BGBl. 2020 I, 1248) hat der Gesetzgeber in Reaktion auf einige Entscheidungen des BSG (→ Rn. 9 ff.) die Regelung mit Wirkung zum 1.7.2020 weiter dahingehend erweitert, dass es ausreicht, wenn die Arbeitgebereigenschaft ein Jahr vor Berufung vorlag.

2. Parallelvorschriften. Entsprechende Regelungen finden sich in den §§ 20–23 VwGO, §§ 17–20 FGO, §§ 32–35 GVG und §§ 21–23 ArbGG. 2

II. Allgemeine Voraussetzungen

Abs. 1 bestimmt, dass als ehrenamtlicher Richter am SG nur derjenige in Betracht kommt, der Deutscher iSv Art. 116 Abs. 1 GG ist und das fünfundzwanzigste Lebensjahr vollendet hat. Um als ehrenamtlicher Richter beim LSG fungieren zu können, ist die Vollendung des dreißigsten Lebensjahres erforderlich (§ 35 Abs. 1). Für eine Tätigkeit am BSG ist die Vollendung des fünfunddreißigsten Lebensjahres notwendig (§ 47 Abs. 1). Abs. 1 ist ebenso wie § 21 ArbGG als zwingende Regelung ausgestaltet, während GVG, VwGO und FGO die Altersgrenze als Sollvorschrift gefasst haben. Umstritten ist, zu welchem Zeitpunkt (Tag der Aufstellung zur Liste, Tag der Wahl, Tag der Berufung oder der ersten Amtsausübung) der ehrenamtliche Richter das maßgebliche Lebensalter erreicht haben muss, denn insoweit trifft Abs. 1 keine Regelung. Entsprechend § 33 Nr. 1 GVG dürfte es ausreichen, wenn der Richter bei Beginn der Amtsperiode fünfundzwanzig ist.[2] Ein Höchstalter sieht das SGG nicht vor. Es wäre aber sinnvoll, insoweit die Altersgrenze von siebzig Jahren des § 33 Nr. 2 GVG zu übernehmen, was der Gesetzgeber bislang aber nicht getan hat. 3

III. Sozialversicherung, Grundsicherung für Arbeitsuchende und Arbeitsförderung

Dass ehrenamtliche Richter in Angelegenheiten der Sozialversicherung, der Grundsicherung für Arbeitsuchende und der Arbeitsförderung Versicherte und Arbeitgeber sein müssen, ergibt sich bereits aus § 12 Abs. 2. Der Gesetzgeber hat sich im Rahmen des BUK-NOG vom 19.10.2013 dafür entschieden, aus Gründen der Praktikabilität auch für die Angelegenheiten der Grundsicherung für Arbeitsuchende und der Arbeitsförderung ehrenamtliche Richter aus den Kreisen der Versicherten und nicht mehr der Arbeitnehmer zu besetzen. 4

1. Versicherter/Arbeitnehmer. Auf eine Definition des Begriffes Versicherter verzichtet das SGG. Entsprechend der Entscheidung des BSG vom 15.10.1964 dürfte hierunter aber jedermann fallen, der in zumindest einem Bereich der Sozi- 5

1 Zeihe § 16 Rn. 23.
2 Hennig/Schmidt § 16 Rn. 3; Meyer-Ladewig/Keller/Leitherer/Schmidt § 16 Rn. 3 unter Verweis auf § 33 Nr. 1 GVG.

alversicherung versichert ist[3] und nicht Arbeitgeber iS der folgenden Bestimmungen der Abs. 3 bis 5 ist.[4] Demgegenüber soll ein ehrenamtlicher Richter aus Kreisen der Versicherten seines Amtes nicht zu entheben sein, wenn er nachträglich, dh nach seiner Berufung, in eine Arbeitgeberstellung einrückt, aber weiter Versicherter bleibt.[5] Abs. 3 S. 1 stellt klar, dass ehrenamtlicher Richter aus dem Kreis der Versicherten auch sein kann, wer arbeitslos ist[6] oder eine Rente aus eigener Versicherung bezieht. Dabei ist diese Bestimmung an sich nicht erforderlich, denn auch der Arbeitslose und der Rentenbezieher sind (in der Regel) weiterhin in der Sozialversicherung renten- bzw. krankenversichert.

6 **2. Arbeitgeber.** Abs. 4 definiert anhand von fünf Einzelziffern den **Begriff des Arbeitgebers.** Dabei sieht der ab 1.7.2020 geltende Satz 2 vor, dass ehrenamtlicher Richter aus den Kreisen der Arbeitgeber auch sein kann, wer in einem Zeitraum bis zu einem Jahr vor seiner Berufung die Voraussetzungen des Satzes 1 erfüllt hat und zum Zeitpunkt der Berufung weder eine Rente aus eigener Versicherung bezieht noch Versicherter ist, es sei denn, er steht oder stand in einem Beschäftigungsverhältnis nach Satz 1 Nr. 3, 4 oder 5.

7 a) **Beschäftigung von sozialversicherungspflichtigen Arbeitnehmern.** Nach Ziff. 1 kann ehrenamtlicher Richter aus dem Kreis der Arbeitgeber sein, wer mindestens einen sozialversicherungspflichtigen Arbeitnehmer beschäftigt. Dabei ist aber ein Arbeitgeber, der Sozialversicherter ist oder eine Rente aus eigener Versicherung bezieht, nicht als Arbeitgeber im Sinne der Vorschrift anzusehen, wenn er lediglich eine Hausangestellte oder Hausgehilfin beschäftigt.

8 **b) Vertreter einer jur. Person oder Personengesamtheit.** Arbeitgebervertreter kann nach Ziff. 2 ferner sein, wer allein oder als Mitglied des Vertreterorgans kraft Gesetzes, Satzung oder Gesellschaftsvertrages zur Vertretung eines Betriebes berufen ist, der eine juristischen Person oder eine Personengesamtheit ist.

9 **c) Beamte und Staatsangestellte.** Ebenfalls wählbar als ehrenamtliche Richter sind gemäß Ziff. 3 Beamte und Angestellte des Bundes, der Länder, der Gemeinden und Gemeindeverbände sowie Beamte und Angestellte bei anderen Körperschaften, Anstalten und Stiftungen des öffentlichen Rechts nach näherer Anordnung der zuständigen obersten Bundes- und Landesbehörde. Diese Ziffer wurde durch das 6. SGGÄndG neu gefasst. Der Kreis der ehrenamtlichen Richter wurde um die Beamten und Angestellten der Körperschaften, Anstalten und Stiftungen des öffentlichen Rechts erweitert. Damit entspricht die Vorschrift nun dem bereits seit 1.7.1979 geltenden § 22 Abs. 2 Nr. 3 ArbGG. Mit dem Eintritt in den Ruhestand verliert der Beamte seine arbeitgeberähnliche Stellung und ist daher als ehrenamtlicher Richter zu entlassen.[7]

10 **d) Leitende Angestellte.** Als ehrenamtliche Richter aus Kreisen der Arbeitgeber stehen entsprechend Ziff. 4 auch Personen zur Verfügung, denen Prokura oder Generalvollmacht erteilt ist, sowie leitende Angestellte. Diese Regelung wurde durch das 6. SGGÄndG redaktionell gestrafft. Gleichzeitig wurde auch der

---

3 BSG 15.10.1964 – 7 RAr 63/63, BSGE 22, 41.
4 BSG 7.5.1956 – 1 S 4/55, BSGE 3, 67.
5 SG Dortmund 27.6.1956 – 1 SR 61/56, Breith. 1957, 85.
6 So auch § 23 Abs. 1 ArbGG für den Vertreter der Arbeitnehmer.
7 SG München 31.8.2017 – S 46 SF 384/17 ERI, juris; LSG BW 12.2.1969 – L 6 (3)5/69, Breith. 1969, 539; BSG 27.7.1972 – 1 S 5/72, Breith. 1972, 1047; LSG RhPf 12.5.1975 – L 2 Ar 66/75, ZfSH 1976, 148.

Kreis der ehrenamtlichen Richter erweitert.[8] Während Ziff. 4 aF bestimmte, dass als ehrenamtliche Richter leitende Angestellte in Betrieben einer juristischen Person oder Personengesamtheit nur dann in Betracht kamen, wenn ihnen Prokura oder Generalvollmacht erteilt war, oder wenn sie berechtigt waren, Arbeitnehmer selbstständig einzustellen oder entlassen, so reicht nunmehr aus, dass entweder Prokura oder Generalvollmacht vorliegt, oder dass die Person leitender Angestellter ist. Diese Gesetzesformulierung stammt vom Ausschuss für Arbeit und Sozialordnung. Der Regierungsentwurf sah ursprünglich die Formulierung „leitende Angestellte im Sinne von § 5 Abs. 3 BetrVG" vor. Nachdem es zur Anwendung von § 5 Abs. 3 BetrVG, insbesondere bei den Ziffern 2 und 3, einiger schwieriger tatsächlicher Feststellungen bedarf, wurde vom Bundesrat eine Formulierung angeregt, die inhaltlich zwar der nunmehrigen Gesetzesfassung entsprach, aber noch die Gefahr barg, dass die Norm so ausgelegt werde, dass auch leitende Angestellte die Prokura oder die Generalvollmacht benötigten. Man einigte sich daher auf die geltende Fassung, aus der klar hervorgeht, dass entweder das eine oder das andere erforderlich ist.[9] Der Begriff des leitenden Angestellten ist daher nach wie vor nicht im Sinne des BetrVG, sondern im Sinne von § 22 Abs. 2 Nr. 2 ArbGG auszulegen, nämlich als Geschäftsführer, Betriebs- oder Personalleiter.

Auch in anderer Hinsicht wurde der Personenkreis erweitert; nunmehr können auch Angestellte bei einer natürlichen Person Arbeitgebervertreter sein, während dies im Rahmen der alten Fassung nur Angestellten von juristischen Personen möglich war.[10] Durch das BUK-NOG hat Nr. 4 mit Wirkung vom 25.10.2013 eine weitere Erweiterung erfahren. Arbeitgeber ist nun auch, wer als Angestellter regelmäßig für seinen Arbeitgeber in Personalangelegenheiten tätig wird. Diese Regelung wurde notwendig, da es zunehmend schwieriger wurde aus dem Kreis der Arbeitgeber ehrenamtliche Richter zu gewinnen.[11] Nach der Vorstellung des Gesetzgebers sollen die Arbeitgebervereinigungen bei ihren Vorschlägen darauf achten, dass Personen berufen werden, die aufgrund ihrer Lebens- und Berufserfahrung geeignet sind, die Sicht der Arbeitgeber in die Entscheidungsfindung einzubringen.[12] Damit ist für die Nr. 4 nicht jeder Mitarbeiter der Personalabteilung qualifiziert,[13] sondern nur solche Angestellte, die unter Rückgriff auf § 22 Abs. 2 Nr. 2 ArbGG berechtigt sind, Einstellungen in den Betrieb vorzunehmen.[14] Die Eignung zum Arbeitgebervertreter entfällt bei den Personen nach Ziff. 4 mit Erlöschen ihrer Befugnisse[15] bzw. mit dem Ende ihrer Stellung als leitender Angestellter durch Eintreten in den Ruhestand,[16] wobei diese Rechtsprechung angesichts der Einfügung des Satz 2 jedenfalls teilweise überholt sein dürfte – jedenfalls solange sie nicht dem Versichertenbereich zuzuordnen sind, weil sie eine Rente aus eigener Versicherung beziehen.

8 Kummer SGb 2001, 705 (707); BT-Drs. 14/5943, 22 zu Nr. 9 b.
9 Vgl. hierzu Kummer SGb 2001, 705 (707); BT-Drs. 14/5943, 34 Anlage 2 zu Nr. 6 c und S. 37 Anlage 3 zu Nr. 6 c.
10 Hennig/Schmidt § 16 Rn. 11; Meyer-Ladewig, 7. Aufl., § 16 Rn. 8.
11 Zeihe § 16 Rn. 23; Breitkreuz ASR 2014, 52 unter Hinweis auf BT-Drs. 17/12297, 39.
12 Wenner SozSich 2013, 354 unter Hinweis auf BT-Drs. 17/12297, 64.
13 Wenner SozSich 2013, 354.
14 Zeihe § 16 Rn. 23.
15 SG München 16.7.2018 – S 23 SF 240/18 ERI, juris.
16 BSG 15.3.2018 – B 1 SF 1/18 S, juris; LSG Nds 28.5.1962 – L 4 S(Kr) 11/62, Breith. 1963, 80.

11 e) **Mitglieder und Angestellte von Arbeitgebervereinigungen.** Gleichzeitig mit der Änderung der Ziff. 4 wurde Ziff. 5 neu eingefügt. Demnach können jetzt auch Mitglieder und Angestellte von Arbeitgebervereinigungen sowie Vorstandsmitglieder und Angestellte von Zusammenschlüssen von Arbeitgebervereinigungen als Arbeitgebervertreter fungieren, wenn sie kraft Satzung oder Vollmacht zur Vertretung befugt sind. Hintergrund für diese Erweiterung war die Absicht des Gesetzgebers der Schwierigkeit zu begegnen, eine ausreichende Anzahl von ehrenamtlichen Richtern mit entsprechenden Kenntnissen zu finden.[17] Die Vorschrift ist mit § 22 Abs. 2 Nr. 4 ArbGG in der seit 1.7.1979 geltenden Fassung identisch. Endet die Tätigkeit, so entfällt die Arbeitgebereigenschaft.[18] Allerdings ist auch hier der neue Satz 2 zu beachten.

12 f) **Arbeitgebereigenschaft auch bei vorübergehender Nichtbeschäftigung von Arbeitnehmern.** Mit dem 6. SGGÄndG hat der Gesetzgeber Abs. 1 um einen zweiten Satz erweitert. Diese Ergänzung geht auf einen Vorschlag des Bundesrates und seiner Ausschüsse zurück.[19] Hiernach kann ehrenamtlicher Richter aus Kreisen der Arbeitgeber auch sein, wer vorübergehend oder zu gewissen Zeiten im Jahr keine Arbeitnehmer beschäftigt. Damit entspricht die Vorschrift § 22 Abs. 1 ArbGG, der dies seit dem 1.7.1979 regelt. Im Hinblick auf die Gesetzessystematik wäre es besser gewesen, die Bestimmung in den Abs. 4 einzugliedern, da dieser Absatz regelt, wer als Arbeitgeber anzusehen ist.

IV. Sonderregelung für die Seeschifffahrt

13 Abs. 5 enthält eine Sonderregelung für Sozialgerichte, in deren Bezirk wesentliche Teile der Bevölkerung in der Seeschifffahrt beschäftigt sind. Hier können ehrenamtliche Richter aus dem Kreis der Versicherten auch befahrene Schifffahrtskundige sein, die nicht Reeder, Reedereileiter oder Bevollmächtigte sind.

V. Örtliche Bindung der ehrenamtlichen Richter

14 Abs. 6 bestimmt für die ehrenamtlichen Richter aus beiden Kreisen, dass sie entweder im Bezirk des SG wohnen, ihren Betriebssitz haben oder beschäftigt sein sollen. Da es sich hierbei um eine Sollvorschrift handelt, ist es unschädlich, wenn ein ehrenamtlicher Richter keine der genannten Voraussetzungen bei seiner Berufung erfüllt, bzw. später, zB aufgrund eines Umzugs, verliert. Er kann aber nach § 18 Abs. 3 S. 2 auch ohne seinen Antrag aus dem Amt entlassen werden, wenn er seinen Wohnsitz aus dem Bezirk hinaus verlegt und seine Heranziehung zu Sitzungen dadurch wesentlich erschwert wird. Sinn und Zweck von Abs. 6 ist es einerseits, ehrenamtliche Richter zu haben, die mit den Verhältnissen im Gerichtsbezirk vertraut sind und andererseits den Anfahrtsweg, und so die Entschädigungskosten der ehrenamtlichen Richter, gering zu halten.

17 Kummer SGb 2001, 705 (707).
18 BSG 12.12.2018 – B 1 SF 4/18 S; SG München 12.12.2016 – S 46 SF 550/16 ERI, beide juris.
19 Kummer SGb 2001, 705 (707) unter Hinweis auf BT-Drs. 14/5943, 34 Anlage 2 zu Nr. 6 b und S. 37 Anlage 3 zu Nr. 6 b.

§17 [Ausschließungsgründe]

(1) [1]Vom Amt des ehrenamtlichen Richters am Sozialgericht ist ausgeschlossen,

1. wer infolge Richterspruchs die Fähigkeit zur Bekleidung öffentlicher Ämter nicht besitzt oder wegen einer vorsätzlichen Tat zu einer Freiheitsstrafe von mehr als sechs Monaten verurteilt worden ist,

2. wer wegen einer Tat angeklagt ist, die den Verlust der Fähigkeit zur Bekleidung öffentlicher Ämter zur Folge haben kann,

3. wer das Wahlrecht zum Deutschen Bundestag[1] nicht besitzt.

[2]Personen, die in Vermögensverfall geraten sind, sollen nicht zu ehrenamtlichen Richtern berufen werden.

(2) [1]Mitglieder der Vorstände von Trägern und Verbänden der Sozialversicherung, der Kassenärztlichen (Kassenzahnärztlichen) Vereinigungen und der Bundesagentur für Arbeit können nicht ehrenamtliche Richter sein. [2]Davon unberührt bleibt die Regelung in Absatz 4.

(3) Die Bediensteten der Träger und Verbände der Sozialversicherung, der Kassenärztlichen (Kassenzahnärztlichen) Vereinigungen, der Dienststellen der Bundesagentur für Arbeit und der Kreise und kreisfreien Städte können nicht ehrenamtliche Richter in der Kammer sein, die über Streitigkeiten aus ihrem Arbeitsgebiet entscheidet.

(4) Mitglieder der Vorstände sowie leitende Beschäftigte bei den Kranken- und Pflegekassen und ihren Verbänden sowie Geschäftsführer und deren Stellvertreter bei den Kassenärztlichen (Kassenzahnärztlichen) Vereinigungen sind als ehrenamtliche Richter in den Kammern für Angelegenheiten des Vertragsarztrechts nicht ausgeschlossen.

(5) Das Amt des ehrenamtlichen Richters am Sozialgericht, der zum ehrenamtlichen Richter in einem höheren Rechtszug der Sozialgerichtsbarkeit berufen wird, endet mit der Berufung in das andere Amt.

I. Allgemeines

1. Entstehungsgeschichte. § 17 wurde seit Inkrafttreten des SGG mehrfach ge- 1
ändert. So wurde der Tatbestand des Vermögensverfalls mit Gesetz vom 5.10.1994 (BGBl. 1994 I 2911) mit Einführung der InsO von der zwingenden Ausschlussvorschrift mit Wirkung vom 1.1.1999 zur Sollvorschrift des Abs. 1 S. 2 herabgemildert. Mit Gesetz vom 15.12.1995 (BGBl. 1995 I 1814) wurde Abs. 2 S. 2 hinzugefügt, um so klarzustellen, dass Abs. 4 eine Ausnahmevorschrift zu Abs. 2 darstellt. Mit gleichem Gesetz wurde die Formulierung von

1 Siehe §§ 12 und 13 BundeswahlG.

Abs. 4 geändert. Anstelle der Formulierung „Geschäftsführer und deren Stellvertreter bei den Krankenkassen und ihren Verbänden“ heißt es seither „Mitglieder der **Vorstände** sowie leitende Beschäftigte bei den Kranken- und Pflegekassen und ihren Verbänden“. Diese Änderung war einerseits wegen der Einführung der Pflegeversicherung nötig und andererseits deswegen, weil die Krankenkassen in der Regel von Vorständen und nicht von Geschäftsführern geleitet werden. Die vorherige Formulierung erwies sich daher als zu ungenau. Das 6. SGGÄndG vom 17.8.2001 (BGBl. 2001 I 2144) änderte lediglich den Begriff des Kassenarztrechts entsprechend dem GesStruktG vom 21.12.1992 (BGBl. 1992 I 2266) in den Begriff „Vertragsarztrecht“ um. Mit Gesetz vom 23.12.2003 (BGBl. 2003 I 2848) wurde zum 1.1.2004 die neue Bezeichnung der „Bundesagentur für Arbeit“ eingeführt. Das 7. SGGÄndG vom 9.12.2004 (BGBl. 2004 I 3302) ergänzte Abs. 3 um die Bediensteten der Kreise und kreisfreien Städte.

2 **2. Parallelvorschriften.** Entsprechende Regelungen finden sich in den §§ 21 und 22 VwGO, §§ 18, 19 FGO, § 21 Abs. 2–4 ArbGG, §§ 32–34 GVG.

II. Allgemeine Ausschlussgründe – Abs. 1

3 Abs. 1 enthält drei zwingende Ausschlussgründe sowie eine Sollbestimmung. Die Ausschlussgründe sind nicht abschließend in § 17 geregelt (→ Rn. 8). Vom Amt des ehrenamtlichen Richters ist kraft Gesetzes ausgeschlossen, wer infolge Richterspruchs die Fähigkeit zur Bekleidung öffentlicher Ämter nicht besitzt oder wegen einer vorsätzlichen Tat zu einer Freiheitsstrafe von mehr als sechs Monaten verurteilt worden ist (Ziff. 1), wer wegen einer Tat angeklagt ist, die den Verlust der Fähigkeit zur Bekleidung öffentlicher Ämter zur Folge haben kann (Ziff. 2) oder wer das Wahlrecht zum deutschen Bundestag nicht besitzt (Ziff. 3). Nach S. 2 soll derjenige, der in Vermögensverfall geraten ist, nicht zum ehrenamtlichen Richter berufen werden. Abs. 1 ist mit § 21 Abs. 2 ArbGG in der ab 1.5.2000 geltenden Fassung identisch. Ähnlich gefasst sind § 21 VwGO, § 18 FGO und § 32 GVG. Vom Amt soll ferner derjenige ausgeschlossen sein, der Berufsrichter in der Sozialgerichtsbarkeit ist.[2] Dies ergibt sich über § 202 aus § 52 Abs. 2 GVG.

III. Ausschluss von Vorstandsmitgliedern

4 Einen besonderen Ausschlussgrund regelt Abs. 2. Danach können Mitglieder der Vorstände von Trägern und Verbänden der Sozialversicherung, der Kassen- bzw. Kassenzahnärztlichen Vereinigungen und der Bundesagentur für Arbeit keine ehrenamtlichen Richter sein. Auch stellvertretende und Vorstandsmitglieder[3] generell sind insoweit ausgeschlossen.[4] Andere Bedienstete, die nicht Mitglieder des Vorstandes sind, können jedoch als ehrenamtliche Richter fungieren, wie sich aus Abs. 3 ergibt. Ausgeschlossen sind daher weder Mitglieder der Vertreterversammlung von Kassen- bzw. Kassenzahnärztlichen Vereinigungen, selbst wenn sie an dem angefochtenen Beschluss mitgewirkt haben,[5] noch Mitglieder oder gar der Vorsitzende des Disziplinarausschusses der K(Z)ÄV[6] oder des Zu-

---

2 SG Leipzig 23.1.2010 – S 1 SF 11/10 ERI, juris, allerdings unter Berufung auf die §§ 13 ff., die aber keine solche Regelung vorsehen.
3 SG München 19.4.2017 – S 46 151/17 ERI, juris.
4 BSG 27.9.1963 – B 12/4 RJ 26/61, SozR Nr. 8 zu § 17 SGG.
5 BSG 13.5.1998 – B 6 KA 31/97 R.
6 BSG 17.12.1998 – B 6 KA 63/98 B.

lassungsausschusses für die Zulassung zu den Ersatzkassen.[7] Ebenso wenig sind Mitglieder der Verwaltungsausschüsse der Arbeitsagenturen und der Vertreterversammlung nach Abs. 2 ausgeschlossen.[8] Gem. S. 2 bleibt Abs. 4 von der Regelung des S. 1 unberührt.

IV. Ausschluss von Bediensteten der Sozialversicherungsträger, der K(Z)ÄVen und der Kreise

5 Durch den Umkehrschluss aus Abs. 2 ist zu folgern, dass Bedienstete der Träger und Verbände der Sozialversicherung, der Kassen- bzw. Kassenzahnärztlichen Vereinigungen, der Bundesagentur für Arbeit, der Kreise und kreisfreien Städte, soweit sie nicht Vorstandsmitglieder sind, grundsätzlich als ehrenamtliche Richter tätig sein dürfen. Insoweit schließt Abs. 3 aber deren Tätigwerden in Kammern aus, die über Streitigkeiten **auf ihrem Arbeitsgebiet** entscheiden. Diese Vorschrift ist nicht erweiternd auf Beschäftigte von kommunalen Spitzenverbänden[9] anzuwenden.

V. Sonderregelung für das Vertragsarztrecht

6 Abs. 4 regelt eine **Ausnahme zu Abs. 2 und 3**. Einerseits lässt Abs. 4 als Ausnahme von Abs. 2 zu, dass in Angelegenheiten des Vertragsarztrechts auch Mitglieder der Vorstände der Kranken- und Pflegekassen und ihrer Verbände ehrenamtliche Richter sein können. Dies stellt gleichzeitig eine Ausnahme zu Abs. 3 dar, der regelt, dass Bedienstete der Kassen- bzw. Kassenzahnärztlichen Vereinigungen nicht in Kammern tätig sein können, die über Streitigkeiten auf ihrem Arbeitsgebiet, nämlich dem Vertragsarztrecht, entscheiden. Dies führt zu dem Ergebnis, dass in **Angelegenheiten des** Vertragsarztrechtes als ehrenamtliche Richter nur Vorstandsmitglieder oder leitenden Beschäftigte in Betracht kommen, da nur diese nach Abs. 4 auf diesem Gebiet zugelassen sind, während es sonstigen Beschäftigten nach Abs. 3 untersagt ist.

Die Vorschrift stellt weiterhin klar, dass auf dem Gebiet des Vertragsarztrechts auch leitende Beschäftigte der Kranken- und Pflegekassen und ihrer Verbände sowie Geschäftsführer und deren Stellvertreter der Kassenärztlichen und Kassenzahnärztlichen Vereinigungen ehrenamtliche Richter sein können.

VI. Beendigung der Berufung bei Berufung an höheres Gericht

7 Das Amt des ehrenamtlichen Richters am SG endet gemäß Abs. 5 mit der Berufung zum ehrenamtlichen Richters in einem höheren Rechtszug der Sozialgerichtsbarkeit, also mit der Berufung zum ehrenamtlichen Richter am LSG oder BSG, nicht aber mit der Berufung zum ehrenamtlichen Richter in einem anderen Gerichtszweig.

VII. Ausschlussgrund StaSi-Vergangenheit

8 Als weitere Ausschlussgründe sah der § 9 des Gesetzes zur Prüfung von Rechtsanwaltszulassungen, Notarbestellungen und Berufung ehrenamtlicher Richter (RAuaZulPrG) vom 24.7.1992 (BGBl. 1992 I 1386) den Verstoß gegen die

7 SG Lübeck 28.1.1955 – KA 19/54, ZM 1956, 89.
8 LSG Nds 20.6.1959 – L 4 S 51/59, Breith. 1960, 344.
9 BSG 6.12.2017 – B 8 SO 10/16 R, nachgehend BVerfG 23.5.2018 – 1 BvR 2797/17, beide juris.

Grundsätze der Menschlichkeit oder Rechtsstaatlichkeit sowie eine Tätigkeit als StaSi-Mitarbeiter vor. Das gesamte RAuaZulPrG wurde jedoch mit Gesetz vom 19.4.2006 (BGBl. 2006 I 866) mit Wirkung zum 25.4.2006 – möglicherweise wegen geringer praktischer Bedeutung – aufgehoben.

§ 18 [Ablehnungsgründe, Entlassung]

(1) Die Übernahme des Amtes als ehrenamtlicher Richter kann nur ablehnen,

1. **wer die Regelaltersgrenze nach dem Sechsten Buch Sozialgesetzbuch erreicht hat,**
2. **wer in den zehn der Berufung vorhergehenden Jahren als ehrenamtlicher Richter bei einem Gericht der Sozialgerichtsbarkeit tätig gewesen ist,**
3. **wer durch ehrenamtliche Tätigkeit für die Allgemeinheit so in Anspruch genommen ist, daß ihm die Übernahme des Amtes nicht zugemutet werden kann,**
4. **wer aus gesundheitlichen Gründen verhindert ist, das Amt ordnungsmäßig auszuüben,**
5. **wer glaubhaft macht, daß wichtige Gründe ihm die Ausübung des Amtes in besonderem Maße erschweren.**

(2) Ablehnungsgründe sind nur zu berücksichtigen, wenn sie innerhalb von zwei Wochen, nachdem der ehrenamtliche Richter von seiner Berufung in Kenntnis gesetzt worden ist, von ihm geltend gemacht werden.

(3) [1]Der ehrenamtliche Richter kann auf Antrag aus dem Amt entlassen werden, wenn einer der in Absatz 1 Nr. 3 bis 5 bezeichneten Gründe nachträglich eintritt. [2]Eines Antrages bedarf es nicht, wenn der ehrenamtliche Richter seinen Wohnsitz aus dem Bezirk des Sozialgerichts verlegt und seine Heranziehung zu den Sitzungen dadurch wesentlich erschwert wird.

(4) Über die Berechtigung zur Ablehnung des Amtes oder über die Entlassung aus dem Amt entscheidet die vom Präsidium für jedes Geschäftsjahr im voraus bestimmte Kammer endgültig.

I. Allgemeines

1 **1. Entstehungsgeschichte.** § 18 bestand unverändert bis zum 6. SGGÄndG vom 17.8.2001 (BGBl. 2001 I 2144) in der seit Inkrafttreten des SGG geltenden Fassung. Aber auch diese Änderung war nur marginal; in Abs. 1 Nr. 2 wurden die acht Jahre, die früher zwei Amtsperioden entsprachen, als Folgeänderung zu

§ 13 auf nunmehr zehn Jahre erhöht.[1] Durch Gesetz vom 20.4.2007 (BGBl. 2007 I 554) wurde mit Wirkung zum 1.1.2008 die Altersgrenze von vorher 65 Jahren an die jeweilige Regelaltersgrenze des SGB VI gekoppelt.

2. Parallelvorschriften. Ablehnungsgründe sind für das verwaltungs- und finanzgerichtliche Verfahren in § 23 VwGO und § 20 FGO, für das strafgerichtliche Verfahren in § 35 GVG geregelt. Während diese Vorschriften auch Befreiungsmöglichkeiten für bestimmte Berufsgruppen, wie Ärzte, Apotheker und Hebammen vorsehen, gelten für das arbeitsgerichtliche Verfahren nach § 24 ArbGG ähnliche Ablehnungsgründe wie in § 18. Auch nach § 24 Abs. 1 Nr. 4 ArbGG beträgt die notwendige Tätigkeit als ehrenamtlicher Richter zehn Jahre, § 23 Abs. 1 Nr. 3 VwGO und § 20 Abs. 1 Nr. 3 FGO sehen dagegen nur acht Jahre vor, während § 35 Nr. 2 GVG die Anwesenheit an 40 Sitzungstagen in der vorgehenden Amtsperiode ausreichen lässt. Eine Frist für die Geltendmachung von Ablehnungsgründen wie § 18 Abs. 2 sieht nur das GVG vor (§ 53 Abs. 1 GVG). 2

II. Ablehnungsgründe

Abs. 1 setzt die fünf Gründe fest, aufgrund derer der ehrenamtliche Richter die Übernahme des Amtes ablehnen kann. Diese Aufzählung ist **abschließend.**[2] 3

1. Erreichen der Altersgrenze. Gemäß Ziff. 1 kann die Übernahme des Amtes ablehnen, wer die Regelaltersgrenze des SGB VI erreicht hat. Diese liegt gem. § 35 S. 2 SGB VI derzeit bei 67 Jahren. 4

2. Zehn Jahre Tätigkeit. Nach der Ziff. 2 kann auch derjenige das Amt ablehnen, der in den zehn der Berufung vorhergehenden Jahren als ehrenamtlicher Richter in der Sozialgerichtsbarkeit tätig gewesen ist. Zehn Jahre entsprechen nach der seit dem 2.1.2001 geltenden Fassung des § 13 zwei Amtsperioden. Notwendig ist nach dem Wortlaut des Gesetzes, dass die zehn Jahre unmittelbar vor der Berufung des Richters liegen, es langt nicht aus, dass er irgendwann einmal zehn Jahre als ehrenamtlicher Sozialrichter tätig war. Ebenso wenig genügt es, dass er als ehrenamtlicher Richter in einem anderen Gerichtszweig tätig gewesen ist[3] bzw. tätig ist, was etwa § 35 Nr. 2 GVG ausreichen lässt. 5

3. Inanspruchnahme durch ehrenamtliche Tätigkeit. Ziff. 3 gewährt dem ehrenamtlichen Richter ein Ablehnungsrecht, wenn er durch ehrenamtliche Tätigkeit für die Allgemeinheit so in Anspruch genommen ist, dass ihm die Tätigkeit als ehrenamtlicher Richter nicht zugemutet werden kann. Insoweit verlangt das Gesetz, dass die ehrenamtliche Tätigkeit der Allgemeinheit dient, das Tätigwerden für Vereine, Verbände oder Berufsorganisationen reicht nicht aus.[4] 6

4. Gesundheitliche Gründe. Ablehnen kann nach Ziff. 4 auch, wer aus gesundheitlichen Gründen[5] gehindert ist, das Amt ordnungsmäßig auszuüben. 7

5. Erschwerung der Ausübung durch besondere Gründe. Das Amt kann weiterhin nach Ziff. 5 abgelehnt werden, wenn glaubhaft gemacht werden kann, dass 8

---

1 Kummer SGb 2001, 705 (708); BT-Drs. 14/5943, 23 zu Nr. 11.
2 Hennig/Schmidt § 18 Rn. 2; Meyer-Ladewig/Keller/Leitherer/Schmidt § 18 Rn. 1.
3 Meyer-Ladewig/Keller/Leitherer/Schmidt § 18 Rn. 3 a.
4 Peters/Sautter/Wolff § 18 Anm. 8; aA nunmehr Meyer-Ladewig/Keller/Leitherer/Schmidt § 18 Rn. 3 b.
5 BSG 31.1.2017 – B 1 SF 1/17 S, juris.

wichtige Gründe[6] die Ausübung des Amtes erschweren. Damit ist diese Regelung als Auffangtatbestand gefasst, der angesichts der grundsätzlichen Verpflichtung zur Übernahme des Amtes und den abschließend geregelten Ablehnungsgründe eng ausgelegt werden sollte. Der wichtige Grund ist ein unbestimmter Rechtsbegriff, der in vollem Umfang der gerichtlichen Überprüfung unterworfen ist.[7] Als wichtiger Grund ist beispielsweise die Fürsorge für die Familie, die auch in § 24 ArbGG und § 35 GVG erwähnt ist, anzuerkennen.[8] Von der verwaltungsgerichtlichen Rechtsprechung wurde als wichtiger Grund auch die Zugehörigkeit zu den Zeugen Jehovas anerkannt.[9]

III. Frist zur Geltendmachung von Ablehnungsgründen

9 Nach Abs. 2 sind Ablehnungsgründe nur zu berücksichtigen, wenn sie von dem ehrenamtlichen Richter innerhalb von zwei Wochen, nachdem er von seiner Berufung in Kenntnis gesetzt worden ist, geltend gemacht werden. Dabei sollte der ehrenamtliche Richter mit seiner Berufung über die Ablehnungsgründe belehrt werden, die Frist läuft aber auch bei Unterlassung der Belehrung ab.[10] Nach Fristablauf sind die Ablehnungsgründe nicht mehr zu berücksichtigen. Die Gründe sind vom ehrenamtlichen Richter **glaubhaft** zu machen. Dies erwähnt die Vorschrift nur für den wichtigen Grund der Ziff. 5 explizit; dies gilt nach hM aber auch für die anderen Gründe. Damit ist über § 202 iVm § 294 Abs. 1 ZPO die eidesstattliche Versicherung als Beweismittel möglich.[11]

IV. Entlassung aus dem Amt bei nachträglichem Eintritt von Gründen

10 Abs. 3 regelt die Entlassung des ehrenamtlichen Richters aus seinem Amt bei nachträglichem Eintreten von Ablehnungsgründen. Als Gründe kommen hier nach S. 1 nur die Ziff. 3, 4 und 5, nicht aber Ziff. 1 und 2 des Abs. 1 in Betracht, sowie nach S. 2, wenn der Richter seinen Wohnsitz aus dem Bezirk des SG hinaus verlegt und dadurch seine Heranziehung zu den Sitzungen wesentlich erschwert wird. Auch diese Aufzählung ist abschließend.[12] Voraussetzung ist zusätzlich, dass die Gründe erst nachträglich eingetreten sind. Über Abs. 3 kann die Frist des Abs. 2 nicht umgangen werden.[13] Die Entlassung aufgrund der in S. 1 genannten Gründe ist nur auf Antrag möglich. Auch hier genügt die Glaubhaftmachung der Gründe durch den ehrenamtlichen Richter. Die Entlassung nach S. 2 erfordert hingegen keinen Antrag des ehrenamtlichen Richters, sondern kann auch von Amts wegen erfolgen.

V. Zuständigkeit für Ablehnung und Entlassung

11 Über die Berechtigung zur Ablehnung nach Abs. 1 und über die Entlassung nach Abs. 3 entscheidet gemäß Abs. 4 die vom Präsidium für jedes Geschäftsjahr im

6 Kein wichtiger Grund: Austritt aus Gewerkschaft oder Verhinderung bei einzelnen zukünftigen Sitzungsterminen SG Halle 6.2.2017 – S 4 SF 985/16 ERI; SG München 17.1.2018 – S 46 SF 501/17 ERI, beide juris.
7 Hennig/Schmidt § 18 Rn. 8.
8 Meyer-Ladewig/Keller/Leitherer/Schmidt § 18 Rn. 3 d; zB Pflege naher Angehöriger BSG 23.1.2020 – B 1 SF 3/19 S, juris.
9 HessVGH NVwZ 88, 161.
10 Meyer-Ladewig/Keller/Leitherer/Schmidt § 18 Rn. 4; aA Hennig/Schmidt § 18 Rn. 10.
11 Meyer-Ladewig/Keller/Leitherer/Schmidt § 18 Rn. 7.
12 LSG Nds 15.3.1965 – L 4 S 15/65, Breith. 1965, 525.
13 Hennig/Schmidt § 18 Rn. 12; Meyer-Ladewig/Keller/Leitherer/Schmidt § 18 Rn. 5.

Voraus bestimmte Kammer. Die Entscheidung ergeht durch **Beschluss**, der nach § 124 Abs. 3 auch ohne mündliche Verhandlung ergehen kann. Eine Entscheidung ist immer erforderlich, auch wenn Gericht und ehrenamtlicher Richter sich einig sind, dass er nicht mehr herangezogen wird.[14] Analog § 22 Abs. 3 S. 1 kann auch bei § 18 eine einstweilige Anordnung getroffen werden.[15]

VI. Verhältnis zur Amtsenthebung nach § 22

Neben dem Verfahren bezüglich der Berechtigung der Ablehnung bzw. bezüglich der Entlassung kann auch das Amtsenthebungsverfahren betrieben werden,[16] die Verfahren nach § 18 gehen aber nach den Grundsätzen der Verhältnismäßigkeit der Mittel und der Prozessökonomie dem Verfahren nach § 22 vor.[17] Die Teilnahme eines ablehnungsberechtigten ehrenamtlichen Richters an einer Entscheidung führt auch dann nicht zu einer vorschriftswidrigen Besetzung des Gerichts, wenn der Ablehnungsgrund zu Unrecht nicht berücksichtigt worden ist.[18] 12

§ 19 [Ausübung des Ehrenamts; Entschädigung]

(1) Der ehrenamtliche Richter übt sein Amt mit gleichen Rechten wie der Berufsrichter aus.

(2) Die ehrenamtlichen Richter erhalten eine Entschädigung nach dem Justizvergütungs- und -entschädigungsgesetz.

I. Allgemeines

1. Entstehungsgeschichte. Abs. 1 besteht seit Inkrafttreten des SGG unverändert. Abs. 2 verweist seit dem Inkrafttreten des KostRMoG vom 5.5.2004 (BGBl. 2004 I 718) zum 1.7.2004 auf das JVEG, welches das EhrRiEG ab diesem Zeitpunkt abgelöst hat (Art. 6 Nr. 3 KostRMoG). 1

2. Parallelvorschriften. Parallelvorschriften sind § 19 VwGO und § 16 FGO zu Abs. 1, die ausdrücklich klarstellen, dass die gleichen Rechte nur für die mündliche Verhandlung und die Urteilsfindung gelten, sowie § 55 GVG, § 32 VwGO und § 29 FGO zu Abs. 2. Auch aus § 30 GVG für die Schöffengerichte ist zu 2

14 Meyer-Ladewig/Keller/Leitherer/Schmidt § 18 Rn. 7.
15 SG München 24.7.2017 – S 46 SF 261/17 ERI, juris.
16 LSG BW 17.4.1956 – IV 540/Sch/1, Breith. 1957, 469.
17 BSG 23.3.1955 – 1 S 8/54, SozR Nr. 1 zu § 18; LSG RhPf 10.6.1975 – L 2 AR 80/75, Breith. 1976, 254.
18 BVerwG NJW 1963, 1219.

entnehmen, dass die Schöffen nur während der Hauptverhandlung die gleichen Rechte haben.

Das JVEG findet gemäß § 1 Abs. 1 Nr. 2 JVEG für die ehrenamtlichen Richter aller Gerichtsbarkeiten mit Ausnahme der Richter in Handelssachen Anwendung.

II. Gleichstellung der ehrenamtlichen Richter

3 Abs. 1 bestimmt, dass der ehrenamtliche Richter bei der Amtsausübung die gleichen Rechte wie der Berufsrichter hat. Das bedeutet im Einzelnen:

4 **1. Sachliche Unabhängigkeit.** Der ehrenamtliche Richter ist nach Art. 97 Abs. 1 GG und § 45 Abs. 1 S. 1 DRiG **sachlich unabhängig.** Er ist damit nur Recht und Gesetz verpflichtet und keinerlei Weisungen unterworfen. Insbesondere darf er Anweisungen desjenigen, der ihn vorgeschlagen hat, nicht Folge leisten.

5 **2. Keine Beschränkung bei der Amtsausübung.** Er darf nach **§ 20 Abs. 1** in der Übernahme oder Ausübung seines Amtes **nicht beschränkt** werden.

6 **3. Gleiches Stimmrecht.** Er hat das **gleiche Stimmrecht wie der Berufsrichter** bei Abstimmungen. Nach Art. 97 Abs. 2 GG gilt die **persönliche Unabhängigkeit nicht** für den ehrenamtlichen Richter. Nach § 44 Abs. 2 DRiG kann der ehrenamtliche Richter aber nur unter gesetzlich bestimmten Voraussetzungen durch gerichtliche Entscheidung (§ 18 und § 22) abberufen werden.

III. Weitere Rechte

7 Die **weiteren Rechte** des ehrenamtlichen Richters sind in verschiedenen Vorschriften des DRiG bzw. des SGG, **nicht in § 19 geregelt.** § 19 stellt nur klar, dass dem ehrenamtlichen Richter in seiner Amtsausübung die gleichen Rechte wie dem Berufsrichter zustehen.[1] Als wichtigste Rechte sind hier das Fragerecht in der mündlichen Verhandlung nach § 112 Abs. 4 und die Mitwirkung bei der Urteilsfindung durch das Stimmrecht zu erwähnen. Dagegen hat der ehrenamtliche Richter keinen Anspruch auf ein eigenes Dienstzimmer im Gericht und auch nicht darauf, die Akten nach Hause übersandt zu bekommen bzw. diese außerhalb der mündlichen Verhandlung einzusehen.[2] Ebenso wenig hat er Anspruch auf Übersendung von Tatbestands- oder Urteilsentwürfen.[3] Bei komplexen Sachverhalten, etwa im Vertragsarztrecht, kann sich diese Vorgehensweise dem Gericht aber anbieten. Das SGG geht aber davon aus, dass zur Unterrichtung des ehrenamtlichen Richters der Sachvortrag und die weiteren Erläuterungen des Vorsitzenden ausreichen.[4]

IV. Die Pflichten des ehrenamtlichen Richters

8 Die **Pflichten** des ehrenamtlichen Richters sind **in § 19 nicht geregelt.** Diese ergeben sich vor allem aus **§ 45 DRiG** (abgedruckt bei → § 15 Rn. 2). So muss er das Amt getreu dem GG und dem Gesetz erfüllen, nach bestem Wissen und Gewissen und ohne Ansehung der Person urteilen. Er muss an den Sitzungen teilnehmen, sein Stimmrecht ausüben und das **Beratungsgeheimnis** wahren. Ver-

1 BSG Großer Senat 21.4.1955 – GS 1/55, BSGE 1, 1.
2 SG Bremen 8.6.1965 – KoRog 35/65, SGb 1966, 332; aA Peters/Sautter/Wolff § 19 Rn. 10: Anspruch auf Einsicht in die Akten vor der Sitzung bei Gericht.
3 Meyer-Ladewig/Keller/Leitherer/Schmidt § 19 Rn. 3.
4 Zeihe § 19 Rn. 4 b; Breitkreuz § 19 Rn. 5.

stößt er gegen das Beratungsgeheimnis, macht er sich nach § 353 b StGB strafbar. Erscheint er unentschuldigt nicht oder nicht rechtzeitig zur Sitzung, so kann der Vorsitzende dies durch ein Ordnungsgeld nach § 21 ahnden. Bei groben Verstößen gegen seine Amtspflicht ist er nach § 22 seines Amtes zu entheben.

V. Entschädigung nach dem Justizvergütungs- und -entschädigungsgesetz

1. Allgemeines. Abs. 2 setzt seit Inkrafttreten des KostRMoG (→ Rn. 1) zum 1.7.2004 fest, dass die ehrenamtlichen Richter nach dem JVEG entschädigt werden. Eine Entschädigung nach beamtenrechtlichen Vorschriften ist ausgeschlossen.[5] 9

2. Die Regelungen des JVEG im Hinblick auf ehrenamtliche Richter

§ 15 JVEG Grundsatz der Entschädigung 10

(1) Ehrenamtliche Richter erhalten als Entschädigung
1. Fahrtkostenersatz (§ 5),
2. Entschädigung für Aufwand (§ 6),
3. Ersatz für sonstige Aufwendungen (§ 7),
4. Entschädigung für Zeitversäumnis (§ 16),
5. Entschädigung für Nachteile bei der Haushaltsführung (§ 17) sowie
6. Entschädigung für Verdienstausfall (§ 18).

(2) Soweit die Entschädigung nach Stunden bemessen ist, wird sie für die gesamte Dauer der Heranziehung einschließlich notwendiger Reise- und Wartezeiten, jedoch für nicht mehr als zehn Stunden je Tag, gewährt. Die letzte bereits begonnene Stunde wird voll gerechnet.

(3) Die Entschädigung wird auch gewährt,
1. wenn ehrenamtliche Richter von der zuständigen staatlichen Stelle zu Einführungs- und Fortbildungstagungen herangezogen werden,
2. wenn ehrenamtliche Richter bei den Gerichten der Arbeits- und Sozialgerichtsbarkeit in dieser Eigenschaft an der Wahl von gesetzlich für sie vorgesehenen Ausschüssen oder an den Sitzungen solcher Ausschüsse teilnehmen (§§ 29, 38 des Arbeitsgerichtsgesetzes, §§ 23, 35 Abs. 1, 47 des Sozialgerichtsgesetzes).

§ 5 JVEG Fahrtkostenersatz

(1) Bei Benutzung von öffentlichen, regelmäßig verkehrenden Beförderungsmitteln werden die tatsächlich entstandenen Auslagen bis zur Höhe der entsprechenden Kosten für die Benutzung der ersten Wagenklasse der Bahn einschließlich der Auslagen für Platzreservierung und Beförderung des notwendigen Gepäcks ersetzt.

(2) Bei Benutzung eines eigenen oder unentgeltlich zur Nutzung überlassenen Kraftfahrzeugs werden
1. dem Zeugen oder dem Dritten (§ 23) zur Abgeltung der Betriebskosten sowie zur Abgeltung der Abnutzung des Kraftfahrzeugs 0,25 Euro,
2. den in § 1 Abs. 1 Satz 1 Nr. 1 und Nr. 2 genannten Anspruchsberechtigten zur Abgeltung der Anschaffungs-, Unterhaltungs- und Betriebskosten sowie zur Abgeltung der Abnutzung des Kraftfahrzeugs 0,30 Euro

für jeden gefahrenen Kilometer ersetzt zuzüglich der durch die Benutzung des Kraftfahrzeugs aus Anlass der Reise regelmäßig anfallenden baren Auslagen, insbesondere der Parkentgelte. Bei der Benutzung durch mehrere Personen kann die Pauschale nur einmal geltend gemacht werden. Bei der Benutzung eines Kraftfahrzeugs, das nicht zu den Fahrzeugen nach Absatz 1 oder Satz 1 zählt, werden die tatsächlich entstandenen Auslagen bis zur

5 VG Braunschweig 30.11.2017 – 7 A 132/16, juris.

Höhe der in Satz 1 genannten Fahrtkosten ersetzt; zusätzlich werden die durch die Benutzung des Kraftfahrzeugs aus Anlass der Reise angefallenen regelmäßigen baren Auslagen, insbesondere die Parkentgelte, ersetzt, soweit sie der Berechtigte zu tragen hat.

(3) Höhere als die in Absatz 1 oder Absatz 2 bezeichneten Fahrtkosten werden ersetzt, soweit dadurch Mehrbeträge an Vergütung oder Entschädigung erspart werden oder höhere Fahrtkosten wegen besonderer Umstände notwendig sind.

(4) Für Reisen während der Terminsdauer werden die Fahrtkosten nur insoweit ersetzt, als dadurch Mehrbeträge an Vergütung oder Entschädigung erspart werden, die beim Verbleiben an der Terminsstelle gewährt werden müssten.

(5) Wird die Reise zum Ort des Termins von einem anderen als dem in der Ladung oder der Terminsmitteilung bezeichneten oder der zuständigen Stelle unverzüglich angezeigten Ort angetreten oder wird zu einem anderen als zu diesem Ort zurückgefahren, werden Mehrkosten nur ersetzt, wenn der Berechtigte zu diesen Fahrten durch besondere Umstände genötigt war.

§ 6 JVEG Entschädigung für Aufwand

(1) Wer innerhalb der Gemeinde, in der der Termin stattfindet, weder wohnt noch berufstätig ist, erhält für die Zeit, während der er aus Anlass der Wahrnehmung des Termins von seiner Wohnung und seinem Tätigkeitsmittelpunkt abwesend sein muss, ein Tagegeld, dessen Höhe sich nach der Verpflegungspauschale zur Abgeltung tatsächlich entstandener, beruflich veranlasster Mehraufwendungen im Inland nach dem Einkommensteuergesetz bemisst.

(2) Ist eine auswärtige Übernachtung notwendig, wird ein Übernachtungsgeld nach den Bestimmungen des Bundesreisekostengesetzes gewährt.

§ 7 JVEG Ersatz für sonstige Aufwendungen

(1) Auch die in den §§ 5, 6 und 12 nicht besonders genannten baren Auslagen werden ersetzt, soweit sie notwendig sind. Dies gilt insbesondere für die Kosten notwendiger Vertretungen und notwendiger Begleitpersonen.

(2) Für die Anfertigungen von Kopien und Ausdrucken werden ersetzt

1. bis zu einer Größe von DIN A3 0,50 Euro je Seite für die ersten 50 Seiten und 0,15 Euro für jede weitere Seite,
2. in einer Größe von mehr als DIN A3 3 Euro je Seite und
3. für Farbkopien und -ausdrucke jeweils das Doppelte der Beträge nach Nummer 1 oder Nummer 2.

Die Höhe der Pauschalen ist in derselben Angelegenheit einheitlich zu berechnen. Die Pauschale wird nur für Kopien und Ausdrucke aus Behörden- und Gerichtsakten gewährt, soweit deren Herstellung zur sachgemäßen Vorbereitung oder Bearbeitung der Angelegenheit geboten war, sowie für Kopien und zusätzliche Ausdrucke, die nach Aufforderung durch die heranziehende Stelle angefertigt worden sind. Werden Kopien oder Ausdrucke in einer Größe von mehr als DIN A3 gegen Entgelt von einem Dritten angefertigt, kann der Berechtigte anstelle der Pauschale die baren Auslagen ersetzt verlangen.

(3) Für die Überlassung von elektronisch gespeicherten Dateien anstelle der in Absatz 2 genannten Kopien und Ausdrucke werden 1,50 Euro je Datei ersetzt. Für die in einem Arbeitsgang überlassenen oder in einem Arbeitsgang auf denselben Datenträger übertragenen Dokumente werden höchstens 5 Euro ersetzt.

§ 16 JVEG Entschädigung für Zeitversäumnis

Die Entschädigung für Zeitversäumnis beträgt 6 Euro je Stunde.

§ 17 JVEG Entschädigung für Nachteile bei der Haushaltsführung

Ehrenamtliche Richter, die einen eigenen Haushalt für mehrere Personen führen, erhalten neben der Entschädigung nach § 16 eine zusätzliche Entschädigung für Nachteile bei der Haushaltsführung von 14 Euro je Stunde, wenn sie nicht erwerbstätig sind oder wenn sie teilzeitbeschäftigt sind und außerhalb ihrer vereinbarten regelmäßigen täglichen Arbeitszeit herangezogen werden. Ehrenamtliche Richter, die ein Erwerbsersatzeinkommen beziehen, stehen erwerbstätigen ehrenamtlichen Richtern gleich. Die Entschädigung von Teilzeitbeschäftigten wird für höchstens zehn Stunden je Tag gewährt abzüglich der Zahl an Stunden, die der vereinbarten regelmäßigen täglichen Arbeitszeit entspricht. Die Entschädigung wird nicht gewährt, soweit Kosten einer notwendigen Vertretung erstattet werden.

§ 18 JVEG Entschädigung für Verdienstausfall

Für den Verdienstausfall wird neben der Entschädigung nach § 16 eine zusätzliche Entschädigung gewährt, die sich nach dem regelmäßigen Bruttoverdienst einschließlich der vom Arbeitgeber zu tragenden Sozialversicherungsbeiträge richtet, jedoch höchstens 24 Euro je Stunde beträgt. Die Entschädigung beträgt bis zu 46 Euro je Stunde für ehrenamtliche Richter, die in demselben Verfahren an mehr als 20 Tagen herangezogen oder innerhalb eines Zeitraums von 30 Tagen an mindestens sechs Tagen ihrer regelmäßigen Erwerbstätigkeit entzogen werden. Sie beträgt bis zu 61 Euro je Stunde für ehrenamtliche Richter, die in demselben Verfahren an mehr als 50 Tagen herangezogen werden.

3. Die einzelnen Entschädigungspositionen. Das JVEG gewährt dem ehrenamtlichen Richter demnach folgende Leistungen: 11

a) Fahrtkostenersatz (§ 5 JVEG),
b) Entschädigung für Aufwand (§ 6 JVEG),
c) Ersatz für sonstige Aufwendungen (§ 7 JVEG),
d) Entschädigung für Zeitversäumnis in Höhe von sechs Euro je Stunde (§ 16 JVEG),
e) Entschädigung für Nachteile bei der Haushaltsführung von 14 Euro je Stunde (§ 17 JVEG) und
f) Entschädigung für Verdienstausfall bis maximal 24 Euro je Stunde nach § 18 S. 1, da eine zeitliche Inanspruchnahme, wie in S. 2 oder S. 3 genannt, im sozialgerichtlichen Verfahren nicht vorkommen dürfte.

4. Sonstige Verfahrensvorschriften des JVEG. Der Anspruch auf Entschädigung ist binnen drei Monaten bei der Stelle, die den ehrenamtlichen Richter herangezogen hat, geltend zu machen (§ 2 Abs. 1 S. 1 JVEG). Die Frist beginnt gemäß § 2 Abs. 1 S. 1 Nr. 4 JVEG jedoch erst mit Beendigung der Amtsperiode. 12

Nach § 3 JVEG besteht Anspruch auf einen angemessenen Vorschuss, wenn erhebliche Fahrtkosten oder Aufwendungen entstanden sind. Da die ehrenamtlichen Richter gem. § 16 Abs. 6 im Bezirk des Sozialgerichts wohnen oder arbeiten sollen, dürfte § 3 JVEG kaum praktische Bedeutung erlangen.

Die Entschädigung wird auf Antrag des ehrenamtlichen Richters oder der Staatskasse durch das Sozialgericht durch Beschluss festgesetzt (§ 4 Abs. 1 S. 1 u. 2 Nr. 1 JVEG). Gem. § 4 Abs. 3 JVEG können der ehrenamtliche Richter und die Staatskasse Beschwerde hiergegen einlegen, wenn der Wert des Beschwerdegegenstandes 200 Euro übersteigt, oder wenn das Sozialgericht in dem Beschluss die Beschwerde wegen grundsätzlicher Bedeutung zulässt.

§ 20 [Strafrechtlicher Schutz]

(1) Der ehrenamtliche Richter darf in der Übernahme oder Ausübung des Amtes nicht beschränkt oder wegen der Übernahme oder Ausübung des Amtes nicht benachteiligt werden.

(2) Wer einen anderen in der Übernahme oder Ausübung seines Amtes als ehrenamtlicher Richter beschränkt oder wegen der Übernahme oder Ausübung des

Amtes benachteiligt, wird mit Freiheitsstrafe bis zu einem Jahr oder mit Geldstrafe bestraft.

I. Allgemeines

1 **1. Entstehungsgeschichte.** Die Regelung besteht seit Inkrafttreten des SGG inhaltlich unverändert. Abs. 2 wurde durch Art. 113 Nr. 1 des EGStGB vom 2.3.1974 (BGBl. 1974 I 469) redaktionell neu gefasst.

2 **2. Parallelvorschriften.** § 26 ArbGG trifft eine inhaltlich identische Regelung.

II. Beschränkungs- und Benachteiligungsverbot – Abs. 1

3 Abs. 1 normiert einen **umfassenden Schutz** für den ehrenamtlichen Richter. Er darf in der Übernahme oder Ausübung seines Amtes nicht beschränkt werden, auch nicht wegen der Übernahme oder Ausübung des Amtes benachteiligt werden. Dabei gilt dieser Schutz jedem Dritten gegenüber. Praktische Anwendung dürfte Abs. 1 jedoch vor allem gegenüber dem Arbeitgeber des ehrenamtlichen Richters finden, dem die Heranziehung des Richters während der Arbeitszeit möglicherweise nicht zusagt, und ihn daher bei der Urlaubsgewährung, der Beförderung und der Dienstbefreiung benachteiligt oder beschränkt.

III. Strafbarkeit – Abs. 2

4 Um diesen Schutz des Abs. 1 auch sicher zu gewährleisten, stellt Abs. 2 die Beschränkung oder Benachteiligung wegen der Übernahme oder Ausübung des Amtes **unter Strafe**. Der Verstoß kann mit Freiheitsstrafe bis zu einem Jahr oder mit Geldstrafe geahndet werden.

§ 21 [Ordnungsgeld]

¹Der Vorsitzende kann gegen einen ehrenamtlichen Richter, der sich der Erfüllung seiner Pflichten entzieht, insbesondere ohne genügende Entschuldigung nicht oder nicht rechtzeitig zu den Sitzungen erscheint, durch Beschluß ein Ordnungsgeld festsetzen und ihm die durch sein Verhalten verursachten Kosten auferlegen. ²Bei nachträglicher genügender Entschuldigung ist der Beschluß aufzuheben oder zu ändern. ³Gegen den Beschluß ist Beschwerde zulässig. ⁴Über die Beschwerde entscheidet die durch das Präsidium für jedes Geschäftsjahr im voraus bestimmte Kammer des Sozialgerichts endgültig. ⁵Vor der Entscheidung ist der ehrenamtliche Richter zu hören.

I. Allgemeines

1. Entstehungsgeschichte. § 21 besteht inhaltlich unverändert in der Fassung vom 3.9.1953. Er wurde zuletzt durch Art. 113 EGStGB vom 2.3.1974 (BGBl. 1974 I 469) redaktionell geändert. 1

2. Parallelvorschriften. Es gelten § 33 VwGO für das verwaltungsgerichtliche, § 30 FGO für das finanzgerichtliche, § 56 GVG für das strafgerichtliche und § 28 ArbGG für das arbeitsgerichtliche Verfahren. Die Entscheidung des Arbeitsrichters ist insoweit im Gegensatz zu den anderen Verfahrensordnungen endgültig. Über § 35 Abs. 2 gilt § 21 ebenfalls für das Verfahren vor dem LSG sowie über § 47 S. 2 vor dem BSG. 2

II. Ordnungsgeld

1. Pflichtverletzung. Nach S. 1 der Vorschrift kann der Kammervorsitzende gegen einen ehrenamtlichen Richter ein Ordnungsgeld verhängen, wenn dieser sich der Erfüllung seiner Pflichten entzieht. Dabei nennt das Gesetz beispielhaft das Nichterscheinen oder das verspätete Erscheinen zu Sitzungen ohne genügende Entschuldigung. In Betracht kommen ferner Pflichtverletzungen, wie die verspätete Mitteilung, dass eine Teilnahme zur Sitzung nicht möglich ist, oder die Störung der Sitzung durch schlechtes Benehmen oder Dazwischenfragen ohne Genehmigung des Vorsitzenden. Ein Vorgehen nach § 21 kommt dann nicht in Betracht, wenn sich das Verhalten des ehrenamtlichen Richters als grobe Pflichtverletzung[1] darstellt. Dann ist eine Amtsenthebung nach § 22 Abs. 1 S. 2 durchzuführen (→ § 22 Rn. 8). 3

2. Rechtsfolge. Die das Ordnungsgeld betreffenden Einzelheiten sind in den Art. 6 ff. EGStGB geregelt. Die Höhe beträgt gem. Art. 6 EGStGB 5 bis 1.000 Euro. Die Vollstreckung erfolgt nach § 200 Abs. 2. Gleichzeitig können dem ehrenamtlichen Richter auch die durch sein Verhalten verursachten Kosten auferlegt werden, wie Kosten für einen Ersatzrichter oder Kosten für die erneute Verhandlung, wenn Ersatz nicht zu beschaffen war. Die Ermessensentscheidung, ob Ordnungsgeld oder Kosten festzusetzen sind, trifft der Vorsitzende allein, wie sich eindeutig aus dem Gesetz ergibt. Die Entscheidung ergeht nach S. 1 durch Beschluss, der nach § 142 Abs. 2, da beschwerdefähig, zu begründen ist.[2] 4

III. Nachträgliche Entschuldigung

Dieser Beschluss ist **gem. S. 2 zwingend** abzuändern oder sogar aufzuheben, wenn sich der ehrenamtliche Richter nachträglich genügend entschuldigt. 5

IV. Beschwerde

Gegen den Beschluss des Vorsitzenden nach S. 1 oder nach S. 2 kann der ehrenamtliche Richter **Beschwerde** erheben (S. 3). Über die Beschwerde entscheidet nach S. 4 die vom Präsidium jedes Geschäftsjahr im Voraus bestimmte Kammer **endgültig**. Vor der Beschwerdeentscheidung ist der ehrenamtliche Richter, schriftlich oder mündlich, zu hören. 6

1 Etwa bei Bestechlichkeit BSG 17.12.2018 – B 1 SF 2/15 S, juris.
2 Breitkreuz/Fichte § 21 Rn. 7.

§ 22 [Amtsenthebung]

(1) [1]Der ehrenamtliche Richter ist von seinem Amt zu entbinden, wenn das Berufungsverfahren fehlerhaft war, wenn das Fehlen einer Voraussetzung für seine Berufung oder der Eintritt eines Ausschließungsgrundes bekannt wird oder wenn er die zur Ausübung seines Amtes erforderlichen geistigen oder körperlichen Fähigkeiten nicht mehr besitzt. [2]Er ist seines Amtes zu entheben, wenn er seine Amtspflichten grob verletzt. [3]Wenn eine Voraussetzung für seine Berufung im Laufe seiner Amtszeit wegfällt, ist er nicht von seinem Amt zu entbinden, es sei denn, eine paritätische Besetzung nach § 12 Absatz 2 bis 4 kann anderenfalls nicht gewährleistet werden; Satz 1 und 2 sowie § 18 Absatz 3 Satz 2 bleiben unberührt. [4]Soweit die Voraussetzungen für eine Amtsentbindung vorliegen, liegt in ihrer Nichtdurchführung kein die Zurückverweisung oder Revision begründender Verfahrensmangel.

(2) [1]Die Entscheidung trifft die vom Präsidium für jedes Geschäftsjahr im Voraus bestimmte Kammer. [2]Vor der Entscheidung ist der ehrenamtliche Richter zu hören. [3]Die Entscheidung ist unanfechtbar.

(3) [1]Die nach Absatz 2 Satz 1 zuständige Kammer kann anordnen, dass der ehrenamtliche Richter bis zur Entscheidung über die Amtsentbindung oder Amtsenthebung nicht heranzuziehen ist. [2]Die Anordnung ist unanfechtbar.

I. Allgemeines

1 **1. Entstehungsgeschichte.** § 22 bestand bis zum 6. SGGÄndG vom 17.8.2001 (BGBl. 2001 I 2144) unverändert in der Fassung vom 23.9.1975. Mit der Änderung differenziert der Gesetzgeber nunmehr zwischen der Amtsentbindung nach Abs. 1 S. 1 und S. 3 und der Amtsenthebung aufgrund grober Pflichtverletzung. Ferner stellt Abs. 1 S. 4 jetzt ausdrücklich klar, dass eine nicht durchgeführte Amtsentbindung kein Zurückverweisungs- bzw. Revisionsgrund ist. Abs. 2 blieb unverändert, während Abs. 3 die einstweilige Anordnung der Nichtheranziehung des ehrenamtlichen Richters während des Amtsentbindungs- oder Amtsenthebungsverfahrens regelt. Mit dem 7. Gesetz zur Änderung des SGB IV ua Gesetze vom 12.6.2020 (BGBl. 2020 I, 1248) hat der Gesetzgeber in Reaktion auf einige Entscheidungen des BSG (→ Rn. 9 ff.) mit Wirkung zum 1.7.2020 die Amtsentbindungsgründe des Abs. 1 S. 1 um Verlust der körperlichen und geistigen Fähigkeit für die weitere Ausübung der Tätigkeit erweitert. Gleichzeitig wurde S. 3 geändert, so dass nunmehr eine Amtsentbindung bei einem Wegfall von Voraussetzungen nach Berufung nicht mehr vorzunehmen ist, wobei hiervon die Gründe in S. 1 und 2 sowie der Wegzug nach § 18 Abs. 3 S. 2 ausgenommen sind.

2. Parallelvorschriften. § 24 VwGO und § 21 FGO regeln die Amtsentbindung im verwaltungsgerichtlichen und finanzgerichtlichen Verfahren. Dabei treffen sie keine Differenzierung zwischen Entbindung und Enthebung. Ebenso wie § 22 nF differenziert das ArbGG: § 21 Abs. 5 regelt die Amtsentbindung, § 27 regelt die Amtsenthebung. § 52 GVG regelt die Streichung von der Schöffenliste, wobei eine Streichung wegen grober Pflichtverletzung nicht geregelt ist; § 54 GVG regelt die Entbindung des Schöffen von einzelnen Sitzungstagen. Auch § 59 Abs. 2 und Abs. 3 SGB IV sehen für die Entlassung von Mitgliedern der Selbstverwaltungsorgane die Amtsentbindung einerseits und die Enthebung bei grober Amtspflichtverletzung andererseits vor. 2

II. Zwingende Amtsentbindung nach S. 1

Nach Abs. 1 S. 1 ist der ehrenamtliche Richter von seinem Amt zu entbinden, wenn das Berufungsverfahren fehlerhaft war, oder wenn bekannt wird, dass eine Voraussetzung für seine Berufung fehlt oder dass ein Ausschließungsgrund eintritt. Die Vorschrift wurde durch das 6. SGGÄndG wesentlich geändert. Während Abs. 1 aF nur die sog Amtsenthebung kannte, differenziert das Gesetz nunmehr zwischen der zwingenden Amtsentbindung bei Vorliegen einer der in S. 1 genannten Voraussetzungen, der zwingenden Amtsenthebung bei grober Pflichtverletzung nach S. 2 und der grundsätzlich nicht vorzunehmenden Amtsentbindung bei späterem Wegfall einer Voraussetzung für die Berufung nach S. 3.[1] Diese Differenzierung hat vor allem den Vorteil, dass sich der ehrenamtliche Richter im Falle der Amtsentbindung nicht mehr verletzt fühlen muss, da dieser Begriff anders als der Begriff der Amtsenthebung nicht impliziert, dass ein Verschulden des ehrenamtlichen Richters vorliegt.[2] 3

1. Fehlerhaftes Berufungsverfahren. Eine Entbindung vom Amte ist durchzuführen, wenn das **Berufungsverfahren fehlerhaft** war. In Betracht kommt insoweit vor allem ein Verstoß gegen die **§§ 13 und 14**, die das Berufungsverfahren regeln. Dabei liegt nach dem BSG ein Verstoß gegen § 14 Abs. 1 nicht vor, wenn die Vorschlagsliste nicht die anderthalbfache Anzahl der Höchstzahl der benötigten ehrenamtlichen Richter umfasst.[3] Angesichts der Aufhebung von § 14 Abs. 1 hat sich der Streit hierüber aber erübrigt. Es ist insoweit zu begrüßen, dass der Gesetzgeber das fehlerhafte Berufungsverfahren nunmehr als Entbindungsgrund ausdrücklich erwähnt. Damit hat er anschließend an die erwähnte Entscheidung des BSG, die das fehlerhafte Verfahren noch unter die Formulierung des Fehlens einer Berufungsvoraussetzung subsumieren musste, klargestellt, dass auch bei derartigen Verfahrensverstößen eine Amtsentbindung möglich ist. Ein solcher **Verstoß dürfte vorliegen**, wenn der ehrenamtliche Richter **unter Überschreitung der Höchstzahl** berufen wird.[4] 4

2. Fehlen einer Voraussetzung für die Berufung. Die Entbindung ist ferner vorzunehmen, wenn das Fehlen einer Voraussetzung für die Berufung bekannt wird. Diese Regelung entspricht § 22 Abs. 1 (1. Alt) aF Demnach ist der ehrenamtliche Richter von seinem Amt zu entbinden, wenn er die Voraussetzungen 5

---

1 BT-Drs. 14/5943, 23 zu Nr. 12.
2 Kummer SGb 2001, 705 (708).
3 BSG 26.9.1985 – B 1 S 12/85, SozR 1500 § 22 Nr. 1.
4 SG Hannover 4.9.1987 – S 19 S 28/87, Breith. 1988, 346 f.

des § 16 nicht erfüllt, etwa weil er kein Deutscher ist oder die Versicherten- oder Arbeitgebereigenschaft nicht hat.

6 **3. Bekanntwerden eines Ausschließungsgrundes oder fehlende körperliche oder geistige Fähigkeiten.** Weiterer Grund für eine Amtsentbindung ist das **Bekanntwerden eines Ausschließungsgrundes.** Damit verweist die Regelung direkt auf **§ 17,** der die Ausschließungsgründe im SGG regelt (→ § 17 Rn. 3 ff.). Eine zwingende Amtsentbindung dürfte aber nur bei den **zwingenden Gründen** in Betracht kommen, **nicht** aber bei der **Sollvorschrift des § 17 Abs. 1 S. 2** im Hinblick auf den Vermögensverfall. Neu ist die zwingende Amtsentbindung, wenn der ehrenamtliche Richter die erforderlichen geistigen oder körperlichen Fähigkeiten nicht mehr besitzt, eine sinnvolle Regelung, da § 16 keine Altersgrenze vorsieht.

7 Dabei ist die Amtsentbindung bei Vorliegen einer der genannten Voraussetzungen **zwingend** und **von Amts wegen** vorzunehmen. Eines besonderen Antrags bedarf es hierfür nicht. Es reicht aus, dass die nach Abs. 2 zuständige Kammer von dem möglichen Vorliegen eines Entbindungsgrundes Kenntnis erhält.[5] Das BSG folgert dies aus der Formulierung des Gesetzes („bekannt wird"). Obgleich sich diese Formulierung nach der Satzstellung nunmehr nur auf die letzten beiden Gründe beziehen dürfte, muss aber auch für das fehlerhafte Berufungsverfahren das Gleiche gelten.[6]

III. Amtsenthebung nach S. 2

8 Nach S. 2 ist zwingend eine Amtsenthebung des ehrenamtlichen Richters durchzuführen, wenn er seine Amtspflichten grob verletzt hat. Eine grobe Pflichtverletzung liegt beispielsweise vor, wenn er das Beratungsgeheimnis in nicht bloß unerheblichen Maße verletzt. Ferner dürfte eine solche vorliegen, wenn der ehrenamtliche Richter eine Rechtsbeugung versucht oder trotz Verhängens eines Ordnungsgeldes nach wie vor unentschuldigt nicht zu Sitzungen erscheint. Unter die grobe Pflichtverletzung ist auch zu fassen, wenn er sich **weigert, ein Votum abzugeben,** denn dies ist seine ureigenste Pflicht.[7] Eine grobe Pflichtverletzung kann nach herrschender Meinung nicht nur im Rahmen der Sitzungstätigkeit des ehrenamtlichen Richters vorliegen, sondern auch dann, wenn durch außergerichtliches Verhalten das Vertrauen in die Integrität des Richters erschüttert wird. Die Rechtsprechung hat dies bislang nur in zwei Fällen, bei Erteilung von rechtlichen Auskünften in sozialrechtlichen Fragen unter Hinweis auf die Tätigkeit als ehrenamtlicher Richter[8] und bei Bestechlichkeit,[9] angenommen. Weiterhin in Betracht käme etwa Trunksucht oder entwürdigendes Verhalten in der Öffentlichkeit oder Verbreitung von Hassbotschaften gegen Ausländer im Internet.[10]

5 BSG 26.9.1985 – 1 S 12/85, SozR 1500 § 22 Nr. 1.
6 Ebenso BSG 26.9.1985 – 1 S 12/85, SozR 1500 § 22 Nr. 1, das aber den Verstoß gegen die §§ 13, 14 noch unter das Fehlen einer Berufungsvoraussetzung fasste.
7 AA OVG NRW, NVwZ 1987, 233, welches der Auffassung ist, dass hier zunächst ein Ordnungsgeld festzusetzen ist.
8 Peters/Sautter/Wolff § 22 Rn. 29.
9 BSG 17.12.2018 – B 1 SF 2/15 S, juris.
10 Meyer-Ladewig/Keller/Leitherer/Schmidt § 22 Rn. 7.

IV. Keine Amtsentbindung nach Wegfall der Berufungsvoraussetzungen

Bis zum 30.6.2020 konnte der ehrenamtliche Richter nach S. 3 seines Amtes entbunden werden, wenn eine Voraussetzung für seine Berufung im Laufe seiner Amtszeit wegfiel. Seit 1.7.2020 ist eine solche nur vorzunehmen, wenn die Voraussetzungen des S. 1, S. 2, ein Wegzug aus dem Gerichtsbezirk nach § 18 Abs. 3 S. 2 oder eine Verletzung der paritätischen Besetzung nach § 12 Abs. 2 bis 4 eintritt. Dass die Regelung sich nur auf die in § 16 genannten Tatbeständen bezieht, ergibt sich eindeutig aus dem Wortlaut, denn sie spricht im Gegensatz zu S. 1 nur vom Wegfall der Berufungsvoraussetzungen, während **S. 1** bei Eintritt eines Ausschließungsgrundes nach § 17 eine zwingende Entbindung fordert.[11] Dabei dürfte bei Wegzug des ehrenamtlichen Richters aus dem Gerichtsbezirk das Entlassungsverfahren nach § 18 Abs. 3 S. 2 dem Amtsentbindungsverfahren vorrangig sein, dieses aber nicht ausschließen (→ § 18 Rn. 12). 9

V. Unterbliebene Amtsentbindung kein Verfahrensmangel

S. 4 stellt klar, dass eine nicht durchgeführte Amtsentbindung **keinen Verfahrensmangel** darstellt, der die Zurückverweisung oder die Revision begründet. Diese Neueinfügung geht auf die Entscheidung des 1. Senats des BSG aus dem Jahr 1992 zurück, der unter Aufgabe der bisherigen Rechtsprechung des 11. Senats[12] entschied, dass die Entscheidung über die Amtsenthebung – zumindest bei Wegfall einer Berufungsvoraussetzung – konstitutiv,[13] und der ehrenamtliche Richter bis zu dieser Entscheidung zu Sitzungen heranzuziehen sei. Folgerichtig sei dessen Mitwirkung auch kein Verfahrensfehler.[14] Dieser Rechtsprechung schloss sich denn auch der 11. Senat an.[15] 10

VI. Zuständigkeit und Verfahren

Nach Abs. 2 trifft die Entscheidung über die Amtsentbindung oder die Amtsenthebung die vom Präsidium für jedes Geschäftsjahr im Voraus bestimmte Kammer. Die Entscheidung ergeht **von Amts wegen**, ein besonderer Antrag ist nicht erforderlich, es reicht aus, wenn der Kammer die Tatsachen bekannt werden, die zu einer Entlassung des ehrenamtlichen Richters berechtigen können. Dies ergibt sich aus dem Wortlaut nach Abs. 1 S. 1 nur für das Fehlen einer Berufungsvoraussetzung und den Eintritt eines Ausschließungsgrundes, dies muss aber nach der Entscheidung des BSG vom 26.9.1985[16] auch für die anderen Tatbestände des Abs. 1 gelten. Nachdem es sich bei der Entscheidung nach Abs. 2 nicht um ein Urteil handelt, ergeht sie **durch Beschluss**. Der Beschluss **kann ohne mündliche Verhandlung** ergehen (§ 124 Abs. 3). Vor der Entscheidung ist der **ehrenamtliche Richter mündlich oder schriftlich zu hören** (S. 2). Die Entscheidung ist nach Abs. 2 S. 3 **unanfechtbar.** 11

---

11 Anders wohl SG Leipzig 23.1.2010 – S 1 SF 11/10 ERI, juris, welches bei Ernennung zum Berufsrichter einen Ausschlussgrund iS des nicht abschließenden § 17 annimmt, insoweit aber die fakultative Amtsentbindung anwendet.
12 BSG 23.3.1965 – 11 RA 64/64, BSGE 23, 26 (28 f.).
13 SG München 19.4.2017 – S 46 SF 151/17 ERI, juris.
14 BSG 18.8.1992 – 1 S 8/92, SozR 3-1500 § 22 Nr. 1.
15 BSG 29.7.1992 – 11 S 13/92.
16 BSG 26.9.1985 – B 1 S 12/85, SozR 1500 § 22 Nr. 1.

VII. Einstweilige Anordnung

12 Der neu eingefügte Abs. 3 ermöglicht es der in Abs. 2 genannten Kammer anzuordnen, dass ein ehrenamtlicher Richter bis zur Entscheidung über die Amtsentbindung oder Amtsenthebung nicht herangezogen wird. Diese Entscheidung ergeht ebenfalls **durch Beschluss** und ist auch **nicht anfechtbar** (S. 2). Diese **vorläufige Regelung** steht im **Ermessen** des Gerichts. Die Anordnung darf aber wohl nur dann ergehen, wenn nach summarischer Prüfung die Voraussetzungen der Entbindung oder Enthebung erfüllt sind.[17]

§ 23 [Ausschuss der ehrenamtlichen Richter]

(1) [1]Bei jedem Sozialgericht wird ein Ausschuss der ehrenamtlichen Richter gebildet. [2]Die Kreise der ehrenamtlichen Richter, die in den bei dem Sozialgericht gebildeten Fachkammern vertreten sind, wählen jeweils aus ihrer Mitte ein Mitglied in den Ausschuss. [3]Das Wahlverfahren legt der bestehende Ausschuss fest. [4]Der Ausschuss tagt unter der Leitung des aufsichtführenden oder, wenn ein solcher nicht vorhanden oder verhindert ist, des dienstältesten Vorsitzenden des Sozialgerichts.

(2) [1]Der Ausschuss ist vor der Bildung von Kammern, vor der Geschäftsverteilung, vor der Verteilung der ehrenamtlichen Richter auf die Kammern und vor Aufstellung der Listen über die Heranziehung der ehrenamtlichen Richter zu den Sitzungen mündlich, schriftlich oder elektronisch zu hören. [2]Er kann dem Vorsitzenden des Sozialgerichts und den die Verwaltung und Dienstaufsicht führenden Stellen Wünsche der ehrenamtlichen Richter übermitteln.

I. Allgemeines

1 **1. Entstehungsgeschichte.** § 23 bestand bis zum 8. SGGÄndG unverändert in der Fassung vom 3.9.1953. Mit Gesetz vom 22.3.2005 (BGBl. 2005 I 837) wurde mit Wirkung zum 1.4.2005 lediglich in Abs. 2 S. 1 um die Möglichkeit der elektronischen Anhörung ergänzt. Durch das 8. SGGÄndG vom 26.3.2008 (BGBl. 2008 I 444) wurde die bisher feste Zahl von sechs Mitgliedern dahin gehend geändert, dass nunmehr die Anzahl der Mitglieder variabel ist.[1] Durch das Vierte Gesetz zur Änderung des Vierten Buches Sozialgesetzbuch und anderer Gesetze vom 22.12.2011 (BGBl. 2011 I 3057) wurde Absatz 1 sprachlich geändert.

2 **2. Parallelvorschriften.** Neben der Sozialgerichtsbarkeit kennt einzig die Arbeitsgerichtsbarkeit einen Ausschuss der ehrenamtlichen Richter, der in den §§ 29 und 38 ArbGG geregelt ist. Gem. § 35 Abs. 1 S. 2 ist ein solcher Ausschuss auch beim LSG und nach § 47 S. 2 beim BSG zu errichten.

---

17 Vgl. SG München 22.12.2016 – S 46 SF 550/16 ERI, juris.
1 BT-Drs. 16/7716, 18 zu Nr. 7 a.

II. Ausschuss der ehrenamtlichen Richter

Nach Abs. 1 S. 1 ist bei jedem SG ein Ausschuss der ehrenamtlichen Richter zu bilden. Aus S. 2 lässt sich entnehmen, dass dieser nicht mehr wie zuvor aus sechs ehrenamtlichen Richtern besteht, sondern aus **je einem ehrenamtlichen Richter aus den Kreisen der ehrenamtlichen Richter, die in den bei dem Sozialgericht gebildeten Fachkammern** vertreten sind. Dies soll nach dem Willen des Gesetzgebers wohl so verstanden werden, dass aufgrund der erweiterten Zuständigkeit der Sozialgerichte in Angelegenheiten der Grundsicherung für Arbeitsuchende, der Sozialhilfe und des Asylbewerberleistungsgesetzes der Mitgliederkreis vergrößert werden, dieser aber wegen § 10 Abs. 3 variabel gehalten werden soll.[2] Demnach müsste der Ausschuss (bei Vorliegen einer Kammer für Knappschaftssachen und einer für Kassenarztsachen) insgesamt aus dreizehn Mitgliedern bestehen (aus je zwei ehrenamtlichen Richtern bei paritätischen Besetzungsgebieten, wie Sozialversicherung, Arbeitsförderung, sozialem Entschädigungsrecht, Grundsicherung für Arbeitsuchende, Knappschaft und Kassenarztrecht, sowie einem Mitglied bei der Sozialhilfe). Befriedigen kann diese Neuregelung aber nicht, da aus der Formulierung des Gesetzes die Anzahl der Mitglieder nicht ohne Weiteres bestimmt werden kann. Die Festlegung einer genauen Zahl, zB acht, wäre wesentlich praktikabler gewesen. Zumindest hat der Gesetzgeber mit der Umformulierung von S. 2 mit Wirkung zum 1.1.2012 erreicht, dass nun klar ist, dass das Ausschussmitglied dem jeweiligen Kreis angehören muss. Nach S. 3 legt das Wahlverfahren der schon bestehende Ausschuss fest. Der Ausschuss tagt nach S. 4 unter der Leitung des aufsichtführenden Richters oder, falls dieser nicht vorhanden oder verhindert ist, unter der Aufsicht des dienstältesten Richters. 3

§ 23 sagt nichts dazu, wie die Wahl durchzuführen ist. Dies ist nach dem Willen des Gesetzgebers seit dem 8. SGGÄndG, in Kraft ab dem 1.4.2008, vom bereits bestehenden Ausschuss zu regeln, dieses Wahlverfahren muss aber demokratischen Grundsätzen genügen.[3] Den Vorsitz führt der Präsident oder Direktor des SG als aufsichtführender Richter. Im Falle, dass diese Position nicht besetzt ist, oder dass er verhindert ist, führt den Vorsitz der dienstälteste Richter am SG.[4] Die Bestimmung des Dienstalters richtet sich nach § 30 DRiG. Die Amtsperiode des Ausschusses beträgt fünf Jahre, da er der Amtsdauer der ehrenamtlichen Richter nach § 13 Abs. 1 entspricht.[5] 4

III. Aufgaben des Ausschusses

Abs. 2 regelt die Mitbestimmungsrechte des Ausschusses. Er hat nach S. 1 ein **Anhörungsrecht** vor der Bildung der Kammern, vor der Geschäftsverteilung, vor der Verteilung der ehrenamtlichen Richter auf die Kammern und vor der Aufstellung der Listen über die Heranziehung der ehrenamtlichen Richter zu den Sitzungen. Die Anhörung ist zwingend vorgeschrieben, ihre Unterlassung hat aber keine prozessualen Folgen.[6] So kann die Geschäftsverteilung nicht mit die- 5

2 BT-Drs. 16/7716, 18 Nr. 7 a.
3 BayLSG 31.1.1963 – L 1/R 2/06, Breith. 1963, 543.
4 HM Meyer-Ladewig/Keller/Leitherer/Schmidt § 23 Rn. 4.
5 Meyer-Ladewig/Keller/Leitherer/Schmidt § 23 Rn. 2 b.
6 Zeihe § 23 Rn. 14 b; Meyer-Ladewig/Keller/Leitherer/Schmidt § 23 Rn. 5; aA Jansen § 23 Rn. 4.

ser Begründung angefochten werden.[7] Er ist nicht bei der Verteilung der Berufsrichter auf die Kammern zu hören.[8]

6 Nach S. 2 hat der Ausschuss ein Anregungsrecht in Angelegenheiten, welche die ehrenamtlichen Richter betreffen. So kann er dem Präsidenten etwa Wünsche der ehrenamtlichen Richter in Bezug auf bestimmte Rechtsgebiete übermitteln.

§ 24 (weggefallen)

1 Die Vorschrift wurde durch das Gesetz zur Änderung der Bezeichnungen der Richter und ehrenamtlichen Richter und der Präsidialverfassung der Gerichte vom 26.5.1972 (BGBl. 1972 I 841) aufgehoben.

Sie regelte die Bildung des Präsidiums beim SG und wird nun über § 6 durch §§ 21 a bis d sowie § 21 i GVG (abgedruckt bei → § 6 Rn. 3) ersetzt.

§ 25 (weggefallen)

1 § 25 wurde ebenfalls durch das bei § 24 genannte Gesetz vom 26.5.1972 aufgehoben. Die Vorschrift regelte die Geschäftsverteilung. Diese Regelung treffen über § 6 nunmehr die §§ 21 e bis 21 g GVG (abgedruckt bei → § 6 Rn. 3).

§ 26 (weggefallen)

1 Auch § 26 wurde durch Gesetz vom 26.5.1972 aufgehoben. Er betraf die Zuteilung der ehrenamtlichen Richter. Dies ist nunmehr durch § 6 Nr. 1 (s. § 6) geregelt.

§ 27 [Vertretung der Vorsitzenden]

(1), (2) (weggefallen)

(3) Wenn die Vertretung eines Vorsitzenden nicht durch einen Berufsrichter desselben Gerichts möglich ist, wird sie auf Antrag des Präsidiums durch die Landesregierung oder die von ihr beauftragte Stelle geregelt.

I. Allgemeines

1 **1. Entstehungsgeschichte.** Die ersten beiden Absätze der Vorschrift wurden durch das Gesetz zur Änderung der Bezeichnungen der Richter und ehrenamtlichen Richter und der Präsidialverfassungen der Gerichte vom 26.5.1972 aufgehoben. Abs. 3 besteht unverändert in der Fassung vom 3.9.1953. Die beiden aufgehobenen ersten Absätze regelten die Vertretung des aufsichtsführenden Richters. Über § 6 findet insoweit nunmehr **§ 21 h GVG** Anwendung (bei → § 6 Rn. 3 abgedruckt).

7 Meyer-Ladewig/Keller/Leitherer/Schmidt § 23 Rn. 5.
8 GK/Bley § 23 Anm. 6 b.

Demnach wird der Präsident oder aufsichtsführende Richter von seinem ständigen Vertreter vertreten, soweit es sich um Geschäfte handelt, die nicht durch das Präsidium zu verteilen sind. Gibt es mehrere ständige Vertreter, so hat der Dienstälteste, bei gleichem Dienstalter der Lebensälteste die Vertretung inne. Die gleiche Reihenfolge gilt auch, wenn kein ständiger Vertreter bestimmt ist, oder dieser verhindert ist. 2

2. Parallelvorschriften. § 70 GVG trifft die gleiche Regelung wie Abs. 3. Da § 70 GVG über § 202 Anwendung fände, wäre es an und für sich nicht notwendig gewesen, Abs. 3 bestehen zu lassen.[1] 3

II. Vertretung des Vorsitzenden

Nach Abs. 3 ist die Vertretung eines Vorsitzenden von der Landesregierung oder der von ihr beauftragten Stelle zu regeln, wenn dessen Vertretung nicht durch einen Berufsrichter desselben Gerichts möglich ist. Der Antrag hierzu ist **vom Präsidium**, nicht vom Präsidenten allein zu stellen. Die Regelung nach Abs. 3 ist nur möglich, wenn es sich um einen vorübergehenden Bedarf handelt, nicht um eine dauerhafte Geschäftsbelastung.[2] 4

Dritter Abschnitt Landessozialgerichte

§ 28 [Errichtung, Sitz]

(1) [1]Die Landessozialgerichte werden als Landesgerichte errichtet. [2]Die Errichtung und Aufhebung eines Gerichts und die Verlegung eines Gerichtssitzes werden durch Gesetz angeordnet. [3]Änderungen in der Abgrenzung der Gerichtsbezirke können auch durch Rechtsverordnung bestimmt werden. [4]Die Landesregierung oder die von ihr beauftragte Stelle kann anordnen, daß außerhalb des Sitzes des Landessozialgerichts Zweigstellen errichtet werden.
(2) Mehrere Länder können ein gemeinsames Landessozialgericht errichten.

I. Allgemeines

Die Regelung führt die Organisationsnorm des § 2 für die Landessozialgerichte aus wie § 7 für die Sozialgerichte. Abs. 1 Satz 4 der Vorschrift hat das Gesetz vom 13.6.1994 (BGBl. 1994 I 1229, 1251) angefügt. Das beruht auf einem Vorschlag des Vermittlungsausschusses.[1] 1

II. Landessozialgericht – Abs. 1

Im Anschluss an § 2 regelt Satz 1 in Ausübung der Gesetzgebungskompetenz aus Art. 74 Abs. 1 Nr. 1 GG, dass Landessozialgerichte als (oberste)[2] Landesgerichte errichtet werden. Ihre Errichtung und Aufhebung sowie die Verlegung des Gerichtssitzes sind nur durch **formelles (Landes-)Gesetz** möglich. Nach Satz 4 kann ein Land seit dem 19.6.1994 **Zweigstellen** eines LSG durch Rechtsverordnung errichten. Damit ist gleichzeitig die früher streitige Frage in dem Sinn entschieden, dass in einem Bundesland kein zweites und erst recht kein weiters LSG er- 2

1 Meyer-Ladewig/Keller/Leitherer/Schmidt § 27 Rn. 1.
2 Meyer-Ladewig/Keller/Leitherer/Schmidt § 27 Rn. 2.
1 BT-Drs. 12/7324.
2 BayVGH 21.4.1995 – 20 N 94.2808, NZS 1995, 332, juris Rn. 22.

richtet werden darf (vgl. auch → § 2 Rn. 3).[3] S. 3 hat spätestens durch diese Neuregelung als lex posterior seine Bedeutung verloren, da das eine LSG auch nur einen einzigen „Gerichtsbezirk" haben kann. Auf mögliche Bedenken gegen die in Abs. 1 Satz 3 vorgesehene Änderung in der Abgrenzung von **Gerichtsbezirken** durch Rechtsverordnung[4] im Blick auf Art. 97, 101 Abs. 1 Satz 2 GG[5] kommt es damit nicht mehr an. Der Gesetzgeber stellt auf diese Weise (wenn auch „im Rahmen des Möglichen" begrenzt) sicher, dass über Landessozialrecht einheitlich letztinstanzlich befunden (vgl. § 162) und für den einheitlichen Vollzug von Bundesrecht auf Landesebene gesorgt wird.[6] Das Verbot darf auch im Verordnungswege nicht materiell durch die Errichtung einer „Zweigstelle" umgangen werden, die der Sache nach der Errichtung eines zweiten Landessozialgerichts gleich kommt. Die „Zweigstelle" muss vielmehr iS der Einheit der Rechtsprechung und zur Aufrechterhaltung der Funktionsfähigkeit des Gesamtgerichts stets mit weniger Senaten ausgestattet sein als die Hauptstelle. Der auf die Festlegung der Zahl der an der Zweigstelle zu bildenden Senate beschränkte Abs. 1 Satz 4[7] tangiert § 21 e Abs. 1 Satz 1 GVG nicht (→ § 7 Rn. 4).[8] Da dem Verordnungsgeber die Festlegung eines eigenen „Gerichtsbezirks" der Zweigstelle ebenso wie die Zuweisung bestimmter Rechtsgebiete an die Zweigstelle verboten sind, bleibt die Freiheit des Präsidiums, als Kernbereich seiner Zuständigkeit, die personelle und sachliche Geschäftsverteilung für das gesamte Gericht zu regeln, unangetastet.[9] Weist das Präsidium erstinstanzielle Sozialgerichtsbezirke an eine Zweigstelle des Landessozialgerichts zu, handelt es sich dabei nicht um eine Änderung der Grenzen des Landessozialgerichtsbezirks. Die Zweigstelle bleibt rechtlich und organisatorisch Bestandteil des Stammgerichts, sodass es zu keiner Zuständigkeitsbegründung für ein neues Gericht kommt.[10] Auch handelt es sich bei der Zuweisung an einen Spruchkörper der Zweigstelle durch das Präsidium um einen bloßen Ortswechsel und nicht um eine Versetzung in ein anderes Amt im Sinne von Art. 97 Abs. 2 Satz 1 GG, also an eine andere konkrete Richterstelle im Sinn von § 27 DRiG.[11] Weiterhin zulässig bleibt die Bildung **auswärtiger Senate** durch Anordnung der Justizverwaltung nach § 202 iVm § 116 Abs. 2 GVG, weil diese keine Zweigstellen sind.[12] Die Zuteilung eines Richters dorthin stellt erst recht keine Versetzung dar.[13]

III. Gemeinsames Landessozialgericht – Abs. 2

3 Durch länderübergreifende Vereinbarungen (Staatsverträge) können mehrere Länder ein **gemeinsames LSG** errichten (Abs. 2). Auch hier gilt auf Landesebene

3 BayVGH 21.4.1995 – 20 N 94.2808, NZS 1995, 332, juris Rn. 24 f.
4 Keller in Meyer-Ladewig/Keller/Leitherer/Schmidt § 7 Rn. 3 mwN.
5 BVerfG 10.6.1953 – 1 BvF 1/53, E 2, 307 (316).
6 BayVGH 21.4.1995 – 20 N 94.2808, NZS 1995, 332, juris Rn. 25.
7 BayVGH 21.4.1995 – 20 N 94.2808, NZS 1995, 332, Leitsatz 1.
8 Keller in Meyer-Ladewig/Keller/Leitherer/Schmidt, 13. Aufl. 2020, § 28 Rn. 3 c. Ausdrücklich anders allerdings BayVGH 21.4.1995 – 20 N 94.2808, NZS 1995, 332, juris Rn. 33.
9 BayVGH 21.4.1995 – 20 N 94.2808, NZS 1995, 332, juris Rn. 25.8 ff.
10 BayVGH 21.4.1995 – 20 N 94.2808, NZS 1995, 332, juris Rn. 31.
11 BayVGH 21.4.1995 – 20 N 94.1995, NZS 1995, 332, juris Rn. 18; insofern noch zweifelnd BayVGH 26.9.1994 – 20 NE 94.2811, BayVBl 1995, 20, juris Rn. 19.
12 Keller in Meyer-Ladewig/Keller/Leitherer/Schmidt § 28 Rn. 2 c; Peters/Sautter/Wolff § 28 Rn. 3.
13 BayVGH 21.4.1995 – 20 N 94.1995, NZS 1995, 332, juris Rn. 18.

der Gesetzesvorbehalt des Abs. 1 Satz 2. Die Länder Berlin und Brandenburg sowie Niedersachsen und Bremen haben von dieser Möglichkeit Gebrauch gemacht. Das gemeinsame LSG Niedersachsen-Bremen mit Sitz in Celle und Zweigstelle in Bremen wurde zum 1.4.2002 (Staatsvertrag vom 10.12.2001 – Nds GVBl 2002, 69), das LSG Berlin-Brandenburg mit Wirkung ab 1.7.2005 errichtet (GVBl Berlin 2004, 380).

§ 29 [Funktionelle, sachliche und örtliche Zuständigkeit]

(1) Die Landessozialgerichte entscheiden im zweiten Rechtszug über die Berufung gegen die Urteile und die Beschwerden gegen andere Entscheidungen der Sozialgerichte.

(2) Die Landessozialgerichte entscheiden im ersten Rechtszug über

1. **Klagen gegen Entscheidungen der Landesschiedsämter sowie der sektorenübergreifenden Schiedsgremien auf Landesebene und gegen Beanstandungen von Entscheidungen der Landesschiedsämter und der sektorenübergreifenden Schiedsgremien auf Landesebene nach dem Fünften Buch Sozialgesetzbuch, gegen Entscheidungen der Schiedsstellen nach § 120 Absatz 4 des Fünften Buches Sozialgesetzbuch, der Schiedsstellen nach § 133 des Neunten Buches Sozialgesetzbuch, der Schiedsstelle nach § 76 des Elften Buches Sozialgesetzbuch und der Schiedsstellen nach § 81 des Zwölften Buches Sozialgesetzbuch,**
2. **Aufsichtsangelegenheiten gegenüber Trägern der Sozialversicherung und ihren Verbänden, gegenüber den Kassenärztlichen und Kassenzahnärztlichen Vereinigungen sowie der Kassenärztlichen und Kassenzahnärztlichen Bundesvereinigung, bei denen die Aufsicht von einer Landes- oder Bundesbehörde ausgeübt wird,**
3. **Klagen in Angelegenheiten der Erstattung von Aufwendungen nach § 6 b des Zweiten Buches Sozialgesetzbuch,**
4. **Anträge nach § 55 a,**
5. **Streitigkeiten nach § 4 a Absatz 7 des Fünften Buches Sozialgesetzbuch.**

(3) Das Landessozialgericht Nordrhein-Westfalen entscheidet im ersten Rechtszug über

1. **Streitigkeiten zwischen gesetzlichen Krankenkassen untereinander betreffend den Risikostrukturausgleich sowie zwischen gesetzlichen Krankenkassen oder ihren Verbänden und dem Bundesamt für Soziale Sicherung betreffend den Risikostrukturausgleich, die Anerkennung von strukturierten Behandlungsprogrammen und die Verwaltung des Gesundheitsfonds,**
2. **Streitigkeiten betreffend den Finanzausgleich der gesetzlichen Pflegeversicherung,**
3. **Streitigkeiten betreffend den Ausgleich unter den gewerblichen Berufsgenossenschaften nach dem Siebten Buch Sozialgesetzbuch,**
4. **Streitigkeiten über Entscheidungen des Bundeskartellamts, die die freiwillige Vereinigung von Krankenkassen nach § 172 a des Fünften Buches Sozialgesetzbuch betreffen.**

(4) Das Landessozialgericht Berlin-Brandenburg entscheidet im ersten Rechtszug über

1. **Klagen gegen die Entscheidung der Bundesschiedsämter nach § 89 Absatz 2 des Fünften Buches Sozialgesetzbuch, des weiteren Schiedsamtes auf Bun-**

desebene nach § 89 Absatz 12 des Fünften Buches Sozialgesetzbuch, des sektorenübergreifenden Schiedsgremiums auf Bundesebene nach § 89 a des Fünften Buches Sozialgesetzbuch sowie der erweiterten Bewertungsausschüsse nach § 87 Abs. 4 des Fünften Buches Sozialgesetzbuch, soweit die Klagen von den Einrichtungen erhoben werden, die diese Gremien bilden,

2. Klagen gegen Entscheidungen des Bundesministeriums für Gesundheit nach § 87 Abs. 6 des Fünften Buches Sozialgesetzbuch gegenüber den Bewertungsausschüssen und den erweiterten Bewertungsausschüssen sowie gegen Beanstandungen des Bundesministeriums für Gesundheit gegenüber den Bundesschiedsämtern und dem sektorenübergreifenden Schiedsgremium auf Bundesebene,

3. Klagen gegen Entscheidungen und Richtlinien des Gemeinsamen Bundesausschusses (§§ 91, 92 des Fünften Buches Sozialgesetzbuch), Klagen in Aufsichtsangelegenheiten gegenüber dem Gemeinsamen Bundesausschuss, Klagen gegen die Festsetzung von Festbeträgen durch die Spitzenverbände der Krankenkassen oder den Spitzenverband Bund der Krankenkassen, Klagen gegen Entscheidungen der Schiedsstellen nach den §§ 129 und 130 b des Fünften Buches Sozialgesetzbuch sowie Klagen gegen Entscheidungen des Schlichtungsausschusses Bund nach § 19 des Krankenhausfinanzierungsgesetzes in der Fassung der Bekanntmachung vom 10. April 1991 (BGBl. I S. 886), das zuletzt durch Artikel 3 des Gesetzes vom 14. Dezember 2019 (BGBl. I S. 2789) geändert worden ist.

I. Allgemeines

1 Die Vorschrift regelte ursprünglich allein die **funktionelle Zuständigkeit** der Landessozialgerichte. Vergleichbare Regelungen finden sich in § 46 VwGO, § 119 GVG. Der Abs. 1 gilt (als früher einziger Text) seit Inkrafttreten des SGG (→ § 1 Rn. 1) und kennzeichnet die Landessozialgerichte als Gerichte des zweiten Rechtszuges sowie mittelbar als Tatsachengerichte (§ 153 Abs. 1, 92). Die Abs. 2 bis 4 hat ursprünglich das Gesetz zur Änderung des SGG und ArbGG vom 26.3.2008 (BGBl. 2008 I 444) angefügt. Abs. 2 begründet ab 1.4.2008 die erstinstanzlichen (sachlichen) Zuständigkeiten der Landessozialgerichte allgemein bei Klagen gegen Entscheidungen von Landesschiedsämtern bzw. Schiedsstellen, Erstattungsstreitigkeiten wegen Aufwendungen zur Grundsicherung von Arbeitslosen sowie Normenkontrollanträgen. Durch Art. 4 Nr. 1 Terminservice- und Versorgungsgesetz v. 6.5.2019[1] wurden mWv 11.5.2019 in Abs. 2 Nr. 1 die Wörter „sowie der sektorenübergreifenden Schiedsgremien auf Landesebene" und „und der sektorenübergreifenden Schiedsgremien auf Landesebene" eingefügt. MWz 1.1.2020 wurde außerdem die Angabe 80 durch die Angabe 81 ersetzt.[2] Schließlich wurden in Abs. 2 Nr. 1 durch Art. 10 Nr. 3 Buchst. a) des Siebten Gesetzes zur Änderung des Vierten Buches Sozialgesetzbuch und anderer Gesetze v. 12.6.2020[3] mWv 24.6.2020 die Wörter „nach § 120 Abs. 4 des Fünften Buches Sozialgesetzbuch," durch die Wörter „nach § 120 Absatz 4 des Fünften Buches Sozialgesetzbuch, der Schiedsstellen nach § 133 des Neunten Buches Sozialgesetzbuch," ersetzt. Das Gesetz zur Ermittlung von Regelbedarf und zur Änderung des Zweiten und Zwölften Sozialgesetzbuchs (EGRBEG) vom 24.3.2011 (BGBl. 2011 I 453) hat mit Wirkung vom 1.4.2011 in Abs. 2 die Nr. 3 und 4 eingefügt. Schließlich ist mit Art. 1 Nr. 1 Buchst. b) des Fairer-Kassenwettbewerb-Gesetzes v. 22.3.2020 (BGBl. I 604) mWv. 1.4.2020 in Abs. 2 die neue Nr. 5 eingefügt worden. Abs. 3 und 4 betreffen ebenfalls ab 1.4.2008 Streitigkeiten, die über die individuelle Beschwer von Bürgern hinausgehen (näher → Rn. 4 ff.). In Abs. 3 ist durch Art. 5 Nr. 8 des Achten Gesetzes zur Änderung des Gesetzes gegen Wettbewerbsbeschränkungen vom 26.6.2013 (BGBl. 2013 I 1738) Nr. 3 grammatikalisch angepasst und Nr. 4 angefügt worden. In Abs. 3 Nr. 1 ist durch Art. 16 Nr. 7 des Gesetzes zur Regelung des Sozialen Entschädigungsrechts vom 12.12.2019 (BGBl. I 2652) mWv 1.1.2020 die Bezeichnung „Bundesversicherungsamt" durch „Bundesamt für Soziale Sicherung" ersetzt und sind durch Art. 1 Nr. 2 des Fairer-Kassenwettbewerb-Gesetzes v. 22.3.2020 (BGBl. I 604) mWv. 1.4.2020 und nach den Wörtern „gesetzliche Krankenkassen" die Wörter „untereinander betreffend den Risikostrukturausgleich sowie zwischen gesetzlichen Krankenkassen" eingefügt worden. In Abs. 4 Nr. 1 wurden durch Art. 4 Nr. 2 Buchst. a) Terminservice- und Versorgungsgesetz v. 6.5.2019[4] die Wörter „gemeinsame Schiedsämter nach § 89 Abs. 4" durch die Wörter „Bundesschiedsämter nach § 89 Absatz 2", das Wort „und" durch ein Komma, die Wörter „des Bundesschiedsamts nach § 89 Abs. 7" durch die Wörter „des weiteren Schiedsamts auf Bundesebene nach§ 89 Absatz 12" ersetzt und wurde vor dem Wort „sowie" ein Komma und wurden die Wörter „des sektorenübergreifenden Schiedsgremiums auf Bundesebene nach § 89 des

1 BGBl. I 646.
2 Art. 2 Abs. 2 Nr. 3 Bundesteilhabegesetz v. 23.12.2016, BGBl. I 3333.
3 BGBl. I 1248.
4 BGBl. I 646.

Fünften Buchs Sozialgesetzbuch eingefügt". In Abs. 4 Nr. 2 wurden durch Art. 4 Nr. 2 Buchst. b) Terminservice- und Versorgungsgesetz vom 6.5.2019[5] nach dem Wort „Bundesschiedsämtern" die Wörter „und dem sektorenübergreifenden Schiedsgremium auf Bundesebene" eingefügt. Das Arzneimittelmarktneuordnungsgesetz (AMNOG) vom 22.12.2010 (BGBl. 2010 I 2262) hat Abs. 4 Nr. 3 geändert. Zuletzt wurden in Abs. 4 Nr. 3 durch Art. 10 Nr. 3 Buchst. b) des Siebten Gesetzes zur Änderung des Vierten Buches Sozialgesetzbuch und anderer Gesetze v. 12.6.2020[6] mWv 24.6.2020 das Wort „sowie" durch ein Komma ersetzt und wurden nach den Wörtern „§§ 129 und 130 b des Fünften Buches Sozialgesetzbuch" die Wörter „sowie Klagen gegen Entscheidungen des Schlichtungsausschusses Bund nach § 19 des Krankenhausfinanzierungsgesetzes in der Fassung der Bekanntmachung vom 10. April 1991 (BGBl. I S. 886), das zuletzt durch Artikel 3 des Gesetzes vom 14. Dezember 2019 (BGBl. I S. 2789) geändert worden ist" angefügt. § 29 regelt damit auch Gesichtspunkte **der sachlichen und örtlichen Zuständigkeit.** Für Verfahren, die zum Zeitpunkt des (jeweiligen) Inkrafttretens der Abs. 2 bis 4 anhängig waren, bleiben die angerufenen Sozialgerichte zuständig – **Grundsatz der perpetuatio fori** (§ 98; § 17 Abs. 1 GVG).[7]

II. Zweiter Rechtszug

2 Als **Gerichte des zweiten Rechtszuges** sind die Landessozialgerichte zur Kontrolle über bereits getroffene gerichtliche Entscheidungen berufen und entscheiden vornehmlich über Berufungen gegen Urteile und Gerichtsbescheide, die nach § 105 Abs. 3 Hs. 1 als Urteil „wirken". Daneben obliegt ihnen auf Beschwerde die Entscheidung über andere Entscheidungen des SG, also regelmäßig Beschlüsse (§ 172). Im Berufungs- oder Beschwerdeverfahren prüft das LSG die **Sach- und Rechtslage** (§ 153 Abs. 1, 92). Es ist **letzte Tatsacheninstanz.** Dem BSG obliegt im Revisionsverfahren grundsätzlich nur die Prüfung der Rechtslage (§ 163) nach Maßgabe des Bundesrechts (§ 162). Die Tätigkeit des LSG als Rechtsmittelgericht ist auch weiterhin seine eigentliche, aber nicht mehr einzige Aufgabe (→ Rn. 3 ff.).

III. Aufgaben im ersten Rechtszug

3 **1. Neue Verwaltungsakte, Klageänderung und „Heraufholen von Klageresten".** Dem LSG sind **erstinstanzliche Zuständigkeiten** nur ausnahmsweise in den gesetzlich abschließend bestimmten Fällen übertragen. Nur insofern sind seine Richter „gesetzlicher Richter" im Sinn von Art. 101 Abs. 1 Satz 2 GG. Fälle der ausnahmsweisen erstinstanzlichen Zuständigkeit ergaben sich bereits vor Einführung der Abs. 2 bis 4 in Anwendung des auch für das Verfahren der Landessozialgerichte geltenden (§ 153 Abs. 1) § 96 Abs. 1 hinsichtlich solcher abändernder oder ersetzender **Verwaltungsakte,** die nach Abschluss des ersten Rechtszugs ergehen und unmittelbar kraft gesetzlicher Fiktion in das Verfahren einbezogen werden (st. Rspr., dazu näher → § 96 Rn. 21 ff.; → § 153 Rn. 8 ff.).[8] Das Gleiche gilt für Widerklagen (§§ 153 Abs. 1, 100). Das LSG entscheidet hier

5 BGBl. I 646.
6 BGBl. I 1248.
7 BR-Drs. 820/57, 18.
8 Zuletzt etwa BSG 8.10.2019 – B 12 KR 8/19 R, SozR 4-1500 § 153 Nr .18 Rn. 13.

auf (fiktive) Klage, sodass der Anwendungsbereich von § 153 Abs. 4 nicht eröffnet ist.[9]

4 Für sonstige Fälle fehlt eine gesetzliche Regelung, die eine erstinstanzliche Entscheidungskompetenz des LSG begründen könnte. Einer **erweiternden oder analogen Anwendung** der wenigen Sonderregelungen steht das strikte Regel-Ausnahme-Verhältnis des Gesetzes entgegen. Ein abweichendes Verständnis kann sich im Blick auf die Gesetzesbindung der Rechtsprechung und der Richter (Art. 20 Abs. 3, Art. 97 Abs. 1 GG) weder auf die – zumindest teilweise – überholte oberstgerichtliche Rechtsprechung noch auf ein nirgends eröffnetes Dispositionsrecht der Beteiligten (§ 59)[10] noch erst recht auf bloße Meinungsäußerungen in der Literatur berufen. Zutreffend geht daher jedenfalls die Rechtsprechung des BSG[11] davon aus, dass das LSG zwar die Zulässigkeit der **Klageänderung** im Berufungsverfahren zu prüfen hat, nicht aber erstinstanzlich über die **geänderte Klage** entscheiden darf.[12] Für die subjektive Klageänderung, die ungeachtet der Anwendbarkeit von § 99 SGG jedenfalls auch „Klageänderung ist, kann nichts anderes gelten.[13] Ist die fehlende sachliche Zuständigkeit für die geänderte Klage verkannt worden, ist das BSG als Rechtsmittelgericht zwar an einer Prüfung gehindert (§ 98 SGG, § 17 a Abs. 5 GVG),[14] doch ändert dies nichts an der Rechtswidrigkeit des Zuständigkeitsverstoßes und rechtfertigt erst recht nicht dessen bewusste Begehung

5 Soweit das SG über einen **Streitgegenstand** nicht entschieden hat, ist (abgesehen von den Fällen des Teilurteils, § 202, § 301 ZPO) danach zu unterscheiden ob dies aus Unachtsamkeit geschehen ist (dann geht das Ergänzungsverfahren nach § 140[15] der Berufung vor) oder auf einer bewussten (rechtsirrtümlichen) Verkennung des Streitgegenstandes beruht (dann entscheidet das LSG als Berufungsgericht über den in vollem Umfang zu ihm gelangten Streitgegenstand).[16] Dagegen ist für ein **„Heraufholen von Streitresten“** kein Raum (vgl. aber → § 143 Rn. 19 ff.). Entsprechend der Systementscheidung für den subjektiven Rechtsschutz[17] muss auch das LSG durch ein Rechtsschutzgesuch angerufen werden und kann sich nicht etwa – mit Zustimmung der Beteiligten, aber präter legem – selbst zum „gesetzlichen“ Richter ernennen.[18] Soweit das gebotene – und gesetzlich allein eröffnete (!) – Ergänzungsverfahren unterblieben ist, entfällt damit die

9 BSG 8.10.2019 – B 12 KR 8/19 R, SozR 4-1500 § 153 Nr. 18 Rn. 13 ff.

10 Näher Berchtold in Berchtold/Richter PHdB-SozS § 6 Rn. 150.

11 BSG 18.3.2015 – B 2 U 8/13 R, NZS 2015, 558 ff.; 24.4.2015 – B 5 RE 23/14 R, SozR 4-2600 § 2 Nr. 20; 5.7.2016 – B 2 U 4/15 R, juris Rn. 17; ebenso bereits 31.7.2002 – B 4 RA 113/00, juris Rn. 16 f. und zuletzt BSG 13.2.2019 – B 6 KA 17/18 B, juris; anders Keller in Meyer-Ladewig/Keller/Leitherer/Schmidt, 13. Aufl. 2020, § 29 Rn. 3 b.

12 Ebenso LSG NRW 30.1.2009 – L 16 AR 4/08, juris; zu entsprechenden Situation im Rahmen des einstweiligen Rechtsschutzes ThürLSG 24.4.2013 – L 4 AS 55/13 B ER, juris Rn. 17. Anders möglicherweise im Fall der „echten“ Klageerweiterung iSv § 99 Abs. 3 SGG, wobei dem HessLSG 11.3.2010 – L6 AS 471/19, nicht im letzten zu entnehmen ist, ob und mit welchen Konsequenzen es einen Unterschied ggü. der Klageänderung machen will.

13 BSG 27.11.2018 – B 2 U 28/17 R, SozR 4-2700 § 8 Nr. 68 Rn. 13 setzt sich hiermit nicht auseinander.

14 Vgl. BSG 23.1.2018 – B 2 U 4/16 R, BSGE 125, 120 ff., Rn. 14.

15 Hierzu Berchtold in Berchtold/Richter PHdB-SozS § 6 Rn. 668; für die Durchführung dieses Verfahrens ist das LSG weder erstinstanzlich noch als Berufungsgericht zuständig.

16 BSG 2.4.2014 – B 3 KR 3/14 B, SozR 4-1500 § 140 Nr. 2.

17 Berchtold in Berchtold/Richter PHdB-SozS § 6 Rn. 41.

18 S. aber BSG 18.9.2019 – B 14 AS 317/18 B, juris Rn. 6 mwN.

Rechtshängigkeit der übergangenen prozessualen Ansprüche.[19] Ein ergangener Verwaltungsakt erwächst in Bestandskraft (§ 77 SGG) und kann grundsätzlich nur noch unter den Voraussetzungen der §§ 44 ff. SGB X überprüft werden. Der Rechtsstreit über den insofern ergangenen Verwaltungsakt muss notwendig beim SG geführt werden (§ 8).

6 **2. Besondere Zuständigkeiten im ersten Rechtszug.** Für die in den Abs. 2 bis 4 genannten Gegenstände begründen die in → Rn. 1 genannten Novellen mit späteren Änderungen und Ergänzungen grundsätzlich abschließend – und nur ausnahmsweise ergänzt durch wendige spezialgesetzliche Sonderregelungen wie etwa in § 202 Abs. 2 iVm § 201 Abs. 1 GVG idF des Gesetzes vom 24.11.2011 (BGBl. 2011 I 2302) für Ansprüche auf angemessene Entschädigung wegen überlanger Verfahrensdauer – **erstinstanzliche Zuständigkeiten** von Landessozialgerichten. Diese beziehen sich auch auf den vorläufigen Rechtsschutz.[20] Für das Verfahren der Landessozialgerichte sind insofern ua die Regelungen für das Verfahren im ersten Rechtszug in den §§ 87 ff. einschlägig. Hinsichtlich der **örtlichen Zuständigkeit** kann wegen des Fehlens einer einschlägigen Bestimmung nur analog auf § 57 Abs. 1 Satz 1 zurückgegriffen werden.[21] Die Sozialgerichte werden auf diese Weise von Verfahren, in denen weniger die Sachaufklärung des Einzelfalls als komplexe Sachzusammenhänge (generelle Tatsachen) und Rechtsfragen mit überregionaler Bedeutung[22] im Vordergrund stehen, zugunsten einer abschließenden obergerichtliche Entscheidung entlastet, die möglichst umgehend einheitlich Klarheit über die Sach- und Rechtslage schaffen kann. Der Gesetzgeber geht davon aus, dass Sozialgerichte hier ohnehin wegen der über Einzelfälle hinausgehenden Bedeutung der Sache in der Regel nicht abschließende Entscheidungen träfen. Die erstinstanzliche Zuständigkeit der Landessozialgerichte soll mithin der Prozessökonomie und der Rechtssicherheit dienen.[23] Es handelt sich dabei wegen des Verfassungsgrundsatzes des gesetzlichen Richters (Art. 101 GG) um eine **abschließende Regelung.** Abweichungen von der allgemeinen Zuständigkeit im Wege der „erweiternden Auslegung" oder der Analogie auf weitere Gegenstände zu erstrecken, ist deshalb bedenklich.[24] Die **Konzentration** der Zuständigkeiten für die Landessozialgerichte Nordrhein-Westfalen bzw. Berlin-Brandenburg nach Abs. 3 bzw. 4 dient der Begründung und Nutzung von besonderem Erfahrungswissen. Eine solche Konzentration bestand schon zuvor nach § 57 a Abs. 2 für Maßnahmen des Bundesversicherungsamts bei der Durchführung des Risikostrukturausgleichs beim Sozialgericht Köln (jetzt: Abs. 3 Nr. 1) und für die in → Rn. 3 erwähnten Vermögensfragen der Sozialversicherung im Beitrittsgebiet (§ 2 Abs. 7 des Gesetzes zur Regelung von Vermögensfragen der Sozialversicherung im Beitrittsgebiet vom 20.12.1991).[25]

---

19 Vgl. BGH 8.11.1965 – VIII ZR 300/63, LM ZPO § 322 Nr. 54 und 29.11.1990 – I ZR 45/89, NJW 1991, 599 ff. und BSG 13.12.2018 – B 5 RE 1/18 R, SozR 4-2600 § 6 Nr. 18 Rn. 32 f. mwN.

20 BT-Drs. 16/7716, 18.

21 LSG Bln-Bbg 19.2.2013 – L 27 P 28/12 KL, juris, LSG BW 21.6.2017 – L 5 KR 1700/16 KL, juris Rn. 57 mwN und HessLSG 14.2.2018 – L 4 SO 229/16 KL, juris Rn. 6 f.

22 IdS auch BT-Drs. 820/07, 17 ff. und zuletzt etwa BT-Drs. 17/3404, 131.

23 BT-Drs. 16/7716, 2, 18; Tabbara NZS 2008, 8 (15).

24 Vgl. zur Einbeziehung Drittbetroffener in den Anwendungsbereich von § 29 Abs. 2 Nr. 2 SächsLSG 22.1.2020 – L 1 KA 21/18 KL, juris Rn. 6 ff.

25 LSG NRW 5.5.2015 – L 5 KR 22/12 KL und L 5 SV 23/14, jeweils juris.

3. Erstinstanzliche Zuständigkeit von Landessozialgerichten – Abs. 2. a) Entscheidungen von Schiedsämtern und Schiedsstellen – Abs. 2 Nr. 1. Die Zuständigkeit für die gerichtliche Prüfung von Entscheidungen der **Landesschiedsämter** bezieht sich auf das Schiedswesen im Bereich der vertragsärztlichen Versorgung durch die gesetzliche Krankenversicherung, das nach § 89 Abs. 2 SGB V eingerichtet ist. Die Landesschiedsämter setzen den Vertragsinhalt nach § 89 Abs. 1 und 1 a SGB V fest, falls ein Vertrag über die vertragsärztliche Versorgung nicht zustande kommt. Für Klagen gegen andere Schiedsstellen gilt die abschließende Norm nicht.[26] Die Regelung betrifft nicht die Entscheidungen der **gemeinsamen Schiedsämter** (§ 89 Abs. 4) und des **Bundesschiedsamtes** (§ 87 SGB V), für die nach Abs. 4 Nr. 1 die Sonderzuständigkeit des LSG Berlin-Brandenburg begründet ist. Eine Zuständigkeit der Landessozialgerichte auch für die subsidiäre Festsetzung des Vertragsinhalts durch die zuständige Aufsichtsbehörde anzunehmen, ist aus den in → Rn. 4 genannten Gründen bedenklich, aber wegen des engen Sachzusammenhangs wohl noch vertretbar.[27] Die **Schiedsstellen**, deren Entscheidungen erstinstanzlich von den Landessozialgerichten zu überprüfen sind, nennt das Gesetz ausdrücklich. Die örtliche Zuständigkeit richtet sich mangels besonderer Regelung nach den entsprechend anzuwendenden allgemeinen Vorschriften. Maßgebend ist danach der Sitz des Klägers (§ 57 Abs. 1 Satz 1). 7

Bei der **Neuregelung zum 11.5.2019** handelt es sich nach der Entwurfsbegründung um eine Folgeregelung in Zusammenhang mit der Regelung der sektorenübergreifenden Schiedsgremien in § 89 a SGB V. Die Zuständigkeit der Landessozialgerichte für die Überprüfung von Entscheidungen der neuen sektorenübergreifenden Schiedsgremien auf Landesebene wird ergänzt.[28] Die mWv **24.6.2020** vorgenommene Ergänzung der Regelung um Schiedsstellen nach § 133 SGB IX ist ausweislich der Entwurfsbegründung[29] eine Folgeänderung zur Überführung des Rechts der Eingliederungshilfe aus dem SGB XII in das SGB IX im Rahmen des Bundesteilhabegesetzes. Das neue Vertragsrecht der Eingliederungshilfe, das bereits zum 1.1.2018 in Kraft getreten ist, sieht in § 133 SGB IX – insoweit weitgehend unverändert zum bisherigen Recht des § 80 SGB XII – die Bildung von Schiedsstellen vor. Es handelt sich insoweit um eine inhaltsgleiche Übertragung des geltenden Rechts, das bisher schon eine erstinstanzliche Zuständigkeit der Landessozialgerichte auch für Klagen gegen Entscheidungen der Schiedsstellen im noch geltenden Recht der Eingliederungshilfe nach den Vorschriften des SGB XII bestimmt. 8

b) Aufsichtsangelegenheiten – Abs. 2 Nr. 2. Die **Träger der Sozialversicherung** sind nach § 29 Abs. 1 SGB IV rechtsfähige Körperschaften mit Selbstverwaltung. Sie unterliegen nach § 87 Abs. 1 SGB IV der Rechtsaufsicht und im übertragenen Wirkungskreis (vgl. zB § 87 Abs. 2) der Fachaufsicht durch die nach § 90 SGB IV zuständigen Aufsichtsbehörden. Aufsichtsmittel werden nach § 89 Abs. 1 SGB IV von der Aufsichtsbehörde eingesetzt, wenn durch das Handeln oder Unterlassen eines Versicherungsträgers das Recht verletzt wird. Im eigenen Wirkungskreis kann der Sozialversicherungsträger in seinen Rechten betroffen sein, so dass gegen Aufsichtsmaßnahmen in Form eines Verwaltungsaktes mit 9

---

26 Vgl. auch Keller in Meyer-Ladewig/Keller/Leitherer/Schmidt, 13. Aufl. 2020, § 29 Rn. 5 mwN.
27 Anders Keller in Meyer-Ladewig/Keller/Leitherer/Schmidt, 13. Aufl. 2020, § 29 Rn. 5.
28 BT-Drs 19/6337, 148.
29 BT-Drs. 19/17586, 121.

der Anfechtungsklage vorzugehen ist. Die Kassenärztlichen Bundesvereinigungen (§ 77 Abs. 4 S. 1 SGB V) und die Kassenärztlichen Vereinigungen (§ 77 Abs. 1 SGB V) sind Körperschaften des öffentlichen Rechts (§ 77 Abs. 5 SGB V) und unterliegen der Aufsicht des Bundesministeriums für Gesundheit bzw der zuständigen Verwaltungsbehörden der Länder (§ 78 Abs. 1 SGB V). Eine Aufsichtsangelegenheit iSv Abs. 2 Nr. 2 ist nur betroffen, wenn es unmittelbar um eine Maßnahme der Aufsichtsbehörde im Bereich des Aufsichtsrecht geht,[30] also etwa nicht bei der Bestimmung einer Schiedsperson nach § 132 a Abs. 2 Satz 7 SGB V.[31] Die Zuständigkeit des LSG ist auch nicht eröffnet, wenn ein Dritter geltend macht, er sei durch eine gegenüber der Krankenkasse vorliegende Aufsichtsangelegenheit in eigenen Rechten betroffen.[32] Unabhängig davon sieht § 54 Abs. 3 die Aufsichtsklage auch vor, wenn der Träger geltend macht, eine Anordnungen der Aufsichtsbehörde oder deren Nebenfolgen überschritten das Aufsichtsrecht. Einzelweisungen im übertragenen Wirkungskreis können als Verwaltungsinterna der gerichtlichen Kontrolle entzogen sein.[33] Mangels besonderer Regelung ist das für den Sitz des klagenden Trägers der Sozialversicherung zuständige Landessozialgericht örtlich zuständig (§ 57 Abs. 1 Satz 1 entsprechend).

10 c) **Erstattungsstreitigkeiten nach § 6 b SGB II – Abs. 2 Nr. 3.** Die erstinstanzliche Zuständigkeit für Erstattungsstreitigkeiten wegen Aufwendungen der Grundsicherung für Arbeitsuchende nach § 6 b SGB II hat das **EGRBEG** (→ Rn. 1) ab 1.4.2011 eingeführt.

11 d) **Anträge auf Normenkontrolle nach § 55 a – Abs. 2 Nr. 4.** Die Ergänzung ist eine Folgeregelung der Einführung von gegenständlich begrenzten Normenkontrollanträgen für Vorschriften im Rang unter dem Landesgesetz durch das **EGRBEG** (→ Rn. 1; § 55 a) ab 1.4.2011. Die örtliche Zuständigkeit richtet sich in diesen Fällen – abweichend von der allgemeinen Regel des § 57 Abs. 1 – nach dem Sitz der Körperschaft, welche die zu prüfende Norm erlassen hat (§ 57 Abs. 6 idF des EGRBEG).

12 e) **Streitigkeiten nach § 4 a Abs. 7 SGB V – Abs. 2 Nr. 5.** Schließlich ist mit Art. 1 Nr. 1 Buchst. b des Fairer-Kassenwettbewerb-Gesetzes v. 22.3.2020 (BGBl. I 604) mWv. 1.4.2020 in Abs. 2 die neue Nr. 5 eingefügt worden, der auf den mit Art. 5 Nr. 2 dieses Gesetzes in das SGB V eingefügten § 4 Abs. 7 verweist. Hiernach gilt folgendes: „Krankenkassen können von anderen Krankenkassen die Beseitigung und Unterlassung unzulässiger Maßnahmen verlangen, die geeignet sind, ihre Interessen im Wettbewerb zu beeinträchtigen. Die zur Geltendmachung des Anspruchs berechtigte Krankenkasse soll die Schuldnerin vor der Einleitung eines gerichtlichen Verfahrens abmahnen und ihr Gelegenheit geben, den Streit durch Abgabe einer mit einer angemessenen Vertragsstrafe bewehrten Unterlassungsverpflichtung beizulegen. Soweit die Abmahnung berechtigt ist, kann die Abmahnende von der Abgemahnten Ersatz der erforderlichen Aufwendungen verlangen. Zur Sicherung der Ansprüche nach Satz 1 können

30 LSG NRW 18.4.2012 – L 11 KR 660/11 KL, juris und zur Genehmigung einer Satzungsänderung einer Kassenärztlichen Vereinigung nach § 81 Abs. 1 S. 2 SGB V SG Magdeburg 29.1.2015 – S 13 KA 147/10, juris.
31 BSG 27.11.2014 – B 3 KR 6/13 R, E 117, 288 ff.
32 LSG NRW 29.5.2012 – L 11 KR 77/12 KL, mH auf BSG 17.2.2007 – B 1 A 3/06 R, jeweils juris.
33 Näher → § 54 Rn. 114 ff. mwN und Breitkreuz in LPK-SGB IV § 87 Rn. 13 f.

einstweilige Anordnungen auch ohne die Darlegung und Glaubhaftmachung der in § 86 b Absatz 2 Satz 1 und 2 des Sozialgerichtsgesetzes bezeichneten Voraussetzungen erlassen werden. Ist auf Grund von Satz 1 Klage auf Unterlassung erhoben worden, so kann das Gericht der obsiegenden Partei die Befugnis zusprechen, das Urteil auf Kosten der unterliegenden Partei öffentlich bekanntzumachen, wenn sie ein berechtigtes Interesse dartut. Art und Umfang der Bekanntmachung werden im Urteil bestimmt. Die Befugnis erlischt, wenn von ihr nicht innerhalb von drei Monaten nach Eintritt der Rechtskraft Gebrauch gemacht worden ist. Der Ausspruch nach Satz 5 ist nicht vorläufig vollstreckbar."

Nach der **Begründung der Entwurfsverfasser** zu § 29 Abs. 2 Nr. 5 SGG[34] fallen die neu geregelten Unterlassungsansprüche nach § 4 a Abs. 7 SGB V – wie bisher die Ansprüche nach § 4 Abs. 3 Satz 2 SGB V – in die Rechtswegzuständigkeit der Sozialgerichtsbarkeit, da es sich um öffentlich-rechtliche Streitigkeiten in Angelegenheiten der gesetzlichen Krankenversicherung iSd § 51 Abs. 1 Nr. 2 handelt. Durch die Nr. 5 sollen diese Streitigkeiten abweichend von § 8 und iS eines Gleichklangs zu aufsichtsrechtlichen Streitigkeiten den Landessozialgerichten zugewiesen werden. Angesichts der inhaltlichen Erweiterung der Unterlassungsansprüche, die sich nunmehr auf alle unzulässigen Maßnahmen bezögen, die geeignet seien, Wettbewerbsinteressen zu beeinträchtigen, könne davon ausgegangen werden, dass künftig vermehrt Krankenkassen untereinander Rechtsverstöße geltend machen, die bislang lediglich aufsichtsrechtlich verfolgt wurden. 13

4. Zuständigkeit des Landessozialgerichts Nordrhein-Westfalen – Abs. 3. 14
a) Normzweck. Die Vorschrift enthält eine besondere Regelung der sachlichen, funktionellen und örtlichen Zuständigkeit des Landessozialgerichts für die in den Nummern 1 bis 4 genannten Materien. Sie sind durch „Umfang, Komplexität und Bedürfnis nach letztinstanzlicher Entscheidung"[35] gekennzeichnet, so dass die Konzentration auf ein LSG und damit das Sammeln und Nutzen besonderer Erfahrungen zweckmäßig erscheint.

b) Risikostrukturausgleich – Abs. 3 Nr. 1. Die Zuständigkeit nach Nr. 1 ist subjektiv auf Streitigkeiten zwischen Krankenkassen (mW ab 1.4.2020) **gesetzlichen Krankenkassen** untereinander betreffend den Risikostrukturausgleich sowie (seit 1.4.2008) zwischen gesetzlichen Krankenkassen oder ihren Verbänden und dem Bundesamt für soziale Sicherung (Bundesversicherungsamt) und objektiv durch die im Gesetz abschließend aufgezählten Gegenstände begrenzt. Den **Risikostrukturausgleich** betreffen Entscheidungen des Bundesamts für soziale Sicherung (Bundesversicherungsamts) nach § 266 Abs. 5 SGB V zur Durchführung des Ausgleichs, der nach einem Vergleich des Beitragsbedarfs einer Kasse mit ihrer Finanzkraft ermittelt wird (§ 266 Abs. 2 SGB V). Die Erweiterung des § 29 SGG auf Streitigkeiten der gesetzlichen **Krankenkassen untereinander** betreffend den Risikostrukturausgleich mW ab 1.4.2020 ergibt sich ebenfalls aus § 4 a Abs. 7 SGB V.[36] Nach der Auffassung der Entwurfsverfasser kommt der Durchführung des RSA aufgrund ihrer Finanzwirkung eine hohe Wettbewerbsrelevanz zu, so dass hier bei Rechtsverstößen mit der Geltendmachung von Beseitigungs- und Unterlassungsansprüchen konkurrierender Krankenkassen zu rechnen ist. 15

34 BT-Drs. 19/15662, 64.
35 BT-Drs. 16/7716, 19.
36 BT-Drs. 19/15662, 64.

Streitigkeiten zu diesem Thema sollten mit Blick auf die besondere Komplexität der Materie und das Bedürfnis nach Einheitlichkeit der Rechtsprechung weiterhin ausschließlich bei dem hierauf spezialisierten LSG NRW ausgetragen werden.[37]

16 Die **Anerkennung von strukturierten Behandlungsprogrammen** hat das Bundesamt für soziale Sicherung (Bundesversicherungsamt) nach § 137 g Abs. 1 SGB V zu erteilen. Die Sonderzuständigkeit betrifft ausschließlich diese Entscheidungen, nicht solche, die das Bundesamt für soziale Sicherung (Bundesversicherungsamt) etwa als Aufsichtsbehörde (vgl. § 90 SGB IV) mit Bezug auf Handlungen der Krankenkassen oder ihrer Verbände im Zusammenhang mit strukturierten Behandlungsprogrammen nach § 137 f. SGB V zu treffen hat. Die Gesundheitsreform 2009 führte Gesundheitsfonds ein, die zur Ermittlung und Zuweisung von Mitteln an Krankenkassen führen (vgl. § 272 SGB V). Für sämtliche Entscheidungen des Bundesamts für soziale Sicherung (Bundesversicherungsamt) im Zusammenhang mit der **Verwaltung des Gesundheitsfonds** begründet die Vorschrift eine erstinstanzliche Zuständigkeit des LSG Nordrhein-Westfalen. Allerdings begründen Streitigkeiten, die sich aus der Verwaltung des Gesundheitsfonds ergeben, aus Gründen der Prozessökonomie nur dann die erstinstanzliche Zuständigkeit des LSG, wenn sie in Bezug auf Umfang, Komplexität und Bedürfnis nach letztinstanzlicher Entscheidung denen des Risikostrukturausgleichs entsprechen. Der Streit über die Rechtmäßigkeit von Säumniszuschlägen ist nicht mit Rechtstreitigkeiten vergleichbar, für die der Gesetzgeber die Sonderzuständigkeit des LSG begründet hat.[38]

17 **c) Finanzausgleich Pflegekassen und gewerbliche Berufsgenossenschaften – Abs. 3 Nr. 2, 3.** Einen Finanzausgleich für die gesetzliche Pflegeversicherung begründet – entsprechend dem Risikostrukturausgleich in der gesetzlichen Krankenversicherung[39] – § 66 SGB XI. Er wird durch das Bundesamt für soziale Sicherung (bis 31.12.2019: Bundesversicherungsamt) zusammen mit dem Spitzenverband Bund der Pflegekassen durchgeführt. Die Sonderzuständigkeit des LSG umfasst alle Streitigkeiten der Pflegekassen oder ihrer Verbände mit dem Bundesamt für soziale Sicherung (Bundesversicherungsamt). Abs. 3 Nr. 3 ist dem vordergründigen Umstand geschuldet, dass für den Ausgleich unter den geweblichen Berufsgenossenschaften das BAS mit Sitz in Bonn zuständig ist.[40]

18 **d) Entscheidungen des Bundeskartellamtes – Abs. 3 Nr. 4.** Auch diese Regelung beruht auf einem örtlichen Aspekt, hier dem Sitz des Bundeskartellamtes in Bonn. Sie steht im Zusammenhang mit § 172 a SGB V und der dort angeordneten Anwendung wettbewerbsrechtlicher Regelungen auf die Vereinigung von Krankenkassen.

19 **5. Zuständigkeit des Landessozialgerichts Berlin-Brandenburg – Abs. 4.** Wegen des Zwecks einer erstinstanzlichen Zuständigkeit und ihrer Konzentration bei einem Landessozialgericht wird auf die Ausführungen zu → Rn. 4 Bezug genommen. Die Sonderzuständigkeiten des LSG Berlin-Brandenburg[41] betreffen **abschließend** folgende Gegenstände:

37 BT-Drs. 19/15662, 64.
38 LSG NRW 5.5.2015 – L 5 SV 23/14 KL, juris Rn. 5.
39 BR-Drs. 820/07, 18.
40 BT-Drs. 16/9788, 20.
41 BT-Drs. 16/7716, 20.

a) Vertragspartnerschaftliche Organklagen – Abs. 4 Nr. 1. Klagen von Gremien, die Bundesschiedsämter nach § 89 Abs. 2 SGB V, das weitere Schiedsamt nach § 89 Abs. 12 SGB V, das sektorenübergreifende Schiedsgremium auf Bundesebene nach § 89 a SGB V sowie die erweiterten Bundesausschüsse nach § 87 Abs. 4 SGB V bilden, sind (ausnahmsweise) erstinstanzlich beim LSG Berlin-Brandenburg konzentriert. Die Norm wurde zum 11.5.2019 redaktionell an die Überarbeitung des § 89 SGB V angepasst.[42] Zum selben Zeitpunkt wurde im Zusammenhang mit der Regelung eines sektorenübergreifenden Schiedsgremiums auf Bundesebene in § 89 a SGB V die Zuständigkeit des LSG Berlin-Brandenburg auf die Überprüfung von Entscheidungen des neuen sektorenübergreifenden Schiedsgremiums erweitert.[43] Unter **„Gremien"** sind die Partner der jeweiligen Verträge zu verstehen.[44] Sie sind klagebefugt, wenn sie substantiiert geltend machen können, der angefochtene Schiedsspruch sei rechtswidrig.[45] Die Sonderzuständigkeit betrifft nicht Klagen von Versicherten, die durch vertragliche Regelungen der „Gremien" betroffen sind. Für diese gelten die allgemeinen Vorschriften. Wegen der Entscheidungen von Landesschiedsämtern und Schiedsstellen ist auf die Regelung in Abs. 3 Nr. 1 zu verweisen (vgl. auch → Rn. 5), wo eine erstinstanzliche Zuständigkeit von Landessozialgerichten allgemein begründet wird. 20

b) Klagen gegen das Bundesministerium für Gesundheit – Abs. 4 Nr. 2. Gem. § 29 Abs. 4 Nr. 2 SGG ist das LSG Berlin-Brandenburg aufgrund der räumlichen Nähe[46] außerdem im ersten Rechtszug zuständig für Klagen gegen Entscheidungen des Bundesministeriums für Gesundheit nach § 87 Abs. 6 SGB V gegenüber den Bewertungsausschüssen und den erweiterten Bewertungsausschüssen sowie für Klagen gegen Beanstandungen des Bundesministeriums für Gesundheit gegenüber den Bundesschiedsämtern. Seit dem 11.5.2019 ist das LSG Berlin-Brandenburg außerdem für Klagen gegen Beanstandungen des Bundesministeriums für Gesundheit gegenüber Entscheidungen des neuen sektorenübergreifenden Schiedsgremiums auf Bundesebene nach § 89 a SGB V erstinstanzlich zuständig, ohne dass dies im Gesetzgebungsverfahren näher begründet worden wäre.[47] 21

c) Klagen gegen Entscheidungen des gemeinsamen Bundesausschusses und des Schlichtungsausschusses Bund – Abs. 4 Nr. 3. Umfassend ist die Sonderzuständigkeit des LSG Berlin-Brandenburg schließlich gegenüber **Entscheidungen des gemeinsamen Bundesausschusses** (§§ 91, 92 SGB V), der über die erforderlichen Richtlinien beschließt, die eine ausreichende, zweckmäßige und wirtschaftliche Versorgung der Krankenversicherten gewährleisten sollen. Das Gleiche gilt für die **Festsetzung von Festbeträgen für Arznei- und Verbandsmittel** durch die Spitzenverbände der Krankenkassen und ab 1.10.2008 den Spitzenverband Bund (vgl. § 35 Abs. 7 SGB V). Sie ist gerade für die Betroffenen dieser Entscheidungen gegeben. Es handelt sich dabei um unmittelbaren Rechtsschutz von Leistungserbringern gegen Entscheidungen im Rahmen der untergesetzlichen Normsetzung, obwohl das SGG – abgesehen von § 55 a – eine **Normenkontrolle** un- 22

42 BT-Drs. 19/6337, 148.
43 BT-Drs. 19/6337, 148.
44 BT-Drs. 16/7716, 19.
45 BSG 30.10.1963 – 6 Rka 4/62, E 20, 73 (75) = SozR Nr. 1 zu § 368 h RVO; BSG 19.3.1997 – 6 Rka 36, 96, SozR 3-2500 § 85 Nr. 20.
46 BT-Drs. 16/8217, 11.
47 BT-Drs. 196337, 148.

tergesetzlicher Rechtssätze wie § 47 VwGO nicht kennt. Vom Erlass einer entsprechenden Vorschrift hat der Gesetzgeber abgesehen,[48] weil die Rechtsprechung des BSG dem Justizgewährleistungsanspruch nach Art. 19 Abs. 4 GG genügende Rechtsschutzmöglichkeiten[49] entwickelt hat.[50] Da es sich nicht um Verwaltungsakte handelt, ist die Feststellungsklage die gegebene Klageart.[51]

23 Die auf Vorschlag des Ausschusses für Arbeit und Soziales[52] eingefügten **Erweiterungen zum 24.6.2020** sollen erreichen, das das LSG Berlin-Brandenburg in erster Instanz auch für Klagen gegen Entscheidungen des Schlichtungsausschusses Bund nach dem mWv 1.1.2020 seinerseits erheblich geänderten § 19 des Krankenhausfinanzierungsgesetzese (KHG) zuständig ist.[53] Für die (ohne Vorverfahren) zulässigen Klagen gegen Entscheidungen des Schlichtungsausschusses Bund ist damit statt des Sozialgerichts Berlin (§ 57 a Abs. 4) seit dem 24.6.2020 das LSG zuständig. Klagebefugt sind die Einrichtungen, die den Schlichtungsausschuss angerufen haben mit Ausnahme des BMG (§ 19 Abs. 7 KHG). Die Entwurfsverfasser berufen sich insofern auf die allgemeine Begründung zu § 29 (fehlende Erforderlichkeit einer Sachverhaltsaufklärung, zeitnahe ober- und höchstgerichtliche Klärung unter prozessökonomischer Verkürzung des Instanzenzuges) und die hinsichtlich der besonderen Zuständigkeit des LSG Berlin-Brandenburg vom Gesetzgeber bereits bisher vorgegebenen Systematik.[54]

§ 30 [Besetzung, Dienstaufsicht]

(1) Das Landessozialgericht besteht aus dem Präsidenten, den Vorsitzenden Richtern, weiteren Berufsrichtern und den ehrenamtlichen Richtern.

(2) Die für die allgemeine Dienstaufsicht und die sonstigen Geschäfte der Gerichtsverwaltung zuständige Stelle wird durch Landesrecht bestimmt.

I. Allgemeines

1 Die Vorschrift entspricht § 9 für das SG und § 38 Abs. 2 für das BSG. Entsprechende Regelungen über die Besetzung von Berufungsgerichten finden sich in § 9 Abs. 1 VwGO; § 115 GVG. Abs. 1 gilt seit Inkrafttreten des SGG und stellt Mindestanforderungen zur Erfüllung der dem Land in § 2 übertragenen Aufgabe zur Errichtung des LSG. Abs. 2 der Vorschrift hat das 6. SGGÄndG vom 17.8.2001 (BGBl. 2001 I 2144) neu gefasst. Praktische Bedeutung kommt dem nicht zu, denn die Aufgabe der Gerichtsverwaltung und Dienstaufsicht ergibt sich aus der Aufgabe der Länder zur Gerichtshaltung nach § 2. Schon bisher führte die Landesregierung oder die von ihr beauftragte Stelle die allgemeine Dienstaufsicht. Die Landesregierung konnte auch bisher Geschäfte der Verwaltung und Dienstaufsicht dem Präsidenten des LSG übertragen.

48 BT-Drs. 16/7716, 19.
49 BVerfG 17.1.2006 – 1 BvR 541/02, E 115, 81 (95 ff.) mit Hinweisen auf Rspr. des BSG.
50 BSG 31.5.2006 – B 6 KA 13/05 R, E 96, 261 (264) = SozR 4-2500 § 92 Nr. 5.
51 BSG 24.11.1998 – B 1 A 1/96, E 83, 118 (122) = SozR 3-2500 § 145 Nr. 1.
52 BT-Drs. 19/19037, 28, 60 f.
53 BT-Drs. 19/19037, 28, 60.
54 BT-Drs. 19/19037, 28, 61.

II. Zusammensetzung des LSG – Abs. 1

Die Vorschrift regelt die **Mindestausstattung** des LSG **mit Richtern**, nicht aber die Zahl der Senate und auch nicht die abstrakte (dazu § 33) oder konkrete Besetzung der Spruchkörper, die dem Geschäftsverteilungsplan vorbehalten ist. Sie ist nicht abschließend. Das Grundgesetz geht davon aus, dass die Gerichte grundsätzlich mit **hauptamtlich und planmäßig** auf Lebenszeit endgültig angestellten Richtern[1] besetzt sind und dass die Heranziehung von Richtern auf Probe nur in den Grenzen erfolgt, die sich nach verständigem Ermessen aus der Notwendigkeit, Nachwuchs heranzubilden, oder aus anderen zwingenden Gründen ergeben. Dies folgt aus der durch Art. 97 Abs. 1 GG geschützten sachlichen richterlichen Unabhängigkeit, die durch die den hauptamtlich und planmäßig angestellten Richtern in Art. 97 Abs. 2 GG garantierte persönliche richterliche Unabhängigkeit gesichert wird. Die Verwendung von Richtern ohne diese Garantie der persönlichen Unabhängigkeit muss daher die Ausnahme bleiben. Auch Art. 92 setzt als Normalfall den Richter voraus, der unversetzbar und unabsetzbar ist. Der nicht auf diese Weise gesicherte Hilfsrichter ist nur aus zwingenden Gründen in der Rechtsprechung zugelassen. Ein Verstoß gegen diese Grundsätze kann Auswirkung auf die Gerichtsbesetzung und damit auf den gesetzlichen Richter (Art. 101 Abs. 1 S. 2 GG) sowie gegebenenfalls auf das Recht auf persönliche Freiheit (Art. 104 Abs. 2 S. 1 GG) entfalten.[2] Der Rechtsschutz Suchende kann daher insbesondere erwarten, dass beim Instanzgericht grundsätzlich Richter entscheiden, die planmäßig dieser Instanz angehören.[3] 2

Das Land ist verpflichtet, für das Landessozialgericht als Oberstes Landesgericht **Stellen** für den Präsidenten, die Vorsitzenden Richter und die weiteren Richter im Haushalt auszubringen und zu besetzen sowie ehrenamtliche Richter zu berufen. Da es eine der Ausnahmeregelung des § 11 Abs. 3 entsprechende Vorschrift für das LSG nicht gibt, und im Blick auf die Vorgaben der Verfassung ist zu schließen, dass Richter auf Probe (hierzu auch § 28 Abs. 1 DRiG), Richter auf Zeit und Richter kraft Auftrags beim LSG nicht mit richterlichen Aufgaben betraut werden dürfen. Auf die Obergrenzen des § 29 Satz 1 DRiG kommt es daher vorliegend nicht an. Aus §§ 30, 33 ergibt sich lediglich, dass die nicht den Vorsitz führenden Richter Berufsrichter des LSG sein müssen. Es genügt daher, wenn die Betroffenen in **Planstellen des LSG** eingewiesen sind, auch wenn sie ihrer Berufsbezeichnung nach Richter am Sozialgericht (früher „Sozialgerichtsräte") sind.[4] Eine **Abordnung** von Lebenszeitrichtern nach § 37 DRiG zur obergerichtlichen **Erprobung**[5] oder zur **vorübergehenden Vertretung** eines planmäßigen Richters am LSG (etwa bei Mutterschutz oder Dienstunfähigkeit) ist möglich[6] und üblich, jedoch auf das **zwingend gebotene Maß** zu beschränken und nicht deshalb möglich, weil das Gericht unzureichend mit Planstellen ausgestattet ist oder weil die Justizverwaltung es verabsäumt hat, offene Planstellen bin- 3

1 Vgl. die Nachweise bei BSG 25.5.2018 – B 13 R 217/17 B, juris Rn. 8.
2 Etwa VG Greifswald 5.9.2007 – 6 B 1182/07, NVwZ 2008, 700 f. mit umfangreichen Hinweisen auf die Rechtsprechung des BVerfG.
3 BSG 23.3.1960 – 1 RA 143/59, juris.
4 BSG 23.3.1960 – 1 RA 143/59, juris.
5 BVerfG 3.7.1962 – 2 BvR 628/60 ua, BVerfGE 14, 156, 164 und 22.6.2006 – 2 BvR 957/05, juris Rn. 7mwN; BSG 12.12.2019 – B 14 AS 33/18 B, juris.
6 BGH 16.3.2005 – RiZ (R) 2/04, BGHZ 162, 333 ff.; BVerfG 22.6.2006 – 2 BvR 957/05, juris mwN.

nen angemessener Frist zu besetzen.[7] Das BSG hat in den letzten Jahren auffällig oft Urteile des LSG Mecklenburg-Vorpommern wegen Besetzungsmängeln aufgehoben, sodass angenommen werden muss, dass die Gewährleistung des gesetzlichen (!) Richters bei der betroffenen und ihrerseits gesetzesgebundenen Justizverwaltung nicht an erster Stelle steht.[8]

4 Nach § 11 Abs. 4 idF des 7. SGGÄndG vom 9.12.2004 (BGBl. 2004 I 3302) können auf Lebenszeit ernannte Richter anderer Gerichte zu Richtern im Nebenamt ernannt werden. Die den Ländern nach § 2 zukommende Aufgabe der Gerichtshaltung eröffnet die Möglichkeit, als Vertreter des Präsidenten einen **Vizepräsidenten** zu bestellen, der richterlich als Vorsitzender Richter tätig wird. Die Stellen von Vorsitzenden Richtern müssen umgehend besetzt werden. Dauernder Bedarf an Vorsitzenden Richtern darf nicht durch einen ständigen Vertreter gedeckt werden. Andernfalls ist das Gericht nicht vorschriftsmäßig besetzt.[9]

III. Gerichtsverwaltung und Dienstaufsicht – Abs. 2

5 Der Abs. 2 enthält eine im Hinblick auf § 2 überflüssige **Klarstellung** zur Zuständigkeit für die Gerichtsverwaltung und die Dienstaufsicht. Zu Funktion und Grenzen der Dienstaufsicht gegenüber Richtern → § 1 Rn. 8 und → § 9 Rn. 5.

§ 31 [Fachsenate]

(1) [1]Bei den Landessozialgerichten werden Senate für Angelegenheiten der Sozialversicherung, der Arbeitsförderung einschließlich der übrigen Aufgaben der Bundesagentur für Arbeit, für Angelegenheiten der Grundsicherung für Arbeitsuchende, für Angelegenheiten der Sozialhilfe einschließlich der Angelegenheiten nach Teil 2 des Neunten Buches Sozialgesetzbuch und des Asylbewerberleistungsgesetzes sowie für Angelegenheiten des sozialen Entschädigungsrechts [ab 1.1.2024: *des Sozialen Entschädigungsrechts*] und des Schwerbehindertenrechts gebildet. [2]Für Angelegenheiten der Knappschaftsversicherung einschließlich der Unfallversicherung für den Bergbau sowie für Verfahren wegen eines überlangen Gerichtsverfahrens (§ 202 Satz 2) kann jeweils ein eigener Senat gebildet werden.

(2) Für die Angelegenheiten des Vertragsarztrechts und für Antragsverfahren nach § 55 a ist jeweils ein eigener Senat zu bilden.

(3) Die beteiligten Länder können die Ausdehnung des Bezirks eines Senats auf das Gebiet oder auf Gebietsteile mehrerer Länder vereinbaren.

7 BSG 25.5.2018 – B 13 R 217/17 B, juris Rn. 11 mwN.
8 Vgl. etwa auch BSG 25.4.2018 – B 14 AS 157/17 B, NZS 2019, 66 f.; 23.10.2018 – B 11 AL 43/18 B, juris; 25.4.2019 – B 14 AS 255/17 B, juris; 12.12.2019 – B 14 AS 33/18 B, juris.
9 BSG 29.11.2006 – B 6 KA 34/06 B, SozR 4-1720 § 21 f Nr. 1.

I. Allgemeines

1 Die Vorschrift sieht für das LSG das **Fachsenatssystem** vor. Es handelt sich um ein die Sozialgerichtsbarkeit durchgehend bestimmendes Prinzip (vgl. § 10 für das SG; § 40 für das BSG). Das 6. SGGÄndG vom 17.8.2001 (BGBl. 2001 I 2144) hat Abs. 1 Satz 1 neu gefasst und in Abs. 2 „Kassenarztrechts" durch „Vertragsarztrechts" ersetzt. Es handelt sich um redaktionelle Anpassungen an die Änderungen der jeweiligen Tätigkeitsbereiche.[1] Der Abs. 1 Satz 1 idF des 7. SGGÄndG vom 9.12.2004 (BGBl. 2004 I 3302) enthält eine Folgeänderung nach der Ergänzung der Aufgabenbereiche durch § 51 Abs. 1 Nr. 6 mit Wirkung ab 1.1.2005. Zuletzt sind mWv 1.1.2020 durch Art. 20 Abs. 2 Nr. 1 des BundesteilhabeG v. 23.12.2016 (BGBl. I 3234) in Abs. 1 S. 1 die Wörter „einschließlich der Angelegenheiten nach Teil 2 des Neunten Buches Sozialgesetzbuch eingefügt worden". Die Bildung von knappschaftlichen Fachsenaten ist wegen des Strukturwandels im Bergbau nach Abs. 1 Satz 2 idF des ÄndG vom 26.3.2008 (BGBl. 2008 I 444) in das Ermessen der Länder gestellt.[2] Das Gesetz zur Ermittlung von Regelbedarf und zur Änderung des Zweiten und Zwölften Sozialgesetzbuchs (EGRBEG) vom 24.3.2011 (BGBl. 2011 I 453) hat mWv 1.4.2011 Abs. 1 um Angelegenheiten des Asylbewerbergesetzes und Abs. 2 um Anträge nach § 55 a ergänzt. Das Gesetz vom 24.11.2011 (BGBl. 2011 I 2302) hat die fakultative Bildung eines Fachsenats für Entschädigungsansprüche wegen überlanger Verfahrensdauer eröffnet. Einen **Großen Senat** gibt es – anders als beim OVG (§ 12 VwGO) – beim LSG nicht. Da Divergenzen der LSG-Senate unter einander auch nicht zur Zulassung der Revision führen (§ 160 Abs. 2 Nr. 2), bleiben in gewissem Umfang Rechtsschutzlücken; dies gilt jedenfalls, soweit die divergierende Rechtsprechung des Berufungsgerichts nicht zugleich auf die (erneute) Klärungsbedürftigkeit einer Rechtsfrage (§ 160 Abs. 2 Nr. 1) hinweist oder die Divergenz zugleich gegenüber einer Entscheidung iS von § 160 Abs. 2 Nr. 2 besteht.

II. Fachsenate

2 Das Fachsenatssystem ist ein **Organisationsprinzip**, das der Geschäftsverteilung zwingend vorgegeben ist. Es gewährleistet materialiter die Ausbildung spezialisierten Rechts- und Erfahrungswissens, wird allerdings durch die gesetzgeberische Vernachlässigung des Repräsentationsprinzips bei der Rekrutierung der ehrenamtlichen Richter sowie durch die **Beförderungspraxis** bei Berufsrichtern, die contra legem bevorzugt auf den „Allrounder" abstellt, sukzessive geschwächt. Das **Präsidium** entscheidet über die Geschäftsverteilung auf die Senate nach Maßgabe der gesetzlichen Vorgaben und muss folglich stets Senate mit den in Abs. 1 Satz 1 genannten Gebieten einrichten, ohne an einer weitergehenden Untergliederung, etwa hinsichtlich der Zuständigkeit für einzelne Zweige der Sozialversicherung gehindert zu sein. Fakultativ wird zusätzlich in Abs. 1 Satz 2 die Möglichkeit der Einrichtung besonderer Senate für Angelegenheiten der Knappschaftsversicherung einschließlich der Unfallversicherung für den Bergbau sowie für Verfahren wegen eines überlangen Gerichtsverfahrens eröffnet. Für Klagen auf Entschädigung gegen ein Land ist das LSG sachlich und örtlich ausschließlich zuständig (§ 202 Satz 2, § 201 Satz 1, 2 GVG). Die Präsidenten der Gerichte

1 Vgl. zur Neufassung des § 12: BT-Drs. 14/5943, 21 zu Art. 1 Nr. 4.
2 BT-Drs. 16/7716, 17.

und ihre ständigen Vertreter wirkten bis zum 31.12.2011 nach § 201 Abs. 1 Satz 4 GVG bei der Entscheidung über einen Anspruch nach § 198 GVG nicht mit. Die Regelung wurde zum 1.1.2012 durch Art. 1 Nr. 6 Buchst. b des Gesetzes über die Besetzung der Großen Straf- und Jugendkammern in der Hauptverhandlung und zur Abänderung weiterer gerichtsverfassungsrechtlicher Vorschriften sowie des Bundesdisziplinargesetzes v. 6.12.2011 wieder aufgehoben. Die **Zahl der Senate** bestimmt nicht das Präsidium, sondern jeweils die für die Gerichtsverwaltung nach Landesrecht zuständige Stelle. Dies folgt aus § 202 S. 1 iVm §§ 116 Abs. 2, 130 Abs. 2 GVG. Das Präsidium (§ 6) hat die Geschäftsbereiche der Senate nach den in Abs. 1 genannten Angelegenheiten, also an fachliche Gesichtspunkte anknüpfend zu verteilen. Damit ist eine Geschäftsverteilung ausgeschlossen, die von einer „Allzuständigkeit" ausgehend den Arbeitsanfall zB nach Nummern oder Bezirken verteilt. Derartige Anknüpfungspunkte kommen aber in Betracht, wenn der Arbeitsanfall die Verteilung eines Fachbereichs auf mehrere Senate erfordert. Andererseits ist es nicht ausgeschlossen, dass Senate – auch solche nach Abs. 2 – mit mehreren Fachbereichen betraut werden[3] bzw. Berufsrichter nach dem Geschäftsverteilungsplan auch weiteren Senaten zugeordnet sind.[4] Dabei sind ggf. besondere Besetzungsvorschriften hinsichtlich der **ehrenamtlichen Richter** zu beachten (§ 31 Abs. 1 iVm § 12 Abs. 2 bis 5). Auf diese Weise wird nicht etwa jeweils ein besonderer Senat eingerichtet, sondern lediglich eine Untergliederung des vorhandenen Senats vorgenommen und dessen unterschiedliche Besetzung je nach Fachmaterie geregelt, aus der die zu entscheidenden Streitsachen stammen.

III. Angelegenheiten des Vertragsarztrechts – Abs. 2

3 Der **eigene Senat** für Angelegenheiten des Vertragsarztrechts ist zu bilden für Streitigkeiten aufgrund der Beziehungen zwischen Krankenkassen und Vertragsärzten, Psychotherapeuten und Vertragszahnärzten (vgl. die Legaldefinition in § 10 Abs. 2).[5] Die Berufsrichter des Senats für Vertragsarztrecht können nach dem Geschäftsverteilungsplan auch weiteren Senaten zugeordnet sein (§ 6 SGG iVm § 21 e Abs. 1 S. 4 GVG).[6] Zur zwingenden Einrichtung von einem oder mehreren Normenkontrollsenaten s. die Anmerkungen zu § 55 a.

IV. Staatsverträge – Abs. 3

4 Durch Staatsvertrag können mehrere, nicht aber alle Länder die **Ausdehnung des Bezirks eines Senates** auf das Gebiet oder auf Gebietsteile dieser Länder vereinbaren.[7] Gebrauch gemacht hatten von dieser Möglichkeit die Länder Bremen, Hessen und Niedersachsen für den Bezirk eines Knappschaftssenats des LSG Niedersachsen.[8] Die Vereinbarung besteht nicht mehr.

---

3 BSG 22.1.1981 – 10/8 b RAr 1/80, E 51, 122 (125) = SozR 1750 § 551 Nr. 9.
4 Vgl. zum Vertragsarztrecht BSG 30.11.2016 – B 6 KA 35/16 B, juris Rn. 16.
5 Zur Zugehörigkeit des Streits eines Vertragsarztes um Schadensersatz zu einem Spruchkörper für gesetzliche Krankenversicherung BSG 29.3.2016 – B 1 KR 126/15 B, SozR 4-1500 § 10 Nr. 11.
6 BSG 30.11.2016 – B 6 KA 35/16 B, juris Rn. 16.
7 Vgl. für die Verwaltungsgerichtsbarkeit § 3 Abs. 2 VwGO; für das SG § 7 Abs. 2, § 10 Abs. 3.
8 Vgl. Rohwer-Kahlmann, § 31 Rn. 5.

V. Folgen von Verletzungen der Zuständigkeitsregelungen

Verstöße gegen die Zuständigkeitsregelung des § 31 verletzen gesetzliche Besetzungsregelungen mit der Folge, dass ein absoluter Revisionsgrund iS des § 547 Nr. 1 ZPO in Betracht kommt.[9] Abweichend von der früheren Rechtsprechung geht das BSG allerdings nicht mehr von einem von Amts wegen, sondern nur auf Rüge zu berücksichtigenden Verfahrensmangel aus.[10] 5

§ 32 [Richter auf Lebenszeit]

(1) Die Berufsrichter werden von der nach Landesrecht zuständigen Stelle auf Lebenszeit ernannt.
(2) (weggefallen)

I. Allgemeines

Der frühere Abs. 2 der Vorschrift wurde durch § 90 Abs. 3 DRiG mWv 1.7.1962 aufgehoben. Danach durften nur Lebenszeitrichter als Hilfsrichter bestellt werden. Für das LSG dürfen aber ohnehin nur Lebenszeitrichter tätig sein, weil eine von § 28 Abs. 1 DRiG abweichende Regelung nicht besteht.[1] Eine entsprechende Regelung findet sich in § 15 Abs. 1 VwGO. 1

II. Berufsrichter; Hilfsrichter

Berufsrichter sind **Präsident, Vizepräsident, Vorsitzende Richter** und **weitere Richter** (§ 30 Abs. 1). Diese werden von der nach Landesrecht zuständigen Stelle nach den landesrechtlichen Bestimmungen über das Ernennungsverfahren (Art. 70 ff. GG) auf Lebenszeit ernannt. Ein beratender Ausschuss wie nach § 11 muss nicht angehört werden, wohl aber ggf. der nach Landesrecht gebildete Richterwahlausschuss. Unberührt bleibt auch die Beteiligung des Präsidialrats (vgl. §§ 74, 75 DRiG). 2

Nach der stRspr des BVerfG sieht das GG im Interesse der sachlichen und persönlichen Unabhängigkeit der Richter vor, dass deren Amt grundsätzlich von **bei dem betreffenden Gericht** planmäßig und auf Lebenszeit ernannten Richtern ausgeübt wird.[2] Der Einsatz von **Hilfsrichtern**[3] kommt am LSG nur insofern in Betracht, als es um nach § 37 DRiG abgeordnete Lebenszeitrichter geht (zu Einzelheiten → § 30 Rn. 2). Das bisherige Richterverhältnis und das Richteramt beim bisherigen Gericht bleiben für die Dauer der **Abordnungszeit** bestehen, die mit Zustimmung des Richters ohne Mindestfrist[4] nur für einen bestimmten Zeitraum und im **zwingend und unumgänglich gebotenen Umfang** erfolgen darf (§ 37 Abs. 1, 2 DRiG). Die Notwendigkeiten, die eine solche Verwendung rechtfertigen, können in den einzelnen Gerichtszweigen und bei ihren Kammern oder Senaten örtlich und zeitlich verschieden sein. Daher hängt es von den jeweiligen besonderen Umständen ab, ob und in welchem Maß im Einzelfall die Besetzung 3

---

9 BSG 16.7.1996 – 1 RS 1/94, E 79, 41 ff. mH auf BSG 13.7.1977 – 3 RK 84/76, E 44, 133.
10 BSG 16.7.1996 – 1 RS 1/94, E 79, 41 ff.
1 Anders für das SG § 11 Abs. 3.
2 S. die Nachweise bei BSG 25.4.2018 – B 14 AS 157/17 B, NZS 2019, 66 ff., juris Rn. 8.
3 BSG 7.1.1999 – B 9 VG 8/98 B, juris Rn. 4.
4 BVerwG 29.10.1980 – 1 CB 138/80, Buchholz 130 § 8 RuStAG Nr. 10.

der erkennenden Gerichte mit nicht planmäßigen Richtern zulässig ist.[5] Zwingende Gründe liegen in einer Abordnung an das LSG zur Eignungserprobung[6] und in der vorübergehend anfallenden Vertretung planmäßiger Richter, deren Arbeit von ihren planmäßigen Vertretern nicht bewältigt werden kann (insbesondere bei Mutterschutz oder Dienstunfähigkeit). Auch in diesen Fällen ist die Verwendung von nicht planmäßigen Richtern aber nicht gerechtfertigt, wenn die Arbeitslast des Gerichts deshalb nicht bewältigt werden kann, weil es unzureichend mit Planstellen ausgestattet ist, oder weil die Justizverwaltung es verabsäumt hat, offene Planstellen binnen angemessener Frist zu besetzen.[7]

4 Ohne Zustimmung darf die Abordnung nur für längstens drei Monate in einem Geschäftsjahr zur Vertretung eines planmäßigen Richters ausgesprochen werden (§ 37 Abs. 3 DRiG). Auch diese Regelung darf aber nicht dazu benutzt werden, Planstellen nicht bzw. mit Verzögerung zu besetzen (vgl. auch → § 31 Rn. 3). Bei einer gerichtlichen Entscheidung darf nicht mehr als ein Richter auf Probe oder ein Richter kraft Auftrags oder ein abgeordneter Richter mitwirken. Er muss als solcher in dem Geschäftsverteilungsplan kenntlich gemacht werden (§ 29 DRiG). Die Verwendung abgeordneter Hilfsrichter ist im Übrigen nicht auf „überbesetzte" Senate mit drei ständigen Mitgliedern des LSG beschränkt.[8] An systematisch falscher Stelle regelt das Gesetz schließlich in Anlehnung an § 16 VwGO die Möglichkeit einer Verwendung von Richtern im Nebenamt am LSG.

§ 33 [Besetzung der Senate]

(1) [1]Jeder Senat wird in der Besetzung mit einem Vorsitzenden, zwei weiteren Berufsrichtern und zwei ehrenamtlichen Richtern tätig. [2]§ 12 Abs. 1 Satz 2, Abs. 2 bis 5 gilt entsprechend.

(2) In Senaten, die in Verfahren wegen eines überlangen Gerichtsverfahrens (§ 202 Satz 2) entscheiden, wirken die für Angelegenheiten der Sozialversicherung berufenen ehrenamtlichen Richter mit.

I. Allgemeines

1 Die Vorschrift regelt in Abs. 1 S. 1 die (Mindest-)**Besetzung der Spruchkörper des LSG** (Senate) bei der Urteilsfällung und bei Beschlüssen in der mündlichen Verhandlung, soweit sie nicht dem Vorsitzenden vorbehalten sind und gibt ansonsten den Personalbestand an, der nach Maßgabe spezieller gesetzlicher Aufgabenzuweisungen für deren Erledigung zur Verfügung steht. Die Verweisung in Satz 2 wurde durch RPflEntlG vom 11.1.1993 (BGBl. 1993 I 50) geändert. Durch die Bezugnahme auf § 12 Abs. 1 Satz 2 ist klargestellt, dass bei Beschlüs-

5 BSG 25.4.2018 – B 14 AS 157/17 B, NZS 2019, 66 ff., juris Rn. 9.
6 BVerfG 3.7.1962 – 2 BvR 628/60 ua, BVerfGE 14, 156, 164; 22.6.2006 – 2 BvR 957/05, juris Rn. 7 mwN.
7 BSG 25.4.2018 – B 14 AS 157/17 B, NZS 2019, 66 ff., juris Rn. 11 mwN.
8 Vgl. BSG 30.3.1960 – 2 RU 255/59, SozR Nr. 1 zu § 32 SGG.

sen außerhalb der mündlichen Verhandlung – zwingend – die ehrenamtlichen Richter nicht mitwirken; Ausnahme für das BSG in § 160 a Abs. 4 Satz 2 Hs. 1. Entsprechende Regelungen finden sich in § 9 Abs. 3 VwGO, § 122 GVG (Zivilsenate des OLG nur drei Berufsrichter). Abs. 2 beruht auf dem Gesetz vom 24.11.2011 (BGBl. 2011 I 2302).

II. Regelbesetzung – Abs. 1

1. Allgemein. Die Senate des LSG entscheiden bei Urteilen grundsätzlich in der Besetzung mit **einem Vorsitzenden, zwei weiteren Berufsrichtern** und **zwei ehrenamtlichen Richtern.** Über (konkret-individuelle) Besetzung der Senate und die Verteilung der Geschäfte auf sie entscheidet das **Präsidium** (§ 6 iVm § 21 e Abs. 1 Satz 1 GVG). Der Präsident bestimmt im Rahmen einer engen Ausnahme von der Regelungskompetenz des Präsidiums selbst „welche richterlichen Aufgaben er wahrnimmt" – nicht den Senat, dem er vorsitzt, und auch nicht dessen personelle Besetzung – (§ 6 iVm § 21 e Abs. 1 Satz 3 GVG). Jeder Richter kann mehreren Senaten angehören, auch Vorsitzende Richter (§ 6 iVm § 21 e Abs. 1 Satz 4 GVG). Ausnahmen von der Regelbesetzung bestehen unter den Voraussetzungen des § 155 Abs. 3 und 4.[1] 2

Bei der **Rechtsfindung im konkreten Fall** kommt dem Vorsitzenden keine herausgehobene Rolle zu. Er muss deshalb wie alle zur (gleichwertigen) Entscheidung berufenen Mitglieder des Spruchkörpers auf der Grundlage eines von diesem ohne gesetzliche Vorgaben in richterlicher Unabhängigkeit eigenständig organisierten Verfahrens vollständige (nicht „überlegene") Kenntnis des Streitstoffs haben und soll (ohne ein formal herausgehobenes Gewicht seiner Stimme) idealiter aufgrund seiner Sachkunde, Erfahrung und Menschenkenntnis in der Lage sein, einen „richtunggebenden Einfluss" durch geistige Überzeugungskraft auszuüben. Dies setzt weniger einen bestimmten quantitativen Anteil eines in bestimmter Art und Weise einzubringenden Arbeitseinsatzes voraus. Vielmehr steht es allein im Verantwortungsbereich des Vorsitzenden, wie er seine Arbeitskraft bei der Erfüllung seiner richterlichen Aufgaben im Einzelnen einsetzt und eröffnet bereits die Präsenz des Vorsitzenden und die Mitwirkung an der Entscheidung die Möglichkeit, seine Überlegungen, seine Sachkunde und seine Erfahrung in den Spruchkörper einzubringen.[2] 3

Ein Senat muss hiervon unabhängig stets den **Präsidenten oder einen Vorsitzenden Richter** „an seiner Spitze" haben, deren Status ihnen zumindest in aller Regel die gesetzliche Aufgabe zuweist, den Vorsitz im Spruchkörper zu führen (§§ 6, 33 SGG, § 21 f Abs. 1 GVG) und die sonstigen gesetzlich gerade dem Vorsitzenden (zB § 155 Abs. 2, 3 SGG) zugewiesenen Aufgaben zu erledigen. Darüber hinaus ist der Vorsitzende nicht ermächtigt, anstelle des Gerichts zu handeln. Grds. darf nämlich – bis auf extreme Ausnahmefälle[3] – nach Art. 101 Abs. 1 S. 2 GG richterlich nur handeln und entscheiden, wer nach dem GVG, den Prozessordnungen sowie den Geschäftsverteilungs- und Besetzungsregelungen des Gerichts dafür zuständig ist.[4] Fehlt es bereits an der Bestellung eines 4

1 Hierzu zuletzt etwa BSG 9.3.2016 – B 14 AS 96/15 B, juris und 13.2.2014 – B 4 AS 359/13 B, juris.
2 Vgl. insgesamt BVerfG 23.5.2012 – 2 BvR 610/12, juris Rn. 23 ff.
3 Vgl. BVerfG 19.7.2001 – 2 BvR 1175/01, juris Rn. 4, Rn. 2.
4 BVerfG 13.4.2017 – 1 BvR 1790/14, juris mH auf BVerfG 8.6.1993 – 1 BvR 878/90, BVerfGE 89, 28 (36).

Vorsitzenden, liegt eine ordnungsgemäße Besetzung nicht vor. Bei **Verhinderung** des Vorsitzenden (und nur in deren Umfang berechtigt)[5] führt an dessen Stelle den Vorsitz das vom Präsidium nach eigenem Ermessen bestimmte (auf Lebenszeit ernannte, § 32 SGG, § 28 Abs. 2 S. 2 DRiG) Mitglied des Spruchkörpers (§ 21 f Abs. 2 S. 1 GVG). Ist auch dieser Vertreter verhindert, führt das dienstälteste, bei gleichem Dienstalter das lebensälteste Mitglied des Spruchkörpers den Vorsitz (§ 21 f Abs. 2 S. 2 GVG). Die „Vertretung" vermittelt kraft Anordnung im Geschäftsverteilungsplan bzw. im Gesetz funktional die sonst dem Vorsitzenden obliegenden Aufgaben, ohne Status.[6]

5 **Verhinderung** idS ist nur eine vorübergehende rechtliche oder tatsächliche Unmöglichkeit (insbesondere aufgrund von Krankheit, Urlaub, eine anderweitige dienstliche Tätigkeit oder aus ähnlichen Gründen),[7] den Vorsitz zu führen,[8] während die dauernde oder für eine unabsehbare Zeit erfolgende Vertretung des ordentlichen Vorsitzenden unzulässig ist und ggf. eine Berücksichtigung im Geschäftsverteilungsplan des laufenden Geschäftsjahrs (ausdrücklich § 21 e Abs. 3 S. 1 GVG: „dauernde Verhinderung") erfordert.[9] Obwohl vorübergehende Verhinderung/Vertretung jeweils das Vorhandensein eines zu vertretenden Amtsinhabers voraussetzen[10] und es sich bei § 21 f Abs. 2 um eine eng auszulegende Ausnahmeregelung handelt, geht eine übereinstimmende, methodisch dennoch fragwürdige und bevorzugt „pragmatisch" begründete, oberstgerichtliche Rechtsprechung davon aus, dass die Norm einer „entsprechenden Anwendung" in den Fällen eines endgültigen Ausscheidens bei Versetzung in den Ruhestand,[11] Abordnung oder Tod jedenfalls für eine kurze Übergangszeit (von nach BSG 29.11.2006[12] im Regelfall höchstens sechs Monaten) zugänglich ist.[13] Der „Verhinderungsfall" tritt eo ipso ein und bedarf nach gefestigter Rspr. jedenfalls dann keiner gesonderten Feststellung, wenn „offenkundig" ist, dass der Vorsitzende an der Sitzungsleitung gehindert ist. Da die „Offenkundigkeit" idS vielfach dennoch eher ein Gerichtsinternum ist, erscheint es aus Gründen der Verfahrensfairness zumindest „vorzugswürdig", die Verfahrensbeteiligten unzweideutig auf die Gegebenheiten hinzuweisen.[14] Stets muss der Spruchkörper selbst prüfen (und zumindest in Zweifelsfällen dokumentieren), ob er im Einzelfall richtig besetzt ist. Soweit BGH 5.10.2016[15] annimmt, der Vorsitzende selbst sei wegen „§ 21 g GVG" abschließend berechtigt, seine Verhinderung „festzustellen", verweist er auf die bereits zum 30.12.1999 außer Kraft getretene Fassung der Norm.

6 Einem Senat dürfen mehrere abgeordnete Richter auf Lebenszeit zugeteilt werden, wobei nicht mehr als einer an einer Entscheidung mitwirken darf (§ 29

5 BGH 12.3.2015 – VII ZR 173/13, NJW 2015, 1685 ff., juris Rn. 28.
6 VGH BW 22.11.2012 – 4 S 2061/12, juris Rn. 15.
7 OVG RhPf 19.4. 2016 – 3 A 10151/16, NVwZ-RR 2017, 152 ff., juris Rn. 36 f. mwN.
8 BGH 12.3.2015 – VII ZR 173/13, NJW 2015, 1685 ff., juris Rn. 34 mwN.
9 BGH 12.3.2015 – VII ZR 173/13, NJW 2015, 1685 ff., juris Rn. 24 mwN.
10 Vgl. KG Berlin 14.12.2017 – (4) 121 Ss 127/17(211/17), NStZ 2018, 491 ff., juris Rn. 22.
11 Zum lediglich bevorstehenden Eintritt in den Ruhestand OLG Hamm 11.8.2016 – III-3 Ws 304-305/16 ua, juris Rn. 36.
12 B 6 KA 34/06 B, NJW 2007, 2717 f., juris Rn. 8.
13 BGH 12.3.2015 – VII ZR 173/13, NJW 2015, 1685 ff., juris Rn. 34.
14 Vgl. OVG RhPf 19.4.2016 – 3 A 10151/16, NVwZ-RR 2017, 152 ff., juris Rn. 42 mwN.
15 XII ZR 50/14, MDR 2017, 51, juris Rn. 21.

DRiG). Der Einsatz muss sich in den Grenzen einer vorübergehenden Vertretung bzw. Erprobung bewegen (näher → § 30 Rn. 3).

2. Aufgabenverteilung im Senat. Das Gesetz weist unmittelbar allein dem Vorsitzenden Aufgaben zu. An seine Stelle kann (nur) in den gesetzlich bestimmten Fällen, muss aber nicht – sonst wäre der einleitende Bedingungssatz in § 155 Abs. 4 SGG („Ist ein Berichterstatter bestellt…") sinnlos – unabhängig von einer Verhinderung des Vorsitzenden ein **„Berichterstatter"** treten (§ 101 Abs. 1 S. 2, § 153 Abs. 5, 155 Abs. 4. § 177 SGG). Da es sich um die Bestimmung eines Richters mit (abgeleiteter und begrenzter) Vorsitzendenfunktion handelt, muss die Zuweisung der besonderen Funktion im Blick auf Art. 101 Abs. 1 S. 2 GG auch in nicht überbesetzten Senaten gemäß § 21 g Abs. 1 S. 1 GVG **vorweg und generell nach abstrakten Kriterien** durch alle Mitglieder des Senats erfolgen. Dies ergibt sich zudem aus dem Wegfall von § 155 Abs. 1 S. 2 SGG aF zum 2.1.2002, der bis dahin die Ernennung eines Berufsrichters zum Vorsitzenden in das Ermessen des Vorsitzenden gestellt hatte. Schon vor diesem Zeitpunkt war schließlich das Plenum des BVerfG davon ausgegangen, dass „beispielsweise in Fällen, in denen die Entscheidung eines Rechtsstreits vom Kollegialgericht auf den Einzelrichter übertragen werden kann, im Mitwirkungsplan geregelt werden muss, wer … jeweils … Berichterstatter sein werde."[16] 7

Im Rahmen seiner hierdurch eröffneten Entscheidungsmacht ist nur der Betroffene gesetzlicher Richter. Zwar spielt die ordnungsgemäße Berufung zum Berichterstatter während des vorbereitenden Verfahrens keine Rolle mehr, wo nur noch die Frage der Senatsbesetzung im Zeitpunkt der abschließenden Entscheidung durch den Spruchkörper in voller Besetzung im Raum steht.[17] Geht es demgegenüber darum, ob der Berichterstatter sich im Zeitpunkt seines Handelns gerade als solcher auf eine entsprechende Handlungskompetenz berufen konnte, unterliegt er selbstverständlich Art. 101 Abs. 1 S. 2 GG und müssen die Verfahrensbeteiligten nur den ordnungsgemäß Berufenen als ihren gesetzlichen Richter anerkennen.[18] In den Fällen des § 153 Abs. 5 SGG müsste andernfalls der anstelle des Senats mit den ehrenamtlichen Richtern entscheidende Berichterstatter nicht gesetzlicher Richter sein. 8

Nach **§ 155 Abs. 1 SGG** kann außerdem der Vorsitzende (nur) seine Aufgaben nach den §§ 104, 106 bis 108 und 120 einem Berufsrichter des Senats übertragen. Dieser Vorgang hat mit der Bestellung zum Berichterstatter durch die Berufsrichter des Senats nichts zu tun. Die Übertragung muss weder überhaupt („kann"), noch, wenn sie erfolgt, gerade an den Berichterstatter („einem Berufsrichter des Senats") erfolgen, sofern ein solcher überhaupt bestimmt ist. Erfolgt keine Aufgabenübertragung (an den Berichterstatter), bleibt es abschließend bei der gesetzlichen Aufgabenzuweisung an den Vorsitzenden durch §§ 104, 106 bis 108 und 120; hierin kann – entgegen der wohl hM – keine Verletzung des Rechts der (auch insofern gesetzesgebundenen) Mitglieder des Senats, im Rahmen von § 21 g Abs. 1 GVG, die Mitglieder der Sitzgruppe und ggf. den Berichterstatter zu bestimmen, liegen. 9

In der **Praxis** erfolgt allerdings in aller Regel die (abstrakt-generelle) Übertragung nach § 155 Abs. 1 SGG an den Berichterstatter und wird auch dieser Akt 10

16 BVerfG 8.4.1997 – 1 PBvU 1/95, BVerfGE 95, 455 ff., juris Rn. 33.
17 Insofern zutreffend BSG 16.7.2019 – B 12 KR 6/18 R, SozR 4-2400 § 7 a Nr. 12 Rn. 14.
18 Vgl. zum Untersuchungsrichter BVerfG 16.4.1969 – 2 BvR 115/69, BVerfGE 25, 336 ff.

des Vorsitzenden zur Klarstellung in der senatsinternen Geschäftsverteilung vermerkt. Die gesetzlichen Aufgabenkreise fallen dann auf unterschiedlichen Wegen der Zuweisung in der Person des Berichterstatters zusammen mit der Folge, dass der Vorsitzende nicht mehr kraft Gesetzes, sondern allenfalls dann zur Erledigung berufen ist, wenn er selbst vom Senat zum Berichterstatter bestellt ist. Da Art. 101 Abs. 1 S. 2 GG alle dem Richter als solchem zugewiesenen Aufgaben betrifft (→ Rn. 7), liegt die einmal erfolgte Aufgabenübertragung notwendig nicht mehr in der Hand des Vorsitzenden. Er kann sie daher auch nicht im Einzelfall wieder „zurückholen". Für Akte mit schwerwiegenden Folgen wie der Betreibensaufforderung[19] oder der Auferlegung von Ordnungsgeldern im Zusammenhang der Beweisaufnahme oder der Durchführung von Erörterungsterminen etc. muss vorweg bestimmt sein, wer hierzu im Einzelfall berufen ist.

11 **3. Überbesetzung und gesetzlicher Richter.** § 33 Abs. 1 Satz 1 SGG bestimmt nach **Art und Zahl** die Richter, die zur Entscheidung im Einzelfall erforderlich sind. Ein Rechtssatz des Inhalts, dass jedem Spruchkörper auch insgesamt nur in diesem Umfang Richter zugewiesen werden dürfen, ist ihm nicht zu entnehmen; ein derartiger Rechtssatz besteht auch ansonsten nicht.[20] Einem Senat können daher über die **Mindestbesetzung** mit „zwei weiteren Berufsrichtern" hinaus durch den Geschäftsverteilungsplan weitere Berufsrichter zugewiesen werden. Eine unbestimmte Obergrenze ergibt sich insofern, wo die Gefahr der Bildung mehrerer selbstständiger Abteilungen (Sitzgruppen) im Senat besteht oder der Vorsitzende nicht mehr zur Organisation der Rechtsprechungstätigkeit des Senats in der Lage ist. Jedenfalls vier weitere (beisitzende) Berufsrichter sind unbedenklich.[21] Nicht nur der Spruchkörper des Gerichts, sondern auch der einzelne Richter und seine Mitwirkung müssen dann jedoch vorab nach abstrakt-generellen Merkmalen bestimmt sein,[22] damit auch insofern **der grundrechtsgleiche Anspruch der Rechtsuchenden auf den gesetzlichen Richter** (Art. 101 Abs. 1 Satz 2 GG) gewahrt bleibt. Eine Überbesetzung ist dann verfassungswidrig, wenn Manipulationsmöglichkeiten denkbar sind, zB bei Bildung voneinander unabhängiger Sitzgruppen.[23] Nach Auffassung des Plenums des Bundesverfassungsgerichts ist es daher im Hinblick auf Art. 101 Abs. 1 Satz 2 GG grundsätzlich geboten, für mit Berufsrichtern überbesetzte Spruchkörper eines Gerichts im Voraus nach abstrakten Merkmalen zu bestimmen, welche Richter an den jeweiligen Verfahren mitzuwirken haben. Aus dieser Vorausbestimmung muss für den Regelfall die Besetzung des zuständigen Spruchkörpers bei den einzelnen Verfahren ableitbar sein. Die Heranziehung des einzelnen Richters zur Entscheidung einer Sache muss dann durch einen Mitwirkungsplan unter Ausschluss aller vermeidbaren Spielräume, insbesondere subjektiver Wertungen, nach abstrakt-generellen Kriterien vorweg festgelegt sein, um den gesetzlichen Richter iS von Art. 101 Abs. 1 S. 2 GG zu bestimmen.[24] Die **konkrete Richterperson** darf sich folglich nicht erst bei der Terminierung der einzelnen Sache ergeben. Der Einsatz

19 LSG NRW 20.3.2018 – L 2 AS 2175/17, juris Rn. 14.
20 BSG 30.10.1962 – 8 RV 325/62, SozR SGG § 34 Nr. 4.
21 Vgl. BSG 30.10.1962 – 8 RV 325/62, SozR Nr. 4 zu § 34 SGG.
22 BVerfG 24.3.1964 – 2 BvR 42, 83, 89/63, E 17, 294 (299); BVerfG 8.4.1997 – 1 PbvU 1/95, E 95, 322 (328 f.).
23 Vgl. BVerfG 25.3.1964 – 2 BvR 42, 83, 89/63, BVerfGE 17, 294 (301); BVerfG 3.2.1965 – 2 BvR 166/64, BVerfGE 18, 344 (349).
24 BVerfG 8.4.1997 – 1 PbvU 1/95, E 95, 322 (330); BSG 23.8.2007 – B 4 RS 2/06 R, SozR 4-1500 § 155 Nr. 1 Rn. 22.

unterschiedlicher Regelungskonzepte ist dabei nicht ausgeschlossen.[25] Die Forderung nach Bestimmtheit und Eindeutigkeit der Zuständigkeitsregelung ist nur verletzt, wenn die Regelung mehr als nach dem Regelungskonzept notwendig auf solche Begriffe zurückgreift.

4. Interne Mitwirkungspläne. Die **Geschäftsverteilung innerhalb des Senates** obliegt nach der Neufassung von § 21 g GVG durch das Gesetz zur Stärkung der Unabhängigkeit der Richter und Gerichte vom 22.12.1999 (BGBl. 1999 I 2598) nicht mehr dem Vorsitzenden, sondern ist von **allen Berufsrichtern** des Senates zu beschließen. Der Beschluss ergeht nach § 21 g Abs. 2 GVG vor Beginn des Geschäftsjahres und regelt **abstrakt-generell jährlich im Voraus**, nach objektiven und nachprüfbaren Kriterien (zB Eingangsnummer der Sache) die Senatsmitglieder, die an den Verfahren mitwirken und wer ggf. als Berichterstatter anstelle des Vorsitzenden fungiert (vgl. § 155 Abs. 4). Eine Änderung der senatsinternen Geschäftsverteilung ist nur nach Maßgabe von § 21 g Abs. 2 Hs. 2 GVG möglich.[26] Zu den Grundsätzen der Geschäftsverteilung → § 6 Rn. 5 ff. 12

5. Ehrenamtliche Richter. Eine **Überbesetzung** der Senate mit **ehrenamtlichen Richtern** ist unbedenklich.[27] Sie ist unerlässlich um die Belastung in zumutbaren Grenzen zu halten. Im Hinblick auf die Besetzung der Senate mit ehrenamtlichen Richtern gelten § 12 Abs. 2 bis Abs. 4 entsprechend. Das Präsidium teilt die ehrenamtlichen Richter den einzelnen Senaten zu (§ 6 Nr. 1). 13

III. Entschädigungsansprüche – Abs. 2

Bei Ansprüchen auf angemessene Entschädigung wegen überlanger Verfahrensdauer wirken unabhängig vom Gegenstand des Ausgangsverfahrens stets die für Angelegenheiten der Sozialversicherung berufenen ehrenamtlichen Richter mit. 14

IV. Folgen von Besetzungsfehlern

Bei einem Verstoß gegen die Grundsätze ordnungsgemäßer Besetzung (→ Rn. 2 bis 4) ist das Gericht **nicht vorschriftsmäßig besetzt**, was einen **wesentlichen Verfahrensmangel** iS der §§ 159 Abs. 1 Nr. 2, § 160 Abs. 2 Nr. 3 und einen **absoluten Revisionsgrund** (§ 202 iVm § 551 Nr. 1 ZPO) darstellt. Es handelt sich gleichwohl um eine im Revisionsverfahren nicht von Amts wegen zu berücksichtigende, sondern rügebedürftige Rechtsverletzung.[28] Außerdem liegt ein **Wiederaufnahmegrund** vor (§ 179 Abs. 1 iVm § 579 Abs. 1 Nr. 1 ZPO; Nichtigkeitsklage). Ordnungsgemäße Besetzung umfasst auch die lückenlose Beteiligung und 15

25 BVerfG 24.3.1964 – 2 BvR 42/63, BVerfGE 17, 294.
26 Vgl. zum Ganzen BVerfG 8.4.1997 – 1 PBvU 1/95, E 95, 322 (331) = NJW 1997, 1497.
27 Vgl. Meyer-Ladewig, § 33 Rn. 4 b; Rohwer-Kahlmann, § 30 Rn. 2.
28 Vgl. BSG 25.2.1960 – 7 RAr 34/57, SozR Nr. 4 zu § 33 SGG; BSG 8.4.1992 – 6 Rka 27/90, E 70, 246 (250) = SozR 3-2500 § 106 Nr. 10 mwN; BSG 12.5.1993 – 6 Rka 8/92, E 72, 238 (239) = SozR 3-2500 § 15 Nr. 3; BSG 16.7.1996 – 1 RS 1/94, E 79, 41 (43) = SozR 3-2500 § 34 Nr. 5; BSG 13.5.1998 – B 6 KA 31/97 R, E 82, 150 (152) = SozR 3-1500 § 60 Nr. 4; anders jetzt: BSG 23.8.2007 – B 4 RS 2/06 R, SozR 4-1500 § 155 Nr. 1; BSG 8.11.2007 – 9/9 a SB 3/06 R, E 99, 189 (191) = SozR 4-1500 § 155 Nr. 2, dagegen Lüdtke SGb 2008, 682 (685 f.); BSG 18.5.2010 – B 7 AL 43/08 R, nicht veröffentlicht; nicht überzeugend differenzieren: BSG 3.12.2009 – B 11 AL 38/08 R, SozR 4-4300 § 53 Nr. 4; BSG 6.5.2009 – B 6 A 1/08 R, SozR 4-2500 § 94 Nr. 2.

die Fähigkeit, der Verhandlung zu folgen, auch der ehrenamtlichen Richter.[29] Abweichend von der früheren Rechtsprechung hält das BSG mit Hinweis auf die gesetzliche Entwicklung (§ 17 a GVG) und die Rechtsprechung des gemeinsamen Senats[30] den Verstoß gegen § 51 nicht für einen von Amts wegen, sondern nur auf Rüge zu berücksichtigenden Verfahrensmangel. **Besetzungsrügen** erfordern nach der Praxis grundsätzlich die Behauptung, die Besetzung beruhe auf Willkür oder manipulativen Erwägungen.[31]

§ 34 (weggefallen)

1 Aufgehoben durch Art. VIII Nr. 15 des Gesetzes zur Änderung der Bezeichnung der Richter und ehrenamtlichen Richter und der Präsidialverfassung der Gerichte vom 26.5.1972 (BGBl. 1972 I 841).

§ 35 [Ehrenamtliche Richter]

(1) [1]Die ehrenamtlichen Richter beim Landessozialgericht müssen das dreißigste Lebensjahr vollendet haben; sie sollen mindestens fünf Jahre ehrenamtliche Richter bei einem Sozialgericht gewesen sein. [2]Im übrigen gelten die §§ 13 bis 23.

(2) In den Fällen des § 18 Abs. 4, der §§ 21 und 22 Abs. 2 entscheidet der vom Präsidium für jedes Geschäftsjahr im voraus bestimmte Senat.

I. Allgemeines

1 Die „Erfahrungszeit“ am SG hat das 6. SGGÄndG vom 17.8.2001 (BGBl. 2001 I 2144) in Abs. 1 Satz 1 Hs. 2 von vier auf fünf Jahre erhöht; damit wurde die Sollvorschrift der nach § 13 Abs. 1 verlängerten Wahlperiode der ehrenamtlichen Richter angepasst. Die §§ 13 bis 23 mit den Änderungen durch das 6. SGGÄndG gelten für die ehrenamtlichen Richter am LSG entsprechend. Der § 35 enthält nur die besonderen Regelungen für das LSG. Entsprechende Regelungen finden sich in § 34 VwGO.

II. Ehrenamtliche Richter am LSG – Abs. 1

2 **1. Mindestalter.** Die ehrenamtlichen Richter am LSG müssen das **30. Lebensjahr vollendet** haben. Diese Altersgrenze ist zwingend. Ein Höchstalter gibt es, anders als in § 33 Nr. 2 GVG, nicht. Maßgebender Zeitpunkt ist der Beginn der Amtsperiode, weil der ehrenamtliche Richter vorher sein Amt noch nicht ausübt.[1] Wird ein ehrenamtlicher Richter vor Vollendung des 30. Lebensjahres be-

29 Vgl. Keller in Meyer-Ladewig/Keller/Leitherer/Schmidt § 33 Rn. 7 mwN; BSG 19.6.1958 – 11/8 RV 1061/56, BSGE 7, 230 (233): bei Verstoß gegen die §§ 124, 129 ist der Fehler im Revisionsverfahren von Amts wegen zu berücksichtigen.
30 GmSOGB 27.4.1993 – 1/92, SozR 3-1750 § 551 Nr. 4.
31 BSG 3.8.2003 – B 3 P 8 103/03 B, SozR 4-1500 § 160 a Nr. 1; nicht unbedenklich, vgl. → Rn. 3.
1 Vgl. Keller in Meyer-Ladewig/Keller/Leitherer/Schmidt § 35 Rn. 2.

rufen oder liegt ein Ausschlussgrund vor, so ist der Senat nicht vorschriftsmäßig besetzt, falls der Richter an einer Entscheidung mitwirkt.[2] Der ehrenamtliche Richter ist „von seinem Amt zu entbinden" (§ 22 Abs. 1 Satz 1), dh unabhängig von der Unwirksamkeit des Berufungsaktes ist zur Wahrung der persönlichen Unabhängigkeit des ehrenamtlichen Richters eine gerichtliche Entscheidung nach § 22 Abs. 2 erforderlich. Wird er nicht von seinem Amt entbunden, liegt darin allerdings nach der Ausnahmebestimmung des § 22 Abs. 1 Satz 4 **kein** die Zurückverweisung oder Revision begründender **wesentlicher Verfahrensmangel.** Wird das Mindestalter während der Amtsperiode erreicht, kommt eine Amtsentbindung nicht mehr in Betracht.[3]

2. „Erfahrungszeit". Die ehrenamtlichen Richter **sollen** vor ihrer Berufung an 3
das LSG ihr Amt beim SG mindestens **fünf Jahre** ausgeübt haben. Es handelt sich um eine **Sollvorschrift**, die im Regelfall zu befolgen ist, aber unter bestimmten Gründen Abweichungen zulässt. Ein Verstoß gegen das Erfordernis, eine Berufung vor Erfüllung der „Erfahrungszeit" ohne angebbaren Grund für die Abweichung von der Regel, bleibt aber ohne rechtliche Sanktion, zumal es sich um eine „bevorzugende Typisierung" handelt.[4]

III. Entscheidungen über Rechtsverhältnisse ehrenamtlicher Richter – Abs. 2

Über die Amtsentbindung und die Entlassung aus dem Amt entscheidet der vom 4
Präsidium bestimmte Senat in einem **objektiven Verfahren,** das ohne Antrag von Beteiligten von Amts wegen durchzuführen ist.[5] Die Entscheidung ergeht durch Beschluss außerhalb der mündlichen Verhandlung ohne Beteiligung von ehrenamtlichen Richtern.[6] Die Entscheidung ist nicht beschwerdefähig (§ 177). Außerdem entscheidet der hierfür vom Präsidium bestimmte Senat des LSG über Ablehnungsgründe für die Übernahme des Amtes eines ehrenamtlichen Richters am LSG (§ 18) und Beschwerden gegen die Festsetzung von Ordnungsgeldern gegen ehrenamtliche Richter durch den Vorsitzenden (§ 21).

§§ 36 und 37 (weggefallen)

Aufgehoben durch Art. VIII Nr. 15 des Gesetzes zur Änderung der Bezeichnung 1
der Richter und ehrenamtlichen Richter und der Präsidialverfassung der Gerichte vom 26.5.1972 (BGBl. 1972 I 841).

Vierter Abschnitt Bundessozialgericht

§ 38[1] [Sitz, Besetzung, Berufsrichter, Dienstaufsicht]

(1) Das Bundessozialgericht hat seinen Sitz in Kassel.

2 BSG 26.9.1985 – 1 S 12/85, E 59, 4 (9) = SozR 1500 § 22 Nr. 1.
3 Keller in Meyer-Ladewig/Keller/Leitherer/Schmidt § 35 Rn. 3.
4 Vgl. dazu: BSG 31.10.1990 – 10 BKg 4/90, SozR 3-1500 § 160 Nr. 1; Bettermann BSG-FS Bd. 2, S. 783, 792; Wolff/Bachof, Verwaltungsrecht Bd. I, 9. Aufl. § 31 II b.
5 BSG 6.9.1985 – 1 S2 12/85, E 59, 4 = SozR 1500 § 22 Nr. 1.
6 BSG 6.9.1985 – 1 S2 12/85, E 59, 4 = SozR 1500 § 22 Nr. 1.
1 Vgl. auch Gesetz zur Wahrung der Einheitlichkeit der Rechtsprechung der obersten Gerichtshöfe des Bundes und Anordnung des Bundespräsidenten über die Amtstracht bei dem Bundesarbeitsgericht und bei dem Bundessozialgericht.

(2) [1]Das Bundessozialgericht besteht aus dem Präsidenten, den Vorsitzenden Richtern, weiteren Berufsrichtern und den ehrenamtlichen Richtern. [2]Die Berufsrichter müssen das fünfunddreißigste Lebensjahr vollendet haben. [3]Für die Berufung der Berufsrichter gelten die Vorschriften des Richterwahlgesetzes. [4]Zuständiger Minister im Sinne des § 1 Abs. 1 des Richterwahlgesetzes ist der Bundesminister für Arbeit und Soziales.

(3) [1]Das Bundesministerium für Arbeit und Soziales führt die allgemeine Dienstaufsicht und die sonstigen Geschäfte der Gerichtsverwaltung. [2]Es kann die allgemeine Dienstaufsicht und die sonstigen Geschäfte der Gerichtsverwaltung auf den Präsidenten des Bundessozialgerichts übertragen.

I. Allgemeines

1 Die Vorschrift entspricht weitgehend der ursprünglichen Fassung. Abs. 3 hat das 6. ÄndGSGG vom 17.8.2001 (BGBl. 2001 I 2144) redaktionell neu gefasst.

II. Sitz des BSG – Abs. 1

2 Die Regelung bestimmt den **Dienstsitz** der am BSG beschäftigten Richter. Sie besagt nichts über den Ort, an dem die mündliche Verhandlung stattfindet. Diesen bestimmt nach §§ 165, 153 Abs. 1, 110 Abs. 1 der Vorsitzende. Allerdings können Sitzungen außerhalb des Gerichtssitzes nur abgehalten werden, wenn dies zur sachdienlichen Erledigung notwendig ist (§ 110 Abs. 2). Das dürfte in Revisionssachen (§ 39 Abs. 1) regelmäßig zu verneinen sein, kann sich aber in erstinstanzlichen Sachen (§ 39 Abs. 2) – namentlich bei umfangreichen Beweisaufnahmen – als zweckmäßig erweisen. Die nach der singulären Vorschrift des § 203 a möglichen Sitzungen in Berlin erübrigen sich nach der Einigung. Sie dienten der Dokumentation der Bundespräsenz in West-Berlin.

3 **Praktische Bedeutung** hat die Vorschrift ferner für die Feststellung des Ablaufs von **Fristen**. Das am Sitz des BSG geltende **Feiertagsrecht** in Hessen ist für die Feststellung eines gesetzlichen Feiertags (§ 64 Abs. 3) maßgebend.[2]

III. Zusammensetzung des BSG – Abs. 2

4 **1. Rechtsstellung.** Das BSG ist nach Art. 95 Abs. 1 GG **oberster Gerichtshof des Bundes.** Will ein Spruchkörper des BSG (Senat, großer Senat) von einer Entscheidung eines anderen obersten Gerichtshofs oder des **gemeinsamen Senats der obersten Gerichtshöfe** des Bundes (GemSOGH) abweichen, so hat er das Verfahren auszusetzen und durch Beschluss die Entscheidung des GemSOGH einzuholen (§§ 2 Abs. 1, 11 Gesetz zur Wahrung der Einheitlichkeit der Rechtsprechung der obersten Gerichtshöfe des Bundes [RsprEinhG] vom 19.6.1968 – BGBl. 1968 I 661). Die Vorlage an den GemSOGH ist subsidiär gegenüber der Vorlage an den großen Senat des BSG (§ 2 Abs. 2 RsprEinhG). Der GemSOGH entscheidet nur über die Rechtsfrage (§ 15 Abs. 1 S. 1 RsprEinhG), nicht den Anspruch, der Streitgegenstand des Verfahrens ist. Die Antwort auf die Rechts-

2 BSG 8.11.1994 – 2 BU 184/94, SozR 3-1500 § 160 a Nr. 18.

frage ist für das erkennende Gericht bindend (§ 16 RsprEinhG). Als letztinstanzlich entscheidendes Gericht ist das BSG unter den Voraussetzungen des Art. 234 EGV zur **Vorlage an den EuGH** verpflichtet.

2. Mindestausstattung. Die Vorschrift regelt die Zusammensetzung des BSG 5
und entspricht damit § 9 Abs. 1 für die Sozialgerichte und § 30 Abs. 1 für die Landesozialgerichte. Die Besetzung der Spruchkörper des BSG richtet sich nach § 40, der auf § 33 verweist. Das BSG besteht aus dem Präsidenten, der auch richterliche Aufgaben als Vorsitzender wahrnimmt (§ 6; § 21 e Abs. 1 S. 3 GVG), den Vorsitzenden Richtern, weiteren Berufsrichtern und ehrenamtlichen Richtern. Die Aufzählung ist wie bei § 30 Abs. 1 nicht abschließend. Es handelt sich um die **Mindestausstattung**, der die nach § 2 dem Bund übertragene Gerichtshaltung zu entsprechen hat (→ § 30 Rn. 30). Der Bund ist deshalb nicht gehindert, eine Stelle für einen Vizepräsidenten im Haushalt auszubringen und zu besetzen.

3. Besetzungsverfahren. Vor ihrer Ernennung müssen Richter am BSG das 35. 6
Lebensjahr vollendet haben (Abs. 2 S. 2). Das entspricht den Regelungen für die anderen obersten Gerichtshöfe des Bundes. Die Richter werden gemäß Art. 95 Abs. 2 GG innerhalb eines „Systems mit kondominaler Struktur“[3] von dem zuständigen Bundesminister (Abs. 2 S. 3) gemeinsam mit dem Richterwahlausschuss (§ 1 Richterwahlgesetz vom 25.8.1950 – BGBl. 1950 I 368) berufen und vom Bundespräsidenten (Art. 60 Abs. 1 GG) ernannt.[4] Das Wahlverfahren betrifft nur die Berufung zum Bundesrichter. Im Übrigen hat der Bundesminister als zuständiger Fachminister Bundesrichter in Beförderungsämter zu berufen. Vor jeder Ernennung oder Wahl eines Richters ist der **Präsidialrat** des Gerichts, bei dem der Richter verwendet werden soll, zu beteiligen (§ 55 S. 1 DRiG). Die **Beteiligung** erstreckt sich auf eine schriftlich begründete Stellungnahme über die persönliche und fachliche Eignung des Bewerbers oder Richters (§ 57 Abs. 1 S. 1 DRiG). Sie begründet weder ein Kooptations-, noch ein Vetorecht. Zwar erstreckt sich der Anwendungsbereich des in Art. 33 Abs. 2 GG verankerten Prinzips der **Bestenauslese** auch auf die Berufung von Bundesrichtern, doch bedingt Art. 95 Abs. 2 GG Modifikationen gegenüber rein exekutivischen Auswahl- und Beförderungsentscheidungen.[5] Innerhalb des zwischen Minister und Wahlausschuss bestehenden „institutionellen Treueverhältnisses“[6] bedeutet dies, dass der Richterausschuss nur jemanden wählt, dessen Wahl der zuständige Minister zustimmen kann, der Minister demgegenüber nicht verpflichtet ist, der Wahl nur dann zuzustimmen, wenn der nach seiner Auffassung Beste gewählt worden ist. Der Minister hat sich daher bei seiner Entscheidung den Ausgang der Wahl grundsätzlich zu eigen zu machen, es sei denn, die formellen Ernennungsvoraussetzungen sind nicht gegeben, die verfahrensrechtlichen Vorgaben sind nicht eingehalten oder das Ergebnis erscheint nach Abwägung aller Umstände und insbesondere vor dem Hintergrund der Wertungen des Art. 33 Abs. 2 GG nicht mehr

3 BVerfG 20.9.2016 – 2 BvR 2453/15, BVerfGE 143, 22 ff., juris Rn. 27.
BVerfG 20.9.2016 – 2 BvR 2453/15, BVerfGE 143, 22 ff., juris Rn. 27.
4 S. zur Verfassungsmäßigkeit des Verfahrens BVerfG 20.9.2016 – 2 BvR 2453/15, juris.
5 BVerfG 20.9.2016 – 2 BvR 2453/15, BVerfGE 143, 22 ff., juris Rn. 21, 27.
6 BVerfG 20.9.2016 – 2 BvR 2453/15, BVerfGE 143, 22 ff., juris Rn. 31.

nachvollziehbar.[7] Der eigentliche Wahlakt unterliegt keiner gerichtlichen Kontrolle.[8]

IV. Dienstaufsicht – Abs. 3

7 Die Dienstaufsicht und die sonstigen Geschäfte der Gerichtsverwaltung führt nach S. 1 grundsätzlich das Bundesministerium für Arbeit und Sozialordnung. Dieses hat von der Möglichkeit des Abs. 2 Satz 2 Gebrauch gemacht und hat die allgemeine Dienstaufsicht und die sonstigen Geschäfte der Gerichtsverwaltung auf den Präsidenten des BSG übertragen.[9] Zu den Geschäften der Gerichtsverwaltung iS von Abs. 1 Satz 2 gehört auch die Bestimmung der Zahl der beim BSG tätigen Senate. Derzeit sind beim BSG vierzehn Senate tätig, wobei der siebente und achte Senat sowie der neunte und zehnte Senat hinsichtlich der Berufs-, nicht aber der ehrenamtlichen Richter identisch sind.

§ 39 [Funktionelle und sachliche Zuständigkeit]

(1) Das Bundessozialgericht entscheidet über das Rechtsmittel der Revision.

(2) [1]Das Bundessozialgericht entscheidet im ersten und letzten Rechtszug[1] über Streitigkeiten nicht verfassungsrechtlicher Art zwischen dem Bund und den Ländern sowie zwischen verschiedenen Ländern in Angelegenheiten des § 51. [2]Hält das Bundessozialgericht in diesen Fällen eine Streitigkeit für verfassungsrechtlich, so legt es die Sache dem Bundesverfassungsgericht zur Entscheidung vor. [3]Das Bundesverfassungsgericht entscheidet mit bindender Wirkung.

I. Allgemeines

1 § 39 betrifft nur **Teilaspekte** der Zuständigkeit des BSG. Die Vorschrift regelt in Abs. 1 die funktionelle Zuständigkeit des BSG als Revisionsgericht. Vergleichbare Vorschriften finden sich in § 133 GVG; § 49 VwGO und § 36 FGO. Abs. 2 begründet für für die dort genannten Streitsachen die erst- und letztinstanzliche Zuständigkeit des BSG (→ Rn. 4).

II. Entscheidungen des BSG als im Instanzenzug übergeordnetes Gericht

2 Die **funktionelle Zuständigkeit** betrifft die unterschiedlichen Funktionen der Gerichte in derselben Sache.[2] Das BSG ist insofern ganz überwiegend Revisionsgericht (§§ 160 ff.). Es überprüft in dieser Funktion Urteile der Sozialgerichte auf die zugelassene Sprungrevision und Urteile der Landessozialgerichte auf die zugelassene Revision. Die **Revision** eröffnet nur die Überprüfung anhand revisibler Normen, dh des Bundesrechts und sonstigen über den Bezirk des LSG hinaus

7 Näher BVerfG 20.9.2016 – 2 BvR 2453/15, BVerfGE 143, 22 ff., juris Rn. 32.
8 BVerfG 20.9.2016 – 2 BvR 2453/15, BVerfGE 143, 22 ff., juris Rn. 34.
9 Vgl. Anordnung vom 9.9.2003, BGBl. 2003 I 1956.
1 Siehe hierzu auch § 88 Abs. 7 Nr. 1 SoldatenversorgungsG.
2 Bettermann BSG-FS II S. 783, 794.

geltenden (überregionalen) Rechts – zB Tarifrecht (§ 162). An die Feststellungen von **Tatsachen** durch die Tatsachengerichte ist das BSG grundsätzlich gebunden, soweit in Bezug auf diese Feststellungen nicht zulässige und begründete Revisionsgründe vorgebracht sind (§ 163 SGG) oder das BSG Ausnahmen für sich in Anspruch nimmt (→ § 163 Rn. 13 ff.). Auf **Beschwerde** gegen Entscheidungen des LSG wird das BSG wegen § 177 nur in gesetzlich abschließend bestimmten Ausnahmefällen tätig. Neben den dort genannten Verfahren, **Beschwerden** gegen die Nichtzulassung der Revision durch ein LSG (§ 160 a Abs. 1) und Beschwerde gegen Beschlüsse des Landessozialgerichts zur Zulässigkeit des Rechtswegs (§ 17 a Abs. 4 S. 4 GVG), kommt etwa die Beschwerde gegen die Ablehnung der Rechtshilfe in Betracht (→ § 5 Rn. 8; § 159 GVG). Schließlich bestimmt das BSG als „gemeinsam nächsthöheres Gericht" iS von § 58 Abs. 1 in den dort genannten Fällen auf Anrufung nach § 58 Abs. 2 das zuständige Gericht innerhalb der Sozialgerichtsbarkeit.[3]

III. Erstinstanzliche Zuständigkeit – Abs. 2

1. Parteistreitigkeiten Bund – Länder. Für den Bereich des § 51 eröffnet Abs. 2 S. 1 eine **erst- und letztinstanzliche Zuständigkeit** des BSG für Streitigkeiten zwischen Bund und Ländern sowie zwischen Ländern in ähnlicher Weise wie § 50 Abs. 1 Nr. 1 VwGO für das BVerwG. In der Sozialgerichtsbarkeit hat die Vorschrift bisher nur wenig Bedeutung erlangt. Ähnlich § 50 Abs. 1 Nr. 1 VwGO fordert auch das BSG im Rahmen einer restriktiven Auslegung des § 39 Abs. 2 Satz 1, dass es sich um eine Streitigkeit „grundlegender Art" handeln muss, die sich nach ihrem Gegenstand einem Vergleich mit den „landläufigen Verwaltungsstreitigkeiten" entzieht.[4] Mit Urteil vom 15.9.2009[5] hat das BSG entschieden, dass für einen sich unmittelbar aus Art. 104 a Abs. 5 Satz 1 Halbsatz 2 GG ergebenden Schadensersatzanspruch des Bundes gegen ein Land die Zuständigkeit des BSG im ersten und letzten Rechtszug gegeben sei. Ebenso wurde die Zuständigkeit des BSG für den Anspruch eines Bundeslandes auf Bundesbeteiligung an den Leistungen der Unterkunft und Heizung bejaht.[6] Negativ hat das BSG zur Klage von Options-Kommunen aus einem behaupteten Anspruch gegenüber dem Bund entschieden, dass sich insofern aus § 39 Abs. 2 Satz 1 eine erstinstanzliche Zuständigkeit des BSG nicht ergibt, weil es hierfür auf die formale Beteiligtenstellung als Bundesland ankomme.[7] Mit Urteil vom 23.11.2017[8] wurde außerdem entschieden, dass funktionell, örtlich und sachlich zuständig für eine Klage auf Entschädigung wegen überlanger Dauer eines sozialgerichtlichen Verfahrens das LSG ist, in dessen Bezirk das „streitgegenständliche Verfahren" durchgeführt wurde. 3

Bei Streitigkeiten, die **verfassungsrechtlich** geprägt sind, legt das BSG die Sache dem BVerfG vor.[9] Maßgeblich für das Vorliegen einer verfassungsrechtlichen Streitigkeit ist, ob der geltend gemachte Klageanspruch in einem Rechtsverhält- 4

3 Vgl. zuletzt etwa BSG 21.12.2015 – B 4 SF 1/15 R, juris.
4 BSG 15.12.2009 – B 1 AS 1/08 KL, BSGE 105, 100 ff. Rn. 21 mwN.
5 BSG 15.9.2009 – B 1 As 1/08 KL, BSGE 105, 100 ff.
6 BSG 31.5.2016 – B 1 AS 1/16 KL, SozR 4-1200 § 45 Nr. 9 Rn. 11.
7 BSG 2.7.2013 – B 4 AS 72/12 R, BSGE 114, 55 ff. Rn. 24 und – B 4 AS 74/12 R, SozR 4-4200 § 6 b Nr. 2 Rn. 22.
8 B 10 ÜG 1/17 KL, juris.
9 BSG 15.12.2009 – B 1 AS 1/08 KL, E 105, 100 (102) = SozR 4-1100 Art. 104 a Nr. 1 Rn. 12.

nis wurzelt, das entscheidend vom Verfassungsrecht geprägt wird und nicht durch Normen des einfachen Rechts.[10] Beispiele für entsprechende Parteistreitigkeiten nach § 50 Abs. 1 Nr. 1 VwGO sind Streitigkeiten zwischen Bund Ländern oder verschiedenen Ländern zB über die Auslegung von Verträgen und Verwaltungsabkommen über Zuständigkeiten und sich daraus ergebenden Befugnissen, Kostentragung, Verteilung von Haushaltsmitteln o. dgl. Es muss sich um Streitigkeiten von Körperschaften handeln, die nicht Bund oder Ländern nachgeordnet sind.[11] Bei Streitigkeiten zwischen nachgeordneten Körperschaften und Anstalten des öffentlichen Rechts (zB Ersatzansprüchen) ist der Instanzenzug zu wahren. Allerdings bestehen nach § 29 Abs. 2 bis 4 erstinstanzliche Zuständigkeiten von Landessozialgerichten. Über Meinungsverschiedenheiten zwischen BVerfG und BSG zur Frage, ob eine verfassungsrechtliche Streitigkeit vorliegt, ist die Ansicht des BVerfG nach Vorlage durch das BSG und Rückgabe der Sache für das BSG verbindlich.

5 **2. Sonstige erstinstanzliche Zuständigkeit.** Die **Regelung erstinstanzlicher Zuständigkeiten** in Abs. 2 ist nicht abschließend. Sie wird durch spezialgesetzliche Regelungen ergänzt: § 88 Abs. 7 S. 2 Nr. 2 SVG und § 71 Nr. 5 SchwbG begründen die erstinstanzliche Zuständigkeit des BSG für Streitigkeiten von Soldaten, die dem **Bundesnachrichtendienst** angehören oder angehört haben und für ihre Hinterbliebenen. Eine erstinstanzliche Zuständigkeit des BSG begründet zudem § 160 Abs. 6 Satz 4 SGB III für Klagen der Fachspitzenverbände der am Arbeitskampf beteiligten Tarifvertragsparteien auf Aufhebung der Entscheidung des Neutralitätsausschusses nach § 160 Abs. 5 SGB III und auf eine andere Feststellung über das Ruhen von Leistungen bei Arbeitslosigkeit während des Arbeitskampfs. Nach § 146 Abs. 6 S. 5 SGB III hat das BSG das Verfahren vorrangig zu erledigen, womit das Gesetz zugleich eine der Zielsetzungen dieser Spezialregelung hervorhebt. Im Übrigen trägt die Regelung dem überindividuellen und meist auch überregionalen Charakter der Streitigkeiten und ihrer Schwierigkeit Rechnung, denen eine zentrale und einzige Instanz gerade wegen der Eilbedürftigkeit der Entscheidung eher genügen kann. Sie soll damit dem verfassungsrechtlichen Gebot wirksamen Rechtsschutzes (Art. 19 Abs. 4 GG) dienen, ist aber wegen der Bindungswirkung auf den individuellen Rechtsschutz der Leistungsempfänger umstritten.[12] Für Ansprüche auf angemessene Entschädigung gegen den Bund wegen überlanger Dauer eines Verfahrens vor dem BSG begründet § 202 Abs. 2 iVm § 201 Abs. 1 Satz 2 GVG seit dem Gesetz vom 24.11.2011 (BGBl. 2011 I 2302) eine weitere erstinstanzliche Zuständigkeit des BSG.

6 **3. Verfahren. Verweisungen an das BSG** nach § 98, § 17 a Abs. 2 GVG, die jedenfalls entsprechend auch für die funktionelle Zuständigkeit gelten,[13] sind grundsätzlich bindend; zu Ausnahmen → § 98 Rn. 9 ff. Für das erstinstanzliche Verfahren vor dem BSG gilt **Vertretungszwang,** weil § 73 Abs. 4 auf das Verfahren vor dem BSG, nicht aber auf das Revisionsverfahren abstellt. Das Gleiche gilt für §§ 170 a und § 171 Abs. 1. Im Übrigen gelten die Vorschriften für das erstinstanzliche Verfahren (§§ 87 ff.) unmittelbar und die das LSG als Kollegialgericht betreffenden Vorschriften des § 155 Abs. 2–4 entsprechend.

10 BSG 31.5.2016 – B 1 AS 1/16 KL, SozR 4-1200 § 45 Nr. 9 Rn. 9 mwN.
11 Vgl. Keller in Meyer-Ladewig/Keller/Leitherer/Schmidt, 13. Aufl. 2020, § 39 Rn. 3.
12 BSG 4.10.1997 – 7 KlAr 1/93, 75, 97 (116 ff.) = SozR 3-4100 § 116 Nr. 2 mwN; Lüdtke in LPK-SGB III § 146 Rn. 23 f.
13 Leitherer in Meyer-Ladewig/Keller/Leitherer/Schmidt § 39 Rn. 4.

Wird demgegenüber trotz fehlender sachlicher Zuständigkeit **Klage zum BSG** erhoben, hat dieses den Rechtsstreit nach Anhörung der Beteiligten durch Beschluss nach § 98 Satz 1, § 17, § 17 a Abs. 2 Satz 1, Abs. 4 Satz 1 und 2 Gerichtsverfassungsgesetz (GVG) an das örtlich und sachlich zuständige Gericht des ersten Rechtszuges zu verweisen.[14] Die früher übliche formlose **Abgabe durch die Gerichtsverwaltung** des BSG ist mit Art. 19 Abs. 4 GG und dem Rechtsprechungsmonopol der Dritten Gewalt unvereinbar. Insofern gilt der Vertretungszwang auch nach Aufhebung von § 166 nicht. Auch § 74 Abs. 4 beschränkt sich nach Sinn und Zweck allein auf die dem BSG gesetzlich zugeordneten Verfahrensarten. Wird das Gericht ausnahmsweise fälschlich als Eingangsinstanz in Anspruch genommen, unterscheidet sich die dann zwingend vorzunehmende Verweisung nach Inhalt und Qualität in keiner Weise von sonstigen Entscheidungen dieser Art durch andere Gerichte. Entsprechend den für das Verfahren im ersten Rechtszug geltenden Vorschriften und demgemäß ausgehend vom Prinzip der Postulationsfähigkeit der Partei selbst bedarf es daher auch für die Durchführung des Anhörungsverfahrens nicht der Bestellung eines zugelassenen Prozessvertreters.[15] 7

§ 40 [Fachsenate]

[1]Für die Bildung und Besetzung der Senate gelten § 31 Abs. 1 und § 33 entsprechend. [2]Für Angelegenheiten des Vertragsarztrechts ist mindestens ein Senat zu bilden. [3]In den Senaten für Angelegenheiten des § 51 Abs. 1 Nr. 6 a wirken ehrenamtliche Richter aus der Vorschlagsliste der Bundesvereinigung der kommunalen Spitzenverbände mit.

I. Allgemeines

Wie bei den anderen obersten Bundesgerichten sind beim BSG **Senate** zu bilden (§ 130 GVG; § 10 Abs. 2 VwGO; § 10 Abs. 2 FGO; § 41 ArbGG). Für die Bildung von Fachsenaten gibt es in anderen Verfahrensordnungen wegen der auch in der Revisionsinstanz mitwirkenden ehrenamtlichen Richter keine Entsprechung. Abs. 1 Satz 1 verweist insofern und hinsichtlich der Besetzung der Senate auf die entsprechende Geltung der § 31 Abs. 1 und § 33 Satz 3 aF, der fakultativ die Bildung von Fachsenaten für die Knappschaftsversicherung einschließlich der Unfallversicherung für den Bergbau betraf, wurde durch Art. 7 Nr. 3 des Gesetzes über den Rechtsschutz bei überlangen Gerichtsverfahren und strafrechtlichen Ermittlungsverfahren vom 24.11.2011 (BGBl. 2011 I 2302) aufgehoben. Nach Begründung der Zuständigkeit für Angelegenheiten der Sozialhilfe und des Asylbewerbergesetzes durch das 7. Änd-SGG vom 9.12.2004 (BGBl. 2004 I 3302) hat Art. 9 Nr. 1 b des Anhörungsrügengesetzes vom 9.12.2004 (BGBl. 2004 I 3220) Satz 3 der geltenden Fassung eingefügt. 1

14 BSG 3.7.1996 – 4 S (A) 7/96, SozR 3-1500 § 166 Nr. 5.
15 BSG 3.7.1996 – 4 S (A) 7/96, SozR 3-1500 § 166 Nr. 5.

II. Fachsenate

2 Die Zahl der Senate bestimmt im Blick auf die Übertragung der „sonstigen Geschäfte der Gerichtsverwaltung“ anstelle des Bundesministeriums für Arbeit und Soziales der Präsident des Bundessozialgerichts (§ 38 Abs. 3). Das Fachsenatsprinzip enthält ein zwingendes **Organisationsprinzip für die Geschäftsverteilung** und soll materiell wie § 31 die Ausbildung spezialisierten Rechts- und Erfahrungswissens gewährleisten. Eine contra legem am Leitbild des „Allrounders“ orientierte **Beförderungspraxis** bei den Berufsrichtern missachtet die gesetzliche, Vorgabe, bei der es sich nicht lediglich um einen unverbindlichen Vorschlag handelt, ebenso wie die sukzessive gesetzgeberische Vernachlässigung des Repräsentationsprinzips bei der Rekrutierung der ehrenamtlichen Richter. Aus der Verweisung in Satz 1 auf § 31 Abs. 1 ergibt sich, dass Fachsenate für Angelegenheiten der Sozialversicherung, der Arbeitsförderung einschließlich der übrigen Aufgaben der Bundesagentur für Arbeit sowie des sozialen Entschädigungsrechts und des Schwerbehindertenrechts gebildet werden. Die Bildung von Fachsenaten bezieht sich auf die Heranziehung von ehrenamtlichen Richtern aus bestimmten Personengruppen.[1] Mit Berufsrichtern sind die Senate qualitativ gleich besetzt.[2] Das ergibt sich aus der Verweisung auf § 33 und der Weiterverweisung auf § 12 Abs. 2–4. Wegen der Einzelheiten wird auf → § 12 Rn. 3 ff.; → § 31 Rn. 2 Bezug genommen.

III. Vertragsarztrecht

3 Für **Angelegenheiten des Vertragsarztrechts** ordnet S. 2 ausdrücklich die Bildung – mindestens – eines Senats an. Die Abgrenzung des Merkmals „Vertragsarztrecht“ war zwischen dem 6. Senat (Vertragsarztrecht) und dem 1. sowie 3. Senat (Krankenversicherung) umstritten. Die für die Krankenversicherung zuständigen Senate sind der weiten Begriffsbestimmung des für Vertragsarztrecht zuständigen 6. Senats[3] – „Bezug zum Leistungserbringerrecht“, „Teilbereich der mit der Leistungserbringung durch Ärzte im Zusammenhang stehenden Streitigkeiten“ – entgegen getreten. Der 3. Senat hat ua die Zuständigkeitsfrage wegen grundsätzlicher Bedeutung dem Großen Senat des BSG zur Entscheidung vorgelegt.[4] Der Aussetzungs- und Vorlagebeschluss ist durch Beschluss vom 15.3.2012[5] aufgehoben worden. Die Senate haben daraufhin einen „zusammenfassenden Standpunkt des 1., 3. und 6. Senats des BSG“ mit Hinweisen zur Zuordnung einzelner Regelungsgegenstände veröffentlicht.[6]

IV. Sozialhilfe ua – Satz 3

4 Die Vorschrift korrespondiert mit § 46 Abs. 4 und stellt das eigentlich Selbstverständliche klar, dass die von der Bundesvereinigung der kommunalen Spitzenverbände für diese Angelegenheiten vorgeschlagenen ehrenamtlichen Richter in diesen Angelegenheiten an der Rechtsprechung mitwirken.

1 BSG 22.1.1981 – 10/8 b RAr 1/80, E 51, 122 (125) = SozR 1750 § 551 Nr. 9.
2 Bettermann BSG-FS II S. 783, 792.
3 BSG 6.5.2009 – B 6 A 1/08 R, E 103, 103 (106) = SozR 4-2500 § 94 Nr. 2.
4 BSG 10.3.2010 – B 3 KR 36/09 B, Rn. 16 ff.
5 BSG 15.3.2012 – B 3 KR 36/09 B.
6 SGb 2012, 495 ff. und hierzu zuletzt BSG 13.5.2015 – B 6 KA 20/14 R, SozR 4-2500 § 120 Nr. 4, Rn. 14 f.

§ 41 [Großer Senat]

(1) Bei dem Bundessozialgericht wird ein Großer Senat gebildet.

(2) Der Große Senat entscheidet, wenn ein Senat in einer Rechtsfrage von der Entscheidung eines anderen Senats oder des Großen Senats abweichen will.

(3) [1]Eine Vorlage an den Großen Senat ist nur zulässig, wenn der Senat, von dessen Entscheidung abgewichen werden soll, auf Anfrage des erkennenden Senats erklärt hat, daß er an seiner Rechtsauffassung festhält. [2]Kann der Senat, von dessen Entscheidung abgewichen werden soll, wegen einer Änderung des Geschäftsverteilungsplanes mit der Rechtsfrage nicht mehr befaßt werden, tritt der Senat an seine Stelle, der nach dem Geschäftsverteilungsplan für den Fall, in dem abweichend entschieden wurde, nunmehr zuständig wäre. [3]Über die Anfrage und die Antwort entscheidet der jeweilige Senat durch Beschluß in der für Urteile erforderlichen Besetzung.

(4) Der erkennende Senat kann eine Frage von grundsätzlicher Bedeutung dem Großen Senat zur Entscheidung vorlegen, wenn das nach seiner Auffassung zur Fortbildung des Rechts oder zur Sicherung einer einheitlichen Rechtsprechung erforderlich ist.

(5) [1]Der Große Senat besteht aus dem Präsidenten, je einem Berufsrichter der Senate, in denen der Präsident nicht den Vorsitz führt, je zwei ehrenamtlichen Richtern aus dem Kreis der Versicherten und dem Kreis der Arbeitgeber sowie je einem ehrenamtlichen Richter aus dem Kreis der mit dem sozialen Entschädigungsrecht oder der Teilhabe behinderter Menschen [ab 1.1.2024: *dem Recht der Teilhabe von Menschen mit Behinderungen*] vertrauten Personen und dem Kreis der Versorgungsberechtigten und der behinderten Menschen im Sinne des Neunten Buches Sozialgesetzbuch [ab 1.1.2024: *Berechtigten nach dem Vierzehnten Buch Sozialgesetzbuch und Menschen mit Behinderungen im Sinne des Neunten Buches Sozialgesetzbuch*]. [2]Legt der Senat für Angelegenheiten des Vertragsarztrechts vor oder soll von dessen Entscheidung abgewichen werden, gehören dem Großen Senat außerdem je ein ehrenamtlicher Richter aus dem Kreis der Krankenkassen und dem Kreis der Vertragsärzte, Vertragszahnärzte und Psychotherapeuten an. [3]Legt der Senat für Angelegenheiten des § 51 Abs. 1 Nr. 6 a vor oder soll von dessen Entscheidung abgewichen werden, gehören dem Großen Senat außerdem zwei ehrenamtliche Richter aus dem Kreis der von der Bundesvereinigung der kommunalen Spitzenverbände Vorgeschlagenen an. [4]Sind Senate personengleich besetzt, wird aus ihnen nur ein Berufsrichter bestellt; er hat nur eine Stimme. [5]Bei einer Verhinderung des Präsidenten tritt ein Berufsrichter des Senats, dem er angehört, an seine Stelle.

(6) [1]Die Mitglieder und die Vertreter werden durch das Präsidium für ein Geschäftsjahr bestellt. [2]Den Vorsitz im Großen Senat führt der Präsident, bei Verhinderung das dienstälteste Mitglied. [3]Bei Stimmengleichheit gibt die Stimme des Vorsitzenden den Ausschlag.

(7) [1]Der Große Senat entscheidet nur über die Rechtsfrage. [2]Er kann ohne mündliche Verhandlung entscheiden. [3]Seine Entscheidung ist in der vorliegenden Sache für den erkennenden Senat bindend.

I. Allgemeines

1 Die geltende Fassung der Vorschrift beruht auf dem Rechtspflege-Vereinfachungsgesetz vom 17.12.1990 (BGBl. 1990 I 2847). Die Voraussetzungen der Anrufung Großer Senate und ihre Besetzung sind in den Verfahrensordnungen nunmehr im Wesentlichen übereinstimmend geregelt (vgl. § 132 GVG; § 11 VwGO; § 11 FGO und § 45 ArbGG). Abweichend vom früheren Recht ist die Besetzung des Großen Senats nicht mehr vom Anrufungsgrund (Abweichung oder Rechtsfortbildung) abhängig, so dass der Große Senat von der Erörterung von Besetzungsfragen entlastet wird.[1] Zur Vereinheitlichung der Verfahrensordnungen wird auf BT-Drs. 11/3621, 29 Bezug genommen.[2] Das SGB IX vom 19.6.2001 (BGBl. 2001 I 1046) und das 6. ÄndGSGG vom 7.8.2001 (BGBl. 2001 I 2144) haben Abs. 5 terminologisch angepasst und redaktionell verändert.

II. Großer Senat – Abs. 1

2 Der Große Senat wird nicht durch Rechtsuchende, sondern intern durch einen Senat des BSG unter den Voraussetzungen der Abs. 2, 3 (Divergenzvorlage) und 4 (Vorlage wegen grundsätzlicher Bedeutung) angerufen. Er entscheidet nicht über einen bei einem Senat des BSG geltend gemachten Anspruch, sondern – vorgelagert – über **entscheidungserhebliche „Rechtsfragen“** iS der Abs. 2 oder 4, die ihm der vorlegende, über die Revision erkennende Senat stellt. Ist die Revision auch ohne Antwort auf die vorgelegten Fragen zurückzuweisen, weil sich die Entscheidung des LSG aus anderen Gründen als richtig erweist (§ 170 Abs. 1 Satz 2), ist das Anrufen des Großen Senats sowohl unter dem Gesichtspunkt der grundsätzlichen Bedeutung wie im Rahmen der Divergenzvorlage unzulässig. Es ist nicht Aufgabe des Großen Senats, Rechtsgutachten zu Fragen zu erstatten, die für die Entscheidung des vorlegenden Senats nicht erheblich sind.[3] Eine Antwort des Großen Senats auf vorgelegte Fragen ist für den erkennenden Senat bindend (Abs. 7 Satz 2). Seine Entscheidung ist weder ein Urteil iS des § 125 noch ein Beschluss nach § 142, sondern eine Entscheidung eigener Art. Demzufolge brauchen bei der Feststellung der Erledigung durch den Großen Senat auch die Voraussetzungen des § 102 nicht erfüllt zu sein. Der Große Senat ist lediglich an die in § 41 enthaltenen Verfahrensvorschriften gebunden, aus denen sich insbesondere ergibt, dass wegen der Sonderregelungen bei der Besetzung nach Abs. 5 die Divergenzvorlage und das damit verbundene Anfrageverfahren durch die Grundsatzanrufung nicht unterlaufen werden dürfen.[4] Darüber hinaus bestimmt er mangels konkreter Vorschriften sein Verfahren selbst nach

1 Vgl. zB BSG 24.6.1985 – GS 1/84, E 58, 183 (186) = SozR 2200 § 180 Nr. 27.
2 Dazu: Kissel NJW 1991, 945 (951 ff.).
3 BSG 12.12.2008 – GS 1/08, E 102, 166 = SozR 4-1500 § 41 Nr. 1.
4 So auch BSG 13.6.2018 – GS 1/17, SozR 5-1500 § 164 Nr. 9 Rn. 31 f.

den Grundsätzen der Prozessökonomie und dem dem Anrufungsverfahren zugrundeliegenden gesetzgeberischen Zweck. Dabei darf er allerdings nicht fundamentale Grundsätze des sozialgerichtlichen Verfahrens außer Acht lassen,[5] ist also als an Gesetz und Recht gebundene Institution (Art. 20 Abs. 3 GG) allenfalls zu einer bereichsspezifischen Fortentwicklung, nicht aber zu einer eigenständigen Erfindung von Verfahrensrecht berufen.

Nach der ständigen Rechtsprechung des Bundesverfassungsgerichts kann jemand auch durch Maßnahmen, Unterlassungen oder Entscheidungen des Gerichts seinem gesetzlichen Richter entzogen werden, wenn sie willkürlich sind, weil die zugrunde liegende Auslegung der zur Vorlage verpflichtenden Norm bei verständiger Würdigung der das Grundgesetz beherrschenden Gedanken nicht mehr verständlich wäre oder sich derart weit von der auszulegenden Norm entfernte, dass sich der Schluss aufdrängte, sie beruhe auf sachfremden Erwägungen. Dagegen ist der bloße Rechtsirrtum insofern unbeachtlich. Art. 101 Abs. 1 Satz 2 GG kann auch dadurch verletzt sein, dass der Senat eines oberen Bundesgerichts die **Verpflichtung zur Vorlage** an den Großen Senat außer Acht lässt, selbst wenn der Große Senat nur über eine bestimmte Rechtsfrage zu entscheiden hat, wenn diese Unterlassung willkürlich wäre.[6] 3

III. Abweichung – Abs. 2

1. Rechtsfrage. Die Abweichung muss sich auf eine „Rechtsfrage“ – genauer: einen **Rechtssatz** – nicht auf eine rechtspolitische Frage oder auf eine Frage eines anderen Wissensgebietes (zB Medizin) beziehen. Es muss sich also um eine generelle, eine Vielzahl von Fällen betreffende, Aussage zum Anwendungsbereich einer revisiblen Rechtsnorm handeln, die durch Auslegung gewonnen den Bedeutungsgehalt der Rechtsnorm konkretisieren, ohne selbst am Normcharakter zu partizipieren. Die Norm, zu der der in Frage stehende Satz aufgestellt wurde und diejenige zu der nunmehr ein hiervon abweichender vertreten werden soll, müssen dabei nicht identisch sein, vielmehr genügt ihre „Homogenität“.[7] Es reicht also aus, wenn die Konkretisierung nach systematischem und sachlichem Zusammenhang einen gleichen **Regelungszusammenhang** betrifft.[8] Der aktuelle Stand von Gesetzgebung und Rechtsprechung ist für die Abweichung maßgebend. Die einheitliche Rechtsanwendung ist nicht mehr betroffen, wenn eine **Rechtsänderung** eingetreten ist oder ein Senat eine früher geäußerte Ansicht (stillschweigend) aufgegeben hat.[9] Tritt dieser Zustand nach Anrufung des Großen Senats ein und nimmt der anrufende Senat die Vorlage nicht zurück, ist das Vorlageverfahren für erledigt zu erklären.[10] Die gleiche Lage kann sich durch die **Änderung der Geschäftsverteilung** ergeben, wenn der nunmehr zuständige Senat an der angegriffenen Rechtsprechung nicht mehr festhält.[11] 4

5 BSG 15.12.1982 – GS 2/80, BSGE 54, 223 ff.
6 BVerfG 11.5.1965 – 2 BvR 259/63, BVerfGE 19, 38 ff.
7 Bettermann BSG-FS II S. 783, 799.
8 BSG 6.12.1979 – GS 1/79, E 49, 175 (178) = SozR 5050 § 15 Nr. 13; BSG 24.6.1985 – GS 1/84, E 58, 183 (190) = SozR 2200 § 180 Nr. 27 mwN.
9 Vgl. BGH 27.10.1964 – 1 StR 358/64, BGHSt 20, 77 ff.
10 BSG 15.12.1982 – GS 2/80, E 54, 223 (225) = SozR 1300 § 44 Nr. 3.
11 BSG 25.5.1976 – 5 RKn 27/74, E 42, 49 (54) = SozR 1500 § 42 Nr. 3; BSG 24.6.1985 – GS 1/84, E 58, 183 (188) = SozR 1500 § 42 Nr. 10.

5 Ebenso ist für die Frage, ob ein Fall des § 41 Abs. 2 vorliegt, unerheblich, ob die frühere Entscheidung den gleichen **Verfahrensgegenstand** hat wie die Verfahren, über die der andere Senat später zu entscheiden hat. Die Norm stellt nicht auf die Gleichheit des Verfahrensgegenstandes ab, sondern darauf, ob von einer die frühere Entscheidung tragenden Rechtsauffassung abgewichen werden soll. Es ist nicht selten der Fall, dass eine Rechtsauffassung Konsequenzen für Sachverhalte hat, die nicht Gegenstand des zuerst entschiedenen Verfahrens waren. Eine Abweichung von der Rechtsauffassung liegt auch dann vor, wenn der später entscheidende Senat nicht bereit ist, diese Konsequenzen für eine der bei ihm anhängig gewordenen Sachverhaltsvarianten gelten zu lassen. Auch in einem solchen Fall käme es in Entscheidungen der beiden Senate zu gegensätzlichen Rechtsauffassungen, die die Entscheidung tragen; dies soll aber durch § 41 Abs. 2 verhindert werden.[12]

6 Für das Vorliegen eines divergenzfähigen Rechtssatzes genügt es, wenn dieser einer Entscheidung wenigstens mittelbar entnommen werden kann. Durch die **Divergenzanrufung** soll verhindert werden, dass mehrere Senate in Entscheidungen zu der gleichen Rechtsfrage verschiedene Auffassungen vertreten Das würde nicht nur dann der Fall sein, wenn in Entscheidungen der beiden Senate gegensätzliche Rechtsauffassungen, die die Entscheidung tragen, ausdrücklich ausgesprochen werden, sondern nach dem Zweck der Bestimmung auch dann, wenn die Rechtsauffassung, die der Entscheidung eines Senats unausgesprochen zugrunde liegt, nach ihrem Sinn und Inhalt, zu Ende gedacht, mit einer von dem anderen Senat vertretenen Auffassung nicht vereinbar ist.[13] Dabei muss allerdings stets sichergestellt bleiben, dass es sich wirklich um den Ausdruck eines abstrakten Rechtssatzes und nicht lediglich das Ergebnis der **Rechtsanwendung im Einzelfall** handelt. Ua Letzteres lässt BSG 13.6.2018[14] unberücksichtigt. Mit Ausnahme des vorlegenden 1. Senats halten schon nach der eigenen Schilderung des GS alle (!) zitierten Senate im Rahmen von § 164 Abs. 2 S. 3 SGG übereinstimmend Angaben (auch) zu den tatsächlichen Feststellungen des mit der Sachrüge angegriffenen Urteils für erforderlich. Inwiefern die behaupteten „Divergenzen“ mit der Folge einer zu befürchtenden Willkür je nach zuständigem Senat[15] Ausdruck konkreter Anwendungsbezüge sein könnte, wird nicht wenigstens andeutungsweise erörtert.[16]

7 Ein abweichungsfähiger Rechtssatz liegt ggf. bereits mit der Verkündung einer Entscheidung vor, wenn jedenfalls dem Pressebericht entsprechende Hinweise zu entnehmen sind.[17] Dagegen kann sich eine Abweichung, wie der Große Senat hervorhebt, nur auf eine die Entscheidung tragende und bereits getroffene rechtliche Aussage, nicht aber auf bloße **Ankündigungen** künftiger Entscheidungen oder beiläufige Bemerkungen („obiter dicta“) beziehen. Ein obiter dictum liegt nur dann vor, wenn die damit vertretene rechtliche Aussage nach der maßgebli-

12 So zu § 16 BVerfGG nahezu wortgleich BVerfG 22.10.1997 – 1 BvR 307/94, BVerfGE 96, 409 ff.
13 Vgl. zu § 16 BVerfGG BVerfG 20.7.1954 – 1 PBvU 1/54, BVerfGE 4, 27.
14 GS 1/17, SozR 4-1500 § 164 Nr. 9 Rn. 27 ff.
15 GS 1/17, SozR 4-1500 § 164 Nr. 9 Rn. 26.
16 Dementsprechend bleibt auch unerwähnt, dass sich die angeblich besonders strenge Auffassung des 5. Senats (GS juris Rn. 28) nach dessen Antwortbeschlüssen an den 12. Senat vom 6.10.2016 – B 5 SF 3/16 AR, NZS 2017, 349, juris Rn. 25 und 23.2.2017 – B 5 SF 5/16 AR, juris Rn. 26 ausdrücklich auf besondere Konstellationen beschränkt.
17 Hiervon geht grundsätzlich auch BSG 9.12.1998 – B 9 V 48/97 R, E 83, 176 aus.

chen Auffassung des Senats, der die Entscheidung getroffen hat, für seinen Lösungsweg nicht maßgebend ist.[18]

Vielfach wird die Frage, ob einem Rechtssatz in der beabsichtigten und der als divergenzfähig in Betracht kommenden Entscheidung jeweils tragende Bedeutung zukam, mit derjenigen konfundiert, ob es sich um „dieselbe Rechtsfrage" handelt. Letzteres wird dann vielfach zur Vermeidung einer Vorlage unter Hinweis auf die „**Unterschiedlichkeit der Sachverhalte**" wortreich verneint. Indessen ist ein **divergenzfähiger Rechtssatz** Teil der normativen Rechtserkenntnis und damit als abstrakt-generelle Aussage (Obersatz) für eine unbestimmte Vielzahl ihm tatbestandsmäßig unterfallender Sachverhalte vom einzelnen Anwendungsfall unabhängig. Dass er im Fall der vorbestehenden Entscheidung auf einen bestimmten Sachverhalt als Untersatz Anwendung gefunden haben muss, belegt lediglich exemplarisch seinen Geltungsanspruch als Rechtssatz, beschränkt aber diesen Geltungsanspruch selbstverständlich nicht umgekehrt auf den gerade damals entsprechenden Sachverhalt. Von Bedeutung kann damit vorliegend allenfalls sein, ob sich ein früher aufgestellter Rechtssatz tatbestandlich auf eine abgrenzbare Fallkonstellation beschränkt, während nunmehr für eine andere Fallkonstellation ein neuer – damit auch nicht „abweichender" – Rechtssatz aufgestellt werden soll. 8

2. Entscheidungserheblichkeit. Ähnlich § 16 BVerfGG setzt auch der Wortlaut von § 41 Abs. 2 nicht ausdrücklich voraus, dass die Rechtsauffassung, von der abgewichen werden soll, **tragende Bedeutung** für die Entscheidung des anderen Senats hat. Das Gesetz erfordert lediglich, dass „ein Senat in einer Rechtsfrage von der Entscheidung eines anderen Senats oder des Großen Senats abweichen will", lässt dabei aber den Bezug von „Rechtsfrage" und Entscheidung offen. Indessen entspricht es der Rechtsprechung des Bundesverfassungsgerichts zu § 16 BVerfGG ebenso wie derjenigen des BSG zu § 41 Abs. 2, dass es sich nicht nur um ein obiter dictum handeln darf, sondern dass die Entscheidung des anderen Senats auf der Rechtsauffassung beruhen muss. Da die Senate des BSG – und ebenso der GS[19] – nicht zur Erstellung abstrakter Rechtsgutachten, sondern – ungeachtet ihrer zentralen Aufgabe, Rechtsfragen von übergreifender Bedeutung zu beantworten – stets zur konkreten Streitentscheidung berufen sind, sind auch nur Aussagen zu einem für beide Senate entscheidungserheblichen Rechtssatz geeignet, eine Abweichung im Rechtssinn zu begründen. Für die Divergenzanrufung nach § 42 SGG genügt daher nicht, dass die Rechtsfrage in der früheren Entscheidung lediglich beantwortet ist; sie muss vielmehr **entschieden** worden sein. Das ist nur dann der Fall, wenn die Beantwortung dieser Rechtsfrage die Entscheidung trägt, wenn sie also ein unabdingbares Glied in der Gedankenkette des früher entscheidenden Senats ist.[20] Entscheidungserheblich ist nur die Abweichung bezüglich solcher Rechtssätze, deren Anwendung für die Entscheidung, von der abgewichen werden soll und für die beabsichtigte Entscheidung jeweils unerlässlich ist. Dagegen ist es nicht Aufgabe des Großen Senats, zu Aussagen Stellung zu nehmen, die für die anstehende Entscheidung über den streitgegenständlichen Anspruch oder für eine frühere Entscheidung ohne zwingende 9

18 BVerfG 22.10.1997 – 1 BvR 307/94, BVerfGE 96, 409 ff.
19 GS 1/17, SozR 4-1500 § 164 Nr. 9 Rn. 17 mwN.
20 BSG 18.11.1980 – GS 3/79, BSGE 51, 23 ff.

rechtliche Bedeutung sind oder waren.[21] Die Entscheidung beruht auch dann nicht auf einer bestimmten Begründung, wenn der Senat seine Entscheidung kumulativ auf **weitere Gründe** gestützt hat.[22] Insoweit gelten die gleichen Grundsätze wie für die Kausalität der Rechtsverletzung (§ 170 Abs. 1 Satz 2), welche die Revisionsbegründung nach § 164 Abs. 2 aufzuzeigen hat.[23]

10 Wann eine Rechtsauffassung **entscheidungstragende Bedeutung** hat, richtet sich nach der in der Entscheidung zum Ausdruck gekommenen Auffassung des Senats, der die Entscheidung getroffen hat, von der abgewichen werden soll; dessen Lösungsweg zum Verfahrensergebnis ist (abschließend) maßgebend. Es ist also nicht zulässig, dass der später mit der Rechtsfrage befasste andere Senat einen anderen – „richtigen" – Lösungsweg aufzeigt, bei dem es auf die Rechtsfrage im Ergebnis nicht ankommt.[24] Hinsichtlich derjenigen Entscheidung, von der abgewichen werden soll, ergibt sich hieraus auch der (engere) Maßstab der Zulässigkeitsprüfung des Großen Senats. Beruht allerdings die frühere Entscheidung ihrerseits auf mehreren für sich tragenden Begründungen (kumulative Mehrfachbegründung), von denen die beabsichtigte Abweichung nicht alle betrifft, kommt in Betracht, dass diese Entscheidung nicht anders ausgefallen wäre, wenn die in Frage stehende „Rechtsfrage" unerörtert geblieben wäre. In einem solchen Fall liegt – selbst bei bloßen Hilfserwägungen – mangels Entscheidungserheblichkeit keine Abweichung vor.[25]

11 Die **tragende Bedeutung** eines Rechtssatzes für die erst noch zu treffende (End-)Entscheidung des vorlegenden Senats muss auch „objektiv" gegeben sein. Ist daher das vom vorlegenden Senat zu überprüfende Berufungsurteil auf zwei selbstständig tragende Begründungen gestützt und kann hinsichtlich eines Begründungsstrangs ohne Beantwortung der „Vorlagefrage" bzw. ohne Stellungnahme, welchem der divergierenden Rechtssätze der Vorzug zu geben ist, beantwortet werden, ist die Vorlage unzulässig.[26]

12 **3. Abweichung.** Unter Abweichung ist, ähnlich wie in § 160 Abs. 2 Nr. 2, der Widerspruch eines Senats des BSG in einer **entscheidungserheblichen Aussage** („Rechtssatz") zu einer solchen Aussage eines oder mehrerer[27] anderer Senate des BSG oder des Großen Senats[28] – damit schon nach dem Wortlaut selbstverständlich: nicht seiner eigenen – in einer Endentscheidung[29] zu verstehen. Hierzu gehören Anfragen mangels eines verfahrensabschließenden Charakters[30] und

---

21 BSG 18.11.1980 – GS 3/79, E 51, 23 (25) = SozR 1500 § 42 Nr. 7; BSG 12.12.2008 – GS 1/08, E 102, 166 = SozR 4-1500 § 41 Nr. 1; BSG 18.6.2002 – B 2 Urt. 34/01 R, SozR 3-1500 § 164 Nr. 12; BSG 12.7.2002 – B 11 AL 85/01 R, unveröffentlicht.
22 BSG 12.12.2008 – GS 1/08, BSGE 102, 166 ff.
23 BSG 18.6.2002 – B 2 Urt. 34/01 R, SozR 3-1500 § 164 Nr. 12; BSG 12.7.2002 – B 11 AL 85/01 R, unveröffentlicht.
24 BVerfG 22.10.1997 – 1 BvR 307/94, BVerfGE 96, 409 ff.
25 BFH 22.7.1977 – III B 34/74, BFHE 123, 112 ff.
26 BSG 12.12.2008 – GS 1/08, BSGE 102, 166 ff.
27 Kronisch in NK-VwGO § 11 Rn. 42 mwN.
28 BSG 21.5.1969 – GS 2/67, E 29, 225 (229) = SozR Nr. 14 zu § 1241; BSG 6.12.1979 – GS 1/79, E 49, 175 (178) = SozR 1500 § 42 Nr. 6; BSG 18.11.1980 – GS 3/79, E 51, 23 (25) = SozR 1500 § 42 Nr. 7; BSG 24.6.1985 – GS 1/84, E 58, 183 (187) = SozR 2200 § 180 Nr. 27.
29 BSG 23.11.1988 – 5/5 b RJ 100/86, E 64, 167 (171) = SozR 2200 § 165 Nr. 90.
30 Vgl. ebenso zur fehlenden Bindungswirkung von Rechtsauffassungen in Vorlagebeschlüssen an das BVerfG BFH, Vorlagebeschluss vom 14.12.2005 – X R 20/04, BFHE 211, 350 ff.

Anfragebeantwortungen nach § 41 Abs. 2 Satz 1 schon deshalb nicht, weil ihnen kein vom antwortenden Senat zu entscheidender Streitfall zugrunde liegt.[31] Zurückverweisenden Urteilen wird ungeachtet ihrer bindenden Wirkung für das Gericht, an das zurückverwiesen wird, und der Selbstbindung des BSG (§ 170 Abs. 5) von der wohl hM ebenfalls kein verfahrensabschließender Charakter zuerkannt.[32] Die Abweichung besteht in einem Widerspruch im abstrakten Rechtssatz, die im vom anfragenden Senat zu entscheidenden Rechtsstreit zu einem anderen Ergebnis führen würde als der Rechtssatz, der der früher getroffenen Entscheidung zugrunde liegt (→ § 160 Rn. 13).

Für die **Vorlagepflicht** rechtlich notwendig und hinreichend ist, dass ein Senat einen (objektiv) abweichenden Rechtssatz zugrunde legen will, nicht dass er abweichen will. Das ist der Fall, wenn die (Vor-)Entscheidung von einer vorliegenden Rechtsprechung idS – also objektiv – abzuweichen, getroffen ist, dagegen noch nicht, wenn und solange bloße **Zweifel** an bisheriger Rechtsprechung bestehen.[33] Eine Abweichung kann **objektiv** vorliegen, obwohl der erkennende Senat meint, er weiche nicht von einer anderen Entscheidung ab. Lediglich faktisch kommt es zum Vorlageverfahren des (objektiv) abweichenden Senats allerdings nur, wenn er dies auch erkennt und hieraus die rechtlich gebotenen Schlussfolgerungen zieht. Richter des Obersten Bundesgerichts BSG sind vielfach erstaunlich kreativ, wenn es um die vordergründige Umgehung ihrer eigenen Rechtsbindung geht. Für den Grundsatz des gesetzlichen Richters (Art. 101 Abs. 1 S. 2 GG) kommt es auf den **objektiven Gehalt der Entscheidung**, nicht aber auf Vorstellungen oder Entscheidungswillen an.[34] Das kann sich praktisch im Rahmen einer Verfassungsbeschwerde auswirken. Eine Verletzung des Art. 101 Abs. 1 Satz 2 GG nimmt das BVerfG aber nur ausnahmsweise an, wenn die Ansicht des erkennenden Senats offensichtlich unhaltbar (willkürlich) ist.[35] Innerhalb des BSG zwingt die unterlassene Vorlage indessen den nächsten auf der Grundlage derselben Rechtsfrage entscheidenden Senat zur Anrufung des Großen Senats, obwohl er sich seinerseits ggf. lediglich einer vor Erlass der divergierenden Entscheidung einheitlichen Rechtsprechung des Gerichts anschließen will. 13

31 BSG 23.11.1988 – 5/5 b RJ 100/86, E 64, 167 ff.

32 Leitherer in Meyer-Ladewig, 13. Aufl. 2020, § 41 Rn. 10 a.

33 BSG 11.12.1969 – GS 4/69, E 30, 167 (170) = SozR Nr. 79 zu § 1246 RVO; BSG 24.6.1985 – GS 1/84, E 58, 183 (187) = SozR 2200 § 180 Nr. 27.

34 BVerfG 12.11.1997 – 1 BvR 307/94, E 96, 375; deshalb ist die Ansicht des 6. Senats BSG 6.5.2009 – B 6 A 1/08 R, E 103, 106 = SozR 4-2500 § 94 Nr. 2 Rn. 31, der 9. Senat habe in BSG 8.11.2007 – B 9/9 a SB 3/06 R, E 99, 189 = SozR 4-1500 § 155 Nr. 2 nicht von der Entscheidung BSG 16.7.1996 – 1 RS 1/94, E 79, 41 (43) = SozR 3-2500 § 34 Nr. 5 zur Rügebedürftigkeit von Besetzungsmängeln der Vorinstanz „abweichen wollen", so wenig überzeugend wie die anschließende Palmströmlogik, andernfalls hätte er den Großen Senat angerufen. Der abstrakte Rechtssatz, auf den sich die Widersprüchlichkeit der Spruchpraxis der Senate des BSG hier bezieht, ist die Rügebedürftigkeit von Besetzungsmängeln der Vorinstanz. Nachvollziehbare Anhaltspunkte für Differenzierungen nach Art oder Umfang des Besetzungsmangels sind weder der Prozessordnung noch dem Grundgesetz zu entnehmen und von keinem der beteiligten Senate aufgezeigt. Ebenso kommt es entgegen BSG 8.6.2004 – B 4 RA 42/03 R, juris Rn. 18 nicht darauf an, ob der 9. Senat mit seiner Entscheidung vom 9.12.1998 – B 9 V 48/97 R, BSGE 83, 176 von der Rechtsprechung des 4. Senats abweichen „wollte"; gleichermaßen ist die Bekundung des 9. Senats, er weiche nicht ab, für sich bedeutungslos.

35 BVerfG 15.9.1986 – 1 BvR 669/86, SozR 1500 § 42 Nr. 11 mwN.

14 **4. Anderweitige Vorlage.** Eine Vorlage an den Großen Senat ist nicht zulässig, wenn sich die Abweichung auf **Gemeinschaftsrecht, Verfassungsrecht oder ein anderes Rechtsgebiet** bezieht. In diesen Fällen kommt nur eine unmittelbare Vorlage an den EuGH, das BVerfG[36] oder den GmSOGB in Betracht. Eine Entscheidung des Großen Senats kommt nur hinsichtlich solcher Fragen in Betracht, zu deren abschließender Entscheidung der Große Senat nach allen Richtungen hin befugt ist.[37] Eine Vorlage erübrigt sich ebenso, wenn der Senat sich – abweichend von der Entscheidung eines anderen Senats dieses Gerichts – in einer kontroversen Frage einer neueren Entscheidung des EuGH,[38] des BVerfG, des GmSOGB[39] oder des Großen Senats[40] anschließt.

15 **5. Änderungen der Zuständigkeit.** Durch Auflösen eines Senats oder **Änderung der Geschäftsverteilung** erübrigt sich eine Divergenzvorlage nur, sofern der erkennende Senat nunmehr ausschließlich zuständig ist.[41] Andernfalls ist die Vorlage unerlässlich und die nach Abs. 3 erforderliche Anfrage an den nunmehr zuständigen Senat zu richten.[42] Ist der Sozialrechtsweg nicht mehr gegeben, kommt eine gerichtsinterne Divergenz, die § 41 Abs. 2 ausdrücklich voraussetzt, ohnehin nicht mehr in Betracht.

IV. Anfrageverfahren – Abs. 3

16 **1. Rechtsentwicklung.** Das Anfrageverfahren hat das Rechtspflege-Vereinfachungsgesetz vom 17.12.1990 (BGBl. 1990 I 2847) in das SGG übereinstimmend mit anderen Verfahrensordnungen aufgenommen. Die Regelung setzt das zuvor nach § 3 der BSG-GeschO idF vom 6.6.1981 (BAnz. Nr. 129 vom 17.7.1981) praktizierte Verfahren und die dazu ergangene Rechtsprechung modifiziert fort,[43] beschränkt sich indessen auf einzelne Aspekte.

17 **2. Anfrage und Vorlage.** Nach S. 1 ist im Fall der Divergenzvorlage das „negative" Ergebnis des vorgeschalteten Anfrageverfahrens, also das **Fortbestehen der Divergenzlage, zwingende Zulässigkeitsvoraussetzung** für die Vorlage an den Großen Senat.[44] Dessen unmittelbare Anrufung ist folglich ausgeschlossen mit der Folge, dass die gleichwohl erfolgende Vorlage als unzulässig zu behandeln ist.[45] Das Gesetz unterscheidet nicht danach, ob ein zur Abweichung entschlossener Senat, der Große Senat oder einzelne Mitglieder der betroffenen Spruchkörper das Anfrageverfahren generell für „hinreichend geeignet"[46] erachten oder ob das durchgeführte Anfrageverfahren nach ihrer Auffassung eine „eindeutige Klärung" erbracht hat.[47] Es fehlt auch an normativen Anhaltspunkten dafür, dass das Divergenzverfahren allein auf die Lösung eines Konflikts zwi-

36 Leitherer in Meyer-Ladewig/Keller/Leitherer/Schmidt, 13. Aufl. 2020, § 41 Rn. 8 mwN.
37 BVerwG 6.2.1975 – II C 68.73, E 47, 330 ff.
38 BSG 29.1.1974 – 8/2 RU 226/72, E 37, 88 (92) = SozR 1500 § 72 Nr. 1.
39 BSG 26.9.1972 – 5 RKnU 21/70, E 34, 269 (271) = SozR Nr. 1 zu § 602 RVO; BSG 13.3.2001 – B 3 KR 12/00 R, BSGE 88, 1 ff.
40 BSG 30.1.1985 – 1 RA 5/84, SozR 1500 § 161 Nr. 31.
41 BSG 31.3.1992 – 4 RA 3/91, SozR 3-2600 § 242 Nr. 1.
42 BSG 22.3.1983 – 2 RU 27/81, E 55, 26 (30) = SozR 2200 § 734 Nr. 3; bedenklich daher BSG 21.6.1989 – 1 RA 53/88, E 65, 144 (153) = SozR 6710 Art. 4 Nr. 8.
43 BSG 21.12.1971 – GS 4/71, E 34, 1 (2 ff.) = SozR Nr. 2 zu § 40 SGG; BSG 25.5.1976 – 5 RKn 27/74, E 42, 49 (53 f.) = SozR 1500 § 42 Nr. 3.
44 Vgl. zuletzt BSG 20.2.2019 – GS 1/18, SozR 4-2600 § 118 Nr. 16.
45 Kronisch in NK-VwGO § 11 Rn. 40 mH auf BT-Drs. 11/3621, 54.
46 GS 1/17, SozR 4-1500 § 164 Nr. 9 Rn. 32.
47 GS 1/17, SozR 4-1500 § 164 Nr. 9 Rn. 32.

schen zwei Senaten zugeschnitten ist,[48] es also von vorne herein nicht in Betracht kommen sollte, wenn ein Senat von der vorbestehenden Rechtsprechung mehrerer oder gar aller anderen Senate abweichen will. § 41 SGG ermächtigt den GS an keiner Stelle dazu, nach Maßgabe eigener Erwägungen die gesetzliche Unterscheidung der Zulassungsgründe und das hiervon abhängende Verfahren zu missachten und allein nach Maßgabe eigener Erwägungen die Grundsatzvorlage für den unbestimmten Fall zu präferieren, dass „sich zumindest Anhaltspunkte für unterschiedliche Auffassungen unter den Senaten vorliegen, die bezogen auf das Ausgangsverfahren zu Divergenzen in der Rechtsprechung führen könnten….“[49] Liegen zugleich die Voraussetzungen der gegenüber der Grundsatzvorlage speziellen Divergenzvorlage vor, ist diese vorgreiflich und daher zwingend das Anfrageverfahren durchzuführen.[50]

Im Beschluss vom 13.6.2018[51] hatte der GS im Übrigen vermerkt: „Da weiterhin die vom 12. Senat … eingeleiteten Anfrageverfahren keine eindeutige Klärung erbracht haben, wie sich aus dem Urteil des 12. Senats vom 23.5.2017 (B 12 KR 2/15 R)[52] sowie dem Beschluss des 5. Senats vom 23.2.2017 (B 5 SF 5/16 AR)[53] ergibt …“ Dem steht allerdings der Wortlaut der zitierten Entscheidung des 12. Senats[54] diametral entgegen: „Der 5 Senat des BAG hat ua aus Anlass des in diesem Rechtsstreit ergangenen Anfragebeschlusses vom 29.6.2016 seine Auffassung mit Beschlüssen vom 6.10.2016 (B 5 SF 3/16 AR und B 5 SF 4/16 AR – juris) und – zum vorliegenden Rechtsstreit – vom 23.2.2017 (B 5 SF 5/16 AR) klargestellt. Diese deckt sich mit derjenigen des erkennenden Senats, sodass eine Vorlage an den Großen Senat nach § 41 SGG … entbehrlich war …“ Eine **Divergenzlage** war insofern spätestens mit der Entscheidung des 12. Senats entfallen.[55] 18

Im Interesse einer einheitlichen Rechtsprechung ist die **Anfrage** darauf gerichtet, 19
ob dem erkennenden Senat in seiner von einer Entscheidung des angefragten Senats abweichenden Ansicht zugestimmt werde. Ist dies der Fall, ist der erkennende Senat nicht gehindert, seine Entscheidung auf seine abweichende Rechtsansicht ohne Anrufung des Großen Senats zu stützten.[56] **Adressat** der Anfrage ist nur ein (jeder) Senat – außer dem Großen Senat selbst –, der eine Endentscheidung auf die angegriffene Rechtsansicht gestützt hat; Abweichend von § 4 Abs. 1 S. 3 RsprEinhG ist die Divergenzanfrage an **sämtliche Senate** zu richten, die der Rechtsansicht des erkennenden Senats entgegenstehen.[57] Hiervon weicht der GS im Beschluss vom 13.6.2018[58] ohne Auseinandersetzung ab. Die Äußerung von Rechtsansichten in Anfrageverfahren oder Vorlagebeschlüssen an den EuGH, das BVerfG oder den GmSOGB lösen ihrerseits das Anfrage- und Vorla-

48 GS 1/17, SozR 4-1500 § 164 Nr. 9 Rn. 32 und Kronisch in NK-VwGO § 11 Rn. 42 mwN.
49 GS 1/17, SozR 4-1500 § 164 Nr. 9 Rn. 26.
50 Kronisch in NK-VwGO § 11 Rn. 48 mH auf BGHZ 128, 85, 87 und BGHSt 33, 356 (359 f.) sowie die abweichende Auffassung in BSGE 75, 159 (161).
51 GS 1/17, SozR 4-1500 § 164 Nr. 9 Rn. 32.
52 SozR 4-2500 § 252 Nr. 1.
53 juris.
54 BSG 23.5.2017 – B 12 KR 2/15 R, juris Rn. 12.
55 Kronisch in NK-VwGO § 11 Rn. 45 f. mwN.
56 BSG 23.11.1988 – 5/5 b RJ 100/86, E 64, 167 (171) = SozR 2200 § 165 Nr. 90; s. zuletzt BSG 8.9.2015 – B 1 KR 1/15 R, SozR 4-1500 § 101 Nr. 2.
57 Vgl. BSG 21.12.1971 – GS 4/71, E 34, 1 (2 f.) = SozR Nr. 2 zu § 40 SGG.
58 GS 1/17, SozR 4-1500 § 164 Nr. 9 Rn. 32.

geverfahren nicht aus.[59] Satz 2 stellt im Einklang mit früherer Rechtsprechung klar, dass eine Anfrage nach Änderung der Geschäftsverteilung an den Senat zu richten ist, der an die Stelle des Senats getreten ist, dessen Rechtsansicht angegriffen wird.[60]

20 **3. Entscheidungsform und Besetzung.** Die früher streitige Frage der Zuständigkeit für Anfrage und Antwort im Anfrageverfahren[61] beantwortet S. 3 eindeutig dahin, dass die Senate in der **„für Urteile erforderlichen" Besetzung** mit drei Berufsrichtern und zwei ehrenamtlichen Richtern durch Beschluss zu entscheiden haben. In Ermangelung sonstiger Regelungen und im Blick auf die vom Großen Senat insofern in Anspruch genommene „Gestaltungsfreiheit" (→ Rn. 2) erscheint es naheliegend, für diese Beschlüsse auch ansonsten auf die für Urteile geltenden Regelungen zurückzugreifen. Das heißt insbesondere, dass der nach der zwingenden Anhörung der Verfahrensbeteiligten (§ 62 Halbsatz 1) und Beteiligung der ehrenamtlichen Richter entsprechend § 170 a der Geschäftsstelle übergebene **Anfrage-Beschluss** den Beteiligten des Ausgangsverfahrens zugestellt (§ 135) wird. Da besondere Regelungen für den Verkehr der Senate unter einander und mit dem Großen Senat fehlen, jedenfalls ein Zugang aber erforderlich ist, dürfte eine formlose Übersendung jeweils genügen. Auch der **Antwort-Beschluss** des angefragten Senats ist den Beteiligten des Ausgangsverfahrens – ggf. mit der erneuten Möglichkeit zur Stellungnahme – bekannt zu geben. Die Vorlage selbst ergeht, ohne dass dies gesondert angeordnet wäre, durch zu begründenden **Vorlage-Beschluss** in der Besetzung des § 41 Satz 3 nach (abermaliger) fakultativer mündlicher Verhandlung. Nach Auffassung der Entwurfsverfasser konnte von einer Regelung abgesehen werden, „weil diese Bestimmung nur wiedergeben würde, was geltende Praxis der obersten Gerichtshöfe des Bundes ist."[62] Auch der Vorlage-Beschluss ist den Beteiligten des Ausgangsverfahrens zuzustellen.

21 **4. Wirkung.** Ein Senat, der die bisherige Rechtsprechung fortsetzen will, ist durch eine Vorlage und erst recht durch ein Anfrageverfahren eines anderen Senats nicht gehindert, das Verfahren fortzusetzen. Kommt es durch den Großen Senat zu einer Änderung der Rechtsprechung, kann ein Ausgleich der Rechtsansichten und Entscheidungen nach Maßgabe der §§ 44 ff. SGB X erfolgen.[63]

V. Grundsatzvorlage – Abs. 4

22 **1. Rechtsentwicklung.** Bis zum Inkrafttreten des RpflVereinfG vom 17.12.1990 (BGBl. 1990 I 2847) war die Grundsatzvorlage gleichsinnig in § 43 aF geregelt. Wegen der damals unterschiedlichen **Besetzung** des Großen Senats bei der Divergenz- und der Grundsatzvorlage hatte die Rechtsprechung die Grundsatzvorlage nur für zulässig gehalten, wenn eine zulässige Divergenzanrufung nicht in Betracht kam.[64] Gleichwohl hat der Große Senat ausgesprochen, die **Umdeutung** einer Grundsatz- in eine Divergenzanrufung sei zulässig,[65] und für die Besetzung

59 BSG 23.11.1988 – 5/5 b RJ 100/86, E 64, 167 (177) = SozR 2200 § 165 Nr. 90.
60 Vgl. BSG 22.3.1983 – 2 RU 27/81, E 55, 26 (30) = SozR 2200 § 734 Nr. 3.
61 Vgl. BSG 21.12.1971 – GS 4/71, E 34, 1 (2 ff.) = SozR Nr. 2 zu § 40 Nr. 2.
62 BT-Drs. 11/3621, 54.
63 BSG 14.9.1995 – 5 RJ 50/94, SozR 3 2200 § 1246 Nr. 50; BSG 12.6.1996 – 5 RJ 2/96, SozR 3-2600 § 43 Nr. 11; BSG 18.9.1996 – 5 RJ 106/95, unveröffentlicht.
64 BSG 24.6.1985 – GS i/84, E 58, 183 (188) = SozR 1500 § 42 Nr. 10 mwN.
65 BSG 21.7.1977 – GS i/76, E 44, 151 (153) = SozR 1500 § 43 Nr. 2.

des Großen Senats den in der Vorlage angegebenen Anrufungsgrund für maßgeblich erklärt.[66] Diese Besetzungsschwierigkeiten sind nunmehr durch die Regelungen der Abs. 5 und 6 behoben, ohne dass deswegen die Notwendigkeit entfallen wäre, die zwingende Vorgreiflichkeit der spezielleren Divergenzvorlage[67] und ihrer besonderen Voraussetzungen zu beachten. Der Große Senat entscheidet über eine neben der Divergenzfrage „hilfsweise" vorgelegte Rechtsfrage wegen grundsätzlicher Bedeutung, wenn diese umfassender ist und damit die Divergenzfrage ebenfalls beantwortet wird.[68]

2. Voraussetzungen der Grundsatzvorlage. Die **grundsätzliche Bedeutung** richtet sich im Wesentlichen nach den gleichen Merkmalen wie in § 160 Abs. 2 Nr. 1 (→ § 160 Rn. 8 ff.).[69] Soweit der Beschluss des GS vom 13.6.2018[70] dem Merkmal der „grundsätzlichen Bedeutung" einen eigenen – darüber hinausgehenden – Stellenwert zuweisen hat und sich zur Entscheidung vor allem dann berufen sieht, „wenn „prozessuales Querschnittsrecht" betroffen ist, wenn sich also prozessuale Grundfragen in mehreren Fachsenaten gleichermaßen stellen und eine frühzeitige, Divergenzen verhindernde konzertierte Rechtsauslegung oder -fortbildung durch den GrS erforderlich erscheint," erweitert er bei gleichzeitiger Entwertung der Divergenzvorlage seine Zuständigkeit in nicht unbedenklichem Umfang. Diese wäre dann im Rahmen der Grundsatzvorlage bereits frühzeitig eröffnet, wenn sich für bloße Problemlagen aufgrund von Anhaltspunkten prognostisch Hinweise auf drohende Divergenzen ergeben könnten. 23

Nicht anders als in den Fällen der Divergenz (→ Rn. 4 ff.) ist auch insofern zwischen der notwendigen **Entscheidungserheblichkeit**, die gerade im Blick auf den Sachverhalt des Ausgangsverfahrens gegeben sein muss, und der diesen konkreten Anknüpfungssachverhalt überschreitenden **abstrakt-generellen Aussage** zu unterscheiden, die mit der Antwort auf eine „Frage von grundsätzlicher Bedeutung" gerade erstrebt wird. Würde man die Prüfung der Grundsätzlichkeit der Vorlagefrage auf den Sachverhalt des beim erkennenden Senat anhängigen Streitverfahrens beschränken, so könnte sie nur dann bejaht werden, wenn eine Vielzahl von in allen wesentlichen Kriterien gleichgelagerten Fällen durch Verwaltungsbehörden oder Gerichte zu entscheiden wäre oder beschränkt auf diese Fallgruppe unterschiedliche Auffassungen und Entscheidungen vorlägen. Für die ebenso dringliche Klärung der Frage, ob ein entscheidungserheblicher Unterschied zwischen verschiedenen Fallgruppen vorliegt, oder ob gerade wegen einer Vielfalt von Sachverhalten zur Fortbildung des Rechts Grundlinien gezogen werden müssen (die jeweils nur an Hand eines konkreten Falles gezogen werden können), bliebe dann wenig Raum.[71] 24

Die **grundsätzliche Bedeutung** der zu entscheidenden Rechtsfragen, die den Kreis derjenigen Fragen festlegt, die außerhalb einer Abweichung überhaupt ein Tätigwerden des Großen Senats vertretbar erscheinen lassen, wird in Abs. 4 – anders als die **Frage der Erforderlichkeit** einer hierauf gerichteten Vorlage – nicht in die Entscheidungskompetenz des vorlegenden Senats gestellt.[72] Der 25

66 BSG 18.11.1980 – GS 3/79, E 51, 23 (24) = SozR 1500 § 42 Nr. 7.
67 Kronisch in NK-VwGO § 11 Rn. 48 mwN.
68 BSG 6.10.1994 – GS 1/91, E 75, 159 (161) = SozR 3-1300 § 41 Nr. 7.
69 Vgl. Kronisch in NK-VwGO § 11 Rn. 50 f. mwN.
70 GS 1/17, SozR 4-1500 § 164 Nr. 9 Rn. 26.
71 BSG 25.11.1987 – GS 2/85, BSGE 62, 255 f.
72 BSG 12.12.2008 – GS 1/08, BSGE 102, 166 ff.

Große Senat behält sich daher in stRspr. – abweichend von den Großen Senaten des BVerwG und des BFH – die Prüfung der Merkmale grundsätzlicher Bedeutung (einschließlich etwa der Erheblichkeit für die Entscheidung des vorlegenden Senats)[73] als Zugangsvoraussetzung seiner Tätigkeit vor. Er ist insoweit an eine Zulassung der Revision durch den vorlegenden Senat oder die Beurteilung in der Vorlage nicht gebunden.[74] **Zuletzt** erweitert er nunmehr allerdings seine Zuständigkeit über eine bloße Prüfungskompetenz hinaus auch auf eine autonome Erweiterung des Merkmals „grundsätzliche Bedeutung" selbst.[75]

26 Dagegen ist die Frage, ob die Vorlage zur Fortbildung des Rechts oder zur Sicherung einer einheitlichen Rechtsprechung nach dem eingeräumten **Ermessen** „kann")[76] erforderlich ist, schon nach dem Wortlaut der Regelung („nach seiner Auffassung") allein vom vorlegenden Senat zu entscheiden.[77] Der Große Senat soll sich nicht etwa zu allen Fragen von grundsätzlicher Bedeutung äußern, sondern nach Maßgabe einer für ihn verbindlichen Auswahlentscheidung des erkennenden Senates nur wenn und insoweit, als ein derartiges Begehren zulässig an ihn herangetragen ist. Die Antwort auf Fragen von grundsätzlicher Bedeutung und die **Rechtsfortbildung** obliegt nämlich nicht etwa nur dem Großen Senat, sondern jedem Senat des BSG. Eine Entscheidung des Großen Senats ist deshalb nur angezeigt, wenn „wegen zu erwartender Widerstände oder drohender Divergenz" eine Antwort „mit seiner besonderen Autorität erforderlich erscheint." Anhaltspunkte für eine solche Lage sind zB unterschiedliche in nicht tragenden Gründen zum Ausdruck kommende Rechtsansichten von verschiedenen Senaten oder Äußerungen zum „prozessualen Querschnittsrecht", die uneinheitliches Vorgehen befürchten lassen und damit die Rechtseinheit gefährden.[78] Eine Rechtsfrage in einem Spezialgebiet lässt sich durch den zuständigen Fachsenat zur Herstellung einheitlicher Praxis beantworten. Stellt sich die Rechtsfrage allgemein, betrifft sie also die Praxis verschiedener Rechtsgebiete, ist die Vorlage an den Großen Senat angezeigt. Auch das Gesetz deutet mit den Merkmalen „zur Fortbildung des Rechts oder zur Sicherung einer einheitlichen Rechtsprechung" an, dass eine Grundsatzvorlage nur gerechtfertigt ist, wenn die Vorlagefrage **„in höherem Maße grundsätzlich"** ist, als für die Zulassung der Revision in § 160 Abs. 2 Nr. 1 gefordert.

27 Unter ausdrücklicher Berufung auf seine Prüfungskompetenz hinsichtlich der Entscheidungserheblichkeit der vorgelegten Rechtsfragen nimmt der GS schließlich für sich in Anspruch, die **Rechtsfragen ggf. „zu konkretisieren, zu präzisieren und ggf. zu beschränken."**[79] Im **Beschluss vom 13.6.2018** hat der GS zuletzt die vorgelegte Rechtsfrage Nr. 1 („Muss die Begründung einer zugelassenen Revision, mit der keine Verfahrensmängel gerügt werden, Tatsachen bezeichnen, die den gerügten Mangel ergeben, insbesondere die in der angefochtenen Entscheidung getroffenen tatsächlichen Feststellungen angeben, um den Anforderungen der Regelung des § 164 Abs 2 S 3 SGG zu genügen?") nicht in vollem

73 BSG 12.12.2008 – GS 1/08, BSGE 102, 166 ff.
74 BSG 25.11.1987 – GS 2/85, E 62, 255 (258) = SozR 5050 § 15 Nr. 35.
75 BSG 13.6.2018 – GS 1/17, SozR 4-1500 § 164 Nr. 9 Rn. 26.
76 BSG 23.3.2011 – B 6 KA 11/10 R, BSGE 108, 35 ff.
77 BSG 12.12.2008 – GS 1/08, BSGE 102, 166 ff.
78 BSG 27.1.1956 – 7 RAr 81/55, E 2, 164 (167 ff.); BSG 25.11.1987 – GS 2/85, E 62, 256 (258 f.) = SozR 5050 § 15 Nr. 35; Vorlagebeschluss BSG 10.3.2010 – B 3 KR 36/09 B.
79 BSG 13.6.2018 – GS 1/17, SozR 4-1500 § 164 Nr. 9 Rn. 22 mwN.

Umfang für entscheidungserheblich erachtet. Seiner Auffassung nach fehlte es der Revisionsbegründung nicht gänzlich an einer Darstellung der festgestellten Tatsachen, sodass vom GS nicht zu entscheiden war, ob in der Revisionsbegründung überhaupt Tatsachen vorgetragen werden müssen. Entscheidungserheblich sei aber, ob – letztlich weitergehend als die vom 1. Senat formulierte Vorlagefrage – eine vollständige (dh die gesamten Feststellungen des Tatsachengerichts umfassende) Darstellung des festgestellten Lebenssachverhalts erforderlich sei, die Revisionsbegründung des Ausgangsverfahrens nicht erfolgt sei. Ebenso sei die Frage im ersten Teil von Rechtsfrage Nr. 2, ob die Begründung einer zugelassenen Revision die Gründe aufzeigen muss, die das angefochtene Urteil als unrichtig erscheinen lassen, ist nicht in vollem Umfang entscheidungserheblich. Der GrS habe sich mit ihr daher nicht gesondert auseinanderzusetzen, sondern nur, soweit dies aufgrund des untrennbaren Zusammenhangs mit den Anforderungen an den Umfang des erforderlichen Tatsachenvortrages erforderlich sei. Der GrS beschränke danach den ihm angefallenen Streitstoff auf den im Ausgangsverfahren erheblichen Kern, fasse ihn zusammen und lege ihn wie folgt aus: Genügt eine Revisionsbegründung bei Sachrügen den gesetzlichen Anforderungen des § 164 Abs. 2 S. 3 SGG, wenn neben der Stellung eines bestimmten Antrages und der Bezeichnung der verletzten Rechtsnorm die Gründe aufgezeigt werden, die nach Auffassung des Revisionsklägers auf Grund einer rechtlichen Auseinandersetzung mit den Gründen der angefochtenen Entscheidung das Urteil als unrichtig erscheinen lassen?

Damit hat sich indessen das vom GS selbst im Blick auf die Zulässigkeit der Vorlagefragen aufgeworfene Problem des erforderlichen Umfangs des erforderlichen Tatsachenvortrags „erledigt" und wird folgerichtig auch mit dem Tenor des Beschlusses vom 13.6.2018 nicht beantwortet. Ist für das Ausgangsverfahren eine Entscheidung darüber „ob in der Revisionsbegründung überhaupt Tatsachen vorgetragen werden müssen", ausdrücklich nicht erforderlich, kann es indessen allein darum gehen, ob darüber hinaus eine „vollständige Darstellung der festgestellten Tatsachen" notwendig ist bzw. ob den rechtlichen Anforderungen durch die Benennung von Tatsachen im Bereich zwischen einem Umfang wie im Ausgangsverfahren und der Vollständigkeit genügt werden kann. Die Antwort, dass es rechtlich grundsätzlich und faktisch in aller Regel einer Bezeichnung von Tatsachen überhaupt nicht bedarf, überschreitet folglich die **Zuständigkeit des GS**, der sich weder selbst zur Entscheidung berufen kann noch – auch nach ausdrücklicher eigener Auffassung – zur Erstellung von Rechtsgutachten ermächtigt ist. 28

VI. Besetzung des Großen Senats – Abs. 5 und 6

Der **Große Senat** besteht nunmehr aus dem Präsidenten, je einem Berufsrichter – nicht notwendig Vorsitzendem – der übrigen Senate und je zwei ehrenamtlichen Richtern aus dem Kreis der Versicherten und dem Kreis der Arbeitgeber sowie je einem ehrenamtlichen Richter aus dem Kreis der mit dem sozialen Entschädigungsrecht oder der Teilhabe behinderter Menschen vertrauten Personen und dem Kreis der Versorgungsberechtigten und der behinderten Menschen im Sinne des Neunten Buches Sozialgesetzbuch. Lediglich bei Beteiligung des Senats für Vertragsarztrecht gehören dem Großen Senat außerdem je ein ehrenamtlicher Richter aus dem Kreis der Krankenkassen und dem Kreis der Vertragsärzte, Ver- 29 tragszahnärzte und Psychotherapeuten an.[80] Wegen der **Personengleichheit** der Berufsrichter des 7. und 8. Senats sowie des 9. und 10. Senats sind diese Senate jeweils nur einmal und mit einer Stimme im Großen Senat vertreten. Dem Großen Senat gehören also elf vom Präsidium bestellte Berufsrichter an. Als richterliches Mitglied des Großen Senats wird der Präsident im Falle der Verhinderung durch einen Berufsrichter seines Senats vertreten. Als Vorsitzender des Großen Senats vertritt ihn nach Abs. 6 S. 2 das dienstälteste Mitglied des Großen Senats. Im Übrigen bestellt der Große Senat für jedes Geschäftsjahr auch die Vertreter der Mitglieder des Großen Senats (Abs. 6 S. 1). Bei **Stimmengleichheit** gibt die Stimme des Vorsitzenden des Großen Senats den Ausschlag (Abs. 6 S. 3).

VII. Verfahren – Abs. 7

30 Der Große Senat prüft die **Zulässigkeit** seiner Anrufung für die Divergenzvorlage nach Abs. 2 und 3 sowie für die Grundsatzvorlage nach Abs. 4. Ist die Vorlage unzulässig oder die Entscheidungserheblichkeit einer Rechtsfrage durch eine Rechtsänderung entfallen und nimmt der anrufende Senat die Vorlage nicht zurück, so beendet der Große Senat das Vorlageverfahren „in der nach Rechtslage geeigneten Form", zB durch Feststellung der Erledigung.[81] Die Durchführung einer **mündlichen Verhandlung** stellt Abs. 7 S. 2 in das Ermessen des Großen Senats. Er kann von einer mündlichen Verhandlung auch ohne Zustimmung der Beteiligten absehen.[82] Der Große Senat teilt den Beteiligten (seines Verfahrens) die Absicht, ohne mündliche Verhandlung zu entscheiden, mit und gibt ihnen Gelegenheit, sich zum Verfahren und den zur Entscheidung stehenden Rechtsfragen zu äußern.[83] Der Große Senat entscheidet durch **Beschluss**, in dem er nur die ihm gestellte Rechtsfrage beantwortet (S. 1). Seine Rechtsansicht ist für den erkennenden Senat, der abschließend über die Revision zu befinden hat, bindend (Satz 3). Die **Bindungswirkung** erstreckt sich nur auf das anhängige Verfahren. Sie hindert erkennende Senate nicht, in anderen Verfahren, eine vom Großen Senat beantwortete Rechtsfrage erneut vorzulegen.

VIII. Verletzung der Vorlagepflicht

31 Eine **Vorlagepflicht** des erkennenden Senats besteht nur im Falle der Abweichung (Abs. 2), während die Grundsatzvorlage vom Ermessen des erkennenden Senats abhängig ist (Abs. 4). In Fällen der letztgenannten Art kommt eine „Verletzung der Vorlagepflicht" im Blick auf das eigene Entscheidungsrecht eines jeden Senats hinsichtlich Fragen von grundsätzlicher Bedeutung kaum in Betracht und ist im Übrigen praktisch sanktionslos. Eher theoretisch ist die Verfassungsbeschwerde wegen **Verletzung des Art. 101 Abs. 1 Satz 2 GG** denkbar. Der Große Senat kann nur auf Vorlage tätig werden, die Dienstaufsicht erstreckt sich nicht auf den Inhalt der Rechtsprechung. Die Entscheidung des erkennenden Senats ist auch bei Verletzung der Vorlagepflicht wirksam. Der verfassungsrechtliche Anspruch auf den gesetzlichen Richter (Art. 101 Abs. 1 S. 2 GG) ist nach der

80 Vgl. im Einzelnen BSG 13.6.2018 – GS 1/17, SozR 4-1500 § 164 Nr. 9 Rn. 11 ff.
81 BSG 15.12.1982 – GS 2/80, E 54, 223 (225) = SozR 1300 § 44 Nr. 3.
82 BSG 19.12.1996 – GS 2/95, E 80, 24 (26 f.) = SozR 3-2600 § 44 Nr. 8, wonach der Große Senat „mangels konkreter Verfahrensvorschriften sein Verfahren nach den Grundsätzen der Prozessökonomie und den dem Vorlageverfahren zugrunde liegenden gesetzgeberischen Zwecken bestimmt".
83 BSG 19.12.1996 – GS 2/95.

Rechtsprechung des BVerfG nur verletzt, wenn die Nichtvorlage offensichtlich unhaltbar (willkürlich) ist. Dies soll nicht bei einem bloßen Rechtsirrtum gegeben sein, wohl aber wenn die Entscheidungsgrenzen in unverständlicher Weise überschritten werden und erst recht, wenn bewusst von Rechtsprechung abgewichen wird (→ § 7 Rn. 15; → § 40 Rn. 2).[84] Letztlich ist die **Einheitlichkeit der Rechtsprechung** von der Selbstdisziplin der erkennenden Senate (alternativ einer mehrheitlichen Absprache der maßgeblich Beteiligten) abhängig. Den fragwürdigen Techniken zur Verschleierung von Abweichungen (→ Rn. 3) (wie zur Herbeiführung von Mehrheiten) lässt sich allenfalls mit der Forderung nach methodenbewusster und methodenehrlicher Argumentation und einem Appell an richterliche Berufsethik begegnen.

§§ 42 bis 44 (aufgehoben)

Die Vorschriften sind durch Art. 4 Nr. 2 Rechtspflege-VereinfachungG vom 17.12.1990 (BGBl. 1990 I 2847) mit Wirkung ab 1.1.1992 aufgehoben worden. Die Regelungen sind in § 41 eingegangen. 1

§ 45 [Ehrenamtliche Richter, Zahl, Berufung, Amtsdauer]

(1) Das Bundesministerium für Arbeit und Soziales bestimmt nach Anhörung des Präsidenten des Bundessozialgerichts die Zahl der für die einzelnen Zweige der Sozialgerichtsbarkeit zu berufenden ehrenamtlichen Richter.

(2) [1]Die ehrenamtlichen Richter werden vom Bundesministerium für Arbeit und Soziales auf Grund von Vorschlagslisten (§ 46) für die Dauer von fünf Jahren berufen; sie sind in angemessenem Verhältnis unter billiger Berücksichtigung der Minderheiten aus den Vorschlagslisten zu entnehmen. [2]Das Bundesministerium für Arbeit und Soziales kann eine Ergänzung der Vorschlagslisten verlangen. [3]§ 13 Abs. 2 gilt entsprechend mit der Maßgabe, dass das Bundesministerium für Arbeit und Soziales durch Rechtsverordnung eine einheitliche Amtsperiode festlegen kann.

(3) [1]Die ehrenamtlichen Richter bleiben nach Ablauf ihrer Amtszeit im Amt, bis ihre Nachfolger berufen sind. [2]Erneute Berufung ist zulässig.

I. Allgemeines

Die Regelung entspricht mit Abweichungen der ursprünglichen Fassung. Die Wahlperiode hat das 6. SGGÄndG vom 17.8.2001 (BGBl. 2001 I 2144) von vier auf fünf Jahre erhöht. Art. 65 der 8. Zuständigkeitsanpassungsverordnung vom 25.11.2003 (BGBl. 2003 I 2304) und Art. 95 der Neunten Zuständigkeitsanpassungsverordnung vom 31.10.2006 (BGBl. 2006 I 2407) haben dem Zuständigkeitsübergang zunächst auf das BMGS und zuletzt auf das BMAS Rechnung ge- 1

84 BVerfG 15.9.1986 – 1 BvR 669/86, SozR 1500 § 42 Nr. 11; Leitherer in Meyer-Ladewig/Keller/Leitherer/Schmidt, 13. Aufl. 2020, § 41 Rn. 16 mwN.

tragen. Im Übrigen entspricht die Regelung weitgehend § 13. Auf die dortigen Ausführungen wird Bezug genommen.

II. Zahl der ehrenamtlichen Richter – Abs. 1

2 Die **Zahl** der ehrenamtlichen Richter bestimmt das zuständige Bundesministerium. Die Anhörung des Präsidenten des BSG soll dazu beitragen, dass die Zahl der ehrenamtlichen Richter einen geordneten Dienstbetrieb und die Effektivität der Rechtsprechung in quantitativer und qualitativer Hinsicht gewährleistet.

III. Berufung ehrenamtlicher Richter – Abs. 2

3 **Ehrenamtliche Richter beim BSG** werden für die Dauer von fünf Jahren vom Bundesminister berufen, nicht vom Richterwahlausschuss gewählt wie die Berufsrichter. Dieses Verfahren ist nicht verfassungswidrig.[1] **Voraussetzungen und Ausschlussgründe** für eine Berufung ergeben sich aus § 47. Das BSG entscheidet über die Amtsenthebung eines rechtswidrig berufenen ehrenamtlichen Richters bei „Bekanntwerden" eines Enthebungsgrundes im objektiven Verfahren (ohne Antrag) auch, wenn der Berufungsakt unwirksam sein sollte.[2] Die Vorschrift für das Amtsenthebungsverfahren (§ 22) wendet das BSG entsprechend auf die Klärung von Verfahrensfehlern bei der Berufung von ehrenamtlichen Richtern an. Damit unterliegt auch die „billige Berücksichtigung der Minderheiten aus den Vorschlagslisten" richterlicher Kontrolle.

IV. Ablauf der Amtszeit – Abs. 3

4 Abs. 3 stellt klar, dass ehrenamtliche Richter nicht mit Ablauf ihrer Amtszeit, sondern erst mit **Berufung ihrer Nachfolger** das Amt kraft Gesetzes verlieren, sofern sie nicht erneut berufen werden.

§ 46 [Vorschlagslisten; Vorschlagsrecht]

(1) Die Vorschlagslisten für die ehrenamtlichen Richter in den Senaten für Angelegenheiten der Sozialversicherung und der Arbeitsförderung sowie der Grundsicherung für Arbeitsuchende werden von den in § 14 Abs. 1 aufgeführten Organisationen und Behörden aufgestellt.

(2) Die Vorschlagslisten für die ehrenamtlichen Richter in den Senaten für Angelegenheiten des Vertragsarztrechts werden von den Kassenärztlichen (Kassenzahnärztlichen) Vereinigungen und gemeinsam von den Zusammenschlüssen der Krankenkassen, die sich über das Bundesgebiet erstrecken, aufgestellt.

(3) Die ehrenamtlichen Richter für die Senate für Angelegenheiten des sozialen [ab 1.1.2024: *Sozialen*] Entschädigungsrechts und des Schwerbehindertenrechts werden auf Vorschlag der obersten Verwaltungsbehörden der Länder sowie der in § 14 Abs. 3 Satz 2 und 3 [ab 1.1.2024: *§ 14 Absatz 3 Satz 2 und 3*] genannten Vereinigungen, die sich über das Bundesgebiet erstrecken, berufen.

(4) Die ehrenamtlichen Richter für die Senate für Angelegenheiten der Sozialhilfe einschließlich der Angelegenheiten nach Teil 2 des Neunten Buches Sozialge-

---

1 Vgl. BGH 7.11.1960 – AnwZ (B) 1/60, BGHZ 33, 381 = NJW 1961, 220 – für die Berufung der anwaltlichen Mitglieder des Senats für Anwaltssachen.

2 BSG 26.9.1985 – 1 S 12/85, E 59, 4 (9 f.) = SozR 1500 § 22 Nr. 1.

setzbuch und des Asylbewerberleistungsgesetzes werden auf Vorschlag der Bundesvereinigung der kommunalen Spitzenverbände berufen.

I. Allgemeines

Die Fassung des Abs. 3 beruht auf dem 1. Gesetz zur Änderung des Schwerbehindertengesetzes vom 24.7.1986 (BGBl. 1986 I 1110). Den Abs. 4 hat das 7. SGGÄndG vom 9.12.2004 (BGBl. 2004 I 3302) angefügt. Für die Angelegenheiten des Asylbewerbergesetzes sind ehrenamtliche Richter aufgrund des Gesetzes zur Ermittlung von Regelbedarfen und zur Änderung des Zweiten und Zwölften Buches Sozialgesetzbuch vom 24.3.2011 (BGBl. 2011 I 453) zu berufen. 1

Mit Wirkung zum 1.1.2024 tritt das SGB XIV mit der Neuregelung des Sozialen Entschädigungsrechts in Kraft, weswegen ab diesem Zeitpunkt Abs. 3 redaktionell (Großbuchstabe; „Absatz" statt „Abs.") angepasst wird (BGBl. I 2019, 2652).

II. Vorschlagslisten, Vorschlagsrecht – Abs. 1–4

Die Vorschriften regeln das Verfahren der Berufung von ehrenamtlichen Richtern zum BSG, welches durch (ihrem Umfang nach nicht mehr gesetzlich bestimmte) Vorschlagslisten der in § 14 Abs. 2 aufgeführten Organisationen und Behörden für die Sozial- und Arbeitslosenversicherung (Abs. 1), der Kassenärztlichen Vereinigungen und der Krankenkassenverbände (Abs. 2) sowie durch die Vorschläge der obersten Verwaltungsbehörden der Länder und der Vereinigungen der Kriegsopfer und der Schwerbehinderten (Abs. 3) und der Bundesvereinigung der kommunalen Spitzenverbände (Abs. 4) vorbereitet wird. Ein **zahlenmäßiger Umfang** ist auch im Rahmen von Abs. 3 und 4 nicht vorgeschrieben, wonach die ehrenamtlichen Richter nicht „aufgrund von Vorschlagslisten", sondern „auf Vorschlag" der dort genannten Stellen berufen werden. Dadurch wird die Berufung ehrenamtlicher Richter nicht faktisch auf nicht-staatliche Stellen verlegt und Art. 92 GG verletzt. Es steht im Ermessen des Bundesministers zu bestimmen, wie viele ehrenamtliche Richter die jeweils vorschlagsberechtigte Stelle vorzuschlagen hat. Die Ermessensentscheidung ist im Rahmen des § 54 Abs. 2 S. 2 gerichtlich überprüfbar.[1] Der nach Art. 92 GG gebotene **staatliche Einfluss** auf die Besetzung von Gerichten ist auch bei Vorschlägen gewahrt, die auf die erforderliche Zahl von Richtern beschränkt sind, weil der Bundesminister an die Vorschläge nicht gebunden ist.[2] 2

§ 47 [Berufung der ehrenamtlichen Richter]

[1]Die ehrenamtlichen Richter am Bundessozialgericht müssen das fünfunddreißigste Lebensjahr vollendet haben; sie sollen mindestens fünf Jahre ehrenamtliche Richter an einem Sozialgericht oder Landessozialgericht gewesen sein. [2]Im übrigen gelten die §§ 16 bis 23 entsprechend mit der Maßgabe, daß in den Fällen des § 18 Abs. 4, der §§ 21 und 22 Abs. 2 der vom Präsidium für jedes Geschäftsjahr im voraus bestimmte Senat des Bundessozialgerichts entscheidet.

1 Vgl. zum Ganzen BSG 26.9.1985 – 1 S 12/85, E 59, 4 f. = SozR 1500 § 22 Nr. 1.
2 BSG 26.9.1985 – 1 S 12/85, E 59, 4 (16 f.) = SozR 1500 § 22 Nr. 1.

I. Allgemeines

1 In der Vorschrift sind **drei verschiedene Regelungen** zusammengefasst. Die Verweisung auf die allgemeinen Vorschriften für ehrenamtliche Richter ist über den Wortlaut des S. 2 hinaus umfassend zu verstehen, soweit spezielle Vorschriften für das BSG dem nicht entgegenstehen.[1]

II. Berufungsvoraussetzungen – Satz 1

2 **1. Mindestalter – Satz 1 Hs. 1.** Ehrenamtliche Richter am BSG müssen das **35. Lebensjahr** vollendet haben. Diese Regelung ist zwingend. Wird ein ehrenamtlicher Richter früher berufen, so ist er seines Amtes zu entheben (§ 22). Erst nach der **konstitutiv wirkenden Amtsenthebung** (→ § 45 Rn. 3) ist der Senat vorschriftswidrig besetzt, falls der ehrenamtliche Richter an einer Entscheidung mitwirkt.[2] Die Mitwirkung eines solchen ehrenamtlichen Richters eröffnet die Wiederaufnahme des Verfahrens (§ 179 Abs. 1; § 579 Abs. 1 S. 1 ZPO) und die Verfassungsbeschwerde (Art. 101 Abs. 1 S. 2 GG; § 90 Abs. 1 BVerfGG). Aus § 22 Abs. 1 Satz 4 ist Gegenteiliges nicht zu entnehmen, denn er bezieht sich allein auf die „Nichtdurchführung" des Amtsenthebungsverfahrens. Eine **Altersgrenze** „nach oben" sieht das Gesetz abweichend von § 33 Nr. 2 GVG nicht vor. Das ist im Hinblick auf § 19 Abs. 1 und § 48 Abs. 1 DRiG überraschend. Eine entsprechende Anwendung des § 33 Nr. 2 GVG scheidet wegen § 44 Abs. 2 DRiG aus. Rechtspolitisch wird eine entsprechende Regelung empfohlen.[3]

3 **2. Richterliche Vortätigkeit – Satz 1 Hs. 2.** Die als **Sollvorschrift** gestaltete materielle Voraussetzung mindestens fünfjähriger Tätigkeit an einem SG oder LSG soll nach allgemeiner Ansicht nicht zwingend sein.[4] Auch Sollvorschriften sind freilich im Regelfall verbindlich, lassen aber aus angebbaren Gründen Abweichungen im Einzelfall zu (→ § 35 Rn. 3 mwN). Allerdings führt die Verletzung von Sollvorschriften im Prozessrecht nicht zur Nichtigkeit oder Anfechtbarkeit von Verfahrenshandlungen.[5]

III. Verweisung – Satz 2

4 Die Verweisung auf die allgemeinen Vorschriften ist nicht abschließend. Das BSG hat über den Wortlaut des Gesetzes hinaus die Amtsenthebung von ehrenamtlichen Richtern wegen Fehlern des Berufungsverfahrens erwogen.[6] Dieses Vorgehen gewährleistet Rechtssicherheit und wahrt den Anspruch der Beteiligten auf den gesetzlichen Richters. Zuletzt hat der 1. Senat des BSG in zwei Be-

1 BSG 26.9.1985 – 1 S 12/85, E 59, 4 (6 f.) = SozR 1500 § 22 Nr. 1.
2 BSG 26.9.1985 – 1 S 12/85, E 59, 4 (9 f.) = SozR 1500 § 22 Nr. 1; BSG 18.8.1992 – 1 S 8/92, SozR 3-1500 § 22 Nr. 1.
3 Leitherer in Meyer-Ladewig/Keller/Leitherer/Schmidt § 47 Rn. 2; Keller, ebd. § 16 Rn. 3; Knecht in Breitkreuz/Fichte § 47 Rn. 2.
4 Leitherer in Meyer-Ladewig/Keller/Leitherer/Schmidt § 47 Rn. 3; Schmidt in Hennig § 47 Rn. 2.
5 Bettermann, BSG-FS II S. 783, 792.
6 BSG 26.9.1985 – 1 S 12/85, E 59, 4 (8) = SozR 1500 § 22 Nr. 1.

schlüssen vom 13.[7] und 15.3.2018[8] jeweils die bisherige Rechtsprechung bekräftigt, dass nach § 47 S. 2 iVm § 22 Abs. 2, Abs. 1 S. 3 und § 17 Abs. 2 bis 4 ein ehrenamtlicher Richter von seinem Amt zu entbinden ist, wenn eine seiner Berufungsvoraussetzungen wegfällt Zwar „könne“ nach § 22 Abs. 1 S. 3 ein ehrenamtlicher Richter von seinem Amt entbunden werden, wenn eine Voraussetzung für seine Berufung im Laufe seiner Amtszeit wegfällt. Soweit die Voraussetzungen für eine Amtsentbindung vorliegen, liegt in ihrer Nichtdurchführung kein die Zurückverweisung oder Revision begründender Verfahrensmangel (§ 22 Abs. 1 S. 4). Bei der Auslegung dieser Normen berücksichtige der erkennende Senat aber die verfassungsrechtliche Pflicht, den im Einzelfall zur Mitwirkung berufenen Richter so genau wie möglich zu bestimmen. Dem ist der Gesetzgeber durch die Änderung von § 22 Abs. 1 S. 3 mWv 1.7.2020 durch Art. 10 Nr. 2 a Buchst. b des Siebten Gesetzes zur Änderung des Vierten Buches Sozialgesetzbuch und anderer Gesetze G v. 12.6.2020[9] entgegen getreten,[10] nimmt dadurch allerdings eine weitere Entkoppelung von Amt und Berufungsvoraussetzungen in Kauf.

§§ 48 und 49 (weggefallen)

1 Die Vorschriften hat das Gesetz zur Änderung der Bezeichnungen der Richter und ehrenamtlichen Richter und der Präsidialverfassung der Gerichte vom 26.5.1972 (BGBl. 1972 I 841) aufgehoben. Sie betrafen das Präsidium beim BSG und die Vertretung des Präsidenten und der weiteren Berufsrichter. Die Rechtslage ergibt sich jetzt aus § 6 iVm §§ 21 a ff. GVG (→ § 6 Rn. 3).

§ 50 [Geschäftsordnung]

Der Geschäftsgang wird durch eine Geschäftsordnung[1] geregelt, die das Präsidium unter Zuziehung der beiden der Geburt nach ältesten ehrenamtlichen Richter beschließt.

1 § 50 bestimmt die Regelung des Geschäftsgangs beim BSG durch eine **Geschäftsordnung** (GO). Bis 4.8.2009 war durch einen Satz 2 geregelt, dass die GO der Bestätigung durch den Bundesrat bedarf. Dieser Satz ist mWv 5.8.2009 durch Art. 9 Abs. 6 Nr. 1 des Gesetzes zur Modernisierung von Verfahren im anwaltlichen und notariellen Berufsrecht, zur Errichtung einer Schlichtungsstelle der Rechtsanwaltschaft sowie zur Änderung der Verwaltungsgerichtsordnung, der Finanzgerichtsordnung und kostenrechtlicher Vorschriften v. 30.7.2009[2] auf Vorschlag des Rechtsausschusses gestrichen worden. Die Entwurfsverfasser führen hierzu aus:[3] „Die Änderung beseitigt den für die Geschäftsordnung des Bun-

7 B 1 SF 2/18 S, juris.
8 B 1 SF 1/18 S, juris.
9 BGBl I 1248.
10 Vgl. näher BT-Drs. 19/19037, 27, 59 f.
1 Siehe die Bek. der GeschäftsO des Bundessozialgerichts.
2 BGBl. I S. 2449.
3 BT-Drs. 16/12717, 64.

dessozialgerichts geltenden Bestätigungsvorbehalt des Bundesrates. Dieser ist ausschließlich historisch bedingt und in der Praxis überholt."[4]

2 Die Geschäftsordnung ist mangels Außenwirkung **keine Rechtsquelle**, auch nicht für die Beteiligten und die ehrenamtlichen Richter. Es handelt sich um autonome **Verwaltungsvorschriften**,[5] denn § 50 hat dem (um die beiden der Geburt nach ältesten ehrenamtlichen Richter erweiterten) Präsidium zur Regelung des internen „Geschäftsgangs" im BSG gegenständlich beschränkt Autonomie[6] verliehen. Eine ähnliche Regelung besteht für das BAG in § 44 Abs. 2 ArbGG. § 140 GVG, der für den BGH vorsieht, dass das Plenum die GO beschließt, gilt jeweils entsprechend (§ 173 VwGO) für das BVerwG und für den BFH (§ 155 FGO). Auch das BVerfG gibt sich eine GO, die das Plenum des Gerichts beschließt (§ 1 Abs. 3 BVerfGG). Ohne gesetzliche Grundlage sind Gerichte zum Erlass einer GO nicht ermächtigt. Die (entsprechend begrenzte) Anordnungsbefugnis nehmen dann die Justizverwaltungen der Länder wahr.[7]

3 Im Einzelnen ist vieles unklar, wie schon die unterschiedlichen Gegenstände der GOen bei den ermächtigten Gerichten zeigen. Erst recht bleibt naturgemäß in aller Regel die interne Bedeutung der Anordnungen zum Geschäftsgang im Verborgenen, bei denen es sich am ehesten um eine **Sammlung von Umgangsgepflogenheiten** handelt, die ihre Kraft für die Rechtsprechung allenfalls aus der freiwilligen konsensualen Orientierung hieran gewinnen kann. Das Gericht verzichtet zudem auf eine Veröffentlichung auf seiner Homepage.

4 Wie sich aus der Zuständigkeit des erweiterten Präsidiums ergibt, erfordert der Begriff **„Geschäftsgang"** eine Abgrenzung von der eigenständigen Verwaltungstätigkeit unter dem Dach des BSG[8] und erfasst daher von vorne herein nicht etwa den Geschäftsgang des BSG in seiner Gesamtheit. Soweit andererseits der (ebenfalls nicht ausdrücklich angesprochene) **Geschäftsgang in den Senaten** betroffen ist (insbesondere §§ 2, 7 Abs. 1, 2, 8 ff.), bleibt stets zu beachten, dass es als Teil der richterlichen Unabhängigkeit den (allen) Mitgliedern der Spruchkörper ohne Beschränkung auf Vorsitzenden und Berichterstatter überlassen bleiben muss, ihre Arbeit autonom zu organisieren. So ist ihnen insbesondere auch die Entscheidung darüber vorbehalten, ob der Spruchkörper sich mit Blick auf die Arbeitsteilung im Kollegium darauf beschränkt, durch den (ohnehin nicht notwendigen) Berichterstatter über den maßgeblichen Sach- und Streitstand informiert zu werden, oder die Vollständigkeit und Richtigkeit des Berichterstattervortrags dadurch sichert und verstärkt, dass ein, mehrere oder alle Mitglieder des Spruchkörpers sich den Streitstoff aus den Akten selbst erarbeiten. Die **richterliche Unabhängigkeit** gewährleistet nämlich die Freiheit von äußeren Einflüssen sowohl für die Entscheidung als auch den Entscheidungsprozess. Dabei ist es jedem Richter in Ausübung seiner Unabhängigkeit und persönlichen Verantwortung jederzeit unbenommen, sich selbst unmittelbar aus den Akten kundig zu machen, wenn er dies für seine Überzeugungsbildung für erforderlich hält

4 Vgl. zu den möglichen praktischen Verwerfungen vor dem Hintergrund der früheren Gesetzesfassung auch BGH 26.5.1981 – RiZ 8/80, DRiZ 1981, 426 ff.
5 Vgl. Wolff/Bachof, VerwR I, § 45 II c 1: Verwaltungsanordnung.
6 BT-Drs. VI/2903, 6.
7 Vgl.Schmidt in jurisPK-SGG, 1. Aufl. Stand 15.7.2017, § 50 Rn. 3 mwN.
8 Vgl. Roos in Roos/Wahrendorf SGG, 1. Aufl. 2014, § 38 Rn. 13 f.; allenfalls deklaratorische Bedeutung kann daher auch § 5 der GO des BSG zukommen.

und nicht allein auf den Vortrag des Berichterstatters zurückgreifen möchte.[9] Hiervon geht zutreffend auch § 2 Abs. 1 S. 1 der GO des BSG vom 25.10.2010 aus. Darüber hinaus kann § 2 der GO schon deshalb keine originäre Geltung beanspruchen, weil auch das erweiterte Präsidium im Rahmen seiner Zuständigkeit nach § 50 SGG nicht etwa an die Stelle des Spruchkörpers oder seines einzelnen Mitglieds tritt.[10] Der Ermächtigung in Abs. 1 S. 2 („kann er vorsehen…") kommt eine konstitutive Wirkung auch hinsichtlich der **Information der ehrenamtlichen Richter** nicht zu. Die nachrangigen „Regelungen" in Abs. 2 („Sofern keine abweichende Regelung getroffen ist…") können allenfalls stillschweigend zur Grundlage der Senatsarbeit gemacht werden.

Gegenstand der Geschäftsordnung sind damit bevorzugt die Nahtstellen zwi- 5
schen zweiter und dritter Gewalt innerhalb des Gerichts.[11] Auch insofern könnten – etwa § 3 der GO – Weisungsrechte der Richter gegenüber nichtrichterlichen Beschäftigten – nicht autonom durch ein Gremium der dritten Gewalt begründet werden, ergäben sie sich nicht bereits anderweitig.[12]

Die **aktuelle GO des BSG v. 25.10.2010** ist am 11.11.2010 im BAnz.[13] veröffentlicht worden und am 12.11.2010 in Kraft getreten. Sie trifft Regelungen ua über Senate, Geschäftsgang im Senat, Präsidium, Präsident, Richterversammlung, ehrenamtliche Richter, Beratung und Abstimmung, Form der Entscheidungen, wissenschaftliche Mitarbeiter, Akten, Dokumentationsstelle, Bibliothek, Pressereferent, Informationstechnik.

Präambel

Aufgrund des § 50 SGG hat das Präsidium unter Zuziehung der beiden der Geburt nach Ältesten der ehrenamtlichen Richterinnen und Richter zur Gewährleistung eines reibungslosen Geschäftsablaufs am 25. 10. 2010 beschlossen:

§ 1 Senate

Die Senate führen die Bezeichnung: „Großer Senat" sowie „1. Senat", „2. Senat" usw. Jede Berufsrichterin und jeder Berufsrichter muss einem Senat als ständiges Mitglied angehören. Sie können mehreren Senaten angehören.

§ 2 Geschäftsgang im Senat

(1) Der Senat regelt seinen Geschäftsgang. Insbesondere kann er vorsehen, dass die bzw. der Vorsitzende am Tag vor der Sitzung den geladenen ehrenamtlichen Richterinnen bzw. Richtern (in schriftlich zu votierenden Sachen) zur Einsichtnahme einen Entscheidungsvorschlag mit kurzer Begründung entsprechend dem Stand der berufsrichterlichen Vorberatung in einem verschlossenen Umschlag zusammen mit den bereitgelegten Akten gemäß § 7 überlässt.

(2) Sofern keine abweichende Regelung getroffen ist, gilt:

Ist eine Berichterstatterin oder ein Berichterstatter bestellt, leitet sie oder er den weiteren Berufsrichterinnen bzw. Berufsrichtern rechtzeitig vor dem einvernehmlich für die Beratung der Sache festgesetzten Termin ein schriftliches Votum zu; ist keine Berichterstatterin bzw. kein Berichterstatter bestellt, obliegt die rechtzeitige Verteilung des Votums der oder dem Vorsitzenden.

9 BVerfG 23.5.2012 – 2 BvR 610/12, NJW 2012, 2334 ff., juris Rn. 23 ff.
10 Vgl. exemplarisch zur fehlenden Zuständigkeit des Präsidiums zur Trennung mehrerer in einer Klage gemeinsam verfolgter Ansprüche LSG RhPf 17.1.2020 – L 5 KR 175/19 B, NZS 2020, 306 ff., juris Rn. 14.
11 Vgl. zur „Verflechtung von Verwaltung und Geschäftsordnung" auch BGH 5.5.1993 – XII ZR 44/92, NJW-RR 1993, 1213 ff., juris Rn. 15.
12 Vgl. etwa BGH 5.5.1993 – XII ZR 44/92, NJW-RR 1993, 1213 ff., juris Rn. 14.
13 Nr. 171 S. 3792.

Für Beschlüsse ohne mündliche Verhandlung genügt die Vorlage eines Entwurfs oder ein mündlicher Vortrag der Berichterstatterin bzw. des Berichterstatters. Beschlüsse, bei denen ehrenamtliche Richterinnen bzw. Richter nicht mitwirken, können im Umlaufverfahren gefasst werden, sofern nicht ein Mitglied die Beratung beantragt. Das Senatsmitglied, das zuletzt unterschreibt, setzt im Rubrum das Datum des Beschlusses ein.

§ 3 Weisungen in Angelegenheiten der Rechtsprechung

In Angelegenheiten der Rechtsprechung sind die Richterinnen und Richter befugt, den nichtrichterlichen Beschäftigten Weisungen zu erteilen.

§ 4 Präsidium

Die nicht dem Präsidium angehörenden Richterinnen und Richter sind rechtzeitig über den Termin und die Tagesordnung jeder Präsidiumssitzung sowie deren Ergebnis zu unterrichten.

§ 5 Präsidentin bzw. Präsident

(1) Die Präsidentin bzw. der Präsident leitet die Verwaltung des Gerichts und verteilt die Verwaltungsgeschäfte. Referate, die im Wesentlichen Angelegenheiten von Richterinnen und Richtern oder wissenschaftlichen Mitarbeiterinnen und Mitarbeitern betreffen, sind mit Richterinnen bzw. Richtern zu besetzen. Vor der Zuteilung von Verwaltungsgeschäften an Berufsrichterinnen oder Berufsrichter sind diese und das Präsidium zu hören; das Präsidium ist auch vor jeder Änderung der Geschäftsanweisung zu hören. Um und Neubesetzungen von Sachbearbeiterinnen, Sachbearbeitern, Verwalterinnen und Verwaltern in der Geschäftsstelle nimmt die Präsidentin bzw. der Präsident im Benehmen mit den betroffenen Senatsvorsitzenden vor.

(2) In Angelegenheiten, in denen die Vertretung der Präsidentin bzw. des Präsidenten nicht gesetzlich geregelt ist, vertritt sie bzw. ihn die Vizepräsidentin bzw. der Vizepräsident. Ist auch diese bzw. dieser verhindert, vertreten sie bzw. ihn zunächst die Vorsitzenden Richterinnen bzw. Richter und im Falle von deren Verhinderung die übrigen Berufsrichterinnen bzw. Berufsrichter, jeweils in der Reihenfolge des Dienstalters.

(3) Stellungnahmen der Präsidentin bzw. des Präsidenten zu Gesetzesvorhaben sind dahin zu kennzeichnen, inwieweit sie auf einer Anhörung der Richterinnen und Richter beruhen. Diese sollen vorher gehört werden und sind nachträglich zu unterrichten.

(4) Geeignete Einladungen zu fachlichen Veranstaltungen, die die Präsidentin bzw. der Präsident nicht wahrnimmt, leitet sie bzw. er rechtzeitig den Vorsitzenden der entsprechenden Senate zu.

§ 6 Versammlung der Richterinnen und Richter

(1) Die Versammlung der Richterinnen und Richter wird von der Präsidentin bzw. dem Präsidenten außer nach § 51 Absatz 2 Satz 1 und § 54 Absatz 1 Satz 5 des Deutschen Richtergesetzes einberufen, wenn es die Präsidentin bzw. der Präsident, das Präsidium, der Richterrat, der Präsidialrat oder ein Drittel der Richterinnen und Richter zur Besprechung wichtiger Fragen für erforderlich hält.

(2) Die Einberufungsfrist beträgt in der Regel zwei Wochen. Bei der Einberufung ist die Tagesordnung mitzuteilen.

(3) Die Versammlung ist beschlussfähig, wenn mehr als die Hälfte der Richterinnen bzw. Richter anwesend ist.

§ 7 Ehrenamtliche Richterinnen und Richter

(1) Die ehrenamtlichen Richterinnen und Richter sollen spätestens zwei Wochen vor der Sitzung, an der sie teilnehmen sollen, geladen werden. Sind ehrenamtliche Richterinnen bzw. Richter an der Teilnahme verhindert, so haben sie dies unverzüglich unter Angabe der Gründe in der Regel schriftlich der bzw. dem Senatsvorsitzenden mitzuteilen. In der Ladung ist auf diese Verpflichtung hinzuweisen.

(2) Den ehrenamtlichen Richterinnen bzw. Richtern sind rechtzeitig ein Verzeichnis der zur Entscheidung anstehenden Revisionssachen und die Terminvorschau zu übersenden. Au-

ßerdem erhalten sie Abschriften der angefochtenen Entscheidung, der Revisionsbegründung, der folgenden Schriftsätze und der Schreiben des Gerichts mit Hinweisen an die Beteiligten; ihnen ist am Tag vor der Sitzung im Gericht Einsicht in die Akten und – soweit vom Senat so vorgesehen – den vorläufigen Entscheidungsvorschlag (§ 2 Absatz 1 Satz 2) zu gewähren; alle diese Unterlagen dürfen nicht vervielfältigt werden und werden der Geschäftsstelle spätestens mit der Äußerung nach § 170 a SGG zurückgegeben.

(3) Die Präsidentin bzw. der Präsident veranlasst die Wahl des Ausschusses der ehrenamtlichen Richterinnen und Richter (§§ 47, 23 SGG).

Der Ausschuss besteht aus je einer ehrenamtlichen Richterin bzw. einem ehrenamtlichen Richter aus den Kreisen
- der Versicherten,
- der Arbeitnehmerinnen und Arbeitnehmer,
- der Arbeitgeberinnen und Arbeitgeber,
- der mit dem sozialen Entschädigungsrecht oder dem Recht der Teilhabe behinderter Menschen vertrauten Personen,
- der Versorgungsberechtigten, der behinderten Menschen im Sinne des Neunten Buches Sozialgesetzbuch und der Versicherten,
- der Krankenkassen,
- der Vertragsärztinnen und Vertragsärzte, Vertragszahnärztinnen und Vertragszahnärzte sowie Psychotherapeutinnen und Psychotherapeuten,
- der von der Bundesvereinigung der kommunalen Spitzenverbände vorgeschlagenen Personen.

Die Mitglieder werden von den ehrenamtlichen Richterinnen und Richtern aus ihrer Mitte gewählt. Das Wahlverfahren im Übrigen legt der bestehende Ausschuss fest.

§ 8 Beratung und Abstimmung in den Senaten

(1) Die Beratung beginnt mit dem Vortrag der Berichterstatterin bzw. des Berichterstatters.

(2) Es wird nicht schriftlich abgestimmt. Für die Abstimmung der ehrenamtlichen Richterinnen und Richter gilt § 197 GVG mit der Maßgabe, dass sie wie die Schöffen vor den Berufsrichterinnen und Berufsrichtern stimmen.

(3) Über die Beratung und Abstimmung werden keine Aufzeichnungen gefertigt. Entscheidungssätze nicht verkündeter Entscheidungen, an denen ehrenamtliche Richterinnen bzw. Richter mitwirken, sind schriftlich fest zu halten und von allen Richterinnen bzw. Richtern zu unterschreiben.

§ 9 Entscheidungsgründe

(1) Die Berichterstatterin bzw. der Berichterstatter entwirft die Gründe der Entscheidung. Ist sie bzw. er ausgeschieden oder verhindert, so entwirft sie – falls die oder der Vorsitzende dies nicht selbst übernimmt – die andere Berufsrichterin bzw. der andere Berufsrichter, bei Entscheidungen des Großen Senats die Berufsrichterin bzw. der Berufsrichter, den die bzw. der Vorsitzende beauftragt. Sofern im Senat keine abweichende Regelung getroffen ist, ist der Entwurf der bzw. dem Vorsitzenden und sodann den anderen beteiligten Berufsrichterinnen bzw. Berufsrichtern zuzuleiten.

(2) Ist ein Mitglied mit der Fassung der Gründe nicht einverstanden, so stellt ein Beschluss der Berufsrichterinnen und Berufsrichter die Entscheidungsgründe fest. Das Gleiche gilt, wenn eine ehrenamtliche Richterin bzw. ein ehrenamtlicher Richter nach § 170 a SGG die Entscheidungsgründe beanstandet.

§ 10 Form der Entscheidungen

(1) Das Bundessozialgericht erlässt alle Entscheidungen unter dem Namen „Bundessozialgericht" mit dem Zusatz des entscheidenden Senats. Zur Ausfertigung der Entscheidungen, die das Verfahren abschließen, wird das große Bundessiegel verwendet.

(2) Die Berichterstatterin bzw. der Berichterstatter unterzeichnet rechts unter der Entscheidung.

(3) Entscheidungen, die nicht verkündet werden, tragen das Datum der Beschlussfassung.

§ 11 Wissenschaftliche Mitarbeiterinnen und Mitarbeiter

Die Präsidentin bzw. der Präsident weist die wissenschaftlichen Mitarbeiterinnen bzw. Mitarbeiter den Senaten nach Anhörung der jeweiligen Vorsitzenden zu.

§ 12 Akten, Geschäftsbücher, Register

(1) Die Präsidentin bzw. der Präsident regelt nach Anhörung der Vorsitzenden die Führung der Akten, der Geschäftsbücher und der Register.

(2) Die Verfahrensakten des Bundessozialgerichts verbleiben beim Bundessozialgericht.

(3) Urschriften von Urteilen und ablehnenden Beschlüssen über Nichtzulassungsbeschwerden sowie Verhandlungsniederschriften sind gesondert aufzubewahren und jeweils jahrgangsweise zu sammeln. Werden Voten, Entscheidungsentwürfe, sonstige Entwürfe und die die Beratung betreffenden schriftlichen Äußerungen der Senatsmitglieder aufbewahrt, sind sie gesondert zu verwahren.

§ 13 Dokumentationsstelle

(1) Beim Bundessozialgericht besteht eine Dokumentationsstelle. Sie erfasst die für das Sozialrecht bedeutsamen gerichtlichen Entscheidungen und wesentlichen sonstigen Materialien. Die Dokumentationsstelle unterrichtet insbesondere die Richterinnen und Richter regelmäßig über aktuelle Dokumente.

(2) Bei der Dokumentationsstelle wird eine Dokumentationskommission gebildet. Sie setzt sich aus der Referentin bzw. dem Referenten für die Dokumentationsstelle als Vorsitzende bzw. Vorsitzendem, der Stellvertretung sowie drei weiteren vom Präsidium auf die Dauer von vier Jahren gewählten Richterinnen bzw. Richtern zusammen.

(3) Die Dokumentationskommission unterstützt die Dokumentationsstelle und entscheidet im fachlichen Bereich über Fragen der Dokumentation, insbesondere der Auswahl oder Auswertung von Dokumenten. Sie wird vor Entscheidungen der Präsidentin bzw. des Präsidenten, welche die Dokumentation berühren, gehört.

§ 14 Bibliothek

(1) Beim Bundessozialgericht besteht eine Bibliothek. Sie beschafft und verwaltet die für das Bundessozialgericht nötigen Medien.

(2) Die Richterinnen und Richter wirken bei der Beschaffung der Medien mit.

(3) Bei der Bibliothek wird eine Bibliothekskommission gebildet. § 13 Absatz 2 Satz 2 gilt entsprechend.

(4) Die Bibliothekskommission unterstützt die Bibliothek und entscheidet im fachlichen Bereich über Fragen der Bibliothek. § 13 Absatz 3 Satz 2 gilt entsprechend.

§ 15 Pressereferentin bzw. Pressereferent

Die Referentin bzw. der Referent für Öffentlichkeitsarbeit und Pressewesen informiert über die Tätigkeit des Gerichts. Sie bzw. er wird von den Senaten unterstützt.

§ 16 Informationstechnik

(1) Beim Bundessozialgericht besteht eine Abteilung für Informationstechnik (IT) mit einer richterlichen Referentin bzw. einem richterlichen Referenten. Sie gewährleistet den IT-Betrieb des Gerichts zeitgemäß und technisch reibungslos unter Beachtung datenschutzrechtlicher sowie sicherheitstechnischer Erfordernisse und berät in hiermit zusammenhängenden Fragen.

(2) Die IT-Abteilung unterrichtet die Angehörigen des Bundessozialgerichts unverzüglich über drohende oder auftretende Störungen der IT-Nutzung und deren Behebung. Sie informiert sie über Neuerungen und unterstützt Schulungen in IT-Angelegenheiten.

§ 17 Inkrafttreten

Diese Geschäftsordnung tritt am Tag nach der Veröffentlichung im Bundesanzeiger in Kraft.

Fünfter Abschnitt Rechtsweg und Zuständigkeit

Vorbemerkung vor § 51

I. Rechtsweg zu den Sozialgerichten

1. Vorabprüfung des Rechtswegs. Die Rechtswegzuständigkeit zu den Sozialgerichten ist eine von Amts wegen zu prüfende **Sachurteilsvoraussetzung,**[1] die vorab zu prüfen ist (zur Entscheidung bzw. Bindung → Rn. 4 f.). Ist der Sozialrechtsweg nicht gegeben, so darf das SG weder über Zulässigkeit noch über Begründetheit entscheiden.[2] 1

2. Zuständigkeit für öffentlich-rechtliche und privatrechtliche Streitigkeiten. Die Sozialgerichte entscheiden als besondere Verwaltungsgerichte (§ 1) über öffentlich-rechtliche Streitigkeiten nicht verfassungsrechtlicher Art, wobei aufgrund der Fassung des § 40 Abs. 1 VwGO und des § 51 SGG für **öffentlich-rechtliche Streitigkeiten** generell der Rechtsweg zu den Verwaltungsgerichten eröffnet ist. Der Sozialrechtsweg ist für öffentlich-rechtliche Streitigkeiten in § 51 Abs. 1 in Form einer **abdrängenden Sonderzuweisung**[3] geregelt. Dies bedeutet, dass die Sozialgerichte nur in den in § 51 oder anderen Gesetzen aufgeführten Rechtswegzuweisungen zuständig sind. Eine Zuständigkeit **kraft Sachzusammenhangs** kann angesichts dieses Regel-Ausnahme-Verhältnisses nicht begründet werden.[4] Dabei ist eine Streitigkeit öffentlich-rechtlicher Natur, wenn der Klageanspruch aus einem Rechtsverhältnis hergeleitet wird, das **seinem Wesen oder seiner Natur nach dem öffentlichen Recht angehört.**[5] Wichtigstes Kriterium ist hier die Handlungsweise des Hoheitsträgers. Liegt ein **VA** vor, so ist der Rechtsstreit 2

1 Kopp/Schenke VwGO Vor § 40 Rn. 17.
2 Breitkreuz/Fichte § 51 Rn. 3 mwN.
3 Hintz/Lowe § 51 Rn. 5; Jansen § 51 Rn. 9.
4 HM Hennig/Ulmer § 51 Rn. 13; Hintz/Lowe § 51 Rn. 9; Roos/Wahrendorf § 51 Rn. 1; Zeihe § 51 Rn. 3 c; aA aber BSG etwa zum Hausverbot: 1.4.2009 – B 14 SF 1/08, juris, vgl. Rn. 11.
5 HM vgl. BSG 13.6.1989 – 2 RU 32/88, juris.

stets öffentlich-rechtlicher Natur.[6] Dies gilt auch, wenn die Behörde fälschlicherweise durch VA entschieden hat.[7] Bei schlichtem Verwaltungshandeln oder Verträgen ist nach der **Subordinations- bzw. Subjektionstheorie** zu prüfen, ob ein Über-/Unterordnungsverhältnis besteht. Weitere Anhaltspunkte für die Einordnung bietet hier die heute hM mit der **Sonderrechtstheorie**, die eine öffentlich-rechtliche Streitigkeit dann annimmt, wenn der Sachverhalt entscheidend durch Rechtssätze des öffentlichen Rechts geprägt ist und eine Behörde aufgrund eines ihr eingeräumten Sonderrechts handelt und nicht aufgrund von Rechtssätzen, die für jedermann gelten.[8]

Dabei kombiniert[9] die Rechtsprechung meist alle Theorien miteinander und greift bei verbleibenden Zweifeln auf das Gericht mit der **größeren Sachkunde oder Sachnähe**[10] zurück.

Anders als andere Verwaltungsgerichte ist der Rechtsweg zu den Gerichten der Sozialgerichtsbarkeit über § 51 Abs. 2 auch in **privatrechtlichen Streitigkeiten** eröffnet, und zwar in Angelegenheiten der **gesetzlichen Krankenversicherung**, der **sozialen und privaten Pflegeversicherung** und seit dem 1.1.2013 auch in **Angelegenheiten der Zulassung von Trägern und Maßnahmen durch fachkundige Stellen nach den §§ 176 ff. SGB III.** Dabei scheint die saubere Trennung zwischen öffentlich-rechtlichen und privatrechtlichen Streitigkeiten nicht nur dem Gesetzgeber schwer zu fallen, sondern auch Rechtsprechung und Literatur (→ § 51 Rn. 10 u. 20). Insbesondere in Angelegenheiten der gesetzlichen Krankenversicherung wird eine Unterscheidung selten getroffen, da in jedem Falle der sozialgerichtliche Rechtsweg eröffnet ist.

3 **3. Verweisung bei unzulässigem Rechtsweg.** Ist der Rechtsweg zu den Gerichten der Sozialgerichtsbarkeit nicht gegeben, so ist der Rechtsstreit gem. § 202 iVm § 17 a Abs. 2 GVG nach Anhörung der Beteiligten von Amts wegen an das zuständige Gericht des zulässigen Rechtswegs zu verweisen. Dies geschieht durch Beschluss, der nach § 17 a Abs. 4 GVG ohne mündliche Verhandlung ergehen kann. Der Beschluss ist zu begründen (§ 17 a Abs. 4 S. 2 GVG), und kann durch Beschwerde[11] angefochten werden (§ 17 a Abs. 4 S. 3 GVG).

4 **4. Abgrenzung bei Klagehäufung, Haupt- und Hilfsanträgen und Aufrechnungen.** Bei objektiver Klagehäufung (§ 56) muss hinsichtlich jedes Anspruchs die Zulässigkeit des Rechtswegs geprüft werden. Ist hinsichtlich eines oder mehrerer Begehren der Rechtsweg zu den Sozialgerichten nicht gegeben, so ist zu trennen und an das zuständige Gericht zu verweisen.[12]

Wird ein Anspruch hingegen auf verschiedene Rechtsgrundlagen gestützt, die ihre Grundlage auch außerhalb des Sozialrechts haben, so entscheidet das Sozialgericht umfassend (§ 202 S. 1, § 17 Abs. 2 GVG).[13] Dies gilt lediglich dann

6 Jansen § 51 Rn. 6, Roos/Wahrendorf § 51 Rn. 25.
7 BSG 16.6.1989 – 2 RU 32/88; Breitkreuz/Fichte § 51 Rn. 26; Hennig/Ulmer § 51 Rn. 21; Roos/Wahrendorf § 51 Rn. 24.
8 Breitkreuz/Fichte § 51 Rn. 25; Meyer-Ladewig/Keller/Leitherer/Schmidt § 51 Rn. 3 c; Roos/Wahrendorf § 51 Rn. 26.
9 Roos/Wahrendorf § 51 Rn. 27 mwN.
10 BSG 6.9.2007 – B 3 SF 1/07 R, juris.
11 Roos/Wahrendorf § 51 Rn. 16.
12 Jansen § 98 Rn. 9; Roos/Wahrendorf § 51 Rn. 12; Zeihe § 51 Rn. 2 g.
13 Meyer-Ladewig/Keller/Leitherer/Schmidt § 51 Rn. 40 f; Roos/Wahrendorf § 51 Rn. 12; Zeihe § 51 Rn. 2 g, 2 h.

nicht, wenn es sich um einen Schadensersatzanspruch aus Amtshaftung handelt, da hier § 17 Abs. 2 S. 2 GVG den Vorrang des ordentlichen Rechtsweges vorsieht.

Haupt- und Hilfsanträge müssen bei Unzuständigkeit gemeinsam verwiesen werden. Besteht Zuständigkeit für den Hauptantrag, nicht aber für den Hilfsantrag, so kann bei Erfolglosigkeit des Hauptantrages nach Entscheidung über ihn der Hilfsantrag verwiesen werden.[14]

Über eine Widerklage (§ 100) kann nur entschieden werden, wenn auch hierfür der Sozialrechtsweg gegeben ist.[15] Entsprechendes gilt für eine Aufrechnung im Rahmen des Verfahrens. Die Aufrechnung mit einer rechtswegfremden Forderung kommt nur in Betracht, wenn diese zugestanden oder rechtskräftig festgestellt ist.[16]

5. Bindung an Entscheidung über den Rechtsweg. Hat ein Gericht den zu ihm beschrittenen Rechtsweg rechtskräftig für zulässig erklärt, so sind andere Gerichte an diese Entscheidung gebunden. Das Gericht kann dies vorab durch Beschluss aussprechen (§ 17 a Abs. 3 S. 1 GVG). Es hat dies vorab auszusprechen, wenn ein Beteiligter die Zulässigkeit des Rechtsweges rügt (§ 17 a Abs. 3 S. 2 GVG). Hat das Sozialgericht in der Hauptsache entschieden, so wird von den Rechtsmittelgerichten nicht mehr überprüft, ob der Rechtsweg zulässig ist (§ 17 a Abs. 5 GVG) – selbst, wenn es wegen Unzulässigkeit der Klage keine Sachentscheidung getroffen hat;[17] dies muss entsprechend auch für Verfahren des einstweiligen Rechtsschutzes gelten. 5

II. Prozessvoraussetzungen

1. Allgemeines. Eine Sachentscheidung des Gerichts kann nur dann ergehen, wenn bestimmte Zulässigkeitsvoraussetzungen gegeben sind.[18] Daher werden die Prozessvoraussetzungen auch als **Sachurteilsvoraussetzungen** bezeichnet.[19] Die Prozessvoraussetzungen sind **von Amts wegen** zu prüfen; fehlt es an einer solchen, so darf kein Sachurteil ergehen, die Klage ist vielmehr als unzulässig abzuweisen. Das Gericht ist auch nicht berechtigt, die Zulässigkeitsfrage offen zu lassen, etwa weil diese wesentlich schwieriger zu klären ist als die Begründetheit selbst.[20] Die Rechtsprechung lässt hiervon jedoch Ausnahmen zu, wenn Gesichtspunkte sowohl für die Feststellung von Prozessvoraussetzungen wie auch hinsichtlich der Begründetheit entscheidend sind, etwa Klagebefugnis bzw. Rechtsschutzbedürfnis und materiell rechtliche Beschwer.[21] 6

2. Prozessvoraussetzungen im Einzelnen. Eine bestimmte Prüfungsreihenfolge der Prozessvoraussetzungen ist nicht vorgegeben. Die Rechtsprechung macht auch **nur dann nähere Ausführungen, wenn Anlass/Zweifel bestehen, ob ihr Vorliegen gegeben ist.** Dabei ist folgende Reihenfolge sinnvoll: 7

1. ordnungsgemäße Klageerhebung (§ 90)
2. Rechtsweg (§ 51)

14 Roos/Wahrendorf § 51 Rn. 12.
15 Meyer-Ladewig/Keller/Leitherer/Schmidt § 100 Rn. 6.
16 Breitkreuz/Fichte § 51 Rn. 39 mwN.
17 Hennig/Ulmer § 51 Rn. 16 unter Hinweis auf BSG 20.5.2003 – B 1 KR 7/03 R, juris.
18 Jansen Vor §§ 51–59 Rn. 5.
19 Meyer-Ladewig/Keller/Leitherer/Schmidt Vor § 51 Rn. 12.
20 Jansen Vor §§ 51–59, Rn. 5.
21 Vgl. etwa BSG 25.1.2001 – B 4 RA 64/99 R, juris.

3. Sachliche (§§ 8, 29 Abs. 2–4, 39 Abs. 2), örtliche (§§ 57–57 b) und instanzielle Zuständigkeit (§§ 29 Abs. 1, 39 Abs. 1)
4. Statthafte Klageart (§ 54 oder § 55)
5. Beschwer oder Klagebefugnis (→ Rn. 8)
6. Vorverfahren (§ 78) und Klagefrist (§ 87)
7. Beteiligten- und Prozessfähigkeit (§§ 70, 71), Prozessführungsbefugnis (formale Berechtigung, den Anspruch im eigenen Namen geltend zu machen)
8. Rechtsschutzbedürfnis (→ Rn. 9)
9. Keine anderweitige Rechtshängigkeit (§ 141).

8 **3. Prozessvoraussetzung: Beschwer (Klagebefugnis).** Art. 19 Abs. 4 GG setzt eine **Betroffenheit in der eigenen Rechtsposition** als Grundlage für die Inanspruchnahme gerichtlichen Rechtsschutzes voraus. Da „Beschwer“ letztlich nichts anderes bedeutet als eine Verletzung der subjektiven Rechtsposition ist das Erfordernis einer solchen „Beschwer“ (Abs. 1 Satz 2, Abs. 2 Satz 1) – für **alle Klagearten**[22] – verfassungsrechtlich unbedenklich.[23]

Die Inanspruchnahme gerichtlichen Rechtsschutzes setzt voraus, dass die Rechtsordnung gerade dem Kläger – sei es durch einfaches Recht, sei es durch Grundrechte – eine subjektive Rechtsposition verliehen hat, die er gerichtlich geltend machen kann.[24] Die Ablehnung eines allgemeinen Gesetzesvollziehungsanspruchs und die Beschränkung gerichtlichen Rechtsschutzes auf die Abwehr von Verletzungen subjektiver Rechte entspricht dem Strukturprinzip des öffentlichen Rechts.[25]

Lässt sich dem anzuwendenden Recht eine Grundlage für den geltend gemachten Anspruch nicht unmittelbar entnehmen, ist im Wege der Auslegung des einfachen Rechts unter Berücksichtigung des Schutzbereichs von Grundrechten zu ermitteln, ob die einschlägigen gesetzlichen Regelungen nicht nur eine objektive Ordnung aufstellen, sondern auch dazu dienen, dem Kläger ein subjektives Recht zur Wahrung seiner Interessen einzuräumen.[26]

Die formale Stellung als **Beigeladener** macht die Prüfung nicht entbehrlich. Das Rechtsmittel des Beigeladenen ist unzulässig, wenn dieser nicht beschwert ist.[27] Ein sachlicher Gesichtspunkt, Beigeladenen im Rechtsmittelzug weiter gehende Möglichkeiten der Rechtsverfolgung zu eröffnen, als sie Abs. 2 Satz 1 für die Rechtsverfolgung im Klageweg überhaupt zulässt, ist nicht ersichtlich. Auch im sozialgerichtlichen Verfahren eröffnet nur ein subjektives Recht die Möglichkeit, individuelle Interessen mit den Mitteln des Rechts durchzusetzen.[28]

9 **4. Prozessvoraussetzung: Rechtsschutzbedürfnis.** Die bloße Betroffenheit in der eigenen Rechtsposition im Sinne einer Klagebefugnis genügt für sich allein nicht. Das Rechtsschutzbedürfnis fehlt auch dem selbst betroffenen Kläger, wenn ihm

22 Vgl. etwa BSG 11.5.1999 – B 11 AL 45/98 R, BSGE 84, 67 (69 f.) = SozR 3-4300 § 36 Nr. 1 = SGb 2000, 631.
23 BVerfG 9.1.1991 – 1 BvR 207/87, BVerfGE 83, 182 (194 ff.) = NJW 1991, 1878 ff.; auch BVerfG 18.4.1984 – 1 BvL 43/81, BVerfGE 67, 26 (36 ff.) = NJW 1984, 1805 f.; BSG 27.1.1977 – 7 RAr 17/76, BSGE 43, 134 (141) = SozR 4100 § 34 Nr. 6.
24 BSG 11.5.1999 – B 11 AL 45/98 R, BSGE 84, 67 (69 f.) = SozR 3-4300 § 36 Nr. 1 = SGb 2000, 631 mwN; BVerfGE 78, 214 (226); 83, 182 (185).
25 BSG 11.5.1999 – B 11 AL 45/98 R.
26 Sog. Schutznormlehre: BSG 11.5.1999 – B 11 AL 45/98 R, juris.
27 BSG 11.5.1999 – B 11 AL 69/98 R, SozR 3-1500 § 75 Nr. 31 = Breith. 1999, 1075.
28 BSG 11.5.1999 – B 11 AL 69/98 R.

ein **einfacherer Weg für die Erreichung des Klageziels zur Verfügung steht oder das von ihm verfolgte Ziel ihm auch bei einem Erfolg der Klage unter keinem denkbaren Gesichtspunkt einen Vorteil bringen kann.** Die Gerichte sind nicht dazu berufen, abstrakt festzustellen, „wer Recht hat". Ein rechtlich schützenswertes Interesse fehlt etwa einem Antrag, Beiträge nicht nach dem Sozialversicherungskreis Ost, sondern dem Sozialversicherungskreis West einzuziehen, wenn dies die rechtliche oder wirtschaftliche Stellung des Klägers nicht verbessert.[29] Gleiches gilt, wenn das Begehren des Klägers lediglich darauf gerichtet ist, von einem bestimmten Leistungsträger dem Grunde nach dieselben Leistungen zu erhalten, die ihm mit gegen einen anderen Träger ergangenem Urteil bereits zugesprochen worden sind. Zwar hat das BSG entschieden, dass im Rahmen eines Leistungsbegehrens ein rechtlich schützenswertes Interesse an der Feststellung besteht, welche von zwei unterschiedlichen, aber möglicherweise gleich hohen Leistungen der Betroffene zu bekommen hat; dies gilt aber nur dann, wenn an eine solche Feststellung rechtlich vorteilhafte Fernwirkungen geknüpft sind.[30]

Das Rechtsschutzbedürfnis kann ferner etwa aufgrund von **Insolvenz** eines Zahlungsverpflichteten fehlen. Während des Insolvenzverfahrens besteht der einfachere Weg der Anmeldung zur Konkurstabelle, eine Klage wäre ggf. auf Feststellung zur Konkurstabelle zu richten.[31] Der Klage einer insolvent gewordenen juristischen Person gegen eine weitere Verbindlichkeit, etwa gegen einen Rückforderungsbescheid des Arbeitsamts, fehlt bei endgültiger und eindeutiger Vermögenslosigkeit des Klägers ebenfalls das Rechtsschutzbedürfnis. In einem solchen Fall steht keinerlei schutzwürdiges Interesse mehr hinter der Abwehr der Forderung, deren wirtschaftlicher Wert Null ist. Auch fehlt Klagen gegen die Verletzung der Rundungsregelung nach SGB II bei einem Streitwert von 0,10 Euro regelmäßig das Rechtsschutzinteresse.[32]

An das Vorliegen eines Rechtsschutzbedürfnisses bei der **Anfechtungsklage** dürfen bei einer nachteiligen Regelung durch VA im Übrigen aber keine zu hohen Anforderungen gestellt werden.[33]

Auch für **In-sich-Prozesse** innerhalb eines Rechtsträgers fehlt in aller Regel das Rechtsschutzbedürfnis. Ausnahmen sind möglich bei abgegrenztem eigenem Sachbereich eines Organs einer juristischen Person, das zum Schutz dieses Sachbereichs gerichtlichen Rechtsschutz in Anspruch nimmt.[34]

Einem Kläger kann das Rechtsschutzbedürfnis nicht abgesprochen werden, wenn er den als Krankengeld eingeklagten Betrag in gleicher Höhe von der Bun-

---

29 LSG Bln 26.2.2003 – L 9 KR 91/00; weiteres Beispiel LSG BW 16.9.2003 – L 13 RA 3859/02.

30 LSG Bln-Bbg 24.3.2011 – L 5 AS 365/08, juris; BSG 19.9.2002 – B 1 KR 11/02 R, sowie BSG 6.9.2009 – B 14/7 b AS 16/07 R, BSGE 99, 88.

31 BSG 25.1.2001 – B 4 RA 64/99 R, SozR 3-1500 § 54 Nr. 45 = NZS 2001, 541 ff.

32 ThürLSG 19.10.2015 – L 9 AS 1431/12, juris.

33 So zutreffend BSG 24.11.2005 – B 12 KR 18/04 R, SozR 4-2600 § 2 Nr. 6 für den Fall, dass die Beklagte sich unzulässigerweise der Befugnis „berühmt" hat, zeitgleich mit der Feststellung der Versicherungsfreiheit auch über Elemente einer möglichen Versicherungspflicht zu entscheiden.

34 Beispiel BSG 28.1.2004 – B 6 KA 4/03 R, SozR 4-1500 § 70 Nr. 1 = MedR 2004, 636 ff.; ferner BSG 23.4.1975 – 9 RV 136/74, BSGE 39, 260 = SozR 3100 § 52 Nr. 1; vgl. auch Breitkreuz/Fichte § 54 Rn. 56 a; Meyer-Ladewig/Keller/Leitherer/Schmidt § 54 Rn. 15 ff.; Peters/Sautter/Wolff § 54 Rn. 263 f.; Hennig/Ulmer § 54 Rn. 22.

desagentur für Arbeit als Arbeitslosengeld erhalten hat: Er hat hier ein schützenswertes Interesse an der Klärung, weil der jetzigen Entscheidung Fernwirkungen für spätere Leistungsfälle zukommen können.[35]

Ein Rechtsschutzbedürfnis besteht nicht, wenn die streitgegenständliche Leistung lediglich nach § 66 SGB I **vorläufig versagt** worden ist. Hier ist durch die Vornahme der Mitwirkung ein einfacherer Weg möglich und zumutbar, und der Bürger hat bei Versagung einer Sozialleistung mangels Mitwirkung über die Aufhebung des Versagensbescheids hinaus regelmäßig kein schützenswertes Interesse an einer gerichtlichen Entscheidung.[36] Die Klage ist insoweit zulässig, als der Kläger behauptet, zur Mitwirkung nicht verpflichtet zu sein, und die Umstände es jedenfalls als möglich erscheinen lassen, dass diese Rechtsauffassung zutrifft. Ein Rechtsschutzbedürfnis besteht selbstverständlich auch dann, wenn gerade die Rechtmäßigkeit der vorläufigen Versagung selbst im Streit steht.[37]

III. Klagensystematik im SGG

10 **1. Klagearten.** Die drei grundlegenden Typen von Klageanträgen sind die Anträge auf **Leistung, Gestaltung und Feststellung.** Mit der Leistungsklage verlangt der Kläger vom Beklagten ein Tun, Dulden oder Unterlassen, das anschließend ggf. im Wege der Zwangsvollstreckung durchzusetzen ist. Streitgegenstand der Gestaltungsklage ist die Schaffung, Änderung oder Vernichtung von Rechtsverhältnissen: Hier kann das Gericht die Rechtslage unmittelbar durch gestaltenden Urteilsspruch mit Wirkung für und gegen alle ändern. Die Feststellungsklage richtet sich auf eine Feststellung, in der Regel von Rechten und Pflichten aus einem Rechtsverhältnis (näher → § 55 Rn. 5, 39 ff.). Sie ist die „schwächste" Klageform, da ein Feststellungsurteil weder wie ein Gestaltungsurteil die Rechtslage unmittelbar beeinflussen kann noch wie ein Leistungsausspruch der Vollstreckung fähig ist.

11 Im Verwaltungsprozessrecht und damit auch im Klagesystem des SGG haben in der Praxis die Klagearten der Anfechtungsklage und der Verpflichtungsklage erhebliche Bedeutung. Die **Anfechtungsklage** ist eine Gestaltungsklage, nämlich auf Aufhebung oder Abänderung eines Verwaltungsakts (§ 54 Abs. 1, 1. Alt.). Die **Verpflichtungsklage** ist eine Leistungsklage, nämlich auf Erlass eines abgelehnten oder unterlassenen VA (§ 54 Abs. 1, 2. Alt.). Die **Kombination** der Anfechtungsklage mit der Verpflichtungs- oder Leistungsklage ist in der sozialgerichtlichen Praxis häufig; am häufigsten ist die kombinierte Anfechtungs- und Leistungsklage, da die Leistungsklage nach dem System des SGG die Verpflichtungsklage regelmäßig „konsumiert" und das Sozialrecht typischerweise mehr auf Leistungen als auf Eingriffe der Verwaltung ausgelegt ist.

12 Das SGG enthält besondere Regelungen für die Klagearten der Anfechtungsklage (§ 54 Abs. 1, 1. Alt), Verpflichtungsklage (§ 54 Abs. 1, 2. Alt.), Aufsichtsklage (§ 54 Abs. 3), Leistungsklage (§ 54 Abs. 4, 5) und Feststellungsklage (§ 55). Die Aufzählung der Klagearten ist grundsätzlich als **abschließend** zu verstehen.[38] Unterformen der vorgenannten Klagearten sind zB die Unterlassungsklage und

35 BSG 30.3.2004 – B 1 KR 30/02 R; BSG 19.9.2002 – B 1 KR 11/02 R, BSGE 90, 72 = SozR 3-2500 § 44 Nr. 10 = Breith. 2003, 540 ff.
36 BSG 17.2.2004 – B 1 KR 4/02 R, SozR 4-1200 § 66 Nr. 1 = SGb 2004, 649 ff.
37 Beispiel LSG Bln 12.11.1986 – L 9 Kr 71/86, Breith. 1987, 514.
38 Meyer-Ladewig/Keller/Leitherer/Schmidt § 54 Rn. 1; Peters/Sautter/Wolff § 54 Rn. 3.

die Normerlassklage als Sonderformen der Leistungsklage sowie die Wahlanfechtungsklage (§ 55), die Normenkontrollklage (§ 55, § 55 a), die Zwischenfeststellungsklage (§ 55) und die Fortsetzungsfeststellungsklage (§ 131 Abs. 1 Satz 3) als Sonderformen der Feststellungsklage.

2. Der Einfluss des Art. 19 Abs. 4 GG. a) Gewährleistung effektiven Rechtsschutzes als Maßstab. Die Normierung des Klagesystems hat die Vorgabe des Art. 19 Abs. 4 Satz 1 GG zu beachten. Wird jemand durch die öffentliche Gewalt in seinen Rechten verletzt, steht ihm hiernach der Rechtsweg offen. Dieses Grundrecht sichert jedem in seinen eigenen Rechten Betroffenen den Rechtsschutz gegenüber der gesamten vollziehenden Gewalt.[39] Art. 19 Abs. 4 GG steht einem Klagesystem entgegen, das so eng gefasst ist, dass es effektiven Rechtsschutz nicht in jedem Einzelfall ermöglicht. 13

Das Prinzip des effektiven Rechtsschutzes hat **Verfassungsrang** und steht somit über dem Klagesystem des SGG. Daher dürfen insbesondere die Anforderungen an die prozessuale Klagebefugnis nicht übersteigert werden; ausgeschlossen sind in erster Linie Popularklagen.[40] Andererseits genügt nicht jedes wirtschaftliche Interesse.[41] Weitergehende Einschränkungen sind in Bezug auf öffentlich-rechtliche Körperschaften möglich, die grundsätzlich keinen Grundrechtsschutz genießen. 14

b) Ordnungsfunktion der Klagearten. Die Unterteilung der Klagearten hat vorrangig eine Ordnungsfunktion. Der Prüfungspunkt der „statthaften Klageart" im Rahmen der Zulässigkeitsprüfung ist immer vor dem Hintergrund des Art. 19 Abs. 4 GG zu betrachten; er kann von dieser Bestimmung nicht losgelöst werden. Daher ist als Feststellungsklage (§ 55) nach richtiger Auslegung zB auch die Normenkontrollklage zuzulassen.[42] 15

3. Aktiv- und Passivlegitimation. a) Aktivlegitimation. Klage erheben darf grundsätzlich nur, wer selbst beschwert ist. Das Klagerecht folgt der Zweckrichtung des Rechtsschutzes, der zur Verfolgung eigener Rechte gewährt wird. Hieraus ergibt sich auch die Beantwortung der Frage nach der „Aktivlegitimation" in jedem Einzelfall: Klagebefugt ist, wer „beschwert" ist, also die Möglichkeit einer Verletzung seiner subjektiven Rechtsposition geltend machen kann. In diesem Sinne aktivlegitimiert ist auch die ärztliche Gemeinschaftspraxis, und zwar unabhängig von Änderungen in ihrem Mitgliederbestand.[43] Die Aktivlegitimation des (einzelnen) Partners einer Gemeinschaftspraxis zur Verfolgung des Begehrens nach höherem Honorar ist zu bejahen, wenn der andere Partner ihn zur Prozessführung ermächtigt hat;[44] bei einem Regress gegen die Gemeinschaftspraxis bedarf es auch dieser Ermächtigung nicht, da der einzelne Partner persönlich haftet.[45] 16

b) Passivlegitimation. Die Bestimmung des richtigen Klagegegners (Passivlegitimation) ist eine Frage des Einzelfalls und im Rahmen der Begründetheit der Kla- 17

39 Jarass/Pieroth GG, 11. Aufl. 2011, Art. 19 Rn. 32 ff.; vgl. auch → § 1 Rn. 14.
40 So zutreffend in Meyer-Ladewig/Keller/Leitherer/Schmidt § 54 Rn. 10 u. 13.
41 BSG 15.5.1991 – 6 Rka 22/90, BSGE 68, 291 = SozR 3-1500 § 54 Nr. 7 = NJW 1991, 2989 ff.
42 Zurückgehend auf Axer NZS 1997, 10 (12 ff.); mittlerweile allgM.
43 BSG 27.6.2007 – B 6 KA 27/06 R, juris; bestätigt durch BSG 5.5.2010 – B 6 KA 21/09 R, juris.
44 BSG 21.5.2003 – B 6 KA 33/02 R, MedR 2004, 172 mwN.
45 BSG 3.2.2010 – B 6 KA 37/08 R, SozR 4-2500 § 106 Nr. 26.

ge zu prüfen.[46] Bei der Anfechtungsklage und bei der Verpflichtungsklage ist Klagegegner regelmäßig der Verwaltungsträger oder die Behörde, die den Widerspruchsbescheid erlassen hat. Dies gilt auch bei der kombinierten Anfechtungs- und Leistungsklage nach Abs. 4. Ebenfalls keine Probleme bestehen bei der Zwischenfeststellungsklage und der Fortsetzungsfeststellungsklage, die während eines laufenden Rechtsstreits erhoben werden; hier ist Klagegegner der bereits zuvor bestimmte Beklagte. Bei der echten Leistungsklage nach Abs. 5 und bei der Feststellungsklage nach § 55 ist eine derartige Vereinfachung nicht möglich. Bei der Leistungsklage ist richtiger Beklagter, wer nach Auffassung des Klägers zur Leistung verpflichtet ist; bei der Aufsichtsklage die Aufsichtsbehörde; zur Feststellungsklage vgl. auch → § 55 Rn. 55. Ein Beklagtenwechsel ist Klageänderung (§ 99); zu den Voraussetzungen siehe dort.

IV. Verwaltungsakt als hauptsächlicher Klagegegenstand im SGG

18 Die Zulässigkeit der Anfechtungsklage, der Anfechtungs- und Verpflichtungsklage und der kombinierten Anfechtungs- und Leistungsklage erfordert das **Vorliegen**[47] **eines VA**, der den Kläger beschwert. Der VA ist in § 31 Satz 1 SGB X definiert. Hiernach ist VA „jede Verfügung, Entscheidung oder andere hoheitliche Maßnahme, die eine Behörde zur Regelung eines Einzelfalls auf dem Gebiet des öffentlichen Rechts trifft und die auf unmittelbare Rechtswirkung nach außen gerichtet ist". Der VA wird für den Betroffenen durch Bekanntgabe wirksam (§ 39 Abs. 1 SGB X). Auf die Form kommt es hierbei nicht an (§ 33 Abs. 2 Satz 1 SGB X).

19 In Ausnahmefällen kann der **Anschein eines VA** ausreichen. Wenn die Behörde etwa durch die gewählte Überschrift „Bescheid" sowie ihren Hinweis in der Rechtsmittelbelehrung, der Bescheid könne mit dem Widerspruch angefochten werden, den Anschein vermittelt hat, sie treffe auf dem Gebiet des öffentlichen Rechts verbindlich eine Regelung, dann hat sie sich zwar nicht dem Inhalt, jedoch der äußeren Form nach eines – formellen – VA bedient. Allein schon durch die Existenz eines solchen formellen Verwaltungsaktes ist der Adressat mit dem Risiko behaftet, dass ihm in Zukunft unter Umständen ein insoweit „bestandskräftiger Verwaltungsakt" entgegengehalten werden könnte.[48] In besonderen Konstellationen kann der VA uU durch einen Vergleich – also einen öffentlichrechtlichen Vertrag – **„ersetzt"** werden.[49]

20 Der Gesetzgeber kann die Anfechtungsklage auch in anderen Fällen **zulassen**, in denen die angefochtene Verwaltungsentscheidung keinen VA darstellt. Eine solche **Sonderregelung** hat er etwa in § 92 Abs. 3 Satz 1 SGB V getroffen; danach gelten für Klagen gegen die Zusammenstellung der Arzneimittel nach Abs. 2 die

46 Meyer-Ladewig/Keller/Leitherer/Schmidt § 54 Rn. 45.
47 Nicht das bloße Behaupten, BSG 29.1.1975 – 5 RKnU 12/74, BSGE 39, 86 (87) = SozR 2200 § 628 Nr. 1 = SGb 1975, 424 ff.; Meyer-Ladewig/Keller/Leitherer/Schmidt § 54 Rn. 8 a.
48 BSG 24.7.2003 – B 4 RA 60/02 R, SozR 4-1200 § 52 Nr. 1; zum formellen VA auch BSG 5.9.2006 – B 4 R 71/06 R, SozR 4-2500 § 255 Nr. 1.
49 BSG 28.4.2004 – B 6 KA 8/03 R, SozR 4-2500 § 106 Nr. 5 = SGb 2005, 107 mit zust. Anmerkung von Hess SGb 2005, 113 (115), nämlich im Rahmen der vertragsarztrechtlichen Wirtschaftlichkeitsprüfung und nur insoweit, als der Kläger dem Vergleich nicht zugestimmt hat.

Vorschriften über die Anfechtungsklage „entsprechend".[50] Hingegen kann der Gesetzgeber die Klage wegen Art. 19 Abs. 4 GG grundsätzlich nicht **ausschließen**, sofern eine Maßnahme einen VA darstellt.

VA ist jeweils nur die das Verwaltungsverfahren **abschließende** Entscheidung. 21
Behördliche **Verfahrenshandlungen** sind nicht isoliert anfechtbar, wie sich aus § 56 a (vgl. dort) ergibt.[51] Fehlt es zunächst an einem VA, wird etwa ein nachteiliges schriftliches Informationsschreiben der Behörde mit einem Widerspruch angegriffen und dieser alsdann als solcher behandelt, ist die Klage gegen einen nachfolgenden Widerspruchsbescheid gleichwohl zulässig, da dieser jedenfalls VA ist.

Einzelfälle des **Vorliegens** eines VA: 22

- Auszahlungsakte der Versicherungsträger sind nicht nur Realhandlungen, sondern können auch VA sein;[52]
- die Eintragung von Ausfall- oder Ersatzzeiten in der Rentenversicherungskarte;[53]
- die Genehmigung der Abtretung von Leistungsansprüchen aus der gesetzlichen Rentenversicherung;[54]
- die Mitteilung des Rentenversicherungsträgers an den Versicherten über das Ruhen der Rente;[55]
- die Entscheidung über die Aufrechnung kann als abschließende Einzelfallentscheidung mit Außenwirkung, die auf die Ausübung eines Gestaltungsrechts gerichtet ist, als VA ergehen;[56]
- die Verrechnung von Beitragsforderungen anderer Sozialversicherungsträger mit Leistungen;[57]
- die Kündigung eines Versorgungsvertrages mit einem Krankenhaus;[58]
- der Schiedsspruch einer Schiedsstelle der sozialen Pflegeversicherung;[59]
- die mit einer wiederholenden Verfügung häufig kombinierte, ggf. inzident ausgesprochene Ablehnung des Wiederaufgreifens des Verfahrens;[60]
- eine **Zusicherung** ist ebenfalls verfahrensgestaltender VA (§ 34 Abs. 1 Satz 1 SGB X);[61] dem Adressaten der Zusicherung wird dadurch ein eigenständiger

50 Zur analogen Anwendung bzgl. der Arzneimittelübersicht nach § 93 SGB V BSG 16.7.1996 – 1 RS 1/94, BSGE 79, 41 (45) = SozR 3-2500 § 34 Nr. 5 = NZS 1997, 172 ff.; zur Positivliste des § 33 a SGB V vgl. dort Abs. 12 Satz 2, Krasney NJW 2000, 2697 (2698); zur Festbetragsfestsetzung nach § 35 SGB V BSG 31.8.2000 – B 3 KR 11/98 R, BSGE 87, 95 (96 f.) = SozR 3-2500 § 35 Nr. 1 = MedR 2001, 530; weitere gesetzliche Sonderfälle Meyer-Ladewig/Keller/Leitherer/Schmidt § 54 Rn. 8 d.

51 Meyer-Ladewig/Keller/Leitherer/Schmidt Anhang § 54 Rn. 8 f. mwN, auch zu weiteren Ausnahmen.

52 BSG 29.10.1992 – 10 RKg 4/92, SozR 3-1300 § 50 Nr. 13 = NZS 1993, 279.

53 BSG 8.7.1970 – 11 RA 164/67, SozR § 54 Nr. 129.

54 BSG 25.5.1972 – 5 RKn 24/71, SozR § 54 Nr. 134.

55 Deklaratorischer VA, BSG 18.2.1998 – B 5 RJ 48/96, juris.

56 Str.; so zutreffend BSG 27.3.1996 – 14 REg 10/95, BSGE 78, 132 (134) = SozR 3-1200 § 51 Nr. 5 = NJW 1997, 3397; Heilemann SGb 1998, 261 (262) mwN auch zur Gegenauffassung.

57 BSG GrS 31.8.2011 – GS 2/10; BSG 7.2.2012 – B 13 R 85/09 R, beide juris.

58 BSG 6.8.1998 – B 3 KR 3/98 R, BSGE 82, 261 = SozR 3-2500 § 110 Nr. 2 = NZS 1999, 185; hierzu Noftz SGb 1999, 632 (633).

59 BSG 17.12.2009 – B 3 P 3/08 R, BSGE 105, 126, juris mwN.

60 Vgl. BSG 12.12.1972 – 3 RK 87/71, SozR Nr. 94 zu § 77 SGG = NJW 1973, 1952; vgl. hierzu § 44 SGB X.

61 BSG 12.4.1984 – 1 RA 27/83, BSGE 56, 249 = SozR 5750, Art. 2 § 9 a Nr. 13.

verfahrensrechtlicher Anspruch auf späteren Erlass der zugesagten Regelung oder auf deren Unterlassung erteilt;

- die Ablehnung, eine beantragte Zusicherung zu geben, verlautbart zugleich die Feststellung, dass der Antragsteller keinen Anspruch auf die begehrte Zusicherung hat, und ist ebenfalls VA;[62]
- der **Zweitbescheid**, der aufgrund neuer Sachprüfung eine gleich lautende Entscheidung trifft, ist ebenfalls – immer – VA;[63] er wird im Regelfall trotz der inhaltlich gleichen Entscheidung als ersetzender VA nach § 96 zu qualifizieren sein;
- Allgemeinverfügungen sind kraft Definition in § 31 Satz 2 SGB X VA;
- VA ist auch der „Sperrzeitbescheid"; mit der Anfechtungsklage angreifbar ist zwar nur die Entziehung der Leistung als solche, während die Sperrzeit nur Begründung für die leistungsrechtlichen Folgen ist;[64] aber auch die Feststellung der Wirkung einer (ersten) Sperrzeit im Hinblick auf die Gefahr, dass bei Eintritt einer weiteren Sperrzeit der Leistungsanspruch insgesamt erlischt,[65] hat Regelungscharakter;
- Die aufsichtsbehördliche Genehmigung autonomer Rechtssetzungsakte hat eine Doppelnatur, sie ist VA im Verhältnis zum Satzungsgeber, im Verhältnis zu Dritten hingegen ist sie als Akt der Rechtssetzung kein VA.[66]

23 Einzelfälle des **Nichtvorliegens** eines VA:

- Rechtsnormen sind keine VA. Zu ihnen zählen insbesondere im Bereich des SGB V eine Vielzahl von untergesetzlichen Rechtsnormen der gemeinsamen Selbstverwaltung der Ärzte und Krankenkassen, insbesondere die Richtlinien des Gemeinsamen Bundesausschusses nach § 92 SGB V. Über diese Zuordnung besteht mittlerweile weitgehend Einigkeit;[67]
- Verwaltungsvorschriften sind schon aufgrund fehlender unmittelbarer Außenwirkung keine VA;
- keine VA sind Kostensenkungsaufforderungen im Bereich der Grundsicherung für Arbeitsuchende;[68] problematischer ist die Qualifizierung von Angeboten einer Arbeitsgelegenheit mit Mehraufwandsentschädigung bzw. von Vermittlungsvorschlägen oder gar einer Meldeaufforderung;[69]
- kein VA ist die Versagung einer notwendigen Mitwirkungshandlung durch eine andere Behörde,[70] hier bedarf es im Außenverhältnis noch der Umsetzung durch die abschließende Entscheidung des Einzelfalls;

---

62 BSG 29.1.2004 – B 4 RA 29/03 R, SozR 4-2600 § 46 Nr. 1 = BSGE 92, 113 = Breith. 2005, 122.
63 Umfangreiche Nachweise Peters/Sautter/Wolff Rn. 65.
64 BSG 9.2.1995 – 7 RAr 34/94, BSGE 76, 12 = SozR 3-4100 § 119 a Nr. 2 = BB 1995, 1298.
65 LSG Nds-Brem 26.2.2004 – L 8 AL 85/03.
66 Vgl. Peters/Sautter/Wolff Rn. 108.
67 Grundlegend BSG 20.3.1996 – 6 RKa 62/94, BSGE 78, 70 (74 ff.) = SozR 3-2500 § 92 Nr. 6 = MedR 1997, 123; vgl. auch Hess in Kasseler Kommentar, § 92 SGB V Rn. 4 ff.
68 BSG 27.2.2008 – B 14/7 b AS 70/06 R, SozR 4-4200 § 22 Nr. 8 = NZS 2009, 107.
69 Für Arbeitsgelegenheit mit Mehraufwandsentschädigung nein LSG Bln-Bbg 20.10.2009 – L 34 AS 1301/09 B PKH, juris mwN; für den Bereich der Arbeitslosenversicherung entsprechend nein BSG 19.1.2005 – 11 a/11 AL 39/04 R, SozR 4-1300 § 63 Nr. 2; ggf. anders zu beurteilen für den Fall der Meldeaufforderung, offen LSG BW 14.3.2008 – L 8 AS 5579/07.
70 v. Wulffen/Schütze § 31 Rn. 35.

- keine VA sind auch bloße Auskünfte, insbesondere die Rentenauskunft nach § 109 SGB VI;[71]
- keine VA sind ähnliche Erklärungen wie Aufklärung, Beratung oder Wissenserklärung;[72]
- auch die wiederholende Verfügung ist kein VA, weil sie nur die vorherige Entscheidung wiederholt, ohne eine neue Entscheidung zu treffen. Die darin enthaltene Ablehnung des Wiederaufgreifens des Verfahrens ist hingegen sehr wohl VA (→ Rn. 33). Soweit kein VA vorliegt, kommt als Klageart die Leistungs- (Unterlassungs-) oder Feststellungsklage in Betracht, nicht aber die Anfechtungsklage.

Ein verwaltungsprozessrechtlicher „Evergreen" ist die Frage nach der Möglichkeit einer isolierten Anfechtbarkeit von **Nebenbestimmungen** eines VA. Früher wurde zwischen selbstständigen und unselbstständigen Nebenbestimmungen unterschieden. Diese Fragestellung ist heute überholt. Bei gebundenen Entscheidungen geht mittlerweile auch die Rechtsprechung von der Möglichkeit einer isolierten Anfechtung sämtlicher rechtswidriger Nebenbestimmungen aus.[73] Bei Ermessensentscheidungen ist hingegen eine Trennung zwischen dem Verwaltungsakt und seiner Nebenbestimmung nicht möglich, weil die Behörde die Entscheidung als Gesamtregelung angesehen hat und den eigentlichen Verwaltungsakt nicht ohne seine – ob selbstständige oder unselbstständige – Nebenbestimmung erlassen hätte.[74] Eine Trennung der Nebenbestimmung vom Verwaltungsakt wäre bei einer solchen Konstellation ein unzulässiger Eingriff in den Ermessensspielraum der Behörde. In diesen Fällen kann der Bescheid nur vollständig angefochten und gegebenenfalls aufgehoben werden; eine Beseitigung der Nebenbestimmung ist nur über die Verpflichtungsklage auf Erlass eines nebenbestimmungsfreien Verwaltungsaktes zu erreichen.[75] 24

Ein **nichtiger VA** kann wahlweise mit der Anfechtungsklage oder mit der Feststellungsklage (§ 55 Abs. 1 Nr. 4) angegriffen werden; durch die Regelung in § 55 Abs. 1 Nr. 4 wird ebenso wie durch die Regelung in § 43 Abs. 1 VwGO die Zulässigkeit der Anfechtungsklage nicht berührt.[76] Hinsichtlich der Nichtigkeit gilt die **Evidenztheorie,** vgl. § 40 Abs. 1 SGB X.[77] Der Fehler muss einerseits besonders schwerwiegend und andererseits offensichtlich sein.[78] 25

---

71 BSG 24.10.1996 – 4 RA 108/95, SozR 3-2600 § 58 Nr. 9 = SGb 1998, 168 (169 f.) = NZS 1997, 473 ff.

72 v. Wulffen/Schütze § 31 Rn. 52.

73 v. Wulffen/Schütze § 32 Rn. 33 ff., insbes. Rn. 36; zur zulässigen Anfechtung einer Befristung BSG 27.2.1992 – 6 Rka 15/91, BSGE 70, 167 (168) = SozR 3-2500 § 116 Nr. 2 = NJW 1992, 2981 ff.; offen gelassen in BSG 27.3.1996 – 3 RK 25/95, BSGE 78, 125 (126) = SozR 3-2500 § 124 Nr. 5; einer Bedingung BSG 30.1.2002 – B 6 KA 20/01 R, BSGE 89, 134 = SozR 3-5520 § 20 Nr. 3 = NJW 2002, 3278 = SGb 2002, 270 (271); einer Auflage BSG 5.8.1999 – B 3 KR 12/98 R, BSGE 84, 213 (214) = SozR 3-2500 § 126 Nr. 3; zu möglichen – eng begrenzten – Ausnahmen Sproll NJW 2002, 3221 ff., etwa bei offenkundiger Rechtswidrigkeit des verbleibenden VA; vgl. Meyer-Ladewig/Keller/Leitherer/Schmidt Anhang § 54 Rn. 18 a.

74 v. Wulffen/Schütze § 32 Rn. 35.

75 Vgl. zur Anfechtung von Nebenbestimmungen im Sozialrecht auch Heilemann SGb 2000, 250 ff. mwN.

76 Kopp/Schenke VwGO § 43 Rn. 20.

77 Vgl. Peters/Sautter/Wolff § 54 Rn. 228 ff.; zu den zulässigen Rechtsbehelfen dort Rn. 251.

78 v. Wulffen/Schütze § 40 Rn. 9 f.

§ 51 [Zulässigkeit des Rechtsweges; Generalklausel]

(1) Die Gerichte der Sozialgerichtsbarkeit entscheiden über öffentlich-rechtliche Streitigkeiten

1. in Angelegenheiten der gesetzlichen Rentenversicherung einschließlich der Alterssicherung der Landwirte,
2. in Angelegenheiten der gesetzlichen Krankenversicherung, der sozialen Pflegeversicherung und der privaten Pflegeversicherung (Elftes Buch Sozialgesetzbuch), auch soweit durch diese Angelegenheiten Dritte betroffen werden; dies gilt nicht für Streitigkeiten in Angelegenheiten nach § 110 des Fünften Buches Sozialgesetzbuch aufgrund einer Kündigung von Versorgungsverträgen, die für Hochschulkliniken oder Plankrankenhäuser (§ 108 Nr. 1 und 2 des Fünften Buches Sozialgesetzbuch) gelten,
3. in Angelegenheiten der gesetzlichen Unfallversicherung mit Ausnahme der Streitigkeiten aufgrund der Überwachung der Maßnahmen zur Prävention durch die Träger der gesetzlichen Unfallversicherung,
4. in Angelegenheiten der Arbeitsförderung einschließlich der übrigen Aufgaben der Bundesagentur für Arbeit,

4a. in Angelegenheiten der Grundsicherung für Arbeitsuchende,

5. in sonstigen Angelegenheiten der Sozialversicherung,
6. in Angelegenheiten des sozialen Entschädigungsrechts mit Ausnahme der Streitigkeiten aufgrund der §§ 25 bis 27 j des Bundesversorgungsgesetzes (Kriegsopferfürsorge), auch soweit andere Gesetze die entsprechende Anwendung dieser Vorschriften vorsehen,

[Nr. 6 ab 1.1.2024:

6. *in Angelegenheiten des Sozialen Entschädigungsrechts,*]

6a. in Angelegenheiten der Sozialhilfe einschließlich der Angelegenheiten nach Teil 2 des Neunten Buches Sozialgesetzbuch und des Asylbewerberleistungsgesetzes,

7. bei der Feststellung von Behinderungen und ihrem Grad sowie weiterer gesundheitlicher Merkmale, ferner der Ausstellung, Verlängerung, Berichtigung und Einziehung von Ausweisen nach § 152 des Neunten Buches Sozialgesetzbuch,
8. die aufgrund des Aufwendungsausgleichsgesetzes entstehen,
9. [aufgehoben]
10. für die durch Gesetz der Rechtsweg vor diesen Gerichten eröffnet wird.

(2) [1]Die Gerichte der Sozialgerichtsbarkeit entscheiden auch über privatrechtliche Streitigkeiten in Angelegenheiten der Zulassung von Trägern und Maßnahmen durch fachkundige Stellen nach dem Fünften Kapitel des Dritten Buches Sozialgesetzbuch und in Angelegenheiten der gesetzlichen Krankenversicherung, auch soweit durch diese Angelegenheiten Dritte betroffen werden. [2]Satz 1 gilt für die soziale Pflegeversicherung und die private Pflegeversicherung (Elftes Buch Sozialgesetzbuch) entsprechend.

(3) Von der Zuständigkeit der Gerichte der Sozialgerichtsbarkeit nach den Absätzen 1 und 2 ausgenommen sind Streitigkeiten in Verfahren nach dem Gesetz gegen Wettbewerbsbeschränkungen, die Rechtsbeziehungen nach § 69 des Fünften Buches Sozialgesetzbuch betreffen.

I. Allgemeines

1. Entstehungsgeschichte. Die Rechtswegzuweisung des § 51 wurde durch das 6. SGGÄndG vom 17.8.2001 (BGBl. 2001 I 2144) **wesentlich verändert.** Anstelle der vorher vorhandenen fünf Absätze weist die Vorschrift seit der Gesetzesänderung nun nur noch zwei Absätze auf. § 51 wurde allein seit der Fassung vom 23.9.1975 insgesamt siebenmal geändert, wobei die meisten Änderungen klarstellenden und ergänzenden Charakter hatten. Die Abs. 1, 3 und 4 (ab 1.7.2001 Abs. 5) blieben unverändert, dagegen war Abs. 2 Gegenstand zahlreichen Veränderungen. Während Abs. 2 in der Fassung vom 23.9.1975 das Kassenarztrecht noch unter die Angelegenheiten der Sozialversicherung subsumierte, so stellte die Neuregelung durch das Gesetz vom 20.12.1988 (BGBl. 1988 I 2477) – dogmatisch richtig – nur noch fest, dass diese Materie der Zuständigkeit der Sozialgerichte unterliegt. Die Neuregelung differenzierte denn auch weiter zwischen den verschiedenen Streitigkeiten des Kassenarztrechtes und schloss ferner Streitigkeiten nach § 110 und § 122 SGB V aus. Mit Wirkung vom 1.1.1995 fügte der Gesetzgeber mit Gesetz vom 26.5.1994 (BGBl. 1994 I 1014) in Abs. 2 S. 2 die Streitigkeiten der Pflegeversicherung nach dem SGB XI neu ein. Mit Gesetz vom 7.8.1996 (BGBl. 1996 I 1254) fügte er in Abs. 2 Satz 4 hinzu, der klarstellte, dass Streitigkeiten, die aufgrund der Überwachung von Arbeitsschutz und Unfallverhütung entstehen, nicht zu den Angelegenheiten der Sozialversicherung gehören. Mit der Einbeziehung der Psychotherapeuten in die vertragsärztliche Versorgung wurde deren Aufnahme in Abs. 2 S. 1 erforderlich, was durch Gesetz vom 16.6.1998 (BGBl. 1998 I 1311) geschah. Als neuer Satz 3 des Abs. 2 kam mit Gesetz vom 22.12.1999 (BGBl. 1999 I 2626) die Klarstellung hinzu, dass im Hinblick auf das Vertragsarztrecht § 87 und § 96 des Gesetzes gegen Wettbewerbsbeschränkungen keine Anwendung finden. Da § 96 des Gesetzes gegen Wettbewerbsbeschränkungen mit Wirkung zum 1.7.2005 aufgehoben 1 wurde, strich das 8. SGGÄndG diese Norm wieder heraus.[1] Mit Gesetz vom 19.6.2001 (BGBl. 2001 I 1046) wurde die Norm um einen neuen Abs. 4 erweitert. Demnach ist die Sozialgerichtsbarkeit auch bei Streitigkeiten über die Feststellung von Behinderung und die Ausstellung der insoweit maßgeblichen Ausweise nach § 69 des SGB IX zuständig. Abs. 4 ersetzte damit die Zuständigkeitsregelung des § 4 Abs. 6 Schwerbehindertengesetzes, das mit Einführung des SGB IX mit Wirkung zum 1.7.2001 außer Kraft trat. § 51 wurde durch das 6. SGGÄndG vom 17.8.2001 (BGBl. 2001 I 2144) mit Wirkung zum 2.1.2002 umfassend neugefasst. Diese Neugestaltung sollte nach dem Willen des Gesetzgebers die **Rechtswegzuweisung übersichtlicher gestalten und ergänzen.**[2] § 51 nF **differenziert** nunmehr erstmals **explizit** zwischen **öffentlich-rechtlichen (Abs. 1) und privatrechtlichen Streitigkeiten** (Abs. 2), während die Vorgängerregelungen dies nicht taten.[3] Mit Gesetz vom 23.12.2003 (BGBl. 2003 I 2848) wurde die Bundesanstalt für Arbeit in Bundesagentur für Arbeit umbenannt und § 51 Abs. 1 Nr. 4 insoweit angepasst. Durch das Gesetz zur Intensivierung der Bekämpfung der Schwarzarbeit und damit zusammenhängender Steuerhinterziehung vom 23.7.2004 (BGBl. 2004 I 1842) wurde die Zuständigkeit der Sozialgerichte für Angelegenheiten in Bezug auf die Aufgaben der Hauptzollämter aufgehoben. Nach § 23 des Gesetzes ist insoweit nunmehr der allgemeine Verwaltungsrechtsweg gegeben. Durch das 7. SGGÄndG vom 19.12.2004 (BGBl. 2004 I 3302) wurde ab dem 1.1.2005 die Zuständigkeit der Sozialgerichte in Angelegenheiten der Grundsicherung für Arbeitsuchende, der Sozialhilfe und des Asylbewerberleistungsgesetzes eingeführt. Durch Gesetz vom 22.12.2005 (BGBl. 2005 I 3686) wurde Abs. 1 Nr. 8 mit Wirkung zum 1.1.2006 terminologisch angepasst. Das 8. SGGÄndG vom 26.3.2008 (BGBl. 2008 I 444) brachte außer der Streichung des § 96 des Gesetzes gegen Wettbewerbsbeschränkungen keine Änderungen.

Durch das Arzneimittelneuordnungsgesetz – AMNOG – vom 22.12.2010 (BGBl. 2010 I 2262) wurde Satz 2 des Abs. 2 gestrichen und Abs. 3 neu eingeführt. Hiermit hat der Gesetzgeber entgegen seiner vorherigen Absicht vergaberechtliche und auch kartellrechtliche Streitigkeiten zwischen Krankenkassen und Leistungserbringern den ordentlichen Gerichten zugewiesen.[4]

Die bislang letzte Ergänzung von Abs. 2 S. 1 erfolgte mit dem Gesetz zur Neuordnung der Altersversorgung der Bezirksschornsteinfegermeister und zur Änderung anderer Gesetze vom 5.12.2012 (BGBl. 2012 I 2467) mit Wirkung zum 1.1.2013. Hier wird klargestellt, dass die Sozialgerichte auch in Angelegenheiten der Zulassung von Trägern und bei Maßnahmen von fachkundigen Stellen nach dem Fünften Kapitel des SGB III zuständig sind.

Durch die Umgestaltung des Rechts der Eingliederungshilfe und dessen kompletter Verortung im SGB IX wurden weitere Änderungen notwendig, und zwar in Nr. 6 a und 7 (Gesetz vom 23.12.2016 BGBl. 2016 I, 3234).

Aufgrund des zum 1.1.2024 in Kraft tretenden SGB XIV (Soziale Entschädigung) werden Anpassungen in Nr. 6 erforderlich (Gesetz zur Regelung des Sozialen Entschädigungsrechts, BGBl. 2019 I, 2652).

1 BT-Drs. 16/7716, 20 zu Nr. 11.
2 BT-Drs. 14/5943, 23 zu Nr. 22.
3 BT-Drs. 14/5943, 24 zu Nr. 22.
4 BT-Drs. 17/2413, 33 zu Art. 2.

2. Parallelvorschriften. Parallelvorschriften sind § 40 VwGO, § 33 FGO, § 48 a ArbGG und § 13 GVG. 2

II. Öffentlich-rechtliche Streitigkeiten auf dem Gebiet des Sozialversicherungsrechts – Abs. 1

Nach Abs. 1 sind die Gerichte der Sozialgerichtsbarkeit für öffentlich-rechtliche Streitigkeiten auf dem Gebiet des Sozialversicherungsrechts, in den nachfolgenden Ziffern genauer aufgegliedert, zuständig. Die Sozialgerichte sind damit **umfassend zuständig für Streitigkeiten, die ihre materiellrechtliche Grundlage in einem Gesetz über sozialversicherungsrechtliche Fragen haben.**[5] Hierdurch werden alle öffentlichen Angelegenheiten erfasst, die der Durchführung der Sozialversicherung dienen, unabhängig davon, ob die mit der Klage angegriffene Maßnahme ein VA, ein Vollzugsakt oder schlichtes hoheitliches Handeln eines Versicherungsträgers oder des Staates ist. 3

1. Angelegenheiten der gesetzlichen Rentenversicherung. Nach Ziff. 1 sind die Gerichte der Sozialgerichtsbarkeit in Angelegenheiten der gesetzlichen Rentenversicherung – maßgeblich im SGB VI normiert – sowie in Angelegenheiten der Alterssicherung der Landwirte – geregelt im ALG – für Streitigkeiten zuständig. Als Einzelfälle kommen hier insbesondere Rechtsstreite über Rentenansprüche, dem Grunde und der Höhe nach, Rückerstattungen von Rentenüberzahlungen sowie Beitragszahlungen und Beitragserstattungen betreffend die Rentenversicherung in Betracht; ferner Fragen der Versicherungspflicht und der freiwilligen Versicherung. Hinsichtlich Streitigkeiten der **Versorgungseinrichtungen der freien Berufe** ist jedoch der Verwaltungsrechtsweg gegeben.[6] 4

2. Angelegenheiten der gesetzlichen Krankenversicherung, der sozialen und privaten Pflegeversicherung. Die Sozialgerichtsbarkeit ist gemäß der Ziff. 2 auch für Streitigkeiten in Angelegenheiten der gesetzlichen Krankenversicherung nach dem SGB V (nicht der privaten, insoweit besteht die Zuständigkeit der ordentlichen Gerichte), der sozialen und der privaten Pflegeversicherung nach dem SGB XI zuständig, auch soweit hierdurch Dritte betroffen werden. 5

a) Streitigkeiten zwischen Versicherten und KK. Unter die Streitigkeiten der gesetzlichen Krankenversicherung fallen in erster Linie solche zwischen gesetzlich Krankenversicherten und Krankenkassen, etwa über das Bestehen der Versicherungspflicht und die Art und Höhe der von der Krankenkasse zu erbringenden Leistungen. Krankenkassen sind insoweit die Orts-, Betriebs-, Innungs-, Landwirtschafts- und Ersatzkassen, die See-Krankenkasse sowie die Deutsche Rentenversicherung Knappschaft-Bahn-See als Trägerin der knappschaftlichen Krankenversicherung (§§ 143–172 SGB V). 6

b) Streitigkeiten zwischen Leistungserbringern und KK. Zu diesen Streitigkeiten gehören ferner Streitigkeiten der gesetzlichen Krankenkassen mit Leistungserbringern, also Ärzten, Zahnärzten, Psychotherapeuten, Krankenhäusern und Apothekern ua (§§ 69 ff. SBG V). Der bis zum 1.1.2002 geltende § 51 Abs. 2 S. 1 zählte diese Streitigkeiten einzeln auf. Unter die Streitigkeiten der Ziff. 2 fallen demnach Angelegenheiten nach dem SGB V aufgrund der Beziehungen zwischen Ärzten, Zahnärzten, Psychotherapeuten, Krankenhäusern und Kranken- 7

5 BSG 26.7.1956 – 2 RU 35/55, BSGE 3, 184; BSG 27.1.1977 – 12/8 REh 1/75, BSGE 43, 149.
6 Zuletzt LSG NRW 29.1.2013 – L 18 R 773/12 B, juris.

kassen sowie ihrer Vereinigungen und Verbände (Abs. 2 S. 1 Nr. 1), aufgrund von Entscheidungen der gemeinsamen Gremien von Ärzten oder anderen Leistungserbringern und Krankenkassen (Abs. 2 S. 1 Nr. 2) und aufgrund von Entscheidungen oder Verträgen der Krankenkassen oder ihrer Verbände (Abs. 2 S. 1 Nr. 3), also das sogenannte **Vertragsarztrecht**, im Einzelnen in den §§ 72 ff. SGB V geregelt. Hierbei handelt es sich um öffentlich-rechtliche Streitigkeiten,[7] wohingegen der Gesetzgeber wohl davon ausging, dass diese privatrechtlicher Natur seien.[8] Beispiele hierfür sind für das Vertragsarztrecht im engeren Sinne, Konkurrentenklage zwischen Ärzten gegen die KÄV, Klage des Arztes auf Zulassung zur vertragsärztlichen Versorgung, Klage des Arztes gegen KÄV auf Vergütung, ferner Streitigkeiten zwischen Zahnärzten, Ärzten und Psychotherapeuten untereinander,[9] soweit sie ihre Grundlage im SGB V haben. Hierunter fällt auch die Klage eines Insolvenzverwalters gegen eine Kassenärztliche Vereinigung auf Erfüllung von Honoraransprüchen eines insolventen Kassenarztes.[10] Nach Ziff. 2 sind die Gerichte der Sozialgerichtsbarkeit ebenfalls zuständig für Streitigkeiten zwischen Krankenkassen und Krankenhäusern, etwa bei Fragen der Wirtschaftlichkeitsprüfung oder Kostenübernahme der stationären Behandlung.

Geht es hingegen um **Genehmigung einer Pflegesatzvereinbarung** durch die Landesbehörde oder um **Streitigkeiten nach dem Krankenhausfinanzierungsgesetz**, so ist der **Verwaltungsrechtsweg**[11] gegeben. **Dies gilt auch für Streitigkeiten nach § 110 SGB V**, die nach der Ziff. 2 ausdrücklich vom Sozialgerichtsweg ausgenommen sind.

Streitigkeiten zwischen Krankenkassen und anderen Leistungserbringern unterfallen ebenfalls dem Rechtsweg zu den Gerichten der Sozialgerichtsbarkeit, etwa aus Verträgen mit Zahntechnikern, Apotheken, pharmazeutischen Unternehmen, Einrichtungen der häuslichen Krankenpflege, Transportunternehmen, Badebetrieben, Masseuren, Krankengymnasten, Lieferanten orthopädischer Hilfsmittel und Optikern.

Der Streit über die wettbewerbsrechtliche Zulässigkeit eines Bonussystems eines Apothekers an private und gesetzlich Krankenversicherte ist keine Angelegenheit der gesetzlichen Krankenversicherung,[12] da insoweit rein wettbewerbsrechtliche Vorschriften, nicht aber solche des SGB V, Gegenstand des Verfahrens sind. Mit dem **ab 1.1.2011** geltenden neueingefügten **Abs. 3** stellt der Gesetzgeber klar, dass die **wettbewerbsrechtlichen Streitigkeiten zwischen Krankenkassen und Leistungserbringern bzw. untereinander nicht der Zuständigkeit der Sozialgerichte, sondern der der ordentlichen Gerichte unterfallen.** Ebenso unterfallen Meinungsverschiedenheiten zwischen Zahnarzt, Zahntechniker, Arzt und anderen Leistungserbringern mit privat krankenversicherten Patienten hinsichtlich der Vergütung oder der Arzthaftung naturgemäß dem ordentlichen Rechtsweg.[13]

---

7 Ebenso Jansen § 51 Rn. 12; Zeihe § 51 Rn. 7 e, 40.
8 BT-Drs. 14/5943, 24 zu Nr. 22.
9 BSG 15.3.2017 – B 6 KA 35/16 R, juris.
10 BGH 4.8.2005 – IX ZR 117/04, juris.
11 OVG RhPf 15.2.2018 – 11357/17, juris.
12 BGH 30.1.2008 – I ZB 8/07, juris.
13 Hennig/Ulmer, § 51 Rn. 37; Jansen § 51 Rn. 13; Roos/Wahrendorf § 51 Rn. 39; Meyer-Ladewig/Keller/Leitherer/Schmidt § 51 Rn. 14.

Einzelfälle (Sozialrechtsweg gegeben):

- Klage gegen Beschluss gegen Schließung eines Knappschaftskrankenhauses;[14]
- Klage Krankenkasse gegen Arbeitgeber auf Beiträge aus unerlaubter Handlung;[15]
- Streitigkeiten gegen Beschlüsse der Vergabekammern des Bundes bei Rabattverträgen nach § 130 a SGB V;[16]
- Streitigkeiten über integrierte Versorgung nach § 140 c SGB V;[17]
- Höhe der Zahlungsansprüche für Sondennahrung;[18]
- Hausverbot der KZÄV gegen Mitglied;[19]
- Herausgabe der Krankenakte KK gegen Krankenhaus;[20]
- Streitigkeiten zwischen KK und Hilfsmittellieferanten;[21]
- Akteneinsicht in Sozialversicherungsdaten;[22]
- Rüge der Verletzung des Selbstverwaltungsrechts nach § 29 SGB IV durch Bundeskartellamt;[23]
- Streitigkeiten um den Widerruf gutachterlicher Stellungnahmen des MDK;[24]
- Vergütungsklage eines Gebärdendolmetschers gegen ein Krankenhaus;[25]
- Klage Krankenkasse gegen Apotheker[26] o.a. LE[27] bzw. Versicherten[28] auf Rückzahlung der Vergütung wegen Betrugs;
- Schadensersatzklage Pharmaunternehmen gegen KK wegen Pflichtverletzung nach SGB V;[29]
- Klage Insolvenzverwalter gegen Krankenkasse auf Auskunft über von Insolvenzschuldner abgeführte Sozialversicherungsbeiträge;[30]
- Klage private Auslandskrankenversicherung gegen KK auf Freistellung von Zahlungspflicht nach SGB V.[31]

---

14 VG Gelsenkirchen 3.7.2008 – 7 L 764/08, juris.
15 LG Itzehoe 18.7.2008 – 9 T 27/08, juris.
16 BSG 22.4.2008 – B 1 SF 1/08 R, juris.
17 BGH 4.12.2008 – I B 31/08, juris.
18 BSG 3.3.2009 – B 1 KR 7/08, juris.
19 LSG RhPf 10.9.2009 – L 5 KA 38/09 B ER, juris.
20 LSG Nds 11.11.2009 – L 1 KR 152/08, juris.
21 LSG BW 8.12.2009 – L 11 KR 5031/09 ER-B, juris.
22 LSG NRW 26.4.2010 – L 16 B 9/09 SV, juris.
23 BSG 28.9.2010 – B 1 SF 1/10 R; HessLSG 1.6.2010 – L 1 KR 89/10 KL, beide juris.
24 SG Wiesbaden 6.6.2011 – S 2 KR 100/08, juris.
25 BSG 29.7.2014 – B 3 SF 1/14 R; aA Vorinstanz LSG Hmb 5.8.2013 – L 1 KR 23/13 B, beide juris.
26 BSG 25.9.2007 – B 3 SF 1/07 R, juris.
27 LSG BW 7.11.2019 – L 11 KR 2795/19 B, BSG 21.7.2016 – B 3 SF 1/16 R, beide juris.
28 BSG 30.9.2015 – B 3 KR 22/15 B, juris.
29 LSG NRW 30.5.2018 – L 1 KR 548/17 B, juris.
30 VGH BW 16.9.2014 – 10 S 1451/14; anders, wenn Insolvenzverwalter die Klage auf landesrechtl. Datenschutznorm stützt OVG Lüneburg 24.3.2017 – 11 OB 78717, beide juris.
31 BayLSG 29.1.2018 – L 5 KR 452/17 B; aA SG München 27.6.2017 – S 55 KR 2264/16, beide juris.

Dagegen **keine Zuständigkeit:**

- Klage gegen Bonusmodell DocMorris – Zivilrechtsweg;[32]
- Klage privater Wettbewerbsverband gegen Ärzteverband wegen Patienteninformation – Zivilrechtsweg;[33]
- Wettbewerbswidrige Mitgliederwerbung einer Krankenkasse – Zivilrechtsweg;[34]
- Klage des Insolvenzverwalters auf Auskunft gegen KK nach dem IFG – Verwaltungsrechtsweg;[35]
- Klage von Zahnärzten auf Unterlassung negativer Darstellung in Mitteilungsblatt – Verwaltungsrechtsweg;[36]
- Klage wegen Vergütung von Krankentransporten durch Feuerwehr.[37]

8 c) **Streitigkeiten der sozialen und privaten Pflegeversicherung.** Nach der Ziff. 2 besteht die Zuständigkeit der Gerichte der Sozialgerichtsbarkeit auch für Streitigkeiten in Angelegenheiten der sozialen und privaten Pflegeversicherung. Diese Zuständigkeit wurde mit der Einführung der Pflegeversicherung neu in § 51 aufgenommen (Art. 33 PflegeVG vom 26.5.1994 [BGBl. 1994 I 1014]). Der Gesetzgeber hatte ursprünglich vor, die Zuständigkeit der Sozialgerichte auf dem Gebiet der privaten Pflegeversicherung auf Streitigkeiten nach § 44 SGB XI einzuschränken,[38] sah hiervon aber letztendlich ab.[39] Demnach **entscheiden die Gerichte der Sozialgerichtsbarkeit über das gesamte Leistungs- und Leistungserbringungsrecht des SGB XI.** Als Streitigkeiten der sozialen Pflegeversicherung kommen in erster Linie Klagen des Versicherten gegen die Pflegekassen bezüglich der Einstufung in die jeweiligen Pflegestufen in Betracht. Weiterhin aber auch Klagen der Pflegeeinrichtungen gegen die Pflegekassen, zB Klagen gegen Kündigung oder Ablehnung eines Versorgungsvertrages (§ 73 Abs. 2 und 3 SGB XI) oder gegen die Festsetzung der Pflegesätze (§ 85 Abs. 5 SGB XI). Die Klage eines privaten Pflegeversicherungsunternehmens gegen ein Pflegeheim auf Rückzahlung von Pflegegeld, die auf Ansprüche aus dem VVG oder auf die §§ 823 ff. BGB gestützt wird, ist keine Angelegenheit im Sinne von Ziff. 2, so dass der ordentliche Rechtsweg gegeben ist.[40]

Bei den Angelegenheiten der privaten Pflegeversicherung haben die Gerichte der Sozialgerichtsbarkeit über Fragen der Versicherungspflicht, des Kontrahierungszwangs, Beitragsforderungen des privaten Versicherungsunternehmens sowie über Leistungsansprüche des privat Pflegeversicherten gegenüber der Versicherung zu entscheiden. Dabei dürften **Fragen betreffend die Versicherungspflicht als öffentlich-rechtliche Streitigkeit zu qualifizieren sein,** denn auch die private Pflegeversicherung ist nach § 1 Abs. 1 SGB XI eine Sozialversicherung. Bei den **übrigen Angelegenheiten** dürfte es sich um **privatrechtliche Fragen** handeln, die eigentlich dem Abs. 2 unterfallen, jedoch der Geschlossenheit der Kommentierung wegen bereits hier aufgeführt werden (→ Rn. 22). Bei Streitigkeiten betref-

32 OLG Hamburg 19.2.2009 – 3 U 225/06, juris.
33 LG München 17.6.2009 – 11 HKO 6351/09, juris.
34 OLG Celle 2.4.2009 – 13 W 16/09 und 9.9.2010 – 13 U 173/09, beide juris.
35 BSG 4.4.2012 – B 12 SF 1/10 R.2010; LSG BW 12.11 – L 5 KR 1815/10 B, juris.
36 BayVGH 22.4.2013 – 21 C 13.296, juris.
37 BVerwG 7.5.2020 – 3 B 2/20, juris.
38 BT-Drs. 13/3696.
39 BR-Drs. 399/96.
40 BSG 9.2.2006 – B 3 SF 1/05 R, juris.

fend die Beitragszahlung der privaten Pflegeversicherung sind bestimmte verfahrensrechtliche Besonderheiten zu beachten: Es gibt kein Widerspruchsverfahren, statt der Klagefrist des § 87 gilt die Frist des § 12 Abs. 3 VVG (Relevant für Leistungsklagen des Versicherten). Ferner ist bei beitragsrechtlichen Streitigkeiten das Mahnverfahren nach § 182 a vor dem Amtsgericht vorgeschaltet. Das Versicherungsunternehmen kann auch aus dem so erwirkten Vollstreckungsbescheid vollstrecken (§ 199 Abs. 1 Nr. 5).

3. Angelegenheiten der gesetzlichen Unfallversicherung. Der Rechtsweg zu den 9
Gerichten der Sozialgerichtsbarkeit ist nach der Ziff. 3 in Angelegenheiten der gesetzlichen Unfallversicherung gegeben. Hierunter fallen die im SGB VII genannten Angelegenheiten **mit Ausnahme der Vorschriften der §§ 14–25 SGB VII** betreffend die Streitigkeiten aufgrund der Überwachung der Maßnahmen zur Prävention durch die Versicherungsträger, die Ziff. 3 ausdrücklich ausnimmt. Diese Ausnahmeregelung wurde durch Art. 33 des Unfallversicherungs-Einordnungsgesetz vom 7.9.1996 (BGBl. 1996 I 1254) in den § 51 eingefügt. Sinn der Regelung war es, sicherzustellen, dass auf dem sich überschneidenden Gebiet von Gewerbeaufsichtsrecht und **Unfallverhütungsrecht** einheitliche Entscheidungen ergehen.[41] Demnach ist für diese beiden Gebiete der **Verwaltungsrechtsweg** gegeben.[42] Unter die Regelung fallen alle Maßnahmen der Unfallversicherungsträger, die unmittelbar oder mittelbar der Unternehmensüberwachung im Bereich der Unfallprävention dienen, dh auch die Klage gegen den Widerruf einer Sachverständigenermächtigung für Präventionsmaßnahmen.[43]

Aus dem Unfallversicherungsrecht kommen als Streitigkeiten Fragen über **Beitragspflicht** und **Beitragshöhe** sowie über die **Gewährung bzw. Höhe von Leistungen** der Berufgenossenschaften **bei Arbeitsunfall oder Berufskrankheit** in Betracht. Der Sozialrechtsweg ist auch bei einem Erstattungsanspruch eines privaten Krankenversicherers gegen den gesetzlichen Unfallversicherungsträger gegeben.[44] Gleiches gilt bei Regress des Unfallversicherungsträgers gegen Arbeitgeber im Falle der Schwarzarbeit[45] oder Klage der BG auf Inanspruchnahme des Durchgangsarztes wegen fehlerhafter Behandlung.[46]

4. Angelegenheiten der Arbeitsförderung. Gemäß der Ziff. 4 sind die Gerichte 10
der Sozialgerichtsbarkeit auch für Streitigkeiten in Angelegenheiten der Arbeitsförderung einschließlich der übrigen Aufgaben der BA zuständig. Die Begriffsänderung (§ 51 Abs. 1 aF sprach von der Arbeitslosenversicherung) trägt der Einführung des SGB III Rechnung.[47] In Ziff. 4 erfasste Angelegenheiten sind demnach solche, die ihre Grundlage im SGB III oder in anderen Gesetzen oder Verordnungen haben, die die Aufgaben der Bundesagentur für Arbeit festlegen. Hierbei sind vor allem Streitigkeiten betreffend **die von der BA auszuzahlenden Leistungen** zu nennen, zu denen neben Arbeitslosengeld, Insolvenzgeld, Überbrückungsgeld, Unterhaltsgeld, Wintergeld noch zahlreiche andere Finanzie-

41 BT-Drs. 13/4853, 36.
42 VG Regensburg 5.2.2015 – K 14.1327 und 3.3.2020 – RO 5 E 19.2527, beide juris, Meyer-Ladewig/Keller/Leitherer/Schmidt § 51 Rn. 28.
43 OVG NRW 2.3.2010 – 8 E 273/09, juris.
44 SG Köln 8.6.2012 – S 18 U 319/11; OLG Karlsruhe 14.9.2010 – 12 W 59/10, juris.
45 BGH 14.4.2015 – VI ZB 50/14.
46 LG Dortmund 7.2.2019 – 4 O 316/17, juris.
47 BT-Drs. 14/5943, 23 zu Nr. 22.

rungshilfen[48] für Arbeitslose, Umschüler und Beschäftigte gehören. Daneben sind noch Fragen der **Versicherungspflicht**, der **Erstattung von Beiträgen und Leistungen von Arbeitnehmern, Arbeitgebern und der BA** zu nennen. Auch Meinungsverschiedenheiten **nach § 15 BKGG gehören zu diesen Angelegenheiten.** Diese Vorschrift umfasst aber nur noch Kindergeld, das an nicht unbeschränkt Einkommensteuerpflichtige gezahlt wird. Auch Streitigkeiten über den **Zuschlag nach § 6 a BKGG** fallen in die Zuständigkeit der Gerichte der Sozialgerichtsbarkeit (s. § 12 Abs. 5 S. 1). Für die **übrigen Streitigkeiten des Kindergeldrechts** ab 1.1.1996 ist der Rechtsweg zu den **Finanzgerichten** gegeben.[49] Der Sozialgerichtsweg ist auch bei Klagen des Arbeitnehmers gegen seinen Arbeitgeber auf Erteilung bzw. Berichtigung einer **Arbeitsbescheinigung** nach § 312 SGB III, bzw. bei Schadensersatzklagen der BA gegen den Arbeitgeber wegen der Erstellung unrichtiger Bescheinigungen zuständig. Auch für Streitigkeiten zwischen **Bildungsträgern und der BA** – auf Gewährung oder Entziehung der Zulassung als Maßnahmeträger und auch bei anderen Maßnahmen von fachkundigen Stellen nach den §§ 176 ff. SGB III ist der Sozialrechtsweg gegeben[50] – dies ist seit dem 1.1.2013 nun auch Abs. 2 S. 1 zu entnehmen. Dabei geht der Gesetzgeber anders als das BSG wohl davon aus, dass es sich hierbei um eine privatrechtliche Streitigkeit handelt.[51] Für Feststellungsklagen zwecks Klärung der Delikteigenschaft einer Insolvenzforderung nach § 302 InsO sind jedoch die Zivilgerichte zuständig, selbst wenn sozialrechtliche Forderungen im Streit stehen.[52]

11 **5. Angelegenheiten der Grundsicherung für Arbeitsuchende.** Seit dem 1.1.2005 sind die Gerichte der Sozialgerichtsbarkeit auch in Streitigkeiten zuständig, die Angelegenheiten der Grundsicherung für Arbeitsuchende betreffen. Die Grundsicherung für Arbeitsuchende ist im SGB II geregelt. Der Schwerpunkt der Streitigkeiten dürfte sich auf Fragen der Gewährung und Entziehung von **Arbeitslosengeld II und Sozialgeld, kommunale Leistungen nach § 16 a SGB II**[53] sowie deren Höhe konzentrieren. Zur Zuständigkeit des Sozialgerichts gehören insoweit aber auch Streitigkeiten über die Auslegung von **öffentlich-rechtlichen Verträgen nach § 44 b Abs. 1 SGB II**[54] und Rückforderungen des Jobcenters von Unterkunftsleistungen vom Vermieter[55] bzw. Klagen des Vermieters gegen das Jobcenter.[56] Auch Verfahren zwischen Leistungsempfänger und privatem Maßnahmeträger über die Rechte und Pflichten aus einem Rechtsverhältnis nach **§ 16 Abs. 3 S. 2 SGB II („Ein-Euro-Job")** fallen in die Zuständigkeit der Sozialgerichte,[57] ebenso Schadensersatzansprüche des Bundes gegen fehlerhafte Leistungsge-

48 Kinderbetreuungskosten bei Sprachförderung nach § 421 SGB III LSG Berlin 22.8.2018 – L 18 AL 180/17, juris.
49 FG München 26.5.2009 – 12 K 3947/08, juris.
50 BSG 3.8.2011 – B 11 SF 1/10 R; LSG NRW 12.9.2013 – L 9 AL 53/12 B, beide juris.
51 Vgl. Breitkreuz/Fichte § 51 Rn. 1 und 76 unter Hinweis auf BSG 3.8.2011 – B 11 SF 1/10 R, juris.
52 LSG Nds-Brem 20.2.2014 – L 7 SF 4/13 B (AL), juris.
53 SächsOVG 31.1.2019 – 4 E 473/18, juris.
54 VG Ansbach 10.4.2007 – AN 14 K 07.00504, juris.
55 LSG Bln 23.3.2011 – L 28 B 1701/08 AS; SG Lüneburg 27.8.2008 – S 24 AS 722/08, beide juris.
56 LSG Nds Brem 28.11.2016 – L 11 AS 699/15 und LSG NRW 20.2.2019 – L 7 AS 2024/18 B; jedoch nicht, wenn Rechtsgrundlage priv. Bürgschaft des JC ist BSG 12.4.2018 – B 14 SF 1/18 R, alle juris.
57 BAG 8.11.2006 – 5 AZB 36/06, juris; LSG BW 2.11.2009 – L 1 AS 746/09, juris.

währung durch die Grundsicherungsträger,[58] Streitigkeiten über Festsetzung des Landeszuschusses zu den Kosten der kommunalen Träger,[59] der Bundesbeteiligung an Leistung für Unterkunft und Heizung[60] und **Hausverbote** des Grundsicherungsträgers gegen Leistungsempfänger, wenn ein enger Sachzusammenhang zu den vom Träger wahrzunehmenden Sachaufgaben besteht.[61] Sie sind auch bei Regressansprüchen gegenüber Mitarbeitern durch Veruntreuung von Leistungsgeldern zuständig.[62]

Obgleich der Gesetzgeber die Einfügung der Ziff. 4 a lediglich als redaktionelle Anpassung bezeichnete,[63] ist deren Einfügung notwendig, denn ob man alle Leistungen des SGB II unter die Angelegenheiten der Arbeitsförderung nach Nr. 4 fassen könnte, ist fraglich. Auch sind Leistungsträger nach § 6 SGB II nicht die BA, sondern Optionsgemeinden und sog **Arbeitsgemeinschaften** – nunmehr **Jobcenter** – aus Beschäftigten der BA und der Gemeinden.

6. Sonstige Angelegenheiten der Sozialversicherung. Nach dem Auffangtatbe- 12
stand der Ziff. 5 ist der Sozialgerichtsweg auch in sonstigen Angelegenheiten der Sozialversicherung eröffnet. Die Vorschrift soll nach dem Willen des Gesetzgebers sonstige öffentlich-rechtliche Streitigkeiten erfassen, die nicht einzelnen Versicherungszeigen zugeordnet werden können, zB Streitigkeiten aus den **gemeinsamen Vorschriften des SGB I, SGB IV oder SGB X**, etwa in **Selbstverwaltungsangelegenheiten**, oder Streitigkeiten aus dem **Künstlersozialversicherungsgesetz.**[64] Unter Ziff. 5 dürften auch Ansprüche der Versicherten gegen Versicherungsträger auf der Grundlage des **sozialrechtlichen Herstellungsanspruches** fallen. Hierunter fallen auch Streitigkeiten über die Übertragung eines **Wertguthabens** beim Arbeitgeber auf die Rentenversicherung nach **§ 7 f. Abs. 1 S. 1 Nr. 2 SGB IV,**[65] nicht aber Ansprüche auf Korrektur von Lohnsteuerbescheinigungen gegenüber dem Arbeitgeber.[66] Eine Angelegenheit der Sozialversicherung liegt nach der ständigen Rechtsprechung des BSG, wie gesagt, vor, wenn die Streitigkeit ihre materiellrechtliche Grundlage im Sozialversicherungsrecht hat.[67]

7. Streitigkeiten des Sozialen Entschädigungsrechts. Den Gerichten der Sozialge- 13
richtsbarkeit sind gemäß Ziff. 6 Streitigkeiten in Angelegenheiten des Sozialen Entschädigungsrechts zugewiesen. Hierunter sind nach dem BSG alle Angelegenheiten zu verstehen, die ihre Grundlage im **BVG** oder **älteren Kriegsopferversorgungsgesetzen** haben, **soweit sie nicht,** wie §§ 25–27 j BVG (Kriegsopferfürsorge), ausdrücklich **den Verwaltungsgerichten zugewiesen sind.**[68] Zu diesen Angelegenheiten gehören auch Streitigkeiten der sozialen Entschädigung von Gesundheitsschäden, vorausgesetzt, der Anspruch ist seiner Natur nach der Kriegs-

58 BSG 15.12.2009 – B 1 AS 1/08 KL, juris.
59 LSG Nds 25.2.2010 – L 7 SF 2/09, juris.
60 BSG 31.5.2016 – B 1 AS 1716 KL, juris.
61 BSG 1.4.2009 – B 14 SF 1/08 R; aA mit den besseren Argumenten SächsLSG 1.10.2014 – L 3 AL 19/13 B; LSG RhPf 10.11.2008 – L 5 B 371/08 AS; VG Neustadt 23.2.2010 – 4 L 103/10 NW; OVG NRW 13.5.2011 – 16 E 174/11, alle juris.
62 OLG Köln 28.2.2014 – 7 U 20/14, juris.
63 BT-Drs. 15/3169, 9.
64 BT-Drs. 14/5943, 23 zu Nr. 22.
65 BSG 10.12.2015 – B 12 SF 1/14 R, juris.
66 SG Stuttgart 23.11.2018 – S 5 AL 5337/18, juris.
67 BSG 26.7.1956 – 2 RU 35/55, BSGE 3, 184; BSG 27.1.1977 – 12/8 REh 1/75, BSGE 43, 149.
68 BSG 10.11.1955 – 8 RV 273/54, BSGE 2, 27; BSG 28.7.1959 – 11/8 RV 67/57, BSGE 10, 207; BSG 15.7.1965 – 8 RV 61/63, BSGE 23, 181.

opferversorgung zuzuordnen. Dies ist etwa der Fall bei Streitigkeiten aus §§ 66, 66 a G 131, Witwengeld nach dem WFVG. Der Sozialrechtsweg ist nach der Ziff. 6 auch bei Ansprüchen auf Entschädigung von Gesundheitsschäden nach versorgungsrechtlichen Grundsätzen gegeben, soweit andere Gesetze die entsprechende Anwendung dieser Vorschriften vorsehen, zB § 7 OEG, § 68 Abs. 2 InfektionsschutzG und § 25 Abs. 5 Strafrechtl. RehabilitationsG. Da der Gesetzgeber bereits eine **umfassende Neuordnung des Rechts der sozialen Entschädigung mit dem SGB XIV** beschlossen hat, die **zum 1.1.2024** in Kraft treten wird, wird der **Wortlaut der Regelung der Nr. 6 angepasst.**

14 **8. Angelegenheiten des Schwerbehindertenrechts.** Die Gerichte der Sozialgerichtsbarkeit sind nach Ziff. 7 weiterhin zuständig für Streitigkeiten bei der Feststellung von Behinderungen und ihrem Grad sowie weiterer gesundheitlicher Merkmale, ferner der Ausstellung, Verlängerung, Berichtigung und Einziehung von Ausweisen nach **§ 152 SGB IX** (bis 31.12.2017: § 69 SGB IX). Diese Regelung übernimmt die bisherige Zuständigkeitsregelung des § 4 Abs. 6 Schwerbehindertengesetz, das mit Wirkung zum 1.7.2001 vom SGB IX abgelöst worden ist, unter Einbeziehung des Tatbestandes der Verlängerung von Ausweisen in das SGG.[69] Soweit der Bundesnachrichtendienst betroffen ist, entscheidet das BSG gemäß § 71 Nr. 5 in erster und letzter Instanz. Der Schwerpunkt der Streitigkeiten liegt hier bei der **Feststellung der Schwerbehinderteneigenschaft** bzw. **höherer Grade der Behinderung**, sowie bei der **Gewährung von Nachteilsausgleichen** für bestimmte Behinderungen. Nicht in die Zuständigkeit der Sozialgerichte fällt jedoch die Erteilung der Sonderparkerlaubnis nach der StVO („aG-light").[70]

15 **9. Streitigkeiten nach dem Aufwendungsausgleichsgesetz.** Die Zuständigkeit der Gerichte der Sozialgerichtsbarkeit besteht ferner nach Ziff. 8 für Streitigkeiten, die aufgrund des Aufwendungsausgleichsgesetzes vom 22.12.2005 (BGBl. 2005 I 3686) entstehen. Dieses, in Kraft ab 1.1.2006 bzw. 1.10.2005, regelt, wie zuvor die §§ 10–18 LFZG die Erstattung der Arbeitgeberaufwendungen für die Entgeltfortzahlung durch die Krankenkassen.

16 **10. Streitigkeiten in Angelegenheiten der Sozialhilfe und des Asylbewerberleistungsgesetzes.** Seit dem 1.1.2005 sind für Angelegenheiten der Sozialhilfe und des Asylbewerberleistungsgesetzes nicht mehr die Verwaltungsgerichte, sondern die Gerichte der Sozialgerichtsbarkeit zuständig. Diese Zuständigkeitsverschiebung ist angesichts der schon bestehenden hohen Belastung der Sozialgerichtsbarkeit und der zahlenmäßig eher gering belasteten Verwaltungsgerichtsbarkeit bei vielen Sozialrichtern auf Unverständnis gestoßen. Insbesondere die Übertragung des Asylbewerberleistungsgesetzes wurde kritisch gesehen. So sprach sich der Bundesrat im Gesetzgebungsverfahren ausdrücklich gegen eine Übertragung aus (→ § 10 Rn. 1). Die Sozialhilfe ist seit dem 1.1.2005 nicht mehr im BSHG, sondern im SGB XII geregelt. Die Eingliederungshilfe ist seit dem 1.1.2020 nun komplett im 2. Teil des SGB IX geregelt, so dass diese nunmehr in Nr. 6 a gesondert aufgeführt wird.

Der **Schwerpunkt der Streitigkeiten** liegt hier bei Leistungs- bzw. Rückforderungsklagen zwischen Grundsicherungsbeziehern und Trägern. Unter Ziff. 6 a

69 BT-Drs. 14/ 5943, 24 zu Nr. 22.
70 Zuletzt mwN SG Chemnitz 15.12.2015 – S 16 SB 613/15 und 28.12.2016 – L 16 SB 432/16, beide juris.

fallen aber auch die anderen im SGB XII geregelten Ansprüche sowie Erstattungsansprüche, die im SGB XII oder landesrechtlichen Vorschriften der Sozialhilfe[71] oder auch noch im BSHG[72] ihre Grundlage haben. Bei Streitigkeiten betreffend die Rückzahlung von Darlehen, die dem Hilfebedürftigen gewährt worden sind, handelt es sich um Ansprüche aus öffentlich-rechtlichen Verträgen, so dass die Sozialgerichte und nicht die ordentlichen Gerichte zuständig sind.[73] Ebenso ist der besondere Verwaltungsgerichtsweg für die Klage des Vermieters aus der Miet- und Kostenübernameerklärung des Sozialhilfeträgers gegen diesen gegeben.[74] Gleiches gilt Klage auf Rückzahlung der Sicherheitsleistung nach § 7 a AsylbLG.[75] Das SG ist auch bei Klagen auf weiteren Verbleib in einer Unterkunft nach § 1 Abs. 1 AsylbLG zuständig,[76] nicht aber wenn Bezieher von Analogleistung nach § 2 Abs. 2 AsylbLG auf Unterkunft außerhalb der Gemeinschaftsunterkunft klagen.[77] Die Zuständigkeit des SG besteht auch für Klagen auf Leistungsvereinbarungen zwischen Heimträger und Sozialhilfeträger[78] und bei Klage eines Sozialhilfeträgers auf Erstattungsansprüche nach § 116 Abs. 7 SGB X.[79]

Für Streitigkeiten aus einer Rahmenvereinbarung über die Belieferung von Patienten mit Arzneimitteln, die zwischen einem Verein von Apothekern und Trägern der Sozialhilfe geschlossen ist, sind hingegen die ordentlichen Gerichte zuständig.[80] Gleiches gilt für Streitigkeiten zwischen Sozialhilfeträger und Dritten, die der Träger als Hilfsperson im Rahmen der Krankenhilfe einsetzt.[81] Nach der Rechtsprechung des BSG ist bei **Klagen des Einrichtungsträgers gegen den Sozialhilfeträger auf Zahlung** oder anders herum bei Rückzahlung von Vergütung nach dem zugrundeliegenden Heimvertrag der Zivilrechtsweg gegeben ist, da das zugrunde liegende Vertragsverhältnis zwischen Heim und Heimbewohner zivilrechtlicher Natur ist. Ein eigener öffentlich-rechtlicher Anspruch des Heimträgers gegen den Sozialhilfeträger besteht nicht.[82]

Der Rechtsweg zu den Verwaltungsgerichten ist eröffnet, wenn eine öffentliche Stelle einen Erstattungsanspruch gegen einen Dritten geltend macht, der sich gegenüber der Ausländerbehörde verpflichtet hat, die Kosten für den Lebensunterhalt des Ausländers zu tragen.[83] Gleiches gilt für die Klagen von Städten und Kreisen auf sog Annexkosten im Zusammenhang mit Leistungen der Eingliede-

71 OVG Nds 21.6.2005 – 4 OB 193/05, juris.
72 BayVGH 6.6.2011 – 12 C 11.961, juris.
73 BGH 11.6.1987 – III ZR 131/86, MDR 1988, 33 = NVwZ 1988, 92; OVG NRW 17.5.1988 – 8A 189/87; zuletzt LG München 24.10.2002 – 9 O 4857/02, NJW RR 2003, 356.
74 BVerwG 19.5.1994 – 5 C 33/91, BVerwGE 96, 71 = NJW 1994, 2968; LG Berlin 4.7.2000 – 64 T 32/00, NJW RR 2001, 372.
75 LSG Bln 23.11.2010 – L 23 AY 8/10 B; VG Berlin 27.7.2011 – 1 K 142.11, beide juris.
76 HambOVG 6.9.2016 – 4 So 75/16, juris.
77 SchlHLSG 2.1.2017 – L 9 AY 226/16 B ER, juris.
78 SächsOVG 26.10.2010 – 4 A 280/08, juris.
79 BSG 27.4.2010 – B 8 SO 2/10 R, juris.
80 BGH 30.9.1999 – III ZB 15/99, BGHZ 142, 338 = NJW 2000, 872.
81 OLG Schleswig-Holstein 4.2.1999 – 16 W 236/98, OLGR Schleswig 1999, 182.
82 BSG 18.3.2014 – B 8 SF 2/13 R, und 30.9.2014 – B 8 SF 1/14 R, beide juris.
83 BSG 26.10.2010 – B 8 AY 1/09 R; aA wohl SG Stuttgart 9.8.2010 – S 24 AS 4043/08, beide juris.

rungshilfe[84] oder Klagen der Gemeinde gegen den Landkreis auf Festsetzung ihrer Kostenbeteiligung an den kommunalen Leistungen nach dem SGB II.[85]

17 Die Leistungen für Asylbewerber sind in dem fünfzehn Paragrafen umfassenden Asylbewerberleistungsgesetz geregelt. Zu Einzelheiten → Rn. 16.

18 **11. Eröffnung des Rechtsweges durch spezielles Gesetz.** Der Rechtsweg zu den Gerichten der Sozialgerichtsbarkeit ist nach der Ziff. 10 auch gegeben, wenn er durch Gesetz eröffnet wird. Dies ist in den nachfolgenden Fällen geschehen:

- § 13 Abs. 1 S. 1 Bundeselterngeld- und Elternteilzeitgesetz (BEEG)
- § 15 Bundeskindergeldgesetz (BKGG)
- § 10 Abs. 3 S. 1 Häftlingshilfegesetz
- § 88 Abs. 6 S. 1 Soldatenversorgungsgesetz
- § 51 Abs. 3 Zivildienstgesetz
- § 10 Abs. 2 des Gesetzes über die Errichtung einer Zusatzversorgungskasse für Arbeitnehmer in der Land- und Forstwirtschaft (ZVALG)
- § 227 a Abs. 2 S. 1 Bundesentschädigungsgesetz
- § 7 Abs. 1 S. 1 des Gesetzes über die Entschädigung für Opfer von Gewalttaten (OEG)
- § 9 Abs. 2 des Gesetzes über den Abschluss von Unterstützungen der Bürger der ehemaligen DDR bei Gesundheitsschäden infolge medizinischer Maßnahmen
- § 16 Abs. 2 S. 1 Verwaltungsrechtliches Rehabilitationsgesetz
- § 27 Abs. 2 Berufsrechtliches Rehabilitationsgesetz
- § 25 Abs. 5 S. 1 Strafrechtliches Rehabilitationsgesetz
- § 17 des Gesetzes zur Überführung der Ansprüche und Anwartschaften aus Zusatz- und Sonderversorgungssystemen des Beitrittsgebiets
- § 6 des Gesetzes über das Ruhen von Ansprüchen aus Sonder- und Zusatzversorgungssystemen
- § 2 Abs. 7 des Gesetzes zur Regelung von Vermögensfragen der Sozialversicherung im Beitrittsgebiet und zur Änderung anderer Gesetze
- § 8 Abs. 2 BliHiG BW (Landesblindenhilfegesetz Baden-Württemberg)
- § 81 b Abs. 1 SGB X[86]
- § 7 Sozialdienstleister-Einsatzgesetz.

III. Privatrechtliche Streitigkeiten – Abs. 2

19 Abs. 2 regelt die Zuständigkeit der Gerichte der Sozialgerichtsbarkeit in **privatrechtlichen Streitigkeiten.**

20 **1. Angelegenheiten der gesetzlichen Krankenversicherung.** Nach S. 1 des Abs. 2 entscheiden die Gerichte der Sozialgerichtsbarkeit auch über privatrechtliche Streitigkeiten in Angelegenheiten der gesetzlichen Krankenversicherung, auch soweit hierdurch Dritte betroffen werden. Mit dieser Vorschrift wollte der Gesetzgeber die bisher in § 51 Abs. 2 S. 1 und 2 aufgeführten privatrechtlichen Streitigkeiten redaktionell zusammenfassen, da die bisherige Aufzählung ent-

---

84 VG Schleswig-Holstein 3.11.2009 – 7 A 123/08, juris.
85 LSG NRW 11.2.2015 – L 19 AS 2204/14 B, juris.
86 SächsLSG 12.12.2019 – L 2 SV 2719 B und L 2 SV 5/19 B, juris zur Auskunftspflicht des MDK.

behrlich sei.[87] Damit qualifiziert der Gesetzgeber das Vertragsarztrecht als privatrechtliche Streitigkeit, was aber wohl unzutreffend sein dürfte.[88]

2. Keine Zuständigkeit in Wettbewerbsstreitigkeiten. Mit dem ANMOG vom 22.12.2010 hat der Gesetzgeber mit Wirkung zum 1.1.2011 Satz 2 gestrichen und einen neuen Abs. 3 angefügt, der klarstellt, dass die Sozialgerichte nicht (mehr) für **wettbewerbsrechtliche Streitigkeiten der in § 69 SGB V genannten Beteiligten** – KK, Ärzte, Zahnärzte, Psychotherapeuten, Apotheken und sonstigen Leistungserbringer – zuständig sind. Dies ist nach dem Willen des Gesetzgebers von den **Zivilgerichten** zu übernehmen.[89] Lediglich bei Streitigkeiten um **Rabattverträge nach § 130 a Abs. 4 und 9 SGB V**[90] sind sie zuständig, wie sich nunmehr eindeutig aus § 57 Abs. 5 ergibt. Dies gilt auch dann, wenn Vergaberegelungen des SGB V und nicht nur des UWG streitig sind. Problematisch ist in diesem Kontext, dass die Sozialgerichte trotz Unzuständigkeit keine Verweisung vornehmen können, da die Vergabekammern keine Gerichte sind und bei Verweisung ans OLG den Beteiligten eine Instanz genommen würde.[91] Eine Zuständigkeit der Sozialgerichte kann allenfalls vor Durchführung einer Vergabe[92] oder wenn eine Vergabe gar nicht stattgefunden hat,[93] bestehen. 21

3. Angelegenheiten der sozialen und privaten Pflegeversicherung. Gemäß S. 3 sind die Gerichte der Sozialgerichtsbarkeit auch für privatrechtliche Streitigkeiten in Angelegenheiten der sozialen und privaten Pflegeversicherung zuständig. Im Rahmen der privaten Pflegeversicherung dürften hierunter Fragen des Umfangs der Leistungen des privaten Versicherungsunternehmens und Beitragsstreitigkeiten fallen (→ Rn. 8). Betreffend die soziale Pflegeversicherung kommen hier nach den Worten des Gesetzgebers Streitigkeiten zwischen Leistungserbringern und Trägern der Pflegeversicherung und deren Verbänden in Betracht.[94] Dementsprechend ist der Rechtsweg zu den Sozialgerichten eröffnet, wenn ein Träger eines Pflegeheimes gegen den Pflegeversicherungsträger bzw. einen Mitarbeiter des MDK auf Unterlassung von rufschädigenden Stellungnahmen klagt.[95] Unter S. 3 fällt auch die Klage eines ambulanten Pflegedienstes gegen ein Krankenhaus betreffend die Zusammenarbeit bei der Vermittlung der ambulanten häuslichen Pflege nach den §§ 8 und 11 SGB XI.[96] 22

§§ 52, 53 [aufgehoben]

§ 54 [Gegenstand der Klage]

(1) [1]Durch Klage kann die Aufhebung eines Verwaltungsakts oder seine Abänderung sowie die Verurteilung zum Erlaß eines abgelehnten oder unterlassenen Verwaltungsakts begehrt werden. [2]Soweit gesetzlich nichts anderes bestimmt ist,

87 BT-Drs. 14/5943, 24 zu Nr. 22.
88 So auch Meyer-Ladewig/Keller/Leitherer/Schmidt § 51 Rn. 8.
89 BT-Drs. 17/2413, 33 zu Art. 2.
90 SG Stuttgart 20.12.2007 – S 10 KR 8404/07 ER, juris; ausführlich dazu Engelmann SGb 2008, 133.
91 HM BayLSG 21.3.2018 – L 5 KR 81/18 ER, HessLSG 13.6.2018 – L 8 KR 229/18 B ER, ThürLSG 17.8.2018 – L 6 KR 708/18 B, alle juris.
92 SG Hamburg 4.12.2018 – S 37 KR 1565/18 ER, juris.
93 OLG Düsseldorf 31.10.2018 – Verg 37/18, juris.
94 BT-Drs. 14/5943, 24 zu Nr. 22.
95 LSG Bln-Bbg 29.1.2014 – L 27 P 42/13 B, juris.
96 OLG Düsseldorf 8.5.2006 – VI-W (Kart) 4/06, juris.

ist die Klage zulässig, wenn der Kläger behauptet, durch den Verwaltungsakt oder durch die Ablehnung oder Unterlassung eines Verwaltungsakts beschwert zu sein.

(2) [1]Der Kläger ist beschwert, wenn der Verwaltungsakt oder die Ablehnung oder Unterlassung eines Verwaltungsakts rechtswidrig ist. [2]Soweit die Behörde, Körperschaft oder Anstalt des öffentlichen Rechts ermächtigt ist, nach ihrem Ermessen zu handeln, ist Rechtswidrigkeit auch gegeben, wenn die gesetzlichen Grenzen dieses Ermessens überschritten sind oder von dem Ermessen in einer dem Zweck der Ermächtigung nicht entsprechenden Weise Gebrauch gemacht ist.

(3) Eine Körperschaft oder eine Anstalt des öffentlichen Rechts kann mit der Klage die Aufhebung einer Anordnung der Aufsichtsbehörde begehren, wenn sie behauptet, daß die Anordnung das Aufsichtsrecht überschreite.

(4) Betrifft der angefochtene Verwaltungsakt eine Leistung, auf die ein Rechtsanspruch besteht, so kann mit der Klage neben der Aufhebung des Verwaltungsakts gleichzeitig die Leistung verlangt werden.

(5) Mit der Klage kann die Verurteilung zu einer Leistung, auf die ein Rechtsanspruch besteht, auch dann begehrt werden, wenn ein Verwaltungsakt nicht zu ergehen hatte.

I. Das Klagesystem des SGG

1. Allgemeines/Normzweck. In §§ 54, 55 ist das Klagesystem des SGG geregelt. 1
Die Vorschrift gilt unverändert in der Fassung vom 3.9.1953 fort. Im Vordergrund des von den Sozialgerichten gewährten Rechtsschutzes steht jedenfalls im Staat-Bürger-Verhältnis die einfachrechtliche Umsetzung des Art. 19 Abs. 4 GG, also die **Wahrung der subjektiven Rechte** des Einzelnen gegenüber der Verwaltung durch eine unabhängige Rechtsprechung.

2. Vergleich zur VwGO. Rechtsvergleichend ergibt sich im Verhältnis zur 2
VwGO ein sehr ähnliches Klagesystem. Beide Prozessordnungen kennen die Anfechtungs-, Verpflichtungs-, Leistungs- und Feststellungsklage, wobei die Leistungsklage im SGG anders als in der VwGO ausdrücklich erwähnt ist (Abs. 4, 5). Im Bereich der Klagearten des § 54 ergeben sich zwischen den beiden Prozessordnungen im Ergebnis keine praxisrelevanten Unterschiede. Zu den Unterschieden bei der Feststellungsklage, insbesondere in Bezug auf die teilweise unterschiedlich geregelte Normenkontrolle, → § 55 Rn. 2.

II. Die Anfechtungsklage – Abs. 1, 1. Alt.

1. Allgemeines zur Anfechtungsklage. Die Anfechtungsklage richtet sich gegen 3
einen belastenden Verwaltungsakt und zielt auf dessen Vernichtung oder Veränderung. Als Gestaltungsklage wirkt die erfolgreiche Anfechtungsklage mit Eintritt der Rechtskraft unmittelbar rechtsgestaltend. Sie ist gerichtet auf **Aufhebung oder teilweise Aufhebung (Abänderung)** des in der Form **eines VA** ergangenen Hoheitsakts. Sie ist die richtige Klageart, wenn ein VA in Rechte des Bürgers **eingreift**, ua auch in Fällen der Rücknahme und des Widerrufs eines zuvor ergangenen begünstigenden VA. Der Anfechtungsklage hat nach § 78 regelmäßig ein **Vorverfahren** vorauszugehen. Da die meisten VA in Schriftform ergehen, hat es sich eingebürgert, anstelle vom VA vom „Bescheid" zu sprechen, so lautet Tenor des stattgebenden Urteils:

▶ Der Bescheid vom ... in der Fassung des Widerspruchsbescheides vom ... wird aufgehoben/abgeändert. ◀

Dabei ist zu beachten, dass die Begriffe eigentlich Unterschiedliches bezeichnen; während der VA ein Geistesprodukt ist, handelt es sich beim Bescheid lediglich um dessen Verkörperung in Schriftform.[1]

1 Berchtold/Richter PHdB-SozS § 6 Rn. 323.

4 Die Anfechtungsklage richtet sich gegen den „ursprünglichen VA in der Gestalt, die er durch den Widerspruchsbescheid gefunden hat" (§ 95). Ausgangsbescheid und Widerspruchsbescheid bilden daher eine idR untrennbare Einheit. Zur ausnahmsweise gegebenen Möglichkeit einer isolierten Anfechtung des Widerspruchsbescheides wird auf die Kommentierung zu § 95 verwiesen. Die Wiederherstellung eines im Widerspruchsverfahren aufgehobenen Ausgangsbescheids ist im Regelfall nur über eine Verpflichtungsklage zu erreichen.

5 Wenn ein VA vollständig, mit all seinen Auswirkungen, beseitigt werden soll, so ist die zutreffende Terminologie der Antrag auf **Aufhebung**. Demgegenüber ist die **Abänderung** eine **Teilaufhebung** eines VA, der im Übrigen bestehen bleibt, durch Gestaltungsurteil, also die Modifikation eines VA.[2] Mit Rechtskraft des aufhebenden Urteils verliert der angefochtene VA seine Wirkung, ohne dass es einer Aufhebung durch die Verwaltung noch bedürfte. Mit Rechtskraft eines abändernden Urteils gilt der VA mit seinem neuen Inhalt fort. Die Abänderungsklage kann nur Erfolg haben, wenn der VA auch teilbar ist.[3]

6 Eine **isolierte Anfechtungsklage** ist immer dann – und nur dann – zulässig, wenn der Kläger nicht mehr will als nur die Beseitigung eines VA. Sie kommt auch in der Sozialgerichtsbarkeit regelmäßig vor. Beispiele[4] sind etwa:

- Klage gegen zu hohe Beitragsforderung;[5]
- gegen Bescheid über die Absenkung bereits bewilligter Leistungen;[6]
- gegen Abzweigung von Unterhaltsgeld zugunsten eines Beigeladenen;[7]
- Klage gegen Entziehung eines Nachteilsausgleichs im Schwerbehindertenrecht oder einer Pflegestufe nach SGB XI, bzw. gegen Herabsetzung des Grades der Behinderung im Schwerbehindertenrecht;[8]
- gegen Regress nach § 106 SGB V im Vertragsarztrecht;
- gegen Rückforderungsbescheid;
- gegen Bescheid, mit dem das Ruhen einer Rente festgestellt wird;[9]
- auch gegen die Versagung einer Sozialleistung wegen fehlender Mitwirkung;[10]
- Anfechtung einer Aufrechnungserklärung der Behörde;[11]
- Sperrzeit nach SGB III während des laufenden Bezugs;[12]
- Entscheidung einer Schiedsstelle;[13]

2 Peters/Sautter/Wolff § 54 Rn. 5 ff.
3 Dies ist letztlich eine Frage der Begründetheit: BSG 13.11.1985 – 6 RKa 15/84, BSGE 59, 137 (143) = SozR 2200 § 268 a Nr. 13; vgl. auch BVerwG 20.8.1992 – 4 C 13/91, DVBl. 1993, 152.
4 Vgl. auch Krasney/Udsching, IV Rn. 6 hinsichtl. weiterer Beispiele.
5 BSG 21.1.2009 – B 12 R 11/06 R, SozR 4-2500 § 241 a Nr. 2 = NZS 2010, 30.
6 BSG 17.12.2009 – B 4 AS 20/09 R, BSGE 105, 94 = SozR 4-4200 § 31 Nr. 2.
7 BSG 13.7.2006 – B 7 a AL 24/05 R, SozR 4-1200 § 48 Nr. 2.
8 LSG Bln-Bbg 31.3.2011 – L 11 SB 222/08, juris.
9 BSG 18.2.1998 – B 5 RJ 48/96 R, BSGE 82, 17 = SozR 3-2200 § 1283 Nr. 1.
10 BSG 16.12.2014 – B 9 SB 3/13 R; BSG 25.2.2013 – B 14 AS 133/12 B; BSG 1.7.2009 – B 4 AS 78/08 R, alle juris; BSG 17.2.2004 – B 1 KR 4/02 R, SozR 4-1200 § 66 Nr. 1 mwN.
11 BSG 4.11.2009 – B 8 SO 38/09 B, juris.
12 Vgl. BSG 5.6.1997 – 7 RAr 22/96, SozR 3-1500 § 144 Nr. 12 = NZS 1998, 136 ff. sowie BSG 29.4.1998 – B 7 AL 56/97 R, SozR 3-4100 § 119 Nr. 15 = NZS 1998, 581 (582).
13 BSG 23.7.2014 – B 8 SO 2/13 R und 7.10.2015 – B 8 SO 19/14 R, beide juris.

- endgültige Elterngeldfestsetzung (um zur günstigeren vorläufigen Feststellung zurückzukehren);[14]
- Festsetzung von Erstattungsbeträgen nach § 130 b SGB V;[15]
- Festsetzung von Festbeträgen nach § 35 SGB V;[16]
- Widerlegungsentscheidung nach § 136 b Abs. 4 S. 6 SGB V;[17]
- EingliederungsVA nach dem SGB II.[18]

Die isolierte Anfechtungsklage kommt auch als Klage gegen einen VA in Betracht, der einen anderen VA ändert (Änderungs- oder Berichtigungsbescheid), wenn nur die Änderung angegriffen werden soll. Hier kann die Klage aber nicht zugleich gegen Inhalte des (bestandskräftigen) Ausgangs-VA gerichtet werden.[19] Soweit ein **Änderungsbescheid** – wie regelmäßig im Bereich der Grundsicherung für Arbeitsuchende – die gesamte Berechnung der Leistungen aus dem Ausgangsbescheid im Übrigen (lediglich) wiederholt, mag es sich in Einzelfällen nicht um einen VA, sondern um eine „wiederholende Verfügung" handeln, sofern dieser eine eigenständige Regelung mit Außenwirkung ausschließlich hinsichtlich der vorgenommenen Änderung trifft. Dies wird etwa deutlich in Fällen, in denen lediglich eine Anpassung an eine allgemeine Erhöhung der Regelsätze durch Änderungsbescheid vorgenommen wird. In anderen Fällen, in denen einem Änderungsbescheid eine Sachprüfung des Einzelfalles zugrunde liegt, ist indes davon auszugehen, dass die Änderung und Neufestlegung der Leistungshöhe des – grundsätzlich einen einheitlichen Streitgegenstand bildenden – Anspruchs auf Grundsicherungsleistungen eine neue und damit insgesamt überprüfbare Regelung im Sinne eines sog „Zweitbescheides" darstellt. In Zweifelsfällen dürfte regelmäßig davon auszugehen sein, dass Letzteres der Fall ist. Eine isolierte Anfechtungsklage ist ferner auch zur Beseitigung eines belastenden VA möglich, den ein sachlich unzuständiger Träger erlassen hat.[20] Auch gegen **einzelne, nachteilige Regelungen** eines Leistungs-VA ist in Ausnahmefällen eine isolierte Anfechtungsklage denkbar. Beispiel ist hier die Klage gegen eine Minderung des Arbeitslosengeldes wegen verspäteter Arbeitsuchendmeldung im Alg-Bewilligungsbescheid.[21]

Häufiger ist die **Kombination** der Anfechtungsklage **mit einem Verpflichtungs- oder Leistungsbegehren,** oder beidem in Gestalt der „kombinierten Anfechtungs-, Verpflichtungs- und Leistungsklage",[22] wenn nämlich die Klage auf Erlass eines abgelehnten VA bzw. auf Gewährung einer abgelehnten Leistung gerichtet ist. Auf die Anfechtung des nachteiligen VA kann wegen § 39 Abs. 2 SGB X (→ Rn. 33) nicht verzichtet werden, so dass es zur Erlangung eines güns- 7

14 BSG 8.3.2018 – B 10 EG 8/16 R, juris.
15 LSG Bln-Bbg 1.3.2017 – L 9 KR 437/16 KL ER, juris.
16 BSG 3.5.2018 – B 3 KR 7/17 R; LSG Bln-Bbg 20.2.2017 – L 1 KR 80/14 KL, beide juris.
17 LSG Bln-Bbg 10.3.2020 – L 9 KR 389/19 B ER, juris.
18 BSG 15.6.2016 – B 4 AS 45/15 R, juris.
19 Vgl. Meyer-Ladewig/Keller/Leitherer/Schmidt § 54 Rn. 7 a.
20 BSG 23.9.2003 – B 12 RA 3/02 R; BSG 30.3.2004 – B 4 RA 48/01 R, beide juris: Hier erfolgt die Aufhebung schon wegen der Unzuständigkeit ohne weitere Sachprüfung.
21 BSG 18.8.2005 – B 7 a AL 4/05 R, SozR 4-1500 § 95 Nr. 1 = Breith. 2006, 345; BSG 18.8.2005 – B 7a/7 AL 94/04 R, SozR 4-4300 § 140 Nr. 2 = BSGE 95, 80 = NZS 2006, 500 = SGb 2006, 625, mit Anmerkung von Mecke SGb 2006, 628 (630) unter Darstellung der Vorteile einer möglichen Begrenzung des Streitgegenstandes gegenüber dem grds. beim „Höhenstreit" bestehenden Zwang der Instanzgerichte zur umfassenden Aufklärung auch aller vollkommen unstreitigen Voraussetzungen des Leistungsanspruchs.
22 Beispiel BSG 18.5.2010 – B 7 AL 49/08 R, juris mwN.

tigeren Bescheides einer kombinierten Anfechtungs- und Verpflichtungsklage oder der kombinierten Anfechtungs- und Leistungsklage bedarf. Die kombinierte Anfechtungs- und Verpflichtungsklage ist auch die richtige Klageart, um das Ziel der Umwandlung einer als Darlehen gewährten Leistung in einen nicht rückzahlbaren Zuschuss[23] oder das Ziel eines Erlasses einer Forderung zu erreichen (bei bestehendem Ermessen der Behörde); hat die Beklagte jedoch über das Bestehen der Forderung und über die Frage ihres Erlasses in einem Bescheid entschieden und wird geltend gemacht, das Ermessen sei auf Null reduziert, ist die isolierte Anfechtungsklage die richtige Klageart.[24]

8 **2. Zulässigkeit der Anfechtungsklage. a) Besondere Sachurteilsvoraussetzungen.** Die Sachurteilsvoraussetzungen der Anfechtungsklage sind neben den allgemeinen Sachurteilsvoraussetzungen (→ Vor § 51 Rn. 7 ff.) insbesondere **das Vorliegen eines VA** (→ Vor § 51 Rn. 18 ff.), das **Vorliegen einer Beschwer im Sinne der Klagebefugnis** und **die Durchführung eines Vorverfahrens** (vgl. hierzu Kommentierung zu § 78).

9 **b) Verwaltungsakt.** Die Zulässigkeit einer Anfechtungsklage erfordert das **Vorliegen**[25] **eines VA,** der den Kläger beschwert. Der VA ist in § 31 Satz 1 SGB X definiert. Hiernach ist VA „jede Verfügung, Entscheidung oder andere hoheitliche Maßnahme, die eine Behörde zur Regelung eines Einzelfalls auf dem Gebiet des öffentlichen Rechts trifft und die auf unmittelbare Rechtswirkung nach außen gerichtet ist".

10 **c) Klagebefugnis.** Voraussetzung für die Zulässigkeit der Anfechtungsklage ist schließlich die Behauptung des Vorliegens einer Beschwer (Abs. 1 Satz 2). Der Kläger muss behaupten, dass der VA **rechtswidrig** ist und **gegenwärtig in seine rechtlich geschützten Interessen eingreift.** Die letztgenannte Voraussetzung erfüllt nur ein VA, der sich noch nicht vollständig erledigt hat. Nach Erledigung des VA, etwa durch Zeitablauf, ist ggf. Fortsetzungsfeststellungsklage nach § 131 Abs. 1 Satz 3 zu erheben bzw. der Klageantrag auf einen derartigen Feststellungsantrag umzustellen; eine Anfechtungsklage ist dann wegen fehlenden Rechtsschutzbedürfnisses unzulässig.[26] Der Kläger „ist beschwert, wenn der Verwaltungsakt rechtswidrig ist" (Abs. 2 Satz 1). Der Wortlaut ist missverständlich: Es kommt für das Vorliegen einer Beschwer im Rahmen der Zulässigkeitsprüfung nicht so sehr auf die Rechtswidrigkeit des VA, sondern vielmehr auf die Möglichkeit der Verletzung eigener subjektiver Rechte durch eine Rechtswidrigkeit des VA an, es bietet sich daher an, hier besser den Begriff der **Klagebefugnis** zu verwenden. Dabei betont die Rechtsprechung, dass es bei der Prüfung der Frage der Klagebefugnis nicht darauf ankomme, ob die behauptete Rechtsverletzung auch vorliege (denn dies ist eine Frage der Begründetheit). Vielmehr ist von einem Fehlen nur dann auszugehen, wenn dem Kläger das geltend gemachte Recht unter keinem rechtlichen Gesichtspunkt zustehen kann.[27]

23 BSG 13.11.2008 – B 14 AS 36/07 R, BSGE 102, 68 = SozR 4-4200 § 23 Nr. 1; BSG 27.1.2009 – B 14 AS 42/07 R, SozR 4-4200 § 12 Nr. 12 Rn. 16.
24 BSG 4.3.1999 – B 11/10 AL 5/98 R, BSGE 83, 292 = SozR 3-2400 § 76 Nr. 2 = SGb 1999, 707 (708).
25 Nicht das bloße Behaupten, BSG 29.1.1975 – 5 RKnU 12/74, BSGE 39, 86 (87) = SozR 2200 § 628 Nr. 1 = SGb 1975, 424 ff.; Meyer-Ladewig/Keller/Leitherer/Schmidt § 54 Rn. 8.
26 Kopp/Schenke VwGO § 113 Rn. 95.
27 LSG NRW 15.5.2013 – L 11 KA 147/11, juris.

Die Möglichkeit der Verletzung eigener subjektiver Rechte ist immer dann eindeutig gegeben, wenn der VA dem Kläger eine Verpflichtung auferlegt oder ein Recht entzieht. Bei Anfechtungsklagen des **Adressaten** eines belastenden VA ist der Prüfungspunkt der Beschwer im Rahmen der Zulässigkeitsprüfung demnach unproblematisch. 11

Klagt ein anderer als der Adressat des VA, besteht für die Prüfung der Betroffenheit der Rechtssphäre des Klägers hingegen immer Anlass. Der Schutzbereich des Grundrechts auf Rechtsschutzgewährleistung nach Art. 19 Abs. 4 GG erfasst nur solche Fälle, in denen eigene **rechtlich geschützte Interessen des Klägers berührt** sind, wobei die mittelbare rechtliche Betroffenheit genügt.[28] Keine Betroffenheit liegt bei den Mitgliedern der Bedarfsgemeinschaft vor, gegen die der Eingliederungsverwaltungsakt nicht gerichtet ist.[29] Nicht ausreichend sind finanzielle, wirtschaftliche oder ideelle Interessen.[30] Soweit Art. 19 Abs. 4 GG eingreift, muss auch zugunsten Drittbetroffener (vgl. § 12 Abs. 2 SGB X) ausreichend effektiver Rechtsschutz gewährleistet sein, die bloße Feststellung der Rechtswidrigkeit oder der Verweis auf einen Schadensausgleich in Geld genügen hierfür im Regelfall nicht.[31] Eine Kassen(zahn)ärztliche Vereinigung kann etwa Entscheidungen der Zulassungsgremien generell anfechten.[32] 12

Nicht ausreichend sind jedoch bloße **Reflexwirkungen** auf die Interessensphäre des Dritten.[33] Als Beispiel bietet sich hier die Klage des Versicherten gegen Leistungen seiner Krankenkasse an andere Versicherte, etwa für Schwangerschaftsabbrüche, an. Insoweit hat das BSG festgestellt, nach Art. 19 Abs. 4 GG stehe der Rechtsweg nur demjenigen zur Verfügung, der durch die öffentliche Gewalt „in seinen Rechten verletzt" wird. Dabei sei es erforderlich, dass nach dem Klagevortrag eine Verletzung der individuellen Rechte möglich ist. Ziel der Regelung sei es, sowohl die Popularklage wie auch solche Klagen auszuschließen, mit denen der Kläger nicht eine Verletzung seiner rechtlich geschützten, sondern nur seiner außerrechtlichen, zB seiner politischen, wirtschaftlichen, kulturellen oder religiösen, Interessen geltend mache.[34] In sozialrechtlichen Statusfragen sind die Grenzen noch enger. Die Vorschriften des SGB IX über die Schwerbehinderteneigenschaft oder des § 15 SGB XI über die Pflegestufen definieren einen höchstpersönlichen Status, so dass hier das Klagerecht ausschließlich dem persönlich Beurteilten zustehen kann (→ Rn. 16). 13

Erhebliche praktische Bedeutung erlangt der Fragenkomplex der Klagebefugnis im **Vertragsarztrecht**. Bei einer **Gemeinschaftspraxis** ist die Klagebefugnis der Praxispartner zu bejahen, wenn gegenüber einem Mitglied die Genehmigung zur Teilnahme an der Gemeinschaftspraxis aufgehoben wird, außer wenn ein Zulassungsverzicht des Partners zugrunde liegt.[35] Die Entziehung der Zulassung eines 14

---

28 Peters/Sautter/Wolff § 54 Rn. 269; Einzelfälle dort Rn. 270.
29 LSG BW 11.9.2014 – L 7 AS 2476/13, juris.
30 BSG 15.5.1991 – 6 RKa 22/90, BSGE 68, 291 = SozR 3-1500 § 54 Nr. 7.
31 BVerfG 19.9.1989 – 2 BvR 1576/88, NJW 1990, 501.
32 BSG 17.11.1999 – B 6 KA 15/99 R, BSGE 85, 145 (146) = SozR 3-5525 § 20 Nr. 1 = NZS 2000, 520 ff.
33 Hommel in Peters/Sautter/Wolff Rn. 267; vgl. auch BSG 28.9.1976 – 3 RK 7/76, BSGE 42, 224 (225) = SozR 2200 § 1324 Nr. 3.
34 BSG 24.9.1986 – 8 RK 8/85, BSGE 60, 248 = SozR 1500 § 54 Nr. 67 = NJW 1987, 517.
35 BSG 23.2.2005 – B 6 KA 70/03, SozR 4-5520 § 33 Nr. 5 = MedR 2005, 535.

Mitglieds einer Gemeinschaftspraxis können die Partner (nur) dann mit der Anfechtungsklage angreifen, wenn auch vergangene Zeiträume betroffen sind.[36]

15 Zulässig ist die Klage eines **Mitbewerbers** ohne Weiteres, wenn sie darauf gerichtet ist, dass nicht der Kläger, sondern der Konkurrent eine nur einmal zu vergebende Rechtsposition erhalten hat (**offensive Konkurrentenklage**).[37] Eine solche Klage ist immer dann zulässig, wenn der übergangene Bewerber plausibel geltend machen kann und geltend macht, die Auswahlentscheidung sei zu seinen Lasten fehlerhaft.[38] Als klagebefugt sieht das BSG nunmehr auch einen niedergelassenen Vertragsarzt gegen die Zulassung oder Ermächtigung eines potenziellen Konkurrenten an, sog **defensive Konkurrentenklage.**[39] Der 6. Senat stellt klar, die Rechtsordnung[40] gewähre bei der Ausübung beruflicher Tätigkeit zwar grundsätzlich keinen Schutz vor Konkurrenz, anders sei dies aber bei drittschützender Wirkung der maßgeblichen Bestimmungen, auf welche sich die Rechtseinräumung an den Konkurrenten stützt.[41] Wenn ein solcher Drittschutz nicht offensichtlich und eindeutig nach keiner Betrachtungsweise dem Kläger zustehen kann, ist die Klage zulässig, und die Frage nach der tatsächlichen Einräumung eines solchen Drittschutzes durch die streitentscheidenden Normen verlagert sich auf die Ebene der Begründetheit. Keine Drittanfechtung durch Labormediziner ist möglich, wenn im Rahmen der Hausarztzentrierten Versorgung festgelegt wird, dass bestimmte Laborleistungen vom Hausarzt selbst zu erbringen sind.

16 **Nicht anfechtungsberechtigt** ist der **Arbeitgeber** hinsichtlich der Anerkennung der Schwerbehinderteneigenschaft seines Arbeitnehmers,[42] der frühere Arbeitgeber hinsichtlich des Rechtsstreits um Arbeitslosengeld,[43] der „Arbeitgeber" einer als Dozentin tätigen Mitarbeiterin gegen den an letztere gerichteten Bescheid über die Feststellung der Versicherungspflicht in der gesetzlichen Rentenversicherung nach § 2 S. 1 Nr. 1 SGB VI,[44] Handwerksinnungen hinsichtlich der Fest-

36 BSG 23.2.2005 – B 6 KA 69/03, SozR 4-2500 § 95 Nr. 10 = NZS 2006, 110.

37 BSG 5.11.2003 – B 6 KA 11/03 R, SozR 4-2500 § 103 Nr. 1 = BSGE 91, 253 = Breith. 2004, 471.

38 Zu belegärztlicher Tätigkeit BSG 14.3.2001 – B 6 KA 34/00 R, BSGE 88, 6 (8 ff.) = SozR 3-2500 § 103 Nr. 6; zum Rechtsschutz auf ermessensfehlerfreie Auswahlentscheidung bei Abschluss eines Versorgungsvertrages mit einem Krankenhaus BSG 5.7.2000 – B 3 KR 20/99 R, BSGE 87, 25 = SozR 3-2500 § 109 Nr. 7 = NZS 2001, 361; zu sonstigen Konstellationen in Hinblick auf Konkurrenten und Mitbewerber Hommel in Peters/Sautter/Wolff § 54 Rn. 271 ff.

39 BSG 7.2.2007 – B 6 KA 8/06 R, BSGE 98, 98 = SozR 4-1500 § 54 Nr. 10 = SGb 2008, 34; BSG 17.8.2011 – B 6 KA 26/10, juris; mittlerweile ständige Rechtsprechung, zuletzt BSG 28.10.2015 – B 6 KA 43/14 R, juris. Vgl. auch Meyer-Ladewig/Keller/Leitherer/Schmidt § 54 Rn. 14 c ff., insbes. Rn. 14 d mwN; zur defensiven Konkurrentenklage auch Steinhilper MedR 2007, 469.

40 LSG BW 14.11.2018 – L 5 KA 3686/16, nachgehend BSG 20.2.2020 – B 6 KA 25/18 R beide juris.

41 BSG 7.2.2007 – B 6 KA 8/06 R, BSGE 98, 98.

42 BSG 19.12.2001 – B 11 AL 57/01 R, BSGE 89, 119 = SozR 3-3870 § 2 Nr. 2 = Breith. 2002, 263 (268 f.) mwN; zur Klagebefugnis des Arbeitgebers gegen einen Feststellungsbescheid nach § 80 Abs. 3 SGB IX vgl. BSG 20.1.2000 – B 7 AL 26/99 R, BSGE 85, 246 = SozR 3-3870 § 13 Nr. 4 = NZS 2000, 573 (574).

43 BSG 6.2.1992 – 7 RAr 78/90, SozR 3-1500 § 54 Nr. 9, S. 27, anders aber uU der neue Arbeitgeber bei Geltendmachung einer Erstattungsforderung von Arbeitslosengeld gegenüber dem früheren Arbeitgeber: BSG 8.11.2001 – B 11 AL 45/01 R, SozR 3-4100 § 128 Nr. 14 = Breith. 2002, 270 (271).

44 LSG BW 17.11.2015 – L 11 R 1901/14, juris.

setzung von Festbeträgen für Hilfsmittel,[45] die in der Form der Allgemeinverfügung ergehen – anders die betroffenen Hersteller, für diese hat das BSG die Zulässigkeit der Anfechtungsklage bejaht.[46] Eine Klagebefugnis fehlt auch dem ehemaligen Arbeitnehmer bei der Klage gegen den Schließungsbescheid einer insolvenzbedrohten Krankenkasse.[47] Keine Klagebefugnis von Erben bei Persönlichem Budget nach SGB IX.[48]

Nicht befugt zur Erhebung einer Anfechtungsklage gegen einen Rentenbescheid ist, wer aufgrund einer Rentengewährung an den geschiedenen Ehepartner im Rahmen des Versorgungsausgleichs Nachteile hat.[49]

Hingegen hat die Rechtsprechung die Klagebefugnis mitbetroffener **Sozialversicherungsträger** im Rechtsstreit über Versicherungspflicht bzw. -freiheit Beschäftigter weitgehend bejaht.[50] Ebenso können Arbeitgeber und Beschäftigter als Betroffene (§ 37 Abs. 1 SGB X) wechselseitig den jeweils dem anderen Beteiligten erteilten Verwaltungsakt im Rahmen des Statusfeststellungsverfahren nach § 7 a SGB IV angreifen.

3. Begründetheit der Anfechtungsklage. a) Objektive und subjektive Komponente. Die Begründetheit der Anfechtungsklage setzt voraus, dass der Kläger durch einen rechtswidrigen VA beschwert ist (§ 54 Abs. 2 S. 1). Dies beinhaltet, dass der VA rechtswidrig und der Kläger dadurch in seinen Rechten verletzt ist. Diese Formel hat eine objektive und eine subjektive Komponente. Objektiv ist eine **Rechtswidrigkeit** des VA erforderlich. Maßgeblich ist das geltende Recht unter Zugrundelegung der allgemeinen Auslegungsgrundsätze, wobei das Gericht von Amts wegen sämtliche Rechtsgründe unabhängig davon prüft, ob sie von den Beteiligten vorgebracht wurden.[51] Subjektiv muss die **Rechtssphäre des Klägers** betroffen sein, der Kläger muss also in seinen rechtlich geschützten Interessen beeinträchtigt sein. Während für die Zulässigkeit bereits die Behauptung eines objektiven Rechtsverstoßes und einer subjektiven Rechtsverletzung ausreichend ist, müssen beide Komponenten für die Begründetheit positiv festgestellt werden. 17

b) Formelle Fehler. Nach hM ist ein VA, der unter Verletzung von Zuständigkeits-, Verfahrens- und Formvorschriften zustande gekommen ist, ebenso rechtswidrig wie ein VA, der materiell fehlerhaft ist. Die Geltendmachung formeller Fehler im Rahmen des zum VA hinführenden Verfahrens ist durch das Verwaltungsverfahrensrecht allerdings erheblich eingeschränkt worden. Die Anfechtungsklage ist nämlich unbegründet, soweit Zuständigkeits-, Verfahrens- und Formfehler als **geheilt** anzusehen sind. Insoweit gelten nach § 41 SGB X weitgehende Heilungsvorschriften für Verfahrens- und Formfehler. Zudem ist in § 114 Abs. 2 Satz 2 die Möglichkeit der Aussetzung des Verfahrens zum Zwecke der 18

45 BSG 24.11.2004 – B 3 KR 16/03 R, SozR 4-2500 § 36 Nr. 1 = SGb 2005, 659, mit Verweis auf BVerfG 17.12.2002 – 1 BvL 28/95, BVerfGE 106, 275 = SozR 3-2500 § 35 Nr. 2; das Grundrecht der Berufsfreiheit der Leistungserbringer ist hiernach durch die Einführung von Festbeträgen nicht tangiert.
46 BSG 24.11.2004 – B 3 KR 23/04 R, SozR 4-2500 § 35 Nr. 3 = BSGE 94, 1.
47 BSG 12.3.2013 – B 1 A 1/12 R, juris.
48 BSG 8.3.2016 – B 1 KR 19/15 R, juris.
49 BVerfG 9.1.1991 – 1 BvR 207/87, NJW 1991, 1878 f.
50 BSG 28.4.2004 – B 6 KA 8/03 R, SozR 4-2500 § 106 Nr. 5 = SGb 2005, 107; BSG 18.4.1975 – 3/12 RK 10/73, BSGE 39, 223 = SozR 2200 § 172 Nr. 2; BSG 28.9.2011 – B 12 KR 15/10 R und 16.7.2019 – B 12 KR 5/18 R, beide juris.
51 Peters/Sautter/Wolff § 54 Rn. 279 ff.

Nachholung vorgesehen (vgl. dort); diese ist regelmäßig bis zum Abschluss der letzten gerichtlichen Tatsacheninstanz möglich.

19 Diese Vorschriften werden durch § 42 SGB X ergänzt, wonach der Anspruch auf Aufhebung eines VA allein wegen formeller Fehler, zu denen auch die Verletzung der Vorschriften über die örtliche Zuständigkeit gehört, unter den dort näher genannten Umständen ausgeschlossen wird, wenn offensichtlich ist, dass die Verletzung die Entscheidung in der Sache nicht beeinflusst hat.[52] Demnach kommt bei einer **gebundenen Entscheidung** eine Aufhebung eines Verwaltungsakts wegen Zuständigkeits-, Verfahrens- und Formfehlern nur noch in seltenen Ausnahmefällen in Betracht.

20 Weiterhin unbedingt beachtlich ist insbesondere die Verletzung von Vorschriften über die sachliche Zuständigkeit, die Verbands- oder die instanzielle Zuständigkeit.[53] Grundsätzlich wesentlich enger sind die Heilungsmöglichkeiten jedoch bei **Ermessensentscheidungen**. Ein Mangel des Ausgangsbescheides ist jedoch auch dort insoweit nicht beachtlich, wenn der Widerspruchsbescheid nicht mehr an diesem Mangel leidet.

21 Insbesondere die **Anhörung:** Fehler im Bereich der erforderlichen Anhörung (§ 24 SGB X) werden nur selten zu einer Aufhebung des VA führen. Zwar genießt das Recht auf Anhörung im gerichtlichen Verfahren als Teil des Anspruchs auf rechtliches Gehör den Rang eines Grundrechts (Art. 103 Abs. 1 GG). Im Verwaltungsverfahren hat eine unterbliebene Anhörung aufgrund der vielfältigen Nachholungsmöglichkeiten jedoch weit weniger einschneidende Konsequenzen. Von einer **Nachholung** einer etwa unterbliebenen Anhörung kann schon allein aufgrund der Durchführung eines Widerspruchsverfahrens ausgegangen werden, soweit die maßgeblichen Umstände im Ausgangsbescheid aufgeführt oder im Widerspruchsverfahren zur Sprache gekommen sind.[54] Hierfür kann es auch ausreichen, dass der Prozessbevollmächtigte Akteneinsicht genommen hat und daher zu den entscheidungserheblichen Unterlagen Stellung nehmen konnte.[55] Neu im Widerspruchsverfahren herangezogene Tatsachen sind dem Betroffenen allerdings so rechtzeitig zur Kenntnis zu bringen, dass er Gelegenheit zur Stellungnahme hat; insbesondere sind medizinische Befundberichte zu übermitteln.[56] Eine Nachholung der Anhörung erst im Gerichtsverfahren setzt die Durchführung eines „mehr oder minder“ förmlichen Verwaltungsverfahrens – ggf. unter Aussetzung des gerichtlichen Verfahrens – voraus.[57] Insoweit gelten die Vorschriften der §§ 41, 42 SGB X und des § 114 Abs. 2 Satz 2.

22 c) **Materielle Fehler.** Das Gericht prüft umfassend, ob der VA dem geltenden Recht entspricht oder ob er an einem materiellen Fehler leidet. Er entspricht dem geltenden Recht, wenn er auf einer wirksamen Ermächtigungsgrundlage beruht, die ihrerseits mit höherrangigem Recht im Einklang steht. Die tatbestandlichen Voraussetzungen der Ermächtigungsgrundlage müssen erfüllt sein,

52 Vgl. v. Wulffen/Schütze § 42 Rn. 2 ff.
53 v. Wulffen/Schütze § 42 Rn. 5 mwN.
54 BSG 14.7.1994 – 7 RAr 104/93, SozR 3-4100 § 117 Nr. 11 = SGb 1995, 405 (407 f.).
55 LSG Brem 15.7.1998 – L 3 Vs 48/97, Breith. 1999, 252 (253).
56 LSG Brem 15.7.1998 – L 3 Vs 48/97, Breith. 1999, 252 (253); zu den diesbezüglichen Anforderungen nunmehr auch BSG 9.11.2010 – B 4 AS 37/09 R, juris.
57 BSG 9.11.2010 – B 4 AS 37/09 R, juris.

wozu selbstverständlich erforderlich ist, dass die objektiv zutreffenden Tatsachen zugrunde gelegt worden sind.[58]

Das Gericht ist bei seiner Prüfung grundsätzlich **nicht an das Beteiligtenvorbringen gebunden** (Grundsatz der Amtsermittlung, § 103). Andererseits ist das Gericht ggf. faktisch nicht in der Lage, etwa einen Honorarbescheid eines Vertragsarztes, umfassend auf Rechtmäßigkeit zu überprüfen. Bei derart komplexen VA kann das Gericht den Umfang seiner Prüfung zur Wahrung der Funktionsfähigkeit der Rechtspflege auf das Parteivorbringen beschränken, muss dies aber nicht. Gelegentlich ebenso komplex sind die Leistungsbescheide im Rahmen der Grundsicherung für Arbeitssuchende, die regelmäßig auch unabhängig vom Beteiligtenvorbringen vollständig auf materielle Richtigkeit zu überprüfen sind. Bei einem „Streit um höhere Leistungen", sind – außer bei lediglich pauschaler Behauptung, sie seien zu niedrig – sämtliche Anspruchsvoraussetzungen dem Grunde und der Höhe nach zu prüfen.[59] 23

d) **Folgen der Feststellung eines materiellen Fehlers.** Ein materieller Fehler führt zur Rechtswidrigkeit des VA mit der Folge, dass er abzuändern bzw. aufzuheben ist. Zu differenzieren ist lediglich dann, wenn die maßgebliche Rechtsnorm – zu diesen gehören auch die untergesetzlichen Rechtsnormen des Krankenversicherungsrechts, insbesondere die Richtlinien des Gemeinsamen Bundesausschusses – von der Verwaltung im Einzelfall korrekt angewendet wurde, diese Rechtsnorm selbst aber an einem Mangel leidet. Bei formellen Gesetzen ist diese Entscheidung dem BVerfG vorbehalten, das auch die vorübergehende weitere Anwendbarkeit einer verfassungswidrigen Norm für einen Übergangszeitraum anordnen kann.[60] Im Hinblick auf die Einschätzungsprärogative des Normgebers kann nach der Rechtsprechung des 6. Senats des BSG auch bei untergesetzlichen Rechtsnormen in besonderen Einzelfällen eine Rechtsnorm als bislang zwar (noch) rechtmäßig beurteilt werden, gleichwohl dem Normgeber durch das BSG aber eine Neuregelung mit Wirkung für die Zukunft aufgegeben werden;[61] dies lässt sich freilich nicht verallgemeinern oder gar auf die Normenkontrolle nach § 55 a übertragen. Im Regelfall ist eine festgestellte Rechtswidrigkeit der Ermächtigungsgrundlage aber nicht auf die Zukunft beschränkt und schlägt dann auf den Einzelakt mit der Folge durch, dass auch dieser rechtswidrig ist. 24

Eine **Zurückverweisung an die Verwaltung** ist bei gebundenen Entscheidungen weder aufgrund formeller noch aufgrund materieller Fehler zulässig, da § 131 Abs. 5 Satz 1 in der Fassung vom 29.3.2008 mit Wirkung zum 1.4.2008 des SGGArbGGÄndG nun bei fehlender Sachverhaltsermittlung nicht mehr die Zurückverweisung, sondern die Aufhebung der angefochtenen Bescheide vorsieht. 25

e) **Maßgeblicher Zeitpunkt.** Für die Sach- und Rechtslage maßgeblicher Zeitpunkt bei der Anfechtungsklage ist grundsätzlich der **Zeitpunkt des Erlasses des VA,** weil der VA nicht rechtswidrig ist, wenn er zum Zeitpunkt seines Erlasses mit dem geltenden Recht übereingestimmt hat. Bei durchgeführtem Wider- 26

58 Peters/Sautter/Wolff § 54 Rn. 281.
59 BSG 3.3.2009 – B 4 AS 38/08 R, SozR 4-4200 § 22 Nr. 17 = NZS 2010, 110 = juris mwN.
60 Vgl. zur Berechnung der Regelleistungen nach §§ 20, 28 SGB II, BVerfG 9.2.2010 – 1 BvL 1/09, 1 BvL 3/09, 1 BvL 4/09, BVerfGE 125, 175 = NJW 2010, 505.
61 BSG 15.5.2002 – B 6 KA 33/01 R, BSGE 89, 259 = SozR 3-2500 § 87 Nr. 34 = SGb 2003, 173 ff. hinsichtlich des im Einheitlichen Bewertungsmaßstab als Rechtsnorm festgesetzten Kostensatzes der Dermatologen.

spruchsverfahren kommt es auf den **Erlass des Widerspruchsbescheides** an, also jeweils auf den Zeitpunkt der letzten Verwaltungsentscheidung.[62] Für einen „abgeschlossenen" VA gilt dies uneingeschränkt, auch für jeden Ermessens-VA. Auch bei noch nicht vollzogenen VA ist grundsätzlich auf den Zeitpunkt des Erlasses des Widerspruchsbescheides abzustellen, wobei dies lediglich als „Faustregel" gilt. **Maßgeblich** ist insoweit das **materielle Recht.**[63]

27 Bei gebundenen **VA mit Dauerwirkung** kann es hingegen sein, dass der VA bei Erlass des Widerspruchsbescheides rechtmäßig war, die Behörde aufgrund neu eingetretener Umstände aber verpflichtet wäre, den VA wieder aufzuheben. Bei diesen werden daher nachfolgende Rechts- und Sachverhaltsänderungen bis zum Zeitpunkt der **letzten mündlichen Verhandlung** berücksichtigt.[64] VA mit Dauerwirkung aktualisieren sich ständig, und die Verwaltung und Gerichte müssen ihre Entscheidung der veränderten Sach- und Rechtslage ggf. anpassen.[65]

28 Bei **ursprünglicher Rechtswidrigkeit** ist die Behörde hingegen nicht gleichermaßen schutzwürdig: Sie hat die Möglichkeit, durch ersetzende Bescheide nach § 96 auf eine veränderte Sach- und Rechtslage zu reagieren. War etwa ein rentenentziehender VA zunächst rechtswidrig, ist er es aber aufgrund einer später eingetretenen wesentlichen Änderung der Verhältnisse (möglicherweise) nicht mehr, erfolgt die Beurteilung trotz der Dauerwirkung unter Zugrundelegung der Sach- und Rechtslage im Zeitpunkt des Bescheiderlasses.[66] Zur Besonderheit bei Ermessensentscheidungen → Rn. 50, zur Fortsetzungsfeststellungsklage → § 55 Rn. 78.

29 **f) Nachschieben von Gründen.** Das Nachschieben von **rechtlichen Gründen** durch die Verwaltung ist bei der Anfechtungsklage gegen eine gebundene Entscheidung grundsätzlich zeitlich unbeschränkt zulässig, sofern sie schon bei Erlass des VA vorlagen, der VA nicht in seinem Wesen verändert wird und das Nachschieben die Rechtsverteidigung des Betroffenen nicht beeinträchtigt.[67] Bei gebundenen Entscheidungen ist selbst die Nachholung einer komplett neuen Begründung zulässig, wenn nur der ursprüngliche VA in der Gestalt des Widerspruchsbescheides überhaupt irgendeine Begründung enthalten hat. Diese weitgehende Zulassung des Nachschiebens von rechtlichen Gründen ist konsequent, wenn man sich vergegenwärtigt, dass das Gericht zur umfassenden rechtlichen Prüfung des VA berufen ist und ohnehin von Amts wegen alle rechtlichen Gründe zu berücksichtigen hat, die den VA tragen können.[68] Die Ermächtigungsgrundlage darf ggf. sogar ausgetauscht werden.

---

62 BSG 20.10.2004 – B 6 KA 67/03 R, SozR 4-2500 § 95 Nr. 9 = BSGE 93, 269 = MedR 2005, 311; BSG 15.8.1996 – 9 RVs 10/94, SozR 3-3870 § 4 Nr. 13 = Breith. 1997, 350 (351); BSG 12.11.1996 – 9 RVs 5/95, BSGE 79, 223 (225 f.) = SozR 3-1300 § 48 Nr. 57; BSG 2.11.1999 – B 2 U 25/98 R, BSGE 85, 98 = SozR 3-2200 § 708 Nr. 1 = SGb 2000, 274 (275), alle auch juris.

63 BSG 20.10.2004 – B 6 KA 67/03 R, juris; vgl. auch Meyer-Ladewig/Keller/Leitherer/Schmidt § 54 Rn. 33 ff.

64 Peters/Sautter/Wolff § 54 Rn. 292 ff.; Hennig/Ulmer, § 54 Rn. 138 ff.

65 BSG 11.3.1987 – 10 RAr 5/85, BSGE 61, 203 (205 f.) = SozR 4100 § 186 a Nr. 21 = NZA 1987, 573 ff.; BVerwG 15.11.1967 – I C 43.67, BVerwGE 28, 202 = DVBl. 1968, 150.

66 BSG 20.4.1993 – 2 RU 52/92, SozR 3-1500 § 54 Nr. 18 = NZS 1994, 46 ff.

67 Peters/Sautter/Wolff § 54 Rn. 238 ff., 284; Hennig/Ulmer, § 54 Rn. 83; so bereits BSG 23.8.1956 – 3 RJ 293/55, BSGE 3, 209.

68 Vgl. Peters/Sautter/Wolff § 54 Rn. 284.

Der Austausch und die Änderung von Rechtsgründen dürfen nicht mit Änderungen der festgestellten **Tatsachengrundlage** verwechselt werden. Das Nachschieben von Tatsachen ist grundsätzlich ebenfalls zulässig, da das Gericht den objektiv richtigen Sachverhalt zugrunde zu legen hat. Ein Nachschieben von Tatsachen verändert den VA aber in seinem Wesen, wenn es dem bei Erlass festgestellten Sachverhalt widerspricht[69] oder diesen durch einen anderen Sachverhalt austauscht.[70] Dann kommt nur der Erlass eines neuen VA in Betracht, der den vorhergehenden VA ersetzt. Wenn die neue Tatsache hingegen den Sachverhalt nur ergänzt, bestehen bei gebundenen Entscheidungen auch insoweit keine Bedenken. Bei wesentlich veränderter Sach- oder Rechtslage ist die Behörde zur Anpassung der Entscheidung durch Erlass eines neuen VA verpflichtet,[71] der dann nach § 96 Gegenstand des gerichtlichen Verfahrens wird. Zudem ist ein Nachschieben von Tatsachen – wie ein Nachschieben von Rechtsgründen – unzulässig, wenn Betroffene dadurch in der Rechtsverteidigung unangemessen beeinträchtigt werden.[72] 30

Andere Grundsätze gelten bei **Ermessensentscheidungen.** Hier scheidet ein Nachschieben von Gründen aus.[73] Dies liegt daran, dass die Behörde hier alle wesentlichen Gesichtspunkte bei der Abwägung berücksichtigen muss. Gibt sie durch Nachschieben wesentlicher Belange zu erkennen, dass diese nicht berücksichtigt worden sind, ist die Ermessensausübung fehlerhaft.[74] In Betracht kommt dann allein ein Austausch des VA (§ 96); ein solcher Austausch während des Gerichtsverfahrens ist nach einer Entscheidung des Großen Senats des BSG grundsätzlich zulässig.[75] Statthaft ist es hingegen, wenn die Behörde durch Hinweis auf weitere, bei der Ermessensausübung nicht berücksichtigte Argumente die Richtigkeit der Ermessensentscheidung bekräftigt. Auch das Gericht darf in diesem Sinne neue Argumente und Tatsachen berücksichtigen.[76] Hierbei muss jedoch strikt darauf geachtet werden, dass kein Austausch von Argumenten oder gar Tatsachen erfolgt. Neue Gründe können fehlerhafte Feststellungen und Ermessenserwägungen nicht ersetzen. Die Feststellung eines maßgeblichen Fehlers führt insoweit zwingend zur Aufhebung. 31

III. Die Verpflichtungsklage – Abs. 1, 2. Alt.

1. Allgemeines zur Verpflichtungsklage. Die Verpflichtungsklage ist eine Leistungsklage auf Erlass eines begünstigenden VA.[77] Sie ist damit ein besonderer Fall der Leistungsklage.[78] Unterschieden werden die Klage auf Erlass eines zuvor abgelehnten VA (**Vornahmeklage**) und die gesondert in § 88 geregelte **Untätigkeitsklage**, die darauf gerichtet ist, dass die Behörde überhaupt erstmals entscheidet. Die wichtigste Fallgruppe der Verpflichtungsklage ist die **Beschei-** 32

69 Peters/Sautter/Wolff § 54 Rn. 239 f.
70 Meyer-Ladewig/Keller/Leitherer/Schmidt § 54 Rn. 35 b mwN.
71 Peters/Sautter/Wolff § 54 Rn. 289.
72 Etwa: BSG 1.12.1977 – 12 RK 13/77, BSGE 45, 206 (208) = SozR 2200 § 1227 Nr. 10; hierzu Meyer-Ladewig/Keller/Leitherer/Schmidt § 54 Rn. 35 c.
73 Breitkreuz/Fichte § 54 Rn. 69.
74 Peters/Sautter/Wolff § 54 Rn. 241.
75 BSG 6.10.1994 – GS 1/91, BSGE 75, 159 (164) = SozR 3-1300 § 41 Nr. 7 = NVwZ 1996, 824 ff.
76 Peters/Sautter/Wolff § 54 Rn. 242 mwN.
77 Breitkreuz/Fichte § 54 Rn. 80; zum VA → Vor 51 Rn. 17 ff.
78 So bereits BSG 26.7.1956 – 2 RU 35/55, juris.

dungsklage, oder „Verpflichtungsbescheidungsklage",[79] die bei erstrebten Ermessens-VA die Behörde verpflichtet, „den Kläger unter Beachtung der Rechtsauffassung des Gerichts zu bescheiden" (§ 131 Abs. 3; Formulierung des Tenors entsprechend). Bei Spruchreife ist demgegenüber im Urteil die Verpflichtung auszusprechen, den beantragten VA zu erlassen (§ 131 Abs. 2).

33 Die Klage auf Erlass eines zuvor abgelehnten VA ist regelmäßig in Form der **kombinierten Anfechtungs- und Verpflichtungsklage** zu erheben.[80] Der Kombination mit der Anfechtung bedarf es schon deshalb, weil nach § 39 Abs. 2 SGB X ein Verwaltungsakt wirksam bleibt, solange und soweit er nicht zurückgenommen, widerrufen, anderweitig aufgehoben oder durch Zeitablauf oder auf andere Weise erledigt ist. Die Sozialgerichtsbarkeit geht anders als die Verwaltungsgerichtsbarkeit in Fällen, in denen durch (ablehnenden) VA dem Antragsteller etwas versagt wird, seit jeher davon aus, dass das Verpflichtungs- oder Leistungsbegehren auf Erlass des beantragten VA mit einem Anfechtungsbegehren auf Aufhebung des ablehnenden VA zu verbinden ist („kombinierte Anfechtungs- und Verpflichtungsklage" bzw. „kombinierte Anfechtungs- und Leistungsklage"); dies folgt rechtsdogmatisch zwingend aus der Regelung des § 39 Abs. 2 SGB X / § 43 Abs. 2 VwVfG. Diese unterschiedliche Behandlung des zunächst abgelehnten Verpflichtungs- oder Leistungsbegehrens durch die beiden Gerichtsbarkeiten führt aber nicht zu praxisrelevanten Unterschieden, da auch die Verwaltungsgerichtsbarkeit davon ausgeht, dass der (zunächst) ablehnende VA nach erfolgreicher Verpflichtungs- oder Leistungsklage keine Sperrwirkung mehr entfaltet.

34 Die Klageart der Verpflichtungsklage ist im Wesentlichen auf **Ermessensentscheidungen** – sei es hinsichtlich des Entschließung- oder hinsichtlich des Auswahlermessens – beschränkt. Begehrt der Kläger im letzteren Fall die Kostenerstattung für die von ihm gewählte Alternative ist jedoch die Leistungsklage statthaft.[81] Zur Verfolgung von Zahlungsansprüchen für vergangene, abgeschlossene Zeiträume ist bei gebundenen Entscheidungen eindeutig Leistungsklage zu erheben, wenn zB die Behörde einen Rentenanspruch beginnend mit einem späteren Zeitpunkt anerkannt hat.[82] Die Leistungsklage etwa auf Rentennachzahlung ist möglich, obwohl ein Leistungsantrag gewöhnlich eine Bezifferung des Zahlbetrages voraussetzen würde, die genaue Anspruchshöhe vom Kläger und vom Gericht im Regelfall aber nicht berechnet werden kann: Nach § 130 kann zur Leistung dem Grunde nach verurteilt werden. Aber auch bei einem in die Zukunft gerichteten Klageziel ist bei gebundenen Entscheidungen Leistungsklage, nicht Verpflichtungsklage zu erheben.

35 Demgegenüber ist bei gebundenen Entscheidungen die Verpflichtungsklage dann – und nur dann – die richtige Klageart, wenn das Begehren des Klägers sich **in dem Erlass eines VA erschöpft** und keine weitere Leistung im Sinne eines Tuns oder Unterlassens verlangt wird, etwa bei **feststellenden oder statusbegründen-**

79 BSG 20.8.2009 – B 14 AS 45/08 R, SozR 4-4200 § 23 Nr. 5 Rn. 18; BSG 1.7.2009 – B 4 AS 77/08, SozR 4-4200 § 23 Nr. 4 Rn. 10 = NJW 2010, 462.

80 Vgl. etwa BSG 28.9.2006 – B 3 KR 28/05 R, NZS 2007, 495 = SGb 2007, 489; BSG 2.10.1996 – 6 RKa 52/95, BSGE 79, 152 (158) = SozR 3-2500 § 103 Nr. 1 = MedR 1997, 282 ff.

81 BSG 23.5.2013 – B 4 AS 79/12 R, juris.

82 Beispiel BSG 4.5.1999 – B 4 RA 28/98 R, SGb 1999, 406.

den VA.[83] Dies ist etwa bei einer Klage gegen einen Vormerkungsbescheid im Rentenversicherungsrecht der Fall.[84] Sofern darüber hinaus eine Leistung – etwa eine Geldzahlung – begehrt wird, „konsumiert" die Leistungsklage die Verpflichtungsklage.[85] Begehrt der Kläger im Wege der Überprüfung nach § 44 SGB X (höhere) Sozialleistungen, ist eine kombinierte Anfechtungs-, Verpflichtungs- und Leistungsklage[86] zu erheben.

Die Beantwortung der Frage, ob eine Verpflichtungs- oder eine Leistungsklage die richtige Klageart ist, wenn **Gegenstand des Klagebegehrens der Erlass eines gebundenen Leistungsbescheides mit Dauerwirkung** ist, richtet sich nach dem Verständnis von der Reichweite der Rechtskraft (§ 141). Folgt man der Auffassung, dass die Behörde bei späterer Änderung der Verhältnisse trotz entgegenstehenden Leistungsurteils abermals durch VA entscheiden darf, da in Fällen des § 48 SGB X ein anderer Streitgegenstand vorliege,[87] führt die Leistungsklage zu sachgerechten Ergebnissen, da der aufgrund eines Urteils ergangene VA dann auch bei einer Leistungsklage unter den Voraussetzungen des § 48 SGB X wieder aufgehoben werden kann.[88] 36

Im Rahmen von Ermessensentscheidungen wird die Behörde verpflichtet, dem Kläger unter Beachtung der Rechtsauffassung des Gerichts einen **neuen Bescheid zu erteilen** (§ 131 Abs. 3), wenn die Klage Erfolg hat. Die Rechtsauffassung des Gerichts ergibt sich aus den Entscheidungsgründen. Das rechtskräftige Bescheidungsurteil ist zwischen den Beteiligten bindend. Es bindet die Behörde an die Rechtsauffassung des Gerichts selbst dann, wenn zwischenzeitlich eine abweichende höchstrichterliche Entscheidung ergangen ist (§ 141).[89] 37

2. Zulässigkeit der Verpflichtungsklage. a) Grundsatz. Die Zulässigkeit der Verpflichtungsklage erfordert neben dem Vorliegen der allgemeinen Sachurteilsvoraussetzungen ebenso wie bei der Anfechtungsklage das Vorliegen eines VA (→ Vor § 51 Rn. 18) und die erfolglose Durchführung eines Vorverfahrens (§ 78), und zwar auch dann, wenn im Wege der Klageänderung (§ 99) zur Verpflichtungsklage übergegangen wird.[90] Das Rechtsschutzbedürfnis (→ Vor § 51 Rn. 9 ff.) ist nur gegeben, wenn kein einfacherer Weg zur Erreichung des Klage- 38

83 Meyer-Ladewig/Keller/Leitherer/Schmidt § 54 Rn. 20 b mwN; Krasney/Udsching IV Rn. 16; Beispiele BSG 28.9.2006 – B 3 KR 28/05 R, NZS 2007, 495 = SGb 2007, 489: Verpflichtungsklage bei Rechtsstreit über Aufnahme eines Hilfsmittels in das Hilfsmittelverzeichnis; BSG 5.9.2006 – B 2 U 8/05 R, SozR 4-2700 § 34 Nr. 1: Zulassung zum H-Arzt-Verfahren; BSG 23.10.1996 – 4 RK 1/96, BSGE 79, 184 (185) = SozR 3-2500 § 10 Nr. 8 = Breith. 1997, 493: Verpflichtungsklage auf Feststellung der Familienversicherung eines Angehörigen; BSG 7.2.2007 – B 6 KA 32/05 R: Verpflichtungs- (nicht Leistungs-)klage des Vertragsarztes auf Anerkennung einer bestimmten Abrechnungsweise als EBM-konform, wenn wegen Erschöpfung des Praxisbudgets kein zusätzlicher Zahlungsanspruch besteht.

84 BSG 16.6.2015 – B 13 R 23/14 R, BSG 14.12.2011 – B 5 R 36/11 R und BSG 14.5.2003 – B 4 RA 26/02 R, alle juris.

85 BSG 14.3.2006 – B 4 RA 55/04, SozR 4-2600 § 166 Nr. 2 = BSGE 96, 83.

86 HM BSG 18.11.2014 – B 4 AS 4/14 R; BayLSG 26.2.2015 – L 7 AS 215/14, alle juris; Meyer-Ladewig/Keller/Leitherer/Schmidt § 54 Rn. 20 c.

87 So – wohl zutreffend – Peters/Sautter/Wolff § 141 Rn. 139.

88 Anders in der Zivilgerichtsbarkeit: Dort ist die Erhebung einer Abänderungsklage nach § 323 ZPO erforderlich. Für § 48 SGB X vgl. auch Steinwedel in Kasseler Kommentar, § 48 Rn. 12.

89 BVerwG 27.1.1995 – 8 C 8/93, NJW 1996, 737 (738); LSG Nds 28.11.2001 – L 3/5 KA 33/00.

90 BSG 10.2.2005 – B 4 RA 48/04 R, SGb 2005, 230.

ziels zur Verfügung steht. Insbesondere ist eine Verpflichtungsklage nicht vor Antragstellung bei der zuständigen Behörde zulässig.[91] Wenn ein gestellter Antrag hingegen endgültig abgelehnt wurde, ist der Grund für die Ablehnung in Hinblick auf die Zulässigkeit der Verpflichtungsklage ohne Belang. Sie ist etwa auch zulässig, wenn die Behörde einen Antrag ablehnt, weil sie nicht zuständig sei. Lehnt die Behörde aus dem gleichen Grunde aber bereits ab, überhaupt eine Entscheidung über den Antrag zu treffen, ist zunächst Untätigkeitsklage (§ 88) zu erheben.

39 **b) Beschwer/Klagebefugnis.** Voraussetzung für die Zulässigkeit ist die Behauptung des Klägers, durch die Ablehnung oder Unterlassung des VA beschwert zu sein (zur Beschwer → Rn. 10). Dies ist in der Regel der Fall, wenn der Kläger mit seinem Antrag im Verwaltungsverfahren nicht vollständig durchgedrungen ist.[92] Etwas anderes gilt nur, wenn dem Kläger das geltend gemachte Recht unter keinem Gesichtspunkt zustehen kann. Nicht beschwert ist, wessen abgelehnter Antrag zu seiner eigenen Rechtssphäre in keiner Beziehung steht. Hingegen kann eine Beschwer auch vorliegen, wenn ein den Kläger begünstigender VA ergangen ist, ein noch günstigerer VA aber angestrebt wurde. Hier kann mit der kombinierten Anfechtungs- und Verpflichtungsklage eine weiter gehende Begünstigung erstrebt werden. Wenn einem Antrag jedoch vollumfänglich entsprochen wurde, ist für eine solche Klage mangels Rechtsschutzbedürfnisses kein Raum.

40 Verpflichtungsklagen **Drittbetroffener** sind in der Rechtsprechungspraxis der vergangenen Jahre eher selten gewesen. Die Rechtsprechung hat die Zulässigkeit von Verpflichtungsklagen Drittbetroffener in folgenden Fällen verneint:

- Klage des für die Anstellung vorgesehenen Arztes bei Ablehnung der Genehmigung, ihn zu beschäftigen, gegenüber dem Vertragsarzt;[93]
- Klage des Arbeitnehmers gegen die Ablehnung der Zahlung von Schlechtwettergeld an den Arbeitgeber aus betrieblichen Gründen;[94] die Entscheidung lässt sich dahin gehend verallgemeinern, dass Arbeitnehmer eine Verpflichtungsklage auf Leistungen an den Arbeitgeber grundsätzlich nicht in zulässiger Weise erheben können, jedenfalls dann nicht, wenn die Ablehnungsentscheidung der Behörde auf betriebsbezogenen Gründen beruht;
- Klage des eingetragenen Lebenspartners auf Erteilung einer Zusicherung (oder auf Feststellung), dass seinem hinterbliebenen Partner Witwer-/Witwenrente zu gewähren sein wird; Gleiches gilt für einen versicherten Ehegatten;[95]
- keine Klagebefugnis der betroffenen Arbeitnehmer beim Kurzarbeitergeld, auch dann, wenn es sich um die persönlichen Voraussetzungen des Anspruchs handelt;[96]

---

91 Meyer-Ladewig/Keller/Leitherer/Schmidt § 54 Rn. 21.
92 Meyer-Ladewig/Keller/Leitherer/Schmidt § 54, Rn. 22.
93 BSG 19.6.1996 – 6 RKa 84/95, BSGE 78, 291 (292) = SozR 3-5520 § 32 b Nr. 2 = MedR 1997, 132.
94 BSG 15.7.1971 – 7 RAr 30/68, BSGE 33, 64 = SozR § 54 SGG Nr. 132 = Breith. 1971, 1023.
95 BSG 29.1.2004 – B 4 RA 29/03 R, SozR 4-2600 § 46 Nr. 1 = BSGE 92, 113 = Breith. 2005, 122.
96 BSG 25.5.2005 – B 11a/11 AL 15/04, SozR 4-4300 § 323 Nr. 1 = NZS 2006, 378; die Verfassungsbeschwerde gegen das Urteil wurde nicht zur Entscheidung angenommen, BVerfG 6.9.2007 – 1 BvR 2203/05.

- zu Klagen Familienversicherter auf Leistungen aus dem Krankenversicherungsverhältnis BSG vom 24.9.1996;[97] diese sind seit Inkrafttreten des SGB V keine Drittbetroffenen mehr, sondern können aus § 10 Abs. 1 SGB V eigene Rechte herleiten.

Keine hinreichende Beschwer Dritter besteht bei den persönlichen Einstufungen (**Statusfragen**), insbesondere des Grades der Behinderung nach SGB IX und der Pflegegrade nach SGB XI. Ein praxisrelevanter Fall folgte aus der durch § 84 Abs. 2 SGB XI angeordneten Abhängigkeit der Pflegesätze stationärer Pflegeeinrichtungen von den **Pflegegraden (bis 31.12.2016 Pflegestufen)** des § 15 SGB XI. Hiernach hatte der Träger des Pflegeheims ein Interesse an einer Höherstufung, da die Pflegestufe unmittelbaren Einfluss auf die zu beanspruchende Vergütung hat, während der tatsächliche Aufwand sich nach den faktischen Gegebenheiten und nicht nach der Pflegestufe richtete. Da der Selbstzahleranteil mit ansteigender Pflegestufe ebenfalls stieg, ging in diesen Fällen das wirtschaftliche Interesse des Pflegebedürftigen und seiner Angehörigen oft auf einen möglichst niedrige Pflegestufe. 41

Worin allerdings der Unterschied zur – für unzulässig erachteten – Klage des Arbeitgebers gegen die Annahme der Schwerbehinderteneigenschaft des Arbeitnehmers liegen soll,[98] bleibt unklar. Weder die Vorschriften des SGB IX über die Feststellung der Schwerbehinderung noch diejenigen des SGB XI über die Bewilligung einer Pflegestufe haben drittschützenden Charakter; in beiden Konstellationen handelt es sich um unmittelbare Beurteilungen der Person und somit um **höchstpersönliche Angelegenheiten.**[99] Für eine Annahme einer Klagebefugnis des Pflegeheims auf Höherstufung des Heimbewohners gegen dessen Willen kann insoweit die bloße Einwirkung auf ein zivilrechtliches Dauerschuldverhältnis nicht genügen. Die Frage ist mittlerweile geklärt; der Heimträger ist nicht klagebefugt.[100] 42

3. **Begründetheit der Verpflichtungsklage.** Die Begründetheit der Verpflichtungsklage (zur Tenorierung des Urteils: § 131 Abs. 2, 3) erfordert, dass die Ablehnung oder Unterlassung des VA rechtswidrig und der Kläger dadurch in seinen Rechten verletzt ist. Es kommt bei gebundenen Entscheidungen insoweit nicht auf Mängel des ablehnenden Bescheides an, sondern ausschließlich darauf, ob das Unterbleiben des begehrten begünstigenden VA rechtswidrig ist.[101] 43

a) **Objektive und subjektive Komponente.** Objektiv muss die Ablehnung oder Unterlassung gegen geltendes Recht verstoßen. Dies ist nach den Maßstäben des formellen und materiellen Rechts zu prüfen. Die Geltendmachung **formeller** Fehler ist nur selten erfolgreich: Eine Verpflichtungsklage ist unbegründet, so- 44

97 BSG 24.9.1996 – 1 RK 26/95, SozR 3-2500, § 30 Nr. 8, S. 29 ff.

98 BSG 19.12.2001 – B 11 AL 57/01 R, BSGE 89, 119 = SozR 3-3870 § 2 Nr. 2 = Breith. 2002, 263 (269) verweist insoweit zutreffend auf eine mittelbare Betroffenheit von „zahlreichen Dritten".

99 AA Klie/Meysen NZS 2000, 222 (226) unter Hinweis auf die Grundrechte der Pflegeeinrichtung; vgl. auch Kirchesch NZS 1998, 506 (511 f.).

100 BSG 1.9.2005 – B 3 P 4/04 R, SozR 4-3300 § 43 Nr. 1 = BSGE 95, 102 = NZS 2006, 426 = SGb 2006, 354 mit Anmerkung von Neumann SGb 2006, 359; Meyer-Ladewig/Keller/Leitherer/Schmidt § 54 Rn. 14 i; Hennig/Ulmer § 54 Rn. 80. Die Interessen der Pflegeeinrichtung sind zudem mittlerweile durch § 87 a Abs. 2 SGB XI hinreichend gewahrt.

101 Kopp/Schenke VwGO § 113 Rn. 186.

weit Verfahrens- und Formfehler als geheilt oder als unbeachtlich anzusehen sind oder eine Nachholung während des Gerichtsverfahrens in Betracht kommt.

45 Subjektiv muss die **Rechtssphäre des Klägers** betroffen sein, was sich ebenfalls nach materiellem Recht bestimmt. Die subjektive Komponente ist unproblematisch, wenn der Kläger die Durchsetzung eigener subjektiv-öffentlicher Rechte begehrt, insbesondere bei der Geltendmachung von Ansprüchen auf eigene Sozialleistungen, eigene Honoraransprüche des Vertragsarztes etc., oder eine Durchsetzung sonstiger eigener Rechtspositionen begehrt. Soweit der Kläger allerdings fremde Rechte geltend macht, ist die subjektive Komponente eingehend zu prüfen. Es handelt sich insoweit um Fälle der Prozessstandschaft, die nur ausnahmsweise zulässig ist.

46 Der Kläger ist in seinen Rechten verletzt, wenn er auf den Erlass des begehrten VA oder auf eine Neubescheidung einen **Anspruch** im Sinne eines subjektiven Rechts hat. Auch auf eine pflichtgemäße Ermessensausübung besteht ein solcher Anspruch (§ 39 Abs. 1 Satz 2 SGB I), der bei einem festgestellten Ermessensfehler nicht erfüllt worden ist.

47 b) **Maßgeblicher Zeitpunkt.** Für die Beurteilung der Sach- und Rechtslage maßgeblicher Zeitpunkt bei der auf die Zukunft gerichteten Verpflichtungsklage ist der Zeitpunkt der **letzten mündlichen Verhandlung,**[102] auch wenn sie in Verbindung mit der Anfechtungsklage erhoben wird.[103] Ändert sich das maßgebliche Recht nach der behördlichen Entscheidung, ist das nunmehr geltende Recht zugrunde zu legen, wenn und soweit es nach seinem zeitlichen Geltungswillen das streitige Rechtsverhältnis erfassen soll.[104] Dies gilt sowohl zugunsten des Klägers als grundsätzlich auch zu seinem Nachteil: Die beantragte Verpflichtung kann grundsätzlich auch dann nicht ausgesprochen werden, wenn sie nach altem Recht zur Zeit der ablehnenden Entscheidung noch der maßgeblichen Sach- und Rechtslage entsprochen hätte.[105]

48 Die Berücksichtigung von Änderungen zum Nachteil des Anspruchstellers unterliegt aber einer wichtigen Einschränkung. Dieser ist nämlich immer so zu stellen, als wenn von vornherein rechtmäßig entschieden worden wäre. Sind durch eine nachträgliche Änderung etwa Berufszulassungsvoraussetzungen erschwert worden oder die Voraussetzungen für Ansprüche auf medizinische Rehabilitationsmaßnahmen verändert worden,[106] kommt es für die Begründetheit auf den Zeitpunkt an, in dem der Anspruch zunächst entstanden war. Die (häufig erhebliche) Dauer des Verwaltungs- und Gerichtsverfahrens, insbesondere aus Grün-

---

102 St. Rspr. des BSG und allgM, vgl. BSG 14.7.1993 – 6 Rka 71/91, BSGE 73, 25 (27) = SozR 3-2500 § 116 Nr. 4 = NJW 1994, 1612; BSG 12.4.2000 – B 9 SB 3/99 R, SozR 3-3870 § 3 Nr. 9, S. 22 = SGb 2000, 477 f.; Hennig/Ulmer § 54 Rn. 146; Peters/Sautter/Wolff § 54 Rn. 290, 351; Meyer-Ladewig/Keller/Leitherer/Schmidt § 54 Rn. 34 b; bei tatsächlichen Fragen ist auf die letzte mündliche Verhandlung vor dem SG/LSG abzustellen, bei Rechtsfragen ggf. auf die letzte mündliche Verhandlung beim BSG, so BSG 25.3.2003 – B 1 KR 33/01 R, SozR 4-1500 § 54 Nr. 1.

103 BSG 24.2.2000 – B 2 U 43/98 R, SozR 3-2200 § 551 Nr. 14 = NZS 2001, 100 (103) mwN.

104 BSG 12.5.1993 – 6 RKa 21/91, BSGE 72, 227 = SozR 3-2500 § 15 Nr. 2 = SGb 1994, 653 ff.; BSG 14.5.1992 – 6 RKa 41/91, BSGE 70, 285 = SozR 3-2500 § 122 Nr. 3 = SGb 1993, 565 ff.

105 Peters/Sautter/Wolff § 54 Rn. 290.

106 BSG 15.10.1981 – 5 b/5 RJ 96/79, BSGE 52, 239 (241 f.) = SozR 2200 § 1236 Nr. 35 = Breith. 1982, 876: Kraftfahrzeughilfe in Form eines Zuschusses zum Kauf eines Kfz.

den der Überlastung, kann nach dem Gebot des effektiven Rechtsschutzes nicht zum Nachteil des Anspruchstellers gehen. Hingegen ist bei einer Veränderung des Gesundheitszustandes des Versicherten stets nach der Sachlage zum Zeitpunkt der letzten mündlichen Verhandlung zu entscheiden.[107]

Grundlegend anders ist der maßgebliche Zeitpunkt zu beurteilen, soweit sich der erstrebte VA auf einen **vergangenen Zeitraum** beziehen soll: Insoweit ist die Sach- und Rechtslage in der Vergangenheit maßgeblich.[108] Das BSG hat in diesem Zusammenhang entschieden, dass es etwa für die Beurteilung, ob Pflegebedürftigkeit von voraussichtlich mindestens sechs Monaten vorliegt, auf die Sichtweise zum Zeitpunkt der Antragstellung ankomme. Auf den Zeitpunkt des Abschlusses des Verwaltungsverfahrens oder gar auf einen noch späteren Zeitpunkt abzustellen würde bedeuten, dass ein Versicherter allein durch die Dauer des Verfahrens einen Rechtsnachteil erleiden könnte, den er bei zügiger Entscheidung nicht gehabt hätte. Bei einer Änderung der Verhältnisse durch plötzliche Verringerung des Pflegebedarfs hätte dann zwar die Möglichkeit bestanden, die Leistung zu entziehen bzw. herabzusetzen, dies aber nur mit Wirkung für die Zukunft.[109] 49

c) **Nachschieben von Gründen.** Das Nachschieben von Gründen stellt bei gebundenen Entscheidungen kein besonderes Problem dar. Hier kann die Verwaltungsbehörde bis zum Zeitpunkt der letzten mündlichen Verhandlung die Gründe darlegen, warum sie im konkreten Fall nicht verpflichtet ist, den beantragten VA zu erlassen. Sind die genannten Gründe zutreffend, besteht im Hinblick auf den Grundsatz der Gesetzmäßigkeit der Verwaltung kein Anlass, sie nicht zu berücksichtigen. Eine Ausnahme besteht nach der Rechtsprechung des BSG dann, wenn die nachgeschobenen Gründe mit dem Wesen des VA nicht vereinbar sind und die Veränderung der Begründungselemente so wesentlich ist, dass sie inhaltlich eine Ersetzung des VA darstellt.[110] Bei **Ermessensentscheidungen**, die den regelmäßigen Gegenstand der Verpflichtungsklage bilden, ist ein Nachschieben von Gründen grundsätzlich nicht zulässig. 50

IV. Beschwer – Abs. 1 Satz 2, Abs. 2 Satz 1, Prozessstandschaft und Verbandsklage

1. Beschwer. Nach Abs. 1 Satz 2 erfordert die Zulässigkeit der Anfechtungs- und die Verpflichtungsklage das Vorliegen einer **Beschwer.** Der Kläger „ist beschwert, wenn der VA oder die Ablehnung oder Unterlassung eines VA rechtswidrig ist" (Abs. 2 Satz 1). Zwar verlangt der Wortlaut des Abs. 1 Satz 2, Abs. 2 Satz 1 nicht die Verletzung in eigenen Rechten, diese ist aber erforderlich. 51

a) **Begriff der „materiellen Beschwer".** Dieser bezeichnet einerseits die Klagebefugnis als Sachurteilsvoraussetzung, welche die Prozessordnungen an die schlüssige Behauptung des Klägers knüpfen, in eigenen Rechten verletzt zu sein (§ 54 52

107 BSG 25.3.2003 – B 1 KR 33/01 R, SozR 4-1500 § 54 Nr. 1 = NZS 2004, 167; aA Meyer-Ladewig/Keller/Leitherer/Schmidt § 54 Rn. 34 b, maßgeblich seien bei Rehabilitationsleistungen die gesundheitlichen Verhältnisse, die den Leistungsantrag ausgelöst haben.

108 Peters/Sautter/Wolff § 54 Rn. 290 mwN.

109 BSG 17.3.2005 – B 3 P 2/04 R, SozR 4-3300 § 14 Nr. 6 = NZS 2006, 40.

110 BSG 26.9.1974 – 5 RJ 140/72, BSGE 38, 157 (159) = SozR 2200 § 1631 Nr. 1 = Breith. 1975, 358.

Abs. 1 Satz 2; § 42 Abs. 2 VwGO; § 40 Abs. 2 FGO).[111] Die Verletzung des Klägers in seinen Rechten ist aber nach § 113 Abs. 1 Satz 1 VwGO, § 100 Abs. 1 Satz 1 FGO auch Voraussetzung für den Erfolg der Klage in der Sache. Diese Vorschriften stellen klar, dass die objektive Rechtswidrigkeit eines Verwaltungsaktes seine Aufhebung nur rechtfertigt, wenn die Rechtswidrigkeit den Kläger in eigenen Rechten betrifft. In diesem Zusammenhang bezeichnet der Begriff „materielle Beschwer“ die Begründetheit des Rechtsbehelfs: **Zur Begründetheit ist immer auch die Verletzung subjektiver Rechte erforderlich.**

53 Die Formulierung des Abs. 2 Satz 1 ist daher verwirrend und unscharf.[112] Einerseits ist die Beschwer nicht bereits aufgrund der Rechtswidrigkeit des VA gegeben, sondern maßgeblich ist eine Betroffenheit der subjektiven Rechtsposition. Andererseits ist das Erfordernis einer „Beschwer“ nicht auf die Anfechtungs- und Verpflichtungsklage beschränkt, sondern ist für alle Klagearten zu fordern.[113]

54 **b) Möglichkeit einer Verletzung subjektiver Rechte.** Die Rechtswidrigkeit muss der Kläger zunächst lediglich behaupten, damit die Klage zulässig ist.[114] Die Behauptung der Rechtswidrigkeit wird immer schon – zumindest inzident – darin zu erblicken sein, dass der Kläger überhaupt eine Klage erhoben hat. Entscheidendes – und aus dem Gesetzestext nicht unmittelbar hervorgehendes – Kriterium für das Vorliegen einer Beschwer ist vor diesem Hintergrund die Möglichkeit, dass der Kläger in eigenen Rechten verletzt ist. Für die Zulässigkeit der Klage genügt in diesem Zusammenhang daher, dass eine Verletzung subjektiver Rechte des Klägers nach dessen Vortrag zumindest möglich erscheint.[115]

55 Die Regelung des Abs. 1 Satz 2 und Abs. 2 Satz 1 schließt als einfachrechtliche Konkretisierung der allgemeinen Rechtsschutzgarantie des Art. 19 Abs. 4 GG[116] eine Klagebefugnis dann aus, wenn die geltend gemachten Rechte unter Zugrundelegung des Klagevorbringens offensichtlich und eindeutig nach keiner Betrachtungsweise bestehen oder dem Kläger zustehen können, eine Verletzung subjektiver Rechte des Klägers also nicht in Betracht kommt.[117]

56 Bei alledem dürfen im Rahmen der Zulässigkeitsprüfung die Anforderungen an die Darlegungslast des Klägers **nicht überspannt** werden.[118] Das tatsächliche Vorliegen einer Rechtsverletzung ist eine Frage der Begründetheit.[119] Da der Kläger nur einen in seine Rechtssphäre eingreifenden VA anfechten kann, setzt dies den Vortrag konkreter Tatsachen voraus, aus denen sich eine solche Verletzung ergeben könnte. Die Klage ist zulässig, wenn die Rechtssphäre des Klägers

---

111 BSG 11.5.1999 – B 11 AL 69/98 R, SozR 3-1500 § 75 Nr. 31 = Breith. 1999, 1075; in Betracht kommt selbstverständlich auch die Verletzung von Grundrechten: Beispiele bei Meyer-Ladewig/Keller/Leitherer/Schmidt § 54 Rn. 12 a.
112 Ähnlich Meyer-Ladewig/Keller/Leitherer/Schmidt § 54 Rn. 17.
113 Vgl. etwa BSG 11.5.1999 – B 11 AL 45/98 R, BSGE 84, 67 (69 f.) = SozR 3-4300 § 36 Nr. 1 = SGb 2000, 631.
114 AllgM, vgl. Peters/Sautter/Wolff § 54 Rn. 260; Krasney/Udsching, IV Rn. 8.
115 „Möglichkeitstheorie“, vgl. BSG 11.5.1999 – B 11 AL 45/98 R, BSGE 84, 67 (69 f.) = SozR 3-4300 § 36 Nr. 1 = SGb 2000, 631 mwN; BSG 29.10.2002 – B 4 RA 22/02 R, SGb 2003, 33; Kopp/Schenke VwGO § 42 Rn. 66; Peters/Sautter/Wolff § 54 Rn. 261.
116 BVerfG 9.1.1991 – 1 BvR 207/87, NJW 1991, 1878 f. mwN.
117 BSG 14.11.2002 – B 13 RJ 19/01 R, BSGE 90, 127 = SozR 3-5795 § 10 d Nr. 1 mwN; BSG 29.11.1995 – 3 RK 36/94, BSGE 77, 130 (133) = SozR 3-2500 § 124 Nr. 2 mwN.
118 Peters/Sautter/Wolff § 54 Rn. 261.
119 Peters/Sautter/Wolff § 54 Rn. 260.

betroffen sein könnte, durch den Verwaltungsakt also möglicherweise in das rechtliche Umfeld des Klägers eingegriffen wird.

Entscheidend ist hierbei nach der **Schutznormtheorie**, ob die Rechtsvorschrift, deren Verletzung behauptet wird, zumindest auch dem Schutz von Individualinteressen des Klägers zu dienen bestimmt ist.[120] 57

2. Prozessstandschaft. a) Gewillkürte Prozessstandschaft. Dieser Begriff bezeichnet die ausdrückliche oder stillschweigende Prozessgeschäftsführung im eigenen Namen durch einen Dritten ohne ausdrücklich angeordnete gesetzliche Befugnis. Eine gewillkürte Prozessstandschaft ist im Regelfall nicht zulässig.[121] Die Sozialgerichte gewähren dem in seinen subjektiven Rechten Betroffenen Rechtsschutz, nicht Unbeteiligten. 58

Die ausnahmsweise Zulässigkeit der gewillkürten Prozessstandschaft erfordert daher immer neben der wirksamen Ermächtigung auch ein eigenes Rechtsschutzinteresse des Prozessstandschafters, ferner die Offenlegung der Prozessstandschaft,[122] was in ähnlicher Weise im Übrigen auch in der Zivilgerichtsbarkeit gilt.[123] Allenfalls ist die gewillkürte Prozessstandschaft zuzulassen, wenn zuvor bereits eine gewillkürte Verfahrensstandschaft im Verwaltungsverfahren erfolgt ist.[124] 59

b) Gesetzliche Prozessstandschaft. Anderes gilt selbstverständlich in Fällen der gesetzlichen Prozessstandschaft, insbesondere nach der seit dem 1.7.2001 geltenden Vorschrift des § 63 SGB IX. Hiernach können Behindertenverbände mit Einverständnis eines behinderten Menschen an dessen Stelle klagen, wenn dieser in seinen Rechten nach dem SGB IX verletzt wird. Eine vergleichbare Prozessstandschaft ist auch nach § 12 Behindertengleichstellungsgesetz (BGG) im Bereich der Barrierefreiheit (§§ 7–11 BGG) gesetzlich zugelassen.[125] 60

Grenzfälle zwischen gesetzlicher Prozessstandschaft und der Geltendmachung eigener Rechte sind: Die Klage des gesetzlich Krankenversicherten auf Feststellung der Familienversicherung seiner Angehörigen,[126] des Arbeitgebers wegen 61

---

120 BSG 28.8.1996 – 6 RKa 37/95, SozR 3-1500 § 54 Nr. 30 = NZS 1997, 292 (293) mwN; BSG 6.2.1992 – 12 RK 15/90, SozR 3-1500 § 54 Nr. 15, S. 38 mwN; BSG 15.5.1991 – 6 Rka 22/90, BSGE 68, 291 (294) = SozR 3-1500 § 54 Nr. 7 mwN; BVerfG 9.1.1991 – 1 BvR 207/87, BVerfGE 83, 182 (194 f.) = NJW 1991, 1878 f.; BVerwG 15.7.1987 – 4 C 56/83, BVerwGE 78, 40 (42 f.) = NJW 1988, 434 ff.; Hommel in Peters/Sautter/Wolff Rn. 269; Einzelheiten dort Rn. 270.

121 BSG 11.12.1973 – 2 RU 252/72, BSGE 37, 33 = SozR Nr. 4 zu § 69 SGG; mit gewichtigen Bedenken auch BSG 2.8.2001 – B 7 AL 18/00 R, SozR 3-1500, § 55 Nr. 34; ferner Redeker/von Oertzen, VwGO, § 42 Rn. 27; Kopp/Schenke VwGO Vor § 40 Rn. 25; aA Keller in Meyer-Ladewig/Keller/Leitherer/Schmidt § 54 Rn. 11 a; Zeihe SGb 2002, 714; die Entscheidung BSG 19.4.2007 – B 3 P 8/06 R, betrifft einen Sonderfall der Passivlegitimation im Rahmen der privaten Pflegeversicherung von Bundesbahnbeamten, wo eine Pflegekasse die Versicherung in Treuhandschaft für eine GbR durchführt, und lässt sich nicht verallgemeinern.

122 BSG 2.8.2001 – B 7 AL 18/00 R, SozR 3-1500 § 55 Nr. 34, S. 64 f. = SGb 2002, 735; BSG 11.12.1973 – 2 RU 252/72, BSGE 37, 33 = SozR Nr. 4 zu § 69 SGG.

123 Zöller ZPO Vor § 50 Rn. 44.

124 Zeihe SGb 2002, 714 (715) mwN.

125 Vgl. ferner die Nachweise bei Meyer-Ladewig/Keller/Leitherer/Schmidt § 54 Rn. 11 b f.

126 BSG 23.10.1996 – 4 RK 1/96, BSGE 79, 184 (185) = SozR 3-2500 § 10 Nr. 8 = Breith. 1997, 493; BSG 29.6.1993 – 12 RK 48/91, BSGE 72, 292 (294) = SozR 3-2500 § 10 Nr. 2 = NZS 1994, 21 ff.; LSG Nds 28.2.1996 – L 4 KR 79/94, SGb 1997, 219; zustimmend Sieg SGb 1998, 51 (53).

bestimmter Lohnersatzleistungen des Arbeitnehmers wie Kurzarbeitergeld[127] oder des Sozialhilfeträgers nach § 91 a BSHG aF, der (unzulässigerweise) den Beitritt eines Sozialhilfeempfängers zur freiwilligen Krankenversicherung erklärt hatte;[128] in den genannten Fällen haben die Gerichte jeweils die Klagebefugnis bejaht, so dass der genauen Abgrenzung keine nennenswerte praktische Relevanz zukommt.

62 **3. Verbandsklage.** Unter den Voraussetzungen des § 13 BGG ist nunmehr auch eine Verbandsklage zulässig. Hierfür ist es erforderlich, dass der Verband durch die Maßnahme in seinem satzungsgemäßen Aufgabenbereich berührt wird und dass es sich um einen Fall von allgemeiner Bedeutung handelt, § 13 Abs. 2 BGG. Dies ist ein Novum in der Sozialgerichtsbarkeit; andere Klagen von Interessenverbänden bleiben unzulässig.

V. Ermessensentscheidungen – Abs. 2 Satz 2

63 **1. Grundsätzliches zu Ermessensentscheidungen.** Die Bestimmung des Abs. 2 Satz 2 betrifft Ermessensentscheidungen. Sie ist in ähnlicher Weise wie § 39 SGB I formuliert. Ermessen[129] bedeutet, dass die Behörde aufgrund eines festgestellten Sachverhalts unter mehreren rechtmäßigen Möglichkeiten ein Auswahlrecht in Hinblick auf die Rechtsfolge hat. Ermessen ist der Behörde immer dann eingeräumt, wenn die maßgeblichen Rechtsnormen zum Ausdruck bringen, dass sie nach Feststellung des Sachverhalts hinsichtlich der individuell-konkreten Entscheidung über die Rechtsfolge einen **Spielraum** hat. Insbesondere wird die Einräumung von Ermessen durch „Kann“- oder „Soll“-Vorschriften ausgedrückt, wobei die letztere Formulierung eine Abweichung von der Regelfolge bei festgestellter Atypik ermöglicht.

64 Das Ermessen ist an das Vorliegen bestimmter Tatbestandsvoraussetzungen gebunden.[130] Es entbindet die Behörde nicht von der Verpflichtung, den Sachverhalt von Amts wegen und umfassend festzustellen. Der festgestellte Sachverhalt ist zudem in der Entscheidung darzulegen, und die Behörde hat ferner ihre **Ermessenserwägungen** zu erläutern, nämlich wie sie die einander entgegenstehenden Belange berücksichtigt und gewichtet hat.

65 Bei Ermessensentscheidungen ist nach dem Gesetzeswortlaut „Rechtswidrigkeit auch gegeben, wenn die gesetzlichen Grenzen dieses Ermessens überschritten sind oder von dem Ermessen in einer dem Zweck der Ermächtigung nicht entsprechenden Weise Gebrauch gemacht ist“. Dies muss der Kläger nicht ausdrücklich geltend machen, sondern das Gericht hat Einräumung von Ermessen und Ermessensfehler von Amts wegen zu prüfen. Die Behörde hat sich hiernach am Gesetzeszweck zu orientieren und die gesetzlichen Grenzen des Ermessens einzuhalten, wozu auch der Grundsatz der Gleichbehandlung gleich gelagerter Fälle zählt.[131] Die Anforderungen an die Begründung von Ermessensentscheidungen sind wesentlich schärfer als an die Begründung von gebundenen Entscheidungen.[132] Auch die Nachbesserung der Begründung ist hier nicht möglich,

127 BSG 29.8.1974 – 7 RAr 17/72, BSGE 38, 94 (95) = SozR 1500 § 75 Nr. 4 = BB 1975, 283; weitere Beispiele bei Hennig/Ulmer § 54 Rn. 87 ff.
128 BSG 19.12.1991 – 12 RK 24/90, BSGE 70, 72 (75 f.) = SozR 3-5910, § 91 a Nr. 1.
129 Hierzu auch Peters/Sautter/Wolff § 54 Rn. 311 ff.
130 BSG 4.2.1988 – 11 RAr 26/87, BSGE 63, 37 (41) = SozR 1300 § 45 Nr. 34.
131 BSG 16.6.1999 – B 9 V 4/99 R, BSGE 84, 108 (112) mwN = SozR 3-3900 § 22 Nr. 1.
132 Vgl. auch § 35 Abs. 1 Satz 3 SGB X.

falls ein Ermessensfehler festgestellt wird. Die Begründung braucht sich jedoch auch bei Ermessensentscheidungen nicht zwingend mit allen Einzelüberlegungen auseinander zu setzen. Sie kann unter Umständen sehr kurz gehalten sein, insbesondere wenn die Gründe auf der Hand liegen oder dem Betroffenen bekannt sind.[133]

2. Ermessensfehler und Begründungserfordernisse. Die umfangreiche Kasuistik der Ermessensfehler gehört zum materiellen Recht und kann hier nicht dargestellt werden.[134] Ein häufiger Ermessensfehler in der Praxis ist der vollständige **Ermessensnichtgebrauch.** Hier bringt die Behörde in der Entscheidung nicht zum Ausdruck, dass sie ihren Ermessensspielraum erkannt hat – ein Fehler, der im Gerichtsverfahren nicht mehr durch Nachbesserung zu korrigieren ist und der zur Aufhebung führt.[135] Nicht selten ist auch die **Außerachtlassung einzelner Fallumstände**, die für die Abwägung erkennbar von Bedeutung gewesen wären – auch dies ist ein evidenter und „unheilbarer" Ermessensfehler. In Betracht kommen ferner Fehler in der **Gewichtung** der Abwägungsbelange oder gar die **„Ermessensüberschreitung"**, bei der eine im Gesetz nicht vorgesehene Rechtsfolge gewählt wird. 66

Wenn die Behörde die Tatsachen zutreffend und vollständig ermittelt hat, sie weiterhin den Zweck ihres Ermessens bei ihrer Entscheidung berücksichtigt, sie alle erheblichen Umstände frei von sachfremden Erwägungen abwägt und zu einer Entscheidung kommt, die sich innerhalb des gesetzlich gezogenen Rahmens hält, hat sie eine von den Gerichten nicht zu beanstandende Ermessensentscheidung getroffen. Zum gesetzlich gezogenen Rahmen gehört in Eingriffsfällen ua auch immer die korrekte Anwendung des Grundsatzes der **Verhältnismäßigkeit** und in der gesamten Eingriffs- und Leistungsverwaltung die Berücksichtigung des **Gleichheitssatzes** mit seinen Grundsätzen über die Selbstbindung der Verwaltung. Wesentliche Abweichungen von einem in Ermessensrichtlinien genannten Regelfall müssen bei der Ermessensabwägung berücksichtigt werden.[136] 67

Nur wenn die Behörde den Weg der Entscheidungsfindung im VA zudem ordnungsgemäß und nachvollziehbar schriftlich niederlegt, ist der Bescheid rechtmäßig. Die Vorschrift des § 35 Abs. 1 Satz 3 SGB X stellt insoweit in der Sozialgerichtsbarkeit hohe Anforderungen. Hiernach muss die Begründung von Ermessensentscheidungen die Gesichtspunkte erkennen lassen, von denen die Behörde bei der Ausübung ihres Ermessens ausgegangen ist. Zudem sind nach § 35 Abs. 1 Satz 2 SGB X die wesentlichen Gründe mitzuteilen, die die Behörde zu ihrer Entscheidung bewogen haben. Begründungsfehler sind auch keine rein formellen Fehler, da jeder Begründungsfehler die Vermutung nahe legt, dass die in der schriftlichen Begründung nicht erwähnten Aspekte sachgerechter Abwägung auch tatsächlich nicht berücksichtigt worden sind, falls sie nicht auf der Hand liegen oder den Beteiligten bekannt sind. Formelhafte Wendungen genügen einer ordnungsgemäßen Ermessensausübung und -begründung nicht. Gerade die Berücksichtigung und Angabe der im konkreten Einzelfall gegebenen Besonderhei- 68

133 BVerwG 28.11.1980 – 2 C 24/78, BVerwGE 61, 200 = NJW 1981, 1390.
134 Vgl. hierzu etwa Kopp/Schenke VwGO § 114 Rn. 7 ff.
135 Vgl. BSG 18.4.2000 – B 2 U 19/99 R, SozR 3-2700 § 76 Nr. 2 = SGb 2000, 411.
136 BSG 16.6.1999 – B 9 V 4/99 R, BSGE 84, 108 (113) = SozR 3-3900 § 22 Nr. 1; zur Selbstbindung auch Hennig/Ulmer § 54 Rn. 32.

ten und Eigenheiten kennzeichnet eine ordnungsgemäße Ausübung des Ermessens.[137]

69 **3. Folgen eines Ermessensfehlers.** Jeder festgestellte Ermessensfehler macht die Entscheidung objektiv rechtswidrig, und zwar auch dann, wenn das Ergebnis vertretbar ist, selbst dann, wenn für eine abermals gleich lautende Entscheidung die weit überwiegenden Gründe sprechen. Dies gilt insbesondere auch für die Feststellung, dass die Behörde von einem unvollständigen Sachverhalt ausgegangen ist, sofern es sich um die Nichtberücksichtigung von Umständen handelt, die als Argumente für eine anders lautende Entscheidung in der Sache dienen könnten. Insoweit muss zunächst die Verwaltung über die Bewertung der Tatsachen entscheiden, und die Entscheidung ist aufzuheben. Auch Begründungsfehler führen im Regelfall zur Aufhebung der Ermessensentscheidung. Die subjektive Komponente ist in der Regel unproblematisch, denn auf pflichtgemäße Ermessensausübung besteht ein Anspruch (§ 39 Abs. 1 S. 2 SGB I).

70 Außer in Fällen der Ermessensreduzierung auf Null darf das Gericht nicht das eigene Ermessen an die Stelle desjenigen der Verwaltung setzen. Es muss die Entscheidung aufheben. Zudem muss es in Verpflichtungsfällen – anders in reinen Anfechtungsfällen – die Behörde zur Neubescheidung verpflichten. Die Beantwortung der Frage, ob nicht berücksichtigte Tatsachen oder Argumente die gewählte Rechtsfolge gleichwohl rechtfertigen, ist nicht Aufgabe des Gerichts.

71 Ist das Ermessen allerdings **auf Null reduziert**, ist eine solche Verwaltungsentscheidung nicht mehr nötig. Einer Verwaltung kann nicht das aufgegeben werden, was auch kein Gericht leisten könnte, nämlich eine Ermessensabwägung ohne hierfür geeignete Sachverhaltselemente. So wird etwa bei betrügerisch erlangten Leistungen von der Behörde durch § 45 SGB X keine Ermessensentscheidung verlangt, da hier im Regelfall keine Gesichtspunkte verbleiben, die im Interesse des Leistungsempfängers gegen eine Rücknahme mit Wirkung für die Vergangenheit sprechen könnten.[138] In solchen Fällen kann auch die Begründung der Entscheidung entsprechend knapp ausfallen.

72 **4. Maßgeblicher Zeitpunkt.** Bei Ermessensentscheidungen ist maßgeblicher Zeitpunkt für die Beurteilung der Sach- und Rechtslage immer der **Zeitpunkt der letzten Verwaltungsentscheidung**. Während jede Änderung der Sach- und Rechtslage, die noch im Verwaltungsverfahren eintritt, zu berücksichtigen ist, stellt die letzte Verwaltungsentscheidung im Hinblick auf das dort ausgeübte Ermessen eine **Zäsur** dar.

73 Da das Gericht bei Ermessensentscheidungen grundsätzlich nicht seine eigenen Erwägungen oder neuere Erkenntnisse an die Stelle derjenigen der Verwaltung setzen darf, scheidet eine Berücksichtigung nachträglich eingetretener Umstände denknotwendig aus, sofern sie nicht eine Ermessensreduzierung auf Null bedingen. Allein die Verwaltung ist vom Gesetzgeber damit beauftragt, aufgrund eines zutreffend festgestellten Sachverhalts eine sachgerechte Entscheidung zu treffen. Dies kann sie nur auf Grundlage der Tatsachen tun, die bei Erlass ihrer Entscheidung auch vorgelegen haben. Die Gerichte sind dazu berufen, die Richtigkeit der Ermessensentscheidung auf der Grundlage des Erkenntnisstandes zur

137 BSG 23.9.1997 – 2 RU 44/96, SozR 3-1300 § 50 Nr. 20 = NZS 1998, 300 (302) mwN.
138 BSG 26.9.1990 – 9 b/7 RAr 30/89, BSGE 67, 232 (234) = SozR 3-4100 § 155 Nr. 2 = SGb 1991, 196 ff.

Zeit ihres Erlasses zu überprüfen. Spätere Entwicklungen können Ermessensfehler weder begründen noch heilen.

5. Nachschieben von Gründen. Der Behörde bleibt in Fällen fehlerhafter Ermessensentscheidungen nach Durchführung des Widerspruchsverfahrens **keine Heilungsmöglichkeit** mehr. Insbesondere heilt ein Nachschieben von Gründen den Fehler nicht, da eine Ermessensentscheidung nicht aus Gründen aufrechterhalten werden darf, die sie in Wahrheit gar nicht tragen und die möglicherweise bei der Entscheidung nicht einmal bekannt waren. Hier hat eine vollständig neue Abwägung aller Einzelfallumstände zu erfolgen. Die Begründung braucht sich jedoch nicht mit allen Einzelüberlegungen auseinander zu setzen. Sie kann unter Umständen ganz unterbleiben oder sehr kurz gehalten sein, wenn die Gründe auf der Hand liegen oder dem Betroffenen bekannt sind. Ein Nachschieben von Gründen ist in solchen Fällen zulässig, wenn die nachträglich vorgebrachten Gründe schon bei Erlass des streitigen VA vorlagen, dieser durch sie nicht in seinem Wesen verändert und der Betroffene nicht in seiner Rechtsverteidigung beeinträchtigt wird.[139] Auch kann die Behörde aufgrund nachträglicher Gründe oder Erkenntnisse ggf. ihre getroffene Entscheidung bekräftigen.[140] 74

Die Verwaltung kann die angefochtene Entscheidung zu jedem Zeitpunkt des Gerichtsverfahrens durch eine andere **ersetzen.** Dieser neue VA wird nach § 96 Gegenstand des laufenden Gerichtsverfahrens. Soll ein Nachschieben von Gründen einen Neuerlass darstellen,[141] so muss dies muss allerdings hinreichend klar zum Ausdruck kommen, um die Rechtsverteidigung des Adressaten zu wahren. Zudem muss das satzungsgemäß zuständige Gremium (die Stelle, die für den Erlass des Ausgangs-VA satzungsgemäß zuständig ist)[142] entscheiden, da anderenfalls keine ordnungsgemäße Ermessensentscheidung der zuständigen Stelle vorliegt. 75

6. Abgrenzung zu unbestimmtem Rechtsbegriff und Beurteilungsspielraum. 76
a) Unbestimmter Rechtsbegriff. Ermessen ist abzugrenzen von der Verwendung unbestimmter Rechtsbegriffe im Gesetz, zB die „Erforderlichkeit" eines Hilfsmittels zum Ausgleich einer Behinderung. Die Auslegung solcher unbestimmten Rechtsbegriffe unterliegt voller gerichtlicher Nachprüfung.[143] Einen Spielraum hat die Verwaltung hier, anders als bei Ermessensentscheidungen, grundsätzlich nicht.

b) Beurteilungsspielraum. In manchen Konstellationen wird auf einen Beurteilungsspielraum abgestellt, den die Verwaltung habe. Ein Beurteilungsspielraum meint ein der gerichtlichen Kontrolle entzogenes Auslegungsermessen der Verwaltung auf der **Tatbestandsseite** von Rechtsnormen. Anwendungsbeispiele aus 77

139 BVerwG 28.11.1980 – 2 C 24/78, BVerwGE 61, 200 = NJW 1981, 1390.
140 BSG 15.3.1979 – 11 RA 34/78, BSGE 48, 88 = SozR 2200 § 1236 Nr. 14.
141 Vgl. hierzu Meyer-Ladewig/Keller/Leitherer/Schmidt § 54 Rn. 35 d.
142 Meyer-Ladewig/Keller/Leitherer/Schmidt § 54 Rn. 35 d; wichtig ist in diesem Zusammenhang, dass zB die im Vertragsarztrecht für Zulassung und Wirtschaftlichkeitsprüfung gebildeten Ausschüsse, ebenso wie in bestimmten Konstellationen der Vorstand, bei entsprechender „erstinstanzlicher" Zuständigkeit auch für den Erlass ersetzender Bescheide allein zuständig sind; zur Unzulässigkeit „erstinstanzlicher" Entscheidungen der Widerspruchsstelle auch BSG 18.5.2006 – B 4 RA 40/05 R; BSG 18.10.2005 – B 4 RA 21/05 R; BSG 30.3.2004 – B 4 RA 48/01 R.
143 AllgM, st. Rspr. seit BSG 22.8.1955 – 2 RU 119/54, BSGE 1, 184.

der Praxis sind die vertragsarztrechtliche Ermächtigung[144] und Wirtschaftlichkeitsprüfung;[145] ferner die Einschätzung der „arbeitsmarktpolitischen Zweckmäßigkeit“;[146] hiervon zu trennen ist die Rechtsprechung, wonach die Bewertung der MdE einer „ärztlichen Schätzungen eigenen Schwankungsbreite“ unterliegt.[147] Hier beschränkt sich die Kontrolle der Gerichte darauf, ob der Verwaltungsentscheidung ein richtig und vollständig ermittelter Sachverhalt zugrunde liegt, ob die durch Auslegung des unbestimmten Rechtsbegriffs ermittelten Grenzen eingehalten wurden und ob die Subsumtionserwägungen so verdeutlicht und begründet wurden, dass im Rahmen des Möglichen die zutreffende Anwendung der Beurteilungsmaßstäbe erkennbar und nachvollziehbar ist.[148]

78 Wenn ein Beurteilungsspielraum allerdings nicht ausdrücklich gesetzlich eingeräumt ist, ist Vorsicht geboten. Beurteilungsspielräume können nur unter engen Voraussetzungen anerkannt werden.[149] Sie werden von der Rechtsprechung zumeist dort angenommen, wo die maßgeblichen Stellen eine besondere Sachkunde aufweisen oder eine konkrete Situation nicht wiederholt werden kann.

79 Eine dogmatische Begründung der beschränkten gerichtlichen Nachprüfbarkeit im Lichte des Art. 19 Abs. 4 GG ist außerordentlich schwierig. Hiernach sind die Gerichte umfassend zum Rechtsschutz gegen Maßnahmen der Verwaltung berufen, die in geschützte Rechtspositionen des Bürgers eingreifen. Die Einräumung eines „Beurteilungsspielraums“ bedarf somit immer der Prüfung ihrer verfassungsrechtlichen Zulässigkeit im Lichte des Art. 19 Abs. 4 GG. Dass die Gerichte in manchen Fällen an die Grenzen ihrer faktischen Möglichkeiten stoßen, darf nicht vorschnell dazu verleiten, die verfassungsrechtlich vorgegebene gerichtliche Kontrolldichte richterrechtlich zurückzunehmen. Zwar werden Beurteilungsspielräume in der Rechtsprechung als zulässig erachtet; andererseits ist aber auch zu betonen, dass der Wille des Gesetzgebers zur Einräumung solcher Beurteilungsspielräume klar zum Ausdruck kommen muss und dass Grundrechte solchen Spielräumen Grenzen setzen können.[150]

80 Soweit eine Entscheidung über einen Beurteilungsspielraum mit einer Ermessensentscheidung „untrennbar verbunden“ sein soll, kann in geeigneten Fällen eine **einheitliche Ermessensentscheidung** angenommen werden. Dies ist insbesondere dann möglich, wenn es um die Einschätzung künftiger Entwicklungen geht. Beispiel ist etwa die Beurteilung, ob eine Rehabilitationsleistung die Erwerbsfähigkeit wesentlich verbessern wird, in Verbindung mit der Ermessensentscheidung, ob die Leistung gewährt werden soll.[151] Hier ist aufgrund einer ungesicherten Tatsachengrundlage eine Prognose erforderlich. Eine Prognose ist etwas grundlegend Anderes als ein Beurteilungsspielraum. Sie kann zum Zeit-

---

144 St. Rspr., vgl. BSG 12.9.2001 – B 6 KA 86/00, SozR 3-2500 § 116 Nr. 23, S. 103 mwN = NZS 2002, 440.

145 St. Rspr., etwa BSG 12.12.2001 – B 6 KA 7/01 R, SozR 3-2500 § 106 Nr. 55, S. 306 mwN = NZS 2002, 613.

146 BSG 18.9.1997 – 11 RAr 85/96, NZS 1998, 191 (193).

147 Hierzu BSG 17.12.1975 – 2 RU 35/75, BSGE 41, 99 (100) = SozR 2200 § 581 Nr. 5; weitere Nachweise aus der Rechtsprechung für Beurteilungsspielräume Meyer-Ladewig/Keller/Leitherer/Schmidt § 54 Rn. 31 c.

148 BSG 28.10.1986 – 6 RKa 11/86, BSGE 60, 291 (294) = SozR 5520 § 29 Nr. 7.

149 Meyer-Ladewig/Keller/Leitherer/Schmidt § 54 Rn. 31 b mwN.

150 Jarass/Pieroth Art. 19 Rn. 69 f. mwN.

151 Vgl. LSG Nds 26.6.1985 – L 2 J 412/84, Breith. 1986, 320 (324 f.); wN bei Meyer-Ladewig/Keller/Leitherer/Schmidt § 54 Rn. 31 c.

punkt ihrer Vornahme nur vertretbar oder nicht vertretbar sein; ob sie richtig oder falsch war, zeigt sich erst später. Die Gewichtung der zugrunde liegenden, festgestellten Fakten muss hierbei ohnehin im Rahmen der Ermessenserwägungen erfolgen, und das Erfordernis einer Prognoseentscheidung rechtfertigt noch nicht die Annahme eines Beurteilungsspielraums.[152]

7. Zur Einschätzungsprärogative des Normgebers. Von den Bedenken zu Beur- 81
teilungsspielräumen scharf zu trennen ist die Einschätzungsprärogative des – auch untergesetzlichen – Normgebers. Dies betrifft Rechtsverordnungen der unmittelbaren Staatsverwaltung ebenso wie untergesetzliche Rechtsnormen wie Richtlinien des Gemeinsamen Bundesausschusses, Einheitlicher Bewertungsmaßstab und Honorarverteilungsmaßstäbe. Hierbei anzustellende Gewichtungen, Bewertungen, Prognosen etc sind von den Gerichten nur auf ihre Vertretbarkeit zu überprüfen. Formell und materiell verfassungsgemäße Rechtsnormen binden die Gerichte. Die Bedenken hinsichtlich der Verfassungsmäßigkeit von untergesetzlichen Rechtsnormen nach § 92 SGB V[153] bleiben, sind jedoch derzeit nicht praxisrelevant.

Anders als Rechtsnormen sind individuell-konkrete Verwaltungsentscheidungen 82
von den Gerichten grundsätzlich voll zu überprüfen. Die „Einschätzungsprärogative des Normgebers“ ist auf generell-abstrakte Regelungen beschränkt, die Rechtsnormqualität im Außenverhältnis haben. Die richterrechtliche Konstruktion gerichtsfreier Räume ist bei Einzelfallentscheidungen mit Grundrechtsrelevanz nach Art. 19 Abs. 4 GG grundsätzlich nicht zulässig. Solche gerichtsfesten Bereiche sollten, auch im Interesse klarer Strukturen, im Wesentlichen auf die Einschätzungsprärogative des Normgebers und auf Ermessensspielräume der Verwaltung beschränkt bleiben. Allen anderen Konstruktionen, etwa „besonderen Gewaltverhältnissen“, „normkonkretisierenden Verwaltungsvorschriften“ oder „Beurteilungsspielräumen“, steht die Rechtsschutzgarantie des Art. 19 Abs. 4 GG im Regelfall entgegen.

VI. Aufsichtsklage – Abs. 3

Die Aufsichtsklage nach Abs. 3 dient der Beseitigung der Verletzung eines 83
Selbstverwaltungsrechts.[154] Sie ist **regelmäßig eine Anfechtungsklage**: Hiernach kann eine Körperschaft oder eine Anstalt des öffentlichen Rechts – nicht aber aus eigenem Recht deren Vorstand[155] – mit der Klage die Aufhebung einer Anordnung der Aufsichtsbehörde begehren, wenn sie meint, dass die Anordnung das Aufsichtsrecht überschreite. Die „Überschreitung“ des Aufsichtsrechts ist hierbei nicht auf Fälle der Kompetenzüberschreitung beschränkt, sondern umfasst auch sonstige inhaltlich **fehlerhafte Aufsichtsverfügungen**, sowie **Streitigkeiten** dahin gehend, **welche Aufsichtsbehörde grundsätzlich zuständig**[156] ist. Für die Zulässigkeit der Aufsichtsklage reicht die schlüssige Behauptung aus, die Aufsichtsbehörde habe bei ihrer Aufsichtsanordnung das Aufsichtsrecht über-

152 Jarass/Pieroth Art. 19 Rn. 69.
153 Vgl. zB LSG Nds 23.2.2000 – L 4 KR 130/98, NZS 2001, 32, mit Besprechung von Castendiek NZS 2001, 71; umfangreiche weitere Nachweise dort.
154 Breitkreuz/Fichte § 54 Rn. 104.
155 Zur Klage des Vorstands einer Krankenkasse gegen die Krankenkasse auf Unterlassung, die Höhe der Vorstandsvergütungen zu veröffentlichen, BSG 14.2.2007 – B 1 A 3/06 R, Breith. 2007, 919.
156 BSG 19.3.2015 – B 1 A 10/13 R, juris.

schritten oder ermessensfehlerhaft gehandelt.[157] Möglich ist insbesondere auch die Behauptung eines Ermessensfehlgebrauchs. Eine „Anordnung der Aufsichtsbehörde" wird in der Regel ein VA sein; uU können aber auch Rechtsetzungsakte unter den Begriff der „Anordnung" fallen.[158] Die Aufhebungsklage ist begründet, wenn das Aufsichtsrecht überschritten ist oder ein formeller oder inhaltlicher Fehler vorliegt, der sich auf die Aufsichtsanordnung ausgewirkt haben kann.

84 Die Vorschrift ist über ihren Wortlaut hinaus weit zu interpretieren, sie erfasst etwa auch die dort nicht erwähnten öffentlich-rechtlichen Stiftungen. Klagebefugt ist jeder Träger mittelbarer Staatsverwaltung mit beschränkten Selbstverwaltungsbefugnissen, der einer staatlichen Aufsicht unterliegt. Klagegegenstand kann jenseits der Anfechtung auch ein **Verpflichtungsbegehren** sein,[159] etwa die Genehmigung eines Modellvorhabens nach § 63 SGB V; auch ein **Leistungsbegehren**, etwa auf Unterlassung einer Aufsichtsverfügung, ist denkbar. Kläger[160] oder Klagegegner muss auch nicht zwingend die Aufsichtsbehörde sein: Die Klage einer kassenzahnärztlichen Vereinigung gegen das Bundesgesundheitsministerium, das nicht ihre Aufsichtsbehörde ist, kann zulässig sein.[161] Demgegenüber ist das nach § 89 Abs. 1 SGB V entscheidende Schiedsamt zur Anfechtung einer gegen seinen Schiedsspruch ergangenen Aufsichtsverfügung nicht klagebefugt.[162] Eine Aufsichtsklage kann auch im Wege des Eilrechtsschutzes erhoben werden.[163] Ferner sind hinsichtlich der Zulässigkeit § 78 Abs. 1 Nr. 2 (fehlendes Vorverfahren) und § 29 Abs. 2 Nr. 2 (erstinstanzliche Zuständigkeit des LSG) zu beachten.

85 Weisungen im Rahmen der **Bundesauftragsverwaltung** können hingegen nicht ohne Weiteres im Klagewege angefochten werden.[164] Dies ergibt sich daraus, dass die anweisende Behörde hier nicht als Aufsichtsbehörde tätig wird, sondern es sich vielmehr um die Weisung einer übergeordneten Behörde an eine untergeordnete Behörde innerhalb der Behördenhierarchie handelt. Solche Angelegenheiten sind verwaltungsinterne Akte, sofern sie innerhalb des übertragenen Wirkungsbereichs verbleiben.[165]

---

157 LSG Bln-Bbg 27.5.2015 – L 9 KR 309/12 KL; BSG 28.6.2000 – B 6 KA 64/98 R, BSGE 86, 203 (205) = SozR 3-2500 § 80 Nr. 4.
158 So auch Meyer-Ladewig/Keller/Leitherer/Schmidt § 54 Rn. 18.
159 BSG 18.11.2014 – B 1 A 1/14 R, juris; BSG 25.6.1991 – 1 RR 6/90, BSGE 69, 72 (73) mwN = SozR 3-2500 § 241 Nr. 1.
160 BSG 17.8.2011 – B 6 KA 32/10 R, juris.
161 BSG 17.11.1999 – B 6 KA 10/99 R, SozR 3-2500 § 71 Nr. 1; zum Klagerecht einer kassenzahnärztlichen Vereinigung gegen die „Einsetzung eines Staatskommissars" auch Gaßner/Mente SGb 2005, 421.
162 BSG 10.5.2000 – B 6 KA 20/99 R, BSGE 86, 126 = SozR 3-2500 § 85 Nr. 37.
163 SchlHLSG 7.12.2016 – L 5 KR 151/16 KL, juris.
164 BSG 11.12.2003 – B 10 A 1/02 R, juris zur – zulässigen – Aufsichtsklage gegen eine Aufforderung, Schadensersatzansprüche gegen den ehemaligen Geschäftsführer rechtshängig zu machen.
165 Peters/Sautter/Wolff § 54 Rn. 97 mwN.

VII. Leistungsklage – Abs. 4, 5

86 **1. Arten der Leistungsklage. a) Zielrichtung.** Die Leistungsklage kann auf jede Leistung gerichtet sein, die sich nicht im Erlass eines VA erschöpft.[166] Gegenstand des Leistungsbegehrens kann ein **Tun, Dulden oder Unterlassen,** auch eine Amtshandlung, sein. Das Gesetz unterscheidet die kombinierte Anfechtungs- und Leistungsklage des Abs. 4 (auch „unechte Leistungsklage" genannt), der ein VA vorausgeht, und die regelmäßig im Gleichordnungsverhältnis in Betracht kommende „echte" Leistungsklage des Abs. 5, bei der ein vorausgehendes Verwaltungsverfahren nicht durchzuführen war.

87 Die Klage auf Verurteilung zur Abgabe einer Willenserklärung, die nicht VA ist, kommt in seltenen Fällen auch in der Sozialgerichtsbarkeit vor und ist Leistungsklage.[167] Eine Sonderform der Leistungsklage ist ferner die Normerlassklage (→ Rn. 136).

88 **b) Entbehrlichkeit der Bezifferung des Klageantrags.** Ist Gegenstand der Leistungsklage eine Geldleistung, auf die ein Rechtsanspruch besteht, und kann dieser nicht konkret beziffert werden, greift § 130: Hiernach kann das Gericht auf Leistung nur dem Grunde nach verurteilen. Zur Vermeidung von Berechnungsschwierigkeiten macht die Praxis hiervon v.a. bei Klagen im Bereich der Rentenversicherung und der Grundsicherung für Arbeitssuchende oft Gebrauch.[168] Die Möglichkeit zum Erlass derartiger „Grundurteile" ist eine Besonderheit des sozialgerichtlichen Verfahrens. Wegen der Einzelheiten wird auf die Kommentierung zu § 130 verwiesen. Zunehmend ist jedoch zu beobachten, dass die Rechtsprechung bei unproblematisch vorzunehmenden Bezifferungen zur Zulässigkeit der Leistungsklage diese vom Kläger auch fordert.[169]

89 **c) Unterlassungsklage.** Diese Unterform der Leistungsklage ist in der Sozialgerichtsbarkeit ohne Weiteres zulässig, aber hier eher selten anzutreffen.[170] Ein Anwendungsbereich ist der Rechtsschutz gegen Verletzungen des Sozialgeheimnisses,[171] aber auch die Unterlassung bestimmte Wahltarife anzubieten[172] oder Äußerungen über Pflegemängel[173] fortzusetzen.

90 In seltenen Fällen kommt auch eine **vorbeugende** Unterlassungsklage gegen eine drohende Amtshandlung in Betracht.[174] Eine solche vorbeugende Klage erfordert ein gerade auf vorbeugenden Rechtsschutz gerichtetes Rechtsschutzinteres-

166 Sonst Verpflichtungsklage als Unterfall der Leistungsklage; wird – wie oft – neben dem Erlass eines VA eine weitere Leistung begehrt, „konsumiert" die Leistungsklage die Klageart der Verpflichtungsklage, vgl. BSG 14.3.2006 – B 4 RA 55/04, SozR 4-2600 § 166 Nr. 2 = BSGE 96, 83.

167 Bsp.: BSG 18.3.1999 – B 3 P 8/98 R, SozR 3-3300 § 77 Nr. 1 = NJW 2000, 1813 = NZS 2000, 35 (36).

168 Aus der jüngeren Rechtsprechung vgl. etwa SächsLSG 21.2.2011 – L 7 AS 145/08, juris Rn. 21 – zur Anwendung des § 130 im SGB II und SGB XII.

169 BSG 6.8.2014 – B 4 AS 37/13 R und 3.7.2012 – B 1 KR 22/11 R, beide juris.

170 Zuletzt BSG 24.4.2015 – B 4 AS 39/14 R, gegen automat. Datenabgleich zw. SGB II-Träger und Bundeszentralamt f. Steuern; ferner BSG 11.5.1999 – B 11 AL 45/98 R, BSGE 84, 67 = SozR 3-4300 § 36 Nr. 1 und BSG 20.2.1991 – 11 RAr 5/90, SozR 3-1500 § 54 Nr. 6: Vermittlung von Künstlern in selbstständige Tätigkeiten durch die BA.

171 Krasney/Udsching, IV Rn. 68.

172 BSG 30.7.2019 – B 1 KR 18 R, juris.

173 LSG Bln-Bbg 11.10.2018 – L 30 P 26/16, juris.

174 ZB Insolvenzantrag, Offenbarung von Geheimnissen: Nachweise bei Keller in Meyer-Ladewig Rn. 42, 42 a; Hennig/Ulmer § 54 Rn. 118 f.; Krasney/Udsching, IV Rn. 68.

se und die Unzumutbarkeit, die befürchtete Amtshandlung, die konkret drohen muss, abzuwarten.

91 **2. Die kombinierte Anfechtungs- und Leistungsklage – Abs. 4. a) Zielrichtung.** Die kombinierte Anfechtungs- und Leistungsklage, die aufgrund der Hauptausrichtung des sozialgerichtlichen Rechtsschutzes auf die Gewährung gebundener Sozialleistungen die häufigste Klageart vor den Sozialgerichten sein dürfte,[175] betrifft insbesondere das verwaltungsrechtliche Staat-Bürger-Verhältnis. Hier muss die begehrte Leistung zunächst bei der Behörde beantragt werden. Der unmittelbaren Leistungsklage fehlt hier das Rechtsschutzbedürfnis, weil die Antragstellung zunächst den einfacheren Weg darstellt und der unmittelbaren Leistungsklage außerdem der Gewaltenteilungsgrundsatz entgegensteht.[176] Für den Leistungsteil einer kombinierten Anfechtungs- und Leistungsklage fehlt hingegen das Rechtsschutzbedürfnis, wenn allein die Anfechtung schon zum Ziel führt, etwa bei einer durch Aufhebung des entziehenden Bescheides wieder auflebenden Bewilligung.[177]

92 Wenn ein VA erforderlich ist, muss er auch abgewartet werden; die „echte" Leistungsklage ist dann unzulässig, ggf. ist Untätigkeitsklage (§ 88) zu erheben. Der VA muss auch den konkret geltend gemachten Leistungsanspruch betreffen; eine auf andere Leistungen gerichtete, anschließende Klage ist unzulässig.[178] Erhebt der Kläger in solchen Fällen vor Erlass eines VA eine Leistungsklage, ist die Klage unzulässig, wenn das Klagebegehren weder als Verpflichtungs- oder Untätigkeitsklage ausgelegt werden kann. Zu beachten ist, dass eine bewilligte **vorläufige Leistung** ein aliud – also etwas anderes – als die endgültige Leistung ist, somit ist der Vorbehalt der Vorläufigkeit einer bewilligten Leistung grundsätzlich mit der Anfechtungsklage anzugreifen. Die Vorläufigkeit der Bewilligung einer Leistung enthält jedoch häufig zumindest konkludent die Ablehnung einer endgültigen vorbehaltlosen Leistung, so dass in diesen Fällen eine kombinierte Anfechtungs- und Verpflichtungsklage (soweit Ermessen der Behörde hinsichtlich der Vorläufigkeit besteht) oder eine kombinierte Anfechtungs- und Leistungsklage (wenn der Kläger davon ausgeht, dass die Voraussetzungen für eine vorläufige Entscheidung überhaupt nicht vorliegen oder das Ermessen der Behörde sowohl im Hinblick auf die Rechtmäßigkeit der vorläufigen Entscheidung selbst, als auch ein ggf. bestehendes Ermessen hinsichtlich der Höhe der zu bewilligenden Leistungen auf Null reduziert sei) die zulässige Klageart ist.[179]

Im Hinblick auf die Nachforderung rechtswidrig nicht gezahlter Sozialleistungen ist somit immer eine kombinierte Anfechtungs- und Leistungsklage zu erheben, die reine Leistungsklage ist unzulässig.[180]

---

175 So Jansen § 54 Rn. 14.

176 BSG 13.11.2012 – B 1 KR 13/12, juris; LSG BW 26.9.1989 – L 3 Ar 535/89, Breith. 1990, 349 (350).

177 Ausnahme, wenn Bescheidlage zu unübersichtlich BSG 20.9.2012 – B 8 SO 4/11 R, juris.

178 BSG 21.9.2010 – B 2 U 25/09 R, juris mwN.

179 BSG 10.5.2011 – B 4 AS 139/10 R, juris; BSG 6.4.2011 – B 4 AS 119/10 R, juris mwN.

180 Auch zB bei Nichtauszahlung einer bewilligten Rente, weil die zugrunde liegende Verfügung der Nichtauszahlung ebenfalls ein VA ist, BSG 3.4.2003 – B 13 RJ 39/02 R, BSGE 91, 68 = SozR 4-1300 § 31 Nr. 1 = NZS 2004, 156 ff. und BSG 24.10.2013 – B 13 R 31/12 R, juris.

Auch im Leistungserbringungsrecht des SGB V ist ein vorgeschaltetes Verwaltungsverfahren häufig erforderlich,[181] jedoch keineswegs immer.[182] An einem vorgeschalteten Verwaltungsverfahren kann es in seltenen Fällen auch im klassischen Staat-Bürger-Verhältnis zwischen Versichertem und Versicherungsträger fehlen, so bei der nachträglichen Einziehung von Zuzahlungen zu Krankentransporten durch die Krankenkassen; auch hier ist die Leistungsklage zulässig.[183] 93

Die kombinierte Anfechtungs- und Leistungsklage kommt in Abgrenzung zur kombinierten Anfechtungs- und Verpflichtungsklage nur bei gebundenen Entscheidungen, nicht bei Ermessensentscheidungen in Betracht und ist immer dann die richtige Klageart, wenn sich das Verpflichtungsbegehren nicht im Erlass eines VA erschöpft (→ Rn. 33 ff.). Der Erlass eines Grundurteils nach § 130 ist bezüglich des zur Leistung verpflichtenden Teils des Tenors bei Geldleistungen zulässig und weitgehend üblich.[184] 94

Der Erhebung einer kombinierten Anfechtungs- und Leistungsklage steht es nicht entgegen, wenn das Gericht die für vergangene Zeiträume zu beanspruchende Leistung nur unter einer aufschiebenden Bedingung zusprechen kann, wie etwa der noch bevorstehenden fristgemäßen Nachentrichtung freiwilliger Beiträge.[185] 95

b) **Zulässigkeit.** Die Zulässigkeit einer Leistungsklage nach Abs. 4 erfordert zunächst die Erfüllung der allgemeinen Sachurteilsvoraussetzungen sowie die Möglichkeit, dass der Kläger auf die begehrte Leistung einen Anspruch hat.[186] Für die Leistungsklage gelten vergleichbare Grundsätze wie bei der „Beschwer" der Anfechtungs- und Verpflichtungsklage. 96

Im Hinblick auf **Widerspruchsverfahren und Klagefrist** richten sich angesichts des zuvor durchgeführten Verwaltungsverfahrens die Zulässigkeitsvoraussetzungen nach den Grundsätzen der Anfechtungsklage. Ist der VA bestandskräftig, ist die kombinierte Anfechtungs- und Leistungsklage unzulässig; auch auf die echte Leistungsklage oder eine Feststellungsklage kann in diesen Fällen nicht ausgewichen werden. Die kombinierte Anfechtungs- und Verpflichtungsklage ist jedoch wiederum zulässig, wenn die Behörde die Rücknahme eines bestandskräftigen Ablehnungsbescheides im Verfahren nach § 44 SGB X abgelehnt hat.[187] 97

c) **Begründetheit.** Diese erfordert, dass der Kläger einen **Anspruch** auf die begehrte Leistung hat. Dies bestimmt sich nach materiellem Recht. 98

181 Bsp.: BSG 5.7.2000 – B 3 KR 20/99 R, BSGE 87, 25 = SozR 3-2500 § 109 Nr. 7 = NZS 2001, 361 (362), ferner im gesamten Bereich der Honoraransprüche von Vertragsärzten.

182 Die Zahlungsklage des Krankenhausträgers gegen die Krankenkasse ist echte Leistungsklage; die Klage gegen den verweigerten Abschluss eines Versorgungsvertrages mit dem Krankenhausträger unterfällt hingegen dem Anwendungsbereich des Abs. 4 als kombinierte Anfechtungs- und Leistungsklage, BSG 28.7.2008 – B 1 KR 5/08 R, BSGE 101, 177 = SozR 4-2500 § 109 Nr. 6 mwN; für den Vergütungsanspruch eines Heilmittelerbringers BSG 17.4.1996 – 3 RK 19/95, SozR 3-2500 § 19 Nr. 2 = NZS 1997, 76.

183 BSG 16.4.1998 – B 3 KR 14/96 R, SozR 3-2500 § 60 Nr. 2.

184 BSG 10.12.2008 – B 6 KA 45/07 R, SozR 4-2500 § 106 a Nr. 5.

185 BSG 12.7.1990 – 4 RA 47/89, SozR 3-1500 § 54 Nr. 3, S. 6 f. mwN.

186 Möglichkeitstheorie, vgl. BSG 11.5.1999 – B 11 AL 45/98 R, BSGE 84, 67 (69 f.) = SozR 3-4300 § 36 Nr. 1 = SGb 2000, 631 mwN; Kopp/Schenke, VwGO, § 42 Rn. 66.

187 Krasney/Udsching, IV Rn. 76; ähnlich LSG LSA 13.8.1999 – L 1 RA 52/98, SGb 2000, 216.

99 **Maßgeblicher Zeitpunkt** bei der kombinierten Anfechtungs- und Leistungsklage ist derjenige der letzten mündlichen Verhandlung. Allerdings ist der zeitliche Geltungswille des Gesetzes bei einer zwischenzeitlichen gesetzlichen Neuregelung ggf. vorrangig;[188] vgl. zur Begründetheit im Übrigen die Ausführungen in → Rn. 33 ff. zur kombinierten Anfechtungs- und Verpflichtungsklage.

100 Ein **Nachschieben von Gründen** ist bei der Leistungsklage in gleichem Umfang wie bei der Verpflichtungsklage (→ Rn. 50) unbeschränkt möglich; die besondere Problematik der Ermessensentscheidungen stellt sich bei der Leistungsklage nicht.

101 **3. Die „echte" Leistungsklage – Abs. 5. a) Zielrichtung.** Das SGG erwähnt in Abs. 5 die Leistungsklage ohne zuvor durchgeführtes Verwaltungsverfahren. Sie kann erhoben werden, wenn ein vorausgehender VA „nicht zu ergehen hatte". Dies ist vor allem in **Gleichordnungsverhältnissen** der Fall, aber auch wenn über eine **gesetzliche Fiktion** (v.a. § 13 Abs. 3 a SGB V) eine bestimmte Leistung (zB Liposuktion) eingeklagt wird[189].

102 Gleichordnung ist in der Regel bei Rechtsstreitigkeiten **zwischen Behörden** gegeben, insbesondere bei Erstattungsstreitigkeiten nach §§ 102 ff. SGB X.[190] Lehnt ein bisher als zuständig festgestellter Unfallversicherungsträger eine nach § 136 Abs. 1 Satz 4 und 5 SGB VII vorzunehmende Überweisung ab, so kann der Unfallversicherungsträger, an den das Unternehmen überwiesen werden soll, mit der Leistungsklage dagegen vorgehen.[191] Die echte Leistungsklage ist auch richtige Klageart in **privatrechtlichen Streitigkeiten,** soweit die Sozialgerichte hierfür nach § 51 Abs. 2 zuständig sind.[192]

103 Gleichordnung kann auch **zwischen Verwaltung und Privaten** bestehen. Bei einer auf Zahlung der Behandlungskosten eines Versicherten gerichteten Klage eines Krankenhausträgers gegen eine Krankenkasse geht es um einen Streit im Gleichordnungsverhältnis, in dem eine Regelung durch Verwaltungsakt nicht in Betracht kommt.[193] Gleiches gilt im Rechtsstreit zwischen einer Krankenkasse und einem freiberuflich tätigen Apotheker.[194] Auch falls nach Festsetzung eines abgetretenen Anspruchs zwischen Abtretungs- bzw. Pfändungsgläubiger einerseits und Sozialleistungsträger andererseits über die Auszahlung von Sozialleistungen gestritten wird oder sich der Sozialleistungsträger weigert, über die Abtretung

---

188 BSG 26.6.2001 – B 2 U 28/00 R, SozR 3-2700 § 44 Nr. 1, S. 3.

189 BSG 7.12.2017 – B 1 KR 24/17 R mwN, juris.

190 Vgl. etwa BSG 28.3.2000 – B 8 KN 3/98 U R, BSGE 86, 78 = SozR 3-1300 § 111 Nr. 8; anders bei der Festsetzung der Beiträge durch den Krankenversicherungsträger, die als VA auch gegenüber anderen Versicherungsträgern ergeht, wobei die Leistungsklage jedoch gleichwohl als zulässig erachtet wird: BSG 15.6.2000 – B 12 RJ 5/99 R, SozR 3-2500 § 255 Nr. 1 = NZS 2001, 99.

191 BSG 2.4.2009 – B 2 U 20/07 R, SozR 4-2700 § 136 Nr. 5 = NZS 2010, 342.

192 Nämlich in der Kranken- und Pflegeversicherung, Einzelheiten siehe die Kommentierung zu § 51.

193 St. Rspr., etwa BSG 20.4.2010 – B 1 KR 19/09 R, SozR 4-5562 § 8 Nr. 1 = juris mwN; BSG 4.3.2004 – B 3 KR 4/03 R, SozR 4-2500 § 39 Nr. 1 = BSGE 92, 223; BSG 12.11.2003 – B 3 KR 1/03 R, SozR 4-2500, § 112 Nr. 2 = NZS 2004, 590 ff.

194 BSG 3.8.2006 – B 3 KR 7/05 R, SozR 4-2500 § 129 Nr. 1; BSG 3.8.2006 – B 3 KR 6/06 R, SozR 4-2500 § 129 Nr. 2; vgl. auch BSG 17.3.2005 – B 3 KR 2/05 R, BSGE 94, 213 = SozR 4-5570 § 30 Nr. 1.

zu entscheiden, ist die Erhebung einer Leistungsklage zulässig,[195] ebenso für einen Rücküberweisungsanspruch des Rentenversicherungsträgers gegen ein Geldinstitut nach dem Tod des Berechtigten.[196] In einem Ausnahmefall hat das BSG auch die Klage eines **Versicherten** als echte Leistungsklage für zulässig erachtet.[197] Gleiches gilt auch, wenn ein Versicherter Akteneinsicht in seine Patientenakte eines Leistungserbringers begehrt, dessen Träger eine Krankenkasse ist.[198]

Die in Abs. 5 geregelte Leistungsklage kann auch auf ein **schlichtes hoheitliches Verwaltungshandeln** abzielen, das in einem **Unterlassen** bestehen kann; die Unterlassung eines bestimmten künftigen Verwaltungshandelns eines Versicherungsträgers kann nur mit einer Leistungsklage in der Gestalt der vorbeugenden Unterlassungsklage geltend gemacht werden.[199] 104

b) **Zulässigkeit.** Für die Zulässigkeit einer Leistungsklage nach Abs. 5 gelten zunächst dieselben Voraussetzungen, die für die Zulässigkeit der kombinierten Anfechtungs- und Leistungsklage dargelegt sind. Es bestehen aber bedeutsame Unterschiede: Die „echte" Leistungsklage ist anders als die kombinierte Anfechtungs- und Leistungsklage **nicht fristgebunden** und erfordert auch **nicht die Durchführung eines Vorverfahrens.** In Fällen des Abs. 4 kann selbstverständlich nicht unter Umgehung dieser Voraussetzungen und ggf. unter Verzicht auf ein Verwaltungsverfahren auf eine Leistungsklage nach Abs. 5 ausgewichen werden.[200] Ein Rechtsschutzbedürfnis für eine Leistungsklage kann in Ausnahmefällen die Darlegung der Erfolglosigkeit der Inanspruchnahme eines bestimmten Dritten erfordern.[201] Für Leistungsklagen der Verwaltung gilt im Übrigen, dass diese im Lichte von Rechtsschutzbedürfnis und Prozessökonomie dann nur in atypischen Fällen zulässig sind, wenn die Behörde das Rechtsverhältnis durch Erlass eines VA klären könnte (→ § 55 Rn. 28). 105

c) **Begründetheit.** Erforderlich ist, dass der Kläger nach materiellem Recht einen Anspruch auf die begehrte Leistung hat. Hierbei ist **maßgeblicher Zeitpunkt** der- 106

195 LSG RhPf 4.11.2002 – L 4 B 106/02, SGb 2003, 281; für die Zulässigkeit der Leistungsklage des Pfändungspfandgläubigers bei Zusammentreffen von Pfändung und Verrechnung des Altersruhegeldes ferner BSG 12.7.1990 – 4 RA 47/88, BSGE 67, 143 = SozR 3-1500 § 54 Nr. 2; weitere Beispiele bei Krasney/Udsching, IV Rn. 65.

196 BSG 13.12.2005 – B 4 RA 28/05 R, SozR 4-2600 § 118 Nr. 2 = NZS 2006, 370; vgl. auch BSG 29.3.2007 – B 9 a V 7/06 B, SozR 4-2600, § 118 Nr. 3 = NZS 2008, 223, sowie BayLSG 3.2.2011 – L 19 R 333/05, juris.

197 Bei Klage auf Rückgewähr von Leistungen, wenn Aufhebungs- und Erstattungsbescheid schon nach § 44 SGB X aufgehoben war: BSG 13.2.2014 – B 4 AS 19/13 R; Klage auf grundsätzliche Leistungspflicht betreffend die zukünftige Gewährung von 9,5 Stunden Behandlungspflege, BSG 10.11.2005 – B 3 KR 38/04 R, SozR 4-2500 § 37 Nr. 6 = Breith. 2006, 730, offenbar – ohne dass dies im Urteil explizit zum Ausdruck kommt – weil effektiver Rechtsschutz auf andere Weise nicht möglich war; ferner zählen hierzu Klagen auf Auskunft und Beratung, Meyer-Ladewig/Keller/Leitherer/Schmidt § 54 Rn. 41 mwN.

198 BSG 8.9.2015 – B 1 KR 36/14 R, juris.

199 BSG 24.9.1986 – 8 RK 8/85, BSGE 60, 248 = SozR 1500 § 54 Nr. 67; zulässig auch vorbeugende Unterlassungsklage des Vorstands einer Krankenkasse gegen die Krankenkasse auf Unterlassung, die Höhe der Vorstandsvergütungen zu veröffentlichen, BSG 14.2.2007 – B 1 A 3/06 R, Breith. 2007, 919.

200 BSG 21.3.2006 – B 2 U 24/04 R, SozR 4-1300 § 84 Nr. 1 = NZS 2007, 166 zum Anspruch auf Löschung von Sozialdaten; vgl. auch BSG 16.11.2005 – B 2 Urt. 28/04 R, SGb 2006, 41.

201 Beispiel BSG 8.6.2004 – B 4 RA 42/03 R, SGb 2004, 476.

jenige der letzten mündlichen Verhandlung.[202] Die Frage eines **Nachschiebens von Gründen** stellt sich mangels Vorverfahren nicht. Die Klage ist gegen die Stelle zu richten, welche durch die Anspruchsgrundlage verpflichtet wird, wobei auch hinsichtlich des richtigen **Klagegegners** ggf. durch einen gerichtlichen Hinweis (§ 106) nebst nachfolgender Klageänderung (§ 99) eine Fehlerkorrektur möglich ist.

107 **4. Normerlassklage.** Eine besondere Form der „echten" Leistungsklage ist die Normerlassklage. Sie ist auf die Durchsetzung eines Anspruchs auf **Normsetzung** gegenüber der Exekutive gerichtet, und zwar auf (konstruktive) Änderung einer bestehenden Rechtsnorm oder auf erstmaligen Erlass.[203] Die Beseitigung ist demgegenüber Gegenstand der Normenkontrolle (→ § 55 Rn. 65 ff.).

Auch die Normerlassklage richtet sich auf eine Leistung; für ihre Unzulässigkeit entgegen dem Wortlaut des Abs. 5 bestehen keine hinreichenden Anhaltspunkte.[204]

108 Die Normerlassklage ist mittlerweile auch in der Rechtsprechung des BSG etabliert.[205] Gegen die Statthaftigkeit einer Klage auf Erlass untergesetzlicher Rechtsnormen bestehen mit der inzwischen wohl allgemeinen Meinung keine Bedenken.[206] Beispiel ist die Klage eines Leistungserbringers/Herstellers auf Anerkennung einer nach §§ 135, 138 SGB V ausgeschlossenen Methode durch den Gemeinsamen Bundesausschuss.[207]

109 Der Streitgegenstand einer Normerlassklage ist in allen einschlägigen Fällen ganz eindeutig nicht Gegenstand einer „verfassungsrechtlichen Streitigkeit", nämlich einer solchen zwischen Verfassungsorganen über verfassungsrechtliche Fragen.[208]

110 Die Formulierung des stattgebenden **Urteilstenors** im Falle einer erfolgreichen Normerlassklage ist sorgfältig abzuwägen. Sie hat sich auf den absolut notwendigen Inhalt zu beschränken, der dem Normgeber seinen Entscheidungsspielraum so weit wie möglich belässt. Dies gebietet der **Gewaltenteilungsgrundsatz**; die Rechtsprechung darf die Rechtsnormen nicht weiter gehend mit bindender Wirkung für den verfassungsgemäß berufenen Normgeber vorformulieren, als

---

202 Zur Vorrangigkeit des zeitlichen Geltungswillens des Gesetzes bei einer zwischenzeitlichen gesetzlichen Neuregelung → Rn. 99.

203 Axer NZS 1997, 10 (14 ff.).

204 So zutreffend Axer NZS 1997, 10 (16).

205 BSG 28.6.2000 – B 6 KA 26/99 R, BSGE 86, 223 = SozR 3-2500 § 138 Nr. 1 = NZS 2001, 590 ff.: Klage einer Diätassistentin auf Aufnahme einer Therapieform in die Heil- und Hilfsmittelrichtlinien; BSG 11.9.2002 – B 6 KA 34/01 R, BSGE 90, 61 = SozR 3-2500 § 87 Nr. 35 = MedR 2003, 650 ff.: Änderung des Einheitlichen Bewertungsmaßstabs. Im letztgenannten Fall hat das BSG zwar die Einräumung einer subjektiven Rechtsposition verneint, ist jedoch ausdrücklich grundsätzlich davon ausgegangen, die Verpflichtung eines Normgebers zum Erlass oder zur Modifikation einer Regelung könne mit der allgemeinen Leistungsklage nach Abs. 5 verfolgt werden.

206 Buchner/Krane NZS 2002, 65 (71) mwN.

207 Hierzu Engelhard SGb 2006, 132 (136 ff.) mwN.

208 Anlass zur Erwähnung dieser Frage gibt allein eine entgegenstehende Entscheidung des BSG, die zunächst zutreffend davon ausgeht, dass die Einschränkung auf nichtverfassungsrechtliche Streitigkeiten auch in der Sozialgerichtsbarkeit gilt: BSG 22.2.1979 – 8 b RK 4/78, BSGE 48, 42 (43 f.) = SozR 1500 § 51 Nr. 17, die allerdings BSGE 48, 42 (44 f.) mit dem traditionellen Verständnis der verfassungsrechtlichen Streitigkeit bricht, wie sie fast einhellig vom BVerfG und im verfassungsrechtlichen Schrifttum vertreten wird, vgl. Axer NZS 1997, 10 (15).

dies für den Rechtsschutz des Bürgers unumgänglich ist.[209] Der Verpflichtungsausspruch muss demnach einerseits zur Wahrung des Interesses des Klägers ausreichend sein, darf andererseits aber auch nicht weiter gehend sein, als zu diesem Zweck unerlässlich ist.[210] Eine Normerlassklage als Feststellungsklage[211] ist gegenüber der Leistungsklage subsidiär und mithin in der Sozialgerichtsbarkeit unzulässig.[212]

VIII. Formulierungsbeispiele für den Klageantrag

Anfechtungsklagen (→ Rn. 3 ff.) sind immer darauf gerichtet, 111

▶ den Bescheid vom ... in der Gestalt des Widerspruchsbescheides vom ... aufzuheben ◀

oder

▶ abzuändern. ◀

Die **kombinierte Anfechtungs- und Verpflichtungsklage** (→ Rn. 32 ff.) enthält darüber hinaus den Antrag der **Verpflichtungsklage**, nämlich den Kläger unter Beachtung der Rechtsauffassung des Gerichts neu zu bescheiden (§ 131 Abs. 3) oder einen bestimmten Verwaltungsakt zu erlassen (§ 131 Abs. 2). Zu formulieren ist folglich:

▶ den Bescheid vom ... in der Gestalt des Widerspruchsbescheides vom ... aufzuheben (abzuändern) und den Beklagten zu verurteilen, den Kläger unter Beachtung der Rechtsauffassung des Gerichts neu zu bescheiden. ◀

Formulierungsbeispiel der kombinierten Anfechtungs- und Leistungsklage nach Abs. 4:

▶ den Bescheid vom ... in der Fassung des Widerspruchsbescheides vom ... aufzuheben (abzuändern) und den Beklagten zu verurteilen, dem Kläger die an den Krankengymnasten B gezahlten Beträge gemäß Rechnungen vom ... und vom ... zu erstatten. ◀

Formulierungsbeispiel für die Leistungsklage nach Abs. 5:

▶ den Beklagten zu verurteilen, an den Kläger ... zu zahlen ◀

oder

▶ den Beklagten zu verurteilen, es zu unterlassen, ... ◀

oder

▶ den Beklagten zu verurteilen, die Diättherapie im Sinne des § 3 des Gesetzes über den Beruf des Diätassistenten als Heilmittel anzuerkennen sowie über den therapeutischen Nutzen der Diättherapie zu entscheiden.[213] ◀

Die **Aufsichtsklage** (Abs. 3) ist regelmäßig, aber nicht zwingend, Anfechtungsklage. Dem folgt auch die Formulierung:

▶ den Beklagten zu verurteilen, die Anordnung der Aufsichtsbehörde vom ... aufzuheben. ◀

---

209 BVerwG 7.9.1989 – 7 C 4/89, NVwZ 1990, 162 (163).
210 Axer NZS 1997, 10 (16), spricht von einer Zulässigkeit der Normerlassklage als „Bescheidungsklage“ statt als „Vornahmeklage“.
211 So BVerwG 7.9.1989 – 7 C 4/89, NVwZ 1990, 162 (163).
212 Axer NZS 1997, 10 (16) mwN.
213 Letztgenanntes Beispiel betrifft eine Normerlassklage nach LSG NRW 24.2.1999 – L 11 KA 19/98; vgl. auch BSG 28.6.2000 – B 6 KA 26/99 R, BSGE 86, 223 = SozR 3-2500 § 138 Nr. 1 = NZS 2001, 590 ff.

§ 55 [Feststellungsklage]

(1) Mit der Klage kann begehrt werden

1. die Feststellung des Bestehens oder Nichtbestehens eines Rechtsverhältnisses,

2. die Feststellung, welcher Versicherungsträger der Sozialversicherung zuständig ist,

3. die Feststellung, ob eine Gesundheitsstörung oder der Tod die Folge eines Arbeitsunfalls, einer Berufskrankheit oder einer Schädigung im Sinne des Bundesversorgungsgesetzes [ab 1.1.2024: *Vierzehnten Buches Sozialgesetzbuch*] ist,

4. die Feststellung der Nichtigkeit eines Verwaltungsakts,

wenn der Kläger ein berechtigtes Interesse an der baldigen Feststellung hat.

(2) Unter Absatz 1 Nr. 1 fällt auch die Feststellung, in welchem Umfange Beiträge zu berechnen oder anzurechnen sind.

I. Allgemeines

1. Entstehungsgeschichte. Eine Feststellung von Rechtsverhältnissen durch Klage war der Sozialversicherung vor Inkrafttreten des SGG fremd.[1] Die Zulässigkeit der Feststellungsklage auch in diesem Bereich wird somit durch § 55 festgeschrieben, der unverändert in der Fassung vom 3.9.1953 fortbesteht. Lediglich Nr. 3 wird durch das Gesetz der Regelung des Sozialen Entschädigungsrechts vom 12.12.2019 (BGBl. I 2019, 2652) mit Wirkung ab 1.1.2024 eine redaktionelle Änderung erfahren, wobei hinsichtlich der Soldatenversorgung die alte Fassung über § 220 weiter gilt (s. dort). 1

2. Vergleich zur VwGO. Gegenüber der VwGO ergeben sich Abweichungen: Zunächst regelt die VwGO in § 43 die Feststellungsklage etwas anders als das SGG. Neben den Fällen der Feststellung des Bestehens oder Nichtbestehens eines Rechtsverhältnisses oder der Feststellung der Nichtigkeit eines VA gelten zusätzlich die Bestimmungen der § 55 Abs. 1 Nr. 2, 3 sowie Abs. 2. Diese Vorschriften enthalten zum Teil über eine Klarstellungsfunktion hinausgehende echte Erweiterungen (→ Rn. 56, 59, 64). Anders als das SGG erwähnt § 43 Abs. 2 VwGO ausdrücklich den **Grundsatz der Subsidiarität** der Feststellungsklage, der allerdings auch im Bereich des SGG gilt, ohne hier besonders erwähnt zu sein (→ Rn. 12). 2

3. Gegenstand, Klageziel und Wirkung. a) Gegenstand. Häufigster Streitgegenstand ist die Feststellung des Bestehens oder Nichtbestehens bestimmter Rechte und Pflichten aus einem Rechtsverhältnis (Abs. 1 Nr. 1). Eine wesentliche Bedeutung kommt insbesondere auch der Feststellung des grundsätzlichen Vorliegens eines Leistungsfalles im Rahmen der gesetzlichen Unfallversicherung (und der sozialen Versorgung) zu.[2] 3

b) Klageziel. Klageziel der Feststellungsklage ist der **Ausspruch der begehrten Feststellung** durch das Gericht. Zu unterscheiden von der Feststellungsklage ist die Klage auf Erlass eines feststellenden VA. Diese ist überhaupt keine Feststellungsklage im Rechtssinne, sondern vielmehr eine Verpflichtungsklage; von Bedeutung ist dies insbesondere im Bereich des SGB IX sowie des SGB XI; die „Feststellung" von Graden der Schwerbehinderung und von Pflegestufen erfolgt im Wege der kombinierten Anfechtungs- und Verpflichtungsklage.[3] 4

c) Wirkung. Eine erfolgreiche Feststellungsklage bewirkt den gerichtlichen Ausspruch einer Feststellung, der zwar der Rechtskraft fähig, der aber für sich genommen aufgrund seiner Eigenart einer Vollstreckung nicht zugänglich ist. Ein Feststellungsurteil ist daher mit Ausnahme der Kostenentscheidung **nicht vollstreckbar.** Auch eine aufschiebende Wirkung (vgl. § 86 a) kennt die Feststellungsklage nicht. Die Feststellungsklage ist folglich in ihren Auswirkungen schwächer als eine Gestaltungs- oder Leistungsklage, was zu Einschränkungen ihrer Zulässigkeit führt. 5

4. Aktivlegitimation, Klagegegner und Klageantrag. a) Aktivlegitimation. Klage erheben darf grundsätzlich, wer selbst beschwert ist (→ § 54 Rn. 19). Das Klagerecht folgt der Zweckrichtung des Rechtsschutzes, der zur Verfolgung eigener 6

1 Peters/Sautter/Wolff § 55 Rn. 1.
2 Vgl. auch Breitkreuz/Fichte § 55 Rn. 2; Jansen § 55 Rn. 7.
3 Vgl. Jansen § 55 Rn. 4 mwN; zur Statusfeststellung, etwa der Schwerbehinderteneigenschaft, weiteres Beispiel: Klage auf Feststellung des Grades einer Behinderung nach Maßgabe des § 69 SGB IX, näher hierzu Krasney/Udsching, IV Rn. 91 ff.

Rechte gewährt wird. Im Bereich der Feststellungsklage nach § 55 wird dieser Punkt unter dem Begriff des „Feststellungsinteresses" (→ Rn. 25 ff.) geprüft.

7 **b) Klagegegner.** Die Bestimmung des richtigen Klagegegners ist im Bereich des § 55 eine Frage des Einzelfalls.[4] Mangels anderer Anhaltspunkte ist die Klage im Staat-Bürger-Verhältnis regelmäßig gegen denjenigen Beklagten zu richten, der für die Sachentscheidung zuständig ist.[5]

8 **c) Klageantrag.** Dieser richtet sich auf die Feststellung bestimmter, genau zu bezeichnender Umstände und Tatsachen. Das Gericht hat zu ermitteln, was der Kläger will; anschließend muss das Gericht ggf. auf das Stellen sachdienlicher Anträge hinwirken und unklare Anträge auslegen.

9 **Kombinationen** mit anderen Klagearten sind im Rahmen des § 56 zulässig und kommen nicht selten vor.[6] Ein zusätzlich zu einem Anfechtungs-, Verpflichtungs- oder Leistungsantrag gestellter Feststellungsantrag erfordert immer ein über den Inhalt dieses Antrags hinausgehendes Feststellungsinteresse (→ Rn. 25 ff.).

II. Die Zulässigkeit der Feststellungsklage

10 **1. Allgemeine Zulässigkeitsvoraussetzungen.** Gegeben sein müssen die **allgemeinen Sachurteilsvoraussetzungen**, nämlich diejenigen der sachlichen (s. § 51), instanziellen (§§ 8, 29, 39) und örtlichen (§ 7) Zuständigkeit des angerufenen Gerichts, der Beteiligten- und Prozessfähigkeit (§§ 70, 71), der ordnungsgemäßen Klageerhebung (§§ 90–92), des Fehlens anderweitiger Rechtshängigkeit, des Fehlens entgegenstehender Rechtskraft (§ 141) und des Rechtsschutzbedürfnisses (→ Vor § 51 Rn. 9).

11 Die Feststellungsklage ist hingegen nicht an die Durchführung eines Vorverfahrens und an **keine Klagefrist** gebunden.[7] Auch der Feststellungsklage geht oft der Regel ein Verwaltungsverfahren und ggf. ein anschließendes Widerspruchsverfahren voraus, weil dies den gesetzlich vorgesehenen Weg darstellt und einer Klage ohne vorherigen Versuch der außergerichtlichen Klärung in der Regel das Rechtsschutzbedürfnis fehlt;[8] in diesen Fällen schließt sich eine kombinierte Anfechtungs- und Feststellungsklage an.[9] Ferner ist Voraussetzung, dass die Feststellungsklage im konkreten Einzelfall nicht gegenüber einer anderen Klageart nachrangig ist (Subsidiarität der Feststellungsklage, → Rn. 12 ff.) und dass der Kläger ein **Feststellungsinteresse** hat (Abs. 1 aE, → Rn. 25 ff.), ferner, dass der beantragten Feststellung kein denselben Gegenstand regelnder bindender Verwaltungsakt entgegensteht.[10]

---

4 Vgl. weitere Ausführungen bei der Kommentierung der einzelnen Unterfälle des § 55, etwa in → Rn. 56 ff.

5 BSG 5.7.2007 – B 9/9 a VS 3/06 R, BSGE 99, 1 = SozR 4-3200 § 81 Nr. 3 mwN.

6 Beispiel einer kombinierten Anfechtungs- und Feststellungsklage: BSG 5.9.2006 – B 2 U 24/05 R, SozR 4-2700 § 8 Nr. 18, zugleich in Abgrenzung zur kombinierten Anfechtungs- und Verpflichtungs- bzw. Leistungsklage; vgl. zu einem Verpflichtungsfall auch BSG 5.7.2007 – B 9/9 a VS 3/06 R, BSGE 99, 1 = SozR 4-3200 § 81 Nr. 3 mwN.

7 Breitkreuz/Fichte § 55 Rn. 15.

8 Krasney/Udsching, IV Rn. 99; BSG 27.6.2006 – B 2 U 77/06 B, SozR 4-1500 § 55 Nr. 4: Die gerichtliche Feststellung einer bestimmten Berufskrankheit setzt voraus, dass in Bezug auf die Feststellung genau dieser Berufskrankheit ein Verwaltungsverfahren vorausgegangen ist; BSG 22.5.1985 – 12 RK 30/84, BSGE 58, 150 = SozR 1500 § 55 Nr. 27.

9 Meyer-Ladewig/Keller/Leitherer/Schmidt § 55 Rn. 3 b.

10 Meyer-Ladewig/Keller/Leitherer/Schmidt § 55 Rn. 3 d.

2. Subsidiarität der Feststellungsklage. a) Grundsatz. Der Grundsatz der Subsidiarität der Feststellungsklage gilt auch im sozialgerichtlichen Verfahren, obwohl er hier nicht, wie etwa in § 43 Abs. 2 VwGO, ausdrücklich im Gesetzeswortlaut verankert ist.[11] Der Grundsatz besagt, dass die Erhebung einer Gestaltungs- (Anfechtungs-) oder Leistungs- (Verpflichtungs-)Klage Vorrang vor der Erhebung einer Feststellungsklage hat, uU auch dann, wenn sie gegen einen anderen Beklagten zu richten wäre.[12] Er dient vor allem der Vermeidung überflüssiger Klagen, da die Feststellungsklage nicht vollstreckbar ist und andere Klagearten daher bei typisierender Betrachtung einen effektiveren Rechtsschutz ermöglichen. Vorrangig ist ggf. auch die Klage auf Erteilung einer Zusicherung, falls der Leistungsanspruch noch von weiteren zukünftigen Ereignissen abhängig ist.[13] Bei nachträglicher Möglichkeit der Erhebung einer Gestaltungs- oder Leistungsklage wird die Feststellungsklage unzulässig.[14] 12

Eine Anfechtungs-, Verpflichtungs- oder Leistungsklage ist jedoch nicht immer möglich: So kann etwa die Vorabklärung, ob ein privates Pflegeversicherungsunternehmen zur Kostenübernahme für ein Hilfsmittel verpflichtet ist, nur im Wege der Feststellungsklage erfolgen.[15] Gleiches gilt im Grundsatz für eine Weigerung der Krankenkasse, Rechnungen für im EU-Ausland erbrachte Leistungen künftig anzuerkennen[16] oder ob der Sozialhilfeträger beim gesunden Leistungsbezieher im (zukünftigen) Leistungsfall Hilfe bei Krankheit leisten muss.[17] Der Grundsatz der Subsidiarität greift auch insoweit nicht, als die Feststellungsklage ein gegenüber anderen Klagearten **weiter gehendes Rechtsschutzziel** hat, das zulässigerweise mit der Feststellungsklage verfolgt werden kann,[18] oder sie eine umfassendere Klärung des streitigen Rechtsverhältnisses ermöglicht;[19] ggf. ist Kombination mit Anfechtungs-, Verpflichtungs- oder Leistungsantrag möglich. 13

Der Grundsatz der Subsidiarität der Feststellungsklage ist insbesondere im Lichte des Verbots einer Umgehung der gesetzlichen Vorgaben für die einzelnen Klagearten des SGG (→ Rn. 16) und des Grundsatzes der Prozessökonomie (→ Rn. 19 ff.) zu interpretieren und leitet seine Geltung aus diesen Vorgaben ab.[20] 14

11 St. Rspr. BSG, vgl. BSG 8.5.2007 – B 2 U 3/06 R, SozR 4-2700, § 136 Nr. 3 = NZS 2008, 260; BSG 13.3.2001 – B 3 P 10/00 R, SozR 3-3300 § 38 Nr. 2, S. 13 mwN = NZS 2002, 38; Breitkreuz/Fichte § 55 Rn. 1; Meyer-Ladewig/Keller/Leitherer/Schmidt § 55 Rn. 19.
12 BSG 25.3.2003 – B 1 KR 29/02 R, SozR 4-1500, § 55 Nr. 1 = Breith. 2004, 177; Meyer-Ladewig/Keller/Leitherer/Schmidt § 55 Rn. 19 a.
13 BSG 5.10.2006 – B 10 LW 4/05 R, SozR 4-1500, § 55 Nr. 9 = SGb 2006, 737.
14 Hennig/Ulmer, § 55 Rn. 4; BSG 13.7.2004 – B 1 KR 33/02 R, SozR 4-2500 § 13 Nr. 3.
15 Eine Leistungsklage würde wegen des in der Privatversicherung bestehenden Kostenerstattungsprinzips das Risiko beinhalten, dass der Versicherte das Hilfsmittel vorab anschaffen muss, daher ist bei Bestreiten der Leistungspflicht ein Feststellungsinteresse gegeben: BSG 10.11.2005 – B 3 P 10/04 R, SozR 4-3300 § 40 Nr. 2 = SGb 2006, 488; Feststellungsklage auch zulässig bei Kündigung privatrechtlicher Vereinbarungen mit Leistungserbringer (hier: Physiotherapeut), die nach altem Recht (bis 2000) abgeschlossen wurden, BSG 1.9.2005 – B 3 KR 3/04 R, SozR 4-2500 § 40 Nr. 2.
16 BSG 13.7.2004 – B 1 KR 33/02 R, SozR 4-2500 § 13 Nr. 3; dort allerdings Feststellungsklage unzulässig, da aufgrund eines vorausgegangenen konkreten Leistungsfalles eine sachliche Prüfung des Begehrens erreichbar war.
17 BSG 5.9.2019 – B 8 SO 15/18 R, juris.
18 Vgl. die Nachweise bei BSG 15.12.1999 – B 9 VS 2/98 R, SozR 3-3200 § 81 Nr. 16 = Breith. 2000, 390 (391).
19 BSG 8.9.2009 – B 1 KR 1/09 R, BSGE 104, 160 = SozR 4-2500 § 13 Nr. 22 mwN.
20 So auch Breitkreuz/Fichte § 55 Rn. 14.

Sofern diese Überlegungen der Erhebung einer Feststellungsklage im Einzelfall nicht entgegenstehen, ist die Feststellungsklage im Regelfall zulässig.

15 Das Grundrecht auf Gewährleistung effektiven Rechtsschutzes nach Art. 19 Abs. 4 GG ist hierbei stets zu beachten (→ Rn. 23 ff.). Als Maßstab zugrunde gelegt wird die Rechtsauffassung des Klägers: Ist etwa nach Auffassung des klagenden Vertragsarztes eine Genehmigung für die Erbringung bestimmter Leistungen nicht erforderlich, so muss er eine solche auch nicht beantragen und kann statt einer Antragstellung mit nachfolgender Verpflichtungsklage auf Erteilung der Genehmigung eine Klage auf Feststellung erheben, dass er die streitgegenständlichen Leistungen ohne Genehmigung erbringen darf.[21]

16 **b) Umgehungsverbot.** Die besonderen gesetzlichen Voraussetzungen für die Erhebung einer Anfechtungs- oder Verpflichtungsklage – Vorverfahren, Frist – dürfen durch die Erhebung der Feststellungsklage nicht umgangen werden. Das Vorverfahren muss durchgeführt, die Klagefrist eingehalten sein. Ist eine Anfechtungs- oder Verpflichtungsklage anhängig oder nicht mehr zulässig, ist grundsätzlich eine auf das gleiche Klageziel gerichtete Feststellungsklage unzulässig.[22] Fehlt für die Anfechtungsklage das Rechtsschutzbedürfnis, gilt dies auch für die Feststellungsklage.[23]

17 Überhaupt ist grundsätzlich die Durchführung eines möglichen und zumutbaren **Verwaltungsverfahrens vorrangig**, das dann ggf. in eine Anfechtungs- oder Verpflichtungsklage mündet.[24] Dem Kläger, der die Frage zunächst durch ein Verwaltungsverfahren klären lassen kann, fehlt das Feststellungsinteresse für eine unmittelbare Klage (→ Rn. 11 und 26).

18 Das Verwaltungsverfahren muss **zumutbar** sein. Die Durchführung darf den Kläger nicht vor die Situation stellen, dass ihm Nachteile drohen, die bei unmittelbarer gerichtlicher Klärung vermeidbar und ihm bei einer Abwägung auch nicht zuzumuten sind. Hierzu zählen etwa das Risiko eines Disziplinarverfahrens oder die vorübergehende doppelte Beitragszahlung, Nachweise → Rn. 27.

19 **c) Prozessökonomie.** Der Kläger muss im Sinne der Prozessökonomie die Klageart wählen, die ein weiteres Gerichtsverfahren am zuverlässigsten entbehrlich macht.[25] Dies sind statt der Feststellungsklage zunächst die unmittelbar auf die Rechtslage einwirkende Gestaltungsklage oder die der Vollstreckung fähige Leistungsklage. Die Feststellungsklage ist demgegenüber „schwächer" in ihren Auswirkungen und daher im direkten Konkurrenzverhältnis zu den anderen Klagearten unzulässig; Abweichungen gelten im Bereich der Kausalitätsfeststellung im Unfallversicherungs- und Versorgungsrecht (Abs. 1 Nr. 3; → Rn. 61 ff.). Keine Leistungs-, sondern nur eine Feststellungsklage kommt in der Regel in Betracht, wenn die Leistungspflicht von der künftigen Erfüllung von Bedingungen abhängt.[26] Der Prozessökonomie ist auch nicht gedient, wenn eine an sich mögli-

21 BSG 15.5.2002 – B 6 KA 22/01 R, SozR 3-2500 § 72 Nr. 14.
22 BSG 16.4.1998 – B 3 KR 5/97 R, SozR 3-5425 § 24 Nr. 17, S. 114.
23 BSG 4.10.1994 – 7 KlAr 1/93, BSGE 75, 97 = SozR 3-1500 § 55 Nr. 19; BSG 24.7.1996 – 7 KlAr 1/95, BSGE 79, 71 = SozR 3-1500 § 55 Nr. 27 zur Aufhebungsklage nach § 116 Abs. 6 Satz 1 AFG aF.
24 Beispiel BSG 30.9.1999 – B 8 KN 1/98 P R, BSGE 85, 10 = SozR 3-3300 § 58 Nr. 1.
25 BSG 22.7.2004 – B 3 KR 12/04 R, SozR 4-2500 § 125 Nr. 2 im Rahmen der Prüfung des Feststellungsinteresses eines Heilmittelerbringers, das dort bejaht wurde (Heilmittelrichtlinien; Erfordernis der Weiterbildung im Bereich der manuellen Therapie).
26 BSG 8.3.2017 – B 8 SO 2/16 R, juris.

che Leistungsklage nur zur Klärung von Teilfragen führt und ggf. eine Vielzahl von Klagen die Folge wäre.[27]

Richtet sich die Feststellungsklage **gegen Träger öffentlicher Gewalt,** soll die Subsidiarität der Feststellungsklage nach der Rechtsprechung des BSG nicht gelten, da bei diesen davon ausgegangen werden könne, dass sie einen Feststellungsausspruch befolgten.[28] Zwar ist diese These **keineswegs zwingend,** richtet sich doch die **Mehrzahl der Klagen gegen Träger der öffentlichen Gewalt.** Gleichwohl kann die Rechtsprechung im Lichte des Grundsatzes der Prozessökonomie richtig sein, insbesondere, wenn die juristische Person des öffentlichen Rechts signalisiert hat, dass sie sich an das Prozessergebnis halten wird. Zudem ist die **Ausnahme von der Subsidiarität nach dem BSG auf Fallgestaltungen beschränkt,** bei denen erwartet werden kann, dass **der Streitfall mit der gerichtlichen Feststellung endgültig geklärt** wird.[29] 20

Da im Zuständigkeitsbereich der Sozialgerichtsbarkeit auf Beklagtenseite fast immer Träger öffentlicher Gewalt stehen, ist – als Folge dieser Rechtsprechung – der Grundsatz der Prozessökonomie im Rahmen des § 55 nur von untergeordneter Bedeutung. Aufgrund des Umgehungsverbots (→ Rn. 16) und der Rechtsprechung zum Feststellungsinteresse (→ Rn. 11 und 25 f.) kommt eine unmittelbar erhobene Feststellungsklage ohne vorausgegangenes Verwaltungsverfahren **gleichwohl regelmäßig nicht in Betracht.** 21

Auch wenn der Beklagte kein Träger öffentlicher Gewalt ist, zwingt die Prozesswirtschaftlichkeit nicht in jedem Falle zur Leistungsklage, zumindest dann nicht, wenn die Aussicht besteht, dass ein Feststellungsurteil die gerichtliche Streitigkeit zwischen den Beteiligten beenden kann[30] oder wenn eine Leistungsklage nicht möglich ist, weil die Beklagte schon vorläufig geleistet hat.[31] 22

d) Effektiver Rechtsschutz. Die Subsidiarität der Feststellungsklage gilt, auch im Lichte der Rechtsschutzgarantie nach Art. 19 Abs. 4 GG, nicht in Fällen, in denen die Feststellungsklage zweckmäßigeren oder weiter gehenden Rechtsschutz ermöglicht.[32] In Fällen, in denen andere und ausreichende Rechtsschutzmöglichkeiten zur Verfügung stehen, darf der Hinweis auf effektiven Rechtsschutz freilich nicht vorschnell zur Annahme der Zulässigkeit der Feststellungsklage verleiten. 23

Zweckmäßigeren oder weiter gehenden Rechtsschutz ermöglicht die Feststellungsklage etwa in Fällen, in denen die eigentlich statthafte Anfechtungsklage nicht zur Sachentscheidung geführt hat[33] oder wenn kein anfechtbarer VA vor- 24

---

27 HessVGH 28.11.1978 – II OE 105/76, NJW 1979, 997.

28 St. Rspr. BSG, vgl. BSG 27.10.2009 – B 1 KR 4/09 R, BSGE 105, 1 = SozR 4-2500 § 125 Nr. 5 mwN; BSG 8.5.2007 – B 2 U 3/06 R, SozR 4-2700 § 136 Nr. 3; BSG 22.7.2004 – B 3 KR 12/04 R, SozR 4-2500 § 125 Nr. 2 mwN; BSG 13.3.2001 – B 3 P 10/00 R, SozR 3-3300 § 38 Nr. 2, S. 13; aA für die Verwaltungsgerichtsbarkeit Kopp/Schenke, VwGO, § 43 Rn. 28 mit dem auf die Sozialgerichtsbarkeit nicht übertragbaren Argument der eindeutigen gesetzlichen Spezialregelung in § 43 Abs. 2 Satz 1 VwGO.

29 BSG 8.5.2007 – B 2 U 3/06 R, SozR 4-2700, § 136 Nr. 3 mwN.

30 BSG 25.11.1998 – B 6 KA 75/97, BSGE 83, 128 = SozR 3-2500 § 116 Nr. 17 = NZS 1999, 565 (566); vgl. aber hierzu Plagemann SGb 1999, 714.

31 BSG 16.12.2014 – B 1 KR 32/13 R und 13.12.2016 – B 1 KR 10/16 R, beide juris.

32 BVerfG 17.1.2006 – 1 BvR 541, 542/02, BVerfGE 115, 81 (95) = SozR 4-1500 § 55 Nr. 3.

33 BSG 30.3.2000 – B 12 KR 13/99 R, SozR 3-2500 § 308 Nr. 1 = NZS 2001, 87; BSG 31.3.1992 – 4 RA 23/91, SozR 3-1500 § 54 Nr. 13.

liegt.[34] Gleiches gilt, wenn eine abschließende Streitbeilegung in anderen Verfahrensarten nicht möglich ist, etwa wenn eine Krankenkasse allgemein ihre Leistungspflicht in einem bestimmten Zusammenhang verneint[35] oder wenn noch unbestimmt ist, in welcher Werkstatt für behinderte Menschen der Kläger ggf. den Arbeitstrainingsbereich durchlaufen kann.[36]

25 **3. Das Feststellungsinteresse.** a) **Allgemeines.** Nach **Abs. 1 aE** ist erforderlich, dass der Kläger „ein berechtigtes Interesse an der baldigen Feststellung hat". Dieses Erfordernis eines berechtigten Interesses konkretisiert die allgemeine Zulässigkeitsvoraussetzung des Rechtsschutzbedürfnisses für die Feststellungsklage. Das „berechtigte Interesse" kann hierbei auch ein anderes als ein rechtliches Interesse sein. Es genügt jedes eigene,[37] nach der Sachlage vernünftigerweise gerechtfertigte Interesse, das rechtlicher, wirtschaftlicher oder ideeller Art sein kann, **nicht jedoch ein Interesse an der Klärung abstrakter Rechtsfragen.**[38] Zur Vermeidung einer Popularklage ist auch bei der Feststellungsklage der Rechtsgedanke des § 54 Abs. 1 S. 2 heranzuziehen, nach dem bei einer zulässigen Rechtsverfolgung „eigene" Rechte betroffen sein müssen. Dies ist nur zu verneinen, wenn dem Betroffenen das geltend gemachte Recht unter keinem rechtlichen Gesichtspunkt zustehen kann, die Möglichkeit einer Verletzung seiner subjektiven Rechte (in rechtlicher und tatsächlicher Hinsicht) also nicht gegeben ist. Ein berechtigtes Interesse kann insbesondere aufgrund von aufgetretenen **Unsicherheiten** bestehen. Dies setzt im Regelfall einen **Meinungsstreit** voraus (näher → Rn. 55).

26 **b) Vorrangigkeit eines Verwaltungsverfahrens.** Das Feststellungsinteresse besteht nicht, wenn ein Verwaltungsverfahren nicht stattgefunden hat und die Beklagte auch sonst keinen konkreten Anlass gegeben hat, der den Kläger berechtigen würde, sogleich eine Feststellungsklage zu erheben. Ein streitig gewordenes öffentlich-rechtliches Verhältnis zwischen Versicherten und Sozialleistungsträger ist grundsätzlich zunächst in einem Verwaltungsverfahren durch Verwaltungsakt zu regeln. Erst danach steht der Weg zu den Gerichten offen. Eine **Feststellungsklage**, insbesondere eines **Versicherten, Leistungsempfängers, behinderten Menschen** oder **Vertragsarztes, ohne vorangegangenes Verwaltungsverfahren** ist in der Regel **unzulässig.**[39]

27 Das Verwaltungsverfahren muss **zumutbar** sein, damit von seiner Vorrangigkeit und folglich von der Unzulässigkeit der zu seiner Vermeidung erhobenen Feststellungsklage ausgegangen werden kann. Die Durchführung darf den Kläger nicht vor die Situation stellen, dass ihm entweder während des Verwaltungsverfahrens oder als Folge eines Unterliegens mit seiner Rechtsauffassung Nachteile drohen, die zu den Vorteilen für die Prozessökonomie außer Verhältnis stehen. So findet die Subsidiarität der Feststellungsklage in jedem Falle bei dem drohenden Risiko eines **Disziplinarverfahrens** ihre Grenze; aus diesem Grunde kann ge-

34 BSG 15.6.2016 – B 4 AS 36/15 R, juris zur Kostensenkungsobliegenheit der KdU.
35 BSG 8.2.2000 – B 1 KR 13/99 R, SGb 2000, 207.
36 BSG 10.3.1994 – 7 RAr 22/93, SozR 3-4100 § 58 Nr. 6, S. 21.
37 BSG 27.10.2009 – B 1 KR 4/09 R, BSGE 105, 1 = SozR 4-2500 § 125 Nr. 5 mwN.
38 BSG 20.7.2017 – B 12 KR 13/15 R; 5.7.2018 – B 8 SO 21/16 R, beide juris.
39 BSG 27.6.2006 – B 2 U 77/06 B, SozR 4-1500 § 55 Nr. 4 = NZS 2007, 437 zur Feststellung eines Ereignisses als Arbeitsunfall oder einer Erkrankung als Berufskrankheit; LSG BW 8.6.2004 – L 11 KR 1224/04, zur früheren „Praxisgebühr"; BSG 9.10.1984 – 12 RK 18/83, BSGE 57, 184 = SozR 2200 § 385 Nr. 10 = SGb 1985, 471 (472); BSG 22.5.1985 – 12 RK 30/84, BSGE 58, 150 = SozR 1500 § 55 Nr. 27.

genüber der Klage des Vertragsarztes auf Feststellung der Zulässigkeit privater Honorarvereinbarungen nicht eingewandt werden, er müsse zunächst das Vorverfahren abwarten.[40] Ein Leistungserbringer darf auch nicht in allen Fällen darauf verwiesen werden, zunächst in Vorleistung zu treten und das **Vergütungsrisiko** auf sich zu nehmen, um anschließend eine Leistungsklage zu erheben.[41] Unzumutbar ist auch die vorübergehende **doppelte Beitragszahlung.**[42] Unzumutbar kann es auch sein, wenn der Kläger darauf verwiesen werden soll, nach zwei durchgeführten gerichtlichen Instanzen das Verwaltungsverfahren von vorn zu beginnen.[43]

Ein Feststellungsinteresse kann für **juristische Personen des öffentlichen Rechts** nur in Ausnahmefällen gegeben sein, wenn sie das Rechtsverhältnis **durch Erlass eines VA klären** können. Das nach der gesetzlichen Konzeption vorrangige Verwaltungsverfahren darf, mit der weiteren Folge einer zusätzlichen Belastung der Gerichte, regelmäßig nicht unterbleiben. Zumindest ist für eine solche Vorgehensweise eine **atypische Situation** zu fordern.[44] Anders ist dies naturgemäß bei Feststellungsklagen nach Abs. 1 Nr. 2, in denen zu klären ist, welcher Sozialversicherungsträger zuständig ist (→ Rn. 56). 28

c) **Drittrechtsverhältnis.** Erforderlich ist für die Zugrundelegung eines weiten Verständnisses vom Feststellungsinteresse (→ Rn. 25), das über die Klagebefugnis bei der Anfechtungs- und Verpflichtungsklage deutlich hinausgeht, eine eigene Beteiligung am Rechtsverhältnis. Die Klage auf Feststellung eines Rechtsverhältnisses zwischen dem Beklagten und einem Dritten setzt daher voraus, dass der Kläger eine **eigene Rechtsbetroffenheit** behauptet und diese auch möglich ist.[45] Bei derartigen Drittrechtsverhältnissen sind die Rechtsgedanken und Grundsätze, die im Rahmen des § 54 Abs. 1 Satz 2 zur Klagebefugnis gelten, entsprechend heranzuziehen.[46] Auch die Feststellungsklage dient der Durchsetzung subjektiver Rechtspositionen. 29

Es reicht aus, wenn der Rechtsbereich des Klägers durch das Bestehen oder Nichtbestehen eines Rechtsverhältnisses zwischen Dritten direkt oder indirekt beeinflusst wird. Allerdings genügen bloße Reflexwirkungen, etwa in Gestalt wirtschaftlicher Auswirkungen, nicht. Eine rechtliche Betroffenheit ist regelmäßig zu verneinen, wenn derjenige, der die Feststellung betreibt, nicht berechtigt wäre, die Regelung des zwischen Dritten bestehenden Rechtsverhältnisses selbst zu beantragen oder anzufechten.[47] 30

d) **Baldige Feststellung.** Das berechtigte Interesse muss sich auf die baldige Feststellung beziehen (Abs. 1 aE).[48] Dieses Kriterium ist großzügig auszulegen. Besteht überhaupt ein hinreichend schutzwürdiges Interesse an einer gerichtlichen Feststellung, so besteht im Regelfall auch ein Interesse an der baldigen Feststel- 31

40 BSG 16.5.2001 – B 6 KA 87/00 R, SozR 3-5533 Nr. 2449, Nr. 2, S. 7; zur Feststellung der Nichtigkeit von Regelungen im Einheitlichen Bewertungsmaßstab oder im Honorarverteilungsmaßstab, die als Rechtsnormen ergehen, zur Normenkontrolle → Rn. 67.
41 BSG 22.7.2004 – B 3 KR 12/04 R, SozR 4-2500 § 125 Nr. 2.
42 BSG 7.11.1991 – 12 RK 49/89, SozR 3-2940, § 7 Nr. 2 = NJW 1992, 1717 (1718).
43 BSG 9.10.1984 – 12 RK 18/83, BSGE 57, 184 = SozR 2200 § 385 Nr. 10.
44 Weiter gehende Zulässigkeit nach BVerwG 25.10.1967 – IV C 19.67, BVerwGE 28, 153 = DVBl. 1968, 598.
45 BSG 2.8.2001 – B 7 AL 18/00 R, SozR 3-1500 § 55 Nr. 34, S. 63 f. = SGb 2002, 735.
46 BSG 2.8.2001 – B 7 AL 18/00 R, SozR 3-1500 § 55 Nr. 34, S. 64.
47 BSG 25.3.2003 – B 1 KR 29/02 R, SozR 4-1500 § 55 Nr. 1.
48 Beispiel BSG 7.12.2006 – B 3 KR 5/06 R, SozR 4-2500 § 132 a Nr. 2.

lung, da anderenfalls die Rechtsunsicherheit wächst und die Klärung etwaiger streitiger Tatsachen durch Zeitablauf schwieriger wird. Wenn ein Sachverhalt vollständig der Vergangenheit angehört, liegt ein Interesse an baldiger Feststellung dann vor, wenn die streitige Frage in der Zukunft erneut relevant werden kann.[49] Bei der **Befürchtung von Spätschäden** im Bereich kausaler Sozialleistungen, etwa der sozialen Versorgung, genügt die Möglichkeit des Eintritts eines solchen Schadens, wenn sie nicht völlig abwegig ist.[50]

32 Kein Feststellungsinteresse besteht, wenn bei klarer Sachverhaltsgrundlage aufgrund der bloßen Befürchtung künftiger Rechtsänderung eine Klage weit vor dem zu erwartenden Leistungsfall erhoben wird; praktisch relevant ist diese Konstellation insbesondere bei der Berücksichtigung rentenwirksamer Zeiten (→ Rn. 54).

33 Das berechtigte Interesse an einer baldigen Feststellung kann entfallen, wenn Umstände vorliegen, die ähnlich einer „Verwirkung" des Klagerechts eine Klageerhebung als unzulässige Rechtsausübung erscheinen lassen.[51]

34 **Einzelfälle:** Berechtigtes Interesse an baldiger Feststellung **ja**

- bei Feststellung einer Körperverletzung als Wehrdienstbeschädigung;[52]
- bei Klage auf Feststellung des Bestehens eines (Kranken-)Versicherungsverhältnisses eines Angehörigen, wenn der Kläger nach § 10 SGB V familienversichert wäre;[53]
- bei Klage des Versicherten auf Feststellung des Anspruchs auf häusliche Krankenpflege nach § 37 SGB V, wenn die Bedarfslage jederzeit eintreten kann;[54]
- wenn der Kläger einen Zivilprozess gegen einen Dritten vorbereiten will, wofür ihm die Klage eine verbesserte Ausgangsposition verschafft[55] (uU auch bei Amtshaftung);
- berechtigtes Interesse hat auch der Kfz-Haftpflichtversicherer, der die Feststellung eines Arbeitsunfalls begehrt;[56]
- berechtigtes Interesse des Mitglieds einer Berufsausübungsgemeinschaft, ob Dialyseversorgungsauftrag bei Ausscheiden in alter Praxis verbleibt;[57]
- nach bislang hM auch zur Vorbereitung eines **Amtshaftungsanspruchs**; zu überlegen wäre aber, ob die zivilgerichtliche Leistungsklage vor der sozialgerichtlichen Feststellungsklage insoweit nicht schon deshalb Vorrang hat, weil eine andere Sichtweise den nach Art. 34 Satz 3 GG gewährleisteten ordentli-

49 Vgl. BSG 8.10.1998 – B 12 KR 3/98 R, SozR 3-2500 § 175 Nr. 3 = NZS 1999, 296.
50 BSG 30.1.1991 – 9 a/9 RV 22/89, BSGE 68, 128 (130 f.) = SozR 3-3200 § 81 Nr. 1.
51 Meyer-Ladewig/Keller/Leitherer/Schmidt § 66 Rn. 13 a, Vor § 60 Rn. 14 a mwN.
52 BSG 16.3.1994 – 9 RV 2/93, SozR 3-1500 § 55 Nr. 18 = SGb 1995, 26.
53 BSG 29.6.1993 – 12 RK 48/91, BSGE 72, 292 (294) = SozR 3-2500 § 10 Nr. 2 = NZS 1994, 21 ff.; Meyer-Ladewig/Keller/Leitherer/Schmidt § 55 Rn. 15 e.
54 BSG 28.1.1999 – B 3 KR 4/98 R, BSGE 83, 254 = SozR 3-2500 § 37 Nr. 1.
55 BSG 27.1.1977 – 12/8 REh 1/75, BSGE 43, 148 (150) = SozR 2200 § 1385 Nr. 3: dort in Bezug auf eine mögliche Leistungsklage gegen den Arbeitgeber.
56 BSG 1.7.1997 – 2 RU 26/96, BSGE 80, 279 = SozR 3-2200 § 639 Nr. 1.
57 BSG 15.3.2017 – B 6 KA 13716 R, juris.

chen Rechtsweg wegen der Rechtskraftwirkung des sozialgerichtlichen Urteils (§ 141) aushöhlen würde.[58]

Berechtigtes Interesse an baldiger Feststellung **nein** 35

- bei Klage auf abstrakte Feststellung, 14-mal je Kalenderjahr einen bestimmten Betrag rentenunschädlich hinzuverdienen zu dürfen;[59]
- bei Klage des Sozialhilfeträgers, der die Familienversicherung eines Hilfeempfängers in der Krankenkasse feststellen lassen möchte;[60] der Versicherte hingegen ist klagebefugt;[61]
- bei Klage des Nichtvertragsarztes auf Feststellung, dass die Krankenkasse ihren Versicherten die Inanspruchnahme von Nichtvertragsärzten auf Kostenerstattungsbasis ermöglichen müsse;[62]
- bei Klage eines zugelassenen Leistungserbringers auf Feststellung der Einstandspflicht der Krankenkasse für eine bestimmte konkrete Krankenbehandlungsmaßnahme, die ihr Versicherter begehrt, soweit sie noch nicht erbracht ist;[63]
- für Klageantrag, mit dem allgemein und losgelöst vom konkreten Fall die Feststellung begehrt wird, dass die Krankenkasse verpflichtet sei, die ärztlichen Leistungen bei straffreien Abtreibungen in einer bestimmten Höhe zu vergüten;[64]
- für Feststellungsklage einer Krankenkasse gegen einen Vertragsarzt wegen Feststellung rechtswidrigen Verhaltens des Arztes, wenn die Kassenärztliche Vereinigung wegen dieses Verhaltens gegen den Arzt aktiv geworden ist;[65]
- für einzelne Beitrags- oder Berechnungselemente (wegen Berücksichtigung von Kindererziehung) im Rahmen der Frage der Beitragspflicht;[66]
- auf Feststellung, dass wegen unbilliger Härte keine Anspruchsüberleitung auf den Sozialhilfeträger erfolgt sei.[67]

III. Die Begründetheit der Feststellungsklage

Die Begründetheit der Feststellungsklage erfordert, dass die **begehrte Feststellung zutrifft**. Diese Frage ist vom Gericht umfassend zu prüfen. Soll die bean- 36

58 Zu einer verwaltungsgerichtlichen (Parallel-)Zuständigkeit für die Klärung von Vorfragen – mit zum Teil bindender Rechtskraftwirkung für die Zivilgerichte – vgl. Mangoldt/Klein/Stark, GG, 6. Aufl. 2010, Art. 34 Rn. 132 ff.; Masing in Umbach/Clemens, GG, Band I, Art. 34 Rn. 152 ff.; Papier in Maunz/Dürig GG Art. 34 Rn. 318 ff., insbes. Rn. 321. – Anders als die Vorfragen ergreift Art. 34 Satz 3 GG nach wohl allgM auch Hilfs-, und Nebenansprüche eines auf Geldersatz gerichteten Amtshaftungsanspruchs, BGH 25.9.1980 – III ZR 74/78, BGHZ 78, 274 = NJW 1981, 675; Palandt BGB § 839 Rn. 9; Meyer-Ladewig/Keller/Leitherer/Schmidt § 55 Rn. 15 b mwN; BayLSG 13.11.1997 – L 9 AL 359/96, Breith. 1999, 629 (636 f.); Hennig/Ulmer § 55 Rn. 12.

59 BSG 20.12.2001 – B 4 RA 50/01 R, SGb 2002, 275.

60 BSG 17.6.1999 – B 12 KR 11/99 R, SozR 3-5910 § 91 a Nr. 6 = Breith. 1999, 1001.

61 BSG 29.6.1993 – 12 RK 48/91, BSGE 72, 292 = SozR 3-2500 § 10 Nr. 2 = NZS 1994, 21.

62 BSG 17.3.1999 – B 1 KR 3/98, NZS 2000, 103 (104).

63 Meyer-Ladewig/Keller/Leitherer/Schmidt § 55 Rn. 15 e, für das Beispiel der Klage eines Vertragszahnarztes auf Genehmigung des Behandlungsplans.

64 BSG 20.11.2001 – B 1 KR 31/00 R, SozR 3-5915 § 3 Nr. 1, S. 2 f. = NZS 2002, 611 mit der Begründung, die zugleich erhobene Leistungsklage reiche aufgrund der von der Beklagten als Körperschaft des öffentlichen Rechts zu erwartenden Rechtstreue aus.

65 SG Dortmund 4.12.2001 – S 26 KA 50/01, Arzt und Recht 2002, 76.

66 BSG 20.7.2017 – B 12 KR 13/15 R, juris.

67 BSG 5.7.2018 – B 8 SO 21/16 R, juris.

tragte Feststellung ausgesprochen werden, ist die volle Überzeugung des Gerichts vom Vorliegen aller ihrer Voraussetzungen sowie aller Zulässigkeitsvoraussetzungen unumgänglich.

37 Der **maßgebliche Zeitpunkt** wird durch den Klageantrag bestimmt. Es wird sich in der Regel um den Zeitpunkt der letzten mündlichen Verhandlung handeln (→ Rn. 45). Anders ist dies bei der Fortsetzungsfeststellungsklage; hier gelten nach zunächst erhobener Anfechtungsklage für den maßgeblichen Zeitpunkt weiterhin die Grundsätze der Anfechtungsklage, im Regelfall also der Zeitpunkt der letzten Verwaltungsentscheidung, während nach zunächst erhobener Verpflichtungsklage der Zeitpunkt des erledigenden Ereignisses heranzuziehen ist.[68]

38 Die Problematik eines **Nachschiebens von Gründen** stellt sich nur, wenn ein Vorverfahren stattgefunden hat. In solchen Fällen richtet sich das Nachschieben von Gründen nach der Art des Verwaltungsakts: Bei gebundenen VA ist ein Nachschieben grundsätzlich zulässig, bei Ermessens-VA in der Regel nicht (→ § 54 Rn. 29 ff., 50 und 100).

IV. In § 55 gesetzlich geregelte Fälle der Feststellungsklage

39 **1. Bestehen oder Nichtbestehen eines Rechtsverhältnisses – Abs. 1 Nr. 1. a) Rechtsverhältnis.** Nach Abs. 1 Nr. 1 kann die „Feststellung des Bestehens oder Nichtbestehens eines Rechtsverhältnisses" Gegenstand der Feststellungsklage sein. Ein Rechtsverhältnis ist definiert als eine sich aus einem konkreten Sachverhalt aufgrund einer Rechtsnorm ergebende rechtliche Beziehung mehrerer Personen untereinander oder einer Person zu einer Sache.[69] Ein Rechtsverhältnis ist demnach eine bestimmte konkrete Beziehung zwischen Rechtssubjekten.

40 Die Mitberücksichtigung der Beziehung einer Person zu einer Sache bei der Definition des Rechtsverhältnisses zeigt auf, dass ein „Rechtsverhältnis" grundsätzlich auch dann noch angenommen werden kann, wenn es sich im konkreten Fall um eine Vielzahl von Rechtsbeziehungen handelt. Es handelt sich um eine **verkürzte Umschreibung** und meint in Wirklichkeit die durch die Sache vermittelten Rechtsbeziehungen einer Person zu einer unbestimmten Vielzahl anderer Personen.[70]

41 **b) Zielrichtung der Klage.** Die Feststellungsklage setzt voraus, dass der Streit eine aus der Anwendung einer Norm auf einen Lebenssachverhalt entstandene Rechtsbeziehung betrifft. Die Klage kann einerseits auf das **Bestehen oder Nichtbestehen des kompletten Rechtsverhältnisses** gerichtet sein, etwa eine Klage auf Feststellung des Bestehens oder des Nichtbestehens der Mitgliedschaft eines Versicherten in einer bestimmten Krankenkasse.[71] In der Regel richtet sie sich aber auf Feststellung **einzelner Rechte und Pflichten** aus einem solchen Rechtsverhältnis. Von besonderer praktischer Bedeutung ist die Feststellung des Vorliegens eines Arbeitsunfalles oder einer Berufskrankheit im Verhältnis zwischen dem Versicherten und seiner Berufsgenossenschaft; derartige Fälle richten sich ebenfalls nach Abs. 1 Nr. 1, und es handelt sich nach ständiger Rechtspre-

68 BVerwG 7.5.1996 – 4 B 55/96, SGb 1997, 472.
69 BSG 7.12.2006 – B 3 KR 5/06 R, SozR 4-2500 § 132 a Nr. 2; Kopp/Schenke VwGO § 43 Rn. 11 mwN.
70 Kopp/Schenke VwGO § 43 Rn. 11.
71 Kokemoor SGb 2003, 433 (439).

chung des BSG um einen gegenüber dem Anspruch auf Versicherungsleistungen selbstständigen Streitgegenstand, der unabhängig von einem Antrag auf konkrete Leistungen (und den Feststellungen nach Nr. 3)[72] gegenüber der Berufsgenossenschaft und anschließend ggf. gerichtlich geltend gemacht werden kann.[73]

Weitere Beispiele für die Klage auf Feststellung einzelner Rechte und Pflichten aus einem Rechtsverhältnis sind die Feststellung einer bestimmten Leistungspflicht der Behörde, der Höhe bestehender Anwartschaften, nicht aber ihrer einzelnen Berechnungselemente, also zB nicht die faktorielle Bewertung der Kindererziehungszeiten,[74] die Feststellung, dass die Beklagte nicht das Recht hat, Sozialversicherungsgeheimnisse zu offenbaren,[75] oder die Feststellung von Verpflichtungen einer gewerbsmäßigen Verleiherin von Arbeitskräften mit Sitz im Ausland, die regelmäßig Arbeitnehmer zur Arbeitsleistung Entleihern in der Bundesrepublik Deutschland überlässt, gegenüber der Bundesagentur für Arbeit.[76] Unter Nr. 1 fällt auch die Klage einer Kassenzahnärztlichen Vereinigung dahin gehend, dass ein eingesetzter Staatskommissar nicht wirksam an ihrer Stelle Vergütungsverträge mit den Krankenkassen schließen durfte.[77] Unter Nr. 1 fallen auch Klagen von Arzneimittelherstellern auf Aufnahme in die AMRL[78] oder hinsichtlich der Richtigkeit des Generikaabschlags.[79] 42

Unter Abs. 1 Nr. 1 fällt auch die Feststellung der Pflichtwidrigkeit schlichten Verwaltungshandelns. Somit kann unter Umständen auch die Pflichtwidrigkeit der Unterlassung gebotener Aufklärung über sozialrechtliche Ansprüche mit der Feststellungsklage geltend gemacht werden, wobei einer solchen Feststellungsklage aber der Grundsatz der Subsidiarität der Feststellungsklage (→ Rn. 12) gegenüber einer Leistungsklage, je nach hierzu vertretener Auffassung ggf. auch einer solchen vor den ordentlichen Gerichten aus dem rechtlichen Gesichtspunkt der Amtshaftung, entgegenstehen kann.[80] 43

Es können auch mehrere Rechte bzw. Pflichten Gegenstand einer einzelnen Klage sein, aber die summarische Überprüfung einer Vielzahl von Leistungen aus einem Versicherungsverhältnis kommt nicht in Betracht, ebenso wenig die Klärung nur abstrakter Rechtsfragen.[81] 44

Die Klage kann positiv auf das Bestehen oder negativ auf das Nichtbestehen eines Rechtsverhältnisses, bzw. des streitgegenständlichen Rechts oder der streitgegenständlichen Pflicht gerichtet sein (**positive oder negative Feststellungsklage**). Abzustellen ist jeweils auf die **Gegenwart**, und zwar bis zum Zeitpunkt der letzten mündlichen Verhandlung. Festgestellt wird folglich, ob das Rechtsverhältnis gegenwärtig besteht. Wenn gegenwärtige oder zukünftige Rechtsfolgen aus in der Vergangenheit abgeschlossenen Sachverhalten hergeleitet werden sollen, ist ausnahmsweise auf die Situation in der Vergangenheit abzustellen. Das 45

---

72 BSG 26.11.2019 – B 2 U 8/18 R, juris.
73 BSG 30.1.2007 – B 2 U 6/06 R, SGb 2007, 748 = juris mwN; BayLSG 4.5.2011 – L 2 U 436/10, juris mwN.
74 LSG Nds 16.9.1992 – L 1 An 77/92, SGb 1993, 363.
75 BSG 25.10.1978 – 1 RJ 32/78, BSGE 47, 118 (119) = SozR 1200 § 35 Nr. 1 = SGb 1979, 283, auch zum Verhältnis zur Unterlassungsklage.
76 BSG 6.3.2003 – B 11 AL 27/02 R, SozR 4-7822 § 3 Nr. 1 = SGb 2004, 121 ff.
77 BSG 27.6.2001 – B 6 KA 7/00 R, BSGE 88, 193 (202) = SozR 3-2500 § 79 a Nr. 1.
78 BSG 22.10.2014 – B 6 KA 34/13 R, juris.
79 BSG 30.9.2015 – B 3 KR 1/15 R, juris.
80 So BayLSG 13.11.1997 – L 9 AL 359/96, Breith. 1999, 629 (636); → Rn. 34.
81 Meyer-Ladewig/Keller/Leitherer/Schmidt § 55, Rn. 5 mwN.

ist die klassische Konstellation der Fortsetzungsfeststellungsklage.[82] Soweit es um Leistungen für vergangene Zeiträume geht, ist für die Feststellungsklage kein Raum; hier ist ggf. Leistungsklage zu erheben.

46 c) **Zukunftsgerichtete Feststellungsklage.** Geht es um die Feststellung **gegenwärtiger** Rechtsverhältnisse, dann schadet für die Zulässigkeit auch nicht, wenn die Leistungen, um deren Erhalt es dem Kläger geht, erst künftig fällig werden oder wenn sie noch von einer Bedingung abhängen.[83] Dies ist sogar ein klassischer Anwendungsbereich der Feststellungsklage, da in diesen Fällen die grundsätzlich vorrangige Leistungsklage nur selten in Betracht kommt (→ Rn. 19).

47 Die Zulässigkeit einer auf das Bestehen oder Nichtbestehen **zukünftiger** Rechtsverhältnisse gerichteten Feststellungsklage („**vorbeugende Feststellungsklage**") ist nach Maßstäben des berechtigten Interesses zu beurteilen: In der Regel besteht kein berechtigtes Interesse für eine Feststellungsklage, wenn eine vorrangige Klärung durch Verwaltungsakt möglich und zumutbar ist, dieser muss zunächst ggf. beantragt und anschließend abgewartet werden.[84] Kann der Kläger nicht zumutbar auf nachträglichen Rechtsschutz verwiesen werden, ist die vorbeugende Feststellungsklage zulässig. Wird der Streit hiermit erledigt, so soll sie ebenfalls zulässig sein.[85]

48 Bei zukunftsgerichteten Feststellungsklagen in Anfechtungsfällen entfällt das berechtigte Interesse jedenfalls dann, wenn die Behörde erklärt, aus ihrer abweichenden Haltung zunächst keine Konsequenzen zu ziehen.[86] Im Übrigen kommt es darauf an, ob das Abwarten des belastenden VA und die nachfolgende Anfechtungsklage dem Betroffenen zumutbar sind (→ Rn. 26).

49 Soweit ein Abwarten des Verwaltungsverfahrens nach allgemeinen Vernunfterwägungen sachwidrig wäre, ist die vorbeugende Feststellungsklage ebenfalls zulässig.[87]

50 d) **Keine Elementenfeststellung.** Regelmäßig nicht zulässig ist eine Klage, die auf Feststellung einzelner Vorfragen für das Bestehen der streitgegenständlichen Rechte- und Pflichtenbeziehung gerichtet ist (sog Elementenfeststellungsklage).[88]

---

82 Hennig/Ulmer § 55 Rn. 33.
83 Meyer-Ladewig/Keller/Leitherer/Schmidt § 55 Rn. 8 d.
84 BSG 24.3.2013 – B 8 SO 22/13 R, juris; Hennig/Ulmer § 55 Rn. 18, 26 mwN; Meyer-Ladewig/Keller/Leitherer/Schmidt § 55 Rn. 8 b mwN, fordert ein „besonderes Feststellungsinteresse".
85 BSG 8.9.2015 – B 1 KR 27/14 R, juris.
86 Meyer-Ladewig/Keller/Leitherer/Schmidt § 55 Rn. 8 c.
87 Bsp.: Streit über die Einhaltung von Unfallverhütungsvorschriften durch den öffentlichen Träger einer Fortbildungsstätte, LSG RhPf 20.1.1993 – L 3 U 168/91, Breith. 1993, 538 (542). Das LSG begründet die Zulässigkeit dort unter Hinweis auf Zumutbarkeitsaspekte, die aus der öffentlich-rechtlichen Verpflichtung des Klägers zur Wahrung des Wohls der Teilnehmer hergeleitet werden; bei einem privaten Träger wäre sinnvollerweise aber ebenso zu entscheiden gewesen.
88 ZB BSG 24.10.1996 – 4 RA 108/95, SGb 1998, 168 (172): Rentenwirksamkeit von Ausbildungszeiten als Element des Rentenanspruchs; ferner BSG 30.9.1993 – 4 RK 1/92, BSGE 73, 146 (147) = SozR 3-2500 § 53 Nr. 4 = NZS 1994, 130; die Feststellung einer bestimmten Gesundheitsstörung kann nicht alleiniger Gegenstand eines Rechtsstreits sein, soweit die gesundheitliche Beeinträchtigung lediglich Vorfrage für die Entscheidung ist, ob und inwieweit dem Kläger eine begehrte Leistung zusteht, vgl. LSG Nds-Brem 25.9.2003 – L 8 AL 376/02, juris; weitere Beispiele bei Krasney/Udsching, IV Rn. 82; Meyer-Ladewig/Keller/Leitherer/Schmidt § 55 Rn. 9.

Die Klärung des maßgeblichen Geburtsdatums eines Versicherten kann nach neuerer Rechtsprechung des BSG jedoch Gegenstand einer Feststellungsklage sein.[89] Für zulässig wird eine Elementenfeststellungsklage von der Rechtsprechung erachtet, wenn hierdurch **gewährleistet** ist, dass der **Streit insgesamt beigelegt** wird.[90] Für die Zulässigkeit einer solchen Klage spricht jetzt auch § 130 Abs. 2, eingefügt mit Wirkung zum 2.1.2002 durch das 6. SGG-ÄndG vom 17.8.2001, denn danach kann das Gericht durch Zwischenurteil über eine entscheidungserhebliche Sach- oder Rechtsfrage vorab entscheiden, wenn dies sachdienlich ist.[91] 51

Im Übrigen hat das BSG **für den Bereich der Rentenversicherung** klargestellt, dass Verpflichtungs-, Leistungs- und Feststellungsklagen mit dem Ziel, über die Anrechnung und Bewertung vorgemerkter Daten mit bindender Wirkung für den zukünftigen Leistungsfall zu entscheiden, unzulässig sind.[92] Hingegen ist ein Antrag auf Feststellung des aktuellen Inhalts der derzeitigen Rentenanwartschaft grundsätzlich zulässig.[93] 52

e) **Meinungsstreit der Beteiligten.** Erforderlich ist ein Meinungsstreit zwischen Kläger und Beklagtem.[94] Sind sich alle am Rechtsverhältnis Beteiligten mit dem Kläger einig, besteht für eine Klage kein Rechtsschutzbedürfnis. Einer Meinungsverschiedenheit bedarf es nicht, wenn der Beklagte eine Stellungnahme verweigert[95] oder die Verjährung droht.[96] 53

Kläger kann insbesondere sein, wer am streitigen Rechtsverhältnis beteiligt ist bzw. beteiligt wäre, wenn es bestünde.[97] Ausreichend ist aber, wenn das Rechtsverhältnis zwischen dem Beklagten und einem Dritten besteht, sofern der Rechtsbereich des Klägers durch das Bestehen oder Nichtbestehen des Rechtsverhältnisses zumindest mittelbar berührt wird.[98] 54

Richtiger **Klagegegner** kann nur sein, wer über das Bestehen oder Nichtbestehen des Rechtsverhältnisses nach außen eine andere Auffassung vertritt, und sei es auch nur aufgrund der tatsächlichen oder vermeintlichen Bindung an die Meinung anderer Stellen. Der Beklagte muss auch am streitigen Rechtsverhältnis beteiligt sein, da bloße Behauptungen Dritter noch kein Rechtsverhältnis zu diesen begründen. In Zweifelsfällen muss der Kläger vor der Klageerhebung Stellungnahmen einholen. Richtiger Klagegegner einer Feststellungsklage kann auch ein Verband sein, wenn ein Vorgehen im Wege der Leistungsklage gegen alle einzel- 55

89 BSG 28.4.2004 – B 5 RJ 33/03 R, SGb 2004, 697; anders noch BSG 18.1.1995 – 5 RJ 20/94, SozR 3-2600 § 149 Nr. 3 = NZS 1995, 369.
90 HM Zuletzt BSG 15.6.2016 – B 4 AS 48/15 R, juris; wie hier Meyer-Ladewig/Keller/Leitherer/Schmidt § 55 Rn. 9 a; aA Hennig/Ulmer § 55 Rn. 10.
91 So ausdrücklich BSG 28.4.2004 – B 5 RJ 33/03 R, SGb 2004, 697.
92 BSG 30.8.2001 – B 4 RA 114/00 R, SozR 3-2600 § 149 Nr. 6.
93 BSG 29.1.2004 – B 4 RA 29/03 R, BSGE 92, 113 (122).
94 BSG 9.2.1995 – 7 RAr 78/93, SozR 3-4427 § 5 Nr. 1 = NZS 1996, 39 (40).
95 Bsp.: BSG 16.3.1994 – 9 RV 2/93, SozR 3-1500 § 55 Nr. 18 = SGb 1995, 26.
96 LSG RhPf 30.6.1994 – L 5 Ka 49/93, Breith. 1995, 169 (170) mwN.
97 Hinsichtlich der Arbeitserlaubnis für ausländische Arbeitnehmer besteht ein eigenes Rechtsverhältnis des Arbeitgebers zur BA nach § 284 Abs. 1 Satz 1 SGB III, BSG 2.8.2001 – B 7 AL 86/00 R, BSGE 88, 231 (233) = SozR 3-4210 § 9 Nr. 2 = NZS 2002, 379.
98 Hennig/Ulmer § 55 Rn. 21 mwN; Meyer-Ladewig/Keller/Leitherer/Schmidt § 55 Rn. 7 mwN.

nen Mitglieder aus Billigkeitsgesichtspunkten nicht zumutbar ist.[99] Mit der Feststellungsklage kann somit in Sonderfällen auch das Bestehen oder Nichtbestehen eines Rechtsverhältnisses zwischen dem Kläger und einem **Beigeladenen** geltend gemacht werden.[100] Ein Beigeladener kann nach § 75 Abs. 5 SGG auch im Rahmen einer Feststellungsklage verurteilt werden.[101]

56 **2. Feststellung der Zuständigkeit eines Versicherungsträgers – Abs. 1 Nr. 2.** Nach Nr. 2 kann die Feststellung beantragt werden, „welcher Versicherungsträger der Sozialversicherung zuständig ist". Die Klage kann vom Versicherten, Leistungsberechtigten oder von einem anderen Versicherungsträger[102] erhoben werden. Bei Bestehen eines Meinungsstreits über die Zuständigkeit ist eine Klage auf Feststellung der Zuständigkeit **eines bestimmten Trägers** nach Nr. 1 ohnehin zulässig, so dass es insoweit der Nr. 2 nicht bedürfte. Bei dieser Variante ist auch eine negative Feststellungsklage denkbar, die darauf gerichtet ist, ein bestimmter Träger sei nicht zuständig.

57 Die Klage auf Feststellung der Zuständigkeit kann aber auch gemäß dem Wortlaut der Nr. 2 formuliert werden, dass nämlich ohne vorherige Festlegung durch den Kläger beantragt wird, **„festzustellen, welcher Versicherungsträger** der Sozialversicherung zuständig ist". Ein solcher Klageantrag enthält gegenüber Nr. 1 eine Erweiterung.[103] Diese Konstellation ist aber aufgrund der Bestimmungen des § 43 Abs. 1 SGB I über vorläufige Leistungen des zuerst angegangenen Leistungsträgers und nunmehr auch des § 14 SGB IX betr. Zuständigkeitsklärung, ferner aufgrund der Möglichkeit der Beiladung und Verurteilung eines anderen Trägers nach § 75 Abs. 5, in der Praxis kaum von Bedeutung,[104] jedenfalls zur Klärung der Ansprüche eines Versicherten.[105] Der auf diese Weise formulierte Klageantrag ist auf Versicherungsträger der Sozialversicherung beschränkt, und zwar in eben dieser Funktion; somit ist eine Klage auf Feststellung der Zuständigkeit der Bundesagentur für Arbeit für die Auszahlung von Kindergeld nach Nr. 2 nicht zulässig, da dies keine Leistung der Arbeitslosenversicherung ist.[106]

58 Insoweit ist der Anwendungsbereich der Nr. 2 wesentlich eingeengt, da insbesondere die Feststellung der Zuständigkeit der Versorgungs- und Sozialämter nicht unter diese Vorschrift fällt. Hierdurch wird ein wesentlicher Bereich ausgeklammert, etwa im Grenzbereich der Zuständigkeit für Rehabilitationsmaßnahmen zur Eingliederung Behinderter, die vielfach auch von den Sozialämtern als Träger der Eingliederungshilfe nach §§ 53 ff. SGB XII erbracht werden, oder im Bereich der Abgrenzung zwischen Leistungen nach SGB II und SGB XII.

59 **3. Feststellung der Kausalität – Abs. 1 Nr. 3.** Nach Nr. 3 kann die Feststellung begehrt werden, „ob eine Gesundheitsstörung oder der Tod die Folge eines Arbeitsunfalls, einer Berufskrankheit oder einer Schädigung im Sinne des Bundesversorgungsgesetzes ist". Hiernach ist die Feststellung der Kausalität im Bereich

---

99 BSG 10.7.1996 – 3 RK 29/95, SozR 3-2500 § 125 Nr. 6 = NZS 1997, 128 zur Klage eines zugelassenen Heilmittelerbringers gegen Krankenkassenverband.
100 BSG 17.1.1996 – 3 RK 2/95, BSGE 77, 219 = SozR 3-2500 § 124 Nr. 3 = SGb 1996, 555 (558).
101 BSG 5.7.2007 – B 9/9 a VS 3/06 R, BSGE 99, 1 = SozR 4-3200 § 81 Nr. 3 mwN.
102 BSG 23.7.2014 – B 12 KR 16/12 R, juris.
103 Meyer-Ladewig/Keller/Leitherer/Schmidt § 55 Rn. 12 mwN.
104 So auch Breitkreuz/Fichte § 55 Rn. 8.
105 Zu einem – ebenfalls nach Nr. 2 zulässigen – Rechtsstreit zwischen zwei Versicherungsträgern vgl. LSG Bln-Bbg 13.4.2011 – L 9 KR 192/09, juris mwN.
106 SchlHLSG 30.6.1988 – L 1 Kg 7/87, SGb 1989, 30.

des Unfallversicherungsrechts und des Rechts der sozialen Versorgung im Wege der isolierten Klageerhebung zulässig. Zulässiger Gegenstand einer Feststellungsklage sind neben der in Nr. 3 behandelten Kausalität auch Fälle, in denen vom Versicherungsträger bereits das Vorliegen eines Arbeitsunfalls oder einer Berufskrankheit bestritten wird („Anerkennung" eines Arbeitsunfalls); diese richten sich nach Nr. 1.[107] Die Nr. 3 ist ein Sonderfall der gesetzlich angeordneten Zulässigkeit einer **Elementenfeststellungsklage,**[108] die insbesondere auch nicht durch Verwaltungsvorschriften „abbedungen" werden kann.[109] Auf weitere Elemente kann die Feststellungsklage jedoch nicht reduziert werden (Vorliegen eines tätlichen Angriffs anstelle von Schädigungsfolgen;[110] Feststellung GdS ohne Erreichen rentenberechtigenden Vomhundertsatz[111]). Zwischen der Klage nach Nr. 3 und der Verpflichtungsklage auf Erlass eines feststellenden VA kann der Kläger wählen.[112]

Außerhalb der in Nr. 3 ausdrücklich in Bezug genommenen Rechtsgebiete richtet sich die Zulässigkeit vergleichbarer Klagen nach Nr. 1.[113] Das Rechtsschutzbedürfnis für eine Klage nach Nr. 3 besteht fort, wenn die Verwaltung im Laufe des gerichtlichen Verfahrens den Zusammenhang „nicht mehr bestreitet", nachdem sie ihn zuvor geleugnet hatte.[114] Die Klage kann auch zur **Vorbereitung eines Zivilprozesses** erhoben werden, sie muss nicht der Erlangung von Sozialleistungen dienen. 60

4. Feststellung der Nichtigkeit eines VA – Abs. 1 Nr. 4. Nach Nr. 4 kann die Feststellung der Nichtigkeit eines VA begehrt werden. Für die Zulässigkeit der Nichtigkeitsfeststellungsklage genügt es, wenn zumindest die Möglichkeit aufgezeigt wird, dass der VA nichtig sein könnte, die Prüfung der Nichtigkeit ist dann eine Frage der Begründetheit.[115] Die Klage geht auf Beseitigung des Rechtsscheins und der Ungewissheit, die durch den VA hervorgerufen werden. Selbstverständlich vermag ein nichtiger VA auch ohne eine solche Klage keine Rechtswirkungen zu entfalten. Der Kläger kann zwischen Anfechtungsklage und Feststellungsklage **frei wählen**, die Feststellungsklage ist bei Nr. 4 ausnahmsweise auch nach Fristablauf für die Anfechtungsklage zulässig.[116] 61

Eine verspätete Anfechtungsklage kann in eine Feststellungsklage **umgedeutet** werden, eine innerhalb der Monatsfrist erhobene Feststellungsklage auch in eine Anfechtungsklage, insbesondere dann, wenn der VA nicht nichtig ist. Eine solche Umdeutung kann aufgrund der aufschiebenden Wirkung der Anfechtungs- 62

---

107 BSG 15.2.2005 – B 2 U 1/04 R, SozR 4-2700 § 8 Nr. 12 = juris mwN.
108 Wie hier Breitkreuz/Fichte § 55 Rn. 6; BSG 15.12.1999 – B 9 VS 2/98 R, SozR 3-3200 § 81 Nr. 16 = Breith. 2000, 390 (391) mwN; Meyer-Ladewig/Keller/Leitherer/Schmidt § 55 Rn. 13.
109 BSG 16.3.1994 – 9 RV 2/93, SozR 3-1500 § 55 Nr. 18 = SGb 1995, 26 = Breith. 1995, 161 (164).
110 BSG 16.12.2014 – B 9 V 1/13, juris.
111 BSG 16.10.2018 – B 9V 31/18 B, juris.
112 Meyer-Ladewig/Keller/Leitherer/Schmidt § 55 Rn. 13 c mwN; es handelt sich um eine gesetzliche Ausnahme vom Grundsatz der Subsidiarität der Feststellungsklage.
113 BSG 27.7.1989 – 2 RU 54/88, SozR 2200 § 551 Nr. 35 = NZA 1990, 75.
114 BSG 30.1.1991 – 9 a/9 RV, BSGE 68, 128 (130 f.) = SozR 3-3200 § 81 Nr. 1 = SGb 1992, 165.
115 BSG 7.9.2006 – B 4 RA 43/05 R, BSGE 97, 94 = SozR 4-2600 § 118 Nr. 4 = Breith. 2007, 610.
116 BSG 7.9.2006 – B 4 RA 43/05 R, BSGE 97, 94.

klage ggf. auch darüber hinaus sachgerecht sein, da diese dem Kläger durch ihren Suspensiveffekt den effektiveren Rechtsschutz bieten kann.

63 Der Adressat kann auch nach § 40 Abs. 5 SGB X bei der Behörde beantragen, dass diese die Nichtigkeit des VA feststellen soll, und anschließend im Wege der Verpflichtungsklage gegen die Behörde vorgehen. Auch insoweit hat der Kläger ein freies Wahlrecht. Insbesondere ist der vorherige Antrag nach § 40 Abs. 5 SGB X keine Zulässigkeitsvoraussetzung für die Klage.[117] Das Rechtsschutzbedürfnis kann auch bei Nr. 4 fehlen, etwa bei fehlender eigener Betroffenheit oder nach Zeitablauf eines befristeten VA[118] oder gleichzeitiger Anfechtungs- und Verpflichtungsklage gegen den Bescheid.[119]

64 **5. Die Klage auf Berechnung und Anrechnung von Beiträgen – Abs. 2.** Nach Abs. 2 ist eine Feststellungsklage auf Berechnung und Anrechnung von Beiträgen zulässig und „fällt unter Abs. 1 Nr. 1". Der Anwendungsbereich der Vorschrift ist eher gering.[120] Die **Berechnung** von Beiträgen betrifft ein Rechtsverhältnis und wird somit ohnehin von Abs. 1 Nr. 1 erfasst, die Klärung der **Anrechnung** von Beiträgen wäre ohne Abs. 2 als Elementenfeststellungsklage (→ Rn. 50) hingegen unzulässig.[121] Der Gegenauffassung kann nicht gefolgt werden, da die Anrechnung von Beiträgen Element eines (Renten-)Anspruchs ist, der durch die Beiträge begründet werden soll. Daher ist die von Abs. 2 vorgenommene Erweiterung eng auszulegen. Insbesondere lässt sich die Bestimmung nicht auf rentenrechtliche Zeiten ausdehnen, denen eine Beitragszahlung nicht zugrunde liegt. Eine isolierte Feststellungsklage auf die Rentenwirksamkeit solcher Zeiten, wie etwa Ausbildungs- oder Kindererziehungszeiten, ist generell unzulässig.[122] Auch die Frage der Versicherungs- und Beitragspflicht als solche ist von Nr. 2 nicht erfasst,[123] ebenso wenig der Beitragssatz.[124]

V. Sonderfälle der Feststellungsklage

65 **1. Normenkontrolle. a) Außerhalb des Anwendungsbereichs des § 55 a ausschließlich konkrete Normenkontrolle.** Eine Normenkontrollklage kann nach dem Klagesystem des SGG unter bestimmten Umständen zulässig sein.[125] Eine solche ist zu unterscheiden von der vom BSG zugelassenen „inzidenten Normenprüfung", worunter etwa der Vertragsarztsenat des BSG Ausführungen genereller Art zur Gültigkeit von Rechtsnormen nebst Ankündigungen der künftigen höchstrichterlichen Rechtsprechung versteht, die der Senat im Rahmen einer in

117 Meyer-Ladewig/Keller/Leitherer/Schmidt § 55 Rn. 14; BSG 23.2.1989 – 11/7 RAr 103/87, SozR 1500 § 55 Nr. 35 = NVwZ 1989, 902.

118 Vgl. BVerwG 13.10.1999 – 6 B 122/98, NVwZ-RR 2000, 324: Hiernach fehlt es am Rechtsschutzbedürfnis wegen Zeitablauf auch dann, wenn die Nichtbefolgung des VA Gegenstand eines Strafverfahrens war, das nach § 153 a StPO gegen Auflage eingestellt wurde.

119 BSG 12.10.2016 – B 4 AS 37/15 R, juris.

120 Zuletzt BSG 17.12.2014 – B 12 KR 23/12 R, juris.

121 AA Meyer-Ladewig/Keller/Leitherer/Schmidt § 55 Rn. 11: Die Vorschrift habe keine selbstständige Bedeutung; so auch BSG 10.9.1997 – 5 RJ 14/97, SozR 3-1500 § 55 Nr. 29, S. 55.

122 BSG 30.8.2001 – B 4 RA 114/00 R, SozR 3-2600 § 149 Nr. 6; vgl. auch → Rn. 52; insoweit kann der Versicherte nur verlangen, das die Zeiten ggf. in seine Versicherungsunterlagen eingetragen werden, vgl. Peters/Sautter/Wolff § 55 Rn. 2 b.

123 Meyer-Ladewig/Keller/Leitherer/Schmidt § 55 Rn. 11.

124 BSG 20.7.2017 – B 12 KR 13/15 R, juris.

125 Vgl. zuletzt etwa BSG 14.5.2014 – B 6 KA 28/13 R, juris.

Bezug auf einen bestimmten Honorarbescheid erhobenen üblichen Anfechtungs- und Leistungsklage in allgemeiner, über das geprüfte Quartal hinausgehender Weise vornimmt.[126] Eine – zulässige – echte Normenkontrollklage ist demgegenüber die Durchführung eines selbstständigen Verwaltungs- und Klageverfahrens im Vertragsarztrecht über Honorierungsfragen losgelöst von einem konkreten Honorarbescheid.[127] Dem auf eine solche Klage ergehenden Urteil kommt **keine Wirkung für und gegen alle** zu, da eine solche Wirkung im SGG – nunmehr mit Ausnahme des § 55 a – nicht vorgesehen und für den effektiven Rechtsschutz des jeweiligen Klägers auch nicht erforderlich ist.[128] Es handelt sich um eine Klage, die den allgemeinen Voraussetzungen der Zulässigkeit einer Feststellungsklage folgt. Einer „ausdehnenden Auslegung" bedarf es hierfür nicht.[129] **Zulässig ist im Rahmen des § 55 nur die konkrete Normenkontrollklage.**

Im sozialgerichtlichen Verfahren besteht für die generelle Zulassung einer **prinzipalen (abstrakten) Normenkontrolle** außerhalb des Regelungsbereichs des § 55 a keinerlei Anlass; sie würde dem allgemeinen Grundsatz der Gewährung von Rechtsschutz (nur) zur Wahrung der subjektiven Rechte des Einzelnen widersprechen. Die abstrakte Normenkontrolle ist eine besondere Form der Klärung einer Streitfrage losgelöst von einem konkreten Sachverhalt, vergleichbar einer Popularklage. Die Antragsberechtigung für das in Art. 93 Abs. 1 Nr. 2 GG vorgesehene abstrakte Normenkontrollverfahren ist daher streng auf bestimmte Verfassungsorgane beschränkt. Folglich kann der Normadressat eine untergesetzliche Rechtsvorschrift grundsätzlich nicht losgelöst von einem konkreten Anwendungsfall zur Überprüfung stellen.[130] Immer bedarf es eines konkreten Rechtsverhältnisses, für dessen Inhalt die Gültigkeit der Norm von Bedeutung ist. Die Behauptung, eine Norm sei ungültig, begründet für sich allein noch kein Rechtsverhältnis. 66

b) Selbst, gegenwärtig, unmittelbar. Eine konkrete Normenkontrolle ist nur dann zulässig, wenn der Kläger durch die Rechtsnorm nicht nur **selbst**, sonst kein Feststellungsinteresse (→ Rn. 25), sondern auch gegenwärtig und unmittelbar betroffen ist.[131] Eine **gegenwärtige Betroffenheit** liegt nicht vor, wenn die Betroffenheit vollständig der Vergangenheit angehört oder der Kläger erst irgendwann einmal in der Zukunft betroffen sein könnte. 67

c) Unmittelbarkeit. Diese ist gegeben, wenn die Rechtsnorm selbst bereits die individuell wirkende Betroffenheit herbeiführt und dazu nicht eines Vollzuges durch die Verwaltung, zB durch Erlass eines Verwaltungsakts bedarf. Die wenigsten Rechtsnormen sind in dieser Weise „self-executing". Fast alle Rechtsnor- 68

126 Hierzu BSG 15.5.2002 – B 6 KA 33/01 R, BSGE 89, 259 = SozR 3-2500 § 87 Nr. 34.
127 BSG 3.2.2010 – B 6 KA 31/08 R, BSGE 105, 236 = SozR 4-2500 § 85 Nr. 53.
128 Axer NZS 1997, 10 (14); anders die Regelungen in § 55 a sowie in § 47 VwGO.
129 Bsp.: Klagen von Arzneimittelherstellern und Pflegedienstverbänden gegen Richtlinien des Gemeinsamen Bundesausschusses: Eine solche Klage kann ggf. als Feststellungsklage auf „Bestehen oder Nichtbestehen eines Rechtsverhältnisses" nach § 55 Abs. 1 Nr. 1 interpretiert werden, BSG 31.5.2006 – B 6 KA 13/05 R, SozR 4-2500 § 92 Nr. 5 = Breith. 2007, 195, dort Klage gegen Therapiehinweise in den Arzneimittelrichtlinien; BSG 31.5.2006 – B 6 KA 69/04 R, SozR 4-2500, § 132 a Nr. 3; dort Klage der Spitzenorganisationen der Pflegedienste gegen die Krankenpflege-Richtlinien nach § 92 Abs. 1 Satz 2 Nr. 6 und Abs. 7 SGB V, während die Klage eines einzelnen Pflegedienstes hiernach nicht zulässig ist; vgl. im Übrigen Axer NZS 1997, 10 (14).
130 BSG 25.8.1999 – B 6 KA 34/98 R, SozR 3-2500 § 85 Nr. 32, S. 244.
131 In Anlehnung an die Formel des BVerfG für die Beschwerdebefugnis bei der Verfassungsbeschwerde, vgl. von Münch/Kunig, GG, Art. 93 Rn. 58.

men bedürfen der Anwendung in einem nachfolgenden Verwaltungsverfahren, um konkrete Rechtsfolgen im Einzelfall hervorzurufen. Grundsätzlich ist die Frage der Gültigkeit einer Norm **nur eine Vorfrage** für das Bestehen oder Nichtbestehen eines Rechtsverhältnisses. Die Frage der Gültigkeit der Norm ist dann inzident im Rahmen der Überprüfung dieses Rechtsverhältnisses zu klären.

69 Soweit Rechtsschutz in zumutbarer und geeigneter Weise gewährleistet ist, hat der Bürger keinen Anspruch auf eine besonders einfache Form des Rechtsschutzes.[132] Er muss dementsprechend im Regelfall auf den Erlass eines Verwaltungsaktes warten und mit der Anfechtungsklage inzident die Nichtigkeit einer missbilligten Rechtsvorschrift geltend machen, solange auf diesem Wege effektiver Rechtsschutz möglich ist.[133] Ein Streit um die aus der Norm abgeleiteten Rechte und Pflichten kann auch dann, wenn keine andere Klageart zur Verfügung steht, auf die Feststellung der streitbefangenen Rechte und Pflichten bezogen werden. Die Gültigkeit der Norm wird hierbei lediglich als ein einzelner Aspekt mit überprüft.[134]

70 Ein Bedürfnis für die Zulassung einer konkreten Normenkontrolle besteht somit nur in wenigen Fällen;[135] ist aber das Rechtsschutzziel im Einzelfall in einer anderen Klageart nicht erreichbar, gebieten Art. 19 Abs. 4 GG sowie der Grundsatz der Subsidiarität der Verfassungsbeschwerde den Weg der Normenkontrolle.[136]

71 **d) Unzumutbarkeit des Abwartens eines Vollzugsaktes.** Eine konkrete Normenkontrolle ist auch zulässig, wenn das Abwarten eines Vollzugsaktes für den Kläger eine **unzumutbare Belastung** darstellen würde. Dies ist auch dann der Fall, wenn der Kläger ohne eigenes Verschulden das Verwaltungsverfahren von vorn beginnen müsste, etwa weil das LSG den Widerspruchsbescheid aus rein formellen Gründen aufgehoben hat.[137] Als unzumutbar anerkannt ist insbesondere die vorherige Durchführung eines Bußgeld- oder gar Strafverfahrens, auch eines Disziplinarverfahrens,[138] als Folge einer Nichtbeachtung der Norm. Unzumutbar kann es für einen **Vertragsarzt** auch sein, auf die vorherige Leistungserbringung verwiesen zu werden, die ihm nachfolgend im Falle der Gültigkeit der Rechtsnorm nicht vergütet wird,[139] jedenfalls soweit dies im Einzelfall erhebliche wirtschaftliche Auswirkungen hat.

72 **e) Subsidiarität der Verfassungsbeschwerde.** Sind die vorstehenden Vorgaben erfüllt, ist auf der Grundlage der Rechtsprechung des BVerfG zur Subsidiarität der Verfassungsbeschwerde, deren Zulässigkeit dann allein von der Erschöpfung des Rechtswegs abhängt, ein vorrangiger Rechtsschutz durch die Sozialgerichtsbar-

132 Axer NZS 1997, 10 (11) mwN.
133 Axer NZS 1997, 10 (13).
134 So auch Axer NZS 1997, 10 (13).
135 Beispiele: BSG 24.11.1998 – B 1 A 1/96 R, BSGE 83, 118 = SozR 3-2500 § 145 Nr. 1 = NZS 1999, 603; LSG BW 10.9.2003 – L 5 KA 3000/01.
136 BVerfG 17.1.2006 – 1 BvR 541, 542/02, BVerfGE 115, 81 (95) = SozR 4-1500 § 55 Nr. 3.
137 BSG 9.10.1984 – 12 RK 18/83, BSGE 57, 184 = SozR 2200, § 385 Nr. 10 = SGb 1985, 471 (472).
138 Vgl. hierzu in etwas anderem Zusammenhang BSG 16.5.2001 – B 6 KA 87/00 R, SozR 3-5533 Nr. 2449, Nr. 2, S. 7; sowie → Rn. 12.
139 Vgl. BSG 20.3.1996 – 6 RKa 21/95, BSGE 78, 91 (92) = SozR 3-5540 § 25 Nr. 2.

keit als Fachgerichtsbarkeit zu gewährleisten.[140] Das gleiche Ergebnis lässt sich in Anwendung des Art. 19 Abs. 4 GG erreichen.[141] Ist eine Verfassungsbeschwerde eines Dritten bereits anhängig und hat das BVerfG die Anwendung der Rechtsnorm einstweilen ausgesetzt, fehlt der Feststellungsklage das Rechtsschutzbedürfnis.[142]

2. Wahlanfechtungsklage. Die Wahlanfechtungsklage ist eine in §§ 57 b, 131 Abs. 4 besonders erwähnte Feststellungsklage[143] auf **Feststellung der Ungültigkeit einer Wahl**; soweit das Gericht nach § 131 Abs. 4 die „Folgerungen, die sich aus der Ungültigkeit ergeben" bestimmt, handelt es sich um ein Leistungsurteil.[144] 73

Die Wahlanfechtungsklage erfordert kein eigentliches Vorverfahren, aber es sind spezielle Beschwerdeverfahren[145] oder Einspruchsverfahren vorgesehen, deren Nichtdurchführung die Klage unzulässig macht. Nach § 57 Abs. 3 SGB IV gilt eine **Monatsfrist** ab Bekanntgabe des Wahlergebnisses. Bei einer Abwahl, die eine Ergänzungswahl erforderlich macht, sind die Vorschriften über die Wahlanfechtungsklage entsprechend anzuwenden.[146]

3. Zwischenfeststellungsklage. Die Zwischenfeststellungsklage bezeichnet eine Sonderform der Klage auf Feststellung des Bestehens oder Nichtbestehens eines Rechtsverhältnisses, wenn diese Frage für die Entscheidung in der Hauptsache **vorgreiflich** ist. Ein darüber hinausgehendes Feststellungsinteresse ist nicht erforderlich.[147] Die Zulässigkeit der Klageart folgt aus § 202 in Verbindung mit § 256 Abs. 2 ZPO. Das streitige Rechtsverhältnis muss dem öffentlichen Recht zuzuordnen sein. Beispiele sind die Zwischenfeststellungsklage des Klägers auf Feststellung des vom Beklagten geleugneten Bestehens eines Sozialversicherungsverhältnisses im Streit um eine Sozialleistung, oder umgekehrt die Klage auf Feststellung des Nichtbestehens eines Versicherungsverhältnisses in einem Streit um Beitragszahlung. Auch eine Zwischenfeststellungswiderklage des Beklagten ist möglich. 74

4. Fortsetzungsfeststellungsklage. Mit der Fortsetzungsfeststellungsklage wird die Klage auf Feststellung der Rechtswidrigkeit eines **VA** bezeichnet, der sich durch Zeitablauf oder auf andere Weise **erledigt** hat. Die Klageart ist in § 131 Abs. 1 Satz 3 gesondert erwähnt. Ihr geht die Erhebung einer anderen Klage, in der Regel einer Anfechtungsklage voraus, die durch Klageänderung (§ 99) nach Wegfall des Rechtsschutzbedürfnisses für die Anfechtungsklage auf einen Feststellungsantrag umgestellt wird. Die Rechtsprechung hat die Regelung auf die 75

140 BSG 13.1.1993 – 14 a/6 RKa 67/91, BSGE 72, 15 (20) = SozR 3-2500 § 88 Nr. 2 = NZS 1993, 412.

141 BSG 1.7.1992 – 14 a/6 RKa 1/90, BSGE 71, 42 (52) = SozR 3-2500 § 87 Nr. 4; Axer NZS 1997, 10 (11 f.).

142 BVerwG 30.9.1999 – 3 C 39/98, DVBl. 2000, 636.

143 Vgl. BSG 28.1.1998 – B 6 KA 98/96 R, BSGE 81, 268 (269) = SozR 3-2500 § 80 Nr. 3 = NZS 1998, 585.

144 Meyer-Ladewig/Keller/Leitherer/Schmidt § 131 Rn. 15; vgl. auch Leube NZS 2004, 577 (580).

145 So für die Sozialversicherungswahlen nach §§ 48 b Abs. 3, 48 c Abs. 3 SGB IV in Verbindung mit §§ 10, 21 der Wahlordnung für die Sozialversicherung, BGBl. 1992 I 115, vgl. Meyer-Ladewig/Keller/Leitherer/Schmidt § 55 Rn. 25.

146 LSG RhPf 16.11.1998 – L 5 ER-Ka 43/98, NZS 1999, 312.

147 BSG 5.7.2000 – B 3 KR 20/99 R, BSGE 87, 25 = SozR 3-2500 § 109 Nr. 7 = NZS 2001, 361 = Breith. 2000, 1013 (1014); vgl. auch BSG 7.12.1989 – 12 RK 19/87, BSGE 66, 124 (126) = SozR 2200 § 165 Nr. 97.

erledigte Verpflichtungs- und Untätigkeitsklage ausgedehnt. In allen Fällen ist erforderlich, dass der Kläger ein **berechtigtes Interesse** an der Feststellung hat, das insbesondere bei jeder Form von Wiederholungsgefahr sowie dann gegeben ist, wenn der Entscheidung Präjudizialität zukommt.[148] Zum maßgeblichen Zeitpunkt für die Beurteilung der Sach- und Rechtslage → Rn. 37; wegen weiterer Einzelheiten zur Fortsetzungsfeststellungsklage vgl. auch die Kommentierung zu § 131.

76 **Formulierungsbeispiele** für Klageanträge von Feststellungsklagen

- **Feststellungsklage:**

  ▶ festzustellen, dass der Kläger freiwillig versichertes Mitglied der Beklagten ist;

  festzustellen, dass der Kläger berechtigt ist, für Inanspruchnahmen durch Patienten an Samstagen die EBM-Ziffer... abzurechnen; ◀

- **kombinierte Anfechtungs- und Feststellungsklage:**

  ▶ den Bescheid der Beklagten vom ... in der Gestalt des Widerspruchsbescheides vom ... aufzuheben und festzustellen, dass bezüglich des Wohnheimes für Behinderte in ... ein Versorgungsvertrag zwischen den Beteiligten als abgeschlossen gilt;

  den Bescheid der Beklagten vom in der Gestalt des Widerspruchsbescheides vom ... aufzuheben und festzustellen, dass bei dem Kläger eine Berufskrankheit nach Nr. 4301 bzw. 4302 der Anlage zur BKV vorliegt; ◀

- **kombinierte Anfechtungs-, Verpflichtungs- und Feststellungsklage:**

  ▶ den Bescheid der Beklagten vom ... in der Gestalt des Widerspruchsbescheides vom ... aufzuheben und die Beklagte zu verurteilen, den Kläger bezüglich der geltend gemachten Berufskrankheiten nach Nr. ... der Anlage zur BKV unter Beachtung der Rechtsauffassung des Gerichts zu bescheiden, sowie festzustellen, dass die Beklagte zuständige Trägerin der Unfallversicherung für die im Antrag zu 1. genannten Berufskrankheiten ist; ◀

- **kombinierte Anfechtungs-, Leistungs- und Feststellungsklage:**

  ▶ den Bescheid der Beklagten vom ... in der Gestalt des Widerspruchsbescheides vom ... aufzuheben sowie die Beklagte zu verurteilen, dem Kläger die für den Zeitraum seit ... gezahlten Beiträge zu erstatten, ferner festzustellen, dass zwischen den Beteiligten ein Versicherungspflichtverhältnis nicht besteht;

  den Bescheid der Beklagten vom ... in der Gestalt des Widerspruchsbescheides vom ... aufzuheben und festzustellen, dass bei dem Kläger eine Berufskrankheit nach Nr. 2108 der Anlage zur BKV vorliegt, sowie ihm eine Verletztenrente iHv 20 vom Hundert der Vollrente zu gewähren; ◀

- **Feststellungsantrag im Eventualverhältnis als Hauptantrag:**

  ▶ festzustellen, dass der Kläger nicht verpflichtet ist, die Praxisgebühr zu zahlen, hilfsweise die Beklagte zu verpflichten, den Kläger von der Zuzahlung zu befreien; ◀

- **Feststellungsantrag im Eventualverhältnis als Hilfsantrag:**

  ▶ den Bescheid der Beklagten vom ... in der Gestalt des Widerspruchsbescheides vom ... aufzuheben, hilfsweise festzustellen, dass die Aufforderung der Beklagten zur Rentenantragstellung im Schreiben vom ... rechtswidrig war. ◀

148 BSG 18.5.2011 – B 3 KR 7/10 R, juris mwN.

§ 55 a [Überprüfung der Gültigkeit]

(1) Auf Antrag ist über die Gültigkeit von Satzungen oder anderen im Rang unter einem Landesgesetz stehenden Rechtsvorschriften, die nach § 22 a Absatz 1 des Zweiten Buches Sozialgesetzbuch und dem dazu ergangenen Landesgesetz erlassen worden sind, zu entscheiden.

(2) [1]Den Antrag kann jede natürliche Person stellen, die geltend macht, durch die Anwendung der Rechtsvorschrift in ihren Rechten verletzt zu sein oder in absehbarer Zeit verletzt zu werden. [2]Er ist gegen die Körperschaft zu richten, welche die Rechtsvorschrift erlassen hat. [3]Das Landessozialgericht kann der obersten Landesbehörde oder der von ihr bestimmten Stelle Gelegenheit zur Äußerung binnen einer bestimmten Frist geben. [4]§ 75 Absatz 1 und 3 sowie Absatz 4 Satz 1 sind entsprechend anzuwenden.

(3) Das Landessozialgericht prüft die Vereinbarkeit der Rechtsvorschrift mit Landesrecht nicht, soweit gesetzlich vorgesehen ist, dass die Rechtsvorschrift ausschließlich durch das Verfassungsgericht eines Landes nachprüfbar ist.

(4) Ist ein Verfahren zur Überprüfung der Gültigkeit der Rechtsvorschrift bei einem Verfassungsgericht anhängig, so kann das Landessozialgericht anordnen, dass die Verhandlung bis zur Erledigung des Verfahrens vor dem Verfassungsgericht auszusetzen ist.

(5) [1]Das Landessozialgericht entscheidet durch Urteil oder, wenn es eine mündliche Verhandlung nicht für erforderlich hält, durch Beschluss. [2]Kommt das Landessozialgericht zu der Überzeugung, dass die Rechtsvorschrift ungültig ist, so erklärt es sie für unwirksam; in diesem Fall ist die Entscheidung allgemein verbindlich und die Entscheidungsformel vom Antragsgegner oder der Antragsgegnerin ebenso zu veröffentlichen wie die Rechtsvorschrift bekannt zu machen wäre. [3]Für die Wirkung der Entscheidung gilt § 183 der Verwaltungsgerichtsordnung entsprechend.

(6) Das Landessozialgericht kann auf Antrag eine einstweilige Anordnung erlassen, wenn dies zur Abwehr schwerer Nachteile oder aus anderen wichtigen Gründen dringend geboten ist.

I. Entstehungsgeschichte/Parallelvorschriften

Die Vorschrift wurde durch das Gesetz zur Ermittlung von Regelbedarfen und zur Änderung des Zweiten und Zwölften Buches Sozialgesetzbuch vom 24.3.2011[1] in das SGG eingefügt und führt das **prinzipale (abstrakte) Normenkontrollverfahren** nach dem Vorbild des § 47 VwGO nunmehr – mit Wirkung 1

1 BGBl. 2011 I 453 ff.

ab dem 1.4.2011 – auch in der Sozialgerichtsbarkeit ein. Die Normenkontrolle ist eine spezielle Form der Feststellungsklage mit der Besonderheit, dass sie eine **allgemein verbindliche** Feststellung der Unwirksamkeit einer Rechtsnorm ermöglicht. Die Regelung ist stark dem § 47 VwGO nachgebildet[2] und übernimmt in seinen Abs. 3–6 Abs. 3–6 des § 47 VwGO nahezu wörtlich.

2 In Bezug auf § 22 a Abs. 1 SGB II hat der Gesetzgeber ein Bedürfnis für die Einführung des Normenkontrollverfahrens auch in der Sozialgerichtsbarkeit vor dem Hintergrund gesehen, dass die gesamte Sozialgerichtsbarkeit durch Verfahren aus dem Bereich der Grundsicherung für Arbeitsuchende („Hartz IV") stark belastet ist und dass hierbei wiederum der Streit über die Angemessenheit von Kosten für Unterkunft und Heizung einen erheblichen Raum einnimmt. Vor diesem Hintergrund ist Zweck der Normenkontrolle die **Vermeidung einer Vielzahl von Einzelprozessen** zur Entlastung der Sozialgerichte.[3] Durch die – im Rahmen sonstiger Feststellungsklagen nach § 55 oder Leistungsklagen nach § 54, auch in Bezug auf Normenkontroll- oder Normerlassklagen nicht gegebene – Allgemeinverbindlichkeit ermöglicht die Normenkontrolle die Verbindung der Grundsätze der Rechtssicherheit und des subjektiven Rechtsschutzes mit der Prozessökonomie.[4] Das Normenkontrollverfahren hat eine Doppelfunktion als subjektives Rechtsschutzverfahren und objektives Prüfungsverfahren.[5] Das Verfahrensaufkommen seit Inkrafttreten ist eher gering und beschränkt sich – soweit veröffentlicht – auf die Verordnung zur Bestimmung der Höhe der angemessenen Aufwendungen für Unterkunft und Heizung nach dem Zweiten und Zwölften Buch Sozialgesetzbuch (WAV) für Berlin.

II. Zulässigkeit

3 **1. Statthaftigkeit/Anwendungsbereich.** Der Anwendungsbereich des § 55 a ist gegenüber § 47 VwGO stark **eingeschränkt,**[6] denn die Vorschrift gilt allein für Rechtsvorschriften nach der ebenfalls mit Wirkung zum 1.4.2011 in das Gesetz eingefügten Bestimmung des § 22 a Abs. 1 SGB II, bezogen auf die Angemessenheit von Kosten für Unterkunft und Heizung im Bereich der Grundsicherung für Arbeitsuchende. Gemäß dieser Satzungsermächtigung können die Länder die Kreise und kreisfreien Städte durch Gesetz ermächtigen oder verpflichten, durch Satzung zu bestimmen, in welcher Höhe Aufwendungen für Unterkunft und Heizung in ihrem Gebiet angemessen sind. Eine solche Satzung bedarf der vorherigen Zustimmung der obersten Landesbehörde oder einer von ihr bestimmten Stelle, wenn dies durch Landesgesetz vorgesehen ist; für die Stadtstaaten gelten Sondervorschriften.

4 Der Anwendungsbereich der Vorschrift beschränkt sich allein auf die genannten Rechtsvorschriften nach **§ 22 a Abs. 1 SGB II**; die Bestimmung ermöglicht es nicht, auch Satzungen oder sonstige im Rang unter einem Landesgesetz stehende Rechtsvorschriften mit einer anderen Regelungsmaterie außerhalb des Anwendungsbereichs des § 22 a SGB II zur Überprüfung zu stellen. Insoweit ist ein ab-

---

2 Vgl. BT-Drs. 17/3404, 132: „nach dem Vorbild des § 47 VwGO".
3 Vgl. in diesem Zusammenhang, zu § 47 VwGO, Sodan/Ziekow § 47 Rn. 25; Bader VwGO § 47 Rn. 4.
4 Bader VwGO § 47 Rn. 4; Kopp/Schenke § 47 Rn. 3.
5 BVerwG 18.7.1989 – 4 N 3/87, BVerwGE 82, 225 = juris Rn. 22 ff. mwN; Bader VwGO § 47 Rn. 3 mwN.
6 Roos/Wahrendorf § 55 a Rn. 1, 20.

straktes Normenkontrollverfahren in der Sozialgerichtsbarkeit weiterhin weder vorgesehen, noch wäre dies von Verfassungs wegen erforderlich,[7] und § 55 a statuiert ebenso wenig wie § 47 VwGO einen allgemeinen Rechtsgedanken,[8] was aufgrund des eingeschränkten Anwendungsbereichs der Vorschrift auch offenkundig ist.

5 Obwohl der Wortlaut die Bestimmung des **§ 22 a Abs. 2 SGB II** nicht in Bezug nimmt, ist indes davon auszugehen, dass auch nach dieser Vorschrift ergangene Satzungen im abstrakten Normenkontrollverfahren überprüfbar sind.[9] Die Länder können hiernach die Kreise und kreisfreien Städte auch ermächtigen, abweichend von § 22 Abs. 1 Satz 1 die Bedarfe für Unterkunft und Heizung in ihrem Gebiet durch eine monatliche Pauschale zu berücksichtigen, wenn auf dem örtlichen Wohnungsmarkt ausreichend freier Wohnraum verfügbar ist und dies dem Grundsatz der Wirtschaftlichkeit entspricht. Der Regelungsgegenstand des § 22 a Abs. 2 SGB II ist mit demjenigen des Abs. 1 Satz 1 so eng verknüpft, dass allein eine Erstreckung der Anwendbarkeit des § 55 a auf § 22 a Abs. 2 SGB II die mit der Regelung beabsichtigte Überprüfungsmöglichkeit umfassend ermöglicht.

6 Demgegenüber sind **andere Rechtsvorschriften** ebenso wenig zulässiger Gegenstand einer Normenkontrolle, wie auch keine Erweiterung des Anwendungsbereichs des § 55 a auf Klagen auf Normerlass, auch nicht im Bereich des § 22 a SGB II, möglich ist; dasselbe gilt für Unterlassungsklagen,[10] und der Anwendungsbereich der Vorschrift ist auf untergesetzliche Rechtsnormen beschränkt. Allgemeine Verwaltungsvorschriften ohne unmittelbare Außenwirkung oder sonstige verwaltungsinterne Regelungen können mithin auch nicht im Regelungsbereich des § 22 a SGB II mit der Normenkontrolle zur Überprüfung gestellt werden.[11]

7 **Antragsziel** ist die **Feststellung der Unwirksamkeit** der angefochtenen Rechtsvorschrift.[12] Auch die teilweise Unwirksamkeit einer Satzung bzw. Verordnung kann nach § 55 a in zulässiger Weise geltend gemacht werden.[13] Nicht möglich aber ist ein Antrag auf Normerlass bei Unterlassung einer vom Kläger erwünschten Satzung. Auch eine Normänderung kann über § 55 a regelmäßig nicht geltend gemacht werden.[14] Lediglich eine Normergänzung – etwa bei unterlassener Einbeziehung bestimmter Gebiete (Gemeindeteile) in den Regelungsbereich einer Norm – wird demgegenüber weitgehend für zulässig erachtet. Demgegenüber ist eine vorbeugende Normenkontrolle nach dieser Vorschrift nicht zulässig, sondern die Bestimmung erlaubt eine Normenkontrolle erst ab dem Zeitpunkt der Verkündung der Rechtsnorm.[15] Die Norm darf grundsätzlich auch noch nicht außer Kraft getreten sein; insoweit gelten allerdings Ausnahmen, die im Wesentlichen den von der Fortsetzungsfeststellungsklage nach

7 Vgl. zu § 47 VwGO Kopp/Schenke § 47 Rn. 8, 12.
8 Kopp/Schenke VwGO § 47 Rn. 8.
9 Breitkreuz/Fichte § 55 a Rn. 4.
10 NK-VwGO § 47 Rn. 285.
11 HessLSG 17.2.2017 – L 4 AS 365/16, juris; BVerwG 25.11.1993 – 5 N 1/92, E 94, 335 = NVwZ 1994, 1213.
12 Bader VwGO § 47 Rn. 45 mwN und Formulierungsalternativen.
13 NK-VwGO § 47 Rn. 26 ff.; Kopp/Schenke VwGO § 47 Rn. 5.
14 BayVGH 10.5.2006 – 9 N 03.389, juris mwN.
15 Roos/Wahrendorf § 55 a Rn. 14; hierzu auch NK-VwGO § 47 Rn. 63 ff.; Kopp/Schenke VwGO § 47 Rn. 13–16.

§ 131 Abs. 1 Satz 3 bekannten Strukturen entsprechen.[16] Bei Ersetzung der Norm durch den Normgeber während des laufenden Antragsverfahrens durch eine andere ist eine Klageänderung nach § 99 möglich;[17] eine entsprechende Anwendung des § 96 auf Rechtsnormen erscheint demgegenüber problematisch.

8 **2. Antragsbefugnis und weitere Zulässigkeitsvoraussetzungen.** Der Antragsteller muss geltend machen, durch die Anwendung der Rechtsvorschrift in seinen Rechten verletzt zu sein oder in absehbarer Zeit verletzt zu werden. Diese Bestimmung statuiert eine **Antragsbefugnis**[18] entsprechend dem Erfordernis der materiellen Beschwer bei der Anfechtungs- und Verpflichtungsklage und greift ferner den Gedanken des allgemeinen Rechtsschutzbedürfnisses auf, der für jedes gerichtliche Rechtsschutzbegehren von Bedeutung ist.[19] Sie ist § 47 Abs. 2 VwGO nachgebildet. Auch insoweit gilt die **Möglichkeitstheorie.**[20] Der Antragsteller, der die Überprüfung einer auf der Grundlage des § 22 a SGB II ergangenen Rechtsvorschrift begehrt, muss folglich als Leistungsberechtigter nach dem SGB II im von der Satzung bzw. sonstigen Rechtsvorschrift betroffenen Gebiet wohnen, und es muss zumindest möglich sein, dass er durch die festgelegte Höhe der Leistungen für Unterkunft und Heizung einen Nachteil erleidet. Ausreichend dürfte ferner sein, wenn ein Leistungsbezug oder ein Zuzug mit den genannten Folgen in absehbarer Zeit – also in naher Zukunft[21] – konkret bevorsteht, nicht hingegen der bloß theoretisch mögliche Eintritt künftiger Hilfebedürftigkeit oder die Berufung eines Auswärtigen auf seine Freizügigkeit, verbunden mit der theoretischen Möglichkeit eines künftigen Zuzugs.

Grundsätzlich ist die gesamte Norm zulässiger Gegenstand des Normenkontrollverfahrens mit Ausnahme der Bestimmungen, die unter Heranziehung des Rechtsgedankens aus § 139 BGB wegen ihres eigenständigen Regelungsgehalts vom Normgefüge abtrennbar sind.[22] Das Landessozialgericht ist aufgrund der Funktion des Normenkontrollverfahrens als (auch) objektives Rechtsbeanstandungsverfahren auch befugt, Teile der Norm, von denen der Antragsteller individuell nicht betroffen ist, und dies ggf. auch über den Antrag des Antragstellers hinaus, für unwirksam zu erklären.[23]

9 Den Antrag kann **jede natürliche Person** stellen, der die Antragsbefugnis im vorstehenden Sinne zusteht; Anträge juristischer Personen sind – anders als im Anwendungsbereich des § 47 VwGO – somit ausgeschlossen.[24]

Die Form und der notwendige Inhalt der Antragsschrift richten sich nach den allgemeinen Vorschriften der §§ 90, 92;[25] Sonderbestimmungen existieren insoweit nicht. Der Antrag bedarf keines Vorverfahrens, er ist an keine Frist gebun-

---

16 Bader VwGO § 47 Rn. 11 mwN.
17 SchlHLSG 30.5.2016 – L 11 AS 39714 NK, juris; Bader VwGO § 47 Rn. 12; vgl. auch BVerwG 18.9.1981 – 7 N 1/79, E 64/77 = juris Rn. 36.
18 NK-VwGO § 47 Rn. 144 ff.
19 NK-VwGO § 47 Rn. 128; weitere Nachweise zu § 47 VwGO insoweit bei Bader VwGO § 47 Rn. 35; vgl. auch Kopp/Schenke, 17. Aufl. 2011, § 47 Rn. 88.
20 BSG 17.10.2013 – B 14 AS 70/12, juris; Breitkreuz/Fichte § 55 a Rn. 8; Roos/Wahrendorf § 55 a Rn. 11 mwN; Kopp/Schenke, 17. Aufl. 2011, § 47 Rn. 46.
21 Bader VwGO § 47 Rn. 87.
22 BVerwG 17.2.2005 – 7 CN 6/04, NVwZ 2005, 695; Bader VwGO § 47 Rn. 12.
23 Bader VwGO § 47 Rn. 46.
24 Roos/Wahrendorf § 55 a Rn. 10; Knickrehm/Wenner § 55 a Rn. 13.
25 BT-Drs. 17/3404, 132.

den.[26] Eine Verwirkung der Antragsbefugnis[27] allein aufgrund Zeitablaufs ist abzulehnen. Aufschiebende Wirkung kommt dem Antrag nicht zu.[28]

Ein **Drittschutz**, etwa von Hauseigentümern, deren Interessen durch die Satzung – wegen des von ihr ausgehenden Einflusses auf den Wohnungsmarkt – ebenfalls tangiert werden, ist nach dem auf Gewährleistung des individuellen Existenzminimums gerichteten Normzweck des SGB II abzulehnen.[29] Aus der Begründung des Gesetzentwurfs ergibt sich zudem, dass auch der Gesetzgeber davon ausgegangen ist, das Antragsrecht stehe vorwiegend **Leistungsbeziehern und Antragstellern von Leistungen nach dem SGB II** zu.[30] Auch **Leistungsbeziehern nach dem SGB XII** steht ein Antragsrecht[31] zu, wenn die Satzung auch für diesen Personenkreis Geltung beansprucht. 10

3. Zuständigkeit. Für Normenkontrollanträge nach § 55 a ist erstinstanzlich das LSG (§ 29 Ab. 2 S. 4) zuständig, in dessen Bezirk die Körperschaft, die die Rechtsvorschrift erlassen hat, ihren Sitz hat (§ 57 Abs. 6). 11

4. Antragsgegner. Der **Antragsgegner** ergibt sich eindeutig aus dem Wortlaut des Gesetzes: Der Antrag ist gegen die Körperschaft zu richten, welche die Rechtsvorschrift erlassen hat. Eine Ausnahme gilt bei einem Zuständigkeitswechsel nach Normerlass: In solchen Fällen ist richtiger Antragsgegner die Körperschaft, der zur Zeit der gerichtlichen Entscheidung die Normsetzungskompetenz zukommt.[32] Das Landessozialgericht kann hierbei, wie sich ebenfalls aus dem Gesetz ergibt, der obersten Landesbehörde oder der von ihr bestimmten Stelle **Gelegenheit zur Äußerung** binnen einer bestimmten Frist geben. Nach Ermessen des Landessozialgerichts dürfen Äußerungsmöglichkeiten auch anderen Stellen oder Personen eingeräumt werden.[33] 12

5. Beiladung. Eine (einfache) **Beiladung** ist – nach pflichtgemäßem Ermessen des Landessozialgerichts[34] – ebenfalls möglich: § 75 Abs. 1 und 3 sowie Abs. 4 Satz 1 sind nach § 55 a Abs. 2 S. 4 entsprechend anzuwenden. Die Nichterwähnung des § 75 Abs. 2 bedeutet insoweit den Ausschluss[35] der notwendigen Beiladung in Fällen, in denen Dritte an einem Rechtsverhältnis derart beteiligt sind, dass die Entscheidung auch ihnen gegenüber nur einheitlich ergehen kann. Letzteres liegt im Wesen der prinzipalen Normenkontrolle und der Allgemeinverbindlichkeit der darauf ergehenden Entscheidung begründet. Auch eine Beiladung auf Antrag nach § 75 Abs. 2 a erfolgt nicht. 13

III. Begründetheit

Das Landessozialgericht prüft, ob die Vorschrift in formeller und materieller Hinsicht mit höherrangigem Recht in Einklang steht. Maßgeblicher Prüfungsin- 14

26 Breitkreuz/Fichte § 55 a Rn. 11; Roos/Wahrendorf § 55 a Rn. 6 f.
27 Hierzu umfassend Kopp/Schenke VwGO § 47 Rn. 87; Bader VwGO § 47 Rn. 94.
28 Bader VwGO, 5. Aufl. 2011, § 47 Rn. 33.
29 Im Ergebnis ebenso Breitkreuz/Fichte § 55 a Rn. 9.
30 BT-Drs. 17/3404, 132.
31 BSG 17.10.2013 – B 14 AS 70/12 R; aA vorgehend LSG Bln-Bbg 7.8.2012 – L 36 AS 1162/12, beide juris.
32 NdsOVG 1.4.2008 – 4 KN 57/07, NVwZ-RR 2008, 602; Ziekow in NK-VwGO § 47 Rn. 273; Kopp/Schenke VwGO § 47 Rn. 39 mwN; Bader VwGO § 47 Rn. 97 mwN.
33 NK-VwGO § 47 Rn. 274 mwN; Kopp/Schenke VwGO § 47 Rn. 41 mwN.
34 Vgl. BT-Drs. 17/3404, 132 sowie die Einzelheiten bei Kopp/Schenke VwGO § 47 Rn. 42 a mwN.
35 Roos/Wahrendorf § 55 a Rn. 16.

halt sind hier auf formeller Ebene die Regelungen des Kommunalverfassungsrechts sowie die besonderen Verfahrens- und Begründungsvorschriften der §§ 22 a bis 22 c SGB II und auf materieller Ebene das einschlägige Landes, Bundes- und Europarecht, insbesondere, ob die Satzung den bundesrechtlichen Vorgaben des § 22 Abs. 1 S. 1 SGB II[36] entspricht. Dem Satzungsgeber steht lediglich das Recht zu, den dort geregelten Begriff der „Angemessenheit" weiter zu konkretisieren; ein darüber hinaus gehender Spielraum besteht nicht.[37] Verstößt eine Rechtsvorschrift gegen formelle oder materielle Rechtmäßigkeitsvoraussetzungen, ist sie in der Regel nichtig. In diesen Fällen ist der Normenkontrollantrag begründet, wofür die Verletzung von Verfahrensvorschriften bei der Rechtsetzung ebenso ausreichend ist wie materiellrechtliche Fehler.[38]

15 Kommt das Landessozialgericht zu der Überzeugung, dass die Rechtsvorschrift ungültig ist, so erklärt es sie für unwirksam, § 55 a Abs. 5 Satz 2 Hs. 1. Ggf. ist die Vorschrift, wenn nur ein Teil von dem festgestellten Fehler betroffen ist, insoweit für teilunwirksam zu erklären,[39] was jedenfalls dann zulässig und geboten ist, wenn ein Teil der Norm wegen seines eigenständigen Regelungsgehalts unter Heranziehung des Rechtsgedankens des § 139 BGB vom Normgefüge abtrennbar ist.[40] Eine Möglichkeit, nur die Unvereinbarkeit mit höherrangigem Recht festzustellen, wie das BVerfG dies regelmäßig tut, bietet das Normenkontrollverfahren des § 55 a dem Landessozialgericht nicht.[41]

IV. Vorrangige Zuständigkeit des Landesverfassungsgerichts – Abs. 3

16 Das Landessozialgericht prüft die Vereinbarkeit der Rechtsvorschrift mit Landesrecht nicht, soweit gesetzlich vorgesehen ist, dass die Rechtsvorschrift ausschließlich durch das Verfassungsgericht eines Landes nachprüfbar ist. Diese Bestimmung ist § 47 Abs. 3 VwGO nachgebildet und dient dem Schutz der Verfassungsgerichtsbarkeit der Länder, deren Vorrang unangetastet bleiben soll, sofern ihr in einer (landes-)gesetzlichen – nicht ausreichend ist insoweit eine Bestimmung im Rang unterhalb des Landesgesetzes – Regelung ein Verwerfungsmonopol eingeräumt ist.[42] Aus der Formulierung („soweit") ergibt sich, dass die Beschränkung nicht weitergehend eingreifen soll, als der dem Landesverfassungsgericht reservierte Prüfungsmaßstab greift. Eine Vorlage des beim Landessozialgericht nach § 55 a anhängigen Verfahren an das Landesverfassungsgericht – bzw. eine Vorlage der zur Entscheidung stehenden Rechtsfrage – dürfte in derartigen Fällen nach der zu § 47 VwGO überwiegend vertretenen Ansicht in Betracht kommen.[43]

36 Zuletzt BSG 4.6.2014 – B 14 AS 53/13 R, juris.
37 BSG 4.6.2014 – B 14 AS 53/13 R, juris.
38 NK-VwGO § 47 Rn. 353.
39 Näher zu der diesbezüglichen Problematik Kopp/Schenke VwGO § 47 Rn. 120 ff.
40 BVerwG 17.2.2005 – 7 CN 6/04, NVwZ 2005, 695; Bader VwGO § 47 Rn. 12.
41 BVerwG 9.6.2010 – 9 CN 1/09, BVerwGE 137, 123 = NVwZ 2011, 310; Kopp/Schenke VwGO § 47 Rn. 120 ff.
42 Einzelheiten bei Kopp/Schenke VwGO § 47 Rn. 100 ff.
43 Diskussion und Nachweise bei Kopp/Schenke VwGO § 47 Rn. 107; unter Hinweis auf Art. 92 BayVerf, Art. 50 BayVerfGHG, Art. 142 BremVerf, Art. 64 Abs. 2 HambVerf, §§ 44 ff. HambVerfGG, Art. 133 HessVerf, § 41 HessStGHG; umfangreiche Darstellungen zum Recht der einzelnen Bundesländer bei NK-VwGO § 47 Rn. 315 ff.

V. Möglichkeit der Aussetzung des Verfahrens – Abs. 4

17 Ist ein Verfahren zur Überprüfung der Gültigkeit der Rechtsvorschrift bei einem Verfassungsgericht anhängig, so kann das Landessozialgericht anordnen, dass die Verhandlung bis zur Erledigung des Verfahrens vor dem Verfassungsgericht auszusetzen ist. Die Vorschrift dient der Vermeidung einander widersprechender Entscheidungen und der Verfahrensökonomie; sie ist § 47 Abs. 4 VwGO nachgebildet.[44]

VI. Form und Inhalt der Entscheidung – Abs. 5

18 Das Landessozialgericht entscheidet durch **Urteil** oder, wenn es eine mündliche Verhandlung nicht für erforderlich hält, durch **Beschluss**. Die Form seiner Entscheidung – Urteil oder Beschluss – liegt im Ermessen des Senats. Eine Entscheidung durch Beschluss kommt in Fällen der Unzulässigkeit des Antrags in Betracht, sowie in solchen Fällen, in denen das Landessozialgericht die vom Antragsteller aufgeworfene Rechtsfrage – etwa bezogen auf eine andere Gebietskörperschaft – bereits entschieden hat, oder wenn die Argumentation des Antragstellers eindeutig sachwidrig ist; die Möglichkeit der Beschlussentscheidung besteht insbesondere dann, wenn der Antrag offensichtlich unzulässig oder missbräuchlich ist.[45] Nach durchgeführter mündlicher Verhandlung kann nach dem klaren Gesetzeswortlaut nur noch durch Urteil entschieden werden.[46]

19 Eine gegen höherrangiges Recht verstoßende Rechtsvorschrift ist regelmäßig nichtig; kommt das Landessozialgericht zu der Überzeugung, dass die Rechtsvorschrift ungültig ist, so erklärt es sie für unwirksam. Ggf. ist die Vorschrift, wenn die Unwirksamkeit nur einen Teil von ihr betrifft, für teilweise unwirksam zu erklären; auch die Erklärung der Unwirksamkeit ab einem späteren, nach Normerlass liegenden Zeitpunkt ist möglich.[47] Hat der Antragsteller nur einen Teil der Norm angefochten und ist dieser abtrennbar, dann darf das Gericht hierbei über den gestellten, und ggf. sach- und interessengerecht ausgelegten, Antrag nicht hinausgehen, denn das Gericht ist auch insoweit an das Antragsbegehren des Antragstellers – nicht hingegen an den Wortlaut des Antrags – gebunden (vgl. § 123). Ein die Erklärung der Teilunwirksamkeit hindernder Regelungszusammenhang ist gegeben, wenn sich aus dem objektiven Sinn der Norm ergibt, dass die verbleibenden Bestimmungen keine selbstständige Bedeutung haben, oder wenn die rechtswidrige Vorschrift Teil einer Gesamtregelung ist, die ihren Sinn und ihre Rechtfertigung verlöre, nähme man einen ihrer Bestandteile heraus.[48] In diesen Fällen ist die gesamte Norm Gegenstand des Normenkontrollverfahrens und insgesamt für unwirksam[49] zu erklären.

20 Anders als die **Feststellung der Unwirksamkeit** ist eine mit allgemeinverbindlicher Wirkung versehene und der Rechtskraft fähige Feststellung der Wirksam-

44 Kopp/Schenke VwGO § 47 Rn. 108 ff.; zur Aussetzung ferner: NK-VwGO § 47 Rn. 336 ff.
45 BT-Drs. 17/3404, 132.
46 Breitkreuz/Fichte § 55 a Rn. 22; vgl. NK-VwGO § 47 Rn. 350 mwN; Kopp/Schenke VwGO § 47 Rn. 140.
47 Vgl. Kopp/Schenke VwGO § 47 Rn. 121 f., 135 ff.; hierfür besteht im Rahmen des § 55 a Bedürfnis, etwa wenn eine zunächst rechtmäßige Satzung nach § 22 a SGB II der fortlaufenden Entwicklung des Wohnungsmarktes nicht in regelmäßigen Abständen angepasst wird.
48 NK-VwGO § 47 Rn. 358 mwN.
49 BSG 4.6.2014 – B 14 AS 53/13 R, juris.

keit einer Norm, als Gegenteil der Feststellung ihrer Unwirksamkeit, in § 55 a nicht vorgesehen und mithin auch nicht zulässig;[50] ebenfalls nicht zulässig ist eine Verpflichtung des Normgebers, die Vorschrift in einer bestimmten Weise zu ändern. Die Entscheidung nach § 55 a darf eine Norm lediglich (ggf. auch teilweise) kassieren. Einen Verpflichtungsausspruch zum Normerlass oder eine positive Wirksamkeitsfeststellung mit dem Anspruch der Allgemeinverbindlichkeit ermöglicht § 55 a demgegenüber nicht.

21 Ob demgegenüber die allgemeinverbindliche Feststellung, dass eine **bestimmte Auslegung** einer Norm mit höherrangigem Recht nicht vereinbar und daher unzulässig ist, in Betracht kommt, ist umstritten.[51] Ein praktisches Bedürfnis hierfür ergibt sich daraus, dass anderenfalls – wenn das Landessozialgericht die Norm aufgrund rechtmäßiger Auslegungsalternativen für wirksam hält, eine der Verwaltungspraxis entsprechende Auslegung jedoch für rechtswidrig – der Zweck des § 55 a, eine allgemeinverbindliche Klärung zu ermöglichen, nicht vollständig erreicht würde. Gleichwohl: Es erscheint problematisch und systemwidrig, wenn – zudem ohne ausdrückliche diesbezügliche gesetzliche Ermächtigung – einem Gericht ermöglicht würde, mit Wirkung für und gegen alle, sämtliche Rechtsbetroffenen und damit auch die (in ihrer Unabhängigkeit verfassungsrechtlich geschützten) Richter der Sozialgerichte, ja sogar andere Senate des Landessozialgerichts und eine etwaige spätere personelle Besetzung desselben Senats, an eine bestimmte Auslegung einer fortbestehenden Norm zu binden. Dies würde über die Wirkung einer (bloß) kassierenden Unwirksamkeitserklärung hinausgehen; eine derartige Erweiterung ist daher abzulehnen.

22 Eine **nachträgliche Feststellung** der Rechtswidrigkeit einer Norm insgesamt, nach einer durch den Normgeber während des gerichtlichen Verfahrens erfolgten Aufhebung bzw. Änderung, dürfte – entsprechend dem Anwendungsbereich der Fortsetzungsfeststellungsklage – zulässig sein, wenn ein entsprechendes Fortsetzungsfeststellungsinteresse des Antragstellers besteht.[52]

23 Die Entscheidung des Landessozialgerichts betreffend die Feststellung der Unwirksamkeit einer Norm ist **allgemein verbindlich**. Die Entscheidung wirkt ex tunc und lediglich deklaratorisch[53] – von einer bereits vorbestehenden Unwirksamkeit der Norm ist im Falle eines Erfolgs des Antrags mithin auszugehen – wobei die Allgemeinverbindlichkeit mit der Rechtskraft der Entscheidung des Landessozialgerichts eintritt, nicht bereits mit ihrer Verkündung.[54] Die Entscheidungsformel ist vom Antragsgegner oder der Antragsgegnerin ebenso zu veröffentlichen, wie die Rechtsvorschrift bekannt zu machen wäre, wobei die Veröffentlichung ebenfalls nicht konstitutiv für die Unwirksamkeit der Norm wirkt.

24 Den Normgeber hindert die Bindungswirkung an die Entscheidung des Landessozialgerichts daran, eine Rechtsvorschrift mit gleichem Inhalt und – kumulativ – dem gleichen Fehler **nochmals zu erlassen**.[55] Eine inhaltsgleiche Entscheidung ist gleichwohl dann möglich, wenn das Gericht lediglich Formfehler oder Fehler auf dem Weg zur Entscheidungsfindung gerügt hatte; Letzteres war etwa bei der

50 Kopp/Schenke VwGO § 47 Rn. 123.
51 Dafür Kopp/Schenke VwGO § 47 Rn. 124 mwN auch zur Gegenauffassung.
52 Zur Fortsetzungsfeststellungsklage → § 131 Rn. 10 ff.; vgl. auch Kopp/Schenke VwGO § 47 Rn. 134 mwN.
53 Bader VwGO § 47 Rn. 119 mwN.
54 Vgl. Kopp/Schenke VwGO § 47 Rn. 141.
55 NK-VwGO § 47 Rn. 364 f.

Entscheidung des BVerfG vom 9.2.2010 zur Festsetzung der Regelsätze in der Grundsicherung für Arbeitsuchende der Fall.[56]

25 Andere Entscheidungsinhalte als die Feststellung der Unwirksamkeit einer Norm, insbesondere die Ablehnung des Antrags, wirken – wie auch in sonstigen Fällen gerichtlicher Entscheidungen – allein zwischen den Beteiligten des Verfahrens.[57]

26 Für die Wirkung der Entscheidung gilt § 183 VwGO entsprechend. Das bedeutet, dass die nicht mehr anfechtbaren Entscheidungen der Gerichte der Sozialgerichtsbarkeit, die auf der für unwirksam erklärten Norm beruhen, unberührt bleiben. Die Vollstreckung aus einer solchen Entscheidung wird allerdings unzulässig. Eine nachgehende Überprüfung nach § 44 SGB X für Zeiten vor der Entscheidung des Landessozialgerichts im Rahmen des Anwendungsbereichs dieser Vorschrift – nach § 40 Abs. 1 Satz 2 SGB II in der seit dem 1.4.2011 geltenden Fassung tritt anstelle des Zeitraums von vier Jahren nach § 44 Abs. 4 S. 1 SGB X ein Zeitraum von einem Jahr – ist ebenfalls nicht möglich, weil insoweit § 40 Abs. 2 Ziff. 2 SGB II – ebenfalls in der Fassung vom 1.4.2011 – in Verbindung mit § 330 Abs. 1 SGB III entgegensteht.

VII. Möglichkeit des Erlasses einer einstweiligen Anordnung – Abs. 6

27 Das Landessozialgericht kann nach Abs. 6 auf Antrag eine einstweilige Anordnung erlassen, wenn dies zur Abwehr schwerer Nachteile oder aus anderen wichtigen Gründen dringend geboten ist. Die Formulierung zeigt, dass der Maßstab hier strenger als im Bereich des § 86 b anzusetzen ist.[58] Hauptzielrichtung eines Antrags nach Abs. 6 wird regelmäßig die Aussetzung des Vollzugs der vom Antragsteller für rechtswidrig und unwirksam erachteten Norm mit genereller Wirkung sein. In einem derartigen Verfahren des einstweiligen Rechtsschutzes sind bei der Abwägung über eine allgemein wirkende Aussetzung regelmäßig auch die Belange des Gemeinwohls und die Interessen anderer Normunterworfener zu berücksichtigen.[59] Bei bloßer Berücksichtigung und Abwägung der Individualinteressen des Antragstellers wäre nämlich eine generelle Aussetzung schwerlich als „dringend geboten" anzusehen. Auch der einstweilige Rechtsschutz setzt im Übrigen eine bereits veröffentlichte Norm voraus und ist nicht bereits als vorläufiger Rechtsschutz im Stadium der Rechtsetzung zulässig. Im Übrigen gelten die allgemeinen Abwägungsgrundsätze, die von § 86 b her bekannt sind.

VIII. Rechtsmittel

28 Das gegen eine Normenkontrollentscheidung des Landessozialgerichts gegebene Rechtsmittel ist die Revision, deren Zulässigkeit sich nach den allgemeinen Vorschriften des § 160 richtet. Bei einer Entscheidung durch Beschluss gilt dies ebenso; mit Wirkung zum 1.4.2011 ist durch das Gesetz zur Ermittlung von Regelbedarfen und zur Änderung des Zweiten und Zwölften Buches Sozialgesetz-

56 BVerfG 9.2.2010 – 1 BvL 1/09, 1 BvL 3/09, 1 BvL 4/09, BVerfGE 125, 175 = NJW 2010, 505.
57 NK-VwGO § 47 Rn. 367 mwN.
58 Ebenso Breitkreuz/Fichte § 55 a Rn. 31; Ziekow in NK-VwGO § 47 Rn. 396 mwN; Kopp/Schenke VwGO § 47 Rn. 152 mwN.
59 Entsprechend Kopp/Schenke VwGO § 47 Rn. 148 für § 47 Abs. 6 in Bezug zu § 123 VwGO.

buch vom 24.3.2011[60] auch § 160 Abs. 1 geändert und insoweit angepasst worden. Der revisionsrechtliche Prüfungsmaßstab ist dadurch eingeschränkt, dass Landesrecht, insbesondere die formellen Voraussetzungen des Kommunalverfassungsrechts, der Prüfung entzogen sind.[61] Der Beschluss im einstweiligen Rechtsschutz nach Abs. 6 ist unanfechtbar (§ 177).[62]

§ 56 [Klagehäufung]

Mehrere Klagebegehren können vom Kläger in einer Klage zusammen verfolgt werden, wenn sie sich gegen denselben Beklagten richten, im Zusammenhang stehen und dasselbe Gericht zuständig ist.

I. Entstehungsgeschichte

1 Die Vorschrift besteht unverändert seit Inkrafttreten des SGG.

II. Parallelvorschriften

2 § 44 VwGO und § 43 FGO treffen § 56 entsprechende Regelungen, während § 260 ZPO keinen Zusammenhang zwischen den Klagen fordert.

III. Allgemeines

3 § 56 regelt die **objektive Klagehäufung** im sozialgerichtlichen Prozess. Die objektive Klagehäufung oder Klageverbindung ist das Betreiben mehrerer prozessualer Ansprüche, nicht mehrerer möglicher Anspruchsgrundlagen, eines Klägers gegen denselben Beklagten im Rahmen eines Verfahrens. Im Gegensatz dazu spricht man von **subjektiver Klagehäufung**, wenn mehrere Kläger gemeinsam klagen bzw. mehrere Beklagte gemeinsam verklagt werden (vgl. § 74 iVm § 59 ZPO). Im Rahmen eines Prozesses kann uU sowohl eine objektive wie auch eine subjektive Klagehäufung vorliegen, etwa wenn mehrere Kläger mehrere prozessuale Ansprüche gegenüber der Beklagten geltend machen. Wie bereits dem Wortlaut zu entnehmen ist („können"), muss der Kläger aber mehrere Klagebegehren nicht in einer Klage verfolgen.[1]

IV. Arten der Klagehäufung

4 Es werden verschiedene Arten der objektiven Klagehäufung unterschieden.

5 **1. Kumulative Klagehäufung.** Der häufigste Fall ist die kumulative Klagehäufung, die entsteht, wenn Ansprüche nebeneinander geltend gemacht werden. Dies tritt immer schon dann ein, wenn der Kläger sein Begehren auf Anfechtung

60 BGBl. 2011 I 453 ff.
61 Breitkreuz/Fichte § 55 a Rn. 33.
62 Breitkreuz/Fichte § 55 a Rn. 34.
1 LSG LSA 7.5.2008 – L 1 RA 91/05, juris.

eines Verwaltungsaktes mit einem Begehren auf Leistung, oder wenn er Anfechtungs-, Leistungs- und Feststellungsbegehren miteinander verknüpft.[2] Die kumulative Klagehäufung kann aber nicht nur vom Kläger selbst, sondern auch vom Gericht herbeigeführt werden, nämlich **durch Verbindung** mehrerer Klagen eines Klägers **nach § 113 Abs. 1.** Die Klagehäufung muss nicht unbedingt schon bei Klageerhebung bestehen, sondern kann auch **nachträglich durch eine Klageänderung nach § 99** entstehen. In diesem Fall ist neben der Zulässigkeit der Klageänderung zudem die Zulässigkeit der geänderten Klage zu prüfen (→ § 99 Rn. 17 f.).[3]

2. Eventuale Klagehäufung. Eine weitere Variante ist die eventuale Klagehäufung, bei der der Kläger einen Hauptantrag stellt, und für den Fall der Abweisung, oder seltener für den Fall der Stattgabe, des Hauptantrages einen Hilfsantrag geltend macht. Dieses Vorgehen wird von der Rechtsprechung trotz bedingter Stellung des Hilfsantrages als **zulässig** erachtet, da es sich hierbei um eine innerprozessuale Bedingung handelt, die dem Hilfsantrag die notwendige Bestimmtheit verleiht.[4] Insoweit ist natürlich auch die Erhebung einer **Stufenklage** möglich (§ 202 iVm § 254 ZPO). 6

3. Alternative Klagehäufung. Als **unzulässig** wegen mangelnder Bestimmtheit ist jedoch die alternative Klagehäufung anzusehen, mit der der Kläger entweder das eine Ziel oder das andere Ziel begehrt, ohne diese in ein Eventualverhältnis zu stellen. 7

V. Prüfungsreihenfolge

Liegen mehrere Anspruchsbegehren des Klägers in einem Verfahren vor, so hat das Gericht zunächst die jeweiligen **allgemeinen Prozessvoraussetzungen der einzelnen Ansprüche**, wie etwa die Einhaltung der Klagefrist zu prüfen, und **dann die Voraussetzungen des § 56.** 8

VI. Voraussetzungen des § 56

So müssen sich die Ansprüche gegen denselben Beklagten richten, dasselbe Gericht muss örtlich und sachlich zuständig sein und die Ansprüche müssen im Zusammenhang stehen. Es ist insoweit unschädlich, wenn der Kläger zwei Klagen bei verschiedenen Spruchkörpern anhängig hat, denn § 56 spricht von Gericht, nicht von Spruchkörpern. Sofern die übrigen Voraussetzungen der Vorschrift vorliegen, können die beiden Klagen nach § 113 verbunden werden. Ansprüche stehen in Zusammenhang, wenn ihnen der gleiche Versicherungsfall oder der gleiche Lebenssachverhalt zugrunde liegt. Ein rechtlicher Zusammenhang ist nicht erforderlich. Dieses Tatbestandsmerkmal wird von der sozialgerichtlichen Rechtsprechung im Allgemeinen weit ausgelegt. Eine Ausnahme hierzu bildet das Vertragsarztrecht. Hier soll es an dem Zusammenhang nach § 56 SGG fehlen, wenn eine Klage auf Honorarkürzungsbescheide erweitert werden soll, die nach einem kürzungsfreien Intervall ergehen.[5] 9

2 BSG 21.12.1991 – 9 RV 1202/59.
3 BSG 23.4.2015 – B 5 RE 23/14 R, juris.
4 BSG 13.10.1959 – 11 RV 108/58, ZfS 1961, 53.
5 SchlHLSG 22.11.1994 – L 6 Ka 3/93.

VII. Verfahren

10 **1. Gemeinsame Verhandlung und Entscheidung.** Liegen die Prozessvoraussetzungen und die Voraussetzungen des § 56 vor, so **verhandelt** das Gericht die verschiedenen Ansprüche **gemeinsam** und **entscheidet auch gemeinsam** über sie. Dabei hat das Gericht gegebenenfalls eine **kombinierte Kostenentscheidung** nach § 193 und § 197 a zu treffen, wenn der Kläger für den Hauptantrag nach § 183 kostenprivilegiert ist, nicht aber für den Hilfsantrag.[6] Das Gericht kann aber auch im Wege des **Teilurteils** nach § 202 iVm § 300 Abs. 2, § 301 ZPO zunächst über einen Anspruch entscheiden, etwa wenn dieser vor dem anderen entscheidungsreif ist. Das Gericht kann die Ansprüche aber auch gemäß § 113 Abs. 2 trennen, wenn dies zweckmäßig ist, was insbesondere dann gegeben sein dürfte, wenn es sich um komplizierte Materien handelt.

11 **2. Hilfsantrag.** Bei eventualer Klagehäufung (Hilfsantrag für den Fall, dass der Hauptantrag unzulässig oder unbegründet ist) hat das Gericht im Urteil zunächst über den Hauptantrag zu entscheiden, bei dessen Erfolglosigkeit über den Hilfsantrag. Hat der Hilfsantrag Erfolg, so ist die Klage im Übrigen abzuweisen. Bei einem Rechtsmittel der Beklagten ist nur der Hilfsantrag Gegenstand des Rechtsmittelverfahrens, außer der Kläger erhebt ein Anschlussrechtsmittel.[7] Hat bereits der Hauptantrag Erfolg, so ist über den Hilfsantrag nicht mehr zu entscheiden, da die innerprozessuale Bedingung ja nicht eingetreten ist. Erhebt die Beklagte gegen dieses Urteil ein Rechtsmittel, so wird auch der Hilfsantrag Gegenstand des Rechtsmittelverfahrens.[8] Versäumt das Gericht bei unbegründetem Hauptantrag über den Hilfsantrag zu entscheiden, so kann der Kläger nach § 140 Abs. 1 die Ergänzung des Urteils verlangen.

12 **3. Trennung.** Fehlen die Voraussetzungen des § 56 SGG, so sind die Verfahren zu trennen und einzeln weiter zu führen.

§ 56 a [Rechtsbehelfe gegen behördliche Verfahrenshandlungen]

[1]Rechtsbehelfe gegen behördliche Verfahrenshandlungen können nur gleichzeitig mit den gegen die Sachentscheidung zulässigen Rechtsbehelfen geltend gemacht werden. [2]Dies gilt nicht, wenn behördliche Verfahrenshandlungen vollstreckt werden können oder gegen einen Nichtbeteiligten ergehen.

I. Allgemeines

1 **1. Entstehungsgeschichte.** Die Vorschrift ist durch Art. 7 Nr. 4 des BUK-NOG vom 19.10.2013 (BGBl. 2013 I 3846) neu in das SGG eingefügt worden. Eine

6 BSG 26.7.2006 – B 3 KR 6/06B, und BSG 26.9.2006 – B 1 KR 1/06 R, beide juris; aA wohl BSG 29.5.2006 – B 2 Urt. 391/05 B, juris, für die subjektive Klagehäufung.
7 Meyer-Ladewig/Keller/Leitherer/Schmidt § 56 a Rn. 2.
8 BSG 16.8.1990 – 4 RA 10/90, SozR 3-2200 § 1232 Nr. 2 für das Revisionsverfahren.

Änderung der geltenden Rechtslage ist hierdurch nicht eingetreten,[1] da das BSG den Rechtsgrundsatz der fehlenden Anfechtbarkeit von Verfahrenshandlungen, die der eigentlichen Sachentscheidung vorangehen, schon lange vor der Einführung angewandt hat.[2]

2. Parallelvorschriften. Die Regelung ist mit dem bereits 1976 erlassenen § 44 a VwGO identisch. § 172 Abs. 2 sieht entsprechend vor, dass gerichtliche Verfahrenshandlungen (prozessleitende Verfügungen) nicht separat mit Beschwerde angefochten werden können. Eine ähnliche Vorschrift findet sich in § 35 a Abs. 8 SGB V, der eine separate Anfechtung der Nutzenbewertung nach § 35 a Abs. 2 SGB V ausschließt.[3] 2

3. Zweck und Rechtsnatur. Die Vorschrift dient der Vereinfachung und Beschleunigung des Verwaltungs- wie auch des Gerichtsverfahrens.[4] Es handelt sich bei ihr um eine negative Zulässigkeitsvoraussetzung[5] für einen Widerspruch,[6] eine Klage oder einen Antrag auf Eilrechtsschutz nach § 86 b.[7] 3

II. Anwendungsbereich

§ 56 a regelt den Ausschluss von Widerspruch, Klage und Eilrechtsschutz gegen behördliche Verfahrenshandlungen (bei gerichtlichen gilt § 172 Abs. 2 SGG; vgl. auch → § 172 Rn. 10), die nicht den Verfahrensabschluss an sich[8] darstellen und die keine selbstständige Zwischenentscheidungen (zB Entscheidung über Wiedereinsetzung in den vorigen Stand)[9] sind. Behördliche Verfahrenshandlungen im Rahmen von § 56 a sind Handlungen von Behörden im Sinne von § 1 SGB X im Rahmen eines Verwaltungsverfahrens nach § 8 SGB X,[10] welches durch eine Sachentscheidung abgeschlossen wird. Als Sachentscheidung kommt insoweit lediglich der Erlass eines Verwaltungsaktes[11] in Betracht, nicht jedoch der Abschluss eines öffentlich-rechtlichen Vertrages,[12] eine untergesetzliche Normsetzung[13] oder ein Realakt.[14] Dabei gilt der Ausschluss nach § 56 a selbst dann, 4

1 Meyer-Ladewig/Keller/Leitherer/Schmidt § 56 a Rn. 1.
2 Breitkreuz ASR 2014, 52 (53) unter Hinweis auf BSG 10.12.1992 – 11 Rar 71/91, juris; Knickrehm/Kreikebohm/Waltermann § 56 a Rn. 1; Axer SGb 2013, 669 (673); im Ergebnis gleich, jedoch entsprechende Anwendung von § 44 a VwGO Meyer-Ladewig/Keller/Leitherer/Schmidt § 56 a Rn. 1; Rieker NZS 2014, 290 (291); Wenner SozSich 2013, 354.
3 Axer SGb 2013, 669 (672).
4 Knickrehm/Kreikebohm/Waltermann, § 56 a Rn. 1 unter Hinweis auf BT-Drs. 17/12297, 65; Meyer-Ladewig/Keller/Leitherer/Schmidt § 56 a Rn. 2.
5 HM Meyer-Ladewig/Keller/Leitherer/Schmidt § 56 a Rn. 2; Axer SGb 2013, 669 (673); aA Sodan/Ziekow § 44 a VwGO Rn. 13 spez. Ausprägung des allg. Rechtsschutzbedürfnis.
6 Roos/Wahrendorf § 56 a Rn. 4.
7 Rieker NZS 2014, 290 (291).
8 Meyer-Ladewig/Keller/Leitherer/Schmidt § 56 a Rn. 4.
9 Meyer-Ladewig/Keller/Leitherer/Schmidt § 56 a Rn. 6 unter Hinweis auf BVerwGE 134, 368 (375) und BSG 28.1.2009 – B 6 KA 11/08 R.
10 Rieker NZS 2014, 290 (291).
11 Zeihe § 56 a Rn. 4.
12 HM Meyer-Ladewig/Keller/Leitherer/Schmidt § 56 a Rn. 5; wohl ebenso Rieker NZS 2014, 290 (292); aA Sodan/Ziekow § 56 a Rn. 29; Hennig/Luik § 56 a Rn. 9.
13 Axer SGb 2013, 669 (674).
14 Meyer-Ladewig/Keller/Leitherer/Schmidt § 56 a Rn. 5.

wenn sich die Verfahrenshandlung selbst ebenfalls als Verwaltungsakt darstellt.[15]

5 Die Formulierung „gleichzeitig mit den gegen die Sachentscheidung zulässigen Rechtsbehelfen" ist missverständlich,[16] denn anders als der Wortlaut vermuten lässt, wird hiermit kein zeitlicher, sondern ein inhaltlicher Zusammenhang bezeichnet.[17] Demnach sind in die Vorschrift Verfahrenshandlungen für zukünftige Verwaltungsverfahren[18] und nach bereits abgeschlossenen Sachentscheidungen[19] einbezogen.

6 Hauptanwendungsfall ist die Verweigerung der Akteneinsicht durch die Behörde.[20] Weitere Anwendung findet die Norm bei der Erzwingung der Herausgabe von ermessenslenkenden internen Richtlinien,[21] Terminbestimmungen[22] oder Fristsetzungen[23] durch die Behörde, Inanspruchnahme von Amtshilfe, Aktenbeiziehung oder andere Aufklärungsmaßnahmen, Abzweigungsanträge,[24] Bestätigung der AA über Unfreiwilligkeit/Freiwilligkeit der Arbeitslosigkeit nach § 2 Abs. 3 FreizügG,[25] Anträge auf Ablehnung von Behördenvertretern wegen Befangenheit,[26] Übersendung von Fragebögen zur Erhebung von Sozialdaten[27] sowie Vorbereitungshandlungen für eine Betriebsprüfung.[28] Keine bloße Verfahrenshandlung soll der Antrag auf Begutachtung zur Klärung einer besonderen Vertretung bei Prozessunfähigkeit sein.[29]

III. Ausnahmsweise Anfechtbarkeit von Verfahrenshandlungen

7 Satz 2 sieht in Ausnahme zu Satz 1 eine ausnahmsweise separate Anfechtbarkeit der Verfahrenshandlung vor, wenn diese vollstreckt werden kann, sie gegenüber einem Nichtbeteiligten ergeht oder dies aus verfassungsrechtlichen Gründen im Hinblick auf den erforderlichen effektiven Rechtsschutz nach Art. 19 Abs. 4 GG geboten ist.

8 **1. Vollstreckbarkeit.** Beispielhaft ist hier die zwangsweise Durchsetzung der Duldung der Betriebsprüfung, die Erteilungen von Auskünften und Vorlage von Unterlagen im Rahmen von § 28 p SGB IV zu nennen. Nicht hierunter fallen schon begrifflich Vollstreckungshandlungen an sich bzw. deren Androhung.[30] Hat die Behörde bereits angekündigt, auf Vollstreckung zu verzichten, so kann

---

15 Meyer-Ladewig/Keller/Leitherer/Schmidt § 56 a Rn. 6.
16 Roos/Wahrendorf § 56 a Rn. 3.
17 Breitkreuz ASR 2014, 52 (53); aA Hennig/Luik § 56 a Rn. 21 f.
18 Meyer-Ladewig/Keller/Leitherer/Schmidt § 56 a Rn. 7.
19 Meyer-Ladewig/Keller/Leitherer/Schmidt § 56 a Rn. 7; SG Landshut 12.11.2015 – S 11 SO 25/15, juris; aA SG Berlin 1.12.2016 – S 9 R 1113/12 WA, juris.
20 Breitkreuz ASR 2014, 52 (53); Meyer-Ladewig/Keller/Leitherer/Schmidt § 56 a Rn. 8 mwN; LSG NRW 11.11.2016 – L 19AS 2111/16 B ER, juris.
21 HessLSG 7.11.2014 – L 6 AS 722/14 B ER, juris.
22 Rieker NZS 2014, 290 (292).
23 Meyer-Ladewig/Keller/Leitherer/Schmidt § 56 a Rn. 8.
24 SG Dortmund 4.3.2016 – S 41 SO 3/15, juris.
25 SG Berlin 3.8.2018 – B 58 AL 243/18, juris.
26 BayLSG 14.11.2017 – L 11AS 651/17, juris.
27 HessLSG 29.1.2020 – L 4 SO 154719 B, juris.
28 HessLSG 12.3.2012 – L 1 KR 36/12 B ER, juris.
29 BSG 17.2.2019 – B 1 KR 73/18 R, juris.
30 Meyer-Ladewig/Keller/Leitherer/Schmidt § 56 a Rn. 10; aA wohl Rieker NZS 2014, 290 (293).

es am Rechtsschutzbedürfnis fehlen. Entsprechendes gilt, wenn Vollstreckung nicht mehr möglich ist.[31]

2. Verfahrenshandlungen gegen Nichtbeteiligte. Nichtbeteiligte sind hier Dritte, denen das Gesetz zwar eigene verfahrensrechtliche Positionen einräumt, die aber nicht zur gerichtlichen Überprüfung der Sachentscheidung berechtigt sind. Dies sind herangezogene Zeugen oder Sachverständige im Hinblick auf ihre Entschädigung oder Vertreter oder Bevollmächtigte, die von der Behörde zurückgewiesen worden sind,[32] ebenso Dritte, die nach § 12 SGB X hinzugezogen werden müssen oder können, gegenüber der Entscheidung der Behörde, sie nicht zu beteiligen. Sobald diese Hinzuziehung jedoch durchgeführt worden ist, liegt Beteiligteneigenschaft vor und es gilt der Ausschluss nach Satz 1.[33] 9

3. Ausnahmen aus verfassungsrechtlichen Gründen. Eine ausnahmsweise Anfechtbarkeit von Verfahrenshandlungen ist darüber hinaus gegeben, wenn andernfalls effektiver Rechtsschutz nicht gewährt werden kann.[34] Voraussetzung ist hier, dass die Verfahrenshandlung unmittelbare Rechtswirkungen zu seinen Lasten über das Verwaltungsverfahren hinaus entfaltet und Rechtsschutz gegen die Sachentscheidung zu spät kommen würde. Denkbar sind hier die diskriminierende oder ehrenrührige Wirkung der Verfahrenshandlung[35] oder Mitwirkungshandlungen nach den §§ 60 ff.[36] 10

§ 57 [Örtliche Zuständigkeit, Gerichtsstand]

(1) [1]Örtlich zuständig ist das Sozialgericht, in dessen Bezirk der Kläger zur Zeit der Klageerhebung seinen Sitz oder Wohnsitz oder in Ermangelung dessen seinen Aufenthaltsort hat; steht er in einem Beschäftigungsverhältnis, so kann er auch vor dem für den Beschäftigungsort zuständigen Sozialgericht klagen. [2]Klagt eine Körperschaft oder Anstalt des öffentlichen Rechts, in Angelegenheiten nach dem Elften Buch Sozialgesetzbuch ein Unternehmen der privaten Pflegeversicherung oder in Angelegenheiten des sozialen Entschädigungsrechts [ab 1.1.2024: *des Sozialen Entschädigungsrechts*] oder des Schwerbehindertenrechts ein Land, so ist der Sitz oder Wohnsitz oder Aufenthaltsort des Beklagten maßgebend, wenn dieser eine natürliche Person oder eine juristische Person des Privatrechts ist.

(2) [1]Ist die erstmalige Bewilligung einer Hinterbliebenenrente streitig, so ist der Wohnsitz oder in Ermangelung dessen der Aufenthaltsort der Witwe oder des Witwers maßgebend. [2]Ist eine Witwe oder ein Witwer nicht vorhanden, so ist das Sozialgericht örtlich zuständig, in dessen Bezirk die jüngste Waise im Inland ihren Wohnsitz oder in Ermangelung dessen ihren Aufenthaltsort hat; sind nur Eltern oder Großeltern vorhanden, so ist das Sozialgericht örtlich zuständig, in dessen Bezirk die Eltern oder Großeltern ihren Wohnsitz oder in Ermangelung

---

31 Meyer-Ladewig/Keller/Leitherer/Schmidt § 56 a Rn. 10 mwN.
32 Roos/Wahrendorf § 56 a Rn. 15 mwN.
33 Meyer-Ladewig/Keller/Leitherer/Schmidt § 56 a Rn. 11; dies gilt auch bei unrechtmäßiger Hinzuziehung Hennig/Luik § 56 a Rn. 30.
34 HM Meyer-Ladewig/Keller/Leitherer/Schmidt § 56 a Rn. 12; Rieker NZS 2014, 290 (292 f.); Axer SGb 2013, 669 (673); differenziert zur Akteneinsicht Breitkreuz ASR 2014, 52 (53 f.).
35 Meyer-Ladewig/Keller/Leitherer/Schmidt § 56 a Rn. 10 unter Hinweis auf BVerwGE 115, 373 (381).
36 Axer SGb 2013, 669 (674); Rieker NZS 2014, 290 (293).

dessen ihren Aufenthaltsort haben. [3]Bei verschiedenem Wohnsitz oder Aufenthaltsort der Eltern- oder Großelternteile gilt der im Inland gelegene Wohnsitz oder Aufenthaltsort des anspruchsberechtigten Ehemannes oder geschiedenen Mannes.

(3) Hat der Kläger seinen Sitz oder Wohnsitz oder Aufenthaltsort im Ausland, so ist örtlich zuständig das Sozialgericht, in dessen Bezirk der Beklagte seinen Sitz oder Wohnsitz oder in Ermangelung dessen seinen Aufenthaltsort hat.

(4) In Angelegenheiten des § 51 Abs. 1 Nr. 2, die auf Bundesebene festgesetzte Festbeträge betreffen, ist das Sozialgericht örtlich zuständig, in dessen Bezirk die Bundesregierung ihren Sitz hat, in Angelegenheiten, die auf Landesebene festgesetzte Festbeträge betreffen, das Sozialgericht, in dessen Bezirk die Landesregierung ihren Sitz hat.

(5) In Angelegenheiten nach § 130 a Absatz 4 und 9 des Fünften Buches Sozialgesetzbuch ist das Sozialgericht örtlich zuständig, in dessen Bezirk die zur Entscheidung berufene Behörde ihren Sitz hat.

(6) Für Antragsverfahren nach § 55 a ist das Landessozialgericht örtlich zuständig, in dessen Bezirk die Körperschaft, die die Rechtsvorschrift erlassen hat, ihren Sitz hat.

(7) [1]In Angelegenheiten nach § 7 a des Vierten Buches Sozialgesetzbuch ist das Sozialgericht örtlich zuständig, in dessen Bezirk der Auftraggeber seinen Sitz oder in Ermangelung dessen seinen Wohnsitz hat. [2]Hat dieser seinen Sitz oder in Ermangelung dessen seinen Wohnsitz im Ausland, ist das Sozialgericht örtlich zuständig, in dessen Bezirk der Auftragnehmer seinen Wohnsitz oder in Ermangelung dessen seinen Aufenthaltsort hat.

I. Allgemeines

1 **1. Entstehungsgeschichte.** Die Vorschrift bestand zunächst unverändert seit Inkrafttreten des SGG in der Fassung vom 3.9.1953, bis mit Gesetz vom 20.12.1988 (BGBl. 1988 I 2477) mit Wirkung zum 1.1.1989 der Abs. 4 neu hinzugefügt wurde. Mit Gesetz vom 30.3.1998 (BGBl. 1998 I 638) wurde der S. 2 des Abs. 1 um die privaten Pflegeversicherungsunternehmen ergänzt. Durch das 6. SGGÄndG vom 17.8.2001 (BGBl. 2001 I 3302) wurden in allen Absätzen

Änderungen vorgenommen. In Abs. 1 S. 2 wurde der Begriff der Kriegsopferversorgung redaktionell angepasst[1] und durch die Begriffe des sozialen Entschädigungsrechts und des Schwerbehindertenrechts ersetzt. Auch die übrigen Änderungen waren redaktioneller Art.[2] So wurde in Abs. 2 die Formulierung „im Geltungsbereich des Gesetzes" durch die Formulierung „im Inland" ersetzt, während in Abs. 3 „außerhalb des Geltungsbereichs des Gesetzes" durch „im Ausland" ersetzt wurde. In Abs. 4 war eine Folgeänderung zu § 51 notwendig. Gleichzeitig wurden aber auch die Angelegenheiten nach § 122 SGB V aus diesem Absatz herausgenommen.

Durch das 7. SGGÄndG vom 9.12.2004 (BGBl. 2004 I 3302) wurden Abs. 1 und Abs. 3 im Hinblick auf die besonderen Spruchkörper beim Verwaltungsgericht den §§ 50 a ff. angepasst.

Mit Wirkung zum 1.1.2011 wurde durch das AMNOG vom 22.12.2010 (BGBl. 2010 I 2262) Abs. 5 hinzugefügt. Dieser betrifft die Zuständigkeit hinsichtlich der Rabattverträge zwischen Krankenkassen und pharmazeutischen Unternehmen nach § 130 a SGB V. Der ebenfalls ergänzte Abs. 6 betrifft das mit Regelbedarf-Ermittlungsgesetz – RBEG – vom 24.3.2011 (BGBl. 2011 I 453) mit Wirkung zum 1.4.2011 neu eingeführte Normenkontrollverfahren nach § 55 a.

Eine weitere Ausnahmeregelung hat der Gesetzgeber mit Wirkung zum 22.4.2015 durch Art. 8 Nr. 1 des Gesetzes vom 15.4.2014 für die sog Statusverfahren nach § 7 a SGB IV eingeführt.

Mit Wirkung zum 1.1.2024 tritt das SGB XIV mit der Neuregelung des Sozialen Entschädigungsrechts in Kraft, weswegen ab diesem Zeitpunkt Abs. 1 Satz 2 redaktionell (Großbuchstabe) angepasst wird (BGBl. I 2019, 2652).

2. Parallelvorschriften. Die **§§ 7 ff. ZPO** stellen bei der Bestimmung des Gerichtsstandes grundsätzlich auf den Wohnsitz des Beklagten ab, treffen aber zahlreiche Sonderbestimmungen. **§ 52 VwGO** stellt ebenso wie § 57 in einzelnen Absätzen auf den Wohnsitz des Klägers ab, trifft aber auch andere Regeln. **§ 38 FGO** stellt dahingegen auf den Sitz der Behörde ab, wobei dieser nach den geltenden Steuerverwaltungsvorschriften in der Regel mit dem Wohnsitz des Klägers übereinstimmen dürfte. 2

II. Allgemeine Zuständigkeit nach Abs. 1

Abs. 1 enthält die für das sozialgerichtliche Verfahren geltenden **allgemeinen Zuständigkeitsregelungen**, die immer dann zur Anwendung kommen, wenn weder die Abs. 2 bis 7, noch die §§ 57 a, b oder weitere Sonderregelungen Abweichendes bestimmen.[3] Dabei gilt § 57 Abs. 1 uU auch für die örtliche Zuständigkeit des LSG in erster Instanz, da etwa § 29 Abs. 2 Nr. 1 keine Regelung zur örtlichen Zuständigkeit trifft.[4] 3

1 BT-Drs. 14/5943, 24 zu Nr. 24.
2 BT-Drs. 14/5943, 24 zu Nr. 24.
3 BSG 27.5.2004 – B 7 SF 6/04 S, SozR 4-1500 § 57 a Nr. 2; SG Mainz 28.1.1002 – S 6 ER-KA 71/01, juris; Meyer-Ladewig/Keller/Leitherer/Schmidt § 57 Rn. 1 a.
4 LSG BW 11.11.2011 – L 4 P 1221/KL und L 4 P 1629/10 KL; 25.1.2013 – L 4 P 758/11, LSG Bln-Bbg 9.5.2018 – L 23 SO 300/15 KL; SächsLSG 28.3.2018 – L 8 SO 31/14 KL, alle juris.

4 **1. Sitz oder Wohnsitz des Klägers.** Nach **Abs. 1 S. 1** ist generell das Sozialgericht örtlich zuständig, in dessen Bezirk der Kläger zur Zeit der Klageerhebung seinen **Sitz, Wohnsitz oder in Ermangelung** dessen seinen **Aufenthaltsort** hat. Steht der Kläger in einem Beschäftigungsverhältnis, so kann er auch vor dem für den **Beschäftigungsort** zuständigen Sozialgericht klagen.

5 **a) Juristische Personen.** Bei juristischen Personen ist demnach der in Gesetz, Satzung oder Gesellschaftsvertrag bestimmte **Sitz** für die Zuständigkeit des Gerichts maßgeblich, denn einen Wohnsitz oder Aufenthaltsort können nur natürliche Personen innehaben. S. 1 meint die juristischen Personen des Privatrechts (zB GmbH oder AG), ausgenommen die Unternehmen der privaten Pflegeversicherung in Angelegenheiten nach SGB XI, für die in S. 2 eine Sonderregelung getroffen ist, und die juristischen Personen des öffentlichen Rechts, wobei zu beachten ist, dass insoweit S. 1 nur gilt, wenn sich die Klage ebenfalls gegen eine juristische Person des öffentlichen Rechts richtet. Andernfalls ist nach S. 2 der Sitz oder Wohnsitz des Beklagten maßgeblich.[5] Hat eine juristische Person mehrere Sitze, so kann sie unter mehreren Gerichten wählen. Der Sitz der Zweigniederlassung ist nicht maßgeblich, denn diese hat, selbst wenn sie im Handelsregister eingetragen ist, keine eigene Rechtspersönlichkeit.[6] Die gesetzliche Zuständigkeitsregelung kann nicht durch eine Satzungsregelung der juristischen Person geändert werden.[7] Bei Berufsgenossenschaften ist der in der Satzung bestimmte Sitz maßgeblich, nicht der Sitz der Bezirksverwaltung.[8] Bei einer GmbH ist insoweit der in Gesellschaftsvertrag und Handelsregister eingetragene Sitz maßgeblich, nicht etwa der Wohnsitz des Geschäftsführers[9] oder der Sitz einer Zweigniederlassung oder der Verwaltung.[10] Ist ein Sitz jedoch nicht bestimmt, so kann hilfsweise entsprechend § 17 ZPO auf den Ort der Verwaltung abgestellt werden.[11]

6 **b) Natürliche Personen.** Bei natürlichen Personen ist das Gericht in erster Linie nach dem Wohnsitz bei Klageerhebung zu bestimmen. Einen Wohnsitz hat eine Person nach § 30 Abs. 3 SGB I dort, wo sie ihre Wohnung unter solchen Umständen inne hat, die darauf schließen lassen, dass sie die Wohnung beibehalten und benutzen will.[12] Ergänzend ist auch auf die Regelungen des BGB zurückzugreifen.[13] Nach § 7 Abs. 1 BGB wird der **Wohnsitz** dadurch **begründet**, dass sich die **Person mit dem Willen, dort nicht nur vorübergehend zu bleiben, sondern den Ort bleibend zum räumlichen Mittelpunkt oder Schwerpunkt der Lebensverhältnisse zu machen, niederlässt.** Ein Wohnsitz ist demnach nicht gegeben, wenn von vornherein beabsichtigt ist, an dem Ort nur für begrenzte Zeit seinen Aufenthalt zu nehmen. Dann kann aber ein Aufenthaltsort im Sinne von S. 1 gegeben sein (→ Rn. 9). Wohnort ist demnach nicht der Maßnahmeort bei Teil-

---

5 SG Fulda 8.8.2011 – S 7 SO 5/11, juris.
6 LSG Hmb 14.6.1960 – ANBf 77/59, DAngVers 1961, 55.
7 SchlHLSG 12.12.2008 – L 2 AR 43/08 SA, juris, Zuständigkeit nach Ort der jeweiligen Einrichtung, nicht nach Sitz der Stiftung.
8 BSG 8.10.1981 – 2 RU 20/81, SozR 1500 § 57 Nr. 2; aA vorgehend LSG RhPf 28.1.1981 – L 3 U 75/80.
9 LSG RhPf 3.12.1965 – L 3 U 110/65, Breith 1966, 716.
10 SG Dresden 5.3.2012 – S 18 KR 272/11, juris.
11 BSG 8.10.1981 – 2 RU 20/81, SozR 1500 § 57 Nr. 2.
12 Vgl. SG Dortmund 29.9.2014 – S 32 AS 3637/14, juris.
13 LSG RhPf 13.4.1976 – L 1 Ar 67/75.

nehmern an einer beruflichen Bildungsmaßnahme, wenn der Aufenthalt dort lediglich der Durchführung der Maßnahme dient.[14]

Nach § 7 Abs. 2 BGB kann der Wohnsitz an mehreren Orten bestehen. Der Lebensmittelpunkt besteht dann an mehreren Orten. Der Kläger kann in diesem Fall wählen, wo er klagen will.[15] Der Wohnsitz wird gemäß § 7 Abs. 3 BGB aufgehoben, wenn der Kläger die Niederlassung mit dem Willen, sie aufzugeben, aufhebt. Die Begründung eines weiteren Wohnsitzes nach § 7 Abs. 2 BGB vor Klageerhebung führt nicht nach § 7 Abs. 3 BGB zum Verlust des bisherigen Wohnsitzes, wenn der Kläger die bisherige Wohnung in der Absicht einer späteren Rückkehr beibehält.[16] Dies gilt insbesondere dann, wenn der Kläger unter Beibehaltung seiner Wohnung eine kurze **Haftstrafe** an einem anderen Ort antritt.[17] 7

c) **Partei kraft Amtes.** Auch bei Parteien kraft Amtes ist deren Wohnsitz maßgebend. So ist bei der Klage des Insolvenzverwalters[18] oder des Nachlasspflegers[19] dessen Wohnsitz für die Zuständigkeit bestimmend. 8

2. **Aufenthaltsort des Klägers.** Hat der Kläger keinen Wohnsitz, so ist auf seinen **Aufenthaltsort** abzustellen. Diesen hat er dort, wo er sich **tatsächlich**, aber **nicht nur rein vorübergehend, aufhält.** Ob dieses Aufhalten freiwillig oder unfreiwillig ist, ist irrelevant. Der Aufenthaltsort kann demnach auch eine Pflege- oder Strafvollzugsanstalt sein. Bei kurzem Aufenthalt dort ist jedoch zu beachten, dass noch immer ein Wohnsitz in der innegehaltenen Wohnung bestehen kann. **Ist weder der Wohnsitz oder der Aufenthaltsort bekannt, so ist auf den letzten Wohnsitz abzustellen.**[20] 9

3. **Beschäftigungsort.** Der Kläger hat aber auch die Wahl vor dem Gericht zu klagen, das für seinen Beschäftigungsort zuständig ist. Dabei steht dieses Recht nur natürlichen Personen zu, die in einem abhängigen Beschäftigungsverhältnis stehen, egal ob sozialversicherungspflichtig oder nicht. § 7 SGB IV definiert die Beschäftigung als nichtselbstständige Arbeit, insbesondere im Rahmen eines Arbeitsverhältnisses. **Selbstständigen und Klägern, die mit ihrer Klage eben die Feststellung der Selbstständigkeit begehren, steht die Wahlmöglichkeit nicht** zu,[21] wohl aber **Auszubildenden**, wobei dann auf den Ausbildungsort abgestellt wird.[22] Dies entspricht auch § 7 SGB IV, der festlegt, dass als Beschäftigung auch der Erwerb beruflicher Kenntnisse, Fertigkeiten oder Erfahrungen im Rahmen betrieblicher Berufsbildung gilt. Nach § 9 SGB IV ist der Beschäftigungsort der Ort, an dem die Beschäftigung tatsächlich ausgeübt wird. § 10 SGB IV enthält insoweit Sonderregelungen für bestimmte Personengruppen. Das dem Kläger zustehende Wahlrecht zwischen Wohn- und Beschäftigungsort ist eine **Prozesshandlung**, die nicht widerrufen werden kann. Eine getroffene Wahl kann nicht mehr geändert werden.[23] Hat die Rechtsmittelbelehrung des Wider- 10

14 HessLSG 24.10.1973 – L 1 Ar 77/73, Dienstblatt der BA C SGG § 57 Nr. 1814 a.
15 Ebenso Meyer-Ladewig/Keller/Leitherer/Schmidt § 57 Rn. 6.
16 LSG RhPf 13.4.1976 – L 1 Ar 67/75.
17 SG Karlsruhe – S 5 AS 2/06 ER, juris.
18 BSG 8.8.2001 – B 7 SF 8/01 S, SozR 3-1500 § 57 Nr. 1.
19 BSG 27.6.1988 – 1 S 7/88, SozR 1500 § 57 Nr. 4.
20 BSG 2.4.2009 – B 12 SF 8/08 S; LSG BW 31.8.2010 – L R 3865/09, beide juris.
21 SG Hamburg 22.9.1989 – 21 KR 223/88, Bibliothek BSG; aA wohl BSG 3.12.2009 – B 12 SF 18/09 S, juris.
22 SG Bremen 23.1.1979 – S Ar 296/78, RsprDienst 6400 §§ 151–154 AFG, 19–23.
23 Meyer-Ladewig/Keller/Leitherer/Schmidt § 57 Rn. 7 b.

spruchsbescheides auf die Wahlmöglichkeit und die zuständigen Gerichte hingewiesen, so gilt die Wahlmöglichkeit als mit Klageerhebung bei einem Gericht ausgeübt. Hat die Belehrung nicht darauf hingewiesen, so kann das Gericht, bei dem Klage erhoben wurde, den Kläger auf sein Wahlrecht aufmerksam machen, und dann bei Ausübung des Wahlrechts gegebenenfalls verweisen.[24]

11 **4. Sitz oder Wohnsitz des Beklagten bei Klage eines Versicherungsträgers.** Abweichend von Abs. 1 S. 1 bestimmt **S. 2**, dass im Falle der Klage einer Körperschaft oder Anstalt des öffentlichen Rechts, in Angelegenheiten des SGB XI der Klage eines Unternehmens der privaten Pflegeversicherung oder in Angelegenheiten des sozialen Entschädigungsrechts oder des Schwerbehindertenrechts der Klage eines Landes der Sitz, Wohnsitz oder in Ermangelung dessen der Aufenthaltsort des **Beklagten** maßgeblich ist, wenn dieser eine **natürliche Person oder eine juristische Person des Privatrechts**[25] ist. Macht das Pflegeversicherungsunternehmen seinen Anspruch zunächst im Wege des Mahnverfahrens nach § 182 a geltend, so ist für dieses Verfahren das Amtsgericht ausschließlich zuständig, in dessen Bezirk das Unternehmen seinen Sitz hat (§ 182 a Abs. 1 S. 1 iVm § 689 Abs. 1 S. 1 ZPO und § 17 Abs. 1 ZPO).

12 **5. Geltung für besondere Spruchkörper der Verwaltungsgerichte.** Nach dem 7. SGGÄndG vom 9.12.2004 (BGBl. 2004 I 3302) gilt Abs. 1 auch für die Zuständigkeit des Verwaltungsgerichts, soweit das jeweilige Bundesland von der Ermächtigung des § 50 a Gebrauch gemacht und dort besondere Spruchkörper für die Angelegenheiten der Sozialhilfe, des AsylBLeistG und der Grundsicherung für Arbeitssuchende bestimmt hat (vgl. § 50 a). Bislang hat von dieser Ermächtigung lediglich Bremen Gebrauch gemacht. Die besonderen Spruchkörper der Verwaltungsgerichte sind befristet bis zum 31.12.2008 zuständig (§ 206 Abs. 2; vgl. auch Kommentierung dort).

III. Erstmalige Bewilligung einer Hinterbliebenenrente – Abs. 2

13 Abs. 2 regelt in den Sätzen 1 bis 3 die örtliche Zuständigkeit bei der Klage auf erstmalige Bewilligung einer Hinterbliebenrente, die sich aus der Arbeiter- und Angestellenrentenversicherung, aus der knappschaftlichen Rentenversicherung, der Soldatenversorgung, der Kriegsopferversorgung oder auch aus der Unfallversicherung herleiten kann. Geht es in der Klage um die Bewilligung einer weiteren Hinterbliebenenrente,[26] die erneute Bewilligung einer Rente oder klagt ein Hinterbliebener nach Abweisung seiner Klage auf Rente nochmals, so bleibt es bei der Regelung des Abs. 1. Von der Hinterbliebenenrente ist die Rente aus eigener Versicherung oder der ererbte Anspruch auf die Rente des verstorbenen Versicherten zu unterscheiden, auch hier gilt Abs. 1. Andere Ansprüche des Hinterbliebenen fallen ebenfalls nicht unter Abs. 2.

14 **1. Wohnsitz der Witwe.** Die Zuständigkeit richtet sich nach S. 1 zunächst nach dem **Wohnsitz oder Aufenthaltsort** des **Witwers** oder der **Witwe.** Dies gilt auch, wenn ein anderer Hinterbliebener als die Witwe klagt.[27] Dabei bleibt es auch,

---

24 Vgl. insoweit Krodel NZS 2000, 495 (496).

25 Bei Streitigkeiten zwischen Personen des öffentlichen Rechts bleibt es bei Satz 1; SG Fulda 8.8.2011 – S 7 SO 5/11, und 26.11.2012 – S 10 R 22/12, beide juris.

26 HessLSG 17.10.1972 – L 2 J 327/72, Breith. 1973, 164; aA LSG Nds 20.7.1972 – L 10 J 414/72, Breith. 1973, 240; Hennig/Hauck, § 57 Rn. 24 ff.

27 LSG NRW 28.4.1972 – L 14 J 36/72, Breith. 1972, 886.

wenn die Witwe wieder heiratet.[28] Sinn und Zweck dieser Regelung ist, dass bei der erstmaligen Entscheidung alle Rentenklagen bei einem Gericht konzentriert sind, und so unterschiedliche Entscheidungen vermieden werden. Hat die **Witwe ihren Wohnsitz im Ausland** und sind **andere Verwandte im Sinne von S. 2 und 3 nicht vorhanden**, so bestimmt sich die **Zuständigkeit nach Abs. 3**, nämlich nach dem Sitz des Beklagten.

15 **2. Wohnsitz der jüngsten Waise.** Ist eine Witwe oder ein Witwer nicht vorhanden, so ist nach S. 2 das Sozialgericht zuständig, in dessen Bezirk die **jüngste Waise** ihren Wohnsitz oder ersatzweise Aufenthaltsort hat.

16 **3. Wohnsitz der Eltern, Großeltern bzw. des Ehemannes.** Sind auch keine Waisen vorhanden, bzw. leben diese im Ausland,[29] so ist der **Wohnsitz, ersatzweise der Aufenthaltsort, der Eltern oder Großeltern maßgeblich.** Bei verschiedenen Wohnsitzen oder Aufenthaltsorten der Eltern- oder Großelternteile gilt nach S. 3 der im Inland gelegene Wohnsitz oder Aufenthaltsort des anspruchsberechtigten Ehemannes oder geschiedenen Mannes.

IV. Wohnsitz des Klägers im Ausland – Abs. 3

17 Hat der **Kläger** seinen **Sitz** (→ Rn. 5), **Wohnsitz** (→ Rn. 6 f.) oder **Aufenthaltsort** (→ Rn. 9) **im Ausland**, so ist nach Abs. 3 das Sozialgericht zuständig, in dessen Bezirk **der Beklagte seinen Sitz oder Wohnsitz oder Aufenthaltsort** hat. Hat ein Bundesland von der Ermächtigung nach § 50 a Gebrauch gemacht, so ist das Verwaltungsgericht zuständig, in dessen Bezirk der Beklagte seinen Sitz, Wohnsitz oder Aufenthaltsort hat (→ Rn. 12). Von dieser Regelung sieht **§ 369 SGB III** im Hinblick auf Klagen gegen die Bundesagentur für Arbeit eine **Ausnahme** vor. Danach kann der Kläger, wenn er im Ausland wohnt, die Klage nicht nur beim SG Nürnberg (Sitz der BA) einreichen, sondern auch bei dem Gericht, in dessen Bezirk die Arbeitsagentur oder die Landesarbeitsagentur, die den angegriffenen Bescheid erlassen hat, ihren Sitz hat.[30] Dies gilt nicht für Klagen auf Kindergeld gegenüber der Familienkasse. Hier bleibt es bei Abs. 3 und der Zuständigkeit des SG Nürnberg.[31] Für die Klage eines niederländischen Trägers der Arbeitslosenversicherung gegen einen in Deutschland lebenden deutschen Staatsbürger, mit der in den Niederlanden gewährte Arbeitslosenunterstützung zurückgefordert wird, ist die deutsche Gerichtsbarkeit nicht zuständig,[32] wohl aber für Klagen deutscher Sozialversicherungsträger gegen Personen mit Wohnsitz im Ausland.[33] Ist die Bundesrepublik Beklagte, so kommt es auf den Sitz der zuständigen/vertretenden Behörde an.[34]

V. Festbeträge für Arzneimittel – Abs. 4

18 Abs. 4 bestimmt, dass in Angelegenheiten des § 51 Abs. 1 Nr. 2, die auf Bundesebene festgesetzte Festbeträge für Arznei- und Verbandsmittel (§ 35 Abs. 3 und § 35 Abs. 6 iVm § 213 Abs. 3 SGB V) betreffen, das Sozialgericht zuständig ist, in dessen Bezirk der Sitz der Bundesregierung ist, mithin das Sozialgericht Ber-

28 SG Hamburg 12.2.1982 – S 9 AN 381/78.
29 Meyer-Ladewig/Keller/Leitherer/Schmidt § 57 Rn. 11; Zeihe § 57 Rn. 17 b.
30 Vgl. auch Krodel NZS 2000, 495.
31 SächsLSG 6.3.2014 – L 3 KG 2/13 B ER, juris.
32 BSG 26.1.1983 – 1 S 2/82, SozR 1500 § 51 Nr. 28.
33 LSG NRW 22.5.2003 – L 2 KN 120/02 Urt., Breith. 2003, 866.
34 SG Aachen 20.4.2017 – S 18 VS 18/15, juris.

lin. Für die auf Landesebene festgesetzten Festbeträge für Hilfsmittel (§ 36 Abs. 2 SGB V) ist das Sozialgericht zuständig, in dessen Bezirk die jeweilige Landesregierung ihren Sitz hat.

VI. Rabatte der pharmazeutischen Unternehmer – Abs. 5

19 Nach § 130 a Abs. 4 SGB V entscheidet bei Anträgen des pharmazeutischen Unternehmers auf Befreiung von der generellen Rabattpflicht das Bundesgesundheitsministerium bzw, soweit eine Übertragung auf eine Bundesoberbehörde nach § 130 a Abs. 4 Satz 8 SGB V erfolgt, diese. Da eine Übertragung auf die BAFA in Eschborn vorgenommen ist, ist demnach das SG Wiesbaden zuständig.[35]

VII. Normenkontrollverfahren

20 Das mit Wirkung zum 1.4.2011 neu eingeführte Normenkontrollverfahren für Satzungen und unter dem Rang von Landesgesetzen stehenden Rechtsvorschriften nach § 55 a, für welche nach § 29 (vgl. dort) das LSG erstinstanzlich zuständig ist, machte auch eine Neuregelung im Hinblick auf die örtliche Zuständigkeit notwendig. Örtlich zuständig ist das LSG in dessen Bezirk die Körperschaft, die die Rechtsvorschrift erlassen hat, ihren Sitz hat.

VIII. Statusverfahren

21 Mit Wirkung zum 22.4.2015 hat der Gesetzgeber eine weitere Sondervorschrift in Abs. 7 geschaffen. Zuständig ist in Verfahren nach § 7 a SGB IV, in denen die DRV Bund über die Frage der Versicherungspflicht im Rahmen einer sozialversicherungspflichtigen Beschäftigung entscheidet, abweichend von § 57 Abs. 1 Satz 1 der Sitz bzw. bei dessen Fehlen der Wohnsitz des Auftraggebers bzw. Arbeitgebers. Lediglich bei dessen Sitz bzw. Wohnsitz im Ausland richtet sich die Zuständigkeit nach dem Wohnsitz oder bei Fehlen nach dem Aufenthaltsort des Auftragnehmers bzw. des Beschäftigten.

Zweck der Regelung ist nach dem Willen des Gesetzgebers, dass das Sozialgericht zuständig ist, in dessen Bezirk derjenige seinen Sitz hat, auf dessen Veranlassung hin die zu beurteilende Tätigkeit ausgeübt wird. Zudem soll in den Fällen der gemeinschaftlichen Klageerhebung von Auftraggeber und Auftragnehmer die gleichzeitige Zuständigkeit von mehreren Gerichten nach § 58 Abs. 1 Nr. 3 ausgeschlossen werden.[36]

IX. Sonderregelungen

22 Sondervorschriften zur örtlichen (und instanziellen) Zuständigkeit abweichend von § 57 sehen neben den §§ 57 a und b auch § 88 Abs. 6 S. 2 des SVG und § 2 Abs. 7 des Gesetzes zur Regelung von Vermögensfragen der Sozialversicherung im Beitrittsgebiet vom 20.12.1991 (BGBl. 1991 I 2313) vor.

§ 57 a [Vertragsarztangelegenheiten]

(1) In Vertragsarztangelegenheiten der gesetzlichen Krankenversicherung ist, wenn es sich um Fragen der Zulassung oder Ermächtigung nach Vertragsarzt-

35 SG Wiesbaden 1.11.2017 – S 17 KR 320/17 ER, juris.
36 Zeihe § 57 Rn. 32 unter Hinweis auf BT-Drs. 18/3699, 45.

recht handelt, das Sozialgericht zuständig, in dessen Bezirk der Vertragsarzt, der Vertragszahnarzt oder der Psychotherapeut seinen Sitz hat.

(2) In anderen Vertragsarztangelegenheiten der gesetzlichen Krankenversicherung ist das Sozialgericht zuständig, in dessen Bezirk die Kassenärztliche Vereinigung oder die Kassenzahnärztliche Vereinigung ihren Sitz hat.

(3) Sind Entscheidungen oder Verträge auf Landesebene Streitgegenstand des Verfahrens, ist – soweit das Landesrecht nichts Abweichendes bestimmt – das Sozialgericht zuständig, in dessen Bezirk die Landesregierung ihren Sitz hat.

(4) Sind Entscheidungen oder Verträge auf Bundesebene Streitgegenstand des Verfahrens, ist das Sozialgericht zuständig, in dessen Bezirk die Kassenärztliche Bundesvereinigung oder die Kassenzahnärztliche Bundesvereinigung ihren Sitz hat.

I. Allgemeines

1. Entstehungsgeschichte. § 57 a wurde seit seiner ersten Fassung vom 3.9.1953 mehrfach geändert. Bis zum 31.12.1988 bestand die Regelung aus nur einem Satz, der die von § 57 abweichende Zuständigkeit in Zulassungsstreitigkeiten bzw. übrigen Kassenarztstreitigkeiten regelte. Mit Gesetz vom 20.12.1988 (BGBl. 1988 I 2477) wurde die Vorschrift um zwei weitere Differenzierungen erweitert; nämlich die Zuständigkeit bei Verträgen und Entscheidungen auf Bundes- und auf Landesebene. Abs. 2 wurde durch Gesetz vom 24.3.1998 (BGBl. 1998 I 526) mit Wirkung vom 28.3.1998 eingefügt und seither nicht mehr geändert. Durch dieses Gesetz wurde der Abs. 1 auch um den Satz 2 erweitert. Durch das 6. SGGÄndG vom 17.8.2001 (BGBl. 2001 I 2144) wurden S. 1 und 2 des Abs. 1 redaktionell an § 51 angepasst.[1] Diese Neuregelung sollte zum 2.1.2002 in Kraft treten, wurde aber mit Gesetz vom 27.4.2002 (BGBl. 2002 I 1467), ebenfalls geltend ab dem 2.1.2002, durch eine wörtlich identische Regelung ersetzt. Durch das 8. SGGÄndG vom 26.3.2008 (BGBl. 2008 I 444), in Kraft ab 1.4.2008, wurde die Norm erneut geändert und umfasst nunmehr vier Absätze, die den bisherigen Abs. 1 ersetzen. Der bisherige Abs. 2 wurde gegenstandslos, da Streitigkeiten betreffend den Risikostrukturausgleich nach § 29 Abs. 3 Nr. 1 nunmehr erstinstanzlich vom LSG Nordrhein-Westfalen entschieden werden (vgl. hierzu § 29).[2] Abs. 3 und 4 wurden klarstellend mWv 25.10.2013 durch G v. 19.10.2013 (BGBl. 2013 I 3836) geändert. 1

2. Parallelvorschriften. Nachdem das Vertragsarztrecht nur vor den Sozialgerichten verhandelt wird, fehlen Parallelvorschriften in anderen Verfahrensordnungen naturgemäß. 2

1 BT-Drs. 14/5943, 24 zu Nr. 25.
2 BT-Drs. 16/7716, 21 zu Nr. 12.

II. Normzweck

3 § 57 a trifft für die Angelegenheiten der gesetzlichen Krankenversicherung von § 57 abweichende Zuständigkeitsregelungen. Anknüpfungspunkt ist nicht mehr der Wohnort des Klägers, sondern der **Vertragsarztsitz**, der **Sitz der Kassenärztlichen Vereinigung** bzw. der **Sitz der Landesregierung**. Mit den durch das 6. SGGÄndG vom 17.8.2001 (BGBl. 2001 I 2144) erfolgten redaktionellen Änderungen von Abs. 1 wollte der Gesetzgeber klarstellen, dass er unter Angelegenheiten der gesetzlichen Krankenversicherung auch Entscheidungen der gemeinsamen Gremien von Ärzten, Zahnärzten, Psychotherapeuten, Krankenhäusern und anderen Leistungserbringern und Krankenkassen versteht.[3] Dabei sollte nach dem BSG § 57 a Abs. 1 S. 1 in der vorherigen Fassung nur für Angelegenheiten des Vertragsarztrechtes, nicht aber für sonstige Streitigkeiten der gesetzlichen Krankenversicherung gelten.[4] War bei derartigen Streitigkeiten weder § 57 a Abs. 1 S. 2 noch Abs. 2 einschlägig, so sollte auf § 57 Abs. 1 zurückgegriffen werden.[5] Mit der **Neufassung** durch das 8. SGGÄndG wollte der Gesetzgeber demgegenüber klarstellen, dass Angelegenheiten betreffend Entscheidungen und Verträge auf Landes- bzw. Bundesebene nach Abs. 3 und 4 auch nichtvertragsärztliche Fragen sein können.[6]

III. Zulassungs- und Ermächtigungsfragen

4 Nach Abs. 1 ist in Angelegenheiten des Vertragsarztrechts, wenn es sich um **Zulassungs- oder Ermächtigungsfragen** handelt, das Sozialgericht zuständig, in dessen Bezirk der Vertragsarzt, Vertragszahnarzt oder Psychotherapeut seinen Sitz hat. Das 6. SGGÄndG hat insoweit den Begriff „Kassenarztstelle" redaktionell dem Sprachgebrauch des SGB V angepasst und verwendet nun die im vorigen Satz angeführten Begriffe. Hintergrund dieser Sonderregelung ist die Absicht, die Entscheidungsbefugnis bei dem Gericht zu konzentrieren, das die örtlichen Verhältnisse am besten kennt.[7] Da seit dem 8. SGGÄndG nicht mehr das SG zuständig ist, in dem der streitige Vertragsarztsitz liegt, sondern dasjenige, in dessen Bezirk der klagende Vertragsarzt seinen Sitz hat, dürfte über die Vorschrift nunmehr nicht mehr sichergestellt werden, dass Klagen verschiedener Ärzte um ein und denselben Vertragsarztsitz bei dem gleichen Gericht anhängig gemacht werden. Auch wirft die nunmehrige Fassung Probleme auf, wenn der klagende Arzt noch keinen (Vertrags)Sitz hat. Dann müsste mangels ausdrücklicher Regelung im Gesetz wohl auf den Wohnsitz nach § 57 zurückzugreifen sein. Um **Zulassungsfragen** handelt es sich, wenn um die Zulassung eines Arztes (Zahnarztes, Psychotherapeuten) zur vertragsärztlichen Versorgung für einen bestimmten Vertragsarztsitz oder um die Zulassung zu einer ärztlichen Einrichtung, sowie über die Beendigung, die Entziehung oder das Ruhen dieser Zulassung gestritten wird. Eine **Zulassungsfrage liegt dagegen nicht vor**, wenn es um die Bestimmung der Vertragsarztsitze und andere Planungsfragen sowie um die Wiederzulassung von bereits zugelassenen Ärzten nach § 70 BVFG und § 27 BEG geht. Im letzteren Fall wird dies damit begründet, dass die Zulassung insoweit als fortbeste-

3 BT-Drs. 14/5943, 24 zu Nr. 25.
4 BSG 27.5.2004 – B 7 SF 6/04 S, SozR 4-1500 § 57 a Nr. 2.
5 BSG 27.5.2004 – B 7 SF 6/04 S, SozR 4-1500 § 57 a Nr. 2.
6 BT-Drs. 16/7716, 20 zu Nr. 12.
7 Meyer-Ladewig/Keller/Leitherer/Schmidt § 57 a Rn. 2.

hend gilt. Es ist daher nach Abs. 2 das SG zuständig, in dessen Bezirk die Kassenärztliche Vereinigung ihren Sitz hat.

Seit dem 8. SGGÄndG gilt Abs. 1 auch für Ermächtigungsstreitigkeiten, da sie im Kern teilweise ähnliche Rechtsfragen wie Zulassungsstreitigkeiten betreffen.[8] Anders als bei der Zulassung zur vertragsärztlichen Versorgung, bei der der Arzt Mitglied der Kassenärztlichen Vereinigung wird, berechtigt die Ermächtigung den Arzt oder das Krankenhaus nach § 95 Abs. 4 SGB V nur **einzelne Leistungen** im Rahmen der vertragsärztlichen Vergütung abzurechnen.

Abs. 1 gilt jedoch nicht für die Nachbesetzung einer Vertragsarztstelle in einem medizinischen Versorgungszentrum – MVZ –, insoweit ist Abs. 2 einschlägig.[9]

IV. Sonstige Vertragsarztsachen

Abs. 2 bestimmt, dass sich in den **übrigen Vertragsarztangelegenheiten** (vgl. § 10 5
Abs. 2) die Zuständigkeit nach dem Sitz der Kassen- bzw. Kassenzahnärztlichen Vereinigung richtet. Der Sitz ist der Satzung der jeweiligen Vereinigung zu entnehmen (§ 81 Abs. 1 Nr. 1 SGB V). Unter diese Fallgruppe fallen alle Vertragsarztstreitigkeiten, die nicht von Abs. 1 erfasst werden, also im Wesentlichen Honorarstreitigkeiten sowie die bei → Rn. 4 aE genannten Streitigkeiten, die keine Zulassungsangelegenheiten oder Ermächtigungsangelegenheiten sind. Hierunter fällt auch die Klage der Kassenärztlichen Vereinbarung gegen einen ehemaligen Vertragsarzt auf Rückzahlung zu viel geleisteten Honorars.[10] Auch unter diese Vorschrift fallen Klagen Dritter gegen die kassenärztliche Vereinigung.[11]

V. Entscheidungen und Verträge auf Landesebene

In Angelegenheiten des Vertragsarztrechtes, die **Entscheidungen und Verträge** 6
auf Landesebene betreffen, ist nach Abs. 3 das Gericht zuständig, in dessen Bezirk die Landesregierung ihren Sitz hat, soweit Landesrecht insoweit nichts anderes bestimmt. Nach dem Willen des Gesetzgebers[12] soll Abs. 3 anders als die bisherige Rechtsprechung des BSG[13] **auch nichtvertragsärztliche Fragen auf Landesebene** umfassen. Die mit Abs. 3 identische 4. Fallgruppe der aF erfasste nach der neuesten Rechtsprechung des BSG nur Fälle auf dem Gebiet des Vertragsarztrechts, wobei sich das BSG insoweit auf die eindeutige grammatikalische Zuordnung der Regelungsgehalte des Satzes 1 zum Vertragsarztrecht berief.[14] Demnach verblieb es bei der Klage eines Krankenhauses gegen eine Krankenkasse auf Zahlung einer Krankenhausbehandlung eines Versicherten nach einem Versorgungsvertrag auf Landesebene bei der allgemeinen Zuständigkeitsregelung des § 57 Abs. 1 S. 1. Die Entscheidung des BSG stieß in der Literatur auf Bedenken.[15] Die grammatikalische Zuordnung sei einerseits nicht eindeutig; sie wäre es nur dann, wenn der Gesetzgeber in der dritten und vierten Alternative, ebenso wie in den ersten beiden Alternativen, von Angelegenheiten des Vertrags-

8 So die wörtliche Begründung in BT-Drs. 16/7716, 21 zu Nr. 12.
9 LSG NRW 27.3.2013 – L 11 KA 96/12 B ER, juris.
10 SG Marburg 23.3.2011 – S 12 KA 247/10, juris.
11 SG Dortmund 15.2.2018 – S 52 KA 139/17 ER, juris.
12 BT-Drs. 16/7716, 21 zu Nr. 12.
13 BSG 27.5.2004 – B 7 SF 6/04, SozR 4-1500 § 57 a Nr. 2.
14 BSG 27.5.2004 – B 7 SF 6/04, SozR 4-1500 § 57 a Nr. 2; aA LSG Nds 6.11.2002 – L 4 B 297/02 KR, juris.
15 Meyer-Ladewig, 7. Aufl., § 57 a Rn. 6.

arztrechtes gesprochen hätte. Andererseits wollte der Gesetzgeber, wie aus den Motiven zu entnehmen ist, mit der neuen Formulierung keine Neuregelung des § 57 a Abs. 1 S. 1, sondern nur eine Konkretisierung der Vorschrift durchführen.[16] Bereits vor dem 2.1.2002 umfasste § 57 a Abs. 1 S. 1 die vier hier genannten Alternativen.[17] Nach der Neufassung durch das 8. SGGÄndG dürfte angesichts der Motive des Gesetzgebers, der Untergliederung der einzelnen Fallgruppen in Absätze und der Formulierung der Absätze die Rechtsauffassung des BSG nicht mehr zu halten sein.

Da der Gesetzgeber lediglich von Angelegenheiten spricht, die Entscheidungen und Verträge auf Landesebene betreffen, könnte man schlussfolgern, dass diese Zuständigkeitsregelung nunmehr auch für andere Rechtsgebiete gelten soll, fehlt doch die in Abs. 1 und Abs. 2 enthaltene Einschränkung auf die Angelegenheiten der gesetzlichen Krankenversicherung. Die Motive bieten für einen derartigen Willen des Gesetzgebers aber keinen Anhaltspunkt. Vielmehr ist davon auszugehen, dass der Gesetzgeber einfach die Formulierung der alten Fassung übernommen hat, die die Angelegenheiten der gesetzlichen Krankenversicherung vor die Klammer gezogen hatte. Bei der Trennung der Fallgruppen in Absätze hat er es wohl übersehen, diese bei Abs. 3 und 4 erneut zu erwähnen. Demnach gilt Abs. 3 **nur in Angelegenheiten der gesetzlichen Krankenversicherung.**

Dabei unterfallen der Fallgruppe des Abs. 3 auch nur Streitigkeiten, bei denen es um die Anwendung **eines auf Landesebene geschlossenen Vertrages** oder um eine **Entscheidung** geht, die in ihrer **Rechtswirkung auf ein Bundesland beschränkt** ist. Gilt der Vertrag oder die Entscheidung für mehrere Länder, so bleibt es bei der Zuständigkeitsregelung nach § 57 Abs. 1.[18]

Wann eine Angelegenheit Entscheidungen oder Verträge auf Landesebene betrifft, ist umstritten. Während v.a. das LSG Niedersachsen hierunter auch allgemeine Vergütungsstreitigkeiten zwischen Krankenhaus und Krankenkasse fasste,[19] da diese ihre Rechtsgrundlage im Sicherstellungsvertrag nach § 112 SGB hätten, fordert die hM eine sog **qualifizierte Betroffenheit**, dh gerade der Vertrag oder die Entscheidung muss Gegenstand des Verfahrens sein.[20] Mit der klarstellenden Gesetzesänderung („Streitgegenstand") zum 25.10.2013 ist dies nun auch dem Gesetz selbst zu entnehmen. Reine Vergütungsstreitigkeiten, bei denen lediglich inzident die Vertragsbestimmungen zu prüfen seien, und die meist auf tatsächlicher Ebene streitig seien, betreffen demnach keine Verträge auf Landesebene.[21] Hierunter fällt jedoch der Streit um die Frage, wer als Schiedsperson bei Verträgen nach § 125 Abs. 2 SGB V zu bestellen ist.[22]

16 BT-Drs. 14/8331, 57; LSG Nds 6.11.2002 – L 4 B 297/02 KR.
17 Meyer-Ladewig, 7. Aufl., § 57 a Rn. 1 a ff.
18 SG Mainz 28.1.2002 – S 6 ER-KA 71/01, juris.
19 LSG Nds 11.12.2008 – L 4 B 79/08 KR; 5.1.2009 – L 1 B 73/08 KR; ebenso SG Ulm 19.10.2009 – S 13 KR 529/09, nunmehr jedoch 28.6.2012 – L 4 SF 115/12 (KR), alle juris.
20 BSG 18.7.2012 – B 12 SF 5/12 S, juris.
21 LSG BW 28.7.2011 – L 1 SV 1905/11; SG Berlin 31.1.2011 – S 182 KR 2345/10, und 20.5.2011 – S 182 KR 669/11, alle juris; ebenso Schreiber SGb 2011, 526.
22 BSG 12.4.2018 – B 11 SF 2/18 S, juris.

VI. Entscheidungen und Verträge auf Bundesebene

Handelt es sich bei den Angelegenheiten der **gesetzlichen Krankenversicherung** (vgl. auch → Rn. 6) um Angelegenheiten, die **Entscheidungen oder Verträge auf Bundesebene** betreffen, so ist nach Abs. 4 das SG zuständig, in dessen Bezirk die Kassenärztliche Bundesvereinigung ihren Sitz hat. Ebenso wie bei Abs. 3 verlangt hier die höchstrichterliche Rechtsprechung eine qualifizierte Betroffenheit, dh in der Angelegenheit müssen Entscheidungen oder Verträge auf Bundesebene selbst und unmittelbar im Streit stehen.[23] Hierzu gehören Streitigkeiten über Entscheidungen nach § 30 Abs. 7, §§ 75 Abs. 7, 86, 89, 91 und §§ 136 a, b SGB V sowie über bundesweit geltende Verträge nach §§ 82, 83, 87, 135 Abs. 2 S. 1 und S. 4, § 291 Abs. 3 und § 295 Abs. 3, 4 SGB V. 7

VII. Anordnungen der Aufsichtsbehörde

Abs. 1 S. 2 aF stellte ausdrücklich klar, dass Angelegenheiten der gesetzlichen Krankenversicherung, die **Anordnungen der Aufsichtsbehörde** betreffen, nicht dem § 57 a unterfallen, sondern dem **§ 57 Abs. 1.** Damit ist das Gericht am Sitz oder Wohnsitz des Klägers zuständig. Beispiele für derartige Streitigkeiten waren Vergütungsstreitigkeiten nach den §§ 71 Abs. 2, 83 Abs. 1 und 85 SGB V. Diese Regelung wurde durch das 8. SGGÄndG ersatzlos gestrichen. Demnach ist für derartige Streitigkeiten nunmehr nach Abs. 3 bzw. Abs. 4, und nicht mehr nach § 57 Abs. 1 die Zuständigkeit zu bestimmen. 8

VIII. Zuständigkeit des LSG NRW bei der Durchführung des Risikostrukturausgleichs

Nach Abs. 2 aF war in Angelegenheiten, die **Maßnahmen des Bundesversicherungsamtes** bei der **Durchführung des Risikostrukturausgleichs** (§§ 266 ff., 273, 313 Abs. 10 und § 316 a SGB V) betrafen, das Sozialgericht Köln zuständig. Die Zuständigkeit richtete sich hier nach dem Sitz des Bundesversicherungsamtes, der sich gem. § 94 Abs. 1 S. 2 SGB IV in Bonn befindet. Nunmehr ist hierfür gem. § 29 Abs. 3 Nr. 1 das LSG Nordrhein-Westfalen zuständig (vgl. § 29). 9

§ 57 b [Wahlen zu den Selbstverwaltungsorganen]

In Angelegenheiten, die die Wahlen zu den Selbstverwaltungsorganen der Sozialversicherungsträger und ihrer Verbände oder die Ergänzung der Selbstverwaltungsorgane betreffen, ist das Sozialgericht zuständig, in dessen Bezirk der Versicherungsträger oder der Verband den Sitz hat.

I. Allgemeines

1. Entstehungsgeschichte. Die Vorschrift, die unverändert seit ihrer Einführung durch das Siebente Gesetz zur Änderung des Selbstverwaltungsgesetzes vom 1

23 BSG 5.1.2012 – B 12 SF 4/11 S; vgl. auch SG Berlin 6.2.2012 – S KR 2242/11 und 25.6.2019 – S 89 KR 4244/15, alle juris.

3.8.1967 (BGBl. 1967 I 845) besteht, stellt ebenso wie § 57 a eine **Sonderregelung zu** § 57 dar.

2 **2. Parallelvorschriften.** Parallelvorschriften in anderen Verfahrensordnungen gibt es wegen der besonderen Ausgestaltung der Selbstverwaltungsorgane im Rahmen der Sozialversicherung nicht. § 57 Abs. 3 S. 2 SGB IV trifft eine mit § 57 b übereinstimmende Regelung.

II. Zuständigkeit bei Wahlen zu Selbstverwaltungsorganen

3 Gemäß § 57 b ist in Angelegenheiten, die Wahlen zu den Selbstverwaltungsorganen der Sozialversicherungsträger und ihrer Verbände oder die Ergänzung der Selbstverwaltungsorgane betreffen, das SG zuständig, in dessen Bezirk der Versicherungsträger oder Verband seinen Sitz hat. Ebenso wie hinter § 57 a Abs. 1 1. Fallgruppe und § 57 a Abs. 2 steht hinter dieser Regelung die Absicht, die Entscheidungsbefugnis auf ein Gericht zu konzentrieren, was bei der Anwendung von § 57 Abs. 1 nicht gegeben wäre.

4 **1. Sozialversicherungsträger. Sozialversicherungsträger** sind Anstalten und Körperschaften des öffentlichen Rechts auf dem Gebiet der Rentenversicherung, der Krankenversicherung, der sozialen Pflegeversicherung und der Unfallversicherungen, also die Deutsche Rentenversicherung, die Bundesbahnversicherungsanstalt, die landwirtschaftlichen Kranken- und Alterskassen, die Seekasse, die Krankenkassen und Ersatzkassen, die Pflegekassen, die Berufsgenossenschaften und Bund, Länder und Gemeinden, soweit sie Unfallversicherungsträger sind. Eine gesetzliche Definition gibt hier § 29 Abs. 1 SGB IV, der die Träger der Sozialversicherung als rechtsfähige Körperschaften des öffentlichen Rechts mit Selbstverwaltung beschreibt. **Keine Sozialversicherungsträger** sind demnach die Kassenärztlichen Vereinigungen, die Bundesagentur für Arbeit sowie die Träger der Grundsicherung. Insoweit bleibt es bei den Zuständigkeitsregelungen des § 57 a bzw. § 57.

5 **2. Verbände. Verbände** der Sozialversicherungsträger sind die Verbände der Kranken- und Pflegekassen, der Gesamtverband der landwirtschaftlichen Alterskassen, die Arbeitsgemeinschaft der Knappschaften, der Verband der Rentenversicherungsträger und der Hauptverband der gewerblichen Berufsgenossenschaften sowie der Bundesverband der landwirtschaftlichen Berufsgenossenschaften ua.

6 **3. Selbstverwaltungsorgane.** Unter die **Selbstverwaltungsorgane** fallen nur die **Vertreterversammlung** und der **Vorstand**, nicht aber Geschäftsführer, Versichertenälteste und Vertrauensmänner. Auch insoweit gilt aber § 57 b über § 61 SGB IV und § 57 Abs. 3 S. 2 SGB IV.

7 **4. Wahlen. Angelegenheiten betreffen Wahlen**, wenn sie mit Anordnungen, Vorbereitungen und Durchführung von Wahlen verbunden sind oder wenn sie mit der Feststellung des Wahlergebnisses betroffen sind. Hauptanwendungsfall dieser Vorschrift dürfte insoweit die Wahlanfechtungsklage sein, die nach § 55 als Feststellungsklage zu qualifizieren ist. Die Ergänzung der Selbstverwaltungsorgane ist in § 60 SGB IV geregelt.

8 **5. Sitz.** Der **Sitz** des Sozialversicherungsträgers oder des Verbandes ergibt sich aus dem Gesetz oder der Satzung. Ist der Bund oder ein Land Unfallversicherungsträger, so ist der **Regierungssitz** maßgebend.

§ 58 [Bestimmung der Zuständigkeit]

(1) Das zuständige Gericht innerhalb der Sozialgerichtsbarkeit wird durch das gemeinsam nächsthöhere Gericht bestimmt,

1. wenn das an sich zuständige Gericht in einem einzelnen Falle an der Ausübung der Gerichtsbarkeit rechtlich oder tatsächlich verhindert ist,

2. wenn mit Rücksicht auf die Grenzen verschiedener Gerichtsbezirke ungewiß ist, welches Gericht für den Rechtsstreit zuständig ist,

3. wenn in einem Rechtsstreit verschiedene Gerichte sich rechtskräftig für zuständig erklärt haben,

4. wenn verschiedene Gerichte, von denen eines für den Rechtsstreit zuständig ist, sich rechtskräftig für unzuständig erklärt haben,

5. wenn eine örtliche Zuständigkeit weder nach den §§ 57 bis 57 b noch nach einer anderen gesetzlichen Zuständigkeitsbestimmung gegeben ist.

(2) Zur Feststellung der Zuständigkeit kann jedes mit dem Rechtsstreit befaßte Gericht und jeder am Rechtsstreit Beteiligte das im Rechtszug höhere Gericht anrufen, das ohne mündliche Verhandlung entscheiden kann.

I. Allgemeines

1. Entstehungsgeschichte. Die Norm ist seit Inkrafttreten des SGG lediglich in § 58 Abs. 1 Nr. 5 mWv 22.4.2015 durch G v. 15.4.2015 (BGBl. 2015 I 583) redaktionell angepasst worden. 1

2. Parallelvorschriften. Parallele Regelungen finden sich in § 53 VwGO, § 39 FGO und auch in § 36 ZPO. 2

II. Bestimmung des zuständigen Gerichts

Nach § 58 Abs. 1 wird das zuständige Gericht durch das gemeinsame nächsthöhere Gericht bestimmt, wenn die in den Ziff. 1 bis 5 genannten Fälle vorliegen. Die Regelung ist abschließend, § 36 ZPO kann nicht ergänzend herangezogen werden.[1] Die Regelung dient dazu, in Streitfällen, in denen die Bestimmung des zuständigen Gerichts nicht nach den örtlichen und sachlichen Zuständigkeitsregeln erfolgen kann, bzw. wenn Gerichte sich über die Anwendung dieser Regeln streiten, eine bestimmte Zuständigkeit festzulegen. Die Vorschrift hat daher die Schaffung und Bewahrung von Sicherheit und Rechtsfrieden im Auge. 3

Die Regelung ist nur für Zuständigkeitskonflikte **innerhalb der Sozialgerichtsbarkeit** anzuwenden,[2] wie sich im Übrigen bereits aus dem Wortlaut der Rege- 4

1 BSG 15.7.1955 – 1 S 24/55, BSGE 2, 63; sowie zuletzt BSG 12.8.1992 – 1 S 10/92, juris.
2 BSG 8.12.1987 – 1 S 6/87, juris; Meyer-Ladewig/Keller/Leitherer/Schmidt § 58 Rn. 2.

lung entnehmen lässt. Das BSG lässt jedoch für den sog negativen Kompetenzkonflikt zwischen Gerichten der Sozialgerichtsbarkeit und Gerichten anderer Gerichtszweige nach Ziff. 4 eine analoge Anwendung zu.[3]

5 Das **gemeinsame nächsthöhere Gericht** ist bei Sozialgerichten, die dem gleichen Bundesland angehören, das LSG, ansonsten das BSG. Besteht Streit zwischen SG und LSG, so ist ebenfalls das BSG zuständig.[4]

6 **1. Tatsächliche oder rechtliche Verhinderung des Gerichts.** Nach der Ziff. 1 ist das zuständige Gericht dann zu bestimmen, wenn das an sich zuständige Gericht rechtlich oder tatsächlich verhindert ist. Eine tatsächliche Verhinderung ist nur in seltenen Fällen denkbar, etwa wenn das Gericht wegen Katastrophen, Krankheit oder Tod der Bediensteten außerstande ist, das Verfahren zu führen. Eine rechtliche Verhinderung hat das BSG dann angenommen, wenn ein SG den Rechtsstreit rechtskräftig an ein anderes SG verwiesen hat, dieses SG aber nach den gesetzlichen Vorschriften[5] ausdrücklich nicht örtlich zuständig sein sollte.[6] Eine rechtliche Verhinderung ist weiterhin gegeben, wenn so viele Richter eines Gerichts für befangen erachtet worden sind, dass eine Entscheidung nicht mehr möglich ist.[7] Entsprechendes gilt bei Verfahren über Entschädigung wegen überlanger Verfahrensdauer, wenn alle Richter mit dem vorigen Verfahren vorbefasst waren.[8]

7 **2. Ungewissheit der Zuständigkeit wegen der Grenzen der Gerichtsbezirke.** Eine Bestimmung ist nach der Ziff. 2 auch dann berechtigt, wenn mit Rücksicht auf die Grenzen verschiedener Gerichtsbezirke ungewiss ist, welches Gericht für den Rechtsstreit zuständig ist. Bei der Ungewissheit muss es sich aber um tatsächliche, nicht nur um rechtliche Ungewissheiten handeln.[9]

8 **3. Positiver Zuständigkeitskonflikt.** Nach Ziff. 3 kommt eine Bestimmung durch das höhere Gericht auch dann in Betracht, wenn sich **mehrere Gerichte rechtskräftig für zuständig erklärt** haben, dh wenn sich mehrere Gerichte durch Beschlüsse nach § 98 iVm § 17 a Abs. 3 S. 1 GVG für zuständig erklärt haben, und diese Rechtskraft erlangt haben (sog positiver Kompetenzkonflikt). Ist von einem Gericht eine rechtskräftige Entscheidung in der Sache ergangen, so ist für § 58 kein Raum mehr.[10]

9 **4. Negativer Zuständigkeitskonflikt.** Eine Bestimmung ist nach Ziff. 4 als Hauptanwendungsfall bei Eintreten eines sog negativen Kompetenzkonfliktes vonnöten, wenn sich verschiedene Gerichte, von denen eines zuständig ist, rechtskräftig für unzuständig erklärt haben. Voraussetzung ist auch hier, dass sich Spruchkörper verschiedener Gerichte, nicht Spruchkörper desselben Gerichts[11] (dann Zuständigkeit des Präsidiums), rechtskräftig für unzuständig erklärt haben. Dies ist in der Regel gegeben, wenn ein Gericht den Rechtsstreit an das andere verweist, und dieses den Rechtstreit wieder zurückverweist, weil Verweisungen im Hinblick auf die örtliche und sachliche Zuständigkeit nach § 98

3 BSG 27.9.2016 – B 4 SF 1/16 S und B 4 SF 2/16 S, juris; vgl. → Rn. 10.
4 Meyer-Ladewig/Keller/Leitherer/Schmidt § 58 Rn. 3 a.
5 Hier § 88 Abs. 5 S. 2 Nr. 1, Abs. 7 S. 2 Nr. 1 SVG.
6 BSG 5.5.1981 – 1 S 2/81; BSG 5.4.1988 – 1 S 4/88; BSG 23.1.1990 – 1 S 3/89, alle juris.
7 OVG NRW NVwZ-RR 97, 143; BSG 6.11.2012 – B 12 SF 12/12 S, juris.
8 BSG 11.5.2018 – B 11 SF 5/18 S, juris.
9 BSG 8.8.1955 – 1 S 22/55, Breith. 1956, 89.
10 Zeihe § 58 Rn. 24 b.
11 LSG NRW 12.4.2010 – L 17 SF 51/10 ZG, juris.

S. 2 unanfechtbar und daher sofort rechtskräftig sind. Dabei reicht es aus, wenn das Gericht, welches das höhere Gericht anruft, sich für unzuständig erklärt. Einer Verweisung an ein anderes Gericht bedarf es insoweit nicht.[12] Ein negativer Kompetenzkonflikt liegt dagegen nicht im Falle einer Zurückverweisung vom LSG zum SG vor.[13]

Das höhere Gericht bestimmt jedoch **entsprechend der Bindungswirkung des § 98 das Gericht als zuständig, an das zuerst verwiesen wurde.** Eine Ausnahme hiervon ist nur bei gleichzeitigem Vorliegen **von Ziff. 1,**[14] **Willkür,**[15] einer **gravierenden Verletzung des rechtlichen Gehörs**[16] und bei **offensichtlichem Übersehen einer gesetzlichen Zuständigkeitsregelung**[17] zu machen. Dabei ist die Verweisung eines Rechtsstreits auf dem Gebiet des Versorgungs- und Schwerbehindertenrechts wegen Umzug des Klägers nach Auffassung der Rechtsprechung als **willkürlich bzw. offensichtlich unhaltbar**[18] einzustufen. Während dies im Fall des verweisenden LSG wegen der Bindungswirkung von § 17 a Abs. 5 GVG vertretbar erscheint, ist die Auffassung des BSG bei einer Verweisung zwischen verschiedenen SG abzulehnen. Angesichts des Beklagtenwechsels bei Umzug in ein anderes Bundesland nach der Neufassung des **§ 3 KOVVfG** und der Tatsache, dass der Beklagtenwechsel von der hM als Klageänderung[19] angesehen wird, und daher bei der Zulässigkeit der geänderten Klage auch die örtliche Zuständigkeit geprüft werden muss, ist eine dementsprechende Verweisung weder willkürlich noch unhaltbar, sondern durchaus vertretbar und zudem sachgerecht, da der sachnähere Richter entscheidet.

Dabei ist in der Rechtsprechung des BSG zum Vorliegen von Willkür in neuerer Zeit durchaus eine restriktive Richtung[20] zu erkennen, soll **Willkür** doch nur vorliegen, wenn **eine Entscheidung unter keinem rechtlichen Gesichtspunkt mehr vertretbar ist**, so dass sich der Schluss aufdrängt, dass sie **auf sachfremden Erwägungen beruht.**[21]

Die **Bindungswirkung** eines Verweisungsbeschlusses entfällt daher **nicht**, wenn im Ergebnis zu Unrecht die Zuständigkeit nach § 57 Abs. 1 statt nach § 57 Abs. 3 bestimmt wird.[22] Gleiches gilt bei Verweisung einer Klage gegen die Knappschaft als Einzugsstelle für geringfügige Beschäftigungen an das SG, das

---

12 BSG 27.5.2004 – B 7 SF 6/04 S, SozR 4-1500 § 57 a Nr. 2.
13 BSG 28.2.2011 – B 12 SF 10/10 S, juris.
14 Siehe → Rn. 6 sowie BSG 13.10.1981 – 1 S 12/81, juris.
15 BSG 8.8.2001 – B 7 SF 8/01 S, SozR 3-1500 § 57 Nr. 1; BSG 25.2.1999 – B 1 SF 9/98 S, SozR 3-1720 § 17 a Nr. 11.
16 Nach BSG 3.12.2009 – B 12 SF 18/09 S, ist ein Verstoß gegen rechtliches Gehör dann bindend, wenn dies nicht innerhalb der Frist der Anhörungsrüge von den Beteiligten gerügt wird; SchlHLSG 8.9.2000 – L 1 SF 11/00 SA, juris; Entscheidung vor gesetzter Stellungnahmefrist langt danach nicht aus.
17 LSG Nds 14.8.1998 – L 4 SF 6/98, Breith. 1998, 958 zu § 57 a; aA wohl BSG 27.5.2004 – B 7 SF 6/04 S, SozR 4-1500 § 57 a Nr. 2.
18 LSG BW 31.7.2006 – L 6 V 3067/06.
19 Hartmann in BLAH § 263 Rn. 5; vgl. auch → § 99 Rn. 21 f.; anders BSG 8.5.2007 – B 12 SF 3/07 S, juris.
20 Anders LSG Nds 23.12.2010 – L 15 SF 5/09 (p), das die fehlende Begründung des Verweisungsbeschlusses schon als Willkür begreift, oder LSG Bln 11.11.2011 – L 5 SF 310/11, beide juris.
21 Zuletzt BSG 13.12.2018 B 4 SF 4/16 S; BSG 10.3.2010 – B 12 SF 2/10 S; 21.2.2012 – B 12 SF 7/11 S; 18.7.2012 – B 12 SF 5/12 S, erkennbar aA SG Berlin 18.2.2018 – S 50 SO 144/19, alle juris.
22 BSG 1.6.2007 – B 13 SF 4/05 S, SGb 2006, 116 mAnm Jung.

für Knappschaftssachen iS von § 10 Abs. 2 zuständig ist[23] oder bei der Einordnung einer Streitigkeit als Angelegenheit des Krankenversicherungsrechts anstelle des Vertragsarztrechts.[24] Ebenso wenig bei einem offensichtlichen Irrtum bei der Anwendung von § 57 Abs. 1 Satz 1[25] oder bei Anwendung von § 57 a Abs. 3 anstelle von § 57 Abs. 1 Satz 1.[26] Folgerichtig besteht Bindungswirkung dann auch bei Übersehen der neu eingefügten Vorschrift des § 57 Abs. 7[27] oder fehlerhafter Wohnortbestimmung.[28]

10 **5. Entsprechende Anwendung von Nr. 4 bei Zuständigkeitskonflikt zwischen Gerichtsbarkeiten.** § 58 Abs. 1 Nr. 4 ist nach dem BSG in Fällen des negativen Kompetenzkonfliktes zwischen Gerichten verschiedener Gerichtsbarkeiten entsprechend anzuwenden, wenn das BSG als erstes Bundesgericht angerufen wird.[29]

11 **6. Fehlen einer Zuständigkeit.** Gemäß Ziff. 5 ist eine Bestimmung vorzunehmen, wenn die örtliche Zuständigkeit nicht nach den §§ 57 bis 57 b bestimmt werden kann.[30] Dies ist beispielsweise dann der Fall, wenn Personenvereinigungen in notwendiger Streitgenossenschaft eine gemeinsame Aktivklage führen, zB eine Erbengemeinschaft.[31] Unter Ziff. 5 fallen nicht Klagen mehrerer Personen, die nicht notwendige Streitgenossen sind.[32] Ziff. 5 ist ebenfalls dann nicht anzuwenden, wenn mehrere Miterben getrennt vor dem jeweils für sie zuständigen Gericht klagen[33] oder die Streitgenossenschaft durch Verfahrenstrennung beendet worden ist.[34] Eine notwendige Streitgenossenschaft liegt auch dann nicht vor, wenn es um die gesamtschuldnerische Haftung von Erben geht.[35] Auch bei Mitgliedern einer ehemaligen Bedarfsgemeinschaft nach dem SGB II ist die Regelung nicht einschlägig.[36]

III. Verfahren – Abs. 2

12 Nach Abs. 2 kann **jedes mit dem Rechtsstreit befasste Gericht** und jeder am Rechtsstreit **Beteiligte** das nächsthöhere Gericht anrufen, das über den Streit ohne mündliche Verhandlung entscheiden kann. Dabei erfolgt die Anrufung, soweit sie von dem mit dem Rechtsstreit befassten Gericht ausgeht, durch Be-

---

23 LSG RhPf 7.2.2007 – L 2 B 336/06 R, juris.
24 BSG 7.11.2006 – B 12 SF 5/06 S, juris.
25 BSG 9.3.2010 – B 12 SF 1/10 S, und 10.3.2010 – B 12 SF 2/10 S; aA LSG Nds 23.6.2009 – L 5 SF 24/09 SA, bei Irrtum über Ort gleichen Namens in beiden Gerichtsbezirken, alle juris.
26 LSG BW 28.7.2011 – L 1 SV 1905/11, juris.
27 BSG 7.1.2017 – B 4 SF 40/16 S, juris.
28 BSG 23.4.2019 – B 4 SF 4/18 S; ThürLSG 6.3.2019 – L 1 SF 142/19, beide juris.
29 BSG 27.9.2016 – B 4 SF 1/16 S und B 4 SF 2/16 S; BSG 1.7.1980 – B 1 S 5/80; BSG 8.12.1987 – B 1 S 6/87; BSG 8.12.1987 – B 1 S 6/87, alle juris.
30 BSG 25.8.2003 – B 7 SF 14/03 S, SozR 4-1500 § 58 Nr. 1.
31 BSG 30.3.2004 – B 7 SF 36/03 S, SozR 4-1500 § 58 Nr. 2; BSG 25.9.1998 – B 1 SF 4/98, SozR 3-1500 § 58 Nr. 1; zuletzt BSG 22.11.16 – B 4 SF 37/16 S und 8.2.2018 – B 11 SF 1/18 S, beide juris.
32 BSG 8.5.2006 – B 12 SF 3/07; ebenso BayLSG 5.11.2010 – L 1 SF 91/10; LSG Bln 13.9.2010 – L 18 SF 213/10; BSG 15.7.2011 – B 12 SF 1/11 S, alle juris.
33 BayLSG 31.8.1990 – L 1 A 81/90, Breith. 1992, 526; LSG RhPf 1.8.1994 – L 2 Sb 39/94.
34 BSG 11.3.2005 – B 13 SF 1/05 S, und 24.10.2012 – B 12 SF 2/12 S, beide juris.
35 BSG 15.7.2011 – B12 SF 1/11 S, juris.
36 BSG 3.5.2017 – B 4 SF 3/17, juris.

schluss.[37] Beteiligt sind neben Kläger und Beklagten auch die Beigeladenen (§ 69). Es ist das **gemeinsame nächsthöhere Gericht** anzurufen. Dies ergibt sich aus Abs. 1. Abs. 2 ist insoweit missverständlich gefasst. Das höhere Gericht entscheidet durch zu begründenden[38] **Beschluss.**[39] Eine mündliche Verhandlung ist gemäß Abs. 2 nicht erforderlich. Liegen die Voraussetzungen für eine Bestimmung vor, so bestimmt das höhere Gericht das zuständige Gericht. Sind sie nicht gegeben, so verwirft es den Antrag als unzulässig.[40] **Rechtsmittel** gegen den Beschluss sind **nicht gegeben**, da als höhere Gerichte nur LSG und BSG in Betracht kommen, und Beschlüsse des LSG nach § 177 unanfechtbar sind.

§ 59 [Keine Zuständigkeitsvereinbarungen]

[1]Vereinbarungen der Beteiligten über die Zuständigkeit haben keine rechtliche Wirkung. [2]Eine Zuständigkeit wird auch nicht dadurch begründet, daß die Unzuständigkeit des Gerichts nicht geltend gemacht wird.

I. Allgemeines

1. Entstehungsgeschichte. Die Vorschrift besteht unverändert seit dem Inkrafttreten des SGG. 1

2. Parallelvorschriften. Auch im verwaltungsgerichtlichen Verfahren ist die sachliche und örtliche Zuständigkeit zwingend,[1] wobei eine ausdrückliche Regelung wie § 59 in der VwGO nicht enthalten ist. Anders als die öffentlich-rechtlichen Gerichtsbarkeiten kennt das zivilrechtliche Verfahren die Möglichkeit der Gerichtsstandsvereinbarung in bestimmten Fällen nach § 38 ZPO und die Begründung der Zuständigkeit durch rügelose Einlassung in § 39 ZPO. 2

II. Verbot von Prorogation und Derogation

S. 1 enthält die Normierung des im sozialgerichtlichen Verfahren geltenden **Verbots der Prorogation und Derogation.** Unter **Prorogation** versteht man die Vereinbarung eines nicht zuständigen Gerichts, während man als **Derogation** den vereinbarten Ausschluss des zuständigen Gerichts bezeichnet. Nach § 59 S. 1 haben Vereinbarungen der Beteiligten über die sachliche, örtliche und funktionelle Zuständigkeit, das Gericht im Ganzen oder den einzelnen Spruchkörper betreffend, keine rechtliche Wirkung. 3

III. Keine Zuständigkeitsbegründung durch rügelose Einlassung

Nach S. 2 kann die **Zuständigkeit** eines unzuständigen Gerichts auch **nicht durch sogenannte rügelose Einlassung herbeigeführt werden.** Das Gericht muss 4

37 BSG 30.3.2004 – B 7 SF 36/03 S, SozR 4-1500 § 58 Nr. 2.
38 Hennig/Hauck § 58 Rn. 30.
39 Meyer-Ladewig/Keller/Leitherer/Schmidt § 58 Rn. 5.
40 Roos/Wahrendorf § 58 Rn. 26.
1 Kopp/Schenke § 45 Rn. 4.

vielmehr in jedem Verfahrensstadium von Amts wegen seine Zuständigkeit prüfen[2] und bei Unzuständigkeit, selbst nach Durchführung weit reichender Ermittlungen, den Rechtsstreit verweisen (§ 98).

IV. Unzulässigkeit von Schiedsgerichtsvereinbarungen

5 Umstritten ist, ob aus § 59 auch folgt, dass **Schiedsvereinbarungen unzulässig** sind. Dieser Ansicht war jedenfalls die früher hM,[3] während andere Stimmen einerseits damit argumentieren, dass das Progationsverbot des § 59 hierüber nichts aussage, und andererseits anführen, dass auch das verwaltungsgerichtliche Verfahren trotz zwingender örtlicher und sachlicher Zuständigkeit (→ Rn. 2) die Schiedsgerichtsvereinbarung in § 168 Abs. 1 Nr. 5 VwGO zulässt.[4] Angesichts der Tatsache, dass es in zahlreichen Rechtsgebieten des Sozialrechts Schiedsstellen gibt (§ 120 Abs. 4 SGB V, § 76 SGB XI und § 80 SGB XII), über deren Entscheidungen nach § 29 das LSG erstinstanzlich entscheidet, erscheint diese Ansicht überholt.[5] Auch die vom Gesetzgeber beabsichtigte Einführung der außergerichtlichen, gerichtsnahen und innergerichtlichen Mediation durch das MediationsG[6] in Umsetzung der Richtlinie 2008/52/EG vom 21.5.2008 zeigt dies deutlich.

Zweiter Teil Verfahren

Erster Abschnitt Gemeinsame Verfahrensvorschriften

Erster Unterabschnitt Allgemeine Vorschriften

§ 60 [Ausschließung und Ablehnung von Gerichtspersonen]

(1) Für die Ausschließung und Ablehnung der Gerichtspersonen gelten die §§ 41 bis 46 Absatz 1 und die §§ 47 bis 49 der Zivilprozeßordnung entsprechend.

(2) Von der Ausübung des Amtes als Richter ist auch ausgeschlossen, wer bei dem vorausgegangenen Verwaltungsverfahren mitgewirkt hat.

(3) Die Besorgnis der Befangenheit nach § 42 der Zivilprozeßordnung gilt stets als begründet, wenn der Richter dem Vorstand einer Körperschaft oder Anstalt des öffentlichen Rechts angehört, deren Interessen durch das Verfahren unmittelbar berührt werden.

§ 41 ZPO Ausschluss von der Ausübung des Richteramtes

Ein Richter ist von der Ausübung des Richteramtes kraft Gesetzes ausgeschlossen:
1. in Sachen, in denen er selbst Partei ist oder bei denen er zu einer Partei in dem Verhältnis eines Mitberechtigten, Mitverpflichteten oder Regresspflichtigen steht;
2. in Sachen seines Ehegatten, auch wenn die Ehe nicht mehr besteht;
2a. in Sachen seines Lebenspartners, auch wenn die Lebenspartnerschaft nicht mehr besteht;

---

2 BayLSG 1.3.2012 – L 8 SO 3/12 ER, juris.
3 BSG 27.1.1977 – 12/8 REh 1/75, BSGE 43, 148 (150); aA nunmehr Hennig/Danckwerts § 59 Rn. 7; Peters/Sautter/Wolff § 59 Anm. 1.
4 Meyer-Ladewig/Keller/Leitherer/Schmidt § 202 Rn. 4.
5 SG Heilbronn 10.7.2012 – S 11 SO 308/10, juris.
6 BT-Drs. 60/11.

3. in Sachen einer Person, mit der er in gerader Linie verwandt oder verschwägert, in der Seitenlinie bis zum dritten Grad verwandt oder bis zum zweiten Grad verschwägert ist oder war;
4. in Sachen, in denen er als Prozessbevollmächtigter oder Beistand einer Partei bestellt oder als gesetzlicher Vertreter einer Partei aufzutreten berechtigt ist oder gewesen ist;
5. in Sachen, in denen er als Zeuge oder Sachverständiger vernommen ist;
6. in Sachen, in denen er in einem früheren Rechtszug oder im schiedsrichterlichen Verfahren bei dem Erlass der angefochtenen Entscheidung mitgewirkt hat, sofern es sich nicht um die Tätigkeit eines beauftragten oder ersuchten Richters handelt;
7. in Sachen wegen überlanger Gerichtsverfahren, wenn er in dem beanstandeten Verfahren in einem Rechtszug mitgewirkt hat, auf dessen Dauer der Entschädigungsanspruch gestützt wird;
8. in Sachen, in denen er an einem Mediationsverfahren oder einem anderen Verfahren der außergerichtlichen Konfliktbeilegung mitgewirkt hat.

§ 42 ZPO Ablehnung eines Richters

(1) Ein Richter kann sowohl in den Fällen, in denen er von der Ausübung des Richteramts kraft Gesetzes ausgeschlossen ist, als auch wegen Besorgnis der Befangenheit abgelehnt werden.

(2) Wegen Besorgnis der Befangenheit findet die Ablehnung statt, wenn ein Grund vorliegt, der geeignet ist, Misstrauen gegen die Unparteilichkeit eines Richters zu rechtfertigen.

(3) Das Ablehnungsrecht steht in jedem Fall beiden Parteien zu.

§ 43 ZPO Verlust des Ablehnungsrechts

Eine Partei kann einen Richter wegen Besorgnis der Befangenheit nicht mehr ablehnen, wenn sie sich bei ihm, ohne den ihr bekannten Ablehnungsgrund geltend zu machen, in eine Verhandlung eingelassen oder Anträge gestellt hat.

§ 44 ZPO Ablehnungsgesuch

(1) Das Ablehnungsgesuch ist bei dem Gericht, dem der Richter angehört, anzubringen; es kann vor der Geschäftsstelle zu Protokoll erklärt werden.

(2) [1]Der Ablehnungsgrund ist glaubhaft zu machen; zur Versicherung an Eides statt darf die Partei nicht zugelassen werden. [2]Zur Glaubhaftmachung kann auf das Zeugnis des abgelehnten Richters Bezug genommen werden.

(3) Der abgelehnte Richter hat sich über den Ablehnungsgrund dienstlich zu äußern.

(4) [1]Wird ein Richter, bei dem die Partei sich in eine Verhandlung eingelassen oder Anträge gestellt hat, wegen Besorgnis der Befangenheit abgelehnt, so ist glaubhaft zu machen, dass der Ablehnungsgrund erst später entstanden oder der Partei bekannt geworden sei. [2]Das Ablehnungsgesuch ist unverzüglich anzubringen.

§ 45 ZPO Entscheidung über das Ablehnungsgesuch

(1) Über das Ablehnungsgesuch entscheidet das Gericht, dem der Abgelehnte angehört, ohne dessen Mitwirkung.

(2) [1]Wird ein Richter beim Amtsgericht abgelehnt, so entscheidet ein anderer Richter des Amtsgerichts über das Gesuch. [2]Einer Entscheidung bedarf es nicht, wenn der abgelehnte Richter das Ablehnungsgesuch für begründet hält.

(3) Wird das zur Entscheidung berufene Gericht durch Ausscheiden des abgelehnten Mitglieds beschlussunfähig, so entscheidet das im Rechtszug zunächst höhere Gericht.

§ 46 ZPO Entscheidung und Rechtsmittel

(1) Die Entscheidung über das Ablehnungsgesuch ergeht durch Beschluss.

(2) Gegen den Beschluss, durch den das Gesuch für begründet erklärt wird, findet kein Rechtsmittel, gegen den Beschluss, durch den das Gesuch für unbegründet erklärt wird, findet sofortige Beschwerde statt.

§ 47 ZPO Unaufschiebbare Amtshandlungen

(1) Ein abgelehnter Richter hat vor Erledigung des Ablehnungsgesuchs nur solche Handlungen vorzunehmen, die keinen Aufschub gestatten.

(2) [1]Wird ein Richter während der Verhandlung abgelehnt und würde die Entscheidung über die Ablehnung eine Vertagung der Verhandlung erfordern, so kann der Termin unter Mitwirkung des abgelehnten Richters fortgesetzt werden. [2]Wird die Ablehnung für begründet erklärt, so ist der nach Anbringung des Ablehnungsgesuchs liegende Teil der Verhandlung zu wiederholen.

§ 48 ZPO Selbstablehnung; Ablehnung von Amts wegen

Das für die Erledigung eines Ablehnungsgesuchs zuständige Gericht hat auch dann zu entscheiden, wenn ein solches Gesuch nicht angebracht ist, ein Richter aber von einem Verhältnis Anzeige macht, das seine Ablehnung rechtfertigen könnte, oder wenn aus anderer Veranlassung Zweifel darüber entstehen, ob ein Richter kraft Gesetzes ausgeschlossen sei.

§ 49 ZPO Urkundsbeamte

Die Vorschriften dieses Titels sind auf den Urkundsbeamten der Geschäftsstelle entsprechend anzuwenden; die Entscheidung ergeht durch das Gericht, bei dem er angestellt ist.

I. Allgemeines

1 **1. Gesetzesentstehung.** § 60 gilt in der Fassung des SGG vom 23.9.1975 (BGBl. 1975 I 2335) und des BUK-NOG vom 19.10.2013 (BGBl. 2013 I 3836). Abs. 1 Satz 1 wurde durch Art. 8 des Vierten Gesetzes zur Änderung des Vierten Buches Sozialgesetzbuch und anderer Gesetze vom 22.12.2011 (BGBl. 2011 I 3057) geändert, indem in vollem Umfang auf die Regelungen der §§ 41 bis 49 ZPO verwiesen wird. Zuvor waren § 45 Abs. 1 Satz 1, Abs. 3 und § 46 ZPO von der Verweisung ausgenommen. Abs. 1 Satz 2 wurde aufgehoben. Durch Art. 1 Nr. 13 des 7. SGGÄndG v. 9.12.2004 war Abs. 4 als Übergangsregelung eingefügt worden, der bestimmte, dass für die besonderen Spruchkörper der Verwaltungs- und Oberverwaltungsgerichte gemäß §§ 50 a ff. SGG im Rahmen der Tätigkeit nach dem SGB II und SGB XII § 54 VwGO heranzuziehen sei; gemäß

Art. 3 Nr. 8, Art. 4 Abs. 4 des Gesetzes wurde er zum 1.1.2009 wieder aufgehoben. Durch das BUK-NOG wurde in Abs. 1 der § 46 Abs. 2 im Hinblick auf § 172 Abs. 2 SGG aus der Verweisung herausgenommen.

2. Normzweck. § 60 verweist für die Ausschließung und Ablehnung von Gerichtspersonen in Abs. 1 auf die Bestimmungen der ZPO und regelt in Abs. 2 und 3 Besonderheiten des Sozialgerichtsverfahrens. **Gerichtspersonen** sind Berufsrichter, ehrenamtliche Richter und gemäß § 49 ZPO Urkundsbeamte der Geschäftsstelle.[1] § 60 schützt den Anspruch auf den gesetzlichen Richter (Art. 101 Abs. 1 Satz 1 GG), dessen Inhalt die sachliche und persönliche Unabhängigkeit richterlicher Tätigkeit umfasst und auf dem Rechtsstaatsprinzip und dem Willkürverbot beruht.[2] Die Regelung dient der Unparteilichkeit und Funktionsfähigkeit des Gerichts und schützt das Vertrauen der Beteiligten und der Öffentlichkeit in die Justiz. Der Anspruch aller Verfahrensbeteiligter auf den gesetzlichen Richter verbietet eine ausweitende Interpretation (jedoch → Rn. 7) oder Analogieschluss der abschließend gesetzlich geregelten Ausschlussgründe[3] und fordert eine vorsichtige, jedoch nicht einengende Beurteilung der Befangenheitsgründe. Ein Verstoß stellt einen Revisionsgrund dar (§ 202 iVm § 551 Nr. 2 und 3 ZPO) und begründet die Nichtigkeitsklage (§ 179 Abs. 1 iVm § 579 Nr. 2 und 3 ZPO). Er kann mit der Verfassungsbeschwerde angefochten werden und ist nach Art. 6 Abs. 1 EMRK zu beurteilen. Die Verweisung in § 60 auf die §§ der ZPO ist dynamisch. Für die Ablehnung eines Sachverständigen verweist § 118 Abs. 1 SGG auf § 406 ZPO. Nach dessen Absatz 1 erfolgt die Ablehnung aus denselben Gründen wie bei den Richtern und damit ebenso nach den §§ 42 ff. ZPO. Der Ausschluss eines Sachverständigen ist in der ZPO nicht geregelt, Interessenkonflikte im Sinne des § 41 ZPO sind über das Ablehnungsrecht zu behandeln.[4] Für den Ausschluss und die Ablehnung von Dolmetschern verweist § 191 GVG auf § 406 ZPO. 2

3. Parallelvorschriften. Parallelvorschriften sind §§ 54 VwGO, 51 FGO; im Sozialverwaltungsverfahren §§ 16, 17 SGB X. 3

II. Ausschließung – Abs. 1 und 2

1. Begriff. Die Ausschließung bedeutet das gesetzlich begründete Unvermögen zur Ausübung des **Richteramtes** in einem konkreten Verfahren.[5] Sie wirkt kraft Gesetzes, ohne dass es einer Entscheidung hierüber bedarf. § 41 ZPO behandelt nur die **relative Ausschließung** von der Ausübung des Richteramtes in diesem Einzelfall. Die Regelung ist **abschließend.**[6] Sofern die Voraussetzungen für eine Ausschließung nicht erfüllt sind, ist stets zu erwägen, ob ein Befangenheitsgrund vorliegen könnte. Der **absolute Ausschluss** vom Richteramt ist im 1. Teil des SGG, dem DRiG, den Landesrichtergesetzen und den Beamtengesetzen geregelt, die die grundsätzlichen Voraussetzungen für die Ausübung des Richteramtes behandeln. Die Ausschlussgründe sind unabhängig von der Kenntnis der Beteiligten und in jedem Verfahrensstadium von Amts wegen zu beachten. 4

1 BVerfG 15.6.2007 – 1 BvR 1073/07, NJW 2007, 3200.
2 BVerfG 22.3.2018 – 2 BvR 780/16, BVerGE 148, 69; Flint in jurisPK-SGG § 60 Rn. 16.
3 BGH 18.12.2014 – IX ZB 65/13, NJW-RR 2015, 444.
4 BGH 12.1.2006 – VII ZR 207/04, NJW-RR 2006, 1221.
5 Vollkommer in Zöller § 41 Rn. 1.
6 Flint in jurisPK-SGG § 60 Rn. 45.

5 **2. Fälle der Ausschließung gem. § 41 ZPO. a) Persönliche Nähebeziehungen – Nr. 1–3.** Der Begriff der **Partei** (**Nr. 1**) des § 41 ZPO entspricht dem des **Beteiligten** in § 69.[7] Die **Sache** ist prozessrechtlich zu verstehen und richtet sich nicht nach materiellen Gesichtspunkten. § 41 Nr. 1–3 ZPO stellen auf die persönliche Beziehung des Richters zu den Beteiligten des konkreten Verfahrens ab. Eine materiellrechtliche Verbindung zum Streitstoff ist grundsätzlich unmaßgeblich.[8] Sie kann lediglich im Rahmen der Mitberechtigung, Mitverpflichtung oder Regresspflicht iSd Nr. 1 oder der Befangenheit Bedeutung haben. Vorstandsmitglieder und leitende Angestellte von Krankenkassen und deren Verbänden sind bei Beteiligung der Kasse grundsätzlich als Richter ausgeschlossen, es sei denn, die Kasse beteiligt sich aktiv weder am Verwaltungs- noch am Gerichtsverfahren.[9] Eine **Mitberechtigung oder Mitverpflichtung** besteht, wenn der Richter Mitglied einer beteiligten rechtsfähigen Personenvereinigung, zB oHG, GmbH oder AG – fraglich bei geringfügigem Kapitalanteil, ist oder bei einer jur. Person eine Organstellung inne hat und daher ein unmittelbares Interesse am Verfahren haben kann,[10] nicht aber bei einer Mitgliedschaft in einer Gewerkschaft[11] oder einer Parteimitgliedschaft und nicht bei einem nur mittelbaren Interesse. Ein ehrenamtlicher Richter, der Mitglied der Vollversammlung der beteiligten KV ist, ist nicht nach § 41 Nr. 4 ZPO ausgeschlossen.[12] Ein Ausschluss ist auch gegeben, wenn die Voraussetzungen der Nr. 1 bei dem **Ehegatten** bestehen (**Nr. 2**), auch wenn die Ehe geschieden, aufgehoben oder für nichtig erklärt worden ist. Ein **Verlöbnis** führt nicht zum Ausschluss, kann aber die Ablehnung gem. § 42 ZPO begründen.[13] Die Partner einer **Lebenspartnerschaft** sind durch Gesetz vom 16.2.2001 (BGBl. 2001 I 266) gemäß **§ 41 Nr. 2 a** ZPO ausgeschlossen. Die Vorschrift stellt auf Lebenspartnerschaften im Sinne des § 1 LPartG ab. Maßgeblich ist, dass die Lebenspartnerschaft gemäß § 1 Abs. 1 Satz 3 LPartG durch Erklärung der Lebenspartner vor der zuständigen Behörde wirksam begründet wurde. Die Partner einer **nichtehelichen Lebensgemeinschaft** sind nicht kraft Gesetzes ausgeschlossen. Angesichts der vergleichbaren Konfliktsituation wie bei Ehegatten oder Lebenspartnern könnte dies zwar angenommen werden. Jedoch stellt die nichteheliche Lebensgemeinschaft nicht ein derartig fest umrissenes Tatbestandsmerkmal wie die Ehe dar, das einen zwingenden Ausschluss rechtfertigen könnte. Es fehlt auch eine verbindliche Erklärung zur Gründung einer nichtehelichen Lebensgemeinschaft wie bei der Lebenspartnerschaft. Es müsste stets eine Darlegung und nähere Prüfung der Lebensumstände durch das Gericht erfolgen. Außerdem ist der Begriff der nichtehelichen Lebensgemeinschaft ausfüllungsbedürftig und müsste zunächst konkretisiert werden. Sie wird jedoch regelmäßig eine Ablehnung gemäß § 42 ZPO begründen. Hierbei kommt es allerdings auf die tatsächliche Ausgestaltung der nichtehelichen Lebensgemeinschaft und auf

7 Zum Beigeladenen BSG 8.8.1975 – 6 RKa 9/74, SozR 1500 § 60 Nr. 2.
8 Kopp/Schenke § 54 Rn. 6.
9 BSG 25.11.1998 – B 6 KA 84/97, SozR 3-1500 § 17 Nr. 3; zum Ausschluss eines Geschäftsführers des Landesverbandes von RVO-Kassen bei der Entziehung der Zulassung zur vertragsärztlichen Versorgung für den Bereich der Ersatzkassen BSG 18.2.1988 – 6 RKa 24/87, SozR 1500 § 60 Nr. 4.
10 Vollkommer in Zöller § 41 Rn. 5; Wolff-Dellen in Breitkreuz/Fichte § 60 Rn. 10 (Aktien aus Streubesitz).
11 BAG 20.4.1961 – 2 AZR 71/60, DB 1961, 919.
12 BSG 13.5.1998 – B 6 KA 31/97 R, BSGE 82, 150.
13 Keller in Meyer-Ladewig/Keller/Leitherer/Schmidt § 60 Rn. 4 a.

die Umstände des Einzelfalles an. Zum Ausschluss kommt es auch bei **Verwandtschaft** oder **Schwägerschaft** iSd §§ 1589, 1590 BGB (Nr. 3). Wegen der damit verbundenen Nähebeziehung zählt dazu auch die anerkannte oder gerichtlich festgestellte Vaterschaft,[14] ferner die angenommene Kindschaft iSd § 1754 BGB. Im dritten Grad verwandt sind Urgroßeltern, Großenkel, Geschwister der Eltern oder Kinder der eigenen Geschwister.[15] Im zweiten Grad verschwägert sind die Ehegatten der Geschwister und die Geschwister des Ehegatten des Richters.[16] Eine frühere Schwägerschaft reicht aus. Eine entsprechende persönliche Nähebeziehung zu einem Prozessbevollmächtigten führt nicht zur Ausschließung.

b) **Verfahrensbeziehungen – Nr. 4–7. Prozessbevollmächtigter, Vertreter** (Nr. 4) ist auch der Unterbevollmächtigte, nach dem Zweck der Regelung auch der Terminsbevollmächtigte, da die Vollmacht gemäß § 83 Abs. 2 ZPO auf einzelne Prozesshandlungen beschränkt werden kann, nicht dagegen der Zustellungsbevollmächtigte. Die gesetzliche Vertretung von Sozialversicherungsträgern richtet sich nach §§ 35, 36 SGB IV. Zum vertretungsberechtigten Geschäftsführer einer Kassenzahnärztlichen Vereinigung s. BSG 5.8.1992 – 14 a/6 RKa 30/91, BSGE 71, 97; zu Vorstandsmitgliedern und vertretungsberechtigten leitenden Beschäftigten von Krankenkassen und Kassenverbänden BSG 8.5.1996 – 6 RKa 16/95, SozR 3-1500 § 60 Nr. 3. Die Gerichtsperson muss in derselben Rechtsangelegenheit, nicht notwendig in demselben Prozess tätig gewesen sein. Ein Tätigwerden in einer früheren Rechtsangelegenheit ist unschädlich.[17] Unter Nr. 4 fällt der Ausschluss der LSG- und BSG-Präsidenten und Vizepräsidenten in Verfahren wegen überlanger Verfahrensdauer nach § 198 GVG, da sie gemäß § 202 Satz 2 SGG das Land oder den Bund vertreten. **Nr. 5** schließt die Gerichtsperson in Sachen aus, in denen sie selbst **Beweismittel** gewesen ist. Nach dem Wortlaut greift die Ausschließung erst nach durchgeführter Vernehmung ein, die Benennung der Gerichtsperson als Zeuge reicht ebenso wenig wie der erlassene Beweisbeschluss.[18] Eine dienstliche Äußerung ist keine Vernehmung.[19] Die Aussage muss zum selben Sachverhalt, nicht notwendig im selben Rechtsstreit gemacht worden sein.[20] Ein Ausschluss liegt außerdem vor bei **Mitwirkung an der angefochtenen Entscheidung** (Nr. 6). Dies gilt für die Mitwirkung in der Vorinstanz, nicht in derselben Instanz und nicht bei Wiederaufnahme des Verfahrens.[21] Ein Richter, der erstinstanzlich entschieden hat, ist nicht als Revisionsrichter gegen das Berufungsurteil ausgeschlossen; der Ausschluss erstreckt sich nur auf die unmittelbar angefochtene Entscheidung.[22] Die Gerichtsperson muss bei der Entscheidung selbst mitgewirkt haben, unschädlich ist daher eine Mitwirkung beim Beweisbeschluss, Entscheidung über PKH-Antrag, Entscheidung im vorläufigen Rechtsschutz, Tätigkeit als beauftragter oder ersuchter Richter, Entscheidung in einem vorangegangenen Verfahren.[23] Der Judex a quo ist nach deren Sinn und 6

14 Vollkommer in Zöller § 41 Rn. 7.
15 Vgl. § 1589 BGB.
16 Vgl. § 1590 Abs. 1 BGB.
17 BGH 16.1.1979 – 1 StR 575/78, NJW 1975, 2160.
18 BVerwG 6.11.2013 – 3 PKH 4/13, juris; BFH 22.9.2008 – II B 25/08.
19 BVerwG 12.10.1979 – 1 WB 161.77, BVerwGE 63, 273.
20 BGH 29.4.1983 – 2 StR 709/82, NJW 83, 2711.
21 BSG 26.2.1957 – 1 RA 17/57, SozR § 41 ZPO Nr. 1.
22 BGH 24.7.2012 – II ZR 280/11, NJW-RR 2012, 1341.
23 BVerwG 4.11.1974 – VII B 9.74, NJW 1975, 1241.

Zweck bei der Anhörungsrüge (§ 178 a SGG) nicht ausgeschlossen.[24] Die Mitwirkung ist bei Erlass der Entscheidung erforderlich, unerheblich daher Mitwirkung bei der Verkündung. Unerheblich ist es, wenn der Ehegatte bei der angefochtenen Entscheidung mitgewirkt hat.[25] Die Regelung über die **Mitwirkung in Verfahren wegen Entschädigung bei überlanger Verfahrensdauer** (**Nr.** 7) gemäß § 198 GVG ist durch Art. 5 des Gesetzes über den Rechtsschutz bei überlangen Gerichtsverfahren und strafrechtlichen Ermittlungsverfahren vom 24.11.2011 (BGBl. 2011 I 2302) eingefügt worden. § 202 Satz 2 SGG bestimmt das LSG als zuständig für die Entscheidung über die Ansprüche aus Sozialgerichtsverfahren. Ist Anlass eines derartigen Entschädigungsverfahrens die überlange Dauer eines Verfahrens, das bei dem betreffenden für die Entscheidung nach § 198 GVG zuständigen Senat selbst anhängig war, sind diejenigen Senatsmitglieder ausgeschlossen, die an der gerügten Entscheidung beteiligt waren. Die durch das Gesetz vom 21.7.2012 mit Wirkung vom 26.7.2012 eingefügte **Nr.** 8 schließt eine Mitwirkung in Sachen aus, in denen der Richter in einem **Mediationsverfahren** oder **anderen Verfahren außergerichtlicher Streitbeilegung** mitgewirkt hat, zB als Güterichter oder Schlichter. Obwohl der Richter in jenem Verfahren keine Entscheidung getroffen hat, soll der Vertraulichkeit im Mediationsverfahren usw und der unvereinbaren Rolle mit der des später entscheidenden Richters Rechnung getragen werden.[26] Die Mitwirkung muss denselben Lebenssachverhalt betreffen.

7 **3. Mitwirkung im Verwaltungsverfahren – Abs. 2.** Die Vorschrift trägt einer engen persönlichen Verbindung der Richter und der Verwaltung Rechnung. Der Begriff des **vorausgegangenen Verwaltungsverfahrens** ist weit auszulegen[27] und erfasst auch das Widerspruchsverfahren. Allerdings ist auch hier Verfahrensidentität erforderlich und die Tätigkeit in einem anderen, wenn auch inhaltlich gleichgelagerten Verwaltungsverfahren oder in einem früheren Verfahren des Klägers[28] nicht ausreichend. Mitwirkung ist jedes Tätigwerden („mitgewirkt", eine Tätigkeit ist erforderlich) in der Verwaltung, das über eine bloße formale Beteiligung hinausgeht.[29] Jedoch kommt es zu keinem Ausschluss des ehrenamtlichen Richters, der als Mitglied der Vertreterversammlung über den Beschluss (HVM oder HVV) abgestimmt hat, der dem Rechtsstreit zugrunde liegt.[30] Nicht erforderlich ist, dass die Gerichtsperson die angefochtene Entscheidung selbst erlassen hat, ausreichend ist die Mitwirkung im Verwaltungsverfahren.

8 **4. Verfahren bei Ausschließung.** Die Wirkung der Ausschließung tritt kraft Gesetzes **ohne gerichtliche Entscheidung** ein. Sie ist von Amts wegen zu berücksichtigen und unverzichtbar, § 43 ZPO (Einlassung in mündlicher Verhandlung in Kenntnis des Ablehnungsgrundes) gilt nur für die Ablehnung. Bei Zweifeln über die Ausschließung kann eine Entscheidung gemäß § 48 ZPO herbeigeführt werden. Für die Zuständigkeit gilt § 60 Abs. 1 entsprechend, es entscheidet hierüber der nach dem Geschäftsverteilungsplan des Gerichts vorgesehene Vertreter. Die

---

24 BSG 25.2.2010 – B 11 AL 22/09 C, juris.
25 BGH 20.10.2003 – II ZB 31/02, NJW 2004, 163.
26 BT-Drs. 17/5335, 20.
27 Vgl. BVerwG 12.3.1987 – 5 ER 400/86-404/86, Buchholz 310 § 54 VwGO Nr. 38.
28 Wolff-Dellen in Breitkreuz/Fichte § 60 Rn. 27.
29 Ermittlung, Beurteilung des Sachverhalts, Beratung: BSG 22.5.1984 – 6 RKa 15/83, USK 84169; BSG 27.6.2001 – B 6 KA 81/00 B, juris.
30 BSG 13.5.1998 – B 6 Ka 31/97R, SozR 3-1500 § 60 Nr. 4.

Entscheidung hat lediglich deklaratorische Wirkung, heilt oder begründet einen Ausschlussgrund also nicht. Bei Mitwirkung des ausgeschlossenen Richters ist die **Entscheidung nicht nichtig, sondern anfechtbar.** Fehlerhafte richterliche Handlungen können vom Vertreter wiederholt werden, solange der Rechtszug nicht beendet und das Gericht nicht selbst daran gebunden ist. Der ausgeschlossene Richter darf keine unaufschiebbaren Amtshandlungen mehr vornehmen, da § 47 ZPO nur für den abgelehnten Richter gilt.[31]

III. Ablehnung – Abs. 1 und 3

1. Begriff. Die **Ablehnung** von Gerichtspersonen kann gemäß **§ 42 Abs. 1 ZPO** in Fällen des gesetzlich vorgesehenen Ausschlusses (1. Alt.) sowie wegen der Besorgnis der Befangenheit (2. Alt.) erfolgen. Nach § 48 ZPO können die Ablehnungsgründe auch von der Gerichtsperson selbst angezeigt werden und sind von Amts wegen zu berücksichtigen.[32] Ausschluss- und Ablehnungsgründe knüpfen an die Person oder das Verhalten der Gerichtsperson an. Daher können regelmäßig nur **Einzelpersonen** abgelehnt werden, auch alle **einzelnen** Mitglieder eines Spruchkörpers aus individuellen Gründen, nicht aber der Spruchkörper als solcher.[33] 9

2. Gesetzlicher Ausschluss. Nach der ersten Alternative des § 42 Abs. 1 ZPO kann ein Richter abgelehnt werden, wenn bereits ein gesetzlicher Ausschlussgrund gemäß §§ 41 ZPO und 60 Abs. 2 oder nach einer anderen Gesetzesnorm vorliegt. Dadurch wird bewirkt, dass ein Verfahrensbeteiligter sein prozessuales Recht auf den gesetzlichen Richter auch dann durchsetzen kann, wenn das Gericht den Ausschlussgrund fehlerhaft nicht von Amts wegen beachtet. Umstritten ist, ob dies auch für ehrenamtliche Richter gilt, bei denen die Voraussetzungen des § 17 SGG vorliegen, weil § 42 sich lediglich auf § 41 ZPO bezieht. Jedoch entspricht zumindest der Personenkreis des § 17 Abs. 4 dem des § 60 Abs. 3.[34] Dies rechtfertigt es, § 42 Abs. 1 ZPO auch auf ehrenamtliche Richter und deren Ausschluss nach § 17 Abs. 1 Satz 1 SGG zu beziehen.[35] 10

3. Besorgnis der Befangenheit. Die **Besorgnis der Befangenheit** ist als Ablehnungsgrund begründet, wenn ein Grund vorliegt, der geeignet ist, Misstrauen gegen die Unparteilichkeit des Richters zu rechtfertigen (§ 42 Abs. 2 ZPO). Es muss ein **objektiv vernünftiger Grund** gegeben sein, der den am Verfahren Beteiligten auch von seinem Standpunkt aus befürchten lassen kann, die Gerichtsperson werde nicht unparteiisch entscheiden.[36] Eine rein subjektive unvernünftige Vorstellung des Beteiligten ist ebenso unerheblich wie die Frage, ob die Gerichtsperson tatsächlich befangen ist oder sich für befangen hält. Maßgeblich ist allein, ob ein am Verfahren Beteiligter bei vernünftiger Würdigung aller Umstände Anlass haben kann, an der Unvoreingenommenheit und objektiven Einstellung 11

31 Vollkommer in Zöller § 47 Rn. 1.
32 SchlHLSG 5.3.1998 – L 5 S 2/98, NJW 1998, 2925; anders zu § 19 BVerfGG BVerfG 5.10.77 – 2 BvL 10/75, BVerfGE 46, 34 angesichts des abweichenden Wortlauts der Norm.
33 BSG 13.6.2012 – B 13 R 224/11 B, juris; BSG 19.1.2010 – B 11 AL 13/09 C, SozR 4-1500 § 60 Nr. 7; BGH 8.7.2015 – XII ZA 34/15, FamRZ 2015, 1698.
34 Himmel in Peters/Sautter/Wolff § 60 Anm. 3; differenzierend Keller in Meyer-Ladewig/Keller/Leitherer/Schmidt § 17 Rn. 2: nicht dagegen in den Fällen des § 17 Abs. 1 Satz 1.
35 So im Ergebnis wohl auch BSG 6.12.2017 – B 8 SO 10/16 R, juris.
36 BSG 27.6.2019 – B 5 R 1/19 B, juris.

der Gerichtsperson zu zweifeln.[37] Es kommt auf den konkreten Einzelfall an. Einige abweichende Ansichten stellen weitergehend auf die subjektive Sicht des Ablehnenden ab.[38] Da alle Verfahrensbeteiligten gemäß Art. 101 Abs. 1 Satz 2 GG einen Anspruch auf den gesetzlichen Richter haben und der Möglichkeit vorgebeugt werden muss, missliebige Richter im Wege des Befangenheitsgesuchs an der Entscheidung zu hindern, ist ein objektivierter Maßstab jedoch unerlässlich, der streng anzuwenden ist.[39]

12 **4. Fälle der Besorgnis der Befangenheit. a) Persönliche Nähebeziehungen.** Persönliche Nähebeziehungen zu den Beteiligten, die nicht gemäß § 41 Nr. 1–3 ZPO zum Ausschluss führen, können die Besorgnis der Befangenheit begründen, zB Verlöbnis, nichteheliche Lebensgemeinschaft (→ Rn. 5), auch Ehe mit Vertretungsorgan eines Beteiligten,[40] enge Freundschaft oder Feindschaft,[41] insbesondere eine Liebesbeziehung,[42] nicht dagegen bloße Sympathie oder Antipathie; bei Bekanntschaft oder entfernter Verwandtschaft ist die persönliche Nähebeziehung sehr von der Ausgestaltung des Verhältnisses im Einzelfall abhängig.[43] Regelmäßig reicht allein der Status nicht aus, da dies der Wertung der – beschränkten – gesetzlichen Ausschlussgründe widersprechen würde, sondern es sind die Beziehung qualifizierende Umstände erforderlich. Wohl gegeben ist sie bei ständigem Arzt-Patientenverhältnis. Daher ist es – abgesehen vom Fall des § 109 – bedenklich, den behandelnden Arzt als Sachverständigen auszuwählen. Ferner kann das Gutachter-Probandenverhältnis sich nachhaltig schädigend auf das Arzt-Patientenverhältnis auswirken. Regelmäßig liegt keine persönliche Nähebeziehung bei allgemeinem oder üblichem geschäftlichen Kontakt vor, erst wenn regelmäßige oder bedeutsame Geschäftsbeziehungen gepflegt werden, ist die Besorgnis der Befangenheit begründet.[44] Bei diesen gesamten Nähebeziehungen kommt es auf deren konkrete Ausgestaltung an, die über die Frage der Unvoreingenommenheit entscheidet. Daher sind sie nicht zwingend zu handhabende Ausschluss-, sondern individuelle Befangenheitsgründe. Die gleichen Maßstäbe gelten im Verhältnis zu einem Prozessbevollmächtigten.[45] Ehe, Lebenspartnerschaft, Verwandtschaft und Schwägerschaft, die im Verhältnis zum Beteiligten gemäß § 41 Nr. 1 bis 3 ZPO zum Ausschluss führen, begründen hier regelmäßig die Befangenheit.[46] Unterschiedlich wird die Befangenheit beurteilt bei der entsprechenden Nähebeziehung zwischen dem Judex a quo und dem Richter der

37 Ständige Rechtsprechung; BVerfG 19.7.2016 – 2 BvC 46/14, juris; BSG 31.7.1985 – 9 a RVs 5/84, SozR 1500 § 60 Nr. 3; BSG 2.7.2013 – B 9 SB 2/13 C, juris.
38 Vgl. Überblick bei Vollkommer in Zöller § 42 Rn. 9.
39 Flint in jurisPK-SGG § 60 Rn. 55.
40 BGH 15.12.1994 – I ZR 121/92, NJW 1995, 1677; zu Ehe mit Prozessbevollmächtigten eines Beteiligten: SchlHLSG 5.3.1998 – L 5 S 2/98, NJW 1998, 2925.
41 BayObLG 2.10.1986 – Breg 2 Z 113/86, NJW-RR 87, 127.
42 LSG RhPf 4.6.1998 – L 3 B 33/98, NJW-RR 1998, 1765.
43 Ablehnend Wagner in Hennig § 60 Rn. 20, bejahend Keller in Meyer-Ladewig/Keller/Leitherer/Schmidt § 60 Rn. 8 a.
44 BGH 1.2.2005 – X ZR 26/04, NJW 2005, 2858; LSG BW 26.11.1993, Breith. 1995, 87 für Befangenheit bei ständiger Geschäftsbeziehung; LG Regensburg 19.2.1997 – 5 AR 22/78, FamRZ 1979, 525.
45 Hüßtege in Thomas/Putzo § 42 Rn. 11.
46 Keller in Meyer-Ladewig/Keller/Leitherer/Schmidt § 60 Rn. 8 a; BGH 15.3.2012 – V ZB 102/11, NJW 2012, 1890: auch dann, wenn der Ehegatte in der Kanzlei tätig ist, ohne das Mandat zu bearbeiten; BGH 21.6.2018 – I ZB 58/17, NJW 2019, 516: auch Ehe mit langjähriger Sekretärin des Prozessbevollmächtigten der Gegenseite.

Rechtsmittelinstanz.[47] Der Richter ist verpflichtet, auf persönliche Nähebeziehungen zu einem Verfahrensbeteiligten hinzuweisen; ein Verstoß gegen die Pflicht begründet die Besorgnis der Befangenheit.[48]

b) **Kollegialität.** Befangenheit kann auch durch **Kollegialität** begründet sein. Dazu zählt noch nicht allein die gemeinsame Zugehörigkeit zu einem Gericht, soweit nicht weitere Gründe für eine besondere Nähebeziehung hinzutreten,[49] eventuell ist dies anders bei einem sehr kleinen Gericht; fraglich ist es bei Zugehörigkeit zum selben Spruchkörper.[50] Eine Befangenheit kann regelmäßig nur bei einer sehr engen Zusammenarbeit begründet sein.[51] Eventuell besteht ein Ablehnungsgrund gegen einen ehrenamtlichen Richter bei einer Konkurrenzsituation.[52] Sehr umstritten ist die Befangenheit von **Proberichtern** im Verfahren gegen den Dienstherrn.[53] Die Tatsache, dass sie unabhängige Richter sind, spricht gegen die Annahme einer Befangenheit, der ungesicherte Richterstatus dafür. Dies spricht regelmäßig gegen die Annahme der Befangenheit durch die Verfahrensbeteiligten; im Falle der Selbstablehnung nach § 48 ZPO wird man eine Befangenheit annehmen können, da dann auf die tatsächlich vorhandenen subjektiven Befürchtungen des Richters abzustellen ist.[54] 13

c) **Zugehörigkeit zu Organisationen.** Keine Befangenheit ist gegeben wegen des **Geschlechts**, der Zugehörigkeit zu einer **politischen Partei**[55] oder **Gewerkschaft.**[56] Die allgemeine **soziale Stellung** einer Gerichtsperson ist kein Befangenheitsgrund.[57] Die Zugehörigkeit zu einer **Religionsgemeinschaft** kann für sich allein niemals die Besorgnis der Befangenheit begründen; ein entsprechendes Gesuch ist unzulässig.[58] Ob die Besorgnis der Befangenheit begründet ist, wenn Richter in der mündlichen Verhandlung **religiöse Symbole** oder religiös konnotierte Bekleidungsstücke (Kreutz, Kopftuch, Kippa usw.[59]) tragen und dadurch nonverbal ihre religiöse Überzeugung bekunden, ist noch nicht abschließend geklärt.[60] Aus der Entscheidung des BVerfG über das Kopftuchverbot für Referendarinnen[61] können zu der Frage aber wesentliche Grundsätze entnommen werden. Danach ist die richterliche Unabhängigkeit durch das Tragen von religiösen 14

47 Ja: BSG 24.11.2005 – B 9 a VG 6/05 B, SozR 4-1500 § 60 Nr. 2; Keller in Meyer-Ladewig/Keller/Leitherer/Schmidt § 60 Rn. 8 a; Vollkommer in Zöller § 42 Rn. 13 a; nein: BGH 20.10.2003 – II ZB 31/02, NJW 2004, 163: kann kein alleiniger Ablehnungsgrund sein.

48 Hans. OLG Bremen 19.12.2007 – 3 U 30/07, MDR 2008, 283.

49 BVerfG 29.6.2004 – 1 BvR 336/04, NJW 2004, 3550; Vollkommer in Zöller § 42 Rn. 12 a mwN.

50 Nein: OLG Schleswig 1.12.1987 – 1 W 63/87, MDR 1988, 236; ja: OLG Hamm, 19.6.1977 – 1 W 43/77, MDR 1978, 583.

51 BGH 31.1.2005 – II ZR 304/03, BGHReport 2005, 1350: verneint für gemeinsame Mitarbeit an einem Kommentar.

52 Sehr vom Einzelfall abhängig, vgl. Kopp/Schenke § 54 Rn. 11 a.

53 Vgl. Vollkommer in Zöller § 42 Rn. 12 a.

54 Verneinend im Einzelfall BGH 17.12.2009 – III ZB 55/09, NJW-RR 2010, 493.

55 BVerfG 29.9.2016 – 2 BvC 16/15, juris; aA, wenn die Partei Verfahrensbeteiligte ist, Hüßtege in Thomas/Putzo § 42 Rn. 10.

56 BVerfG 15.3.1984 – 1 BvR 200/84, NJW 1993, 2231.

57 Vgl. BayVGH 7.7.1997 – Vf.6-VII-96-ua, NJW 1997, 3163.

58 BGH 2.12.2004 – I ZR 92/02, juris.

59 BVerfG 27.1.2015 – 1 BvR 471/10 und 1 BvR 1181/10, BVerfGE 138, 296 (Rn. 130), dort auch zur Bedeutung und Wirkung von öffentlichen Bekundungen religiöser Überzeugungen im Zusammenhang mit amtlichen Handlungen.

60 Vgl. Flint in jurisPK-SGG § 60 Rn. 72.

61 BVerfG 14.1.2020 – 2 BvR 1333/17.

Symbolen grundsätzlich ebenso wenig berührt wie die Zugehörigkeit zu der Religionsgemeinschaft selbst (BVerfG, Rn. 86). Anders kann das im konkreten Einzelfall zu beurteilen sein, wenn der religiösen Einstellung eines Verfahrensbeteiligten ausnahmsweise besondere Bedeutung im Verfahren zukommt, wie etwa für religiös veranlasste Fluchtgründe in Asylverfahren (BVerfG, Rn. 99). Im Übrigen entspricht die Verpflichtung der Amtsträger auf religiöse Neutralität der des Staates, der sich zwar nicht jede private Grundrechtsausübung zurechnen lassen muss, für den eine Zurechnung jedoch dann begründet sein kann, wenn er, wie bei der Justiz, besonderen Einfluss auf das äußere Gepräge der Amtshandlung nimmt (BVerfG, Rn. 89, 90). Daraus kann man entnehmen, dass die Besorgnis der Befangenheit begründet ist, wenn sich ein Richter bewusst über ein (gesetzlich) geregeltes Verbot für das Tragen religiöser Symbole hinwegsetzt, da er dann den Eindruck erweckt, dass er seiner religiösen Überzeugung gegenüber seiner Verpflichtung zur Neutralität bzw. Unparteilichkeit den Vorzug gibt.

15 **d) Provokation des Richters.** Da dem Versuch eines Beteiligten vorgebeugt werden muss, einen missliebigen Richter an der Entscheidung zu hindern, können **Angriffe** oder das Verhalten des Beteiligten gegen den Richter, zB durch persönliche Anfeindungen, Dienstaufsichtsbeschwerden oder Strafanzeigen, die Befangenheit nicht begründen.[62] Dies gilt auch, wenn der Richter sich gegen persönliche Angriffe durch eine Strafanzeige zur Wehr setzt.[63] Anders kann es in dem Fall sein, wenn die Befangenheit sich aus den tatsächlichen Begleitumständen außerhalb der Verfahrensschritte selbst ergibt, auch im Fall einer „Überreaktion". Von der Gerichtsperson ist in dieser Situation einerseits Gelassenheit zu erwarten, andererseits darf sie ihre **Person** und das hinter ihr stehende **Amt** nicht schutzlos böswilligen und verunglimpfenden Attacken von Verfahrensbeteiligten preisgeben. Bedenkenswert ist es auch, wenn die Gerichtsperson sich ihrerseits aufgrund derartiger Spannungen für befangen hält, vgl. 48 ZPO. Hier muss ebenfalls der Möglichkeit vorgebeugt werden, ein unbequemes Verfahren abzuschieben, andererseits können unüberbrückbare Antipathien nicht unberücksichtigt gelassen werden. Eine Zuleitung der Akten an die Staatsanwaltschaft zur Aufklärung einer darin dokumentierten Straftat begründet regelmäßig keine Befangenheit, insbesondere nicht, wenn sich der Verdacht einer Straftat im Verlauf des Verfahrens ergibt, vgl. §§ 149 ZPO, 183 GVG. Anders ist es, wenn der Richter ungeprüft den (einseitigen) beschuldigenden Vortrag eines Beteiligten übernimmt.[64] Eine Befangenheit gründet sich nicht schon darauf, dass der Richter auf mögliche strafrechtliche Aspekte des Verhaltens eines Beteiligten hinweist. Maßstab ist stets der Sachbezug einer Äußerung des Richters: Ist ein Hinweis von der Prozessordnung (§ 103 SGG, → Rn. 18) geboten oder steht die Äußerung in einem sachlichen Zusammenhang mit dem Prozessstoff oder der Prozessführung und ist auch die Form sachlich gehalten, liegt regelmäßig keine Befangenheit vor. Anders ist es, wenn der Sachbezug fehlt oder wenn die Äußerung selbst eine Voreingenommenheit, zB eine Verärgerung des Richters über den Beteiligten, erkennen lässt.[65]

---

62 BVerfG 24.4.96 – 1 BvR 1639/94, NJW 96, 2022.

63 Vgl. Vollkommer in Zöller § 42 Rn. 29.

64 OLG Köln 30.3.1994 – 25 WF 47/94, FamRZ 1995, 888; OLG Frankfurt 9.1.1984 – 12 W 257/83, MDR 1984, 499.

65 Vgl. für unsachliche Äußerung durch Verwendung von tendenziösen Verben und Adjektiven LSG Nds-Brem 29.4.2009 – L 3 SF f1/09 AB, NJW 2010, 1630.

e) Vorangegangenes Tun. Die **frühere Tätigkeit** eines Richters in Angelegenheiten eines Beteiligten begründet abgesehen von den Fällen des Ausschlusses nach § 41 Nr. 6 ZPO keine Besorgnis der Befangenheit. Das gilt uneingeschränkt für die das Verfahren begleitenden Nebenentscheidungen über Prozesskostenhilfe, im einstweiligen Rechtsschutz, als Beschwerdeinstanz o. ä. und bei früheren abweisenden Entscheidungen des Richters gegenüber Beteiligten in anderen Verfahren.[66] Im Wiederaufnahmeverfahren besteht wegen einer Vorbefassung keine Besorgnis der Befangenheit.[67] Vgl. dagegen im Strafverfahren § 23 Abs. 2 StPO. Befangenheit liegt auch nicht vor, wenn der mit der Sache befasste erstinstanzliche Richter – ohne dass ein Fall des § 41 Nr. 6 ZPO vorliegt – an das Berufungsgericht versetzt oder abgeordnet wird.[68] Für die Anhörungsrüge (§ 178 a SGG) gilt das zum Ausschluss Gesagte (→ Rn. 6), da diese gerade auf die Selbstheilung der Entscheidungen durch die Justiz angelegt ist.[69] **Früher geäußerte Rechtsmeinungen** des Richters zu der im Streit befindlichen Rechtsfrage im Rahmen wissenschaftlicher Schriften oder auch als Mitwirkung bei Gesetzesvorhaben begründen regelmäßig keine Besorgnis der Befangenheit. Für die Ausschließung von Bundesverfassungsrichtern folgt dies aus § 18 Abs. 3 BVerfGG, dessen Rechtsgedanke für alle Richter gilt und der nicht im Wege der Befangenheit unterlaufen werden darf. Nur dann, wenn besondere Umstände mit der Äußerung verbunden sind, kann die Besorgnis der Befangenheit begründet sein, zB der Richter hat ein Gutachten zu der Rechtsfrage erstellt, das in der Erwartung einer bestimmten, die Verfassungsmäßigkeit stützenden Aussage eingeholt worden ist,[70] oder der Richter hat mit seiner Mitwirkung im Gesetzgebungsverfahren „gleichsam die Urheberschaft" für das Gesetz übernommen.[71] 16

Ob die in einem **früheren Verfahren begründete Besorgnis der Befangenheit** sich auch in späteren Verfahren auswirkt, hängt vom Befangenheitsgrund ab. Maßgeblich ist dabei, ob die Befangenheit in den speziellen Verhältnissen jenes Verfahrens begründet war oder ob sie sich grundsätzlich aus den persönlichen oder sächlichen Verhältnissen ergibt, die auch in dem aktuellen Verfahren fortbestehen. Ausnahmsweise wird auch eine früher vertretene **Rechtsauffassung** die Besorgnis der Befangenheit begründen, wenn ein Richter nicht seine Bereitschaft zu erkennen gibt, sie im neuen Verfahren kritisch zu überprüfen (jedoch → Rn. 19). Eine in wissenschaftlichem Rahmen vertretene Rechtsauffassung gründet regelmäßig keine Besorgnis der Befangenheit.[72] 17

f) Verfahrenshandlungen. Nach **§ 106** gebotene richterliche Verfahrenshandlungen begründen – wie jede gesetzlich gebotene richterliche Handlung – keine Besorgnis der Befangenheit.[73] Denn sie beruhen darauf, dass der Richter dem Gesetz unterworfen ist, Art. 97 Abs. 1 GG. Daher ist er verpflichtet, auf die seiner 18

66 BGH 27.12.2011 – V ZB 175/11, MDR 2012, 363; BGH 2.4.2009 – III ZA 2/09, III ZR 16/06, BGHReport 2009, 844; LSG RhPf 13.4.1956 – BV 6/56, BG 1957, 37; vgl. auch BVerwG 11.1.1993 – 6 B 21/92, SGb 94/179.
67 Zu abweichenden Auffassungen Vollkommer in Zöller § 42 Rn. 18.
68 OLG Karlsruhe 10.6.1992 – 2 UF 313/90, FamRZ 92, 1194; abweichend jedoch OLG Naumburg 19.5.1998 – 10 W 11/98, MDR 1999, 824.
69 BSG 25.2.2010 – B 11 AL 22/09 C, juris.
70 BVerfG 5.4.1990 – 2 BvR 413/88, BVerfGE 82, 30.
71 BVerfG 26.2.2014 – 1 BvR 471/10 und 1 BvR 1181/10, BVerfGE 135, 248.
72 BVerfG 19.4.2010 – 1 BvR 626/10, NJW-RR 2010, 1150; BSG 1.3.1993 – 12 RK 45/92, SozR 3-1500 § 60 Nr. 1 zu Äußerung des Richters im Rahmen einer Kommentierung.
73 BSG 31.7.1985 – 9 a RVs 5/84, SozR 1500 § 60 Nr. 3.

Meinung nach bestehende Rechtslage hinzuweisen. Hierbei muss er jedoch erkennen lassen, dass es sich um eine vorläufig gebildete Meinung handelt und dass er weiteren Argumenten gegenüber offen ist (→ Rn. 19).[74] Befangenheit ist grundsätzlich nicht dadurch begründet, dass der Richter die Beteiligten zu verfahrensadäquaten Prozesshandlungen auffordert, soweit es sich hierbei um Anregungen, Hinweise, Belehrungen, Ratschläge und Empfehlungen handelt.[75] Auch der Hinweis auf die mangelnde Erfolgsaussicht und die Empfehlung, die Klage zurückzunehmen, begründen nicht die Befangenheit.[76] Der Hinweis auf Verschuldenskosten nach § 192 SGG begründet nicht den Vorwurf der Befangenheit; anderenfalls würde diese Regelung ad absurdum geführt.[77] Befangenheit kann bei einem parteiischen Hinweis vorliegen, der beratende Züge aufweist.[78] Nach BGH[79] ist der Richter auch berechtigt, auf **Gegenrechte oder Einreden** hinzuweisen.[80] Anders kann dies gesehen werden bei Hinweis auf Klageerweiterung, Gegenklage oder Anschlussberufung, jedenfalls bei anwaltlich vertretenen Beteiligten. Zu den richterlichen Obliegenheiten gemäß § 106 s. dort. Deren Wahrnehmung begründet nicht die Besorgnis der Befangenheit. Diese ist jedoch begründet, wenn der Richter **willkürlich** handelt und das Gleichbehandlungsgebot verletzt.[81] Die Ablehnung ist begründet, wenn ein (beisitzender) Richter sich während der Beweisaufnahme mehrere Minuten mit seinem Handy beschäftigt.[82]

19 **g) Verfahrensverstöße. Verfahrensfehler** begründen regelmäßig keine Befangenheit, es sei denn, der Richter hat sich durch eine ungeschickte Verkettung von Fehlern in eine ausweglose Situation gebracht. Hier ist ebenso wie bei Rechtsfehlern jedoch Zurückhaltung geboten, denn ein fehlerhaft arbeitender Richter ist nicht zwangsläufig voreingenommen. **Untätigkeit** kann Befangenheit begründen, wenn sie nicht auf einer Überlastung des Gerichts beruht, zB bei unsachgemäßer Verfahrensverzögerung.[83] Die Befangenheit ist begründet bei erkennbarer

---

74 BVerwG 6.2.1979 – 4 CB 8/79, NJW 1979, 1316.

75 Sehr vom Einzelfall abhängig; iE umstritten, vgl. Vollkommer in Zöller § 42 Rn. 26; BSG 31.7.1985 – 9 a RVs 5/84, SozR 1500 § 60 Nr. 3: keine Befangenheit bei Aufforderung zur Beseitigung von Formfehlern eines Rechtsmittels sowohl bei rechtsunkundigen Beteiligten als auch bei Rechtsanwälten oder Behördenvertretern.

76 BSG 18.11.2009 – B 1 KR 74/08 B, SozR 4-1500 § 10 Nr. 3: für den Fall unzulässigen Drängens LSG RhPf 5.3.1975 – L 2 S 25/74, SGb 1975, 384.

77 ThürLSG 20.3.2012 – L 4 SF 1968/11, juris.

78 BSG 17.10.1974 – 9 RV 26/73, juris.

79 12.11.1997 – IV ZR 214/96, NJW 1998, 612; weitere Nachweise zu Einzelfällen bei Hartmann in BLAH § 42 Rn. 39.

80 Ebenso KG 5.3.2002 – 19 Abl 3/02, NJW 2002, 1732; anders BGH 2.10.2003 – V ZB 22/03, NJW 2004, 164: der Hinweis auf eine Anspruchsverjährung begründet die Besorgnis der Befangenheit; sehr streitig, anders zB OLG Bremen 14.8.1979 – 1 W 28/79, NJW 1980, 1170; OLG Hamburg 3.5.1984 – 7 W 28/84, NJW 1984, 2710; Schenke in Kopp/Schenke VwGO § 54 Rn. 11 b; hierbei kann zwischen anwaltlich vertretenen und unvertretenen Beteiligten unterschieden werden, vgl. OLG Bremen 7.11.1985 – 4 W 67/85, NJW 1986, 999.

81 Zu der Behinderung der Ausübung von Beteiligtenrechten: BVerwG 3.12.1979 – 2 B 16/78, NJW 1980, 1972 – Wortentzug; anders in OLG Köln 13.12.1974 – 1 W 53/74, NJW 1975, 788.

82 BGH 17.6.2015 – 2 StR 228/14, NJW 2015, 2986.

83 BSG 1.6.2015 – B 10 ÜG 2/15 C, juris: wenn ein besonnener Beteiligter zu der Auffassung gelangen kann, dass der Richter das Verfahren aus unsachlichen Gründen verzögere; OLG Karlsruhe 25.8.1993 – 16 WF 58/93, FamRZ 1994, 46; anders OLG Düsseldorf 3.3.1998 – 11 W 9/98, MDR 1998, 1052 bei langer Verfahrensdauer.

Abneigung gegenüber Beteiligten oder Prozessbevollmächtigten und entsprechendem unangemessenen Verhalten.[84] Die Unvoreingenommenheit des Richters gegenüber den Beteiligten muss sich auch in seinem Verhalten ihnen gegenüber ausdrücken. Unangemessenes oder emotionales Verhalten kann den Vorwurf der Befangenheit rechtfertigen (Ironie, Zynismus, abwertende, abfällige, höhnische, ironische, kränkende, beleidigende Wortwahl).[85] Da der Richter gemäß § 106 Abs. 2 verpflichtet ist, den Sachverhalt aufzuklären und gemäß § 106 Abs. 1 die Beteiligten zu verfahrensadäquaten Erklärungen aufzufordern und ggf. mit den Beteiligten gemäß § 106 Abs. 3 Nr. 7 den Sachverhalt zu erörtern hat, muss er sich in jedem Stadium des Verfahrens eine **vorläufige rechtliche Meinung** über den Verfahrensstoff bilden und diese gegenüber den Beteiligten äußern, ohne den Vorwurf der Befangenheit zu begründen.[86] Anders ist dies jedoch, wenn er unbeirrt an der Rechtsauffassung festhält, ohne die Argumente der Beteiligten zu beachten und keine Bereitschaft zeigt, die Auffassung zu hinterfragen oder wenn evtl. eine Verkettung mehrerer erheblicher Rechtsirrtümer vorliegt. Ebenso wenig begründen vorangegangene Entscheidungen mit gleicher Rechtsfrage die Befangenheit, auch nicht bei Rechtsfehlern,[87] oder wissenschaftliche Äußerungen des Richters.[88] Vertritt der Richter in einem Hinweisbeschluss eine bestimmte Rechtsauffassung, ist dies kein Grund seine Unvoreingenommenheit zu bezweifeln.[89] Da gemäß § 227 ZPO nur aus erheblichen Gründen ein Anspruch auf **Terminsaufhebung** besteht, begründet die Weigerung hierzu regelmäßig keine Befangenheit; insbesondere grundsätzlich nicht im Falle von Terminsüberschneidungen des Rechtsanwalts. Jedoch ist im Einzelfall eine sorgfältige Prüfung erforderlich und eine pauschale Vorgehensweise zu vermeiden. Die Besorgnis der Befangenheit ist begründet, wenn der berechtigte, rechtzeitig geäußerte Antrag auf Terminsverlegung trotz Darlegung der erheblichen Gründe abgelehnt wird und insbesondere schwerwiegende Gründe einen Beteiligten oder seinen Prozessbevollmächtigten an der Terminswahrnehmung hindern und dadurch der Anspruch auf rechtliches Gehör beeinträchtigt wird.[90] Befangenheit liegt jedoch vor, wenn der Richter bei der Behandlung von Anträgen auf Terminsaufhebung mit zweierlei Maß misst. Zu dem Anspruch auf Aufhebung eines Termins zur mündlichen Verhandlung/Beweisaufnahme/Vertagung vgl. § 62 SGG.

h) Mitgliedschaft im Vorstand – Abs. 3. **§ 60 Abs. 3** nennt einen gesetzlich gere- 20
gelten Befangenheitsgrund,[91] der nicht von Amts wegen, sondern nur zu berück-

---

84 Unsachliche Äußerungen BGH 5.5.1976 – 3 StR 47/76, NJW 1976, 1462; kränkende Ausdrucksweise OLG Hamburg 23.3.1992 – 7 W 10/92, NJW 1992, 2036; nonverbaler Ausdruck NdsOVG 4.1.1974 – IV B 8/73, DRiZ 1974, 194.

85 Vollkommer in Zöller § 42 Rn. 22.

86 BVerwG 6.2.1979 – 4 CB 8/79, NJW 1979, 1316.

87 Vgl. BVerfG 26.4.1988 – 1 BvR 669/87, BVerfGE 78, 123.

88 BVerfG 7.12.1976 – 1 BvR 460/72, BVerfGE 43, 126; vgl. auch BVerfG 12.7.2000 – 2 BvR 1/00, NJW 2000, 2828; für den Fall der Auseinandersetzung mit derselben Problematik BSG 1.3.1993 – 12 RK 45/92, NJW 1993, 2262.

89 OLG Oldenburg 3.6.2004 – 15 U 8/04, NJW 2004, 3194; BSG 11.11.2009 – B 1 KR 74/08 B, SozR 4-1500 § 10 Nr. 3: keine Befangenheit bei Hinweis auf mangelnde Erfolgsaussicht der Klage.

90 Hans. OLG Bremen 20.4.2015 – 5 UF 96/14, FamRZ 2015, 1823; LSG Bln-Bbg 27.12.2011 – L 13 SF 560/11, juris; BGH 6.4.2006 – V ZB 19405, NJW 2006, 2492; anders: BVerwG 29.6.2016 – 2 B 18/15, juris; Keller in Meyer-Ladewig/Keller/Leitherer/Schmidt § 60 Rn. 8 h.

91 Vgl. auch §§ 54 Abs. 3 VwGO, 51 Abs. 3 FGO.

sichtigen ist, wenn ein Beteiligter sich darauf beruft.[92] Die Mitgliedschaft im Vorstand ist eng, die Frage der Interessenberührung weit auszulegen. Nach ihrem Wortlaut stellt die Vorschrift eine unwiderlegliche Vermutung dar,[93] denn die Besorgnis der Befangenheit gilt stets als begründet. Nach hM bezieht sich die Vorschrift auf jedwede öffentlich-rechtliche Körperschaft usw., nicht nur solche nach dem SGB IV.[94] Die Regelung des § 14 Abs. 2 SGG über die Erstellung von Vorschlagslisten für die ehrenamtlichen Richter der Kammern/Senate der Kassenarztsachen widerspricht § 60 Abs. 3 SGG nicht.[95]

21 **5. Verfahren. a) Ablehnungsgesuch.** Das Ablehnungsgesuch ist eine **Prozesshandlung** und muss daher alle allgemeinen Voraussetzungen für wirksam vollzogene Prozesshandlungen aufweisen (Prozessfähigkeit usw.). Es steht allen Beteiligten iSd § 69 zu. Dabei kann ein Beteiligter auch die Voreingenommenheit gegenüber einem anderen Beteiligten als Ablehnungsgrund geltend machen.[96] Das Gericht kann je nach den Umständen insbesondere bei verfahrensungewandten Beteiligten verpflichtet sein, auf die Ablehnungmöglichkeit hinzuweisen.[97] Damit ein Beteiligter Kenntnis über die zuständigen Richter erlangen kann, ist ihm Einblick in den Geschäftsverteilungsplan des Gerichts sowie in die Senatsgeschäftsverteilung zu gewähren, eine weitergehende Bekanntgabe der an dem Verfahren beteiligten Richter ist nicht erforderlich. Ist dem Gericht allerdings ein Umstand in der Person eines Richters bekannt, der einem Beteiligten den Eindruck der Voreingenommenheit vermitteln könnte, muss es die Beteiligten darauf hinweisen.[98] Das Gesuch ist **rechtzeitig** zu stellen. Nach **§ 43 ZPO** geht das Ablehnungsrecht verloren, wenn der Beteiligte sich gegenüber einem abzulehnenden Richter in eine Verhandlung eingelassen oder Anträge gestellt hat, ohne den Ablehnungsgrund geltend zu machen. Einlassen in eine Verhandlung ist jedes prozessuale, der Erledigung eines Streitpunktes dienende Handeln des Beteiligten unter Mitwirkung des Richters, das der weiteren Sachbearbeitung und Streiterledigung dient. Ausgenommen hiervon sind unaufschiebbare Maßnahmen iSv § 47 SGG. Tritt der Ablehnungsgrund erst in der mündlichen Verhandlung zutage, muss das Ablehnungsgesuch spätestens bis zu deren Schluss geltend gemacht werden.[99] Dies setzt Kenntnis des Ablehnungsgrundes voraus, ohne die § 43 ZPO nicht eingreift. Das Gesuch kann nur bis zur Beendigung der richterlichen Tätigkeit im konkreten Fall gestellt werden, regelmäßig also nur bis zur Entscheidung in der Hauptsache, auch wenn der Grund erst später bekannt geworden ist, es sei denn, es liegt ein besonders schwerwiegender Fehler vor.[100] Andernfalls fehlt es am Rechtsschutzbedürfnis, da der Beteiligte Rechtsmittel oder Nichtigkeitsklage erheben kann.[101] Ausnahmsweise kann noch nach der Entscheidung in der Hauptsache ein Befangenheitsantrag gestellt werden, wenn

92 Keller in Meyer-Ladewig/Keller/Leitherer/Schmidt § 60 Rn. 9.
93 Flint in jurisPK-SGG § 60 Rn. 58.
94 Keller in Meyer-Ladewig/Keller/Leitherer/Schmidt § 60 Rn. 9.
95 BSG 23.5.2007 – B 6 KA 27/06 B, juris.
96 Flint in jurisPK-SGG § 60 Rn. 86.
97 BSG 8.9.1982 – 5 b RJ 46/82, juris.
98 BVerfG 23.9.1997 – 1 BvR 116/94, NJW 1998, 369; BSG 22.12.2008 – B 12 KR 51/07 B, juris.
99 BGH 5.2.2008 – VIII ZB 56/07, NJW-RR 2008, 800.
100 BGH 4.1.2001 – X ZR 208/99, BGHReport 2001, 218; BGH 4.3.1999 – III ZR 72/98, BGHZ 141, 90; weiter Vollkommer in Zöller § 42 Rn. 3 und Keller in Meyer-Ladewig/Keller/Leitherer/Schmidt § 60 Rn. 11 im Hinblick auf evtl. Nebenentscheidungen.
101 BFH 17.5.1995 – X 55/94, NJW, 1996, 215.

Nebenentscheidungen offen sind[102] oder über eine Anhörungsrüge oder eine Gegenvorstellung entschieden werden muss. Ein Rechtsschutzbedürfnis für ein Ablehnungsgesuch fehlt auch, wenn der Richter dem für die Entscheidung zuständigen Spruchkörper nicht mehr angehört, also auch im Fall der Änderung des Geschäftsverteilungsplans. Das fehlende Rechtsschutzbedürfnis für ein Ablehnungsgesuch überschneidet sich mit dessen Unzulässigkeit, wenn es erkennbar (!) nur zur Verfahrensverschleppung gestellt wird, nicht begründet wird,[103] sich gegenüber dem abgelehnten Richter nur auf unsachliche Verunglimpfungen beschränkt oder aus anderen Gründen rechtsmissbräuchlich erfolgt. Allerdings ist hier auf die Offensichtlichkeit abzustellen und eine enge Betrachtung erforderlich; insbesondere ist eine Abgrenzung zu einem offensichtlich unbegründeten Ablehnungsgesuch vorzunehmen.[104] Nach **§ 44 Abs. 1 ZPO** ist das Gesuch bei dem Gericht anzubringen, dem der Richter angehört. Es kann **formlos** angebracht werden. Die Erklärung zu Protokoll der Geschäftsstelle ist möglich, gemäß § 129 a ZPO auch vor jedem anderen Gericht. Die Zulässigkeit des Befangenheitsgesuchs ist nicht von der Zulässigkeit der Klage/des Rechtsmittels abhängig, da darüber das ordnungsgemäß besetzte Gericht entscheiden muss.[105] Der abgelehnte Richter hat sich zu der Ablehnung **dienstlich zu äußern**, § 44 Abs. 3 ZPO. Die Äußerung muss sich mit dem vorgetragenen Befangenheitsgrund inhaltlich auseinandersetzen, insbesondere bei persönlichen Belangen aber nicht zu detailliert sein. Allein der Vermerk „ich halte mich nicht für befangen" reicht bei einer Ablehnung, die inhaltlich begründet wurde, nicht.

Das Gesuch kann sich grundsätzlich nur gegen **einzelne Richter** richten, nicht gegen den gesamten Spruchkörper als solchen, da es sich nur auf die persönliche Stellung oder das Verhalten der einzelnen Richter stützen kann,[106] → Rn. 9. Die Ablehnung aller einzelnen Mitglieder eines Spruchkörpers ist jedoch zulässig, wenn deutlich wird, dass sie sich gegen die Handlung eines jeden Richters richtet, zB wegen einer gemeinsamen Entscheidung. Es ist Auslegungsfrage, ob sich hinter der Ablehnung des Spruchkörpers tatsächlich die der ihm angehörenden einzelnen Richter verbirgt. Das ist regelmäßig der Fall, wenn Gründe vorgetragen werden, die sich auf jeden Richter persönlich beziehen. 22

b) Glaubhaftmachung, unaufschiebbare Amtshandlungen. Der Ablehnungsgrund ist nach § 44 Abs. 2 ZPO **glaubhaft** zu machen. Die Eidesstattliche Versicherung ist hierfür unzulässig, jedoch kann auf die dienstliche Äußerung gemäß § 44 Abs. 3 ZPO des abgelehnten Richters Bezug genommen werden. Im Fall des erst nach einer mündlichen Verhandlung entstandenen oder bekannt gewordenen Ablehnungsgrundes (§ 43 ZPO, → Rn. 21) ist gemäß § 44 Abs. 4 auch glaubhaft zu machen, dass der Ablehnungsgrund erst nachträglich entstanden oder bekannt geworden ist. Der abgelehnte Richter scheidet erst nach der Entscheidung über das Ablehnungsgesuch aus dem Verfahren aus, der Vertreter tritt erst dann in das Verfahren ein. Dieser ist auch im Fall der Selbstablehnung nach § 48 ZPO an die Auffassung des abgelehnten Richters über den Befangenheits- 23

102 BFH 12.9.2013 – X S 30/13, X S 31/13, juris.
103 Vgl. BSG 12.3.2002 – B 11 AL 5/02 S, SozSich 2003, 400.
104 Vollkommer in Zöller § 44 Rn. 13; insbesondere ablehnend bei lediglich beleidigendem Vorbringen.
105 BVerfG 2.3.1966 – 2 BvE 2/65, BVerfGE 20, 1.
106 BSG 26.11.1995 – 12 RJ 94/65, SozR Nr. 9 zu § 60; BSG 27.2.2019 – B 5 R 12/19 S, juris: pauschale Ablehnung des gesamten Spruchkörpers ist unzulässig.

grund und die anschließende Entscheidung gebunden.[107] Vorher hat der abgelehnte Richter gemäß **§ 47 Abs. 1 ZPO** nur solche Handlungen vorzunehmen, die keinen Aufschub gestatten. Das ist dann der Fall, wenn die Handlungen notwendig sind, um wesentliche Nachteile von den Beteiligten fern zu halten.[108] Durch Art. 1 Nr. 2 des 1. Justizmodernisierungsgesetzes vom 24.8.2004 (BGBl. 2004 I 2198) ist **§ 47 Abs. 2 ZPO** angefügt worden. Dieser regelt die Ablehnung eines Richters **während der mündlichen Verhandlung.**[109] Würde danach die Entscheidung über die Ablehnung eine Vertagung der Verhandlung erfordern, kann der Termin unter Mitwirkung des abgelehnten Richters fortgeführt werden. Wenn das Ablehnungsgesuch später für begründet erachtet wird, muss der nach Anbringung des Ablehnungsgesuchs liegende Teil der Verhandlung nachgeholt werden. Auch ein Prozessvergleich muss erneut geschlossen werden, weil der Richter an ihm mitgewirkt hat. § 47 Abs. 2 ZPO erlaubt nur die Durchführung der mündlichen Verhandlung, nicht aber den Erlass eines Urteils.[110] Im Fall der Ablehnung des Ablehnungsgesuchs bleibt es bei den Prozesshandlungen des abgelehnten Richters. Durch § 47 Abs. 2 ZPO soll verhindert werden, dass ein Richter nur abgelehnt wird, um eine Vertagung der mündlichen Verhandlung zu erwirken. Im Fall des Verstoßes gegen § 47 ZPO bleiben die Verfahrenshandlungen des abgelehnten Richters wirksam, wenn sie nicht durch Rechtsmittel angefochten werden. Handlungen, die der **abgelehnte und für befangen erklärte Richter** über den Rahmen des § 47 ZPO hinaus vorgenommen hat, sind wegen eines Verstoßes gegen den gesetzlichen Richter iSd Art. 101 Abs. 1 Satz 2 GG rechtswidrig, aber nicht nichtig, sie stellen gemäß § 547 Nr. 3 ZPO einen absoluten Revisionsgrund dar, die Rechtswidrigkeit ist von Amts wegen zu beachten und begründet gemäß § 579 Nr. 3 ZPO die Nichtigkeitsklage. Nach herrschender Auffassung gilt der Verstoß gegen § 47 ZPO als geheilt, wenn das Ablehnungsgesuch später abgelehnt wird.[111] Nach dem Wortlaut des § 547 Nr. 3 ZPO („...abgelehnt und das Ablehnungsgesuch für begründet erklärt...“) stellt es keinen Revisionsgrund dar, wenn ein Richter entschieden hat, in dessen Person ein erst später bekannt gewordener Ablehnungsgrund vorliegt.[112]

24 **c) Rechtliches Gehör, Zuständigkeit.** Das Ablehnungsgesuch ist der Gegenseite, die **dienstliche Äußerung** den Beteiligten zur Kenntnis mit der **Möglichkeit zur Stellungnahme** zu geben. Auch die Anzeige über die Selbstablehnung eines Richters ist den Beteiligten bekannt zu geben. Denn weil durch die Ablehnung die Rechtsprechung durch den gesetzlichen Richter betroffen ist (Art. 101 Abs. 1 Satz 2 GG), handelt es sich hierbei nicht um einen innerdienstlichen Vorgang.[113] Im Falle eines Ablehnungsgesuchs bei dem Sozialgericht entscheidet in entsprechender Anwendung des § 45 Abs. 2 ZPO „ein anderer Richter des Gerichts“.

107 Vgl. Keller in Meyer/Ladewig/Keller/Leitherer/Schmidt § 60 Rn. 13 mwN zu der dem Ablehnungsgesuch zustimmenden Entscheidung des abgelehnten Richters.
108 Fälle der Unaufschiebbarkeit bei Hartmann in BLAH § 47 Rn. 6.
109 Zu der Frage eines unmittelbar vor der mündlichen Verhandlung gestellten Ablehnungsgesuchs, wenn der Beteiligte in der mündlichen Verhandlung nach einem erfolglos gestellten Vertagungsantrag erschienen und ausschließlich einen Sachantrag gestellt hat BSG 20.1.2016 – B 14 AS 193/15 B, juris.
110 BGH 21.6.2007 – V ZB 3/07, NJW-RR 2008, 216.
111 BSG 1.8.2000 – B 9 SB 24/00 B, SozR 3-1500 § 160 a Nr. 29 mwN; aA Vollkommer in Zöller § 47 Rn. 11.
112 BGH 9.11.1992 – II ZR 230/91, BGHZ 120, 141.
113 BVerfG 8.6.1993 – 1 BvR 878/90, SozR 3-1500 § 60 Nr. 2.

Dies kann der im Geschäftsverteilungsplan des Gerichts vorgesehene Vertreter, ein im Geschäftsverteilungsplan mit Ablehnungssachen ausdrücklich betrauter Richter oder ein nach anderer Bestimmung zuständiger Richter sein. Letztere Regelungen haben den Vorteil, dass nicht der Richter, der über die Ablehnung entscheidet, im stattgebenden Fall auch über die Hauptsache entscheiden müsste. Im Fall eines Ablehnungsgesuchs bei dem LSG oder BSG entscheidet gemäß § 45 Abs. 1 ZPO der Senat mit seinen übrigen Richtern sowie einem Vertreter für den abgelehnten Richter, im Fall der Ablehnung sämtlicher Richter eines Senats die Mitglieder des nach dem Geschäftsverteilungsplan zur Vertretung vorgesehenen Senats. Diese Regelung galt für das BSG bereits zuvor gemäß § 171 Abs. 1, der durch das Gesetz vom 22.12.2011 aufgehoben worden ist. Einer Entscheidung bedarf es nicht, wenn der Richter am Sozialgericht selbst das Ablehnungsgesuch für begründet erachtet, Anwendbarkeit des **§ 45 Abs. 2 Satz 2 ZPO** im Sozialgerichtsverfahren gem. § 60 Abs. 1 Satz 1.[114] Hierin unterscheidet sich die Rechtslage bei der Fremdablehnung zu der bei der Selbstablehnung, → Rn. 27. Im Fall der **Unzulässigkeit** des Ablehnungsgesuchs entscheidet der abgelehnte Richter selbst (beim SG) oder der Spruchkörper unter Beteiligung des abgelehnten Richters.[115] Teilweise wird dies auch bei **offensichtlicher Unbegründetheit** für möglich erachtet.[116] Offensichtlich unbegründet ist das Gesuch, wenn es gar nicht oder nur mit Gründen versehen wurde, die ihrer Art nach nicht geeignet sein können, eine Befangenheit zu begründen. Eine Mitwirkung des abgelehnten Richters wurde als zulässig erachtet in den Fällen einer fehlenden Begründung des Ablehnungsgesuchs,[117] bei gänzlich untauglichem Ablehnungsgesuch,[118] bei einem rechtsmissbräuchlichen Ablehnungsgesuch,[119] bei pauschaler Ablehnung des gesamten Spruchkörpers,[120] insbesondere wenn die Begründung für die Ablehnung nicht individualisiert und konkretisiert ist.[121] Bei **offensichtlichem Missbrauch** kann von einer Entscheidung gänzlich abgesehen werden.[122] Dieser liegt vor, wenn es dem Beteiligten offensichtlich nicht um die Person des Richters, sondern um die Verhinderung einer Entscheidung geht,[123] insbesondere, wenn der Ablehnungsgrund nicht durch nachvollziehbaren Bezug zum konkreten Rechtsstreit wenigstens ansatzweise substantiiert wird.[124] Unzulässig ist die Wiederholung der Richterablehnung ohne neue Gründe.[125]

d) Entscheidung. Die Entscheidung ergeht gemäß § 46 Abs. 1 ZPO durch **Beschluss**, an dem nur die Berufsrichter mitwirken. 25

---

114 Keller in Meyer-Ladewig/Keller/Leitherer/Schmidt, § 60 Rn. 13; Wagner in Henning § 60 Rn. 20; Himmel in Peters/Sautter/Wolff § 60 Anm. 4.
115 BSG 8.8.2018 – B 1 KR 12/18 C, SozR 4-1500 § 60 Nr. 11.
116 Sehr problematisch, daher allenfalls in eng begrenzten und ganz eindeutigen Fällen zulässiges Verfahren, vgl. auch BVerfG 2.6.2005 – 2 BvR 625/01, NJW 2005, 3410.
117 BGH 20.4.2011 – I ZB 41/09, juris.
118 BSG 31.8.2015 – B 9 V 26/15 B, juris.
119 BSG 31.8.2015 – B 9 V 26/15 B, juris; BGH 28.4.2010 – I ZB 7/10, juris; BSG 13.8.2009 – B 8 SO 13/09 B, juris.
120 BSG 19.1.2010 – B 11 AL 13/09 C, SozR 4-1500 § 60 Nr. 7; BSG 27.2.2019 – B 5 R 12/19 S, juris: pauschale Ablehnung des gesamten Spruchkörpers ist „offensichtlich unzulässig".
121 BGH 28.4.2010 – I ZB 7/10, juris.
122 BSG 29.3.2007 – B 9 a SB 18/06 B, SozR 4-1500 § 60 Nr. 4; "BayLSG 21.11.2001 – L 18 SB 73/96, Breith. 2002, 281.
123 Kopp/Schenke VwGO § 54 Rn. 16.
124 BSG 13.8.2009 – B 8 SO 13/09 B, juris.
125 BVerfG 6.5.2010 – 1 BvR 966/10, NZS 2010, 92.

▶ **Tenor:**

- Das Ablehnungsgesuch gegen... ist unzulässig.
- Das Ablehnungsgesuch gegen... ist unbegründet.

oder:

- Das Ablehnungsgesuch wird zurückgewiesen.
- Das Ablehnungsgesuch gegen... ist begründet. ◀

Das Richterablehnungsverfahren ist ein selbstständiges Zwischenverfahren. Die Entscheidung hat regelmäßig Bindungswirkung für das weitere Verfahren, auch für das Rechtsmittelgericht. Ausnahme: wenn eine Zurückweisung des Befangenheitsgesuchs auf willkürlichen oder manipulativen Erwägungen beruht oder wenn die Zurückweisung darauf hindeutet, dass das Gericht Bedeutung und Tragweite der Verfassungsgarantie des Art. 101 Abs. 1 Satz 2 GG grundlegend verkannt hat.[126] Die Bindungswirkung besteht jedoch nicht, wenn das Gericht bei Unzulässigkeit oder Missbrauch selbst über das Ablehnungsgesuch im Urteil entschieden hat.[127] Umstritten ist, ob der Verlust des Ablehnungsgesuchs gemäß § 43 ZPO lediglich innerprozessuale Wirkung hat[128] oder auch in anderen Verfahren des Beteiligten vor dem abgelehnten Richter wirkt.[129] Der BGH vertritt eine vermittelnde Auffassung und nimmt den Verlust desselben Ablehnungsgrundes in einem anderen Verfahren dann an, wenn zwischen beiden Verfahren ein tatsächlicher oder rechtlicher Zusammenhang besteht.[130] Dem ist nicht zu folgen, denn wegen des Gebots des gesetzlichen Richters sind Ausschlusstatbestände eng auszulegen und allein auf das jeweilige Verfahren zu beschränken. Allerdings erstreckt sich der Ausschluss nicht nur auf das Haupt-, sondern auch auf die dazu gehörenden Nebenverfahren und umgekehrt.[131] Entscheidet der abgelehnte Richter oder abgelehnte Spruchkörper ausnahmsweise selbst über das Ablehnungsgesuch (→ Rn. 24), so kann dies nicht konkludent oder ausdrücklich im Urteil erfolgen, sondern es muss eine gesonderte Beschlussentscheidung ergehen, weil § 46 Abs. 1 ZPO zwingend ist.

26 e) **Rechtsbehelf.** Der stattgebende Ablehnungsbeschluss ist grundsätzlich zu **begründen**, denn auch wenn er nicht anfechtbar ist, kann mit der Rüge fehlerhafter Besetzung des Gerichts ein Rechtsmittel gegen die Hauptentscheidung begründet werden (→ § 160 a Rn. 29). Der Beschluss wird gemäß § 133 Satz 2 SGG mit der Zustellung wirksam. Die Wirkungen der Stattgabe treten sofort ein, eine weitere Mitwirkung des abgelehnten Richters am Verfahren begründet die Berufung oder Revision (Art. 101 Abs. 1 Satz 2 GG). Hat der abgelehnte Richter fehlerhaft vor oder nach der Entscheidung im Ablehnungsverfahren über den Rechtsstreit entschieden, ist die Befangenheit im Rechtsmittelverfahren der Hauptsache geltend zu machen; für die Fortsetzung des Ablehnungsverfahrens fehlt das Rechtsschutzbedürfnis, da die Hauptsacheentscheidung ohnehin aufgehoben werden muss.[132] Indem das Gesetz vom 19.10.2013 (→ Rn. 1) § 46

---

126 BSG 2.11.2007 – B 1 KR 72/07 B, SozR 4-1100 Art. 101 Nr. 3.
127 BSG 13.8.2009 – B 8 SO 13/09 B, juris.
128 So die überwiegende Meinung: OLG Karlsruhe 18.11.1991 – 6 W 60/91, NJW-RR 1992, 571; Vollkommer in Zöller § 46 Rn. 11; Kopp/Schenke § 54 Rn. 14 a.
129 OLG Hamm 27.6.1967 – 9 U 206/66, NJW 1967, 1864.
130 BGH 1.6.2006 – V ZB 193/05, NJW 2006, 2776.
131 BVerwG 23.10.2007 – 9A 50/07, NVwZ-RR 2008, 140 für Hauptverfahren und vorläufigen Rechtsschutz.
132 Streitig, vgl. Vollkommer in Zöller § 46 Rn. 20.

Abs. 2 ZPO von der Verweisung des § 60 Abs. 1 SGG ausnimmt, ist klargestellt, dass für die Rechtsmittel **§ 172 Abs. 2 SGG** gilt; danach ist eine Beschwerde sowohl gegen eine ablehnende als auch gegen eine stattgebende Entscheidung über ein Ablehnungsgesuch nicht statthaft.[133]

6. Selbstablehnung. Gemäß **§ 48 ZPO** entscheidet das für die Erledigung eines Ablehnungsgesuchs zuständige Gericht auch dann, wenn ein solches Gesuch zwar nicht gestellt ist, jedoch der Richter selbst ein Verhältnis anzeigt (die Anzeige ist kein Antrag), das seine Ablehnung rechtfertigen könnte (**Selbstablehnung**) oder wenn aus anderer Veranlassung Zweifel darüber entstehen, ob er kraft Gesetzes ausgeschlossen ist. In Betracht kommen hierfür alle Ausschluss- und Ablehnungsgründe der Fremdablehnung, aber auch ein besonderer interner Gewissenskonflikt des Richters.[134] Bei der Selbstablehnung geht die Initiative für die Entscheidung anders als bei § 44 ZPO vom Richter aus; **§ 45 Abs. 2 Satz 2 ZPO** ist nicht anwendbar, es muss also auch dann entschieden werden, wenn die Beteiligten zustimmen.[135] Der Richter legt die Akten zur Entscheidung über die Selbstablehnung oder den Ausschlussgrund mit einer **dienstlichen Äußerung** gemäß § 44 Abs. 3 ZPO dem entscheidenden Gericht vor. Die Äußerung muss die für die Begründung notwendigen Tatsachen enthalten, jedoch gerade bei Belangen aus der Privatsphäre nicht allzu sehr ins Detail gehen. Die Rechtsauffassung des Richters ist unmaßgeblich. Bis zur Entscheidung über die Selbstablehnung/den Ausschluss sind nur die unaufschiebbaren Maßnahmen vorzunehmen, § 47 ZPO.[136] Denn es besteht keine Veranlassung, im Falle der Selbstablehnung oder Überprüfung des Ausschlusses von Amts wegen von den allgemeinen Grundsätzen der Fremdablehnung abzuweichen. Die Verfahrensbeteiligten sind – auch zu der dienstlichen Stellungnahme – zu hören. Die Entscheidung über die Selbstablehnung und die Anzeige des Ausschlusses ist für den Richter und die Beteiligten gemäß § 172 Abs. 2 SGG **unanfechtbar,**[137] der Richter und die Beteiligten haben jedoch das Recht zur **Gegenvorstellung.** 27

7. Kosten. Das Ablehnungs- und Ausschlussverfahren ist gerichtsgebührenfrei (§ 197 a) und es fällt auch keine Pauschale (§ 184) an. Anwaltsgebühren fallen nach § 19 Abs. 1 Satz 2 Ziff. 3 RVG nicht an, da das Ablehnungsverfahren zum Rechtszug gehört. 28

§ 61 [Öffentlichkeit, Sitzungspolizei, Gerichtssprache, Beratung, Abstimmung]

(1) Für die Öffentlichkeit, Sitzungspolizei und Gerichtssprache[1] gelten die §§ 169, 171 b bis 191 a des Gerichtsverfassungsgesetzes entsprechend.

(2) Für die Beratung und Abstimmung gelten die §§ 192 bis 197 des Gerichtsverfassungsgesetzes entsprechend.

133 Zur alten Rechtslage vgl. die 3. Auflage, § 60 Rn. 26.
134 Vollkommer in Zöller § 48 Rn. 3.
135 Vollkommer in Zöller § 48 Rn. 8; hierin unterscheidet sich die Rechtslage zu der Fremdablehnung, vgl. → Rn. 24.
136 Vollkommer in Zöller § 48 Rn. 4.
137 BGH 8.11.1994 – XI ZR 35/94, NJW 1995, 403; HessVGH 6.4.1993 – 1 TG 791/93, NJW 1994, 1083; aA für Beteiligte bei Stattgabe OLG Karlsruhe RPfleger 1999, 381.
1 Für EG-Angehörige siehe Art. 84 Abs. 4 VO (EWG) Nr. 1408/71.

I. Allgemeines

1 **1. Gesetzesentstehung.** Die Vorschrift gilt in der Fassung des Opferschutzgesetzes vom 18.12.1986 (BGBl. 1986 I 2496) und der Änderung durch Art. 8 des Ersten Justizmodernisierungsgesetzes vom 24.8.2004 (BGBl. 2001 I 2198, 2205). Die Änderung trägt der Einfügung des § 191 a GVG sowie der Aufhebung des § 198 GVG Rechnung.

2 **2. Normzweck.** Die Vorschrift ist eine **Verweisungsnorm** auf allgemeine Grundsätze des Gerichtsverfahrens für die Öffentlichkeit der mündlichen Verhandlung, die Ordnung am Gerichtsort und in der Verhandlung sowie für den Abstimmungsvorgang des Gerichts, die im GVG geregelt sind. Die Verweisung ist **dynamisch,** dh sie bezieht sich auf die genannten Paragrafen des GVG in der jeweils geltenden Fassung.

3 **3. Parallelvorschriften.** Entsprechende Vorschriften: §§ 55 VwGO, 52 FGO; im sozialrechtlichen Verwaltungsverfahren § 19 SGB X für die Amtssprache. Die Vorschrift ist gegenüber § 202 eine Spezialverweisung auf die Bestimmungen des GVG.

II. Öffentlichkeit

4 **1. Grundsatz, Parteiöffentlichkeit.** Nach **§ 169 Abs. 1 S. 1 GVG**[2] ist die **Verhandlung** vor dem erkennenden Gericht einschließlich der Verkündung der Urteile und Beschlüsse öffentlich. Die Norm betrifft nur die Verhandlung als prozessualen, nicht die Sitzung als räumlich-zeitlichen Vorgang, die in § 176 GVG behandelt wird (→ Rn. 10). Verhandlung findet statt, wenn das Gericht gegenüber den Beteiligten rechtsprechende Tätigkeit entfaltet, ob im Gerichtsgebäude oder an einem anderen Ort, nicht jedoch in der Beratung, → Rn. 21. **Urteile** werden grundsätzlich öffentlich verkündet, § 173 Abs. 1 GVG,[3] jedoch kann die Öffentlichkeit unter denselben Voraussetzungen der §§ 171 b und 172 GVG, unter denen sie von der mündlichen Verhandlung ausgeschlossen werden kann, auch von der Urteilsverkündung ausgeschlossen werden. Der Grundsatz der Öffentlichkeit besagt, dass jedermann das Recht hat, an einer mündlichen Verhandlung teilzunehmen. Davon ist die **Parteiöffentlichkeit** zu unterscheiden, die den Beteiligten des Verfahrens gemäß § 116 Satz 1 SGG ausnahmslos das Recht

2 IdF vom 8.10.2017, BGBl. 2017 I 3546 .
3 IdF vom 5.12.2012, BGBl. 2012 I 2418.

gibt, an Verfahrenshandlungen des Gerichts, insbesondere Beweisaufnahmen, sowie an den Handlungen der anderen Beteiligten teilzunehmen, von denen sie zuvor in Kenntnis zu setzen sind. Daher gelten die §§ 171 b ff. GVG über den Ausschluss der Öffentlichkeit für die Beteiligten nicht. Der Grundsatz der Öffentlichkeit gilt nur für die **mündliche Verhandlung,** auch des Einzelrichters, nicht jedoch für Erörterungstermine oder Rechtshilfeverfahren gemäß § 5. Wird ein zunächst als Erörterungstermin begonnener Gerichtstermin als Verhandlungstermin fortgesetzt, ist ab diesem Zeitpunkt die Öffentlichkeit herzustellen.[4] Der Grundsatz der Öffentlichkeit dient dem Zweck, durch eine Öffnung der mündlichen Verhandlung für die Allgemeinheit eine Geheimjustiz zu verhindern und das Vertrauen in die Justiz zu stärken. Er steht im Gegensatz zum Schutz der Persönlichkeitsrechte und zum Datenschutz der Beteiligten. Ausdruck dieses Gegensatzes sind §§ 171 b ff. GVG über den Ausschluss der Öffentlichkeit. Abgesehen von diesen Bestimmungen besteht der Grundsatz nicht ausnahmslos, sondern das Öffentlichkeitsprinzip kann eingeschränkt werden, wenn gewichtige Belange der Verfahrensdurchführung dies erfordern. Das Öffentlichkeitsprinzip dient der Transparenz in die prozessuale und materielle Rechtsfindung und damit den Interessen der Beteiligten und dem Vertrauen in die Justiz. Gewichtige Belange ebenfalls in diesem Interesse sind jedoch auch die Funktionsfähigkeit der Justiz und die ungestörte Wahrheits- und Rechtsfindung. Der Öffentlichkeitsgrundsatz kann daher eingeschränkt werden, wenn anders diese Ziele nicht verfolgt werden können.[5] Vor den Gerichten der Sozialgerichtsbarkeit kann weitergehend als vor den Zivil- und Strafgerichten auf die Einhaltung der Regeln über die Öffentlichkeit verzichtet werden, weil von den Beteiligten gemäß § 124 Abs. 2 auf die Durchführung einer mündlichen Verhandlung verzichtet werden kann.[6]

2. Allgemein zugänglicher Ort. Die Öffentlichkeit muss faktisch hergestellt sein. 5
Das setzt voraus, dass die mündliche Verhandlung an einem **allgemein zugänglichen Ort** stattfindet.[7] Auf den Ort muss in angemessener Weise hingewiesen werden, in der Regel durch einen Aushang, der jedoch nicht zwingend ist,[8] bei unübersichtlichen Gebäudeverhältnissen außerdem durch geeignete Hinweisschilder. Es ist nicht erforderlich, dass jeder Interessierte die Möglichkeit hat, an der Verhandlung teilzunehmen, wenn die Kapazität des Raumes nicht ausreicht, solange jeder die **gleiche Teilnahmechance** hat.[9] Unzulässig ist es daher, sämtliche Zuhörerplätze bereits mit Gerichtsbediensteten zu besetzen. Das Öffentlichkeitsgebot verlangt jedoch nicht, dass ein größerer Sitzungssaal außerhalb des Gerichtsgebäudes in einem Verfahren vorzusehen ist, in dem wegen eines breiten öffentlichen Interesses mit vielen Zuhörern gerechnet werden muss.[10] Die Öffentlichkeit ist bereits dann nicht gewährleistet, wenn auch nur ein Interessierter ohne sachlichen Grund an der Teilnahme gehindert wird. Ein freier Eintritt ist

4 BSG 28.3.2000 – B 8 KN 7/99 R, SozR 3-1500 § 61 Nr. 1.
5 BVerfG 14.3.2012 – 2 BvR 2405/11, NJW 2012, 1863 (Hell's Angels).
6 BSG 17.10.2018 – B 9 V 20/18 B, juris; BSG 28.3.2000 – B 8 KN 7/99 R, SozR 3-1500 § 61 Nr. 1.
7 BVerwG 25.6.1998 – 7 B 120/98, DVBl. 1999, 95.
8 BVerwG 15.3.2012 – 4 B 11/12, juris: Grundsatz der Öffentlichkeit verlangt nicht zwingend einen Aushang, wenn Verhandlung ungehindert zugänglich ist, insbesondere wenn Verhandlung nicht im Gerichtsgebäude stattfindet.
9 BGH 7.3.1979 – 3 StR 39/79, NJW 1979, 2622.
10 Schenke in Kopp/Schenke § 55 Rn. 3.

nicht erforderlich, Kontrollen am Gerichts- oder Saaleingang sind zulässig. Eine während der Verhandlung verschlossene Tür verstößt nicht gegen das Öffentlichkeitsgebot, wenn die Tür auf Anforderung geöffnet wird; eine Verletzung liegt erst dann vor, wenn auf Klingelzeichen o.ä. nicht geöffnet wird.[11] Der Grundsatz der Öffentlichkeit ist nicht verletzt, wenn die Verhandlung nicht in dem auf der Ladung angegebenen, sondern in einem anderen Saal des Gerichtsgebäudes stattfindet.[12] Erforderlich ist dann aber ein entsprechender Hinweis am angegebenen Ort. Ausreichend ist es, wenn sich Interessierte ohne Schwierigkeiten vom neuen Ort Kenntnis verschaffen können.[13] Der Grundsatz der Öffentlichkeit ist noch nicht verletzt, wenn die Sache entgegen § 220 Abs. 1 ZPO nicht **aufgerufen**[14] oder wenn eine Verhandlung **früher** als angekündigt fortgesetzt wird.[15] Von einem derartigen Fehler werden jedoch die Verfahrensrechte der Beteiligten (Parteiöffentlichkeit, → Rn. 4) berührt. Bei der Übertragung einer mündlichen Verhandlung im Rahmen einer Videokonferenz gemäß § 128 a ZPO ist die Öffentlichkeit im Sitzungssaal, nicht im Aufzeichnungsraum herzustellen.[16] Öffentlichkeit verlangt die Zulassung von Pressevertretern, die darauf einen auf Art. 5 Abs. 1 Satz 2 GG gestützten Anspruch haben (→ Rn. 9). Ein Ausschluss eines Pressevertreters, der in der Vergangenheit falsch berichtet hat, stellt einen Verfassungsverstoß dar.[17] Das gewohnheitsrechtliche Hausrecht des Gerichtsleiters findet im Öffentlichkeitsgrundsatz und gegenüber der Sitzungspolizei des Vorsitzenden seine Grenze.[18]

6 **3. Verfahrensmangel.** Eine Verletzung des Grundsatzes der Öffentlichkeit liegt nur vor, wenn sie auf den **Willen des Gerichts** zurückgeht oder mit dessen **Kenntnis** erfolgte. Gericht in diesem Sinne ist nach Sinn und Zweck der Vorschrift, Willkür zu unterbinden, der Spruchkörper, nicht das Gericht als Behörde. Wissen oder Wollen liegen vor, wenn das Gericht den Mangel kennt oder hätte erkennen können.[19] Dabei sind die Anforderungen an die Kontroll- und Beobachtungspflichten des Gerichts nicht allzu hoch und immer in Zusammenhang mit der Konzentration des Gerichts auf das Prozessgeschehen zu setzen. Ohne weitere Anzeichen kann das Gericht darauf vertrauen, dass die Öffentlichkeit hergestellt ist.[20] Keine Verletzung ist es daher, wenn die Tür versehentlich oder von Dritten ohne Kenntnis des Gerichts verschlossen wurde. Der – fehlerhaft – nichtöffentliche Teil der Verhandlung kann **wiederholt** werden, solange noch keine den Rechtszug abschließende Entscheidung getroffen worden ist, und damit der Verfahrensmangel geheilt werden.[21]

7 **4. Ausschluss der Öffentlichkeit.** Gemäß **§ 171 b GVG kann** die Öffentlichkeit von Amts wegen (Abs. 1) oder auf Antrag (Abs. 2; dann zwingend) **ausgeschlos-**

11 BGH 28.9.2011 – 5 StR 245/11, NJW 2011, 2800.
12 BVerwG 15.9.1994 – 1 B 170/93, SGb 1996, 66.
13 BVerwG 25.6.1998 – 7 B 120/98, DVBl. 1999, 95.
14 BFH 21.9.1994 – VIII R 80/93 ua, NVwZ 1996, 102.
15 BGH 15.11.1983 – 1 StR 553/83, NStZ 1984, 134.
16 Gummer in Zöller § 169 GVG, Rn. 2.
17 BVerfG 6.2.1979 – 2 BvR 154/78, BVerfGE 50, 234.
18 BVerwG 17.5.2011, 7 B 17/11, NJW 2011, 2530.
19 BSG 28.4.2004 – B 6 KA 107/03 B, juris; BGH 18.12.1968 – 3 StR 297/68, BGHSt 22, 297.
20 BGH 17.7.1970 – X ZB 17/69, NJW 1979, 1846, BGH 28.9.2011 – 5 StR 245/11, NJW 2011, 3800.
21 BVerwG 19.3.1997 – 6 C 8/95, BVerwGE 104, 70.

sen werden, soweit Umstände aus dem **persönlichen Lebensbereich** eines Prozessbeteiligten, Zeugen oder eines durch eine rechtswidrige Tat Verletzten zur Sprache kommen, deren öffentliche Erörterung **schutzwürdige Interessen** verletzen würde, wenn nicht das Interesse an der öffentlichen Erörterung diese Umstände überwiegt. Gemäß Abs. 4 ist der Ausschluss unzulässig, wenn die betreffende Person dem **Ausschluss widerspricht.** § 171 b Abs. 1 Satz 1 und 2 GVG verlangt eine Abwägung des Individual- mit dem öffentlichen Interesse im Wege einer Ermessensentscheidung. Zu dem persönlichen Lebensbereich gehören Angelegenheiten gesundheitlicher, familiärer oder sexueller Art.[22] Es muss sich um wesentliche Tatsachen mit engem Bezug zum persönlichen Lebensbereich handeln, nicht lediglich ein loser Bezug. Schutzwürdige Interessen können eine Herabwürdigung oder Bloßstellung, eine Gefährdung der beruflichen Stellung oder der Ehre sein; lediglich die Peinlichkeit der genannten Daten reicht nicht.[23] Der Ausschluss der Öffentlichkeit ist nicht allein deshalb gerechtfertigt, weil in der Verhandlung sozialmedizinische Daten genannt und erörtert werden; das öffentliche Interesse ist ohne Hinzutreten weiterer Gründe regelmäßig höher einzustufen als das Interesse einzelner Beteiligter. Anders kann dies zu beurteilen sein, wenn der Betreffende durch die öffentliche Verhandlung Gefahr läuft, gesundheitliche Störungen, etwa Traumatisierungen, davonzutragen oder wenn die Daten detailliert erörtert werden. Erforderlich ist jedoch stets eine schonende Diskussion der Daten.[24] Fragen finanzieller oder wirtschaftlicher Art fallen unter § 172 Nr. 2 GVG. Der Vergleich mit jener Regelung („wichtiges" Geschäfts- usw. Geheimnis) und das Regel-Ausnahmeverhältnis des § 171 b Abs. 1 Satz 1 und 2 GVG machen deutlich, dass bei § 171 b GVG im Wege der Interessenabwägung tendenziell den Individualinteressen der Vorrang einzuräumen ist.[25] Der Ausschluss der Öffentlichkeit ist auf den Verfahrensteil, für den die Voraussetzungen vorliegen, zu beschränken („soweit").[26] Gemäß § 171 b Abs. 1 Satz 3 GVG sind die Belastungen einer mündlichen Verhandlung für Kinder und Jugendliche besonders zu berücksichtigen. Die Entscheidung über den Ausschluss ist **unanfechtbar, Abs. 3.** Gemäß **§ 172 GVG** kann ferner die Öffentlichkeit von der mündlichen Verhandlung oder einem Teil von ihr ausgeschlossen werden bei **Gefährdung der Staatssicherheit, der öffentlichen Ordnung oder der Sittlichkeit** (Nr. 1) oder aus Gründen des **Personenschutzes** (Gefährdung des Lebens oder der Freiheit eines Zeugen oder einer anderen Person – Nr. 1 a), ferner, wenn ein wichtiges **Geschäfts-, Betriebs-, Erfindungs-** oder **Steuergeheimnis** zur Sprache kommt, durch dessen öffentliche Erörterung überwiegende schutzwürdige Interessen verletzt würden (Nr. 2). Der Vergleich mit § 171 b GVG (s. o.) macht deutlich, dass hier ein Geheimnis von erheblichem Gewicht berührt sein muss. Gemäß Nr. 3 ist ein Ausschluss auch möglich, wenn ein **privates Geheimnis** verletzt wird, dessen unbefugte Offenbarung durch den Zeugen oder Sachverständigen mit Strafe bedroht ist. Diese Regelung betrifft die Schweigepflicht der in § 203 StGB genannten Personengruppen und soll es dem Beteiligten erleichtern, den Geheimnisträger von der Schweigepflicht zu entbinden, ohne dass das Geheimnis an die Öffentlichkeit kommt. Die Regelung schafft somit keine eigenständige

22 Gummer in Zöller § 171 b GVG Rn. 3.
23 BSG 16.1 2007 – B 5 R 96/06 R, SozR 4-1720 § 171 b Nr. 1.
24 BSG 29.11.2006 – B 6 KA 34/06, NZS 2007, 670.
25 Vgl. Lückemann in Zöller § 171 b GVG Rn. 4.
26 BGH 23.2.1989 – 4 StR 29/89, NStZ 1989, 483.

Aussageberechtigung für den Schweigepflichtigen.[27] Der Ausschluss ist ferner bei der Vernehmung einer **Person unter 18 Jahren** (Nr. 4) möglich. Die Regelung gilt bei jedweder Vernehmung als Beteiligter oder Zeuge. § 172 GVG sieht entgegen § 171 b Abs. 4 GVG keine Widerspruchsmöglichkeit der betroffenen Personen vor. Gemäß **§ 175 GVG** kann der Zutritt zur mündlichen Verhandlung Personen versagt werden, die nicht erwachsen sind oder in einer der Würde des Gerichts nicht entsprechenden Weise erscheinen, zB bei Trunkenheit oder Verwahrlosung. Hierbei handelt es sich nicht um einen Ausschluss der Öffentlichkeit, sondern um einen **Ausschluss einzelner Personen.** Gemäß **§ 173 Abs. 1 GVG** wird das **Urteil** in jedem Fall öffentlich verkündet. Nach Abs. 2 kann jedoch bei der Mitteilung der Urteilsgründe unter den Voraussetzungen der §§ 171 b, 172 GVG die Öffentlichkeit ausgeschlossen werden. Gemäß **§ 175 Abs. 2 GVG** kann **einzelnen Personen,** zB Familienangehörigen, auch bei ausgeschlossener Öffentlichkeit die Anwesenheit in der mündlichen Verhandlung gestattet werden. Vor der Entscheidung darüber müssen die Beteiligten gemäß Abs. 2 Satz 3 nicht gehört werden. Auch bei einem Ausschluss der Öffentlichkeit ist den die **Dienstaufsicht** führenden Personen gemäß **§ 175 Abs. 3 GVG** die Anwesenheit in der Sitzung erlaubt.

8 **5. Verfahren.** Über die Ausschließung ist gemäß **§ 174 Abs. 1 GVG** in **nichtöffentlicher Sitzung** zu verhandeln, wenn ein Beteiligter dies beantragt oder das Gericht es für angemessen erachtet. Der Beschluss, den das Gericht einschließlich der ehrenamtlichen Richter (nicht der Vorsitzende!) fasst, ist stets öffentlich zu verkünden und zu begründen, es sei denn, dass die öffentliche Verkündung zu einer erheblichen Störung in der Sitzungsordnung führen kann. Die Begründung muss den Ausschlussgrund und den Verfahrens- oder Vernehmungsabschnitt bezeichnen.[28] Die Entscheidung liegt in den Fällen, in denen das Gericht von Amts wegen tätig wird, in seinem **Ermessen**, im Fall des Antrags eines Beteiligten gemäß **§ 171 Abs. 2** ist die Entscheidung **gebunden.** Im Fall des § 172 Nr. 1 GVG (Gefährdung der Staatssicherheit) kann Presse, Rundfunk und Fernsehen die Berichterstattung untersagt (§ 174 Abs. 2 GVG) und können die anwesenden Personen zur Geheimhaltung verpflichtet werden (§ 174 Abs. 3 GVG). Entscheidungen über den Ausschluss der Öffentlichkeit sind gemäß **§ 171 b Abs. 5 GVG unanfechtbar.** Zwar besteht ein systematischer Bezug der Vorschrift lediglich zu § 171 b Abs. 1 bis 4, jedoch muss die Regelung ihrem Sinn und Zweck nach wegen derselben Interessenlage auch auf § 172 GVG angewandt werden. Ungeklärt ist, ob eine Verletzung der Vorschriften trotz § 202 iVm § 547 Nr. 5 ZPO im sozialgerichtlichen Verfahren revisibel ist und einen absoluten Revisionsgrund darstellt.[29] Über eine Gegenvorstellung über den Aus-

27 Lückemann in Zöller § 172 GVG Rn. 12.
28 BGH 22.4.2004 – 3 StR 428/03, NStR-RR 2004, 235.
29 Offen gelassen von BSG 16.1.2007 – B 5 R 96/06 B, SozR 4-1720 § 171 b Nr. 1; ebenso BVerwG 6.3.2019 – 6 B 135/18, NVwZ-RR 2019, 610; grundsätzlich verneinend BGH 17.9.2014 – 1 StR 212/14, NVwZ-RR 2015, 136: im Einzelfall bejaht, weil allein der Vorsitzende statt des Gerichts die Öffentlichkeit wieder hergestellt hatte; verneint in BGH 9.5.2019 – 4 StR 605/18, BGHSt 64, 64; absoluter Revisionsgrund bejaht von BAG 16.5.2019 – 8 AZN 809/18, juris; ebenso BVerwG 15.3.2012 – 4 B 11/12; Leitherer in Meyer-Ladewig/Keller/Leitherer/Schmidt § 162 Rn. 10 d, jeweils unter Hinweis auf § 547 Nr. 5 ZPO.

schließungsbeschluss ist in nichtöffentlicher Sitzung zu verhandeln, da mit dem Beschluss die Öffentlichkeit bereits ausgeschlossen ist.[30]

6. Ton-, Fernseh- und Rundfunkaufnahmen. Gemäß **§ 169 Abs. 1 S. 2 GVG** sind **Ton-, Fernseh- und Rundfunkaufnahmen** zum Zweck der öffentlichen Vorführung oder Veröffentlichung ihres Inhalts grundsätzlich unzulässig. Der Ausschluss ist verfassungsgemäß.[31] Er wird mit dem Einwand, dass Öffentlichkeit heute Medienöffentlichkeit sei, ein Informationsbedürfnis der Öffentlichkeit bestehe und auch die Justiz einem Transparenzgebot unterliege, zunehmend in Frage gestellt. Gleichwohl wird bisher an dem Verbot in der mündlichen Verhandlung festgehalten. Es erfordert eine Abwägung zwischen den Rechten einer freien Presse aus Art. 5 Abs. 1 Satz 2 GG einerseits sowie den Persönlichkeitsrechten der Beteiligten und den Erfordernissen eines ungestörten Verhandlungsablaufs zu einer sachgerechten Wahrheits- und Rechtsfindung andererseits. Das Verbot betrifft nicht Aufnahmen vor oder nach der Verhandlung oder in Verhandlungspausen.[32] Aufnahmen sind daher im Gerichtssaal oder auf dem Gerichtsflur vor der mündlichen Verhandlung zulässig. Sitzungspolizeiliche einschränkende Maßnahmen, die der Vorsitzende des Gerichts gemäß § 176 GVG nach Abwägung der berührten Rechte und Interessen trifft, müssen sich auf konkrete Erfordernisse zum Schutz der Persönlichkeitsrechte oder für eine geordnete Verhandlung stützen.[33] Sofern die Beteiligten den Aufnahmen nicht zugestimmt haben, wird der Schutz ihrer Persönlichkeitsrechte eine Verpixelung ihrer Gesichter immer erfordern. Das Verbot des § 169 Satz 2 GVG erfasst nicht Zeichnungen, Fotos oder Wortberichterstattungen der Presse in der mündlichen Verhandlung, ihre Zulässigkeit unterliegt ebenfalls der Sitzungspolizei des Vorsitzenden gemäß § 176 GVG. Bei der Abwägung muss auch berücksichtigt werden, dass durch die Presseöffentlichkeit am Rande der Verhandlung das Aussageverhalten von Zeugen und das Verhalten der Betroffenen beeinflusst werden kann. Auch die Justizbediensteten genießen einen Persönlichkeitsschutz, der allerdings geringer und mit einer erhöhten Duldungspflicht als der Schutz der Betroffenen und Zeugen ausgeprägt ist.[34] 9

§ 169 GVG ist durch das **Gesetz zur Erweiterung der Medienöffentlichkeit im Gerichtsverfahren (EMöGG)** vom 8.10.2017 (BGBl. I 3546) mit Wirkung vom 18.4.2018 hinsichtlich der Berichterstattung von Gerichtsverfahren in drei Fallkonstellationen erweitert worden. Nach **§ 169 Abs. 1 Satz 3 GVG** kann das Gericht die **Tonübertragung** von Gerichtsverhandlungen in einen Arbeitsraum für Personen zulassen, die für Presse, Hörfunk, Fernsehen oder andere Medien berichten; die Übertragung kann zur Wahrung schutzwürdiger Interessen der Beteiligten oder Dritter oder zur Wahrung eines ordnungsgemäßen Verhandlungsablaufs teilweise untersagt werden (Satz 4). Im Falle der Übertragung gilt Satz 2 entsprechend (Satz 5), die Tonübertragung dient also nur einer Erweiterung der Saalöffentlichkeit, berechtigt aber nicht zum Mitschnitt der Verhandlung. Ein Ausschluss der Öffentlichkeit erfasst auch die Übertragung.[35] Ein Anspruch auf 10

30 BGH 25.11.2014 – 3 StR 257/14, NStZ 2015, 230.
31 BVerfG 24.1.2001 – 1 BvR 2623/95 ua, BVerfGE 103, 44.
32 BVerfG 14.7.1994 – 1 BvR 1595/92, NJW 1995, 185.
33 BVerfG 31.7.2014 – 1 BvR 1858/14, NJW 2014, 3013; zu den Aspekten für Fernsehaufnahmen BVerfG 3.4.2009 – 1 BvR 654/09, NJW 2009, 2117.
34 BVerfG 19.12.2007 – 1 BvR 620/07, BVerfGE 119/309.
35 BT-Drs. 18/10144, 20.

die Tonübertragung besteht nicht. Die Sitzungspolizei des Vorsitzenden bezieht sich nicht auf den Arbeitsraum, hier besteht das Hausrecht der Gerichtsleitung fort. Gemäß **§ 169 Abs. 2 Satz 1 GVG** können in Verfahren von herausragender zeitgeschichtlicher Bedeutung für die Bundesrepublik Deutschland Tonaufnahmen von Verhandlungen einschließlich der Urteile und der Beschlüsse vom Gericht zu **wissenschaftlichen und historischen Zwecken** zugelassen werden, eine regionale Bedeutung reicht nicht aus.[36] Die Aufnahmen müssen vom Gericht selbst vorgenommen und nicht nur erlaubt werden.[37] Die Einschränkung wie in Abs. 1 Satz 4 gilt auch hier (Satz 2). Die Aufnahmen sind nicht zu den Akten zu nehmen, sie dürfen nicht herausgegeben oder für dieses oder ein anderes Verfahren genutzt oder verwertet werden (Satz 3). Nach Abschluss des Verfahrens sind sie dem zuständigen Bundes- oder Landesarchiv anzubieten, das darüber entscheidet, ob den Aufnahmen ein bleibender Wert zukommt (Satz 4). Nimmt das Archiv die Aufnahmen nicht an, sind sie vom Gericht zu löschen (Satz 5). **Gemäß § 169 Abs. 3 Satz 1 GVG** können die **obersten Bundesgerichte für die Verkündung von Entscheidungen** in besonderen Fällen Ton- und Fernseh-Rundfunkaufnahmen sowie Ton- und Filmaufnahmen zum Zwecke der öffentlichen Vorführung oder der Veröffentlichung ihres Inhalts zulassen. Hierbei handelt es sich nach dem Wortlaut um eine Ausnahmevorschrift. Die Einschränkungsmöglichkeiten des Abs. 1 Satz 4 bestehen auch hier, zusätzlich können zur Wahrung der Interessen auch Auflagen erteilt werden (Satz 2). Gemäß **§ 169 Abs. 4 GVG** sind alle Entscheidungen nach Abs. 1 bis 4 **unanfechtbar.**

III. Sitzungspolizei

11 **1. Sitzung.** Die Aufrechterhaltung der Ordnung in der Sitzung obliegt gemäß **§ 176 GVG** dem **Vorsitzenden.** Vorsitzender ist auch der konsentierte Einzelrichter und gemäß § 180 GVG jeder Richter bei der Vornahme von Amtshandlungen nach prozessualen Vorschriften, zB bei Erörterungsterminen. Hierzu hat er alle geeigneten und zulässigen **Maßnahmen** zu ergreifen, um den ordnungsgemäßen Verlauf der Verhandlung sicherzustellen. Die **Zwangsmittel** zur Durchsetzung der Ordnungsmaßnahmen wegen **Ungehorsam** und **Ungebühr** sind in **§§ 177 und 178 GVG** geregelt. Gegenüber den Beteiligten, Beschuldigten, Zeugen und Sachverständigen entscheidet über sie das **Gericht** durch **Beschluss**, gegenüber nicht an der Verhandlung Beteiligten der **Vorsitzende** (§ 177 Abs. 2, § 178 Abs. 2 GVG). § 176 GVG ist verfassungsgemäß.[38] Er soll einen ordnungsgemäßen Ablauf der Verhandlung sicherstellen. Der Begriff der **Sitzung** ist weiter als der der mündlichen Verhandlung. Zeitlich umfasst er die gesamte Tätigkeit des Gerichts,[39] nach hM ferner sämtliche Orte der gerichtlichen Tätigkeit, zB auch den Bereich eines Ortstermins,[40] und umfasst räumlich nicht allein den Sitzungssaal, sondern alle Bereiche und Maßnahmen, die für die Durchführung der Verhandlung erforderlich sind. Die Sitzungsgewalt endet mit Schluss der Sitzung.[41] Die Polizeigewalt des Vorsitzenden grenzt sich von dem **Hausrecht** ab,

36 BT-Drs. 18/10144, 27.
37 BT-Drs. 18/10144, 28.
38 BVerfG 11.5.1994 – 1 BvR 733/94, NJW 1996, 310.
39 Auch Öffnen des Sitzungssaales, Sitzungspausen, Verlassen des Saales durch das Gericht, BVerfG 11.5.1994 – BvR 733/94, NJW 1996, 310.
40 Vgl. BGH 10.11.1999 – 3 StR 331/99, NStZ-RR 2000, 366; Keller in Meyer-Ladewig/Keller/Leitherer/Schmidt § 61 Rn. 5.
41 OLG Hamburg 22.6.1999 – 1 WS 91/99, NJW 99, 2607.

das der Gerichtsleitung zur Aufrechterhaltung der Ordnung im Gerichtsgebäude obliegt und das sich auf alle Räume des Justizgebäudes erstreckt. Die Sitzungspolizei ist Bestandteil der rechtsprechenden Gewalt, für die Art. 19 Abs. 4 GG Maßstab ist, während das Hausrecht ein verwaltungsrechtlicher Begriff ist, der sich nach verwaltungsrechtlichen Maßstäben beurteilt.[42] Das Hausrecht verbleibt auch während der Verhandlung bei der Gerichtsleitung, allerdings geht die Sitzungspolizei ihm vor.[43] Das bedeutet, dass sich die Anwesenheit und Bedingungen des Aufenthalts von Personen allein nach prozessualen Belangen richten. Einem Beteiligten oder Zeugen kann vom Gericht der Zutritt zum Gerichtsgebäude nicht verwehrt werden, wenn sie zu einer Verhandlung geladen sind. Ein störender Zuhörer einer mündlichen Verhandlung darf nicht in Wahrnehmung des Hausrechts, sondern nur durch Beschluss des Spruchkörpers aus dem Sitzungssaal entfernt werden. Allerdings muss zwischen den Belangen der Sitzungspolizei und dem Hausrecht eine Abwägung vorgenommen werden;[44] zB ist es möglich, die Belange des Hausrechts und die prozessualen Belange miteinander zu verbinden: einem Beteiligten, dem wegen Androhung von Gewalttaten ein Hausverbot erteilt wurde, kann der Zutritt zum Gerichtssaal nur in Begleitung eines Justizwachtmeisters gestattet werden.[45]

2. Maßnahmen. Der Sitzungspolizei nach **§ 176 GVG** unterliegen **alle** am Gerichtsort anwesenden Personen, auch Beteiligte, Rechtsanwälte, Richter, Protokollführer. Die **Maßnahmen** sind nach pflichtgemäßem **Ermessen** unter Berücksichtigung der Verhältnismäßigkeit zu treffen: zB Verteilung der Sitzplätze für Beteiligte und Zuhörer, Verhaltensregeln für den Zuhörerraum; Durchsuchung der Zuhörer und der Beteiligten einschließlich der Prozessvertreter nach gefährlichen Gegenständen oder Tonaufnahmegeräten, Verbot der Benutzung von Mobiltelefonen,[46] Räumung des Zuhörerraumes, Gebot an einzelne Störer zum Verlassen des Zuhörerraumes, Rügen, Ermahnungen, Wortentziehung, Zurückweisung eines Rechtsanwalts ohne Robe (fraglich, ob noch zeitgemäß; davon sollte nur sehr zurückhaltend Gebrauch gemacht werden, insbesondere wenn der Fehler auf einer entschuldbaren Nachlässigkeit und nicht auf Missachtung des Gerichts beruht),[47] Verbot von Filmaufnahmen etc., Filmbeschlagnahme. Bei Gefährdung von Personen oder anderen Gefahren kann sich die Ermessensbetätigung zur Verpflichtung zum Einschreiten verdichten. Den **Zwangsmaßnahmen** nach **§§ 177, 178 GVG** wegen Ungehorsam und Ungebühr sind nur Verfahrensbeteiligte, Zeugen, Sachverständige und nicht an der Verhandlung Beteiligte unterworfen, **aber nicht Richter, Protokollführer und Rechtsanwälte.** Diese unterliegen zwar der allgemeinen Sitzungspolizei gemäß § 176 GVG, der vorsitzende Richter kann nach dem eindeutigen Wortlaut die in §§ 177, 178 GVG genannten Maßnahmen ihnen gegenüber jedoch nicht ergreifen.[48] Für die Rechtsanwälte ergibt sich dies aus ihrer Stellung als unabhängige Organe der Rechtspflege. Ihnen gegenüber verbleibt nach derzeitigem Recht nur die Möglichkeit, stan- 12

42 Gummer in Zöller § 176 Rn. 1.
43 BGH 13.4.1972 – 4 StR 71/72, BGHSt 24, 329.
44 Keller in Meyer-Ladewig/Keller/Leitherer/Schmidt § 61 Rn. 4 b.
45 Zu beschränkenden Maßnahmen des Gerichtspräsidenten im Rahmen des Hausrechts BVerfG 14.3.2012 – 2 BvR 2405/11, NJW 2012, 1863.
46 BVerfG 31.7.2014 – 1 BvR 1858/14, NJW 2014, 3013.
47 BVerfG 18.2.1970 – 1 BvR 226/69, BVerfGE 28, 21; vgl. dazu auch § 59 b Abs. 2 Ziff. 6 c BRAO.
48 BGH 27.9.1976 – RiZ (R) 3/75, BGHZ 67, 184.

desrechtliche Maßnahmen zu beantragen, den Gerichtspersonen gegenüber dienstrechtliche bzw. disziplinarische Maßnahmen. Dem Sinn und Zweck der Norm entsprechend sind die Regelungen auch nicht auf Referendare anzuwenden, die in Untervollmacht des Rechtsanwalts auftreten.[49]

13 **Ungehorsam** liegt nach § 177 GVG vor, wenn die beteiligte Person den Anordnungen des Vorsitzenden gemäß § 176 GVG nicht Folge leistet. **Zulässige Maßnahmen:** Entfernen aus dem Sitzungssaal oder Ordnungshaft bis zu 24 Stunden, als Ordnungsmaßnahme aber nicht über die Dauer der Sitzung hinaus.

14 **Ungebühr** nach § 178 GVG stellt eine Missachtung der Aufgaben des Gerichts in einer nach allgemeinem Empfinden grob unangemessenen Weise dar. Das Verhalten muss geeignet sein, die Rechtspflegeaufgaben des Gerichts und die Ordnung der Gerichtsverhandlung zu stören.[50] Das Verhalten kann sich auch gegen andere Beteiligte richten. Die Frage, ob ein ungebührliches Verhalten vorliegt, entscheidet sich nach den Umständen des Einzelfalls. **Zulässige Maßnahmen:** Ordnungsgeld bis 1.000 Euro bzw. Ordnungshaft bis zu einer Woche. Beides kann sofort vollstreckt werden. Der Grundsatz der **Verhältnismäßigkeit** erfordert es regelmäßig, dass der Vorsitzende vor Maßnahmen nach § 178 GVG das Verhalten abmahnt. Dem Betroffenen ist dann Gelegenheit zur Stellungnahme zu geben,[51] anderenfalls ist der Beschluss aufzuheben. Der Beschluss ist zu begründen. Der gesamte Vorgang, nicht nur der Beschluss, ist zu protokollieren.[52] **Bsp. für Ungebühr:** Erscheinen in schmutziger Kleidung;[53] fortgesetztes Sitzenbleiben trotz Belehrung;[54] fraglich bei unangemessener Kleidung, weil sie Ausdruck der individuellen Persönlichkeit und Geschmacksvorstellung, nicht aber einer Missachtung des Gerichts ist; daher ist hier besonders zu prüfen, ob eine Störung des Verhandlungsablaufs vorliegt; Trunkenheit;[55] herabsetzende Äußerungen;[56] Bedrohung des Gerichts oder der Beteiligten; Telefonieren mit dem Handy und Verlassen des Gerichtssaals während der Vernehmung;[57] ausgestreckter Mittelfinger;[58] lautes Türenknallen;[59] Beleidigungen, jedoch zurückhaltend zu beurteilen und nicht mehr nach Entschuldigung.[60] Bei der Annahme ungebührlichen Verhaltens der Beteiligten ist stets deren eventuelle nervliche Anspannung im Hinblick auf die Bedeutung und den Ausgang des Rechtsstreits in die Abwägung der Verhältnismäßigkeit einzubeziehen.

15 **3. Rechtsbehelfe.** Gegen **sitzungspolizeiliche Maßnahmen des Vorsitzenden nach § 176 GVG** gibt es nach hM keine Rechtsmittel, auch nicht die Anrufung

49 OLG Düsseldorf 24.11.1993 – 1 Ws (Owi), 1034/93, MDR 1994, 297.
50 OLG Düsseldorf 10.4.1986 – 19 W 9/86, NJW 1986, 2516.
51 OLG Hamm 3.6.2008 – 1 WS 338/08, NStZ-RR 2009, 93.
52 OLG Düsseldorf 20.9.2000 – 2 WS 220/00, JMBl. NW 2001, 91.
53 OLG Düsseldorf 7.8.1985 – 1 Ws (Owi), 619/85, NJW 1986, 1505.
54 OLG Koblenz 28.2.1985 – 1 Ws 118/85, MDR 1985, 696.
55 OLG Düsseldorf 22.7.1988 – 1 Ws 584/88, NJW 1989, 241.
56 LSG Schleswig 7.9.1983 – L 1 Sb 9/83, MDR 1984, 260.
57 OLG Hamburg 26.6.1997 – 12 W 9/97, NJW 1997, 3452; anders wegen des Verlassens des Saales OLG Schleswig 15.8.1995 – 6 W 15/95, SchlHA 1995, 293.
58 OLG Koblenz 18.5.2007 – 4 W 365/07, OLGR Koblenz 2007, 682.
59 OLG Rostock 19.7.2005 – 3 W 53/05, OLGR Rostock 2006, 149.
60 OLG Stuttgart 14.11.1995 – 1 WS 202/95, Die Justiz 1996, 108.

des Gerichts.[61] Gegen Maßnahmen nach **§ 178 GVG** ist gemäß **§ 181 GVG** die **Beschwerde** binnen einer Woche zulässig. Der Wortlaut des § 181 GVG nennt **§ 177 GVG** nicht. Gleichwohl wird die Beschwerde von Einigen[62] auch dort für zulässig gehalten. Für eine Anwendbarkeit spricht die vergleichbare Interessenlage, dagegen der weiter gehende Rahmen der Ordnungsmittel nach § 178 GVG gegenüber den Maßnahmen nach § 177 GVG und der Wortlaut des § 181 GVG. **Im Sozialgerichtsverfahren** ist nach verbreiteter Auffassung statt der Beschwerde nach § 181 GVG die **nach § 172 SGG** binnen eines Monats gegeben mit der Maßgabe des § 177 für das LSG.[63] Für diese Auffassung spricht zwar § 175, der nur wegen einer aufschiebenden Wirkung auf die ZPO und das GVG verweist. Nach § 173 Satz 1 Hs. 2 SGG bleibt § 181 GVG jedoch unberührt. Daher gilt auch im Falle einer Beschwerde nach dem SGG nicht die Monatsfrist des § 173, sondern die Beschwerde ist **binnen einer Woche** nach Bekanntgabe der Entscheidung einzulegen (§ 181 Abs. 1 GVG). Beschwerdegericht ist im SG-Verfahren das LSG. Gegen dessen Maßnahmen ist gemäß § 177 SGG keine Beschwerde gegeben. Die Beschwerde hat gemäß § 175 Satz 1 SGG iVm § 181 Abs. 2 GVG keine aufschiebende Wirkung (→ § 175 Rn. 5).

IV. Gerichtssprache

1. Grundsatz. Nach **§ 184 GVG** ist die Gerichtssprache deutsch. In anderen 16
Sprachen eingelegte Rechtsbehelfe oder Schriftsätze sind grundsätzlich nach bisherigem Recht unbeachtlich und wahren keine Fristen, sofern nicht das EU-Recht oder internationale Verträge andere Bestimmungen enthalten.[64] Gerade im sozialgerichtlichen Verfahren, in dem die Durchsetzung sozialer Rechte nicht an formalrechtlichen Bestimmungen scheitern soll, ist dieser Grundsatz zumindest im Einzelfall zu hinterfragen, zB in Verfahren nach dem ZRBG. Nach Anl. I Kap. III Sachgebiet A Abschnitt III Ziff. 1 r des Einigungsvertrages haben die Sorben das Recht, vor Gericht sorbisch zu sprechen. Das Gericht ist nicht verpflichtet, Verfügungsschreiben, Anordnungen, Entscheidungen, Rechtsbehelfsbelehrungen in andere Sprachen zu übersetzen, damit sie im Verfahren verwendet werden können. Andererseits muss es auch nicht Übersetzungen fertigen lassen, soweit es selbst die Fremdsprache beherrscht.[65] Angesichts des europäischen Einigungsprozesses ist es angezeigt, eine Klagschrift, die in den europäischen Amtssprachen abgefasst ist, als rechtzeitig eingegangen anzusehen, wenn die deutsche Übersetzung alsbald nachgereicht wird, jedenfalls wenn es sich um eine Rechtsangelegenheit handelt, die europäisches Gemeinschaftsrecht zum Gegenstand hat.[66] Macht ein Beteiligter glaubhaft (§ 67 Abs. 2), dass er nicht in der Lage war, eine deutsche Übersetzung für Rechtsbehelfe oder Schriftsätze beizu-

61 BGH 11.2.1998 – StB 3/98, NJW 1998, 1420: jedenfalls wenn die Maßnahme keine Wirkung über die mündliche Verhandlung hinaus hat; Lückemann in Zöller § 176 GVG Rn. 9; Keller in Meyer-Ladewig/Keller/Leitherer/Schmidt § 60 Rn. 5 b; vgl. jedoch BVerfG 11.11.1992 – 1 BvR 1595/92, NJW 1992, 3288: Verfassungsbeschwerde zulässig (Art. 5 Abs. 1 Satz 2 GG).

62 Nachweise Lückemann in Zöller § 176 GVG Rn. 9.

63 Str., Keller in Meyer-Ladewig/Keller/Leitherer/Schmidt § 61 Rn. 6 und Stäbler in jurisPK-SGG Rn. 52: Beschwerde nach § 181 GVG binnen 1 Woche; Wolff-Dellen in Breitkreuz-Fichte, § 61 Rn. 50: Beschwerde nach § 172 binnen 1 Woche; wie hier Kopp/Schenke § 55 Rn. 8 mwN: Beschwerde gemäß § 146 VwGO.

64 BSG 22.10.1986 – 9 a RV 43/85, SozR 1500 § 61 Nr. 1.

65 OVG Bln-Bbg 19.7.2011 – OVG 2 N 82.09, juris.

66 Vgl. Keller in Meyer-Ladewig/Keller/Leitherer/Schmidt § 61 Rn. 7.

bringen, kann Wiedereinsetzung in den vorigen Stand in Betracht kommen. Art. 19 Abs. 4 und 103 Abs. 1 GG verbieten es, durch das Erfordernis der deutschen Sprache die Rechtsverfolgung unverhältnismäßig zu erschweren. Insbesondere darf der Anspruch Sprachunkundiger auf rechtliches Gehör nicht verkürzt werden.[67] Dies kann es im Einzelfall gebieten, von Amts wegen Übersetzungen zu fertigen, wenn der Sprachunkundige darlegt, dass er aus finanziellen oder sonstigen Gründen hierzu nicht in der Lage ist.[68] Der Grundsatz der deutschen Sprache steht der Verwendung lateinischer medizinischer Fachausdrücke nicht entgegen.[69] Die Zulässigkeit fremdsprachiger Schriftsätze oder Urkunden entwickelt sich im Zuge eines internationalisierten Sprachverständnisses hin zu einer Liberalisierung; der wohl überwiegende Teil der Judikatur hält jedoch noch an dem Grundsatz fest.[70]

17 **2. Dolmetscher.** In der mündlichen Verhandlung ist gemäß **§ 185 GVG** ein **Dolmetscher** zuzuziehen, wenn eine sprachunkundige Person an ihr teilnimmt, es sei denn, alle beteiligten Personen können sich in der Fremdsprache verständigen. Es ist Gegenstand tatrichterlicher Überzeugungsbildung, ob ein Beteiligter oder ein Zeuge nicht hinreichend der deutschen Sprache kundig ist und sich darin ausdrücken kann.[71] In der fremden Sprache wird kein Nebenprotokoll geführt, einzelne Aussagen sollen aber in der fremden Sprache im Protokoll oder in einer Anlage aufgenommen werden, wenn der Richter das für erforderlich erachtet, ggf. mit einer vom Dolmetscher zu beglaubigenden Übersetzung. Der Dolmetscher ist nach § 189 GVG zu beeidigen, wenn er nicht bereits allgemein nach den landesrechtlichen Vorschriften beeidigt wurde; in dem Fall genügt ein Hinweis auf diesen allgemeinen Eid (Abs. 2). Die **Eidesformel** geht dahin, „dass er treu und gewissenhaft übertragen werde" (Abs. 1). Durch Gesetz vom 2.7.2013 (GVBl I S. 1938) ist § 189 Abs. 4 angefügt worden. Danach ist der Dolmetscher darauf hinzuweisen, dass er über Umstände, die ihm bei seiner Tätigkeit zur Kenntnis gelangen, Verschwiegenheit wahren soll. Dies gilt zugleich für einen **Übersetzer.** Die Regelung setzt Art. 5 Abs. 3 RL 2010/64 EU um. Entsprechende Regelungen enthalten die meisten landesrechtlichen Dolmetschergesetze der Länder sowie Berufsordnungen. Die Beeidigung ist nur durch das Protokoll nachweisbar.[72] Ist der Eid unterblieben, ist nicht auszuschließen, dass das Urteil auf dem Fehler beruhen kann, hierzu bedarf es aber weiterer Anhaltspunkte.[73] Ist der Eid versehentlich unterblieben, kann ein dadurch verursachter Fehler des Urteils regelmäßig ausgeschlossen werden.[74] Als Dolmetscher kann gemäß § 190 GVG auch ein Urkundsbeamter der Geschäftsstelle beigezogen werden, der nicht zu beeidigen ist. Gemäß § 191 GVG gelten für Dolmetscher die Bestimmungen über die Ablehnung von Gerichtspersonen entsprechend. Durch Gesetz

---

67 BVerfG 23.4.1991 – 2 BvR 150/91, NJW 1991, 2208.
68 BVerfG 25.9.1985 – 2 BvR 881/85, NVwZ 1987, 785.
69 OLG Hamm, 22.4.2010 – III-2 RVs 13/10, NStZ-RR 2010, 348.
70 Die fristwahrende Wirkung eines fremdsprachigen Schriftsatzes grundsätzlich ablehnend noch BSG 22.10.1986 – 9 a RV 43/85, SozR 1500 § 61 Nr. 1; Fristwahrung, wenn dem Gericht innerhalb der Rechtsmittelfrist eine Übersetzung in deutscher Sprache vorliegt: LSG NRW 19.8.2014 – L 18 Kn 14/11, juris; fremdsprachige Anlagen ablehnend KG 19.6.2015 – 5 U 120/13, juris; OLG Schleswig 11.2.2015 – 3 Wx 90/14, NJW-RR 2015, 1224; bejahend für Urkunden OLG Koblenz 2.10.2014 – 6 U 1127/13, juris.
71 BSG 12.1.2017 – B 9 V 58/16 B, juris.
72 BGH 10.3.2005 – 4 StR 3/05, juris.
73 BGH 8.10.2013 – 4 StR 273/13, NStZ 2014, 356.
74 BGH 20.11.2013 – 4 StR 441/13, NStZ 2014, 228.

vom 25.4.2013 (BGBl. 2013 I 935) ist § 185 Abs. 1 a GVG eingefügt worden; danach ist die Anwesenheit des Dolmetschers im Verhandlungssaal nicht erforderlich, sondern er kann im Wege der Videokonferenz zugeschaltet werden.

3. Hör- und sprachbehinderte Personen. Bei der Beteiligung **tauber oder stummer Personen** erfolgt die Verständigung grundsätzlich in der von diesen gewünschten Weise mündlich oder schriftlich, hierfür hat das Gericht die technischen Hilfsmittel zu stellen. Ggf. ist gemäß **§ 186 GVG** eine Person zuzuziehen, mit deren Hilfe die Verständigung in anderer Weise erfolgen kann. Dies kann ein Gebärdendolmetscher oder eine andere vertraute Person sein, die in der Lage ist, die Verständigung sicherzustellen. Die Eidesleistung von **Personen, die der deutschen Sprache nicht mächtig sind**, erfolgt gemäß § 188 GVG in der ihnen geläufigen Sprache. Die taube oder stumme Person ist auf ihr Wahlrecht über die geeignete Kommunikation hinzuweisen. Ein Verstoß gegen diese Hinweispflicht stellt keinen absoluten Revisionsgrund dar.[75] Sofern erforderlich kann das Gericht eine Verständigung schriftlich oder per Dolmetscher verlangen. 18

4. Blinde und sehbehinderte Personen. Durch Art. 20 Nr. 5 OLGVertrÄndG vom 23.7.2002 (BGBl. 2002 I 2850) wurde **§ 191 a GVG** eingefügt (akt. Fassung des Gesetzes vom 31.8.2015, BGBl. 2015 I 1474). Danach **kann** eine **blinde oder sehbehinderte Person** nach Maßgabe einer gemäß Abs. 2 zu erlassenden Rechtsverordnung verlangen, dass die für sie bestimmten **gerichtlichen Schriftstücke** barrierefrei zugänglich gemacht werden, im Falle der Akteneinsicht auch die Akten. Das gilt in gleicher Weise, wenn der Prozessvertreter sehbehindert ist. Die **Rechtsverordnung** (Verordnung zur barrierefreien Zugänglichmachung von Dokumenten für blinde und sehbehinderte Personen im gerichtlichen Verfahren – ZMV – v. 26.2.2007, BGBl. 2007 I 215 idF vom 10.10.2013, BGBl. 2013 I 3786) ist vom Bundesministerium der Justiz und Verbraucherschutz mit Zustimmung des Bundesrates erlassen und regelt, unter welchen Voraussetzungen, in welcher Weise (§ 3) und in welchem Umfang (§ 4) die gerichtlichen Schriftstücke und **Schriftstücke der Beteiligten** der blinden oder sehbehinderten Person zugänglich gemacht werden müssen. Außerdem regelt sie deren Mitwirkungspflichten (§ 5). Der Anspruch auf Kenntnisgabe der gerichtlichen Schriftstücke beruht unmittelbar auf § 191 a Abs. 1 GVG, der auf Kenntnisgabe der Schriftstücke anderer Beteiligter nur gemäß Abs. 2 nach Maßgabe der Rechtsverordnung. **Auslagen** sind für die Übertragung nicht geltend zu machen (Abs. 1 Satz 2), und zwar auch nicht gegenüber dem Verfahrensgegner im Fall des § 197 a SGG.[76] Die Regelung des Auslagenverbots in Abs. 1 deutet darauf hin, dass es sich nur auf die Übertragung der gerichtlichen Schriftstücke bezieht, dass für die Übertragung der Schriftstücke der Beteiligten dagegen in der Rechtsverordnung eine Kostenregelung getroffen werden kann. Der Anspruch auf die besondere Kenntnisgabe ist gemäß § 191 a Abs. 1 Satz 1 GVG an die **Erforderlichkeit** geknüpft. Die Bedeutung des Schriftstücks und die Möglichkeit einer anderweitigen Kenntnisgabe sind dabei zu berücksichtigen, insbesondere im Falle eines unverhältnismäßigen Aufwandes.[77] Die Art der Kenntnisgabe ist von den Umständen abhängig, sie kann auch über EDV erfolgen (BT-Drs. 14/9266, 72). Durch Gesetz vom 10.10.2013 (BGBl. 2013 I 3786) ist § 185 Abs. 3 angefügt 19

75 BSG 17.8.2009 – B 11 AL 11/09 B, juris.
76 S. auch Nr. 9005 I KV-Anl. 1 zu § 11 Abs. 1 GVG.
77 Lückemann in Zöller § 191 a ZPO Rn. 2.

worden, der bestimmt, dass nach Einführung elektronischer Formulare im Sinne des § 65 c SGG diese nach Maßgabe der Standards des § 3 der Barrierefreie-Informationstechnik-Verordnung vom 12.9.2011 (BGBl. 2011 I 1843) in der jeweiligen Fassung zugänglich gemacht werden müssen. Ab 1.1.2018 bestimmt Abs. 3, dass elektronische Dokumente und die Übertragung auf einem sicheren Übertragungsweg für sehbehinderte Personen barrierefrei zu gestalten sind.

20 **5. Verfahrensverstoß.** Ein Verstoß gegen die §§ 184 ff. GVG kann eine Verletzung des Anspruchs auf rechtliches Gehör darstellen. Der Fehler ist geheilt, wenn die Verfahrenshandlung ohne Verstoß wiederholt wird.

V. Beratung und Abstimmung

21 **1. Beratung.** Das **Urteil** muss stets nach vorangegangener Beratung ergehen. Sie wird vom **Vorsitzenden geleitet, § 194 Abs. 1 GVG,** der die Fragen stellt und die Stimmen sammelt. Über Meinungsverschiedenheiten entscheidet das Gericht, § 194 Abs. 2 GVG. Die Beratung verlangt die persönliche physische Anwesenheit aller an der Entscheidung beteiligter Richter; eine Telefonkonferenz mit der Möglichkeit für alle Teilnehmer, die Beiträge aller anderen wahrzunehmen, kommt nur ergänzend in Betracht, etwa wenn nach erfolgter Beratung noch ein Schriftsatz eingegangen ist.[78] An der **Beratung** dürfen nach **§ 193 Abs. 1 GVG** außer den zur Entscheidung berufenen Richtern nur die bei demselben Gericht zu ihrer Ausbildung beschäftigten Personen und die dort beschäftigten wissenschaftlichen Hilfskräfte zugegen sein, soweit der Vorsitzende deren Anwesenheit gestattet. Eine unbefugte Teilnahme anderer Personen stellt eine Verletzung des **Beratungsgeheimnisses** (§ 43 DRiG) dar. Zur juristischen Ausbildung beschäftigt sind die **(Stations-)Referendare** oder **Teilnehmer der einstufigen Juristenausbildung,** nicht jedoch **Studenten,** selbst wenn sie bei Gericht ein von der Juristenausbildungsordnung vorgeschriebenes Praktikum ableisten.[79] Teilnahmeberechtigt sind die Referendare während der Zeit ihrer Zuweisung an das Gericht, eine Zuweisung an den erkennenden Spruchkörper ist nicht erforderlich. Nach hM zählen Assessoren, die an das Gericht zur Einweisung in die richterliche Tätigkeit überwiesen sind, ohne dass ihnen ein richterlicher Dienstleistungsauftrag übertragen worden ist (Proberichter), weder zu den zur Ausbildung beschäftigten Personen noch zu den wissenschaftlichen Hilfskräften und sind von der Teilnahme an der Beratung ausgeschlossen.[80] Auch **Protokollführern** oder den **Dienstaufsicht führenden Richtern oder Beamten der Justizverwaltung** iSd § 175 Abs. 3 GVG und **Vorberichterstattern** ist die Anwesenheit während der Beratung untersagt.[81] **Ausländischen hospitierenden Juristen** kann gemäß § 193 Abs. 2 GVG vom Vorsitzenden des Gerichts die Teilnahme an der Beratung gestattet werden, wenn sie nach § 193 Abs. 3 und 4 GVG zur Verschwiegenheit verpflichtet wurden. Eine kurze leise **Verständigung** des Spruchkörpers im Sitzungssaal stellt keine Beratung dar und verstößt daher nicht gegen § 193 GVG.

22 **2. Abstimmung.** Gemäß § 194 Abs. 1 sammelt der Vorsitzende die Stimmen ein. Nach **§ 195 GVG** darf kein Richter oder Schöffe (ehrenamtlicher Richter) die

78 BGH 29.11.2013 – BLw 4/12, NJW-RR 2014, 243.
79 HM; BGH 30.3.1995 – 4 StR 33/95, NJW 1995, 2645.
80 So BAG 22.2.1967 – 4 AZR 127/66, BAGE 19, 285; Wolff-Dellen in Breitkreuz-Fichte, § 61 Rn. 65; Schenke in Kopp/Schenke § 55 Rn. 12; aA Lückemann in Zöller § 193 GVG Rn. 5 mit dem Bemerken, die vorgenannte Entscheidung sei überholt.
81 BSG 18.11.1960 – 4 RJ 59/59, BSGE 13, 147.

Abstimmung über eine Frage verweigern, weil er bei der Abstimmung über eine vorhergehende Frage in der Minderheit geblieben ist. Daraus wird nach hM eine Pflicht des Richters zur Abstimmung entnommen mit der Möglichkeit zur Amtsenthebung nach § 22 bei Weigerung.[82] Eine Enthaltung ist damit nicht möglich und alle Richter sind zu einer Meinungsbildung verpflichtet. Bei der **Abstimmung** entscheidet gemäß **§ 196 Abs. 1 GVG** die absolute Mehrheit der Stimmen. Zur Mehrheitsbildung bei Entscheidungen über Summenbeträge s. § 196 Abs. 2 GVG: Sofern sich danach über Summen mehr als zwei Meinungen bilden, jedoch keine eine Mehrheit hat, werden die für die größte Summe abgegebenen Stimmen den für die zunächst geringere Summe so lange hinzugerechnet, bis sich eine Mehrheit ergibt. Die Reihenfolge der Abstimmung ergibt sich aus **§ 197 GVG:** ein Berichterstatter stimmt zuerst ab, der Vorsitzende zuletzt, auch wenn er selbst Berichterstatter ist, ehrenamtliche Richter stimmen im Übrigen vor Berufsrichtern ab, innerhalb dieser Gruppen erfolgt die Abstimmung nach dem Dienstalter, bei gleichem Dienstalter nach Lebensalter, jeweils mit dem Jüngsten beginnend.

3. Beratungsgeheimnis. Nach **§ 43 DRiG** haben Berufsrichter und nach § 45 23
Abs. 1 Satz 2 DRiG die ehrenamtlichen Richter über den Hergang bei der Beratung und Abstimmung **Stillschweigen** zu bewahren, und zwar auch nach Beendigung des Richterverhältnisses. Diese Regelung dient der Unabhängigkeit der Richter sowie der Autorität des Rechtsspruchs und des Gerichts. Eine Verletzung des Beratungsgeheimnisses ist ein Dienstvergehen, jedoch nicht gemäß §§ 353 b oder 353 d StGB strafbar. Das Beratungsgeheimnis verlangt auch, dass Entscheidungsgründe nicht so abgefasst werden, dass der Hergang der Beratung oder der Abstimmung auf diese Weise bekannt werden. Eine dissenting opinion ist in den Fachgerichtsbarkeiten nicht vorgesehen.

§ 62 [Rechtliches Gehör]

Vor jeder Entscheidung ist den Beteiligten rechtliches Gehör zu gewähren; die Anhörung kann schriftlich oder elektronisch geschehen.

I. Allgemeines

1. Entstehungsgeschichte. Die Vorschrift gilt in der Fassung vom 23.9.1975 1
(BGBl. 1975 I 2335) und vom 22.3.2005 (BGBl. 2005 I 837).

2. Parallelvorschriften. Die übrigen Prozessordnungen enthalten keine entspre- 2
chenden Vorschriften. Im SGG ist der Anspruch auf rechtliches Gehör über § 62

82 Vgl. Keller in Meyer-Ladewig/Keller/Leitherer/Schmidt § 61 Rn. 9 b; Stäbler in jurisPK-SGG § 61 Rn. 87.

SGG hinaus auch spezialgesetzlich geschützt, zB §§ 104 (Übersendung der Klageschrift und Aufforderung zur Äußerung), 105 Abs. 1 S. 2 (Anhörung vor Gerichtsbescheid), 107 (Mitteilung der Beweisergebnisse), 108 (Mitteilung des Inhalts vorbereitender Schriftsätze), 112 Abs. 1 Satz 1 (Darstellung des Sachverhalts in der mündlichen Verhandlung), 112 Abs. 2 (Erörterung der Sach- und Streitverhältnisse), 120 (Akteneinsicht), 127 (Urteil nach Beweisaufnahme), 128 Abs. 2 (Urteilsgrundlagen), 153 Abs. 4 Satz 2 (Zurückweisung der Berufung durch Beschluss). Eine Vielzahl von Verfahrensvorschriften, zB Ladungen, Bekanntgabe von Entscheidungen, Beiladung, zielen darauf ab, den Anspruch auf rechtliches Gehör durchzusetzen. Entsprechende Regelung im Verwaltungsverfahren: § 24 SGB X.

3 **3. Normzweck.** § 62 greift das grundrechtsgleiche prozessuale Recht des **Art. 103 Abs. 1 GG** auf; s. auch **Art. 6 Abs. 1 MRK.** Dieses besagt inhaltlich, dass niemand von einer gerichtlichen Entscheidung betroffen werden darf, ohne vorher angehört worden zu sein. Der Anspruch auf rechtliches Gehör dient dazu, ein faires Verfahren zu garantieren und die materiellen Rechte durchzusetzen. Er soll sicherstellen, dass die Entscheidung frei von Rechtsfehlern ergeht, die ihren Ursprung gerade in der unterlassenen Kenntnisnahme oder Nichtberücksichtigung des Sachvortrags der Beteiligten haben.[1] Damit steht der Anspruch mit dem Rechtsstaatsprinzip im Zusammenhang und ist Ausdruck der Menschenwürde gem. Art. 1 GG, indem er den Beteiligten im Verfahren die Subjektqualität sichert. Eine Verletzung begründet die **Verfassungsbeschwerde.** Durch Gesetz vom 9.12.2004 (Anhörungsrügegesetz, BGBl. 2004 I 3220) ist die **Anhörungsrüge** gemäß **§ 178 a** in das SGG eingefügt worden, mit der im Falle einer Verletzung des rechtlichen Gehörs der Verfahrensfehler gerügt werden kann, wenn der Fehler entscheidungserheblich war und ein Rechtsmittel gegen die Entscheidung, die eine Endentscheidung sein muss, nicht gegeben ist (vgl. Kommentierung zu § 178 a). Zur elektronischen Anhörung vgl. Kommentierung zu §§ 65 a, 65 b.

4 **4. Begriffsbestimmung. Rechtliches Gehör** bedeutet, dass die Beteiligten sich grundsätzlich vor Erlass einer Entscheidung in tatsächlicher und rechtlicher Hinsicht zur Sache äußern können. Nach § 128 Abs. 2 darf ein Urteil nur auf Tatsachen und Beweisergebnisse gestützt werden, zu denen sich die Beteiligten äußern konnten. Dies setzt einerseits voraus, dass sie vollständig über den Verfahrensstoff informiert werden und erkennen können, worauf es dem Gericht für die Entscheidung ankommt[2] und verlangt andererseits, dass das Gericht das Vorbringen zur Kenntnis nimmt und in seine Erwägungen einbezieht.[3] Daraus folgen drei Stadien der Rechtsverwirklichung:

- **Recht auf Information,**
- **Recht auf Äußerung,**
- **Recht auf Berücksichtigung.**[4]

---

1 BVerfG 1.8.1984 – 1 BvR 1387/83, SozR 1500 § 62 Nr. 16; BVerfG 30.4.2003 – 1 PBvU 1/02, SozR 4-1100 Art. 103 Nr. 1.
2 BVerfG 19.5.1992 – 1 BvR 986/91, BVerfGE 86, 133.
3 BVerfG 1.8.1994 – 1 BvR 1387/83, SozR 1500 § 62 Nr. 16; BSG 27.9.94 – 19 RAr 1/93, SozR 3-1500 § 62 Nr. 10.
4 Schmidt-Aßmann in Maunz-Dürig, Art. 103 Abs. 1 Rn. 66 ff.

Hinzu kommt notwendigerweise eine **Beteiligung am Verfahren**, vgl. Beiladung.[5] Das rechtliche Gehör ist **allen Beteiligten** iSd § 69 zu gewähren, also auch den Beigeladenen, unabhängig von deren Rechtsform (auch juristischen Personen). Nicht am Verfahren beteiligten Dritten steht das Recht nicht zu, auch dann nicht, wenn sie vom Ausgang des Rechtsstreits materiell betroffen sind, es sei denn, es ergeht eine Entscheidung gegen sie, zB ein Ordnungsgeldbeschluss gemäß § 21. Das Recht ist **nicht verzichtbar**, die Beteiligten brauchen es jedoch nicht wahrzunehmen. Daher ist es nicht erforderlich, dass sie sich tatsächlich äußern, es reicht aus, wenn sie die Möglichkeit dazu haben. Gemäß § 202 gilt auch im sozialgerichtlichen Verfahren **§ 295 ZPO** (→ § 160 Rn. 48). Danach kann ein Beteiligter auf die Befolgung einer Verfahrensvorschrift oder einer Vorschrift über die Form einer Prozesshandlung grundsätzlich verzichten und ist damit von der Rüge dieses Fehlers ausgeschlossen. Wenn auch der Anspruch auf rechtliches Gehör unverzichtbar ist, kann ein Beteiligter daher auf einzelne Verfahrenshandlungen, die der Gewährung rechtlichen Gehörs dienen (→ Rn. 2), verzichten.[6] Das Gleiche gilt, wenn der Beteiligte sich in einer nachfolgenden Verhandlung eingelassen und den Verfahrens- oder Formmangel nicht gerügt hat, obwohl er ihn kannte oder hätte kennen müssen. Der Grundsatz des rechtlichen Gehörs gilt in **allen Verfahrensarten**, unabhängig davon, ob mit oder ohne mündliche Verhandlung entschieden wurde, und auch für den einstweiligen Rechtsschutz. Daher ist grundsätzlich auch in Eilverfahren dem Verfahrensgegner Gelegenheit zur Stellungnahme zu geben, wenn dadurch nicht ganz überwiegende Rechte des Antragstellers vereitelt werden. Die verfassungsrechtliche Absicherung in Art. 103 Abs. 1 GG gebietet die Auslegungsregel, dass **im Zweifel dem Anspruch auf rechtliches Gehör Vorrang** vor anderen Verfahrensprinzipien einzuräumen ist. Der Anspruch kann im Einzelfall jedoch auch hinter andere Rechte zurücktreten; dies ist eine Abwägungsfrage. ZB kann im Verfahren des vorläufigen Rechtsschutzes von einer Stellungnahme des Antragsgegners abgesehen werden, wenn das Eilbedürfnis dies erfordert und eine – vorläufige – Rechtsverwirklichung andernfalls unmöglich ist; im PKH-Verfahren überwiegt das Persönlichkeitsrecht des Antragstellers hinsichtlich seiner persönlichen und wirtschaftlichen Verhältnisse; daher beschränkt sich die Stellungnahme des Verfahrensgegners auf die Erfolgsaussicht des Rechtsbehelfs, die Angaben über die persönlichen und wirtschaftlichen Verhältnisse sind ihm ohne Zustimmung des Antragstellers nicht zur Kenntnis zu geben. Der Grundsatz des rechtlichen Gehörs besagt nicht, dass die Beteiligten alles vortragen können, was sie selbst für wichtig halten, sondern dass das Gericht nur Tatsachen und Beweisergebnisse verwerten darf, zu denen die Beteiligten sich äußern können. Der Anspruch auf rechtliches Gehör geht mit dem Anspruch auf ein faires Verfahren und mit dem **Gleichbehandlungsgebot** einher. Wenn das Gericht daher – eventuell auch über das Mindestmaß hinaus – rechtliche Hinweise gibt, muss es dies gegenüber allen Beteiligten tun, um ihnen den gleichen Kenntnisstand zu geben. Mit dem Anspruch auf rechtliches Gehör steht **§ 191 a GVG Abs. 1** im Zusammenhang, der einer **blinden oder sehbehinderten Person** das Recht einräumt, Schriftsätze und andere Dokumente in einer für sie wahrnehmbaren Form einzureichen und zu verlangen, dass Schriftsätze und andere Dokumente für sie barrierefrei zugänglich gemacht werden. Auf diese Weise muss ihr auch der Akteninhalt zugänglich

5 BSG 6.3.1991 – 13/5 RJ 68/89, SozR 3-1500 § 62 Nr. 4.
6 Vgl. Greger in Zöller § 295 Rn. 5; vor § 128 Rn. 7 a.

gemacht werden. Dies gilt in gleicher Weise, wenn der Prozessbevollmächtigte sehbehindert ist. Auslagen werden für den barrierefreien Zugang nicht erhoben. Entsprechende Regelungen bestehen gemäß Abs. 3 für elektronische Dokumente. Gemäß Abs. 2 sind die näheren Ausgestaltungen in der **ZugänglichmachungsVO** v. 26.2.2007 (BGBl. 2007 I 215) idF des Gesetzes vom 10.10.2013 (BGBl. 2013 I 3736) geregelt.[7]

II. Inhalt des Anspruchs auf rechtliches Gehör

5 **1. Sachfragen/Rechtsfragen.** Der Umfang der aus dem Anspruch auf rechtliches Gehör abzuleitenden Rechte richtet sich nach den Verhältnissen des Einzelfalles, es verbietet sich eine pauschale Betrachtungsweise. Er muss sich an der Schutzfunktion des Anspruchs orientieren. Die erkennbaren Bedürfnisse und Interessen aller Beteiligter, deren Schutz sowie das Erfordernis, den Rechtsstreit zügig durchzuführen, sind gegeneinander abzuwägen. Nach **§ 112 Abs. 2 Satz 2** hat der Vorsitzende mit den Beteiligten das Sach- und Streitverhältnis zu erörtern und dahin zu wirken, dass sie sich über erhebliche **Tatsachen** vollständig erklären sowie angemessene und sachdienliche **Anträge** stellen (→ § 112 Rn. 10, → § 106 Rn. 5–8). Damit erstreckt sich der Anspruch auf rechtliches Gehör grundsätzlich nur auf **Tatsachenerhebungen**,[8] zu Beweisergebnissen nur dann, wenn anderenfalls eine Überraschungsentscheidung vorläge,[9] grundsätzlich jedoch nicht auf **Rechtsfragen.**[10] Nach wie vor wird es von der Rechtsprechung nicht für zwingend angesehen, mit den Beteiligten ein Rechtsgespräch zu führen; § 139 ZPO, der auch eine rechtliche Erörterung des Sach- und Streitverhältnisses verlangt, ist im sozialgerichtlichen Verfahren nicht entsprechen anwendbar (eine rechtliche Erörterung ist auch nach §§ 104 Abs. 1 VwGO und 93 Abs. 1 FGO erforderlich).[11] Dieser Grundsatz tritt jedoch zunehmend in den Hintergrund und die Erörterung rechtlicher Fragen in der mündlichen Verhandlung wird als selbstverständlich erachtet. Das BSG stellt darauf ab, dass zwischen § 139 ZPO und § 106 Abs. 1 SGG kein Unterschied besteht.[12] Ein sinnvoller Vortrag über die Tatsachen und die Möglichkeit einer sachlichen Antragstellung erfordern, dass das Gericht die Beteiligten orientierend über die rechtlich relevanten Punkte des Rechtsstreits informiert, insbesondere wenn zu erkennen ist, dass diesen die rechtlichen Voraussetzungen nicht geläufig sind. Die Beteiligten haben das Recht, sich nicht nur zu den Tatsachen, sondern zu der Rechtslage zu äußern und das Gericht hat sie hierzu anzuhören[13] und diese ihnen zumindest orientierend darzustellen. Das Gericht muss nicht im Rahmen einer allgemeinen Aufklärungspflicht auf die **einschlägigen Rechtsvorschriften** hinweisen,[14] insbesondere nicht auf seine bestehende Rechtsauffassung. Denn diese entwickelt sich

---

7 Zu den Rechten behinderter Personen → § 61 Rn. 18; BSG 18.6.2014 – B 3 P 2/14 B, SozR 4-1500 § 72 Nr. 4.
8 BSG 27.2.1991 – 5 RJ 30/89, SozR 3-1500 § 62 Nr. 3.
9 BSG 17.2.2016 – B 6 KA 44/15 B, juris.
10 In den Einzelheiten und im Umfang umstritten, vgl. Kopp/Schenke § 108 Rn. 21.
11 BVerfG 19.5.1992 – 1 BvR 986/91, BVerfGE 86/133; BSG 2.4.2009 – B 2 U 281/08 B, Rn. 6, juris; Keller in Meyer-Ladewig/Keller/Leitherer/Schmidt § 62 Rn. 8 e.
12 BSG 21.9.2000 – B 11 AL 7/00 R, SozR 3-4100 § 128 Nr. 10.
13 BVerfG 19.5.1992 – 1 BvR 986/91, BVerfGE 86, 133.
14 BVerfG 15.9.1986 – 1 BvR 669/86, SozR 1500, § 62 Nr. 19.

erst in der Beratung.[15] Hat das Gericht sich zu der Rechtslage in bestimmter Weise geäußert, stellt es einen Verstoß gegen das rechtliche Gehör in Form einer Überraschungsentscheidung dar, wenn es die Entscheidung auf eine andere Rechtsauffassung stützt, ohne die Beteiligten zuvor angehört zu haben. Die Beteiligten haben einen Anspruch darauf, dass das Gericht ihnen alle eingeholten Tatsachen und Beweisergebnisse mitteilt, nicht jedoch auf die Bekanntgabe, welche Schlüsse es daraus ziehen will, insbesondere welche Beweiswürdigung es vornehmen wird.[16] Allerdings stellt es eine Verletzung des Anspruchs auf rechtliches Gehör dar, wenn das Gericht der Aussage eines Sachverständigen nicht folgt, sondern aus eigener Sachkunde und unter Auswertung allgemein zugänglicher Erkenntnisquellen eine Entscheidung trifft, ohne die Beteiligten zuvor auf die Sachkunde oder die Erkenntnisquellen hinzuweisen.[17] Ein Hinweis ist nicht erforderlich, wenn das Gericht von der Einschätzung des GdB durch den Sachverständigen abweicht, da diese eine tatrichterliche Würdigung ist.[18] Insbesondere stellt es keine Gehörsverletzung dar, wenn das Gericht in der mündlichen Verhandlung erklärt, es werde von der Einschätzung des GdB durch den Sachverständigen abweichen.[19] Die Gehörsgewährung umfasst den Anspruch der Beteiligten sich vor der Entscheidung zu dem ihr zugrunde liegenden Sachverhalt zu äußern.[20] Der Anspruch ist verletzt, wenn die Beteiligten keine Gelegenheiten erhalten, Fragen an einen Sachverständigen zu richten.[21] Das Gericht ist nicht verpflichtet, vor der Entscheidung auf die in Aussicht genommene Beweiswürdigung hinzuweisen.[22] **Überraschungsentscheidungen**, in denen bislang nicht angesprochene Gesichtspunkte dem Rechtsstreit eine neue, bislang unvorhergesehene Wendung geben, stellen einen Verstoß gegen das rechtliche Gehör dar.[23] Hierzu muss das Gericht die Beteiligten anhören, es sei denn, dass eine Rechtsfrage zwar nicht vom Gericht, wohl aber von den Beteiligten in den Schriftsätzen angesprochen worden und damit bekannt ist.[24] Das Gericht darf seine Entscheidung nicht auf unerörterte tatsächliche oder rechtliche Gesichtspunkte stützen, wenn das Verfahren dadurch eine andere Wendung nimmt.[25] Es stellt keine Verletzung des rechtlichen Gehörs dar, wenn der Vorsitzende in der Verhandlung eine Rechtsansicht äußert, das Gericht dann jedoch anders entscheidet, denn es handelte sich dann erkennbar um seine Einzelmeinung.[26] Sinnvollerweise sollte der Vorsitzende jedoch darauf hinweisen, dass es sich um seine Meinung han-

15 BVerfG 19.5.1992 – 1 BvR 986/91, BVerfGE 86, 133; BSG 3.4.2014 – B 2 U 308/13 B, juris; weitergehend BSG 4.9.2013 – B 12 KR 13/11 R, SozR 4-2500 § 5 Nr. 21: Hinweispflicht, wenn Rechtsauffassung fern lag und Beteiligte nicht mit ihr rechnen musste.
16 BSG 10.7.2015 – B 13 R 170/15 B, juris; BSG 17.7.2007 – B 6 KA 14/07 B, juris; zur Beweiswürdigung BSG 29.5.2015 – B 13 R 129/15 B, juris.
17 BSG 15.9.2011 – B 2 U 157/11 B, juris.
18 BSG 20.4.2015 – B 9 SB 98/14 B, juris.
19 BSG 20.2.2019 – B 9 SB 67/18 B, juris Rn. 10.
20 BVerfG 8.2.1994 – 1 BvR 765/89, BVerfGE 89, 381.
21 BSG 16.10.2019 – B 13 R 153/18, juris Rn. 9; BSG 7.8.2014 – B 13 R 439/13 B, juris.
22 BSG 1.7.2019 – B 9 SB 19/19 B, juris Rn. 6.
23 BSG 12.12.1990 – 11 RAr 137/89, SozR 3-4100 § 103 Nr. 4.
24 Vgl. auch zu Schlussfolgerungen aus Beweisergebnissen BSG 12.12.1990 – 11 RAr 137/89, SozR 3-4100 § 103 Nr. 4: Hinweis bei überraschender Würdigung erforderlich; 28.2.1991 – 2 BU 191/90: keine allgemeine Pflicht, auf beabsichtigte Beweiswürdigung hinzuweisen.
25 BVerfG 12.6.2003 – 1 BvR 2285/02, NJW 2003, 2524; BSG 7.8.2014 – B 13 R 441/13 B, juris.
26 BSG 21.6.2000 – B 5 RJ 24/00 B, SozR 3-1500 § 112 Nr. 2.

delt, die innerhalb des Spruchkörpers noch nicht abgesprochen ist. Anders, wenn die Rechtsauffassung als Gerichtsmeinung bezeichnet wurde. Wird ein neuer Gesichtspunkt erörtert und beantragt ein Beteiligter, hierzu noch vortragen und Informationen Dritter einholen zu können, so ist ihm eine angemessene Frist zur Stellungnahme einzuräumen, die wenigstens 2 Wochen betragen sollte, sofern der Antrag nicht missbräuchlich gestellt worden ist.[27]

6 **2. Akteninhalt, Vortrag der Beteiligten.** Eine Verletzung des rechtlichen Gehörs liegt dann vor, wenn eine **Akteneinsicht** ohne rechtliche Begründung versagt wird, vgl. § 120. Der Umfang des Rechts auf Akteneinsicht gestaltet sich nach den Umständen des Einzelfalls (→ § 120 Rn. 4 ff.). Der Anspruch auf rechtliches Gehör ist verletzt, wenn das Gericht Akten beigezogen hat, ohne dies den Beteiligten mitzuteilen.[28] Alle beigezogenen Urkunden müssen den Beteiligten zur Kenntnis gegeben werden einschließlich der eingeholten Befundberichte oder schriftlichen Aussagen.[29] Dies gilt ebenso für die Schriftsätze der Gegenseite.[30] Der Anspruch auf rechtliches Gehör ist verletzt, wenn die Beteiligten über den Inhalt **eingeholter Auskünfte** oder **Beweisergebnisse** nicht in Kenntnis gesetzt werden. Dabei hat das Gericht sich zu vergewissern, ob die Beteiligten ihr Recht wahrnehmen konnten. Nach einer formlosen schriftlichen Anhörung kann es bei fehlender Äußerung nicht davon ausgehen, dass alle Verfahrensbeteiligten Gelegenheit zur Stellungnahme hatten.[31] **Die Frist für die Stellungnahme** muss dem Umfang des Gegenstandes, zu dem sie erfolgen soll, angemessen sein. Nach einem Gutachten ist es den Beteiligten regelmäßig auf Verlangen zu ermöglichen, sich vor Abgabe einer Stellungnahme sachkundig beraten zu lassen.[32] Im Verfahren über die **Ablehnung eines Richters** stellt dessen dienstliche Äußerung keinen innerdienstlichen Vorgang dar, sondern ist den Beteiligten zur Kenntnis zu geben, da deren Recht auf den gesetzlichen Richter betroffen ist.[33] Eine Verletzung des rechtlichen Gehörs liegt dann vor, wenn das Gericht **Schriftsätze** der Beteiligten selbst nicht zur Kenntnis genommen oder berücksichtigt hat. Dies ist regelmäßig an der Begründung des Urteils erkennbar. Allerdings besteht keine Verpflichtung des Gerichts, sich mit jedwedem Vortrag der Beteiligten im Urteil auseinander zu setzen, wenn dieser offensichtlich unerheblich ist oder sich aus dem Urteil auch ohne Erwähnung zweifelsfrei ergibt, dass das Gericht den Vortrag für unerheblich gehalten hat.[34] Vielmehr ist regelmäßig davon auszugehen, dass es die Ausführungen der Beteiligten zur Kenntnis genommen und bei der Entscheidung abgewogen hat. Diese Vermutung besteht erst dann nicht mehr, wenn die Umstände des Einzelfalls dagegen sprechen.[35] Es liegt eine Verletzung vor, wenn das Berufungsgericht auf **neues**, erhebliches, in den Entscheidungsgründen des angefochtenen Urteils nicht behandeltes **rechtliches oder tatsächliches Vorbringen** eines Beteiligten oder auf Einwendungen, die erstmals gegen die angefochtene Entscheidung vorgebracht werden, nicht eingeht, sondern gemäß

27 BSG 23.10.2003 – B 4 RA 37/03 B, SozR 4-1500 § 62 Nr. 1.
28 BSG 12.12.1984 – 7 RAr 88/83, juris.
29 BSG 31.3.2004 – B 4 RA 224/03 B, SozR 4-1500 § 118 Nr. 1.
30 BSG 24.4.2008 – B 9 SB 78/07 B, SozR 4-1500 § 158 Nr. 3.
31 BSG 21.6.2000 – B 4 RA 71/99 R, SozR 3-1500 § 62 Nr. 22.
32 BSG 19.3.1991 – 2 RU 28/90, SozR 3-1500 § 62 Nr. 5.
33 BVerfG 8.6.1993 – 1 BvR 878/90, SozR 3-1500 § 60 Nr. 2.
34 BSG 2.9.2009 – B 6 KA 44/08 R, SozR 4-2500 § 103 Nr. 6.
35 BVerfG 1.8.1984 – 1 BvR 1387/83, SozR 1500 § 62 Nr. 16.

§ 153 Abs. 2 auf die vorinstanzlichen Entscheidungsgründe Bezug nimmt.[36] Dies gilt ebenso, wenn das Gericht **gutachterliche Äußerungen** ohne eine weitere Auseinandersetzung mit wesentlichen abweichenden Stellungnahmen der Beteiligten übernimmt[37] oder wenn es keinem gehörten Sachverständigen folgt, sondern seine Entscheidung allein auf die eigene Auswertung der unfallmedizinischen Literatur stützt.[38] Um dem Eindruck der Nichtberücksichtigung entgegen zu wirken, empfiehlt es sich, das Vorbringen der Beteiligten – auch zu Rechtsfragen – jedenfalls in zusammenfassender Form im Tatbestand darzustellen. Eine Verletzung liegt auch vor, wenn das Gericht **Schriftsätze** unberücksichtigt lässt, weil die nötigen **Abschriften** für die übrigen Beteiligten nicht beigefügt waren.[39] Ist ein Schriftsatz unleserlich, hat das Gericht die Beteiligten darauf hinzuweisen, um ihnen so Gelegenheit zu geben, dem Mangel abzuhelfen.[40] Eine Hinweispflicht besteht auch, wenn der schriftsätzliche Vortrag und die dazu eingereichten Unterlagen widersprüchlich sind.[41] Ebenfalls ist eine Verletzung gegeben, wenn das Gericht selbst eine **Frist** für die Abgabe zur Stellungnahme setzt und vor deren Ablauf entscheidet.[42] Das Gericht hat alle bis zur Entscheidung eingegangenen **Schriftsätze** zu berücksichtigen, selbst wenn diese erst in der mündlichen Verhandlung übergeben werden oder unmittelbar zuvor bei Gericht eingehen. Maßgeblich ist, ob es bei **ordnungsgemäßem Geschäftsgang** möglich ist, dass das Gericht Kenntnis von dem Schriftsatz erlangt. Ist ein Urteil bereits beschlossen, aber noch nicht verkündet, muss das Gericht einen Schriftsatz zur Kenntnis nehmen und eine Wiedereröffnung der mündlichen Verhandlung prüfen.[43] Der Anspruch auf rechtliches Gehör ist verletzt, wenn dem Gericht ein am Vortag nach Dienstschluss per Telefax übermittelter Schriftsatz bis zum Schluss der mündlichen Verhandlung am Morgen nicht vorgelegt und deshalb bei der Entscheidung nicht berücksichtigt wird.[44] Auf ein **schuldhaftes Verhalten** kommt es nicht an, es reicht eine objektive Verletzung des Anspruchs auf rechtliches Gehör. Dabei ist nicht nur der Spruchkörper, sondern das ganze Gericht einschließlich Geschäftsstellen und Wachtmeisterei dafür verantwortlich, dass der Anspruch gewahrt wird.[45] Im Falle von Entscheidungen im schriftlichen Verfahren ist für die Berücksichtigung eingehender Schriftsätze statt auf den Schluss der mündlichen Verhandlung auf den Zeitpunkt abzustellen, bis zu dem eine getroffene Entscheidung noch geändert werden kann, regelmäßig also darauf, dass die Geschäftsstelle die Entscheidung zum Zweck der Zustellung herausgegeben hat.[46]

3. Teilnahme an der mündlichen Verhandlung. Der Durchsetzung des Anspruchs auf rechtliches Gehör dient besonders die **mündliche Verhandlung.** Da- 7

36 BSG 14.11.1996 – 2 RU 15/96, SozR 3-1500 § 62 Nr. 15.
37 BVerfG 7.10.1996 – 1 BvR 520/95, NJW 1997, 122.
38 BSG 18.1.2011 – B 2 U 5/10 R, NZS 2011, 910.
39 BSG 18.1.1962 – 1 RA 247/59, SozR Nr. 15 zu § 62 SGG.
40 OLG Oldenburg 12.3.1992 – Ss 41/92, NJW 1992, 2906.
41 BGH 24.2.2003 – II ZR 322/00, NJW-RR 2003, 742.
42 BVerwG 15.8.1991 – 4 C 11/90, NJW 1992, 327; BGH 12.3.2004 – V ZR 37/03, NJW 2004, 2019 zu dem Erlass eines Anerkenntnisurteils im schriftlichen Verfahren vor dem anberaumten Verkündungstermin.
43 Dazu und zum Verfahren BGH 1.2.2002 – VZR 357/00, NJW 2002, 1426.
44 BSG 6.10.1999 – B 1 KR 7/99 R, SozR 3-1500 § 62 Nr. 20.
45 BSG 27.2.1985 – 12 RK 63/84, SozR 1500 § 62 Nr. 17; vgl. auch zur Weiterleitung eines Terminsverlegungsantrags BSG 28.5.2003 – B 3 KR 33/02 R, NZA 2003, 1266.
46 Vgl. BVerfG 4.8.1992 – 2 BvR 1129/92, NVwZ 1993, 159.

her verlangt die Entscheidung durch Gerichtsbescheid die vorherige Anhörung der Beteiligten (§ 105 Abs. 1 Satz 2; → § 105 Rn. 7), ebenso die Zurückweisung der Berufung durch Beschluss gemäß § 153 Abs. 4 Satz 2 (→ § 153 Rn. 33) im Falle einer einstimmig angenommenen Unbegründetheit. Zu einer Entscheidung ohne mündliche Verhandlung müssen die Beteiligten ihr Einverständnis erklären (§ 124 Abs. 2). Sind die Voraussetzungen dieser Verfahrensgestaltungen (→ § 105 Rn. 4, → § 153 Rn. 32, → § 124 Rn. 9 ff.) nicht erfüllt, ist der Anspruch auf rechtliches Gehör verletzt.[47] Eine Verletzung kann ferner vorliegen, wenn ein Beteiligter gehindert ist, an einer **mündlichen Verhandlung teilzunehmen.** Dieser Grundsatz reicht jedoch nicht so weit, dass das Gericht sämtliche Voraussetzungen schaffen muss, um die Teilnahme zu ermöglichen. Es ist keine **Anordnung des persönlichen Erscheinens** erforderlich, damit ein Beteiligter den Anspruch auf Erstattung seiner Fahrkosten erhält. Der Anspruch auf rechtliches Gehör kann aber die Anordnung des persönlichen Erscheinens erfordern, wenn ein Beteiligter erkennbar nicht in der Lage ist, sein Begehren schriftlich vorzutragen oder zu begründen.[48] Fehlt es an einer ordnungsgemäßen Terminsmitteilung (zu den Voraussetzungen → § 110 Rn. 5, 6, 10) und ist ein Beteiligter deshalb nicht erschienen, ist das rechtliche Gehör verletzt. Die ordnungsgemäße Ladung ist in der mündlichen Verhandlung oder vorher bei Nichterscheinen daher zu prüfen, allerdings ist es für den Anspruch auf rechtliches Gehör unerheblich, ob – wie allgemein üblich – das Ergebnis dieser Überprüfung in der Sitzungsniederschrift aufgenommen wird. Maßgeblich ist allein die Tatsache der erfolgten Ladung. Eine Verletzung liegt dann nicht vor, wenn die Beteiligten trotz ordnungsgemäßer **Ladung** nicht erscheinen, keine angemessene Zeit auf den Verhandlungsbeginn warten oder sich aus der Verhandlung entfernen. Es ist regelmäßig zumutbar, dass die Beteiligten sich im Falle einer Verzögerung über den Verhandlungsbeginn informieren und auf eigene Terminskollisionen hinweisen. Die **Ladungsfrist**, das heißt die Frist zwischen dem Zugang der Ladung und dem Termin zur mündlichen Verhandlung oder Erörterung, soll gemäß § 110 Abs. 1 S. 1 im Sozialgerichtsverfahren regelmäßig zwei Wochen betragen. Über § 202 gelten ferner die Mindestfristen des § 217 ZPO[49] (→ § 110 Rn. 14). Hat ein Verfahrensbeteiligter unverschuldet die Ladung zur mündlichen Verhandlung nicht erhalten, ist eine Terminsverlegung erforderlich. Bei kurzfristiger **Abwesenheit** (zB **Urlaub**) braucht kein Beteiligter Vorkehrungen zur Erreichbarkeit durch das Gericht zu treffen. Eine Verhinderung nach Rückkehr unmittelbar vor der Verhandlung ist dann unverschuldet. Verschulden ist jedoch anzunehmen, wenn der Beteiligte voraussehbar häufiger oder längerfristig abwesend ist.[50] Ist das persönliche Erscheinen des Klägers zur mündlichen Verhandlung angeordnet und teilt er begründet seine Verhinderung mit, kann er darauf vertrauen, dass er Gelegenheit zur Äußerung vor einer Entscheidung erhalten wird, ohne dass er einen Vertagungsantrag stellt.[51] Das Gericht muss ihn informieren, wenn es gleichwohl entscheiden will. Solange ein Termin zur mündlichen Verhandlung

47 BSG 8.4.2014 – B 8 SO 59/13 B, juris zur Entscheidung gemäß § 153 Abs. 4 über einen Bescheid, der nicht Gegenstand des erstinstanzlichen Verfahrens war.
48 BSG 2.10.2014 – B 9 SB 65/14 B, juris.
49 Ladungsfrist von 1 Woche im Anwaltsprozess, im Übrigen mindestens 3 Tage; BSG 19.3.1992 – 12 RK 62/91, SozR 3-1500 § 62 Nr. 9.
50 BSG 28.8.1991 – 7 BAr 50/91, SozR 3-1500 § 160 a Nr. 4 zur Abwesenheit im Ausland als Fernfahrer; ebenso BVerfG 6.10.1992 – 2 BvR 805/91, NJW 1993, 847.
51 BSG 1.8.1978 – 7 RAr 42/77, SozR 1500 § 62 Nr. 8.

nicht aufgehoben worden ist, müssen die Beteiligten davon ausgehen, dass er trotz eines Aufhebungsantrags stattfindet.[52] Anträge auf Terminsverlegung sind vor der mündlichen Verhandlung zu bescheiden; eine wirksame Bescheidung setzt die Bekanntgabe der Entscheidung vor der mündlichen Verhandlung voraus, die wenigstens per Telefon oder Fax erfolgen kann. Notfalls ist die Sache am Verhandlungstag auf einen späteren Zeitpunkt zu verschieben.[53] Das gilt auch dann, wenn der Antrag auf Terminsverlegung erst am Sitzungstag bei Gericht eingeht, es sei denn, es ist nach den Umständen des Einzelfalls ausgeschlossen, dass der Antrag das Gericht erreicht.[54] Nach **§ 227 ZPO** haben die Beteiligten in erheblichen Fällen einen Anspruch auf **Terminsverlegung**. Zur Auslegung des unbestimmten Rechtsbegriffs eines erheblichen Grundes → § 110 Rn. 16 ff. Er kennzeichnet das Spannungsverhältnis zwischen dem Anspruch des rechtlichen Gehörs der Beteiligten, ihrer Obliegenheit, sich in zumutbarer Weise um die Durchführung des Verfahrens zu bemühen und dem Gebot für das Gericht, das Verfahren zügig und ökonomisch durchzuführen. Liegt ein wichtiger Grund im Sinne des § 227 ZPO vor, ist das Gericht ohne Ermessensausübung zur Terminsaufhebung verpflichtet.[55] Legt ein **Prozessbevollmächtigter** nach Erhalt der Ladung zum Termin das Mandat nieder und ist der Kläger aus besonderen Gründen nicht in der Lage, rechtzeitig einen neuen Prozessbevollmächtigten zu bestellen oder selbst an der Verhandlung teilzunehmen, ist auf Antrag die Verhandlung zu verlegen.[56] Nach VGH BW[57] kann sich ein Beteiligter in jeder Phase des Verfahrens, das er zunächst selbst betrieben hat, durch einen Rechtsanwalt vertreten lassen. Ein bereits bestimmter Termin zur mündlichen Verhandlung ist auf Antrag zu verlegen, wenn dem neuen Prozessbevollmächtigten die Terminswahrnehmung nicht möglich ist. Allerdings gilt dies nicht uneingeschränkt. Bei einer langen Ladungsfrist von mehreren Wochen oder einer langen Verfahrensdauer entspricht es der Sorgfaltspflicht des Beteiligten, sich rechtzeitig um eine Vertretung zu kümmern; eine Mandatserteilung unmittelbar vor dem Termin kann einen Sorgfaltsverstoß darstellen. Dies ist abhängig vom Einzelfall, der sich auch danach entscheidet, wie verfahrensgewandt der Beteiligte ist. Grundsätzlich stellt es eine Verweigerung des rechtlichen Gehörs dar, wenn dem Verlegungsantrag wegen **plötzlicher Erkrankung** des Prozessbevollmächtigten[58] oder wegen dessen **Terminskollision**[59] nicht stattgegeben wird. Allerdings sind hier die Umstände des Einzelfalls zu berücksichtigen. Grundsätzlich sind Rechtsanwälte verpflichtet, sich bei Verhinderung vertreten zu lassen.[60] Dies gilt insbesondere, wenn mehrere Rechtsanwälte sich zu einer Sozietät zusammengeschlossen haben. Das vielfache Argument, der betreffende Rechtsanwalt sei der einzige Sachbearbeiter der Angelegenheit, kann nicht durchgreifen, denn regelmäßig ist die Vollmacht vom Beteiligten auf die gesamte Sozietät ausgestellt, die zudem

---

52 BSG 8.5.2015 – B 13 R 4/15 B, juris.
53 BSG 12.9.2019 – B 9 V 53/18, juris Rn. 14.
54 BSG 12.5.2017 – B 8 SO 69/16 B, juris Rn. 16.
55 BSG 26.6.2014 – B 2 U 75/14 B, juris.
56 BSG 25.1.1974 – 10 RV 375/73, SozR 1500 § 62 Nr. 1.
57 VGH BW 23.1.2001 – 7 S 2589/00, NVwZ 2002, 233.
58 BSG 6.12.1983 – 11 RA 30/83, SozR 1750 § 227 Nr. 2.
59 BSG 10.8.1995 – 11 RA 51/95, SozR 3-1750 § 227 Nr. 1.
60 S. Einzelheiten zu § 110; aA Leitherer in Meyer-Ladewig/Keller/Leitherer/Schmidt § 110 Rn. 5; abw. BSG 25.11.1992 – 2 BU 159/92, SGb 1993, 644 m. Anm. Plagemann: Vertagung nur bei plötzlicher Verhinderung erforderlich.

mit der Mehrzahl oder Vielzahl von Sozien werbend auftritt. Anders kann dies bei besonders **komplexen Rechtsstreitigkeiten** oder **speziellen Rechtsfragen** sein, für die eine lange Einarbeitung erforderlich wäre, ebenso bei einer plötzlichen Verhinderung. Bleibt dem anderen Mitarbeiter der Kanzlei nicht genügend Zeit zur Einarbeitung in die Sach- und Rechtslage oder überwiegt aus sonstigen Gründen das Interesse an der Terminswahrnehmung durch den die Sache bearbeitenden Mitarbeiter das Interesse des Gerichts an der Beschleunigung des Verfahrens, besteht ein erheblicher Grund zur Terminsaufhebung.[61] Allein die Ankündigung, zu dem Termin nicht erscheinen zu können, stellt noch keinen wichtigen Grund für die Terminsverlegung dar.[62] Maßgeblich ist auch, ob der Verlegungsantrag unmittelbar nach der Ladung oder erst kurz vor dem Termin gestellt wird, denn im Fall eines frühzeitigen Antrags kann das Gericht noch eine andere Sache laden.[63] Aus denselben Gründen wie eine Terminsverlegung kann gemäß § 127 ZPO auch eine **Vertagung** in Betracht kommen, also die Beendigung des begonnenen Termins vor der Entscheidungsreife und idR erneute Ladung, über die der gesamte **Spruchkörper** zu entscheiden hat. Ein Beteiligter hat alles in seinen Kräften Stehende zu tun, um den Termin und damit sein rechtliches Gehör wahrnehmen zu können.[64] Das Gericht ist grundsätzlich berechtigt, die **Verhandlung pünktlich zu beginnen**. Erforderlich ist jedoch, bei unentschuldigtem Nichterscheinen eines Beteiligten eine **angemessene Zeit zu warten**, insbesondere auch dann, wenn Beteiligte oder Prozessbevollmächtigte die Verspätung mitgeteilt haben oder sie sonst bekannt ist. In dem Fall besteht eine Verpflichtung zum Warten oder zur Vertagung. Die Wartefrist muss mindestens 15 Minuten betragen;[65] wenn dem Gericht darüber hinaus bekannt ist, dass ein Beteiligter unter besonderen Schwierigkeiten versucht den Termin wahrzunehmen, 30 Minuten. Erscheinen Beteiligte unverschuldet verspätet und ist die mündliche Verhandlung bereits geschlossen, jedoch noch keine Entscheidung verkündet, muss sie wieder eröffnet werden.[66] Eine Verletzung des rechtlichen Gehörs liegt stets dann vor, wenn das Gericht den Eindruck erweckt hat, die Beteiligten noch zu Wort kommen zu lassen, dies jedoch nicht umsetzt. Das gilt insbesondere, wenn es eine **Äußerungsfrist** gesetzt hat, jedoch vor Ablauf der Frist eine Entscheidung trifft.[67] Übergeht das Gericht einen Antrag auf Bewilligung eines Reisekostenzuschusses für die Teilnahme an der mündlichen Verhandlung, stellt dies bei einem mittellosen und nicht vertretenen Beteiligten die Verletzung der Gewährung rechtlichen Gehörs dar.[68] Hat ein Beteiligter erklärt, im Termin nicht erscheinen zu wollen und auf die mündliche Verhandlung verzichtet, kann er – jedenfalls bei anwaltlicher Vertretung – nicht mit Erfolg eine Gehörsrüge erheben.[69]

---

61 BSG 11.2.2015 – B 13 R 443/13 B, juris; BSG 7.8.2015 – B 13 R 172/15 B, juris: Verletzung, wenn eine nicht zu beseitigende Terminsüberlagerung nicht berücksichtigt wird.
62 BSG 17.3.2014 – B 13 R 315/13 B, juris.
63 Zur Nichtberücksichtigung eines kurzfristig gestellten Verlegungsantrags vgl. BSG 27.2.1985 – 12 RK 63/84, SozR 1500 § 62 Nr. 17.
64 BSG 16.11.2000 – B 4 RA 122/99 B, SozR 3-1500 § 160 Nr. 33.
65 BSG 31.3.2004 – B 4 RA 126/03 R, SozR 4-1500 § 112 Nr. 2.
66 BVerwG 22.1.1993 – 10 B 3/92, Buchholz 310 § 104 VwGO Nr. 27.
67 BVerwG 15.8.1991 – 4 C 11/90, NJW 1992, 327; vgl. auch zur Verkündung eines Anerkenntnisurteils vor dem anberaumten Verkündungstermin BGH 12.3.2004 – V ZR 37/03, NJW 2004, 2019.
68 BSG 11.2.2015 – B 13 R 329/13 B, juris.
69 BVerwG 27.8.2003 – 6 B 32/03, NVwZ-RR 2004, 77.

4. Beiladungen, Anträge über PKH. Beiladungen sind grundsätzlich **vor Erlass eines Urteils** vorzunehmen. Eine Beiladung nach Erlass, aber vor der Zustellung der Entscheidung verletzt das rechtliche Gehör sowohl der bisher Beteiligten als auch der Beigeladenen, insbesondere, wenn es sich um einen Versicherungsträger handelt, der als leistungspflichtig in Betracht kommen kann.[70] **PKH-Anträge** sind ebenfalls vor der Entscheidung in der Hauptsache zu bescheiden. Insbesondere die häufige Praxis, zunächst alle rechtlichen und tatsächlichen Fragen zu klären und den PKH-Antrag unmittelbar vor oder mit der Entscheidung in der Hauptsache mit der Begründung abschlägig zu bescheiden, die Sache habe nunmehr keine hinreichende Erfolgsaussicht, verstößt gegen § 62.[71] Desgleichen kann dies der Fall sein, wenn das Gericht nach Ablehnung eines PKH-Antrages über ein neues Prozesskostenhilfegesuch nicht entscheidet, obwohl sich inzwischen neue Gesichtspunkte ergeben haben.[72] Nach hM gebieten es der Grundsatz des rechtlichen Gehörs und das Gebot der Waffengleichheit, im Rahmen der PKH-Gewährung einen **Rechtsanwalt beizuordnen,** wenn der gegnerische Beteiligte durch einen Rechtsanwalt – so § 121 Abs. 2 Alt. 2 ZPO – oder wenn die Gegenseite – was bei Versicherungs- oder Versorgungsträgern zumeist der Fall ist – durch einen Volljuristen vertreten ist.[73] In den öffentlichen Gerichtsbarkeiten, in denen das Amtsermittlungsprinzip besteht, kann dieser Grundsatz allerdings im Einzelfall durchbrochen sein, wenn erkennbar ist, dass der um Prozesskostenhilfe ersuchende Beteiligte im Verfahren obsiegen wird.[74] Die Ablehnung der PKH wird in den Fällen jedoch nur in völlig eindeutigen Fällen in Betracht zu ziehen sein.[75] Kein Beteiligter kann darauf vertrauen, dass ein **Ablehnungsbegehren** gegen einen Richter vor der Entscheidung in der Hauptsache beschieden wird, denn es bedeutet keine Verletzung des rechtlichen Gehörs, wenn das Gericht gleichwohl im Anschluss an die mündliche Verhandlung das Ablehnungsgesuch als unzulässig abweist und in der Hauptsache entscheidet.[76] 8

5. Anhörung in der mündlichen Verhandlung. Findet eine **mündliche Verhandlung** statt, ist das rechtliche Gehör regelmäßig in ihr – mündlich – zu gewähren.[77] Das rechtliche Gehör wird versagt, wenn die Sache nicht aufgerufen wird und ein Beteiligter deshalb an der Verhandlung nicht teilnimmt.[78] Der Aufruf zur Sache muss den örtlichen Verhältnissen entsprechend so angelegt sein, dass er die Beteiligten faktisch erreicht. Ein Aufruf nur im Sitzungssaal reicht nicht aus. Insbesondere nach längerer Wartezeit muss das Gericht hierfür weiter gehende Vorkehrungen treffen. In **Anwaltsprozessen** hat der vertretene Beteiligte selbst das Recht, gehört zu werden. § 137 Abs. 4 ZPO, nach dem in Anwaltsprozessen neben dem Anwalt auf Antrag auch dem Beteiligten das Wort zu gewähren ist, gilt gemäß § 202 auch im Sozialgerichtsverfahren. Wird ein solcher Antrag nicht gestellt, ist regelmäßig eine Anhörung des Prozessbevollmächtigten ausreichend. Nach § 112 Abs. 2 S. 2 ist das Sach- und Streitverhältnis mit den 9

70 BSG 27.6.1978 – 4 RJ 87/77, SozR 1500 § 62 Nr. 6.
71 Vgl. auch BVerwG 23.7.2003 – 1 B 386/02, NVwZ 2004, 111.
72 BSG 7.2.1998 – B 13 RJ 83/97 R, SozR 3-1500 § 62 Nr. 19.
73 Umstr, aA Schultzky in Zöller § 121 Rn. 21; vgl. → § 73 a Rn. 19.
74 Kritisch auch Schmidt in Meyer-Ladewig/Keller/Leitherer/Schmidt § 73 a Rn. 9 a mwN, vgl. auch LSG RhPf 15.6.1981 – L 4 Sb 13/81, Breith. 1982, 74.
75 BVerfG 18.12.2001 – 1 BvR 391/01, NZS 2002, 420.
76 BSG 1.8.2000 – B 9 Sb 24/00 B, SozR 3-1500 § 62 Nr. 24.
77 Zu deren Bedeutung BSG 16.11.2000 – B 4 RA 122/99, SozR 3-1500 § 160 Nr. 33.
78 BSG 7.8.2014 – B 13 R 439/13 B, juris.

Beteiligten zu erörtern. Die in Sitzungsniederschriften klauselartig aufgenommene, häufig bereits im Formularvordruck oder EDV-Programm vorgesehene Formulierung „Das Sach- und Streitverhältnis wurde mit den Beteiligten erörtert“ ist für sich allein nicht geeignet, verlässlich den Nachweis zu erbringen, dass das rechtliche Gehör in ausreichendem Maße gewährt wurde.[79] Der Anspruch auf rechtliches Gehör gebietet es in der Regel, auf Antrag nach einer in der mündlichen Verhandlung durchgeführten Beweisaufnahme den Rechtsstreit zu **vertagen** und den Beteiligten Möglichkeit zur Stellungnahme zu geben.[80] Dies kann im Einzelfall anders sein, wenn erkennbar die Beweisaufnahme – etwa im Rahmen einer Begutachtung – die übereinstimmenden Ergebnisse der Vorbegutachtungen bestätigt hat. Der Begriff der Erkennbarkeit ist dabei eng auszulegen. Das Gebot des § 106 Abs. 2, den Rechtsstreit möglichst in einer mündlichen Verhandlung zu erledigen, tritt hinter den Anspruch auf rechtliches Gehör zurück, weil dieser in seinem Bedeutungsgehalt gemäß Art. 103 Abs. 1 GG verfassungsrechtlich hervorgehoben wird. Stützt das Gericht seine Entscheidung auf **gerichtskundige Tatsachen**, hat es die Beteiligten vorher auf die eigene Sachkunde hinzuweisen.[81] Ein derartiger Hinweis ist allerdings nicht erforderlich, wenn den Beteiligten die Sachkunde aus Parallelverfahren bekannt ist.[82] **Allgemeinkundige Tatsachen** kann das Gericht ohne einen vorherigen Hinweis zur Grundlage der Entscheidung machen, wenn sie den Beteiligten mit Sicherheit gegenwärtig sind und wenn diese wissen, dass die Tatsachen für die Entscheidung erheblich sein können.[83] Auch dann kann ein Hinweis jedoch geboten sein; stützt das Gericht zB seine Kenntnis auf allgemein zugängliche (Sammel-)Werke, so liegt ein Verstoß gegen das rechtliche Gehör vor, wenn es diese nicht zuvor in das Verfahren eingeführt hat.[84] Denn es kann nicht davon ausgegangen werden, dass den Beteiligten die darin enthaltenen Darlegungen mit Sicherheit in ihrer Bedeutung für die Entscheidung gegenwärtig sind. Es liegt keine Verletzung des rechtlichen Gehörs vor, wenn das Gericht die Entscheidung auf ein höchstrichterliches Urteil stützt, das den Beteiligten nicht bekannt ist.[85] Eine Verletzung des rechtlichen Gehörs kann auch vorliegen, wenn ein erheblicher Beweisantritt unterbleibt, auch wenn entsprechende Darlegungen der Beteiligten zuvor versehentlich unterblieben sind.[86] Eine Verletzung des rechtlichen Gehörs liegt vor, wenn ein Antrag auf Anhörung eines Sachverständigen übergangen wird, auch wenn das Gericht dessen Ausführungen für schlüssig hält, oder wenn den Beteiligten keine Gelegenheit gegeben wird, Fragen an den Sachverständigen zu richten.[87] Werden **neue Tatsachen** oder Beweisergebnisse in die mündliche Verhandlung eingeführt und kann sich der anwesende Prozessbevollmächtigte ohne Rücksprache mit seinem Mandanten hierzu nicht erklären, ist der Rechtsstreit zu vertagen. Dies ist auch erforderlich, wenn der Mandant zwar anwesend ist, ohne Weiteres, zB ohne

79 BSG 6.3.1991 – 13/5 RJ 68/89, SozR 3-1500 § 62 Nr. 4.
80 BSG 22.8.2000 – B 2 RU 15/00 R, SozR 3-1500 § 128 Nr. 14.
81 BSG 15.7.1982 – 5 b RJ 86/81, SozR 1500 § 62 Nr. 11.
82 BSG 20.8.1987 – 5 a RKn 16/86, SozR 1500 § 62 Nr. 24.
83 BSG 31.10.1978 – 4 BJ 149/78, SozR 1500 § 128 Nr. 15.
84 BSG 18.7.1996 – 4 RA 33/94, SozR 3-1500 § 62 Nr. 14 zu Leistungsbeschreibungen im Grundwerk ausbildungs- und berufskundlicher Informationen – gabi.
85 BSG 18.1.1990 – 10 RAr 10/89, SozR 3-4100 § 141 Nr. 1.
86 BVerfG 8.4.2004 – 2 BvR 743/03, NJW-RR 2004, 1150.
87 BSG 12.9.2019 – B 9 V 53/18 B, juris Rn. 14; BSG 2.4.2014 – B 3 P 14/13 B, juris; BSG 7.8.2014 – B 13 R 439/13 B, juris.

Blick in eigene, in der Verhandlung nicht präsente Unterlagen, seinerseits keine Stellungnahme abgeben kann. In anderen Fällen ist die mündliche Verhandlung zu unterbrechen, um dem Prozessbevollmächtigten Gelegenheit zu geben, sich mit seinem Mandanten zu besprechen.

III. Folgen der Verletzung des rechtlichen Gehörs

Zur **Heilung der Verletzung** kann die Handlung nachgeholt werden, wenn die 10
Instanz noch nicht abgeschlossen ist,[88] ansonsten in der nächsten Instanz. Dies muss jedoch eine Tatsacheninstanz sein; Heilung ist daher nur im Berufungs- oder Beschwerdeverfahren, nicht mehr im Revisionsverfahren möglich.[89] Die Heilung setzt ferner voraus, dass der Beteiligte die Möglichkeit hat, sich zu dem Gegenstand umfassend zu äußern. Die Verletzung stellt einen Verfahrensmangel dar, der die Zulassung der Berufung (§ 144 Abs. 2 Nr. 3) oder der Revision (§ 160 Abs. 2 Nr. 3) rechtfertigen kann. Anders als im Verwaltungsprozess (§ 138 Nr. 3 VwGO) ist sie im SG-Verfahren kein absoluter Revisionsgrund.[90] Ferner kann die Anhörungsrüge nach § 178 a begründet sein, → Rn. 2 und → § 178 a Rn. 10.

§ 63 [Zustellungen]

(1) ¹Anordnungen und Entscheidungen, durch die eine Frist in Lauf gesetzt wird, sind den Beteiligten zuzustellen, bei Verkündung jedoch nur, wenn es ausdrücklich vorgeschrieben ist. ²Terminbestimmungen und Ladungen sind bekannt zu geben.

(2) ¹Zugestellt wird von Amts wegen nach den Vorschriften der Zivilprozessordnung. ²Die §§ 174, 178 Abs. 1 Nr. 2 der Zivilprozessordnung sind entsprechend anzuwenden auf die nach § 73 Abs. 2 Satz 2 Nr. 3 bis 9 zur Prozessvertretung zugelassenen Personen.

(3) Wer nicht im Inland wohnt, hat auf Verlangen einen Zustellungsbevollmächtigten zu bestellen.

88 Vgl. zum Verwaltungsverfahren auch § 41 Abs. 1 Nr. 3 SGB X.
89 Vgl. auch § 41 Abs. 2 SGB X.
90 BSG 11.8.1995 – 11 RAr 51/95, SozR 3-1750 § 227 Nr. 1.

I. Allgemeines

1 **1. Gesetzesentstehung.** Art. 8 Abs. 9 des **Kostenrechtsänderungsgesetzes** vom 26.9.1994 (BGBl. 1994 I 1325) hat die Worte „den Beteiligten“ in Abs. 1 eingefügt.[1] Das **6. SGGÄndG** vom 17.8.2001 (BGBl. 2001 I 2144) änderte Abs. 1 S. 1 ab und fügte S. 2 ein. Nach § 63 Abs. 1 SGG aF waren auch Terminbestimmungen und Ladungen den Beteiligten zuzustellen. Nach § 63 Abs. 1 idF von Art. 1 Nr. 26 des 6. SGGÄndG ist dies nicht mehr notwendig, sondern gemäß S. 2 können sie bekannt gegeben werden.[2] Zustellungen sind im Einzelfall aber gleichwohl möglich. Art. 12 Abs. 17 des **ZustellungsreformG** vom 25.6.2001 (BGBl. 2001 I 1206) hat Abs. 2 mit Wirkung vom 1.7.2001 geändert. Während die Zustellung bislang nach den Regelungen des VwZG erfolgte, erfolgt sie nunmehr nach den Vorschriften der ZPO (§§ 166 bis 194). Auch diese sind durch Art. 1 S. 2 ZustellungsreformG grundlegend geändert worden, außerdem durch Art. 1 Nr. 6 des **1. Justizmodernisierungsgesetzes** vom 24.8.2004[3] und durch Art. 1 Nr. 10 b des **Anhörungsrügegesetzes** vom 9.12.2004.[4] Ferner sind mehrere Einzelregelungen geändert und den Änderungen der Verfahrensvorschriften der ZPO angepasst worden. Durch Art. 2 Abs. 4 Nr. 2 des **Gesetzes zur Novellierung des Verwaltungszustellungsrechts** vom 12.8.2005 – BGBl. 2005 I 2354 – wurde in § 63 Abs. 2 der § 73 Abs. 6 Satz 4 eingefügt und damit der Möglichkeit der Gründung von Rechtsberatungs- und Vertretungsgesellschaften durch die Organisationen iSd § 73 Abs. 6 Satz 3 Rechnung getragen. Durch Art. 12 Nr. 1 des **RBerRNG** vom 12.12.2007 (BGBl. 2007 I 2840) wurde Abs. 2 Satz 2 zum 1.7.2008 der Änderung des § 73 angepasst.

2 **2. Normzweck.** Die **Zustellung** ist gemäß § 166 ZPO die **Bekanntgabe eines Dokuments** an eine Person in der durch die ZPO bestimmten Form, die gemäß § 182 ZPO regelmäßig mit einer Beurkundung verbunden ist. § 63 Abs. 1 gibt vor, welche Dokumente im sozialgerichtlichen Verfahren zuzustellen sind. Die Zustellung erfolgt meistens durch einen Postdienstleister oder durch einen Mitarbeiter der Behörde selbst. Dagegen ist eine **Bekanntgabe** auch formlos durch eine mündliche Verkündung (bei gerichtlichen Entscheidungen, §§ 132, 142 Abs. 1) sowie als formlose schriftliche Bekanntgabe (von Anordnungen und Verfügungen des Gerichts) möglich. **Sinn der Zustellung** ist es, dass der Zustellungsgegner von dem Dokument Kenntnis erlangt und dass über Zeit und Art der Bekanntgabe ein Nachweis existiert, hat aber keine konstitutive Wirkung.[5] Sie verfolgt damit einerseits den Anspruch auf rechtliches Gehör sowie ein faires Verfahren und ermöglicht andererseits die ordnungsgemäße Durchführung des gerichtlichen Verfahrens; **sie ist Grundlage für die Bestands- und Rechtskraft von Entscheidungen,** die daher zugestellt werden müssen. Eine Zustellung ist grundsätzlich dann erforderlich, wenn ein Dokument einen Eingriff in die Rechte des Beteiligten zur Folge hat, insbesondere wenn eine Frist in Gang gesetzt werden soll. Bei der formlosen Bekanntgabe erfolgt eine Information oder Mitteilung an den Beteiligten ohne direkte Folgen für dessen Rechte und Pflichten im Verfahren. Eine Zustellung setzt nach hM eine wissentliche Bekanntgabe

1 S. BT-Drs. 12/6962 Nr. 23 S. 126 sowie 12/7657 S. 108 zu Art. 8 Abs. 8 a.
2 Vgl. Kummer, Das sechste Gesetz zur Änderung des Sozialgerichtsgesetzes, SGb 2001, 705.
3 BGBl. 2004 I 2198 – Änderung des § 181 ZPO.
4 BGBl. 2004 I 3220 – Änderung des § 172 ZPO.
5 BT-Drs. 14/4554, 15.

durch das Gericht voraus.[6] § 63 regelt in Abs. 1 nur, wann eine Zustellung erforderlich ist. Anders als in § 66 Abs. 1 VwGO sind Terminsbestimmungen und Ladungen nicht an eine Zustellung gebunden. Für die Durchführung der Zustellung verweist Abs. 2 vollumfänglich auf die Regelungen der ZPO.

3. Entsprechende Vorschriften. Parallelvorschriften sind § 56 VwGO, § 53 FGO, in der ZPO §§ 214, 270, 329; § 65 Abs. 2 SGB X. Durch das ZustellungsreformG (→ Rn. 1) sind die Regelungen der VwGO und der FGO ebenfalls geändert worden. Die Änderung hat zur Folge, dass jetzt in allen Gerichtsbarkeiten die Zustellung nach den Vorschriften der ZPO (§§ 166 ff.) durchzuführen ist. Nach altem Recht richtete sie sich in den öffentlichen Gerichtsbarkeiten nach dem VwZG. Damit bestand eine gleiche Rechtslage für die Zustellung im Verwaltungsverfahren und im Gerichtsverfahren. Das VwZG regelt weiterhin die Zustellung im Verwaltungsverfahren, und zwar auch im Vorverfahren, vgl. § 85 Abs. 3 S. 2 für die Zustellung des Widerspruchsbescheides gemäß §§ 2–15 VwZG. Die Zustellung erfolgt im Sozialgerichtsverfahren **von Amts wegen.** Obwohl § 63 Abs. 2 für die Zustellung auf die gesamten Vorschriften der ZPO verweist, greifen die §§ 191 ff. ZPO über die Zustellung auf Betreiben der Parteien hier nicht ein.[7] 3

II. Notwendigkeit der Zustellung – Abs. 1

Nach der ab 1.7.2002 gültigen Fassung des § 63 Abs. 1 sind nur noch Anordnungen und Entscheidungen des Gerichts zuzustellen, durch die eine **Frist** in Lauf gesetzt wird. Terminbestimmungen und Ladungen sind gemäß S. 2 nur noch bekannt zu geben, und zwar für alle Beteiligten, einschließlich der Prozessbevollmächtigten. Nach der Begr. zum BR-Vorschlag, BT-Drs. 12/6962 zu Nr. 23 – Art. 8 a, S. 126 und Begr. 6. SGGÄndG, BT-Drs. 14/5943 zu Nr. 26 soll es dem Gericht im Übrigen ermöglicht sein, die – teure – Zustellung auf die Fälle zu beschränken, in denen sie sachlich geboten ist, etwa um das persönliche Erscheinen von Beteiligten oder Zeugen anzuordnen. Allerdings hat das Gericht ohne Zustellung keinen Nachweis über den Zugang der Ladung in den Händen. Daher kann es auch in allen nicht gesetzlich genannten Fällen zustellen, wenn es dies für zweckmäßig hält.[8] § 63 Abs. 1 S. 1 gilt für alle Anordnungen und Entscheidungen, gegen die ein Rechtsmittel gegeben ist, und zwar des Gerichts, des Vorsitzenden, des Berichterstatters oder des Urkundsbeamten der Geschäftsstelle. Die Frist iSd § 63 Abs. 1 kann eine gesetzliche oder eine richterliche Frist sein. Eine **Rechtsmittelfrist** verkündeter oder bekannt gegebener Entscheidungen beginnt erst mit der **Zustellung** der schriftlichen **Rechtsbehelfsbelehrung** zu laufen, § 66 Abs. 1. Ohne Zustellung beträgt die Rechtsmittelfrist formlos verkündeter Entscheidungen ein Jahr, § 66 Abs. 2 S. 1. § 63 Abs. 1 ist **nicht abschließend:** gemäß **§ 135** sind **Urteile** stets zuzustellen, auch wenn sie unanfechtbar sind. **Beschlüsse**, die aufgrund einer mündlichen Verhandlung ergehen, sind gemäß **§§ 142, 135** zuzustellen, Beschlüsse ohne mündliche Verhandlung gemäß **§ 133 S. 2.** Das gilt auch für Verfahrensbeschlüsse gemäß §§ 158 und 169. Die notwendige Zustellung von **Gerichtsbescheiden** ergibt sich aus der entsprechenden Anwendbarkeit der Vorschriften über Urteile gemäß **§ 105 Abs. 1 S. 2,** 4

6 Kopp/Schenke § 56 Rn. 4.
7 Vgl. zu alten Fassung BSG 15.1.1958 – 2 RU 283/56, SozR Nr. 16 zu § 67.
8 BSG 4.3.2014 – B 1 KR 110/13 B, juris.

§ 133 S. 1. Ferner geht § 105 Abs. 2 von einer Zustellung aus, mangels derer die Rechtsmittelfrist nicht zu laufen beginnt. Dies gilt für die Frist eines Antrages auf Durchführung einer mündlichen Verhandlung gemäß § 105 Abs. 2 S. 2 entsprechend, obwohl er kein Rechtsmittel ist. Denn er tritt an die Stelle des Rechtsmittels zur Wahrung des Anspruchs auf rechtliches Gehör und des Öffentlichkeitsprinzips, vgl. § 112. **Beiladungsbeschlüsse** sind nach **§ 75 Abs. 3 S. 1** zuzustellen.

III. Art und Weise der Zustellung – Abs. 2

5 **1. Allgemeines.** Die Zustellung wird gemäß §§ 168 Abs. 1 ZPO vom **Urkundsbeamten der Geschäftsstelle** durchgeführt. Der Begriff des Urkundsbeamten ist gemäß § 153 Abs. 2 GVG funktional und nicht statusrechtlich zu verstehen. Zuständig ist die Geschäftsstelle des Gerichts, bei dem das Verfahren rechtshängig ist. Der Urkundsbeamte wird grundsätzlich in eigener Zuständigkeit ohne eine Weisung des Richters im Fall der Zustellungen nach §§ 173 bis 175 ZPO (→ Rn. 6) tätig.[9] Gemäß § 168 Abs. 2 kann der **vorsitzende Richter des Prozessgerichts** oder ein von ihm bestimmtes Mitglied des Prozessgerichts einen Gerichtsvollzieher oder eine andere Behörde mit der Ausführung der Zustellung beauftragen, wenn eine Zustellung durch den Urkundsbeamten keinen Erfolg verspricht. Außerdem kann er auch eine bestimmte Zustellungsart vorgeben, die für den Urkundsbeamten verbindlich ist.[10] Im Fall einer Auslandszustellung (**§ 183 ZPO**) und einer öffentlichen Zustellung (**§§ 185–187**) ist eine **richterliche Anordnung** erforderlich. Zugestellt wird die Urschrift des Schriftstücks, eine Ausfertigung oder eine beglaubigte Abschrift, wenn das Gesetz nicht eine andere Regelung enthält. **Urteile** durften nach altem Recht nur als Urschrift oder Ausfertigung zugestellt werden;[11] nunmehr bestimmt der auch für das sozialgerichtliche Verfahren geltende § 317 Abs. 2 Satz 1 ZPO in der Fassung des Gesetzes vom 10.10.2013 (BGBl. 2013 I 3786) mit Wirkung vom 1.7.2014, dass Ausfertigungen nur noch auf Antrag erteilt werden, im Übrigen erfolgt nach Abs. 1 Satz 1 die Zustellung einer Abschrift. Die Zustellung der **Urschrift** eines Dokuments ist selten, sie verbleibt zumeist in den Akten. Die **Ausfertigung**, die die Urschrift im Rechtsverkehr vertritt, ist die wörtliche und vollständige Widergabe der Urschrift mit dem Ausfertigungsvermerk, der vom Urkundsbeamten unterschrieben sein muss, vgl. § 317 Abs. 3 ZPO, zB: „ausgeführt als Urkundsbeamter der Geschäftsstelle, Unterschrift, Dienstbezeichnung, Siegel". Unwesentliche Abweichungen zwischen dem Original und der Ausfertigungen führen noch nicht zur Unwirksamkeit der Zustellung.[12] Unwesentlich sind nach dem Zweck der Zustellung solche Abweichungen, die den Erklärungsgehalt der Urkunde nicht verändern. Auch einzelne Worte dürfen fehlen oder verändert sein, als Maßstab für eine unerhebliche Abweichung kann § 118 SGG dienen.[13] Die Ausfertigung muss die abschriftliche Wiedergabe der Namen der unterzeichnenden Richter erkennen lassen, die Angabe „gez. Unterschrift" oder der in Klammern gesetzte Name sind nicht ausreichend, da sie die Unterzeichnung durch den

9 Schultzky in Zöller § 168 Rn. 1.
10 BGH 16.10.1956 – VI ZR 174/55, NJW 1956, 1878; Schultzky in Zöller § 168 Rn. 8.
11 BGH 9.6.2010 – XII ZB 132/09, NJW 2010, 2519.
12 BGH 29.11.2006 – XII ZB 194/05, FamRZ 2007, 166.
13 BGH 4.5.2005 – I ZB 38/04, NJW-RR 2005, 1658; BGH 24.5.2006 – IV ZB 47/05, NJW-RR 2006, 1570; vgl. auch Schultzky in Zöller § 169 Rn. 12.

Richter nicht erkennen lassen.[14] Die maschinengeschriebene Namenswiedergabe ohne Klammerzusatz ist hingegen ausreichend.[15] Die **beglaubigte Abschrift** ist eine Zweitschrift oder Fotokopie des Originals, die auch Abbildungen und Farbgebungen richtig wiedergibt, deren inhaltlicher Gleichlaut durch die Unterschrift des Urkundsbeamten der Geschäftsstelle bestätigt wird, zB „für die Richtigkeit, handgeschriebene Unterschrift". Die Lesbarkeit des Namens ist nicht erforderlich.[16]

2. Zustellungsarten und Verfahren. Gemäß § 168 Abs. 1 ZPO kann die Ge- 6
schäftsstelle die Zustellung **selbst** vornehmen oder einen gemäß § 33 Abs. 1 PostG **beliehenen Unternehmer** (Post) oder einen **Justizbediensteten** beauftragen. Nimmt der **Urkundsbeamte** die Zustellung selbst vor, hat er vier Möglichkeiten:

a) **Aushändigung auf der Amtsstelle, § 173 ZPO:** Nach § 173 ZPO kann er dem Adressaten oder dessen rechtsgeschäftlich bestelltem Vertreter das Schriftstück an der Amtsstelle, idR der Geschäftsstelle, aushändigen. Diese Art wird sich vor allem bei Rechtsanwälten und den übrigen in § 73 Abs. 2 genannten Prozessbevollmächtigten anbieten, kommt praktisch aber selten vor. Die Zustellung ist auf dem Schriftstück und in den Akten zu vermerken (ausgehändigt zum Zwecke der Zustellung am – Datum – Unterschrift). Bei der Aushändigung an einen Vertreter ist ferner zu vermerken, an wen zugestellt wurde und dass dieser eine Vollmacht vorgelegt hat, vgl. § 171 S. 2 ZPO. Der Vermerk ist vom Urkundsbeamten zu unterschreiben.

b) **Zustellung gegen Empfangsbekenntnis, § 174 ZPO:** Gemäß § 174 ZPO kann ein Schriftstück an einen RA, einen Notar, einen GVZ, Steuerberater oder eine sonstige Person, bei der aufgrund ihres Berufs von einer erhöhten Zuverlässigkeit ausgegangen werden kann, insbesondere an Firmen, ferner an eine Behörde, Körperschaft oder Anstalt des öffentlichen Rechts gegen Empfangsbekenntnis zugestellt werden. Sonstige Personen mit erhöhter Zuverlässigkeit sind ua die Prozessbevollmächtigten iSd § 73 Abs. 2, jedoch können auch Ärzte, zB in Vertragsarztsachen, dazu gehören. Maßgeblich ist hierbei, ob anzunehmen ist, dass der Zustellungsadressat mit amtlichem Schriftverkehr ausreichend vertraut ist. Die Zustellung ist nicht bereits mit der Übergabe des Schriftstücks erbracht, sondern erst mit der Entgegennahme durch den Adressaten unter Bekundung seines Willens, dies als Bekanntgabe in Form der Zustellung gelten zu lassen; Ausdruck des Willens ist regelmäßig das unterzeichnete Empfangsbekenntnis.[17] Zum Nachweis der Zustellung genügt das mit Datum und Unterschrift des Adressaten versehene schriftliche Empfangsbekenntnis, das der Adressat an das Gericht zurückzusenden hat. **§ 174 Abs. 2 und 3 ZPO** sehen für den Personenkreis auch eine Zustellung durch **Telekopie** oder durch ein **elektronisches Dokument** vor. In diesen Formen kann auch das Empfangsbekenntnis erteilt werden, Abs. 4. Umstritten ist, wer die Kosten für die Übersendung des Empfangsbekennt-

---

14 BGH 30.5.1990 – XII ZB 33/90, FamRZ 1990, 1227; BGH 8.10.1986 – VIII ZB 25/86, NJW-RR 1987, 377.
15 BSG 17.12.1997 – 9 BV 122/97, juris.
16 Schultzky in Zöller § 169 Rn. 10.
17 BSG 5.6.2019 – B 12 R 3/19 R, NZS 2019, 948; BFH 23.1.2013 – XI R 25/11, BFHE 239, 547: Zustellung nicht bereits mit Einwurf in das Postfach des Rechtsanwalts oder mit Eingang in seine Kanzlei.

nisses trägt.[18] Die **Rücksendung des Empfangsbekenntnisses** ist keine gesetzliche Pflicht und prozessual nicht durchsetzbar, bei Rechtsanwälten jedoch Standespflicht. Da die Rücksendung notwendige Mitwirkungshandlung des Zustellungsadressaten ist, ist die Zustellung nicht bewirkt, wenn dieser die Entgegennahme ablehnt. Schickt er das Empfangsbekenntnis nicht zurück, muss auf eine andere Weise zugestellt werden. Es muss nicht der vom Gericht beigefügte Vordruck verwendet werden, sondern der Empfang kann in jeder anderen Form, auch im Rahmen eines Schriftsatzes, bestätigt werden.[19] Das Empfangsbekenntnis liefert den vollen Beweis für die Zustellung an dem auf ihm angegebenen Datum. Der zulässige Gegenbeweis hat hohe Anforderungen, allein die Möglichkeit eines anderen Geschehensablaufs reicht nicht.[20] Die Zustellung ist bereits in dem **Zeitpunkt** bewirkt, in dem der Adressat das Schriftstück persönlich als zugestellt annimmt. Dagegen ist unmaßgeblich, wann das Empfangsbekenntnis ausgestellt wird.[21] Der Adressat ist nicht berechtigt, durch Angabe eines fehlerhaften Empfangsdatums die Rechtsmittelfrist zu verlängern.[22] Fehlt die Datumsangabe, hindert das die Wirksamkeit der Zustellung nicht.[23] Der Zeitpunkt der Zustellung kann auch auf andere Weise nachgewiesen werden und gilt spätestens als bewirkt, wenn das Empfangsbekenntnis bei Gericht eingeht. Es muss handschriftlich vom Adressaten oder dessen Vertreter unterzeichnet sein.[24] Ein Kanzlei- oder Faksimilestempel oder eine Paraphe reichen nicht aus, der Rechtsanwalt ist für den Empfang des Schriftstücks persönliche Urkundsperson. Im Fall eines Fehlers oder der Unleserlichkeit gilt die Zustellung als bewirkt, der Zeitpunkt muss durch Freibeweis ermittelt werden.[25] Für die Zustellung genügt es, dass der Adressat den Gewahrsam am Schriftstück erhält, Kenntnisnahme des Inhalts ist nicht erforderlich.[26]

c) **Zustellung durch Einschreiben gegen Rückschein, § 175 ZPO:** Gemäß § 175 ZPO kann der Urkundsbeamte das Schriftstück durch **Einschreiben gegen Rückschein** zustellen. Die Zustellung ist mit der Übergabe des Schriftstücks an die Post und von dieser an den Adressaten vollzogen, der Rückschein dient als Nachweis, obwohl er lediglich die Übergabe eines verschlossenen Umschlags, nicht aber dessen Inhalts bestätigt. Der Rückschein ist keine öf-

18 Mangels einer Kostenregelung für den Zustellungsadressaten Keller in Meyer-Ladewig/Keller/Leitherer/Schmidt § 63 Rn. 8 b; Senger in jurisPK-SGG § 63 Rn. 32; VG Bremen 13.2.1998 – 2 KE 179/98, NVwZ 1998, 1378; vgl. jedoch auch BGH 19.12.1989 – IVb ZB 20/89, FamRZ 1990, 866 in dem davon ausgegangen wurde, dass die Rücksendeurkunde frankiert war.

19 Im Einzelnen umstritten, vgl. BGH 3.5.1994 – VI ZR 248/93, NJW 1994, 2297; nach BSG 13.5.1998 – B 10 Lw 11/97R, NVwZ 1998, 1332 kann der Zustellungsnachweis nicht auf andere Weise erbracht werden, wenn Streit darüber besteht, ob das Verfahren ordnungsgemäß durchgeführt worden ist. Stöber in Zöller § 174 Rn. 17: in Schriftsatz kann Empfangsbekenntnis enthalten sein, wenn er von demselben Rechtsanwalt unterzeichnet ist.

20 BVerwG 15.2.2001 – 6 BN 1/01, SGb 2002, 281.

21 Stöber in Zöller § 174 Rn. 18; vgl. BSG 28.5.1974 – 2 RU 259/73, BSGE 37, 279 zur Ausstellung nach Ablauf der Rechtsmittelfrist; vgl. jedoch → Rn. 12.

22 OVG NRW 13.7.2010 – 19 B 884/10, NJW 2010, 3385.

23 BGH 11.7.2005 – NotZ 12/05, NJW 2005, 3216.

24 BGH 13.5.1992 – VIII ZR 190/91, NJW-RR 1992, 1150.

25 BGH 11.7.2005 – NotZ 12/05, NJW 2005, 3216.

26 BGH 25.9.1991 – XII ZB 98/91, NJW-RR 1992, 251.

fentliche Urkunde im Sinne des § 418 ZPO, da das Postunternehmen privatrechtlich tätig wird.[27]

d) **Zustellungsauftrag, § 176 ZPO:** Nach § 176 ZPO kann der Urkundsbeamte neben der eigenen Zustellung auch der **Post**, einem Justizbediensteten oder einem **Gerichtsvollzieher** einen Zustellungsauftrag erteilen oder eine **andere Behörde** um die Zustellung ersuchen. Dazu ist das Schriftstück in einem verschlossenen Umschlag mit einem vorbereiteten Formular als **Zustellungsurkunde** dem Zustellenden zu übergeben. Der Zusteller hat die Zustellungsurkunde gemäß § 182 Abs. 3 unverzüglich an die Geschäftsstelle zurückzusenden. § 182 Abs. 2 ZPO schreibt folgenden Inhalt der Zustellungsurkunde vor:
   1. die Bezeichnung der Person, der zugestellt werden soll,
   2. die Bezeichnung der Person, an die der Brief oder das Schriftstück übergeben wurde,
   3. im Fall des § 171 ZPO (Zustellung an Vertreter) die Angabe, dass die Vollmachtsurkunde vorgelegen hat,
   4. im Fall der §§ 178, 180 ZPO (Ersatzzustellung) die Angabe des Grundes, der diese Zustellung rechtfertigt und wenn nach § 181 ZPO (Niederlegung) verfahren wurde, die Bemerkung, wie die schriftliche Mitteilung abgegeben wurde,
   5. im Fall des § 179 ZPO die Erwähnung, wer die Annahme verweigert hat und dass der Brief am Ort der Zustellung zurückgelassen wurde,
   6. die Bemerkung, dass der Tag der Zustellung auf dem Umschlag, der das zuzustellende Schriftstück enthält, vermerkt ist,
   7. den Ort, das Datum und auf Anordnung der Geschäftsstelle auch die Uhrzeit der Zustellung,
   8. Name, Vorname und Unterschrift des Zustellers sowie die Angabe des beauftragten Unternehmens oder der ersuchten Behörde.

Die Zustellungsart erfolgt nach den §§ 177 bis 181 ZPO (→ Rn. 8 ff.). Hierzu muss der **verschlossene Umschlag** als Angaben den Zustellungsadressaten, die absendende Stelle, deren Geschäftsnummer bzw. Aktenzeichen und ggf.[28] den Zeitpunkt der Zustellung enthalten. Diese Merkmale sind für die Zustellung wesentlich, da nur so sichergestellt ist, dass Identität zwischen dem Schriftstück besteht, das der Urkundsbeamte der Zustellperson übergeben hat und dem Schriftstück, das diese an den Zustelladressaten zugestellt hat. **Fehler:** Fehlt eines der o.g. Merkmale, insbesondere wenn der Umschlag unverschlossen ist, ist die Zustellung unwirksam. Sie muss nachgeholt werden. Anderenfalls fehlt der Nachweis über den Zugang des Schriftstücks. Rechtsfolgen, die an die Zustellung gebunden sind, treten nicht ein.

3. Zustellungsadressat. Grundsätzlich ist an die **Person** zuzustellen, für die das Schriftstück bestimmt ist. Bei prozessunfähigen Personen ist an deren **gesetzlichen Vertreter** zuzustellen (§ 170 Abs. 1 ZPO). Ist der Zustellungsadressat **keine natürliche Person**, kann an den Leiter zugestellt werden (§ 170 Abs. 2 ZPO. Bei mehreren gesetzlichen Vertretern oder Leitern genügt die Zustellung an einen von ihnen (§ 170 Abs. 3 ZPO). Ist **rechtsgeschäftlich** ein **Vertreter** bestellt, kann 7

27 Begr. RegEntw. BT-Drs. 14/4554, 19 zu § 175; BSG 7.10.2004 – B 3 KR 14/04 R, SozR 4-1750 § 175 Nr. 1.
28 Vgl. § 182 Abs. 2 Nr. 6 ZPO.

an diesen ebenso wie an den Vertretenen zugestellt werden (§ 171 ZPO), Der Vertreter benötigt eine schriftliche **Vollmacht.**[29] Ist kein Vertreter vorhanden oder bestellt, ist evtl. gemäß § 57 ZPO ein Prozesspfleger zu bestellen, ferner tritt gemäß § 241 ZPO Unterbrechung des Verfahrens ein. Ist in einem Gerichtsverfahren ein **Prozessbevollmächtigter** bestellt, sind Zustellungen an ihn vorzunehmen (**§ 172 Abs. 1 ZPO**). Legt der gegnerische Beteiligte des Verfahrens Rechtsmittel ein, ist dieses dem Prozessbevollmächtigten des vorangegangenen Rechtszuges zuzustellen, es sei denn, der Beteiligte hat für den nächsten Rechtszug bereits einen neuen Prozessbevollmächtigten bestellt (**§ 172 Abs. 2 ZPO**). Ausnahmsweise ist an den Beteiligten selbst zuzustellen, wenn dessen persönliches Erscheinen angeordnet ist, **§ 141 Abs. 2 S. 2, § 450 Abs. 1 S. 3 ZPO.** Desgleichen im Fall einer verzögerten Verfahrensaufnahme durch die **Rechtsnachfolger** eines verstorbenen Beteiligten, **§ 239 Abs. 3 S. 1 ZPO. Fehler:** Ein Verstoß gegen § 172 ZPO macht die Zustellung grundsätzlich unwirksam.

8 **4. Ersatzzustellung.** Gemäß **§ 177 ZPO** kann der Person das Schriftstück an jedem Ort, an dem sie angetroffen wird, zum Zwecke der Zustellung übergeben werden. Bei der Ersatzzustellung wird davon abgewichen, Zustellungsadressat und Zustellungsempfänger sind personenverschieden. Dadurch soll ein Scheitern des Verfahrens verhindert werden, weil ein Beteiligter nicht erreichbar ist. Die Ersatzzustellung ist verfassungsgemäß.[30] Sie rechtfertigt sich aus der regelmäßig an den in § 178 ZPO genannten Orten bestehenden persönlichen Nähebeziehung. Ihre Wirkungen treten sofort ein, unabhängig davon, ob und wann der Beteiligte das Schriftstück tatsächlich erhält.[31] Jedoch kommt bis zum Zeitpunkt der tatsächlichen Aushändigung an den Adressaten die Wiedereinsetzung in den vorigen Stand in Betracht, wenn deren weitere Voraussetzungen erfüllt sind.[32] Die Ersatzzustellung ist gegenüber der Zustellung an den Adressaten nachrangig, dh jene muss zunächst versucht werden. Dies muss der Zusteller vermerken. **§ 178 ZPO** erfasst nur Fälle, in denen der Adressat nicht erreichbar ist. Scheitert die Zustellung an ihn daran, dass er die Annahme verweigert, ist nach **§ 179 ZPO** (→ Rn. 14) zu verfahren. Der Zustellungsempfänger ist bei der Ersatzzustellung darauf hinzuweisen, dass er verpflichtet ist, das Schriftstück an den Adressaten weiterzuleiten; er kann sich anderenfalls nach §§ 246, 274 Abs. 1 Nr. 1 StGB strafbar und gemäß §§ 677, 681, 823 Abs. 2 BGB schadensersatzpflichtig machen.

9 § 178 Abs. 1 ZPO ermöglicht eine Ersatzzustellung

- in der Wohnung (Nr. 1),
- in den Geschäftsräumen (Nr. 2),
- in Gemeinschaftseinrichtungen (Nr. 3).

Die Personen, denen das Dokument übergeben werden kann, sind abschließend geregelt: in einer Gemeinschaftseinrichtung (Nr. 3) kann nicht einem Mitbewohner (Nr. 1) zugestellt werden.[33]

29 Vgl. für die Zustellung im Verwaltungsverfahren BFH 3.2.2004 – V-I R 30/02, BFHE 204, 403: ohne Vollmacht ist die Zustellung an den Betroffenen wirksam.
30 BVerfG 21.1.1969 – 2 BvR 724/67, NJW 1969, 1103 zu Strafverfügung.
31 KG 19.10.2013 – 2 Ws 481/13, juris; BVerwG 11.5.1979 – 6 C 70/78, NJW 1980, 1480.
32 OLG Stuttgart 17.4.2012 – 13 U 46/12, juris.
33 Hanseatisches OLG Bremen 17.6.2005 – Ws 71/05, juris.

a) **Ersatzzustellung in der Wohnung.** Wird die Person, der zugestellt werden soll, in ihrer **Wohnung** nicht angetroffen, kann einem erwachsenen **Familienangehörigen**, einer in der Familie **beschäftigten Person** oder einem erwachsenen **Mitbewohner** das Schriftstück ausgehändigt werden (**§ 178 Abs. 1 Nr. 1 ZPO**). Eine **Wohnung** ist jeder Raum, den der Zustellungsadressat zur Zeit der Zustellung schon oder noch bewohnt, in dem er lebt und schläft.[34] Es reicht ein Raum aus. Wird die Wohnung zwar noch unterhalten, aber für längere Zeit nicht als solche vom Inhaber genutzt, so dass er keine Möglichkeit hat, in kurzer Zeit von der Zustellung Kenntnis zu erlangen, ist eine Zustellung nicht wirksam. Die Regelung stellt auf die enge Nähebeziehung ab, die innerhalb einer Wohngemeinschaft besteht.[35] Die Familienangehörigkeit (1. Alt.) stellt pauschal auf verwandtschaftliche, eheliche und schwägerliche Beziehungen ab. Diese Personen brauchen nach dem Wortlaut der Bestimmung selbst nicht in der Wohnung zu wohnen, es reicht ein Besuch aus. Dies folgt aus einem Umkehrschluss zur 3. Alternative, die bei nicht der Familie angehörigen Personen ein ständiges gemeinsames Wohnverhältnis erfordert. Familienangehöriger ist auch der Partner einer nichtehelichen Lebensgemeinschaft.[36] Die Frage, ob der Familienangehörige **erwachsen** ist, richtet sich nicht nach der Geschäftsfähigkeit,[37] sondern danach, ob er nach seiner Entwicklung fähig erscheint, den Bedeutungsgehalt der Zustellung soweit zu erfassen, dass er das Schriftstück weiterleiten wird.[38] Dies beurteilt sich nach dem äußeren Anschein. Die Grenze wird jedenfalls bei ca. 15 Lebensjahren gezogen, eventuell auch früher.[39] Die **Beschäftigung in der Familie** (2. Alt.) muss tatsächlich ausgeübt werden, unerheblich sind die arbeits- und dienstvertraglichen Verhältnisse.[40] Sie muss auf eine gewisse Dauer angelegt sein, kann aber auch stundenweise erfolgen. Eine gelegentliche, zufällig anwesende Aushilfe reicht nicht. Die Beschäftigung muss nicht für den Zustellungsadressaten ausgeübt werden. Der **ständige Mitbewohner** (3. Alt.) muss in derselben Wohnung, nicht nur im selben Haus, wohnen. Eine gemeinsame Haushaltsführung ist nicht erforderlich, sondern allein die gemeinsame Nutzung der Wohnung.[41] Eine Wohngemeinschaft unter Studenten reicht daher aus. 10

b) **Ersatzzustellung in den Geschäftsräumen.** Eine Zustellung kann nach **§ 178 Abs. 1 Nr. 2 ZPO** in den **Geschäftsräumen** des Empfängers an eine dort beschäftigte Person vorgenommen werden. Beschäftigt ist, wer zur Dienstleistung für den Inhaber des Geschäftsbetriebes verpflichtet ist.[42] Eine völlig untergeordnete 11

34 BGH 17.2.1992 – AnwZ 53/91, NJW 1992, 1963; OLG Köln 16.8.1988 – 22 W 30/88, NJW-RR1989, 443: Schlafstelle nicht entscheidend.
35 Fraglich, ob zu Recht; vgl. § 178 Abs. 2 ZPO: Unwirksamkeit der Zustellung, wenn die Person nach § 178 Abs. 1 ZPO als Gegner der Person im Rechtsstreit beteiligt ist, der zugestellt werden soll.
36 BGH 14.3.1990 – VII ZR 204/89, NJW 1990, 1666: Nichtehelicher Lebensgefährte ist als Familienangehöriger anzusehen, wenn die Lebensgefährten im Rahmen einer Familie zusammenleben; Schultzky in Zöller § 178 Rn. 8; enger noch BGH 8.1.1987 – 1 StR 381/86, NJW 1987, 1562.
37 BSG 24.8.1976 – 8 RU 130/75, SozR 1500 § 67 Nr. 6.
38 Abw.: OLG Schleswig 27.6.1979 – 1 Ws 112/79-W, SchlHA 1980, 214: körperliche Entwicklung.
39 BSG 24.8.1976 – 8 RU 130/75, SozR 1500 § 67 Nr. 6; BGH 6.6.2001 – VIII ZB 8/01, NJW-RR 2002, 137; BFH 6.4.1992 – IV R 78/91, juris.
40 Schultzky in Zöller § 178 Rn. 11.
41 Vgl. BGH 21.3.2001 – VIII ZR 244/00, NJW 2001, 1946.
42 Vgl. zum alten Recht („Handlungsgehilfe“) BGH 19.3.1998 – VII ZR 172/97, NJW 1998, 1958; LAG Brem 25.5.1999 – 3 TA 14/99, LAGE § 183 ZPO Nr. 2.

Tätigkeit, die mit dem fachlichen Geschäftsbetrieb nicht im Zusammenhang steht, ist nicht ausreichend.[43] Der Geschäftsraum braucht kein Büro zu sein, es muss sich jedoch um eine dauerhaft eingerichtete Betriebsstätte handeln, in der Publikumsverkehr stattfindet.[44] Der betriebliche Zusammenhang ist ausreichend. Daher kann auch für den Betriebsrat über die Poststelle des Betriebes zugestellt werden. Das Geschäft muss aktuell in den Räumen noch betrieben werden.[45]

12 **c) Ersatzzustellung in Gemeinschaftseinrichtungen.** In **Gemeinschaftseinrichtungen** kann nach **§ 178 Abs. 1 Nr. 3 ZPO** an deren Leiter oder an einen dazu ermächtigten Vertreter zugestellt werden. Die Ermächtigung ist nachzuweisen, jedoch besteht eine Vertretungsvermutung. Der Adressat muss in der Einrichtung eine Wohnung/Zimmer haben. Der Begriff der Gemeinschaftseinrichtung ist weit zu fassen: dazu zählen öffentlich und privatrechtlich organisierte Einrichtungen religiöser, politischer, karitativer und wirtschaftlicher Art, unerheblich, ob gemeinnützig oder nicht (zB Studentenwohnheim, Alters-/Pflegeheim, Frauenhaus, Vollzugsanstalt, Kaserne, Klinik).[46]

13 **d) Fehler.** Nach **§ 178 Abs. 2 ZPO** ist eine Zustellung an den **Prozessgegner** unzulässig. Die Vorschrift ist weit auszulegen. Sie erfasst jede Art von Interessengegensatz zwischen Zustellungsempfänger und Zustellungsadressat.[47] Daher reicht auch eine dem Prozessgegner nahestehende Person aus.[48] Ein Verstoß gegen Abs. 2 macht die Zustellung unwirksam, unabhängig davon, ob der Zusteller Kenntnis hatte.

14 **5. Verweigerung der Annahme. Verweigert** der Zustellungsadressat unberechtigt die Annahme, ist gemäß **§ 179 Abs. 1 ZPO** das Schriftstück in der Wohnung oder im Geschäftsraum zurückzulassen. Sofern der Adressat keine Wohnung und keinen Geschäftsraum hat, ist das Schriftstück zurückzusenden. Mit der Annahmeverweigerung gilt das Schriftstück als zugestellt. Die Vorschrift ist Ausdruck dafür, dass die Entgegen- und Kenntnisnahme des Schriftstücks nicht erzwungen werden können. Unberechtigt ist die Verweigerung, wenn kein gesetzlich vorgesehener Grund dafür vorliegt, nicht jedoch, wenn die Vorschriften der Ersatzzustellung verletzt wurden oder wenn ihre Voraussetzungen nicht vorliegen.

15 **6. Vereitelung.** Ist eine Zustellung nach § 178 Abs. 1 Nr. 1 oder 2 ZPO in der Wohnung oder in den Geschäftsräumen nicht möglich, kann das Schriftstück gemäß **§ 180 ZPO** in einen zu den Räumlichkeiten gehörenden **Briefkasten** oder in eine ähnliche Vorrichtung eingelegt werden, die der Adressat für den Postempfang eingerichtet hat und die in der allgemein üblichen Art für eine sichere Aufhebung geeignet ist. Der Zusteller vermerkt auf dem Umschlag des zuzustellen-

43 BSG 30.11.1999 – B 6 KA 39/99 R, SozR3-1500 § 63 Nr. 6: Raumpflegerin oder Bote; Keller in Meyer-Ladewig/Keller/Leitherer/Schmidt § 63 Rn. 13 e; aA OVG Saarl 16.2.2005 – 1 Q 60/04, juris: auch Raumpfleger; Wolff-Dellen in Breitkreutz/Fichte § 63 Rn. 38: nur an Personen, die mit Publikumskontakt beschäftigt sind.
44 Nicht ausreichend: Warenanlieferungslager, OLG Köln 6.6.1990 – 24 Urt. 24/90, MDR 1990, 1021.
45 BGH 18.10.2010 – AnwZ (B) 22/10, NJW-RR 2011, 561: verneint für Anwaltsbüro nach Zulassungsentziehung mit Sofortvollzug, selbst wenn Rechtsanwalt deren Anfechtung von dort aus betreibt.
46 OLG Köln 7.11.2007 – 16 Wx 287/07, juris.
47 BGH 11.7.1983 – II ZR 114/82, NJW 1984, 57.
48 Familienangehöriger, abhängig beschäftigte Person, Prozessbevollmächtigter.

den Schriftstücks das Datum der Zustellung. Die Voraussetzungen sind nur bei im Übrigen unmöglicher, nicht bereits bei erschwerter Zustellung erfüllt, das heißt, dass eine Ersatzzustellung nach § 178 ZPO zunächst versucht werden muss. Von Unmöglichkeit ist auszugehen, wenn in unmittelbar zurückliegender Zeit ähnliche Zustellungsversuche vergeblich waren. Ob der Briefkasten oder die ähnliche Vorrichtung zum Postempfang bestimmt ist, ist Frage des Einzelfalls. Dabei kommt es auch auf die Umgebung an. An der Zweckbestimmung fehlt es, wenn der Briefkasten bereits aufgebrochen oder überfüllt ist und vom Besitzer erkennbar nicht gelehrt wird oder die Umstände erkennen lassen, dass Dritte Zugriff nehmen, zum Beispiel bei einem unverschlossenen Kasten im Treppenhaus eines Mehrfamilienhauses.[49] Liegen die Voraussetzungen nicht vor, ist die Zustellung unwirksam.

7. Niederlegung. Gemäß **§ 181 Abs. 1 S. 1 ZPO** kann das Schriftstück **niedergelegt** werden, wenn eine Ersatzzustellung nach § 178 Abs. 1 Nr. 3 (Gemeinschaftseinrichtung) oder § 180 (Briefkasten) nicht ausführbar ist. Die Niederlegung erfolgt bei der Geschäftsstelle des örtlich zuständigen Amtsgerichts oder im Falle einer Zustellung durch die Post an der von ihr hierzu bestimmten Stelle, die sich am Ort des zuständigen Amtsgerichts oder am Ort der Zustellung befinden kann, also in der örtlichen Postagentur. Der Zustellungsempfänger erhält eine schriftliche Mitteilung,[50] mit deren Abgabe das Schriftstück als zugestellt gilt, auch wenn die Zustellung auf einen Sonn- oder Feiertag fällt und das Schriftstück bei geschlossenem Postamt nicht abgeholt werden kann, denn § 64 Abs. 2 gilt nur für das Fristende.[51] Das Datum der Zustellung wird auf dem Umschlag vermerkt. Das Schriftstück ist 3 Monate zur Abholung auf der Niederlegungsstelle bereitzuhalten, danach ist es an den Absender zurückzusenden (Abs. 2). Hier wird die Zustellung fingiert, daher sind die Voraussetzungen eng zu fassen. Eine fehlerhafte Annahme der Voraussetzungen führt zur Unwirksamkeit der Zustellung. 16

8. Reihenfolge. Es ergibt sich die daraus folgende einzuhaltende **Reihenfolge** für die Zustellung: 17

- an den Zustellungsadressaten selbst bzw.
- bei Prozessunfähigkeit/juristischen Personen an den Vertreter, § 170 ZPO
- fakultativ an einen rechtsgeschäftlich bestellten Vertreter, § 171 ZPO
- an den Prozessbevollmächtigten, § 172 ZPO
  (jeweils an jedem beliebigen Ort, § 177 ZPO; durch Aushändigung, § 173 ZPO, gegen Empfangsbekenntnis, § 174 ZPO oder Einschreiben gegen Rückschein, § 175 ZPO; durch die Geschäftsstelle, § 168 ZPO oder Beauftragte, § 176 ZPO)
- Ersatzzustellung, § 178 ZPO
- in der Wohnung
- in den Geschäftsräumen
- in Gemeinschaftsunterkünften

---

49 Vgl. Schultzky in Zöller § 180 Rn. 6 zu den verschiedenen Alternativen in Mehrfamilienhäusern.

50 Vgl. § 181 Abs. 1 S. 2 ZPO.

51 BGH 4.11.1998 – RiZ (R) 2/98, BGH NJW-RR 99, 1150; BAG 23.7.1970 – 5 AZR 166/70, NJW 1970, 1894.

- Ersatzzustellung in den Briefkasten, § 180 ZPO
- Ersatzzustellung durch Niederlegung, § 181 ZPO.

18 **9. Zeitpunkt der Zustellung und Zustellungsmängel.** Die Zustellung an den Adressaten und Zustellungen nach §§ 170–172 ZPO sind im **Zeitpunkt der Übergabe** vollzogen. Im Fall der Zustellung nach § 174 ZPO gilt die Zustellung nach Begr. RegE BT-Drs. 14/4554, 18 zu § 174 in dem **auf dem Empfangsbekenntnis** genannten Zeitpunkt als bewirkt, das gemäß § 418 ZPO vollen Beweis hierfür erbringt. Der Gegenbeweis ist möglich,[52] allein Zweifel an der Richtigkeit des Empfangsbekenntnisses reichen jedoch nicht. Bei der Zustellung nach **§§ 175, 176, 178 ZPO** gilt als Zeitpunkt der Zustellung ebenfalls die Übergabe des Schriftstücks, im Fall des § 178 an den Zustellungsempfänger; im Fall des § 180 ZPO gilt der Zeitpunkt, in dem das Schriftstück in den **Briefkasten** gelegt wurde. Für § 179 ZPO ist der Zeitpunkt der **Annahmeverweigerung** maßgeblich. Nach § 181 ZPO ist der Zeitpunkt entscheidend, in dem die **schriftliche Mitteilung** über die Niederlegung abgegeben wird. Die öffentliche Zustellung (s. u.) gilt als bewirkt, wenn seit dem Aushang der Benachrichtigung **ein Monat** vergangen ist, sofern das Gericht keine längere Frist bestimmt (§ 188 ZPO). Eine Postzustellungsurkunde und ein Rückschein liefern vollen Beweis für die Richtigkeit der darin enthaltenen Tatsachen, jedoch kann der Zustellungsadressat den Gegenbeweis führen (vgl. § 418 ZPO). Das gilt insbesondere in den Fällen der Ersatzzustellung, in denen der Beweis geführt werden kann, dass der Zustellungsempfänger das Schriftstück nicht an den Zustellungsadressaten weitergegeben (§ 178) oder das Schriftstück sich nicht mehr im Briefkasten befunden hat (§ 180). Gerade bei § 180 dürfen die Beweisanforderungen – abhängig von den Umständen des Einzelfalls, zB defekter Briefkasten – nicht sehr hoch gehängt werden. Ein **Verstoß** gegen grundlegende zwingende Vorschriften der Zustellung führt zu deren Unwirksamkeit, nicht jedoch ein Verstoß gegen Ordnungsvorschriften.[53] Lässt sich die formgerechte Zustellung nicht nachweisen oder ist das Schriftstück unter Verletzung zwingender Zustellungsvorschriften zugegangen, gilt gemäß **§ 189 ZPO** das Schriftstück in dem Moment als zugestellt, in dem es dem gesetzmäßigen **Zustellungsadressaten tatsächlich zugegangen** ist. Diese **Heilung** ist eine zwingende Rechtsfolge. Der tatsächliche Zugang erfordert die tatsächliche Inbesitznahme. Die zwingende Fiktion der Vorschrift gilt nicht nur für die Tatsache, sondern auch den Zeitpunkt des Zugangs. Die sie begründenden Tatsachen sind mit jedem Beweismittel nachweisbar. Die Zustellung ist gemäß **§ 182 ZPO** zu beurkunden, zum Inhalt der Urkunde gemäß § 182 Abs. 2 ZPO → Rn. 6.

19 **10. Öffentliche Zustellungen.** Gemäß § 185 ZPO kann die Zustellung durch **öffentliche Bekanntmachung** erfolgen. Voraussetzung hierfür ist, dass der Aufenthalt der Person unbekannt und die Zustellung an einen Vertreter oder Prozessbevollmächtigten nicht möglich ist (Nr. 1), die Zustellung im Ausland (§ 183 ZPO) nicht möglich ist oder keinen Erfolg verspricht (Nr. 2) oder die Zustellung nicht erfolgen kann, weil der Ort der Zustellung die Wohnung einer Person wäre, die nach den §§ 18–20 GVG – dies sind vor allem die diplomatischen und konsularischen Vertretungen – nicht der Gerichtsbarkeit unterliegt. Unbekannt

52 Vgl. BGH 26.6.1997 – V ZB 10/97, NJW 1997, 3319, auch zu den Beweisanforderungen; jedoch auch BGH 13.6.1996 – VII ZB 12/96, NJW 1996, 2514.
53 Schultzky in Zöller § 166 Rn. 11; Senger in jurisPK-SGG § 63 Rn. 75.

ist der Aufenthalt des Zustellungsadressaten nicht schon dann, wenn das Gericht keine Kenntnis darüber hat, sondern die Allgemeinheit ihn nicht kennt. Kennt das Gericht die Mobiltelefonnummer des Adressaten und bestehen keine Anhaltspunkte dafür, dass diese nicht mehr aktuell ist, muss es zunächst versuchen, sich mit ihm in Verbindung zu setzen.[54] Gemäß **§ 186 Abs. 1 ZPO** entscheidet das Gericht über die öffentliche Zustellung durch Beschluss. Die Entscheidung kann ohne mündliche Verhandlung ergehen, gemäß § 12 Abs. 1 S. 2 dann ohne ehrenamtliche Richter, im Übrigen entscheidet der Spruchkörper, im Fall des § 155 Abs. 3 der Einzelrichter. Die öffentliche Zustellung wird durch **Aushang einer Benachrichtigung an der Gerichtstafel** oder durch Einstellung in ein elektronisches Informationssystem, das im Gericht öffentlich zugänglich ist, bewirkt, zusätzlich kann sie in einem von dem Gericht für Bekanntmachungen bestimmten elektronischen Informations- oder Kommunikationssystem veröffentlicht werden. Die Benachrichtigung muss gemäß § 186 Abs. 2 ZPO folgende Angaben enthalten:

- den Zustellungsadressaten,
- dessen Namen und letzte bekannte Anschrift,
- das Datum und Aktenzeichen des Schriftstücks,
- die Bezeichnung des Prozessgegenstandes,
- die Stelle, wo das Schriftstück eingesehen werden kann,
- dass das Schriftstück öffentlich zugestellt und Fristen in Gang gesetzt werden können, die Rechtsverluste zur Folge haben können.

Ladungen sind als solche zu kennzeichnen. Die öffentliche Zustellung ist aktenkundig zu machen (Abs. 3). Gemäß **§ 187 ZPO** kann das Gericht zusätzlich die Benachrichtigung einmal oder mehrfach im elektronischen **Bundesanzeiger** oder in anderen Blättern anordnen. Letzteres kann zB die örtliche Presse sein. Die Entscheidung liegt im Ermessen des Gerichts. **Einen Monat** nach dem Aushang der Benachrichtigung bzw. in einer vom Gericht bestimmten längeren Frist gilt das Schriftstück als zugestellt (§ 188 ZPO).

11. Auslandszustellungen. Zustellungen im Ausland erfolgen gemäß **§ 183 ZPO** 20
durch Einschreiben mit Rückschein, wenn aufgrund völkerrechtlicher Vereinbarungen Schriftstücke durch die Post unmittelbar übersandt werden dürfen, durch die Behörden des fremden Staates, Abs. 1. Die Zustellung kann nach § 183 Abs. 4 Satz 2 ZPO durch das schriftliche Zeugnis, das die Beweiskraft einer öffentlichen Urkunde gemäß § 418 Abs. 1 ZPO genießt, nachgewiesen werden.[55] Maßgeblich sind hierfür die völkerrechtlichen Vereinbarungen. Ist eine Zustellung auf diese Weise nicht möglich, erfolgt sie durch konsularische oder diplomatische Vertretungen oder durch das Auswärtige Amt (Abs. 2), desgleichen an Mitglieder der deutschen Vertretungen, die Immunitätsschutz genießen (Abs. 3).[56] Wohnt ein Zustellungsadressat nicht im Inland, kann das Gericht ihn gemäß **§ 63 Abs. 3 SGG** auffordern, in angemessener Frist einen **Zustellungsbevollmächtigten** mit Wohnsitz oder Geschäftsraum im Inland zu bestellen. Dadurch wird die Auslandszustellung vermieden. Die Regelung entspricht § 184

54 BSG 24.3.2015 – B 8 SO 73/14 B, juris; BSG 29.8.2012 – B 11 AL 72/11 B, juris.
55 BGH 15.1.2013 – VI ZR 241/12, NJW-RR 2013/435 zu einer türkischen Urkunde.
56 Vgl. zu den Einzelheiten, insbesondere den europarechtlichen Voraussetzungen, Geimer in Zöller, ZPO, Komm. zu § 183; ferner zu der entsprechenden Regelung in § 9 VwZG für das Verwaltungsverfahren Littmann in Hauck/Noftz, SGB X, Stand 9/14, § 65 Rn. 56 ff.

Abs. 1 ZPO, der jedoch wesentlich detaillierter ist und im Rahmen der Vereinheitlichung des Zustellungsrechts zur Konkretisierung des § 63 Abs. 3 SGG herangezogen werden muss.[57] Unterbleibt die Bestellung, gilt ein Schriftstück gemäß § 184 Abs. 2 Satz 1 ZPO binnen zwei Wochen als zugestellt; das Gericht kann auch eine längere Frist bestimmen (§ 184 Abs. 2 Satz 2 ZPO). Hierbei handelt es sich nicht nur um eine Vermutung, sondern um eine Fiktion.[58] Gemäß § 184 Abs. 1 Satz 1 ZPO muss die Aufforderung, einen Zustellungsbevollmächtigten zu bestellen, durch das Gericht, sie kann jedoch auch allein durch den Vorsitzenden erfolgen.[59] Die Aufforderung muss gemäß § 184 Abs. 2 Satz 3 ZPO den Hinweis auf die Zustellungsfiktion in Satz 1 und 2 enthalten, anderenfalls sind sowohl die Bestellung des Zustellungsbevollmächtigten als auch die Zustellung unwirksam.

§ 64 [Berechnung der Fristen]

(1) Der Lauf einer Frist beginnt, soweit nichts anderes bestimmt ist, mit dem Tage nach der Zustellung oder, wenn diese nicht vorgeschrieben ist, mit dem Tage nach der Eröffnung oder Verkündung.

(2) [1]Eine nach Tagen bestimmte Frist endet mit dem Ablauf ihres letzten Tages, eine nach Wochen oder Monaten bestimmte Frist mit dem Ablauf desjenigen Tages der letzten Woche oder des letzten Monats, welcher nach Benennung oder Zahl dem Tage entspricht, in den das Ereignis oder der Zeitpunkt fällt. [2]Fehlt dem letzten Monat der entsprechende Tag, so endet die Frist mit dem Monat.

(3) Fällt das Ende einer Frist auf einen Sonntag, einen gesetzlichen Feiertag oder einen Sonnabend, so endet die Frist mit Ablauf des nächsten Werktages.

I. Allgemeines

1 **1. Gesetzesentstehung.** § 64 gilt in der Fassung des SGG vom 23.9.1975 (BGBl. 1975 I 2335).

2 **2. Normzweck.** § 64 regelt die Berechnung **prozessualer Fristen, materiellrechtliche** Fristen bestimmen sich nach dem BGB. **Fristen** sind Zeiträume, innerhalb derer die Beteiligten oder das Gericht Prozesshandlungen vornehmen müssen. **Gesetzliche** Fristen sind solche, die kraft Gesetzes aufgrund eines Ereignisses zu laufen beginnen, zB die Rechtsbehelfsfristen. Dazu zählen auch die Fiktionen der Klage- oder Berufungsrücknahme gemäß § 102 Abs. 2 und § 156 Abs. 2, denn diese knüpfen zwar an die Betreibensaufforderung als richterliche Handlung, die gesetzliche Folge der Klagrücknahme tritt aber nach Fristablauf von Gesetzes wegen ein und ist unabänderlich.[1] **Richterliche** Fristen sind vom Gericht gesetzt, zB § 104 S. 3. Dazu zählen insbesondere die **Präklusionsfristen,**

57 BSG 14.3.2013 – B 13 R 188/12 B, SozR 4-1500 § 63 Nr. 3; Keller in Meyer-Ladewig/Keller/Leitherer/Schmidt § 63 Rn. 5; Wolff-Dellen in Breitkreuz/Fichte § 63 Rn. 61.
58 BGH 26.8.2009 – XII ZB 169/07, NJW 2009, 3306.
59 BGH 26.12.2012 – VI ZR 241/11, NJW 2012, 2588; Schultzky in Zöller § 184 Rn. 4.
1 Wolff-Dellen in Breitkreuz/Fichte § 64 Rn. 3.

nach deren Ablauf vorgetragene Tatsachen nicht mehr berücksichtigt werden können, vgl. § 106 a. Wegen der Versäumung gesetzlicher Fristen ist Wiedereinsetzung in den vorigen Stand möglich, § 67. Richterliche Fristen können verlängert werden, § 65. **Eigentliche** Fristen sind den Beteiligten für ihre Prozesshandlungen vorgegeben, **uneigentliche** Fristen richten sich an das Gericht zur Vornahme einer Amtsbehandlung, zB Terminsbestimmung gemäß § 110 Abs. 1 S. 1. § 64 gilt nach hM nur für die eigentlichen Fristen, für die uneigentlichen Fristen sind gemäß § 202 S. 1 iVm § 222 Abs. 1 ZPO die §§ 187 ff. BGB anwendbar.[2] Praktische Bedeutung kommt dieser Unterscheidung nicht zu. Nach dem Ablauf von **Ausschlussfristen** kommt eine Wiedereinsetzung grundsätzlich nicht in Betracht, es sei denn, sie ist gesetzlich ausdrücklich zugelassen, vgl. § 67 Abs. 2 Satz 1. Ausschlussfristen sind Fristen, die das Gesetz selbst als solche bezeichnet, zB § 111 SGG, ferner aber auch solche, deren Auslegung ergibt, dass eine Verlängerung aus materiellen oder verfahrensrechtlichen Gründen nicht in Betracht kommt, zB § 45 Abs. 3 SGB X[3] oder § 106 Abs. 2 Satz 7 SGB V.[4] **Notfristen** im eigentlichen Sinne gibt es im Sozialgerichtsverfahren nicht, denn Notfristen sind gemäß § 224 Abs. 1 Satz 2 ZPO nur diejenigen Fristen, die im Gesetz als solche bezeichnet werden. Sie können durch Vereinbarung der Beteiligten nicht abgekürzt[5] werden, § 224 Abs. 1 Satz 1 ZPO. Das SGG erwähnt keine Notfristen.[6] Dessen ungeachtet sind jedoch auch dort die Fristen für Rechtsmittel und Rechtsbehelfe nicht disponibel.

3. Parallelvorschriften. Entsprechende Vorschriften sind §§ 57 VwGO, 54 FGO, 3
221 ff. ZPO, 26 SGB X.

II. Fristbeginn – Abs. 1

Wegen der Zustellung, Verkündung sowie die dafür maßgeblichen Zeitpunkte 4
→ § 63 Rn. 3, 6, 18. Anders als § 57 Abs. 1 VwGO stellt § 64 Abs. 1 für den Fristbeginn auf den Tag nach der Zustellung/Verkündung ab.[7] Wegen der Verweisung in § 57 Abs. 2 VwGO und § 222 Abs. 1 ZPO auf § 187 BGB führt dies jedoch nicht zu unterschiedlichen Ergebnissen. Denn § 187 Abs. 1 BGB lässt den Tag, an dem das fristbeginnende Ereignis stattfindet, bei der Fristberechnung unberücksichtigt. Ist eine Zustellung vorgeschrieben, setzen lediglich die Eröffnung oder eine Verkündung die Frist nicht in Lauf. Allerdings verweist § 63 Abs. 2 auf § 189 ZPO, der die Zustellung in dem Moment fingiert, in dem das Schriftstück tatsächlich zugegangen ist, → § 63 Rn. 18. Diese Fiktion gilt auch für den Fristbeginn. Nach § 66 Abs. 1 läuft eine Rechtsbehelfsfrist nur dann, wenn eine entsprechende Belehrung erteilt war. Für jeden Verfahrensbeteiligten beginnt der Fristablauf erst dann, wenn die Voraussetzungen bei ihm vorliegen. Bei mehreren Prozessbevollmächtigten eines Beteiligten beginnt er, wenn bei dem ersten die Voraussetzungen für § 64 Abs. 1 vorliegen.

---

2 Keller in Meyer-Ladewig/Keller/Leitherer/Schmidt § 64 Rn. 2.; Senger in jurisPK-SGG § 64 Rn. 8; für § 57 VwGO differenzierend Kopp/Schenke § 57 Rn. 3; für § 221 ZPO entsprechende Anwendung Feskorn in Zöller Vor §§ 214–229 Rn. 6.
3 BSG 2.11.2015 – B 13 R 27/14 R, SozR 4-1300 § 48 Nr. 32.
4 BSG 28.10.2015 – B 6 KA 45/14 R, SozR 4-2500 § 106 Nr. 53.
5 Feskorn in Zöller § 224 Rn. 5: Notfristen können auch nicht verlängert werden.
6 Keller in Meyer-Ladewig/Keller/Leitherer/Schmidt § 64 Rn. 2; Senger in jurisPK-SGG § 64 Rn. 10.
7 Zu den Fällen des Fristbeginns bei einer zweifachen Zustellung eines Urteils BGH 26.3.2013 – XI ZB 15/12, juris.

III. Berechnung der Fristen – Abs. 2

5 Die Frist endet **um 24.00 Uhr ihres letzten Tages.** Die Beteiligten können die Frist voll ausschöpfen und sind an keine Dienstzeiten gebunden, auch wenn kein Nachtbriefkasten vorhanden ist.[8] Denn Gerichte und Behörden müssen Vorkehrungen treffen, dass Postsendungen sie auch noch nach Dienstschluss erreichen können. Denjenigen, der die Handlung vorzunehmen hat, trifft aber die Beweislast, dass er mangels einer Vorkehrung gehindert war, rechtzeitig zu handeln. **Monatsfrist:** Zustellung 15.1. – Fristende 15.2.; Zustellung 31.1. – Fristende 28.2., im Schaltjahr 29.2. Zustellung 28.2. – Fristende 28.3. **Wochenfrist:** Zustellung Dienstag – Fristablauf Dienstag. Eine **Tagesfrist** wird nach der Zahl der Tage berechnet: Zustellung 5.1. – Fristablauf 10 Tage am 15.1. Die **materielle Beweislast** dafür, dass die Frist eingehalten ist, trifft den Beteiligten, der die Handlung vorzunehmen hatte. Das Gericht hat den Zugang jedoch von Amts wegen zu ermitteln. Maßgeblich ist regelmäßig der Eingangsstempel, der eine öffentliche Urkunde iSd § 418 ZPO ist. Der Gegenbeweis ist gemäß § 418 Abs. 2 ZPO möglich, jedoch nicht bereits dann geführt, wenn die Möglichkeit eines fehlerhaften Stempelaufdrucks dargetan wird. Die Frist ist gewahrt, wenn die Prozesshandlung in den Machtbereich des Gerichts gekommen ist. Ist die Fristwahrung jedoch aus Gründen unmöglich, die das Gericht zu vertreten hat, kann Wiedereinsetzung in den vorigen Stand in Betracht kommen, zB wenn ein Nachtbriefkasten nicht vorhanden oder defekt ist. Dies gilt auch bei Prozesshandlungen, die per **Fax** vorgenommen werden. Die Frist für die Verfahrenshandlung ist hier gewahrt, wenn das Schriftstück innerhalb der Frist durch das Faxgerät des Gerichts ausgedruckt wurde. Das Sendeprotokoll ist hierfür allerdings kein hinreichender Nachweis.[9] Maßgeblich ist vielmehr, dass die elektronischen Signale das Eingangsgerät erreichen. Wird das Schriftstück zB wegen eines Defekts des Empfangsgerätes beim Gericht oder wegen eines dortigen Papierstaus nicht vollständig oder unleserlich ausgedruckt, wurde teilweise ein rechtzeitiger Zugang angenommen,[10] teilweise wird das Problem über die Wiedereinsetzung in den vorigen Stand gelöst.[11] Nunmehr wird unabhängig vom Ausdruck des Dokuments allein auf den Empfang der elektronischen Signale abgestellt.[12] Ist das Faxgerät des Gerichts abgestellt oder ist die Verbindung abgebrochen, so dass die elektronischen Signale es gar nicht erreichen können, ist die Frist zwar nicht gewahrt, es kann aber Wiedereinsetzung in den vorigen Stand in Betracht kommen.[13] Bei einer online-Übersendung müssen diese Grundsätze entsprechend gelten.

IV. Fristende – Abs. 3

6 Die Regelung über das Fristende entspricht § 193 BGB. Sie gilt nur für das Ende einer Frist, nicht jedoch für den Fristbeginn. Allgemeine Feiertage im gesamten Bundesgebiet sind Neujahr, Karfreitag, Ostermontag, 1. Mai, Himmelfahrt,

---

8 BSG 31.3.1993 – 13 RJ 9/92, BSGE 72, 158.
9 Leitherer in Meyer-Ladewig/Keller/Leitherer/Schmidt § 151 Rn. 10 d mwN.
10 BGH 14.3.2001 – XII ZR 51/99, NJW 2001, 1581; BGH 19.4,1994 – VI ZB 3/94, NJW 1994, 1881.
11 BGH 23.11.2004 – XI ZB 4/04, NJW-RR 2005, 435.
12 BGH 25.4.2006 – IV ZB 20/05, BGHZ 167, 214.
13 Senger in jurisPK-SGG § 64 Rn. 41; Überblick bei Leitherer in Meyer-Ladewig/Keller/Leitherer/Schmidt § 151 Rn. 10 b f sowie Keller in Meyer-Ladewig/Keller/Leitherer/Schmidt § 64 Rn. 6 c.

Pfingstmontag, 3. Oktober, 1. und 2. Weihnachtstag. Der 24. und 31. Dezember sind keine Feiertage. Nach Landesrecht können noch weitere Feiertage hinzutreten, zB Heilige drei Könige, Fronleichnam, Mariä Himmelfahrt. Rosenmontag ist auch in karnevalistisch ausgerichteten Gegenden kein Feiertag.[14] Ob ein Feiertag vorliegt, richtet sich nach dem Feiertagsrecht des Landes oder Ortes, an dem die Prozesshandlung vorzunehmen ist, idR also nach dem Gerichtsort.[15] Die 5-Monatsfrist für das Absetzen von Urteilen endet auch an einem Samstag, Sonn- oder Feiertag, nicht erst am darauffolgenden Werktag.[16]

§ 65 [Richterliche Fristen, Abkürzung und Verlängerung]

[1]Auf Antrag kann der Vorsitzende richterliche Fristen abkürzen oder verlängern. [2]Im Falle der Verlängerung wird die Frist von dem Ablauf der vorigen Frist an berechnet.

I. Allgemeines

1. Gesetzesentstehung. § 65 gilt in der Fassung des SGG vom 23.9.1975 (BGBl. 1975 I 2335). 1

2. Normzweck. Zu den richterlichen Fristen → § 64 Rn. 2. § 65 trifft eine eigenständige, von §§ 57 Abs. 2 VwGO, 54 Abs. 2 FGO und 224 Abs. 2 und 3 ZPO, auf den jene beiden Vorschriften verweisen, abweichende Regelung. Anders als § 224 Abs. 2 und 3 ZPO regelt § 65 **allein die richterlichen, nicht die gesetzlichen Fristen.** Jene können nur in den gesetzlich vorgesehenen Fällen §§ 160 a Abs. 2 S. 2 und 164 Abs. 2 S. 2 verlängert werden. Entgegen § 224 Abs. 1 ZPO liegt eine Fristabkürzung im Sozialgerichtsverfahren nicht in der Dispositionsbefugnis der Beteiligten, sondern im Ermessen des Vorsitzenden. 2

II. Fristverlängerung

1. Antrag. Die Fristverlängerung setzt nach dem Wortlaut des § 65 einen **Antrag** voraus,[1] der **nicht formgebunden** ist. Nach hM[2] ist der Verlängerungsantrag vor Ablauf der Frist zu stellen. Dies ergibt sich zwar nicht aus § 65, jedoch stellen §§ 160 Abs. 2 S. 2 und 164 Abs. 2 S. 2 insofern allgemeine Regelungen dar. Später gestellte Anträge werden nach den Grundsätzen über die Wiedereinsetzung in den vorigen Stand behandelt. Nach dem allgemeinen Gedanken des § 225 Abs. 2 ZPO können Fristen gemäß § 65 **mehrfach verlängert** werden. Im Falle einer mehrfachen Verlängerung oder Abkürzung ist den übrigen Beteiligten Gelegenheit zur Stellungnahme zu gewähren.[3] Nach hM setzt eine Fristverlänge- 3

14 Für Köln BPatGer, 19.7.1978 – 6 W pat 67/78, GRUR 1978, 710.
15 BSG 8.11.1984 – 2 BU 188/94, Breith. 1995, 295; OVG Bbg 30.6.2004 – 2 A 247/04.A2, NJW 2004, 3795.
16 BSG 17.2.2009 – B 2 U 189/08 B, SozR 4-1750 § 547 Nr. 2.
1 Anders eine verbreitete Auffassung: Keller in Meyer-Ladewig/Keller/Leitherer/Schmidt § 65 Rn. 3 mwN: auch v.A.w. möglich.
2 Keller in Meyer-Ladewig/Keller/Leitherer/Schmidt § 65 Rn. 4.
3 Vgl. § 225 Abs. 2 ZPO.

rung oder -abkürzung erhebliche Gründe voraus.[4] Im Rahmen der Ermessensentscheidung über den Antrag ist eine Abwägung zwischen den Gründen für und gegen eine Fristverlängerung erforderlich.

4 **2. Entscheidung.** Die Entscheidung liegt im **Ermessen** des Gerichts, Vorsitzenden, Beisitzers, beauftragten oder ersuchten Richters.[5] Die Interessen der Beteiligten und auch des Gerichts an einer Durchführung des Verfahrens sind gegeneinander abzuwägen. Über die Frage der Verlängerung ist zu entscheiden, bevor eine Sachentscheidung ergeht; ansonsten liegt eine Verletzung des rechtlichen Gehörs vor. Der Antragsteller kann darauf vertrauen, dass seinem ersten Verlängerungsantrag regelmäßig stattgegeben wird, wenn er hierfür einen wichtigen Grund angibt.[6] Ein wichtiger Grund kann ein Urlaub, Arbeitsüberlastung, Krankheit oÄ sein. Nach OVG NRW[7] ist eine **stillschweigende** Verlängerung nicht möglich, sie muss ausdrücklich ergehen.[8] Diese Anforderung, die sich aus dem Gesetz nicht ableiten lässt, wird den Bedürfnissen der Praxis nicht gerecht. Gerade in Anwaltsprozessen wird regelmäßig eine stillschweigende Fristverlängerung, zB zur Klagebegründung oder Stellungnahme zu Ermittlungsergebnissen, erbeten. Eine ausdrücklich erteilte Fristverlängerung ist zwar bekannt zu machen, jedoch nicht zuzustellen (vgl. § 63). Denn es wird nicht eine Frist in Lauf gebracht, sondern das Ende der Frist wird neu bestimmt.[9] Eine erfolgte Fristverlängerung ist wirksam, auch wenn sie fehlerhaft zustande kam, zB ohne Antrag, falsche Berechnung, unzuständiger Richter, fehlerhafte Ermessensbetätigung. Es kann fraglich sein, ob die Grundsätze fehlerhafter/nichtiger Verwaltungsakte hier entsprechend anwendbar sind. In jedem Fall wirkt der Vertrauensschutz für die Beteiligten. Die Entscheidung ist nicht mit der Beschwerde anfechtbar, § 172 Abs. 2.

5 **3. Fristenlauf.** Die **neue Frist** wird im Falle einer Verlängerung zwingend von dem Ablauf der alten Frist an berechnet, nicht jedoch vom Zeitpunkt der Fristverlängerung.[10] Nach hM[11] gilt § 190 BGB.[12] Die Berechnung erfolgt nach § 64.

§ 65 a [Übermittlung elektronischer Dokumente]

(1) Vorbereitende Schriftsätze und deren Anlagen, schriftlich einzureichende Anträge und Erklärungen der Beteiligten sowie schriftlich einzureichende Auskünfte, Aussagen, Gutachten, Übersetzungen und Erklärungen Dritter können nach Maßgabe der Absätze 2 bis 6 als elektronische Dokumente bei Gericht eingereicht werden.

(2) [1]Das elektronische Dokument muss für die Bearbeitung durch das Gericht geeignet sein. [2]Die Bundesregierung bestimmt durch Rechtsverordnung mit Zu-

4 Vgl. § 224 Abs. 2 ZPO; Keller in Meyer-Ladewig/Keller/Leitherer/Schmidt § 65 Rn. 3.
5 BSG 6.8.2019 – B 13 R 233/18 B, juris.
6 BVerfG 25.9.2000 – 1 BvR 464/00, NJW 2001, 812.
7 OVG NRW 25.2.1958 – VII A 1504/56, DÖV 1959, 637.
8 Offen gelassen in BGH 23.1.1985 – VIII ZB 18/84, NJW 1985, 1559.
9 BGH 14.2.1990 – XII ZB 126/69, NJW 1990, 1798.
10 Anders § 224 Abs. 3 ZPO: andere Bestimmung möglich.
11 BGH 1.6.1956 – V ZB 8/56, BGHZ 21, 43.
12 Kritisch dazu Keller in Meyer-Ladewig/Keller/Leitherer/Schmidt § 65 Rn. 7: wegen der Unsicherheit bei der Fristberechnung. Derartige Zweifel kommen nicht auf, wenn die Frist nicht nach einer Zeitspanne, sondern nach einem Datum berechnet wird.

stimmung des Bundesrates die für die Übermittlung und Bearbeitung geeigneten technischen Rahmenbedingungen.

(3) [1]Das elektronische Dokument muss mit einer qualifizierten elektronischen Signatur der verantwortenden Person versehen sein oder von der verantwortenden Person signiert und auf einem sicheren Übermittlungsweg eingereicht werden. [2]Satz 1 gilt nicht für Anlagen, die vorbereitenden Schriftsätzen beigefügt sind.

(4) Sichere Übermittlungswege sind

1. der Postfach- und Versanddienst eines De-Mail-Kontos, wenn der Absender bei Versand der Nachricht sicher im Sinne des § 4 Absatz 1 Satz 2 des De-Mail-Gesetzes angemeldet ist und er sich die sichere Anmeldung gemäß § 5 Absatz 5 des De-Mail-Gesetzes bestätigen lässt,
2. der Übermittlungsweg zwischen dem besonderen elektronischen Anwaltspostfach nach § 31 a der Bundesrechtsanwaltsordnung oder einem entsprechenden, auf gesetzlicher Grundlage errichteten elektronischen Postfach und der elektronischen Poststelle des Gerichts,
3. der Übermittlungsweg zwischen einem nach Durchführung eines Identifizierungsverfahrens eingerichteten Postfach einer Behörde oder einer juristischen Person des öffentlichen Rechts und der elektronischen Poststelle des Gerichts; das Nähere regelt die Verordnung nach Absatz 2 Satz 2,
4. sonstige bundeseinheitliche Übermittlungswege, die durch Rechtsverordnung der Bundesregierung mit Zustimmung des Bundesrates festgelegt werden, bei denen die Authentizität und Integrität der Daten sowie die Barrierefreiheit gewährleistet sind.

(5) [1]Ein elektronisches Dokument ist eingegangen, sobald es auf der für den Empfang bestimmten Einrichtung des Gerichts gespeichert ist. [2]Dem Absender ist eine automatisierte Bestätigung über den Zeitpunkt des Eingangs zu erteilen. [3]Die Vorschriften dieses Gesetzes über die Beifügung von Abschriften für die übrigen Beteiligten finden keine Anwendung.

(6) [1]Ist ein elektronisches Dokument für das Gericht zur Bearbeitung nicht geeignet, ist dies dem Absender unter Hinweis auf die Unwirksamkeit des Eingangs und die geltenden technischen Rahmenbedingungen unverzüglich mitzuteilen. [2]Das Dokument gilt als zum Zeitpunkt der früheren Einreichung eingegangen, sofern der Absender es unverzüglich in einer für das Gericht zur Bearbeitung geeigneten Form nachreicht und glaubhaft macht, dass es mit dem zuerst eingereichten Dokument inhaltlich übereinstimmt.

(7) [1]Soweit eine handschriftliche Unterzeichnung durch den Richter oder den Urkundsbeamten der Geschäftsstelle vorgeschrieben ist, genügt dieser Form die Aufzeichnung als elektronisches Dokument, wenn die verantwortenden Personen am Ende des Dokuments ihren Namen hinzufügen und das Dokument mit einer qualifizierten elektronischen Signatur versehen. [2]Der in Satz 1 genannten Form genügt auch ein elektronisches Dokument, in welches das handschriftlich unterzeichnete Schriftstück gemäß § 65 b Absatz 6 Satz 4 übertragen worden ist.

I. Allgemeines

1 **1. Gesetzesentstehung.** § 65 a ist durch Art. 4 **JKomG** vom 22.3.2005 (BGBl. 2005 I 837) mit Wirkung vom 1.4.2005 eingeführt worden. Dem JKomG gingen bereits einige Teilregelungen voraus, die rechtliche Grundlagen für den elektronischen Rechtsverkehr enthielten: Das Gesetz zur Reform des Verfahrens bei Zustellungen im gerichtlichen Verfahren (ZustRG) vom 25.6.2001 (BGBl. 2001 I 1206), das am 1.7.2002 in Kraft getreten ist, und das Gesetz zur Anpassung der Formschriften des Privatrechts und anderer Vorschriften an den modernen Geschäftsverkehr (FormVorAnpG) vom 13.7.2001 (BGBl. 2001 I 1542), das am 1.8.2001 in Kraft getreten ist. Für die drei öffentlichen Gerichtsbarkeiten ist vor allem das Dritte Gesetz zur Änderung verwaltungsverfahrensrechtlicher Vorschriften vom 21.8.2002 (BGBl. 2002 I 3322) von Bedeutung; durch dieses und das JKomG ist die Kompatibilität des elektronischen Verwaltungsverfahrens und Gerichtsverfahrens hergestellt und für die öffentlichen Gerichtsbarkeiten ein einheitlicher Lebensvorgang mit dem Verwaltungsverfahren auf einheitlichem Wege geschaffen worden.[1]

2 Mit Wirkung vom 1.1.2018 wurde § 65 a durch das **Gesetz zur Förderung des elektronischen Rechtsverkehrs mit den Gerichten** (ERVGerFöG) vom 10.10.2013 (BGBl. 2013 I 3786) und das **Gesetz zur Einführung der elektronischen Akte in der Justiz und zur weiteren Förderung des elektronischen Rechtsverkehrs** vom 5.7.2017 (BGBl. 2017 I 2208 – EAkteJEG) sehr weitgehend geändert. Das Gesetz hat ferner § 65 b mit Wirkung vom 1.1.2018 geändert, mit Wirkung vom 1.1.2014 § 65 c und mit Wirkung vom 1.1.2022 § 65 d eingefügt. Insbesondere ist dann der Zugang elektronischer Dokumente beim Gericht obligatorisch und nicht mehr von einer Rechtsverordnung abhängig. Durch die Änderung soll der elektronische Zugang zur Justiz ua durch Verzicht auf die zwingende Verwendung der qualifizierten Signatur anwenderfreundlicher gestaltet werden und sich auf alle sicheren elektronischen Übermittlungswege erstrecken; ferner soll der Zugang bundesweit vereinheitlicht werden. Für Rechtsanwälte, andere vertretungsberechtigte Personen und Behörden, nicht aber für Bürger, wird der elektronische Zugang ab 1.1.2022 verpflichtend sein.[2] Weitere Anpassungen erfolgten durch das Gesetz zur Umsetzung der VO (EU) Nr. 910/2014 vom 17.7.2017 (BGBl. 2017 I 2745 – elDAS-DurchführungsG). Die aktuelle, ab 1.1.2020 geltende Fassung beruht auf dem Gesetz vom 12.12.2019 (BGBl. 2019 I 2633), mit dem neben sprachlichen Anpassungen Abs. 3 Satz 2 eingefügt wurde. Ebenfalls trat am 1.1.2018 auf der Grundlage des § 65 a Abs. 2 Satz 2, Abs. 4 Nr. 3 für das Verfahren vor den Sozialgerichtsverfahren die Elektronische-Rechtsverkehrs-VO (ERVV) vom 24.11.2017 im Kraft.

3 **2. Normzweck.** Das **JKomG** ermöglicht es, elektronische Dokumente in ein Gerichtsverfahren einzubringen und innerhalb des Gerichts Akten als elektronische Akten zu bearbeiten. Dies ist erforderlich, weil elektronische Dateien grundsätzlich nicht das Schriftformerfordernis wahren.[3] Sind daher die gesetzlichen Vor-

1 Begr. RegEntwurf, BT-Drs. 15/4067, 24; zum Verwaltungsverfahren: Siewert in LPK-SGB X § 33 Rn. 8 ff.; Littmann in Hauck/Noftz SGB X § 33 Rn. 12 ff.
2 Begr. RegEntwurf, BT-Drs. 17/12634, 20.
3 BSG 15.11.2010 – B 8 SO 71/10 B, juris.

aussetzungen für die elektronische Kommunikation nicht gewahrt, fehlt es insbesondere an der erforderlichen elektronischen Signatur, hat das die gleichen Folgen wie ein Verstoß gegen das Schriftformerfordernis.[4] Eine ohne elektronische Signatur eingereichte Klage wahrt daher die Klagefrist (vgl. § 92 Abs. 1), nicht aber die Berufungs- (vgl. § 151 Abs. 1) oder Revisionsfrist (vgl. § 164 Abs. 1 Satz 1).[5] Das JKomG sah noch eine Rechtsverordnung der Bundes- und Landesregierungen als Voraussetzung für die Eröffnung des elektronischen Rechtsverkehrs vor (§ 65 a Abs. 1 Satz 1). Die Gesetzesänderung ab 1.1.2018 verzichtet darauf, die Möglichkeit elektronischer Kommunikation ist seitdem obligatorisch. Grundlagen für die elektronische Kommunikation sind die Richtlinien des Europäischen Parlaments und des Rates vom 13.12.1999, 1999/93/EG – EU-Signaturrichtlinie – und vom 8.6.2000, 2000/31/EG – Richtlinie über den elektronischen Geschäftsverkehr. Das Gesetz soll sicherstellen, dass die mit der Schriftform verbundenen Funktionszwecke auch im elektronischen Rechts- und Prozessverkehr gewährleistet sind. Dabei regelt § 65 a den elektronischen Datentransfer zwischen den Beteiligten und dem Gericht (dabei Abs. 1 und 2 den Zugang zum Gericht und Abs. 3 Mitteilungen vom Gericht an die Beteiligten), § 65 b die innergerichtliche elektronischen Datenverarbeitung. § 65 c enthält eine Verordnungsermächtigung für einheitliche elektronische Formulare zugunsten des Bundesministeriums für Arbeit. Das elektronische Gerichtsverfahren tritt bis auf weiteres neben das bisherige, auf dem Medium Papier basierende Verfahren. § 65 d bestimmt das elektronische Verfahren ab 1.1.2022 für Rechtsanwälte, Behörden oder jPöR für zwingend. Es bietet nach der Gesetzesbegründung[6] folgende Vorteile:

- die Kommunikation zwischen dem Gericht und den Verfahrensbeteiligten wird beschleunigt,
- der Akten- und Dokumententransfer wird beschleunigt,
- verschiedene Bearbeiter können gleichzeitig zugreifen,
- die Akten sind kontinuierlich verfügbar,
- eine örtlich unabhängige Aktenbearbeitung wird ermöglicht,
- der Akteninhalt kann besser ausgewertet, dargestellt und verarbeitet werden,
- die elektronische Akte bietet einfache, komfortable und schnelle Suchmöglichkeiten,
- redundante Daten werden vermieden, insbesondere, wenn strukturierte Daten ausgetauscht werden,
- die Statistik und Verwaltung von Daten werden vereinfacht.

Das JKomG regelt lediglich die Möglichkeit, elektronische Dokumente bei Gericht einzureichen und eine elektronische Akte zu führen, die Anforderungen hierfür und die Verwaltung der Daten. Es enthält keine Regelung über die Archivierung der elektronischen Daten. Hierfür müssen der Bund und die Länder für ihre Zuständigkeitsbereiche organisatorische Maßnahmen treffen. Außerdem ist zu gewährleisten, dass technische Maßnahmen den Schutz vor unbefug-

4 Begr. RegEntwurf, BT-Drs. 15/4067, 31; BSG 9.5.2017 – B 13 R 113/17 B, juris; Keller in Meyer-Ladewig/Keller/Leitherer/Schmidt § 65 a Rn. 7.
5 Wolff-Dellen in Breitkreuz/Fichte § 65 a Rn. 4.
6 Begr. RegEntwurf, BT-Drs. 15/4067, 24.

ter Kenntnisnahme sicherstellen.[7] Die Gesetzgebungskompetenz des Bundes für die Regelung folgt aus Art. 74 Abs. 1 Nr. 1 in Verbindung mit Art. 72 GG.

4 **3. Parallelvorschriften.** § 65 a entspricht § 55 a VwGO und § 52 a FGO. Für das Zivilverfahren sieht § 130 a ZPO eine vergleichbare Regelung vor.

II. Elektronische Dokumente – Abs. 1

5 Die Eröffnung des elektronischen Zugangs für eingehende Dokumente durch die Gerichte ist ab 1.1.2020 **obligatorisch**; zuvor bestand für die Landesregierungen nach Art. 24 Abs. 1 des Gesetzes vom 10.10.2013 (BGBl. I 3786) die Möglichkeit zu bestimmen, dass § 55 a in der am 31.12.2017 geltenden Fassung anzuwenden sei, nach der der elektronische Rechtsverkehr durch eine Rechtsverordnung eröffnet werden musste. Abs. 1 bestimmt die Dokumente, die dem Gericht elektronisch übermittelt werden können. **Elektronische Dokumente** sind Dokumente, die mithilfe der Datenverarbeitung unter Umgehung der Papierform erstellt und auf Datenträgern gespeichert werden können.[8] Der Begriff des Dokuments tritt an den des Schriftstücks, Schreiben o.ä. im bisherigen Verfahrensrecht[9] und umfasst alle bestimmenden und vorbereitenden Schriftsätze, also auch Klagen und Rechtsmittel nebst Anlagen. Die Aufzählung in Abs. 1 ist nicht abschließend, sondern umfasst jedweden Schriftwechsel mit dem Gericht[10]. Das Computerfax ist kein elektronisches Dokument, da die Daten zwar elektronisch übermittelt werden, durch den notwendigen Ausdruck auf das Medium Papier aber nicht verzichtet werden kann.[11]

III. Eignung des Dokuments

6 Das elektronische Dokument muss gemäß Abs. 2 **geeignet** sein. Die technischen Voraussetzungen hierfür sind in der **Elektronischen-Rechtsverkehr-Verordnung** (ERVV) vom 24.11.2017 (BGBl. I 3803) in der Fassung vom 9.2.2018 (BGBl. I 200) geregelt. Nach § 2 Abs. 1 der VO muss das Dokument in druckbarer, kopierbarer und nach Möglichkeit durchsuchbarer PDF-Fassung, ggf. auch im TIFF-Format, übermittelt werden. Gericht, Aktenzeichen, Beteiligte, Verfahrensgegenstand und aktenführende Stelle eines eventuell denselben Verfahrensgegenstand betreffenden Verfahrens sind nach § 2 Abs. 3 ERRV anzugeben. Die §§ 3 und 5 ERRV stellen technische Anforderungen einschließlich einzuhaltender Höchstgrenzen für die Anzahl und das Volumen der elektronischen Dokumente (höchstens 100 Dateien und maximal 60 Megabyte (Nr. 2 ERVB) auf sowie die Verfahrensweise bei deren Überschreitung. § 4 ERRV behandelt die elektronische Signatur (→ Rn. 7). Die §§ 6 bis 9 ERRV behandeln das elektronische Behördenpostfach, die §§ 10 und 11 ERVV enthalten besondere Bestimmungen für den elektronischen Rechtsverkehr mit Strafverfolgungsbehörden und Strafgerichten. Weitere technische Voraussetzungen des Bundes und der einzelnen Länder ergeben sich aus der Elektronischer-Rechtsverkehr-Bekanntmachung 2019 (ERVB) vom 20.12.2018.[12] Sofern ein Dokument Schadsoftware oder verschlüs-

---

7 Begr. RegEntwurf, BT-Drs. 15/4067, 25.
8 Keller in Meyer-Ladewig/Keller/Leitherer/Schmidt § 65 a Rn. 4; Kopp/Schenke § 55 a Rn. 4.
9 Begr. RegEntwurf 15/4067, 25.
10 Stäbler in jurisPK-SGG § 65 a Rn. 17.
11 BVerwG 30.3.2006 – 8 B 8/06, NJW 2006, 1989.
12 BAnz AT 31.12.2018 B3; abrufbar im Justizportal des Bundes und der Länder.

selte Dateien enthält, soll das Gericht entscheiden, wie mit ihnen zu verfahren ist.[13]

IV. Elektronische Signatur – Abs. 3

Wesentlich für die Sicherheit der Authentizität und die Integrität der Dokumente ist die **Signatur**, die der Unterschrift im herkömmlichen Rechtsverkehr entspricht und ohne die das elektronische Dokument eine vorgeschriebene Schriftform nicht wahrt, vgl. zB § 90 Abs. 1 für die Klage, § 151 Abs. 1 für die Berufung, § 164 Abs. 1 Satz 1 für die Revision.[14] Die rechtlichen Grundlagen dafür waren im **Signaturgesetz** vom 16.5.2001 (BGBl. 2001 I 876) in der Fassung des 1. SigÄndG niedergelegt, das durch G vom 18.7.2017 (BGBl. 2017 I 2745) mWv 29.7.2017 aufgehoben wurde. Jetzt gilt Art. 3 VO (EU) 910/2014.[15] Elektronische Signaturen sind Daten in elektronischer Form, die anderen elektronischen Daten beigefügt oder logisch mit ihnen verknüpft sind.[16] Die VO unterscheidet einfache und qualifizierte Signaturen. Gemäß § 36 a Abs. 2 Satz 1 SGB I ist stets eine **qualifizierte elektronische Signatur** erforderlich, wenn das Gesetz für Schriftsätze Schriftform iSd § 126 BGB vorsieht. Die qualifizierte Signatur ist eine Signatur mit einem Zertifikat, die mit einer sicheren Signaturerstellungseinheit erzeugt wird. Diese Signatur ist ausschließlich dem Inhaber zu dessen alleiniger Kontrolle erteilt; nachträgliche Änderungen lassen sich nachvollziehen. Die Verordnungsgeber des Abs. 1 Satz 1 können auch andere Verfahren zulassen, durch die die Authentizität und Integrität der übermittelten Dokumente sichergestellt werden. Hierin unterscheidet sich die Regelung in § 65 a ebenso wie die in §§ 55 a VwGO und 52 a FGO von der des § 130 a ZPO.[17] Gemäß § 4 Abs. 2 ERVV dürfen mehrere Dokumente nicht mit einer gemeinsamen qualifizierten Signatur übermittelt werden (sog. **Container-Signatur**[18]). Dadurch soll verhindert werden, dass nach der Trennung eines elektronischen Dokuments vom Nachrichtencontainer die Container-Signatur nicht mehr geprüft werden kann.[19] Werden mehrere Dokumente in einem qualifiziert signierten „Nachrichtencontainer" an das Gericht übersandt, stellt dies einen Verstoß gegen Abs. 2 und 3 dar, der zu formunwirksamen Dokumenten führt.[20] Das Gericht trifft eine Hinweispflicht, wenn ein elektronisches Dokument nicht in technisch einwandfreier Form oder ohne eine zulässige qualifizierte Signatur eingereicht wird,[21] jetzt Abs. 6 Satz 1. Nach Schenke[22] ist das Verbot der Container-Signatur nicht berührt, wenn ein Dritter mehrere mit einer Container-Signatur zusammengefasste Dokumente an einen Beteiligten übermittelt und dieser diesen 7

---

13 BR-Drs. 645/17, 11.
14 BSG 4.7.2018 – B 8 SO 44/18 B, juris; BSG 15.11.2010 – B 8 SO 71/10, juris; BVerwG 25.4.2012 – 8 C 18/11, NVwZ 2012, 1262.
15 Grundlegend dazu Rossnagel, Das neue Recht elektronischer Signaturen, NJW 2001, 1817 ff.; Rossnagel, Das elektronische Verwaltungsverfahren, NJW 2003, 469 ff.
16 Zu den verschiedenen Arten der Signaturen Littmann in Hauck/Noftz SGB X § 33 Rn. 14.
17 Viefhues NJW 2005, 1009.
18 BR-Drs. 645/17.
19 BR-Drs. 645/17, 17; BSG 9.5.2018 – B 12 KR 26/18 B, SozR 4-1500 § 65 a Nr. 4.
20 BSG 27.6.2019 – B 5 RE 10/18 B, juris; BSG 20.3.2019 – B 1 KR 7/18 B, SozR 4-1500 § 65 a Nr. 5.
21 BSG 12.10.2016 – B 4 AS 1/16 R, SozR 4-1500 § 65 a Nr. 3.
22 Kopp/Schenke § 55 a Rn. 5 a.

„Container" mit seiner qualifizierten Signatur an das Gericht übermittelt. Andere sichere Übermittlungswege sind die des Abs. 4.

V. Übermittlungswege – Abs. 4

8 Abs. 5 regelt die **sicheren Übermittlungswege** iSd Abs. 4, für deren Nutzung eine qualifizierte elektronische Signatur nicht erforderlich ist, sondern eine einfache Signatur ausreicht. Für die Übermittlung mit einer **qualifizierten Signatur** sieht § 4 Abs. 1 ERVV entweder die Übermittlung über einen sicheren Übermittlungsweg (Nr. 1) oder an das für den Empfang elektronischer Dokumente eingerichtete elektronische Gerichts- und Verwaltungspostfach des Gerichts über eine Anwendung, die auf OSCI oder einem diesen ersetzenden, dem jeweiligen Stand der Technik entsprechenden Protokollstandart beruht (Nr. 2). Somit ist sichergestellt, dass eine Kommunikation mit dem Gericht in Rechtssachen durch einfache E-Mail nicht zulässig und damit formfehlerhaft ist. Für die **sicheren Übermittlungswege Nr. 1 bis 4** ist sichergestellt, dass der Übermittler für die Authentizität und Integrität des Dokuments garantiert und andererseits das Gericht deren Überprüfbarkeit sicherstellt. Nr. 4 enthält eine technologieoffene Regelung, die zukünftige sonstige Übermittlungswege ermöglichen soll, die durch eine (künftige) RechtsVO der Bundesregierung mit Zustimmung des Bundesrates eröffnet werden.[23]

VI. Zugang beim Gericht – Abs. 5

9 Abs. 5 regelt den Zugang des elektronischen Dokuments beim Gericht. Hierfür ist nach Satz 1 der Zeitpunkt maßgeblich, in dem das elektronische Dokument auf dem Eingangsgerät des Gerichts gespeichert wird. Wo dieses sich befindet, ist unerheblich. Das Übermittlungsrisiko liegt beim Versender.[24] Diesem ist eine automatisierte Bestätigung zu übermitteln (Satz 2). Satz 3 erklärt die Regelung des § 93 nicht für anwendbar, insbesondere besteht kein Anspruch darauf, dass der Absender das elektronisch übersandte Dokument zusätzlich in Papierform nachreicht.[25] Sofern das Verfahren elektronisch geführt wird, leitet das Gericht das Dokument auf elektronischem Wege an die anderen Prozessbeteiligten weiter. Sofern das Verfahren nicht elektronisch geführt wird, findet ein **Medienwechsel** statt und die Dokumente sind in Papierform zu übertragen. Dies ist Sache des Gerichts; **Kosten** hierfür entstehen dem Absender des elektronischen Dokuments nicht.[26]

VII. Ungeeignete Dateiformate – Abs. 6

10 Abs. 6 regelt eine Hinweispflicht des Gerichts an den Absender, wenn das elektronische Dokument für die Bearbeitung ungeeignet ist.[27] Dies gilt nicht nur für die technischen Rahmenbedingungen, sondern auch dann, wenn aus sonstigen Gründen eine Bearbeitung nicht möglich ist.[28] Der Hinweis muss den Absender in der Weise über die Art des Mangels informieren, dass er die geltenden techni-

23 BT-Drs. 17/12634, 26.
24 Viefhues NJW 2005, 1011.
25 Stäbler in jurisPK-SGG § 65 a Rn. 37.
26 Begr. RegEntwurf, BT-Drs. 15/4067, 38.
27 Vgl. bereits zum alten Recht BSG 12.10.2016 – B 4 AS 1/16 R, SozR 4-1500 § 65 a Nr. 3.
28 Stäbler in jurisPK-SGG § 65 a Rn. 35.

schen Rahmenbedingungen benennt, damit dieser dem Mangel abhelfen kann. Unterlässt das Gericht den Hinweis, kommt eine Wiedereinsetzung in den vorigen Stand in Betracht.[29] Beseitigt der Absender nach dem Hinweis des Gerichts den Mangel und reicht das Dokument unverzüglich (vgl. § 121 Abs. 1 BGB: ohne schuldhaftes Zögern) in einer Form nach, die zur Bearbeitung geeignet ist, gilt das Dokument zum Zeitpunkt der ersten Übermittlung beim Gericht als zugegangen (Satz 2). Die Glaubhaftmachung der Identität des ersten ungeeigneten und des nachgereichten Dokuments ist durch einen Papierausdruck des nicht zu bearbeitenden Dokuments zu führen.[30] Wird die elektronische Kommunikation mit dem Gericht durch einen Defekt auf Seiten der Justiz gestört, ist eine darauf zurückzuführende Unlesbarkeit des Dokuments unschädlich, sofern der Inhalt des Dokuments nachträglich einwandfrei feststellbar ist.[31] Satz 2 bezieht sich nur auf solche Dokumente, die die gesetzlichen Voraussetzungen der Abs. 3 oder 4 erfüllen, nicht aber mit einfacher E-Mail eingereichte Dokumente. Die Vorschrift über die Heilung des Mangels ist eng auszulegen und erfasst nur den Irrtum der in der Rechtsverordnung nach Abs. 2 niedergelegten technischen Rahmenbedingungen.[32]

VIII. Dokumente vom Gericht an Beteiligte – Abs. 7

Bis zum 31.12.2021 ist es den Beteiligten freigestellt, am elektronischen Rechts- 11
verkehr teilzunehmen (→ Rn. 2). Daher bedarf es deren Zustimmung, wenn das Gericht sich auf diesem Wege an sie wenden will.[33] Durch die Richtlinie 1999/93/EG des Europäischen Parlaments und des Rates vom 13.12.1999 über gemeinschaftliche Rahmenbedingungen für elektronische Signaturen – EU-Signaturrichtlinie –, Abl. Nr. L 013 v. 19.1.2000 S 12, sind Standards für rechtsverbindliches elektronisches Handeln des Gerichts festgelegt worden, soweit für Schriftstücke eine Unterschrift erforderlich ist. Die Standards der Richtlinie setzt Abs. 7 um, der regelt, in welcher Weise der elektronische Datentransfer vom Gericht an die Beteiligten erfolgt Der Schriftform wird die qualifizierte Signatur gleichgesetzt (→ Rn. 6). Anstelle der Unterzeichnung setzt der Richter oder der Urkundsbeamte seinen Namen auf das elektronische Dokument. Die Sicherheit und Authentizität des Dokuments, die sonst die Unterzeichnung sicherstellen soll, werden durch die qualifizierte Signatur bewirkt. Fehlt die Signatur, hat das dieselben Folgen wie die fehlende Unterschrift eines Schriftstückes; im Fall eines Urteils gilt § 134, dh es ist zwar mit der Verkündung wirksam geworden, die Rechtsmittelfrist beginnt aber nicht zu laufen; unverkündete Urteile oder Beschlüsse werden nicht wirksam. Im Fall von Senatsentscheidungen, die eine mehrfache Unterschrift erfordern, ist eine mehrfache Signatur erforderlich. In den Fällen darf nach der ersten Signatur das elektronische Dokument nicht mehr verändert werden, da die Signatur ansonsten unwirksam würde. Wann das Gesetz eine Unterzeichnung durch den Richter oder den Urkundsbeamten vorschreibt, ist ausdrücklich geregelt[34] oder durch Auslegung zu ermitteln. Wenn in anderen Fällen die Textform iSd § 126 b BGB genügt, ist eine qualifizierte Signa-

29 Vgl. BT-Drs. 15/4067, 41, 37.
30 BT-Drs. 17/12634, 26.
31 BT-Drs. 17/12634, 27.
32 BT-Drs. 17/12634, 37, 27.
33 Keller in Meyer-Ladewig/Keller/Leitherer/Schmidt § 65 a Rn. 16.
34 Vgl. §§ 134 Abs. 1, 137.

tur nicht erforderlich. Dies ist zB bei Aufklärungs- oder Verfügungsschreiben des Gerichts der Fall. Ist das Original ein handschriftlich unterschriebenes Schriftstück, kann es nach Satz 2 in ein elektronisches Dokument umgewandelt werden, wenn diese Umwandlung nach § 65 b Abs. 6 Satz 4 geschieht. Die qualifizierte elektronische Signatur des/der Richter ist dann für das elektronische Dokument nicht erforderlich, sondern die des Urkundsbeamten der Geschäftsstelle ist ausreichend.

§ 65 b [Führung elektronischer Prozessakten]

(1) [1]Die Prozessakten können elektronisch geführt werden. [2]Die Bundesregierung und die Landesregierungen bestimmen jeweils für ihren Bereich durch Rechtsverordnung den Zeitpunkt, von dem an die Prozessakten elektronisch geführt werden. [3]In der Rechtsverordnung sind die organisatorisch-technischen Rahmenbedingungen für die Bildung, Führung und Verwahrung der elektronischen Akten festzulegen. [4]Die Landesregierungen können die Ermächtigung auf die für die Sozialgerichtsbarkeit zuständigen obersten Landesbehörden übertragen. [5]Die Zulassung der elektronischen Akte kann auf einzelne Gerichte oder Verfahren beschränkt werden; wird von dieser Möglichkeit Gebrauch gemacht, kann in der Rechtsverordnung bestimmt werden, dass durch Verwaltungsvorschrift, die öffentlich bekanntzumachen ist, geregelt wird, in welchen Verfahren die Prozessakten elektronisch zu führen sind. [6]Die Rechtsverordnung der Bundesregierung bedarf nicht der Zustimmung des Bundesrates.

(1 a) [1]Die Prozessakten werden ab dem 1. Januar 2026 elektronisch geführt. [2]Die Bundesregierung und die Landesregierungen bestimmen jeweils für ihren Bereich durch Rechtsverordnung die organisatorischen und dem Stand der Technik entsprechenden technischen Rahmenbedingungen für die Bildung, Führung und Verwahrung der elektronischen Akten einschließlich der einzuhaltenden Anforderungen der Barrierefreiheit. [3]Die Bundesregierung und die Landesregierungen können jeweils für ihren Bereich durch Rechtsverordnung bestimmen, dass Akten, die in Papierform angelegt wurden, in Papierform weitergeführt werden. [4]Die Landesregierungen können die Ermächtigungen nach den Sätzen 2 und 3 auf die für die Sozialgerichtsbarkeit zuständigen obersten Landesbehörden übertragen. [5]Die Rechtsverordnungen der Bundesregierung bedürfen nicht der Zustimmung des Bundesrates.

(2) [1]Werden die Akten in Papierform geführt, ist von einem elektronischen Dokument ein Ausdruck für die Akten zu fertigen. [2]Kann dies bei Anlagen zu vorbereitenden Schriftsätzen nicht oder nur mit unverhältnismäßigem Aufwand erfolgen, so kann ein Ausdruck unterbleiben. [3]Die Daten sind in diesem Fall dauerhaft zu speichern; der Speicherort ist aktenkundig zu machen.

(3) Wird das elektronische Dokument auf einem sicheren Übermittlungsweg eingereicht, so ist dies aktenkundig zu machen.

(4) Ist das elektronische Dokument mit einer qualifizierten elektronischen Signatur versehen und nicht auf einem sicheren Übermittlungsweg eingereicht, muss der Ausdruck einen Vermerk darüber enthalten,

1. **welches Ergebnis die Integritätsprüfung des Dokumentes ausweist,**
2. **wen die Signaturprüfung als Inhaber der Signatur ausweist,**
3. **welchen Zeitpunkt die Signaturprüfung für die Anbringung der Signatur ausweist.**

(5) Ein eingereichtes elektronisches Dokument kann im Falle von Absatz 2 nach Ablauf von sechs Monaten gelöscht werden.

(6) [1]Werden die Prozessakten elektronisch geführt, sind in Papierform vorliegende Schriftstücke und sonstige Unterlagen nach dem Stand der Technik zur Ersetzung der Urschrift in ein elektronisches Dokument zu übertragen. [2]Es ist sicherzustellen, dass das elektronische Dokument mit den vorliegenden Schriftstücken und sonstigen Unterlagen bildlich und inhaltlich übereinstimmt. [3]Das elektronische Dokument ist mit einem Übertragungsnachweis zu versehen, der das bei der Übertragung angewandte Verfahren und die bildliche und inhaltliche Übereinstimmung dokumentiert. [4]Wird ein von den verantwortenden Personen handschriftlich unterzeichnetes gerichtliches Schriftstück übertragen, ist der Übertragungsnachweis mit einer qualifizierten elektronischen Signatur des Urkundsbeamten der Geschäftsstelle zu versehen. [5]Die in Papierform vorliegenden Schriftstücke und sonstigen Unterlagen können sechs Monate nach der Übertragung vernichtet werden, sofern sie nicht rückgabepflichtig sind.

I. Allgemeines

1 § 65 b ist durch Art. 4 JKomG vom 22.3.2005 (BGBl. 2005 I 837) mit Wirkung vom 1.4.2005 eingefügt worden. Änderungen erfolgten durch Art. 4 Nr. 2 des Gesetzes vom 10.10.2013 (BGBl. 2013 I 3786) mit Wirkung vom 1.1.2018 und durch Art. 18 Nr. 2 Buchst. a–c des Gesetzes vom 5.7.2017 (BGBl. 2017 I 2208) mit Wirkung vom 13.7.2017 (Buchst. a) und 1.1.2018 (Buchst. b und c). Zu den Gesetzen → § 65 a Rn. 2.

Er ermächtigt in **Abs. 1** die Bundesregierung für das Verfahren vor den Bundesgerichten und die Landesregierungen für das Verfahren vor den Landesgerichten die elektronische Akte einzuführen und regelt den **innerjustitiellen Medientransfer.** Dies grenzt die Vorschrift von § 65 a ab, in der der elektronische Zugang der Beteiligten zum Gericht geregelt wird. Nach dem durch Art. 18 Nr. 2 Buchst. b des Gesetzes vom 5.7.2017 eingefügten **Abs. 1 a** ist klargestellt, dass die Übergangszeit mit dem 31.12.2025 endet und die elektronische Aktenführung ab 1.1.2026 obligatorisch wird. § 65 b entspricht §§ 55 b VwGO und 52 b FGO. Für das Zivilverfahren sieht § 298 a ZPO, der gleichfalls durch das JKomG eingefügt wurde, entsprechende Regelungen vor. Zum **JKomG** → § 65 a Rn. 3. **Abs. 2 bis 6** regeln die Medienbrüche und hierzu die Umwandlung elektronischer Dokumente in die Papierform und umgekehrt. § 65 b gilt nur für die **Prozessakten,** nicht aber für andere Unterlagen, zB die Handakten der Richter.[1]

II. Elektronische Aktenführung – Abs. 1

2 **1. Verordnungsermächtigung.** Die Einführung der elektronischen Aktenführung ist abhängig von einer **Rechtsverordnung** der Bundesregierung oder der Landes-

1 Stäbler in jurisPK-SGG § 65 b Rn. 14.

regierungen, jeweils für die ihnen unterstehenden Gerichte. Dies ist erforderlich, weil zunächst die technischen Voraussetzungen hierfür geschaffen werden müssen. Die Verordnung der Bundesregierung bedarf nicht der Zustimmung des Bundesrates,[2] denn sie bezieht sich nur auf das Verfahren vor den Bundesgerichten. Solange die Rechtsverordnung nicht erlassen wurde und die Einzelheiten, insbesondere die technischen Voraussetzungen für den Dateneingang und die Datenbearbeitung nicht geregelt sind, kann das Verfahren nur in bisheriger Papierform geführt werden. Die Regelung in Abs. 1 Satz 1 sieht vor, dass nach dem in der Rechtsverordnung bestimmten Zeitpunkt die Akten elektronisch geführt werden müssen.[3] Dies verlangt, dass zwar nicht in der gesamten Justiz, aber jedenfalls an **einzelnen Gerichten** (Abs. 1 Satz 5) oder in **einzelnen Verfahrensarten**, die Verfahren nur noch elektronisch geführt werden können (aber → Rn. 5). Die Beschränkung auf einzelne Gerichte oder Verfahrensarten erfolgt durch öffentlich bekannt zu machende Verwaltungsvorschrift (Abs. 1 Satz 5). Die Beteiligten sind an die elektronische Form nicht gebunden. Es kann nicht davon ausgegangen werden, dass alle Beteiligten sich auf das elektronische Verfahren umstellen können; sofern sie das Verfahren noch als Papierverfahren führen, ist bei einem elektronisch geführten Gerichtsverfahren ein Medienwechsel erforderlich (→ § 65 a Rn. 9). Können Beteiligte oder Dritte keine elektronischen Dokumente empfangen, muss das Gericht auch weiterhin mit ihnen in Papierform kommunizieren.[4] Die Kompatibilität zwischen den elektronischen Aktenführungen des Bundes und der Länder soll durch die Regelungen des Gesetzes vom 10.10.2013 (→ § 65 a Rn. 2) bewirkt werden.

3 **2. Voraussetzungen – Medienwechsel.** Die Rechtsverordnung bestimmt gemäß Abs. 1 Satz 3 die Rahmenbedingungen und damit die elektronisch-technischen Voraussetzungen, unter denen das elektronische Verfahren geführt wird und auf das sich alle Beteiligten einstellen müssen, damit die elektronische Kommunikation kompatibel ist. Sie muss ferner Bestimmungen darüber enthalten, wie der Medienwechsel stattfindet und die Papierform in die elektronische Form und umgekehrt übertragen wird. Ferner ist die Sicherung der Identität des elektronischen und des Papierdokuments zu regeln (Abs. 6 Satz 2), § 298 a Abs. 2 ZPO.

4 **3. Verfahrensregeln.** Für die **Führung eines elektronischen Verfahrens** sehen die ebenfalls mit dem JKomG eingeführten Änderungen der ZPO notwendige Regelungen vor. Gemäß § 202 sind sie auch für das sozialgerichtliche Verfahren anzuwenden. An die Stelle der herkömmlichen Aktendeckel und eingehefteten paginierten Blätter tritt ein Dokument-Management-System (DMS).[5] **§ 299 Abs. 3 ZPO** bestimmt, dass im elektronischen Verfahren die Geschäftsstelle bzw. Serviceeinheit **Akteneinsicht** durch Erteilung eines Aktenausdrucks, durch Widergabe auf einem Bildschirm oder Übermittlung von elektronischen Dokumenten gewährt. Nach der Ermessensentscheidung des vorsitzenden Richters kann Verfahrensbevollmächtigten, die Mitglied einer Rechtsanwaltskammer sind, der elektronische Zugriff auf den Inhalt der Akten gestattet werden. Dabei ist technisch sicherzustellen, dass der Zugriff nur auf den Inhalt der jeweiligen Akte des Verfahrens erfolgen kann, nicht aber auf weitere Aktenbestände des Gerichts. Die Tatsache, dass der Erlaubnis eine Ermessensentscheidung zugrunde liegt, macht

2 Begr. RegEntwurf, BT-Drs. 15/4067, 38.
3 Begr. RegEntwurf, BT-Drs. 15/4067, 38.
4 Schenke in Kopp/Schenke § 55 b Rn. 2.
5 Viefhues NJW 2005, 1013.

deutlich, dass hier erhebliche Risiken bestehen, da Externe Zugang in die EDV-Systeme der Justiz und dabei unmittelbaren Zugriff auf den Aktenbestand erhalten. Zu dessen Sicherung ist eine qualifizierte Signatur erforderlich. Nach **§ 317 Abs. 3 ZPO** können Ausfertigungen, Auszüge und Abschriften eines als elektronisches Dokument vorliegenden Urteils in einem herkömmlichen Ausdruck erstellt werden. Gemäß **§ 371 a Abs. 1 ZPO** finden die Vorschriften über die **Beweiskraft privater Urkunden** auf die mit einer qualifizierten elektronischen Signatur versehenen privaten elektronischen Dokumente entsprechende Anwendung; das gilt gemäß **§ 317 a Abs. 3 ZPO** entsprechend für die von einer **öffentlichen Behörde** innerhalb ihrer Amtsbefugnisse oder von einer mit öffentlichem Glauben versehenen Person erstellten elektronischen Dokumente. Im Falle einer qualifizierten elektronischen Signatur gilt **§ 437 ZPO** über die Echtheit inländischer öffentlicher Dokumente entsprechend. Die **Beweiskraft** des Ausdrucks eines öffentlichen Dokuments ist in **§ 416 a ZPO** (Gleichstellung mit beglaubigter öffentlicher Urkunde) geregelt.

III. Obligatorische elektronische Akte – Abs. 1 a

Ab 1.1.2026 ist die elektronische Aktenführung verpflichtend. Abs. 1 a tritt gemäß Art. 19 des Gesetzes zur Einführung der elektronischen Akte in der Justiz vom 5.7.2017 unter Wegfall der Datumsangabe an die Stelle des Abs. 1. Wie gemäß Abs. 1 sind die organisatorischen und technischen Rahmenbedingungen durch Bundes- oder Landesverordnung zu regeln. Nach Satz 3 kann darin bestimmt werden, dass bereits geführte Papierakten als solche weitergeführt werden können. Für die Landesregierungen, also für die Gerichte der ersten und zweiten Instanz, bestimmt Satz 4, dass die Regelungsermächtigung auf die oberste für die Sozialgerichtsbarkeit zuständige Landesbehörde übertragen wird. 5

IV. Medientransfer – Abs. 2 bis 6

Die Abs. 2 bis 6 regeln die entstehenden Medienbrüche, das heißt die erforderliche Umwandlung von Papierdokumenten in elektronische Dokumente und umgekehrt. Sie entsprechen §§ 298, 298 a ZPO. Dabei regeln Abs. 2–5 die Situation einer weiterhin in Papierform geführten Gerichtsakte und eingegangener elektronischer Dokumente (also in erster Linie die Situation der Übergangszeit); Abs. 6 regelt den Umgang mit eingegangenen Papierdokumenten angesichts einer elektronisch geführten Akte. Wichtig ist dies, da gemäß dem erst am 1.1.2022 in Kraft tretenden § 65 d nur für Rechtsanwälte, Behörden, jPöR und die nach dem SGG vertretungsberechtigten Personen (§ 73), nicht aber für sonstige Beteiligte eine Verpflichtung für den elektronischen Rechtsverkehr besteht. Nach **Abs. 2** sind elektronisch eingegangene Dokumente für die **Papierakte** des Gerichts auszudrucken, damit die Papierakte den Verfahrensstand vollständig dokumentiert.[6] Anlagen müssen nicht ausgedruckt werden, wenn dies nicht möglich oder mit unverhältnismäßigem Aufwand verbunden ist. Dann sind sie jedoch dauerhaft zu speichern und der Speicherort ist in der Papierakte zu vermerken. Gemäß **Abs. 3** ist ebenfalls zu dokumentieren, ob das Dokument auf einem sicheren Übermittlungsweg eingegangen ist. Wurde es dem Gericht als Nachrichtenanhang übermittelt, reicht es aus, wenn der Übertragungsweg und das Datum auf dem Ausdruck vermerkt werden. Andernfalls ist nicht nur die 6

6 BT-Drs. 17/12634, 29 zu § 298 ZPO.

Datei, sondern auch die elektronische Nachricht, mit der sie an das Gericht übermittelt wurde, für die Akten auszudrucken.[7] Ferner ist zu dokumentieren, dass der Einreicher die erforderliche Form beachtet hat. **Abs. 4** schreibt für qualifiziert signierte Dokumente die Fertigung eines Transfervermerks mit dem Ausweis der Signaturprüfung vor. Die Dokumentation der qualifizierten elektronischen Signatur auf einem Papierausdruck ist notwendig, um die formgerechte Einreichung des elektronischen Dokuments in der Papierakte nachzuweisen.[8] Anders als nach dem bisher geltenden Recht (Aufbewahrung bis zur rechtskräftigen Erledigung des Verfahrens) beschränkt **Abs. 5** die Aufbewahrungsfrist auf sechs Monate. Die bisherige Regelung war unpraktikabel und nach den gemachten Erfahrungen auch nicht erforderlich. Eine unrichtige Übertragung wurde nur äußerst selten gerügt. Für die **elektronische Gerichtsakte** regelt **Abs. 6**, dass in Papierform eingereichte Dokumente nach dem Stand der Technik in die elektronische Form zu übertragen ist. Der Stand der Technik wird nicht definiert. Nach Satz 2 ist hierbei die inhaltliche und bildliche Identität zu gewährleisten, wobei geringfügige technisch bedingte Abweichungen in Größe und Farbe hinzunehmen sind, soweit sie den Inhalt des Papierdokuments nicht beeinträchtigen.[9] Zur Vereinfachung der gerichtlichen Abläufe wird auf die bisher erforderliche Bestätigung der Übereinstimmung bei jeder einzelnen Übertragung verzichtet, es ist lediglich gemäß Satz 3 ein Übertragungsnachweis in der elektronischen Akte erforderlich, der ggf. mit einer qualifizierten elektronischen Signatur des Urkundsbeamten der Geschäftsstelle zu signieren ist (Satz 4). Die Aufbewahrungsfrist des eingereichten Papierdokuments beträgt vorbehaltlich einer Rückgabeverpflichtung sechs Monate (Satz 5). Das Papierdokument muss allerdings erhalten bleiben, wenn die Urkunde im Rahmen einer Beweisaufnahme oder auf richterliche Anordnung vorgelegt wurde. Die Rechtsfolgen eines **fehlerhaften Medientransfers** sind gesetzlich nicht geregelt. Nach dem Gesetzesentwurf[10] soll die Rechtsprechung zu den Fehlern von Ausfertigungen analog angewendet werden.[11]

§ 65 c Formulare; Verordnungsermächtigung

[1]Das Bundesministerium für Arbeit und Soziales kann durch Rechtsverordnung mit Zustimmung des Bundesrates elektronische Formulare einführen. [2]Die Rechtsverordnung kann bestimmen, dass die in den Formularen enthaltenen Angaben ganz oder teilweise in strukturierter maschinenlesbarer Form zu übermitteln sind. [3]Die Formulare sind auf einer in der Rechtsverordnung zu bestimmenden Kommunikationsplattform im Internet zur Nutzung bereitzustellen. [4]Die Rechtsverordnung kann bestimmen, dass eine Identifikation des Formularverwenders abweichend von § 65 a Absatz 3 auch durch Nutzung des elektronischen Identitätsnachweises nach § 18 des Personalausweisgesetzes, § 12 des eID-Karte-Gesetzes oder § 78 Absatz 5 des Aufenthaltsgesetzes erfolgen kann.

1 § 65 c ist mit Wirkung vom 1.7.2014 durch das Gesetz vom 10.10.2013 (→ § 65 a Rn. 2) eingefügt worden. Die Vorschrift ist im Verlauf des Gesetzgebungs-

7 BT-Drs. 17/12634, 29.
8 BT-Drs. 17/12634, 29.
9 BT-Drs. 17/12634, 30 zu § 298 a ZPO.
10 BT-Drs. 15/4067, 32 zu § 298 ZPO.
11 Dazu Schenke in Kopp/Schenke § 55 b Rn. 5.

verfahrens geändert worden[1] und entspricht jetzt § 130 c ZPO und § 55 c VwGO. Mit der aktuellen Fassung des Gesetzes vom 21.6.2019 (BGBl. I 2019, 846) wurde Satz 4 der Einführung der Karte für den elektronischen Identitätsnachweis für EU-Bürger angepasst. Zur Vereinfachung und Standardisierung häufig vorkommender Verfahrensabläufe können durch eine Rechtsverordnung des Bundesministeriums für Arbeit und Soziales Formulare eingeführt werden, die auf einer Plattform kostenlos zur Verfügung gestellt werden. Durch die Übermittlung von Strukturdaten wird eine IT-gestützte Vorgangsbearbeitung, zB von PKH-Anträgen oder Kostenfestsetzungsanträgen, ohne Medienbruch erleichtert. Da diese Formulare bundesweit und damit auch in den Gerichtsbarkeiten der Länder gelten, ist die Zustimmung des Bundesrates erforderlich. Die Formulare erleichtern die IT-gestützte Bearbeitung nicht individualisierten Vortrags, zB im Kostenfestsetzungs- oder PKH-Verfahren.[2] Der Abruf von der Kommunikationsplattform gemäß Satz 3 soll für jedermann kostenlos sein. Satz 4 trägt dem Umstand Rechnung, dass auch der Personalausweis oder der elektronische Aufenthaltstitel elektronische Daten zur Identifikation enthalten.

[Fassung des § 65 d ab 1.1.2022:

§ 65 d Nutzungspflicht für Rechtsanwälte, Behörden und vertretungsberechtigte Personen

[1]Vorbereitende Schriftsätze und deren Anlagen sowie schriftlich einzureichende Anträge und Erklärungen, die durch einen Rechtsanwalt, durch eine Behörde oder durch eine juristische Person des öffentlichen Rechts einschließlich der von ihr zur Erfüllung ihrer öffentlichen Aufgaben gebildeten Zusammenschlüsse eingereicht werden, sind als elektronisches Dokument zu übermitteln. [2]Gleiches gilt für die nach diesem Gesetz vertretungsberechtigten Personen, für die ein sicherer Übermittlungsweg nach § 65 a Absatz 4 Nummer 2 zur Verfügung steht. [3]Ist eine Übermittlung aus technischen Gründen vorübergehend nicht möglich, bleibt die Übermittlung nach den allgemeinen Vorschriften zulässig. [4]Die vorübergehende Unmöglichkeit ist bei der Ersatzeinreichung oder unverzüglich danach glaubhaft zu machen; auf Anforderung ist ein elektronisches Dokument nachzureichen.]

§ 65 d ist mit Wirkung vom 1.1.2022 durch Art. 4 des Gesetzes zur Förderung des elektronischen Rechtsverkehrs mit den Gerichten vom 10.10.2013 (BGBl. 2013 I 3786) eingefügt worden. Er übernimmt für das sozialgerichtliche Verfahren die Nutzungspflicht aus § 130 d ZPO für den Zivilprozess und erweitert sie um die vertretungsberechtigten Personen, die sich eines speziellen Übermittlungsweges auf der Grundlage des § 65 a Abs. 4 Nr. 2 bedienen können.[1] Zweck der Regelung ist die Verminderung des Druck- und Scanaufwandes, der für das Gericht und die übrigen Beteiligten entsteht, wenn die Nutzung des elektronischen Rechtsverkehrs nicht obligatorisch ist.[2] Insbesondere die Behörden sind gemäß § 2 des Gesetzes zur Förderung der elektronischen Verwaltung vom 1

1 Vgl. BT-Drs. 17/13948, 24.
2 Begr. RegEntwurf zu § 130 c ZPO BT-Drs. 17/12634, 27.
1 Begr. Reg.Entw., BT-Drs. 17/12634, 37 zu Art. 4.
2 Begr. Reg.Entw., BT-Drs. 17/12634, 27 zu Art. 1 Nr. 3.

25.7.2013 (BGBl. 2013 I 2749) verpflichtet, bis Ende 2014 (Art. 31 des Gesetzes) den elektronischen Zugang zu eröffnen und gemäß § 6 verpflichtet, bis zum 1.1.2020 die Akten elektronisch zu führen. Diese Regelungen sollen den elektronischen Rechtsverkehr etablieren.

2 Die Einreichung der Dokumente in elektronischer Form ist eine Frage der Zulässigkeit und von Amts wegen zu beachten. Prozesserklärungen, die in anderer Form bei Gericht eingehen, sind unzulässig, einschließlich der Klagen oder Rechtsmittel.[3] Materielle Vorschriften, die die Vorlage öffentlicher Urkunden verlangen, haben als leges speciales Vorrang, das heißt, dass diese Dokumente auf herkömmlichem Weg eingereicht werden können. Von der elektronischen Form kann abgesehen werden, wenn sie aus technischen Gründen, die in der Sphäre des Gerichts oder des Beteiligten liegen können, nicht eingehalten werden kann. Dadurch soll es vor allem ermöglicht werden, Fristen einzuhalten, vor allem solche, für die eine Wiedereinsetzung nicht in Betracht kommt. Die technischen Hinderungsgründe sind glaubhaft zu machen, wenn sie in der Sphäre des Beteiligten liegen, und zwar ohne schuldhafte Verzögerung. Unabhängig davon sind die Nutzer verhindert, die technischen Einrichtungen vorzuhalten und ggf. wiederherzurichten. Dies folgt aus dem Wortlaut der Sätze 3 und 4 („vorübergehend"). Siehe zu § 65 d auch → § 65 a Rn. 3, → § 65 b Rn. 6.

§ 66 [Rechtsmittelbelehrung]

(1) Die Frist für ein Rechtsmittel oder einen anderen Rechtsbehelf beginnt nur dann zu laufen, wenn der Beteiligte über den Rechtsbehelf, die Verwaltungsstelle oder das Gericht, bei denen der Rechtsbehelf anzubringen ist, den Sitz und die einzuhaltende Frist schriftlich oder elektronisch belehrt worden ist.

(2) [1]Ist die Belehrung unterblieben oder unrichtig erteilt, so ist die Einlegung des Rechtsbehelfs nur innerhalb eines Jahres seit Zustellung, Eröffnung oder Verkündung zulässig, außer wenn die Einlegung vor Ablauf der Jahresfrist infolge höherer Gewalt unmöglich war oder eine schriftliche oder elektronische Belehrung dahin erfolgt ist, daß ein Rechtsbehelf nicht gegeben sei. [2]§ 67 Abs. 2 gilt für den Fall höherer Gewalt entsprechend.

I. Allgemeines

1 **1. Gesetzesentstehung.** Die Vorschrift gilt in der Fassung des SGG vom 23.9.1975 (BGBl. 1975 I 335). Durch das JKomG vom 22.3.2005 (BGBl. 2005 I 837) wurden die Alternativen der elektronischen Belehrung in Abs. 1 und 2 eingefügt.

2 **2. Normzweck.** Im SGG sind – wie auch in den anderen öffentlichen Verfahrensordnungen – für einzelne Entscheidungen Rechtsbehelfsbelehrungen zwingend vorgeschrieben: § 136 Abs. 1 Nr. 7 (Urteil, vgl. § 117 Abs. 2 VwGO), § 85 Abs. 3 (Widerspruchsbescheid), § 105 Abs. 1 S. 3 (Gerichtsbescheid), §§ 142 Abs. 1, 153 Abs. 4 S. 3, 158 S. 4 (Beschluss). Derartige Regelungen enthält die

3 Begr. Reg.Entw., BT-Drs. 17/12634, 28 zu Art. 1 Nr. 3.

ZPO nicht.[1] § 66 trifft keine Aussage über die Notwendigkeit der Rechtsbehelfsbelehrung, sondern darüber, dass eine Rechtsbehelfsfrist nur bei richtiger Rechtsmittelbelehrung zu laufen beginnt. Er greift in **allen** Fällen eines Rechtsbehelfs ein, nicht nur dann, wenn eine Rechtsbehelfsbelehrung gesetzlich vorgeschrieben ist. Nach der Vorschrift soll niemand aus Unkenntnis daran gehindert sein, einen Rechtsbehelf einzulegen. Sie findet daher ihre Grundlage im **Rechtsstaatsprinzip** und in dem **Gebot effektiven Rechtsschutzes** gemäß Art. 19 Abs. 4 GG. Dieser Grundgedanke findet seine Grenze im Verwirkungsgedanken (1 Jahr) und in der Rechtssicherheit. Die Regelung ist **formal** angelegt: der Lauf der Rechtsbehelfsfrist ist allein an die ordnungsgemäße Belehrung geknüpft, unabhängig von der Kenntnis der Beteiligten oder von Kausalitätsgesichtspunkten.[2]

Ein **Rechtsbehelf** ist jedes verfahrensrechtliche Mittel zur Verwirklichung eines Rechts, zB Widerspruch, Klage,[3] Antrag auf mündliche Verhandlung gemäß § 105 Abs. 2, nicht jedoch die Dienstaufsichtsbeschwerde, da sie nicht auf eine Überprüfung der Entscheidung, sondern des Verhaltens oder der Verfahrensweise des Beamten oder Richters gerichtet ist. **Rechtsmittel** sind Rechtsbehelfe, die sich durch **den Devolutiveffekt**, dh eine Überprüfung gerichtlicher Entscheidungen durch eine höhere Instanz (Berufung, Revision, Nichtzulassungsbeschwerde, Beschwerde), und durch den **Suspensiveffekt** auszeichnen, dh sie hemmen den Eintritt der Rechtskraft, auch wenn das Rechtsmittel unzulässig ist, nicht jedoch, wenn es nicht statthaft ist (→ § 143 Rn. 3).

§ 66 ist auf **reguläre Rechtsbehelfe** anwendbar, das sind Rechtsmittel sowie Rechtsbehelfe, die von Gesetzes wegen jedenfalls zur materiellen Überprüfung der Entscheidung vorgesehen sind. Daneben ist § 66 nach hM auch auf die Frist für die Revisionsbegründung (§ 164 Abs. 2) anwendbar,[4] obwohl sie vom Wortlaut nicht erfasst ist. Dagegen ist die Vorschrift nicht auf die sog **außerordentlichen Rechtsbehelfe** anwendbar, über die demzufolge nicht belehrt zu werden braucht. Diese sind nicht generell für eine Überprüfung der gesamten Entscheidung vorgesehen, sondern nur für spezielle Fälle oder zur Überprüfung von Einzelheiten, zB Antrag auf Wiedereinsetzung in den vorigen Stand (§ 67 Abs. 2), Tatbestandsberichtigung (§ 139 Abs. 1), Urteilsergänzung (§ 140 Abs. 1 S. 2), Anhörungsrüge (§ 178 a), ggf. Gegenvorstellung (→ § 172 Rn. 18), ferner die Verfassungsbeschwerde (Art. 93 Abs. 1 Nr. 4 a GG), Wiederaufnahmeverfahren (§ 179 iVm §§ 579, 580 ZPO, § 180). Auf die Möglichkeit einer Wiedereinsetzung in den vorigen Stand muss nicht hingewiesen werden, evtl. stellt dies aber eine Verletzung des rechtlichen Gehörs dar. Bei der Sprungrevision ist zu differenzieren: ist sie im Urteil nicht zugelassen, braucht über die Möglichkeit eines Antrags auf Zulassung nicht belehrt zu werden.[5] Ist sie im Urteil zugelassen, ist über sie neben der Berufungsmöglichkeit zu belehren.[6] Die Belehrung muss sich

1 Vgl. 113 ZPO; s. dazu BVerfG 20.6.1995 – 1 BvR 166/93, BVerfGE 93, 107.
2 BSG 3.7.2013 – B 12 KR 8/11 R, SozR 4-1500 § 66 Nr. 4.
3 Leitherer in Meyer-Ladewig/Keller/Leitherer/Schmidt vor § 143 Rn. 1; für die VwGO Kopp/Schenke vor § 124 Rn. 1; aA Böttiger in Breitkreuz/Fichte § 54 Rn. 16; Neumann in Hennig § 66 Rn. 24: Klage ist Rechtsmittel.
4 Keller in Meyer-Ladewig/Keller/Leitherer/Schmidt § 66 Rn. 3; s. auch für die VwGO BVerwG 24.10.2012 – 1 B 23/12, NVwZ-RR 2013, 128; Kopp/Schenke § 139 Rn. 6.
5 Offen gelassen in BSG 24.2.1976 – 8 RU 62/76, SozR 1500 § 66 Nr. 6; vgl. auch Kopp/Schenke § 58 Rn. 11; so jetzt aber BSG 30.6.2004 – B 6 KA 1/04 B, juris.
6 BSG 20.10.1977 – 11 RLw 1/77, SozR 1500 § 66 Nr. 7; anders noch 20.8.1976 – 4 RJ 37/76, SozR 1500 § 66 Nr. 5.

dann auch auf das Erfordernis, innerhalb der Frist die Zustimmung des Gegners beizufügen, erstrecken, vgl. 161 Abs. 1 S. 3. Ist die Sprungrevision durch besonderen Beschluss zugelassen (§ 161 Abs. 1 S. 1 Alt. 2), ist eine Belehrung nach dem Gedanken des § 66 in den Beschluss aufzunehmen.[7]

3 **3. Parallelvorschriften.** Entsprechende Regelungen sind §§ 58 VwGO, 55 FGO; für das Verwaltungsverfahren § 36 SGB X. Die ZPO enthält in § 232 in der Fassung des Gesetzes vom 5.12.2012 (BGBl. 2012 I 2418) eine entsprechende Bestimmung für Verfahren, in denen eine Prozessvertretung durch Rechtsanwälte nicht erforderlich ist.

II. Form und Inhalt der Belehrung – Abs. 1

4 Die Rechtsbehelfsbelehrung muss grundsätzlich **schriftlich** erfolgen, bei Beschlüssen ist sie gemäß § 173 S. 3 auch **mündlich** möglich. Sie ist bei Urteilen und Beschlüssen gemäß §§ 136 Abs. 1 Nr. 7, 142 Abs. 1 Bestandteil der Entscheidung[8] und muss **von der Unterschrift gedeckt** sein. Dies ist nicht der Fall, wenn sie auf einem Beiblatt der unterschriebenen Entscheidung nachfolgt, es sei denn, der unterschriebene Entscheidungsteil enthält einen Hinweis auf den Anhang.[9] Sie muss vom übrigen Text der Entscheidung nicht graphisch abgesetzt oder als solche überschrieben sein.[10] Mündlich erteilte Rechtsbehelfsbelehrungen setzen, abgesehen von § 173 S. 3 für die Beschwerde, Rechtsbehelfsfristen nicht in Gang. Umstritten ist, ob eine unterbliebene oder fehlerhafte Rechtsbehelfsbelehrung **nachgeholt** werden kann.[11] Für die Anwendbarkeit des § 138 (Nachholung im Wege der Urteilsberichtigung) spricht, dass die Belehrung Bestandteil des Urteils oder Gerichtsbescheids ist; die Offenbarkeit ist bei einer unterbliebenen Erklärung regelmäßig anzunehmen. Die Nachholung der Belehrung erfordert die erneute Zustellung des gesamten Urteils, die Rechtsbehelfsfrist beginnt erst mit dessen Zustellung. Die Belehrung ist **in deutscher Sprache** zu erteilen und setzt die Frist auch gegenüber Ausländern in Gang. Ihnen gegenüber kann auch (zusätzlich) eine Belehrung in ihrer Sprache erteilt werden. Im Übrigen kommt evtl. Wiedereinsetzung in den vorigen Stand in Betracht.

5 **Inhalt:** Die Rechtsbehelfsbelehrung muss die in Abs. 1 genannten Angaben enthalten. Sie soll es dem Rechtskundigen ermöglichen, die **ersten** Schritte für den Rechtsbehelf vorzunehmen, ihn jedoch auch nicht verwirren. Daher ist sie nicht mit zusätzlichen Informationen zu überfrachten.[12] Die Belehrung muss vollständig und richtig sein, um die Frist in Gang zu setzen. Zu belehren ist über die **Art des statthaften Rechtsbehelfs**, unabhängig, ob er zulässig ist. Die Benennung eines unstatthaften Rechtsbehelfs in der Belehrung führt nicht zu dessen Statthaftigkeit; insbesondere stellt die unrichtige Belehrung keine Zulassung des genannten Rechtsbehelfs dar.[13] Im Falle mehrerer statthafter Rechtsbehelfe ist über alle

---

7 Offen gelassen in BSG 20.10.1977 – 11 RLw 1/77, SozR 1500 § 66 Nr. 7.

8 Vgl. zum Widerspruchbescheid § 85 Abs. 3 S. 4.

9 BSG 28.3.1957 – 7 RAr 34/54, BSGE 5, 87; BSG 23.8.1957 – 9 RV 18/56, BSGE 6, 1; BSG 16.4.1957 – 10 RV 210/54, SozR Nr. 4 zu § 136 SGG; anders noch in der 4. Auflage.

10 BVerwG 24.10.2012 – 1 B 23/12, NVwZ-RR 2013, 128.

11 Nur im Wege der Urteilsberichtigung: Keller in Meyer-Ladewig/Keller/Leitherer/Schmidt § 66 Rn. 12 b; Neumann in Hennig § 66 Rn. 66; Kopp/Schenke § 58 Rn. 8; jederzeit: Eyermann § 58 Rn. 16; ebenso für VA: Engelmann in v.Wulffen/Schütze, § 36 Rn. 13.

12 BSG 9.4.2014 – B 14 AS 46/13 R, SozR 4-1500 § 87 Nr. 2.

13 BSG 11.5.1999 – B 11/10 AL 1/98 R, juris; BSG 23.7.1998 – B 1 KR 24/96 R, SozR 3-1500 § 158 Nr. 3.

Möglichkeiten zu belehren. Obwohl sie anders als die Frist in Abs. 1 nicht genannt sind, ist auch über **zwingende Formbestimmungen** des Rechtsbehelfs zu belehren.[14] Denn andernfalls könnte der Zweck des § 66, den ersten Zugang für den Rechtsbehelf zu eröffnen, bereits im Ansatz zunichte werden. Über Sollvorschriften braucht dagegen nicht belehrt zu werden. Zu belehren ist über den **Sitz der zuständigen Verwaltungsstelle oder des zuständigen Gerichts**. Der Sitz kennzeichnet die Gemeinde, in der die Behörde oder das Gericht liegen. Die Angabe von Straße und Hausnummer ist nur in Zweifelsfällen erforderlich, wenn andernfalls die Gefahr besteht, dass der Rechtsbehelf nicht ankommt.[15] Eine Belehrung über die Möglichkeit der Klageeinreichung bei anderen Behörden, Versicherungsträgern oder Konsularbehörden nach § 91 Abs. 1 oder der Berufungseinlegung beim Sozialgericht nach § 151 Abs. 2 S. 1 ist nicht erforderlich.[16] Die Belehrung über die **Frist** muss konkret sein. Allerdings braucht diese nicht berechnet zu werden, sondern muss für den Empfänger berechenbar sein. Die Formulierung „binnen eines Monats nach Zustellung" ist hinreichend.[17] Die Umstände der Zustellung brauchen nicht dargelegt zu werden.[18] Erforderlich ist der Hinweis, dass das Rechtsmittel in der angegebenen Frist eingegangen sein muss.[19] Hinsichtlich der Revision muss die Belehrung neben den allgemeinen Inhalten auch die Begründungspflicht, Begründungsfrist und den Begründungsinhalt umfassen.[20] Richtig und nicht missverständlich ist die Belehrung über eine Rechtbehelfsfrist von einem Monat nach **Bekanntgabe**, wenn **tatsächlich zugestellt** wurde, da die Zustellung eine Form der Bekanntgabe ist.[21] Dagegen setzt eine Rechtsbehelfsbelehrung über eine Frist von einem Monat nach Zustellung dann, obwohl tatsächlich nur eine Bekanntgabe vorgeschrieben ist, die Frist mit der erfolgten Zustellung in Gang, nicht jedoch bereits mit der Bekanntgabe.[22] Enthält die Rechtsbehelfsbelehrung **weitere Zusätze**, die über die Erfordernisse des § 66 Abs. 1 hinausgehen, müssen diese richtig sein. Insbesondere ist eine Belehrung unrichtig, die den Eindruck weiterer tatsächlich nicht bestehender Anforderungen erweckt und die Einlegung des Rechtsbehelfs dadurch erschwert.[23]

14 HM; BSG 11.2.1958 – 10 RV 123/56, BSGE 7, 1 zur Möglichkeit der Einlegung zur Niederschrift des Urkundsbeamten der Geschäftsstelle; Keller in Meyer-Ladewig/Keller/Leitherer/Schmidt § 66 Rn. 10; aA BSG 14.1.1958 – 10 RV 123/56, BSGE 6, 256 zur „auch" möglichen Einlegung; BVerwG 27.4.1990, NJW 1991, 508 zum Terminus „Bekanntgabe" und zum Revisionsverfahren: Anwaltszwang, Begründung, Begründungsfrist; zur notwendigen Vertretung; nach BVerwG 27.8.1997 – 1 B 145/97, NVwZ 1997, 1211 keine Belehrung erforderlich.
15 BSG 26.1.1978 – 2 RU 97/77, SozR 1500 § 66 Nr. 9.
16 BSG 10.12.1975 – 8 RU 46/74, SozR 1500 § 66 Nr. 2, aA LSG RhPf 9.9.1975 – L 4 V 227/74, SGb 1976, 385.
17 BSG 24.3.1993 – 9/9 a RV 17/92, SozR 3-1500 § 66 Nr. 2.
18 BVerfG NJW 1971, 221.
19 Keller in Meyer-Ladewig/Keller/Leitherer/Schmidt § 66 Rn. 9; BVerwG 14.11.1969 – II WDB 28.69, BVerwGE 43, 26, dort aber nicht die Jahresfrist des § 58 Abs. 2 VwGO, sondern Wiedereinsetzung in den vorigen Stand gegeben.
20 BSG 2.3.1995 – 7 RAr 196/94, SozR 3-1500 § 66 Nr. 3.
21 BSG 9.4.2014 – B 14 AS 46/13 R, SozR 4-1500 § 87 Nr. 2; Keller in Meyer-Ladewig/Keller/Leitherer/Schmidt § 66 Rn. 8; aA BSG 9.12.2008 – B 8/9 b SO 13/07 R; zum alten Recht ebenfalls anders BSG 6.12.1996 – 13 RJ 19/96, SozR 3-1500 § 66 Nr. 6.
22 BSG 26.10.1989 – 12 RK 21/89, SozR 1500 § 66 Nr. 16.
23 BSG 9.4.2014 – B 14 AS 46/13 R, SozR 4-1500 § 87 Nr. 2: insbesondere zum erforderlichen Inhalt der Belehrung; BSG 22.7.1982 – 7 RA 115/81, SozR 1500 § 66 Nr. 12 zur Anforderung, Klagschrift, sonstige Schriftsätze sowie alle weiteren für notwendig erachteten Unterlagen in doppelter Ausfertigung einzureichen.

Die Zuleitung der Kopie eines Bescheides an einen Dritten stellt auch diesem gegenüber einen Verwaltungsakt dar; enthält diese Kopie ihm gegenüber keine Rechtsmittelbelehrung, gilt die Jahresfrist des § 66 Abs. 2.[24]

III. Folgen der fehlerhaften Rechtsbehelfsbelehrung – Abs. 2

6 Ohne oder bei unrichtig erteilter Rechtsbehelfsbelehrung beginnt die **Frist** für den Rechtsbehelf nicht zu laufen. Jedoch kann der Rechtsbehelf nur binnen **Jahresfrist** eingelegt werden. Dies ist eine prozessuale **Ausschlussfrist**, innerhalb derer der Rechtsbehelf eingelegt und – im Fall der Revision – begründet werden muss.[25] Nach den Regeln der **Wiedereinsetzung in den vorigen Stand** kann ein Rechtsbehelf noch nach Ablauf der Jahresfrist im Falle der **höheren Gewalt** eingelegt werden oder wenn die Belehrung dahin erging, **ein Rechtsbehelf sei nicht gegeben**. Wird innerhalb der Jahresfrist eine richtige Rechtsmittelbelehrung formgerecht erteilt, gilt ab deren Bekanntgabe diese neue Frist.[26] Die Rechtsbehelfsfrist läuft bei einer fehlerhaften Belehrung auch dann nicht, wenn der Beteiligte sie tatsächlich kennt oder den Rechtsbehelf aus anderen Gründen nicht fristgerecht einlegt.[27] Eine als länger bezeichnete Frist ist unrichtig; es gilt dann die Jahresfrist und nicht die fehlerhaft angegebene Frist.[28] Die Frist läuft selbst dann nicht, wenn ein Beteiligter fehlende oder fehlerhafte Angaben selbst aufgrund weiterer Angaben ergänzen kann. Jedoch **muss der Fehler abstrakt geeignet sein**, die Einlegung des Rechtsbehelfs zu unterbinden. Die Belehrung eines unzulässigen Rechtsbehelfs als gegeben ist daher nicht fehlerhaft iSd § 66 Abs. 1 und eröffnet nicht die Berufungsmöglichkeit innerhalb eines Jahres.[29] Eine Rechtsbehelfsbelehrung wurde bislang nicht deshalb als unrichtig angesehen, weil sie nicht auf die Möglichkeit hinweist, Rechtsbehelfe in elektronischer Form einzulegen.[30] Dies ist seit der ab dem 1.1.2018 geltenden Regelung des § 65 a anders zu sehen, da anderenfalls dieser statthafte Weg für den Rechtsbehelf nicht offen gelegt wird.[31] Die **Jahresfrist** des Abs. 2 beginnt erst mit der Zustellung, Bekanntgabe oder Verkündung der Entscheidung. Jedoch kommen bei einer außerordentlichen Verspätung des Rechtsbehelfs die Grundsätze der unzulässigen Rechtsausübung und Verwirkung in Betracht, sowie des Vertrauensschutzes.[32] Aus Gründen der Rechtssicherheit gilt die Jahresfrist in Konkurrentenverfahren auch dann, wenn dem Dritten der Bescheid nicht zugestellt wurde.[33] Im Falle **höherer Gewalt** und wenn die Rechtsbehelfsbelehrung dahin er-

24 BSG 19.7.2008 – B 6 KA 28/07 R, BSGE 101, 235.
25 BSG 30.3.2017 – B 14 AS 55/15 R, juris; BSG 22.8.1995 – 5 BJ 50/95, SozR 3-1500 § 66 Nr. 5.
26 BSG 28.5.1991 – 13/5 RJ 48/90, SozR 3-1500 § 66 Nr. 1.
27 BSG 3.7.2013 – B 12 KR 8/11 R, SozR 4-1500 § 66 Nr. 4.
28 BSG 28.5.1991 – 13/5 RJ 48/90, SozR 3-1500 § 66 Nr. 1 zur Angabe einer zu kurzen Frist.
29 St. Rspr.: BSG 22.7.2010 – 4 AS 77/10 B, juris; BSG 23.7.1998 – B 1 KR 24/96 R, SozR 3-1500 § 158 Nr. 3; BVerwG 28.2.1985 – 2 C 14/84, NJW 1986, 285.
30 BSG 14.3.2013 – B 13 R 19/12 R, SozR 4-1500 § 66 Nr. 3; vgl. Keller in Meyer-Ladewig/Keller/Leitherer/Schmidt § 66 Rn. 10: „noch" nicht zwingend.
31 Vgl. auch SchlHLSG 20.12.2018 – L 6 AS 202/18 B ER, juris, zu § 36 SGB X; tendenziell ebenso Neumann in Hennig § 66 Rn. 37 mit weiterer Begründung.
32 BSG 3.7.2013 – B 12 KR 8/11 R, SozR 4-1500 § 66 Nr. 4: zur Drittanfechtung; BSG 2.12.1987 – 1 RA 23/87, SozR 2200 § 1303 Nr. 33; SchlHLSG 15.4.1993 – L 1 Sb 65/92, Breith. 1994, 78.
33 BSG 17.12.2012 – B 6 KA 42/11 R, juris.

ging, ein Rechtsbehelf sei nicht gegeben, gilt auch nicht die Beschränkung der Jahresfrist. Der Beteiligte muss dann gemäß § 67 Abs. 2 Wiedereinsetzung in den vorigen Stand beantragen. Dies folgt aus der Verweisung des § 66 Abs. 2 S. 2, der auf den gesamten § 67 Abs. 2 verweist.[34] Zwischen der höheren Gewalt und der Nichteinlegung des Rechtsbehelfs muss **Kausalität** bestehen. Nach Beendigung der höheren Gewalt ist dem Beteiligten nach dem Zweck der Rechtsbehelfsfrist 1 Monat Zeit zu geben, um den Rechtsbehelf einzulegen. **Höhere Gewalt** liegt bei außergewöhnlichen Ereignissen vor, die nach den Umständen des Falles auch durch die größte, vernünftigerweise von dem Betroffenen unter Auslegung subjektiver Maßstäbe zu erwartende und zumutbare Sorgfalt nicht abgewendet werden können.[35] Nach LSG Niedersachsen[36] sollen auch eine fehlende und nach LSG für des Saarland[37] eine fehlerhafte Rechtsmittelbelehrung höhere Gewalt sein. Diese Auffassung lässt jedoch außer Acht, dass dann die Jahresfrist des § 66 Abs. 2 leer läuft.[38] Lediglich dann, wenn die Rechtsbehelfsbelehrung ausdrücklich dahin ging, dass ein Rechtsmittel nicht gegeben sei, läuft die Jahresfrist nicht.

§ 67 [Wiedereinsetzung in den vorigen Stand]

(1) Wenn jemand ohne Verschulden verhindert war, eine gesetzliche Verfahrensfrist einzuhalten, so ist ihm auf Antrag Wiedereinsetzung in den vorigen Stand zu gewähren.

(2) [1]Der Antrag ist binnen eines Monats nach Wegfall des Hindernisses zu stellen. [2]Die Tatsachen zur Begründung des Antrages sollen glaubhaft gemacht werden. [3]Innerhalb der Antragsfrist ist die versäumte Rechtshandlung nachzuholen. [4]Ist dies geschehen, so kann die Wiedereinsetzung auch ohne Antrag gewährt werden.

(3) Nach einem Jahr seit dem Ende der versäumten Frist ist der Antrag unzulässig, außer wenn der Antrag vor Ablauf der Jahresfrist infolge höherer Gewalt unmöglich war.

(4) [1]Über den Wiedereinsetzungsantrag entscheidet das Gericht, das über die versäumte Rechtshandlung zu befinden hat. [2]Der Beschluß, der die Wiedereinsetzung bewilligt, ist unanfechtbar.

34 Keller in Meyer-Ladewig/Keller/Leitherer/Schmidt § 66 Rn. 13 c.
35 BSG 29.7.1958 – 1 RA 109/57, BSGE 8, 24.
36 LSG Nds 28.4.1999 – L 3 P 45/98, Breith. 2000, 71.
37 LSG Saarl 17.5.1999 – L 6 Ar 40/97 NZB.
38 IE str., vgl. auch BVerwG 25.6.1985 – 8 C 116/84, NVwZ 1986, 478.

I. Allgemeines

1 **1. Gesetzesentstehung.** § 67 gilt in der Fassung des SGG vom 23.9.1975 (BGBl. 1975 I 2335).

2 **2. Normzweck.** Die Wiedereinsetzung in den vorigen Stand ist eine Gerichtsentscheidung, mit der eine versäumte oder verspätete Prozesshandlung als rechtzeitig erbracht angesehen wird. Das Verfahren wird im Wege einer Fiktion in den früheren Stand versetzt, in dem die Handlung rechtzeitig erbracht worden wäre.[1] Verfassungsrechtliche Grundlagen für die Wiedereinsetzung sind Art. 19 Abs. 4 und Art. 103 Abs. 1 GG. § 67 ermöglicht im Rahmen einer individualisierenden Rechtsfindung eine Abwägung zwischen der Einzelfallgerechtigkeit und einem wirkungsvollen Rechtsschutz einerseits und der Rechtssicherheit und der Notwendigkeit eines zügigen, geordneten Verfahrens andererseits zugunsten des Einzelfalls.[2] Die Wiedereinsetzung durchbricht die formelle Rechtskraft im Hinblick auf die **materielle Gerechtigkeit.**

3 **3. Parallelvorschriften.** Entsprechende Vorschriften sind §§ 60 VwGO, 56 FGG mit zT abweichenden Regelungen; §§ 233–238 ZPO; für das Verwaltungsverfahren § 27 SGB X, der wie § 60 VwGO einen Wiedereinsetzungsantrag binnen 2 Wochen fordert.

II. Säumnis ohne Verschulden – Abs. 1

4 **1. Gesetzliche Verfahrensfrist.** Die gesetzliche Verfahrensfrist ist die in einem Gesetz im materiellen Sinne geregelte zeitliche Grenze, innerhalb derer ein Beteiligter eine Prozesshandlung vornehmen muss, damit sie zulässig ist.[3] Hierzu zählen insbesondere Fristen für Rechtsbehelfe, Nichtzulassungsbeschwerde, auch Beibringung der Zustimmungserklärung zur Sprungrevision,[4] Antrag nach § 67 Abs. 2, Rechtsmittelbegründungsfrist gemäß § 160 a Abs. 2, Antrag nach § 105 Abs. 2, Anhörungsrüge gemäß § 178 a Abs. 2. § 67 ist **nicht anwendbar** auf richterliche Fristen,[5] materielle Fristen, Ausschlussfristen, sofern die betreffende Norm nicht ausdrücklich auf § 67 verweist oder höhere Gewalt vorliegt,[6] oder Fristen im Rahmen eines Prozessvergleichs.[7]

5 **2. Verhinderung der Fristwahrnehmung.** Die Verhinderung liegt nicht nur bei einem objektiv bestehenden Hinderungsgrund, sondern auch bei Unzumutbarkeit vor,[8] insbesondere evtl. bei Irrtum (dazu jedoch → Rn. 7). Allerdings ist dann das Verschulden besonders zu prüfen. Teilweise wird eine Fristversäumung auch dann angenommen, wenn die Prozesshandlung zunächst fristgerecht vorgenommen, dann zurückgenommen und anschließend außerhalb der Frist er-

1 Keller in Meyer/Ladewig/Keller/Leitherer/Schmidt § 67 Rn. 2; Greger in Zöller § 233 Rn. 1; grundlegend BGH 8.1.1953 – IV ZR 125/52, BGHZ 8, 284.
2 BSG 10.12.1974 – GS 2/73, SozR 1500 § 67 Nr. 1.
3 BSG 15.3.1978 – 1 RA 33/77, SozR 1500 § 67 Nr. 11.
4 BSG 2.3.1994 – 1 RK 58/93, SozR 3-1500 § 67 Nr. 8.
5 Vgl. Kopp/Schenke § 60 Rn. 5.
6 Vgl. Kopp/Schenke § 60 Rn. 4; Greger in Zöller § 233 Rn. 5; zu der Anwendbarkeit des § 27 SGB X auf materielle Fristen Vogelgesang in Hauck/Noftz, SGB X, § 27 Rn. 6.
7 Keller in Meyer-Ladewig/Keller/Leitherer/Schmidt § 67 Rn. 2 d.
8 BVerfG 18.12.1985 – 2 BvR 1167/84, BVerfGE 71, 348.

neut vorgenommen werden soll.[9] Versäumt ist die Frist auch, wenn die Prozesshandlung zwar rechtzeitig vorgenommen, jedoch unwirksam ist.[10]

3. Verschulden/Kausalität. Die Fristversäumnis darf nicht auf Verschulden beruhen. „Ohne Verschulden" bedeutet ohne Vorsatz und Fahrlässigkeit iSd § 276 BGB. § 67 liegt ein **subjektiver Sorgfaltsbegriff** zugrunde. Verschuldet ist die versäumte Verfahrensfrist, wenn ein Beteiligter nicht die ihm nach seinen Verhältnissen zumutbare Sorgfalt beachtet hat, die unter Berücksichtigung aller Umstände des Falles zur gewissenhaften Prozessführung nach allgemeiner Verkehrsanschauung vernünftigerweise erforderlich ist.[11] Unterschiedliche Anforderungen sind daher bei Privatpersonen, verfahrensgewandten und -ungewandten Personen, Behördenvertretern und Rechtsanwälten zu stellen. Sie dürfen im Hinblick auf Art. 19 Abs. 4 GG nicht zu hoch gesetzt werden, der Zugang zu den Gerichten darf nicht unzumutbar erschwert und der Maßstab für das Verschulden darf nicht überspannt werden.[12] Bei Laien ist darauf abzustellen, dass von ihnen zu erwarten ist sich juristischen Rat einzuholen. Fristen dürfen grundsätzlich ausgeschöpft werden, jedoch erhöht sich an ihrem Ende der Sorgfaltsmaßstab, bezogen auf die erforderlichen Maßnahmen zur Fristwahrung, zB Funktionieren des Faxgerätes.[13] Der Beteiligte muss sich das Verschulden des **gesetzlichen Vertreters** (§ 202 iVm § 51 Abs. 2) und des **Prozessbevollmächtigten** (→ Rn. 10) zurechnen lassen,[14] es sei denn, dieser ist aus nicht vertretbaren Gründen des Beteiligten im Rahmen der PKH vom Gericht ausgewählt und beigeordnet worden.[15] Das bedeutet, dass für den Verschuldensmaßstab nicht auf den Vertretenen, sondern auf den Vertreter abzustellen ist.[16] Ein Verschulden dritter Personen ist nicht zurechenbar.[17] Eine Zurechnung der Untätigkeit des Jugendamts als gesetzlichem Vertreter kommt aber erst dann in Betracht, wenn diesem im Rahmen seiner Vertretungsmacht auch das Recht übertragen worden ist, sozialrechtliche Ansprüche geltend zu machen; die Antragsbefugnis aus § 97 Satz 1 SGB VIII reicht hierfür nicht.[18] Zwischen dem Verschulden und der Fristversäumung muss **Kausalität** bestehen; Wiedereinsetzung ist daher zu gewähren, wenn das Verschulden für die Fristversäumnis nicht ursächlich geworden ist.[19] Ist der 6

9 Kopp/Schenke § 60 Rn. 6; dagegen BGH 16.5.1991 – III ZB 1/91, NJW 1991, 2839.
10 Keller in Meyer-Ladewig/Keller/Leitherer/Schmidt § 67 Rn. 2 a mwN; Greger in Zöller § 233 Rn. 9.
11 BSG 9.5.2018 – B 12 KR 26/18 B, SozR 4-1500 § 65 a Nr. 4;; vgl. auch BSG 8.9.2010 – B 14 AS 96/10 B, juris.
12 BVerfG 11.2.1976 – 2 BvR 849/75, BVerfGE 41, 332; BSG 7.8.2018 – B 1 KR 15/18 B, juris.
13 BVerfG 1.12.1982 – 1 BvR 607/82, BVerfGE 62, 337; BSG 29.3.2010 – B 13 R 512/09 B, juris; BSG19.12.2018 – B 10 ÜG 1/18 R, juris.
14 BSG 28.6.2018 – B 1 KR 59/17 B, SozR 4-1500 § 67 Nr. 15; BSG 6.12.2000 – B 3 P 14/00 R, SozR 3-1500 § 67 Nr. 18.
15 BSG 22.11.1977 – 3 RK 60/77, SozR 1500 § 67 Nr. 10: Verantwortungssphäre.
16 BGH 11.3.1976 – III ZR 113/74, NJW 1976, 1218: zu § 51 Abs. 2 ZPO.
17 BSG 3.8.1994 – 9 RV 24/93, juris.
18 BSG 11.12.2008 – B 9/9 a VG 1/07 R, SozR 4-3100 § 60 Nr. 5.
19 Vgl. BSG 25.4.2018 – B 8 SO 23/16 R, SozR 4-1500 § 91 Nr. 1; BSG 10.12.2014 – B 1 KR 11/14 B, juris; BSG 23.7.2012 – B 13 R 280/12 B, juris; BSG 20.12.2011 – B 4 AS 181/11 B, juris; BSG 26.9.1975 – 12 RJ 38/75, SozR 1500 § 67 Nr. 3; zur Kausalität eingehend BSG Großer Senat 10.12.1974 – GS 2/73, BSGE 38, 248; zum Mitverschulden ablehnend BVerwG 25.11.1977 – V C 12.77, BVerwGE 55, 68, dort auch zur Theorie der wesentlichen Bedingung; zum Mitverschulden von Behörden BSG 25.4.1978 – 9 RV 71/77, SozR 1500 § 67 Nr. 12.

Grund für die Fristversäumung (auch) auf einen dem **Gericht zuzurechnenden Fehler** zurückzuführen, gebietet es der Grundsatz fairer Verfahrensführung, den Beteiligten auf die Möglichkeit der Wiedereinsetzung ausdrücklich hinzuweisen.[20] Es ist insbesondere verpflichtet, den Beteiligten auf klar erkennbare Form- oder andere Fehler hinzuweisen, insbesondere wenn der Fehler dadurch innerhalb der Frist noch beseitigt werden kann. Dies gilt grundsätzlich auch für andere Gerichte oder Behörden, zB wenn ihnen erkennbar ein Schriftsatz unzuständigerweise zugeleitet wurde.[21] Das Gericht oder die Behörde sind jedoch nicht verpflichtet, außerordentlichen Aufwand zu betreiben, um die Fristwahrung noch zu ermöglichen;[22] das gilt besonders, wenn sie an dem Vorgang unbeteiligt sind, ferner sind die Anforderungen umso geringer, je umfänglicher eine Prüfung wäre, um den Mangel zu erkennen. Stellt eine Behörde oder ein Gericht eine Entscheidung irrtümlich innerhalb der Rechtsbehelfsfrist ein zweites Mal zu und orientiert sich der Adressat an der Frist der zweiten Rechtsmittelbelehrung, ist ihm wegen der Fristversäumung nach der ersten Belehrung Wiedereinsetzung zu gewähren.[23]

7 a) **Rechtsirrtum.** Ein Irrtum über die Rechtslage ist regelmäßig nicht unverschuldet, sondern nur dann, wenn der Beteiligte den Irrtum auch bei Anwendung der gebotenen subjektiven Sorgfalt nicht vermeiden konnte; ein juristisch nicht vorgebildeter Laie muss bei ihm unbekannten Rechtsfragen juristischen Rat einholen.[24] Die allgemeinen Maßstäbe für die Fahrlässigkeit sind hierfür heranzuziehen. Ein Irrtum über den Fristablauf ist beachtlich, wenn er vom Gericht oder der Behörde verursacht worden ist.[25] Das gilt nach den Maßstäben des sozialrechtlichen Herstellungsanspruchs vor allem dann, wenn der Beteiligte von der Behörde oder dem Gericht beraten wurde.[26] Eine falsche Rechtsmittelbelehrung führt jedoch zunächst zu § 66.[27] Keinem beachtlichen Rechtsirrtum unterliegt, wer als juristisch nicht vorgebildeter Laie auf eine eigene Berechnung der Rechtsmittelfrist vertraut.[28] Zu berücksichtigen ist es jedoch, wenn der Beteiligte die Frist nur mit unverhältnismäßigem Aufwand hätte ermitteln können.[29] Der Beteiligte darf der Rechtsprechung eines obersten Bundesgerichts ver-

20 BVerfG 27.9.2005 – 2 BvR 172/04 ua, NJW 2005, 3629; BSG 27.6.2019 – B 5 RE 10/18 B, juris zum Hinweis auf die unzulässige Containersignatur; zum Umfang der Hinweispflicht BGH 3.4.2008 – I ZB 73/07, MDR 2008, 877; BSG 20.3.2019 – B 1 KR 7/18 B, SozR 4-1500 § 65 a Nr. 5: im Fall eines Fehlers des Gerichts sind die Anforderungen an die Wiedereinsetzung mit besonderer Fairness zu handhaben.

21 BSG Großer Senat 10.12.1974 – GS 2/73, BSGE 38, 248: Wiedereinsetzung auch bei falsch adressierter Berufungsschrift; „jedenfalls bei Privatpersonen"; BSG 31.3.2015 – B 12 KR 84/13 B, juris: Gericht ist verpflichtet auf fehlende Unterschrift hinzuweisen; BGH 20.4.2011 – VII ZB 78/09, NJW 2011, 2053 zur Verpflichtung des Gerichts, auf seine offensichtliche örtliche Unzuständigkeit hinzuweisen.

22 BSG 23.7.2012 – B 13 R 280/12 B, juris; zu den Prüfungs- und Fürsorgepflichten des Gerichts BSG 14.12.2010 – B 10 EG 4/10 R, juris; Keller in Meyer-Ladewig/Keller/Leitherer/Schmidt § 67 Rn. 4 d.

23 BSG 31.10.2012 – B 13 R 165/12 B, SozR 4-1500 § 67 Nr. 11.

24 BVerwG 7.10.2009 – 9 B 83/09, DVBl. 2009, 1529.

25 BGH 26.11.1980 – IVb ZR 592/80, NJW 1981, 576; BSG 25.3.2003 – B 1 KR 36/01 R, SozR 4-1500 § 67 Nr. 1, 486; aA LSG RhPf 23.1.1970 – L 1 Ar 11/69, Breith. 1971, 424.

26 Keller in Meyer-Ladewig/Keller/Leitherer § 67 Rn. 8 a.

27 Zur Wiedereinsetzung in den vorigen Stand bei fehlerhafter Rechtsmittelbelehrung → § 66 Rn. 6.

28 BVerwG 28.6.2019 – 8 PKH 3/19, juris.

29 BSG 24.4.1991 – 9 a RV 10/91, SozR 3-1500 § 67 Nr. 1.

trauen, auch wenn sie von der des zuständigen Gerichts abweicht.[30] Kein Verschulden liegt bei Unklarheiten in Rspr. und Literatur über die Rechtslage vor.[31] Den Beteiligten muss eine angemessene Frist für die Überlegung und Beratung über die Einlegung des Rechtsbehelfs verbleiben; kein Verschulden liegt daher vor, wenn ein objektiv bestehendes Hindernis zwar vor Fristablauf entfällt, die verbleibende Zeit hierfür jedoch nicht angemessen ist.[32] **Sprach- und Verständigungsschwierigkeiten** sind bei der Entscheidung über die Wiedereinsetzung zwar angemessen zu berücksichtigen, entbinden den Beteiligten jedoch nicht von jeder Sorgfalt.[33]

b) Abwesenheit und Krankheit. Der Beteiligte braucht für eine kurzfristige **Abwesenheit** keine Vorsorge zu treffen. Auch eine urlaubsbedingte Abwesenheit von bis zu etwa 6 Wochen Dauer begründet kein Verschulden.[34] (Zumindest) während der Urlaubszeit ist die urlaubsbedingte Abwesenheit nicht glaubhaft zu machen, sondern es reicht, dass der Beteiligte sich darauf beruft, weil der Urlaub ein regelmäßiger Tatbestand ist.[35] Dagegen verpflichtet ein – auch krankheitsbedingter – **mehrmonatiger Auslandsaufenthalt** einen Beteiligten für eine Nachsendung der Post (auch für Zustellungen!) oder für einen Zustellungsbevollmächtigten zu sorgen.[36] Das gilt auch, wenn der Beteiligte zunächst – unschädlich – sich urlaubsbedingt im Ausland aufhält, dort aber mehrere Monate erkrankt.[37] Dies setzt jedoch voraus, dass er dazu in der Lage ist. Ist ein Beteiligter voraussehbar **häufig ortsabwesend,** hat er entsprechende Vorsorge zu treffen.[38] Nach Rspr. des BGH[39] erhöhen sich die Sorgfaltsanforderungen, wenn ein Beteiligter angesichts eines laufenden Verfahrens mit einer Zustellung rechnen musste. **Ändert** ein Beteiligter seinen **Aufenthalts- oder Wohnort,** muss er dafür sorgen, dass er für seinen Prozessbevollmächtigten erreichbar bleibt.[40] Ein Umzug ist kein unvorhergesehenes Ereignis und kein Wiedereinsetzungsgrund.[41] Dies muss in gleicher Weise für den unvertretenen Beteiligten im Verhältnis zur Behörde oder zum Gericht gelten. Ist dem Beteiligten bekannt, dass er nicht erreichbar ist, muss er insbesondere selbst tätig werden, wenn eine gerichtliche Entscheidung in Aussicht steht. Eine Fristversäumnis wegen **Krankheit** beurteilt sich nach den allgemeinen Grundsätzen. Maßgeblich ist danach, ob der Beteiligte krankheitsbedingt gehindert war, selbst die fristwahrende Handlung vorzu- 8

30 BVerfG 28.2.1989 – 1 BvR 649/88, NJW 1989, 1147.
31 BFH 30.1.1995 – X B 223/94, NJW 1996, 216; BSG 25.6.2008 – B 11 b AS 35/06 R, SGb 2008, 474 zu der erst später entwickelten Rechtsprechung zur Nichtanwendung des § 96 SGG auf Leistungsfolgebescheide nach SGB II.
32 BSG 29.10.1987 – 11 b RAr 68/86, SozR 1500 § 67 Nr. 19.
33 BSG 14.6.1988 – 7 RAr 55/88, SozR 1500 § 67 Nr. 21: regelmäßig Verschulden, wenn ein Sprachunkundiger einen Rechtsstreit führt und sich von dem Inhalt der ihm zugehenden Schriftstücke, insbesondere Urteil nebst Rechtsmittelbelehrung, nicht so bald wie möglich Kenntnis verschafft.
34 BVerfG 11.2.1976 – 2 BvR 849/75, BVerfGE 41, 332; BSG 24.8.1976 – 8 RU 130/75, SozR 1500 § 67 Nr. 6; 26.3.1992 – 11 RAr 117/91, SozR 3-1500 § 67 Nr. 3. Eine feste Zeitgrenze hat sich in der Rechtsprechung jedoch nicht herausgebildet.
35 BVerfG 8.7.1975 – 2 BvR 1099/74, BVerfGE 40, 182.
36 BSG 26.3.1992 – 11 RAr 117/91, SozR 3-1500 § 67 Nr. 3.
37 BSG 26.3.1992 – 11 Bar 117/91, SozR 3-1500 § 67 Nr. 3.
38 BSG 28.8.1991 – 7 RAr 50/91, SozR 3-1500 § 67 Nr. 2: Fernfahrer.
39 BGH 1.12.1978 – I ZB 9/78, NJW 1979, 984; aA BSG 24.8.1976 – 8 RU 130/75, SozR 1500 § 67 Nr. 6.
40 BGH 5.11.2002 – VI ZB 54/01, NJW 2003, 903.
41 BSG 5.9.2019 – B 2 U 149/19 B, juris.

nehmen oder eine andere Person damit zu betrauen.[42] Die Krankheit allein reicht nicht, sie muss den Beteiligten vielmehr hindern, die Handlung selbst vorzunehmen oder einen Dritten zu beauftragen. Dies ist vom Beteiligten nachzuweisen. Aus einem vorgetragenen Nervenzusammenbruch kann nicht der Schluss gezogen werden, dass er nicht rechtzeitig einen Rechtsanwalt beauftragen konnte.[43]

9 c) **Post, Telefax, E-Mail.** Grundsätzlich liegt kein Verschulden vor, wenn ein Schriftstück so rechtzeitig zur **Post** aufgegeben wurde, dass es nach den üblichen Postlaufzeiten rechtzeitig hätte ankommen müssen.[44] § 2 Nr. 3 der Postuniversaldienstleistungsverordnung[45] regelt, dass jahresdurchschnittlich 80 v.H. der an Werktagen aufgegebenen Inlandsbriefsendungen im Bundesgebiet am Folgetag ausgeliefert werden müssen. Ein Beteiligter kann nach herrschender Rechtsprechung auf die normalen Postlaufzeiten (bislang) vertrauen und von einer Auslieferung am nächsten Tag ausgehen.[46] Sowohl der Anteil von 20 Prozent als auch die praktischen Erfahrungen zeigen jedoch, dass von einer Auslieferung am Folgetag nicht ausgegangen werden kann, weil viele Unwägbarkeiten der Postauslieferung eintreten, wohl aber am übernächsten Tag. Die Postlaufzeiten der privaten Postdienstleister beurteilen sich nach dem Einzelfall.[47] Zum Nachweis der rechtzeitigen Postaufgabe dient insbesondere der Absendestempel auf dem Briefumschlag, der zu diesem Zweck vom Gericht aufzubewahren ist. Ist das unterblieben, geht das nicht zulasten des Beteiligten. Voraussehbare konkrete **Verzögerungen des Postlaufs** werden dem Beteiligten zugerechnet, zB Feiertage oder Streik.[48] Eine **fehlerhafte Adressierung** begründet grundsätzlich Verschulden,[49] es sei denn, die Angaben auf dem Briefumschlag sind für eine Zuleitung eindeutig.[50] Bei Verzögerung infolge fehlerhafter Angaben ist zu ermitteln, wie viel Zeit eine notwendige Einschaltung des Postermittlungsdienstes in Anspruch genommen hat.[51] Die notwendigen Mitwirkungshandlungen des Empfängers müs-

42 BSG 15.3.2017 – B 9 SB 10/17 B, juris; BVerwG 29.8.2018 – 1 C 6/18, BVerwGE 113, 26; Verschulden, wenn Beteiligter zum Arzt gehen konnte: LSG Nds 9.2.1984 – L 10 Lw 12/83, Breith. 1984, 1015.

43 BSG 15.3.2017 B 9 SB 10/17 B juris.

44 BVerfG 1.12.1982 – 1 BvR 607/82, BVerfGE 62, 337; BSG 27.11.2018 – B 2 U 17/18 B, juris: Auslieferung am nächsten Tag.

45 IdF des Gesetzes vom 7.7.2005 (BGBl. 2005 I 1970).

46 BSG 14.3.2013 – B 13 R 188/12 B, SozR 4-1500 § 63 Nr. 3: Absender kann sich auf die normalen Postlaufzeiten verlassen; BGH 5.6.2012 – VI ZB 16/12, NJW 2012, 2522; BGH 19.6.2013 – V ZB 226/12, juris; bejahend: BFH 8.5.2006 – VII B 219/05, BFH/NV 2006, 1504; HessLAG 30.7.2007 – 16 Sa 486/07, juris; OLG Hamm 17.2.2009 – 3 Ws 37/09, NJW 2009, 2230; anders jedoch bei Aufgabe am Sonntag, OLG Hamm 19.4.2010 – III-3 Ws 179/10, VRR 2010, 283; verneinend OLG Frankfurt 7.12.2010 – 2 Ws 1142/10, NStZ-RR 2011, 116.

47 BSG 27.3.2017 – B 9 V 68/16 B, juris.

48 BVerfG 29.12.1994 – 2 BvR 106/93, NJW 1995, 1211; anders bei BAG 27.1.1993 – 5 AZR 397/92 – unveröffentlicht.

49 BVerwG 31.1.1990 – 9 B 222/89, NJW 1990, 1747; aA HessLAG 30.7.2007 – 16 Sa 486/07, juris: keine erhöhten Anforderungen an die Sorgfaltspflicht in Zeiten erhöhten Postaufkommens.

50 BGH 28.1.1992 – X ZB 17/91, NJW 1992, 1047: Einwurf bei gemeinsamer Postsammelstelle mit Angabe „Berufung" und Aktenzeichen, jedoch ohne Gerichtsangabe; s. jedoch BayLSG 28.11.1995 – L 17 Urt. 326/94, Breith. 1996, 773 zu fehlerhaftem Straßennamen; OLG Stuttgart 13.7.1982 – 3 Ws 180/82, NJW 1982, 2832 zu fehlender Postleitzahl.

51 BVerfG 25.9.2000 – 1 BvR 2104/99, NJW 2001, 1566.

sen vom Absender bedacht werden, zB beim Einschreiben, Einschreiben gegen Rückschein.[52] Der Beteiligte kann nicht damit rechnen, dass nach dem üblichen Dienstschluss noch eine empfangsberechtigte Person im Gericht ist. Er muss auch berücksichtigen, dass ein unzureichend frankierter Brief vom Empfänger nicht angenommen zu werden braucht. Dagegen kann von einem funktionsfähigen **Nachtbriefkasten** ausgegangen werden. Die Beweislast für Unregelmäßigkeiten bei der Leerung des Nachtbriefkastens trägt der Rechtsmittelführer. Er kann entsprechende Tatsachen vortragen, die die Schlussfolgerung zulassen, dass die Angaben der Urkunde unrichtig sind.[53] Dies gilt auch, wenn der Beteiligte wusste, dass kein Nachtbriefkasten vorhanden ist. Der Nachtbriefkasten muss als solcher gekennzeichnet und leicht auffindbar sein. Verschulden liegt vor, wenn der Beteiligte selbst über keine reguläre Vorrichtung zum Empfang von Briefpost verfügt, zB ordnungsgemäßer **Briefkasten**. Die Umstände des Einzelfalles entscheiden darüber, welches Mindestmaß an Sicherheitsvorkehrungen der Briefkasten oÄ aufweisen muss. Verschulden liegt regelmäßig vor, wenn derjenige, der die Handlung vorzunehmen hat, sein Postfach nicht regelmäßig kontrolliert oder seine Mailbox nicht regelmäßig öffnet. Rechtsmittel können fristwahrend auch über **Telegramm, Fernschreiben, Telefax** oder **Telebrief** eingelegt werden. Bei langen Laufzeiten des Telefaxes sind zur Kontrolle die Sendeberichte heranzuziehen. Für den Zugang eines Telefaxes ist der Zeitpunkt maßgeblich, in dem die gesendeten Signale vom Empfangsgerät des Gerichts vollständig empfangen werden.[54] Bei Aufgabe eines fristwahrenden Schriftsatzes per Fax – Gleiches muss für andere Übertragungsarten gelten – hat der Absender die vermutliche Zeitdauer der Übersendung der Dokumente einzukalkulieren zuzüglich eines Sicherheitszuschlages von **20 Minuten**; dies gilt unabhängig vom Fehlerrisiko.[55] Macht ein Beteiligter einen Computerabsturz geltend, muss er dessen nähere Umstände darlegen.[56] Ein technischer Defekt des Geräts rechtfertigt grundsätzlich die Wiedereinsetzung, allerdings nur dann, wenn dem Beteiligten die Übermittlung nicht noch auf anderem Wege möglich war.[57] Der Beteiligte muss die technische Störung nicht vorher einkalkulieren, es sei denn, diese war – zB wegen einer besonderen Anfälligkeit des Geräts – vorhersehbar. Die Grundsätze wird man auf andere technische Hilfsmittel, zB PKW, übertragen können. Der Beteiligte ist verpflichtet, anhand des Sendeberichts auch die vollständige Übermittlung eines Faxes zu überprüfen.[58] Bedient sich ein Beteiligter eines zugelassenen technischen Übertragungsweges, dürfen gerichtsseitige Defekte oder Übertragungshindernisse nicht zu seinen Lasten gehen.[59] Das Gleiche gilt bei einem Fehler in der Übermittlungsleitung.[60] Ist das Empfangsgerät des Gerichts defekt, ist es vom Beteiligten/Prozessbevollmächtigten nicht zu erwarten, dass er in kürzester Zeit einen anderen vom Gericht eröffneten Übertragungsweg beschrei-

52 OVG NRW 20.10.1986 – 21 A 199/86, NJW 1987, 1353.
53 BSG 8.2.2012 – B 5 RS 76/11 B, juris, dort auch zu den Anforderungen an die Würdigung des Gegenbeweises; BGH 8.7.2003 – VIII B 3/03, nicht veröffentlicht.
54 BGH 8.5.2007 – VI ZB 74/06, NJW 2007, 2045.
55 BSG 19.12.2018 – B 10 ÜG 1/18 R, juris; BSG 15.3.2018 – B 10 ÜG 30/17 C, SozR 4-1500 § 67 Nr. 16.
56 BGH 17.5.2004 – II ZB 22/03, NJW 2004, 2525.
57 BSG 31.3.1993 – 13 RJ 9/92, SozR 3-1500 § 67 Nr. 7.
58 BGH 24.3.1993 – XII ZB 12/93, NJW 1993, 1655.
59 BVerfG 21.6.2001 – 1 BvR 436/01, NJW 2001, 3473; BSG 25.4.2018 – B 8 SO 23/16 R, SozR 4-1500 § 91 Nr. 1.
60 BSG 7.8.2018 – B 1 KR 15/18 B, juris.

tet.[61] Wiedereinsetzung ist zu gewähren, wenn mehrere Dokumente mit einer Containersignatur eingereicht wurden und das Gericht nicht unverzüglich auf die fehlerhafte Signatur hingewiesen hat.[62] Dies setzt jedoch voraus, dass der Beteiligte den Fehler bei entsprechendem Hinweis noch innerhalb der Frist hätte berichtigen können.

10 d) **Prozessbevollmächtigter, Rechtsanwalt.**[63] Der Beteiligte muss sich ein Verschulden seines Prozessbevollmächtigten gemäß § 73 Abs. 6 S. 7 iVm § 85 Abs. 2 ZPO zurechnen lassen. Die **Zurechnung** soll verhindern, dass der vertretene gegenüber dem nichtvertretenen Beteiligten bevorzugt wird. Ausnahmsweise erfolgt keine Zurechnung, wenn der Prozessbevollmächtigte vom Gericht ausgewählt wurde.[64] Ein Verschulden der **Hilfspersonen des Prozessbevollmächtigten** ist dem Verfahrensbeteiligten grundsätzlich nicht zurechenbar. Jedoch müssen diese für die übertragene Aufgabe gut ausgebildet, als zuverlässig erprobt und sorgfältig überwacht worden sein[65] und die Büroorganisation muss so ausgestaltet sein, dass Fehler vermieden werden. Die Büroabläufe hat der Rechtsanwalt durch unmissverständliche allgemeine Anweisungen zu regeln oder er hat präzise Einzelweisungen zu erstellen.[66] Die Anweisungen können schriftlich und mündlich erfolgen, jedoch ist bei mündlichen Anweisungen eine besondere Ausführungskontrolle erforderlich.[67] Anderenfalls trifft den Prozessbevollmächtigten selbst ein **Auswahl-, Überwachungs- und Organisationsverschulden**, das wiederum dem Beteiligten zuzurechnen ist.[68] Den Hilfspersonen können einfache Routineaufgaben zur selbstständigen Erledigung übertragen werden; bei einfachen Botendiensten ist keine Ausbildung erforderlich, schwierige Dinge dürfen nur an ausgebildete Kräfte delegiert werden. Revisionsverfahren sind keine Routineverfahren.[69] Überträgt der Prozessbevollmächtigte die Bearbeitung des Rechtsstreits einem voll ausgebildeten juristischen Mitarbeiter (Assessor), muss sich der Beteiligte dessen Verschulden wie eigenes zurechnen lassen.[70] Die Wahrung der **prozessualen Fristen** ist Aufgabe des Prozessbevollmächtigten/Rechtsanwalts selbst, die er allerdings grundsätzlich seinem gut ausgebildeten und überwachten Büropersonal übertragen kann, sofern es sich um Routineaufgaben handelt (grundsätzlich nicht bei Revisionsfristen).[71] Im Übrigen hat der Prozess-

61 BSG 7.8.2018 – B 1 KR 15/18 B, juris.
62 BSG 27.6.2019 – B 5 RE 10/18 B, juris.
63 S. hierzu die sehr ausführliche Übersicht bei Greger in Zöller § 233 Rn. 23.
64 BSG 22.11.1977 – 3 RK 60/77, SozR 1500 § 67 Nr. 10: jedenfalls dann nicht dem Verantwortungsbereich des Beteiligten zuzurechnen, wenn der Beteiligte verständliche Gründe hatte, die Auswahl dem Gericht zu überlassen. Dies ist nicht unbedenklich, weil damit der Beteiligte bevorzugt wird, der die Auswahl dem Gericht überlässt; daher wird man an die Gründe, die ihn hinderten, selbst einen Prozessbevollmächtigten zu suchen, in diesem Zusammenhang strenge Anforderungen stellen müssen.
65 BSG 27.5.2008 – B 2 U 5/07 R, SozR 4-1500 § 67 Nr. 6; BSG 18.3.1987 – 9 b RU 8/86, SozR 1500 § 67 Nr. 18; BGH 30.10.2008 – III ZB 54/08, NJW 2009, 296; BGH 5.2.2003 – VIII ZB 115/02, NJW 1003, 1815.
66 BGH 5.6.2013 – XII ZB 47/10, NJW-RR 2013, 1393.
67 BGH 21.2.2011 – X ZR 111/10, juris.
68 BSG 18.3.1987 – 9 b RU 8/86, SozR 1500 § 67 Nr. 18.
69 BSG 5.12.2017 – B 10 ÜG 30/17 C, SozR 4-1500 § 67 Nr. 16.
70 BGH 9.6.2004 – VIII ZR 86/04, NJW 2004, 2901.
71 BSG 29.4.2014 – B 10 ÜG 5/13 R, juris; BSG 15.12.1997 – 10 BLw 8/97, SozR-1500 § 67 Nr. 12: verneint, wenn Revision und Nichtzulassungsbeschwerde gleichzeitig eingelegt wurden; BSG 8.5.1996 – 6 RKa 9/96, SozR 3-1500 § 67 Nr. 10: verneint für Revisionsbegründungsfrist; BSG 7.7.1999 – B 3 P 4/99 R, SozR 3-1500 § 67 Nr. 13.

bevollmächtigte zur Wahrung der Fristen „äußerste Sorgfalt“ anzuwenden.[72] Zur Fristenwahrung bedarf es folgender Schritte: Berechnung der Fristen – Notierung auf den Handakten – Eintragung im Fristenkalender – Bestätigung des Kalendereintrags durch Handzeichen auf der Handakte.[73] Sind in einer Sache mehrere Fristen zu beachten, müssen sie organisatorisch voneinander getrennt werden.[74] Zwar braucht der Rechtsanwalt grundsätzlich nicht die Erledigung jeder konkreten Einzelweisung zu überwachen, sondern kann im Allgemeinen darauf vertrauen, dass eine ansonsten zuverlässige Büroangestellte auch mündliche Weisungen richtig befolgt. Besonders wichtige Vorgänge, wie zB Rechtsmittelfristen, müssen jedoch bei lediglich mündlicher Weisung durch ausreichende organisatorische Vorkehrungen abgesichert werden.[75] Der Rechtsanwalt muss die richtige Ermittlung und Übertragung der Fristen in den üblichen Fristenkalendern – konventionell oder elektronisch – selbst überwachen.[76] Die Führung des Fristenkalenders kann er einer gut ausgebildeten und sorgfältig überwachten Bürokraft übertragen; es ist sicherzustellen, dass im Büro lediglich eine Kraft für die Führung des Kalenders zuständig und verantwortlich ist und es muss eine Vertretung für den Fall ihrer Abwesenheit geregelt sein.[77] Der Fristenkalender kann EDV-gestützt geführt werden, jedoch ist bei einem Ausfall des Systems auf eine manuelle Fristenbearbeitung umzustellen.[78] Die Fristenkontrolle muss anhand der vorgelegten Akte nachvollzogen werden. Der **Arbeitslauf im Büro** muss so eingerichtet sein, dass Fehler möglichst vermieden werden. Rechtsanwälte sind bei Erhalt eines Schreibens des Gerichts, mit dem der Eingang eines Rechtsbehelfs bestätigt wird, gehalten, das dort mitgeteilte Eingangsdatum mit dem in den Akten vermerkten Zustellungsdatum des Bescheides oder der angefochtenen Entscheidung abzugleichen.[79] Empfangsbekenntnisse über Urteile oder andere eine Frist auslösende Schreiben dürfen erst dann unterschrieben zurückgeschickt werden, wenn der Zeitpunkt der Zustellung und damit der Fristbeginn auf dem Schriftstück oder in den Handakten vermerkt ist. Die Büroorganisation muss gewährleisten, dass der Posteingang vom Sonnabend den Eingangsstempel vom selben Tag, nicht erst vom darauffolgenden Montag, erhält.[80] Unterzeichnet der Prozessbevollmächtigte ein Empfangsbekenntnis über eine Urteilszustellung vor vollständiger Fristensicherung, muss er die erforderlichen Eintragungen durch Einzelweisung sicherstellen.[81] Anhand des Vermerks ist die Frist zu berechnen und in die Handakte einzutragen. Dann ist die Fristennotierung im Fristenkalender zu verfügen. Die dortige Eintragung ist durch Erledigungsvermerk in der Handakte zu kennzeichnen. Bei jeder Vorlage der Handakte zur Erledigung einer fristgebundenen Prozesshandlung muss der Prozessbevollmächtigte den Fristenlauf kontrollieren und dabei die vorgenannten Schritte

72 BSG 10.12.2014 – B 1 KR 11/14 B, juris.
73 BSG 29.4.2014 – B 10 ÜG 5/13 R, juris.
74 BGH 6.10.2010 – XII ZB 66/10, NJW 2010, 3585.
75 BGH 5.11.2002 – VI ZB 399/01, NJW 2003, 435.
76 BGH 5.11.2002 – VI ZB 40/02, NJW 2003, 437; BSG 28.6.2018 – B 1 KR 59/17 B, SozR 4-1500 § 67 Nr. 15 zu Überwachung der Rechtsmittelbegründungsfrist im elektronischen Fristenkalender.
77 BSG 10.12.2014 – B 1 KR 11/14 B, juris; BGH 5.7.1960 – VI ZB 8/60, VersR 1960, 945.
78 BGH 27.1.2015 – II ZB 21/13, NJW 2015, 2038.
79 BVerfG 7.1.2003 – 2 BvR 447/02, NJW 2003, 1516.
80 BSG 27.5.2008 – B 2 U 5/07 R, SozR 4-1500 § 67 Nr. 7.
81 BGH 14.6.2004 – II ZB 9/03, FamRZ 2004, 1551.

nachprüfen.[82] Der Ausgang fristwahrender Schriftsätze ist in der Handakte und im Fristenkalender ebenfalls zu dokumentieren.[83] Wenn ein Rechtsanwalt erfährt, dass das Gericht seinem Empfangsbekenntnis ein anderes als das von ihm mitgeteilte Zustellungsdatum entnimmt, hat er vorsorglich ein Wiedereinsetzungsgesuch bei Fristversäumung zu stellen.[84] Ein Organisationsfehler liegt vor, wenn keine **Vorfrist** notiert wird, sondern der Prozessbevollmächtigte die Akte erst am Tag des Fristablaufs in die Hand nimmt.[85] Vorfristen müssen immer dann notiert werden, wenn die Vornahme der Prozesshandlung ihrer Art nach mehr als nur einen geringen Aufwand an Zeit und Mühe erfordert, zB bei Rechtsmittelbegründungen.[86] Fehlerhaft ist es, wenn nur der Ablauf einer Frist, nicht aber der Zustellungszeitpunkt notiert wird, da dann der Fristenlauf nicht nachvollzogen werden kann.[87] Ein EDV-gestützter Fristenkalender ist ausreichend, es muss daneben kein herkömmlicher Kalender geführt werden. Erforderlich ist aber, dass eine Datensicherung erfolgt.[88] Erforderlich ist auch eine **Erledigungskontrolle.** Eine Frist darf erst gelöscht werden, wenn der Schriftsatz abgesandt worden ist.[89] Hierfür ist erforderlich, dass das Schriftstück in ein entsprechendes Ausgangsfach gelegt wird, aus dem grundsätzlich keine Schriftstücke entnommen werden dürfen.[90] Der Prozessbevollmächtigte muss eine **Ausgangskontrolle** sicher stellen, die gewährleistet, dass fristwahrende Schriftsätze auch tatsächlich rausgehen.[91] Bei einem Fax ist hierfür der Ausdruck eines Sendeprotokolls erforderlich, es sei denn, die zuverlässige Bürokraft hat den gesamten Sendevorgang überwacht.[92] Insbesondere bei fristwahrenden Schriftsätzen ist der Rechtsanwalt auch verpflichtet, die richtige Adressierung des Gerichts zu überprüfen.[93] Eine wirksame Ausgangskontrolle verlangt, dass der Fristenkalender am Ende des Arbeitstages überprüft wird.[94] Übermäßiger Arbeitsanfall oder personelle Engpässe entschuldigen nicht. Insbesondere muss die Büroorganisation Vorkehrungen für besondere Bearbeitungsfälle, Überlastung oder Erkrankung von Bürokräften, Verzögerung der anwaltlichen Bearbeitung o.ä. vorsehen.[95] Für den Fall seiner **Erkrankung** hat ein Rechtsanwalt rechtzeitig Vorsorge zu treffen, insbesondere dafür, dass Rechtsmittelfristen kontrolliert und die zur Fristwahrung notwendigen Maßnahmen ergriffen werden.[96] Selbst bei überraschenden Erkrankungen muss er so weit wie möglich für eine Notvertretung sorgen.[97] Ein Verschulden des Rechtsanwalts ist anzunehmen, wenn nicht dargetan ist, dass im Krankheitsfall der Sozius gehindert war, die fristwahrende

82 BSG 28.6.2018 – B 1 KR 59/17 B, SozR 4-1500 § 67 Nr. 15.
83 Zum Vorstehenden als Mindestvorkehrungen: BSG 15.12.1997 – 10 BLw 8/97, SozR 3-1500 § 67 Nr. 12.
84 BGH 13.7.2004 – XI ZB 38/03, FamRZ 2004, 1710.
85 BSG 8.5.1996 – 6 RKa 9/96, SozR 3-1500 § 67 Nr. 10.
86 BGH 6.7.1994 – VIII ZB 26/94, NJW 1994, 2551.
87 BSG 6.12.2000 – B 3 P 14/00, SozR 3-1500 § 67 Nr. 18.
88 Keller in Meyer-Ladewig/Keller/Leitherer § 67 Rn. 8 f.
89 BGH 18.10.1993 – II ZB 7/93, NJW 1993, 3333.
90 Hierzu: Keller in Meyer-Ladewig/Keller/Leitherer/Schmidt § 67 Rn. 9 g.
91 BSG 29.12.2015 – B 13 R 392/15 B, juris; SchlHLSG 28.3.2002 – L 6 Ka 27/00, NZS 2002, 500.
92 BSG 19.5.2005 – B 10 EG 3/05 B, juris.
93 BSG 7.10.2015 – B 9 SB 47/15 B, juris.
94 BGH 6.10. 2010 – XII ZB 66/10, NJW 2010, 3585.
95 BSG 10.12.2014 – B 1 KR 11/14 B, juris.
96 BSG 16.2.2010 – B 2 U 318/09 B, juris.
97 BGH 18.9.2003 – V ZB 23/03, FamRZ 2004, 182.

Handlung vorzunehmen, auch wenn der Rechtsanwalt alleiniger Sachbearbeiter ist.[98] Ein Prozessbevollmächtigter ist auch bei absehbarem Fristablauf nicht verpflichtet, ohne Auftrag des Mandanten **vorsorglich** gegen eine Entscheidung **Rechtsmittel** einzulegen.[99] Ein Antrag auf Fristverlängerung ist gegenüber einem Antrag auf Wiedereinsetzung vorrangig zu stellen.[100] Diese Grundsätze gelten für **Träger öffentlicher Verwaltung** entsprechend.[101]

e) **Prozesskostenhilfe.** Stellt ein Beteiligter innerhalb der Frist ein Prozesskostenhilfegesuch, ist er bis zur Entscheidung darüber ohne sein Verschulden gehindert, fristgerecht den Rechtsbehelf einzulegen.[102] Dies setzt jedoch voraus, dass das **Gesuch formgerecht innerhalb der Frist** einging, einschließlich der Erklärung über die persönlichen und wirtschaftlichen Verhältnisse gemäß § 117 Abs. 2 ZPO.[103] Der Beteiligte ist nicht darauf zu verweisen, dass er vor der Entscheidung über das Gesuch selbst den Rechtsbehelf hätte einlegen können, da dann eine prozessuale Unterscheidung zwischen bemittelten und unbemittelten Beteiligten vorgenommen würde.[104] Verschulden liegt jedoch dann vor, wenn der Beteiligte aufgrund seiner wirtschaftlichen Verhältnisse nicht mit einer Bewilligung der PKH rechnen durfte.[105] Dagegen ist eine Beurteilung der Erfolgsaussicht des Rechtsbehelfs vom Beteiligten nicht zu erwarten.[106] War der Beteiligte ohne Verschulden gehindert, den PKH-Antrag fristgerecht zu stellen, ist ihm wegen der Versäumung dieser Frist Wiedereinsetzung in den vorigen Stand zu gewähren.[107] Häufig wird ein PKH-Antrag für eine Klage oder ein Rechtsmittel gestellt und diese/s „für den Fall, dass dem Antrag stattgegeben wird", erhoben oder eingelegt. Hierbei handelt es sich nicht um eine unzulässige echte **Bedingung**, sondern um die Erklärung, dass die Klage/das Rechtsmittel unbedingt nach der Bewilligung erhoben oder eingelegt werden soll.[108] Nach Ablehnung eines frist- und formgerechten PKH-Gesuchs kann der Beteiligte Wiedereinsetzung beantragen und das Rechtsmittel binnen eines Monats nach Zustellung des Beschlusses einlegen.[109] Eine Anhörungsrüge gegen einen ablehnenden PKH-Beschluss verlängert die Frist von einem Monat nicht.[110] Entscheidet das Gericht erst nach Ablauf der Jahresfrist des Abs. 3 über das Prozesskostenhilfegesuch, liegt höhere Gewalt vor.[111] 11

98 BSG 26.1.2006 – B 10 LW 9/05 B, juris; anders wohl bei Bürogemeinschaft anzunehmen.
99 Vgl. im Einzelnen: BSG 29.1.2001 – B 7 Al 8/00 R, SozR 3-1500 § 67 Rn. 5.
100 BGH 16.10.1974 – IV ZB 32/74, NJW 1974, 2321.
101 BSG 18.3.1987 – 9 b RU 8/86, SozR 1500 § 67 Nr. 18.
102 BSG 28.4.2015 – B 12 KR 22/15 B, juris; BSG 13.10.1992 – 4 RA 36/92, SozR 3-1500 § 67 Nr. 5 unter Hinweis auf die Rechtsprechung aller oberster Bundesgerichte.
103 BGH 21.1.2016 – V ZB 183/15, juris: keine Wiedereinsetzung, wenn Beteiligter nicht die Formulare gemäß § 117 Abs. 2 S. 1, Abs. 4 ZPO verwendet hat; BGH 19.5.2004 – XII ZA 11/03, FamRZ 2004, 1548; Greger in Zöller § 233 Rn. 29.
104 BSG 23.1.1997 – 7 RAr 102/95, SozR 3-1500 § 67 Nr. 11.
105 BSG 24.1.1979 – 1 RA 81/78, SozR 1500 § 67 Nr. 14.
106 BSG 22.2.1980 – 12 BK 24/79, SozR 1500 § 67 Nr. 15.
107 BSG 23.1.1997 – 7 RAr 102/95, SozR 3-1500 § 67 Nr. 11.
108 Vgl. auch BGH 19.5.2004 – XII ZB 25/04, FamRZ 2004, 1553: Berufung ist wirksam eingelegt, auch wenn ihre Durchführung von der Bewilligung von PKH abhängig gemacht wird.
109 BSG 28.4.2015 – B 12 KR 22/15 B, juris; BSG 13.10.1992 – 4 RA 36/92, SozR 3-1500 § 67 Nr. 5: Frist beginnt erst mit Zustellung des PKH-Bescheides zu laufen.
110 BSG 27.11.2017 – B 9 V 68/16 B, juris.
111 Keller in Meyer-Ladewig/Keller/Leitherer/Schmidt § 67 Rn. 7 b.

III. Antrag auf Nachholung – Abs. 2

12 Die **Frist** für den Antrag auf Wiedereinsetzung beträgt einen Monat (anders in § 234 Abs. 1 Satz 1 ZPO und § 60 Abs. 2 Satz 1 VwGO: 2 Wochen) ab Wegfall des Hindernisses[112] oder ab Eintritt des Verschuldens, zB 1 Monat ab Zustellung des PKH-Beschlusses oder ab Kenntnis von dem Fristablauf. Da der Hinderungsgrund auf die Person des Verfahrensbeteiligten abstellt, unterliegt der Zeitpunkt des Wegfalls einer subjektiven Betrachtungsweise. Innerhalb dieser Frist muss der Beteiligte **neben dem Wiedereinsetzungsantrag** die **versäumte Handlung nachholen**. Die Revision kann der Beteiligte binnen eines Monats einlegen, die Revisionsbegründungsfrist beträgt – regulär – einen weiteren Monat. Fällt das Hindernis für die Fristwahrnehmung vor Ablauf der Frist weg, ist nicht ohne Weiteres Wiedereinsetzung zu gewähren mit der Folge, dass ab Wegfall des Hindernisses die Monatsfrist des § 67 Abs. 2 eingreift; vielmehr ist dann zu prüfen, ob der Beteiligte in der verbleibenden Zeit bis zum Fristablauf die fristwahrende Handlung noch hätte vornehmen können. Hierzu muss er alles ihm Zumutbare unternehmen.[113] Die Wiedereinsetzung wird auf Antrag oder gemäß Abs. 2 Satz 4 **von Amts wegen** gewährt. Die Entscheidung von Amts wegen ergeht im Rahmen einer Ermessensentscheidung, wenn die versäumte Handlung innerhalb der Monatsfrist nachgeholt wurde und die das mangelnde Verschulden begründenden Tatsachen offenkundig sind. Dies sind sie dann, wenn sie aktenkundig sind, insbesondere wenn die Fristversäumnis auf einem Verschulden des Gerichts beruht.[114] Der Antrag auf Wiedereinsetzung kann hilfsweise gestellt werden. Anders als in den anderen öffentlichen Prozessordnungen müssen die ihn begründenden Tatsachen gemäß § 67 Abs. 2 Satz 2 („sollen") nicht zwingend glaubhaft gemacht werden, sondern es gilt das Amtsermittlungsprinzip.[115] Anderenfalls wäre eine Wiedereinsetzung von Amts wegen nicht möglich. In die Versäumung der Frist des § 67 Abs. 2 kann Wiedereinsetzung gewährt werden.[116]

IV. Ausschlussfrist – Abs. 3

13 Der Antrag auf Wiedereinsetzung kann nur innerhalb der Ausschlussfrist[117] von **einem Jahr** gestellt werden, eine Wiedereinsetzung in diese Frist ist nicht möglich, nur bei höherer Gewalt ist er auch nach Jahresablauf noch möglich. Obwohl in Abs. 3 nicht genannt, ist **innerhalb dieser Frist auch die versäumte Rechtshandlung nachzuholen**. Abs. 2 S. 3 ist auch in Abs. 3 hineinzulesen. Es wäre nicht erkennbar, warum hier andere Maßstäbe gelten sollten.[118] Die Jah-

---

112 Dazu BVerfG 11.1.1991 – 1 BvR 1435/89, NJW 1992, 38.

113 BSG 29.10.1987 – 11 b RAr 68/86, SozR 1500 § 67 Nr. 19; BSG 30.1.2002 – B 5 RJ 10/01 R, SozR 3-1500 § 67 Nr. 21; Keller in Meyer-Ladewig/Keller/Leitherer/Schmidt § 67 Rn. 11 b.

114 BSG 14.3.2013 – B 13 R 188/12 B, SozR 4-1500 § 63 Nr. 3; BSG 2.10.1975 – 10 RV 111/75, VersorgB 1976, 23; BGH 5.2.1975 – IV ZB 52/74, BGHZ 63, 389; SchlHLSG 1.7.2010 – L 5 KR 46/09, NZS 2011, 79.

115 BSG 13.10.1992 – 4 RA 36/92, SozR 3-1500 § 67 Nr. 5; BSG 8.7.1970 – 10 RV 360/70, juris.

116 BSG 22.11.1977 – 3 RK 60/77, SozR 1500 § 67 Nr. 10; BSG 2.4.2009 – B 2 U 284/08 B, juris.

117 BVerwG 11.5.1979 – 6 C 70.78, BVerwGE 58, 100; Keller in Meyer-Ladewig/Keller/Leitherer/Schmidt § 67 Rn. 14.

118 Wie hier Keller in Meyer-Ladewig/Keller/Leitherer/Schmidt § 67 Rn. 14; Wolff-Dellen in Breitkreuz/Fichte § 67 Rn. 55.

resfrist soll der Rechtssicherheit dienen. Die den Antrag begründenden Tatsachen können auch nach der Jahresfrist vorgetragen werden. **Höhere Gewalt** liegt bei Ereignissen vor, die auch durch die größtmögliche, von dem Betroffenen unter Berücksichtigung seiner Lage, Kenntnismöglichkeit und Erfahrung vernünftigerweise zu erwartende und zumutbare Sorgfalt nicht abgewendet werden konnte.[119] Es ist ein subjektiver Sorgfaltsmaßstab anzulegen.[120] Höhere Gewalt ist auch dann anzunehmen, wenn eine Behörde durch eine fehlerhafte oder irreführende Auskunft den Betroffenen von der rechtzeitigen Anfechtung abgehalten hat.[121] Die Jahresfrist gilt nicht, wenn über die Wiedereinsetzung in den vorigen Stand von Amts wegen zu entscheiden war.[122]

V. Verfahren, Rechtsmittel – Abs. 4

Für die Entscheidung über die Wiedereinsetzung ist das Gericht zuständig, das über die versäumte Handlung zu befinden hat. Die Entscheidung muss ausdrücklich getroffen werden, eine stillschweigende Wiedereinsetzung ist nicht möglich.[123] Sie kann durch gesonderten **Beschluss** (ohne ehrenamtliche Richter) oder im **Urteil** ergehen.[124] Nach sehr starker Meinung folgt aus § 202 iVm § 238 Abs. 2 ZPO, dass eine ablehnende Entscheidung in derselben Form erfolgen müsse wie die Hauptsacheentscheidung, für die wiedereinsetzende Entscheidung verweise Abs. 4 S. 2 auf die Beschlussmöglichkeit.[125] Das führt dazu, dass erstinstanzlich eine Ablehnung des Wiedereinsetzungsantrags nur im Urteil, nicht aber vorab durch Beschluss möglich ist, weil die Klageabweisung durch Beschluss – abgesehen vom Gerichtsbescheid – dort nicht vorgesehen ist. Jedoch ist fraglich, ob § 238 Abs. 2 ZPO hier anwendbar ist, weil er entgegen § 67 Abs. 4 Satz 2 gar keine Beschlussentscheidung vorsieht und daher wohl von einem anderen Rechtsmittelsystem ausgeht. Die (stattgebende) Wiedereinsetzung kann gemäß § 67 Abs. 4 S. 2 nicht durch Rechtsmittel angefochten werden und ist auch für die Rechtsmittelgerichte verbindlich.[126] Die Ablehnung unterliegt der Kontrolle durch das Rechtsmittelgericht im Hauptsacheverfahren. Auch ein zuvor ergangener Beschluss erwächst nach BSG grundsätzlich nicht in Rechtskraft, sondern ist im Rechtsmittelverfahren der Hauptsache zu überprüfen.[127] Eine Beschwerde gegen die Ablehnung ist danach nicht statthaft. Wurde allerdings im Rahmen eines Beschlusses entschieden, muss er nach Meinung des 14

119 BSG 6.10.2011 – B 14 AS 43/11 B, SozR 4-1500 § 67 Nr. 9; BSG 4.8.1961 – 7/9 RV 1026/39, juris.

120 Kopp/Schenke § 58 Rn. 20; Keller in Meyer-Ladewig/Keller/Leitherer/Schmidt § 67 Rn. 14 a, jeweils mwN.

121 BSG 25.3.2003 – B 1 KR 36/01 R, SozR 4-1500 § 67 Nr. 1; nicht unbedenklich, vgl. zur unrichtigen Rechtsbehelfsbelehrung im Hinblick auf § 66 Abs. 2 oben → § 66 Rn. 6.

122 BSG 2.10.1975 – 10 RV 111/75, VersorgB 1976; SchlHLSG 1.7.2010 – L 5 KR 46/09, NZS 2011, 79.

123 BSG 2.7.2007 – B 2 Urt. 41/07 B, SozR 4-1500 § 67 Nr. 4.

124 Wolff-Dellen in Breitkreuz/Fichte § 67 Rn. 63.

125 Keller in Meyer-Ladewig/Keller/Leitherer/Schmidt § 67 Rn. 17 a unter Hinweis auf Rechtsprechung zur VwGO; Senger in jurisPK-SGG § 67 Rn. 81; Kopp/Schenke § 60 Rn. 37.

126 BGH 7.10.1981 – Ivb ZB 825/81, NJW 1982, 887, zu Ausnahmekonstellationen siehe dort; Saenger in HK-ZPO § 238 Rn. 7; Keller in Meyer-Ladewig/Keller/Leitherer/Schmidt § 67 Rn. 19 b: unter den Voraussetzungen des § 178 a Anhörungsrüge für den Gegner.

127 BSG 23.1.1997 – 7 RAr 102/95, SozR 3-1500 § 67 Nr. 11.

BGH[128] in diesem Verfahren angefochten werden, um nicht in Bestandskraft zu erwachsen und in der Entscheidung dieser Instanz zwingend zu berücksichtigen zu sein. Dieser Meinung ist zu folgen, da die gegenteilige Auffassung von dem gesetzlichen Rechtsmittelsystem abweicht, ohne dass dafür eine Grundlage ersichtlich ist; vielmehr folgt aus dem Umkehrschluss des § 67 Abs. 4 Satz 2, dass der ablehnende Beschluss anfechtbar ist. Ferner führt sie dazu, dass die Frage der Fristwahrung nicht in einem frühen Verfahrensstadium abschließend geklärt wird, sondern erst zu einem späten Zeitpunkt. Die Grundsätze der Anfechtbarkeit gelten ebenso, wenn die vorherige Instanz den Antrag auf Wiedereinsetzung übergangen hat. In dem Fall kommt eine Entscheidung des Rechtsmittelgerichts von Amts wegen in Betracht.[129] Umstritten ist, ob der Antrag auf Wiedereinsetzung erst im Rechtsmittelverfahren gestellt werden kann.[130] Dies richtet sich nach den Voraussetzungen des Abs. 2. Für das Wiedereinsetzungsverfahren gelten die **allgemeinen Verfahrensgrundsätze,** dh es herrscht insbesondere das Amtsermittlungsprinzip und den übrigen Beteiligten ist Gelegenheit zur Stellungnahme zu geben.

§ 68 (weggefallen)

§ 69 [Beteiligte]

Beteiligte am Verfahren sind
1. **der Kläger,**
2. **der Beklagte,**
3. **der Beigeladene.**

I. Allgemeines

1 **1. Gesetzesentstehung.** § 69 gilt in der Fassung des SGG vom 23.9.1975 (BGBl. 1975 I 2335).

2 **2. Parallelvorschriften.** Entsprechende Vorschriften sind §§ 63 VwGO, 57 FGO, 12 SGB X. In den öffentlichen Verfahrensordnungen ist, anders als im Zivilprozess, nicht von Parteien, sondern von Beteiligten die Rede (Ausn. § 118 Abs. 3).

II. Beteiligtenbefugnisse

3 Die Aufzählung der Beteiligten in § 69 ist abschließend. Beteiligte können sowohl natürliche als auch juristische Personen des öffentlichen und des Privatrechts sein. Dritte werden nicht durch die materielle Betroffenheit, sondern erst durch den zugestellten Beiladungsbeschluss Beteiligte. **Kläger** und **Beklagte** werden vorbehaltlich eines Beteiligtenwechsels während des Verfahrens durch die

128 BGH 16.4.2002 – VI ZB 23/00, NJW 2002, 2397; ebenso BSG 28.1.2009 – B 6 KA 11/08 R, SozR 4-1500 § 77 Nr. 2 für § 27 SGB X im Hinblick darauf, dass der ablehnende Beschluss über die Wiedereinsetzung bestandskräftig geworden ist.
129 SchlHLSG 1.7.2010 – L 5 KR 46/09, NZS 2011, 79.
130 Zum Meinungsstand beim Antrag auf Wiedereinsetzung in die Widerspruchsfrist Keller in Meyer-Ladewig/Keller/Leitherer/Schmidt § 67 Rn. 2 a.

Klagschrift bestimmt. Damit ist nicht gesagt, ob sie auch fähig sind, am Verfahren teilzunehmen. Dies richtet sich nach § 70. Der Kläger macht eigene oder fremde Rechte geltend. Kläger und Beklagter können auch als Beteiligte kraft Amtes, zB als Insolvenzverwalter, auftreten. Die Unterteilung in Kläger und Beklagte kennzeichnet das kontradiktorische Verfahren des SGG. Bei missverständlicher Bezeichnung des Beklagten hat das Gericht v.A.w. zu ermitteln, welcher Beklagte gemeint ist; die Disposition hierüber obliegt gleichwohl dem Kläger. Die prozessuale Frage nach dem Kläger und dem Beklagten ist von der materiellen Frage der Aktiv- und Passivlegitimation zu unterscheiden. Der Kläger macht ein eigenes (Aktivlegitimation, → § 54 Rn. 54) oder ein fremdes (Prozessstandschaft, → § 54 Rn. 58) Recht im eigenen Namen geltend. Auf der Beklagtenseite ist die entsprechende Unterscheidung zu treffen. Ob diese Rechte bestehen und sich gegen den Beklagten richten, ist keine Frage des Prozessrechts, sondern des materiellen Rechts. Ein **Beteiligtenwechsel** ist von Gesetzes wegen immer[1] und als gewillkürter Beteiligtenwechsel im Rahmen einer Klagänderung gemäß § 99 (→ § 99 Rn. 21 ff.) zulässig.[2] Ob ein Beteiligter existiert und ob er beteiligtenfähig ist, ist bei Vorliegen entsprechender Anhaltspunkte umfassend zu prüfen.[3] Allen Beteiligten stehen grundsätzlich die gleichen prozessualen Rechte zu. Allerdings haben nur die **Hauptbeteiligten** – Kläger und Beklagter – die **Dispositionsbefugnis** über das Verfahren. Allein sie können das Verfahren einleiten, beenden oder ruhend stellen. Einfache Beigeladene können darüber hinaus Sachanträge nur im Rahmen der Anträge des Klägers und des Beklagten stellen, § 75 Abs. 4 S. 2. Beigeladene können selbstständig Rechtsmittel einlegen. Alle Beteiligten werden durch die **Rechtskraft** des Urteils gebunden, § 141 Abs. 1. Zwischen ihnen besteht ein **Prozessrechtsverhältnis.** Wer Beteiligter ist, kann im selben Verfahren nicht Zeuge sein, ausnahmsweise nur der Beigeladene in verbundenen Verfahren zu einem Verfahrensteil, zu dem er nicht beigeladen ist.

III. In-sich-Prozesse

Kläger und Beklagter sind in der Regel personenverschieden, **In-sich-Prozesse** 4
sind grundsätzlich nicht zulässig. Sind aber Teile – etwa Organe – einer Behörde oder juristischen Person mit eigenen Rechten ausgestattet, so müssen sie diese auch durchsetzen können, auch gegen die juristische Person selbst oder gegen deren andere Teile. Hierbei ist aber stets zu prüfen, ob ein Rechtsschutzbedürfnis besteht. Dieses fehlt, wenn übergeordnete Stellen innerhalb der juristischen Person eine Entscheidung herbeiführen können.[4]

§ 70 [Parteifähigkeit]

Fähig, am Verfahren beteiligt zu sein, sind
1. **natürliche und juristische Personen,**
2. **nichtrechtsfähige Personenvereinigungen,**

---

1 BSG 18.11.2015 – B 9 V 1/15 R, SozR 4-3100 § 62 Nr. 3; BSG 17.4.2013 – B 9 V 1/12 R, SozR 4-3800 § 1 Nr. 20, BSG 18.1.2011 – B 4 AS 90/10 R, SGb 2011, 160: Beteiligtenwechsel bei Rechtsnachfolge der Arbeitsgemeinschaft durch Jobcenter.
2 BSG 17.10.2012 – B 6 KA 40/11 R, SozR 4-2500 § 95 Nr. 27: kein Beteiligtenwechsel bei Mitgliederwechsel in einer Berufsausübungsgemeinschaft von Ärzten, wenn zwei Mitglieder die BAG in den bisherigen Räumen weiterführen.
3 BGH 29.9.2010 – XII ZR 41/09, NJW 2011, 778.
4 BSG 23.4.1975 – 9 RV 136/74, SozR 3100 § 52 Nr. 1.

3. **Behörden, sofern das Landesrecht dies bestimmt,**
4. **gemeinsame Entscheidungsgremien von Leistungserbringern und Krankenkassen oder Pflegekassen.**

I. Allgemeines

1 Die Gesetzesfassung vom 23.9.1975 (BGBl. 1975 I 2335) wurde durch das Gesundheitsreformgesetz vom 20.12.1988 (BGBl. 1988 I 2477) mWv 1.1.1989 geändert. Durch Art. 1 Nr. 27 des 6. Gesetzes zur Änderung des Sozialgerichtsgesetzes vom 17.8.2001 (BGBl. 2001 I 2144) wurden in Nr. 4 auch die Entscheidungsgremien nach dem SGB XI einbezogen.

2 Die Regelung des § 50 ZPO über die Parteifähigkeit ist weniger weit reichend, denn sie stellt allein auf die Rechtsfähigkeit ab und erklärt darüber hinaus nur den nicht rechtsfähigen Verein für parteifähig. § 70 entfernt sich dagegen vom materiellrechtlichen Komplementärbegriff der Rechtsfähigkeit, indem er auch nichtrechtsfähige Personenvereinigungen und Behörden für beteiligtenfähig erklärt. Die entsprechenden Vorschriften in § 61 VwGO und § 11 SGB X weichen in Einzelheiten ab.

II. Beteiligtenfähigkeit

3 Die Beteiligtenfähigkeit ist die Fähigkeit, in einem Verfahren Kläger, Beklagter oder Beigeladener zu sein. Sie ist eine Prozessvoraussetzung, die in jedem Stadium des Verfahrens v.A.w. zu prüfen ist. Fehlt sie, ist die Klage unzulässig. Dies gilt auch, wenn der Klagegegner nicht beteiligtenfähig ist, jedoch nicht im Verfahren über ein Rechtsmittel. Die Frage der Beteiligtenfähigkeit darf nicht offenbleiben, zB weil die Klage ohnehin unbegründet ist, denn dann wäre der Umfang der Rechtskraft des Urteils nicht eindeutig, die gemäß § 141 Abs. 1 nur die Beteiligten erfasst.[1]

III. Personen, Personenvereinigungen, Behörden

4 Beteiligtenfähig sind nach **Nr. 1 natürliche Personen**, soweit sie rechtsfähig sind, also von der Geburt (§ 1 BGB) bis zum Tod. Ferner kann auch die Leibesfrucht (nasciturus) beteiligtenfähig sein, soweit sie eigene Rechte haben kann.[2] Für sie ist ein Pfleger gemäß § 1912 BGB zu bestellen. Beteiligtenfähig sind **juristische Personen des Privatrechts** wie GmbH, AG, KGaA, Genossenschaft, VVaG, bergrechtliche Gewerkschaft, rechtsfähiger Verein, rechtsfähige privatrechtliche Stiftung, wegen § 124 HGB auch die oHG und KG, auch eine Gesellschaft in Liquidation,[3] und **des öffentlichen Rechts** wie Körperschaften, Anstalten, Stiftungen des öffentlichen Rechts, Bund, Länder, Gemeinden und deren Verbände, Sozial-

1 BSG 7.9.1989 – 8 RKn 5/88, SozR 1500 § 70 Nr. 5.
2 Althammer in Zöller, § 50 Rn. 10; Kopp/Schenke § 61 Rn. 5 mit Hinweis auf abweichende Auffassungen.
3 BSG 28.7.2008 – B 1 KR 5/08 R, SozR 4-2500 § 109 Nr. 6.

versicherungsträger und die Verbände der Krankenkassen,[4] Kassenärztliche und Kassenzahnärztliche Vereinigungen (§ 77 Abs. 5 SGB V). Beteiligtenfähig sind gemäß **Nr. 2** ferner **nichtrechtsfähige Personenvereinigungen** wie nichtrechtsfähiger Verein, politische Parteien (§ 3 PartG); BGB-Gesellschaft, soweit sie Trägerin eigener Rechte sein kann,[5] Erbengemeinschaft,[6] als solche die Gemeinschaftspraxis bzw. Berufsausübungsgemeinschaft, wenn es um Abrechnungsfragen geht,[7] weil es um gemeinsame Rechte geht, nicht aber bei Statusfragen,[8] bei denen es um die Rechte eines jeden einzelnen Arztes geht. Beteiligtenfähig ist sie auch nach ihrer Auflösung, wenn es um die Wahrung früher erworbener Rechte oder Verbindlichkeiten geht.[9] Nicht beteiligtenfähig ist die Praxisgemeinschaft. Beteiligtenfähig ist der Betriebs- oder Personalrat, wenn er selbst berechtigt ist, den Streitgegenstand oder die Arbeitnehmerrechte geltend zu machen.[10] Ob eine Vereinigung Trägerin eigener Rechte sein kann, richtet sich nach materiellem Recht.[11] Beteiligtenfähig ist die Arge nach § 44 b SGB.[12] Gemäß **Nr. 3** sind nach den Bestimmungen des Landesrechts **Behörden** beteiligtenfähig.[13] Zur Behörde: § 1 Abs. 2 SGB X. Dazu zählen gemäß § 31 Abs. 3 SGB IV auch die vertretungsberechtigten Organe der Versicherungsträger. § 70 Nr. 3 verfolgt ebenso wie §§ 61 Nr. 3, 78 Abs. 1 Nr. 2 VwGO das **Rechtsträgerprinzip** als Grundsatz, der auf Bundesebene ausschließlich gilt. Nur auf Landesebene kann davon gemäß Nr. 3 zugunsten des Behördenprinzips abgewichen werden und der Rechtsstreit durch die Behörde selbst geführt werden. Beteiligtenfähig sind ferner gemäß **Nr. 4** die **gemeinsamen Entscheidungsgremien von Leistungserbringern und Kranken- und Pflegekassen** (Nr. 4). Hierzu gehören insbesondere die Ausschüsse.[14]

IV. Verfahren

Im Verfahren über die Prüfung der Beteiligtenfähigkeit wird diese fingiert. Der Eintritt der Beteiligtenfähigkeit im Verfahren heilt idR die bisherige Prozessfüh- 5

4 BSG 13.11.2012 – B 1 KR 27/11 R, SozR 4-2500 § 114 Nr. 1; vgl. §§ 207 Abs. 1 S. 2, 212 Abs. 4, Abs. 5 SGB V.

5 BSG 4.3.2004 – B 3 KR 12/03 R, SozR 4-5425 § 24 Nr. 5: „schon immer"; BGH 15.7.1997 – XI ZR 154/96, BGHZ 136, 254 und weiterführend 29.1.2001 – II ZR 331/00, BGHZ 146, 341.

6 BSG 25.2.2010 – B 10 LW 2/09 R, SozR 4-5868 § 1 Nr. 8.

7 BSG 7.2.2007 – B 6 KA 6/06 R, BSGE 98, 89, zur Rubrumsberichtigung BSG 8.12.2010 – B 6 KA 6/06 R, USK 2010-167; SchlHLSG 18.10.2001 – L 6 Ka 45/01; zu Berufsausübungsgemeinschaft BSG 17.10.2012 – B 6 KA 42/11 R, juris; zu Laborgemeinschaft BSG 13.5.2015 – B 6 KA 27/14 R, SozR 4-5540 § 25 Nr. 1.

8 SchlHLSG 16.1.2001 – L 6 Ka 77/00.

9 BSG 23.3.2011 – B 6 KA 11/10 R, SozR 4-2500 § 115 b Nr. 3.

10 BSG 7.9.1998 – 8 RKn 5/88, SozR 1500 § 70 Nr. 5.

11 BSG 7.11.2006 – B 7 b AS 8/06 R, SozR 4-4200 § 22 Nr. 1 zur Bedarfsgemeinschaft.

12 BSG 23.11.2006 – B 11 b AS 1/06 R, SozR 4-4200 § 20 Nr. 3.

13 Behördenprinzip im Gegensatz zum Rechtsträgerprinzip – Nr. 3.

14 Zulassungsausschuss, § 96 SGB V; Bundes- und Landesausschuss, §§ 91, 90 SGB V; Berufungsausschuss, § 97 SGB V; Prüfungs- und Beschwerdeausschuss, § 105 Abs. 4 SGB V; Prothetik-Einigungsausschuss, § 4 BMV-Z Anlage 12; nicht aber: Ausschüsse gemäß § 36 a SGB IV; Neutralitätsausschuss, vgl. § 146 Abs. 6 S. 2 SGB III; beratender Fachausschuss für Psychotherapie, § 79 b SGB V, oder Ausschuss gemäß § 79 c SGB V, da sie keine Entscheidungsbefugnis haben. Im Bereich der Krankenversicherung muss es sich um selbstständige Ausschüsse der gemeinsamen Selbstverwaltung handeln, die Zuordnungssubjekt der streitgegenständlichen Rechte und Pflichten sein können (BSG 18.2.1986 – 6 RKA 10/85, SozR 1500 § 70 Nr. 3).

rung, bei Fortfall ist gemäß §§ 239 ff. ZPO zu verfahren.[15] Das heißt, dass bei Tod (§ 239 ZPO) oder Insolvenz (§ 240 ZPO) bei nicht durch einen Prozessbevollmächtigten vertretenen Beteiligten eine Unterbrechung des Verfahrens bis zu seiner Aufnahme durch den Rechtsnachfolger oder den Insolvenzverwalter oder bis zum Ende des Insolvenzverfahrens eintritt. Während der Unterbrechung endet der Lauf einer Frist; diese beginnt mit dem Ende der Unterbrechung neu (§ 249 Abs. 1 ZPO). Die Unterbrechung tritt nicht ein, wenn ein Prozessbevollmächtigter bestellt ist (§ 246 Abs. 1 ZPO). Dann kann das Verfahren jedoch auf Antrag ausgesetzt werden; für den Fall gilt für den Fristenlauf § 249 Abs. 1 ZPO. Jedoch erfolgt keine Unterbrechung bei Tod oder Fortfall eines einfach oder notwendig Beigeladenen.[16] Über die Beteiligtenfähigkeit kann durch Zwischenurteil entschieden werden. Derjenige, der für nicht beteiligtenfähig erklärt wurde, kann gegen das Urteil Rechtsmittel einlegen.

§ 71 [Prozessfähigkeit]

(1) Ein Beteiligter ist prozeßfähig, soweit er sich durch Verträge verpflichten kann.

(2) [1]Minderjährige sind in eigener Sache prozeßfähig, soweit sie durch Vorschriften des bürgerlichen oder öffentlichen Rechts für den Gegenstand des Verfahrens als geschäftsfähig anerkannt sind. [2]Zur Zurücknahme eines Rechtsbehelfs bedürfen sie der Zustimmung des gesetzlichen Vertreters.

(3) Für rechtsfähige und nichtrechtsfähige Personenvereinigungen sowie für Behörden handeln ihre gesetzlichen Vertreter und Vorstände.

(4) Für Entscheidungsgremien im Sinne von § 70 Nr. 4 handelt der Vorsitzende.

(5) In Angelegenheiten des sozialen Entschädigungsrechts und des Schwerbehindertenrechts wird das Land durch das Landesversorgungsamt oder nach Maßgabe des Landesrechts durch die Stelle vertreten, der dessen Aufgaben übertragen worden sind oder die für die Durchführung des Bundesversorgungsgesetzes oder des Rechts der Teilhabe behinderter Menschen zuständig ist.

[Abs. 5 ab 1.1.2024:

***(5) In Angelegenheiten des Sozialen Entschädigungsrechts und des Schwerbehindertenrechts wird das Land durch die Stelle vertreten, die für die Durchführung des Vierzehnten Buches Sozialgesetzbuch oder des Rechts der Teilhabe von Menschen mit Behinderungen zuständig ist oder der nach Maßgabe des Landesrechts diese Aufgaben übertragen worden sind.*]**

(6) Die §§ 53 bis 56 der Zivilprozeßordnung gelten entsprechend.

15 Keller/Leitherer in Meyer-Ladewig/Keller/Leitherer/Schmidt § 70 Rn. 8.
16 BSG 22.4.1998 – B 9 VG 6/96 R, SozR 3-5910 § 91 a Nr. 4.

I. Allgemeines

1. Gesetzesentstehung. Fassung des SGG vom 23.9.1975 (BGBl. 1975 I 2335) in Abs. 2 S. 1 durch Art. II § 16 SGB I v. 11.12.1975 (BGBl. 1975 I 3015) neu gefasst. Abs. 4 und 5 wurden durch das 6. SGGÄndG v. 17.8.2001 (BGBl. 2001 I 2144) mWv 2.1.2002 neu gefasst. Durch das RBerRNG vom 12.12.2007 (BGBl. 2007 I 2840) wurden in Abs. 3 die besonderen Beauftragten gestrichen. Dies waren Mitarbeiter von Behörden, die in Vertretung oder im Auftrag ohne Vollmacht auftreten oder Schriftsätze unterzeichnen konnten. Abs. 5 wurde erneut durch Art. 8 Nr. 4 a des Vierten Gesetzes zur Änderung des Vierten Buches Sozialgesetzbuch und anderer Gesetze vom 22.12.2011 (BGBl. 2011 I 3057) geändert. Mit **Wirkung vom 1.1.2024** wird Abs. 5 durch Art. 16 Nr. 14 des Gesetzes zur Regelung des Sozialen Entschädigungsrechts (BGBl. 2019 I 2652) neu gefasst. 1

2. Parallelvorschriften. Entsprechende Vorschriften sind §§ 62 VwGO, 58 FGO, 52 ZPO. Im Verwaltungsverfahren: Handlungsfähigkeit §§ 11 SGB X, 36 SGB I. 2

II. Prozessfähigkeit – Abs. 1

1. Prozessfähigkeit. Die Prozessfähigkeit ist die Fähigkeit, einen Prozess selbst oder durch einen selbst bestellten Prozessbevollmächtigten zu führen und Prozesshandlungen vorzunehmen oder entgegenzunehmen. Während es bei der Parteifähigkeit darum geht, für und gegen welche Person die Verfahrenshandlungen und Entscheidungen wirken, geht es bei der Prozessfähigkeit darum, welche Personen ein Gerichtsverfahren selbst führen können. Sie ist **Prozesshandlungsvoraussetzung**, die von Amts wegen in jedem Stadium des Verfahrens überprüft werden muss, § 56 Abs. 1 ZPO. Die Prozessfähigkeit ist von der **Postulationsfähigkeit** zu unterscheiden, die besagt, ob ein Beteiligter selbst Prozesshandlungen vornehmen kann (→ § 73 Rn. 4, 17). Für Prozessunfähige muss der gesetzliche Vertreter oder der Betreuer handeln, deren eigene Prozesshandlungen sind nichtig. Nach der im Vordringen befindlichen Organtheorie[1] sind auch **juristische Personen** handlungs- und damit (selbst) prozessfähig. Dies entspricht jedoch noch nicht der hM: danach ist eine juristische Person nur vertreten durch ihre Organe prozessfähig mit der Folge, dass eine GmbH, deren einziger Geschäftsführer sein Amt niederlegt, prozessunfähig und eine Klage gegen sie unzulässig ist.[2] Allerdings kommt dann die Bestellung eines besonderen Vertreters nach § 72 SGG in Betracht. 3

2. Geschäftsfähigkeit. Abs. 1 stellt für die Prozessfähigkeit auf die **Geschäftsfähigkeit** ab. Geschäftsfähig sind Volljährige (§§ 2, 104, 106 BGB), die nicht gemäß §§ 1909 ff. BGB unter Pflegschaft stehen und im Verfahren nicht gemäß § 53 ZPO durch einen Prozesspfleger vertreten werden. Es ist umstritten, ob ein beschränkt Geschäftsfähiger **mit Einwilligung** des gesetzlichen Vertreters gemäß § 107 BGB einen Prozess selbst führen kann.[3] Dies ist problematisch, denn es müsste entweder die Einwilligung in jede einzelne Verfahrenshandlung oder eine generelle Einwilligung erklärt werden, für die fraglich wäre, ob sie im Verlauf 4

---

1 Althammer in Zöller § 52 Rn. 2; sehr weitgehend ausgehend von der RA-GmbH.

2 BGH 25.10.2010 – II ZR 115/09, NJW-RR 2011, 115 mit kritischer Anm. von Schmidt, GmbHR 2011, 113; Kopp/Schenke § 62 Rn. 14; vgl. dazu auch Schmidt in Meyer-Ladewig/Keller/Leitherer/Schmidt § 71 Rn. 3 a.

3 Ablehnend Kopp/Schenke § 62 Rn. 3, es sei denn, es liegt eine Vollmacht gemäß §§ 112, 113 vor.

des Verfahrens widerrufen werden kann.[4] Geschäfts- und prozessunfähig ist gemäß **§ 104 Nr. 2 BGB**, wer sich in einem nicht nur vorübergehenden Zustand krankhafter Störung der Geistestätigkeit befindet. Nach **§ 105 Abs. 2 BGB** ist die Willenserklärung nichtig, die im Zustand der Bewusstlosigkeit oder vorübergehenden Störung der Geistestätigkeit abgegeben wird. Der Zustand begründet ebenfalls die Prozessunfähigkeit. Nur natürliche Personen können nach hM (→ Rn. 3) prozessfähig sein, **juristische Personen** handeln gemäß **Abs. 3** durch ihre Vertreter, → Rn. 7.

III. Minderjährige – Abs. 2

5 Abs. 2 stellt für die Prozessfähigkeit Minderjähriger gemäß § 106 BGB (Alter 7 – 17) auf die zivilrechtlichen und öffentlich rechtlichen Bestimmungen ab. Nach **bürgerlichem Recht** ist der Minderjährige gemäß § 112 BGB im Rahmen des selbstständigen Betriebs eines Erwerbsgeschäfts oder gemäß § 113 BGB im Rahmen eines Dienst- oder Arbeitsverhältnisses geschäftsfähig, wenn dies mit der Ermächtigung des gesetzlichen Vertreters erfolgt. Betreibt ein Minderjähriger mit Ermächtigung des gesetzlichen Vertreters selbstständig ein Erwerbsgeschäft oder ist er in ein Dienst- oder Arbeitsverhältnis eingetreten, so ist er für die daraus entstehenden Rechtsstreitigkeiten auch prozessfähig, zB wenn es um die Entrichtung von Beiträgen oder Beitragspflicht geht.[5] Die **Geschäftsfähigkeit nach öffentlichem Recht** richtet sich insbesondere nach **§ 36 SGB I.** Danach kann Anträge auf Sozialleistungen stellen, verfolgen und entgegennehmen, wer das **15. Lebensjahr** vollendet hat. Die Prozessfähigkeit hat zur Folge, dass der Minderjährige das Verfahren um die Leistungen **im eigenen Namen** führt, nicht durch gesetzliche Vertreter vertreten wird, die als Prozessbevollmächtigte auftreten können, und Verfahrenshandlungen selbst vornimmt oder entgegennimmt, zB auch Zustellungen. Allein die **Rücknahme eines Rechtsbehelfs** – damit auch die Klagrücknahme – bedarf der Zustimmung des gesetzlichen Vertreters. Das gilt auch für eine Rücknahme im Rahmen eines Vergleichs.[6] Das ist sachgerecht, obwohl ein verfahrensbeendender Vergleich dadurch nahezu unmöglich wird. Denn der Minderjährige begibt sich damit – rechtskräftig – eines Teils seiner materiellen Rechte. Bei gemeinsamer Ausübung des Sorgerechts getrennt lebender Eltern hat ein umgangsberechtigter Elternteil im sozialgerichtlichen Verfahren kein Alleinvertretungsrecht; kann keine Einigung über die Prozessführung erzielt werden, ist eine Entscheidung des Familiengerichts herbeizuführen.[7] Eine **partielle Geschäfts- und Prozessunfähigkeit** wegen **Querulanz** kommt in Betracht, wenn die freie Willensbestimmung des Beteiligten infolge der Querulanz, die sich in jedweder Art niederschlagen kann, beeinträchtigt ist.[8] Dies ist allerdings äußerst zurückhaltend anzunehmen, nicht jeder unbequeme oder unverständige Kläger ist ein Querulant. Querulanz, die sich auch nur auf einzelne Verfahren oder Arten von Verfahren oder bestimmte Beteiligte richten kann, liegt vielmehr erst dann vor, wenn das Handeln des Beteiligten nicht mehr von dem

---

4 Vgl. hierzu auch §§ 112 Abs. 2, 113 Abs. 2 BGB.
5 Schmidt in Meyer-Ladewig/Keller/Leitherer/Schmidt § 71 Rn 5; Roller in jurisPK-SGG § 71 Rn. 29.
6 Schmidt in Meyer-Ladewig/Keller/Leitherer/Schmidt § 71 Rn. 5 b.
7 BSG 2.7.2009 – B 14 AS 54/08 R, SozR 4-1500 § 71 Nr. 2.
8 BSG 12.12.2013 – B 8 SO 24/12 R, SozR 4-3500 § 67 Nr. 1; Schmidt in Meyer-Ladewig/Keller/Leitherer § 71 Rn. 6 a; Roller in jurisPK-SGG § 71 Rn. 19.

materiellen Prozessziel geleitet wird, sondern wenn der Beteiligte mit der Prozessführung andere Zwecke verfolgt oder wenn sie zum Selbstzweck wird. Das wird regelmäßig anzunehmen sein, wenn die Gedankeninhalte eingeengt und auf bestimmte, häufig auch wiederholte Teilbereiche fixiert sind.[9] Dies ist regelmäßig nur nach einer gutachterlichen Untersuchung zu entscheiden, es sei denn aus dem völlig unverhältnismäßigen Verfahrensaufwand, einer aggressiven oder sinnlosen Verhandlungsführung wird die Prozessunfähigkeit offensichtlich.[10] Die partielle Geschäfts- und Prozessunfähigkeit ist auch anzunehmen, wenn der Kläger die Gerichte maßlos mit aussichtslosen Verfahren in Anspruch nimmt.[11] Eine partielle Prozessfähigkeit wegen einer besonderen Schwierigkeit des Verfahrens kommt nicht in Betracht.

IV. Betreuung

Der gemäß §§ 1896 ff. BGB **Betreute** kann grundsätzlich eigene Willenserklärungen abgeben (§ 1903 Abs. 1 BGB) und ist damit selbst prozessfähig. Allerdings ist im Fall einer entsprechenden Anordnung des Vormundschaftsgerichts die Einwilligung des Betreuers in die Willenserklärung und damit die Prozessführung erforderlich. Für lediglich rechtlich vorteilhafte Willenserklärungen gilt dieser Vorbehalt gemäß § 1903 Abs. 3 Satz 1 BGB oder für geringfügige Angelegenheiten des täglichen Lebens gemäß Satz 2 jedoch nicht. Es ist daher stets zu prüfen, ob der Betreute durch das Verfahren einen rechtlichen Nachteil erleiden kann.[12] Wenn das Verfahren zu seinem Betreuungskreis gehört, kann der Betreuer es an sich ziehen (§ 1902 BGB); dadurch erlischt die Prozessfähigkeit des Betreuten gemäß § 53 ZPO.[13] Die Prozessführung des Betreuers hat damit Vorrang vor der des Betreuten. Das gilt jedoch nur, wenn die Eingehung von Verbindlichkeiten und die Vertretung vor Gericht zum Aufgabenbereich des Betreuers zählen.[14] 6

V. Personenvereinigungen, Behörden – Abs. 3–5

In den Abs. 1 und 2 ist die Prozessfähigkeit positiv geregelt, dagegen geht **Abs. 3** davon aus, dass Personenvereinigungen und Behörden selbst **nicht prozessfähig** sind (hM, → Rn. 3). Die Absätze 3 bis 5 enthalten für diese ausdrückliche (Prozess-)Vertretungsregelungen. Für die Personenvereinigungen handeln deren **gesetzliche Vertreter oder Vorstände**. Wer dies ist, ergibt sich aus Gesetz, Satzung oder Gesellschaftsvertrag. Hat eine BGB-Gesellschaft oder andere nichtrechtsfähige Personenvereinigung keinen Vorstand oder kein anderes Vertretungsorgan, müssen alle Gesellschafter gemeinsam handeln. Gemäß § 71 Abs. 3 aF konnten darüber hinaus für die Vereinigungen und Behörden außerdem besonders Beauftragte handeln. Diese waren nur im SGG und in der VwGO, nicht aber in den anderen Verfahrensordnungen vorgesehen. Aus Gründen der Vereinheitlichung 7

9 Die Merkmale sind nicht abschließend; vgl. auch BSG 11.6.1964 – 8/11 RV 1228/59, KOV 1965, 233.
10 Vgl. BSG 14.8.2017 – B 12 KR 103/14 B, juris; Roller in jurisPK-SGG § 71 Rn. 19.
11 LSG Hamburg 10.12.2009 – L 5 AS 6/09, juris.
12 Verneint für Leistungen zum Lebensunterhalt gem. SGB II: BSG 12.6.2013 – B 14 AS 50/12 R, SozR 4-4200 § 7 Nr. 35; BSG 2.7.2009 – B 14 AS 54/08 R, SozR 4-1500 § 71 Nr. 2; verneint für die Geltendmachung eines Rentenzahlungsanspruchs BSG 9.12.1981 – 1 RJ 104/80, BSGE 53, 8.
13 BSG 10.12.2013 – B 5 R 185/13 B, FamRZ 2013, 1801; vgl. Kopp/Schenke § 62 Rn. 13.
14 BGH 1.4.2015 – XII ZB 29/15, NJW-RR 2015, 836.

und wegen der abschließenden Regelung der Vertretungsverhältnisse in § 73 Abs. 2 wird hierfür kein Bedarf mehr gesehen.[15] Die Vertretungsverhältnisse der öffentlichen Versicherungsträger sind in § 35 SGB IV geregelt. Der Bund und die Länder werden durch die zuständigen Ministerien vertreten, in parlamentarischen Angelegenheiten durch die Parlamentspräsidenten. Die **Behörden** werden durch ihren Vorstand vertreten. Die Entscheidungsgremien gemäß § 70 **Abs. 4** (→ § 70 Rn. 4) handeln durch ihre Vorsitzenden. Die Regelung hinsichtlich der Versorgungsverwaltung (**Abs. 5**), die bis zum 31.12.2023 gilt, ist um die Aufgaben nach dem Bundesversorgungsgesetz und nach dem Recht der Teilhabe behinderter Menschen wahrnehmenden Stellen erweitert worden. Auch hierbei handelt es sich um eine Vertretungsregelung, die keine Abweichung vom Rechtsträgerprinzip bedeutet. Diese Erweiterung ist eine Klarstellung und berücksichtigt vor allem die Besonderheiten des Landes Nordrhein-Westfalen. Dort waren durch das zweite Modernisierungsgesetz vom 9.5.2000 das Landesversorgungsamt aufgelöst und seine Aufgabenbereiche der Bezirksregierung Münster übertragen worden,[16] die gemäß § 71 Abs. 5 prozessfähig war.[17] Daher stellte jene Gesetzesfassung auf die Stelle ab, der die Aufgaben des Landesversorgungsamtes übertragen worden waren. Durch das Gesetz vom 30.10.2007 wurden auch diese Zuständigkeit entzogen und die Versorgungsämter aufgelöst. Jetzt nehmen dort die Kreise und kreisfreien Städte die Aufgaben des Schwerbehindertenrechts und die Landschaftsverbände die Aufgaben des sozialen Entschädigungsrechts wahr. Da keine Aufgabenübertragung vom Landesversorgungsamt erfolgt war, passte die alte Gesetzesfassung nicht mehr.[18] Mit Wirkung vom 1.1.2024 wird der Wortlaut des Abs. 5 durch das Gesetz zur Regelung des Sozialen Entschädigungsrechts vom 12.12.2019 an die Zuständigkeitsregelung im SGB XIV angepasst.

VI. Folgen und Verfahren

8 Verfahrenshandlungen der Prozessunfähigen sind ebenso **unwirksam** wie Verfahrenshandlungen ihnen gegenüber.[19] Sie können jedoch **genehmigt** werden, entweder durch den Beteiligten selbst, wenn er im Verlauf des Verfahrens prozessfähig wird, oder durch den Vertreter. Allerdings kann nur die gesamte bisherige Verfahrensführung genehmigt werden, nicht nur die einzelnen Prozesshandlungen.[20] Denn die einzelnen Handlungen können nicht aus dem Prozesszusammenhang herausgerissen und nach vorteilhaften und nachteiligen Handlungen unterschieden werden.[21] Die Genehmigung kann in einer rügelosen Verfahrensfortsetzung liegen.[22] Der Prozessunfähige wird im Verfahren durch den gesetzlichen Vertreter vertreten (Eltern, Vormund, Betreuer, Pfleger), der selbst nicht Beteiligter ist. Allerdings kann der Vertreter in demselben Prozess zugleich eige-

15 Begr. RegEntwurf, BT-Drs. 16/3655, 95.
16 Vgl. Kummer SGb 2001, 710.
17 Zum früheren Recht BSG 12.6.2001 – B 9 V 5/00, SozR 3-1500 § 71 Nr. 3.
18 Vgl. Ausschussempfehlung vom 27.6.2011, BR-Drs. 315/1/11.
19 ZB Zustellungen, vgl. jedoch BSG 14.6.1978 – 9/10 RV 31/77, SozR 1500 § 71 Nr. 1: Widerruf der Klagrücknahme eines unerkannt Prozessunfähigen ohne Vertreter nur binnen eines Monats möglich.
20 BSG 29.6.1995 – 11 RAr 57/94, SozR 3-4100 § 58 Nr. 7.
21 Wie hier Schmidt in Meyer-Ladewig/Keller/Leitherer/Schmidt § 71 Rn. 8 e; aA Kopp/Schenke § 62 Rn. 17.
22 BSG 27.11.1961 – 3 RK 108/59, SozR SGG Nr. 13 zu § 73.

ne Rechte als Beteiligter verfolgen. Tritt **während des Verfahrens** die Prozessunfähigkeit ein, wird es gemäß **§ 241 ZPO** unterbrochen, bis der gesetzliche Vertreter dem Gericht von seiner Bestellung Anzeige macht, es sei denn, der Beteiligte wird durch einen Prozessbevollmächtigten vertreten (**§ 246 ZPO**; vgl. auch für den Fortbestand der Vollmacht § 73 Abs. 4 iVm § 86 ZPO). Auf dessen Antrag hin hat das Gericht das Verfahren auszusetzen. Die Unterbrechung gemäß § 241 ZPO tritt kraft Gesetzes ein, unabhängig von der Kenntnis der Beteiligten vom Grund der Prozessunfähigkeit. Ein klageabweisendes Urteil ist nicht zulässig. Ergeben sich **Zweifel** an der Prozessfähigkeit infolge von Störungen der Geistestätigkeit, hat dies das Gericht in jeder Lage des Verfahrens **von Amts wegen** im Wege des Freibeweises aufzuklären, § 71 Abs. 6 iVm § 56 Abs. 1 ZPO.[23] Der Beteiligte ist vor der Feststellung der Prozessunfähigkeit jedenfalls dann, wenn er bereits selbst Verfahrenshandlungen vorgenommen hat, vom Gericht selbst zu hören, eine Anhörung durch einen Sachverständigen reicht nicht.[24] Während des Überprüfungsverfahrens ist die Prozessunfähigkeit zu unterstellen.[25] Das Prozessgericht wird regelmäßig ein Sachverständigengutachten erstellen lassen, ist hierzu aber nicht verpflichtet.[26] Es besteht keine Verpflichtung des Beteiligten, sich begutachten zu lassen; weigert er sich, soll der Sachverständige den Beteiligten während der Verhandlung beobachten.[27] Kommt das Gericht zu dem Ergebnis, dass Prozessunfähigkeit vorliegt, hat es darauf hinzuwirken, dass der **Verfahrensmangel beseitigt** wird: entweder hat es den Beteiligten zu veranlassen, den gesetzlichen Vertreter in die Prozessführung einzuschalten bzw. den Verfahrensmangel zu beseitigen oder der Vorsitzende muss nach § 72 einen besonderen Vertreter bestellen.[28] Die Einschaltung des Vormundschaftsgerichts für eine Betreuerbestellung ist möglich, jedoch ist dessen Entscheidung für oder gegen eine Betreuerbestellung nicht verbindlich.[29] Gemäß § 56 Abs. 2 ZPO kann ein Beteiligter zur Prozessführung mit Vorbehalt der Beseitigung des Mangels zugelassen werden, wenn mit dem Verzug Gefahr für ihn verbunden ist. Das Endurteil darf aber erst erlassen werden, nachdem die für die Beseitigung des Mangels zu bestimmende Frist abgelaufen ist. Die Zulassung muss durch Beschluss ergehen; im Falle der Abweisung der Zulassung ist dieser mit der Beschwerde anfechtbar, im Fall der Stattgabe ist kein Rechtsmittel gegeben.[30] Über die Prozessfähigkeit kann durch Zwischenurteil entschieden werden – regelmäßig dann, wenn sie bejaht wird – oder durch Endurteil – wenn sie bejaht und für

23 Nicht jedweder, sondern vernünftiger Zweifel erforderlich, BSG 5.4.2000 – B 5 RJ 38/99 R, SozR 3-1200 § 2 Nr. 1.

24 BSG 5.5.1993 – 9/9 a RVg 5/92, SozR 3-1500 § 71 Nr. 1.

25 BSG 28.11.2019 – B 8 SO 56/17 B, juris.

26 S. jedoch LSG Bln 23.8.1994 – L 15 Z-A 19/94, Breith. 1995, 385: kein Gutachten erforderlich, wenn eindeutige Symptome auch einem medizinischen Laien eindeutige Schlüsse gestatten; vgl. BSG 5.5.2010 – B 6 KA 49/09, juris: die Entscheidung über die Prozessfähigkeit mit der Verpflichtung zur Bestellung eines Vertreters unterliegt der tatrichterlichen Würdigung. Bsp. für Beurteilung der Prozessfähigkeit durch Gericht: BSG 14.8.2017 – B 12 KR 103/14 B, juris.

27 LSG BW 8.5.1972 – LJ 951/71, Breith. 1973, 416; vgl. Schmidt in Meyer-Ladewig/Keller/Leitherer § 71 Rn. 8 b.

28 BSG 13.2.2014 – B 4 AS 434/13 B, juris; BSG 2.7.2009 – B 14 AS 54/08 R, SozR 4-1500 § 71 Nr. 2; BSG 3.7.2003 – B 7 Al 216/02 B, BSGE 91, 146.

29 BSG 3.7.2003 – B 7 AL 216/02 B, SozR 4-1500 § 72 Nr. 1.

30 Althammer in Zöller § 56 Rn. 16; Schmidt in Meyer-Ladewig/Keller/Leitherer § 71 Rn. 8 c.

unheilbar erachtet wird.[31] Für das Verfahren auf Prüfung der Prozessfähigkeit einschließlich nachfolgender Rechtsmittel wird diese unterstellt.[32] Bleiben trotz aller Ermittlungen **Zweifel**, ob Prozessfähigkeit vorliegt, ist der Beteiligte als **prozessunfähig** anzusehen.[33] Nur in den Fällen, in denen der Mangel nicht beseitigt werden kann, ist die Klage als **unzulässig** abzuweisen.[34] Ist die **Prozessunfähigkeit übersehen worden**, wird das Urteil gegen den Prozessunfähigen zwar wirksam, jedoch liegt gemäß § 551 Nr. 5 ZPO ein **absoluter Revisionsgrund** vor, und zwar auch für den Prozessgegner.[35] Ferner kann der Mangel gemäß § 179 Abs. 1 iVm § 579 Abs. 1 Nr. 4 ZPO mit der Nichtigkeitsklage verfolgt werden. Für den **notwendig Beigeladenen** gelten diese Grundsätze ebenfalls, nicht jedoch für den einfach Beigeladenen.

§ 72 [Bestellung eines besonderen Vertreters]

(1) Für einen nicht prozeßfähigen Beteiligten ohne gesetzlichen Vertreter kann der Vorsitzende bis zum Eintritt eines Vormundes, Betreuers oder Pflegers für das Verfahren einen besonderen Vertreter bestellen, dem alle Rechte, außer dem Empfang von Zahlungen, zustehen.

(2) Die Bestellung eines besonderen Vertreters ist mit Zustimmung des Beteiligten oder seines gesetzlichen Vertreters auch zulässig, wenn der Aufenthaltsort eines Beteiligten oder seines gesetzlichen Vertreters vom Sitz des Gerichts weit entfernt ist.

I. Allgemeines

1 **1. Rechtsentwicklung.** Die Gesetzesfassung vom 23.9.1975 (BGBl. 1975 I 2535) wurde durch das Gesetz über die Prozesskostenhilfe vom 13.6.1980 (BGBl. 1980 I 677) mit Wirkung vom 1.1.1981 geändert: die Bestellung eines besonderen Vertreters im Falle der mangelnden Fähigkeit des Beteiligten oder seines gesetzlichen Vertreters, sich verständlich auszudrücken (Abs. 3) und die Bewilligung von Prozesskostenhilfe dafür (Abs. 5) wurden gestrichen. Durch das Betreuungsgesetz vom 12.9.1990 (BGBl. 1990 I 2002) ist mit Wirkung vom 1.1.1992 in Abs. 1 der Betreuer aufgenommen worden; dadurch wird der Regelung in § 1902 BGB Rechnung getragen, nach der der Betreuer den Betreuten gerichtlich und außergerichtlich vertritt.

2 **2. Inhalt und Zweck der Vorschrift.** § 72 Abs. 1 knüpft für die Bestellung eines besonderen Vertreters an die Regelung des § 71 über die Prozessunfähigkeit an. Hat der prozessunfähige Beteiligte keinen gesetzlichen Vertreter, so eröffnet § 72

31 Vollkommer in Zöller § 56 Rn. 13.
32 BSG 29.7.2005 – B 7 a AL 162/05, juris; BGH 9.11.2010 – VI ZR 249/09, NJW-RR 2011, 284.
33 BSG 3.7.2003 – B 7 AL 216/02 B, SozR 4-1500 § 72 Nr. 1; BGH 9.1.1996 – VI ZR 94/95, NJW 1996, 1059; abweichend noch LSG NRW 19.12.1978 – L 15 S 2/78, Breith. 1980, 343; Leitherer in Meyer-Ladewig/Keller/Leitherer § 71 Rn. 8 b.
34 Kopp/Schenke § 62 Rn. 16.
35 BSG 19.6.2019 – B 14 AS 104/18 B, juris; BSG 5.4.2000 – B 5 RJ 38/99 R, juris.

die Pflicht, für das Gerichtsverfahren einen Vertreter zu bestellen, damit das Verfahren durchgeführt werden kann. Nach dem Wortlaut des § 72 Abs. 1 wirkt die Vertreterbestellung nur bis zum Eintritt eines Vormundes, Betreuers oder Pflegers.[1] Die Klage darf nicht bereits wegen der fehlenden Vertretung als unzulässig abgewiesen werden, sondern vorrangig ist ein besonderer Vertreter zu bestellen.[2] Abs. 2 erlaubt weitergehend die Vertreterbestellung auch für Prozessfähige, wenn diese oder ihr Vertreter weit entfernt sind. Diese beiden Möglichkeiten der Vertreterbestellung sind abschließend.[3] § 72 soll eine zügige Durchführung des Verfahrens gewährleisten. Dies wäre nicht möglich, wenn im Falle der Prozessunfähigkeit zunächst das Vormundschaftsgericht einen Betreuer bestellen oder wenn das Verfahren über weite Distanzen geführt werden müsste. Anders als nach § 57 ZPO (Beklagter) kann gemäß § 72 für jeden Beteiligten ein besonderer Vertreter bestellt werden. Die Bestellung gilt nur für das Verfahren, für das sie angeordnet wurde. Dem besonderen Vertreter stehen außer der Geldempfangsvollmacht alle prozessualen Rechte zu; damit hat er für die Prozessführung die **Stellung eines gesetzlichen Vertreters.** Dessen Prozesshandlungen sind auch dann wirksam und dem Beteiligten zuzurechnen, wenn die Voraussetzungen für die Bestellung eines besonderen Vertreters nicht vorliegen.[4] Im Rahmen seiner Fürsorgepflicht hat das Gericht zu überwachen, ob der besondere Vertreter seine Verpflichtungen gegenüber dem Beteiligten erfüllt. Kommt das Gericht der Prüfungspflicht nicht nach, liegt ein Verfahrensfehler vor.[5]

3. Parallelvorschriften. § 57 ZPO enthält eine weniger weit reichende Regelung für die Bestellung eines Prozesspflegers. § 62 Abs. 4 VwGO und § 58 Abs. 2 FGO verweisen darauf. Für das Verwaltungsverfahren vgl. § 15 SGB X. 3

II. Prozessunfähigkeit – Abs. 1

Voraussetzung für die Bestellung gemäß Abs. 1 sind die **erwiesene Prozessunfähigkeit** oder **Zweifel** an der Prozessfähigkeit (→ § 71 Rn. 7).[6] Zweifel bestehen, wenn sich auch nach Ausschöpfung aller Beweismöglichkeiten nicht feststellen lässt, dass der Beteiligte prozessfähig ist. Eine partielle Prozessunfähigkeit ist ausreichend, zB bezogen auf Sozialgerichtsverfahren.[7] Nach inzwischen einvernehmlicher Auffassung ist die Vertreterbestellung nicht nur zulässig, wenn die Prozessunfähigkeit **vor Rechtshängigkeit** bestand, auch wenn sie erst im Verlauf des Verfahrens erkannt wurde, sondern auch, wenn sie **während des Verfahrens** eintritt. Die für den Fall vertretene Anwendung des § 241 ZPO, der in dem Fall die Unterbrechung des Verfahrens regelt, wird nicht mehr favorisiert (→ § 71 Rn. 8).[8] Der Wortlaut des § 72 enthält eine solche Einschränkung nicht, wegen der anders gearteten Regelung des § 53 ZPO kann diese Vorschrift nicht als Parallele herangezogen werden. Unter Hinweis auf den Wortlaut („Beteilig- 4

1 LSG NRW 5.2.2009 – L 20 B 167/08 SO, FamRZ 2009, 1180.
2 BSG 3.7.2003 – B 7 Al 216/02 B, BSGE 91, 146.
3 LSG RhPf 3.8.1977 – L 2 Sb 19/77, Breith. 1978, 508.
4 Roller in jurisPK-SGG § 72 Rn. 36.
5 BSG 14.11.2013 – B 9 SB 84/12 B, SozR 4-1500 § 72 Nr. 3.
6 BSG 3.7.2003 – B 7 AL 216/02 B, SozR 4-1500 § 72 Nr. 1; Schmidt in Meyer-Ladewig/Keller/Leitherer/Schmidt § 72 Rn. 2; Ulmer in Hennig § 72 Rn. 6.
7 BSG 17.12.2019 – B 1 KR 73/18 B, SozR 4-1500 § 56 a Nr. 1.
8 BSG 30.9.2009 – B 9 SB 10/09 B, juris; Schmidt in Meyer-Ladewig/Keller/Leitherer/Schmidt § 72 Rn. 2; Arndt in Breitkreuz/Fichte § 72 Rn. 6.

ter“) kann der Vertreter erst ab Rechtshängigkeit bestellt werden.[9] Weitere Voraussetzungen für die Bestellung des besonderen Vertreters ist, dass der Beteiligte aus rechtlichen oder tatsächlichen Gründen keinen gesetzlichen Vertreter hat. Ausnahmsweise kommt die Bestellung eines besonderen Vertreters auch dann in Betracht, wenn der Beteiligte einen Prozessbevollmächtigten hat. Dies kommt aus fürsorgerischen Gründen in Betracht, wenn der Prozessbevollmächtigte die Interessen des Beteiligten offensichtlich ungenügend wahrnimmt.[10]

5 Will der Vorsitzende unter den Voraussetzungen des § 72 von der **Bestellung eines besonderen Vertreters absehen**, muss er die Einschaltung oder Bestellung des gesetzlichen Vertreters veranlassen. Ausnahmsweise kann von der Vertreterbestellung abgesehen werden, wenn das prozessuale Begehren „offensichtlich haltlos“ ist; hierfür ist nach überwiegender Auffassung des BSG ein **besonders enger Maßstab** anzulegen.[11] Dies ist der Fall bei einem absurden Klagebegehren ohne jeden Rückhalt im Gesetz, bei offensichtlich unschlüssigem Vorbringen, wenn kein konkreter Streitgegenstand zu erkennen ist oder wenn das Vorbringen bereits mehrfach Gegenstand gerichtlicher Entscheidungen war.[12] Weitere Fälle: wenn ein querulatorisches rechtsmissbräuchliches Prozessieren zum Selbstzweck und abartigen Lebensinhalt geworden ist,[13] das Vormundschaftsgericht aus fürsorgerischen Gründen eine gesetzliche Vertretung abgelehnt hat[14] oder wenn die Klage aus anderen Gründen, denen nicht abgeholfen werden kann, unzulässig oder offensichtlich unbegründet ist.[15]

III. Räumliche Entfernung – Abs. 2

6 Abs. 2 erfasst die Fälle, dass der Beteiligte selbst prozessfähig ist und sich **weit entfernt** vom Gerichtssitz aufhält oder dass er prozessunfähig ist und sich sein gesetzlicher Vertreter weit entfernt aufhält. Die Initiative geht häufig vom Gericht aus, um eine zügige Durchführung des Verfahrens zu ermöglichen. Die Bestellung ist in diesen Fällen **nur mit Zustimmung des Beteiligten** oder des Vertreters zulässig, da dadurch in dessen prozessuale Rechte eingegriffen wird. Die Genehmigung einer ohne Einwilligung vorgenommenen Bestellung reicht aus; die Einwilligung und Genehmigung sind widerruflich. Der Begriff der **weiten Entfernung** bestimmt sich nach den Verhältnissen des Einzelfalls und ist von der Erreichbarkeit des Gerichts durch den Beteiligten oder Vertreter abhängig. Maßgeblich sind die faktischen Verhältnisse: Verkehrsanbindung, Mobilität des Beteiligten, Aufenthalt des Beteiligten oder Vertreters. Diese müssen eine ordnungsgemäße Durchführung des Verfahrens, insbesondere der mündlichen Verhandlung und der Möglichkeit der Zustellung (Ausland), erlauben. Dabei ist auf

9 Schmidt in Meyer-Ladewig/Keller/Leitherer/Schmidt § 72 Rn. 2; Arndt in Breitkreuz/Fichte § 72 Rn. 6.
10 Schmidt in Meyer-Ladewig/Keller/Leitherer/Schmidt § 72 Rn. 2 a; Arndt in Breitkreuz/Fichte § 72 Rn. 9.
11 BSG 15.11.2012 – B 8 SO 23/11 R, SozR 4-1500 § 72 Nr. 2; BSG 3.7.2003 – B 7 AL 216/02 B, SozR 4-1500 § 72 Nr. 1: die Genehmigung der Prozessführung durch den Vertreter muss schlechthin ausgeschlossen sein; offen gelassen noch in BSG 28.5.1957 – 3 RJ 98/54, BSGE 5, 176; Arndt in Breitkreuz/Fichte 72 Rn. 13.
12 BSG 17.12.2019 – B 1 KR 73718 B, SozR 4-1500 § 65 a Nr. 1; BSG 28.8.2018 – B 8 SO 13/18 B, juris.
13 LSG Nds 12.7.2000 – L 4 KR 20/99, SGb 2001, 315; Schmidt in Meyer-Ladewig/Keller/Leitherer/Schmidt § 72 Rn. 2 c; Roller in jurisPK-SGG § 72 Rn. 23.
14 SchlHLSG 22.6.1966 – L 2 Sb 3/66, Breith. 1967, 709.
15 LSG Bln 23.8.1994 – L 15 Z-A 19/94, Breith. 1995, 385.

einen vertretbaren Aufwand und die entstehenden Kosten abzustellen. § 57 ZPO sieht diese Möglichkeit für die Bestellung eines Prozesspflegers nicht vor.

IV. Verfahren

Die Entscheidung gemäß § 72 trifft der **Vorsitzende** des Prozessgerichts. Der Beteiligte ist regelmäßig vorher anzuhören,[16] im Fall des Abs. 2 ist seine Zustimmung bzw. die des Vertreters erforderlich. Die Entscheidung ergeht durch **Beschluss,**[17] da hierdurch in die prozessualen Rechte eingegriffen wird. Gegen die Entscheidung des SG ist die **Beschwerde** gegeben, denn es handelt sich nicht nur um eine prozessleitende Verfügung iSd § 172 Abs. 2. Die Entscheidung des LSG ist gemäß § 177 nicht beschwerdefähig. Der Beteiligte kann die Beschwerde selbst mit der Begründung einlegen, er sei nicht prozessunfähig.[18] Die Beschwerde ist auch dann gegeben, wenn der Antrag auf eine Vertreterbestellung abgelehnt wird. Die Bestellung kann aus wichtigem Grund widerrufen werden, etwa bei einer Änderung der Verhältnisse. Liegen die Voraussetzungen für eine Vertreterbestellung vor, hat der Vorsitzende keinen Ermessensspielraum hinsichtlich des „Ob" der Bestellung („kann" als Kompetenznorm), sondern **lediglich ein Auswahlermessen.**[19] Der Beschluss wirkt nur für das einzelne Verfahren, hier jedoch für alle Instanzen. Der Vertreter ist nicht verpflichtet, das Amt anzunehmen; er hat gegenüber dem Vertretenen einen Vergütungsanspruch nach den gesetzlichen Bestimmungen,[20] für den ggf. bei hinreichender Erfolgsaussicht PKH zu bewilligen ist.[21] Dies gilt auch nach der Rechtsänderung durch das Gesetz vom 13.6.1980, mit dem Abs. 5 aufgehoben wurde. Denn die Kosten für den besonderen Vertreter sind Kosten des Verfahrens im Sinne des § 114 ZPO. Diese Bewilligung der PKH für den besonderen Vertreter ist von der PKH-Bewilligung gemäß §§ 73 a, 114 ZPO zu unterscheiden und ermöglicht nicht nur die Kostenübernahme bei beigeordneten Rechtsanwälten zugunsten des Beteiligten.[22] Es ist jedoch möglich, den im Rahmen der PKH beigeordneten Rechtsanwalt zugleich als besonderen Vertreter zu bestellen. § 72 enthält keine Regelung über die **Rechte und Pflichten des besonderen Vertreters.** In Anlehnung an die Regelung des § 15 SGB X gilt jedoch § 1901 BGB für die Betreuung entsprechend, ferner sind die Grundsätze des Art. 12 des Übereinkommens der Vereinten Nationen vom 13.12.2006 über die Rechte von Menschen mit Behinderungen (BGBl. 2008 II 1419 ff.) heranzuziehen.[23] Im Fall der Bestellung nach Abs. 2 ist der vertretene Beteiligte berechtigt, auch selbst Verfahrenshandlungen vorzunehmen. 7

16 BSG 5.5.1993 – 9/9 a RVg 5/92, SozR 3-1500 § 71 Nr. 1; 29.6.1995 – 11 RAr 57/94, SozR 3-4100 § 58 Nr. 7.
17 LSG Nds 28.8.1975 – L 3 S (U) 29/75, Breith. 1976, 60; Schmidt in Meyer-Ladewig/Keller/Leitherer/Schmidt § 72 Rn. 4.
18 LSG NRW 19.12.1978 – L 15 S 2/78, Breith. 1980, 343.
19 BSG 15.11.2012 – B 8 SO 23/R, SozR 4-1500 § 72 Nr. 2; Schmidt in Meyer-Ladewig/Keller/Leitherer/Schmidt § 72 Rn. 2 b.
20 RVG als Rechtsanwalt; § 1835 BGB.
21 BSG 8.9.1982 – 5 b RJ 170/82, SozR 1500 § 72 Nr. 2; BSG 3.7.2003 – B 7 AL 216/02 B, SozR 4-1500 § 72 Nr. 1.
22 Vgl. hierzu Schmidt in Meyer-Ladewig/Keller/Leitherer/Schmidt § 72 Rn. 9.
23 BSG 14.11.2013 – B 9 SB 84/12 B, SozR 4-1500 § 72 Nr. 3.

§ 73 [Prozessbeteiligte; Bevollmächtigte; Beistand]

(1) Die Beteiligten können vor dem Sozialgericht und dem Landessozialgericht den Rechtsstreit selbst führen.

(2) [1]Die Beteiligten können sich durch einen Rechtsanwalt oder einen Rechtslehrer an einer staatlichen oder staatlich anerkannten Hochschule eines Mitgliedstaates der Europäischen Union, eines anderen Vertragsstaates des Abkommens über den Europäischen Wirtschaftsraum oder der Schweiz, der die Befähigung zum Richteramt besitzt, als Bevollmächtigten vertreten lassen. [2]Darüber hinaus sind als Bevollmächtigte vor dem Sozialgericht und dem Landessozialgericht vertretungsbefugt nur

1. Beschäftigte des Beteiligten oder eines mit ihm verbundenen Unternehmens (§ 15 des Aktiengesetzes); Behörden und juristische Personen des öffentlichen Rechts einschließlich der von ihnen zur Erfüllung ihrer öffentlichen Aufgaben gebildeten Zusammenschlüsse können sich auch durch Beschäftigte anderer Behörden oder juristischer Personen des öffentlichen Rechts einschließlich der von ihnen zur Erfüllung ihrer öffentlichen Aufgaben gebildeten Zusammenschlüsse vertreten lassen,
2. volljährige Familienangehörige (§ 15 der Abgabenordnung, § 11 des Lebenspartnerschaftsgesetzes), Personen mit Befähigung zum Richteramt und Streitgenossen, wenn die Vertretung nicht im Zusammenhang mit einer entgeltlichen Tätigkeit steht,
3. Rentenberater im Umfang ihrer Befugnisse nach § 10 Absatz 1 Satz 1 Nummer 2, auch in Verbindung mit Satz 2, des Rechtsdienstleistungsgesetzes,
4. Steuerberater, Steuerbevollmächtigte, Wirtschaftsprüfer und vereidigte Buchprüfer, Personen und Vereinigungen im Sinn des § 3 a des Steuerberatungsgesetzes sowie Gesellschaften im Sinn des § 3 Nr. 2 und 3 des Steuerberatungsgesetzes, die durch Personen im Sinn des § 3 Nr. 1 des Steuerberatungsgesetzes handeln, in Angelegenheiten nach den §§ 28 h und 28 p des Vierten Buches Sozialgesetzbuch,
5. selbständige Vereinigungen von Arbeitnehmern mit sozial- oder berufspolitischer Zwecksetzung für ihre Mitglieder,
6. berufsständische Vereinigungen der Landwirtschaft für ihre Mitglieder,
7. Gewerkschaften und Vereinigungen von Arbeitgebern sowie Zusammenschlüsse solcher Verbände für ihre Mitglieder oder für andere Verbände oder Zusammenschlüsse mit vergleichbarer Ausrichtung und deren Mitglieder,
8. Vereinigungen, deren satzungsgemäße Aufgaben die gemeinschaftliche Interessenvertretung, die Beratung und Vertretung der Leistungsempfänger nach dem sozialen Entschädigungsrecht oder der behinderten Menschen [ab 1.1.2024: *nach dem Sozialen Entschädigungsrecht oder der Menschen mit Behinderungen*] wesentlich umfassen und die unter Berücksichtigung von Art und Umfang ihrer Tätigkeit sowie ihres Mitgliederkreises die Gewähr für eine sachkundige Prozessvertretung bieten, für ihre Mitglieder,
9. juristische Personen, deren Anteile sämtlich im wirtschaftlichen Eigentum einer der in den Nummern 5 bis 8 bezeichneten Organisationen stehen, wenn die juristische Person ausschließlich die Rechtsberatung und Prozessvertretung dieser Organisation und ihrer Mitglieder oder anderer Verbände oder Zusammenschlüsse mit vergleichbarer Ausrichtung und deren Mitglieder entsprechend deren Satzung durchführt, und wenn die Organisation für die Tätigkeit der Bevollmächtigten haftet.

[3]Bevollmächtigte, die keine natürlichen Personen sind, handeln durch ihre Organe und mit der Prozessvertretung beauftragten Vertreter. [4]§ 157 der Zivilprozessordnung gilt entsprechend.

(3) [1]Das Gericht weist Bevollmächtigte, die nicht nach Maßgabe des Absatzes 2 vertretungsbefugt sind, durch unanfechtbaren Beschluss zurück. [2]Prozesshandlungen eines nicht vertretungsbefugten Bevollmächtigten und Zustellungen oder Mitteilungen an diesen Bevollmächtigten sind bis zu seiner Zurückweisung wirksam. [3]Das Gericht kann den in Absatz 2 Satz 2 Nr. 1 und 2 bezeichneten Bevollmächtigten durch unanfechtbaren Beschluss die weitere Vertretung untersagen, wenn sie nicht in der Lage sind, das Sach- und Streitverhältnis sachgerecht darzustellen. [4]Satz 3 gilt nicht für Beschäftigte eines Sozialleistungsträgers oder eines Spitzenverbandes der Sozialversicherung.

(4) [1]Vor dem Bundessozialgericht müssen sich die Beteiligten, außer im Prozesskostenhilfeverfahren, durch Prozessbevollmächtigte vertreten lassen. [2]Als Bevollmächtigte sind außer den in Absatz 2 Satz 1 bezeichneten Personen nur die in Absatz 2 Satz 2 Nr. 5 bis 9 bezeichneten Organisationen zugelassen. [3]Diese müssen durch Personen mit Befähigung zum Richteramt handeln. [4]Behörden und juristische Personen des öffentlichen Rechts einschließlich der von ihnen zur Erfüllung ihrer öffentlichen Aufgaben gebildeten Zusammenschlüsse sowie private Pflegeversicherungsunternehmen können sich durch eigene Beschäftigte mit Befähigung zum Richteramt oder durch Beschäftigte mit Befähigung zum Richteramt anderer Behörden oder juristischer Personen des öffentlichen Rechts einschließlich der von ihnen zur Erfüllung ihrer öffentlichen Aufgaben gebildeten Zusammenschlüsse vertreten lassen. [5]Ein Beteiligter, der nach Maßgabe des Satzes 2 zur Vertretung berechtigt ist, kann sich selbst vertreten; Satz 3 bleibt unberührt.

(5) [1]Richter dürfen nicht als Bevollmächtigte vor dem Gericht auftreten, dem sie angehören. [2]Ehrenamtliche Richter dürfen, außer in den Fällen des Absatzes 2 Satz 2 Nr. 1, nicht vor einem Spruchkörper auftreten, dem sie angehören. [3]Absatz 3 Satz 1 und 2 gilt entsprechend.

(6) [1]Die Vollmacht ist schriftlich zu den Gerichtsakten einzureichen. [2]Sie kann nachgereicht werden; hierfür kann das Gericht eine Frist bestimmen. [3]Bei Ehegatten oder Lebenspartnern und Verwandten in gerader Linie kann unterstellt werden, dass sie bevollmächtigt sind. [4]Der Mangel der Vollmacht kann in jeder Lage des Verfahrens geltend gemacht werden. [5]Das Gericht hat den Mangel der Vollmacht von Amts wegen zu berücksichtigen, wenn nicht als Bevollmächtigter ein Rechtsanwalt auftritt. [6]Ist ein Bevollmächtigter bestellt, sind die Zustellungen oder Mitteilungen des Gerichts an ihn zu richten. [7]Im Übrigen gelten die §§ 81, 83 bis 86 der Zivilprozessordnung entsprechend.

(7) [1]In der Verhandlung können die Beteiligten mit Beiständen erscheinen. [2]Beistand kann sein, wer in Verfahren, in denen die Beteiligten den Rechtsstreit selbst führen können, als Bevollmächtigter zur Vertretung in der Verhandlung befugt ist. [3]Das Gericht kann andere Personen als Beistand zulassen, wenn dies sachdienlich ist und hierfür nach den Umständen des Einzelfalls ein Bedürfnis besteht. [4]Absatz 3 Satz 1 und 3 und Absatz 5 gelten entsprechend. [5]Das von dem Beistand Vorgetragene gilt als von dem Beteiligten vorgebracht, soweit es nicht von diesem sofort widerrufen oder berichtigt wird.

I. Allgemeines

1 **1. Gesetzesentstehung.** § 73 ist durch Art. 12 Nr. 3 des Gesetzes zur Neuregelung des Rechtsberatungsrechts vom 12.12.2007 (BGBl. 2007 I 2840, 2853) mit Wirkung vom 1.7.2008 neu gefasst worden. Zu der bis zum 30.6.2008 geltenden alten Fassung vgl. die Kommentierung in der 2. Auflage. Mit Wirkung vom 5.8.2009 ist Abs. 2 Satz 2 Nr. 4 durch Art. 9 Abs. 6 Nr. 2 des Gesetzes zur Modernisierung von Verfahren im anwaltlichen und notariellen Berufsrecht, zur Errichtung einer Schlichtungsstelle der Rechtsanwaltschaft sowie zur Änderung sonstiger Vorschriften vom 30.7.2009 (BGBl. 2009 I 2449) an die Regelungen des Steuerberatungsgesetzes angepasst worden. Mit Wirkung vom 28.12.2010 wurde Abs. 2 Satz 1 durch das Gesetz zur Umsetzung der Dienstleistungsrichtlinie in der Justiz und zur Änderung weiterer Vorschriften vom 22.12.2010 (BGBl. 2010 I 2248) geändert. Dadurch wurde die Richtlinie 2006/123/EG des Europäischen Parlaments und des Rates vom 12. Dezember 2006 über Dienstleistungen im Binnenmarkt (ABl. L 376 vom 27.12.2006, S. 36) umgesetzt. Durch Art. 8 Nr. 5 des Vierten Gesetzes zur Änderung des Vierten Buches Sozialgesetzbuch und anderer Gesetze vom 22.12.2011 (BGBl. 2011 I 3057) wurde Abs. 6 Satz 3 wieder eingefügt, dessen Regelung Inhalt von § 73 Abs. 2 Satz 2 SGG aF gewesen und die durch Art. 13 Nr. 3 des Rechtsberatungsrechtsneuregelungsgesetzes vom 12.12.2007 aufgehoben worden war. Durch Art. 12 des Gesetzes vom 12.5.2017 (BGBl. 2017 I 1121) wurde in Abs. 2 Satz 2 Nr. 3 der Einschub eingefügt. Durch Art. 16 Nr. 15 des Gesetzes vom 12.12.2019 (BGBl. 2019 I 2652) wird mit Wirkung vom 1.1.2024 in Abs. 2 Satz 2 Nr. 8 „behinderte Menschen" neu geregelt durch „Menschen mit Behinderungen".

2 **2. Normzweck.** § 73 behandelt die gewillkürte Prozessvertretung im Gegensatz zur gesetzlichen Prozessvertretung, die für prozessunfähige Beteiligte vorgesehen

ist (→ § 71 Rn. 4). Durch das **Rechtsberatungsrechtsneuregelungsgesetz** (RBerRNG) sind die Vorschriften über die Prozessvertretung in allen Verfahrensordnungen neu geregelt worden. Dies war notwendig, weil das frühere RBerG durch das **Rechtsdienstleistungsgesetz** (RDG), das als Art. 1 RBerRNG ebenfalls zum 1.7.2008 eingeführt wurde, abgelöst wurde. Das RBerRNG dient der Umsetzung der Richtlinie 2005/36/EG des Europäischen Parlaments und des Rates vom 7.9.2005 über die Anerkennung von Berufsqualifikationen (ABl. EU Nr. L 255 S. 22).[1] Das RDG gilt nach § 1 Abs. 1, anders als das RBerG, zwar nur für außergerichtliche Rechtsdienstleistungen. Es beinhaltet aber in § 2 Abs. 1 einen sehr weiten Rechtsdienstleistungsbegriff, indem es darunter jede Tätigkeit in konkreten fremden Angelegenheiten versteht, sobald sie eine rechtliche Prüfung des Einzelfalls erfordert, und den Kreis derer, die Rechtsdienstleistungen erbringen dürfen, in §§ 6 bis 15 sehr weit fasst und eine Liberalisierung für Rechtsdienstleistungen bewirkt. Das neue Gesetz zielt dabei gerade auf Inkassounternehmen und Rentenberater ab. Die „Sperre" des alten RBerG für die Besorgung fremder Rechtsangelegenheiten ist damit entfallen. Die Vertretungsbefugnisse wurden im Bereich der Prozessvertretung nicht so weitreichend liberalisiert wie in außergerichtlichen Rechtsdienstleistungen, um eine qualifizierte Prozessführung sicherzustellen.[2] Die Beschränkungen für die gerichtliche Tätigkeit mussten daher in den Verfahrensordnungen geregelt werden. Die Prozessordnungen sind darin weitgehend angepasst worden bei Unterschieden im Kreis der zulässigen Prozessvertreter, die sich aus den dortigen unterschiedlichen Bedürfnissen ergeben.[3] Alle Prozessordnungen fassen diese in einem geschlossenen Katalog (**Abs. 2**) zusammen und enthalten in **Abs. 3** eine dem alten § 157 ZPO entsprechende Regelung über die Zurückweisung nicht vertretungsbefugter Personen. Andere als in Abs. 2 Satz 2 Nr. 5 bis 9 genannte Organisationen hat der Gesetzgeber bewusst nicht zur Prozessvertretung zugelassen, weil bei Ihnen die für eine sachgerechte Prozessführung notwendigen materiell- und verfahrensrechtlichen Kenntnisse nicht ohne Weiteres vorausgesetzt werden können.[4] Entgegen dem alten Recht unterscheiden die Normen über die Vertretungsbefugnis nicht mehr zwischen einem Tätigwerden innerhalb und außerhalb der mündlichen Verhandlung. Behörden können sich durch eigene Beschäftigte und auch durch Beschäftigte anderer Behörden vertreten lassen, auch vor dem BSG (**Abs. 4**). In **Abs. 5** sind Einschränkungen für Richter enthalten, **Abs. 6** enthält Bestimmungen über die Vollmacht. In **Abs. 7** ist der Beistand geregelt.

3. Parallelvorschriften. Die übrigen Verfahrensordnungen enthalten entspre- 3
chende Regelungen mit Abweichungen im Kreis der vertretungsberechtigten Personen (§ 79 ZPO, § 67 VwGO, § 62 FGO, § 11 ArbGG).

II. Parteiprozess in der ersten und zweiten Instanz – Abs. 1

Abs. 1 enthält den bereits bislang bestehenden Grundsatz, dass die Beteiligten 4
vor dem Sozialgericht und Landessozialgericht selbst auftreten und Prozesshandlungen vornehmen können (Postulationsfähigkeit) und eine Prozessvertretung nur vor dem BSG erforderlich ist. Die Vorschrift ist § 79 Abs. 1 ZPO in der

1 Zur Neuregelung Sabel, Das Gesetz zur Neuregelung des Rechtsberatungsrechts, AnwBl. 2007, 816.
2 Begr. RegEntwurf, BT-Drs. 16/3655, 1.
3 Begr. RegEntwurf, BT-Drs. 16/3655, 33.
4 Begr. RegEntwurf, BT-Drs. 16/3655, 96, 93.

neuen Fassung angeglichen. § 79 Abs. 1 Satz 2 ZPO fordert eine Prozessvertretung durch Rechtsanwälte oder einer Reihe anderer Personen, insbesondere Inkassounternehmen, wenn eine **fremde** oder zum Zweck der Einziehung **abgetretene Forderung** geltend gemacht wird. Der Gesetzgeber ging zwar davon aus, dass § 73 Abs. 1 dem § 79 Abs. 1 ZPO entspricht,[5] jedoch fehlt hier die Einschränkung der Eigenvertretung. Dies ist sachgerecht, denn im Sozialgerichtsverfahren werden typischerweise keine abgetretenen Rechte gewerblich geltend gemacht. Ein Krankenhaus kann daher den Kostenerstattungsanspruch des Patienten gegenüber der Krankenkasse sich abtreten lassen und selbst geltend machen. **§ 157 Abs. 2 ZPO aF** sah vor, dass Parteien der **weitere Vortrag untersagt** werden konnte, wenn ihnen die Fähigkeit zum geeigneten Vortrag mangelte. Diese Regelung ist nach dem RBerRNG nicht mehr vorgesehen (vgl. für die Vertretung Abs. 3).

III. Prozessvertreter – Abs. 2

5 **1. Rechtsanwälte und Hochschullehrer.** Absatz 2 enthält eine **abschließende Aufzählung** der Personen, die als Prozessvertreter im Sozialgerichtsverfahren auftreten können. Es besteht dabei der Grundsatz, dass auch eine unentgeltliche Prozessvertretung mit Ausnahme der Familienangehörigen und der besonders ausgewiesenen Berufsgruppen nur noch Personen erlaubt ist, die die **Befähigung zum Richteramt besitzen**, selbst wenn freundschaftliche oder nachbarschaftliche Beziehungen bestehen.[6] Wie in allen Verfahrensordnungen sind in Satz 1 die **Rechtsanwälte** als die geborenen Prozessvertreter genannt, denen nach § 209 Abs. 1 BRAO, § 3 Abs. 1 Nr. 1 RDGEG übergangsrechtlich die Kammerrechtsbeistände und die Prozessagenten nach früherer Zulassung gleichgestellt sind. Sie können ohne Einschränkung vor allen Sozialgerichten, gemäß Abs. 4 Satz 2 auch vor dem BSG auftreten. Voraussetzung ist allein die Zulassung zur Rechtsanwaltschaft nach §§ 6 und 12 BRAO; diese muss aktuell noch bestehen.[7] Zwischen dem Rechtsanwalt und dem Verfahrensbeteiligten besteht ein zivilrechtliches Vertragsverhältnis, für Auseinandersetzungen zwischen ihnen sind Zivilgerichte zuständig. Rechtsanwälte können sich in der mündlichen Verhandlung gemäß § 73 Abs. 2 Satz 4 iVm § 157 ZPO durch Stations-Referendare vertreten lassen, vor dem BSG wegen des Anwaltszwangs jedoch nur durch einen Rechtsanwalt. Die Vertretung durch andere Personen ist nicht zulässig.[8] Die Tätigkeit **ausländischer niedergelassener Anwälte aus der EU und der Schweiz** richtet sich nach dem Gesetz über die Tätigkeit europäischer Rechtsanwälte in Europa – EuRAG vom 9.3.2000 (Fassung vom 30.10.2017, BGBl. 2017 I 3618). Sofern ein ausländischer Rechtsanwalt in seinem Heimatland als **europäischer Rechtsanwalt** eingetragen ist, ist er berechtigt, unter der Anwaltsbezeichnung seines Herkunftslandes die Aufnahme in die Rechtsanwaltskammer zu beantragen und im Inland gemäß §§ 1 bis 3 BRAO tätig zu sein (§§ 2, 11 EuRAG). Sofern der ausländische europäische Rechtsanwalt nur in Ausnahmefällen im Inland tätig ist, kann er dies vorübergehend (§§ 25, 27 EuRAG) als **dienstleistender Anwalt** (§ 26 Abs. 2 EuRAG), jedoch in Verfahren mit Rechtsanwaltszwang nur im Einvernehmen mit einem bei jenem Gericht zugelassenen Rechtsanwalt (Einverneh-

5 Begr. RegEntwurf, BT-Drs. 16/3655, 95.
6 Begr. RegEntwurf, BT-Drs. 16/3655, 88.
7 BSG 9.2.2010 – B 3 P 1/10 C, SozR 4-1500 § 73 Nr. 6.
8 Stöber in Zöller § 157 Rn. 2; aA Althammer in Zöller § 79 Rn. 5 mwN.

mensanwalt, § 28 EuRAG). **Andere ausländische Anwälte** bedürfen mit Ausnahme einer Tätigkeit nach §§ 206 ff. BRAO einer Zulassung zur Rechtsanwaltschaft nach § 4 BRAO.[9] Gemäß § 59 c BRAO kann auch eine **Rechtsanwaltsgesellschaft in der Form einer GmbH** mit der Prozessführung beauftragt werden. Deren Gesellschafter dürfen gemäß § 59 e Abs. 1 BRAO nur Rechtsanwälte und andere Angehörige der in § 59 a BRAO genannten Berufsgruppen sein (Steuerberater, Patentanwälte, Steuerprüfer ua). Die Gesellschaft ist selbst die Prozessbevollmächtigte iSd § 73 und handelt durch ihre Organe und Vertreter. Die Vollmacht des Beteiligten lautet auf die Gesellschaft, damit sind alle Rechtsanwälte, die Gesellschafter sind, zu der Prozessvertretung bevollmächtigt; einer Untervollmacht bedarf es nur für solche Rechtsanwälte, die keine Gesellschafter sind. Eine **Rechtsanwalts-Aktiengesellschaft** ist zwar gesetzlich nicht geregelt, jedoch folgt aus Art. 12 iVm Art. 3 Abs. 1 GG, dass auch sie zuzulassen ist, wenn sie die Voraussetzungen der §§ 59 c ff. BRAO erfüllen.[10] Dies erfordert die Eigenverantwortlichkeit und Weisungsfreiheit der in der AG tätigen Rechtsanwälte, die Beschränkung des Unternehmensgegenstandes auf die Übernahme von Aufträgen, die zur Berufstätigkeit von Rechtsanwälten gehören und das Verbot eines Zusammenschlusses für die Aktiengesellschaft, hinsichtlich der Aktionäre die Einhaltung der auch für die Gesellschafter einer GmbH geltenden Bestimmungen in § 59 e BRAO, insbesondere die Beschränkung des Kreises der Aktionäre auf in der Gesellschaft tätige Rechtsanwälte und Angehörige der in § 59 a Abs. 1 S. 1, Abs. 3 BRAO genannten Berufe und die Anforderungen an den Vorstand und den Aufsichtsrat der AG, wie sie in § 59 f. BRAO für die Geschäftsführung und – entsprechend – auch für den fakultativen Aufsichtsrat einer GmbH gelten. Gemäß § 1 Abs. 2 PartGG können sich Rechtsanwälte auch zu einer **Partnerschaftsgesellschaft** in der Form einer BGB-Gesellschaft (§ 1 Abs. 4 PartGG) zusammenschließen, die ebenso wie eine Rechtsanwalts-GmbH oder -AG gemäß § 7 Abs. 2 S. 1 PartGG mit einer Prozessführung beauftragt werden kann, wobei die einzelnen Partner ihre Tätigkeit gemäß § 6 Abs. 1 PartGG nach den Bestimmungen ihres Berufsrechts ausüben müssen. Neben den Rechtsanwälten sind nun auch **Rechtslehrer** an einer staatlichen oder staatlich anerkannten Hochschule in EU-Staaten, in Vertragsstaaten des Europäischen Wirtschaftsraumes oder der Schweiz als Prozessbevollmächtigte – gemäß Abs. 4 Satz 2 auch vor dem BSG – zugelassen. Hochschulen in diesem Sinne sind alle nach den Hochschulgesetzen der Länder anerkannte Hochschulen, auch wenn sie privatrechtlich organisiert sind.[11] Unerheblich ist die Art der Professur (Juniorprofessor, apl. Professor). Die Erweiterung gegenüber dem alten Recht (Rechtslehrer an deutschen Hochschulen) dient der Umsetzung der Dienstleistungsrichtlinie in der Justiz (EG-RL 123/2006), die die Niederlassungs- und Dienstleistungsfreiheit (Art. 49 und 50 AEUV) umsetzen und eine Diskriminierung der Leistungserbringer wegen deren beruflicher Hauptniederlassung verhindern soll. Rechtslehrer aus der Schweiz sind erfasst, weil dort traditionell zahlreiche deutsche Rechtslehrer arbeiten.[12] Alle Hochschullehrer müssen jedoch nach wie vor die deutsche Befähigung zum Richteramt haben, damit hinreichende Kenntnisse des

9 Arndt in Breitkreuz/Fichte § 73 Rn. 6.
10 BGH 10.1.2005 – Anw (Z) B 27/03 u. 28/03, NJW 2005, 1568 = BGHZ 161, 376.
11 Schmidt in Meyer-Ladewig/Keller/Leitherer/Schmidt § 73 Rn. 11; Arndt in Breitkreuz/Fichte § 73 Rn. 8; BT-Drs. 17/3356.
12 Begr. RegEntwurf, BT-Drs. 17/3356, 19.

deutschen Rechts für die Prozessführung sichergestellt sind. Diese Regelung entspricht der des § 67 Abs. 1 Satz 1 VwGO, in den anderen Verfahrensordnungen einschließlich der FGO sind diese nicht erwähnt. Nach altem Recht war umstritten, ob die Hochschullehrer nach dem RBerG als Prozessvertreter auftreten durften.[13] Der Gesetzgeber wollte ihnen grundsätzlich den Zugang zur Rechtsberatung und damit Prozessvertretung verwehren, weil er Überschneidungen mit allen übrigen Juristen mit der Befähigung zum Richteramt sah, wollte ihnen aber dort die Prozessvertretung weiterhin erlauben, wo sie seiner Meinung nach auch vorher schon zulässig war.[14] Gemäß § 73 Abs. 4 S. 2 dürfen Hochschullehrer auch vor dem BSG auftreten.

6 **2. Beschäftigte und Behördenvertretung – Abs. 2 S. 2 Nr. 1.** Die Regelung entspricht der der übrigen Verfahrensordnungen. Danach kann sich eine **juristische Person** durch ihre Mitarbeiter vertreten lassen, allerdings nur in ihren eigenen Angelegenheiten, nicht in denen ihrer Geschäftspartner oder ihrer Mitglieder. In gleicher Weise gilt das für **Einzelunternehmen**. Insoweit handelt es sich nicht um die Besorgung fremder Rechtsangelegenheiten. Der Hinweis auf § 15 AktG regelt die Vertretungsbefugnis der Mitarbeiter verbundener Unternehmen in einem Konzern. Neu ist die Regelung für die **Behörden** und **juristischen Personen des öffentlichen Rechts**. Sie ermöglicht, dass die Mitarbeiter eines Sozialleistungsträgers für einen anderen Träger auftreten können und lässt auch eine Vertretung durch die Mitarbeiter des Verbandes („Zusammenschlüsse") oder des Aufsichtsträgers zu.

7 **3. Familienangehörige ua – Abs. 2 S. 2 Nr. 2.** Die **Familienangehörigen** sind die einzigen Personen, die auch ohne Befähigung zum Richteramt **unentgeltlich** als Prozessvertreter auftreten dürfen. Anders als nach dem bisherigen Recht kommt es nicht auf die Geschäftsmäßigkeit an; ein Familienangehöriger kann also in der Absicht auftreten, dies wiederholt zu tun, er darf hierfür aber kein Entgelt erhalten. Entgeltlichkeit liegt dabei auch dann vor, wenn der Familienangehörige nicht für die konkrete Prozessvertretung bezahlt wird, sondern in genereller Form, zB im Rahmen eines Beschäftigungsverhältnisses.[15] Allerdings werden dann regelmäßig die Voraussetzungen der Nr. 1 erfüllt sein. Eine mittelbare Gewinnerzielungsabsicht reicht aus.[16] Für den Begriff des Familienangehörigen verweist die Norm auf § 15 der Abgabenordnung und § 11 des Lebenspartnerschaftsgesetzes. Zu den Familienangehörigen zählen danach Verlobte, Ehegatten, Verwandte und Verschwägerte in gerader Linie, Geschwister sowie deren Ehegatten und Kinder, Geschwister der Ehegatten, Geschwister der Eltern, Pflegeeltern und -kinder. Sie müssen volljährig sein. Ferner können Personen als Prozessvertreter ernannt werden, die die **Befähigung zum Richteramt** haben. Auch deren Prozessvertretung muss unentgeltlich sein und darf auch nicht im Zusammenhang mit einer entgeltlichen Tätigkeit stehen. Unentgeltlichkeit liegt bei einmaligem und bei mehrmaligem Tätigwerden, zB im Rahmen eines Freundschaftsverhältnisses, sowie auch im Rahmen eines Ehrenamtes vor, ferner unter Streitgenossen.[17]

13 Vgl. zum alten Recht 2. Auflage, § 73 Rn. 8.
14 Begr. RegEntwurf, BT-Drs. 16/3655, 32.
15 Begr. RegEntwurf, BT-Drs. 16/3655, 87.
16 Pitz in jurisPK-SGG § 73 Rn. 16.
17 Begr. RegEntwurf, BT-Drs. 16/3655, 95, 88.

4. Rentenberater – Abs. 2 S. 2 Nr. 3. Rentenberater bedürfen nach § 10 Abs. 1 Satz 1 Nr. 2 RDG einer Registrierung, um Rechtsdienstleistungen zu erbringen. Sie dürfen dann im Bereich der Renten- und Unfallversicherung und des sozialen Entschädigungsrechts sowie des übrigen Sozialversicherungs- und Schwerbehindertenrechts tätig sein, soweit dies Bezug zu einer gesetzlichen Rente oder der betrieblichen oder beruflichen Versorgung hat. In dem Rahmen, in dem die Rentenberater registriert sind, sind sie auch zur Prozessvertretung berechtigt, ohne dass es (wie bisher) einer gesonderten Zulassung bedarf. Eine Vertretung im Bereich des SGB III ist danach ausgeschlossen.[18] Eine Tätigkeit im Gerichtsverfahren wegen eines Antrags nach § 152 SGB IX ist nur dann zulässig, wenn dies mit einer Rentengewährung im Zusammenhang steht, also wenn ein GdB von 50 begehrt wird und eine Altersrente gemäß § 37 SGB VI gewährt werden kann, nicht aber, wenn es um einen höheren GdB geht.[19] § 1 RDGEG räumt den Berechtigten nach dem bis 2008 geltenden RBerG (Abs. 1) und den sog **Kammerrechtsbeiständen** gemäß § 209 BRAO (Abs. 2) die Möglichkeit ein, sich nach § 13 RDG registrieren zu lassen. Der Umfang der jeweils zulässigen Tätigkeit nach der Registrierung ist in Abs. 3 nach Maßgabe der vorherigen Befugnis geregelt. Die Voraussetzungen für die Registrierung regelt Abs. 4 in Abweichung zu § 13 RDG. Sofern die Erlaubnis das Sozial- und Sozialversicherungsrecht nicht ausschließt, sind die Kammerrechtsbeistände gemäß § 3 Abs. 1 Nr. 4 RDGEG einem Rechtsanwalt bei der Wahrnehmung der Tätigkeit nach § 73 Abs. 2 Satz 1 gleichgestellt. 8

5. Steuerberater, Steuerbevollmächtigte, Wirtschaftsprüfer, Buchprüfer – Abs. 2 S. 2 Nr. 4. Nach der neuen Regelung können Steuerberater, Wirtschaftsprüfer sowie die ihnen gleichgestellten Berufsgruppen und Unternehmen Prozessvertretungen in dem eng begrenzten Bereich der §§ 28 h und 28 p SGB IV vornehmen. Dort geht es um die Entscheidung über die Versicherungs- und Beitragspflicht in der Sozialversicherung und den Beitragseinzug durch die Krankenkassen als Einzugsstellen sowie die allgemeine Arbeitgeberüberprüfung durch die Rentenversicherungsträger. In diesem Bereich werden die genannten Berufsgruppen als besonders sachkundig angesehen,[20] unabhängig davon, ob diese Themen Inhalt der Ausbildung waren. Die Vertretungsbefugnis besteht gemäß Abs. 4 Satz 2 nur vor dem SG und LSG, nicht aber vor dem BSG, → Rn. 18. 9

6. Arbeitnehmervereinigungen – Abs. 2 S. 2 Nr. 5. Die Norm entspricht der bisherigen Regelung des § 73 Abs. 6 Satz 3 aF. **Arbeitnehmervereinigungen** sind größere Arbeitnehmerzusammenschlüsse, die ausschließlich oder überwiegend die sozial- und berufspolitischen Interessen ihrer Mitglieder wahrnehmen und diese hierbei beraten und vertreten. Sie müssen mindestens 1.000 Mitglieder haben und mit ihrer finanziellen Ausstattung die Gewähr für eine geeignete Prozessvertretung bieten[21] sowie ihren Sitz im Inland haben.[22] Wie die Gewerk- 10

18 Begr. RegEntwurf, BT-Drs. 16/3655, 96 unter Bezug auf die bisherige Rechtsprechung des BSG.
19 BSG 16.12.2014 – B 9 SB 3/13 R, SozR 4-1200 § 66 Nr. 7.
20 BSG 5.3.2014 – B 12 R 7/12 R, SozR 4-1300 § 13 Nr. 2: im Anfrageverfahren zur Klärung des sozialversicherungsrechtlichen Status' eines Erwerbstätigen darf der Stb nicht gegenüber der DRV-Bund als Verfahrensbevollmächtigter auftreten; BSG 14.11.2013 – B 9 SB 5/12 R, SozR 4-1300 § 13 Nr. 1: Stb darf Antrag gemäß § 69 SGB IX stellen, da dies keine Rechtsdienstleistung ist, nicht aber im Widerspruchsverfahren vertreten.
21 BSG 20.3.1970 – 11 RA 139/69, SozR § 166 Nr. 39.
22 BSG 19.4.1988 – 5/4 a RJ 75/86, juris.

schaften müssen sie gegnerfrei, anders als diese aber nicht tariffähig sein.[23] Die Zwecksetzung der Vereinigung richtet sich nach der Satzung. Entgegen dem bisherigen Recht ist eine Bevollmächtigung des einzelnen Vertreters nicht erforderlich, sondern in Anlehnung an die Rechtsanwaltsgesellschaft (→ Rn. 5) **wird die Vereinigung selbst beauftragt.** Diese handelt gemäß Abs. 2 Satz 3 durch ihre Organe oder durch beauftragte Beschäftigte. Der Auftrag kann durch die Satzung, durch Prokuraerteilung oder durch Einzelvollmacht erfolgen.[24] Im Falle einer Einzelvollmacht bedarf es zu einer zulässigen Prozessvertretung der Vollmacht des Beteiligten auf die Vereinigung und zusätzlich der Vereinigung auf den Mitarbeiter. Die Vertretungsbefugnis besteht auch für das BSG.

11 **7. Berufsständische Vereinigungen der Landwirtschaft – Abs. 2 S. 2 Nr. 6.** Die Norm entspricht der bisherigen Regelung des § 73 Abs. 6 Satz 3 aF und seiner Verweisung auf § 14 Abs. 3 Satz 2. Das Gesetz geht davon aus, dass die nach § 14 vorschlagsberechtigten Verbände auch vertretungsberechtigt sind. Wie auch bei den Arbeitnehmervereinigungen (→ Rn. 10) ist eine Bevollmächtigung der Vereinigung selbst möglich. Anders als die Arbeitnehmervereinigungen müssen sie nicht gegnerfrei sein, Mitglieder können daher Arbeitgeber und Arbeitnehmer sein. Die Vertretungsbefugnis beschränkt sich auf den Mitgliederkreis. Die Organisation wird selbst bevollmächtigt und handelt gemäß Abs. 2 Satz 3 durch ihre Organe. Die Vertretungsbefugnis besteht auch für das BSG.

12 **8. Gewerkschaften und Arbeitgeberverbände – Abs. 2 S. 2 Nr. 7.** Die Regelung entspricht § 73 Abs. 6 Satz 3 aF. **Gewerkschaften** sind überbetriebliche tariffähige Zusammenschlüsse von Arbeitnehmern, die die Interessen der Mitglieder gegenüber den Arbeitnehmern verfolgen, sie bei der Gestaltung der arbeitsrechtlichen Beziehungen vertreten und sich für deren wirtschaftliche Belange einsetzen. **Arbeitgebervereinigungen** sind Zusammenschlüsse von Arbeitgebern oder deren Vereinigungen, die nach ihrer Mitgliederzahl und finanziellen Ausstattung die Gewähr für eine geeignete Prozessvertretung bieten. Tariffähigkeit und berufs- oder sozialpolitische Zielsetzung sind nicht erforderlich, wohl aber Gegnerfreiheit. Die Zielsetzung der gesamten Organisationen ist anhand der **Satzung** zu prüfen. Wie auch bei den Arbeitnehmervereinigungen (→ Rn. 10) ist eine Bevollmächtigung der Gewerkschaft oder des Arbeitgeberverbandes selbst möglich. Die Vertretungsbefugnis erstreckt sich auf die eigenen Mitglieder und auf die Mitglieder anderer Verbände mit vergleichbarer Ausrichtung, also keine Vertretungsbefugnis des Arbeitgeberverbandes für einen Arbeitnehmer, wohl aber des DGB für ein Mitglied einer Einzelgewerkschaft. Die Organisation wird selbst beauftragt und handelt gemäß Abs. 2 Satz 3 durch ihre Organe. Die Vertretungsbefugnis besteht auch für das BSG.

13 **9. Vereinigungen im Entschädigungsrecht – Abs. 2 S. 2 Nr. 8.** Die Regelung stellt den Gleichklang zu § 14 her und bewirkt, dass die dort genannten für den Kreis der ehrenamtlichen Richter vorschlagsberechtigten Vereinigungen auch im sozialgerichtlichen Verfahren vertretungsberechtigt sind. Aufgrund der besonderen sozialpolitischen Zwecksetzung der Vereinigung, die anhand der Satzung zu überprüfen ist, kann auch eine besondere Sachkunde unterstellt werden, die eine ordnungsgemäße Prozessführung gewährleistet. Nach ihrem Wortlaut stellt die

23 Schmidt in Meyer-Ladewig/Keller/Leitherer/Schmidt § 73 Rn. 24; Arndt in Breitkreuz/Fichte § 73 Rn. 23.

24 Begr. RegEntwurf, BT-Drs. 16/3655, 96.

Vorschrift nicht auf die individuelle Qualifikation des einzelnen Prozessvertreters, sondern auf die generelle Eignung der Vereinigung zur qualifizierten Prozessvertretung ab. Wie auch bei den Arbeitnehmervereinigungen (→ Rn. 10) ist gemäß Abs. 2 Satz 3 eine Bevollmächtigung der Vereinigung selbst möglich. Die Prozessvertretung muss sich zwar im Rahmen des Satzungszwecks der Organisation halten, ist aber thematisch nicht auf einzelne Sozialleistungs- oder Versorgungsbereiche beschränkt.[25] Die Vertretungsbefugnis besteht auch für das BSG.

10. Juristische Personen – Abs. 2 S. 2 Nr. 9. Die Regelung entspricht dem bisherigen, in § 73 Abs. 6 Satz 4 aF geregelten Recht. Die juristische Person darf satzungsgemäß ausschließlich die Rechtsberatung und Prozessvertretung der Organisation und ihrer Mitglieder zur Aufgabe haben (vgl. die am 26.2.1998 gegründete Rechtsschutz-GmbH des DGB).[26] Ihre Anteile müssen vollständig im Eigentum einer der in den Nr. 5 bis 8 genannten Organisationen liegen, die für die juristische Person haften muss. Anders als nach dem bisherigen Recht ist die sozialpolitische Zwecksetzung allein in der Satzung zu regeln und kann nicht mehr auf einer Vollmacht beruhen. Die juristische Person kann nach dem Wortlaut selbst bevollmächtigt werden, jedoch setzt dies nach Abs. 2 Satz 3 voraus, dass sie durch ihre Organe – selten – oder durch Personen handelt, die mit der Prozessführung besonders beauftragt worden sind. § 73 Abs. 2 Satz 3 ändert an der Vollmacht insoweit nichts, sondern stellt nur klar, welche Personen befugt sind, Prozessvertretungen wahrzunehmen. Die Vertretungsbefugnis besteht auch vor dem BSG. 14

IV. Zurückweisung – Abs. 3

Das Gericht hat von Amts wegen zu prüfen, ob die Voraussetzungen für eine Prozessvertretung erfüllt sind. Ist dies nicht der Fall, weist es den Prozessvertreter zurück (**Satz 1**). Der **Beschluss** ist **unanfechtbar.** Vor dem Beschluss sind die Beteiligten anzuhören.[27] Die Anhörung muss noch gegenüber dem zurückzuweisenden Prozessvertreter erfolgen. Nach § 157 Abs. 2 ZPO (aF) war nur die Zurückweisung wegen mangelnder Fähigkeit zum geeigneten Sachvortrag (vgl. Abs. 3 Satz 3) unanfechtbar. Beim LSG und BSG ergeht der Beschluss durch den gesamten Senat, in der mündlichen Verhandlung mit den ehrenamtlichen Richtern. Der Gesetzgeber[28] war der Auffassung, dass es einer Anfechtung nicht bedürfe, da die Sachverhalte der Zurückweisung leicht zu überprüfen seien und das Verfahren nicht mit Beschwerden überfrachtet werden solle. Die Unanfechtbarkeit stellt sicher, dass die Rechtmäßigkeit der Zurückweisung nur im Zusammenhang mit der Hauptsache überprüft werden kann. Gegen diese ist in jedem Fall und ohne Rücksicht auf den Streitwert die Berufung oder Revision zulässig, da eine fehlerhafte Zurückweisung einen Verfahrensmangel iSd § 144 Abs. 2 Nr. 3 und § 160 Abs. 2 Nr. 3 darstellt. Die Prozesshandlungen des Prozessvertreters sind bis zu seiner Zurückweisung wirksam (**Satz 2**). Dies erfordert die Rechtssicherheit im Verfahren und bewirkt, dass ein Rechtsmittel nicht allein darauf gestützt werden kann, dass die fehlenden Voraussetzungen für eine Prozessvertretung nicht erkannt wurden. Insofern hat der Beschluss des Gerichts 15

25 Begr. RegEntwurf, BT-Drs. 16/3655, 95.
26 BSG 30.6.2014 – B 9 BL 2/13 B, juris.
27 Schmidt in Meyer-Ladewig/Keller/Leitherer/Schmidt § 73 Rn. 34.
28 Begr. RegEntwurf, BT-Drs. 16/3655, 89.

über die Zurückweisung konstitutive Wirkung.[29] Ab **Wirksamkeit** des Zurückweisungsbeschlusses sind Prozesshandlungen gegenüber dem Beteiligten selbst vorzunehmen. Der Beschluss wird nach § 133 Satz 2 mit der Zustellung wirksam, wenn er in mündlicher Verhandlung erging nach § 142 Abs. 1 iVm § 132 mit der Verkündung. Dem Beteiligten selbst ist die Rechtslage zu erläutern, um zu erklären, dass er den Rechtsstreit allein oder durch einen neuen Prozessbevollmächtigten führen muss. **Satz 3** enthält eine dem § 157 Abs. 2 ZPO (aF) hinsichtlich der Prozessvertreter entsprechende Regelung. Danach können Prozessvertreter **zurückgewiesen werden**, wenn sie **nicht in der Lage sind, das Sach- und Streitverhältnis sachgerecht darzustellen** (zur aufgehobenen Möglichkeit, die Beteiligten selbst zurückzuweisen → Rn. 4). Die Anforderungen an das Unvermögen sind nicht hoch anzusetzen. Die Zurückweisung ist nur bei den Beschäftigten, Familienmitgliedern und unentgeltlich tätigen Volljuristen zulässig. Rechtsanwälte und Hochschullehrer sowie die in den Nr. 3 bis 9 genannten Berufsgruppen sind von der Regelung ausgenommen. Grund hierfür ist, dass allein in Nr. 1 und 2 eine Prozessvertretung zulässig ist, ohne dass eine erforderliche Sachkunde anzunehmen ist. Von dieser Regelung mussten wiederum die Beschäftigten eines Sozialleistungsträgers oder eines Spitzenverbandes ausgenommen werden (**Satz 4**). Diese unterfallen zwar der Nr. 1, andererseits ist bei ihnen eine Sachkenntnis wie bei den anderen Berufsgruppen anzunehmen. Obwohl in der Gesetzesbegründung nicht genannt, muss die Regelung nach ihrem Sinn und Zweck auch für die Beamten und Beschäftigten der Versorgungsträger gelten.

V. Verfahren vor dem BSG – Abs. 4

16 **1. Allgemeines.** Bereits nach dem bis zum 30.6.2008 geltenden Recht war gemäß **§ 166 SGG aF** eine Prozessvertretung vor dem BSG erforderlich, Ausnahmen bestanden für Behörden, öffentlich-rechtliche Körperschaften und Anstalten sowie private Pflegeversicherungsunternehmen. § 166 ist durch Art. 12 Nr. 8 des RBerRNG aufgehoben worden. Die Regelung entspricht §§ 78 ZPO, 67 Abs. 4 VwGO, 62 Abs. 4 FGO und 11 Abs. 4 ArbGG. Der **Vertretungszwang** vor den Revisionsgerichten resultiert aus deren besonderer Aufgabe zur Wahrung einheitlicher Rechtsanwendung und Rechtsfortbildung, die eine professionelle Prozessführung erfordert; er soll die Wahrung der rechtlichen Interessen der Beteiligten und deren erforderliche fachliche Beratung sicherstellen und die Revisionsgerichte vor einer fachlich unzureichenden Inanspruchnahme schützen. Er verstößt nicht gegen Bestimmungen des Grundgesetzes, Art. 6 EMRK oder Art. 47 Abs. 2 S. 2 der Charta der Grundrechte der EU.[30]

17 **2. Sachlicher Umfang des Vertretungszwangs.** Grundsätzlich erstreckt sich der Vertretungszwang auf alle Prozesshandlungen.[31] Die Ausnahme für das **PKH-Verfahren**, die sich nach altem Recht allein aus § 78 Abs. 5 ZPO ergab, ist nunmehr in Abs. 4 Satz 1 ausdrücklich eingefügt. Im Übrigen ist **§ 78 Abs. 3 ZPO**, der gemäß § 202 im SGG-Verfahren anwendbar ist, auch nach dem 1.7.2008 unverändert in Kraft. Danach gilt der Vertretungszwang nicht vor dem beauftragten oder ersuchten Richter und vor dem Urkundsbeamten der Geschäftsstelle. Für alle Anträge oder Prozesshandlungen, die dort zu stellen sind, ist jeder

---

29 Begr. RegEntwurf, BT-Drs. 16/3655, 89.
30 BSG 25.10.1957 – 8 RV 935/57, SozR Nr. 20 zu § 166; BSG 10.12.2014 – B 5 R 378/14 B, juris.
31 BSG 20.5.2015 – B 5 R 175/15 B, juris.

Beteiligte selbst postulationsfähig (→ § 71 Rn. 3). Daher kann der Beteiligte einen Befangenheitsantrag, vgl. § 44 Abs. 1 ZPO iVm § 202, oder einen Antrag nach § 86 b, vgl. § 86 b Abs. 2 Satz 4 iVm § 920 Abs. 3 ZPO, selbst stellen.[32] Jedoch ist es in diesen wie in anderen Fällen umstritten, ob und in welchem Maße sich ein Beteiligter über diese Ausnahmen hinaus selbst vertreten kann.[33] Dabei geht eine Richtung dahin, die – sehr weitgehende – Rechtsprechung zu § 166 aF weiterhin heranzuziehen. Eine andere Auffassung geht dahin, keinerlei weitere Ausnahmen als die gesetzlich genannten zuzulassen. Eine dritte Auffassung geht dahin, von Fall zu Fall teleologisch abzuwägen und dabei Erklärungen des Beteiligten selbst im Übrigen nur dann zuzulassen, wenn er – bislang – nicht vertreten ist (Bsp.: Erledigungserklärung des unvertretenen Revisionsgegners). Nach dem Sinn und Zweck des Vertretungszwangs ist es geboten, auch die Klage- oder Rechtsmittelrücknahme durch den Beteiligten selbst als zulässig anzusehen.[34] Dies ergibt sich aus dem Wesen der Vollmacht, die das Recht bei dem Vollmachtgeber belässt und nur eine zusätzliche Befugnis zur Abgabe von Willenserklärungen schafft,[35] und der Zweck des Vertretungszwangs ist im Fall der Rücknahme nicht in gleicher Weise wie bei der Prozessführung berührt; der Beteiligte ist bei einer Rücknahme vor dem BSG nicht schutzwürdiger als vor einem Instanzgericht. Der Vertretungszwang gilt auch, wenn das BSG gemäß § 39 Abs. 2 **erstinstanzlich** tätig wird sowie in einem Entschädigungsverfahren wegen überlanger Verfahrensdauer gemäß §§ 202 SGG, 198 GVG.[36] Wird die Revision durch eine nicht postulationsfähige Person eingelegt oder begründet, ist sie unzulässig.[37] Ist sie jedoch ordnungsgemäß eingelegt und begründet worden, wird sie nicht dadurch unzulässig, dass der Prozessbevollmächtigte die **Vertretung niederlegt oder seine Vollmacht widerrufen wird.**[38] Dann sind dem Beteiligten Ort und Zeit der mündlichen Verhandlung gemäß § 110 mitzuteilen, in der er aber nicht selbst gehört wird. Das Wort wird ihm gemäß § 137 Abs. 7 ZPO nur dann auf Antrag erteilt, wenn er regelrecht durch einen Prozessbevollmächtigten in der mündlichen Verhandlung vertreten ist.

3. Personeller Umfang des Vertretungszwangs und Vertretungsberechtigung. Die vor dem BSG zugelassenen Prozessvertreter sind in Abs. 4 **abschließend** genannt. Vertreten lassen müssen sich die Beteiligten, einschließlich der Beigeladenen. Das RBerRNG erweitert den Kreis der grundsätzlich vor dem BSG vertretungsberechtigten Personen neben den in Abs. 1 Satz 1 genannten **Rechtsanwälten** um die juristischen **Hochschullehrer**, die nach altem Recht als solche nicht postulati- 18

32 BSG 11.10.1991 – 7 Rar 24/89, SozR 3-1750 § 706 Nr. 3; anders BSG 17.12.2009 – B 2 U 7/09, SozR 4-1500 § 73 Nr. 5, nach dem unter Verwerfung der hier vertretenen Auffassung der Vertretungszwang auf alle Prozesshandlungen erstreckt wird; vgl. zu § 78 Abs. 3 ZPO Althammer in Zöller § 78 Rn. 27 f.

33 Vgl. die Beispiele und Ansätze bei Schmidt in Meyer-Ladewig/Keller/Leitherer/Schmidt § 73 Rn. 45 ff. sowie Arndt in Breitkreuz/Fichte § 73 Rn. 34 ff. – jeweils mit umfangreichen Nachweisen der Rechtsprechung und Darstellung des Meinungsstandes.

34 BSG 11.2.1958 – 7 Rar 104/56, SozR Nr. 4 zu § 102 SGG – zum alten Recht; .

35 Weinland in jurisPK-BGB Band 1, Stand 5/2020, § 167 Rn. 42; Meyer-Reimer in Erman, BGB, 15. Aufl. 2017, § 167 Rn. 1; vgl. jedoch die anders lautende Auffassung des BSG 17.12.2009 – B 2 U 7/09, SozR 4-1500 § 73 Nr. 5.

36 BSG 11.6.1974 – 10 S 2/72, SozR 1500 § 166 Nr. 1; BSG 17.12.2014 – B 10 ÜG 2/14 KL, SozR 4-1500 § 169 Nr. 1.

37 BSG 17.5.1955 – 8 RV 187/54, SozR Nr. 5 zu § 166.

38 BSG 18.12.1959 – 3 RJ 314/55, SozR Nr. 22 zu § 166 SGG.

onsfähig waren.[39] Der Gesetzgeber hat damit die Regelung des § 67 Abs. 1 Satz 1 VwGO aF übernommen,[40] die eine Sonderregelung darstellte, weil die Hochschullehrer nicht Art. 1 § 1 RBerG unterfielen und daher vor Gericht grundsätzlich nicht vertretungsberechtigt waren (→ Rn. 5). Neben den Rechtsanwälten und Hochschullehrern können vor dem BSG gemäß Abs. 4 Satz 2 die in Abs. 2 Satz 2 **Nr. 5 bis 9** genannten Organisationen auftreten. Die Beschäftigten eines Unternehmens iSd Nr. 1, Rentenberater und die Mitglieder der steuerlich ausgerichteten Berufsgruppen iSd Nr. 3 und 4, die vor dem SG oder LSG ohnehin nur in dem engen Rahmen der Prüfungen nach §§ 28 h und 28 p SGB IV tätig sein dürfen, können vor dem BSG nicht als Prozessbevollmächtigte tätig sein. Indem Satz 2 auf die Nr. 5 bis 9 verweist, sollte sichergestellt werden, dass die bislang schon berechtigten Verbände, Gewerkschaften und Gesellschaften auch weiterhin vertretungsbefugt sind.[41] In Erweiterung der bisherigen Anforderungen müssen die vor dem BSG auftretenden Prozessbevollmächtigten gemäß Satz 3 nunmehr die **Befähigung zum Richteramt** haben. Gemäß Satz 4, der erforderlich war, weil die Vertretungsbefugnis gemäß Abs. 2 Satz 2 Nr. 1 vor dem BSG nicht besteht, gilt dies auch für die **Vertreter der Behörden oder juristischen Personen des öffentlichen Rechts**, unabhängig davon, ob für sie eigene Mitarbeiter oder die Mitarbeiter einer anderen Behörde auftreten. Hiermit sind insbesondere die Sozialleistungsträger erfasst. Die Regelung privilegiert diese dadurch, dass sie sich nicht vertreten lassen müssen, sondern sich selbst durch Mitarbeiter, die ebenfalls die Befähigung zum Richteramt haben müssen, selbst vertreten können (Eigenvertretung). Durch die Regelung in den Sätzen 3 und 4 ist nunmehr sichergestellt, dass vor dem BSG nur noch Personen mit der Befähigung zum Richteramt auftreten. Nach Abs. 4 Satz 5 kann sich ein Beteiligter vor dem BSG selbst vertreten, wenn er auch gemäß Satz 2 als Vertreter auftreten könnte; dies umfasst die Rechtsanwälte und Hochschullehrer iSd Absatzes 2 Satz 1 und die Organisationen iSd Satzes 2 Nr. 5 bis 9, nicht jedoch deren volljuristische Mitarbeiter. Diese können zwar in den Angelegenheiten ihrer Organisation, nicht aber in ihren eigenen Angelegenheiten auftreten.[42] Dadurch sollen die erforderlichen Qualitätsanforderungen für die Prozessführung im Revisionsverfahren gewährleistet sein.

VI. Richteramt und Prozessvertretung – Abs. 5

19 Mit der Erweiterung der Vertretungsbefugnisse vor den Gerichten ging in allen Verfahrensordnungen eine Regelung über die Unvereinbarkeit von Richteramt und Prozessvertretung einher (vgl. 79 Abs. 4 ZPO, 11 Abs. 5 ArbGG, 67 Abs. 5 VwGO, 62 Abs. 5 FGO). Für Berufsrichter gilt das Vertretungsverbot vor dem gesamten Gericht, dem sie angehören, für ehrenamtliche Richter nur vor dem Spruchkörper, dem sie angehören. Für Letztere besteht lediglich dann eine Ausnahme, wenn sie ihren Arbeitgeber oder eine andere Behörde iSd Abs. 2 Satz 2 Nr. 1 vertreten sollen. Nach dem Wortlaut und dem Sinn und Zweck der Vorschrift gilt das Vertretungsverbot nur während der Zugehörigkeit des Richters zum Gericht, nicht aber nach seinem Ausscheiden. Der Richter im Ruhestand

39 BSG 8.5.2007 – B 1 KR 160/06 B, Breith. 2007, 903.
40 Begr. RegEntwurf, BT-Drs. 16/3655, 95.
41 Begr. RegEntwurf, BT-Drs. 16/3655, 96.
42 Schmidt in Meyer-Ladewig/Keller/Leitherer/Schmidt § 73 Rn. 53; BSG 9.9.2011 – B 8 SO 50/11 B, juris.

kann daher an seinem früheren Gericht als Prozessbevollmächtigter auftreten. Das Verbot gilt ferner nur für das Gericht selbst, nicht aber für die im Instanzenzug vor- oder nachgeordneten Gerichte. Die Regelung zielt darauf ab, dass infolge der richterlichen Tätigkeit eine besondere Nähebeziehung zum gesamten Gericht oder zum Spruchkörper besteht, die zu einer Voreingenommenheit führen könnte.[43] Für die ehrenamtlichen Richter sah der Gesetzgeber diese Nähebeziehung in realistischer Einschätzung nur zum jeweiligen Spruchkörper als gegeben an. Die Regelung trägt zugleich dem Umstand Rechnung, dass Mitglieder der vorschlagsberechtigten Verbände im Sinne des § 14 häufig als ehrenamtliche Richter tätig sind, zugleich aber gemäß Abs. 2 Nr. 5 bis 9 als Prozessbevollmächtigte in Betracht kommen. Um ihnen die Prozessvertretung weiterhin zu ermöglichen, wurde das Vertretungsverbot auf den jeweiligen Spruchkörper beschränkt. Die Ausnahmeregelung unter dem Hinweis auf Abs. 2 Nr. 1 trägt dem Umstand Rechnung, dass Arbeitgebervertreter als ehrenamtliche Richter häufig als Betriebsleiter oder Personalchef die einzigen Betriebsangehörigen mit juristischem Sachverstand sind. Wenn ihr Betrieb einen arbeits- oder sozialgerichtlichen Rechtsstreit führt, soll ihnen eine Prozessvertretung ermöglicht werden. Da es sich bei diesen Vertretungen anders als bei den Verbandsvertretern iSd Nr. 5 bis 9 nur um Einzelfälle handelt, sah der Gesetzgeber die Konfliktlage als hinnehmbar an. Erfüllen die ehrenamtlichen Richter nicht die Voraussetzungen für eine zulässige Prozessvertretung, sind sie gemäß Abs. 3 als Prozessvertreter zurückzuweisen.

VII. Vollmacht – Abs. 6

1. Notwendigkeit. Durch das RBerRNG wurden die Regelungen über die Vorla- 20
ge der Vollmacht, das Verfahren bei Vollmachtmängeln und das Nachreichen der Vollmacht vereinheitlicht.[44] Die Befugnis des Prozessvertreters, für einen anderen den Prozess zu führen, leitet sich nach allgemeinem Stellvertretungsrecht aus einer ihm erteilten Vollmacht ab, die zur Folge hat, dass der Beteiligte als Vollmachtgeber sich das prozessuale Handeln des Bevollmächtigten zurechnen lassen muss.[45] Nach **Satz 1** ist die Vollmacht **schriftlich** zu erteilen und zu den Gerichtsakten zu reichen. Die Neuregelung, die anders als die alte Fassung des § 73 Abs. 2 nicht nur von Akten spricht, macht deutlich, dass eine im Verwaltungs- und Widerspruchsverfahren erteilte Vollmacht nicht ausreicht, es sei denn, sie bevollmächtigt ausdrücklich auch für ein nachfolgendes Gerichtsverfahren und der Prozessbevollmächtigte stellt eine Verklammerung her, indem er sich im Gerichtsverfahren darauf beruft oder darauf verweist.[46] Wie bereits im bisherigen Recht kann die Vollmachterteilung auch zur Niederschrift des Urkundsbeamten der Geschäftsstelle oder zum Sitzungsprotokoll erteilt werden,[47] auch wenn dies, anders als in § 73 Abs. 2 Satz 1 aF, nicht mehr ausdrücklich erwähnt ist. Das Ehegatten-, Lebenspartner- und Verwandtenprivileg, nach dem bei diesen die Bevollmächtigung auch ohne Vorlage einer schriftlichen Voll-

43 Begr. RegEntwurf, BT-Drs. 16/3655, 92 zu § 11 Abs. 5 ArbGG; Sabel AnwBl. 2007, 822.
44 Begr. RegEntwurf, BT-Drs. 16/3655, 99.
45 BVerwG 26.3.1993 – 4 NB 45/92, NVwZ-RR 1993, 598: bei Bediensteten der öffentlichen Träger, die die Befähigung zum Richteramt haben, wird die behördeninterne Befugnis zur Vertretung der Behörde unterstellt und es bedarf keiner gesonderten Vollmacht.
46 BSG 13.12.2000 – B 6 Ka 29/00 R, SozR 3-2500 § 73 Nr. 9.
47 Begr. RegEntwurf, BT-Drs. 16/3655, 90; Kayser in HK-ZPO § 80 Rn. 6.

macht unterstellt werden kann, ist durch die Neufassung vom 22.12.2011 (→ Rn. 1) wiederhergestellt. Diese sind damit nicht gesetzlich bevollmächtigt, jedoch muss der Nachweis der Vollmacht im Prozess nicht verlangt werden. Bei Zweifeln an der Bevollmächtigung ist auch hier der Nachweis durch die Vollmacht erforderlich; insbesondere ist der ausdrücklich oder konkludent erklärte Wille des Beteiligten vorrangig zu beachten. Die Regelung gilt auch für Lebenspartner iSd § 1 des Gesetzes vom 16.2.2001 (BGBl. 2001 I 266), nicht aber für nichteheliche Lebensgemeinschaften. Die Vollmacht ist grundsätzlich zusammen mit der Klage, dem Rechtsmittel oder bei Bevollmächtigung im Laufe des Verfahrens mit dem entsprechenden Schriftsatz oder in der mündlichen Verhandlung vorzulegen. Gemäß **Satz 2** kann sie jedoch nachgereicht werden; hierfür kann das Gericht eine **Frist** bestimmen. Die Bestimmung unterliegt einer Ermessensentscheidung. Die Frist ist keine Ausschlussfrist, das heißt, dass die Vollmacht noch bis zur Verkündung der Entscheidung nachgereicht werden kann.[48] Zwar verweist § 73 Abs. 6 Satz 7 nicht auf § 89 Abs. 2 ZPO, in dem die **Genehmigung** der Prozesshandlungen des Vertreters geregelt ist, jedoch ist eine solche Genehmigung auch im SGG-Verfahren möglich.[49] Denn Ziel der Neuregelungen war es, die Vorschriften über die Vorlage und Nachreichung von Vollmachten und die Folgen fehlender Vollmachten anzugleichen, und es besteht kein Grund für eine abweichende Regelung im SGG-Verfahren. Die Genehmigung oder Nachreichung ist jedoch nur bis zum Abschluss der Instanz möglich.[50] Ist ein Prozessurteil wegen der fehlenden Vollmacht ergangen, kann diese danach nicht mehr im Rechtsmittelverfahren wirksam vorgelegt werden. Der Mangel der Vollmacht ist nach **Satz 5** jederzeit **von Amts wegen** zu prüfen. Dies gilt jedoch nicht für **Rechtsanwälte**. Diese hatten nach der alten Rechtslage, anders als im Zivilverfahren, in jedem Fall vor den Sozialgerichten eine Vollmacht vorzulegen.[51] Nunmehr sind sie hierzu nur noch verpflichtet, wenn der Mangel der Vollmacht vom Gegner gerügt wird oder wenn das Gericht wegen bestehender Zweifel sie hierzu ausdrücklich auffordert. Auf diese Rüge bezieht sich im Wesentlichen die Regelung in **Satz 4**; Bedeutung hat die Rüge im Übrigen nur dann, wenn das Gericht das Fehlen der Vollmacht übersieht. Im Übrigen verweist Abs. 6 Satz 7 wegen weiterer Regelungen – nicht abschließend – auf §§ 81 und 83 bis 86 ZPO.

21 **2. Form der Vollmacht.** Die Vollmacht ist eine einseitige Willenserklärung in Form der Zustimmung oder Genehmigung des Vertreterhandelns. Sie kann gegenüber dem Bevollmächtigten oder dem Gericht erklärt werden. Nach hM ist sie eine **Prozesshandlung**.[52] Auf sie findet Prozessrecht Anwendung, die §§ 164 ff. BGB nur insoweit, wie darauf verwiesen wird oder sie allgemeine Grundsätze enthalten.[53] Daher sind Willensmängel unbeachtlich, sie ist bedin-

48 Schmidt in Meyer-Ladewig/Keller/Leitherer/Schmidt § 73 Rn. 65; Arndt in Breitkreuz/Fichte § 73 Rn. 62.
49 Begr. RegEntwurf, BT-Drs. 16/3655, 99 zu § 62 Abs. 6 SGG.
50 Gemeinsamer Senat der obersten Gerichtshöfe des Bundes, 17.4.1984 – GemS-OBG 2/83, NJW 1984, 2149.
51 Vgl. 2. Auflage, § 73 Rn. 9.
52 BSG 20.1.2016 – B 14 AS 180/15 B, SozR 4-1500 § 73 Nr. 10; Schmidt in Meyer-Ladewig/Keller/Leitherer/Schmidt § 73 Rn. 61; Pitz in jurisPK-SGG § 73 Rn. 35, jeweils mit Hinweisen auf abweichende Auffassungen.
53 BGH 2.12.2003 – XI ZR 421/02, NJW 2004, 839; BGH 26.3.2003 - IV ZR 222/02, NJW 2003, 1594.

gungsfeindlich und die Regeln des BGB über die Nichtigkeit und Anfechtbarkeit sind auf sie nicht anwendbar, Erlöschenstatbestände richten sich nicht nach dem Zivilrecht, sondern nach prozessualen Grundsätzen.[54] Eine wirksame Vollmacht setzt die Prozessfähigkeit des Vollmachtgebers und des Bevollmächtigten voraus. Sie ist aus Gründen der prozessualen Sicherheit **schriftlich** oder zur **Niederschrift des Gerichts** zu erteilen. § 126 Abs. 1 BGB verlangt für die Schriftform die Vorlage des Originals oder eine notariell beglaubigte Abschrift oder gemäß § 126 Abs. 3 BGB die elektronische Form. Dadurch kann die Vollmacht als Datei durch ein PC-Modem übertragen werden. Für den Zivilprozess hat der BGH an diesen strengen Formerfordernissen festgehalten.[55] Zu § 73 Abs. 2 Satz 1 aF bestand die überwiegende Auffassung, dass trotz des insoweit gleichlautenden Wortlauts wie in § 80 Abs. 1 ZPO aF im Sozialgerichtsverfahren die Vollmacht auch per Fax oder Kopie nachgewiesen werden könne, da § 73 Abs. 4 aF auf § 80 Abs. 1 ZPO nicht verweise.[56] In den Materialien zu § 73 SGG ist hierzu keine Äußerung gemacht worden; das bedeutet, dass der Gesetzgeber keinen Handlungsbedarf sah und daher auch weiterhin trotz der erfolgten Rechtsangleichung im Sozialgerichtsverfahren die erleichterten Formerfordernisse heranzuziehen sind. Behörden und Sozialversicherungsträger können den Mitarbeitern eine Generalprozess- oder -terminsvollmacht ausstellen, die bei Gericht hinterlegt werden kann. Die Generalprozessvollmacht berechtigt zur Führung des gesamten Verfahrens, die Generalterminsvollmacht zur Vertretung in der mündlichen Verhandlung.

3. Umfang der Vollmacht. Der Umfang der Vollmacht ergibt sich aus § 81 22
ZPO, auf den Abs. 6 Satz 7 verweist: Sie ermächtigt **zu allen den Rechtsstreit betreffenden Prozesshandlungen**, einschließlich derjenigen, die durch eine Widerklage, Wiederaufnahme des Verfahrens oder Zwangsvollstreckung veranlasst werden, zur Bestellung eines Vertreters sowie eines Bevollmächtigten für die höheren Instanzen, zur Beseitigung des Rechtsstreits durch Vergleich, Verzicht oder Anerkenntnis, zur Empfangnahme der von dem Gegner oder der Staatskasse zu erstattenden Kosten. Der Wortlaut des § 81 ZPO („einschließlich") ist nicht abschließend. Eine **Beschränkung der Vollmacht** ist im Innenverhältnis zwischen Vollmachtgeber und Bevollmächtigtem immer möglich und beachtlich. Im Außenverhältnis gegenüber dem Gericht und der Gegenseite ist sie nach **§ 83 ZPO**, auf den Abs. 6 Satz 7 entgegen der alten Gesetzesfassung verweist, gemäß dessen Abs. 1 in Verfahren mit Anwaltszwang grundsätzlich nur insoweit wirksam, soweit dies die Beseitigung des Rechtsstreits durch Vergleich, Verzicht oder Anerkenntnis betrifft. Gemäß § 83 Abs. 2 ZPO kann in Verfahren, in denen kein Anwaltszwang besteht, eine Vollmacht jedoch für einzelne Prozesshandlungen erteilt werden. Überschreitet der Rechtsanwalt die ihm im Innenverhältnis auferlegte Beschränkung der Vollmacht, löst dies Sekundäransprüche des Mandanten/Beteiligten ihm gegenüber aus. Die Vollmacht vermittelt den Anschein der Vollständigkeit, Beschränkungen im Sinne des § 83 Abs. 1 ZPO sind nach außen nur wirksam, wenn sie dem Gegner bekannt sind.[57] Die im Hauptsacheverfah-

54 BGH 18.12.2002 – VIII ZR 72/02, NJW 2003, 963, Althammer in Zöller § 80 Rn. 4.
55 BGH 23.6.1994 – 1 ZR 106/92, NJW 1994, 2298.
56 Schmidt in Meyer-Ladewig/Keller/Leitherer/Schmidt § 73 Rn. 62; nach BSG 16.11.100 – B 13 RJ 3/99 R, SozR 3-1500 § 151 Nr. 4 kann § 126 BGB im Prozessrecht nicht unmittelbar oder entsprechend herangezogen werden.
57 Althammer in Zöller ZPO § 83 Rn. 1.

ren vorgelegte Vollmacht erstreckt sich auch auf den **einstweiligen Rechtsschutz.** Zwar verweist § 73 Abs. 6 Satz 7 ebenso wie § 73 Abs. 4 S. 1 aF nicht auf § 82 ZPO, nach dem sich die Vollmacht auf die Hauptintervention, den Arrest und die einstweilige Verfügung erstreckt. Jedoch ist zu berücksichtigen, dass die §§ 86 a und 86 b erst durch das Gesetz vom 17.8.2001 (BGBl. 2001 I 2144) in das SGG eingeführt wurden und dass der einstweilige Rechtsschutz im SGG zuvor nur lückenhaft geregelt war und sich sehr wesentlich auf eine auf Art. 19 Abs. 4 GG gegründete Rechtsprechung in entsprechender Anwendung der Regelungen in der VwGO stützte. Daher ist davon auszugehen, dass aus diesem Grund die Verweisung unterblieb. Zwar spricht wiederum gegen eine solche Auslegung, dass auch die Neufassung durch das RBerRNG die Verweisung auf § 82 ZPO nicht nachgeholt hat. Jedoch zwingt der Vergleich des § 67 VwGO auch weiterhin zu der Auslegung. Weder in der alten noch in der neuen Fassung enthält dieser für die Vollmacht einen Verweis auf die Bestimmungen der ZPO, die vollumfänglich gemäß § 173 VwGO herangezogen werden. Es besteht keine Veranlassung, im SGG anders zu verfahren.

23 **4. Verfahrensrechtliche Wirkung der Vollmacht.** Ist ein Prozessbevollmächtigter bestellt, sind gemäß § 73 Abs. 6 Satz 6 die **Zustellungen und Mitteilungen des Gerichts** an ihn zu richten. Mitteilungen in diesem Sinne sind alle inhaltliche Ausführungen, insbesondere auch Ladungen. Der Prozessbevollmächtigte nimmt die Rechte des Beteiligten wahr und ist durchgehend in das Verfahren einzubeziehen. Werden Zustellungen allein an den Beteiligten selbst gerichtet, sind sie wirkungslos[58] und stellen als Verletzung des rechtlichen Gehörs einen wesentlichen Verfahrensmangel dar. Teilweise wird es für zulässig erachtet, dass im Rahmen der Amtsermittlungen an den Beteiligten direkt Fragen gerichtet werden dürfen, über die der Prozessbevollmächtigte gleichzeitig zu benachrichtigen ist.[59] Dies ist sehr fraglich, weil es trotz des Amtsermittlungsgrundsatzes dem Prozessbevollmächtigten obliegt, das prozessuale Vorbringen zu gestalten. Ein allein an den Beteiligten zugestelltes Urteil setzt keine Rechtsmittelfrist in Gang.[60] Der Beteiligte muss allerdings selbst geladen werden, wenn sein persönliches Erscheinen (§§ 106 Abs. 3 Nr. 7, 111 Abs. 1) angeordnet wurde. Ist eine Vollmacht, auch **mündlich** oder **stillschweigend**, erteilt, muss der Beteiligte die Prozessführung des Bevollmächtigten im positiven und negativen Sinne **für und gegen sich gelten lassen** (§ 73 Abs. 6 Satz 7 iVm § 85 ZPO). Dies gilt auch dann, wenn der Prozessbevollmächtigte zunächst vollmachtlos gehandelt, der Beteiligte jedoch die Prozessführung nachträglich **genehmigt** hat. Die Genehmigung kann sich nur auf die Prozessführung als Ganzes und darf sich nicht nur auf einzelne Prozesshandlungen erstrecken. Sie hat zur Folge, dass der Mangel der Vollmacht rückwirkend geheilt wird. Die Genehmigung der Vollmacht kann **stillschweigend** erfolgen, etwa durch Bezugnahme auf den Vortrag des Prozessbevollmächtigten oder gemeinsames Erscheinen in der mündlichen **Verhandlung.** Ist eine Vollmacht **nicht erteilt**, so ist die vom „Vertreter" vorgenommene Prozesshandlung schwebend unwirksam.[61] Anders jedoch, wenn der Beteiligte die Klage/das Rechtsmittel selbst erhoben/eingelegt hat und der Prozessbevollmäch-

58 BSG 16.12.2009 – B 6 KA 37/09 B, juris zur Ladung; BSG 26.10.1989 – 12 RK 21/89, SozR 1500 § 84 Nr. 6; Arndt in Breitkreuz/Fichte § 73 Rn. 56.
59 Schmidt in Meyer-Ladewig/Keller/Leitherer/Schmidt § 73 Rn. 69 a.
60 GemSenatOBG 9.11.1976 – GmSOBG 2/75, NJW 1977, 621.
61 BSG 13.12.2000 – B 6 KA 29/00 R, SozR 3-1500 § 73 Nr. 9.

tigte erst während des Verfahrens tätig wurde. Dann sind die Klage oder das Rechtsmittel wirksam eingelegt, die fehlende Vollmacht betrifft nur den weiteren Sachvortrag. Im Falle einer fehlenden oder nicht vorgelegten Vollmacht hat das Gericht nach § 89 Abs. 1 ZPO zu verfahren, auf den zwar Abs. 6 Satz 7 nicht verweist, der aber gemäß § 202 auch im Sozialgerichtsverfahren anwendbar ist.[62] Danach hat es dem Beteiligten eine angemessene Frist zur Vorlage einer Vollmacht oder zur Genehmigung der Prozesshandlung zu setzen. Ein Endurteil darf erst nach Ablauf der gesetzten Frist ergehen. Eine **Heilung** des Mangels erfolgt nur, wenn die Vollmacht bis zum Ende der mündlichen Verhandlung bzw. Zustellung der Entscheidung eingereicht wird oder wenn das Gericht die Fristsetzung zur Genehmigung und den Hinweis auf die Prozessentscheidung unterlassen bzw. die Frist zu kurz bemessen hat. In diesem Fall ist die Heilung auch noch im Rechtsmittelverfahren möglich. Mehrere Bevollmächtigte können den Vollmachtgeber gemäß § 84 ZPO gemeinsam oder einzeln vertreten.

5. Inhaltliche Wirkung der Vollmacht. Gemäß § 73 Abs. 6 Satz 7 iVm **§ 85 Abs. 1 S. 1 ZPO** sind die von dem Bevollmächtigten vorgenommenen **Prozesshandlungen** für den Beteiligten in gleicher Weise verpflichtend, als wenn er sie selbst vorgenommen hätte. Der Prozessbevollmächtigte hat im Prozess die Stellung eines Stellvertreters mit gesetzlich vorgegebener Vertretungsmacht. Die Vollmacht ermächtigt gemäß **§ 81 ZPO** zu allen den Rechtsstreit betreffenden Prozesshandlungen. Dies gilt auch für Geständnisse und andere tatsächliche Erklärungen, soweit sie nicht von dem miterschienenen Beteiligten sofort **widerrufen oder berichtigt** werden (§ 85 Abs. 1 Satz 2 ZPO). Der Beteiligte verliert mit der Erteilung der Vollmacht nicht die Befugnis, selber Prozesshandlungen vorzunehmen (dies gilt allerdings nicht vor Gerichten mit Anwaltszwang).[63] Daraus folgt zweierlei: Bei divergierendem Vortrag des Beteiligten und des Prozessbevollmächtigten ist auf den Vortrag des Beteiligten abzustellen; gegen dessen Willen kann der Prozessbevollmächtigte keine Erklärungen abgeben und keine Prozesshandlungen vornehmen. Allerdings können **Prozesshandlungen** grundsätzlich nicht widerrufen oder zurückgenommen werden, sobald sie wirksam geworden sind;[64] daher ist regelmäßig diejenige Prozesshandlung maßgeblich, die zuerst vorgenommen wurde.[65] Das **Verschulden** des Bevollmächtigten steht dem Verschulden des Beteiligten gemäß § 85 Abs. 2 ZPO gleich. Der Verschuldungsmaßstab bemisst sich dabei nach der Person des Prozessbevollmächtigten. Die Grundsätze des Anwaltsverschuldens gelten daher für und gegen den Beteiligten, wenn er einen Rechtsanwalt als Prozessbevollmächtigten wählt.[66] Zuzurechnen ist jedes Verschulden. § 85 ZPO ist das prozessuale Gegenstück zu § 164 BGB. Die Vorschrift macht deutlich, dass die Folgen der **Prozesshandlungen** allein den Beteiligten, nicht den Prozessbevollmächtigten treffen. Der Begriff der Prozesshandlungen ist wie bei § 81 ZPO weit zu verstehen und umfasst auch Unterlassungen sowie die Entgegennahme und Kenntnisnahme von Erklärungen. Da § 85 ZPO eine prozessuale Norm ist, richten sich die materiellrechtlichen Folgen 24

62 BSG 23.1.1986 – 11 a RA 34/85, SozR 1500 § 73 Nr. 5.
63 Arndt in Breitkreuz/Fichte § 73 Rn. 59; Althammer in Zöller § 85 Rn. 5; aA noch BVerwG 27.7.1956 – V C 85.55, DÖV 1957, 461.
64 Keller in Meyer-Ladewig/Keller/Leitherer/Schmidt, Vor § 60 Rn. 12 a mit den engen Ausnahmen; Kopp/Schenke Vor § 40 Rn. 15.
65 Arndt in Breitkreuz/Fichte § 73 Rn. 59.
66 Vgl. zum Verschulden im Rahmen der Wiedereinsetzung in den vorigen Stand → § 67 Rn. 4 ff.

des Handelns des Prozessbevollmächtigten allein nach § 164 BGB, die Wissenszurechnung analog § 166 BGB,[67] die Haftung des vertretenen Beteiligten nach § 831 BGB. Der vertretene Beteiligte haftet wegen der grundsätzlichen Unbeachtlichkeit der Vollmachtsbeschränkung nach außen – abgesehen von den Geständnissen und den Tatsachenerklärungen gemäß § 85 Abs. 1 S. 2 ZPO – auch für ein weisungswidriges Verhalten des Vertreters.[68] Allerdings ist ein sittenwidriges Verhalten des Vertreters dem Vertretenen nicht zuzurechnen.[69] Dies gilt für **Geständnisse und Tatsachenerklärungen** nach § 85 Abs. 1 Satz 2 ZPO nicht, wenn der Beteiligte sie sofort widerruft oder berichtigt. Grund für diese abweichende Regelung: der Bevollmächtigte kann nicht in gleicher Weise wie der Beteiligte Kenntnis von allen dem Verfahren vorangegangenen oder begleitenden Umständen haben; eventuelle Missverständnisse sollen dem Beteiligten nicht angelastet werden; dessen Erklärung ist daher bei Tatsachenfragen der Vorrang einzuräumen. § 85 Abs. 1 S. 2 ZPO bezieht sich dem Wortlaut nach nur auf die mündliche Verhandlung. Ihrem Sinn und Zweck nach ist sie jedoch **auch auf schriftliches Tatsachenvorbringen** des Prozessbevollmächtigten anzuwenden.[70] Der Widerruf oder die Berichtigung erfolgen **sofort**, wenn der Beteiligte sie in der mündlichen Verhandlung sofort anbringt, im schriftlichen Verfahren in dem Moment, in dem er von dem Vortrag Kenntnis erlangt. Die Grundsätze des § 121 BGB (ohne schuldhaftes Zögern) sind hierauf anwendbar. Das Widerrufs- und Berichtigungsrecht des Beteiligten bezieht sich nur auf tatsächliches Vorbringen und Geständnisse, nicht aber auf Prozesserklärungen, zB ein Anerkenntnis. Hier ist der Widerruf wirkungslos. Die **Vollmacht berechtigt zu materiellrechtlichen Erklärungen**, soweit sie mit dem Streitgegenstand im Zusammenhang stehen (zB Anerkenntnisse, Anfechtungen) sowie zu **Unterbevollmächtigung.**[71] Für das Verschulden der Unterbevollmächtigten haftet der Beteiligte in gleicher Weise, wie der Prozessbevollmächtigte für sie haftet.

25 **6. Dauer der Vollmacht.** Die Vollmacht endet mit dem Ende des Prozesses, sie kann außerdem jederzeit durch eine einseitige Willenserklärung des Beteiligten formlos **widerrufen** werden.[72] Der Widerruf wird mit Zugang an den Vertreter wirksam. Prozessuale Wirkung entfaltet er erst mit **Zugang bei Gericht.**[73] Allerdings sind bei Beendigung der Vollmacht im Innenverhältnis die Handlungen des Bevollmächtigten dem Beteiligten nur noch dann zuzurechnen, wenn er schuldhaft gehandelt hat, dh dies hätte erkennen können.[74] Nach § 87 Abs. 2 ZPO ist der Bevollmächtigte nicht gehindert, das **Mandat niederzulegen**, jedoch bleibt seine Vollmacht bestehen, bis der Vollmachtgeber für eine andere Wahrnehmung seiner Rechte durch sich selbst oder einen anderen Bevollmächtigten gesorgt hat. Eine Pflicht zum weiteren Handeln für den Vollmachtgeber besteht für den Bevollmächtigten nach der Mandatsniederlegung nicht. Die Anwendung dieser Rechtsprechung des BGH ist für das Sozialgerichtsverfahren allerdings

---

67 BGH 24.10.1968 – II ZR 214/66, NJW 1969, 925; Althammer in Zöller § 85 Rn. 3.
68 BGH 14.5.1997 – XII ZR 184/96, NJW-RR 1997, 1288.
69 Ausführlich dazu Althammer in Zöller § 85 Rn. 13.
70 Althammer in Zöller § 85 Rn. 8.
71 Schmidt in Meyer-Ladewig/Keller/Leitherer/Schmidt § 73 Rn. 70.
72 Arndt in Breitkreuz/Fichte § 73 Rn. 60; Schmidt in Meyer-Ladewig/Keller/Leitherer/Schmidt § 74 Rn. 74.
73 BSG 26.1.2011 – L 2 SF 295/10 E; BSG 28.4.1999 – B 6 KA 41/98 R, juris; Schmidt in Meyer-Ladewig/Keller/Leitherer/Schmidt § 73 Rn. 74.
74 BSG 17.5.2000 – B 7 AL 16/00 B, juris; BSG 28.4.1999 – B 6 KA 41/98 R, juris.

umstritten, weil § 73 Abs. 6 Satz 7 nicht auf § 87 ZPO verweist.[75] Jedoch ist kein Grund erkennbar, warum dort etwas anderes gelten sollte. Die **Bestellung eines neuen Prozessbevollmächtigten** stellt allein noch keine Beendigung der alten Prozessvollmacht dar, weil gemäß § 84 ZPO die Möglichkeit mehrerer Prozessbevollmächtigter besteht. Es muss vielmehr aus der Bestellung des neuen Prozessbevollmächtigten hervorgehen, dass dieser anstelle des alten Bevollmächtigten handeln soll.[76] Solange dem Gericht dies nicht mitgeteilt wurde, kann der bisherige Bevollmächtigte wirksam Prozesshandlungen vornehmen. Gemäß § 86 ZPO **erlischt die Vollmacht nicht** durch den **Tod, Wegfall der Prozessfähigkeit oder der gesetzlichen Vertretung** des Beteiligten. In diesen Fällen wie auch im Fall der Anordnung einer Nachlassverwaltung oder des Eintritts der Nacherbfolge kann das Verfahren gemäß § 246 ZPO auf Antrag ausgesetzt werden. Eine Unterbrechung des Verfahrens gemäß §§ 239 ff. ZPO als regelrechte Folge findet bei einer Prozessvertretung nicht statt. Legt im Fall des Todes eines Beteiligten der Prozessbevollmächtigten form- und fristgerecht Rechtsmittel ein, wirkt das von Gesetzes wegen für und gegen die Rechtsnachfolger.[77] Nimmt der Erbe oder Sonderrechtsnachfolger oder im Falle der Vertretung der neue gesetzliche Vertreter den Rechtsstreit auf, hat der Prozessbevollmächtigte dessen Vollmacht beizubringen. Die Vollmacht erlischt ferner bei Tod des Bevollmächtigten. Endet die Vollmacht infolge des Endes des Prozesses, sind die Zustellungen im PKH-Überprüfungsverfahren gem. § 120 a Abs. 3 ZPO gleichwohl noch an den – früheren – Prozessbevollmächtigten zu richten.[78] In Verfahren vor dem BSG gilt § 244 ZPO: Stirbt im Fall einer notwendigen Anwaltsvertretung der Anwalt einer Partei oder wird er unfähig, die Vertretung des Beteiligten fortzuführen, tritt eine Unterbrechung des Verfahrens ein, bis der bestellte neue Anwalt seine Bestellung dem Gericht angezeigt und das Gericht dem Gegner die Anzeige zugestellt hat. Dies gilt für die übrigen vor dem BSG postulationsfähigen Prozessbevollmächtigten entsprechend. Zur verzögerten Anzeige vgl. § 244 Abs. 2 ZPO.

VIII. Beistand – Abs. 7

Der Beistand wird nur in der **mündlichen Verhandlung** tätig. Er ist kein Bevoll- 26
mächtigter des Beteiligten, sondern unterstützt diesen und tritt neben ihm auf. Er muss von dem Beteiligten in die mündliche Verhandlung eingeführt werden. Das kann formlos oder zu Protokoll geschehen. Der Beistand kann seiner Funktion gemäß nur tätig sein, wenn und solange der **Beteiligte selbst** in der mündlichen Verhandlung **anwesend** ist.[79] Kein Beistand ist, wen der Beteiligte oder sein Prozessbevollmächtigter als Hilfskraft zur Unterstützung der eigenen Prozessführung zugezogen hat und der die Beteiligtenrechte nicht im eigentlichen Sinne ausführt, zB Privatgutachter oder sonstige Fachleute.[80] Durch die Einführung des Beistandes sollen die Regelungen über die Bevollmächtigung nicht umgangen werden. Nach **Abs. 7 Satz 2** kann Beistand sein, wer in Verfahren, in denen

75 BGH 5.2.1965 – V ZB 12/64; ablehnend BSG 28.4.1999 – B 6 KA 41/98 R, juris; offengelassen von BSG 15.12.2008 – B 11 AL 115/08 B, juris sowie BSG 7.12.2000 – B 8 KN 11/00 U B, SozR 3-1500 § 73 Nr. 8; Überblick zu Auffassungen der Literatur bei Schmidt in Meyer-Ladewig/Keller/Leitherer/Schmidt § 73 Rn. 74.
76 BSG 7.12.2000 – B 8 KN 11/00 U B, SozR 3-1500 § 73 Nr. 8.
77 BSG 2.2.2012 – B 8 SO 15/10 R, SozR 4-3500 § 19 Nr. 3.
78 BGH 8.9.2011 – 12 ZB 63/10, juris; BGH 8.12.2010 – 12. ZB 38/09, juris.
79 Begr. RegEntwurf, BT-Drs. 16/3655, 96.
80 Begr. RegEntwurf, BT-Drs. 16/3655, 90 zu § 90 ZPO.

die Beteiligten den Rechtsstreit selbst führen können, als Bevollmächtigter zur Vertretung in der Verhandlung befugt ist. Diese Regelung, die § 90 Abs. 1 Satz 2 ZPO nF entspricht, soll nicht das Auftreten des Beistandes auf Parteiprozesse beschränken und im Falle der obligatorischen Vertretung ausschließen.[81] Vielmehr soll sie klarstellen, dass der Beistand nur die prozessualen Möglichkeiten hat wie der Beteiligte selbst. Als Beistand kann grundsätzlich nur auftreten, wer in dem Verfahren auch nach Abs. 2 Prozessbevollmächtigter sein könnte. Im Rahmen einer Ermessensentscheidung gemäß **Satz 3** kann das Gericht aber auch andere Personen als Beistand zulassen. Kriterien für die Ermessensausübung im Rahmen der Einzelfallentscheidung sind dabei die Sachdienlichkeit und ein bestehendes Bedürfnis. Die Verweisungsregelung des **Satzes 4** passt die Rechtslage ungeeigneter Beistände der der Prozessbevollmächtigten an. Wer nicht befugt ist, als Beistand aufzutreten oder wer zum sachgerechten Vortrag ungeeignet ist, kann gemäß Abs. 3 Satz 1 und 3 zurückgewiesen werden. Die Zurückweisung erfolgt durch die gesamte Kammer/den Senat; weil dies aufgrund mündlicher Verhandlung ergeht, sind die ehrenamtlichen Richter zu beteiligen. Berufs- und ehrenamtliche Richter dürfen nach Abs. 5 nicht bei dem Gericht oder Spruchkörper, dem sie angehören, als Beistand auftreten. Nach **Satz 5** gilt das von dem Beistand Vorgetragene als von dem Beteiligten vorgebracht. Der Beteiligte kann den Vortrag jedoch sofort widerrufen.

§ 73 a [Prozesskostenhilfe]

(1) [1]Die Vorschriften der Zivilprozeßordnung über die Prozeßkostenhilfe mit Ausnahme des § 127 Absatz 2 Satz 2 der Zivilprozeßordnung gelten entsprechend. [2]Macht der Beteiligte, dem Prozeßkostenhilfe bewilligt ist, von seinem Recht, einen Rechtsanwalt zu wählen, nicht Gebrauch, wird auf Antrag des Beteiligten der beizuordnende Rechtsanwalt vom Gericht ausgewählt. [3]Einem Beteiligten, dem Prozesskostenhilfe bewilligt worden ist, kann auch ein Steuerberater, Steuerbevollmächtigter, Wirtschaftsprüfer, vereidigter Buchprüfer oder Rentenberater beigeordnet werden. [4]Die Vergütung richtet sich nach den für den beigeordneten Rechtsanwalt geltenden Vorschriften des Rechtsanwaltsvergütungsgesetzes.

(2) Prozeßkostenhilfe wird nicht bewilligt, wenn der Beteiligte durch einen Bevollmächtigten im Sinne des § 73 Abs. 2 Satz 2 Nr. 5 bis 9 vertreten ist.

(3) § 109 Abs. 1 Satz 2 bleibt unberührt.

(4) [1]Die Prüfung der persönlichen und wirtschaftlichen Verhältnisse nach den §§ 114 bis 116 der Zivilprozessordnung einschließlich der in § 118 Absatz 2 der Zivilprozessordnung bezeichneten Maßnahmen, der Beurkundung von Vergleichen nach § 118 Absatz 1 Satz 3 der Zivilprozessordnung und der Entscheidungen nach § 118 Absatz 2 Satz 4 der Zivilprozessordnung obliegt dem Urkundsbeamten der Geschäftsstelle des jeweiligen Rechtszugs, wenn der Vorsitzende ihm das Verfahren insoweit überträgt. [2]Liegen die Voraussetzungen für die Bewilligung der Prozesskostenhilfe hiernach nicht vor, erlässt der Urkundsbeamte die den Antrag ablehnende Entscheidung; anderenfalls vermerkt der Urkundsbeamte in den Prozessakten, dass dem Antragsteller nach seinen persönlichen und wirtschaftlichen Verhältnissen Prozesskostenhilfe gewährt werden kann und in

81 Begr. RegEntwurf, BT-Drs. 16/3655, 91 zu § 90 ZPO.

welcher Höhe gegebenenfalls Monatsraten oder Beträge aus dem Vermögen zu zahlen sind.

(5) Dem Urkundsbeamten obliegen im Verfahren über die Prozesskostenhilfe ferner die Bestimmung des Zeitpunkts für die Einstellung und eine Wiederaufnahme der Zahlungen nach § 120 Absatz 3 der Zivilprozessordnung sowie die Änderung und die Aufhebung der Bewilligung der Prozesskostenhilfe nach den §§ 120 a und 124 Absatz 1 Nummer 2 bis 5 der Zivilprozessordnung.

(6) [1]Der Vorsitzende kann Aufgaben nach den Absätzen 4 und 5 zu jedem Zeitpunkt an sich ziehen. [2]§ 5 Absatz 1 Nummer 1, die §§ 6, 7, 8 Absatz 1 bis 4 und § 9 des Rechtspflegergesetzes gelten entsprechend mit der Maßgabe, dass an die Stelle des Rechtspflegers der Urkundsbeamte der Geschäftsstelle tritt.

(7) § 155 Absatz 4 gilt entsprechend.

(8) Gegen Entscheidungen des Urkundsbeamten nach den Absätzen 4 und 5 kann binnen eines Monats nach Bekanntgabe das Gericht angerufen werden, das endgültig entscheidet.

(9) Durch Landesgesetz kann bestimmt werden, dass die Absätze 4 bis 8 für die Gerichte des jeweiligen Landes nicht anzuwenden sind.

I. Allgemeines

1. Gesetzesentstehung. § 73 a ist durch das Gesetz über die Prozesskostenhilfe vom 13.6.1980 (BGBl. 1980 I 677) in das SGG eingefügt worden. Durch das RBerRNG vom 17.12.2007 (BGBl. 2007 I 2855) wurde Abs. 2 der Änderung des § 73 angepasst. Durch Art. 7 Nr. 7 des BUK-Neuordnungsgesetzes vom 19.10.2013 (BGBl. 2013 I 3836) wurde mit Wirkung vom 25.10.2013 die Ausnahmeregelung hinsichtlich des § 127 Abs. 2 Satz 2 ZPO in Abs. 1 aufgenommen. Das Gesetz zur Änderung des Prozesskostenhilfe- und Beratungshilferechts vom 31.8.2013 (BGBl. 2013 I 3533) fügte mit Wirkung vom 1.1.2014 in Abs. 1 die Sätze 3 und 4 ein (Art. 11 Nr. 1) und die Absätze 4 bis 9 an (Art. 11 Nr. 2). Art. 12 des Gesetzes zur Durchführung der Verordnung (EU) Nr. 1215/2012 sowie zur Änderung sonstiger Vorschriften vom 8.7.2014 (BGBl. 2014 I 890) änderte mit Wirkung vom 16.7.2014 Abs. 4 ab; zuvor war die Übertragung der Entscheidung auf den Urkundsbeamten durch den Vorsitzenden von landesrechtlichen Vorschriften abhängig, außerdem passt die Regelung die Bestimmung an die geänderten Vorschriften der ZPO an. Diese ist durch das Gesetz 1 vom 31.8.2013 wesentlich geändert worden, insbesondere in Hinblick auf die Berechnung der Ratenhöhe in § 115 ZPO, in der Regelung über die Änderung der Bewilligung, die von § 120 Abs. 4 ZPO in einen neuen § 120 a verlagert wurde und in der Entscheidung über die wirtschaftlichen Voraussetzungen der PKH-Bewilligung durch den Rechtspfleger in § 20 Rechtspflegergesetz.

2 **2. Normzweck.** Die Gewährung von Prozesskostenhilfe entspricht dem verfassungsrechtlichen Gebot, den Beteiligten gleichen Zugang zum Gericht zu eröffnen.[1] Dahinter verbirgt sich das Gebot eines effektiven Rechtsschutzes aus Art. 19 Abs. 4 GG, der einen Zugang zum Gericht erfordert, und das Recht auf ein faires Verfahren aus Art. 6 Abs. 1 EMRK, das ebenfalls die Zugangsmöglichkeit zum Gericht voraussetzt. Während das BVerfG früher ein „Armenrecht" im Hinblick auf die Kostenfreiheit und das Amtsermittlungsprinzip im Verfahren vor den Sozialgerichten nicht als erforderlich ansah,[2] leitet es jetzt den Anspruch aus dem allgemeinen Gleichheitsgebot in Verbindung mit dem Rechtsstaatsgebot ab (Art. 3 Abs. 1 iVm Art. 20 Abs. 3 GG).[3] Das SGG trifft keine eigenständige Regelung, sondern verweist in Abs. 1 auf die §§ 114 ff. ZPO und berücksichtigt in Abs. 2 und 3 einige Besonderheiten des Sozialgerichtsverfahrens. Abs. 4 bis 9 enthalten Regelungen über die Bewilligungsentscheidung wegen der wirtschaftlichen Verhältnisse und das Rechtsmittelverfahren hiergegen. Die Verweisungen auf die ZPO sind dynamisch. Prozesskostenhilfe kann allen Beteiligten bewilligt werden, gemäß **§ 116 ZPO** auch Parteien kraft Amtes (zB Insolvenzverwalter, Nachlasspfleger), wenn die Kosten aus der verwalteten Vermögensmasse nicht aufgebracht werden können und den am Gegenstand des Verfahrens wirtschaftlich Beteiligten nicht zuzumuten ist, die Kosten aufzubringen, sowie inländischen juristischen Personen oder parteifähigen Vereinigungen (zB OHG, nichtrechtsfähiger Verein) sowie solchen aus dem EU-Ausland oder aus einem Vertragsstaat des Abkommens über den Europäischen Wirtschaftsraum, wenn die Unterlassung der Rechtsverfolgung allgemeinen Interessen zuwiderlaufen würde (zB gemeinwirtschaftlicher Nachteil, Massenentlassungen) und weder die juristische Person noch die am Gegenstand des Rechtsstreits wirtschaftlich Beteiligten die Kosten aufbringen können. Prozesskostenhilfe kann **Klägern, Beklagten und Beigeladenen** bewilligt werden. Sie kann **nur für das Gerichtsverfahren** einschließlich des vorläufigen Rechtsschutzverfahrens, nicht aber für ein Verwaltungs- oder Widerspruchsverfahren gewährt werden. Prozesskostenhilfe kann für die **Durchführung des PKH-Verfahrens** sowie ein nachfolgendes Beschwerdeverfahren[4] nicht gewährt werden. Für einen Antrag gemäß **§ 109** kann Prozesskostenhilfe nicht bewilligt werden, **§ 73 Abs. 3.** Gemäß § 119 Abs. 1 S. 1 ZPO wird Prozesskostenhilfe für **jeden Rechtszug besonders** bewilligt.

3 **3. Parallelvorschriften.** Entsprechende Vorschriften sind §§ 166 VwGO, 142 FGO.

---

1 Dazu BVerfG 7.4.2000 – 1BvR 81/00, NJW 2000, 1936.
2 BVerfG 22.1.1959 – 1 BvR 154/55, SozR Nr. 43 zu Art. 3 GG.
3 BVerfG 19.2.2008 – 1 BvR 1807/07, NJW 2008, 1060.
4 BGH 29.6.2010 – VI ZA 3/09, NJW 2010, 3101; BGH 30.5.1984 – VIII ZR 298/83, BGHZ 91, 311; OVG Bremen 17.2.2020 – 2 LA 336/19, juris; VGH BW 22.5.2001 – 7 S 646/01, NVwZ-RR 2001, 802.

II. Voraussetzungen – Abs. 1

Die Bewilligung setzt gemäß **§ 114 ZPO** voraus, dass der Beteiligte nach seinen persönlichen und wirtschaftlichen Verhältnissen die Kosten der Prozessführung nicht, nur zum Teil oder in Raten aufbringen kann (wirtschaftliche Voraussetzungen), die beabsichtigte Rechtsverfolgung oder Rechtsverteidigung hinreichende Aussicht auf Erfolg bietet und nicht mutwillig erscheint (zum erforderlichen Antrag → Rn. 15). 4

1. Wirtschaftliche Voraussetzungen. a) Einsatz von Einkommen und Vermögen. Der Beteiligte hat gemäß **§ 115 Abs. 1 ZPO** für die Prozessführung sein **Einkommen** einzusetzen und gemäß **Abs. 2 sein Vermögen**, soweit dies zumutbar ist. Das Einkommen sind alle Einkünfte in Geld oder Geldeswert (§ 115 Abs. 1 Satz 2 ZPO); es unterscheidet sich im Wesentlichen dadurch vom Vermögen, dass es zum Zeitpunkt der Antragstellung noch nicht vorhanden ist. Vermögen ist die Gesamtheit aller einer Personen gehörenden in Geld schätzbaren Güter mit einer gewissen Wertigkeit, sofern es sich nicht um Einkommen handelt.[5] Auch Vermögensabfindungen, Schenkungen oder Erbschaften zählen zum Vermögen.[6] Die Abgrenzung hat wegen der **Freibeträge** Bedeutung. 5

§ 115 ZPO wurde durch das Gesetz zur Einordnung des Sozialhilferechts in das Sozialgesetzbuch vom 27.12.2003 (BGBl. 2003 I 3022) zum 1.1.2005 geändert und durch das Regelbedarfs-Ermittlungsgesetz vom 24.3.2011 (BGBl. 2011 I 453) in Abs. 1 Satz 3 Nr. 1 b und Nr. 2 sowie in Abs. 1 Satz 5 mit Wirkung vom 1.1.2011 an die Änderungen des SGB XII angepasst. Durch die Aufhebung des BSHG und die Regelung der Sozialhilfe im SGB XII war es erforderlich geworden, die Bezugsnormen in § 115 ZPO anzupassen. Wegen unterschiedlicher Regelungen im SGB XII gegenüber dem BSHG war es zu einer erheblichen Ausweitung der Ansprüche auf PKH gekommen.[7] Um die Ausweitung der Ansprüche rückgängig zu machen, hatte der Gesetzgeber bereits mit dem Gesetz vom 22.3.2005 (BGBl. 2005 I 837; Justizkommunikationsgesetz) Einschränkungen vorgenommen. Abs. 2 wurde durch das Gesetz zur Änderung des Prozesskostenhilfe- und Beratungshilferechts (→ Rn. 1) mit Wirkung vom 1.1.2014 geändert. Zur alten Fassung s. die 3. Auflage. 6

b) Einkommen. Zum **Einkommen** gehören gemäß § 115 Abs. 1 S. 2 ZPO alle Einkünfte in Geld oder Geldeswert.[8] Diese Definition entspricht § 82 Abs. 1 Satz 1 SGB XII, die einen sozialrechtlichen, keinen unterhaltsrechtlichen Einkommensbegriff zugrunde legt.[9] Es ist vom **Bruttoeinkommen** auszugehen, da gemäß § 115 Abs. 1 S. 3 Nr. 1 iVm § 82 Abs. 2 Nr. 1 und 2 SGB XII Steuern und Sozialversicherungsbeiträge durch Abzug berücksichtigt werden. **Sozialleistungen** zählen regelmäßig zum Einkommen, insbesondere, wenn sie Lohnersatzfunktion haben (zB AlG, Renten, Krankengeld), Wohngeld, nicht aber Leistun- 7

5 Gall in jurisPK-SGG § 73 a SGG Rn. 34; Schmidt in Meyer-Ladewig/Keller/Leitherer/Schmidt § 73 a Rn. 6 d.
6 BGH 18.7.2007 – XII ZA 11/07, juris.
7 Vgl. BT-Drs. 15/4952.
8 Ausführlicher Überblick bei Schultzky in Zöller § 115 Rn. 9 ff: z.B. Lohn, Gehalt einschließlich einmaliger Einkünfte und Zuschläge für Sonn- und Feiertags-, Nacht- und Mehrarbeit, Einkünfte aus selbstständiger Tätigkeit, Gewerbebetrieb, Kapitalvermögen, Vermietung und Verpachtung.
9 BGH 26.1.2005 – XII ZB 234/03, NJW 2005, 2393 mit der Begründung, die PKH sei eine Form der Sozialhilfe im Bereich der Rechtspflege.

gen, die die Aufwendungen für Körper- und Gesundheitsschäden ausgleichen sollen (zB Grundrente nach dem BVG oder nach Gesetzen, die auf darauf verweisen bzw. Entschädigungszahlungen gemäß § 83 SGB XIV, Renten und Beihilfen nach dem BEG für Schäden am Leben, Körper und Gesundheit bis zur Höhe der vergleichbaren Grundrente nach dem BVG, im Hinblick auf § 13 Abs. 5 SGB XI das Pflegegeld[10] oder wenn andere Vorschriften dies bestimmen). Im Hinblick auf die Zweckbindung der Leistung und die Regelung in § 13 Abs. 5 SGB XI kann dies für das Pflegegeld zweifelhaft sein. Es wäre zwar systemgerechter, jedoch aufwändiger, die Leistungen zunächst zum Einkommen hinzuzuzählen und die Belastungen bzw. Zweckbindungen bei den Abzugsbeträgen zu berücksichtigen. **Kindergeld** ist grundsätzlich Einkommen dessen, dem es zufließt, im Hinblick auf die Regelung des § 82 Abs. 1 Satz 2 SGB XII jedoch nur in der Höhe, in der es von dem Kind nicht zur Deckung des notwendigen Lebensbedarfs – ohne Berücksichtigung von Unterkunft und Heizung – benötigt wird.[11] Hat das Kind daher noch weiteres Einkommen, zB Unterhaltszahlungen, kann es zu einer Anrechnung des Kindergeldes kommen. Die Belastungen gemäß § 115 Abs. 1 S. 3 Nr. 4 iVm § 1610 a BGB (s. u.) sind bei der Berechnung des Einkommens abzugsfähig. Zum Einkommen zählen **auch Leistungen zur Sicherung des Lebensunterhalts** nach dem SGB XII und Leistungen nach dem SGB II.[12] Zwar zählen gemäß § 82 Abs. 1 SGB XII Sozialleistungen nach jenem Gesetzbuch nicht zum Einkommen. Sie unberücksichtigt zu lassen ließe jedoch den Freibetrag gemäß § 115 Abs. 1 S. 3 Nr. 2 unbeachtet, zu dem die Grundsicherung/Sozialhilfe addiert würde, und führt zur Ungleichbehandlung gegenüber anderen Einkünften in entsprechender Höhe. Systemgerecht ist es, sie beim Einkommen anzurechnen und die Zweckbindung bei den Abzügen zu berücksichtigen. Folgerichtig verweist § 115 Abs. 1 ZPO nicht auf § 82 Abs. 1 SGB XII, sondern schafft einen eigenen Rahmen für das Einkommen. Dies folgt zB auch aus dem Erwerbstätigenfreibetrag, der in § 115 ZPO 50 v.H., in § 82 SGB XII 30 v.H. beträgt. Regelmäßig wird derjenige, der nur Leistungen nach SGB II oder XII erhält und kein weiteres Vermögen hat, auch die wirtschaftlichen Voraussetzungen für die Gewährung von PKH erfüllen. Es ist nur das **Einkommen des Antragstellers** anzurechnen, nicht das **Ehegatten- oder Familieneinkommen.** Eigenes Einkommen der Familienangehörigen mindert jedoch den Freibetrag gemäß § 115 Abs. 1 S. 3 Nr. 2 und kann zu einem Anspruch auf Prozesskostenvorschuss des Antragstellers gemäß § 1360 a Abs. 4 BGB als Vermögen führen[13] (→ Rn. 8). Bei Ehegatteneinkommen sind die abzusetzenden Beträge iSd § 115 Abs. 1 S. 3 ZPO entsprechend zu mindern. **Fiktives Einkommen** ist unter dem Gesichtspunkt des Rechtsmissbrauchs nur dann anzurechnen, wenn ein Beteiligter einen ihm zumutbaren und möglichen Einkommenserwerb unterlässt und

10 Gall in jurisPK-SGG § 73 a Rn. 28; Schmidt in Meyer-Ladewig/Keller/Leitherer/Schmidt § 73 a Rn. 6 a.

11 BGH 26.1.2005 – XII ZB 234/03, NJW 2005, 2393.

12 Schultzky in Zöller § 115 Rn. 22; Schmidt in Meyer-Ladewig/Keller/Leitherer/Schmidt § 73 a Rn. 6 a; wohl für eine Anrechnung, wenn weiteres Einkommen erzielt wird Gall in jurisPK-SGG § 73 a Rn. 27.

13 BSG 7.2.1994 – 9/9 a RVg 4/92, SozR 3-1750 § 115 Nr. 1; SchlHLSG 16.12.2001 – L 8 B 71/01 RA PKH, Breith. 2002, 663; anders LAG Düsseldorf 26.5.1989 – 14 Ta 281/88, LAGE § 115 ZPO Nr. 38: die Hälfte des Unterschiedsbetrages zwischen den Ehegatteneinkommen; LAG Hamburg 19.4.1989 – 2 Ta 3/89, LAGE § 115 ZPO Nr. 36: keine Anrechnung des Ehegatteneinkommens; differenzierend LAG Berlin 12.6.1985 – 12 Ta 6/85 – LAGE § 115 ZPO Nr. 14.

sich absichtlich bedürftig macht. Diese Umstände müssen jedoch offenkundig sein.[14] Die Anrechnung ist dem Ausnahmefall vorbehalten, da das Prozesskostenhilferecht keine den §§ 39 SGB XII und 31 SGB II entsprechenden Sanktionen für die Unterlassung einer Erwerbstätigkeit enthält; die dortigen Maßstäbe können daher nicht auf § 115 ZPO übertragen werden.

c) **Abzugsbeträge.** Nach **§ 115 Abs. 1 S. 3 ZPO** sind vom Einkommen **abzuziehen:** 8

a) Die in **§ 82 Abs. 2 SGB XII** genannten Beträge (Nr. 1 a ZPO). Dies sind die **Steuern** (Nr. 1), die **Sozialversicherungsbeiträge** (Nr. 2), Beiträge zu öffentlichen oder privaten **Versicherungen** (Nr. 3). Angemessen sind alle üblichen Versicherungen, zB Haftpflicht, Hausrat, freiwillige Kranken- und Rentenversicherung, Lebensversicherung,[15] KFZ-Versicherung, Gebäudeversicherung, Sterbegeldversicherung.[16] **Werbungskosten** (Nr. 4), zB Fahrkosten, Bekleidungskosten, Gewerkschaftsbeiträge; statt des Einzelnachweises können pauschal 5 % des Nettoentgelts abgezogen werden. Die monatlichen Fahrkosten mit dem eigenen PKW errechnen sich mit 0,25 Euro x Entf.km x 2 x 220 : 12.[17] Das Arbeitsförderungsgeld und Erhöhungsbeträge des Arbeitsentgelts im Sinne von § 43 Satz 4 SGB IX;

b) **Arbeitnehmer- und Erwerbstätigenfreibetrag gemäß der Anlage zu § 28 SGB XII** (Nr. 1 b ZPO). Die Fassung des Gesetzes vom 27.12 2003, in Kraft vom 1.1. bis 31.3.2005, sah hier einen Betrag in Höhe von 30% des Einkommens vor. Durch das Gesetz vom 25.2.2005 ist mWv 1.4.2005 der Betrag reduziert worden auf 50% des höchsten durch die RechtsVO nach § 28 Abs. 2 S. 1 SGB XII festgesetzten höchsten Regelsatzes der Bedarfsstufe 1;

c) **Freibeträge** des Beteiligten und der unterhaltsberechtigten Angehörigen. In der Fassung des Gesetzes vom 27.12.2003 betrug der Freibetrag für den Beteiligten und den Ehegatten jeweils 64%, für andere Unterhaltsberechtigte jeweils 45% des Grundbetrages gemäß §§ 85 Abs. 1 Nr. 1, 86 SGB XII. Durch das Gesetz vom 25.2.2005 ist der Betrag ab 1.4.2005 gemindert worden für den Beteiligten und den Ehegatten oder Lebenspartner jeweils auf den in der Anlage zu § 28 Abs. 2 S. 1 SGB XII genannten höchsten Regelsatz der Bedarfsstufe 1 für alleinstehende oder alleinerziehende Berechtigte zuzüglich 10% (Nr. 2 a);

d) bei weiteren **Unterhaltsleistungen** aufgrund gesetzlicher Unterhaltspflicht für jede unterhaltsberechtigte Person der um 10 v.H. erhöhte höchste Regelsatz, der für eine Person ihres Alters gemäß den Regelbedarfsstufen 3 bis 6 der Anlage zu § 28 SGB XII festgesetzt und fortgeschrieben worden ist. Eigene Einkünfte des Unterhaltsgläubigers mindern den gesetzlichen Unterhaltsfreibetrag, § 115 Abs. 1 Satz 7 ZPO. Wird statt der Unterhaltsgewährung eine Geldrente gezahlt, ist diese in angemessener Höhe anzusetzen, § 115 Abs. 1 Satz 8 ZPO (Nr. 2 b).

14 BGH 30.9.2009 – XII ZB 135/07, NJW 2009, 3658; zB Aufgabe einer Arbeitsstelle, BVerfG 8.7.2005 – 1BvR 1078/05, NJW-RR 2005, 1448; BayLSG 19.5.2009 – L 13 R 349/09 B PKH, juris: fiktives Einkommen in Höhe der erzielbaren Miete, wenn Antragsteller eine Wohnung ohne zwingenden Grund leer stehen lässt.

15 Nach OLG Bamberg 20.8.1987 – 2 WF 210/87, JurBüro 1987, 1712 nur eine!

16 Vgl. Überblick bei Schultzky, § 115 Rn. 24 ff.

17 OLG Koblenz MDR 2002, 965.

e) Angemessene Kosten für **Wohnung und Heizung**, nicht aber für Strom und Wasser (Nr. 3);
f) **Mehrbedarfe** nach § 21 SGB II und § 30 SGB XII (Nr. 4);
g) Weitere **angemessene Beträge** (Nr. 5), zB Abtrag für Altschulden, besonderer Aufwand für Modernisierungen, Hypotheken- und Grundschuldtilgungen, Mehrbedarfsbeträge gemäß § 30 SGB XII, gemäß der Verweisung auf § 1610 a BGB besondere Aufwendungen für Körper- und Gesundheitsschäden, zB Diätkosten, vertragliche Unterhaltspflichten, Fort- und Weiterbildungskosten. Zu prüfen ist hierbei stets der angemessene Rahmen. Unangemessen sind stets Belastungen durch Luxusaufwendungen und Spekulationsgeschäfte. Ferner ist es zu berücksichtigen, wenn ein Beteiligter Aufwendungen im Hinblick auf den Rechtsstreit getätigt hat, um sich bedürftig zu machen. Ziffer 5 soll besondere Belastungen, nicht aber allgemeine Lebensaufwendungen abdecken. Hierzu können jedoch auch einmalige Ereignisse zählen, zB Hochzeit, Geburt, Tod. Bei besonderen Belastungen, für die Sozialleistungen bezogen werden, ist stets zu prüfen, ob diese nicht schon bei dem erzielten Einkommen unberücksichtigt blieben, um eine Doppelanrechnung zu vermeiden; zur Höhe der Aufwendungen ist § 1610 a BGB heranzuziehen.

Die Beträge nach Satz 3 Nr. 1 b und Nr. 2 werden vom BMJ im BGBl. jeweils bekannt gegeben. Die Beträge sind bis 0,49 Euro auf volle Euro ab und ab 0,50 Euro aufzurunden. Gemäß **Abs. 2** sind von dem nach den Abzügen verbleibenden Teil des monatlichen Einkommens (einzusetzendes Einkommen) **Monatsraten** in Höhe der **Hälfte des einzusetzenden Einkommens** festzusetzen; die Monatsraten sind auf volle Euro abzurunden. Beträgt die Höhe einer **Monatsrate weniger als 10 Euro**, ist von der Festsetzung von Monatsraten abzusehen. Bei einem einzusetzenden Einkommen von mehr als 600 Euro beträgt die Monatsrate 300 Euro zuzüglich des Teils des einzusetzenden Einkommens, der 600 Euro übersteigt (Bsp: einzusetzendes Einkommen 700 Euro – Monatsrate 300 + 100 = 400 Euro). Unabhängig von der Zahl der Rechtszüge sind höchstens 48 Monatsraten aufzubringen.

9 d) **Vermögen.** Gemäß **§ 115 Abs. 2 ZPO** iVm **§ 90 SGB XII** ist das Vermögen einzusetzen, soweit dies zumutbar ist. Ebenso wie beim Einkommen ist ein sozialrechtlicher Vermögensbegriff zugrunde zu legen. Vermögen im Sinne der Vorschrift ist das gesamte verwertbare Vermögen (**§ 90 Abs. 1 SGB XII**). Von der Verwertung sind die in **§ 90 Abs. 2 SGB XII** genannten Werte und Beträge ausgeschlossen (Schonvermögen):

- Vermögen, das aus öffentlichen Mitteln zum Aufbau oder zur **Sicherung einer Lebensgrundlage** oder zur Gründung eines **Hausstandes** gewährt wurde, Abs. 2 Nr. 1;
- Kapital einschließlich seiner Erträge, das der **zusätzlichen Altersvorsorge** im Sinne des § 10 a oder des Abschnitts XI EStG dient und dessen Ansammlung staatlich gefördert wurde; dazu zählt auch die Riester-Rente, Abs. 2 Nr. 2;
- Vermögen, solange es nachweislich zur baldigen **Beschaffung oder Erhaltung** eines angemessenen, zu eigenen Wohnzwecken bestimmten **Hausgrundstückes** bestimmt ist, soweit dieses Wohnzwecken Behinderter, Blinder oder Pflegebedürftiger dient oder dienen soll, Abs. 2 Nr. 3;
- angemessener **Hausrat**, Abs. 2 Nr. 4;

- Gegenstände, die für die **Berufsausbildung oder Erwerbstätigkeit** unerlässlich sind, Abs. 2 Nr. 5;
- **Familien- oder Erbstücke**, deren Veräußerung eine besondere Härte darstellen würde, Abs. 2 Nr. 6;
- Gegenstände, die zur **Befriedigung geistiger, besonderer wissenschaftlicher oder künstlerischer Bedürfnisse** dienen und deren Besitz nicht Luxus ist, Abs. 2 Nr. 7;
- ein nach der Zahl der Angehörigen und dem Wohnbedarf angemessenes selbst bewohntes **Hausgrundstück**. Die Angemessenheit bestimmt sich nach der Zahl der Bewohner, dem besonderen Wohnbedarf, der Grundstücks- und Hausgröße, dem Zuschnitt und der Ausstattung des Gebäudes und dem Grundstückswert, Abs. 2 Nr. 8. Nach der entsprechenden Regelung des BSHG war hierzu § 39 II. WoBauG maßgeblich. Wenn auch § 90 SGB XII hierauf nicht mehr verweist, kann die Regelung zur Auslegung gleichwohl herangezogen werden.
- **kleinere Barbeträge oder sonstige Geldwerte**, Abs. 2 Nr. 9. Deren Höhe richtet sich nach der VO zur Durchführung des § 90 Abs. 2 Nr. 9 SGB XII vom 11.2.1988 (BGBl. 1988 I 150) idF vom 22.3.2017 (BGBl. 2017 I 519). Diese differenziert den Freibetrag nach der Art der Sozialhilfe. Prozesskostenhilfe stellt eine Art der Hilfegewährung in besonderen Lebenslagen dar; für diese Leistungsart sind 5.000 Euro zuzüglich 500 Euro für jede unterhaltene Person zu berücksichtigen.[18]

§ 90 Abs. 3 SGB XII enthält für den Einsatz des Vermögens eine **Härtefallregelung**, → Rn. 9. Zum Vermögen zählen auch ein Anspruch gegenüber einer **Rechtsschutzversicherung** sowie auf **Prozesskostenvorschuss** gemäß § 1360 a Abs. 4 BGB. Danach hat ein **Ehegatte** gegenüber dem anderen einen Anspruch auf Kostenvorschuss für Rechtsstreitigkeiten in **persönlichen Angelegenheiten**, soweit dies der Billigkeit entspricht. Persönliche Angelegenheiten sind Verfahren, die wichtige nicht vermögensrechtliche Ansprüche sowie vermögensrechtliche Ansprüche, die ihre Wurzeln in der ehelichen Lebensgemeinschaft haben und nicht nur die eigenen wirtschaftlichen Interessen des Verfahrensbeteiligten betreffen. Die Ansprüche müssen aus dem gemeinsamen Einsatz der Eheleute für die wirtschaftliche Grundlage der Ehe resultieren. Das ist nicht der Fall, wenn der Rechtstreit voreheliche Schulden betrifft, die nicht der Herstellung der ehelichen Gemeinschaft dienten.[19] Das Merkmal der **Billigkeit** wird sehr kontrovers diskutiert. Es muss zumutbar sein, den Prozesskostenvorschuss zeitnah in Anspruch zu nehmen.[20] Problematisch ist die erforderliche wirtschaftliche Leis-

18 OLG Karlsruhe 11.5.2005 – 2 WF 51/05, FamRZ 2005, 1917; Schultzky in Zöller § 115 Rn. 57; aA SächsLSG 17.5.2006 – L 1 B 121/05 AL-PKH, FamRZ 2007, 156: da PKH eine eigenständige Leistung ist, muss die Höhe anhand der o.a. VO jeweils geprüft werden; Freibetrag im konkreten Fall 1.600 Euro gem. § 1 Abs. 1 Satz 1 Nr. 1 der VO. Dies übersieht jedoch, dass nicht auf die Personen, sondern auf die Leistung abzustellen ist; diese ist jedoch keine Hilfe zum Lebensunterhalt iSd Nr. 1.

19 BGH 24.7.2003 – IX ZB 539/02, NJW 2003, 2910; BGH 18.12.1959 – IV ZR 145/59, BGHZ 31, 386; Schultzky in Zöller § 115 Rn. 62; LSG RhPf 9.6.2011 – L 1 SO 19/11, FamRZ 2011, 1969: bei Renten und Schwerbehindertenverfahren gegeben; aA LSG Bln-Bbg 23.3.2015 – L 13 SB 259/14 B PKH: nicht bei Schwerbehindertenverfahren, da höchstpersönlicher Anspruch auf Selbstbestimmung und gleichberechtigter Teilhabe am Leben in der Gesellschaft.

20 BSG 7.2.1994 – 9/9 a RVg 4/92, SozR 3-1750 § 115 Nr. 1: in Frage gestellt für ein OEG-Verfahren, in dem es um eine Vergewaltigung ging.

tungsfähigkeit des Unterhaltspflichtigen für einen Anspruch auf Prozesskostenvorschuss. Nach einer z.Zt. sehr dominierenden Praxis der Zivilgerichte[21] besteht der Anspruch, wenn der **Selbstbehalt des Unterhaltspflichtigen** gewahrt wäre; dies wäre auch dann der Fall, wenn er im Falle eines eigenen Verfahrens Prozesskostenhilfe gegen Ratenzahlung erhielte, und zwar in Höhe dieser Raten, die der Verfahrensbeteiligte seinerseits als Raten bei der Bewilligung der Prozesskostenhilfe als Raten einsetzen muss. Das BSG hatte dies dahin gehend beschränkt, dass kein Vorschuss besteht, wenn der Unterhaltsverpflichtete mehr als 4 Raten bezahlen müsste.[22] Nach anderer Auffassung besteht kein Anspruch auf einen Vorschuss, wenn der **Unterhaltsverpflichtete selbst Prozesskostenhilfe gegen Ratenzahlung** erhielte.[23] Als Vermögen ist es auch anzusehen, wenn der Unterhaltspflichtige die Prozesskosten lediglich als **Darlehen** vorschießt.[24] Diese Grundsätze bestehen nicht nur zwischen Ehegatten, sondern auch bei anderen Arten familiärer Unterhaltspflicht, insbesondere zwischen Mitgliedern einer eingetragenen Lebenspartnerschaft. Notfalls ist ein Beteiligter verpflichtet, den Prozesskostenvorschuss im Wege der einstweiligen Anordnung geltend zu machen, sofern dies rechtzeitig zu realisieren ist; teilweise wird eine solche Verpflichtung nur dann angenommen, wenn der Anspruch auf den Vorschuss unzweifelhaft besteht.[25] Ein **Grundstück** ist grundsätzlich zur Prozessfinanzierung einzusetzen, wenn eine Verwertungsmöglichkeit absehbar ist.[26] Eine **Lebensversicherung** zählt zum Vermögen und ist zurückzukaufen oder zu beleihen, wenn sie nicht zum Schonvermögen für die Alterssicherung gehört. Eine **Nachzahlung** von Sozialleistungen – Gleiches muss für eine Gehaltsnachzahlung gelten – ist ebenfalls Vermögen, das für die Prozessführung zumutbar verwertbar ist.[27]

10 e) **Härteklausel.** § 90 Abs. 3 SGB XII enthält für den Einsatz des Vermögens eine Härtefallregelung. Danach darf die Sozialhilfe nicht vom Einsatz oder von der Verwertung eines Vermögens abhängig gemacht werden, soweit dies für den, der das Vermögen einzusetzen hat, und für seine unterhaltsberechtigten Angehörigen eine Härte bedeuten würde. Die Härte ist nach § 90 Abs. 3 Satz 2 SGB XII anzunehmen, soweit eine **angemessene Lebensführung** oder die Aufrechterhaltung einer **angemessenen Alterssicherung** wesentlich erschwert würde.

11 f) **Gerichtliche Vertretung.** Gemäß **§ 73 a Abs. 2** wird keine Prozesskostenhilfe bewilligt, wenn der Beteiligte durch einen **Bevollmächtigten** im Sinne des § 73 Abs. 2 Satz 2 Nr. 5 bis 9 **vertreten wird.** Richtigerweise stellt das BSG[28] darauf ab, dass nicht nur die tatsächliche Vertretung, sondern auch der **Anspruch** auf kostenlose Prozessvertretung ein vermögenswertes Recht iSd § 73 a Abs. 1 ist

21 BGH 11.5.2005 – XII ZB 242/03, NJW-RR 2005, 1237, dort auch zum Meinungsstand; BGH 4.8.2004 – XII ZA 6/04, NJW-RR 2004, 1662; ebenso ThürLSG 12.5.2015 – L 6 R 1497/13 B, juris.

22 BSG 7.2.1994 – 9/9 a RVg 4/92, SozR 3-1500 § 115 Nr. 1.

23 LSG Nds-Brem 7.7.2011 – L 11 SB 51/10, juris; LSG BW 14.3.2011 – L 13 R 887/10, FamRZ 2011, 1235.

24 OLG Frankfurt 15.10.2013 – 2 UFH 8/13, NJW-Spezial 2014, 36; sehr fraglich, weil grundsätzlich keine Verpflichtung besteht, zum Bestreiten der Verfahrenskosten einen Kredit aufzunehmen .

25 OLG Saarbrücken 8.6.2010 – 6 WF 56/10, NJW-RR 2010, 1515; OLG Celle 5.5.2006 – 17 WF 60/06, NJW-RR 2006, 1304.

26 LSG NRW 4.2.2009 – L 7 B 387/08 AS, juris; OLG Koblenz 14.3.2014 – 13 WF 237/14, juris.

27 BayLSG 12.10.2010 – L 11 AS 624/10 B PKH, juris.

28 BSG 12.3.1996 – 9 RV 24/94, SozR 3-1500 § 73 a Nr. 4.

und daher keine Bedürftigkeit besteht. Dies gilt jedoch dann nicht, wenn der Beteiligte triftige Gründe hat, sich nicht von einem Vertreter der Gewerkschaft oder des Verbandes vertreten zu lassen, oder wenn diese/dieser die Vertretung abgelehnt hat. Die bloße Behauptung fehlenden Vertrauens reicht allerdings nicht aus, die Umstände müssen glaubhaft gemacht werden, § 118 Abs. 2 Satz 1 ZPO. Auch im Fall eines Vertretungsanspruchs kann PKH in Verfahren gemäß § 197 a SGG in Betracht kommen. PKH wird nicht bewilligt, wenn der Antragsteller die Mitgliedschaft in dem Verband gekündigt und dadurch die Prozessvertretung unmöglich gemacht hat.[29]

g) **Ratenzahlung.** Gemäß **§ 115 Abs. 3 ZPO** wird Prozesskostenhilfe nicht bewilligt, wenn die Kosten der Prozessführung des Beteiligten **vier Monatsraten** und die aus dem Vermögen aufzubringenden Teilbeiträge voraussichtlich nicht übersteigen. „Die Prozessführung" bezieht sich nach einer Auffassung auf jede gesonderte Instanz,[30] sodass die bereits zu zahlenden Monatsraten als Belastungen vom Einkommen/Vermögen abzuziehen sind, nach anderer Auffassung auf den gesamten Prozess, so dass in Vorinstanzen gezahlte Raten anzurechnen sind. § 119 Abs. 1 Satz 1 ZPO, nach dem die Bewilligung der Prozesskostenhilfe für jeden Rechtszug besonders erfolgt, spricht nicht zwingend, jedoch tendenziell für die erste Auffassung. Im Sozialgerichtsverfahren fallen regelmäßig nur die Anwaltsgebühren und -kosten an, da Gerichtskosten nicht zu erheben sind, § 183,[31] und die eigenen Auslagen des Beteiligten im Rahmen der Prozesskostenhilfe nicht erstattungsfähig sind.[32] Die entstehenden Anwaltsgebühren sind nach dem RVG zu schätzen. 12

2. Hinreichende Erfolgsaussicht. Es ist verfassungsrechtlich unbedenklich, die Bewilligung der Prozesskostenhilfe von der Erfolgsaussicht abhängig zu machen.[33] Bei der Auslegung des Begriffs **„hinreichend"** ist zu berücksichtigen, dass das PKH-Verfahren den Rechtsschutz eröffnen, nicht aber selbst gewähren soll.[34] Daher ist es unzulässig, den eigentlichen Rechtsstreit in das summarische Verfahren über die Gewährung zu verlagern.[35] Den Maßstab für die Frage der Erfolgsaussicht bildet – wie auch bei der Frage der Mutwilligkeit (→ Rn. 14) – der vernünftige Rechtssuchende, der die Kosten der Prozessführung selbst tragen müsste. Es muss eine **gewisse Erfolgswahrscheinlichkeit** bestehen; dies ist weniger als eine überwiegende Wahrscheinlichkeit.[36] Auch ohne eine Klage-/Berufungsbegründung ist eine Erfolgsaussicht zu bejahen, wenn sie sich aus den Akten ergibt. 13

Der Erfolg darf nicht gänzlich ausgeschlossen oder fernliegend sein.[37] Dabei dürfen die Anforderungen an die **Erfolgsaussicht** nicht überspannt werden, um 14

29 Schmidt in Meyer-Ladewig/Keller/Leitherer/Schmidt § 73 a Rn. 4.
30 Schultzky in Zöller § 115 Rn. 100; Groß, Beratungshilfe, Prozesskostenhilfe, Verfahrenskostenhilfe, § 115 ZPO Rn. 135.
31 Vgl. jedoch § 197 a.
32 Sie sind in § 122 ZPO nicht genannt.
33 BVerfG 7.4.2000 – 1 BvR 81/00, NJW 2000, 1936.
34 BVerfG 13.3.1990 – 2 BvR 94/88, BVerfGE 81, 347; Leitherer in Meyer-Ladewig/Keller/Leitherer § 73 a Rn. 7.
35 BVerfG 10.12.2001 – 1BvR 1803/97, FamRZ 2002, 665.
36 OLG Koblenz 8.12.1987 – 5 W 765/87, AnwBl. 1989, 48.
37 BVerfG 7.4.2000 – 1BvR 81/00, NJW 2000, 1936; anders VGH BW 6.5.1998 – 7 S 3090/97, NVwZ 1998, 1098; OVG RhPf 13.12.1990 – 2 E 12010/90, NVwZ 1991, 595: Obsiegen ebenso wahrscheinlich wie Unterliegen.

den Zweck der PKH nicht zu gefährden.[38] Die Erfolgsaussicht muss nach den tatsächlichen und rechtlichen Gegebenheiten bestehen. Auch wenn die Obsiegenschance nur entfernt, jedoch nicht völlig ausgeschlossen ist, ist Prozesskostenhilfe zu gewähren.[39] Die Erfolgsaussicht ist zu bejahen, wenn das Gericht den Rechtsstandpunkt des Antragstellers aufgrund seiner Sachverhaltsdarstellung und der vorhandenen Unterlagen für zutreffend oder jedenfalls für vertretbar und in tatsächlicher Hinsicht eine Beweisführung mindestens für möglich hält.[40] Allerdings rechtfertigt angesichts des Amtsermittlungsprinzips nicht jede Beweiserhebung die Gewährung von Prozesskostenhilfe. Vielmehr ist **vor der Beweisaufnahme** in summarischer Überprüfung die Erfolgsaussicht zu überprüfen.[41] Hierzu können weitere Unterlagen angefordert werden. Eine Beweisantizipation ist nur in eng begrenzten Fällen zulässig.[42] IdR besteht keine Erfolgsaussicht, wenn der Beteiligte sich weigert, die Ärzte von der Schweigepflicht zu befreien. Unzulässig ist es, alle Ermittlungen durchzuführen und die Erfolgsaussicht wegen des vollständig geklärten Sachverhalts zu verneinen.[43] Eine **unklare Rechtslage** begründet die Erfolgsaussicht. Eine hinreichende Erfolgsaussicht besteht, wenn eine **schwierige Rechtslage** bislang höchstrichterlich ungeklärt ist, nicht aber bei einer „einfachen" Rechtsfrage.[44] Die Rechtslage muss klärungsbedürftig sein, dh höchstrichterliche Rechtsprechung liegt nicht vor, ist jedoch für eine Klärung erforderlich. Daher besteht keine hinreichende Erfolgsaussicht, wenn das Instanzgericht eine Rechtsfrage ohne Weiteres aufgrund weiterer Überlegungen und anhand der übrigen Rechtslage selbst klären kann. Eine schwierige Rechtsfrage ist nicht im Verfahren zur Bewilligung von PKH zu klären, sondern erst abschließend im Hauptsacheverfahren zu entscheiden;[45] ist die Rechtsauffassung des Antragstellers nach den Regeln der juristischen Methodik vertretbar, ist daher PKH zu gewähren, es sei denn, es liegt bereits eine gegenteilige gefestigte Rechtsprechung vor. Prozesskostenhilfe ist daher auch dann zu bewilligen, wenn das Gericht diese Rechtsfrage selbst zu Ungunsten des Antragstellers beurteilt.[46] Im Rechtsmittelverfahren ist bei schweren Verfahrensfehlern grundsätzlich Prozesskostenhilfe zu gewähren. Maßgeblich ist jedoch immer der materielle Erfolg der Rechtsverfolgung; daher ist Prozesskostenhilfe abzulehnen, wenn der Antragsteller gleichwohl in der Sache nicht obsiegen kann.[47] In Verfahren des **vorläufigen Rechtsschutzes**, in denen es nicht um eine Klärung der Rechtslage, sondern um die vorläufige Regelung des Rechtszustandes geht, sind andere, nur auf die Vorläufigkeit bezogene Maßstäbe heranzuziehen. Hat der den Antrag ablehnende Beschluss Rechtskraft erlangt, besteht auch bei einer im

38 BVerfG 18.12.2003 – 1 BvR 918/03, NJW-RR 2004, 933; BSG 9.10.2012 – B 5 R 168/12 B, SozR 4-1500 § 73 a Nr. 9.
39 BSG 5.9.2005 – B 1 KR 9/05 BH, SozR 4-1500 § 73 a Nr. 2.
40 BVerfG 8.12.2009 – 1 BvR 2733/06, NJW 2010, 208; BVerfG 14.3.2003 – 1 BvR 1998/02, NJW 2003, 2976; BGH 22.9.2005 – IX ZB 163/04, NJW-RR 2006, 429.
41 SchlHLSG 16.12.2001 – L8 B 71/01 RA PKH, Breith. 2002, 663.
42 BVerfG 29.10.2009 – 1 BvR 2237/09, NJW 2010, 288; BVerfG 7.5.1997 – 1 BvR 296/94, NJW 1997, 2745.
43 SchlHLSG 16.12.2001 – L 8 B 71/01 RA PKH, Breith. 2002, 663.
44 BVerfG 13.3.1990 – 2 BvR 94/88, BVerfGE 81, 347.
45 BVerfG 5.2.2003 – 1 BvR 1526/02, FamRZ 2003, 833; BGH 16.1.2014 – V ZB 12/13, NJW-RR 2014, 526; BGH 10.7.2013 – XII ZB 34/13, NJW-RR 2014, 131.
46 BVerfG 29.5.2006 – 1 v 430/03, FamRZ 2007, 1876; BGH 8.5.2013 – XII ZB 624/12, NJW 2013, 2198.
47 BSG 5.9.2005 – B 1 KR 9/05 BH, SozR 4-1500 § 73 a Nr. 2.

Hauptsacheverfahren klärungsbedürftigen Rechtslage regelmäßig keine hinreichende Erfolgsaussicht für das einstweilige Rechtsschutzverfahren. Bestehen hinsichtlich einer Norm verfassungsrechtliche Bedenken, ist Prozesskostenhilfe zu bewilligen.[48] Im **Rechtsmittelverfahren** wird die Erfolgsaussicht gemäß **§ 119 Abs. 1 S. 2 ZPO** nicht überprüft, wenn der Gegner das Rechtsmittel eingelegt hat. Von dieser Regelung kann in engen Grenzen abgewichen werden: zB wenn die Sach- und Rechtslage sich wesentlich geändert hat, die Entscheidung der Vorinstanz erkennbar von einer feststehenden höchstrichterlichen Rechtsprechung abweicht oder offensichtlich falsch ist oder vom Beteiligten mit unlauteren Mitteln erwirkt wurde. Die dem § 119 Abs. 1 Satz 2 ZPO innewohnende Vermutungsregel, dass die Rechtsverfolgung oder Rechtsverteidigung notwendig ist, greift dann nicht ein.[49] Die Erfolgsaussicht einer **Nichtzulassungsbeschwerde** ist nur dann zu bejahen, wenn auch das Rechtsmittel selbst hinreichende Erfolgsaussicht bietet.

3. Mutwillen. Die Rechtsverfolgung darf nicht **mutwillig** sein. Mutwillen ist anzunehmen, wenn nach summarischer Betrachtung ein Beteiligter, der für die Kosten selbst aufkommen müsste, von der Rechtsverfolgung absehen würde, obwohl eine hinreichende Aussicht auf Erfolg besteht, § 114 Abs. 2 ZPO.[50] Mutwilligkeit ist gegeben, wenn der Beteiligte keinen Nutzen von einer Entscheidung hat oder wenn ein einfacherer Weg zur Rechtsverfolgung geboten ist.[51] Dagegen ist Mutwilligkeit zu verneinen, wenn der Antragsteller sich wie ein Bemittelter verhält, der seine Prozessaussichten vernünftig abwägt und dabei das Kostenrisiko berücksichtigt.[52] Für die Annahme der Mutwilligkeit ist ein strenger Maßstab anzulegen:[53] absurdes oder unschlüssiges Klagebegehren, auch mehrfach wiederholtes Begehren zB im Rahmen von § 44 SGB X. 15

III. Antrag

1. Antragsvoraussetzungen. Gemäß § 114 ZPO wird Prozesskostenhilfe nur auf Antrag gewährt, der gemäß § 117 Abs. 1 S. 1 ZPO beim Prozessgericht zu stellen ist. Da für jede Instanz PKH gesondert bewilligt wird, ist mit einem Rechtsmittel ein neuer Antrag zu stellen, dem grundsätzlich auch eine Erklärung gemäß § 117 Abs. 2 ZPO beizufügen ist. Ist jedoch zB erkennbar, dass der Kläger langjährig Leistungen nach SGB II bezieht, kann das Gericht auch anfragen, ob die wirtschaftlichen Verhältnisse sich seit dem letzten Vordruck geändert haben oder sich einen aktuellen Leistungsbescheid vorlegen lassen. Gemäß § 117 Abs. 4 ZPO müssen bestehende Vordrucke verwendet werden, insbesondere die **Erklärung über die persönlichen und wirtschaftlichen Verhältnisse,**[54] derer sich 16

48 Gall in jurisPK-SGG § 73 a Rn. 44; Leopold in Roos/Wahrendorf SGG § 73 a Rn. 39; Schultzky in Zöller § 114 Rn. 25.

49 BAG 23.4.2018 – 9 AZB 5/18, NJW 2018, 2433; BGH 11.1.1962 – VII ZR 239/60, BGHZ 36, 280; SchlHLSG 19.9.2017 – L 1 R 199/16 ZVW, juris; Gall in jurisPK-SGG § 73 a Rn. 57; Leopold in Roos/Wahrendorf SGG § 73 a Rn. 42; offen gelassen in BVerfG 29.12.2009 – 1 BvR 1781/09, NJW 2010, 987.

50 BVerfG 24.3.2011 – 1 BvR 1737/10, NJW 2011, 2039; BSG 5.3.2015 – B 8 SO 38/14 BH, juris; BSG 24.5.2000 – B 1 KR 4/99 BH, SozR 3-1500 § 73 a Nr. 6.

51 ZB Klage auf Erteilung einer Auskunft über einzelne Voraussetzungen eines Leistungsanspruchs gegenüber der unmittelbaren Klage auf Leistung.

52 BVerfG 11.3.2010 – 1 BvR 3031/08, NJW 2010, 1658.

53 BSG 5.9.2005 – 1 KR 9/05 BH, SozR 4-1500 § 73 a Nr. 2.

54 Vgl. § 117 Abs. 2 ZPO.

auch Empfänger von Leistungen nach SGB II und SGB XII bedienen müssen. Denn der Leistungsbezug von Sozialhilfe weicht in wesentlichen Punkten von der Berechnung der Prozesskostenhilfe ab (→ Rn. 3).[55] Fehlen die Vordrucke oder andere Belege, gebietet es das Amtsermittlungsprinzip, dass das Gericht zur Vorlage auffordert.[56] Prozesskostenhilfe darf jedoch erst bewilligt werden, wenn alle Voraussetzungen erfüllt sind. Ist der Antrag wegen fehlender Angaben oder Nachweise zurückgewiesen worden, können diese nach hM nicht in der Beschwerdeinstanz nachgereicht werden.[57] Gemäß § 117 Abs. 1 Satz 1 ZPO ist der Antrag schriftlich oder zu Protokoll der Geschäftsstelle zu stellen. Gemäß § 118 Abs. 2 S. 1 ZPO kann das Gericht verlangen, dass der Antragsteller die Angaben **glaubhaft** macht. Der Antrag hemmt gemäß § 204 Abs. 1 Nr. 14 BGB die **Verjährung.**

17 **2. Rechtsbehelfsfristen. Der Antrag auf Prozesskosten wahrt nicht die Rechtsbehelfsfristen.** Dies ist kein Problem, wenn der Beteiligte innerhalb der Frist sowohl den Rechtsbehelf einlegt als auch den PKH-Antrag stellt und das Haupt- und PKH-Verfahren nebeneinander geführt werden. Anders ist dies jedoch, wenn der Antrag isoliert gestellt wird und der Rechtsbehelf nur im Falle der Gewährung der PKH eingelegt werden soll. Ein bedingt eingelegter Rechtsbehelf ist nicht möglich, da Prozesshandlungen nicht unter einer Bedingung vorgenommen werden können.[58] Der Beteiligte kann daher nur den Antrag auf Bewilligung für die **beabsichtigte Klage oder das Rechtsmittel** stellen. Die Absicht, nur einen PKH-Antrag zu stellen, muss deutlich werden, zB nur Klageentwurf beifügen, Klage als beabsichtigt bezeichnen, Aufforderung, zunächst nur über PKH zu entscheiden. Ist die Frist für den Rechtsbehelf nach der Bewilligung abgelaufen, kommt **Wiedereinsetzung** in den vorigen Stand in Betracht, die bereits vorsorglich mit dem PKH-Antrag oder auch nach der Entscheidung beantragt werden kann. Die Wiedereinsetzung setzt voraus, dass der Beteiligte den PKH-Antrag innerhalb der Rechtsmittelfrist gestellt und alles aus seiner Sicht Erforderliche veranlasst hat, damit über ihn entschieden werden kann, insbesondere die Erklärung gemäß § 117 Abs. 2 ZPO beigefügt hat,[59] und zwar auch dann, wenn das Gericht über den Antrag nicht mehr innerhalb der Frist entscheiden konnte, zB weil noch weitere Unterlagen anzufordern waren oder wegen des bevorstehenden Fristendes.[60] Nach dem BSG[61] ist Wiedereinsetzung auch dann zu gewähren wenn der PKH-Antrag **abgelehnt** wurde und die Klage, Berufung oder Revision binnen eines Monats nach Zustellung der Entscheidung formgerecht eingelegt wurde. Dies gilt jedoch dann nicht, wenn der Beteiligte nicht von sei-

55 Jedoch auch § 2 PKHVV v. 17.10.1994, BGBl. 1994 I 3001.
56 Vgl. § 118 Abs. 2 ZPO.
57 Gall in jurisPK-SGG § 73 a Rn 76; zur Möglichkeit, Wiedereinsetzung in den vorigen Stand zu beantragen: BSG 24.10.2007 – B 5 a R 340/07 B, SozR 4-1500 § 73 a Nr. 6.
58 BSG 13.10.1992 – 4 RA 36/92, SozR 3-1500 § 67 Nr. 5, kritisch dazu Kornblum NJW 2006, 2888; dazu → § 67 Rn. 11.
59 BSG 13.10.1992 – 4 RA 36/92, SozR 3-1500 § 67 Nr. 5.
60 So auch Schmidt in Meyer-Ladewig/Keller/Leitherer/Schmidt § 73 a Rn. 5 d; Leopold in Roos/Wahrendorf § 73 a Rn. 20; aA eine sehr starke Meinung, vgl. Nachweise bei Knittel in Hennig § 73 a Rn. 11 f.: Wiedereinsetzung nur bei Revision und Nichtzulassungsbeschwerde gemäß § 160 a; in Verfahren ohne Anwaltszwang ist kein Beteiligter trotz Mittellosigkeit gehindert, den Rechtsbehelf zunächst selbst einzulegen. Dies übersieht jedoch, dass die Tätigkeit des Anwalts gerade erforderlich sein kann, um die Erfolgsaussicht zu begründen.
61 BSG 13.10.1992 – 4 RA 36/92, SozR 3-1500 § 67 Nr. 5.

ner Bedürftigkeit ausgehen durfte.[62] Da der Beschluss über eine PKH-Ablehnung oder eine Ratenzahlung unabhängig von der Möglichkeit, Rechtsmittel einzulegen (vgl. § 127 Abs. 2 und 3 ZPO), zwar in formeller, nicht aber in materieller Rechtskraft erwächst,[63] kann der **Antrag erneut gestellt** werden, insbesondere, wenn die Verhältnisse sich geändert haben oder neue Tatsachen/Begründungen vorgetragen werden.

IV. Verfahren

Die Bewilligung der PKH erfolgt gemäß § 119 Abs. 1 ZPO für jeden Rechtszug gesondert. Vor der Entscheidung, für die das Prozessgericht zuständig ist (§ 127 Abs. 1 ZPO), ist dem Prozessgegner Gelegenheit zur Stellungnahme zu geben (§ 118 Abs. 1 S. 1 ZPO), wenn dies nicht unzweckmäßig erscheint. Die Erklärung über die persönlichen und wirtschaftlichen Verhältnisse sowie die Belege dazu dürfen dem **Gegner nur mit Zustimmung des Antragstellers** zugänglich gemacht werden (§ 117 Abs. 2 S. 2 ZPO). **Dies gilt ebenso für Entscheidungsgründe**, die Angaben über die persönlichen und wirtschaftlichen Verhältnisse enthalten (§ 127 Abs. 1 S. 3 ZPO). Ist die PKH daher aus wirtschaftlichen Gründen abgelehnt worden, darf den übrigen Verfahrensbeteiligten nur der ablehnende Tenor der Entscheidung mitgeteilt werden. Das Gericht kann die Beteiligten zur Erörterung des Rechtsstreits laden, wenn eine Einigung zu erwarten ist (§ 118 Abs. 1 S. 3 ZPO). Es kann die **Glaubhaftmachung** der Angaben verlangen, insbesondere durch eine Versicherung an Eides statt (§ 118 Abs. 2 Satz 1 ZPO), Erhebungen anstellen und Urkunden anfordern, regelmäßig jedoch keinen Zeugen- und Sachverständigenbeweis erheben (§ 118 Abs. 2 Satz 3 ZPO). Hat der Antragsteller innerhalb einer vom Gericht gesetzten Frist Angaben gemäß § 117 Abs. 2 ZPO nicht glaubhaft gemacht oder bestimmte Fragen nicht oder ungenügend beantwortet, lehnt das Gericht den Antrag ab (§ 118 Abs. 2 S. 4 ZPO). Die Entscheidung ergeht gemäß § 127 Abs. 1 ZPO ohne mündliche Verhandlung durch **Beschluss**, es sei denn, dass der Antrag erst in der Verhandlung gestellt wird, auch dann aber nicht im Urteil, sondern durch gesonderten Beschluss. Das Gericht entscheidet auf der Grundlage einer **summarischen Überprüfung** der Erfolgsaussicht,[64] die wirtschaftlichen Verhältnisse sind glaubhaft zu machen, § 118 Abs. 2 ZPO. Durch das Gesetz zur Änderung des Prozesskostenhilfe- und Beratungshilferechts (→ Rn. 1) ist die Überprüfung der wirtschaftlichen Voraussetzungen gemäß **Abs. 4 und 5** wesentlich in die Hände des **Urkundsbeamten der Geschäftsstelle** gegeben. Die prozessual maßgebliche Entscheidungsbefugnis verbleibt jedoch auch hier bei dem Richter. Für den Zivilprozess wurde in § 20 Abs. 2 und 3 RPflG eine entsprechende Regelung aufgenommen; die Einfügung in § 73 a war erforderlich, weil in der Sozialgerichtsbarkeit die Aufgaben des Rechtspflegers weitgehend durch den Urkundsbeamten der Geschäftsstelle wahrgenommen werden. Im Bewilligungsverfahren führt dieser die Maßnahmen gemäß § 118 Abs. 1 und 2 ZPO zur Ermittlung der wirtschaftlichen Verhältnisse 18

62 BSG 22.2.1980 – 12 BK 24/79, SozR 1500 § 67 Nr. 15.

63 BGH 3.3.2004 – IV ZB 43/03, NJW 2004, 1805; Schmidt in Meyer-Ladewig/Keller/Leitherer/Schmidt § 73 a Rn. 13 g; Leopold in Roos/Wahrendorf § 73 a Rn. 79; Gall in jurisPK-SGG § 73 a Rn. 76.

64 BSG 28.9.2018 – B 9 V 22/18 B, juris; BSG 18.4.2016 – B 14 AS 150/15 BH, SozR 4-1500 § 144 Rn. 9; BSG 8.1.2010 – B 1 KR 119/09 B, juris; aA Schultzky in Zöller § 114 Rn. 24: vollständige Prüfung.

durch, kann hierzu auch einen Vergleich gemäß § 118 Abs. 1 Satz 2 ZPO protokollieren und dann, wenn die wirtschaftlichen Voraussetzungen nicht vorliegen, den Prozesskostenhilfeantrag ablehnen, § 118 Abs. 2 Satz 4 ZPO. Kommt der Urkundsbeamte zu dem Ergebnis, dass die wirtschaftlichen Voraussetzungen vorliegen, macht er einen Aktenvermerk, den er dem Vorsitzenden zur Entscheidung über die Prozesskostenhilfe vorlegt. Die **Befugnisse des Urkundsbeamten** hängen gemäß Abs. 4 Satz 1 davon ab, dass der Vorsitzende ihm die Aufgaben **im Einzelfall überträgt**; er kann sie gemäß Abs. 6 Satz 1 jederzeit wieder **an sich ziehen.** Durch die Verweisung auf die Normen des Rechtspflegergesetzes in **Abs. 6 Satz 2** ist klargestellt, dass der Urkundsbeamte zur Vorlage des Vorgangs an den Richter verpflichtet ist, wenn eine Vorlage an das Bundes- oder Landesverfassungsgericht in Betracht kommt (§ 5 Ab. 1 Nummer 1 RPflG), dass der Richter den gesamten Vorgang allein bearbeitet, wenn die Aufgaben so eng zusammenhängen, dass eine getrennte Bearbeitung nicht sachdienlich ist (§ 6 RPflG), dass der Richter unanfechtbar entscheidet, ob ein Geschäft von ihm oder dem Urkundsbeamten zu bearbeiten ist (§ 7 RPflG), dass ein dem Urkundsbeamten zugewiesenes Geschäft nicht dadurch unwirksam wird, dass der Richter es ausführt, dass ein Geschäft des Urkundsbeamten nicht dadurch unwirksam wird, dass es an der Übertragung durch den Richter fehlt oder die Voraussetzungen für die Übertragung nicht gegeben waren, dass der Urkundsbeamte § 5 Abs. 1 RPflG verletzt hat, dass ein Geschäft des Urkundsbeamten unwirksam ist, das ihm nicht übertragen wurde und nicht übertragen werden konnte, es sei denn, der Richter hat gemäß § 7 RPflG entschieden (§ 8 Abs. 1–4 RPflG) und dass der Urkundsbeamte bei seinen Entscheidungen unabhängig und nur dem Recht und Gesetz unterworfen ist (§ 9 RPflG). Im Fall, dass ein Berichterstatter bestellt ist, entscheidet dieser anstelle des Vorsitzenden (**Abs. 7**). Gemäß Abs. 9 kann **landesrechtlich** eine abweichende Regelung getroffen werden.

V. Inhalt und Wirkung der Entscheidung

19 **1. Entscheidungsinhalt.** Das Gericht entscheidet **für jeden Rechtszug gesondert** (§ 119 Abs. 1 ZPO), ob Prozesskostenhilfe bewilligt wird und legt ggf. die Höhe der monatlich zu zahlenden **Raten** fest, § 120 Abs. 1 S. 1 ZPO. Die Entscheidung über die Ratenzahlungen bzw. die aus dem Vermögen zu zahlenden Beträge soll gemäß **§ 120 a Abs. 1 ZPO** (dort auch zu den verschiedenen zu berücksichtigenden Faktoren der wirtschaftlichen Veränderung) bei einer wesentlichen **Änderung** der persönlichen und wirtschaftlichen Verhältnisse geändert werden. Eine Bewilligung ohne Ausspruch über eine Ratenzahlung ist eine endgültige PKH-Bewilligung ohne Ratenzahlung. Die Zahlungen gehen gemäß § 120 Abs. 2 ZPO an die Landeskasse, in Verfahren an den Bundesgerichten an die Bundeskasse, wenn nicht zuvor Prozesskostenhilfe bewilligt worden war. Sie sind vom Gericht zu überwachen. Es soll nach § 120 Abs. 3 ZPO die vorläufige Einstellung der Zahlungen bestimmen, wenn abzusehen ist, dass sie die Kosten (Anwalt und evtl. Gericht) decken oder wenn der Beteiligte, der beigeordnete Anwalt oder die Bundes- oder Landeskasse die Kosten gegen einen anderen am Verfahren Beteiligten geltend machen kann. Das Gericht soll in der PKH-Entscheidung den Zeitpunkt benennen, ab dem die Prozesskostenhilfe bewilligt wird, um insoweit Zweifel auszuschließen. Trifft es keine ausdrückliche Entscheidung über den Zeitpunkt der Wirksamkeit, ergeht die Entscheidung grundsätzlich mit **Wirkung für die Zukunft,** wenn jedoch das Gericht bei ordnungsge-

mäßem Geschäftsgang früher hätte entscheiden können, mit **Wirkung auf den Zeitpunkt des bewilligungsreifen Antrags.**[65] Das ist der Zeitpunkt, in dem der Antrag mitsamt der Erklärung über die persönlichen und wirtschaftlichen Verhältnisse vorliegt. Regelmäßig kann nicht auf einen Zeitpunkt vor dem vollständig vorliegenden Antrag abgestellt werden.[66] Bei rechtzeitigem vollständigem Antrag kann die Entscheidung auch noch nach Abschluss der Instanz, in Ausnahmefällen auch nach rechtskräftigem Abschluss des Verfahrens getroffen werden.[67] Mangels einer eindeutigen Zeitbestimmung sind die Raten sofort zu zahlen (vgl. § 271 BGB), enthält der Beschluss keine näheren Angaben über das Zahlungsziel und den Zahlungsempfänger, kann der Antragsteller die Zahlungsaufforderung der Landes- oder Bundeskasse abwarten. In dem Bewilligungsbescheid werden gemäß § 120 Abs. 1 ZPO auch die zu zahlenden Monatsraten festgesetzt.

2. Beiordnung. Die Bewilligung der Prozesskostenhilfe kann abstrakt ergehen, ohne dass ein Prozessvertreter beigeordnet wird.[68] § 121 Abs. 1 sieht die obligatorische Beiordnung nur in Verfahren vor, in denen Anwaltszwang besteht, und nach Abs. 2 erfolgt die Beiordnung nur auf Antrag. Gemäß **§ 121 Abs. 1 ZPO** wird einem Beteiligten in Verfahren, in denen die Vertretung durch einen **Rechtsanwalt** vorgeschrieben ist, nach seiner Wahl ein zur Vertretung bereiter Rechtsanwalt beigeordnet. Vertretungszwang besteht im SGG-Verfahren gemäß § 73 Abs. 4 nur vor dem BSG. In den übrigen Fällen wird gemäß **§ 121 Abs. 2 ZPO** auf Antrag ein zur Vertretung bereiter Rechtsanwalt oder eine Rechtsanwaltssozietät,[69] beigeordnet, wenn die Vertretung durch einen **Rechtsanwalt erforderlich** erscheint oder **der Gegner** durch einen Rechtsanwalt **vertreten ist.** Darüber hinaus kann im Sozialgerichtsverfahren gemäß § 73 a Abs. 1 Satz 3 idF des Gesetzes vom 31.8.2013 (→ Rn. 1) auch ein Steuerberater, Steuerbevollmächtigter, Wirtschaftsprüfer, vereidigter Buchprüfer oder Rentenberater beigeordnet werden. Dabei ist aber deren gemäß § 73 eingeschränkter Vertretungsrahmen zu beachten. Das Erfordernis anwaltlicher Vertretung (**1. Alt.**) kann nicht im Hinblick auf das **Amtsermittlungsprinzip** pauschal verneint werden. Es richtet sich nach Umfang und Schwierigkeit der Sache und der Fähigkeit des Beteiligten, sich mündlich und schriftlich auszudrücken.[70] Das Erfordernis der anwaltlichen Vertretung kann nicht verneint werden, weil ausschließlich Tatsachenfragen, zB das medizinische Leistungsvermögen umstritten sind. Zumindest wenn ein Gutachten einzuholen ist, wird die Erforderlichkeit anzunehmen sein.[71] Es kann nicht mit **mangelnden Sprachkenntnissen** begründet werden, denn dafür kommt die Beiziehung eines Dolmetschers in Betracht. Im Fall der Vertretung des Prozessgegners durch einen Anwalt (**2. Alt.**) wird auf das Erfordernis anwaltlicher Vertretung aus fachlichen Gründen nicht abgestellt. Nach hM ist die Regelung 20

65 BSG 2.12.1987 – 1 RA 25/87, SozR 1750 § 114 Nr. 8; Gall in jurisPK-SGG § 73 a Rn. 106; Schultzky in Zöller § 119 Rn. 21.

66 BGH 13.3.2014 – 4 StR 52/14, juris; BGH 30.9.1981 – IVb ZR 694/80, NJW 1982, 446; Keller in Meyer-Ladewig/Keller/Leitherer/Schmidt § 73 a Rn. 13 b.

67 HessLSG 18.7.2007 – L 7 B 40/07 SO, juris; Keller in Meyer-Ladewig/Keller/Leitherer/Schmidt § 73 a Rn. 13 c.

68 Gall in jurisPK-SGG § 73 a Rn. 114.

69 BGH 17.9.2008 – IV ZR 343/07, NJW 2009, 440.

70 BVerfG 18.12.2001 – 1 BvR 391/01, NZS 2002, 420; BVerfG 24.3.2011 – 1 BvR 1737/10, NJW 2011, 2039.

71 BVerfG 18.12.2001 – 1 BvR 391/01, NZS 2002, 420.

nicht anwendbar, wenn eine Behörde durch einen juristisch gebildeten Mitarbeiter vertreten wird.[72] Dies ist zweifelhaft, denn die Bewilligung der Prozesskostenhilfe dient der Herstellung der Rechtsschutzgleichheit und der Garantie des effektiven sozialen Rechtsschutzes.[73] Diese Grundsätze sind berührt, wenn die Gegenseite volljuristisch vertreten ist, unabhängig davon, ob die Vertretung ein Rechtsanwalt wahrnimmt.[74]

21 **3. Auswahl des Anwalts.** Der Antragsteller hat die **Wahl** unter den zur Vertretung bereiten Anwälten und Vertretern der anderen Berufsgruppen. Der **gewählte** Prozessvertreter kann das Mandat ablehnen. Findet der Beteiligte keinen zur Vertretung bereiten Anwalt, kann **der Vorsitzende des Gerichts** ihm auf Antrag einen Rechtsanwalt beiordnen, § 121 Abs. 5 ZPO. Der **beigeordnete** Anwalt ist gemäß § 48 Nr. 1 BRAO zur Vertretung verpflichtet. Sofern erforderlich, kann ein Anwalt auch für die Durchführung eines Termins zur Beweisaufnahme oder ein Verkehrsanwalt beigeordnet werden, § 121 Abs. 4 ZPO. Im Fall der Beweisaufnahme kann dies erforderlich sein, wenn der Beweistermin an anderem Ort stattfindet oder seine Wahrnehmung ausnahmsweise besondere Sachkenntnisse erfordert. Ein Verkehrsanwalt ist ausnahmsweise erforderlich, wenn der Anwalt und sein Mandant nicht am selben Ort wohnen und die persönliche Kontaktaufnahme nicht zumutbar ist, zB bei einem Umzug des Mandanten während des Verfahrens oder im Fall krankheitsbedingter Unmöglichkeit. Die Beiordnung ersetzt weder den Abschluss eines **Anwaltsvertrages** noch die Erteilung einer **Vollmacht.**[75] Ferner entsteht durch sie weder eine Weisungsgebundenheit des Anwalts gegenüber dem Gericht noch ein verwaltungsrechtliches Sonderverhältnis.

22 **4. Wirkung.** Mit der **Bewilligung** der Prozesskostenhilfe gehen die Ansprüche des Rechtsanwaltes gegenüber dem Beteiligten auf die **Landes- oder Bundeskasse** als Verpflichtete über. Dies ergibt sich mittelbar aus § 122 Abs. 1 Nr. 3 ZPO, nach dem der beigeordnete Anwalt Vergütungaussprüche gegen den Beteiligten nicht geltend machen kann, und aus § 45 Abs. 1 RVG, nach dem der Anwalt Vergütung aus der Bundes- oder Landeskasse erhält. In Höhe der Kostenerstattung durch die Kasse geht der Vergütungsanspruch des Anwalts gemäß § 59 RVG auf sie über. Im Falle eines Kostenerstattungsanspruchs des Beteiligten gegen die Gegenseite kann dieser somit von der Kasse geltend gemacht werden. In dem Fall kann der Rechtsanwalt seine Kosten gemäß § 126 Abs. 1 ZPO auch im **eigenen** Namen gegenüber dem Gegner geltend machen. Zu den Aufrechnungsmöglichkeiten des Prozessgegners vgl. § 126 Abs. 2 ZPO. Gemäß § 120 Abs. 3 ZPO ist der Rateneinzug zu überwachen und das vorläufige Ende der Ratenzahlung zu bestimmen, wenn diese die voraussichtlich entstehenden Kosten des Verfahrens decken oder diese anderweitig gedeckt werden können. Das Rateneinzugsverfahren betreibt gemäß § 73 a der Urkundsbeamte der Geschäftsstelle.

23 Gemäß **§ 120 a ZPO** soll die Entscheidung über die zu zahlenden Raten geändert werden, wenn sich die wirtschaftlichen Verhältnisse des Beteiligten wesentlich ändern. Eine Änderung ist gemäß § 120 a Abs. 2 Satz 2 ZPO gegeben, wenn die Differenz zwischen dem zugrunde gelegten und dem neuen Einkommen we-

72 BSG 17.2.1998 – B 13 RJ 83/97 R, SozR 3-1500 § 62 Nr. 19; BayLSG 18.2.1999 – L 18 B 141/98 SB PKH, Breith. 1999, 807; LSG RhPf 24.7.1981 – L 6 J 102/81, Breith. 1982, 79; Leopold in Roos/Wahrendorf § 73 a Rn. 68.
73 BVerfG 18.12.2001 – 1 BvR 391/01, NZS 2002, 420.
74 Wohl ebenso Gall in jurisPK-SGG § 73 a Rn. 118.
75 Leopold in Roos/Wahrendorf § 73 a Rn. 72.

nigstens 100,00 Euro übersteigt oder die Belastungen sich entsprechend verringern (Satz 3). Anders als nach altem Recht („kann" in § 120 Abs. 4 ZPO) ist die Vorschrift jetzt als Soll-Regelung ausgestaltet; im Regelfall muss daher eine **Abänderung** vorgenommen werden, lediglich in atypischen Fällen ist von der Änderung abzusehen. Der Beteiligte ist zu der jederzeitigen Erklärung verpflichtet, ob seine Verhältnisse sich geändert haben, § 120 a Abs. 1 Satz 3 ZPO. Für die Überprüfung muss der Beteiligte das Formular gemäß § 117 Abs. 3 ZPO benutzen (Satz 4). Insbesondere nach Abschluss des Verfahrens ist zu prüfen, ob im Falle eines Obsiegens der Beteiligte durch den Verfahrensausgang etwas erlangt hat (§ 120 a Abs. 3 ZPO). Die Überprüfungen nimmt gemäß § 73 a Abs. 5 der Urkundsbeamte der Geschäftsstelle vor. Sie ist gemäß § 120 a Abs. 1 Satz 4 ZPO lediglich innerhalb von 4 Jahren seit der rechtskräftigen Hauptsacheentscheidung oder der sonstigen Beendigung des Verfahrens zulässig. Die nachträgliche **Aufhebung der Bewilligung** von Prozesskostenhilfe ist in **§ 124 ZPO** geregelt. Sie soll vorgenommen werden bei unrichtigen Angaben über das Streitverhältnis (Nr. 1) oder absichtlich oder grob nachlässig gemachte Angaben über die persönlichen und wirtschaftlichen Verhältnisse (Nr. 2); innerhalb von 4 Jahren, wenn die persönlichen und wirtschaftlichen Verhältnisse nicht vorgelegen haben (Nr. 3); wenn der Beteiligte seiner Mitteilungspflicht über eine Änderung der Verhältnisse vorsätzlich oder grob fahrlässig nicht nachgekommen ist (Nr. 4) oder wenn die Ratenzahlung länger als 3 Monate in Rückstand geraten ist (Nr. 5). Mit der Aufhebung der Bewilligung entfallen deren Wirkungen, im Fall einer unterlassenen Änderungsmitteilung oder einem Verzug der Ratenzahlung aber erst vom Zeitpunkt der Aufhebung an.

VI. Rechtsmittel

Die Entscheidung über die PKH ergeht durch **Beschluss des Gerichts**. Ergeht er 24
außerhalb der mündlichen Verhandlung, wirken die ehrenamtlichen Richter nicht mit; beim LSG (oder BSG) beschließen grundsätzlich alle Berufsrichter. Der Senatsvorsitzende oder gemäß § 155 Abs. 4 der Berichterstatter entscheidet gemäß § 155 Abs. 2 Nr. 2 und 3 lediglich bei Klage- oder Berufungsrücknahme, Verzicht oder Anerkenntnis sowie bei Erledigung des Rechtsstreits in der Hauptsache allein über die Prozesskostenhilfe. Gegen die Ablehnung der Prozesskostenhilfe oder die Verpflichtung zur Ratenzahlung ist grundsätzlich die **Beschwerde** statthaft (§ 127 Abs. 2 S. 2 ZPO). Zu deren Einschränkungen gemäß § 172 Abs. 3 Nr. 2 → § 172 Rn. 14 ff. Spätestens seit dessen Neuregelung durch das BUK-NOG v. 19.10.2013 (BGBl. 2013 I 3836) ist klargestellt, dass das SGG auf § 127 Abs. 3 ZPO lediglich grundsätzlich verweist, im Übrigen aber eine eigenständige weitergehende Beschwerderegelung enthält. Gegen die Bewilligung von Prozesskostenhilfe kann nur die **Staatskasse** nach Maßgabe des § 127 Abs. 3 ZPO Beschwerde einlegen. Der Beschwerdeausschluss des § 172 Abs. 3 Nr. 2 SGG (Ablehnung ausschließlich wegen der persönlichen und wirtschaftlichen Verhältnisse) gilt nicht im Fall einer Entscheidung nach **§ 120 a ZPO** (→ Rn. 22), denn der Wortlaut (Ablehnung) ist eindeutig und erfasst keine Aufhebung und die wirtschaftlichen Interessen gestalten sich nachträglich anders als vor der Bewilligung der PKH, da der Beteiligte dann nicht mehr über das wirtschaftliche Risiko disponieren kann. Gegen die Entscheidungen des **Urkundsbeamten** nach § 73 a Abs. 4 und 5 kann binnen eines Monats das Gericht angerufen werden. Dieses entscheidet endgültig.

VII. Kosten

25 Für die Durchführung des PKH-Verfahrens erhält der Rechtsanwalt in Verfahren, in denen Kläger oder Beklagte Beteiligte im Sinne des **§ 183** sind und in denen Betragsrahmengebühren im Sinne des § 3 RVG zu erheben sind, gemäß Nr. 3336 des VV zu § 13 RVG eine **Gebühr** in Höhe von 30 bis 320 Euro, für die Durchführung des Beschwerdeverfahrens gemäß Nr. 3501 des VV in Höhe von 15 bis 160 Euro. Die Gebühr entsteht für jeden Rechtszug/Antrag neu. **Gerichtskosten** fallen gemäß § 184 nicht an. In Verfahren nach **§ 197 a** erhält der Rechtsanwalt für die Durchführung des PKH-Verfahrens gemäß Nr. 3335 VV eine **1,0-Gebühr** und für die Durchführung des Beschwerdeverfahrens gemäß Nr. 3500 VV eine 0,5-Gebühr. **Gerichtskosten** fallen im Antragsverfahren nicht an, für die Durchführung des Beschwerdeverfahrens fällt gemäß Nr. 7504 des Kostenverzeichnisses eine Gebühr in Höhe von 50 Euro an, wenn die Beschwerde verworfen wird; wird ihr stattgegeben, wird keine Gebühr fällig. Für das Beschwerdeverfahren sind in jedem Fall Kosten nicht zu erstatten (§ 127 Abs. 4 ZPO).

§ 74 [Streitgenossenschaft; Hauptintervention]

Die §§ 59 bis 65 der Zivilprozeßordnung über die Streitgenossenschaft und die Hauptintervention gelten entsprechend.

I. Allgemeines

1 **1. Gesetzesentstehung.** § 74 gilt in der Fassung des SGG vom 23.9.1975 (BGBl. 1975 I 2335). Die in Bezug genommenen Regelungen der ZPO gelten in der Neufassung der ZPO vom 5.12.2005 (BGBl. 2005 I 3202).

2 **2. Normzweck.** Die Vorschrift verweist für die Streitgenossenschaft und die Hauptintervention auf die entsprechenden Regelungen der ZPO. Sie wird im Übrigen durch die Beiladung gemäß § 75 ergänzt, die an die Stelle der Streithilfe (§§ 66 ff. ZPO) und der Streitverkündung (§§ 72 ff. ZPO) tritt. Die Beiladung hat im sozialgerichtlichen Verfahren eine wesentlich größere Bedeutung als die Streitgenossenschaft und Hauptintervention, um Dritte neben dem Kläger und dem Beklagten am Verfahren zu beteiligen. Die prozessrechtliche notwendige Streitgenossenschaft und die notwendige Beiladung nach § 75 Abs. 2 haben die gleichen Voraussetzungen. Sofern der Streitgenosse sich nicht als Hauptbeteiligter bereits am Rechtstreit beteiligt, ist er daher beizuladen. Im Fall der materiellrechtlichen notwendigen Streitgenossenschaft reicht die Beiladung dagegen nicht aus, um die Rechtsfolgen zu erzielen; es ist eine Klageerweiterung auf Kläger- oder Beklagtenseite erforderlich, anderenfalls ist die Klage unzulässig oder unbegründet.

3 **3. Parallelvorschriften.** Entsprechende Vorschriften sind §§ 64 VwGO, 59 FGO. Eine Beteiligung Dritter am Verwaltungsverfahren ist mit anderem Inhalt in § 12 Abs. 2 SGB X (Hinzuziehung) geregelt.

II. Streitgenossenschaft

1. Begriffe. Die **aktive Streitgenossenschaft** entsteht, wenn mehrere Kläger, die **passive,** wenn mehrere Beklagte dasselbe Verfahren führen und dadurch eine **subjektive Beteiligtenhäufung** entsteht. Da in demselben Verfahren mehrere Klagebegehren zusammengefasst werden, ist eine subjektive Klagehäufung nur zulässig, wenn zugleich die Voraussetzungen der **objektiven Klagehäufung** (§ 56 ZPO: derselbe Verfahrensgegner, Zusammenhang der Klagebegehren, Zuständigkeit desselben Gerichts) vorliegen. Bei der Streitgenossenschaft prozessieren mehrere selbstständige Personen miteinander, daher müssen die Prozessvoraussetzungen für alle Streitgenossen vorliegen. Die Streitgenossenschaft kann entweder durch gemeinsame Klageerhebung auf Kläger- oder Beklagtenseite oder durch einen Verbindungsbeschluss gemäß § 113 Abs. 1 entstehen. Es bestehen stets mehrere Prozessrechtsverhältnisse, die selbstständig und unabhängig voneinander von den Streitgenossen zu führen sind. 4

2. Einfache Streitgenossenschaft, §§ 59, 60 ZPO. Sie ist gegeben, wenn **mehrere Personen** wegen desselben Streitgegenstandes eine Rechtsgemeinschaft bilden oder aus demselben rechtlichen und tatsächlichen Grund klagen oder verklagt werden (§ 59 ZPO), außerdem, wenn die erhobenen **Ansprüche bzw. Verpflichtungen** gleichartig sind und auf einem im Wesentlichen gleichartigen tatsächlichen und rechtlichen Grund beruhen (§ 60 ZPO). Während im ersten Fall eine Identität des Streitgegenstandes besteht (zB mehrere Gesellschafter einer BGB-Gesellschaft klagen gegen einen Beitragsbescheid, der gegen die Gesellschaft ergangen ist (allerdings sieht die neuere Rechtsprechung in diesen Fällen zunehmend die BGB-Gesellschaft selbst als parteifähig an, → § 70 Rn. 3), ist der Streitgegenstand im zweiten Fall lediglich rechtlich und tatsächlich gleichartig, zB mehrere Arbeitnehmer mit gleichen Arbeitsverträgen desselben Arbeitgebers klagen gegen die Feststellung der Versicherungspflicht ihres Arbeitsverhältnisses. Gemäß **§ 61 ZPO** wirken sich die Prozesshandlungen des einen Streitgenossen für die anderen Streitgenossen rechtlich weder vor- noch nachteilig aus. Jeder Streitgenosse muss daher **selbst die erforderlichen Prozesshandlungen,** zB Rechtsbehelfe vornehmen, es kann hinsichtlich der einzelnen Streitgenossen durch **Teilurteil** entschieden werden, die **Rechtskraft** tritt für jeden Streitgenossen getrennt ein. Jeder Streitgenosse kann nur in den Verfahren der anderen als **Zeuge** auftreten. 5

3. Notwendige Streitgenossenschaft, § 62 ZPO. Sie liegt vor, wenn das streitige Rechtsverhältnis allen Streitgenossen gegenüber **nur einheitlich** festgestellt werden kann oder **aus sonstigem Grund.** Die erste Alternative (prozessrechtliche, unechte Streitgenossenschaft) liegt insbesondere bei einer Rechtskrafterstreckung vor (vgl. §§ 326, 327 BGB bei Nacherbfolge und Testamentsvollstreckung).[1] Die zweite Alternative (materiellrechtliche, echte Streitgenossenschaft) liegt vor, wenn eine Klage nur durch oder gegen mehrere Personen erhoben werden kann und sie anderenfalls als unzulässig abzuweisen wäre.[2] Beispiele notwendiger Streitgenossenschaft: Rechtsnachfolger eines verstorbenen Leistungs- 6

---

1 Vgl. die Fälle bei Althammer in Zöller § 62 Rn. 3 ff.; BGH 26.10.1984 – V ZR 67/83, NJW 1985, 385: abgelehnt für Miteigentümer.

2 BGH 4.5.1984 – V ZR 82/83, NJW 1984, 2210; vgl. Überblick über die Fallgruppen bei Althammer in Zöller § 62 Rn. 12 ff.

beziehers,[3] Miterben,[4] Gesamthandsverhältnisse,[5] Verfahren um Zuschlag der Vergabekammer des Bundes für den Abschluss von Rabattvereinbarungen.[6] Zwar führen bei der notwendigen Streitgenossenschaft die Streitgenossen **eigene, selbstständige Verfahren**, die jedoch hinsichtlich der **Fristenwahrung** und der **Terminswahrnehmung** mit den anderen Verfahren verknüpft sind. Gemäß § 62 Abs. 1 ZPO werden säumige notwendige Streitgenossen durch die nicht säumigen vertreten. Da die Fristen für jeden Streitgenossen jedoch getrennt laufen, vermag nur die Prozesshandlung Fristen zu wahren, die innerhalb der für den jeweiligen Streitgenossen laufenden Frist vorgenommen wurde. Es gilt nicht die jeweils längste Frist irgendeines Streitgenossen. Umstritten ist, ob ein Streitgenosse nur für sein eigenes Verfahren Rechtsmittel einlegen kann. Dem würde die Tatsache entgegenstehen, dass das Rechtsmittel eines Streitgenossen die Rechtskraft einer Entscheidung auch gegenüber den anderen Streitgenossen hindert und dass in dem nächsten Rechtszug alle Verfahren Gegenstand sind.[7] Daher gelangen durch das fristgemäße Rechtsmittel eines Streitgenossen auch die Verfahren der übrigen Streitgenossen in die nächste Instanz, zumindest in den Fällen der echten Streitgenossenschaft.[8] Eine Rechtsbehelfsbelehrung nur für einzelne Streitgenossen hindert den Eintritt der Rechtskraft gegenüber den anderen, so dass diese auch nach Monatsfrist noch Rechtsmittel einlegen können, an denen die anderen Streitgenossen zu beteiligen sind.[9] Nach überwiegender Meinung wird das mitgezogene Rechtsmittelverfahren allerdings nicht fortgeführt, wenn der das Rechtsmittel einlegende Streitgenosse sein Rechtsmittel zurücknimmt.[10] Ebenso wirkt sich ein Anerkenntnis nur in der Person des anerkennenden Streitgenossen aus, wenn die anderen das Verfahren fortführen. Im Übrigen werden die Bindungswirkungen der Prozesshandlungen einzelner Streitgenossen differenziert betrachtet.[11]

7 Die Notwendigkeit einer einheitlichen Entscheidung bringt es mit sich, dass sie erst mit der Erledigung der Verfahren aller Streitgenossen rechtskräftig wird und im Falle materiellrechtlicher Streitgenossenschaft alle Streitgenossen bindet.[12] Ein **Teilurteil** darf nicht ergehen; ergeht es verfahrensfehlerhaft, so kann es in formelle und materielle Bindungswirkung erwachsen, entfaltet gegenüber den Streitgenossen jedoch keine Rechtskraftwirkung. Bei gemeinsamer materiellrechtlicher Verfügungsbefugnis können auch **nur gemeinsame Prozessverfügungen** (Vergleich, Anerkenntnis, Verzicht, Klagrücknahme) vorgenommen werden.

---

3 BSG 8.2.2018 – B 11 SF 1/18 S, juris.
4 BSG 22.11.2016 – B 4 SF 37/16 S, juris.
5 BSG 24.12.2012 – B 12 SF 2/12 S, juris.
6 BSG 19.12.2007 – B 12 SF 10/07 S, juris.
7 BSG 28.1.1982 – 5 a/5 RKn 7/80, juris; aA Althammer in Zöller § 62 Rn. 32 mit der Begründung, der (säumige) Streitgenosse werde Streitgenosse im Verfahren des anderen.
8 BSG 25.2.2015 – B 3 P 15/14 B, SozR 4-1500 § 75 Nr. 18; BSG 23.7.2002 – B 3 KR 23/01 R, SozR 3-2500 § 111 Nr. 3; Schmidt in Meyer-Ladewig/Keller/Leitherer/Schmidt § 74 Rn. 6.
9 BSG 28.9.2006 – B 3 KR 28/05 R, SozR 4-2500 § 139 Nr. 2.
10 BSG 30.7.1971 – 2 RU 241/68, BSGE 33, 99.
11 S. Überblick bei Althammer in Zöller § 62 Rn. 24 ff.; Kayser in HK-ZPO § 62 Rn. 16.
12 BGH 12.1.1996 – V ZR 296/94, NJW 1996, 1062.

III. Hauptintervention, §§ 64, 65 ZPO

Die Einmischungsklage, bei der jemand die streitgegenständliche Sache oder das Recht für sich in Anspruch nimmt, hat in dem SG-Verfahren keine praktische Bedeutung.[13] 8

§ 75 [Beiladung]

(1) [1]Das Gericht kann von Amts wegen oder auf Antrag andere, deren berechtigte Interessen durch die Entscheidung berührt werden, beiladen. [2]In Angelegenheiten des sozialen [ab 1.1.2024: *Sozialen*] Entschädigungsrechts ist die Bundesrepublik Deutschland auf Antrag beizuladen.

(2) Sind an dem streitigen Rechtsverhältnis Dritte derart beteiligt, daß die Entscheidung auch ihnen gegenüber nur einheitlich ergehen kann oder ergibt sich im Verfahren, daß bei der Ablehnung des Anspruchs ein anderer Versicherungsträger, ein Träger der Grundsicherung für Arbeitsuchende, ein Träger der Sozialhilfe einschließlich der Leistungen nach Teil 2 des Neunten Buches Sozialgesetzbuch, ein Träger der Leistungen nach dem Asylbewerberleistungsgesetz oder in Angelegenheiten des sozialen [ab 1.1.2024: *Sozialen*] Entschädigungsrechts ein Land als leistungspflichtig in Betracht kommt, so sind sie beizuladen.

(2 a) [1]Kommt nach Absatz 2 erste Alternative die Beiladung von mehr als 20 Personen in Betracht, kann das Gericht durch Beschluss anordnen, dass nur solche Personen beigeladen werden, die dies innerhalb einer bestimmten Frist beantragen. [2]Der Beschluss ist unanfechtbar. [3]Er ist im Bundesanzeiger bekannt zu machen. [4]Er muss außerdem in im gesamten Bundesgebiet verbreiteten Tageszeitungen veröffentlicht werden. [5]Die Bekanntmachung kann zusätzlich in einem von dem Gericht für Bekanntmachungen bestimmten Informations- und Kommunikationssystem erfolgen. [6]Die Frist muss mindestens drei Monate seit der Bekanntgabe betragen. [7]Es ist jeweils anzugeben, an welchem Tag die Antragsfrist abläuft. [8]Für die Wiedereinsetzung in den vorigen Stand wegen Fristversäumnis gilt § 67 entsprechend. [9]Das Gericht soll Personen, die von der Entscheidung erkennbar in besonderem Maße betroffen werden, auch ohne Antrag beiladen.

(2 b) [1]In Verfahren gegen Entscheidungen nach § 7 a Absatz 1 Satz 3, § 28 h Absatz 2 und § 28 p Absatz 1 Satz 5 des Vierten Buches Sozialgesetzbuch sind andere Versicherungsträger abweichend von Absatz 2 nur auf deren Antrag beizuladen. [2]Das Gericht benachrichtigt die anderen Versicherungsträger über die Erhebung einer entsprechenden Klage und über die Möglichkeit der Beiladung auf Antrag. [3]Das Gericht setzt den anderen Versicherungsträgern für die Antragstellung eine angemessene Frist. [4]Für die Wiedereinsetzung in den vorigen Stand wegen Fristversäumnis gilt § 67 entsprechend. [5]Das Gericht kann Versicherungsträger auch von Amts wegen beiladen.

(3) [1]Der Beiladungsbeschluß ist allen Beteiligten zuzustellen. [2]Dabei sollen der Stand der Sache und der Grund der Beiladung angegeben werden. [3]Der Beschluß, den Dritten beizuladen, ist unanfechtbar.

(4) [1]Der Beigeladene kann innerhalb der Anträge der anderen Beteiligten selbständig Angriffs- und Verteidigungsmittel geltend machen und alle Verfahrens-

---

13 S. dazu Althammer in Zöller, Kommentierung zu §§ 64, 65.

handlungen wirksam vornehmen. ²Abweichende Sachanträge kann er nur dann stellen, wenn eine Beiladung nach Absatz 2 vorliegt.

(5) Ein Versicherungsträger, ein Träger der Grundsicherung für Arbeitsuchende, ein Träger der Sozialhilfe einschließlich der Leistungen nach Teil 2 des Neunten Buches Sozialgesetzbuch, ein Träger der Leistungen nach dem Asylbewerberleistungsgesetz oder in Angelegenheiten des sozialen [ab 1.1.2024: *Sozialen*] Entschädigungsrechts ein Land kann nach Beiladung verurteilt werden.

I. Allgemeines

1 **1. Gesetzesentstehung.** Die Vorschrift in der Fassung des SGG vom 23.9.1975 (BGBl. 1975 I 2335) ist durch das 6. Gesetz zur Änderung des Sozialgerichtsgesetzes vom 17.8.2001 (BGBl. 2001 I 2144) geändert worden, indem Abs. 1 Satz 2, Abs. 2 und Abs. 5 an § 10 SGG angepasst und statt der Kriegsopferversorgung das soziale Entschädigungsrecht eingefügt wurde. Ferner wurde Abs. 2 a eingefügt. Durch das Justizkommunikationsgesetz vom 22.3.2005 (BGBl. 2005 I 837) ist Abs. 2 a Satz 3 geändert worden durch Einfügung des Wortes „elektronisch", Satz 5 ist eingefügt worden und die bisherigen Sätze 5 bis 8 wurden Sätze 6 bis 9. Durch das Gesetz zur Fortentwicklung der Grundsicherung für Arbeitsuchende vom 20.7.2006 (BGBl. 2006 I 1706) wurden Abs. 2 und 5 durch die Einfügung der Träger der Grundsicherung für Arbeitsuchende ergänzt. Durch Art. 2 Ziffer 33 des Gesetzes vom 22.12.2011 (BGBl. 2011 I 3044) wurde mit Wirkung vom 1.4.2012 in Abs. 2 a Satz 3 das Wort „elektronisch" gestrichen, weil der Bundesanzeiger gemäß Art. 1 § 5 Abs. 1 des Gesetzes nur noch in elektronischer Form geführt wird. Durch Art. 2 des Gesetzes zur Änderung des Asylbewerberleistungsgesetzes und des Sozialgerichtsgesetzes vom 10.12.2014 (BGBl. 2014 I 2187) sind mit Wirkung vom 19.12.2014 die Träger der Leistungen nach dem Asylbewerberleistungsgesetz in Abs. 2 und 5 eingefügt worden. Durch Art. 20 Abs. 2 des Bundesteilhabegesetzes vom 23.12.2016 (BGBl. 2016 I 3234) ist mWv 1.1.2020 in Abs. 5 der Zusatz hinsichtlich der Leistungen nach Teil 2 SGB IX (Eingliederungshilfe) eingefügt worden. Durch Art. 16 des Gesetzes zur Regelung des Sozialen Entschädigungsrechts vom 12.12.2019 (BGBl. 2019 I 2652) sind mit Wirkung vom 1.1.2024 Abs. 1 Satz 2 und Abs. 2 redaktionell an die Großschreibung angepasst worden. Art. 10 Nr. 4 des 7. SGB IV-Änderungsgesetzes vom 12.6.2020 (BGBl. 2020 I 1248) fügte Abs. 2 b ein.

2. Normzweck. Die Beiladung ergänzt die Möglichkeit des § 74 zur Beteiligung (§ 69) Dritter an einem Gerichtsverfahren, wobei sie eine wesentlich größere praktische Bedeutung als die Streitgenossenschaft und Hauptintervention hat. Während dort die Dritten nach dem Willen der Beteiligten Hauptbeteiligte sind, werden bei der Beiladung Dritte durch gerichtliche Entscheidung in ein fremdes Verfahren hineingezogen. Der Beigeladene verfolgt keinen eigenen Klaganspruch;[1] die Beiladung setzt einen **bereits und noch anhängigen Rechtsstreit** voraus. Sie übernimmt in den öffentlich-rechtlichen Gerichtsverfahren die Funktion der Streithilfe und Streitverkündung (§§ 66–74 ZPO). Zweck der Beiladung: Rechtskrafterstreckung des Urteils (§ 141 Abs. 1 Nr. 1) und damit Prozessökonomie, Möglichkeit besserer Sachaufklärung durch Einbeziehung des Dritten und Berücksichtigung dessen Interessen.[2] Die Beiladung kann in Haupt- und Nebenverfahren erfolgen. Der Beigeladene muss in seiner Person die **allgemeinen Prozessvoraussetzungen** erfüllen, zB Beteiligtenfähigkeit (§ 70), Prozessfähigkeit (§ 71). Wer am Verfahren bereits beteiligt ist, kann nicht mehr beigeladen werden. Die Beiladung beteiligungsfähiger Behörden im Verfahren des Rechtsträgers bestimmt sich nach den Bestimmungen des zulässigen In-sich-Prozesses (→ § 69 Rn. 4). § 75 unterscheidet zwischen einfacher (Abs. 1) und notwendiger Beiladung (Abs. 2). § 69 Nr. 3 gilt für beide Beigeladenen. Zum Verhältnis der Beiladung zur Streitgenossenschaft → § 74 Rn. 1. 2

Entsprechende, inhaltlich aber abweichende Vorschriften: §§ 65, 66 VwGO, 60 FGO.

II. Einfache Beiladung – Abs. 1

Gemäß § 75 Abs. 1 S. 1 kann das Gericht von Amts wegen oder auf Antrag jemanden beiladen, dessen **berechtigte Interessen** durch die Entscheidung berührt werden. Dieser Begriff ist weit auszulegen und erfasst nicht nur rechtliche,[3] sondern auch wirtschaftliche,[4] ideelle oder sonstige tatsächliche Interessen.[5] Allerdings sollte nicht in jedem Fall einer Berührung eines Dritten mit dem Verfahrensgegenstand eine Beiladung vorgenommen werden, etwa bei allgemeinen oder rechtspolitischen Interessen.[6] Die einfache Beiladung liegt im **Ermessen** des Gerichts, auch wenn der Betreffende oder die Beteiligten einen Antrag stellen. Denn es besteht – abgesehen von § 75 Abs. 1 S. 2 – **kein Rechtsanspruch** auf die einfache Beiladung;[7] erfolgt sie nicht, obwohl ihre Voraussetzungen vorliegen, stellt dies keinen Verfahrensfehler dar, sondern ist vom Ermessen des Gerichts umfasst.[8] Ein spezieller Fall besteht nach dem Wortlaut des § 75 Abs. 1 S. 2, wenn in Angelegenheiten des sozialen Entschädigungsrechts die **Bundesrepublik** 3

---

1 BSG 11.7.1974 – 4 RJ 339/73, SozR 1500 § 75 Nr. 2.
2 BSG 31.8.1983 – 2 RU 65/82, SozR 1500 § 75 Nr. 49.
3 So § 65 Abs. 1 VwGO.
4 BSG 15.4.2008 – B 14/7 b AS 58/06 R, SozR 4-4200 § 9 Nr. 5; BSG 16.3.1998 – 4 RK 2/88, SozR 1500 § 75 Nr. 75.
5 BSG 24.10.2013 – B 13 R 35/12 R, SozR 4-2600 § 118 Nr. 12; BSG 19.2.1996 – 6 RKa 40/93, NZS 1996, 400: ethische, ideelle, soziale, kulturelle, wirtschaftliche oder sonstige tatsächliche Interessen.
6 ZB keine Beiladung der KBV und der Spitzenverbände der Krankenkassen bei Auslegung der Bundesmantelverträge; BSG 8.4.1992 – 4 RKa 24/90, SozR 3-5533 Allg Nr. 1.
7 Straßfeld in Roos/Wahrendorf § 75 Rn. 36.
8 BSG 5.6.2013 – B 6 KA 28/12 R, NZS 2013, 912; BSG 28.9.2005 – B 6 KA 71/04 R, SozR 4-2500 § 83 Nr. 2.

Deutschland die Beiladung beantragt; sie ist auf Antrag **notwendig** beizuladen. Ist gegen den Dritten, Beizuladenden bereits ein rechtskräftiges Urteil ergangen (wegen §§ 44, 45 SGB X fraglich, ob dies auch im Fall eines ergangenen, bestandskräftigen Verwaltungsakts gilt), berührt das Verfahren keine berechtigten Interessen des Dritten mehr, so dass die Voraussetzungen der einfachen Beiladungen nicht mehr erfüllt sind.[9] Liegen die Voraussetzungen für eine einfache, nicht aber für eine notwendige Beiladung vor, kann das Gericht die erfolgte notwendige Beiladung abändern,[10] zwingend ist dies nicht.

III. Notwendige Beiladung – Abs. 2

4 **1. Voraussetzungen.** Die notwendige Beiladung ist abgesehen von der Regelung des § 75 Abs. 1 Satz 2 **zwingend** unter zwei alternativen Voraussetzungen vorzunehmen: wenn an dem streitigen Rechtsverhältnis Dritte derart beteiligt sind, dass die Entscheidung auch ihnen gegenüber nur einheitlich ergehen kann (1. Alt., **echte notwendige Beiladung**); wenn sich im Verfahren ergibt, dass bei der Ablehnung des Anspruchs ein anderer Versicherungsträger, ein Träger der Leistungen nach dem SGB II, SGB XII oder AsylbLG oder – in Angelegenheiten des sozialen Entschädigungsrechts – ein Land leistungspflichtig sein kann (2. Alt., **unechte notwendige Beiladung**). Die Beiladung muss in diesen Fällen ohne Antrag von Amts wegen vorgenommen werden, auch im Fall eines unzulässigen Rechtsmittels.[11] Bislang ist nicht abschließend geklärt, ob eine erfolgte einfache Beiladung eine unterbliebene notwendige Beiladung heilt.[12] Nach dem Sinn der notwendigen Beiladung, den Dritten am Rechtsstreit zu beteiligen und ihm prozessuale Gestaltungsmöglichkeiten einzuräumen, ist das jedenfalls dann zu bejahen, wenn der Beigeladene keine abweichenden Sachanträge stellt (§ 75 Abs. 4 Satz 2).[13] Darüber hinausgehend kommt es darauf an, ob die konstitutive Wirkung des Beiladungsbeschlusses[14] nicht nur die Beteiligung des Beigeladenen am Rechtsstreit als solche, sondern auch deren Art betrifft. Auf eine notwendige Beiladung besteht ein **Rechtsanspruch**, auch für den Beizuladenden, da durch die Entscheidung in seine Rechtssphäre eingegriffen wird. Die unterbliebene notwendige Beiladung führt dazu, dass das Urteil nur Bindungswirkung gegenüber den am Verfahren Beteiligten erlangt, nicht aber gegenüber dem nicht beigeladenen Dritten.[15] Es wäre keine systematische Erklärung dafür zu erkennen, warum die Verfahrensbeteiligten durch das Urteil nicht gebunden würden, der wesentliche Verfahrensmangel der unterbliebenen Beiladung hat nur zur Folge, dass die verfahrensrechtliche und materiellrechtliche Bindung zum Dritten nicht hergestellt ist, hindert aber die prozessrechtlichen Beziehungen der Beteiligten untereinander nicht.

---

9 Schmidt in Meyer-Ladewig/Keller/Leitherer/Schmidt § 75 Rn. 8; Gall in jurisPK-SGG § 75 Rn. 33; anders wohl ThürLSG 9.1.2006 – L 6 R 885/05, juris und Fock in Breitkreuz/Fichte § 75 Rn. 14, die die Beiladung dann zumindest noch für möglich, möglicherweise aber nicht für opportun halten.
10 BSG 22.4.2009 – B 3 KR 24/07 R, SozR 4-2500 § 109 Nr. 18.
11 BSG 25.10.2012 – B 9 VJ 5/10 B, juris.
12 Offen gelassen in BSG 6.3.1986 – 12 RK 23/83juris.
13 BSG 28.9.1961 – 3 RK 72/57, NJW 1962, 223.
14 Straßfeld in Roos/Wahrendorf § 75 Rn. 7.
15 BSG 4.6.2002 – B 12 KR 36/01 R, juris; BSG 14.12.1978 – 2 BU 183/78, juris; Schmidt in Meyer-Ladewig/Keller/Leitherer/Schmidt § 75 Rn. 13 f. mit Differenzierung bei stattgebenden Gestaltungsurteilen – Rn. 13 g; Gall in jurisPK-SGG § 75 Rn 173; Kopp/Schenke § 65 Rn. 43; anders BVerwG 27.3.1963 – V C 96.62, BVerwGE 16/23.

2. Eingriff in Rechtssphäre. Die Voraussetzungen der **ersten Alternative** sind erfüllt, wenn die Entscheidung über den Rechtsstreit **unmittelbar in die Rechtssphäre des Dritten eingreifen kann** und sie begründet, feststellt, gestaltet oder aufhebt. Die Entscheidung muss einheitlich gegenüber einem Verfahrensbeteiligten und dem Beigeladenen ergehen. Dies ist der Fall, wenn die Entscheidung nicht getroffen werden kann, ohne dass zwangsläufig unmittelbar die Rechte des Dritten positiv oder negativ betroffen sind. Die **Möglichkeit** dieser Folge ist ausreichend. Die Beiladung ist daher auch dann notwendig, wenn ein Rechtseingriff nur im Fall einer bestimmten Entscheidungsalternative erfolgt. Die Berührung muss rechtlich angelegt sein, tatsächliche oder logische Gründe sind für eine notwendigerweise einheitliche Entscheidung in diesem Sinne noch nicht ausreichend.[16] Vielmehr ist eine wenigstens teilweise **Identität des Streitgegenstandes** erforderlich.[17] Hierfür reicht es auch nicht, dass die Entscheidung eine Vorfrage für die Rechtsbeziehung zwischen einem Hauptbeteiligten und dem Dritten berührt. Maßgeblich ist die materielle Rechtslage. 5

3. Zuständigkeit eines anderen Leistungsträgers. Bei der **zweiten Alternative** ist die **Identität des Streitgegenstandes** nicht erforderlich; sie wird auch kaum vorliegen, weil der Anspruch gegenüber dem anderen Leistungsträger auf eine andere Leistung gerichtet ist. Vielmehr reicht es aus, dass sich im Verlauf des Verfahrens die **ernsthafte Möglichkeit** der Leistungspflicht eines Sozialversicherungsträgers, eines Leistungsträgers nach dem SGB II, SGB XII oder AsylbLG oder in Versorgungssachen des Versorgungsträgers ergibt („in Betracht kommt").[18] Dies bedeutet nicht, dass mit dem negativen Verfahrensausgang der Anspruch gegen den Beigeladenen feststeht; vielmehr ist er lediglich als möglich gegeben und richtet sich nach seinen eigenen materiellen Voraussetzungen. Daher braucht für die Frage der Beiladung der alternative Anspruch im Verfahren nicht vollständig geprüft zu werden.[19] Regelmäßig wird eine Identität der Leistungsansprüche gegen den beklagten und beigeladenen Leistungsträger auszuschließen sein, die Ansprüche müssen sich aber gegenseitig ausschließen. 6

4. Beispiele. Die Fälle, in denen eine Beiladung notwendig ist, sind unübersehbar:[20] Die **notwendige Beiladung** wurde zB **bejaht**: des Sozialhilfeträgers bei Streit über Leistung, wenn er den Anspruch nach § 90 BSHG übergeleitet hat;[21] des Versicherten bei Erstattungsstreit zwischen Sozialhilfe- und Sozialversicherungsträger;[22] des Heimträgers bei Streit zwischen Sozialhilfeempfänger und Sozialhilfeträger über die Höhe der zu übernehmenden Heimkosten;[23] der Betriebsvertretung bei Streit über Kurzarbeitergeld;[24] des Arbeitnehmers bei Streit über die Berechnung der Beiträge zur gesetzlichen Kranken- und Rentenversi- 7

16 BSG 13.5.1981 – 7 RAr 102/79, SozR 1500 § 75 Nr. 34.
17 BSG 11.12.1990 – 1 RR 2/88, SozR 3-1500 § 75 Nr. 7.
18 BSG 8.12.1988 – 2 RU 15/88, SozR 1500 § 75 Nr. 74.
19 Breitkreuz in Breitkreuz/Fichte § 75 Rn. 5.
20 Vgl. die ausführliche Übersicht bei Ulmer in Hennig § 75 Rn. 55–121; Gall in jurisPK-SGG § 75 Rn. 53–108; Schmidt in Meyer-Ladewig/Keller/Leitherer/Schmidt § 75 Rn. 10 a ff.; Straßfeld in Roos/Wahrendorf § 75 Rn. 79–188; – unter dem Stichwort „notwendige Beiladung" finden sich 555 Einträge über Entscheidungen des BSG in juris.
21 BSG 21.7.1981 – 7 RAr 26/80, SozR 1500 § 75 Nr. 37; BSG 2.2.2010 – B 8 SO 20/08 R, SGb 2010, 227.
22 BSG 15.11.1989 – 5 RJ 41/89, SozR 1500 § 75 Nr. 80.
23 BSG 2.2.2010 – B 8 SO 20/08 R, SGb 2010, 227.
24 BSG 29.8.1974 – 7 RAr 17/72, SozR 1500 § 75 Nr. 4; ebenso Schlechtwettergeld, Wintergeld.

cherung für Empfänger von Kurzarbeitergeld;[25] der Versorgungseinrichtung bei Rechtsstreit über Verpflichtung der BA, Beiträge an sie zu entrichten;[26] des Arbeitgebers oder Arbeitnehmers und der übrigen Sozialversicherungsträger bei Streit über Sozialversicherungspflicht (vgl. jedoch Abs. 2 b, → Rn. 8);[27] der Krankenkasse bei Streit über Anspruch auf ALG, hilfsweise Krankengeld;[28] des neuen Krankenversicherungsträgers bei Streit über Weitergewährung von Krankengeld und Kassenwechsel während des streitgegenständlichen Zeitraumes,[29] des jeweils anderen Entscheidungsträgers bei Streit darüber, ob für Honorarkürzungen die paritätisch besetzten Prüfungsorgane oder die KZÄV zuständig ist;[30] seit dem 1.1.1993 der Verbände der Krankenkassen und der Ersatzkassen bei Streit über die Zulassung als Vertragsarzt;[31] der Spitzenverbände der Krankenkassen bei Streit über Festsetzung von Festbeiträgen für Hilfsmittel;[32] der weiteren Hinterbliebenen des Versicherten bei Streit über Kürzung der Hinterbliebenenrente;[33] des Berechtigten bei Streit des aus dem Versorgungsausgleich Verpflichteten über Aufteilung einer Rentennachzahlung;[34] des als berechtigt in Betracht Kommenden bei Streit über die Zuerkennung von Kindererziehungszeiten;[35] des Arbeitgebers bei Rechtsstreit über die Beanstandung von Beiträgen;[36] des Rentenversicherungsträgers bei Streit zwischen Rentnern und Krankenkasse über Mitgliedschaft in der KVdR;[37] des Versicherten bei Streit zwischen Leistungsträgern über Leistungsübergang;[38] der Mutter bei Streit zwischen leiblichem und Pflegevater über Kindergeld;[39] des Insolvenzverwalters bei laufenden Insolvenzverfahren.[40] Die **notwendige Beiladung wurde verneint:** des Krankenhausträgers bei Streit über Anspruch auf Krankenhauspflege,[41] des Versicherten bei Streit zwischen Krankenhaus und Krankenkasse über Erstattung der Behandlungskosten; des Krankenhausträgers bei Rückforderung gezahlten Honorars gegenüber ermächtigten Krankenhausärzten;[42] der Krankenkasse bei Streit über Leistungen nach § 48 SGB XII;[43] der Versicherten bei Aufsichtsanordnung gegen Krankenkasse;[44] der Krankenkassenverbände im Streit über die Wirksamkeit des HVM / der HVV;[45] der Künstlersozialkasse im Verfahren zwischen dem Unternehmer und dem RV-Träger nach dem KSVG;[46] des Vorstandsvorsitzen-

25 BSG 4.4.1979 – 12 RK 8/78, SozR 1500 § 75 Nr. 21.
26 BSG 15.4.1991 – 12/11 RAr 61/89, SozR 3-1500 § 75 Nr. 11.
27 BSG 12.6.2015 – B 12 R 11/14 R, SozR 4-2400 § 28 p Nr. 6.
28 BSG 7.2.2002 – B 7 Al 28/01 R, ZfS 2002, 238.
29 BSG 23.3.1983 – 1 RK 13/82, SozR 1500 § 75 Nr. 48.
30 BSG 5.8.1992 – 14a/6 RKa 17/90, SozR 3-1500 § 75 Nr. 17.
31 BSG 19.6.1996 – 6 RKa 16/95, juris.
32 BSG 9.2.1995 – 3 RK 22/94, SozR 3-1500 § 75 Nr. 24.
33 BSG 9.12.1976 – 2 RU 267/74, SozR 1500 § 75 Nr. 8.
34 BSG 18.1.1990 – 4 RA 4/89, SozR 3-1500 § 75 Nr. 1.
35 BSG 17.6.1990 – 5 RJ 6/90, SozR 1500 § 75 Nr. 3.
36 BSG 24.6.1981 – 12 RK 43/80, SozR 1500 § 75 Nr. 36.
37 BSG 21.2.1990 – 12 RK 38/89, SozR 3-1500 § 75 Nr. 2.
38 BSG 16.11.1978 – 3 RK 79/77, SozR 1500 § 75 Nr. 20.
39 BSG 11.3.1987 – 10 RKg 7/86, SozR 1500 § 75 Nr. 64.
40 BSG 11.12.2019 – B 6 KA 11/18 R, juris.
41 BSG 12.10.1988 – 3/8 RK 19/86, SozR 1500 § 75 Nr. 71.
42 BSG 24.10.2018 – B 6 KA 34/17 R, SozR 4-2500 § 106 d Nr. 2.
43 BSG 5.9.2019 – B 8 SO 15/18 R, juris.
44 BSG 4.6.1981 – 8/8 a RK 10/80, SozR 1500 § 75 Nr. 35.
45 BSG 29.6.2011 – B 6 KA 20/10 R, juris; BSG 17.9.2008 – B 6 KA 46/07 R, SozR 4-2500 § 75 Nr. 8.
46 BSG 25.11.2010 – B 3 KS 1/10 R, SGb 2011, 33.

den, wenn Aufsichtsbehörde Zustimmung nach § 35 Abs. 6 a SGB IV versagt;[47] regelmäßig nicht der Sozialversicherungsträger bei Streit über die Versicherungspflicht in der KSV;[48] der Ärzte im Streit über ihre Anstellung zwischen Betreibergesellschaft eines MVZ und dem Berufungsausschuss;[49] der Aufsichtsbehörde bei Streit über Entscheidungen des Schiedsamts.[50] Ein von Leistungen nach SGB II ausgeschlossenes Mitglied einer Bedarfsgemeinschaft kann einfach beigeladen werden, da sein Einkommen im Rahmen der Leistungen der Bedarfsgemeinschaft berücksichtigt werden kann.[51]

IV. Prüfung der Versicherungs- und Beitragspflicht

8 In dem Anfrageverfahren nach § 7 a SGB IV, dem Einzugsstellenverfahren nach § 28 h Abs. 2 Satz 1 SGB IV und dem Prüfungsverfahren nach § 28 p SGB IV liegen dem Grunde nach die Voraussetzungen für eine notwendige Beiladung der anderen Sozialversicherungsträger vor. Daher hat die bisherige Rechtsprechung die Notwendigkeit von deren Beiladung bejaht.[52] Das Verfahren hierzu ist für das Gericht und alle Verfahrensbeteiligten sehr aufwändig, ohne dass die Träger in der Praxis häufig am Verfahren mitgewirkt haben.[53] Der Zweck, eine einheitliche Entscheidung herbeizuführen, wird nunmehr dadurch erreicht, dass das Gesetz die Sozialversicherungsträger von dem Rechtsstreit benachrichtigt und ihnen eine Frist setzt, innerhalb derer sie ihre Beiladung beantragen können. In geeigneten Fällen kann das Gericht die Beiladung gemäß Satz 5 auch von Amts wegen vornehmen. Die Regelung des § 141 Abs. 1 Nr. 2, nach der die Rechtskraft der gerichtlichen Entscheidung im Falle des § 75 Abs. 2 a auch auf Personen erstreckt, die einen Antrag nicht oder nicht fristgerecht gestellt haben, ist zugleich auf die Versicherungsträger nach Abs. 2 b erstreckt worden. Damit ist sichergestellt, dass auch sie durch die Gerichtsentscheidung gebunden werden.

V. Verfahren – Abs. 3

9 **1. Beschluss.** Die Beiladung erfolgt von Amts wegen, eines Antrags bedarf es nur gemäß § 75 Abs. 1 S. 2. Im Übrigen ist der Antrag lediglich Anregung. Es stellt jedoch einen Verfahrensfehler dar, wenn ein Antrag auf Beiladung übergangen wird. Die Beiladung erfolgt förmlich durch **Beschluss**, den aufgrund der mündlichen Verhandlung das Gericht oder vorbereitend gemäß § 106 Abs. 3 Nr. 6 der Vorsitzende oder gemäß § 155 Abs. 1 und 4 der Berichterstatter erlässt. Eine konkludente Beiladung ist nicht möglich.[54] Die Beteiligten sind vorher nicht zwingend zu hören. **Die Ablehnung einer Beiladung muss durch Beschluss erfolgen, wenn ein Antrag gestellt worden ist**, ein Beschluss ist nicht erforderlich, wenn das Gericht unabhängig von einem Antrag von der Beiladung absieht.[55] Der nicht Beigeladene hat keine Möglichkeit, Rechtsmittel einzulegen;

47 BSG 20.3.2018 – B 1 A 1/17 R, SozR 4-2400 § 35 a Nr. 5.
48 BSG 28.1.1999 – B 3 KR 2/98 R, SozR 3-1500 § 75 Nr. 30.
49 BSG 11.10.2017 – B 6 KA 38/16 R, SozR 4-2500 § 95 Rn. 31.
50 BSG 10.5.2017 – B 6 KA 5/16 R, SozR 4-2500 § 87 a Nr. 4.
51 BSG 15.4.2008 – B 14/7 b AS 58/06 R, SozR 4-4200 § 9 Nr. 5.
52 BSG 12.6.2015 – B 12 R 11/14 R, SozR 4-2400 § 28 p Nr. 6.
53 Begr. zum GesEntw., BT-Drs. 19/17586, zu Art. 10 Nr. 4, S. 122.
54 BSG 9.2.2011 – B 6 KA 5/10 R, SGb 2011, 205.
55 Einschränkend Schmidt in Meyer-Ladewig/Keller/Leitherer/Schmidt § 75 Rn. 14 und Gall in jurisPK-SGG § 75 Rn. 132: Beschluss nur bei Antrag des Dritten, ansonsten Ausführungen in der Hauptsacheentscheidung.

allerdings entfaltet der Ausgang des Verfahrens ihm gegenüber keine Bindungswirkung.[56] Bei einer objektiven Klagehäufung ist die Beiladung ggf. **auf einzelne Klageansprüche zu beschränken.**[57] Der Beiladungsbeschluss ist gemäß **§ 75 Abs. 3** allen Beteiligten **zuzustellen**, gemäß § 142 Abs. 1 iVm § 135 auch der in der mündlichen Verhandlung erlassene Beschluss. Dabei **sollen** der Stand der Sache und der Grund der Beiladung angegeben werden. Eine Verletzung dieser Regelung macht den Beschluss selbst nicht rechtswidrig. Die **Mitteilung** des Sachstandes dient der Unterrichtung und braucht daher nur gegenüber dem Beigeladenen zu erfolgen. Sinnvollerweise wird sie so weit gehen, dass dieser in die Lage versetzt wird, sich zur Sache einzulassen, also nicht nur Klage- oder Berufungsschrift, sondern eventuell auch angefochtene Bescheide oder Urteile und die wesentlichen Schriftsätze umfassen. Mit dem **Grund** der Beiladung soll mitgeteilt werden, ob es sich um eine einfache oder notwendige Beiladung handelt. Maßgeblich ist jedoch, dass die Beiladung erfolgt; bei einer fehlerhaften notwendigen Beiladung muss keine Änderung in eine einfache Beiladung vorgenommen werden und umgekehrt (für notwendige Beiladung umstritten, → Rn. 5). Der **Beiladungsbeschluss** ist **nicht anfechtbar.** Gegen die **Ablehnung** der Beiladung durch das SG ist **Beschwerde** gemäß § 172 gegeben, die Entscheidung des LSG ist nicht anfechtbar, § 177.

10 **2. Aufhebung/Änderung des Beiladungsbeschlusses/Fehler.** Eine **rechtswidrige Beiladung** ist jederzeit von Amts wegen **aufzuheben**, und zwar auch noch im Revisionsverfahren;[58] mögliche Fehler zB: Voraussetzungen lagen nicht vor oder sind im Laufe des Verfahrens entfallen, keine Identität des Streitgegenstandes, fehlende Prozessvoraussetzungen in der Person des Beigeladenen; bei der einfachen Beiladung ist dies fakultativ, → Rn. 3. Das Gesetz enthält zwar keine Regelung über die Aufhebung der Beiladung, ihre Zulässigkeit entspricht jedoch der allgemeinen Meinung.[59] § 168 schränkt zwar die Beiladung im Revisionsverfahren sehr ein (→ § 168 Rn. 7), steht aber der Aufhebung einer Beiladung nicht entgegen. Der Anspruch auf rechtliches Gehör (§ 62) verlangt in jedem Fall einer Aufhebung die vorherige **Anhörung der Beteiligten.** Eine fehlerhafte notwendige Beiladung kann in eine einfache Beiladung geändert werden.[60] Die Aufhebung einer Beiladung ist dann nicht möglich, wenn der Beigeladene Rechtsmittelführer ist.[61] Eine **fehlerhaft unterbliebene einfache Beiladung** ist nicht zwingend von Amts wegen zu berücksichtigen, vielmehr muss der Verfahrensmangel gerügt werden. Es ist darüber hinaus sehr fraglich, ob angesichts der Ermessensentscheidung überhaupt ein Verfahrensfehler vorliegt (→ Rn. 3),[62] der im Beschwerdeweg zu berücksichtigen wäre. Die **fehlerhaft unterbliebene notwendige Beiladung** ist im Fall des § 75 Abs. 2 1. Alt. ein **Verfahrensmangel** iSd

56 BSG 16.6.1993 – 14a/6 RKa 37/91, NJW 1994, 3036; BVerwG 7.2.1986 – 4 c 30/84, BVerwGE 74, 19; vgl. auch § 141.
57 BSG 23.1.1980 – 12 RK 53/79, SozR 1500 § 75 Nr. 27; zu beachten insbesondere bei einer Verbindung von Verfahren gemäß § 113 Abs. 1.
58 BSG 11.12.1990 – 1 RR 2/88, SozR 3-1500 § 75 Nr. 7.
59 BSG 11.12.2019 – B 6 KA 10/18 R, juris; BSG 23.1.1980 – 12 RK 53/79, SozR 1500 § 75 Rn. 27; Gall in jurisPK-SGG § 75 Rn. 143; Schmidt in Meyer-Ladewig/Keller/Leitherer/Schmidt § 75 Rn. 16 a, 16 c.
60 BSG 9.8.2006 – B 12 KR 22/05, juris.
61 Ebenso Gall in jurisPK-SGG § 75 Rn. 148.
62 Ablehnend BSG 29.8.2007 – B 6 KA 36/06 R, SozR 4-2500 § 35 Nr. 39; Straßfeld in Roos/Wahrendorf § 75 Rn. 307.

§§ 144 Abs. 2 Nr. 3 und 160 Abs. 2 Nr. 3, der auch noch im Revisionsverfahren von Amts wegen zu beachten ist.[63] Anders ist dies im Fall des § 75 Abs. 2, 2. Alt.: die Beiladung zielt hier auf eine Klageänderung aus prozessökonomischen Gründen ab (→ Rn. 16), und ihre Unterlassung hindert nicht die formell und materiell rechtskräftige Entscheidung über den vom Kläger gegenüber dem Beklagten ursprünglich geltend gemachten Anspruch.[64] Eine unterbliebene notwendige Beiladung stellt aber dann keinen wesentlichen Verfahrensmangel dar, der im Fall der Revision zwingend zur Zurückverweisung der Sache führt, wenn aus der Sicht des Revisionsgerichts die Klage in jedem Fall abgewiesen werden muss.[65] Dies setzt jedoch voraus, dass aufgrund der Feststellungen der Tatsacheninstanz das Revisionsgericht eine abschließende Entscheidung treffen und der Beizuladende materiell- und prozessrechtlich nicht benachteiligt werden kann.[66]

3. Zeitpunkt der Beiladung. Die Beiladung ist so früh wie möglich vorzunehmen. Sie kann auch im Verfahren des **vorläufigen Rechtsschutzes** erfolgen. Die Beiladung im Hauptverfahren setzt die Anhängigkeit des Rechtsstreits voraus, allerdings muss die Klage nicht zulässig sein, → Rn. 4 zum unzulässigen Rechtsmittel. Eine Beiladung ist auch noch **nach Erlass des Urteils, jedoch vor dessen Zustellung** möglich, wenn ihre Voraussetzungen zuvor vorgelegen haben; dies verletzt jedoch den Anspruch auf rechtliches Gehör der Beteiligten.[67] Im Berufungsverfahren kann die Beiladung nachgeholt werden, im **Revisionsverfahren** nur unter der Voraussetzung des § 168; liegt diese nicht vor, ist der Rechtsstreit zurückzuverweisen. **Nach Erlass des Urteils** kann auch noch ein Beiladungsantrag gestellt werden (jedoch → Rn. 13). Der jetzt Beigeladene kann gegen das Urteil Rechtsmittel einlegen; die Rechtsmittelfrist läuft ab Zustellung des Urteils an ihn.[68] Nach der Erledigung des Rechtsstreits kann ein Dritter nicht mehr beigeladen werden. 11

VI. Massenbeiladung – Abs. 2 a

Nach § 75 Abs. 2 a kann die Beiladung auf einzelne Personen, die diese beantragt haben, beschränkt werden. Zuvor bereitete die Beiladung einer großen Personenzahl, zB alle Arbeitnehmer eines Arbeitgebers, alle Mitglieder einer Krankenkasse, erhebliche prozessuale Schwierigkeiten. Daher konnte aus Praktikabilitätsgründen auf derartige Massenbeiladungen nach der Rechtsprechung des BSG verzichtet werden.[69] Abgesehen davon, dass für diese Verfahrensweise die gesetzliche Grundlage fehlte, wies das BSG selbst darauf hin, dass der Zweck der Beiladung in Bezug auf die eigentlich Beizuladenden nicht erreicht werden 12

63 BSG 23.3.1983 – 3 RK 13/82, SozR 1500 § 75 Nr. 48.
64 BSG 5.10.1982 – 7 RAr 66/81, SozR 1500 § 75 Nr. 47 mit Hinweisen auf die hM.
65 BSG 10.4.2017 – B 6 KA 22/17 B, juris; BSG 18.1.1990 – 4 RA 4/89, SozR 3-5795 § 6 Nr. 1.
66 BSG 24.11.1993 – 6 RKa 20/91, SozR 3-2200 § 368 n Nr. 6: jedenfalls wenn der Beklagte zur Neubescheidung verpflichtet wird und der Beizuladende in diesem Verwaltungsverfahren seine Rechte wahrnehmen kann; kritisch dazu Ulmer in Hennig § 75 Rn. 38; BSG 29.11.1995 – 3 RK 33/94, SozR 3-1500 § 55 Nr. 24; BSG 23.3.2011 – B 6 KA 15/10 R, GesR 2011, 435: wenn der Beizuladende verfahrens- und materiellrechtlich nicht beeinträchtigt werden kann; streitig, vgl. Kopp/Schenke § 65 Rn. 21.
67 BSG 29.4.1994 – 10/4 RK 3/96, SozR 3-5420 § 3 Nr. 2; BSG 27.6.1978 – 4 RJ 87/77, SozR 1500 § 62 Nr. 6.
68 Schmidt in Meyer-Ladewig/Keller/Leitherer/Schmidt § 75 Rn. 5 b.
69 BSG 6.11.1985 – 8 RK 73/84, SozR 1500 § 75 Nr. 56.

konnte. Eine Rechtsgrundlage für derartige Fälle sollte durch Abs. 2 a geschaffen werden. Damit kann ab 1.1.2002 gemäß dieser bisherigen Rechtsprechung des BSG nicht mehr verfahren werden. Mit der Gesetzesänderung wurde **§ 141 Abs. 1 Nr. 2** eingefügt, der eine Bindungswirkung des Urteils auf Personen regelt, die keinen (fristgemäßen) Beiladungsantrag gestellt haben (→ § 141 Rn. 19). Die rechtlich-dogmatische Konstruktion dieser Rechtskrafterstreckung gegenüber Personen, die tatsächlich nicht am Verfahren beteiligt waren, ist nur schwer herzustellen. Allerdings liegt die Anwendung im Ermessen des Gerichts. Entsprechende Regelungen sind § 65 Abs. 3 VwGO und 60 a FGO, jedoch liegt die Grenze dort bei 50 Personen.

13 § 75 Abs. 2 a greift nur ein, wenn **mehr als 20 Personen notwendig** beizuladen wären, weil eine Entscheidung ihnen gegenüber nur einheitlich ergehen kann (**Abs. 2 1. Alt.**), also nur im Fall der echten notwendigen Beiladung gemäß § 75 Abs. 2 1. Alternativen. Die Entscheidung über die Verfahrensweise nach Abs. 2 a ergeht durch unanfechtbaren **Beschluss** des Gerichts, der auf einer Ermessungsentscheidung beruht. Ein Beschluss allein des Vorsitzenden oder Berichterstatters gemäß § 155 Abs. 1 kommt nicht in Betracht, denn § 106 Abs. 3 Nr. 6 sieht nur die Beiladung selbst durch den Vorsitzenden vor und das Verfahren nach Abs. 2 a greift erheblich in die Rechte der Beteiligten ein.[70] Außerhalb der mündlichen Verhandlung ergeht der Beschluss ohne ehrenamtliche Richter. Die Beteiligten sind vorher **anzuhören**. Eine erhebliche praktische Verfahrenserschwernis und ein großer Kostenfaktor sind die weit reichende Pflicht zur **Veröffentlichung** des Beschlusses (Satz 3–5). Der Beschluss muss das Verfahren mitsamt Aktenzeichen, das Gericht, die Frist (Ablauf) und den Hinweis enthalten, dass nur beigeladen wird, wer dies fristgemäß beantragt. Wiedereinsetzung gemäß § 67 kann gewährt werden. Eine Ausnahme regelt **Abs. 2 a S. 8**: danach sollen **erkennbar besonders Betroffene** auch ohne Antrag beigeladen werden. In Streitigkeiten des Arbeitgebers nach § 28 h oder § 28 p SGB IV sind die (vermeintlich) Beschäftigten jedenfalls dann auch ohne Antrag von Amts wegen beizuladen, wenn die Klärung ihres Status aktuelle Bedeutung hat.[71] Im Hinblick auf den damit verbundenen Anspruch auf rechtliches Gehör ist zu erwägen, hierin eine gebundene Entscheidung zu sehen. Dies kann auch gebieten, noch nach Ablauf der Frist eingegangenen Beiladungsanträgen zu entsprechen. Eine praktische **Alternative zur Verfahrensweise nach § 75 Abs. 2 a** liegt in einem dem Musterverfahren nach § 93 a VwGO angenäherten Verfahren: es werden lediglich einige wenige Personen (beispielhaft) beigeladen, zB Mitarbeiter einer Firma bei der Entscheidung darüber, ob versicherungspflichtige Beschäftigungsverhältnisse vorliegen. Die Bindungswirkung erfasst dann nur die exemplarischen Fälle, die Hauptbeteiligten erreichen dadurch jedoch eine Klärung ihrer Rechtsfrage, woran ihnen evtl. allein gelegen ist. Bei Bedarf können die nicht Beigeladenen während des Verfahrens oder im Anschluss daran befragt werden, ob sie sich dem Ergebnis unterwerfen wollen. Jedoch ist bei den Beiladungen darauf zu achten, dass die herausgegriffenen Fälle sachgerecht ausgewählt und repräsentativ sind.[72]

70 Schmidt in Meyer-Ladewig/Keller/Leitherer/Schmidt § 75 Rn. 11 g; aA Straßfeld in Roos/Wahrendorf § 75 Rn. 226.
71 BSG 15.9.2009 – B 12 KR 1/09 R, SozR 4-1500 § 75 Nr. 10.
72 Vgl. Kopp/Schenke § 93 a Rn. 6.

VII. Wirkung der Beiladung

1. Stellung des Beigeladenen. Der einfach oder notwendig Beigeladene ist gemäß § 69 **Beteiligter**, jedoch kein Hauptbeteiligter, sondern er ist lediglich an einem fremden Verfahren beteiligt. Er hat grundsätzlich die gleichen **prozessualen Rechte** wie der Kläger und Beklagte. Er hat Anspruch auf rechtliches Gehör und Akteneinsicht, muss zu den mündlichen Verhandlungen geladen werden und eine Entscheidung ohne mündliche Verhandlung gemäß § **124 Abs. 2** bedarf seiner Zustimmung.[73] Er ist nicht verpflichtet, sich am Verfahren zu beteiligen, insbesondere braucht er keinen eigenen Antrag zu stellen. Wenn er sich dem Antrag des Klägers oder des Beklagten anschließt, ist es ohne Bedeutung, ob die Beiladung einfach oder notwendig war.[74] **Gemäß § 75 Abs. 4 S. 1** kann der Beigeladene selbstständig Angriffs- und Verteidigungsmittel geltend machen, zB Beweis-, Ablehnungs-, Vertagungsanträge stellen, er kann auch als einfach Beigeladener Rechtsmittel einlegen, wenn er durch die Entscheidung materiell beeinträchtigt wird.[75] Allerdings kann nur der **notwendig gemäß § 75 Abs. 2 Beigeladene,** also nicht die Bundesrepublik Deutschland im Fall des Abs. 1 Satz 2, Sachanträge stellen, die von denen der Hauptbeteiligten abweichen, dem **einfach Beigeladenen** ist dies nicht möglich (Abs. 4 Satz 2). Allerdings darf der abweichende Sachantrag nicht über den Streitgegenstand des Verfahrens hinausgehen (Abs. 4 Satz 1: „innerhalb der Anträge der anderen Beteiligten").[76] Die Stellung des Klägers und Beklagten ist insofern stets gegenüber der des Beigeladenen dominant, als sie über den **Verfahrensgegenstand** bestimmen: Der Beigeladene kann weder diesen erweitern oder einschränken,[77] noch kann er das Verfahren gegen den Willen der Hauptbeteiligten beenden. Er kann keinen eigenen Klageanspruch geltend machen. Insofern hat er eine schwächere Position als der notwendige Streitgenosse. Allerdings kann er durch Abgabe materieller Erklärungen, zB durch Anerkenntnis, Einfluss auf den Verfahrensgegenstand nehmen. Unter den Voraussetzungen des § 96 wird ein während des Verfahrens erlassener Bescheid des Beigeladenen Verfahrensgegenstand.[78] Der Beigeladene kann die **Prozessbeendigung** durch die Hauptbeteiligten, zB Rücknahme, Anerkenntnis oder Vergleich, nicht hindern, es sei denn, er hat selbst Rechtsmittel eingelegt; in dem Fall ist die Verfahrensherrschaft der Hauptbeteiligten eingeschränkt.[79] Die Einlegung der Sprungrevision bedarf keiner Zustimmung des Beigeladenen.[80] Der **Tod** des Beigeladenen unterbricht den Rechtsstreit nicht; § 239 Abs. 1 ZPO gilt nicht gemäß § 202 Satz 1. Verstirbt ein Beigeladener, der alleiniger Rechtsmittelführer ist, führt sein Tod zur Erledigung des Rechtsstreits.[81] Ob der Rechtsnachfolger des Beigeladenen seinerseits beigeladen werden muss, richtet sich allein danach, ob in seiner Person die Voraussetzungen für die Beiladung erfüllt sind. Geht es um höchstpersönliche Rechte des verstorbenen Beigeladenen, ist dies 14

73 BSG 27.6.1978 – 4 RJ 87/77, SozR 1500 § 62 Nr. 6.
74 BSG 28.9.1961 – 3 RK 72/57, BSGE 15, 127.
75 BSG 18.3.1982 – 7 RAr 90/80, SozR 4100 § 86 Nr. 1.
76 BSG 4.12.1958 – 3 RK 7/58, juris.
77 Vgl. BSG 11.7.1974 – 4 RJ 339/73, SozR 1500 § 75 Nr. 2.
78 BSG 30.11.1978 – 12 RK 33/76, SozR 1500 § 96 Nr. 14.
79 BSG 30.6.1977 – 12/13 RK 91/75, SozR 1500 § 75 Nr. 9; zu den materiellen Wirkungen eines Vergleichs → Rn. 14.
80 GmSOBG 16.3.1976 – GmSOBG 1/75, SozR 1500 § 75 Nr. 11.
81 BSG 11.12.2019 – B 6 KA 11/18 R, juris; BSG 10.9.1980 – 11 RK 1/80, SozR 1750 § 239 Nr. 2.

nicht der Fall.[82] Der Beigeladene kann als Beteiligter grundsätzlich nicht als **Zeuge** vernommen werden. Ausnahmsweise ist dies in verbundenen Verfahren möglich, wenn das Beweisthema lediglich das eine der verbundenen Verfahren betrifft, zu dem die Beiladungsvoraussetzungen nicht vorliegen.[83] Nur im Falle des Abs. 5 kann ein Beigeladener verurteilt werden.

15 **2. Rechtswirkungen auf den Beigeladenen.** Der Beigeladene ist durch eine **rechtskräftige Entscheidung** gemäß § 141 Abs. 1 Nr. 1 gebunden.[84] Auf den **nicht Beigeladenen** erstreckt sich – abgesehen von dem Fall des § 75 Abs. 2 a und 2 b (§ 141 Abs. 1 Nr. 2) – die Bindungswirkung eines Urteils nicht.[85] Ein **Vergleich,** den die Hauptbeteiligten schließen, verpflichtet den Beigeladenen nicht, wenn er ihm nicht zustimmt.[86] Es ist hierbei jedoch zweifelhaft, ob ein **den Beigeladenen belastender Vergleich** ohne dessen Zustimmung überhaupt prozessuale oder materielle Wirkungen entfaltet, da gemäß § 57 Abs. 1 SGB X ein öffentlich-rechtlicher Vertrag, der in Rechte eines Dritten eingreift, erst mit dessen schriftlicher Zustimmung wirksam wird.[87] Fraglich ist ferner, inwieweit die Unwirksamkeit der materiellen Einigung sich auf die Prozesshandlung gemäß § 101 Abs. 1 niederschlägt: da die Verfahrenserledigung nur so weit greift, wie die Beteiligten über den Verfahrensgegenstand verfügen können, tritt mangels einer wirksamen materiellen Einigung auch keine Prozessbeendigung ein.[88] Die Beiladung bewirkt die **Hemmung der Verjährung.**[89] § 204 Abs. 1 Nr. 6 BGB ist dabei analog anzuwenden, da die Interessenlage des Beigeladenen der des Streitverkündeten vergleichbar ist. Gemäß 204 Abs. 2 Satz 1 BGB endet die Hemmung der Verjährung sechs Monate nach der rechtskräftigen Entscheidung oder der anderweitigen Beendigung des eingeleiteten Verfahrens.

16 **3. Rechtsmittel.** Ein Beigeladener kann gegen eine Entscheidung **Rechtsmittel** einlegen, wenn er in **eigenen Rechten** im Sinne des § 54 Abs. 1 Satz 2 **materiell beschwert** ist (im Einzelnen → § 143 Rn. 16).[90] Dies wird bei dem einfach Beigeladenen nur ausnahmsweise der Fall sein. Eine **formelle** Beschwer reicht bei ihm nicht aus. Ein zu Unrecht Beigeladener ist durch das Urteil nicht beschwert, daher kann er nicht selbst Rechtsmittel einlegen.[91] Durch das Rechtsmittel eines notwendig Beigeladenen werden auch die übrigen Verfahrensbeteiligten gebunden, sie werden dadurch jedoch nicht zu Rechtsmittelführern.[92] Der fehlerhaft nicht Beigeladene ist nicht Beteiligter und kann daher keine Rechtsmittel einlegen. Haben ein Hauptbeteiligter und ein nicht notwendig Beigeladener Rechts-

82 BSG 19.12.1991 – 12 RK 24/90, SozR 3-5910 § 91 a Nr. 1.
83 BSG 15.12.1983 – 12 RK 57/82, SozR 1500 § 117 Nr. 3; Schmidt in Meyer-Ladewig/Keller/Leitherer/Schmidt § 75 Rn. 17 b.
84 BSG 8.8.2019 – B 3 KR 16/18 R, NZS 2020, 381.
85 BSG 29.11.2011 – B 2 U 27/10 R, SozR 4-2700 § 109 Nr. 1.
86 Kein Vertrag zu Lasten Dritter; BSG 30.6.1977 – 12/3 RK 91/75, SozR 1500 § 101 Nr. 5; Gall in juriPK-SGG § 75 Rn. 154; Schmidt in Meyer-Ladewig/Keller/Leitherer/Schmidt § 75 Rn. 17 d.
87 Vgl. auch Redeker/von Oertzen, § 66 VwGO Rn. 10; vgl. auch Straßfeld in Roos/Wahrendorf § 75 Rn. 283.
88 Vgl. auch BVerwG 4.11.1987 – 1 B 112/87, NJW 1988, 662 sowie BSG 30.6.1977 – 12/3 RK 91/75, SozR 1500 § 101 Nr. 5 zu Anerkenntnis.
89 BSG 21.2.1990 – 12 RK 55/88, SozR 3- 2400 § 25 Nr. 1.
90 BSG 11.5.1999 – B 11 AL 69/98 R, SozR 3-1500 § 75 Nr. 31.
91 BVerwGE 11.1.2001 – 7 C 10/00, BVerwGE 112,335; Schmidt in Meyer-Ladewig/Keller/Leitherer/Schmidt § 75 Rn. 20.
92 BSG 5.7.2000 – B 3 KR 12/99 R, SozR 3-2500 § 40 Nr. 3, bzgl. Streitgenossen.

mittel eingelegt und nimmt der Hauptbeteiligte dieses zurück, wird das Rechtsmittel des Beigeladenen nicht unzulässig.[93] Der erst im Rechtsmittelverfahren Beigeladene kann selbst gegen das angefochtene Urteil kein eigenes Rechtsmittel einlegen. Da er am Ausgangsverfahren nicht beteiligt war, ist er durch die angefochtene Entscheidung nicht beschwert.

VIII. Verurteilung von Versicherungs- und Leistungsträgern – Abs. 5

Während der Beigeladene nicht Beklagter ist und daher grundsätzlich nicht verurteilt werden kann, erlaubt Abs. 5 die Verurteilung eines **Versicherungsträgers** eines **Trägers der Grundsicherung für Arbeitsuchende, der Sozialhilfe, nach dem Asylbewerberleistungsgesetz** oder in Entschädigungssachen eines **Landes**. Auf andere Beigeladene ist die Vorschrift **nicht analog** anwendbar.[94] Sie ist im Zusammenhang mit Abs. 2 Alt. 2 zu sehen. Aus prozessökonomischen Gründen besteht damit unabhängig von § 99 im Wege einer Klageerweiterung[95] die Möglichkeit, statt des nicht passiv legitimierten Beklagten den tatsächlich leistungspflichtigen Versicherungsträger zu verurteilen. Die Vorschrift ist nicht zwingend, gegen den Willen des Klägers kommt eine Verurteilung des Beigeladenen nicht in Betracht. Die Möglichkeit der Verurteilung ist jedoch von Amts wegen zu beachten, sofern der Kläger ihr nicht widerspricht.[96] Die Ansprüche gegen den Beklagten und den Beigeladenen müssen zwar dieselben sein, sich gegenseitig aber ausschließen.[97] § 75 Abs. 5 ist anwendbar, wenn für dieselbe Leistung entweder der beklagte oder der beigeladene Leistungsträger zuständig ist oder wenn zwischen zwei Leistungsträgern eine Wechselwirkung in dem Sinne besteht, dass die gegen sie erhobenen Ansprüche auf ein im Wesentlichen gleiches Ziel gerichtet sind, die eine Leistung gegenüber der anderen aber vorrangig ist; zB Verletztengeld der UV gegenüber Krankengeld der KV.[98] § 75 Abs. 5 ist anwendbar, wenn derselbe Anspruch sich gegen den einen oder den anderen Versicherungsträger usw richtet oder verschiedene Ansprüche in einem Ausschließlichkeitsverhältnis zueinander stehen. Nach der Rechtsprechung des BSG ist dabei allerdings eine Klageänderung im Verfahren zulässig, um den „anderen" Anspruch zu erreichen.[99] Nach hM[100] erlaubt die Vorschrift nicht nur Leistungs- oder Verpflichtungsurteile, sondern auch Feststellungsurteile. Auf die **besonderen Sachentscheidungsvoraussetzungen** wird im Rahmen des Abs. 5 verzichtet; es bedarf daher keines Vorverfahrens des Beigeladenen gemäß § 78, auch ein Verwaltungsantrag auf Leistung ist entbehrlich. Eine bereits ergangene **bestandskräftige Verwaltungsentscheidung** des Beigeladenen steht der Verurteilung jedoch entge- 17

93 BSG 30.6.1977 – 12/3 RK 91/75, SozR 1500 § 101 Nr. 5; BSG 27.11.1962 – 3 RK 37/60, BSGE 18, 131, anders Ulmer in Hennig § 75 Rn. 22.
94 BSG 30.7.2019 – B 1 KR 15/18 R, SozR 4-2500 § 85 Nr. 89 zu KZÄV.
95 BSG 2.11.2000 – B 11 AL 25/00 R, juris.
96 BSG 9.9.1999 – B 11 AL 77/98 R, SozR 3-4100 § 103 Nr. 19; BSG 21.9.1995 – 11 RAr 35/95, SozR 3-4100 § 105 b Nr. 2.
97 BSG 15.11.1979 – 11 RA 9/79, BSGE 49, 143; BSG 24.5.1984 – RAr 15/82, SozR 2200 § 1337 a Nr. 25.
98 BSG 23.9.2003 – B 12 RA 3/02 R, SozR 4-2400 § 28 h Nr. 1; BSG 11.6.1992 – 12 RK 45/90, USK 92124: § 75 Abs. 5.
99 Ablehnend Ulmer in Hennig § 75 Rn. 50; vgl. zur Klageänderung auch BSG 5.4.1956 – 3 RK 65/55, BSGE 3, 30.
100 BSG 5.7.2007 – B 9/9 a VS 3/06 R, SozR 4-3200 § 81 Nr. 3; Gall in jurisPK-SGG § 75 Rn. 186 mwN.

gen.[101] Der Zweck des Abs. 5, einen neuen Rechtsstreit zu vermeiden, wäre verfehlt; er liegt nicht darin, dem Kläger eine (weitere) Anfechtungsmöglichkeit gegen den Verwaltungsakt des Beigeladenen zu eröffnen. Das gilt nach BSG[102] nach Sinn und Zweck der Geltendmachung von Rehabilitationsleistungen nicht für Leistungen nach § 14 SGB IX. Dagegen steht eine **anderweitige Rechtshängigkeit** der Verurteilung nicht entgegen.[103] Die **Verurteilung** des Beigeladenen ist **subsidiär** und kommt erst in Betracht, wenn die Klage gegen den Beklagten keinen Erfolg haben kann.[104]

Zweiter Unterabschnitt Beweissicherungsverfahren

§ 76 [Beweissicherungsverfahren]

(1) Auf Gesuch eines Beteiligten kann die Einnahme des Augenscheins und die Vernehmung von Zeugen und Sachverständigen zur Sicherung des Beweises angeordnet werden, wenn zu besorgen ist, daß das Beweismittel verloren gehe oder seine Benutzung erschwert werde, oder wenn der gegenwärtige Zustand einer Person oder einer Sache festgestellt werden soll und der Antragsteller ein berechtigtes Interesse an dieser Feststellung hat.

(2) [1]Das Gesuch ist bei dem für die Hauptsache zuständigen Sozialgericht anzubringen. [2]In Fällen dringender Gefahr kann das Gesuch bei einem anderen Sozialgericht oder einem Amtsgericht angebracht werden, in dessen Bezirk sich die zu vernehmenden Personen aufhalten oder sich der in Augenschein zu nehmende Gegenstand befindet.

(3) Für das Verfahren gelten die §§ 487, 490 bis 494 der Zivilprozeßordnung entsprechend.

I. Allgemeines

1 **1. Entstehungsgeschichte.** § 76 wurde in Abs. 1 um die Formulierung „einer Person oder“ durch das RechtspflegevereinfachungsG vom 17.12.1990 (BGBl. 1990 I 2847) erweitert, während die zuvor seit Inkrafttreten des SGG geltende Fassung nur die Beweissicherung betreffend den Zustand einer Sache kannte.

2 **2. Parallelvorschriften.** Das Beweissicherungsverfahren ist in den §§ 485 bis 494 a ZPO ausführlich geregelt, auf die § 76 teilweise verweist. § 98 VwGO und § 82 FGO verweisen generell auf die §§ 485 bis 494 ZPO.

---

101 BSG 13.8.1981 – 11 RA 56/80, SozR 1500 § 75 Nr. 38.
102 BSG 29.9.2009 – B 8 SO 19/08 R, SozR 4-3500 § 54 Nr. 6 – Petö.
103 BSG 19.5.1982 – 11 RA 37/81, SozR 1500 § 75 Nr. 45.
104 BSG 15.11.1979 – 11 RA 9/79, SozR 5090 § 6 Nr. 4; BSG 17.2.2009 – B 2 U 38/06 R, SozR 4-1300 § 88 Nr. 2.

II. Die Regelungen der ZPO

§ 487 ZPO Inhalt des Antrages 3

Der Antrag muss enthalten:

1. die Bezeichnung des Gegners;
2. die Bezeichnung der Tatsachen, über die Beweis erhoben werden soll;
3. die Benennung der Zeugen oder die Bezeichnung der übrigen nach § 485 zulässigen Beweismittel;
4. die Glaubhaftmachung der Tatsachen, die die Zulässigkeit des selbständigen Beweisverfahrens und die Zuständigkeit des Gerichts begründen sollen.

§ 490 ZPO Entscheidung über den Antrag

(1) Über den Antrag entscheidet das Gericht durch Beschluss.

(2) [1]In dem Beschluss, durch welchen dem Antrag stattgegeben wird, sind die Tatsachen, über die der Beweis zu erheben ist, und die Beweismittel unter Benennung der zu vernehmenden Zeugen und Sachverständigen zu bezeichnen. [2]Der Beschluss ist nicht anfechtbar.

§ 491 ZPO Ladung des Gegners

(1) Der Gegner ist, sofern es nach den Umständen des Falles geschehen kann, unter Zustellung des Beschlusses und einer Abschrift des Antrags zu dem für die Beweisaufnahme bestimmten Termin so zeitig zu laden, dass er in diesem Termin seine Rechte wahrzunehmen vermag.

(2) Die Nichtbefolgung dieser Vorschrift steht der Beweisaufnahme nicht entgegen.

§ 492 ZPO Beweisaufnahme

(1) Die Beweisaufnahme erfolgt nach den für die Aufnahme des betreffenden Beweismittels überhaupt geltenden Vorschriften.

(2) Das Protokoll über die Beweisaufnahme ist bei dem Gericht, das sie angeordnet hat, aufzubewahren.

(3) Das Gericht kann die Parteien zur mündlichen Erörterung laden, wenn eine Einigung zu erwarten ist; ein Vergleich ist zu gerichtlichem Protokoll zu nehmen.

§ 493 ZPO Benutzung im Prozess

(1) Beruft sich eine Partei im Prozess auf Tatsachen, über die selbständig Beweis erhoben worden ist, so steht die selbständige Beweiserhebung einer Beweisaufnahme vor dem Prozessgericht gleich.

(2) War der Gegner in einem Termin im selbständigen Beweisverfahren nicht erschienen, so kann das Ergebnis nur benutzt werden, wenn der Gegner rechtzeitig geladen war.

§ 494 ZPO Unbekannter Gegner

(1) Wird von dem Beweisführer ein Gegner nicht bezeichnet, so ist der Antrag nur dann zulässig, wenn der Beweisführer glaubhaft macht, dass er ohne sein Verschulden außerstande sei, den Gegner zu bezeichnen.

(2) Wird dem Antrag stattgegeben, so kann das Gericht dem unbekannten Gegner zur Wahrnehmung seiner Rechte bei der Beweisaufnahme einen Vertreter bestellen.

III. Voraussetzungen des Beweissicherungsverfahrens

Auf Gesuch eines Beteiligten kann die Einnahme eines Augenscheins und die Vernehmung von Zeugen und Sachverständigen angeordnet werden, wenn die Besorgnis besteht, dass das Beweismittel verloren geht, dass seine Benutzung erschwert wird oder wenn der gegenwärtige Zustand einer Person oder Sache festgestellt werden soll, und der Antragsteller ein berechtigtes Interesse an der Feststellung hat. 4

5 **1. Zweck des Verfahrens.** Das Beweissicherungsverfahren dient der **vorsorglichen Feststellung von Tatsachen.** Es kann sowohl vor Anhängigkeit eines Hauptsacheverfahrens wie auch neben einem bereits bestehenden Hauptsacheverfahren durchgeführt werden, wenn die Voraussetzungen des Abs. 1 vorliegen.[1] Die praktische Bedeutung des Beweissicherungsverfahrens im sozialgerichtlichen Verfahren ist marginal.[2]

6 **2. Antrag.** Notwendig ist hierfür zunächst ein Gesuch eines **Beteiligten,** dh ein Antrag eines im Hauptsacheverfahren Beteiligten oder desjenigen, der im zukünftigen Verfahren Beteiligter wäre, also möglicher Kläger, Beklagter oder Beizuladender. Dabei soll der nur **einfach Beizuladende** aber **nicht antragsberechtigt** sein.[3]

Die **Form des Antrags** ist über Abs. 3 § 487 ZPO zu entnehmen. Er muss den Gegner bezeichnen, die Tatsachen angeben, über die Beweis erhoben werden soll, sowie die Beweismittel bezeichnen und die Zeugen benennen. Zudem muss er die Tatsachen enthalten, die die Zulässigkeit des selbstständigen Beweisverfahrens und die Zuständigkeit des Gerichts begründen sollen. Sachverständige müssen nicht benannt werden. Das Gericht kann neben einem genannten Sachverständigen auch von Amts wegen ein weiteres Sachverständigengutachten einholen.[4]

7 **3. Zulässigkeitsvoraussetzungen.** Der Antragsteller muss die Gründe darlegen, warum Besorgnis besteht, dass das Beweismittel verloren geht oder erschwert wird. Tut er dies nicht, ist sein Antrag bereits als unzulässig zu verwerfen.[5] Bei der Feststellung des gegenwärtigen Zustands einer Person oder Sache hat er sein Feststellungsinteresse darzulegen. Gründe und Feststellungsinteresse sind von ihm glaubhaft zu machen. Er hat auch die Tatsachen glaubhaft (§ 294 ZPO) zu machen, die die Zuständigkeit des Gerichts nach Abs. 2 begründen sollen. Der Antragsteller muss weiterhin darlegen, dass **Besorgnis um den Verlust eines Beweismittels** besteht.

Besorgnis, dass ein Beweismittel verloren geht oder dass seine Benutzung erschwert wird, besteht etwa dann, wenn ein Zeuge todkrank ist oder er beabsichtigt, ins Ausland zu verziehen, ferner wenn eine Sache verderben kann (zB Sektion einer Leiche).[6] Voraussetzung für die Zulässigkeit des Antrags ist dagegen nicht, dass die Beweiserhebung für den Erfolg des Hauptsacheverfahrens überhaupt erheblich ist.[7] Dagegen ist für dessen Zulässigkeit das **allgemeine Rechtsschutzbedürfnis** vonnöten. Dieses fehlt, wenn die Erschwernis der späteren Beweiserhebung vom Antragsteller selbst abhängt.[8] Dieses kann auch fehlen, wenn bereits ein Hauptsacheverfahren und/oder ein Verfahren des einstweiligen Rechtsschutzes anhängig ist.[9] Das Beweissicherungsverfahren ist nur zulässig, wenn Besorgnis besteht, dass ein Beweismittel verloren geht oder wenn der ge-

1 Hennig/Wagner § 76 Rn. 3.
2 Hennig/Wagner § 76 Rn. 3.
3 Hennig/Wagner § 76 Rn. 4; Meyer-Ladewig/Keller/Leitherer/Schmidt § 76 Rn. 2; aA Peters/Sautter/Wolff § 76 Rn. 1 a.
4 Peters/Sautter/Wolff § 76 Rn. 2.
5 SG Ulm 9.3.2009 – S 10 U 4214/08 A; BayLSG 23.9.2010 – L 8 SF 223/10 BW, beide juris.
6 LSG BW 26.3.2015 – L 6 U 5279/14, juris mwN.
7 Thomas/Putzo § 485 ZPO Rn. 4; Zöller § 485 Rn. 4.
8 SG Konstanz 18.8.2003 – S 8 AL 487/03 AR-BS, Breith. 2004, 287 (288).
9 LSG Nds-Brem 11.9.2019 – L 2 R 307/19 B ER, juris.

genwärtige Zustand einer Person oder einer Sache festgestellt werden soll, **nicht aber**, um den **Ursachenzusammenhang** zwischen einer Gesundheitsstörung und einem Unfallereignis festzustellen, denn § 76 verweist nicht auf § 485 Abs. 2 Nr. 2 ZPO, der ausdrücklich die Ursache benennt, sondern nur auf die Verfahrensvorschriften der §§ 487 und 490 bis 494 ZPO.[10]

4. Zulässige Beweismittel. Als Beweismittel kommen nur der **Augenschein, Zeugen oder Sachverständige** in Betracht, nicht aber der Urkundenbeweis.[11] 8

IV. Zuständigkeit

Nach Abs. 2 S. 1 ist für die Durchführung des Beweissicherungsverfahrens generell das SG zuständig, das für die Hauptsache zuständig ist bzw. wäre. Bei Anhängigkeit eines Berufungsverfahrens ist das LSG zuständig.[12] In Fällen dringender Gefahr kann das Verfahren gemäß S. 2 aber auch von dem SG oder auch Amtsgericht durchgeführt werden, in dessen Bezirk sich der Zeuge oder der in Augenschein zu nehmende Gegenstand befindet. Dringende Gefahr dürfte immer dann gegeben sein, wenn das an sich zuständige SG nicht mehr rechtzeitig einschreiten könnte, bevor das Beweismittel verloren geht, etwa bei sehr kritischem Gesundheitszustand eines Zeugen. 9

V. Verfahren

Nach Abs. 3 sind für das Verfahren die §§ 487, 490 bis 494 der ZPO entsprechend anzuwenden.[13] Das Gericht entscheidet über den Antrag **durch Beschluss** (§ 490 Abs. 1 ZPO). Wird dem Antrag durch den Beschluss **stattgegeben**, so ist er **unanfechtbar** (§ 490 Abs. 2 S. 2 ZPO). Bei **Ablehnung des Antrags** ist das Rechtsmittel der **Beschwerde** gegeben.[14] Der Gegner ist unter Zustellung des Beschlusses und einer Abschrift der Antragsschrift zu laden. Eine bestimmte Ladungsfrist gilt nicht. Er ist jedoch so rechtzeitig zu laden, dass er seine Rechte im Beweistermin wahrnehmen kann (§ 491 Abs. 1 ZPO). Wird er nicht bzw. nicht rechtzeitig geladen, so kann die Beweisaufnahme trotzdem stattfinden (§ 491 Abs. 2 ZPO), bei seinem Nichterscheinen oder Widersprechen kann der Antragsteller sich im Hauptsacheprozess aber nicht auf das im Beweissicherungsverfahren festgestellte Beweisergebnis berufen (§ 493 Abs. 2 ZPO). Die Beweisaufnahme wird nach den sonst geltenden Vorschriften durchgeführt (§ 492 Abs. 1 ZPO), im sozialgerichtlichen Verfahren also nach den §§ 106 Abs. 4, 116, 117 und 118, der wiederum auf zahlreiche Vorschriften der ZPO verweist (→ § 118 Rn. 2). Das Protokoll der Beweisaufnahme ist beim sie anordnenden Gericht aufzubewahren (§ 492 Abs. 2 ZPO). Ist eine Einigung der Beteiligten nach dem Ergebnis der Beweisaufnahme zu erwarten, so kann das Gericht auch einen Erörterungstermin anordnen (§ 492 Abs. 3 S. 1 ZPO). Ein dort geschlossener Vergleich ist zu Protokoll des Gerichts zu nehmen (§ 492 Abs. 3 S. 2 ZPO). 10

10 SG Hildesheim 29.1.2003 – S 11 Urt. 132/02, Breith. 2003, 465 (466); aA wohl LSG BW 26.3.2015 – L 6 U 5279/14, juris.

11 SG Ulm 9.3.2009 – S 10 U 4214/08 A; LSG NRW 3.6.2013 – L 19 AS 2121/12 B, beide juris.

12 LSG Nds-Brem 18.5.2005 – L 4 KR 7/05, juris; aA Breitkreuz/Fichte § 76 Rn. 4; Meyer-Ladewig/Keller/Leitherer/Schmidt § 76 Rn. 3.

13 Zur ausführlichen Kommentierung vgl. auch Thomas/Putzo § 487, 490 bis 494 ZPO.

14 LSG Nds-Brem 11.9.2019 – L 2 R 307/19 B ER, juris; Meyer-Ladewig/Keller/Leitherer/Schmidt § 76 Rn. 4 a.

Jeder Beteiligter kann sich im Hauptsacheprozess auf das Beweisergebnis so berufen, als wäre der Beweis im Hauptsacheverfahren erhoben worden, vorausgesetzt, dass der Gegner rechtzeitig geladen worden war (§ 493 ZPO). Das Beweissicherungsverfahren kann auch gegen einen unbekannten Gegner beantragt werden, wenn der Antragsteller glaubhaft macht, dass er ohne Verschulden außerstande ist, diesen zu benennen (§ 494 Abs. 1 ZPO). Das Gericht kann dem unbekannten Gegner für die Beweisaufnahme einen Vertreter bestellen (§ 494 Abs. 2 ZPO). Diese Konstellation dürfte im sozialgerichtlichen Verfahren aber kaum vorkommen.

VI. Kosten

11 **Über die Kosten des Beweissicherungsverfahrens ist erst bei Beendigung des Hauptsacheverfahrens zu entscheiden**, wenn es im Rahmen eines bereits anhängigen Prozesses geführt wird. Bei einem selbstständigen Beweissicherungsverfahren ohne Hauptsacheverfahren ist entsprechend § 193 oder gemäß § 197 a eine Kostenentscheidung zu treffen. Liegt ein gerichtskostenfreies Verfahren nach § 183 vor, so entsteht nach § 184 eine Pauschgebühr (→ § 184 Rn. 5).[15] Erfolgt das Verfahren vor dem Amtsgericht, so entstehen Gerichtskosten nach dem GKG.[16]

Dritter Unterabschnitt Vorverfahren und einstweiliger Rechtsschutz

§ 77 [Bindungswirkung des Verwaltungsakts]

Wird der gegen einen Verwaltungsakt gegebene Rechtsbehelf nicht oder erfolglos eingelegt, so ist der Verwaltungsakt für die Beteiligten in der Sache bindend, soweit durch Gesetz nichts anderes bestimmt ist.

I. Allgemeines/Normzweck

1 Die Vorschrift gilt unverändert idF v. 3.9.1953 (BGBl. 1953 I 1239). § 77 betrifft die **Bestandskraft** (nicht Rechtskraft) von Verwaltungsakten, also die Bindungswirkung gegenüber dem Bürger (und auch öffentlichem Trägern, gegenüber denen ein Verwaltungsakt erlassen werden darf). Die Vorschrift hat nur noch deklaratorischen Charakter; die Bestandskraft folgt bereits aus dem Wesen des Verwaltungsaktes. Die VwGO kennt daher eine vergleichbare Vorschrift nicht. Vor Inkrafttreten des SGG kam Bescheiden in der Renten- und Unfallver-

15 AA Breitkreuz/Fichte § 76 Rn. 7; Meyer-Ladewig/Keller/Leitherer/Schmidt § 76 Rn. 5.
16 Meyer-Ladewig/Keller/Leitherer/Schmidt § 76 Rn. 5.

sicherung erstinstanzliche Wirkung zu; § 77 SGG stellt klar, dass dies nicht mehr gilt.[1] Die Bestandskraft dient der **Rechtssicherheit** und dem **Rechtsfrieden.**

II. Reichweite der Bestandskraft

1. Begriff. Formell bedeutet Bestandskraft Unanfechtbarkeit; sie tritt ein mit Ablauf der Rechtsbehelfsfrist, bei erfolglosem Rechtsbehelf, auch Verwirkung kommt in Betracht. In **materieller** Hinsicht bedeutet sie Bindungswirkung in der Sache, wie der Wortlaut klarstellt. Die Regelung des Verwaltungsaktes (Verfügungssatz) wird mit dem materiellen Inhalt für die Beteiligten bindend (zur Bindung der Verwaltung → Rn. 5). Dies gilt auch bei Rechtswidrigkeit der Regelung. Mit Eintritt der Bestandskraft räumt der Gesetzgeber der Rechtssicherheit Vorrang vor der materiellen Gerechtigkeit ein. Dies ist mit höherrangigem Recht vereinbar.[2] Die durch den Verwaltungsakt eingeräumte Rechtsposition darf durch einen neuen Verwaltungsakt nicht verschlechtert werden, solange der alte nicht aufgehoben wurde[3] (§ 39 Abs. 2 SGB X); so kann zB in der Arbeitslosenversicherung nicht das Ruhen des Leistungsanspruches wegen einer Sperrzeit ausgesprochen werden, solange die bestandskräftige Bewilligung nicht aufgehoben wird.[4] Bei Vorgreiflichkeit der bestandskräftigen Regelung ist diese einer darauf aufbauenden Verwaltungs- oder Gerichtsentscheidung grundsätzlich ohne weitere Prüfung zugrunde zu legen.[5] Die Bestandskraft ähnelt daher der Rechtskraft; Letztere hat jedoch keinen Verwaltungsakt, sondern eine gerichtliche Entscheidung zum Gegenstand. 2

Zu unterscheiden ist diese Bindungswirkung von der **Vollziehbarkeit** der Regelung. Letztere bestimmt, ab wann die im Verwaltungsakt getroffene Regelung beachtet und befolgt werden muss; das ist grundsätzlich bereits vor Bestandskraft, nämlich ab Bekanntgabe des Verwaltungsaktes der Fall. Die Verwaltung ist also ab Bekanntgabe verpflichtet, einen begünstigenden Verwaltungsakt umzusetzen, der Bürger, einem belastendem Verwaltungsakt nachzukommen. Wird ein belastender Verwaltungsakt angefochten, bestimmt sich die Vollziehbarkeit nach den Regeln der aufschiebenden Wirkung nach §§ 86 a, 86 b. Dies gilt bei Drittbeteiligung auch bei begünstigendem Verwaltungsakt. Im Einzelnen s. bei §§ 86 a, 86 b. 3

2. Persönliche Reichweite. a) Betroffene. Der Zeitpunkt des Eintrittes der formellen Bestandskraft kann bei mehreren Beteiligten je nach Fristlauf variieren; er ist also abhängig vom Zeitpunkt der Bekanntgabe oder Zustellung an den jeweiligen Beteiligten (→ Rn. 7).[6] Materiell besteht die Bestandskraft gegenüber dem Regelungsadressaten, also dem eigentlich Betroffenen, bei einem Verwaltungsakt mit Doppelwirkung auch gegenüber dem Dritten. Beteiligte, gegenüber denen materielle Bestandskraft besteht, sind die Personen, in deren Rechtssphäre der angegriffene Verwaltungsakt eingegriffen hat. 4

---

1 B. Schmidt in Meyer-Ladewig/Keller/Leitherer/Schmidt § 77 Rn. 1.
2 BVerfG 11.10.1966 – 1 BvR 178/64, 1 BvR 164/64, BVerfGE 20, 230 und 27.2.2007 – 1 BvR 1982/01, BVerfGE 117, 302; BSG 7.2.2012 – B 13 R 40/11 R, BSGE 110, 97 = SozR 4-5075 § 3 Nr. 2.
3 BSG 31.5.1978 – 5 RJ 76/76, SozR 1500 § 77 Nr. 29; LSG BW 20.6.2013 – L 6 VK 3112/10, juris.
4 BSG 15.6.2000 – B 7 AL 86/99 R, SozR 3-1300 § 24 Nr. 16.
5 BSG 4.12.2014 – B 5 AL 2/14 R, SozR 4-4300 § 28 a Nr. 10; BSG 30.10.2014 – B 5 RE 11/14 R, SozR 4-2600 § 231 Nr. 6.
6 LSG BW 18.8.2014 – L 10 R 3220/14 ER-B, juris.

5 b) **Bindung anderer.** Die Bindung der **Verwaltung** an den Verwaltungsakt besteht grundsätzlich ab Bekanntgabe an den Adressaten (Wirksamkeit, § 39 Abs. 1 SGB X), ist also keine Frage der in § 77 geregelten Bestandskraft; entscheidend sind insoweit die verwaltungsverfahrensrechtlichen Vorschriften über eine Aufhebung im weiteren Sinne (insbes. §§ 44 ff. SGB X). Ebenfalls keine Frage der hier geregelten Bestandskraft ist die Verbindlichkeit der materiellen Regelung für Außenstehende (auch Behörden) im Rahmen einer gesetzlich angeordneten **Tatbestandswirkung** (zB Schwerbehinderteneigenschaft für vorgezogene Altersrente; Feststellungen nach dem SGB IX für das Steuerrecht oder Nachteilsausgleiche) bzw. nach dem Sinn der Reglung bei rechtsgestaltenden und statusbegründenden Verwaltungsakten.[7] Nach Art. 19 Einigungsvertrag vom 31.8.1990 bleiben die vor dem Beitritt der DDR zur Bundesrepublik im Beitrittsgebiet ergangenen Verwaltungsakte grundsätzlich wirksam, aber sie binden iS des § 77 SGG nur den jeweils zuständigen „Rechtsnachfolger".[8]

6 3. **Inhaltliche Reichweite.** Nur die Regelung, also der Verfügungssatz erwächst in Bestandskraft, nicht die tragenden Gründe;[9] entscheidend ist, welche Regelung inhaltlich getroffen werden soll. Für die Regelung als erfüllt angesehene Tatbestandsmerkmale sind nicht losgelöst von dieser Regelung auch für andere Ansprüche bindend festgestellt. So beschränkt sich beispielsweise bei einem positiven Rentenbescheid die Regelung (und damit die Bestandskraft) auf Art, Dauer und Höhe des Rentenstammrechts und die Höhe der hieraus entstehenden monatlichen Zahlungsansprüche; einzelne Berechnungsfaktoren wie bestimmte Versicherungszeiten sind nicht umfasst;[10] der Vormerkungsbescheid hingegen stellt die tatbestandlichen Voraussetzungen von rentenrechtlichen Zeiten verbindlich fest, trifft aber keine abschließende Entscheidung über die Anrechnung und Bewertung dieser Zeiten.[11] Im Schwerbehindertenrecht erwachsen weder die einzelnen Behinderungen noch die ihnen zugeordneten Teil-GdB-Werte in Bestandskraft.[12] Was genau an der Regelung teilnimmt, ist ggf. durch Auslegung zu ermitteln. Da Bescheide oft Verfügungssatz und Begründung nicht exakt trennen, muss geprüft werden, ob die Begründung eine für einen Verwaltungsakt typische Regelung trifft.[13] Die Bindungswirkung einer Ablehnung umfasst nur den Sach- und Rechtsstand bis zum Abschluss des Verwaltungsverfahren (= letzte Behördenentscheidung); sie gilt nicht für die Zukunft, entfaltet also keine Dauerwirkung.[14] Auch wenn das materielle Leistungsrecht einen Daueranspruch (zB Rente wegen Erwerbsminderung) vorsieht, lehnt die Behörde diesen Daueranspruch aufgrund zeitlich punktueller Prüfung ab. Der Ablehnungsbescheid regelt (lediglich), dass der Versicherte zu einem bestimmten Zeitpunkt (nicht aber zu einem möglichen späteren) die Voraussetzungen für den Daueran-

7 BSG 17.12.1964 – 3 RK 51/60, BSGE 22, 157, 158 = SozR Nr. 7 zu § 1399 RVO.
8 BSG 28.6.2000 – B 9 V 9/99 R, juris; BSG 23.3.1999 – B 2 U 8/98 R, BSGE 84, 22 = SozR 3-8100 Art. 19 Nr. 5.
9 BSG 15.12.1999 – B 11 AL 53/99 R, juris.
10 BSG 26.6.1990 – 5 RJ 62/89, SozR 3-1500 § 77 Nr. 1; LSG Bln 2.9.1998 – L 9 KR 106/96, juris, das eine Bindung aber bei einer Verfahrensbeteiligung annimmt.
11 BSG 20.3.2004 – B 4 RA 36/02 R, SozR 4-2600 § 149 Nr. 1.
12 BSG 10.9.1997 – 9 RVs 15/96, SozR 3-3870 § 3 Nr. 7 = BSGE 81, 50; LSG BW 30.1.2015 – L 8 SB 2523/14, juris.
13 BSG 7.12.1976 – 8 RU 44/76, SozR 1500 § 77 Nr. 18; BSG 25.3.2015 – B 6 KA 22/14 R, SozR 4-2500 § 85 Nr. 82.
14 Ausführlich dazu Bienert NZS 2015, 844, auch zum entscheidungserheblichen Zeitraum bei der kombinierten Anfechtungs- und Verpflichtungs- oder Leistungsklage.

spruch nicht erfüllt. In diesem Sinne ist die Ablehnung eines Daueranspruches nicht zeitraum-, sondern zeitpunktbezogen. Insoweit ist die Reichweite der Bestandskraft abzugrenzen vom Streitgegenstand bei Anfechtung eines solchen Ablehnungsbescheides (→ § 96 Rn. 9).[15] Auch bei unveränderten tatsächlichen Verhältnissen besteht für einen neuen Verwaltungsakt keine Bindung hinsichtlich der rechtlichen Beurteilung.[16] Zum Vorschussbescheid → Rn. 10.

III. Eintritt der Bestandskraft

1. Formell. Wenn innerhalb der Rechtsbehelfsfrist kein Rechtsbehelf eingelegt 7
wird, wird der Verwaltungsakt unanfechtbar, also bestandskräftig. Bei mehreren Beteiligten kann daher die Bestandskraft je nach Zeitpunkt der Bekanntgabe zu unterschiedlichen Zeitpunkten eintreten.[17] Unanfechtbarkeit tritt auch ein bei erfolglosem Rechtsbehelf oder dessen Rücknahme nach Ablauf der Rechtsbehelfsfrist; vor Ablauf der Widerspruchsfrist kann ein zurückgenommener Rechtsbehelf erneut eingelegt werden, solange nicht wirksam auf ihn verzichtet wurde (→ § 83 Rn. 12).

2. Materiell. Inhaltlich wird der Adressat mit Eintritt der formellen Bestands- 8
kraft an die Regelung gebunden. Bei verspätetem Widerspruch kann die Verwaltung aber in der Sache entscheiden und damit die Bestandskraft wieder beseitigen. Die Bindung der Verwaltung an den Verwaltungsakt ist nicht in § 77 geregelt, sondern in §§ 39, 44 ff. SGB X (→ Rn. 5). Die Bindung besteht grundsätzlich ab Bekanntgabe. Bei **Anfechtung** ist zu differenzieren. Ficht der Regelungsadressat den Verwaltungsakt an, gelten die Grundsätze über die reformatio in peius im Widerspruchsverfahren: Die durch den angefochtenen Verwaltungsakt eingeräumte Rechtsposition des Adressaten (zB Teilbegünstigung) kann nur unter den einschränkenden Voraussetzungen der §§ 45 ff. SGB X zulasten des Adressaten verändert werden (→ § 85 Rn. 5 ff.); im Übrigen bleibt die Verwaltung durch den Verwaltungsakt gebunden, soweit er nicht angefochten ist. Bei der Anfechtung durch einen **Drittbetroffenen** ist die Abhilfe des Widerspruches ohne diese Einschränkungen möglich: Nach § 49 SGB X gelten die Einschränkungen der §§ 45, 47, 48 SGB X nicht; schutzwürdiges Vertrauen des Adressaten kann daher nicht entstehen. Auch bei fehlender Bekanntgabe an den Dritten ist eine Anfechtung durch diesen aber nicht unbeschränkt möglich; das Anfechtungsrecht kann verwirkt werden, insbes. wenn der Dritte auf andere Weise vom Verwaltungsakt Kenntnis erlangt.

IV. Grenzen der Bestandskraft

Bindungswirkung besteht nur, „soweit durch Gesetz nichts anderes bestimmt" 9
ist. Solche Regelungen finden sich in Spezialgesetzen und in §§ 66, 67 SGB I. Hauptfall sind Rücknahme, Aufhebung, Widerruf gem. §§ 44–51 SGB X, insbes. § 44. Dieser erlaubt eine Überprüfung einer bestandskräftigen Regelung selbst dann, wenn sie durch ein rechtskräftiges Urteil bestätigt wurde;[18] zur Überprüfung steht dabei nicht das rechtskräftige Urteil, sondern der Verwal-

15 BSG 17.8.2017 – B 5 R 248/16 B, juris; BSG 12.3.2019 – B 13 R 329/17 B, juris.
16 BSG 30.1.1985 – 1 RJ 2/84, SozR 1300 § 44 Nr. 16 = BSGE 58, 27; BSG 20.10.1999 – B 9 SB 4/98 R, SozR 3-1500 § 153 Nr. 8.
17 Speziell zu Verfahren nach § 7 a SGB IV Berchtold in NZS 2014, 885.
18 BSG 28.8.2002 – 9 RV 29/80, BSGE 51, 139 = SozR 3900 § 40 Nr. 15; 22.4.1986 – 1 RA 21/85, SozR § 1268 Nr. 29.

tungsakt. Auch im Rahmen des § 44 SGB X kann sich die Verwaltung aber auf die Bestandskraft berufen, wenn der Betroffene Umstände vorträgt, die für die Entscheidung rechtlich nicht relevant sind oder zwar relevant sind, tatsächlich aber nicht vorliegen. Diese Regelungen im Sozialrecht sind abschließend; ein Rückgriff auf sogenannte „allgemeine Grundsätze des Verwaltungsrechts über die Aufhebung von Verwaltungsakten" ist nicht möglich. Einzelne Ausnahmen hat das BSG aber zugelassen.[19]

10 Der Bescheid, mit dem nach § 42 SGB I ein Vorschuss (bei geklärtem Anspruch dem Grunde nach, aber noch offener Höhe) gewährt wird, ist ein einstweiliger Verwaltungsakt, der zwischen den Beteiligten nur für einen begrenzten Zeitraum Rechtssicherheit schafft, nämlich bis zum Abschluss des Verwaltungsverfahrens über die endgültige Leistung. Die Bindungswirkung des Vorschussbescheides wird nicht nach §§ 44 ff. SGB X beseitigt, sondern entfällt durch die endgültige Bewilligung (§ 39 Abs. 2 SGB X).[20] Diese „Einstweiligkeit" bedeutet aber nicht, dass die getroffene Regelung nicht bestandskräftig werden kann. Vielmehr bezieht sich die Bestandskraft gerade auf die Vorläufigkeit der Leistung, dass also noch keine endgültige Leistung bewilligt wird. Damit erstreckt sich die Bindungswirkung auch darauf, dass eine Lösung von der Verpflichtung aus dem Bescheid durch die Entscheidung über die endgültige Leistung erfolgen kann, also ohne die Einschränkungen der §§ 44 ff. SGB X. Um einen vorläufigen Verwaltungsakt in diesem Sinne handelt es sich auch bei der sog Vorwegzahlung (bei ungeklärtem Anspruch auch dem Grunde nach). Die Vorläufigkeit muss dem Verwaltungsakt klar zu entnehmen, die typusprägenden Merkmale der Vorwegzahlung oder des Vorschusses also angegeben sein.[21]

V. Prozessuale Folgen der Bestandskraft

11 Die Bestandskraft eines Verwaltungsaktes hat die Unzulässigkeit der gegen ihn erhobenen Klage zur Folge. Dies gilt für alle Klagen mit Anfechtungselement (isolierte Anfechtungsklage, kombinierte Anfechtungs- und Verpflichtungs- oder Leistungsklage).[22] Bei Vorgreiflichkeit der bestandskräftigen Regelung ist diese einer darauf aufbauenden Gerichtsentscheidung grundsätzlich ohne weitere Prüfung zugrundzulegen.[23] Eine Beweiserhebung scheidet im Umfange der bestandskräftigen Regelung aus. Über die Voraussetzungen der Bestandskraft (Bekanntgabe des Verwaltungsaktes, fehlende, unzulässige oder erfolglose Rechtsbehelfseinlegung) ist dagegen ggf. Beweis zu erheben. Die Annahme der Tatsacheninstanz, ein Bescheid sei bestandskräftig und bindend geworden, enthält eine durch das Revisionsgericht überprüfbare Rechtsanwendung aufgrund der hierzu festgestellten Tatsachen.[24] Eine Klageänderung oder -erweiterung iSd § 99 Abs. 1 SGG ist wegen der Unzulässigkeit der geänderten Klage nicht sachdienlich und damit nicht zulässig, wenn über das neue Begehren bereits ein be-

---

19 BSG 11.7.1972 – 5 RJ 350/71, BSGE 34, 221 = SozR Nr. 33 zu § 1291 RVO.
20 BSG 26.6.2007 – B 2 U 5/06 R, juris.
21 BSG 7.4.2016 – B 5 R 26/15 R, juris; BSG 9.10.2012 – B 5 R 8/12 R, BSGE 112, 74 = SozR 4-1300 § 45 Nr. 10; BSG 29.4.1997 – 4 RA 46/96, SozR 3-1200 § 42 Nr. 9; BSG 28.6.1990 – 4 RA 57/89, BSGE 67, 104 = SozR 3-1300 § 32 Nr. 2.
22 BayLSG 10.4.2014 – L 7 AS 111/14, juris.
23 BSG 4.12.2014 – B 5 AL 2/14 R, SozR 4-4300 § 28 a Nr. 10; BSG 30.10.2014 – B 5 RE 11/14 R, SozR 4-2600 § 231 Nr. 6.
24 BSG 31.10.2012 – B 13 R 65/11 R, SozR 4-1500 § 163 Nr. 6.

standskräftiger Verwaltungsakt vorliegt.[25] Zu Änderungs- und Ersetzungsbescheiden → § 96 Rn. 3. Ein bestandskräftiger Ablehnungsbescheid des Beigeladenen steht grundsätzlich dessen Verurteilung nach § 75 Abs. 5 SGG entgegen.[26] Dies soll nach der Rechtsprechung des BSG für Rehabilitationsleistungen im Rahmen des § 14 SGB IX nicht gelten (→ § 75 Rn. 16).[27]

§ 78 [Vorverfahren als Klagevoraussetzung]

(1) [1]Vor Erhebung der Anfechtungsklage sind Rechtmäßigkeit und Zweckmäßigkeit des Verwaltungsaktes in einem Vorverfahren[1] nachzuprüfen. [2]Eines Vorverfahrens bedarf es nicht, wenn
1. ein Gesetz dies für besondere Fälle bestimmt oder
2. der Verwaltungsakt von einer obersten Bundesbehörde, einer obersten Landesbehörde oder von dem Vorstand der Bundesagentur für Arbeit erlassen worden ist, außer wenn ein Gesetz die Nachprüfung vorschreibt, oder
3. ein Land, ein Versicherungsträger oder einer seiner Verbände klagen will.

(2) [aufgehoben]

(3) Für die Verpflichtungsklage gilt Absatz 1 entsprechend, wenn der Antrag auf Vornahme des Verwaltungsaktes abgelehnt worden ist.

25 Zur fehlenden Sachdienlichkeit bei Unzulässigkeit der geänderten Klage BSG 23.3.1993 – 4 RA 39/91; LSG BW 27.1.2015 – L 13 AS 2706/14, juris; aA Roller → § 99 Rn. 13.
26 BSG 13.8.1981 – 11 RA 56/80, SozR 1500 § 75 Nr. 38.
27 BSG 29.9.2009 – B 8 SO 19/08 R, SozR 4-3500 § 54 Nr. 6; BSG 21.8.2008 – B 13 R 33/07 R, SozR 4-3250 § 14 Nr. 7 = BSGE 101, 207.
1 Nach § 88 Abs. 6 Soldatenversorgungsgesetz (SVG) sind für die Beschädigtenversorgung die Vorschriften über das Vorverfahren anzuwenden. Dies gilt nicht, soweit die Beschädigtenversorgung in der Gewährung von Leistungen der Kriegsopferfürsorge nach den §§ 25 bis 27 i BVG besteht. Hinsichtlich des Vorverfahrens bei Ansprüchen auf Zivildienstbeschädigung vgl. § 51 Abs. 2 Gesetz über den Zivildienst der Kriegsdienstverweigerer (ZDG).

I. Allgemeines

1 **1. Gesetzesentstehung.** § 78 gilt maßgeblich in der Fassung vom 17.8.2001, gültig ab 2.1.2002 (BGBl. 2001 I 2144). Durch Gesetze vom 23.3.2002 (BGBl. 2002 I 1130) und vom 23.12.2003 (BGBl. 2003 I 2848) erfolgte in Abs. 1 Nr. 2 lediglich eine Anpassung an Umbenennungen im Bereich der Bundesagentur für Arbeit. Die in § 78 Abs. 2 idF vom 30.7.1974 (BGBl. 1974 I 1625) eingeräumte Wahlmöglichkeit zwischen Klage und Widerspruch in bestimmten Konstellationen in der Unfall-, Rentenversicherung und Kriegsopferversorgung wurde durch den Einigungsvertrag mit Wirkung zum 3.10.1990 (BGBl. 1990 II 889) gestrichen. § 78 bestimmt die grundsätzliche Erforderlichkeit eines Vorverfahrens sowie die Ausnahmen hiervon. Eine Parallelvorschrift enthält **§ 68 VwGO**. Wie in der VwGO ist das Vorverfahren im SGG als Widerspruchsverfahren ausgestaltet.

2 **2. Normzweck.** Das Vorverfahrenserfordernis verfolgt zwei Zwecke:[2] Es dient erstens der **Selbstkontrolle der Verwaltung** bzgl. der Rechts- und insbes. der Zweckmäßigkeit der Entscheidung. Gerade Letzteres ist auch für den Bürger von Bedeutung, da insoweit eine gerichtliche Kontrolle nicht stattfindet (eingeschränkte Ermessenskontrolle § 54 Abs. 2 S. 2 SGG); zur Ermessensausübung im Widerspruchsbescheid → § 85 Rn. 3. Das Vorverfahren soll zweitens die Gerichte vor Überlastung schützen (**Filterfunktion**). Mit der Rechtsweggarantie des Art. 19 Abs. 4 GG ist dies vereinbar, da der Zugang des Bürgers zu den Gerichten nicht gehindert oder unzumutbar erschwert wird.

II. Rechtsnatur

3 **1. Verwaltungsverfahren.** Das Vorverfahren ist Verwaltungs-, nicht Gerichtsverfahren. Die Regelung im Prozessrecht erklärt sich aus der Eigenschaft als Prozess- bzw. Sachurteilsvoraussetzung (→ Rn. 4). Der Widerspruchsbescheid ist Verwaltungsakt. Grundsätzlich gilt das SGB X; die Vorschriften über das gerichtliche Verfahren gelten nur, wenn dies besonders bestimmt ist (zB § 84 Abs. 3 S. 2). § 62 SGB X regelt zunächst nur, welche Prozessordnung (SGG oder VwGO) Anwendung findet; darüber hinaus gelten Vorschriften des SGB X, wenn sich im Prozessrecht keine speziellen Regelungen finden. So schreibt § 85 Abs. 3 S. 1 SGG die Schriftform und eine Begründung des Widerspruchsbescheides vor, der Inhalt der Begründung bestimmt sich hingegen nach §§ 62, 35 Abs. 1 S. 2 und 3 SGB X.

4 **2. Sachurteilsvoraussetzung.** Das Vorverfahren ist in den Fällen, in denen es nicht ausnahmsweise entbehrlich ist, als Sachurteilsvoraussetzung ausgestaltet. Sein Fehlen ist somit in jeder Lage des Verfahrens von Amts wegen zu beachten. Nach dem Wortlaut des § 78 Abs. 1 S. 1 ist das Vorverfahren vor „Erhebung" der Klage durchzuführen. Nach allgemeiner Meinung[3] muss das abgeschlossene Vorverfahren aber nicht schon bei Klageerhebung vorliegen. Anfechtungs- und Verpflichtungsklage sind nur unzulässig, wenn das Vorverfahren nicht spätestens bis zur letzten mündlichen Verhandlung in der Tatsacheninstanz abge-

---

2 BSG 25.4.2007 – B 12 AL 2/06 R, SGb 2007, 353; BSG 13.12.2000 – B 6 KA 1/00 R, SozR 3-1500 § 78 Nr. 5.

3 Krasney/Udsching, Kap. IV Rn. 23, 26; B. Schmidt in Meyer-Ladewig/Keller/Leitherer/Schmidt § 78 Rn. 3; BSG 3.3.1999 – B 6 KA 10/98 R, SozR 3-5540 Anl. 1 § 10 Nr. 1 mwN.

schlossen ist, dh in der Sache kann kein Urteil ergehen (Sachurteilsvoraussetzung).[4] Zur Nachholung während des Gerichtsverfahrens → Rn. 8. Zum fehlenden Verwaltungsverfahren → § 87 Rn. 7.

III. Notwendigkeit eines Vorverfahrens – Abs. 1 S. 1, Abs. 3

Das Erfordernis eines Vorverfahrens gilt nur für die Anfechtungs- (Abs. 1) und die Verpflichtungsklage (Abs. 3), allerdings auch wenn sie mit anderen Klagearten verbunden sind, zB kombinierte Anfechtungs- und Leistungsklage.[5] Entscheidendes Merkmal ist das Vorliegen eines Verwaltungsaktes. Ein Vorverfahren ist daher auch dann nötig, wenn die Verwaltung keinen Widerspruchsbescheid erlässt, weil sie rechtsirrig annimmt, der Kläger könne keinen Widerspruchsbescheid beanspruchen.[6] Bei einem Begehren auf Feststellung ist danach zu unterscheiden, ob diese durch einen Verwaltungsakt erfolgen soll oder durch das Gericht selbst ohne vorherige Behördenentscheidung; im ersten Fall ist ein Vorverfahren durchzuführen. Wegen der Entlastungsfunktion ist das Vorverfahren auch für die Beteiligten nicht disponibel.[7] Das Verfahren vor dem Beschwerdeausschuss im Rahmen der Wirtschaftlichkeitsprüfung im Vertragsarztrecht gilt als Vorverfahren (§ 106 Abs. 5 S. 6). 5

1. Durchführung eines Vorverfahrens. Das Vorverfahren ist durchgeführt, wenn eine abschließende Verwaltungsentscheidung (Widerspruchsbescheid) vorliegt; erst dann ist die Sachurteilsvoraussetzung (→ Rn. 4) erfüllt. Der Widerspruch muss – zumindest teilweise – erfolglos geblieben sein; entscheidend ist, dass die getroffene Entscheidung die Beschwer nicht vollständig beseitigt hat. Entscheidet die Behörde nicht vollständig über den Regelungsgegenstand, soweit er mit Widerspruch angefochten wurde, ist entscheidend, ob die Verwaltung eine abschließende Regelung treffen wollte, also ihr Prüfungsrecht nach eigener Ansicht erschöpfend ausgeübt hat, was ggf. durch Auslegung zu ermitteln ist. Daran fehlt es, wenn nur ein Teilabhilfebescheid vorliegt.[8] Ergeht hingegen ein Widerspruchsbescheid, der erkennbar eine abschließende Entscheidung treffen sollte, entscheidet die Widerspruchsbehörde aber irrtümlich oder fehlerhaft nicht über alle angefochtenen Verfügungssätze des Ausgangsbescheides, liegt ein abgeschlossenes Vorverfahren vor; ein weiteres Vorverfahren oder eine Aussetzung des gerichtlichen Verfahrens zur Nachholung hat nicht zu erfolgen.[9] Wenn die unzuständige Behörde eine abschließende Entscheidung trifft, ist das eine Frage der formellen Rechtmäßigkeit des Widerspruchsbescheides, nicht der Durchführung des Vorverfahrens als Sachentscheidungsvoraussetzung, wenn ersichtlich eine abschließende Entscheidung getroffen werden sollte.[10] Die Fehlerfreiheit des Vorverfahrens ist nicht Prozessvoraussetzung.[11] 6

2. Maßgeblicher Zeitpunkt. Nach dem Wortlaut muss das Vorverfahren bereits vor Klageerhebung abgeschlossen sein. Nach allg. Meinung ist aber eine Hei- 7

4 BSG 25.4.2007 – B 12 AL 2/06 R, SGb 2007, 353.
5 BSG 20.9.1956 – 5 RKn 51/55, BSGE 3, 293.
6 BSG 3.3.1999 – B 6 KA 10/98 R, SozR 3-5540 Anl. 1 § 10 Nr. 1.
7 BSG 25.4.2007 – B 12 AL 2/06 R, SGb 2007, 353.
8 BSG 28.10.1965 – 8 RV 721/62, SozR § 78 Nr. 10.
9 BSG 13.6.2013 – B 13 R 454/12 B, juris; BSG 31.1.2008 – B 13 R 43/07 B, juris; HessLSG 18.11.2005 – L 4 B 103/05 SB, juris.
10 S.a. BSG 30.11.1965 – 3 RK 26/62, SozR § 78 Nr. 11.
11 BSG 24.3.2015 – B 8 SO 16/14 R, juris: zur fehlenden Einbeziehung sozial erfahrener Personen gem. § 116 Abs. 2 SGB XII.

lung im gerichtlichen Verfahren möglich: Der Widerspruchsbescheid muss **bis zur letzten mündlichen Verhandlung** in der Tatsacheninstanz ergehen, im schriftlichen Verfahren bis zur Herausgabe des Urteils durch die Geschäftsstelle.[12] Der Widerspruchsbescheid wird gem. § 96 Gegenstand des Verfahrens (→ § 96 Rn. 3, 11).

8 **3. Nachholung.** Das Gericht darf bei fehlendem Vorverfahren nach allgemeiner Meinung[13] die Klage nicht als unzulässig abweisen, sondern muss den Beteiligten Gelegenheit geben, es nachzuholen (Vertagung, Aussetzung analog § 114 Abs. 2 SGG), sonst liegt ein Verfahrensfehler vor. In der Klage liegt gleichzeitig der Widerspruch.[14] Eine erneute Einlegung für die Nachholung ist also nicht nötig.[15] Wird das Fehlen erst im Revisionsverfahren bemerkt, verweist das Revisionsgericht gem. § 170 Abs. 2 S. 2 SGG an das LSG zurück, um eine Nachholung zu ermöglichen.[16] Die Nachholung muss noch möglich sein; die Klage darf nicht aus anderen Gründen unzulässig sein. Fehlt es bereits an einem Ausgangsverwaltungsakt oder ist dieser bestandskräftig geworden, kommt eine Aussetzung des Klageverfahrens nicht in Betracht; die Klage ist unzulässig.[17] Eine Verurteilung zum Erlass eines Widerspruchsbescheides ist nicht vorgesehen; dies ist nur über die Untätigkeitsklage gem. § 88 möglich; nach BSG[18] soll dem Beklagten bei fehlender Bereitschaft zur Durchführung eines Widerspruchsverfahrens durch Zwischenurteil gem. § 202 SGG iVm § 303 ZPO eine entsprechende Verpflichtung auferlegt werden können.[19] Ein solches Vorgehen entspricht dem Wesen des Vorverfahrens nach der allgemeinen Meinung als Sachurteils- nicht Prozessvoraussetzung, dh sie muss nicht bei Einleitung des Prozesses (Klageerhebung), sondern erst vor Erlass des (Sach-)Urteils vorliegen. Dementsprechend wird es idR prozessökonomisch sein, das Gerichtsverfahren zur Nachholung auszusetzen. Dem Schutzzweck der Entlastung der Gerichte (Filterfunktion) entspricht diese Auffassung jedoch nicht.[20] Die Gerichte werden zu einem Zeitpunkt in den Rechtsstreit einbezogen, der der gesetzgeberischen Zielsetzung widerspricht. Wird die – unzulässige – Klage nicht abgewiesen, sondern das Verfahren ausgesetzt, verlängert sich die gerichtliche Verfahrensdauer um die Dauer des nachzuholenden Vorverfahrens, in dem auch noch Ermittlungen notwendig werden können. Wird dem Widerspruch stattgegeben, wurde das Gericht unnötigerweise mit einem Verfahren befasst. Die Aussetzung des gerichtlichen Verfahrens zur Nachholung ist also nicht immer zweckmäßig; dies gilt auch für Klagen, bei denen der Kläger das Vorverfahren umgehen will.[21]

12 BSG 30.11.1961 – 4 RJ 183/59, BSGE 16, 21 = SozR Nr. 5 zu § 78 SGG.
13 Krasney/Udsching, Kap. IV Rn. 23, 26; B. Schmidt in Meyer-Ladewig/Keller/Leitherer/Schmidt § 78 Rn. 3 a; BSG 3.3.1999 – B 6 KA 10/98 R, SozR 3-5540 Anl. 1 § 10 Nr. 1 mwN.
14 AA BayLSG 24.11.2011 – L 10 AL 64/09, juris.
15 AllgM; BSG 22.6.1966 – 5 RK 64/62, BSGE 25, 66 = SozR Nr. 4 zu § 1538 RVO; BSG 13.12.2000 – B 6 KA 1/00 R, SozR 3-1500 § 78 Nr. 5; BSG 1.7.2014 – B 1 KR 99/13 B, juris.
16 BSG 3.3.1999 – B 6 KA 10/98 R, SozR 3-5540 Anl. 1 § 10 Nr. 1.
17 LSG BW 26.3.2015 – L 7 R 4143/14, juris; LSG Hmb 11.2.2015 – L 4 AS 49/14, juris, LSG Hmb 18.11.2014 – L 3 R 8/12, juris.
18 BSG 3.3.1999 – B 6 KA 10/98 R, SozR 3-5540 Anl. 1 § 10 Nr. 1.
19 Ebenso BSG 30.1.1980 – 9 RV 40/79, SozR 1500 § 78 Nr. 16.
20 SG Stuttgart 9.5.2011 – S 20 SO 1922/11, juris.
21 Vgl. auch BayLSG 12.8.2013 – L 7 AS 455/13 und 23.9.2014 – L 15 VK 9/13 NZB, beide juris; LSG NRW 11.3.2010 – L 9 SO 44/09, juris.

4. Vorverfahrenszwang bei Drittbeteiligung. Ein Vorverfahren ist für jeden vom Ausgangsbescheid Betroffenen nötig, wenn dieser später Klage erhebt. Ein Vorverfahren, bzw. Widerspruchsbescheid gegenüber einem anderen Adressaten des Ausgangsbescheides reicht nicht aus. Der Kläger muss also an einem Vorverfahren iSd § 12 Abs. 1 Nr. 1, 2 oder 4 SGB X beteiligt gewesen sein.[22] Beispiel: Der gegenüber einem Stammversicherten ergangene, die Ablehnung einer Familienversicherung bestätigende Widerspruchsbescheid ersetzt nicht das Vorverfahren gegenüber dem Familienangehörigen für dessen Klage.[23] Bei notwendiger Streitgenossenschaft gilt der Streitgenosse, der keinen Widerspruch eingelegt hatte, als vertreten.[24] 9

Der **Vorverfahrenszwang entfällt** auch bei Drittbeteiligung nur, wenn sich die Beschwer des Dritten nicht schon aus dem Ausgangsbescheid ergibt, sondern erst aus dem Abhilfe- oder Widerspruchsbescheid im Widerspruchsverfahren des anderen Adressaten. Eine dies ausdrücklich regelnde Bestimmung findet sich im SGG zwar nicht (anders § 68 Abs. 1 Nr. 2 VwGO), der Grundsatz gilt aber auch hier: Da die Beschwer bereits im Verfahren der für den Widerspruch zuständigen Behörde im Rahmen der Prüfung der Recht- und Zweckmäßigkeit einer Ausgangsentscheidung entsteht, macht ein weiteres Widerspruchsverfahren keinen Sinn mehr. Dies sind Fälle des Verwaltungsaktes mit Drittwirkung, wenn der Dritte durch die Regelung im Ausgangsbescheid begünstigt wurde, diese Regelung im Widerspruchsverfahren aber beseitigt wird. Gleiches gilt, wenn der Widerspruchsbescheid dem Dritten gegenüber ohne vorangegangenen Bescheid ergangen ist. 10

5. Vorverfahrenszwang bei Beteiligtenwechsel im Klageverfahren. Sowohl bei Wechsel auf Kläger- als auch auf Beklagtenseite ist ein Vorverfahren nötig. Der Beteiligtenwechsel ist eine Klageänderung iSd § 99 SGG; auch wenn diese Änderung zulässig ist, fehlt es der geänderten Klage an der Zulässigkeit, wenn der neue Kläger kein Vorverfahren durchgeführt hat. Bsp.: Nach Klageerhebung nach einem Vorverfahren durch den Stammversicherten in der Krankenversicherung wird durch Klageänderung ein am Vorverfahren nicht beteiligter Familienangehöriger zum Kläger;[25] nach Klageerhebung nach einem Vorverfahren gegen die Bundesagentur für Arbeit auf Befreiung von der Versicherungspflicht in der Krankenversicherung wird die Klage im Wege der Klageänderung gegen die beigeladene Krankenkasse gerichtet.[26] Ein Rechtsnachfolger tritt hingegen in die bestehende prozessuale Situation ein. War ein Vorverfahren bei Klageerhebung bereits durchgeführt, gilt dies auch ihm gegenüber; er übernimmt eine zulässige Klage. 11

IV. Ausnahmen vom Vorverfahrenszwang

1. Gesetzliche Ausnahmen – Abs. 1 S. 2. a) Ausschluss durch Gesetz für besondere Fälle (Nr. 1). Wie sich bereits aus dem Wortlaut ergibt („besondere Fälle"), muss das Vorverfahren die Regel bleiben. Erforderlich ist ein förmliches Gesetz, Rechtsverordnung oder Satzung reicht nicht aus.[27] Ein Ausschluss ist auch 12

22 BSG 18.3.1999 – B 12 KR 8/98 R, SozR 3-1500 § 78 Nr. 3.
23 BSG 13.12.2005 – B 1 KR 21/04 R, SozR 4-2500 § 18 Nr. 5.
24 B. Schmidt in Meyer-Ladewig/Keller/Leitherer/Schmidt § 78 Rn. 4.
25 BSG 13.12.2005 – B 1 KR 21/04 R, SozR 4-2500 § 18 Nr. 5.
26 BSG 18.3.1999 – B 12 KR 8/98 R, SozR 3-1500 § 78 Nr. 3 mwN.
27 BSG 5.2.1985 – 6 RKa 31/83, SozR 1500 § 78 Nr. 26.

durch Landesgesetz möglich; für Bundesgesetz wäre die Regelung in Nr. 1 nicht nötig. Beispiele: §§ 35 Abs. 7, 36 SGB V; § 77 Abs. 1 S. 4 SGB XII.

13 **b) Verwaltungsakt durch oberste Behörde (Nr. 2) oder Klage eines Landes, Versicherungsträgers oder Verbandes (Nr. 3).** Das Gesetz geht in diesen Fällen von besonderer Qualifikation oder Fachkenntnis aus, so dass eine nochmalige Überprüfung nicht erforderlich erscheint;[28] die Erweiterung der Nr. 3 durch Einbeziehung auch der Verbände der Versicherungsträger ist insoweit konsequent.[29] Dabei ist es gleichgültig, ob die Klage aus eigenem oder fremdem Recht geführt wird.[30] Oberste Behörden sind insbes. die Ministerien; für Bundesoberbehörden gilt die Regelung nicht.

14 **2. Gesetzlich nicht geregelte Ausnahmen. a) Erstmalige Beschwer durch Widerspruchsbescheid.** Beschwert der Widerspruchsbescheid erstmals einen Dritten (→ Rn. 10), ist er in diesen Fällen entgegen § 95 SGG alleiniger Gegenstand der Klage. Gleiches gilt bei erstmaliger Beschwer des Regelungsadressaten, wenn also bei einem Verwaltungsakt mit Drittwirkung dem Widerspruch des Dritten zuungunsten des Regelungsadressaten abgeholfen wird oder wenn der Widerspruchsbescheid eine selbstständige Beschwer enthält (zB reformatio in peius oder Selbsteintritt der Widerspruchsbehörde; → § 85 Rn. 5, 6). Da die Beschwer bereits im Verfahren der für Widerspruch zuständigen Behörde im Rahmen der Prüfung der Recht- und Zweckmäßigkeit einer Ausgangsentscheidung entsteht, macht ein weiteres Widerspruchsverfahren keinen Sinn mehr. Keines Vorverfahrens bedarf es auch, wenn sich die Klage unmittelbar gegen die Entscheidung des Beklagten im Widerspruchsbescheid über die Kosten des Widerspruchsverfahrens richtet.[31]

15 **b) § 96 Abs. 1 SGG.** Ein Vorverfahren ist nicht durchzuführen, wenn der Bescheid gem. § 96 SGG Gegenstand des Klageverfahrens wird.[32] Da der Bescheid im Hinblick auf das anhängige Gerichtsverfahren ergeht, darf davon ausgegangen werden, dass eine besonders sorgfältige Prüfung vorausgegangen ist; ein erneutes Widerspruchsverfahren ist daher nicht sinnvoll. Des Weiteren könnte die Verwaltung sonst auf diese Weise den Prozess verschleppen.

16 **c) Fortsetzungsfeststellungsklage.** Entbehrlich ist ein Vorverfahren auch vor einer Fortsetzungsfeststellungsklage bei Erledigung vor Ablauf der Widerspruchsfrist:[33] Im Hinblick auf die Fallgruppen des Fortsetzungsfeststellungsinteresses (s. bei § 131) besteht kein Bedürfnis für einen „Fortsetzungsfeststellungswiderspruch", da einem Widerspruchsbescheid nicht das Gewicht einer gerichtlichen Entscheidung zukommt.

17 **d) Umdeutung der Klageerwiderung.** Fehlt es an einem durch abschließenden Bescheid beendeten Widerspruchsverfahren, wird aus prozessökonomischen Gründen jedenfalls bei Identität von Widerspruchsbehörde und Klagegegner teilweise eine Nachholung als entbehrlich angesehen oder der Antrag auf Klageabweisung als unbegründet als Widerspruchsbescheid umgedeutet.[34] Dem ist

28 BSG 29.1.1976 – 10 RV 171/75, SozR 1500 § 81 Nr. 1.
29 Vgl. Kummer SGb 2001, 705 (711).
30 BSG 29.1.1976 – 10 RV 171/75, SozR 1500 § 81 Nr. 1.
31 BSG 12.6.2013 – B 14 AS 68/12 R, SozR 4-1300 § 63 Nr. 20; BSG 19.6.2012 – B 4 AS 142/11 R, NZS 2012, 957.
32 BSG 30.10.1962 – 2 RU 270/59, BSGE 18, 93 = SozR Nr. 16 zu § 96 SGG.
33 BSG 27.6.2001 – B 6 KA 7/00 R, SozR 3-2500 § 79 a Nr. 1 = BSGE 88, 193.
34 BSG 2.8.1977 – 9 RV 102/76, SozR 1500 § 78 Nr. 8.

nicht zu folgen.[35] Die genannte BSG-Entscheidung stützte sich auf eine den §§ 78 Abs. 2, 85 Abs. 4 idF vom 30.7.1974 entnommene Alternativität von Klage- und Widerspruchsverfahren. Nachdem diese beiden Vorschriften 1990 bzw. 1993 gerade aufgehoben wurden,[36] um die Filterfunktion des Vorverfahrens zur Entlastung der Gerichte zu stärken, fehlt es dieser Rechtsprechung nunmehr an einer Grundlage. Nach Wortlaut und neuer Konzeption des § 78 gilt der **Grundsatz des Vorverfahrens als unverzichtbare Sachurteilsvoraussetzung.** Diese gesetzgeberische Grundentscheidung sollte nicht aus rein prozessökonomischen Gründen unbeachtet bleiben; vielmehr steht die Prozessökonomie hinter den Schutzzwecken des Vorverfahrenszwangs (Selbstkontrolle und Entlastung der Gerichte, → Rn. 2) zurück.[37] Nach überwiegender Auffassung ist eine Umdeutung der Klageerwiderung in einen Widerspruchsbescheid ausgeschlossen bei fehlender Identität von Klagegegner und Widerspruchsbehörde.[38] Dies gilt insbes. bei Trägern der Sozialversicherung, denn für den Erlass des Widerspruchsbescheides ist hier zuständig die von der Vertreterversammlung bestimmte Stelle. Die Beteiligung sozial erfahrener Dritter vor Erlass eines Widerspruchsbescheides gem. § 116 Abs. 2 SGB XII steht nicht zur Disposition der Beteiligten. Ist diese unterblieben, ist ein Widerspruchsverfahren auch dann nicht entbehrlich, wenn sich der beklagte Sozialhilfeträger auf die Klage sachlich eingelassen oder in eine ggf. erfolgte Klageänderung eingewilligt hat.[39] Zur Entbehrlichkeit weiterer Vorverfahren bei Honorarbescheiden im Vertragsarztrecht, wenn zu denselben Fragen bereits eines durchgeführt worden war, BSG vom 7.2.1996.[40]

e) **Keine Entbehrlichkeit.** Ein Vorverfahren ist auch dann nicht entbehrlich, 18
wenn es keine Aussicht auf Erfolg hat.[41] Wenn die Widerspruchsbehörde der Auffassung ist, ein Widerspruchsverfahren sei nicht zulässig, muss sie einen Widerspruchsbescheid erlassen und den Widerspruch als unzulässig verwerfen; tut sie dies nicht, kann Untätigkeitsklage erhoben werden.[42] Anderes soll gelten, wenn der Widerspruch nicht statthaft ist, weil er sich nicht gegen einen Verwaltungsakt richtet;[43] in diesem Fall sei die Behörde weder verpflichtet noch sei es ihr rechtlich möglich, einen Widerspruchsbescheid zu erteilen, da § 78 ausdrücklich nur einen Verwaltungsakt als Gegenstand des Widerspruches zulasse.

---

35 BSG 5.9.2006 – B 2 U 8/05 R, SozR 4-2700 § 34 Nr. 1 = BSGE 97, 47; BSG 6.5.2010 – B 13 R 118/08 R, juris mwN.
36 BT-Drs. 11/7817, 4; 12/1217, 50.
37 Wie hier: BSG 25.4.2007 – B 12 AL 2/06 R, SGb 2007, 353; BSG 5.9.2006 – B 2 Urt. 8/05 R, SozR 4-2700 § 34 Nr. 1 und BSG 3.3.1999 – B 6 KA 10/98 R, SozR 3-5540 Anl. 1 § 10 Nr. 1: Widerspruchsbescheid jedenfalls dann nicht entbehrlich, wenn sich Verwaltung mit Anliegen des Widerspruchsführers nicht auseinander setzt in der Auffassung, diesem stehe kein Anspruch auf Überprüfung zu; offen gelassen in BSG 18.3.1999 – B 12 KR 8/98 R, SozR 3-1500 § 78 Nr. 3; aA BSG 27.8.1998 – B 9 SB 13/97 R, juris: Nicht nur das Vor-, sondern sogar ein Ausgangsverwaltungsverfahren sei entbehrlich bei rügeloser Einlassung d. Beklagten, wenn von einer neuen Verwaltungsentscheidung nichts anderes zu erwarten sei als eine Bestätigung des prozessualen Vorbringens, BSG 31.8.2000 – B 3 KR 21/99 R, SozR 3-2500 § 139 Nr. 1 = BSGE 87, 105.
38 BSG 1.7.2014 – B 1 KR 99/13 B, juris.
39 BVerwG 16.1.1986 – 5 C 36/84, NVwZ 1987, 412.
40 BSG 7.2.1996 – 6 RKa 42/95, Breith. 96, 973.
41 BSG 17.7.1958 – 5 RKn 39/57, BSGE 8, 3 (10).
42 BSG 3.3.1999 – B 6 KA 10/98 R, SozR 3-5540 Anl. 1 § 10 Nr. 1 für den Fall, dass die Verwaltung die Widerspruchsbefugnis verneint; Kopp/Schenke § 68 Rn. 33.
43 LSG Bln Bbg 16.7.2007 – L 18 B 1185/07 AS, juris; LSG Hmb 20.4.2005 – L 1 KR 90/03, juris.

Dem Wortlaut des § 78 ist jedoch nicht zu entnehmen, dass ein Widerspruchsbescheid nur ergehen kann oder darf, wenn sich der Widerspruch tatsächlich gegen einen Verwaltungsakt richtet. Nur in diesem Fall ist der Widerspruchsstelle zwar die Befugnis zur inhaltlichen Prüfung des Verwaltungshandelns eröffnet („Rechtmäßigkeit und Zweckmäßigkeit des Verwaltungsaktes in einem Vorverfahren nachzuprüfen"). Dies steht jedoch dem Erlass eines Widerspruchsbescheides nicht entgegen, der ohne inhaltliche Prüfung den Widerspruch als unzulässig, weil unstatthaft, verwirft. Die rechtliche Befugnis zu dieser Entscheidung wächst der Widerspruchsstelle durch die Einlegung des Rechtsbehelfs zu, sobald eine Abhilfe nicht erfolgt. Die Frage, ob ein Verwaltungsakt vorliegt, kann im Einzelfall schwierig zu beurteilen und für den Bürger nur schwer zu erkennen sein; andererseits ist die Möglichkeit, dass ein Verwaltungsakt, der zunächst auch von der Behörde nicht als solcher erkannt wird, in Bestandskraft erwächst, für ihn von entscheidender Bedeutung. Diese Fälle sind daher nicht anders zu beurteilen als jene mit streitiger Widerspruchsbefugnis. Schließlich hat auch die Rechtsprechung bereits früher sogar die rechtliche Möglichkeit der Widerspruchsstelle gesehen, einen gegen ein schlichtes Verwaltungshandeln und damit unstatthaften Widerspruch zu bescheiden und so das schlichte Verwaltungshandeln zu einem Verwaltungsakt zu machen.[44]

V. Verpflichtungsklage – Abs. 3

19 Für die Verpflichtungsklage gelten hinsichtlich Zweck, Rechtsnatur, Notwendig- und Entbehrlichkeit dieselben Regeln wie für die Anfechtungsklage (→ Rn. 1–18).

§§ 79 bis 82 (weggefallen)

1 Die durch das Änderungsgesetz vom 30.7.1974 (BGBl. 1974 I 1625) aufgehobenen §§ 79–82 regelten bestimmte Fälle des notwendigen Vorverfahrens sowie seiner Entbehrlichkeit. Mit der Einführung des Grundsatzes des Vorverfahrens durch Neufassung des § 78 wurden die Normen überflüssig.

§ 83 [Widerspruch]

Das Vorverfahren beginnt mit der Erhebung des Widerspruchs.

I. Allgemeines/Normzweck

1 Die Vorschrift besteht unverändert idF v. 3.9.1953 (BGBl. 1953 I 1239). Sie entspricht **§ 69 VwGO.**

44 BSG 12.2.1980 – 7 RAr 26/79, BSGE 49, 291.

§ 83 stellt klar, dass ein Vorverfahren iSd § 78 nur vorliegt, wenn es durch Widerspruch ausgelöst wird. Jede andere Überprüfung der Recht- und Zweckmäßigkeit der Verwaltungsentscheidung, insbes. eine von Amts wegen eingeleitete, genügt somit nicht als Sachurteilsvoraussetzung. Das gilt auch für einen Bescheid, der auf einen Neuüberprüfungsantrag nach § 44 SGB X ergeht; gegen einen solchen ist vor Klageerhebung Widerspruch einzulegen; das ist insbes. zu beachten, wenn ein verspäteter Widerspruch als Antrag nach § 44 SGB X umgedeutet wird. Abzugrenzen ist das Vorverfahren gegenüber nicht förmlichen Rechtsbehelfen (Gegenvorstellung, Dienstaufsichtsbeschwerde); gegebenenfalls ist nach dem verfolgten Begehren auszulegen, welcher Rechtsbehelf eingelegt werden sollte. 2

II. Rechtsnatur des Widerspruchs

1. Rechtsbehelf. Der Widerspruch ist Rechtsbehelf, nicht -mittel, da nicht über eine Klage entschieden wird. Die Wirkungen sind aber ähnliche: Zum einen wird für die Entscheidung über den Widerspruch grundsätzlich die nächsthöhere Behörde zuständig (Devolutiveffekt); eine Einschränkung besteht jedoch insbesondere in Angelegenheiten der Sozialversicherung, wo der Widerspruchsbescheid einer besonderen Stelle erlassen wird (im Einzelnen → § 85 Rn. 8 ff.). Zum anderen wird der Eintritt der Bestandskraft gehemmt (Suspensiveffekt). Zu unterscheiden ist dies von der aufschiebenden Wirkung: Diese betrifft die Vollziehbarkeit, nicht die Bindungswirkung iSd § 77 (→ § 77 Rn. 2 f.). Die Anrufung des Beschwerdeausschusses stellt keinen Widerspruch dar, erfüllt aber die Voraussetzungen des Vorverfahrens; §§ 84 Abs. 1 und 85 Abs. 3 SGG finden aber Anwendung (§ 106 Abs. 5 SGB V). 3

2. Prozesshandlung. Als Verfahrens- und als Sachurteilsvoraussetzung ist der Widerspruch auch Prozesshandlung. Als solche darf er **nicht unter einer Bedingung** erhoben werden, die an Umstände außerhalb des Verfahrens anknüpft.[1] 4

3. Anspruch auf Entscheidung. Mit der Einlegung des Widerspruches entsteht ein Anspruch des Widerspruchsführers auf Entscheidung. Die Verwaltung hat auch dann über den Widerspruch zu entscheiden, wenn sie der Auffassung ist, ein solcher sei nicht zulässig,[2] insbes. nicht statthaft (str. → § 78 Rn. 18).[3] Ein unzulässiger Widerspruch ist durch Widerspruchsbescheid zu verwerfen. 5

III. Inhalt des Widerspruches

Der Betroffene muss zum Ausdruck bringen, dass er sich durch eine Verwaltungsmaßnahme beeinträchtigt sieht und deren Überprüfung wünscht; gegebenenfalls ist eine Auslegung entsprechend dem Begehren nötig.[4] Der Widerspruch muss grundsätzlich weder einen bestimmten Antrag noch eine Begründung enthalten.[5] 6

1 Ebenso für die Rücknahme des Widerspruches BVerwG 16.8.1995 – 11 C 2/95, DVBl. 1996, 105; für die Einlegung kann nichts anderes gelten.
2 BSG 3.3.1999 – B 6 KA 10/98 R, SozR 3-5540 Anl. 1 § 10 Nr. 1 für den Fall, dass die Verwaltung die Widerspruchsbefugnis verneint; vgl. Kopp/Schenke § 68 Rn. 33.
3 AA LSG Bln-Bbg 16.7.2007 – L 18 B 1185/07 AS, juris; LSG Hmb 20.4.2005 – L 1 KR 90/03, juris.
4 BSG 12.7.1989 – 7 RAr 46/88, SozR 7815 Art. 1 § 7 Nr. 1.
5 HessLSG 18.11.2005 – L 4 B 103/05 SB, juris.

IV. Zulässigkeit des Widerspruches

7 **1. Verwaltungsakt.** Der Widerspruch muss einen Verwaltungsakt zum Gegenstand haben. Definiert ist dieser in **§ 31 SGB X** als hoheitliche Maßnahme einer Behörde auf dem Gebiet des öffentlichen Rechts zur Regelung eines Einzelfalles mit Rechtswirkung nach außen. Ggf. muss das Verwaltungshandeln ausgelegt werden, ob es sich um einen Verwaltungsakt handelt; ein Verwaltungsakt im formellen Sinne (zB ausdrückliche Bezeichnung als „Bescheid" oder versehen mit Rechtsbehelfsbelehrung) genügt. Der Widerspruch kann sich auch gegen einen nichtigen Verwaltungsakt richten, da ein Interesse bestehen kann, den entstandenen Rechtsschein zu beseitigen.

8 Der Verwaltungsakt muss bereits **ergangen** sein. Eine Bekanntgabe (§ 39 SGB X) gegenüber dem Adressaten ist für die Zulässigkeit des Widerspruches allerdings nicht nötig;[6] es genügt, dass der Verwaltungsakt erlassen und damit rechtlich existent ist (→ § 84 Rn. 8). Ein vorsorglich eingelegter Widerspruch ist nicht zulässig und wird nicht dadurch zulässig, dass der Verwaltungsakt später tatsächlich ergeht;[7] denn der Sache nach handelt es sich dabei um einen unter einer Bedingung erhobenen und damit unzulässigen Widerspruch. Einen „Untätigkeitswiderspruch" bei Nichtstun der Verwaltung gibt es nicht; das ergibt sich aus § 88 SGG, danach ist nur Klage möglich. Der Verwaltungsakt darf noch nicht **erledigt** (§ 39 Abs. 2 SGB X) sein; für einen „Fortsetzungsfeststellungswiderspruch" besteht kein Bedürfnis; es besteht die Möglichkeit unmittelbar Fortsetzungsfeststellungsklage nach § 131 zu erheben (→ § 78 Rn. 16).

9 **2. Teilanfechtung.** Eine Teilanfechtung ist grundsätzlich zulässig.[8] Die **Teilbarkeit des Verwaltungsaktes** ist eine Frage des materiellen Rechts und damit der Begründetheit. Entscheidend dabei ist, ob der rechtswidrige Teil so wesentlich ist, dass die Behörde den Verwaltungsakt ohne ihn nicht erlassen hätte; dies ergibt sich aus einer analogen Anwendung des § 40 Abs. 4 SGB X.[9] Teilbarkeit liegt vor, wenn sich die Rechtswidrigkeit des einen Teils nicht auf den Rest auswirkt; mit der Aufhebung des rechtswidrigen Teils darf kein rechtswidriger Verwaltungsakt bestehen bleiben.[10] Die Einschränkung, dass bei einer Teilaufhebung durch das Gericht ein bestehender Ermessensspielraum der Verwaltung nicht verkürzt werden darf, spielt im Widerspruchsverfahren keine Rolle, da die Widerspruchsbehörde selbst Ermessen ausüben kann. Teilanfechtung von selbstständigen **Nebenbestimmungen**, auch einer Befristung, ist zulässig.[11] In der Regel ist mit der Annahme, ein belastender Verwaltungsakt werde nur teilweise angefochten, Zurückhaltung geboten;[12] von einer Teilanfechtung ist aber auszugehen, wenn außer den Anträgen und ihrer Begründung ein weiterer eindeutiger Hinweis dafür spricht, dass ein bestimmter Anspruch nicht verfolgt werden sollte.[13] **Keine isolierte Anfechtung** ist möglich bei befristeter Gewährung von Leis-

---

6 BSG 27.3.2007 – B 13 R 164/06 B, juris: Es genügt, dass die Behörde sich darauf beruft, einen bestimmten Verwaltungsakt erlassen zu haben.
7 BVerwG 31.8.1966 – V C 42.65, BVerwGE 25, 20.
8 BSG 13.11.1985 – 6 RKa 15/84, BSGE 59, 137 = SozR 2200 § 268 a Nr. 13 zur Teilanfechtungsklage; für Widerspruch kann nichts anderes gelten.
9 BSG 17.12.1969 – 5 RKn 25/67, BSGE 30, 218 = SozR Nr. 7 zu § 1631 RVO.
10 BSG 13.11.1985 – 6 RKa 15/84, BSGE 59, 137 = SozR 2200 § 268 a Nr. 13.
11 BSG 27.2.1992 – 6 RKa 15/91, BSGE 70, 167 = SozR 3-2500 § 116 Nr. 2.
12 HessLSG 18.11.2005 – L 4 B 103/05 SB, juris: Widerspruch erfasst im Zweifel alle Verfügungssätze des Verwaltungsaktes.
13 BSG 27.2.1985 – 12 RK 21/84, juris.

tungen (zB § 41 Abs. 1 S. 4 SGB II). Die Befristung ist hier keine selbstständige Nebenbestimmung; vielmehr liegt ein einheitlicher Regelungsgegenstand vor, nämlich die Leistungsbewilligung für einen bestimmten Zeitraum. Eine Anfechtung der Befristung, um eine unbefristete Leistung zu erlangen, ist nicht möglich. Gleiches gilt bei einer sog **modifizierenden Auflage** (insbes. bei Genehmigung oder Erlaubnis), wenn sich der Verwaltungsakt also von der Auflage nicht trennen lässt, ohne seinen Sinn zu verlieren oder in seinem Wesen verändert zu werden.[14] Richtiger Rechtsbehelf hier ist die Verpflichtungsklage auf auflagenfreie Zulassung.[15] Zum Streitstand *Kopp/Ramsauer* VwVfG § 36 Rn. 74 mwN.

3. Beschwer. Der Widerspruchsführer muss durch den Verwaltungsakt beschwert sein: durch Beeinträchtigung in einem subjektiv öffentlichen Recht oder Betroffenheit durch unzweckmäßige Regelung, soweit im Interesse des Widerspruchsführers Ermessen auszuüben ist; durch Auferlegung einer Pflicht, belastende Feststellung oder zumindest teilweise Ablehnung eines begünstigenden Verwaltungsaktes. Popularwiderspruch ist unzulässig. Beschwert sein kann auch ein Dritter, nicht nur der Adressat des Verwaltungsaktes. Im Einzelnen bei § 54. Mangels Beschwer ist ein Widerspruch gegen einen Bescheid, der einem Widerspruch vollständig abhilft (→ § 85 Rn. 2), nicht zulässig. Dies gilt auch, wenn der Abhilfebescheid keine Kostenentscheidung enthält; deren Fehlen macht die getroffene Sachentscheidung nicht rechtswidrig[16] (→ § 85 Rn. 20). 10

4. Beteiligtenfähigkeit und Vertretung. Der Widerspruchsführer muss beteiligtenfähig iSd § 10 SGB X sein. Vertretung ist zulässig. Vollmacht unterliegt zunächst keinen Formerfordernissen, muss aber auf Verlangen der Verwaltung schriftlich nachgewiesen, also vorgelegt werden (§§ 62, 13 Abs. 1 S. 3 SGB X);[17] es existiert keine Vorschrift, die eine entsprechende Ausnahme vorsieht. 11

5. Rücknahme und Verzicht auf Widerspruch. Ein wirksamer Verzicht führt zur Unzulässigkeit eines dennoch erhobenen Widerspruches. Der **Verzicht** ist zulässig nach Bekanntgabe des Verwaltungsaktes, nicht vor dessen Erlass; Rechtsbehelfsbelehrung muss nicht erteilt sein. Entscheidend ist allein, dass der Betroffene die belastende Regelung des Verwaltungsaktes erkennen kann. Bezüglich der Form gilt dasselbe wie für den Widerspruch selbst. Erfolgt der Verzicht auf Druck der Verwaltung, ist er unwirksam;[18] gegebenenfalls kommt dann Wiedereinsetzung in Betracht. Der Verzicht ist zu unterscheiden von der **Rücknahme**: Der Verzicht ist endgültig. Nach Rücknahme kann der Widerspruch erneut eingelegt werden, wenn die Frist noch offen ist; eine § 156 Abs. 3 SGG entsprechende Regelung besteht nicht. Beides steht aber einer **Prozesshandlung** gleich: eine „außerprozessuale" Bedingung oder eine Anfechtung ist also nicht möglich.[19] Ein Bedürfnis für Verzicht oder Rücknahme nach Erlass des Widerspruchsbescheides besteht nicht;[20] die Rücknahme eines bereits beschiedenen Widerspruches ist wirkungslos. Der Verzicht auf den Widerspruch führt auch 12

---

14 BSG 5.8.1999 – B 3 KR 12/98 R, BSGE 84, 213 = SozR 3-2500 § 126 Nr. 3; 1.4.1993 – 7 RAr 88/92, BSGE 72, 187 = SozR 3-3870 § 54 Nr. 1.
15 BSG 8.4.1987 – 1 RR 1/85, BSGE 61, 235 = SozR 2200 § 355 Nr. 8.
16 BSG 17.10.2006 – B 5 RJ 66/04 R, SozR 4-1300 § 63 Nr. 5 = NVwZ-RR 2007, 441.
17 LSG BW 23.6.2015 – L 4 R 3235/14, juris.
18 BVerwG 27.7.1964 – I C 91.61, BVerwGE 19, 159.
19 BVerwG 16.8.1995 – 11 C 2/95, DVBl. 96, 105; BVerwG 21.3.1979 – 6 C 10/78, BVerwGE 57, 342: Widerruf bei Wiederaufnahmegrund.
20 Für Rücknahme BVerwG 31.8.1973 – IV C 33.72, NJW 1973, 2315.

zur Unzulässigkeit einer später erhobenen Klage. Bei Minderjährigen ist § 71 Abs. 2 S. 2 SGG zu beachten, wonach die Rücknahme eines Rechtsbehelfs immer der Zustimmung des gesetzlichen Vertreters bedarf.

§ 84 [Frist und Form des Widerspruchs]

(1) [1]Der Widerspruch ist binnen eines Monats, nachdem der Verwaltungsakt dem Beschwerten bekanntgegeben worden ist, schriftlich, in elektronischer Form nach § 36 a Absatz 2 des Ersten Buches Sozialgesetzbuch oder zur Niederschrift bei der Stelle einzureichen, die den Verwaltungsakt erlassen hat. [2]Die Frist beträgt bei Bekanntgabe im Ausland drei Monate.

(2) [1]Die Frist zur Erhebung des Widerspruchs gilt auch dann als gewahrt, wenn die Widerspruchsschrift bei einer anderen inländischen Behörde oder bei einem Versicherungsträger oder bei einer deutschen Konsularbehörde oder, soweit es sich um die Versicherung von Seeleuten handelt, auch bei einem deutschen Seemannsamt eingegangen ist. [2]Die Widerspruchsschrift ist unverzüglich der zuständigen Behörde oder dem zuständigen Versicherungsträger zuzuleiten, der sie der für die Entscheidung zuständigen Stelle vorzulegen hat. [3]Im übrigen gelten die §§ 66 und 67 entsprechend.

I. Allgemeines/Normzweck

1 Abs. 1 S. 1 bestand zunächst u. Abs. 2 besteht unverändert idF v. 3.9.1953 (BGBl. 1953 I 1239). § 84 Abs. 1 Satz 2 wurde eingefügt durch Art. 1 Nr. 33 nach Maßgabe d. Art. 17 Gesetzes v. 17.8.2001 (BGBl. 2001 I 2144) mWv 2.1.2002. Durch Art. 18 Nr. 3 des Gesetzes v. 5.7.2017 (BGBl. I, S. 2208) wurde S. 1 mWv 1.1.2018 um die Möglichkeit der Einlegung des Widerspruchs in elektronischer Form erweitert. § 84 regelt Form und Frist des Widerspruches sowie die Stellen, bei denen er eingelegt werden kann. Abs. 1 entspricht § 70 Abs. 1 VwGO. Während dort aber Widerspruch nur bei Ausgangs- und Widerspruchsbehörde eingelegt werden kann, erweitert § 84 Abs. 2 den Kreis möglicher Stellen im Sozialrecht. Abs. 1 findet auch Anwendung auf die Anrufung des Beschwerdeausschusses (§ 106 Abs. 5 S. 5 SGB V).

II. Form

2 **1. Zweck.** Das Formerfordernis dient der **Rechtssicherheit:** Es soll sicherstellen, dass der Widerspruch gerade vom Widerspruchsführer willentlich mit diesem Inhalt erhoben wurde. Formvorschriften sind aber kein Selbstzweck, sondern dienen dem genannten Zweck.[1] Bei der Prüfung, ob der Widerspruch den For-

1 BVerfG 11.2.1987 – 1 BvR 475/85, BVerfGE 74, 228 (235); auch → § 151 Rn. 14.

merfordernissen genügt, ist daher stets zu prüfen, ob er den Widerspruchsführer und die gewünschte Verbindlichkeit ohne weitere Ermittlungen erkennen lässt.

2. Schriftform. Der Schriftform ist genügt, wenn das Begehren schriftlich fixiert ist und die eigenhändige Unterschrift des Widerspruchsführers oder seines Bevollmächtigten trägt. **Auch ohne eigenhändige Unterschrift** ist der Widerspruch wirksam erhoben, wenn er Widerspruchsführer und Verbindlichkeit ohne weitere Ermittlungen erkennen lässt (→ Rn. 2). Nicht ausreichend ist die mündliche oder telefonische Einlegung, auch wenn darüber Aktenvermerk gefertigt wird;[2] ebenso eine einfache E-Mail (→ Rn. 4). Ausreichend: telegraphische Einlegung;[3] Unterschrift auf Telefax; Faksimilestempel.[4] Im Einzelnen → § 151 Rn. 14 ff. 3

3. Elektronische Form. Für die elektronische Einlegung des Widerspruches verweist Abs. 1 S. 1 nicht auf die für die Kommunikation mit Gerichten geltende Regelung des § 65 a, sondern auf die für Behörden geltende des § 36 a Abs. 2 SGB I. Dies ist konsequent, da es sich trotz der Ausgestaltung als Sachentscheidungsvoraussetzung beim Widerspruchsverfahren um ein Verwaltungsverfahren handelt (→ § 78 Rn. 3). Die Änderung mWv 1.1.2018 (→ Rn. 1) sollte lediglich der Klarstellung der bereits zuvor bestehenden Möglichkeit der elektronischen Einlegung dienen.[5] Die ausdrückliche Nennung der elektronischen Einlegung in Abs. 1 S. 1 zeigt aber, dass es sich um eigenständige, zusätzliche und **gleichberechtigte Kommunikationsform** neben der herkömmlichen papiergebundenen Schriftform handelt. Die Zulässigkeit der Einreichung elektronischer Dokumente ist daher allein an § 36 a Abs. 2 SGB I zu messen, der eine abschließende Regelung aller Fallgestaltungen elektronischer Kommunikation mit Behörden darstellt; insoweit kann auf die Abgrenzung zwischen der elektronischen und der Schriftform in § 151 Abs. 1 S. 1 zurückgegriffen werden (→ § 151 Rn. 18). Die elektronische Einlegung des Widerspruchs erfordert entweder eine **qualifizierte elektronische Signatur** (§ 36 a Abs. 2 Satz 2 SGB I) oder die Nutzung einer der in § 36 a Abs. 2 S. 4 SGB I genannten ersetzenden Möglichkeiten (zB Nutzung eines von der Behörde zur Verfügung gestellten elektronischen Formulars; absenderbestätigte DE-Mail). Eine **einfache E-Mail** genügt diesen Anforderungen nicht. Sie kann auch nicht „hilfsweise" nach den Anforderungen der Schriftform gemessen werden, unabhängig davon, ob sie oder ihr Anhang ausgedruckt wird oder eine „Unterschrift" enthält[6] (eingehend → § 151 Rn. 18). 4

4. Niederschrift. Über den Widerspruch muss ein Protokoll aufgenommen werden; der Widerspruchsführer muss dabei persönlich anwesend sein; seine Unterschrift ist nicht nötig.[7] Die Niederschrift darf nicht abgelehnt werden; auch nicht, wenn der Widerspruch keine Erfolgsaussicht hat. Zur Niederschrift verpflichtet ist nach Abs. 1 nur die Behörde, die den Verwaltungsakt erlassen hat, nicht die Behörden nach Abs. 2.[8] 5

---

2 BVerwG 22.11.1963 – IV C 76.63, BVerwGE 17, 166.
3 BVerwG 25.11.1970 – IV C 119.68, BVerwGE 36, 296.
4 BSG 25.6.1963 – 10 RV 1143/61, BSGE 19, 191 = SozR Nr. 6 zu § 84 SGG.
5 BT-Drs. 18/12203, 85 zu Nr. 3 (§ 84 Abs. 1 S. 1).
6 BSG 12.10.2016 – B 4 AS 1/16 R, SozR 4-1500 § 65 a Nr. 3 = BSGE 122, 71 zu §§ 65 a, 151, ausdrücklich gegen BGH 18.3.2015 – XII ZB 424/14, NJW 2015, 1527 und BAG 11.7.2013 – 2 AZB 6/13, NZA 2013, 983.
7 HessLSG 14.2.2013 – L 6 AS 5/12 NZB, juris mwN.
8 B. Schmidt in Meyer-Ladewig/Keller/Leitherer/Schmidt § 84 Rn. 3 b.

6 **5. Folgen der Formwidrigkeit.** Genügt der Widerspruch nicht den genannten Formerfordernissen ist er als unzulässig zu verwerfen. Anders als bei der Fristversäumung (→ Rn. 14 f.) steht der Widerspruchsstelle hier nicht das Recht zu, einen unzulässigen Widerspruch sachlich zu bescheiden.[9] Nach aA[10] kann die Behörde durch Widerspruchsbescheid auch in einem solchen Fall sachlich entscheiden und damit die gerichtliche Sachprüfung auf Klage eröffnen, wenn der Widerspruch nicht durch einen Dritten eingelegt worden war. Das Formerfordernis unterscheidet sich jedoch nach seinem Zweck von der Fristwahrung. Anders als diese soll das Formerfordernis der Rechtssicherheit insoweit dienen, als die Person des Widerspruchsführers und dessen Wille, den Widerspruch mit diesem Inhalt in den Rechtsverkehr zu bringen, sichergestellt wird (→ Rn. 2). Der Widerspruchbehörde steht hinsichtlich dieser Fragen der Identität und Authentizität keine Sachherrschaft zu. Formbedingte Zweifel an diesen Punkten lassen sich nicht durch eine Verwaltungsentscheidung beseitigen. Bei der Verfristung verzichtet die Behörde lediglich auf die Bestandskraft eines Verwaltungsaktes (Rechtsfriede, → Rn. 7). Auch wenn die Widerspruchsstelle den formwidrigen Widerspruch sachlich bescheidet, bleibt dieser somit unzulässig. Mangels ordnungsgemäßen Vorverfahrens ist eine gegen den Widerspruchsbescheid gerichtete Klage unzulässig (str., nach aA unbegründet);[11] der nicht mit zulässigem Widerspruch angefochtene Bescheid ist in der Sache bindend (§ 77). Die Klage ist daher ohne Sachprüfung abzuweisen, auch wenn die Widerspruchsstelle zB einen telefonisch oder per einfacher E-Mail „eingelegten" Widerspruch als unbegründet zurückgewiesen hat. Vorrangig ist jedoch immer zu prüfen, ob das Formerfordernis durch spätere Handlungen gewahrt wurde, zB schriftliche Begründung eines telefonisch „eingelegten" Widerspruches. Solche Handlungen sind auch dann beachtlich, wenn sie nach Ablauf der Widerspruchsfrist vorgenommen werden. Denn sie beseitigen die Zweifel an der Identität des Widerspruchsführers und der Authentizität des Widerspruches, so dass nur noch ein verfristeter, aber kein formwidriger Widerspruch mehr vorliegt. Über einen solchen sachlich zu entscheiden, steht aber der Widerspruchsstelle grundsätzlich die Sachherrschaft zu (→ Rn. 14 f.).

III. Frist

7 **1. Zweck.** Die Regelungen über Beginn und Ende der Widerspruchsfrist dienen der Rechtssicherheit und iVm mit der Bestimmung des § 77 über die Bestandskraft auch dem Rechtsfrieden. Indem der Beginn der Frist an die Bekanntgabe des Verwaltungsaktes geknüpft wird, wird sichergestellt, dass der durch den Bescheid Betroffene erst dann einen Rechtsbehelf einlegen muss, wenn ihm die Verwaltung zur Kenntnis bringt, dass sie eine ihn belastende Regelung getroffen hat. Gleichzeitig wird bestimmt, ab welchem Zeitpunkt die getroffene Regelung iSd § 77 für die Beteiligten verbindlich wird.

8 **2. Fristbeginn. a) Bekanntgabe.** Die Frist beginnt mit der Bekanntgabe an den Beschwerten. Zur Bekanntgabe **§ 37 SGB X.** Nötig ist insbesondere, dass der Verwaltungsakt mit Bekanntgabewillen von der Behörde in den Rechtsverkehr eingebracht wird die bloße Kenntnisnahme des Adressaten durch eine spätere

9 Wie hier Becker in Roos/Wahrendorf § 84 Rn. 29.
10 B. Schmidt in Meyer-Ladewig/Keller/Leitherer/Schmidt § 84 Rn. 7; Luik in Hennig § 84 Rn. 28.
11 Ausführlich hierzu und zum Meinungsstand Burkiczak SGb 2016, 189.

Akteneinsicht im Gerichtsverfahren genügt nicht.[12] Nach § 37 Abs. 2 SGB X gilt der Verwaltungsakt grundsätzlich als mit dem dritten Tage nach Aufgabe zur Post als bekannt gegeben, auch wenn er tatsächlich bereits früher zugeht; bei späterem Zugang ist dieser maßgeblich. Die Bekanntgabe muss gerade gegenüber dem Beschwerten erfolgen, also dem jeweiligen Widerspruchsführer. Damit sind unterschiedlich laufende Widerspruchsfristen möglich. Der Widerspruch ist schon vor der Bekanntgabe gegenüber dem Widerspruchsführer zulässig, nicht aber vor Erlass des Verwaltungsaktes; dieser muss also zumindest von der Behörde willentlich nach außen gegeben und damit rechtlich existent werden,[13] zB durch Bekanntgabe an einen Dritten. Ohne Bekanntgabe läuft keine Frist, auch nicht die Jahresfrist gem. § 66 Abs. 2;[14] es kommt allein Verwirkung in Betracht. Ist an den Adressaten, nicht aber an dessen Bevollmächtigten bekanntgegeben worden, läuft die Frist gleichwohl (§ 37 Abs. 1 S. 2 SGB X „kann").

b) **Zustellung.** In der Zustellung liegt immer auch die Bekanntgabe. Ist die Zustellung vorgeschrieben oder wählt die Verwaltung von sich aus eine der Zustellungsarten des (L)VwZG, gelten für den Zeitpunkt der Bekanntgabe dessen Regelungen. Auf eine Bescheinigung der Zustellung kann wegen der Formenstrenge nicht verzichtet werden.[15] Die Fiktion des § 37 Abs. 2 SGB X greift nicht (§ 37 Abs. 5 SGB X); es kommt somit auf den tatsächlichen Zeitpunkt der Zustellung an, der auch vor dem gem. § 37 Abs. 2 SGB X fingierten Zugang liegen kann. Zustellungsmängel können durch tatsächlichen Erhalt geheilt werden; der eine solche Heilung ausschließende § 9 Abs. 2 VwZG nennt die Widerspruchsfrist gerade nicht. 9

Die **erneute Übersendung** eines bereits bekannt gemachten Verwaltungsaktes löst grundsätzlich keinen neuen Fristlauf aus, da sie die Rechtswirkungen der ersten wirksamen Bekanntgabe (insbes. Bestandskraft bei Fristablauf) nicht beseitigen kann. Allerdings ist die Ausgangsbehörde nicht gehindert, einen Zweitbescheid zu erlassen, gegen den wiederum Widerspruch möglich wäre; im Gegensatz zur Widerspruchsbehörde bzgl. einer nochmaligen Bekanntgabe des Widerspruchsbescheides (→ § 87 Rn. 8) hat die Ausgangsbehörde die nötige rechtliche Kompetenz. Es spricht daher nichts gegen die Annahme, dass die Ausgangsbehörde durch erneute Übersendung eine neue Widerspruchsfrist eröffnen kann. Ob sie dies tut, ist durch Auslegung nach dem Empfängerhorizont zu ermitteln; dabei ist zu beachten, ob die Behörde bei Übersendung auf Bestandskraft hinweist oder aus Sicht des Empfängers (zB bei öffentlicher Zustellung) die erneute Übersendung die erste Bekanntgabe darstellt.[16] 10

3. **Fristlauf.** Die Frist beträgt einen Monat, bei Bekanntgabe im Ausland drei, wie nunmehr im Anschluss an die Entscheidung des BSG[17] in Abs. 1 S. 2 klarge- 11

12 BSG 14.4.2011 – B 8 SO 12/09 R, BSGE 108, 123-126 = SozR 4-3500 § 82 Nr. 7; LSG NRW 10.2.2012 – L 19 AS 2270/11 B, juris.
13 BVerwG 31.8.1966 – V C 42.65, BVerwGE 25, 20; BSG 27.3.2007 – B 13 R 164/06 B, juris: Es genügt, dass sich die Behörde darauf beruft, einen bestimmten Verwaltungsakt erlassen zu haben.
14 Abweichend für Drittwiderspruch BSG 17.10.2012 – B 6 KA 40/11 R, SozR 4-2500 § 95 Nr. 27: im Interesse der Planungssicherheit für den von der Zulassung begünstigten Arzt und der Funktionsfähigkeit der vertragsärztlichen Versorgung Jahresfrist ab möglicher Kenntnis.
15 BSG 27.9.2005 – B 1 KR 28/03 R, juris.
16 BayLSG 23.3.1988 – L 4 Kg 41/86, Breith. 88, 781.
17 BSG 21.12.1998 – B 9 V 7/98 R, BSGE 83, 68 = SozR 3-1500 § 84 Nr. 2.

stellt ist (→ Rn. 1). Zur Fristberechnung bei § 64. Bei fehlender oder unrichtiger Rechtsbehelfsbelehrung gilt die Jahresfrist des § 66 Abs. 2 SGG; der Verweis in § 84 Abs. 2 S. 3 gilt auch für Abs. 1. Insb. bei Bekanntgabe oder Zustellung im Ausland sollte besonderes Augenmerk auf die Rechtsbehelfsbelehrung gelegt werden: Eine unrichtige, die Jahresfrist des § 66 Abs. 2 auslösende Rechtsbehelfsbelehrung liegt vor, wenn sie nicht über die durch EU-Recht oder Sozialversicherungsabkommen eingeräumte Möglichkeit belehrt, einen Rechtsbehelf bei ausländischen Behörden, Versicherungsträgern oder Gerichten einzulegen („zweiter Regelweg").[18] Die Fristberechnung folgt entweder § 64 SGG oder §§ 26, 62 SGB X, 187 ff. BGB, je nachdem ob man den Charakter als Prozessvoraussetzung oder als Verwaltungsverfahren in den Vordergrund stellt. Praktische Unterschiede ergeben sich nicht.

12 **4. Fristwahrung.** Die Frist wird durch **Eingang** des Widerspruches bei der zuständigen Behörde gewahrt. Der Widerspruch muss so in den Machtbereich der zuständigen Behörde gelangen, dass der Empfänger unter normalen Umständen von ihm Kenntnis nehmen kann. Einer Empfang- oder Kenntnisnahme durch dienstbereite Beschäftigte bedarf es nicht; auf die Dienstzeit kommt es nicht an.[19] Ein Einwurf in Briefkasten der Behörde bis 24.00 Uhr des letzten Tages der Frist genügt. Kann die Uhrzeit des Einwurfes nicht bestimmt werden, weil kein Nachtbriefkasten vorhanden ist, kann Wiedereinsetzung gewährt werden. Bei Übergabeeinschreiben liegt Zugang erst mit Übergabe vor, nicht schon mit Hinterlassen eines Benachrichtigungsscheines;[20] bei Postfach bereits mit dem Einsortieren, nicht erst zu dem Zeitpunkt, zu dem mit Abholung gerechnet werden kann.[21] Der Widerspruchsführer trägt die materielle Beweislast für den Zugang und seine Rechtzeitigkeit.

13 Widerspruch muss bei der **zuständigen Behörde** eingelegt werden. Dies ist nach Abs. 1 S. 1 die den Verwaltungsakt erlassende Behörde, also die Ausgangsbehörde. Der Widerspruch kann gem. Abs. 2 S. 1 fristwahrend auch bei den dort genannten Stellen eingelegt werden. Die Regelung verzichtet aber weder auf die Rechtzeitigkeit noch die Form gegenüber den dort genannten Stellen, auch nicht auf den tatsächlichen Eingang bei der Ausgangsbehörde. Die Frist des Abs. 1 muss also gegenüber der Stelle gewahrt werden, bei der – formgerecht – der Widerspruch eingelegt wird. Gibt diese Stelle den Widerspruch entgegen Abs. 2 S. 2 nicht an die Ausgangsbehörde weiter, liegt kein Zugang bei dieser vor; Widerspruch ist damit nicht eingelegt.[22] In Betracht kommt allein die Wiedereinsetzung. **Behörde** iSd Abs. 2 S. 1 ist jede inländische Stelle, die Aufgaben öffentlicher Gewalt wahrnimmt (§ 1 Abs. 2 SGB X); dabei muss es sich hier nicht um Stellen handeln, die Aufgaben nach dem SGB wahrnehmen. Auch ein inländisches Gericht ist Behörde in diesem Sinne; ausländische Behörden nur, wenn sich dies aus supranationalem oder zwischenstaatlichem Recht ergibt. Aus Abs. 2 S. 1 u. 2 ergibt sich auch die Pflicht der genannten Stellen, einen schriftlichen Widerspruch entgegenzunehmen.

18 BSG 10.9.1997 – 5 RJ 18/97, SozR 3-1500 § 66 Nr. 7 = BSGE 81, 37: gerade keine „Auch-Stellen" iSd §§ 84 Abs. 2, 91 SGG.
19 BVerfG 11.2.1976 – 2 BvR 652/75, BVerfGE 41, 323 (327).
20 BVerwG 27.5.1983 – 7 C 79/81, NJW 83, 2344.
21 So jetzt BSG 1.2.1979 – 12 RK 33/77, BSGE 48, 12 = SozR 2200 § 1227 Nr. 23.
22 LSG Bln-Bbg 19.1.2007 – L 6 B 102/07 AL, juris.

14 **5. Folgen des Fristablaufs.** Der Verwaltungsakt wird **bestandkräftig** (§ 77). Ein verspäteter Widerspruch kann als unzulässig verworfen werden; eine Umdeutung in einen Antrag nach § 44 SGB X ist zu prüfen. Die Behörde kann aber in der Sache entscheiden; die Fristversäumung wird dadurch **geheilt** (anders für einen formwidrigen Widerspruch → Rn. 6). Die Klagemöglichkeit sowie die gerichtliche Überprüfung in der Sache wird wieder eröffnet; die Bindungswirkung steht nicht entgegen.[23] Dies gilt nicht, wenn die Widerspruchsbehörde den Widerspruch als unzulässig verwirft und nur hilfsweise ausführt, dass er auch unbegründet wäre.[24]

15 Im **dreipoligen Verwaltungsverhältnis** ist allerdings zu beachten, dass die Verwaltung in eine bestandskräftige Rechtsposition eingreift, wenn sie über einen verspäteten Widerspruch in der Sache entscheidet. Das gilt nicht nur bei einem verspäteten Widerspruch eines Dritten, sondern auch beim Widerspruch des eigentlichen Adressaten gegen einen den Dritten begünstigenden Verwaltungsakt. Der Widerspruchsbehörde fehlt daher die alleinige Sachherrschaft über das Vorverfahren, die ihr im zweipoligen Verhältnis die inhaltliche Entscheidung erlaubt. Erlässt die Behörde trotz versäumter Widerspruchsfrist einen Widerspruchsbescheid in der Sache, kann dieser vom Beschwerten angefochten werden. Nach BVerwG[25] darf auf verspäteten Widerspruch eines Dritten in der Sache nur entschieden werden, wenn eine besondere Rechtsgrundlage dies erlaubt. Wird ein Dritter durch die Entscheidung über einen verspäteten Widerspruch beschwert, wird trotz der heilenden Wirkung des Widerspruchsbescheides (→ Rn. 14) ein Rügerecht des Dritten erwogen.[26] Da das Vorverfahren auch der Eigenkontrolle der Verwaltung dienen soll, spricht aber einiges dafür, eine Korrektur der Verwaltungsentscheidung auch auf einen verspäteten Widerspruch hin zuzulassen. Der bestandskräftigen Rechtsposition des Begünstigten kann durch Anwendung der Vertrauensschutzregelungen der §§ 45, 48 SGB X (entgegen § 49 SGB X) Genüge getan werden. Aufgrund dieser Vorschriften könnte die Verwaltung auch außerhalb eines Widerspruchsverfahrens eine bestandskräftige Rechtsposition beseitigen. Insoweit gilt nichts anderes als bei einer Verböserung im Widerspruchsverfahren im zweipoligen Verwaltungsverhältnis.

IV. Wiedereinsetzung in den vorigen Stand

16 Sie ist unter den Voraussetzungen des § 67 SGG zu gewähren; der Verweis in Abs. 2 S. 3 gilt auch für Abs. 1. Bereits die Ausgangsbehörde kann Wiedereinsetzung gewähren und abhelfen; will sie das nicht, muss sie den Widerspruch der Widerspruchsbehörde vorlegen. Die Gewährung durch die Behörde ist für das Gericht bindend; insoweit besteht kein Unterschied zur sachlichen Entscheidung über einen verfristeten Widerspruch.[27] **Lehnt die Behörde die Wiedereinsetzung**

23 Str.; wie hier BSG 12.10.1979 – 12 RK 19/78, BSGE 49, 85 = SozR 2200 § 1422 Nr. 1; B. Schmidt in Meyer-Ladewig/Keller/Leitherer/Schmidt § 84 Rn. 7 mwN; aA OVG RhPf 12.1.1993 – 6 A 10374/92, NVwZ-RR 94, 47: keine Sachherrschaft der Widerspruchsbehörde, wenn diese anderem Rechtsträger angehört als Beklagte; Widerspruchsbehörde darf dann nicht über Wiedereröffnung des Klageweges entscheiden.

24 BSG 11.12.2007 – B 8/9 b SO 21/06 R, SozR 4-3500 § 28 Nr. 3 = BSGE 99, 252.

25 BVerwG 4.8.1982 – 4 C 42/79, NVwZ 1983, 285.

26 B. Schmidt in Meyer-Ladewig/Keller/Leitherer/Schmidt § 84 Rn. 7 a.

27 B. Schmidt in Meyer-Ladewig/Keller/Leitherer/Schmidt § 84 Rn. 8 a; aA Kopp/Schenke § 70 Rn. 12 unter Hinweis auf die Funktion als von Amts wegen zu prüfende Prozessvoraussetzung.

zu Unrecht ab und verwirft den Widerspruch daher als unzulässig, ist das Gericht berechtigt, selbst Wiedereinsetzung zu gewähren, auch wenn der Antrag erst im Gerichtsverfahren gestellt wird. Das Gericht hat im Rahmen der Zulässigkeitsprüfung der Klage (str) auch die fristgerechte Einlegung des Widerspruchs prüfen;[28] eine Sachherrschaft der Widerspruchsbehörde wie im umgekehrten Fall (Sachentscheidung trotz Verfristung) besteht nicht.[29] Auch der Gedanke der Prozessökonomie spricht für eine Durchentscheidung des Gerichts; ein Ermessensspielraum der Verwaltung bzgl. der Wiedereinsetzung, in den eingegriffen werden könnte, besteht nicht.[30] Der Betroffene kann aber auch den Widerspruchsbescheid isoliert anfechten, der den Widerspruch als unzulässig verwirft, da insbes. bei Ermessensentscheidungen Interesse an neuer Behördenentscheidung bestehen kann (→ § 95 Rn. 8, 10).[31] Ein Rechtsschutzinteresse für eine Verpflichtungsklage auf Wiedereinsetzung besteht daher nicht.[32]

V. Rechtsschutz

17 Die Beachtung von Form und Frist des Widerspruches sind durch das Gericht von Amts wegen als Sachurteilsvoraussetzung zu prüfen. Bei verfristetem oder formwidrigem Widerspruch liegt kein ordnungsgemäßes Vorverfahren vor; die Klage ist unzulässig. Verwirft die Verwaltung den Widerspruch zu Unrecht als unzulässig, entscheidet das Gericht in der Sache über die Regelung des Ausgangsbescheides. Der Betroffene kann den Widerspruchsbescheid aber auch isoliert anfechten, da er eine selbstständige Beschwer enthält; ein Interesse an einer Sachentscheidung der Behörde kann insbes. bei Ermessensentscheidungen bestehen (→ Rn. 16).

§ 84 a [Akteneinsicht]

Für das Vorverfahren gilt § 25 Abs. 4 des Zehnten Buches Sozialgesetzbuch nicht.

I. Allgemeines/Normzweck

1 Die Vorschrift wurde eingeführt zur Verbesserung des Akteneinsichtsrechts im Widerspruchsverfahren durch den Einigungsvertrag (BGBl. II 1032, 885).

§ 25 Abs. 4 SGB X lautet:

Die Akteneinsicht erfolgt bei der Behörde, die die Akten führt. Im Einzelfall kann die Einsicht auch bei einer anderen Behörde oder bei einer diplomatischen oder berufskonsularischen Vertretung der Bundesrepublik Deutschland erfolgen; weitere Ausnahmen kann die Behörde, die die Akten führt, gestatten.

II. Gewährung von Akteneinsicht

2 § 84 a erlaubt der Verwaltung im Widerspruchsverfahren, zur Gewährung von Akteneinsicht die Akten an Rechtsanwälte, gem. § 73 Abs. 6 S. 3 SGG vertretungsberechtigte Vereinigungen oder andere Versicherungsträger zu versenden.

28 Ausführlich hierzu und zum Meinungsstand Burkiczak SGb 2016, 189.
29 Kopp/Schenke § 70 Rn. 13.
30 BSG 3.11.1976 – 7 RAr 101/75, BSGE 43, 19 = SozR 4495 § 11 Nr. 1; Keller in Meyer-Ladewig/Keller/Leitherer/Schmidt § 67 Rn. 13 a.
31 Kopp/Schenke § 70 Rn. 14.
32 AA LSG Saarl 17.5.1973 – 1 LA 1/72, Breith 74, 630.

Es gelten dieselben Grundsätze wie im Gerichtsverfahren gem. § 120: Ein Anspruch auf Versendung besteht nicht; sie ist in das Ermessen der Behörde gestellt. Abzuwägen ist das Interesse des Einsicht Begehrenden an einer möglichst einfachen Durchführung und das der Behörde am jederzeitigen Zugriff und der Überwachung der Akteneinsicht. Im Einzelnen bei § 120 SGG. Zur Anfechtbarkeit von Entscheidungen über die Gewährung von Akteneinsicht s. § 56 a SGG.

§ 85 [Abhilfe oder Widerspruchsbescheid]

(1) Wird der Widerspruch für begründet erachtet, so ist ihm abzuhelfen.

(2) [1]Wird dem Widerspruch nicht abgeholfen, so erläßt den Widerspruchsbescheid

1. die nächsthöhere Behörde oder, wenn diese eine oberste Bundes- oder eine oberste Landesbehörde ist, die Behörde, die den Verwaltungsakt erlassen hat,
2. in Angelegenheiten der Sozialversicherung die von der Vertreterversammlung bestimmte Stelle,
3. in Angelegenheiten der Bundesagentur für Arbeit mit Ausnahme der Angelegenheiten nach dem Zweiten Buch Sozialgesetzbuch die von dem Vorstand bestimmte Stelle,
4. in Angelegenheiten der kommunalen Selbstverwaltung die Selbstverwaltungsbehörde, soweit nicht durch Gesetz anderes bestimmt wird.

[2]Abweichend von Satz 1 Nr. 1 ist in Angelegenheiten nach dem Zweiten Buch Sozialgesetzbuch und, soweit Landesrecht nichts Abweichendes vorsieht, in Angelegenheiten nach dem Vierten Kapitel des Zwölften Buches Sozialgesetzbuch der zuständige Träger, der den dem Widerspruch zugrunde liegenden Verwaltungsakt erlassen hat, auch für die Entscheidung über den Widerspruch zuständig; § 44 b Absatz 1 Satz 3 des Zweiten Buches Sozialgesetzbuch bleibt unberührt. [3]Vorschriften, nach denen im Vorverfahren Ausschüsse oder Beiräte an die Stelle einer Behörde treten, bleiben unberührt. [4]Die Ausschüsse oder Beiräte können abweichend von Satz 1 Nr. 1 auch bei der Behörde gebildet werden, die den Verwaltungsakt erlassen hat.

(3) [1]Der Widerspruchsbescheid ist schriftlich zu erlassen, zu begründen und den Beteiligten bekanntzugeben. [2]Nimmt die Behörde eine Zustellung vor, gelten die §§ 2 bis 10 des Verwaltungszustellungsgesetzes. [3]§ 5 Abs. 4 des Verwaltungszustellungsgesetzes und § 178 Abs. 1 Nr. 2 der Zivilprozessordnung sind auf die nach § 73 Abs. 2 Satz 2 Nr. 3 bis 9 als Bevollmächtigte zugelassenen Personen entsprechend anzuwenden. [4]Die Beteiligten sind hierbei über die Zulässigkeit der Klage, die einzuhaltende Frist und den Sitz des zuständigen Gerichts zu belehren.

(4) [1]Über ruhend gestellte Widersprüche kann durch eine öffentlich bekannt gegebene Allgemeinverfügung entschieden werden, wenn die den angefochtenen Verwaltungsakten zugrunde liegende Gesetzeslage durch eine Entscheidung des Bundesverfassungsgerichts bestätigt wurde, Widerspruchsbescheide gegenüber einer Vielzahl von Widerspruchsführern zur gleichen Zeit ergehen müssen und durch sie die Rechtsstellung der Betroffenen ausschließlich nach einem für alle identischen Maßstab verändert wird. [2]Die öffentliche Bekanntgabe erfolgt durch Veröffentlichung der Entscheidung über den Internetauftritt der Behörde, im Bundesanzeiger und in mindestens drei überregional erscheinenden Tageszeitun-

gen. [3]Auf die öffentliche Bekanntgabe, den Ort ihrer Bekanntgabe sowie die Klagefrist des § 87 Abs. 1 Satz 3 ist bereits in der Ruhensmitteilung hinzuweisen.

I. Allgemeines/Normzweck

1 Abs. 1 besteht unverändert idF v. 3.9.1953 (BGBl. 1953 I 1239). In Abs. 2 Nr. 3 erfolgte zunächst mWv 1.1.2004 nur die redaktionelle Anpassung an die neue Bezeichnung der Bundesagentur für Arbeit. Eine Erweiterung erfuhr Abs. 2 durch das 7. SGGÄndG vom 9.12.2004 (BGBl. 2004 I 3303) mWv 1.1.2005 mit Rücksicht auf die Rechtswegentscheidung des § 51 Abs. 1 Nr. 4 a und 6 a SGG; seit 1.1.2005 unterfallen dem SGG auch die Grundsicherung für Arbeitsuchende nach dem SGB II sowie die Sozialhilfe nach SGB XII und das Asylbewerberleistungsgesetz. Zur Regelung der in diesen Bereichen zuständigen Widerspruchsstellen wurde der bisherige Inhalt des Abs. 2 dessen Satz 1 und der Umfang der Nr. 3 eingeschränkt. Neu eingefügt wurde Satz 1 Nr. 4 für den Bereich der kommunalen Selbstverwaltung, da im Bereich der Sozialhilfe kommunale Träger zuständig sind. Der ebenfalls neue Satz 2 betrifft die Zuständigkeit im Bereich des SGB II. Der Verweis auf § 44 b SGB II wurde durch das Gesetz zur Weiterentwicklung der Organisation der Grundsicherung für Arbeitsuchende vom 3.8.2010 (BGBl. 2010 I 1112) mWv 1.1.2011 an dessen Neufassung angepasst; eine inhaltliche Änderung ist damit nicht verbunden. Satz 3 und 4 wurden auf Vorschlag des Bundesrates eingefügt,[1] um unter Geltung des § 73 Abs. 2 VwGO eingeführte Strukturen übernehmen zu können. Durch das Gesetz zur Änderung des Zwölften Buches Sozialgesetzbuch vom 20.12.2012 (BGBl. 2012 I 2783) wurde mWv 1.1.2013, vorbehaltlich abweichender Landesregelungen, die im Recht der Grundsicherung im Alter und bei Erwerbsminderung nach dem Vierten Kapitel SGB XII zuständige Widerspruchsstelle bestimmt (→ Rn. 11, 13). Abs. 3 S. 1 geändert durch Gesetz vom 30.3.1998 mit Wirkung vom 1.6.1998 (→ Rn. 19). Mit Wirkung zum 1.2.2006 wurde Abs. 3 S. 2 geändert, S. 3 neu eingefügt durch das Gesetz zur Novellierung des VwZG vom 12.8.2005 (BGBl. 2005 I 2354); zum 1.8.2007 erfolgte eine Anpassung an die Neufassung

1 BT-Drs. 15/3169, 12.

des § 73 SGG durch Gesetz vom 12.12.2007 (BGBl. 2007 I 2840). Der durch Gesetz vom 30.7.1974 eingefügte Abs. 4 sah die Möglichkeit vor, den Widerspruch mit Zustimmung des Betroffenen dem Gericht als Klage vorzulegen, wenn ihm nicht stattgegeben werden sollte. Die Vorschrift wurde durch Art. 8 Nr. 2 nach Maßgabe des Art. 14 Abs. 3 des Gesetzes v. 11.1.1993 (BGBl. 1993 I 50) mWv 1.3.1993 gestrichen, um die Filterfunktion des Vorverfahrens zu stärken und die Gerichte zu entlasten (→ § 78 Rn. 1 u. 2). Durch das SGGArbGÄndG wurde mit Wirkung zum 1.4.2008 (BGBl. 2008 I 444) ein neuer Abs. 4 angefügt über die öffentliche Bekanntgabe in Massenverfahren. MWv 1.4.2012 entfiel in dessen S. 2 die Bezeichnung „elektronisch" wegen der Umstellung des Bundesanzeigers auf allein diese Form (Gesetz vom 22.12.2011, BGBl. 2011 I 3044). Die Regelung des § 85 entspricht im Wesentlichen den §§ 72, 73 VwGO. § 85 Abs. 1 regelt die Behandlung des Widerspruchs durch die Ausgangs-, Abs. 2 u. 3 durch die Widerspruchsbehörde.

II. Abhilfe – Abs. 1

Nach Abs. 1 hat die Ausgangsbehörde darüber zu entscheiden, ob sie dem Widerspruch abhilft. Ist der Widerspruch begründet, besteht nach dem eindeutigen Wortlaut die **Pflicht zur Abhilfe.** Diese geschieht in Form eines Verwaltungsaktes, der den angefochtenen Bescheid aufhebt und ggf. den bislang versagten Verwaltungsakt erlässt. Dabei handelt es sich nicht um einen Widerspruchs-, sondern einen Abhilfebescheid. Die **Entscheidung, nicht abzuhelfen,** erfolgt formlos, sie sollte aber in den Akten vermerkt werden. Der Widerspruch wird der Widerspruchsbehörde zur Entscheidung vorgelegt. Wird der Widerspruch nicht bei der Ausgangsbehörde eingelegt, sollte dieser Gelegenheit zur Abhilfeentscheidung gegeben werden. **Teilabhilfe** ist möglich. Der angefochtene Verwaltungsakt ist dann nicht aufzuheben, sondern abzuändern. Soweit nicht abgeholfen wird, muss noch ein Widerspruchsbescheid ergehen; der Widerspruch muss also an die Widerspruchsbehörde weitergegeben werden. Beschwert der Abhilfebescheid erstmals einen Dritten, kann dieser seinerseits dagegen Widerspruch einlegen; darüber entscheidet die Widerspruchsstelle.[2] Zur Kostenentscheidung → Rn. 20. 2

III. Entscheidung der Widerspruchsstelle – Abs. 2

1. Allgemeines. Wird dem Widerspruch nicht abgeholfen, ist er der zuständigen Widerspruchsstelle zuzuleiten, die die Ausgangsentscheidung auf **Recht- und Zweckmäßigkeit** (§ 78 Abs. 1 S. 1 SGG) voll umfänglich prüft. Bei Ermessensentscheidungen muss auch die Widerspruchsstelle Ermessen ausüben. Dabei kann sie die Erwägungen der Ausgangsbehörde einfach bestätigen, verdeutlichen, durch eigene Überlegungen ergänzen oder ihr eigenes (ggf. abweichendes) Ermessen an die Stelle des Ermessens der Ausgangsbehörde setzen.[3] Im Widerspruchsbescheid müssen ihre Ermessensgründe erkennbar sein (→ Rn. 17). Neuer Vortrag ist zu berücksichtigen. Die Widerspruchsbehörde kann über einen **verfristeten Widerspruch** in der Sache entscheiden; damit wird der Fristverstoß mit Wirkung auch gegenüber dem Gericht geheilt (→ § 84 Rn. 13). Andernfalls weist sie ihn als unzulässig zurück. Eine Zurückverweisung an die Ausgangsbe- 3

2 BSG 29.8.1962 – 3 RK 76/58, BSGE 17, 261 (264) = SozR Nr. 3 zu § 173 RVO.
3 BSG 11.2.2015 – B 13 R 15/13 R, juris.

hörde sieht § 85 nicht vor, wird aber für möglich gehalten.[4] Wird dem **Widerspruch stattgegeben,** spricht die Widerspruchsstelle im Verfügungssatz die Aufhebung oder Abänderung des angefochtenen und ggf. den Erlass des begehrten Bescheides aus. Eine nicht ausdrücklich eingeschränkte Zurückweisung des Widerspruches erfasst auch dann den ganzen Streitgegenstand, wenn in der Begründung nur einzelne Teile behandelt werden.

4 Einen „Fortsetzungsfeststellungswiderspruch" bei Erledigung der Hauptsache entsprechend § 131 Abs. 1 S. 3 SGG gibt es nicht: Eine Abhilfe ist nicht mehr möglich; dem Widerspruchsbescheid kommt nicht dieselbe Bedeutung wie einem Urteil zu, die die Fortsetzung des Verfahrens nach Erledigung rechtfertigt (s. bei § 131). Die Widerspruchsstelle kann daher keinen Bescheid erlassen, dass der Verwaltungsakt rechtswidrig war.[5] Gegen einen trotz Erledigung ergangenen Widerspruchsbescheid ist die Anfechtungsklage zulässig; der Eindruck, dass der erledigte Verwaltungsakt bestandskräftig geworden ist, muss beseitigt werden können.

5 **2. Reformatio in peius (Verböserung).** Die Abänderung des Ausgangsbescheides zuungunsten des Widerspruchsführers (auch: Verböserung) ist nicht schlechthin unzulässig. Das SGG enthält hierzu keine – auch keine entgegenstehende – Regelung. Das Vorverfahren ist nicht ausschließlich als Rechtsschutzverfahren konzipiert; es dient auch der Selbstkontrolle der Verwaltung, also der Herstellung rechtmäßiger Zustände (→ § 78 Rn. 2). Zwar ist die Verwaltung bereits ab Erlass des Verwaltungsaktes an diesen gebunden (→ § 77 Rn. 5), §§ 44 ff. SGB X bieten aber die rechtliche Grundlage, sich von dieser Bindung zu lösen.[6] Nach deren eindeutigen Wortlaut lassen diese Vorschriften eine Aufhebung von Verwaltungsakten auch vor Eintritt der Bestandskraft und damit auch im Vorverfahren zu. Eine verbösernde Entscheidung ist nur im Rahmen einer sachlichen Prüfung des Ausgangsbescheides zulässig, nicht bei Verwerfung des Widerspruches als unzulässig;[7] sonst liegt ein Selbsteintritt der Widerspruchsbehörde vor (→ Rn. 6). Eine begünstigende Regelung kann auch darin liegen, dass eine Belastung im Ausgangbescheid nur in einem gewissen Umfang festgelegt worden ist; eine Erweiterung der Belastung stellt eine reformatio in peius dar, die nur unter den Voraussetzungen der §§ 45, 48 SGB X möglich ist[8] (zB Ausweitung der Aufhebung einer Leistungsbewilligung nach Zeitraum oder Höhe). Vor einer reformatio in peius ist der Widerspruchsführer anzuhören.

6 Abzugrenzen ist die reformatio in peius vom **Selbsteintritt der Widerspruchsstelle;** dabei handelt es sich um eine Frage der Verwaltungskompetenz für die verbösernde Entscheidung. Was im konkreten Fall vorliegt, ist durch Auslegung zu ermitteln. Bei der reformatio in peius verschlechtert die Widerspruchsbehörde die Rechtsstellung des Widerspruchsführers bzgl. des ursprünglichen Verfahrensgegenstandes, ohne über diesen hinauszugehen. Hierzu ist sie im Rahmen der umfänglichen Prüfung der Recht- und Zweckmäßigkeit berechtigt.[9] Beim

4 BVerwG 18.12.1956 – IV C 47.56, BVerwGE 4, 205; 25.2.1960 – III C 210.58, BVerwGE 10, 183.
5 BVerwG 9.2.1967 – I C 49.64, BVerwGE 26, 161.
6 BSG 2.12.1992 – 6 RKa 33/90, SozR 3-1500 § 85 Nr. 1 = BSGE 71, 274.
7 BSG 21.6.2000 – B 4 RA 57/99 R, juris.
8 BSG 2.12.1992 – 6 RKa 33/90, SozR 3-1500 § 85 Nr. 1 = BSGE 71, 274.
9 BSG 2.12.1992 – 6 RKa 33/90, BSGE 71, 274 = SozR 3-1500 § 85 Nr. 1; 23.6.94 – 4 RK 3/93, SozR 3-1500 § 87 Nr. 1.

Selbsteintritt nimmt die Widerspruchsbehörde den Widerspruch nur zum Anlass, einen gegenüber dem ursprünglichen Verfahrensgegenstand selbstständigen Verwaltungsakt zu erlassen, der zum Ausgangsbescheid in keinem unmittelbar notwendigen Zusammenhang steht. Trifft zB der Ausgangsbescheid lediglich eine Regelung über die Rücknahme der Leistungsbewilligung (§ 45 SGB X), liegt ein unzulässiger Selbsteintritt der Widerspruchsstelle vor, wenn im Widerspruchsbescheid auch die Erstattung (§ 50 SGB X) geregelt wird.[10] Für einen zulässigen Selbsteintritt bedarf es einer ausdrücklichen gesetzlichen Ermächtigung der Widerspruchsbehörde; ansonsten fehlt es ihr für eine solche Erstentscheidung an der funktionalen und sachlichen Zuständigkeit.[11] Darin liegt ein nach § 62 Hs. 2, § 42 S. 1 SGB X beachtlicher Verfahrensfehler, der zur Rechtswidrigkeit und damit zur Aufhebung führt.[12] Das Gericht spricht in einem solchen Fall nur die Aufhebung des Widerspruchsbescheides aus, entscheidet aber nicht über den von der Widerspruchsstelle abgelehnten materiellen Anspruch. Der Aufhebungsanspruch ist gegenüber dem behaupteten materiellen subjektiven Recht vorrangig; der Bürger kann mangels Verfügungsmacht über die gesetzliche Zuständigkeitsordnung nicht auf ihn verzichten.[13]

3. Verfahren. Zu den anwendbaren Verfahrenvorschriften → § 78 Rn. 3. Form- und Verfahrensfehler aus dem Verwaltungs- können im Widerspruchsverfahren korrigiert werden. Insbesondere kann eine nötige **Anhörung nachgeholt** werden (§ 41 Abs. 1 Nr. 3 SGB X); darunter ist die förmliche Mitteilung der für relevant erachteten Tatsachen zu verstehen, verbunden mit der Gelegenheit, sich zu diesen zu äußern. Auch ohne diese förmliche Nachholung kann die fehlende Anhörung durch das bloße Durchführen eines Widerspruchsverfahrens geheilt werden, da der Widerspruchsführer darin Gelegenheit hat, sich zu äußern. Dies setzt allerdings voraus, dass bereits der Ausgangsbescheid alle Tatsachen enthält, auf die sich auch der Widerspruchsbescheid stützt. Fehlt es daran, ist der Verfahrensfehler nicht geheilt. So muss zB bei Aufhebungsentscheidungen nach §§ 45, 48 SGB X bereits der Ausgangsbescheid auch die Tatsachen enthalten, aus denen die Behörde die subjektive Vorwerfbarkeit folgert. 7

4. Zuständige Stelle. a) Allgemeines. Welche Behörde oder Stelle für die Entscheidung über den Widerspruch zuständig ist, hängt ab vom Rechtsbereich. Grundsätzlich (**Satz 1 Nr. 1**) ist die gegenüber der Ausgangsstelle nächsthöhere Behörde zuständig. Ist diese eine oberste Bundes- oder Landesbehörde, entscheidet die Ausgangsbehörde. Dies soll der Entlastung der obersten Behörden dienen. Stammt der Ausgangsbescheid von einer solchen obersten Behörde, entfällt grundsätzlich das Vorverfahren (§ 78 Abs. 1 S. 2 Nr. 2). Zu landesrechtlichen Ausnahmen § 219. 8

b) Sozialversicherung. In Angelegenheiten der Sozialversicherung (**Satz 1 Nr. 2**; § 1 Abs. 1 SGB IV: Kranken-, Renten-, Unfall- und Pflegeversicherung) entscheidet die von der Vertreterversammlung bestimmte Stelle (vgl. §§ 33, 36 a SGB IV). Diese muss dem Selbstverwaltungsträger zumindest angegliedert sein; eine gemeinsame Stelle mehrerer Versicherungsträger ist nicht zulässig.[14] In 9

10 BSG 20.3.2013 – B 5 R 16/12 R, juris.
11 BSG 20.3.2013 – B 5 R 16/12 R, juris.
12 BSG 20.3.2013 – B 5 R 16/12 R, juris; BSG 18.5.2006 – B 4 RA 40/05 R, juris; BSG 21.6.2000 – B 4 RA 57/99, juris; LSG Bln-Bbg 15.1.2007 – L 17 R 557/05, juris.
13 LSG Bln-Bbg 15.1.2007 – L 17 R 557/05, juris.
14 BSG 30.11.1965 – 3 RK 26/62, SozR § 78 Nr. 11.

(nicht kommunalen) Selbstverwaltungsangelegenheiten entscheidet der Selbstverwaltungsträger selbst.

10 c) **Bundesagentur für Arbeit.** In Angelegenheiten der Bundesagentur für Arbeit mit Ausnahme der Grundsicherung nach dem SGB II (**Satz 1 Nr. 3**, s. bei § 51) entscheidet grundsätzlich der Leiter der Dienststelle, die den Verwaltungsakt erlassen hat.[15] Bei einem Verwaltungsakt aufgrund des SGB IX ist zuständig der in § 120 SGB IX genauer bestimmte Widerspruchsausschuss der Bundesagentur für Arbeit (§ 118 Abs. 2 IX).

11 d) **Kommunale Selbstverwaltung.** In Angelegenheiten der kommunalen Selbstverwaltung (**Satz 1 Nr. 4**) entscheidet, vorbehaltlich einer abweichenden (auch landes-) gesetzlichen Regelung, die Selbstverwaltungsbehörde. Diese mWv 1.1.2005 eingeführte Bestimmung stellt nach der amtlichen Begründung[16] eine Folgeregelung zu der mit § 51 Abs. 1 Nr. 6 a SGG eingeführten Zuständigkeit der Gerichte der Sozialgerichtsbarkeit für Angelegenheiten der Sozialhilfe und des Asylbewerberleistungsgesetz dar. Nach Maßgabe der landesrechtlichen Ausführungsgesetze übernehmen kommunale Träger (zB Landkreise und kreisfreie Städte) die Aufgaben der Sozialhilfe als Selbstverwaltungsaufgaben (zB § 1 Abs. 3 AGSGB XII BW). Den Widerspruchsbescheid erlässt in diesen Fällen die vom kommunalen Selbstverwaltungsträger bestimmte Stelle. Die Grundsicherung im Alter und bei Erwerbsminderung nach dem Vierten Kapitel SGB XII ist seit dem 1.1.2013 keine Selbstverwaltungsangelegenheit mehr; insoweit gilt daher nicht mehr Satz 1 Nr. 4, sondern Satz 2, Hs. 2 (→ Rn. 13).

12 e) **Grundsicherung für Arbeitsuchende. Satz 2 1. Alt.**, der nach gesetzgeberischem Willen nur klarstellende Bedeutung haben soll,[17] betrifft die Angelegenheiten der Grundsicherung für Arbeitsuchende nach dem SGB II. Dieses sieht in § 6 SGB II zwei Träger für die verschiedenen Leistungen vor, nämlich die Bundesagentur für Arbeit sowie die Kreise und die kreisfreien Städte oder andere nach Landesrecht bestimmte Träger. Satz 2 bestimmt nun zunächst, dass der Träger, der den angefochtenen Verwaltungsakt erlassen hat, auch für den Widerspruchsbescheid zuständig ist. Ist ein Verwaltungsakt des kommunalen Trägers angefochten, erlässt somit dieser auch den Widerspruchsbescheid, unabhängig von der Frage, ob es sich um eine kommunale Selbstverwaltungsangelegenheit handelt. Träger nach dem SGB II sind auch die im Rahmen des § 6 a SGB II umfassend zuständigen Kreise. Gleiches gilt, wenn nach § 6 Abs. 1 S. 1 Nr. 2 SGB II durch Landesrecht ein anderer Träger bestimmt wird. Die beim Träger zuständige Widerspruchsstelle bestimmt sich nach dessen internen Regelungen. Wurden kreisangehörige Gemeinden oder Gemeindeverbände gem. § 6 Abs. 2 SGB II zur Durchführung der Aufgaben herangezogen, erlässt den Widerspruchsbescheid gem. § 6 Abs. 2 S. 1 Hs. 2 SGB II der Kreis. Bei Bestehen einer **gemeinsamen Einrichtung nach § 44 b SGB II (Jobcenter**; früher Arbeitsgemeinschaft) ist diese ihre eigene Widerspruchsbehörde (Satz 2 Hs. 2 iVm § 44 b Abs. 1 S. 3 SGB II).

13 f) **Sozialhilfe und Grundsicherung im Alter und bei Erwerbsminderung. Satz 2 2. Alt.** bestimmt mWv 1.1.2013 für die Grundsicherung im Alter und bei Erwerbsminderung nach dem Vierten Kapitel SGB XII, dass der Träger, der den Ausgangsbescheid erlassen hat, auch für den Widerspruchsbescheid zuständig

15 Amtl. Nachrichten der BA 1975, 425.
16 BT-Drs. 15/3169.
17 BT-Drs. 15/3169, 10.

ist. Bis zum 31.12.2012 war die Grundsicherung eine Angelegenheit der kommunalen Selbstverwaltung. Zum 1.1.2013 trat wegen des Übergangs der Finanzierungsverantwortung für diese Geldleistungen auf den Bund Bundesauftragsverwaltung (Art. 85, 104 a Abs. 3 Satz 2 GG) ein, so dass Satz 1 Nr. 4 nicht mehr gilt. Die Neuregelung des Satz 2 2. Alt. stellt sicher, dass trotz dieser Änderung für das gesamte SGB XII die ausführende Behörde auch Widerspruchsbehörde ist.[18] Ausdrücklich gilt dies nur vorbehaltlich abweichenden Landesrechts. Für die übrige Sozialhilfe, also mit Ausnahme des Vierten Kapitels, verbleibt es bei der Regelung des Satz 1 Nr. 4. Hierfür enthalten **Satz 3 und 4** Sonderbestimmungen. Diese wurden auf Vorschlag des Bundesrates ins Gesetz aufgenommen, um die aufgrund der entsprechenden Regelung des § 73 Abs. 2 VwGO in verschiedenen Ländern geschaffenen Strukturen in Angelegenheiten der Sozialhilfe und des Asylbewerberleistungsgesetzes auch unter Geltung des SGG übernehmen zu können.[19] Die Ausschüsse und Beiräte übernehmen danach in den nach Landesrecht vorgesehenen Bereichen die Aufgaben der Widerspruchsbehörde. Satz 4 erlaubt die Einrichtung dieser Gremien auch bei der Ausgangsbehörde; zuständig ist also abweichend von Satz 1 Nr. 1 nicht die nächsthöhere Behörde. Satz 3 und 4 beziehen sich nicht auf Fälle, in denen der Ausschuss nur beratend im Widerspruchsverfahren tätig wird (zB § 116 Abs. 2 SGB XII). Eine gesetzliche Regelung wird nicht gefordert; auch eine Rechtsverordnung reicht demnach aus.

g) Spezielle Regelungen. § 219 SGG: Bestimmung durch landesrechtliche Regelung; § 28 h Abs. 2 S. 1 SGB IV für die Einzugsstelle im Beitragsrecht; § 10 Abs. 1 S. 1 BerzGG; §§ 6 Abs. 2 S. 1 Hs. 2, 44 b Abs. 1 S. 3 SGB II (→ Rn. 12). 14

IV. Widerspruchsbescheid – Abs. 3

1. Wirkung. Der Widerspruchsbescheid schließt das Vorverfahren ab. Er gibt der Verwaltungsentscheidung die Gestalt, die in einem anschließenden Gerichtsverfahren Gegenstand ist (§ 95). Der Widerspruchsbescheid kann aus einer schlichten Willenserklärung einen Verwaltungsakt machen, wenn er der ursprünglichen Erklärung eine verbindliche Regelung zukommen lässt.[20] § 85 Abs. 3 gilt auch im Verfahren vor dem Beschwerdeausschuss (§ 106 Abs. 5 S. 5 SGB V). 15

2. Formelle Anforderungen. Der Widerspruchsbescheid ist **schriftlich** zu erlassen, dh er muss unterschrieben sein;[21] bei einem mehrköpfigen Gremium genügt die Unterschrift eines Mitglieds; die anderen müssen aber genannt werden. Die Schriftform soll sicherstellen, dass die bekannt gegebene Entscheidung einschließlich der mitgeteilten Gründe dem tatsächlich getroffenen Beschluss entspricht. Ein mündlicher Widerspruchsbescheid ist nichtig (§ 40 Abs. 1 SGB X). 16

Der Widerspruchsbescheid ist zu begründen, dh die **tragenden Gründe** in tatsächlicher und rechtlicher Hinsicht müssen mitgeteilt werden (§§ 62, 35 Abs. 1 S. 2 SGB X). Ein Verstoß hiergegen führt für sich allein jedoch nicht zur Aufhebung des Widerspruchsbescheides. Zur Nachholung der Begründung vgl. § 41 17

---

18 BT-Drs. 17/11382, 13 zu Nummer 2.
19 BT-Drs. 15/3169, 12; zB § 4 AGSGG, §§ 6 ff. AGVwGO Rheinland-Pfalz.
20 BSG 12.2.1980 – 7 RAr 26/79, BSGE 49, 291.
21 AA LSG BW 6.3.2015 – L 4 R 2666/13, juris; LSG BW 29.1.2013 – L 9 R 3176/11, juris: jeweils unter Verweis auf § 33 Abs. 3 S. 1 SGB X (Namenswiedergabe oder Unterschrift).

Abs. 1 Nr. 2, Abs. 2 SGB X. Die Begründung von Ermessensentscheidungen muss auch die Gründe erkennen lassen, von denen die Behörde bei der Ausübung ihres Ermessens ausgegangen ist (§§ 62, 35 Abs. 1 S. 3 SGB X). Diese Begründung ist – allein – ausschlaggebend für die Beurteilung, ob die Widerspruchsbehörde Ermessen ausgeübt hat und ob ein Ermessensfehler vorliegt; andere Erkenntnisquellen (zB Vernehmung des Sachbearbeiters als Zeugen, Einholung einer dienstlichen Stellungnahme) kommen nicht in Betracht.[22]

18 Eine **Rechtsbehelfsbelehrung** ist beizufügen (im Einzelnen bei § 66). Dies gilt auch im Falle der Stattgabe, da der Betroffene oder später das Gericht entscheidet, ob noch eine Beschwer vorliegt, nicht die Widerspruchsbehörde.[23] Der notwendige Inhalt der Belehrung wird in Abs. 3 S. 4 genannt; die „Zulässigkeit der Klage" meint nur die generelle Statthaftigkeit. Eine Rechtsbehelfsbelehrung darf nicht durch weitere Informationen überfrachtet werden, durch Umfang oder Kompliziertheit Verwirrung stiften oder den Eindruck erwecken, die Rechtsverfolgung sei schwieriger, als dies tatsächlich der Fall ist; ggf. ist sie sonst nicht in der Lage, die Klagefrist in Gang zu setzen.[24] Bestehen mehrere Möglichkeiten, den Rechtsbehelf einzulegen, müssen alle genannt werden;[25] dies gilt auch für die durch EU-Recht oder Sozialversicherungsabkommen eingeräumte Möglichkeit, einen Rechtsbehelf bei ausländischen Behörden, Versicherungsträgern oder Gerichten einzulegen („zweiter Regelweg").[26] Auf die Möglichkeit nach § 91 muss nicht hingewiesen werden.

19 Einer formellen **Zustellung** des Widerspruchsbescheides bedarf es nach der zum 1.6.1998 erfolgten Änderung des Abs. 3 S. 1 nicht mehr, die **bloße Bekanntgabe** an die Beteiligten reicht aus. Auch die Klagefrist beginnt nach dem mittlerweile angepassten § 87 Abs. 2 mit der Bekanntgabe (→ § 87 Rn. 4 ff.). Beteiligter in diesem Sinne ist, wer materiell von der Regelung betroffen wird. Die Verwaltung kann aber die formelle Zustellung wählen. Für diesen Fall stellt Abs. 3 S. 3 klar, dass die Versendung gegen Empfangsbekenntnis und die Zustellung in Geschäftsräumen auch gegenüber den Vertretern nach § 73 Abs. 6 S. 3 und 4 SGG möglich ist; zum Inkrafttreten Rn. 1. Die Bekanntgabe „kann" (§ 37 Abs. 1 S. 2 SGB X; nicht muss) an den bestellten Bevollmächtigten erfolgen; die Bekanntgabe an den Adressaten reicht also aus.

20 **3. Kostenentscheidung.** Eine Pflicht zur Kostenentscheidung enthält das SGG im Gegensatz zu §§ 72, 73 VwGO nicht. Die Kostenentscheidung ist aber notwendiger Annex zur Abhilfe- oder Widerspruchsentscheidung.[27] Bei teilweiser Abhilfe oder Stattgabe ist insoweit über die Kosten zu entscheiden. Der Inhalt der Kostenentscheidung ergibt sich aus § 63 SGB X. Notwendig ist in jedem Fall eine Kostengrundentscheidung; war ein Rechtsanwalt oder Bevollmächtigter eingeschaltet, muss über die Notwendigkeit dessen Zuziehung entschieden werden. Jede dieser Entscheidungen stellt eine eigene Regelung (selbstständigen Ver-

22 BSG 11.2.2015 – B 13 R 15/13 R, juris; BSG 30.10.1997 – 4 RA 71/96, juris.
23 B. Schmidt in Meyer-Ladewig/Keller/Leitherer/Schmidt § 85 Rn. 7 d.
24 BSG 31.8.2000 – B 3 P 18/99 R, SGb 2001, 177.
25 LSG NRW 7.5.2009 – L 7 B 111/09 AS, juris.
26 BSG 10.9.1997 – 5 RJ 18/97, SozR 3-1500 § 66 Nr. 7 = BSGE 81, 37: gerade keine „Auch-Stellen" iSd §§ 84 Abs. 2, 91 SGG.
27 BSG 17.10.2006 – B 5 RJ 66/04 R, SozR 4-1300 § 63 Nr. 5 = NVwZ-RR 2007, 441: offen gelassen, ob Kostenentscheidung in getrenntem Bescheid möglich.

fügungssatz) dar, die auch gegenüber der Sachentscheidung eigenständig[28] und damit gesondert anfechtbar ist. Das Fehlen einer Kostenentscheidung macht die Sachentscheidung nicht rechtswidrig. Besteht die Sachentscheidung in einer vollständigen Abhilfe, fehlt jedoch die Kostenentscheidung, ist ein Rechtsbehelf gegen den Abhilfe- oder Widerspruchsbescheid mangels Beschwer nicht zulässig, wenn nicht ausnahmsweise im Schweigen über die Kostenfrage eine Ablehnung der Übernahme gesehen werden kann.[29] Der Bürger muss seinen Kostenanspruch durch eigenständigen Antrag, im Weiteren ggf. mit Untätigkeits- oder Verpflichtungsklage verfolgen.

V. Massenverfahren – Abs. 4

1. Allgemeines. Der neu eingeführte § 85 Abs. 4 SGG erleichtert die Bekanntgabe von Widerspruchsentscheidungen in Massenverfahren durch öffentlich bekannt gegebene Allgemeinverfügung. Mit den tatbestandlichen Voraussetzungen greift das Gesetz Vorgaben aus Entscheidungen des BVerfG[30] und des BSG[31] auf, wann die öffentliche Bekanntgabe von Verwaltungsakten wegen der ungewöhnlichen Vielzahl von Adressaten zulässig ist. 21

2. Tatbestand. a) Ruhend gestellte Widersprüche. Die öffentlich bekannt zu gebende Allgemeinverfügung ist nach dem Wortlaut nur möglich, wenn das Widerspruchsverfahren ruhend gestellt wurde. Nach der amtlichen Begründung zum Gesetzentwurf[32] wird auf die bisherige Praxis der Behörden Bezug genommen, wonach die Widersprüche mit dem Einverständnis der Widerspruchsführer ruhend gestellt werden. Dass das Ruhen ohne solches Einverständnis möglich sein soll, lässt sich weder dem Wortlaut der Regelung noch der amtlichen Begründung entnehmen. Fehlt das Einverständnis, ist ein individueller Widerspruchsbescheid zu erlassen und auf übliche Weise bekannt zu geben. Über das Ruhen hat eine qualifizierte Mitteilung an den Widerspruchsführer zu ergehen (Abs. 4 S. 3). 22

b) Bestätigung der Gesetzeslage. Nur wenn das BVerfG die Gesetzeslage bestätigt, die die angefochtenen Ausgangsbescheide umsetzen, greift die Erleichterung des § 85 Abs. 4. Für einen den Widersprüchen stattgebenden Widerspruchsbescheid nach negativer Entscheidung des BVerfG gilt Abs. 4 seinem Wortlaut nach ebenso wenig wie für Grundsatzentscheidungen des BSG zu anderen Rechtsfragen. 23

c) Vielzahl von Entscheidungen mit identischem Maßstab. Erfasst werden nur Verwaltungsakte, die ausschließlich eine in einer Rechtsnorm vorgegebene Rechtsänderungsformel für die davon Betroffenen konkretisieren. Entscheidend kommt es darauf an, dass die Rechtmäßigkeit der durch sie bewirkten Änderungen in der Rechtsstellung der Betroffenen allein von der richtigen Anwendung einer abstrakten, für alle gleichen Rechtsformel abhängt, also nicht von individuellen Umständen, insbes. nicht von den jeweiligen persönlichen oder wirtschaftlichen Verhältnissen; in Betracht kommen zB prozentuale Rentenerhöhun- 24

28 BSG 20.11.2001 – B 1 KR 21/00 R, SozR 3-1500 § 63 Nr. 7; BSG 17.10.2006 – B 5 RJ 66/04 R, SozR 4-1300 § 63 Nr. 5 = NVwZ-RR 2007, 441.
29 BSG 17.10.2006 – B 5 RJ 66/04 R, SozR 4-1300 § 63 Nr. 5 = NVwZ-RR 2007, 441.
30 BVerfG 17.9.1999 – 1 BvR 1771/91, NVwZ 2000, 185.
31 BSG 26.9.1991 – 4 RK 4/91, BSGE 69, 247.
32 BT-Drs. 16/7716, 21 zu Nr. 13 (§ 85).

gen, Beitragsbescheide nach satzungsmäßigen Beitragssatzänderungen.[33] Die in der amtlichen Begründung genannten Beispiele betrafen Entscheidungen gegenüber ca. einer Million Widerspruchsführer.

25 **3. Rechtsfolge.** Die Bekanntgabe erfolgt durch Allgemeinverfügung, ein individueller Widerspruchsbescheid ergeht somit nicht. Die Bekanntgabe erfolgt öffentlich in den in Abs. 4 S. 2 genannten Orten. Die öffentliche, nicht individuelle Bekanntgabe kann dazu führen, dass der Widerspruchsführer von der Entscheidung erst nach Ablauf der normalen Klagefrist des § 87 Abs. 1 Kenntnis erhält. Um seine Rechtsschutzmöglichkeiten nicht zu verkürzen, gilt eine Jahresfrist für die Klageerhebung nach § 87 Abs. 1 S. 3. Hierüber und über Art und Ort der Bekanntgabe ist bereits in der Ruhensmitteilung hinzuweisen (Abs. 4 S. 3).

§ 86 [Neuer Bescheid während des Vorverfahrens, Wirkung des Widerspruchs]

Wird während des Vorverfahrens der Verwaltungsakt abgeändert, so wird auch der neue Verwaltungsakt Gegenstand des Vorverfahrens; er ist der Stelle, die über den Widerspruch entscheidet, unverzüglich mitzuteilen.

I. Allgemeines/Normzweck

1 Abs. 1 besteht unverändert idF v. 3.9.1953 (BGBl. 1953 I 1239). Die früheren Abs. 2 bis 4 wurden aufgehoben durch Gesetz vom 17.8.2001 (BGBl. 2001 I 2144) mit Wirkung vom 2.1.2002; bisheriger Abs. 1 ist nun einziger Text. Die aufgehobenen Absätze regelten ohne systematischen Zusammenhang mit Abs. 1 die aufschiebende Wirkung des Widerspruchs und die behördliche Aussetzung der Vollziehung. Systematisch folgerichtig wurden diese Regelungen nun mit modifiziertem Inhalt in einer eigenständigen Vorschrift des § 86 a SGG gefasst. § 86 regelt die Einbeziehung späterer Bescheide in ein bereits laufendes Vorverfahren. Eine vergleichbare Regelung findet sich weder in der VwGO noch der AO. § 86 betrifft das Widerspruchsverfahren, dem entspricht § 96 für das sozialgerichtliche Verfahren.

II. Voraussetzungen

2 **1. Abänderung des ursprünglichen Verwaltungsaktes.** Der neue Verwaltungsakt muss den angefochtenen abändern (s. dazu auch → § 96 Rn. 7 ff.). Zu messen ist dies am Verfügungssatz. Der **Regelungsgehalt** des ersten Bescheides muss zu Ungunsten des Widerspruchsführers erweitert oder modifiziert werden. Soweit eine Besserstellung im Rahmen des ursprünglichen Verfahrensgegenstands erfolgt, liegt eine (Teil-)Abhilfe vor, für die § 86 nicht gilt; denn sie begrenzt nur den Streitgegenstand. Der neue Verwaltungsakt muss zur Regelung desselben Rechtsverhältnisses ergehen. Im Gegensatz zu § 96 gilt § 86 nach seinem Wortlaut nicht für ersetzende, sondern nur für abändernde Bescheide. Dies ist hinsichtlich einer vollständigen Abhilfe konsequent. Wird die ursprüngliche Rege-

33 BT-Drs. 16/7716, 21 zu Nr. 13 (§ 85).

lung jedoch durch eine gleichwertige ersetzt, spricht mit Rücksicht auf seine Funktion nichts gegen eine Anwendung des § 86.[1]

Im Hinblick auf die Neuregelung des § 96 Abs. 1 SGG und den damit bezweckten Ausschluss der Ausweitung durch die in der Praxis vorgenommene entsprechende Anwendung (s. § 96 Rn. 2), muss diese gesetzgeberische Wertung auch für § 86 gelten. § 86 kann daher auf Fälle identischer Entscheidungen für anschließende Zeiträume nicht mehr, auch nicht entsprechend angewandt werden.[2] Jede Zeitabschnittsbewilligung ist daher gesondert anzufechten, um deren Bestandskraft zu verhindern. Nach der Rechtsprechung des BSG soll die in § 96 Abs. 1 SGG erfolgte Beschränkung nicht auf § 86 anzuwenden sein:[3] Der Einwand fehlender Prozessökonomie gelte bei § 86 nicht, weil die Verwaltung bis zum Erlass des Widerspruchsbescheides ohnehin das Verfahren in der Hand behalte und auch ohne Weiteres alle bis dahin ergangenen Bewilligungen überprüfen könne und müsse.[4] Bis zum Erlass des Widerspruchsbescheids (ausdrücklich oder konkludent) ergehende Bewilligungsbescheide für Folgezeiträume sollen danach in analoger Anwendung des § 86 SGG Gegenstand des Widerspruchsverfahrens werden. Diese Rechtsprechung stellt für die Praxis jedenfalls bei monatsweiser Bewilligung wie bei der Hilfe zum Lebensunterhalt (Drittes Kapitel SGB XII) und von Leistungen nach dem AsylbLG eine erhebliche Erleichterung dar; andernfalls wäre der Leistungsempfänger gezwungen, monatlich Widerspruch einzulegen. Das BSG sieht diese Einbeziehung analog § 86 aber auch im Bereich der Grundsicherung im Alter und bei Erwerbsminderung vor.[5] Im Rahmen des gerichtlichen Verfahrens gilt dies für § 96 Abs. 1 SGG ausdrücklich nicht.[6] Für Ablehnungsbescheide → § 96 Rn. 9. Die Einbeziehung analog § 86 gilt nach BSG auch für einen Überprüfungsbescheid nach § 44 SGB X (abweichend wiederum für § 96 Abs. 1 SGG im gerichtlichen Verfahren, → § 96 Rn. 12). 3

2. Während des Vorverfahrens. Der neue Verwaltungsakt muss während des Vorverfahrens ergehen. Dies beginnt mit der Erhebung des Widerspruchs und endet mit Bestandskraft des Widerspruchsbescheides. Ein zwischen Widerspruchsbescheid und Klageerhebung ergehender Bescheid wird noch Gegenstand des Vorverfahrens und ist daher mit der gegen den Widerspruchsbescheid erhobenen Klage mitangefochten, ohne dass es eines weiteren Vorverfahrens bedürfte.[7] 4

---

1 BSG 5.7.2017 – B 14 AS 36/16 R, SozR 4-1500 § 86 Nr. 3; LSG LSA 24.6.2014 – L 4 AS 55/12, juris; LSG BW 28.10.2013 – L 13 AS 437/13 B, juris.

2 Wie hier LSG Hmb 15.4.2015 – L 4 SO 93/13, juris; in der Revisionsentscheidung aber insoweit als unzutreffend bezeichnet, BSG 9.12.2016 – B 8 SO 14/15 R, juris.

3 BSG 9.12.2016 – B 8 SO 14/15 R, juris; BSG 17.6.2008 – B 8 AY 11/07 R, juris; BSG 14.4.2011 – B 8 SO 12/09 R, BSGE 108, 123; für eine am Zweck der Verfahrensökonomie orientierte Auslegung auch BSG 5.7.2017 – B 14 AS 36/16 R, SozR 4-1500 § 86 Nr. 3, dort aber bezogen auf einen ersetzenden Bescheid zum selben Bewilligungszeitraum.

4 BSG 17.6.2008 – B 8 AY 11/07 R, juris.

5 BSG 14.4.2011 – B 8 SO 12/09 R, BSGE 108, 123 = SozR 4-3500 § 82 Nr. 7 (insoweit dort nicht abgedruckt).

6 BSG 11.12.2007 – B 8/9 b SO 12/06 R, SozR 4-3500 § 21 Nr. 1; BSG 17.6.2008 – B 8 AY 11/07 R, juris; BSG 14.4.2011 – B 8 SO 12/09 R, BSGE 108, 123 = SozR 4-3500 § 82 Nr. 7 (insoweit dort nicht abgedruckt).

7 BSG 1.8.1978 – 7 RAr 37/77, BSGE 47, 28 (30) = SozR 1500 § 86 Nr. 1.

III. Rechtsfolge

5 Der neue Verwaltungsakt wird **kraft Gesetzes Gegenstand des Widerspruchsverfahrens**; ein trotzdem eingelegter Widerspruch ist unzulässig. Statt einer Rechtsbehelfsbelehrung ist im neuen Bescheid mitzuteilen, dass der neue Bescheid Gegenstand des bereits laufenden Widerspruchsverfahrens geworden ist. Der Verwaltungsakt ist der Widerspruchsbehörde unverzüglich mitzuteilen (Hs. 2). Prüfungsgegenstand der Widerspruchsbehörde ist der ursprüngliche Verwaltungsakt in der Gestalt, die er durch den neuen gefunden hat. Einer Sachentscheidung über den neuen Bescheid bedarf es auch dann, wenn der Widerspruch gegen den Ausgangsbescheid unzulässig, insbes. verfristet war. Diese Zulässigkeitsvoraussetzung ist für den neuen Bescheid nicht zu prüfen, da er kraft Gesetzes Gegenstand wird. Wird im Vorverfahren über den neuen Bescheid nicht entschieden, fehlt es einer späteren Klage insoweit an einem Vorverfahren; die Klage ist unzulässig; das Gericht hat dann Gelegenheit zu geben, dies nachzuholen (→ § 78 Rn. 8).

§ 86 a [Aufschiebende Wirkung]

(1) [1]Widerspruch und Anfechtungsklage haben aufschiebende Wirkung. [2]Das gilt auch bei rechtsgestaltenden und feststellenden Verwaltungsakten sowie bei Verwaltungsakten mit Drittwirkung.

(2) Die aufschiebende Wirkung entfällt

1. bei der Entscheidung über Versicherungs-, Beitrags- und Umlagepflichten sowie der Anforderung von Beiträgen, Umlagen und sonstigen öffentlichen Abgaben einschließlich der darauf entfallenden Nebenkosten,

2. in Angelegenheiten des sozialen [ab 1.1.2024: *Sozialen*] Entschädigungsrechts und der Bundesagentur für Arbeit bei Verwaltungsakten, die eine laufende Leistung entziehen oder herabsetzen,

3. für die Anfechtungsklage in Angelegenheiten der Sozialversicherung bei Verwaltungsakten, die eine laufende Leistung herabsetzen oder entziehen,

4. in anderen durch Bundesgesetz vorgeschriebenen Fällen,

5. in Fällen, in denen die sofortige Vollziehung im öffentlichen Interesse oder im überwiegenden Interesse eines Beteiligten ist und die Stelle, die den Verwaltungsakt erlassen oder über den Widerspruch zu entscheiden hat, die sofortige Vollziehung mit schriftlicher Begründung des besonderen Interesses an der sofortigen Vollziehung anordnet.

(3) [1]In den Fällen des Absatzes 2 kann die Stelle, die den Verwaltungsakt erlassen oder die über den Widerspruch zu entscheiden hat, die sofortige Vollziehung ganz oder teilweise aussetzen. [2]In den Fällen des Absatzes 2 Nr. 1 soll die Aussetzung der Vollziehung erfolgen, wenn ernstliche Zweifel an der Rechtmäßigkeit des angegriffenen Verwaltungsaktes bestehen oder wenn die Vollziehung für den Abgaben- oder Kostenpflichtigen eine unbillige, nicht durch überwiegende öffentliche Interessen gebotene Härte zur Folge hätte. [3]In den Fällen des Absatzes 2 Nr. 2 ist in Angelegenheiten des sozialen [ab 1.1.2024: *Sozialen*] Entschädigungsrechts die nächsthöhere Behörde zuständig, es sei denn, diese ist eine oberste Bundes- oder eine oberste Landesbehörde. [4]Die Entscheidung kann mit Auflagen versehen oder befristet werden. [5]Die Stelle kann die Entscheidung jederzeit ändern oder aufheben.

(4) [1]Die aufschiebende Wirkung entfällt, wenn eine Erlaubnis nach Artikel 1 § 1 des Arbeitnehmerüberlassungsgesetzes in der Fassung der Bekanntmachung vom 3. Februar 1995 (BGBl. I S. 158), das zuletzt durch Artikel 2 des Gesetzes vom 23. Juli 2001 (BGBl. I S. 1852) geändert worden ist, aufgehoben oder nicht verlängert wird. [2]Absatz 3 gilt entsprechend.

I. Allgemeines/Normzweck

1 **1. Entstehungsgeschichte.** Die ursprüngliche Regelung des einstweiligen Rechtsschutzes in § 86 Abs. 2 bis 4, § 97 aF war lückenhaft und entsprach nicht der Garantie effektiven Rechtsschutzes in Art. 19 Abs. 4 GG. Durch das 6. SGGÄndG v. 17.8.2001 (BGBl. 2001 I 2144) wurde der einstweilige Rechtsschutz im sozialgerichtlichen Verfahren mWv 2.1.2002 in den §§ 86 a u. b umfassend neu geregelt.[1] MWz 1.1.2004 erfolgte in § 86 a Abs. 2 Nr. 2 eine redaktionelle Anpassung an die Umbenennung der Bundesagentur für Arbeit. Mit Wirkung zum 1.1.2024 tritt das SGB XIV mit der Neuregelung des Sozialen Entschädigungsrechts in Kraft, weswegen ab diesem Zeitpunkt Abs. 2 Nr. 2 und Abs. 3 Satz 3 redaktionell (Großbuchstabe) angepasst werden (BGBl. I 2019, 2652).

2 **2. Normzweck.** § 86 a schafft zusammen mit § 86 b eine umfassende gesetzliche Grundlage für den einstweiligen Rechtsschutz in weitgehender Parallele zur VwGO. § 86 a regelt den selbst- und den behördenbewirkten einstweiligen Rechtsschutz[2] in Anfechtungssachen, also die aufschiebende Wirkung eines Rechtsbehelfs oder deren Aussetzung kraft Gesetzes oder durch die Verwaltung. § 86 b betrifft den durch das Gericht gewährten einstweiligen Rechtsschutz sowohl in Anfechtungs- (Abs. 1) als auch in Vornahmesachen (Abs. 2). §§ 86 a u.

1 Zum Ganzen: Bernsdorff SGb 2001, 465; Kummer SGb 2001, 705; Krodel NZS 2001, 449.
2 Bernsdorff SGb 2001, 465 (470).

b SGG treffen allerdings eine **abschließende Regelung**, so dass nicht übernommene Vorschriften der VwGO (zB § 80 Abs. 6 oder § 80 b) auch nicht entsprechend herangezogen werden können.

3 **3. Parallelvorschriften.** Die Regelung über die aufschiebende Wirkung von Rechtsbehelfen findet eine Parallele in § 80 Abs. 1 bis 4 VwGO.

II. Wesen der aufschiebenden Wirkung

4 **1. Hemmung der Vollziehbarkeit.** Die aufschiebende Wirkung ist Ausfluss der in Art. 19 Abs. 4 GG enthaltenen Garantie eines **effektiven Rechtsschutzes.** Mit ihr wird das strukturelle Übergewicht der Verwaltung ausgeglichen, die kraft ihrer hoheitlichen Befugnisse in der Lage ist, vor einer gerichtlichen Hauptsacheentscheidung einseitig nicht mehr oder nur schwer abänderbare Zustände zu schaffen (→ § 86 b Rn. 2).[3] Der Zweck der aufschiebenden Wirkung besteht demnach darin, die Umsetzung des angefochtenen Verwaltungsaktes bis zur endgültigen gerichtlichen Klärung seiner Rechtmäßigkeit zu verhindern. Die Einlegung des Rechtsbehelfs suspendiert somit nicht die Wirksamkeit des Verwaltungsaktes,[4] sondern lediglich seine **Vollziehbarkeit.**[5] Die im Verwaltungsakt auferlegte Pflicht muss daher zunächst nicht befolgt werden. Vollstreckungsmaßnahmen zur Durchsetzung der angefochtenen Regelung sind nicht zulässig (→ Rn. 6).

5 **2. Begriff der Vollziehung.** Da die aufschiebende Wirkung, wie § 86 Abs. 1 S. 2 klarstellt, auch für feststellende und rechtsgestaltende Verwaltungsakte gilt, die einer Vollziehung nicht zugänglich sind, muss der Begriff der Vollziehung im Hinblick auf den Zweck der aufschiebenden Wirkung weiter als im eigentlichen rechtstechnischen Sinne verstanden werden. Es dürfen demnach während des Schwebezustandes keine rechtlichen Konsequenzen aus der Regelung des angefochtenen Verwaltungsaktes gezogen werden. Wird eine Leistungsbewilligung aufgehoben, ist nach ihr die Leistung weiterhin zu erbringen (vgl. aber die Ausnahmen in Abs. 2 Nr. 2 u. 3). Mit einer im angefochtenen Bescheid festgestellten Forderung kann nicht aufgerechnet werden. Belastungen, die sich aus einer im angefochtenen Bescheid getroffenen Feststellung ergeben, dürfen nicht auferlegt werden. Gleiches gilt für Statusentscheidungen. Wird die (rechtsgestaltende) Änderung des Status (zB Entzug der Zulassung) angefochten, bleibt der ursprüngliche Status zunächst erhalten. § 86 a Abs. 1 gilt auch für **Verwaltungsakte mit Drittwirkung,** zB im Vertragsarztrecht, bei Geschiedenenwitwenrente oder Familienversicherung in der GKV. Bei Verwaltungsakten mit Drittwirkung darf der Begünstigte von der eingeräumten Rechtsposition keinen Gebrauch machen, wenn der belastete Dritte den Verwaltungsakt angefochten hat. Bei diesem weiten, am Zweck der aufschiebenden Wirkung orientierten Begriff der Vollziehung bestehen im Ergebnis kaum Unterschiede zu der eingeschränkten Wirksamkeitstheorie von Kopp/Schenke (→ Rn. 4).

---

3 BVerfG 19.10.1977 – 2 BvR 42/76, BVerfGE 46, 166 (178 f.).

4 So aber Schmidt in Eyermann § 80 Rn. 6; für eine vorläufige Hemmung Kopp/Schenke § 80 Rn. 22.

5 BSG 16.12.2014 – B 1 KR 32/13 R, juris; für Statussachen BSG 28.1.1998 – B 6 KA 41/96 R, SozR 3-1500 § 97 Nr. 3; LSG BW 2.7.2004 – L 13 RJ 2467/04 ER-B, juris; BVerwG 21.6.1961 – VIII C 398.59, BVerwGE 13, 1; 12.5.1966 – II C 197.62, BVerwGE 24, 92 (98); Keller in Meyer-Ladewig/Keller/Leitherer/Schmidt § 86 a Rn. 5; so auch der Wortlaut in § 86 a Abs. 2 Nr. 5 und Abs. 3.

3. Vollziehung und Vollstreckung. Während die Vollziehung den Zeitpunkt bestimmt, ab dem die getroffene Regelung zu beachten ist, betrifft die Vollstreckung die zwangsweise Durchsetzung der geregelten Verpflichtung. Da diese erst in Frage kommt, wenn die Regelung auch zu beachten ist, steht die die Vollziehung hemmende aufschiebende Wirkung auch der Vollstreckung entgegen. Keine Vollstreckung in diesem Sinne sind **materiellrechtliche Konsequenzen** des Nichtbefolgens der Regelung. Im Leistungsrecht werden dem Betroffenen verschiedentlich Handlungsobliegenheiten auferlegt, die nicht mittels Verwaltungszwang durchgesetzt werden können, zB die Bestimmung zu einer Mitwirkungshandlung iSd §§ 60 ff. SGB I, die Aufforderung zur Meldung (§ 309 SGB III). Die sich bei Verstoß hiergegen ergebenden Konsequenzen, Entzug der Leistung gem. § 66 SGB I oder wegen fehlender Anspruchsvoraussetzung oder Ruhen, sind Vollzugsmaßnahmen iSd §§ 86 a u. b; sie sind daher nur zulässig, wenn die Handlungsaufforderung sofort vollziehbar ist. 6

III. Grundsatz der aufschiebenden Wirkung – Abs. 1

Widerspruch und Anfechtungsklage haben grundsätzlich aufschiebende Wirkung. Nach dem eindeutigen Wortlaut gilt dies nicht für andere Klagearten, somit auch nicht für die Klage auf Feststellung der Nichtigkeit eines Verwaltungsaktes (anders noch § 97 Abs. 1 Nr. 3 aF). Es muss ein **Verwaltungsakt vorliegen**, der eine Belastung des Betroffenen zur Folge hat oder eine bereits eingeräumte Rechtsposition entzieht. In Betracht kommen daher auch rechtsgestaltende oder feststellende Verwaltungsakte (zu rein deklaratorischen Bescheiden → Rn. 8), was in Abs. 1 S. 2 ausdrücklich geregelt wird. Dies gilt auch für Verwaltungsakte mit Drittwirkung oder Allgemeinverfügungen. Ein rein formaler Verwaltungsakt, der inhaltlich zwar keine Regelung trifft, aber nach seinen äußeren Merkmalen nur als Verwaltungsakt zu verstehen ist, genügt. Er löst eine Beschwer aus und begründet eine Klagebefugnis.[6] Zur Gewährleistung effektiven Rechtsschutzes muss daher die Anfechtung auch aufschiebende Wirkung auslösen.[7] Wird die Einräumung einer günstigen Rechtsposition abgelehnt, hilft die aufschiebende Wirkung nicht weiter, denn die Aussetzung der Ablehnung hat nicht die Bewilligung zur Folge. In diesen Fällen, in denen im Hauptsacheverfahren eine Leistungs- oder Verpflichtungsklage, ggf. kombiniert mit einer Anfechtungsklage zu erheben ist, kommt einstweiliger Rechtsschutz nur in Form der **einstweiligen Anordnung gem. § 86 b Abs. 2** in Betracht (→ § 86 b Rn. 32). Die in § 86 a Abs. 1 angesprochene Anfechtungsklage meint daher nur die isolierte, nicht eine mit einem Leistungsbegehren verbundene;[8] Gleiches gilt für den Widerspruch. Gegenüber der einstweiligen Anordnung ist der **Rechtsschutz in Form der aufschiebenden Wirkung aber vorrangig** (§ 86 b Abs. 2 S. 1 Hs. 1); zur Ausnahme bei der Versagung nach § 66 SGB I → § 86 b Rn. 32. Nach § 154 Abs. 1 haben Berufung und Nichtzulassungsbeschwerde aufschiebende Wirkung, wenn die Klage Aufschub bewirkt; Abs. 2 enthält eine Regelung über die Wirkung von Rechtsmitteln der Verwaltung. Im Vertragsarztrecht gilt bei Zulassungsentscheidungen die Sonderregelung des § 96 Abs. 4 SGB V: Gegen die Entscheidung des Zulassungsausschusses ist kein Widerspruch statthaft, vielmehr besteht die Möglichkeit der Anrufung des Berufungsausschusses (Satz 1); dieser Anrufung 7

6 BSG 20.12.2001 – B 4 RA 50/01 R, juris.
7 Ebenso ThürLSG 23.4.2002 – L 6 RJ 113/02 ER, SGb 2002, 449.
8 LSG Bln-Bbg 18.12.2009 – L 7 KA 161/09 B ER, juris.

kommt gemäß Satz 2 aufschiebende Wirkung zu. Gegen die Entscheidung des Berufungsausschusses besteht die Möglichkeit der Klage (§ 97 Abs. 3 SGB V). Für die Anfechtungsklage eines unterlegenen Mitbewerbers gilt § 86 a Abs. 1 SGG.[9]

8 Der Wortlaut des § 86 a Abs. 1 Satz 2 unterscheidet nicht zwischen Verwaltungsakten mit konstitutiver und solchen mit nur **deklaratorischer** Wirkung. Bei Letzteren ergibt sich die Rechtsfolge bereits unmittelbar aus dem Gesetz, ohne dass es eines umsetzenden Verwaltungsaktes bedürfte (gesetzeswiederholende Verwaltungsakte, zB Feststellung des sich aus dem Gesetz ergebenden Endes eines Status oder einer Mitgliedschaft). Die aufschiebende Wirkung hätte somit nur zur Folge, dass aus dem Verwaltungsakt selbst keine rechtlichen Konsequenzen gezogen werden dürfen. Die sich unmittelbar aus dem Gesetz ergebenden (gleichlautenden) Konsequenzen (zB Ende des Status) werden hingegen nicht gehemmt. Der einstweilige Rechtsschutz in Form der aufschiebenden Wirkung läuft somit leer.[10] Der Betroffene muss somit einstweiligen Rechtsschutz in Form der einstweiligen Anordnung suchen (zB auf Feststellung des Status oder auf Verpflichtung zu der aus dem Status abgeleiteten Leistung).[11]

9 Aus verfassungsrechtlichen Gründen muss die aufschiebende Wirkung die Regel, die sofortige Vollziehung die Ausnahme bleiben,[12] wobei es unschädlich ist, wenn in abgegrenzten Rechtsbereichen dieses Regel-Ausnahme-Verhältnis umgekehrt wird.[13]

IV. Reichweite der aufschiebenden Wirkung

10 **1. Eintritt.** In Fällen des Abs. 1 tritt die aufschiebende Wirkung kraft Gesetzes **mit Einlegung des Rechtsbehelfes** rückwirkend auf den Zeitpunkt des Erlasses des angefochtenen Bescheides ein (ex tunc); eine Ausnahme gilt bei Statuserteilungen im Vertragsarztrecht (nur ex nunc).[14] Die Klage ist erhoben mit Eingang der Klageschrift bei Gericht oder Erklärung zu Protokoll (→ § 90 Rn. 8). Der Eingang bei den in § 91 SGG genannten Stellen wahrt nur die Klagefrist, führt aber noch nicht zur Rechtshängigkeit (→ § 91 Rn. 2), so dass so lange auch noch keine aufschiebende Wirkung eintritt. Beim Widerspruch ist auf den Eingang bei der Ausgangsbehörde abzustellen (→ § 84 Rn. 12). Bescheide nach §§ 86 oder 96 Abs. 1 werden mit ihrer Bekanntgabe Gegenstand des Verfahrens und damit von der aufschiebenden Wirkung erfasst. Die aufschiebende Wirkung des Widerspruches bleibt über den Erlass des Widerspruchsbescheides bestehen; mit Rechtshängigkeit der Klage wird die aufschiebende Wirkung durch diese bewirkt,[15] sofern der Widerspruchsbescheid nicht bereits unanfechtbar ist. Auf

---

9 Vgl. BSG 5.11.2003 – B 6 KA 11/03 R, SozR 4-2500 § 103 Nr. 1.

10 BSG 6.2.2008 – B 6 KA 41/06 R, BSGE 100, 43 = SozR 4-2500 § 95 Nr. 14: Rechtsbehelfe gegen nur deklaratorisch-feststellende Verwaltungsakte entfalten keine aufschiebende Wirkung.

11 LSG Nds-Brem 9.11.2007 – L 3 KA 69/07 ER, juris; aA BayLSG 28.3.2007 – L 12 B 835/06 KA ER, Breith 2007, 531.

12 BVerfG 30.10.2009 – 1 BvR 2395/09, NJW 2010, 1871 und 18.7.1973 – 1 BvR 23, 155/73, BVerfGE 35, 382 (402).

13 BVerfG 24.4.1974 – 2 BvR 236/74, BVerfGE 37, 150 (153); 30.10.2009 – 1 BvR 2395/09, NJW 2010, 1871.

14 BSG 5.6.2013 – B 6 KA 4/13 B, juris.

15 LSG BW 18.4.2008 – L 7 AS 1398/08 ER-B, juris; Krodel/Feldbaum, Eilverfahren, Rn. 87 ff.; Keller in Meyer-Ladewig/Keller/Leitherer/Schmidt § 86 a Rn. 11.

diese Weise werden Rechtsschutzlücken vermieden, die in der Zeit zwischen Erlass des Widerspruchsbescheides und der Klageerhebung eintreten könnten. Nach aA zur VwGO[16] wirkt die aufschiebende Wirkung des Widerspruches bis zur Bestandskraft des Bescheides, also über die Klageerhebung hinaus, während die im Gesetz geregelte aufschiebende Wirkung der Klage nur die ohne Vorverfahren zu erhebende Klage (§ 78 Abs. 2 SGG) betreffe. Für das SGG ist dieser Auslegung nicht zu folgen. In den Fällen des § 86 a Abs. 2 Nr. 3 (→ Rn. 16) soll die aufschiebende Wirkung nach bewusster gesetzgeberischer Entscheidung nur während des Widerspruchsverfahrens bestehen, im Klageverfahren soll der Bescheid aber vollzogen werden können. In § 154 Abs. 1 wird die aufschiebende Wirkung der Berufung oder Nichtzulassungsbeschwerde geregelt, wenn die Klage Aufschub bewirkt; auf den Widerspruch wird nicht abgestellt. Dass diese Wirkung nur für die Klagen ohne Vorverfahren gelten soll, ist dem gesetzgeberischen Willen nicht zu entnehmen; sachliche Gründe gäbe es dafür ebenfalls nicht. Das SGG unterscheidet somit hinsichtlich der aufschiebenden Wirkung zwischen Widerspruchs- und Klageverfahren, nicht zwischen Klage mit und ohne zwingendem Vorverfahren.

Die **Begründetheit des Rechtsbehelfs** spielt keine Rolle; die aufschiebende Wirkung tritt auch bei einem unbegründeten ein, da der Betroffene bis zur endgültigen Klärung geschützt werden soll (→ Rn. 4). Eine Einschränkung ergibt sich auch aus dem Wortlaut nicht. Nach hM gilt dies auch für **unzulässige Rechtsbehelfe;**[17] Ausnahmen gelten nur bei offensichtlicher Unzulässigkeit, wenn eine Rechtsverletzung schlechthin ausgeschlossen ist oder nicht mehr geltend gemacht werden kann:[18] bei Rechtsbehelf eines Dritten, in dessen Rechte unter keinen Umständen eingegriffen worden sein könnte;[19] bei offensichtlicher Verfristung des Rechtsbehelfs und Aussichtslosigkeit einer Wiedereinsetzung;[20] bei mündlichem Widerspruch.[21] 11

2. Ende. Das Ende der aufschiebenden Wirkung ist im Gesetz nicht geregelt. 12
Nach ihrem Schutzzweck (→ Rn. 4) besteht sie vorbehaltlich einer behördlichen Entscheidung gem. § 86 a Abs. 2 Nr. 5 oder einer gerichtlichen gem. § 86 b Abs. 1 S. 1 Nr. 1 oder 3 bis zum rechtskräftigen Abschluss des Hauptsacheverfahrens. Dies ergibt sich letztlich auch aus dem Wortlaut des Abs. 1, der an die An-, bzw. Rechtshängigkeit von Widerspruch oder Anfechtungsklage anknüpft. Die aufschiebende Wirkung besteht danach ununterbrochen, solange ein Rechtsbehelf noch vorliegt. Die davon abweichende Rechtsprechung zu § 97 aF kann auf das neue Recht nicht übertragen werden. Bleibt der **Rechtsbehelf in der Hauptsache erfolglos**, entfällt die aufschiebende Wirkung rückwirkend; daher ggf. Rückzahlungspflicht ex tunc; bei Statusentziehungen im Vertragsartrecht

16 Kopp/Schenke VwGO § 80 Rn. 49; Funke-Kaiser in Bader/Funke-Kaiser/Kuntze/v. Albedyll VwGO § 80 Rn. 20.
17 ThürLSG 23.4.2002 – L 6 RJ 113/02 ER, SGb 2002, 449; Keller in Meyer-Ladewig/Keller/Leitherer/Schmidt § 86 a Rn. 10; zu § 80 VwGO Kopp/Schenke § 80 Rn. 50; Schmidt in Eyermann § 80 Rn. 13; Redeker/von Oertzen VwGO § 80 Rn. 11.
18 ThürLSG 23.4.2002 – L 6 RJ 113/02 ER, SGb 2002, 449; Keller in Meyer-Ladewig/Keller/Leitherer/Schmidt § 86 a Rn. 10; Kopp/Schenke § 80 Rn. 50; Redeker/von Oertzen VwGO § 80 Rn. 11.
19 VGH BW 14.6.1982 – 4 S 796/82, NVwZ 1983, 41.
20 LSG Bln-Bbg 28.9.2006 – L 18 B 813/06 AS ER, juris; BVerwG 21.6.1961 – VIII C 398.59, BVerwGE 13, 1 (8).
21 SchlHLSG 22.3.2010 – L 9 B 16/10 SO, NZS 2010, 590.

nur ex nunc.[22] Durch die aufschiebende Wirkung ist die Gehorsamspflicht gegenüber der im Verwaltungsakt auferlegten Verpflichtung allerdings vorläufig aufgehoben. Waren im Verwaltungsakt Handlungspflichten geregelt, können an das Unterlassen für die Dauer der aufschiebenden Wirkung auch dann keine nachteiligen Folgen für den Adressaten geknüpft werden, wenn sie wegen des erfolglosen Hauptsacheverfahrens rückwirkend entfällt. Andernfalls wäre der Adressat trotz aufschiebender Wirkung faktisch genötigt, der Handlungspflicht nachzukommen, um nachteilige Folgen mit Sicherheit zu vermeiden. Effektiver Rechtsschutz wäre dann nicht mehr gewährleistet.[23] Beispiel: keine Leistungsentziehung wegen Verstoßes gegen die Handlungspflicht für den Zeitraum, in dem die aufschiebende Wirkung bestanden hat. Im Verwaltungsakt genannte Fristen sind neu zu setzen. Ob im Falle der Zurückweisung der Drittanfechtung begünstigender Verwaltungsakte die aufschiebende Wirkung als ex tunc oder ex nunc weggefallen gilt, ist mit Blick auf die konkrete Rechtsfolge und deren Ordnungsfunktion zu beantworten.[24]

V. Ausschluss der aufschiebenden Wirkung – Abs. 2 u. 4

13 Zum Grundsatz der aufschiebenden Wirkung → Rn. 7; der Ausschluss der aufschiebenden Wirkung für größere Teile eines Rechtsgebietes ist verfassungsrechtlich nicht zu beanstanden (→ Rn. 9). Die in Abs. 2 Nr. 1–3 und Abs. 4 geregelten Ausnahmen entsprechenden dem bisherigen Recht.[25]

14 **1. Versicherungs-, Beitrags-, Umlagepflichten – Abs. 2 Nr. 1.** Bei der Entscheidung über Versicherungs-, Beitrags- und Umlagepflichten sowie der Anforderung von Beiträgen, Umlagen und sonstigen öffentlichen Abgaben einschließlich der darauf entfallenden Nebenkosten. Erfasst werden nach dem Wortlaut nicht nur eine Zahlungspflicht regelnde Entscheidungen, sondern auch feststellende. Die Vorschrift soll die Funktionsfähigkeit der Leistungsträger, insbes. der Sozialversicherung sichern. Kraft ausdrücklicher gesetzlicher Regelung haben im sog Anfrageverfahren nach § 7 a SGB IV für Statusentscheidungen Widerspruch und Klage gegen Entscheidungen, dass eine Beschäftigung vorliegt, aufschiebende Wirkung (§ 7 a Abs. 7 S. 1 SGB IV). Nicht unter Abs. 2 Nr. 1 fällt die Erstattung von durch die Bundesagentur für Arbeit erbrachten Beiträgen zur Kranken- und Pflegeversicherung gem. **§ 335 SGB III.** Es handelt sich nicht um die Anforderung von Beiträgen, sondern um einen Erstattungsanspruch, der materiellrechtlich an die Erstattung der Leistung selbst geknüpft ist; wie bei dieser entfalten Widerspruch und Anfechtungsklage aufschiebende Wirkung.[26] **Öffentliche Abgaben** sind nur hoheitlich geltend gemachte öffentlich-rechtliche Geldforderungen, die ein Hoheitsträger zur Finanzierung der Erfüllung seiner öffentlichen Aufgaben von allen erhebt.[27] Sonderabgaben fallen ebenso unter Nr. 1 wie Gebühren, nicht hingegen Vollstreckungskosten.[28] **Nebenkosten** sind insbes. Ausla-

22 BSG 5.6.2013 – B 6 KA 4/13 B, juris.
23 AA BSG 16.12.2014 – B 1 KR 32/13 R, juris; LSG BW 29.8.2018 – L 11 KR 2686/18 ER-B juris; wie hier: LSG BW 3.3.2005 – L 9 AL 5804/04 ER-B; Kopp/Schenke § 80 Rn. 28 f., 32.
24 BSG 28.1.1998 – B 6 KA 41/96 R, SozR 3-1500 § 97 Nr. 3.
25 Begr. des Gesetzentwurfes BT-Drs. 14/5943, 25.
26 LSG BW 25.8.2003 – L 13 AL 2374/03, juris.
27 BayVGH 2.4.1985 – 23 CS 85 A.361, NVwZ 87, 64; Kopp/Schenke § 80 Rn. 57.
28 Kopp/Schenke § 80 Rn. 63.

gen, die bei der Durchführung des Verwaltungsverfahrens anfallen. Auch **Säumniszuschläge** zählen als Nebenkosten zu den Beiträgen hierzu.[29]

2. Soziales Entschädigungsrecht, Arbeitslosenversicherung – Abs. 2 Nr. 2. In Angelegenheiten des sozialen Entschädigungsrechts und der Bundesagentur für Arbeit (vgl. bei § 51) bei Verwaltungsakten, die eine laufende Leistung entziehen oder herabsetzen. Für Leistungen nach dem SGB II enthält § 39 SGB II eine ausdrückliche gesetzliche Regelung, auch soweit die Bundesagentur für Arbeit zuständiger Leistungsträger ist (→ Rn. 17). **Laufende Leistungen** sind wiederkehrende Leistungen aufgrund einer einmaligen, grundsätzlich in die Zukunft gerichteten Bewilligung. Die Auszahlung zu regelmäßigen Terminen ist nicht erforderlich. Die bloße Teilzahlung eines Gesamtbetrages fällt aber nicht unter Nr. 2. Die Norm erfasst nicht nur auf das jeweilige Stammrecht bezogene Regelungen, sondern auch die mit Wirkung für die Zukunft ganz oder teilweise verfügte Beseitigung von Bescheiden über die Leistungsbewilligung,[30] mithin auch die Entziehung und Herabsetzung einzelner Ansprüche. Die aufschiebende Wirkung entfällt ebenfalls, wenn die Beseitigung der Leistungsbewilligung auf vergangene Zeiträume beschränkt bleibt, also keine Auswirkungen auf aktuelle oder zukünftige Leistungen zeitigt.[31] Das Merkmal „laufend" bezieht sich nur auf die Art der Leistung, nicht ihren Auszahlungszeitraum. Der Leistungsempfänger ist durch die aufschiebende Wirkung des Widerspruches oder der Klage gegen den Erstattungsbescheid ausreichend geschützt. Die **vorläufige Zahlungseinstellung** gem. § 331 SGB III (ebenso gem. § 40 Abs. 2 Nr. 4 SGB II für Leistungen der Grundsicherung für Arbeitssuchende) erfolgt nach der ausdrücklichen gesetzlichen Regelung ohne Verwaltungsakt, der Widerspruch dagegen ist also nicht statthaft. Damit stellt sich auch nicht die Frage der aufschiebenden Wirkung; einstweiliger Rechtsschutz kann nur im Wege der einstweiligen Anordnung gem. § 86 b Abs. 2 erreicht werden. Erfolgt nach der Zahlungseinstellung die Aufhebung oder Rücknahme des Bewilligungsbescheides, stellt dies die rechtliche Grundlage für die – nunmehr endgültige – Leistungsverweigerung dar; der vorläufigen Zahlungseinstellung kommt keine Bedeutung mehr zu. Der gegen die Aufhebung/Rücknahme der Leistungsbewilligung statthafte Widerspruch entfaltet gem. § 86 a Abs. 2 Nr. 2 keine aufschiebende Wirkung. Dies gilt auch, soweit die Aufhebung auf vergangene Zeiträume beschränkt bleibt.[32] Statthaft ist somit der Antrag auf Anordnung der aufschiebenden Wirkung gem. § 86 b Abs. 1 Satz 1 Nr. 2. War wegen der vorläufigen Zahlungseinstellung gem. § 331 SGB III bereits ein Antrag auf einstweilige Anordnung gem. § 86 b Abs. 2 anhängig gemacht worden, ist dieser Antrag umzustellen, wenn nachfolgend die Leistungsbewilligung aufgehoben wird. Wegen des Vorranges des Systems der aufschiebenden Wirkung (→ Rn. 7; § 86 b Abs. 2 Satz 1, → § 86 b Rn. 8) ist nunmehr die Anordnung der aufschiebenden Wirkung des Rechtsbehelfes gegen den Aufhebungsbescheid zu beantragen. Der tatsächlich gestellte Antrag ist ggf. nach dem Rechtsschutzziel dementsprechend auszulegen. Die **Feststellung des Ruhens** des Leistungsanspruches fällt auch ohne Aufhebung des Bewilligungsbescheides unter Abs. 2 Nr. 2, wenn sie auch bis zur Beseitigung der Leistungsbewilligung 15

29 LSG RhPf 18.9.2009 – L 5 KR 159/09 B ER, juris; LSG NRW 7.1.2011 – L 8 R 864/10 B ER, juris; LSG Nds-Brem 20.12.2018 – L 12 BA 23/18 B ER, juris.
30 LSG BW 7.1.2002 – L 13 AL 3590/01 ER-B, juris.
31 LSG BW 9.1.2003 – L 13 AL 4260/02 ER-B, juris.
32 Ausführlich hierzu LSG BW 9.1.2003 – L 13 AL 4260/02 ER-B, juris.

ohnehin rechtswidrig ist. Nicht unter Abs. 2 Nr. 2 fällt die Anfechtung eines **Abzweigungs**bescheides gem. § 48 SGB I.[33] Auch im Falle der Abzweigung bleibt anspruchsberechtigt der Sozialleistungsempfänger, zu dessen Lasten die Abzweigung erfolgt; im Falle der Aufhebung der Leistungsbewilligung ist er ggf. zur Erstattung gem. § 50 SGB X auch für den abgezweigten Teil verpflichtet.[34] Der mit dem Ausschluss der aufschiebenden Wirkung bei Entzug laufender Leistungen verbundene Schutz des Leistungsträgers vor Überzahlungen ist im Falle der Abzweigung nicht nötig; die Auszahlung der Leistung erfolgt insgesamt in gleicher Höhe, lediglich verteilt auf zwei Empfänger; eine Überzahlung entsteht nicht. Eine entsprechende Anwendung des Abs. 2 Nr. 2 kommt daher ebenfalls nicht in Betracht. Widerspruch und Anfechtungsklage gegen **Erstattungsbescheide** fallen nicht unter Abs. 2 Nr. 2, auch wenn die Erstattung sich auf die entzogenen laufenden Leistungen bezieht; es verbleibt bei der aufschiebenden Wirkung. Dies gilt auch für die Erstattung von der Bundesagentur für Arbeit erbrachter Beiträge gem. **§ 335 SGB III**; diese fallen auch nicht unter § 86 a Abs. 2 Nr. 1 (→ Rn. 14).[35]

16 **3. Sozialversicherung – Abs. 2 Nr. 3.** Für die Anfechtungsklage in Angelegenheiten der Sozialversicherung (§ 51 Abs. 1 Nr. 1–3, 5) bei Verwaltungsakten, die eine laufende Leistung herabsetzen oder entziehen. Hierunter fallen insbes. Leistungen aus der gesetzlichen Rentenversicherung (einschließlich der Alterssicherung für Landwirte), der gesetzlichen Unfall-, Kranken- und der sozialen Pflegeversicherung. Honoraransprüche von Ärzten sind keine Leistungen in diesem Sinne.[36] Zum Begriff der laufenden Leistung siehe bei Nr. 2 (→ Rn. 15). Im Gegensatz zur Anfechtungsklage hat der **Widerspruch** in diesen Fällen aufschiebende Wirkung, damit der Verwaltungsakt vor Vollzug nochmals von einer anderen Stelle als der, die ihn erlassen hat, überprüft wird.[37] Weshalb dieser Schutzgedanke nicht auch auf laufende Leistungen der Bundesagentur für Arbeit erstreckt wurde, ist nicht ersichtlich. Bei diesen ist zwar eher von der Möglichkeit kurzfristiger Änderungen des Anspruches nach Grund und Höhe auszugehen, so dass ein Interesse besteht, Überzahlungen zu vermeiden. Die existenzielle Bedeutung für den Leistungsempfänger ist aber bei Leistungen der Bundesagentur für Arbeit nicht geringer als bei solchen der Sozialversicherung.

17 **4. Spezialgesetze – Abs. 2 Nr. 4.** In anderen durch Bundesgesetz vorgeschriebenen Fällen; landesrechtliche Regelungen reichen danach nicht aus (anders § 80 Abs. 2 Nr. 3 VwGO). **Beispiele:** Für Widerspruch und Anfechtungsklage gem. **§ 39 SGB II**[38] (Aufforderung zur Beantragung einer vorrangigen Leistung; Meldeaufforderung; Regelungen zur Eingliederung in Arbeit); vor allem aber (§ 39 Nr. 1 SGB II) gegen einen Verwaltungsakt, der Leistungen der Grundsicherung für Arbeitsuchende aufhebt, zurücknimmt, widerruft, entzieht oder die Pflichtverletzung und die Minderung des Auszahlungsanspruchs feststellt. Verfassungsrechtlich ist dies gerade im Hinblick auf die Möglichkeit einer gerichtlichen Ent-

33 LSG Nds-Brem 4.9.2002 – L 7 AL 283/02 ER, FamRZ 2003, 1334; LSG RhPf 8.6.2004 – L 3 ER 29/04 AL, Breith. 2005, 67.
34 BSG 17.1.1991 – 7 RAr 72/90, SozR 3-1300 § 50 SGB X.
35 LSG BW 25.8.2003 – L 13 AL 2374/03, juris.
36 BSG 11.6.1986 – 6 RKa 4/85, NJW 1987, 734.
37 Begr. des Gesetzentwurfes BT-Drs. 14/5943, 25.
38 IdF vom 26.7.2016 m.W.v. 1.8.2016, BGBl. I 1824.

scheidung nach § 86 b Abs. 1 Satz 1 Nr. 2 nicht zu beanstanden.[39] § 39 Nr. 1 SGB II betrifft nur eine bereits gewährte Leistung entziehende oder herabsetzende Verwaltungsakte; bei ablehnenden Bescheiden ist einstweiliger Rechtsschutz nur über die einstweilige Anordnung gem. § 86 b Abs. 2 zu erreichen. Erstattungsbescheide werden von § 39 SGB II nicht erfasst.[40] Die Entziehung der (bereits gewährten) Leistung nach § 66 SGB I fällt nunmehr unter § 39 Nr. 1 SGB II, so dass die aufschiebende Wirkung von Widerspruch und Anfechtungsklage hiergegen entfällt. Dies wurde mit der Neufassung zum 1.8.2016 ausdrücklich geregelt.[41] Bei der Versagung der (noch nicht bewilligten) Leistung verbleibt es hingegen bei der aufschiebenden Wirkung.[42] Sie wird vom Wortlaut eindeutig nicht erfasst; auch in der Begründung des Gesetzentwurfes zur Neufassung mWv 1.8.2016 wird die Versagung nicht erwähnt.[43] Da unter Geltung der vorigen Fassung die Anwendung des § 39 Nr. 1 SGB II auch auf eine Versagung umstritten war,[44] wäre eine ausdrückliche Änderung auch insoweit zu erwarten gewesen, wenn dies dem gesetzgeberischen Willen entspräche. Die in **§ 336 a SGB III** im Einzelnen aufgezählten Fälle (Erstattungsansprüche nach § 147 a; Aufhebung oder Änderung der Arbeitserlaubnis-EU nach § 284; der Berufsberatung gem. § 288 a; sowie die Meldeaufforderung gem. § 309 SGB III). **SGB V:** §§ 35 Abs. 7 S. 2, 36 Abs. 3 (Festbeträge); § 85 Abs. 4 S. 6 (Honorarfestsetzung; ebenso für Honorarrückforderungsbescheid);[45] § 89 Abs. 1, 1 a; § 92 Abs. 3 (Zusammenstellung von Arzneimitteln); § 106 Abs. 5 a S. 11 (Honorarkürzungen); § 266 Abs. 6 S. 8. **Sonderregelungen** für die Anrufung des Berufungsausschusses, die kein Widerspruch ist, in § 96 Abs. 4 S. 2 SGB V; dsgl. § 106 Abs. 5 für Beschwerdeausschuss bei Wirtschaftlichkeitsprüfung: aufschiebende Wirkung nur der Anrufung des Beschwerdeausschusses (S. 4), nicht der Klage gegen dessen Entscheidung (S. 7). Antragsgegner ist der Beschwerdeausschuss.[46] Nach LSG NRW[47] entfällt die aufschiebende Wirkung der Klage in allen Fallgestaltungen der Wirtschaftlichkeitsprüfung. **Künstlersozialversicherungsgesetz** § 16 Abs. 2 S. 4 (Ruhensbescheid).

5. Arbeitnehmerüberlassung – Abs. 4. Auch diese Regelung gehört in den Zu- 18
sammenhang des Abs. 2. Danach entfällt die aufschiebende Wirkung, wenn eine **Erlaubnis nach dem Arbeitnehmerüberlassungsgesetz** aufgehoben oder nicht verlängert wird. Die Versagung der Erlaubnis fällt nicht unter Abs. 4, das Leistungsbegehren kann vorläufig nur über eine einstweilige Anordnung gesichert werden. Der Nichtverlängerung liegt hingegen ein Anfechtungsbegehren zugrunde, da diese ausdrücklich ausgesprochen werden muss; sonst verlängert sich die Erlaubnis kraft Gesetzes, § 2 Abs. 4 S. 3 AÜG. Die Aufhebung umfasst sowohl

39 BVerfG 30.10.2009 – 1 BvR 2395/09, SozR 4-4200 § 39 Nr. 1 Nichtannahmebeschluss.
40 LSG NRW 12.3.2010 – L 12 B 140/09 AS ER, juris; so schon zur alten Fassung: LSG BW 14.6.2006 – L 13 AS 1824/06 ER-B, juris mwN; SchlHLSG 15.5.2007 – L 11 B 30/07 AS ER, juris; OVG Brem 14.5.2007 – S 2 B 365/06, juris; LSG RhPf 17.1.2006 – L 3 ER 128/05 AS – Breith 06, 707 für den Fall der Aufrechnung.
41 Begr. des Gesetzentwurfs BT-Drs. 17/8041, 47, 48.
42 HessLSG 17.3.2020 – L 6 AS 143/20 ER, juris.
43 BT-Drs. 17/8041, 47, 48.
44 Verneinend LSG BW 8.4.2010 – L 7 AS 304/10 ER-B, juris; bejahend Nds-Brem 8.3.2010 – L 13 AS 34/10 B ER, juris.
45 LSG NRW 15.1.2003 – L 10 B 22/02 KA ER, MedR 2003, 598.
46 LSG NRW 4.9.2002 – L 10 B 2/02 KA ER, MedR 2003, 310, das einen Anspruch auf einstweiligen Rechtsschutz vor dessen Entscheidung verneint.
47 LSG NRW 11.3.2003 – L 11 B 6/03 KA ER, MedR 2003, 476.

die Rücknahme nach § 4 als auch den Widerruf nach § 5. Die Regelung dient vorwiegend dem Schutz der Leiharbeitnehmer.

19 **6. Die behördliche Anordnung der sofortigen Vollziehung – Abs. 2 Nr. 5. a) Allgemeines.** Diese ist **kein Verwaltungsakt;**[48] sie trifft selbst keine Regelung, sondern lediglich eine Bestimmung über deren Vollzug. Soweit teilweise formuliert wird, die Anordnung der sofortigen Vollziehung stünde im pflichtgemäßen Ermessen der Behörde,[49] ist Zurückhaltung geboten: Der Begriff Ermessen suggeriert eine nur eingeschränkte gerichtliche Kontrolle; hierfür findet sich aber in Wortlaut und System der §§ 86 a und b keinerlei Hinweis. Das Gericht trifft nach § 86 b Abs. 1 S. 1 Nr. 2 vielmehr eine umfassende und originäre Entscheidung (→ § 86 b Rn. 12 f.). Die Anordnung und ihre Begründung (s. im Folgenden) haben bei mehreren Beteiligten gegenüber jedem einzeln zu ergehen. Für den Berufungsausschuss iSd SGB V enthält § 97 Abs. 4 SGB V eine eigene Ermächtigungsgrundlage zur Anordnung der sofortigen Vollziehung.

20 **b) Formelle Rechtmäßigkeit.** Die Anordnung muss ausdrücklich und schriftlich ergehen. Sie kann zusammen mit dem Verwaltungsakt erfolgen oder später. **Zuständig** ist die Ausgangsbehörde bis zu einer gerichtlichen Entscheidung über die sofortige Vollziehung; dies ergibt sich aus der bindenden Wirkung einer Gerichtsentscheidung (→ § 86 b Rn. 25); eine andere zeitliche Grenze ist nicht geregelt. Daneben ist auch die Widerspruchsbehörde zuständig, allerdings nur während des Widerspruchsverfahrens, also bis zur Klageerhebung, danach fehlt ihr die Sachherrschaft nach den allgemeinen Regeln (→ § 85 Rn. 3 ff.). Hinsichtlich des **Verfahrens** kann nicht auf die für Verwaltungsakte geltenden Regelungen des SGB X zurückgegriffen werden, da die Anordnung keiner ist (→ Rn. 19). Aus § 24 SGB X ergibt sich daher keine Pflicht zur **Anhörung** vor Erlass der Anordnung. Die formellen Anforderungen sind in § 86 a Abs. 2 Nr. 5 abschließend geregelt. Eine Anhörung muss daher nicht erfolgen;[50] diese wird vielmehr zum Verwaltungsakt selbst durchgeführt.

21 Die Anordnung muss eine **schriftliche Begründung des besonderen Interesses** enthalten, das die sofortige Vollziehung rechtfertigen soll. Dies dient zunächst der Information des Betroffenen, weshalb gerade seine Interessen zurücktreten sollen.[51] Er wird damit in die Lage versetzt, seine Rechte wahrzunehmen.[52] Sie hat daher jedem Beteiligten gegenüber individuell zu erfolgen. Des Weiteren soll die Verwaltung gezwungen werden, die gebotenen Überlegungen vor Erlass der Anordnung vorzunehmen; ihr soll deren Ausnahmecharakter vor Augen geführt werden;[53] eine Nachholung – auch während eines gerichtlichen Verfahrens – ist

48 LSG Nds-Brem 30.9.2002 – L 4 KR 122/02 ER, NZS 2003, 333.
49 LSG Nds-Brem 30.9.2002 – L 4 KR 122/02 ER, NZS 2003, 333.
50 VGH BW 11.6.1990 – 10 S 797/90, NVwZ-RR 1990, 561; VGH BW 30.8.1990 – 8 S 1740/90, NVwZ 1991, 491.
51 LSG BW 8.11.2016 – L 7 SO 3546/16 ER-B, juris; LSG NRW 4.5.2011 – L 11 KA 120/10 B ER, juris.
52 LSG Bln-Bbg 9.1.2017 – L 23 SO 327/16 B ER, juris; LSG Bln-Bbg 30. Juli 2014 – L 10 AS 1695/14 B ER, juris; LSG LSA 13.4.2010 – L 5 AS 69/10 B ER, juris.
53 LSG BW 8.11.2016 – L 7 SO 3546/16 ER-B, juris; LSG Bln-Bbg 30. Juli 2014 – L 10 AS 1695/14 B ER, juris; LSG NRW 4.5.2011 – L 11 KA 120/10 B ER, juris; LSG LSA 13.4.2010 – L 5 AS 69/10 B ER, juris; LSG Nds-Brem 30.9.2002 – L 4 KR 122/02 ER, NZS 2003, 333; Krodel/Feldbaum NZS 2017, 59 (60).

daher nicht möglich.[54] Das bloße Nachschieben von Gründen kann auch nicht als neue Vollzugsanordnung umgedeutet werden.[55] Eine nur formelhafte Begründung, insbes. eine, die nur den Gesetzeswortlaut wiederholt, genügt nicht. Es müssen sämtliche Gesichtspunkte enthalten sein, die die Behörde in ihre Entscheidung einbezogen hat; des Weiteren muss erkennbar sein, weshalb gerade im konkreten Einzelfall das Interesse an der sofortigen Vollziehung überwiegt.[56] Für die sofortige Vollziehung eines Verwaltungsaktes ist grundsätzlich ein besonderes öffentliches Interesse erforderlich, das über jenes hinausgeht, das den Verwaltungsakt selbst rechtfertigt.[57] Etwas Anderes kann ausnahmsweise gelten, wenn das besondere Vollzugsinteresse schon aus der Eigenart der Regelung folgt.[58] Allerdings ist anzunehmen, dass in Fällen solcher Art der Gesetzgeber eine entsprechende Entscheidung trifft. Der Verstoß gegen diese formelle Begründungspflicht führt zur Aufhebung der Anordnung, nicht zur Wiederherstellung der aufschiebenden Wirkung (str., → § 86 b Rn. 11). Ob die angegebene Begründung inhaltlich trägt, ist eine Frage der materiellen Rechtmäßigkeit.[59]

c) **Materielle Rechtmäßigkeit.** Die sofortige Vollziehung darf nur angeordnet 22 werden, wenn das öffentliche Interesse oder das private eines beteiligten Dritten das Aufschubinteresse des Betroffenen überwiegt.[60] Dies ergibt sich nicht nur aus dem Wortlaut, sondern auch direkt aus der verfassungsrechtlichen Begründung der aufschiebenden Wirkung (→ § 86 b Rn. 2). Die aufschiebende Wirkung muss die Regel, der Sofortvollzug die Ausnahme bleiben. Die Verwaltung hat somit vor der Anordnung eine **umfassende Interessenabwägung** durchzuführen: Die Verwaltung wägt das öffentliche Interesse am sofortigen Vollzug und das private Aufschubinteresse ab; bei Verwaltungsakten mit Drittwirkung sind auch die Interessen des Dritten einzustellen. Der Rechtsschutzanspruch des Betroffenen fällt dabei umso stärker ins Gewicht, je schwerer die ihm auferlegte Belastung ist und je mehr die Maßnahme der Verwaltung Unabänderliches bewirkt.[61] Zur Ermittlung der in die Interessenabwägung einzustellenden Belange sind die Folgen, die eintreten würden, wenn der Verwaltungsakt sofort vollzogen wird, der Rechtsbehelf aber später Erfolg hätte, denen gegenüberzustellen, die entstünden, wenn die aufschiebende Wirkung beachtet würde, der Rechtsbehelf aber erfolglos bliebe. Der Umfang und die Schwierigkeiten einer Rückabwicklung sind zu berücksichtigen. Vonseiten des öffentlichen Interesses ist insbes. der mit dem Gesetz, zu dessen Umsetzung der angefochtene Verwaltungsakt erlassen wurde, verfolgte Zweck heranzuziehen. Vorausgesetzt wird allerdings ein **besonderes Interesse** gerade an der sofortigen Vollziehung; das einfache für den Erlass des Verwaltungsaktes nötige Interesse oder das allgemeine an der

54 LSG LSA 13.4.2010 – L 5 AS 69/10 B ER, juris; BayVGH 24.3.1999 – 10 CS 99.27, BayVBl. 1999, 465; VGH BW 30.4.1996 – 1 S 776/96, DÖV 1996, 839; Krodel/Feldbaum NZS 2017, 59 (60).
55 VGH BW 30.4.1996 – 1 S 776/96, DÖV 1996, 839.
56 LSG Nds-Brem 30.9.2002 – L 4 KR 122/02 ER, NZS 2003, 333.
57 BVerfG 30.10.2009 – 1 BvR 2395/09, juris: Nichtannahmebeschluss; LSG Bln-Bbg 9.1.2017 – L 23 SO 327/16 B ER, juris; LSG NRW 4.5.2011 – L 11 KA 120/10 B ER, juris.
58 LSG BW 8.11.2016 – L 7 SO 3546/16 ER-B, juris.
59 LSG BW 8.11.2016 – L 7 SO 3546/16 ER-B, juris; LSG Bln-Bbg 30.7.2014 – L 10 AS 1695/14 B ER, juris.
60 Begründung des Gesetzentwurfes BT-Drs. 14/5943, 25.
61 BVerfG 24.4.1974 – 2 BvR 236/74, BVerfGE 37, 150 (153); BayVGH 24.3.1999 – 10 CS 99.27, BayVBl. 1999, 465.

Herstellung rechtmäßiger Zustände reicht somit grundsätzlich nicht aus.[62] Die in der allgemeinen Verwaltungsgerichtsbarkeit angenommenen Ausnahmen im Bereich der Gefahrenabwehr spielen im Sozialrecht keine Rolle. Fiskalische Belange können berücksichtigt werden;[63] das besondere öffentliche Interesse an der sofortigen Vollziehung von Geldforderungen ist allerdings nur gegeben, wenn deren Vollstreckung gefährdet ist.[64]

23 Die Verwaltung kann – anders als das Gericht (→ § 86 b Rn. 15) – die Anordnung der sofortigen Vollziehung nicht mit ihrer Ansicht nach fehlenden **Erfolgsaussichten des Rechtsbehelfs** begründen; die Rechtmäßigkeit des Verwaltungsaktes ist Voraussetzung für seinen Erlass, nicht jedoch Rechtfertigung für seinen sofortigen Vollzug.[65] In der Gesetzesbegründung[66] wird die Erfolgsaussicht zwar als maßgebliches Kriterium bei § 86 a Abs. 2 Nr. 5 genannt; die dort in Bezug genommene Entscheidung des BVerwG[67] beschreibt allerdings den Maßstab für eine gerichtliche Entscheidung über die sofortige Vollziehung. Die Berücksichtigung der Erfolgsaussichten bei der gerichtlichen Entscheidung rechtfertigt sich aus dem Sinn der aufschiebenden Wirkung (→ Rn. 4). Im Hinblick auf die Rechtsschutzgarantie des Art. 19 Abs. 4 GG soll der Betroffene vom Vollzug des Verwaltungsaktes grundsätzlich so lange verschont bleiben, bis eine wenigstens vorläufige Prüfung gerade durch ein Gericht erfolgt ist.[68]

VI. Aussetzung der Vollziehung durch die Verwaltung – Abs. 3

24 Sie ist wie die Anordnung der sofortigen Vollziehung (Abs. 2 Nr. 5) **kein Verwaltungsakt**, sondern trifft nur eine Bestimmung über den Zeitpunkt, ab dem die Regelung zu befolgen ist. Die vorherige Anhörung der Beteiligten ist daher nicht nötig. Eine vergleichbare Regelung trifft § 80 Abs. 4 VwGO. Statthaft ist die Aussetzung in den Fällen des Abs. 2, wenn also der Rechtsbehelf keine aufschiebende Wirkung hat. Das gilt auch, wenn dies auf einer Anordnung der sofortigen Vollziehung nach dessen Nr. 5 beruht. Für Abs. 4 ist Abs. 3 entsprechend anzuwenden (Abs. 4 S. 2). Die Aussetzung ist schon vor Einlegung eines Rechtsbehelfs zulässig; mangels sachlicher Zuständigkeit der Widerspruchsbehörde in diesem Verfahrensabschnitt (→ Rn. 25) kann sie aber nur durch die Ausgangsbehörde erfolgen. Die Aussetzung führt zu denselben Rechtswirkungen wie nach Abs. 1.

25 **1. Zuständigkeit.** Zuständig ist zunächst die Stelle, die den Verwaltungsakt erlassen hat (**Ausgangsbehörde**). Die in § 86 Abs. 3 und 4 aF noch vorgesehene

62 BVerfG 8.4.2010 – 1 BvR 2709/09, NJW 2010, 2268 und 30.10.2009 – 1 BvR 2395/09, NJW 2010, 1871; LSG BW 25.8.2003 – L 13 AL 2374/03, juris.

63 BayVGH 26.5.1987 – 23 AS 87.00408, NVwZ 1988, 745.

64 LSG BW 25.8.2003 – L 13 AL 2374/03, juris.

65 VGH BW 30.4.1996 – 1 S 776/96, DÖV 96, 839; BVerfG 19.10.1988 – 2 BvR 1147/88, VBlBW 89, 130; aA Keller in Meyer-Ladewig/Keller/Leitherer/Schmidt § 86 a Rn. 20 b; LSG BW 25.8.2003 – L 13 AL 2374/03, juris: Die dort in Bezug genommene Entscheidung des BVerfG 12.9.1995 – 2 BvR 1179/95, NVwZ 1996, 58 hatte aber nur gerichtliche Entscheidungen im einstweiligen Rechtsschutzverfahren zum Gegenstand; die Behörde hatte den Sofortvollzug nicht mit der Rechtmäßigkeit des Verwaltungsaktes begründet; ein allgemeiner Satz, dass auch die Behörde die Erfolgsaussicht in der Hauptsache mit einbeziehen könnte und müsste, findet sich in der Entscheidung nicht.

66 BT-Drs. 14/5943, 25.

67 BVerwG 29.4.1974 – IV C 21.74, NJW 1974, 1294.

68 BVerwG 29.4.1974 – IV C 21.74, NJW 1974, 1294; BVerfG 24.4.1974 – 2 BvR 236/74, BVerfGE 37, 150 (153).

sachliche Begrenzung und Beschränkung auf die Widerspruchsstelle ist mit dem 6. SGGÄndG entfallen, da es sachgerecht sei, wenn die Ausgangsbehörde im Rahmen ihrer Abhilfeprüfung auch die Aussetzung anordnen könne.[69] Die **Widerspruchsstelle** ist ab Eingang des Widerspruches bis zum Abschluss des Widerspruchsverfahrens zuständig (→ Rn. 20). Demnach sind partiell zwei Behörden zuständig. Nach dem Hierarchieprinzip und der Änderungsbefugnis im Hauptsacheverfahren gilt Folgendes: Die Widerspruchsstelle ist an eine Aussetzung nach Abs. 3 oder eine Anordnung nach Abs. 2 Nr. 5 der Ausgangsbehörde nicht gebunden; im umgekehrten Fall besteht hingegen eine Bindung, die nur bei Änderung der Sach- oder Rechtslage entfällt.[70] Dem Betroffenen steht es daher frei, sich nach erfolglosem Antrag bei der Ausgangs- an die Widerspruchsstelle zu wenden. Die besondere Zuständigkeitsregelung des § 86 Abs. 3 S. 3 aF für den Bereich der Bundesanstalt für Arbeit wurde im Hinblick auf die Eilbedürftigkeit der Entscheidung nicht übernommen. Eine Sonderregelung besteht nach S. 3 für die Angelegenheiten des sozialen Entschädigungsrechts (Abs. 2 Nr. 2): dort ist zuständig die nächsthöhere Behörde, soweit sie nicht oberste Landes- oder Bundesbehörde ist.

2. Entscheidung. Sie ergeht auf Antrag oder von Amts wegen nach **Ermessen.** 26
Eine Aussetzung scheidet aus, wenn auch nach dem Grundsatz des Abs. 1 keine aufschiebende Wirkung bestünde (→ Rn. 11), wenn zB der Bescheid bereits bestandskräftig ist oder bzgl. des Verwaltungsaktes keine Klagebefugnis besteht. Im Übrigen hat eine **Interessenabwägung** zu erfolgen zwischen dem Interesse an der Vollziehung einer- und am Aufschub andererseits. Insoweit gilt das zu Abs. 2 Nr. 5 Gesagte (→ Rn. 22 ff.). Zusätzlich ist jedoch zu beachten, dass der Gesetzgeber in den Fällen des Abs. 2 Nr. 1-4 und Abs. 4 dem Vollzugsinteresse grundsätzlichen Vorrang eingeräumt hat. Demnach kommt eine Aussetzung des Vollzuges dann nur unter besonderen Umständen in Betracht.[71] Wie sich aus Abs. 3 S. 2 ergibt, kann die Verwaltung die **Erfolgsaussichten zugunsten des Betroffenen** hier zur Begründung ihrer Entscheidung heranziehen (anders bei Abs. 2 Nr. 5, → Rn. 23). Beim Entzug existenzsichernder Leistungen hat die Verwaltung deren grundrechtliches Gewicht zu beachten (→ § 86 b Rn. 18), was insbesondere im Bereich des § 39 SGB II relevant wird.

In Fällen des **Abs. 2 Nr. 1** (Entscheidungen über Versicherungs-, Beitrags- und Umlagepflichten sowie der Anforderung von Beiträgen, Umlangen und sonstigen öffentlichen Abgaben einschließlich der darauf entfallenden Nebenkosten) liegt ein gebundenes Ermessen vor („Soll"-Vorschrift, Abs. 3 S. 2). Liegen die Voraussetzungen vor, hat idR die Aussetzung zu erfolgen, nur in Ausnahmefällen kann sie versagt werden. **Ernstliche Zweifel** an der Rechtmäßigkeit des angefochtenen Verwaltungsaktes bestehen, wenn der Erfolg des Rechtsbehelfs überwiegend wahrscheinlich ist (→ § 86 b Rn. 18).[72] Eine **unbillige Härte** liegt vor, wenn dem Betroffenen durch die sofortige Vollziehung Nachteile entstehen, die über die eigentliche Zahlung hinausgehen und nur schwer wieder gutzumachen sind, zB bei drohender Zahlungsunfähigkeit oder Insolvenz oder bei Existenzge- 27

69 Begr. des Gesetzentwurfes BT-Drs. 14/5943, 25.
70 Kopp/Schenke § 80 Rn. 111.
71 Kopp/Schenke § 80 Rn. 114.
72 ThürLSG 10.4.2003 – L 3 AL 767/02 ER, juris; VGH BW 3.6.1991 – 8 S 1170/91, DÖV 1991, 895.

fährdung.[73] Dafür ist ein konkreter Vortrag unter Offenlegung der Vermögenslage nötig, zB Vorlage von Bilanzen;[74] ein einmaliger Kontostand ist für die Beurteilung der wirtschaftlichen Verhältnisse nicht aussagekräftig.[75] Bei Verwaltungsakten über Gesamtsozialversicherungsbeiträge (§ 86 a Abs. 2 Nr. 1; § 28 p SGB IV) führen allein die mit der Zahlung auf eine Beitragsforderung verbundenen wirtschaftlichen Konsequenzen nicht zu einer solchen unbilligen Härte, da sie lediglich Ausfluss der Erfüllung gesetzlich auferlegter Pflichten sind. Daher begründet auch die Höhe einer Beitragsforderung allein keine unbillige Härte.[76] Noch keine unbillige Härte liegt somit bei ernsthaften Liquiditätsproblemen vor, da die Beitragslast jeden Beitragspflichtigen unabhängig von seiner Einkommens- und Vermögenslage trifft.[77] Behauptet der Antragsteller eine drohende Zahlungsunfähigkeit, kann das öffentliche Interesse an einer zeitnahen Durchsetzbarkeit der Beitragsforderung hoch sein. Denn um die Funktionsfähigkeit der Sozialversicherung sicherzustellen, sind die Versicherungsträger gerade dann gehalten, die Beiträge rasch einzutreiben. Eine zu berücksichtigende Härte in diesem Sinne ist also regelmäßig nur dann denkbar, wenn es dem Beitragsschuldner gelingt darzustellen, dass das Beitreiben der Forderung aktuell die Zerstörung seiner Lebensgrundlage zur Folge hätte, die Durchsetzbarkeit der Forderung bei einem Abwarten der Hauptsache aber zumindest nicht weiter gefährdet wäre als zur Zeit.[78] Einem aufgrund einer Betriebsprüfung ergangenen Zahlungsbescheid mit der Nachforderung von Gesamtsozialversicherungsbeiträgen kommt außerdem nur der Charakter eines Grundlagenbescheides für die Erhebung der Beiträge durch die Einzugsstelle zu. Der Beitragseinzug ist nach der dem Beitrags(erhebungs)verfahren des SGB IV immanenten Trennung zwischen Überprüfung des Arbeitgebers einerseits und seiner Überwachung sowie der Geltendmachung von Beitragsansprüchen andererseits Sache der Einzugsstellen als Gläubiger der Beitragsforderungen.[79] Trotz einer sofortigen Vollziehbarkeit des Betriebsprüfungsbescheides stehen zum Schutz des Beitragsschuldners mithin die Möglichkeiten des § 76 Abs. 2 SGB IV (insbesondere Stundung, Ratenzahlung) weiterhin zur Verfügung;[80] eine Existenzgefährdung setzt diese Vorschrift nicht voraus.

28 **3. Entscheidungsinhalt.** Die Aussetzung kann ganz oder teilweise angeordnet, mit Auflagen versehen oder befristet werden (S. 4), Sicherheitsleistung kann angeordnet werden (→ § 86 b Rn. 23). Die Entscheidung kann jederzeit geändert oder aufgehoben werden (S. 5). Zur Bindung der Ausgangsbehörde gegenüber der Entscheidung der Widerspruchsstelle → Rn. 25.

29 **4. Rechtsbehelfe.** Gegen die Aussetzungsentscheidung kommt nur der Antrag auf gerichtliche Entscheidung gem. § 86 b Abs. 1 S. 1 Nr. 3 in Betracht; eine eigenständige Anfechtung ist nicht möglich. Gegen Entscheidungen nach § 86 a Abs. 3 S. 5, die die Aussetzung der sofortigen Vollziehung aufheben, kann An-

73 LSG NRW 22.8.2002 – L 5 B 41/02 KR ER, NZS 2003, 100; LSG BW 20.10.2003 – L 13 AL 2445/03 ER-B, juris; ThürLSG 17.3.2003 – L 6 RJ 164/03 ER, juris; Kopp/Schenke § 80 Rn. 116.
74 ThürLSG 17.3.2003 – L 6 RJ 164/03 ER, juris.
75 LSG NRW 22.8.2002 – L 5 B 41/02 KR ER, NZS 2003, 100.
76 LSG BW 16.8.2013 – L 11 R 3031/13 ER, juris.
77 BayLSG 11.3.2019 – L 16 BA 174/18 B ER, juris.
78 LSG BW 16.8.2013 – L 11 R 3031/13 ER, juris.
79 BSG 28.5.2015 – B 12 R 16/13 R, SozR 4-2400 § 28 p Nr. 5.
80 LSG Bln-Bbg 9.7.2018 – L 9 BA 29/18 B ER, juris.

trag nach § 86 b Abs. 1 S. 1 Nr. 2 auf Anordnung der aufschiebenden Wirkung gestellt werden. Zur Formulierung entsprechender Anträge → § 86 b Rn. 22.

VII. Abs. 4

Die Erläuterungen zu Abs. 4 finden sich wegen des systematischen Zusammenhangs mit Abs. 2 in → Rn. 18. 30

§ 86 b [Einstweilige Maßnahmen]

(1) [1]Das Gericht der Hauptsache kann auf Antrag

1. in den Fällen, in denen Widerspruch oder Anfechtungsklage aufschiebende Wirkung haben, die sofortige Vollziehung ganz oder teilweise anordnen,

2. in den Fällen, in denen Widerspruch oder Anfechtungsklage keine aufschiebende Wirkung haben, die aufschiebende Wirkung ganz oder teilweise anordnen,

3. in den Fällen des § 86 a Abs. 3 die sofortige Vollziehung ganz oder teilweise wiederherstellen.

[2]Ist der Verwaltungsakt im Zeitpunkt der Entscheidung schon vollzogen oder befolgt worden, kann das Gericht die Aufhebung der Vollziehung anordnen. [3]Die Wiederherstellung der aufschiebenden Wirkung oder die Anordnung der sofortigen Vollziehung kann mit Auflagen versehen oder befristet werden. [4]Das Gericht der Hauptsache kann auf Antrag die Maßnahmen jederzeit ändern oder aufheben.

(2) [1]Soweit ein Fall des Absatzes 1 nicht vorliegt, kann das Gericht der Hauptsache auf Antrag eine einstweilige Anordnung in Bezug auf den Streitgegenstand treffen, wenn die Gefahr besteht, dass durch eine Veränderung des bestehenden Zustands die Verwirklichung eines Rechts des Antragstellers vereitelt oder wesentlich erschwert werden könnte. [2]Einstweilige Anordnungen sind auch zur Regelung eines vorläufigen Zustands in Bezug auf ein streitiges Rechtsverhältnis zulässig, wenn eine solche Regelung zur Abwendung wesentlicher Nachteile nötig erscheint. [3]Das Gericht der Hauptsache ist das Gericht des ersten Rechtszugs und, wenn die Hauptsache im Berufungsverfahren anhängig ist, das Berufungsgericht. [4]Die §§ 920, 921, 923, 926, 928, 929 Absatz 1 und 3, die §§ 930 bis 932, 938, 939 und 945 der Zivilprozessordnung gelten entsprechend.

(3) Die Anträge nach den Absätzen 1 und 2 sind schon vor Klageerhebung zulässig.

(4) Das Gericht entscheidet durch Beschluss.

I. Allgemeines/Normzweck

1 Durch das 6. SGGÄndG v. 17.8.2001 (BGBl. 2001 I 2144) wurde mWv 2.1.2002 der einstweilige Rechtsschutz im sozialgerichtlichen Verfahren vollständig neu geregelt; zur Entstehungsgeschichte → § 86 a Rn. 1. § 86 b regelt den gerichtlichen einstweiligen Rechtschutz (früher § 97 aF) in Anfechtungs- (Abs. 1: Fälle der aufschiebenden Wirkung) und in Vornahmesachen (Abs. 2: einstweilige Anordnung). Nach der Kollisionsnorm des § 86 b Abs. 2 S. 1 Hs. 1 hat der Rechtsschutz nach dem System der aufschiebenden Wirkung dabei Vorrang vor der einstweiligen Anordnung. Durch das BUK-NOG vom 19.10.2013 (BGBl. 2013 I 3836) wurde der Verweis auf die ZPO-Vorschriften in Abs. 2 S. 4 mWv 25.10.2013 geändert (→ Rn. 58). § 86 b Abs. 1 findet seine Parallele in § 80 Abs. 5 VwGO, Abs. 2 in § 123 VwGO.

II. Verfassungsrechtliche Vorgaben

2 Der einstweilige Rechtsschutz ist Ausfluss der in Art. 19 Abs. 4 GG enthaltenen **Garantie eines effektiven Rechtsschutzes.** Aus dieser folgt das Gebot, soweit als möglich zu verhindern, dass durch die sofortige Vollziehung einer hoheitlichen

Maßnahme Tatsachen geschaffen werden, die auch dann, wenn diese sich bei richterlicher Prüfung als rechtswidrig erweist, nicht mehr rückgängig gemacht werden können.[1] Damit wurde der Möglichkeit der Verwaltung Rechnung getragen, kraft der ihr eingeräumten hoheitlichen Befugnisse vor der Hauptsacheentscheidung einseitig nicht mehr abänderbare Zustände zu schaffen. Vor dieser Gefahr wird der Betroffene in Anfechtungssachen durch die aufschiebende Wirkung des Rechtsbehelfs geschützt. Tritt diese nicht von Gesetzes wegen ein oder wird sie von der Verwaltung ausgesetzt, muss gewährleistet sein, dass der Betroffene umgehend eine gerichtliche Entscheidung herbeiführen kann, ob im konkreten Einzelfall sein Aufschub- das öffentliche Vollzugsinteresse überwiegt.[2] Die **Gefahr der Schaffung vollendeter Tatsachen** besteht nicht nur in der Eingriffs-, sondern auch in der Leistungsverwaltung, wenn die Verwaltung das Leistungsbegehren zurückweist oder untätig bleibt. Auch bei Vornahmesachen ist einstweiliger Rechtsschutz daher verfassungsrechtlich geboten, wenn ohne ihn eine erhebliche, über Randbereiche hinausgehende Rechtsverletzung droht, zu deren nachträglicher Beseitigung die Entscheidung in der Hauptsache nicht mehr in der Lage wäre.[3]

Auch neben Art. 19 Abs. 4 GG enthält das Verfassungsrecht Vorgaben für Maß- 3
stab und Prüfungsumfang gerichtlicher Entscheidungen im einstweiligen Rechtsschutz. Die in den **Grundrechten** zum Ausdruck kommende objektive Wertentscheidung muss beachtet werden; es ist Aufgabe des Staates und damit auch der Gerichte, sich schützend und fördernd vor die Grundrechte des Einzelnen zu stellen.[4] In Anfechtungssachen wird dies nach dem Grundsatz des § 86 a Abs. 1 SGG schon durch den Eintritt der aufschiebenden Wirkung erreicht. Entfällt diese, hat das Gericht diese Bedeutung bei seiner Entscheidung über die Anordnung oder Wiederherstellung der aufschiebenden Wirkung zu berücksichtigen.

Diese beiden verfassungsrechtlichen Zielsetzungen des einstweiligen Rechts- 4
schutzes haben **Auswirkungen auf den Entscheidungsmaßstab** der Fachgerichte. Dieser verschärft sich, wenn nicht nur die prozessrechtliche Dimension des Art. 19 Abs. 4 GG betroffen ist, sondern dem materiellen Anspruch grundrechtliches Gewicht zukommt. Entscheidend ist, welche Rechtsverletzungen bei Versagung des einstweiligen Rechtsschutzes drohen. Zu unterscheiden sind zwei Situationen von Beeinträchtigungen, die durch eine Entscheidung in der Hauptsache nicht mehr zu beseitigen wären:[5]

(1) **erhebliche, über Randbereiche hinausgehende Rechtsverletzung.** Die gerichtliche Entscheidung kann hier auf eine Folgenabwägung oder auf eine summarische Prüfung der Erfolgsaussichten in der Hauptsache gestützt werden.[6] Eine abschließende Vollprüfung der Sach- und Rechtslage ist daher nicht erforderlich. Darüber hinaus beschreibt die summarische Prüfung

1 BVerfG 24.4.1974 – 2 BvR 236/74, BVerfGE 37, 150 (153).
2 BVerfG 24.4.1974 – 2 BvR 236/74, BVerfGE 37, 150 (153).
3 BVerfG 12.5.2005 – 1 BvR 569/05, NVwZ 2005, 927; 19.10.1977 – 2 BvR 42/76, BVerfGE 46, 166 (178 f.) für schwere und unzumutbare, anders nicht abwendbare Nachteile.
4 BVerfG 12.5.2005 – 1 BvR 569/05, NVwZ 2005, 927.
5 BVerfG 12.5.2005 – 1 BvR 569/05, NVwZ 2005, 927; BVerfG 25.2.2009 – 1 BvR 120/09, NZS 2009, 674; zum Ganzen vertiefend Krodel NZS 2006, 637.
6 BVerfG 14.3.2019 – 1 BvR 169/19, juris: stattgebender Kammerbeschluss; BVerfG 26.6.2018 – 1 BvR 733/18, juris, Nichtannahmebeschluss; BVerfG 6.2.2013 – 1 BvR 2366/12, juris, Nichtannahmebeschluss.

in diesem Sinne aber keinen einheitlichen, statischen Maßstab. Vielmehr ist auch hier dem Gewicht der gegebenenfalls in Frage stehenden Grundrechte Rechnung zu tragen. Je gewichtiger die drohende Grundrechtsverletzung und je höher ihre Eintrittswahrscheinlichkeit ist, desto intensiver hat die tatsächliche und rechtliche Durchdringung der Sache bereits im Verfahren des vorläufigen Rechtsschutzes zu erfolgen.[7]

(2) **schwere und unzumutbare, anders nicht abwendbare Beeinträchtigungen.** Dies betrifft insbesondere Fälle, in denen das Verfahren des einstweiligen Rechtsschutzes vollständig die Bedeutung des Hauptsacheverfahrens übernimmt und eine endgültige Verhinderung der Grundrechtsverwirklichung droht. Es genügt bereits eine nur mögliche oder zeitweilig andauernde Verletzung. Auch in diesen Fällen kann die gerichtliche Entscheidung auf eine **abschließende Prüfung der Erfolgsaussichten** in der Hauptsache gestützt werden; diese darf also nicht nur summarisch, sondern muss wie im Hauptsacheverfahren erfolgen;[8] außerdem müssen Fragen des Grundrechtschutzes einbezogen werden. Andernfalls ist eine **umfassende Güter- und Folgenabwägung** durchzuführen. Die Erfolgsaussichten in der Hauptsache sind dabei nicht völlig unberücksichtigt zu lassen, denn eine Grundrechtsbeeinträchtigung kann nicht vorliegen, wenn das Recht oder der Anspruch überhaupt nicht in Betracht kommt; eine bestimmte Mindestwahrscheinlichkeit (zB überwiegend) ist aber nicht zu fordern. Neben der Rechtsposition des Antragstellers sind auch die öffentlichen Interessen, zB der Gemeinschaft der Beitrags- oder Steuerzahler, zu berücksichtigen und ggf. die Rechte eines beteiligten Dritten. Die Abwägungsbelange sind zusammenzutragen und insbesondere im Verhältnis zueinander zu gewichten; dabei sind Schwere, Umfang und Dauer der Beeinträchtigung und die Möglichkeiten der jeweiligen Rückabwicklung zu berücksichtigen, auch Mitwirkungspflichten der Beteiligten sind einzubeziehen. Zur Ermittlung der in die Interessenabwägung einzustellenden Folgen kann auf die sog **Doppelhypothese** des BVerfG zurückgegriffen werden:[9] Abzuwägen sind die Folgen, die eintreten würden, wenn die Eilentscheidung zugunsten der Antragstellers nicht erginge, die Klage aber später Erfolg hätte, mit denen, die entstünden, wenn die begehrte Eilentscheidung erginge, die Klage aber erfolglos bliebe. Hochrangige Rechtsgüter sind zB Leben oder körperliche Unversehrtheit gem. Art. 2 Abs. 2 GG[10] und der Schutz der Menschenwürde bei existenzsichernden Leistungen.[11] Die schwere und unzumutbare Beeinträchtigung muss aber weiter auch anders als durch die Gewährung einstweiligen Rechtsschutzes nicht abwendbar sein. Hieran fehlt es zB im Rahmen der Grundsicherungsleistungen, wenn das Existenzminimum bisher durch freiwillige Leistungen Dritter gesichert war und keine Anhaltspunkte vorliegen, dass die Bereitschaft des Dritten weggefallen ist. Drohen schwe-

---

7 Anschaulich hierzu BVerfG 14.3.2019 – 1 BvR 169/19, juris, stattgebender Kammerbeschluss; BVerfG 6.2.2013 – 1 BvR 2366/12, juris, Nichtannahmebeschluss.

8 BVerfG 26.6.2018 – 1 BvR 733/18, juris, Nichtannahmebeschluss; vgl. aber auch BVerfG 6.8.2014 – 1 BvR 1453/12, juris: nach summarischer Prüfung fehlende Glaubhaftmachung der Hilfebedürftigkeit wegen falscher eidesstattlicher Versicherung: nicht beanstandet.

9 Krodel NZS 2001, 449 (456).

10 BVerfG 22.11.2002 – 1 BvR 1586/02, NZS 2003, 253.

11 BVerfG 12.5.2005 – 1 BvR 569/05, NVwZ 2005, 927.

re und unzumutbare, anders nicht abwendbare Beeinträchtigungen und bestehen Bedenken gegen die Rechtmäßigkeit der behördlichen Maßnahme, scheidet eine Entscheidung allein aufgrund einer **Folgenabwägung zu Lasten des Grundrechtsträgers** aus; zuvor muss das Gericht versuchen, dem verfassungsrechtlichen Gebot (Art. 19 Abs. 4 GG) der tatsächlichen und rechtlichen Durchdringung des Falles gerecht zu werden.[12] Besondere Bedeutung gewinnt dies, wenn in einem dreipoligen Verwaltungsverhältnis (Verwaltungsakt mit Drittwirkung) zwei Grundrechtsträger mit gegenteiligen Interessen beteiligt sind (zB Konkurrentenstreit).

III. Einstweiliger Rechtsschutz in Anfechtungssachen (aufschiebende Wirkung – Abs. 1)

1. Überblick. § 86 b **Abs. 1 S. 1 Nr. 1** erfasst die Fälle des § 86 a Abs. 1, in denen 5
der Rechtsbehelf aufschiebende Wirkung hat; das Gericht kann hier – wie die Verwaltung in § 86 a Abs. 2 Nr. 5 – die sofortige Vollziehung anordnen. Diese kann im öffentlichen Interesse oder im privaten eines beteiligten Dritten liegen.[13] Da die Verwaltung nach § 86 a Abs. 2 Nr. 5 vorgehen kann und somit kein Bedürfnis für einen Antrag nach § 86 b Abs. 1 Nr. 1 hat, kommt dieser Norm nur im dreipoligen Verwaltungsverhältnis Bedeutung zu:[14] Legt der durch den Verwaltungsakt Belastete einen Rechtsbehelf ein, dem aufschiebende Wirkung zukommt, kann der Begünstigte die Anordnung der sofortigen Vollziehung beantragen. Nach § 86 b **Abs. 1 S. 1 Nr. 2** kann die aufschiebende Wirkung eines Rechtsbehelfs angeordnet werden, wenn diesem kraft Gesetzes (§ 86 a Abs. 2 Nr. 1–4, Abs. 4) oder wegen behördlicher Vollziehungsanordnung (§ 86 a Abs. 2 Nr. 5) keine aufschiebende Wirkung zukommt. Das SGG unterscheidet im Gegensatz zur VwGO nicht zwischen der Anordnung und der Wiederherstellung der aufschiebenden Wirkung.[15] Der Antrag kann vom Adressaten des Verwaltungsaktes oder im dreipoligen Verwaltungsverhältnis vom belasteten Dritten gestellt werden. Die Vorschrift ist auch anzuwenden, wenn die Verwaltung ihre Entscheidung, die sofortige Vollziehung gem. § 86 a Abs. 3 S. 1 auszusetzen, gem. S. 5 wieder aufhebt; denn dann liegt wieder die Situation vor, dass der Rechtsbehelf keine aufschiebende Wirkung hat. Wie Nr. 1 gewinnt auch § 86 b **Abs. 1 S. 1 Nr. 3** nur im dreipoligen Verwaltungsverhältnis Bedeutung. Das Gericht kann die sofortige Vollziehung anordnen, wenn die Verwaltung diese zuvor gem. § 86 a Abs. 3 ausgesetzt hatte, nachdem diese zunächst gem. § 86 a Abs. 2 oder 4 eingetreten war. Da die Verwaltung ihre Aussetzungsanordnung gem. 86 a Abs. 3 S. 5 jederzeit aufheben kann, besteht für sie kein Bedürfnis für einen Antrag nach § 86 b Abs. 1 Nr. 3. Berechtigter Antragsteller ist daher nur der von der Regelung des angefochtenen Verwaltungsaktes mit Drittwirkung Begünstigte: Er kann auf diese Weise die zu seinen Lasten, aber zugunsten des Belasteten ergangene behördliche Aussetzungsanordnung gem. § 86 a Abs. 3 beseitigen.

2. Streitgegenstand. In Anfechtungssachen liegt dem einstweiligen Rechtsschutz 6
das Begehren des Antragstellers zugrunde, von den Konsequenzen einer ihm

12 BVerfG 14.9.2016 – 1 BvR 1335/13, juris, stattgebender Kammerbeschluss.
13 Vgl. BSG 5.11.2003 – B 6 KA 11/03 R, SozR 4-2500 § 103 Nr. 1 zur Zulassung im Vertragsarztrecht.
14 Ebenso ThürLSG 23.4.2002 – L 6 RJ 113/02 ER, SGb 2002, 449.
15 Für die Tenorierung der „Wiederherstellung“ der aufschiebenden Wirkung LSG BW 25.8.2003 – L 13 AL 2374/03, juris.

auferlegten Belastung bis zur endgültigen gerichtlichen Überprüfung ihrer Rechtmäßigkeit verschont zu bleiben bzw. bei Verwaltungsakten mit Drittwirkung von einer angefochtenen Begünstigung sofort Gebrauch machen zu können. Gegenstand der gerichtlichen Entscheidung ist somit nicht die Rechtmäßigkeit des zugrunde liegenden Verwaltungsaktes, sondern **allein dessen Vollziehung,**[16] also die Frage, ab wann die Regelung Geltung beansprucht und aus ihr weitere Konsequenzen gezogen werden können (→ § 86 a Rn. 4 ff.).

7 **3. Zulässigkeit des Antrags. a) Allgemeine Sachentscheidungsvoraussetzungen.** Das Verfahren des einstweiligen Rechtsschutzes ist ein selbstständiges gerichtliches Verfahren, für das die allgemeinen Sachentscheidungsvoraussetzungen vorliegen müssen: der Sozialrechtsweg muss eröffnet sein (§ 51 SGG), sonst ist zu verweisen (§§ 17–17 b GVG); Prozess-, Beteiligten- und Postulationsfähigkeit (§§70, 71, 166).

8 **b) Statthaftigkeit.** Der Antrag ist statthaft, wenn dem Hauptsacherechtsbehelf ein (eingreifender) Verwaltungsakt zugrunde liegt, in der Hauptsache also Anfechtungswiderspruch oder -klage erhoben wird (zur Ausnahme bei der Versagung nach § 66 SGB I → Rn. 32). Vor Bekanntgabe eines Verwaltungsaktes ist der Antrag daher nicht möglich. Gleiches gilt, wenn der Verwaltungsakt bereits bestandskräftig und eine Wiedereinsetzung offensichtlich ausgeschlossen ist.[17] Der Verwaltungsakt darf sich noch nicht erledigt haben; ein „Fortsetzungsfeststellungsantrag" entspr. § 131 Abs. 1 S. 3 SGG in der Hauptsache ist im Verfahren des einstweiligen Rechtsschutzes nicht statthaft.[18] Denn in diesem Verfahren ergeht keine bindende Entscheidung über die Rechtmäßigkeit des Verwaltungsaktes; die vorzunehmende Interessenabwägung (→ Rn. 13) kann sich in der Zukunft anders darstellen als in der Vergangenheit. Schließlich dient das Verfahren der Regelung eines vorläufigen Zustandes, die Fortsetzungsfeststellungsklage hingegen der bindenden Klarstellung. Bei Erledigung während des Verfahrens sind daher die entsprechenden Prozesserklärungen abzugeben oder der Antrag als unzulässig abzulehnen. Beachtet die Verwaltung die aufschiebende Wirkung nicht, vollzieht sie also gleichwohl (faktische Vollziehung), ist ebenfalls Antrag nach § 86 b Abs. 1 zu stellen, nicht auf Erlass einer einstweiligen Anordnung gem. Abs. 2 (→ Rn. 24). Nach der Kollisionsnorm des § 86 b Abs. 2 S. 1 Hs. 2 ist der einstweilige Rechtsschutz in Form der aufschiebenden Wirkung vorrangig.

9 **c) Besondere Sachentscheidungsvoraussetzungen.** Hinsichtlich der besonderen Sachentscheidungsvoraussetzungen bedarf es zunächst einer der Klagebefugnis (vgl. bei § 54) entsprechenden **Antragsbefugnis;** der Antragsteller muss also dartun, in seinen eigenen subjektiv öffentlichen Rechten betroffen zu sein. Der Antrag ist an **keine Frist** gebunden. Er kann grundsätzlich bereits vor der Klageerhebung gestellt werden (§ 86 b Abs. 3). Es muss aber bereits ein **Hauptsacherechtsbehelf** eingelegt, also zumindest Widerspruch erhoben worden sein; erst dann kann das Gericht denknotwendig dessen aufschiebende Wirkung anordnen. Der Antrag auf Anordnung/Feststellung der aufschiebenden Wirkung des Widerspruches erfasst bei zwischenzeitlich ergangenem Widerspruchsbescheid

16 Krodel NZS 2001, 449 (452).
17 LSG Bln-Bbg 28.9.2006 – L 18 B 813/06 AS ER, juris; Kopp/Schenke § 80 Rn. 130.
18 LSG Nds-Brem 9.9.2002 – L 4 KR 141/02 ER, NZS 2003, 168; LSG BW 4.11.2008 – L 7 AL 4838/08 ER-B; BVerwG 27.1.1995 – 7 VR 16/94, DVBl 1995, 520; Keller in Meyer-Ladewig/Keller/Leitherer/Schmidt § 86 b Rn. 40.

(→ § 86 a Rn. 10) auch jenen auf Anordnung der aufschiebenden Wirkung der Klage.[19] In den Fällen, in denen ein Vorverfahren entbehrlich ist (§ 78 Abs. 1 S. 2), bedarf es trotz § 86 b Abs. 3 für die Zulässigkeit des Antrages der Klageerhebung. **Antragsgegner** ist im Falle des § 86 a Abs. 2 Nr. 5 der Rechtsträger der Behörde, die die Vollzugsanordnung erlassen hat; § 86 b Abs. 1 ist ein gegenüber der Hauptsache selbstständiges Verfahren mit eigenem Streitgegenstand. **Zuständiges Gericht** ist das der Hauptsache (Abs. 1 S. 1). Vor Klageerhebung gelten die allgemeinen Regelungen über die örtliche und sachliche Zuständigkeit (§ 57); danach ist zuständig das Gericht, bei dem die Hauptsache tatsächlich anhängig ist; die Rechtshängigkeit der Nichtzulassungsbeschwerde genügt (→ Rn. 33). Wurde über einen anhängigen Antrag noch nicht entschieden und wird die Hauptsache beim Rechtsmittelgericht rechtshängig, ist dieses auch für die Entscheidung im einstweiligen Rechtschutz zuständig.[20] Die Verweisung gem. § 98 SGG ist möglich.[21] Anders als die Verwaltung (§ 86 a Abs. 3) entscheidet das Gericht nur auf **Antrag**.

d) Rechtsschutzbedürfnis. Das allgemeine Rechtsschutzbedürfnis kann fehlen, 10
wenn sich die Verwaltung verbindlich bereit erklärt hat, den Verwaltungsakt nicht zu vollziehen.[22] Ein vorheriges Rechtsschutzersuchen an die Verwaltung gem. § 86 a Abs. 3 ist nicht erforderlich; eine § 80 Abs. 6 VwGO entsprechende Vorschrift findet sich im SGG nicht.[23] Das Rechtsschutzbedürfnis fehlt auch, wenn sich der Verwaltungsakt nur noch auf einen in der Vergangenheit liegenden, abgeschlossenen Zeitraum bezieht und nicht in die Gegenwart fortwirkt (zB Aufhebung einer Leistungsbewilligung ohne besonderen Nachholbedarf wegen aktuell fortwirkender Notlage).[24] Gleiches kann gelten, wenn zwar die Aufhebung der Leistungsbewilligung sofort vollziehbar ist, aber der Antragsteller durch die aufschiebende Wirkung des Rechtsbehelfs gegen die Erstattungsregelung ausreichend geschützt ist.

4. Begründetheit des Antrags. a) Sonderfall: formelle Rechtswidrigkeit einer behördlichen Vollzugsanordnung. Im Falle der Anordnung der sofortigen Vollziehung durch die Verwaltung gem. § 86 a Abs. 2 Nr. 5 prüft das Gericht zunächst deren formelle Rechtmäßigkeit, insbes. ob sie den Vorgaben über die schriftliche Begründung des besonderen Interesses entspricht (→ § 86 a Rn. 21). Ist dies nicht der Fall, hebt das Gericht lediglich die Anordnung der sofortigen Vollziehung auf, ohne die aufschiebende Wirkung anzuordnen.[25] Das Gericht trifft hier keine in die Zukunft gerichtete Entscheidung nach umfassender Interessenabwägung (→ Rn. 14), sondern eine der Aufhebung bei der Anfechtungsklage in der Hauptsache vergleichbare, so dass ihr auch keine weitere Bindungswirkung zukommen kann als dieser.[26] Der Inhalt von abweichendem Prüfungs- und Bindungsumfang muss auch im Tenor zum Ausdruck kommen. Die isolierte Aufhebung der Anordnung der sofortigen Vollziehung ist als minus in der Befugnis 11

19 BayLSG 14.5.2009 – L 8 AS 215/09 B ER, juris.
20 BayLSG 17.2.2004 – L 17 Urt. 7/04 ER, SGb 2004, 482.
21 HessVGH 30.4.1996 – 6 Q 1069/96, NJW 1997, 211.
22 Krodel NZS 2001, 449 (458).
23 Keller in Meyer-Ladewig/Keller/Leitherer/Schmidt § 86 b Rn. 7; aA Krodel NZS 2001, 449 (458).
24 SchlHLSG 22.3.2010 – L 9 B 16/10 SO ER, juris.
25 Str., wie hier VGH BW 30.4.1996 – 1 S 776/96, DÖV 1996, 839; Krodel/Feldbaum NZS 2017, 59 (60): zusätzlich Feststellung der aufschiebenden Wirkung.
26 Insoweit ebenso Kopp/Schenke § 80 Rn. 172.

zur Anordnung der aufschiebenden Wirkung enthalten. Durch die Aufhebung kommt dem Rechtsbehelf wieder aufschiebende Wirkung zu, die Verwaltung ist aber nicht gehindert, die Anordnung mit ausreichender Begründung erneut zu treffen.[27] Nach aA[28] ist auch in diesen Fällen die aufschiebende Wirkung anzuordnen. Im Ergebnis besteht jedoch kein Unterschied, da auch nach dieser Ansicht im Hinblick auf den Entscheidungsumfang des Gerichts die Verwaltung zur erneuten Anordnung berechtigt sein soll. Zur Tenorierung → Rn. 22.

12 Auch bei formeller Rechtswidrigkeit ist das Gericht nicht gehindert, die aufschiebende Wirkung anzuordnen, wenn es den Antrag nach umfassender Interessenabwägung für begründet hält.[29] Erweist sich die behördliche Anordnung der sofortigen Vollziehung als **formell rechtmäßig**, trifft das Gericht eine eigenständige Entscheidung über die Wiederherstellung der aufschiebenden Wirkung nach den nachstehenden Grundsätzen (→ Rn. 13); an die Begründung der Verwaltung ist das Gericht nicht gebunden. Es spielt daher keine Rolle, ob die behördliche Begründung inhaltlich die Entscheidung trägt.[30]

13 b) **Originäre Entscheidung des Gerichts.** Das Gericht trifft eine eigenständige Entscheidung über die sofortige Vollziehung des Verwaltungsaktes.[31] Das gilt auch, wenn im Falle des § 86 a Abs. 2 Nr. 5 die Begründung der Behörde zwar formell korrekt erfolgt, inhaltlich die Entscheidung aber nicht trägt; das Gericht ordnet nicht allein deshalb die aufschiebende Wirkung an.[32]

14 aa) **Maßstab.** § 86 b Abs. 1 S. 1 Nr. 2 gibt keinen Maßstab vor; diese Lücke ist durch eine analoge Anwendung des § 86 a Abs. 2 Nr. 5 zu schließen. Das Gericht nimmt also eine eigenständige **Abwägung der beteiligten Interessen** nach den auch für die Verwaltung geltenden Grundsätzen vor (→ § 86 a Rn. 22). Das Gericht wägt somit das öffentliche Interesse am sofortigen Vollzug und das private Aufschubinteresse ab. Von besonderer Bedeutung ist, ob eine Dringlichkeit für das im Eilverfahren geltend gemachte Begehren vorliegt.[33] Bei einem Verwaltungsakt mit Drittwirkung sind auch die Interessen des Dritten einzustellen. Der Rechtsschutzanspruch des Betroffenen fällt dabei umso stärker ins Gewicht, je schwerer die ihm auferlegte Belastung ist und je mehr die Maßnahme der Verwaltung Unabänderliches bewirkt.[34] Zur Ermittlung der in die Interessenabwägung einzustellenden Folgen kann auf die sog **Doppelhypothese** des BVerfG zurückgegriffen werden:[35] Abzuwägen sind die Folgen, die eintreten würden, wenn die Eilentscheidung zugunsten der Antragstellers nicht erginge, die Klage aber später Erfolg hätte, mit denen, die entstünden, wenn die begehrte Eilentscheidung erginge, die Klage aber erfolglos bliebe.

27 Krodel/Feldbaum NZS 2017, 59 (60).
28 HessVGH 22.10.1982 – IV 36/82, DÖV 1983, 386; OVG LSA 2.12.1993 – 4 M 10/93, DÖV 1994, 352; Kopp/Schenke § 80 Rn. 172.
29 Ebenso Krodel/Feldbaum NZS 2017, 59 (60).
30 Redeker/v.Oertzen § 80 Rn. 52; aA Kopp/Schenke § 80 Rn. 149; so wohl auch LSG Nds-Brem 30.9.2002 – L 4 KR 122/02 ER, NZS 2003, 333.
31 Schmidt in Eyermann § 80 Rn. 71; Kopp/Schenke § 80 Rn. 146; im Ergebnis ebenso BVerwG 29.4.1974 – 4 C 21.74, DVBl. 1974, 566 = DÖV 1974, 422.
32 Redeker/v.Oertzen § 80 Rn. 52; aA Kopp/Schenke § 80 Rn. 149.
33 LSG Bln-Bbg 6.11.2017 – L 18 AS 2232/17 ER, juris; ThürLSG 16.3.2012 – L 4 AS 106/12 B ER, juris.
34 BVerfG 24.4.1974 – 2 BvR 236/74, BVerfGE 37, 150 (153); BayVGH 24.3.1999 – 10 CS 99.27, BayVBl. 1999, 465.
35 Krodel NZS 2001, 449 (456).

Im Gegensatz zur Verwaltung (→ § 86 a Rn. 23) berücksichtigt das Gericht auch die **Erfolgsaussichten des Rechtsbehelfes.** Verfassungsrechtlich ist dies unbedenklich, da eine gerichtliche Überprüfung des Verwaltungsaktes vorgenommen und der Forderung des Art. 19 Abs. 4 GG damit Genüge getan wird. Die Einbeziehung der Erfolgsaussichten ist, obwohl die Rechtmäßigkeit des Verwaltungsaktes gerade nicht Streitgegenstand ist (→ Rn. 6), gerechtfertigt, da im Verfahren des einstweiligen Rechtsschutzes keine Positionen eingeräumt werden sollen, die im Hauptsacheverfahren erkennbar nicht standhalten. 15

Der **Umfang der Berücksichtigung** ist umstritten: Einigkeit besteht, dass bei offensichtlicher Rechtswidrigkeit die aufschiebende Wirkung anzuordnen ist, bzw. bei offensichtlicher Aussichtslosigkeit des Rechtsbehelfs die Anordnung der aufschiebenden Wirkung abzulehnen ist;[36] dies ist verfassungsrechtlich nicht zu beanstanden.[37] Bei erheblicher Grundrechtsbetroffenheit genügt allein die fehlende Erfolgsaussicht in der Hauptsache nicht; vielmehr setzt die Bestätigung der Anordnung der sofortigen Vollziehbarkeit dann die zusätzliche Feststellung aufgrund einer Gesamtwürdigung der Umstände des Einzelfalls voraus, dass diese schon vor Rechtskraft des Hauptsacheverfahrens als Präventivmaßnahme zur Abwehr konkreter Gefahren für wichtige Gemeinschaftsgüter erforderlich ist.[38] Soweit die Erfolgsaussicht in der Hauptsache ausreicht, werden unterschiedliche Maßstäbe vertreten: „hinreichende Erfolgsaussicht";[39] „hohe Wahrscheinlichkeit".[40] 16

Den verfassungsrechtlichen Vorgaben, die Schwere der Belastung und das Maß späterer Abänderbarkeit zu berücksichtigen (→ Rn. 2 ff.), wird man am ehesten durch eine **dynamische Betrachtung** gerecht. Dementsprechend sind die Anforderungen an die Erfolgsaussichten des Rechtsbehelfs umso geringer, je schwerer die Verwaltungsmaßnahme wirkt oder rückgängig gemacht werden kann, bzw. je größer die Erfolgsaussicht, desto geringer die Anforderungen an ein zusätzliches Aussetzungsinteresse des Betroffenen.[41] Bei Beeinträchtigung besonders hochrangiger Rechtsgüter haben die Erfolgsaussichten in der Hauptsache weitestgehend zurückzutreten: Sie dürfen nur nicht gänzlich ausgeschlossen sein; durchzuführen ist vielmehr eine umfassende Güter- und Folgenabwägung (→ Rn. 4).[42] 17

Bei der Anordnung der aufschiebenden Wirkung ieS, also den **Fällen des § 86 a Abs. 2 Nr. 1–4,** in denen der Rechtsbehelf von Gesetz wegen keine aufschiebende Wirkung hat, ist diese Entscheidung des Gesetzgebers, den abstrakten öffentlichen Interessen den Vorrang einzuräumen, zu beachten. In analoger Anwendung des § 86 a Abs. 3 S. 1 (bzw. doppelt analoger Anwendung, wenn ein Fall des § 86 a Abs. 2 Nr. 2–4 vorliegt) sind Erfolgsaussichten des Rechtsbehelfs zugunsten des Antragstellers nur zu berücksichtigen, wenn **ernstliche Zweifel an** 18

36 BSG 30.11.1956 – 6 RKa 21/56, BSGE 4, 151 = SozR Nr. 2 zu § 97 SGG; BVerwG 29.4.1974 – IV C 21.74, DÖV 1974, 422.
37 BVerfG 15.2.1982 – 2 BvR 1492/81, NVwZ 1982, 241.
38 BVerfG 8.4.2010 – 1 BvR 2709/09, NJW 2010, 2268; 30.10.2009 – 1 BvR 2395/09, NJW 2010, 1871; 24.10.2003 – 1 BvR 1594/03, NJW 2003, 3618.
39 Redeker/v.Oertzen § 80 Rn. 49.
40 Schmidt in Eyermann § 80 Rn. 75, der aber auf weitere Folgenabwägung verweist.
41 Krodel NZS 2001, 449 (454); Keller in Meyer-Ladewig/Keller/Leitherer/Schmidt § 86 b Rn. 12 e; Kopp/Schenke § 80 Rn. 158.
42 BVerfG 22.11.2002 – 1 BvR 1586/02, NZS 2003, 253; BVerfG 12.5.2005 – 1 BvR 569/05, NVwZ 2005, 927.

der **Rechtmäßigkeit des Verwaltungsaktes** bestehen,[43] der Erfolg des Hauptsacherechtsbehelfes also überwiegend wahrscheinlich ist.[44] Nach aA soll es ausreichen, wenn der Erfolg in der Hauptsache mindestens ebenso wahrscheinlich ist wie ein Misserfolg.[45] Die gesetzgeberische Wertung, die aufschiebende Wirkung zunächst entfallen zu lassen und damit dem öffentlichen Interesse am Sofortvollzug den Vorrang einzuräumen, spricht dafür, in diesen Fällen strengere Maßstäbe auch an die Anordnung der aufschiebenden Wirkung anzusetzen.[46] Allerdings scheidet eine Anordnung der aufschiebenden Wirkung nicht immer schon dann aus, wenn keine ernstlichen Zweifel an der Rechtmäßigkeit bestehen.[47] Art. 19 Abs. 4 GG sichert den Rechtsschutz im konkreten Einzelfall; eine **individuelle Interessenabwägung** ist immer vorzunehmen.[48] In dieser sind dann lediglich zugunsten des Antragstellers die möglichen, aber nicht überwiegend wahrscheinlichen Erfolgsaussichten des Rechtsbehelfs nicht zu berücksichtigen; der Antragsteller muss also andere Interessen geltend machen können. Zur Berücksichtigung einer unbilligen Härte → § 86 a Rn. 27. Um einen ausreichenden Grundrechtsschutz zu gewähren, kann es notwendig werden, allein aufgrund einer umfassenden Güter- und Folgenabwägung zu entscheiden (→ Rn. 4, 16). Dies gilt insbesondere beim Entzug **existenzsichernder Leistungen** nach dem SGB II. Nach § 39 SGB II entfällt die aufschiebende Wirkung bei der Anfechtung von bestimmten Entscheidungen über Leistungen der Grundsicherung für Arbeitsuchende (→ § 86 a Rn. 17). Verfassungsrechtlich ist dies gerade im Hinblick auf die Möglichkeit einer gerichtlichen Entscheidung nach § 86 b Abs. 1 Satz 1 Nr. 2 nicht zu beanstanden.[49] Wegen des grundrechtlichen Gewichts der Leistung, die die Menschenwürde des Empfängers sichern soll, muss hier im Rahmen der Abwägungsentscheidung die gesetzgeberische Wertung für die sofortige Vollziehbarkeit im Einzelfall zurücktreten, auch wenn keine ernstlichen Zweifel an der Rechtmäßigkeit des Verwaltungsakts bestehen.[50] Dabei kommt es darauf an, ob die Leistung vollständig oder zu einem erheblichen Teil entzogen wird oder nur geringere Einschränkungen vorgenommen werden. Auch die nur zeitweilige Beeinträchtigung der grundrechtlichen Position kann ausreichend sein, um das Erfordernis ernstlicher Zweifel auszuschließen. Des Weiteren ist das Existenzminimum einheitlich gewährleistet und nicht in einen „Kernbereich" der physischen und einen „Randbereich" der sozialen Existenz aufgespaltet; eine Hierarchisierung der Bedarfe ist aufgrund der einheitlichen Gewährleistung nicht zulässig.[51] Entgegen der noch in der Vorauflage an dieser Stelle vertretenen

43 AA BayLSG 14.5.2009 – L 8 AS 215/09 ER-B, juris: Die Verwaltung wird lediglich von der Begründung der sofortigen Vollziehbarkeit entbunden.

44 Vgl. SchlHLSG 2.5.2017 – L 5 KR 40/17 B ER, juris; LSG Nds-Brem 20.12.2018 – L 12 BA 23/18 B ER, juris; LSG BW 7.1.2002 – L 13 AL 3590/01, juris: wenn ein Obsiegen im Hauptsacheverfahren wahrscheinlicher ist als ein Unterliegen; ebenso LSG Bln 27.2.2004 – L 15 B 69/03 KR ER, juris; SächsLSG 12.3.2002 – L 1 B 27/01 KR-ER, juris; ThürLSG 17.3.2003 – L 6 RJ 164/03 ER, juris; 10.4.2003 – L 3 AL 767/02 ER, juris.

45 LSG RhPf 25.9.2002 – L 2 ER-LW 22/02; für die VwGO Kopp/Schenke, VwGO, 12. Aufl. § 80 Rn. 116.

46 LSG LSA 15.4.2011 – L 5 AS 364/10 B ER, juris.

47 LSG Bln-Bbg 9.1.2017 – L 23 SO 327/16 B ER, juris.

48 LSG LSA 15.4.2011 – L 5 AS 364/10 B ER, juris.

49 BVerfG 30.10.2009 – 1 BvR 2395/09, SozR 4-4200 § 39 Nr. 1, Nichtannahmebeschluss.

50 BVerfG 12.5.2005 – 1 BvR 569/05, NVwZ 2005, 927 zum Maßstab bei Vornahmesachen. Für die Anfechtungssituation kann nichts anderes gelten.

51 BVerfG 5.11.2019 – 1 BvL 7/16, NJW 2019, 3703.

Auffassung kann daher nicht pauschal davon ausgegangenen werden, dass bei einer Absenkung der Regelleistung um 30% die Wertung des § 39 SGB II nicht zurücktrete.[52]

Ist der angefochtene Verwaltungsakt unter **Verletzung von Form- oder Verfahrensvorschriften** zustande gekommen, sind die Regelungen über deren Unbeachtlichkeit und Heilung zu beachten. Soweit der Verwaltungsakt nicht nach § 40 SGB X nichtig ist, sind nach § 41 Abs. 1 und 2 SGB X Form- und Verfahrensfehler bei Nachholung heilbar, wobei die Nachholung auch noch im anschließenden Gerichtsverfahren bis zur letzten Tatsacheninstanz möglich ist. Solange eine solche Heilung noch möglich ist, liegt keine endgültige Rechtsverletzung und damit auch keine hinreichende Erfolgsaussicht in der Hauptsache vor. Im einstweiligen Rechtsschutz würde ansonsten eine Position eingeräumt, die sich im Laufe des weiteren Hauptsacheverfahrens ohne Einfluss auf die materielle Rechtsposition beseitigen ließe. Jedenfalls ist der Erfolg des Hauptsacherechtsbehelfs nicht überwiegend wahrscheinlich, so dass in den Fällen des § 86 a Abs. 2 Nr. 1–4 (→ Rn. 18) bei Heilungsmöglichkeit keine aufschiebende Wirkung angeordnet wird.[53] Zu unterscheiden hiervon ist allerdings die formelle Rechtswidrigkeit der Anordnung der sofortigen Vollziehung gem. § 86 a Abs. 2 Nr. 5 (→ Rn. 11 und → § 86 a Rn. 21). 19

bb) Entscheidungserheblicher Zeitpunkt. Maßgeblich für die Interessenabwägung sind die Verhältnisse im Zeitpunkt der Gerichtsentscheidung. Dies gilt ebenso bei der Wiederherstellung der aufschiebenden Wirkung im Falle des § 86 a Abs. 2 Nr. 5, da das Gericht auch hier eine originäre Entscheidung trifft. Umstände, die erst nach der Verwaltungsentscheidung eintreten oder bekannt werden, sind daher zu berücksichtigen. Für die im Rahmen der Interessenabwägung zu prüfenden Erfolgsaussichten des Rechtsbehelfs ist allerdings wie in der Hauptsache grundsätzlich auf den Zeitpunkt der letzten Verwaltungsentscheidung abzustellen.[54] 20

cc) Keine Ermessensentscheidung. Auch wenn der Wortlaut des Gesetzes („kann") darauf hindeutet, trifft das Gericht keine Ermessensentscheidung. Überwiegt nach der umfassenden Interessenabwägung das private Aufschubinteresse, ist für die Berücksichtigung weiterer Gesichtspunkte im Rahmen eines Ermessens im Hinblick auf Art. 19 Abs. 4 GG kein Raum mehr. Umgekehrt besteht bei überwiegendem öffentlichem Interesse am sofortigen Vollzug kein sachlicher Grund, den Vollzug auszusetzen.[55] Soweit von einer gerichtlichen Ermessensentscheidung gesprochen wird,[56] werden daraus keine weiteren Konsequenzen gezogen; es wird lediglich die Eigenständigkeit der gerichtlichen Entscheidung auch im Falle des § 86 a Abs. 2 Nr. 5 betont, dass nämlich nicht nur eine Überprüfung der Verwaltungsentscheidung auf Ermessensfehler iSd § 54 Abs. 2 S. 2 SGG erfolgt. Auch in der Rechtsprechung der letztverbindlich entscheidenden LSG, VGH/OVG wird kein von der zweiten Instanz nur einge- 21

52 BVerfG 5.11.2019 – 1 BvL 7/16, NJW 2019, 3703: außerordentliche Belastungswirkung einer Minderung um 30 % des Regelbedarfs.
53 SächsLSG 12.3.2002 – L 1 B 27/01 KR-ER, juris: zur unterlassenen Hinzuziehung eines Beteiligten im Verwaltungsverfahren gem. § 12 Abs. 2 SGB X; 10.12.2002 – L 1 B 107/02 KR-ER, juris: zur fehlenden Begründung des Verwaltungsaktes gem. § 35 SGB X.
54 LSG BW 7.1.2002 – L 13 AL 3590/01 ER-B, juris.
55 Ebenso Krodel NZS 2001, 449 (456).
56 Schmidt in Eyermann § 80 Rn. 71.

schränkt überprüfbarer Ermessensspielraum der erstinstanzlichen Gerichte angenommen.[57]

22 c) **Entscheidungsinhalt.** Ein unzulässiger oder unbegründeter Antrag wird abgelehnt. In den Fällen, in denen Widerspruch oder Anfechtungsklage aufschiebende Wirkung haben (§ 86 a Abs. 1), wird die sofortige Vollziehung ganz oder teilweise angeordnet; in den Fällen des § 86 a Abs. 3 die sofortige Vollziehung ganz oder teilweise wiederhergestellt. In den Fällen, in denen Widerspruch oder Anfechtungsklage keine aufschiebende Wirkung haben (§ 86 a Abs. 2), wird die aufschiebende Wirkung ganz oder teilweise angeordnet (§ 86 b Abs. 1 S. 1 Nr. 2). Auch wenn bei einer vorhergehenden behördlichen Anordnung der sofortigen Vollziehung (§ 86 a Abs. 2 Nr. 5) eigentlich eine Wiederherstellung der aufschiebenden Wirkung vorzunehmen wäre (so auch § 80 Abs. 5 VwGO), spricht § 86 b Abs. 1 S. 1 Nr. 2 nur von der Anordnung der aufschiebenden Wirkung; diese Formulierung sollte bei der Tenorierung übernommen werden. Nur die Anordnung der sofortigen Vollziehung wird aufgehoben, wenn sie formell rechtswidrig ist; die aufschiebende Wirkung wird nicht angeordnet (str., → Rn. 11). Bei der faktischen Vollziehung (→ Rn. 24) wird im Tenor die Feststellung getroffen, dass die aufschiebende Wirkung eingetreten ist.

▶ **Antrag/Tenor:**

- § 86 b Abs. 1 S. 1 Nr. 1:
  Die sofortige Vollziehung des Verwaltungsaktes vom ... wird angeordnet.
- § 86 b Abs. 1 S. 1 Nr. 2:
  Die aufschiebende Wirkung des Widerspruchs/der Klage gegen den Verwaltungsakt/Widerspruchsbescheid vom ... wird angeordnet (oder wiederherstellt).
- § 86 b Abs. 1 S. 1 Nr. 3:
  Die sofortige Vollziehung des Verwaltungsaktes vom ... wird angeordnet.
- Bei formell rechtswidriger Vollziehungsordnung (→ Rn. 11):
  Die Anordnung der sofortigen Vollziehung des Verwaltungsaktes vom ... wird aufgehoben.
- Bei faktischer Vollziehung (→ Rn. 24):
  Es wird festgestellt, dass der Widerspruch/die Klage gegen den Verwaltungsakt/Widerspruchsbescheid vom ... aufschiebende Wirkung hat. ◀

23 Nach § 86 b Abs. 1 S. 3 kann das Gericht die stattgebende Entscheidung mit **Auflagen** versehen oder **befristen**. Insoweit besteht echtes Ermessen, das am Zweck des effektiven Rechtsschutzes und einem schonenden Interessenausgleich auszurichten ist. Nach dem Wortlaut besteht diese Möglichkeit bei der Anordnung der sofortigen Vollziehung und der „Wiederherstellung" der aufschiebenden Wirkung; Letztere ist in Abs. 1 S. 1 Nr. 2 gar nicht so bezeichnet. Da ein Grund für eine Einschränkung nicht ersichtlich ist, gilt die Möglichkeit des S. 3 für alle in S. 1 Nr. 2 geregelten Fälle. Für Auflagen auch bei ablehnenden Entscheidungen Kopp/Schenke.[58] Diese Auflagen sind keine iSd § 32 SGB X, sondern spezielle, auf die Zwecke des einstweiligen Rechtsschutzes zugeschnittene Nebenbestimmungen.[59] In Betracht kommt auch eine **Sicherheitsleistung** (so ausdrücklich § 80 Abs. 5 S. 4 VwGO); sie setzt die ernsthafte Gefahr voraus, dass der Betroffene bei ungünstigem Prozessausgang den streitigen Betrag nicht erstatten kann. Wenn die Klage berechtigte Aussichten auf Erfolg hat oder der

57 Krodel NZS 2001, 449 (456).
58 VwGO § 80 Rn. 169.
59 Kopp/Schenke § 80 Rn. 169; VGH BW 11.1.1984 – 10 S 2773/83, NJW 1985, 449.

Betroffene die Sicherheitsleistung trotz zumutbarer Anstrengungen nicht beibringen kann, hat sie zu unterbleiben.[60] Die Befristung ermöglicht auch sog **Hängebeschlüsse,** also kurzfristige Zwischenregelungen (→ Rn. 68).

24 d) **Faktische Vollziehung.** Beachtet die Verwaltung oder ein begünstigter Dritter die aufschiebende Wirkung nicht und zieht Konsequenzen aus der angefochtenen Regelung (faktische Vollziehung), liegt dem einstweiligen Rechtsschutzantrag des Betroffenen eigentlich ein Feststellungsbegehren zugrunde, dass nämlich die aufschiebende Wirkung tatsächlich eingetreten sei. Gleichwohl richtet sich der Rechtsschutz nach § 86 b Abs. 1 in analoger Anwendung,[61] da die Feststellung der aufschiebenden Wirkung als Minus in der Befugnis ihrer Anordnung enthalten ist. Dieser Rechtsbehelf hätte dem Betroffenen auch bei rechtmäßigem Verhalten der Verwaltung zur Verfügung gestanden; diese hätte nämlich die sofortige Vollziehung anordnen müssen und so die Möglichkeit des § 86 b Abs. 1 eröffnet. Dies muss erst recht bei rechtswidrigem Verhalten der Verwaltung gelten. Nach der Kollisionsnorm des § 86 b Abs. 2 S. 1 Hs. 2 ist der vorläufige Rechtsschutz nach Abs. 1 gegenüber Abs. 2 vorrangig, so dass eine einstweilige Anordnung grundsätzlich nicht in Betracht kommt. Beantragt und tenoriert wird demnach **nach § 86 b Abs. 1 die Feststellung der aufschiebenden Wirkung** (→ Rn. 22). Der Antrag ist **begründet,** wenn die aufschiebende Wirkung tatsächlich eingetreten ist. Es muss also ein Rechtsbehelf in der Hauptsache eingelegt sein, der nicht offensichtlich unzulässig ist; auf seine Begründetheit kommt es hingegen nicht an (im Einzelnen → § 86 a Rn. 10 f.). Die Feststellung wirkt auf den Zeitpunkt der Einlegung des Rechtsbehelfs zurück (→ § 86 a Rn. 10). Ab diesem Zeitpunkt ist daher ggf. auch die Vollzugfolgenbeseitigung auszusprechen (§ 86 b Abs. 1 S. 2).[62] Eine **einstweilige Anordnung** gem. § 86 b Abs. 2 ist bei faktischer Vollziehung erst statthaft, wenn der Versicherungsträger auch die gerichtliche Feststellung der aufschiebenden Wirkung missachtet.[63]

25 **5. Bindungswirkung. a) Zeitlich.** Die Beteiligten sind grundsätzlich bis zum rechtskräftigen Abschluss des Hauptsacheverfahrens an den Beschluss gebunden. Die einmal getroffene Entscheidung gilt also auch in den folgenden Hauptsacheinstanzen weiter, solange sie nicht gem. § 86 b Abs. 1 S. 4 gerichtlich aufgehoben oder abgeändert wird. Der noch nicht rechtskräftige Ausgang des Hauptsacheverfahrens hat keine Auswirkungen, auch nicht bei Abweisung der Anfechtungsklage; eine § 80 b VwGO vergleichbare Vorschrift enthält das SGG nicht. Die Wirkung endet auch mit der Erledigung des Verwaltungsaktes oder seiner Aufhebung durch die Verwaltung, da der Beschluss damit gegenstandslos wird.

26 **b) Inhaltlich.** Die gerichtliche Entscheidung bindet die Beteiligten (auf Seiten der Verwaltung sowohl die Ausgangs- als auch die Widerspruchsbehörde) auch bei Veränderung der Sach- und Rechtslage. Denn das Gericht trifft eine originäre, zukunftsgerichtete Entscheidung aufgrund einer umfassenden Interessenabwägung.[64] Die Verwaltung ist daher gehindert, erneut über die sofortige Vollzie-

---

60 BVerfG 3.12.1998 – 1 BvR 592/97, NVwZ 1999, 638.
61 Ebenso ThürLSG 23.4.2002 – L 6 RJ 113/02 ER, SGb 2002, 449; LSG BW 2.7.2004 – L 13 RJ 2467/04 ER-B, juris.
62 BayLSG 14.3.2007 – L 8 B 48/07 SO ER, juris: zwingende Anordnung, keine Abwägung zwischen Vollzugs- und Wiederherstellungsinteresse.
63 LSG BW 2.7.2004 – L 13 RJ 2467/04 ER-B, juris.
64 Kopp/Schenke § 80 Rn. 172.

hung zu entscheiden.[65] Möglich ist nur eine gerichtliche Änderung der Entscheidung gem. § 86 b Abs. 1 S. 4 auf Antrag eines Beteiligten. Erlässt die Verwaltung einen neuen inhaltsgleichen Verwaltungsakt, woran sie nicht gehindert ist, kann sie auch für diesen nicht die sofortige Vollziehung anordnen, da sonst § 86 b Abs. 1 S. 4 unzulässig umgangen würde.[66]

27 **6. Aufhebung der Vollziehung – Abs. 1 S. 2.** Diese setzt zunächst die Anordnung der aufschiebenden Wirkung voraus. Die Vorschrift gibt lediglich die verfahrensrechtliche Befugnis zur vorläufigen, vollständigen oder teilweisen **Beseitigung von Vollzugsfolgen**; je nach Inhalt der Maßnahme spricht das Gericht die Beseitigung selbst aus oder verpflichtet die Verwaltung dazu. Materielle Anspruchsgrundlage ist grundsätzlich der allgemeine Folgenbeseitigungsanspruch.[67] Entsprechend dem Zweck des einstweiligen Rechtsschutzes sind **grundsätzlich nur vorläufige Maßnahmen** zulässig; das Verbot der Vorwegnahme der Hauptsache gilt auch hier (dazu und zu Ausnahmen → Rn. 45 f.). Vollzugsfolgen sind wie die Vollziehung selbst nicht rechtstechnisch, sondern entsprechend dem Sinn der aufschiebenden Wirkung zu verstehen (→ § 86 a Rn. 5 f.). Der Wortlaut stellt klar, dass auch durch ein Befolgen des Verwaltungsaktes entstandene Folgen – vorläufig – beseitigt werden können. Ist bspw. eine Erstattungsforderung bereits beglichen worden, kann das Gericht die vorläufige Rückzahlung anordnen. Wird die aufschiebende Wirkung bzgl. der Entziehung einer laufenden Leistung angeordnet, kann das Gericht die Verwaltung auch zur Nachzahlung verpflichten.

28 **7. Abänderung der Entscheidung – Abs. 1 S. 4.** Eine Abänderung oder Aufhebung ist nur durch das Gericht und nur auf Antrag eines Beteiligten möglich. Gegenstand des Abänderungsverfahrens ist die **erneute Entscheidung über die Vollziehbarkeit des Verwaltungsaktes für die Zukunft** in einem von dem ergangenen Beschluss abweichenden Sinne.[68] Den Antrag kann auch die Verwaltung stellen, da ihr selbst die Befugnis zur Entscheidung fehlt (→ Rn. 26). Zur Ausnahme bei der Aufhebung der Anordnung der sofortigen Vollziehung wegen formeller Rechtswidrigkeit → Rn. 11; ein Änderungsantrag der Verwaltung ist dann unzulässig.[69] Eine Änderung der Sach- oder Rechtslage ist ebenso wenig vorausgesetzt wie das Vorbringen bislang nicht berücksichtigter Gründe (anders § 80 Abs. 5 S. 2 VwGO).[70] Ist noch die Möglichkeit der Beschwerde gegeben, ist der Antrag nach § 86 b Abs. 1 S. 4 unzulässig.[71] **Zuständig ist das Gericht der Hauptsache** unabhängig davon, welches Gericht den ursprünglichen Beschluss erlassen hat; also bspw. das LSG, wenn das Hauptsacheverfahren mittlerweile in der Berufungsinstanz anhängig ist, der ursprüngliche Beschluss aber vom SG stammt. Dsgl. ist bei Anhängigkeit der Hauptsache noch beim SG dieses zuständig, auch wenn Beschluss auf Beschwerde vom LSG erlassen worden war.

---

65 ThürLSG 23.4.2002 – L 6 RJ 113/02 ER, SGb 2002, 449.
66 Kopp/Schenke § 80 Rn. 173; Keller in Meyer-Ladewig/Keller/Leitherer/Schmidt § 86 b Rn. 19 a.
67 Kopp/Schenke § 80 Rn. 176.
68 VGH BW 30.4.1996 – 1 S 776/96, DÖV 1996, 839.
69 VGH BW 30.4.1996 – 1 S 776/96, DÖV 1996, 839.
70 AA LSG BW 11.10.2010 – L 7 SO 3392/10 ER-B, juris (dort im Rahmen einer analogen Anwendung bei der einstweiligen Anordnung).
71 SächsOVG 14.6.1995 – 1 S 138/95, DVBl. 1996, 118.

8. Vollstreckung. Die gerichtliche Entscheidung nach § 86 b Abs. 1 ist im Gegensatz zu einstweiligen Anordnungen nach Abs. 2 in § 199 Abs. 1 nicht als Vollstreckungstitel genannt. In den Fällen des § 86 b Abs. 1 S. 1 scheitert eine Vollstreckung aus dieser Entscheidung bereits daran, dass die Anordnung, Wiederherstellung oder Feststellung der aufschiebenden Wirkung keinen vollstreckbaren Inhalt hat. Dies gilt hingegen nicht für Entscheidungen nach § 86 b Abs. 1 S. 2, die die Aufhebung bereits erfolgter, konkreter Vollziehungsmaßnahmen regeln; diese sind ihrem Inhalt nach vollstreckbar. Sie sind daher als Vollstreckungstitel in analoger Anwendung des § 199 Abs. 1 Nr. 2 anzusehen. So wird vermieden, dass zur Vollstreckung der gerichtlichen Entscheidung ein neues gerichtliches Verfahren nach § 86 b Abs. 2 eingeleitet werden muss, nur um die Vollstreckung zu erreichen.[72] Für die nichtvollstreckbaren Entscheidungen nach § 86 b Abs. 1 S. 1 bedarf es hingegen eines neuen Verfahrens nach § 86 b Abs. 2.[73] Nach aA kann das Gericht auf Antrag analog § 86 b Abs. 1 S. 2 die Verpflichtung des Antragsgegners zur Unterlassung der Vollziehung aussprechen.[74] 29

IV. Einstweiliger Rechtsschutz in Vornahmesachen (einstweilige Anordnung – Abs. 2)

1. Allgemeines und Abgrenzung zu Abs. 1. Durch die einstweilige Anordnung wird einstweiliger Rechtsschutz in Vornahmesachen gewährt. Zur Entstehungsgeschichte → § 86 a Rn. 1; zur Abgrenzung zum System der aufschiebenden Wirkung nach Abs. 1 → Rn. 8, 32, u. → § 86 a Rn. 7. § 86 b Abs. 2 SGG übernimmt inhaltlich die Regelung des § 123 VwGO, weshalb auch die dazu ergangene Rechtsprechung sowie die Literatur herangezogen werden kann. **Sonderregelungen** finden sich in § 130 Abs. 1 S. 2, 3 (vorläufige Leistungen bei Grundurteil); § 199 Abs. 2 (einstweilige Anordnung über Aussetzung der Vollstreckung bei Rechtsmittel); SGB IV § 57 Abs. 5 u. 6 (einstweilige Anordnung im Wahlverfahren); SGB III § 146 Abs. 6 (einstweilige Anordnung des BSG zur Neutralitätspflicht der BA in Arbeitskämpfen). 30

2. Zulässigkeit des Antrages. a) Allgemeine Sachentscheidungsvoraussetzungen. Diese müssen vorliegen, also Sozialrechtsweg, Beteiligten- und Prozessfähigkeit, allgemeines Rechtsschutzbedürfnis. Letzteres kann insbesondere im Rechtsmittelverfahren fehlen, wenn die begehrte Leistung durch unmittelbare Vollstreckung aus einem (erstinstanzlichen) Urteil zu erreichen ist.[75] Voraussetzung ist allerdings, dass das Urteil einen vollstreckbaren Inhalt hat und keine aufschiebende Wirkung gem. § 154 SGG eingetreten ist. Wurde die Vollziehung eines zusprechenden Urteiles ausgesetzt (§ 199 Abs. 2), kann die Aussetzung dieser Vollziehungsaussetzung beantragt werden.[76] Kein Rechtsschutzbedürfnis besteht, wenn mit einem Sach- oder Leistungsantrag bei der Behörde ein einfacherer Weg zur Verfügung steht.[77] Auch in solchen Fällen kann es jedoch angenommen wer- 31

72 Ebenso für die VwGO Kopp/Schenke § 80 Rn. 205.
73 LSG BW 2.7.2004 – L 13 RJ 2467/04 ER-B, juris; LSG Nds 8.7.1997 – L 1 Rlw 20/97 eR, juris.
74 Kopp/Schenke § 80 Rn. 207.
75 Vgl. auch LSG Nds-Brem 14.5.2002 – L 4 KR 74/02 ER, SGb 2002, 501, das aber den Anordnungsgrund verneint hat.
76 LSG Bln-Bbg 3.6.2013 – L 25 AS 1267/13 ER, juris; LSG BW 24.10.1984 – L 2 J 2040/84 eA, SozVers 85, 22.
77 BVerfG 30.10.2009 – 1 BvR 2442/09, juris: verfassungsrechtlich nicht zu beanstanden.

den, wenn der Antragsgegner mit dem Streitgegenstand bereits befasst war und bei einer sehr eiligen Sache die Wahrscheinlichkeit sehr gering ist, dass ein förmlicher Antrag rechtzeitig positiv erledigt wird;[78] zu trennen davon ist die Frage der Begründetheit (Anordnungsanspruch), wenn der Antrag bei der Verwaltung materielle Anspruchsvoraussetzung ist. Einem Antrag der Verwaltung auf Erlass einer einstweiligen Anordnung fehlt das Rechtsschutzbedürfnis, wenn sie in der Lage ist, die erforderlichen Anordnungen selbst zu treffen, insbesondere einen Verwaltungsakt zu erlassen und ggf. dessen sofortige Vollziehung anzuordnen.[79] Eine einstweilige Anordnung ergeht nur auf **Antrag.** Für dessen Form gilt § 90 SGG entsprechend (→ § 90 Rn. 1), also schriftlich oder zur Niederschrift. Ob und welche Art einstweiliger Rechtsschutz beantragt ist, ist durch Auslegung anhand des Rechtsschutzbegehrens zu ermitteln; auf den Wortlaut kommt es dabei nicht an. Der Antrag ist an **keine Frist** gebunden; lediglich Verwirkung kann in Betracht kommen. Eine der Klagebefugnis entsprechende Antragsbefugnis iS der Möglichkeit einer Verletzung in subjektiv öffentlichen Rechten muss vorliegen. Klage muss noch nicht erhoben sein (Abs. 3), auch ein Vorverfahren ist nicht nötig. Ein bestandskräftiger Bescheid darf aber nicht vorliegen (→ Rn. 32). Der Antrag ist bis zur Rechtskraft der Hauptsacheentscheidung zulässig.

32 **b) Statthaftigkeit.** Statthaft ist der Antrag auf einstweilige Anordnung, wenn kein Fall des § 86 b Abs. 1 vorliegt, in der Hauptsache also eine andere als die isolierte Anfechtungsklage statthaft ist. Dies ergibt sich aus Abs. 2 S. 1 Hs. 1, der den Vorrang des Systems der aufschiebenden Wirkung normiert (→ Rn. 8, → § 86 a Rn. 7). Eine Ausnahme besteht bei Versagung von Leistungen wegen mangelnder Mitwirkung nach § 66 SGB I. In der Hauptsache ist, auch wenn nicht die Entziehung, sondern die Versagung einer noch nicht bewilligten Leistung geregelt wird, nur die isolierte Anfechtungsklage statthaft. Die aufschiebende Wirkung gegen den Versagungsbescheid führt aber anders als bei der Entziehung nicht automatisch zur Leistungsgewährung, da eine Bewilligung noch nicht vorliegt. Effektiver Rechtsschutz kann in solchen Fällen daher nur die einstweilige Anordnung sichergestellt werden.[80] Der Antrag im einstweiligen Rechtsschutz geht daher zunächst auf die Anordnung/Feststellung der aufschiebenden Wirkung des Rechtsbehelfs gegen den Bescheid nach § 66 SGB I und im Falle dessen Begründetheit darüber hinaus auf den Erlass einer einstweiligen Anordnung.[81] Die **Sicherungsanordnung** nach Abs. 2 S. 1 kann ergehen, wenn die Gefahr besteht, dass durch die Veränderung des bestehenden Zustandes eine Rechtsbeeinträchtigung entsteht. Sie dient also der vorläufigen Aufrechterhaltung des bestehenden Zustandes und entspricht damit in ihren Wirkungen der aufschiebenden Wirkung nach Abs. 1. Wegen des Vorranges der aufschiebenden Wirkung ist die Sicherungsanordnung statthaft, wenn der Eingriff in den bestehenden Zustand nicht durch anfechtbaren Verwaltungsakt erfolgt; also bei schlichtem Verwaltungshandeln oder bei Unterlassungsansprüchen. Streitgegenstand iSd S. 1 ist untechnisch zu verstehen; gemeint ist die streitbefangene Sache. Die **Regelungsanordnung** nach Abs. 2 S. 2 dient hingegen der vorläufigen Ein-

---

78 ThürLSG 19.12.2002 – L 6 KR 992/02 ER, juris.
79 LSG Bln 29.10.2003 – L 15 B 49/03 KR ER, juris.
80 LSG Bln-Bbg 14.6.2007 – L 28 B 769/07 AS ER, juris; 22.11.2005 – L 29 B 1212/05 AS ER, FEVS 57, 452.
81 LSG BW 8.4.2010 – L 7 AS 304/10 ER-B, juris; BayLSG 13.8.2009 – L 7 AS 542/09 ER, juris.

räumung einer bislang noch nicht bestehenden Rechtsposition, ist also auf die Änderung des bestehenden Zustandes ausgerichtet. Darunter fallen insbes. Fälle der Feststellungs-, Verpflichtungs- oder Leistungs-, aber auch der Bescheidungsklage in der Hauptsache. Rechtsverhältnis ist wie in § 55 Abs. 1 Nr. 1 zu verstehen (siehe dort). Liegt bereits ein **bestandskräftiger Verwaltungsakt** vor, der den behaupteten materiellen Anspruch regelt, ist der Antrag auf Erlass einer einstweiligen Anordnung nicht statthaft:[82] Die einstweilige Anordnung dient der vorläufigen Regelung eines Rechtsverhältnisses bis zur endgültigen Klärung. Bei bestandskräftigem Verwaltungsakt liegt aber schon eine endgültige Klärung vor; das Rechtsverhältnis steht nicht mehr im Streit und ist daher auch keiner vorläufigen Regelung mehr zugänglich. Regelt der Verwaltungsakt auch zukünftige Zeiträume, zB Bewilligungsbescheid für mehrere Monate, kann ein streitiges Rechtsverhältnis nur durch einen Antrag nach § 44 SGB X – neu – geschaffen werden;[83] für diese zukünftigen Zeiträume ist dann eine einstweilige Anordnung wieder möglich. Ein **„Fortsetzungsfeststellungsantrag"** bei Erledigung der Hauptsache entspr. § 131 Abs. 1 S. 3 SGG ist im Verfahren des einstweiligen Rechtsschutzes nicht statthaft.[84] Nach LSG Hessen[85] ist der Antrag auf einstweilige Anordnung auch im Bereich des **autonomen Satzungsrechts** gegen Satzungsänderungen statthaft: Das Prozessrecht des SGG sehe keine Normenkontrolle oder einen entsprechenden einstweiligen Rechtsschutz vor (anders § 47 VwGO); Art. 19 Abs. 4 GG gebiete aber einen solchen.

c) **Zuständiges Gericht.** Nach Abs. 2 S. 1 ist dies das Gericht der Hauptsache. 33
Das ist nach Abs. 2 S. 3 das erstinstanzliche Gericht, bei dem das Hauptsacheverfahren anhängig ist oder anhängig zu machen wäre; ist das Verfahren bereits vor dem Berufungsgericht anhängig, ist dieses zuständig. Dies gilt auch, wenn über einen anhängigen Antrag noch nicht entschieden und die Hauptsache beim Rechtsmittelgericht rechtshängig wird.[86] Eine Zuständigkeit des Revisionsgerichts ist nicht gegeben. Wird das Hauptsacheverfahren dort anhängig, fällt die Zuständigkeit für die Entscheidung über die einstweilige Anordnung an das SG zurück, in Fällen der erstinstanzlichen Zuständigkeit des LSG an dieses. Das SG ist demnach zuständig bis zur Einlegung der Berufung oder der Nichtzulassungsbeschwerde[87] und wieder ab Einlegung der Revision, bzw. der Beschwerde gegen die Nichtzulassung der Revision. Dazwischen liegt die Zuständigkeit beim LSG. Die Zuständigkeit wechselt, auch wenn über den bereits anhängigen Antrag noch nicht entschieden wurde. Eine Zuständigkeit des BSG für den Erlass einstweiliger Anordnungen besteht nur im Rahmen seiner erstinstanzlichen Kompetenz gem. § 39 Abs. 2. Die **Verweisung** gem. § 98 SGG ist möglich.

82 Wie hier LSG BW 13.6.2007 – L 7 AS 2050/07 ER-B, juris; nach LSG NRW 10.2.2006 – L 19 B 112/05 AS ER, juris und HessLSG 24.6.2006 – L 9 AS 39/96 ER, juris fehle es am Anordnungsanspruch; auch dies trifft zu, da sich die materielle Rechtslage nach dem bestandskräftigen Bescheid richtet; die Statthaftigkeit des Antrags ist aber als Zulässigkeitsvoraussetzung grundsätzlich vorrangig zu prüfen.

83 BayLSG 23.9.2010 – L 7 AS 651/10 B ER, juris; HessLSG 19.3.2009 – L 7 AS 53/09 B ER, juris; ThürLSG 10.6.2015 – L 6 KR 430/15 B ER, juris zum einstweiligen Rechtsschutz gegen Vollstreckungsakte aus bestandskräftigen Beitragsbescheiden.

84 S. → Rn. 8; LSG Nds-Brem 4.9.2002 – L 4 KR 141/02 ER, NZS 2003, 168.

85 HessLSG 28.4.2004 – L 14 KR 66/04 ER, GesR 2004, 436.

86 BayLSG 17.2.2004 – L 17 Urt. 7/04 ER, SGb 2004, 482 zu § 86 b Abs. 1.

87 BayLSG 22.2.2010 – L 7 AS 74/10 ER, juris.

34 **3. Begründetheit des Antrages.** Hinsichtlich der Anforderungen an die Begründetheit besteht kein Unterschied zwischen der Sicherungs- und der Regelungsanordnung. Der Antrag ist begründet, wenn ein Anordnungsanspruch (a) im Sinne eines materiellrechtlichen Anspruches, ein Anordnungsgrund (b) im Sinne einer besonderen Eilbedürftigkeit vorliegt und bzgl. beidem ausreichende Richtigkeitswahrscheinlichkeit (c) gegeben ist. Unter Beachtung des Verbotes der Vorwegnahme der Hauptsache (d) muss das Gericht dann eine einstweilige Anordnung erlassen (kein Entschließungsermessen → Rn. 47). Maßgeblich ist die Sach- und Rechtslage zum **Zeitpunkt der Entscheidung des Gerichts** über den Antrag.

35 **a) Anordnungsanspruch.** § 86 b Abs. 2 SGG nennt den Begriff nicht. Er ergibt sich aus der in Abs. 2 S. 4 geregelten Verweisung auf § 920 ZPO, dessen Abs. 2 § 916 ZPO in Bezug nimmt; dieser stellt die Verbindung zum materiellen Recht her.[88] Diese Voraussetzung folgt auch aus dem Wesen des einstweiligen Rechtsschutzes, durch den keine Rechtspositionen eingeräumt werden sollen, die im Hauptsacheverfahren ersichtlich nicht standhalten. Sie gilt daher ebenso für die Regelungsanordnung gem. § 86 b Abs. 2 S. 2, auch wenn das Gesetz hier anders als in S. 1 („Recht des Antragstellers") keinen ausdrücklichen Bezug herstellt. Demnach muss der **materiellrechtliche Anspruch**, für den vorläufigen Rechtsschutz begehrt wird, mit ausreichender Wahrscheinlichkeit (→ Rn. 41) vorliegen.[89] Bei Ermessensentscheidungen muss eine Ermessensreduktion auf Null vorliegen; das materielle Recht kann aber auch in einem Anspruch auf fehlerfreie Ermessensausübung bestehen (→ Rn. 48 ff.). Die Erfolgsaussichten in der Hauptsache sind daher bei der einstweiligen Anordnung zu berücksichtigen. Das Gewicht, mit dem sie einzustellen sind, hängt von der Schwere des Anordnungsgrundes ab (→ Rn. 42, 44).

36 **b) Anordnungsgrund. aa) Begriff.** Auch dieser Begriff wird in § 86 b Abs. 2 nicht genannt, ergibt sich aber aus der Verweisung in Abs. 2 S. 4 auf §§ 920 Abs. 2, 917, 918 ZPO. Gemeint ist damit eine **besondere Eilbedürftigkeit**. § 86 b Abs. 2 spricht insoweit von der Vereitelung oder wesentlichen Erschwerung der Rechtsverwirklichung (S. 1) oder der „Abwendung wesentlicher Nachteile" (S. 2). Da nur „wesentliche", nicht aber „schwere und unzumutbare" Nachteile vorausgesetzt werden, gewährt § 86 b Abs. 2 nicht nur einen Mindeststandard an vorläufigem Rechtsschutz.[90] Andererseits reicht nicht jeder Nachteil aus, er muss „wesentlich" sein. Bestimmte Nachteile müssen demnach hingenommen werden. Da das Gesetz selbst keine genaueren Vorgaben bietet, sind diese aus dem Sinn des einstweiligen Rechtsschutzes abzuleiten. Einstweiliger Rechtsschutz ist zu gewähren, wenn dem Antragsteller die Änderung des bisherigen Zustandes (S. 1) bzw. dessen Aufrechterhaltung (S. 2) in der Interimszeit, also ein **Abwarten bis zur Entscheidung in der Hauptsache nicht zumutbar** ist; dabei sind die Interessen des Antragstellers sowie die öffentlichen und ggf. solche beteiligter Dritter zu berücksichtigen.[91] Dabei ist auch zu berücksichtigen, ob der

88 Krodel NZS 2002, 234 (235).
89 BVerwG 21.1.1994 – 7 RV 12/93, NVwZ 1994, 370; Keller in Meyer-Ladewig/Keller/Leitherer/Schmidt § 86 b Rn. 27; Kopp/Schenke § 123 Rn. 25.
90 BVerfG 19.10.1977 – 2 BvR 42/76, BVerfGE 46, 166 (178 f.); Krodel NZS 2002, 180 (182).
91 HessVHG 5.2.1993 – 7 TG 2479/92, NVwZ-RR 1993, 387; BayLSG 17.12.1999 – L 12 B 359/99 KA ER, Breith. 2000, 245, 249.

Antragsteller die Zeit bis zur Entscheidung in der Hauptsache mit eigenen Mitteln oder mit zumutbarer Hilfe Dritter überbrücken kann. Bei Minderjährigen kann im Rahmen des § 1601 BGB das Einkommen und Vermögen der Eltern einbezogen werden.[92] Grundrechtlich geschützte Positionen (zB Art. 12 GG in Zulassungssachen; Menschenwürde im Grundsicherungsrecht) sind entsprechend ihrem Gewicht einzustellen; ist das Grundrecht nur in seinem Randbereich betroffen, fehlt es an der Wesentlichkeit.[93] Gleiches gilt, wenn nur die Erhöhung einer bereits gewährten Leistung oder Leistungen für die Vergangenheit[94] begehrt werden; bei besonderem Nachholbedarf kann aber auch hier ein Anordnungsgrund vorliegen.[95] Wirtschaftliche Nachteile können ausreichen;[96] allerdings nicht solche, die durch ein selbst eingegangenes Risiko im Hinblick auf eine noch nicht gesicherte Rechtsposition entstehen. Die mit jedem Hauptsacheverfahren zwingend verbundenen zeitlichen Nachteile allein genügen nicht.[97] Zur Vorwegnahme der Hauptsache → Rn. 45. Die nötige Wahrscheinlichkeit des Anordnungsgrundes hängt auch ab von der des Anordnungsanspruches (→ Rn. 42, 44).

bb) Einzelheiten bestimmter Rechtsgebiete. Im Bereich des **Vertragsarzt- und Leistungserbringerrechts** ist zu differenzieren: Bei honorarrelevanten Maßnahmen wird auf das Drohen erheblicher irreparabler Nachteile abgestellt, insbes. die Gefährdung des notwendigen Lebensunterhaltes des Antragstellers oder die Existenz seiner Praxis.[98] Bei Zulassungsentscheidungen ist der objektive Wertgehalt des Art. 12 GG zu beachten. Bei Beeinträchtigung der Wettbewerbsposition kann sich aus § 12 Abs. 2 UWG ein großzügigerer Maßstab ergeben.[99] Danach können einstweilige Verfügungen auch ohne die Darlegung und Glaubhaftmachung der in §§ 935, 940 ZPO genannten Voraussetzungen erlassen werden. Bei laufenden **Leistungen der Sozialversicherung und der Bundesagentur für Arbeit** kann der Anordnungsgrund grundsätzlich nicht wegen eines möglichen Anspruches auf Leistungen der Grundsicherung nach dem SGB II oder XII verneint werden (bei bereits bezogenen Grundsicherungsleistungen → Rn. 39). Die Grundsicherungsleistungen stellen ein anderes System sozialer Absicherung, das nicht nur regelmäßig geringere Leistungen erbringt, sondern auch besondere Pflichten auferlegt.[100] Außerdem können aufgrund des bisherigen Lebensstandards Verpflichtungen eingegangen worden sein, die mit den niedrigeren Grundsicherungsleistungen nicht bedient werden. Bei Leistungen der **Grundsicherung** nach SGB II und XII oder der **Hilfe zum Lebensunterhalt** fehlt es an einem Anordnungsgrund, wenn der Antragsteller darauf verwiesen werden kann, den be- 37

92 BVerfG 27.7.2016 – 1 BvR 1241/16, juris, Nichtannahmebeschluss.
93 Krodel NZS 2002, 180 (182) unter Hinweis auf BVerfG 25.10.1988 – 2 BvR 745/88, NJW 1989, 827.
94 LSG Bln-Bbg 5.4.2006 – L 23 B 19/06 SO ER, juris; LSG BW 1.8.2005 – L 7 AS 2875/05 ER-B, FEVS 57, 72; LSG BW 28.3.2007 – L 7 AS 1214/07 ER-B, juris.
95 LSG Hmb 7.12.1989 – V EABs 83/89, Breith. 1990, 699; LSG BW 28.3.2007 – L 7 AS 1214/07 ER-B, juris.
96 SchlHLSG 14.10.1999 – L 4 B 60/99 KA ER, Breith. 2000, 271 (276).
97 ThürLSG 6.7.2004 – L 6 KR 468/04 ER, juris.
98 LSG Nds-Brem 21.10.2003 – L 3 KA 447/03 ER, juris.
99 LSG NRW 28.5.2002 – L 5 B 29/02 KR ER, NZS 2002, 502.
100 LSG Bln-Bbg 28.8.2019 – L 1 KR 298/19 B ER, juris; BayLSG 22.1.2013 – L 5 KR 492/12 B ER, juris; SchlHLSG 16.11.2012 – L 5 KR 182/12 B ER, juris.

stehenden Bedarf in zumutbarer Weise vorläufig anderweitig zu decken,[101] zB vorläufiger Einsatz von Schonvermögen[102] oder Freibeträgen[103] oder wenn der Leistungsträger eine darlehensweise Gewährung angeboten hat.[104] Eine zunehmende Verschuldung mit Zinsbelastung ist allerdings nicht zumutbar.[105] Hat der Antragsteller seinen Lebensunterhalt bisher durch Leistungen Dritter bestritten, besteht bei der Sozialhilfe ein Anordnungsgrund nur, wenn der Antragsteller glaubhaft macht, dass die Bereitschaft des Dritten zur Leistung nicht mehr besteht.[106] Liegen solche Besonderheiten nicht vor, wird beim Streit um Hilfe zum Lebensunterhalt oder um Grundsicherungsleistungen ein Anordnungsgrund in aller Regel anzunehmen sein, da diese gerade dazu bestimmt sind, den Lebensunterhalt und damit ein menschenwürdiges Dasein zu gewährleisten. Eine Verpflichtung zur Leistungsgewährung kann daher zur Vorwegnahme der Hauptsache führen. Dem Charakter des einstweiligen Rechtsschutzes ist durch den Inhalt der gerichtlichen Eilentscheidung Rechnung zu tragen (→ Rn. 46 f.). Vor Stellung des Antrages auf einstweiligen Rechtsschutz liegt nach eigenem prozessualen Verhalten des Antragstellers grundsätzlich keine Eilbedürftigkeit vor. Bei den Kosten der Unterkunft ist zu prüfen, welche negativen Folgen im konkreten Einzelfall drohen. Relevante Nachteile können nicht nur in einer Wohnungs- beziehungsweise Obdachlosigkeit liegen. Vielmehr sind negative Folgen finanzieller, sozialer, gesundheitlicher oder sonstiger Art zu berücksichtigen. Allein auf die Erhebung der Räumungsklage darf nicht abgestellt werden.[107] Ein Anordnungsgrund besteht grundsätzlich jedenfalls, wenn ein weiteres Anwachsen den Vermieter spätestens im nachfolgenden Monat zur Kündigung berechtigen würde und mit der Kündigung zu rechnen ist.[108] Mangels anderweitiger Anhaltspunkte im Einzelfall wird man davon ausgehen können, dass ein Vermieter von seiner rechtlich eingeräumten Kündigungsmöglichkeit auch Gebrauch machen wird. Davon zu unterscheiden ist die Übernahme von Mietschulden (§ 22 Abs. 8 SGB II, § 36 Abs. 1 SGB XII), die schon tatbestandlich einen drohenden Verlust der Unterkunft voraussetzen. Die Hilfe zum Lebensunterhalt ist Hilfe in gegenwärtiger Not, kein rentengleiches Recht; sie wird daher regelmäßig nur für einen kurzen Zeitraum (idR einen Monat) bewilligt. Auch ein Anordnungsgrund wird daher idR nur für einen entsprechenden Zeitraum anzunehmen sein (im Einzelnen → Rn. 54). Für Leistungen der Grundsicherung nach dem SGB II oder §§ 41 ff. SGB XII gilt dies nicht (→ Rn. 53). Hier ist die Wertung des Gesetzgebers zu beachten, dass diese Leistungen für einen längeren Zeitraum er-

---

101 LSG Nds-Brem 27.7. 2015 – L 13 AS 205/15 B ER, juris; OVG NRW 1.6.1988 – 8 B 1057/88, NVwZ 1989, 1085.

102 LSG Nds-Brem 27.7. 2015 – L 13 AS 205/15 B ER, juris; LSG LSA 21.12.2010 – L 2 AS 49/10 B ER, juris; LSG Bln-Bbg 16.7.2009 – L 25 AS 769/09 B ER, juris; VGH BW 22.1.1992 – 6 S 2681/91, FEVS 43, 410.

103 LSG NRW 4.4.2007 – L 19 B 7/07 AS ER, juris; OVG NRW 24.4.2002 – 16 B 531/02, juris.

104 LSG LSA 6.8.2015 – L 8 SO 24/15 B ER, juris; LSG BW 22.2.2008 – L 2 SO 233/08 ER-B, FEVS 59, 572.

105 OVG NRW 10.4.2000 – 22 B 282/00, NVwZ-RR 2000, 615: kein Verweis auf Dispositionskredit.

106 LSG NRW 4.5.2005 – L 9 B 4/05 AS ER, juris.

107 BVerfG 1.8.2017 – 1 BvR 1910/12, juris, stattgebender Kammerbeschluss, mwN zur Rspr. der Fachgerichte.

108 Sehr streitig, wie hier: LSG Bln-Bbg 22.7.2014 – L 10 AS 1393/14 B ER, FEVS 66, 359; OVG NRW 16.3.2000 – 16 B 308/00, NJW 2000, 2523; weitergehend LSG Nds-Brem 28.1.2015 – L 11 AS 261/14 B, juris.

bracht werden (§ 41 Abs. 1 S. 4 SGB II; § 44 Abs. 3 SGB XII). Zum Anordnungsgrund bei Streit um das Bestehen eines **Versicherungsverhältnisses** → Rn. 45.

cc) **Anspruch und Bezug existenzsichernder Leistungen.** Die Neukonzeption des Rechts der Grundsicherung mWv 1.1.2005[109] hat auch Einfluss auf den einstweiligen Rechtsschutz. Die Leistungen der Grundsicherung stehen untereinander und zur Sozialhilfe als Hilfe zum Lebensunterhalt nach §§ 27 ff. SGB XII in einem exklusiven Verhältnis. Besteht also dem Grunde nach ein Anspruch auf eine Leistung der Grundsicherung nach dem SGB II oder §§ 41 ff. SGB XII, ist ein Anspruch auf eine andere Grundsicherungsleistung oder Sozialhilfe als Hilfe zum Lebensunterhalt ausgeschlossen: Leistungen der Grundsicherung im Alter oder bei Erwerbsminderung nach §§ 41 ff. SGB XII können nicht an Alg II-Berechtigte erbracht werden, da diese erwerbsfähig sind und die maßgebliche Altersgrenze noch nicht überschritten haben; Sozialgeld wird gem. § 19 Abs. 1 S. 2 SGB II nur an nicht Erwerbsfähige geleistet, die keinen eigenen Anspruch nach §§ 41 ff. SGB XII haben; Sozialhilfe als Hilfe zum Lebensunterhalt ist für Berechtigte dieser drei Leistungen ausgeschlossen (§ 5 Abs. 2 S. 1 SGB II, § 19 Abs. 2 S. 2, § 21 S. 1, § 42 SGB XII). Da die Sozialhilfe als Hilfe zum Lebensunterhalt somit im Verhältnis zur Grundsicherung nicht mehr als „Auffangleistung" konzipiert ist, kann im einstweiligen Rechtsschutzverfahren auch nicht mehr pauschal auf diese verwiesen werden.[110] Vielmehr müssen nach den allgemeinen Grundsätzen summarisch die materiellen Voraussetzungen der in Betracht kommenden Sozialleistungen geprüft werden.[111] Geht man wegen der konstitutiven Wirkung des Antrags gem. § 37 SGB II davon aus, dass die Sperrwirkung des § 5 Abs. 2 S. 1 SGB II erst mit Antragstellung eintritt, und wurde der Antrag noch nicht gestellt, besteht nach § 2 Abs. 1 SGB XII kein Anspruch auf Sozialhilfe,[112] da der Antragsteller sich durch den Antrag nach § 37 SGB II selbst helfen kann; der Antrag auf Leistungen nach dem SGB II ist ein „bereites Mittel", das den Anspruch auf Sozialhilfe ausschließt. Stellt der Antragsteller den Antrag nach § 37 SGB II allerdings deshalb nicht, weil er der Auffassung ist, er sei nicht erwerbsfähig, hat das Gericht zumindest summarisch die Erwerbsfähigkeit zu prüfen. Der einstweilige Rechtsschutz ist – bei Vorliegen der übrigen Voraussetzungen – im Rahmen der Leistung zu gewähren, deren Voraussetzungen mit dem nötigen Grad der Wahrscheinlichkeit vorliegen. Finden sich zB keine Hinweise für eine Erwerbsminderung, kommt bei einem Antragsteller im Alter zwischen 15 Jahren und der Altersgrenze des § 7 a SGB II nur Alg II in Betracht, eine Verweisung auf Sozialhilfe oder andere Leistungen der Grundsicherung scheidet aus, da ein Anspruch hierauf materiell ausgeschlossen ist. Der Antragsteller kann durch Verweigerung der Antragstellung nach § 37 SGB II oder der Mitwirkung bei der Klärung der Erwerbsfähigkeit (§§ 60 ff. SGB I) das Eintreten der Sozialhilfe entgegen der gesetzlichen Zuständigkeitsordnung nicht erzwingen.[113] Bei fraglicher Erwerbsminderung ist die materielle Vorgabe des 38

109 Viertes Gesetz für moderne Dienstleistungen am Arbeitsmarkt vom 24.12.2003, BGBl. 2003 I 2954.
110 LSG NRW 20.10.2008 – L 5 B 75/08 KR ER, FEVS 60, 420 zur Krankenhilfe.
111 Krodel/Feldbaum, Eilverfahren, Rn. 399.
112 LSG Hmb 28.1.2005 – L 3 B 16/05 ER SO, FEVS 56, 521.
113 LSG BW 1.6.2005 – L 7 SO 1840/05 ER-B, juris; LSG Bln-Bbg 22.3.2006 – L 23 B 1065/05 SO ER, juris.

§ 44 a Abs. 1 S. 7 SGB II zu beachten, wonach bis zur Klärung Anspruch auf Leistungen der Grundsicherung für Arbeitsuchende nach dem SGB II besteht.

39 Bei **Bezug einer den Lebensunterhalt sicherstellenden Leistung** der Grundsicherung nach dem SGB II ist der Lebensunterhalt grundsätzlich in gleichem Umfange gesichert, wie ihn die Grundsicherung im Alter und bei Erwerbsminderung nach §§ 41 ff. SGB XII vorsehen; dem Begehren von Leistungen der Grundsicherung nach dem SGB XII anstelle der bereits gewährten nach dem SGB II fehlt es daher im Regelfall am Anordnungsgrund. Anderes kann sich ergeben, wenn der Antragsteller nur im SGB XII vorgesehene Leistungserweiterungen geltend macht. Der Anordnungsanspruch kann auch entfallen, wenn der Leistungsträger die darlehensweise Gewährung der Leistung anbietet[114] oder schon bewilligt hat. Des Weiteren wird ein Anordnungsgrund in der Regel nicht vorliegen, wenn der Antragsteller im einstweiligen Rechtsschutz eine **höhere Versicherungsleistung** begehrt. Zwar geht die Regelung des § 86 b Abs. 2 über die Gewährung eines Mindeststandards im einstweiligen Rechtsschutz hinaus (→ Rn. 36). Schwere und unzumutbare, nicht anders abwendbare Nachteile werden nicht vorausgesetzt, sondern lediglich „wesentliche“ Nachteile. Auch solche liegen aber grundsätzlich nicht vor, wenn der Antragsteller bereits eine Leistung zur Grundsicherung bezieht und mit der einstweiligen Anordnung die vorläufige Gewährung laufender sozialversicherungsrechtlicher Leistungen begehrt. Denn die Ablehnung der begehrten Leistung führt nicht zu nennenswerten Einbußen in der wirtschaftlichen Situation.[115] Im Einzelfall kann sich anderes ergeben, wenn die Grundsicherungsleistungen aus den aktuellen Rechtsschutzantrag begründender Existenznot heraus beantragt werden[116] oder aufgrund des bisherigen Lebensstandards Verpflichtungen eingegangen wurden, die mit der Grundsicherungsleistung nicht bedient werden können und daraus nicht oder nur schwer rückgängig zu machende Folgen drohen (zB Gewährung von Alg II, aber Ablehnung von Arbeitslosengeld I, weil die bisherige Tätigkeit keine versicherungspflichtige Beschäftigung gewesen sei).

40 Beim **Bezug von Sozialhilfe als Hilfe zum Lebensunterhalt** vom zuständigen Träger ist zu differenzieren. Die Leistung der Sozialhilfe kann auf der Einschätzung des Trägers beruhen, die Voraussetzungen der §§ 27 ff. SGB XII lägen vor. Hält das Gericht diese Einschätzung nach summarischer Prüfung für zutreffend, lehnt es den Antrag auf einstweilige Anordnung auf Gewährung einer anderen Sozialleistung mangels Anordnungsanspruch ab; denn die materiellen Voraussetzungen der begehrten Leistungen liegen dann nicht mit der nötigen Wahrscheinlichkeit vor. Sieht das Gericht die Voraussetzungen einer Leistung der Grundsicherung als wahrscheinlich an, verneint es somit zwangsläufig die Anspruchsvoraussetzungen der Sozialhilfe; ein Anordnungsgrund kann dann auch nicht unter Verweis auf die Sozialhilfe abgelehnt werden. Das Gericht kann dies jedoch auch offen lassen und unter denselben Voraussetzungen wie bei Leistungen nach dem SGB II (→ Rn. 39) einen Anordnungsgrund verneinen. Dem steht die Nachrangigkeit der Sozialhilfe gem. § 2 SGB XII nicht entgegen. Bereite Mittel, die den Sozialhilfeanspruch ausschließen, sind zwar auch im Wege des einstweiligen

114 LSG Bln-Bbg 5.4.2006 – L 23 B 19/06 SO ER, juris.
115 Ähnlich LSG Brem 22.6.1984 – L 5 BR 22/84, NZA 1984, 132: keine Verweisung auf Sozialhilfe bei erheblicher Veränderung des sozio-ökonomischen Status.
116 LSG Bln-Bbg 28.8.2019 – L 1 KR 298/19 B ER, juris.

Rechtsschutzes alsbald zu gewährende vorläufige Sozialleistungen.[117] Der angenommene Sozialhilfeanspruch entfiele also. Dies hatte der Träger aber bereits bei seiner Bewilligungsentscheidung zu berücksichtigen; denn das „bereite Mittel" entsteht nicht erst durch den Antrag auf einstweiligen Rechtsschutz bei Gericht, sondern schon dann, wenn dieser Antrag möglich ist. Die bloße Antragstellung im Verfahren des einstweiligen Rechtsschutzes bewirkt also keine Änderung. Des Weiteren liegt aus Sicht des gewährenden Sozialhilfeträgers gerade nicht die nötige Wahrscheinlichkeit des Anspruches auf eine andere Sozialleistung vor. Solange der gewährende Träger also nicht erkennbar von seiner materiellen Einschätzung abrückt, kann der Anordnungsgrund verneint werden. Dies gilt jedoch nicht, wenn die Sozialhilfe bei ungewisser vorrangiger Sozialleistung allein wegen einer aktuellen Notlage unter Hinweis auf die Nachrangigkeit der Sozialhilfe nur für den Zeitraum bis zum Erlass der gerichtlichen Eilentscheidung gewährt wird; denn zum Zeitpunkt der gerichtlichen Entscheidung fällt der Sozialhilfebezug weg.

c) **Richtigkeitswahrscheinlichkeit, summarische Prüfung.** Die Anforderungen an die richterliche Wahrheits- und Rechtsprüfung sind im Rahmen der einstweiligen Anordnung gegenüber der Hauptsacheentscheidung grundsätzlich herabgesetzt, so dass keine mit an Sicherheit grenzende Wahrscheinlichkeit notwendig ist („werden könnte", „nötig erscheint" in § 86 b Abs. 2). Dies ergibt sich aus dem Zweck der einstweiligen Anordnung, den Rechtsstreit bis zur Entscheidung in der Hauptsache offen zu halten und schnellen Rechtsschutz zu gewähren. Das Gericht führt daher nur eine **summarische Prüfung** der Sach- und Rechtslage in dem Umfange durch, wie es in der zur Verfügung stehenden Zeit möglich ist; sie steht unter dem Vorbehalt des Ausgangs des Hauptsacheverfahrens. Die Prüfung hat dabei umso eingehender zu erfolgen, je schwerer die möglichen Folgen wiegen.[118] Bei der Beeinträchtigung besonders hochrangiger Rechtsgüter verbietet sich ggf. eine bloß summarische Prüfung (→ Rn. 4); ein effektiver Grundrechtsschutz, zB Leben und körperliche Unversehrtheit gem. Art. 2 Abs. 2 GG, Menschenwürde bei Grundsicherungsleistungen, erfordert vielmehr eine intensive Prüfung der Sach- und Rechtslage.[119] Ist diese in der zur Verfügung stehenden Zeit nicht möglich, ist der Entscheidung über den einstweiligen Rechtsschutz allein eine umfassende Güter- und Folgenabwägung zugrunde zu legen (→ Rn. 4).[120] Hierfür genügt schon eine nur zeitweilige Beeinträchtigung in der grundrechtlichen Position, so zB bei Grundsicherungsleistungen, da die in dieser Zeit beeinträchtigte Menschenwürde auch durch nachträgliche Gewährung nach Abschluss der Hauptsache nicht mehr tatsächlich beseitigt werden kann. Andererseits verlangt das BVerfG die umfassende Abwägung nur, wenn die unzumutbare Beeinträchtigung anders als durch die Gewährung einstweiligen Rechtsschutzes nicht abwendbar ist; hieran fehlt es zB bei Grundsicherungsleistungen, wenn das Existenzminimum wie bisher durch freiwillige Leistungen Dritter gedeckt werden kann. Allein dass die Grundsicherungsleistung nicht in 41

---

117 BVerwG 13.5.1996 – 5 B 92/96, Buchholz 436.0 § 2 BSHG Nr. 20 zur entsprechenden Vorläufervorschrift.

118 BVerfG 14.3.2019 – 1 BvR 169/19, juris, stattgebender Kammerbeschluss; BVerfG 6.2.2013 – 1 BvR 2366/12, juris, Nichtannahmebeschluss.

119 BVerfG 22.11.2002 – 1 BvR 1586/02, NZS 2003, 253.

120 BVerfG 12.5.2005 – 1 BvR 569/05, NVwZ 2005, 927; LSG Bln 5.3.2004 – L 9 B 8/04 KR ER, juris; 17.3.2004 – L 7 B 13/04 KA ER, GesR 2004, 184; 28.1.2003 – L 9 B 20/02 KR ER W02 I, juris.

voller Höhe des Regelsatzes gewährt wird, begründet noch keine schwere und unzumutbare Beeinträchtigung; so hat es das BVerfG gebilligt, wenn zur Vermeidung der Vorwegnahme der Hauptsache vom Regelsatz ein Abschlag vorgenommen wird, hierin also keine solche Beeinträchtigung gesehen (→ Rn. 46).

42 aa) **Tatsachen.** Die Anordnungsanspruch und -grund zugrunde liegenden **Tatsachen** müssen überwiegend wahrscheinlich sein. Dies ergibt sich aus § 86 b Abs. 2 S. 4 iVm § 920 Abs. 2 ZPO, wonach Anordnungsanspruch und -grund glaubhaft zu machen sind; glaubhaft gemacht ist eine Tatsache, wenn sie überwiegend wahrscheinlich ist; die bloße Möglichkeit reicht nicht aus (siehe bei § 118). Durch die lediglich entsprechende Anwendung des § 920 Abs. 2 ZPO wird der im sozialgerichtlichen Verfahren geltende Amtsermittlungsgrundsatz (§ 103) nicht beseitigt; die Glaubhaftmachung bezieht sich daher nicht auf die Beibringung von Tatsachen durch die Beteiligten, sondern allein auf den nötigen Grad an Wahrscheinlichkeit.[121] Die Regeln des Klageverfahrens über die objektive Beweislast gelten auch hier.

43 bb) **Rechtsfragen.** Auch wenn ein Glaubhaftmachen nur für Tatsachen in Betracht kommt, bezieht sich die summarische Prüfung auch auf **Rechtsfragen** hinsichtlich des Anordnungsanspruches. Abgesehen davon, dass sich Sachverhaltsermittlung und Rechtsfindung gegenseitig bedingen, eine eindeutige Trennung daher nicht immer möglich ist, erfordert auch eine umfassende rechtliche Würdigung häufig einen größeren Zeitaufwand, als im einstweiligen Rechtsschutz zur Verfügung steht; die Anforderungen an die Wahrscheinlichkeit der Richtigkeit der Entscheidung sind daher auch bzgl. der Rechtsfragen herabgesetzt.[122] Dies sollte jedoch auf Ausnahmefälle schwieriger Rechtsfragen oder besonders schneller Entscheidungen beschränkt bleiben. Zu verfassungs- oder europarechtlichen Fragen → Rn. 69. Das Gericht kann auch auf die Möglichkeit einer Zwischenregelung zurückgreifen (→ Rn. 68).

44 cc) **Zusammenspiel von Anordnungsanspruch und -grund.** Sie sind gleichberechtigte Voraussetzungen. Auch bei offensichtlicher Erfolgsaussicht in der Hauptsache kann keine einstweilige Anordnung erlassen werden, wenn es an der Eilbedürftigkeit fehlt.[123] Umgekehrt ist der Antrag allein wegen fehlenden Anordnungsanspruchs abzulehnen, wenn keinerlei Erfolgsaussicht besteht.[124] Im Übrigen stellen beide Voraussetzungen ein bewegliches System dar:[125] Je nach Wahrscheinlichkeit des Erfolges in der Hauptsache können die Anforderungen an den Anordnungsgrund geringer sein.[126] Um einen ausreichenden Grundrechtsschutz zu gewähren, kann es notwendig werden, unabhängig von Anordnungsanspruch und -grund allein aufgrund einer Folgenabwägung zu entscheiden (→ Rn. 41 und 4).

121 Krodel NZS 2002, 180 (186).
122 LSG Hmb 5.3.1981 – V ARBs 10/81, Breith. 1981, 553 (556); Krodel NZS 2002, 180 (186); Kopp/Schenke § 123 Rn. 24; OVG Bln 15.3.1989 – 2 S 1/89, NVwZ 1991, 899.
123 SchlHLSG 31.10.1980 – L 1 Sb(Ar) 23/90, Breith. 1981, 443 (449); LSG Hmb 5.3.1981 – V ARBs 10/81, Breith. 1981, 553 (555).
124 SchlHLSG 31.10.1980 – L 1 Sb(Ar) 23/90, Breith. 1981, 443 (449); ThürLSG 30.1.2004 – L 6 RJ 914/03 ER.
125 HessLSG 19.3.2009 – L 7 AS 53/09 B ER, juris; Kopp/Schenke § 123 Rn. 26.
126 LSG Nds-Brem 20.10.2003 – L 15 AL 23/03 ER, SGb 2004, 44; LSG Nds 14.9.1998 – L 4 KN 4/98 KR ER, SGb 1999, 254.

d) Verbot der Vorwegnahme der Hauptsache. aa) Grundsatz. Ihrem Zweck nach, den Rechtsstreit bis zur Entscheidung in der Hauptsache offen zu halten, darf die einstweilige Anordnung keine endgültige Regelung treffen, die eine Hauptsacheentscheidung entbehrlich machte. Insb. die herabgesetzten Anforderungen an die Richtigkeitswahrscheinlichkeit (→ Rn. 41 ff.) im einstweiligen Rechtsschutz machen es unter dem Gesichtspunkt des wirksamen Rechtsschutzes notwendig, dass die endgültige Entscheidung dem Hauptsacheverfahren vorbehalten bleibt, in dem eine umfassende und nicht nur summarische Prüfung der Sach- und Rechtslage erfolgt und sich das Gericht von der Richtigkeit überzeugt. Es ist daher von einem grundsätzlichen Verbot der Vorwegnahme der Hauptsache im einstweiligen Rechtsschutz auszugehen.[127] Die Rechtsprechung versteht die verbotene Vorwegnahme teilweise sehr weit unter Einbeziehung der vorläufigen (teilweisen, zeitweisen oder partiellen) Vorwegnahme.[128] Dies lässt jedoch außer Acht, dass jede Entscheidung im einstweiligen Rechtsschutz (auch die ablehnende) eine Regelung für die Interimszeit trifft und damit die Hauptsache in diesem Umfange bereits erledigt; die vorläufige Vorwegnahme der Hauptsache ist dem einstweiligen Rechtsschutz also immanent.[129] Das grundsätzliche Verbot der Vorwegnahme hat sich daher auf **Entscheidungen** zu beziehen, **deren Folgen bei abweichender Entscheidung in der Hauptsache nicht mehr rückgängig gemacht werden können.**[130] Dies kommt zB bei Geldleistungen in Betracht, bei denen die Rückforderung ausgeschlossen ist. Bei Statusfeststellungen ließe sich die Festschreibung des Status zumindest für in der Vergangenheit liegende Zeiträume im Falle des Misserfolges in der Hauptsache nicht mehr revidieren;[131] im Verfahren des einstweiligen Rechtsschutzes dürfte die Statusfeststellung jedoch idR nur als Voraussetzung für den Erhalt einer Versicherungsleistung von Bedeutung sein, die eigentlich begehrt wird (zB versicherungspflichtige Beschäftigung als Voraussetzung für eine Rente wegen Erwerbsminderung); der einstweilige Rechtsschutz hat sich dann auf die vorläufige Gewährung dieser Leistung zu richten; irreversible Regelungen werden insoweit nicht getroffen. Dem Antrag auf Statusfeststellung im Wege der einstweiligen Anordnung fehlt es daher am Anordnungsgrund.[132] Ist gerade das Bestehen des Versicherungsverhältnisses Kern des Streits (zB Wechsel der Krankenkasse), kommt es auf die Frage der möglichen Rückabwicklung an.[133] 45

bb) Ausnahme. Eine Ausnahme vom Verbot der Vorwegnahme der Hauptsache ist im Hinblick auf die Garantie effektiven Rechtsschutzes in Art. 19 Abs. 4 GG jedoch zu machen, wenn die ohne die Regelung zu erwartenden Nachteile unzu- 46

127 HM: LSG Bln 19.6.2003 – L 9 KR 69/03 ER; LSG Hmb 5.3.1981 – V ARBs 10/81, Breith. 1981, 553 (555); SchlHLSG 31.10.1980 – L 1 Sb (Ar) 23/80, Breith. 1981, 443 (445); LSG RhPf 3.7.1978 – L 1 Sb 32/78, Breith. 1979, 89; Keller in Meyer-Ladewig/Keller/Leitherer/Schmidt § 86 b Rn. 31; Kopp/Schenke § 123 Rn. 13-15 mwN zur VwGO.

128 VGH BW 20.9.1994 – 9 S 687/94, DVBl. 1995, 160; Kopp/Schenke § 123 Rn. 14 mwN; anders LSG Brem 22.6.1984 – L 5 BR 22/84, NZA 1984, 132: keine Vorwegnahme, wenn laufende Leistungen nicht rückwirkend ab dem gesetzlichen Leistungsbeginn, sondern erst ab Zustellung des gerichtlichen Beschlusses zugesprochen werden.

129 Ebenso Krodel NZS 2002, 234 (239); Kopp/Schenke § 123 Rn. 14.

130 Ebenso Kopp/Schenke § 123 Rn. 14.

131 LSG Bln 28.6.2002 – L 9 B 67/02 KR ER, NZS 2002, 672.

132 LSG Bln 28.6.2002 – L 9 B 67/02 KR ER, NZS 2002, 672.

133 Vgl. hierzu LSG Nds-Brem 10.8.2004 – L 4 KR 204/04 ER, Breith. 2005, 1: Das in der Hauptsache zu erwartende Ergebnis wird dabei berücksichtigt.

mutbar und im Hauptsacheverfahren nicht mehr zu beseitigen wären. Zu berücksichtigen ist dabei, ob die Entscheidung in der Hauptsache mit hoher Wahrscheinlichkeit zu spät käme,[134] ob existenzielle Belange betroffen sind, insbes. der Antragsteller in wirtschaftliche Not gerät; weiter die Betroffenheit in grundrechtlich gesicherten Positionen (insbes. bei berufsbezogenen Zulassungen) sowie der Grad der Möglichkeit, die eintretenden Folgen rückgängig zu machen.[135] Steht die Gewährung von Leistungen der Grundsicherung nach SGB II oder SGB XII oder der Hilfe zum Lebensunterhalt im Streit, führt die Verpflichtung zur Erbringung dieser Leistungen zur Vorwegnahme der Hauptsache. Denn der gerichtliche Rechtsschutz soll hier gerade den Lebensunterhalt sichern, den diese Leistungen gewährleisten sollen. Der Funktion des einstweiligen Rechtsschutzes, den Rechtsstreit bis zur Entscheidung in der Hauptsache offen zu halten, kann durch den Inhalt der gerichtlichen Entscheidung Rechnung getragen werden: Verpflichtet wird nur zur vorläufigen Leistung. Die Verpflichtung kann befristet werden. Je nach Dringlichkeit und Art des zu gewährleistenden Bedarfs können zur Vermeidung der Vorwegnahme der Hauptsache auch Leistungen der Grundsicherung mit einem Abschlag gewährt werden.[136] Zwar ist das Existenzminimum einheitlich gewährleistet und nicht in einen „Kernbereich" der physischen und einen „Randbereich" der sozialen Existenz aufgespaltet; eine Hierarchisierung der Bedarfe ist aufgrund der einheitlichen Gewährleistung nicht zulässig.[137] Allerdings geht es im Rahmen des einstweiligen Rechtsschutzes nicht um einen endgültigen Anspruchsverlust, sondern bei späterem Erfolg in der Hauptsache lediglich um eine zeitversetzte Befriedigung der Bedarfe für einen abgegrenzten Zeitraum. Dies ist mit der vom BVerfG in Abgrenzung zur sanktionsbedingten Minderung nach § 31 a SGB II als unbedenklich angesehenen Aufrechnung mit Teilen der Regelleistung vergleichbar.[138] Das Existenzminimum darf aber nicht auf längere Zeit verwehrt werden; ansonsten würde gerade im existenziellen Bereich ein effektiver Rechtsschutz iSd Sicherung eines menschenwürdigen Daseins in Frage gestellt. Eine Absenkung ist daher nur bei der kurzfristigen Sicherung des existenziellen Lebensunterhalts möglich.[139] Das BVerfG hat es jedoch ausdrücklich für zulässig erachtet, zur Vermeidung der Vorwegnahme der Hauptsache Leistungen der Grundsicherung nur mit einem Abschlag zuzusprechen.[140] Beruht die zusprechende gerichtliche Entscheidung nicht auf einer Güter- und Folgenabwägung, sondern auf einer eingehenden Prüfung der Erfolgsaussicht, besteht für einen solchen Abschlag hingegen keine Veranlassung. S. a. → Rn. 47 und 52 zum Entscheidungsinhalt.

47 **4. Entscheidungsinhalt. a) Allgemeines.** Ist der Antrag zulässig und begründet, ist die einstweilige Anordnung zu erlassen; ein Entschließungsermessen des Gerichts besteht nicht. Das in § 86 b Abs. 2 S. 4 iVm § 938 Abs. 1 ZPO eingeräumte Ermessen bezieht sich allein auf die Ausgestaltung der einstweiligen Anord-

---

134 BVerfG 17.2.1972 – 2 BvR 820/72, BVerfGE 34, 160 (163).
135 Kopp/Schenke § 123 Rn. 14 mwN.
136 BVerfG 12.5.2005 – 1 BvR 569/05, NVwZ 2005, 927 unter ausdrücklicher Bezugnahme auf SG Düsseldorf 16.2.2005 – S 35 SO 28/05 ER, NJW 2005, 845, das einen Abschlag von 20% des Regelsatzes angesetzt hatte.
137 BVerfG 5.11.2019 – 1 BvL 7/16, NJW 2019, 3703.
138 BVerfG 5.11.2019 – 1 BvL 7/16, NJW 2019, 3703.
139 LSG NRW 7.12.2006 – L 19 B 121/06 AS ER, info also 2007, 130, dort mit weiteren Nachweisen.
140 BVerfG 12.5.2005 – 1 BvR 569/05, NVwZ 2005, 927.

nung. Das Gericht bestimmt nach **freiem Ermessen** den Inhalt der Regelung; es muss auch bei Begründetheit des Antrages nicht die konkrete vom Antragsteller begehrte Regelung treffen. Auch eine Feststellung ist möglich; allerdings nicht der aufschiebenden Wirkung; diese ergeht nach § 86 b Abs. 1 (→ Rn. 8). Die Regelung kann befristet und mit Auflagen verbunden werden. Zur Vermeidung einer Vorwegnahme der Hauptsache kann das Gericht die Verwaltung zum Erlass eines vorläufigen Verwaltungsaktes auch dann verpflichten, wenn das materielle Recht dies nicht vorsieht oder sogar ausdrücklich ausschließt.[141] Bei einer Versagung der Leistung wegen mangelnder Mitwirkung gem. § 66 Abs. 1 SGB I kann zur Gewährleistung effektiven Rechtsschutzes die Leistung durch Regelungsanordnung vorläufig zugesprochen werden.[142] Antrag und Tenor müssen konkret und vollstreckbar gefasst, das Verhalten, zu dem der Antragsgegner verpflichtet wird, genau bestimmt sein; so genügt zB nicht die Verpflichtung zur Unterlassung der Benachteiligung.[143] Bei Sozialleistungen genügt allerdings wie in der Hauptsache grundsätzlich die Verpflichtung dem Grunde nach. Eine Verpflichtung „unter dem Vorbehalt der Rückforderung" oder „darlehensweise"[144] muss nicht ausdrücklich ausgesprochen werden, denn die Rückzahlungspflichten bei Misserfolg in der Hauptsache ergeben sich bereits aus den allgemeinen Grundsätzen der Rückabwicklung (→ Rn. 70). **Hängebeschlüsse** sind auch hier möglich (→ Rn. 68).

▶ **Antrag/Tenor:**

Die Antragsgegnerin wird im Wege der einstweiligen Anordnung verpflichtet, dem Antragsteller vom ... bis ... vorläufig Arbeitslosengeld in gesetzlicher Höhe zu gewähren. ◀

b) Ermessensspielraum der Verwaltung. Der mögliche Inhalt einer einstweiligen Anordnung bei Entscheidungen mit Ermessenspielraum der Verwaltung ist umstritten. Dies betrifft insbesondere die Frage, ob das Gericht die Verwaltung zu einem bestimmten Verhalten (zB bestimmte Leistung) nur bei Ermessensreduktion auf Null verpflichten kann.[145] Liegen deren Voraussetzungen nicht vor, gewährt das Gesetz dem Bürger grundsätzlich nur einen Anspruch auf ermessensfehlerfreie Entscheidung. Der gerichtliche Rechtsschutz ist nach § 54 Abs. 2 S. 2 SGG beschränkt auf die Rechtskontrolle; keinesfalls darf das Gericht seine eigenen Ermessenserwägungen an die Stelle derer der Verwaltung setzen (ausführlich → § 54 Rn. 63 ff.). Der der Verwaltung vorbehaltene Ermessensspielraum ist als Ausdruck des Gewaltenteilungsprinzips verfassungsrechtlich abgesichert. 48

141 BVerfG 18.12.1985 – 2 BvR 1167/84, BVerfGE 71, 305 (347); Kopp/Schenke § 123 Rn. 13.

142 LSG Bln-Bbg 14.6.2007 – L 28 B 769/07 AS ER, juris; 22.11.05 – L 29 B 1212/05 AS ER, FEVS 57, 452.

143 ThürLSG 30.1.2004 – L 6 RJ 914/03 ER, juris.

144 So aber LSG BW 1.8.2005 – L 7 AS 2875/05 ER-B, FEVS 57, 72.

145 So Keller in Meyer-Ladewig/Keller/Leitherer/Schmidt § 86 b Rn. 30 a; Krodel/Feldbaum, Eilverfahren, Rn. 389; Meßling in Hennig § 86 b Rn. 87; LSG Bln-Bbg 20.7.2015 – L 10 AS 193/15 B, juris; LSG LSA 15.9.2010 – L 1 R 163/10 B ER, juris; LSG NRW 5.7.2010 – L 6 AS 841/10 B ER, juris; BayLSG 7.12.2009 – L 11 AS 690/09 B ER, juris; ThürLSG 20.10.2008 – L 9 AS 746/08 ER, juris; LSG Bln-Bbg 16.3.2007 – L 28 B 298/07 AS ER, juris; aA Berlit info also 2005, 3; Lode SGb 2009, 211; LSG NRW 28.9.2009 – L 19 B 266/09 AS ER, juris; LSG Nds-Brem 16.10.2006 – L 12 AL 202/06 ER, Breith 2007, 342; HessLSG 12.5.2005 – L 7 AL 38/05 ER, info also 2005, 262; zum Meinungsstand in der VwGO Finkelnburg/Dombert/Külpmann Vorl. Rechtsschutz Rn. 210 ff.

Art. 19 Abs. 4 GG garantiert den effektiven Rechtsschutz von Rechten, soweit sie eingeräumt sind. Besteht das subjektiv-öffentliche Recht nur im Anspruch auf ermessensfehlerfreie Entscheidung, kann auch aus Art. 19 Abs. 4 GG kein Anspruch auf ein bestimmtes Verhalten (eine bestimmte Leistung) resultieren. Diese Vorgaben sind auch im einstweiligen Rechtsschutz zu beachten, der vor Rechtsverlusten durch bloßen Zeitablauf schützen soll. Bei Ermessensentscheidungen kann daher grundsätzlich nur der Anspruch auf ermessensfehlerfreie Entscheidung vorläufig abgesichert werden, da nur dessen Verlust droht. Allein die Eilbedürftigkeit lässt materiell kein subjektiv-öffentliches Recht auf ein bestimmtes Verwaltungshandeln entstehen. Der Grad der Eilbedürftigkeit und das Gewicht der betroffenen materiellen Positionen beeinflussen aber – wie allgemein (→ Rn. 4, 41, 44) – den Entscheidungsmaßstab (→ Rn. 49).

49 Nach dem Wechselspiel zwischen Anordnungsgrund und -anspruch (→ Rn. 44) sind die Anforderungen an die Wahrscheinlichkeit einer Ermessensreduktion auf Null umso niedriger, je größer die Gefahr des Rechtsverlusts durch Zeitablauf oder je schwerer die drohenden Folgen sind. Sind grundrechtliche oder existenzielle Belange betroffen, sind diese nicht nur im Rahmen des materiellen Rechts (iSd Ermessensreduktion) einzustellen. Prozessual ist ihnen im Bereich des Entscheidungsmaßstabes (Grad der Wahrscheinlichkeit; reine Güter- und Folgenabwägung) Rechnung zu tragen. Danach ist zu differenzieren:[146]

50 Bei **erheblichen, über Randbereiche hinausgehenden Beeinträchtigungen:** Die gerichtliche Entscheidung kann auf eine summarische Prüfung der Erfolgsaussichten gestützt werden (→ Rn. 4). Die Verpflichtung der Verwaltung zu einem bestimmten Verhalten kann nur erfolgen, wenn die Voraussetzungen einer Ermessensreduktion auf Null im Hinblick auf den Grad der Eilbedürftigkeit ausreichend wahrscheinlich sind. Es reicht nicht aus, dass nach Ansicht des Gerichts das Ermessen voraussichtlich im Sinne des begehrten bestimmten Verhaltens ausgeübt werde.[147] Allerdings ist zu beachten, dass sich eine Ermessensreduktion auf Null insbesondere – aber nicht nur – durch den Einfluss grundrechtlicher Positionen ergeben kann. Maßgeblich ist, ob bei Berücksichtigung aller Umstände nur eine einzige Entscheidung als dem Zweck der gesetzlichen Ermächtigung entsprechend anzusehen ist. Dies kann – insbesondere beim sog intendierten Ermessen („Soll"-Vorschriften) – auch ohne Grundrechtsbetroffenheit vorliegen. Ist eine Ermessensreduktion auf Null nicht glaubhaft gemacht, liegen aber Ermessensfehler vor oder hat die Verwaltung noch gar nicht entschieden, ist hinsichtlich des Entscheidungstenors zu unterscheiden: Beim **Entschließungsermessen** kann zur (Neu-)Bescheidung unter Beachtung der Rechtsauffassung des Gerichts verpflichtet werden,[148] ggf. unter Fristsetzung. Beim **Auswahlermessen** kommt eine vorläufige Verpflichtung der Verwaltung zu einem Verhalten eigener Wahl unter Beachtung der Rechtsauffassung des Gerichts in Betracht. Gleiches gilt, wenn eine Ermessensreduktion auf Null nur beim Entschließungs-, aber nicht beim Auswahlermessen vorliegt. Soweit bereits ein Ausgangsbescheid vorliegt, wird dieser im Verfahren des einstweiligen Rechtsschutzes nicht aufgehoben.

146 Wie hier Krodel/Feldbaum, Eilverfahren, Rn. 389.
147 So aber die in der vorstehenden Fußnote zitierte Gegenmeinung.
148 LSG LSA 15.9.2010 – L 1 R 163/10 B ER, juris.

Bei **schweren und unzumutbaren, anders nicht abwendbaren Nachteilen:** Die Anforderungen an die Wahrscheinlichkeit einer Ermessensreduktion auf Null sind noch weiter herabgesetzt. Die Ablehnung der vorläufigen Verpflichtung zur Leistung wegen fehlender Ermessensreduktion auf Null darf nur erfolgen, wenn deren Voraussetzungen abschließend wie in einem Hauptsacheverfahren, also nicht nur summarisch geprüft worden sind. Ist eine eingehende Prüfung der Erfolgsaussichten nicht möglich, ist aufgrund einer umfassenden Güter- und Folgenabwägung zu entscheiden (→ Rn. 4). Für eine vorläufige Verpflichtung zu einem bestimmten Verhalten ist dann erforderlich, aber auch ausreichend, dass eine Ermessensreduktion auf Null nicht von vornherein ausgeschlossen ist. 51

c) Existenzsichernde Leistungen. Bei **lebensunterhaltsichernden Leistungen** der Grundsicherung nach SGB II und XII und der Hilfe zum Lebensunterhalt nach §§ 27 ff. SGB XII kann, um die Vorwegnahme der Hauptsache zu vermeiden, die Verpflichtung des Antragsgegners auf die vorläufige Leistung des zum Lebensunterhalt Unerlässlichen (§ 26 Abs. 1 SGB XII) oder eine abgesenkte Leistung (§ 31 a SGB II) beschränkt werden.[149] Die in den genannten Normen hierfür vorgesehenen materiellen Tatbestandsvoraussetzungen müssen nicht vorliegen. Eine solche Regelung ist vielmehr Ausdruck des gerichtlichen Ermessens (→ Rn. 47). Entscheidend sind insoweit Art und Dringlichkeit der zu beseitigenden Notlage; in Betracht kommt eine solche Regelung, wenn es um die kurzfristige Sicherung des existenziellen Lebensunterhalts geht (eingehender → Rn. 46). 52

Leistungen der Grundsicherung nach dem SGB II oder §§ 41 ff. SGB XII dienen (wie die frühere Sozialhilfe nach dem BSHG und die Hilfe zum Lebensunterhalt nach §§ 27 ff. SGB XII, → Rn. 54) vor allem der Abwendung gegenwärtiger Notlagen.[150] Anders als bei der Hilfe zum Lebensunterhalt sieht das materielle Recht dennoch einen längeren Zeitraum vor, für den die Grundsicherungsleistungen gewährt werden sollen (sechs bzw. zwölf Monate nach § 41 Abs. 1 S. 4 SGB II, § 44 Abs. 1 S. 1 SGB XII). Grundsätzlich werden daher diese Leistungen auch im einstweiligen Rechtsschutzverfahren höchstens für den Zeitraum zugesprochen, der materiellrechtlich für den Anspruch vorgesehen ist.[151] Abweichungen können sich aus Anhaltspunkten für einen früheren Wegfall des Leistungsanspruches ergeben; sinnvoll kann auch eine Befristung bis zum Erlass des Widerspruchsbescheides sein. Die vorläufigen Leistungen sind ab dem Zeitpunkt der Antragstellung bei Gericht zuzusprechen.[152] Dadurch wird der Antragsteller nicht mit dem Risiko einer ggf. längeren Verfahrensdauer belastet, auf die er idR keinen Einfluss hat. Leistungen für die Vergangenheit, dh für die Zeit vor dem Antrag auf Gewährung einstweiligen Rechtsschutzes, können grundsätzlich nicht zugesprochen werden; es fehlt am Anordnungsgrund (→ Rn. 36). Eine Ausnahme ist jedoch dann zu machen, wenn die Notlage noch bis in die Gegenwart fortwirkt und den Betroffenen in seiner menschenwürdigen Existenz be- 53

149 LSG Nds-Brem 28.4.2005 – L 8 AS 57/05 ER, FEVS 2005, 503; vgl. auch OVG NRW 14.4.2000 – 16 B 472/00, juris.
150 LSG Bln-Bbg 5.4.2006 – L 23 B 19/06 SO ER, juris; LSG BW 1.8.2005 – L 7 AS 2875/05 ER-B, FEVS 57, 72.
151 SächsLSG 21.10.2016 – L 7 AS 973/16 B ER, juris.
152 LSG Nds-Brem 28.4.2005 – L 8 AS 57/05 ER, FEVS 2005, 503; LSG Bln-Bbg 5.4.2006 – L 23 B 19/06 SO ER, juris; LSG BW 1.8.2005 – L 7 AS 2875/05 ER-B, FEVS 57, 72; OVG NRW 14.4.2000 – 16 B 472/00, juris zum BSHG.

droht.[153] Ein solcher Nachholbedarf besteht zB in den Fällen, in denen auch nach dem materiellen Recht eine Schuldübernahme möglich ist (§ 22 Abs. 8 SGB II, § 36 Abs. 1 SGB XII), also zur Sicherung der Unterkunft oder zur Vermeidung einer vergleichbaren Notlage wie der Energiesperre.

54 Besonderheiten bestehen bei der Sozialhilfe als **Hilfe zum Lebensunterhalt.** Das Recht der Sozialhilfe und damit auch das darauf bezogene gerichtliche Verfahren im einstweiligen Rechtsschutz wird vom Rechtsgedanken der Abwendung gegenwärtiger Notlagen bestimmt; es handelt sich nicht um eine rentengleiche Dauerleistung, sondern um die zeitabschnittsweise Gewährung von Hilfen.[154] Dieser Grundsatz gilt nach der Neukonzeption der Sozialhilfe im SGB XII zwar nicht mehr für die Grundsicherung nach §§ 41 ff. SGB XII (→ Rn. 37 ff. und 53); aber noch für die Sozialhilfe als Hilfe zum Lebensunterhalt gem. §§ 27 ff. SGB XII. Die Verpflichtung zur vorläufigen Gewährung laufender Leistungen erfolgt daher grundsätzlich nur bis zu dem Zeitpunkt, zu dem die Tatbestandsvoraussetzungen von der Behörde erneut zu prüfen sind. Wegen der bei längerer Bedürftigkeit üblichen monatsweisen Bewilligung regelsatzmäßiger Leistungen ist im gerichtlichen Eilverfahren die Verpflichtung des Antragsgegners zur vorläufigen Gewährung bis zum Ende des Monats auszusprechen, in dem die gerichtliche Entscheidung ergeht.[155] Abweichend davon kann aus Gründen des effektiven Rechtsschutzes eine Verpflichtung bis zum Ende des Folgemonats erfolgen:[156] Zwischen Beschlussfassung und Zustellung der Entscheidung können mehrere Tage liegen, in denen die Behörde eine ungünstige Entscheidung auch für den Folgemonat trifft; zur Abwendung der auch dann noch gegenwärtigen Notlage ist der Verpflichtungszeitraum auszudehnen. Die Verpflichtung für einen längeren Zeitraum ist grundsätzlich nicht geboten.[157] Entscheidend ist die jeweils gegenwärtige Notlage; diese kann sich abhängig von den Einkommens- und Vermögensverhältnissen ändern. Des Weiteren ist die Behörde verpflichtet, den Sozialhilfefall von Amts wegen unter Kontrolle zu halten. Sie wird also die gerichtliche Entscheidung auch für die Folgezeit berücksichtigen, solange keine Änderung eintritt.[158] Weitere Anhaltspunkte für die Befristung des Verpflichtungszeitraums sind das absehbare Ende der Bedürftigkeit oder des sozialhilferechtlichen Bedarfes oder auch ein angekündigter Widerspruchsbescheid. Zur zeitlichen Bindungswirkung einer ablehnenden Entscheidung → Rn. 55. Die vorläufigen Leistungen sind ab dem Zeitpunkt der Antragstellung bei Gericht zuzusprechen (→ Rn. 53).[159] Nach aA[160] erfolgt die Verpflichtung zu vorläufigen Leistungen erst ab dem Ersten des Monats, in dem die gerichtliche Entscheidung ergeht. Der einstweilige Rechtsschutz diene nur der Abwehr gegenwärtiger oder künftig zu erwartender Notlagen; für bereits vergangene Zeiträume sei dem Antragsteller ein Abwarten der Hauptsache zumut-

---

153 LSG Bln-Bbg 5.4.2006 – L 23 B 19/06 SO ER, juris; LSG BW 1.8.2005 – L 7 AS 2875/05 ER-B, FEVS 57, 72; LSG BW 28.3.2007 – L 7 AS 1214/07 ER-B, juris.
154 BVerwG 26.9.1991 – 5 C 14/87, BVerwGE 89, 81 zum alten Recht nach BSHG.
155 OVG NRW 12.4.2001 – 16 B 269/01, NVwZ-RR 2002, 611.
156 OVG Bbg 31.5.2002 – 4 B 64/02, FEVS 54, 40; BayVGH 24.8.1994 – 12 CE 94.2401, BayVBl. 1995, 373.
157 OVG Bbg 31.5.2002 – 4 B 64/02, FEVS 54, 40; BayVGH 24.8.1994 – 12 CE 94.2401, BayVBl. 1995, 373; OVG NRW 12.4.2001 – 16 B 269/01, NVwZ-RR 2002, 611.
158 LSG NRW 30.5.2008 – L 20 B 12/08 SO ER, juris zur Krankenhilfe.
159 OVG NRW 14.4.2000 – 16 B 472/00, juris.
160 OVG Nds 31.7.1997 – 4 M 3063/97, FEVS 48, 42.

bar. Auch nach dieser Ansicht ist jedoch eine Ausnahme zu machen, wenn dem Antragsteller durch unrechtmäßiges Vorenthalten der Leistungen für die Vergangenheit auch gegenwärtig noch schwerwiegende Nachteile drohen (zB drohender Verlust der Wohnung, weil die Kosten der Unterkunft für die Vergangenheit nicht erbracht wurden).

▶ **Antrag/Tenor:**

Die Antragsgegnerin wird im Wege der einstweilige Anordnung verpflichtet, dem Antragsteller für die Zeit vom ... bis zum ... vorläufig Hilfe zum Lebensunterhalt in gesetzlicher Höhe zu gewähren. ◀

5. Geltungsdauer. Soweit die einstweilige Anordnung selbst nichts Abweichendes regelt, gilt sie ab Bekanntgabe bis zum Eintritt der Rechtskraft der Hauptsacheentscheidung oder der anderweitigen Erledigung der Hauptsache (Rücknahme, Vergleich). Sie verliert ihre Verbindlichkeit auch dann, wenn wegen eingetretener Bestandskraft des zugrunde liegenden Verwaltungsaktes kein Hauptsacheverfahren mehr anhängig gemacht werden kann.[161] Zu beachten ist weiter die Möglichkeit, dem Antragsteller eine Frist zur Klageerhebung zu setzten (→ Rn. 57). Eine die vorläufige Gewährung von Leistungen der Sozialhilfe als Hilfe zum Lebensunterhalt ablehnende gerichtliche Entscheidung entfaltet Bindungswirkung nur für den Zeitraum bis zu ihrem Erlass.[162] Anders als die zusprechende Entscheidung erstreckt sie sich somit nicht bis zum Ende des Monats, in dem sie ergeht (→ Rn. 54). Denn diese Ausdehnung bei der zusprechenden Entscheidung beruht auf Gründen des effektiven Rechtsschutzes für den Antragsteller. Im Falle der verlängerten Bindungswirkung bei ablehnender Entscheidung könnte sich der Antragsteller hingegen auch bei veränderten Umständen nicht einfach an die Behörde wenden, sondern müsste einen gerichtlichen Änderungsbeschluss erwirken. 55

6. Anwendbare ZPO-Vorschriften – Abs. 2 S. 4. a) Aufhebung und Abänderung wegen veränderter Umstände. Diese Möglichkeit ist in § 927 ZPO vorgesehen, auf den in § 86 b Abs. 2 S. 4 ebenso wenig wie in § 123 Abs. 3 VwGO verwiesen wird. Gleichwohl wird § 927 ZPO im Bereich des § 123 VwGO angewandt: Die fehlende Verweisung auf § 927 ZPO stellt einen Redaktionsfehler des Gesetzgebers dar, da auf § 939 ZPO verwiesen wird, der § 927 voraussetzt.[163] Der Begründung des Gesetzentwurfes zu § 86 b SGG[164] ist nicht zu entnehmen, dass der SGG-Gesetzgeber die Verweisung auf § 927 ZPO bewusst unterlassen hat, vielmehr wurde der Wortlaut der VwGO-Vorschrift übernommen.[165] Auch die Neufassung der Verweisungsnorm durch das BUK-NOG (→ Rn. 1) geht hierauf nicht ein.[166] Die inzwischen wohl hM wendet hingegen § 86 b Abs. 1 S. 4 an.[167] 56

161 Kopp/Schenke § 123 Rn. 34.
162 OVG NRW 12.4.2001 – 16 B 269/01, NVwZ-RR 2002, 611.
163 OVG Hmb 20.6.1994 – Bs IV 122/94, NVwZ-RR 1995, 180; OVG NRW 29.12.1989 – 11 B 3614/89, NVwZ-RR 1990, 591; aA LSG BW 11.10.2010 – L 7 SO 3392/10 ER-B, juris mwN.
164 BT-Drs. 14/5943.
165 AA LSG BW 11.10.2010 – L 7 SO 3392/10 ER-B, juris: analoge Anwendung des § 86 b Abs. 1 S. 4.
166 AA Keller in Meyer-Ladewig/Keller/Leitherer/Schmidt § 86 b Rn. 45.
167 LSG BW 11.10.2010 – L 7 SO 3392/10 ER-B, juris; LSG Bln-Bbg 30.6.2011 – L 25 AS 535/11 B ER, juris; Keller in Meyer-Ladewig/Keller/Leitherer/Schmidt § 86 b Rn. 45; Meßling in Hennig § 86 b Rn. 214; ausführlich zu Problematik und Meinungsstand Bühs ZFSH SGB 2017, 680.

Nach der hier vertretenen Auffassung ist die Abänderung aufgrund des Wortlauts des § 927 ZPO nur auf Antrag und bei Vorliegen veränderter Umstände oder dem Erbieten einer Sicherheitsleistung möglich.[168] § 927 ZPO nennt zwar nur die Aufhebung der Entscheidung und nicht deren Abänderung, diese ist aber in der umfassenderen Aufhebung mit enthalten; es wäre unsinnig, zunächst die einstweilige Anordnung ganz aufzuheben, um sie auf (nun wieder möglichen) neuen Antrag mit verändertem Inhalt erneut zu erlassen; auch der Gedanke des § 86 b Abs. 1 S. 4 kann herangezogen werden, da insoweit keine sachlichen Unterschiede zwischen Abs. 1 und 2 bestehen. Der Antrag kann sich nur auf eine erlassene einstweilige Anordnung beziehen; wurde eine solche abgelehnt, ist der Antrag nicht statthaft; vielmehr ist dann ein neuer zu stellen. Das Verfahren dient nicht der Überprüfung, ob die einstweilige Anordnung zu Recht erlassen worden war; dafür steht allein die Beschwerde zur Verfügung. Zuständig ist das Gericht, das die einstweilige Anordnung erlassen hat, bzw. das, vor dem die Hauptsache aktuell anhängig ist (§ 927 Abs. 2 ZPO).

57 **b) Frist zur Klageerhebung.** Ist kein Hauptsacheverfahren anhängig, hat das Gericht auf Antrag eines Beteiligten dem Antragsteller eine Frist zur Klageerhebung zu setzen (§ 926 Abs. 1 ZPO). Die Beteiligten können auf diese Weise vermeiden, längere Zeit an eine Eilentscheidung gebunden zu sein, die nicht umfassend im Hauptsacheverfahren überprüft wird. Setzt das Hauptsacheverfahren ein Verwaltungs- oder Vorverfahren voraus, das noch nicht durchgeführt wurde, setzt das Gericht die Frist nicht zur Klageerhebung, die unzulässig wäre, sondern zur Stellung des Antrages auf den begehrten Verwaltungsakt oder zur Einlegung des Widerspruchs.[169] Wird der Anordnung nicht Folge geleistet, wird auf Antrag des Beteiligten die einstweilige Anordnung aufgehoben (§ 926 Abs. 2 ZPO). Die Fristsetzung erfolgt durch beschwerdefähigen Beschluss.

58 **c) Vollziehungsfrist.** Ausdrücklich verweist § 86 b Abs. 2 S. 4 seit 25.10.2013 nicht mehr auf § 929 Abs. 2 ZPO. Danach ist die Vollziehung der gerichtlichen Eilentscheidung unstatthaft, wenn seit dem Tag ihrer Verkündung oder Zustellung an den Antragsteller ein Monat verstrichen ist. Die Anwendung dieser Vorschrift im sozialgerichtlichen Verfahren war stark umstritten. Die Neuregelung stellt nunmehr klar, dass die Vollziehungsfrist nicht mehr gilt. Damit wollte der Gesetzgeber unnötige Vollstreckungsanträge vermeiden. Dabei geht er davon aus, dass der typischerweise als Antragsgegner betroffene öffentlich-rechtliche Träger ohne weitere Vollstreckungsmaßnahmen einen sofort vollziehbaren Beschluss beachten.[170]

59 **d) Schadensersatz.** Nach § 945 ZPO ist der Antragsteller zum Schadensersatz verpflichtet, wenn sich die einstweilige Anordnung als von Anfang an ungerechtfertigt erweist oder gem. § 926 Abs. 2 ZPO (→ Rn. 57) aufgehoben wird. Auf ein Verschulden kommt es nicht an. Der Anspruch steht nach dem Wortlaut allein dem Anordnungsgegner zu, einem Dritten auch dann nicht, wenn er beigeladen wurde.[171] Zu ersetzen ist ausschließlich der gerade durch die Vollziehung selbst oder ihre Abwendung entstandene Schaden, nicht durch die Anord-

168 AA Keller in Meyer-Ladewig/Keller/Leitherer/Schmidt § 86 b Rn. 45 i.V.m. 20; einschränkend: LSG BW 11.10.2010 – L 7 SO 3392/10 ER-B, juris.
169 BayVGH 27.6.1997 – 1 CE 97.392, NVwZ-RR 1998, 685; Kopp/Schenke § 123 Rn. 38.
170 BT-Drs. 17/12297, 39 zu Nr. 8.
171 Kopp/Schenke § 123 Rn. 44.

nung. Für den Schadensersatzanspruch ist der ordentliche Rechtsweg eröffnet.[172]

7. Vollstreckung. Die einstweilige Anordnung ist Vollstreckungstitel nach § 199 Abs. 1 Nr. 2. Für die Vollziehung gelten neben §§ 200, 201 SGG auch §§ 928–932 ZPO (§ 86 b Abs. 2 S. 4). Die Vollziehung ist nicht mehr nur innerhalb eines Monates zulässig (→ Rn. 58). 60

V. Antrag vor Klageerhebung – Abs. 3

Für die aufschiebende Wirkung → Rn. 9; für die einstweilige Anordnung → Rn. 31. 61

VI. Gemeinsame Regelungen des einstweiligen Rechtsschutzes nach Abs. 1 und 2

1. Verfahren. Das Verfahren des einstweiligen Rechtsschutzes ist ein selbstständiges Verfahren, für das die allgemeinen Sachentscheidungsvoraussetzungen vorliegen müssen. Einstweiliger Rechtsschutz nach Abs. 1 und Abs. 2 wird nur auf **Antrag** gewährt, der der Form des § 90 genügen, also schriftlich oder zur Niederschrift der Geschäftsstelle gestellt werden muss (→ § 90 Rn. 1). Ggf. ist der Antrag entsprechend dem eigentlichen Begehren auszulegen; insbes. hinsichtlich der Wahl der richtigen Rechtsschutzform (Abs. 1 oder 2) ist nicht am Wortlaut zu haften. **Rechtliches Gehör** ist zu gewähren;[173] die Frist zur Stellungnahme kann aber sehr kurz bemessen werden. In dringenden Fällen kommt eine Nachholung in Betracht; zur eigenständigen Rüge wegen Verletzung des rechtlichen Gehörs s. § 178 a SGG. Gleiches gilt für die Beiladung nach § 75, der auch im einstweiligen Rechtsschutz anzuwenden ist. Derselbe Streitgegenstand kann auch im Eilverfahren nicht mehrfach anhängig gemacht werden (§ 17 Abs. 1 Satz 2 GVG iVm § 202 SGG).[174] Zur Rechtskraft → Rn. 66. 62

2. Anderweitige Erledigung. Der Antrag kann jederzeit zurückgenommen werden; Vergleich oder übereinstimmende Erledigungserklärung sind möglich. Das Gericht entscheidet ggf. nur noch über die Kosten gem. § 193 bzw. § 197 a. 63

3. Summarische Prüfung. Der Zweck des einstweiligen Rechtsschutzes, eine nur vorläufige Regelung bis zur endgültigen Hauptsacheentscheidung zu treffen, sowie sein Wesen, dass für die Entscheidung nur eine kurze Zeit zur Verfügung steht, bedingen, dass nur eine summarische Prüfung der Sach- und Rechtslage durchgeführt wird (ausführlich bei der einstweiligen Anordnung → Rn. 41 f.) und die Interessen der Beteiligten abgewogen werden. Der Untersuchungsgrundsatz nach § 103 gilt auch hier; sein Umfang bestimmt sich aber nach der im Einzelfall zur Verfügung stehenden Zeit. Das Gericht wird sich daher in der Regel auf präsente Beweismittel und die Verwaltungsakten stützen; eine Beweisaufnahme ist aber nicht ausgeschlossen; sie kann im Einzelfall auch geboten sein. Je einschneidender die Folgen für den Betroffenen sind, desto eingehender hat die Prüfung zu erfolgen. Es reicht aus, dass die entscheidenden Tatsachen glaubhaft gemacht werden. Entscheidend ist die Sach- und Rechtslage im Zeitpunkt der Entscheidung des Gerichts über den Antrag (Ausnahme → Rn. 20). 64

---

172 BGH 23.9.1980 – VI ZR 165/78, DVBl. 1981, 28; BGH 22.10.1992 – IX ZR 36/92, DVBl. 1993, 252.

173 BVerfG 3.11.1983 – 2 BvR 348/83, BVerfGE 65, 227 (233).

174 BayLSG 8.8.2012 – L 7 AS 553/12 ER, juris.

65 **4. Entscheidungsform, Abs. 4.** Das Gericht entscheidet durch **Beschluss** (Abs. 4); eine mündliche Verhandlung ist nicht nötig (§ 124 Abs. 3), aber möglich. Bei einer Entscheidung ohne mündliche Verhandlung wirken die ehrenamtlichen Richter gem. § 12 Abs. 1 S. 2 nicht mit. In dringenden Fällen entscheidet beim LSG der Vorsitzende oder Berichterstatter alleine (§ 155 Abs. 2 S. 2, Abs. 4). In der Revisionsinstanz gilt diese Eilzuständigkeit nicht (§ 165 S. 2); bei der einstweiligen Anordnung durch das BSG greift der Ausschluss des § 165 S. 2 nicht, da das Gericht im Rahmen seiner erstinstanzlichen Zuständigkeit (→ Rn. 33, → § 39 Rn. 3 ff.) entscheidet; die Eilentscheidung nach § 155 Abs. 2 S. 2, Abs. 4 ist also möglich. Der Beschluss ist zu begründen (§ 142 Abs. 2). Als eine ein selbstständiges Verfahren abschließende Entscheidung hat der Beschluss auch eine Kostenentscheidung zu enthalten. Eine Rechtsmittelbelehrung ist beizufügen. Der Beschluss ist zuzustellen (§ 133); die – ggf. sinnvolle – telefonische Vorabmitteilung genügt dem nicht.

66 **5. Wirkung der Entscheidung.** Beschlüsse im einstweiligen Rechtsschutz erwachsen mit Unanfechtbarkeit in eingeschränktem Maße in Rechtskraft. Sie beinhalten nicht eine nur vorläufige Regelung eines endgültigen Zustandes, sondern eine endgültige Regelung des vorläufigen Zustandes bis zur Entscheidung in der Hauptsache. Eine ablehnende Entscheidung steht einem neuen Antrag bei gleichem Sachverhalt entgegen; ein neuer Antrag ist nur zulässig, wenn nach der früheren Beschlussfassung neue Tatsachen entstanden sind.[175] Bei einer zusprechenden Entscheidung steht die Bindungswirkung unter dem Vorbehalt der Abänderungsmöglichkeiten nach § 86 b Abs. 1 S. 4 (→ Rn. 28) und Abs. 2 S. 4 iVm § 927 ZPO (→ Rn. 56).

67 **6. Rechtsmittel.** Gegen Beschlüsse des SG im einstweiligen Rechtsschutz ist gem. § 172 die **Beschwerde** gegeben. Nach dem mit Wirkung zum 1.4.2008 eingefügten § 172 Abs. 3 Nr. 1 ist die Beschwerde jedoch ausgeschlossen, wenn in der Hauptsache die Berufung nicht zulässig wäre, wenn also der Beschwerdewert die in § 144 Abs. 1 S. 1 genannten Beträge nicht übersteigt. Leistungen für mehr als ein Jahr werden in Verfahren des einstweiligen Rechtsschutzes idR nicht Gegenstand sein. Auf die Zulassungsgründe des § 144 Abs. 2 SGG kommt es nicht an.[176] Die im Verfahren des einstweiligen Rechtsschutzes zu treffende Interessenabwägung hat nie grundsätzliche Bedeutung und ist auch für eine Vereinheitlichung der Rechtsprechung ohne Relevanz; mit der Möglichkeit der Anhörungsrüge nach § 178 a ist auch dem wichtigsten Verfahrensfehler Rechnung getragen. Die Beschwerde hat keine aufschiebende Wirkung; der Vorsitzende kann jedoch den Vollzug einstweilen aussetzen (§ 175). Gegen Beschlüsse des LSG – auch des Vorsitzenden gem. § 155 Abs. 2 S. 2 – (§ 177) und des BSG ist kein Rechtsmittel gegeben. Zur Rüge der Verletzung rechtlichen Gehörs s. § 178 a SGG. Nicht förmliche Rechtsbehelfe, zB Gegenvorstellung, sind nicht ausgeschlossen.

175 LSG BW 8.9.2010 – L 7 SO 3038/10 ER-B, juris; ThürLSG 30.1.2004 – L 6 RJ 914/03 ER, juris; LSG Bln 10.7.2002 – L 15 B 39/02 KR ER, juris; LSG BW 3.8.2011 – L 7 AS 2698/11 ER-B, nv: Das gilt auch für Änderungsbescheide nach der ersten gerichtlichen Entscheidung.

176 LSG BW 15.4.2010 – L 7 SO 1227/10 ER-B; HessLSG 12.1.2009 – L 7 AS 421/08 E ER, juris; LSG Nds-Brem 29.9.2008 – L 8 SO 80/08 ER, juris; aA LSG Nds-Brem 21.10.2008 – L 6 AS 458/08 ER, info also 2009, 31.

7. Hängebeschlüsse. Solche kurzfristigen Zwischenregelungen sind in Verfahren sowohl nach Abs. 1 als auch nach Abs. 2 zulässig, um effektiven Rechtsschutz zu gewähren. Das Gericht kann sich so bei komplizierten Sachverhalten die nötige Zeit verschaffen, um den Fall zu überschauen, und zunächst nur die dringendsten Maßnahmen zur Vermeidung vollendeter Tatsachen treffen. Da eine auch nur summarische Prüfung der Rechtmäßigkeit in der Kürze der Zeit nicht möglich sein wird, ist Maßstab allein die Folgenabwägung iSd Doppelhypothese (→ Rn. 14).[177] Beim LSG wird eine solche Entscheidung gem. § 155 Abs. 2 S. 2, Abs. 4 der Vorsitzende, bzw. der Berichterstatter treffen. Da diese Beschlüsse keine endgültige Entscheidung treffen, sind sie wegen ihrer Vergleichbarkeit mit prozessleitenden Verfügungen nicht anfechtbar.[178] Rechtsschutz findet dann gegen die das Verfahren des einstweiligen Rechtsschutzes abschließende Entscheidung statt. Nach aA ist ein Hängebeschluss beschwerdefähig, wenn er in die Rechtsstellung eines Beteiligten eingreift.[179] 68

▶ **Antrag:**

Die aufschiebende Wirkung des Widerspruchs gegen den Verwaltungsakt vom ... wird vorläufig bis zur gerichtlichen Entscheidung über den Antrag/die Beschwerde, längstens bis zum ... angeordnet. ◀

8. Vorlagepflichten. Pflichten zur Vorlage nach Art. 100 GG[180] oder Art. 234 EG-Vertrag bestehen nicht, da im einstweiligen Rechtsschutz keine endgültigen Entscheidungen getroffen werden, vielmehr idR eine Interessen- oder Folgenabwägung erfolgt; die fragliche Norm wird daher nicht allein entscheidungserheblich. Bestehende Zweifel an der Verfassungs- oder Europarechtskonformität sind bei der Interessenabwägung zu berücksichtigen. Ggf. kann es notwendig werden, der gerichtlichen Entscheidung im einstweiligen Rechtsschutz nur eine Folgenabwägung (→ Rn. 14) zugrunde zu legen, ohne die Erfolgsaussicht in der Hauptsache zu berücksichtigen (→ Rn. 4, 17, 41).[181] Auf diese Weise kann vermieden werden, dass eine parlamentarische Entscheidung durch die Entscheidung eines Fachgerichtes im vorläufigen Rechtsschutz quasi außer Kraft gesetzt wird, weil der Antragsteller gegen die Rechtmäßigkeit einer Vorschrift verfassungsrechtliche Einwände erhoben hat, die in der zur Verfügung stehenden Zeit keiner vertieften Prüfung unterzogen werden können.[182] Bei gesetzlich betragsmäßig festgeschriebener Leistungshöhe ist es den Gerichten nicht gestattet, dem Antragsteller im Verfahren des einstweiligen Rechtsschutzes unmittelbar gestützt auf Verfassungsrecht, zB Menschenwürde und Sozialstaatgebot im Bereich der Grundsicherung, höhere Leistungen zuzusprechen.[183] 69

9. Rückabwicklung bei anderweitigem rechtskräftigem Ausgang der Hauptsache. War einstweiliger Rechtsschutz abgelehnt worden und obsiegt der Bürger später in der Hauptsache, stehen ihm gegen die Verwaltung der **allgemeine Fol-** 70

177 LSG BW 3.9.2003 – L 13 AL 3445/03 ER-B, juris.
178 OVG Bln 3.2.1998 – 8 S 184/97, NVwZ-RR 1999, 212.
179 LSG Nds-Brem 4.8.2016 – L 15 AS 166/16 B ER, juris, mwN; Keller in Meyer-Ladewig/Keller/Leitherer/Schmidt § 86 b Rn. 14.
180 BVerfG 30.10.2010 – 1 BvR 2037/10, nv (Nichtannahmebeschluss).
181 BVerfG 22.11.2002 – 1 BvR 1586/02, NZS 2003, 253.
182 LSG Bln 17.3.2004 – L 7 B 13/04 KA ER, GesR 2004, 184.
183 BVerfG 30.10.2010 – 1 BvR 2037/10, nv (Nichtannahmebeschluss); LSG NRW 1.6.2010 – L 20 AY 4/10 B ER, juris; LSG BW 27.10.2011 – L 7 AY 3998/11 ER-B, juris.

genbeseitigungsanspruch sowie ggf. Schadensersatzansprüche aus Amtshaftung zu. Im umgekehrten Verhältnis sind Leistungen, die vorläufig aufgrund einer einstweiligen Anordnung oder als Folge einer Entscheidung nach Abs. 1 gewährt wurden, nach den allgemeinen Regeln des **öffentlich-rechtlichen Erstattungsanspruches** zurück zu gewähren; mit abweichendem rechtskräftigem Ausgang der Hauptsache verliert die Entscheidung im einstweiligen Rechtsschutz ihre Verbindlichkeit und kann daher keinen Rechtsgrund für die erhaltenen Leistungen mehr darstellen. Der Einwand des Wegfalles der Bereicherung kann nicht erhoben werden; § 818 Abs. 3 BGB gilt auch nicht analog. Zum rückwirkenden Entfallen der aufschiebenden Wirkung → § 86 a Rn. 12.

VII. Kosten

71 Als eine ein selbstständiges Verfahren abschließende Entscheidung haben Beschlüsse nach § 86 b Abs. 1 und 2 auch eine Kostenentscheidung zu enthalten. Diese richtet sich nach den allgemeinen Regeln der §§ 193 bzw. 197 a SGG iVm §§ 154–162 VwGO. § 197 a ist in Verfahren des einstweiligen Rechtsschutzes entsprechend anzuwenden.[184] Demnach werden Kosten nach dem Gerichtskostengesetz (GKG) erhoben, wenn weder Antragsteller noch Antragsgegner zum privilegierten Personenkreis des § 183 SGG gehören. Nach § 52 Abs. 1 GKG ist, soweit nichts anderes bestimmt ist, der **Streitwert** nach der sich aus dem Antrag des Klägers für ihn ergebenden Bedeutung der Sache nach Ermessen zu bestimmen. Betrifft der Antrag eine bezifferte Geldleistung oder einen hierauf gerichteten Verwaltungsakt, ist deren Höhe maßgebend (Abs. 3); ansonsten gilt ein Auffangstreitwert von 5.000 Euro (Abs. 2). Nach § 53 Abs. 3 Nr. 4 GKG bestimmt sich der Streitwert in Verfahren nach § 86 b SGG nach § 52 Abs. 1 und 2 GKG. § 52 Abs. 3 GKG findet also keine direkte Anwendung. Im Hinblick auf den Streitgegenstand des Verfahrens des einstweiligen Rechtsschutzes ist dies folgerichtig: Gegenstand ist nicht die Rechtmäßigkeit eines angefochtenen Verwaltungsaktes, sondern allein dessen sofortige Vollziehbarkeit (→ Rn. 6), bzw. nicht eine endgültige Entscheidung über einen Anspruch, sondern nur die Regelung eines vorläufigen Zustandes. Die Bedeutung der vorläufigen Regelung für den Antragsteller bleibt daher idR hinter der der Hauptsache zurück. Dementsprechend ist grundsätzlich auch nicht die bezifferte Geldleistung in voller Höhe anzusetzen. Eine Orientierung bietet der sog Streitwertkatalog für die Sozialgerichtsbarkeit. Nach Teil B Nr. 11 dieses Kataloges ist jedenfalls bei auf Geldleistungen gerichteten Verwaltungsakten regelmäßig von einem Viertel des Hauptsachestreitwertes auszugehen. Fehlt es an Anhaltspunkten für die Bestimmung des Streitwertes soll nach § 52 Abs. 2 GKG der Auffangwert von 5.000 Euro gelten. § 53 Abs. 3 Nr. 4 GKG verweist für den einstweiligen Rechtsschutz auf § 52 Abs. 1 und 2 GKG. Daraus folgt aber nicht zwingend, dass der Auffangwert von 5.000 Euro in voller Höhe auch im einstweiligen Rechtsschutz anzusetzen ist. Denn § 53 Abs. 3 Nr. 4 GKG verweist auch auf § 52 Abs. 1 GKG, wonach gerade die Bedeutung der Sache für den Antragsteller ausschlaggebend sein soll. Da diese eben idR hinter dem an der Hauptsache zurückbleibt, für die Hauptsache aber 5.000 Euro angesetzt werden, dürfte es sich anbieten, auch den Auffangstreitwert entsprechend den Kriterien im genannten Streitwertkata-

184 ThürLSG 23.4.2002 – L 6 RJ 113/02 ER, juris.

log der Verwaltungsgerichtsbarkeit herabzusetzen.[185] Der Wert des einstweiligen Rechtsschutzverfahrens kann sich aber dem Wert der Hauptsache nähern oder diesem sogar entsprechen, wenn im einstweiligen Rechtsschutz praktisch schon endgültig über die Sache entschieden werden muss, insbes. also bei der Vorwegnahme der Hauptsache.

Vierter Unterabschnitt Verfahren im ersten Rechtszug

§ 87 [Klagefrist]

(1) [1]Die Klage ist binnen eines Monats nach Bekanntgabe des Verwaltungsaktes zu erheben. [2]Die Frist beträgt bei Bekanntgabe im Ausland drei Monate. [3]Bei einer öffentlichen Bekanntgabe nach § 85 Abs. 4 beträgt die Frist ein Jahr. [4]Die Frist beginnt mit dem Tag zu laufen, an dem seit dem Tag der letzten Veröffentlichung zwei Wochen verstrichen sind.

(2) Hat ein Vorverfahren stattgefunden, so beginnt die Frist mit der Bekanntgabe des Widerspruchsbescheids.

I. Allgemeines/Normzweck

Abs. 1 S. 1 und 2 gelten idF d. Gesetzes v. 17.8.2001 (BGBl. 2001 I 2144) mWv 2.1.2002, S. 3 und 4 idF des SGGArbGÄndG mWv 1.4.2008 (BGBl. 2008 I 444), Abs. 2 idF d. Gesetzes v. 22.12.1999 (BGBl. 1999 I 2626) mWv 1.1.2000. Die Änderungen des Abs. 1 S. 1 – die Alternative der Zustellung des Verwaltungsaktes wurde gestrichen – ist nach der Gesetzesbegründung redaktioneller Art, da die Bekanntgabe die Zustellung umfasse.[1] Bzgl Abs. 2 erfolgte eine – verspätete – Anpassung an die Änderung des § 85 Abs. 3 S. 1, wonach der Widerspruchsbescheid nicht mehr zugestellt werden muss (→ § 85 Rn. 19). Für die Zeit der noch nicht erfolgten Anpassung vom 1.1.1998 bis 31.12.1999 gilt daher, dass die Klagefrist nicht läuft, wenn der Widerspruchsbescheid entsprechend § 85 Abs. 3 S. 1 nicht zugestellt worden war; allenfalls Verwirkung kommt in Betracht. § 87 regelt Beginn und Dauer der Klagefrist. Abs. 1 S. 3 und 4 enthalten Sonderregelungen über die Klagefrist bei öffentlicher Bekanntgabe der Widerspruchsentscheidung in Massenverfahren nach § 85 Abs. 4. Parallelvorschriften zur allgemeinen Klagefrist finden sich in § 74 VwGO und § 47 FGO. 1

185 AA ThürLSG 23.4.2002 – L 6 RJ 113/02 ER, juris.
1 BT-Drs. 14/5943.

II. Anwendungsbereich

2 Die Frist des § 87 gilt, wie sich aus dem Wortlaut ergibt, nur für Klagen, denen ein Verwaltungsakt vorausgegangen ist und auch vorauszugehen hatte, also für **Anfechtungs- und Verpflichtungsklagen.** Soweit diese Klagen mit anderen Klagen verbunden sind (s. § 54), zB kombinierte Anfechtungs- und Leistungsklage, ist auch für diese die Frist einzuhalten. Auf alle anderen Klagen ist § 87 schon mangels Verwaltungsakts nicht anzuwenden. Für die Untätigkeitsklage gem. § 88 ist dies in § 89 ausdrücklich geregelt; ebenso für die Feststellung der Nichtigkeit eines Verwaltungsaktes. Anfechtungsklage ist aber auch in einem solchen Fall möglich, bei Zweifeln, ob Fehler zur Nichtigkeit oder nur zur Rechtswidrigkeit führen, auch sinnvoll; für die Anfechtungsklage ist die Frist des § 87 jedoch einzuhalten.[2] Die nicht fristgebundene allgemeine Feststellungsklage ist zu unterscheiden von der Verpflichtungsklage, mit der ein feststellender Verwaltungsakt begehrt wird, der zunächst abgelehnt worden war; bei Letzterer ist die Klagefrist einzuhalten. Aufgrund der **Sonderregelung** des § 57 Abs. 3 SGB IV ist die Feststellungsklage im Wahlverfahren fristgebunden. Die mit Gesetz vom 24.11.2011 (BGBl. 2011 I 2302) eingeführte Klage zur Durchsetzung des Anspruches auf angemessene Entschädigung in Folge unangemessener Dauer eines Gerichtsverfahrens (§ 198 Abs. 1 GVG; → § 1 Rn. 12 und → § 202 Rn. 13 ff.) kann frühstens sechs Monate nach Erhebung der Verzögerungsrüge erhoben werden (§ 198 Abs. 5 S. 1 GVG). Die Klage muss spätestens sechs Monate nach Eintritt der Rechtskraft der Entscheidung, die das Verfahren beendet, oder einer anderen Erledigung des Verfahrens erhoben werden (§ 198 Abs. 5 S. 2 GVG). Die Verzögerungsrüge nach § 198 Abs. 3 GVG ist bei dem Gericht zu erheben, dessen Verfahrensdauer gerügt wird, die Klage hingegen beim Entschädigungsgericht, also dem LSG in erster Instanz (§ 202 S. 2 SGG).

III. Frist

3 Die Frist beträgt grundsätzlich einen Monat, nicht vier Wochen, bei Bekanntgabe im Ausland drei Monate. Bei Bekanntgabe an einen Bevollmächtigten im Inland gilt wieder die einmonatige Frist.[3] Bei fehlender oder fehlerhafter Rechtsbehelfsbelehrung ist die Klage innerhalb der Jahresfrist des § 66 Abs. 2 SGG zu erheben. Wird eine Rechtsbehelfsbelehrung durch weitere Informationen überfrachtet, stiftet sie durch Umfang oder Kompliziertheit Verwirrung oder erweckt sie den Eindruck, die Rechtsverfolgung sei schwieriger, als dies tatsächlich der Fall ist, gilt ebenfalls § 66 Abs. 2.[4] Insb. bei Bekanntgabe oder Zustellung im Ausland sollte besonderes Augenmerk auf die Rechtsbehelfsbelehrung gelegt werden: Eine unrichtige, die Jahresfrist des § 66 Abs. 2 auslösende Rechtsbehelfsbelehrung liegt vor, wenn sie nicht über die durch EU-Recht oder Sozialversicherungsabkommen eingeräumte Möglichkeit belehrt, einen Rechtsbehelf bei ausländischen Behörden, Versicherungsträgern oder Gerichten einzulegen („zweiter Regelweg").[5] Auf die Möglichkeit der Klageeinreichung bei den in

2 BSG 9.8.2007 – B 12 KR 22/05 R, juris.
3 LSG Bln-Bbg 2.3.2007 – L 4 R 14/07 R, juris.
4 BSG 31.8.2000 – B 3 P 18/99 R, SGb 2001, 177.
5 BSG 10.9.1997 – 5 RJ 18/97, SozR 3-1500 § 66 Nr. 7 = BSGE 81, 37: gerade keine „Auch-Stellen" iSd §§ 84 Abs. 2, 91 SGG; aA BSG 10.12.1975 – 8 RU 46/74, SozR 1500 § 66 Nr. 2; LSG Bln-Bbg 26.6.2014 – L 22 R 988/12, juris zur gerichtlichen Rechtsmittelbelehrung.

§ 91 genannten Stellen muss nicht hingewiesen werden. Wird die Widerspruchsentscheidung in Massenverfahren nicht durch individuellen Widerspruchsbescheid, sondern durch Allgemeinverfügung getroffen und öffentlich bekannt gegeben (§ 85 Abs. 4), beträgt die Klagefrist ein Jahr. Zur Fristberechnung siehe § 64.

IV. Fristbeginn

1. Bekanntgabe – Fiktion. Die Frist wird grundsätzlich mit **Bekanntgabe** des Widerspruchsbescheides in Gang gesetzt. War kein Vorverfahren durchzuführen (§ 78), beginnt die Frist mit der Bekanntgabe des Verwaltungsaktes. Zur Bekanntgabe § 37 SGB X; nötig ist insbesondere, dass der Verwaltungsakt mit Bekanntgabewille von der Behörde in den Rechtsverkehr eingebracht wird (→ § 84 Rn. 8). Ist der (Widerspruchs)Bescheid an den Adressaten, nicht aber dessen Bevollmächtigten bekanntgegeben worden, läuft die Frist gleichwohl (§ 37 Abs. 1 S. 2 SGB X: „kann", nicht muss).[6] Nach § 37 Abs. 2 SGB X gilt der Verwaltungsakt (auch der Widerspruchsbescheid) grundsätzlich als mit dem dritten Tage nach Aufgabe zur Post als bekannt gegeben, auch wenn er tatsächlich bereits früher zugeht;[7] bei späterem Zugang ist dieser maßgeblich. Die Fiktion kann nur Anwendung finden, wenn der Tag der Aufgabe des Schriftstückes zur Post in den Akten vermerkt ist.[8] Im Zweifel hat die Behörde den Zugang und seinen Zeitpunkt nachzuweisen. „Zweifel" bestehen schon, wenn der Adressat den Zugang – schlicht – bestreitet.[9] Die Bekanntgabefiktion auf den dritten Tag gilt auch dann, wenn dieser ein Samstag, Sonntag oder Feiertag ist:[10] § 64 Abs. 3 SGG findet keine Anwendung; § 37 Abs. 2 SGB X regelt gerade keine Frist, sondern enthält eine Bestimmung über die Bekanntgabe. 4

2. Bekanntgabe – Zustellung. Nach dem Wortlaut des Abs. 1 kommt es nunmehr auf die Bekanntgabe des Verwaltungsaktes an. Die Bekanntgabe umfasst als allgemeinerer Begriff auch die Zustellung; die Streichung des Begriffes der Zustellung in Abs. 1 sollte nur eine redaktionelle Änderung sein (→ Rn. 1). Ist die Zustellung vorgeschrieben oder wählt die Verwaltung von sich aus eine der Zustellungsarten des VwZG, gelten für den Zeitpunkt der Bekanntgabe dessen Regelungen. Die Fiktion des § 37 Abs. 2 SGB X greift nicht (§ 37 Abs. 5 SGB X); es kommt somit auf den tatsächlichen Zeitpunkt der Zustellung an, der auch vor dem gem. § 37 Abs. 2 SGB X fingierten Zugang liegen kann. Zustellungsmängel können nicht geheilt werden (§ 9 Abs. 2 VwZG). Verwirkung kommt aber in Betracht. Bei Bekanntgabe an mehrere Personen läuft die Frist für jede gesondert. 5

3. Bekanntgabe – öffentlich – Abs. 1 S. 4. Unter den Voraussetzungen des § 85 Abs. 4 S. 1 SGG kann in Massenwiderspruchsverfahren die Widerspruchsentscheidung durch Allgemeinverfügung getroffen und öffentlich an den in § 85 6

---

6 LSG RhPf 25.3.2014 – L 3 U 85/13, juris.
7 BSG 6.5.2010 – B 14 AS 12/09 R, SozR 4-1300 § 37 Nr. 1.
8 BSG 28.11.2006 – B 2 U 33/05 R, SozR 4-2700 § 136 Nr. 2 = BSGE 97, 279; BSG 3.3.2009 – B 4 AS 37/08 R, SozR 4-4200 § 22 Nr. 15; LSG LSA 12.11.2013 – L 7 SB 50/11, juris.
9 BSG 26.7.2007 – B 13 R 4/06 R, SozR 4-2600 § 115 Nr. 2.
10 BSG 6.5.2010 – B 14 AS 12/09 R, SozR 4-1300 § 37 Nr. 1; LSG Saarl 27.4.2007 – L 7 R 52/06, juris; aA BFH 14.10.2003 – IX R 68/98, BFHE 203, 26 zu § 122 Abs. 2 Nr. 1 AO 1977.

Abs. 4 S. 2 genannten Orten bekannt gegeben werden. Die Klagefrist beträgt in diesen Fällen ein Jahr (§ 87 Abs. 1 S. 3) und beginnt nach S. 4 mit dem Tag zu laufen, an dem seit dem Tag der letzten Veröffentlichung zwei Wochen verstrichen sind. Die letzte Veröffentlichung in diesem Sinne meint den Tag, an dem die Allgemeinverfügung im letzten der nach § 85 Abs. 4 S. 2 genannten Medien erstmals veröffentlich wird, nicht wann die Veröffentlichung beendet wird. Erfolgt also die öffentliche Bekanntgabe zunächst im elektronischen Bundesanzeiger, dann dem Internetauftritt der Behörde und schließlich in überregionalen Tageszeitungen, ist maßgeblich der Erscheinungstag der Ausgabe der dritten Tageszeitung. Nicht entscheidend ist es, ob der Tag des Fristlaufs auf einen Samstag, Sonntag oder Feiertag fällt.

7 **4. Klage vor Bekanntgabe.** Die Klage kann schon vor Fristbeginn erhoben werden, wenn der Bescheid tatsächlich bekannt gegeben wurde, was insbes. bei fehlerhafter Zustellung möglich ist. Vor Bekanntgabe ist die Klage allerdings unzulässig, da es an einer gegenwärtigen Beschwer fehlt. Heilung tritt auch durch eine spätere Bekanntgabe nicht ein;[11] denn der Sache nach handelt es sich um eine unter der Bedingung der Bekanntgabe erhobene Klage; eine bedingte Klageerhebung ist jedoch unzulässig (→ § 90 Rn. 2).

8 **5. Erneute Bekanntgabe.** Eine nochmalige Bekanntgabe löst keine neue Frist aus; die zweite kann die Rechtswirkungen einer wirksamen ersten Bekanntgabe nicht mehr beseitigen. Die Widerspruchsbehörde besitzt mit Abschluss des Widerspruchsverfahrens (Erlass des Widerspruchsbescheides) keine Befugnis mehr, über die Sache weiter zu befinden;[12] anders für die Ausgangsbehörde und Widerspruchsfrist (→ § 84 Rn. 10).

9 **6. Tod des Widerspruchsführers.** Nach BVerwG[13] soll durch den Tod des Widerspruchsführers die Klagefrist in entsprechender Anwendung des § 239 Abs. 1 ZPO unterbrochen werden, sofern kein Bevollmächtigter gerade für ein gerichtliches Verfahren bestellt ist; dadurch werde dem Sinn der Unterbrechungsvorschrift (Stillstand des Verfahrens aus Fürsorgegründen bis zur Klärung der Rechtsnachfolge) für die Besonderheiten eines verwaltungsgerichtlichen Verfahrens Rechnung getragen. Dadurch wird der Eintritt der Bestandskraft allerdings bedenklich weit hinausgezögert und ggf. in die Hand des Rechtsnachfolgers gelegt. Sinnvoller erscheint daher, diesem unter den gesetzlichen Voraussetzungen Wiedereinsetzung in die nicht unterbrochene Klagefrist zu gewähren.

V. Fristwahrung

10 **1. Klageerhebung.** Die Frist wird gewahrt durch Erhebung der Klage gem. § 90, also beim zuständigen SG schriftlich oder zur Niederschrift. Anders als in der VwGO gilt gem. § 91 die Frist aber auch als gewahrt, wenn die Klage bei einer Behörde oder einer anderen dort genannten Stelle eingegangen ist. Für ein anderes – unzuständiges Gericht – gilt dies nicht, wenn der Kläger das angerufene Gericht für zuständig hält (Klageerhebung beim unzuständigen Gericht); in diesem Fall ist der Rechtsstreit an das zuständige Gericht zu verweisen; durch die Verweisung wird die Rechtshängigkeit nicht berührt, so dass die Frist auch in diesem Falle gewahrt ist (§§ 98, 202 SGG, 17 b Abs. 1 S. 2 GVG). Wird die Kla-

11 BayLSG 20.1.2009 – L 15 VG 20/08, juris.
12 BVerwG 11.5.1979 – 6 C 70/78, BVerwGE 58, 100 (105).
13 BVerwG 14.11.2000 – 8 B 187/00, NVwZ 2001, 319.

ge bei einem anderen Gericht bloß eingereicht (zB falsche Adressierung), gilt § 91.

2. Eingang bei Gericht. Bei Klageerhebung zur Niederschrift ist auf den Tag der Protokollierung abzustellen, bei schriftlicher auf den Eingang des Schriftsatzes. Die Klage muss bis 24.00 Uhr des letzten Tages der Frist in den Machtbereich des Gerichts oder einer Stelle gem. § 91 gelangt sein. Die materielle Beweislast für die Rechtzeitigkeit des Eingangs trägt der Kläger. Das Gericht ermittelt aber von Amts wegen. Der Eingangsstempel ist öffentliche Urkunde iSd § 418 ZPO,[14] gegen die nur voller Gegenbeweis möglich ist; Glaubhaftmachung reicht nicht aus. Im Einzelnen bei § 64. 11

3. Klageänderung. Bei Klageänderung ist auf diese abzustellen, dh die geänderte Klage ist unzulässig, wenn der angefochtene Bescheid zum Zeitpunkt der Änderung bereits bestandskräftig ist.[15] 12

VI. Folgen der Fristversäumung

Wird der Bescheid oder Widerspruchsbescheid nicht innerhalb der Klagefrist angefochten, tritt Bestandskraft ein (§ 77). Die Klagefrist ist gesetzliche Frist: Auf sie kann weder verzichtet werden noch ist eine Verlängerung möglich (anders zB Begründungsfristen nach §§ 160 a Abs. 2 S. 2, 164 Abs. 2 S. 2). Sie ist Sachurteilsvoraussetzung, dh in jeder Lage des Verfahrens von Amts wegen zu prüfen, auch durch das Berufungsgericht. Die Klage ist, weil unzulässig, abzuweisen. Hat das Sozialgericht trotz Fristversäumung in der Sache entschieden, ist zu unterscheiden: Hatte es die Klage abgewiesen, wird die Berufung zurückgewiesen; lediglich in den Gründen ist auf die Verfristung abzustellen. Hatte das SG der Klage stattgegeben, ist das Urteil aufzuheben und die Klage abzuweisen. Unter den Voraussetzungen des § 67 ist Wiedereinsetzung zu gewähren. Zu den Einzelheiten vgl. dort. 13

§ 88 [Verpflichtungsklage, Frist]

(1) [1]Ist ein Antrag auf Vornahme eines Verwaltungsakts ohne zureichenden Grund in angemessener Frist sachlich nicht beschieden worden, so ist die Klage nicht vor Ablauf von sechs Monaten seit dem Antrag auf Vornahme des Verwaltungsakts zulässig. [2]Liegt ein zureichender Grund dafür vor, daß der beantragte Verwaltungsakt noch nicht erlassen ist, so setzt das Gericht das Verfahren bis zum Ablauf einer von ihm bestimmten Frist aus, die verlängert werden kann. [3]Wird innerhalb dieser Frist dem Antrag stattgegeben, so ist die Hauptsache für erledigt zu erklären.

(2) Das gleiche gilt, wenn über einen Widerspruch nicht entschieden worden ist, mit der Maßgabe, daß als angemessene Frist eine solche von drei Monaten gilt.

14 BVerwG 22.5.1969 – VIII C 2.65, NJW 1969, 1730.

15 BVerwG 27.7.1989 – 4 B 98/88, juris; 30.10.1997 – 3 C 35/96, NVwZ 1998, 1292.

I. Allgemeines/Normzweck

1 **1. Gesetzesentstehung.** Abs. 1 besteht unverändert idF v. 3.9.1953 (BGBl. 1953 I 1239). Durch Gesetz v. 17.8.2001 (BGBl. 2001 I 2144) wurde die Frist für die Erteilung eines Widerspruchsbescheides mWv 2.1.2002 unterschiedslos auf drei Monate festgesetzt. Die bisherige Monatsfrist in Angelegenheiten der Bundesagentur für Arbeit und der Krankenversicherung wurde mit Rücksicht auf die gestiegene Arbeitsbelastung nicht mehr als zeitgemäß angesehen und deshalb verlängert.[1]

2 **2. Normzweck.** § 88 bietet die Möglichkeit des Rechtsschutzes gegen eine Untätigkeit der Verwaltung. Damit soll gewährleistet werden, dass der Bürger nicht durch bloßes Untätigbleiben der Verwaltung in seinen Rechten beeinträchtigt wird. Aus der Änderung durch Gesetz vom 17.8.2001 (→ Rn. 1) folgt, dass der Gesetzgeber die nunmehr in § 88 Abs. 1 und 2 genannten Fristen als angemessen und aktuell ansieht.

3 **3. Parallelvorschriften.** **§ 75 VwGO** und **§ 46 FGO** enthalten eine ähnliche Regelung, allerdings mit anderem Klageziel (→ Rn. 4).

II. Gegenstand

4 Abs. 1 spricht nur von der Klage, ohne deren Art oder Gegenstand näher zu bestimmen. Anders als in der VwGO ist Gegenstand der Untätigkeitsklage nach § 88 SGG nach ständiger Rechtsprechung des BSG[2] nur die **Bescheidung** des Antrages, bzw. die Erteilung eines Widerspruchsbescheides (Abs. 2), nicht der materielle (Leistungs-)Anspruch (→ § 131 Rn. 24).[3] Verfassungsrechtlich ist dies nicht zu beanstanden.[4] Es entspricht dem Wortlaut des § 131 Abs. 3 und dem Zweck der Untätigkeitsklage (→ Rn. 2): Die Rechtsbeeinträchtigung durch die Untätigkeit der Verwaltung wird verhindert, ohne dass das Gericht die Erstentscheidung in der Sache trifft, die der Verwaltung zugewiesen ist. Liegen die Voraussetzungen des § 88 vor, ist die Verwaltung also lediglich zur Erteilung des ausstehenden (Widerspruchs-)Bescheides zu verurteilen (§ 131 Abs. 3, siehe dort), nicht aber zur Gewährung der beantragten Leistung oder des sonstigen materiellen Gegenstands des Antrags.[5] Die Berufung gegen ein auf Untätigkeits-

1 BT-Drs. 14/5943, 26.
2 BSG 29.5.1963 – 2 RU 211/61, BSGE 19, 164 = SozR Nr. 1 zu § 88 SGG; 26.8.1994 – 13 RJ 17/94, BSGE 75, 56 = SozR 3-1500 § 88 Nr. 2 unter Hinweis auf den Wortlaut des § 131 Abs. 3; BSG 28.10.2015 – B 6 KA 20/15 B, juris; LSG NRW 14.2.2007 – L 12 AS 15/05, juris.
3 Kritisch hierzu unter Verweis auf die Gesetzesbegründung Peters/Sautter/Wolf § 88 Ziff. 4; sa SchlHLSG 18.10.2001 – L 6 KA 45/01, NZS 2002, 390.
4 BVerfG 3.3.2011 – 1 BvR 2852/10, juris.
5 BSG 16.10.2014 – B 13 R 282/14 B, juris.

klage ergehendes Urteil unterliegt daher auch nicht den Einschränkungen des § 144 Abs. 1 SGG (anders die hM).[6]

III. Allgemeine Prozessvoraussetzungen

1. Bescheidungsanspruch. Abs. 1 erfasst die Konstellationen der Verpflichtungsklage, Abs. 2 der Anfechtungs- oder Verpflichtungsklage, wenn der begehrte (Widerspruchs-)Bescheid überhaupt nicht, also auch nicht mit negativem Ergebnis erlassen wird. In jedem Fall muss der Erlass eines Verwaltungsaktes begehrt werden. Dieser muss bereits bei der Behörde beantragt sein.[7] Dies gilt auch bei nicht antragsabhängigen Leistungen wie der Sozialhilfe:[8] Nach dem Prinzip der Gewaltenteilung ist es zunächst Sache der Verwaltung, sich mit möglichen Ansprüchen zu beschäftigen. Im Falle einer Untätigkeitsklage nach Abs. 1 bedarf es keines Vorverfahrens, da kein Verwaltungsakt vorliegt, der in einem solchen Verfahren nachgeprüft werden könnte;[9] für Abs. 2 folgt dies bereits aus dem Sinn der Regelung. Desgleichen ist die Klage gem. § 89 nicht an eine Klagefrist iSd § 87 gebunden, da es an einem Verwaltungsakt fehlt, der die Frist auslösen könnte; zu den in Abs. 1 S. 1 und Abs. 2 genannten Wartefristen → Rn. 9. 5

Der Anspruch auf Bescheidung nach Abs. 2 bezieht sich auf den Widerspruchsbescheid. Wenn die Widerspruchsbehörde der Auffassung ist, ein Widerspruchsverfahren sei nicht zulässig, muss sie dennoch einen Widerspruchsbescheid erlassen; tut sie dies nicht, kann Untätigkeitsklage erhoben werden.[10] Anderes soll gelten, wenn der Widerspruch nicht statthaft ist, weil er sich nicht gegen einen Verwaltungsakt richtet;[11] in diesem Fall sei die Behörde weder verpflichtet noch sei es ihr rechtlich möglich, einen Widerspruchsbescheid zu erteilen. Weder Wortlaut noch Zweck des § 78 stehen jedoch der Erteilung eines Widerspruchsbescheides entgegen, der den unstatthaften Widerspruch als unzulässig verwirft. Der Anspruch auf Entscheidung über den Widerspruch entsteht mit dessen Einlegung, unabhängig von der Zulässigkeit oder Statthaftigkeit (eingehend → § 78 Rn. 18). 6

2. Rechtsschutzbedürfnis. Auch wenn der materiellrechtliche Anspruch nicht Gegenstand der Untätigkeitsklage ist, hat der Kläger keinen Anspruch auf sachliche Bescheidung iSd Abs. 1 S. 1, wenn der beantragte Bescheid keine materiellrechtlichen Wirkungen für ihn haben kann;[12] der durch § 88 abgesicherte Bescheidungsanspruch ist kein Selbstzweck, sondern dient letztlich dem Schutz des Klägers, durch Untätigkeit der Verwaltung in seinen materiellen Rechten verletzt zu werden. Eine Untätigkeitsklage ist rechtsmissbräuchlich und damit unzuläs- 7

---

6 Wie hier LSG BW 18.11.2010 – L 7 SO 2708/10, juris (inzwischen aufgegeben); LSG Bln-Bbg 22.9.2010 – L 10 AS 886/10, juris; aA BSG 10.10.2017 – B 12 KR 3/16 R, juris; BSG 6.10.2011 – B 9 SB 45/11 B, juris; LSG BW 29.4.2010 – L 12 AL 5449/09, NZS 2011, 77; LSG Nds-Brem 18.12.2014 – L 8 SO 156/14, juris; SächsLSG 14.3.2013 – L 3 AS 528/12, juris.

7 BayLSG 2.12.2015 – L 10 AL 259/14, juris.

8 LSG NRW 2.2.2007 – L 20 B 127/06 SO, juris; BVerwG 31.8.1995 – 5 C 11/94, BVerwGE 99, 158.

9 BSG 30.1.1970 – 6 RKa 18/69, Breith. 1970, 798.

10 BSG 28.10.2015 – B 6 KA 20/15 B, juris; vgl. Kopp/Schenke § 68 Rn. 33; BSG 3.3.1999 – B 6 KA 10/98 R, SozR 3-5540 Anl. 1 § 10 Nr. 1 für den Fall, dass die Verwaltung die Widerspruchsbefugnis verneint.

11 LSG Bln-Bbg 16.7.2007 – L 18 B 1185/07 AS, juris; LSG Hmb 20.4.2005 – L 1 KR 90/03, juris.

12 LSG Nds 26.11.1997 – L 4 Kr 99/96, NZS 1998, 448.

sig, wenn ein materiellrechtlicher Anspruch offensichtlich unter jedem denkbaren Gesichtspunkt ausscheidet und die Klage sich als Ausnutzung einer formalen Rechtsposition ohne eigenen Nutzen und zum Schaden (Kostenlast) für den anderen Beteiligten darstellt.[13] Die Gebühreninteressen des Bevollmächtigten können dabei nicht als eigene Interessen des Klägers berücksichtigt werden.[14] Eine Zusicherung der Behörde, das Ergebnis eines Musterverfahrens zu übernehmen, beseitigt das Rechtsschutzbedürfnis nicht.[15] Unter dem Gesichtspunkt des widersprüchlichen Verhaltens wird die Klage auch als unzulässig angesehen, wenn der Kläger nach vorherigem Hinweis auf die aufschiebende Wirkung des Widerspruchs kurz nach Ablauf der Frist des Abs. 2 Untätigkeitsklage erhebt.[16]

8 **3. Klagegegner.** Beim Anspruch auf Entscheidung über den Widerspruch nach § 88 Abs. 2 stellt sich die Frage des richtigen Klagegegners, wenn Ausgangs- und Widerspruchsbehörde nicht demselben Rechtsträger angehören. Nach § 85 Abs. 1, Abs. 2 S. 1 entscheidet zunächst die Ausgangsbehörde über eine Abhilfe des Widerspruches. Die Entscheidungskompetenz geht erst mit der Nichtabhilfe auf die Widerspruchsbehörde über (Devolutiveffekt, → § 85 Rn. 2, 3). Bis zu diesem Zeitpunkt könnte daher der Rechtsträger der Widerspruchsbehörde nicht zur Erteilung eines Widerspruchsbescheides verurteilt werden. Bleibt die Ausgangsbehörde untätig, kann nach einer Entscheidung des LSG Bayern[17] die Untätigkeitsklage gegen den Rechtsträger der Ausgangsbehörde gerichtet werden, um die Herstellung der Voraussetzungen für eine Entscheidung der Widerspruchsbehörde zu erzwingen.

IV. Einhaltung der Wartefrist

9 Diese ist **Sachurteilsvoraussetzung**, dh vor Ablauf der drei- oder sechsmonatigen Wartefrist ist die Klage nicht zulässig. Der Mangel wird aber **geheilt**, wenn die Frist während des Gerichtsverfahrens abläuft. Die Frist ist eine gesetzliche, die nicht verlängert werden kann. Die Befugnis des Gerichts, das Verfahren unter Fristsetzung auszusetzen, ändert nichts an der Zulässigkeit der Klage nach Ablauf der Wartefrist. Ist die Klage vor Fristablauf erhoben, also unzulässig, soll das Gericht aus prozessökonomischen Gründen von einem Prozessurteil absehen und den **Ablauf der Frist abwarten** (→ Rn. 17). Wird bereits zu Beginn der Frist Klage erhoben, stehen aber auch solche Gründe einem die Klage als unzulässig abweisenden Urteil nicht entgegen.

10 Die Wartefrist kann grundsätzlich nicht unterschritten werden; auch dann nicht, wenn mit einer schnelleren Entscheidung der Behörde gerechnet werden kann (anders § 75 VwGO). Eine **Ausnahme** gilt nur für den Fall, wenn die Behörde eine Entscheidung eindeutig ablehnt: Die Wartefrist soll der Behörde eine angemessene Zeit für ihre Entscheidung einräumen. Bei einer Weigerung, eine Entscheidung zu treffen, macht ein weiteres Zuwarten keinen Sinn.[18] Zur Fristberechnung siehe § 64.

---

13 LSG BW 18.11.2010 – L 7 SO 2708/10, juris.
14 LSG Brem 3.7.1996 – L 4 BR 39/95, SGb 1997, 168.
15 LSG BW 18.11.2010 – L 7 SO 2708/10, juris.
16 LSG Brem 3.7.1996 – L 4 BR 39/95, SGb 1997, 168.
17 BayLSG 18.7.2006 – L 11 B 727/05 SO, juris.
18 BSG 10.3.1993 – 14 b/4 REg 1/91, BSGE 72, 118 = SozR 3-7833 § 6 Nr. 2; LSG NRW 20.12.2005 – L 16 B 82/05 KR, juris.

V. Fehlende Bescheidung

Wann ein Antrag „sachlich nicht beschieden" ist, bestimmt sich nach dem Zweck und dem Gegenstand der Untätigkeitsklage (→ Rn. 2, 4). Eine rechtsverletzende Untätigkeit der Verwaltung liegt vor, solange sie keine regelnde Entscheidung trifft. Hat sie hingegen einen Verwaltungsakt erlassen, liegt eine „sachliche" Bescheidung auch dann vor, wenn sie über den geltend gemachten materiellrechtlichen Anspruch nicht in der Sache entschieden hat. Sachlich nicht beschieden ist ein Antrag demnach auch dann, wenn die Behörde sich weigert, über den Antrag zu entscheiden.[19] In einem solchen Fall muss auch die Wartefrist nicht eingehalten werden (→ Rn. 10). Davon zu unterscheiden ist ein Vorgehen der Behörde nach §§ 60, 66 SGB I; hier lehnt die Behörde nicht eine Sachentscheidung ab, sondern versagt wegen fehlender Mitwirkung die Leistung selbst; eine Untätigkeit liegt also nicht vor. Gleiches gilt, wenn die Behörde einen Überprüfungsantrag nach § 44 SGB X unter Berufung auf die Bestandskraft des Ausgangsverwaltungsakts ohne Sachprüfung durch Bescheid ablehnt; auch hier liegt keine Untätigkeit vor.[20] 11

VI. Zureichender Grund

1. Maßstab. Bei dem zureichenden Grund und der angemessenen Frist handelt es sich um ein einheitliches Tatbestandsmerkmal, da sich die Angemessenheit der Frist am Grund für die Verzögerung zu orientieren hat. Die in der Vorschrift genannten Fristen sind auch dann angemessen, wenn im Einzelfall eine schnellere Entscheidung erwartet werden kann. Welche Frist im konkreten Fall angemessen ist, richtet sich nach den Umständen des Einzelfalles. Von Bedeutung ist dabei, ob die Verwaltung einen umfangreichen oder schwierigen Sachverhalt zu ermitteln hat, insbes. Sachverständigengutachten einholen muss. 12

2. Fehlen eines zureichenden Grundes. Ob das Fehlen eines zureichenden Grundes eine Prozessvoraussetzung ist[21] oder nicht,[22] spielt in der Praxis keine große Rolle: Auch wenn ein zureichender Grund vorliegt, wird die Klage nicht als unzulässig abgewiesen; vielmehr ist das Verfahren gem. Abs. 1 S. 2 auszusetzen. Fehlt es an einem solchen Grund, hat die Klage ohne Weiteres Erfolg, ohne dass weitere Begründetheitsmerkmale zu prüfen wären.[23] 13

3. Kriterien. Das Vorliegen eines zureichenden Grundes ist allein nach objektiven Kriterien unter Berücksichtigung der seit Antragstellung verstrichenen Zeit zu beurteilen. Eine fehlerhafte Rechtsauffassung der Behörde ist unbeachtlich, insbes. wenn deshalb unterbliebene Ermittlungen vor Bescheiderteilung noch nachgeholt werden müssen.[24] Die Untätigkeitsklage stellt aber kein Instrument dar, das einzelnen Berechtigten, die ihre Interessen besonders energisch verfolgen, eine bevorzugte Behandlung sichern soll.[25] So stellt es einen zureichenden Grund dar, wenn nicht eine akut benötigte Sozialleistung streitig ist, sondern eine wegen der aufschiebenden Wirkung des Widerspruches nicht vollziehbare 14

19 BSG 11.11.2003 – B 2 Urt. 36/02 R, SozR 4-1500 § 88 Nr. 1; 10.3.1993 – 14 b/4 REg 1/91, BSGE 72, 118 = SozR 3-7833 § 6 Nr. 2.
20 BSG 6.12.2013 – B 9 SB 68/13 B, juris; LSG Bln-Bbg 25.3.2015 – L 18 AS 572/15, juris.
21 Bley, SGB-SozVers-GesKomm § 88 SGG Rn. 4 a.
22 B. Schmidt in Meyer-Ladewig/Keller/Leitherer/Schmidt § 88 Rn. 6.
23 BSG 26.8.1994 – 13 RJ 17/94, BSGE 75, 56 = SozR 3-1500 § 88 Nr. 2.
24 BSG 26.8.1994 – 13 RJ 17/94, BSGE 75, 56 = SozR 3-1500 § 88 Nr. 2.
25 LSG NRW 5.3.1996 – L 2 S Kn 9/94, juris.

Rückforderung und der Verwaltung andere, vorrangig zu bearbeitende Widersprüche ua des Klägers selbst vorliegen.[26]

15 **4. Beispiele.** Als zureichende Gründe wurden angenommen eine auf Gesetzesänderung beruhende allgemeine Geschäftsbelastung oder programmtechnische Schwierigkeiten bei der Rentenberechnung.[27] Auch das Nichtausfüllen von Antragsformularen durch den Antragsteller kann in der Massenverwaltung einen zureichenden Grund darstellen.[28] Nicht ausreichend sind allgemeiner Personalmangel oder unzureichende – auch finanzielle – Ausstattung; dies kann nicht zulasten des Antragstellers gehen; es ist davon auszugehen, dass der ändernde Gesetzgeber (→ Rn. 1) die Verwaltungssituation insoweit kannte, gleichwohl hat er an den bisherigen Fristen im Wesentlichen festgehalten. Das Abwarten eines Musterprozesses oder einer verfassungsgerichtlichen Entscheidung bietet keinen zureichenden Grund;[29] das faktische Nichtbetreiben des Verfahrens kann aber zwischen den Beteiligten vereinbart werden (vgl. nun § 85 Abs. 4). Gleiches gilt für das Abwarten mit der Widerspruchsbescheidserteilung bis zu gerichtlichen Entscheidung über ein einstweiliges Rechtsschutzverfahren:[30] Das Widerspruchsverfahren unterliegt als Hauptsacheverfahren anderen Verfahrensregeln (zB hinsichtlich des nötigen Grades der Wahrscheinlichkeit von Tatsachen) als das des einstweiligen Rechtsschutzes, dem ggf. auch eine reine Folgenabwägung ohne Beachtung der Erfolgsaussichten in der Hauptsache zugrunde liegt. Kein zureichender Grund ist die fehlende Zuständigkeit des angegangenen Trägers; hält sich dieser nicht für zuständig, hat er den Antrag abzulehnen.[31]

16 **5. Mangelnde Mitwirkung.** Wegen der Möglichkeit einer Bescheiderteilung nach § 66 SGB I (Versagung wegen fehlender Mitwirkung) kann eine **Verletzung der Mitwirkungspflicht** für sich genommen noch keinen zureichenden Grund dafür darstellen, dass die Behörde den Antrag gar nicht bescheidet. Dem Antragsteller soll die Möglichkeit gegeben werden, die verlangte Mitwirkungshandlung auf die Voraussetzungen des § 66 SGB I prüfen zu lassen; diese Prüfung ist weder Sinn noch Inhalt der Untätigkeitsklage.[32] Hätte der Leistungsträger auch bei ordnungsgemäßem Verhalten (Einleitung des Verfahrens nach § 66 SGB I) noch keinen Bescheid erlassen können, liegt ein zureichender Grund vor.[33]

VII. Entscheidung des Gerichts in der Hauptsache

17 Diese hängt ab von den folgenden Fallkonstellationen (→ Rn. 18 ff.). Keine Rolle für die Hauptsacheentscheidung spielt die Frage, ob die Wartefrist bei Klageerhebung eingehalten worden war. Zwar ist die Klage in diesem Fall zunächst unzulässig. Dies wird jedoch geheilt, wenn die Wartefrist während des Gerichtsverfahrens abläuft (→ Rn. 9). Wegen dieser Heilungsmöglichkeit soll das Gericht die Klage nicht als unzulässig abweisen, sondern den Fristablauf abwar-

26 LSG Brem 3.7.1996 – L 4 BR 39/95, SGb 1997, 168.
27 LSG NRW 5.3.1996 – L 2 S Kn 9/94, juris.
28 LSG Bln-Bbg 28.12.2006 – L 1 B 1085/06 R, juris.
29 AA BFH 7.10.2010 – V R 43/08, juris.
30 LSG Bln-Bbg 28.8.2007 – L 25 B 846/07 AS, juris.
31 BSG 11.11.2003 – B 2 Urt. 36/02 R, SozR 4-1500 § 88 Nr. 1.
32 BSG 26.8.1994 – 13 RJ 17/94, BSGE 75, 56 = SozR 3-1500 § 88 Nr. 2; LSG NRW 27.4.2015 – L 20 AY 2/15, juris.
33 BSG 26.8.1994 – 13 RJ 17/94, BSGE 75, 56 = SozR 3-1500 § 88 Nr. 2.

ten.[34] Ergeht der Bescheid vor Ablauf der Wartezeit, kann zwar keine Heilung mehr eintreten, die Hauptsache wird jedoch dadurch ohnehin erledigt. Die Einhaltung der Wartefrist wird daher nur für die Kostenentscheidung relevant.

1. Ausstehender Bescheid. (a) War die Wartefrist nicht eingehalten, wartet das Gericht deren Ablauf ab, ohne die Klage als unzulässig abzuweisen. Läuft sie während des gerichtlichen Verfahrens ab, wird der Mangel geheilt (→ Rn. 9). (b) Liegt ein zureichender Grund für die fehlende Bescheidung nicht vor, ist die Behörde, bzw. deren Rechtsträger zur Bescheiderteilung zu verurteilen (§ 131 Abs. 3). Bei Vorliegen eines solchen Grundes setzt das Gericht das Verfahren durch Beschluss unter Fristsetzung aus; die Frist kann verlängert werden (Abs. 1 S. 2). Der Beschluss des SG kann mit der Beschwerde angefochten werden. Wird in der (verlängerten) Frist kein Bescheid erlassen, ist die Beklagte zur Bescheiderteilung zu verurteilen. Ergeht der Bescheid, gilt dasselbe wie unter 2. 18

▶ Tenor:

Der Beklagte wird verurteilt, den Antrag/Widerspruch des Klägers vom ... unter Beachtung der Rechtsauffassung des Gerichts zu bescheiden.

Das Verfahren in dem Rechtsstreit ... wird bis zum ..., längstens bis zur Erteilung eines Verwaltungsaktes/Widerspruchsbescheides auf den Antrag/Widerspruch des Klägers vom ... ausgesetzt. ◀

2. Ergangener Bescheid. a) Positiv. Also Erlass des beantragten Bescheides oder Abhilfe des Widerspruches. Der Kläger hat die Hauptsache für erledigt zu erklären (Abs. 1 S. 3); das Gericht entscheidet nur noch über die Kosten (§ 193). Gibt er die entsprechende Erklärung nicht ab, wird die aufrechterhaltene Klage abgewiesen, da sie nunmehr mangels Rechtsschutzbedürfnis unzulässig ist.[35] 19

b) Negativ. Also Ablehnung des Antrages, Zurückweisung des Widerspruches. Die Hauptsache ist auch hier erledigt; der Kläger hat also die Möglichkeit wie in a). Der Kläger kann seine Klage auch auf eine Anfechtungs-, bzw. Verpflichtungsklage umstellen.[36] Die Zulässigkeit einer solchen Klageänderung ist an § 99 Abs. 1 und 2 zu messen (→ § 99 Rn. 6 mwN),[37] wird aber idR sachdienlich sein. Ein Fall des § 99 Abs. 3 Nr. 2 liegt nicht vor. Nach § 99 Abs. 3 Nr. 2 ist es nicht als Klageänderung anzusehen, wenn ohne Änderung des Klagegrundes der Klageantrag erweitert oder beschränkt wird. Der Klageantrag der Untätigkeitsklage richtet sich allein auf die Entscheidung über den Widerspruch (→ Rn. 4). Erfolgt eine Umstellung auf die Verurteilung zur Leistung oder zur Kassation, liegt hierin keine Erweiterung, sondern eine völlige Neubestimmung des Klagezieles. Anders als in der VwGO ist die Untätigkeitsklage nach § 88 SGG gerade nicht auf eine solche Sachentscheidung gerichtet. Daher liegt der Änderung der Klage in diesen Fällen auch gleichzeitig eine Änderung des Klagegrundes zugrunde: maßgeblicher Sachverhalt der Untätigkeitsklage ist allein die Tatsache einer fehlenden Bescheidung, bei der Anfechtungs- oder Verpflichtungsklage hingegen der gesamte Lebenssachverhalt, der nach materiellem Recht einen Anspruch begründet. 20

34 BVerwG 20.1.1966 – I C 24.63, NJW 1966, 750.
35 LSG NRW 27.5.2015 – L 19 AS 778/15 NZB, juris.
36 BSG 4.11.2009 – B 8 SO 38/09 B, juris.
37 LSG BW 18.10.2007 – L 7 SO 4334/06, juris; B. Schmidt in Meyer-Ladewig/Keller/Leitherer/Schmidt § 88 Rn. 10 b.

21 Ist die Umstellung auf eine Anfechtungs- oder Verpflichtungsklage als Klageänderung nach § 99 Abs. 1 und 2 zulässig (→ Rn. 20), müssen auch die Prozessvoraussetzungen der geänderten Klage erfüllt sein. Im Falle des § 88 Abs. 1 fehlt es bei Umstellung auf eine Verpflichtungsklage noch an einem Vorverfahren; für eine Ausnahme nach § 96 (→ § 78 Rn. 15) ist kein Raum, da kein Verwaltungsakt vorliegt, der ersetzt oder geändert werden könnte. Das Gericht hat aber zur Nachholung Gelegenheit zu geben (→ § 78 Rn. 8). Die Umstellung nach Erlass des **Widerspruchsbescheides** ist innerhalb der Klagefrist des § 87 vorzunehmen. Der Widerspruchsbescheid wird nicht nach § 96 Abs. 1 kraft Gesetzes Gegenstand des Verfahrens.[38] § 96 Abs. 1 greift nur ein, wenn der neue Bescheid (hier der Widerspruchsbescheid) eine Regelung betrifft, die bereits durch Anfechtung des ersten Bescheides (hier der Ausgangsbescheid) anhängig, also Gegenstand des gerichtlichen Verfahrens ist. Die Untätigkeitsklage hat jedoch keinen Anfechtungsgegenstand; der Ausgangsbescheid ist zwar durch den Widerspruch, aber gerade nicht durch die Klage angefochten. Die Untätigkeitsklage hat ein reines Bescheidungsbegehren zum Gegenstand (→ Rn. 4). Ergeht der Widerspruchsbescheid, betrifft er somit keine Regelung des Ausgangsbescheides, die bereits Gegenstand der Klage gewesen wäre. War zunächst Klage nach Abs. 1 erhoben worden und wird der Antrag abgelehnt, kann die Untätigkeitsklage, wenn die Voraussetzungen des Abs. 2 eintreten, insoweit fortgesetzt werden; eine Klageänderung liegt gem. § 99 Abs. 3 Nr. 3 nicht vor.

VIII. Kosten

22 **1. Kostengrundentscheidung.** Nach Erledigung der Hauptsache entscheidet das Gericht durch Beschluss gem. § 193 bzw. § 197 a unter Berücksichtigung des bisherigen Sach- und Rechtsstandes über die Kosten. Bei der Untätigkeitsklage kommt der Klageveranlassung besondere Bedeutung zu. Ist die Klage zulässig, hat die Beklagte idR die Kosten zu tragen; anders wenn ein zureichender Grund vorlag und dieser dem Kläger bzw. seinem Bevollmächtigten mitgeteilt worden war;[39] die bloß floskelhafte, formularmäßige Mitteilung soll nicht genügen; allerdings muss der Kläger dann vor Erhebung der Untätigkeitsklage den Grund zu erfragen versuchen.[40] Konnte der Kläger aufgrund besonderer Umstände erkennen, dass ein zureichender Grund für ein längeres Verwaltungsverfahren vorliegt (zB Ermittlungen), hat der Beklagte zur Klageerhebung keine Veranlassung gegeben; der Kläger ist aber ohne solche besonderen Umstände grundsätzlich nicht verpflichtet, vorher bei der Behörde nachzufragen.[41] War die Klage vor Ablauf der Wartefrist erhoben worden und ergeht der Bescheid vor deren Ablauf oder in einer angemessenen Frist, hat der Kläger die Kosten zu tragen.

23 **2. Streitwert.** Für den Streitwert einer Untätigkeitsklage (in den Fällen des § 197 a SGG) ist auf das wirtschaftliche Interesse an der vorenthaltenen Verwaltungsentscheidung einschließlich des Ausmaßes der Verzögerung (Verzögerungsschaden) abzustellen.[42]

---

38 SchlHLSG 26.10.2012 – L 3 AS 73/11, juris; LSG BW 18.10.2007 – L 7 SO 4334/06, juris; LSG NRW 26.3.2012 – L 19 AS 1915/11, juris.
39 LSG RhPf 10.6.1999 – L 3 B 44/99, juris.
40 LSG RhPf 16.4.1998 – L 3 SB 84/97, SGb 1999, 80.
41 LSG BW 14.9.2005 – L 10 LW 4563/04 AK-B, juris mit ausführlicher Begründung und Darstellung des Meinungsstandes.
42 LSG Bln 22.10.1998 – L 7 KA-S 45/98, juris.

§ 89 [Nichtigkeits- und Feststellungsklage]

Die Klage ist an keine Frist gebunden, wenn die Feststellung der Nichtigkeit eines Verwaltungsakts oder die Feststellung des zuständigen Versicherungsträgers oder die Vornahme eines unterlassenen Verwaltungsakts begehrt wird.

§ 89 besteht unverändert idF v. 3.9.1953 (BGBl. 1953 I 1239). Die Vorschrift nennt bestimmte Fälle, in denen die Klagefrist des § 87 nicht einzuhalten ist. Da sich dies aber bereits aus § 87 ergibt, hätte es der Vorschrift des § 89 eigentlich nicht bedurft; ihr kommt lediglich deklaratorische Bedeutung zu. Die Klagefrist des § 87 gilt nur für die Anfechtungs- und Verpflichtungsklage. Im Fall der **Untätigkeitsklage** des § 88 (3. Alt. des § 89) fehlt es bereits an einem Verwaltungsakt, der die Frist des § 87 auslösen könnte (→ § 88 Rn. 5). Die **Feststellung des zuständigen Versicherungsträgers** (2. Alt.) kann gem. § 55 Abs. 1 Nr. 2 begehrt werden; als Feststellungsklage ist sie nicht fristgebunden. Wurde die Zuständigkeit bereits in einem Verwaltungsakt geregelt, ist die Anfechtungs- mit der Feststellungsklage zu verbinden, die Klagefrist ist einzuhalten. Auch die **Feststellung der Nichtigkeit eines Verwaltungsaktes** (1. Alt.) kann ohne Fristbindung begehrt werden. Nichtige Verwaltungsakte entfalten zwar keine Wirksamkeit, können aber einen Rechtsschein erzeugen, den zu beseitigen ein Rechtsschutzinteresse bestehen kann. Der Kläger kann statt der nicht fristgebundenen Feststellungs- auch die Anfechtungsklage wählen, muss dann aber die Klagefrist (und das Vorverfahren) einhalten. Bei Zweifeln, ob der Verwaltungsakt nichtig oder „nur" rechtswidrig ist, ist der Anfechtungsklage der Vorzug zu geben, da nur sie eine Aufhebung bei Rechtswidrigkeit erlaubt. 1

§ 90 [Klageerhebung]

Die Klage ist bei dem zuständigen Gericht der Sozialgerichtsbarkeit schriftlich oder zu Protokoll des Urkundsbeamten der Geschäftsstelle zu erheben.

I. Allgemeines/Normzweck

§ 90 besteht inhaltlich unverändert seit der Fassung v. 3.9.1953 (BGBl. 1953 I 1239). Durch Art. 18 des Gesetzes v. 5.7.2017 (BGBl. 2017 I 2208) erfolgte mWv 1.1.2018 lediglich eine sprachliche Anpassung, indem „Niederschrift" durch „Protokoll" ersetzt wurde. Die Vorschrift regelt die Form der Klageerhebung; sie entspricht §§ 81 VwGO, 64 FGO. Sie gilt in entsprechender Anwendung auch für andere Ersuchen um gerichtliche Entscheidung, zB Antrag auf einstweiligen Rechtsschutz, sowie für die Rücknahme der Klage. Mit Erhebung der Klage tritt **Rechtshängigkeit** ein (§ 94). 1

II. Rechtsnatur

Die Klage ist als **Prozesshandlung** bedingungsfeindlich, dh sie darf an keine außerprozessuale Bedingung angeknüpft werden, auch nicht an eine Bewilligung 2 von Prozesskostenhilfe; andernfalls ist sie nicht wirksam erhoben. Die wirksame Klageerhebung ist als **Sachurteilsvoraussetzung** in jeder Lage des Verfahrens von Amts wegen zu prüfen; fehlt sie, ist die Klage, weil unzulässig, abzuweisen.

III. Klage

3 Eine Klage setzt ein **unbedingt erklärtes, ernsthaftes Begehren** voraus, **gerichtlichen Rechtsschutz** zu erlangen. Ob mit einem Schreiben eine Klage gewollt ist, muss im Wege der Auslegung ermittelt werden.[1] Dabei ist es unwesentlich, wie das Schriftstück bezeichnet wird; erforderlich ist aber, dass das Ziel der Überprüfung gerade durch ein Gericht deutlich wird. Der Ausdruck einer allgemeinen Unzufriedenheit reicht hierfür nicht aus.[2] Auch dem Umstand, dass das Schreiben trotz ordnungsgemäßer Rechtsbehelfsbelehrung im Widerspruchsbescheid nicht an das Gericht, sondern an die Behörde gerichtet war, kommt dabei Bedeutung zu. Wird nicht deutlich, ob Klage erhoben werden soll, erfolgt aber später – ggf. auf Nachfrage – eine Klarstellung, liegt erst in dieser die Klage, die auch für eine ggf. einzuhaltende Frist entscheidend ist. So lange tritt auch keine Rechtshängigkeit an.

IV. Form

4 **1. Schriftlich.** Abweichend von § 126 BGB gilt eine am Zweck des Formerfordernisses orientierte eigenständige prozessuale Schriftform (im Einzelnen → § 151 Rn. 14 ff.). Entscheidend ist, dass dem Schriftstück der Inhalt der Erklärung, die abgegeben werden soll, die Person, von der sie ausgeht, und der Wille, sie in den Rechtsverkehr einzubringen, hinreichend zuverlässig ohne weitere Beweiserhebung entnommen werden kann.[3] Eine eigenhändige Unterschrift genügt dem zwar grundsätzlich, sie ist aber nicht zwingend. Dies wird für die Klage im sozialgerichtlichen Verfahren in § 92 Abs. 1 S. 3 deutlich gemacht, der insoweit nur eine Sollvorschrift enthält. Das Fehlen der Unterschrift macht die Klage daher nicht unzulässig; Klage kann auch ohne sie fristwahrend erhoben werden. Voraussetzung dafür ist allerdings, dass der mit dem Unterschriftserfordernis verfolgte Zweck auf andere Art erreicht wird. Nicht ausreichend ist die mündliche oder telefonische Einlegung, auch wenn darüber Aktenvermerk gefertigt wird;[4] einfache E-Mail (im Einzelnen → § 151 Rn. 18). Die Unterschrift auf Telefax reicht hingegen aus.

5 **2. Elektronische Form.** Bei der Einreichung elektronischer Dokumente iSd § 65 a handelt sich um eine eigenständige, zusätzliche und gleichberechtigte Kommunikationsform (im Einzelnen § 65 a) neben der herkömmlichen papiergebundenen Schriftform, die von dieser strikt zu trennen ist.[5] Die Zulässigkeit der Einreichung elektronischer Dokumente auch durch **E-Mail** ist daher allein an § 65 a zu messen (im Einzelnen → § 151 Rn. 18).

1 LSG NRW 12.5.2010 – L 7 AS 325/10 B, juris.
2 LSG Nds 27.3.2001 – L 9 VS 11/99, juris.
3 GmSOGB 5.4.2000 – GmS-OGB 1/98, SozR 3-1750 § 130 Nr. 1; BSG 16.11.2000 – B 13 RJ 3/99 R, SozR 3-1500 § 151 Nr. 4; 13.3.2001 – B 3 KR 12/00 R, BSGE 88, 1 = SozR 3-5425 § 1 Nr. 6.
4 BVerwG 22.11.1963 – IV C 76.63, BVerwGE 17, 166.
5 BSG 12.10.2016 – B 4 AS 1/16 R, SozR 4-1500 § 65 a Nr. 3 = BSGE 122, 71; BSG 4.7.2018 – B 8 SO 44/18 B, juris.

3. Zu Protokoll. Der Kläger bzw. sein Bevollmächtigter muss bei der Aufnahme des Protokolls persönlich anwesend sein; die telefonische Erklärung reicht daher auch dann nicht, wenn deren Inhalt schriftlich fixiert wird. Der Urkundsbeamte ist zur Aufnahme der Klage verpflichtet; der Kläger darf nicht auf die schriftliche Einlegung verwiesen werden. Die Klage ist mit dem Inhalt aufzunehmen, den der Kläger wünscht. Ausnahmen sind eng begrenzt, so besteht insbes. keine Verpflichtung zur Aufnahme beleidigender Inhalte. Eine inhaltliche Prüfung, ob der Vortrag die Klage stützen kann, erfolgt nicht; bei der Nichtaufnahme sachfremd erscheinenden Vortrages ist daher Zurückhaltung geboten. Der Urkundsbeamte wirkt aber darauf hin, dass die Klage die Angaben iSv § 92 enthält. Kommt eine Versäumung der Klagefrist in Betracht, ist auf die Möglichkeit der Wiedereinsetzung hinzuweisen und ein entsprechender Antrag gleich aufzunehmen. Geschieht das nicht, kommt eine Wiedereinsetzung in die Frist des § 67 Abs. 2 S. 1 in Betracht. 6

Einer **Unterschrift** des Klägers bedarf es nicht, auch nicht des Urkundsbeamten. Um Zweifel zu vermeiden, ist es sinnvoll, die Niederschrift vorzulesen und genehmigen zu lassen, was auf der Niederschrift vermerkt wird. Das Gericht ist verpflichtet, Gelegenheit zur Niederschrift zu schaffen, allerdings nur innerhalb der üblichen Dienstzeiten. Die Niederschrift kann auch durch den Richter in der Sitzung aufgenommen werden. 7

V. Klageerhebung

Die schriftliche Klage ist erhoben mit Eingang beim zuständigen[6] Gericht, wenn sie also in dessen Machtbereich gelangt (Einwerfen in den Briefkasten, Einlegen in ein Postfach, persönliche Abgabe; zum fehlenden Nachtbriefkasten → § 84 Rn. 12). Das gilt auch, wenn die Klage bei einer der in § 91 genannten Stellen eingereicht wird. Dadurch wird nur die Klagefrist gewahrt, nicht aber der (spätere) **tatsächliche Zugang bei Gericht** ersetzt (→ § 91 Rn. 2); Rechtshängigkeit tritt erst ein, wenn die Klage an das zuständige Gericht weitergegeben wurde. Bei Einlegung durch Telefax ist auf den Eingang beim Empfangsgerät abzustellen. Da die Angaben nach § 92 und insbes. die Unterschrift für die wirksame Klageerhebung nicht zwingend vorausgesetzt werden, genügt (auch zur Fristwahrung) eine unvollständige Übertragung, soweit die Mindestanforderungen an eine Klage (→ Rn. 4, → § 151 Rn. 14 ff.) erfüllt sind, insbes. deutlich wird, dass die Klage willentlich in Verkehr gebracht wurde. Bei der Klageerhebung zur Niederschrift ist der Tag der Protokollierung entscheidend. Zur Klageerhebung in einer Fremdsprache → § 151 Rn. 21. Die Entscheidung, ob eine Klage vorliegt, ist eine richterliche Aufgabe und fällt nicht in die Zuständigkeit der Gerichtsverwaltung. Erst wenn die richterliche Prüfung ergeben hat, dass keine Klage vorliegt, ist das weitere Vorgehen Sache der Gerichtsverwaltung. 8

VI. Rechtsfolgen eines Formverstoßes

Unwirksam ist die Klage nur bei einem Verstoß gegen zwingende Vorschriften, also nicht beim Fehlen von Angaben nach § 92[7] (→ § 92 Rn. 7). Eine „Heilung" ist bei zwingenden Formvorschriften nur ex nunc, also nicht rückwirkend mög- 9

6 Bei unzuständigem → § 91 Rn. 3, → § 94 Rn. 3.
7 BSG 28.9.2006 – B 3 KR 20/05 R, SozR 4-1500 § 92 Nr. 3 zu § 92 in der bis zum 31.3.2008 geltenden Fassung.

lich; tatsächlich liegt dann erstmals eine wirksame Klageerhebung vor. Die unwirksame Klage ist durch Prozessurteil abzuweisen.

VII. Weitere Zulässigkeitsvoraussetzungen

10 Neben der ordnungsgemäßen Klageerhebung sind als weitere Sachurteilsvoraussetzungen, deren Fehlen zur Unzulässigkeit der Klage führt, zu beachten: die statthafte Klageart (richtige Rechtsschutzform); die Klagebefugnis, also die Möglichkeit der Verletzung in eigenen subjektiv-öffentlichen Rechten; das allgemeine Rechtsschutzbedürfnis. Der wirksame Verzicht führt ebenfalls zur Unzulässigkeit einer dennoch erhobenen Klage. Wurde der falsche Rechtsweg gewählt, steht dies zwar einer Sachentscheidung entgegen; eine Abweisung der Klage als unzulässig kommt dennoch nicht in Betracht. Vielmehr ist der Rechtsstreit an das zuständige Gericht zu verweisen; dadurch wird die Rechtshängigkeit nicht berührt (§§ 98, 202 SGG, 17 b Abs. 1 S. 2 GVG). Gleiches gilt bei Klageerhebung beim örtlich unzuständigen Gericht; → § 87 Rn. 10.

§ 91 [Fristwahrung bei Unzuständigkeit]

(1) Die Frist für die Erhebung der Klage gilt auch dann als gewahrt, wenn die Klageschrift innerhalb der Frist statt bei dem zuständigen Gericht der Sozialgerichtsbarkeit bei einer anderen inländischen Behörde oder bei einem Versicherungsträger oder bei einer deutschen Konsularbehörde oder, soweit es sich um die Versicherung von Seeleuten handelt, auch bei einem deutschen Seemannsamt im Ausland eingegangen ist.

(2) Die Klageschrift ist unverzüglich an das zuständige Gericht der Sozialgerichtsbarkeit abzugeben.

I. Allgemeines/Normzweck

1 Die Vorschrift besteht unverändert idF v. 3.9.1953 (BGBl. 1953 I 1239). § 84 regelt die fristwahrende Einlegung des Widerspruches auch bei einer unzuständigen Stelle; § 91 trifft die entsprechende Regelung für die Klage. In der VwGO existiert keine vergleichbare Vorschrift.

II. Regelungsinhalt

2 Die Vorschrift begründet keine von § 90 abweichende Zuständigkeit für die Klageerhebung, sondern **fingiert lediglich die Einhaltung der Klagefrist** bei Eingang bei einer unzuständigen Stelle. Rechtshängigkeit wird dadurch nicht begründet; diese tritt erst mit Eingang beim zuständigen Gericht ein (→ § 90 Rn. 8). Auch wenn die Vorschrift den Rechtsschutz für rechtsunkundige Kläger stärken soll, ist sie bereits nach ihrem Wortlaut nicht auf diesen Kreis beschränkt.[1] Für weitere Anträge während des Verfahrens gilt § 91 nicht mehr.

1 BSG 20.4.1999 – B 1 SF 1/98 B, SozR 3-1500 § 91 Nr. 1.

III. Tatbestand

1. Behörde. Inländische Behörde ist jede Stelle, die im Geltungsbereich des SGG Aufgaben der öffentlichen Verwaltung wahrnimmt, auch wenn sie nicht auf dem Gebiet des Sozialrechts tätig ist.[2] Eine Verpflichtung zur Entgegennahme der Klage besteht für die Behörde nicht.[3] Behörde kann auch ein Gericht sein; dabei ist zu unterscheiden: Will der Kläger beim angegangenen Gericht Klage erheben, gilt nicht § 91; vielmehr wird die Klage an diesem Gericht anhängig und ist an das zuständige Gericht zu verweisen (→ § 87 Rn. 10); ansonsten gibt das angegangene Gericht die Klage gem. § 91 Abs. 2 an das zuständige ab. Bei ausländischen Behörden oder Gerichten kann die Klage nur eingereicht werden, wenn dies in Staatsverträgen oder im EU-Recht vorgesehen ist (→ § 151 Rn. 22). 3

2. Klage. Ob mit einem Schreiben eine **Klage** gewollt ist, muss im Wege der Auslegung ermittelt werden (→ § 90 Rn. 3). Eingegangen iSd § 91 ist die Klageschrift nur, wenn sie als solche der Behörde erkennbar ist; so genügt es nicht, wenn ein an das SG adressierter, verschlossener Umschlag bei der Behörde eingeworfen und ungeöffnet an dieses weitergeleitet wird.[4] Nach dem Wortlaut gilt § 91 nur für eine schriftlich erhobene Klage; fertigt eine Stelle iSd § 91 eine Niederschrift von der Klage, besteht jedoch nach dem Zweck, Rechtsschutz zu erleichtern, kein Grund, dies anders zu behandeln. Eine Verpflichtung der Behörde, eine Niederschrift zu fertigen, besteht aber nicht. 4

IV. Rechtsfolge

Die Klagefrist gilt mit Eingang bei einer der genannten Stellen als gewahrt; dieser ist daher von der Behörde zu vermerken. Die Klage ist unverzüglich dem Gericht vorzulegen; die Behörde wartet nicht eine ggf. angekündigte Begründung ab. Leitet die Behörde die Klage an ein nicht zuständiges Gericht weiter, tritt noch keine Rechtshängigkeit ein; das Gericht gibt die Klage seinerseits gem. § 91 an das tatsächlich zuständige weiter, es sei denn der Kläger hat das unzuständige Gericht ausdrücklich bezeichnet. Wird die Klage bei der Behörde oder dem Versicherungsträger eingereicht, der den angefochtenen Bescheid erlassen hat, kann dieser den Kläger zwar klaglos stellen, hat aber gleichwohl die Klage an das Gericht weiterzuleiten. 5

Die Rechtsbehelfsbelehrung muss die Möglichkeiten des § 91 nicht aufführen; tut sie es, darf sie nicht den Eindruck erwecken, die Rechtsverfolgung sei komplizierter, als dies tatsächlich der Fall ist. 6

§ 92 [Klageschrift]

(1) [1]Die Klage muss den Kläger, den Beklagten und den Gegenstand des Klagebegehrens bezeichnen. [2]Zur Bezeichnung des Beklagten genügt die Angabe der Behörde. [3]Die Klage soll einen bestimmten Antrag enthalten und von dem Kläger oder einer zu seiner Vertretung befugten Person mit Orts- und Zeitangabe unterzeichnet sein. [4]Die zur Begründung dienenden Tatsachen und Beweismittel sollen angegeben, die angefochtene Verfügung und der Widerspruchsbescheid sollen in Abschrift beigefügt werden.

2 BSG 20.4.1999 – B 1 SF 1/98 B, SozR 3-1500 § 91 Nr. 1.
3 BSG 20.4.1999 – B 1 SF 1/98 B, SozR 3-1500 § 91 Nr. 1.
4 BSG 8.5.1990 – 2 BU 14/90, NJW 1990, 2836.

(2) [1]Entspricht die Klage diesen Anforderungen nicht, hat der Vorsitzende den Kläger zu der erforderlichen Ergänzung innerhalb einer bestimmten Frist aufzufordern. [2]Er kann dem Kläger für die Ergänzung eine Frist mit ausschließender Wirkung setzen, wenn es an einem der in Absatz 1 Satz 1 genannten Erfordernisse fehlt. [3]Für die Wiedereinsetzung in den vorigen Stand gilt § 67 entsprechend.

I. Allgemeines/Normzweck

1 **1. Gesetzesentstehung.** Die Vorschrift bestand zunächst unverändert idF v. 3.9.1953 (BGBl. 1953 I 1239). Durch das SGGArbGÄndG wurde mit Wirkung zum 1.4.2008 (BGBl. 2008 I 444) Abs. 1 neu gefasst, insbesondere Satz 1 von einer Soll- zur Muss-Vorschrift geändert, sowie Abs. 2 völlig neu eingeführt. Durch Gesetz zur Förderung des elektronischen Rechtsverkehrs mit den Gerichten vom 10.10.2013 (BGBl. 2013 I 3786) wurde mWv 1.7.2014 in Absatz 1 Satz 4 die Vorlage „in Urschrift" gestrichen.

2 **2. Normzweck.** § 92 ergänzt § 90, indem er in **Abs. 1 S. 1 die inhaltlichen Mindestanforderungen** an eine Klage benennt. Geregelt werden diese aber als **Sachurteilsvoraussetzungen** (→ Rn. 7). Die Angaben nach **Abs. 1 S. 3 und 4** dienen lediglich der Verfahrensbeschleunigung; ihr Fehlen führt nicht zur Unzulässigkeit der Klage. Dass eine Vorlage der angefochtenen Bescheide nicht mehr in Urschrift verlangt werden (→ Rn. 1), soll vermeiden, dass bei einer Übertragung der Papiereingänge in elektronische Dokumente Urschriften vernichtet werden. Eine Vorlage oder Anforderung zu Beweiszwecken bleibt davon unberührt.[1] Die Reglung über die Unterschrift gehört systematisch zu § 90 (→ Rn. 9). Die **Fristsetzungen nach Abs. 2** sollen ebenfalls die zeitnahe Erledigung der Klage ermöglichen.[2]

3 **3. Parallelvorschriften.** § 92 ist mit der ab 1.4.2008 geltenden Fassung weitgehend an **§ 82 VwGO** angeglichen worden; vor allem die Fristsetzung nach Abs. 2 ist aus der VwGO-Vorschrift übernommen. Eine vergleichbare Regelung enthält auch § 65 FGO.

1 BT-Drs. 17/12634, 37.
2 BT-Drs. 16/7716, 22 zu Nr. 15 (§ 92).

II. Notwendige Angaben – Abs. 1 S. 1 und 2

1. Kläger und Beklagter. Von Kläger und Beklagtem (§ 69; Dritte können erst im Gerichtsverfahren beigeladen werden) sollen Name und ladungsfähige Anschrift angegeben werden, bei juristischen Personen oder Vereinigungen die Vertreter. Die Bezeichnung der Beteiligten in der Klageschrift ist auslegungsfähig. Maßgebend ist, wie die Parteibezeichnung bei objektiver Deutung aus Sicht des Erklärungsempfängers zu verstehen ist; zur Auslegung können auch spätere Prozessvorgänge herangezogen werden.[3] Bei einer **Bedarfsgemeinschaft** nach dem SGB II oder einer **Einstandsgemeinschaft** nach dem SGB XII (§ 19 SGB XII) hat jedes Mitglied einen individuellen Leistungsanspruch; Kläger ist daher nicht die „Gemeinschaft" oder deren Mitglieder in gesamthänderischer Verbundenheit, sondern eine oder mehrere Einzelpersonen. Dies gilt auch dann, wenn nur ein zB an den „Haushaltsvorstand" gerichteter „Bescheid" vorliegt; dieser enthält zumindest nach Auslegung idR mehrere Verfügungssätze, nämlich die Bewilligung einzelner Leistungsansprüche. Es muss daher deutlich gemacht werden, wer die Klage erhebt: nur eine Person oder jedes Mitglied der Gemeinschaft. Im Bereich des SGB II kommt dieser Frage größere Bedeutung zu, da die Einkommensberücksichtigung im Rahmen der Bedarfsgemeinschaft auch Mitglieder mit Einkommen hilfebedürftig und damit anspruchsberechtigt machen kann. Wegen dieser rechtlichen Besonderheiten der Bedarfsgemeinschaft und der „tatsächlichen Ungereimtheiten" des Verwaltungs- und Gerichtsverfahrens hat das BSG[4] in der Verpflichtungssituation im Rahmen des sog „Meistbegünstigungsprinzips" eine Auslegung der Klage auch insoweit zugelassen, welche Personen überhaupt Klage erhoben haben. Auf diese Weise wurde ein zuvor nicht berücksichtigtes Mitglied der Bedarfsgemeinschaft als Kläger in den Prozess einbezogen. Diese Möglichkeit wurde aber auf eine Übergangszeit bis zum 30.6.2007 beschränkt. Zu Name und Anschrift des Klägers → Rn. 5. Steht auf Beklagtenseite wie in aller Regel eine Verwaltung, ist Beteiligter – vorbehaltlich landesrechtlicher Besonderheiten – der Rechtsträger der Ausgangsbehörde, bzw. der Widerspruchsbehörde (§ 70), wenn der Widerspruchsbescheid alleiniger Gegenstand des Verfahrens ist. Es reicht jedoch aus, wenn die Behörde bezeichnet wird, die den Verwaltungsakt erlassen oder von der er begehrt wird (Abs. 1 S. 2). Ggf. ist der Beklagte nach dem Begehren des Klägers zu ermitteln. Ein Beteiligtenwechsel ist möglich (→ § 78 Rn. 9 ff. und im Einzelnen bei § 99). Bezeichnet der Kläger einen falschen Beklagten und beharrt er darauf, ist die Klage abzuweisen; allenfalls kommt eine Beiladung und Verurteilung des eigentlichen Klagegegners nach § 75 Abs. 5 in Betracht. 4

2. Name und Anschrift des Klägers. Die Angabe von Name und Anschrift des Klägers ist ungeschriebene Sachurteilsvoraussetzung.[5] Ohne sie liegt keine zulässige Klage vor.[6] § 92 verzichtet auf diese Angaben lediglich als bereits notwendi- 5

---

3 LSG RhPf 20.6.1995 – L 4 V 55/94, Breith. 1996, 166.

4 Grundlegend BSG 7.11.2006 – B 7 b AS 8/06 R, SozR 4-4200 § 22 Nr. 1 = SGb 2007, 308; bestätigend BSG 23.11.2006 – B 11 b AS 9/06 R, SozR 4-4300 § 428 Nr. 3; BSG 29.3.2007 – B 7 b AS 4/06 R, juris; einschränkend BSG 29.3.2007 – B 7 b AS 2/06 R, juris: keine Einbeziehung von Mitgliedern, die aufgrund ausdrücklicher gesetzlicher Regelung vom Bezug von Leistungen nach dem SGB II ausgeschlossen sind.

5 BSG 18.11.2003 – B 1 KR 1/02 S, SozR 4-1500 § 90 Nr. 1 zur Anschrift; SchlHLSG 12.12.2016 – L 5 KR 154/16 ER, juris; HessLSG 30.3.2006 – L 8 KR 46/05, juris: Die Angabe nur der Anschrift eines Postzustellungsbevollmächtigten ist nicht ausreichend.

6 LSG BW 31.8.2010 – L 13 R 3865/09, juris; BayLSG 24.4.2012 – L 8 SO 125/10, juris.

gen Inhalt der Klageschrift. Die Angabe kann auch nach Ablauf der Klagefrist noch nachgeholt, der Mangel dadurch geheilt werden.[7] Die Erforderlichkeit dieser Angaben beruht auf demselben Grundgedanken wie die prozessuale Schriftform (→ § 90 Rn. 4; → § 151 Rn. 14 ff.): Sie sind nötig für die Identifikation des Rechtsuchenden und die Authentizität des Rechtschutzbegehrens; es muss zuverlässig feststehen, wer die Klage willentlich in den Rechtsverkehr eingebracht hat. Die Angaben sind Voraussetzung für die im gerichtlichen Verfahren unerlässliche Kommunikation, insbesondere die Zustellung von Entscheidungen mit Folgewirkungen für die Rechtskraft und Rechtssicherheit sowie von gerichtlichen Anordnungen, denen der Kläger im Rahmen seiner prozessualen Mitwirkungspflicht nachzukommen hat. Die Angabe der Anschrift ist weiter erforderlich für die Bestimmung der örtlichen Zuständigkeit des Gerichts gem. § 57 und damit des gesetzlichen Richters.[8] Ausnahmen können unter dem Gesichtspunkt effektiven Rechtschutzes (Art. 19 Abs. 4 GG)[9] bestehen, wenn dem Betroffenen die Angabe der Anschrift im Einzelfall unmöglich oder aus schwerwiegenden, beachtenswerten Gründen unzumutbar ist.[10] Bei Obdachlosigkeit des Klägers kann die Angabe eines Postfaches genügen oder die Bezeichnung eines Zustellungsbevollmächtigten.[11] Die alleinige Angabe einer E-Mail-Adresse oder einer Mobilfunknummer genügt dem nicht, da durch diese die unabdingbare Authentizität und Geheimhaltung in der Kommunikation nicht gewährleistet wird.[12] An die Kommunikation per E-Mail werden weitergehende spezielle Rechtmäßigkeitsvoraussetzungen gestellt (vgl. §§ 65 a ff.). Die Angabe eines Postfaches[13] oder „postlagernd"[14] genügt grundsätzlich nicht. Zwar sind Zustellungen dann möglich;[15] ein Interesse an der Angabe der Wohnanschrift besteht aber auch wegen der Durchsetzung von Kostenansprüchen des Gerichts oder des Klagegegners. Wenn nach dem SGG auch in weiten Bereichen Kostenfreiheit für den Kläger besteht und ein Kostenerstattungsanspruch des Klagegegners nicht gegeben ist, ist in jedem Fall die Möglichkeit der Kostenpflicht nach § 192 zu beachten.[16]

6 **3. Gegenstand des Klagebegehrens.** Der Kläger soll sein **Klagebegehren** angeben, also nicht den Streitgegenstand im Rechtssinne.[17] Es soll erkennbar werden, was der Kläger vom Gericht wünscht (bestimmte Feststellung, Verurteilung zu einer Leistung, Aufhebung eines bestimmten Verwaltungsaktes). Dieses Klagebegehren ist von zentraler Bedeutung; es bestimmt den Umfang der gerichtlichen Rechts-, bzw. Gestaltungsmacht. Das Gericht darf nicht über die dadurch

---

7 BVerwG 5.5.1982 – 7 B 201/81, NVwZ 1983, 29.
8 Zum Ganzen BSG 18.11.2003, B 1 KR 1/02 S, SozR 4-1500 § 90 Nr. 1 mwN.
9 BVerfG 11.11.1999 – 1 BvR 1203/99, juris.
10 So BGH 9.12.1987 – IVb ZR 4/87, BGHZ 102, 332 zum Geheimhaltungsinteresse im Adoptionsverfahren.
11 LSG NRW 22.3.2012 – L 19 AS 2032/11 B, juris.
12 BSG 18.11.2003 – B 1 KR 1/02 S, SozR 4-1500 § 90 Nr. 1; LSG BW 9.6.2016 – L 7 SO 4619/15, juris.
13 BVerwG 13.4.1999 – 1 C 24/97, NJW 1999, 2608; BayLSG 24.4.2012 – L 8 SO 182/11, juris.
14 OVG NRW 18.6.1993 – 8 A 1447/90, NVwZ-RR 1994, 124.
15 BGH 14.6.2012 – V ZB 182/11, juris: Ersatzzustellung nach § 180 S. 1 ZPO: ähnliche Vorrichtung; BSG 16.12.2010 – B 8 SO 12/10 B, juris: jedenfalls Bekanntgabe der Ladung zur mündlichen Verhandlung an Postfach.
16 Ebenso BSG 18.11.2003 – B 1 KR 1/02 S, SozR 4-1500 § 90 Nr. 1.
17 B. Schmidt in Meyer-Ladewig/Keller/Leitherer/Schmidt § 92 Rn. 8.

vom Kläger gesetzten Grenzen hinausgehen („ne ultra petita") und muss mit seiner Entscheidung das gesamte Klagebegehren erledigen, auch soweit es ihm nicht stattgibt (§ 123). IdR genügt die Angabe des angefochtenen Bescheides oder Widerspruchsbescheides (Abs. 1 S. 4); daraus lässt sich das Begehren ablesen, wenn es nicht beschränkt wird. Wird eine Beschränkung nicht deutlich gemacht, ist von einer umfänglichen Anfechtung auszugehen. Wird kein konkreter Verwaltungsakt bezeichnet, ist das Klagebegehren aber genau umrissen, ist der Verwaltungsakt angefochten, der dem Erfolg entgegensteht.

4. Folgen fehlender Angaben. § 92 regelt in Abs. 1 S. 1 die inhaltlichen Mindestanforderungen (→ Rn. 2) an eine Klage, wie sich aus Abs. 2 ergibt, nicht als Prozess-, sondern als **Sachurteilsvoraussetzungen.** § 92 verzichtet auf die genannten Angaben als Inhalt der Klageschrift, ihr Fehlen führt grundsätzlich nicht zur Unwirksamkeit der Klageerhebung (→ § 90 Rn. 3, 9); Letztere setzt nur eine unbedingte Prozesserklärung voraus, die auf Erlangung gerichtlichen Rechtsschutzes gerichtet ist (→ § 90 Rn. 3). Ist eine Klagefrist zu wahren (s. § 87), müssen die Angaben nach Abs. 1 S. 1 nicht vollständig innerhalb dieser Frist erfolgen. Sie sind jedoch essentielle Punkte eines Rechtsstreites, ohne die ein Sachurteil nicht ergehen kann. Spätestens in der letzten mündlichen Verhandlung oder bei einer Fristsetzung nach Abs. 2 S. 2 innerhalb dieser Frist müssen sie daher geklärt sein; der Vorsitzende wirkt darauf hin (§§ 106 Abs. 1, 112 Abs. 2; § 92 Abs. 2 S. 2). Ist eine Klärung nicht möglich, ist die – wirksam erhobene – Klage unzulässig.[18] 7

III. Weitere Angaben – Abs. 1 S. 3 und 4

1. Bestimmter Antrag. Nach der auch im sozialgerichtlichen Verfahren geltenden **Dispositionsmaxime** bestimmen die Beteiligten, in erster Linie der Kläger, über den Umfang der gerichtlichen Entscheidung (§ 123; → Rn. 6). Spätestens in der **letzten mündlichen Verhandlung** muss geklärt werden, welche Ansprüche der Kläger geltend machen will und in welchem Umfang; fehlt es daran, ist die Klage unzulässig.[19] Ein bestimmter Antrag muss nicht gestellt werden; der Vorsitzende, bzw. das Gericht wirkt aber darauf hin (§§ 106, 112). § 130 Abs. 1 S. 1 erlaubt bei Leistungen, auf die ein gesetzlicher Anspruch besteht, die Verurteilung zur Leistung dem Grunde nach. Konsequenterweise ist dann ein hierauf gerichteter, nicht bezifferter Klageantrag zulässig. Betrifft der Streit nicht (nur) das Bestehen oder Nichtbestehen eines solchen Leistungsanspruches, ist eine Konkretisierung erforderlich. Ein genau bezifferter Antrag ist grundsätzlich nicht nötig; dem Bestimmtheitsgebot ist genügt, wenn wenigstens die ungefähre Höhe des verlangten Betrages angegeben wird.[20] Betrifft ein solcher Zahlungsanspruch aber einen abgeschlossenen Vorgang aus der Vergangenheit oder den Ersatz tatsächlicher Aufwendungen (Kostenerstattung), muss grundsätzlich ein bestimmter Zahlungsantrag gestellt und die Zusammensetzung des Betrages im Einzelnen dargelegt werden;[21] auch dies genügt aber vor Abschluss der letzten 8

18 BSG 28.9.2006 – B 3 KR 20/05 R, SozR 4-1500 § 92 Nr. 3.
19 BSG 28.9.2006 – B 3 KR 20/05 R, SozR 4-1500 § 92 Nr. 3; LSG NRW 21.9.2015 – L 7 AS 430/14, juris.
20 BSG 30.4.1986 – 2 RU 15/85, BSGE 60, 87 = SozR 1200 § 53 Nr. 6.
21 LSG Bln-Bbg 30.4.2015 – L 32 AS 2447/14, juris zur Klage auf höhere Grundsicherungsleistungen.

mündlichen Verhandlung.[22] Bei der **Unterlassungsklage** ist hingegen wegen ihres Zieles, der Beklagten ein bestimmtes Handeln zu verbieten, und der Möglichkeit einer Vollstreckung ein bestimmter Antrag nötig. Dem ist nicht genügt, wenn die zu unterlassenden Handlungen nicht bestimmt bezeichnet, sondern wegen der Verwendung konkretisierungsbedürftiger Begriffe nur bestimmbar sind.[23] Das Gericht hat nicht nur über das aus der Klagebegründung ermittelte Klagebegehren zu entscheiden, sondern auch über ausdrücklich gestellte Anträge, auch wenn sie unzulässig oder nicht sachdienlich sind.[24]

9 **2. Unterschrift und Datum.** Die Regelung erfolgt systematisch an falscher Stelle; sie betrifft nicht den Inhalt der Klageschrift, sondern ihre Form und wäre daher in § 90 zu erwarten gewesen. Einzelheiten → § 90 Rn. 4, → § 151 Rn. 14 ff.

10 **3. Zur Begründung dienende Tatsachen und Beweismittel.** Hierin liegt ein Ausfluss der Mitwirkungspflicht der Beteiligten; es verbleibt aber beim Amtsermittlungsgrundsatz (§ 103; vgl. dort). Eine Beweis- oder -führungslast wird nicht begründet.

11 **4. Beifügung angefochtener Bescheide.** Der angefochtene Verwaltungsakt und der Widerspruchsbescheid sollen der Klageschrift beigefügt werden; eine Kopie genügt. Die Pflicht zur Vorlage erleichtert nicht nur die Arbeit des Gerichts, sondern kann bei unzureichendem Inhalt der Klageschrift die notwendigen Angaben zum Beklagten und zum Gegenstand des Klagebegehrens liefern (→ Rn. 4 und 6).

12 **5. Folgen fehlender Angaben.** Fehlen die in § 92 Abs. 1 S. 3 und 4 genannten Angaben, führt dies nicht zur Unzulässigkeit der Klage. Dies gilt auch dann, wenn eine Frist nach Abs. 2 S. 1 gesetzt wird. Eine Frist mit ausschließender Wirkung nach Abs. 2 S. 2 kommt für diese Angaben nicht in Betracht. Zur fehlenden Unterschrift → § 90 Rn. 4.

IV. Ergänzung der Klageschrift – Abs. 2

13 **1. Allgemeines.** Die Fristen nach Abs. 2 sind richterliche Fristen, die verlängert werden können (§ 65); zur Wiedereinsetzung → Rn. 17. Die Fristsetzung erfolgt durch nicht anfechtbare prozessleitende Verfügung (§ 172 Abs. 2), die zuzustellen ist (§ 63 Abs. 1).

14 **2. Fristsetzung nach Abs. 2 S. 1.** Genügt die Klageschrift nicht den in § 92 Abs. 1 geregelten Anforderungen, hat der Vorsitzende dem Kläger zur Nachholung eine Frist zu setzen. Dies gilt unterschiedslos für die zwingenden Angaben des Abs. 1 S. 1 wie für die weiteren nach Abs. 1 S. 3 und 4. Ein Ermessen ist dem Vorsitzenden nicht eingeräumt. Der fruchtlose Fristablauf zieht grundsätzliche keine Sanktion nach sich. Die Angaben nach Abs. 1 S. 1 können, wenn nicht eine Frist nach Abs. 2 S. 2 gesetzt wurde, bis zur letzten mündlichen Verhandlung nachgeholt werden. Die Fristsetzung nach § 92 Abs. 2 S. 1 kann aber mit einer solchen nach § 106 a verbunden werden, so dass insbesondere hinsichtlich der Angabe der zur Begründung dienenden Tatsachen und Beweismittel Präklusion eintreten kann. Des Weiteren kann das fruchtlose Verstreichen der Frist

---

22 BSG 6.8.2014 – B 4 AS 37/13 R, juris; BSG 28.9.2006 – B 3 KR 20/05 R, SozR 4-1500 § 92 Nr. 3: Sachurteilsvoraussetzungen; ein Nachholen noch im Berufungsverfahren genügt.

23 BSG 11.5.1999 – B 11 AL 45/98 R, BSGE 84, 67 = SozR 3-4300 § 36 Nr. 1.

24 BSG 21.4.1993 – 11 BAr 143/92, juris.

nach § 92 Abs. 2 S. 1 ein Anhaltspunkt sein, der eine Betreibensaufforderung nach § 102 Abs. 2 S. 2 rechtfertigt, was zur Klagerücknahmefiktion nach § 102 Abs. 2 S. 1 führen kann.

3. Ausschlussfrist nach Abs. 2 S. 2. Nur für die inhaltlichen Mindestanforderungen nach Abs. 1 S. 1 (Sachurteilsvoraussetzungen) kann der Vorsitzende eine Frist mit ausschließender Wirkung setzen. Eine Nachholung dieser Angaben ist dann nicht mehr bis zur letzten mündlichen Verhandlung möglich, sondern nur noch bis zum Ablauf der gesetzten Frist. Erfolgt die Nachholung der Angaben nicht oder nicht vollständig innerhalb der Frist ist die Klage – unheilbar – **unzulässig**; sie ist durch Prozessurteil abzuweisen. Zur Wiedereinsetzung → Rn. 17. 15

Ob der Vorsitzende eine Ausschlussfrist setzt, liegt in seinem pflichtgemäßen **Ermessen**. Der pauschale Hinweis auf die im sozialgerichtlichen Verfahren herrschenden Grundsätze der Barriere- und Formfreiheit[25] ist wenig hilfreich, denn die Angaben nach Abs. 1 S. 1 sind zwingend zu klären, um ein Sachurteil zu ermöglichen. Der Vorsitzende wird im Einzelfall prüfen müssen, ob Hinweise dafür vorliegen, dass der Kläger nach seinen intellektuellen Fähigkeiten nicht in der Lage sein könnte, einer gerichtlichen Aufforderung Folge zu leisten. Dabei wird man aber in aller Regel davon ausgehen können, dass ein geschäftsfähiger Kläger dazu in der Lage ist, sein Begehren auf Aufforderung so zu konkretisieren, dass erkennbar wird, wer von wem was begehrt. Erst recht gilt dies in Fällen anwaltlicher Vertretung. Bei schwierigeren Fragen, zB bei Mitgliedern einer Bedarfsgemeinschaft nach dem SGB II und deren Ansprüchen, kann jedoch eine Abklärung in einem Termin sinnvoller sein. Die gerichtliche Verfügung muss eine **Belehrung über die Ausschlusswirkung** enthalten. Dies ist zwar nach dem Wortlaut nicht vorgeschrieben, ergibt sich aber aus dem Anspruch auf rechtliches Gehör (Art. 103 Abs. 1 GG).[26] 16

4. Wiedereinsetzung in den vorigen Stand. Unabhängig von der Möglichkeit der Verlängerung der Frist (→ Rn. 13), besteht nach § 92 Abs. 2 S. 3 die Möglichkeit der Wiedereinsetzung in den vorigen Stand entsprechend § 67 SGG. Die nur entsprechende Anwendung erklärt sich durch die Qualität der Fristen nach § 92 Abs. 2 als richterliche Fristen, während § 67 nach seinem Wortlaut nur gesetzliche erfasst. Da die Versäumung einer Frist nach § 92 Abs. 2 S. 1 sanktionslos bleibt (→ Rn. 14), kommt der Wiedereinsetzung nur in Fällen der Ausschlussfrist nach Abs. 2 S. 2 Bedeutung zu. Zu den Voraussetzungen der Wiedereinsetzung s. bei § 67. 17

§ 93 [Einreichung von Abschriften]

[1]Der Klageschrift, den sonstigen Schriftsätzen und nach Möglichkeit den Unterlagen sind vorbehaltlich des § 65 a Absatz 5 Satz 3 Abschriften für die Beteiligten beizufügen. [2]Sind die erforderlichen Abschriften nicht eingereicht, so fordert das Gericht sie nachträglich an oder fertigt sie selbst an. [3]Die Kosten für die Anfertigung können von dem Kläger eingezogen werden.

25 BT-Drs. 16/7716, 22 zu Nr. 15 (§ 92); LSG BW 28.1.2010 – L 10 U 4843/09, juris.
26 Kuntze in Bader/Funke-Kaiser/Kuntze/von Albedyll VwGO § 82 Rn. 12; Kopp/Schenke VwGO § 82 Rn. 14.

I. Allgemeines/Normzweck

1 Die Vorschrift bestand zunächst unverändert idF v. 3.9.1953 (BGBl. 1953 I 1239). Durch das Justizkommunikationsgesetz vom 22.3.2005 mWv 1.4.2005 (BGBl. 2005 I 837) wurde in Satz 1 der Vorbehalt bzgl. § 65 a eingefügt. Dieser Verweis wurde durch Art. 4 Nr. 6 des Gesetzes v. 10.10.2013 (BGBl. 2013 I 3786) mWv 1.1.2018 ohne inhaltliche Änderung der geänderten Struktur des § 65 a angepasst. § 93 S. 1 vergleichbare Vorschriften enthalten §§ 81 Abs. 2, 86 Abs. 4 VwGO; §§ 64, 77 AO; S. 2 u. 3 sind in diesen Verfahrensordnungen nicht ausdrücklich geregelt, im Ergebnis besteht jedoch kein Unterschied.[1] MWv 1.1.2018 wird der Verweis in S. 2 geändert in § 65 a Abs. 5 S. 3 (Gesetz zur Förderung des elektronischen Rechtsverkehrs mit den Gerichten vom 10.10.2013, BGBl. 2013 I 3786).

II. Regelungsinhalt

2 Die Vorschrift dient der Vereinfachung und Beschleunigung des Verfahrens. Wenn auch der Wortlaut auf eine zwingende Regelung hindeutet, hat das Fehlen von Abschriften **keine prozessuale Konsequenz**: Die Klage wird dadurch nicht unzulässig, das Gericht hat die Schriftsätze gleichwohl zu beachten und die Abschriften selbst anzufertigen (S. 2). Es droht allein die mögliche Kostenfolge gem. S. 3. § 93 gilt für die Schriftsätze aller Beteiligten: Eine Beschränkung auf solche des Klägers ist weder dem Wortlaut zu entnehmen noch entspräche sie dem Sinn der Regelung. Unterlagen meint die beiliegenden Schriftstücke, auf die in den Schriftsätzen zur Begründung Bezug genommen wird. Abschriften sind entsprechend der Zahl der Verfahrensbeteiligten beizufügen. Nach § 65 a Abs. 2 S. 2 sind die Vorschriften des SGG über die Beifügung von Abschriften für die übrigen Beteiligten, also auch § 93, nicht auf die Übermittlung elektronischer Dokumente anzuwenden. Da bei elektronischer Übermittlung die Beifügung von Abschriften rein praktisch keinen Sinn macht, beschränkt sich der Regelungsgehalt des neu eingefügten Vorbehaltes hinsichtlich § 65 a Abs. 2 S. 2 auf die Kostenfolge.

III. Kostenfolge

3 Die Kosten des Gerichts für die Anfertigung können vom Kläger oder – über den Wortlaut hinaus – von dem Beteiligten geltend gemacht werden, der Abschriften nicht beigelegt hat.[2] Ob Kosten geltend gemacht werden, ist Ermessensentscheidung. Zuständig ist der Kostenbeamte (Urkundsbeamte). Für die Höhe ist gem. § 202 das Kostenverzeichnis des GKG heranzuziehen (Nr. 9000: 0,5 Euro pro Seite; ab der 51. Seite 0,15 Euro).[3] § 93 Satz 3 bietet keine Grundlage für die Erhebung von Kosten für den Ausdruck von übermittelten elektronischen Dokumenten für die Beteiligten. Satz 3 bezieht sich auf die erforderlichen Abschriften nach S. 1 und 2; diese gelten aber gerade nicht bei elektronischer Übermittlung.

---

1 Kopp/Schenke § 81 Rn. 15.
2 So auch B. Schmidt in Meyer-Ladewig/Keller/Leitherer/Schmidt § 93 Rn. 2 a.
3 LSG Bln-Bbg 18.3.2013 – L 3 SF 189/12 E, juris; zur Kostenerstattung von Ausdrucken von einer DVD in hohem Umfang SchlHLSG 7.12.2015 – L 5 SF 252/15 B E, juris.

§ 94 [Rechtshängigkeit]

[1]Durch die Erhebung der Klage wird die Streitsache rechtshängig. [2]In Verfahren nach dem Siebzehnten Titel des Gerichtsverfassungsgesetzes wegen eines überlangen Gerichtsverfahrens wird die Streitsache erst mit Zustellung der Klage rechtshängig.

§ 17 GVG [Zulässigkeit des Rechtsweges]

(1) Die Zulässigkeit des beschrittenen Rechtsweges wird durch eine nach Rechtshängigkeit eintretende Veränderung der sie begründenden Umstände nicht berührt. Während der Rechtshängigkeit kann die Sache von keiner Partei anderweitig anhängig gemacht werden.

(2) Das Gericht des zulässigen Rechtsweges entscheidet den Rechtsstreit unter allen in Betracht kommenden rechtlichen Gesichtspunkten. Artikel 14 Abs. 3 Satz 4 und Artikel 34 Satz 3 des Grundgesetzes bleiben unberührt.

I. Allgemeines/Normzweck

Abs. 1 (jetzt Satz 1) bestand unverändert idF v. 3.9.1953 (BGBl. 1953 I 1239). 1
Abs. 2 u. 3 wurden aufgehoben durch Gesetz v. 17.12.1990 (BGBl. 1990 I 2809) mWv 1.1.1991; diese Regelungen sind nun in § 17 Abs. 1 GVG (iVm § 202 SGG) enthalten. Durch Gesetz v. 11.10.2016 (BGBl. 2016 I 2222) wurden mWv 15.10.2016 die überflüssig gewordenen Absatzbezeichnungen redaktionell bereinigt und Satz 2 angefügt. § 94 regelt den Beginn der Rechtshängigkeit. Entsprechende Vorschriften finden sich in §§ 90 VwGO, 66 FGO.

II. Gegenstand der Rechtshängigkeit

Rechtshängig wird die „Streitsache", das ist der **Streitgegenstand** im rechtstech- 2
nischen Sinne. Gemeint ist der prozessuale Anspruch, der sich aus den vom Kläger in Bezug auf einen bestimmten Lebenssachverhalt gestellten Anträgen oder Rechtsschutzbegehren bestimmt.[1] Unerheblich ist, ob zur Begründung des Anspruches verschiedene materielle Anspruchsgrundlagen herangezogen werden. Bei der Anfechtungsklage ist Streitgegenstand die objektive Rechtswidrigkeit des Verwaltungsaktes und die subjektive Rechtsverletzung des Klägers. Bei der Verpflichtungs- und der Leistungsklage wird er durch das jeweilige Leistungsbegehren bestimmt. Soweit diese mit der Anfechtungsklage verbunden sind, kommt dem Aufhebungsbegehren keine eigenständige Bedeutung mehr zu.[2]

III. Beginn der Rechtshängigkeit

Sie tritt ein mit **Erhebung der Klage** (§ 90), unabhängig von deren Zulässigkeit, 3
solange sie nur wirksam ist (→ § 90 Rn. 8, 9). Einer Zustellung der Klage an

1 BayLSG 18.5.1977 – L 2 Urt. 248/75, Breith. 1978, 20; zum Meinungsstreit vgl. B. Schmidt in Meyer-Ladewig/Keller/Leitherer/Schmidt § 95 Rn. 4 ff.; praktische Relevanz gewinnt dieser nicht.

2 BSG 26.10.1976 – 12 RKg 1/76, Breith. 1977, 1036 (1037) für die Leistungsklage.

den Prozessgegner wie im Zivilprozessrecht (§§ 253, 261 ZPO) bedarf es nicht (zur Ausnahme bei Entschädigungsklagen wegen überlanger Verfahrensdauer → Rn. 12). Auch die Klageerhebung beim unzuständigen Gericht begründet nach den für dieses geltenden Normen Rechtshängigkeit;[3] sie endet dort mit der – rechtskräftigen – Verweisung, wodurch gleichzeitig Rechtshängigkeit beim zuständigen Gericht begründet wird; die Wirkungen der ersten Rechtshängigkeit bleiben aber bestehen (§§ 98, 202 SGG, 17 b GVG). Die Einreichung der Klage bei den in § 91 genannten Stellen begründet noch keine Rechtshängigkeit, dafür bedarf es des Einganges bei Gericht.

4 Rechtshängigkeit wird auch begründet durch **Widerklage oder Hilfsantrag.** Bei Letzterem entfällt sie rückwirkend, wenn dem Hauptantrag stattgegeben wird. Bescheide, die gem. **§ 96** Gegenstand des Verfahrens werden, werden mit Bekanntgabe von der Rechtshängigkeit erfasst. Bei **Klageänderung, -umstellung oder -erweiterung** tritt für den neuen Antrag neue Rechtshängigkeit ein; die Klage in geänderter Form ist nicht als von Anfang an rechtshängig anzusehen.[4]

IV. Ende der Rechtshängigkeit

5 Mit **Eintritt der formellen Rechtskraft** endet die Rechtshängigkeit; insbes. durch rechtskräftiges Urteil, Klagerücknahme, angenommenes Anerkenntnis, gerichtlichen Vergleich. Der außergerichtliche Vergleich beendet die Rechtshängigkeit nicht, vielmehr bedarf es dafür noch entsprechender prozessualer Erklärungen. Diese können als übereinstimmende Erledigterklärung oder als angenommenes Teilanerkenntnis und Rücknahme im Übrigen im außergerichtlichen Vergleich enthalten sein, wenn dieser dem Gericht mitgeteilt wird. Die **Rechtshängigkeit lebt wieder auf**, wenn die Unwirksamkeit des Beendigungstatbestandes geltend gemacht wird.

V. Wirkungen der Rechtshängigkeit

6 **1. Hemmung der Verjährung.** Die Verjährung wird gehemmt (§ 45 Abs. 2 SGB I, § 204 Abs. 1 Nr. 1 BGB in der ab 1.1.2002 geltenden Fassung). Der Zeitraum, während dessen die Verjährung gehemmt ist, wird in die Verjährungsfrist nicht eingerechnet (§ 209 BGB). Die Hemmung tritt ein mit wirksamer Klageerhebung (→ § 90 Rn. 8, 9). Auch bei Zahlungsklagen bedarf es hierzu keines bezifferten Zahlungsantrages bereits in der Klageschrift; dieser stellt lediglich eine Sachurteilsvoraussetzung dar, die bis zur letzten mündlichen Verhandlung nachgeholt werden kann (→ § 92 Rn. 8). Auch wenn dies nicht geschieht, ist die Klage wirksam erhoben, hemmt also die Verjährung.[5] Nach § 209 BGB in der bis zum 31.12.2001 geltenden Fassung wurde die Verjährung durch die Klageerhebung unterbrochen. Die zivilrechtlichen Übergangsvorschriften des Art. 229 § 6 Abs. 1 und 2 EGBGB gelten nach Maßgabe spezieller Regelungen auch für sozialrechtliche Ansprüche, zB §§ 70, 45 SGB I, §§ 115 a, 25, 27 SGB IV, §§ 120 Abs. 5, 113 SGB X und in Rechtsanalogie auch für den öffentlich-rechtlichen Erstattungsanspruch.[6] Eine durch Klageerhebung vor dem 1.1.2002 bewirkte Un-

---

3 BSG 13.5.2004 – B 3 KR 2/03 R, SGb 2004, 414.
4 BSG 13.5.2004 – B 3 KR 2/03 R, SGb 2004, 414.
5 BSG 28.9.2006 – B 3 KR 20/05 R, SozR 4-1500 § 92 Nr. 3.
6 BSG 28.9.2006 – B 3 KR 20/05 R, SozR 4-1500 § 92 Nr. 3.

terbrechung der Verjährung endet danach mit Ablauf des 31.12.2001, die neue Verjährung ist mit Beginn des 1.1.2002 gehemmt (Art. 229 § 6 Abs. 2 EGBGB).

Die Hemmung der Verjährung endet sechs Monate nach der rechtskräftigen Entscheidung oder anderweitigen Beendigung des eingeleiteten Verfahrens (§ 204 Abs. 2 S. 1 BGB), zB im Fall der Rücknahme der Klage. Nach § 204 Abs. 2 S. 2 BGB endet die Hemmung auch, wenn das Verfahren dadurch in Stillstand gerät, dass die Parteien es nicht betreiben. Wegen des im sozialgerichtlichen Verfahren geltenden Amtsbetriebes kann dieser Tatbestand nur beim Ruhen des Verfahrens Bedeutung gewinnen, da das Nichtbetreiben des Verfahrens hier auf übereinstimmenden Antrag der Beteiligten angeordnet wird (§ 202 SGG iVm § 251 ZPO). Die Hemmung beginnt dann erneut, wenn das Verfahren weiter betrieben wird (§ 204 Abs. 2 S. 3 BGB). 7

2. Prozesszinsen. Prozesszinsen nach § 291 BGB fallen im sozialgerichtlichen Verfahren bei Ansprüchen eines Versicherten oder Leistungsempfängers gegen den Leistungsträger nicht an; § 44 SGB I enthält eine abschließende Regelung der Zinsansprüche in diesem Verhältnis.[7] Auch für Erstattungsansprüche zwischen Sozialleistungsträgern fallen keine Prozesszinsen an;[8] hier stellt § 108 Abs. 2 SGB X eine abschließende Sonderregelung dar. Anderes gilt für Vergütungsansprüche von Leistungserbringern gegen gesetzliche Krankenkassen[9] und Ansprüche Kassenärztlicher Vereinigungen auf Zahlung fälliger Gesamtvergütung.[10] Die Entstehung von Prozesszinsen wurde neben der Änderung des Gerichtskostenrechts durch Einführung des § 197 a SGG mit bereichsspezifischen Besonderheiten des jeweiligen Rechtsgebiets begründet, zB des Gesundheitsmarktes als Teil des allgemeinen Wirtschaftlebens. Gleiches gilt für den Anspruch auf Ausgleich nach einer Wehrdienstbeschädigung nach § 85 SVG.[11] 8

3. Unzulässigkeit neuer Klagen (Sperrwirkung). Die **anderweitige Rechtshängigkeit** desselben Streitgegenstandes ist Zulässigkeitshindernis für eine neue Klage. Dies ist nunmehr allgemein in § 17 Abs. 1 S. 2 GVG geregelt, früher § 94 Abs. 2 (→ Rn. 1). Damit wird deutlich gemacht, dass die Sperrwirkung mit Rechtshängigkeit auch bei einem Gericht eines anderen Rechtsweges eintritt. Diese Regelung soll insbes. einander widersprechende Gerichtsentscheidungen vermeiden. Ihre **Reichweite** entspricht daher der der Rechtskraft gem. § 141 Abs. 1; sie umfasst die Beteiligten (also auch die Beigeladenen) und ihre Rechtsnachfolger. Die Sperrwirkung ist unabhängig von der jeweiligen Parteirolle im neuen Verfahren. Zulässig ist die zuerst erhobene Klage; der späteren steht die anderweitige Rechtshängigkeit entgegen; sie ist – weil unzulässig – durch Prozessurteil abzuweisen. Das Prozesshindernis ist in jeder Lage des Verfahrens von Amts wegen zu prüfen. Die Sperrwirkung endet mit Abschluss des ersten Verfahrens, so dass 9

---

7 BSG 16.12.1964 – 12 RJ 526/64, BSGE 22, 150 = SozR Nr. 1 zu § 291 BGB.

8 BSG 19.97.2007 – B 1 KR 39/06 R, juris: in Abgrenzung zur Rechtsprechung anderer Senate des BSG (vgl. folgende Fußnoten), die Einführung des § 197 a SGG und damit die weitgehende Geltung der Kostenvorschriften der VwGO habe hieran nichts geändert.

9 BSG 28.11.2013 – B 3 KR 4/13 R, SozR 4-2500 § 275 Nr. 16: Krankenhausträger gegen Krankenversicherungsträger; BSG 23.3.2006 – B 3 KR 6/05 R, SozR 4-7610 § 291 Nr. 3 = BSGE 96, 133 ua unter Hinweis auf die gesetzliche Notwendigkeit oder vertragliche Möglichkeit von Verzugszinsen; BSG 4.3.2004 – B 3 KR 4/03 R, SozR 4-2500 § 39 Nr. 1 = BSGE 92, 223 zu bereicherungsrechtlichen Ansprüchen.

10 BSG 28.9.2005 – B 6 KA 71/04 R, SozR 4-2500 § 83 Nr. 2 = BSGE 95, 141: aus Vertrauensschutzgründen erst für Klagen, die nach dem 28.9.2005 anhängig wurden.

11 BSG 14.12.1988 – 9/4 b RV 39/87, SozR 7610 § 291 Nr. 2 = BSGE 64, 225.

eine zunächst wegen anderweitiger Rechtshängigkeit unzulässige Klage noch zulässig werden kann. Endet das erste Verfahren jedoch durch Entscheidung, steht dann deren Rechtskraft der Zulässigkeit der zweiten Klage entgegen (§ 141 Abs. 1 SGG).[12] Führt eine Rücknahme der ersten Klage zur Bestandskraft der angefochtenen Bescheide, ist die zweite Klage ebenfalls unzulässig.

VI. Perpetuatio fori

10 Die früher in § 94 Abs. 3 enthaltene Regelung findet sich nun in § 17 Abs. 1 S. 1 GVG iVm §§ 202 bzw. 98 SGG (→ Rn. 1). Der Grundsatz besagt, dass die bei Klageerhebung begründete örtliche und sachliche Zuständigkeit des Gerichts sowie die Zulässigkeit des Rechtsweges durch nachträglich eintretende Änderungen nicht berührt werden: **Das ursprünglich zuständige Gericht bleibt zuständig, der Rechtsweg zulässig.** Bewirken die nachträglich eintretenden Umstände allerdings eine Änderung des Streitgegenstandes, sind Zuständigkeit und Rechtsweg neu zu bestimmen. Ein Wechsel der Behördenzuständigkeit spielt keine Rolle, da sich im sozialgerichtlichen Verfahren die örtliche Zuständigkeit nach dem Wohnsitz des Klägers richtet (§ 57); bei der Verpflichtungsklage ist aber ggf. der Klagegegner auszutauschen. Die perpetuatio fori gilt im ganzen Instanzenzug. Der Grundsatz gilt – vorbehaltlich abweichender gesetzlicher Regelungen – auch für Änderungen der gesetzlichen Zuständigkeitsvorschriften oder der höchstrichterlichen Rechtsprechung.[13]

11 Eine nachträgliche Änderung kann die ursprüngliche Unzuständigkeit oder die Unzulässigkeit des Rechtsweges **heilen**. Entscheidend ist der Stand der letzten mündlichen Verhandlung. Voraussetzung dafür ist allerdings, dass noch keine bindende Entscheidung über Unzuständigkeit oder Unzulässigkeit des Rechtsweges gem. § 17 a Abs. 2 GVG iVm §§ 98 bzw. 202 SGG vorliegt.

VII. Rechtshängigkeit bei Entschädigungsklagen

12 Abweichend von der Grundregel des S. 1 (→ Rn. 3) bestimmt der mWv 15.10.2016 neueingeführte S. 2 (→ Rn. 1), dass Entschädigungsklagen wegen überlanger Verfahrensdauer (§ 202 iVm §§ 198 bis 201 GVG) erst **mit Zustellung** an den Beklagten rechtshängig werden. Nach § 12 a S. 1 GKG ist in Verfahren wegen überlanger Verfahrensdauer § 12 Abs. 1 S. 1 und 2 GKG entsprechend anzuwenden. Danach soll die Klage erst nach Zahlung der Gebühr für das Verfahren im Allgemeinen zugestellt werden (S. 1); wird der Klageantrag erweitert, soll vor Zahlung der Gebühr für das Verfahren im Allgemeinen keine gerichtliche Handlung vorgenommen werden; dies gilt auch in der Rechtsmittelinstanz (S. 2). Solange die Entschädigungsklage mangels Zahlung des **Gerichtskostenvorschusses** nach §§ 12, 12 a Abs. 1 GKG nicht zugestellt wird, ist sie lediglich anhängig, nach § 94 S. 2 jedoch nicht rechtshängig. Die Wirkungen der Rechtshängigkeit (→ Rn 6 ff.) treten so lange nicht ein. Die Rechtslage entspricht somit der in der Zivilgerichtsbarkeit (§§ 261, 235 Abs. 1 ZPO). Damit soll gewährleistet werden, dass das Gericht erst tätig werden muss, wenn die

---

12 BSG 12.12.2013 – B 4 AS 17/13 R, SozR 4-1500 § 192 Nr. 2; BSG 15.11.2012 – B 8 SO 22/10 R, juris.

13 BSG 9.5.1984 – 4 RJ 44/83, Breith. 1985, 360; BGH 1.2.1978 – IV ZR 142/77, NJW 1978, 949.

Vorauszahlung nach §§ 12, 12 a Abs. 1 GKG erfolgt ist.[14] In der Aufforderung zur Zahlung der Gebühr für das Verfahren im Allgemeinen ist darauf hinzuweisen, dass die Klage erst nach Zahlung dieser Gebühr zugestellt und die Streitsache erst mit Zustellung der Klage rechtshängig wird (§ 12 a S. 2 GKG). Das Fehlen dieses Hinweises hat jedoch keinen Einfluss auf den Eintritt der Rechtshängigkeit erst mit der Zustellung. § 104 S. 1 Hs. 2 schreibt nunmehr für Entschädigungsklagen deren Zustellung ausdrücklich vor. Ob das Gericht die Zustellung der Klage von der Zahlung des Gerichtskostenvorschusses abhängig macht, steht in seinem **Ermessen.**[15] Das Gesetz sieht allerdings als Regelfall vor, dass eine Zustellung ohne Vorschuss nicht erfolgt (§ 12 Abs. 1 S. 1 GKG: „soll"), so dass ein Absehen davon nur in atypischen Einzelfällen in Betracht kommt. **Ausnahmen** von der Abhängigkeit der Zustellung vom Gerichtskostenvorschuss sind in § 14 GKG geregelt. Diese Vorschrift wird zwar in § 12 a S. 1 GKG nicht ausdrücklich in Bezug genommen. Ihre Anwendung ergibt sich aber aus ihrer systematischen Verbindung mit § 12 GKG und dem in Art. 47 EUGrdRCh verankerten Grundsatz des effektiven gerichtlichen Schutzes.[16] Unabhängig von der Zahlung des Gerichtskostenvorschusses ist die Klage daher zuzustellen, wenn dem Kläger Prozesskostenhilfe bewilligt ist (§ 14 Nr. 1 GKG), ihm Gebührenfreiheit zusteht (Nr. 2) oder bei Schwierigkeiten bei der alsbaldigen Zahlung oder drohendem Schaden (Nr. 3). Bei Nichtzahlung des Gerichtskostenvorschusses und Nichtvorliegen eines Ausnahmefalles nach § 14 GKG kann das Gericht die Akten nach Maßgabe der Aktenordnung weglegen; mangels Rechtshängigkeit bedarf es keiner diese beendenden Gerichtsentscheidung oder Verfahrenshandlung (Rücknahme, Vergleich o.ä.). Die **bereits begründete Rechtshängigkeit** von Entschädigungsklagen, die bis zum 14.10.2016 bei Gericht eingegangen und damit erhoben sind, bleibt von der Neufassung unberührt; sie entfällt nicht rückwirkend, auch wenn ein Gerichtskostenvorschuss noch nicht gezahlt wurde. Diese kann nur durch Gerichtsentscheidung oder Verfahrenshandlung der Beteiligten beseitigt werden. Das Weglegen nach Maßgabe der Aktenordnung genügt hier nicht.[17] Möglich ist jedoch eine Fiktion der Klagerücknahme nach § 102 Abs. 2 SGG unter den dort geregelten Voraussetzungen. Nach einer Entscheidung des LSG Niedersachsen-Bremen ist § 102 Abs. 2 SGG entsprechend anzuwenden, wenn der Kläger auch nach Setzung einer Frist von drei Monaten den Gerichtskostenvorschuss nicht eingezahlt hat.[18]

§ 95 [Streitgegenstand]

Hat ein Vorverfahren stattgefunden, so ist Gegenstand der Klage der ursprüngliche Verwaltungsakt in der Gestalt, die er durch den Widerspruchsbescheid gefunden hat.

14 Beschlussempfehlung und Bericht des Ausschusses für Recht und Verbraucherschutz, BT-Drs. 18/9092, 21 zu Art. 6, zu Nr. 1 zu Buchstabe b.
15 BSG 12.2.2015 – B 10 ÜG 8/14 B, SozR 4-1720 § 198 Nr. 8.
16 BFH 28.5.2013 – X S 20-23/13, X S 20/13, X S 21/13, X S 22/13, X S 23/13, juris; BFH 12.6.2013 – X K 2/13, juris; BSG 12.2.2015 – B 10 ÜG 8/14 B, SozR 4-1720 § 198 Nr. 8.
17 BSG 12.2.2015 – B 10 ÜG 8/14 B, SozR 4-1720 § 198 Nr. 8.
18 LSG Nds-Brem 29.8.2013 – L 10 SF 12/13 EK KA WA.

I. Allgemeines/Normzweck

1 Die Vorschrift gilt unverändert idF v. 3.9.1953 (BGBl. 1953 I 1239). Sie regelt das Verhältnis zwischen Ausgangs- und Widerspruchsbescheid; zu unterscheiden ist davon der Streitgegenstand im rechtstechnischen Sinne (dazu → § 94 Rn. 2). § 95 entspricht § 79 Abs. 1 Nr. 1 VwGO; soweit dieser in Abs. 1 Nr. 2 und Abs. 2 über § 95 hinausgeht, gilt sein Rechtsgedanke auch im sozialgerichtlichen Verfahren (→ Rn. 4). § 44 FGO enthält eine vergleichbare Vorschrift.

II. Regelungsinhalt

2 § 95 gilt für alle Klagen, denen ein Vorverfahren vorausgegangen ist. Eine Beschränkung auf die isolierte Anfechtungsklage lässt sich dem Wortlaut nicht entnehmen. Die Vorschrift gilt daher auch für die Leistungs- und die Verpflichtungsklage, soweit sie mit der Anfechtungsklage verbunden ist; deutlich wird dies insbes. bei teilweiser Abhilfe bzw. Stattgabe im Widerspruchsverfahren.

3 Ausgangs- und Widerspruchsbescheid werden als Einheit zur gerichtlichen Überprüfung gestellt: Gegenstand bleibt zwar der Ausgangsverwaltungsakt, jedoch in der Gestalt und mit dem Inhalt, die ihm der Widerspruchsbescheid gegeben hat. **Klagegegner** ist der Rechtsträger der Behörde, die den Ausgangsverwaltungsakt erlassen hat.[1] Im Antrag sind Ausgangsverwaltungsakt und Widerspruchsbescheid zu nennen, desgleichen grundsätzlich im Tenor bei Stattgabe; anders nur, wenn der Widerspruchsbescheid eine alleinige Beschwer enthält (→ Rn. 4 ff.). Der Widerspruchsbescheid kann aus einer schlichten Willenserklärung einen Verwaltungsakt machen, wenn er der ursprünglichen Erklärung eine verbindliche Regelung zukommen lässt;[2] der Ausgangs-„Verwaltungsakt" ist dann auch in Antrag und Tenor als solcher zu bezeichnen. § 95 gilt auch, wenn der erst nach Klageerhebung ergehende Widerspruchsbescheid gem. § 96 Gegenstand des Verfahrens wird. Im Bereich der vertragsärztlichen Wirtschaftlichkeitsprüfung ist Gegenstand hingegen allein der Bescheid des Beschwerdeausschusses; das Beschwerdeverfahren ist kein Widerspruchsverfahren.[3]

III. Widerspruchsbescheid als alleiniger Gegenstand

4 Diese Möglichkeit ist im SGG im Gegensatz zu § 79 Abs. 1 Nr. 2 und Abs. 2 VwGO nicht ausdrücklich geregelt; dessen Rechtsgedanke gilt aber auch im SGG.[4]

5 **1. Drittbeteiligung.** Bei erstmaliger Beschwer im Widerspruchsbescheid bei Drittbeteiligung (§ 79 Abs. 1 Nr. 2 VwGO): Auf Widerspruch des Adressaten wird ein einen Dritten begünstigender Verwaltungsakt aufgehoben oder ein den Adressaten begünstigender Bescheid auf Widerspruch des Dritten. Der Be-

1 BSG 25.3.1099 – B 9 SB 14/97 R, SozR 3-1300 § 24 Nr. 14.
2 BSG 12.2.1980 – 7 RAr 26/79, BSGE 49, 291 = SozR 4100 § 145 Nr. 1.
3 BSG 9.3.1994 – 6 RKa 5/92, BSGE 74, 59 = SozR 3-2500 § 106 Nr. 22.
4 BSG 27.11.1959 – 6 RKa 20/58, BSGE 11, 119 = SozR Nr. 2 zu § 95 SGG.

schwerte kann sich mit seiner Klage nur gegen den Widerspruchsbescheid wenden; dieser ist zwingend alleiniger Gegenstand.

2. Kein Ausgangsverwaltungsakt. Wenn ursprünglich kein Verwaltungsakt vorliegt, die Verwaltung Einwendungen des Klägers aber als Widerspruch ansieht und durch Widerspruchsbescheid in der Sache entscheidet, wird das bisher schlichte Verwaltungshandeln dadurch zum Verwaltungsakt (→ Rn. 3). Da dieser in Bestandskraft (§ 77) erwachsen und selbstständig vollstreckt (Titel) werden kann, liegt allein in der Änderung der Rechtsform eine selbstständige Beschwer für den Kläger. Die isolierte Anfechtung ist möglich. Ist der Klage stattzugeben, hebt das Gericht den Widerspruchsbescheid auf; dadurch wird der ursprüngliche Zustand wiederhergestellt. 6

3. Zusätzliche Beschwer im Widerspruchsbescheid. Zusätzliche selbstständige Beschwer im Widerspruchsbescheid gegenüber dem Ausgangsverwaltungsakt (§ 79 Abs. 2 VwGO): Diese kann sich in inhaltlicher wie auch in formeller Hinsicht ergeben (dort S. 2); Letzteres allerdings entsprechend der VwGO-Vorschrift nur bei Verstoß gegen wesentliche Verfahrensvorschriften,[5] wenn der Widerspruchsbescheid zumindest darauf beruhen kann.[6] Daran fehlt es in der Regel, wenn eine andere Entscheidung in der Sache nicht möglich ist.[7] Die Verfahrensvorschrift muss zumindest auch dem Schutz des Klägers dienen. Die selbstständige Beschwer kann sich aus der Änderung des Verfügungssatzes (Tenor) des Verwaltungsaktes ergeben, ist aber auch ohne solche möglich, zB bei formellen Fehlern oder solchen in der Ermessensausübung. Der Beschwerte kann sowohl den Ausgangsverwaltungsakt in Gestalt des Widerspruchsbescheides als auch den Widerspruchsbescheid alleine anfechten; dies ist in erster Linie seine Entscheidung. Bei Zweifeln hat das Gericht Klärung herbeizuführen; ergibt sich keine eindeutige Beschränkung auf den Widerspruchsbescheid, ist auch der Ausgangsverwaltungsakt angefochten. 7

Beispiele für Beschwer in materieller Hinsicht: Verböserung (reformatio in peius) oder Selbsteintritt der Widerspruchsbehörde (→ § 85 Rn. 5 ff.); fehlerhafte[8] oder fehlende Ermessensausübung (Prüfung nur der Recht-, nicht der Zweckmäßigkeit); Nichtberücksichtigung einer inzwischen eingetretenen Änderung; Zurückweisung des Widerspruches als unzulässig ohne Sachentscheidung. 8

Beispiele in formeller Hinsicht: Verletzung des Rechts auf Gehör (§ 24 SGB X): Eine im Widerspruchsverfahren unterbliebene – nicht wirksam nachgeholte – Anhörung ist nach § 42 S. 2 SGB X absoluter Aufhebungsgrund und damit ein Verstoß gegen eine wesentliche Verfahrensvorschrift;[9] fehlerhafte Besetzung des Widerspruchsausschusses (zB Entscheidung nur durch Vorsitzenden, jedenfalls bei Ermessensentscheidung). 9

5 BSG 15.8.1996 – 9 RV 10/95, SozR 3-1300 § 24 Nr. 13.
6 Vgl. Kopp/Schenke § 79 Rn. 11, 13 f.
7 BVerwG 14.10.1980 – 1 A 12/78, BVerwGE 61, 67.
8 AA LSG BW 10.7.2007 – L 10 U 2777/07 ER-B, juris: Fehler bei der Ermessensausübung im Widerspruchsbescheid schlagen auf den Ausgangsbescheid, der insoweit korrekte Erwägungen enthielt, durch, weil beide Bescheide nach § 95 eine prozessuale Einheit darstellten, was zur Aufhebung beider Bescheide führe.
9 BSG 15.8.1996 – 9 RV 10/95, SozR 3-1300 § 24 Nr. 13; 25.3.1999 – B 9 SB 14/97 R, SozR 3-1300 § 24 Nr. 14; BVerwG 25.7.1973 – IV C 43.73, BVerwGE 44, 17 (20); vgl. auch BVerwG 19.5.1999 – 8 B 61/99, NVwZ 1999, 1218: keine Aufhebung bei Verstoß gegen Anhörungspflicht, wenn keine andere Entscheidung in der Sache möglich.

10 **4. Zulässigkeit der isolierten Klage.** Für die Zulässigkeit der isoliert gegen den Widerspruchsbescheid gerichteten Klage genügt die Möglichkeit einer zusätzlichen Beschwer; ob sie tatsächlich vorliegt, ist eine Frage der Begründetheit. Ein Rechtsschutzbedürfnis für die isolierte Anfechtung besteht auch dann, wenn der Tenor des Ausgangsbescheides nicht geändert wird; es kann insb., aber nicht ausschließlich bei Ermessensentscheidungen ein Interesse des Klägers an einer erneuten (Sach-)Entscheidung der Widerspruchsbehörde bestehen; nur diese, nicht aber das Gericht kann auch die Zweckmäßigkeit der Verwaltungsentscheidung überprüfen.

IV. Entscheidung des Gerichts

11 Gegenstand bleibt zwar der Ausgangsverwaltungsakt, jedoch in der Gestalt und mit dem Inhalt, die ihm der Widerspruchsbescheid gegeben hat. Mangels Teilbarkeit des Streitgegenstands ist es regelmäßig unzulässig, bei einer Anfechtungsklage allein den Widerspruchsbescheid aufzuheben (zur Ausnahme → Rn. 12).[10] Im Tenor sind daher Ausgangsverwaltungsakt und Widerspruchsbescheid zu nennen. Das gilt auch, wenn ursprünglich ein schlichtes Verwaltungshandeln vorlag, das erst durch den Widerspruchsbescheid zum Verwaltungsakt gemacht wurde; der Ausgangs-„Verwaltungsakt" ist dann als solcher zu bezeichnen. Ist der Widerspruchsbescheid alleiniger Gegenstand ist dementsprechend nur dieser zu nennen.

12 Enthält der Widerspruchsbescheid gegenüber dem Ausgangsverwaltungsakt eine **zusätzliche Beschwer** (→ Rn. 4 ff.) und erweist sich Letzterer als rechtmäßig, der Widerspruchsbescheid aber als rechtswidrig, ist zu differenzieren: Ist der Widerspruchsbescheid formell rechtswidrig (zB nur im Widerspruchsverfahren unterbliebene Anhörung), hebt das Gericht nur den Widerspruchsbescheid durch Teilurteil auf. Der ursprüngliche Verwaltungsakt bleibt bestehen; über den Widerspruch ist erneut zu entscheiden; es gilt dasselbe wie bei unmittelbarer Klageerhebung ohne Vorverfahren; das Verfahren ist bis zur Nachholung des Vorverfahrens auszusetzen.[11] Bei Ermessensentscheidungen soll dies nicht gelten, weil die Verwaltung im neuen Widerspruchsbescheid Ermessenserwägungen nachschieben könnte und so die vom Teilurteil nicht erfasste Rechtsposition des Klägers beeinflussen kann.[12] In den Fällen überschießender Beschwer in materieller Hinsicht (bei Änderung des Tenors; reformatio in peius oder Selbsteintritt) hat es mit der (teilweisen) Aufhebung des Widerspruchsbescheides sein Bewenden; ein abgeschlossenes Vorverfahren liegt daher vor; die Klage ist bei Rechtmäßigkeit des Ausgangsverwaltungsaktes im Übrigen – als unbegründet – abzuweisen. Der Kläger kann jedoch auch isoliert nur den Widerspruchsbescheid anfechten (→ Rn. 4 ff.). Bei kombinierter Verpflichtungs- oder Leistungsklage kommt dem enthaltenen Anfechtungsbegehren allerdings keine eigenständige Bedeutung zu. Besteht der verfolgte Anspruch nicht, wird die Klage insgesamt abgewiesen. Eine Aufhebung des Widerspruchsbescheides erfolgt auch dann nicht, wenn dieser rechtswidrig ist. Bei Ermessensentscheidungen gilt dies nur bei Ermessensreduktion auf Null.

---

10 BSG 24.3.2015 – B 8 SO 16/14 R, juris.
11 BSG 15.8.1996 – 9 RV 10/95, SozR 3-1300 § 24 Nr. 13; 25.3.1999 – B 9 SB 14/97 R, SozR 3-1300 § 24 Nr. 14; aA BSG 27.11.1959 – 6 RKa 20/58, BSGE 11, 119 = SozR Nr. 2 zu § 95 SGG.
12 BSG 24.3.2015 – B 8 SO 16/14 R, juris.

§ 96 [Neuer Bescheid nach Klageerhebung]

(1) Nach Klageerhebung wird ein neuer Verwaltungsakt nur dann Gegenstand des Klageverfahrens, wenn er nach Erlass des Widerspruchsbescheides ergangen ist und den angefochtenen Verwaltungsakt abändert oder ersetzt.

(2) Eine Abschrift des neuen Verwaltungsakts ist dem Gericht mitzuteilen, bei dem das Verfahren anhängig ist.

I. Allgemeines/Normzweck

1. Allgemeines. Die bis dahin unverändert idF vom 3.9.1953 (BGBl. 1953 I 1239) geltende Vorschrift wurde durch das SGGArbGGÄndG mit Wirkung zum 1.4.2008 (BGBl. 2008 I 444) in Abs. 1 geändert. § 96 regelt die Einbeziehung neuer Verwaltungsakte in ein bereits rechtshängiges Gerichtsverfahren. Die VwGO kennt keine vergleichbare Vorschrift; § 68 FGO regelt die Einbeziehung eines weiteren Verwaltungsaktes auf Antrag des Klägers. Für das Widerspruchsverfahren enthält § 86 eine entsprechende Regelung. § 96 geht zurück auf § 1608 RVO, der sich jedoch auf Änderungsbescheide in der Unfallversicherung beschränkte; § 96 hingegen trifft nunmehr eine umfassende Regelung. 1

2. Regelungszweck. § 96 dient zum einen der **Prozessökonomie.** Die Einbeziehung späterer Bescheide ermöglicht die (schnellere) Entscheidung des gesamten Streitstoffes in einem Prozess; ein Zweitprozess und damit auch die Gefahr divergierender Entscheidungen werden vermieden.[1] Des Weiteren ist Regelungszweck der **Schutz des Klägers** vor Nachteilen, die entstehen können, weil er im Vertrauen auf den bereits eingelegten Rechtsbehelf davon absieht, spätere Entscheidungen ebenfalls anzufechten.[2] Diese Zwecke werden in der Gesetzesbegründung zur Neuregelung nochmals ausdrücklich bekräftigt.[3] Mit der Neuregelung wollte der Gesetzgeber den Anwendungsbereich der Norm gegenüber 2

1 BSG 28.5.1957 – 2 RU 18/55, BSGE 5, 158 (161); 24.4.1980 – 1 RA 33/79, BSGE 50, 88 (90) = SozR 5750 Art. 2 § 51 a Nr. 39.
2 BSG 24.4.1980 – 1 RA 33/79, BSGE 50, 88 (90) = SozR 5750 Art. 2 § 51 a Nr. 39.
3 BT-Drs. 16/7716, 22 zu Nr. 16 (§ 96).

den in der Rechtsprechung vorgenommenen Erweiterungen durch eine entsprechende Anwendung (→ Rn. 14 ff.) beschränken.[4]

II. Tatbestand

3 **1. Rechtshängigkeit.** Es muss bereits Rechtshängigkeit bestehen, also Klage erhoben sein (§ 94), die einen Verwaltungsakt zum Gegenstand hat, sonst fehlte es an einem Verfahren, dessen Gegenstand der neue Bescheid werden könnte. Ein **zwischen Erlass des Widerspruchsbescheides und Klageerhebung** ergehender Änderungs- oder Ersetzungsbescheid wird, wie die Neuregelung nun ausdrücklich klarstellt, Gegenstand des Klageverfahrens. Dies entspricht der bereits bestehenden Rechtsprechung;[5] danach wird ein solcher Bescheid zunächst noch Gegenstand des Widerspruchsverfahrens und ist daher mit der gegen den Widerspruchsbescheid erhobenen Klage mit angefochten, ohne dass es eines weiteren Vorverfahrens bedarf. Die Formulierung „wenn nach Erlass des Widerspruchsbescheides ergangen" soll nach der amtlichen Begründung zum Gesetzentwurf[6] nur den Anwendungsbereich des § 96 Abs. 1 SGG auf diese Zeit vor Klageerhebung erstrecken; Bescheide, die **nach Klageerhebung, aber vor Erlass des Widerspruchsbescheides** ergehen,[7] oder auch der nach Klageerhebung ergehende Widerspruchsbescheid[8] werden daher auch nach der Neuregelung noch gemäß § 96 Abs. 1 SGG Gegenstand des Klageverfahrens (→ Rn. 11). Auf die **Zulässigkeit der Klage**[9] oder der Berufung kommt es nicht an. Auch bei Unzulässigkeit wird der neue Bescheid Gegenstand des Verfahrens (abweichend bei → § 153 Rn. 10). Eine Sachprüfung ist dann aber nur bzgl. des neuen Bescheides durchzuführen; im Übrigen ergeht Prozessurteil. Dies entspricht zwar nicht dem Normzweck der Prozessökonomie, ergibt sich aber aus dem eindeutigen Wortlaut, der nur auf die gleichzeitige Rechtshängigkeit abstellt; so werden auch Unsicherheiten vermieden, ob ein neuer Bescheid Gegenstand wird oder selbst angefochten werden muss.

4 Wurde der ursprüngliche Bescheid nur **teilweise angefochten** oder wurde der Rechtsstreit (zB durch Teilvergleich, -rücknahme oder -anerkenntnis) teilweise erledigt, wird der neue Bescheid nur Gegenstand, wenn und soweit er den (noch) rechtshängigen Teil betrifft.[10]

5 Die Rechtshängigkeit darf noch nicht beendet sein (zu Bescheiden nach Erlass des Urteils, aber vor Einlegung der Berufung → Rn. 21). Wird eine verfahrensbeendende Handlung beseitigt (zB erfolgreiche Anfechtung eines gerichtlichen Vergleichs) oder ist sie unwirksam, wird das ursprüngliche Verfahren fortgesetzt, § 96 findet Anwendung. Das **Ruhen oder die Aussetzung** des Verfahrens beseitigt – auch bei Erledigung nach den Regelungen der Aktenordnung – nicht die Rechtshängigkeit, so dass § 96 weiter Anwendung findet.

6 Bei einem **Wiederaufnahmeverfahren** findet § 96 keine Anwendung, da ein Verfahren, das den Verwaltungsakt zum Gegenstand hat, nicht mehr rechtshängig

4 BT-Drs. 16/7716, 22 zu Nr. 16 (§ 96).
5 BSG 1.8.1978 – 7 RAr 37/77, BSGE 47, 28 (30) = SozR 1500 § 86 Nr. 1.
6 BT-Drs. 16/7716, 6 zu Nr. 16 (§ 96).
7 LSG BW 21.7.2011 – L 7 SO 427/11, nv.
8 BSG 6.5.2010 – B 13 R 118/08 R, juris.
9 BSG 25.4.2018 – B 8 SO 23/16 R, SozR 4-1500 § 91 Nr. 1: offengelassen, ob dies auch für eine wegen Fristversäumung unzulässige Klage gilt.
10 BSG 18.8.1999 – B 4 RA 25/99 B, SozR 3-1500 § 96 Nr. 9.

ist. Die Restitutionsklage ist kein Rechtsmittel, sondern ein außergewöhnlicher Rechtsbehelf, der nur unter ganz besonderen Zulässigkeitsvoraussetzungen (vgl. § 179 SGG iVm § 580 ZPO) gegen rechtskräftige Endurteile stattfindet, dh gerade dann wenn ein Verfahren über einen früheren Bescheid nicht mehr schwebt, sondern rechtskräftig entschieden ist. Eine Einbeziehung weiterer Bescheide ist erst dann möglich, wenn das Verfahren tatsächlich wiederaufgenommen wurde.[11]

2. Abändern oder Ersetzen. a) Merkmale. Ob der neue Bescheid den alten abändert oder ersetzt, ist durch Vergleich der Regelungsinhalte beider Bescheide zu beurteilen, die sich idR aus dem Verfügungssatz ergeben.[12] Die Begründung spielt grundsätzlich keine Rolle; sie kann aber auch selbst eine Regelung enthalten (→ § 77 Rn. 6).[13] Abändern bedeutet demnach, dass die Regelung des ersten Bescheides teilweise aufgehoben und an deren Stelle eine Neuregelung gesetzt wird; beim Ersetzen tritt die Neuregelung vollständig anstelle der ursprünglichen. Der Unterschied besteht somit nur im Umfang der Aufhebung der ursprünglichen Regelung. Entscheidend ist, dass die **Beschwer des Betroffenen geändert** wird. Beide Bescheide müssen – zumindest teilweise – denselben Regelungsgegenstand betreffen[14] (aber → Rn. 4), der dann einer neuen Regelung unterworfen wird.[15] Ist ein Bewilligungsbescheid wegen der Leistungshöhe angefochten, wird ein Rücknahme- oder Aufhebungsbescheid nach § 96 Abs. 1 Gegenstand des Verfahrens; bei zeitraumbezogenen Leistungen aber nur, wenn die Aufhebung den streitbefangenen Bewilligungszeitraum betrifft.[16] Treten zwei selbstständige Regelungen nebeneinander, ist eine Anwendung des § 96 Abs. 1 ausgeschlossen,[17] zB Bewilligungsbescheide für Folgezeiträume (→ Rn. 13, 14, 16). Dies gilt auch, wenn der neue Bescheid auf der Regelung des ersten beruht; der neue Bescheid diese also nicht erneuernd trifft, sondern lediglich an sie anknüpft (zum Vormerkungsbescheid im Rentenrecht aber → Rn. 10).[18] Ein Abändern oder Ersetzen ist nur durch denselben Rechtsträger möglich, der auch den ersten Verwaltungsakt erlassen hat;[19] eine Ausnahme kann nur bestehen, wenn zwischenzeitlich eine Rechtsnachfolge oder Zuständigkeitsänderung erfolgt ist. 7

b) Neuer Bescheid ohne Inhaltsänderung. Auch wenn der neue Bescheid ganz oder teilweise **dieselbe Regelung** trifft, kann ein Abändern oder Ersetzen vorliegen.[20] Es ist dann durch Auslegung zu ermitteln, ob die Behörde die ursprüngliche Regelung – unter Aufrechterhaltung der belastenden Wirkung – erneuernd 8

11 HessLSG 19.10.2000 – L 5 V 915/96, juris.
12 BSG 24.11.1978 – 11 RA 9/78, SozR 1500 § 96 Nr. 13.
13 BSG 7.12.1976 – 8 RU 44/77, SozR 1500 § 77 Nr. 18.
14 BSG 11.2.2015 – B 4 AS 27/14 R, SozR 4-4200 § 21 Nr. 21; BSG 28.10.2014 – B 14 AS 39/13 R, SozR 4-1300 § 44 Nr. 31; BSG 17.10.2012 – B 6 KA 40/11 R, SozR 4-1500 § 96 Nr. 7; BSG 23.2.2005 – B 6 KA 45/03 R, SozR 4-1500 § 86 Nr. 2.
15 BSG 9.12.2016 – B 8 SO 1/15 R, juris.
16 BSG 9.12.2016 – B 8 SO 1/15 R, juris.
17 BSG 24.11.1978 – 11 RA 9/78, BSGE 47, 168 (170) = SozR 1500 § 96 Nr. 13: nur entsprechende Anwendung möglich, die aber nach der Neuregelung zum 1.4.2008 ausgeschlossen ist.
18 BSG 16.4.1998 – B 3 KR 5/97, juris: für Erfassungs- und Abrechnungsbescheid in der Künstlersozialversicherung.
19 BSG 31.7.2002 – B 4 RA 20/01 R, SozR 3-1500 § 29 Nr. 1.
20 BSG 16.6.2015 – B 4 AS 37/14 R, SozR 4-4200 § 27 Nr. 2; BSG 11.2.2015 – B 4 AS 27/14 R, SozR 4-4200 § 21 Nr. 21; BSG 23.2.2005 – B 6 KA 45/03 R, SozR 4-1500 § 86 Nr. 2.

trifft (dann gilt § 96 Abs. 1)[21] oder sie nur bestätigend wiederholt. Bei Letzterem findet eine Einbeziehung nach § 96 Abs. 1 nicht statt.[22] § 96 Abs. 1 findet Anwendung auf einen neuen Bescheid, mit dem die Behörde den ursprünglichen, ermessensfehlerhaften oder wegen Anhörungsfehler rechtswidrigen Bescheid **nach korrekter Ermessensausübung oder Anhörung ersetzt** und dieselbe Regelung nochmals (erneuernd) trifft; dies verstößt nicht gegen das Verbot, im Verwaltungs- und Vorverfahren unterlassene Verwaltungshandlungen im Gerichtsverfahren nachzuholen:[23] § 96 differenziert nicht danach, aus welchen Gründen ein Bescheid abgeändert oder ersetzt wird; die Heilungsvorschriften der §§ 41, 42 SGB X schränken die Befugnis der Behörde zur Aufhebung von Bescheiden und zum Erlass eines neuen nicht ein. Hinsichtlich der Anhörung verliert die so bewirkte Heilung wegen der nun möglichen Nachholung noch im Gerichtsverfahren (§ 41 Abs. 2 SGB X) an Bedeutung.

9 c) **Ablehnungsbescheide.** Bei Ablehnungsbescheiden sind grundsätzlich ebenfalls die Regelungssätze des ersten und des folgenden Bescheides zu vergleichen. Regelt der Ausgangsbescheid einen bestimmten Zeitraum (zB Ablehnung der Befreiung von der Versicherungspflicht für eine bestimmte befristete Beschäftigung), in den der zweite Ablehnungsbescheid nicht eingreift (zB sich anschließende Zeit der Beschäftigung), liegt ein Ersetzen iSd § 96 Abs. 1 nicht vor.[24] Der **Ablehnungsbescheid bzgl. eines materiell-rechtlichen Daueranspruches** (zB Rente wegen Erwerbsminderung) enthält hingegen im Regelungssatz idR keine Begrenzung des Zeitraums, für den die Ablehnung erfolgt.[25] Er trifft eine zeitpunktbezogene (letzte Behördenentscheidung) Regelung dieses Anspruchs (→ § 77 Rn. 6). Unabhängig von der inhaltlichen Bindungswirkung eines solchen Bescheides (→ § 77 Rn. 6) ist im Falle seiner Anfechtung Streitgegenstand des gerichtlichen Verfahrens der abgelehnte Daueranspruch; lediglich der maßgebliche Zeitpunkt der Beurteilung der Sach- und Rechtslage verschiebt sich nach allgemeinen prozessrechtlichen Grundsätzen auf den der letzten mündlichen Verhandlung in der Tatsacheninstanz.[26] Weitere Ablehnungsbescheide oder die mit einer teilweisen Gewährung verbundenen Ablehnungsregelungen (im Übrigen) bezüglich eines solchen Daueranspruches ersetzen daher insoweit den angefochtenen Ablehnungsbescheid und werden nach § 96 Abs. 1 Gegenstand des anhängigen Verfahrens.[27] Der 7b-Senat des BSG hatte für **zeitgebundene Leistungen** der Grundsicherung nach dem SGB II ausdrücklich eine unmittelbare Anwendung des § 96 Abs. 1 für weitere Ablehnungsbescheide auf spätere Anträge angenommen, die nach § 96 Abs. 1 Gegenstand des gegen den ersten Ablehnungsbescheid anhängigen Klageverfahrens würden.[28] Dem lag die Überlegung zugrunde, dass die ursprüngliche Ablehnung durch den später ergehenden, weiteren Ablehnungsbescheid ab dem Zeitpunkt ersetzt werde, ab dem dieser eine Regelung treffe (zB neuer Antrag). Dabei handelt es sich allerdings nur um ein

21 BSG 16.6.2015 – B 4 AS 37/14 R, SozR 4-4200 § 27 Nr. 2.
22 BSG 20.11.2003 – B 13 RJ 43/02 R, SozR 4-2600 § 96 a Nr. 3; BSGE 91, 277-283; BSG 16.4.1998 – B 3 KR 5/97, juris.
23 BSG GS 6.10.1994 – GS 1/91, SozR 3-1500 § 96 Nr. 4.
24 BSG 29.7.2003 – B 12 RA 6/01 R, juris; BSG 5.10.2005 – B 5 RJ 6/05 R, SozR 4-2600 § 43 Nr. 5 zur Rente wegen Erwerbsunfähigkeit und verminderter Erwerbsfähigkeit.
25 Ausführlich zur Problematik weiterer Ablehnungsbescheide Bienert NZS 2015, 844.
26 BSG 17.8.2017 – B 5 R 248/16 B, juris; BSG 12.3.2019 – B 13 R 329/17 B, juris.
27 BSG 17.8.2017 – B 5 R 248/16 B, juris; BSG 12.3.2019 – B 13 R 329/17 B, juris.
28 BSG 7.11.2006 – B 7 b AS 14/06 R, SozR 4-4200 § 20 Nr. 1.

obiter dictum; dem entschiedenen Fall lagen keine Ablehnungsbescheide, sondern Bewilligungsbescheide für aufeinander folgende Zeiträume zugrunde. Der Ablehnung kommt jedoch keine zeitraumbezogene Dauerwirkung zu (→ § 77 Rn. 6). Der Erlass eines weiteren Ablehnungsbescheides, der auf neuerlichen Leistungsantrag ergeht, begrenzt den Zeitraum, für den die erste ablehnende Entscheidung Wirkung entfaltet. Mit dem neuen Leistungsantrag macht der Antragsteller bei zeitgebundenen Leistungen wie der Grundsicherung oder der Sozialhilfe nach SGB II und SGB XII einen neuen Hilfeanspruch geltend und begründet ein weiteres Verwaltungsrechtsverhältnis. Der neue Ablehnungsbescheid regelt nur diesen neu geltend gemachten Hilfeanspruch. Der erste Ablehnungsbescheid bezieht sich hingegen nur auf den mit dem ersten Leistungsantrag geltend gemachten Hilfeanspruch; dieser wird aber durch den neuen Antrag begrenzt auf den Zeitpunkt, ab dem mit dem neuen Antrag die Hilfe begehrt wird.[29] Danach treffen die Ablehnungsbescheide keine Regelungen, die sich in bestimmten Zeiträumen überlagern, sondern für aufeinander folgende, so dass ein Ersetzen iSd § 96 Abs. 1 nicht vorliegt. § 96 Abs. 1 SGG findet keine Anwendung.[30] Eine aA geht ebenfalls von einer Erledigung des ersten Ablehnungsbescheides auf sonstige Weise (§ 39 Abs. 2 SGB X) aus (Verlust der Steuerungsfunktion des Verwaltungsaktes durch konsensuales Verhalten der Beteiligten), erstreckt diese aber auf den gesamten Zeitraum seit der ersten Antragstellung; der weitere Ablehnungsbescheid trete als Zweitbescheid anstelle des ersten und werde daher nach § 96 Abs. 1 Gegenstand des Verfahrens.[31] Der 9. Senat des BSG geht hingegen davon aus, dass der erneute Ablehnungsbescheid auf einen Neuantrag mangels Abänderung oder Ersetzung nicht nach § 96 Abs. 1 Gegenstand des Verfahrens wird, der streitgegenständliche Zeitraum sich aber auf den gesamten Zeitraum bis zur mündlichen Verhandlung erstreckt, wenn nicht der Kläger eine ausdrückliche Beschränkung vornimmt.[32]

d) Vorabentscheidungen. Entscheidet die Behörde über eine Frage der Leistungsberechtigung grundlegend vorab und gliedert sie sie damit aus dem Regelungsgehalt nachfolgender Zeitabschnittsbewilligungen aus, werden Letztere nicht Gegenstand des Verfahrens. Der Leistungsberechtigte ist aber auch nicht gezwungen, alle Zeitabschnittsbewilligungen einzeln anzufechten, um ihre Bestandskraft zu verhindern.[33] Der Streitgegenstand des gerichtlichen Verfahrens wird dadurch insoweit beschränkt. Erst bei eindeutiger Neuregelung der grundlegenden Frage bedarf es einer neuerlichen Anfechtung. Ob eine solche Vorabentscheidung zulässig ist, ergibt sich aus dem jeweiligen Leistungsrecht. Wird ein wegen der Feststellung eines (unselbstständigen) Tatbestandselements unvollständiger Verwaltungsakt (**unzulässige Elementenfeststellung**) durch einen 10

29 Kritisch hierzu Bienert NZS 2015, 844 (849): keine Erledigung des ersten Ablehnungsbescheides, sondern eine Zäsurwirkung nicht im Anfechtungs-, wohl aber im Verpflichtungs- oder Leistungsteil der Klage.

30 Mittlerweile ständige Rechtsprechung: BSG 2.2.2010 – B 8 SO 21/08 R, juris; BSG 11.12.2007 – B 8/9 b SO 12/06 R, SozR 4-3500 § 21 Nr. 1; BSG 25.6.2008 – B 11 b AS 45/06 R, juris; unklar noch BSG 31.10.2007 – B 14/11 b AS 59/06 R, juris.

31 LSG BW 30.3.2012 – L 4 P 342/10, juris, auch zur Gegenauffassung.

32 BSG 17.4.2013 – B 9 SB 6/12 R, SozR 4-1300 § 48 Nr. 26; dem folgend LSG BW 29.10.2014 – L 3 SB 3881/13, juris.

33 BSG 25.11.2015 – B 3 KR 12/15 R, juris zu § 86 SGG; LSG BW 22.11.2007 – L 7 AY 4504/06, juris zur Frage der Leistungsberechtigung nach § 2 AsylbLG; BVerwG 14.7.1998 – 5 C 2/97, FEVS 48, 535.

weiteren Verwaltungsakt um das fehlende (andere) Element zu einer vollständigen Feststellung ergänzt, liegt darin eine insgesamt erneuernde Feststellung mit der Folge, dass der zweite Verwaltungsakt den ersten iS von § 96 Abs. 1 SGG ersetzt.[34] Ist Gegenstand des gerichtlichen Verfahrens eine **Zusicherung** und ergeht während des Verfahrens der abschließende Bescheid, ist dieser insoweit zu beachten, als er zur Erledigung des Verfahrens über die Zusicherung führt, da für diese als vorgreifliche Teilregelung kein Raum mehr bleibt.[35] Der Rentenbescheid ersetzt den angefochtenen **Vormerkungsbescheid** (§ 149 Abs. 5 SGB VI), soweit er auf den ursprünglich streitigen Feststellungen beruht, und wird in diesem Umfang nach § 96 Abs. 1 Gegenstand des gerichtlichen Verfahrens.[36]

11 e) **Widerspruchsbescheid.** Ergeht erst während des Gerichtsverfahrens der Widerspruchsbescheid bzgl. des streitgegenständlichen Verwaltungsaktes, wird er gem. § 96 einbezogen (→ Rn. 3).[37] Das gilt auch, wenn er den Widerspruch vollständig als unbegründet zurückweist und damit den ursprünglichen Bescheid nicht abändert; denn der Widerspruchsbescheid gibt dem Verwaltungsakt die entscheidende Gestalt (§ 95). Es liegt dann ein Ersetzen iSe erneuernden Sachentscheidung vor. Ob das gerichtliche Verfahren solange geruht hatte oder ausgesetzt war, spielt keine Rolle (→ Rn. 5).

12 f) **Sonderfälle.** Für **Abhilfebescheide** gilt § 96 Abs. 1 nicht, da sie die Beschwer vollständig beseitigen.[38] Sie sind aber insoweit zu beachten, als sie zur Erledigung des Rechtsstreites führen; werden entsprechende Prozesserklärungen nicht abgegeben, ist die Klage im Hinblick auf den Abhilfebescheid mangels Rechtsschutzbedürfnisses als unzulässig abzuweisen. Gleiches gilt für **Teilabhilfebescheide** im Umfange der Abhilfe; im Übrigen werden sie gem. § 96 Gegenstand des Verfahrens. **Ausführungsbescheide**, mit denen die Behörde vorsorglich ein noch nicht rechtskräftiges und von ihr angegriffenes Urteil ausführt, werden nicht Gegenstand des Verfahrens, da sie noch keine verbindliche Regelung treffen und bei Aufhebung des angefochtenen Urteils gegenstandslos werden.[39] Gleiches gilt für **vorsorgliche Bescheide** für den Fall des Unterliegens im Rechtsstreit oder Bescheide **unter Vorbehalt** der Überprüfung nach Ende des Rechtsstreites.[40] Ein ablehnender **Überprüfungsbescheid nach § 44 SGB X** wird nicht nach § 96 Abs. 1 Gegenstand des gerichtlichen Verfahrens (zur abweichenden Rechtsprechung zum Widerspruchsverfahren → § 86 Rn. 3). Dieser regelt die Aufrechterhaltung der ursprünglichen Regelung und ersetzt sie gerade nicht durch eine neue (mit demselben Regelungsinhalt). Im Falle der Kassation des Ausgangsbescheides geht die im Überprüfungsbescheid getroffene Regelung ins Leere und entfaltet keine Rechtswirkung mehr.[41] Ist der angefochtene Ausgangs-

34 BSG 28.9.2011 – B 12 R 17/09 R, juris.
35 BSG 4.5.1999 – B 4 RA 28/98 R, SGb 1999, 406.
36 BSG 16.6.2015 – B 13 R 23/14 R, juris; BSG 14.12.2011 – B 5 R 36/11 R, SozR 4-2600 § 248 Nr. 1; BSG 6.5.2010 – B 13 R 118/08 R, juris; aA LSG Bln-Bbg 24.4.2014 – L 22 R 1031/10, juris.
37 BSG 6.5.2010 – B 13 R 118/08 R, juris.
38 BSG 10.10.1978 – 7 RAr 65/77, SozR 1500 § 96 Nr. 12.
39 BSG 6.1.2003 – B 9 V 77/01 B; 21.10.1998 – B 6 KA 65/97 R, SozR 3-2500 § 85 Nr. 27.
40 BSG 20.4.1993 – 2 RU 52/92, SozR 3-1500 § 54 Nr. 18.
41 BSG 30.9.2009 – B 9 SB 19/09 B, juris; LSG Bln-Bbg 28.9.2010 – L 18 AL 76/10, juris; zur in der Regel fehlenden Zulässigkeit des Überprüfungsverfahrens nach § 44 SGB X bei nicht abgeschlossenem Rechtsbehelfsverfahren gegen den ursprünglichen Verwaltungsakt BSG 16.12.2014 – B 9 V 6/13 R, SozR 4-7945 § 3 Nr. 1; BSG 27.7.2004 – B 7 AL 76/03 R, SozR 4-4300 § 330 Nr. 2.

bescheid ein ablehnender Überprüfungsbescheid, mit dem die Behörde einen Antrag auf Rücknahme des Ausgangsverwaltungsaktes nach § 44 SGB X abgelehnt hat, wird ein Verwaltungsakt, der den Ausgangsverwaltungsakt für spätere Zeiträume abändert oder ersetzt, nicht Gegenstand des Verfahrens.[42] Wird nach **vorläufiger Bewilligung** die Leistung endgültig festgesetzt, ersetzt der endgültige Bescheid den vorläufigen und wird Gegenstand des gerichtlichen Verfahrens,[43] auch wenn es sich materiell-rechtlich bei vorläufigen Leistungen um ein aliud zu endgültigen handelt.[44]

g) Beispiele. Keine Einbeziehung im Bereich der **Künstlersozialversicherung** sowohl im Verhältnis des Erfassungs- zum Abgabenbescheid als auch zweier aufeinander folgender Abgabenbescheide.[45] Ebenso Folgebescheide über quartalsweise verordnete häusliche Krankenpflege.[46] Dsgl. im **Vertragsarztrecht** bei wiederholter Erteilung einer befristeten Ermächtigung[47] oder bei **Honorarbescheiden einer KZÄV.**[48] Keine Einbeziehung von Beitragsbescheiden auch im **Beitragsrecht der Unfallversicherung** bei angefochtenem Veranlagungsbescheid.[49] Der früher angenommenen Einbeziehung, wenn gegen die Folgebescheide die gleichen Einwände erhoben werden wie gegen den angefochtenen Erstbescheid oder bei Bescheiden über Säumniszuschläge[50] in entsprechender Anwendung des § 96 Abs. 1, ist durch die Neuregelung zum 1.4.2008 die Grundlage entzogen (→ Rn. 14). Keine Einbeziehung eines Bescheides über Verletztenrente bei angefochtenem Bescheid über Verletztengeld.[51] In der gesetzlichen **Krankenversicherung** werden Bescheide über die Änderung der Beitragsfestsetzung zur Kranken- und Pflegeversicherung Gegenstand des Verfahrens gegen den ersten Beitragsbescheid.[52] Der **Renten**bescheid ersetzt den angefochtenen Vormerkungsbescheid (§ 149 Abs. 5 SGB VI), soweit er auf den ursprünglich streitigen Feststellungen beruht, und wird in diesem Umfang nach § 96 Abs. 1 Gegenstand des gerichtlichen Verfahrens,[53] nicht hingegen ein Verwaltungsakt über die Ablehnung der Nachentrichtung von Beiträgen bei angefochtenem Bescheid über die Ablehnung der Altersrente.[54] Bei Anfechtung der Ablehnung einer Rente wegen Erwerbsminderung auf Dauer wird der spätere, die mit der Gewährung einer Zeitrente verbundene (erneute und ersetzende) Ablehnung der Dauerrente regelnde Verwaltungsakt Gegenstand des Verfahrens (→ Rn. 9).[55] Bescheide über die Zuer- 13

42 BayLSG 30.9.2015 – L 2 P 22/13, juris.
43 BSG 20.12.2012 – B 10 EG 19/11 R, SozR 4-7837 § 3 Nr. 1; BSG 26.5.2011 – B 10 EG 12/10 R, SozR 4-7837 § 4 Nr. 2; BSG 10.5.2011 – B 4 AS 139/10 R, SozR 4-4200 § 11 Nr. 38.
44 BSG 6.4.2011 – B 4 AS 119/10 R, SozR 4-1500 § 54 Nr. 21 = BSGE 108, 86.
45 BSG 16.4.1998 – B 3 KR 5/97 R, SozR 3-5425 § 24 Nr. 17.
46 BSG 21.11.2002 – B 3 KR 13/02 R, SozR 3-2500 § 37 Nr. 5.
47 BSG 19.6.1996 – 6 RKa 26/95, SozR 3-2500 § 118 Nr. 14.
48 BSG 21.10.1998 – B 6 KA 71/97 R, SozR 3-2500 § 85 Nr. 28.
49 BSG 24.6.2003 – B 2 Urt. 21/02 R, SozR 4-2700 § 157 Nr. 1; 9.12.2003 – B 2 Urt. 54/02 R, SozR 4-2700 § 160 Nr. 1.
50 BSG 14.12.1999 – B 2 U 48/98 R, GmbHR 2000, 618; 14.12.1999 – B 2 U 38/98 R, SozR 3-2200 § 539 Nr. 48.
51 BSG 21.9.2010 – B 2 U 25/09 R, juris.
52 BSG 8.10.2019 – B 12 KR 8/19 R, juris.
53 BSG 16.6.2015 – B 13 R 23/14 R, juris; BSG 14.12.2011 – B 5 R 36/11 R, SozR 4-2600 § 248 Nr. 1; BSG 6.5.2010 – B 13 R 118/08 R, juris; aA LSG Bln-Bbg 24.4.2014 – L 22 R 1031/10, juris.
54 BSG 23.9.2003 – B 12 RJ 3/01 R, SGb 2002, 728.
55 BSG 17.8.2017 – B 5 R 248/16 B, juris; BSG 12.3.2019 – B 13 R 329/17 B, juris.

kennung eines Rechts auf Übergangszuschlag nach § 319 b SGB VI ändern oder ersetzen nicht den Bescheid über die Bewilligung der Rente.[56] Ein Bescheid, der sich auf einen neu erworbenen **Arbeitslosengeld**anspruch bezieht, wird nicht in einen Streit über den alten Anspruch einbezogen.[57] Bei Leistungen der **Grundsicherung** nach SGB II[58] oder §§ 41 ff. SGB XII ist § 96 Abs. 1 nicht auf anschließende Bewilligungszeiträume anzuwenden. Die Sozialhilfe als **Hilfe zum Lebensunterhalt** gem. §§ 27 ff. SGB XII wird nur zur Abwehr gegenwärtiger Notlagen gewährt; wegen des möglichen kurzfristigen Wechsels der maßgeblichen Verhältnisse scheidet eine entsprechende Anwendung des § 96 aus prozessökonomischen Gründen ebenfalls aus. Dies soll nach der Rechtsprechung des BSG nicht für das Widerspruchsverfahren gelten (→ § 86 Rn. 3). Im Recht der Schwerbehinderten nach dem **SGB IX** ist beim Streit um das Merkzeichen „B" eine spätere Entziehung des Merkzeichens „G" nicht einzubeziehen.[59]

III. Entsprechende Anwendung

14 **1. Rechtslage bis zum 31.3.2008.** Mit der Neufassung des § 96 Abs. 1 will der Gesetzgeber die bisher in Rechtsprechung und Literatur (s. hierzu auch die 3. Auflage § 96 Rn. 11 ff.) vertretene entsprechende Anwendung der Vorschrift ausschließen (→ Rn. 2; zur Auswirkung auf § 86 → § 86 Rn. 3). Für eine Übergangszeit bleibt die Rechtsprechung zur entsprechenden Anwendung aber noch von Bedeutung (→ Rn. 15). § 96 Abs. 1 wurde danach über den Wortlaut hinaus entsprechend angewandt, wenn der neue Verwaltungsakt mit dem Streitstoff in – tatsächlichem oder rechtlichem – Zusammenstand stand und der Grundgedanke des § 96 Abs. 1 die Einbeziehung rechtfertigte.[60] Die großzügige entsprechende Anwendung wurde auf die im Vergleich zum engeren Gesetzeswortlaut weitergehende Gesetzesbegründung[61] gestützt, wonach alle Bescheide erfasst werden sollten, die den anhängigen Prozessstoff beeinflussen könnten. Grundsätzlich war bei Dauerrechtsverhältnissen § 96 Abs. 1 entsprechend angewandt worden, wenn der ursprünglich mit der Klage angefochtene Verwaltungsakt durch die während des sozialgerichtlichen Verfahrens ergangene Verwaltungsentscheidung zwar nicht „abgeändert oder ersetzt" wird, der spätere Bescheid aber im Rahmen eines Dauerrechtsverhältnisses ergangen ist und ein streitiges Rechtsverhältnis regelt, das sich an den von dem angefochtenen Verwaltungsakt erfassten Zeitraum anschließt. Unter Betonung der Besonderheiten der einzelnen Rechtsgebiete war die Abgrenzung stark einzelfallbezogen, die Rechtsprechung hierzu umfangreich und nicht einheitlich.

15 **2. Übergangsrecht.** Wurden gemäß der bisherigen Rechtsprechung Folgebescheide in entsprechender Anwendung des § 96 Abs. 1 von gerichtlichen Entscheidungen einbezogen, bleiben diese aus Gründen des prozessualen Vertrau-

56 BSG 30.6.1998 – B 4 RA 9/96 R, SozR 3-2600 § 319 b Nr. 1; überholt BSG 24.2.1999 – B 5/4 RA 57/97 R, SozR 3-2600 § 319 b Nr. 2 über die entsprechende Anwendung.
57 BayLSG 29.4.1999 – L 11 AL 237/95, juris.
58 BSG 7.11.2006 – B 7 b AS 8/06 R, SozR 4-4200 § 22 Nr. 1 = SGb 2007, 308; BSG 23.11.2006 – B 11 b AS 9/06 R, SozR 4-4300 § 428 Nr. 3.
59 Anders noch BSG 10.12.2003 – B 9 SB 15/03 B zur entsprechenden Anwendung des § 86.
60 Grundlegend BSG 28.5.1957 – 2 RU 18/55, BSGE 5, 158 (162).
61 BT-Drs. 1/4357, 27 zu § 43 SGO/E.

ensschutzes[62] auch im weiteren Instanzenzug zulässiger Verfahrensgegenstand. Das Änderungsgesetz selbst sieht keine Übergangsvorschriften vor; geregelt ist nur das Inkrafttreten zum 1.4.2008. Aus dem Rechtsstaatsgebot folgt, dass bei Rechtsänderungen, die die Zulässigkeit von Rechtsbehelfen oder die Modalitäten ihrer Einlegung betreffen, das Vertrauen in den Fortbestand eines bereits eingelegten Rechtsbehelfs in der Regel zu schützen ist.[63] Hatte das SG oder das LSG vor Inkrafttreten der Neufassung Folgebescheide in korrekter Umsetzung der bisherigen Rechtsprechung zur entsprechenden Anwendung als zulässigen Verfahrensgegenstand einbezogen, bleibt es auch für die weiteren Instanzen bei dieser Einbeziehung.

3. Problemlösung nach neuem Recht. Mit dem gesetzgeberischen Ausschluss der entsprechenden Anwendung in der bisherigen Form, müssen die mit dieser verfolgten Ziele anderweitig erreicht werden; dies gilt insbesondere für die genannten (→ Rn. 14) Fälle des Dauerrechtsverhältnisses, in dem für aufeinander folgende Zeiträume Bescheide zur selben Rechtsfrage ergehen. Um eine Vielzahl von gerichtlichen Verfahren mit der Gefahr einander widersprechender Entscheidungen zu vermeiden, bieten sich verschiedene Lösungen an: 1. Die Folgebescheide werden zwar mit Widerspruch angefochten, die Beteiligten lassen diese Widerspruchsverfahren jedoch faktisch ruhen bis zur gerichtlichen Entscheidung über den Ausgangsbescheid. 2. Die Beteiligten schließen über die Folgebescheide einen Verfahrensvergleich, wonach sich die Verwaltung verpflichtet, diese Bescheide dem Ergebnis des gerichtlichen Verfahrens über den Ausgangsbescheid anzupassen. 3. Das Widerspruchsverfahren wird auch für die Folgebescheide durchgeführt, die danach im Wege der Klageerweiterung nach § 99 Abs. 1 SGG ins laufende Klageverfahren eingeführt werden. Voraussetzungen sind hierfür die Sachdienlichkeit oder die Einwilligung der anderen Prozessbeteiligten; des Weiteren ist für die Erklärung der Erweiterung die Klagefrist des § 87 SGG zu beachten. Eine Einbeziehung unter Verzicht auf das Vorverfahren ist auch bei einer entsprechenden prozessualen Vereinbarung[64] der Beteiligten nicht möglich. Das Vorverfahren ist nach § 78 Abs. 1 SGG als zwingende Sachurteilsvoraussetzung ausgestaltet, das für die Beteiligten nicht disponibel ist (→ § 78 Rn. 5, 17). Im Ergebnis würde eine solche Vereinbarung auch dem mit der Neuregelung des § 96 Abs. 1 verfolgten Zweck zuwiderlaufen. Denn sie steht einer entsprechenden Anwendung des § 96 Abs. 1 mit Wahlrecht der Beteiligten gleich. Eine solche Klageänderung ist allerdings nur in erster Instanz möglich, in der Berufungsinstanz hingegen nach der Rechtsprechung des BSG (→ Rn. 17), im Verfahren vor dem BSG gesetzlich ausgeschlossen (§ 168). 16

IV. Rechtsfolge

1. Allgemeines. Gem. § 96 Abs. 1 wird der neue Bescheid, soweit er anstelle des ursprünglichen tritt, kraft Gesetzes **automatisch Gegenstand des anhängigen Gerichtsverfahrens,** ohne dass es einer weiteren Prozesshandlung bedarf (gesetzliche Klageänderung); der neue Bescheid gilt als mit der Klage angefochten.[65] Da- 17

62 BSG 3.3.1999 – B 6 KA 10/98 R, SozR 3-5540 Anl. 1 § 10 Nr. 1 ausdrücklich zur Frage vom SG bereits einbezogener Folgebescheide bei späterer Änderung der Rechtsprechung zur entsprechenden Anwendung des § 96 Abs. 1 SGG.
63 BVerfG 7.7.1992 – 2 BvR 1631/90, DVBl. 1992, 1531.
64 So aber BSG 7.2.1996 – 6 RKa 42/95, SozR 3-2500 § 85 Nr. 12.
65 BSG 25.9.1962 – 5 RKn 15/60, BSGE 18, 31 = SozR Nr. 15 zu § 96 SGG.

her müssen auch die Vorschriften über Klageform und -frist nicht eingehalten werden. Der Bescheid wird mit Bekanntgabe rechtshängig.[66] Bestandskraft kann daher nicht mehr eintreten. Eine gesonderte Klage gegen den neuen Bescheid ist wegen anderweitiger Rechtshängigkeit unzulässig (→ § 94 Rn. 9). Liegen die Voraussetzungen des § 96 nicht vor, besteht in erster Instanz die Möglichkeit der Einbeziehung durch gewillkürte Klageänderung oder -erweiterung; für die geänderte Klage müssen die Zulässigkeitsvoraussetzungen aber vorliegen. Im Berufungsverfahren ist eine solche Einbeziehung nicht möglich; die erst in der Berufungsinstanz geänderte Klage ist, wenn die Voraussetzungen des § 96 nicht vorliegen, unzulässig, da das LSG sonst entgegen § 29 SGG erstinstanzlich entscheidet; dies liegt wegen des Grundsatzes des gesetzlichen Richters nicht in der Dispositionsfreiheit der Beteiligten.[67]

18 **2. Entbehrlichkeit des Vorverfahrens.** Ein Vorverfahren ist nicht durchzuführen,[68] auch nicht bei Ermessensentscheidungen;[69] der Widerspruch ist unzulässig.[70] Wird dennoch ein Vorverfahren durchgeführt, ist zu unterscheiden: Wird der Widerspruch – richtigerweise – als unzulässig verworfen, wird der Widerspruchsbescheid nicht Gegenstand des Gerichtsverfahrens, da seine Regelung nicht den Streitgegenstand betrifft. Entscheidet die Behörde in der Sache, wird der Widerspruchsbescheid gem. § 96 in das Gerichtsverfahren einbezogen, da dieser dem streitgegenständlichen Bescheid die entscheidende Gestalt gibt (§ 95).

19 **3. Tenor.** Der neue Bescheid ist in Antrag und Tenor aufzunehmen; der alte wird bei Abänderung durch den neuen weiter aufgenommen, bei vollständiger Ersetzung nicht mehr genannt, da er keine Wirkungen mehr entfaltet.

20 **4. Dispositionsbefugnis der Beteiligten.** Liegen die Voraussetzungen des § 96 Abs. 1 vor, wird der neue Verwaltungsakt **kraft Gesetzes** Gegenstand des Verfahrens,[71] ohne dass es auf den Willen der Beteiligten ankäme; dies ergibt sich aus dem eindeutigen Wortlaut. Den Beteiligten steht somit **kein Wahlrecht** zu, ob der neue Bescheid einbezogen ist. Ansonsten ist die Dispositionsbefugnis der Beteiligten aber nicht eingeschränkt. So kann der Kläger die Klage auf den bisherigen Bescheid beschränken, wenn der angefochtene Teil abgegrenzt werden kann; desgleichen können die Beteiligten durch (Teil-)Vergleich den Prozessstoff bestimmen. Die Dispositionsbefugnis der Beteiligten ist auch insoweit zu beachten, als sich vor Erlass des neuen Bescheides das gerichtliche Verfahren schon teilweise erledigt haben kann, so dass § 96 keine Anwendung mehr findet, wenn sich der neue Bescheid gerade auf den erledigten Teil bezieht.[72]

V. § 96 in zweiter und dritter Instanz

21 **1. Vor der zweiten Instanz.** Ein nach Erlass des erstinstanzlichen Urteils aber innerhalb der Berufungsfrist ergehender Bescheid wird zunächst Gegenstand des SG-Verfahrens, da bis zum Eintritt der Rechtskraft dieses Verfahren noch rechtshängig ist. Er kann daher den Beschwerdewert iSd § 144 Abs. 1 beeinflus-

66 BSG 5.7.1978 – 1 RJ 4/78, BSGE 47, 13 = SozR 1500 § 94 Nr. 2.
67 BSG 31.7.2002 – B 4 RA 20/01, SozR 3-1500 § 29 Nr. 1.
68 BSG 30.10.1962 – 2 RU 270/59, BSGE 18, 93 = SozR Nr. 16 zu § 96 SGG.
69 BSG GS 6.10.1994 – GS 1/91, SozR 3-1500 § 96 Nr. 4.
70 Zur Ausnahme in Zulassungssachen der kassenärztlichen Versorgung BSG 15.4.1986 – 6 RKa 25/84, SozR 1500 § 96 Nr. 32.
71 BSG 18.8.1999 – B 4 RA 25/99 B, SozR 3-1500 § 96 Nr. 9.
72 BSG 30.6.1998 – B 4 RA 9/96 R, SozR 1500 § 94 Nr. 2.

sen und zur Zulässigkeit der Berufung führen. Wird keine Berufung eingelegt, hat das SG auf Antrag das Urteil insoweit gem. § 140 zu ergänzen.[73] Wird Berufung eingelegt, wird der neue Bescheid Gegenstand des Berufungsverfahrens;[74] das LSG entscheidet darüber als Berufungsgericht, also nicht auf Klage.[75]

Nach Ablauf der Berufungsfrist wird das erstinstanzliche Urteil rechtskräftig, die Rechtshängigkeit ist beendet. Ein Bescheid, der nach Ablauf der Berufungsfrist und vor Einlegung einer verspäteten Berufung ergeht, wird weder Gegenstand des SG- noch LSG-Verfahrens, da zum Zeitpunkt des Erlasses kein Verfahren rechtshängig war.[76] Wird Wiedereinsetzung gewährt, entfällt die Rechtskraft des erstinstanzlichen Urteils; es gilt daher dasselbe wie bei Erlass vor rechtzeitiger Berufungseinlegung (→ Rn. 21). 22

2. Berufungsverfahren. a) Nach Einlegung der Berufung ergehende Bescheide. Diese werden gem. § 96 Abs. 1 iVm § 153 Abs. 1 Gegenstand des Berufungsverfahrens.[77] Das LSG entscheidet insoweit erstinstanzlich auf Klage[78] (anders bei in erster Instanz unterbliebener Einbeziehung → Rn. 27). Dementsprechend ist auch zur Klage zu tenorieren (zB Die Berufung … wird zurückgewiesen. Die Klage wegen des Bescheides vom … wird abgewiesen.). Ein Beschluss gem. § 153 Abs. 4 bzgl. des neuen Bescheides ist daher nicht möglich.[79] Auf die Zulässigkeit der Berufung kommt es nicht an;[80] § 96 stellt insoweit nur auf das zeitliche Element eines bereits anhängigen Verfahrens ab. Auch bei Unzulässigkeit der Berufung ist der ursprüngliche Bescheid – anders als bei der Nichtzulassungsbeschwerde (→ Rn. 24) – Streitgegenstand des Berufungsverfahrens.[81] Bei Unzulässigkeit der Berufung ergeht eine Sachentscheidung aber nur bzgl. des neuen Bescheides, im Übrigen wird die Berufung verworfen.[82] Davon zu unterscheiden ist die Unzulässigkeit der Klage bei Klageänderung oder -erweiterung erst in der Berufungsinstanz, wenn die Voraussetzungen des § 96 nicht vorliegen (→ Rn. 17).[83] 23

b) **Nichtzulassungsbeschwerde.** Wird auf die Beschwerde die **Berufung zugelassen,** wird der neue Bescheid Gegenstand des dann anhängigen Berufungsverfahrens. Es gilt dasselbe, als wäre die Berufung von Anfang an statthaft gewesen. Ob der Bescheid vor oder nach der Zulassungsentscheidung ergeht, spielt keine Rolle. 24

Bleibt die **Beschwerde erfolglos,** fehlt es an einem Verfahren, das den ursprünglichen Bescheid zum Streitgegenstand hat. Denn Gegenstand des Beschwerdeverfahrens ist allein das Vorliegen der Zulassungsgründe des § 144 Abs. 2, zu denen 25

73 BSG 26.11.1986 – 7 RAr 55/85, BSGE 61, 45 = SozR 4100 § 113 Nr. 5.
74 BSG 6.10.1977 – 7 RAr 82/76, SozR 1500 § 96 Nr. 6.
75 BSG 20.12.2012 – B 10 EG 19/11 R, SozR 4-7837 § 3 Nr. 1; BSG 26.5.2011 – B 10 EG 12/10 R, SozR 4-7837 § 4 Nr. 2.
76 B. Schmidt in Meyer-Ladewig/Keller/Leitherer/Schmidt § 96 Rn. 7 a.
77 BSG 24.10.1956 – 2 RU 114/55, BSGE 4, 24.
78 BSG 8.10.2019 – B 12 KR 8/19 R, juris; BSG 18.3.2015 – B 2 U 8/13 R, juris; BSG 25.2.2010 – B 13 R 61/09 R, SozR 4-5050 § 22 Nr. 10; BSG 30.1.1963 – 2 RU 35/60, SozR Nr. 17 zu § 96 SGG = BSGE 18, 231.
79 BSG 8.10.2019 – B 12 KR 8/19 R, juris; B. Schmidt in Meyer-Ladewig/Keller/Leitherer/Schmidt § 96 Rn. 7.
80 BSG 24.10.1956 – 2 RU 114/55, BSGE 4, 24; 9.2.2000 – B 9 V 29/98 R, SGb 2000, 262 für einen Bescheid nach Einlegung.
81 Zur abweichenden Auffassung → § 153 Rn. 11 ff.
82 BSG 21.3.1978 – 7/12/7 RAr 58/76, SozR 1500 § 96 Nr. 9.
83 BSG 31.7.2002 – B 4 RA 20/01, SozR 3-1500 § 29 Nr. 1.

die Unrichtigkeit der erstinstanzlichen Entscheidung über den ursprünglichen Bescheid gerade nicht gehört. § 96 Abs. 1 kann daher nicht zur Einbeziehung führen. Eine solche wäre auch nicht prozessökonomisch und birgt die Gefahr sich widersprechender – rechtskräftiger – gerichtlicher Entscheidungen, nämlich des SG über den ersten und des LSG über den zweiten Bescheid.[84] Da die Rechtskraft des erstinstanzlichen Urteiles erst mit der Ablehnung der Beschwerde durch das LSG eintritt (§ 145 Abs. 4 S. 4), wird ein vorher ergehender Bescheid Gegenstand des erstinstanzlichen Verfahrens; ein Antrag auf Urteilsergänzung gem. § 140 ist möglich. Erhebt der Betroffene nicht die Nichtzulassungsbeschwerde, sondern legt er – **nicht statthafte – Berufung** ein, führt dies zu einer Einbeziehung eines dann ergehenden Bescheides, da es bei der Berufung auf deren Zulässigkeit und damit auch Statthaftigkeit nicht ankommt (→ Rn. 23); dieses widersprüchlich anmutende Ergebnis ist letztlich Folge der fehlenden gesetzlichen Anpassung des § 96 an die erst später eingeführte Nichtzulassungsbeschwerde gem. § 145.

26 **3. Revision.** Im Revisionsverfahren findet § 96 keine Anwendung, da sonst keine Überprüfung in einer gerichtlichen Tatsacheninstanz möglich wäre. Nach § 171 gilt der während des Revisionsverfahrens ergehende Bescheid als mit der Klage beim SG angefochten,[85] es sei denn, der Kläger wird durch den Bescheid klaglos gestellt oder dem Klagebegehren wird durch die Entscheidung des Revisionsgerichts zum ersten Verwaltungsakt in vollem Umfange genügt. Bescheide, die **nach Erlass des Berufungsurteils** ergehen, werden zunächst Gegenstand des Berufungsverfahrens; erst mit Einlegung der Revision gelten sie entsprechend § 171 Abs. 2 als beim SG angefochten; solange bleibt das LSG zuständig.[86] Bei **Aufhebung und Zurückverweisung** an das LSG hat dieses über den neuen Bescheid zu entscheiden.[87]

VI. Fehler bei der Anwendung von § 96 Abs. 1

27 **1. Unterbliebene Einbeziehung.** Wird über einen Bescheid, der gem. § 96 Gegenstand geworden war, nicht entschieden, liegt ein wesentlicher Verfahrensfehler vor,[88] der mit Rechtsmittel gerügt werden kann.[89] Entscheidet das Berufungsgericht durch Beschluss nach § 153 Abs. 4, führt die unterbliebene Einbeziehung im Berufungsverfahren ergangener Abänderungs- oder Ersetzungsbescheide zu einem im Revisionsverfahrens von Amts wegen zu berücksichtigenden Verstoß gegen den gesetzlichen Richter (→ Rn. 23).[90] Auch ein Antrag auf Urteilsergänzung gem. § 140 ist – fristgebunden – möglich; allerdings nur, wenn § 96 übersehen wurde, nicht wenn dessen Anwendung – fälschlich – verneint

---

84 B. Schmidt in Meyer-Ladewig/Keller/Leitherer/Schmidt § 96 Rn. 7 b; aA Behn SozVers 1993, 281 (285); LSG BW 24.6.1998 – L 10 U 3625/97 NZB, Breith. 1998, 728: der Entscheidung lag allerdings die Konstellation einer allenfalls entsprechenden Anwendung zugrunde.
85 BSG 15.5.2002 – B 6 KA 22/01 R, SozR 3-2500 § 72 Nr. 14.
86 BSG 3.12.1980 – 4 RJ 133/79, BSGE 51, 54.
87 BSG 21.1.1959 – 11/9 RV 1234/56, BSGE 9, 78; Leitherer in Meyer-Ladewig/Keller/Leitherer/Schmidt § 96 Rn. 8.
88 BSG 24.10.1956 – 2 RU 114/55, BSGE 4, 24; 29.1.1974 – 9 RV 620/72, BSGE 37, 93 = SozR 3660 § 2 Nr. 1; B. Schmidt in Meyer-Ladewig/Keller/Leitherer/Schmidt § 96 Rn. 12 a.
89 BSG 9.12.2003 – B 2 U 54/02 R, SozR 4-2700 § 160 Nr. 1; 18.8.1999 – B 4 RA 25/99 B, SozR 3-1500 § 96 Nr. 9: vom Revisionsgericht nur auf Rüge zu beachten.
90 BSG 8.10.2019 – B 12 KR 8/19 R, juris.

wurde. Wird Berufung eingelegt, entscheidet das LSG über den unerledigten Bescheid. Ob die Einbeziehung vom Willen der Beteiligten abhängt, ist umstritten.[91] In der Regel wird aber ohne Einbeziehung des Änderungsbescheides eine sinnvolle gerichtliche Entscheidung nicht möglich sein, weil sonst für denselben Regelungsgegenstand unterschiedliche Regelungen Bestandskraft erreichen könnten. Dies zu verhindern, ist gerade ein Zweck des § 96 Abs. 1 (→ Rn. 2). Das LSG entscheidet dabei als Berufungsgericht, nicht erstinstanzlich auf Klage.[92]

2. Fälschliche Einbeziehung. Auch in der Einbeziehung eines Bescheides, der tatsächlich nicht Gegenstand des Verfahrens geworden ist, liegt ein wesentlicher Verfahrensfehler, der vom Revisionsgericht nicht nur auf entsprechende Rüge, sondern von Amts wegen zu berücksichtigen ist. Anders als bei unterbliebener Einbeziehung geht es dabei um die Zulässigkeit der gegen den Folgebescheid erhobenen Klage, also um das Vorliegen von Amts wegen zu prüfender Prozessvoraussetzungen, die nicht zur Disposition der Beteiligten stehen.[93] Allerdings kann die Einbeziehung im Wege der gewillkürten Klageänderung gem. § 99 möglich sein, insbesondere bei rügeloser Einlassung; dabei ist aber die Zulässigkeit auch der geänderten oder erweiterten Klage genau zu prüfen. Die erst in der Berufungsinstanz geänderte Klage ist, wenn die Voraussetzungen des § 96 nicht vorliegen, unzulässig, da das LSG sonst entgegen § 29 SGG erstinstanzlich entscheidet; dies liegt wegen des Grundsatzes des gesetzlichen Richters nicht in der Dispositionsfreiheit der Beteiligten.[94] Aus Gründen des prozessualen Vertrauensschutzes hat das BSG im Vertragsarztrecht die Einbeziehung von Folgebescheiden, die auf der bis dahin geltenden Rechtsprechung zur entsprechenden Anwendung des § 96 Abs. 1 beruhte, gebilligt.[95] 28

VII. Mitteilungspflicht

Abs. 2 verpflichtet die Behörde, den neuen Bescheid dem Gericht in Abschrift mitzuteilen, das über ihn zu entscheiden hat. So wird sichergestellt, dass das Gericht Kenntnis von diesem Bescheid erhält und darüber entscheiden kann. Dem entspricht § 86 Hs. 2 für das Widerspruchsverfahren. 29

§ 97 (aufgehoben)

§ 97 wurde aufgehoben durch das 6. SGGÄndG v. 17.8.2001 (BGBl. 2001 I 2144). Er regelte für bestimmte Fälle die aufschiebende Wirkung der Klage sowie die Möglichkeit des Gerichts, die Vollziehung von Verwaltungsakten auszusetzen. Mit der umfassenden Neuregelung des einstweiligen Rechtsschutzes in §§ 86 a und b wurde die Norm überflüssig. Im Einzelnen → § 86 a Rn. 2. 1

---

91 BSG 17.11.2005 – B 11a/11 AL 57/04 R, SozR 4-1500 § 96 Nr. 4: auch gegen den Willen eines Beteiligten; BSG 26.11.1986 – 7 RAr 55/85, BSGE 61, 45 = SozR 4100 § 113 Nr. 5: wenn es dem Willen der Beteiligten entspricht.
92 BSG 20.12.2012 – B 10 EG 19/11 R, SozR 4-7837 § 3 Nr. 1; BSG 26.5.2011 – B 10 EG 12/10 R, SozR 4-7837 § 4 Nr. 2.
93 BSG 9.12.2003 – B 2 U 54/02 R, SozR 4-2700 § 160 Nr. 1; 31.7.2002 – B 4 RA 20/01 R, SozR 3-1500 § 29 Nr. 1; 20.3.1996 – 6 RKa 51/95, BSGE 78, 98 (101) = SozR 3-2500 § 87 Nr. 12; aA BSG 26.3.1996 – 12 RK 5/95, SozR 3-2500 § 5 Nr. 26.
94 BSG 31.7.2002 – B 4 RA 20/01, SozR 3-1500 § 29 Nr. 1.
95 BSG 3.3.1999 – 6 KA 10/98 R, SozR 3-5540 Anl. 1 § 10 Nr. 1.

§ 98 [Verweisung bei Unzuständigkeit]

[1]Für die sachliche und örtliche Zuständigkeit gelten die §§ 17, 17 a und 17 b Abs. 1, Abs. 2 Satz 1 des Gerichtsverfassungsgesetzes entsprechend. [2]Beschlüsse entsprechend § 17 a Abs. 2 und 3 des Gerichtsverfassungsgesetzes sind unanfechtbar.

I. Allgemeines/Normzweck

1 **1. Gesetzesentstehung.** § 98 SGG ist durch das 4. VwGOÄndG vom 17.12.1990 (BGBl. 1990 I 2809) mit Wirkung vom 1.1.1991 geändert und neu gefasst worden.

2 **2. Normzweck.** Die Vorschrift regelt insbes. die Verweisung im Innenverhältnis der Sozialgerichtsbarkeit bei **sachlicher, örtlicher Unzuständigkeit** oder **instanzieller Zuständigkeit** (→ Rn. 5) sowie die Folgen der **Rechtshängigkeit.** § 98 SGG findet auch in den selbstständigen Beschlussverfahren (§§ 55 a, 73 a, 76, 86 b SGG) sowie in der Berufung Anwendung.[1]

3 **3. Parallelvorschriften.** Die Parallelvorschriften in den anderen Verfahrensordnungen sind fast gleich lautend (§ 83 VwGO, § 70 FGO, § 261 Abs. 3, § 281 ZPO).

II. Zuständigkeit im Innenverhältnis der Sozialgerichtsbarkeit

4 **1. Wirkungen der Rechtshängigkeit.** Nach Rechtshängigkeit (§ 94 SGG) werden die örtliche und die sachliche Zuständigkeit durch Veränderungen (zB Wohnsitzwechsel des Klägers, Änderung der Zuständigkeit der Behörde) nicht berührt (§ 98 Satz 1 SGG iVm § 17 Abs. 1 Satz 1 GVG; **perpetuatio fori**). Eine Klageerhebung bei einem anderen Gericht ist unzulässig (§ 98 Satz 1 SGG iVm § 17 Abs. 1 Satz 2 GVG).[2]

5 **2. Prüfung der Zuständigkeit; Verweisung. a) Verfahren.** § 98 SGG regelt den Fall **sachlicher** oder **örtlicher Unzuständigkeit** und gilt entsprechend für die **instanzielle Zuständigkeit.**[3] Für das **rechtswegübergreifende Außenverhältnis**, dh im Verhältnis der Gerichte der Sozialgerichtsbarkeit zu den Gerichten anderer

---

1 Zu § 86 b SGG: BVerwG 28.5.1974 – VIII C 167.69, Buchholz 310 § 162 Nr. 10; VGH Kassel 30.4.1996 – 6 Q 1069/96, NJW 1997, 211; Ulmer in Hauck/Behrend § 98 Rn. 4; aA W.-R. Schenke in: Kopp/Schenke § 83 Rn. 4 und Sennekamp NVwZ 1997, 642; dag.: Antragsabweisung widerspräche dem Fürsorgegedanken bzw. dem Beschleunigungsinteresse; aA zu § 73 a SGG: HessLSG 16.1.2014 – L 5 R 202/13 B, und Gutzeit in Roos/Wahrendorf § 98 Rn. 5; zur Berufung: LSG BW 25.4.2013 – L 12 AS 3289/12; SG Halle (Saale) 23.11.2012 – S 10 AL 155/12: nach der Erledigung der Hauptsache ist eine Verweisung zur Kostenentscheidung nach § 193 Abs. 1 Satz 3 SGG unstatthaft.

2 BSG 12.12.2013 – B 4 AS 17/13 R, SozR 4-1500 § 192 Nr. 2.

3 BSG 23.11.2017 – B 10 ÜG 1/17 KL.

Gerichtszweige, gelten § 202 Satz 1 SGG iVm §§ 17–17 b GVG. Zuständigkeitsstreitigkeiten innerhalb eines Gerichts entscheidet das Präsidium.

Das angerufene Gericht erster Instanz prüft seine Zuständigkeit **von Amts wegen.** Einem Antrag auf Überprüfung oder Verweisung kommt nur die Wirkung einer Anregung zu. In Zweifelsfällen kann das Gericht, das sich **für zuständig hält,** dies „vorab" aussprechen, auf Antrag muss es dies tun (§ 17 a Abs. 3 GVG). Die Entscheidung ergeht nach Anhörung der Beteiligten bei freigestellter mündlicher Verhandlung (§ 17 a Abs. 4 Satz 1 GVG; nur dann Beteiligung der ehrenamtlichen Richter, § 12 Abs. 1 Satz 2 SGG) durch **Beschluss,** der zu begründen ist (§ 17 a Abs. 4 Satz 2 GVG). 6

▶ Tenorierungsvorschlag:

Das SG X ist örtlich/sachlich zuständig. ◀

Entscheidet das Gericht nicht durch Beschluss, kann es seine Zuständigkeit im Urteil bejahen, auch stillschweigend, indem es über die weitere Zulässigkeit bzw. die Begründetheit der Klage entscheidet.

Hält das Gericht sich **für unzuständig,** spricht es dies durch Beschluss, der zu begründen ist (§ 17 a Abs. 4 Satz 2 GVG), aus und verweist den Rechtsstreit an das zuständige Gericht (§ 17 a Abs. 2 Satz 1 GVG). 7

▶ Tenorierungsvorschlag:

Das SG X ist örtlich/sachlich unzuständig. Der Rechtsstreit wird an das örtlich/sachlich zuständige SG Y verwiesen. ◀

Einer Kostenentscheidung bedarf es nicht (→ Rn. 14). Sind mehrere Gerichte zuständig, hat der Kläger bzw. der Antragsteller die Wahl, ersatzweise das Gericht (§ 17 a Abs. 2 Satz 2 GVG). Ist das örtlich zuständige Gericht nicht bestimmbar, wird nach § 58 Abs. 1 Nr. 5 SGG verfahren.[4] Eine notwendige Beiladung ist nicht zwingend vor der Verweisung vorzunehmen.[5]

Bei **Klagehäufung** (§ 56 SGG) ist die Frage der Zuständigkeit bzw. der Verweisung für jeden prozessualen Anspruch gesondert zu prüfen. 8

Keine Verweisung nach § 98 SGG, stattdessen eine **formlose Abgabe** von Amts wegen, erfolgt im Verhältnis zwischen verschiedenen Spruchkörpern eines Gerichts, Zweigstellen (§ 7 Abs. 1 Satz 4 SGG) oder auswärtigen Spruchkörpern. § 98 SGG wird nicht angewandt im Verhältnis zur Verfassungsgerichtsbarkeit (vgl. aber § 39 Abs. 2 SGG) und bei Abgabe nach § 91 Abs. 2 SGG. 9

b) Rechtsfolgen. Mit der Entscheidung über die Zuständigkeit ist die Frage abschließend entschieden (**„Bindungswirkung"**). Der Beschluss, mit dem die Zuständigkeit bejaht oder mit dem die Sache verwiesen worden ist, ist unanfechtbar (§ 98 Satz 2 SGG; abweichend von § 17 a Abs. 4 Satz 2 und 3 GVG). Andere Gerichte (§ 17 a Abs. 1 und 2 Satz 3 GVG), sind hieran gebunden. Eine Zurück- oder Weiterverweisung ist unzulässig. Gebunden ist auch das Rechtsmittelgericht (§ 17 a Abs. 5 GVG), auch bei (stillschweigender) Bejahung der Zuständigkeit im Urteil (→ Rn. 6). Etwas anderes gilt ausnahmsweise, wenn eine Zustän- 10

4 BSG 1.8.1958 – 1 S 3/58, SozR Nr. 3 zu § 58 SGG.
5 BSG 25.2.1999 – B 1 SF 9/98 S, SozR 3-1720 § 17 a Nr. 11.

digkeitsrüge übergangen wurde, die vor der nächsten Instanz aufrecht erhalten worden ist.[6]

11 Der **Umfang der Bindungswirkung** erstreckt sich über die Zuständigkeitsfrage (sachlich, örtlich, instanziell), derentwegen verwiesen worden ist, auch auf sonstige Zuständigkeitsfragen, soweit das verweisende Gericht diese geprüft und bejaht hat.[7] Keine Bindung besteht hinsichtlich der Prüfung der übrigen Sachurteilsvoraussetzungen. Ein Beschluss im Verfahren über die Prozesskostenhilfe oder im Eilrechtsschutz bindet im Hauptsacheverfahren nicht und umgekehrt.[8]

12 In den nachfolgenden Fällen erfolgt **keine Bindung:**

- Der Streitgegenstand verändert sich durch Klageänderung (§ 99 SGG).[9]
- Das Gericht, an das verwiesen wird, ist ungenau bezeichnet.[10]
- Das Gericht, an das verwiesen wird, hat sich bereits zuvor für unzuständig erklärt. Ein anderes Gericht hat sich schon zuvor für zuständig erklärt. Hier ist analog § 58 Nr. 3 und 4 SGG zu verfahren.[11] Das Gericht verweist die Klage wegen fehlender örtlicher Zuständigkeit als unzulässig anstatt den Rechtsstreit zu verweisen; das Rechtsmittelgericht hat hier den Rechtsstreit im Urteil an das zuständige Sozialgericht zu verweisen.[12]
- Die Entscheidung beruht auf einer **Missachtung elementarer Verfahrensgrundsätze** oder auf **willkürlichem Verhalten.**[13] Ob hierzu nach der Einführung der Anhörungsrüge auch eine Verletzung des Grundsatzes rechtlichen Gehörs (§ 62 SGG) gehört, ist zweifelhaft;[14] jedenfalls muss dies innerhalb der Frist des § 178 a Abs. 2 Satz 1 SGG geltend machen werden.[15] Eine fehlerhafte Auslegung des Gesetzes allein macht eine Gerichtsentscheidung nicht willkürlich. Willkür liegt vielmehr erst vor, wenn die Rechtslage in krasser Weise verkannt wird und die vertretene Auffassung jeden sachlichen Grundes entbehrt, sodass sich die Verweisung bei Auslegung und Anwendung der maßgeblichen Normen in einer nicht mehr hinnehmbaren Weise von dem verfassungsrechtlichen Grundsatz des gesetzlichen Richters entfernt.[16] Wenn das Gericht den Beschluss nicht begründet,[17] eine gesetzliche

---

6 BSG 20.5.2003 – B 1 KR 7/03 R, SozR 4-1720 § 17 a Nr. 1; BVerwG 22.11.1997 – 2 B 104/97, BayVBl. 1998, 603; Bindungswirkung auch bei Verweisung mit Urteil statt durch Beschluss, BSG 30.7.1959 – 2 RU 159/58, BSGE 10, 230 (232).
7 BSG 7.11.2006 – B 12 SF 5/06 S; Wehrhahn in jurisPK-SGG § 98 Rn. 26; str.
8 LSG NRW 28.4.2011 – L 5 KR 533/10 B.
9 BGH 17.5.1989 – I ARZ 254/89, NJW 1990, 53; Gutzeit in Roos/Wahrendorf § 98 Rn. 24; anders wenn sich später infolge einer Klarstellung des klägerischen Begehrens ergibt, dass doch das ursprünglich angerufene Gericht zuständig gewesen wäre, BFH 5.10.2006 – VII B 202/05, BFH/NV 2007, 251.
10 OLG Celle 6.11.1952 – 4 W 346/52, MDR 1953, 111 (112).
11 BSG 25.2.1999 – B 1 SF 9/98 S, SozR 3-1720 § 17 a Nr. 11; BSG 8.8.2001 – B 7 SF 8/01 S, SozR 3-1500 § 57 Nr. 1.
12 BSG 16.6.1999 – B 9 V 24/98 R, SozR 3-1720 § 17 a Nr. 12; BayLSG 27.1.2010 – L 13 R 696/09.
13 St. Rspr., BSG 8.8.2001 – B 7 SF 8/01 S, SozR 3-1500 § 57 Nr. 1; BSG 25.11.2019 – B 11 SF 10/19 S.
14 Verneinend BayLSG 23.2.2015 – L 11 AS 73/15 B; Schmidt in Meyer-Ladewig/Keller/Leitherer/Schmidt § 98 Rn. 7 a.
15 BSG 3.12.2009 – B 12 SF 18/09 S, SozR 4-1500 § 98 Nr. 2; BSG 21.2.2012 – B 12 SF 7/11 S.
16 St. Rpsr., BSG 25.11.2019 – B 11 SF 10/19 S.
17 BSG 18.7.2012 – B 12 SF 5/12 S.

Zuständigkeitsregelung übersieht[18] oder fehlerhaft anwendet,[19] über den Wohnsitz eines Beteiligten bzw. über die Zuordnung des Wohnsitzes zum Gerichtsbezirk irrt[20] oder annimmt, der Kläger habe nicht unter seinem Namen, sondern unter seiner Firma die Klage erhoben,[21] reicht dies nicht. Ein Verweisungsbeschluss ist nicht schon deswegen willkürlich, weil er von einer ganz überwiegenden oder fast einhelligen Rechtsauffassung abweicht, sofern nicht zusätzliche Umstände hinzutreten, die die Entscheidung schlechterdings nicht mehr nachvollziehbar erscheinen lassen.[22] Das Einverständnis der Beteiligten mit der Verweisung ändert an der Willkür nichts.[23]

Bei fehlender Bindung kann das Gericht, an das verwiesen worden ist, zurückverweisen. Das ursprünglich angegangene Gericht vorher anzuhören, kann Streit vermeiden, der nach § 58 Abs. 1 Nr. 4 SGG zu entscheiden wäre.

Die Verweisung lässt die **Rechtshängigkeit** (§ 94 SGG) bestehen (§ 17 b Abs. 1 13
Satz 2 GVG); bisherige Prozesshandlungen behalten daher ihre Gültigkeit.

III. Kosten

Die Kosten im Verfahren vor dem angegangenen Gericht werden als Teil der 14
Kosten behandelt, die bei dem Gericht erwachsen, an das verwiesen worden ist (§ 17 b Abs. 2 Satz 1 GVG; § 20 Satz 1 RVG).

§ 99 [Klageänderung]

(1) Eine Änderung der Klage ist nur zulässig, wenn die übrigen Beteiligten einwilligen oder das Gericht die Änderung für sachdienlich hält.

(2) Die Einwilligung der Beteiligten in die Änderung der Klage ist anzunehmen, wenn sie sich, ohne der Änderung zu widersprechen, in einem Schriftsatz oder in einer mündlichen Verhandlung auf die abgeänderte Klage eingelassen haben.

(3) Als eine Änderung der Klage ist es nicht anzusehen, wenn ohne Änderung des Klagegrundes

1. **die tatsächlichen oder rechtlichen Ausführungen ergänzt oder berichtigt werden,**
2. **der Klageantrag in der Hauptsache oder in bezug auf Nebenforderungen erweitert oder beschränkt wird,**
3. **statt der ursprünglich geforderten Leistung wegen einer später eingetretenen Veränderung eine andere Leistung verlangt wird.**

(4) Die Entscheidung, daß eine Änderung der Klage nicht vorliege oder zuzulassen sei, ist unanfechtbar.

---

18 BSG 10.3.2010 – B 12 SF 2/10 S (zu § 57 Abs. 1 Satz 1 Hs. 1 SGG).
19 BSG 3.12.2010 – B 12 SF 7/10 S (zu § 57 a SGG); aber bejaht von LSG Bln-Bbg 11.11.2011 – L 5 SF 310/11 (Beschäftigungsort sei mit Vorlage Arbeitsvertrag glaubhaft zu machen).
20 BSG 1.6.2005 – B 13 SF 4/05 S, SozR 4-1500 § 58 Nr. 6 mAnm Jung SGb 2006, 118; BSG 23.4.2018 – B 11 SF 4/18 S.
21 BSG 9.3.2010 – B 12 SF 1/10 S.
22 BGH 9.7.2002 – ARZ 110/02, NJW-RR 2002, 1498; BGH 10.6.2003 – X ARZ 92/02, NJW 2003, 3201.
23 BGH 10.9.2002 – X ARZ 217/02, NJW 2002, 3634.

I. Gesetzesentstehung/Normzweck

1 **1. Gesetzesentstehung.** § 99 SGG ist seit Inkrafttreten des SGG (→ § 1 Rn. 1) unverändert.

2 **2. Normzweck.** Eine Klageänderung liegt vor bei einer **Änderung des Streitgegenstandes** durch Erklärung gegenüber dem Gericht. Die Änderung kann den Klageantrag oder den Klagegrund betreffen, auch beide gemeinsam.[1] Klageänderung ist auch der **Beteiligtenwechsel** (→ Rn. 21). § 99 SGG gilt entsprechend in den selbstständigen Beschlussverfahren (§§ 55 a, 73 a, 76, 86 b SGG) und im Widerspruchsverfahren;[2] zur Rechtsmittelinstanz → Rn. 26.

3 **3. Parallelvorschriften.** § 91 VwGO, § 67 FGO, §§ 263, 264, 267 ZPO sind die Parallelvorschriften in den anderen Verfahrensordnungen.

II. Klageänderung und Abgrenzungen hiervon

4 **1. Vorliegen einer Klageänderung. a) Allgemeines. Keine** Klageänderung ist die bloße **Klarstellung** oder **Berichtigung** des Vorbringens, ebenso wenig die bloße **Ergänzung** oder **Beschränkung.** § 99 Abs. 3 SGG normiert hierzu einige Fallgruppen, bei denen es aber zu Überschneidungen kommen kann.[3] Auch eine Erweiterung des Anwendungsbereichs der Vorschrift „nach ihrem Sinngehalt“[4] ist möglich. In der ersten Instanz wird das Gericht auch bei anwaltlich vertretenen Klägern auf Geltendmachung eines sachgerechten Streitgegenstands durch Klarstellung hinwirken bzw. durch Auslegung oder Umdeutung (→ § 112 Rn. 14) **den Rückgriff auf § 99 Abs. 1 und 2 SGG vermeiden** können.[5] Wenn jedenfalls die übrigen Beteiligten einwilligen oder Sachdienlichkeit vorliegt, kann **offen ge-**

1 Zweifelnd Hommel in Peters/Sautter/Wolff § 99 Anm. 1: neue selbstständige Klage, ggf. nach § 113 SGG zu verbinden.
2 W.-R. Schenke in Kopp/Schenke § 91 Rn. 1.
3 BSG 26.1.2006 – B 3 KR 4/05 R, SozR 4-2500 § 37 Nr. 7: Nachholung der konkreten Bezifferung eines Kostenerstattungsanspruchs als Fall von § 99 Abs. 3 Nr. 1 oder 2 SGG; BSG 9.11.2010 – B 2 U 24/09 R, SozR 4-2700 § 8 Nr. 40: Ersetzung eines Hilfsmittels statt Kostenübernahme als Fall von § 99 Abs. 3 Nr. 1; LSG LSA 17.4.2013 – L 4 KR 48/12: Klage auf Gewährung eines Hilfsmittels statt Kostenerstattung kein Fall von § 99 Abs. 3 Nr. 2; BSG 3.7.2002 – B 3 KR 23/11 R, SozR 4-2500 § 31 Nr. 21: Berichtigung nach Namensänderung eines Beteiligten oder der Bezeichnung des Streitobjekts (Medizinprodukt).
4 BSG 22.5.1974 – 5 RKn 7/73, BSGE 37, 245 (247).
5 BSG 13.3.1991 – 6 RKa 20/89, SozR 3-2500 § 95 Nr. 1.

lassen werden, ob eine Klageänderung vorliegt.[6] Die gilt nicht für die Revision, wo nur der Weg über § 99 Abs. 3 SGG möglich ist (→ Rn. 25). Nimmt das Gericht eine Klageänderung an, kann es offen lassen, aus welchem Grunde sie zulässig ist. Es muss aber entscheiden, ob sie zulässig ist, denn nur so wird klar, über welchen Streitgegenstand entschieden wird; eine (hilfsweise) Entscheidung sowohl über die ursprüngliche wie die geänderte Klage verstieße gegen die Dispositionsmaxime.

§§ 96, 131 Abs. 1 Satz 3 SGG stellen Sondervorschriften dar, auf die § 99 SGG **keine Anwendung** findet. Die Nichtanwendbarkeit des § 96 Abs. 1 SGG schließt eine Klageänderung nach § 99 SGG nicht aus.[7] 5

b) Klageänderung durch Änderung des Klageantrags. Das Klagebegehren (der begehrte Ausspruch) wird durch ein inhaltlich anderes ersetzt oder ergänzt (§ 56 SGG): Es soll zB ein anderer VA[8] aufgehoben werden oder ein weiterer VA,[9] der nicht nach § 96 SGG einbezogen ist, oder es wird der Erlass eines anderen VA[10] begehrt. Erfasst wird auch der Wechsel von der Untätigkeits- (§ 88 SGG) zur Anfechtungs- oder Leistungsklage (→ § 88 Rn. 20)[11] oder von der Untätigkeitsklage nach § 88 Abs. 1 SGG zu derjenigen nach § 88 Abs. 2 SGG.[12] Keine Klageänderung, sondern eine teilweise Klagerücknahme (§ 102 SGG), ist die Beschränkung des Streitgegenstandes.[13] 6

Hat sich ein rechtsunkundiger Kläger zunächst nur im Ausdruck vergriffen, liegt später idR nur eine Berichtigung (§ 99 Abs. 3 Nr. 1 SGG) vor. Von § 99 Abs. 3 Nr. 2 SGG werden etwa erfasst: die Erweiterung auf die erstmalige Geltendmachung von Zinsen (= Nebenforderung),[14] der Wechsel von Haupt- und Hilfsantrag, die Stellung eines Hilfsantrags, wenn das damit verfolgte Begehren im ursprünglichen enthalten ist,[15] die Klage auf eine höhere Leistung,[16] auf eine im ursprünglichen Begehren enthaltene Leistung,[17] auf eine weitere, im Zusammen- 7

6 BSG 17.5.1988 – 10 RKg 3/87, BSGE 63, 167 (169); BSG 15.8.1996 – 9 RVs 10/94, SozR 3-3870 § 4 Nr. 13.
7 BSG 7.2.2012 – B 13 R 85/09 R, SozR 4-1200 § 52 Nr. 5.
8 BSG 1.3.1978 – 12 RAr 49/77, SozR 4100 § 141 n Nr. 1.
9 BSG 22.5.1974 – 5 RKn 7/73, BSGE 37, 245 (247).
10 Anerkennung einer Wie-BK nach § 9 Abs. 2 SGB VII statt Listen-BK, BSG 5.7.2016 – B 2 U 4/15 R, NZS 2016, 956.
11 BSG 28.9.2006 – B 3 KR 28/05 R, SGb 2007, 489; BSG 4.11.2009 – B 8 SO 38/09 B; BSG 12.11.2015 – B 14 AS 23/14 R, SozR 4-4200 § 21 Nr. 24.
12 ThürLSG 16.4.2015 – L 8 SO 206/15 B.
13 BSG 23.2.2005 – B 6 KA 77/03 R, SozR 4-1500 § 92 Nr. 2; LSG NRW 17.1.2005 – L 2 B 9/03 KR ER, Breith. 2005, 437: Beschränkung des Antrags nach § 86 b Abs. 1 Nr. 2 SGG auf die Anordnung der aufschiebenden Wirkung der Klage und nicht mehr des Widerspruchs nach Erlass des Widerspruchsbescheides.
14 BSG 6.2.2003 – B 7 AL 72/01 R, SozR 4-4100 § 119 Nr. 1; BSG 14.6.2018 – B 9 V 3/17 R, SozR 4-3100 § 35 Nr. 7.
15 BSG 6.4.2011 – B 4 AS 119/10 R, SozR 4-1500 § 54 Nr. 21.
16 BSG 7.9.2017 – B 10 ÜG 3/16 R, SozR 4-1720 § 198 Nr. 14: höhere Entschädigung; BayLSG 23.10.2002 – L 18 VS 13/02, Breith. 2003, 388: höhere Rente aufgrund höherer MdE.
17 BSG 8.12.1994 – 11 RAr 41/94, SozR 3-4100 § 100 Nr. 5: Arbeitslosenhilfe statt Arbeitslosengeld; BSG 15.12.2015 – B 10 ÜG 1/15 R, SozR 4-1720 § 198 Nr. 13: Feststellung der Überlänge eines Verfahrens nach § 198 GVG statt Entschädigung.

hang mit dem ursprünglichen Begehren stehende Leistung,[18] auf Feststellung der Überlänge des Verfahrens statt auf Entschädigung,[19] auf Kostenerstattung für eine zwischenzeitlich in Anspruch genommene Leistung statt Gewährung der Leistung.[20]

8 Großzügigkeit bei der Heranziehung des § 99 Abs. 3 SGG ist auch beim **Wechsel zwischen den Klagearten** angebracht, wobei das BSG teilweise nicht einmal mehr danach differenziert, ob ein Fall der Nr. 2 oder der Nr. 3 vorliegt[21] und vom Antrag auf Anordnung der aufschiebenden Wirkung des Widerspruchs zu demjenigen der Klage.[22]

9 **c) Klageänderung durch Änderung des Klagegrundes.** Die Klage wird auf einen „im Kern"[23] anderen Lebenssachverhalt gestützt, zB eine Unfallrente wird aus einem anderen Ereignis oder wegen anderer Unfallfolgen begehrt, ein höherer GdB wird wegen späterer Verschlechterung geltend gemacht,[24] die zeitliche Ausdehnung einer Erstattungsforderung[25] oder es wird ein Bildungsgutschein für eine andere Maßnahme als die zunächst angestrebte geltend gemacht (kein Fall des § 99 Abs. 3 Nr. 3 SGG).[26] Keine Klageänderung, da Fall des § 99 Abs. 3 Nr. 1 SGG: das Vorbringen einer neuen rechtlichen Begründung;[27] da Fälle des § 99 Abs. 3 Nr. 2 SGG: Geltendmachung weiterer Unfallfolgen aus dem gleichen Ereignis, Aufwendungsersatz für weitere Jahre;[28] da Fall des § 99 Abs. 3 Nr. 3 SGG: die Klage auf Erfüllung eines außergerichtlichen Vergleichs, durch den der ursprüngliche Streit beendete wurde, wenn das Verfahren noch andauert.

---

18 BSG 21.7.1992 – 4 RA 1/91, Die Beiträge 1993, 171: Beitragszuschuss zur privaten Krankenversicherung neben Beitragsbefreiung von der Krankenversicherungspflicht; BSG 23.8.2007 – B 4 RS 7/06 R, SozR 4-1500 § 54 Nr. 11: (höhere) Rente neben Datenfeststellung nach AAÜG, wenn sich beides gegen die Deutsche Rentenversicherung Bund wendet.

19 BSG 15.12.2015 – B 10 ÜG 1/15 R, SozR 4-1720 § 198 Nr. 13.

20 BSG 20.3.2007 – B 2 U 38/05 R, SozR 4-1300 § 48 Nr. 10; LSG BW 9.11.2018 – L 4 KR 2696/16.

21 BSG 8.9.2015 – B 1 KR 27/14 R, SozR 4-2500 § 76 Nr. 3 (Änderung Leistungsklage in vorbeugende Feststellungsklage); BSG 28.11.2018 – B 14 AS 47/17, SozR 4-4200 § 21 Nr. 3 (Feststellung künftiger Ansprüche neben/statt Gewährung bereits fälliger); BSG 15.6.2016 – B 4 AS 45/15 R, SozR 4-1500 § 55 Nr. 16 (Anfechtungsklage gegen Eingliederungsvereinbarungs-VA in Fortsetzungsfeststellungsklage); BSG 5.7.2016 – B 2 U 5/15 R, BSGE 122, 1 = SozR 4-2700 § 2 Nr. 35 (Feststellung eines Arbeitsunfalls in Verpflichtung, einen solchen festzustellen); BSG 15.6.2016 – B 4 AS 36/15 R, SozR 4-4200 § 22 Nr. 90 (Anfechtungsklage gegen Kostensenkungsaufforderung nach § 22 Abs. 1 SGB II in Feststellungsklage, dass keine Obliegenheit zur Kostensenkung besteht, unterfällt § 99 Abs. 3 Nr. 2 SGG); BSG 10.8.2016 – B 14 AS 58/15 R, SozR 4-4200 § 22 Nr. 91 (Verpflichtungs- und Leistungsklage); BSG 20.12.2018 – B 3 KR 2/17 R, SozR 4-2500 § 124 Nr. 6; BSG 9.4.2019 – B 1 KR 3/18 R, SozR 4-1780 § 161 Nr. 3, für BSGE vorgesehen (Leistungs- in Feststellungsklage, dass Klage in der Hauptsache erledigt ist).

22 LSG NRW 17.1.2005 – L 2 B 9/03 KR ER, Breith. 2005, 437.

23 St. Rspr. des BGH, s. BGH 22.3.2018 – I ZR 118/16, NJW-RR 2019, 159; BSG 26.10.2017 – B 8 SO 12/16 R, SozR 4-1750 § 524 Nr. 1: alle Tatsachen, die bei einer natürlichen, vom Standpunkt der Parteien ausgehenden Betrachtungsweise zu dem durch den Vortrag des Klägers zur Entscheidung gestellten Tatsachenkomplex gehören.

24 BSG 15.8.1996 – 9 RVs 10/94, SozR 3-3870 § 4 Nr. 13.

25 BSG 26.10.2017 – B 8 SO 12/16 R, SozR 4-1750 § 524 Nr. 1.

26 SächsLSG 18.5.2016 – L 3 AS 167/16 B ER.

27 BSG 11.4.2002 – B 3 KR 24/01 R, ZfS 2002, 239; BSG 17.2.2005 – B 13 RJ 31/04 R, SozR 4-2600 § 43 Nr. 3.

28 BSG 21.3.2018 – B 13 R 17/15 R, SozR 4-2600 § 225 Nr. 3.

Fordert der Kläger nach § 202 Satz 2 SGG iVm § 198 GVG im Laufe des Verfahrens auch Entschädigung für eine weitere Instanz des Ausgangsverfahrens, liegt eine Klageänderung durch Erweiterung **sowohl des Klageantrags wie des Klagegrundes** vor.[29] 10

2. Zulässigkeit der Klageänderung. Die Klageänderung ist zulässig, wenn die übrigen Beteiligten einwilligen **oder** das Gericht die Klageänderung für sachdienlich hält (§ 99 Abs. 1 SGG). 11

a) Einwilligung. Alle Beteiligten (§ 69 SGG)[30] müssen einwilligen. Die Einwilligung kann ausdrücklich erfolgen oder durch **rügelose Einlassung** in einem Schriftsatz oder in der mündlichen Verhandlung (§ 99 Abs. 2 SGG), wobei sich der Beteiligte mit Sachvortrag inhaltlich zur geänderten Klage äußern muss.[31] Keine rügelose Einlassung liegt im Nichterscheinen in der mündlichen Verhandlung, dem bloßen Antrag auf Klageabweisung[32] oder der Erwiderung auf den neuen Vortrag unter Vorbehalt der Sachdienlichkeit der Klageänderung. Die Einwilligung kann schon vor der Klageänderung erklärt werden. Sie ist als Prozesshandlung unwiderruflich, unanfechtbar und darf nicht bedingt sein. 12

b) Sachdienlichkeit. Sachdienlich ist die Klageänderung, wenn der Streitstoff im Wesentlichen derselbe bleibt und erwartet werden kann, dass der **Streit** zwischen den Beteiligten in einem Verfahren **endgültig bereinigt** und ein **neuer Prozess vermieden** werden kann.[33] Eine Klageänderung ist auch sachdienlich, wenn dadurch weitere, noch anhängige Rechtsstreite erledigt oder in einem wesentlichen Punkt vorentschieden werden.[34] Eine Verzögerung, auch durch eine weitere Beweisaufnahme oder die Nachholung des Vorverfahrens,[35] steht der Sachdienlichkeit nicht entgegen. Allein der Umstand, dass die geänderte Klage als unbegründet abzuweisen wäre, hindert die Annahme der Sachdienlichkeit nicht.[36] Das gilt entgegen der hM[37] auch, wenn die Klage als **unzulässig** abzuweisen wäre, denn dies kann unklar sein, möglicherweise erst am Ende des Instanzenzuges endgültig feststehen und darf nicht in die Prüfung der Sachdienlichkeit verlagert werden. Außerdem kann auch eine Klageabweisung als unzulässig Rechtsfrieden schaffen und den Streit endgültig beenden. Nicht sachdienlich ist die Klageänderung idR, wenn der Prozess an sich bereits entscheidungsreif ist und das Ergebnis des bisherigen Verfahrens unverwertbar würde.[38] Eine Klageänderung im Be- 13

---

29 BSG 12.2.2015 – B 10 ÜG 7/14 R, SozR 4-1720 § 198 Nr. 10.
30 BSG 14.7.2004 – B 12 KR 10/02 R, SozR 4-5375 § 2 Nr. 1.
31 BVerwG 25.6.2009 – 9 B 20/09, Buchholz 310 § 88 VwGO Nr. 37; SächsLSG 2.7.2015 – L 5 R 229/12; weitergehend Hommel in Peters/Sautter/Wolff § 99 Anm. 3: bewusstes Unterlassen einer zu erwartenden und zumutbaren Gegenäußerung; BayLSG 24.2.2011 – L 15 SB 43/06: unwirksam, wenn in der irrigen Annahme, ein Fall des § 96 Abs. 1 SGG liege vor.
32 BVerwG 25.6.2009 – 9 B 20/09, Buchholz 310 § 88 VwGO Nr. 37.
33 BVerwG 25.6.2009 – 9 B 20/09, Buchholz 310 § 88 VwGO Nr. 37; BGH 30.10.1957 – V ZR 195/55, NJW 1958, 184; BayLSG 24.2.2011 – L 15 SB 43/06: nicht, wenn völlig neues und noch „unbeackertes“ Problemfeld eröffnet.
34 LSG Nds 12.3.1997 – L 5 Ka 83/96, NZS 1997, 344.
35 BSG 21.3.1978 – 7/12/7 RAr 58/76, SozR 4600 § 143 d Nr. 3; BVerwG 11.2.1982 – 5 C 119/79, BVerwGE 65, 45 (50); aA BSG 8.5.2007 – B 2 U 14/06 R, SozR 4-2700 § 153 Nr. 2.
36 BVerwG 26.10.1978 – V C 85.77, BVerwGE 57, 31 (34).
37 BSG 16.12.1976 – 10 RVs 1/76, SGb 1978, 68 (69); BSG 23.3.1993 – 4 RA 39/91, und die hM in der Lit. zum SGG; wie hier: BGH 1.3.2002 – RiZ (R) 1/01, NJW-RR 2002, 929; W.-R. Schenke in Kopp/Schenke § 91 Rn. 19.
38 BGH 21.2.1975 – V ZR 148/73, NJW 1975, 1228 (1229).

rufungsverfahren ist nicht schon deswegen sachdienlich, weil sie in erster Instanz richterlich angeregt worden ist.[39]

14 Ob eine Klageänderung sachdienlich ist, entscheidet das Gericht nach pflichtgemäßem **Ermessen.** Bejaht es die Sachdienlichkeit, muss es die Klageänderung zulassen. Das Revisionsgericht kann nur überprüfen, ob der Rechtsbegriff der Sachdienlichkeit verkannt wurde und damit die Grenzen des Ermessens überschritten sind.[40]

15 **3. Verfahren.** a) **Prozesshandlung.** Die Klageänderung wird gegenüber dem Gericht schriftsätzlich, zu Protokoll des Urkundsbeamten der Geschäftsstelle oder im Termin erklärt (§ 202 Satz 1 SGG iVm § 261 Abs. 2 ZPO, § 90 SGG analog; § 112 Abs. 3 SGG). Sie kann schlüssig durch geänderten Vortrag erklärt werden; das Gericht muss uU auf eine Erläuterung hinwirken (§ 106 Abs. 1, § 112 Abs. 2 Satz 2 SGG). Die Klageänderung ist möglich **von der Rechtshängigkeit** der Klage (§ 94 Abs. 1 SGG) **bis zum Abschluss der Berufung** (→ Rn. 25). Die Klageänderung muss den Anforderungen für **Prozesshandlungen** genügen. Sie kann daher nicht bedingt oder hilfsweise erklärt werden,[41] ist nicht anfechtbar und nicht widerruflich.

16 **b) Gerichtliche Entscheidung.** Eine **gesonderte Entscheidung** durch Zwischenurteil (§ 130 Abs. 2 SGG)[42] darüber, ob eine Klageänderung vorliegt oder ob diese zulässig ist, ist **möglich, aber nicht notwendig.** Die Klageänderung ist stillschweigend zugelassen, wenn über die geänderte Klage zur Sache entschieden wird.[43] Vor der Entscheidung über die Zulässigkeit der Klageänderung ist rechtliches Gehör zu gewähren, auch bei Nichterscheinen in der mündlichen Verhandlung.[44]

17 c) **Anfechtbarkeit.** Gegen die (auch stillschweigende) Entscheidung, dass keine Klageänderung vorliegt oder dass sie sachdienlich ist, ist **kein Rechtsmittel** gegeben (§ 99 Abs. 4 SGG);[45] daher scheidet auch die Rüge als Verfahrensmangel (§ 144 Abs. 2 Nr. 3, § 159 Abs. 1 Nr. 2, § 160 Abs. 2 Nr. 3 SGG) aus.[46] Die Bindung an die Klageänderung als solche umfasst indes nicht die rechtliche Beurteilung, die das Gericht zu ihrer Zulassung bewogen hat.[47] Ein Urteil, das eine Klageänderung annimmt, aber als unzulässig ablehnt, kann auch insoweit in der Berufung oder Revision überprüft werden (zur Überprüfbarkeit der Entscheidung über die Sachdienlichkeit → Rn. 14).

39 BVerwG 13.5.1996 – 6 B 89.95, Buchholz 310 § 91 Nr. 25.
40 BSG 28.2.2000 – B 11 AL 247/99 B, SozSich 2001, 144; BSG 5.2.2003 – B 6 KA 26/02 R, SozR 4-2500 § 117 Nr. 1.
41 BVerwG 28.2.1980 – 3 B 1/80, NJW 1980, 1911; aber Erweiterung der Klage um Hilfsantrag zulässig.
42 Bieresborn in Roos/Wahrendorf § 99 Rn. 63; Guttenberger in jurisPK-SGG § 99 Rn. 46; aA Bley in SGB-SozVers-GesKomm, § 99 Anm. 11 a: auch durch Beschluss.
43 BSG 28.9.2006 – B 3 KR 28/05 R, SGb 2007, 489; BSG 3.3.2009 – B 4 AS 37/08 R, SozR 4-4200 § 22 Nr. 15.
44 BVerwG 7.10.1980 – 5 C 18/79, BVerwGE 61, 145 (146 f.).
45 Abw. Schmidt in Meyer-Ladewig/Keller/Leitherer/Schmidt § 99 Rn. 16 für den Beteiligtenwechsel in der Berufungsinstanz unter Hinweis auf die Rspr. des BGH zu § 268 ZPO.
46 BSG 4.5.1999 – B 2 U 89/98 B; BSG 3.3.2009 – B 4 AS 37/08 R, SozR 4-4200 § 22 Nr. 15.
47 BSG 26.4.1979 – 5 RKnU 7/77, BSGE 48, 159 (162); BSG 3.3.2009 – B 4 AS 37/08 R, SozR 4-4200 § 22 Nr. 15.

4. Rechtsfolgen. a) **Zulässige Klageänderung.** Ist die Klageänderung wirksam erklärt, wird das ursprüngliche Klagebegehren durch das neue Klagebegehren ersetzt; die Rechtshängigkeit des bisherigen Klagevorbringens endet. 18

Auch für die geänderte Klage müssen die **von Amts wegen zu prüfenden Sachurteilsvoraussetzungen** erfüllt sein.[48] Bei fehlender **Zuständigkeit** gelten die allgemeinen Regeln (§§ 17, 17 a GVG, § 98 SGG; keine besondere örtliche Zuständigkeit, → § 100 Rn. 10); § 17 Abs. 1 Satz 1 GVG findet – auch über § 98 SGG – keine Anwendung, da der neue Streitgegenstand erst mit der Klageänderung rechtshängig geworden ist (→ § 98 Rn. 12). Über die Gewährung von Sozialleistungen ist deshalb vor Klageerhebung in einem Verwaltungsverfahren zu befinden, das mit einem Verwaltungsakt abschließt.[49] Das **Vorverfahren** muss grds. nachgeholt werden (→ § 114 Rn. 7). Für die **Klagefrist** ist auf die Klageänderung abzustellen; die Rechtshängigkeit der geänderten Klage wirkt nicht zurück. Daher kann der erst in Folge der Klageänderung angefochtene VA mittlerweile **bestandskräftig** (§ 77 SGG) geworden sein[50] (zum Beklagtenwechsel → Rn. 24). Entsprechendes gilt bei einem anfänglich nur teilweise angefochtenen VA.[51] Wenn der neue Klageantrag im gleichen Verfahren zuvor **bereits zurückgenommen** worden war, ist das Verfahren in der Hauptsache erledigt (§ 102 Satz 2 SGG).[52] 19

b) Unzulässige Klageänderung. Ist die Klageänderung unwirksam erklärt, ist die geänderte Klage als unzulässig abzuweisen, wenn sie nicht zurückgenommen wird. Über das ursprüngliche Klagebegehren ist nur zu entscheiden, wenn es noch (hilfsweise) aufrechterhalten wird, was im Zweifel anzunehmen ist.[53] Auch die unzulässig abgeänderte Klage wirkt sich streitwerterhöhend aus. 20

5. Besonderheiten beim Beteiligtenwechsel. Der gewillkürte Beteiligtenwechsel, also der **Wechsel** in der Person des **Klägers** oder des **Beklagten**, nicht des Beigeladenen, ist nach hM ebenfalls eine Klageänderung.[54] Dies gilt auch für den Beitritt eines weiteren Klägers[55] oder Beklagten[56] sowie für den Rollenwechsel des Beklagten und des Beigeladenen.[57] 21

Auch bei der Frage eines möglichen Beteiligtenwechsels ist das Vorbringen zunächst **auszulegen**, uU umzudeuten oder **klarzustellen**, eine unrichtige Bezeichnung zu **berichtigen**, bevor ein Beteiligtenwechsel angenommen werden kann (→ Rn. 7).[58] Aus Art. 19 Abs. 4 GG folgt dabei die Auslegungsregel, dass die Klage im Zweifel gegen den sachdienlichen Beklagten gerichtet ist. **Keine Klage-** 22

48 BSG 23.4.2015 – B 5 RE 23/14 R, SozR 4-2600 § 2 Nr. 20; BSG 5.7.2016 – B 2 U 4/15 R, NZS 2016, 956.
49 BSG 16.11.2005 – B 2 U 28/04 R; BSG 2.12.2008 – B 2 KN 2/07 U R.
50 BVerwG 30.10.1997 – 3 C 35/96, BVerwGE 105, 288 (294).
51 BSG 28.11.1979 – 3 RK 90/78, BSGE 49, 163 (165); BVerwG 30.7.2010 – 8 B 125/09, ZOV 2010, 231.
52 BSG 31.3.1993 – 13 RJ 33/91.
53 BVerwG 28.2.1980 – 6 C 39/80, BVerwGE 61, 45 (51).
54 BSG 2.2.2012 – B 8 SO 15/10 R, SozR 4-3500 § 19 Nr. 3; zum Mitgliederwechsel innerhalb einer Berufsausübungsgemeinschaft vgl. BSG 17.10.2012 – B 6 KA 41/11 R, SozR 4-1500 § 54 Nr. 31.
55 ThürLSG 28.2.2013 – L 1 U 173/10; LSG Nds-Brem 29.7.2014 – L 15 AS 281/10 (neuer Kläger muss Klagefrist in seiner Person einhalten).
56 BSG 23.6.1959 – 2 RU 257/57, BSGE 10, 97 (102).
57 BSG 10.3.2011 – B 3 P 1/10 R: Widerspruchs- statt Ausgangsbehörde.
58 BSG 27.2.1981 – 8/8 a RU 108/79, BSGE 51, 213 (214); LSG LSA 28.8.2009 – L 8 SO 16/07, FEVS 61, 464 (falsche Klägerbezeichnung: Behörde statt Rechtsträger).

änderung ist die Beschränkung der Klage auf nicht mehr alle Beklagten oder das Ausscheiden eines von mehreren Klägern (teilweise Klagerücknahme, § 102 SGG).[59] Auch der **Beteiligtenwechsel kraft Gesetzes** ist keine Klageänderung, zB der Eintritt der Erben bei Sonderrechtsnachfolge (§ 56 SGB I, § 19 Abs. 6 SGB XII),[60] des Insolvenzverwalters oder des volljährig gewordenen Minderjährigen in den Rechtsstreit,[61] bei gesetzlich angeordneter **Rechts-** oder **Funktionsnachfolge,**[62] auch identitätswahrender Umwandlung.[63] Die Abtretung der streitbefangenen Forderung führt nicht zum gesetzlichen Beteiligtenwechsel (§ 202 Satz 1 SGG iVm § 265 Abs. 2 Satz 1 ZPO).[64] Beim Beklagtenwechsel kraft Gesetzes ist lediglich von Amts wegen das **Rubrum zu berichtigen.**

23 Die **Einwilligung des** ausgeschiedenen, **nicht aber des neuen Beteiligten** ist **erforderlich.** Trotz des Instanzverlustes ist er durch die Untersuchungsmaxime ausreichend geschützt. Damit setzt sich das BSG nicht auseinander, das unter Hinweis auf die Rspr. des BGH die Zustimmung für notwendig ansieht und im Fall der Verweigerung eine Rechtsmissbräuchlichkeit prüfen muss.[65] Der neue Beteiligte kann die Wiederholung der Beweisaufnahme verlangen.

24 Die Klageänderung wirkt beim **Beklagtenwechsel fristwahrend** auf den Zeitpunkt der Klageerhebung zurück, nicht aber beim Klägerwechsel.[66] Gegenüber dem ausgeschiedenen Beklagten wirkt der Beteiligtenwechsel als Klage- bzw. Rechtsmittelrücknahme.[67] Er hat Anspruch auf einen **Kostenbeschluss** nach § 193 SGG bzw. § 197 a Abs. 1 Satz 1 Hs. 3 SGG iVm § 161 Abs. 1 VwGO, jedenfalls ist über seine Kosten im Endurteil zu entscheiden.[68] Zum Beteiligtenwechsel in der Berufung → Rn. 26.

25 **6. Besonderheiten in der Rechtsmittelinstanz.** § 99 SGG gilt entsprechend für die **Berufung**[69] (→ § 153 Rn. 11 ff.) und für die **Beschwerde.** Ist der Kläger Berufungsbeklagter, kann er die Klage nur im Wege der Anschlussberufung ändern.[70] Fehlt die Beschwer, kann diese nicht durch eine Klageänderung geschaffen werden.[71] Die Klageänderung darf andererseits nicht zum Wegfall der Beschwer führen.[72] Auch für die durch Einvernehmen der Beteiligten zulässiger-

---

59 BVerwG 11.2.1982 – 5 C 119/79, BVerwGE 65, 45 (50).
60 BSG 4.9.1958 – 4 RJ 105/57, BSGE 8, 113 (114); BSG 8.3.2017 – B 8 SO 20/15 R, SozR 4-3500 § 77 Nr. 3.
61 BVerwG 21.11.1958 – VII C 21.58, BVerwGE 7, 325.
62 BSG 11.1.1989 – 10 RAr 11/87, BSGE 64, 240; BSG 12.2.2009 – B 5 R 39/06 R, SozR 4-5050 § 15 Nr. 6; BSG 30.9.2010 – 10 EG 9/09 R, SozR 4-7837 § 1 Nr. 2; BSG 18.1.2011 – B 4 AS 14/10 R, SozR 4-4200 § 7 Nr. 22; BSG 18.1.2011 – B 4 AS 99/10 R, SozR 4-4200 § 37 Nr. 5; BSG 24.2.2011 – B 14 AS 45/09 R, SozR 4-4200 § 11 Nr. 36.
63 BSG 4.3.2004 – B 3 KR 12/03 R, SozR 4-5425 § 24 Nr. 5 (OHG in GmbH); BSG 12.12.2013 – B 8 SO 13/12 R, FEVS 66, 1 (offen gelassen bei Stiftung in GmbH).
64 BSG 25.11.1998 – B 6 KA 75/97 R, SozR 3-2500 § 116 Nr. 17; BSG 19.9.2013 – B 3 KR 3/13 B.
65 BSG 27.11.2018 – B 2 U 28/17 R, SozR 4-2700 § 8 Nr. 68.
66 BSG 24.3.2009 – B 8 AY 10/07 R, SozR 4-3520 § 2 Nr. 3; BVerwG 20.1.1993 – 7 B 158/92, DVBl. 1993, 562 (563).
67 BVerwG 11.2.1982 – 5 C 119/79, BVerwGE 65, 45; LSG BW 25.1.2007 – L 10 R 739/04.
68 BayVGH 11.2.1999 – 4 C 99.227, NVwZ-RR 1999, 695.
69 BSG 30.3.1962 – 2 RU 53/60, BSGE 17, 11 (14).
70 BSG 23.2.1966 – 2 RU 103/95, BSGE 24, 247.
71 BSG 3.11.1959 – 9 RV 826/55, BSGE 11, 26; 31.7.2002 – B 4 RA 20/01 R, SozR 3-1500 § 29 Nr. 1.
72 BGH 15.3.2002 – V ZR 39/01, MDR 2002, 1085.

weise geänderte Klage müssen sämtliche Sachurteilsvoraussetzungen vorliegen, auch die funktionale Zuständigkeit des Rechtsmittelgerichts, beim LSG also idR eine über den Streitgegenstand ergangene Entscheidung des SG (§ 29 SGG).[73] Damit bleibt für eine Klageänderung in der Berufungsinstanz nur Raum in Fällen des § 96 SGG oder aber – was aber gerade keine Klageänderung darstellt – des § 99 Abs. 3 SGG. Im Übrigen → § 153 Rn. 11 ff.; zum sog „Heraufholen von Prozessresten“ → § 143 Rn. 19 ff. In der **Revision** ist die Klageänderung grds. **unzulässig** (§ 168 Satz 1 SGG; zu § 99 Abs. 3 → Rn. 4).

Beim **Beteiligtenwechsel in der Berufung** wird das Urteil des SG hinsichtlich des ausgeschiedenen Beteiligten gegenstandslos,[74] was entsprechend § 102 Abs. 3 Satz 1 SGG auf Antrag durch (deklaratorischen) Beschluss festzustellen ist (→ § 102 Rn. 9).[75] Der hinzugetretene Beteiligte muss für seine Person die Sachurteilsvoraussetzungen erfüllen (→ Rn. 19). 26

III. Kosten

Zum Kostenanspruch des ausgeschiedenen Beklagten → Rn. 24. 27

Werden Gerichtskosten nach § 197 a SGG erhoben, führt der Austausch des Streitgegenstands dazu, dass der Streitwert des erledigten Teils (§ 39 Abs. 1 GKG) zumindest für die Verfahrensgebühr (zusätzlich) Berücksichtigung finden muss.

§ 100 [Widerklage]

Bei dem Gericht der Klage kann eine Widerklage erhoben werden, wenn der Gegenanspruch mit dem in der Klage geltend gemachten Anspruch oder mit den gegen ihn vorgebrachten Verteidigungsmitteln zusammenhängt.

I. Allgemeines/Normzweck

1. Gesetzesentstehung. § 100 SGG ist seit Inkrafttreten des SGG (→ § 1 Rn. 1) unverändert. 1

2. Normzweck. Die in der Praxis seltene Widerklage gibt dem Beklagten die Möglichkeit, im selben Verfahren einen anderen Streitgegenstand gegen den Kläger einzubringen. Wider einen Antrag nach § 86 b SGG kann entsprechend § 100 SGG ein ebensolcher Antrag gestellt,[1] nicht aber eine Klage erhoben werden. Zur Anwendung in den Rechtsmittelinstanzen → Rn. 4. 2

---

73 BSG 31.7.2002 – B 4 RA 20/01 R, SozR 3-1500 § 29 Nr. 1; BSG 2.12.2008 – B 2 KN 2/07 U R, UV-Recht Aktuell 2009, 526; BSG 18.3.2015 – B 2 U 8/13 R, NZS 2015, 558 (559); offen gelassen von BSG 24.2.2011 – B 14 AS 49/10 R, SozR 4-4200 § 21 Nr. 10; aA BSG 7.2.2012 – B 13 R 85/09 R, SozR 4-1200 § 52 Nr. 5 (LSG muss „auf Klage“ entscheiden), das die hier nicht passende Rspr. zu § 96 SGG heranzieht.

74 BVerwG 11.2.1982 – 5 C 119/79, BVerwGE 65, 45 (52).

75 W.-R. Schenke in Kopp/Schenke § 91 Rn. 30.

1 W.-R. Schenke in Kopp/Schenke § 89 Rn. 1, 6; Müller in Roos/Wahrendorf § 100 Rn. 8; aA Schmidt in Meyer-Ladewig/Keller/Leitherer/Schmidt § 100 Rn. 3 c.

3 **3. Parallelvorschriften.** In den anderen Verfahrensordnungen sind § 89 VwGO, § 33 ZPO die Parallelvorschriften; die FGO kennt die Widerklage nicht.

II. Voraussetzungen, Verfahren und Rechtsfolgen der Widerklage

4 **1. Voraussetzungen.** Die Widerklage setzt eine (noch) rechtshängige (§ 94 SGG), nicht notwendig zulässige[2] **Hauptklage** voraus. Ansonsten ist sie wirkungslos.[3] Ob es ausreicht, wenn der Rechtsstreit nur noch wegen der Kosten offen ist, ist str, jedenfalls dürfte der Zusammenhang (→ Rn. 7) zu verneinen sein. Die Widerklage kann auch erst in der **Berufung** erhoben werden,[4] hierzu muss diese zulässig sein[5] (zu Einzelheiten → § 153 Rn. 15). In der **Revision** ist die Widerklage nur zulässig, wenn sie keiner weiteren tatsächlichen Begründung bedarf (vgl. § 163 SGG).[6]

5 **Widerkläger** kann nur der Beklagte sein, nicht der Beigeladene, außer bei § 75 Abs. 5 SGG, **Widerbeklagter** ist der Kläger, ausnahmsweise der notwendig Beigeladene (§ 75 Abs. 2 SGG).[7] Gegen einen bisher am Verfahren nicht beteiligten Dritten kann als Streitgenosse (§ 74 SGG) gegen den zugleich beklagten Kläger Widerklage erhoben werden. Die Einwilligung des Gegners in die Widerklage ist nicht erforderlich, auch nicht in der Berufung (§ 530 Abs. 1 ZPO gilt nicht).[8]

6 Statthaft ist die Widerklage unter der Bedingung, dass der Hauptklage stattgegeben wird (Hilfs- oder Eventualwiderklage)[9] sowie die **Wider-Widerklage** des Klägers.[10]

7 Die Widerklage ist eine eigene Klage und muss daher einen im Verhältnis zur Hauptklage **selbstständigen Streitgegenstand** haben. Nicht ausreichend ist die negative Feststellung, dass der Anspruch in der Hauptsache nicht besteht.[11]

8 Weitere Zulässigkeitsvoraussetzung ist, dass der Streitgegenstand mit dem in der Klage geltend gemachten Anspruch oder mit zulässigen Verteidigungsmitteln (Einwendungen, nicht bloße Beweismittel)[12] **„zusammenhängt"**. Der Zusammenhang muss grds. rechtlicher Art (dasselbe Rechtsverhältnis) sein, aber auch ein unmittelbarer wirtschaftlicher oder ein sonstiger natürlicher Zusammenhang

---

2 BSG 15.1.1960 – 11/9 RV 220/97, SozR Nr. 3 zu § 100 SGG; aA Bley in SGB-SozVers-GesKomm, § 100 Anm. 3 d.

3 LSG Bln-Bbg 19.9.2019 – L 3 U 159/19 WA.

4 BSG 30.9.2015 – B 3 KR 22/15 B, SozR 4-1500 § 51 Nr. 14.

5 BSG 25.5.1971 – 4 RJ 369/70, SozR Nr. 7 zu § 100 SGG.

6 BVerwG 8.2.1974 – VII C 16.71, BVerwGE 44, 351 (361); Schmidt in Meyer-Ladewig/Keller/Leitherer/Schmidt § 100 Rn. 3 b; Müller in Roos/Wahrendorf § 100 Rn. 8; enger Guttenberger in jurisPK-SGG § 100 SGG: Widerbeklagter muss zustimmen; aA Hommel in Peters/Sautter/Wolff § 100 Rn. 3 und Pawlak in Hauck/Behrend § 100 Rn. 8: unzulässig.

7 Schmidt in Meyer-Ladewig/Keller/Leitherer/Schmidt § 100 Rn. 5 mit Hinweis auf BSG 29.6.1962 – 2 RU 109/58, BSGE 17, 139.

8 BSG 25.3.1982 – 10 RAr 7/81, BSGE 53, 212 (213).

9 BSG 6.9.1961 – 11 RV 320/58, BSGE 15, 81 (83).

10 BGH 10.3.1959 – VIII ZR 44/58, MDR 1959, 571.

11 BSG 16.3.1973 – 6 RKa 25/71, SozR Nr. 198 zu § 162 SGG: ausnahmsweise zulässig, wenn besonderes Feststellungsinteresse.

12 W.-R. Schenke in Kopp/Schenke § 89 Rn. 5; Guttenberger in jurisPK-SGG § 100 SGG Rn. 17; aA Hommel in Peters/Sautter/Wolff § 100 Anm. 2.

aufgrund eines einheitlichen Lebenssachverhaltes[13] genügt. Besteht der erforderliche Zusammenhang nicht, ist die Widerklage als einfache Klage zu behandeln.

2. Verfahren. Die Widerklage wird gegenüber dem Gericht, bei dem die Klage anhängig ist, schriftsätzlich, zu Protokoll des Urkundsbeamten der Geschäftsstelle oder im Termin erhoben (§ 202 Satz 1 SGG iVm § 261 Abs. 2 ZPO, § 90 SGG analog). Bei Erhebung in der mündlichen Verhandlung muss dies nicht in der Form des § 90 SGG nachgeholt werden, auch wenn die Widerklage mangels Zusammenhang als selbstständige Klage behandelt wird.[14] Für den Inhalt der „Widerklageschrift" gilt § 92 SGG entsprechend. 9

3. Rechtsfolgen. Die Widerklage wird als **echte Klage** behandelt. Sie muss die **allgemeinen Prozessvoraussetzungen** erfüllen.[15] Das **Rechtsschutzbedürfnis** fehlt, wenn der Widerkläger sein Ziel auch durch Erlass eines VA erreichen könnte.[16] Einer Analogie zu § 89 Abs. 2 VwGO, der für den Verwaltungsprozess die Unzulässigkeit der Widerklage bei Anfechtungs- oder Verpflichtungsklage bestimmt, bedarf es nicht.[17] Die Klagefrist des § 87 SGG ist zu beachten.[18] Für die **örtliche Zuständigkeit** enthält § 100 SGG einen ausschließliche Regelung („bei dem Gericht der Klage"). 10

Die Widerklage bleibt auch bei Erledigung der Hauptklage, etwa durch Klagerücknahme, bestehen.[19] Sie kann nach § 102 SGG zurückgenommen werden. Das Gericht kann die Widerklage, außer bei einer Eventualwiderklage,[20] **abtrennen** (→ § 113 Rn. 11) oder über die Klage oder die Widerklage durch **Teilurteil** entscheiden. Über die Kosten ist einheitlich und nicht getrennt nach Klage und Widerklage zu entscheiden.[21] 11

III. Kosten

Werden Kosten nach § 197 a SGG erhoben, ist für den Streitwert § 45 Abs. 1 Satz 1 GKG zu berücksichtigen. 12

§ 101 [Vergleich; Anerkenntnis]

(1) [1]Um den geltend gemachten Anspruch vollständig oder zum Teil zu erledigen, können die Beteiligten zu Protokoll des Gerichts oder des Vorsitzenden oder des beauftragten oder ersuchten Richters einen Vergleich schließen, soweit sie über den Gegenstand der Klage verfügen können. [2]Ein gerichtlicher Vergleich kann auch dadurch geschlossen werden, dass die Beteiligten einen in der Form eines Beschlusses ergangenen Vorschlag des Gerichts, des Vorsitzenden oder des Berichterstatters schriftlich oder durch Erklärung zu Protokoll in der mündlichen Verhandlung gegenüber dem Gericht annehmen.

13 BSG 30.9.2015 – B 3 KR 22/15 B, SozR 4-1500 § 51 Nr. 14; W.-R. Schenke in Kopp/Schenke § 89 Rn. 5.
14 W.-R. Schenke in Kopp/Schenke § 89 Rn. 8; aA Hommel in Peters/Sautter/Wolff § 100 Anm. 3.
15 BSG 12.4.2009 – B 2 U 20/07 R, SozR 4-2700 § 136 Nr. 5.
16 BSG 25.3.1982 – 10 RAr 7/81, BSGE 53, 212 (213); offen gelassen in BSG 13.8.1996 – 12 RK 8/96, HVBG-Info 1996, 2602.
17 BSG 25.3.1982 – 10 RAr 7/81, BSGE 53, 212 (213).
18 HM; aA BSG 15.1.1960 – 11/9 RV 220/97, SozR Nr. 3 zu § 100 SGG; zweifelnd Schmidt in Meyer-Ladewig/Keller/Leitherer/Schmidt § 100 Rn. 6 a.
19 BGH 17.10.1963 – II ZR 77/61, BGHZ 40, 185 (189).
20 BayLSG 15.3.2016 – L 5 KR 82/16.
21 BSG 2.4.2009 – B 2 U 20/07 R, SozR 4-2700 § 136 Nr. 5.

(2) Das angenommene Anerkenntnis des geltend gemachten Anspruchs erledigt insoweit den Rechtsstreit in der Hauptsache.

I. Allgemeines/Normzweck

1 **1. Gesetzesentstehung.** § 101 Abs. 1 SGG ist durch Art. 7 Nr. 9 des BUK-NOG vom 19.10.2013 (BGBl. 2013 I 3836) ein neuer Satz 2 angefügt worden ist. Das Gesetz zur Einführung der elektronischen Akte in der Justiz und zur weiteren Förderung des elektronischen Rechtsverkehrs vom 5.7.2017 (BGBl. 2017 I 2208) hat mit Wirkung vom 1.1.2018 die Wörter „zur Niederschrift" durch „zu Protokoll" ersetzt. Nach Einführung der elektronischen Prozessakte (§ 65 b SGG) sah man die alte, eng mit der Papierform verbundene Begrifflichkeit als nicht mehr passend an.[1] Das Gesetz zur Regelung der Wertgrenze für die Nichtzulassungsbeschwerde in Zivilsachen, zum Ausbau der Spezialisierung bei den Gerichten sowie zur Änderung weiterer prozessrechtlicher Vorschriften vom 12.12.2019 (BGBl. 2019 I 2633) hat mit Wirkung vom 1.1.2020 in Abs. 1 Satz 2 die Möglichkeiten zur Annahme eines gerichtlichen Vergleichsvorschlags ergänzt (→ Rn. 10).

2 **2. Normzweck.** Die Möglichkeit der **nichtstreitigen Beendigung des Rechtsstreits**[2] ist Ausfluss der Dispositionsmaxime der Beteiligten bzw. ihrer Befugnis, über den mit der Klage geltend gemachten Anspruch materiell zu verfügen. Die nichtstreitige Beendigung ist idR sinnvoll, das Gericht sollte darauf hinwirken. Es darf aber nicht der Eindruck entstehen, die Beteiligten seien in ihrer Entscheidung nicht frei, etwa weil **das Gericht Druck ausgeübt** (kein Missbrauch des § 192 Abs. 1 Nr. 2 SGG) oder die Beteiligten über die Vor- und Nachteile gegenüber einer streitigen Beendigung im Unklaren gelassen hat (ggf. Anfechtung des Vergleichs möglich → Rn. 19).[3] Das Rechtsschutzinteresse für eine Klage entfällt auch nicht, wenn sich ein Beteiligter weigert, in Vergleichsgespräche einzutreten.[4] Zur Anwendung in den Rechtszügen und den selbstständigen Beschlussverfahren → Rn. 6.

1 BT-Drs. 18/12203, 85 zu Art. 18 Nr. 5, Nr. 4; BT-Drs. 18/9416, 59 zu Art. 1 Nr. 11.
2 Überblick bei Roller SozVers 2003, 203.
3 BGH 6.7.1966 – Ib ZR 63/84, NJW 1966, 2399.
4 BSG 20.12.2011 – B 4 AS 203/10 R, SozR 4-1300 § 107 Nr. 5.

3. Parallelvorschriften. Auch die anderen Verfahrensordnungen mit Ausnahme der FGO kennen den Vergleich (§ 106 VwGO, § 794 Abs. 1 Nr. 1 ZPO) und das Anerkenntnis (§ 156 VwGO, § 307 ZPO). 3

II. Gerichtlicher Vergleich

1. Begriff. Der gerichtliche Vergleich ist **Prozesshandlung** und zugleich **öffentlich-rechtlicher Vertrag** (Doppelnatur). Er zeichnet sich durch ein gegenseitiges Nachgeben als Folge einer Unsicherheit der Sach- oder Rechtslage (§ 54 SGB X; § 779 BGB) aus. Da ein Beteiligter schon durch Verzicht auf ein Urteil prozessual nachgibt,[5] steht der Annahme eines Vergleichs nicht entgegen, dass sich eine Seite materiell vollständig durchsetzt. 4

Der Vergleich kann sich auf einen selbstständigen Teil des Streitgegenstandes beschränken; der andere Teil bleibt dann rechtshängig. Möglich ist, dass der Vergleich auch Ansprüche erfasst, die nicht Gegenstand des Rechtsstreits sind. 5

2. Voraussetzungen. a) **Prozessuale Voraussetzungen.** Der Vergleich muss **vor Gericht**, in einem Termin abgeschlossen werden, wobei alle gerichtlichen Verfahren, auch solche nach §§ 73 a, 55 a, 86 b SGG, und alle Rechtszüge in Frage kommen. Das gerichtliche Verfahren muss (noch) anhängig sein (Prozesshandlungsvoraussetzungen wirksam), im Übrigen kommt es auf die Zulässigkeit nicht an. Ausreichend ist der Abschluss im Erörterungstermin (§ 106 Abs. 3 Nr. 7 SGG), vor dem beauftragten oder dem ersuchten Richter (→ § 117 Rn. 5) oder dem Güterichter (§ 202 Satz 1 SGG iVm § 278 Abs. 5 ZPO). 6

Dem (notwendig) **Beigeladenen** steht es frei, sich am Vergleich zu beteiligen (zur Notwendigkeit der Zustimmung aus materiell-rechtlichen Gründen → Rn. 14). Beteiligt er sich nicht, bindet ihn der Vergleich nicht;[6] die Beendigung des Verfahrens (→ Rn. 16) kann er dadurch nicht verhindern.[7] Ein gerichtlicher Vergleich allein zwischen dem Kläger und dem Beigeladenen beendet das Verfahren auch für diese nicht.[8] **Dritte** können sich am Vergleich beteiligen (vgl. § 794 Abs. 1 Nr. 1 ZPO); erfolgt dies nicht durch Prozesshandlung, liegt insoweit ein außergerichtlicher Vergleich (→ Rn. 28) vor. 7

Als Prozesshandlung ist der Vergleich bedingungsfeindlich, er darf also keine **Bedingung** enthalten, die die Beendigung des Verfahrens betrifft. Möglich sind Bedingungen für das weitere Verhalten, zu dem sich die Beteiligten im Vergleich verpflichten.[9] Zum Widerrufsvorbehalt → Rn. 22. 8

Die **Form** des Vergleichs bestimmt das Gesetz ausdrücklich: „zu Protokoll des Gerichts oder des Vorsitzenden oder des beauftragten oder ersuchten Richters" (§ 101 Abs. 1 Satz 1 SGG).[10] In dem Protokoll ist zu vermerken, dass der Ver- 9

5 BSG 17.5.1989 – 10 RKg 16/88, SozR 1500 § 101 Nr. 8.
6 LSG Bln-Bbg 27.1.2012 – L 9 KR 394/10.
7 BSG 28.4.2004 – B 6 KA 8/03 R, SozR 4-2500 § 106 Nr. 5 mAnm Hess SGb 2005, 113.
8 Abw. Hommel in Peters/Sautter/Wolff § 101 Anm. 1 b: Verfahren läuft mit übrigen Beteiligten weiter.
9 BSG 17.5.1989 – 10 RKg 16/88, SozR 1500 § 101 Nr. 8: „Überprüfungsvergleich" = Behörde entscheidet neu, wenn Parallelverfahren vor BVerfG erfolgreich.
10 Auch Güterichter nach § 202 Siatz 1 SGG iVm § 278 Abs. 5 ZPO, Schmidt in Meyer-Ladewig/Keller/Leitherer/Schmidt § 101 Rn. 9.

gleich vorgelesen oder zur Durchsicht vorgelegt sowie genehmigt worden ist (§ 122 SGG iVm § 160 Abs. 3 Nr. 1, § 162 Abs. 1 ZPO).[11]

10 Möglich ist nach dem seit 25.10.2013 geltenden Abs. 1 Satz 2 auch die **schriftliche Annahme eines** in der Form eines **Beschlusses** ergangenen **Vergleichsvorschlags des Gerichts.** Der Beschluss kann auch auf Initiative der Beteiligten ergehen. Ihn erlässt allein der Vorsitzende bzw. am LSG der Berichterstatter (§ 155 SGG). Handelt aber das (Kollegial-)Gericht insgesamt (mit oder ohne ehrenamtliche Richter, s. § 12 Abs. 1 SGG), ist dies unschädlich, denn hierbei handelt es sich um eine bloße Ordnungsvorschrift. Das Gericht setzt sinnvollerweise mit dem Beschluss eine Frist zur Annahme des Vorschlags, die – wenn ein Beteiligter nicht reagiert – auch nachgeschoben werden kann; nach Fristablauf entfällt die Bindung an die Annahmeerklärung (entsprechend §§ 146, 148, 150 Abs. 1 BGB). (Nur) bei Fristsetzung ist der Beschluss zuzustellen (§ 63 Abs. 1 Satz 1 SGG). Die Ergänzung zum 1.1.2020 (→ Rn. 1) ermöglicht, dass ein Beteiligter in der mündlichen Verhandlung zu einem vom Gericht unterbreiteten und protokollierten Vergleichsvorschlag seine Zustimmung zu Protokoll erklärt und die Gegenseite erst außerhalb der mündlichen Verhandlung innerhalb einer vom Gericht gesetzten Frist schriftsätzlich zustimmt. Wenn alle Annahmeerklärungen der Beteiligten (→ Rn. 7) bei Gericht[12] eingegangen sind, ist der Vergleich zustande gekommen. Eine Beschwerde gegen den Beschluss ist nicht statthaft,[13] daher ist er nicht zu begründen (§ 142 Abs. 2 Satz 1 SGG).

11 Die hM[14] will daneben, wie teilweise zur früheren Rechtslage vertreten,[15] über § 202 Satz 1 SGG die Vorschrift des § 278 Abs. 6 ZPO anwenden. Damit wäre ein schriftlicher Abschluss eines Vergleichs auf Vorschlag der Beteiligten (§ 278 Abs. 6 Satz 1 Alt. 2 ZPO) möglich, auch ein feststellender Beschluss, dass der Vergleich zustande gekommen ist (§ 278 Abs. 6 Satz 2 ZPO), welcher Vollstreckungstitel wäre (§ 199 Abs. 1 Nr. 3 SGG). Dagegen sprechen dogmatische Gründe, denn dies widerspräche dem klaren Willen des Gesetzgebers, eine an § 106 Abs. 2 Satz 2 VwGO orientierte, von § 278 Abs. 6 ZPO unabhängige[16] und abschließende Regelung zu schaffen. Unabhängig auf welcher Rechtsgrundlage der schriftliche gerichtliche Vergleich erfolgt, besteht für ihn oft kein Bedürfnis angesichts der vielfach genutzten Möglichkeit, sich auf Vermittlung des Gerichts (rechtlich) außergerichtlich zu einigen (→ Rn. 28 ff.) und das gerichtli-

11 Nicht ausreichend: „laut diktiert und genehmigt", vgl. BSG 28.11.2002 – B 7 AL 26/02 R, bzw. „laut diktiert und genehmigt; auf Vorspielen wird verzichtet", LSG Hmb 24.9.2018 – L 2 U 9/17, str.

12 Schmidt in Meyer-Ladewig/Keller/Leitherer/Schmidt § 101 Rn. 9; erst recht, wenn Beteiligter anderer Seite die Erklärung mit der Bitte um Weiterleitung an das Gericht übermittelt, Breitkreuz ASR 2014, 52 (55).

13 § 172 Abs. 2 SGG entsprechend, jedenfalls kein Rechtsschutzbedürfnis, da Beteiligter den Vorschlag ja ablehnen kann; ähnlich Breitkreuz ASR 2014, 52 (55) (Beschwerde liegt fern) sowie Müller in Roos/Wahrendorf § 101 Rn. 20 und NZS 2014, 166 (168) (Beschluss ist keine Entscheidung).

14 SächsLSG 2.4.2019 – L 9 KR 14/19 B; Schmidt in Meyer-Ladewig/Keller/Leitherer/Schmidt § 101 Rn. 9; Müller in Roos/Wahrendorf § 101 Rn. 20 und NZS 2014, 166 (167); Breitkreuz ASR 2014, 52 (55 f.).

15 BSG 12.12.2013 – B 4 AS 17/13 R, SozR 4-1500 § 192 Nr. 2.

16 BT-Drs. 17/12297, 39: „Mit dieser Regelung wird eine ausdrückliche Bestimmung zur schriftlichen Annahme eines Vergleichs in das Sozialgerichtsgesetz eingefügt, so dass auch der Streit um die Rechtsfrage beendet ist, ob die entsprechende Regelung in § 278 Absatz 6 ZPO über § 202 SGG anwendbar ist. Die Regelung dient insoweit auch der Klarstellung. Sie entspricht § 106 Satz 2 der Verwaltungsgerichtsordnung."

che Verfahren für erledigt zu erklären (→ § 102 Rn. 15). Die dann nicht mögliche Vollstreckung spielt im SGG ohnehin keine Rolle. Für Rechtsanwälte kann dieser Weg allerdings kostenrechtliche Nachteile haben;[17] hierdurch gesetzte Fehlanreize können nur kostenrechtlich beseitigt werden.

Bei **Verstoß** gegen die prozessualen Voraussetzungen ist der gerichtliche Vergleich unwirksam.[18] Er kann aber als **außergerichtlicher Vergleich** (→ Rn. 28) gelten, wenn dies vom Willen der Beteiligten umfasst ist. 12

b) Materiell-rechtliche Voraussetzungen. Es muss ein **Vertrag**sabschluss vorliegen; die Beteiligten müssen wirksam zustimmen, nicht nur verwirrt schweigen.[19] Die besonderen Voraussetzungen für **öffentlich-rechtliche Verträge** müssen erfüllt sein (§§ 53 ff. SGB X). 13

Die Beteiligten müssen „über den Gegenstand der Klage verfügen können" (§ 101 Abs. 1 Satz 1 SGG aE **Verfügungsbefugnis**). Dies bestimmt sich nach §§ 53 ff. SGB X (insoweit Überschneidung). UU bedarf es der Zustimmung Dritter oder von Behörden (§ 57 SGB X), die bzw. deren Rechtsträger zumeist ohnehin beigeladen sind.[20] Der Inhalt des Vergleichs kann durchaus objektiven Recht widersprechen. Zur Unwirksamkeit nach § 58 Abs. 1 SGG iVm § 134 BGB führt allerdings ein „qualifizierter" Rechtsverstoß gegen eine Norm,[21] wobei die Grenzziehung diffus ist. § 58 Abs. 2 SGB X nennt weitere Fälle der Unwirksamkeit, insbes. die Kenntnis der Rechtswidrigkeit durch die Beteiligten (Nr. 2). 14

Nicht der Verfügungsbefugnis der Beteiligten, sondern allein der Beurteilung des Gerichts unterliegen unselbstständige tatsächliche oder rechtliche Einzel- oder Vorfragen.[22] **Abzulehnen** ist daher die **Rspr. des BSG**, wonach Teilelemente durch Teilvergleich „unstreitig gestellt" werden können, wenn sicher anzunehmen ist, dass hierdurch der Streit insgesamt bereinigt wird.[23] Denkbar ist lediglich eine Verringerung der Amtsaufklärung durch übereinstimmenden Vortrag 15

17 Keine fiktive Terminsgebühr nach Nr. 3106 Satz 1 Nr. 1, 2. Alt VV RVG; str, die Rspr. der LSGs ist uneinheitlich; begrüßenswert: LSG BW 8.7.2019 – L 10 SF 909/19 E-B: ausreichend, wenn Beteiligte einen schriftlichen Vergleichsvorschlag des Gerichts durch Schriftsatz annehmen.

18 BSG 28.11.2002 – B 7 AL 26/02 R.

19 BSG 31.1.1963 – 9 RV 962/61, SozR Nr. 8 zu § 102 SGG.

20 BSG 28.4.2004 – B 6 KA 8/03 R, SozR 4-2500 § 106 Nr. 5: Klagerecht der übrigen Beteiligten im Verfahren der Wirtschaftsprüfung gegen Prozessvergleich zwischen dem Beschwerdeausschuss und dem betroffenen (Zahn-)Arzt.

21 BSG 13.2.2014 – B 8 SO 11/12 R, SozR 4-3500 § 106 Nr. 1; BSG 8.3.2017 – B 8 SO 20/15 R, SozR 4-3500 § 77 Nr. 3.

22 Hommel in Peters/Sautter/Wolff § 101 Anm. 1 b: „Streitstoff, nicht Streitgegenstand"; Krauß in Wenner/Terdenge/Krauß, Rn. 589.

23 BSG 28.11.2002 – B 7 AL 36/01 R (Höhe Bemessungsentgelt beim Arbeitslosengeld); BSG 7.11.2006 – B 7 b AS 8/06 R, SozR 4-4200 § 22 Nr. 1; BSG 16.10.2007 – B 8/9 b SO 2/06 R, SozR 4-3500 § 28 Nr. 1; BSG 11.12.2007 – B 8/9 b SO 20/06 R, SozR 4-3500 § 90 Nr. 1; BSG 20.9.2012 – B 8 SO 4/11 R, SozR 4-3500 § 28 Nr. 8; BSG 5.5.2015 – B 10 ÜG 5/14 R, SozR 4-1720 § 198 Nr. 12 (Dauer der Überlänge eines gerichtlichen Verfahrens); BSG 29.4.2019 – B 14 AS 43/18 R, für BSGE vorgesehen = SozR 4-4200 § 22 Nr. 103 (abstrakte Angemessenheit nach § 22 Abs. 1 Satz 1 SGB II); aA BSG 23.8.2011 – B 14 AS 165/10 R, SozR 4-4200 § 11 Nr. 43 und BSG 23.5. 2012 – B 14 AS 148/11 R, SozR 4-4200 § 11 a Nr. 1; diff. Schmidt in Meyer-Ladewig/Keller/Leitherer/Schmidt § 101 Rn. 20: Amtsaufklärungspflicht wird „gesteuert", aber nicht vollständig suspendiert.

der Beteiligten (→ § 103 Rn. 10). Auch gerichtliche Handlungen (Zwangsgeld bei Nichterfüllung) können nicht vereinbart werden.[24]

16 **3. Rechtsfolgen. a) Prozessuale Wirkung.** Der Vergleich **beendet** die **Rechtshängigkeit unmittelbar**, soweit der Streitgegenstand erfasst wird. Nicht unüblich ist es, dies im Vergleich ausdrücklich klarzustellen:

▶ **Muster:**

Damit ist der vorliegende Rechtsstreit/der Rechtsstreit (Az.) vor dem SG ... erledigt. ◀

In den Vergleich aufzunehmen, dass der Kläger die Klage zurücknimmt, ist hingegen überflüssig und sollte vermieden werden. Eines Einstellungsbeschlusses durch das Gericht bedarf es nicht. Soweit der Kläger sein Begehren im Vergleich nicht weiter verfolgt, wird der angefochtene VA bindend (§ 77 SGG).[25] Ein nach Erlass des Urteils, vor Ablauf der Rechtsmittelfrist oder in der Berufung abgeschlossener Vergleich macht das **Urteil wirkungslos**, soweit der Vergleich insoweit keine andere Regelung vorsieht.[26] Die übereinstimmende Erklärung der Beteiligten des Vergleichs, an diesem nicht mehr festhalten zu wollen, ändert an der verfahrensbeendenden Wirkung nichts.[27]

17 Die **Kosten** des Verfahrens sollte der Vergleich zweckmäßigerweise mit regeln. Fehlt eine Regelung, trägt jeder Beteiligte seine außergerichtlichen Kosten selbst (§ 195 SGG bzw. § 197 a Abs. 1 Satz 1 Hs. 3 SGG iVm §§ 160, 161 Abs. 1 VwGO); die Beteiligten können im Vergleich auch vereinbaren, dass das Gericht durch Beschluss entscheidet (§ 193 Abs. 1 Satz 3 SGG bzw. § 197 a Abs. 1 Satz 1 Hs. 3 SGG iVm § 161 Abs. 2 VwGO; → § 195 Rn. 7; str). Der gerichtliche Vergleich ist **Vollstreckungstitel** (§ 199 Abs. 1 Nr. 3 SGG).

18 **b) Materiell-rechtliche Wirkung.** Mit dem Vergleich werden vertragliche Pflichten begründet. Behörden verpflichten sich dabei oftmals zu Leistungen „dem Grunde nach" (s. § 130), die noch durch VA konkretisiert werden müssen. Will ein Beteiligter in einem neuen Verfahren erneut in der Sache klagen, kann ihm der Vergleich entgegengehalten werden. Die neue Klage ist, wenn der VA bindend geworden (→ Rn. 16) oder soweit dem Begehren im Vergleich entsprochen worden ist, unzulässig, im Übrigen unbegründet.[28] Der den Vergleich konkretisierende VA kann für die Vergangenheit nach §§ 44, 45 SGB X zurückgenommen oder nach § 48 Abs. 3 SGB X angepasst werden, wenn nicht die Auslegung des Vergleichs ergibt, dass darin auch ein materieller Verzicht (§ 46 SGB I; → Rn. 39) liegt oder die Beteiligten mit dem Vergleich eine endgültige Regelung treffen wollten.[29] Die Aufhebung für die Zukunft nach § 48 Abs. 1, 2 SGB X[30] oder eine Abänderungsklage nach § 202 Satz 1 SGG iVm § 323 a ZPO sind immer möglich. Den notwendigen Vergleichsmaßstab bilden dabei diejenigen Um-

24 W.-R. Schenke in Kopp/Schenke § 106 Rn. 5.
25 BSG 29.8.1963 – 3 RK 35/61, BSGE 19, 295.
26 W.-R. Schenke in Kopp/Schenke § 106 Rn. 1: entsprechend § 269 Abs. 3 Satz 1 ZPO.
27 BSG 26.4.1963 – 2 RU 228/59, BSGE 19, 112.
28 AA Bley in SGB-SozVers-GesKomm, § 101 Anm. 2 b: unzulässig, da Justizgewährungsanspruch verbraucht.
29 BSG 12.12.2013 – B 4 AS 17/13 R, SozR 4-1500 § 192 Nr. 2 mAnm Peters-Lange SGb 2015, 117; LSG BW 9.6.2011 – L 10 R 3494/08, Justiz 2011, 300; aA BSG 22.5.1975 – 10 RV 153/74, SozR 3900 § 40 Nr. 2.
30 BSG 6.5.2010 – B 13 R 16/09 R, SozR 4-1300 § 48 Nr. 19 (zum Anerkenntnis); LSG LSA 19.2.2014 – L 7 VE 15/11, Breith. 2014, 955; Verzicht nach § 46 Abs. 1 HS 2 SGB I für Zukunft widerrufbar, LSG BW 20.10.2016 – L 6 U 34/16, Justiz 2017, 379.

stände, welche die Beteiligten übereinstimmend dem Vergleich zu Grunde gelegt haben.

c) Unwirksamkeit des Vergleichs und Streit hierüber. Der gerichtliche Vergleich ist **unwirksam**, wenn die prozessualen Voraussetzungen nicht eingehalten worden sind (→ Rn. 6 ff.). Er kann ausnahmsweise als außergerichtlicher Vergleich (→ Rn. 28) fortbestehen, wenn er nach dem hypothetischen Wille der Beteiligten auch ohne die Rechtsfolge der Verfahrensbeendigung abgeschlossen worden wäre.[31] Ist der Vergleich aus materiell-rechtlichen Gründen unwirksam (→ Rn. 14), schlägt das auf die prozessuale Seite durch. Nach § 58 Abs. 1 SGB X iVm §§ 119 ff. BGB ist das vertragliche Element des Vergleichs **anfechtbar**; auch dies schlägt auf die prozessuale Seite durch.[32] Die Anfechtung ist gegenüber dem Gegner zu erklären (§ 143 Abs. 2 BGB), aber zugleich durch Mitteilung an das Gericht ins Verfahren einzubringen. Beim **Irrtum** (aller den Vergleich schließenden Beteiligten)[33] **über den zugrunde gelegten Sachverhalt** ist der Vergleich nach § 779 Abs. 1 BGB unwirksam,[34] bei einer (späteren) **wesentlichen Änderung der Verhältnisse** ist eine Anpassung oder Kündigung nach § 59 SGB X (nach hM vorrangig vor § 313 BGB) bzw. § 61 Satz 2 SGB X iVm § 314 BGB möglich. Darüber hinaus ist ein Widerruf nicht möglich[35] (Ausnahme: Widerrufsvorbehalt → Rn. 22). 19

Entsteht **Streit über die** (anfängliche) **Wirksamkeit des Vergleichs,**[36] wird auf Antrag eines der Beteiligten das **Verfahren fortgesetzt;**[37] ein besonderes Verfahren zur Klärung der Wirksamkeit ist unzulässig (§ 202 Satz 1 SGG iVm § 17 Abs. 1 Satz 2 GVG).[38] Die tatsächliche Abgabe der Erklärung ist der Beweisaufnahme zugänglich (zur Beweiskraft des Protokolls → § 122 Rn. 14).[39] Das Gericht entscheidet durch Urteil: 20

- Behauptet der Kläger die Wirksamkeit des Vergleichs, muss er seinen Klageantrag auf Feststellung umstellen, dass der Rechtsstreit durch den Vergleich erledigt ist (keine Klageänderung; § 99 Abs. 3 Nr. 3 SGG; → § 99 Rn. 8). Bei Wirksamkeit des Vergleichs wird der Feststellungsklage stattgegeben, ansonsten wird sie abgewiesen (daher Hilfsantrag auf ursprüngliches Klagebegehren sinnvoll).
- Behauptet der Beklagte die Wirksamkeit des Vergleichs, kann der Kläger den ursprünglichen Klageantrag unverändert lassen. Bei Wirksamkeit des Vergleichs wird im Tenor die Beendigung des Rechtsstreits durch Vergleich festgestellt, ansonsten in der Sache entschieden. Gegen das Urteil sind die allgemeinen Rechtsmittel gegeben; in der ersten Konstellation hebt im Erfolgsfall das Rechtsmittelgericht das Feststellungsurteil auf, einer Zurückverweisung

31 BVerwG 27.10.1993 – 4 B 175/93, Buchholz 310 § 106 VwGO Nr. 17.
32 BSG 17.5.1989 – 10 RKg 16/88, SozR 1500 § 101 Nr. 8; BSG 24.1.1991 – 2 RU 51/90, HVBG-Info 1991, 1166; SächsLSG 3.7.2013 – L 3 AS 353/10 (bloße Verdeutlichung von Prozessrisiken keine Drohung).
33 SächsLSG 20.6.2013 – L 3 AL 90/12.
34 BSG 1.4.1981 – 9 RV 43/80, SozVers 1981, 243 (244).
35 LSG NRW 29.1.2002 – L 6 SB 164/01, HVBG-Info 2002, 3097.
36 Nichtigkeit; § 779 Abs. 1 BGB; Wegfall wegen Bedingung, Anfechtung; Widerruf.
37 Das Verfahren erhält aber ein neues Aktenzeichen, s. §§ 11, 18 Abs. 3 Buchst. a und b AktO-SG.
38 BSG 27.6.1958 – 4 RJ 7/57, BSGE 7, 279; BSG 28.11.2002 – B 7 AL 26/02 R.
39 BFH 15.7.2010 – VIII B 90/09, BFH/NV 2010, 2090.

nach § 159 SGG bedarf es nicht und das Klageverfahren ist bei der Vorinstanz ohne Weiteres fortzusetzen.[40]

- Auch ein Zwischenurteil (§ 130 Abs. 2 SGG), dass der Rechtsstreit nicht durch Abschluss eines Vergleichs erledigt worden ist, ist möglich. Die Kostenentscheidung gehört ins (End-)Urteil. Ein zwischenzeitlich ergangener Kostenbeschluss (→ Rn. 17) ist im (Zwischen-)Urteil aufzuheben.
- Nimmt der Kläger die Klage zurück, weil er die Wirksamkeit einer außergerichtlichen Vereinbarung behauptet, muss der Beklagte Widerklage (§ 100 SGG) auf Feststellung erheben, dass dem nicht so ist.

21 Der **Streit über einen späteren Wegfall des Vergleichs** (§ 59 SGB X; § 61 Satz 2 SGB X iVm § 314 BGB; Aufhebungsvertrag) oder über dessen **Auslegung** und **Umsetzung**[41] ist in einem **neuen Verfahren** zu klären (Widerspruch und Klage gegen den Ausführungsbescheid).[42] Das gilt auch, wenn sowohl die Unwirksamkeit wie die (fehlerhafte) Umsetzung des Vergleichs geltend gemacht wird.[43]

22 **4. Widerrufsvorbehalt.** Er ist insbes. dann üblich, wenn der Sitzungsvertreter eines Leistungsträgers oder einer Behörde den Vergleich noch intern bestätigen lassen muss. Widerrufsvorbehalte zugunsten eines natürlichen Beteiligten bieten sich nur an, wenn nur dessen Bevollmächtigter (§ 73 Abs. 2 SGG) anwesend ist und dieser noch mit dem Beteiligten Rücksprache halten möchte.

23 Der Widerrufsvorbehalt wird idR als **aufschiebende Bedingung,** dass kein Beteiligter von dem Widerrufsrecht Gebrauch macht, konstruiert. Daneben ist die Ausgestaltung als auflösende Bedingung oder als Rücktrittsrecht möglich. Ob der Widerruf gegenüber dem Gericht oder dem Gegner zu erklären ist, kann im Vergleich vereinbart werden. Ist nichts vereinbart, ist er gegenüber dem Gericht zu erklären.[44] Jedenfalls muss das Gericht von dem Widerruf erfahren, damit er als Prozesshandlung wirksam werden kann.

24 Möglich ist es, den Widerruf von **Bedingungen** (zB fehlende Zustimmung eines Dritten) abhängig zu machen. Ein unter Verstoß gegen die Bedingung erklärter Widerruf ist unbeachtlich.[45]

25 ▶ **Formulierungsvorschlag:**

(aufschiebende Bedingung)

Dieser Vergleich wird wirksam, wenn er nicht vom Kläger/vom Beklagten/vom Kläger oder dem Beklagten mit einem bis zum ... bei Gericht eingegangenen Schriftsatz widerrufen wird. ◀

---

40 Auch in der parallelen Problematik der Klagerücknahme sehr str, wie hier: LSG BW 17.4.2013 – L 5 KR 605/12, LSG NRW 28.5.2018 – L 20 SO 431/17, Breith. 2018, 878, SächsLSG 18.4.2019 – L 3 AS 968/17, Burkiczak in jurisPK-SGG § 102 Rn. 100; aA (Zurückweisung): LSG BW 12.7.2011 – L 11 KR 1429/11; LSG Nds-Brem 10.7.2012 – L 7 AS 776/11; aA (Berufungsgericht entscheidet in der Sache): LSG NRW 22.5.2019 – L 12 SO 641/18.

41 BGH 29.9.1961 – IV ZR 59/61, BGHZ 36, 11 (14); VGH BW 28.2.1997 – 9 S 1610/96, NVwZ-RR 1998, 465.

42 BayLSG 11.1.2016 – L 16 AS 251/15 B, info also 2016, 74.

43 LSG BW 19.4.2016 – L 11 R 24/16.

44 BSG 9.9.1965 – 4 RJ 481/61, BSGE 24, 4; BVerwG 26.1.1993 – 1 C 29/92, BVerwGE 92, 29; aA Hommel in Peters/Sautter/Wolff § 101 Anm. 1 b: gegenüber Gegner, und BGH 30.9.2005 – V ZR 275/04, BGHZ 164, 190: gegenüber beiden.

45 W.-R. Schenke in Kopp/Schenke § 106 Rn. 17.

Das Gericht kann bei Abschluss des Vergleichs schon Termin für den Fall des Widerrufs anberaumen oder anregen, dass die Beteiligten im Falle des Widerrufs auf mündliche Verhandlung verzichten (§ 124 Abs. 2 SGG).

Ist der Widerruf gegenüber dem Gericht zu erklären (→ Rn. 23), bedarf er der **Form** des § 90 SGG,[46] gegenüber dem Gegner kann er auch telefonisch erklärt werden.[47] Der Widerruf kann **nicht zurückgenommen** werden, auch nicht mit Zustimmung des Gegners.[48] 26

Die **Widerrufsfrist** ist, soweit kein entgegenstehender Wille der Beteiligten besteht, nach § 64 SGG zu berechnen.[49] Bei Versäumnis der Frist ist eine **Wiedereinsetzung nicht möglich**;[50] bei Schuldlosigkeit des Fristverstoßes kann aber die Berufung hierauf gegen Treu und Glauben verstoßen.[51] 27

III. Außergerichtlicher Vergleich

Der außergerichtliche Vergleich ist ein Vertrag nach § 54 SGB X, für dessen Zustandekommen im Zweifel die Regelungen des BGB gelten (§ 61 Satz 2 SGB X).[52] Er entfaltet **allein materiell-rechtliche Wirkung,**[53] ist also vom Gericht (nur) insoweit zu berücksichtigen. Das Verfahren beendet er nicht automatisch; hierzu bedarf es noch einer verfahrensbeendenden Erklärung (Klagerücknahme, Erledigungserklärung). Die verfahrensbeendende Erklärung kann idR ohne nähere Klärung nicht schon in der Mitteilung an das Gericht über den Abschluss des außergerichtlichen Vergleichs gesehen werden. IdR wirkt ein Vertrag lediglich schuldabändernd; einer Klage aus dem Vergleich steht die fortdauernde Rechtshängigkeit der Streitsache entgegen (§ 202 Satz 1 SGG iVm § 17 Abs. 1 Satz 2 GVG).[54] 28

Verpflichtet sich der Kläger im außergerichtlichen Vergleich, die Klage zurückzunehmen oder das Begehren nicht weiter zu verfolgen, so ist die weitere Prozessführung arglistig. Die Klage wird als unzulässig abgewiesen, wenn nicht der Beklagte zur Hauptsache verhandelt.[55] 29

Ist eine gerichtliche Protokollierung vereinbart, gilt der außergerichtliche Vergleich im Zweifel erst dann als geschlossen, wenn diese erfolgt ist (§ 154 Abs. 2 BGB). 30

IV. Anerkenntnis und Verzicht

1. Begriffe. Mit dem Anerkenntnis (§ 101 Abs. 2 SGG) gesteht der Gegner zu, dass der Klageanspruch besteht.[56] Mit dem Verzicht, gesteht der Kläger zu, dass der von ihm geltend gemachte Klageanspruch nicht besteht. Anerkenntnis und 31

46 LSG Hmb 11.11.1999 – V ARBf 33/96; aA Müller in Roos/Wahrendorf § 101 Rn. 30: auch telefonisch.
47 BSG 5.12.2001 – B 7 AL 2/01 R, AP Nr. 1 zu § 57 ArbGG 1979.
48 BGH 19.5.1982 – IVb ZR 705/80, NJW 1982, 2072 (2073).
49 Vgl. SächsLSG 28.8.2019 – L 1 KR 112/19, zu § 64 Abs. 3 SGG.
50 BVerwG 24.8.1999 – 4 B 72/99, BVerwGE 109, 268; BGH 15.11.1973 – VII ZR 56/73, BGHZ 61, 394.
51 W.-R. Schenke in Kopp/Schenke § 106 Rn. 17, was nur bei besonderen Umständen angenommen werden kann.
52 Einzelheiten bei Masuch/Blüggel SGb 2005, 613.
53 BSG 16.11.1961 – 7/9 RV 866/59, SozR Nr. 4 zu § 101 SGG.
54 BGH 7.3.2002 – III ZR 73/01, JZ 2002, 721 mAnm Jacoby.
55 BSG 21.2.1962 – 4 RJ 315/61, SozR Nr. 7 zu § 102 SGG.
56 Krasney/Udsching, VII 174.

Verzicht können sich, wie der Vergleich, nur auf den Streitgegenstand beziehen, nicht auf unselbstständige tatsächliche oder rechtliche Einzel- oder Vorfragen (→ Rn. 15; abzugrenzen vom Geständnis; → § 103 Rn. 8). Soweit der Streitgegenstand teilbar ist, ist ein **Teilanerkenntnis** oder **Teilverzicht** möglich.[57]

32 **2. Anerkenntnis. a) Voraussetzungen.** Ob der Klageanspruch anerkannt werden soll, ist durch Auslegung zu ermitteln; die Rechtsfolge muss ohne „Drehen und Wenden" zugegeben sein;[58] der Verwendung des Wortes „Anerkenntnis" bedarf es nicht.[59] Der bloße Erlass eines Abhilfebescheids ist kein Anerkenntnis.[60] Auch die Bescheidung während der darauf gerichteten Untätigkeitsklage stellt kein Anerkenntnis, sondern die Erfüllung des materiellen bzw. prozessualen Anspruchs dar.[61] Für die Mitwirkung eines **Beigeladenen** gelten die gleichen Regeln wie beim Vergleich (→ Rn. 7).

33 Das Anerkenntnis muss den Anforderungen an **Prozesshandlungen** genügen, ist gegenüber dem Gericht zu erklären, was im Gegensatz zum Vergleich auch schriftsätzlich[62] oder durch Erklärung zu Protokoll außerhalb des Termins möglich ist. Für die Protokollierung in der mündlichen Verhandlung gelten die gleichen Regeln wie beim Vergleich (§ 122 SGG iVm § 160 Abs. 3 Nr. 1, § 162 Abs. 1 ZPO), deren Einhaltung aber keine Wirksamkeitsvoraussetzung ist.[63] Widerruflich ist das Anerkenntnis nur bis zum Zugang bei Gericht (Rechtsgedanke des § 130 Abs. 1 Satz 2 BGB) oder unter den Voraussetzungen der Wiederaufnahme (§§ 179 f. SGG); es ist nicht nach §§ 119 ff. BGB anfechtbar, denn es bezieht sich anders als der Vergleich (→ Rn. 4) nur auf den prozessualen Anspruch, hat also keine Doppelnatur.[64]

34 **Materiell-rechtlich** muss der Anerkennende über den Anspruch verfügen können (→ Rn. 14).

35 **b) Annahme.** Das Anerkenntnis muss vom Kläger **angenommen** werden. Das ist bis zum rechtskräftigen Abschluss des Verfahrens möglich. Ob das Anerkenntnis angenommen worden ist, ist durch Auslegung zu ermitteln. Bei einem Antrag auf Anerkenntnisurteil (→ Rn. 37) oder bei einer Klagerücknahme ist dies idR zu bejahen. Auch die Annahme muss den Anforderungen an Prozesshandlungen genügen. Für die Form gelten dieselben Vorschriften wie beim Anerkenntnis. Wie beim Vergleich ist ein Widerrufsvorbehalt (→ Rn. 22) möglich.

36 **c) Rechtsfolgen.** Das **angenommene Anerkenntnis** erledigt den Rechtsstreit (§ 101 Abs. 2 SGG). Ein Einstellungsbeschluss ergeht entsprechend § 102 Abs. 3 Satz 2 SGG nur auf Antrag, insbes. wenn aus dem Anerkenntnis vollstreckt (→

---

57 BSG 6.5.2010 – B 13 R 16/09 R, SozR 4-1300 § 48 Nr. 19; BSG 20.9.2012 – B 8 SO 4/11 R, SozR 4-3500 § 28 Nr. 8 (nicht zu Berechnungselementen); Breitkreuz in Breitkreuz/Fichte § 101 Rn. 4: Bindung des Beklagten als Abgrenzung zum Vergleich; LSG Nds-Brem 29.6.2016 – L 1 KR 172/14: kostenrechtlich zu berücksichtigen.
58 BSG 6.5.2010 – B 13 R 16/09 R, SozR 4-1300 § 48 Nr. 19.
59 BSG 21.11.1961 – 9 RV 374/60, SozR Nr. 3 zu § 101 SGG.
60 LSG BW 2.7.2019 – L 10 SF 4254/18 E-B, Justiz 2020, 41.
61 LSG Bln-Bbg 2.9.2015 – L 32 AS 456/15 B; BSG 10.10.2017 – B 12 KR 3/16 R (obiter dictum; § 88 Abs. 1 Satz 3 SGG als lex specialis); SG Freiburg 6.3.2019 – S 16 SF 169/19 E, AGS 2019, 180 und HessLSG 8.8.2019 – L 2 AS 328/18 B (keine fiktive Terminsgebühr nach Nr. 3106 Satz 1 Nr. 1, 3. Alt VV RVG); Lange NZS 2017, 893 (894); aA LSG Hmb 30.9.2019 – L 4 AS 249/19 (Revision anhängig, B 4 As 13/20 R).
62 BSG 27.11.1980 – 5 RKn 11/80, SozR 1500 § 101 Nr. 6.
63 BSG 26.3.1992 – 7 RAr 104/90, SozR 3-1500 § 193 Nr. 4.
64 BSG 8.9.2015 – B 1 KR 1/15 R, SozR 4-1500 § 101 Nr. 2.

Rn. 42) werden soll.[65] Erfasst das Anerkenntnis nicht auch die Kosten, entscheidet das Gericht hierüber auf Antrag durch Beschluss (§ 193 Abs. 1 Satz 3 SGG bzw. § 197 a Abs. 1 Satz 1 Hs. 3 SGG iVm § 161 Abs. 2 VwGO). IdR wird der Anerkennende die Kosten zu tragen haben; § 156 VwGO (sofortiges Anerkenntnis; vgl. § 93 ZPO) kann bei Gerichtskostenpflichtigkeit über § 197 a Abs. 1 Satz 1 Hs. 3 SGG, ansonsten als Rechtsgedanke[66] berücksichtigt werden. Zur materiellen Wirkung und zum Streit über die Wirksamkeit oder die Auslegung des Anerkenntnisses gelten die Regeln zum Vergleich (→ Rn. 18, 20, 21).

Ein **nicht angenommenes Anerkenntnis**, etwa weil der Kläger in der mündlichen 37
Verhandlung nicht vertreten ist, entfaltet nur materiell-rechtliche Wirkung,[67] ist also vom Gericht (nur) insoweit zu berücksichtigen. Zur Beendigung des Verfahrens bedarf es eines **Anerkenntnisurteils** (§ 202 Satz 1 SGG iVm §§ 307, 313 b ZPO).[68] Das Anerkenntnisurteil setzt, außer in der Revisionsinstanz (§ 202 Satz 1 SGG iVm § 555 Abs. 3 ZPO),[69] keinen entsprechenden Antrag voraus.[70]

Wie der Vergleich kann das Anerkenntnis **nichtig** sein (→ Rn. 14). 38

3. Verzicht, Klageverzicht. Der für Sozialleistungen in § 46 SGB I geregelte und 39
in § 155 Abs. 2 Nr. 2 SGG erwähnte **Verzicht** auf den geltend gemachten Anspruch ist, anders als gerichtlicher Vergleich und Anerkenntnis, keine Prozesshandlung, sondern hat **nur materiell-rechtliche** Wirkung. Prozessual ist er idR mit einer Klagerücknahme verbunden und bei Abgabe in der mündlichen Verhandlung als solche zu protokollieren (§ 202 S. 1 SGG iVm § 160 Abs. 3 Nr. 8 ZPO, nicht Nr. 1, da das SGG keinen prozessualen Verzicht wie § 306 ZPO kennt).[71] Der Verzicht kann für die Zukunft widerrufen werden (§ 46 Abs. 1 Hs. 2 SGB I). Eine neue Klage wäre (hinsichtlich der Vergangenheit) unbegründet.

Vom Verzicht ist der **Klageverzicht** (Verzicht auf die Klageerhebung) zu unter- 40
scheiden. Er ist erst nach Abschluss des Verwaltungsverfahrens zulässig, muss gegenüber der Behörde schriftlich oder zu Protokoll erklärt werden und macht eine Klage unzulässig (vgl. § 50 FGO).[72]

65 BSG 27.11.1980 – 5 RKn 11/80, SozR 1500 § 101 Nr. 6 (analog § 102 Abs. 3 Satz 1 SGG); Lange in jurisPK-SGG § 199 Rn. 12 (analog § 202 Satz 1 SGG iVm § 278 Abs. 6 ZPO).

66 BayLSG 12.4.1999 – L 20 B 142/98 RJ, HVBG-Info 2000, 234; LSG NRW 4.7.2002 – L 10 B 30/01 SB, SGB 2002, 676; LSG Nds-Brem 1.11.2005 – L 13 B 5/05 SB, Breith. 2006, 436; aA Krasney/Udsching, VII 180.

67 BSG 6.5.2010 – B 13 R 16/09 R, SozR 4-1300 § 48 Nr. 19: Bindung der Behörde; LSG Saarl 26.4.1996 – L 1 J 18/95, Breith. 1997, 84: Widerruf nur nach §§ 45, 47 SGB X.

68 St. Rspr., s. nur BSG 8.9.2015 – B 1 KR 1/15 R, SozR 4-1500 § 101 Nr. 2.

69 BSG 18.12.2018 – B 1 KR 31/17 R, für BSGE vorgesehen = SozR 4-2500 § 284 Nr. 4 (Kläger kann zur höchstrichterlichen Klärung allgemeiner Rechtsfragen auch streitige Entscheidung wählen); BSG 9.4.2019 – B 1 KR 3/18 R, für BSGE vorgesehen = SozR 4-1780 § 161 Nr. 3; BSG 9.4.2019 – B 1 KR 5/19 R, für BSGE vorgesehen = SozR 4-2500 § 129 a Nr. 2.

70 Hauck in Hauck/Behrend § 101 Rn. 59; Stäbler in jurisPK-SGG § 101 Rn. 31; Herold-Tews/Meckel Sozialgerichtsprozess, Rn. 304.

71 Im Erg. ebenso Leitherer in Meyer-Ladewig/Keller/Leitherer/Schmidt § 101 Rn. 25; abw. Hauck in Hauck/Behrend § 102 Rn. 16: zulässig, aber keine praktische Bedeutung, daher idR als Klagerücknahme anzusehen. Außerhalb von Sozialleistungen ist ein (öffentlich-rechtlicher) Anerkenntnis- und Verzichtsvertrag denkbar, HessLSG 30.1.2019 – L 6 AS 507/14 KL.

72 Schmidt in Meyer-Ladewig/Keller/Leitherer/Schmidt § 90 Rn. 10, 11; BSG 26.6.1980 – 5 RJ 70/79, SozVers 1981, 52 (Abgrenzung zum pactum de non petendo).

V. Kosten und Vollstreckung

41 Zur Kostentragung → Rn. 17, 36. Wird das Verfahren durch Vergleich, Anerkenntnis oder übereinstimmende Erledigungserklärung beendet, reduziert sich die Verfahrensgebühr (Nr. 7111 KV zum GKG), wenn Gerichtskosten nach § 197 a SGG erhoben werden. Beim Vergleich und bei der übereinstimmenden Erledigungserklärung erhöht sich die Vergütung des Rechtsanwalts (Nr. 1000, 1002, 1005 VV RVG).

42 Nach gerichtlicher Protokollierung ist der Vergleich Vollstreckungstitel (§ 199 Abs. 1 Nr. 3 SGG).[73] Die Vorschriften der §§ 796 a–c ZPO (vollstreckbarer Anwaltsvergleich) finden in der Sozialgerichtsbarkeit keine Anwendung (vgl. § 199 Abs. 1 Nr. 3 SGG).[74] Auch aus dem Anerkenntnis kann vollstreckt werden (§ 199 Abs. 1 Nr. 3 SGG).

§ 102 [Klagerücknahme]

(1) [1]Der Kläger kann die Klage bis zur Rechtskraft des Urteils zurücknehmen. [2]Die Klagerücknahme erledigt den Rechtsstreit in der Hauptsache.

(2) [1]Die Klage gilt als zurückgenommen, wenn der Kläger das Verfahren trotz Aufforderung des Gerichts länger als drei Monate nicht betreibt. [2]Absatz 1 gilt entsprechend. [3]Der Kläger ist in der Aufforderung auf die sich aus Satz 1 und gegebenenfalls aus § 197 a Abs. 1 Satz 1 in Verbindung mit § 155 Abs. 2 der Verwaltungsgerichtsordnung ergebenden Rechtsfolgen hinzuweisen.

(3) [1]Ist die Klage zurückgenommen oder gilt sie als zurückgenommen, so stellt das Gericht das Verfahren auf Antrag durch Beschluss ein und entscheidet über Kosten, soweit diese entstanden sind. [2]Der Beschluss ist unanfechtbar.

I. Allgemeines/Normzweck

1 **1. Gesetzesentstehung.** § 102 Satz 1 ist mit Wirkung zum 2.1.2002 durch Gesetz vom 17.8.2001 (BGBl. 2001 I 2144) neu gefasst worden. Durch das Gesetz zur Änderung des Sozialgerichtsgesetzes und des Arbeitsgerichtsgesetzes vom 26.3.2008 (BGBl. 2008 I 444) ist mit Wirkung zum 1.4.2008 die Fiktion der

73 LSG Hmb 1.3.2004 – L 1 B 169/03 ER, NZS 2004, 672.
74 Schmidt in Meyer-Ladewig/Keller/Leitherer/Schmidt § 101 Rn. 9 b, 18 c.

Klagerücknahme bei Nichtbetreiben des Verfahrens (Abs. 2) eingefügt[1] und zugleich die bisherige Regelung des § 102 Satz 3 in Abs. 3 transferiert und erweitert worden.

2. Normzweck. Mit der Klagerücknahme gibt der Kläger zu erkennen, dass er eine Entscheidung des Gerichts nicht mehr will. Das Recht des Klägers, das Verfahren durch Klagerücknahme zu beenden, ist Ausfluss der **Dispositionsmaxime**. Die Einwirkung des Gerichts auf den Kläger, die Klage zurückzunehmen, darf seine Entscheidungsfreiheit hierüber nicht beeinträchtigen (→ § 101 Rn. 2). § 102 SGG findet Anwendung in allen Rechtszügen (§ 153 Abs. 1, § 165 SGG)[2] und entsprechend in den selbstständigen Beschlussverfahren (§§ 55 a, 73 a, 76, 86 b SGG; zu Abs. 2 → Rn. 17).[3] 2

3. Parallelvorschriften. Die Parallelvorschriften in den anderen Verfahrensordnungen sind § 92 VwGO, § 72 FGO, § 269 ZPO. 3

II. Anwendungsbereich, Verfahren und Rechtsfolgen der Klagerücknahme

1. Anwendungsbereich. Die Klagerücknahme ist **abzugrenzen** von bloßen Berichtigungen und Klarstellungen, insbes. bei nicht vertretenen Beteiligten (→ § 99 Rn. 4). Ebenfalls keine Klagerücknahme sind Erklärungen, die den materiellen Anspruch betreffen und noch nicht unmittelbar zur Beendigung des Verfahrens führen, wie der Verzicht (→ § 101 Rn. 39) oder die Rücknahme des Antrags aus dem Verwaltungsverfahren.[4] In den Rechtsmittelinstanzen ist die Klagerücknahme von der Rücknahme des Rechtsmittels (§§ 156, 165 SGG) zu unterscheiden. Wird sowohl die Klage- als auch die Rechtsmittelrücknahme erklärt, geht die Klagerücknahme als weitergehende Erklärung vor. Zur Verpflichtung zur Klagerücknahme in einem außergerichtlichen Vergleich → § 101 Rn. 29. 4

Ist der Streitgegenstand teilbar, kann die Klage **teilweise zurückgenommen** werden, der andere Teil bleibt dann rechtshängig (keine Klageänderung, → § 99 Rn. 6).[5] Das Gleiche gilt bei der Beschränkung der Klage auf einen Teil der bisher Beklagten oder beim Ausscheiden eines von mehreren Klägern (→ § 99 Rn. 22). 5

2. Verfahren. Die **Klagerücknahme** wird gegenüber dem Gericht schriftsätzlich, zu Protokoll des Urkundsbeamten der Geschäftsstelle oder im Termin **erklärt** (§ 202 Satz 1 SGG iVm § 269 Abs. 2 Satz 1 und 2 ZPO, § 90 SGG analog) und bedarf ggf. der Auslegung;[6] das Gericht muss uU auf eine Erläuterung hinwirken (§ 106 Abs. 1, § 112 Abs. 2 Satz 2 SGG). Bei Klagerücknahme in der münd- 6

1 Die Erweiterung um die Hinweispflicht auf die Kostenfolge des § 197 a Abs. 1 Satz 1 SGG iVm § 155 Abs. 2 VwGO ist erst in den Ausschussberatungen erfolgt, s. BT-Drs. 16/8217, 4, 11.

2 § 565 Satz 2 ZPO (nach Beginn der mündlichen Revisionsverhandlung nur mit Einwilligung des Beklagten) kommt nicht zur Anwendung, Reichel SGb 2015, 549.

3 Vgl. BSG 1.9.2009 – B 1 KR 1/09 D, SozR 4-1500 § 142 a Nr. 2.

4 BVerwG 14.4.1989 – 4 C 22/88, DVBl. 1989, 874 (875): (materiell-rechtliche) Erledigung der Hauptsache.

5 BSG 23.2.2005 – B 6 KA 77/03 R, SozR 4-1500 § 92 Nr. 2.

6 Beschränkung des Klageantrags (BSG 21.2.1969 – 3 RK 99/65, SozR Nr. 10 zu § 102 SGG); nicht Schweigen auf die Frage des Vorsitzenden, ob das Verfahren fortgeführt werden soll (BSG 31.1.1963 – 9 RV 962/61, SozR Nr. 8 zu § 102 SGG); nicht Mitteilung des nicht rechtskundig vertretenen Klägers, dass zu keinem Zeitpunkt Klageverfahren beantragt worden sei (BSG 25.10.2012 – B 9 SB 70/11 B).

lichen Verhandlung ist im Protokoll zu vermerken, dass die Erklärung vorgelesen oder zur Durchsicht vorgelegt sowie genehmigt worden ist (§ 122 SGG iVm § 160 Abs. 3 Nr. 8, § 162 Abs. 1 ZPO). Ein Verstoß macht die Klagerücknahme nicht unwirksam,[7] nimmt dem Protokoll aber die Beweiskraft als öffentliche Urkunde (→ § 118 Rn. 37).[8] Eine Klagerücknahme durch den nur formlos bevollmächtigten Prozessbevollmächtigten muss der Kläger nach § 73 Abs. 3 Satz 2 SGG gegen sich gelten lassen.[9]

7 Die Klagerücknahme muss den Anforderungen für **Prozesshandlungen** genügen. Der prozessunfähige Kläger kann die selbst erhobene Klage aber selbst zurücknehmen.[10] In der Revision bedarf der nicht vertretene Kläger zur Klagerücknahme keines nach § 73 Abs. 4 SGG postulationsfähigen Prozessvertreters.[11] Die Klagerücknahme kann nicht bedingt[12] oder hilfsweise erklärt werden, ist nicht anfechtbar und grds. nicht widerruflich (→ Rn. 12). Sie darf aber von innerprozessualen Vorgängen abhängig gemacht werden, dh mit Vorgängen verknüpft werden, die das Gericht in Ausübung seiner prozessualen Befugnisse selbst herbeiführen kann,[13] zB Bewilligung von Prozesskostenhilfe, Einholung eines weiteren Gutachtens.

8 Die Klagerücknahme ist möglich **von der Klageerhebung** (vgl. § 269 Abs. 3 Satz 3 letzter Hs. ZPO) **bis zur rechtskräftigen Entscheidung.**[14]

9 Einer **Einwilligung des Beklagten bedarf es nicht** (anders § 91 Abs. 1 Satz 2 VwGO, § 72 Abs. 1 Satz 2 FGO, § 269 Abs. 1 ZPO: ab mündlicher Verhandlung, iE abweichend; zur Berufungsrücknahme s. § 156 Satz 2 SGG).

10 **3. Rechtsfolgen. a) Prozessuale Wirkung.** Die Klagerücknahme **erledigt den Rechtsstreit in der Hauptsache** (§ 102 Satz 2 SGG); die Rechtshängigkeit wird insoweit ex nunc[15] beseitigt. Ein zulässig eingelegtes Rechtsmittel wird durch Teilrücknahme der Klage nicht unstatthaft.[16] Ein bereits ergangenes **Urteil wird wirkungslos** (§ 202 Satz 1 SGG iVm § 269 Abs. 3 Satz 1 ZPO). Auf Antrag ist durch deklaratorischen **Beschluss** festzustellen, dass das Verfahren durch Klagerücknahme erledigt (§ 102 Abs. 3 Satz 1 SGG) und ggf. dass das bereits ergangene Urteil gegenstandslos ist (§ 202 Satz 1 SGG iVm § 269 Abs. 3 Satz 3 ZPO). Der Beschluss ist unanfechtbar (§ 102 Abs. 3 Satz 2 SGG) und daher nicht zu begründen (§ 142 Abs. 2 Satz 1 SGG).

11 Über die **Kosten** ist auf Antrag durch Beschluss, der unanfechtbar ist (§ 102 Abs. 3 Satz 2 SGG), nach billigem Ermessen zu entscheiden (§ 102 Abs. 3 Satz 2 Hs. 2 SGG). In einem nach Klagerücknahme wirkungslosen Urteil bleibt die Kostenentscheidung nach § 192 SGG bestehen (s. § 192 Abs. 3 Satz 1 SGG). Bei Gerichtskostenpflichtigkeit trägt der Kläger die Kosten (§ 197 a Abs. 1 Satz 1

7 BSG 12.3.1981 – 11 RA 52/80, SozR 1500 § 102 Nr. 4.
8 Müller in Roos/Wahrendorf § 102 Rn. 11.
9 BSG 25.4.2001 – B 9 V 70/00 B, SozR 3-1500 § 73 Nr. 10.
10 Schmidt in Meyer-Ladewig/Keller/Leitherer/Schmidt § 102 Rn. 7 d; BFH 19.4.2005 – IV B 60/05, BFH/NV 2005, 1819.
11 BSG 27.10.2016 – B 13 R 337/15 B.
12 AA Müller in Roos/Wahrendorf § 102 Rn. 7: Widerrufsvorbehalt möglich.
13 BVerwG 10.4.2002 – 4 BN 12.2002, DVwBl. 2002, 1048; Roller SozVers 2003, 128 (130).
14 So schon zum früheren Wortlaut: BSG 27.9.1983 – 8 BK 16/82, SozR 1500 § 102 Nr. 5.
15 BSG 3.8.1966 – 4 RJ 53/65, SozR Nr. 2 zu § 1424 RVO: Unterbrechung der Verjährung entfällt nicht rückwirkend.
16 BSG 22.3.2011 – B 2 U 4/10 R, SozR 4-5671 § 3 Nr. 5.

Hs. 3 SGG iVm § 155 Abs. 2 VwGO);[17] iÜ → § 193 Rn. 24. Bei teilweiser Klagerücknahme ist die Kostenentscheidung der Entscheidung über den anhängig gebliebenen Teil vorbehalten, nicht aber, soweit einer von mehreren Klägern ausscheidet.[18]

Als Prozesshandlung ist die Klagerücknahme **nicht anfechtbar.** Ein **Widerruf** wird nur unter den Voraussetzungen der Wiederaufnahme (§§ 179 f. SGG) für zulässig gehalten.[19] Auch eine Vereinbarung der Beteiligten beseitigt die Wirkung der Klagerücknahme nicht.[20] Die Klagerücknahme ist nach **Treu und Glauben** als unwirksam zu behandeln, wenn sie für das Gericht und für die anderen Beteiligten sogleich als Versehen offenbar gewesen ist.[21] 12

b) Materiell-rechtliche Wirkung. Der **materiell-rechtliche Anspruch wird nicht berührt.** Der Kläger **kann erneut klagen,** wenn nicht zugleich ein Klageverzicht (→ § 101 Rn. 40; dann neue Klage unzulässig), ein (materiell-rechtlicher) Verzicht (→ § 101 Rn. 39; dann neue Klage unbegründet) vorliegt oder eine neue Klage rechtsmissbräuchlich wäre.[22] Wendet sich die Klage gegen einen VA, dürfte aber idR die Klagefrist (§ 87 SGG) verstrichen und der VA in Bestandskraft (§ 77 SGG) erwachsen sein.[23] 13

c) Streit über die Wirksamkeit der Klagerücknahme. Entsteht **Streit über die Wirksamkeit der Klagerücknahme** setzt das Gericht das Verfahren auf Antrag eines der Beteiligten fort (vgl. die entsprechende Rechtslage beim Vergleich, → § 101 Rn. 20, 21).[24] Dies gilt auch, wenn das Gericht zuvor durch Beschluss die Erledigung des Rechtsstreits festgestellt hat; zur Klarstellung ist der Beschluss aufzuheben. 14

4. (Übereinstimmende) Erledigungserklärung. Im Unterschied zum Zivil- und Verwaltungsprozess führt im sozialgerichtlichen Verfahren bereits die einseitige Erledigungserklärung des Klägers, die jederzeit auch schriftlich gegenüber dem Gericht abgegeben werden kann, zur Beendigung des Rechtsstreits in der Hauptsache. Die Erledigungserklärung hat hier, anders als nach § 91 a Abs. 1 ZPO, § 161 Abs. 2 VwGO, keine eigenständige, insbes. keine kostenrechtliche Bedeutung. Sie stellt sich je nach prozessualer Konstellation entweder als **Klagerücknahme** (§ 102 SGG) oder als **Annahme eines** von der Beklagten abgegebe- 15

---

17 BSG 1.9.2009 – B 1 KR 1/09 D, SozR 4-1500 § 142 a Nr. 2; BSG 29.9.2011 – B 1 KR 1711 R, SozR 4-1500 § 197 a Nr. 9.
18 W.-R. Schenke in Kopp/Schenke § 92 Rn. 27.
19 BSG 12.8.1961 – 3 RK 13/59, SozR Nr. 6 zu § 102 SGG; BSG 14.6.1978 – 9/10 RV 31/77, SozR 1500 § 102 Nr. 2; BSG 4.11.2009 – B 14 AS 81/08 B; BSG 13.7.2017 – B 8 SO 1/16 R, BSGE 124, 10 = SozR 4-3250 § 14 Nr. 26; die Rspr. des BFH ist teilweise nicht übertragbar, da es an einer § 72 Abs. 2 Satz 2 FGO entsprechenden Regelung fehlt.
20 Hommel in Peters/Sautter/Wolff § 102 Anm. 4 a.
21 BVerwG 6.12.1996 – 8 C 33/95, Buchholz 310 § 126 VwGO Nr. 3 (zur Berufungsrücknahme); abzulehnen: Klagerücknahme nach unzutreffendem richterlichen Hinweis auf Unzulässigkeit der Klage, so aber BayLSG 18.12.2013 – L 10 AL 374/13 (zur Berufungsrücknahme).
22 Schmidt in Meyer-Ladewig/Keller/Leitherer/Schmidt § 102 Rn. 11; Hauck in Hauck/Behrend § 102 Rn. 27; W.-R. Schenke in Kopp/Schenke § 92 Rn. 3; im Erg. ebenso BSG 13.4.2011 – B 14 AS 101/10 R, SozR 4-4200 § 16 Nr. 8; aA BSG 13.7.2017 – B 8 SO 1/16 R, BSGE 124, 10 = SozR 4-3250 § 14 Nr. 26 und die wohl hM: Klage unzulässig.
23 BSG 23.2.2005 – B 6 KA 77/03 R, SozR 4-1500 § 92 Nr. 2; zur Auswirkung auf § 44 SGB X vgl. Rieker SGb 2001, 65.
24 BSG 14.6.1978 – 9/10 RV 31/77, SozR 1500 § 102 Nr. 2.

nen **Anerkenntnisses** (§ 101 Abs. 2 SGG) dar.[25] Wenn dem Kläger die Klagerücknahme „leichter fällt", wenn er sie Erledigungserklärung nennt, braucht ihm dies nicht verwehrt werden. Im Sonderfall einer stets kostenpflichtigen Klagerücknahme nach § 197 a Abs. 1 Satz 1 Hs. 3 SGG, § 155 Abs. 2 VwGO (→ Rn. 11) kann ein Bedürfnis bestehen, durch eine übereinstimmende Erledigungserklärung zur Kostenfolge der § 197 a Abs. 1 Satz 1 Hs. 3 SGG, § 161 Abs. 2 VwGO zu gelangen.[26] Sieht der Beklagte die Klage nicht als erledigt an, kommt es zum Erledigungsfeststellungsstreit.[27] Er muss aber innerhalb von zwei Wochen nach Zustellung des Schriftsatzes mit der Erledigungserklärung widersprechen, wenn er entsprechend belehrt worden ist (§ 197 a Abs. 1 Satz 1 SGG iVm § 161 Abs. 2 Satz 2 VwGO).

III. Klagerücknahmefiktion

16 **1. Regelungszweck.** § 102 Abs. 2 SGG soll die Mitwirkungspflicht der Beteiligten unterstreichen. Die Vorschrift dient damit der Verfahrensbeschleunigung. Ein Hilfsmittel zur bequemen Erledigung lästiger Verfahren oder zur vorsorglichen Sanktionierung prozessleitender Verfügungen ist sie nicht.[28] Sie darf auch nicht als Sanktion für einen Verstoß gegen prozessuale Mitwirkungspflichten oder nicht kooperatives Verhalten eines Beteiligten eingesetzt werden.[29] Vorbilder der Vorschrift sind § 92 Abs. 2 VwGO bzw. § 81 AsylVfG, so dass auf die hierzu ergangene Rechtsprechung zurückgegriffen werden kann.

17 § 102 Abs. 2 SGG ist über § 153 Abs. 1 SGG auch im Berufungsverfahren anzuwenden, mit dem Ergebnis, dass mit der Klagerücknahme das erstinstanzliche Urteil wirkungslos wird (→ Rn. 10);[30] zur Berufungsrücknahmefiktion s. § 156 Abs. 2; es gelten die gleichen Voraussetzungen.[31] Sie findet entsprechende Anwendung in den selbstständigen Beschlussverfahren (§§ 55 a, 73 a, 76, 86 b SGG).[32] Einer im verwaltungsgerichtlichen Verfahren zwingend notwendige Zustimmung des Beklagten nach § 125 Abs. 1 Satz 1, § 92 Abs. 2 Satz 2 VwGO bedarf es im SGG nicht.

18 Die Klagerücknahmefiktion lässt sich verfassungsrechtlich nur mit einem unterstellten Wegfall des Rechtsschutzinteresses rechtfertigen.[33] Das BVerfG betont den **strengen Ausnahmecharakter** der Regelungen.[34] Die Voraussetzungen sind daher eng auszulegen. Erfahrungen in der Praxis zeigen, dass es weniger unvertretene Beteiligte als bestimmte Bevollmächtigte (§ 73 Abs. 2 SGG) sind, die nur

---

25 BSG 20.12.1995 – 6 RKa 18/95, USK 95155; LSG NRW 8.7.2015 – L 11 KA 107/13.

26 BSG 29.12.2005 – B 7 a AL 192/05 B; BSG 9.4.2019 – B 1 KR 3/18 R, für BSGE vorgesehen = SozR 4-1780 § 161 Nr. 3; ausführlich Roller NZS 2003, 357; Hauck SGb 2004, 407.

27 BSG 9.4.2019, B 1 KR 3/18 R, für BSGE vorgesehen = SozR 4-1780 § 161 Nr. 3; R. P. Schenke in Kopp/Schenke § 161 Rn. 20 ff.

28 BVerwG 12.4.2001 – 8 B 2/01, NVwZ 2001, 918.

29 BVerfG 17.9.2012 – 1 BvR 2254/11, NVwZ 2013, 136 (138).

30 Dies offenlassend, aber ausdrücklich dazu neigend, BSG 1.7.2010 – B 13 R 58/09 R, SozR 4-1500 § 102 Nr. 1; aA Schaumberg ASR 2013, 219 (221) (§ 156 Abs. 2 SGG lex specialis).

31 BSG 28.11.2019 – B 7 AY 2/18 B.

32 Tabbara NZS 2008, 8 (10); Schaumberg ASR 2013, 219 (220); aA Leopold SGb 2009, 458 (462) für §§ 73 a, 86 b SGG.

33 BSG 1.7.2010 – B 13 R 58/09 R, SozR 4-1500 § 102 Nr. 1.

34 BVerfG 17.9.2012 – 1 BvR 2254/11, NVwZ 2013, 136 (137); BT-Drs. 16/7716, 23 zu Nr. 17; Schafhausen ASR 2010, 112 (115).

mühsam zur Klage- oder Berufungsbegründung oder sonst zur konstruktiven Förderung des Verfahrens bewegt werden können.[35]

2. Voraussetzungen. a) Anhaltspunkte für einen Wegfall des Rechtsschutzinteresses. Es müssen nach dem prozessualen Verhalten des Beteiligten sachlich begründete Anhaltspunkte für einen Wegfall des Rechtsschutzbedürfnisses bestehen. Dieses aus verfassungsrechtlichen Gründen (Art. 19 Abs. 4, Art. 103 Abs. 1 GG) erforderliche ungeschriebene Tatbestandsmerkmal schränkt die Rücknahmefiktion auf eng begrenzte Ausnahmefälle[36] ein. Die Anhaltspunkte müssen zum Zeitpunkt der Betreibensaufforderung (→ Rn. 20) bestehen.[37] Erfasst werden vor allem Fälle, in denen der Kläger seinen prozessualen Mitwirkungspflichten (→ § 103 Rn 18) nicht (mehr) nachkommt. **Nicht** geboten ist ein **sicherer**, über begründete Zweifel am Fortbestand des Rechtsschutzinteresses hinausgehender Schluss.[38] Die Anhaltspunkte können erst nach einer Würdigung aller Umstände des Einzelfalls (Gesamtwürdigung) angenommen werden[39] – mit dieser Einschränkung folgende Beispiele: Keine Reaktion auf Aufforderung des Gerichts zu konkret bezeichneten, nach Auffassung des Gerichts auch entscheidungserheblichen Tatsachen Stellung zu nehmen oder näher bezeichnete Unterlagen vorzulegen,[40] auf ausführlich begründeten gerichtlichen Hinweis mit Anfrage zur Klagerücknahme bzw. naheliegendem Schluss auf fehlende Erfolgsaussicht der Klage[41] oder auf Angebot einer unstreitigen Einigung (§ 101 SGG);[42] fehlende Übersendung der Schweigepflichtentbindungserklärung mit Liste der behandelnden Ärzten trotz mehrfacher Anforderung;[43] Nichterscheinen zur Begutachtung[44] oder zum Erörterungstermin (§ 106 Abs. 3 Nr. 7 SGG) trotz Anordnung des persönlichen Erscheinens (§ 111 SGG);[45] Annahme gerichtlicher Post wird mehrfach verweigert; Kläger bricht Kontakt zu Prozessbevollmächtigtem ab;[46] keine Antwort auf Erledigungsanfrage nach Hinweisen auf Wegfall 19

---

35 Roller SGb 2005, 616 (618).
36 BVerfG 7.10.1998 – 2 BvR 2662/95, DVBl. 1999, 166; BVerfG 17.9.2012 – 1 BvR 2254/11, NVwZ 2013, 136; BSG 4.4.2017 – B 4 AS 2/16 R, BSGE 123, 62 = SozR 4-1500 § 102 Nr. 3.
37 BSG 1.7.2010 – B 13 R 58/09 R, SozR 4-1500 § 102 Nr. 1; BSG 4.4.2017 – B 4 AS 2/16 R, BSGE 123, 62 = SozR 4-1500 § 102 Nr. 3, aber inkonsequent, so zu Recht Groth jurisPR-SozR 19/2017 Anm. 5.
38 BVerwG 23.4.1985 – 9 C 48/84, BVerwGE 71, 213; BVerwG 12.4.2001 – 8 B 2/01, Buchholz 310 § 92 VwGO Nr. 13; BVerwG 7.7.2005 – 10 BN 1/05; Burkiczak in juris-PK-SGG § 102 Rn. 61 mit Hinweis, dass auch aus BVerfG 27.10.1998 – 2 BvR 2662/95, DVBl 1999, 166 nichts anderes folgt.
39 BSG 4.4.2017 – B 4 AS 2/16 R, BSGE 123, 62 = SozR 4-1500 § 102 Nr. 3.
40 BVerwG 12.4.2001 – 8 B 2/01, NVwZ 2001, 918; BSG 4.4.2017 – B 4 AS 2/16 R, BSGE 123, 62 = SozR 4-1500 § 102 Nr. 3; LSG NRW 28.5.2018, L 20 SO 431/17, Breith. 2018, 878.
41 BSG 19.10.2016 – B 14 AS 105/16 B, SozR 4-1500 § 156 Nr. 1; ähnl. Burkiczak ZFSH/SGB 2008, 323 (327); Burkiczak DVP 2008, 360; aA Leopold SGb 2009, 458 (459) und Schafhausen ASR 2010, 112 (117).
42 Leopold SGb 2009, 458 (460).
43 LSG NRW 28.5.2018 – L 20 SO 431/1, Breith. 2018, 878.
44 BT-Drs. 16/7716, 29.
45 W.-R. Schenke in Kopp/Schenke § 92 Rn. 19; Leopold SGb 2009, 458 (460); aA Schmidt in Meyer-Ladewig/Keller/Leitherer/Schmidt § 102 Rn. 8 a und Müller in Roos/Wahrendorf § 102 Rn. 22; Reformvorschlag von Roller DRiZ 2011, 320 (324).
46 BVerwG 18.9.2002 – 1 B 103/02, Buchholz 310 § 92 VwGO Nr. 16.

der Beschwer[47] oder außergerichtliche Einigung.[48] Nicht ausreichend: Fehlende Klagebegründung, auch nach (pauschaler) gerichtlicher Aufforderung und Fristsetzung,[49] anders wenn Kläger die Klagebegründung zuvor angekündigt hatte[50] oder nicht ersichtlich ist, warum eine gerichtliche Überprüfung begehrt wird[51] (beachte aber → Rn. 20); unbekanntes Verziehen;[52] fehlende Reaktion auf Klageerwiderung, die nur auf Widerspruchsbescheid verweist[53] oder nur rechtliche Ausführungen enthält;[54] fehlende Vorlage von Unterlagen (Mietvertrag), wenn es nach Ansicht des Klägers darauf nicht ankommt.[55] Ein aktives Betreiben von Parallelverfahren mit identischer Rechtsfrage spricht gegen den Wegfall des Rechtsschutzinteresses.[56] Abzulehnen ist die Ansicht, eine Betreibensaufforderung dürfe vor Entscheidung über den Prozesskostenhilfeantrag nicht ergehen, ggf. müsse erst die Bewilligungsreife mit Fristsetzung nach § 73 a Abs. 1 Satz 1 SGG iVm § 118 Abs. 2 Satz 4 ZPO erreicht werden.[57] Hauptsache- und Prozesskostenhilfeverfahren sind selbstständige Verfahren[58] und die mangelnde Mitwirkung bei der Prozesskostenhilfe stützt Zweifel am Rechtsschutzinteresse, zieht diese jedenfalls nicht in Frage.

20 **b) Betreibensaufforderung.** Ob eine Betreibensaufforderung tatsächlich ergeht, steht im **Ermessen** des Gerichts. Das Gericht kann stattdessen auch eine Frist nach § 106 a SGG setzen oder eine Entscheidung ankündigen, die den Grundsätzen der objektiven Beweislast zu folgen hat. Vorrangig ist dies aber gegenüber der Vorgehen nach § 102 Abs. 2 SGG idR nicht.[59]

---

47 Müller in Roos/Wahrendorf § 102 Rn. 22.
48 Schaumberg ASR 2013, 219 (224).
49 BVerwG 12.4.2001 – 8 B 2/01, NVwZ 2001, 918; LSG Nds-Brem 10.7.2012 – L 7 AS 776/11; LSG Bln-Bbg 15.3.2013 – L 1 KR 450/12 WA; LSG Bln-Bbg 25.5.2016 – L 27 R 240/16; LSG BW 17.4.2013 – L 5 KR 605/12; LSG NRW 22.1.2016 – L 19 AS 1863/15 B (jedenfalls, wenn Einwendungen im Verwaltungsverfahren vorgebracht waren); Schafhausen ASR 2010, 112 (116); aA LSG Bln-Bbg 27.10.2011 – L 22 R 951/10 WA, und LSG Bln-Bbg 18.12.2014 – L 22 R 155/14, ASR 2015, 121 (jeweils zu § 156 Abs. 2 SGG); Burkiczak ZFSH/SGB 2008, 323 (327); Burkiczak DVP 2008, 360 (361) und Bienert NZS 2010, 554 (555).
50 BVerwG 15.1.1991 – 9 C 96/89, Buchholz 402.25 § 33 AsylVfG Nr. 11; LSG Bln-Bbg 27.7.2017 – L 29 AS 1328/17 B PKH; LSG NRW 20.3.2018 – L 2 AS 2175/17 (zu § 156 Abs. 2 SGG); LSG BW 19.4.2018 – L 7 AY 4220/17, Justiz 2019, 72 (zu § 156 Abs. 2 SGG); SächsLSG 2.3.2020 – L 7 AS 82/20 B ER; aA LSG Bln-Bbg 6.8.2009 – L 14 AS 1005/09 B, ASR 2009, 250 und LSG MV 22.10.2019 – L 10 AS 361/19; weitergehend ThürLSG 1.10.2019 – L 6 KR 1156/18 (Klagebegründung „vorbehalten" und keine Reaktion auf Anforderung).
51 BSG 1.7.2010 – B 13 R 58/09 R, SozR 4-1500 § 102 Nr. 1 (Überprüfung eines Vormerkungsbescheides); Hahn, SGb 2018, 317, 320 (bei schon fehlender Widerspruchsbegründung).
52 Leopold SGb 2009, 458 (459); aA Bienert NZS 2010, 554 (555); vgl. auch BVerfG 18.3.2019 – 2 BvR 367/19 (bei Asylbewerber gewichtiges Indiz).
53 SchlHLSG 16.12.2011 – L 3 AS 74/10, ASR 2012, 33.
54 HessLSG 28.4.2015 – L 3 U 205/14, NZS 2015, 600.
55 LSG LSA 17.7.2014 – L 5 AS 586/13.
56 LSG LSA 17.7.2014 – L 5 AS 612/13.
57 So aber LSG NRW 29.9.2014 – L 19 AS 1532/14 B; LSG NRW 30.11.2015 – L 19 AS 1570/15 B.
58 BVerfG 30.7.2009 – 1 BvR 2662/06, NJW-RR 2010, 207 (209).
59 So aber LSG BW 17.4.2013 – L 5 KR 605/12, unter Hinweis auf das Verhältnismäßigkeitsprinzip, welches aber in § 102 Abs. 2 SGG hinreichend konkretisiert ist.

Die Betreibensaufforderung ist eine (unanfechtbare) **prozessleitende Verfügung** des Vorsitzenden.[60] Sie muss vom zuständigen Richter (beim SG der Vorsitzende, beim LSG der Berichterstatter) verfügt und mit dessen vollem Namen unterzeichnet werden (nicht nur Paraphe) und ist nach § 63 Abs. 1 Satz 1 SGG – notfalls auch öffentlich – zuzustellen; die zuzustellende Ausfertigung/beglaubigte Abschrift muss durch Wiedergabe des vollen Namens des Richters erkennen lassen, dass die Betreibensaufforderung von ihm stammt.[61] Bei mehreren Klägern ist sie gegenüber jedem von ihnen gesondert zu erteilen,[62] wobei eine Vertretung (etwa nach § 73 Abs. 6 Satz 3 SGG) möglich ist. Die Betreibensaufforderung muss **bestimmt** sein und die konkrete verfahrensfördernde Handlung benennen, die vom Kläger verlangt wird.[63] Für den Kläger muss klar sein, dass etwas von ihm verlangt wird; daher führt die Kombination mit der Anhörung zum Erlass eines Gerichtsbescheides (§ 105) zur Unwirksamkeit.[64] Nicht aufgefordert werden darf zur Klagebegründung oder zum Erscheinen im Erörterungstermin, es sei denn dies ist für die Sachverhaltsaufklärung (§ 103 SGG) erforderlich.[65] Die bloße allgemeine Aufforderung, sich verfahrensfördernd zu betätigen, reicht nicht. Ein anhängiger Prozesskostenhilfeantrag kann einbezogen werden (→ Rn. 26).[66] 21

Weiterhin muss über die Rechtsfolgen des Nichtbetreibens **belehrt** werden. Dies sind: 22

- die Verfahrenserledigung nach Ablauf von drei Monaten nach Zustellung, **nicht** die Möglichkeit des deklaratorischen Beschlusses nach Abs. 3 (→ Rn. 9);[67]
- im Falle der Anwendung des § 197 a Abs. 1 Satz 1 SGG iVm § 155 Abs. 2 VwGO die Kostentragungspflicht; im Falle des § 193 SGG nur bei der Möglichkeit eines Kostenantrags eines Beteiligten, für den § 193 Abs. 4 SGG nicht gilt (selten);[68]
- die Wirkungslosigkeit bisher ergangener Entscheidungen (→ Rn. 10), wenn es solche gibt.

Eine fehlerhafte Betreibensaufforderung setzt die Drei-Monats-Frist nicht in Gang. 23

c) Nichtbetreiben. Der Kläger muss das Verfahren über drei Monate (Berechnung nach § 64 SGG) **nicht betreiben,** dh er muss sich nicht geäußert oder nicht substantiiert dargelegt haben, dass und warum das Rechtsschutzbedürfnis trotz 24

---

60 BVerwG 23.4.1985 – 9 C 48/84, BVerwGE 71, 213.

61 BSG 1.7.2010 – B 13 R 58/09 R, SozR 4-1500 § 102 Nr. 1; BSG 4.4.2017 – B 4 AS 2/16 R, BSGE 123, 62 = SozR 4-1500 § 102 Nr. 3.

62 BayLSG 2.2.2012 – L 11 AS 339/11.

63 BayLSG 8.12.2009 – L 5 R 884/09, ASR 2010, 139; LSG BW 12.7.2011 – L 11 KR 1429/11; HessLSG 28.4.2015 – L 3 U 205/14, NZS 2015, 600; HessLSG 28.11.2017 – L 3 U 139/17 (Aufforderung, sich zur fachärztlicher Behandlung und geltend gemachter Gesundheitsstörungen zu äußern).

64 Zu weitgehend aber SächsLSG 12.12.2018 – L 3 AS 111/18, wonach auch die Kombination mit der Aufforderung nach § 106 a Abs. 2 SGG zur Unwirksamkeit führt.

65 Bienert NZS 2009, 554 (556); enger Schaumberg ASR 2013, 219 (222): nie Aufforderung zur Klagebegründung möglich.

66 AA LSG BW 17.4.2013 – L 5 KR 605/12, wonach vorrangig über den Prozesskostenhilfeantrag zu entscheiden ist, aber übersehen wird, dass der Erfolgsaussicht ein Wegfall des Rechtsschutzinteresses zwingend entgegensteht.

67 Da materiell-rechtlich nicht weiter belastend; aA Hauck in Hauck/Behrend § 102 Rn. 34.

68 Hauck in Hauck/Behrend § 102 Rn. 34.

des Zweifels an seinem Fortbestehen, aus dem sich die Betreibensaufforderung ergeben hat, nicht entfallen ist.[69] Das kann je nach Aufforderungsanlass auf verschiedene Weise geschehen; auch eine Äußerung zu etwas anderem als dem angefragten Punkt kann genügen,[70] idR aber nicht die bloße Erklärung, das Verfahren fortsetzen zu wollen oder ein Rechtsschutzinteresse zu haben oder ein Fristverlängerungsantrag.[71] Kommt der Kläger der Aufforderung zumindest teilweise nach, liegt kein Nichtbetreiben vor. Gleiches gilt, wenn Anhaltspunkte dafür bestehen, dass der Kläger gehindert ist, Verfahrenserklärungen abzugeben, etwa weil er krank ist.

25 Der Gesetzgeber ist davon ausgegangen, dass kranke oder bedürftige Kläger, wie sie vor Sozialgerichten häufiger als vor Verwaltungsgerichten auftreten, zur Entscheidungsfindung über die Klagerücknahme unter Umständen mehr Zeit brauchen, und hat daher die Zwei-Monats-Frist der VwGO um einen Monat verlängert.[72] Die Frist ist eine gesetzliche und kann daher weder verlängert noch verkürzt werden.[73] Sie ist eine Ausschlussfrist, daher gilt § 67 SGG nicht,[74] es sei denn, ein Fall **höherer Gewalt** liegt vor.[75] Notfalls kann der Kläger auch einen Antrag nach § 44 SGB X stellen.

26 **3. Rücknahmefiktion.** Liegen die Voraussetzungen vor, gilt die Klage als zurückgenommen. Der Beschluss nach § 102 Abs. 3 SGG, der auf Antrag ergeht, stellt dies deklaratorisch (und unanfechtbar) fest. Ist ein Beteiligter damit nicht einverstanden, muss er einen Antrag auf Fortsetzung des Verfahrens stellen (→ Rn. 14). Eine Sachentscheidung des SG, die den Eintritt der Klagerücknahmefiktion nicht berücksichtigt hat, ist nichtig und im Berufungsverfahren zur Klarstellung aufzuheben.[76] Die Rücknahme umfasst einen anhängigen Antrag auf Prozesskostenhilfe nur dann, wenn die Betreibensaufforderung (→ Rn. 21) auch auf ihn bezogen worden ist.[77] Die Gewährung von Prozesskostenhilfe bei Nichtbetreiben scheidet aber wegen Mutwilligkeit (→ § 73 a Rn. 14) aus.[78]

---

69 BVerfG 19.5.1993 – 2 BvR 1972/92, NVwZ 1994, 62; BVerfG 17.9.2012 – 1 BvR 2254/11, NVwZ 2013, 136 (138).

70 Ausreichend: LSG Bln-Bbg 15.10.2009 – L 33 R 290/09 WA: Verweis auf früheres Vorbringen; BayLSG 19.5.2015 – L 7 R 43/15: Beschwerde gegen eine parallele Eilentscheidung des Gerichts; LSG LSA 21.4.2015 – L 7 SB 105/13: Erläuterung, warum derzeit an Mitwirkung verhindert; Breitkreuz in Breitkreuz/Fichte § 102 Rn. 12: Protest gegen verlangte Mitwirkung.

71 BVerwG 25.3.1999 – 3 B 147/98 offen gelassen von BSG 4.4.2017 – B 4 AS 2/16 R, BSGE 123, 62 (69) = SozR 4-1500 § 102 Nr. 3.

72 BVerfG 19.5.1993 – 2 BvR 1972/92, NVwZ 1994, 62 (63).

73 BVerwG 23.4.1985 – 9 C 48/84, BVerwGE 71, 213.

74 LSG NRW 12.10.2012 – L 19 AS 1437/12 B; LSG Hmb 30.1.2019 – L 2 AL 45/18; aA Müller in Roos/Wahrendorf § 102 Rn. 27.

75 BVerwG 6.7.2007 – 8 B 51/07 (Versehen des Büropersonals als unabweisbarer Zufall); LSG NRW 22.1.2016 – L 19 AS 1863/15 B; LSG Bln-Bbg 6.8.2009 – L 14 AS 1005/09 B, ASR 2009, 250 und ThürLSG 1.10.2019 – L 6 KR 1156/18 (Verlust einer Klagebegründung oder eines anderen Schriftsatzes im Geschäftsgang eines Gerichts).

76 LSG Hmb 30.1.2019 – L 2 AL 45/18.

77 LSG MV 19.12.2018 – L 12 SF 49/17 EK R; Bienert NZS 2009, 554 (557); aA Schaumberg ASR 2013, 219 (220) (§ 118 Abs. 2 Satz 4 ZPO lex specialis); aber aktenmäßige Erledigung nach 3 Monaten, s. § 6 Abs. 3 Satz 1 Nr. 6 Statistik-Anordnung.

78 LSG LSA 3.12.2015 – L 3 R 478/15 B.

IV. Kosten

Zur Kostentragung → Rn. 11. Bei Klagerücknahme halbiert sich die Pauschgebühr (§ 186 Satz 1 SGG) und kann sich die Verfahrensgebühr reduzieren (Nr. 7111, 7113, 7115, 7121, 7122, 7131, 7132 GKG-Kostenverzeichnis), wenn Gerichtskosten nach § 197 a SGG erhoben werden. 27

§ 103 [Untersuchungsmaxime]

[1]Das Gericht erforscht den Sachverhalt von Amts wegen; die Beteiligten sind dabei heranzuziehen. [2]Es ist an das Vorbringen und die Beweisanträge der Beteiligten nicht gebunden.

I. Normzweck/Allgemeines

1 **1. Gesetzesentstehung.** Satz 1 ist durch das Gesetz vom 30.7.1974 (BGBl. 1974 I 1625) neu gefasst worden.

2 **2. Normzweck.** „Das Gericht erforscht den Sachverhalt von Amts wegen" (§ 103 Satz 1 Hs. 1 SGG) gibt den Inhalt der **Untersuchungsmaxime** (Inquisitionsmaxime, Amtsermittlungsgrundsatz) wieder. Die Beteiligten sind nicht Herr über die Tatsachen, die der Entscheidung zugrunde gelegt werden; sie bestimmt und beschafft das Gericht.[1] Die Untersuchungsmaxime trägt dem besonderen öffentlichen Interesse an der sachlichen Richtigkeit der Entscheidung Rechnung.[2] Sie ist zu unterscheiden von der **Offizialmaxime** (Amtsbetrieb), die auch die Verfügung über den Streitgegenstand in die Hand des Gerichts gibt und die als Gegenstück zur **Dispositionsmaxime** im SGG nicht gilt. § 103 SGG findet Anwendung in allen Rechtszügen (§ 153 Abs. 1, § 165 SGG; aber § 163 SGG) und in den selbstständigen Beschlussverfahren (§§ 55 a, 73 a, 76, 86 b SGG).

1 Kummer in Peters/Sautter/Wolff § 103 Anm. 1.
2 Krasney SGb 1999, 105; W.-R. Schenke in Kopp/Schenke § 86 Rn. 1.

3 **3. Parallelvorschriften.** Die Untersuchungsmaxime gilt auch in den anderen öffentlich-rechtlichen Verfahrensordnungen (§ 86 Abs. 1 VwGO, § 76 Abs. 1 FGO; anders im Zivilprozess: Verhandlungs-/Beibringungsgrundsatz). Die Praxis zeigt eine im Vergleich tendenziell zurückhaltende Handhabung durch die Verwaltungsgerichte, was mit „kulturellen" Unterschiede zwischen den Gerichtsbarkeiten erklärt wird.[3] Das Verwaltungsverfahren kennt in § 20 Abs. 1 Satz 1 SGB X eine vergleichbare Regelung.

II. Die Erforschung des Sachverhalts durch das Gericht

4 **1. Grundsätzliche Vorgaben.** Bei der Einordnung der aus der Untersuchungsmaxime folgenden Rechtspflichten sind folgende **grds. Vorgaben** zu beachten:

- Die Untersuchungsmaxime ist der Dispositionsmaxime nachgeordnet. Das Gericht darf im Rahmen seiner Ermittlungen nicht über den **Streitgegenstand** (§ 95 SGG) hinausgehen.

5 - Die Untersuchungsmaxime bezieht sich nur auf „den Sachverhalt", also auf **Tatsachen.** Dass das Gericht Recht und Gesetz kennt, an die es gebunden ist (Art. 20 Abs. 3 GG), wird vorausgesetzt (iura novit curia). Lediglich für die Ermittlung ausländischen Rechts,[4] Gewohnheitsrechts oder Satzungsrechts wird § 103 SGG entsprechend herangezogen (§ 202 Satz 1 SGG iVm § 293 ZPO).[5]

6 - Der Umfang der Amtsermittlung richtet sich nach den jeweils maßgebenden materiell-rechtlichen Vorgaben.[6] Nur was rechtserheblich ist, muss aufgeklärt werden. Grundlage der Untersuchung ist die **Rechtsauffassung** des Gerichts zu den prozessrechtlichen und den materiell-rechtlichen Voraussetzungen des Klageanspruchs, einschließlich etwaiger Einwendungen. Mangelnde Aufklärung wegen einer falschen Rechtsauffassung verletzt § 103 SGG nicht.[7] Kommen mehrere rechtliche Begründungen in Frage (Wahlfeststellung), genügt es, wenn das Gericht die Tatsachen eines Begründungswegs ermittelt.[8]

7 - Wie intensiv einer Tatsache nachgegangen werden muss, ist eine Frage des **Beweismaßes** (→ § 128 Rn. 13). Absolute **Gewissheit** ist nicht zu verlangen, grds. bedarf es des **Vollbeweises** (= Nachweis), dh „eine Tatsache ist bewiesen, wenn sie in so hohem Maße wahrscheinlich ist, dass alle Umstände des Falles nach vernünftiger Abwägung des Gesamtergebnisses des Verfahrens und nach der allgemeinen Lebenserfahrung geeignet sind, die volle richterliche Überzeugung zu begründen".[9] Ausnahmsweise reicht die **Wahrschein-**

---

3 Müller ASR 2019, 134 (135).
4 BSG 6.2.1991 – 13/5 RJ 16/89, SozR 3-2400 § 18 a Nr. 1; BSG 29.4.1997 – 8 RKn 6/96, SozR 3-1750 § 293 Nr. 1; auch ausländische Rechtspraxis, BGH 23.4.2002 – XI ZR 136/01, MDR 2002, 899; nicht EU-Recht, W.-R. Schenke in Kopp/Schenke § 86 Rn. 1 b.
5 Kühl in Breitkreuz/Fichte § 103 Rn. 2.
6 BSG 22.8.2001 – B 3 P 21/00 R, SozR 3-3300 § 23 Nr. 5.
7 BSG 23.11.1995 – 1 RK 5/95, SozR 3-2500 § 18 Nr. 1.
8 BSG 15.5.1963 – 6 RKa 28/61, BSGE 19, 129 (133).
9 BSG 22.9.1977 – 10 RV 15/77, BSGE 45, 1 (9); BSG 17.4.2013 – B 9 V 3/12 R; BSG 15.12.2016 – B 9 V 3/15 R, BSGE 122, 218 = SozR 4-3800 § 1 Nr. 23.

lichkeit[10] (zB § 102 Abs. 2 Satz 5 SGB VI, § 1 Abs. 3 BVG, § 81 Abs. 6 SVG) oder die **Glaubhaftmachung** einer Tatsache[11] (zB materiell bei §§ 203, 286 Abs. 5, § 286 a Abs. 1 SGB VI, § 4 Abs. 1 FRG und verfahrensrechtlich bei § 27 Abs. 2 Satz 2 SGB X, § 67 Abs. 2 Satz 2 SGG, § 86 b Abs. 2 SGG iVm § 920 Abs. 2 ZPO, § 15 Satz 1 KOVVfG; → § 110 Rn. 19, → § 118 Rn. 4). Wenn ein feststehender Lebenssachverhalt typischerweise bestimmte Folgen auslöst, findet der **Beweis des ersten Anscheins** Anwendung;[12] es reicht nicht, wenn von zwei verschiedenen Möglichkeiten eines Geschehensablaufs eine wahrscheinlicher ist als die andere.[13] Schließlich hat die Rechtsprechung aus materiell-rechtlichen[14] oder aus prozessualen Gründen (→ Rn. 22) **Beweiserleichterungen** zugelassen.

2. Umfang der Amtsermittlungspflicht. a) Allgemeines. Das Gericht ist zu den Ermittlungen verpflichtet, die **nach „Lage der Sache" erforderlich** sind, dh es hat nur, aber auch stets zu ermitteln, soweit Sachverhalt und Beteiligtenvortrag Nachforschungen **nahe legen**; seine Ermittlungspflicht wird durch die Mitwirkungspflicht der Beteiligten begrenzt[15] (zur Mitwirkungspflicht → Rn. 18). Im Rahmen dessen gilt, dass das Gericht von allen Ermittlungsmöglichkeiten Gebrauch machen muss, die **vernünftigerweise zur Verfügung stehen.**[16] 8

b) Einzelne Ermessenserwägungen

- In den meisten Fällen ergibt sich der Streitstoff schon aus dem Inhalt der **Verwaltungsakte.** Aus ihnen können idR auch die noch erforderlichen Ermittlungen bestimmt werden.[17] 9
- Das Gericht braucht nicht alles in Frage stellen, damit auch nicht ohne nähere Anhaltspunkte in alle Richtungen ermitteln. Es darf zunächst, insbes. was die **Prozessvoraussetzungen** betrifft, **regelmäßige Verhältnisse unterstel-**

10 Solcher Grad von Wahrscheinlichkeit, dass ernste Zweifel hinsichtlich einer anderen Möglichkeit ausscheiden; „deutliches" Übergewicht für eine der Möglichkeiten erforderlich; entfällt, wenn eine andere Möglichkeit ebenfalls ernstlich in Betracht kommt, BSG 8.8.2001 – B 9 V 23/01 B, SozR 3-3900 § 15 Nr. 4; BSG 15.12.2016 – B 9 V 3/15 R, BSGE 122, 218 = SozR 4-3800 § 1 Nr. 23.

11 Gute Möglichkeit, dh es genügt, wenn bei mehreren ernstlich in Betracht zu ziehenden Möglichkeiten das Vorliegen einer davon relativ am wahrscheinlichsten ist, weil nach Gesamtwürdigung aller Umstände besonders viel für diese Möglichkeit spricht; von mehreren ernstlich in Betracht zu ziehenden Sachverhaltsvarianten muss eine den übrigen gegenüber ein gewisses (kein deutliches) Übergewicht zukommen, BSG 15.12.2016 – B 9 V 3/15 R, BSGE 122, 218 = SozR 4-3800 § 1 Nr. 23.

12 BSG 4.2.1998 – B 9 VG 5/96 R, BSGE 81, 288 (293) (zum OEG); BSG 28.5.2003 – B 3 KR 10/02 R, SozR 4-2500 § 109 Nr. 1 (Entscheidung des Krankenhausarztes für Notwendigkeit und Dauer einer der Krankenhausbehandlung); BSG 28.5.2003 – B 3 KR 10/02 R, SozR 4-2500 § 109 Nr. 1; BSG 2.11.2005 – B 6 KA 63/04 R, SozR 4-2500 § 106 Nr. 11 (elektronisch erfasste und übermittelte Verordnungskosten in der Wirtschaftlichkeitsprüfung); BayLSG 22.4.2010 – L 14 R 876/09 (tatsächlicher Zugang der Beitragserstattung).

13 BSG 26.7.2007 – B 13 R 4/06 R, SozR 4-2600 § 115 Nr. 2 mAnm Pohl SGb 2008, 561.

14 Vgl. BSG 31.1.2012 – B 2 U 2/11 R, SozR 4-2700 § 8 Nr. 43 (Todesursache bei versicherter Tätigkeit im SGB VII).

15 BSG 12.12.1995 – 5 RJ 26/94, BSGE 77, 140 (144).

16 BSG 11.12.1969 – GS 2/68, BSGE 30, 192; BSG 12.2.2009 – B 5 R 48/08 B; BSG 22.11.2011 – B 4 AS 138/10 R, SozR 4-4200 § 21 Nr. 14; BSG 30.3.2017 – B 2 U 181/16 B, ASR 2017, 169 (170); BSG 17.10.2018 – B 9 V 20/18 B.

17 Krasney/Udsching, III 8 vor allem im Schwerbehindertenrecht werden hier erhebliche Ermittlungsdefizite der Versorgungsämter beklagt, SG Karlsruhe 29.7.2019 – S 12 SB 877/19; Kröner/Westermayer SGb 2020, 204.

len. Eine „ungefragte" gerichtliche Fehlersuche ist im Zweifel dann nicht sachgerecht, wenn sie das Rechtsschutzbegehren des Klägers aus dem Auge verliert.[18]

10 ■ Das Gericht ist an das **tatsächliche Vorbringen der Beteiligten** nicht gebunden (§ 103 Satz 2 SGG). Dies gilt auch für Geständnisse; § 288 ZPO findet keine Anwendung. Ein „Unstreitigstellen" durch die Beteiligten des Rechtsstreits entbindet das Gericht grds. nicht von weiteren Sachaufklärungen.[19] aber nur wenn die Annahme naheliegt, dass weitere oder abweichende Tatsachen für die Entscheidung des Rechtsstreits von Bedeutung sind, muss das Gericht in eine weitere Ermittlung des tatsächlichen Streitstoffs einsteigen.[20]

■ Die Beteiligten können weitere **Ermittlungen anregen** oder beantragen (→ Rn. 12). Ein unzulässiger, da rechtsmissbräuchlicher **Ausforschungsbeweis** liegt aber vor bei unbestimmten oder unzureichenden Angaben, wenn der Beteiligte erst aus der Beweisaufnahme die Grundlage für seine Behauptungen gewinnen will (Beweisermittlungsantrag) oder Ermittlungen zu völlig aus der Luft gegriffene Behauptungen („Behauptung ins Blaue", „aus Geratewohl") begehrt.[21] Zu berücksichtigen ist auch der Verfahrensstand. Werden in der mündlichen Verhandlung Verschlechterungen des Gesundheitszustandes seit der letzten gerichtlichen Ermittlung geltend gemacht, muss dem nur nachgegangen werden, wenn der Vortrag plausibel ist.[22] Wechselt ein Beteiligter erstmals im Berufungsverfahren den Sachvortrag bezüglich einer Erkrankung, so bedarf es keiner weiteren Sachaufklärung, wenn weder aktuelle ärztliche Äußerungen noch die zeitnah und vollständig geführten Akten Hinweise auf einen solchen Krankheitsverlauf enthalten.[23]

■ Feststellungen von **Behörden** (insbes. durch Gutachten im Verwaltungsverfahren) und **anderen Gerichten** (auch Strafurteile)[24] sind **nicht bindend** und dürfen, zumindest wenn Beteiligte Einwendungen erheben, nicht ungeprüft übernommen werden (Abgrenzung: eigene End- und Zwischenurteile, § 202 Satz 1 SGG iVm § 318 ZPO; Rechtskraftwirkung, § 141 SGG; rechtliche Beurteilung bei Zurückverweisung, § 159 Abs. 2, § 170 Abs. 5 SGG). Gutachten im Verwaltungsverfahren und aus anderen gerichtlichen oder staatsanwaltschaftlichen Verfahren sind nach den Regeln des Beweisrechts einzuführen[25] (→ § 118 Rn. 18); sie haben uU einen anderen Beweiswert und eine andere Beweiskraft als die in dem konkreten gerichtlichen Verfahren eingeholten Gutachten.[26]

---

18 BVerwG 17.4.2002 – 9 CN 1/01, BVerwGE 116, 188 (196 f.).
19 BSG 12.12.2013 – B 4 AS 14/13 R, EuG 2014, 309.
20 BSG 19.2.2009 – B 4 AS 68/07 R, SozR 4-4225 § 1 Nr. 1; BSG 13.5.2009 – B 4 AS 58/08 R, SozR 4-4200 § 12 Nr. 13; BSG 3.12.2015 – B 4 AS 49/14 R; Knittel SGb 2016, 124 (126); zur Bedeutung der Klagebegründung für den Umfang der Amtsermittlungspflicht s. Burkiczak NZS 2011, 326 (327).
21 BSG 12.12.1995 – 5 RJ 26/94, BSGE 77, 140 (144); BSG 5.2.2009 – B 13 RS 85/08 B; BSG 19.11.2009 – B 13 R 303/09 B; BSG 24.1.2018 – B 13 R 377/15 B; BSG 27.8.2019 – B 1 KR 36/18 R, SozR 4-2500 § 13 Nr. 48.
22 Hauck in Hauck/Behrend § 103 Rn. 20.
23 BSG 11.11.1987 – 9 a RV 32/85, SozR 1500 § 103 Nr. 25.
24 BSG 18.12.1996 – 9 RVg 9/94, SozR 3-3800 § 2 Nr. 6; BSG 23.5.2017 – B 12 KR 9/16 R, BSGE 123, 180 = SozR 4-2400 § 26 Nr. 4.
25 BVerwG 29.5.2009 – 2 B 3/09, NJW 2009, 2614.
26 BSG 26.5.2000 – B 2 U 90/00 B (ärztliche Gutachten); BSG 29.8.2006 – B 13 R 104/06 B, ASR 2007, 32 (berufskundliche Gutachten).

- Keine Aufklärungspflicht besteht hinsichtlich Gründen, die **auch die Behörde im Prozess nicht nachschieben dürfte** (→ § 54 Rn. 74 f).[27]
- Nachhaltige und dauerhafte Verstöße gegen grundlegende **Mitwirkungspflichten** im **Verwaltungsverfahren** können die Amtsermittlungspflicht im gerichtlichen Verfahren reduzieren;[28] zur Mitwirkungspflicht im gerichtlichen Verfahren → Rn. 18.
- Das Gericht kann den Umfang seiner Ermittlungen nicht ohne Blick auf die zu erwartende **Beweiswürdigung** bestimmen.[29] Keiner Aufklärung bedürftig, da für das Gericht bereits feststehend, sind Tatsachen, die **offenkundig** (→ Rn. 14) sind. Auch wenn das Gericht den Sachverhalt aufgrund **eigener besonderer Sachkunde** (§ 244 Abs. 4 Satz 1 StPO analog)[30] beurteilen kann, bedarf es keiner weiteren Aufklärung.[31] Die besondere Sachkunde eines Richters innerhalb des Spruchkörpers reicht, wenn er sie den anderen Richtern vermittelt. Die Beteiligten sind auf das Vorhandensein der Sachkunde hinzuweisen, es ist zu erläutern, worauf diese gestützt wird und was diese beinhaltet, so dass sie sich dazu äußern können.[32] Im Urteil ist durch eingehende und überzeugende Darlegung nachzuweisen, auf welchen Kenntnissen und Erfahrungen die eigene Sachkunde beruht.[33] Hat das Gericht den **aktuellen Stand der medizinisch-wissenschaftlichen Erkenntnisse** zu ermitteln, muss es alle zu seiner Überzeugungsbildung erforderlichen Unterlagen, insbesondere Studien und Bewertungen beizuziehen und ggf. ein Fachgutachten einzuholen, nicht aber die wissenschaftlichen Erkenntnisse durch eigene Studien zu erweitern.[34] Medizinische Beurteilungen darf das Gericht nur nachvollziehen, nicht selbst vornehmen.[35] Gleiches gilt für **historisch-wissenschaftliche** Fragen.[36] Die Aufklärung darf aber nicht mit der Begründung unterbleiben, die aufzuklärende Tatsache sei unwahrscheinlich oder ein Beweis sei nicht Erfolg versprechend, weil das Gericht bereits vom Gegenteil überzeugt ist (unzulässige vorweggenommene Beweiswürdigung). Das gilt insbes. bei der Beurteilung der Glaubwürdigkeit eines möglichen Zeugen.[37] Das Gericht darf von einer Zeugenvernehmung in Rechtshilfeverfahren nicht deshalb absehen, weil es das 11

27 BSG 25.6.2015 – B 14 AS 30/14 R, SozR 4-4200 § 60 Nr. 3.
28 BSG 13.12.2001 – B 3 KR 11/01 R, SozR 3-2500 § 112 Nr. 2 und BSG 22.4.2009 – B 3 KR 24/07 R, SozR 4-2500 § 109 Nr. 18 (jeweils Verhältnis Krankenkasse und Leistungserbringer).
29 Kummer in Peters/Sautter/Wolff § 103 Anm. 2 b.
30 BSG 17.12.1965 – 5 RKn 112/62, BSGE 24, 181 (184).
31 Die Einholung von psychologischen Glaubwürdigkeitsgutachten kommt nur ausnahmsweise in Frage, vgl. BSG 24.5.2012 – B 9 V 3/15 R, BSGE 122, 218 = SozR 4-3800 § 1 Nr. 23; BSG 17.4.2013 – B 9 V 1/12 R, SozR 4-3800 § 1 Nr. 20; Aymans/Friedrich SGb 2016, 626.
32 BSG 24.10.2013 – B 13 R 209/13 B.
33 BSG 9.12.1969 – 10 RV 789/66, SozR Nr. 87 zu § 128 SGG.
34 BSG 23.6.2016 – B 3 KR 20/15 R, BSGE 121, 230 = SozR 4-2500 § 139 Nr. 8.
35 BSG 5.2.2008 – B 2 U 6/07 R, SozR 4-1300 § 41 Nr. 1 mAnm Dörr SGB 2009, 159; Sonderfall BSG 28.2.1963 – 6 RKa 29/61, SozR Nr. 64 zu § 128 SGG: Arzt als Beisitzer und Einverständnis der Beteiligten.
36 BSG 14.12.2006 – B 4 R 29/06 R, SozR 4-5075 § 1 Nr. 3: deutsche Besetzung von Transnistrien im Zweiten Weltkrieg.
37 BSG 21.3.1956 – 1 RA 73/55, BSGE 2, 273 (276); BSG 23.8.2001 – B 13 RJ 59/00 R, SozR 3-2200 § 1248 Nr. 17; BSG 14.3.2002 – B 13 RJ 15/01 R; BSG 27.6.2006 – B 2 U 421/05 B.

Beweisergebnis ohne unmittelbaren Eindruck von dem Verlauf der Beweisaufnahme nicht sachgerecht würdigen könnte.[38]

- Auch wenn das Gericht die wirtschaftliche Bedeutung des mit der Klage geltend gemachten Anspruchs bei Bestimmung von Art und Umfang der Beweisaufnahme berücksichtigen wird, kann es die (weitere) Beweisaufnahme nicht allein aus **ökonomischen Gründen** ablehnen.[39]

12 c) **Beweisanregungen und Beweisanträge.** Das Gericht ist an Beweisanregungen oder Beweisanträge der Beteiligten **nicht gebunden** (§ 103 Satz 2 SGG). Ein **Beweisantrag** ist ein Antrag, der für bestimmte Tatsachen bestimmte Beweismittel benennt.[40] Der anwaltlich gestellte Antrag auf Anhörung eines bestimmten Arztes nach § 109 SGG enthält nicht automatisch auch einen Beweisantrag nach § 103 SGG.[41] Zur Ablehnung eines Beweisantrags bedarf es keines Beschlusses, vielmehr genügen Ausführungen in den Entscheidungsgründen des Urteils (anders § 86 Abs. 2 VwGO). Die Abgrenzung zur Beweisanregung hat Bedeutung für das Protokoll (→ § 122 Rn. 6) und für die **Revision** (§ 160 Abs. 2 Nr. 3 SGG; → § 160 Rn. 31). Das Gericht muss rechtliches Gehör (§ 62 SGG) gewähren, wenn es einer Beweisanregung oder einem Beweisantrag nicht folgen will.

13 Zur Begründung der Ablehnung einer Beweisanregung **kann**, eines Beweisantrages **muss** auf die **allgemeinen**, im Grundsatz in allen Prozessordnungen geltenden **Ablehnungsgründe** (insbes. § 244 Abs. 3 StPO) zurückgegriffen werden:

- **Erwiesenheit:** Wenn die behauptete Tatsache (nicht ihr Gegenteil, da sonst unzulässige vorweggenommene Beweiswürdigung, → Rn. 11) bereits erwiesen ist, bedarf es keines weiteren Beweises.

14 - **Offenkundigkeit:** Die behauptete Tatsache ist offenkundig (§ 202 Satz 1 SGG iVm § 291 ZPO),[42] wenn sie allgemeinkundig oder gerichtskundig ist. **Allgemeinkundig** ist sie, wenn verständige und erfahrene Menschen regelmäßig ohne Weiteres von ihr Kenntnis haben oder sich von ihr durch Benützung allgemein zugänglicher, zuverlässiger Quellen unschwer überzeugen können oder solche, die in einem größeren oder kleineren Bezirk einer beliebig großen Menge bekannt sind oder wahrnehmbar waren und über die man sich aus zuverlässiger Quelle ohne besondere Fachkunde unterrichten kann.[43] **Gerichtskundig** sind Tatsachen, wenn sie für den Richter (bei einem Kollegialgericht: zumindest einem Richter) aus seiner Amtstätigkeit sicher feststehen und nicht erst der Feststellung aus den Gerichtsakten bedürfen.[44] Offenkundige Tatsachen müssen allen Beteiligten als möglicherweise ent-

38 OLG Nürnberg 28.2.2003 – 6 U 1836/02, OLGR Nürnberg 2003, 352.
39 BVerfG 8.11.1978 – 1 BvR 158/78, BVerfGE 50, 32 (36): Verstoß gegen Art. 103 Abs. 1 GG, richtig wohl Art. 19 Abs. 4 GG bzw. allgemeiner Justizgewährungsanspruch.
40 W.-R. Schenke in Kopp/Schenke § 86 Rn. 18 a; beim Sachverständigenbeweis die „zu begutachtenden Punkte“ (§ 118 Abs. 1 Satz 1 SGG iVm § 403 ZPO).
41 St. Rspr., BSG 22.6.2004 – B 2 U 78/04 B, SozR 4-1500 § 160 Nr. 4; BSG 10.7.2018 – B 13 R 64/18 B.
42 BSG 31.10.1978 – 4 BJ 179/78, 1500 § 128 Nr. 15.
43 BSG 24.2.2011 – B 14 AS 49/10 R, SozR 4-4200 § 21 Nr. 10; BSG 16.11.1972 – 11 RA 42/72, SozR Nr. 91 zu § 128 SGG: Vorgänge der Tagespolitik, geschichtliche Vorgänge, allgemein anerkannte wissenschaftliche Wahrheiten; BSG 13.9.2005 – B 2 U 4/04 R: nicht MdE-Erfahrungswerte der medizinischen Fachliteratur.
44 BVerwG 22.8.1989 – 9 B 207/89, NVwZ 1990, 571.

scheidungsrelevant mit Sicherheit gegenwärtig sein,[45] ansonsten ist ein Hinweis zu geben. Auch **allgemeine Erfahrungssätze** und die daraus allgemein abgeleiteten Tatsachen und Wertungen bedürfen keines Beweises.[46]

- **Unerheblichkeit:** Auf die behauptete Tatsache kommt es nicht an. Zur Unerheblichkeit rechnet auch die **Wahrunterstellung** nicht entscheidungserheblicher Tatsachen.[47] Die Wahrunterstellung entscheidungserheblicher Tatsachen (nicht ihres Gegenteils, nicht einer bestimmten Zeugenaussage über eine Tatsache) hat bei genauerer Betrachtung im sozialgerichtlichen Prozess keinen Raum.[48] 15
- **Unzulässigkeit, Ungeeignetheit, Unerreichbarkeit des Beweismittels:** Unzulässig sind Beweismittel, die als solche oder nach Art ihrer Erstellung oder Beschaffung gegen die Rechtsordnung, auch die Menschenwürde (→ Rn. 26) oder die Grundrechte verstoßen, zB die Vernehmung eines erfolgreich abgelehnten Sachverständigen (zum Beweisverwertungsverbot → Rn. 28). Ein Beweismittel ist „völlig ungeeignet" (§ 244 Abs. 3 StPO) oder untauglich, wenn ausgeschlossen ist, dass die Beweisaufnahme etwas Sachdienliches ergibt und die bereits gewonnene Überzeugung des Gerichts erschüttern könnte.[49] Ein Zeuge ist unerreichbar, wenn Ermittlungen zum Aufenthaltsort mangels Anhaltspunkten von vornherein aussichtslos sind oder alle der Bedeutung des Beweismittels entsprechenden Bemühungen vergeblich geblieben sind.[50] Die Notwendigkeit der Rechtshilfe oder der erhöhte Zeitaufwand bei Ermittlungen im Ausland begründen weder die Unerreichbarkeit[51] noch die Ungeeignetheit.[52] Gleiches gilt, wenn eine Vernehmung in einer Videokonferenz (§ 110 a SGG) möglich ist.[53] Vernehmungsunfähigkeit (nicht nur Verhandlungsunfähigkeit) auf Dauer oder auf unabsehbare Zeit steht der Unerreichbarkeit gleich.[54] 16
- **Prozessverschleppung:** Ob dieser im Strafprozess anerkannte, aber an hohe Anforderungen geknüpfte Ablehnungsgrund auch im Sozialgerichtsprozess Anwendung findet, ist zweifelhaft. § 109 Abs. 2 SGG (→ § 109 Rn. 18) nennt ihn ausdrücklich, was durchaus unterschiedliche Schlüsse zulässt. Im Zivilprozess wird er gemeinsam mit dem Ablehnungsgrund des **Rechtsmiss-** 17

45 BSG 18.7.1996 – 4 RA 33/94, SozR 3-2200 § 1246 Nr. 52 zu allgemeinkundigen Tatsachen.
46 W.-R. Schenke in Kopp/Schenke § 86 Rn. 5 b.
47 BVerwG 26.10.1971 – V C 78.70, BVerwGE 39, 36 (37); BSG 14.12.2006 – B 4 R 29/06 R, SozR 4-5075 § 1 Nr. 3.
48 W.-R. Schenke in Kopp/Schenke § 86 Rn. 21 für die VwGO.
49 BSG 21.2.1989 – 1 RA 71/88, SozSich 1989, 313; strenge Prüfung!, zB notwendige Anknüpfungstatsachen für ein Gutachten können nicht beschafft werden, LSG BW 5.7.2010 – L 1 AS 3815/09; massive, nicht ausräumbare Widersprüche im Vorbringen des Beteiligten oder in schriftlichen Angaben eines angebotenen Zeugen, Kunze DRV 2002, 360 (363); Lügendetektor, BGH 24.6.2003 – VI ZR 327/02, NJW 2003, 2527; unter Beweis gestellte Hilfstatsachen reichen für Beweis der Haupttatsache nicht aus, Keller ASR 2009, 139 (141).
50 Kummer in Peters/Sautter/Wolff § 103 Anm. 3.
51 BSG 6.2.1991 – 1/3 RK 3/90, Die Leistungen 1993, 470.
52 Kunze DRV 2002, 360 (364).
53 BGH 1.7.2010 – V ZR 238/09.
54 Vgl. BSG 8.9.2010 – B 11 AL 4/09 R.

brauchs herangezogen.[55] Sicherer ist es, den Weg über die Präklusionsvorschriften der §§ 106 a, 157 a SGG zu beschreiten.

18 **3. Mitwirkungspflicht der Beteiligten. a) Umfang.** Die Ermittlungspflicht des Gerichts wird durch die Mitwirkungspflicht der Beteiligten begrenzt (§ 103 Satz 2 Hs. 2 SGG). Die Beteiligten haben zwar **keine Beweisführungspflicht** (subjektive oder prozessuale Beweislast);[56] die notwendigen Ermittlungen werden von Amts wegen vorgenommen (zur objektiven Beweislast → Rn. 42). **Ohne Mitwirkung** der Beteiligten kann das Gericht aber oft **nicht oder nur erschwert ermitteln.** Ein dem Gericht nicht bekannter Sachverhalt muss von dem Beteiligten zumindest soweit geltend gemacht und spezifiziert werden, dass die rechtliche Relevanz und der Anlass für Ermittlungen erkennbar wird.[57] Bei fehlender Mitwirkung ist das Gericht nicht verpflichtet, von sich aus in jede nur mögliche Richtung („ins Blaue hinein") zu ermitteln.[58] Wer Gesundheitsbeeinträchtigungen geltend macht, muss sich ärztlich untersuchen lassen (→ § 118 Rn. 9, 29).[59] Kommt es auf Einkommen an, sind Kontoauszüge vorzulegen oder ist eine Einwilligung zur Nachfrage bei der Bank zu erteilen.[60] Ein Pflegebedürftiger muss die täglich tatsächlich erfolgte Pflege angeben, damit das Gericht feststellen kann, ob die maßgeblichen Werte erreicht werden und eine gutachtliche Überprüfung der Erforderlichkeit notwendig ist.[61] Das Gericht darf den Beteiligten aber nicht Ermittlungen aufbürden, die es selbst vornehmen kann, wie die Anforderung von Krankenunterlagen[62] oder die Übersetzung einer Urkunde.[63]

19 Zur näheren Bestimmung der Mitwirkungspflicht vor Gericht kann auf die Regelungen zum Verwaltungsverfahren (**§§ 60–67 SGB I**; insbes. § 65 SGB I; spezialgesetzliche Regelungen[64]) zurückgegriffen werden. Verlangt werden darf, insbes. bei Eingriffen in die körperliche Unversehrtheit (Art. 2 Abs. 2 Satz 1 GG) und das allgemeine Persönlichkeitsrecht (Art. 2 Abs. 1 GG; Einwilligung zum Erheben der Daten, → Rn. 26), nur, was **verhältnismäßig**, insbes. zumutbar ist (vgl. auch → Rn. 16).[65] Bei Leistungserbringern folgt aus der prozessualen Mitwirkungspflicht die Pflicht zur Übermittlung von Behandlungsunterlagen im Ab-

55 BGH 29.10.2002 – VI ZR 353/01, VersR 2003, 926; BGH 22.5.2007 – VI ZR 233/06, VersR 2007, 1713; BGH 23.11.2011 – IV ZR 49/11, FamRZ 2012, 297.
56 BSG 29.3.1963 – 2 RU 75/61, BSGE 19, 52 (53).
57 BSG 20.3.2007 – B 2 U 9/06 R.
58 BSG 1.7.2010 – B 13 R 58/09 R, SozR 4-1500 § 102 Nr. 1.
59 BayLSG 27.10.1999 – L 18 SB 48/98, Breith. 2000, 478 (480).
60 BSG 9.2.1993 – 12 RK 69/92, SozR 3-2500 § 240 Nr. 14; BayLSG 29.11.2011 – L 7 AS 881/10.
61 BSG 14.12.1994 – 3 RK 9/94, SozR 3-2500 § 53 Nr. 7 zu §§ 53 ff. SGB V aF.
62 BSG 4.2.1988 – 5/5 b RJ 96/86, SozR 1500 § 103 Nr. 27.
63 BVerwG 8.2.1996 – 9 B 418/95, NJW 1996, 1553; § 142 Abs. 3 ZPO findet über § 202 Satz 1 SGG keine Anwendung.
64 ZB § 130 a Abs. 4 Satz 3 SGB V; vgl. BSG 25.10.2018 – B 3 KR 10/16 R, SozR 4-2500 § 130 a Nr. 11.
65 BVerfG 24.6.1992 – 1 BvR 689/92, BVerfGE 89, 69; BVerwGE 74, 222 (225); BSG 13.11.1956 – 10 RV 335/55, BSGE 4, 116 – Lumbalpunktion; HessLSG 9.12.1954 – U III 55/54, SGb 1955, 379 – Exhumierung; HessLSG 27.9.1960 – L-5-V-297/59, Breith. 1961, 548 – Hirnkammerluftfüllung; LSG NRW 23.10.1962 – L 15 (2) KnU 1028/58, Breith. 1964, 946 – Sektion; BSG 14.11.2013 – B 9 SB 5/13 B, FamRZ 2014, 1016 (1017) – Gericht muss uU barrierefreie Begutachtung ermöglichen.

rechnungsstreit, auch ohne Einverständnis des Versicherten.[66] Wenn die Weitergabe von Daten im Verwaltungsverfahren gesetzlich vorgesehen ist (etwa § 276 Abs. 2 Satz 1 Hs. 2 SGB V,[67] § 18 Abs. 5 SGB XI), ist diese grds. auch im gerichtlichen Verfahren zu verlangen. Beteiligte, die Behörden sind, verpflichtet § 119 Abs. 1 SGG (→ § 119 Rn. 4) insbes. zur Aktenübermittlung; die Vorschrift konkretisiert insoweit die prozessuale Mitwirkungspflicht. Eine solche Konkretisierung ist auch die vom BSG entwickelte Pflicht der Leistungsträgers zur Erstellung eines schlüssigen Konzepts hinsichtlich der Kosten der Unterkunft nach § 22 SGB II, § 29 SGB XII.[68]

b) Folgen bei Verstoß gegen die Mitwirkungspflicht. aa) Keine Zwangsmittel. 20
Zwangsmittel zur Durchsetzung der Mitwirkung hat das Gericht nicht. Sonderfälle sind § 118 Abs. 1 SGG iVm § 372 a ZPO, wonach „jede Person" (Beteiligte und Dritte) zur Mitwirkung bei der Untersuchung zur Feststellung der Abstammung verpflichtet ist (Durchsetzung nach § 372 a Abs. 2, § 390 ZPO), und § 111 Abs. 1 SGG (→ § 111 Rn. 11).

bb) Verringerung der Amtsermittlungspflicht. Werden Mitwirkungspflichten 21
verletzt, beschränkt dies die Amtsermittlungspflicht.[69] Versäumt ein Beteiligter insbes. tatsächliche Umstände aus seiner eigenen Sphäre anzugeben oder weigert er sich trotz Aufforderung, nähere Angaben zu machen, obwohl er es könnte und ihm dies zumutbar ist, muss das Gericht **eigene Ermittlungen nur** vornehmen, wenn diese **vernünftigerweise zur Verfügung stehen** und nicht im Hinblick auf Zeit- und Kostenaufwand **unverhältnismäßig** sind. Das Gericht muss hierauf aber **hinweisen**, soweit die Folgen dem Kläger nicht bereits konkret geläufig sind. Art und Umfang der Belehrung können sich danach unterscheiden, wie rechtskundig der Beteiligte vertreten ist.[70] Bei Verweigerung einer zumutbaren ärztlichen Untersuchung muss es ein Gutachten nach Aktenlage einholen oder die behandelnden Ärzte anhören, wenn damit eine weitere Aufklärung zu erwarten ist.[71] Ist eine Untersuchung dem Beteiligten aus Krankheitsgründen unzumutbar, sind Alternativen zu prüfen.[72] Wirkt der Beteiligte erst **verspätet** mit, beschränkt dies die gerichtliche Aufklärungspflicht nicht (§ 356 ZPO gilt nicht). Das Gericht muss die verspätete Mitwirkung bis zur Schließung der mündlichen Verhandlung (§ 121 Satz 1 SGG) beachten.

---

66 BSG 15.11.2007 – B 3 KR 13/07 R, SozR 4-1500 § 120 Nr. 2; BSG 12.1.2010 – B 2 U 28/08 R, SozR 4-2700 § 33 Nr. 1; BSG 19.12.2017 – B 1 KR 19/17 R, BSGE 125, 91 = SozR 4-1500 § 120 Nr. 3.

67 BSG 28.2.2007 – B 3 KR 12/06 R, SozR 4-2500 § 276 Nr. 1.

68 BSG 12.12.2013 – B 4 AS 87/12 R, SozR 4-4200 § 22 Nr. 73; Müller in Roos/Wahrendorf § 103 Rn. 42 f.

69 BSG 25.10.2018 – B 3 KR 10/16 R, SozR 4-2500 § 130 a Nr. 11 zu § 130 a Abs. 4 Satz 3 SGB V.

70 BSG 2.9.2004 – B 7 AL 88/03 R, SozR 4-1500 § 128 Nr. 5; BSG 20.11.2008 – B 3 KN 4/08 KR R, SozR 4-2500 § 109 Nr. 16; BSG 16.12.2008 – B 1 KN 3/08 KR R, SozR 4-2500 § 109 Nr. 15; BSG 18.2.2010 – B 4 AS 5/09 R, info also 2010, 185.

71 BSG 11.11.1971 – 1 RA 63/70, SozR Nr. 55 zu § 103 SGG; BSG 20.10.2005 – B 7a/7 AL 102/04 R, SozR 4-1500 § 103 Nr. 5; BSG 6.7.2006 – B 9 a SB 52/05 B, SozR 4-1500 § 160 Nr. 11; nicht, wenn keine neuen Befunde vorliegen, LSG BW 18.2.2014 – L 11 R 4850/12.

72 Barrierefreie Kommunikation bei Autisten, der Explorationsgespräch in Klinik verweigert, BSG 14.11.2013 – B 9 SB 5/13 B, FamRZ 2014, 1016.

22 cc) **Beweiswürdigung.** Die Verletzung der Mitwirkungspflicht kann bei der Beweiswürdigung (§ 128 Abs. 1 Satz 1 SGG) berücksichtigt werden.[73] Dies gilt auch, wenn ein Beteiligter **falsche Angaben** macht und dies bekannt wird. Ein Fall der **Beweisvereitelung** liegt vor, wenn ein Beteiligter durch pflichtwidriges Handeln oder Unterlassen einen anderen Beteiligten in Beweisnot, also in eine ausweglose Lage, bringt (Rechtsgedanke des § 444 ZPO). Dies führt zumindest zu Beweiserleichterungen, wenn nicht gar zur Umkehr der (objektiven) Beweislast (→ Rn. 42), im Einzelnen str[74] (beim Augenschein s. § 118 Abs. 1 SGG iVm § 371 Abs. 3 ZPO, bei Urkunden s. § 118 Abs. 1 SGG iVm §§ 427, 444 ZPO). In die gleiche Richtung geht die Heranziehung des Grundsatzes von Treu und Glauben (§ 242 BGB), etwa wenn sich ein Beteiligter darauf beruft, seine früheren Angaben seien unwahr, um sich daraus einen Vorteil zu verschaffen.[75] Sind tatsächliche Unklarheiten auf eine fehlende oder unvollständige Verwaltungsakte zurückzuführen und liegt dies im Verantwortungsbereich der Behörde, darf dies nicht zulasten anderer Beteiligter gehen.[76]

23 dd) **Präklusion; Betreibensaufforderung.** Die fehlende oder verspätete Mitwirkung der Beteiligten kann schließlich zur Präklusion des Vorbringens nach §§ 106 a, 157 a SGG (s. dort) führen. Stellt ein Beteiligter die Mitwirkung im Verfahren ein, kann dies Anlass zu einer Betreibensaufforderung mit der möglichen Folge der Fiktion der Klagerücknahme nach § 102 Abs. 2 SGG (s. dort) sein.

24 **4. Ermittlung durch das Gericht.** Die Beteiligten haben einen Anspruch darauf, dass das **Gericht selbst ermittelt** und sich hierzu **nicht** einer **Behörde** bedient. Das Gericht darf nicht nur den die begehrte Leistung ablehnenden VA aufheben und die Beklagte erneut (ermitteln und) entscheiden lassen,[77] soweit nicht die Voraussetzungen des § 131 Abs. 5 SGG vorliegen (s. dort). Aus prozessökonomischen Gründen können aber ergänzende Feststellungen durch die Behörde während des Gerichtsverfahrens angeregt werden, wenn diese, etwa wegen ihres besonderen Sachverstandes, einer Frage schneller und sachnäher als das Gericht nachgehen kann.[78] UU ist das Verfahren zum Ruhen zu bringen (→ § 114 Rn. 19). Mit einer medizinischen Begutachtung durch die Behörde anstelle einer solchen durch den gerichtlichen Sachverständigen muss sich ein Beteiligter aber grds. nicht einverstanden erklären.

25 Die Behörde ist im Gerichtsverfahren auch nicht an **eigenen Ermittlungen** gehindert, die aber sinnvollerweise mit denen des Gerichts koordiniert werden sollten. Zur **Mitwirkung der Beteiligten** → Rn. 18.

26 **5. Allgemeines Persönlichkeitsrecht; Datenschutz.** Allein § 103 SGG bildet jedenfalls seit Erlass de DS-GVO keine ausreichende **Rechtsgrundlage für die Ver-**

73 BSG 4.2.1988 – 5/5 b RJ 96/86, SozR 1500 § 103 Nr. 27.
74 BSG 9.2.1993 – 12 RK 69/92, SozR 3-2500 § 240 Nr. 14; BSG 10.8.1993 – 9/9 a RV 10/92, SozR 3-1750 § 444 Nr. 1; BSG 12.12.1995 – 5 RJ 26/94, SozR 3-2200 § 1248 Nr. 12; BSG 27.5.1997 – 2 RU 38/96, SozR 3-1500 § 128 Nr. 11; BSG 2.9.2004 – B 7 AL 88/03 R, SozR 4-1500 § 128 Nr. 5; BSG 11.7.2019 – B 14 AS 51/18 R, SozR 4-4200 § 37 Nr. 9 (Sendebestätigung E-Mail als Nachweis für Zeitpunkt des Eingangs, wenn Empfänger E-Mail-Eingang nicht innerhalb der Löschungsfrist prüft).
75 BSG 13.12.2001 – B 3 KR 11/01 R, SozR 3-2500 § 112 Nr. 2; BSG 7.7.2005 – B 3 P 8/04 R, SozR 4-1300 § 48 Nr. 6.
76 Vgl. LSG BW 17.8.2007 – L 12 AL 681/07.
77 BSG 3.10.1973 – 1 RA 61/72, BSGE 36, 181 (184); BSG 5.8.1992 – 14 a/6 RKa 4/90, BSGE 71, 90 (96); s. aber § 131 Abs. 3 SGG.
78 BayLSG 22.4.1959 – Ua 1086/56, SGb 1960, 89.

arbeitung (vgl. Art. 4 Nr. 2 DS-GVO) **von Daten** im gerichtlichen Verfahren mehr. Beim Erheben personenbezogener Daten bedarf es entweder der **Einwilligung** des Betroffenen (Art. 6 Abs. 1 Buchst. a, Art. 9 Abs. 2 Buchst. a iVm Art. 7 DS-GVO), die ihm im Rahmen seiner Mitwirkungspflicht (→ Rn. 18) abverlangt werden kann, oder das Gericht stützt sich auf die **gesetzliche Ermächtigung** der Art. 6 Abs. 1 Buchst. c oder e DS-GVO iVm § 103 SGG (einfache Daten) bzw. Art. 9 Abs. 2 Buchst. f DS-GVO (insbes. Gesundheitsdaten).[79] Nur wo europäisches Datenschutzrecht Spielräume eröffnet, ist der **grundrechtliche Schutz** (Recht auf informationelle Selbstbestimmung, Art. 1 Abs. 1 iVm Art. 2 Abs. 1 GG;[80] verfassungskonforme Auslegung; ergänzende Heranziehung datenschutzrechtlicher Vorschriften) noch von Bedeutung. Jede Datenverarbeitung löst grds. Informationspflichten gegenüber der betroffenen Person (Art. 12 ff. DS-GVO) aus;[81] soweit allein die Beteiligten des Verfahrens betroffen sind, ergibt sich dies schon aus dem Grundsatz des rechtlichen Gehörs (§ 62 SGG).

Neben dem Verbot der Datenverarbeitung im absolut geschützten Bereich des allgemeinen Persönlichkeitsrechts[82] und der **ärztlichen Schweigepflicht** (→ § 106 Rn. 18) sind insbes. die **Grundsätze nach Art. 5 Abs. 1 DS-GVO** (Rechtmäßigkeit, Verarbeitung nach Treu und Glauben, Transparenz; Zweckbindung; Datenminimierung; Richtigkeit, Speicherbegrenzung; Integrität und Vertraulichkeit") zu beachten. 27

6. Beweisverwertungsverbot. Ein Verstoß gegen ein Beweiserhebungsverbot im Verwaltungs- oder im Gerichtsverfahren führt nicht zwingend zu einem **Beweisverwertungsverbot**. Ein solches ist bei schwerwiegenden, bewussten oder willkürlichen Verfahrensverstößen, bei denen die grundrechtlichen Sicherungen planmäßig oder systematisch außer Acht gelassen worden sind geboten.[83] Es bedarf einer Abwägung der widerstreitenden Interessen unter Berücksichtigung der Umstände des jeweiligen Einzelfalles.[84] Bei Verstößen im gerichtlichen Ver- 28

---

79 Bieresborn DRiZ 2019, 18 (19); Bieresborn jM 2019, 41; Wiebe/Eichfeld NJW 2019, 2734 (2736 f.).

80 BVerfG 15.12.1983 – 1 BvR 209/83 ua, BVerfGE 65, 1.

81 Leopold NZS 2018, 357.

82 Aber BVerfG 14.9.1989 – 2 BvR 1062/87, BVerfGE 80, 367: Auch Tagebuchaufzeichnungen grds. verwertbar; Einzelheiten bei Müller in Roos/Wahrendorf § 103 Rn. 36.

83 BVerfG 12.4.2005 – 2 BvR 1027/02, BVerfGE 113, 29 (61); BVerfG 9.11.2010 – 2 BvR 2101/09, EuGRZ 2010, 780; BVerfG 20.5.2010 – 2 BvR 2072/10, NJW 2011, 2783; BSG 18.1.2011 – B 2 U 5/10 R, SozR 4-2700 § 200 Nr. 3.

84 **Beweisverwertungsverbot bejaht**: absoluter Kernbereich privater Lebensgestaltung berührt, wie Tagebücher, heimliche Fotografien; heimliches Ab-/Mithören eines Telefonats (BVerfG [Kammer] 19.12.1991 – 1 BvR 382/85, NJW 1992, 815 und BVerfG 9.10.2002, BVerfGE 106, 28); heimliche Observation (Bieresborn SGb 2010, 501 (507), aA BayLSG 25.1.2008 – L 7 AS 72/07); vertrauliche Offenbarung einer HIV-Infektion medizinischen Personals (LSG BW 29.11.2006 – L 9 U 4963/06 A, Rechtsmedizin 17, 332); Verstoß gegen § 407 a Abs. 3 Satz 1 ZPO (→ § 118 Rn. 22; BSG 18.11.2008 – B 2 U 101/08 B); Verstoß gegen Ausschlussfrist des § 275 Abs. 1 c Satz 2 SGB V (BSG 16.5.2012 – B 3 KR 14/11 R, SozR 4-2500 § 109 Nr. 24; BSG 16.5.2013 – B 3 KR 32/12 R, SozR 4-2500 § 275 Nr. 13; anders bei freiwilliger Herausgabe der Unterlagen an den MDK nach Fristablauf, BSG 14.10.2014 – B 1 KR 34/13 R, SozR 4-2500 § 301 Nr. 5); erfolgreiche Ablehnung Sachverständiger → § 118 Rn. 26; unzulässige Datenweitergabe unter Ärzten/Verletzung der ärztlichen Schweigepflicht – je nach Umständen des Einzelfalls (BSG 7.5.2019, B 2 U 25/17 R, für BSGE vorgesehen = SozR 4-2700 § 200 Nr. 5); **verneint**: fehlende Schriftform der Einverständniserklärung zur Obduktion (BSG 15.2.2005 – B 2 U 3/04 R, SozR 4-2700 § 63 Nr. 2); Verletzung Gutachterauswahlrecht nach § 200 Abs. 2 Hs. 1 SGB VII (BSG 7.5.2019, B 2 U 25/17 R, für BSGE vorgesehen = SozR 4-2700

fahren wird man strenger sein als bei solchen im Verwaltungsverfahren. Die Heilung durch rügelose Einlassung bis zum Ende des Verfahrensabschnittes (Verwaltungs-, Widerspruchs- bzw. Klageverfahren) ist möglich.[85] Die Frage der Reichweite oder **„Fernwirkung"** eines Beweisverwertungsverbotes betrifft nur (weitere) Beweismittel, nicht aber das bloße Vorbringen eines Beteiligten im Prozess.[86] Sie beantwortet sich danach, ob durch das weitere Beweismittel das Beweisverwertungsverbot hinsichtlich des ersten Beweismittels umgangen würde, ob das zweite Beweismittel auch ohne das erste – unzulässige und verbotene – Bestand hätte oder inwieweit das zweite Beweismittel auf dem ersten aufbaut.[87]

29 **7. Auswahl der Beweismittel; Grundsatz der Unmittelbarkeit der Beweisaufnahme.** Die Freiheit von den Beweisanträgen der Beteiligten (§ 103 Satz 2 SGG) bezieht sich auch auf die **Auswahl des Beweismittels.** Zu den einzelnen Beweismitteln → § 118 Rn. 10. Auch diese steht im **Ermessen** des Gerichts.[88] Ausnahmen finden sich im materiellen Recht,[89] im Prozessrecht in § 109 SGG.

30 Im Hinblick auf den Beweiswert ist kein Beweismittel per se höherrangig (§ 128 Abs. 1 Satz 1 SGG). Das Gericht muss seine rechtlichen Schlüsse aber an konkrete Tatsachen anknüpfen und daher grds. das Beweismittel wählen, das in möglichst direkter Beziehung zu den beweiserheblichen Tatsachen steht (**Grundsatz der Unmittelbarkeit der Beweisaufnahme**; s. auch § 117 SGG).[90] Nur ausnahmsweise dürfen rechtserhebliche Umstände trotz an und für sich bestehender unmittelbarer Aufklärungsmöglichkeiten aufgrund mittelbarer Umstände erschlossen werden, etwa wenn die direkte Feststellung mit unverhältnismäßigen Schwierigkeiten verbunden wäre.[91] Das Gericht kann sich auch die Feststellungen aus einem in das Verfahren eingeführten Strafurteil zu eigen machen, falls die Beteiligten weder substantiierte Einwendungen vortragen noch entsprechende Beweisanträge stellen.[92] Zur Verwertung fremder gerichtlicher oder staatsanwaltschaftlicher Gutachten → § 118 Rn. 18. Ein Verstoß gegen den Grundsatz der Unmittelbarkeit der Beweisaufnahme ist durch rügelose Einlassung (§ 202 Satz 1 SGG iVm § 295 ZPO) heilbar.[93]

31 Der Grundsatz ist insbes. bedeutsam bei Aussagen von **Zeugen** und **Beteiligten,** bei denen es oftmals auf den persönlichen Eindruck ankommt. Die **Verwertung schriftlicher Aussagen** (insbes. Protokolle anderer Gerichte) im Wege des Urkun-

§ 200 Nr. 5); Verletzung von Auskunfts- und Informationsrechten aus der DS-GVO (Erkelenz/Leopold NZS 2019, 926 [931]).

85 BSG 20.7.2010 – B 2 U 17/09 R, SozR 4-2700 § 200 Nr. 2, dabei Anwendung von § 42 Satz 1 SGB X unklar, s. Bieresborn SGb 2011, 408 (411).

86 BSG 11.4.2013 – B 2 U 34/11 R, SozR 4-2700 § 200 Nr. 4.

87 BSG 5.2.2008 – B 2 U 8/07 R, SozR 4-2700 § 200 Nr. 1; krit. BSG 18.1.2011 – B 2 U 5/10 R, SozR 4-2700 § 200 Nr. 3; offen gelassen von BSG 11.4.2013 – B 2 U 34/11 R, SozR 4-2700 § 200 Nr. 4.

88 BSG 11.12.1969 – GS 2/68, BSGE 30, 192 (205).

89 ZB § 33 a Abs. 2 Nr. 2 SGB I: Nachweis des Geburtsdatums durch Urkunde; § 165 Abs. 1 Satz 3, 6 – 8 SGB VI: Nachweis des beitragspflichtigen Einkommens selbstständig Tätiger durch Einkommensteuerbescheid oder Bescheinigung des Finanzamts; § 63 Abs. 2 Satz 1 SGB VII: keine Obduktion, wenn Tod offenkundig keine Folge der Berufskrankheit.

90 BSG 2.6.1987 – 6 RKa 19/86, BSGE 62, 18; BVerwG 28.7.2011 – 2 C 28/10, BVerwGE 140, 199: „materielle Unmittelbarkeit der Beweisaufnahme".

91 BSG 26.10.1989 – 6 RKa 4/89, SozR 1500 § 128 Nr. 40.

92 BFH 4.11.2010 – X S 23/10 (PKH), BFH/NV 2011, 286.

93 BGH 16.10.1963 – IV ZR 17/63, BGHZ 40, 179; BFH 14.1.2002 – IX B 115/01, BFH/NV 2002, 667.

denbeweis steht im Ermessen des Gerichts (§ 118 Abs. 1 SGG iVm § 398 Abs. 1 ZPO).[94] Sie ist zulässig, wenn der Zeuge nicht erreichbar (→ Rn. 16),[95] dauerhaft vernehmungsunfähig ist (→ Rn. 16) oder wenn die Beteiligten zustimmen.[96] Die schriftliche Vernehmung scheidet aber aus, wenn der persönliche Eindruck „unverzichtbar" ist,[97] etwa weil es in besonderem Maße auf die Glaubwürdigkeit des Zeugen ankommt.[98] In diesen Fällen reicht auch die Vernehmung durch den Berichterstatter im Erörterungstermin nicht aus, sondern sie muss in der mündlichen Verhandlung erfolgen.[99] Allgemein gilt, dass der persönliche Eindruck, den andere Richter (früherer Rechtsstreit; Erörterungstermin; mündliche Verhandlung nach Vertagung) gewonnen haben, nur dann verwertbar ist, wenn er protokolliert oder auf sonstige Weise aktenkundig ist und sich die Beteiligten dazu äußern konnten[100] (zur Verwertung von Zeugenaussagen des SG durch das LSG s. auch → § 153 Rn. 20). Hält das Gericht eine persönliche Vernehmung eines ausländischen Zeugen für erforderlich, muss es versuchen, den Zeugen nach Deutschland zu laden.[101] Will das Gericht von der Beurteilung der Glaubwürdigkeit eines Zeugen oder Beteiligten durch ein anderes Gericht, auch der Vorinstanz, abweichen, muss es diesen erneut vernehmen, wenn es auf den persönlichen Eindruck ankommt.[102]

32 Ob Gesundheitsstörungen entstellend wirken, ist nicht durch Sachverständigengutachten, sondern durch **Inaugenscheinnahme** (→ § 118 Rn. 11) der betroffenen Person, nicht nur von Fotos, zu ermitteln.[103]

33 Der Grundsatz der Unmittelbarkeit der Beweisaufnahme hat neben der beweisrechtlichen auch eine datenschutzrechtliche Dimension (→ Rn. 26). Das Erheben von Daten bei Dritten anstelle des Beteiligten selbst ist aber immer dann zulässig, wenn eine höhere Beweiskraft zu erwarten ist oder der Beteiligte einwilligt.[104]

34 **8. Untersuchungsmaxime und medizinisches Sachverständigengutachten. a) Erforderlichkeit eines Sachverständigengutachtens.** Im Sozialgerichtsverfahren geht es oftmals um **medizinische Sachverhalte**, für deren Beurteilung auch erfahrenen Sozialrichtern idR die Sachkunde (→ Rn. 11) fehlt. Daher sind sie auf medizinische Sachverständigengutachten (→ § 118 Rn. 18) angewiesen. Die Sach-

94 BSG 8.8.2001 – B 9 VG 1/01 B, SozR 3-1500 § 117 Nr. 1.
95 BVerwG 25.5.1960 – VIII C 110.59, DVBl. 1960, 731.
96 BVerwG 16.2.1972 – V C 68.70, Buchholz 310 § 86 Abs. 1 VwGO Nr. 93; BSG 15.12.1983 – 12 RK 57/82, SozR 1500 § 117 Nr. 3; krit. Müller in Roos/Wahrendorf § 103 Rn. 21, 30: Beteiligte können nicht disponieren.
97 BVerwG 15.3.2013 – 2 B 12/12.
98 BSG 14.2.2018 – B 14 AS 220/17 B; BSG 12.9.2018 – B 14 AS 414/17 B.
99 BSG 12.9.2018 – B 14 AS 414/17 B.
100 BSG 15.8.2002 – B 7 AL 66/01 R, SozR 3-1500 § 128 Nr. 15 mAnm Hess SGb 2003, 234; 24.2.2004 – B 2 U 316/03 B, SozR 4-1500 § 117 Nr. 1; BVerfG 30.1.2008 – 2 BvR 2300/07, NJW 2008, 2243 (2244).
101 BSG 23.8.2001 – B 13 RJ 59/00 R, SozR 3-2200 § 1248 Nr. 17; krit. Kunze DRV 2002, 360 (364 ff.).
102 BSG 18.2.1988 – 6 RKa 24/87, SozR 2200 § 368 a RVO Nr. 21; BSG 21.10.1998 – B 9 VG 2/97 R, SozR 3-1500 § 128 Nr. 12; BSG 28.11.2007 – B 11a/7 a AL 14/07 R, SozR 4-1500 § 128 Nr. 7 (Beteiligtenvernehmung); BVerfG 22.11.2004 – 1 BvR 1935/03, NJW 2005, 1487.
103 BSG 26.1.1994 – 9 RV 25/93, SozR 3-1750 § 372 Nr. 1.
104 Daher problematisch: LSG BW 13.10.2010 – L 3 AS 1173/10, ZFSH/SGB 2010, 741 (für das Verwaltungsverfahren).

kunde von Ärzten ist idR auf ihr Fachgebiet begrenzt,[105] doch können im Einzelfall „fachübergreifende" Erfahrungen bestehen.[106] Liegen Gutachten aus verschiedenen medizinischen Fachrichtungen vor, ist ein Sachverständiger zusätzlich mit einer „Gesamtbeurteilung" allenfalls dann zu beauftragen, wenn sich die aus der Sicht der Fachgebiete jeweils festgestellten Defizite überschneiden und ggf. potenzieren können.[107] Der gerichtlichen Entscheidung ist der neueste anerkannte Stand des einschlägigen Erfahrungswissens zugrunde zu legen.[108]

35 IdR wird die **schriftliche Begutachtung** (§ 411 ZPO) angeordnet. Es steht aber im Ermessen des Gerichts, ob stattdessen im Termin ein mündliches Gutachten gestattet wird, ohne dass bereits ein schriftliches Gutachten vorliegt (§ 118 Abs. 1 SGG iVm §§ 402, 395 ff. ZPO). Das Gebot rechtlichen Gehörs verlangt dann, dass die Beteiligten den Darlegungen folgen, alle wesentlichen Einzelheiten erfassen, Fragen stellen und Vorhaltungen machen, ggf. sich fachlich beraten lassen und abschließend schriftsätzlich Stellung nehmen können.[109]

36 Einer gerichtlichen Begutachtung werden Grenzen gesetzt durch Vorschriften unterhalb der Gesetzesebene, deren Verbindlichkeit gesetzlich vorgeschrieben ist,[110] die als **antizipierte Sachverständigengutachten** nur eingeschränkt überprüfbare Vorgaben machen[111] oder als **Richtlinien** Konkretisierungen der gesetzlichen Anforderungen im Rahmen der Selbstbindung der Verwaltung Bedeutung erlangen.[112] Sie entbinden aber nicht von der Ermittlungspflicht im Einzelfall, sobald Besonderheiten geltend gemacht werden. Den **(Begutachtungs)Empfehlungen** und **Leit-/Richtlinien** von medizinischer Fachgesellschaften oder sonstigen sachkundigen Stellen kommt nur der Charakter allgemeiner Erfahrungssät-

105 Ockenga SozVers 2003, 118 (121); zur Psychosomatik s. Schneider/Gagel SGb 2003, 492; Richtlinien der Ärztekammer zur Weiterbildung können herangezogen werden, LSG BW 3.8.2017 – L 6 VS 1447/16, ZMGR 2017, 338.

106 BSG 9.4.2003 – B 5 RJ 80/02 B: Rheumatologe zur Beurteilung von Schmerzzuständen; LSG BW 13.12.2012 – L 6 SB 5779/10: Orthopädie und Phlebologie bei Gehfähigkeit; LSG BW 24.10.2013 – L 6 SB 5267/11: Nervenarzt zur Begutachtung von Schmerzen (hierzu allgemein Roller in: Bieresborn, Sachverständigentätigkeit, 2015, S. 356 ff.; Bieresborn SGb 2007, 271); HessLSG 1.2.2002 – L 12/13 RA 1554/00, NZS 2002, 279 – als Psychotherapeut zugelassener Neurologe für das psychosomatische Fachgebiet; Krasney/Udsching, III 94: Chirurgie und Orthopädie.

107 BSG 6.9.2017 – B 5 R 51/17 B; zu ergänzenden Anfragen bei anderem Fachgebiet, wenn Gutachter seine Aussagen ausdrücklich auf sein Fachgebiet begrenzt s. BGH 12.12.2006 – VI ZR 276/05, VersR 2007, 376.

108 BSG 9.5.2006 – B 2 U 1/05 R, SozR 4-2700 § 8 Nr. 17; BSG 24.7.2012 – B 2 U 9/11 R, SozR 4-2700 § 8 Nr. 44; BSG 11.8.2015 – B 9 BL 1/14 R, SozR 4-5921 Art. 1 Nr. 3.

109 BSG 25.8.2005 – B 3 P 16/05 B.

110 Richtlinien des Gemeinsamen Bundesausschusses (§ 91 Abs. 6 SGB V), hierzu: BSG 18.11.2009 – B 1 KR 74/08 B, SozR 4-1500 § 10 Nr. 3.

111 VersMedV; MdE-Tabellen (BSG 20.12.2016 – B 2 U 11/15 R, BSGE 122, 232 = SozR 4-2700 § 56 Nr. 4); Keller SGb 2003, 254 und MedSach 2006, 128; Siefert MedSach 2010, 60.

112 Pflegebedürftigkeits- und Beurteilungsrichtlinien nach § 17 SGB XI, BSG 25.8.2005 – B 3 P 16/05 B; Richtlinien des Bundesausschusses für Ärzte und Krankenkassen, BSG 3.4.2001 – B 1 KR 22/00 R, BSGE 88, 51; nicht Rahmenvereinbarung über den Rehabilitationssport und das Funktionstraining, BSG 17.6.2008 – B 1 KR 31/07 R, SozR 4-2500 § 43 Nr. 1; weitergehend Köhler SGb 2017, 188 zu den Hilfsmittelrichtlinien der Unfallversicherungsträger.

ze zu.[113] Als solche kann ihre gutachtliche Heranziehung geboten sein,[114] wobei immer auch zu fragen ist, ob neue wissenschaftliche Erkenntnisse ihre Überprüfung notwendig machen.[115]

In der Regel enthalten die Verwaltungsakten schon **Gutachten aus dem Verwaltungsverfahren.** Das Gericht kann sich durchaus auf diese stützen.[116] Es muss aber in der Beweiswürdigung (§ 128 Abs. 1 SGG) den geringeren Beweiswert gegenüber einem gerichtlichen Sachverständigengutachten – insbesondere wegen Fehlen von Verantwortlichkeit gegenüber dem Gericht (→ § 118 Rn. 19), Strafandrohung bei Aussagedelikten (§§ 153 ff. StGB), Möglichkeit der Beeidigung (§ 118 Abs. 1 Satz 1 SGG iVm § 410 ZPO), Ablehnungsrecht (→ § 118 Rn. 25 ff.) und Fragerecht (→ § 118 Rn. 35) – berücksichtigen.[117] Ergeben sich weder aus dem Vorbringen der Beteiligten noch aus anderen medizinischen Äußerungen (etwa Befundberichte behandelnder Ärzte) Zweifel an der Schlüssigkeit derartiger Gutachten, so besteht keine Veranlassung, ein gerichtliches Sachverständigengutachten einzuholen.[118] Die bloße nicht substantiierte Behauptung, das Gutachten aus dem Verwaltungsverfahren sei falsch, reicht idR nicht aus, um die Einholung eines gerichtlichen Gutachtens zu veranlassen,[119] anders wenn konkret dargelegt wird, dass von einem Sachverständigen die Beantwortung weiterer, das Beweisthema betreffender Fragen erwartet wird.[120] Gutachten aus anderen Verfahren können verwertet werden (→ § 118 Rn. 18); bei abweichenden Sozialrechtsgebieten ist eine **Übertragbarkeit** der Schlussfolgerung sorgfältig zu prüfen. 37

b) Gerichtliche Auseinandersetzung mit dem Sachverständigengutachten. Prüft das Gericht, ob eine Tatsache durch ein medizinisches Sachverständigengutachten geklärt ist, muss es sich mit den **Einwendungen** eines Beteiligten **gegen ein Gutachten** sorgfältig auseinandersetzen, insbes. wenn dieser ein eigenes (Privat-/Verwaltungs-)Gutachten vorlegt, das im Gegensatz zu den Erkenntnissen des gerichtlichen Sachverständigen steht. Hierzu kann es notwendig sein, den gerichtlichen Sachverständigen um eine ergänzende Stellungnahme zu bitten. Zweifel und Unklarheiten aufgrund unterschiedlicher Bekundungen eines Sachverständigen muss das Gericht durch Befragung des Gutachters klären, es darf sich mangels ausreichender medizinischer Sachkunde **nicht** mit einer **eigenen Interpretati-** 38

---

113 BSG 10.5.2011 – B 4 AS 100/10 R, SozR 4-4200 § 21 Nr. 12, BSG 22.11.2011 – B 4 AS 138/10 R, SozR 4-4200 § 21 Nr. 14 und BSG 14.2.2013 – B 14 AS 48/12 R, SozR 4-4200 § 21 Nr. 15 (Mehrbedarfsempfehlungen des Deutschen Vereins für öffentliche und private Fürsorge; kein antizipiertes Sachverständigengutachten); BSG 23.4.2015 – B 2 U 10/14 R, SozR 4-5671 Anl. 1 Nr. 2108 Nr. 6 (Konsensempfehlungen zur BK 2108; kein antizipiertes Sachverständigengutachten); Siefert MedSach 2010, 60 (62 f.): „wertvolle Arbeitsgrundlage"; Überblick zur Unfallversicherung bei Kranig MedSach 2010, 54.

114 BSG 9.5.2006 – B 2 U 1/05 R, SozR 4-2700 § 8 Nr. 17 (Anerkennung einer psychischen Störung als Unfallfolge); BSG 10.4.2008 – B 3 KR 14/07 R, SozR 4-2500 § 39 Nr. 14 (Krankenhausbehandlungsbedürftigkeit).

115 Hauck in Hauck/Behrend § 103 Rn. 79; Jung SuP 2011, 323.

116 BSG 31.5.1963 – 2 RU 231/62, SozR Nr. 66 zu § 128 SGG; BSG 8.12.1998 – B 2 U 222/98 B, HVBG-Info 1999, 258.

117 BSG 7.5.2019 – B 2 U 25/17 R, für BSGE vorgesehen = SozR 4-2700 § 200 Nr. 5.

118 BSG 15.10.1986 – 5 b RJ 80/85, SozR 1500 § 103 Nr. 24; BSG 14.12.2000 – B 3 P 5/00 R, SozR 3-3300 § 15 Nr. 11, auch zur Stellung des MDK.

119 Krasney/Udsching, III 52; BVerwG 11.2.2004 – 6 B 46/03, NVwZ-RR 2004, 505.

120 BGH 23.4.2002 – VI ZR 180/01, NJW 2002, 2324.

on der Ausführungen über Widersprüche hinwegsetzen.[121] Zum Verfahren bei der Geltendmachung von Einwendungen → § 118 Rn. 33.

39 c) **Zweitgutachten.** Die Einholung eines weiteren gerichtlichen Gutachtens ist immer mit einer längeren Verfahrensdauer, höheren Kosten und einer zusätzlichen Belastung der untersuchten Person verbunden.[122] Allein das Vorliegen sich widersprechender Gutachten zwingt hierzu nicht.[123] Ein „Obergutachten" gibt es im SGG ebenso wenig wie in anderen Verfahrensordnungen.[124] Ein weiteres Gutachten ist nur einzuholen, wenn das Gericht das Gutachten, auch nach einer ergänzenden Stellungnahme des Sachverständigen, **„für ungenügend erachtet"** (§ 118 Abs. 1 SGG iVm § 412 Abs. 1 ZPO).

40 Das ist anzunehmen, wenn die vorhandenen Gutachten grobe Mängel oder unlösbare Widersprüche enthalten oder von unzutreffenden sachlichen Voraussetzungen ausgehen oder Anlass zu Zweifeln an der Sachkunde oder Sachlichkeit des Gutachters geben.[125] Grobe Mängel bestehen etwa, wenn das Gutachten unvollständig (auch im Hinblick auf notwendige Untersuchungen) oder in seiner Argumentation lückenhaft ist, zB sich nicht mit der herrschenden Meinung zu einer umstrittenen Frage auseinandersetzt oder anerkannte Standards[126] für bestimmte Fragestellungen missachtet. Ein psychiatrisches Gutachten ist idR nicht mehr verwertbar, wenn mehr als ein Jahr zwischen Untersuchung und Erstattung liegt.[127] Durch neuen entscheidungserheblichen Sachvortrag der Beteiligten oder durch neue Ermittlungen des Gerichts kann sich die Bedeutung der dem Sachverständigen gestellten Fragen verändern. Anlass für ein weiteres Gutachten kann auch sein, dass ein anderer Sachverständiger über neue oder überlegenere Forschungsmittel verfügt.[128]

41 Will das Gericht ein neues Gutachten einholen, weil es das bisherige für unschlüssig hält, kann es dies auch **ohne ergänzende Stellungnahme** des bisherigen Sachverständigen tun. Das gilt auch, wenn das bisherige Gutachten ein solches nach § 109 SGG ist.[129]

42 **9. Beweislast.** Die Beteiligten haben zwar keine Beweisführungspflicht. Sie trifft aber die Beweislast (objektive Beweislast, Feststellungslast, → § 128 Rn. 17), die die Folgen regelt, wenn eine erhebliche Tatsache nach Ausschöpfung aller Erkenntnismittel, also nach Erfüllung der Voraussetzungen des § 103 SGG, nicht festgestellt werden kann (non liquet).

43 Jeder Beteiligte trägt die Beweislast für das Vorliegen der tatsächlichen Voraussetzungen der Normen (Anspruchsgrundlagen; Ausnahmevorschriften = Ge-

121 BGH 27.3.2001 – VI ZR 18/00, NJW 2001, 2791; BGH 12.1.2011 – IV ZR 190/08, VersR 2011, 552.
122 Krasney SGb 1999, 105 (107).
123 BSG 16.2.2017 – B 9 V 48/16 B; vgl. Steiner MedSach 2010, 245 (253): oftmals Verlegenheitslösung.
124 BSG 17.11.2003 – B 3 P 23/03 P; BSG 23.5.2006 – B 13 RJ 272/05 B.
125 BSG 12.12.2003 – B 13 RJ 179/03 B, SozR 4-1500 § 160 a Nr. 3; BSG 3.2.2020 – B 13 R 295/18 B; vgl. auch Bonnermann SGb 1995, 53 (58 f.); Bonnermann SGb 2002, 262 (263); Ockenga SozVers 2003, 118 (124 f.); Becker MedSach 2008, 85 (88); Keller ASR 2009, 139 (141).
126 Becker MedSach 2006, 74 (76); vgl. BSG 13.12.2005 – B 1 KR 21/04 R, SozR 4-2500 § 18 Nr. 5 (generelle Tatsachen; Einbeziehung ausländischer Erkenntnisse).
127 LSG BW 27.3.2014 – L 6 U 4001/13.
128 BSG 17.2.1994 – 13 RJ 45/93, SozR 3-2200 § 1246 Nr. 44.
129 BSG 7.12.1998 – B 2 U 269/98 B, HVBG-Info 1999, 1371.

gennormen/Einwendungen; Rückausnahmen), **auf die er sich beruft.**[130] Auf die zufällige Beteiligtenstellung im Gerichtsverfahren kommt es ebenso wenig an wie auf die Klageart.[131] Teilweise sieht das Gesetz Tatsachenvermutungen vor (zB § 7 Abs. 3 a SGB II, § 120 Abs. 3 Satz 2 SGB III, § 9 Abs. 3 SGB VII; bestimmte Berufskrankheiten).[132] Ansonsten sind Gegennormen oftmals an Formulierungen wie „außer", „es sei denn" zu erkennen.

Besonderheiten zur Beweislast können ihre Grundlage auch im Prozessrecht (zB Beweislasterleichterungen bei Beweisvereitelung → Rn. 22) haben. Die durch den anderen Teil nicht verursachte Beweisnot rechtfertigt grundsätzlich keine Beweiserleichterungen,[133] anders bei engem Zusammenhang mit dem versicherten Risiko.[134] Liegen Umstände in der persönlichen Sphäre oder Verantwortungssphäre eines Beteiligten, kann diese **besondere Beweisnähe** zu einer Beweislastumkehr führen.[135] Einen Grundsatz „Im Zweifel für den Versicherten" gibt es im Sozialrecht nicht.[136] 44

10. Verstoß gegen die Untersuchungsmaxime. Der Verstoß gegen die Untersuchungsmaxime liegt vor, wenn sich das Tatsachengericht von seinem sachlichrechtlichen Standpunkt aus hätte **gedrängt fühlen müssen**, weitere Ermittlungen anzustellen.[137] Dies ist der Fall, wenn Fragen zum tatsächlichen und medizinischen Sachverhalt aus der rechtlichen Sicht des Gerichts erkennbar offengeblieben sind und damit zu einer weiteren Aufklärung des Sachverhalts zwingende Veranlassung besteht.[138] Eine Heilung nach § 202 Satz 1 SGG iVm § 295 ZPO erfolgt nicht schon durch die fehlende Rüge der Sachverhaltsaufklärung.[139] Der Verstoß stellt einen wesentlichen Verfahrensmangel dar (vgl. aber § 160 Abs. 2 Nr. 3 SGG). 45

§ 104 [Mitteilung der Klageschrift, Gegenäußerung]

[1]Der Vorsitzende übermittelt eine Abschrift der Klage an die übrigen Beteiligten; in Verfahren nach dem Siebzehnten Titel des Gerichtsverfassungsgesetzes wegen eines überlangen Gerichtsverfahrens ist die Klage zuzustellen. [2]Zugleich mit der Zustellung oder Mitteilung ergeht die Aufforderung, sich schriftlich zu äußern; § 90 gilt entsprechend. [3]Für die Äußerung kann eine Frist gesetzt werden, die nicht kürzer als ein Monat sein soll. [4]Die Aufforderung muß den Hinweis enthalten, daß auch verhandelt und entschieden werden kann, wenn die Äußerung nicht innerhalb der Frist eingeht. [5]Soweit das Gericht die Übersendung von Verwaltungsakten anfordert, soll diese binnen eines Monats nach Eingang der Aufforderung bei dem zuständigen Verwaltungsträger erfolgen. [6]Die Übersendung einer beglaubigten

---

130 BSG 26.11.1992 – 7 RAr 38/92, BSGE 71, 256 (260); BSG 29.1.1997 – 5 RJ 52/94, BSGE 80, 41 (43); BSG 2.12.2008 – B 2 U 26/06 R, SozR 4-2700 § 8 Nr. 29.
131 BVerwG 25.3.1964 – VI C 150.62, DVBl. 1964, 759.
132 BSG 30.1.2007 – B 2 U 15/05 R, SozR 4-5671 Anl. 1 Nr. 4104 Nr. 2; Einzelfälle bei Schmidt in Meyer-Ladewig/Keller/Leitherer/Schmidt § 103 Rn. 19 b.
133 BSG 28.6.2000 – B 9 VG 3/99 R, SozR 3-3900 § 15 Nr. 3; BSG 18.5.2006 – B 9 a V 2/05 R, SozR 4-3100 § 1 Nr. 3.
134 BSG 12.6.1990 – 2 RU 58/89, HVBG-Info 1990, 2064: unfallbedingte Erinnerungslücken bei Arbeitsunfall.
135 BSG 24.5.2006 – B 11 a AL 7/05 R, SozR 4-4220 § 6 Nr. 4; BSG 21.3.2007 – B 11 a AL 21/06 R.
136 BSG 22.6.1988 – 9/9 a BVg 4/87, SozR 1500 § 128 Nr. 35; Steiner NZS 2012, 41 (42).
137 St. Rspr., s. nur BSG 23.7.2015 – B 2 U 78/15 B, SozR 4-1920 § 52 Nr. 16; BSG 18.11.2015 – B 9 V 1/14 R, SozR 4-3800 § 1 Nr. 22.
138 BSG 27.3.2014 – B 9 V 69/13 B.
139 BSG 29.10.1958 – 3 RJ 244/55, SozR Nr. 31 zu § 103 SGG.

Abschrift oder einer beglaubigten elektronischen Abschrift, die mit einer qualifizierten elektronischen Signatur des zuständigen Verwaltungsträgers versehen ist, steht der Übersendung der Originalverwaltungsakten gleich, sofern nicht das Gericht die Übersendung der Originalverwaltungsakten wünscht.

I. Allgemeines/Normzweck

1 **1. Gesetzesentstehung.** Durch das Justizkommunikationsgesetz vom 22.3.2005 (BGBl. 2005 I 837) ist in Satz 1 das Wort „übergeben" in „übermittelt" geändert, durch das Gesetz zur Änderung des Sozialgerichtsgesetzes und des Arbeitsgerichtsgesetzes vom 26.3.2008 (BGBl. 2008 I 444) sind mit Wirkung zum 1.4.2008 der letzte Hs. des Satzes 2 und die Sätze 5 und 6 eingefügt worden. Durch das Gesetz zur Änderung des Sachverständigenrechts und zur weiteren Änderung des Gesetzes über das Verfahren in Familiensachen und in den Angelegenheiten der freiwilligen Gerichtsbarkeit sowie zur Änderung des Sozialgerichtsgesetzes, der Verwaltungsgerichtsordnung, der Finanzgerichtsordnung und des Gerichtskostengesetzes vom 11.10.2016 (BGBl. 2016 I 2222) ist mit Wirkung vom 15.10.2016 an Satz 1 ein weiterer Halbsatz angefügt worden (→ Rn. 7). Das Gesetz zur Einführung der elektronischen Akte in der Justiz und zur weiteren Förderung des elektronischen Rechtsverkehrs vom 5.7.2017 (BGBl. 2017 I 2208) hat mit Wirkung vom 1.1.2018 in Satz 6 die Wörter „oder einer beglaubigten elektronischen Abschrift, die mit einer qualifizierten elektronischen Signatur des zuständigen Verwaltungsträgers versehen ist," eingefügt.[1]

2 **2. Normzweck.** Die Übermittlung der Abschrift der Klageschrift (§ 93 SGG) an die übrigen Beteiligten ist der erste Schritt, ihnen **rechtliches Gehör** (§ 62 SGG) zu gewähren. § 104 SGG gilt in modifizierter Form (kürzere Äußerungsfrist) entsprechend beim Eilrechtsschutz sowie entsprechend in den Rechtsmittelinstanzen für die Übersendung der Rechtsmittelschrift (§ 153 Abs. 1, § 165 SGG).

3 **3. Parallelvorschriften.** Die Parallelvorschriften in den anderen Verfahrensordnungen sind § 85 VwGO, § 71 Abs. 1 FGO, § 271 Abs. 1, § 498 ZPO.

II. Übermittlung der Klageschrift

4 Auch die Abschriften (zur Vorlagepflicht s. § 93 SGG) offensichtlich unzulässiger oder unbegründeter Klagen sind zu übersenden. Eine Ausnahme bei erkennbar Prozessunfähigen[2] findet im Gesetz keine Stütze. Der Beklagte hat ein Interesse, auch von solchen Klagen Kenntnis zu erlangen. Außerdem kommt die Bestellung eines besonderen Vertreters (§ 72 SGG) in Frage, was idR nicht unmittelbar nach Klagerhebung feststeht.

5 Die Übermittlung ist vom **Vorsitzenden**, nicht vom Urkundsbeamten der Geschäftsstelle, zu verfügen; die Übertragung auf den Berichterstatter ist zulässig (§§ 155, 165 SGG). Der Vorsitzende kann damit zugleich vorbereitende Maßnahmen (§ 106 SGG) prüfen. Der Beklagte soll aber zügig von der Klage in

1 BT-Drs. 18/12203, 85 zu Art. 18 Nr. 6, Nr. 4; BT-Drs. 18/9416, 59 zu Art. 1 Nr. 11.
2 AA Kummer in Peters/Sautter/Wolff § 104 Rn. 12; Müller in Roos/Wahrendorf § 104 Rn. 10: es wird kein Prozessrechtsverhältnis begründet.

Kenntnis gesetzt werden, insbes. damit er nicht irrig von der Bestandskraft des VA (§ 77 SGG) ausgeht. Fordert der Vorsitzende den Kläger unmittelbar zur Ergänzung oder Klarstellung seines Vortrags auf, sollte er daher zeitgleich die Klageschrift an den Beklagten übersenden.[3] Möglich ist es, die Übersendung mit der Terminsbestimmung (§ 110 SGG) zu verbinden.

Die Abschrift ist an die im Zeitpunkt der Übersendung vorhandenen **übrigen Beteiligten** zu übermitteln; bei Beigeladenen also nur, wenn die Beiladung zugleich erfolgt (§ 106 Abs. 3 Nr. 6 SGG; bei späterer Beiladung nur Information im Rahmen des § 75 Abs. 3 Satz 2 SGG). Bei mehreren Beteiligten erhält jeder eine Abschrift. Bezeichnet die Klageschrift die übrigen Beteiligten nicht korrekt, ist dies von Amts wegen, uU nach ergänzender Rückfrage beim Kläger, zu berichtigen. 6

Die Übermittlung der Klageschrift erfolgt nach Ermessen des Gerichts **formlos** (auch Übergabe möglich)[4] oder durch **Zustellung.** Bei Entschädigungsklagen wegen einer überlangen Verfahrensdauer (§ 198 GVG) ist die Zustellung nach Satz 1 Hs. 2 zwingend, um die notwendige Rechtshängigkeit zu bewirken (zum Hintergrund → § 94 Rn. 12). 7

§ 104 SGG ist eine bloße Ordnungsvorschrift, deren Verletzung mit der Revision nicht gerügt werden kann.[5] Bei unterbliebener Übermittlung der Klageschrift liegt eine Verletzung des Grundsatzes rechtlichen Gehörs (§ 62 SGG) nur dann vor, wenn die anderen Beteiligen nicht auf andere Weise vom Inhalt der Klageschrift Kenntnis erlangt haben. 8

III. Aufforderung zur Äußerung

Die **Aufforderung** nach § 104 Satz 2 SGG, sich zur Klageschrift **zu äußern,** ergeht an den Beklagten, grds. nicht auch an die Beigeladenen, doch muss allen Beteiligten spätestens in der mündlichen Verhandlung rechtliches Gehör (§ 62 SGG) gewährt werden.[6] Die Aufforderung ist entgegen dem Wortlaut nicht zwingend. Wenn das Vorbringen des Klägers ein (vollumfängliches) Eingehen der Beteiligten (noch) nicht sinnvoll macht, etwa weil es nicht substantiiert ist, sollte eine Äußerung anheim gestellt oder die Aufforderung mit konkreten Hinweisen des Gerichts verbunden werden, inwieweit eine Stellungnahme erwünscht wird. Die Beteiligten sind aufzufordern, sich **„schriftlich"** oder zu Protokoll der Geschäftsstelle (§ 90 SGG) zu äußern. Zur elektronischen Form s. § 65 a SGG. 9

Ins Ermessen („kann") des Vorsitzenden gestellt ist die **Fristsetzung** zur Äußerung; die Frist sollte nicht kürzer als ein Monat sein (§ 104 Satz 3 SGG). Die Frist ist keine Ausschlussfrist, die Präklusionsvorschrift des § 296 ZPO gilt nicht entsprechend (s. aber § 106 a, § 157 a SGG). Wird keine Frist gesetzt, ist das Gericht aber auch sonst nicht durch Ermittlungen, Hinweise oder in sonstiger Weise tätig, kann das Anlass für eine Verzögerungsrüge (§ 198 Abs. 3 GVG) sein.[7] Auf Antrag ist Verkürzung oder Verlängerung der Frist möglich (§ 65 SGG). Äu- 10

3 AA Kummer in Peters/Sautter/Wolff § 104 Rn. 14: vor Übermittlung der Klageschrift an Kläger wenden.
4 Kummer in Peters/Sautter/Wolff § 104 Rn. 7; auch wenn Frist nach § 104 Abs. 3 SGG gesetzt, s. einschränkende Auslegung des § 63 Abs. 1 Satz 1 SGG; Müller in Roos/Wahrendorf § 104 Rn. 13.
5 BSG 30.8.1955 – 7 RAr 17/54, BSGE 1, 126 (130).
6 W.-R. Schenke in Kopp/Schenke § 85 Rn. 5.
7 AA Müller in Roos/Wahrendorf § 104 Rn. 13.

ßerungen sind bis zur Schließung der mündlichen Verhandlung (§ 121 Satz 1 SGG) zu berücksichtigen.

11 Ist die Beklagte eine Behörde, fordert das Gericht im Regelfall die **Verwaltungsakten** an. Die Behörde kann sich dabei auf den Teil beschränken, der zeitlich den Streitgegenstand betrifft. § 104 Satz 5 SGG sieht eine Sollfrist von einem Monat vor, deren Verletzung unmittelbar nicht sanktioniert werden kann.[8] Die Behörde kann, wenn das Gericht nicht ausdrücklich die Originalakten anfordert („wünscht" = pflichtgemäßes Ermessen des Gerichts),[9] stattdessen beglaubigte Abschriften übersenden. Existieren die Akten nur **in elektronischer Form** (vgl. § 6 Satz 1 EGovG), scheidet die Übersendung von „Originalakten" aus, so dass ohnehin nur eine Abschrift in Frage kommen. Erfolgt die Abschrift in elektronischer Form, bedarf es nach § 105 Satz 6 SGG einer Beglaubigung mittels qualifizierter elektronischer Signatur des zuständigen Verwaltungsträgers. § 65 a SGG ist, wenn nicht unmittelbar,[10] so jedenfalls entsprechend anwendbar. Zur Akteneinsicht s. §§ 119, 120 SGG.

12 Ohne den **Hinweis** nach § 104 Satz 4 SGG darf nicht verhandelt oder entschieden werden.

13 Wird keine Gelegenheit zur Äußerung gegeben, hierfür eine zu kurze Frist eingeräumt oder werden Fristverlängerungen unberechtigt abgelehnt und dies nicht im späteren Verfahren geheilt, ist der Grundsatz rechtlichen Gehörs (§ 62 SGG) verletzt.

14 Äußern sich die übrigen Beteiligen nicht auf die Klageschrift, hat dies für das Verfahren keine unmittelbaren Folgen; das Gericht erzwingt die Äußerung nicht. Zum Inhalt der Äußerung s. § 108 SGG.

§ 105 [Gerichtsbescheid]

(1) [1]Das Gericht kann ohne mündliche Verhandlung durch Gerichtsbescheid entscheiden, wenn die Sache keine besonderen Schwierigkeiten tatsächlicher oder rechtlicher Art aufweist und der Sachverhalt geklärt ist. [2]Die Beteiligten sind vorher zu hören. [3]Die Vorschriften über Urteile gelten entsprechend.

(2) [1]Die Beteiligten können innerhalb eines Monats nach Zustellung des Gerichtsbescheids das Rechtsmittel einlegen, das zulässig wäre, wenn das Gericht durch Urteil entschieden hätte. [2]Ist die Berufung nicht gegeben, kann mündliche Verhandlung beantragt werden. [3]Wird sowohl ein Rechtsmittel eingelegt als auch mündliche Verhandlung beantragt, findet mündliche Verhandlung statt.

(3) Der Gerichtsbescheid wirkt als Urteil; wird rechtzeitig mündliche Verhandlung beantragt, gilt er als nicht ergangen.

(4) Wird mündliche Verhandlung beantragt, kann das Gericht in dem Urteil von einer weiteren Darstellung des Tatbestandes und der Entscheidungsgründe abse-

8 Möglichkeiten des Gerichts aber: Terminierung und Verschuldenskosten nach § 192 Abs. 1 Nr. 1 SGG, Präklusion nach § 106 a Abs. 2 Satz 1 Nr. 2 SGG, Berücksichtigung nach Beweislastkriterien, Müller in Roos/Wahrendorf § 104 Rn. 17 und NZS 2014, 929 (930).

9 Kummer in Peters/Sautter/Wolff § 104 Rn. 40.

10 Müller NZS 2014, 929 (930 f.); Müller ASR 2019, 134, 139. Die Gesetzesbegründung des SGGArbGGÄndG (BT-Drs. 16/7716, 20) sieht die Pflicht zur Vorlage eines vollständigen Ausdrucks der Akte vor, was aber jedenfalls seit Einführung des elektronischen Rechtsverkehrs überholt ist. Es handelt sich um keine bloße Anlage zu einem Schriftsatz, so dass § 65 a SGG keine Anwendung findet, so Müller in Roos/Wahrendorf § 104 Rn. 16.

hen, soweit es der Begründung des Gerichtsbescheids folgt und dies in seiner Entscheidung feststellt.

I. Allgemeines/Normzweck

1. Gesetzesentstehung. Die durch Gesetz vom 11.1.1993 (BGBl. 1993 I 50) zum 1.3.1993 eingefügte und seit 1.3.1998 unbefristend geltende (Gesetz vom 30.3.1998, BGBl. 1998 I 638) Regelung ersetzte den früher in § 105 SGG geregelten **Vorbescheid.** 1

2. Normzweck. Die Regelung dient der schnelleren und leichteren Erledigung einfacher Fälle und damit der Beschleunigung des Verfahrens. **Verfassungsrechtliche** Bedenken (Art. 19 Abs. 4, Art. 101 Abs. 1 Satz 2 GG, Art. 103 Abs. 1 GG)[1] oder solche aus Art. 6 Abs. 1 Satz 2 **EMRK**[2] bestehen **nicht.** 2

3. Parallelvorschriften. Vergleichbare Regelungen in den anderen öffentlich-rechtlichen Prozessordnungen sind § 84 VwGO und § 90 a FGO; die ZPO kennt den Gerichtsbescheid nicht. 3

II. Der Gerichtsbescheid als Ersatz für das Urteil

1. Voraussetzungen. Für den Erlass eines Gerichtsbescheids gelten die nachfolgenden Voraussetzungen: 4

(1) § 105 SGG findet nur **im erstinstanzlichen Verfahren** Anwendung (§ 153 Abs. 1, § 165 Abs. 1 SGG), also faktisch nur vor dem SG, da das Fehlen besonderer Schwierigkeiten (s. u.) in den erstinstanzlichen Verfahren vor dem LSG[3] oder vor dem BSG[4] selten angenommen werden kann.

1 Vgl. BVerwG 25.7.1985 – 3 C 35.84, BVerwGE 72, 59 (61); Kummer in Peters/Sautter/Wolff § 105 Rn. 102 ff.; Bienert SGb 2014, 365 f.

2 BVerwG 2.8.1995 – 9 B 303.95, DVBl. 1996, 105.

3 § 29 Abs. 2 bis 4 SGG (LSG Bln-Bbg 5.1.2018 – L 9 KR 443/15 KL); in § 55 a Abs. 5 Satz 1 SGG besteht eine Sonderregelung (Entscheidung durch Urteil oder Beschluss); § 2 Abs. 7 Satz 2 des Gesetzes zur Regelung von Vermögensfragen der Sozialversicherung im Beitrittsgebiet vom 20.12.1991, BGBl. 1991 I 2313; § 202 Satz 2 SGG iVm § 198 GVG (Entschädigungsklagen wegen überlanger Verfahrensdauer; Gerichtsbescheid grds. möglich, vgl. BSG 17.12.2014 – B 10 ÜG 2/14 KL, SozR 4-1500 § 169 Nr. 1, BSG 12.2.2015 – B 10 ÜG 8/14 B, SozR 4-1720 § 198 Nr. 8; krit. Stotz jurisPR-SozR 17/2015 Anm. 3 im Hinblick auf Art. 6 Abs. 1 EMRK [Anspruch auf öffentliche Verhandlung]; nach der Gesetzesbegründung kommt ein Gerichtsbescheid idR nicht in Betracht, BT-Drs. 17/3802, 25). Die erstinstanzliche Zuständigkeit des LSG für Bescheide, die nach § 153 Abs. 1 iVm § 96 SGG Streitgegenstand geworden sind, reicht wegen des engen Bezugs zum Beschwerdegegenstands des Berufungsverfahrens nicht aus, Hauck in Hauck/Behrend § 105 Rn. 23.

4 § 39 Abs. 2 SGG, § 146 Abs. 6 SGB III.

(2) Es ist an sich durch **Urteil**, auch Teil- oder Zwischenurteil (§ 130 Abs. 2 SGG)[5] zu entscheiden. Verfahren, die mit Beschluss (§§ 73 a, 86 b SGG) oder der Aufnahme eines Protokolls (§ 76 SGG) enden, scheiden daher aus.

(3) Die Sache weist zum Zeitpunkt der Entscheidung durch Gerichtsbescheid **„keine besonderen Schwierigkeiten rechtlicher oder tatsächlicher Art"** auf. Besondere Schwierigkeiten sind überdurchschnittliche Schwierigkeiten. Ein hoher Arbeitsaufwand des Gerichts macht die Sache noch nicht besonders schwierig.[6] Schwierigkeiten **rechtlicher Art** liegen bei grds. Bedeutung der Rechtssache (§ 144 Abs. 2 Satz 1, § 160 Abs. 2 Nr. 1, § 161 Abs. 2 SGG)[7] oder der Abweichung von der hM vor, idR auch bei der Auslegung einer neuen und den Rechtszustand abweichend regelnden Vorschrift, zu der es noch keine Rechtsprechung des BSG gibt.[8] Ein Gerichtsbescheid ist unzulässig, wenn entweder das SG „subjektiv" von besonderen Schwierigkeiten ausgeht[9] oder diese objektiv vorliegen.[10] Schwierigkeiten **tatsächlicher Art** liegen zB vor, wenn der Sachverhalt schwer überschaubar ist, so dass es einer mündlichen Erörterung hierzu bedarf, oder die Beweiswürdigung anspruchsvoll ist (widersprechende Gutachten).

(4) Der Sachverhalt muss iSd § 103 SGG **„geklärt"** sein (Spruchreife). Dies fehlt, wenn der Streitgegenstand oder der Klageantrag (→ § 106 Rn. 8) unklar ist oder ein säumiger Beteiligter seiner Mitwirkungspflicht (→ § 103 Rn. 18) noch in der mündlichen Verhandlung, ggf. bei Anordnung des persönlichen Erscheinens (§ 111 SGG), nachkommen kann.[11] Die Klärung kann durch eine vorherige Beweisaufnahme (§ 106 SGG) erfolgen. Gerade wenn ein gerichtliches Gutachten mit eindeutiger Aussage vorliegt, bietet sich oft die Ankündigung eines Gerichtsbescheids an. Dass bereits eine mündliche Verhandlung stattgefunden hat, steht dem Erlass eines Gerichtsbescheids nicht entgegen.[12] Wird ein nicht offensichtlich sachfremder Beweis angeregt, ist es notwendig, aber auch ausreichend, sich hiermit zumindest im Gerichtsbescheid auseinander zu setzen.[13] Auch eine Entscheidung nach § 131 Abs. 5 SGG kann durch Gerichtsbescheid erfolgen; dann sind die Anforderungen an die Spruchreife entsprechend zu modifizieren.[14]

---

5 Kummer in Peters/Sautter/Wolff § 105 Rn. 18–20.
6 Schmidt in Meyer-Ladewig/Keller/Leitherer/Schmidt § 105 Rn. 6 a.
7 BSG 16.3.2006 – B 4 RA 59/04, SozR 4-1500 § 105 Nr. 1 (Zulassung der Sprungrevision im Gerichtsbescheid; anders bei nachträglicher Zulassung durch Beschluss, BSG 21.8.2008 – B 13 RJ 44/05 R, SozR 4-2600 § 96 a Nr. 12); SächsLSG 29.3.2007 – L 3 AS 101/06, ZFSH/SGB 2007, 403 (Berufungszulassung); aA Kühl in Breitkreuz/Fichte § 105 Rn. 3 (Auslegung einer Norm nicht besonders schwierig, lediglich umstritten und nicht höchstrichterlich geklärt).
8 BSG 30.8.2001 – B 4 RA 87/00 R, SozR 3-5050 § 22 b Nr. 1; LSG Bln-Bbg 25.4.2013 – L 8 AL 321/10.
9 LSG BW 18.1.2011 – L 13 AS 4814/10, unter Hinweis auf BSG 18.5.2010 – B 7 AL 43/08 R (zu § 155 Abs. 3, 4 SGG).
10 BayLSG 25.6.2004 – L 18 V 8/04, Breith. 2005, 221.
11 Roller SGb 2010, 636 (638); enger Hauck in Hauck/Behrend § 105 Rn. 34: Gericht weist auf Folgen unterlassener Mitwirkung hin und erklärt, dass es von der Klärung des Sachverhalts ausgeht.
12 AllgM; aA Bley in SGB-SozVers-GesKomm, § 105 Anm. 2 b.
13 SchlHLSG 28.6.2000 – L 8 U 77/99, E-LSG U-130.
14 LSG RhPf 4.1.2006 – L 6 SB 197/05; LSG BW 21.10.2015 – L 5 R 4256/13.

(5) Ob das Gericht durch Gerichtsbescheid entscheidet, steht in seinem, nur beschränkt überprüfbaren (→ Rn. 21) **Ermessen** („kann"). Maßgebliche Gesichtspunkte sind das hinreichend zu gewährende rechtliche Gehör und die höhere Richtigkeitsgewähr von Entscheidungen von Kollegialgerichten (Hinzuziehung der ehrenamtlichen Richter).[15] Der gesetzliche Regelfall ist die Entscheidung durch Urteil unter der durch Art. 101 Abs. 1 Satz 2 GG geschützten Mitwirkung der ehrenamtlichen Richter (§ 3, § 12 Abs. 1 Satz 1 SGG). Daher ist die in Einzelfällen auftretende Praxis bedenklich, zunächst im Erörterungstermin eine unstreitige Einigung zu suchen, bei deren Scheitern im Einverständnis mit den Beteiligten durch Gerichtsbescheid zu entscheiden und durch Urteil nur noch in Verfahren, in denen ein Antrag nach § 105 Abs. 2 SGG droht. Bei behinderungsbedingten Kommunikationsproblemen reduziert Art. 13 Abs. 1 UN-BRK (Zugang zur Justiz) das Ermessen regelmäßig dahin, von einem Gerichtsbescheid abzusehen, jedenfalls, wenn der Kläger ausdrücklich eine mündliche Verhandlung begehrt.[16] Eine schnelle Beendigung des Verfahrens durch Gerichtsbescheid kann aber für die Beteiligten akzeptabler sein, als ein Urteil nach einer spät terminierten mündlichen Verhandlung. Vergeht nach der Anhörung nach § 105 Abs. 1 Satz 2 SGG viel Zeit,[17] steht die offensichtliche Vereitelung des Beschleunigungseffekts dem Erlass eines Gerichtsbescheids entgegen. Allein der Umstand, dass der Erlass eines Gerichtsbescheids das LSG daran hindert, ohne mündliche Verhandlung durch Beschluss zu entscheiden (§ 153 Abs. 4 SGG), ist für das SG kein Grund, von der gesetzlich vorgesehenen Entlastungsmöglichkeit des § 105 SGG nur zurückhaltend Gebrauch zu machen. 5

2. Verfahren. a) **Allgemeines.** Für das Verfahren gelten die allgemeinen Vorschriften über Urteile, sofern § 105 Abs. 1 SGG nichts anderes bestimmt (§ 105 Abs. 1 Satz 3 SGG). Bei der Entscheidung, ob ein Gerichtsbescheid erlassen werden soll, wirken die ehrenamtlichen Richter nicht mit (§ 12 Abs. 1 Satz 2 SGG). 6

b) Anhörung; rechtliches Gehör. Die Beteiligten sind zur Absicht des Gerichts zu hören, durch Gerichtsbescheid zu entscheiden (§ 105 Abs. 1 Satz 2 SGG). Alle Beteiligten sind anzuhören, unabhängig davon, ob sie von der abschließenden Entscheidung des Gerichts belastet werden oder nicht.[18] Der Hinweis ist konkret und fallbezogen zu geben, nicht nur allgemein und formularmäßig. Bei nicht rechtskundig vertretenen Beteiligten genügt es idR nicht, wenn lediglich mitgeteilt wird, es komme „eine Entscheidung nach § 105 SGG in Betracht".[19] Sie sind darauf hinzuweisen, dass sie sich sowohl in der Sache äußern als auch Bedenken gegen den Wegfall der mündlichen Verhandlung vorbringen können.[20] Über die allgemeinen Hinweispflichten hinaus (→ Rn. 11) besteht keine Ver- 7

15 Bienert SGb 2014, 365 (369); Müller in Roos/Wahrendorf § 105 Rn. 19 (inbes. bei besonderer Sachkunde, zB gem. § 12 Abs. 3 SGG).
16 Roller SGb 2016, 17 (22); vgl. auch BSG 24.5.2012 – B 9 SB 14/11 B, SozR 4-1500 § 153 Nr. 14.
17 Vgl. SchlHLSG 26.6.2000 – L 8 RA 18/00, NZS 2001, 167: 22 Monate nach Anhörung, 16 Monate nach Eingang des letzten Schriftsatzes.
18 LSG Nds-Brem 27.2.2003 – L 10 RJ 49/02.
19 BSG 20.10.1999 – B 9 SB 4/98 R, SozR 3-1500 § 153 Nr. 8.
20 BSG 7.11.2000 – B 2 U 14/00 R, HVBG-Info 2000, 3386 zu § 153 SGG.

pflichtung, die Rechtsauffassung des Gerichts mitzuteilen[21] oder sich inhaltlich mit dem Vorbringen des Beteiligten auseinanderzusetzen.[22] Das Einverständnis mit einer Entscheidung ohne mündliche Verhandlung (§ 124 Abs. 2 SGG) macht die Anhörung nicht entbehrlich.[23]

8 Der Hinweis kann in einem Erörterungstermin (§ 106 Abs. 3 Nr. 7 SGG) gegeben werden. IdR erfolgt er aber schriftlich (**Anhörungsmitteilung**). Die Verfügung über die Übersendung der Anhörungsmitteilung muss vom Vorsitzenden verfügt und mit vollem Namen unterzeichnet werden (nicht nur Paraphe); die Ausfertigung/beglaubigte Abschrift muss durch Wiedergabe des vollen Namens des Richters erkennen lassen, dass sie von ihm stammt.[24] Sinnvoll ist es, den Hinweis mit einer angemessenen (idR 1 Monat)[25] **Äußerungsfrist** zu verbinden. Vor Ablauf der Frist darf das Gericht nicht entscheiden,[26] es sei denn, die Beteiligten haben sich zuvor (etwa in einem Erörterungstermin) abschließend geäußert. Die Frist kann nach § 65 Satz 1 SGG verlängert werden. Schriftsätze nach Ablauf der Äußerungsfrist sind bis zur Übergabe des Gerichtsbescheids zur Zustellung an die Geschäftsstelle zu berücksichtigen.[27]

9 Das Gesetz schreibt keine **Zustellung** (§ 63 Abs. 2 und 3 SGG) der Anhörungsmitteilung vor,[28] wenn diese mit keiner Fristsetzung verbunden ist (§ 63 Abs. 1 Satz 1 SGG). Doch muss der Zugang in den Akten nachgewiesen werden können.[29] Daher ist die Zustellung **zweckmäßig** und in der Praxis gängig.

10 Allein, dass bis zum Erlass des Gerichtsbescheids ein erheblicher Zeitraum verstrichen ist, verpflichtet nicht zur Wiederholung.[30] Will das Gericht entgegen der Ankündigung doch aufgrund mündlicher Verhandlung entscheiden, bedarf es **keiner „Aufhebung“** der Anhörungsmitteilung. Hat es nach der Anhörungsmitteilung doch Termin zur mündlichen Verhandlung bestimmt, diesen dann aber wieder aufgehoben, muss erneut angehört werden.[31]

11 Äußert sich ein Beteiligter auf die Anhörungsmitteilung, muss das Gericht hierauf nicht reagieren und etwa mitteilen, wie es den neuen Vortrag würdigt.[32] Der Hinweis ist nur zu **wiederholen**, wenn sich die Prozesssituation entscheidungserheblich ändert. Das ist etwa der Fall, wenn nach Zugang der Anhörungsmittei-

---

21 LSG Hmb 12.2.2013 – L 3 VE 4/12; Kummer in Peters/Sautter/Wolff § 105 Rn. 28; Burkiczak BayVBl. 2008, 556; weitergehend LSG NRW 7.11.2001 – L 10 SB 50/01, HVBG-Info 2003, 3051: Gericht muss idR ankündigen, wie es zu entscheiden beabsichtigt; vermittelnd Bienert SGb 2014, 365 (370): Tendenz ankündigen, falls nicht zuvor schon Hinweis gegeben.

22 BSG 8.3.2016 – B 13 R 317/15 B (zu § 153 Abs. 4 SGG).

23 SächsLSG 27.1.2000 – L 1 RA 37/98, E-LSG RA-115; LSG BW 18.1.2011 – L 13 AS 4814/10.

24 LSG Bln-Bbg 9.11.2010 – L 12 R 793/09; vgl. auch die Rspr. zu § 102 Abs. 2 SGG.

25 LSG BW 5.10.2004 – L 11 KR 5239/03: jedenfalls 14 Tage unter Ausschluss von Postlaufzeiten, vgl. BSG 23.10.2003 – B 4 RA 37/03 B, SozR 4-1500 § 62 Nr. 1.

26 BSG 11.5.1995 – 2 RU 43/94, HVBG-Info 1995, 2372 zu § 153 SGG.

27 Kummer in Peters/Sautter/Wolff § 105 Rn. 37; Müller in Roos/Wahrendorf § 105 Rn. 27.

28 AA Bley in SGB-SozVers-GesKomm, § 105 Anm. 3 d und W.-R. Schenke in Kopp/Schenke § 84 Rn. 23.

29 BVerwG 13.12.1979 – 7 C 76/78, NJW 1980, 1810; BSG 21.6.2000 – B 4 RA 71/99 R, SozR 3-1500 § 153 Nr. 11 zu § 153 SGG.

30 LSG BW 22.5.2105 – L 4 R 388/15 (28 Monate); aA Müller, in Roos/Wahrendorf § 105 Rn. 26: 5 Monate entsprechend der Frist für die Zustellung eines Urteils im Anschluss an eine mündliche Verhandlung.

31 BayLSG 12.8.2011 – L 11 AS 481/11 NZB.

32 BSG 25.4.2019 – B 9 SB 92/17 B, zu § 153 Abs. 4 SGG.

lung von einem Beteiligten neue entscheidungserhebliche Tatsachen vorgetragen werden oder ein formeller Beweisantrag gestellt, die Klage erstmals substantiell begründet, zu einem rechtlich relevanten Gesichtspunkt erstmals substantiell vorgetragen wird oder das Gericht seine zuvor mitgeteilte Rechtsauffassung oder Verfahrensweise in einem entscheidenden Punkt ändert.[33] Zu beurteilen ist dies aus der objektiven Sicht eines Beteiligten.[34] Unzulässig ist eine Reaktion des Gerichts, bei der unklar bleibt, ob erneut Gelegenheit zur Stellungnahme (in angemessener Frist) gegeben wird oder nicht.[35]

Von der Anhörung nach § 105 Abs. 1 Satz 2 SGG ist die Gewährung **rechtlichen** 12 **Gehörs** (§ 62 SGG; → § 62 Rn. 5; Verbot der Überraschungsentscheidung) „in der Sache" zu unterscheiden. Wenn das Gericht Akten beigezogen oder Beweis erhoben hat, muss das Gericht dies den Beteiligten mitteilen (§ 107 SGG). Insoweit notwendige Hinweise können mit der Anhörungsmitteilung verbunden werden. Kündigt der Kläger die Beibringung neuer Beweismittel an und macht er dies glaubhaft (→ § 103 Rn. 7), kann darin ein erheblicher Grund und eine entsprechende Ermessensreduzierung auf Null für eine Verlängerung der Äußerungsfrist liegen (§§ 65, 202 SGG iVm § 224 Abs. 2 ZPO).[36]

c) **Form, Inhalt, Wirkung.** Der Gerichtsbescheid wird ohne Mitwirkung der eh- 13 renamtlichen Richter erlassen (§ 12 Abs. 1 Satz 2 SGG). Form und Inhalt bestimmen sich nach den Regelungen für Urteile (§ 105 Abs. 1 Satz 3 SGG); auch § 136 Abs. 3 SGG findet Anwendung. Zu Beginn der Entscheidungsgründe legt das Gericht üblicherweise kurz dar, dass die Voraussetzungen des § 105 Abs. 1 Satz 1 und 2 SGG vorliegen. Der Gerichtsbescheid ist zuzustellen (§ 105 Abs. 2 Satz 1, Abs. 3, § 133 Satz 1 SGG). Die Wirkungen des Gerichtsbescheids entsprechen denen eines Urteils (§ 105 Abs. 3 Hs. 1 SGG). Nach Rechtskrafterlangung ist der Gerichtsbescheid Vollstreckungstitel (§ 199 Abs. 1 Nr. 1 SGG).

3. Rechtsbehelfe. a) **Überblick.** Bei den Rechtsbehelfen gegen den Gerichtsbe- 14 scheid ist zu unterscheiden:

(1) Die **Berufung ist statthaft** bzw. **zugelassen** (§ 144 Abs. 1 und 3 SGG; zur Zulassung → Rn. 4): Die Beteiligten können Berufung einlegen (§ 105 Abs. 2 Satz 1 SGG).

(2) Die (notwendige) **Berufungszulassung ist nicht erfolgt**: Die Beteiligten können wahlweise Nichtzulassungsbeschwerde (§ 145 SGG) einlegen (ausdrücklich § 84 Abs. 2 Nr. 1 VwGO) oder Antrag auf mündliche Verhandlung (§ 105 Abs. 2 Satz 2 SGG) stellen. Eine Verfahrensrüge (§ 144 Abs. 2 Nr. 3 SGG) wegen der Verletzung rechtlichen Gehörs scheidet aus, denn der Beteiligte kann sich durch den Antrag nach § 105 Abs. 2 Satz 2 SGG selbst rechtliches Gehör verschaffen.[37] Wenn von mehreren Beteiligten einer Nichtzulassungsbeschwerde einlegt, der andere mündliche Verhandlung beantragt, hat die

33 Vgl. die st. Rspr. zu § 153 Abs. 4 SGG: BSG 22.11.2012 – B 3 P 10/12 B, SozR 4-1500 § 153 Nr. 15; BSG 2.11.2015 – B 13 R 203/15 B; BSG 10.12.2019 – B 11 AL 16/18 R, für SozR vorgesehen.

34 BSG 10.12.2019 – B 11 AL 16/18 R, für SozR vorgesehen, zu § 153 Abs. 4 SGG.

35 Vgl. BSG 21.9.2010 – B 2 U 145/10 B, SozR 4-1500 § 153 Nr. 10, zu § 153 Abs. 4 SGG: Schreiben, dass es „bei den bisherigen Hinweisen verbleibt".

36 Vgl. BSG 5.2.2009 – B 13 RS 85/08 B, zu § 153 Abs. 4 SGG.

37 BVerwG 17.7.2003 – 7 B 62/03, NVwZ-RR 2003, 902 (903); ThürLSG 2.4.2014 – L 4 AS 1777/13; weitergehend Hauck in Hauck/Behrend § 105 Rn. 94 f.: Nichtzulassungsbeschwerde immer erst nach auf Antrag durchgeführter mündlicher Verhandlung möglich („materielle Subsidiarität").

mündliche Verhandlung Vorrang (§ 105 Abs. 2 Satz 3 SGG).[38] Das gilt auch, wenn ein Beteiligter sowohl Nichtzulassungsbeschwerde einlegt als auch mündliche Verhandlung beantragt oder wenn Zweifel darüber bestehen, welcher der beiden Rechtsbehelfe eingelegt worden ist.[39]

(3) **Sonderfälle:** Ist bei einem teilweisen Obsiegen nur für einen Beteiligten die Berufung statthaft oder zugelassen und legt der berufungsberechtigte Beteiligte Berufung ein, hat die mündliche Verhandlung Vorrang, wenn der nicht berufungsberechtigte Beteiligte diese beantragt (§ 105 Abs. 2 Satz 3 SGG). Ist die Sprungrevision zugelassen (§ 161 SGG; zur Zulässigkeit → Rn. 4), können die Beteiligten zwischen der Sprungrevision und der – mit der Zulassung der Sprungrevision zugleich zugelassenen[40] – Berufung wählen (§ 105 Abs. 2 Satz 1 SGG).[41] Enthält der Gerichtsbescheid keine konkreten Feststellungen, dass die Berufungssumme erreicht wird, ist auf Antrag des Klägers mündlich zu verhandeln.[42] Bei einem Gerichtsbescheid des LSG (→ Rn. 4; selten) gilt (2) entsprechend. Gegen einen Gerichtsbescheid des BSG (→ Rn. 4; selten) ist nur der Antrag auf mündliche Verhandlung zulässig (§ 105 Abs. 2 Satz 2 SGG).

15 **b) Antrag auf mündliche Verhandlung.** Der Antrag auf mündliche Verhandlung ist als Prozesshandlung unwiderruflich, unanfechtbar und darf nicht bedingt sein; die Rücknahme ist analog § 156 SGG möglich.[43] Der Antrag muss „rechtzeitig" (§ 105 Abs. 3 SGG) gestellt sein; nach allgemeiner Meinung innerhalb der Monatsfrist des § 105 Abs. 2 Satz 1 SGG. Bei Zustellung im Ausland gilt § 87 Abs. 1 Satz 2 SGG analog.[44] § 66 SGG (Rechtsbehelfsbelehrung) und § 67 SGG (Wiedereinsetzung) finden Anwendung, § 91 SGG (Fristwahrung bei Unzuständigkeit) hingegen nicht.[45] Für die Form gilt § 90 SGG entsprechend.[46] Als Rechtsbehelf erfordert der Antrag eine Beschwer des Antragstellers.

16 Rechtsfolge des rechtzeitig gestellten Antrags ist, dass der Gerichtsbescheid **als nicht ergangen gilt** (§ 105 Abs. 3 Hs. 2 SGG). Für das weitere Verfahren ist der Richter, der den Gerichtsbescheid erlassen hat, nicht ausgeschlossen (§ 60 SGG iVm § 41 Nr. 6 ZPO gilt nicht). Die Beteiligten können auf mündliche Verhandlung verzichten (§ 124 Abs. 2 SGG).

17 Kommt es zu keiner nichtstreitigen Beendigung des Rechtsstreits, entscheidet das Gericht durch **Urteil.** Der Tenor erwähnt den Gerichtsbescheid nicht. Im Tatbestand und in den Entscheidungsgründen „kann" (Ermessen) das Gericht – auch teilweise – auf den Gerichtsbescheid verweisen (§ 105 Abs. 4 SGG; insoweit gilt § 105 Abs. 3 Hs. 2 SGG nicht). Für das Rechtsmittel gegen das Urteil gelten die allgemeinen Regeln, hier also § 144 Abs. 2, 143 SGG.

---

38 BSG 12.7.2012 – B 14 AS 31/12 B, SozR 4-1500 § 105 Nr. 3: auch bei späterer Rücknahme des Antrags auf mündliche Verhandlung.

39 BayLSG 2.1.2017 – L 11 AS 850/16 NZB; LSG NRW 12.12.2017 – L 18 KN 44/17 NZB; Schmidt in Meyer-Ladewig/Keller/Leitherer/Schmidt § 105 Rn. 17.

40 BSG 28.7.1977 – 2 RU 5/77.

41 Einzelheiten zur Sprungrevision gegen Gerichtsbescheide bei Bienert SGb 2014, 365 (373 f.).

42 LSG Bln-Bbg 27.5.2016 – L 9 AS 1782/14 B, ASR 2016, 164.

43 Hauck in Hauck/Behrend § 105 Rn. 101; Bienert SGb 2014, 365 (372); Folge: Gerichtsbescheid wird rechtskräftig.

44 LSG BW 21.5.1965 – L 4 a J 413/63, Breith. 1965, 974 zum Vorbescheid.

45 Kummer in Peters/Sautter/Wolff § 105 Rn. 78 mit Hinweis auf § 153 Abs. 1 SGG.

46 Kummer in Peters/Sautter/Wolff § 105 Rn. 76.

Wird der Antrag auf mündliche Verhandlung **verspätet** gestellt oder ist er **aus anderen Gründen** (fehlende Beschwer; Berufung wäre zulässig) **unzulässig**, ist er entsprechend § 158 Satz 2 SGG durch **Beschluss** als unzulässig zu verwerfen.[47] Einer Kostenentscheidung bedarf es nicht;[48] der Beschluss ist zu begründen (§ 142 Abs. 2 Satz 1 SGG). Gegen den Beschluss des SG ist die Beschwerde (§ 172 Abs. 1 SGG) möglich. 18

c) **Nichtzulassungsbeschwerde.** Die Nichtzulassungsbeschwerde (§ 145 SGG) kann nur auf die Gründe aus § 144 Abs. 2 SGG gestützt werden. Wird sie abgelehnt, wird der Gerichtsbescheid rechtskräftig (§ 105 Abs. 3 Satz 1, § 145 Abs. 4 Satz 5 SGG), ein Antrag auf mündliche Verhandlung ist dann nicht mehr möglich. Der Beteiligte muss also genau prüfen, welchen Rechtsbehelf er erhebt. Die Verletzung der Anhörungspflicht des § 105 Abs. 1 Satz 2 SGG stellt keinen zur Zulassung der Berufung berechtigenden Verfahrensmangel dar; dies kann nur mit dem Antrag auf mündliche Verhandlung verfolgt werden.[49] 19

d) **Berufung.** Dass durch Gerichtsbescheid entschieden worden ist, steht der Zulassung der Berufung durch das LSG grds. nicht entgegen.[50] Die Zurückweisung der Berufung durch Beschluss ist nicht möglich (§ 153 Abs. 4 SGG), aber die Entscheidung nach § 153 Abs. 4 oder 5 SGG; zur Entscheidung nach § 158 Satz 2 SGG → § 158 Rn. 7. 20

Die **Überprüfung** der Entscheidung des erstinstanzlichen Gerichts, durch Gerichtsbescheid anstelle durch Urteil zu entscheiden, ist in zweifacher Weise **beschränkt:** Für die Annahme keiner besonderen Schwierigkeiten hat das Gericht einen Beurteilungsspielraum; seine Einschätzung ist nur zu beanstanden, wenn sie auf „sachfremden Erwägungen" oder einer „groben Fehleinschätzung" beruht.[51] Die Ermessensentscheidung, durch Gerichtsbescheid statt durch Urteil zu entscheiden, kann nur auf Ermessensfehler überprüft werden. 21

Liegen die Voraussetzungen des § 105 Abs. 1 SGG nicht vor, verstößt der Gerichtsbescheid gegen die Grundsätze rechtlichen Gehörs (§ 62 SGG) sowie des gesetzlichen Richters (Art. 101 Abs. 1 Satz 2 GG). Er leidet an einem **wesentlichen Verfahrensmangel,** so dass das LSG bei Vorliegen der weiteren Voraussetzungen des § 159 Abs. 1 SGG die Sache an das SG zurückverweisen kann.[52] 22

---

47 LSG Bln-Bbg 23.6.2017 – L 20 AS 675/17 B; LSG Bln-Bbg 4.6.2018 – L 31 AS 2118/17 B; LSG Nds-Bre 23.8.2017 – L 13 AS 133/17; BayLSG 10.5.2019 – L 5 KR 11/19; Kummer in Peters/Sautter/Wolff § 105 Rn. 80; Müller in Roos/Wahrendorf § 105 Rn. 43; Kühl in Breitkreuz/Fichte § 105 Rn. 6; Bienert SGb 2014, 365 (372); die Gegenmeinung (BFH 12.8.1981 – I B 72/80, BFHE 134, 216; LSG BW 28.8.2014 – L 13 AS 3162/14, ZFSH/SGB 2014, 756; LSG BW 21.2.2017 – L 13 AS 3192/16 B; Bley in SGB-SozVersGesKomm, § 105 Anm. 10 c; Burkiczak in jurisPK-SGG § 105 Rn. 119; Hauck in Hauck/Behrend § 105 Rn. 117 und W.-R. Schenke in Kopp/Schenke § 84 Rn. 39; Schmidt in Meyer-Ladewig/Keller/Leitherer/Schmidt § 105 Rn. 24: Urteil, dass Verfahren durch Gerichtsbescheid beendet ist) berücksichtigt nicht ausreichend, dass so Beteiligte mit einem klar unzulässigen Rechtsbehelf eine mündliche Verhandlung erzwingen können, die nach § 105 SGG gerade nicht stattzufinden braucht.

48 Bienert SGb 2014, 365 (372).

49 LSG LSA 23.6.2016 – L 2 AS 714/15 NZB.

50 LSG Nds 1.6.1995 – L 7 Ar 304/94, SGb 1996, 429.

51 BVerwG 15.12.1989 – 7 C 35/87, BVerwGE 84, 220; LSG BW 6.9.1993 – L 11 V 828/93, Breith. 1994, 254 (257).

52 BayLSG 5.2.2014 – L 2 U 406/13, UV-Recht Aktuell 2014, 509; LSG BW 17.9.2014 – L 2 AS 3053/13 LSG Bln-Bbg 9.3.2017 – L 13 SB 273/16.

§ 106 [Aufklärungspflicht des Vorsitzenden]

(1) Der Vorsitzende hat darauf hinzuwirken, daß Formfehler beseitigt, unklare Anträge erläutert, sachdienliche Anträge gestellt, ungenügende Angaben tatsächlicher Art ergänzt sowie alle für die Feststellung und Beurteilung des Sachverhalts wesentlichen Erklärungen abgegeben werden.

(2) Der Vorsitzende hat bereits vor der mündlichen Verhandlung alle Maßnahmen zu treffen, die notwendig sind, um den Rechtsstreit möglichst in einer mündlichen Verhandlung zu erledigen.

(3) Zu diesem Zweck kann er insbesondere

1. **um Mitteilung von Urkunden sowie um Übermittlung elektronischer Dokumente ersuchen,**
2. **Krankenpapiere, Aufzeichnungen, Krankengeschichten, Sektions- und Untersuchungsbefunde sowie Röntgenbilder beiziehen,**
3. **Auskünfte jeder Art einholen,**
4. **Zeugen und Sachverständige in geeigneten Fällen vernehmen oder, auch eidlich, durch den ersuchten Richter vernehmen lassen,**
5. **die Einnahme des Augenscheins sowie die Begutachtung durch Sachverständige anordnen und ausführen,**
6. **andere beiladen,**
7. **einen Termin anberaumen, das persönliche Erscheinen der Beteiligten hierzu anordnen und den Sachverhalt mit diesen erörtern.**

(4) Für die Beweisaufnahme gelten die §§ 116, 118 und 119 entsprechend.

I. Allgemeines/Normzweck

1 **1. Gesetzesentstehung.** § 106 Abs. 3 Nr. 4 ist durch Gesetz vom 30.7.1974 (BGBl. 1974 I 1625; zuvor war die Vernehmung nur durch den ersuchten Richter möglich), Abs. 3 Nr. 1 ist durch Gesetz vom 22.3.2005 (BGBl. 2005 I 837) geändert worden (Einfügung „sowie um Übermittlung elektronischer Dokumente").

2 **2. Normzweck.** Die Vorschrift regelt die Pflicht des Vorsitzenden in der Phase vor der mündlichen Verhandlung, also noch ohne Beteiligung der übrigen Mitglieder der Kammer, das Verfahren so vorzubereiten, dass es möglichst in einer

mündlichen Verhandlung (einer Sitzung) erledigt werden kann (§ 106 Abs. 2 SGG, sog **Konzentrationsmaxime**). § 106 SGG gibt dem Vorsitzenden hierzu besondere Befugnisse, insbes. zur Beweisaufnahme. Zur Mitwirkungspflicht der Beteiligten bei der Vorbereitung → § 103 Rn. 18. § 106 SGG findet Anwendung in allen Rechtszügen (§ 153 Abs. 1, § 165 SGG); für die selbstständigen Beschlussverfahren (§§ 55 a, 73 a, 76, 86 b SGG) passt die Vorschrift nur ansatzweise. Hält der Vorsitzende den Rechtsstreit ohne weitere Vorbereitung unmittelbar für entscheidungsreif, ist auf die beabsichtigte Terminierung hinzuweisen, um keinen Anlass für eine Verzögerungsrüge (§ 198 Abs. 3 GVG) zu geben.

3. Parallelvorschriften. Die anderen Verfahrensordnungen enthalten mit § 86 Abs. 3, § 87 VwGO, § 76 Abs. 2, § 79 FGO, §§ 139, 273 ZPO ähnliche Regelungen. 3

II. Fürsorgepflichten; Vorbereitung der mündlichen Verhandlung

1. Hinweispflicht des Vorsitzenden – Abs. 1. a) Bedeutung. § 106 Abs. 1 SGG korrespondiert mit § 139 Abs. 1 ZPO und schließt – als abschließende Regelung – zugleich dessen Anwendbarkeit über § 202 Satz 1 SGG aus;[1] anders wohl für § 139 Abs. 2–5 ZPO, wenn an das Amtsermittlungsprinzip angepasst. Die Vorschrift ist Ausfluss der Fürsorgepflicht des Gerichts insbes. gegenüber rechtsunkundigen Beteiligten. Pflicht und Befugnisse setzen richterliche Verantwortung voraus, was die Übertragung auf ehrenamtliche Richter oder die Geschäftsstelle ausschließt,[2] die Übertragung auf den Berichterstatter ist zulässig (§§ 155, 165 SGG). Hinweise sollten frühzeitig gegeben werden. Dies erst in der mündlichen Verhandlung zu tun (**§ 112 Abs. 2 Satz 2 SGG**), kann eine Vertagung (→ § 110 Rn. 17) notwendig machen, wenn ein Beteiligter Zeit zur angemessen Stellungnahme (§ 62 SGG) benötigt. Dies gilt auch, wenn ein Hinweis in der mündlichen Verhandlung nicht gegeben werden kann, weil ein Beteiligter ihr fern geblieben ist.[3] 4

b) Umfang. Er bestimmt sich nach den Umständen des Einzelfalls: 5

- Die Beteiligten haben sich idR schon im Verwaltungsverfahren mit den für eine gerichtliche Entscheidung maßgeblichen tatsächlichen und rechtlichen Gesichtspunkten auseinandergesetzt. Ist aber zu erwarten, dass das Gericht seine Entscheidung auf Gründe stützt, die **bisher noch nicht erörtert** worden und die auch nicht offensichtlich sind, ist auf diese hinzuweisen. Nach dem Grundsatz rechtlichen Gehörs (§ 62 SGG) sowie § 202 Satz 1 SGG iVm § 139 Abs. 2 ZPO muss das Gericht auf einen Gesichtspunkt hinweisen, mit dem ein gewissenhafter und kundiger Prozessbeteiligter selbst unter Berücksichtigung der Vielfalt vertretbarer Rechtsauffassungen nicht zu rechnen brauchte, den ein Beteiligter erkennbar übersehen hat oder den das Gericht anders beurteilt als die Beteiligten, wenn es seine Entscheidung hierauf stützen möchte.[4] Das rechtliche Gehör gerät zur leeren Hülse, wenn die Beteilig-

1 BSG 11.12.1957 – 8 RH 17/57, SozR Nr. 21 zu § 103 SGG, zu § 139 ZPO aF, der Abs. 1 idF des ZPO-RG vom 27.7.2001, BGBl. 2001 I 1882, entspricht.
2 Kummer in Peters/Sautter/Wolff § 106 Anm. 1, 2 b.
3 BVerwG 11.11.1970 – VI C 49.68, BVerwGE 36, 264; BSG 15.8.1979 – 2 RU 9/78, Lauterbach UV SGB I § 34 Nr. 10634; keine Einräumung eines nachträglichen Schriftsatzrechts, s. → § 108 Rn. 2.
4 BVerfG 19.5.1992 – 1 BvR 986/91, BVerfGE 86, 133 (144 f.); BSG 18.12.2001 – B 2 U 315/01 B, HVBG-Info 2002, 2198; BSG 4.9.2013 – B 12 KR 13/11 R, SozR 4-2500 § 5 Nr. 21; vgl. auch Ockenga SGb 2014, 18 (19).

ten nicht ausreichend über die Rechtslage informiert sind, bevor sie hierzu Stellung nehmen.[5] Auf eine neue Entscheidung, die veröffentlicht vorliegt und in juristischen Fachkreisen allgemein bekannt ist, muss nicht ausdrücklich aufmerksam gemacht werden.[6] Das Gericht verstößt gegen § 106 Abs. 1 SGG und das Gebot des fairen Verfahrens (Art. 19 Abs. 4 GG), wenn es bei einem nicht anwaltlich vertretenen Kläger darauf hinwirkt, dass ausschließlich ein nach der Rechtsansicht des Gerichts unzulässiges und damit erkennbar nicht sachdienliches Klagebegehren weiter verfolgt wird.[7]

- Die Verwirklichung der den Beteiligten zustehenden Verfahrensrechte und materiellen Ansprüche soll nicht an Unerfahrenheit, Unbeholfenheit oder mangelnder Rechtskenntnis eines Beteiligten scheitern.[8] Das Gesetz unterstellt, dass ein Rechtsanwalt in der Lage ist, auch ohne richterliche Hinweise die Formerfordernisse einzuhalten.[9] Er kann sich aber darauf verlassen, dass ein offenkundiges Versehen vom Gericht in angemessener Zeit bemerkt und innerhalb eines ordnungsgemäßen Geschäftsgangs die notwendigen Maßnahmen getroffen werden, um etwa ein drohendes Fristversäumnis zu vermeiden.[10]

6 - Allgemeine Rechtsberatung („in allen möglichen, denkbaren materiellen Richtungen") ist nicht Aufgabe des Gerichts;[11] ggf. ist die Bestellung eines Prozessbevollmächtigten oder Beistands anzuregen. Das Gericht ist grds. weder zu einem Rechtsgespräch noch zu einem Hinweis auf seine Rechtsauffassung verpflichtet.[12]
- Das Ergebnis einer Beweisaufnahme ist mit den Beteiligten in tatsächlicher und rechtlicher Hinsicht zu erörtern.[13] Auf eine in Aussicht genommene **Beweiswürdigung** muss nicht hingewiesen werden.[14] Ein Beteiligter darf aber nicht mit einer Tatsachenwürdigung überrascht werden, die von keiner Seite für möglich gehalten werden konnte.[15] Keine unzulässige Überraschungsentscheidung liegt vor, wenn das Gericht von entsprechenden Ausführungen des Vorsitzenden abweicht.[16]

7 - Der Vorsitzende muss insbes. bei **Veränderungen während des Prozesses** auf eine sachgerechte Reaktion der Beteiligten hinwirken, zB nach Erlass eines nach § 96 SGG einzubeziehenden VA[17] oder wenn ein Sachverständigengut-

5 Kummer NJW 1989, 1569 (1575).
6 BVerwG 9.4.2002 – 9 B 24/02.
7 BSG 1.3.2018 – B 8 SO 52/17.
8 W.-R. Schenke in Kopp/Schenke § 86 Rn. 22.
9 BSG 21.7.2010 – B 7 AL 60/10 B.
10 BSG 14.12.2006 – B 4 R 19/06 R, SozR 4-3250 § 14 Nr. 3; BSG 17.11.2015 – B 1 KR 130/14 B.
11 BVerwG 21.3.1989 – 2 B 27.89, Buchholz 310 § 86 Abs. 3 VwGO Nr. 38.
12 BSG 4.9.2013 – B 12 KR 13/11 R, SozR 4-2500 § 5 Nr. 21; BSG 25.7.2017 – B 11 AL 23/17 B.
13 BVerwG 16.6.2003 – 7 B 106/02, NVwZ 2003, 1132 unter Bezugnahme auf § 104 Abs. 1 VwGO.
14 BSG 25.10.2012 – B 9 SB 2/12 R, SozR 4-3250 § 69 Nr. 16; BSG 1.7.2019 – B 9 SB 19/19 B.
15 BSG 12.12.1990 – 11 RAr 137/89, SozR 3-4100 § 103 Nr. 4.
16 BSG 21.6.2000 – B 5 RJ 24/00 B, SozR 3-1500 § 112 Nr. 2.
17 BSG 28.5.1957 – 2 RU 18/55, BSGE 5, 158.

achten eine Klageänderung nahe legt.[18] Nimmt ein Beteiligter erkennbar einen unzutreffenden Verfahrensablauf an, muss das Gericht für Klarheit sorgen.[19]

- Der Vorsitzende muss umsichtig und vorausschauend sein, braucht aber nur auf das hinweisen, was **er** bei ordnungsgemäßer Prozessführung **erkennen kann.** Zumindest bei einer Behörde muss der Vorsitzende die Klage- oder Rechtsmittelschrift nicht unmittelbar nach Eingang auf etwaige Mängel durchsehen, damit diese vor Fristablauf behoben werden können.[20]

Dem Beteiligten soll der **rechte Weg gewiesen** werden, wie er im Rahmen der ihm zustehenden rechtlichen Möglichkeiten das erstrebte Ziel am besten und zweckmäßigsten erreichen kann.[21] § 106 Abs. 1 SGG beschreibt einige Anwendungsfälle der Hinweispflicht. **„Formfehler beseitigt"** werden zB durch Hinweis auf die Vorlage der Prozessvollmacht (§ 73 Abs. 6 SGG). Die Pflicht zur Hinwirkung auf die Stellung **„sachdienlicher Anträge"** betrifft Klageanträge (§ 112 Abs. 3 SGG) und sonstige Anträge. Unklarheiten in Schriftsätzen können einer Entscheidung ohne mündliche Verhandlung durch Gerichtsbescheid (§ 105 SGG) entgegenstehen, es sei denn, das Gericht nimmt den Antrag an, bei dem das Begehren des jeweiligen Klägers möglichst weitgehend zum Tragen kommt („Meistbegünstigungsprinzip").[22] Ein Hinweis, einen Wiedereinsetzungsantrag (§ 67 SGG) zu stellen, ist nicht nötig, da Wiedereinsetzungsgründe von Amts wegen zu prüfen sind.[23] Auf die Stellung eines Antrags nach § 109 SGG oder eines Beweisantrags zur Sicherung der Revisionsmöglichkeit nach § 160 Abs. 2 Nr. 3 SGG[24] muss der Vorsitzende nicht hinwirken. Dass **„ungenügende Angaben tatsächlicher Art ergänzt"** werden, ist insbes. dann notwendig, wenn die Beteiligten erkennbar von falschen Tatsachen ausgehen. Ggf. ist auf die Folgen mangelhafter Mitwirkung der Beteiligten hinzuweisen (→ § 103 Rn. 21). Bedarf es zur Zulässigkeit einer Feststellungsklage noch eines (Widerspruchs-)Bescheides des Beklagten, hat das Gericht darauf hinzuweisen und Gelegenheit zur Nachholung zu geben.[25] Ist der falsche Beklagte verklagt, muss das Gericht darauf hinweisen.[26] 8

Stehen dem Beteiligten mehrere prozessuale Verhaltensweisen offen, muss der Vorsitzende auf die entsprechenden **rechtlichen Risiken hinweisen.** Konkrete Ratschläge sind möglich. Der Vorsitzende kann auch eine Klageänderung anregen.[27] Die endgültige Entscheidung liegt aber bei dem Beteiligten selbst, insbes. bei Verfügungen über den Streitgegenstand. Der Vorsitzende darf sich nicht in die Gefahr der Befangenheit begeben (§ 60 Abs. 1 SGG iVm § 42 ZPO). 9

---

18 BSG 25.8.1961 – 2 RU 106/59, SozR Nr. 15 zu § 106 SGG; BSG 10.8.2016 – B 14 AS 58/15 R, SozR 4-4200 § 22 Nr. 91.
19 Vgl. BSG 2.10.2008 – B 9 VS 3/08 B, SozR 4-1500 § 124 Nr. 2 (mündliche Verhandlung, obwohl Beteiligter erklärt, er gehe von einer Entscheidung nach § 124 Abs. 2 SGG aus).
20 BSG 11.4.1957 – 7 RAr 85/56, BSGE 5, 110 (114).
21 BVerwG 14.5.1963 – VII C 40.63, BVerwGE 16, 94 (98).
22 BSG 26.11.2019 – B 2 U 8/18 R, SozR 4-2700 § 8 Nr. 71.
23 BSG 23.8.1956 – 3 RJ 307/55, SozR § 106 Nr. 3.
24 BSG 26.11.1975 – 5 BKn 5/75, SozR 1500 § 160 Nr. 13; BSG 11.4.2018 – B 3 KR 48/17 B.
25 BSG 15.3.1962 – 4 RJ 221/60, BSGE 16, 250 (252 f.); BSG 29.6.1962 – 2 RU 82/60, BSGE 17, 153 (157); s. § 114 Abs. 2 Satz 2 SGG.
26 BSG 28.1.1958 – 6 RKa 6/56, BSGE 6, 278.
27 BSG 25.8.1961 – 2 RU 106/59, SozR Nr. 15 zu § 106 SGG; krit. Müller in Roos/Wahrendorf § 106 Rn. 10 im Hinblick auf die Dispositionsmaxime.

10 Hinweise sind nach § 202 Satz 1 SGG iVm § 139 Abs. 4 ZPO **so früh wie möglich** zu erteilen und **aktenkundig** zu machen. Ihre Erteilung kann nur durch den Inhalt der Akten bewiesen werden. Gegen den Inhalt der Akten ist nur der Nachweis der Fälschung möglich. Zu Hinweisen in der mündlichen Verhandlung → § 122 Rn. 7. Kann sich ein Beteiligter auf einen Hinweis nicht sofort erklären, so ist ihm hierfür – von Amts wegen – **eine Frist zu setzen** (§ 92 SGG;[28] § 202 Satz 1 SGG iVm § 139 Abs. 5 ZPO).

11 c) **Verstoß.** Hat sich, ausgehend von der Rechtsauffassung des Vorsitzenden, der unterlassene Hinweis **aufgedrängt,**[29] liegt ein **wesentlicher Verfahrensmangel** (§ 144 Abs. 2 Nr. 3, § 159 Abs. 1 Nr. 2, § 160 Abs. 2 Nr. 3 SGG) vor. Entsprechendes gilt, wenn ein Beteiligter durch einen überflüssigen Hinweis Nachteile erlitten hat.[30] UU sind auch Art. 103 Abs. 1, Art. 3 Abs. 1 GG verletzt.[31] Ein Hinweis drängt sich auf, wenn ein VA nach § 96 SGG einbezogen wird,[32] die Klage gegen den falschen Beteiligten gerichtet ist[33] oder das Vorverfahren noch nachgeholt werden kann.[34]

12 **2. Maßnahmen zur Vorbereitung der mündlichen Verhandlung – Abs. 2–4.** a) **Allgemeines.** § 106 Abs. 3 SGG hat sein Vorbild in § 273 ZPO und schließt – als abschließende Regelung – zugleich dessen Anwendbarkeit über § 202 Satz 1 SGG aus.[35] Der Vorsitzende entscheidet nach seinem **Ermessen** („kann"), welche Vorbereitungsmaßnahmen er trifft, um das Verfahren möglichst in einer Sitzung zu erledigen (§ 106 Abs. 2 SGG). Sofern nicht die Einhaltung einer zeitlichen Reihenfolge sachgerecht erscheint (zB Anforderung von Krankenunterlagen, sachverständige Zeugenaussage beim behandelnden Arzt, gerichtliches Gutachten), sind mehrere Maßnahmen zeitgleich anzuordnen, um das Verfahren zügig voranzubringen. Die Aufzählung in § 106 Abs. 3 SGG ist **nicht abschließend** („insbesondere"). Weitere vorbereitende Maßnahmen sind zB die Anordnung, Augenscheinsobjekte (→ § 118 Rn. 11), vorhandene Übersetzungen von Urkunden oder Nachweise zu ausländischem Recht vorzulegen (→ § 118 Rn. 38) oder die Vollmacht zu übersenden (§ 73 Abs. 6 SGG).[36] Von der Anordnung des Vorsitzenden nach § 106 Abs. 3 SGG ist die Beweisaufnahme des Gerichts vor der mündlichen Verhandlung (→ § 118 Rn. 7) zu unterscheiden.

13 b) **Verfahren.** Anordnungen nach § 106 Abs. 3 SGG ergehen grds. durch **prozessleitende Verfügung** des Vorsitzenden.[37] Schriftlichkeit der prozessleitenden Verfügung ist idR zweckmäßig, doch ist auch eine mündliche, telefonische An-

---

28 BSG 26.11.2019 – B 2 U 8/18 R, SozR 4-2700 § 8 Nr. 7.
29 BSG 25.8.1961 – 2 RU 106/59, SozR Nr. 15 zu § 106 SGG; BVerwG 10.5.1965 – II C 195.62, BVerwGE 21, 217.
30 Hauck in Hauck/Behrend § 106 Rn. 25.
31 BVerfG 24.4.1976 – 2 BvR 804/75, BVerfGE 42, 65 (72, 85).
32 BSG 28.5.1957 – 2 RU 18/55, BSGE 5, 158.
33 BSG 28.1.1958 – 6 RKa 6/56, BSGE 6, 278.
34 BSG 22.6.1966 – 3 RK 64/62, BSGE 25, 66 (68 f.).
35 Kummer in Peters/Sautter/Wolff § 106 Anm. 1, 3.
36 SchlHLSG 10.12.1999 – L 8 B 91/99 RA, Breith. 2000, 615.
37 BSG 27.3.2003 – B 11 AL 259/02 B; Schmidt in Meyer-Ladewig/Keller/Leitherer/Schmidt § 106 Rn. 8; Mushoff in jurisPK-SGG § 106 Rn. 62; aA Bley in SGB-SozVers-GesKomm § 106 Anm. 8 b: Beweisbeschluss für Nr. 4 und 5; aA Kummer in Peters/Sautter/Wolff § 106 Anm. 4 d und Hauck in Hauck/Behrend § 106 Rn. 85: Beweisbeschluss für Nr. 4 und ersuchten Richter; → § 117 Rn. 3.

ordnung denkbar.[38] Einen Sonderfall stellt die Beiladung (§ 106 Abs. 3 Nr. 6 SGG) dar, die einen Beschluss verlangt.

Die Beteiligten sind über Beweistermine (§ 106 Abs. 4, § 116 SGG) und über die Beweisergebnisse (§ 107 SGG) zu informieren, soweit sich die Anordnungen nicht ohnehin an sie richten (insbes. § 106 Abs. 3 Nr. 1–3, 7 SGG). Darüber hinaus sieht das Gesetz eine **Unterrichtung der Beteiligten** vor Durchführung der Anordnung (vgl. § 87 Abs. 2 VwGO, § 79 Abs. 2 FGO, § 273 Abs. 4 Satz 1 ZPO) nicht vor. Eine zeitnahe Unterrichtung der Beteiligten ist aber unabhängig von einer Rechtspflicht hierzu **anzuraten**, um den Fortgang des Verfahrens aufzuzeigen und um frühzeitig Kenntnis von etwaigen Bedenken gegen einzelne Anordnungen zu erlangen.[39] 14

Die Anordnung nach § 106 Abs. 3 SGG ist **unanfechtbar** (§ 172 Abs. 2 SGG). Ein Verstoß gegen die Konzentrationsmaxime stellt idR keinen Verfahrensfehler dar und spielt nur im Rahmen der Entschädigungsverfahren nach § 202 Satz 2 SGG iVm § 198 GVG eine Rolle.[40] Für die Durchführung der Beweisaufnahme gelten nach § 106 Abs. 4 SGG die **§§ 116** (Ladung zu Beweisterminen; Fragerecht), **118** (Durchführung der Beweisaufnahme nach ZPO) und **119** SGG (Vorlage von Urkunden durch die Behörde). 15

c) Einzelne Maßnahmen des § 106 Abs. 3. aa) Ersuchen um Mitteilung von Urkunden und Übermittlung elektronischer Dokumente – Abs. 3 Nr. 1. Nr. 1 ermächtigt den Vorsitzenden, um die Mitteilung von Urkunden zu ersuchen, begründet aber selbst **keine** entsprechende **Vorlagepflicht** des Inhabers der Urkunde (zur Vorlagepflicht → § 118 Rn. 38). Die Regelungen zum Urkundenbeweis finden Anwendung (§ 106 Abs. 4, § 118 Abs. 1 SGG iVm §§ 415 ff. ZPO). Zu elektronischen Dokumenten s. § 65 a SGG und → § 118 Rn. 37. Zum Sozialgeheimnis → § 119 Rn. 6. Wird die Übermittlung verweigert, kann das Gericht den Inhaber als Zeugen hören. 16

bb) Beiziehung von Krankenunterlagen usw – Abs. 3 Nr. 2. Wie Nr. 1 normiert auch Nr. 2 **keine Vorlagepflicht** des Inhabers der Unterlagen (→ Rn. 16).[41] Wie bei Nr. 1 erfolgt die Beiziehung im Wege des Urkundenbeweises. 17

Befinden sich die Unterlagen bei einem Arzt, muss das Gericht die **ärztliche Schweigepflicht** beachten (s. auch § 118 Abs. 1 SGG iVm § 383 Abs. 1 Nr. 6 ZPO). Zur Mitwirkungspflicht (→ § 103 Rn. 18) des Klägers gehört es, den Arzt von der Schweigepflicht zu entbinden. IdR versendet das Gericht hierzu zugleich mit der Mitteilung über den Eingang der Klage ein entsprechendes Formular. Weigert sich der Kläger die behandelnden Ärzte vollumfänglich von der Schweigepflicht zu entbinden, gebietet das Grundrecht auf informationelle Selbstbestimmung zu prüfen, ob eine beschränkte Entbindung ausreicht.[42] Das ist medizinisch, eventuell 18

38 W.-R. Schenke in Kopp/Schenke § 87 Rn. 7.
39 Begründung im Einzelnen str., s. Schmidt in Meyer-Ladewig/Keller/Leitherer/Schmidt § 106 Rn. 8 a: grds. nach § 62 SGG geboten, aber nicht immer sinnvoll und notwendig; Krasney/Udsching, VII 128: Benachrichtigung über Maßnahmen, die nachträglich nur schwer korrigierbar sind, zB Einholung von Sachverständigengutachten, nicht Anforderung von Urkunden, Einholung von Auskünfte, Beiladungen.
40 Müller in Roos/Wahrendorf § 106 Rn. 36.
41 AA Kummer in Peters/Sautter/Wolff § 106 Anm. 4 b unter Bezugnahme auf die von Nr. 1 abweichende Formulierung; zur Vorlagepflicht → § 118 Rn. 36.
42 Vgl. BVerfG 17.7.2013 – 1 BvR 3167/08, NJW 2013, 3086 (zur Schweigepflichtentbindung gegenüber Privatversicherern).

gutachtlich zu klären.[43] Vorsicht ist geboten, ohne Nachfrage aus sonstigen Äußerungen auf die stillschweigende (konkludente) Entbindung von der Schweigepflicht zu schließen.[44] Ausreichend ist, wenn das Gericht dem Arzt mitteilt, dass eine Entbindungserklärung vorliegt, es muss dies dem Arzt gegenüber nicht nachweisen.[45] Der Widerruf der Entbindung macht bis dahin ordnungsgemäß in den Prozess eingeführte Unterlagen nicht unverwertbar.[46] Die Entbindung von der ärztlichen Schweigepflicht wirkt fort, wenn der Patient verstirbt (vgl. § 130 Abs. 2 BGB). Stirbt der Patient, ohne den Arzt von der Schweigepflicht entbunden zu haben, kann dies nicht durch die Erben nachgeholt werden (höchstpersönliche Erklärung). Der Arzt entscheidet in eigener Verantwortung (Gewissensentscheidung) unter Berücksichtigung des mutmaßlichen Willens des Patienten.[47] Beim ärztlichen Gutachter ist die Weitergabe von Tatsachen, die für die Beantwortung der Beweisfragen erforderlich sind, durch §§ 118 SGG iVm §§ 402 ff. ZPO iSv Art. 6 Abs. 1 Satz 1 DS-GVO legitimiert; das rechtmäßig in den Prozess eingeführte Gutachten bleibt verwertbar, auch wenn der Verwertung später widersprochen wird; außerhalb des Beweisthemas bedarf es der Einwilligung und Entbindung von der ärztlichen Schweigepflicht.[48] Zum **Sozialgeheimnis** → § 119 Rn. 6, zu **Gefahren für die Gesundheit** eines Betroffenen → § 120 Rn. 13, zum Beweisverwertungsverbot → § 103 Rn. 28.

19 cc) **Einholung von Auskünften – Abs. 3 Nr. 3.** Wie Nr. 1 und Nr. 2 normiert auch Nr. 3 **keine Pflicht zur Auskunft.**[49]

20 Nach hM können die Auskünfte sowohl **von Behörden** (amtliche Auskunft; zB Angabe der behandelnden Ärzte durch die Krankenkasse, Wohnanschrift durch das Einwohnermeldeamt; Darstellung der Arbeitsmarktverhältnisse durch die Agentur für Arbeit; Umstände eines Gerichtsverfahrens)[50] als auch **von Privatpersonen** (zB Angaben von Arbeitsunfähigkeitszeiten durch den Arbeitgeber; Mitteilung von Behandlungsterminen durch den Arzt) eingeholt werden.[51] In Abgrenzung zur schriftlichen Vernehmung als Zeuge bzw. sachverständiger Zeuge (§ 118 Abs. 1 SGG iVm § 377 Abs. 3, § 414 ZPO), die nur unter engeren Voraussetzungen möglich ist, dient die Auskunft weniger der Klärung strittiger Tatsachen, sondern mehr der Sammlung von Prozessstoff zum besseren Verständnis des Gerichts und der Beteiligten.[52] Sie enthält nur **einfache Angaben ohne zentralen Beweiswert**, die typischerweise durch Wiedergabe des Inhalts von Akten oder Dateien gemacht werden können und keinen engeren Bezug zu demjenigen verlangen, der die Auskunft erteilt. Bei Angaben von größerem Gewicht ist zumindest bei Privatpersonen nur die (schriftliche) Zeugenverneh-

43 Vgl. BVerwG 26.5.2014 – 2 B 69/12, NJW 2014, 2971 (2972).
44 BSG 24.6.1998 – B 9 SB 2/98 R, SozVers 1999, 56 zur Bezugnahme auf Entbindungserklärung aus dem Verwaltungsverfahren; Bezugnahme auf Krankenunterlagen; jedenfalls nicht allein Klageerhebung.
45 SG Frankfurt/Main 24.9.1998 – S-4/SF-47/98, Breith. 1999, 650.
46 BSG 28.11.2019 – B 8 SO 56/17 B zu Sachverständigengutachten.
47 BGH 4.7.1984 – IVa ZB 18/83, BGHZ 91, 392 (298); BayLSG 6.4.1962 – L 7/S 13/60, Breith. 1962, 753; Interessenabwägung, zB Angaben dienen einer Klage der Witwe.
48 BSG 28.11.2019 – B 8 SO 55/17 B, SozR 4-1500 § 71 Nr. 3.
49 BayLSG 6.4.1962 – L 7/S 13/60, Breith. 1962, 752 (755); aA Kummer in Peters/Sautter/Wolff § 106 Anm. 4 c.
50 BSG 21.2.2013 – B 10 ÜG 1/12 KL, SozR 4-1720 § 198 Nr. 1.
51 BSG 9.2.1956 – 1 RA 57/55, BSGE 2, 197 (199).
52 W.-R. Schenke in Kopp/Schenke § 87 Rn. 5.

mung, bei medizinischen Fragen nur das Sachverständigengutachten[53] das **geeignete** Beweismittel. Angaben der behandelnden Ärzte sind daher grds. nicht als Auskunft, sondern als sachverständige Zeugenaussagen einzuholen.

Das Sozialgeheimnis (→ § 119 Rn. 6) und die ärztliche Schweigepflicht sind zu beachten (→ Rn. 18). Informationen, die im Wege des Urkunden- oder Zeugenbeweises nicht erlangt werden können, werden auch nicht als Auskunft zugänglich. Die Auskunft erfolgt grds. **schriftlich**, im Einvernehmen mit den Beteiligten auch fernmündlich (→ § 118 Rn. 6).[54] Insoweit ist sie abzugrenzen von Auskünften, die der Vorsitzende telefonisch zu seiner eigenen Unterrichtung einholt, ohne dass es hierzu einer gesetzlichen Ermächtigung bedarf.[55] Bei amtlichen Auskünften kann die Auskunftsperson nicht zur näheren Erläuterung analog § 411 Abs. 3 Satz 1 ZPO geladen werden;[56] uU ist die Ladung als Zeuge möglich. 21

dd) Vernehmung von Zeugen und Sachverständigen – Abs. 3 Nr. 4. Die Vernehmung von Zeugen und Sachverständigen schon vor der mündlichen Verhandlung ist in **„geeigneten Fällen"** zulässig. Ein Fall ist geeignet, wenn die Vernehmung die mündliche Verhandlung vereinfacht und von vornherein anzunehmen ist, dass das Gericht das Beweisergebnis auch ohne unmittelbaren Eindruck würdigen kann (Rechtsgedanke des § 87 Abs. 3 Satz 2 VwGO, vgl. auch § 375 Abs. 1 ZPO; zu Grenzen → § 103 Rn. 31). § 106 Abs. 2 und 3 SGG geht damit § 117 SGG vor, der **Grundsatz der Unmittelbarkeit der Beweisaufnahme** wird **durchbrochen**; zu den Grenzen → § 103 Rn. 31. 22

Die Vernehmung kann durch den **Vorsitzenden**, den Berichterstatter (§ 155 Abs. 1 SGG), nicht zugleich durch beide[57] oder durch den **ersuchten Richter** (→ § 117 Rn. 5) erfolgen. Der Vorsitzende bzw. der Berichterstatter kann den Zeugen oder Sachverständigen nicht vereidigen; dazu bedarf es der Entscheidung der Kammer bzw. des Senats (→ § 118 Rn. 16). Beim ersuchten Richter kann der Vorsitzende insoweit eine Beeidigung anordnen (§ 106 Abs. 4, § 118 Abs. 2 SGG) oder die Entscheidung dem ersuchten Richter überlassen. Insb. bei behandelnden Ärzten kommt die **schriftliche Vernehmung** als sachverständiger Zeuge (→ § 118 Rn. 13) in Frage. Kommt der Zeuge der Aufforderung zur schriftlichen Aussage trotz Erinnerung nicht nach, kann ein Beweisaufnahmetermin (§ 116 SGG) festgesetzt werden, um ihn persönlich zu vernehmen. IdR wird dann die schriftliche Aussage noch übermittelt. Erfolgt dies nicht und erscheint der Zeuge zum Termin nicht, kann gegen ihn ein Ordnungsgeld festgesetzt (→ § 111 Rn. 16) werden.[58] 23

Im Übrigen gelten § 106 Abs. 4, § 118 Abs. 1 SGG iVm §§ 373 ff. ZPO. § 106 Abs. 4, §§ 107, 116 SGG sind zu beachten (→ Rn. 14, 15). 24

53 Vgl. BSG 24.2.2011 – B 14 AS 49/10 R, SozR 4-4200 § 21 Nr. 10.
54 AA noch BSG 9.2.1956 – 1 RA 57/55, BSGE 2, 197 (200); offen BSG 24.2.2011 – B 14 AS 49/10 R, SozR 4-4200 § 21 Nr. 10.
55 Kummer in Peters/Sautter/Wolff § 106 Anm. 4 c.
56 AA W.-R. Schenke in Kopp/Schenke § 98 Rn. 16; offen BVerwG 22.1.1985 – 9 C 52/83, Buchholz 310 § 87 VwGO Nr. 5.
57 BVerwG 17.11.1972 – IV C 41.68, BVerwGE 41, 174.
58 Abzulehnen ist LSG Bln-Bbg 2.5.2013 – L 13 SB 259/12 B: Im fürsorglichen Hinweis an die Beteiligten, dass der Termin auch kurzfristig aufgehoben werde, wenn der Befundbericht eingehe, liegt eine nicht ordnungsgemäße, bedingte Ladung, so dass kein Ordnungsgeld verhängt werden kann.

25 ee) **Augenschein, Sachverständigengutachten – Abs. 3 Nr. 5.** Auch hier gilt der Rechtsgedanke des § 87 Abs. 3 Satz 2 VwGO (→ Rn. 22). Die Beweisaufnahme durch Augenschein erfolgt nach § 106 Abs. 4, § 118 Abs. 1 SGG iVm §§ 371 ff. ZPO. Für den Sachverständigenbeweis gelten § 106 Abs. 4, § 118 Abs. 1 SGG iVm §§ 402 ff. ZPO; die Vernehmung des Sachverständigen erfolgt nach § 106 Abs. 3 Nr. 4 SGG. Das Gutachten kann auch ein solches nach § 109 SGG sein. § 106 Abs. 4, §§ 107, 116 SGG sind zu beachten (→ Rn. 14, 15).

26 ff) **Beiladung – Abs. 3 Nr. 6.** Dass die Beiladung (§ 75 SGG) schon vor der mündliche Verhandlung erfolgt, ist in der Praxis der Regelfall.

27 gg) **Erörterungstermin – Abs. 3 Nr. 7.** Auch wenn die Parteivernehmung (§§ 445 ff. ZPO) im sozialgerichtlichen Verfahren nicht vorgesehen ist (→ § 118 Rn. 10), ist die Erörterung des Streitgegenstands mit den Beteiligten eine wesentliche Erkenntnisquelle des Gerichts. Sie findet im Regelfall in der mündlichen Verhandlung statt (§ 112 Abs. 2 Satz 2 SGG); § 278 Abs. 2–5 ZPO (obligatorische Güteverhandlung) findet keine Anwendung. Insb. zur Vermeidung unnötiger Beweisaufnahmen kann es aber sinnvoll sein, bereits vor der mündlichen Verhandlung den Sachverhalt mit den Beteiligten zu erörtern. So können unrealistische Vorstellungen der Beteiligten von der Rechtslage korrigiert oder Verstimmungen aus dem Verwaltungsverfahren, die das Gerichtsverfahren behindern, ausgeräumt werden. Auch wenn das Gericht die Klage für aussichtslos hält, kann es angezeigt sein, dies außerhalb der mündlichen Verhandlung mündlich zu erörtern und so eventuell eine nichtstreitige Erledigung zu erlangen.[59] Ein Erörterungstermin kann auch mit einer Beweisaufnahme nach Nr. 4 und 5 verbunden werden; im Lichte der neu gewonnenen Erkenntnisse bietet sich nicht selten eine nichtstreitige Beendigung des Rechtsstreits (§§ 101, 102 SGG) an. Eine Festlegung des Gerichts auf eine bestimmte Beweiswürdigung oder Rechtsansicht, auf die sich die Beteiligten bei ihrer weiteren Prozessführung einstellen können, erfolgt im Erörterungstermin nicht.[60] Im Prozesskostenhilfeverfahren kann ein Erörterungstermin nur anberaumt werden, wenn eine Einigung zu erwarten ist (§ 202 Satz 1 SGG iVm § 118 Abs. 1 Satz 3 ZPO).

28 In der gerichtlichen **Güteverhandlung** (§ 202 Satz 1 SGG iVm § 278 Abs. 5 ZPO; → § 202 Rn. 9 ff.) können alle Methoden zur Konfliktbeilegung angewandt werden, auch diejenige der **Mediation** (→ § 1 Rn. 26; außergerichtlich nach § 278 a ZPO). Diese unterscheidet sich vom Erörterungstermin in einem grundlegend abweichenden Ansatz. Im Erörterungstermin gibt der Vorsitzende vor, welche Themen zu besprechen sind, erteilt rechtliche Hinweise und kann auch eine vorläufige Einschätzung der Beweiswürdigung vornehmen. Die Ausrichtung auf die gerichtliche Streitentscheidung bleibt erhalten. All das wäre mit der Rolle eines Mediators, der den Beteiligten bei der eigenverantwortlichen, einvernehmlichen Konfliktlösung hilft (§ 1 Abs. 1 MediationsG), wobei die Vermittlungsfunktion unterschiedlich stark ausgestaltet sein kann,[61] nicht zu vereinbaren.

29 Für die Ladung zum Erörterungstermin gelten die allgemeinen Vorschriften (§ 63 Abs. 1 Satz 2 SGG; § 110 SGG analog). § 106 Abs. 3 Nr. 7 SGG sieht auch

59 BSG 30.1.2006 – B 2 U 369/05 B, nicht veröffentlicht; LSG Hmb 6.3.2006 – L 5 B 159/04 AL; Müller in Roos/Wahrendorf § 106 Rn. 33; aA Kühl in Breitkreuz/Fichte § 106 Rn. 18; zur Bedeutung in SGB II-Verfahren s. Roller DRiZ 2011, 320.

60 BSG 1.8.2013 – B 12 R 2/13 B.

61 Ruthig in Kopp/Schenke § 1 Rn. 34.

vor, dass das persönliche Erscheinen angeordnet (§ 111 Abs. 1 SGG) werden kann, § 111 Abs. 3 SGG, dass ein bevollmächtigter und unterrichteter Vertreter zu entsenden ist. Ist die Aufgabe nach § 106 SGG einem Berichterstatter übertragen (§§ 155, 165 SGG), kann nur dieser, nicht zugleich der Vorsitzende den Erörterungstermin durchführen. Der Berichterstatter ist dann auch für die Festsetzung eines Ordnungsgeldes zuständig.[62] Auch im Erörterungstermin ist ein Protokoll zu führen (§ 122 SGG).

§ 106 a [Fristsetzung]

(1) Der Vorsitzende kann dem Kläger eine Frist setzen zur Angabe der Tatsachen, durch deren Berücksichtigung oder Nichtberücksichtigung im Verwaltungsverfahren er sich beschwert fühlt.

(2) Der Vorsitzende kann einem Beteiligten unter Fristsetzung aufgeben, zu bestimmten Vorgängen

1. Tatsachen anzugeben oder Beweismittel zu bezeichnen,

2. Urkunden oder andere bewegliche Sachen vorzulegen sowie elektronische Dokumente zu übermitteln, soweit der Beteiligte dazu verpflichtet ist.

(3) [1]Das Gericht kann Erklärungen und Beweismittel, die erst nach Ablauf einer nach den Absätzen 1 und 2 gesetzten Frist vorgebracht werden, zurückweisen und ohne weitere Ermittlungen entscheiden, wenn

1. ihre Zulassung nach der freien Überzeugung des Gerichts die Erledigung des Rechtsstreits verzögern würde und

2. der Beteiligte die Verspätung nicht genügend entschuldigt und

3. der Beteiligte über die Folgen einer Fristversäumung belehrt worden ist.

[2]Der Entschuldigungsgrund ist auf Verlangen des Gerichts glaubhaft zu machen. [3]Satz 1 gilt nicht, wenn es mit geringem Aufwand möglich ist, den Sachverhalt auch ohne Mitwirkung des Beteiligten zu ermitteln.

I. Allgemeines/Normzweck

1 **1. Gesetzesentstehung.** § 106 a SGG ist durch das Gesetz zur Änderung des Sozialgerichtsgesetzes und des Arbeitsgerichtsgesetzes vom 26.3.2008 (BGBl. 2008 I 444) mit Wirkung zum 1.4.2008 eingefügt worden.

2 **2. Normzweck.** Die Vorschrift ermöglicht eine Sanktionierung der Verletzung der Mitwirkungspflicht der Beteiligten im gerichtlichen Verfahren (→ § 103 Rn. 18); sie dient damit dessen Beschleunigung.[1] § 106 a SGG findet Anwen-

62 LSG BW 6.3.1974 – L 3 An 1191/70, Breith. 1974, 637.
1 BSG 3.9.2014 – B 10 ÜG 12/13 R, SozR 4-1720 § 198 Nr. 4.

dung im Berufungsverfahren (§ 153 Abs. 1);[2] auch im Beschwerdeverfahren.[3] Im Revisionsverfahren sind neuer Tatsachenvortrag oder Beweiserhebungen nach §§ 162, 163 SGG regelmäßig ausgeschlossen, → § 162 Rn. 3 ff. Grds. anwendbar,[4] aber nicht immer passend ist die Vorschrift auch in den selbstständigen Beschlussverfahren (§§ 55 a, 73 a, 76, 86 b SGG). § 157 a SGG regelt die Folgen von verspätetem Vorbringen im erstinstanzlichen Verfahren für die Berufung. Für den Antrag nach § 109 SGG enthält der dortige Abs. 2 eine Spezialregelung, die § 106 a SGG vorgeht.

3 Die – auch verfassungsrechtlich begründeten – Anforderungen an eine Zurückweisung verspäteten Vorbringens sind hoch (→ Rn. 11, 19). Auch wegen der daraus für das Gericht folgenden Gefahr einer Zurückverweisung (§ 159 Abs. 1 Nr. 2, § 170 Abs. 2 Satz 2 SGG) dürfte das **„Drohpotential"** der Vorschrift höher sein als ein möglicher Anwendungsbereich.[5] In der verwaltungsgerichtlichen Praxis sind Entscheidungen, die sich entscheidend auf eine Zurückweisung verspäteten Vorbringens stützen, selten; oftmals wird die Begründung der Zurückweisung verspäteten Vorbringens oder verspäteter Beweisangebote auch auf andere Gründe gestellt, so dass es letztlich auf die Voraussetzung der Präklusion nicht ankommt.[6] Ohnehin darf die beschränkte Wirkung der Vorschrift (→ Rn. 18) nicht übersehen werden. Ob sie wenigstens in Rechtsstreitigkeiten mit medizinischem Einschlag taugt, in denen Beteiligte Angaben zu behandelnden Ärzten oder ärztliche Unterlagen bewusst zurückhalten,[7] um diese erst kurz oder in der mündlichen Verhandlung zu „präsentieren", wird die Praxis zeigen. Daher ist es idR kein Anlass für eine Verzögerungsrüge (§ 198 Abs. 3 GVG), wenn von § 106 a SGG kein Gebrauch gemacht wird.

4 **3. Parallelvorschriften.** Vorbild des § 106 a SGG waren die im Wesentlichen gleichlautenden § 87 b VwGO, § 79 b FGO, so dass auf die hierzu ergangene Rechtsprechung und Literatur zurückgegriffen werden kann. Die ZPO kennt in § 273 Abs. 2 Nr. 1, § 296 Abs. 1 Präklusionsregelungen, die über § 46 Abs. 2 Satz 1 ArbGG auch im Arbeitsgerichtsprozess gelten.

II. Fristsetzung zur Angabe ergänzenden Klagevorbringens – Abs. 1

5 Der **Vorsitzende** (vor dem LSG nach § 155 Abs. 1 SGG der Berichterstatter) kann den **Kläger** auffordern, die zur Begründung der Klage dienenden **Tatsachen**[8] mitzuteilen.

---

2 BSG 8.9.2015 – B 1 KR 16/15 R, SozR 4-2500 § 16 Nr. 1.

3 Schmidt in Meyer-Ladewig/Keller/Leitherer/Schmidt § 106 a Rn. 3; W.-R. Schenke in Kopp/Schenke § 87 b Rn. 2; aA Mushoff in jurisPK-SGG § 106 a Rn. 8 und Hauck in Hauck/Behrend § 106 a Rn. 3: keine Regelungslücke; strenger Ausnahmecharakter der Vorschrift.

4 HM; aA Hauck in Hauck/Behrend § 106 a Rn. 3.

5 Roller SGb 2009, 252 (254); Roller SGb 2010, 636 (638).

6 Vgl. etwa BayVGH 25.8.2006 – 1 ZB 04.30718.

7 BT-Drs. 16/7716, 2; Tabbara NZS 2008, 8 (9); Leitherer NJW 2008, 1258 (1259) verweist auf einen denkbaren Anwendungsbereich in Beitrags- und Rückforderungsstreitigkeiten; Darstellung insgesamt bei Roller SGb 2008, 394.

8 Auch innere Tatsachen (Kummer in Peters/Sautter/Wolff § 106 a Rn. 13); nicht Rechtsansichten oder Bezeichnung von Beweismitteln (Müller in Roos/Wahrendorf § 106 a Rn. 4; Hauck in Hauck/Behrend § 106 a Rn. 10); nicht, wenn Verwaltungsverfahren gar nicht stattgefunden hat (Schmidt in Meyer-Ladewig/Keller/Leitherer/Schmidt § 106 a Rn. 8); auch Tatsachen, die erst nach Abschluss des Verwaltungsverfahrens entstanden oder bekannt geworden sind (W.-R. Schenke in Kopp/Schenke § 87 b Rn. 3); nicht notwendig, dass Kläger aus Tatsachen die richtigen rechtlichen Schlüsse zieht (BFH 15.9.2005 – II B 147/04, BFH/NV 2006, 106).

Die Aufforderung ist eine nicht gesondert anfechtbare[9] **prozessleitende Verfügung** und muss vom Vorsitzenden mit vollem Namen unterzeichnet werden (nicht nur Paraphe); die Ausfertigung/beglaubigte Abschrift muss durch Wiedergabe des vollen Namens des Richters erkennen lassen, dass sie von ihm stammt.[10] Sie ist zuzustellen (§ 63 Abs. 1 Hs. 1 SGG).[11] Die Aufforderung kann mit der Bestätigung des Klageeingangs und/oder mit der Aufforderung zur Ergänzung der Klageschrift (§ 92 Abs. 2 Satz 1 SGG) verbunden werden; das Fehlen einer § 87 b Abs. 1 Satz 2 VwGO entsprechenden Regelung lässt den Gegenschluss nicht zu. Die Verfügung muss sich auf „bestimmte Vorgänge" beziehen und die Beweismittel möglichst genau bezeichnen; dem Beteiligten muss erkennbar sein, welche Beweismittel er zu welchen Tatsachen vorlegen soll.[12] Die dem Kläger gesetzte Frist muss **angemessen** sein, dh es muss ihm möglich und zumutbar sein, innerhalb dieser Zeit die notwendigen Angaben zu machen. Grundsätzlich kann die vom BSG sonst[13] als Regelfall angenommene **Monatsfrist** herangezogen werden, jedoch sind auch kürzere Fristen nicht ausgeschlossen.[14] Auf Antrag kann die Frist verlängert werden (§ 65 SGG). Der Vorsitzende kann die Frist auch neu setzen.[15] 6

Die Aufforderung ist mit einer **Belehrung** über die Folgen des verspäteten Vorbringens (Abs. 3 Satz 1 Nr. 3) zu verbinden, nicht notwendigerweise über die gesetzlichen Voraussetzungen der Präklusion oder die mögliche Entschuldigung.[16] Nur ausnahmsweise, jedenfalls nur, wenn der Kläger sachkundig vertreten ist, genügt die Wiedergabe des Gesetzeswortlauts. Dem Kläger muss vielmehr sinnfällig vor Augen geführt und klar gemacht werden, dass ein Vorbringen nach Fristablauf eine Entscheidung des Gerichts nicht hindert und er daher Gefahr läuft, den Rechtsstreit zu verlieren.[17] Der bloße Hinweis auf § 106 a Abs. 3 SGG genügt nicht.[18] Die im sozialgerichtlichen Verfahren teilweise nicht untypische eingeschränkte Erkenntnis- und Handlungsfähigkeit der Beteiligten ist angemessen zu berücksichtigen.[19] 7

Die Aufforderung ist nicht gesondert, sondern nur im Rahmen der Hauptsache anfechtbar (§ 172 Abs. 2 SGG, → Rn. 20).[20] 8

III. Fristsetzung gegenüber Beteiligten – Abs. 2

Der Vorsitzende (bzw. der Berichterstatter, → Rn. 5) kann **jeden Beteiligten** (§ 69 SGG) auffordern: 9

- Tatsachen (→ Rn. 5) anzugeben;
- Beweismittel zu bezeichnen (→ § 118 Rn. 10);

---

9 BFH 25.7.2014 – III B 102/13, BFH/NV 2014, 1764 (1765), zu § 79 b FGO.
10 BVerwG 4.3.1993 – 8 B 186/92, Buchholz 310 § 87 b VwGO Nr. 1; BSG 8.9.2015 – B 1 KR 16/15 R, SozR 4-2500 § 16 Nr. 1.
11 BSG 8.9.2015 – B 1 KR 16/15 R, SozR 4-2500 § 16 Nr. 1.
12 BFH 12.2.2019 – VIII B 53/18, BFH/NV 2019, 568, zu § 79 b FGO.
13 BSG 29.11.2006 – B 6 KA 23/06 B, SozR 4-1500 § 153 Nr. 3 zu § 153 Abs. 4 SGG.
14 BFH 23.2.2004 – VII B 162/03, BFH/NV 2004, 1063.
15 Kummer in Peters/Sautter/Wolff § 106 a Rn. 31.
16 BFH 16.1.2006 – VIII B 35/05, BFH/NV 2006, 957.
17 Vgl. einerseits BGH 23.10.1990 – XI ZR 20/90, NJW 1991, 493, andererseits BGH 16.5.1991 – III ZR 82/90, NJW 1991, 2773.
18 W.-R. Schenke in Kopp/Schenke § 87 b Rn. 8.
19 Roller SGb 2005, 616 (618).
20 BFH 16.7.2003 – III B 78/03, BFH/NV 2003, 1444.

- Urkunden (auch schriftliche Sachverständigengutachten; nicht schriftliche Prozessvollmacht)[21] oder bewegliche Sachen vorzulegen sowie elektronische Dokumente (s. § 65 a SGG und → § 118 Rn. 37) zu übermitteln, soweit eine Verpflichtung hierzu besteht. Diese Verpflichtung folgt idR aus der prozessualen Mitwirkungspflicht des Beteiligten (→ § 103 Rn. 18, → § 119 Rn. 4).

10 Im Unterschied zur Fristsetzung nach Abs. 1 müssen – soweit dem Gericht möglich – die für aufklärungs- oder beweisbedürftig erachteten Punkte so genau bezeichnet werden, dass es dem Beteiligten möglich ist, der Anordnung ohne Weiteres nachzukommen („zu bestimmten Vorgängen").[22] Die formellen Anforderungen der Aufforderung entsprechen der Aufforderung nach Abs. 1 (→ Rn. 6); die Fristsetzung ist mit einer Rechtsfolgenbelehrung (→ Rn. 7) zu verbinden.

IV. Präklusion – Abs. 3

11 **1. Verzögerung.** Die Zulassung des verspäteten Vorbringens muss dazu führen, dass der Rechtsstreit **länger dauert als** bei dessen **Zurückweisung** (absoluter Verzögerungsbegriff). Dies ist etwa der Fall, wenn eine längere Tatsachenaufklärung notwendig werden würde. Ob der Rechtsstreit bei rechtzeitigem Vorbringen ebenso lange gedauert hätte wie bei dem verspäteten (relativer Verzögerungsbegriff), ist unerheblich, es sei denn, dies wäre offenkundig.[23] In merkwürdigem Gegensatz zum Gesetzeswortlaut („nach der freien Überzeugung des Gerichts") wird der Ausnahmecharakter der Präklusionsvorschriften betont und daraus abgeleitet, dass an die Voraussetzungen ein **strenger Maßstab** anzustellen ist.[24] Verlangt wird eine **plausible Prognose** des Gerichts.

12 Der pauschale Verweis auf einen Zeugen genügt nicht den Anforderungen an den Vortrag iSd § 106 a Abs. 2 Nr. 1 SGG.[25] Nicht relevant ist, wenn der neue Vortrag allein schwierige Rechtsfragen aufwirft – diese zu bewältigen liegt in der Verantwortung des Gerichts.[26]

13 Das Verhältnis der Präklusion zur Amtsermittlung (§ 103 SGG) regelt Abs. 3 Satz 3 SGG.[27] Danach scheidet die Zurückweisung aus, wenn es mit geringem Aufwand möglich ist, den Sachverhalt auch ohne Mitwirkung des Beteiligten zu ermitteln.

14 Hinsichtlich des **Verschuldens** (§ 106 a Abs. 3 Satz 1 Nr. 2 SGG) gilt der Maßstab des § 67 SGG.[28] Der Kläger bzw. Beteiligte muss Gelegenheit haben, seine Schuldlosigkeit an der Fristversäumung geltend zu machen.[29]

---

21 LSG Nds-Brem 23.10.2012 – L 7 AS 1010/12, Breith. 2013, 461: § 73 Abs. 6 Satz 2 SGG vorrangig.
22 BFH 25.4.1995 – IX R 6/94, BFHE 177, 233; BFH 23.4.2003 – IX R 22/00, BFH/NV 2003, 1198.
23 BVerwG 18.2.1998 – 11 A 6/97, Buchholz 310 § 87 b VwGO Nr. 3; BVerwG 27.5.2010 – 8 B 112/09; LSG BW 27.5.2014 – L 11 KR 1169/13, Breith. 2014, 993 und die hM im Schrifttum; aA Schmidt in Meyer-Ladewig/Keller/Leitherer/Schmidt § 106 a Rn. 16: Prognose, ob der Rechtsstreit bei rechtzeitigem Vorbringen hätte schneller entschieden werden können.
24 BVerfG 30.1.1985 – 1 BvR 876/84, BVerfGE 69, 145.
25 LSG BW 27.5.2014 – L 11 KR 1169/13, Breith. 2014, 993.
26 BVerwG 15.9.1999 – 11 A 22/98, Buchholz 442.40 § 8 LuftVG Nr. 17.
27 BayLSG 9.6.2011 – L 7 AS 34/09.
28 BVerwG 6.4.2000 – 9 B 50/00, 9 PKH 15.2000, NVwZ 2000, 1042.
29 BVerwG 6.4.2000 – 9 B 50/00, 9 PKH 15.2000, NVwZ 2000, 1042.

Eine in erster Instanz schuldlos unterlassene Entschuldigung für das verspätete Vorbringen kann mit der Berufung nachgeholt werden.[30] Auf Verlangen ist der Entschuldigungsgrund glaubhaft zu machen (Abs. 3 Satz 2; → § 103 Rn. 7). 15

2. Präklusionsermessen. Werden die Verpflichtungen nach Abs. 1 oder 2 nicht eingehalten, ist das Gericht **berechtigt**, nicht verpflichtet (wie in § 296 Abs. 1 ZPO), verspätetes Vorbringen zurückzuweisen. Maßgebliche Ermessensgesichtspunkte sind dabei: 16

- Die Verzögerung darf **nicht unerheblich** sein.[31] Eine nur unerhebliche Verzögerung ist angenommen worden, wenn eine Erklärung der anderen Seite herbeigeführt und je nach deren Ergebnis der verspätete Vortrag als zutreffend festgestellt oder sogleich hierüber Beweise erhoben werden kann.[32] Findet ohnehin eine Beweisaufnahme statt, ist die Vernehmung weiterer Zeugen oder die mündliche Erläuterung eines Gutachtens durch den Sachverständigen zuzulassen, wenn sich dies in einem Termin – ggf. auch unter einem gewissen Zeitdruck – durchführen lässt.[33]
- Die Verzögerung darf nicht durch eine **unzulängliche richterliche Terminsvorbereitung** (§ 106 SGG) **oder Verfahrensleitung** mit verursacht worden sein.[34] Liegt der verspätete Vortrag mit Beweisangebot zum Zeitpunkt der Terminierung vor, muss das Gericht für eine innerhalb des Termins durchführbare Beweisaufnahme entsprechend Zeit einplanen.[35]
- Die Zurückverweisung darf sich nicht gegen den nicht säumigen Beteiligten auswirken.[36]
- Maßgeblich ist nicht zuletzt der Aufwand der Ermittlung und Begründung (→ Rn. 19) der Voraussetzungen des § 106 a SGG, der nicht selten größer sein dürfte, als die Berücksichtigung der verspäteten Tatsache bzw. des Beweismittels. Letzteres kann uU auch aus anderen Gründen abgelehnt werden (s. etwa → § 103 Rn. 13 ff.).
- Unerheblich ist, ob trotz Präklusion ein Antrag nach § 44 SGB X möglich wäre;[37] ein solcher Antrag ist zumeist möglich und seine Erfolgsaussichten zu bewerten, würde die Anforderungen an das Präklusionsermessen überspannen. § 106 a SGG ist geltendes Recht, so dass es bei der Ermessensausübung auch keine Rolle spielen kann, ob er „im sozialgerichtlichen Verfahren sowohl historisch als auch verfahrensrechtliche einen Fremdkörper bildet."[38]

3. Umfang der Präklusion. Die Präklusion bewirkt, dass das Gericht ohne weitere Ermittlungen zur Sache entscheiden kann.[39] Sie bezieht sich auf die Tatsachen, die der Kläger (Abs. 1) bzw. Beteiligte (Abs. 2) nicht fristgemäß vorge- 17

---

30 BVerfG 14.4.1987 – 1 BvR 162/84, BVerfGE 75, 183.
31 W.-R. Schenke in Kopp/Schenke § 87 b Rn. 11; BVerwG 16.12.2004 – 4 A 11/04, NVwZ 2005, 589: Klage einen Tag zu spät begründet.
32 BVerfG 22.5.1979 – 1 BvR 1077/77, BVerfGE 51, 188.
33 BVerfG 21.2.1990 – 1 BvR 1117/89, BVerfGE 81, 264; Kuhla/Hüttenbrink S. 314.
34 BVerfG 21.2.1990 – 1 BvR 1117/89, BVerfGE 81, 264; BVerfG 14.4.1987 – 1 BvR 162/84, BVerfGE 75, 183; BVerwG 14.6.2005 – 1 B 142/04, Buchholz 402.25 § 1 AsylVfG Nr. 307.
35 BVerfG 26.8.1988 – 2 BvR 1437/87, NJW 1989, 706.
36 Burkiczak ZFSH/SGB 2008, 323 (326).
37 So aber Hauck in Hauck/Behrend § 106 a Rn. 30.
38 So aber Müller in Roos/Wahrendorf § 106 a Rn. 25.
39 Weitergehend die Rspr des BFH zu § 79 b FGO: Auch Prozessurteil möglich, BFH 26.6.2017 – III B 90/16, BFH/NV 2017, 1324.

bracht hat. Vom Kläger wird verlangt, dass er die ihn beschwerenden Tatsachen so konkret angibt, dass der Lebenssachverhalt, aus dem er den mit der Klage verfolgten Anspruch ableitet, unverwechselbar feststeht; **nicht** gehindert ist aber späterer, **vertiefender Tatsachenvortrag.**[40] Abs. 2 erfasst zudem die Bezeichnung von Beweismitteln. Die Präklusion bezieht sich von vornherein nicht auf rechtliche Ausführungen, Prozesserklärungen oder Verfügungen über den Anspruch (→ § 157 a Rn. 6).

18 Vom SG zu Recht ausgeschlossenes Vorbringen bleibt auch in den Rechtsmittelinstanzen ausgeschlossen (§ 157 a Abs. 2, § 165 Satz 1 SGG; → § 157 a Rn. 4, 7 f., 12). Es kann aber grds. über § 44 SGB X erneut ins Verwaltungsverfahren eingebracht werden (Ausnahme: vorsätzlich falsche oder unvollständige Angaben, § 44 Abs. 2 Satz 2 SGB X), über § 88 SGG auch in ein weiteres Gerichtsverfahren. Eine irgendwie geartete materielle Präklusion[41] ist mit § 106 a SGG nicht verbunden. Tatsächliche Änderungen (Verschlechterung des Gesundheitszustands), die erst im weiteren Verlauf des Verfahrens eintreten, und neue Beweismittel (weiteres ärztliches Attest) können bis zum Schluss der mündlichen Verhandlung vorgetragen bzw. eingebracht werden.

V. Gerichtliche Entscheidung

19 Die Zurückweisung verspäteten Vorbringens erfolgt nicht durch den Vorsitzenden, sondern **durch das Gericht** im Rahmen der Endentscheidung.[42] Dabei müssen sämtliche gesetzlichen Voraussetzungen für eine Präklusion – also die Angabe des Präklusionstatbestandes sowie Ausführungen zur Verspätung, zur Verzögerung, zum Fehlen von Entschuldigungsgründen und zur Ausübung des tatrichterlichen Präklusionsermessens – ohne Weiteres erkennbar oder nachvollziehbar dargelegt werden.[43]

20 Der rechtswidrige Ausschluss verspäteten Vorbringens kann **in der Berufungsinstanz überprüft** werden – § 157 a Abs. 2 SGG schließt nur „zu Recht" zurückgewiesenes Vorbringen aus (Einzelheiten → § 157 a Rn. 15). Es begründet einen Zulassungsgrund nach § 144 Abs. 2 Nr. 3 bzw. § 160 Abs. 2 Nr. 3 SGG, außerdem einen Verstoß gegen das Recht auf rechtliches Gehör (§ 62 SGG).[44] Ob eine Verzögerung vorliegt, ist eingeschränkt („nach der freien Überzeugung des Gerichts"),[45] die übrigen gesetzlichen Voraussetzungen der Zurückweisung sind voll überprüfbar, das Ermessen nur im Hinblick auf eine missbräuchliche Handhabung.

21 Im Nichtzurückweisen von unentschuldigt verspätetem Vorbringen des einen Beteiligten liegt keine die Beschwerdebefugnis auslösende Beschwer des anderen Beteiligten.[46]

40 BVerwG 30.9.1993 – 7 A 14/93, NVwZ 1994, 371.
41 Beispiele aus dem Bereich des allgemeinen Verwaltungsrechts bei W.-R. Schenke in Kopp/Schenke § 87 b Rn. 3.
42 BVerfG 14.4.1987 – 1 BvR 162/84, BVerfGE 75, 183.
43 BVerwG 27.3.2000 – 9 B 518/99, Buchholz 310 § 98 VwGO Nr. 60; BVerwG 6.4.2000 – 9 B 50/00, 9 PKH 15.00, NVwZ 2000, 1042.
44 BVerfG 21.2.1990 – 1 BvR 1117/89, BVerfGE 81, 264 (273).
45 W.-R. Schenke in Kopp/Schenke § 87 b Rn. 14: vertretbar und nicht durch sachfremde Erwägungen bestimmt.
46 BVerwG 1.4.2004 – 4 C 2/03, BVerwGE 120, 276.

§ 107 [Mitteilung von Beweisergebnissen]

Den Beteiligten ist nach Anordnung des Vorsitzenden entweder eine Abschrift des Protokolls der Beweisaufnahme oder deren Inhalt mitzuteilen.

I. Allgemeines/Normzweck

1 **1. Gesetzesentstehung.** Das Gesetz zur Einführung der elektronischen Akte in der Justiz und zur weiteren Förderung des elektronischen Rechtsverkehrs vom 5.7.2017 (BGBl. 2017 I 2208) hat mit Wirkung vom 1.1.2018 die Wörter „zur Niederschrift" durch „zu Protokoll" ersetzt. Nach Einführung der elektronischen Prozessakte (§ 65 b SGG) sah man die alte, eng mit der Papierform verbundene Begrifflichkeit als nicht mehr passend an.[1]

2 **2. Normzweck.** Die Vorschrift spricht eine bereits aus §§ 62, 128 Abs. 2 SGG folgende Selbstverständlichkeit aus: Damit die Beteiligten Gelegenheit haben, zu den Ergebnissen der Beweisaufnahme Stellung zu nehmen, müssen sie ihnen bekannt sein. § 107 SGG findet Anwendung in allen Rechtszügen (§ 153 Abs. 1, § 165 SGG) und in den selbstständigen Beschlussverfahren (§§ 55 a, 73 a, 76, 86 b SGG; s. aber → Rn. 7), wenn dort eine Beweisaufnahme stattfindet.

3 **3. Parallelvorschriften.** In VwGO, FGO und ZPO gibt es keine unmittelbar vergleichbaren Vorschriften.[2]

II. Mitteilung der Ergebnisse der Beweisaufnahme

4 **1. Anwendungsbereich.** Erfasst werden alle Beweisaufnahmen im Laufe des Verfahrens, auch solche nach § 106 Abs. 2 – 4 SGG.[3] Entbehrlich ist die Mitteilung, wenn der Beteiligte bei der Beweisaufnahme anwesend war, jedoch nur, wenn ihm die Durchführung der Beweisaufnahme bewusst war.[4]

5 **2. Verfahren.** Die Mitteilung erfolgt **von Amts wegen** („ist mitzuteilen") durch prozessleitende Verfügung des **Vorsitzenden** (vor dem LSG nach § 155 Abs. 1 SGG durch den Berichterstatter). Auf welche Weise die Mitteilung erfolgt, steht im Ermessen des Vorsitzenden. Das Gesetz nennt die **Übersendung einer Abschrift des Protokolls** (§ 122 SGG; entsprechend: Kopien schriftlicher Gutachten, schriftlicher Auskünfte) und die **Mitteilung deren Inhalts**. Letzteres birgt die Risiken der Ungenauigkeit und der einseitigen Darstellung. Darüber hinaus ist anerkannt, dass die Mitteilung auch auf **anderem Weg** erfolgen kann, wenn die ausdrücklich genannten Möglichkeiten untunlich sind. Bei Krankenunterlagen, beigezogenen Akten oder umfangreichen Anlagen genügt es, die Beteiligten auf die Akteneinsicht bei Gericht (§ 120 SGG) zu verweisen oder die Originalunter-

1 BT-Drs. 18/12203, 85 zu Art. 18 Nr. 7, Nr. 4; BT-Drs. 18/9416, 59 zu Art. 1 Nr. 11.
2 S. aber § 87 Abs. 2 VwGO, § 79 Abs. 2 FGO, § 273 Abs. 4 Satz 1 ZPO zur Mitteilung über eine anstehende Beweisaufnahme.
3 BSG 26.3.1957 – 2 RU 79/54, SozEntsch. BSG I/4 Nr. 1; BSG 19.1.2005 – B 11a/11 AL 215/04 B.
4 BSG 31.8.2017 – B 2 U 74/17 B, SozR 4-1500 § 62 Nr. 19 (zum Augenschein).

lagen gegen Rückgabe zu übersenden.[5] Gleiches gilt bei später hinzugekommenen Beteiligten. Zu Beschränkungen, wenn erhebliche therapeutische Gründe entgegenstehen, → § 118 Rn. 38.

6 Die Mitteilung muss **spätestens in der Terminsmitteilung** (§ 110 Abs. 1 SGG) erfolgen,[6] damit sich die Beteiligten ein klares Bild von dem Beweisergebnis machen und über eine angemessene Reaktion entscheiden können. Eine Mitteilung erst in der mündlichen Verhandlung ist nur ausnahmsweise zulässig.[7]

7 Im **Prozesskostenhilfeverfahren** ist die Mitteilungspflicht eingeschränkt (§ 73 a Abs. 1 Satz 1 SGG iVm § 117 Abs. 2 Satz 2 und 4 ZPO). Entsprechend § 120 Abs. 4 Satz 1 SGG können besondere Umstände eine **Beschränkung der Mitteilung** gebieten (→ § 120 Rn. 13).

8 **3. Folgen der Verletzung der Mitteilungspflicht.** Ein **Verstoß** gegen § 107 SGG stellt einen **wesentlichen Verfahrensmangel** (§ 144 Abs. 2 Nr. 3, § 159 Abs. 1 Nr. 2, § 160 Abs. 2 Nr. 3 SGG) dar, der aber durch rügelose Einlassung (§ 202 Satz 1 SGG iVm § 295 ZPO) geheilt werden kann. Hierzu ist das Wissen um das Vorhandensein des Beweismittels und darum, dass das Gericht verfahrensfehlerhaft gehandelt hat, notwendig.[8] Hat ein Beteiligter nicht auf andere Weise Kenntnis vom Beweisergebnis erlangt, ist der Grundsatz **rechtlichen Gehörs** (§ 62 SGG) verletzt.

§ 108 [Vorbereitende Schriftsätze]

[1]Die Beteiligten können zur Vorbereitung der mündlichen Verhandlung Schriftsätze einreichen. [2]Die Schriftsätze sind den übrigen Beteiligten von Amts wegen mitzuteilen.

I. Allgemeines/Normzweck

1 **1. Gesetzesentstehung.** § 108 SGG ist seit Inkrafttreten des SGG (→ § 1 Rn. 1) unverändert.

2 **2. Normzweck.** Die Beteiligten haben die Möglichkeit, zur Vorbereitung der mündlichen Verhandlung Schriftsätze einzureichen. § 108 SGG findet Anwendung in allen Rechtszügen (§ 153 Abs. 1, § 165 SGG) und in den selbstständigen Beschlussverfahren (§§ 55 a, 73 a, 76, 86 b SGG), entsprechend auch bei Verzicht auf die mündliche Verhandlung (§ 124 Abs. 2 SGG).[1]

---

5 Vgl. BSG 18.1.1962 – 1 RA 247/59, SozR Nr. 15 zu § 62 SGG.
6 Krasney/Udsching, VII 130.
7 BSG 25.10.1956 – 6 RKa 2/56, BSGE 4, 60.
8 BSG 2.9.1964 – 11/1 RA 59/63, SozR Nr. 4 zu § 107 SGG; Kummer NJW 1989, 1569 (1571).
1 Kummer in Peters/Sautter/Wolff § 108 Rn. 3.

3. Parallelvorschriften. Die Parallelvorschriften in den anderen Verfahrensordnungen gehen weiter (§ 86 Abs. 4 VwGO, § 77 Abs. 1 FGO: „sollen“; vgl. auch § 282 Abs. 2 ZPO). 3

II. Einreichung von Schriftsätzen und deren Weiterleitung

1. Recht zur Einreichung von Schriftsätzen – Satz 1. § 108 Satz 1 SGG beschreibt ein **Recht** der Beteiligten, **keine Pflicht.**[2] Das Gericht kann die fehlende Einreichung von Schriftsätzen nur im Rahmen des § 106 a SGG oder der Mitwirkungspflicht der Beteiligten (→ § 103 Rn. 18) berücksichtigen. Das Recht zur Einreichung von Schriftsätzen „zur Vorbereitung der mündlichen Verhandlung“ bedeutet nicht, dass Schriftsätze, die erst in (§ 202 Satz 1 SGG iVm § 296 a ZPO) oder nach Schließung der mündlichen Verhandlung (§ 121 Satz 2 SGG) übermittelt worden sind, unbeachtlich sind. Wenig praktikabel ist es, am Ende der mündlichen Verhandlung den Beteiligten **Schriftsatzrecht** einzuräumen und zugleich den Verkündungstermin zu bestimmen (§ 283 ZPO),[3] denn die Kammer bzw. der Senat muss dann in der gleichen Zusammensetzung wie bei Schluss der mündlichen Verhandlung (§ 129 SGG) entscheiden.[4] 4

Inhaltlich sollen die Schriftsätze alle Angaben enthalten, die für die Vorbereitung der mündlichen Verhandlung notwendig sind. § 130 ZPO kann als Anhaltspunkt dienen.[5] Der **Form** nach sind die Schriftsätze schriftlich oder als elektronische Dokumente zu übermitteln. Eine Unterschrift ist nicht zwingend erforderlich (§ 92 Abs. 1 Satz 3 SGG analog), bei elektronischen Dokumenten ist § 65 a SGG zu beachten. **Abschriften** für die Beteiligten sind beizufügen (§ 93 SGG [analog], Ausfluss der Prozessförderungspflicht; auch für Anlagen, § 202 Satz 1 SGG iVm § 131 ZPO). Urkunden können die Beteiligten auch auf der Geschäftsstelle niederlegen (§ 202 Satz 1 SGG iVm § 134 ZPO). 5

In der mündlichen Verhandlung können sich die Beteiligten **auf ihre Schriftsätze beziehen** (§ 202 Satz 1 SGG iVm § 137 Abs. 3 ZPO). 6

2. Mitteilung an die übrigen Beteiligten – Satz 2. Die Mitteilung der Schriftsätze an die übrigen Beteiligten erfolgt **von Amts wegen.** Sie erfasst alle Schriftsätze, auch wenn es nach Ansicht des Gerichts auf deren Inhalt nicht ankommt,[6] auch Anlagen (zB Gutachten), außer der Inhalt ist erkennbar für die gerichtliche Entscheidung bedeutungslos.[7] Die **Form** der Mitteilung steht im Ermessen des Gerichts. IdR wird eine Abschrift übersandt, kurz vor dem Termin übermittelte Schriftsätzen können im Termin übergeben oder verlesen werden; zu weiteren Möglichkeiten → § 107 Rn. 5. 7

Ein **Verstoß** gegen § 108 Satz 2 SGG stellt einen **wesentlichen Verfahrensmangel** (§ 144 Abs. 2 Nr. 3, § 159 Abs. 1 Nr. 2, § 160 Abs. 2 Nr. 3 SGG) dar, der aber durch rügelose Einlassung (§ 202 Satz 1 SGG iVm § 295 ZPO)[8] geheilt werden kann. Hat ein Beteiligter nicht auf andere Weise Kenntnis vom Inhalt der 8

---

2 BSG 19.7.1963 – 1 RA 357/62, Breith. 1964, 254 (255 f.).
3 W.-R. Schenke in Kopp/Schenke § 104 Rn. 9.
4 BSG 19.6.1958 – 11/8 RV 1061/56, BSGE 7, 230 (232).
5 Schmidt in Meyer-Ladewig/Keller/Leitherer/Schmidt § 108 Rn. 4.
6 BSG 11.12.1979 – 7 RAr 113/78, SozR 1500 § 150 Nr. 22.
7 BSG 18.5.1966 – 11 RA 330/65, SozR Nr. 4 zu § 108 SGG; Müller in Roos/Wahrendorf § 108 Rn. 10: untergeordnete Korrespondenz wie Fristverlängerungsanträge, Prozessvollmacht, Entbindung von der ärztlichen Schweigepflicht.
8 Kummer NJW 1989, 1569 (1571); BSG 1.12.1972 – 12/3 RK 68/71, USK 72180.

Schriftsätze erlangt, ist der Grundsatz rechtlichen Gehörs (§ 62 SGG) verletzt. Das Urteil darf sich auf den Inhalt der Schriftsätze nicht stützen (§ 128 Abs. 2 SGG).

§ 108 a (aufgehoben)

1 Die Vorschrift ist durch Art. 4 Nr. 9 JKomG vom 22.3.2005 (BGBl. 2005 I 837) mit Wirkung zum 1.4.2005 aufgehoben worden.

§ 109 [Anhörung eines bestimmten Arztes]

(1) [1]Auf Antrag des Versicherten, des behinderten Menschen, des Versorgungsberechtigten [ab 1.1.2024: *des Menschen mit Behinderungen, des Berechtigten nach dem Vierzehnten Buch Sozialgesetzbuch*] oder Hinterbliebenen muß ein bestimmter Arzt gutachtlich gehört werden. [2]Die Anhörung kann davon abhängig gemacht werden, daß der Antragsteller die Kosten vorschießt und vorbehaltlich einer anderen Entscheidung des Gerichts endgültig trägt.

(2) Das Gericht kann einen Antrag ablehnen, wenn durch die Zulassung die Erledigung des Rechtsstreits verzögert werden würde und der Antrag nach der freien Überzeugung des Gerichts in der Absicht, das Verfahren zu verschleppen, oder aus grober Nachlässigkeit nicht früher vorgebracht worden ist.

I. Allgemeines/Normzweck

1 **1. Gesetzesentstehung.** § 109 Abs. 1 Satz 1 SGG ist mit Wirkung zum 2.1.2002 durch das 6. SGGÄndG vom 17.8.2001 (BGBl. 2001 I 2144; Einfügung „des Behinderten“) und durch das Gesetz zur Änderung des Sozialgerichtsgesetzes und des Arbeitsgerichtsgesetzes vom 26.3.2008 (BGBl. 2008 I 444; Änderung in „des behinderten Menschen“) geändert worden. In Abs. 1 Satz 1 sind **mit Wirkung vom 1.1.2024** durch das Gesetz zur Regelung des Sozialen Entschädigungsrechts vom 12.12.2019 (BGBl. I 2652) die Wörter „des behinderten Menschen, des Versorgungsberechtigten“ durch die Wörter „des Menschen mit Behinderungen, des Berechtigten nach dem Vierzehnten Buch Sozialgesetzbuch“ ersetzt worden.

2. Normzweck. Die Vorschrift zwingt das Gericht, auf Antrag Sachverständigenbeweis durch einen bestimmten Arzt zu erheben. § 109 SGG schränkt damit § 103 Satz 2 SGG ein. Die Regelung zielt aus rechtsstaatlichen Gründen auf die Gleichbehandlung der Beteiligten vor Gericht bei der Beschaffung von Beweismitteln („Grundsatz der Waffengleichheit").[1] Der Beteiligte, der nicht wie der Versicherungsträger oder die Behörde auf ärztlichen Sachverstand im eigenen Bereich zurückgreifen kann, soll die Möglichkeit haben, eine (weitere) Bewertung durch einen **Arzt seines Vertrauens** in das Verfahren einzubringen, wenn das Gericht von sich aus nicht (weiter) ermittelt. Der Antrag nach § 109 SGG begründet aber noch keine hinreichende Erfolgsaussicht im Sinne des § 73 a SGG.[2] 2

Die Vorschrift stellt eine Besonderheit des sozialgerichtlichen Verfahrens dar. Sie konkretisiert in besonderer Weise die Klägerfreundlichkeit des sozialgerichtlichen Verfahrens. Ihr kommt auch erhebliche Befriedungsfunktion zu. Die teilweise missbräuchliche Verwendung der Vorschrift rechtfertigt ihre Abschaffung, die immer wieder diskutiert wird,[3] nicht. 3

Der Beweiswert eines Gutachtens nach § 109 SGG ist grds. nicht gemindert, es ist ein „vollwertiges" gerichtliches Gutachten, kein Parteigutachten (→ § 118 Rn. 18). Nicht selten wird es aber an der Überzeugungskraft fehlen, wenn der Hausarzt oder ein behandelnder Arzt, der selten Gutachten erstattet, benannt ist. § 109 SGG findet Anwendung in der Berufung (§ 153 Abs. 1 SGG), im Beweissicherungsverfahren (§ 76 SGG), idR nicht in der Revision (außer Beweiserhebung über medizinische Fragen; selten),[4] nicht im Eilverfahren (§ 86 b SGG; Eilbedürftigkeit steht einer vom Gericht nicht für erforderlich gehaltenen medizinischen Beweisaufnahme entgegen) und nicht im Prozesskostenhilfeverfahren (§ 73 a SGG).[5] 4

3. Parallelvorschriften. Die anderen prozessualen Verfahrensordnungen kennen keine vergleichbare Vorschrift; Parallelen bestehen zu den § 200 Abs. 2 SGB VII, § 14 Abs. 5 SGB XI, § 18 Abs. 3 a SGB XI im Verwaltungsverfahren. 5

II. Einholung eines weiteren gerichtlichen Gutachtens auf Antrag eines Beteiligten

1. Antrag. Der Antrag muss die allgemeinen Voraussetzungen für **Prozesshandlungen** erfüllen. Er kann gegenüber dem Gericht schriftsätzlich, elektronisch (§ 65 a SGG), zu Protokoll des Urkundsbeamten der Geschäftsstelle (§ 90 SGG analog) oder im Termin gestellt[6] (dann Aufnahme ins Protokoll nach § 122 SGG iVm § 160 Abs. 2 ZPO) werden. Auf § 109 SGG muss **nicht ausdrücklich** Bezug genommen werden,[7] jedoch genügen der Antrag, einen bestimmten Arzt mit dem Gutachten zu beauftragen, oder die Übergabe einer ärztlichen Bescheini- 6

1 BSG 20.4.2010 – B 1/3 KR 22/08 R, SozR 4-1500 § 109 Nr. 3; Krasney SGb 1999, 105 (106); Schweigler, Das Recht auf Anhörung eines bestimmten Arztes (§ 109 SGG), diss. jur. 2012, S. 255.
2 BayLSG 3.3.2014 – L 2 U 344/13 B PKH, mAnm Reyels jurisPR-SozR 1/2015 Anm. 6.
3 Roller SGb 2005, 616. Die rechtstatsächliche Untersuchung von Schweigler, Das Recht auf Anhörung eines bestimmten Arztes (§ 109 SGG), diss. jur. 2012, S. 261, 265, bestätigt die Befriedungsfunktion.
4 Keller in Meyer-Ladewig/Keller/Leitherer/Schmidt § 109 Rn. 2 (generelle Tatsachen).
5 HessLSG 29.3.2006 – L 4 B 63/06 ARG V.
6 BSG 2.4.1958 – 4 RJ 23/58, SozR Nr. 17 zu § 109 SGG.
7 BSG 4.7.1959 – 9 RV 862/56, SozR Nr. 26 zu § 109 SGG.

gung[8] nicht. Im Zweifel ist nachzufragen (§ 106 Abs. 1 SGG). Ein zu Anfang des Verfahrens gestellter Antrag wirkt nach wesentlicher Änderung der Prozesslage nicht fort.[9] Ein unvollständiger Antrag ist trotzdem zu bescheiden und uU als unzulässig zurückzuweisen.[10]

7 Zulässig ist es, die Begutachtung **hilfsweise** zu beantragen, etwa nur im Fall, dass das Gericht die behauptete Tatsache nicht für erwiesen ansieht oder eine (weitere) Ermittlung von Amts wegen ablehnt.[11] Der Antrag kann jederzeit **zurückgenommen,**[12] dann erneut gestellt werden, kann aber dann verspätet (§ 109 Abs. 2 SGG) oder verbraucht (→ Rn. 10) sein. Ein vom SG abgelehnter Antrag, der vor dem LSG erneut gestellt werden soll (→ Rn. 11), muss dort wiederholt werden.

8 **2. Besondere Voraussetzungen des Abs. 1 Satz 1. a) Antragsberechtigung.** Antragsberechtigt sind Beteiligte (auch Beigeladene), die **Versicherte, behinderte Menschen** (§ 2 SGB IX), **Versorgungsberechtigte** oder **Hinterbliebene** sind. Dass **Leistungsberechtigte** (zB nach SGB II, SGB XII) anders als in § 183 Satz 1 SGG nicht genannt sind, beruht auf einem gesetzgeberischen Versehen; auf sie ist § 109 SGG analog anwendbar. Sonderrechtsnachfolger (§ 56 SGB I) treten in die prozessuale Rechtsstellung der Antragsberechtigten ein, sonstige Rechtsnachfolger nur im gleichen Rechtszug (analog § 183 Satz 2 SGG).[13] Für Anträge der **Versicherungsträger** und **Behörden** gilt allein § 103 Satz 2 SGG.

9 **b) „Bestimmter Arzt".** Der Antrag muss auf die Anhörung eines **Arztes** gerichtet sein.[14] Zulässig ist die Tätigkeit im Rahmen eines (unselbstständigen) Zusatzgutachtens (zB psychologische Testung). Es muss ein **bestimmter** Arzt sein (Bestimmbarkeit genügt, zB Leiter einer bestimmten Klinik).[15] Der Antragsteller darf dem Gericht die Auswahl nicht überlassen, wohl aber kann er das Gericht um Mithilfe (§ 106 Abs. 1 SGG) bei der Suche nach einem geeigneten Arzt bitten.

10 Ist der benannte Arzt aus Kapazitätsgründen nicht in der Lage, das Gutachten innerhalb einer angemessenen (großzügigen → § 118 Rn. 32) Frist zu erstatten, ist das Beweismittel ungeeignet (→ § 118 Rn. 21).[16] Dem Antragsteller kann daher aufgegeben werden, sich vor Benennung des Arztes zu versichern, dass dieser fachlich und zeitlich in der Lage sowie bereit ist, das Gutachten zu erstatten. Damit können erhebliche Verfahrensverzögerungen vermieden werden. Kommt der Antragsteller dem nicht nach oder benennt er trotz Kenntnis der Hinde-

8 BSG 23.10.1957 – 4 RJ 142/57, SozR Nr. 8 zu § 109 SGG.
9 Kühl in Breitkreuz/Fichte § 109 Rn. 7.
10 LSG Nds-Brem 28.8.2008 – L 1 R 303/08.
11 BSG 2.4.1958 – 4 RJ 23/58, SozR Nr. 17 zu § 109 SGG.
12 BSG 7.3.1962 – 9 RV 226/59, Breith. 1962, 945.
13 AA Hauck in Hauck/Behrend § 109 Rn. 14: alle Rechtsnachfolger.
14 § 109 ist als Ausnahmevorschrift eng auszulegen (BSG 17.3.2010 – B 3 P 33/09 B); nicht: Bakteriologe (aA die ältere Rspr. bei Impfschäden, BSG 9.5.1972 – 8 RVi 1/72, SozR Nr. 41 zu § 109 SGG; offen gelassen von BSG 17.3.2010 – B 3 P 33/09 B), Heilpraktiker, Psychologe (LSG BW 12.2.2018 – L 6 VG 1745/15 [Glaubwürdigkeitsgutachten]; aber kein Beweisverwertungsverbot, wenn trotzdem erfolgt, LSG Bln-Bbg 11.6.2009 – L 11 VH 35/08 und LSG BW 14.3.2018 – L 5 R 1863/17), Pflegefachkraft (BSG 17.3.2010 – B 3 P 33/09 B), Apotheker (Müller in Roos/Wahrendorf § 109 Rn. 11).
15 BSG 4.7.1959 – 9 RV 862/56, SozR Nr. 26 zu § 109 SGG; → § 118 Rn. 18; LSG BW 7.8.2013 – L 11 KR 1808/12.
16 AA Schmidt in Meyer-Ladewig/Keller/Leitherer/Schmidt § 109 Rn. 5 b: nur bei „Extremfällen" (Zeitdauer von mehreren Jahren).

rungsgründe den Arzt und muss dieser später vom Gutachtensauftrag entbunden werden (→ § 118 Rn. 21), ist das Antragsrecht verbraucht. Den nachfolgenden Antrag, einen anderen Arzt zu beauftragen, kann das Gericht nach § 109 Abs. 2 SGG (→ Rn. 18) ablehnen.[17]

Die Anhörung **mehrerer Ärzte** bedarf einer besonderen Rechtfertigung. Der Hauptfall in der Praxis ist der, dass **Gesundheitsstörungen auf verschiedenen medizinischen Fachgebieten** im Streit stehen. Das gilt aber nicht bei eng verwandten Fachgebieten (→ § 103 Rn. 34). Ein bloßer Teilaspekt eines Fachgebiets (Toxikologie), der bereits vom Fachgebiet eines vorliegenden Gutachtens nach § 109 SGG erfasst wird, rechtfertigt kein weiteres Gutachten nach § 109 SGG.[18] Auch die **wiederholte** oder die **ergänzende** Anhörung eines Arztes[19] und die Einholung eines Gutachtens nach § 109 SGG in der **Berufungsinstanz,** wenn das SG bereits ein Gutachten nach § 109 SGG eingeholt hat,[20] sind nur unter besonderen Umständen möglich. Besondere Umstände sind zB zwischenzeitliche rechtliche oder tatsächliche Veränderungen oder neue Erkenntnisse (nicht schon neue gutachtliche Beurteilungen). Das Recht, durch Einholung einer ergänzenden Stellungnahme oder durch Anhörung des Gutachters (→ § 118 Rn. 34, 35), auf die Unschlüssigkeit oder sonstige Ergänzungsbedürftigkeit des Gutachtens zu reagieren, bleibt unberührt.[21] Möglich ist hingegen, den Antrag erstmals vor dem LSG zu stellen oder bei Ablehnung eines Antrags durch das SG, diesen vor dem LSG zu wiederholen. Dass der Arzt in einem **früheren Rechtsstreit** zu praktisch der gleichen Frage gutachtlich gehört worden ist, ist unschädlich.[22] Das Anhörungsrecht nach § 109 SGG ist **verbraucht,** wenn der Sachverständige erkennen lässt, dass das Gutachten ungünstig ausfallen würde und der Antragsteller daraufhin auf das Gutachten verzichtet.[23] 11

Die Benennung eines lediglich **im Ausland** tätigen (nicht: Staatsangehörigkeit, Wohnort) Arztes ist nur ausnahmsweise (Antragsteller lebt im Ausland und ist nicht reisefähig; besondere Fachkenntnisse) zulässig, denn der Gutachter muss der deutschen Gerichtsbarkeit unterworfen sein (→ § 118 Rn. 32).[24] Das gilt auch für im EU-Ausland tätige Ärzte. Das BSG hat es offen gelassen, ob durch die möglicherweise über § 202 Satz 1 SGG einbezogene Regelung der §§ 1072 ff. ZPO aufgrund der Verordnung (EG) Nr. 1206/2001 des Rates vom 28.5.2001 über die Zusammenarbeit zwischen den Gerichten der Mitgliedstaaten auf dem Gebiet der Beweisaufnahme in Zivil- oder Handelssachen (ABl. EG L 174, 1) für alle Verfahren nach dem SGG eine Erweiterung stattgefunden hat, weil der Be- 12

17 LSG BW 20.6.2017 – L 13 R 1325/16; LSG BW 13.7.2017 – L 6 U 1375/16; Roller SGb 2010, 636 (639 f.); ders SGb 2018, 402.
18 LSG BW 25.1.2007 – L 10 U 1021/03.
19 BSG 31.7.1957 – 9 RV 498/55, SozR § 109 Nr. 6.
20 BSG 6.5.1958 – 10 RV 813/56, SozR Nr. 18 zu § 109 SGG; LSG BW 6.2.2006 – L 1 U 2572/05, HVBG-Info 2006, 873; aA Kolmetz SGb 2004, 83 (85).
21 BSG 27.11.2007 – B 5a/5 R 80/06 B, SozR 4-1750 § 411 Nr. 3.
22 BSG 22.6.1977 – 10 RV 67/76, SozR 1500 § 109 Nr. 1.
23 BSG 26.1.1970 – 7/2 RU 64/69, SozR Nr. 37 zu § 109 SGG.
24 BSG 20.4.2010 – B 1/3 KR 22/08 R, SozR 4-1500 § 109 Nr. 3; BayLSG 9.12.2014 – L 15 VK 2/14, und die hM; aA Müller in Roos/Wahrendorf § 109 Rn. 12.

griff der Zivil- oder Handelssachen europarechtskonform weit auszulegen ist.[25] Das rechtliche Risiko einer solchen ungeklärten Frage brauchen das Gericht und die Beteiligen aber nicht einzugehen, wenn der Antragsteller ohne Weiteres auf einen im Inland tätigen Arzt ausweichen kann.

13 c) **„Gutachtlich gehört“.** Bei der Anhörung muss es sich um eine **gutachtliche** (Sachverständigenbeweis) handeln. Eine sachverständige Zeugenaussage (§ 118 Abs. 1 SGG iVm § 414 ZPO) genügt nicht.[26] Das Beweisthema muss vom Antragsteller benannt werden, jedenfalls durch Auslegung bestimmbar sein.[27]

14 d) **Frist.** Der Antrag kann grds. von der Rechtshängigkeit bis zum Schluss der mündlichen Verhandlung gestellt werden. Nach Schluss der mündlichen Verhandlung liegt in einem Antrag nach § 109 SGG zugleich eine Anregung zur Wiedereröffnung (§ 121 Satz 2 SGG). Der Verzicht auf die mündliche Verhandlung (§ 124 Abs. 2 SGG) steht einem Antrag nach § 109 SGG grds. nicht entgegen, anders bei vorbehaltlosem Verzicht.[28] **§ 109 Abs. 2 SGG** (→ Rn. 18) ist zu beachten.

15 **3. Kostenvorschuss – Abs. 1 Satz 2.** § 109 Abs. 1 Satz 2 SGG durchbricht § 183 SGG. Das Gericht „kann“ (Ermessen) die Einholung eines Gutachtens nach § 109 SGG von der **Kostenübernahme** und der **Bezahlung eines Kostenvorschusses** abhängig machen. In der Praxis ist das der fast ausnahmslose Regelfall.[29] Zumeist setzt das Gericht eine Frist, innerhalb der der Vorschuss bei Gericht eingehen muss (wegen der notwendigen Abklärung mit der Rechtsschutzversicherung idR ein Monat;[30] verlängerbar nach § 65 SGG). Die Anforderung des Kostenvorschusses erfolgt durch prozessleitende Verfügung des Vorsitzenden; wird eine Frist zur Zahlung gesetzt, ist sie zuzustellen (§ 63 Abs. 1 SGG). Finanzielles Unvermögen des Antragstellers steht der Anforderung des Kostenvorschusses nicht entgegen.[31] Prozesskostenhilfe scheidet aus (§ 73 a Abs. 3 SGG), was verfassungsrechtlich unbedenklich ist.[32] Auch ein Anspruch nach dem SGB II[33] oder SGB XII[34] zur Übernahme des Kostenvorschusses besteht nicht. Das Gericht kann eine Ratenzahlungsmöglichkeit einräumen.

---

25 BSG 20.4.2010 – B 1/3 KR 22/08 R, SozR 4-1500 § 109 Nr. 3; tendenziell bejahend Keller in Meyer-Ladewig/Keller/Leitherer/Schmidt § 109 Rn. 5 a.
26 BSG 8.10.1958 – 1 RA 131/57, SozR Nr. 23 § 109 SGG; LSG Bln-Bbg 19.7.2018 – L 16 R 645/17.
27 Vgl. BSG 20.4.2010 – B 1/3 KR 22/08 R, SozR 4-1500 § 109 Nr. 3.
28 LSG BW 28.7.2016 – L 6 U 124/14; Keller in Meyer-Ladewig/Keller/Leitherer/Schmidt § 109 Rn. 8; Kummer in Peters/Sautter/Wolff § 109 Anm. 2; aA Voraufl.
29 Aber BSG 23.9.1997 – 2 BU 177/97, SozR 3-1500 § 109 Nr. 2: Ermessensfehlerfreie Ausübung kann es im Einzelfall gebieten, keinen Kostenvorschuss zu verlangen, wenn zwar von Amts wegen eingeholtes Gutachten vorliegt, es sich aber um eine besonders schwierige Frage handelt, die medizinische Frage besonders kontrovers ist oder, wenn der nach § 109 SGG benannte Arzt auf seinem Fachgebiet eine besondere wissenschaftliche Reputation genießt oder über neue Untersuchungsmethoden verfügt; krit. zum regelmäßigen Vorschuss: Schweigler, Das Recht auf Anhörung eines bestimmten Arztes (§ 109 SGG), diss. jur. 2012, S. 265, 272.
30 Roller SGb 2010, 636 (639).
31 BSG 21.1.1958 – 2 RU 256/55, SozR Nr. 21 zu § 109 SGG.
32 BSG 23.9.1997 – 2 BU 177/97, SozR 3-1500 § 109 Nr. 2.
33 SächsLSG 9.7.2009 – L 3 B 300/08 AS-PKH.
34 BSG 28.8.1998 – B 9 VS 7/98 B.

Der Kostenvorschuss soll die **voraussichtliche Höhe der Sachverständigenkosten** umfassen, darf aber auch nicht unmäßig höher als diese sein. Der Antragsteller soll das Kostenrisiko realistisch bewerten können. Die Gerichte verfügen zumeist über Erfahrungswerte, im Zweifel ist ein Kostenvoranschlag einzuholen.[35] Der Vorschuss muss nicht die notwendigen Aufwendungen des Antragstellers umfassen, da deren Erstattung vor der Entscheidung über die endgültige Kostentragung ohnehin nicht erfolgt.[36] Das Gericht kann einen weiteren Vorschuss **nachfordern**, auch wenn es den Antragsteller hierauf nicht hingewiesen hat. Verlangt werden kann auch – als „Weniger" zu einem höheren Kostenvorschuss – die **Verpflichtungserklärung**, weitere Kosten zu tragen. Dies ist dringend anzuraten, denn ob vom Vorschuss nicht abgedeckte Kosten nachträglich nach § 202 Satz 1 SGG iVm dem GKG beigetrieben werden können, ist str.[37] Dem Sachverständigen soll die Höhe des Vorschusses im Gutachtensauftrag mitgeteilt und er soll zugleich auf seine Pflicht hingewiesen werden, anzuzeigen, wenn der Vorschuss nicht ausreicht (§ 118 Abs. 1 SGG iVm § 407 a Abs. 4 Satz 2, Abs. 6 ZPO). Unterbleibt eine solche Anzeige, entfällt der über den Vorschuss erheblich (20 %[38]) hinausgehende Entschädigungsanspruch (§ 8 a Abs. 4 JVEG). Wird der Sachverständige trotzdem entschädigt, können über den Vorschuss hinausgehende Kosten beim Kläger wegen unrichtiger Sachbehandlung idR nicht geltend gemacht werden (§ 21 Abs. 1 GKG).[39] Zur Entscheidung des Gerichts über die endgültige Kostentragung → Rn. 29. 16

Erklärt der Antragsteller von vornherein, er werde einen Kostenvorschuss nicht bezahlen (Antrag nach § 109 „ohne Kostenvorschuss"), will das Gericht aber ein Gutachten ohne einen solchen nicht einholen, kann es den **Antrag unmittelbar ablehnen.**[40] Besinnt sich der Antragsteller später anders, kann er einen neuen Antrag stellen, doch kann dieser mittlerweile verspätet sein (§ 109 Abs. 2 SGG). Wird der Vorschuss **nicht bezahlt**, unterbleibt die Begutachtung und das Verfahren geht weiter.[41] Wird er **zu spät bezahlt**, ist nach § 109 Abs. 2 SGG zu entscheiden. 17

4. Verzögerung – Abs. 2. Es gilt der absolute **Verzögerungs**begriff (→ § 106 a Rn. 11).[42] Da **Verschleppungsabsicht**[43] selten nachweisbar ist, stellt sich idR die Frage, ob **grobe Nachlässigkeit** vorliegt. Dies ist zu bejahen, wenn jede prozessuale Sorgfalt versäumt wird.[44] Fehler seines Prozessbevollmächtigten gehen zu- 18

35 BayLSG 3.5.1973 – L 11 B 2/73, Breith. 1973, 855.
36 LSG NRW 13.9.1962 – L 10 S 5/62, Breith. 1963, 463.
37 Verneinend etwa Hauck in Hauck/Behrend § 109 Rn. 43.
38 BayLSG 11.11.2015 – L 15 RF 43/15, MedSach 2016, 268; ThürLSG 15.4.2019 – L 1 SF 576/18 E.
39 LSG BW 30.4.2105 – L 12 KO 1307/13.
40 BSG 26.4.1967 – 9 RV 634/65, SozR Nr. 35 zu § 109 SGG; LSG Hmb 5.12.2017 – L 3 VE 1/14.
41 Kummer in Peters/Sautter/Wolff § 109 Anm. 5.
42 Müller in Roos/Wahrendorf § 109 Rn. 23; LSG NRW 28.1.2010 – L 2 KN 212/09 U, UV-Recht Aktuell 2010, 512: der durch Terminierung bereits ins Auge gefasste Zeitpunkt der Beendigung der Streitsache verschiebt sich tatsächlich; nicht, wenn die Terminierung erst für Zeitpunkt ansteht, zu dem das Gutachten nach § 109 SGG wahrscheinlich bereits vorliegt.
43 BSG 17.8.1961 – 8 RV 113/61, SozR Nr. 29 zu § 109 SGG.
44 BSG 10.6.1958 – 9 RV 836/55, BSGE 7, 218 (221).

lasten des Antragstellers (§ 73 Abs. 6 Satz 7 SGG iVm § 85 Abs. 2 ZPO). **Musste** der Antragsteller **erkennen**, dass das Gericht von Amts wegen nicht (weiter) ermittelt, etwa nach einem gerichtlichen Hinweisschreiben, liegt grobe Nachlässigkeit idR vor, wenn

- der Antrag **nicht in angemessener Frist** (grds. ein Monat,[45] ärztliche Beratung des Antragstellers muss möglich sein; innerhalb der gesetzten Äußerungsfrist bei Hinweis nach § 105 oder § 153 Abs. 4 SGG)[46] gestellt wird; das Gericht muss dabei weder auf § 109 SGG hinweisen (→ Rn. 21) noch eine Frist setzen; oder
- bereits terminiert worden ist, und die Absicht eines Antrags nach § 109 SGG nicht unverzüglich angezeigt sowie die Aufhebung des Termins beantragt wird.[47]

Liegen die gesetzlichen Voraussetzungen für eine Ablehnung des Antrags vor, steht es im **Ermessen** des Gerichts („kann"), einen erst im späten Stadium des Verfahrens gestellten Antrag abzulehnen.[48] Bei einem verschuldet erst in der mündlichen Verhandlung gestellten Antrag, der zur Vertagung und Einholung des Gutachtens zwingt, können Kosten nach § 192 Abs. 1 Satz 1 Nr. 1 SGG auferlegt werden.

19 § 109 Abs. 2 SGG findet auch Anwendung, wenn der Antragsteller gegen die richterliche Auflage verstößt, sich vor Benennung des Arztes dessen **Fähigkeit und Bereitschaft** zur Erstattung des Gutachtens **zu versichern**, und der Arzt die Begutachtung ablehnt (→ Rn. 10), weiterhin wenn der **Kostenvorschuss** (→ Rn. 15, 16) nicht fristgemäß geleistet[49] oder die **Kostenverpflichtungserklärung** (→ Rn. 16) nicht fristgerecht vorgelegt wird.

20 Die Ablehnung eines Antrags durch das SG nach § 109 Abs. 2 SGG steht einem neuen Antrag vor dem LSG nicht entgegen. Das LSG kann einen Antrag auch nicht als verspätet zurückweisen, weil er vom SG mit dieser Begründung hätte zurückgewiesen werden können.[50]

21 **5. Verfahren. a) Hinweispflicht des Gerichts.** Das Gericht muss auf Möglichkeit eines Antrags nach § 109 SGG nicht hinweisen (zu § 109 Abs. 2 SGG → Rn. 18).[51] Hinweispflichten (§ 106 Abs. 1 SGG) bestehen aber: zu den Voraus-

---

45 BSG 29.11.2006 – B 6 KA 23/06 B, SozR 4-1500 § 153 Nr. 3 zu § 153 Abs. 4 SGG; HessLSG 22.10.2008 – L 4 VG 15/07; ThürLSG 18.1.2017 – L 1 U 605/16; LSG NRW 15.9.2017 – L 21 SB 247/15; BayLSG 31.1.2018 – L 1 R 351/15; LSG BW 28.6.2019 – L 4 R 3620/18; Roller SGb 2010, 636 (639); LSG LSA 19.5.2015 – L 3 R 434/12 (maximal 4 bis 6 Wochen); abw. LSG NRW 30.4.2009 – L 2 KN 253/08, abhängig von Art und Umfang der bisherigen Beweisaufnahme.

46 LSG BW 7.8.2013 – L 11 KR 1808/12; keine Wiedereinsetzung nach § 67 SGG, LSG BW 22.2.2018 – L 6 SB 4718/16.

47 HessLSG 6.10.1998 – L 4 SB 1196/96; LSG BW 21.3.2013 – L 6 SB 4703/12; LSG RhPf 12.2.2015 – L 6 SB 84/14.

48 Nach einer rechtstatsächlichen Untersuchung ist die Ablehnung in der Praxis selten, Schweigler, Das Recht auf Anhörung eines bestimmten Arztes (§ 109 SGG), diss. jur. 2012, S. 258.

49 BSG 23.7.1965 – 1 RA 243/63, SozR Nr. 32 zu § 109 SGG; LSG NRW 28.1.2010 – L 2 KN 212/09 U, UV-Recht Aktuell 2010, 512; LSG BW 28.5.2015 – L 8 U 2996/14; Roller SGb 2010, 636 (639).

50 BSG 14.5.1991 – 5 RJ 32/90, SozR 3-1500 § 109 Nr. 1.

51 BSG 23.10.1957 – 4 RJ 142/57, SozR Nr. 8 zu § 109 SGG; BSG 26.3.2013 – B 1 KR 35/12 B.

setzungen des Antrags bei erkennbarem Irrtum hierüber;[52] auf die Möglichkeit einer ergänzenden Anfrage beim § 109 SGG-Gutachter, wenn das Gericht einen neuen rechtlichen Gesichtspunkt berücksichtigen will;[53] wenn ausdrücklich um einen Hinweis für den Fall gebeten wurde, dass das Gericht kein Gutachten auf Kosten der Staatskasse einholen will.[54] Zu Hinweisen bei der Suche nach einem geeigneten Arzt → Rn. 9.

b) Entscheidung des Gerichts über die Einholung des Gutachtens. aa) Ablehnung. Liegen die **allgemeinen Prozessvoraussetzungen** (→ Rn. 6) und die besonderen Antragsvoraussetzungen des **§ 109 Abs. 1 Satz 1 SGG** (→ Rn. 8 ff.) nicht vor, **ist** der Antrag **abzulehnen.** Gleiches gilt, wenn ein allgemeiner Grund zur Ablehnung eines Beweisantrages (→ § 103 Rn. 13 ff.) vorliegt, insbes. wenn die zu beweisende Tatsache nicht erheblich ist (zB Klage ist schon unzulässig oder versicherungsrechtliche Voraussetzungen fehlen). Hält das Gericht das Gutachten angesichts der bisherigen Beweisergebnisse für überflüssig oder – etwa wegen der geringen Sachkunde des Gutachters – für wenig Erfolg versprechend, rechtfertigt dies die Ablehnung nicht.[55] Ein Antrag nach § 109 SGG in einem Verfahren nach § 44 SGB X ist **rechtsmissbräuchlich**, wenn im früheren Rechtsstreit derselbe Sachverständige bereits ein Gutachten nach § 109 SGG erstattet hat.[56] 22

Rechtsmissbräuchlich ist der Antrag nach § 109 SGG auch, wenn die Einholung eines von Amts wegen in Auftrag gegebenen Sachverständigengutachtens vom Antragsteller vereitelt worden ist. Die Auswahl des Sachverständigen bei Ermittlungen von Amts wegen obliegt dem Gericht und kann durch § 109 SGG nicht unterlaufen werden.[57] 23

bb) Ermittlung von Amts wegen. Das Gericht muss in jeder Lage des Verfahrens prüfen, ob nicht, etwa aufgrund des mit dem Antrag verbundenen Vortrags, eine (weitere) Ermittlung von Amts wegen (§ 103 SGG) notwendig ist. Wird von Amts wegen ermittelt und dabei ein anderer Gutachter ausgewählt, bleibt der Antrag nach § 109 SGG gestellt; uU ist später nachzufragen (§ 106 Abs. 1 SGG), ob er noch aufrechterhalten bleibt. Greift das Gericht auf den nach § 109 SGG benannten Arzt als Gutachter für eine amtswegige Begutachtung zurück, muss es mögliche Irritationen der anderen Beteiligten aufgrund des besonderen Vertrauensverhältnisses (→ Rn. 2) berücksichtigen. In diesem Fall ist der Antrag nach § 109 SGG überholt und gegenstandslos. 24

cc) Ermessen. Der Antrag „kann" (Ermessen) abgelehnt werden, wenn ein angeforderter Kostenvorschuss oder die Kostenverpflichtungserklärung nicht eingeht (**§ 109 Abs. 1 Satz 2 SGG**) oder ein Fall der Verspätung nach **§ 109 Abs. 2 SGG** (→ Rn. 18) vorliegt. Ob neben § 109 Abs. 2 SGG noch Raum für eine Ablehnung wegen Verwirkung oder nach Treu und Glauben bleibt, ist zweifelhaft.[58] 25

52 Müller in Roos/Wahrendorf § 106 Rn. 15.
53 BSG 15.2.1966 – 11 RA 268/65, SozR Nr. 19 zu § 106 SGG.
54 Hauck in Hauck/Behrend § 109 Rn. 12.
55 BSG 10.6.1958 – 9 RV 836/55, BSGE 7, 218 (220).
56 LSG BW 24.3.2016 – L 10 U 4462/15.
57 LSG BW 14.12.2018 – L 8 R 2569/17; LSG Nds-Brem 11.12.2019 – L 13 SB 4/19 (Revision anhängig, B 9 SB 1/20 R); aA Voraufl.
58 Kummer in Peters/Sautter/Wolff § 109 Rn. 6.

26 dd) **Beschluss.** Die **ablehnende Entscheidung** ergeht durch **Beschluss** oder, so üblich, in den **Entscheidungsgründen** des Urteils oder des Gerichtsbescheids. Sie ist zu begründen.[59] Ein ablehnender Beschluss des Vorsitzenden oder Berichterstatters (§§ 106, 155 Abs. 1 SGG) nach § 106 Abs. 3 Nr. 5 SGG bindet die Kammer bzw. den Senat nicht; der Antragsteller kann also den Antrag in der mündlichen Verhandlung wiederholen.[60]

27 ee) **Gutachtensauftrag.** Folgt das Gericht dem Antrag, ordnet es die Einholung des Gutachtens wie bei einem von Amts wegen eingeholten Gutachten an (→ § 118 Rn. 23 ff.). Der Antragsteller kann den Umfang des Beweisthemas bestimmen und insoweit auch, ob das Gutachten aufgrund **Untersuchung** oder nach **Aktenlage** erfolgt.[61] Fehlt eine solche Bestimmung, ergibt sich das Beweisthema aus dem Klagebegehren und es ist vom Regelfall eines Gutachtens aufgrund ambulanter Untersuchung auszugehen. Die **Beweisfragen** formuliert das Gericht. Es ist nach außen kenntlich zu machen, dass nach § 109 SGG ermittelt wird, auch bei ergänzenden Anfragen.[62]

28 c) **Durchführung der Beweisaufnahme.** Es gelten die allgemeinen Regeln (§ 118 Abs. 1 SGG iVm §§ 402 ff. ZPO). Zur Ablehnung des Sachverständigen nach § 109 SGG → § 118 Rn. 26; zur Notwendigkeit der persönlichen Gutachtenserstattung → § 118 Rn. 22; zum Fragerecht → § 118 Rn. 35. Das Gericht muss sicherstellen, dass alle Beweisfragen beantwortet werden, aber einem mangelhaften Gutachten nach § 109 SGG nicht durch weitere Ermittlungen von Amts wegen nachgehen.[63]

29 **6. Entscheidung des Gerichts über die endgültige Kostentragung.** Der Sachverständige nach § 109 SGG ist nicht vom Antragsteller, sondern durch das Gericht nach dem JVEG zu entschädigen. Ist ein Kostenvorschuss angefordert worden, entscheidet das Gericht über die endgültige Kostentragung (§ 109 Abs. 1 Satz 2 SGG: „anderen Entscheidung"). Die Entscheidung kann **von Amts wegen**[64] erfolgen, ansonsten **auf Antrag.** Der Antrag ist nicht befristet (§ 2 Abs. 1 JVEG bzw. § 5 Abs. 2 GKG nicht anwendbar; zur Verjährung des Rückzahlungsanspruchs → Rn. 33), kann aber verwirkt sein.[65] Für die Entscheidung zuständig ist das Gericht, das das Gutachten angefordert hat, auch wenn die Sache mittlerweile in der Rechtsmittelinstanz anhängig ist.

30 Das Gericht entscheidet nach pflichtgemäßem **Ermessen.** Eine Übernahme der Kosten auf die Staatskasse ist gerechtfertigt, **soweit das Gutachten für das weitere Verfahren Bedeutung gewonnen und die Sachaufklärung wesentlich gefördert**

59 BSG 17.8.1961 – 8 RV 113/61, SozR Nr. 29 zu § 109 SGG.
60 BSG 26.8.1965 – 9 RB 1078/62, SozR Nr. 33 zu § 109 SGG.
61 LSG RhPf 25.1.2001 – L 2 B 48/00, E-LSG B-206; Keller in Meyer-Ladewig/Keller/Leitherer/Schmidt § 109 Rn. 19; aA BSG 30.11.1962 – 2 RU 113/62, SozR Nr. 31 zu § 109 SGG.
62 LSG RhPf 16.12.2003 – L 2 B 149/03 U, SGb 2004, 304; BayLSG 2.3.2016 – L 15 SB 237/15 B.
63 LSG NRW 20.12.2017 – L 10 SB 170/17.
64 Pitz in jurisPK-SGG § 109 Rn. 34; Krasney/Udsching, III 103, aA Bley in SGB-SozVers-GesKomm, § 109 Anm. 6 e, aa.
65 LSG NRW 6.7.2016 – L 10 U 82/16 B; LSG LSA 4.7.2018 – L 7 SB 17/18 B, ASR 2018, 168.

hat.[66] Zwar betont die Rspr, dass es nicht wesentlich ist, wer den Prozess gewonnen hat, doch wird das Gutachten bei einer Klageabweisung idR auch keine Bedeutung gewonnen haben. Jede nicht nur unwesentliche Förderung rechtfertigt die volle Kostenerstattung; eine lediglich **teilweise Kostenerstattung** ist auf Fälle eines teilbaren Streitgegenstandes oder konkret abgrenzbarer Kosten beschränkt.[67] Eine Kostenerstattung ist auch bei **unrichtiger Sachbehandlung durch das Gericht** möglich.[68] Kosten eines vom Antragsteller eingeholten **Parteigutachtens** (→ § 118 Rn. 18)[69] oder einer vom Antragsteller unmittelbar veranlassten Ergänzung[70] werden nicht erstattet.

31 Maßgeblicher Zeitpunkt ist derjenige der Entscheidung über die Kostentragung, so dass diese oft erst nach Beendigung des Verfahrens in der Hauptsache ergeht (Aussetzung analog § 114 SGG, → § 114 Rn. 12).

32 Wird die **Kostenübernahme abgelehnt**, ist durch **Beschluss** zu entscheiden, dass **der Antragsteller die Kosten endgültig zu tragen hat.** Der Beschluss des SG ist anfechtbar, daher zu begründen (§ 142 Abs. 2 Satz 1 SGG), anders beim LSG (→ Rn. 35). Restforderungen werden durch Kostenbescheid des Urkundsbeamten der Geschäftsstelle festgesetzt und können nach § 200 Abs. 1 SGG beigetrieben werden. Ein nicht verbrauchter Vorschuss ist zurückzuzahlen. Der Kostenanspruch der Staatskasse verjährt analog § 5 Abs. 1 GKG.[71] Der Antragsteller kann die Kosten nicht nach § 193 SGG geltend machen.[72]

33 Hat der Antragsteller Erfolg, ist durch **Beschluss** zu entscheiden, dass **die Staatskasse die Kosten übernimmt und der Vorschuss zurück zu gewähren ist.** Der Beschluss ist unanfechtbar (→ Rn. 35), daher nicht zu begründen (§ 142 Abs. 2

---

66 **Kostenerstattung abgelehnt**: bisherige Befunde nur bestätigt (ThürLSG 24.7.2019 – L 1 U 1011/18 B), auch wenn Kläger deswegen Klage zurücknimmt (LSG RhPf 24.1.1977 – L 2 SB 30/76, Breith. 1978, 93); Auswertung bekannter Befunde nach bestimmtem Bewertungssystem (BayLSG 26.5.2014 – L 17 U 170/14 B); allein abweichende Würdigung bereits bekannter Befunde (BayLSG 29.4.1964 – L 18/Ko 60/63, Breith. 1965, 168 [169]); neue, aber rechtlich unerhebliche Befunde (BayLSG 24.7.2013 – L 2 P 34/13 B, NZS 2013, 825 [826]); Gutachten führt nur zu Unsicherheiten oder Ungewissheiten, die durch ergänzende Anfrage beim Gutachter nach § 109 SGG (LSG LSA 17.6.2013 – L 6 U 60/099) oder weitere Begutachtung nach § 103 SGG (LSG Saarl 19.9.2005 – L 5 B 18/04 SB; BayLSG 12.8.2013 – L 15 SB 118/13 B; LSG NRW 28.5.2018 – L 18 KN 38/17 B) ausgeräumt werden müssen; allein Darlegung allgemeiner theoretischer wissenschaftlicher Grundlagen oder wissenschaftlichen Positionenstreits und dies für den konkreten Rechtsstreit unmaßgeblich (BayLSG 29.10.2015 – L 15 SB 14/15 B); neue Erkenntnisse nur für anderes Verfahren bedeutsam (BayLSG 15.11.2016 – L 15 SB 156/16 B); neue Befunde, die aber kostenfrei durch Verschlimmerungsantrag hätten geltend gemacht werden können (LSG NRW 6.2.2019 – L 13 SB 31/17); **Kostenerstattung gewährt**: erstmals entscheidungserhebliche Alkoholerkrankung diagnostiziert (LSG Bln-Bbg 21.4.2017 – L 13 SB 49/17 B); erstmalige differenzierte Auseinandersetzung mit Schmerzproblematik (LSG Bln-Bbg 5.3.2019 – L 21 U 231/18 B).

67 LSG BW 24.10.2008 – L 6 SB 4170/08 KO-B (teilbarer Streitgegenstand); LSG BW 4.5.2012 – L 10 R 1764/12 B; BayLSG 3.11.2014 – L 15 SB 173/14 B; Keller in Meyer-Ladewig/Keller/Leitherer/Schmidt, SGG, § 109 Rn. 16 a (Kosten von Zusatzuntersuchungen).

68 LSG BW 8.5.2013 – L 6 U 1457/13 B, BayLSG 27.11.2018 – L 2 SB 109/17 B und LSG LSA 21.12.2017 – L 7 SB 31/17 B: an sich nach § 103 SGG zu ermitteln; BayLSG 9.3.2015 – L 15 VJ 2/15 B: im Gutachten zu klärenden Fragen sind aus Rechtsgründen bedeutungslos.

69 LSG NRW 10.4.1959 – L II BR 12/56, Breith. 1959, 1057.

70 LSG BW 7.7.2017 – L 6 SB 4350/15.

71 Keller in Meyer-Ladewig/Keller/Leitherer/Schmidt § 109 Rn. 15 a.

72 LSG BW 15.6.1967 – L 1 a 69/66 B, Breith. 1967, 1062.

Satz 1 SGG). Auslagen und Zeitverlust werden analog § 191 SGG vergütet (Frist des § 2 Abs. 1 JVEG gilt).[73] Der Anspruch auf Rückzahlung des Kostenvorschusses verjährt analog § 5 Abs. 2 GKG.[74]

34 **7. Rechtsmittel.** Die **Ablehnung einer Begutachtung nach § 109 SGG** ist **nicht** gesondert (§ 172 Abs. 2 SGG), sondern nur mit der Hauptsache anfechtbar. Wird ein Antrag nach § 109 SGG nicht beschieden oder zu Unrecht abgelehnt, liegt darin aber ein wesentlicher Verfahrensmangel (§ 144 Abs. 2 Nr. 3, § 159 Abs. 1 Nr. 2 SGG),[75] wenn sich der Antragsteller nicht rügelos darauf einlässt (§ 202 Satz 1 SGG iVm § 295 ZPO). Die Rüge der fehlerhaften Anwendung des § 109 SGG begründet nicht die Zulässigkeit der Revision (§ 160 Abs. 2 Nr. 3 Hs. 2 SGG).[76] Die **Entscheidung, das Gutachten einzuholen,** ist unanfechtbar (§ 172 Abs. 2 SGG).

35 Der **Beschluss über die Festsetzung eines Kostenvorschusses** ist ebenfalls **nicht** gesondert anfechtbar (§ 172 Abs. 2 SGG). Der Beschluss des SG über die **Ablehnung der endgültigen Kostentragung** ist für den Antragsteller mit der Beschwerde anfechtbar (anders beim LSG, § 177 SGG). Dabei hat das LSG eine vollständige inhaltliche Prüfung der Entscheidung, nicht nur eine Rechtskontrolle der Ermessensentscheidung vorzunehmen.[77] Im Beschwerdeverfahren ergeht eine Kostenentscheidung; Kostenschuldner ist ggf. die Staatskasse.[78] Der Staatskasse steht mangels Verletzung eines eigenen subjektiven Rechts kein Beschwerderecht gegen eine **positive Kostenübernahmeentscheidung** zu.[79] Der **Kostenbescheid des Urkundsbeamten** der Geschäftsstelle, mit dem Restforderungen geltend gemacht werden (→ Rn. 16), ist nach § 178 SGG anfechtbar.[80]

§ 110 [Terminsbestimmung, Ladung]

(1) [1]Der Vorsitzende bestimmt Ort und Zeit der mündlichen Verhandlung und teilt sie den Beteiligten in der Regel zwei Wochen vorher mit. [2]Die Beteiligten sind darauf hinzuweisen, daß im Falle ihres Ausbleibens nach Lage der Akten entschieden werden kann.[1]

(2) Das Gericht kann Sitzungen auch außerhalb des Gerichtssitzes abhalten, wenn dies zur sachdienlichen Erledigung notwendig ist.

(3) § 227 Abs. 3 Satz 1 der Zivilprozeßordnung ist nicht anzuwenden.

---

73 LSG NRW 13.9.1962 – L 10 S 5/62, Breith. 1963, 463 (465).
74 Keller in Meyer-Ladewig/Keller/Leitherer/Schmidt § 109 Rn. 16.
75 LSG LSA 17.5.2018 – L 3 R 77/18; BayLSG 10.8.2017 – L 17 U 400/16.
76 BSG 27.3.2017 – B 9 SB 67/16 B; abzugrenzen von Verletzung des Fragerechts (→ § 118 Rn. 35), BSG 15.9.2015 – B 13 R 201/15 B.
77 LSG Nds-Brem 18.4.2005 – L 5 B 33/04 SB; BayLSG 4.2.2013 – L 15 SB 8/12 B; HessLSG 26.11.2013 – L 3 U 134/13 B, NZS 2014, 200; LSG NRW 29.9.2014 – L 6 AS 1124/14 B; aA SächsLSG 20.2.2014 – L 3 AL 159/13 B PKH.
78 LSG BW 6.5.2009 – L 13 R 339/09 KO-B; HessLSG 26.11.2013 – L 3 U 134/13 B, NZS 2014, 200; LSG NRW 23.5.2018 – L 21 SB 122/16 B; LSG Bln-Bbg 5.3.2019 – L 21 U 231/18 B; str; ausführlich zur Problematik: Böttiger jurisPR-SozR 22/2014 Anm. 6.
79 LSG BW 16.8.2006 – L 1 U 3854/06 KO-B; LSG NRW 23.5.2018 – L 21 SB 122/16 B und die hM; aA LSG NRW 28.5.2013 – L 13 SB 83/13 B: Prozessgegner; aA BayLSG 12.3.2018 – L 17 U 309/17 B: analog § 67 Abs. 1 Satz 2, § 66 Abs. 8 Satz 2 GKG keine Kostenerstattung.
80 LSG BW 30.4.2015 – L 12 KO 1307/13.
1 Zur Terminsabsetzung oder -verlegung vgl. § 202 SGG iVm § 227 ZPO.

I. Allgemeines/Normzweck

1 **1. Gesetzesentstehung.** § 110 Abs. 1 Satz 2 SGG ist durch Gesetz vom 25.6.1958 (BGBl. 1958 I 409), Abs. 2 durch Gesetz vom 24.8.1976 (BGBl. 1976 I 2437), Abs. 3 durch Gesetz vom 18.6.1997 (BGBl. 1997 I 1430) angefügt worden.

2 **2. Normzweck.** Die Vorschrift regelt die Bestimmung des Termins der mündlichen Verhandlung und die Mitteilung dessen (§ 110 Abs. 1 und 3 SGG) sowie des Sitzungsortes (§ 110 Abs. 2 SGG). Auf den Erörterungstermin (§ 106 Abs. 3 Nr. 7 SGG) findet § 110 SGG entsprechende Anwendung. Die Vorschrift gilt in allen Rechtszügen (§ 153 Abs. 1, § 165 SGG), entsprechend in den selbstständigen Beschlussverfahren (§§ 55 a, 73 a, 76, 86 b SGG), wenn dort eine Verhandlung stattfindet.

3 **3. Parallelvorschriften.** Die entsprechenden Vorschriften in den anderen Verfahrensordnungen sind § 102 VwGO, § 91 FGO, §§ 214 ff. ZPO.

II. Terminsbestimmung und Terminsänderung

4 **1. Terminsbestimmung – Abs. 1 Satz 1 Hs. 1. a) Allgemeines.** Termin zur Durchführung der mündlichen Verhandlung (§ 124 Abs. 1 SGG) wird **von Amts wegen** (§ 202 Satz 1 SGG iVm § 216 Abs. 1 ZPO) bestimmt. Wann der Termin bestimmt wird, steht im Ermessen des Vorsitzenden, § 216 Abs. 2 ZPO („unverzüglich zu bestimmen") kommt nicht zur Anwendung. Für das Gericht muss die Sache also **entscheidungsreif** (§ 106 Abs. 2 SGG) sein; bei komplizierten Sach- und Rechtsfragen müssen die Beteiligten ausreichend Vorbereitungszeit gehabt haben. Der Geschäftsanfall des Gerichts und die Möglichkeit der gleichzeitigen Entscheidung von Parallelverfahren können berücksichtigt werden. Terminswünsche der Beteiligten sind zu berücksichtigen, doch hat wegen des Grundsatzes der Verfahrensbeschleunigung die Terminplanung des Gerichts idR Vorrang.[2]

5 **b) Inhalt.** Neben dem **Verfahren,** in dem verhandelt werden soll (Beteiligte, Aktenzeichen), und dem Zeitpunkt (→ Rn. 6) muss der **Ort** bestimmt werden, an dem die mündliche Verhandlung stattfinden soll, genauer: Stadt, Straße, Sitzungssaal. IdR findet die mündliche Verhandlung am Gerichtssitz statt. Nach § 110 Abs. 2 SGG „kann" (Ermessen) eine Verhandlung aber auch **außerhalb des Gerichtssitzes** stattfinden, „wenn dies zur sachdienlichen Erledigung not-

2 BFH 7.10.2010 – II S 26/10 (PKH), BFH/NV 2011, 59.

wendig ist." Diese Möglichkeit soll insbes. alten und körperlich behinderten Menschen, die weit entfernt vom Gerichtssitz wohnen, die Teilnahme an der mündlichen Verhandlung erleichtern.[3] Auch Verhandlungen außerhalb des Gerichtsbezirks sind möglich (§ 202 Satz 1 SGG iVm § 166 GVG). Zwar wird § 110 Abs. 2 SGG nur als Ordnungsvorschrift angesehen, doch kann bei erschwerter Wahrnehmung des auswärtigen Termins der Grundsatz rechtlichen Gehörs (§ 62 SGG) verletzt sein.[4] Für die Sitzungen des BSG in Berlin enthält § 203 a SGG eine Sonderregelung. Außerhalb des deutschen Hoheitsgebiets sind keine mündlichen Verhandlungen zulässig.[5]

6 Auch der **Zeitpunkt** der mündlichen Verhandlung darf den Beteiligten die Teilnahme an der mündlichen Verhandlung nicht unnötig erschweren. Der Zeitaufwand für An- und Rückfahrt zum Gerichtssitz ist bei der Terminsbestimmung zu berücksichtigen. Auf Wochenenden oder Feiertage darf nur ausnahmsweise terminiert werden (§ 202 Satz 1 SGG iVm § 216 Abs. 3 ZPO). Auf eine dem Gericht bekannte Auslandsabwesenheit eines Beteiligten ist Rücksicht zu nehmen.[6] Anträge auf Terminsänderung (→ Rn. 15) sind vermeidbar, wenn der Termin zuvor mit dem Prozessbevollmächtigten telefonisch abgesprochen wird. Nobile officium ist es, mehrere entscheidungsreife Verfahren, die von einem Leistungsträger oder einer sonstigen Behörde vor dem Gericht betrieben werden, möglichst zeitlich zusammenhängend zu terminieren.

7 Nach § 110 Abs. 1 Satz 2 SGG ist in der Terminsbestimmung auf die Möglichkeit der **Entscheidung nach Aktenlage** (§ 126 SGG) hinzuweisen.

8 c) **Verfahren.** Die Terminsbestimmung erfolgt durch **prozessleitende Verfügung** des **Vorsitzenden.** Im Hinblick auf die Rspr. des BSG zu Verfügungen mit ähnlicher Tragweite (→ § 102 Rn. 20, → § 105 Rn. 8; → § 106 a Rn. 6) muss sie vom Vorsitzenden mit vollem Namen unterzeichnet werden (nicht nur Paraphe); die Ausfertigung/beglaubigte Abschrift muss durch Wiedergabe des vollen Namens des Richters erkennen lassen, dass sie von ihm stammt.[7] Die Verfügung ist unanfechtbar (§ 172 Abs. 2 SGG).[8]

9 **2. Mitteilung des Termins – Abs. 1 Satz 1 Hs. 2. a) Begriffe.** Nach § 110 Abs. 1 Satz 1, § 111 Abs. 1 Satz 1 SGG werden nur Zeugen und Sachverständige geladen, den Beteiligten (§ 69 SGG) wird Ort und Zeit der mündlichen Verhandlung **mitgeteilt.** Letzteres soll deutlich machen, dass ihnen die Teilnahme freisteht.[9] Die Begrifflichkeit wird in Gesetz (s. § 126 SGG: „Ladung") und Praxis nicht durchgehalten.

10 **b) Verfahren.** Die Mitteilung erfolgt **schriftlich.** Besteht eine **Vertretung**, ist die Mitteilung an den gesetzlichen oder gewillkürten (§ 73 Abs. 6 Satz 5 SGG) Ver-

3 Kummer in Peters/Sautter/Wolff § 110 Rn. 24.
4 BSG 25.10.1995 – 5/4 RA 109/94, SozR 3-1500 § 155 Nr. 2; bei Inhaftierung eines Beteiligten nur, wenn zur Gewährung rechtlichen Gehörs erforderlich, LSG BW 23.10.2015 – L 8 U 3679/15.
5 Zu Beweisaufnahmen durch deutsche Sozialrichter in Israel nach dem Haager Übereinkommen über die Beweisaufnahme in Zivil- und Handelssachen vom 18.3.1970 s. Möhlenbruch NZS 2011, 417.
6 BSG 19.12.1991 – 4 RA 88/90, NJW 1992, 1190.
7 Anders BSG 30.10.1991 – 8 RKn 14/90, BSGE 70, 1 (2) und die hM: Paraphe genügt.
8 Nach Kühl in Breitkopf/Fichte, § 110 Rn. 3 ist die Beschwerde gegen Ablehnung der Terminsbestimmung statthaft, wenn dies einer Rechtsschutzverweigerung gleichkommt. Das ist aber wegen der Möglichkeit einer Verzögerungsrüge (§ 198 Abs. 3 GVG) entbehrlich.
9 Kummer in Peters/Sautter/Wolff § 110 Rn. 11, 37.

treter zu richten; eine Mitteilung allein an den Beteiligten ist unwirksam. Der Fehler ist nach § 202 Satz 1 SGG iVm § 295 ZPO durch rügelose Einlassung heilbar.[10] Wird das Mandat niedergelegt, bleibt die zuvor erfolgte Mitteilung wirksam.[11] Der Bevollmächtigte (§ 73 Abs. 2 SGG) bleibt so lange Adressat, bis die Mandatsbeendigung dem Gericht angezeigt wird.[12] Bei Anordnung des persönlichen Erscheinens → § 111 Rn. 7. Ist ein Beteiligter im Revisionsverfahren entgegen § 73 Abs. 4 SGG nicht vertreten, ist die Mitteilung an ihn zu richten.[13] Eine Mitteilung, die auch bei verständiger Auslegung nicht erkennen lässt, für wen sie bestimmt ist, ist unwirksam.[14]

Die Mitteilung ist nicht notwendig zuzustellen, sondern nur **bekannt zu geben** 11 (§ 63 Abs. 1 Satz 2 SGG). Die Zustellung kann zum Nachweis des ordnungsgemäßen Zugangs im Einzelfall zweckmäßig sein (→ Rn. 21).

Ist in der mündlichen Verhandlung eine **Beweisaufnahme** vorgesehen, insbes. 12 wenn Zeugen oder Sachverständige geladen sind, ist auch dies den Beteiligten mit der Mitteilung des Termins bekannt zu geben (§ 111 Abs. 2, § 116 Satz 1 SGG).

Die Mitteilung ist **entbehrlich**, wenn der **Termin in einer Sitzung verkündet** wor- 13 den ist, deren Termin den Beteiligten ordnungsgemäß mitgeteilt worden ist (§ 202 Satz 1 SGG iVm § 218 ZPO), auch wenn ein Beteiligter in der Sitzung nicht anwesend war.

c) **Zeitpunkt.** Der Termin muss so **rechtzeitig** mitgeteilt werden, dass sich die 14 Beteiligten auf die mündliche Verhandlung vorbereiten können (§ 62 SGG). **Zwei Wochen** reichen „in der Regel" (§ 110 Abs. 1 Satz 1 Hs. 2 SGG; Soll-Vorschrift; § 274 Abs. 3 Satz 1 ZPO gilt nicht; in der Praxis oft länger). Die Frist kann in dringenden Fällen abgekürzt werden.[15] Jedenfalls muss die absolute Mindestfrist von **drei Tagen** (§ 202 Satz 1 SGG iVm § 217 ZPO; vor dem BSG: eine Woche) eingehalten werden;[16] zur Heilung → Rn. 23.

3. Terminsänderung (Terminsaufhebung, -verlegung, -vertagung, -unterbre- 15 **chung). a) Allgemeines.** Liegt ein erheblicher Grund vor, muss (kein Ermessen)[17] nach **§ 202 Satz 1 SGG iVm § 227 Abs. 1 Satz 1 ZPO** der Termin von Amts wegen oder auf Antrag eines Beteiligten aufgehoben, verlegt oder vertagt (neuer Sitzungstag; Grundsatz der Einheitlichkeit der Verhandlung) werden. Entsprechendes gilt für die Terminsunterbrechung (kurze Sitzungspause; nicht Unterbrechung des Verfahrens, → § 114 Rn. 22). Ein erheblicher Grund liegt immer vor bei Gefährdung des Grundsatzes des rechtlichen Gehörs (§ 62 SGG) oder des Grundsatzes des fairen Verfahrens, zB weil zu kurzfristig terminiert worden ist (bei späten richterlichen Hinweisen → § 106 Rn. 4). Die Beteiligten haben das Recht, sich in der mündlichen Verhandlung zu äußern, und dürfen

10 BSG 27.11.1957 – 3 RJ 56/55, SozR Nr. 5 zu § 73 SGG.
11 BSG 12.3.1958 – 11/9 RV 976/56, BSGE 7, 58.
12 BSG 12.3.1975 – 12 RJ 330/74, SozR 1500 § 73 Nr. 1.
13 BSG 30.5.1956 – 7 RAr 132/55, BSGE 3, 106.
14 BVerwG 22.9.1983 – 9 B 50.81, Buchholz 310 § 102 VwGO Nr. 6.
15 BSG 28.4.2004 – B 11 AL 250/03 B; ausdrücklich: § 102 Abs. 1 Satz 1 VwGO, § 91 Abs. 1 Satz 2 FGO.
16 BSG 19.3.1992 – 12 RK 62/91, SozR 3-1500 § 110 Nr. 3; BSG 14.11.2008 – B 12 KR 82/07 B; aA Kühl in Breitkreuz/Fichte § 110 Rn. 5.
17 BSG 10.8.1995 – 11 RAr 51/95, SozR 3-1750 § 227 Nr. 1; BSG 30.10.2001 – B 4 RA 49/01R.

nicht auf die Möglichkeit vorbereitender Schriftsätze (§ 108 SGG) verwiesen werden.

16 b) **Erheblicher Grund.** § 227 Abs. 1 Satz 1 ZPO schränkt die Möglichkeit der Terminsänderung ein, um unnötige Verzögerungen des Verfahrens zu vermeiden. Das Gericht sollte aber Anträge **nicht zu engherzig** behandeln, wenn keine Hinweise auf eine Verschleppungsabsicht bestehen.[18] Der einzelne Terminsverlegungsantrag darf nicht isoliert betrachtet werden, sondern im Rahmen des gesamten bisherigen Verfahrens, insbes. wenn dieses schon lange andauert und der Termin schon mehrfach verlegt worden ist.[19]

17 Ein **erheblicher Grund liegt vor** bei Verhinderung des nicht vertretenen Beteiligten wegen Krankheit (Verhandlungs-,[20] Reiseunfähigkeit[21]) oder Urlaubs, der die Terminswahrnehmung unzumutbar macht.[22] Ist der Beteiligte, nicht aber sein Bevollmächtigter (§ 73 Abs. 2 SGG) verhindert, kann eine Terminsänderung nur verlangt werden, wenn die persönliche Anwesenheit des Beteiligten unerlässlich ist.[23] Letzteres sollte das Gericht schon dann bejahen, wenn eine persönliche Erörterung des Rechtsstreits mit dem Beteiligten sachgerecht erscheint. Erheblicher Grund ist die erstmalige Beauftragung eines Bevollmächtigten[24] sowie die Verhinderung des Prozessbevollmächtigten wegen plötzlicher Erkrankung,[25] nicht zu beseitigender Terminskollision,[26] Urlaubs,[27] uU auch anderer Verpflichtungen.[28] Jedoch muss die Terminswahrnehmung durch einen anderen Rechtsanwalts der Sozietät oder einen unterbevollmächtigten Rechtsanwalt ausscheiden, weil diesem keine ausreichende Einarbeitungszeit mehr bleibt oder ein sonstiges besonderes Interesse an der Wahrnehmung des Termins durch den

18 BSG 10.8.1995 – 11 RAr 51/95, SozR 3-1750 § 227 Nr. 1: funktionsdifferente Auslegung des § 227 ZPO im SGG.

19 Blüggel SGb 2006, 514 (516); aber: BSG 26.6.2007 – B 2 U 55/07 B, SozR 4-1750 § 227 Nr. 1: erneuter Verlegungsantrag nach zwischenzeitlicher Beweisaufnahme.

20 BSG 27.11.2018 – B 2 U 19/18 B: bei Konzentrationsschwierigkeiten Mitteilung notwendig, dass Einräumung von Pausen möglich ist; BFH 26.11.2009 – VIII B 162/09, BFH/NV 2010, 907: Erkrankung muss so schwer sein, dass Wahrnehmung des Termins nicht erwartet werden kann; BFH 29.4.2010 – III B 35/09, BFH/NV 2010, 1473: nicht, wenn dauerhafte Erkrankung und kein Vertreter bestellt ist; BFH 6.12.2011 – XI B 64/11, BFH/NV 2012, 747: zahnärztliche Notfallbehandlung und Ankündigung, Attest schnellstmöglich nachzureichen; BSG 12.5.2017 – B 8 SO 96/16 B: ärztliche Anordnung von „Bettruhe“ genügt, inhaltliche Bedenken an richtiger ärztlicher Einschätzung dürfen nicht zu Lasten des Betroffenen gehen.

21 BSG 10.12.2019 – B 12 KR 69/19 B, NJW 2020, 423 (424).

22 BVerwG 26.1.1989 – 6 C 66/86, BVerwGE 81, 229 (233): gebuchte und bereits bezahlte Urlaubsreise; BFH 23.2.2011 – V B 85/10, BFH/NV 2011, 1365: verbindlich geplanter Urlaub, aber abhängig vom Urlaubsziel.

23 BSG 5.3.2004 – B 9 SB 40/03 B; BVerwG 22.5.2006 – 10 B 9/06, NJW 2006, 2648.

24 BSG 4.11.2014 – B 2 U 144/14 B.

25 BSG 19.7.1963 – 1 RA 357/62, Breith. 1964, 254; BVerwG 21.12.2009 – 6 B 32/09, BeckRS 2010.

26 BSG 10.8.1995 – 11 RAr 51/95, SozR 3-1750 § 227 Nr. 1; BSG 7.8.2015 – B 13 R 172/15 B: zuerst anberaumter Termin hat grds. Vorrang.

27 BSG 18.6.2003 – B 13 RJ 223/02 B; BSG 26.6.2007 – B 2 U 55/07 B, SozR 4-1750 § 227 Nr. 1.

28 BFH 2.6.2010 – V B 139/08, BFH/NV 2010, 2085: langfristig gebuchtes Seminar nach den Umständen des Einzelfalls; OVG Bln-Bbg 17.9.2013 – OVG 7 N 78.13, NJW 2013, 3739 (3740): bei regelmäßiger Lehrverpflichtung muss Vorsorge für Vertretung vor Gericht erfolgen.

sachbearbeitenden Rechtsanwalt[29] gegenüber dem Interesse des Gerichts an der Beschleunigung des Verfahrens überwiegt.[30] Die Beendigung des Mandats durch eine vom Beteiligten nicht verschuldete Niederlegung[31] oder Kündigung durch den Beteiligten mit wichtigem Grund[32] ist ein erheblicher Grund, wenn keine Zeit für die Bestellung eines neuen Prozessbevollmächtigten und dessen Einarbeitung bleibt. Wird kurz vor oder in der mündlichen Verhandlung vom Gericht eine neue Tatsachen- (neue Gutachten,[33] Atteste) oder Rechtsfrage[34] aufgeworfen, zu der ein Beteiligter sich nicht unmittelbar („aus dem Stand")[35] äußern kann, begründet auch das einen Anspruch auf Terminsverlegung. Bloß zu erwartende neue Erkenntnisse (geplante ärztliche Untersuchung in Rentenfällen) reichen idR nicht. Bei Anordnung des persönlichen Erscheinens und Entschuldigung → § 111 Rn. 10. Zur Verspätung eines Beteiligten am Sitzungstag → § 112 Rn. 6.

Erhebliche Gründe sind **nicht** (§ 202 Satz 1 SGG iVm § 227 Abs. 1 Satz 2 ZPO) 18
„das Ausbleiben einer Partei oder die Ankündigung, nicht zu erscheinen, wenn nicht das Gericht dafür hält, dass die Partei ohne ihr Verschulden am Erscheinen verhindert ist" (Nr. 1, auch nicht im Fall des § 111 SGG, → § 111 Rn. 10[36]), „die mangelnde Vorbereitung einer Partei, wenn nicht die Partei dies genügend entschuldigt" (Nr. 2), „das Einvernehmen der Parteien allein" (Nr. 3; anders, wenn zugleich außergerichtlich verhandelt wird), ein Ablehnungsantrag gegen einen Richter.[37] Die Regelung des § 227 Abs. 3 ZPO (Verlegung eines Termins im Zeitraum 1.7. bis 31.8.) kommt nicht zur Anwendung (§ 110 Abs. 3 SGG).

c) Verfahren. Der Antrag auf Terminsänderung kann **in jeder Form**, auch telefo- 19
nisch, gestellt werden.[38] Er muss vor dem Termin zur mündlichen Verhandlung in die Verfügungsgewalt des Gerichts gelangen; dieses ist für die unverzügliche interne Weiterleitung selbst verantwortlich.[39] Der geltend gemachte erhebliche Grund ist auf Verlangen des Gerichts **glaubhaft zu machen** (§ 202 Satz 1 SGG iVm §§ 227 Abs. 2 ZPO; → § 103 Rn. 7). Insbesondere bei kurzfristig geltend gemachter Erkrankung ist diese so zu belegen, dass das Gericht die Verhandlungsunfähigkeit ohne weitere Nachforschungen selbst beurteilen kann; eine

29 BSG 21.8.2002 – B 9 VJ 1/02 R (komplizierter Impfschadensfall); BSG 30.9.2015 – B 3 KR 23/15 B.
30 BSG 11.2.2015 – B 13 R 443/13 B.
31 BSG 25.1.1974 – 10 RV 375/73, SozR 1750 § 227 Nr. 1; BFH 21.7.2011 – IV B 99/10, BFH/NV 2011, 1904.
32 BSG 11.12.2002 – B 6 KA 8/02 R, SGb 2003, 152; BSG 2.9.2004 – B 7 AL 54/04 B.
33 BSG 15.12.1959 – 11 RV 640/58, BSGE 11, 165; BSG 22.8.2000 – B 2 U 15/00 R, SozR 3-1500 § 128 Nr. 14.
34 BSG 23.10.2003 – B 4 RA 37/03 B, SozR 4-1500 § 62 Nr. 1.
35 BVerwG 27.5.2008 – 4 B 42/07.
36 BSG 21.6.1983 – 4 RJ 3/83 und BSG 31.10.2005 – B 7 a AL 14/05 B: Inhaftierung, da Sache des Gefangenen, durch entsprechende Anträge bei der Strafvollzugsbehörde für seine Teilnahme an der mündlichen Verhandlung zu sorgen; SchlHLSG 14.12.17 – L 5 Kr 11/16, Breith. 2019, 84 (87): Ladung erst kurz vor Termin gefunden; LSG BW 27.5.2020 – L 6 VU 3716/19 ZVW: pauschaler Hinweis aufgrund Alters zu Corona-Hochrisikogruppe zu gehören.
37 BSG 1.8.2000 – B 9 SB 24/00 B, SozR 3-1500 § 160 a Nr. 29.
38 BVerwG 10.12.1985 – 9 C 84/84, NJW 1986, 1057.
39 BSG 16.11.2000 – B 4 RA 122/99 B, SozR 3-1500 § 160 Nr. 33 mAnm Schuler SGb 2003, 126.

bloße Diagnose genügt nicht.[40] Bei nicht rechtskundig vertretenen Beteiligten muss das Gericht auf diese Voraussetzung hinweisen;[41] bei Unklarheiten muss es, sofern rechtzeitig noch möglich, Gelegenheit zur Ergänzung geben oder bei dem Arzt, von dem das Attest stammt, nachfragen.[42] Bestehen die Zweifel fort, kann das Gericht eine amtsärztliche Untersuchung verlangen. Bei Terminskollision ist der Termin vor dem anderen Gericht mit Aktenzeichen, Beginn, voraussichtlicher Dauer und Anforderungen an die fachliche Qualifikation zu benennen und glaubhaft zu machen.[43] Solange ein Termin nicht aufgehoben worden ist, dürfen und müssen die Beteiligten davon ausgehen, dass er stattfindet.[44]

20 Die Entscheidung über die Terminsaufhebung oder -verschiebung, auch die Ablehnung eines entsprechenden Antrags, ist eine den Beteiligten mitzuteilende **prozessleitende Verfügung** des Vorsitzenden (§ 202 Satz 1 SGG iVm § 227 Abs. 4 Satz 1 Hs. 1 ZPO). Gleiches gilt für die Entscheidung über die Terminsunterbrechung. Die Entscheidung über die Vertagung der mündlichen Verhandlung ist ein ins Protokoll aufzunehmender (§ 122 SGG iVm § 160 Abs. 3 Nr. 6 ZPO) **Beschluss** des Gerichts (§ 202 Satz 1 SGG iVm § 227 Abs. 4 Satz 1 Hs. 2 ZPO; in der mündlichen Verhandlung Mitwirkung der ehrenamtlichen Richter, § 12 Abs. 1 SGG). Ein Antrag auf Terminsaufhebung bzw. -verlegung ist vor dem Termin förmlich (kurz) zu bescheiden, sofern dies noch technisch durchführbar und zeitlich zumutbar ist.[45] Die Entscheidung ist kurz zu begründen (§ 202 Satz 1 SGG iVm § 227 Abs. 4 Satz 2 ZPO). Sie ist unanfechtbar (§ 172 Abs. 2 SGG vorrangig vor § 227 Abs. 4 Satz 3 ZPO; aber Anfechtung mit der Hauptsache). Die Entscheidung kann jederzeit abgeändert werden. Wird ein Termin lediglich um wenige Stunden verschoben, ist dies keine Terminsaufhebung und es bedarf keiner erneuten Ladung unter Beachtung der Ladungsfrist.[46]

21 **4. Rechtsfolgen bei fehlerhafter Terminierung.** Erscheint ein Beteiligter nicht zur mündlichen Verhandlung, weil die Mitteilung inhaltlich fehlerhaft ist (zB falscher Zeitpunkt), ihn wegen einer fehlerhaften Anschrift nicht erreicht hat oder die Ladungsfrist zu kurz war, ist der Grundsatz **rechtlichen Gehörs** (§ 62 SGG) verletzt und liegt ein wesentlicher Verfahrensmangel vor.[47] Eine offenbar unrichtige Bezeichnung des Beklagten ändert jedoch nichts an einer ordnungsgemäßen Ladung des Klägers.[48]

22 Wird ein Antrag auf **Terminsänderung** übersehen oder trotz Vorliegens eines erheblichen Grundes (→ Rn. 17) abgelehnt und ist der Beteiligte dadurch an der sachgerechten Mitwirkung in der mündlichen Verhandlung gehindert, liegt darin ein wesentlicher Verfahrensmangel (§ 144 Abs. 2 Nr. 3, § 159 Abs. 1 Nr. 2,

---

40 BSG 13.10.2010 – B 6 KA 2/10 B, SozR 4-1500 § 110 Nr. 1; BSG 7.11.2017 – B 13 R 153/17 B; BSG 3.4.2019 – B 6 KA 30/18 B; BSG 24.10.2013 – B 13 R 59/13 B: kommt Gericht Verlegungsantrag nach Vorlage einer bloßen AU-Bescheinigung nach, muss es bei erneutem Verlegungsantrag mit AU-Bescheinigung konkret darauf hinweisen, dass dies nicht ausreichend ist.

41 BSG 12.5.2017 – B 8 SO 96/16 B.

42 BSG 13.11.2008 – B 13 R 277/08 B; BSG 10.12.2019 – B 12 KR 69/19 B, NJW 2020, 423.

43 BSG 23.7.2018 - B 9 SB 27/18 B.

44 BSG 26.5.2014 – B 12 KR 67/13 B; BSG 8.5.2015 – B 13 R 4/15 B.

45 BSG 3.7.2013 – B 12 R 38/12 B; BSG 10.10.22017 – B 12 KR 64/17 B.

46 BFH 9.5.2012 – VII B 3/12, BFH/NV 2012, 1324.

47 BSG 10.8.1995 – 11 RAr 51/95, SozR 3-1750 § 227 Nr. 1; BSG 12.3.2019 – B 13 R 160/17 B.

48 BSG 12.12.2018 – B 6 KA 28/18 B.

§ 160 Abs. 2 Nr. 3 SGG) und eine Verletzung des Grundsatzes des rechtlichen Gehörs (§ 62 SGG). Gleiches gilt, wenn das Gericht nicht amtswegig gehandelt hat, obwohl ihm die Gründe für eine Terminsänderung bekannt waren.

Der Betroffene muss **alle zumutbaren Möglichkeiten ergreifen**, um noch rechtliches Gehör zu erlagen, insbes. eine Terminsänderung oder die Wiedereröffnung der mündlichen Verhandlung (§ 121 Satz 2 SGG) beantragen. Die rügelose Einlassung im Termin heilt den Verfahrensfehler (§ 202 Satz 1 SGG iVm § 295 ZPO). 23

§ 110 a [Übertragung der Verhandlung in Bild und Ton]

(1) [1]Das Gericht kann den Beteiligten, ihren Bevollmächtigten und Beiständen auf Antrag oder von Amts wegen gestatten, sich während einer mündlichen Verhandlung an einem anderen Ort aufzuhalten und dort Verfahrenshandlungen vorzunehmen. [2]Die Verhandlung wird zeitgleich in Bild und Ton an diesen Ort und in das Sitzungszimmer übertragen.

(2) [1]Das Gericht kann auf Antrag gestatten, dass sich ein Zeuge oder ein Sachverständiger während einer Vernehmung an einem anderen Ort aufhält. [2]Die Vernehmung wird zeitgleich in Bild und Ton an diesen Ort und in das Sitzungszimmer übertragen. [3]Ist Beteiligten, Bevollmächtigten und Beiständen nach Absatz 1 Satz 1 gestattet worden, sich an einem anderen Ort aufzuhalten, so wird die Vernehmung auch an diesen Ort übertragen.

(3) [1]Die Übertragung wird nicht aufgezeichnet. [2]Entscheidungen nach Absatz 1 Satz 1 und Absatz 2 Satz 1 sind unanfechtbar.

(4) Die Absätze 1 und 3 gelten entsprechend für Erörterungstermine (§ 106 Absatz 3 Nummer 7).

I. Allgemeines/Normzweck

1. Gesetzesentstehung. § 110 a ist durch das VideokonfIntensG vom 25.4.2013 (BGBl. 2013 I 935) eingefügt worden.[1] Die Parallelvorschrift des § 128 a ZPO aF (Inkrafttreten am 1.1.2002) war jedoch bereits zuvor über § 202 Satz 1 SGG anwendbar. 1

2. Normzweck. Die Vorschrift regelt den Einsatz der Videokonferenztechnik in der mündlichen Verhandlung und im Erörterungstermin. Durch diesen kann der Zeit- und Kostenaufwand weit entfernt vom Gerichtssitz wohnender Beteiligter, 2

1 Zum Gesetzgebungsverfahren s. Sensburg DRiZ 2013, 126; zur Entwicklung der Videokonferenztechnik im Prozessrecht s. Böttiger WzS 2013, 263.

ihrer Prozessvertreter und Beistände, Zeugen und Sachverständiger verringert werden. Zudem soll die Terminierung erleichtert werden, womit Verfahren beschleunigt werden können. Der Gesetzgeber versteht dies als **„Serviceangebot im Sinne einer kundenorientierten Justiz"**.[2] Fallen Reisekosten weg oder verringern sich diese, spart der Staat auch Aufwendungen (§ 191 SGG, JVEG).

3 Eher ungeeignet ist eine Videokonferenz wenn in größerem Umfang Dokumente betrachtet werden müssen, da dies auch bei Vorhandensein einer Dokumentenkamera mühsam ist. Zu beachten ist auch, dass sich die **Psychologie der Kommunikation** in einer Videokonferenz von derjenigen einer Verhandlung mit persönlicher Anwesenheit unterscheidet. Die persönliche Wirkung, die vom Gericht und der neutralen Atmosphäre im Gerichtssaal ausgeht, geht teilweise verloren. Zugleich können die Umgebung des anderen Ortes und die dort anwesenden Personen Einfluss nehmen. Je nach Qualität der Übertragungstechnik können Informationen der nonverbalen Kommunikation (zB Erröten eines Zeugen) verloren gehen. Daher eignet sich nicht jedes Verfahren für eine Gestattung nach § 110 a SGG.[3]

4 Die Verhandlung mittels Videokonferenz tritt vollständig an die Stelle derjenigen mit persönlicher Anwesenheit. Die **allgemeinen Grundsätze** der Beteiligtenöffentlichkeit (→ § 116 Rn. 5), der Mündlichkeit (§ 124 SGG), der Unmittelbarkeit (→ § 103 Rn. 30), des rechtlichen Gehörs (§ 62 SGG) und der Amtsermittlung (Untersuchungsmaxime, § 103 SGG) werden nicht aufgehoben oder beeinträchtigt.

5 **3. Parallelvorschriften.** Die entsprechenden Vorschriften in den anderen Verfahrensordnungen sind § 102 a VwGO, § 91 a FGO, § 128 a ZPO und § 185 Abs. 1 a GVG (Regelung für **Dolmetscher**). Abzugrenzen ist die Regelung von den Tonübertragungen bzw. Bild- und Tonaufzeichnungen (§ 169 GVG). Abweichungen bei Epidemien von nationaler Tragweite (**„Corona-Pandemie"**) findet sich in **§ 211 SGG** (→ § Rn. 30).

II. Videokonferenz

6 **1. Voraussetzungen. a) Sitzung.** Die Vorschrift findet Anwendung in der **mündlichen Verhandlung** (§ 124 Abs. 1 SGG) aller Instanzen, auch entsprechend in Verhandlungen in selbstständigen Beschlussverfahren der §§ 55 a, 73 a, 76, 86 b SGG, weiterhin im **Erörterungs-** (§ 106 Abs. 3 Nr. 7 SGG; → Rn. 26), im **Beweisaufnahmetermin** (§ 116 SGG, → Rn. 27)[4] sowie dem **Termin vor dem Güterichter** (§ 202 Satz 1 SGG iVm § 278 Abs. 5 ZPO).[5] Nicht in den Anwendungsbereich der Vorschrift fällt die Kommunikation zwischen dem Gericht und einem Beteiligten außerhalb einer Sitzung, zB über Videotelefonie (s. hierzu → § 106 Rn. 21, → § 118 Rn. 6).

---

2 BT-Drs. 17/1224, 1, 12.

3 Leopold in Roos/Wahrendorf § 110 a Rn. 3, 35 und NZS 2013, 847 (854) weist zu Recht darauf hin, dass es Beteiligten aus der Distanz leichter fallen kann, eine Einigung oder prozessbeendende Erklärung zu verweigern, als von Angesicht zu Angesicht in einem Gerichtssaal, weswegen aber nicht generell von Videokonferenzen Abstand genommen werden darf.

4 § 110 a Abs. 2 gilt umfassend; aA R. P. Schenke in Kopp/Schenke § 102 a Rn. 10.

5 Leopold in Roos/Wahrendorf § 110 a Rn. 3, 11 und NZS 2013, 847 (848); Stäbler in juris-PK-SGG § 110 a Rn. 14; aA Schmidt in Meyer-Ladewig/Keller/Leitherer/Schmidt § 110 a Rn. 17: persönliche Anwesenheit der Beteiligten erforderlich.

b) Abwesende. Die Abwesenheit kann nach Abs. 1 einem oder mehreren **Beteiligten** (§ 69 SGG), **Bevollmächtigten** (§ 73 Abs. 1–6 SGG) oder **Beiständen** (§ 73 Abs. 7 SGG), nach Abs. 2 auch **Zeugen** (§ 118 Abs. 1 Satz 1 SGG iVm §§ 373 ff. ZPO) und **Sachverständigen** (§ 118 Abs. 1 Satz 1 SGG iVm §§ 402 ff. ZPO) gestattet werden (→ Rn. 26 ff.). Gesetzliche Vertreter stehen Beteiligten gleich.[6] Auch Kombinationen sind möglich, also etwa wenn ein Beteiligter und ein Zeuge sich gemeinsam an einem anderen Ort oder jeweils an einem anderen Ort aufhalten (Zweier-, Dreierkonferenz usw). Dann muss die Übertragung so erfolgen, dass einschließlich des Gerichts jeweils jeder jeden sehen und hören kann (s. Abs. 2 Satz 2). Für **Dolmetscher** findet sich eine entsprechende Regelung in § 185 Abs. 1 a GVG. 7

Das **Gericht** muss am Sitzungsort anwesend sein. Daher kann keine mündliche Verhandlung mit Zuschaltung etwa eines ehrenamtlichen Richters durchgeführt werden. Der Sitzungsort muss aber nicht zwingend im Gebäude des erkennenden Gerichts liegen (s. § 110 Satz 2 SGG), so dass Videokonferenzanlagen anderer Gerichte oder Behörden genutzt werden können. Denkbar, aber wohl nicht im Sinne der Regelung ist es, wenn der Vorsitzende sein privates Büro zum Sitzungsort (§ 110 Abs. 2 SGG) eines Erörterungstermins bestimmt und die Beteiligten per Videokonferenz zuschaltet. Er muss dann jedenfalls damit rechnen, dass die Beteiligten ihn in seiner Privatwohnung aufsuchen. Denn es besteht für den Beteiligten, seinen Prozessvertreter oder Beistand **keine Pflicht, von der Gestattung**, sich am anderen Ort aufzuhalten, auch **tatsächlich Gebrauch** zu machen. 8

c) Anderer Ort. Welche Voraussetzungen der **andere Ort**, an den und von dem übertragen wird, erfüllen muss, ist nicht näher festgelegt. Es gibt keine Mindestentfernung zum Gerichtssitz, so dass auch dem dort niedergelassenen Prozessvertreter die Abwesenheit gestattet werden kann.[7] Der andere Ort muss aber eine geeignete Übertragungstechnik haben. Verfügt der Beteiligte, sein Bevollmächtigter oder Beistand hierüber nicht, ist es grundsätzlich seine Aufgabe, nicht diejenige des Gerichts, dies zu organisieren.[8] Er kann sich der Hilfe Dritter (Kanzleiräume einer „befreundeten" Rechtsanwaltskanzlei) bedienen. Denkbar ist auch ein anderes Gericht oder eine Behörde, die auf Anforderung des Gerichts Rechts- oder Amtshilfe (§ 5 SGG) leisten können. In jedem Fall darf es zu keinem unberechtigten Offenlegen von Daten (→ § 103 Rn. 26 f.) kommen, dh am anderen Ort und auf dem Übertragungsweg darf ohne Einwilligung der Berechtigten kein unbefugter Dritter mithören können. Zu weit geht es, dass dort überhaupt keine Person anwesend sein darf;[9] man darf durchaus auf Hilfspersonen zurückgreifen, welche die Videokonferenzanlage bedienen. 9

Videokonferenzen ins Ausland sind nur nach Maßgabe von Sozialversicherungsabkommen bzw. im Rahmen eines Rechtshilfeersuchens möglich und setzen voraus, dass dort geeignete technische Möglichkeiten bestehen.[10] 10

---

6 BT-Drs. 17/1224, 17.
7 Schmidt in Meyer-Ladewig/Keller/Leitherer/Schmidt § 110 a Rn. 7; Leopold NZS 2013, 847 (849).
8 Böttiger WzS 2013, 263 (266).
9 So aber Leopold NZS 2013, 847 (850).
10 Knittel in Hauck/Behrend § 110 a Rn. 16; Leopold in Roos/Wahrendorf § 110 a Rn. 17 und NZS 2013, 847 (849).

11 Der andere Ort ist im Protokoll der Sitzung zu vermerken (§ 122 SGG iVm § 160 Abs. 1 Nr. 4 ZPO).

12 **d) Übertragungstechnik.** Voraussetzung für die Anwendung des § 110 a SGG ist, dass eine geeignete Übertragungstechnik vorhanden ist. Auf deren Bereitstellung durch die Justizverwaltung besteht kein Anspruch.[11] Eine Übersicht zu Anlagen bei Gerichten findet sich unter www.justiz.de/Verzeichnisse. Erfahrungen der Praxis zeigen, dass es bisher zumeist bei den beteiligten Behörden und Rechtsanwälten an der notwendigen technischen Ausstattung fehlt. Es besteht keine Verpflichtung des Gerichts, für eine Zuschaltung per Videokonferenz in einem anderen Bundesland zu sorgen; es ist vielmehr Aufgabe des Beteiligten, sich um eine geeignete Videokonferenzanlage zu kümmern, wenn er von der Gestattung nach § 110 a SGG Gebrauch machen will.[12]

13 Die zu verwendende Übertragungstechnik muss in der Lage sein, sowohl Bild wie Ton von dem Sitzungsort an den anderen Ort sowie umgekehrt zu übertragen. Eine fernschriftliche Verhandlung im Internet (sog Online-Chat-Verfahren) genügt dem nicht.[13] Die Verbindung muss stabil sein, die Sprachwiedergabe nicht derart beeinträchtigt sein, dass die andere Seite nicht oder nur unzumutbar schwer verständlich ist. Gleiches gilt für die Bildübertragung, dh das jeweilige Gegenüber muss für das Gericht und die weiteren Verfahrensbeteiligten als Person erkennbar sein. Bildschirme dürfen also nicht zu klein sein.[14]

14 Der Grundsatz der **Öffentlichkeit des Verfahrens** (§ 169 Abs. 1 Satz 1 GVG) gilt für den Sitzungsort, nicht auch für den anderen Ort. Die Zuschauer im Sitzungssaal müssen die Tonübertragung verfolgen können, nicht zwingend die Bildübertragung. Ein Recht der Öffentlichkeit, jeden Beteiligten körperlich zu sehen, besteht nicht.[15] Zuschauer sind auf die Möglichkeit hinzuweisen, dass ihr Bild übertragen werden kann; sie können ggf. den Sitzungssaal verlassen.[16] Aus dem Verbot, die Übertragung aufzuzeichnen, folgt nicht, dass nur solche Übertragungsanlagen zulässig sind, die dies technisch ausschließen.[17]

15 Weitere Anforderungen sind grundsätzlich nicht zu stellen, so dass bei Erfüllung der aufgezeigten Voraussetzungen neben der Videokonferenztechnik grundsätzlich auch die Übertragung am PC möglich ist.[18] Besondere Anforderungen an die Kommunikationssituation können jedoch im konkreten Verfahren bestehen (→ Rn. 3). Ist es etwa zur Bestimmung der Glaubwürdigkeit eines Zeugen notwendig, die Gesichtsmimik zu erkennen, und leistet dies die vorhandene Übertragungstechnik nicht, scheidet die Übertragung aus.

---

11 Gesetzesbegründung, BT-Drs. 17/1224, 16; BFH 18.7.2016 – VI B 128/15, BFH/NV 2016, 1752; LSG Bln-Bbg 10.1.2018 – L 9 KR 149/17.

12 BFH 18.7.2016 – VI B 128/15, BFH/NV 2016, 1752.

13 Auch kein Anspruch hierauf nach Art. 5 Abs. 2, Art. 13 UN-BRK, BSG 21.12.2017 – B 9 SB 61/17 B; BVerfG 27.11.2018 – 1 BvR 957/18, NZS 2019, 379 mAnm Burkiczak; Roller NZS 2019, 368 (376).

14 Verneint für Skype, FG Nürnberg, 29.1.2014 – 3 K 861/13 und FG SA 2.9.2015 – 2 K 146/10.

15 Schmidt in Meyer-Ladewig/Keller/Leitherer/Schmidt § 110 a Rn. 6; Böttiger WzS 2013, 263 (271).

16 Hartmann in BLAH § 128 a Rn. 4.

17 AA Leopold in Roos/Wahrendorf § 110 a Rn. 7; Leopold NZS 2013, 847 (848); ähnl. Schmidt in Meyer-Ladewig/Keller/Leitherer/Schmidt § 110 a Rn. 15: sicherzustellen, dass Aufzeichnung technisch nicht möglich ist.

18 BT-Drs. 17/1224, 11; gegen Übertragung per Skype aber: FG Nürnberg 29.1.2014 – 3 K 861/13.

2. Durchführung. a) **Zeitgleiche, durchgängige Übertragung.** Die Übertragung muss **zeitgleich zur Sitzung** erfolgen. Technisch bedingte, kürzere Übertragungsverzögerungen sind unschädlich, solange ein einigermaßen flüssiger Informationsaustausch gewährleistet wird. Unzulässig ist die Übertragung eines zuvor als Ton- oder Filmaufnahme aufgezeichneten Beteiligtenvortrags oder einer solchen Aussage eines Zeugen oder Sachverständen. 16

Übertragen werden muss **durchgängig**, dh vom Beginn bis zum Ende der Sitzung, ohne Unterbrechung und stets zwischen dem Gericht und allen, denen die Abwesenheit gestattet ist. Bei der Vernehmung eines Zeugen oder Sachverständigen ist die Übertragung auf die Zeit begrenzt, die dieser bei persönlicher Anwesenheit im Sitzungssaal anwesend wäre. Nicht mehr zur mündlichen Verhandlung gehört die Verkündung der Entscheidung (vgl. §§ 121, 132 Abs. 1 Satz 2 SGG), doch liegt es nahe, auch diese noch zu übertragen. 17

b) Verfahrenshandlungen; Sitzungspolizei. Ohne die Gestattung nach § 110 a SGG können Verfahrenshandlungen nicht wirksam vorgenommen, Zeugen und Sachverständige nicht mit Beweiswert vernommen werden. Der Begriff der **Verfahrenshandlung** ist weit zu verstehen. Dem abwesenden Beteiligten, seinem Prozessvertreter und/oder Beistand sind alle Erklärungen und Angaben, aber insbes. die Prozesshandlungen, wie die zB die Antragstellung, die Klagerücknahme,[19] die Abgabe eines Anerkenntnisses oder der Abschluss eines Vergleichs gestattet. Zeugen und Sachverständige können vernommen (Abs. 2: „Vernehmung") werden. Die Rechte und Pflichten entsprechen dem bei Anwesenheit in der mündlichen Verhandlung. 18

Ob auch die Inaugenscheinnahme eines Beteiligten (zB hinsichtlich körperlicher Gebrechen), von Augenscheinsobjekten oder die Betrachtung von Urkunden möglich ist, ist umstritten. Soweit der Beweiswert nicht durch die Übertragungstechnik beeinträchtigt wird, ist dies zu bejahen.[20] § 110 a SGG soll die Verfahren erleichtern und keine zusätzlichen Hürden aufstellen. 19

Die **Sitzungspolizei** (§§ 176 ff. GVG) erstreckt sich auf den anderen Ort, wobei bei Zuwiderhandlungen idR nur die Möglichkeit besteht, die Sitzung zu beenden und in einem neuen Termin ohne Gestattung nach § 110 a SGG fortzusetzen.[21] 20

c) **Keine Aufzeichnung.** Die Übertragung wird **nicht aufgezeichnet** (Abs. 3 Satz 1). Eine ursprünglich vorgesehene Möglichkeit, Aussagen oder Anhörungen von Zeugen und Sachverständigen aufzuzeichnen, wenn zu besorgen ist, dass diese in einer weiteren mündlichen Verhandlung nicht vernommen werden können, ist nicht Gesetz geworden.[22] Ausnahmen sind auch nicht im Einverständnis der Beteiligten zulässig. Das Verbot gilt für das Gericht, aber auch die am anderen Ort befindliche(n) Person(en). Unerlaubte Aufnahmen unterfallen einem Beweisverwertungsverbot.[23] 21

d) **Technische Probleme.** In der Praxis treten durchaus **technische Probleme** bei der Videoübertragung auf, etwa aufgrund Unzulänglichkeiten der verwendeten 22

---

19 AA Böttiger WzS 2013, 263 (266), da dies eine Verfahrenshandlung außerhalb der mündlichen Verhandlung sei.
20 Ebenso Leopold NZS 2013, 847 (850); vgl. auch Böttiger WzS 2013, 263 (268).
21 Knittel in Hauck/Behrend § 110 a Rn. 11.
22 Beschlussempfehlung und Bericht des Rechtsausschusses, BT-Drs. 17/12418, 14.
23 Böttiger WzS 2013, 263 (269).

Systeme, Überlastungen der Datenleitung oder Bedienungsfehlern. In jedem Fall ist anzuraten, vor der Verhandlung eine Probeschaltung durchzuführen. Ist die Videoübertragung unmöglich oder erheblich beeinträchtigt (→ Rn. 13), darf die Sitzung nicht begonnen bzw. fortgeführt werden. **Störungen der Übertragung** sind **zu protokollieren** (§ 202 Satz 1 SGG iVm § 160 Abs. 2 ZPO: wesentliche Vorgänge). Eine Vertagung ist aber nur dann zwingend geboten, wenn ein erheblicher Grund vorliegt, der die Rechte der Beteiligten beeinträchtigt.[24] Im Einzelnen gilt:

23 ■ War ein Beteiligter, sein Bevollmächtigter oder Beistand zugeschaltet, muss im Fall des **unerwarteten Abbruchs der Übertragung** die Sitzung unterbrochen werden. Der Beteiligte, der zugeschaltet war, kann sein **Einverständnis mit der Fortsetzung der Sitzung** geben (analog § 124 Abs. 2 SGG; keine Anwesenheitspflicht der Beteiligten). Das Einverständnis kann per Fax oder telefonisch (tritt an Stelle der Tonübertragung) gegeben werden. Der andere (anwesende oder noch zugeschaltete) Beteiligte, dessen Bevollmächtigter oder Beistand muss nicht einwilligen, denn er könnte auch die Anwesenheit des anderen nicht erzwingen. Ein fehlendes Einverständnis der zugeschalteten Person, stellt einen Verstoß gegen das rechtliche Gehör (§ 62 SGG) dar, ist aber durch rügelose Einlassung heilbar (§ 202 Satz 1 SGG iVm § 295 ZPO).

24 ■ War ein Zeuge oder Sachverständiger zugeschaltet, endet mit dem Abbruch der Übertragung dessen Vernehmung. Ob die Vernehmung fortgesetzt werden muss, entscheidet das Gericht danach, ob noch weiterer Aufklärungsbedarf (§ 103 SGG) besteht. Die notwendige Genehmigung des Protokolls durch den Zeugen oder Sachverständigen (→ § 122 Rn. 10) kann telefonisch (mit entsprechender Protokollierung) oder per Fax vor einer verfahrensbeendenden Entscheidung des Gerichts eingeholt werden. Den Beteiligten darf aber ihr Fragerecht (§ 116 Satz 2 SGG) nicht verkürzt werden. Die Vernehmung muss daher zu einem späteren Zeitpunkt fortgesetzt werden, wenn (zulässige) Fragen an den Zeugen bzw. Sachverständigen angekündigt werden. Eines Einverständnisses des Zeugen oder Sachverständigen mit der Fortsetzung der Sitzung bedarf es nicht.

25 ■ Wird **nur die Bild-, nicht die Tonübertragung gestört**, liegt darin die geringere Beeinträchtigung gegenüber dem vollständigen Abbruch der Verbindung und daher kann auch hier die Sitzung im Einverständnis des Beteiligten am anderen Ort fortgesetzt werden.[25]

■ Auch wenn der Beteiligte am anderen Ort zustimmt, liegt die Entscheidung, ob die Sitzung zu Ende geführt oder vertagt (→ § 110 Rn. 15) wird, im pflichtgemäßen Ermessen des Gerichts.

26 e) **Besonderheiten bei der Vernehmung von Zeugen und Sachverständigen – Abs. 2.** Aus dem Umstand, dass Abs. 4 nicht auf Abs. 2 verweist, ist geschlossen worden, dass Zeugen und Sachverständige nur innerhalb der mündlichen Verhandlung und nicht im Rahmen eines **Erörterungstermins** (§ 106 Abs. 3 Nr. 7

---

24 HessFG 24.7.2014 – 8 K 1324/10, EFG 2014, 2061.

25 Weitergehend HessFG 24.7.2014 – 8 K 1324/10, EFG 2014, 2061 m. krit. Anm. Kühnen: keine Vertagung, wenn nicht unmittelbar von Beteiligten gerügt.

SGG) per Videokonferenz vernommen werden können.[26] Dem ist nicht zu folgen. Für eine solche Einschränkung gäbe es keinen nachvollziehbaren Grund, sie widerspräche Bedürfnissen der gerichtlichen Praxis und auch § 106 Abs. 2 SGG, denn oftmals ist der Rechtsstreit nach der Vernehmung des Zeugen oder Sachverständigen noch nicht entscheidungsreif, so dass die mündliche Verhandlung vertagt werden müsste. Vielmehr erfasst Abs. 2 jede „Vernehmung", auch eine solche in einem Erörterungstermin und kommt daher unmittelbar zur Anwendung.[27]

Gleiches gilt für den **Beweisaufnahmetermin** (§ 116 SGG), wenn der Zeuge oder Sachverständige sich am anderen Ort aufhält. Will sich ein Beteiligter, sein Bevollmächtigter oder Beistand am anderen Ort aufhalten, wird dies von Abs. 1 und 4 nicht erfasst, doch liegen die Voraussetzungen für eine entsprechende Anwendung vor. 27

Die Vernehmung nach § 110 a SGG ist nach § 118 Abs. 1 Satz 1 SGG iVm § 375 Abs. 1 Nr. 1 und 2 ZPO vorrangig gegenüber der Vernehmung durch den beauftragten oder ersuchten Richter (→ § 117 Rn. 5). Schon bei der Frage, ob die Anwesenheit eines Zeugen oder Sachverständigen am anderen Ort gestattet wird (Abs. 2), ist zu beachten, dass die veränderte Kommunikationssituation (→ Rn. 3) die Aussage und damit den Beweiswert beeinträchtigen kann. Der persönliche Eindruck des erkennenden Gerichts ist aber besser, als wenn nur das Protokoll einer Vernehmung durch den beauftragten oder ersuchten Richter (→ § 117 Rn. 5) gewürdigt wird; daher ist die Vernehmung nach § 110 a SGG vorrangig (§ 118 Abs. 1 Satz 1 SGG iVm § 375 Abs. 1 Nr. 1 und 2 ZPO). Der Vorrang gilt aber nicht gegenüber der schriftlichen Zeugenaussage (→ § 118 Rn. 17).[28] Wird der Zeuge oder Sachverständige am Sitzungsort vernommen, befindet sich aber ein Beteiligter am anderen Ort, kann diesem die Beweiswürdigung erschwert sein; das muss er berücksichtigen, bevor er einen Antrag nach Abs. 1 stellt. 28

3. Verfahren. Die Anordnung erfolgt für die Gestattung an Beteiligte, ihre Bevollmächtigten und Beistände (Abs. 1) auf **Antrag** oder **von Amts wegen**, für diejenige an Zeugen und Sachverständigen (Abs. 2) nur **auf Antrag**. Antragsberechtigt sind die Beteiligten, im Fall des Abs. 2 auch der Zeuge oder Sachverständige. Eines Einverständnisses der (übrigen) Beteiligten bedarf es nicht. 29

Ein **Anspruch** auf die Gestattung besteht **nicht**, vielmehr entscheidet das Gericht nach **pflichtgemäßem richterlichen Ermessen** unter Berücksichtigung der Interessen der Beteiligten (→ Rn. 2) und der Amtsaufklärungspflicht (§ 103 SGG). Ausnahmsweise kann das Gebot rechtlichen Gehörs (§ 62 SGG) die Anordnung gebieten, etwa wenn einem Beteiligten, seinem Bevollmächtigten oder Beistand wegen seines hohen Alters oder aus gesundheitlichen Gründen eine Anreise zum Ort der Sitzung nicht möglich oder unzumutbar wäre, er so der mündlichen Verhandlung fernbleiben müsste und keine triftigen, überwiegenden Gründe gegen die Gestattung sprechen.[29] Bei epidemischen Lagen von nationaler Tragweite (**„Corona-Pandemie"**) sieht § 211 Abs. 3 SGG die Gestattung auch für Zeugen 30

---

26 Böttiger WzS 2013, 263 (271); Knittel in Hauck/Behrend § 110 a Rn. 33; Leopold NZS 2013, 847 (848 f.).
27 Schmidt in Meyer-Ladewig/Keller/Leitherer/Schmidt § 110 a Rn. 17.
28 Leopold in Roos/Wahrendorf § 110 a Rn. 3 und NZS 2013, 847 (849).
29 Böttiger WzS 2013, 263 (267 f., 272).

und Sachverständigen **von Amts wegen** und **im Regelfall** („soll") vor (→ § 211 Rn. 4).

31 Das Gericht entscheidet durch **Beschluss**, außerhalb der mündlichen Verhandlung, daher ohne ehrenamtliche Richter (§ 12 Abs. 1 Satz 2 SGG). Beim LSG und BSG wirken, außer in den Fällen des § 155 Abs. 3 oder 4 SGG, alle Berufsrichter des Senats mit. Bei Erörterungsterminen entscheidet der Vorsitzende/Berichterstatter allein (§ 155 Abs. 1; Sachzusammenhang mit § 106 Abs. 3 Nr. 7).[30] Die Beteiligten sind vorher anzuhören, da der Beschluss ihre Rechtsposition berührt.[31]

32 Der Beschluss muss den Beteiligten, seinen Prozessvertreter und/oder Beistand, dem/denen die Erlaubnis erteilt wird, benennen. Auch der andere Ort muss im Beschluss konkret bestimmt sein, denn nur so ist gewährleistet, dass dort eine geeignete Übertragungstechnik zum Einsatz gelangt.

▶ **Formulierungsvorschlag:**

Dem Kläger und seinem Prozessbevollmächtigten wird nach § 110 a Abs. 1 des Sozialgerichtsgesetzes gestattet, sich während der mündlichen Verhandlung am ... in den Räumen der Kanzlei des Prozessbevollmächtigten in ... aufzuhalten und von dort aus Verfahrenshandlungen vorzunehmen. ◀

Entscheidet das Gericht von Amts wegen, ist darauf hinzuweisen, dass keine Pflicht zur Anwesenheit am anderen Ort besteht,[32] für die Fahrt zum Sitzungsort aber keine zusätzlichen Kosten erstattet werden (→ Rn. 35). Der Beschluss ist **zuzustellen**; er kann mit der Ladung (§ 110 SGG) verbunden werden; ergeht er in der mündlichen Verhandlung, ist er zu verkünden (§ 142 Abs. 1 iVm § 132 SGG). Die Anordnung des persönlichen Erscheinens (§ 111 Abs. Satz 1 SGG) oder des Erscheinens eines Vertreters (§ 111 Abs. 3 SGG) ist in der Weise möglich, dass sich diese statt auf den Sitzungsort auf den anderen Ort bezieht.[33]

33 Der Beschluss kann jederzeit geändert oder wieder aufgehoben werden, etwa wenn sich die Beurteilung der Verhandlungssituation (→ Rn. 2, 3) durch das Gericht ändert. Er ist **unanfechtbar** (Abs. 3 Satz 2), daher nicht zu begründen (§ 142 Abs. 2 Satz 1 SGG). Da aber in der Akte ohnehin zu dokumentieren ist, dass Ermessen ausgeübt wurde (→ Rn. 30), liegt es nahe, die für das Gericht tragenden Gründe kurz im Beschluss anzuführen. Innerhalb des Rechtsmittels gegen die Endentscheidung ist die Anordnung oder Ablehnung nur überprüfbar, wenn der Fehler weiterwirken kann (insbes. Verstoß gegen das rechtliche Gehör bei ermessensfehlerhafter Ablehnung der Gestattung, → Rn. 30; auch Verstoß gegen § 103 SGG).[34]

30 Leipold in Roos/Wahrendorf § 110 a Rn. 19; Knittel in Hauck/Behrend § 110 a Rn. 32; Stäbler in jurisPK-SGG § 110 a Rn. 25; aA Böttiger WzS 2013, 263 (266) und Voraufl.

31 Schmidt in Meyer-Ladewig/Keller/Leitherer/Schmidt § 110 a Rn. 6; Stäbler in jurisPK-SGG § 110 a Rn. 24; aA Leopold in Roos/Wahrendorf § 110 a Rn. 17 und NZS 2013, 847 (851).

32 Böttiger WzS 2013, 263 (267).

33 Schmidt in Meyer-Ladewig/Keller/Leitherer/Schmidt § 110 a Rn. 8; Leopold in Roos/Wahrendorf § 110 a Rn. 26 und NZS 2013, 847 (851); aA Böttiger WzS 2013, 263 (267) (kein Fall des § 111 Abs. 1, 3 SGG möglich), womit aber ein Kostenersatz nach § 191 SGG oder dem JVEG bei Anwesenheit am anderen Ort ausscheiden würde.

34 Nach Schmidt in Meyer-Ladewig/Keller/Leitherer/Schmidt § 110 a Rn. 16 auch Rüge gegen den Verstoß der Mündlichkeit und der Unmittelbarkeit der Beweisaufnahme; zweifelhaft, da die Videokonferenz nach § 110 a SGG insoweit einen vollwertigen Ersatz liefert.

III. Kosten

In Verfahren nach § 197 a SGG fällt nach Nr. 9019 der Anlage 1 zum GKG eine Pauschale für die Inanspruchnahme von Videokonferenzverbindungen an. Soweit der Anwalt sich aktiv durch die Nutzung von Videokonferenztechnik an dem Verfahren beteiligt hat (zB die Verbindung zu dem Gericht durch ihn hergestellt wird), kommt Nr. 7001 der Anlage 1 zum RVG zur Anwendung, nach der Entgelte für Post- und Telekommunikationsdienstleistungen in voller Höhe als Auslage geltend gemacht werden können. Darüber hinaus ist kein (anteiliger) Ersatz der Aufwendungen für die Anschaffung der Videokonferenztechnik möglich. 34

Wem gestattet ist, **am anderen Ort zu erscheinen**, ist hierzu **nicht verpflichtet** und kann trotzdem den Sitzungsort aufsuchen. Fallen deswegen **zusätzliche Kosten** an, werden diese aber **nicht** nach § 191 SGG oder dem JVEG erstattet.[35] 35

§ 111 [Anordnung des persönlichen Erscheinens, Ladung von Zeugen, Vertreter von Behörden]

(1) [1]Der Vorsitzende kann das persönliche Erscheinen[1] eines Beteiligten zur mündlichen Verhandlung anordnen sowie Zeugen und Sachverständige laden. [2]Auf die Folgen des Ausbleibens ist dabei hinzuweisen.

(2) Die Ladung von Zeugen und Sachverständigen ist den Beteiligten bei der Mitteilung des Termins zur mündlichen Verhandlung bekanntzugeben.

(3) Das Gericht kann einem Beteiligten, der keine natürliche Person ist, aufgeben, zur mündlichen Verhandlung oder zu einem Termin nach § 106 Absatz 3 Nummer 7 einen Beamten oder Angestellten zu entsenden, der mit einem schriftlichen Nachweis über die Vertretungsbefugnis versehen und über die Sach- und Rechtslage ausreichend unterrichtet ist.

35 Allgemeiner Grundsatz des Vorbehalts der objektiven Notwendigkeit angefallener Kosten, vgl. BayLSG 3.6.2014 – L 15 SF 402/13 E; im Erg. ebenso: Leopold in Roos/Wahrendorf § 110 a Rn. 17 und NZS 2013, 847 (853); aA Knittel in Hauck/Behrend § 110 a Rn. 24 für Beteiligte.

1 Wird das persönliche Erscheinen eines Beteiligten angeordnet, so finden über § 202 SGG die Vorschriften des § 273 Abs. 4 Satz 2, § 141 Abs. 3 Satz 1 ZPO entsprechende Anwendung.

I. Allgemeines/Normzweck

1 **1. Gesetzesentstehung.** Der durch das Gesetz zur Neuregelung des Rechtsberatungsrechts vom 12.12.2007 (BGBl. 2007 I 2840) mit Wirkung zum 1.7.2008 gestrichene Abs. 3 ist mit leicht verändertem Inhalt durch das Vierte Gesetz zur Änderung des Vierten Buches Sozialgesetzbuch und anderer Gesetze (BGBl. 2011 I 3057) mit Wirkung zum 1.1.2012 wieder angefügt worden.

2 **2. Normzweck.** Die Vorschrift regelt die Anordnung des persönlichen Erscheinens, die Ladung von Zeugen und Sachverständigen und die Verpflichtung zur Entsendung von Behördenvertretern. Sie findet Anwendung in allen Rechtszügen (§ 153 Abs. 1, § 165 SGG) und in den selbstständigen Beschlussverfahren (§§ 55 a, 73 a, 76, 86 b SGG).

3 **3. Parallelvorschriften.** In den anderen öffentlich-rechtlichen Verfahrensordnungen finden sich entsprechende Regelungen (§ 95 VwGO, § 80 FGO). § 141 ZPO beschränkt die Anordnung des persönlichen Erscheinens auf die Aufklärung des Sachverhalts (→ Rn. 5).

II. Anwesenheit der Beteiligten, Zeugen, Sachverständigen und Behördenvertreter

4 **1. Anordnung des persönlichen Erscheinens – Abs. 1. a) Anordnung.** Den Beteiligten steht die Teilnahme an der mündlichen Verhandlung frei (→ § 110 Rn. 9), wenn nicht der Vorsitzende von der Möglichkeit des § 111 Abs. 1 SGG Gebrauch macht. Die Anordnung kann sich an jeden Beteiligten, auch an Beigeladene richten. Bei prozessunfähigen Beteiligten kann das Erscheinen des Beteiligten selbst oder das seines gesetzlichen Vertreters angeordnet werden. Auch **juristische Personen** werden erfasst;[2] sie müssen den/einen gesetzlichen Vertreter entsenden. Die Anordnung ist auch für den Erörterungstermin möglich (§ 106 Abs. 3 Nr. 7 SGG).

5 Die Anordnung steht im **Ermessen** („kann") des Vorsitzenden. Allein die Verpflichtung, das Sach- und Streitverhältnis mit den Beteiligten zu erörtern (§ 112 Abs. 1 Satz 2 SGG)[3] gebietet sie nicht. Maßgeblich ist allein, ob sie der **Sachaufklärung**[4] oder der **Verfahrensbeschleunigung** (Hinwirken auf sachdienliche Antragstellung;[5] Herbeiführung einer nichtstreitigen Beendigung des Rechtsstreits,[6] zum Ordnungsgeld in diesem Fall → Rn. 11) dient. Das Interesse des bei Schrift-

---

2 Frehse SGb 2010, 388 (393); aA Bley in SGB-SozVers-GesKomm, § 111 Anm. 3 b: nur § 111 Abs. 3 SGG.

3 BFH 16.10.2006 – I B 49/06, BFH/NV 2007, 93.

4 BSG 28.11.2007 – B 11a/7 a AL 14/07 R, SozR 4-1500 § 128 Nr. 7 (Glaubwürdigkeit Kläger); BSG 23.4.2009 – B 13 R 15/09 B (Aufforderung zum schriftlichen Vortrag kann von vornherein keine erschöpfende Sachverhaltsaufklärung gewährleisten); BSG 23.2.1960 – 9 RV 576/55, BSGE 12, 9 (11 f.) und BVerwG 6.6.1982 – 7 B 173/81, Buchholz 310 § 95 VwGO Nr. 6 (Inhaftierter hatte nicht ausreichend Gelegenheit zur schriftlichen Stellungnahme, ist nicht – auch nicht nach § 72 Abs. 2 SGG – vertreten oder es kommt auf seinen persönlicher Eindruck an).

5 BayLSG 24.2.2010 – L 2 KR 372/09 B.

6 HessLSG 7.9.2010 – L 8 KR 231/09 B; Frehse SGb 2010, 388 (389 f.). Das gilt auch, wenn der Beteiligte bereits schriftlich erklärt hat, er bestehe auf ein Urteil, denn dies kann die besondere Dynamik eines mündlichen Diskurses nicht vorwegnehmen. Vgl. auch BSG 30.1.2006 – B 2 U 369/05 B (unveröff.) zum Berufungsverfahren: „Eine mündliche Erörterung der Angelegenheit kann etwa auch angezeigt sein, wenn das Gericht … für aussichtlos hält und dies außerhalb einer mündlichen Verhandlung und außerhalb des Beschlussverfahrens nach § 153 Abs. 4 SGG … erörtern will."

sätzen (§ 108 SGG) unsicheren Beteiligten, sich mündlich zu äußern, legt die Anordnung nahe.[7] Sie ist aus Gründen des rechtlichen Gehörs (§ 62 SGG) und des Grundsatzes des fairen Verfahrens zwingend geboten (Ermessensreduzierung auf Null), wenn der schriftliche Vortrag eines Beteiligten wegen Unbeholfenheit oder Sprachunkenntnis keine Sachverhaltsaufklärung gewährleistet und ein Erscheinen auf eigene Kosten undurchführbar ist.[8] Etwaige Belastungen für den Beteiligten sind zu berücksichtigen (zB Entfernung zum Terminsort, § 202 Satz 1 SGG iVm § 141 Abs. 1 Satz 2 ZPO).

Die Entscheidung ergeht als **prozessleitende Verfügung** des Vorsitzenden, eine Übertragung auf den Berichterstatter ist nicht möglich (vgl. § 155 Abs. 1 SGG). Sie ist zu unterzeichnen; eine Paraphe genügt nicht.[9] Die Entscheidung muss nicht begründet sein[10] und kann jederzeit wieder aufgehoben werden. Sie ist **unanfechtbar** (§ 172 Abs. 2 SGG). Zur nachträglichen Anordnung s. § 191 S. 2. 6

Die Beteiligten sind über die Anordnung zu benachrichtigen. Bei dem Beteiligten, dessen Erscheinen angeordnet ist, fällt dies mit der **Ladung** (§ 202 Satz 1 SGG iVm § 141 Abs. 2 Satz 1 ZPO) zusammen. Die Ladung ist **an den Beteiligten selbst** zu richten, auch wenn er einen Bevollmächtigten (§ 73 Abs. 2 SGG) hat (§ 202 Satz 1 SGG iVm § 141 Abs. 2 Satz 2 ZPO). Der **Inhalt** entspricht demjenigen der Terminsmitteilung (→ § 110 Rn. 5, 6). Der Zweck des Erscheinens muss nicht genannt sein,[11] doch kann dies für die Vorbereitung einer beabsichtigten Befragung des Beteiligten sinnvoll sein. Fehlt der Hinweis auf die möglichen Folgen des Nichterscheinens (§ 111 Abs. 1 Satz 2 SGG), dürfen diese nicht herbeigeführt werden. Bei Ablehnung einer Terminsaufhebung oder -verlegung (§ 110 SGG) muss der Hinweis nicht wiederholt werden.[12] Zur **Anordnungsfrist** gelten die Regelungen über die Terminsbestimmung (→ § 110 Rn. 14) entsprechend. 7

Seit der Änderung des § 63 Abs. 1 SGG durch das 6. SGGÄndG vom 17.8.2001 (BGBl. 2001 I 2144) ist die Ladung nicht mehr zuzustellen, sondern nur noch **bekannt zu geben.** Die Zustellung kann im Einzelfall zweckmäßig sein, denn ist die Ladung nicht nachweisbar, kann bei einer Entscheidung in Abwesenheit das Nichtbefolgen der Anordnung nicht in die Beweiswürdigung einfließen (→ Rn. 10) oder können Probleme bei der Festsetzung des Ordnungsgeldes (→ Rn. 11) entstehen. 8

Der Beteiligte erhält seine **Auslagen** nach § 191 SGG **vergütet.** Bei mittellosen Beteiligten kann auch ohne Anordnung des persönlichen Erscheinens zur Wahrung rechtlichen Gehörs eine Reisekostenentschädigung gewährt werden.[13] 9

b) Folgen des Nichtbefolgens der Anordnung. aa) Entscheidung oder Vertagung. Das Gericht prüft, ob die Sache auch ohne Anwesenheit des Beteiligten entscheidungsreif ist (§ 126 SGG) oder ob vertagt werden (→ § 110 Rn. 16 ff.) 10

---

7 BSG 15.7.1992 – 9 a RV 3/91, SozSich 1993, 188.
8 BSG 14.4.2009 – B 5 R 206/08 B, SozR 4-1500 § 160 Nr. 18; BSG 13.11.2017 – B 13 R 152/17 B.
9 SächsLSG 28.4.1999 – L 1 B 38/97 KR, E-LSG B-155; Frehse SGb 2010, 388 (390).
10 SächsLSG 28.4.1999 – L 1 B 38/97 KR; Frehse SGb 2010, 388 (390).
11 SächsLSG 28.4.1999 – L 1 B 38/97 KR, E-LSG B-155.
12 AA LSG BW 14.1.2009 – L 13 AS 5633/08 B, m. krit. Anm. Freudenberg jurisPR-SozR 10/2009 Anm. 6.
13 BSG 19.12.2017 – B 1 KR 38/17 B; BSG 10.12.2019 – B 12 KR 69/19 B, NJW 2020, 423 (424).

muss. Entschuldigt der Beteiligte sein Ausbleiben, darf das Gericht nicht ohne weiteren Hinweis entscheiden.[14] Das Nichterscheinen fließt in die **Beweiswürdigung** ein, wenn sich der Beteiligte dadurch seiner Mitwirkungspflicht (→ § 103 Rn. 18) entziehen wollte.[15]

11 **bb) Ordnungsgeld.** Das Gericht „kann" (Ermessen) ein Ordnungsgeld festsetzen, wenn die Anordnung des persönlichen Erscheinens rechtmäßig war (→ Rn. 5), der Beteiligte in der Anordnung auf diese Möglichkeit hingewiesen worden ist (→ Rn. 7), er keinen Vertreter entsendet und das Ausbleiben nicht gehörig entschuldigt hat (§ 202 Satz 1 SGG iVm § 141 Abs. 3 Satz 1, § 273 Abs. 4 Satz 2, § 381 ZPO). Ein Vertreter reicht nicht aus, wenn dieser nicht zur Abgabe gebotener verfahrensbeendender Erklärungen bevollmächtigt ist (§ 141 Abs. 3 Satz 2 ZPO) oder es für die Sachaufklärung auf höchstpersönliche Kenntnisse des Beteiligten ankommt.[16] Ordnungshaft sieht das Gesetz nicht vor. Verschulden des Prozessbevollmächtigten ist zuzurechnen (§ 73 Abs. 6 Satz 6 SGG iVm § 85 Abs. 2 ZPO).[17] Die Entschuldigungsgründe (vgl. der „erhebliche Grund" bei der Terminsänderung, → § 110 Rn. 16 ff.) sind glaubhaft zu machen. Die Festsetzung eines Ordnungsgeldes ist auch dann zulässig, wenn der Termin allein anberaumt wurde, um eine unstreitige Erledigung des Rechtsstreits zu versuchen, das Gericht dann doch über die Klage entscheidet.[18] Das rechtfertigt schon der Beschleunigungsgrundsatz (→ Rn. 5 und der Entschädigungsanspruch nach § 202 S. 2 SGG iVm §§ 198 ff. GVG; kein Absetzen des Urteils, kein Zuwarten bis zur Rechtskraft), aber auch die anzustrebende erhöhte Befriedigungsfunktion einer unstreitigen Erledigung. Das Ordnungsgeld beträgt **5 bis 1.000 Euro** (Art. 6 EGStGB). Die Entscheidung ergeht durch **Beschluss**. In der mündlichen Verhandlung wirken die ehrenamtlichen Richter mit (§ 12 Abs. 1 SGG), muss eine geheime Beratung und Abstimmung vorausgehen[19] und ist dies sowie der Beschluss ins Protokoll aufzunehmen (§ 122 SGG iVm § 160 Abs. 2, Abs. 3 Nr. 6 ZPO). Beim Nichterscheinen im Erörterungstermin (§ 106 Abs. 3 Nr. 7 SGG) oder wenn noch eine Entschuldigung abgewartet werden soll, kann der Vorsitzende/Berichterstatter den Beschluss auch anschließend „im Bürowege" erlassen.[20] Gegen Beschlüsse des SG ist die Beschwerde möglich (→ Rn. 14), daher sind sie zu begründen (§ 142 Abs. 2 Satz 1 SGG), anders beim LSG und BSG

14 BSG 1.8.1978 – 7 Rar 42/77, BSGE 47, 35 (37); BSG 24.10.2013 – B 13 R 83/13 B.
15 BSG 30.9.1958 – 3 RJ 166/55, SozR Nr. 40 zu § 128 SGG.
16 LSG NRW 25.5.2009 – L 11 KA 78/08; HessLSG 7.9.2010 – L 8 KR 231/09 B; Frehse SGb 2010, 458 (459).
17 ThürLSG 13.7.1998 – L 1 B 22/98 U, E-LSG B-127; aA Müller in Roos/Wahrendorf § 111 Rn. 17 und Kühl in Breitkreuz/Fichte § 111 Rn. 3 (Ordnungsgeld hat Strafcharakter).
18 Sehr streitig; wie hier: LSG Hmb 6.3.2006 – L 5 B 159/04 AL, LSG NRW 25.5.2009 – L 11 KA 78/08, BayLSG 8.10.2012 – L 2 KR 169/12 B, Schmidt in Meyer-Ladewig/Keller/Leitherer/Schmidt § 111 Rn. 6 a, Kühl in Breitkreuz/Fichte § 111 Rn. 3, Stäbler in juris-PK-SGG § 111 Rn. 27 („Erziehungsfunktion"), Müller in Roos/Wahrendorf § 111 Rn. 17 (repressives Ordnungsgeld im Ausnahmefall); Frehse SGb 2010, 458 (460); aA LSG Bln-Bbg 8.3.2010 – L 5 AS 1114/09 B, m. krit. Anm. Münker jurisPR-SozR 2/2011 Anm. 6, LSG Bln-Bbg 16.4.2018 – L 13 VS 12/18 B, LSG BW 2.8.1993 – L 3 B 62/93, Breith. 1994, 166 (167 f.) und LSG LSA 30.8.2019 – L 4 AS 276/19 B; einschränkend LSG LSA 5.11.2010 – L 10 KR 34/09 R („in engen Grenzen"), BayLSG 9.1.2013 – L 2 AL 328/12 B (idR nicht), enger auch BGH 22.6.2011 – 1 ZB 77/10, NJW-RR 2011, 1363, da dort beschränkt auf Sachaufklärung (→ Rn. 3).
19 BayLSG 1.9.2010 – L 2 AL 78/10 B.
20 BayLSG 5.2.2010 – L 2 AS 450/09 B.

(§ 177 SGG). Die Begründung muss die Ermessenserwägungen zur Anordnung des persönlichen Erscheinens, zum Grund der Festsetzung und zur Höhe des Ordnungsgeldes enthalten; ein Verstoß macht den Beschluss rechtswidrig.[21]

Bei erfolgreicher **Beschwerde** (§ 172 Abs. 1 SGG) hat die Staatskasse die außergerichtlichen Kosten des Beschwerdeverfahrens zu erstatten.[22] Bei **nachträglicher genügender Entschuldigung**, die unabhängig von der Beschwerde möglich ist, wird die Entscheidung aufgehoben (§ 202 Satz 1 SGG iVm § 141 Abs. 3 Satz 1, § 381 Abs. 1 Satz 2 ZPO). Auch **Zahlungserleichterungen** sind möglich (Art. 7 EGStGB). Bei wiederholtem Ausbleiben kann das Ordnungsgeld **wiederholt** festgesetzt werden (§ 202 Satz 1 SGG iVm § 141 Abs. 3 Satz 1, § 380 Abs. 2 ZPO), auch **mehr als zwei Mal.**[23] 12

cc) Untersagung des Auftretens des Prozessbevollmächtigten. S. § 118 Abs. 3 SGG. 13

2. Ladung von Zeugen und Sachverständigen – Abs. 1. a) Ladung. Die Ladung von Zeugen und Sachverständigen wird durch **prozessleitende Verfügung** des Vorsitzenden (keine Übertragbarkeit auf Berichterstatter, vgl. § 155 Abs. 1 SGG; Paraphe ausreichend) angeordnet. Die Beteiligten müssen keinen Zeugenvorschuss leisten; § 379 ZPO findet keine Anwendung. Der **Inhalt** der Ladung entspricht der Terminsbestimmung (→ § 110 Rn. 5, 6), weiterhin muss der Gegenstand der Beweisaufnahme genannt sein (kurze Angabe des Beweisthemas, § 202 Satz 1 SGG iVm § 377 Abs. 2, § 409 ZPO). Fehlt der Hinweis auf die möglichen Folgen des Nichterscheinens (§ 111 Abs. 1 Satz 2 SGG, → Rn. 16), dürfen diese nicht herbeigeführt werden. Für die Ladung eines Zeugen gilt keine besondere gesetzliche Ladungsfrist; bei einer ganz kurzfristigen Ladung dürfen an die Entschuldigung (→ Rn. 11, 16) keine all zu strengen Anforderungen gestellt werden.[24] Die Anordnung der Ladung ist **unanfechtbar** (§ 172 Abs. 2 SGG). Sie kann jederzeit wieder aufgehoben werden. 14

Seit der Änderung des § 63 Abs. 1 SGG durch das 6. SGGÄndG vom 17.8.2001 (BGBl. 2001 I 2144) ist die Ladung nicht mehr zuzustellen, sondern nur noch **bekannt zu geben.** Die Zustellung kann im Einzelfall zweckmäßig sein (→ Rn. 8). 15

b) Folgen des Nichtbefolgens der Ladung. Hier gelten die gleichen Regelungen wie bei der Anordnung des persönlichen Erscheinens (→ Rn. 10, 11). Abweichend hiervon ist bei Vertagung **zwingend** (kein Ermessen) **Ordnungsgeld, ersatzweise Ordnungshaft** festzusetzen und sind die durch das Ausbleiben verursachten **Kosten aufzuerlegen** (§ 118 Abs. 1 SGG iVm § 380 Abs. 1, § 409 ZPO). Die Kosten werden in dem Beschluss nur dem Grunde nach auferlegt, sind also nicht zu beziffern. Bei der Höhe des Ordnungsgeldes ist eine Erledigung der Sache im Termin auch ohne die Zeugenaussage, so dass für die Beteiligten kein zusätzlicher Zeitaufwand entstanden ist, zu berücksichtigen.[25] Gegen die Festset- 16

21 LSG NRW 7.4.1997 – L 11 S 2/97, Breith. 1997, 921; ThürLSG 17.7.2014 – L 6 KR 507/14 B; SächsLSG 28.7.2015 – L 3 BK 2/13 B.

22 Ausführl. LSG Bln-Bbg 17.7.2009 – L 5 AS 1110/09 B, mwN (Rechtsgedanke § 46 Abs. 1 OWiG iVm § 467 Abs. 1 StPO); sehr str.

23 LSG BW 10.6.1998 – L 13 AL 1310/97 B, Breith. 1999, 114; aA OLG Koblenz 5.3.2001 – 3 W 131/01, OLGR Koblenz 2001, 369 und OLG Dresden 15.2.2002 – 7 W 84/02, MDR 2002, 1088, jeweils zum Sachverständigen.

24 LSG BW 7.2.2007 – L 13 R 293/07 B.

25 OVG Bln-Bbg 18.7.2016 – OVG 12 L 11.16, BeckRS 2016, 49159.

zung im SG-Verfahren ist die Beschwerde zulässig (§ 172 Abs. 1 SGG; kostenpflichtig nach § 197 a SGG).[26] Bei wiederholtem Ausbleiben eines Zeugen kann (nur)[27] noch einmal ein Ordnungsgeld festgesetzt (§ 118 Abs. 1 SGG iVm § 380 Abs. 2 Hs. 1 ZPO), ansonsten auch die **zwangsweise Vorführung** durch den Gerichtsvollzieher angeordnet werden (§ 118 Abs. 1 SGG iVm § 380 Abs. 2 Hs. 2, § 409 ZPO, § 191 GVGA).

17 **3. Bekanntgabe der Ladung von Zeugen und Sachverständigen – Abs. 2.** Sind Zeugen oder Sachverständige geladen, ist dies den Beteiligten bei der Mitteilung des Termins (§ 110 Abs. 1 Satz 1 SGG) bekannt zu geben – eine Ausprägung des Grundsatzes des rechtlichen Gehörs (§ 62 SGG). Bekannt zu geben ist auch das Beweisthema (→ Rn. 14), außer dieses ist nach Lage der Dinge klar.[28] Ein **Verstoß** ist ein wesentlicher Verfahrensmangel (§ 144 Abs. 2 Nr. 3, § 159 Abs. 1 Nr. 2, § 160 Abs. 2 Nr. 3 SGG), der aber durch rügelose Einlassung (§ 202 Satz 1 SGG iVm § 295 ZPO)[29] geheilt werden kann. Ohne die Bekanntmachung kann gegen einen nicht erschienenen Beteiligten in der Sitzung kein ungünstiges Urteil erlassen werden (§ 127 SGG).

18 **4. Vertretung von Körperschaften und Behörden – Abs. 3.** Die Anordnung, dass ein Beteiligter, der keine natürliche Person ist, einen bevollmächtigten und unterrichteten Vertreter entsenden kann, betrifft insbes. Versicherungsträger und Behörden. Sie ist eine prozessleitende Verfügung des Vorsitzenden und wird üblicherweise mit der Terminsbestimmung (§ 111 Abs. 1 SGG) verbunden. Die Anordnung nach § 111 Abs. 3 SGG ist idR der Anordnung des persönlichen Erscheinens einer juristischen Person (→ Rn. 4) vorzuziehen. Das Erscheinen eines bestimmten Vertreters (zB Sachbearbeiter) kann nicht verlangt werden; insoweit ist nur die Ladung als Zeuge möglich. Eine Vergütung der Auslagen nach § 191 SGG scheidet aus.[30] Die Vorschrift findet auch beim Erörterungstermin (§ 106 Abs. 3 Nr. 7 SGG) Anwendung. Die Nichtbefolgung der Anordnung ist ein unfreundlicher Akt gegenüber dem Gericht, das Gesetz sieht aber keine Sanktion vor; nur die Dienstaufsichtsbeschwerde ist möglich.

§ 112 [Leitung und Gang der mündlichen Verhandlung]

(1) [1]Der Vorsitzende eröffnet und leitet die mündliche Verhandlung. [2]Sie beginnt nach Aufruf der Sache mit der Darstellung des Sachverhalts.

(2) [1]Sodann erhalten die Beteiligten das Wort. [2]Der Vorsitzende hat das Sach- und Streitverhältnis mit den Beteiligten zu erörtern und dahin zu wirken, daß sie sich über erhebliche Tatsachen vollständig erklären sowie angemessene und sachdienliche Anträge stellen.

(3) Die Anträge können ergänzt, berichtigt oder im Rahmen des § 99 geändert werden.

---

26 LSG Nds-Brem 2.4.2008 – L 7 B 6/08 AL, NZS 2009, 239; SchlHLSG 31.10.2013 – L 3 AL 378/13 B.
27 So der klare Wortlaut, ThürLSG 18.4.2008 – L 6 B 34/07 R; aA LSG NRW 30.4.1980 – L 5 S 12/80, jeweils zum Sachverständigen und LSG BW 10.6.1998 – L 13 AL 1310/97 B, Breith. 1999, 114; sehr str.
28 BSG 23.8.1956 – 3 RJ 293/55, BSGE 3, 209 (213).
29 BSG 27.3.2003 – B 11 AL 259/02 B.
30 LSG NRW 1.4.1954 – LS V UV 124/54, SGb 1954, 13.

(4) [1]Der Vorsitzende hat jedem Beisitzer auf Verlangen zu gestatten, sachdienliche Fragen zu stellen. [2]Wird eine Frage von einem Beteiligten beanstandet, so entscheidet das Gericht endgültig.

I. Allgemeines/Normzweck

1. Gesetzesentstehung. § 112 SGG ist seit Inkrafttreten des SGG (→ § 1 Rn. 1) unverändert. 1

2. Normzweck. § 112 SGG regelt den Gang der mündlichen Verhandlung bis zu ihrer Schließung (§ 121 Satz 1 SGG). Die Vorschrift findet Anwendung in allen Rechtszügen (§ 153 Abs. 1, § 165 SGG), entsprechend in den selbstständigen Beschlussverfahren (§§ 55 a, 73 a, 76, 86 b SGG), wenn dort eine Verhandlung stattfindet. Für die mündliche Verhandlung gelten die Grundsätze der Öffentlichkeit (§ 61 SGG, § 202 Satz 1 SGG iVm § 169 Abs. 1 Satz 1 GVG), der Mündlichkeit (§ 124 SGG), der Unmittelbarkeit (→ § 103 Rn. 29), des rechtlichen Gehörs (§ 62 SGG), der Amtsermittlung (Untersuchungsmaxime, § 103 SGG) und der Einheitlichkeit der Verhandlung (→ § 110 Rn. 15). Regelungen zur Gerichtssprache und zur Verständigung mit hör- oder sprachgeminderten Personen enthalten § 202 Satz 1 SGG iVm §§ 184 ff. GVG. Eine Mindestdauer der mündlichen Verhandlung ist nicht sachgerecht eingrenzbar.[1] § 110 a SGG sieht die Möglichkeit der Durchführung der mündlichen Verhandlung in einer **Videokonferenz** vor. 2

3. Parallelvorschriften. Parallelvorschriften sind §§ 103, 104 Abs. 2 und 3 VwGO, §§ 92, 93 Abs. 2 und 3 FGO, §§ 136–140 ZPO. 3

II. Gang der mündlichen Verhandlung

1. Leitung der mündlichen Verhandlung – Abs. 1 Satz 1. Die mündliche Verhandlung „ist grundsätzlich das Kernstück der Rechtsfindung".[2] Sie wird vom **Vorsitzenden** geleitet, dh auch, dass die anderen Richter nur sprechen, wenn der Vorsitzende ihnen das Wort erteilt (§ 112 Abs. 4 SGG). Ihm obliegt die Aufrechterhaltung der Ordnung in der Sitzung (§ 61 SGG, § 176 ff. GVG). Die pro- 4

1 LSG Nds-Brem 11.3.2015 – L 13 AS 342/12.
2 BSG 31.3.2004 – B 4 RA 126/03 B, SozR 4-1500 § 112 Nr. 2; BSG 5.8.2004 – B 13 RJ 206/03 B.

zessleitenden **Verfügungen** des Vorsitzenden sind **unanfechtbar** (§ 172 Abs. 2 SGG).

5 **2. Ablauf der mündlichen Verhandlung.** Die **Reihenfolge** ist, was Sachvortrag, Erörterung, Beweisaufnahme und Antragstellung betrifft, **keineswegs zwingend**, vielmehr hat sie der Vorsitzende nach Zweckmäßigkeit zu variieren.[3] Lediglich die Beweisaufnahme setzt die vorherige Darstellung des Sachverhalts voraus, damit Beteiligte und Beisitzer sachgerechte Fragen stellen können.[4] Erörterungen mit den Beteiligten und Zwischenberatungen des Gerichts sind jederzeit möglich, insbes. nach einer Beweisaufnahme. Die Vorschriften der § 278 Abs. 2–5, 279 Abs. 1 ZPO über die obligatorische Güteverhandlung finden über § 202 Satz 1 SGG keine Anwendung.

6 **a) Aufruf der vor dem Gerichtssaal Wartenden, einzutreten.** Dies ist vom Aufruf der Sache (→ Rn. 7) zu unterscheiden und kann durch jede Gerichtsperson, auch durch Gerichtswachtmeister oder Urkundsbeamten erfolgen.[5] Versäumt ein Beteiligter die Verhandlung, weil er nicht „effektiv" in die Lage versetzt worden ist, zu hören, dass jetzt der Aufruf der Sache erfolgen wird, ist der Grundsatz rechtlichen Gehörs (§ 62 SGG) verletzt.[6] Hat sich jemand, mit dessen Kommen noch zu rechnen ist, verspätet, wird das Gericht mit dem Aufruf zum Eintreten noch etwas **zuwarten** (ca. 15 Minuten). Danach ist es dem Beteiligten zuzumuten, telefonisch einen Verlegungsantrag (→ § 110 Rn. 19) zu stellen. Ist dem Gericht bekannt, dass der Beteiligte unter besonderen Schwierigkeiten versucht, den Termin wahrzunehmen, darf die Wartezeit 30 Minuten nicht unterschreiten.[7]

7 **b) Eröffnung der Sitzung und Aufruf der Sache – Abs. 1.** Der Vorsitzende **eröffnet** die Sitzung des Spruchkörpers für diesen Tag und **ruft** die erste Sache **auf.** Mit dem Aufruf der Sache werden Adressat und Umfang der späteren gerichtlichen Entscheidung bestimmt.[8] Der Vorsitzende stellt die **Anwesenheit** der Beteiligten – ggf. mit deren Prozessbevollmächtigten – und etwaig geladener Zeugen und Sachverständigen fest. Sind Beteiligte nicht erschienen, stellt er fest, dass sie **ordnungsgemäß geladen worden sind** (§ 126 SGG; richtig an sich: ihnen der Termin ordnungsgemäß mitgeteilt worden ist, → § 110 Rn. 9). Wenn besondere Umstände dies nahelegen oder es beantragt ist, prüft das Gericht, ob die Öffentlichkeit ausgeschlossen werden soll (→ § 61 Rn. 7). Zeugen müssen den Sitzungssaal bis zu ihrer Vernehmung verlassen, damit sie nicht durch die Darstellung des Sachverhalts beeinflusst werden. Wenn nicht alle Beteiligten mit dem **üblichen Ablauf** einer mündlichen Verhandlung in der Sozialgerichtsbarkeit vertraut sind, sollte der Vorsitzende diesen **kurz erläutern.**

8 **c) Darstellung des Sachverhalts – Abs. 1 Satz 2.** Die Beteiligten müssen wissen, von welchem Sach- und Streitstand das Gericht ausgeht, um sachgerecht vortragen und Anträge stellen zu können. Auch die Beisitzer und die Öffentlichkeit kennen die Akten nicht. Dieser ist auch bei anderweitiger ausreichender Infor-

3 BSG 29.4.1992 – 11 RAr [juris: BAr] 97/91.
4 BayLSG 6.5.1964 – L 18/V 105/64, AMBl. BY 1964, B61.
5 LSG BW 14.1.1955 – IVb KB 1660/54, SozEntsch. 1/4 § 112 Nr. 1.
6 BVerfG 5.10.1976 – 2 BvR 558/75, BVerfGE 42, 364 (369); LSG RhPf 15.4.2015 – L 4 SB 157/14, Breith. 2015, 780 (elektronische Anzeigetafel).
7 BSG 31.3.2004 – B 4 RA 126/03 B, SozR 4-1500 § 112 Nr. 2 mAnm Meisterernst SGb 2004, 648.
8 BSG 13.11.2012 – B 2 U 19/11 R, SozR 4-2700 § 8 Nr. 46.

mation der Beisitzer (Vorberatung) nicht entbehrlich, doch ist die Heilung eines Verstoßes durch rügelose Einlassung (§ 202 Satz 1 SGG iVm § 295 ZPO) möglich.[9] Wird die mündliche Verhandlung vertagt und wechseln die ehrenamtlichen Richter, muss die Darstellung wiederholt werden.

Die Darstellung übernimmt idR der **Vorsitzende**, vor dem LSG oft der Berichter- 9
statter (§ 155 Abs. 1 SGG) – in gebotener Kürze, aber doch alles Wesentliche enthaltend.[10] Einzelheiten können der nachfolgenden Erörterung vorbehalten bleiben.

d) Erörterung des Sach- und Streitverhältnisses mit den Beteiligten – Abs. 2. Die 10
Vorschrift konkretisiert den Grundsatz rechtlichen Gehörs (§ 62 SGG), wird aber auch durch diesen bestimmt.[11] Hilfreich ist es, den Ausführungen der Beteiligten richterliche **Hinweise** auf die **allein problematischen Punkte** vorauszuschicken und damit unmittelbar in einen Dialog einzutreten. Die Beteiligten müssen sich zwar zu den tatsächlichen Behauptungen vollständig und wahrheitsgemäß äußern (§ 202 Satz 1 SGG iVm § 138 Abs. 1 und 2 ZPO), können aber dazu auch (stillschweigend) auf ihre Schriftsätze verweisen (§ 202 Satz 1 SGG iVm § 137 Abs. 3 ZPO; keine Widerspruchsmöglichkeit anderer Beteiligter[12]). Ein Beteiligter darf sich auch dann selbst äußern, wenn sein Bevollmächtigter (§ 73 Abs. 2 SGG) anwesend ist (§ 202 Satz 1 SGG iVm § 137 Abs. 4 ZPO). Oft ist es zweckmäßig, wenn das Gericht seine – notwendigerweise vorläufige – Rechtsauffassung äußert und mit den Beteiligten diskutiert.[13]

Zur **Hinweispflicht** des Vorsitzenden s. zunächst → § 106 Rn. 4 ff. Spätestens in 11
der mündlichen Verhandlung muss für die Beteiligten erkennbar sein, auf welche tatsächlichen und rechtlichen Gesichtspunkte das Gericht sein Urteil stützen wird. Einen Anspruch auf ein **Rechtsgespräch** gibt es aber nicht (→ § 106 Rn. 6). Zum Nachweis im Protokoll → § 122 Rn. 7.

Abschließend sollte jeder der Beteiligten, idR in der Reihenfolge Kläger, Beklag- 12
ter, Beigeladener, noch einmal Gelegenheit erhalten, die für ihn bedeutsamen Punkte in der Form eines **Plädoyers** darzustellen. Der Vorsitzende darf auf einen konzentrierten, „straffen" Verhandlungsablauf bedacht sein und ggf. einen Beteiligten auffordern, sich in seinen Ausführungen zu beschränken.[14] Zur völligen Untersagung des Vortrags s. § 73 Abs. 6 SGG iVm § 157 Abs. 2 ZPO. Mit der Geltendmachung einer fehlenden oder ungenügenden Erörterung ist der Beteiligte in der Nichtzulassungsbeschwerde ausgeschlossen, wenn er den Mangel nicht in der mündlichen Verhandlung gerügt hat.[15]

e) Beweisaufnahme. Sie erfolgt nicht zwingend in der mündlichen Verhandlung 13
(§ 117 SGG; → § 118 Rn. 7). Nach der Beweisaufnahme wird die mündliche Verhandlung fortgesetzt (§ 118 Abs. 1 SGG iVm § 370 Abs. 1 ZPO; § 127 SGG), wenn kein erheblicher Grund zur Vertagung besteht (→ § 110 Rn. 17).

---

9 BSG 14.3.1968 – 11 RA 140/67, SozR Nr. 8 zu § 112 SGG; BSG 25.1.2011 – B 5 R 261/10 B, SozR 4-1500 § 112 Nr. 3 mAnm Legde SGb 2012, 112.
10 Kummer in Peters/Sautter/Wolff § 112 Rn. 26.
11 Hingegen für eine „umfassende" Erörterung: Ockenga SGb 2014, 18 (22).
12 Knittel in Hauck/Behrend § 112 Rn. 16, aA Schmidt in Meyer-Ladewig/Keller/Leitherer/Schmidt § 112 Rn. 7 c.
13 BSG 10.3.1987 – 3 RK 7/86, SozR 1300 § 50 Nr. 15.
14 BVerwG 27.7.2010 – 9 B 108/09, Buchholz 310 § 108 Abs. 2 VwGO Nr. 86.
15 Kummer in Peters/Sautter/Wolff § 112 Rn. 62 a unter Hinweis auf BFH 26.2.2010 – VIII B 17/08, BFH/NV 2010, 1083.

14 f) **Antragstellung – Abs. 3.** § 106 Abs. 1 SGG verlangt die Hinwirkung auf die Stellung sachdienlicher Anträge bereits für die Vorbereitung der mündlichen Verhandlung. Damit ist vorrangig die Ermittlung des Streitgegenstands gemeint. Die endgültige Fassung der Anträge sollte erst Gegenstand der mündlichen Verhandlung sein. Das Gericht kann im Rahmen des Klagebegehrens (Dispositionsmaxime) **Formulierungshilfe** leisten. **Weigert** sich der Kläger, einen **Antrag zu stellen**, hält er aber sein Klagebegehren aufrecht, muss das Gericht hieraus den sachdienlich zu stellenden Antrag ermitteln.[16] Bei nicht erschienen Beteiligten (§ 124 Abs. 2, § 126 SGG) gelten schriftsätzlich mitgeteilte Anträge als gestellt;[17] sie können aber vom Vorsitzenden sachdienlich gefasst werden („beantragt sinngemäß, …, beantragt, sachdienlich gefasst, …"); vgl. auch § 123 SGG. Zur Klageänderung s. § 99 SGG. Die Anträge sind ins Protokoll aufzunehmen (§ 122 SGG iVm § 160 Abs. 3 Nr. 2, § 165 ZPO).

15 g) **Ende der mündlichen Verhandlung.** Die mündliche Verhandlung ist beendet, wenn sie der Vorsitzende **geschlossen** hat (§ 121 Satz 1 SGG). Zur Wiedereröffnung s. § 121 Satz 2 SGG; zur Urteilsverkündung s. § 132 SGG.

16 **3. Fragerecht.** a) **Beisitzer – Abs. 4.** § 112 Abs. 4 SGG ist lex specialis zu § 396 Abs. 3 ZPO, der daher nicht über § 118 Abs. 1 SGG anwendbar ist. Jeder Beisitzer darf sich **an den Vorsitzenden wenden**, wenn er an die Beteiligten, Zeugen oder Sachverständigen sachdienliche Fragen stellen will. Der Vorsitzende „hat" die Frage „zu gestatten" (kein Ermessen). Bei Störung des Verhandlungsablaufs kann er sie vorerst zurückstellen (Ausfluss des Rechts zur Leitung der mündlichen Verhandlung, → Rn. 4). Nicht zulässig sind Suggestivfragen und solche, die nicht objektiv **sachdienlich** sind (→ § 118 Rn. 35).

17 Beanstandet ein **Beteiligter** (§ 69 SGG) die Frage eines Beisitzers als nicht sachdienlich, entscheidet das Gericht (§ 112 Abs. 4 Satz 2 SGG) durch **Beschluss**, der unanfechtbar („entscheidet … endgültig"), aber als Entscheidung über einen Rechtsbehelf zu begründen ist (§ 142 Abs. 2 Satz 1 SGG).

18 **b) Vorsitzender.** Das Fragerecht des Vorsitzenden ist Ausfluss des Rechts zur Leitung der mündlichen Verhandlung (→ Rn. 4). Wird eine Frage des Vorsitzenden von einem Beteiligten beanstandet, entscheidet das Gericht durch Beschluss (§ 202 Satz 1 SGG iVm § 140 ZPO), der unanfechtbar (§ 172 Abs. 2 SGG), aber als Entscheidung über einen Rechtsbehelf zu begründenden ist (§ 142 Abs. 2 Satz 1 SGG). Ein Beisitzer kann eine Frage des Vorsitzenden nicht beanstanden.

19 **c) Beteiligte.** Zum Fragerecht der Beteiligten an Zeugen und Sachverständige s. § 116 SGG.

§ 113 [Verbindung und Trennung mehrerer Rechtsstreitigkeiten]

(1) Das Gericht kann durch Beschluß mehrere bei ihm anhängige Rechtsstreitigkeiten derselben Beteiligten oder verschiedener Beteiligter zur gemeinsamen Verhandlung und Entscheidung verbinden, wenn die Ansprüche, die den Gegenstand dieser Rechtsstreitigkeiten bilden, in Zusammenhang stehen oder von vornherein in einer Klage hätten geltend gemacht werden können.

---

16 AA W.-R. Schenke in Kopp/Schenke § 103 Rn. 8: Klagabweisung als unzulässig – das dürfte aber auch der durch das Gesetz vom 26.3.2008 (BGBl. 2008 I 444) neu gefasste § 92 SGG nicht hergeben.

17 W.-R. Schenke in Kopp/Schenke § 103 Rn. 8.

(2) Die Verbindung kann, wenn es zweckmäßig ist, auf Antrag oder von Amts wegen wieder aufgehoben werden.

I. Allgemeines/Normzweck

1. Gesetzesentstehung. § 113 SGG ist seit Inkrafttreten des SGG (→ § 1 Rn. 1) unverändert. 1

2. Normzweck. Die Verbindung und Trennung von Rechtsstreitigkeiten dient der rationelleren Bearbeitung. Abzugrenzen ist die Verbindung davon, dass das Gericht in der mündlichen Verhandlung mehrere Verfahren gleichzeitig verhandelt, einer allein der tatsächlichen Vereinfachung dienliche vorübergehende Maßnahme.[1] 2

3. Parallelvorschriften. Auch in den anderen Prozessordnungen (§ 93 VwGO, § 73 FGO, §§ 145, 147, 150 ZPO) ist die Verbindung und Trennung von Rechtsstreitigkeiten vorgesehen. 3

II. Verbindung und Trennung von Rechtsstreitigkeiten

1. Verbindung – Abs. 1. a) Voraussetzungen. aa) Mehrere Rechtsstreitigkeiten. 4
Mit „Rechtsstreitigkeit" ist das unter einem Aktenzeichen geführte Verfahren gemeint. Die Vorschrift ist nicht nur auf Klagen, sondern auch auf selbstständige Antragsverfahren (§§ 73 a, 76, 86 b SGG) anwendbar; eine Verbindung verschiedenartiger Verfahren ist aber idR unzweckmäßig (→ Rn. 8). Die Klageart (§§ 54, 55 SGG) kann unterschiedlich sein. Die Rechtsstreitigkeiten müssen noch anhängig (s. § 94 SGG) sein. Die Verbindung erst in einer Rechtsmittelinstanz ist zulässig (§ 153 Abs. 1, § 165 SGG).[2]

bb) Dasselbe Gericht. Die Rechtsstreitigkeiten müssen bei demselben Gericht („bei ihm") in gleicher Instanz anhängig sein, nicht notwendig bei der gleichen Kammer bzw. dem gleichen Senat,[3] doch setzt die gesetzliche Zuordnung zu Fachkammern bzw. Fachsenaten (§§ 10, 31 SGG) eine Grenze. 5

cc) Dieselben oder verschiedene Beteiligte. Wird ein Rechtsstreit eines Klägers gegen einen Beklagten mit einem Rechtsstreit mit denselben Beteiligten in umgekehrter Beteiligtenstellung verbunden, wird der Beklagte des zweiten Verfahrens Widerkläger des einheitlichen Verfahrens. 6

1 BFH 11.5.2010 – X B 192/08 ua, BFH/NV 2010, 1645.
2 BFH 17.7.2014 – II R 40/12, BFH/NV 2014, 1579.
3 BSG 18.12.1969 – 2 RU 314/67, BSGE 30, 230: Durchbrechung des Geschäftsverteilungsplans des Gerichts.

7 **dd) Zusammenhang bzw. von vornherein in einer Klage geltend machbar.** Der Zusammenhang kann rechtlicher oder tatsächlicher (gleicher Lebenssachverhalt) Art sein; im Übrigen s. § 56 SGG.

8 ee) **Ermessen.** Die Verbindung steht im **Ermessen** („kann") des Gerichts. Maßstab für die Entscheidung ist im Wesentlichen, wie eine Ordnung des Prozessstoffes im Interesse einer besseren Übersichtlichkeit erfolgen kann. Ein Ermessenfehler liegt vor, wenn ein sachlicher Grund nicht ersichtlich ist und die Verbindung den Beteiligten nur Nachteile (Erhöhung der Kostenlast, Verlust der Rechtsmittelfähigkeit) bringt.[4] Bei notwendigen Streitgenossen (§ 74 SGG)[5] oder notwendig Beigeladenen, die in verschiedenen Prozessen klagen, ist das Ermessen für eine Verbindung auf Null reduziert.

9 **b) Verfahren.** Das Gericht entscheidet **von Amts wegen**; eines Antrags bedarf es nicht. Bei Anhängigkeit in verschiedenen Spruchkörpern kann jeder die Sache des anderen an sich ziehen, nicht die seine an den anderen abgeben. Die Beteiligten müssen vor der Entscheidung grds. **nicht angehört** werden.[6] Die Kammer bzw. der Senat, außerhalb der mündlichen Verhandlung ohne ehrenamtliche Richter (§ 12 Abs. 1 Satz 2 SGG), entscheidet „durch **Beschluss**",[7] der unanfechtbar (§ 172 Abs. 2 SGG), daher nicht zu begründen ist (§ 142 Abs. 2 Satz 1 SGG).

▶ **Tenor:**

Der Rechtsstreit ... (Az.) wird mit dem Rechtsstreit ... (Az.) unter dem Az. ... zur gemeinsamen Verhandlung und Entscheidung verbunden. ◀

Beschlüsse in der mündlichen Verhandlung sind zu verkünden und zuzustellen (§ 142 Abs. 1, §§ 132, 135 SGG), Beschlüsse außerhalb der mündlichen Verhandlung sind zuzustellen (§ 133 Satz 2 SGG). Die Verbindung (oder Trennung) ist allenfalls dann ein Verfahrensmangel (§ 144 Abs. 2 Nr. 3, § 159 Abs. 1 Nr. 2, § 160 Abs. 2 Nr. 3 SGG), wenn sie willkürlich und ohne sachlich vernünftigen Grund beschlossen wurde und ein Beteiligter dadurch in der Wahrung seiner Rechte beeinträchtigt worden ist.[8]

10 **c) Rechtsfolgen.** Die Rechtsstreitigkeiten **verschmelzen** zu einem und werden gemeinsam zu Ende geführt, wenn sie nicht zuvor wieder getrennt werden (→ Rn. 11). Beteiligte mit derselben Beteiligtenstellung werden Streitgenossen (§ 74 SGG); bei umgekehrter Beteiligtenstellung → Rn. 6. Einzelne Streitgegenstände sind hinsichtlich Zulässigkeit, Begründetheit oder Statthaftigkeit eines Rechts-

---

4 BSG 28.8.2013 – B 6 KA 41/12 R, SozR 4-5408 Art. 14 Nr. 1 (zur Trennung).

5 Vgl. BVerwG 18.7.2012 – 8 C 4/11, BVerwGE 143, 335, juris Rn. 89.

6 BVerwG 5.12.1995 – 3 B 13/95, Buchholz 451.55 Subventionsrecht Nr. 100; BFH 3.4.2008 – I B 77/07, BFH/NV 2008, 1445 (zur Trennung); LSG NRW 19.10.2011 – L 11 SF 236/11 AB (zur Trennung); Kummer in Peters/Sautter/Wolff § 113 Rn. 28; ausnahmsweise bei spruchkörperübergreifender Verbindung, Guttenberger in jurisPK-SGG § 113 Rn. 34, Keller in Meyer-Ladewig/Keller/Leitherer/Schmidt § 113 Rn. 3, Leopold in Roos/Wahrendorf § 113 Rn. 19; aA Breitkreuz in Breitkreuz/Fichte § 113 Rn. 5: Anhörung immer, bei spruchkörperübergreifender Verbindung auch Zustimmung der Beteiligten notwendig.

7 BFH 15.7.2010 – VIII B 39/09, BFH/NV 2010, 2089, und LSG Bln-Bbg 5.12.2011 – L 34 AS 1690/09 B PKH (jeweils zur Trennung), SächsLSG 2.3.2020 – L 7 AS 82/20 B ER; aA LSG RhPf 14.8.1996 – L 4 V 5/96: auch stillschweigend.

8 BSG 29.7.2005 – B 7 a AL 162/05 B; BSG 25.2.2010 – B 11 AL 114/09 B; dann auch Verstoß gegen Art. 3 Abs. 1 GG, BVerfG 10.7.1996 – 2 BvR 65/95 ua, NJW 1997, 649.

mittels gesondert zu prüfen.[9] Lediglich beim Beschwerdewert (§ 144 Abs. 1 Satz 1 SGG) wird zusammengerechnet,[10] was aber bei der Ermessenentscheidung (→ Rn. 8) keine Rolle spielen darf.[11] Es ergeht eine einheitliche Kostenentscheidung, auch wenn die Verfahrensteile bis zur Verbindung gebührenrechtlich gesondert behandelt werden.[12]

2. Trennung – Abs. 2; § 202 Satz 1 SGG iVm § 145 Abs. 1 ZPO). Das Gericht 11
„kann" (Ermessen) **verbundene Verfahren** von Amts wegen oder auf Antrag eines Beteiligten vor der Entscheidung, zB nach der gemeinsamen Verhandlung oder nach der Beweisaufnahme, wieder trennen. Maßgeblich ist auch hier die Möglichkeit der rationelleren Bearbeitung (→ Rn. 8). Zum Verfahren → Rn. 9. Mit der Trennung entfallen die Rechtsfolgen der Verbindung, doch bleiben die vor der Trennung vorgenommenen Handlungen des Gerichts und der Beteiligten wirksam. Die Aufhebung der vom SG vorgenommenen Verbindung durch das LSG macht die Berufung nicht unzulässig.[13]

Die Trennung verschiedener, **ursprünglich gemeinsam verfolgter** (§ 56 SGG) 12
„Ansprüche" (Streitgegenstände) nach **§ 202 Satz 1 SGG iVm § 145 Abs. 1 ZPO** richtet sich nach entsprechenden Regeln. Die Rechtsprechung verlangt eine Begründung, die die Ermessensgründe darlegt, ausdrücklich im Gegensatz zur Trennung nach § 113 Abs. 2 SGG.[14] Bei mit dem Hauptantrag verbundenen Hilfsanträgen oder notwendiger Streitgenossenschaft (§ 74 SGG) verbietet sich die Trennung aus der Natur der Sache.[15] Zur Trennung von Klage und Widerklage → § 100 Rn. 11.

§ 114 [Aussetzung wegen Vorfragen]

(1) Hängt die Entscheidung eines Rechtsstreits von einem familien- oder erbrechtlichen Verhältnis ab, so kann das Gericht das Verfahren solange aussetzen, bis dieses Verhältnis im Zivilprozeß festgestellt worden ist.

(2) [1]Hängt die Entscheidung des Rechtsstreits ganz oder zum Teil vom Bestehen oder Nichtbestehen eines Rechtsverhältnisses ab, das den Gegenstand eines anderen anhängigen Rechtsstreits bildet oder von einer Verwaltungsstelle festzustellen ist, so kann das Gericht anordnen, daß die Verhandlung bis zur Erledigung des anderen Rechtsstreits oder bis zur Entscheidung der Verwaltungsstelle auszusetzen sei. [2]Auf Antrag kann das Gericht die Verhandlung zur Heilung von Verfahrens- und Formfehlern aussetzen, soweit dies im Sinne der Verfahrenskonzentration sachdienlich ist.

(2 a) Hängt die Entscheidung des Rechtsstreits ab von der Gültigkeit einer Satzung oder einer anderen im Rang unter einem Landesgesetz stehenden Vorschrift, die nach § 22 a Absatz 1 des Zweiten Buches Sozialgesetzbuch und dem dazu ergangenen Landesgesetz erlassen worden ist, so kann das Gericht anord-

9 Auch keine Erstreckung der Gewährung von Prozesskostenhilfe auf das andere Verfahren, LSG NRW 14.1.2010 – L 7 B 355/09 AS.
10 BSG 25.2.1966 – 3 RK 9/63, BSGE 24, 260; nicht bei § 144 Abs. 1 Satz 2 SGG (LSG LSA 13.5.2009 – L 5 AS 17/09 B) oder wenn Verbindung willkürlich (BayLSG 16.3.2017 – L 11 AS 839/16).
11 BSG 2.8.1973 – 6 RKa 15/73, SozR Nr. 5 zu § 113 SGG.
12 UU getrennte Streitwertfestsetzung, Knittel in Hauck/Behrend § 113 Rn. 15.
13 BSG 8.10.1981 – 7 RAr 72/80, SozR 1500 § 144 Nr. 18.
14 LSG NRW 3.5.2016 – L 5 KR 190/15 B; LSG NRW 4.7.2016 – L 11 KR 191/15 B.
15 W.-R. Schenke in Kopp/Schenke § 93 Rn. 3.

nen, dass die Verhandlung bis zur Erledigung des Antragsverfahrens nach § 55 a auszusetzen ist.

(3) Das Gericht kann, wenn sich im Laufe eines Rechtsstreits der Verdacht einer Straftat ergibt, deren Ermittlung auf die Entscheidung von Einfluß ist, die Aussetzung der Verhandlung bis zur Erledigung des Strafverfahrens anordnen.

I. Allgemeines/Normzweck

1 **1. Gesetzesentstehung.** § 114 Abs. 2 Satz 2 ist durch das 4. Euro-Einführungsgesetz vom 21.12.2000 (BGBl. 2000 I 1983) mit Wirkung zum 1.1.2001 angefügt worden. Das Gesetz zur Ermittlung von Regelbedarfen und zur Änderung des Zweiten und Zwölften Buches Sozialgesetzbuch vom 29.3.2011 (BGBl. 2011 I 453) hat mit Wirkung vom 1.1.2011 den Abs. 2 a eingefügt.

2 **2. Normzweck.** § 114 SGG eröffnet die Möglichkeit, das Verfahren zum Stillstand zu bringen, wenn der Ausgang des Rechtsstreits von Vorfragen abhängt (Vorgreiflichkeit). Die Vorschrift findet, mit Ausnahme von § 114 Abs. 2 Satz 2 SGG, Anwendung in allen Rechtszügen (§ 153 Abs. 1, § 165 SGG), auch in den selbstständigen Beschlussverfahren,[1] wegen der Verzögerung aber nicht beim Eilrechtsschutz.

3 **3. Parallelvorschriften.** Spezialvorschriften der Aussetzung finden sich in **§ 55 a Abs. 4, § 88 Abs. 1 Satz 2, § 114 a Abs. 1 Satz 2 SGG.** Die anderen Verfahrensordnungen enthalten in § 94 VwGO, § 74 FGO, §§ 148–150 ZPO vergleichbare Regelungen.

II. Aussetzung des Verfahrens (Ruhen, Unterbrechung)

4 **1. Voraussetzungen. a) Vorgreiflichkeit eines familien- oder erbrechtlichen Verhältnisses – Abs. 1.** Das familien- oder erbrechtliche Verhältnis muss für die Entscheidung des Sozialgerichtsprozesses Bedeutung haben (**Vorgreiflichkeit**). Dabei genügt jeder rechtliche oder „rechtslogische tatsächliche Einfluss", auch

1 BSG 30.9.1991 – 4 Reg 12/91, SozR 3-1500 § 114 Nr. 2 zu § 73 a SGG; aA Kummer in Peters/Sautter/Wolff § 114 Rn. 6 b: grds. nicht bei § 73 a SGG.

auf die Beweiswürdigung.[2] Ein familienrechtliches Verhältnis kann zB das Bestehen einer Ehe, eines Kindschaftsverhältnisses, der ehelichen Sorge oder der Unterhaltspflicht sein, ein erbrechtliches Verhältnis die Stellung als Erbe (bedeutsam für §§ 56 ff. SGB I). Die zivilrechtliche Klage muss noch nicht erhoben sein; das Gericht kann aussetzen und Frist zur Klageerhebung setzen.[3] Zur Überprüfbarkeit → Rn. 16.

b) Vorgreiflichkeit eines Rechtsverhältnisses – Abs. 2 Satz 1. Ein durch einen anderen **Rechtsstreit** zu klärendes vorgreifliches (→ Rn. 4) Rechtsverhältnis (vgl. § 55 Abs. 1 Nr. 1 SGG) liegt zB vor bei der Klage auf Einzelleistung, wenn noch Streit über den „Grundlagenbescheid" besteht,[4] der Aufrechnung mit einer bestrittenen zivilrechtlichen Gegenforderung[5] oder wenn es auf die Wirksamkeit der Kündigung eines Arbeitsverhältnisses ankommt.[6] Der Rechtsstreit muss bereits anhängig sein. Die Verfassungsmäßigkeit einer Norm ist kein Rechtsverhältnis; bei Anhängigkeit eines Verfahrens vor dem BVerfG → Rn. 12. Zur Aussetzung mit Fristsetzung zur Klageerhebung → Rn. 4. 5

Die Feststellung einer **Verwaltungsstelle** kann zB sein: Anerkennung eines anderen Arbeitsunfalls durch andere Berufsgenossenschaft bei möglicher Stützrente (§ 56 Abs. 1 Satz 2–4 SGB VII), Todeserklärung Verschollener,[7] aufenthaltsrechtlicher Status, Asylberechtigtung,[8] Feststellung eines GdB von 30 für die Klage auf Gleichstellung nach § 2 Abs. 3 SGB IX.[9] Das Verwaltungsverfahren muss noch nicht eingeleitet sein.[10] Die Feststellung liegt erst mit Bestandskraft des VA vor. 6

c) Heilung von Verfahrens- und Formfehlern – Abs. 2 Satz 2. Die Vorschrift eröffnet dem Gericht die Möglichkeit, das Verfahren zur Heilung von Verfahrens- und Formfehlern (§§ 41 f. SGB X) auszusetzen. Der Anwendungsbereich ist auf Formfehler begrenzt, die seit dem Inkrafttreten der Vorschrift (→ Rn. 1) begangen worden sind,[11] und nur auf solche in dem Verwaltungsverfahren, das zu dem angefochtenen Bescheid geführt hat und nicht in anderen, für den zu entscheidenden Rechtsstreit bedeutsamen Verfahren.[12] Weitere Voraussetzung ist ein zulässiger Antrag des Beteiligten,[13] der bis zur **letzten Tatsacheninstanz** ge- 7

---

2 Guttenberger in jurisPK-SGG § 114 Rn. 27; Keller in Meyer-Ladewig/Keller/Leitherer/Schmidt § 114 Rn. 2; W.-R. Schenke in Kopp/Schenke § 94 Rn. 4; aA Knittel in Hauck/Behrend § 114 Rn. 3.
3 BSG 26.6.1963 – 1 RA 21/60, BSGE 19, 207 (211); BayLSG 7.4.1999 – L 13 B 56/99, NZS 1999, 416.
4 BSG 30.9.2009 – B 9 VS 3/09 R, SozR 4-3200 § 82 Nr. 1.
5 BSG 26.6.1963 – 1 RA 21/60, BSGE 19, 207; BSG 13.11.2006 – B 13 R 423/06 B; BVerwG 7.10.1998 – 3 B 68/97, NJW 1999, 160.
6 Kummer in Peters/Sautter/Wolff § 114 Rn. 25.
7 BSG 11.5.1960 – GS 3/59, BSGE 12, 139: im FGG-Verfahren AG als Verwaltungsstelle.
8 BSG 7.10.1991 – 4 Reg 12/91, SozR 3-1500 § 114 Nr. 2.
9 LSG BW 5.11.2013 – L 8 AL 3774/13 B.
10 AllgM; aA Bley in SGB-SozVers-GesKomm, § 114 Anm. 8.
11 BSG 12.6.2001 – B 4 RA 37/00 R, SozR 3-2600 § 243 Nr. 9; BSG 24.7.2001 – B 4 RA 2/01 R, SozR 3-8850 § 5 Nr. 5; LSG Bln-Bbg 21.5.2014 – L 11 VG 25/12: nicht Ermessensfehler.
12 BayLSG 15.11.2010 – L 13 R 557/10 B.
13 BSG 31.10.2002 – B 4 RA 15/01 R, SozR 3-1300 § 24 Nr. 22; BSG 31.10.2002 – B 4 RA 43/01 R.

stellt werden muss.[14] **Sachdienlichkeit** setzt voraus, dass durch eine Heilung von Verfahrens- und Formmängeln im Gerichtsverfahren eine Verkürzung der Dauer des gesamten Verfahrens unter Berücksichtigung eines zu erwartenden neuen Verwaltungs- und anschließenden Gerichtsverfahrens zur erneuten Prüfung der materiellen Rechtmäßigkeit erreicht werden kann.[15] Eine analoge Anwendung auf **materiell-rechtliche Fehler**, zu denen auch Ermessensfehler zählen,[16] ist **nicht** möglich. Bei Fortsetzung des Verfahrens und erfolgter Heilung kann der Gegner das Verfahren nichtstreitig beenden und muss dann idR keine Kosten tragen (→ § 102 Rn. 11, 15). Erfolgt keine Heilung, ist in der Sache zu entscheiden; das Gericht ist an die Rechtsauffassung im Aussetzungsbeschluss nicht gebunden.[17]

8 Verfassungsrechtliche Bedenken bestehen gegen die Vorschrift letztlich nicht.[18] Die heftig kritisierte Parallelvorschrift des § 94 Satz 2 VwGO ist durch das RmBereinVpG vom 20.12.2001 (BGBl. 2001 I 3987) gestrichen worden, so dass § 114 Abs. 2 Satz 2 SGG „Sonderrecht des Sozialgerichtsprozesses“[19] geworden ist. Das gebietet eine enge Auslegung der Vorschrift.[20]

9 **d) Normenkontrollverfahren – Abs. 2 a.** Das Gericht kann den Rechtsstreit über die Höhe der KdU nach § 22 SGB II, die aufgrund einer Satzung oder einer anderen im Rang unter einem Landesgesetz stehenden Vorschrift nach § 22 a Abs. 1 SGB II bestimmt wird, bis zur Erledigung eines Normenkontrollverfahrens nach **§ 55 a SGG** auszusetzen. Das Verfahren nach § 55 a SGG muss zum Zeitpunkt des Aussetzungsbeschlusses (noch) anhängig sein. Die Regelung soll zur Einheitlichkeit der Rechtsprechung beitragen, denn sie ermöglicht, Entscheidungen in Verfahren nach § 55 a SGG zu berücksichtigen.[21]

10 **e) Verdacht einer Straftat – Abs. 3.** Die Aussetzung ist möglich, wenn das Gericht „zureichende tatsächliche Anhaltspunkte“ (§ 152 Abs. 2 StPO) dafür hat, dass ein Beteiligter, ein Zeuge oder Sachverständiger[22] eine Straftat iSd § 12 StGB (nicht nur Ordnungswidrigkeit) begangen hat. Die Vorschrift ist entsprechend anzuwenden, wenn der Verdacht bereits vor Klageerhebung bestand und schon ermittelt wird.[23] Ein möglicher[24] Einfluss der strafrechtlichen Ermittlungen auf die Beweiswürdigung genügt. Äußert ein Beteiligter einen Verdacht, muss sich das Gericht im Urteil damit auseinandersetzen.[25] § 149 Abs. 2 ZPO (Fortsetzung auf Antrag, wenn seit der Aussetzung ein Jahr vergangen ist) findet keine Anwendung.

---

14 Vgl. § 41 Abs. 2 SGB X; BSG 12.6.2001 – B 4 RA 37/00 R, SozR 3-2600 § 243 Nr. 9; BSG 31.10.2002 – B 4 RA 15/01 R, SozR 3-1300 § 24 Nr. 22; BSG 31.10.2002 – B 4 RA 43/01 R.
15 BSG 26.7.2016 – B 4 AS 47/15 R, BSGE 122, 25 = SozR 4-1500 § 114 Nr. 2.
16 LSG RhPf 30.4.2002 – L RA 82/00, NZS 2002, 668; ThürLSG 3.11.2005 – L 3 AL 108/04.
17 Keller in Meyer-Ladewig/Keller/Leitherer/Schmidt § 114 Rn. 10 a.
18 Steiner NZS 2002, 113 (117 f.).
19 BSG 31.10.2002 – B 4 RA 15/01 R, SozR 3-1300 § 24 Nr. 22; Kritik äußert etwa Berchtold in v. Wulffen/Krasney (Hrsg.), Festschrift 50 Jahre Bundessozialgericht, 2003, S. 97, 115 f.
20 BSG 7.7.2011 – B 14 AS 153/10 R, SozR 4-4200 § 38 Nr. 2.
21 BT-Drs. 17/3404, 132.
22 Bley in SGB-SozVers-GesKomm, § 114 Anm. 10 a.
23 LSG BW 7.11.2019 – L 11 KR 2795/19 B; HessLSG 18.11.2019 – L 6 AS 478/19 B.
24 Keller in Meyer-Ladewig/Keller/Leitherer/Schmidt § 114 Rn. 4; enger Bley in SGB-SozVers-GesKomm, § 114 Anm. 10 b: Einfluss muss feststehen.
25 BSG 3.12.1996 – 10 RKg 12/94, SozR 3-1750 § 328 Nr. 1.

f) § 114 SGG analog. Hat das **BVerfG** eine entscheidungserhebliche Norm für mit dem GG unvereinbar erklärt und nicht zugleich ausdrücklich die weitere Anwendbarkeit angeordnet oder selbst Übergangsregelungen bestimmt, ist das Verfahren bis zur Neuregelung durch den Gesetzgeber auszusetzen.[26] 11

Wenn ein Verfahren über die Gültigkeit einer Norm vor dem **BVerfG** anhängig ist, auf die es im Verfahren vor dem Gericht der Sozialgerichtsbarkeit ankommt, wendet die hM § 114 Abs. 2 SGG analog auf „eng umgrenzte Fälle" an.[27] Bei Anhängigkeit eines Vorabentscheidungs- (Art. 267 AEUV)[28] oder eines Vertragsverletzungsverfahrens (Art. 245 AEUV)[29] beim **EuGH** oder einer Individualbeschwerde zum **EGMR** (Art. 34 EMRK)[30] gelten dieselben Grundsätze. Es besteht jedenfalls dann keine Pflicht zur Aussetzung, wenn das Gericht die Gültigkeit der vom BVerfG oder EuGH zu prüfenden Normen in Übereinstimmung mit dem BSG bejaht.[31] Weitere Analogien sind möglich, so bei **anhängiger Divergenzanfrage zum Großen Senat des BSG,**[32] um die **Aufhebung der Bestellung eines Betreuers** (§ 1908 d BGB) für den Kläger abzuwarten,[33] wenn ein **Beweismittel noch nicht zur Verfügung steht**[34] oder in **Nebenverfahren**, die von der rechtskräftigen Entscheidung in der Hauptsache abhängen (s. etwa → § 109 Rn. 31). Zur Aussetzung zur **Nachholung des Vorverfahrens** → § 78 Rn. 8, nicht aber zur Nachholung des völlig fehlenden Verwaltungsverfahrens,[35] nicht zur Nachholung der Sachprüfung bei fehlerhafter Zurückweisung des Widerspruchs als unzulässig;[36] zum **Zwischenverfahren bei Geheimsachen** → § 119 Rn. 7. 12

Eine Aussetzung wegen **zu erwartender Rechtsänderung**[37] ist **unzulässig**, ebenso bei Anhängigkeit eines „Musterverfahrens" beim BSG[38] außerhalb des Anwendungsbereichs des § 114 a SGG. Ist unklar, ob eine Aussetzung möglich ist, bietet sich das Ruhen des Verfahrens (→ Rn. 19) an. 13

---

26 BSG 27.7.2000 – B 7 AL 84/99 R, SozR 3-1700 § 31 Nr. 1.

27 BSG 1.4.1992 – 7 RAr 16/91, SozR 3-1500 § 114 Nr. 3 (nicht zu erwarten, dass weitere Vorlagen an das BVerfG dessen Entscheidung beeinflussen, mit der Entscheidung des BVerfG in absehbarer Zeit zu rechnen; oder: Ankündigung der Klagerücknahme, wenn BVerfG zum Nachteil des Antragstellers entscheidet); BSG 23.8.2005 – B 4 RA 28/03 R; BVerwG 26.2.2015 – 2 C 1/14, Buchholz 11 Art. 91 e GG Nr. 1 (Vorlage nach Art. 100 Abs. 1 GG); BFH 20.2.2012 – III B 207/11 BFH/NV 2012, 968 (Musterverfahren vor BVerfG nicht aussichtslos, zahlreiche Parallelverfahren, kein besonderes berechtigtes Interesse eines Beteiligten an sofortiger Entscheidung).

28 BSG 26.8.2003 – B 3 KR 35/02 R, SozR 4-1500 § 114 Nr. 1; BAG 20.5.2010 – 6 AZR 481/09 (A), BAGE 134, 307; BGH 24.1.2014 – VIII ZR 236/10; BVerwG 3.5.2016 – 7 C 7/15, AfP 2016, 564.

29 BVerwG 7.1.2015 – 4 C 13/14, DVBl 2015, 434 zu § 94 VwGO.

30 OVG Bremen 3.12.2018 – 1 LA 330/16, NVwZ-RR 2019, 349.

31 Vgl. BVerwG 3.11.2006 – 6 B 21/06, Buchholz 448.0 § 12 WPflG Nr. 208.

32 ThürLSG 19.3.2007 – L 6 R 57/07.

33 Kummer in Peters/Sautter/Wolff § 114 Rn. 48; nicht um die Bestellung des Betreuers abzuwarten, vielmehr Vorgehen nach § 72 SGG, BayLSG 7.4.1999 – L 13 B 56/99, NZS 1999, 416.

34 Keller in Meyer-Ladewig/Keller/Leitherer/Schmidt § 114 Rn. 5; Leopold in Roos/Wahrendorf § 114 Rn. 50.

35 LSG Hmb 18.11.2014 – L 3 R 8/12.

36 So aber LSG NRW 14.6.2011 – L 7 AS 552/11 B.

37 BVerwG 13.2.1962 – I B 14.62, NJW 1962, 1170.

38 LSG BW 26.7.2005 – L 13 KN 1757/05; vgl. BGH 28.2.2012 – VIII ZB 54/11, NJW-RR 2012, 575 und BFH 15.10.2019 – XI B 75/19, BFH/NV 2020, 214; aA HessLSG 27.9.2001 – L 3 B 73/01 U (Streit um Gefahrentarif einer BG).

14 g) **Ermessen.** Die Aussetzung steht grds. im **Ermessen** („kann") des Gerichts. Maßgeblich sind insbes. prozesswirtschaftliche Gründe, bei Abs. 1 etwa, ob bereits ein paralleler Rechtsstreit schwebt.[39] Das Ermessen ist auf Null reduziert, wenn anders eine Sachentscheidung nicht möglich ist: Vorfrage betrifft Statusurteil, das für und gegen alle wirkt (zB Bestehen/Nichtbestehen einer Ehe, eines Eltern-Kind-Verhältnisses), „Grundlagenbescheid" (→ Rn. 5) oder Aufrechnung mit einer bestrittenen zivilrechtlichen (nicht: öffentlich-rechtlichen) Gegenforderung (→ Rn. 5). Zur Überprüfbarkeit des Ermessens → Rn. 15.

15 **2. Verfahren.** Bis auf den Fall des § 114 Abs. 2 Satz 2 SGG bedarf es **keines Antrags** für die Aussetzung. Den Beteiligten ist vor der Entscheidung rechtliches Gehör (§ 62 SGG) zu gewähren. Im Stadium der Vorbereitung der mündlichen Verhandlung (§ 106 SGG) entscheidet der **Vorsitzende** (arg. e. § 155 Abs. 2 Nr. 1 SGG; Übertragbarkeit auf Berichterstatter, § 155 Abs. 4 SGG) durch **Beschluss**, in der mündlichen Verhandlung die **Kammer** bzw. der **Senat** (mit ehrenamtlichen Richtern, § 12 Abs. 1 SGG). Ein Beschluss des SG ist anfechtbar (§ 172 Abs. 1 SGG), daher zu begründen (§ 142 Abs. 2 Satz 1 SGG),[40] anders beim LSG und BSG (§ 177 SGG). Beschlüsse in der mündlichen Verhandlung sind zu verkünden und zuzustellen (§ 142 Abs. 1, §§ 132, 135 SGG), Beschlüsse außerhalb der mündlichen Verhandlung sind zuzustellen (§ 133 Satz 2 SGG). Das Beschwerdegericht hat die Ansicht des SG über die im ausgesetzten Rechtsstreit maßgeblichen Rechtsfragen (→ Rn. 4) zugrunde zu legen, es sei denn der Mangel der Entscheidungserheblichkeit ist offensichtlich.[41] Das Ermessen (→ Rn. 14) ist nur auf Ermessensfehler überprüfbar.[42] Die Rüge der unterbliebenen Aussetzung in der Nichtzulassungsbeschwerde erfordert, die Ermessensreduzierung auf Null (→ Rn. 14) darzulegen.[43]

16 Ist die Aussetzung bis zu einem Ereignis („… bis rechtskräftig über … entschieden worden ist …") **befristet**, endet die Aussetzung mit Eintritt des Ereignisses. Im Übrigen kann das Verfahren jederzeit auf Antrag oder von Amts **wieder aufgenommen** werden, zB wenn im anderen Rechtsstreit wider Erwarten keine (zeitnahe) Entscheidung zu erwarten ist. Mit der Fortsetzung des Verfahrens wird der Aussetzungsbeschluss konkludent aufgehoben.[44]

17 **3. Rechtsfolgen.** Das Verfahren kommt zum **Stillstand**. Nach § 202 Satz 1 SGG iVm § 249 Abs. 1 und 2 ZPO laufen **Fristen** nicht mehr, sind **Prozesshandlungen** anderen Beteiligten gegenüber wirkungslos (nicht gegenüber dem Gericht, zB Anregung auf Beendigung der Aussetzung) und Prozesshandlungen des Gerichts unzulässig.[45] Eine Entscheidung in der Hauptsache trotz Aussetzung stellt einen

---

39 Kummer in Peters/Sautter/Wolff § 114 Rn. 17.
40 Fehlt eine Begründung kann das Ermessen nicht überprüft werden und der Beschluss ist schon deswegen aufzuheben; LSG BW 21.7.2006 – L 13 AL 2346/06 B; SächsLSG 24.2.2014 – L 3 AS 174/14 B; BayLSG 10.1.2017 – L 13 R 517/16 B.
41 BAG 26.10.2009 – 3 AZB 24/09, NZA 2009, 1436; LSG BW 23.5.2014 – L 4 KR 553/14 B.
42 BFH 31.5.2010 – X B 163/09, BFH/NV 2010, 2082; HessLSG 18.11.2019 – L 6 AS 478/19 B; Bley in SGB-SozVers-GesKomm, § 114 Anm. 3 c.
43 BSG 24.11.2011 – B 4 AS 177/11 B.
44 BSG 21.2.2013 – B 10 EG 20/12 R, SozR 4-7835 Art. 1 Nr. 2; BSG 12.12.2018 – B 6 KA 28/18 B.
45 OVG NRW 20.8.2010 – 14 E 951/10, NJW 2010, 3529: zur Aussetzung; Beschwerde hiergegen zulässig, da „nicht in Ansehung der Hauptsache".

absoluten Revisionsgrund dar (§ 202 Satz 1 SGG iVm § 547 Nr. 4 ZPO), doch ist eine Heilung nach § 202 Satz 1 SGG iVm § 295 ZPO möglich.[46]

4. Sonderfälle der Aussetzung. Sonderfälle der Aussetzung regeln **§ 114 a SGG** (Musterverfahren), **§ 88 Abs. 1 Satz 2 SGG** (Untätigkeitsklage), **§ 202 Satz 1 SGG iVm § 246 ZPO** (→ Rn. 24), **§ 202 Satz 1 SGG iVm § 247 ZPO** (Beteiligter ist an Ort, wo er durch obrigkeitliche Anordnung, Krieg oder andere Zufälle vom Ort des Prozessgerichts abgeschnitten ist), **§ 202 Satz 1 SGG iVm § 578 Abs. 2 ZPO** (Restitutions-/Nichtigkeitsklage), **§ 202 Satz 2 SGG iVm § 201 Abs. 3 GVG** (Entschädigungsklage, bei noch nicht abgeschlossenem Ausgangsverfahren), **§ 11 Abs. 2 Satz 2 RsprEinG** (Vorlage vor gemeinsamem Senat der obersten Gerichtshöfe des Bundes), **Art. 100 GG** (konkrete Normenkontrolle), **Art. 267 AEUV** (Vorabentscheidungsverfahren beim EuGH) sowie einige **Sozialversicherungsabkommen.**[47] 18

5. Ruhen des Verfahrens (§ 202 Satz 1 SGG iVm § 251 ZPO). Ausfluss der Dispositionsmaxime ist es, dass Kläger und Beklagter im Einverständnis das Verfahren einstweilen zum Stillstand bringen können; der Zustimmung des (notwendig) Beigeladenen (§ 75 SGG) bedarf es nicht.[48] In geeigneten Fällen, in denen eine Aussetzung ausscheidet oder unklar ist, ob ihre Voraussetzungen vorliegen, kann das Gericht einen entsprechenden **Antrag** anregen. Die Entscheidung steht nicht im Ermessen des Gerichts („hat … anzuordnen"), es prüft aber, ob das Ruhen **„zweckmäßig"** ist, wobei ihm ein Einschätzungsspielraum zukommt.[49] Das Ruhen des Verfahrens ist vorzugswürdig gegenüber dem bloßen **„Liegenlassen der Akte"**, da damit klargestellt wird, dass der Stillstand des Verfahrens vom Willen der Beteiligten getragen wird und eine Verzögerung des gerichtlichen Verfahrens nicht dem Gericht anzulasten ist;[50] das ist bedeutsam für Entschädigungen nach § 202 Satz 2 SGG iVm §§ 198 ff. GVG. 19

Eine Sonderreglung des Ruhens findet sich in **§ 202 Satz 1 SGG iVm § 278 a Abs. 2 ZPO** ([außergerichtliche] Mediation, außergerichtliche Konfliktbeilegung). § 251 a Abs. 3 ZPO findet keine Anwendung, da § 126 SGG insoweit abschließend ist.[51] Keine Anordnung des Ruhens des Verfahrens erfolgt bei der **Verweisung an den Güterichter** (§ 202 Satz 1 SGG iVm § 278 Abs. 5 ZPO), da es sich lediglich um einen anderen Verfahrensabschnitt handelt.[52] 20

Die Verfahrensregelungen entsprechen denjenigen der Aussetzung (→ Rn. 15). Bei den Rechtsfolgen ist zu beachten, dass Rechtsbehelfsfristen weiter laufen (§ 202 Satz 1 SGG iVm § 251 Abs. 1 Satz 2 ZPO). Das Verfahren kann jederzeit von einem Beteiligten wieder angerufen werden. Es kann von Amts wegen **wieder aufgenommen** werden, wenn das Ruhen nicht mehr zweckmäßig ist.[53] Die Ablehnung der Anordnung des Ruhens kann mit der Beschwerde angefochten 21

46 Keller in Meyer-Ladewig/Keller/Leitherer/Schmidt Rn. 1 c vor § 114.
47 Vgl. LSG BW 13.6.1966 – L 10 c J 1676/65, Breith. 1967, 265.
48 Keller in Meyer-Ladewig/Keller/Leitherer/Schmidt Vor § 114 Rn. 4; OVG Lüneburg 27.1.2012 – 7 KS 209/11, NVwVZ-RR 2012, 495; aA Leroux/Sittig-Behm NVwZ 2016, 1061.
49 BSG 17.12.2015 – B 2 U 132/15 B, UV-Recht Aktuell 2016, 269.
50 Roller SGb 2010, 636 (640).
51 Keller in Meyer-Ladewig/Keller/Leitherer/Schmidt Vor § 114 Rn. 4.
52 Keller in Meyer-Ladewig/Keller/Leitherer/Schmidt Vor § 114 Rn. 4; aA Friedrich SGb 2012, 705 (707) und Müller in Roos/Wahrendorf § 106 Rn. 34: Ruhen des Verfahrens.
53 LSG Nds 15.7.1998 – L 4 B 97/98 KR, NZS 1999, 56; BFH 29.6.2011 – III B 122/11, BFH/NV 2011, 1892.

werden.[54] Für eine Beschwerde gegen den Ruhensbeschluss besteht wegen der Möglichkeit der Wiederanrufung grds. kein Rechtsschutzbedürfnis.[55]

22 **6. Unterbrechung des Verfahrens.** a) **Allgemeines.** Die Unterbrechung des Verfahrens tritt nicht durch gerichtlichen Beschluss, sondern **kraft Gesetzes** ein. Sie hat nichts mit der Terminsunterbrechung (kurze Sitzungspause, → § 110 Rn. 15) zu tun. Die Rechtsfolgen der Unterbrechung entsprechen denjenigen der Aussetzung (→ Rn. 17), doch kann das Gericht die Sache nicht ohne Weiteres fortführen. Die Unterbrechung hindert die Verkündung der Entscheidung nicht (§ 202 Satz 1 SGG iVm § 249 Abs. 3 ZPO); wird nach § 124 Abs. 2 SGG entschieden, gilt Entsprechendes für die Zustellung des Urteils.[56] Über § 202 Satz 1 SGG finden einige Unterbrechungstatbestände der ZPO Anwendung.

23 **b) Tod des Beteiligten (§ 239 ZPO).** Der Tod des Klägers oder Beklagten (nicht eines Beigeladenen)[57] unterbricht das Verfahren. Die Aufnahme des Verfahrens durch den Rechtsnachfolger (jeder Miterbe oder Sonderrechtsnachfolger nach § 56 SGB I) erfolgt durch Erklärung gegenüber dem Gericht (§ 250 ZPO gilt nicht).[58] Die anderen Beteiligten können bei Verzögerung der Aufnahme die Ladung des Rechtsnachfolgers veranlassen (§ 239 Abs. 2 ZPO; Abs. 4 gilt nicht). Eine ohne Wiederaufnahme durch den Rechtsnachfolger ergangene gerichtliche Entscheidung ist nicht nichtig, aber anfechtbar. Das Anfechtungsrecht entfällt, wenn der Rechtsnachfolger das Verfahren ohne Rüge fortgesetzt.[59]

24 Ist ein **Bevollmächtigter** (§ 73 Abs. 2 SGG) **bestellt,** wird das Verfahren nicht unterbrochen, sondern muss auf Antrag ausgesetzt werden (§ 246 ZPO).[60] Die Vollmacht des Prozessbevollmächtigten endet durch den Tod des Beteiligten nicht (§ 86 ZPO). Bis zum Eintritt des Rechtsnachfolgers ist die Beteiligtenbezeichnung nicht zu berichtigen.[61]

25 § 239 Abs. 1 ZPO findet entsprechende Anwendung beim Erlöschen einer juristischen Person oder beteiligungsfähigen Personengesellschaft, wenn keine Liquidation stattfindet.[62]

26 **c) Eröffnung des Insolvenzverfahrens (§ 240 ZPO, § 85 InsO).** Die Eröffnung des Insolvenzverfahrens über das Vermögen des Klägers oder Beklagten (nicht eines Beigeladenen) unterbricht das Verfahren, wenn das Verfahren (auch mittelbar)[63] die Insolvenzmasse betrifft (§ 35 InsO; nicht unpfändbare Gegenstände, § 36 InsO; bei Sozialleistungen s. § 54 SGB I). Die Unterbrechung endet insbes, wenn der Insolvenzverwalter das Verfahren aufnimmt (§ 240 ZPO, § 85 Abs. 1

54 Vgl. § 202 Satz 1 SGG iVm § 252 ZPO und BayLSG 2.1.1981 – L 12/B 74/80, Breith. 1981, 367 (368).
55 LSG BW 12.10.2011 – L 6 VK 3403/11 B; anders, wenn Gericht in Kenntnis des fehlenden Einverständnisses handelt, LSG LSA 25.10.2018 – L 3 R 348/18 B.
56 BSG 25.1.1966 – 4 RJ 485/65, SozR Nr. 4 zu § 68 SGG.
57 BSG 22.4.1998 – B 9 VG 6/96 R, SozR 3-5910 § 91 a Nr. 4.
58 Knittel in Hauck/Behrend Vor § 114 Rn. 11; abw. BayLSG 22.1.2009 – L 8 AL 110/08.
59 BSG 28.2.1967 – 3 RK 54/64, SozR Nr. 3 zu § 249 ZPO.
60 Analog bei zeitweiligem Wegfall der Handlungsfähigkeit eines Selbstverwaltungsgremiums (BSG 28.4.2004 – B 6 KA 8/03 R, SozR 4-2500 § 106 Nr. 5); maßgeblich ist die Bevollmächtigung, nicht schon eine Beiordnung nach § 121 ZPO (LSG BW 27.12.2012 – L 8 U 1670/11).
61 BSG 9.2.1984 – 11 RA 20/83, SozR 1750 § 246 Nr. 1.
62 Einzelheiten bei Leopold in Roos/Wahrendorf Rn. 14 ff. vor § 114.
63 Klage gegen Aufhebung einer Bewilligung, wenn Erstattungsanspruch in Insolvenzmasse fiele, BVerwG 7.6.2018 – 6 B 1/18, NVwZ 2018, 1483.

Satz 1 InsO), der Insolvenzverwalter die Aufnahme ablehnt und der Gegner dies tut (§ 85 Abs. 2 InsO), bei Verzögerung der Aufnahme die Ladung des Insolvenzverwalters beantragt wird (§ 239 Abs. 2 ZPO, § 85 Abs. 1 Satz 2 InsO), der Insolvenzverwalter die Forderung freigibt[64] oder das Insolvenzverfahren aufgehoben wird (§ 200 InsO). Das Prozesskostenhilfeverfahren wird nicht unterbrochen.[65] Die Insolvenz bereits vor Rechtshängigkeit der Klage führt nicht zur Unterbrechung, möglicherweise aber zur fehlenden Aktiv- oder Passivlegitimation.

d) **Weitere Unterbrechungsfälle.** § 242 ZPO (Nacherbfolge; beachte: § 246 ZPO), § 244 ZPO (Tod des Prozessbevollmächtigten vor dem BSG), § 245 ZPO (Stillstand der Rechtspflege), § 241 ZPO (Verlust der Prozessfähigkeit; → § 71 Rn. 8). 27

§ 114 a [Musterverfahren]

(1) [1]Ist die Rechtmäßigkeit einer behördlichen Maßnahme Gegenstand von mehr als 20 Verfahren an einem Gericht, kann das Gericht eines oder mehrere geeignete Verfahren vorab durchführen (Musterverfahren) und die übrigen Verfahren aussetzen. [2]Die Beteiligten sind vorher zu hören. [3]Der Beschluss ist unanfechtbar.

(2) [1]Ist über die durchgeführten Musterverfahren rechtskräftig entschieden worden, kann das Gericht nach Anhörung der Beteiligten über die ausgesetzten Verfahren durch Beschluss entscheiden, wenn es einstimmig der Auffassung ist, dass die Sachen gegenüber dem rechtskräftig entschiedenen Musterverfahren keine wesentlichen Besonderheiten tatsächlicher oder rechtlicher Art aufweisen und der Sachverhalt geklärt ist. [2]Das Gericht kann in einem Musterverfahren erhobene Beweise einführen; es kann nach seinem Ermessen die wiederholte Vernehmung eines Zeugen oder eine neue Begutachtung durch denselben oder andere Sachverständige anordnen. [3]Beweisanträge zu Tatsachen, über die bereits im Musterverfahren Beweis erhoben wurde, kann das Gericht ablehnen, wenn ihre Zulassung nach seiner freien Überzeugung nicht zum Nachweis neuer entscheidungserheblicher Tatsachen beitragen und die Erledigung des Rechtsstreits verzögern würde. [4]Die Ablehnung kann in der Entscheidung nach Satz 1 erfolgen. [5]Den Beteiligten steht gegen den Beschluss nach Satz 1 das Rechtsmittel zu, das zulässig wäre, wenn das Gericht durch Urteil entschieden hätte. [6]Die Beteiligten sind über das Rechtsmittel zu belehren.

I. Allgemeines/Normzweck

1 **1. Gesetzesentstehung.** Die Vorschrift ist durch das Gesetz zur Änderung des Sozialgerichtsgesetzes und des Arbeitsgerichtsgesetzes vom 26.3.2008 (BGBl. 2008 I 444) mit Wirkung zum 1.4.2008 eingefügt worden.

2 **2. Normzweck.** Vorbild der Regelung ist § 93 a VwGO, wo der Anwendungsbereich vor allem bei planungsrechtlichen Streitigkeiten liegt. Wie dort sollen die

64 BGH 21.4.2005 – IX ZR 281/03, BGHZ 163, 32.

65 LSG Nds-Brem 10.2.2009 – L 7 B 31/07 AL, NZS 2009, 647; BGH 4.5.2006 – IX ZA 26/04, NJW-RR 2006, 1208; str.

Verfahren vereinfacht und beschleunigt werden. Die Gesetzesbegründung[1] weist auf ein Bedürfnis der gerichtlichen Praxis nach Aufnahme einer entsprechenden Regelung hin, dessen tatsächliches Vorhandensein sehr zu bezweifeln ist. § 114 a SGG findet Anwendung in allen Rechtszügen (§ 153 Abs. 1, § 165 SGG); in den selbstständigen Beschlussverfahren (§§ 55 a, 73 a, 76, 86 b SGG) ist ein Anwendungsbereich schwer vorstellbar.

3 **3. Parallelvorschriften.** Die VwGO kennt in § 93 a VwGO eine Parallelregelung, nicht so die FGO und die ZPO

II. Musterverfahren

4 Grundvoraussetzung ist, dass es sich um ein sog **echtes Massenverfahren** handelt, dh **eine bestimmte behördliche Maßnahme** (zB ein Verwaltungsakt) muss zu mindestens 21 Verfahren bei einem Gericht führen. Das führt, wie die Gesetzesbegründung einräumt, zu einem engen Anwendungsbereich – er dürfte praktisch nicht existieren. Auf sog „unechte Massenverfahren", also mehrere Verfahren mit im Kern gleichgearteten Rechtsfragen (zB Auslegung oder Verfassungsmäßigkeit einer bestimmten Norm), wie sie in der Sozialversicherung häufig der Fall sind, ist § 114 a SGG weder unmittelbar noch analog anwendbar.[2] Ihnen lässt sich aber nicht selten durch die Möglichkeit der Aussetzung oder eines Ruhens des Verfahrens beikommen (s. § 114 SGG).

5 Nach vorheriger Anhörung aller Beteiligten (in allen Verfahren) „kann" (Ermessen) das Gericht durch unanfechtbaren Beschluss eines oder mehrere geeignete Verfahren auswählen und **vorab durchführen** (Musterverfahren) und die übrigen Verfahren **aussetzen** (§ 114 a Abs. 1 SGG). Das Verfahren entspricht demjenigen bei § 114 SGG (→ § 114 Rn. 15), der Aussetzungsbeschluss ist aber unanfechtbar (§ 114 a Abs. 1 Satz 3 SGG), muss daher nicht begründet werden (§ 142 Abs. 2 Satz 1 SGG). **Im Musterverfahren** ergeben sich keine verfahrensrechtlichen Besonderheiten. Die Beteiligten der ausgesetzten Verfahren sind nicht zu beteiligen.

III. „Nachverfahren"

6 Nach einer rechtskräftigen Entscheidung im Musterverfahren „kann" (Ermessen) das Gericht die **ausgesetzten Verfahren wiederaufgreifen** und die Beweisergebnisse des Musterverfahrens einführen; weitere Beweise sind nur eingeschränkt möglich (s. § 114 a Abs. 2 Satz 2 bis 4 SGG). Ist der bzw. sind die Berufsrichter (§ 12 Abs. 1 Satz 2 SGG) der Ansicht, dass die Sachen gegenüber dem rechtskräftig entschiedenen Musterverfahren **keine wesentliche Bedeutung tatsächlicher oder rechtlicher Art** aufweisen und **der Sachverhalt geklärt** ist, kann – nach vorheriger Anhörung der Beteiligten – durch Beschluss entschieden werden. Der Beschluss setzt Einstimmigkeit des Spruchkörpers voraus. Gegen den Beschluss kann das Rechtsmittel eingelegt werden, das statthaft wäre, wenn ohne vorangehendes Musterverfahren entschieden worden wäre; über das mögliche Rechtsmittel ist zu belehren.

7 Von wesentlichen Besonderheiten tatsächlicher oder rechtlicher Art ist regelmäßig dann auszugehen, wenn in den ausgesetzten Verfahren neue, in dem Musterverfahren noch nicht angesprochene Rechts- oder Tatsachenfragen aufgeworfen

---

1 BT-Drs. 16/7716, 25.
2 BT-Drs. 16/7716, 26; hM; aA Kummer in Peters/Sautter/Wolff § 114 a Rn. 7.

werden, deren Beantwortung das in dem entschiedenen Verfahren gefundene Ergebnis in Zweifel ziehen oder jedenfalls seine Übertragbarkeit als problematisch erscheinen lassen könnte.[3] Im Übrigen berechtigt die Ähnlichkeit zur Entscheidung durch Gerichtsbescheid (§ 105 SGG; → § 105 Rn. 4) oder durch Beschluss nach § 153 Abs. 4 SGG auf die dort entwickelten Grundsätze zurückzugreifen. Art. 6 Abs. 1 EMRK gebietet grds., eine mündliche Verhandlung zu ermöglichen, so dass eine Entscheidung durch Beschluss ausscheidet, wenn die Berufung nicht statthaft wäre.[4]

Liegen die Voraussetzungen für die Entscheidung durch Beschluss nicht vor, sind 8
die Verfahren nach den allgemeinen Regeln zu Ende zu führen. Eine strikte Bindung an die Entscheidung im Musterverfahren besteht mangels gesetzlicher Anordnung nicht. Will das Gericht aber abweichen, bedarf es jedenfalls eines Hinweises an die Beteiligten. Auch die Entscheidung durch Beschluss scheidet dann aus.

§ 115 [Folgen sitzungspolizeilicher Maßnahmen]

[1]Ist ein bei der Verhandlung Beteiligter zur Aufrechterhaltung der Ordnung von dem Ort der Verhandlung entfernt worden, so kann gegen ihn in gleicher Weise verfahren werden, als wenn er sich freiwillig entfernt hätte. [2]Das gleiche gilt im Falle des § 73 Abs. 3 Satz 1 und 3, sofern die Zurückweisung bereits in einer früheren Verhandlung geschehen war.

I. Allgemeines/Normzweck

1 **1. Gesetzesentstehung.** Die Bezugnahme auf § 73 Abs. 3 Satz 1 und 3 SGG ist eine Folgeänderung der Neufassung des § 73 SGG durch das Gesetz zur Neuregelung des Rechtsberatungsrechts vom 12.12.2007 (BGBl. 2007 I 2840) mit Wirkung zum 1.7.2008 (zuvor Bezugnahme auf § 73 Abs. 6 SGG aF).

2 **2. Normzweck.** Die Vorschrift regelt den weiteren Verfahrensfortgang, wenn ein an der Verhandlung Beteiligter aus dem Sitzungssaal entfernt oder ein Bevollmächtigter oder Beistand zurückgewiesen worden ist. § 115 SGG findet Anwendung in allen Rechtszügen (§ 153 Abs. 1, § 165 SGG), auch in den selbstständigen Beschlussverfahren (§§ 55 a, 73 a, 76, 86 b SGG), wenn dort eine Verhandlung stattfindet.

3 **3. Parallelvorschriften.** § 158 ZPO, der auch in VwGO und FGO Anwendung findet, unterscheidet sich durch ein Antragserfordernis.

II. Verfahrensfortgang bei Abwesenheit des Beteiligten

4 Voraussetzung ist, dass ein **an der Verhandlung Beteiligter** (Beteiligter iSd § 69 SGG, Zeuge, Sachverständiger) sitzungspolizeilich aus dem Sitzungssaal entfernt (§ 61 SGG, §§ 177, 178 GVG) oder ein Bevollmächtigter bzw. Beistand in diesem Rechtsstreit zum wiederholten Mal zurückgewiesen (§ 73 Abs. 3 Satz 1,

---

3 BVerwG 19.12.2006 – 4 A 1053/06 ua, Buchholz 310 § 93 a VwGO Nr. 1; BVerwG 7.5.2008 – 4 A 1009/07 ua, Buchholz 316 § 74 VwVfG Nr. 74.

4 Keller in Meyer-Ladewig/Keller/Leitherer/Schmidt § 114 a Rn. 2 a.

Abs. 6 Satz 4 SGG) worden ist. Das kann in jeder „Verhandlung“, also auch in einem Erörterungs- (§ 106 Abs. 3 Nr. 7), Beweisaufnahmetermin (§ 116 SGG) oder Termin vor dem Güterichter (§ 202 Satz 1 SGG iVm § 278 Abs. 5 ZPO) geschehen. Das Gericht „kann“ (**Ermessen**) so verfahren, als hätte sich die betroffene Person freiwillig entfernt.

5 Wird ein Beteiligter (§ 69 SGG) entfernt, besteht idR die Möglichkeit, weiter zu verhandeln, in der mündlichen Verhandlung auch, zu **entscheiden** (§ 126 SGG ist anwendbar). Zu **vertagen** ist, wenn der Untersuchungsmaxime (§ 103 SGG) dies gebietet, zB wenn die Befragung des entfernten Beteiligten notwendig ist, oder der Grundsatz rechtlichen Gehörs (§ 62 SGG) einer Entscheidung entgegensteht, zB weil ein Überraschungsurteil droht. **§ 128 Abs. 2 SGG** ist zu beachten, doch reicht es aus, wenn der Beteiligte weiß, dass nach seiner Entfernung eine Beweisaufnahme stattfindet (§ 127 SGG).[1] Wird ein Zeuge oder Sachverständiger vor Ende einer nach § 103 SGG notwendigen Beweisaufnahme entfernt, ist idR zu vertagen.

6 Gegen Beteiligte, bei denen das persönliche Erscheinen angeordnet war (§ 111 Abs. 1 SGG), sowie gegen Zeugen und Sachverständige (nicht: Bevollmächtigten/Beiständen) kann nach Entfernung ein **Ordnungsgeld** (§ 202 Satz 1 SGG iVm § 141 Abs. 3 bzw. § 118 Abs. 1 Satz 1 SGG iVm § § 380 ZPO) festgesetzt werden.

§ 116 [Ladung zu Beweisterminen, Fragerecht]

[1]Die Beteiligten werden von allen Beweisaufnahmeterminen benachrichtigt und können der Beweisaufnahme beiwohnen. [2]Sie können an Zeugen und Sachverständige sachdienliche Fragen richten lassen. [3]Wird eine Frage beanstandet, so entscheidet das Gericht.

I. Allgemeines/Normzweck

1 **1. Gesetzesentstehung.** § 116 SGG ist seit Inkrafttreten des SGG (→ § 1 Rn. 1) unverändert.

2 **2. Normzweck.** Die Vorschrift konkretisiert den Grundsatz **rechtlichen Gehörs** (§ 62 SGG), indem es den Beteiligten ermöglicht, an Beweisaufnahmen teilzunehmen und dort Fragen zu stellen. Zugleich verwirklicht sie den **Grundsatz der Beteiligtenöffentlichkeit** (Terminologie der ZPO: Parteiöffentlichkeit) der Beweisaufnahme (→ Rn. 4). § 116 SGG findet Anwendung in allen Rechtszügen (§ 153 Abs. 1, § 165 SGG), auch in den selbstständigen Beschlussverfahren (§§ 55 a, 73 a, 76, 86 b SGG), wenn dort eine Beweisaufnahme stattfindet.

1 IE ebenso Knittel in Hauck/Behrend § 115 Rn. 3, 4.

3. Parallelvorschriften. Die anderen Verfahrensordnungen enthalten in § 97 VwGO, § 83 FGO und §§ 357, 397 ZPO vergleichbare Regelungen. 3

II. Teilnahme am Beweisaufnahmetermin

1. Benachrichtigung von Beweisaufnahmeterminen – Satz 1 Hs. 1. Wann immer im Verfahren ein **Termin zur Beweisaufnahme** erfolgt (→ § 118 Rn. 7), sind die Beteiligten (§ 69 SGG) zu informieren. Besteht eine Vertretung, ist die Mitteilung an den gesetzlichen oder gewillkürten (§ 73 Abs. 6 Satz 5 SGG) Vertreter zu richten; eine Mitteilung allein an den Beteiligten ist unwirksam. Der Inhalt der Benachrichtigung entspricht dem der Terminsmitteilung (→ § 110 Rn. 5, 6, → § 111 Rn. 14: Verfahren, Ort, Zeit, Beweismittel – ggf. Name des Zeugen/Sachverständigen – und Beweisthema), mit der sie im Fall der Beweisaufnahme in der mündlichen Verhandlung zusammenfällt. Die Benachrichtigung erfolgt schriftlich, ist lediglich **bekannt zu geben.** Die Zustellung kann im Einzelfall zweckmäßig sein (→ Rn. 7). Eine Benachrichtigung ist entbehrlich, wenn der Beweisaufnahmetermin in einer Sitzung verkündet worden ist, deren Termin den Beteiligten ordnungsgemäß mitgeteilt worden ist (§ 202 Satz 1 SGG iVm § 218 ZPO), auch wenn ein Beteiligter in der Sitzung nicht anwesend war. Zum **Zeitpunkt** der Benachrichtigung gelten die Regelungen über die Terminsbestimmung entsprechend. Bei zu kurzer Frist ist der Termin auf Antrag zu verlegen (→ § 110 Rn. 15 ff.; auch zum Antrag auf Terminsänderung aus sonstigen Gründen). 4

2. Teilnahme an Beweisaufnahmeterminen – Satz 1 Hs. 2. Die Beteiligten müssen nicht (§ 118 Abs. 1 SGG iVm § 367 Abs. 1 ZPO; Sonderfall: § 111 Abs. 1 SGG), sie dürfen aber an der Beweisaufnahme teilnehmen. Die Vorschrift setzt damit den **Grundsatz der Beteiligtenöffentlichkeit** der Beweisaufnahme um, denn bei Beweisaufnahmen außerhalb der mündlichen Verhandlung gilt der Grundsatz der Öffentlichkeit (§ 61 SGG iVm § 169 GVG) nicht. Ist ein Beteiligter, der teilnehmen möchte, verhindert, muss er einen Verlegungsantrag stellen (→ § 110 Rn. 15, 23). Für Auslandstermine gelten keine Besonderheiten.[1] Nach dem Rechtsgedanken des § 120 Abs. 4 Satz 1 SGG können Gefahren für die psychische und physische Gesundheit eines Beteiligten, etwa bei Anhörung eines Sachverständigen, einen **Ausschluss** von der (weiteren) Teilnahme begründen (→ § 120 Rn. 11).[2] Wird einem Beteiligten bei einer Augenscheinnahme die Anwesenheit von einem anderen Beteiligten oder einem Dritten nicht gestattet, ist die Beweisaufnahme nur möglich, wenn der Beteiligte auf sein Teilnahmerecht verzichtet.[3] 5

Das Teilnahmerecht gilt auch für **Bevollmächtigte** (§ 73 Abs. 2 SGG) oder **Beistände** (§ 73 Abs. 6 SGG) während der gutachtlichen Untersuchung, die Grundlage des schriftlichen Gutachtens (→ § 103 Rn. 35) ist, außer die Anwesenheit ist 6

1 BVerwG 22.9.1966 – III C 11.66, BVerwGE 25, 88.
2 Kummer in Peters/Sautter/Wolff § 116 Rn. 28; offen gelassen von BSG 25.11.1976 – 11 RA 14/76, SozR 1500 § 116 Nr. 1.
3 Keller in Meyer-Ladewig/Keller/Leitherer/Schmidt § 118 Rn. 9.

- rechtlich unmöglich, etwa wenn der körperlich Untersuchte nicht zustimmt,
- untunlich, weil die Tatsachenfeststellung erschwert wird oder die Anwesenheit sonst der Aufklärung des Sachverhalts (§ 103 SGG) abträglich ist,[4]
- unzumutbar, wenn die Anwesenheit die Untersuchung behindert (vom Gutachter zu begründen) oder
- überflüssig (rein apparategestützte Untersuchung).[5]

Über die Voraussetzungen hat nicht der Sachverständige, sondern das Gericht auf der Grundlage der sachkundigen Darlegung des Sachverständigen zu entscheiden.[6] Ein darüber hinausgehendes allgemeines Anwesenheitsrecht von Angehörigen gibt es nicht.[7] Für Film- und Tonaufnahmen fehlt die gesetzliche Grundlage.

7 **3. Folgen von Verfahrensmängeln.** Ist die Mitteilung unterlassen oder so fehlerhaft ausgeführt, dass der Beteiligte nicht am Termin teilnehmen konnte, liegt ein **wesentlicher Verfahrensmangel** (§ 144 Abs. 2 Nr. 3, § 159 Abs. 1 Nr. 2, § 160 Abs. 2 Nr. 3 SGG) und eine Verletzung des Grundsatzes des **rechtlichen Gehörs** (§ 62 SGG) vor. Die Beweisaufnahme ist aber, wie § 127 SGG und § 367 Abs. 2 ZPO zeigen, nicht unverwertbar. Dem Beteiligten sind die Beweisergebnisse mitzuteilen (§ 107 SGG), er kann eine **Ergänzung der Beweisaufnahme in seiner Anwesenheit verlangen** (§ 118 Abs. 1 SGG iVm § 367 Abs. 2 ZPO). Im Übrigen wird der Fehler dadurch geheilt, dass der Beteiligte das Ergebnis des Gutachtens inhaltlich nicht infrage stellt oder auf die Benachrichtigung nachträglich ausdrücklich oder konkludent durch rügelose Einlassung (§ 202 Satz 1 SGG iVm § 295 ZPO) verzichtet.[8]

8 **4. Fragerecht – Satz 2 und 3. a) Inhalt.** § 116 Satz 2 und 3 SGG ist lex specialis zu § 397 Abs. 1 und 3, § 402 ZPO, die daher nicht über § 118 Abs. 1 SGG anwendbar sind.[9] Das Fragerecht steht nur den **Beteiligten** (§ 69 SGG) zu. Zum Fragerecht der Beisitzer und des Vorsitzenden → § 112 Rn. 16. Die Fragen können an „Zeugen und Sachverständige" gestellt werden. Die Fragen müssen **objektiv sachdienlich** (→ § 112 Rn. 16, speziell zu Sachverständigen → § 118 Rn. 35) sein. Nach § 116 Satz 2 SGG dürfen Zeugen oder Sachverständige nicht

4 So regelmäßig bei psychiatrischen Begutachtungen, Stevens/Fabra/Merten MedSach 2009, 100 (102); LSG BW 22.9.2016 – L 7 R 2329/15 (Anwesenheit Ehefrau kann zu Unverwertbarkeit des Gutachens führen); BayLSG 4. 4.2019 – L 7 U 396/16.

5 OLG Zweibrücken 2.3.2000 – 3 W 35/00, FamRZ 2000, 1441 (zum Betreuungsrecht); LSG RhPf 23.2.2006 – L 4 B 33/06 SB, SGb 2006, 500 mAnm Tamm; LSG RhPf 20.7.2006 – L 5 KR 39/05, Breith. 2006, 889; LSG NRW 2.11.2009 – L 12 B 57/09 SO; OLG Hamm 3.2.2015 – 14 UF 135/14, MedSach 2016, 267; Einzelheiten bei Roller MedSach 2007, 30; ebenso Kemper MedSach 2014, 46 (49); enger Deitmaring MedSach 2009, 105 und Hansen DRiZ 2013, 400.

6 Keller in Meyer-Ladewig/Keller/Leitherer/Schmidt § 118 Rn. 11 m; Roller MedSach 2007, 30 (31); aA LSG BW 24.10.2011 – L 11 R 4243/10: kein Weisungsrecht des Gerichts; vermittelnd LSG Nds-Brem 11.12.2019 – L 13 SB 4/19 (Revision anhängig, B 9 SB 1/20 R): regelmäßig Beurteilungskompetenz des Sachverständigen und Eingriff des Gerichts „nicht zweckmäßig".

7 LSG Nds-Brem 20.11.2009 – L 2 R 516/09 B; LSG BW 24.10.2011 – L 11 R 4243/10; BayLSG 20.11.2013 – L 2 F 155/12 B, MedSach 2015, 89 (keine Befangenheit des Gutachters bei Weigerung, Anwesenheit der Ehefrau zuzulassen); BayLSG 4. 4.2019 – L 7 U 396/16.

8 BSG 23.8.1960 – 9 RV 1042/57, SozR Nr. 13 zu § 106 SGG; BVerwG 12.4.2006 – 8 B 91/05, NJW 2006, 2058; BGH 22.3.2012 – I ZR 192/10.

9 AA Keller ASR 2009, 139 (143): § 118 Abs. 1 Satz 1 SGG iVm §§ 402, 397 Abs. 1 ZPO in der mündlichen Verhandlung.

unmittelbar, sondern **nur über den Richter** befragt werden. In der Praxis wird aber zumeist das **unmittelbare Fragerecht** gestattet (§ 118 Abs. 1 SGG iVm § 397 Abs. 2, § 402 ZPO: für Beteiligte Ermessensentscheidung, für Rechtsanwälte und nach § 73 Abs. 2 Satz 2 SGG gleichgestellte Bevollmächtigte[10] besteht ein Anspruch). Zur Ladung von Sachverständigen zur Erläuterung ihres Gutachtens → § 118 Rn. 35.

b) Beanstandung von Fragen. Der **Vorsitzende** kann im Rahmen seines Prozess- 9
leitungsrechts aus eigener Initiative, auf Anregung der vernommenen Beweisperson oder auf Antrag eines Beteiligten die Frage **vorläufig als unzulässig zurückweisen** (vgl. § 118 Abs. 1 SGG iVm § 400 ZPO). Wird die Entscheidung nicht akzeptiert, hat nach § 116 Satz 3 SGG **das Gericht** zu entscheiden.[11] Die Beanstandung einer Frage und die Entscheidungen des Gerichts hierüber sind ins Protokoll aufzunehmen (§ 122 SGG iVm § 160 Abs. 2 und 3 Nr. 6 ZPO). Bei der Entscheidung des Gerichts ist wie folgt **zu unterscheiden:**

- Bei Beweisaufnahme in der mündlichen Verhandlung (§ 117 SGG) entscheidet die Kammer bzw. der Senat unmittelbar durch Beschluss; die ehrenamtlichen Richter wirken mit (§ 12 Abs. 1 Satz 1 SGG).
- Bei Beweisaufnahme vor dem Vorsitzenden am SG (§ 106 Abs. 3 Nr. 4 und 5, Abs. 4 SGG) entscheidet dieser „als Gericht“ unmittelbar durch Beschluss.
- Bei Beweisaufnahme vor dem Vorsitzenden am LSG oder vor dem Berichterstatter (§ 106 Abs. 3 Nr. 4 und 5, Abs. 4, § 153 Abs. 1, § 155 Abs. 1 SGG) ist der Beweisaufnahmetermin ohne die vorläufig beanstandete Frage fortzusetzen. Über diese ergeht ein Beschluss durch den Senat, die ehrenamtlichen Richter wirken nur mit, wenn der Beschluss in der mündlichen Verhandlung erlassen wird (§ 124 Abs. 3, § 12 Abs. 1 SGG). Entsprechend ist bei einer Beweisaufnahme vor dem ersuchten oder dem beauftragten Richter (→ § 117 Rn. 5) zu verfahren; § 178 SGG geht hier § 118 Abs. 1 SGG iVm § 366 ZPO vor. Die Zurückweisung kann aber auch erst Gegenstand des (End-)Urteils sein.

Das Gericht weist die Frage als unzulässig zurück oder ordnet die nachträgliche 10
Vernehmung an (vgl. § 398 Abs. 2 ZPO). Der **Beschluss** des Gerichts ist **nicht** gesondert, sondern nur mit der Hauptsache **anfechtbar** (§ 172 Abs. 2 SGG), daher nicht zu begründen (§ 142 Abs. 2 Satz 1 SGG). Die fehlerhafte Beanstandung einer Frage ist ein **wesentlicher Verfahrensmangel** (§ 144 Abs. 2 Nr. 3, § 159 Abs. 1 Nr. 2, § 160 Abs. 2 Nr. 3 SGG), aber heilbar (§ 202 Satz 1 SGG iVm § 295 ZPO).

§ 117 [Beweiserhebung vor Prozessgericht]

Das Gericht erhebt Beweis in der mündlichen Verhandlung, soweit die Beweiserhebung nicht einen besonderen Termin erfordert.

10 Kummer in Peters/Sautter/Wolff § 116 Rn. 56.
11 W.-R. Schenke in Kopp/Schenke § 97 Rn. 3: Gericht entscheidet unmittelbar.

I. Allgemeines/Normzweck

1 **1. Gesetzesentstehung.** § 117 SGG ist seit Inkrafttreten des SGG (→ § 1 Rn. 1) unverändert.

2 **2. Normzweck.** Die Vorschrift bestimmt, dass Beweis in der mündlichen Verhandlung erhoben werden soll, und konkretisiert damit den **Grundsatz der Unmittelbarkeit** der Beweisaufnahme (→ § 103 Rn. 30). Das Gericht soll aufgrund seines unmittelbaren eigenen persönlichen Eindrucks von der Beweisaufnahme entscheiden können. § 117 SGG findet Anwendung in allen Rechtszügen (§ 153 Abs. 1, § 165 SGG) und entsprechend in den selbstständigen Beschlussverfahren (§§ 55 a, 73 a, 76, 86 b SGG), wenn dort eine Beweisaufnahme stattfindet.

3 **3. Parallelvorschriften.** Die entsprechenden Vorschriften in den anderen Verfahrensordnungen sind § 96 Abs. 1 Satz 1 VwGO, § 81 Abs. 1 FGO; vgl. auch § 355 Abs. 1, § 370 Abs. 1 ZPO.

II. Beweiserhebung in der mündlichen Verhandlung

4 § 117 SGG sieht als **Regelfall** die Beweisaufnahme **in der mündlichen Verhandlung** vor. Nur ausnahmsweise (Rechtsgedanke des § 87 Abs. 3 Satz 2 VwGO und § 118 Abs. 1 SGG iVm § 375 Abs. 1 ZPO) soll der Beweis außerhalb der mündlichen Verhandlung erhoben werden. Da der Grundsatz für die Vorbereitung der mündlichen Verhandlung **durchbrochen** ist (→ § 106 Rn. 22), wird der Regelfall aber zur Ausnahme. Zur Stellung der Beweisaufnahme im Ablauf der mündlichen Verhandlung → § 112 Rn. 5, 13.

5 Das Gericht kann die Beweisaufnahme ausnahmsweise einem seiner Mitglieder (**beauftragter Richter,** § 118 Abs. 1 iVm § 361 ZPO; wegen § 106 Abs. 2 und 3 SGG selten) oder einem anderen Gericht (**ersuchter Richter,** § 118 Abs. 1 iVm §§ 362, 365 ZPO, § 5 SGG) übertragen. Die Voraussetzungen hierfür sind – jeweils iVm § 118 Abs. 1 SGG – in § 372 Abs. 2 ZPO für den Augenschein, in §§ 375, 402 ZPO für den Zeugen- bzw. Sachverständigenbeweis (insbes. zur Vereinfachung; wenn es auf unmittelbaren Eindruck nicht ankommt) und in § 434 ZPO für den Urkundenbeweis näher geregelt. Die Erledigung des Ersuchens übernimmt der (nach dem Geschäftsverteilungsplan zuständige) Kammervorsitzende (§ 5 Abs. 2 Satz 2 SGG); LSG und BSG sind niemals ersuchte Richter.[1] Zur Notwendigkeit eines Beweisbeschlusses → § 106 Rn. 13, → § 118 Rn. 8; zum Verhältnis zur Videokonferenz → § 110 a Rn. 28; zur Beanstandung von Fragen → § 116 Rn. 9, 10; zu den Befugnissen bei Zeugenvernehmung s. § 400 ZPO; zur Zeugnisverweigerung → § 118 Rn. 15; zur Beeidigung → § 106 Rn. 23; zur Beschwerde gegen Entscheidungen des beauftragten oder des ersuchten Richters s. § 178 SGG.

6 Ein **Verstoß** gegen § 117 SGG kann durch rügelose Einlassung (§ 202 Satz 1 SGG iVm § 295 ZPO) geheilt werden.[2]

§ 118 [Durchführung der Beweisaufnahme]

(1) **[1]Soweit dieses Gesetz nichts anderes bestimmt, sind auf die Beweisaufnahme die §§ 358 bis 363, 365 bis 378, 380 bis 386, 387 Abs. 1 und 2, §§ 388 bis 390, 392 bis 406 Absatz 1 bis 4, die §§ 407 bis 444, 478 bis 484 der Zivilprozeßord-**

1 Leopold in Roos/Wahrendorf § 117 Rn. 12.
2 BSG 17.8.2006 – B 12 KR 79/05 B.

nung entsprechend anzuwenden. [2]Die Entscheidung über die Rechtmäßigkeit der Weigerung nach § 387 der Zivilprozeßordnung ergeht durch Beschluß.

(2) Zeugen und Sachverständige werden nur beeidigt, wenn das Gericht dies im Hinblick auf die Bedeutung des Zeugnisses oder Gutachtens für die Entscheidung des Rechtsstreits für notwendig erachtet.

(3) Der Vorsitzende kann das Auftreten eines Prozeßbevollmächtigten untersagen, solange die Partei trotz Anordnung ihres persönlichen Erscheinens unbegründet ausgeblieben ist und hierdurch der Zweck der Anordnung vereitelt wird.

I. Allgemeines/Normzweck

1. Gesetzesentstehung. § 118 Abs. 1 SGG ist durch Gesetz vom 17.12.1990 (BGBl. 1990 I 2847) mit Wirkung vom 1.4.1994 geändert worden. Zum 25.10.2013 ist die durch das BUK-NOG vom 19.10.2013 (BGBl. 2013 I 3836) erfolgte Streichung des Verweises auf § 406 Abs. 5 ZPO wirksam geworden; damit regelt sich die Statthaftigkeit der Beschwerde gegen ablehnende Entscheidungen über Befangenheitsanträge gegen Sachverständige allein nach § 172 Abs. 2 SGG (→ Rn. 29). 1

2. Normzweck. Die Vorschrift verweist für die Durchführung der Beweisaufnahme auf Vorschriften der ZPO, die entsprechend anzuwenden sind, und trifft einige Sonderregelungen. § 118 Abs. 3 SGG hat kein Vorbild in den anderen Verfahrensordnungen. § 118 SGG findet Anwendung in allen Rechtszügen (§ 153 Abs. 1, § 165 SGG), auch in den selbstständigen Beschlussverfahren (§§ 55 a, 73 a, 76 SGG), wenn dort eine Beweisaufnahme stattfindet. 2

3. Parallelvorschriften. Die Parallelvorschriften sind § 98 VwGO und § 82 FGO. 3

II. Verfahren der Beweisaufnahme

4 **1. Gegenstand der Beweisaufnahme; allgemeine Grundsätze.** Ist unklar, ob eine entscheidungserhebliche **Tatsache** vorliegt oder nicht, ist darüber Beweis zu erheben. Kein Beweis zu erheben ist über Rechtsnormen (Ausnahmen → § 103 Rn. 5). Für die Beweisaufnahme gelten die **allgemeinen Grundsätze** der Beteiligtenöffentlichkeit (→ § 116 Rn. 5), der Mündlichkeit (§ 124 SGG), der Unmittelbarkeit (→ § 103 Rn. 30), des rechtlichen Gehörs (§ 62 SGG) und der Amtsermittlung (Untersuchungsmaxime, § 103 SGG). Das Gericht muss einer entscheidungserheblichen Tatsache grds. so lange nachgehen, bis es zur vollen Überzeugung gelangt ist (§ 128 Abs. 1 Satz 1 SGG – **Vollbeweis** –, hierzu und zur Glaubhaftmachung → § 103 Rn. 7).

5 Zur Mitwirkungspflicht der Beteiligten → § 103 Rn. 18; zur Beweislast → § 103 Rn. 42; zu Beweisanregungen und Beweisanträgen → § 103 Rn. 12; zur Mitteilung von Beweisergebnissen s. § 107 SGG.

6 **2. Strengbeweis und Freibeweis.** Grds. ist die Beweisaufnahme an die Verfahrensvorschriften insbes. des § 118 SGG gebunden (**Strengbeweis**). Für die Feststellung der Prozessvoraussetzungen kann hiervon abgewichen werden (**Freibeweis**), außerdem im **Einverständnis mit den Beteiligten** (§ 284 Satz 2 und 3 ZPO; zB Befragung von Zeugen und Sachverständigen mittels Telefon oder E-Mail).[1]

7 **3. Zeitpunkt der Beweisaufnahmen im Laufe des Verfahrens; Beweisbeschluss.** Das Gericht kann bereits zur **Vorbereitung der mündlichen Verhandlung** Beweis erheben. Neben Anordnungen **des Vorsitzenden** (§ 106 Abs. 3 SGG) ist die Beweisaufnahme **des Gerichts** (§ 118 Abs. 1 SGG iVm § 358 a ZPO) möglich.[2] Angesichts der Möglichkeit des § 106 Abs. 3 SGG besteht für Letzteres an sich kein Bedarf. Ansonsten wird Beweis in der **mündlichen Verhandlung** erhoben (§ 117 SGG). Beweistermin ist auch der Ortstermin eines Sachverständigen zur Durchführung technischer Untersuchungen,[3] nach allgemeinem Verständnis aber nicht zur körperlichen Untersuchung eines Beteiligten. Zum Beweissicherungsverfahren s. § 76 SGG.

8 Eines **Beweisbeschlusses** bedarf es nur, wenn die Beweisaufnahme ein **besonderes Verfahren** erfordert (§ 118 Abs. 1 SGG iVm § 358 ZPO), also bei Beweisaufnahmen des Gerichts nach § 358 a ZPO (→ Rn. 7), des beauftragten oder eines ersuchten Richters (→ § 117 Rn. 5; nicht im Rahmen des § 106 SGG; str, → § 106 Rn. 13), bei der Beweisaufnahme im Ausland (§ 363 ZPO) oder bei Vertagung der mündlichen Verhandlung und konkreter Entscheidung über die weitere Beweisaufnahme. Bei der Verwertung von Sachverständigengutachten aus anderen Verfahren (§ 411 a ZPO) bedarf es zumindest einer gerichtlichen Verfügung, zu der die Beteiligten Stellung nehmen können.[4] Ansonsten genügt eine **Beweisanordnung** (prozessleitende Verfügung) des Vorsitzenden, die idR in der Ladung der Zeugen oder Sachverständigen (§ 111 Abs. 2 SGG) liegt. Entscheidet sich das Gericht erst in der mündlichen Verhandlung, eine Beweisaufnahme durchzuführen, zB einen präsenten Zeugen zu vernehmen, genügt ein **einfacher** (formlo-

1 BT-Drs. 15/1508, 18 zu Nr. 9; nach hM wegen § 103 SGG nicht anwendbar.
2 AA Leopold in Roos/Wahrendorf § 118 Rn. 17: § 358 a ZPO nicht anwendbar; Verweis in § 118 Abs. 1 Satz 1 SGG ungenau.
3 BVerwG 18.3.2014 – 10 B 11/14, NVwZ 2014, 744 (745).
4 BGH 14.11.2017 – VIII ZR 101/17, NJW 2018, 1171.

ser) **Beschluss** der Kammer bzw. des Senats (Mitwirkung der ehrenamtlichen Richter, § 12 Abs. 1 SGG).

Der **Inhalt des Beweisbeschlusses** folgt aus § 118 Abs. 1 SGG iVm § 359 ZPO, 9 wobei wegen § 103 SGG die Bezeichnung der Richtung der Sachaufklärung ausreicht (Nr. 1)[5] und der Beteiligte, der sich auf das Beweismittel beruft, nicht benannt werden muss (Nr. 3).[6] Er ist unanfechtbar (§ 172 Abs. 2 SGG; lex specialis zu § 355 Abs. 2 ZPO), daher nicht zu begründen (§ 142 Abs. 2 Satz 1 SGG). Beweisanordnungen, Beweisbeschlüsse und einfache Beschlüsse können vor ihrer Erledigung durch das Gericht **jederzeit geändert** werden (§ 360 Satz 2 ZPO – Zustimmung des Gegners – gilt nicht);[7] die Beteiligten sind „tunlichst vorher zu hören", jedenfalls nachträglich zu informieren (§ 360 Satz 4 ZPO).[8]

4. Beweismittel. § 118 Abs. 1 verweist auf die ZPO-Regelungen über die klassi- 10 schen Beweismittel – **Augenschein, Zeugen, Sachverständige, Urkunden** – mit Ausnahme der **Parteivernehmung** (§§ 445 bis 454 ZPO).[9] Die Aufzählung ist nicht abschließend (vgl. § 96 Abs. 1 Satz 2 VwGO: „insbesondere"). Zur Einholung von Auskünften → § 106 Rn. 19 ff., zu antizipierten Sachverständigengutachten → § 103 Rn. 36. Die Anhörung der Beteiligten (§ 106 Abs. 1, Abs. 3 Nr. 7, § 112 Abs. 2 Satz 2 SGG) dient gleichfalls der Sachaufklärung,[10] ist insbes. für die Bestimmung des Umfangs der Ermittlungen bedeutsam (→ § 103 Rn. 8) und kann in Fällen der Beweisnot sogar zwingend sein.[11] Kein Beweismittel, sondern ein Mittel der Glaubhaftmachung (→ § 103 Rn. 7) ist die eidesstattliche Versicherung (§ 202 Satz 1 SGG iVm § 294 ZPO).

5. Beweis durch Augenschein (§§ 371–372 a ZPO). Augenschein ist jede **unmit- 11 telbare Sinneswahrnehmung** des Gerichts von der **äußeren Beschaffenheit** einer Sache, eines Menschen oder eines Vorgangs. Der Augenschein ist mangels Sachkunde des Gerichts kein taugliches Mittel, um den gesundheitlichen Zustand eines Menschen zu beurteilen. Durch Augenschein kann aber zB festgestellt werden, ob Gesundheitsstörungen entstellend wirken (→ § 103 Rn. 32). Das rechtliche Gehör (§ 62 SGG) gebietet es, deutlich zu machen, dass die Betrachtung als Beweisaufnahme erfolgt und die Möglichkeit der Stellungnahme zum Ergebnis zu geben.[12] Es können **alle Sinne** beansprucht werden (Sehen, Riechen, Fühlen, Schmecken, Hören).[13] Elektronische Dokumente unterfallen grds. dem Augenscheins-, uU auch dem Urkundenbeweis (§ 371 Abs. 1 Satz 2, § 371 a ZPO; → Rn. 37). Die **Pflicht zur Duldung** eines Augenscheins oder zur Vorlegung von Augenscheinsobjekten folgt für Beteiligte aus ihrer Mitwirkungspflicht (→ § 103 Rn. 18); § 144 Abs. 1 ZPO hat insoweit nur verfahrensrechtliche Bedeutung. Bedarf es der Mitwirkung eines Dritten, kann es zur Mitwirkungspflicht eines Beteiligten gehören, diesen hierzu zu veranlassen. IÜ sind Dritte zur Duldung bzw.

---

5 BVerwG 21.12.2017 – 6 B 31/17, Buchholz 310 § 96 VwGO Nr. 66.
6 Kummer in Peters/Sautter/Wolff § 118 Anm. zu § 359.
7 Bley in SGB-SozVers-GesKomm, § 118 Anm. 4 a dd.
8 BSG 18.10.1995 – 9 BVg 4/94.
9 BSG 14.4.2009 – B 5 R 206/08 B, SozR 4-1500 § 160 Nr. 18; BSG 27.5.2011 – B 12 KR 79/10 B; BSG 2.4.2015 – B 13 R 361/14 B.
10 BSG 25.6.2002 – B 11 AL 21/02 B; BSG 10.2.1998 – B 2 U 2/98 B; Gutzler SGb 2009, 73.
11 BVerfG 21.2.2001 – 2 BvR 140/00, NJW 2001, 2531; Zuck NJW 2010, 3764 (zum Zivilprozess).
12 BSG 31.8.2017 – B 2 U 74/17 B, SozR 4-1500 § 62 Nr. 19.
13 Hartmann in BLAH, Übers. § 371 Rn. 4.

Vorlegung verpflichtet, wenn sie kein Zeugnisverweigerungsrecht (→ Rn. 15) haben und die Duldung bzw. Vorlegung zumutbar ist (§ 144 Abs. 1 und 2, § 371 Abs. 2 ZPO). Das Gericht kann (Ermessen) die Mitwirkung des Dritten, nicht eines Beteiligten, mit den Mitteln des Zeugniszwanges (→ Rn. 15) erzwingen (§ 144 Abs. 2, §§ 386–390 ZPO). Erzwingbare Mitwirkungspflichten bei Untersuchungen zur Feststellung der Abstammung bestehen für Beteiligte und Dritte nach § 372 a ZPO.

12 **6. Zeugenbeweis (§§ 373–401, 414 ZPO).** Der Zeuge bekundet Wissen über **von ihm wahrgenommene Tatsachen.** Zeugnisfähig ist jede natürliche Person, auch Minderjährige und Prozessunfähige. Zeuge kann nur **ein am Prozess nicht beteiligter Dritter** sein, also nicht Kläger oder Beklagter. Streitgenossen und **Beigeladene** können nur für den für sie nicht entscheidungserheblichen Sachverhalt Zeuge sein.[14] Beim **prozessunfähigen Beteiligten** (zu Minderjährigen s. § 71 Abs. 2 SGG iVm § 36 SGB I), auch bei **juristischen Personen** sind die gesetzlichen Vertreter ausgeschlossen,[15] bei klagenden bzw. beklagten Behörden und Versicherungsträgern deren Vertretungsorgane, nicht sonstige Bedienstete. Der **Prozessbevollmächtigte** kann Zeuge sein. Angehörige des öffentlichen Dienstes benötigen eine **Aussagegenehmigung** (§ 376 ZPO iVm §§ 67, 68 BBG bzw. den entsprechenden Regelungen in den Landesgesetzen bzw. Tarifverträgen); ihr Fehlen macht die Aussage grds. aber nicht unverwertbar.[16] Entgegen § 376 Abs. 2 ZPO ist es üblich, den Zeugen zur Vorlage der Genehmigung aufzufordern.

13 Die Vorschriften über den Zeugenbeweis finden auch auf den **sachverständigen Zeugen** Anwendung (§ 414 ZPO). Dieser hat Wahrnehmungen gemacht, zu denen es einer besonderen Sachkunde bedurfte, ist aber im Gegensatz zum Sachverständigen nicht austauschbar (zB behandelnder Arzt).[17] Mit der in der Praxis üblichen Stellung auch gutachtlicher Fragen wird ein problematischer Grenzbereich zum Sachverständigenbeweis beschritten; die Beantwortung sollte dem Arzt freigestellt werden.

14 § 373 ZPO (Beweisantritt durch Benennung des Zeugen und der zu beweisenden Tatsachen) findet wegen § 103 SGG keine Anwendung. Zur **Ladung** des Zeugen s. § 111 Abs. 1 Satz 1 SGG; zum Ausbleiben des Zeugen → § 111 Rn. 16. Ein nicht geladener, aber im Sitzungssaal **anwesender Zeuge** kann auf Beschluss des Gerichts unmittelbar vernommen werden. Vor der Aussage muss der Zeuge sein Gedächtnis durch die Einsicht in Unterlagen auffrischen und diese mitbringen, wenn ihm dies erlaubt und zumutbar ist (§ 378 ZPO). Das Gericht kann dies durch Maßnahmen nach § 390 ZPO (Auferlegung der Kosten, Ordnungsgeld) erzwingen. Zur Feststellung der Anwesenheit in der Sitzung → § 112 Rn. 7. Mehrere Zeugen sind einzeln hereinzurufen (§ 394 Abs. 1 ZPO). Der Zeuge wird zur Wahrheitspflicht ermahnt und auf die Möglichkeit der Beeidigung hingewiesen (§ 395 Abs. 1 ZPO). Er wird **zur Person** (§ 395 Abs. 2 ZPO: Name, Alter, Beruf, Anschrift; zweckmäßigerweise auch Verwandtschaft/Schwägerschaft zu den Beteiligten [..., mit dem Kläger nicht verwandt und nicht verschwägert.]), dann **zur Sache** (§ 396 Abs. 1 und 2 ZPO; zunächst Angaben im

14 BSG 15.12.1983 – 12 RK 57/82, SozR 1500 § 117 Nr. 3.
15 LSG BW 6.4.2017 – L 6 VJ 1281/15: Betreuer innerhalb seines Aufgabenkreises.
16 BSG 4.9.2007 – B 2 U 308/06 B, SozR 4-1500 § 160 a Nr. 18.
17 Vgl. BVerwG 12.10.2010 – 6 B 26/10, NJW 2011, 1983.

Zusammenhang) befragt. Zum **Fragerecht** der Beisitzer s. § 112 Abs. 4 SGG, zum Fragerecht der Beteiligten s. § 116 Satz 2 und 3 SGG.

Zeugnisverweigerungsrechte regeln **§§ 383–390 ZPO**, Art. 47 GG, § 35 Abs. 3 SGB I iVm §§ 65–77 SGB X. Die für bestimmte Berechtigte bestehende Einschränkung für Tatsachen, welche die durch das Familienverhältnis bedingten Vermögensangelegenheiten betreffen (§ 385 Abs. 1 Nr. 3 ZPO), gilt auch für Einkommen und Kosten der Unterkunft von Mitgliedern einer Bedarfsgemeinschaft.[18] Verlobte, Ehegatten, Lebenspartner und nahe Verwandte/Verschwägerte sind vor der Vernehmung über ihr Zeugnisverweigerungsrecht zu belehren (§ 383 Abs. 2 ZPO); in den übrigen Fällen ist die Belehrung nicht vorgeschrieben, aber oft (§ 384 Nr. 2 ZPO) sinnvoll. Zur ärztlichen Schweigepflicht → § 106 Rn. 18. Die Zeugnisverweigerung kann nicht lediglich telefonisch erklärt werden.[19] Bei Einwendungen der Beteiligten oder Zweifeln des Gerichts entscheidet letzteres über die Rechtmäßigkeit der Zeugnisverweigerung durch **Beschluss** (§ 118 Abs. 1 Satz 2 SGG statt § 387 Abs. 3 ZPO); der Beschluss des SG ist nach § 172 Abs. 1 SGG nicht anfechtbar. Beim **Zeugniszwang** bedarf es entgegen § 390 Abs. 2 ZPO wegen des Amtsermittlungsgrundsatzes keines Antrags.[20] Eine Aussage ohne Belehrung oder nach fehlerhafter Verneinung eines Zeugnisverweigerungsrechts ist unverwertbar. 15

Die Zeugen können wiederholt oder nachträglich vernommen werden (§ 398 ZPO). Ein Verzicht der Beteiligten auf einen Zeugen ist unerheblich; § 399 ZPO gilt nicht, allein § 103 SGG ist maßgeblich. Die **Beeidigung** der Aussage findet nur ausnahmsweise statt (§ 118 Abs. 2 SGG statt § 391 ZPO). Die Ablehnung eines Antrags auf Beeidigung erfolgt durch Beschluss, der unanfechtbar ist (§ 172 Abs. 2 SGG), zur Kontrolle der Ermessenserwägungen in der Rechtsmittelinstanz (§§ 103, 128 Abs. 1 Satz 1 SGG) aber begründet werden sollte.[21] Zum Verfahren s. §§ 478–484 ZPO; bei Vernehmungen zur Vorbereitung der mündlichen Verhandlung → § 106 Rn. 23. Zur Protokollierung der Zeugenaussage s. § 122 SGG. Zur Verwertung von Protokollen über Zeugenaussagen im Wege des Urkundenbeweises → § 103 Rn. 31. Die **Entschädigung** des Zeugen erfolgt nach JVEG (§ 401 ZPO). Eine aussagepsychologische Begutachtung (Glaubhaftigkeitsgutachten) kommt nur ganz ausnahmsweise in Frage.[22] 16

§ 110 a Abs. 2 SGG sieht die Möglichkeit der Vernehmung des Zeugen in einer **Videokonferenz** vor. Insb. bei sachverständigen Zeugen, an die konkrete Fragen gestellt werden können, bei denen es auf den persönlichen Eindruck nicht ankommt und wo Probleme der Glaubwürdigkeit nicht zu erwarten sind (zB behandelnde Ärzte), genügt idR eine **schriftliche Befragung** (§ 377 Abs. 3 ZPO). Der Zeuge ist darauf hinzuweisen, dass er zur Vernehmung geladen werden kann, falls die schriftlichen Antworten nicht ausreichen. Er kann auch geladen werden, wenn er die Antworten nicht innerhalb einer gesetzten Frist übersendet. § 383 Abs. 2 ZPO (Belehrung bei Zeugnisverweigerungsrecht) findet Anwendung. Zur Beantwortung in elektronischer Form s. § 65 a SGG. Eine **telefoni-** 17

---

18 LSG NRW 28.10.2014 – L 19 AS 1180/14 B, NZS 2015, 40.
19 BFH 2.6.2004 – II R 7/02, BFH/NV 2004, 1535.
20 Keller in Meyer-Ladewig/Keller/Leitherer/Schmidt § 118 Rn. 10 g.
21 Vgl. BVerwG 6.7.1998 – 9 B 562/98, NJW 1998, 3369; BSG 4.11.1999 – B 9 VJ 4/98 B: Antrag auf Beeidigung notwendig, Rechtsmittelgericht prüft nur Einhaltung der Ermessensgrenzen.
22 BayLSG 5.2.2013 – L 15 VG 22/09; LSG BW 26.2.2015 – L 6 VG 1832/12.

sche Zeugenbefragung ist ausnahmsweise, im Einverständnis mit den Beteiligten zulässig (→ Rn. 6 und → § 106 Rn. 21).

18 **7. Beweis durch Sachverständige (§§ 402–406 Abs. 1 bis 4, §§ 407–413 ZPO).** **a) Begriff; Stellung des Sachverständigen.** Der gerichtliche Sachverständige erweitert die Erkenntnismöglichkeiten des Gerichts durch seine **besondere Sachkunde.** Insoweit ist er „Gehilfe des Gerichts".[23] Das Gericht muss sich des Sachverständigen bedienen, wenn es selbst nicht über ausreichend Sachkunde verfügt, im Sozialgerichtsprozess typischerweise bei **medizinischen Sachverhalten** (→ § 103 Rn. 11, 34). Ein Sachverständiger liefert eine umfassende wissenschaftliche Bearbeitung einer konkreten Fragestellung; die zu § 200 Abs. 2 SGB VII entwickelten Kriterien der Abgrenzung zur beratungsärztlichen Stellungnahme[24] können nicht verallgemeinert werden; zur Abgrenzung zum Zeugen → Rn. 12. Auch der Sachverständige nach **§ 109 SGG** erstattet ein gerichtliches Gutachten. **Frühere** gerichtliche oder staatsanwaltschaftliche **Gutachten** können wie schriftliche Gutachten verwertet werden (§ 411 a ZPO; zur Notwendigkeit eines Beweisbeschlusses → Rn. 8). Gutachten aus dem **Verwaltungsverfahren** unterfallen dem Urkundenbeweis (zur Beweiskraft → § 103 Rn. 10), schriftliche Zeugenaussagen (§ 377 Abs. 3 ZPO) dem Zeugenbeweis. Im Prozess von den Beteiligten eingeholte Gutachten („Partei-" oder „Privatgutachten") oder sonstige ärztliche Stellungnahmen sind urkundlich belegter, qualifizierter Beteiligtenvortrag;[25] zu Widerspruchsrechten bei der Weitergabe von Sozialdaten → § 103 Rn. 28.

19 Gericht und Sachverständiger kooperieren in vielfältiger Weise (vgl. § 404 a Abs. 2; § 407 a Abs. 1 und 4 ZPO). Letztlich **leitet** aber **das Gericht** den Sachverständigen an und hat ihm gegenüber Weisungsrecht (§ 404 a Abs. 1 und 4 ZPO). Der Sachverständige beantwortet **tatsächliche Fragen**, keine rechtlichen wie die Höhe der MdE oder das Vorliegen von Erwerbsunfähigkeit. Fragen des Gerichts dürfen nicht ins Rechtliche überschießen.[26] Ohne Kenntnis des materiell-rechtlichen Hintergrunds wird der Gutachter aber seine Sachkunde nur schwer transformieren können. Zum Sonderfall ausländisches Recht, Gewohnheitsrecht, Satzungsrecht → § 103 Rn. 3.

20 **b) Auswahl des Sachverständigen.** Die Auswahl des Sachverständigen erfolgt **durch das Gericht** (§ 404 Abs. 1 Satz 1 ZPO), anders als in bestimmten Fällen im Verwaltungsverfahren (§ 200 Abs. 2 SGB VII, § 14 Abs. 5 Satz 3, 4 SGB XI). Die Beteiligten können vor der Ernennung gehört werden (§ 404 Abs. 2 ZPO). Das steht im Ermessen des Gerichts und unterbleibt aufgrund der Besonderheiten des sozialgerichtlichen Verfahrens regelmäßig.[27] § 404 Abs. 3–5 ZPO gelten nicht.[28] Auswahlkriterien sind vor allem die Sachkunde und die Unparteilichkeit.[29] Die Bestellung kann jederzeit geändert werden (§ 404 Abs. 1 Satz 3 ZPO). Nur eine **natürliche Person** kann Gutachter sein. Dieser muss eindeutig

---

23 BGH 18.12.1973 – VI ZR 113/71, BGHZ 62, 54 (59).
24 BSG 5.2.2008 – B 2 U 8/07 R, SozR 4-2700 § 200 Nr. 1; BSG 11.4.2013 – B 2 U 34/11 R, SozR 4-2700 § 200 Nr. 4.
25 BSG 6.4.1989 – 2 RU 55/88, HV-INFO 1989, 1177.
26 Bonnermann SGb 2002, 262 (263).
27 Roller SGb 2017, 5 (7); aA Schafhausen ASR 2017,186 (187) und BeckerMedSach 2017, 35 (36).
28 Str.; zu Abs. 5: BVerwG 7.11.1979 – 6 B 95/78, VwRspr. 31, 380.
29 Knittel MedSach 2004, 46.

bestimmbar sein.[30] Zum Gutachter kann auch ein erfahrener Oberarzt ernannt werden, idR nicht der sich in der Facharztausbildung befindliche Assistenzarzt.[31] Auf etwaige persönliche Abhängigkeiten des Sachverständigen ist zu achten, insbes. wenn die Ablehnung des Sachverständigen (→ Rn. 25 ff.) zu befürchten ist.

Wer auf einem Fachgebiet öffentlich tätig oder zugelassen ist, ist **verpflichtet**, dem **Gutachtensauftrag Folge zu leisten** (§ 407 Abs. 1 ZPO), also idR jeder Arzt. Er kann die Begutachtung aber aus denselben Gründen verweigern, die einen Zeuge zur Aussageverweigerung berechtigen (§ 408 ZPO; → Rn. 15). Ist der Arzt aus Kapazitätsgründen nicht in der Lage, das Gutachten innerhalb der gesetzten Frist (→ Rn. 32) zu erstatten, muss er das anzeigen (§ 407 a Abs. 1 ZPO). Dann ist das Beweismittel **ungeeignet** (→ § 103 Rn. 16) und der Arzt muss von dem Gutachtensauftrag entbunden werden.[32] Darüber hinaus kann das Gericht den Sachverständigen aus Zweckmäßigkeitserwägungen entbinden, zB wenn dieser sein hohes Alter, Überlastung oder mangelnde Vertrautheit mit Begutachtungen geltend macht. Hat der Sachverständige Zweifel, ob seine Sachkunde für die Erstattung des Gutachtens ausreicht, oder ist ihm Inhalt und Umfang des Auftrags unklar, muss er bei Gericht nachfragen (§ 407 a Abs. 1 und 4 ZPO).[33] Die Pflicht zu prüfen, ob durch das Gutachten Kosten entstehen, die erkennbar außer Verhältnis zum Wert des Streitgegenstandes stehen (§ 407 a Abs. 4 Satz 2 1. Alt. SGG), gilt wegen § 103 SGG nicht.[34] 21

Der Sachverständige darf den Auftrag **nicht** auf andere **übertragen** (§ 407 a Abs. 3 Satz 1 ZPO).[35] Auch die Einholung eines **Zusatzgutachtens** auf einem anderen Fachgebiet ohne Zustimmung des Gerichts ist unzulässig. Doch kann das Gericht den Sachverständigen bereits im Gutachtensauftrag ermächtigen, ein Zusatzgutachten bei einem namentlich benannten Zusatzgutachter einzuholen, wenn er dies für erforderlich hält.[36] Der Sachverständige darf **Hilfskräfte** einsetzen, etwa bei der Befunderhebung.[37] Die Abgrenzung zum Zusatzgutachten ist mitunter schwierig; bei einer gutachtlich-bewertenden Auseinandersetzung ist von einem Zusatzgutachten auszugehen. Der Sachverständige muss seine uneingeschränkte persönliche Verantwortung für das Gutachten erklären, mittels Unterschrift und dem sinngemäßen Zusatz, er habe die Arbeit seiner Mitarbeiter selbst nachvollzogen und sich zu eigen gemacht, er sei aufgrund eigener Über- 22

30 „Chefarzt" meint den jeweiligen Stelleninhaber (BSG 1.12.1964 – 11 RA 146/64, SozR Nr. 71 zu § 128 SGG), „Klinik" nicht eindeutig den Chefarzt (Keller in Meyer-Ladewig/Keller/Leitherer/Schmidt § 118 Rn. 11 c; aA BSG 4.8.1965 – 11 RA 366/64, SozR Nr. 73 zu § 128 SGG).

31 BVerwG 9.3.1984 – 8 C 97/83, BVerwGE 69, 70 (80 f.); aA Keller in Meyer-Ladewig/Keller/Leitherer/Schmidt § 118 Rn. 11 c.

32 Roller SGb 2010, 636 (639 f.); zu § 109 → § 109 Rn. 10.

33 Bonnermann SGb 1995, 52 (54).

34 BayLSG 17.12.2013 – L 15 SF 275/13; ThürLSG 8.11.2018 – L 1 SF 145/18 B (offen gelassen für Verfahren nach § 197 a SGG).

35 BSG 2.12.2010 – B 9 SB 2/10 B, MedSach 2013, 109 (auch nicht seinem Nachfolger im Amt); ThürLSG 8.7.2004 – L 6 B 8/04 SF, MedSach 2004, 208 (Schweigen des Gerichts auf entsprechende Erklärung des Gutachters genehmigt Übertragung nicht); zum Datenschutz s. Bauer MedSach 2006, 79.

36 Offen gelassen von BVerwG 9.3.1984 – 8 C 97/83, BVerwGE 69, 70 (82).

37 Vgl. LSG BW 12.12.2017 – L 9 U 5407/13: Herz- und Lungenfunktionsuntersuchung.

zeugung und Urteilsbildung einverstanden.[38] Ist dies der Fall, prüft das Gericht auch auf Anregung eines Beteiligten nicht, in welchem Umfang Hilfskräfte eingesetzt worden sind.[39] Aus Art und Umfang der Mitarbeit darf aber nicht gefolgert werden, die das Gutachten prägenden und regelmäßig in einem unverzichtbaren Kern vom Sachverständigen selbst zu erbringenden Zentralaufgaben seien von ihm nicht selbst wahrgenommen worden. Bei psychiatrischen Begutachtungen ist eine persönliche Untersuchung durch den Sachverständigen selbst unabdingbar;[40] in anderen Fachgebieten hängt es vom Einzelfall ab. Für das Gutachterwahlrecht nach § 200 Abs. 2 Hs. 1 SGB VII hat das BSG entschieden, dass es auch bei einem (unfall)chirurgischen Gutachten zumindest zu einer persönlichen Begegnung mit dem Sachverständigen kommen muss.[41] Das lässt sich auf Gutachten nach § 109 SGG übertragen, da dort eine vergleichbare Interessenlage des Beteiligten besteht, nicht aber auf von Amts wegen in Auftrag gegebene Gutachten, bei dem das den Sachverständigen auswählende Gericht kein vergleichbares Interesse an einer solchen Begegnung hat. Eine unzulässige Übertragung des Gutachtenauftrags kann das Gericht nicht nachträglich genehmigen.[42] Lassen sich die Beteiligten auf das vom falschen Sachverständigen erstattete Gutachten nicht rügelos ein (§ 202 Satz 1 SGG iVm § 295 ZPO),[43] ist es nicht verwertbar.[44] Eine Wiederholung der Begutachtung durch den ursprünglich beauftragten Gutachter scheitert idR an dessen Befangenheit (→ Rn. 26). Der Gutachter verliert auch seinen Entschädigungsanspruch.[45] Hilfskräfte sind mit Namen und Qualifikation namhaft zu machen, außer bei Hilfsdiensten von untergeordneter Bedeutung (§ 407 a Abs. 3 Satz 2 ZPO; zB Blutabnahme, Röntgen). Unterbleibt dies und hat ein Beteiligter ein berechtigtes Interesse an den Angaben, ist das Gutachten unverwertbar.[46]

23 c) **Gutachtensauftrag.** IdR wird die **schriftliche Begutachtung** angeordnet (→ § 103 Rn. 35); zur Erstattung in elektronischer Form s. § 65 a SGG, § 411 Abs. 1 ZPO. Wenn ein **Gutachten nach Aktenlage** ausreicht, muss das Gericht den Gutachtensauftrag entsprechend beschränken. Daneben ist die **mündliche Erstattung** des Gutachtens nach vorheriger Untersuchung möglich,[47] nicht die telefonische Befragung des Sachverständigen.[48] Zur Frage der Notwendigkeit eines Beweisbeschlusses → Rn. 8.

---

38 BSG 28.3.1984 – 9 a RV 29/83, SozR 1500 § 128 Nr. 24; BSG 15.7.2004 – B 9 V 24/03 B, SozR 4-1750 § 407 a Nr. 2; BSG 1.10.2014 – B 9 SB 53/14 B; zu typischen Problemen s. Roller SGb 1998, 402 (402 f.).

39 BSG 10.5.1994 – 9 BV 17/94.

40 BSG 18.9.2003 – B 9 VU 2/03 B, SozR 4-1750 § 407 a Nr. 1 mAnm Roller SGb 2004, 364; BSG 30.1.2006 – B 2 U 358/05 B; BSG 17.11.2006 – B 2 U 58/05 B, SozR 4-1750 § 407 a Nr. 3; BSG 18.11.2008 – B 2 U 101/08 B; BSG 5.5.2009 – B 13 R 535/08 B; BSG 17.4.2013 – B 9 V 36/12 B, SozR 4-1500 § 118 Nr. 3; Feddern/Widder MedSach 2009, 93; Becker MedSach 2006, 74 (76); weitergehend Thole MedSach 2006, 93 (96).

41 BSG 7.5.2019 – B 2 U 25/17 R, für BSGE vorgesehen = SozR 4-2700 § 200 Nr. 5.

42 BSG 20.3.2017 – B 9 SB 54/16 B.

43 BSG 24.10.2016 – B 9 V 62/16 B; BSG 20.3.2017 – B 9 SB 54/16 B.

44 Nach Keller in Meyer-Ladewig/Keller/Leitherer/Schmidt § 118 Rn. 11 j anders für unwiederholbare Befunde.

45 OLG Nürnberg 16.5.2006 – 5 W 781/06, MedSach 2006, 105.

46 BSG 15.7.2004 – B 9 V 24/03 B, SozR 4-1750 § 407 a Nr. 2 mAnm Giesen SGb 2005, 120; BSG 30.1.2006 – B 2 U 358/05 B.

47 Zum Beweiswert der Begutachtung durch einen Terminsarzt/Sitzungsarzt: BSG 16.11.1987 – 5 b BJ 118/87, SozR 500 § 160 a Nr. 60.

48 BSG 28.6.1979 – 1 RA 57/78, SozR 1500 § 117 Nr. 2.

Die **Beweisfragen** sind auf die rechtlich maßgeblichen Tatsachen zu richten (→ Rn. 19).[49] Bei Besonderheiten des Falles, etwa wenn das Beweisthema schwierig zu erfassen ist, kann der Sachverständige vor Abfassung der Beweisfragen befragt und eingewiesen werden (§ 404 a Abs. 2 ZPO). Die Beteiligten müssen Einwendungen gegen die Beweisfragen in angemessener Zeit vorbringen (§ 411 Abs. 4 ZPO; aber keine Präklusion nach Satz 2 Hs. 2). 24

d) **Ablehnung des Sachverständigen.** Wie der Richter kann auch der Sachverständige abgelehnt werden (§ 406 ZPO). Eine Ausschließung ist nicht vorgesehen; Ausschlussgründe (§ 60 Abs. 1 SGG iVm § 41 ZPO) berechtigen zur Ablehnung. Das von einem erfolgreich abgelehnten Sachverständigen erstellte Gutachten gehört nicht zum „Gesamtergebnis des Verfahrens" (§ 128 SGG), darf daher nicht verwertet,[50] muss aber nicht aus der Akte entfernt[51] werden. 25

aa) **Ablehnungsgründe.**[52] Gehört der Gutachter der bescheiderteilenden Behörde als Beamter oder in sonstiger Weise dauerhaft an, liegt idR ein Ablehnungsgrund nach § 42 ZPO vor.[53] Gleiches gilt bei einer vertraglichen Verpflichtung als Beratungsarzt zur beklagten BG,[54] bei wirtschaftlicher Abhängigkeit oder wenn allein und häufig Gutachtensaufträge von einer Seite erteilt werden.[55] Ein Ablehnungsgrund liegt idR auch bei gutachtlicher/beratender Äußerung in dem der Klage vorausgehenden Verwaltungsverfahren,[56] ebenso wenn sich aus der Homepage des Gutachters eine besondere Nähe bzw. Distanz zu Patientengruppen oder Institutionen ergibt, zu denen ein Beteiligter gehört.[57] Kein Ablehnungsgrund besteht, wenn der Sachverständige in anderen Verwaltungsverfahren, im Vorprozess oder in der Vorinstanz für das Gericht, den Gegner oder andere Leistungsträger begutachtet hat,[58] wenn er bei unfallversicherungsrechtli- 26

49 Bsp. bei Krasney/Udsching, III 114 ff.

50 BSG 28.11.2019 – B 8 SO 55/17 B, SozR 4-1500 § 71 Nr. 3; nach Keller in Meyer-Ladewig/Keller/Leitherer/Schmidt § 118 Rn. 12 n sind nicht wiederholbare Befunde verwertbar.

51 Leopold in Roos/Wahrendorf § 118 Rn. 122; str.

52 Ausführliche Auflistung bei Leopold in Roos/Wahrendorf § 118 Rn. 114 ff. und Kutschera in Bieresborn, Einführung in die medizinische Sachverständigentätigkeit vor Sozialgerichten, S. 71 ff.

53 BVerwG 6.10.1998 – 3 B 35/98, NVwZ 1999, 184; Kühl NZS 2003, 579 (580): § 60 Abs. 3 SGG analog; LSG BW 7.9.2009 – L 10 R 3976/09 B: nicht wenn lediglich anderem Rentenversicherungsträger angehörend.

54 BayLSG 25.9.2015 – L SF 64/13 B, MedSach 2015, 284 (offen gelassen für früheres Beratungsarztverhältnis und solches zu anderer BG); krit. Schlaeger MedSach 2016, 108 (109 f.).

55 Eindruck, einer gewissen Betriebsblindheit, wenn routinemäßig immer von einer Seite Fälle bearbeitet werden, SächsLSG 1.9.2010 – L 6 U 222/09 B, UV-Recht Aktuell 2010, 1149.

56 BSG 31.5.1958 – 2 RU 59/58, SozR Nr. 1 zu § 42 ZPO; BSG 16.5.1995 – 9 BV 175/94; LSG BW 19.10.1998 – L 2 U 4328/97 A; LSG NRW 22.12.2006 – L 4 B 12/06 U, UV-Recht Aktuell 2007, 134; anders Sonderfall nach BayLSG 9.10.2012 – L 15 VJ 2/08, Breith. 2013, 168 (ergänzende Stellungnahme zu Gutachten nach § 109 SGG und herausragende wissenschaftliche Stellung im Impfschadensrecht).

57 OLG Koblenz 24.1.2013 – 4 W 645/12, MedSach 2013, 204 (205) (zum Arzthaftungsprozess).

58 BayLSG 23.6.2003 – L 2 B 308/02 U, HVBG-Info 2003, 2262; SchlHLSG 23.7.2007 – L 7 R 105/06, NZS 2008, 392; BSG 10.1.2018 – B 5 R 301/17 B, MedSach 2019, 289; weitergehend BGH 10.1.2017 – VI ZB 31/16, MedSach 2018, 40: Ablehnung bei Erstattung Privatgutachten für Dritten bei paralleler Fragestellung.

chen Streitigkeiten als Durchgangsarzt,[59] in einer berufsgenossenschaftlichen Klinik[60] oder in einem der DGUV getragenen Institut[61] tätig ist. Ein in der Versorgungsverwaltung beschäftigter Arzt ist im Prozess gegen einen Versorgungsträger nur ausnahmsweise (besondere Kenntnisse und Erfahrungen auf Spezialgebiet; einziger mit notwendiger Sachkunde) als Sachverständiger geeignet.[62] Keine Befangenheit liegt vor bei bloßer Kollegialität aufgrund von Tätigkeit in derselben Klinik wie ein Vorgutachter.[63] Besorgnis der Befangenheit begründende Aussagen in früheren Verfahren führen nur zur Ablehnung, wenn generell zu erwarten ist, dass der Sachverständige auch in allen zukünftigen Fällen solche Aussagen macht.[64] Mangelnde Qualifikation,[65] auch Lücken und Unzulänglichkeiten im schriftlichen Gutachten[66] sind keine Ablehnungsgründe, anders aber uU wenn das Beweisthema verlassen wird.[67] Verfahrensfehlerhaftes Verhalten des Sachverständigen gegenüber den Beteiligten reicht als solches zur Besorgnis der Befangenheit nicht aus. Nur wenn die Verfahrensweise von einem willkürlichen oder unsachlichen Umgang mit den Beteiligten geprägt ist, etwa grobe Beleidigungen, körperliche Eingriffe gegen den Willen des Begutachtenden erfolgen,[68] auch eine grobe Verletzung der Privatsphäre,[69] ist die Besorgnis der Befangenheit begründet. Ein Sachverständiger, der ein Gutachten unzulässigerweise an einen anderen Arzt überträgt (→ Rn. 22), kann in der Sache nicht erneut beauftragt werden,[70] anders, wenn nur die angeordnete körperliche Untersuchung unterlassen wird.[71] Ein Sachverständiger nach **§ 109 SGG** kann nicht allein deswegen abgelehnt werden, weil er den Antragsteller vorher behandelt hat, ein besonderes Vertrauensverhältnis zwischen Gutachter und Antragsteller besteht oder er sich zuvor schon zur Beweisfrage geäußert hat.[72]

27 **bb) Hinweispflichten.** Der **Sachverständige** muss nach § 407 a Abs. 2 ZPO unverzüglich[73] auf etwaige Umstände hinweisen, die seine Befangenheit begründen. Versäumt er dies, kann gegen ihn ein Ordnungsgeld von 5 bis 1.000 Euro (Art. 6 EGStGB) festgesetzt werden und er kann seinen Entschädigungsanspruch verlieren (§ 8 a Abs. 2 Satz 1 Nr. 2 JVEG). Das **Gericht** verletzt den Grundsatz rechtlichen Gehörs, wenn es die Beteiligten nicht **über** einen ihm bekannten **Ab-**

---

59 BSG 8.12.1998 – B 2 U 222/98 B, HVBG-Info 1999, 258; LSG BW 24.7.1996 – L 2 U 1617/96 B, Breith. 1997, 373.
60 LSG NRW 27.3.1995 – L 17 (5) U 146/92, HVBG-Info 1996, 271.
61 LSG RhPf 27.7.2004 – L 2 U 90/03, HVBG RdSchr VB 82/2004 (zum damaligen HVBG).
62 BSG 11.12.1992 – 9 a RV 6/92, SozR 3-1500 § 128 Nr. 7.
63 SchlHLSG 28.1.1988 – L 4 Sb 85/87, Breith. 1988, 522.
64 LSG BW 10.2.2000 – L 2 U 4217/98 B, HVBG-Info 2000, 2224.
65 LSG BW 24.7.1996 – L 2 U 1617/96 B, Breith. 1997, 373.
66 BGH 27.9.2011 – X ZR 142/08, NJW-RR 2011, 1555.
67 LSG NRW 2.11.2010 – L 8 R 921/10 B (Erörterung der Einleitung/Fortführung des Rentenverfahrens unter psychotherapeutischen Gesichtspunkten).
68 LSG Bln-Bbg 14.9.2006 – L 1 B 75/06 SF; Ockenga SozVers 2003, 118 (124) mwN; Becker MedSach 2008, 85 (87); BayLSG 24.1.2012 – L 2 SF 385/11 B (nicht ausreichend: scharfe Reaktion des Gutachters nach massiver Provokation).
69 LSG BW 25.6.2012 – L 8 SB 1449/12 B (Durchsuchung einer mitgeführten Tasche).
70 LSG NRW 23.12.1996 – L 14 SJ 15/96, NZS 1997, 200; krit. Kühl NZS 2003, 579 (581 f.).
71 LSG RhPf 21.8.2007 – L 2 B 169/07 U.
72 LSG RhPf 31.3.1981 – L 3 Sb 6/81, Breith. 1982, 169; HessLSG 24.9.1986 – L-13/J-188/86, SGb 1987, 115.
73 § 121 Abs. 1 Satz 1 BGB; nach Becker MedSach 2017, 35 (37): 14 Tage zwischen Eingang Gutachten bei Sachverständigen und Eingang Mitteilung bei Gericht reichen aus.

lehnungsgrund unterrichtet.[74] Auch ohne (erfolgreiches) Ablehnungsgesuch, hat das Gericht den ihm bekannten Ablehnungsgrund im Rahmen der Beweiswürdigung zu berücksichtigen.[75]

cc) **Verfahren.** Der Ablehnungsantrag ist nach § 406 Abs. 2 ZPO vor der Vernehmung des Sachverständigen, spätestens **zwei Wochen** nach Verkündung bzw. Mitteilung der Anordnung über die Bestellung, zu erheben. Danach ist ein Antrag nur zulässig, wenn glaubhaft gemacht (→ § 103 Rn. 7) wird, dass der Ablehnungsgrund unverschuldet nicht früher geltend gemacht werden konnte. Der Antrag muss dann aber **unverzüglich** (§ 121 Abs. 1 Satz 1 BGB) gestellt werden[76] (zur Wiedereinsetzung s. § 67 Abs. 1 SGG). Der Ablehnungsgrund ist **glaubhaft zu machen** (§ 406 Abs. 3 ZPO). 28

Das Gericht entscheidet durch **Beschluss** (§ 406 Abs. 4 ZPO; außerhalb der mündlichen Verhandlung durch den Vorsitzenden beim SG bzw. Berichterstatter beim LSG;[77] ehrenamtliche Richter nur bei Entscheidung innerhalb der mündlichen Verhandlung, § 12 Abs. 1 SGG). IdR zweckmäßig, aber nicht vorgeschrieben (str) ist es, den abgelehnten Sachverständigen vorher zu hören. Lassen sich die Ablehnungsgründe unmittelbar anhand des Gutachtens beurteilen, kann hierauf verzichtet werden.[78] Der Beschluss ist **unanfechtbar** (§ 172 Abs. 2 SGG; → § 172 Rn. 11);[79] eine Begründung gebietet idR der Grundsatz rechtlichen Gehörs (§ 62 SGG). Die Überprüfbarkeit im Rechtsmittelverfahren ist umstr.[80] Wird ein Antrag nicht beschieden, liegt darin ein wesentlicher Verfahrensmangel (§ 144 Abs. 2 Nr. 3, § 159 Abs. 1 Nr. 2, § 160 Abs. 2 Nr. 3 SGG).[81] Eine Entscheidung erst im Urteil stellt zumindest dann einen wesentlichen Verfahrensmangel dar, wenn der Beteiligte auf die Ablehnungsentscheidung hätte verfahrensbeeinflussend reagieren können.[82] Der Fehler kann durch das LSG geheilt werden, nicht durch das BSG.[83] 29

e) **Erstattung des Gutachtens.** Die tatsächlichen Grundlagen des Gutachtens, die durch Beiziehung der Verwaltungsakten, Krankenunterlagen oder durch Einho- 30

---

74 BSG 11.12.1992 – 9 a RV 6/92, SozR 3-1500 § 128 Nr. 7; BSG 3.2.1999 – B 9 VJ 1/98 R, SozR 3-1750 § 565 Nr. 2: Vorenthaltung eines Briefs des Sachverständigen an das Gericht.

75 Kühl NZS 2003, 579 (581).

76 Bei Begründung mit Verhalten in der gutachtlichen Untersuchung ist Fristbeginn diese und nicht erst Vorlage des schriftlichen Gutachtens, BbgVerfG 22.3.2918 – VfGBbg 1/19 EA, NJW-RR 2019, 831; bei Begründung mit Inhalt des schriftlichen Gutachtens idR innerhalb der vom Gericht gesetzten Stellungnahmefrist nach § 411 Abs. 4 ZPO, BGH 15.3.2005 – VI ZB 74/04, NJW 2005, 1869, ansonsten in einer den Umständen des Einzelfalles angepassten Prüfungs- bzw. Überlegungsfrist, LSG Bln-Bbg 14.12.2005 – L 1 B 1051/05 SF. Ablehnungsgrund, der erst nach Erlass des Urteils bekannt wird, ist unverzüglich in der Rechtsmittelinstanz vorzubringen, BSG 31.7.1975 – 9 RV 540/74, SozR 1750 § 406 Nr. 1; HessLSG 24.9.1986 – L-13/J-188/86, SGb 1987, 115.

77 Leopold in Roos/Wahrendorf § 118 Rn. 119.

78 LSG BW 10.8.2006 – L 10 U 3447/06 A.

79 In der Revision nur unter engen Voraussetzungen überprüfbar, BSG 24.5.2013 – B 1 KR 50/12 B; BSG 7.6.2018 – B 9 V 69/17 B.

80 Nach BSG 7.8.2019 – B 9 V 14/19 B in st. Rspr. nur bei willkürlichen oder manipulativen Erwägungen oder wenn Bedeutung und Tragweite des Art. 101 Abs. 1 Satz 2 GG grundlegend verkannt wird; nach Loytved jurisPR-SozR 23/2019 Anm. 4 übertragbar auf Berufung; weitergehend aber LSG BW 24.10.2019 – L 6 U 1582/19.

81 BSG 28.9.1999 – B 2 U 32/98 R, SozR 3-2200 § 605 Nr. 1; BSG 2.5.2001 – B 2 U 29/00 R, SozR 3-1500 § 153 Nr. 13.

82 BSG 2.5.2001 – B 2 U 29/00 R, SozR 3-1500 § 153 Nr. 13.

83 BSG 28.9.1999 – B 2 U 32/98 R, SozR 3-2200 § 605 Nr. 1.

lung sachverständiger Zeugenaussagen durch das Gericht selbst aufgrund eigener Sachkunde festgestellt werden können (Anknüpfungstatsachen, § 118 Abs. 1 Satz 1 SGG iVm § 404 a Abs. 3 ZPO;[84] im Gegensatz zu den vom Sachverständigen festgestellten Befundtatsachen), ermittelt das Gericht. Es kann dies im Einzelfall dem Sachverständigen überlassen, wenn es besonderer Sachkunde bedarf, um festzustellen, welche Tatsachen erheblich sind (zB Beiziehung von Röntgenbildern, Befundberichten; auch Vernehmung eines Beteiligten zum Unfallhergang).[85] Die ordnungsgemäße Einbeziehung dieser Erkenntnisse ins Verfahren (§ 107 SGG) ist sicherzustellen. Äußert ein Beteiligter Zweifel, muss das Gericht die Feststellungen überprüfen.[86] Sind Anknüpfungstatsachen unklar, zB weil ein Unfallhergang streitig ist, kann sich der Sachverständige auch alternativ zu verschiedenen hypothetischen Sachverhalten äußern. Ihm kann aufgegeben werden, Unklarheiten oder Zweifel, auf die es aus seiner Sicht ankommt, mitzuteilen, damit das Gericht ergänzend ermitteln kann.[87] Zu Fragen im Bereich **fremder Sachkunde** darf der Sachverständige nichts sagen.[88]

31 Dem Sachverständigen ist grundsätzlich das **gesamte Aktenmaterial** zugänglich zu machen, weil nur so eine ausreichende Begutachtung gewährleistet ist,[89] doch kann eine Güterabwägung mit dem informationellen Selbstbestimmungsrecht des Betroffenen ausnahmsweise eine Beschränkung gebieten.[90] Will das Gericht einem nach § 109 SGG benannten Gutachter die Akten nicht anvertrauen, kann ausnahmsweise Akteneinsicht bei Gericht oder die Übersendung von Auszügen genügen. Widerspricht der Kläger der Aktenübermittlung an den Sachverständigen, darf das Gericht die Akten nicht übermitteln.[91] Legt ein Beteiligter Fachaufsätze vor, muss sich der Sachverständige mit deren Inhalt auseinandersetzen, soweit sich hieraus Folgerungen für die Beantwortung der Beweisfragen ergeben.[92] Angaben begleitender Angehöriger („Fremdanamnese") können jedenfalls dann als präsente Anknüpfungstatsachen berücksichtigt werden, wenn die Beteiligten nicht widersprechen. Die Befundtatsachen werden anlässlich der gutachtlichen Untersuchung ermittelt. Hat der Sachverständige Informationen aus früheren Untersuchungen, muss das Gericht zunächst deren Einbeziehung zustimmen. Die Pflicht zum Erscheinen zur Untersuchung folgt für Beteiligte aus ihrer Mitwirkungspflicht (→ § 103 Rn. 18). Zu § 144 ZPO (Duldungspflicht) und § 372 a ZPO (Untersuchung zur Feststellung der Abstammung), die auch Dritte erfassen (wohl selten), → Rn. 11, zur Beteiligtenöffentlichkeit der gut-

84 BSG 27.6.2019 – B 5 RS 2/18 R, für BSGE vorgesehen = SozR 4-8570 § 6 Nr. 8.
85 Vgl. W.-R. Schenke in Kopp/Schenke § 86 Rn. 9; OLG Stuttgart 27.6.2002 – 17 nF 122/02, MDR 2003, 172.
86 BSG 18.10.1960 – 11 RV 1280/59, SozR Nr. 59 zu § 128 SGG.
87 Krasney/Udsching, III 42.
88 BSG 17.2.1994 – 13 RJ 45/93, SozR 3-2200 § 1246 Nr. 44.
89 BSG 12.7.1961 – 9 RV 908/57, SozR Nr. 7 zu § 118 SGG; datenschutzrechtlich erlaubt für Sozialdaten iSd § 67 Abs. 2 SGB X nach § 78 SGB X iVm § 69 Abs. 1 Nr. 2 SGB X, für besondere Kategorien personenbezogener Daten nach Art. 9 Abs. 2 lit. f Alt. 2 DS-GVO, im Übrigen nach Art. 6 Abs. 1 lit. E DS-GVO und § 118 Abs. 1 Satz 1 SGG iVm § 404 a ZPO (Erkelenz/Leopold NZS 2019, 926 [929]).
90 LSG RhPf 28.5.2002 – L 2 B 59/02, SGb 2002, 449.
91 BayLSG 5.6.2002 – L 18 SB 123/01; aA LSG BW 23.4.2105 – L 10 U 5100/10: § 404 a ZPO vorrangig jedenfalls dann, wenn damit unliebsamer Sachverständiger verhindert werden soll.
92 Vgl. BSG 19.11.2009 – B 13 R 247/09 B.

achtlichen Untersuchung → § 116 Rn. 5, zum Teilnahmerecht von Bevollmächtigten und Beiständen → § 116 Rn. 6.

32 Dem Sachverständigen ist mit dem Gutachtensauftrag eine **Frist** zur Erstattung des schriftlichen Gutachtens zu setzen (§ 411 Abs. 1 ZPO). Für deren Dauer ist vor allem bei medizinischen Gutachten zu Fragen mit wenig zur Verfügung stehenden Gutachtern ein gewisses Fingerspitzengefühl erforderlich. Erfahrungsgemäß ist mit der Vorlage des Gutachtens nicht vor Ablauf von drei Monaten zu rechnen.[93] Bei Gutachtensaufträge nach § 109 SGG, wenn es dem Antragsteller auf einen bestimmten Arzt ankommt (Vertrauensverhältnis aufgrund vorheriger Behandlung), kann die Frist großzügig ausfallen.[94] Bei einem Fristverstoß soll ein Ordnungsgeld bis zu 3000 Euro festgesetzt werden (§ 411 Abs. 2 ZPO).[95] Nach Androhung und Setzung einer Nachfrist kann der Gutachtensauftrag entzogen werden.[96] Der Sachverständige muss auf Verlangen des Gerichts die Akten und die sonstigen für das Gutachten beigezogenen **Unterlagen** und Untersuchungsergebnisse, nicht aber eine von ihm erstellte vorbereitende Mitschrift über das Explorationsgespräch,[97] unverzüglich **herausgeben** (§ 407 a Abs. 5 ZPO).[98] Ansonsten drohen ihm die Auferlegung der Kosten und ein Ordnungsgeld (§ 409 ZPO) oder die Wegnahme nach § 1 Abs. 1 Nr. 2 b JBeitrO iVm den landesrechtlichen Regelungen. Die **Entschädigung** des Sachverständigen erfolgt nach dem JVEG (§ 413 ZPO). Eine Haftung des Sachverständigen auf **Schadensersatz** sieht § 839 a BGB[99] vor. Ihm im Hinblick hierauf bereits im Verfahren, in dem er das Gutachten erstattet, den Streit zu verkünden, wie zeitweilig diskutiert, steht nunmehr § 72 Abs. 2 ZPO[100] entgegen. Zur Schweigepflicht des gerichtlichen Gutachters → § 106 Rn. 18. Gutachten unterliegen idR keinem **Urheberrecht** des Sachverständigen und können daher in anderen gerichtlichen Verfahren beigezogen und im Rahmen der Amtshilfe weitergegeben werden; unzulässig ist eine unvorhersehbare extensive oder zweckwidrige Verwendung (zB Veröffentlichung in einer Datenbank).[101]

93 BSG 7.9.2017 – B 10 ÜG 1/16 R, BSGE 124, 136 = SozR 4-1720 § 198 Nr. 16.
94 LSG Bln-Bbg 6.12.2013 – L 37 SF 2/13 EK U; Roller SGb 2010, 636 (639).
95 Im Interesse der Rechtsstaatlichkeit darf das Gericht zudem beim Einsatz von Zwangsmitteln Augenmaß walten lassen (BSG 7.9.2017 – B 10 ÜG 1/16 R, BSGE 124, 136 = SozR 4-1720 § 198 Nr. 16). Notwendig ist eine vom Richter unterschriebene (LSG BW 19.7.2018 – L 8 U 4225/17 B: keine Paraphe), zuzustellende (§ 63 Abs. 1 Satz 1 SGG; LSG BW 12.11.2010 – L 8 SB 5041/10 B; LSG BW 19.7.2018 – L 8 U 4225/17 B) Androhung mit Nachfristsetzung; einmalige Wiederholung zulässig (→ § 111 Rn. 16), dann Fristsetzung zu wiederholen (BayLSG 18.8.2009 – L 2 B 972/08 SB); Beschwerde statthaft, § 411 Abs. 2 Satz 5 iVm § 409 Abs. 2 ZPO; Einzelheiten bei Roller SGb 2017, 5 (10).
96 Für Sachverständigen nach § 177 Abs. 2 SGG unanfechtbar, Rechtsschutz erfolgt im Rahmen der Entscheidung über Erstattung, vgl. OLG Stuttgart 7.4.2017 – 10 W 17/17, MedSach 2018, 93.
97 OVG Hmb 27.4.2011 – 1 So 15/11, MedSach 2012, 209: Allein die Möglichkeit einer späteren Herausgabe beeinträchtigt die erforderliche vertrauliche Gesprächsatmosphäre.
98 Datenschutzrechtlich erlaubt nach Art. 6 Abs. 1 Unterabs. 1 Buchst. c DS-GVO, soweit im Rahmen des Gutachtensauftrags, BSG 28.11.2019 – B 8 SO 56/17 B.
99 Einzelheiten bei Thole MedSach 2006, 93.
100 Eingefügt durch das ZahlVGJG vom 22.12.2006, BGBl. 2006 I 3416.
101 Schur in Bieresborn, Einführung in die medizinische Sachverständigentätigkeit vor Sozialgerichten, S. 117 ff.

33 **f) Einwendungen gegen das Gutachten.** Will ein Beteiligter Einwendungen gegen das Gutachten erheben, muss dies **in angemessener Zeit** geschehen; das Gericht kann hierfür eine Frist setzen (§ 411 Abs. 4 ZPO; aber keine Präklusion nach Satz 2 Hs. 2). Zur inhaltlichen Auseinandersetzung mit Einwendungen → § 103 Rn. 38.

34 **g) Erläuterung des Gutachtens.** Das Gericht „kann" (Ermessen) den Sachverständigen **von Amts** wegen zur Erläuterung des schriftlichen Gutachtens **laden** (§ 411 Abs. 3 Satz 1 ZPO); es muss dies (Ermessenreduzierung auf Null), wenn dies zur Klärung von Zweifeln oder zur Beseitigung von Unklarheiten unumgänglich ist.[102] Die gerichtliche Praxis zur Ladung des Sachverständigen ist regional unterschiedlich.[103] Häufiger wird er um **schriftliche Ergänzung** gebeten (§ 411 Abs. 3 Satz 2 ZPO), was für die Beteiligten kein Nachteil ist, da die schriftliche Antwort im Hinblick auf die oft nicht einfache Materie ein höheres Maß an Präzision gewährleistet als die mündliche Äußerung. Ein Anspruch auf mündliche Befragung besteht nicht.[104]

35 Von der Ladung zur Erörterung zu unterscheiden ist das auf dem Grundsatz des rechtlichen Gehörs (§ 62 SGG) beruhende Fragerecht (§ 116 Satz 2 SGG bzw. § 118 Abs. 1 Satz 1 SGG iVm §§ 402, 397, 411 Abs. 4 ZPO) auszuüben. Das Fragerecht besteht auch gegenüber Sachverständigen nach § 109 SGG,[105] nach § 411 a ZPO (→ Rn. 19),[106] bei Sachverständigen aus der vorangegangenen Tatsacheninstanz, wenn dort der Antrag fehlerhaft abgelehnt wurde,[107] nicht gegenüber im Wege des Urkundenbeweises verwerteter Gutachten des Verwaltungsverfahrens (→ Rn. 18)[108] oder Privatgutachten (→ Rn. 18).[109] Der Antrag muss in **angemessener Zeit** gestellt werden (§ 411 Abs. 4 Satz 1 ZPO; Satz 2 gilt nicht), so dass das Gericht bis zur anberaumten mündlichen Verhandlung dem Sachverständigen den Fragenkatalog zur schriftlichen Stellungnahme – ggf unter Fristsetzung – übersenden oder ihn nachladen kann.[110] Die Fragen müssen **objektiv sachdienlich** (§ 116 Satz 2 SGG) sein, sich also im Rahmen des Beweisthemas und dem Fachgebiet des Sachverständigen halten, nicht abwegig oder – etwa durch eine ergänzende schriftliche Stellungnahme – bereits eindeutig beantwortet sein.[111] Dabei ist zu beachten, dass die maßgebliche Rechtsauffassung des Gerichts endgültig erst in der Beratung festgelegt wird. Das Fragerecht besteht auch, wenn das Gericht das Gutachten nicht für erläuterungsbedürftig

102 BSG 25.11.2008 – B 5 R 366/07 B.
103 Befürwortend: Bultmann MedSach 2011, 84; Kilger ASR 2010, 278; Meyer-Clement MedSach 2011, 88.
104 BSG 24.7.2012 – B 2 U 100/12 B, SozR 4-1500 § 160 Nr. 24; BSG 10.12.2013 – B 13 R 198/13 B; BVerfG 2.5.2018 – 1 BvR 2420/15, NZS 2018, 859 mAnm Bender.
105 BSG 12.4.2000 – B 9 VS 2/99 R, SozR 3-1750 § 411 Nr. 1; BSG 15.5.2015 – B 13 R 201/15 B; BSG 27.9.2018 – B 9 V 14/18 B.
106 Keller in Meyer-Ladewig/Keller/Leitherer/Schmidt § 118 Rn. 12 d.
107 BSG 24.7.2012 – B 2 U 100/12 B, SozR 4-1500 § 160 Nr. 24; BSG 11.12.2019 – B 13 R 164/18 B.
108 BSG 30.3.2017 – B 2 U 181/16 B, ASR 2017, 169, 171; Keller in Meyer-Ladewig/Keller/Leitherer/Schmidt § 118 Rn. 12 d; aA BSG 3.10.1961 – 2 RU 38/61, BayLSG 14.2.2012 – L 15 VJ 3/08, NZS 2012, 640.
109 BVerwG 3.8.2001 – 1 B 63/01, Buchholz 310 § 98 VwGO Nr. 64; BVerwG 31.1.2012 – 9 B 58/11.
110 BSG 27.9.2018 – B 9 V 14/18 B.
111 St. Rspr. seit BSG 27.11.2007 – B 5a/5 R 60/07 B, SozR 4-1500 § 116 Nr. 1; Schütz MedSach 2012, 144 (145).

hält.[112] Fragen dürfen aber nicht allein deswegen gestellt werden, um auf die Beweiswürdigung des Gerichts einzuwirken.[113] Sie müssen im Vorfeld nicht formuliert werden. Es reicht vielmehr aus, die erläuterungsbedürftigen Punkte **hinreichend konkret zu bezeichnen.**[114] Das ist erst dann erfolgt, wenn das Gericht damit in die Lage versetzt wird, eine schriftliche ergänzende Stellungnahme einzuholen.[115] Abgelehnt werden kann ein solcher Antrag außer in den Fällen der Verspätung und der fehlenden Sachdienlichkeit auch, wenn er **rechtsmissbräuchlich** gestellt ist, insbesondere wenn die Notwendigkeit einer Erörterung überhaupt nicht begründet wird, wenn die an den Sachverständigen zu richtenden Fragen nicht hinreichend genau benannt oder nur beweisunerhebliche Fragen angekündigt werden.[116] Das Fragerecht begründet keinen Anspruch auf stets neue Befragungen, wenn der Beteiligte und der Sachverständige in ihrer Beurteilung nicht übereinstimmen.[117] Übergeht das Gericht einen Antrag, der die aufgezeigten Anforderungen erfüllt und bis zum Ende der mündlichen Verhandlung aufrecht erhalten wird, oder lehnt es diesen zu Unrecht ab, liegt darin ein wesentlicher Verfahrensmangel (§ 144 Abs. 2 Nr. 3, § 159 Abs. 1 Nr. 2, § 160 Abs. 2 Nr. 3 SGG) und ein Verstoß gegen den Grundsatz rechtlichen Gehörs (§ 62 SGG, Art. 103 Abs. 1 GG).

Nur der **Sachverständige selbst** kann das Gutachten erläutern;[118] eine Hilfsperson kann nur als Zeuge zu Befunden gehört werden.[119] Folgt der Sachverständige der Ladung nicht, droht ihm die Auflegung der Kosten und ein Ordnungsgeld (§ 409 ZPO). Zur Beanstandung von Fragen s. § 116 Satz 3 SGG. Die **Beeidigung** des Sachverständigen ist wie beim Zeugen die Ausnahme (§ 410 ZPO, → Rn. 16). § 110 a Abs. 2 SGG sieht die Möglichkeit der Vernehmung des Sachverständigen in einer **Videokonferenz** vor. 36

8. Beweis durch Urkunden (§§ 415–444 ZPO). Die Urkunde ist eine **durch Niederschrift verkörperte Gedankenerklärung**, die geeignet ist, im Rechtsverkehr Beweis zu erbringen.[120] Die Beweiskraft unterscheidet sich nach der Art der Urkunde (§§ 415–419 ZPO). Eine von einer öffentlichen Behörde (§ 1 Abs. 2 SGB X, § 31 Abs. 3 Satz 1 SGB IV, außerdem Gerichte) oder einer mit öffentlichem Glauben versehenen Person (zB Notar) innerhalb der Grenzen ihrer Zuständigkeit in der vorgeschriebenen Form aufgenommene Urkunde (**öffentliche** 37

112 BSG 27.11.2007 – B 5a/5 R 60/07 b, SozR 4-1500 § 116 Nr. 1; BSG 27.9.2018 – B 9 V 14/18 B; BVerfG 2.5.2018 – 1 BvR 2420/15, NZS 2018, 859 mAnm Bender.
113 BSG 12.4.2000 – B 9 VS 2/99 R, SozR 3-1750 § 411 Nr. 1; BSG 9.1.2006 – B 1 KR 52/05 B.
114 St. Rspr., BSG 24.4.2008 – B 9 SB 58/07 B, SozR 4-1500 § 116 Nr. 2; BSG 10.10.2018 – B 13 R 265/17 B.
115 Keller in jurisPR-SozR 12/2008.
116 BSG 27.11.2007 – B 5a/5 R 60/07 B, SozR 4-1500 § 116 Nr. 1; BSG 17.4.2012 – B 13 R 355/11 B; BSG 10.12.2013 – B 13 R 198/13 B; BVerfG 3.2.1998 – 1 BvR 909/94, NJW 1998, 2273; BVerfG 17.1.2012 – 1 BvR 2728/10, NJW 2012, 1346 (1347).
117 BSG 10.12.2013 – B 13 R 198/13 B.
118 BVerwG 9.3.1984 – 8 C 97/83, BVerwGE 69, 70.
119 Ockenga SozVers 2003, 118 (121).
120 BSG 5.4.2001 – B 13 RJ 35/00 R, SozR 3-1200 § 33 a Nr. 4.

Urkunde)[121] erbringt Beweis darüber, dass eine Erklärung abgegeben worden (§ 415 ZPO), eine Verfügung oder Entscheidung erfolgt (§ 417 ZPO) oder ein Vorgang vorgenommen worden ist (§ 418 ZPO) Der Gegenbeweis ist zulässig (§ 415 Abs. 2, § 418 Abs. 2 und 3 ZPO; nicht bei öffentlicher Urkunde nach § 417 ZPO); er muss substantiiert angetreten werden und den vollen Nachweis eines anderen Ablaufs erbringen.[122] Die öffentliche Urkunde kann grds. als beglaubigte Abschrift (beglaubigte Fotokopie) vorgelegt werden (§ 435 ZPO). Eine nichtöffentliche Urkunde (Privaturkunde, zB Gutachten aus früherem Rechtsstreit) erbringt Beweis, dass die Erklärung vom Aussteller abgegeben wurde (§ 416 ZPO). Den Einfluss von Durchstreichungen, Radierungen, Einschaltungen und sonstigen äußeren Mängeln auf die Beweiskraft würdigt das Gericht frei (§ 419 ZPO). Anhaltspunkten, die gegen die **Echtheit** einer Urkunden sprechen, muss das Gericht nachgehen (§§ 437, 438, 440 Abs. 2, §§ 442–444 ZPO gelten; §§ 439, 440 Abs. 1 ZPO gelten nicht; bei § 441 ZPO ermittelt das Gericht von Amts wegen).[123] Die Beweiskraft **elektronischer Dokumente** regelt § 371 a ZPO, diejenige von Ausdrucken öffentlicher elektronischer Dokumente § 416 a ZPO.

38 Die **Vorlagepflicht** von Urkunden folgt für **Beteiligte** aus bereichsspezifischen Regelungen, ansonsten aus der Mitwirkungspflicht (→ § 103 Rn. 18). § 436 ZPO (Verzicht auf Urkunde) gilt nicht. §§ 420–425, 428–430 ZPO gelten nicht oder nur eingeschränkt, also soweit mit § 103 SGG vereinbar. Bestreitet der Gegner, dass sich eine Urkunde in seinem Besitz befindet, so ist er über den Verbleib zu vernehmen (§ 426 ZPO; aber nicht Satz 3 iVm §§ 449 ff. ZPO). Zu Behörden → § 119 Rn. 4. § 142 Abs. 3 ZPO (Beibringung einer Übersetzung) findet wegen § 103 SGG keine Anwendung. Befindet sich die Urkunde im Besitz eines **Dritten**, kann es zur Mitwirkungspflicht eines Beteiligten gehören, den Dritten zur Vorlegung zu veranlassen. Patienten haben einen Auskunftsanspruch aus dem Behandlungsvertrag iVm Art. 2 Abs. 1 und Art. 1 Abs. 1 GG, der auch die Übermittlung von Kopien umfassen kann.[124] IÜ sind Dritte zur Vorlegung verpflichtet, wenn sie kein Zeugnisverweigerungsrecht (→ Rn. 15) haben und die Vorlegung zumutbar ist (§ 142 Abs. 1 und 2 ZPO); die Voraussetzung, dass sich ein Beteiligter auf die Urkunde bezogen hat, ist im Sozialgerichtsprozess (§ 103 SGG) bedeutungslos. Allein aufgrund unsubstantiierter oder unkonkreter Anhaltspunkte (quasi „ins Blaue hinein“) dürfen Urkunden nicht angefordert

---

121 **Empfangsbekenntnis** (§ 195 Abs. 2 Satz 3 ZPO; BSG 8.7.2002 – B 3 P 3/02 R, SozR 3-1500 § 164 Nr. 13; BSG 16.11.2005 – B 2 U 342/04 B, SozR 4-1500 § 164 Nr. 2; BSG 21.12.2009 – B 14 AS 63/08 R, FEVS 61, 513; BSG 9.9.2010 – B 11 AL 4/10 C, SozR 4-1500 § 178 a Nr. 10); gerichtlicher oder behördlicher **Eingangsstempel** (BSG 7.9.2017 – B 10 LW 1/16 R, BSGE 124, 128 = SozR 4-2400 § 27 Nr. 8; BGH 31.5.2017 – VIII ZR 224/16, NJW 2017, 2285 [2286]); **Postzustellungsurkunde** (§ 182 ZPO; BSG 20.7.1988 – 12 RK 16/88, HVBG-Info 1989, 1150); **Aktenvermerk** (LSG BW 6.4.2017 – L 6 VG 4601/15); **Protokoll** (→ § 122 Rn. 14 f.); **Tatbestand** des Urteils (§ 202 Satz 1 SGG iVm § 314 Satz 1 ZPO, BSG 6.8.1986 – 5 a RKn 25/85; wenn eingescannt nach § 371 b ZPO; kein Beweis der inhaltlichen Richtigkeit der Erklärung; zur Unmittelbarkeit der Beweisaufnahme → § 103 Rn. 30); bei Geburtsdatum s. § 33 a SGB I.

122 BSG 28.9.1998 – B 11 AL 83/98 B, SozR 3-1750 § 418 Nr. 1; BSG 16.11.2005 – B 2 U 342/04 B, SozR 4-1500 § 164 Nr. 2; BSG 21.12.2009 – B 14 AS 63/08 R, FEVS 61, 513.

123 Keller in Meyer-Ladewig/Keller/Leitherer/Schmidt § 118 Rn. 14.

124 BVerfG 17.11.1992 – 1 BvR 162/89, MedR 1993, 232; Hauck in Hauck/Behrend § 106 Rn. 66.

werden (kein Ausforschungsbeweis, → § 103 Rn. 10).[125] Weiterhin sind die schutzwürdigen Interessen des Dritten – physische Erschwernisse, wirtschaftliche Gründe (aber Entschädigungsanspruch nach § 23 Abs. 1 Satz 1 JVEG), die Privatsphäre – bei der Frage der Zumutbarkeit genau zu prüfen. Keine Vorlagepflicht besteht für Patientenunterlagen, wenn dem **erhebliche therapeutische Gründe** entgegenstehen (§ 630 g Abs. 1 Satz 1 BGB), auch Gefahren für die psychische oder physische Gesundheit), soweit nicht eine beschränkte Akteneinsicht in Frage kommt (→ § 120 Rn. 13; zB Befund eines unheilbaren Gehirntumors).[126] Das Gericht kann die Voraussetzungen in einem „in-camera"-ähnlichen Verfahren prüfen (→ § 119 Rn. 7).[127]

Die Anordnung der Urkundenvorlage durch Verfügung oder Beschluss ist für den Dritten nicht anfechtbar. Lehnt das SG einen Antrag auf Urkundenvorlage ab, kann Beschwerde zum LSG (nicht zum BSG, § 177 SGG) erhoben werden.[128] Weigert sich der Dritte, eine Urkunde vorzulegen, findet ein Zwischenstreit statt (§ 142 Abs. 2 Satz 2, § 387 Abs. 1 ZPO). Der Dritte muss die Rechtsmäßigkeit seiner Weigerung glaubhaft machen (§ 142 Abs. 2 Satz 2, § 386 Abs. 1 ZPO). Gegen das Zwischenurteil des SG findet Beschwerde zum LSG statt, ein Zwischenurteil des LSG ist nicht anfechtbar. Das Gericht kann (Ermessen) die Vorlegung durch den Dritten, nicht durch einen Beteiligten, mit den Mitteln des Zeugniszwanges (→ Rn. 15) erzwingen (§ 142 Abs. 2, §§ 386–390 ZPO).[129] Äußert sich der Dritte zu den Gründen der Weigerung nicht, muss er aber erst hierzu befragt werden.[130] 39

Die Urkunde ist ordnungsgemäß **in das Verfahren einzuführen.** Ein Gericht, das Akten beigezogen hat und darin enthaltene Urkunden zur Feststellung von Tatsachen verwerten will, muss zuvor die Beteiligten auf die beigezogene Akte und auf seine Absicht hingewiesen haben, diese Urkunden als Beweismittel zu verwerten; die Urkunden sind in der mündlichen Verhandlung zu verlesen oder den Beteiligten zur Einsichtnahme vorzulegen.[131] Das Gericht kann sich darauf beschränken, den Inhalt der Urkunde (teilweise) bekannt zu geben (§ 107 SGG). Die Akteneinsicht kann beschränkt oder versagt werden (§ 120 Abs. 4 SGG). Das Sozialgeheimnis (→ § 119 Rn. 6), Geschäfts- und Betriebsgeheimnisse (§ 35 Abs. 4 SGB I) und die ärztliche Schweigepflicht (→ § 106 Rn. 18) sind zu beachten. Verfahrens- und Formverstöße im Verwaltungsverfahren können zu einem Beweisverwertungsverbot führen (→ § 103 Rn. 28). 40

9. ZPO-Vorschriften zur Beweisaufnahme, die Anwendung finden. Über § 202 Satz 1 SGG oder § 118 Abs. 1 SGG finden folgenden Paragrafen der ZPO zur Beweisaufnahme entsprechende Anwendung:[132] **§§ 282–284 Satz 1** (zu § 283 s. aber → § 108 Rn. 4), **285, 286 Abs. 1 nicht** (da Vorrang des Amtsbetriebs); **284 Satz 2 und 3** (Freibeweis im Einverständnis der Beteiligten, → 41

125 Hierzu und zum Nachfolgenden: Keller NZS 2005, 528.
126 Vgl. auch OVG NRW 13.9.1973 – I B 511/73, DVBl. 1974, 382 und BVerwG 27.4.1989 – 3 C 4/86, BVerwGE 82, 45: Suizidgefahr, grds. nicht sonstige gesundheitliche Gefahren; Becker MedSach 2006, 74 f.
127 Becker MedSach 2006, 74 (75).
128 Keller NZS 2005, 528 (530).
129 BayLSG 3.4.1997 – L 12 B 83/97.V, Breith. 1997, 924 ist nach der Änderung des § 142 ZPO durch das ZPO-RG vom 27.7.2001 (BGBl. 2001 I 1882) veraltet.
130 ThürLSG 8.11.2004 – L 6 B 21/04 RJ.
131 BSG 31.3.2004 – B 4 RA 224/03 B, SozR 4-1500 § 118 Nr. 1.
132 Keller in Meyer-Ladewig/Keller/Leitherer/Schmidt § 118 Rn. 14.

Rn. 6), **286 Abs. 2** (grds. keine Beweisregeln); **287** (Schadensermittlung, auch Zeitschätzung);[133] **288–290 nicht** (→ § 103 Rn. 10); **291** (Offenkundigkeit, → § 103 Rn. 14); **292 Satz 1** (gesetzliche Vermutung; nicht Satz 2);[134] **293** (ausländisches Recht, Gewohnheitsrecht, Satzungen, → § 103 Rn. 5); **294** (Glaubhaftmachung, → § 103 Rn. 7); **355–357 nicht** (§§ 103, 116 SGG lex specialis); **358–360** (Beweisbeschluss, zu Ausnahmen → Rn. 8, 9); **361–366** (beauftragter oder ersuchter Richter, → § 117 Rn. 5; Beweisaufnahme im Ausland, hier aber zumeist Sozialversicherungsabkommen vorrangig; § 364 gilt nicht); **367** (Ausbleiben einer Partei im Beweistermin, außer Antrag nach Abs. 2, → § 116 Rn. 7); **368–370** (neuer Beweistermin, ausländische Beweisaufnahme, Fortsetzung der mündlichen Verhandlung, → § 112 Rn. 13); **371–372 b** (Augenschein, Beweiskraft elektronischer Dokumente, → Rn. 11, auch zu § 144, und → Rn. 37); **373–401** (Zeugenbeweis, zu Ausnahmen → Rn. 12, 14); **402–406 Abs. 4, 407-414** (Sachverständigenbeweis, zu Ausnahmen → Rn. 18 ff., auch zu § 144; s. auch § 109 SGG); **415–444** (Urkundenbeweis, zu Ausnahmen → Rn. 37, 38, auch zu § 142); **445–455 nicht** (Parteivernehmung, → Rn. 10); **478–484** (Eide, Bekräftigungen, → Rn. 16); **485–494 a teilweise** (selbstständiges Beweisverfahren, s. § 76 Abs. 3 SGG).

42 **10. Untersagen des Auftretens eines Prozessbevollmächtigten – Abs. 3.** Erscheint eine „Partei" (= Beteiligter iSd § 69 SGG) entgegen **§ 111 Abs. 1 Satz 1** SGG nicht, kann der Vorsitzende durch prozessleitende Verfügung deren Prozessbevollmächtigtem (§§ 72, 73 SGG; nicht gesetzlicher Vertreter) das Auftreten untersagen. Die Entscheidung ist unanfechtbar (§ 172 Abs. 2 SGG).[135] Die Vorschrift sollte zurückhaltend angewandt werden.

§ 119 [Vorlage von Urkunden durch Behörden]

(1) Eine Behörde ist zur Vorlage von Urkunden oder Akten, zur Übermittlung elektronischer Dokumente und zu Auskünften nicht verpflichtet, wenn die zuständige oberste Aufsichtsbehörde erklärt, dass das Bekanntwerden des Inhalts dieser Urkunden, Akten, elektronischer Dokumente oder Auskünfte dem Wohl des Bundes oder eines deutschen Landes nachteilig sein würde oder dass die Vorgänge nach einem Gesetz oder ihrem Wesen nach geheim gehalten werden müssen.

(2) [1]Handelt es sich um Urkunden, elektronische Dokumente oder Akten und um Auskünfte einer obersten Bundesbehörde, so darf die Vorlage der Urkunden oder Akten, die Übermittlung elektronischer Dokumente und die Erteilung der Auskunft nur unterbleiben, wenn die Erklärung nach Absatz 1 von der Bundesregierung abgegeben wird. [2]Die Landesregierung hat die Erklärung abzugeben, wenn diese Voraussetzungen bei einer obersten Landesbehörde vorliegen.

133 BSG 29.4.1999 – B 3 P 7/98 R, SozR 3-3300 § 14 Nr. 10.
134 BSG 8.4.1960 – 3 RLw 6/59, BSGE 12, 91 (94).
135 Bley in SGB-SozVers-GesKomm, § 118 Anm. 11 e; Hauck in Hauck/Behrend § 118 Rn. 138; Pitz in jurisPK-SGG § 118 Rn. 26; aA Kummer in Peters/Sautter/Wolff § 118 Anm. 6: anfechtbarer Beschluss des Vorsitzenden.

I. Allgemeines/Normzweck

1. Gesetzesentstehung. § 119 SGG ist durch Art. 4 Nr. 10 des JKomG vom 22.3.2005 (BGBl. 2005 I 837) mit Wirkung vom 1.4.2005 im Hinblick auf die Möglichkeit, die Behördenakten elektronisch zu führen (§§ 110 a ff. SGB IV), neu gefasst worden. 1

2. Normzweck. Die Vorschrift regelt die Verpflichtung von Behörden zur Vorlage von Urkunden oder Akten, zur Erteilung von Auskünften sowie zur Übermittlung elektronischer Dokumente. Zu unterscheiden ist § 119 SGG vom (häufigeren) Fall des § 120 SGG, der Vorlage an das Gericht und Verweigerung der Akteneinsicht an die Beteiligten. § 119 SGG findet Anwendung in allen Rechtszügen (§ 153 Abs. 1, § 165 SGG), auch in den selbstständigen Beschlussverfahren (§§ 55 a, 73 a, 76, 86 b SGG). 2

3. Parallelvorschriften. Die Parallelvorschriften in den anderen Verfahrensordnungen sind § 99 VwGO, § 86 FGO, § 432 ZPO. 3

II. Verfahren bei Geheimsachen

§ 119 SGG geht von der **grds. Verpflichtung** der Behörde zur Vorlage der Urkunden (Vorrang vor § 442 ZPO; zum Urkundenbegriff → § 118 Rn. 37) und Akten (→ § 120 Rn. 4), der Erteilung von Auskünften (§ 106 Abs. 3 Nr. 3 SGG) oder der Übermittlung elektronischer Dokumente (§ 126 a Abs. 1 BGB) aus und regelt nur die Ablehnungsgründe. Die Vorschrift konkretisiert damit die Amtshilfe (Art. 35 GG; § 5 SGG) bzw. (wenn die Behörde Beteiligte ist) die prozessuale Mitwirkungspflicht (→ § 103 Rn. 18, 26; zur Aktenvorlagepflicht von verfahrensbeteiligten Nichtbehörden → § 118 Rn. 38). Abzugrenzen ist dies von außerhalb eines sozialgerichtlichen Verfahrens geltend zu machenden Ansprüchen nach den Informationsfreiheitsgesetzen des Bundes und der Länder. Die Grenzen der Datenverarbeitung sind zu beachten (→ § 103 Rn. 26). **Behörden** sind solche iSd **§ 1 Abs. 2 SGB X, § 31 Abs. 3 Satz 1 SGB IV**. Die Vorlage-, Auskunfts- und Übermittlungspflichten anderer Gerichte hinsichtlich Gerichtsakten bestimmen sich allein nach § 5 SGG, nicht nach § 119 SGG, anders jedoch, wenn es sich um reine Verwaltungsvorgänge, zB Personalakten, handelt.[1] Zur Vorlagepflicht Privater s. für Beteiligte → § 103 Rn. 18, für Dritte → § 118 Rn. 38. 4

Die Behörde wird zunächst weniger einschränkende Maßnahmen, wie die Schwärzung von Namen und Adressen[2] oder die Verweigerung der Akteneinsicht an andere Beteiligte (§ 120 Abs. 1 SGG), prüfen. Bestehen Anhaltspunkte für Ablehnungsgründe (Vorprüfung durch die Behörde), stellt das Gericht zunächst die Entscheidungserheblichkeit durch Beweisbeschluss oder sonst ausdrücklich fest. Zur Prüfung kann die Behörde die Akten an das Gericht unter der Auflage übermitteln, diese (zunächst) nicht den anderen Beteiligten zur Verfügung zu stellen.[3] Dann holt die Behörde die Erklärung der **obersten Aufsichtsbehörde** (§ 119 Abs. 1 SGG) bzw. der **Bundes-** oder der **Landesregierung** (§ 119 Abs. 2 SGG) ein, ob ein Ablehnungsgrund geltend gemacht wird. Die Erklärung ist als Verwaltungsinternum nicht anfechtbar (s. aber → Rn. 7). 5

---

1 W.-R. Schenke in Kopp/Schenke § 99 Rn. 8; Kummer in Peters/Sautter/Wolff § 119 Rn. 13.
2 BVerwG 5.4.2013 – 20 F 7/12.
3 Abzulehnen daher BVerfG 21.11.2108 – 1 BvR 436/17, NJW 2019, 505 (Befangenheit); krit. auch Stotz jurisPR-SozR 6/2018 Anm. 5.

6 **Ablehnungsgründe**, die auch nur für **Teile von Akten** oder elektronischen Dokumenten vorliegen können, sind (abschließende Aufzählung):

- **Nachteile für den Bund oder ein Land:** Erfasst werden politische Gesichtspunkte, zB Gefahren für den Bestand und die Funktionsfähigkeit des Staates und seiner wesentlichen Einrichtungen, insbes. Beeinträchtigungen der äußeren oder inneren Sicherheit, der auswärtigen Beziehungen, Gefahren für Leben, Gesundheit und Freiheit von Menschen, fiskalische Nachteile (nur) bei Gefährdung des Staatsapparates oder wichtiger Leistungen des Staates,[4] Gefahr der unlauteren Einwirkung nach nachfolgende Verwaltungsverfahren in größerer Zahl;[5] nicht schon Gefahr des Prozessverlustes oder das Offenbarwerden von Verwaltungsfehlern.
- **Vorgänge, die nach dem Gesetz geheim zu halten sind:** Gemeint sind in erster Linie Vorschriften über das Sozialgeheimnis bzw. Datenschutzbestimmungen.[6].
- **Vorgänge, die ihrem Wesen nach geheim zu halten sind:** Bei dem mittlerweile umfassenden Datenschutzrecht ist der verbliebene Anwendungsbereich gering.[7] Hierunter fallen entgegenstehende erhebliche therapeutische Gründe/ Gefahren für die psychische oder physische Gesundheit (→ § 118 Rn. 38) und vertrauliche Auskünfte gegenüber Behörden (Informantenschutz).[8]

7 Verweigert die Behörde die Aktenherausgabe, kann das Gericht sie nicht dazu zwingen, dies aber im Wege der **Beweiswürdigung** (→ § 103 Rn. 22) berücksichtigen.[9] Das gilt auch, wenn die Behörde als Beteiligte die Aktenherausgabe verweigert, **ohne nach § 119 SGG vorzugehen**; dann liegt idR ein Verstoß gegen die Mitwirkungspflichten (→ § 103 Rn. 18 ff.) vor.[10] Will ein (anderer) Beteiligter eine Weigerung nicht akzeptieren, ist das sozialgerichtliche Verfahren **auszusetzen** (→ § 114 Rn. 12). Der Beteiligte muss, je nach Art des Rechtsverhältnisses zwischen ihm und der Behörde, sozial-, verwaltungs- oder finanzgerichtlich auf Herausgabe der Urkunden und Akten bzw. auf Erteilung der Auskunft klagen. Wird der Herausgabeanspruch vor einem Sozialgericht geltend gemacht, ist dort

4 W.-R. Schenke in Kopp/Schenke § 99 Rn. 10; BVerwG 19.8.1986 – 1 C 7/85, BVerwGE 75, 1; BVerwG 19.4.2010 – 20 F 13/09, BVerwGE 136, 345; Kummer in Peters/Sautter/Wolff § 119 Rn. 15 ff.

5 BVerwG 30.11.2015 – 20 F 7/15.

6 DS-GVO, § 35 SGB I iVm §§ 67 ff. SGB X, bereichsspezifische Datenschutzregelungen, wie §§ 284 ff. SGB V, §§ 147 ff. SGB VI, §§ 199 ff. SGB VII, §§ 61 ff. SGB VIII, §§ 93 ff. SGB XI, vgl. BSG 18.12.2018, B 1 KR 40/17 R, SozR 4-7645 Art. 9 Nr. 1.

7 Bieresborn in Roos/Wahrendorf § 119 Rn. 96.

8 Interessenabwägung notwendig; BVerwG 22.7.2010 – 20 F 11/10, NVwZ 2010, 1493 (1494) (berechtigtes Interesse des Informanten an der Geheimhaltung seiner Daten oder öffentliche Aufgabe zum Schutz gewichtiger Rechtsgüter notwendig); BVerwG 15.3.2019 – 20 F 7/17, Buchholz 310 § 99 VwGO Nr. 77 (Informanten des sozialpsychiatrischen Dienstes); aber BVerwG 4.9.2003 – 5 C 48/02, BVerwGE 119, 11 (Informanten unterfallen § 35 SGB I).

9 LSG Bln-Bbg 9.9.2009 – L 9 KR 470/08; BVerwG 30.10.2013 – 6 C 22/12, Buchholz 310 § 99 VwGO Nr. 66.

10 Harks NZS 2013, 247 (252), zur Weigerung von Nichtbehörden (Krankenhausträgern bei Patientenakten).

§ 99 Abs. 2 VwGO analog anzuwenden,[11] ansonsten wäre die Rechtslage wie bei § 99 VwGO aF[12] mit dem GG unvereinbar.

§ 120 [Akteneinsicht; Erteilung von Abschriften]

(1) [1]Die Beteiligten haben das Recht der Einsicht in die Akten, soweit die übermittelnde Behörde dieses nicht ausschließt. [2]Beteiligte können sich auf ihre Kosten durch die Geschäftsstelle Ausfertigungen, Auszüge, Ausdrucke und Abschriften erteilen lassen. [3]Für die Versendung von Akten, die Übermittlung elektronischer Dokumente und die Gewährung des elektronischen Zugriffs auf Akten werden Kosten nicht erhoben, sofern nicht nach § 197 a das Gerichtskostengesetz gilt.

(2) [1]Werden die Prozessakten elektronisch geführt, wird Akteneinsicht durch Bereitstellung des Inhalts der Akten zum Abruf gewährt. [2]Auf besonderen Antrag wird Akteneinsicht durch Einsichtnahme in die Akten in Diensträumen gewährt. [3]Ein Aktenausdruck oder ein Datenträger mit dem Inhalt der Akten wird auf besonders zu begründenden Antrag nur übermittelt, wenn der Antragsteller hieran ein berechtigtes Interesse darlegt. [4]Stehen der Akteneinsicht in der nach Satz 1 vorgesehenen Form wichtige Gründe entgegen, kann die Akteneinsicht in der nach den Sätzen 2 und 3 vorgesehenen Form auch ohne Antrag gewährt werden. [5]Über einen Antrag nach Satz 3 entscheidet der Vorsitzende; die Entscheidung ist unanfechtbar. [6]§ 155 Absatz 4 gilt entsprechend.

(3) [1]Werden die Prozessakten in Papierform geführt, wird Akteneinsicht durch Einsichtnahme in die Akten in Diensträumen gewährt. [2]Die Akteneinsicht kann, soweit nicht wichtige Gründe entgegenstehen, auch durch Bereitstellung des Inhalts der Akten zum Abruf gewährt werden. [3]Nach dem Ermessen des Vorsitzenden kann einem Bevollmächtigten, der zu den in § 73 Absatz 2 Satz 1 und 2 Nummer 3 bis 9 bezeichneten natürlichen Personen gehört, die Mitnahme der Akten in die Wohnung oder Geschäftsräume gestattet werden. [4]§ 155 Absatz 4 gilt entsprechend.

(4) [1]Der Vorsitzende kann aus besonderen Gründen die Einsicht in die Akten oder in Aktenteile sowie die Fertigung oder Erteilung von Auszügen und Abschriften versagen oder beschränken. [2]Gegen die Versagung oder die Beschränkung der Akteneinsicht kann das Gericht angerufen werden; es entscheidet endgültig.

(5) Die Entwürfe zu Urteilen, Beschlüssen und Verfügungen, die zu ihrer Vorbereitung angefertigten Arbeiten sowie die Dokumente, welche Abstimmungen betreffen, werden weder vorgelegt noch abschriftlich mitgeteilt.

11 Kummer in Peters/Sautter/Wolff § 119 Rn. 67 a; Bieresborn in Roos/Wahrendorf § 119 Rn. 122 ff.; Schulze-Hagenow in Breitkreuz/Fichte § 119 Rn. 22; aA Keller in Meyer-Ladewig/Keller/Leitherer/Schmidt § 119 Rn. 5 c und Hauck in Hauck/Behrend § 119 Rn. 5.
12 BVerfG 27.10.1999 – 1 BvR 385/90, BVerfGE 101, 106.

I. Allgemeines/Normzweck

1 **1. Gesetzesentstehung.** Die Vorschrift ist durch Art. 4 Nr. 11 JKomG vom 22.3.2005 (BGBl. 2005 I 837) mit Wirkung vom 1.4.2005 im Hinblick auf die Möglichkeit, die Prozessakten elektronisch zu führen (s. § 65 b SGG), umfangreich geändert worden. Bereits mit der Hinzufügung des § 120 Abs. 1 Satz 3 SGG (damals Abs. 2 Satz 3) durch das 6. SGGÄndG vom 17.8.2001 (BGBl. 2001 I 2144) ist der Streit über die Erhebung von Aktenversendungspauschalen beendet worden (BT-Drs. 14/5943, S. 26 zu Nr. 40). Die Bezugnahme auf § 73 Abs. 2 Satz 1 und 2 Nr. 3 bis 9 SGG (heute: Abs. 3 Satz 3) ist eine Folgeänderung der Neufassung des § 73 SGG durch Gesetz zur Neuregelung des Rechtsberatungsrechts vom 12.12.2007 (BGBl. 2007 I 2840) mit Wirkung zum 1.7.2008 (zuvor Bezugnahme auf § 73 Abs. 6 Satz 3 und 4 SGG aF). Das Gesetz zur Einführung der elektronischen Akte in der Justiz und zur weiteren Förderung des elektronischen Rechtsverkehrs vom 5.7.2017 (BGBl. 2017 I 2208) hat mit Wirkung vom 1.1.2018 Abs. 1 Sätze 2 und 3 angefügt, Abs. 2 neu gefasst, Abs. 3 eingefügt und die bisherigen Abs. 3 und 4 zu Abs. 4 und 5 gemacht. Schon mit Wirkung vom 29.7.2017 war durch das eIDAS-Durchführungsgesetz vom 29.7.2017 (BGBl. 2017 I 2745) die vorangehende Verweisung auf das Signaturgesetz in Abs. 2 Satz 5 aF nach dessen Wegfall gestrichen worden.

2 **2. Normzweck.** § 120 SGG regelt das Recht der Beteiligten auf Einsicht in die dem Gericht vorliegenden Akten und konkretisiert damit den Grundsatz rechtlichen Gehörs (§ 62 SGG) und das Prinzip der Beteiligtenöffentlichkeit (→ § 116 Rn. 5). § 120 SGG findet Anwendung in allen Rechtszügen (§ 153 Abs. 1, § 165 SGG), auch in den selbstständigen Beschlussverfahren (§§ 55 a, 73 a, 76, 86 b SGG).

3 **3. Parallelvorschriften.** Parallelvorschriften in den anderen Verfahrensordnungen sind § 100 VwGO, §§ 75, 78 FGO, § 299 ZPO. Im Verwaltungsverfahren gilt § 25 SGB X, im Widerspruchsverfahren ist zusätzlich § 84 a SGG zu beachten.

II. Akteneinsicht

4 **1. Voraussetzungen.** Eine **Akte** ist eine auf gewisse Dauer angelegte, zumeist chronologisch geordnete Sammlung von zu einem bestimmten Gegenstand angefallenem Schriftgut.[1] Sie wird entweder **elektronisch** (§ 65 b SGG, § 6 Satz 1 EGovG)[2] oder **in Papierform** geführt. Die Akteneinsicht umfasst aber sämtliche beim Gericht im anhängigen Verfahren, einschließlich vorangegangener Rechtszüge, tatsächlich vorliegende[3] Schriftstücke, auch beigezogene[4] Akten (Verwaltungsakten, Vorakten früherer Gerichtsverfahren; nicht: Vorschriften, Dienstanweisungen bzw. gerichtlichen Entscheidungen, auf die der Bescheid Bezug

---

1 Bieresborn SGb 2011, 408 (409).

2 Definition nach der Gesetzesbegründung zum EGovG, BT-Drs. 17/11473, 37: „Eine elektronische Akte ist eine logische Zusammenfassung sachlich zusammengehöriger oder verfahrensgleicher Vorgänge und/oder Dokumente, die alle bearbeitungs- und aktenrelevanten E-Mails, sonstigen elektronisch erstellten Unterlagen sowie gescannten Papierdokumente umfasst und so eine vollständige Information über die Geschäftsvorfälle eines Sachverhalts ermöglicht."

3 BFH 15.5.2019 – IX B 105/18, BFH/NV 2019, 922.

4 BFH 30.1.2007 – VII B 3/06, BFH-PR 2007, 234; nach BFH 8.4.2009 – V S 1/09, BFH/NV 2009, 1442 auch nicht bei unzulässiger Anhörungsrüge.

nimmt)[5] und Augenscheinsobjekte (zB Bild- und Tonaufnahmen).[6] Nicht erfasst werden die in **§ 120 Abs. 5 SGG** genannten Dokumente (Entwürfe, gerichtsinterne Abstimmungen). Einschränkungen bestehen bei der Prozesskostenhilfe (§ 73 a Abs. 1 Satz 1 SGG iVm § 117 Abs. 2 Satz 2 bis 4 ZPO). Berechtigt nach § 120 SGG sind nur die **Beteiligten** (§ 69 SGG). Datenschutzrechtlich ist die Akteneinsicht über Art. 6 Abs. 1 Buchst. a und c, Art. 9 Abs. 2 Buchst. a und f DS-GVO gerechtfertigt.[7] Einem Rechtsmittelführer ist keine Akteneinsicht zur (weiteren) Begründung seines Rechtsmittels zu gewähren, wenn das Rechtsmittel unstatthaft ist.[8] Hat ein Beteiligter einen Prozessbevollmächtigten, verliert er das Recht auf persönliche Akteneinsicht nicht.[9] Das Gericht muss mitteilen, wenn Akten vorgelegt oder beigezogen worden sind, aber auf das Akteneinsichtsrecht selbst **nicht hinweisen**. Es muss auch nicht mitzuteilen, welche Tatsachen die Akten enthalten und wie es sie zu verwerten gedenkt; wer vom Recht auf Akteneinsicht keinen Gebrauch macht, kann später insoweit keinen Verstoß gegen den Grundsatz rechtlichen Gehörs (§ 62 SGG) geltend machen.[10]

Dritte können Akteneinsicht nur verlangen, wenn eine gesetzliche Übermittlungsbefugnis nach der DS-GVO und ergänzend nach §§ 67 d ff. SGB X (Sozialdaten) bzw. nach BDSG (BSG) oder den Datenschutzgesetzen der Länder (SG, LSG) vorliegt.[11] 5

Ist der **Prozess endgültig beendet**, findet § 120 SGG nach seiner systematischen Stellung im SGG keine Anwendung mehr und es finden die Grundsätze für die Akteneinsicht an Dritte Anwendung.[12] Bei der **anonymisierten** Herausgabe von Gutachten für wissenschaftliche oder sonstige Zwecke ohne Bezug zu dem Rechtsstreit, in dem das Gutachten eingeholt worden ist, handelt es sich nicht um Akteneinsicht, sondern um eine aus dem Zusammenhang der Akte und von dem Bezug zu den Beteiligten gelöste Weitergabe einer fachlichen Stellungnahme.[13] 6

Über Anträge Dritter während des laufenden Verfahrens[14] sowie über alle Anträge nach Beendigung des Verfahrens entscheidet nicht der Kammer-/Senatsvorsitzende, sondern der Gerichtsleiter (insoweit § 299 Abs. 2 ZPO analog; Justizverwaltungsakt).[15] 7

5 SächsLSG 25.11.2009 – L 3 AS 348/09 B-ER.
6 BayObLG 27.11.1990 – 2 Ob OWi 279/90, NJW 1991, 1070 zur StPO.
7 Bieresborn DRiZ 2019, 18 (19).
8 BFH 24.9.2004 – V B 105-107/04 ua.
9 W.-R. Schenke in Kopp/Schenke § 100 Rn. 2; aA BSG 10.10.1956 – 8 RV 455/56, KOV 1957 RsprNr. 513.
10 BFH 18.4.2017 – III B 76/16, FH/NV 2017, 1050.
11 BayLSG 16.1.2001 – L 7 B 386/00 P (§ 299 Abs. 2 ZPO findet auch über § 202 Satz 1 SGG keine Anwendung); Bieresborn SGb 2010, 575 f.; Schulze-Hagenow in Breitkreuz/Fichte § 120 Rn. 7.
12 Keller in Meyer-Ladewig/Keller/Leitherer/Schmidt § 120 Rn. 2 b (Ausnahme bei Prüfung eines Antrags nach §§ 178 a, 179, 180 SGG oder Gegenvorstellung, da noch zum laufenden Verfahren gehörend); aA Bieresborn in Roos/Wahrendorf § 120 Rn. 24 und in SGb 2010, 575 unter Bezugnahme auf Roos, FS Werner, 2004, S. 228: § 120 SGG auch nach Prozessende anzuwenden.
13 BSG 27.3.1995 – 13 RJ 19/93, SGb 1995, 562; Informationspflichten an Beteiligte nach Art. 13 Abs. 3 DS-GVO, Ausnahmen nach § 29 Abs. 2, § 32 BDSG, Leopold NSZ 2018, 357 (362).
14 VGH BW 25.10.2011 – 3 S 1616/11, NJW 2012, 1163.
15 BFH 20.10.2005 – VII B 207/05, BFHE 211, 15; BFH 1.3.2016 – VI B 89/15; Keller in Meyer-Ladewig/Keller/Leitherer/Schmidt § 120 Rn. 2 b; aA Bieresborn in Roos/Wahrendorf § 120 Rn. 18.

8 **2. Verfahren.** Akteneinsicht wird nur auf **Antrag** gewährt. Das Recht zur Akteneinsicht ist nicht in der Weise eingeschränkt, dass es nur einmal oder nur in bestimmten zeitlichen Intervallen beansprucht werden darf.[16] Auf welchem Weg die Akteneinsicht erfolgt, entscheidet der Vorsitzende bzw. der Berichterstatter (§ 120 Abs. 2 Satz 5 und 6, Abs. 3 Satz 3 und 4 iVm § 155 Abs. 4 SGG) nach pflichtgemäßem Ermessen durch unanfechtbare (§ 172 Abs. 2 SGG) prozessleitende Verfügung.

9 Wird die Akte **elektronisch** geführt (§ 65 b SGG; Abs. 3), ist Regelfall die Bereitstellung des Inhalts der Akten zum Abruf über ein elektronisches Akteneinsichtsportal. Das steht allen Beteiligten zu; die bis 31.12.2017 (→ Rn. 1) bestehende Beschränkung auf Bevollmächtigte ist entfallen. Stehen dem Aktenabruf wichtige Gründe entgegen, erfolgt die Akteneinsicht durch Akteneinsichtnahme in Diensträumen (etwa durch ein Akteneinsichtsterminal), durch Übermittlung eines Aktenausdrucks oder eines Datenträgers (USB-Stick, DVD). Wichtige Gründe sind zB vorübergehende technische Probleme, das Volumen der bereitzustellenden Daten, besonders hohe Sicherheitserfordernisse oder besonders schutzwürdige Akteninhalte.[17] Auf Antrag wird Akteneinsicht in den Diensträumen, nicht zwingend diejenigen des aktenführenden Gerichts,[18] gewährt. Auf besonderen Antrag kann ein Aktenausdruck oder ein Datenträger übermittelt werden, wenn der Beteiligte sein berechtigtes Interesse darlegt. Ein berechtigtes Interesse besteht etwa, wenn der Aktenabruf oder die Akteneinsicht für den Betroffenen zu einem unverhältnismäßigen Aufwand führt und er sich einen Aktenausdruck nicht selbst fertigen kann. Nicht ausreichend ist es, wenn das Lesen von Papierakten subjektiv als angenehmer empfunden wird.[19]

10 Wird die Akte **in Papierform** geführt (Abs. 4), erfolgt die Akteneinsicht durch den Urkundsbeamten „in Diensträumen", also idR auf der **Geschäftsstelle**. Bei unzumutbarer Anreise kann dies auch bei einem **Gericht** oder einer **Behörde am Wohnsitz** des Beteiligten erfolgen. Dem Begehren, die Akteneinsicht alleine und in einem selbst frei zu wählenden Raum zu nehmen, fehlt die rechtliche Grundlage.[20] Soweit wichtige Gründe (→ Rn. 9) nicht entgegenstehen, kann auch ein Aktenabruf ermöglicht werden. Rechtsanwälte, Hochschullehrer sowie die weiteren in § 73 Abs. 2 Satz 2 Nr. 3 bis 9 SGG genannten Bevollmächtigten können die Akten auch zur Mitnahme in ihre Kanzlei oder Wohnung abholen oder übersandt bekommen. Auch wenn die Bezugnahme auf § 73 Abs. 2 Satz 2 Nr. 1 Alt. 2 SGG fehlt (Redaktionsversehen?), kann die bisher übliche Praxis der Aktenübersendung an die Leistungsträger oder sonstige Behörden fortgesetzt werden. Ein Anspruch auf **Aktenübersendung** an den Beteiligten besteht grds. nicht.[21] Aktenübersendung scheidet etwa aus, wenn bekannt ist, dass ein Prozessvertreter Rückgabefristen regelmäßig nicht einhält,[22] oder wenn die Akten zwingend bei Gericht benötigt werden, etwa weil bereits terminiert worden ist. Um den Verbleib der Akten zu kontrollieren, sollte die Übersendung nur gegen

16 BVerwG 14.10.1997 – 9 B 799/97, zu § 100 Abs. 1 VwGO; Grenze: Rechtsmissbrauch.
17 BT-Drs. 18/12203, 85 zu Nr. 8 Buchst. b, 73 zu Nr. 2, 81 zu Nr. 5.
18 Keller in Meyer-Ladewig/Keller/Leitherer/Schmidt § 120 Rn. 6 unter Hinweis auf BT-Drs. 18/9416 56 zu § 32 f Abs. 1 StPO.
19 BT-Drs. 18/9416, 57 zu Abs. 1.
20 LSG BW 27.5.2020 – L 6 VU 3716/19 ZVW.
21 BSG 28.7.1977 – 5 BJ 124/77, SozR 1500 § 120 Nr. 1; LSG Nds-Bre 23.6.2016 – L 11 SF 6/16 AB (AS).
22 Roller SGb 2010, 636 (637).

Empfangsbekenntnis und unter Dokumentation des Umfangs (Blattzahl) erfolgen.[23] Die Übersendung ist außer in Verfahren nach § 197 a SGG kostenfrei (§ 120 Abs. 1 Satz 3 SGG, → Rn. 1).

Abschriften (Fotokopien) der Akten, bei elektronischen Dokumenten (§ 65 a SGG) oder elektronisch geführten Akten (§ 65 b SGG) auch Ausdrucke hiervon, fertigt die Geschäftsstelle auf Kosten des Beteiligten (§ 120 Abs. 1 Satz 2 SGG; Kosten nach § 3 Abs. 2 GKG iVm Nr. 9000 KV). Dies kann auch nur in Auszügen geschehen. Die abzulichtenden Dokumente sind eindeutig zu bezeichnen, nicht nur nach abstrakt-generellen Merkmalen.[24] Seit der Neufassung durch das JKomG (→ Rn. 1) können, wie bereits bisher in der VwGO und der FGO, auch Ausfertigungen (→ § 137 Rn. 2) beansprucht werden. 11

Blinden und sehbehinderten Personen ist die Akteneinsicht im Wege der barrierefreien Zugänglichmachung nach § 191 a GVG iVm der Zugänglichkeitsverordnung zu gewähren.[25] 12

3. Ausschluss/Beschränkung der Akteneinsicht (Abschriften, Ausfertigungen). 13
Ein Ausschluss der Akteneinsicht (§ 120 Abs. 1 Satz 1 SGG) durch die **Behörde** (abzugrenzen von der Weigerung, Akten überhaupt herauszugeben, s. § 119 SGG) bindet auch das Gericht; ggf. muss der Beteiligte auf Akteneinsicht klagen (→ § 119 Rn. 7). Akteneinsicht kann auch abgelehnt werden, wenn diese unter keinem rechtlichen Gesichtspunkt geeignet wäre, der Rechtsschutzgewährung des Antragstellers in diesem Verfahren zu dienen (unstatthaftes Rechtsmittel, unzulässige PKH-Wiederholungsantrag).[26] Schließlich kann der **Vorsitzende** auf Antrag oder von Amts wegen „aus besonderen Gründen" die Akteneinsicht bzw. die Erteilung von Abschriften und Ausfertigungen, auch hinsichtlich eines Teils der Akten, beschränken (§ 120 Abs. 4 Satz 1 SGG). Eine Beschränkung erfolgt, wenn der Beteiligte kein Einsichtsrecht hat.[27] Sie ist weiter notwendig, wenn die Akteneinsicht für eine natürliche Person (Beteiligter; ihm nahe stehender Dritter), auch unter Berücksichtigung seines Interesses an Einsicht in die Verfahrensunterlagen, **unzumutbar** wäre, ihm **unverhältnismäßige Nachteile** bereiten würde, und andere Lösungsmöglichkeiten ausscheiden;[28] zu ärztlichen Äußerungen deren Mitteilung **erhebliche therapeutische Gründe** entgegenstehen, → § 118 Rn. 38. Notwendig ist hier eine **Rechtsgüter-/Interessenabwägung** zwischen der Rechtsgewähr (§ 128 Abs. 2 SGG!) und Leib und Leben des Betroffenen. Diese Abwägung erfolgt am besten auf der Grundlage einer Empfehlung des Arztes von dem die Äußerung stammt, ersatzweise des behandelnden Arztes. Hat der Betroffene einen Bevollmächtigten (§ 73 Abs. 2 SGG), kann diesem aufgeben werden, die Unterlagen dem Betroffenen nicht zugänglich zu machen. Auch der behandelnde Arzt kann als Mittler eingeschaltet werden (vgl. § 25 Abs. 2 SGB X). Aus übergesetzlichem Notstand kann auch ausnahmsweise eine Information **allein der anderen Seite** (Versicherungsträger, Behörde) gerechtfer-

---

23 Knittel in Hauck/Behrend § 120 Rn. 8.
24 Herold-Tews/Meckel Sozialgerichtsprozess Rn. 285 mit Bezugnahme auf BSG 30.11.1994 – 11 RAr 89/94, SozR 3-1300 § 25 Nr. 3.
25 Vgl. Roller SGb 2016, 17 (19 f.), auch zu Art. 13 Abs. 1 UN-BRK.
26 BFH 28.7.2015 – V S 20/15 (PKH), BFH/NV 2015, 1435.
27 Anspruch auf Einsicht der Krankenkasse in Patientenunterlagen bei Abrechnungsstreit besteht, BSG 18.12.2018 – B 1 KR 40/17 R, SozR 4-7645 Art. 9 Nr. 1.
28 Keller in Meyer-Ladewig/Keller/Leitherer/Schmidt § 120 Rn. 8; Bsp. außerhalb des medizinischen Bereichs nach Müller in Roos/Wahrendorf § 107 Rn. 8: Gefährdung einer Ehe.

tigt sein. Auch das **allgemeine Persönlichkeitsrecht** kann eine Beschränkung der Akteneinsicht gebieten (→ § 103 Rn. 26 f.).[29]

14 Inwieweit Akteneinsicht zu gewähren ist, muss der Vorsitzende bzw. der Berichterstatter (→ Rn. 8) selbst, kein Dritter, auch nicht der Hausarzt,[30] entscheiden. Gegen die Beschränkung der Akteneinsicht durch **prozessleitende Verfügung** kann nach § 120 Abs. 4 Satz 2 SGG das Gericht angerufen werden („Erinnerung besonderer Art"),[31] das durch unanfechtbaren (§ 56 a SGG) **Beschluss** entscheidet. Erfolgt der Beschluss außerhalb der mündlichen Verhandlung, wirken die ehrenamtlichen Richter nicht mit (§ 12 Abs. 1 Satz 2 SGG). Beim SG entscheidet der Vorsitzende dann erneut, diesmal aber „als Gericht".[32] Eine Zwischenfeststellungsklage (§ 202 Satz 1 SGG iVm § 256 Abs. 2 ZPO) zur Klärung des Anspruch auf Akteneinsicht ist unzulässig.[33] Es findet hier auch kein In-Camera-Verfahren analog § 99 Abs. 2 VwGO statt (→ § 119 Rn. 7).[34]

15 Akten, deren Einsicht versagt wurde, dürfen nicht Grundlage der Entscheidung sein (§ 128 Abs. 2 SGG). Der die Akteneinsicht ausschließende Beteiligte hat den prozessualen Nachteil zu tragen, der sich aus der von ihm veranlassten Beschränkung der Sachverhaltsermittlung ergibt; uU ist nach den Grundsätzen der objektiven Beweislast (→ § 103 Rn. 42) zu seinen Lasten zu entscheiden.[35] Wird die Akteneinsicht vom Gericht **zu Unrecht versagt** und kann sich der Beteiligte nicht auf andere Weise ausreichend unterrichten, verletzt dies den Grundsatz rechtlichen Gehörs (§ 62 SGG), was im Rahmen eines Rechtsmittels gegen die Entscheidung zur Hauptsache als Verfahrensfehler gerügt werden kann.[36]

§ 121 [Schließung der mündlichen Verhandlung]

[1]Nach genügender Erörterung der Streitsache erklärt der Vorsitzende die mündliche Verhandlung für geschlossen. [2]Das Gericht kann die Wiedereröffnung beschließen.

29 Bieresborn SGb 2010, 501 (507); Brink/Wolff NVwZ 2011, 134 (137).
30 BSG 2.9.1964 – 11/1 RA 59/63, SozR Nr. 4 zu § 107 SGG.
31 Keller in Meyer-Ladewig/Keller/Leitherer/Schmidt § 120 Rn. 8 a.
32 Wie hier Knittel in Hauck/Behrend § 120 Rn. 25; Keller in Meyer-Ladewig/Keller/Leitherer/Schmidt § 120 Rn. 8 a; Wehrhahn in jurisPK-SGG § 120 Rn. 28; aA LSG Nds 10.7.1980 – L 1 (S) An 85/79, RSpDienst 9000 § 120 SGG, 1–2 und Kummer in Peters/Sautter/Wolff § 120 Rn. 56 f.: Vorsitzender und ehrenamtliche Richter, auch außerhalb mündlicher Verhandlung.
33 BSG 15.11.2007 – B 3 KR 13/07 R, SozR 4-1500 § 120 Nr. 2.
34 LSG Bln-Bbg 2.3.2011 – L 18 AS 2267/10 B; LSG Nds-Brem 16.10.2014 – L 3 U 196/13 B, NZS 2015, 120.
35 BSG 19.12.2017 – B 1 KR 19/17 R, BSGE 125, 91 = SozR 4-1500 § 120 Nr. 3.
36 BSG 15.11.2007 – B 3 KR 13/07 R, SozR 4-1500 § 120 Nr. 2; BSG 19.12.2017 – B 1 KR 19/17 R, BSGE 125, 91 = SozR 4-1500 § 120 Nr. 3.

I. Allgemeines/Normzweck

1. Gesetzesentstehung. § 121 SGG ist seit Inkrafttreten des SGG (→ § 1 Rn. 1) unverändert. 1

2. Normzweck. Die Vorschrift regelt den Schluss der mündlichen Verhandlung und die Wiedereröffnung. § 121 SGG findet Anwendung in allen Rechtszügen (§ 153 Abs. 1, § 165 SGG), entsprechend in den selbstständigen Beschlussverfahren (§§ 55 a, 73 a, 76, 86 b SGG), wenn dort eine Verhandlung stattfindet. 2

3. Parallelvorschriften. Parallelvorschriften in den anderen Verfahrensordnungen sind § 104 Abs. 3 VwGO, § 93 Abs. 3 FGO, § 136 Abs. 4, § 156 ZPO. 3

II. Schließung und Wiedereröffnung der mündlichen Verhandlung

1. Schließung der mündlichen Verhandlung – Satz 1. Die Schließung der mündlichen Verhandlung ist eine **prozessleitende Verfügung** des Vorsitzenden. Sie muss nicht durch ausdrückliche Erklärung, sondern kann auch durch **konkludentes Handeln** (Zurückziehen zur Beratung) erfolgen.[1] Zuvor sollte der Vorsitzende die Beteiligten fragen, ob der Sach- und Streitstand „genügend erörtert" ist. Die Schließung ist ins Protokoll aufzunehmen (§ 122 SGG iVm § 160 Abs. 2 ZPO). Nach der Schließung dürfen Beteiligte nicht mehr vortragen, werden Schriftsätze nicht mehr berücksichtigt (§ 202 Satz 1 SGG iVm § 296 a ZPO; keine Einräumung eines Schriftsatzrechts, → § 108 Rn. 2), darf das Gericht nicht mehr ermitteln[2] und bedarf die Berufungsrücknahme die Einwilligung des Berufungsbeklagten (§ 156 Abs. 1 Satz 2 SGG). Die Schließung ist nicht mit der Beschwerde anfechtbar (§ 172 Abs. 2 SGG). 4

2. Wiedereröffnung der mündlichen Verhandlung – Satz 2. Bis zum Wirksamwerden des Urteils durch Verkündung oder Zustellung (§§ 132, 133 SGG) „kann" (Ermessen; nur bedingt nachprüfbar)[3] das **Gericht** die Wiedereröffnung beschließen. Bei Verzicht auf mündliche Verhandlung (§ 124 Abs. 2 SGG) entspricht der Schließung der mündlichen Verhandlung die Hinausgabe der Entscheidung zur Zustellung durch die Geschäftsstelle. 5

Wiederzueröffnen ist zwingend (Ermessenreduzierung ist auf Null), wenn bei der Urteilsberatung festgestellt wird, dass 6

- der Sachverhalt noch nicht ausreichend (§ 103 SGG) erforscht ist,[4]
- nicht ausreichend rechtliches Gehör (§ 62 SGG) gewährt worden ist (vgl. § 156 Abs. 2 Nr. 1 ZPO), zB notwendige Hinweise nach § 106 Abs. 1, § 112 Abs. 2 Satz 2 SGG unterblieben sind[5] oder ein Beteiligter zu neuen Ausführungen des Sachverständigen in der mündlichen Verhandlung[6] oder auf einen richterlichen Hinweis nicht sofort Stellung nehmen konnte (→ § 106 Rn. 4),[7]

1 BVerwG 28.6.2000 – 5 B 56/00; aA Knittel in Hauck/Behrend § 121 Rn. 2.
2 BVerwG 25.8.1971 – IV C 85.69, Buchholz 310 § 108 VwGO Nr. 59.
3 BVerwG 5.11.2001 – 9 B 50/01, NVwZ-RR 2002, 217 (220).
4 BFH 24.5.2005 – X B 170/04.
5 BSG 21.4.1966 – 9 RV 742/65, SozR Nr. 1 zu § 121 SGG.
6 BGH 30.11.2010 – VI ZR 25/09, MDR 2011, 160.
7 BFH 4.4.2001 – XI R 60/00, NJW 2002, 166; BGH 4.7.2013 – V ZR 151/12, NJW-RR 2014, 177.

- sich das Gericht auf nachträgliches, wesentlich neues Vorbringen stützen will[8] oder es sich nach § 103 SGG zumindest damit auseinandersetzen müsste (enger: § 156 Abs. 2 Nr. 2 ZPO: Wiederaufnahmegründe),
- ein Richter wechselt (§ 129 SGG; vgl. § 156 Abs. 2 Nr. 3 ZPO),
- ein Bevollmächtigter (§ 73 Abs. 2 SGG) nur wenig verspätet erschienen ist;[9] eine zwischenzeitlich nach Aktenlage erfolgte Entscheidung (§ 126 SGG) ist gegenstandslos.[10]

7 Das Gericht entscheidet **von Amts wegen**; ein Antrag ist nur eine Anregung. Dass das Ermessen ausgeübt wurde, ist im Protokoll zum Ausdruck zu bringen.[11] Die **Ablehnung der Wiedereröffnung** kann als Beschluss oder im Urteil[12] ergehen. Die fehlerhaft unterlassene Wiedereröffnung stellt einen wesentlichen Verfahrensmangel (§ 144 Abs. 2 Nr. 3, § 159 Abs. 1 Nr. 2, § 160 Abs. 2 Nr. 3 SGG) dar.[13] Die **Wiedereröffnung** erfolgt durch **Beschluss**, der unanfechtbar (§ 172 Abs. 2 SGG), daher nicht zu begründen ist (§ 142 Abs. 2 Satz 1 SGG). Entschieden wird in der Besetzung der mündlichen Verhandlung, bei Verhinderung eines Richters ohne Hinzuziehung eines Vertreters;[14] die ehrenamtlichen Richter wirken mit.[15] Sind die Beteiligten noch anwesend, kann unmittelbar weiterverhandelt werden. Gegenstand der wiedereröffneten mündlichen Verhandlung ist der Sach- und Streitstand insgesamt, nicht nur hinsichtlich der Umstände, die zur Wiederaufnahme geführt haben.

§ 122 [Sitzungsprotokoll]

Für das Protokoll gelten die §§ 159 bis 165 der Zivilprozeßordnung entsprechend.

8 BVerwG 5.11.2001 – 9 B 50/01, NVwZ-RR 2002, 217 (220); BVerwG 29.6.2007 – 4 BN 22/07.
9 BSG 31.1.1974 – 4 RJ 183/73, SozR 1500 § 121 Nr. 1; BVerwG 3.7.1992 – 8 C 58.90, BayVBl. 1993, 412.
10 Knittel in Hauck/Behrend § 121 Rn. 9.
11 BSG 31.1.1974 – 4 RJ 183/73, SozR 1500 § 121 Nr. 1.
12 BFH 23.10.2003 – V R 24/00, BFHE 203, 523: insoweit Beschluss.
13 BSG 21.4.1966 – 9 RV 742/65, SozR Nr. 1 zu § 121 SGG.
14 Kummer in Peters/Sautter/Wolff § 121 Rn. 46: analog § 139 Abs. 2 Satz 1 SGG; BGH 1.2.2002 – V ZR 357/00, NJW 2002, 1426.
15 BSG 31.1.1974 – 4 RJ 183/73, SozR 1500 § 121 Nr. 1; BVerwG 15.7.2008 – 8 B 24/08, Buchholz 310 § 108 Abs. 2 VwGO Nr. 77; BAG 25.1.2012 – 4 AZR 185/10, NZA-RR 2013, 41; BayLSG 27.9.2017 – L 1 R 761/16 WA; abw. LSG Nds-Brem 17.10.2019 – L 6 U 40/17, Keller in Meyer-Ladewig/Keller/Leitherer/Schmidt § 121 Rn. 4 a, Leopold in Roos/Wahrendorf § 121 Rn. 13 und Breitkreuz in Breitkreuz/Fichte § 121 Rn. 7: nur, wenn Beschluss unmittelbar nach Abschluss der mündlichen Verhandlung ergeht.

I. Allgemeines/Normzweck

1. Gesetzesentstehung. § 122 SGG ist durch Gesetz vom 20.12.1974 (BGBl. 1974 I 3651) neu gefasst worden. Das Gesetz zur Einführung der elektronischen Akte in der Justiz und zur weiteren Förderung des elektronischen Rechtsverkehrs vom 5.7.2017 (BGBl. 2017 I 2208) hat mit Wirkung vom 1.1.2018 die Wörter „die Niederschrift" durch „das Protokoll" ersetzt. Nach Einführung der elektronischen Prozessakte (§ 65 b SGG) sah man die alte, eng mit der Papierform verbundene Begrifflichkeit als nicht mehr passend an.[1] 1

2. Normzweck. § 122 SGG verweist für das Protokoll auf §§ 159–165 ZPO. Die Vorschrift findet Anwendung in allen Rechtszügen (§ 153 Abs. 1, § 165 SGG). 2

3. Parallelvorschriften. Parallelvorschriften in den anderen Verfahrensordnungen sind § 105 VwGO und § 94 FGO. 3

II. Kommentierung

1. Anwendungsbereich. Erfasst werden Protokolle in allen Verhandlungen (§ 159 Abs. 2 ZPO), auch im Erörterungstermin (§ 106 Abs. 3 Nr. 7 SGG), Beweisaufnahmen vor dem beauftragten oder dem ersuchten Richter (→ § 117 Rn. 5) oder in den selbstständigen Beschlussverfahren (§§ 55 a, 73 a, 76, 86 b SGG). Eine Güteverhandlung oder weitere Güteversuche (§ 202 Satz 1 SGG iVm § 278 Abs. 5 ZPO) werden nur auf übereinstimmenden Antrag der Beteiligten protokolliert (§ 159 Abs. 2 ZPO). Auf die Abgabe von Erklärungen zu Protokoll des Urkundsbeamten der Geschäftsstelle (§§ 90, 145 Abs. 1, §§ 151, 158, 173 SGG) finden §§ 159 ff. ZPO höchstens ergänzende Anwendung. 4

2. Erstellung des Protokolls. a) Führung des Protokolls. Ein **Urkundsbeamter** der Geschäftsstelle (§ 4 Satz 1 SGG) wird nur dann zugezogen, wenn das Protokoll sehr umfangreich, die Sache besonders schwierig ist oder sonst ein wichtiger Grund vorliegt (§ 159 Abs. 1 Satz 2 ZPO). Im Regelfall protokolliert ein Berufsrichter, idR der **Vorsitzende selbst**. Der Protokollführer kann während einer Verhandlung wechseln, was im Protokoll zu vermerken ist.[2] 5

b) Inhalt der Niederschrift. Den zwingenden **Inhalt** des Protokolls regelt § 160 ZPO: 6

- **Allgemeine Angaben** (§ 160 Abs. 1 ZPO): Ort; Datum; Bezeichnung des Rechtsstreits (mit Aktenzeichen); Namen der anwesenden Richter (mit Funktion: Vorsitzender), Urkundsbeamten, Dolmetscher, Beteiligten mit gesetzlichen Vertretern/besonderen Vertretern nach § 72 SGG/Bevollmächtigten nach § 73 Abs. 2 SGG/Beiständen nach § 73 Abs. 6 SGG, Zeugen und Sachverständigen; Hinweis zur Öffentlichkeit (Überschrift „öffentliche Sitzung") bzw. Ausschluss der Öffentlichkeit; Uhrzeiten von Eröffnung und Schließung (§ 121 Satz 1 SGG) der mündlichen Verhandlung (wichtig für den Nachweis der Wartezeit, → § 112 Rn. 6); bei Videokonferenzen auch der andere Ort (→ § 110 a Rn. 11).
- Die **„wesentlichen Vorgänge der Verhandlung"** (§ 160 Abs. 2 und 3 ZPO) meint die Förmlichkeiten der Verhandlung, dh den äußeren Hergang der

1 BT-Drs. 18/12203, S. 88 zu Art. 18 Nr. 9, Nr. 4; BT-Drs. 18/9416, S. 59 zu Art. 1 Nr. 11.
2 Kummer in Peters/Sautter/Wolff § 122 Rn. 25.

Verhandlung, nicht aber den Inhalt von Erklärungen.[3] Sie sind teilweise ausdrücklich in § 160 Abs. 3 ZPO aufgeführt, also Anerkenntnis (mit Annahme) und Vergleich; Klageanträge (§ 112 Abs. 3 SGG); Aussagen von Zeugen und Sachverständigen (mit Belehrung über Aussageverweigerungsrechte), Ergebnisse eines Augenscheins (Wahrnehmungen, nicht Schlussfolgerungen);[4] Urteile, Beschlüsse und Verfügungen des Gerichts (nicht prozessleitende Verfügungen des Vorsitzenden),[5] jeweils mit Verkündung; Rücknahme der Klage oder eines Rechtsmittels (§§ 102, 156 Abs. 2, § 165 SGG); Erledigungserklärung (→ § 102 Rn. 15; analog § 160 Abs. 3 Nr. 1 und 8 ZPO); Verzicht auf ein Rechtsmittel (bedeutsam für § 136 Abs. 4 SGG); Ergebnis einer (auch erfolglosen) Güteverhandlung. Soweit § 160 Abs. 3 ZPO Geständnis und Parteivernehmung nennt, ist dies für das SGG gegenstandslos, → § 103 Rn. 10, → § 118 Rn. 10. Darüber hinaus ist der Gang der mündlichen Verhandlung nach §§ 112, 121 SGG anzugeben, also auch andere Anträge als die Klageanträge, zB Beweisanträge (→ § 103 Rn. 12);[6] Beweisbeschlüsse; Beanstandungen von Fragen in der Beweisaufnahme (→ § 116 Rn. 9); ungebührliches Verhalten als Grundlage eines Ordnungsmittels;[7] rechtliche Hinweise des Vorsitzenden (§ 106 Abs. 1 SGG);[8] wenn ein Beteiligter die Sitzung verlässt; der Übergang von einem Erörterungstermin (§ 106 Abs. 3 Nr. 7 SGG) in die mündliche Verhandlung;[9] nicht zwingend (aber doch zu empfehlen) die Terminsunterbrechung (→ § 110 Rn. 15).[10]

7 Auch nach § 202 Satz 1 SGG iVm § 139 Abs. 4 ZPO aktenkundig zu machende **gerichtliche Hinweise** sind, wenn sie in der mündlichen Verhandlung erfolgen, ins Protokoll aufzunehmen. Ist der Hinweis erteilt und seine Dokumentation zunächst versehentlich unterlassen worden, kann die Erteilung des Hinweises (mit Klarstellung, dass versehentlich unterblieben) auch im Tatbestand des Urteils dokumentiert werden.[11] Allein der Satz „Das Sach- und Streitverhältnis wurde mit den Beteiligten erörtert" ist für sich allein nicht geeignet, eine dem Grundsatz rechtlichen Gehörs (§ 62 SGG) genügende Erörterung nachzuweisen.[12]

8 **Äußerungen von** an der Verhandlung **Beteiligten** (auch Zeugen und Sachverständigen)[13] werden auf Antrag aufgenommen (§ 160 Abs. 4 ZPO). Der Antrag ist nur bis zum Ende der Sitzung zulässig.[14] Dass die Äußerung aufgenommen wird, bestimmt der Vorsitzende durch unanfechtbare (§ 172 Abs. 2 SGG), auch stillschweigende, prozessleitende Verfügung. Die Ablehnung der Aufnahme er-

3 BGH 21.3.1991 – IX ZR 186/90, NJW 1991, 2084 (2085); BVerwG 24.9.2013 – 2 B 42/13, Buchholz 232.1 § 48 BLV Nr. 2.
4 Kummer in Peters/Sautter/Wolff § 122 Rn. 60; BSG 31.8.2017 – B 2 U 74/17 B, SozR 4-1500 § 62 Nr. 19 (nach § 160 Abs. 3 Nr. 5 ZPO; Anhörung der Beteiligten dazu nach § 160 Abs. 2 ZPO).
5 Keller in Meyer-Ladewig/Keller/Leitherer/Schmidt § 122 Rn. 4 d.
6 BVerwG 28.12.2011 – 9 B 53/11, NVwZ 2012, 512; nicht bloße Beweisanregungen, BVerwG 10.3.2011 – 9 A 8/10, NVwZ-RR 2011, 383.
7 SächsLSG 20.12.2016 – L 3 AS 1111/14 B.
8 BFH 12.12.2013 – X R 39/10, BFHE 244, 485.
9 BSG 28.3.2000 – B 8 KN 7/99 R, SozR 3-1500 § 61 Nr. 1.
10 BFH 12.6.2001 – XI R 58/99, BFHE 195, 503.
11 BGH 22.9.2005 – VII ZR 34/04, BGHZ 164, 166.
12 BSG 6.3.1991 – 13/5 RJ 68/89, SozR 3-1500 § 62 Nr. 4; BSG 8.2.2012 – B 5 RS 76/11 B; aA Leopold in Roos/Wahrendorf § 122 Rn. 29.
13 Leopold in Roos/Wahrendorf § 122 Rn. 49.
14 BVerwG 18.1.1963 – II C 16.60, NJW 1963, 730.

folgt durch Beschluss des Gerichts (Mitwirkung der ehrenamtlichen Richter in der mündlichen Verhandlung, § 12 Abs. 1 SGG), der in das Protokoll aufgenommen wird (§ 160 Abs. 4 Satz 3 Hs. 2 ZPO), unanfechtbar (§ 160 Abs. 4 Satz 3 ZPO) und daher nicht zu begründen ist (§ 142 Abs. 2 Satz 1 SGG). Auch ohne Antrag kann der Vorsitzende nach § 160 Abs. 2 ZPO bedeutsame Erklärungen der Beteiligten aus dem Sachvortrag[15] in das Protokoll aufnehmen.

c) Vorläufige Aufzeichnung; Anlagen. Der Vorsitzende kann den Inhalt des Protokolls in gebräuchlicher Kurzschrift, verständlichen Abkürzungen oder auf Ton-/Datenträger **vorläufig aufzeichnen** (§ 160 a Abs. 1 ZPO). Die Richtigkeit der späteren Übertragung einer Tonaufnahme überprüft der übertragende Urkundsbeamte (§ 163 Abs. 1 Satz 2 ZPO). Setzt der Vorsitzende sein Diktat selbst mittels Spracherkennungsprogramm um, ist dies handschriftlichen Aufzeichnungen gleichzustellen und es findet keine gesonderte Überprüfung durch den Urkundsbeamten statt. Offenkundige Diktatfehler (zB der Zeitformen oder der Bezeichnung der Beteiligten) können unmittelbar korrigiert werden. Die vorläufigen Aufzeichnungen sind vorerst aufzubewahren bzw. zu sichern (Näheres s. § 160 a Abs. 3 ZPO). Eine vorläufige Aufzeichnung, die zu wesentlichen Teilen unverständlich oder unvollständig ist, führt dazu, dass das darauf aufbauende Protokoll einem fehlenden gleichsteht.[16] **Anlagen**, auf die das Protokoll verweist, sind Bestandteil der Niederschrift (§ 160 Abs. 5 ZPO). Beim Beweis durch Zeugen, Sachverständige oder Augenschein bestehen Erleichterungen, wenn der Rechtsstreit nichtstreitig erledigt wird (§ 161 ZPO; Abs. 1 Nr. 1 nur, wenn BSG ausnahmsweise im ersten und letzten Rechtszug entscheidet, zB § 39 Abs. 2 SGG), oder in Form vorläufiger Aufzeichnungen (§ 160 a Abs. 2 Satz 2–4 ZPO). 9

d) Vorlesung, Genehmigung, Unterschrift. Das Protokoll ist den Beteiligten **vorzulesen** oder zur Durchsicht vorzulegen, bei Aufzeichnung mit Diktiergerät nach § 160 a ZPO **vorzuspielen**, und von ihnen zu **genehmigen** (§ 162 ZPO). Aussagen von Zeugen und Sachverständigen sind auch von diesen zu genehmigen. Wird nach § 160 a ZPO mit Diktiergerät vorläufig aufgezeichnet und hat die Aussageperson selbst diktiert, kann sie das Vorspielen verlangen (§ 162 Abs. 2 Satz 1 ZPO). Hat der Vorsitzende die Aussage im Beisein der Aussageperson zusammengefasst und diktiert, ist die Aussageperson zu fragen, ob sie auf das Vorspielen verzichtet; der Verzicht ist in das Protokoll aufzunehmen (§ 162 Abs. 2 Satz 2 ZPO). Zur Bedeutung für die Wirksamkeit eines Vergleichs → § 101 Rn. 9, 10, einer Klagerücknahme → § 102 Rn. 6, eines Anerkenntnisses → § 101 Rn. 33. Das Protokoll ist vom Vorsitzenden zu **unterschreiben**; auch vom Urkundsbeamten, wenn zur Sitzung zugezogen oder bei einer von ihm vorgenommenen Übertragung einer vorläufigen Aufzeichnung (§ 163 Abs. 1 ZPO); Meinungsverschiedenheiten zwischen Vorsitzendem und Urkundsbeamten sind im Protokoll festzuhalten.[17] Erforderlich ist jeweils der volle Namenszug (keine Paraphe) mit Funktionsbezeichnung.[18] § 160 a Abs. 4, § 130 b ZPO, § 65 a Abs. 7 SGG ermöglichen die endgültige Herstellung des Protokolls in Form eines elektronischen Dokuments.[19] 10

15 BSG 19.7.1961 – 11 RV 796/59, SozR Nr. 3 zu § 122 SGG.
16 BVerwG 10.12.1976 – VI C 22.76, Buchholz 310 § 105 VwGO Nr. 21.
17 Kummer in Peters/Sautter/Wolff § 122 Rn. 132.
18 BVerwG 26.8.1976 – VI C 41.76, Buchholz 310 § 105 VwGO Nr. 20: Funktionsbezeichnung noch im Revisionsverfahren nachholbar.
19 Vgl. BFH 3.4.2019 – III B 80/18, BeckRS 2019, 10975.

11 e) **Fehler.** Eine fehlerhafte Protokollierung kann mit Erfolg in der Revision nur dann gerügt werden, wenn die Entscheidung darauf beruhen kann[20] oder wenn der Verstoß so erheblich ist, dass eine Nachprüfung der Entscheidung überhaupt unmöglich ist.[21]

12 **3. Berichtigung des Protokolls (§ 164 ZPO).** Inhaltlich fehlerhafte Protokolle sind von Amts wegen oder auf Antrag zu **berichtigen**. Erfasst werden insbes. Lücken und unrichtige Feststellungen, nicht aber Erklärungen, die „vorgelesen und genehmigt" worden sind (→ Rn. 10),[22] es sei denn es handelt sich um anschließende Übertragungsfehler nach vorläufiger Aufzeichnung (§ 160 a ZPO). Die Berichtigung ist jederzeit möglich (§ 164 Abs. 1 ZPO), auch wenn sich der Rechtsstreit zwischenzeitlich in der Rechtsmittelinstanz befindet.[23] Nach Abschluss des Rechtsstreits fehlt idR das Rechtsschutzbedürfnis für eine Protokollberichtigung, falls nicht unmittelbar aus dem Protokoll Rechte geltend gemacht werden sollen, zB bei der Protokollierung eines Vergleichs. Das Antragsrecht kann durch rügelose Einlassung im nächsten Termin (§ 202 Satz 1 SGG iVm § 275 ZPO) verloren gehen.[24] Die Beteiligten und – soweit deren Aussagen betroffen – auch die vernommenen Zeugen oder Sachverständigen sind vorher zu hören (§ 164 Abs. 2 ZPO). Eine Beweisaufnahme findet nicht statt. Dass berichtigt wird, entscheidet der das Protokoll führende (Unterschrift) Berufsrichter, also regelmäßig der **Vorsitzende** als unvertretbare Verfahrenshandlung in alleiniger gesetzlicher Kompetenz.[25] Bei Protokollierung nach § 159 Abs. 1 Satz 2 ZPO (nicht schon § 163 Abs. 1 Satz 2 ZPO) ist für die Berichtigung das Einverständnis des Schriftführers notwendig. Die Berichtigung ist auf dem Protokoll zu vermerken und von beiden zu unterschreiben; der Vermerk kann auf eine mit dem Protokoll verbundene Anlage Bezug nehmen (§ 164 Abs. 3 ZPO; auch bei elektronischen Dokumenten, § 164 Abs. 4 ZPO); eines Berichtigungsbeschlusses bedarf es nicht. Die Berichtigung ist unanfechtbar.

13 Dass eine Berichtigung nicht erfolgt, entscheidet allein der Vorsitzende durch Beschluss.[26] Am LSG ist dieser **unanfechtbar** (§ 177 SGG). Nichts anderes gilt für das SG: Die Rechtsmittelinstanz wäre zur Beurteilung der Richtigkeit mangels Anwesenheit in der mündlichen Verhandlung außerstande; nicht jede Entscheidung des Gerichts soll anfechtbar sein. Abweichendes gilt nur, wenn wesentliche Mängel des Berichtigungsverfahrens (zB Abweisung als unzulässig; Entscheidung durch unzuständigen Richter) gerügt werden; eine Beweisaufnahme findet jedenfalls nicht statt.[27]

---

20 BSG 30.10.2013 – B 9 V 6/13 B.
21 BVerwG 11.2.1976 – VI C 3.76, NJW 1976, 1705.
22 Kummer in Peters/Sautter/Wolff § 122 Rn. 135, 138.
23 BSG 9.2.2011 – B 11 AL 71/10 B.
24 BVerwG 3.5.1976 – VI CB 91.75, BVerwGE 50, 344; aA Kummer in Peters/Sautter/Wolff § 122 Rn. 146, der aber den Verlust des Rügerechts für den auf die Berichtigung gestützten Verfahrensfehler annimmt.
25 BVerwG 10.3.2011 – 9 A 8/10, NVwZ-RR 2011, 383; BFH 31.7.2012 – VIII B 53/12, BFH/NV 2012, 1984; LSG Bln-Bbg 29.5.2006 – L 1 SF 70/06.
26 Leopold in Roos/Wahrendorf § 122 Rn. 81; str.
27 LSG RhPf 27.9.1978 – L 3 U 48/78, Breithaupt 1979, 297; ThürLSG 17.5.2005 – L 6 B 12/05 R, NZS 2006, 280; BGH 14.7.2004 – XII ZB 268/03, NJW-RR 2005, 214; BAG 25.11.2008 – 3 AZB 64/08, NJW 2009, 1161 (1162); BVerwG 14.8.1980 – 6 CB 72/80, DÖV 1981, 180; BFH 4.4.2011 – VIII B 31/11, BFH/NV 2011, 1173; zur Überprüfung in der Revision unter engen Voraussetzungen s. BSG 23.7.2015 – B 5 R 196/15 B.

4. Beweiskraft des Protokolls (§ 165 ZPO). Die **Beweiskraft** des Protokolls über die mündliche Verhandlung (auch wenn als elektronisches Dokument erstellt, § 371 a Abs. 2 ZPO) regelt – (nur) **für das konkrete Verfahren** – § 165 ZPO. Danach kann die Einhaltung der **„wesentlichen Förmlichkeiten" nur** durch das Protokoll bewiesen werden; als Gegenbeweis ist nur der Nachweis der Fälschung zulässig. Erfasst wird nur der äußere Hergang, nicht der Inhalt von Aussagen, nicht die Klagerücknahme (§ 102 SGG)[28] oder eine sonstige verfahrensbeendende Erklärung. Schweigt das Protokoll, beweist dies, dass der behauptete Vorgang (zB ein Beweisantrag) nicht stattgefunden hat.[29] § 165 ZPO gilt nicht, wenn das Protokoll in sich widersprüchlich ist.[30] Das Protokoll der Sitzung ist einziges Mittel, die Beweiskraft des Tatbestands (→ § 118 Rn. 37) zu entkräften (§ 202 Satz 1 SGG iVm § 314 Satz 2 ZPO). **Äußerungen von Beteiligten,** die nicht protokolliert worden sind, können nicht zu Beweiszwecken verwertet werden.[31] 14

Außerhalb des konkreten Verfahrens kommt dem Protokoll die Beweiskraft einer **öffentlichen Urkunde** zu (§ 118 Abs. 1 Satz 1 SGG iVm § 415 ZPO; → § 118 Rn. 37).[32] 15

Fünfter Unterabschnitt Urteile und Beschlüsse

§ 123 [Grundlage]

Das Gericht entscheidet über die vom Kläger erhobenen Ansprüche, ohne an die Fassung der Anträge gebunden zu sein.

I. Allgemeines

Die seit Inkrafttreten des SGG unveränderte Vorschrift enthält die prozessualen Grundsätze der **Dispositionsmaxime** (ne eat iudex ultra petita partium), – der Kläger bestimmt den Umfang der zu prüfenden Ansprüche – und des Verbots, die Verwaltungsentscheidung zum Nachteil des Klägers abzuändern – Verbot der reformatio in peius (Verböserungsverbot). Danach besteht eine Bindung an den **Inhalt der Anträge,** nicht an die Fassung der Anträge. Entsprechende Vorschriften enthalten § 88 VwGO und § 96 Abs. 1 Satz 2 FGO. Einerseits ist abzugrenzen von der Möglichkeit der Klageänderung mit der Problematik eventueller Verfristung (→ § 99 Rn. 18). Andererseits ist zu berücksichtigen, dass bei 1

28 BSG 31.1.1963 – 9 RV 962/61, SozR Nr. 8 zu § 102 SGG; BVerwG 22.11.2010 – 2 B 8/10; BFH 15.7.2010 – VIII B 90/09, BFH/NV 2010, 2090; aber Stellung eines Beweisantrags, so BVerwG 28.12.2011 – 9 B 53/11, NVwZ 2012, 512.
29 BSG 14.5.1998 – B 2 U 280/97 B; BSG 6.5.1999 – B 8 KN 7/98 U B.
30 BSG 14.11.1961 – 11 RV 960/59, BSGE 11, 232 (235); BSG 1.7.2009 – B 4 AS 17/09 B.
31 BVerwG 20.3.2018 – 9 B 43/16, Buchholz 406.403 § 34 BNatSchG 2010 Nr. 16.
32 BVerwG 8.12.1988 – 9 B 388/88, NJW 1989, 1233.

Klägern, bei denen nach § 197 a SGG Gerichtskosten anfallen, das Kostenrisiko vom Streitwert des geltend gemachten Anspruchs abhängt.

2 § 123 gilt für alle Entscheidungen des Gerichts in der Sache und in allen Instanzen, somit für Urteile und Beschlüsse, die eine Sachentscheidung treffen (§ 105 Gerichtsbescheid, § 153 Abs. 4 Beschluss über Berufung, § 169 unzulässige Revision, § 193 Kostenentscheidung, § 86 b Entscheidung über Antrag auf Erlass einer einstweiligen Anordnung). Die Vorschrift gilt nicht für Entscheidungen über die Anordnung vorläufiger Leistungen nach § 130 Satz 2, über die Kosten, bei einstweiligen Anordnungen nach § 199 Abs. 2 und der Zulassung von Berufung oder Revision.[1]

II. Erhobener Anspruch

3 **1. Streitgegenstand.** Das Gericht darf **nur** über die vom Kläger **erhobenen Ansprüche** entscheiden. Dies ist Ausfluss der Dispositionsmaxime. Der erhobene Anspruch als Streitgegenstand wird nach Inhalt und Umfang allein vom Kläger mit seiner Klage – dem prozessualen Begehren – bestimmt. Nach der herrschenden **prozessualen Theorie**[2] ist **Streitgegenstand** der prozessuale Anspruch, nämlich das vom Kläger aufgrund eines bestimmten Sachverhalts an das Gericht gerichtete Begehren, eine – bestimmte oder bestimmbare – Rechtsfolge auszusprechen. Der mit dem erhobenen prozessualen Anspruch identische Streitgegenstand wird bestimmt durch die erstrebte, im Klageantrag zum Ausdruck zu bringende Rechtsfolge sowie den Klagegrund, nämlich den Sachverhalt, aus dem sich die Rechtsfolge ergeben soll.[3] Allein der Kläger bestimmt mit seinem Rechtsschutzbegehren den Streitgegenstand des Klageverfahrens und damit zugleich den Prüfungsumfang des Gerichts,[4] dieses darf über das Klage- oder Rechtsmittelbegehren nicht hinausgehen oder anderes zusprechen.[5]

4 Das Gericht ist **an** das **Klagebegehren** – den erhobenen Anspruch – **gebunden, nicht** an den **Wortlaut** des Antrags.[6] Es muss darauf hinwirken, dass klare und sachdienliche Anträge gestellt werden (§§ 106 Abs. 1, 112 Abs. 2 Satz 2), ggf. durch Befragung des Klägers in der mündlichen Verhandlung.[7] Sind jedoch sprachlich zu keinerlei Zweifeln Anlass gebende Anträge gestellt, ist das Gericht daran gebunden. Wenn zunächst weitere Anträge gestellt wurden, die in der mündlichen Verhandlung nicht weiter geltend gemacht werden, liegt eine teilweise Klagerücknahme vor.[8] Erhebt der Kläger Einwände gegen die Wirksamkeit eines Vergleichs, muss das Gericht das Verfahren fortsetzen und darf den Antrag nicht als Antrag auf Wiederaufnahme des Verfahrens gem. § 179 iVm §§ 578 ff. ZPO behandeln.[9]

---

1 Vgl. Peters/Sautter/Wolff § 123 Rn. 3.
2 Vgl. BSG 25.10.1995 – 5 RJ 40/93, SozR 3-2200 § 1303 Nr. 4.
3 BVerwG 10.5.1994 – 9 C 501/93, BVerwGE 96, 24 (25) mwN; BSG 18.8.1999 – B 4 RA 25/99 b, SozR 3-1500 § 96 Nr. 9.
4 BSG 23.2.2005 – B 6 KA 77/03 R, SozR 4-1500 § 92 Nr. 2.
5 BSG 4.9.2013 – B 12 KR 87/12 B; BSG 23.7.2017 – B 5 RE 1/17 B, juris Rn. 6; BSG 7.12.2017 – B 5 R 176/17 B, juris Rn. 14.
6 BSG 27.5.2014 – B 5 RE 6/14 R.
7 BSG 18.8.2005 – B 7 a AL 4/05 R, SozR 4-1500 § 95 Nr. 1.
8 BSG 23.6.1998 – B 4 RA 31/97 R.
9 BSG 28.11.2002 – B 7 AL 26/02 R, SozSich 2004, 143.

2. Auslegung des Antrags. Das Gericht hat durch Auslegung des Antrags das Gewollte zu ermitteln.[10] Für die Auslegung des Antrags als Prozesshandlung gilt die Auslegungsregel des § 133 BGB.[11] Hierbei sind das gesamte Vorbringen und alle bekannten Umstände zu berücksichtigen, insbesondere der Inhalt der Gerichts- und Verwaltungsakten.[12] Es ist nicht am Wortlaut der Erklärung zu haften, sondern es ist der **wirkliche Wille** zu erforschen und zu berücksichtigen, der sich auch aus den sonstigen Umständen wie zB Schriftsätzen und protokollierten Erklärungen ergeben kann.[13] Bei unklaren Anträgen muss das Gericht mit den Beteiligten klären, was gewollt ist, und darauf hinwirken, dass sachdienliche und klare Anträge gestellt werden.[14] Für die Auslegung eines Schreibens (auch an die Verwaltung) als Klage reicht es dabei aus, dass der Kläger sich darin unzufrieden mit der Verwaltungsentscheidung zeigt und ihre gerichtliche Überprüfung anstrebt.[15] Dabei gilt als Auslegungsregel der sog **Meistbegünstigungsgrundsatz**, wonach im Zweifel von einem umfassenden Rechtsschutzbegehren des Klägers auszugehen ist und dieser in der Regel alles das zugesprochen haben möchte, was als Leistung möglich ist, wenn jeder verständige Antragsteller mutmaßlich seinen Antrag bei entsprechender Beratung angepasst hätte und keine Gründe für ein anderes Verhalten vorliegen.[16] Bei einem rechtskundig vertretenen Kläger kann grundsätzlich davon ausgegangen werden, dass das Rechtsschutzziel durch den ausdrücklich gestellten und im Rahmen des Verfahrens nicht geänderten Klageantrag zutreffend angegeben ist.[17] Es ist derjenige Rechtsbehelf gegen denjenigen Verwaltungsakt als eingelegt anzusehen, der nach Lage der Sache in Betracht kommt und Erfolg versprechen kann.[18] Umgekehrt ist es aber auch Ausfluss der Dispositionsmaxime, dass der Kläger durch Teilanfechtung den Streitgegenstand beschränken kann. Ob Teilbarkeit vorliegt, ist dagegen eine Frage des materiellen Rechts.[19] 5

Möglich ist auch eine **Umdeutung**, zB einer Anfechtungs- in eine Verpflichtungsklage,[20] einer Verpflichtungs- in eine Anfechtungsklage[21] oder eines Antrags nach § 86 b Abs. 1 auf Aussetzung der Vollziehung in einen Antrag auf Erlass einer einstweiligen Anordnung nach § 86 b Abs. 2. Bei Klage auf Feststellung der Nichtigkeit eines Verwaltungsakts kann hilfsweise eine Anfechtungsklage mit erhoben sein.[22] 6

Lässt sich auch nach Auslegung kein bestimmter Antrag ermitteln oder wird **kein Antrag** gestellt, muss geklärt werden, was gewollt ist, zB Vertagungsantrag, Klagerücknahme, Erledigungserklärung.[23] 7

---

10 BSG 30.8.2001 – B 4 RA 114/00 R.
11 BSG 13.3.1991 – 6 RKa 20/89, SozR 3-2500 § 95 Nr. 1.
12 BSG 13.12.2018 – B 10 ÜG 4/16 R, juris Rn. 17.
13 BSG 4.12.1997 – 7 RAr 24/96, ArbuR 1998, 260.
14 BSG 9.1.2019 – B 13 R 25/18 B, juris Rn. 7; BSG 18.8.2005 – B 7a/7 AL 66/04 R, SozR 4-4300 § 415 Nr. 1.
15 BSG 16.5.1995 – 9 RVs 11/94.
16 BSG 23.2.2005 – B 6 KA 77/03 R, SozR 4-1500 § 92 Nr. 2.
17 BSG 5.6.2014 – B 10 ÜG 29/13 B.
18 BSG 10.3.1994 – 7 RAr 38/93, SozR 3-4100 § 104 Nr. 11.
19 BSG 4.12.2014 – B 5 RE 12/14 R; BSG 27.5.2014 – B 5 R 6/13 R.
20 BFH 15.10.1997 – I R 58/93, BFHE 184, 432.
21 BFH 20.12.2000 – III R 17/97, BFH/NV 2001, 914.
22 BSG 21.6.1960 – 3 RK 72/55, BSGE 12, 185.
23 Vgl. Keller in Meyer-Ladewig/Keller/Leitherer/Schmidt § 123 Rn. 3 a.

8 **3. Mehrere Ansprüche.** Die Vorschrift enthält weiter das Gebot, über **alle** vom Kläger geltend gemachten **Ansprüche** zu entscheiden (subjektive und objektive Klagehäufung). Hierbei besteht aber die Möglichkeit der Abtrennung (→ § 113 Rn. 11). Wird neben der Anfechtung einer Entscheidung ein Überprüfungsantrag nach § 44 SGB X bezüglich eines Bescheides gestellt, auf dem die angefochtene Entscheidung mit beruht (zB Erlöschen des Anspruchs auf Arbeitslosengeld wegen weiterer Sperrzeiten), darf das Gericht nicht auf ein gesondert durchzuführendes Verfahren verweisen.[24]

Nur für eine Übergangszeit bis zum 30.6.2007 waren nach der Rechtsprechung des BSG Rechtsbehelfe und Gerichtsentscheidungen, die eine Bedarfsgemeinschaft nach dem SGB II betrafen, dahin gehend auszulegen, dass alle Mitglieder einer Bedarfsgemeinschaft sowohl von den entsprechenden prozessualen Anträgen als auch von den Gerichtsentscheidungen erfasst werden, es sei denn, einer solchen Auslegung wird durch die betroffenen Personen widersprochen bzw. eine Bedarfsgemeinschaft bestritten oder einzelne Mitglieder der Bedarfsgemeinschaft sind – wie zB Bezieher von Rente wegen Alters – offensichtlich vom Leistungsbezug nach dem SGB II ausgeschlossen.[25]

9 Das Gericht muss über alle Ansprüche entscheiden. Es darf nicht an die Verwaltung zurückverweisen.[26] Eine **Ausnahme** hiervon ist ab dem 1.1.2005 in § 131 Abs. 5 geregelt. Über Hilfsanträge muss dagegen nur entschieden werden, wenn der Hauptantrag abgelehnt wird.

III. Inhalt der Entscheidung

10 **1. Umfang der Entscheidung.** Das Gericht darf nicht mehr[27] und nichts anderes als das Beantragte zusprechen (nur minus, kein aliud). Die Möglichkeit, weniger zuzusprechen, besteht zB bei Höhenstreitigkeiten oder bei Rente wegen teilweiser anstelle von Rente wegen voller Erwerbsminderung.

11 Das Gericht muss jedoch über den ganzen Streitgegenstand entscheiden (Ausnahme: Teilurteil nach § 202 Satz 1 iVm § 301 ZPO). Bei nicht teilbarem Streitgegenstand hat das Gericht den ihm unterbreiteten Sachverhalt unter allen rechtlichen Gesichtspunkten zu prüfen, unzulässig ist die Beschränkung der Überprüfung auf bestimmte Rechtsgrundlagen.[28] Deshalb muss auch bei teilweiser Stattgabe die Klage im Übrigen abgewiesen werden. Eine teilweise Klageabweisung erfolgt zB, wenn auf Anfechtungsklage lediglich der Widerspruchsbescheid, nicht auch der Verwaltungsakt aufgehoben wird, bei der kombinierten Anfechtungs- und Verpflichtungsklage, wenn nur der Verwaltungsakt aufgehoben, nicht jedoch zum Erlass eines Verwaltungsakts verurteilt wird.

12 Zulässig ist aber die Verurteilung des notwendig Beigeladenen nach § 75 Abs. 5 (→ § 75 Rn. 16). Dies verstößt nur dann gegen die Dispositionsmaxime und ist deshalb nur dann nicht zulässig, wenn der Kläger dies ausdrücklich ablehnt.[29]

---

24 BSG 31.3.2002 – B 7 AL 44/01 R, SozR 3-1500 § 123 Nr. 2.
25 BSG 7.11.2006 – B 7 b AS 8/06 R, SozR 4-4200 § 22 Nr. 1.
26 BSG 7.9.1962 – 9 RV 904/57, SozR § 123 Nr. 9.
27 BSG 23.4.2015 – B 5 RE 23/14 R.
28 BSG 12.11.2003 – B 3 KR 39/02 R, SozR 4-5425 § 24 Nr. 1.
29 BSG 30.11.1977 – 4 RJ 23/77, BSGE 45, 183 (185); enger ohne Begründung Keller in Meyer-Ladewig/Keller/Leitherer/Schmidt § 123 Rn. 4 a: Verurteilung des notwendig Beigeladenen nur mit Zustimmung des Klägers möglich.

13 **2. Schlechterstellungsverbot: reformatio in peius.** Die Vorschrift umfasst weiter das sog **Verböserungsverbot** (reformatio in peius), solange nicht Widerklage erhoben oder Anschlussrechtsmittel eingelegt sind. Danach darf die Verwaltungsentscheidung bzw. die angefochtene Entscheidung nicht zum Nachteil des Rechtsbehelfsführers abgeändert werden.[30] Ob der Kläger schlechter gestellt ist, bemisst sich nach der Entscheidung, die in Rechtskraft erwächst (→ § 141 Rn. 9). Das Verböserungsverbot verbietet es auch, im Tenor Feststellungen über nicht streitbefangene Rechtsfolgen zu treffen, die kraft Gesetzes eintreten.[31] Eine Ausnahme gilt für die Kostenentscheidung nach § 193, bei der auch verschlechternde Abänderungen möglich sind.

14 Zulässig ist aber, die Begründung für eine angefochtene Entscheidung abzuändern oder auszutauschen, solange der Verwaltungsakt nicht in seinem Wesen geändert wird.[32]

IV. Rechtsmittelverfahren

15 Im Rechtsmittelverfahren gilt § 202 Satz 1 iVm §§ 528, 557 ZPO. Das Rechtsmittelgericht darf nur im Rahmen der Anträge die angefochtenen Entscheidungen abändern.

16 Fehlt eine Prozessvoraussetzung und kann dieser Mangel nicht mehr behoben werden, kann das Berufungsgericht auf Berufung gegen ein teilabweisendes Urteil dieses aufheben und die Klage ganz abweisen.[33]

17 Wurde die Klage als unzulässig abgewiesen, darf das Berufungs- bzw. das Revisionsgericht als unbegründet abweisen.[34]

18 Eine Bindung an die Anträge und das Verbot der Schlechterstellung gelten auch im Revisionsverfahren. Eine Zurückverweisung – dann allerdings mit der Folge, dass noch Anschlussberufung eingelegt werden kann – kommt deshalb nur in Betracht, wenn die Revision begründet ist.[35]

V. Folgen eines Verstoßes gegen § 123

19 Ein Verstoß gegen § 123 ist ein erheblicher **Verfahrensmangel** iSd § 160 Abs. 2 Nr. 3 SGG und damit ein Revisionsgrund.[36] Spricht das Gericht nach mündlicher Verhandlung mehr oder ein aliud zu, kann insoweit eine stillschweigende Klageänderung vorliegen.[37] Zur Unzulässigkeit der Klageänderung in der Revisionsinstanz s. § 168.

20 Entscheidet das Gericht über den Anspruch versehentlich nicht (vollständig), kann Antrag auf Urteilsergänzung nach § 140 gestellt werden, bei bewusster

30 BSG 29.3.2001 – B 7 AL 214/00 B, SozR 3-1500 § 123 Nr. 1: Entziehung der Leistung zu einem früheren als von der Verwaltung festgesetzten Zeitpunkt.
31 BSG 21.3.2002 – B 7 AL 44/01 R: Erlöschen des Arbeitslosenhilfeanspruchs zu einem früheren als im angefochtenen Bescheid festgesetzten Zeitpunkt.
32 BSG 3.4.2014 – B 2 U 26/12 R.
33 BLAH § 528 ZPO Rn. 17; aA Keller in Meyer-Ladewig/Keller/Leitherer/Schmidt § 123 Rn. 5 a: Aufhebung nicht möglich.
34 Keller in Meyer-Ladewig/Keller/Leitherer/Schmidt § 123 Rn. 5 a; aA Bley in GesKomm § 123 Rn. 2 g; Bettermann DVBl. 61, 73.
35 Insoweit missverständlich BSG 5.7.1979 – 9 RV 21/78, Breith. 1980, 401.
36 BSG 28.11.2002 – B 7 AL 26/02 R.
37 LSG BW Breith. 1961, 80.

Ausklammerung wesentlicher Ansprüche liegt ein Verfahrensfehler vor,[38] sofern nicht die Voraussetzungen für ein Teilurteil vorliegen (→ § 125 Rn. 6 f.). Wird das Ergänzungsverfahren nach § 140 nicht betrieben, wird der versehentlich übergangene Anspruch Teil des Berufungsverfahrens, ohne dass dies der Zustimmung der weiteren Beteiligten bedarf (str., → § 143 Rn. 29 ff.). § 123 ist insoweit jedoch nur Schutzvorschrift zugunsten des jeweiligen Antragstellers.[39]

§ 124 [Grundsatz der mündlichen Verhandlung]

(1) Das Gericht entscheidet, soweit nichts anderes bestimmt ist, auf Grund mündlicher Verhandlung.

(2) Mit Einverständnis der Beteiligten kann das Gericht ohne mündliche Verhandlung durch Urteil entscheiden.

(3) Entscheidungen des Gerichts, die nicht Urteile sind, können ohne mündliche Verhandlung ergehen, soweit nichts anderes bestimmt ist.

I. Allgemeines

1 Die mündliche Verhandlung ist das „Kernstück" des gerichtlichen Verfahrens. In ihr haben die Beteiligten Gelegenheit, sich zum gesamten Streitstoff zu äußern. Der Grundsatz der Mündlichkeit der Verhandlung dient der Gewährung **rechtlichen Gehörs (§ 62)**, das in der mündlichen Verhandlung besonders wirksam gewährt werden kann. Ihr wohnt ein die bloße Schriftlichkeit des Verfahrens überschießendes Element inne, das in eigenständiger Weise auf die richterliche Überzeugungsbildung einwirken und sie beeinflussen kann.[1] Damit zusammenhängende Verfahrensgrundsätze sind die Grundsätze der **Öffentlichkeit** und der **Unmittelbarkeit** (§ 129). § 109 a ermöglicht die Durchführung der mündlichen Verhandlung auch bei räumlicher Distanz. Es besteht jedoch kein Anspruch auf eine fernschriftliche Verhandlung im Internet.[2] Auch Art. 6 Abs. 1 EMRK ist im Rahmen seines Geltungsbereichs zu beachten (→ § 62 Rn. 3). Der Grundsatz der Mündlichkeit gilt in allen Rechtszügen für eine Entscheidung durch Urteil, für eine Entscheidung durch Beschluss nur dann, wenn dies gesetzlich bestimmt ist (Abs. 3).

2 Es gilt weiter der Grundsatz der **Einheitlichkeit der mündlichen Verhandlung**, wonach die mündliche Verhandlung in der jeweiligen Instanz eine Einheit darstellt, auch wenn sie in verschiedenen Terminen stattgefunden hat. Bis zum Schluss der mündlichen Verhandlung können die Beteiligten – begrenzt allerdings durch § 106 a Abs. 2 – neue Tatsachen oder neue Beweismittel geltend ma-

38 BSG 26.8.1994 – 13 RJ 9/94.
39 BSG 12.2.1998 – B 8 KN 19/97 B.
1 BSG 3.6.2009 – B 5 R 306/07 B.
2 BSG 21.12.2017 – B 9 SB 61/17 B; BVerfG 27.11.2018 – 1 BvR 957/18.

chen. Eine Grenze wird hier nur gezogen durch offensichtlich rechtsmissbräuchliche Anträge, die allein zur Verzögerung des Prozesses gestellt werden.

Nahezu gleich lautende Regelungen enthalten § 101 VwGO und § 90 FGO. 3
§ 128 ZPO ist im sozialgerichtlichen Verfahren nicht gem. § 202 anwendbar, es gibt kein schriftliches Verfahren von Amts wegen.

II. Urteile aufgrund mündlicher Verhandlung – Abs. 1

1. Grundsatz der Mündlichkeit. Das Erfordernis mündlicher Verhandlung gilt 4
nur für Verhandlungen vor dem Gericht, nicht für Verhandlungen vor dem beauftragten oder ersuchten Richter, dem Vorsitzenden oder dem Berichterstatter (zur Ausnahme für das Berufungsverfahren → § 155 Rn. 12 ff.), sofern diesem nicht nach § 153 Abs. 5 die Berufung übertragen ist. Der Mündlichkeitsgrundsatz räumt den Beteiligten das Recht ein, an der mündlichen Verhandlung teilzunehmen und mit ihren Ausführungen gehört zu werden, auch wenn sie sich schon schriftlich geäußert haben.[3]

Die mündliche Verhandlung beginnt mit dem Aufruf der Sache und endet mit 5
Schließung der mündlichen Verhandlung (§ 121 Satz 1). Danach erfolgtes Vorbringen darf nicht mehr berücksichtigt werden. Das Gericht kann jedoch und muss ggf., wenn es das vor der Urteilsverkündung vorgebrachte Vorbringen für relevant hält, die mündliche Verhandlung wieder eröffnen (→ § 121 Rn. 6).

Alle Entscheidungsgrundlagen müssen Gegenstand der mündlichen Verhandlung 6
gewesen sein. Gegenstand der mündlichen Verhandlung werden sie durch die Darstellung des Sachverhalts durch den Vorsitzenden oder den Berichterstatter (§ 112 Abs. 1 Satz 2), durch den Vortrag der Beteiligten oder durch deren Bezugnahme auf die Schriftsätze gem. § 202 Satz 1 iVm § 137 Abs. 3 ZPO sowie durch die in der mündlichen Verhandlung durchgeführte Beweisaufnahme. Wird bei rechtskundiger Vertretung in einem vorbereitenden Schriftsatz ein Beweisantrag gestellt, dem das Gericht nicht nachkommt, muss er in der mündlichen Verhandlung – zumindest hilfsweise – wiederholt werden. Wird nur noch ein Sachantrag gestellt oder der mündlichen Verhandlung unentschuldigt ferngeblieben, darf das Gericht davon ausgehen, dass zuvor angekündigte Beweisanträge nicht mehr gestellt werden.[4] Zur Anordnung des persönlichen Erscheinens von Beteiligten vgl. § 111. Eine Entscheidung kann auch beim Ausbleiben eines Beteiligten ergehen, wenn dieser bei der Ladung darauf hingewiesen wurde.

2. Verstöße gegen den Grundsatz der Mündlichkeit. § 124 Abs. 1 ist verletzt, 7
wenn das Gericht ohne wirksame Einverständniserklärung aller Beteiligten oder sonstige gesetzliche Ermächtigung (zB § 153 Abs. 4, § 158 S. 2) ohne mündliche Verhandlung entscheidet (→ Rn. 9 ff.). Mit der Mitteilung, durch Gerichtsbescheid oder Beschluss nach § 153 Abs. 4 zu entscheiden, muss das Gericht eine Frist zur Stellungnahme von zwei Wochen setzen bzw. mit der Entscheidung vier Wochen zuwarten.[5] § 124 Abs. 1 ist weiter dann verletzt, wenn besondere Umstände die Annahme rechtfertigen, das Gericht habe bei seiner Entscheidung die mündliche Verhandlung unbeachtet gelassen.[6] Ein Verstoß gegen das Gebot mündlicher Verhandlung liegt auch vor, wenn ein geltend und glaubhaft ge-

---

3 BSG 10.12.2019 – B 12 KR 69/19 B, juris Rn. 10.
4 BSG 5.3.2002 – B 13 RJ 193/01 B.
5 BSG 31.3.2004 – B 4 RA 203/03 B.
6 BSG 2.8.2001 – B 7 AL 28/01 B.

machter erheblicher Grund iSd § 227 Abs. 1 ZPO für eine Terminsverlegung nicht beachtet wird und deshalb ein Verfahrensbeteiligter daran gehindert ist, an der mündlichen Verhandlung teilzunehmen.[7] Ein Antrag auf Terminsverlegung kann nicht allein wegen bereits erfolgter mehrfacher Verlegung abgelehnt werden, wenn zwischenzeitlich neue Beweise erhoben worden sind.[8] Bei Zweifeln, zB hinsichtlich einer geltend gemachten Reiseunfähigkeit, ist bei entsprechenden Anhaltspunkten eine Rückfrage bei dem Beteiligten geboten.[9] Ein Verlegungsantrag ist förmlich (kurz) zu bescheiden.[10] Der eine Terminsverlegung beantragende Bevollmächtigte muss aber darlegen, dass eine Terminskollision nicht durch eine Arbeitsaufteilung innerhalb der eigenen Kanzlei zu kompensieren ist.[11] Bei einem mittellosen und nicht vertretenen Kläger kann auch das Übergehen eines Antrags auf Bewilligung eines Reisekostenvorschusses zur Teilnahme an der mündlichen Verhandlung eine Versagung des rechtlichen Gehörs darstellen.[12] Bei Nichterscheinen eines Beteiligten muss das Gericht 15 Minuten warten; ist dem Gericht bekannt, dass ein Beteiligter, der seine Teilnahme angekündigt hat, unter besonderen Schwierigkeiten versucht, den Termin wahrzunehmen, darf die mündliche Verhandlung erst nach 30 Minuten Zuwarten eröffnet werden.[13]

8 Der Verstoß gegen § 124 Abs. 1 ist regelmäßig eine Verletzung des Anspruchs auf **rechtliches Gehör** (Art. 103 Abs. 1 GG), auf der in der Regel das Urteil beruht,[14] soweit der Kläger um sein Recht auf Teilnahme an der mündlichen Verhandlung überhaupt gebracht wurde. Bleibt dagegen ein Vortrag in der mündlichen Verhandlung unberücksichtigt, muss dessen Ergebnisrelevanz konkret gerügt werden. Im Plenarbeschluss vom 30.3.2003[15] hat das BVerfG einen auf den allgemeinen Justizgewährungsanspruch gestützten Rechtsschutzanspruch auch in den von Art. 19 GG nicht erfassten Fällen eines Verstoßes gegen die in Art. 101 Abs. 1 GG und Art. 103 Abs. 1 GG normierten Verfahrensgrundrechte postuliert. Daraufhin wurde durch das Anhörungsrügengesetz (BGBl. 2004 I 3220) zum 1.1.2005 die **Anhörungsrüge** (§ 178 a) als neuer Rechtsbehelf eingeführt. Ist danach ein Rechtsmittel oder ein anderer Rechtsbehelf gegen eine Endentscheidung nicht gegeben, so ist bei einer Verletzung des Anspruchs auf rechtliches Gehör auf die Rüge der beschwerten Partei das Verfahren fortzusetzen. Keine Verletzung des rechtlichen Gehörs liegt dagegen vor, wenn dem Berufungsgericht schon vor der mündlichen Verhandlung ein von ihm verfasster, vollständiger Urteilsentwurf vorliegt, solange jedenfalls die Meinungsbildung des Gerichts unter dem Vorbehalt der Vorläufigkeit steht. Der Anspruch auf rechtliches Gehör schließt die Pflicht des Gerichts ein, Ausführungen der Beteiligten zur Kenntnis zu nehmen und in seine Erwägungen einzubeziehen. Daraus folgt jedoch nicht die Verpflichtung des Gerichts, sich mit jedem Vorbringen ei-

7 BSG 30.10.2001 – B 4 RA 49/01 R.
8 BSG 26.6.2007 – B 2 U 55/07 B.
9 BSG 12.2.2002 – B 9 SB 5/02 R, ZfS 2003, 108.
10 BSG 10.10.2017 – B 12 KR 64/17 B, juris Rn. 8; BSG 12.9.2019 – B 9 V 53/18 B, juris Rn. 14.
11 BSG 31.10.2005 – B 7 a AL 134/05 B, RegNr. 27239.
12 BSG 11.2.2015 – B 13 R 329/13 B.
13 BSG 31.3.2004 – B 4 RA 126/03 B, SozR 4-1500 § 112 Nr. 2; vgl. auch → § 112 Rn. 4.
14 BSG 21.8.2002 – B 9 VJ 1/02 R.
15 BVerfGE 107, 395 – 1 PBvU 1/02.

nes Beteiligten in der Entscheidung ausdrücklich zu befassen[16] und noch weniger, die Wertung vorgetragener Tatsachen durch den Kläger zu übernehmen.[17]

III. Urteil ohne mündliche Verhandlung – Abs. 2

1. Einverständnis der Beteiligten. Ausnahmen vom Grundsatz der mündlichen Verhandlung gelten bei Einverständnis der Beteiligten mit einer Entscheidung ohne mündliche Verhandlung gem. § 124 Abs. 2 (zur Entscheidung nach Aktenlage vgl. § 126). Für das Verfahren nach § 124 Abs. 2 ist die **Zustimmung aller Prozessbeteiligten**, also auch der Beigeladenen, bei notwendiger Streitgenossenschaft aller Streitgenossen erforderlich, da die Vorschrift aus rechtsstaatlichen Gründen dem Schutz der Verfahrensrechte sämtlicher Beteiligter dient. Ergeht eine Entscheidung ohne mündliche Verhandlung, obwohl ein Beteiligter nicht zugestimmt hat, liegt ein wesentlicher Verfahrensmangel vor, der von allen Beteiligten – auch denen, die zugestimmt haben – im Berufungs- oder Revisionsverfahren geltend gemacht werden kann.[18] 9

Die Einverständniserklärung zur Entscheidung ohne mündliche Verhandlung ist eine einseitige, unanfechtbare, dem Gericht gegenüber vorzunehmende Prozesshandlung. Sie muss schriftlich, zur Niederschrift des Urkundsbeamten der Geschäftsstelle oder, sofern durch Rechtsverordnung zugelassen, durch Übermittlung eines elektronischen Dokuments (vgl. § 65 a) erklärt werden. Möglich ist auch eine mündliche Erklärung für das weitere Verfahren in der Verhandlung oder im Erörterungstermin. Ein telefonisch erklärtes Einverständnis kann ausnahmsweise bei wörtlicher Protokollierung und Genehmigung nach Vorlesen ausreichend sein.[19] 10

Ein wirksames **Einverständnis** mit einer Entscheidung ohne mündliche Verhandlung liegt nur dann vor, wenn das Einverständnis ausdrücklich, eindeutig und vorbehaltlos erklärt worden ist.[20] Eine Zustimmung liegt zB dann vor, wenn das Gericht um ein „schriftliches Verfahren" bzw. um einen schriftlichen Gerichtsbescheid ohne mündliche Verhandlung gebeten wird.[21] Die Erklärung muss vor der Entscheidung erteilt werden. Die Mitteilung, aus gesundheitlichen Gründen an der mündlichen Verhandlung nicht teilnehmen zu können, ist kein Einverständnis mit einer Entscheidung ohne mündliche Verhandlung.[22] Auch wenn die Einverständniserklärung von einer Bedingung abhängig gemacht wird, auf deren Erfüllung es nach Ansicht des Gerichts für die Entscheidung des Rechtsstreits in der Sache nicht ankommt, liegt keine eindeutige und vorbehaltlose Einverständniserklärung vor.[23] Aus dem Verzicht auf die Einhaltung der für eine Beweisaufnahme vorgegebenen Verfahrensvorschriften lässt sich eine Einverständniserklärung für eine Entscheidung durch Urteil ohne mündliche Verhandlung nicht entnehmen.[24] 11

---

16 BSG 27.9.1994 – 10 RAr 1/93, SozR 3-4100 § 141 b Nr. 10.
17 BSG 21.6.2001 – B 7 AL 18/01 B.
18 BSG 14.2.2001 – B 9 V 81/00 B.
19 BSG 27.10.1967 – 2 RU 54/64; offengelassen in BSG 6.10.2016 – B 5 R 45/16 B; aA Keller in Meyer-Ladwig/Keller/Leitherer/Schmidt § 124 Rn. 3 a.
20 BSG 3.6.2009 – B 5 R 306/07 B.
21 BSG 16.2.2007 – B 6 KA 60/06 B.
22 BayLSG 6.5.1998 – L 18 V 51/97, SGb 1999, 79.
23 BSG 19.12.1991 – 12 RK 49/91.
24 BSG 14.9.1995 – 7 RAr 62/95.

12 Die Einverständniserklärung ist Prozesserklärung und kann nur bis zum Eingang der letzten Einwilligung bei Gericht **widerrufen** werden, danach ist sie grundsätzlich bindend.[25] Dies gilt nur dann nicht, wenn sich die Prozesslage wesentlich ändert. Ob eine wesentliche Änderung vorliegt, beurteilt sich nach den objektiven Voraussetzungen (→ Rn. 15).[26]

13 Möglich ist jedoch, das Einverständnis für den Fall des **Widerrufs eines Vergleichs** zu erklären. Ebenso ist eine Befristung möglich, allerdings nur in der Weise, dass die Entscheidung erst nach einem bestimmten Zeitpunkt ergeht und bis dahin eingehende Schriftsätze zu berücksichtigen sind.

14 Die Einverständniserklärung gem. § 124 Abs. 2 bezieht sich nur auf die **nächste Entscheidung** und wird durch jede nachfolgende abschließende Sachentscheidung des Gerichts, welche die Entscheidung wesentlich sachlich vorbereitet, verbraucht. Hierzu zählen insbesondere die Maßnahmen nach § 106 Abs. 3 Nrn. 1 bis 5,[27] nicht jedoch die Übertragung der Berufung auf den Berichterstatter nach § 153 Abs. 5[28] oder die Entscheidung über einen Befangenheitsantrag.[29] Ihre Wirksamkeit entfällt jedoch nicht allein durch Zeitablauf.[30]

15 Die Erklärung steht regelmäßig unter dem Vorbehalt der im Wesentlichen unveränderten Sach-, Beweis- und Rechtslage. Sie besagt, dass der Beteiligte unter den gegenwärtigen Verhältnissen und nach dem aktuellen Erkenntnisstand eine mündliche Verhandlung nicht für erforderlich hält, weil aus seiner Sicht der entscheidungserhebliche Sachverhalt geklärt ist und die notwendigen rechtlichen Argumente ausgetauscht sind.[31] Ändert sich die vom Gericht als maßgeblich angesehene Prozesslage wesentlich, so wird dadurch dem bisherigen Verzicht die Grundlage entzogen, die Einverständniserklärung ist verbraucht und muss erneut eingeholt werden. Eine **wesentliche Änderung** kann eintreten durch spätere Maßnahmen des Gerichts, welche die Tatsachengrundlage der Entscheidung verändern können, wie die Durchführung einer weiteren Beweisaufnahme,[32] die Anforderung weiterer Unterlagen,[33] die Anhörung von Beteiligten,[34] die Einholung von Behördenauskünften[35] oder die Beiziehung von Akten,[36] nicht jedoch, wenn diese den Beteiligten bereits als Gegenstand des erstinstanzlichen Verfahrens bekannt sind.[37] Eine wesentliche Änderung stellt auch die Einbeziehung weiterer Bescheide in das Verfahren dar.[38] Eine wesentliche Änderung tritt auch mit Einreichung eines Schriftsatzes des Rechtsmittelgegners mit **erheblichem**

25 BSG 11.11.2004 – B 9 SB 19/04 B.
26 LSG RhPf 14.6.1995 – L 3 U 11/93, SGb 1996, 19.
27 BSG 22.9.1977 – 10 RV 79/76, SozR 1500 § 124 Nr. 2; BSG 15.12.1995 – 4 RA 34/94; LSG NRW 17.2.2000 – L 7 V 1/97.
28 BSG 29.11.2010 – B 14 AS 31/10 B.
29 BSG 28.6.2018 – B 9 SB 53/17 B, juris Rn. 7.
30 BSG 28.6.2018 – B 9 SB 53/17 B, juris Rn. 8: Entscheidung mehr als sechs Monate nach Einverständniserklärung.
31 BSG 31.5.1978 – 12 BK 20/77, SozR 1500 § 124 Nr. 3 S. 6.
32 BSG 7.4.2011 – B 9 SB 45/10 B; BSG 14.11.2013 – B 9 SB 43/13 B.
33 BSG 2.7.2019 – B 2 U 156/18 B, juris Rn. 9.
34 BSG 15.12 1994 – 4 RA 34/94, SozSich 1995, 477.
35 BSG 31.5.1978 – 12 BK 20/77, SozR 1500 § 124 Nr. 3.
36 BSG 6.10.1999 – B 1 KR 17/99, SozR 3-1500 § 124 Nr. 4.
37 BSG 26.8.2005 – B 9 a V 23/05 B.
38 BSG 30.10.2019 – B 14 AS 258/18 B, juris Rn. 9.

neuem Vorbringen[39] oder **neuen Beweismitteln** ein[40] oder wenn sich der Beteiligte, der wegen Aufenthalts im Ausland zugestimmt hatte, sich nun dauerhaft im Inland aufhält und dies mitgeteilt hat.[41] Eine wesentliche Änderung liegt schließlich vor bei einer Änderung der vom Gericht als maßgeblich angesehenen Rechtslage durch Novellierung oder Streichung einschlägiger Vorschriften oder durch eine Neuorientierung der höchstrichterlichen Rechtsprechung[42] sowie dann, wenn das Gericht (nicht jedoch lediglich ein Mitglied des Spruchkörpers) seine den Beteiligten nach förmlicher Beratung zu Protokoll gegebene Rechtsauffassung zu einer entscheidungserheblichen Frage nicht mehr aufrechterhält.[43] Eine wesentliche Änderung soll auch eine wesentliche Änderung der Sachlage – zB der Ablauf des Geltungszeitraums eines streitgegenständlichen Verwaltungsakts, durch den die Klage unzulässig wird – darstellen.[44]

Tritt eine wesentliche Änderung der Sach-, Beweis- oder Rechtslage ein, so ist 16
die Einverständniserklärung verbraucht und muss neu eingeholt werden,[45] ein ausdrücklicher Widerruf ist nicht erforderlich.[46] Missverständlich ist die Auffassung, das Gericht habe die Beteiligten bei fraglicher Änderung der Prozesslage darauf hinzuweisen, dass es die Einverständniserklärung nicht als verbraucht ansehe,[47] denn diese beurteilt sich nicht nach der Rechtsauffassung des Gerichts. Im Zweifel empfiehlt sich deshalb eine erneute Erteilung der Zustimmung. § 124 Abs. 2 SGG stellt eine insoweit abschließende Regelung dar, so dass die auf den Anwaltsprozess zugeschnittene Regelung des § 128 Abs. 2 Nr. 1 ZPO, wonach ein ausdrücklicher Widerruf erforderlich ist, im sozialgerichtlichen Verfahren nicht anzuwenden ist.[48] Nicht ausreichend ist auch, wenn das Gericht den Beteiligten die neuen Erkenntnisse mitteilt und unter Fristsetzung lediglich darauf hinweist, weiterhin ohne mündliche Verhandlung entscheiden zu wollen.[49] Die Zustimmung muss erneut eingeholt werden.

Bei **rechtskundiger Vertretung** muss sich ein Beteiligter, der schriftsätzlich einen 17
Beweisantrag stellt, anschließend aber vorbehaltlos sein Einverständnis zu einer Entscheidung ohne mündliche Verhandlung durch Urteil erklärt, so behandeln lassen, als habe sich der **Beweisantrag** erledigt.[50] Dies gilt jedoch nicht für Beweisanträge nicht anwaltlich oder durch Bevollmächtigte nach § 166 Abs. 2 vertretener Beteiligter.[51]

---

39 BSG 17.12.2009 – B 3 P 5/08 R.
40 Weitergehend Keller in Meyer-Ladewig/Keller/Leitherer/Schmidt § 124 Rn. 3 d: Auch bei neuen Anträgen. Dies dürfte nur gelten, soweit diese zulässig sind.
41 BSG 29.11.2012 – B 14 AS 90/12 B.
42 BSG 6.10.1999 – B 1 KR 17/99 R, SozR 3-1500 § 124 Nr. 4.
43 BSG 12.4.2005 – B 2 U 135/04 B, SozR 4-1500 § 124 Nr. 1.
44 BSG 30.10.2019 – B 14 AS 258/18 B, juris Rn. 6.
45 BSG 12.4.2005 – B 2 U 135/04 B, SozR 4-1500 § 124 Nr. 1; BSG 11.11.2004 – B 9 SB 19/04 B.
46 BSG 16.7.2019 – B 12 KR 102/18 B, juris Rn. 6; missverständlich BSG 16.2.2007 – B 6 KA 60/06 B; BSG 14.10.2005 – B 11 a AL 45/05 B, wonach bei einer wesentlichen Änderung der Prozesslage lediglich ein Widerruf der Einverständniserklärung möglich sei.
47 BSG 11.11.2003 – B 2 U 32/02 R, NZS 2004, 660.
48 BSG 7.4.2011 – B 9 SB 45/10 B.
49 So jedoch BSG 11.11.2003 – B 2 U 32/02 R.
50 BSG 1.9.1999 – B 9 V 42/99 B, SozR 3-1500 § 124 Nr. 3; BSG 21.6.2001 – B 7 AL 18/01 B; BSG 14.12.1999 – B 13 RJ 219/99 B, SozSich 2000, 362.
51 BSG 18.9.2003 – B 9 SB 11/03 B, SozR 4-1500 § 160 Nr. 1.

18 **2. Verfahren.** Es steht allein im **Ermessen** des Gerichts, ob mit oder ohne mündliche Verhandlung entschieden wird. Es kann deshalb auch dann aufgrund mündlicher Verhandlung entscheiden, wenn die Beteiligten an der Erklärung nach § 124 Abs. 2 festhalten.[52] Die Grenze des Ermessens ist erst dann überschritten, wenn durch diese Art der Entscheidung höherrangige Prozessgrundsätze verletzt werden, insbesondere der Grundsatz des rechtlichen Gehörs.

19 Eine Entscheidung ohne mündliche Verhandlung wird wirksam (unabänderlich) mit der Aufgabe der Entscheidung durch die Geschäftsstelle zur Post.[53] Dieser Zeitpunkt entspricht dem Schluss der mündlichen Verhandlung. Bis zu diesem Zeitpunkt sind alle noch eingehenden Schriftsätze der Beteiligten und die sonstigen die Sache betreffenden Schriftstücke zu berücksichtigen, es sei denn, es käme hierauf unter keinem denkbaren Gesichtspunkt an. § 128 Abs. 2 ZPO ist im sozialgerichtlichen Verfahren nicht analog anwendbar.[54] Die Zustellung ersetzt die Verkündung (s. § 133).

20 Die Entscheidung ergeht mit den ehrenamtlichen Richtern, die am Beratungstag nach dem Geschäftsverteilungsplan heranzuziehen sind,[55] auch wenn zuvor mündlich verhandelt wurde. § 129, wonach das Urteil nur von den Richtern gefällt werden darf, die an der dem Urteil zugrunde liegenden (mündlichen) Verhandlung teilgenommen haben, gilt bei einer Entscheidung ohne mündliche Verhandlung nicht,[56] und zwar auch dann nicht, wenn zunächst eine mündliche Verhandlung stattgefunden hat(zur Abgrenzung Vertagung – Unterbrechung → § 110 Rn. 15).[57] Der Urteilstenor wird üblicherweise schriftlich niedergelegt. Er ist nur von den Berufsrichtern zu unterschreiben.[58]

IV. Sonstige Entscheidungen – Abs. 3

21 Entscheidungen, die nicht Urteile sind, sind im Wesentlichen Beschlüsse. Urteilsersetzende Beschlüsse (§§ 153 Abs. 4, 158 Satz 2) und der Gerichtsbescheid (§ 105) ergehen ohne mündliche Verhandlung, da nur so die gerichtsentlastende Wirkung eintritt. Diese setzen jedoch voraus, dass der Sachverhalt umfassend ermittelt worden ist, so dass Tatsachenfragen in einer mündlichen Verhandlung nicht mehr geklärt werden müssen.[59] Ohne mündliche Verhandlung ergeht auch die Entscheidung über Prozesskostenhilfe § 73 a iVm § 127 ZPO. Streitig, aber in der gerichtlichen Praxis nicht relevant ist die Frage, ob beim Berichtigungsbeschluss nach § 138, der nur vom Vorsitzenden erlassen wird, eine mündliche Verhandlung zulässig ist.[60]

22 In den anderen Fällen entscheidet das Gericht nach Ermessen, ob eine mündliche Verhandlung durchgeführt wird. Diese kann geboten sein, wenn sie – zB bei schriftungewandten Beteiligten – zur Gewährung rechtlichen Gehörs erforder-

52 BSG 21.2.1989 – 1 RA 65/88, SozSich 1989, 313; BSG 2.10.2008 – B 9 VS 3/08 B.
53 Enger BSG 17.12.2009 – B 3 P 5/08 R: zu berücksichtigen ist neues Vorbringen bis zur Übergabe des schriftlich abgefassten Urteils an die Geschäftsstelle.
54 LSG RhPf 25.10.1995 – L 3 U 128/94, SGb 1996, 487.
55 BSG 21.4.1955 – GS 1/55, BSGE 1, 1.
56 BSG 16.2.2006 – B 7 a AL 246/05 B.
57 BSG 26.8.2005 – B 9 a V 13/05 B.
58 Keller in Meyer-Ladewig/Keller/Leitherer/Schmidt § 124 Rn. 4 b, offen gelassen bei Aussprung in Roos/Wahrendorf § 124 Rn. 87: Unterschrift auch der ehrenamtlichen Richter dem Gerichtsgebrauch entsprechend.
59 BSG 6.12.2012 – B 11 AL 12/12 B.
60 Verneinend Hauck in Hennig § 124 Rn. 53; bejahend Peters/Sautter/Wolff § 138 Rn. 27.

lich ist, wobei sich hierbei auch die Durchführung von Erörterungsterminen anbietet.

Die **ehrenamtlichen Richter** wirken bei Beschlüssen außerhalb der mündlichen Verhandlung nicht mit (§§ 12, 30, 40). Sie wirken aber mit **bei allen Beschlüssen aufgrund mündlicher Verhandlung.** Da § 12 Abs. 1 Satz 2 (bei Beschlüssen außerhalb der mündlichen Verhandlung wirken die ehrenamtlichen Richter nicht mit) nicht so verstanden werden kann, dass sie nicht mitwirken dürften, ist erst recht ihre Mitwirkung bei allen Beschlüssen mit mündlicher Verhandlung möglich. Sie wirken deshalb mit zB bei der Entscheidung über die Statthaftigkeit der Revision nach § 169,[61] bei dem Beschluss über den Antrag auf Tatbestandsberichtigung[62] oder bei einem Ordnungsgeldbeschluss,[63] wenn über den Antrag aufgrund mündlicher Verhandlung entschieden wird.[64] Deshalb ist ein Beschluss nur dann wegen Mitwirkung der ehrenamtlichen Richter fehlerhaft, wenn er ohne mündliche Verhandlung ergeht. 23

§ 125 [Urteil]

Über die Klage wird, soweit nichts anderes bestimmt ist, durch Urteil entschieden.

I. Allgemeines

Die seit Inkrafttreten des SGG unveränderte Vorschrift regelt die **Art der Entscheidung.** Form und Inhalt von Urteilen sind in den §§ 131 bis 137 geregelt. Urteile ergehen regelmäßig aufgrund mündlicher Verhandlung. Bei ihrem Erlass wirkt der gesamte Spruchkörper mit, also auch die ehrenamtlichen Richter. Abweichende Regelungen für Entscheidungen über Klagen enthalten § 105 (Gerichtsbescheid), § 154 Abs. 4 (Zurückweisung der Berufung, wenn diese einstimmig für unbegründet gehalten wird), § 158 Satz 2 (Verwerfung der Berufung als unzulässig), § 160 a Abs. 5 (Zurückverweisung an das LSG auf Nichtzulassungsbeschwerde) und § 169 Satz 3 (Verwerfung der Revision als unzulässig). Entsprechende Vorschriften enthalten § 107 VwGO, § 95 FGO und § 300 ZPO. Die §§ 300 ff. ZPO sind über § 202 Satz 1 teilweise ergänzend anzuwenden. 1

II. Entscheidung über die Klage

Urteile sind Entscheidungen des Gerichts, die über Klagen unter Mitwirkung der ehrenamtlichen Richter und unter Beachtung bestimmter Formvorschriften regelmäßig aufgrund mündlicher Verhandlung ergehen. Durch Urteil wird – mit Ausnahme des Zwischenurteils nach § 130 Abs. 2 – nur über die Klage entschieden. Über sonstige Anträge oder Begehren wird durch Beschluss entschieden 2

61 BSG 3.8.1994 – 9 BVs 6/94.
62 BFH 31.5.2000 – IX R 79/98.
63 LSG Thüringen 13.7.1998 – L 1 B 22/98, E-LSG B-127.
64 Keller in Meyer-Ladewig/Keller/Leitherer/Schmidt § 142 Rn. 4.

(§ 142). Von Urteilen und Beschlüssen als Entscheidungen sind die prozessleitenden Verfügungen des Vorsitzenden, Berichterstatters, ersuchten oder beauftragten Richters abzugrenzen. Im Urteil enthalten sind jedoch die **Nebenentscheidungen** (Kosten des Verfahrens § 193, Berufungs- bzw. Revisionszulassung §§ 144, 160). Zu den Klagen iSv § 125 gehören auch die Widerklage (§ 100) und die Rechtsmittelklage.

3 Das Gericht muss über die Klage entscheiden, es darf die Sache nicht an die beklagte Behörde zurückverweisen. Der Sache nach enthält nunmehr der zum 1.9.2004 durch das 1. Justizmodernisierungsgesetz eingefügte § 131 Abs. 5 für eng begrenzte Ausnahmefälle die Möglichkeit einer Zurückverweisung (→ § 131 Rn. 27 ff.). Unzulässig ist, eine Klage als offensichtlich haltlos auf sonstige Weise auszutragen und nicht weiter zu bearbeiten.[1]

III. Urteilsarten

4 **1. Allgemein.** Im SGG ausdrücklich erwähnt sind nur das Grundurteil und das Zwischenurteil (§ 130). Eine Klassifizierung der Urteilsarten kann nach verschiedenen Kriterien erfolgen. Maßgeblich ist jedoch immer der **Inhalt** und **Tenor** der Entscheidung, nicht die Bezeichnung.

5 **2. Endurteil – Zwischenurteil.** Das **Endurteil** entscheidet für die Instanz abschließend über die Klage bzw. das Rechtsmittel, schließt das Verfahren ab und eröffnet damit die Möglichkeit, (weitere) Rechtsmittel einzulegen. Das Gericht hat es zu erlassen, wenn die Sache entscheidungsreif ist (§ 202 Satz 1 SGG iVm § 300 Abs. 1 ZPO). Entscheidungsreife liegt vor, wenn der Sachverhalt vollständig geklärt oder – Amtsermittlungspflicht (§ 103) – nach Ausschöpfen der Beweismittel eine weitere Sachverhaltsaufklärung nicht möglich ist.

6 Das **Teilurteil** ist **gleichfalls Endurteil**, da es für den entschiedenen Teil die Instanz beendet. Es ist zulässig nach § 202 Satz 1 iVm § 301 ZPO, wenn von mehreren in einer Klage geltend gemachten Ansprüchen nur einer oder ein Teil, bei erhobener Widerklage (vgl. § 100) nur die Klage oder Widerklage entscheidungsreif sind und vom weiteren Ausgang des Verfahrens nicht mehr beeinflusst werden können. Hinsichtlich des entschiedenen Teils ist es Endurteil (zur Berufung gegen Teilurteile → § 143 Rn. 24), über den noch anhängigen Teil wird durch Schlussurteil entschieden. Ein Teilurteil darf nur ergehen, wenn der Klagegegenstand in mehrere, prozessual selbstständige Ansprüche geteilt werden kann, so dass eine eindeutige, zweifelsfreie Abgrenzung des durch Teilurteil vorab entschiedenen Streitstoffs von dem übrigen, noch bei dem zur Entscheidung berufenen Gericht anhängig gebliebenen Prozessstoff möglich ist.[2] Dies ist zB der Fall bei mehreren Verwaltungsakten, die unterschiedliche Zeiträume betreffen. Teilbarkeit liegt auch vor, wenn in einem Bescheid der Eintritt einer Sperrzeit festgestellt, die Leistungsbewilligung aufgehoben und die Rückforderung der überzahlten Leistung festgesetzt wird, also mehrere (schriftliche) Verwaltungsakte enthalten sind.[3] Ein Teilurteil ist nicht zulässig, wenn der (gesamte) Rechtsstreit entscheidungsreif ist. Unzulässig ist ein Teilurteil auch über einzelne Elemente, Tatbestandsmerkmale oder Begründungen eines Anspruchs sowie über einzelne Rechtsfragen. Das **Grundurteil** nach § 130 Abs. 1 ist bei echten

1 BSG 12.2.2015 – B 10 ÜG 8/14 B.
2 BSG 28.4.1999 – B 6 KA 52/98 R, SGb 99, 402.
3 HessLSG 9.3.2005 – L 6 AL 1246/03.

Leistungsklagen Zwischenurteil, auf kombinierte Anfechtungs- und Leistungsklage Endurteil.[4]

Ergeht ein Teilurteil, ohne dass die Voraussetzungen für seinen Erlass vorliegen, wird zurückverwiesen, weil sonst nicht sichergestellt ist, dass alle entscheidungsrelevanten Fragen des gesamten Rechtsstreits einheitlich beurteilt werden.[5] Ein **verdecktes Teilurteil** liegt vor, wenn das Gericht im abschließenden Urteil (versehentlich) nicht über den gesamten Streitgegenstand entschieden hat. Dieser bleibt anhängig, es ergeht auf Antrag **Ergänzungsurteil** nach § 140. Streitig ist, ob das Prozessmittelgericht auch über den versehentlich nicht mitentschiedenen Teil entscheiden darf[6] oder ob insoweit eine erstinstanzliche Entscheidung noch zu ergehen hat (zum Meinungsstand → § 143 Rn. 23 ff.). Das Teilurteil ist selbstständig **anfechtbar.** Über anhängig bleibende Ansprüche wird durch Schlussurteil entschieden. Dagegen entscheidet das Rechtsmittelgericht in vollem Umfang über den zulässig zu ihm gelangten Streitgegenstand, wenn aufgrund einer Verkennung des Streitgegenstandes in Wahrheit nur über einen Teil entschieden worden ist.[7] 7

Ein **Zwischenurteil** ergeht, wenn ein Zwischenstreit entscheidungsreif ist. Das Zwischenurteil entscheidet über Urteilselemente, meist prozessuale Fragen zur Zulässigkeit der Klage oder des Rechtsmittels oder der Erforderlichkeit eines verwaltungsmäßigen Vorverfahrens.[8] Kein Zwischenurteil, sondern ein Beschluss ergeht bei einer Vorabentscheidung über die Wiedereinsetzung in den vorigen Stand (§ 67 Abs. 4 Satz 2), sofern nicht gleichzeitig eine Entscheidung in der Hauptsache ergeht, und bei einer Entscheidung über die Rechtmäßigkeit der Zeugnisverweigerung nach § 118 Abs. 1 Satz 2 (anders im Zivilprozess § 387 ZPO). Selbstständig anfechtbar ist das Zwischenurteil nach § 202 Satz 1 iVm § 280 ZPO bzw. § 304 ZPO (Grundurteil), nicht dagegen das Zwischenurteil nach § 303 ZPO. Eine darüber hinausgehende Ermächtigung zum Erlass von Zwischenurteilen enthält § 130 Abs. 2. 8

Das gem. § 202 Satz 1 iVm § 302 ZPO auch im sozialgerichtlichen Verfahren zulässige **Vorbehaltsurteil** (der Beklagte macht die Aufrechnung mit einer Gegenforderung geltend, die nicht im Zusammenhang mit dem Klageanspruch steht) ist hier ohne Bedeutung. 9

3. Sachurteil – Prozessurteil. Sachurteile entscheiden inhaltlich über den geltend gemachten Anspruch bzw. das Rechtsmittel. 10

Prozessurteile ergehen bei Unzulässigkeit von Klage oder Rechtsmittel und treffen keine materielle Entscheidung über den Anspruch. Ergeht ein Prozessurteil anstatt eines Sachurteils (Gericht weist eine unbegründete Klage als unzulässig ab), ist dies ein wesentlicher Verfahrensmangel,[9] der zur Zurückverweisung führen kann (§ 159 Abs. 1 Nr. 1). Im umgekehrten Fall (Abweisung als unbegründet anstatt als unzulässig) liegt zwar auch ein wesentlicher Verfahrensfehler vor, das Rechtsmittelgericht kann die Klage jedoch nach Aufhebung des Urteils selbst als 11

---

4 Vgl. Keller in Meyer-Ladewig/Keller/Leitherer/Schmidt § 130 Rn. 4 a.
5 BSG 28.4.1999 – B 6 KA 52/98 R, SGb 99, 402.
6 BSG 6.10.1977 – 7 RAr 82/76, BSGE 45, 49: Jedenfalls dann, wenn ein Beteiligter dies beantragt und kein anderer widerspricht.
7 BSG 2.4.2014 – B 3 KR 3/14, SozR 4-1500 § 140 Nr. 2.
8 BSG 30.1.1980 – 9 RV 40/79, SozR 1500 § 78 Nr. 16.
9 BSG 27.7.1972 – 2 RU 2/69, BSGE 34, 236 (237); BSG 20.3.1973 – 8/7 RU 11/70, SozR Nr. 5 zu § 551 RVO; BSG 6.3.1975 – 7 RAr 114/74, SozR 1500 § 144 Nr. 3.

unzulässig abweisen, weil die Sachurteilsvoraussetzungen auch in der Revision von Amts wegen zu prüfen sind. Deshalb erfolgt in diesem Fall keine Zurückverweisung. In den Rechtsmittelinstanzen erfolgt eine unterschiedliche Tenorierung: Ein unzulässiges Rechtsmittel wird verworfen (§§ 158 Satz 1, 169 Satz 2), ein unbegründetes Rechtsmittel zurückgewiesen.

12 Sach- und Prozessurteil haben unterschiedliche **Rechtskraftwirkung.** Nur das Sachurteil erwächst hinsichtlich des Streitgegenstandes in Rechtskraft (→ 141 Rn. 4). Deshalb darf bei einem Sachurteil die Zulässigkeit nicht dahingestellt bleiben, sie muss geprüft und bejaht worden sein. In der Praxis wird dies dadurch relativiert, dass angefochtene Bescheide auch bei Klagabweisung als unzulässig wegen Ablauf der Klagefrist in Bestandskraft erwachsen.

13 **4. Sonstige Urteilsarten.** Hinsichtlich der **Klagearten** kann bei stattgebenden Urteilen auch unterschieden werden zwischen Leistungs- (zB Verpflichtungs-), Gestaltungs- (zB Anfechtungs-, vgl. §§ 54, 131) und Feststellungsurteilen (vgl. §§ 55, 131 Abs. 1 Satz 2). In Ausnahmefällen besteht auch Rechtsschutz gegen untergesetzliche Normen im Rahmen der Normenkontrollklage nach § 55 a und der Feststellungsklage, wenn andernfalls die von den untergesetzlichen Rechtsnormen betroffenen Personen oder Institutionen keinerlei Rechtsschutz erhalten könnten bzw. gezwungen wären, unmittelbar gegen die von ihnen beanstandete untergesetzliche Rechtsnorm Verfassungsbeschwerde zu erheben. Die Feststellungsklage setzt somit voraus, dass Verfassungsbeschwerde gegen die beanstandete Rechtsnorm zulässig wäre und der Beschwerdeführer von der Norm selbst, gegenwärtig und unmittelbar in seinen Grundrechten betroffen ist.[10]

14 **Anerkenntnisurteile** sind zulässig gem. § 202 Satz 1 iVm § 307 ZPO,[11] jedoch dann nicht mehr, wenn der Rechtsstreit durch ein angenommenes Anerkenntnis gem. § 101 Abs. 2 erledigt ist (→ § 101 Rn. 32). Tatbestand und Entscheidungsgründe sind nach § 313 b ZPO nicht erforderlich.[12]

15 Nicht anwendbar sind die §§ 305, 306 und 330 ff. ZPO. Es gibt **kein Versäumnisurteil,** kein **Verzichtsurteil,** wohl aber ein Urteil unter Vorbehalt beschränkter Erbenhaftung.[13]

IV. Wirksamwerden von Urteilen

16 Die Bindungswirkung tritt mit dem Erlass des Urteils ein. Urteile aufgrund **mündlicher Verhandlung** werden mit **Verkündung** (§ 132) wirksam. Maßgeblich ist der verkündete Tenor.

17 Urteile **ohne mündliche Verhandlung** werden mit der **Herausgabe aus dem inneren Geschätsbetrieb wirksam und** damit gem. § 202 S. 1 SGG iVm § 318 ZPO **bindend.** Dies ist der Fall, wenn die beglaubigte Abschrift der Entscheidung die Geschäftsstelle verlassen hat mit der Zweckbestimmung, den Beteiligten bekanntgegeben zu werden, also mit der Aufgabe zur Post(stelle) oder Einlegung in das Gerichtsfach eines Prozessbevollmächtigten.[14] Zu eng ist die Auffassung,

10 BSG 28.4.1999 – B 6 KA 52/98 R, SGb 99, 402.

11 St. Rspr. BSG 12.7.1988 – 4/11 a RA 16/87, SozR 6580 Art. 5 Nr. 4.

12 Die Zulässigkeit wegen des Amtsermittlungsgrundsatzes bezweifelnd, jedoch nicht überzeugend, weil die Dispositionsbefugnis der Parteien verkennend: Wenner, Grdz. der SozG Rn. 472.

13 BSG 15.9.1988 – 9/9 a RV 32/86, SozR 1300 § 45 Nr. 40.

14 BGH 1.4.2004 – IX ZR 117/03. Aussprung in Roos/Wahrendorf § 125 Rn. 97.

die Bindungswirkung trete mit dem gerichtsinternen Vorgang der durch eine Verfügung des Vorsitzenden und einen Vermerk des Urkundsbeamten dokumentierten Übergabe des vollständigen Urteils an die Geschäftsstelle ein.[15] Da das vollständig abgefasste und unterschriebene Urteil in der Regel unverzüglich nach der Übergabe an die Geschäftsstelle auch zur Post gegeben wird hat diese Auffassung nur dort Bedeutung, wo das Urteil auf der Geschäftsstelle liegen bleibt. Hier gebietet der Grundsatz des rechtlichen Gehörs jedoch gerade eine Befassung mit während dieser Zeit eingehenden Schriftsätzen. Gleiches gilt für Beschlüsse (§ 142).

Die Bindungswirkung tritt dagegen schon früher ein, wenn das Urteil bereits vorher **„verlautbart"** wurde, zB bei telefonischer Mitteilung des Urteilstenors durch die Geschäftsstelle an einen Beteiligten.[16] Die Bindungswirkung tritt auch bei fehlerhafter Zustellung oder unvollständig zugestelltem Urteil ein, erforderlich ist nur, dass der Tenor mitgeteilt wurde.[17] Ab diesem Zeitpunkt können Rechtsmittel eingelegt werden, die Rechtsmittelfrist beginnt dagegen jeweils erst mit der Zustellung.[18] 18

V. Bindung des Gerichts

Das Gericht ist an von ihm erlassene End- und Zwischenurteile gem. § 202 Satz 1 iVm § 318 ZPO gebunden. Es darf das Urteil nicht mehr aufheben, ändern oder ergänzen. Ausnahmen: Berichtigung (§§ 138, 139), Änderung eines Vorbehalturteils aufgrund des Nachverfahrens (§ 302 ZPO), bei Wiederaufnahme des Verfahrens (§ 179) und Wiedereinsetzung in den vorigen Stand nach Erlass eines das Rechtsmittel wegen Fristversäumung verwerfenden Urteils. 19

Grundsätzlich besteht eine **Bindung auch an fehlerhafte Urteile**; diese können nur nach Rechtsmitteleinlegung aufgehoben oder abgeändert werden. Dies gilt jedoch **nicht bei Scheinurteilen** oder **Nichturteilen**, bei denen entweder noch kein Urteil vorliegt (die zB noch nicht verkündet oder zugestellt sind) oder die nur „den äußeren Anschein einer gerichtlichen Entscheidung haben",[19] tatsächlich aber keine Entscheidung des Gerichts sind, zB Urteile des Urkundsbeamten der Geschäftsstelle, des beauftragten oder ausgeschiedenen Richters, oder bei denen die Entscheidungsformel fehlt.[20] Dagegen sind Urteile des Gerichts in falscher Besetzung oder des unzuständigen Gerichts fehlerhaft, aber **wirksam.** 20

Auch **nichtige Urteile** sind nicht bindend. Dies sind Urteile, die an einem besonders schweren Fehler oder Verfahrensmangel leiden[21] und deshalb wirkungslos, keine Urteile im rechtlichen Sinne sind. Hierzu zählen zB Urteile nach Klagerücknahme, mit unklarem Tenor, der auch mithilfe der Entscheidungsgründe nicht zweifelsfrei ausgelegt werden kann,[22] gegen einen nicht existenten Beteiligten oder gegen Exterritoriale. Nicht nichtig sind dagegen Urteile nach Verfah- 21

15 Vgl. Dolderer DVBl. 1999, 1019.
16 BSG 14.12.1978 – 2 RU 23/77, SozR 1500 § 124 Nr. 5. Nach OVG Sachsen-Anhalt 31.1.2012 – 1 L 101/11, setzt dies jedoch voraus, dass das Urteil mit „Verlautbarungswillen" des Richters an die Geschäftsstelle übergeben worden ist.
17 BSG 31.1.1980, Breith. 80, 622.
18 Keller in Meyer-Ladewig/Keller/Leitherer/Schmidt § 125 Rn. 4 c.
19 Keller in Meyer-Ladewig/Keller/Leitherer/Schmidt § 125 Rn. 5 a.
20 LSG NRW 29.4.2008 – L 4 R 23/07.
21 BSG 18.11.1980 – GS 3/1979, SozR 1500 § 42 Nr. 7.
22 BFH 27.7.1993 – VIII R 67/91, NVwZ 96, 101.

rensunterbrechung (zB nach Insolvenzeröffnung),[23] ein Urteil des Einzelrichters anstelle der Kammer,[24] eine Entscheidung ohne ehrenamtliche Richter und ohne erforderliche mündliche Verhandlung.[25]

22 Scheinurteile sind nicht bindend und nicht rechtsmittelfähig. Das Rechtsmittelgericht kann jedoch zur Beseitigung des Anscheins einer Entscheidung klarstellen, dass das Urteil nicht existent ist.[26] Nichtige Urteile sind formell, nicht materiell rechtskraftfähig. Rechtsmittel sind zulässig, die Zwangsvollstreckung unzulässig.

VI. Verfahrensende ohne Urteil

23 Ohne Urteil endet das Klageverfahren bei Rücknahme der Klage bzw. des Rechtsmittels, Abschluss eines Vergleichs (§ 101), durch angenommenes Anerkenntnis (§ 101 Abs. 2) oder die Fiktion der Klage- bzw. Berufungsrücknahme (§§ 102 Abs. 2, 156 Abs. 2). Einen ungeschriebenen Erledigungsgrund bildet auch die übereinstimmende Erledigungserklärung (→ § 102 Rn. 14). Ohne Erklärung der Beteiligten tritt die Erledigung nicht ein, insbesondere nicht durch Erlass eines dem Klagebegehren entsprechenden Verwaltungsakts. Die Klage wird – mangels Rechtsschutzbedürfnis – lediglich unzulässig. Die Erledigungserklärung ist Prozesshandlung, eine hilfsweise Erledigungserklärung ist nicht zulässig.[27] Die einseitige Erledigungserklärung des Klägers ist Rechtsmittelrücknahme. Ein Widerruf der Erledigungserklärung ist nur bei einseitiger Erklärung möglich.[28]

VII. Rechtsmittel

24 Rechtsmittel gegen ein Urteil sind Berufung und Revision. Entscheidet das SG über einen PKH-Antrag inkorrekt im Urteil anstatt durch Beschluss, ist die Beschwerde das zulässige Rechtsmittel, ausnahmsweise auch bei einem rechtskräftigen Urteil, wenn über den vollständig gestellten PKH-Antrag so spät entschieden wurde, dass eine Beschwerdeentscheidung vor Abschluss der Instanz nicht mehr ergehen konnte.[29]

§ 126 [Entscheidung nach Aktenlage]

Das Gericht kann, sofern in der Ladung auf diese Möglichkeit hingewiesen worden ist, nach Lage der Akten entscheiden, wenn in einem Termin keiner der Beteiligten erscheint oder beim Ausbleiben von Beteiligten die erschienenen Beteiligten es beantragen.

23 OLG Köln 18.1.2000 – 9 U 91/99, RuS 2000, 481; LG Wuppertal 4.10.1999 – 6 T 686/99, DGVZ 1999, 184.
24 OLG Frankfurt/M. 10.6.1998 – 17 U 65/97, OLGR Frankfurt 1999, 12.
25 LAG Köln 1.3.2001 – 3 Ta BV 92/00, ArbuR 2001, 238.
26 BGH 3.11.1994 – LwZB 5/94, NJW 95, 404.
27 BVerwG 20.4.1994 – 11 C 60/92, NVwZ-RR 1995, 172.
28 BGH 7.6.2001 – I ZR 157/98, NJW 2002, 442.
29 LSG Nds 15.5.1995 – L 8 S (Vs) 52/95, Breith. 95, 735.

I. Allgemeines

Die Vorschrift i. d. Fassung des 2. Gesetzes zur Änderung des SGG vom 25.6.1958 (BGBl. 1958 I 409) dient der Prozessökonomie, die mündliche Verhandlung soll erspart werden. Bleibt ein Beteiligter unentschuldigt dem Termin fern, kann grundsätzlich in seiner Abwesenheit verhandelt und entschieden werden.[1] Nicht erforderlich ist, dass das persönliche Erscheinen des ausgebliebenen Beteiligten gem. § 111 angeordnet war.[2] Entsprechende Regelungen enthalten § 102 Abs. 2 VwGO und § 91 Abs. 2 FGO. §§ 251 a, 331 a ZPO sind im sozialgerichtlichen Verfahren nicht anwendbar.[3] Ein **Versäumnisurteil** ist im sozialgerichtlichen Verfahren **nicht zulässig.** 1

II. Voraussetzungen

1. Hinweis des Gerichts. In der ordnungsgemäß erfolgten Ladung nach § 110 oder der Terminsmitteilung muss auf die Möglichkeit der Entscheidung nach § 126 hingewiesen werden. Nicht erforderlich ist, dass Erschienene entsprechend belehrt worden sind. 2

2. Nichterscheinen. Nichterscheinen liegt vor, wenn einer, mehrere oder alle Beteiligten (auch die Beigeladenen) nicht erscheinen und auch nicht vertreten sind. Das Gericht darf pünktlich die mündliche Verhandlung eröffnen; es muss gegebenenfalls bei Nichterscheinen eines Beteiligten eine angemessene Zeit (idR 15 Minuten, bei angekündigtem Erscheinen bis zu 30 Minuten) warten.[4] 3

3. Antrag. Erforderlich ist der Antrag **aller** Erschienenen, auch der einfach Beigeladenen[5] **vor Eröffnung der mündlichen Verhandlung,** dh vor der Darstellung des Sachverhalts (§ 112 Abs. 1 Satz 2). Erscheint kein Beteiligter, ist ein Antrag nicht erforderlich. 4

III. Verfahrensmöglichkeiten des Gerichts

Erscheint kein Beteiligter oder stellen alle anwesenden Beteiligten den Antrag auf Entscheidung nach Aktenlage, stehen dem Gericht verschiedene Verfahrensweisen offen. 5

1. Entscheidung nach Lage der Akten. Das Gericht kann durch nicht anfechtbaren Beschluss bekannt geben, dass es nach Lage der Akten entscheidet. Nach Eintritt in die mündliche Verhandlung (§ 112 Abs. 1 Satz 2) ist eine Entscheidung nach Aktenlage nicht mehr zulässig.[6] Das Urteil ergeht ohne mündliche Verhandlung,[7] die Verkündung wird durch Zustellung nach § 133 ersetzt. Wird die Entscheidung – zusätzlich – verkündet statt zugestellt, liegt hierin kein Ver- 6

1 BSG 30.10.2001 – B 4 RA 51/01 R.
2 LSG BW 11.5.2005 – L 3 AL 1306/00.
3 BSG 8.2.1963– 1 RA 177/62, SozR § 126 SGG Nr. 3.
4 BSG 31.3.2004 – B 4 RA 126/03 B.
5 BSG 8.2.1963 – 1 RA 177/62, SozR § 126 SGG Nr. 3.
6 BayLSG 14.11.2018 – L 18 SB 139/18, juris Rn. 22; aA Bley in GesKomm § 126 Rn. 5.
7 BSG 5.7.1968 – 1 RA 17/67, BSGE 28, 151, Keller in Meyer-Ladewig/Keller/Leitherer/Schmidt § 126 Rn. 3.

fahrensmangel.[8] Bis zur Zustellung des Urteils kann die mündliche Verhandlung noch eröffnet werden, insbesondere bei verspätetem Erscheinen eines Beteiligten.

7 **2. Einseitige mündliche Verhandlung.** Das Gericht kann die mündliche Verhandlung durchführen, sog einseitige mündliche Verhandlung, – bei Beweisaufnahme ist § 127 zu beachten – und das Urteil gemäß § 132 verkünden, wenn der ausgebliebene Beteiligte auf diese Möglichkeit hingewiesen worden ist.[9] Dies ist angezeigt, wenn zwischen dem Beschluss nach § 126 und der Zustellung, welche die Verkündung ersetzt, ein längerer Zeitraum liegt (insbesondere bei Zustellung im Ausland), in welchem sich der maßgebliche Sachverhalt noch verändern kann (zB Veränderung des Gesundheitszustandes des Klägers nach Erlass des Beschlusses).

8 **3. Vertagung.** Das Gericht kann die mündliche Verhandlung durch Beschluss nach § 202 Satz 1 iVm § 329 Abs. 1 ZPO vertagen und einen neuen Termin anberaumen, insbesondere wenn das persönliche Erscheinen zur Sachverhaltsaufklärung erforderlich ist (zur Vertagung → § 110 Rn. 15 ff.). Es muss prüfen, ob es ohne Anhörung des Beteiligten entscheiden kann. Hat sich ein Beteiligter, dessen persönliches Erscheinen angeordnet war, vor dem Termin ordnungsgemäß entschuldigt, ist dieser umgehend zu verständigen, wenn der Termin gleichwohl stattfinden soll. Das Gericht ändert damit nämlich seine erkennbare Einstellung zur Gebotenheit einer persönlichen Anhörung des Beteiligten.[10] Das Gericht muss vertagen bei nicht ordnungsgemäßer Ladung eines Nichterschienenen oder bei Gefahr eines **Überraschungsurteils.** Die Vertagung ist gleichfalls zwingend, wenn ein Beteiligter einen erheblichen Grund iSd § 227 Abs. 1 ZPO hierfür vorträgt und glaubhaft macht.[11]

9 Bei Antrag auf Vertagung des Termins darf nur nach Ablehnung des Vertagungsantrags entschieden werden. Unbeachtlich ist, ob der Vorsitzende vom Antrag keine Kenntnis hatte, weil zB die Gerichtsverwaltung den Antrag nicht an ihn weitergeleitet hat.[12] Ein Verstoß gegen den Grundsatz rechtlichen Gehörs ist ebenso wie sonstige Verstöße gegen § 126 ein wesentlicher Verfahrensmangel.

§ 127 [Urteil nach Beweisaufnahme]

Ist ein Beteiligter nicht benachrichtigt worden, daß in der mündlichen Verhandlung eine Beweiserhebung stattfindet, und ist er in der mündlichen Verhandlung nicht zugegen oder vertreten, so kann in diesem Termin ein ihm ungünstiges Urteil nicht erlassen werden.

I. Allgemeines

1 Die seit Inkrafttreten des SGG unveränderte Vorschrift ist ohne entsprechende Regelungen in der ZPO, der VwGO und FGO. Sie präzisiert wie § 124 Abs. 2

8 BSGE 28, 151.
9 BSG 17.4.2013 – B 9 SB 55/12 B.
10 BSG 16.12.1993 – 13 RJ 37/93.
11 BSG 16.11.2000 – B 4 RA 122/99 B; BSG 30.10.2001 – B 4 RA 49/01 R.
12 BSG 30.10.2001 – B 4 RA 51/01 R.

und § 62 den Grundsatz des **rechtlichen Gehörs.** Die Vorschrift gilt nur für eine Beweisaufnahme in der mündlichen Verhandlung, nicht im vorbereitenden Verfahren nach § 106 Abs. 3, da dort kein Urteil erlassen werden kann. Zur Beweisaufnahme vgl. auch §§ 116–118.

II. Benachrichtigung

Die Beteiligten müssen über eine beabsichtigte Beweisaufnahme in der mündlichen Verhandlung benachrichtigt werden (zum Beweistermin vgl. § 116). Dies erfolgt idR mit der Ladung, kann aber auch noch danach innerhalb der Frist des § 110 erfolgen. Nicht mehr erforderlich, aber wegen des Zugangsnachweises sinnvoll ist es, die Terminsmitteilung zuzustellen (→ § 63 Rn. 4). **Nicht ausreichend** ist, dass ein Beteiligter lediglich **mit** einer **Beweiserhebung rechnen musste,** zB weil er sie angeregt hat,[1] oder dass ein ausgebliebener Beteiligter vom Erscheinen eines Zeugen wusste.[2] Benachrichtigt ist der Beteiligte, der sich nach Hinweis auf die Beweiserhebung aus der mündlichen Verhandlung entfernt hat (oder entfernt wurde). Insbesondere bei erstmals in der mündlichen Verhandlung vorgelegten Verwaltungsakten oder Gutachten sowie bei Zeugen, die in die mündliche Verhandlung gestellt werden[3], ist eine Benachrichtigung nicht anwesender Beteiligter idR nicht mehr möglich. 2

Die Vorschrift betrifft **alle Beweismittel,** neben Zeugen- und Sachverständigenbeweis auch den Urkundenbeweis. Eine Beweiserhebung stellt auch die Beiziehung von Akten und die Kenntnisnahme der darin enthaltenen Urkunden und Gutachten dar.[4] Keine Beweiserhebung ist die im sozialgerichtlichen Verfahren nicht vorgesehene Parteivernehmung und die Anhörung Beteiligter. 3

III. Verfahren

Erfolgt eine Beweisaufnahme, von der ein nicht anwesender oder vertretener Beteiligter nicht unterrichtet wurde, darf in diesem Termin ein diesem **ungünstiges Urteil** (formelle oder materielle Beschwer iSd Rechtsmittelrechts) nicht ergehen, und zwar unabhängig davon, ob die Beweisaufnahme im Urteil verwertet wird[5]; die mündliche Verhandlung muss vertagt werden. 4

Zulässig ist jedoch, 5

- **Beweis zu erheben** (dies kann bei einem präsenten Beweismittel geboten sein), und das Beweisergebnis den Beteiligten mitzuteilen, wobei dieses bei rügeloser Einlassung (→ § 116 Rn. 4) bei einer späteren Entscheidung verwertet werden kann,
- das Urteil zu erlassen, wenn die Beweisaufnahme tatsächlich nicht stattfindet,
- der Erlass eines dem Nichterschienenen **günstigen Urteils.**

1 BSG 22.3.1963 – 11 RV 940/61, SozR § 127 SGG Nr. 1.
2 AA Bley in GesKomm § 127 Rn. 2 b.
3 BSG 26.9.1974 – 5 RJ 371/72.
4 BSG 14.2.2013 – B 14 AS 62/12 R.
5 Wagner in Hennig § 127 Rn. 24 mwN.

IV. Folgen der Verletzung

6 Ein Verstoß gegen § 127 ist ein **wesentlicher Verfahrensmangel**[6] (zur „besonderen Wertigkeit" der mündlichen Verhandlung → § 160 Rn. 22). Das Urteil beruht auf ihm, wenn sich nicht ausschließen lässt, dass das Gericht bei Beachtung von § 127 anders entschieden hätte.[7] Durch das Anhörungsrügengesetz (BGBl. 2004 I 3220) wurde zum 1.1.2005 die Anhörungsrüge als weiterer Rechtsbehelf eingeführt. Ist danach ein Rechtsmittel oder ein anderer Rechtsbehelf gegen eine Endentscheidung nicht gegeben, so ist bei einer Verletzung des Anspruchs auf rechtliches Gehör auf die Rüge der beschwerten Partei das Verfahren fortzusetzen (vgl. die Kommentierung zu § 178 a).

§ 128 [Grundlagen des Urteils]

(1) [1]Das Gericht entscheidet nach seiner freien, aus dem Gesamtergebnis des Verfahrens gewonnenen Überzeugung. [2]In dem Urteil sind die Gründe anzugeben, die für die richterliche Überzeugung leitend gewesen sind.
(2) Das Urteil darf nur auf Tatsachen und Beweisergebnisse gestützt werden, zu denen sich die Beteiligten äußern konnten.

I. Allgemeines

1 Die seit Inkrafttreten des SGG unveränderte Vorschrift trifft in Abs. 1 Regelungen zu den tatsächlichen Grundlagen des Urteils (vgl. hierzu § 103). Während die Beweiserhebung in den §§ 117–119 geregelt ist, betrifft § 128 die Beweiswürdigung. Abs. 2 ist eine Ausprägung des Grundsatzes des Anspruchs auf rechtliches Gehör. Grundlage der Entscheidung ist das Gesamtergebnis des Verfahrens, wie es sich aufgrund der mündlichen Verhandlung bei deren Schluss oder, wenn ohne mündliche Verhandlung entschieden wird, aufgrund des Akteninhalts ergibt. Dabei zu berücksichtigen sind mündliche und schriftliche Erklärungen der Beteiligten,[1] alle bekannten Tatsachen und Begleitumstände, Handlungen und Unterlassungen der Beteiligten, der persönliche Eindruck von den Beteiligten und Zeugen, die Wahrnehmungen des Gerichts in der mündlichen

6 BSG 22.3.1963 – 11 RV 940/61, SozR Nr. 1 zu § 127 SGG.
7 BSG 28.5.1957 – 2 RU 18/55, BSGE 5, 158 (165); Bley in GesKomm § 127 Rn. 4 c; aA Peters/Sautter/Wolff zu § 127: wesentlicher Verfahrensmangel nur bei gleichzeitiger Verletzung von §§ 62, 128 Abs. 2.
1 BSG 22.7.1960 – 11 RV. 88/58, SozR § 128 SGG Nr. 56.

Verhandlung, die nach § 106 herangezogenen Behördenakten und anderer Gerichte sowie die ordnungsgemäß erhobenen Beweisergebnisse. Die entsprechenden Normen der anderen Verfahrensordnungen sind § 108 VwGO, § 96 FGO und §§ 286, 287 ZPO.

II. Gesamtergebnis des Verfahrens

Das Gericht muss alle die für die Entscheidung in prozessualer und sachlicher Hinsicht erheblichen Tatsachen (→ § 162 Rn. 6 ff.) feststellen.[2] Hierzu sind die Beweismittel auszuschöpfen und alle verfügbaren Beweismittel heranzuziehen (→ § 103 Rn. 8 ff.). Die darauf gestützte tatrichterliche Überzeugungsbildung ist Maßstab für den Beweis im Rechtssinne.[3] Erklärungen der Beteiligten über den für das Verfahren maßgeblichen Tatsachenstoff binden das Gericht nicht,[4] es hat eigene Feststellungen zu treffen oder darzulegen, dass es den Angaben der Beteiligten folgt. 2

Hierbei gilt die Faustregel, dass bei der kombinierten Anfechtungs- und Leistungsklage (zB Klage auf Gewährung von Erwerbsminderungsrente) und bei der Anfechtungsklage gegen Verwaltungsakte mit Dauerwirkung nicht auf den Zeitpunkt der letzten Verwaltungsentscheidung, sondern auf den Zeitpunkt der letzten mündlichen Verhandlung abzustellen ist (→ § 54 Rn. 27) und deshalb alle bis dahin eintretenden Umstände zu ermitteln und zu berücksichtigen sind. Allerdings darf bei der Bestimmung des entscheidungserheblichen Zeitpunkts nicht formal an die Klageart angeknüpft werden, maßgeblich ist das materielle Recht.[5]

Die amtliche Sachaufklärungspflicht erstreckt sich aber nicht auf Tatsachen, für deren Bestehen die Umstände des Einzelfalls keine Anhaltspunkte bieten und findet seine Grenze an der Mitwirkungspflicht der Verfahrensbeteiligten.[6] Unzulässig ist eine vorweggenommene Beweiswürdigung und ein Unterlassen der Beweiserhebung mit Verweis auf das zu erwartende Ergebnis. Nur die Beweiserhebung über Tatsachen, die das Gericht bereits für erwiesen hält, kann unterbleiben. Eine Beweisaufnahme ist auch nicht erforderlich hinsichtlich allgemeinkundiger Tatsachen (die allen Beteiligten als möglicherweise entscheidungsrelevant mit Sicherheit gegenwärtig sind, → § 103 Rn. 14).

III. Beweiswürdigung

1. Freie Beweiswürdigung. Es gilt der Grundsatz der **freien Beweiswürdigung:** Das Gesamtergebnis des Verfahrens ist frei nach der Überzeugungskraft der jeweiligen Beweismittel und des Beteiligtenvortrags unter Abwägung aller Umstände, insbesondere sich widersprechender Beweisergebnisse, zu würdigen. Das SGG kennt – ebenso wie die ZPO – keine Beweisregel in dem Sinne, dass früheren Aussagen oder Angaben grundsätzlich ein höherer Beweiswert zukommt als späteren. Zulässig ist jedoch, im Rahmen der Gesamtwürdigung der zeitlich früheren Aussage einen höheren Beweiswert zuzumessen, weil sie noch von keinen 3

2 BSG 2.10.2008 – B 9 VG 2/07 R: Keine Feststellung ist das bloße Referieren von Aussagen.
3 BSG 21.9.2000 – B 11 AL 7/00 R, SozR 3-4100 § 128 Nr. 10.
4 BSG 13.5.2009 – B 4 AS 58/08 R.
5 BSG 13.3.1997 – 11 RAr 51/96, SozR 3-4100 § 152 Nr. 7.
6 BSG 17.12.1997 – 11 RAr 61/97, SozR 3-4100 § 128 Nr. 5; BSG 21.9.2000 – B 11 AL 7/00 R, BSGE 87, 132.

versicherungsrechtlichen, verfahrensbezogenen Überlegungen beeinflusst war.[7] Zur Beweiswürdigung gehört auch die Würdigung unterschiedlicher Gutachten sowie sich widersprechender Beweisergebnisse.[8] Das Gericht darf – unter abwägender und sachentsprechender Würdigung des Einzelfalls – auch einer nicht nur vereinzelt vertretenen medizinischen Auffassung folgen, auch wenn anerkannte Wissenschaftler eine andere Lehrmeinung vertreten.[9] Im Rahmen freier richterlicher Überzeugungsbildung kann der Nachweis medizinischer Tatsachen auch durch (nichtärztliche) Zeugen geführt werden, wenn ärztliche Urkunden fehlen und auch nicht mehr beschafft werden können.[10] In der Begründung müssen die festgestellten Tatsachen dargelegt werden, aus denen das Gericht seine Überzeugung herleitet.[11] Ein Verstoß gegen § 128 Abs. 1 S. 1 liegt nicht vor, wenn das Tatsachengericht bei widersprechenden gutachterlichen Äußerungen seine Auffassung unter Abwägung der ärztlichen Gutachten und Berichte darlegt und danach seine Entscheidung trifft.[12]

4 Grundsätzlich ist **kein Beweismittel höherrangig** und deshalb bei der Beweiswürdigung stärker zu berücksichtigen.[13] So sind zB von Trägern der privaten Pflegeversicherung eingeholte Sachverständigengutachten für die Sozialgerichte nicht verbindlich.[14] Die Tatsachengerichte haben aber zu beachten, dass ärztliche Gutachten, die nicht als gerichtliche Sachverständigengutachten erstellt wurden, grundsätzlich eine andere Aussagekraft und somit einen anderen Beweiswert als gerichtliche Gutachten besitzen.[15] Das Gericht kann gleichwohl im Wege der freien Beweiswürdigung dem Verwaltungsgutachten folgen,[16] es muss kein Sachverständigengutachten einholen, wenn sich weder aus anderen medizinischen Äußerungen noch aus dem Beteiligtenvortrag Zweifel an der Schlüssigkeit der Verwaltungsgutachten ergeben.[17] Ein sachferneres Beweismittel darf herangezogen werden, wenn der Beweis durch sachnähere Beweismittel nicht möglich ist (zB Verwertung einer Zeugenaussage im Wege des Urkundenbeweises), wobei der geringere Beweiswert des sachferneren Beweismittels zu berücksichtigen ist.[18] Allerdings muss jedes Beweismittel entsprechend seiner Erhebung gewürdigt werden. So ist zB ein Verwaltungsgutachten im Wege des Urkundenbeweises zu würdigen.[19]

5 Es gelten grundsätzlich **keine Beweisregeln**. Maßgeblich ist allein die richterliche Überzeugung, mit dem Grundsatz freier Beweiswürdigung sind Beweisregeln als Voraussetzung für die Feststellung entscheidungserheblicher Tatsachen nicht zu vereinbaren.[20] Ausnahmsweise sind Beweisregeln zu berücksichtigen bei Urkunden (§ 118 iVm §§ 415 bis 419 ZPO), der Niederschrift (§ 122 iVm § 165 ZPO)

7 BSG 11.11.2003 – B 2 U 41/02 R, SozR 4-2700 § 4 Nr. 1.
8 BSG 12.12.2003 – B 13 RJ 179/03 B, SozR 4-1500 § 160 a Nr. 3.
9 BSG 11.5.1999 – B 13 RJ 39/97 R.
10 BSG 15.8.1996 – 9 RVi 1/94.
11 BVerwG 26.6.1970 – VII C 41.68, NJW 1971, 71.
12 BSG 11.4.2002 – B 3 KR 24/01 R, SozR 3-2500 § 109 Nr. 9.
13 Vgl. Keller in Meyer-Ladewig/Keller/Leitherer/Schmidt § 128 Rn. 4 a.
14 BSG 22.4.2015 – B 3 P 8/13 R.
15 BSG 28.3.1984 – 9 a RV 29/83, SozR 1500 § 128 Nr. 24.
16 BSG 26.5.2000 – B 2 U 90/00 B; BSG 29.6.2015 – B 9V 45/14 B.
17 BSG 14.12.2000 – B 3 P 5/00 R, SozR 3-3300 § 15 Nr. 11.
18 BVerfG 26.5.1981 – 2 BvR 215/81, BVerfGE 57, 250; BSG 21.10.1998 – B 9 VG 6/97 R, SozR 3-1500 § 128 Nr. 13.
19 BSG 8.12.1988 – 2/9 b RU 66/87.
20 BSG 21.9.2000 – B 11 AL 7/00 R, SozR 3-4100 § 128 Nr. 10.

und der Beweiskraft des Tatbestands (§ 202 Satz 1 iVm § 314 ZPO). Bei der Beweiswürdigung besteht ein Ermessensspielraum.[21]

2. Grenzen der Beweiswürdigung. Die Grenze der freien Beweiswürdigung ist dann überschritten, wenn sie gegen gesetzliche Beweisregeln, Denkgesetze, Naturgesetze oder allgemeine Erfahrungssätze verstößt oder wenn das Gericht das Gesamtergebnis des Verfahrens nicht ausreichend berücksichtigt.[22] Die Grenzen freier Beweiswürdigung sind in den folgenden Fällen überschritten: 6

a) **Verstoß gegen Denkgesetze.** Wenn aus den gesamten Gegebenheiten nur eine Folgerung gezogen werden kann, jede andere nicht „denkbar" ist und das Gericht die allein denkbare nicht gezogen hat.[23] 7

b) **Verstoß gegen allgemeine Erfahrungssätze. Ein Verstoß gegen allgemeine Erfahrungssätze** (Erfahrungen des allgemeinen Lebens, die sich ständig wiederholen und deshalb von jedermann gewonnen, nachvollzogen und bestätigt werden können,[24] zu speziellen Erfahrungssätzen → § 162 Rn. 12) liegt vor, wenn diese nicht berücksichtigt werden oder ein nicht bestehender Erfahrungssatz angewendet wird.[25] Allgemeine Erfahrungssätze sind Schlüsse, die man aufgrund von Erfahrung, auch fachlicher Erfahrung, aus einer Reihe gleichartiger Tatsachen zieht und die daher entweder der allgemeinen Lebenserfahrung oder der besonderen Fachkunde angehören. Sie sind zwar keine Rechtssätze (wegen fehlender normativer Verbindlichkeit), sichern jedoch wie Rechtssätze die Gleichmäßigkeit und Kontinuität der Rechtsprechung.[26]**Medizinische Erfahrungssätze** müssen auf wissenschaftlicher Grundlage basieren und von den beteiligten Fachkreisen überwiegend zumindest akzeptiert werden.[27] 8

Beispiele: Erfahrungssätze sind die auf wissenschaftlicher Grundlage erstellten MdE-Tabellen in der Unfallversicherung. Keine allgemeinen Erfahrungssätze enthalten die vom ärztlichen Sachverständigenbeirat – Sektion Berufskrankheiten – beim BMA erarbeiteten Merkblätter zu Berufskrankheiten.[28] Es gibt keinen Erfahrungssatz, dass Führungskräfte im Außendienst, die über ihre Arbeitszeit frei disponieren können, sich stets oder meistens auf einer betrieblichen Fahrt befinden, wenn sie mit dem Dienstwagen unterwegs sind.[29] Es gibt keine allgemeinen statistischen Daten als Erfahrungssätze über Einschränkungen der gesundheitlichen Leistungsfähigkeit älterer Menschen.[30] 9

c) **Nichtberücksichtigung des Gesamtergebnisses des Verfahrens.**[31] Dies ist zB der Fall, wenn das Tatsachengericht einem Sachverständigen folgt, ohne sich mit den Gegengründen eines anderen Gutachtens auseinander zu setzen, wenn das Gericht ein Gutachten ganz oder teilweise nicht in die Beweiswürdigung einbezieht, wenn es einem Gutachten folgt, obwohl in der Person des Sachverständi- 10

21 BSG 29.9.1992 – 2 RU 44/91, SozR 3-2200 § 539 Nr. 19.
22 St. Rspr., BSG 7.2.2002 – B 7 AL 102/00 R; BSG 27.8.2009 – B 13 R 101/08 R.
23 BSG 26.4.2001 – B 3 KR 18/99 R, SozR 3-2500 § 109 Nr. 8; BSG 29.9.1992 – 2 RU 44/91, SozR 3-2200 § 539 Nr. 19; BSG 28.9.1998 – B 2 U 236/98 B.
24 BSG 9.12.1969 – 10 RV 789/66, SozR Nr. 87 zu § 128 SGG.
25 BSG 26.4.2001 – B 3 KR 18/99 R, SozR 3-2500 § 109 Nr. 8.
26 BSG 2.5.2000 – B 2 U 24/00 R, SozR 3-2200 § 581 Nr. 8.
27 BSG 2.5.2001 – B 2 U 16/00 R, SozR 3-2200 § 551 Nr. 16.
28 BSG 2.5.2001 – B 2 U 16/00 R, SozR 3-2200 § 551 Nr. 16.
29 BSG 4.5.1999 – B 2 U 18/98 R.
30 BSG 21.9.2000 – B 11 AL 7/00 R, SozR 3-4100 § 128 Nr. 10.
31 BSG 29.9.1992 – 2 RU 44/91, SozR 3-2200 § 539 Nr. 19.

gen gesetzliche Ausschlussgründe vorliegen, wenn es von einem Gutachten abweicht, ohne diese Abweichung ausreichend zu begründen,[32] oder der Gutachter ausführt, dass ein anderen Lehrmeinungen folgender Arzt zu einer abweichenden Leistungsbeurteilung gelangen würde, das Gericht sich mit diesem für die Entscheidung wesentlichen Punkt jedoch nicht auseinander setzt.[33]

11 **d) Vorweggenommene Beweiswürdigung.** Das Gericht muss vorhandene und geeignete Beweismittel ausschöpfen. Beweisanträge dürfen nur abgelehnt werden, wenn es entweder auf die unter Beweis gestellte Tatsache nicht ankommt oder diese bereits als erwiesen erachtet wird.[34]

12 **3. Anscheinsbeweis.** Der **Beweis des ersten Anscheins** (prima-facie-Beweis) ist auch im sozialgerichtlichen Verfahren anwendbar.[35] Er besagt, dass bei typischen Geschehensabläufen, die immer gleich, gleichsam mechanisch ablaufen, von einer festgestellten Ursache auf einen bestimmten Erfolg oder umgekehrt von einem festgestellten Erfolg auf eine bestimmte Ursache oder einen bestimmten Ursachenzusammenhang geschlossen werden kann. Der Beweis des ersten Anscheins ist eine **Tatsachenvermutung,** wonach gewisse typische Sachverhalte bestimmte Folgen auslösen oder umgekehrt bestimmte Folgen auf einen typischen Geschehensablauf hindeuten. Er ist insbesondere zur Feststellung des **Kausalzusammenhangs** und des **Verschuldens** anwendbar. Die Abgrenzung zu den tatsächlichen Vermutungen ist nicht eindeutig.[36] Der Beweis ist geführt, wenn die den Sachverhalt ergebenden Tatsachen bewiesen sind, die typischerweise auf das Vorliegen der Haupttatsache schließen lassen. Der Anscheinsbeweis ist erschüttert, wenn konkrete Tatsachen festgestellt sind, nach denen ein vom typischen Geschehen abweichender Verlauf ernsthaft möglich ist.[37] Es müssen dann alle anspruchsbegründenden Tatsachen vollständig bewiesen werden. Er ist **nicht anwendbar** zur Feststellung **individueller Willensmomente,** die von der Individualität des Handelnden geprägt sind, und zur Feststellung des Vorsatzes, wenn mehrere typische Geschehensabläufe in Betracht kommen, selbst wenn einer wahrscheinlicher ist,[38] ebenso nicht als Zugangsnachweis bei postalisch versandten Schreiben (vgl. aber § 4 VwZG).

IV. Das erforderliche Maß richterlicher Überzeugung

13 Im Regelfall ist der **Vollbeweis** erforderlich. Er ist erbracht, wenn das Gericht vom Vorliegen einer Tatsache mit **an Gewissheit grenzender Wahrscheinlichkeit** überzeugt ist,[39] wenn die für eine Tatsache sprechenden Umstände die entgegenstehenden so stark überwiegen, dass ernste, vernünftige Zweifel ausgeschlossen sind.[40] Eine Tatsache ist bewiesen, wenn sie in so hohem Maße wahrscheinlich ist, dass alle Umstände des Falles nach vernünftiger Abwägung des Gesamtergebnisses des Verfahrens und nach der allgemeinen Lebenserfahrung geeignet sind, die volle richterliche Überzeugung zu begründen, wenn also ein der Ge-

---

32 BSG 4.6.2002 – B 2 U 16/01 R, SGb 2002, 496.
33 BSG 11.5.1999 – B 13 RJ 39/97 R.
34 BSG 9.10.2001 – B 1 KR 12/01 R.
35 BSG 22.6.1988 – 9/9 a BVg 4/87, SozR 1500 § 128 Nr. 35.
36 Vgl. Peters/Sautter/Wolff § 128 Rn. 2.
37 BSG 27.11.1986 – 5 a RKnU 3/85, SozR 5670 Anl. 1 Nr. 2102 Nr. 2.
38 BSG 22.6.1988 – 9/9 a BVg 4/87, SozR 1500 § 128 Nr. 35.
39 BSG 2.2.1978 – 8 RU 66/77, BSGE 45, 285.
40 BSG 19.3.1986 – 9 a RVi 2/84, BSGE 60, 58.

wissheit nahe kommender Grad der Wahrscheinlichkeit gegeben ist,[41] wobei verbleibende Restzweifel unschädlich sind.[42]

14 **Hinreichende Wahrscheinlichkeit** ist gegeben, wenn bei Berücksichtigung aller Umstände die für die Tatsache sprechenden Umstände die entgegenstehenden stark überwiegen.[43] Nicht erforderlich ist wie beim Vollbeweis, dass vernünftige Zweifel ausgeschlossen sind. Hinreichende Wahrscheinlichkeit genügt bei der **Feststellung des Ursachenzusammenhangs** in der gesetzlichen Unfallversicherung und im sozialen Entschädigungsrecht, im Versorgungsrecht zwischen Schädigung und Schädigungsfolge, nicht aber (Vollbeweis erforderlich) beim Nachweis des Kausalzusammenhangs zwischen geschützter Tätigkeit und Schädigungsfolge;[44] zwischen Schädigung und schädigendem Ereignis und zwischen Verletzung und Unfall. Hier genügt eine bloße Möglichkeit nicht.[45]

15 Zur **Glaubhaftmachung** genügt die überwiegende Wahrscheinlichkeit, bei der gewisse Zweifel bleiben dürfen. Es genügt die „gute Möglichkeit".[46] Sie findet Anwendung im einstweiligen Rechtsschutz und bei entsprechender gesetzlicher Anordnung, zB im Fremdrentenrecht (§ 4 FRG), wo der Vollbeweis schwer zu führen ist.

16 Bei **gesetzlichen Vermutungen** (Rechtsvermutungen) muss nur die Tatsachenbasis für die Vermutung – diese jedoch mit Vollbeweis – nachgewiesen werden. Nach § 202 Satz 1 iVm § 287 ZPO darf das Gericht **schätzen.** Die Schätzung ist Tatsachenfeststellung und tritt anstelle der Beweiserhebung, ist wie diese aber nur eingeschränkt daraufhin überprüfbar, ob die Schätzungsgrundlagen richtig festgestellt, alle wesentlichen in Betracht kommenden Umstände gewürdigt oder die Schätzung selbst auf falschen oder unsachlichen Erwägungen beruht.[47] Sie hat erhebliche Bedeutung bei der Schätzung der MdE. Die Schätzung der Behörde ist nur eingeschränkt gerichtlich überprüfbar. Als Grenze setzt das BSG eine Abweichung von 5 v.H.[48] Eine Schätzung der Behörde ist auch zulässig im Rahmen der Wirtschaftlichkeitsprüfung im Kassenarztrecht oder im SGB II hinsichtlich der auf die Heizkosten entfallenden Stromkosten.[49]

V. Beweislast

17 Es gilt der Grundsatz der **objektiven Beweislast:** Kann sich nach Abschluss der von Amts wegen erfolgenden Beweiserhebung und -würdigung das Gericht nicht die erforderliche Überzeugung über entscheidungserhebliche Tatsachen verschaffen, so sind die Folgen der Beweislosigkeit von dem Beteiligten zu tragen, der aus der zu beweisenden Tatsache ein Recht herleiten will.[50] Dies setzt voraus, dass alle verfügbaren Erkenntnisquellen ausgeschöpft sind. Die Beweislastverteilung bestimmt sich nicht nach der Klageart, sondern nach dem Regelungsgefüge der für den jeweiligen Rechtsstreit maßgeblichen Norm.[51] Nach der Rechtspre-

41 BSG 6.2.2003 – B 7 AL 12/02 R, ZfS 2003, 151.
42 BSG 24.11.2010 – B 11 AL 35/09 R.
43 BSG 19.3.1986 – 9 a RVi 2/84, BSGE 60, 58.
44 BSG 24.9.1992 – 9 a RV 31/90, SozR 3-3200 § 81 Nr. 6.
45 BSG 19.3.1986 – 9 a RVi 2/84, BSGE 60, 58.
46 BSG 11.3.1959 – 1 RA 11/58, BSGE 9, 209.
47 BSG 20.5.1987 – 10 RKg 12/85, SozR 1750 § 287 Nr. 1.
48 St. Rspr. seit BSG 2.3.1971 – 2 RU 39/70, BSGE 32, 245.
49 BSG 3.12.2015 – B 4 AS 47/14 R; BSG 7.7.2011 – B 14 AS 51/10 R.
50 St. Rspr. BSG 24.10.1954 – 10 RV 945/55, BSGE 6, 70.
51 BSG 26.11.1992 – 7 RAr 38/92, SozR 3-4100 § 119 Nr. 7.

chung des 2. Senats führt auch der **Beweisnotstand**, der auf fehlerhafter Beweiserhebung oder sogar auf Beweisvereitelung des dadurch prozessual Begünstigten beruht, zu keiner Umkehr der Beweislast.[52] Bei einem durch Sozialleistungsträger verursachten Beweisnotstand soll das Gericht an den Beweis der Tatsachen, auf die sich der Beweisnotstand bezieht, weniger hohe Anforderungen stellen dürfen, nicht jedoch den Beweismaßstab verringern.[53] Demgegenüber kann nach der Rechtsprechung des 7. Senats bei nicht mehr möglicher Aufklärung wegen fehlender Mitwirkung eines Beteiligten dieser mit dem Aufklärungsrisiko zu belasten sein.[54] Der 12. Senat hat ebenso in Ausnahmefällen eine Umkehr der Feststellungslast angenommen, wenn ein Beteiligter seinen Mitwirkungspflichten nicht nachgekommen und hierdurch eine Beweisvereitelung eingetreten ist.[55] Im Bereich der Arbeitslosenversicherung kann eine Umkehr der Beweislast gerechtfertigt sein, wenn in der Sphäre des Arbeitslosen liegende Vorgänge, welche die Behörde nicht kennt und nicht kennen muss, nicht mehr aufklärbar sind.[56] Vermittelnd ist die Auffassung, in Ausnahmefällen könne sich das Gericht bei unverschuldetem Beweisnotstand ohne ausdrückliche gesetzliche Regel vom Vorliegen einer Tatsache überzeugen[57] oder schon aufgrund weniger tatsächlicher Anhaltspunkte von einem bestimmten Geschehensablauf überzeugt sein,[58] zB bei einer unfallbedingten Erinnerungslücke des Verletzten,[59] bei Tod auf See ohne Obduktionsmöglichkeit.[60] Ansonsten sind typische Beweisschwierigkeiten, die sich aus den Besonderheiten des Einzelfalles ergeben, im Rahmen der freien richterlichen Beweiswürdigung zu berücksichtigen.[61] Allgemeingültige Richtlinien zur Beweiserleichterung für den Fall des Beweisnotstands widersprechen jedoch dem Grundsatz der freien richterlichen Beweiswürdigung.[62]

VI. Beweismittel

18 Als **Beweismittel** kommen in Betracht der Sachverständigenbeweis, der Zeugenbeweis, der Urkundenbeweis, die Einholung von Auskünften (§ 106 Abs. 3 Nr. 3) und der Augenscheinsbeweis.

19 **1. Sachverständigenbeweis.** Er ist in der Praxis insbesondere in der Form **medizinischer Gutachten** von Bedeutung. Sachverständigenbeweis ist sowohl das von Amts wegen nach § 106 Abs. 3 Nr. 5 als auch das nach § 109 eingeholte Gutachten, das ebenfalls als Gerichtsgutachten zu würdigen ist.[63] Im Wege des Urkundenbeweises zu verwerten ist dagegen das Privatgutachten und das im Verwaltungsverfahren eingeholte Gutachten. Bei psychiatrischen Gutachten muss der beauftragte Sachverständige zumindest das explorierende Gespräch selbst führen.[64] Nimmt das Gericht eine vom Sachverständigengutachten abweichende

52 BSG 4.2.1998 – B 2 U 304/97 b, HVBG-INFO 1998, 2911 mwN.
53 BSG 27.5.1997 – 2 RU 38/96, SozR 3-1500 § 128 Nr. 11.
54 BSG 26.11.1992 – 7 RAr 38/92, SozR 3-4100 § 119 Nr. 7.
55 BSG 17.12.1985 – 12 RK 30/83, SozR 2200 § 1399 Nr. 4.
56 BSG 28.8.2007 – B 7 a AL 10/06 R, SGb 2007, 610; BSG 24.5.2006 – B 11 a AL 49/05 R, SozR 4-4220 § 6 Nr. 4; BSG 2.9.2004 – B 7 AL 88/03 R, SozR 4-1500 § 128 Nr. 5.
57 Aussprung in Roos/Wahrendorf § 128 Rn. 61.
58 BSG 4.5.1999 – B 2 U 18/98 R.
59 BSG 12.6.1990 – 2 RU 58/89, HV-Info 1990, 2064.
60 BSG 29.3.1963 – 2 RU 75/61, BSGE 19, 52.
61 BSG 4.5.1999 – B 2 U 18/98 R.
62 BSG 18.7.1990 – 2 BU 37/90, HV-Info 1990, 1941.
63 BSG 30.8.1958 – 11/10 RVr 69/56, SozR Nr. 22 zu § 109 SGG.
64 BSG 18.9.2003 – B 9 VU 2/03 B, SozR 4-1750 § 407 a Nr. 1.

medizinisch-wissenschaftliche Beurteilung vor, muss es die eigene Sachkunde nachweisen bzw. sich auf weitere Gutachten stützen.[65] Hält das Gericht eines von mehreren Gutachten für überzeugend, darf es sich diesem anschließen, es muss sich jedoch mit entgegenstehenden Ergebnissen anderer Gutachten auseinander setzen. Bei sich widersprechenden Gutachten besteht keine Verpflichtung zur Einholung weiterer Gutachten, insbesondere gibt es **keine „Obergutachten"**.[66] Auch bei widersprüchlichen Tatsachenfeststellungen in verschiedenen Gutachten kann die Feststellung der maßgeblichen Anknüpfungs- bzw. Befundtatsachen durch das Gericht in freier Beweiswürdigung erfolgen, wenn es dazu nicht auf Sachkunde zurückgreifen muss, die ihm die Sachverständigen nicht vermittelt haben und über die es auch sonst nicht verfügt.[67] Die Verpflichtung zur Einholung weiterer Gutachten besteht nur dann, wenn die vorliegenden Gutachten schwere Mängel aufweisen, in sich widersprüchlich sind, von unzutreffenden Voraussetzungen ausgehen oder Zweifel an der Sachkunde oder Sachlichkeit des Sachverständigen erwecken.[68] Liegen Leistungseinschränkungen auf mehreren medizinischen Gebieten vor, die sich überschneiden und gegenseitig potenzieren können, kann die Einholung eines fachübergreifenden, zusammenfassenden Gutachtens bzw. die Beauftragung eines Gutachters mit einer Gesamtbeurteilung geboten sein.[69] Das Gutachten soll das Vorliegen von Tatsachen, **nicht Rechtsfragen** klären oder rechtliche Schlüsse ziehen[70] wie zB die Schätzung der MdE oder den Grad der Behinderung. Eine Rechtsfrage ist auch, ob Erwerbsminderung vorliegt. Zulässig ist jedoch die Einholung von Gutachten zur Feststellung ausländischen Rechts. Unklare Gutachten verpflichten zur Rückfrage beim Sachverständigen.[71] Eine – wie auch immer geartete – Bindung des Gerichts an Ausführungen eines Sachverständigen besteht nicht.[72] Das Gericht folgt dem medizinischen Gutachten nicht, wenn das Gutachten unschlüssig ist oder das Gericht eine abweichende eigene – zu belegende – Sachkunde besitzt.[73] Für die Beteiligten muss die Grundlage der eigenen Sachkunde des Gerichts ersichtlich sein. Das Gericht muss darlegen, worauf seine Sachkunde beruht, damit die Beteiligten Stellung nehmen können.[74] Ansonsten ist ein weiteres Gutachten einzuholen. Die Begutachtung durch einen **Terminsarzt** ist zwar grundsätzlich möglich, aber im Allgemeinen ist es auch für einen erfahrenen Sachverständigen unmöglich, sich in so kurzer Zeit ein zutreffendes Bild zu machen, insbesondere bei Abweichung von Vorgutachten.[75] Zudem ist das rechtliche Gehör verletzt, wenn sich das Urteil auf ein erstmals in der mündlichen Verhandlung vorgetragenes Gutachten stützt und ein Beteiligter Vertagung zur Prüfung des Gutachtens beantragt hatte.[76] Die Ergebnisse des **Sachverständigen** dürfen nicht ohne Weiteres übernommen werden. Sachverständige Äußerungen

65 BSG 4.6.2002 – B 2 U 16/01 R, SGb 2002, 496.
66 BSG 23.5.2006 – B 13 RJ 272/05 B; BSG 20.2.2018 – B 10 LW 3/17 B, juris Rn. 8.
67 BSG 16.2.2017 – B 9 V 48/16 B, juris Rn. 15.
68 BSG 24.3.2005 – B 2 U 368/04 B; BSG 29.1.2018 – B 9 V 39/17 B, juris Rn. 12.
69 BSG 10.12.2003 – B 5 RJ 24/03 R, SozR 4-1500 § 128 Nr. 3.
70 BSG 17.12.1975 – 2 RU 35/75, SozR 2200 § 581 Nr. 5.
71 BSG 22.6.1988 – 9/9 a RVr 20/87, SozR 1500 § 128 Nr. 36.
72 BSG 7.2.2002 – B 7 AL 102/00 R, SozR 3-4100 § 128 Nr. 15.
73 BGH 9.5.1989 – VI ZR 268/88, NJW 89, 2948.
74 BSG 11.9.1991 – 5 RJ 94/89, SozSich 92, 221.
75 BSG 16.11.1987 – 5 b BJ 118/87, Breith. 1988, 791; BSG 21.1.1959 – 11/9 RV 206/57, SozR § 128 SGG Nr. 42.
76 BSG 22.8.2000 – B 2 U 15/00 R, SozR 3-1500 § 128 Nr. 14.

sind vom Gericht eigenverantwortlich daraufhin zu untersuchen, ob und inwieweit sie Angaben enthalten, die Aufklärung im Hinblick auf entscheidungserhebliche und allein vom Gericht zu beantwortende Fragen zu bieten vermögen. Das Gericht hat insbesondere zu prüfen, ob der Sachverständige von einem zutreffenden Sachverhalt ausgegangen ist und diesen vollständig berücksichtigt hat. Im Urteil ist nachvollziehbar zu begründen, dass dessen Äußerungen auf Richtigkeit, Vollständigkeit und Stimmigkeit überprüft wurden.[77]

20 **2. Urkundenbeweis.** Als Urkunden werden Verwaltungsakten, Akten anderer Verfahren (einschließlich der darin enthaltenen Gutachten) sowie Privatgutachten verwertet. Der Urkundenbeweis gilt als besonders zuverlässiges Beweismittel mit in der Regel höherer Beweiskraft als andere Beweismittel. Gleichwohl ist immer der Beweiswert jedes Beweismittels zu prüfen.[78] Ausnahmsweise sind hier gem. § 118 Abs. 1 iVm §§ 415 bis 419 ZPO **Beweisregeln** anzuwenden.[79] Ist die Vernehmung eines Zeugen noch möglich, darf der **Zeugenbeweis** – außer bei Einverständnis der Beteiligten – **nicht durch Urkundenbeweis ersetzt werden.** Möglich ist lediglich die – zusätzliche – Verwertung des in einem anderen gerichtlichen Verfahren gefertigten Protokolls über die dortige Zeugenvernehmung.

21 **3. Zeugenbeweis.** Als Faktoren bei der Würdigung einer Zeugenaussage sind der Zeitablauf seit der Wahrnehmung, störende Einflüsse, eigenes Interesse des Zeugen am Ausgang des Rechtsstreits und das Verhältnis zu den Beteiligten zu berücksichtigen. Der Zeugenbeweis gilt deshalb als eher unzuverlässiges Beweismittel.[80] Es besteht **keine Verpflichtung zur Beeidigung** des Zeugen, auch wenn das Gericht dessen Aussage für bedeutsam hält.[81] Der persönliche Eindruck des Gerichts ist entscheidend. Die Glaubwürdigkeit eines vom Einzelrichter vernommenen Zeugen kann vom Richterkollegium nur dann beurteilt werden, wenn der Einzelrichter seinen Eindruck von dem Zeugen und von dessen Glaubwürdigkeit im Protokoll niedergelegt hat.[82] Die Annahme, der Zeuge habe die Unwahrheit gesagt, setzt voraus, dass sich das Gericht entweder in Spruchbesetzung einen persönlichen Eindruck verschafft hat oder auf die aktenkundige Beurteilung des vernehmenden Richters zurückgreifen kann, zu der sich die Beteiligten erklären konnten.[83] Will das Gericht seine Entscheidung auf den persönlichen Eindruck eines in einer früheren mündlichen Verhandlung in anderer Besetzung gehörten Beteiligen oder Zeugen stützen, so muss es diesen Eindruck protokolliert oder auf sonstige Weise aktenkundig und den Beteiligten zugänglich gemacht haben.[84] Die Beweisaufnahme muss jedoch wiederholt werden, wenn das Berufungsgericht die Glaubwürdigkeit des in erster Instanz vernom-

77 BGH 7.3.2001 – X ZR 176/99.
78 BSG 15.8.1996 – 9 RVi 1/94.
79 Hauck in Hennig § 128 Rn. 111; Keller in Meyer-Ladewig/Keller/Leitherer/Schmidt § 128 Rn. 8; aA Bley in GesKomm § 128 Rn. 4 a aa, der abweichende Grundsätze des Sozialrechts annimmt.
80 Keller in Meyer-Ladewig/Keller/Leitherer/Schmidt § 128 Rn. 6.
81 BSG 4.11.1999 – B 9 VJ 4/98 B, SozSich 2000, 362.
82 BGH 18.3.1992 – VIII ZR 30/91, NJW 1992, 1966.
83 BGH 3.5.1995 – XI ZR 236/94, NJW-RR 95, 1210.
84 BSG 15.8.2002 – B 7 AL 66/01 R, SozR 3-1500 § 128 Nr. 15; zu eng OLG Naumburg 28.6.2000 – 12 U 35/00: Ein Richterwechsel nach Beweisaufnahme erfordert deren Wiederholung, wenn es für die Beurteilung der Glaubwürdigkeit eines zuvor vernommenen Zeugen auf den persönlichen Eindruck von diesem ankommt.

menen Zeugen anders beurteilen will, insbesondere die bejahte Glaubwürdigkeit in Zweifel zieht, oder eine protokollierte Aussage anders als das Erstgericht verstehen oder die Aussage eines Zeugen hinsichtlich des Inhalts und der Tragweite seiner Bekundungen anders würdigen will,[85] nicht jedoch schon dann, wenn es nicht die Unglaubwürdigkeit des Zeugen als Person, sondern nur die – bloße – Unglaubwürdigkeit eines Teils seiner Aussagen annimmt.[86] Bei erheblichen Widersprüchen muss ggf. weiterer (Zeugen-)Beweis erhoben werden. Verweigert ein Zeuge die Aussage, kann dies bei der Beweiswürdigung berücksichtigt werden, indem Aussagen über denselben Gegenstand ohne Zustimmung des Zeugen im Wege des Urkundenbeweises verwertet werden.[87]

4. Augenschein. Der Augenscheinsbeweis hatte im sozialgerichtlichen Verfahren 22
bis zur Einbeziehung elektronischer Dokumente geringe Bedeutung. Sie können Gegenstand des Beweises durch Augenschein sein,[88] auf die gleichwohl die Vorschriften über den Urkundenbeweis (§§ 415 ff. ZPO) anwendbar sind. Aus dem einmaligen Eindruck in der mündlichen Verhandlung kann kein Schluss auf die Erwerbsfähigkeit gezogen werden.[89]

5. Parteivernehmung. Kein förmliches **Beweismittel** im sozialgerichtlichen Ver- 23
fahren ist die Parteivernehmung. Unter den Voraussetzungen der § 106 Abs. 1 und § 111 Abs. 1 ist das Gericht jedoch verpflichtet, die Beteiligten zu hören und bei glaubhaftem Sachvortrag diesen bei seiner Überzeugungsbildung zu berücksichtigen.[90] Der Nachweis kann durch Äußerungen eines Beteiligten geführt werden, wenn diese glaubhaft sind, der Lebenserfahrung entsprechen und nicht zu anderen festgestellten Tatsachen in Widerspruch stehen.[91] Hierbei gelten die für Zeugen maßgeblichen Grundsätze hinsichtlich der Unmittelbarkeit der Beweisaufnahme entsprechend.[92]

VII. Verstöße gegen § 128 Abs. 1 Satz 1

Die Zulassung der **Berufung** nach § 144 Abs. 2 Nr. 3 kann grundsätzlich nicht 24
auf Fehler in der Beweiswürdigung gestützt werden. Denn eine unrichtige oder nicht erschöpfende Beweiswürdigung ist kein Verfahrensmangel, sondern ein Mangel in der Urteilsfindung und damit für die Zulassung der Berufung nur beachtlich, wenn darin zugleich ein Verstoß gegen Denkgesetze oder Erfahrungssätze und damit eine Überschreitung der gesetzlichen Grenzen des Rechts auf freie Beweiswürdigung vorliegt (→ § 144 Rn. 20).[93] Ist die Berufung dadurch oder aus sonstigen Gründen zulässig, nimmt das Berufungsgericht als Tatsachengericht eine eigene Beweiswürdigung vor.

---

85 BSG 5.9.2006 – B 7 a AL 78/06 B.
86 BSG 17.8.2006 – B 12 KR 79/05 B.
87 BSG 8.11.1965 – 10 RV 498/65, Breith. 1966, 267; BSG 21.10.1998 – B 9 VG 6/97 R, SozR 3-1500 § 128 Nr. 13; Keller in Meyer-Ladewig/Keller/Leitherer/Schmidt § 128 Rn. 6 a, Hauck in Hennig § 128 Rn. 129, Bley in GesKomm § 128 Rn. 4 b bb; aA Peters/Sautter/Wolff § 128 Rn. 2 b aa.
88 Vgl. Hauck in Hennig § 128 Rn. 12; anders für den Strafprozess § 249 Abs. 1 Satz 2 StPO.
89 BSG 2.6.1970 – 10 RV 186/76, KOV 1972, 77.
90 BSG 10.2.1998 – B 2 U 2/98 B.
91 BSG 11.12.2002 – B 6 KA 43/02 B.
92 BSG 5.9.2006 – B 7 a AL 78/06 B; BSG 15.8.2002 – B 7 AL 66/01 R, SozR 3-1500 § 128 Nr. 15.
93 BSG 8.2.2000 – B 1 KR 13/99 R, SGb 2000, 207; BSG 6.5.2004 – B 4 RA 44/03 R.

25 Die Zulassung der **Revision** wegen eines Verfahrensmangels kann nach § 160 Abs. 2 Nr. 3 nicht auf eine Verletzung von § 128 Abs. 1 S. 1 (Fehler bei der Würdigung erhobener Beweise) gestützt werden. Die Nichtzulassungsbeschwerde kann nicht auf die Rüge gestützt werden, das LSG habe den Sachverhalt falsch gewürdigt.[94] Auf eine angeblich fehlerhafte Beweiswürdigung als Vorfrage kann die Nichtzulassungsbeschwerde nur gestützt werden, wenn sie sich auf einen Beweisantrag bezieht, dem das LSG zu Unrecht nicht gefolgt ist.[95] Bei zulässiger Revision prüft das Revisionsgericht auf Rüge, ob das Tatsachengericht die Grenzen der freien Beweiswürdigung überschritten hat (→ Rn. 6–11). Hierbei ist weiter die Darlegung erforderlich, das Berufungsgericht hätte ohne Verfahrensverletzung anders entschieden.[96]

VIII. Begründungspflicht – Abs. 1 Satz 2

26 Die in § 128 Abs. 1 Satz 2 normierte **Begründungspflicht** ergänzt § 136 Abs. 1 Nr. 6 (→ § 136 Rn. 23) und regelt den Umfang des in der Entscheidung zu erörternden Streitstoffs. Es muss ersichtlich sein, auf welchen Erwägungen in tatsächlicher und rechtlicher Hinsicht die Entscheidung beruht,[97] es müssen die **leitenden Gründe** angegeben, die wesentlichen Gesichtspunkte dargelegt[98] und es muss auf die wesentlichen Fragen eingegangen werden. Aus den Gründen muss ersichtlich sein, dass das Gericht das Gesamtergebnis des Verfahrens zugrunde gelegt und die entscheidungsrelevanten Beweismittel und Gesichtspunkte, insbesondere die Tatsachenfeststellungen, gewürdigt hat.[99] Im Urteil – idR in den Entscheidungsgründen – ist darzulegen, von welchem Sachverhalt bei der rechtlichen Beurteilung auszugehen ist, es sind die für die Überzeugungsbildung maßgeblichen Grunde anzugeben, wobei es von den Umständen des Einzelfalls abhängt, inwieweit das Gericht seine Rechtsauffassung in den einzelnen Abschnitten seiner Entscheidung begründen muss.[100] Nicht ausreichend ist lediglich die Wiedergabe des Vortrags von Beteiligten, Sachverständigen oder Zeugen.[101]**Eigene Sachkunde** und besondere Erfahrungssätze müssen dargelegt werden. Zulässig sind gem. § 202 iVm § 287 ZPO auch Schätzungen, wenn auch eine Beweisaufnahme voraussichtlich keine eindeutige Klärung erbringen kann.[102] Sind fundierte, durch Privatgutachten belegte Einwände gegen ein Gerichtsgutachten erhoben worden, darf das Gericht nicht letzterem folgen mit der alleinigen Begründung, dieses sei überzeugend.[103] Das Gericht muss sich aber nicht mit jedem Vorbringen eines Beteiligten oder mit der gesamten Prozessgeschichte bzw. jeder aus Sicht eines Beteiligten relevanten Einzelheit in der Entscheidung ausdrücklich befassen, wenn sich aus dem Urteil ergibt, dass alle entscheidungsrele-

94 BSG 10.7.2012 – B 13 R 53/12 B.
95 BSG 28.5.2008 – B 12 KR 2/07 B.
96 BSG 19.12.2001 – B 11 AL 50/01 R.
97 BSG 24.2.2010 – B 13 R 547/09.
98 BSG 25.11.1998 – B 6 KA 51/98 B.
99 BSG 24.10.1956 – 2 RU 19/54, SozR Nr. 10 zu § 128 SGG; BSG 24.9.2003 – B 8 KN 6/02 B.
100 BSG 4.7.2008 – B 7 AL 189/07 B; BSG 26.5.2011 – B 11 AL 145/10 B.
101 BSG 22.6.2005 – B 12 RA 14/04 R, RegNr. 27088; BSG 26.10.2004 – B 2 U 16/04 R, SozR 4-1500 § 163 Nr. 1.
102 BSG 28.5.2003 – B 3 P 6/02 R, SozR 4-3300 § 15 Nr. 1 zur Schätzung des Pflegemehrbedarfs bei Kindern; BSG 20.4.2016 – B 8 SO 25/14 R, zur prognostischen Schätzung ersparter Aufwendungen für den häuslichen Lebensunterhalt.
103 BVerfG 7.10.1996 – 1 BvR 520/95, FamRZ 1997, 151 (152).

vanten Gesichtspunkte gewürdigt worden sind[104] oder wenn sich im Verlauf des Prozesses herausstellt, dass es darauf nicht mehr ankommt.[105] Kein Verstoß gegen Abs. 1 Satz 2 liegt vor, wenn im Erörterungstermin anders als in der Urteilsbegründung argumentiert wurde, da für die Entscheidung der Zeitpunkt ihres Erlasses maßgeblich ist und sich die richterliche Überzeugung ändern kann.[106] Verfahrensfehlerhaft ist jedoch eine Überraschungsentscheidung (→ Rn. 27). Es kann zur Begründung gem. § 136 Abs. 3 auf den Verwaltungsakt, gem. § 153 Abs. 2 auf die erstinstanzliche Entscheidung Bezug genommen werden. Eine auf die Verletzung des § 128 Abs. 1 Satz 2 gestützte Nichtzulassungsbeschwerde muss darlegen, dass, ausgehend von der Rechtsauffassung des LSG, wesentliche entscheidungserhebliche Gesichtspunkte, insbesondere die Tatsachenfeststellungen, in den Entscheidungsgründen nicht behandelt worden sind.[107] Ein Urteil ist jedoch nicht schon dann nicht mit Entscheidungsgründen versehen, wenn die Gründe sachlich unvollständig, unzureichend, unrichtig oder sonst rechtsfehlerhaft sind.[108]

IX. Rechtliches Gehör – Abs. 2

§ 128 Abs. 2 ist eine Konkretisierung des Grundsatzes des **rechtlichen Gehörs** 27 (§ 62) und ergänzt die §§ 107, 108, 116, 127. Das rechtliche Gehör sichert den Beteiligten ein Recht auf Information, Äußerung und Berücksichtigung mit der Folge, dass sie ihr Verhalten im Prozess eigenbestimmt und situationsspezifisch gestalten können.[109] Den Beteiligten müssen die maßgeblichen Tatsachen und Beweisergebnisse, somit die tatsächlichen Grundlagen der Entscheidung, mitgeteilt werden, nicht jedoch die Rechtsauffassung des Gerichts zu der Rechtssache oder dessen Beurteilung der Erfolgsaussichten.[110] Bei Berücksichtigung eigener Sachkunde muss das Gericht darlegen, worauf seine Sachkunde beruht und was diese enthält. Die Beteiligten müssen Gelegenheit haben, dazu sachgerecht Stellung zu nehmen. Nicht erforderlich ist, dass sich die Beteiligten äußern. Geschützt ist grundsätzlich nur die Anhörung der Beteiligten zum Sachverhalt, nicht hinsichtlich ihrer Rechtsmeinung.[111] Die Hinweispflicht besteht nur bei **erheblichen Tatsachen**, die den Betroffenen bislang nicht bekannt waren oder die nach dem bisherigen Verfahrensverlauf unvorhersehbar gewürdigt werden sollen[112] und bei **neuen rechtlichen Gesichtspunkten**. Der Hinweis ist dann geboten, wenn das Gericht auf einen Gesichtspunkt abstellen will, mit dem auch ein gewissenhafter und kundiger Prozessbevollmächtigter nicht zu rechnen brauchte.[113] Gibt ein Beteiligter zu erkennen, dass er außer Stande ist, sich in der mündlichen Verhandlung ohne weiteren Rat sachgemäß zu erstmals eingeführten Tatsachen, Erfahrungssätzen oder rechtlichen Gesichtspunkten, die möglicherweise für die Sachentscheidung erheblich sind, zu äußern, so ist ihm auf An-

---

104 BSG 20.10.2004 – B 5 RJ 48/03 R.
105 BSG 24.9.2003 – B 8 KN 6/02 B.
106 BSG 25.11.1998 – B 6 KA 51/98 B.
107 BSG 2.9.2014 – B 9 V 17/14 B.
108 BSG 10.3.2011 – B 1 KR 134/10 B; BSG 27.6.2018 – B 13 R 273/16 B, juris Rn. 39.
109 BVerfG 30.4.2003 – 1 PBvU 1/02, BVerfGE 107, 395 (409), juris Rn. 42 ff.
110 BSG 5.8.2004 – B 13 RJ 206/03 B.
111 BSG 2.2.1999 – B 2 U 7/98 R, SGb 1999, 247.
112 BSG 15.10.1986 – 5 b RJ 24/86, SozR 1500 § 62 Nr. 20.
113 BSG 19.12.2001 – B 11 AL 50/01 R; BVerfG 29.5.1991 – 1 BvR 1383/90, BVerfGE 84, 188.

trag eine angemessene, idR zweiwöchige Frist zur Stellungnahme einzuräumen, sofern der Antrag nicht offensichtlich rechtsmissbräuchlich gestellt ist.[114] Unzulässig ist auch eine **Überraschungsentscheidung**, wenn die Entscheidung auf Auffassungen, Tatsachen oder Beweisergebnissen beruht, zu denen sich die Beteiligten nicht äußern konnten[115]bzw. die bisher nicht erörtert worden sind, oder wenn der vom Gericht eingenommene Standpunkt dem Verfahren eine überraschende Wende gibt, weil die als solche bekannten Tatsachen und Beweisergebnisse in einen völlig neuen, von keinem Beteiligten vorhersehbaren rechtlichen Zusammenhang gestellt werden.[116] Eine solche liegt auch vor, wenn das gesamte Gericht in der mündlichen Verhandlung seine Überzeugung äußert, einem bestimmten Gutachten folgen zu wollen, jedoch anders urteilt,[117] nicht jedoch bei Abweichung von einem im Erörterungstermin oder der mündlichen Verhandlung unterbreiteten Vergleichsvorschlag. Unzulässig ist auch ein überraschender Urkundenbeweis. Sollen Urkunden in beigezogenen Akten zur Feststellung von Tatsachen verwendet werden, müssen die Beteiligten auf die Akten und die Absicht der Verwertung hingewiesen und ihnen die Möglichkeit der Kenntnisnahme gegeben werden.[118] Ebenso muss der Inhalt berufskundlicher Sammelwerke in das Verfahren eingeführt worden sein.[119] Es gibt jedoch keinen Verfahrensgrundsatz einer allgemeinen Aufklärungspflicht des Gerichts über die Rechtslage und die in Aussicht genommene Beweiswürdigung sowie über die die richterliche Überzeugungsbildung möglicherweise leitenden Gründe.[120] Ebenso wenig besteht die Pflicht des Gerichts, die Beteiligten auf alle nur möglichen Gesichtspunkte hinzuweisen und seine Rechtsauffassung zu der Rechtssache bzw. zu den Erfolgsaussichten erkennen zu geben.[121] Werden unmittelbar vor oder in der mündlichen Verhandlung erstmals Tatsachen, Erfahrungssätze oder rechtliche Gesichtspunkte eingeführt, die möglicherweise für die Entscheidung erheblich sind, ist deshalb den Beteiligten auf Antrag eine Frist zur Stellungnahme (idR zwei Wochen ohne Postlaufzeiten) einzuräumen.[122] Jedenfalls dann, wenn der Beteiligte rechtskundig von einem Anwalt oder Rentenberater vertreten ist, liegt keine Überraschungsentscheidung vor bei einer entsprechenden Äußerung lediglich des Vorsitzenden eines Senats, dem Klageantrag folgen zu wollen und nachfolgender anders lautender Entscheidung, da es sich hierbei nur um die Einzelmeinung des Richters handelt.[123] Diese Äußerung sollte zu Beweiszwecken protokolliert werden (§ 160 Abs. 4 Satz 1 ZPO iVm §§ 153, 122 SGG). Die **Äußerungsfrist** richtet sich nach dem Gegenstand der Beweisaufnahme. Insbesondere bei medizinischen Gutachten ist für die Dauer der Äußerungsfrist zu beachten,

---

114 BSG 23.10.2003 – B 4 RA 37/03 B, SozR 4-1500 § 112 Nr. 1.
115 BSG 17.10.2006 – B 1 KR 104/06 B.
116 BSG 12.12.1990 – 11 RAr 137/89, SozR 3-4100 § 103 Nr. 4; BSG 30.10.2014 – B 5 R 8/14 R.
117 Enger BSG 20.8.2008 – B 13 R 217/08 B: keine Überraschungsentscheidung, wenn sich das Gericht im Urteil dem Standpunkt eines Beteiligten anschließt.
118 BSG 31.3.2004 – B 4 RA 224/03 B, SozR 4-1500 § 118 Nr. 1.
119 BSG 23.9.2003 – B 4 RA 4/03 B.
120 BSG 21.9.2006 – B 12 KR 24/06; BSG 29.7.1998 – B 4 RA 3/98 B; BSG 21.11.2000 – B 2 U 288/00 B; BSG 17.2.1999 – B 2 U 141/98 B, HVBG-INFO 1999, 3700.
121 BSG 5.8.2004 – B 13 RJ 206/03 B, RegNr. 26784.
122 BSG 23.10.2003 – B 4 RA 37/03 B, SozR 4-1500 § 62 Nr. 1: Benennung einer Verweisungstätigkeit.
123 BSG 21.3.2002 – B 7 AL 64/01 R, SozR 3-1300 § 13 Nr. 7; BSG 21.6.2000 – B 5 RJ 24/00 R, SozR 3-1500 § 112 Nr. 2.

dass sachkundige Beratung erforderlich sein kann.[124] Bei mündlicher Gutachtenerstellung im Termin bzw. bei Vernehmung des Gutachters als Zeugen zur Erläuterung des Gutachtens muss auf Antrag eines Beteiligten vertagt werden, um Gelegenheit zur sachkundig beratenen Stellungnahme zu geben[125] unabhängig davon, ob das Gericht das Beweisergebnis für eindeutig und deshalb für nicht mehr diskutabel hält.[126] Eine Verletzung des rechtlichen Gehörs, die einem Beteiligten bereits vor Abschluss der Instanz bekannt ist, muss dieser noch im selben Rechtszug rügen, um einen Ausschluss dieser Rüge im nächsten Rechtszug zu vermeiden.[127]

Der Anspruch auf rechtliches Gehör ist erst dann **verletzt**, wenn sich im Einzel- 28
fall klar ergibt, dass das Gericht seine Verpflichtung nicht erfüllt hat.[128] Er ist verletzt, wenn durch übermäßig strenge Handhabung verfahrensrechtlicher Schranken (zB keine angemessene Fristverlängerung) ohne erkennbar schutzwürdigen Zweck der Anspruch auf gerichtliche Durchsetzung des materiellen Rechts unzumutbar verkürzt wird,[129] wenn ein Beteiligter aufgrund falscher Terminsmitteilung nicht an der mündlichen Verhandlung teilnehmen konnte[130] oder wenn Verweisungstätigkeiten, die zuvor in keiner Weise in das Verfahren eingeführt worden waren, erst in den Entscheidungsgründen aufgeführt werden,[131] selbst wenn das Gericht zu diesen in früheren Entscheidungen Feststellungen getroffen hat.[132]

Eine Verletzung des rechtlichen Gehörs in Form eines Verstoßes gegen Abs. 2 ist 29
ein **wesentlicher Verfahrensmangel** und führt zu einem **absoluten Verwertungsverbot**. Das Gericht darf die so gewonnenen Tatsachen und Beweisergebnisse nicht verwerten, auch nicht im Rahmen von Hilfserwägungen.[133] Durch das Anhörungsrügengesetz (BGBl. 2004 I 3220) wurde zum 1.1.2005 die **Anhörungsrüge** als neuer Rechtsbehelf eingeführt. Ist danach ein Rechtsmittel oder ein anderer Rechtsbehelf gegen eine Endentscheidung nicht gegeben, so ist bei einer Verletzung des Anspruchs auf rechtliches Gehör auf die Rüge der beschwerten Partei das Verfahren fortzusetzen (s. § 178 a).

§ 129 [Mitwirkende Richter]

Das Urteil kann nur von den Richtern gefällt werden, die an der dem Urteil zugrunde liegenden Verhandlung teilgenommen haben.

124 BSG 14.12.1999 – B 2 U 6/99 R, HVBG-Info 2000, 298.
125 BSG 5.5.2009 – B 13 R 535/08 B.
126 BSG 22.8.2000 – B 2 U 15/00 R, SozR 3-1500 § 128 Nr. 14.
127 BSG 12.4.2000 – B 9 V 57/99 B.
128 BSG 13.5.1998 – B 10 AL 6/98 B.
129 BSG 11.3.1998 – B 9 SB 5/97 R.
130 BSG 17.7.1997 – 7 RAr 34/97.
131 BSG 4.11.1998 – B 13 RJ 27/98 R, SGb 1999, 75.
132 BSG 16.11.2000 – B 13 RJ 17/00 R, SGb 2001, 72.
133 Bley in GesKomm § 128 Anm. 7 d.

I. Allgemeines

1 Die seit Inkrafttreten des SGG unveränderte Vorschrift soll sicherstellen, dass alle mitentscheidenden Richter (auch die ehrenamtlichen) aufgrund ihres unmittelbaren Eindrucks von der mündlichen Verhandlung und gegebenenfalls der Beweisaufnahme entscheiden. Sie ist Ausfluss der Grundsätze der **Unmittelbarkeit** und **Mündlichkeit.** Entsprechende Regelungen enthalten § 112 VwGO, § 103 FGO und § 309 ZPO.

II. Mündliche Verhandlung

2 Die Vorschrift gilt für Urteile und Beschlüsse, die aufgrund mündlicher Verhandlung ergehen (§ 142 Abs. 1).[1] Bei Entscheidung im **schriftlichen Verfahren** (ohne mündliche Verhandlung – § 124 Abs. 2 – oder nach Lage der Akten – § 126) ist § 129 nicht anwendbar, auch wenn zuvor eine mündliche Verhandlung stattgefunden hat.[2] „Zugrunde liegende Verhandlung" ist die **letzte mündliche Verhandlung,** der letzte Verhandlungstag, welcher der Urteilsfällung vorausgeht. An der mündlichen Verhandlung haben nur die Richter teilgenommen, die während der gesamten Verhandlung körperlich und geistig (wach!) anwesend waren.[3] Auch bei nur kurzer Abwesenheit ist das Gericht vorschriftswidrig besetzt.[4] Der entsprechende Teil der Verhandlung muss wiederholt werden. Bei einem Richterwechsel muss die mündliche Verhandlung wieder eröffnet werden (§ 121 Satz 2).

III. Richterwechsel

3 § 129 ist verletzt, wenn ein Richterwechsel **zwischen letzter mündlicher Verhandlung,** auf die das Urteil ergeht, und **Beschlussfassung** über das Urteil erfolgt. § 129 ist nicht verletzt bei Richterwechseln in einem früheren Stadium des Verfahrens, wenn in einem früheren Termin zur mündlichen Verhandlung andere Richter teilgenommen haben.[5] Unschädlich ist ein Richterwechsel zwischen **Beweisaufnahme** und **letzter mündlicher Verhandlung.** Hier können die Ergebnisse früherer Verhandlungstermine durch den Vorsitzenden oder Berichterstatter in die Verhandlung eingeführt werden.[6] Kommt es jedoch auf den persönlichen Eindruck bzw. die Glaubwürdigkeit eines früher vernommenen Zeugen an, müssen sich grundsätzlich alle die Entscheidung treffenden Richter einen persönlichen Eindruck verschafft haben. Der persönliche Eindruck von Richtern einer früheren Beweisaufnahme ist nur dann verwertbar, wenn er protokolliert oder auf andere Weise aktenkundig gemacht wurde und die Beteiligten sich dazu äußern konnten.[7] Ansonsten muss die Beweisaufnahme erneut durchgeführt werden. Zulässig ist dagegen ein (späterer) Richterwechsel zwischen Urteilsfäl-

---

1 Für den Ordnungsgeldbeschluss LSG NRW 7.4.1997 – L 11 S 2/97, Breith. 1997, 921.
2 BSG 16.2.2006 – B 7 a AL 246/05 B; BSG 26.8.2005 – B 9 V 13 /05 B; BSG 21.3.2002 – B 7 AL 64/01 R, SozR 3-1300 § 13 Nr. 7.
3 Zum Problem des „schlafenden Richters" vgl. BSG 14.4.2017 – B 13 R 289/16 B, juris Rn. 10.
4 BSG 24.4.1963 – 11 RV 1072/61, KOV 1964 RsprNr. 93.
5 Zur Abgrenzung Vertagung – Unterbrechung BFH 1.10.1998 – VII R 1/98, StRK FGO § 103 Rn. 8: Längere Zeitspanne, Wortlaut des Protokolls des ersten Termins, Vertagungsgründe nach § 227 ZPO.
6 BSG 21.2.1989 – 1 RA 65/88, SozSich 90, 260.
7 BVerfG 30.1.2008 – 2 BvR 233/07; BSG 24.2.2004 – B 2 U 316/03 B, SozR 4-1500 § 117 Nr. 1.

lung (interne Beschlussfassung der Urteilsformel nach geheimer Beratung) und Verkündung. Erfolgt in einem Verkündungstermin nach § 132 Abs. 1 Satz 3 auch eine Beratung, so haben dieselben Richter teilzunehmen.[8]

IV. Verstoß gegen § 129

Ein Verstoß gegen § 129 liegt auch vor, wenn nachgereichte Schriftsätze nach der Urteilsfällung ohne Beteiligung derselben Richter gewürdigt werden.[9] Eine nachträgliche Heilung nach Verkündung des Urteils ist nicht möglich. Ein Verstoß gegen § 129 ist **wesentlicher Verfahrensmangel**, der die Berufung (§ 144 Abs. 2 Nr. 3) und die Revision (§ 160 Abs. 2 Nr. 3) eröffnet, absoluter Revisionsgrund (§ 202 Satz 1 iVm § 551 Nr. 1 ZPO) und Wiederaufnahmegrund (§ 179 Abs. 1 iVm § 579 Abs. 1 Nr. 1 ZPO). Nach Ausschöpfung des Rechtswegs ist Verfassungsbeschwerde wegen Verstoßes gegen Art. 101 Abs. 1 Satz 2 GG möglich. 4

§ 130 [Grundurteil]

(1) [1]Wird gemäß § 54 Abs. 4 oder 5 eine Leistung in Geld begehrt, auf die ein Rechtsanspruch besteht, so kann auch zur Leistung nur dem Grunde nach verurteilt werden. [2]Hierbei kann im Urteil eine einmalige oder laufende vorläufige Leistung angeordnet werden. [3]Die Anordnung der vorläufigen Leistung ist nicht anfechtbar.

(2) Das Gericht kann durch Zwischenurteil über eine entscheidungserhebliche Sach- oder Rechtsfrage vorab entscheiden, wenn dies sachdienlich ist.

I. Allgemeines

Die auf § 1668 Abs. 2 RVO zurückgehende Regelung des Abs. 1 über die Möglichkeit eines Grundurteils ist eine Besonderheit des sozialgerichtlichen Verfahrens. Eine vergleichbare Regelung trifft § 113 Abs. 2 S. 2 VwGO, jedoch nur für den Fall, dass ein nicht unerheblicher Aufwand zur Ermittlung des Betrags erforderlich ist. Das Grundurteil in anderen Verfahrensarten (§ 111 VwGO, § 99 FGO, § 304 ZPO; → § 125 Rn. 8) ist nur Zwischenurteil und nur zulässig, wenn auch der Betrag streitig ist. Demgegenüber ist das Grundurteil nach § 130 Abs. 1 Satz 1 Endurteil. Die Möglichkeit, ein Grundurteil nach § 130 Abs. 1 zu erlassen, dient der **Verfahrensbeschleunigung** und der Entlastung der Gerichte, die von der oft aufwändigen Ermittlung der Anspruchshöhe, die idR nicht streitig und von der Verwaltung einfacher festzustellen ist, entlastet werden. 1

8 BSG 23.10.2003 – B 4 RA 37/03 B, SozR 4-1500 § 62 Nr. 1.
9 BSG 19.6.1958 – 11/8 RV 1061/56, BSGE 7, 230.

2 Durch das 6. SGGÄndG wurde zum 1.1.2002 mit Abs. 2 die Möglichkeit einer Entscheidung durch Zwischenurteil neu eingefügt, der bisherige Text wurde Abs. 1. Eine inhaltsgleiche Regelung enthält § 99 Abs. 2 FGO.

II. Grundurteil – Abs. 1 Satz 1: kombinierte Anfechtungs- und Leistungsklage

3 **1. Allgemeines.** Ein Grundurteil nach Abs. 1 liegt immer dann vor, wenn eine Verurteilung zu einer Leistung erfolgt ist, die Leistungshöhe sich aber nicht direkt aus dem Leistungsurteil ergibt. Auch bei Anwendung des § 44 SGB X kann ein Grundurteil ergehen.[1] Auf eine reine Anfechtungsklage darf dagegen kein Grundurteil ergehen.[2] Das in der Rechtspraxis sehr verbreitete Leistungsgrundurteil nach § 54 Abs. 4 ist ein „verkapptes Verpflichtungsbescheidungsurteil".[3] Systematisch handelt es sich um eine gesetzlich ausnahmsweise zugelassene **Zurückverweisung** an die Behörde, um die Höhe der Leistung feststellen zu lassen (zu weiteren Möglichkeiten der Zurückverweisung → § 131 Rn. 28 ff.). Die Vorschrift gibt dem Gericht aber nicht die Befugnis, im Wege des Grundurteils immer nur zur gerade streitigen Rechtsfrage Stellung zu nehmen und die Anwendung der „gesetzlichen Vorschriften" im Übrigen der Verwaltung zu übertragen.[4] Offen bleiben darf lediglich die Höhe der Leistung. Der entsprechende Urteilstenor lautet beispielsweise:

▶ **Tenor:**

Der Bescheid der Beklagten vom ... in der Gestalt des Widerspruchsbescheids vom ... wird aufgehoben und die Beklagte verurteilt, dem Kläger Rente wegen voller Erwerbsminderung ab ... zu gewähren. ◀

4 **2. Voraussetzungen des Grundurteils. a) Geldleistung.** Das Grundurteil nach Abs. 1 kann nur ergehen bei einer auf eine Geldleistung gerichteten Klage und deshalb nicht bei einer Anfechtungs- und Verpflichtungsklage.[5] Eine analoge Anwendung auf Verpflichtungsklagen soll in Betracht kommen, wenn statt eines – bewilligten – Darlehens ein Zuschuss beantragt wird, die Leistungshöhe also nicht streitig ist.[6] Nach dem Wortlaut nicht zulässig ist es, wenn Ansprüche auf sonstige Leistungen gemacht werden, zB bei Klage auf Schuldbeitritt im sozialhilferechtlichen Dreiecksverhältnis.[7] Die beanspruchte Leistung – nicht die Leistungshöhe – ist genau zu bezeichnen.[8] In der Praxis aber verbreitet und von den Versicherungsträgern vollzogen wird auch die Verurteilung zu sonstigen, nicht geldmäßigen Leistungen.[9] Grundsätzlich nicht zulässig ist auch die Entscheidung über ein Stammrecht (zB Anspruch auf berufliche Rehabilitation), aus dem sich mehrere Ansprüche ergeben können.[10] Auch hier kennt die Praxis aber entsprechende Verurteilungen, die auch vollzogen werden.

1 BSG 18.5.2010 – B 7 AL 49/08 R: auf kombinierte Anfechtungs-, Verpflichtungs- und Leistungsklage (str.).
2 BSG 17.2.2005 – B 13 RJ 43/03 R, SozR 4-2600 § 96 a Nr. 5.
3 BSG 6.8.1999 – B 4 RA 25/98 B, SozR 3-1500 § 199 Nr. 1.
4 BSG 20.4.1999 – B 1 KR 15/98 R, SozR 3-1500 § 141 Nr. 8.
5 BSG 24.3.2015 – B 8 SO 12/14 R.
6 BSG 9.12.2016 – B 8 SO 15/15 R, juris Rn. 16.
7 BSG 23.8.2013 – B 8 SO 10/12 R; BSG 30.6.2016 – B 8 SO 7/15 R, juris Rn. 16.
8 BSG 17.4.2013 – B 9 V 3/12 R, juris Rn. 24.
9 BSG 20.10.1999 – B 9 VG 2/98 R, SGb 2000, 22: alle möglichen Ansprüche auf Versorgung nach § 1 OEG, insbes. die Sachleistung Heil- und Krankenbehandlung.
10 HM; Behrend in Hennig § 130 Rn. 33.

b) Anspruchsvoraussetzungen/Streit über Leistungsgrund. Sämtliche Anspruchsvoraussetzungen müssen vorliegen, geprüft und festgestellt sein. Es muss feststehen, dass ein Anspruch auf eine Geldleistung besteht. Allein die **Höhe der Leistung** kann vom Gericht offen gelassen werden; die sonstigen Anspruchsvoraussetzungen dem Grunde nach und die Höhe der die Leistung bestimmenden Faktoren müssen auch beim Erlass eines Grundurteils geprüft und festgestellt werden.[11] Welche dies im Einzelnen sind, hängt vom jeweiligen Streitgegenstand, also vom erhobenen Anspruch iSv § 123 SGG ab.[12] 5

Es dürfen nicht einzelne Anspruchsvoraussetzungen offen gelassen werden (mit Ausnahme für den Fall, dass der Rentenanspruch noch von der Nachentrichtung von Beiträgen abhängt).[13] Ein Grundurteil, bei dem lediglich über ein bestimmtes Anspruchselement entschieden und die Sache im Übrigen zur weiteren Klärung an die Verwaltung zurückverwiesen wird, kann nicht nach Abs. 1 ergehen. Hierzu sieht das SGG nunmehr das Zwischenurteil nach Abs. 2 vor (→Rn. 15). Werden mehrere Ansprüche mit unterschiedlichen Voraussetzungen erhoben, darf ein Grundurteil nur ergehen, wenn sämtliche Voraussetzungen für jeden Einzelanspruch vom Gericht geprüft und als vorliegend angesehen werden.[14] 6

Nicht erforderlich ist, dass wie bei § 304 ZPO auch die **Höhe des Anspruchs** streitig ist. Umgekehrt kann nach § 130 auch ein Grundurteil über die Leistungshöhe ergehen, zB bei Verurteilung zur Zahlung höherer Rente unter Berücksichtigung weiterer Zeiträume[15] oder im Streit über die Berechnung des Arbeitslosengeldes. § 130 ist grundsätzlich auch im **Höhenstreit** anwendbar.[16] Im Sozialleistungsbereich ist die Zulässigkeit einer unbezifferten Anfechtungs- und Leistungsklage auf höhere Leistung unangezweifelt.[17] Der Erlass eines Grundurteils ist auch möglich, wenn nur über die Leistungshöhe gestritten wird[18] oder nur ein Berechnungsfaktor streitig ist.[19] Allerdings setzt dies voraus, dass mit Wahrscheinlichkeit eine höhere Leistung in Betracht kommt, da sonst eine unzulässige Elementenfeststellung vorliegt.[20] Die frühere Rechtsprechung des BSG, wonach der Höhenstreit im sozialgerichtlichen Verfahren einem Grundurteil nicht zugänglich sei,[21] wurde durch die Einfügung des Abs. 2 zum 1.1.2002 gegenstandslos. Die Grenze stellt jedoch die sog „Flucht in ein Grundurteil" dar, bei der entscheidungserhebliche Fragen offen gelassen werden. Nicht Voraussetzung ist, dass die Leistungshöhe schwierig zu ermitteln ist. Besteht jedoch kein Streit über die Auslegung von Tatbestandsmerkmalen oder die maßgeblichen Tatsachen, sondern um die mathematisch korrekte Umsetzung einer Berechnungsformel, ist also allein die Höhe des Anspruchs streitig, ist das Grundurteil 7

---

11 BSG 9.12.2004 – B 7 AL 22/04 R; BSG 29.9.1998 – B 1 KR 5/97 R, SozR 3-2500 § 50 Nr. 5; BSG 9.8.2018 – B 14 AS 20/17 R, juris Rn. 8; BSG 27.9.2018 – B 9 V 16/18 B, juris Rn. 9.
12 BSG 20.4.1999 – B 1 KR 15/98 R, SozR 3-1500 § 141 Nr. 8.
13 BSG 22.11.1988 – 5/4 a RJ 79/87.
14 BSG 20.10.1999 – B 9 VG 2/98 R, SGb 2000, 22.
15 BSG 19.12.1995 – 4 RA 112/94.
16 BSG 4.9.2001 – B 7 AL 84/00 R, SozR 3-4300 § 137 Nr. 1.
17 BSG 17.1.1996 – 3 RK 26/94, SozR 3-2500 § 129 Nr. 1.
18 BSG 18.5.2010 – B 7 AL 49/08 R.
19 BSG 20.11.2003 – B 13 RJ 5/03 R, SozR 4-2600 § 93 Nr. 3.
20 BSG 9.12.2004 – B 7 AL 24/04 R, SozR 4-4220 § 3 Nr. 1.
21 BSG 13.3.1997 – 11 RAr 79/96, SozR 3-4100 § 138 Nr. 10.

nicht zulässig.[22] Dies gilt ebenso bei reinen Leistungsklagen nach § 54 Abs. 5, bei denen über einen bezifferten Anspruch gestritten wird.[23]

8 **c) Auszahlungsanspruch.** Zu prüfen sind auch Umstände, die zum Wegfall des Anspruchs führen können, denn das Grundurteil setzt zumindest die Wahrscheinlichkeit voraus, dass tatsächlich etwas zu zahlen ist.[24] Zu prüfen ist deshalb, ob der Anspruch ruht, verjährt, durch Aufrechnung erloschen oder erfüllt ist bzw. nach § 107 SGB X als erfüllt gilt. Das Grundurteil setzt eine so umfassende Aufklärung zu Grund und Höhe des Anspruchs voraus, dass mit Wahrscheinlichkeit von einer höheren Leistung ausgegangen werden kann.[25] Es ist unzulässig, wenn von vornherein jeglicher Zahlungsanspruch des Klägers ausscheidet.[26] Ergeht trotzdem ein Grundurteil, so kann im nachfolgenden Ausführungsbescheid die Leistungsgewährung abgelehnt werden, wenn der zunächst für wahrscheinlich gehaltene Anspruch auf die Mindestgeldleistung erloschen ist.[27] Nach der Rechtsprechung des 1. Senats ist das Grundurteil auch ohne Zahlungsanspruch zulässig, wenn der Entscheidung eine „Fernwirkung für spätere Leistungsfälle zukommen kann" oder wenn die beantragte Leistung für die Begründung weiterer Sozialleistungsansprüche bedeutsam sein kann.[28] In diesen Fällen spricht der Grundsatz der Prozessökonomie für die Zulässigkeit des Grundurteils. Wird der das Grundurteil ausführende Bescheid angefochten, so ist ein anschließendes Gerichtsverfahren wie ein (zivilrechtliches) Betragsverfahren zu behandeln.

9 Mit Einwendungen und Einreden, die bereits vor Erlass des Grundurteils zu prüfen waren, ist die Behörde ausgeschlossen. So schließt ein rechtskräftiges Grundurteil über Krankengeld den Einwand des Ruhens wegen fehlender AU-Meldung im nachfolgenden Verwaltungsverfahren aus.[29] Zum Grund des Anspruchs iSv § 130 gehören neben den Voraussetzungen des Stammrechts auch die monatlichen Rentenzahlungen. Deshalb schließt ein zur Rentenzahlung ab einem bestimmten Zeitpunkt verurteilendes Grundurteil für danach liegende Zeiträume die nachträgliche Erhebung der Verjährungseinrede aus.[30] Umstände, die lediglich zu einer Minderung des Anspruchs führen, wie zB der Bezug anderer Sozialleistungen,[31] stehen dem Erlass eines Grundurteils nicht entgegen. Diese hat die Behörde bei der Berechnung der Leistungshöhe zu berücksichtigen.

10 **d) Ermessen.** Der Erlass eines Grundurteils steht im Ermessen des Gerichts. Auch bei einem leicht zu ermittelnden Betrag kann ein Grundurteil erlassen werden, ohne dass dies einen Verfahrensfehler darstellt.[32] Im Ermessen des Gerichts steht auch, ob es die Frage der Erfüllung (§ 107 SGB X) durch eine anderweitige

22 BSG 21.7.2009 – B 7 AL 23/08 R.
23 BSG 13.12.2016 – B 1 KR 25/16 R, juris Rn. 19.
24 BSG 14.2.1978 – 7 RAr 65/76, SozR 1500 § 130 Nr. 2.
25 BSG 16.4.2013 – B 14 AS 81/12 R.
26 BSG SozR 1500 § 130 Nr. 2.
27 BSG 8.8.1990 – 11 RAr 79/88, SozR 3-1300 § 104 Nr. 3.
28 BSG 30.3.2004 – B 1 KR 30/02 R, SGb 2004, 354; BSG 12.3.2013 – B 1 KR 7/12 R für den Anspruch auf Krankengeld bei Arbeitslosengeldbezug.
29 BSG 20.4.1999 – B 1 KR 15/98 R, SozR 3-1500 § 141 Nr. 12.
30 BSG 30.4.1982 – 11 RA 29/81, SozR 1500 § 141 Nr. 12 = BSGE 52, 253.
31 BSG 8.8.1990 – 11 RAr 79/88, SozR 3-1300 § 104 Nr. 3; offen gelassen in BSG 20.4.1999 – B 1 KR 15/98 R, SozR 3-1500 § 141 Nr. 8.
32 Keller in Meyer-Ladewig/Keller/Leitherer/Schmidt § 130 Rn. 3.

Leistung im Rahmen des Anspruchsgrundes oder im Betragsverfahren klärt.[33] Das Ermessen des Gerichts ist in höherer Instanz nicht nachprüfbar.[34] Nicht erforderlich ist der **Antrag** auf Erlass eines Grundurteils. Auch bei beziffertem Klagantrag kann ein Grundurteil ergehen. Mit dessen Erlass wird der Streitgegenstand auf den Grund des Anspruchs beschränkt.[35] Wurde jedoch lediglich ein Grundurteil beantragt, darf auch nur ein solches erlassen werden.

11 **3. Endurteil.** Das Grundurteil auf kombinierte Anfechtungs- und Leistungsklage ist nicht lediglich Grundurteil im Sinne eines Zwischenurteils, sondern der materiellen Rechtskraft fähiges (→ § 141 Rn. 6) **Endurteil.** Der Rechtsstreit wird in vollem Umfang erledigt. Der Sache nach liegt damit ein Fall der sonst grundsätzlich unzulässigen **Zurückverweisung an die Behörde** vor (zur sonst allein zulässigen Zurückverweisung → § 131 Rn. 27). Die Kostenentscheidung ergeht nach § 193. Die Behörde wird verpflichtet, einen Verwaltungsakt zu erlassen, in dem die genaue Höhe der Leistung festgesetzt wird. Da das Grundurteil auf kombinierte Anfechtungs- und Leistungsklage den Rechtsstreit in vollem Umfang erledigt, wird der in Ausführung dieses Urteils erlassene neue Bescheid nicht Gegenstand des Rechtsstreits nach § 96, auch nicht Gegenstand eines Berufungsverfahrens.[36] Bei Streit über die Leistungshöhe wird vielmehr ein neues Verwaltungsverfahren mit dem Erfordernis von Widerspruch und Klage eröffnet. Mit Einwendungen und Einreden, die bereits vor Erlass des Grundurteils zu prüfen waren, ist der Beteiligte im neuen Verfahren ausgeschlossen.[37] Zu berücksichtigen ist aber die Erfüllung des Anspruchs nach § 107 SGB X.[38] Dagegen ist ein Grundurteil auf eine echte Leistungsklage (§ 54 Abs. 5) nur Zwischenurteil, da es den Rechtsstreit nicht abschließend erledigt.

12 **4. Vollstreckbarkeit.** Das Grundurteil nach kombinierter Anfechtungs- und Leistungsklage ist wegen des zu erlassenden Verwaltungsakts gemäß § 201 durch Festsetzung eines Zwangsgeldes vollstreckbar,[39] denn auch im Grundurteil wird die Behörde rechtlich verpflichtet, einen „Ausführungsbescheid" zu erlassen, der an die Stelle eines sonst bei (echten) Grundurteilen erforderlichen Nachverfahrens tritt.

III. Echte Leistungsklage – § 54 Abs. 5

13 **Nicht vollstreckbar** ist dagegen das Grundurteil nach echter Leistungsklage (§ 54 Abs. 5). Dieses ist nach § 202 Satz 1 SGG iVm § 304 ZPO Zwischenurteil und steht nur hinsichtlich der Rechtsmittel einem Endurteil gleich. Hier ist das gerichtliche Nachverfahren entsprechend § 304 ZPO durchzuführen. Der Rechtsstreit bleibt beim Gericht bis zur Beendigung des Nachverfahrens durch

33 BSG SozR 3-1300 § 104 Nr. 3.
34 BSG 10.9.1957 – 4 RJ 250/56, SozR 130 SGG Nr. 1.
35 BSG 10.10.1978 – 7 RAr 65/77, SozSich 79, 151.
36 Keller in Meyer-Ladewig/Keller/Leitherer/Schmidt § 130 Rn. 4 c; Behn ZfS 83, 288; abw. Rohwer/Kahlmann § 96 Rn. 8.
37 BSG 30.4.1982 – 11 RA 29/81, SozR 1500 § 141 Nr. 12; Behrend in Hennig § 130 Rn. 56.
38 BSG 8.8.1990 – 11 RAr 79/88, SozR 3-1300 § 104 Nr. 3.
39 BSG 6.8.1999 – B 4 RA 25/98 B, SozR 3-1500 § 199 Nr. 1; str., wie hier: Behrend in Hennig § 130 Rn. 64; LSG BW 29.11.1994 – L 13 B 176/94, Breith. 1995, 806 (807); Niesel, Der Sozialgerichtsprozess, 3. Aufl. 1996, Rn. 656; aA noch BSG 12.12.1979 – 1 RA 91/78, SozR 1750 § 307 ZPO Nr. 2; HdB SGB – Krasney XIII Rn. 17.

Schlussurteil über die Höhe der Leistung anhängig.[40] Diese Kontroverse ist in der Praxis ohne Relevanz, da Hauptanwendungsfall der echten Leistungsklage der Erstattungsstreit zwischen Behörden ist, die idR ihre Ansprüche schon beziffern und gerichtliche Entscheidungen ohne Vollstreckung ausführen.

IV. Vorläufige Leistungen – Abs. 1 Satz 2

14 **Vorläufige Leistungen** nach Abs. 1 Satz 2 dienen dem Zweck, dem Kläger vor der endgültigen Berechnung rasch eine sofortige Leistung zu verschaffen. Die vorläufige Leistung muss **beziffert** werden, sofern sich nicht aus der Bezugnahme auf die gesetzliche Regelung eindeutig ein Zahlbetrag ermitteln lässt.[41] Die Entscheidung steht im **Ermessen** des Gerichts. Ein Antrag ist nicht erforderlich. Die Anordnung ist vollstreckbar gem. § 199 Abs. 1 Nr. 1. Die Anordnung ist Teil des (Grund-)Urteils und nur mit diesem anfechtbar (Abs. 1 Satz 3). Auch das Rechtsmittelgericht kann die Anordnung treffen, insbesondere wenn es das angefochtene Urteil aufhebt und zurückverweist. Die vorläufige Leistung wird auf die endgültige Leistung angerechnet. Bei Aufhebung des Grundurteils sind vorläufige Leistungen gem. § 42 Abs. 2, 3 SGB I zurückzuzahlen.

V. Zwischenurteil – Abs. 2

15 Die als Abs. 2 zum 1.1.2002 neu eingefügte Vorschrift soll der **Verfahrensbeschleunigung** dienen. Nach der Gesetzesbegründung kann ein Zwischenurteil insbesondere dann sachdienlich sein, wenn erkennbar nur über eine bestimmte Sach- oder Rechtsfrage gestritten wird und zu erwarten ist, dass die Beteiligten nach der Klärung dieser Frage den Rechtsstreit beilegen.[42] Die weite Fassung erlaubt eine breite Anwendung.[43] Durch Zwischenurteil kann zB über das Bestehen einer Mitgliedschaft, die Erfüllung bestimmter Tatbestandsvoraussetzungen oder einzelne Berechnungselemente einer Leistung entschieden werden. Der Erlass des Zwischenurteils steht im **Ermessen** des Gerichts. Das Zwischenurteil ist nicht selbstständig anfechtbar (→ § 143 Rn. 16), und zwar selbst dann nicht, wenn allein über die Zulässigkeit eines Rechtsmittels entschieden wird.[44] Für eine selbstständige Anfechtbarkeit des Zwischenurteils sprechen auch nicht prozessökonomische Gründe. Legen die Beteiligten den Rechtsstreit nach Erlass des Zwischenurteils nicht bei, würde die selbstständige Anfechtbarkeit des Zwischenurteils gerade zu einer Verlängerung des Verfahrens und nicht zu dessen Beschleunigung führen, da zunächst das Rechtsmittelverfahren hinsichtlich des Zwischenurteils durchzuführen wäre. Aufgrund der Vorschrift soll auch nicht eine „höchstrichterliche Abklärung bezüglich der streitigen Fragen" ermöglicht, sondern auf eine Beendigung des (Haupt-)Verfahrens ohne (End-)Urteil hingewirkt werden. Das Zwischenurteil erwächst nicht in Rechtskraft und entfaltet Bindungswirkung nur innerhalb der jeweiligen Instanz.

40 BSG 6.8.1988 – B 4 RA 25/98 B, SozR 3-1500 § 199 Nr. 1; BSG 25.1.1994 – 7 RAr 42/93, SozR 3-1300 § 104 Nr. 8; LSG BW 29.11.1994 – L 13 B 176/94, Breith. 95, 806.
41 Vgl. Peters/Sautter/Wolff § 130 Rn. 53.
42 BT-Drs. 14/59943, 26.
43 Vgl. Keller in Meyer-Ladewig/Keller/Leitherer/Schmidt § 130 Rn. 9.
44 BSG 19.9.2007 – B 9/9 a SB 49/06 B.

§ 131 [Urteilsformel]

(1) [1]Wird ein Verwaltungsakt oder ein Widerspruchsbescheid, der bereits vollzogen ist, aufgehoben, so kann das Gericht aussprechen, daß und in welcher Weise die Vollziehung des Verwaltungsakts rückgängig zu machen ist. [2]Dies ist nur zulässig, wenn die Verwaltungsstelle rechtlich dazu in der Lage und diese Frage ohne weiteres in jeder Beziehung spruchreif ist. [3]Hat sich der Verwaltungsakt vorher durch Zurücknahme oder anders erledigt, so spricht das Gericht auf Antrag durch Urteil aus, daß der Verwaltungsakt rechtswidrig ist, wenn der Kläger ein berechtigtes Interesse an dieser Feststellung hat.

(2) [1]Hält das Gericht die Verurteilung zum Erlaß eines abgelehnten Verwaltungsakts für begründet und diese Frage in jeder Beziehung für spruchreif, so ist im Urteil die Verpflichtung auszusprechen, den beantragten Verwaltungsakt zu erlassen. [2]Im Übrigen gilt Absatz 3 entsprechend.

(3) Hält das Gericht die Unterlassung eines Verwaltungsakts für rechtswidrig, so ist im Urteil die Verpflichtung auszusprechen, den Kläger unter Beachtung der Rechtsauffassung des Gerichts zu bescheiden.

(4) Hält das Gericht eine Wahl im Sinne des § 57 b oder eine Wahl zu den Selbstverwaltungsorganen der Kassenärztlichen Vereinigungen oder der Kassenärztlichen Bundesvereinigungen ganz oder teilweise oder eine Ergänzung der Selbstverwaltungsorgane für ungültig, so spricht es dies im Urteil aus und bestimmt die Folgerungen, die sich aus der Ungültigkeit ergeben.

(5) [1]Hält das Gericht eine weitere Sachaufklärung für erforderlich, kann es, ohne in der Sache selbst zu entscheiden, den Verwaltungsakt und den Widerspruchsbescheid aufheben, soweit nach Art oder Umfang die noch erforderlichen Ermittlungen erheblich sind und die Aufhebung auch unter Berücksichtigung der Belange der Beteiligten sachdienlich ist. [2]Satz 1 gilt auch bei Klagen auf Verurteilung zum Erlass eines Verwaltungsakts und bei Klagen nach § 54 Abs. 4; Absatz 3 ist entsprechend anzuwenden. [3]Auf Antrag kann das Gericht bis zum Erlass des neuen Verwaltungsakts eine einstweilige Regelung treffen, insbesondere bestimmen, dass Sicherheiten geleistet werden oder ganz oder zum Teil bestehen bleiben und Leistungen zunächst nicht zurückgewährt werden müssen. [4]Der Beschluss kann jederzeit geändert oder aufgehoben werden. [5]Eine Entscheidung nach Satz 1 kann nur binnen sechs Monaten seit Eingang der Akten der Behörde bei Gericht ergehen.

I. Allgemeines

1 Die Vorschrift regelt den **Inhalt der Urteilsformel,** jedoch nicht vollständig. Sie enthält vielmehr nur einige unsystematische Sonderregelungen zur Urteilsformel. Die Absätze 1 bis 3 regeln den Inhalt von Urteilsformeln, die sich mit der Rückgängigmachung der Vollziehung von Verwaltungsakten und der Verurteilung bzw. Verpflichtung zum Erlass von Verwaltungsakten befassen. Abs. 1 Sätze 1 und 2 treffen Regelungen für die Folgenbeseitigung bei erfolgreicher Anfechtungsklage, Satz 3 für die Fortsetzungsfeststellungsklage als Sonderform der Feststellungsklage nach § 55. Für die Verpflichtungsklage enthalten Abs. 2 und 3 Sonderregelungen. Abs. 2 Sätze 2 und 3 wurden durch das SGG- und ArbGÄndG vom 26.3.2008 (BGBl. 2008 I 444) zum 1.4.2008 angefügt. Abs. 4 enthält eine Regelung über die Wahlanfechtungsklage als eigener Klageart. Nicht geregelt sind die Urteilsformeln stattgebender Urteile bei allgemeiner Leistungs- und Feststellungsklage, bei klagabweisendem Urteil und bei Verpflichtungsklagen auf Ermessensleistungen. Die anderen Verfahrensordnungen enthalten entsprechende Vorschriften in § 113 VwGO, §§ 100, 101 FGO. Durch das 1. Justizmodernisierungsgesetz vom 24.8.2004 (BGBl. 2004 I 2198) wurde Abs. 5 zum 1.9.2004 angefügt und durch das SGG- und ArbG-ÄndG ergänzend klargestellt, dass die Regelung auch auf die Anfechtungsklage sowie die Anfechtungs- und Leistungsklage anwendbar ist. Die Regelung geht auf den Entwurf einer einheitlichen Verwaltungsprozessordnung zurück, weitgehend gleichlautende Regelungen enthalten bereits § 113 Abs. 3 VwGO und § 100 Abs. 3 FGO. Sie stellt, neben dem Grundurteil nach § 130 Abs. 1, eine Ausnahmeregelung vom Zurückverweisungsverbot dar. Durch Art. 8 Nr. 2 Zweites Gesetz zur Änderung des Vierten Buches Sozialgesetzbuch und anderer Gesetze vom 21.12.2008 (BGBl. 2008 I 2933), in Kraft seit 1.1.2009, wurde Abs. 2 Satz 2 aufgehoben, der bisherige Satz 3 geändert, Abs. 5 Satz 1 teilweise geändert und Abs. 5 Satz 2 eingefügt.

II. Anfechtungsklage

2 Bei **Ermessensentscheidungen** ist gem. § 54 Abs. 2 Satz 2 die gerichtliche Überprüfung darauf beschränkt, ob die gesetzlichen Grenzen des Ermessens überschritten sind oder von dem Ermessen in einer dem Zweck der Ermächtigung nicht entsprechenden Weise Gebrauch gemacht wurde (Ermessensfehlgebrauch) oder ob ein Fall des Ermessensnichtgebrauchs vorliegt (→ § 54 Rn. 63 ff.). Das Gericht darf nicht an Stelle der Verwaltung Ermessen ausüben, deshalb darf nur aufgehoben, nicht aber die Ermessensleistung zugesprochen werden.

3 Bei unzulässiger oder unbegründeter Klage lautet der **Tenor:**

▶ Die Klage wird abgewiesen. ◀

Der Grund der Abweisung ergibt sich aus den Entscheidungsgründen. Der **Tenor** bei begründeter Klage lautet:

▶ Der Verwaltungsakt der Beklagten vom ... in der Gestalt des Widerspruchsbescheids vom ... wird aufgehoben. ◀

Bei alleiniger Anfechtung des Widerspruchsbescheides wird nur dieser aufgehoben, die Verwaltung muss ggf. erneut entscheiden.

4 Eine **teilweise Aufhebung** kann erfolgen, wenn in einem Bescheid mehrere Verwaltungsakte enthalten sind (zB Aufhebung nach § 48 SGB X und Rückforderung nach § 50 SGB X). Gleiches gilt, wenn ein Verwaltungsakt **teilweise rechts-**

widrig ist und die Rechtswidrigkeit lediglich einen abgrenzbaren Teil des Bescheids betrifft, dieser somit isoliert aufhebbar ist. Häufigster Fall sind zeitliche Änderungen (zB Erwerbsminderung tritt während des Verfahrens ein). Ein einheitlicher Anspruch kann nicht hinsichtlich einzelner Voraussetzungen aufgetrennt werden. Eine Teilaufhebung ist aber möglich, wenn zwischen den Teilen kein unabdingbarer Zusammenhang besteht, wenn ein Teil durch die Aufhebung eines anderen Teils nicht einen anderen Inhalt erlangt oder wenn anzunehmen ist, dass ein Verwaltungsakt auch nur mit dem rechtmäßigen Teil erlassen worden wäre.[1] Bei **Nebenbestimmungen** (§ 32 SGB X) kann eine isolierte Aufhebung erfolgen, wenn der Verwaltungsakt ohne Nebenbestimmungen mit einem Inhalt weiterbestehen kann, welcher der Rechtsordnung entspricht und sinnvoll ist.[2] Bei untrennbarer Einheit von Verwaltungsakt und Nebenbestimmung ist eine isolierte Aufhebung nicht möglich.[3] **Bedingungen, Befristungen** und **Widerrufsvorbehalte** sind nicht isoliert aufhebbar. **Auflagen** sind isoliert anfechtbar mit Ausnahme der modifizierenden Auflage, die eine qualitative Änderung des VA bewirkt.[4] Ist eine Teilaufhebung nicht möglich, muss der ganze Verwaltungsakt aufgehoben werden.

III. Folgenbeseitigung – Abs. 1 Sätze 1, 2

Der Folgenbeseitigungsanspruch des Abs. 1 Satz 1, der die Beseitigung der Vollziehungsfolgen bei erfolgreicher Anfechtungsklage regelt, ist typisch für die Eingriffsverwaltung und hat deshalb im sozialgerichtlichen Verfahren geringe Bedeutung. Anders als in § 113 Abs. 1 Satz 2 VwGO ist nicht ausdrücklich geregelt, ob die Entscheidung nur auf Antrag ergeht. Die hM bejaht dies wegen des Dispositionsgrundsatzes,[5] sieht Abs. 1 Satz 1 und 2 als Fall der Klagenhäufung: Aufhebung des Verwaltungsakts und Folgenbeseitigung im Wege der Leistungs- oder Verpflichtungsklage.[6] Dies führt jedoch zu prozessualen Problemen, wenn der Antrag abgelehnt wird, weil das Gericht die Voraussetzungen des Abs. 1 Satz 2 nicht für gegeben erachtet.[7] Diese Problematik entsteht nicht, wenn der Folgenbeseitigungsanspruch als Annex des Hauptantrags (entspr. § 130 Abs. 1 Satz 2) gesehen und ein Antrag nicht für erforderlich gehalten wird. 5

Bei der Folgenbeseitigung ist der Kläger so zu stellen, als wäre der aufgehobene Bescheid nicht vollzogen worden.[8] Es können zB die Rückzahlung vollstreckter Beträge, die Herausgabe eingezogener Sachen, die Ersatzbeschaffung gepfändeter und verwerteter Sachen oder der Ersatz von Aufwendungen angeordnet werden. Möglich ist auch die Anordnung, einen Verwaltungsakt zu erlassen.[9] Der Anspruch geht auf **Naturalrestitution**, nicht auf Geldersatz.

---

1 BSG Breith. 2000, 394.
2 BVerwG 12.3.1982 – 8 C 23/80, DVBl. 82, 637.
3 BSG 30.1.1985 – 1 RA 34/84, SozR 1300 § 32 Nr. 2.
4 BSG 8.4.1987 – 1 RR 1/85, BSGE 61, 235, 236.
5 Keller in Meyer-Ladewig/Keller/LeithererSchmidt § 131 Rn. 4; Hauck in Hennig § 131 Rn. 32.
6 Keller in Meyer-Ladewig/Keller/Leitherer/Schmidt § 131 Rn. 4 b.
7 Nach Keller in Meyer-Ladewig/Keller/Leitherer/Schmidt § 131 Rn. 6 c soll der Kläger den Anspruch in einer selbstständigen Klage geltend machen können; dem dürfte jedoch entgegenstehen, dass der Anspruch bereits rechtshängig bzw. über ihn bereits entschieden ist.
8 Keller in Meyer-Ladewig/Keller/Leitherer/Schmidt § 131 Rn. 6; Peters/Sautter/Wolff § 131 Rn. 2 a.
9 Peters/Sautter/Wolff § 131 Rn. 2 a; Kopp, § 113 VwGO Rn. 43.

6 **Spruchreife** im Sinne von Abs. 1 Satz 2 liegt vor, wenn alle tatbestandlichen Voraussetzungen gegeben sind. Diese muss „ohne Weiteres" gegeben sein, dh ohne weitere über die Hauptsacheentscheidung hinausgehende Ermittlungen. Die Behörde muss zur Folgenbeseitigung rechtlich in der Lage sein, unbeachtlich sind dadurch entstehende Kosten, die aber beim Ermessen berücksichtigt werden können.[10]

7 Ob eine entsprechende Anordnung getroffen wird, steht im **Ermessen** des Gerichts.[11] Nach anderer Auffassung muss auf Antrag eine gebundene Entscheidung ergehen.[12] Der Ausspruch der Folgenbeseitigung erfolgt im Tenor mit fakultativer Begründung. Die Maßnahmen zur Rückgängigmachung von Vollstreckungsfolgen sind genau zu bezeichnen. Nur wenn eindeutig ist, wie die Folgenbeseitigung zu erfolgen hat, reicht ausnahmsweise die allgemeine Anordnung, die Vollstreckung rückgängig zu machen.[13] Eine **Ablehnung** des Antrags ist nicht zu tenorieren.

8 Weitergehend ist der **sozialrechtliche Herstellungsanspruch**, der auf die Herstellung des Zustandes gerichtet ist, der bei pflichtgemäßem Handeln der Verwaltung bestehen würde und typischerweise im Rahmen der Leistungsverwaltung angesiedelt ist. Er setzt eine Pflichtverletzung des Leistungsträgers, einen ursächlich darauf beruhenden sozialrechtlichen Nachteil und einen inneren Zusammenhang zwischen Pflichtverletzung und Nachteil voraus.[14]

IV. Fortsetzungsfeststellungsklage – Abs. 1 Satz 3

9 **1. Voraussetzungen.** Die Fortsetzungsfeststellungsklage ist eine besondere Form der Feststellungsklage. Sie setzt voraus, dass sich der Verwaltungsakt vor einer gerichtlichen Entscheidung durch Zurücknahme oder auf sonstige Weise erledigt hat und eine **Anfechtungsklage** deshalb unzulässig wird.

10 Eine **Erledigung** liegt vor, wenn ein Ereignis den prozessualen Anspruch gegenstandslos gemacht hat oder eine Lage eingetreten ist, die eine Entscheidung erübrigt oder ausschließt, insbesondere bei Wegfall des Rechtsschutzinteresses an dem Primäranspruch oder der sich aus dem Verwaltungsakt ergebenden Beschwer.[15] Bei Anfechtungsklagen liegt eine Erledigung vor, wenn der Verwaltungsakt durch ein im Laufe des Gerichtsverfahrens eingetretenes Ereignis gegenstandslos wird,[16] wenn sein Regelungsgegenstand entfällt[17] und von ihm keine nachteiligen Wirkungen für die Zukunft zu erwarten sind.[18] Die Erledigung

---

10 Hauck in Hennig § 131 Rn. 40.

11 Bley in GesKomm § 131 Rn. 3 b; Peters/Sautter/Wolff § 131 Rn. 2 a; Zeihe SGG, § 131 Rn. 4. Problematisch die Auffassung, das Gericht habe Ermessen nur hinsichtlich der Frage, ob es über den Folgenbeseitigungsanspruch nur zusammen mit der Anfechtungsklage entscheidet (so Hauck in Hennig § 131 Rn. 45). Sieht man den FBA als eigenständigen Anspruch und nicht lediglich als Annex an, ist zwingend zu entscheiden.

12 Keller in Meyer-Ladewig/Keller/Leitherer/Schmidt § 131 Rn. 5 unter Berufung auf die hM zu § 113 VwGO.

13 Keller in Meyer-Ladewig/Keller/Leitherer/Schmidt § 131 Rn. 6 c, Bley in GesKomm § 131 Rn. 3 e cc; Brackmann S. 248 f.

14 BSG 15.12.1994 – 4 RA 64/93, SozR 3-2600 § 58 Nr. 2.

15 BSG 22.9.1976 – 7 RAr 107/75, SozR 1500 § 131 Nr. 3.

16 BSG 16.11.2005 – B 2 U 14/04 R, SGb 2006, 630: Regelungsbescheid gegenstandslos durch Rechtsänderung; BSG 14.2.2013 – B 14 AS 195/11 R, juris Rn. 16: Eingliederungsverwaltungsakt ohne Sanktionen im Geltungszeitraum.

17 BSG 24.3.2015 – B 8 SO 22/13 R.

18 BSG 13.9.2005 – B 2 U 21/04 R, SozR 4-2400 § 57 Nr. 2.

kann weiter eintreten durch Aufhebung des Verwaltungsakts durch die erlassende Behörde (Zurücknahme oder Widerruf), ferner in den Fällen des § 39 Abs. 2 SGB X,[19] bei Eintritt einer auflösenden Bedingung, durch Zeitablauf,[20] Ablauf einer Befristung (der Verwaltungsakt entfaltet keine Rechtswirkungen zwischen den Beteiligten mehr), durch Änderung der Verhältnisse sowie durch Fortfall des Regelungsobjekts. Eine Erledigung auf andere Weise liegt vor, wenn der Verwaltungsakt nicht mehr geeignet ist, rechtliche Wirkungen zu entfalten oder wenn die Steuerungsfunktion nachträglich entfallen ist.[21] Erledigt sich der angefochtene Verwaltungsakt während des Prozesses durch Ablauf des Ermächtigungszeitraums, können Beteiligte ihr Begehren in der Form einer Fortsetzungsfeststellungsklage weiterverfolgen.[22]

Die Fortsetzungsfeststellungsklage ist auch bei Verwaltungsakten zulässig, die 11 sich **vor Klageerhebung erledigen,** aber noch nicht bestandskräftig geworden sind,[23] ohne dass es eines Vorverfahrens bedarf.[24] Dies gilt jedoch nicht, wenn die Klage der Vorbereitung einer Amtshaftungsklage dient, weil dann der Grundsatz der Prozessökonomie gebietet, unmittelbar den Zivilrechtsweg zu beschreiten.[25] Entsprechendes gilt für die Erledigung des angefochtenen Verwaltungsakts erst während des Verfahrens der Nichtzulassungsbeschwerde bzw. im Revisionsverfahren, weil auch diese das Rechtsschutzinteresse für die Anfechtungsklage entfallen lässt.[26] Der Übergang zur Fortsetzungsfeststellungsklage stellt keine Klageänderung dar und ist deshalb noch in der Revisionsinstanz zulässig.[27] Die Anforderungen an das Feststellungsinteresse sind wie bei der allgemeinen Feststellungsklage nach § 55 zu beurteilen (→ § 55 Rn. 25).[28]

Die Regelung gilt **entsprechend** auch **bei den anderen Klagearten** wie der kombi- 12 nierten Anfechtungs- und Verpflichtungsklage,[29] der Aufhebungsklage nach § 160 Abs. 6 SGB III,[30] bei Erledigung eines Verpflichtungsbegehrens[31] (maßgebend bleibt das zum Zeitpunkt der Entscheidung des Beklagen geltende Recht),[32] bei Wahlanfechtungsklagen[33] und – in entsprechender Anwendung – im Einzelfall sogar bei Klagen, deren primäres Rechtsschutzbegehren nicht auf einen Verwaltungsakt bezogen war, wie zB bei der allgemeinen Leistungsklage nach § 54 Abs. 5 SGG.[34] Der Übergang vom Verpflichtungs- zum Feststellungs-

19 BSG 16.5.2018 – B 6 KA 1/17 R, juris Rn. 17.
20 BSG 6.4.2000 – B 11 AL 47/99 R, SozR 3-1200 § 53 Nr. 9; BSG 25.10.2012 – B 9 SB 1/12 R.
21 BSG 29.11.2017 – B 6 KA 34/16 R, juris Rn. 30.
22 BSG 25.11.1998 – B 6 KA 81/97 R, SozR 3-2500 § 97 Nr. 2.
23 BSG 28.8.2007 – B 7/7 a AL 16/06 R; Hauck in Hennig § 131 Rn. 69; Keller in Meyer-Ladewig/Keller/Leitherer/Schmidt § 131 Rn. 7 d; Behn SozVers 1996, 144 ff.; verneinend Bley in GesKomm § 13 Rn. 4 d; Peters/Sautter/Wolff § 131 Rn. 3.
24 BSG 27.6.2001 – B 6 KA 7/00 R.
25 LSG BW 24.3.2010 – L 13 AL 3303/06.
26 BSG 27.6.2001 – B 6 KA 39/00 R, SGb 2001, 552; BSG 4.10.1994 – 7 RAr 1/93, SozR 3-4100 § 116 Nr. 2; BSG 8.12.1993 – 14 a RKa 1/93, SozR 3-1500 § 88 Nr. 1.
27 BSG 18.5.2011 – B 3 KR 7/10 R; BSG 24.11.2004 – B 3 KR 23/04 R, SozR 4-2500 § 35 Nr. 3.
28 BSG 28.8.2007 – B 7/7 a AL 16/06 R, SozR 4-0000.
29 BSG 18.5.2011 – B 3 KR 7/10 R.
30 BSG 4.10.1994 – 7 RAr 1/93, SozR 3-4100 § 116 Nr. 2.
31 BSG 10.7.1996 – 3 RK 27/95, SozR 3-2500 § 126 Nr. 2.
32 BSG 5.6.2003 – B 11 AL 59/02 R, SozR 4-4300 § 86 Nr. 1.
33 BSG 13.9.2005 – B 2 U 21/04 R, SozR 4-2400 § 57 Nr. 2.
34 BSG 12.9.2012 – B 3 KR 17/11 R.

antrag ist auch noch in der Revisionsinstanz zulässig, wenn sich der angefochtene Verwaltungsakt bzw. das Verpflichtungsbegehren erst während des Revisionsverfahrens erledigt haben.[35] Der Übergang ist auch möglich, wenn der Kläger Revisionsbeklagter ist.[36] Im **einstweiligen Rechtsschutzverfahren** ist dagegen der Übergang zur Fortsetzungsfeststellungsklage **nicht zulässig.**[37]

13 Die ursprüngliche Klage muss vor dem erledigenden Ereignis zulässig gewesen sein.[38]

14 Die Klage muss zurückgenommen oder der Klagantrag umgestellt werden auf die Feststellung, dass der Verwaltungsakt rechtswidrig gewesen ist. Der Übergang von der Anfechtungs- zur Feststellungsklage ist dann keine Klageänderung iSv § 99 Abs. 3, wenn sich der Klagegrund nicht ändert.[39]

15 Es muss ein entsprechender **Antrag** gestellt werden. Ein Aufhebungsantrag kann nur dann als Antrag im Sinne einer Fortsetzungsfeststellungsklage gewertet werden, wenn der Klagevortrag dies rechtfertigt.[40] Der Antrag kann **auch hilfsweise** neben dem Verpflichtungsantrag gestellt werden.[41] Dies gilt insbesondere dann, wenn erst die Entscheidung über den Hauptantrag Klarheit über den Eintritt der Erledigung schafft.[42]

16 **2. Fortsetzungsfeststellungsinteresse.** Das Fortsetzungsfeststellungsinteresse als Sonderform des Rechtsschutzbedürfnisses setzt voraus, dass dem angestrebten gerichtlichen Ausspruch über die Rechtswidrigkeit des Ausgangsbescheides **rechtliche, wirtschaftliche oder ideelle Bedeutung** zukommt.[43] Maßgeblich ist, ob die angestrebte gerichtliche Entscheidung geeignet sein kann, die Position des Klägers zu verbessern.[44] Ein berechtigtes Interesse kann sich ergeben aus einer Wiederholungsgefahr, der Klärung weitergehender Interessen oder einem Rehabilitationsinteresse. Erforderlich ist jedoch die Erledigung eines Verwaltungsakts (§ 31 SGB X). Sonstige Äußerungen einer Behörde (zB Hinweise zur Rechtslage) können ein Fortsetzungsfeststellungsinteresse nicht begründen.[45]

17 a) **Wiederholungsgefahr.** Ein **berechtigtes Interesse** an der Feststellung der Rechtswidrigkeit eines erledigten Verwaltungsakts unter dem Gesichtspunkt der Wiederholungsgefahr setzt die hinreichend bestimmte (konkrete) Gefahr voraus, dass unter im Wesentlichen unveränderten tatsächlichen und rechtlichen Umständen ein gleichartiges Leistungsbegehren wieder auftreten kann[46] oder ein gleichartiger Verwaltungsakt ergehen wird,[47] zB wenn die Behörde wiederholt

35 BSG 20.9.1995 – 6 RKa 37/94, SozR 3-5525 § 32 b Nr. 1; BSG 29.5.1996 – 3 RK 26/95, SozR 3-2500 § 109 Nr. 2; BSG 16.12.2003 – B 1 KR 26/01 R.
36 BSG 22.6.1994 – 6 RKa 10/93, SozR 3-2500 § 116 Nr. 7; BSG 1.7.1998 – B 6 KA 64/97 R, SGb 1998, 470.
37 BayLSG 24.11.2009 – L 11 AS 602/09 B ER.
38 BSG 17.10.2007 – B 3 KA 42/06 R.
39 BSG 22.6.1994 – 6 RKa 46/93, SozR 3-2500 § 116 Nr. 10.
40 BSG 24.7.1996 – 7 RAr 1/95, SozR 3-4100 § 116 Nr. 4.
41 BVerwG 24.10.1980 – 4 C 3/78, BVerwGE 61, 128 (134).
42 BSG 6.4.2000 – B 11 AL 47/99 R, SozR 3-1200 § 53 Nr. 9.
43 BSG 5.11.1997 – 6 RKa 10/97, USK 97141.
44 BSG 25.10.1989 – 7 RAr 148/88, SozR 4100 § 91 Nr. 5; BSG 10.7.1996 – 3 RK 27/95, SozR 3-2500 § 126 Nr. 2.
45 BSG 15.6.2016 – B 4 AS 45/15 R, juris Rn. 20 f.
46 BSG 25.10.2012 – B 9 SB 1/12 R.
47 BSG 20.9.1995 – 6 RKa 37/94, SozR 3-5525 § 32 b Nr. 1.

versucht hat, den Kläger in Eingliederungsmaßnahmen einzubeziehen.[48] Für Entscheidungen des BSG soll dies auch gelten, wenn für die Entscheidung über künftige Anträge eine andere Behörde zuständig ist.[49] Keine in tatsächlicher Hinsicht gleichen Umstände liegen vor, wenn zunächst an Stelle der Kosten für die Beschaffung von Heizmaterial monatliche Pauschalen gewährt wurden, die für die Folgebeschaffung verwendet werden können.[50] Die Wiederholungsgefahr kann sich insbesondere aus dem Prozessvorbringen ergeben.[51] Ein Feststellungsinteresse wurde auch bejaht, wenn die Wiederholungsgefahr nur im Hinblick auf Parallelfälle besteht.[52] Wiederholungsgefahr besteht auch, wenn trotz veränderter Verhältnisse zumindest eine auf gleichartigen Erwägungen beruhende Entscheidung zu erwarten ist, weil die Behörde eine entsprechende Absicht zu erkennen gegeben hat.[53] Soweit das BSG die Auffassung vertreten hat, bei unbegründeter Klage könne aus Gründen der Prozessökonomie die Prüfung des Fortsetzungsfeststellungsinteresses unterbleiben,[54] dürfte dieses in Form der Wiederholungsgefahr vorgelegen haben. Insoweit ist dieser ein Element der Prozessökonomie immanent: Es soll schon eine Feststellung hinsichtlich künftig drohender Rechtsbeziehungen getroffen und künftige Prozesse vermieden werden.[55] Dagegen rechtfertigt die mögliche Klärung einer rechtlichen Vorfrage aus einem möglicherweise in Zukunft anhängig werdenden gerichtlichen Verfahren, das mit dieser Klärung noch nicht vollständig erledigt sein kann, nicht die Annahme eines Fortsetzungsfeststellungsinteresses.[56]

In **Ermächtigungssachen** liegt ein berechtigtes Interesse vor, wenn zu erwarten 18
ist, dass die Zulassungsinstanzen die Ermächtigung auch in Zukunft in der im gerichtlichen Verfahren beanstandeten Weise regeln werden;[57] ebenso bei drohender oder bereits eingetretener Wiederholung der streitig gewesenen Ermächtigung.[58] Bei **bedarfsabhängigen Ermächtigungen** kann das Bestehen eines Fortsetzungsfeststellungsinteresses für eine Fortsetzungsfeststellungsklage unter dem Gesichtspunkt der Wiederholungsgefahr nur mit Erfolg geltend gemacht werden, wenn Änderungen in den bedarfsrelevanten Tatsachenumständen ausgeschlossen erscheinen und die Ermächtigungsentscheidung ansonsten maßgeblich von Rechtsfragen abhängt, die voraussichtlich künftig wieder relevant werden,[59] oder wenn der Rechtsstreit Rechtsfragen im Zusammenhang damit betrifft, nach welchen rechtlichen Kriterien die Bedarfsbeurteilung vorzunehmen ist.[60] Ein Fortsetzungsfeststellungsinteresse liegt jedoch vor, wenn sich eine entscheidungserhebliche Rechtsfrage mit einiger Wahrscheinlichkeit künftig bei Folgeer-

48 BSG 14.2.2013 – B 14 AS 195/11 R; zur Wiederholungsgefahr im Nachbesetzungsverfahren nach § 103 Abs. 4 SGB V vgl. BSG 5.11.2003 – B 6 KA 11/03 R, SozR 4-2500 § 103 Nr. 1.
49 BSG18.5.2011 – B 3 KR 7/10 R: Bei Wechsel der Krankenkasse.
50 BSG 16.5.2007 – B 7 b AS 40/06 R, SozR 4-4200 § 22 Nr. 4.
51 BSG 27.6.2001 – B 6 KA 7/00 R.
52 BSG 6.4.2000 – B 11 AL 47/99 R, SozR 3-1200 § 53 Nr. 9.
53 BVerwG 25.8.1993 - 6 C 7/93, DVBl. 1994, 168 f.
54 BSG 28.1.1998 – B 6 KA 44/96 R, USK 98123.
55 BSG 12.9.2012 – B 3 KR 17/11 R; BSG 18.5.2011 – B 3 KR 7/10 R, BSGE 108, 206.
56 BSG 20.9.1995 – 6 RKa 37/94, SozR 3-5525 § 32 b Nr. 1.
57 BSG 15.3.1995 – 6 RKa 42/93.
58 BSG 29.5.1996 – 3 RK 26/95, BSG SozR 3-2500 § 109 Nr. 2.
59 BSG 19.6.1996 – 6 RKa 26/95, SozR 3-2500 § 116 Nr. 14.
60 BSG 1.7.1998 – B 6 KA 64/97 R, SGb 1998, 470.

mächtigungen erneut stellen wird, ungeachtet dessen, dass sich die Bedarfslage ändern könnte.[61]

19 **b) Weitergehende Folgeansprüche/Präjudizialität.** Ein berechtigtes Interesse an der Klärung weitergehender Folgeansprüche besteht insbesondere, wenn angekündigt wird, dass im Falle eines Prozesserfolgs Schadensersatzansprüche geltend gemacht werden[62] sowie wenn die Feststellung Voraussetzung für weitere Leistungen bzw. Genehmigungen in einem nachfolgenden Verfahren ist.[63] Ein Fortsetzungsfeststellungsinteresse setzt voraus, dass der Erfolg einer zivilrechtlichen Klage nicht von vornherein ausgeschlossen ist.[64] Grundsätzlich kann die Fortsetzungsfeststellungsklage auch der Vorbereitung einer Klage wegen **Amtspflichtverletzung** nach Art. 34 GG iVm § 839 BGB dienen, die ein Verschulden des Amtsträgers voraussetzt. Hier wird jedoch das berechtigte Interesse von der hM verneint, wenn ein mit mehreren Berufsrichtern besetztes Kollegialgericht die Rechtmäßigkeit des Behördenhandelns bestätigt hat.[65] Noch weiter gehend die Auffassung, ein berechtigtes Interesse fehle, wenn die beabsichtigte Amtshaftungsklage offensichtlich aussichtslos ist, weil die Behörde die Rechtsnormen in Übereinstimmung mit dem Willen des Gesetzgebers angewandt hat.[66] Nach der Rechtsprechung des BSG gibt es hiervon jedoch zahlreiche Ausnahmen.[67] Ist bereits anderweitig eine Amtshaftungsklage anhängig, bezieht sich das Feststellungsinteresse bei vorangegangener Verpflichtungsklage nicht nur auf die von der Beklagten gegebene Begründung, sondern umfassend auf die Frage, ob der geltend gemachte Anspruch bestand.[68] Hierzu zählt auch das Feststellungsinteresse im Falle einer Präjudizialität, wenn die Entscheidung in einem anderen streitigen Rechtsverhältnis bedeutsam sein kann.[69]

20 **c) Rehabilitationsinteresse.** Ein Feststellungsinteresse kann schließlich als Rehabilitationsinteresse bestehen bei Entscheidungen mit diskriminierender oder die Menschenwürde bzw. die Persönlichkeitsrechte oder das Ansehen erheblich beeinträchtigender Wirkung bzw. generell bei Verletzung von Grundrechten,[70] bei geschäftsschädigenden Maßnahmen oder Verletzung des Hausfriedens.[71] Nicht ausreichend ist jedoch ein unabhängig von wirtschaftlichen Gründen allein mit dem Schlagwort „Rehabilitationsinteresse" begründetes Feststellungsinteresse, insbesondere wenn es sich nur auf eine frühere Gesetzeslage bezieht. Ein „weltanschaulicher Prinzipienstreit" begründet kein Feststellungsinteresse.[72]

61 BSG 14.3.2001 – B 6 KA 49/00 R, SozR 3-2500 § 95 Nr. 30; BSG 30.1.2002 – B 6 KA 12/01 R, SozR 3-2500 § 116 Nr. 24.
62 BSG 11.12.2002 – B 6 KA 32/01 R, SozR 3-1500 § 54 Nr. 47.
63 LSG RhPf 19.12.2002 – L 1 AL 4/01, zur unbefristeten Erteilung der Erlaubnis zur Arbeitnehmerüberlassung; BSG 24.2.2016 – B 8 SO 18/14 R, juris Rn. 12.
64 BSG 24.11.2004 – B 3 KR 23/04 R, SozR 4-2500 § 35 Nr. 3 mwN.
65 BVerwG 4.5.1984 – 8 C 93/82, NJW 1985, 876.
66 LSG Hmb 4.2.2004 – L 1 KR45/99.
67 Im Einzelnen aufgelistet in BSG 10.7.1996 – 3 RK 27/95, SozR 3-2500 § 126 Nr. 2.
68 BSG 5.6.2003 – B 11 AL 59/02 R, SozR 4-4300 § 86 Nr. 1.
69 BSG 28.8.2007 – B 7/7 a AL 16/06 R, wo die Präjudizialität als eigene Fallgruppe aufgeführt wird.
70 BSG 24.7.1996 – 7 RAr 1/95, SozR 3-4100 § 116 Nr. 4.
71 BSG 28.8.2007 – B 7/7 a AL 16/06 R.
72 BSG 27.11.2004 – B 11 AL 169/03 R.

V. Verpflichtungsklage – Abs. 2

Die Verpflichtungsklage (→ § 54 Rn. 32 ff.) ist ein **Sonderfall der Leistungsklage**[73] und betrifft die Fälle, in denen nicht auf die Gewährung der Leistung selbst geklagt wird (allgemeine Leistungsklage § 54 Abs. 4), sondern in denen die begehrte Leistung in einem VA besteht (zB die Entscheidung über das Vorliegen einer Beschäftigung nach § 7 a SGB IV). Abs. 2 Satz 1 regelt den Tenor bei Antrag auf Erlass eines **gebundenen VA** und ist deshalb nicht anwendbar auf Ermessensleistungen (Ausnahme: Ermessensreduzierung auf Null). Sie geht auf Verpflichtung der Verwaltung zum Erlass eines VA und ist idR kombiniert mit der Anfechtungsklage nach § 54 Abs. 1. Abs. 2 Satz 2 (zuvor seit 1.4.2008: Satz 3) ist die rechtliche Grundlage für den Erlass eines Bescheidungsurteils bei Verpflichtungsklagen auf Erlass einer Ermessensentscheidung, wenn das Ermessen nicht auf Null reduziert ist. 21

Die Verpflichtungsklage in Form der Vornahmeklage nach Abs. 2 Satz 1 ist zulässig, wenn der Kläger behauptet, durch die Ablehnung des Verwaltungsakts in seinen Rechten verletzt zu sein. Sie ist begründet, wenn der Kläger Anspruch auf Erlass des abgelehnten Verwaltungsakts hat. Hierzu muss **Spruchreife** vorliegen. Spruchreife für ein stattgebendes Urteil liegt vor, wenn der Sachverhalt zu allen tatbestandlichen Voraussetzungen ermittelt ist. Ist eine Tatbestandsvoraussetzung nicht erfüllt, liegt Spruchreife für eine Klagabweisung vor. Grundsätzlich ist das Tatsachengericht verpflichtet, die Spruchreife für eine abschließende Sachentscheidung selbst herbeizuführen. Es darf dies nicht als Aufgabe an die Behörde zurückverweisen,[74] außer es liegen die Voraussetzungen des Abs. 5 vor (→ § 131 Rn. 28 ff.). Nicht zulässig ist deshalb, lediglich in den Urteilsgründen auszuführen, unter welchen Maßgaben ein abgelehnter Verwaltungsakt zu erteilen ist.[75] Ein **Bescheidungsurteil** ist deshalb im Bereich der **gebundenen Verwaltung nicht zulässig.**[76] Die Verpflichtung, die Sache spruchreif zu machen, besteht auch bei neuem Tatsachenvortrag erst in der mündlichen Verhandlung.[77] Das Gericht darf ein Verpflichtungs- oder Bescheidungsurteil nicht erlassen, sondern ist zu Ermittlungen verpflichtet, wenn weitere als die von der Behörde vorgetragenen Versagungsgründe vorliegen können. Ggf. kommt eine Zurückverweisung nach Abs. 5 in Betracht.[78] Bei gebundener Entscheidung lautet der **Tenor:** 22

▶ Der Bescheid der Beklagten vom ... in der Gestalt des Widerspruchsbescheids vom ... wird aufgehoben und die Beklagte verpflichtet, die Zeit vom 1.1.1975 bis 31.12.1975 als Anrechnungszeit wegen Arbeitslosigkeit vorzumerken. ◀

Der **Tenor** bei **teilweiser Begründetheit** lautet:

▶ Der Bescheid der Beklagten vom ... in der Gestalt des Widerspruchsbescheids vom ... wird abgeändert und die Beklagte verpflichtet, ... Im Übrigen wird die Klage abgewiesen. ◀

Bei **Ermessensleistungen** kann nicht zum Erlass des abgelehnten Verwaltungsakts verurteilt werden (Ausnahme: Ermessensreduzierung auf Null, wenn jede 23

---

73 BSG 26.7.1956 – 2 RU 35/55, BSGE 3,180 (185); BSG 27.3.1957 – 1 RA 41/56, BSGE 5, 60 (63).
74 BSG 5.8.1992 – 14 a/6 RKa 4/90, SozR 3-2500 § 106 Nr. 13.
75 BSG 28.6.2001 – B 3 P 9/00 R, SozR 3-3300 § 9 Nr. 1.
76 Anders BSG 10.12.2008 – B 6 KA 45/07 R, für den Bereich des Vertragsarztrechts, allerdings noch zu der bis 31.12.2008 geltenden Rechtslage.
77 BVerwG 16.5.1974 – III C 20/72, Buchholz 310 § 113 VwGO Nr. 75.
78 Vgl. Keller in Meyer-Ladewig/Keller/Leitherer/Schmidt § 131 Rn. 18.

andere als die begehrte Entscheidung ermessensfehlerhaft wäre und deshalb nur eine Entscheidung möglich ist). Auch hier muss Spruchreife im Sinne einer vollständigen Sachverhaltsermittlung herbeigeführt werden. Liegen die tatbestandlichen Voraussetzungen für die beantragte Leistung vor, beschränkt sich die Überprüfung auf das Vorliegen von Ermessensfehlern. Liegen solche vor, ergeht (idR zusammen mit der Aufhebung des ablehnenden Verwaltungsakts und des Widerspruchsbescheids) entsprechend § 131 Abs. 3 ein Bescheidungsurteil. Neben der Aufhebung der angefochtenen Bescheide lautet der **Tenor:**

▶ Die Beklagte wird verpflichtet, über den Antrag vom ... erneut unter Beachtung der Rechtsauffassung des Gerichts zu entscheiden. ◀

Die Bindungswirkung entfällt jedoch, wenn sich die zugrunde liegende Sach- oder Rechtslage ändert.[79]

VI. Untätigkeitsklage/Bescheidungsklage – Abs. 3

24 Abs. 3 betrifft in der Regel den Tenor der Untätigkeitsklage (§ 88). Die Untätigkeitsklage ist eine Verpflichtungsklage, gerichtet auf den Erlass eines – bisher nicht ergangenen – Verwaltungsakts, weil die Behörde nicht tätig wurde oder sich geweigert hat, diesen zu erlassen (vgl. § 54 Abs. 1 Satz 1 Var. 2, § 88). Mit ihr kann auch der Erlass des Widerspruchsbescheides begehrt werden (§ 88 Abs. 2). Sie ist zulässig, wenn die in § 88 festgelegten Fristen nicht eingehalten sind. Sie ist begründet, wenn innerhalb der Fristen des § 88 ohne hinreichenden Grund der beantragte Verwaltungsakt nicht erlassen wurde. Gegenstand einer Untätigkeitsklage ist nur die Bescheidung eines Antrags und nicht die Bewilligung einer Leistung. Verurteilt werden kann deshalb auch nur zur Bescheidung, nicht aber zur Gewährung der beantragten Leistung oder des sonstigen materiellen Gegenstands des Antrags (→ § 88 Rn. 4).[80] Hierfür spricht insbesondere, dass bei Spruchreife die (hinsichtlich der Untätigkeit begründete) Untätigkeitsklage bei fehlendem materiellem Anspruch abgewiesen werden könnte, ohne dass eine Verwaltungsentscheidung zu ergehen hat. Die Auffassung, Gegenstand der Untätigkeitsklage sei nicht die Prüfung der materiellen Voraussetzungen,[81] verkennt jedoch, dass der Kläger unter Beachtung der Rechtsauffassung des Gerichts zu bescheiden ist. Hierbei lautet der **Tenor:**

▶ Die Beklagte wird verurteilt, über den Antrag des Klägers vom ... unter Beachtung der Rechtsauffassung des Gerichts zu entscheiden. ◀

Darüber hinaus gibt § 131 Abs. 3 die Möglichkeit einer Anfechtungs- und Bescheidungsklage.[82] Die Bindung an die Rechtsauffassung des Gerichts ist die Bindung an die tragenden Gründe der Entscheidung.[83] Eine Beschwer des obsiegenden Klägers kann vorliegen, wenn die Rechtsauffassung, die die Behörde nach der Vorgabe des Gerichts bei der Neubescheidung zu beachten hat, nicht derjenigen des Klägers entspricht und sich diese Abweichung negativ für ihn auswirkt.[84]

79 HessVGH, DVBL 99, 1666.
80 BSGE 75, 56; BVerfG 3.3.2011 – 1 BvR 2852/10; aA Aussprung in Roos/Wahrendorf § 131 Rn. 85.
81 BSG 16.10.2014 – B 13 R 282/14 B.
82 BSG 30.10.2019 – B 6 KA 14/18 R, juris Rn. 19.
83 BSG 27.10.1976 – 2 RU 127/74, BSGE 43, 1 (3).
84 BSG 28.1.2004 – B 6 KA 52/03 R, SozR 4-2500 § 85 Nr. 8.

VII. Wahlanfechtung – Abs. 4

25 Die Wahlanfechtung ist keine Anfechtungsklage, sondern eine **besondere Klageart** mit der Wirkung einer Feststellungsklage.[85] § 131 Abs. 4 regelt lediglich den Inhalt der Urteilsformel, nicht aber die Voraussetzungen, Zulässigkeit und Begründetheit und ist deshalb nicht als abschließende Aufzählung möglicher Wahlanfechtungsklagen zu verstehen.[86] Nach der Rechtsprechung des BSG gebietet das Demokratieprinzip des Art. 20 Abs. 1 und 2 GG und das Gebot effektiven Rechtsschutzes aus Art. 19 Abs. 4 GG auch die Zulässigkeit einer Wahlanfechtungsklage bei Wahlen zu organisatorischen Untergliederungen von Selbstverwaltungskörperschaften.[87] Die Wahl kann ganz oder teilweise ungültig sein. **Tenor:**

▶ Die Wahl (des ...) am ... zur Vertreterversammlung/zum Vorstand der Beklagten ist ungültig. ◀

Das Gericht muss weiter Folgerungen, die sich aus der Ungültigkeit ergeben, bestimmen, ohne dass es hierzu eines Antrags bedarf. Insoweit handelt es sich um ein Leistungsurteil,[88] das nach § 201 vollstreckt wird. Zulässig ist auch der Erlass einer einstweiligen Anordnung nach § 57 Abs. 6 SGB IV durch gesonderten Beschluss.

VIII. Wirkungen des Urteils, Vollstreckung

26 Die im Urteil nach § 131 auferlegten Verpflichtungen können gem. § 201 mit Zwangsgeld bis zu 1000 EUR vollstreckt werden. Rechtskräftige Urteile auf **Anfechtungsklagen** haben unmittelbar gestaltende Wirkung, eine Vollstreckung ist daneben nicht erforderlich. Ebenso tritt bei **Feststellungs- und Fortsetzungsfeststellungsklagen** die Feststellungswirkung mit der Rechtskraft des Urteils ein. Gleiches gilt für die Wahlanfechtungsklage. Diese ist lediglich hinsichtlich weiter angeordneter Folgen vollstreckbar nach § 201. Verpflichtungsurteile verpflichten den Beklagten zum Erlass eines bestimmten Verwaltungsakts, Bescheidungsurteile verpflichten zum Erlass eines Verwaltungsakts unter Bindung an die tragenden Gründe des Urteils und werden wie Leistungsgrundurteile (str., → § 130 Rn. 12) nach § 201 mit Zwangsgeld vollstreckt. Bei **Leistungsklagen** steht die Leistung mit Rechtskraft des Urteils dem Kläger zu und wird nach §§ 198, 200 vollstreckt.

IX. Zurückverweisung – Abs. 5

27 **1. Anfechtungsklage – Verpflichtungsklage.** Durch den zum 1.9.2004 eingefügten Abs. 5 wird dem Gericht die Möglichkeit eingeräumt, den Verwaltungsakt und den Widerspruchsbescheid aufzuheben, ohne in der Sache selbst zu entscheiden. Die entsprechende Vorschrift in § 113 Abs. 5 VwGO gilt nach der Rechtsprechung des BVerwG[89] nur für Anfechtungsklagen, nicht für Verpflichtungsklagen. Da diese Auffassung zunächst auch vom BSG vertreten wurde,[90] erfolgte durch das SGG- und ArbG-ÄndG zum 1.4.2008 bzw. durch Art. 8 des

85 BSG 23.4.1975 – 2/8 RU 62/73, BSGE 39, 244.
86 BSG 11.2.2015 – B 6 KA 4/14 R.
87 BSG 15.5.2019 – B 4 KA 57/17 R, juris Rn. 17.
88 Keller in Meyer-Ladewig/Keller/Leitherer/Schmidt § 131 Rn. 15.
89 BVerwG 6.7.1998 – 9 C 45/97, BVerwGE 107, 128.
90 BSG 17.4.2007 – B 5 RJ 30/05 R.

Zweiten SGB IV-ÄndG zum 1.1.2009 eine Klarstellung dahin gehend, dass die Zurückverweisung an die Verwaltung auch für die praktisch wichtigen Bereiche des Sozialrechts, insbesondere bei Verpflichtungs- und kombinierten Anfechtungs- und Leistungsklagen, möglich ist.[91] Eine Verbesserung der Rechtsposition des Klägers ist dann gegeben, wenn der Behörde bessere oder effektivere Ermittlungsmöglichkeiten als dem Gericht zur Verfügung stehen. In Verfahren des einstweiligen Rechtsschutzes ist die Vorschrift nicht anwendbar.

28 **2. Voraussetzungen.** Die Aufhebung und Zurückverweisung setzt voraus, dass nach Art und Umfang noch erhebliche Ermittlungen erforderlich sind und die Aufhebung unter Berücksichtigung der Belange der Beteiligten sachdienlich ist. Sie scheidet aus, wenn der Rechtsstreit spruchreif ist. Unzulässig ist auch eine in die Form eines Grundurteils nach § 130 Abs. 1 Satz 1 gefasste faktische Zurückverweisung an die Verwaltung, wenn die Voraussetzungen des § 131 Abs. 5 nicht vorliegen und nicht nur die Leistungshöhe, sondern noch weitere Anspruchsvoraussetzungen zu prüfen sind.[92]

29 **a) Erhebliche Ermittlungen.** Die Erheblichkeit der noch erforderlichen Ermittlungen kann sich aus deren Art, der Zeitdauer, dem Umfang und den personellen Möglichkeiten des Gerichts ergeben, zB erstmalige Datenerhebung für einen verzweigten Tatbestandkomplex, umfangreiche Beweisaufnahme durch Vernehmung weit entfernter Zeugen, aber auch kostenintensive Ermittlungen. In Betracht kommt die Zurückverweisung, wenn der Ermittlung der angemessenen Unterkunftskosten nach dem SGB II kein schlüssiges Konzept zugrunde liegt.[93] Sind jedoch erst durch das Vorbringen im Klageverfahren weitere Ermittlungen erforderlich, kann hierauf eine Zurückverweisung nicht gestützt werden.[94]

30 **b) Sachdienlichkeit.** Die Zurückverweisung ist sachdienlich, wenn die Behörde über spezielle Fachkenntnisse, Daten oder Strukturen verfügt, die sie in die Lage versetzen, die Sachverhaltsaufklärung rascher und nicht weniger zuverlässig als das Gericht vorzunehmen, wenn die Behörde nach ihrer personellen und sachlichen Ausstattung eine Sachverhaltsermittlung besser durchführen kann als das Gericht und es auch unter übergeordneten Gesichtspunkten vernünftiger und sachgerechter ist, die Behörde tätig werden zu lassen.[95] Dabei sind die voraussichtliche Dauer der gerichtlichen und einer behördlichen Sachverhaltsermittlung sowie die wirtschaftlichen Interessen der Beteiligten zu berücksichtigen.[96] Die Aufhebung und Zurückverweisung zur Einholung (behörden-)externer Gutachten ist deshalb nicht sachdienlich, da dies in gleicher Weise durch das Gericht erfolgen kann. Allein Kostengründe dürfen nicht ausschlaggebend sein. In der Regel gilt dies auch für die Einholung von Zeugenauskünften, außer die Behörde ist hierzu besser in der Lage (zB örtliche Entfernung, Stellungnahme von Mitarbeitern).

31 **3. Zeitraum.** Die Aufhebung kann gem. Abs. 5 Satz 5 nur innerhalb von sechs Monaten seit Eingang der Akten der Behörde bei Gericht ergehen. Dadurch soll eine verzögernde Behandlung durch das Gericht ausgeschlossen werden, wenn

---

91 Zur Anwendung der früheren Fassung bei Klageerhebung vor der Gesetzesänderung zum 1.4.2008 vgl. BSG 25.4.2013 – B 8 SO 21/11 R.
92 BSG 27.9.2018 – B 9 V16/18 B, juris Rn. 12.
93 BSG 22.9.2009 – B 4 AS 18/09 R.
94 LSG BW 23.1.2020 – L 6 SB 36379, juris Rn. 27.
95 BVerwG 18.11.2002 – 9 C 2/02, BVerwGE 117, 200.
96 BFH 25.7.2000 – VIII R 32/99, BFH/NV 2001, 178.

eine weitere Sachverhaltsaufklärung erforderlich ist. Die analog §§ 187, 188 Abs. 2 BGB zu berechnende Frist beginnt mit dem vollständigen Eingang der mit der erstmaligen Verfügung des Gerichts angeforderten Behördenakten.[97] Spätere Aktenanforderungen, zB die Anforderung der Reha-Akten im Rentenstreit, setzen die Frist nicht erneut in Lauf. Die Frist beginnt mit dem erstmaligen Akteneingang bei einem Gericht und beginnt im Berufungsverfahren nicht erneut zu laufen. Die Regelung hat damit kaum praktische Bedeutung im Berufungsverfahren. In Betracht kommt allenfalls eine Zurückverweisung bei nach § 96 Gegenstand des Verfahrens gewordenen Verwaltungsakten. Innerhalb der Frist muss das Urteil verkündet oder – bei Entscheidung ohne mündliche Verhandlung – zugestellt sein.

4. Entscheidungsform und Rechtsfolgen. Die Entscheidung ergeht durch Endurteil oder Gerichtsbescheid[98] mit Kostenentscheidung. Eine Aufhebung allein des Widerspruchsbescheids kommt in Betracht, wenn der Kläger allein durch diesen beschwert ist.[99] Das Urteil ist Sachurteil, nicht lediglich Prozessurteil. Es ist in seiner Rechtskraft auf die Feststellung beschränkt, dass der Verwaltungsakt rechtswidrig ist, und mit Rechtsmitteln anfechtbar. **Tenor:** 32

▶ Der Verwaltungsakt der Beklagten vom ... in der Gestalt des Widerspruchsbescheids vom ... wird aufgehoben. Der Rechtsstreit wird zur erneuten Entscheidung über ... an den Beklagten zurückverwiesen. ◀

In den Entscheidungsgründen sind lediglich Ausführungen zur Rechtswidrigkeit des Verwaltungsakts und den Gründen der Zurückverweisung zu treffen. Im Rechtsmittelverfahren sind die tatbestandlichen Voraussetzungen des Abs. 5 (Erforderlichkeit einer weiteren Sachverhaltsaufklärung, Erheblichkeit von Art und Umfang der noch erforderlichen Ermittlungen, Sachdienlichkeit der Zurückverweisung) voll überprüfbar. Liegen diese vor, kann das Ermessen des Gerichts nicht überprüft werden.[100]

Nach rechtskräftiger Aufhebung hat die Beklagte erneut zu prüfen, ob sie einen neuen Verwaltungsakt erlässt, gegen den wiederum Rechtsmittel gegeben sind. Eine Verpflichtung zur erneuten Entscheidung besteht nur, wenn der Kläger durch einen Beschluss nach Abs. 5 Satz 3 belastet ist oder wenn mit dem aufgehobenen VA ein Antrag abgelehnt wurde. 33

5. Einstweilige Regelungen – Abs. 5 Sätze 3, 4. Abs. 5 Satz 3 stellt eine spezielle Form einer einstweiligen Anordnung dar. Er ermächtigt das Gericht, sichernde Zwischenregelungen zu treffen, die zweckmäßigerweise zu befristen sind. Die Aufzählung in Satz 3 ist nicht abschließend, in Betracht kommen alle nach § 86 b Abs. 2 möglichen Anordnungen, die Grenze bildet – wie auch dort – die Vorwegnahme der Hauptsache. Die Anordnung setzt den Antrag eines Beteiligten voraus. Ob eine Regelung getroffen wird liegt im Ermessen des Gerichts. Die Entscheidung ergeht durch beschwerdefähigen Beschluss oder im Urteil. Das 34

97 BVerwG 18.11.2002 – 9 C 2/02, BVerwGE 117, 200.

98 Redeker/v.Oertzen § 113 Rn. 26; aA Riese in Schoch/Schneider/Bier VwGO § 113 Rn. 185: Dessen Auffassung, der Sachverhalt sei gerade nicht geklärt, verkennt, dass damit die Entscheidungsreife gemeint ist.

99 Hauck in Hennig § 131 Rn. 195; Keller in Meyer-Ladewig/Keller/Leitherer/Schmidt § 131 Rn. 20.

100 Keller in Mayer-Ladewig/Keller/Leitherer/Schmidt § 131 Rn. 20 a; Aussprung in Roos/Wahrendorf § 131 Rn. 133.

Gericht kann den Beschluss jederzeit, auch ohne Änderung der Sachlage, abändern oder aufheben (Satz 4). Dieser Beschluss ist gleichfalls beschwerdefähig.

§ 132 [Urteilsverkündung]

(1) [1]Das Urteil ergeht im Namen des Volkes. [2]Es wird grundsätzlich in dem Termin verkündet, in dem die mündliche Verhandlung geschlossen wird. [3]Ausnahmsweise kann das Urteil in einem sofort anzuberaumenden Termin, der nicht über zwei Wochen hinaus angesetzt werden soll, verkündet werden. [4]Eine Ladung der Beteiligten ist nicht erforderlich.

(2) [1]Das Urteil wird durch Verlesen der Urteilsformel verkündet. [2]Bei der Verkündung soll der wesentliche Inhalt der Entscheidungsgründe mitgeteilt werden, wenn Beteiligte anwesend sind.

I. Allgemeines

1 § 132 gilt für Urteile in **allen Instanzen** und für **Beschlüsse nach mündlicher Verhandlung** (§ 142 Abs. 1). Die Verkündung von Urteilen aufgrund mündlicher Verhandlung nach § 124 Abs. 1 wird in Abs. 1 Sätze 2 bis 4 (Zeitpunkt der Verkündung) und Abs. 2 (Inhalt der Verkündung) geregelt. Bei Urteilen ohne mündliche Verhandlung nach § 124 Abs. 2 und nach Aktenlage gem. § 126 wird die Verkündung durch die Zustellung ersetzt (§ 133). Die entsprechenden Vorschriften der anderen Verfahrensordnungen sind § 116 VwGO und § 104 FGO, nach denen auch nach mündlicher Verhandlung die Verkündung durch die Zustellung ersetzt werden kann. § 310 ZPO (Verkündungstermin später als drei Wochen) ist im sozialgerichtlichen Verfahren wegen der Regelung in Abs. 1 Satz 2 nicht anwendbar.

II. Verkündung

2 Die **Eingangsformel** „Im Namen des Volkes" findet auf alle Urteile Anwendung und wird üblicherweise auch dem schriftlichen Urteil vorangestellt. Eine Verletzung ist kein wesentlicher Verfahrensfehler.[1]

3 Nach Schließen der mündlichen Verhandlung (§ 121) fällt das Gericht in geheimer Beratung das Urteil. Dieses erlangt aber erst **Wirkung mit der Verkündung.** Bis dahin liegt lediglich ein Urteilsentwurf vor. Die Verkündung erfolgt durch das **Verlesen der Urteilsformel.** Dies setzt voraus, dass die Urteilsformel vorher schriftlich fixiert ist,[2] wobei ein stenographierter Tenor ausreicht.[3] Mit der Verkündung wird das Urteil wirksam, das Gericht ist an seine Entscheidung gebunden (§ 202 Satz 1 SGG iVm § 318 ZPO). Die Unterschrift der Richter ist nicht erforderlich, aber sinnvoll.

4 Verkündet ist das Urteil erst nach Verlesen der vollständigen Urteilsformel, jedoch ist eine Ersetzung durch Bezugnahme auf die Urteilsformel gem. § 311

1 BSG 23.5.2012 – B 14 AS 10/12 B.
2 BSG 18.8.2015 – B 9 V 14/15 B.
3 BGH 23.10.1999 – Lw ZR 3/98, NJW 1999, 794.

Abs. 2 Satz 2 ZPO, wenn kein Beteiligter erschienen ist, zulässig.[4] Bis dahin kann die Verkündung abgebrochen, erneut beraten und ein anderes Urteil verkündet werden, zB wenn bei der Verkündung festgestellt wird, dass der Tenor fehlerhaft ist (falsche Daten, fehlende Teile). Verkündet wird in öffentlicher Sitzung durch den Vorsitzenden, lediglich für die Urteilsbegründung kann die Öffentlichkeit ausgeschlossen werden (§ 61 Abs. 1 iVm § 172 GVG).

Mit abgeschlossener Verkündung wird das Urteil wirksam und es können Rechtsmittel eingelegt werden. Die Rechtsmittelfrist läuft jedoch für jeden Beteiligten erst ab Zustellung. Auf die Verkündung kann nicht verzichtet werden. 5

III. Inhalt der Verkündung

Neben der Verkündung der Urteilsformel soll bei Anwesenheit von Beteiligten der **wesentliche Inhalt der Entscheidungsgründe** mitgeteilt werden (Abs. 2 Satz 2). Die ursprüngliche Begründungspflicht wurde durch das Gesetz zur Änderung des SGG vom 30.7.1974 (BGBl. 1974 I 1625) aus prozessökonomischen Gründen in der seither geltenden Fassung neu geregelt. Von der Mitteilung der Gründe kann abgesehen werden, wenn die Beteiligten darauf verzichten oder der verkündende Richter nicht beim Fällen des Urteils beteiligt war. Wesentlicher Inhalt sind die tragenden Gründe der Entscheidung, auf denen diese beruht, das zu deren Verständnis unbedingt Notwendige. In der Regel kann hierbei auf die Erörterung in der mündlichen Verhandlung Bezug genommen werden. 6

Verstöße gegen Abs. 2 Satz 2 sind kein wesentlicher Verfahrensmangel, da es sich um eine reine Ordnungsvorschrift handelt. Gleiches gilt, wenn die schriftlichen Gründe von der mündlichen Urteilsbegründung abweichen. Anders als beim Tenor ist die **schriftliche Begründung maßgeblich.** 7

IV. Zeitpunkt der Verkündung

Zur Beschleunigung des Verfahrens soll das Urteil in dem Termin verkündet werden, in dem die mündliche Verhandlung geschlossen wird. Termin ist der **Sitzungstag,**[5] bei mehreren Verhandlungsterminen der Tag der Schlussverhandlung. In der Regel erfolgt die Verkündung im Anschluss an die Beratung und Beschlussfassung, da die Beteiligten noch anwesend sind und über wesentliche Entscheidungsgründe informiert werden können. Zulässig ist aber auch eine Verkündung zu einem späteren Zeitpunkt bis zum Ende des Sitzungstages.[6] Dies bietet sich insbesondere an bei Verzug im Terminplan oder wenn mehrere gleich gelagerte Fälle zu entscheiden sind, die erst nach Durchführung der mündlichen Verhandlungen beraten und entschieden werden. 8

Ausnahmsweise ist gem. Abs. 1 Satz 3 auch die Anberaumung eines **Verkündungstermins** zulässig. Dieser ist sofort anzuberaumen, dh noch am Sitzungstag durch unanfechtbaren Beschluss: 9

▶ Termin zur Verkündung einer Entscheidung wird bestimmt auf ... ◀

Ob und wann ein Verkündungstermin bestimmt wird, steht im Ermessen des Gerichts. Der Termin soll zwar nicht über zwei Wochen hinaus angesetzt wer- 10

4 Hauck in Hennig § 132 Rn. 27; Keller in Meyer-Ladewig/Keller/Leitherer/Schmidt § 132 Rn. 5 a; aA Vorauflage.
5 BVerwG 13.1.1965 – V C 158.63, BVerwGE 20, 140.
6 AA Peters/Sautter/Wolff § 132 Rn. 35 f.

den (Abs. 1 Satz 3), eine Verletzung der **Sollfrist** ist jedoch unschädlich, sofern keine so erhebliche Fristüberschreitung vorliegt, dass nicht mehr gewährleistet ist, dass das Urteil auf dem Ergebnis der mündlichen Verhandlung beruht.[7] Da der Verkündungstermin sofort angesetzt wird, ist eine Ladung bzw. Terminsmitteilung an anwesende Beteiligte nicht erforderlich.

11 Im Verkündungstermin darf ausschließlich eine Entscheidung verkündet werden, es darf keine mündliche Verhandlung oder Beweisaufnahme stattfinden. Fraglich ist, ob noch eine Beratung stattfinden darf. Das BSG hat dies bejaht[8] im Hinblick auf die Beratung nachgelassener Schriftsätze, jedoch das Recht der Gegenseite auf rechtliches Gehör bezüglich der nachgelassenen Schriftsätze nicht erörtert. Eine Regelung zur Besetzung des Gerichts im Verkündungstermin enthält das SGG nicht. Insoweit ist über § 202 SGG die Regelung des § 311 Abs. 4 ZPO entsprechend anwendbar, wonach die Verkündung auch allein durch den Vorsitzenden erfolgen kann, wofür auch prozessökonomische Gesichtspunkte sprechen.[9] Bei einer Verkündung durch den gesamten Spruchkörper müssen – sofern nicht mehr in die Beratung eingetreten wird – auch nicht dieselben Richter wie in der mündlichen Verhandlung beteiligt sein (→ § 129 Rn. 3).

V. Fehlerhafte Verkündung

12 Der Nachweis der ordnungsgemäßen Verkündung kann nur durch das Protokoll geführt werden (§ 122 SGG iVm § 160 Abs. 3 Satz 1 Nr. 6 und 7 ZPO). Bei **fehlender Verkündung** wird das Urteil wirksam und damit bindend mit der Zustellung bzw. der Verlautbarung – formlose Bekanntgabe an Beteiligte. Die unterbliebene oder nicht ordnungsgemäße Verkündung kann **nachgeholt** werden. Eine fehlerhafte Verkündung liegt zB bei unvollständiger Urteilsformel, nicht vollständiger Besetzung des Gerichts oder bei Abweichung der verkündeten von der schriftlichen Urteilsformel vor. Weicht der verkündete vom beschlossenen Tenor ab, wird der **verkündete Tenor bindend**, der in die Niederschrift und das schriftliche Urteil zu übernehmen ist.[10] Eine fehlerhafte Verkündung ist ein Verfahrensfehler, der jedoch in der Revision nur auf Rüge, nicht von Amts wegen zu beachten ist. Das Urteil wird idR aber nicht darauf beruhen.[11]

§ 133 [Verkündung durch Zustellung]

[1]Bei Urteilen, die nicht auf Grund mündlicher Verhandlung ergehen, wird die Verkündung durch Zustellung ersetzt. [2]Dies gilt für die Verkündung von Beschlüssen entsprechend.

7 Allg. Meinung, vgl. Keller in Meyer-Ladewig/Keller/Leitherer § 132 Rn. 3.
8 BSG 23.10.2003 – B 4 RA 37/03 B, SozR 4-1500 § 112 Nr. 1.
9 BSG 28.6.2016 – B 14 AS 33/16 B, juris Rn. 6; aA Vorauflage.
10 Hauck in Hennig § 132 Rn. 34, Keller in Meyer-Ladewig/Keller/Leitherer/Schmidt § 132 Rn. 2 b: im schriftl. Urteil sollte Hinweis hierauf erfolgen.
11 BSG 10.10.1978 – 7/12 RAr 39/77, SozR 1500 § 132 Nr. 1.

I. Allgemeines

Im Regelfall ergehen Urteile aufgrund mündlicher Verhandlung (§ 124) und werden verkündet (§ 132). Abweichend hiervon regelt § 133 die Ersetzung der Verkündung durch die Zustellung bei Urteilen ohne mündliche Verhandlung, die erst mit der Zustellung existent und damit wirksam werden. Unterschiede bestehen danach hinsichtlich des Beginns der Bindungswirkung, nicht jedoch hinsichtlich des Laufs der Rechtsmittelfristen. Entsprechende Vorschriften enthalten § 116 Abs. 3 VwGO und § 104 Abs. 3 FGO. § 116 Abs. 2 VwGO und § 104 Abs. 2 FGO entsprechende Regelungen, wonach bei Urteilen aufgrund mündlicher Verhandlung die Verkündung durch die Zustellung ersetzt werden kann, kennt das SGG nicht. § 310 Abs. 3 ZPO sieht die Zustellung statt der Verkündung nur für Anerkenntnis- und Versäumnisurteile vor. Letztere gibt es im sozialgerichtlichen Verfahren nicht. Die Vorschrift verstößt nicht gegen Art. 6 Abs. 1 S. 2 EMRK, wonach Entscheidungen über zivilrechtliche Ansprüche und Verpflichtungen öffentlich zu verkünden sind. 1

II. Entscheidungen ohne mündliche Verhandlung

Entscheidungen ohne mündliche Verhandlung sind Urteile im **schriftlichen Verfahren** nach § 124 Abs. 2 und Urteile **nach Lage der Akten** gemäß § 126 sowie Gerichtsbescheide nach § 105. Ein Urteil kann auch dann ohne mündliche Verhandlung ergehen, wenn zunächst mündlich verhandelt wurde, anschließend aber alle Beteiligten einer Entscheidung ohne mündliche Verhandlung zugestimmt haben. 2

III. Zustellung

Seit dem 1.7.2002 erfolgt die Zustellung gem. § 63 Abs. 2 nicht mehr nach dem VwZG, sondern nach der **ZPO** (zu Art und Weise der Zustellung → § 63 Rn. 5 ff.). Zugestellt wird seit dem 1.7.2014 nicht mehr eine Ausfertigung des Urteils, sondern eine beglaubigte Abschrift (Gesetz zur Förderung des elektronischen Rechtsverkehrs mit den Gerichten vom 10.10.2013 – BGBl. 2013 I 3876). Zugestellt werden muss das **gesamte Urteil**, nicht lediglich der Tenor. Die Zustellung muss nur einmal an jeden Beteiligten bzw. dessen Prozessbevollmächtigten erfolgen. 3

IV. Wirkung der Zustellung

Die Zustellung hat die Wirkung der Verkündung eines Urteils nach mündlicher Verhandlung. Zu unterscheiden ist hierbei zwischen dem Fällen des Urteils nach § 129, dem Erlass der Entscheidung mit der Folge der Bindung des Gerichts und der Zustellung, die für den Lauf der Rechtsmittelfristen bedeutsam ist.[1] 4

1. Bindung des Gerichts. Grundsätzlich sind bis zur **Aufgabe der Entscheidung durch die Geschäftsstelle zur Post** (und damit noch vor der Zustellung) alle Schriftsätze der Beteiligten und die sonstigen die Sache betreffenden Schriftstücke noch zu berücksichtigen.[2] Danach kann das Gericht seine Entscheidung nicht mehr abändern und ist an sie gebunden (→ § 125 Rn. 17), Beteiligte können ab diesem Zeitpunkt Rechtsmittel einlegen. Das Urteil kann aber schon vor 5

1 Vgl. Redeker/v. Oertzen § 116 Rn. 5.
2 BSG 28.2.2013 – B 8 SO 33/12 B, juris Rn. 8.

der Zustellung wirksam und damit für das Gericht nach § 202 S 1 SGG iVm § 318 ZPO unabänderbar sein, wenn die Urteilsformel schriftlich niedergelegt und von den beteiligten Richtern unterschrieben worden ist und sich das Gericht durch Verlautbarung gebunden, dh sich des Urteils entäußert hat, indem dieses mit dem Willen des Gerichts aus dem inneren Geschäftsbetrieb hinausgetreten ist. Eine solche Verlautbarung liegt vor, wenn der Urteilstenor der Geschäftsstelle übergeben wurde und ein Beteiligter auf Anfrage über die Entscheidung unterrichtet wird, etwa von der Geschäftsstelle im Einvernehmen mit dem Vorsitzenden.[3]

6 **2. Rechtsmittelfrist.** Die Rechtsmittelfrist (§§ 151 Abs. 1, 164 Abs. 1) beginnt erst mit der **ordnungsgemäßen Zustellung** für jeden Zustellungsadressaten jeweils gesondert zu laufen.

V. Beschlüsse – Satz 2

7 § 133 gilt entsprechend für **Beschlüsse** ohne mündliche Verhandlung. Erst mit Zustellung werden nicht verkündete Beschlüsse wirksam, deshalb ist der bis zur Herausgabe des Beschlusses erfolgte Vortrag noch zu berücksichtigen.[4] Nur durch die ordnungsgemäße Zustellung des vollständigen (→ § 173 Rn. 6) Beschlusses wird die Beschwerdefrist in Gang gesetzt. Der Gesetzeswortlaut gebietet auch die Zustellung nicht anfechtbarer Beschlüsse, ein Verstoß ist jedoch unschädlich. Die Zustellung kann nicht durch Verkündung zB in der Verhandlung im Hauptsacheverfahren ersetzt werden.[5] Gesonderte Vorschriften gelten für den Gerichtsbescheid (§ 105 Abs. 2 Satz 1) und **urteilsersetzende Beschlüsse** (Zurückweisung der Berufung § 153 Abs. 4 Satz 3, unzulässige Berufung § 158 Satz 2).

VI. Verletzung von § 133

8 Fristen für die Zustellung von Urteilen ohne mündliche Verhandlung sind im SGG nicht vorgesehen. § 135 bezieht sich nur auf die Zustellung verkündeter Urteile. Das Urteil muss aber innerhalb von **fünf Monaten nach Urteilsberatung** schriftlich niedergelegt, von den Richtern unterschrieben und der Geschäftsstelle zur Niederschrift übergeben sein, sonst liegt der absolute Revisionsgrund eines nicht mit Gründen versehenen Urteils vor.[6] Eine zusätzliche Verkündung neben der Zustellung ist unschädlich.[7]

9 Ein nicht verkündetes oder sonst verlautbartes Urteil wird erst mit Zustellung wirksam. Davor ist es lediglich ein Urteilsentwurf. Bei fehlerhafter Zustellung bleibt das Urteil nur bei **Verletzung wesentlicher Verfahrensvorschriften** unwirksam, so bei einer Differenz zwischen Urschrift und Ausfertigung in wesentlichen Punkten,[8] wenn das Urteil ohne Wissen und Wollen der Geschäftsstelle den Beteiligten zugestellt wird,[9] also auch keine Verlautbarung vorliegt, ebenso bei feh-

3 BSG 14.5.2019 – B 9 SB 9/19 B, juris.
4 BSG 28.2.2013 – B 8 SO 33/12 B.
5 BSG 1.8.2000 – B 9 SB 24/00 B, SozR 3-1500 § 160 a Nr. 29.
6 GmSOGB 27.4.1993 – GmS-OGB 1/92, SozR 3-1750 § 551 Nr. 4; BSG 3.3.1994 – 1 RK 6/93, SozR 3-1750 § 551 Nr. 7.
7 BSG 5.7.1968 – 1 RA 17/67, BSGE 28, 51.
8 BGH 28.10.1954 – III ZR 327/52, BGHZ 15, 142 (144).
9 Keller in Meyer-Ladewig/Keller/Leitherer/Schmidt § 133 Rn. 4.

lender Unterschrift der mitwirkenden Berufsrichter auf der Urschrift,[10] nicht jedoch, wenn die Unterschrift der Berufsrichter lediglich auf der zugestellten Ausfertigung nicht mitgeteilt wird.[11] Bei sonstigen Fehlern der Zustellung wird das Urteil existent, lediglich die Rechtsmittelfrist beginnt nicht zu laufen. Die ordnungsgemäße Zustellung kann – auch nach Ablauf der Fünfmonatsfrist – nachgeholt werden, um die Rechtsmittelfristen in Lauf zu setzen.

§ 134 [Unterschrift; Übergabe an die Geschäftsstelle]

(1) Das Urteil ist vom Vorsitzenden zu unterschreiben.

(2) [1]Das Urteil soll vor Ablauf eines Monats, vom Tag der Verkündung an gerechnet, vollständig abgefasst der Geschäftsstelle übermittelt werden. [2]Im Falle des § 170 a verlängert sich die Frist um die zur Anhörung der ehrenamtlichen Richter benötigte Zeit.

(3) [1]Der Urkundsbeamte der Geschäftsstelle hat auf dem Urteil den Tag der Verkündung oder Zustellung zu vermerken und diesen Vermerk zu unterschreiben. [2]Werden die Akten elektronisch geführt, hat der Urkundsbeamte der Geschäftsstelle den Vermerk in einem gesonderten Dokument festzuhalten. [3]Das Dokument ist mit dem Urteil untrennbar zu verbinden.

I. Allgemeines

1 § 134 wurde durch Art. 1 Nr. 43 des 6. SGGÄndG (BGBl. 2001 I 2144) mit Wirkung zum 2.1.2002 neu gefasst. Durch Art. 4 Nr. 12 des Justizkommunikationsgesetzes – JKomG – vom 22.3.2005 (BGBl. 2005 I 837) wurden mit Wirkung zum 1.4.2005 in Abs. 2 Satz 1 das Wort „übergeben" durch „übermittelt" ersetzt und in Abs. 3 die Sätze 2 und 3 hinzugefügt. **Abs. 1** entspricht in vereinfachter Form dem bisherigen Recht. Die Unterschrift der ehrenamtlichen Richter ist auch nach § 117 Abs. 1 Satz 4 VwGO, § 105 Abs. 1 Satz 4 FGO nicht erforderlich, jedoch nach § 315 Abs. 1 ZPO und nach der Rechtsprechung zu § 69 Abs. 1 ArbGG. Durch die Monatsfrist in **Abs. 2** soll – im Unterschied zu der bisherigen Frist von 3 Tagen – der tatsächlichen Rechtspraxis Rechnung getragen werden, wonach die Fertigstellung des Urteils innerhalb eines Monats in der Regel möglich ist. Da die Vorschrift als „Soll-Vorschrift" gefasst ist, sind in begründeten Einzelfällen auch Ausnahmen möglich. Die Frist zur Übermittlung (früher: Übergabe) an die Geschäftsstelle beträgt nach § 117 Abs. 3 VwGO und § 105 Abs. 3 FGO zwei Wochen, nach § 315 Abs. 2 ZPO drei Wochen. Durch Abs. 2 Satz 2 wird die nur für das BSG geltende Verfahrensregelung des § 170 a berücksichtigt, wonach die ehrenamtlichen Richter eine Abschrift des Urteils vor Übermittlung an die Geschäftsstelle erhalten. **Abs. 3** regelt entsprechend § 117 Abs. 6 VwGO bzw. § 315 Abs. 3 ZPO die Beurkundung der Verkündung oder Zustellung des Urteils zur Beweissicherung. Die Vorschrift gilt neben Urteilen auch für Beschlüsse nach mündlicher Verhandlung (§ 142 Abs. 1).

---

10 LSG Bln-Bbg 11.11.2010 – L 25 AS 1969/10 B ER.
11 BGH 14.7.1964 – VIII ZB 3/64, BGHZ 42, 94 (96).

II. Unterschrift des Vorsitzenden – Abs. 1

2 Das Urteil ist nur vom **Vorsitzenden,** in den Rechtsmittelinstanzen auch von den Berufsrichtern (§§ 153 Abs. 3, 165) zu unterschreiben, die Unterschrift der ehrenamtlichen Richter ist nicht erforderlich. Für die Unterschrift gelten die gleichen Anforderungen wie für die Rechtsmittelschrift nach § 151. Danach ist ausreichend und üblich der handschriftliche Nachname, der nicht lesbar, aber identifizierbar sein muss.[1] Lediglich ein Handzeichen/Paraphe ist nicht ausreichend.[2] Die Unterschrift bei elektronischen Dokumenten erfolgt in Form der qualifizierten elektronischen Signatur (→ § 65 a Rn. 7). Die Unterschrift muss den vollständigen Inhalt des Urteils nach § 136 Abs. 1 Nrn. 1 bis 7 umfassen, insbesondere auch die Rechtsmittelbelehrung.[3] Unterschreiben muss der Vorsitzende, der an der Urteilsfällung beteiligt war (§ 129), nicht der, der es in einem (ausnahmsweise angesetzten) späteren Verkündungstermin verkündet.[4]

3 Die Unterschrift ist **nicht ersetzbar** (für die Rechtsmittelinstanz vgl. § 153 Abs. 3), kann aber innerhalb von fünf Monaten nach Erlass des Urteils nachgeholt werden.[5] Unterschreiben kann und muss auch der versetzte Richter.[6] Der nicht mehr im Richteramt tätige, zB pensionierte Richter, kann keine richterlichen Tätigkeiten mehr vornehmen. Da es nicht auf den Grund des Ausscheidens ankommt und jedenfalls der seines Amtes enthobene Richter die Unterschrift nicht leisten kann, wird in diesen Fällen das Urteil nicht unterschrieben.[7] Bei Tod des Richters oder sonstiger Unmöglichkeit der Unterschrift wird das Urteil deshalb **nicht unterschrieben** zugestellt.[8]

4 Urteile aufgrund mündlicher Verhandlung werden zwar mit Verkündung wirksam, die Rechtsmittelfrist läuft dann aber nicht. Das Urteil wird auf Rechtsmittel aufgehoben und zurückverwiesen. Entscheidungen im schriftlichen Verfahren werden erst mit der Unterschrift existent, bis dahin liegt lediglich ein Entwurf vor.[9] Eine Nachholung der Unterschrift und eine Berichtigung ist auch noch nach Rechtsmitteleinlegung möglich,[10] muss dann aber erneut zugestellt werden.

III. Übermittlungsfrist – Abs. 2

5 Durch das JKomG wurde zum 1.4.2005 der Begriff „Übergabe" durch „Übermittlung" ersetzt. Diese in der Prozessordnung neue Terminologie sieht den Begriff der Übermittlung als Oberbegriff für alle Übertragungsformen vor und erfasst auch elektronische Dokumente, bei denen eine körperliche Übergabe entfällt. Er umfasst damit auch den elektronischen Datentransfer zwischen Richter und Geschäftsstelle (BT-Drs. 15/4067, 33). Die **Monatsfrist** des **Abs. 2** gilt nur für **verkündete Urteile.** Im Revisionsverfahren verlängert sich die Frist um die

1 BSG SozR 1500 § 151 Nr. 9.
2 BSG 17.12.2015 – B 2 U 150/15 B.
3 BSG 3.8.2016 – B 6 KA 5/16 B, juris Rn. 25.
4 Keller in Meyer-Ladewig/Keller/Leitherer/Schmidt § 134 Rn. 2.
5 BSG 17.12.2015 – B 2 U 150/15, juris Rn. 9; aA für den Gerichtsbescheid LSG Bln-Bbg 22.3.2018 – L 11 VS 38/17, juris Rn. 24.
6 HM, vgl. Keller in Meyer-Ladewig/Keller/Leitherer/Schmidt § 134 Rn. 2.
7 Hauck in Hennig § 134 Rn. 21, Keller in Meyer-Ladewig/Keller/Leitherer/Schmidt § 134 Rn. 2; Peters/Sautter/Wolff § 134 Rn. 9.
8 AA Bley in GesKomm § 134 Anm. 3 a: Unterschrift durch Nachfolger oder Vertreter im Amt, wenn Urteil bereits schriftlich fixiert, nur noch nicht unterschrieben ist.
9 BVerfG 17.1.1985 – 2 BvR 498/84, juris Rn. 2.
10 BSG 13.7.1967 – 10 RV 408/66, SozEntsch. I/4 § 153 Nr. 2.

den ehrenamtlichen Richtern nach § 170 a eingeräumte Äußerungsfrist von 2 Wochen. Es soll sichergestellt sein, dass die Entscheidungsgründe auf der mündlichen Verhandlung beruhen.[11]

Vollständig abgefasst ist das Urteil, das den Anforderungen des § 136 entspricht. 6
Abs. 2 ist eine **Sollvorschrift**, ein Verstoß grundsätzlich unschädlich, eine unerhebliche Fristüberschreitung kein Verfahrensfehler. Eine Übersendung des Urteils zwei Monate nach Verkündung begründet auch keinen Entschädigungsanspruch nach § 198 GVG.[12] **Absolute Höchstgrenze** für die Übergabe des mit Tatbestand und Entscheidungsgründen versehenen sowie unterschriebenen Urteils an die Geschäftsstelle sind **fünf Monate** (Fristberechnung nach § 64). Bei – auch unwesentlichem – Überschreiten dieser Frist ist das Urteil **nicht mehr mit Gründen versehen**, es liegen ein **wesentlicher Verfahrensfehler** und ein absoluter Revisionsgrund vor.[13] Auch bei Einhaltung der Fünfmonatsfrist kann sich ein Verfahrensmangel ergeben, wenn infolge der verzögerten Abfassung der Urteilsgründe die zuverlässige Wiedergabe des Beratungsergebnisses und der für die Entscheidungsfindung leitenden Erwägungen nicht mehr gewährleistet ist,[14] zB nach Beweisaufnahme in der mündlichen Verhandlung. Maßgeblich ist der Zeitpunkt der **Übermittlung** des Urteils an die **Geschäftsstelle**, dieser wird in der Regel jedoch nicht dokumentiert, sofern noch keine elektronische Übermittlung erfolgt. Ein Beteiligter muss deshalb darlegen, zu welchem Zeitpunkt das unterschriebene Urteil auf der Geschäftsstelle niedergelegt wurde[15]bzw. dass und mit welchem Ergebnis er versucht hat, den Inhalt des amtlichen Vermerks über den Zeitpunkt der Urteilsübergabe zu erfahren.[16] Aus einer Zustellung mehr als 7 Monate nach der Verkündung kann der Schluss gezogen werden, dass das Urteil nicht innerhalb der Fünfmonatsfrist an die Geschäftsstelle übergeben wurde.[17] Eine Fristüberschreitung liegt auch dann vor, wenn das Urteil zwar innerhalb der Fünfmonatsfrist vollständig abgefasst vorliegt, aber erst zu einem erheblich nach Fristablauf liegenden Zeitpunkt an die Geschäftsstelle übergeben wird.[18]

IV. Beurkundung der Zustellung – Abs. 3

Die durch das 6. SGGÄndG eingefügte Pflicht zur Beurkundung nach Abs. 3 7
dient Beweiszwecken, nämlich der Übereinstimmung des in der Urschrift enthaltenen Tenors mit dem verkündeten oder zugestellten Urteil. Bei Urteilen aufgrund mündlicher Verhandlung ist der Tag der Verkündung zu beurkunden, bei Urteilen ohne mündliche Verhandlung und nach Aktenlage die erste Zustellung, welche die Verkündung ersetzt (§ 133). Durch Art. 4 Nr. 12 b JKomG wurden zum 1.4.2005 in Abs. 3 die Sätze 2 und 3 hinzugefügt. Durch diese Ergänzung wird der elektronische Verkündungsvermerk in Verfahren zugelassen, in denen die Prozessakten elektronisch geführt werden. Für die Form der Verkündung gilt die gleichfalls neu eingefügte Regelung in § 65 a Abs. 3. Danach hat der Ur-

11 Zum Nachweis des Zeitpunkts der Übergabe an die Geschäftsstelle vgl. H. Meyer, DAngVers 95, 323; BSG 14.9.1994 – 5 RJ 62/93, NZS 95, 238.
12 BSG 7.9.2017 – B 10 ÜG 1/16 R, juris Rn. 45.
13 GmSOGB 27.4.1993 – GmS-OGB 1/92, SozR 3-1750 § 551 Nr. 4.
14 BVerwG 17.4.2009 – 8 B 28/09; BSG 18.11.2009 – B 1 KR 74/08 B; BSG 29.8.2012 – B 10 EG 20/11/R.
15 BSG SozR 3-1500 § 164 Nr. 15.
16 BSG 14.9.1994 – 5 RJ 62/93, NZS 95, 238.
17 BSG 6.3.1996 – 9 RVg 3/94.
18 BayLSG 20.1.1998 – L 5 RJ 525/97: mehr als 12 Monate.

kundsbeamte in dem elektronischen Dokument seinen Namen anzugeben und das Dokument mit einer qualifizierten elektronischen Signatur zu versehen (BT-Drs. 15/4067, 33 f.).

§ 135 [Zustellungszwang]

Das Urteil ist den Beteiligten unverzüglich zuzustellen.

I. Allgemeines

1 Die Vorschrift wurde durch Art. 1 Nr. 44 des 6. SGGÄndG (BGBl. 2001 I 2144) mit Wirkung zum 2.1.2002 neu gefasst. Die bisherige Soll-Frist von 2 Wochen für die Zustellung wurde aufgrund der Regelung in § 134 entbehrlich. Die in den anderen Verfahrensordnungen gleichfalls vorgesehene Regelung (§ 116 Abs. 1 Satz 2 VwGO, § 317 Abs. 1 ZPO, § 104 Abs. 1 Satz 2 FGO) dient der Rechtssicherheit. Sie betrifft nur **verkündete Urteile**, bei Urteilen ohne mündliche Verhandlung wird die Verkündung durch die Zustellung nach § 133 ersetzt.

II. Durchführung der Zustellung

2 Zugestellt wird die **Urteilsausfertigung** nach § 137. Seit dem 1.7.2014 sind von Amts wegen nur noch beglaubigte Abschriften zuzustellen (§ 202 SGG iVm § 317 Abs. 1 S. 1 ZPO). Es besteht kein Anspruch auf Zustellung des Originals, dieses bleibt in den Gerichtsakten. Die Zustellung erfolgt von Amts wegen nach § 63, seit dem 1.7.2002 **nach den Vorschriften der ZPO**. Werden die Akten elektronisch geführt, wird der nach § 65 b Abs. 4 erstellte Urteilsausdruck, der gem. § 137 Satz 2 dem Urteil gleichsteht, zugestellt.

3 Zugestellt werden alle – auch unanfechtbare – Urteile. Auch Beschlüsse, zu deren Erlass eigens die mündliche Verhandlung anberaumt wurde, sind nach § 135 zuzustellen,[1] nicht jedoch Beschlüsse, die im Rahmen der die Hauptsache betreffenden mündlichen Verhandlung ergehen. Beschlüsse ohne mündliche Verhandlung sind nach § 133 S. 2 zuzustellen.

4 **Unverzügliche Zustellung** ist die Zustellung alsbald nach Übermittlung des vollständigen Urteils an die Geschäftsstelle. Ein erhebliches Hinauszögern der Zustellung ist aber kein wesentlicher Verfahrensfehler,[2] sofern das vollständig abgefasste und unterschriebene Urteil innerhalb von 5 Monaten nach der Verkündung an die Geschäftsstelle übermittelt wurde. § 317 Abs. 1 Satz 3 ZPO (Hinausschieben der Zustellung bis zu 5 Monaten auf Antrag der Parteien) ist nicht anwendbar.

5 Zugestellt wird an alle Beteiligten. Die Zustellung mit zutreffender Rechtsmittelbelehrung (§ 66) setzt die **Rechtsmittelfrist**, für jeden Beteiligten gesondert, in Lauf. Rechtsmittel können jedoch schon ab dem Zeitpunkt der Verkündung eingelegt werden.

6 **Zustellungsfehler** sind fehlende Unterschrift auf der Ausfertigung, ein abgekürztes Urteil ohne Tatbestand oder Gründe (außer im Fall des § 136 Abs. 4), eine wesentliche Abweichung der Ausfertigung vom Original[3] sowie fehlerhafte Wie-

1 Keller in Meyer-Ladewig/Keller/Leitherer/Schmidt § 142 Rn. 7; aA Bley in GesKomm § 135 Rn. 4.
2 Hauck in Hennig § 135 Rn. 15; aA Bley in GesKomm § 135 Rn. 3 a.
3 BSG 9.2.1989 – 3 BK 25/88.

dergabe des Aktenzeichens oder eines Beteiligten. Keinen Zustellungsmangel begründen offenbare Unrichtigkeiten nach § 138, es sei denn, das unberichtigte Urteil ist nicht klar genug, um Grundlage für das weitere Handeln der Partei zu sein, oder die Urteilsausfertigung wird während der Rechtsmittelfrist zum Zwecke der Berichtigung zurückgefordert, weil dann die Rechtsmittelfrist unzulässig verkürzt würde.[4] Bei fehlerhafter Zustellung beginnt die Rechtsmittelfrist nicht zu laufen. Eine **Heilung** kann erfolgen durch Zustellung einer formgerechten Ausfertigung, durch welche die Rechtsmittelfrist erst in Lauf gesetzt wird.

§ 136 [Inhalt des Urteils]

(1) Das Urteil enthält

1. die Bezeichnung der Beteiligten, ihrer gesetzlichen Vertreter und der Bevollmächtigten nach Namen, Wohnort und ihrer Stellung im Verfahren,
2. die Bezeichnung des Gerichts und die Namen der Mitglieder, die bei der Entscheidung mitgewirkt haben,
3. den Ort und Tag der mündlichen Verhandlung,
4. die Urteilsformel,
5. die gedrängte Darstellung des Tatbestandes,
6. die Entscheidungsgründe,
7. die Rechtsmittelbelehrung.

(2) [1]Die Darstellung des Tatbestandes kann durch eine Bezugnahme auf den Inhalt der vorbereitenden Schriftsätze und auf die zu Protokoll erfolgten Feststellungen ersetzt werden, soweit sich aus ihnen der Sach- und Streitstand richtig und vollständig ergibt. [2]In jedem Falle sind jedoch die erhobenen Ansprüche genügend zu kennzeichnen und die dazu vorgebrachten Angriffs- und Verteidigungsmittel ihrem Wesen nach hervorzuheben.

(3) Das Gericht kann von einer weiteren Darstellung der Entscheidungsgründe absehen, soweit es der Begründung des Verwaltungsaktes oder des Widerspruchsbescheides folgt und dies in seiner Entscheidung feststellt.

(4) Wird das Urteil in dem Termin, in dem die mündliche Verhandlung geschlossen worden ist, verkündet, so bedarf es des Tatbestandes und der Entscheidungsgründe nicht, wenn Kläger, Beklagter und sonstige rechtsmittelberechtigte Beteiligte auf Rechtsmittel gegen das Urteil verzichten.

4 BSG 28.1.2004 – B 6 KA 95/03 B, SozR 4-1500 § 151 Nr. 1.

I. Allgemeines

1 § 136 legt den **wesentlichen Inhalt** und die Formerfordernisse des Urteils abschließend fest.[1] Er gilt auch für Verwerfungsbeschlüsse nach § 158.[2] Durch Art. 1 Nr. 45 des 6. SGGÄndG ist die Angabe des Standes oder Gewerbes der Beteiligten in Abs. 1 Nr. 1 seit dem 2.1.2002 gestrichen. Durch das SGG- und ArbG-ÄndG vom 26.3.2008 (BGBl. 2008 I 444) wurde der § 313 a ZPO nachgebildete Abs. 4 ab 1.4.2008 neu eingefügt. Durch das Gesetz vom 5.7.2017 (BGBl. I 2017, 2208) wurden mit Wirkung vom 1.1.2018 in Abs. 2 die Worte „zur Sitzungsniederschrift" durch die Worte „zu Protokoll" ersetzt, um klar zu stellen, dass bei elektronischer Aktenführung auch die Erstellung in elektronischer Form möglich ist. Eine inhaltliche Änderung ist damit nicht verbunden. Entsprechende Vorschriften enthalten § 117 Abs. 2 VwGO, § 105 Abs. 2 FGO, § 313 ZPO. Die Sondervorschrift des § 540 ZPO idF des ZPO-RG v. 27.7.2001 (BGBl. 2001 I 1887) ist nicht anwendbar, da das SGG in § 153 eine Vorschrift über den Inhalt des Berufungsurteils enthält. Auf Anerkenntnisurteile anwendbar ist auch § 313 b ZPO.

II. Eingangsformel

2 Das Urteil ist schriftlich abzufassen und üblicherweise, jedoch nicht zwingend, als solches überschrieben, wobei weitere Zusätze über die Art des Urteils (Teil-, Zwischen- Urteil) nicht erforderlich sind. Die versehentliche Bezeichnung als Beschluss statt als Urteil ist unschädlich, wenn die Entscheidung alle in § 136 Abs. 1 genannten Formerfordernisse für ein Urteil erfüllt.[3] Üblicherweise wird auch das Aktenzeichen angegeben und die Formel „Im Namen des Volkes", deren Fehlen jedoch unschädlich ist, da § 132 Satz 1 eine bloße Ordnungsvorschrift darstellt.

III. Rubrum – Abs. 1 Nrn. 1 bis 3

3 Abs. 1 Nrn. 1 bis 3 regeln den Inhalt des **Rubrums**. Ein falsches Rubrum macht das Urteil grundsätzlich nicht fehlerhaft, da das Urteil nicht darauf beruhen kann. Eine Berichtigung nach § 138 ist immer möglich. Ein wesentlicher Verfahrensmangel liegt jedoch vor, wenn ein Beteiligter nicht identifiziert werden kann und deshalb eine Zustellung nicht möglich ist.[4]

4 **1. Beteiligte – Abs. 1 Nr. 1. Beteiligte** sind die in § 69 Aufgeführten. Sie sind nach Namen, Wohnort und Stellung im Verfahren (Kläger, Beklagte, ggf. auch nach Stellung in der Vorinstanz [zB Kläger und Berufungsbeklagter]) zu benennen, um deren Identität sicher festzustellen. Seit dem 2.1.2002 (6.SGGÄndG) ist die Bezeichnung nach Stand oder Gewerbe nicht mehr erforderlich. Bei **gesetzlicher Vertretung** (insbes. bei juristischen Personen) ist auch der Name der Vertreter und des rechtsfähigen Trägers aufzunehmen (zB nicht „Arbeitsagentur", sondern „Bundesagentur für Arbeit, vertreten durch das vorsitzende Mitglied der Geschäftsführung der Regionaldirektion Hessen"). Bei Kaufleuten genügt gem. § 17 Abs. 2 HGB der Name der Firma. Auch Bevollmächtigte sind mit Namen

---

1 BSG 30.1.1980 – 9 RV 50/79, SozSich 1980, 124.
2 BSG 31.10.2002 – B 4 RA 51/02 R.
3 BSG 23.5.2012 – B 14 AS 10/12 B.
4 Keller in Meyer-Ladewig/Keller/Leitherer/Schmidt § 136 Rn. 2 a.

zu bezeichnen, bei berufsmäßigen Vertretern genügen Berufsbezeichnung, Nachname und Büroanschrift. Die **Beteiligtenfähigkeit** bestimmt sich nach § 70.

Die Regelung dient zum einen der Bestimmung der Berechtigten und Verpflichteten aus dem Urteil, um den Umfang der (persönlichen) Rechtskraft festzustellen. Weiter soll eine eindeutige Zustellung ermöglicht werden, damit die Rechtsmittelfristen laufen können. Teilweise wird, über § 136 hinausgehend, zwischen Nr. 1 und 2 der Streitgegenstand kurz angeführt. 5

2. Gesetzlicher Richter – Abs. 1 Nr. 2. Die dem Tenor vorangestellte Bezeichnung des Gerichts soll die Prüfung der Besetzung ermöglichen und dient dem **Nachweis des gesetzlichen Richters.** Es ist das Gericht zu bezeichnen, dh das Gericht allgemein sowie dessen Spruchkörper. Es müssen die Richter benannt werden, die bei der Entscheidung mitgewirkt haben. Anzugeben sind die Namen der Berufsrichter – sinnvoller Weise mit Dienstbezeichnung (§ 29 S. 1 DRiG) – und der ehrenamtlichen Richter, nicht jedoch, in welcher Funktion (zB als Arbeitgeber- oder Versichertenvertreter) sie mitwirken. Aufzuführen sind allein die Richter, die bei der Urteilsfällung beteiligt waren, nicht diejenigen, die an vorherigen Terminen oder ggf. bei der Verkündung mitgewirkt haben. 6

3. Ort und Tag der mündlichen Verhandlung – Abs. 1 Nr. 3. Bei Urteilen aufgrund mündlicher Verhandlung sind Ort und Tag der mündlichen Verhandlung anzugeben, welche der Urteilsfällung vorausgeht. Findet die Sitzung am Sitz des Gerichtes statt ist die Angabe des Ortes im Urteil entbehrlich.[5] Bei Urteilen **ohne mündliche Verhandlung** wird der **Tag der internen Beschlussfassung** angegeben. 7

IV. Urteilsformel – Abs. 1 Nr. 4

Die Urteilsformel oder der Tenor enthält – außer bei Zwischenurteilen – immer die Entscheidung des Gerichts über die Hauptsache (Streitgegenstand) und die Kosten und fakultativ über die Rechtsmittel. Bei fehlender Urteilsformel liegt ein Schein- bzw. Nichturteil vor. Zum Inhalt der Urteilsformel vgl. § 131. 8

Die Entscheidung über die Hauptsache muss klar und vollständig sein, weil sie in Rechtskraft erwächst und ggf. auszuführen bzw. zu vollstrecken ist. Ist der Tenor nicht aus sich heraus verständlich oder gibt die Urteilsformel zu Zweifeln über ihren Inhalt Anlass, insbesondere aber auch bei klagabweisenden Urteilen, sind Tatbestand und Entscheidungsgründe zur **Auslegung** heranzuziehen.[6] Die danach grundsätzlich mögliche Auslegung der Urteilsformel scheidet aber aus, wenn sich auch aus den Entscheidungsgründen kein eindeutiges Ergebnis erzielen lässt[7] oder wenn auch nach dem Gesamtinhalt des Urteils unklar bleibt, was vom Gericht als Rechtens angesehen worden ist. Ein solches Urteil mit inhaltlicher Widersprüchlichkeit kann keine Rechtswirkung entfalten.[8] Der Tenor muss **vollständig** sein, es muss über den gesamten Streitgegenstand entschieden werden. Bei **teilweisem Obsiegen** muss die Klage im Übrigen abgewiesen werden. Im Rechtsmittelverfahren dürfen vorinstanzliche Entscheidungen nur insoweit aufgehoben oder abgeändert werden, als Rechtsmittel eingelegt sind. 9

5 BSG 15.5.1998 – B 11 AL 91/98 B.
6 BSG 12.2.1998 – B 8 KN 19/97 B; BSG 1.3.1993 – 11/9 b RAr 7/92; BSG 7.11.1957 – 11/9 RV 1012/55, BSGE 6, 97.
7 BSG 29.6.2000 – B 13 RJ 41/99 R, SGb 2000, 475.
8 BSG 26.1.2000 – B 13 RJ 5/99 R, SGb 2000, 258.

10 Stets erforderlich ist eine **Kostenentscheidung** nach § 193 Abs. 1. Sie umfasst die außergerichtlichen Kosten der Beteiligten, insbesondere auch der Beigeladenen, und die Kosten eines vorausgegangenen Mahnverfahrens. Für die in § 183 aufgeführten Personen ist das Verfahren kostenfrei. Zur Kostenentscheidung gehört auch die Entscheidung über die Verhängung von Mutwillens- bzw. Verschuldenskosten nach § 192. Nicht zur Kostenentscheidung im Urteil gehört die nach § 184 als Pauschgebühr festzusetzende Gerichtsgebühr. Gehören jedoch weder der Kläger noch der Beklagte zu den in § 183 genannten Personen, hat gem. § 197 a eine Kostenentscheidung nach den Vorschriften des GKG zu ergehen.

11 Eine Entscheidung über die **Rechtsmittel** muss nur ergehen, wenn diese nicht kraft Gesetzes zulässig sind, §§ 143, 144. Erforderlich ist dann eine ausdrückliche Zulassung des Rechtsmittels, einer Entscheidung über die Nichtzulassung bedarf es nicht.[9] Es reicht aus, wenn die Zulassung des Rechtsmittels zwar nicht im Tenor erfolgt, sich aber eindeutig aus den Entscheidungsgründen ergibt.[10]**Schweigen ist Ablehnung der Zulassung** (→ § 145 Rn. 5). **Keine Zulassung** ist die Beifügung einer **unzutreffenden Rechtsmittelbelehrung,** weil diese lediglich über das Rechtsmittel unterrichtet (→ § 160 Rn. 39).

V. Urteilsbegründung

12 Das Urteil enthält weiter die Urteilsbegründung, die sich aus dem Tatbestand und den Entscheidungsgründen zusammensetzt. Eine inhaltliche Trennung von Tatbestand und Entscheidungsgründen ist erforderlich, eine äußerliche Trennung naheliegend und üblich, aber nicht zwingend. Als solche zu trennen sind der Beteiligtenvortrag, die Tatsachenfeststellungen sowie die Erwägungen und Ausführungen des Gerichts.

13 Wesentlicher Teil der Entscheidungsgründe ist die **Beweiswürdigung.** Zur Beweiswürdigung allgemein → § 128 Rn. 3 ff., zur Würdigung von Gutachten → § 128 Rn. 19. Das Urteil muss in den Urteilsgründen Feststellungen darüber enthalten, aufgrund welcher Tatsachen und Erwägungen das Gericht zu seinen Tatsachenfeststellungen und rechtlichen Folgerungen gekommen ist.

14 **1. Tatbestand – Abs. 1 Nr. 5, Abs. 2. a) Abs. 1 Nr. 5.** Der Tatbestand soll die **gedrängte Darstellung** des Sach- und Streitstandes umfassen. Er enthält den entscheidungserheblichen Lebenssachverhalt einschließlich der Prozessgeschichte bis zur letzten mündlichen Verhandlung, den das Gericht seiner Entscheidung zugrunde legt. Darüber hinaus **beurkundet** er nach § 202 Satz 1 iVm § 314 ZPO das schriftliche und mündliche Vorbringen der Beteiligten. Er beweist, dass wiedergegebene Tatsachen vorgetragen und nicht wiedergegebene nicht vorgetragen worden sind. Die Feststellung entscheidungserheblicher Tatsachen, insbesondere im Wege der Beweiswürdigung, ist dagegen Inhalt der Entscheidungsgründe (→ § 163 Rn. 5).

15 **b) Abs. 2.** Nach **Abs. 2 Satz 1** kann die Darstellung des Tatbestandes durch eine **Bezugnahme** auf den Inhalt der vorbereitenden Schriftsätze und auf die zu Protokoll erfolgten Feststellungen ersetzt werden, soweit sich aus ihnen der Sach- und Streitstand richtig und vollständig ergibt. Von der Darstellung des Tatbestands darf jedoch – mit Ausnahme des Anerkenntnisurteils entspr. § 313 b ZPO bzw. bei Verzicht nach Abs. 4 – nicht abgesehen werden, § 313 a Abs. 1 ZPO ist

9 BSG 20.2.1957 – 3 RK 19/55, BSGE 5, 1.
10 BSG 18.1.1990 – 4 RA 40/89, SozSich 1990, 294.

nicht anwendbar. Eine Bezugnahme ist damit möglich auf **Urkunden**(insbes. schriftliche Gutachten), zu den Akten genommene Privatunterlagen oder auf den Tatbestand eines zwischen den Beteiligten in anderer Sache ergangenen Urteils, selbst wenn dieses aus formellen Gründen aufgehoben wurde.[11] Möglich ist auch eine Bezugnahme auf einen vorausgegangenen Gerichtsbescheid, auch wenn dieser nach § 105 Abs. 3 als nicht ergangen gilt (§ 105 Abs. 4). Bezugnahmen auf **andere Urteile** sind zulässig, soweit diese veröffentlicht oder zuvor im Verfahren den Beteiligten zugeleitet worden sind.[12] Die in Bezug genommenen Schriftsätze müssen genau bezeichnet werden.

Nicht durch Bezugnahme zu ersetzen ist der essentielle Inhalt des Tatbestands. 16
Dies sind nach **Abs. 2 Satz 2** die erhobenen Ansprüche, dh der Streitgegenstand, und die dazu vorgebrachten Angriffs- und Verteidigungsmittel (des § 282 Abs. 2 ZPO). Hierzu gehören die zur Begründung des Sachantrags oder zur Verteidigung gegen diesen vorgebrachten tatsächlichen und rechtlichen Behauptungen, Einwendungen, Einreden, die Beweisanträge und das Bestreiten. Das Gericht muss das erhebliche Beteiligtenvorbringen jedenfalls in gedrängter Form im Tatbestand dokumentieren.[13] Hierzu gehört im Rechtsmittelverfahren auch das tatsächliche Vorbringen der Parteien, soweit es von den Feststellungen der ersten Instanz abweicht.[14] Die Wiedergabe von Rechtsausführungen ist nicht erforderlich. Zur Berichtigung des Tatbestands vgl. § 139.

2. Entscheidungsgründe – Abs. 1 Nr. 6, Abs. 3. a) Abs. 1 Nr. 6. Stellung und In- 17
halt der in Nr. 6 aufgeführten Entscheidungsgründe sind im SGG nicht näher definiert. Sie sind getrennt hinsichtlich Zulässigkeit und Begründetheit der Klage. Nach § 313 Abs. 3 ZPO, der über § 202 anwendbar ist,[15] enthalten die Entscheidungsgründe eine **kurze Zusammenfassung** der Erwägungen, auf denen die Entscheidung in tatsächlicher und rechtlicher Hinsicht beruht, somit die Tatsachenfeststellungen und deren rechtliche Würdigung. Zum **Mindestinhalt**, der durch eine Bezugnahme auf vorinstanzliche Entscheidungen, Akten oder andere Unterlagen nicht ersetzt werden kann, gehören die Angabe der angewandten Rechtsnormen und der für erfüllt bzw. nicht gegeben erachteten Tatbestandsmerkmale, auch der „unstreitigen", sowie der dafür ausschlaggebend gewesenen tatsächlichen und rechtlichen Gründe,[16] um die Beteiligten darüber zu informieren, von welchen Feststellungen, Erkenntnissen und rechtlichen Überlegungen das Gericht bei seiner Erkenntnisbildung ausgegangen ist. Eine **kurze Begründung** des für den Urteilsausspruch rechtlich erheblichen Standpunkts in tatsächlicher und rechtlicher Hinsicht ist geboten und ausreichend.[17] Hierbei müssen nur die wesentlichen, der Rechtsverfolgung oder Rechtsverteidigung dienenden Tatsachenbehauptungen verarbeitet werden. Auf Vorbringen von Beteiligten, auf die es wegen der Grenzen des Streitgegenstandes nicht ankommt, muss nicht eingegangen werden.[18] Die Gründe müssen jedoch so ausführlich sein, dass das

---

11 BSG 30.10.2019 – B 6 KA 40/18 B, juris Rn. 8.
12 BSG 25.11.1998 – B 6 KA 51/98 B; BSG 21.7.2009 – B 7 AL 116/08 B: Bezugnahme auf Tatbestand eines noch nicht erlassenen Urteils ist unzulässig.
13 LSG NRW 20.2.2002 – L 10 SB 141/01.
14 BSG 16.12.1959 – 9 RV 644/5 b, NJW 1960, 1077.
15 BSG 18.4.1988 – 10 BKg 13/87.
16 BSG 27.8.1998 – B 9 V 1/98 R, rv 1999, 36; BSG 19.6.1997 – 13 RJ 1/97, SGb 1998, 13; BSG 22.5.2002 – B 8 KN 24/01 B.
17 BSG 15.11.1988 – 4/11 a RA 20/87, SozR 1500 § 136 Nr. 10.
18 BSG 5.3.2014 – B 12 KR 1/12 R.

Urteil in der Rechtsmittelinstanz überprüfbar ist,[19] es muss die Überlegungen enthalten, auf denen die Entscheidung über jeden rechtserheblichen Streitpunkt in tatsächlicher und rechtlicher Hinsicht beruht,[20] eine Auseinandersetzung mit dem Kern des Vorbringens der Beteiligten zu entscheidungserheblichen Rechtsfragen muss erkennbar sein.[21] Auch bezüglich der Entscheidungsgründe ist die **Bezugnahme** auf andere Urteile zulässig, soweit diese veröffentlicht oder zuvor im Verfahren den Beteiligten zugeleitet worden sind.[22] Zulässig ist die Verwendung von Fachausdrücken und Fremdwörtern aus ärztlichen Gutachten.[23]

18 Das Rechtsmittelgericht muss sich mit den Anspruchsgrundlagen auseinandersetzen, auf die sich das Vordergericht gestützt hat.[24] Es muss sich ebenso mit der Rechtsauffassung des Vordergerichts auseinandersetzen.[25] Ausreichend kann dabei aber auch die Verweisung auf eine kurze, aber einschlägige Begründung des Sozialgerichts sein.[26]

19 Das Gericht muss nur die für seine Entscheidung maßgebenden Umstände würdigen, zu (Tatsachen-)Fragen, auf die es nach seiner Auffassung nicht ankommt, braucht es nicht Stellung zu nehmen.[27] Zu **entscheidungserheblichen Rechtsfragen** muss Stellung genommen werden, bei von Beteiligten aufgeworfenen, nicht entscheidungserheblichen Rechtsfragen muss dargestellt werden, warum es auf diese nicht ankommt.[28] Eine Auseinandersetzung muss auch mit tatsächlichem **Beteiligtenvorbringen** erfolgen, außer bei offensichtlich unerheblichem Vorbringen[29] oder wenn sich aus dem Urteil zweifelsfrei ergibt, dass das Gericht das Vorbringen auch ohne ausdrückliche Erwähnung für unerheblich hält. Für eine hinreichende Würdigung der Sachlage bedarf es nicht notwendig eines ausdrücklichen Eingehens auf jedes einzelne Vorbringen eines Beteiligten, es muss nicht jeder Gesichtspunkt, der erwähnt werden könnte, abgehandelt werden,[30] insbesondere bei ausuferndem Vortrag,[31] ausreichend ist das Eingehen auf zentrales Vorbringen eines Beteiligten.[32] Es braucht nicht bis in alle Gedankengänge hinein erkennbar zu sein, wie das Gericht das Vorbringen eines Beteiligten beurteilt, wenn noch aus dem Gesamtzusammenhang entnommen werden kann, warum einem bestimmten Umstand keine Bedeutung beigemessen worden ist. Ein in der mündlichen Verhandlung überreichtes Schriftstück muss nicht explizit erwähnt werden, wenn sich aus dem Urteil ergibt, dass sich das Gericht damit auseinander gesetzt hat und seinen Inhalt für unerheblich hält.[33] Etwas anderes

---

19 BSG 18.4.1988 – 10 BKg 13/87.
20 BSG 15.4.2008 – B 14/11 b AS 3/07.
21 BSG 28.3.2007 – B 6 KA 10/06 R, MedR 2007, 560; BSG 8.12.2016 – B 2 U 123/16 B, juris Rn. 6.
22 BSG 25.11.1998 – B 6 KA 51/98 B.
23 BSG 30.4.1975 – 9 RV 276/74, SozR 1500 § 136 Nr. 3.
24 BSG 10.8.1995 – 11 RAr 91/94, BSGE 76, 233.
25 BSG 10.8.1995 – 11 RAr 91/94, BSGE 76, 233.
26 BSG 29.6.2015 – B 14 AS 33/15 B.
27 BSG 24.2.2010 – B 13 R 547/09 B.
28 Keller in Meyer-Ladewig/Keller/Leitherer/Schmidt § 136 Rn. 7; enger Hauck in Hennig § 136 Rn. 85: Auf Vorbringen, auf das es nach seiner Rechtsauffassung nicht ankommt, muss das Gericht nicht eingehen.
29 BSG 14.11.1996 – 2 RU 15/96, SozR 3-1500 § 153 Nr. 3.
30 BSG 14.2.2006 – B 9 a SB 22/05 B; BSG 7.5.2014 – B 12 KR 30/12 B.
31 BSG 22.4.2008 – B 5a/5 R 366/06 B.
32 BVerfGE 96, 205 (216 f.).
33 BSG 4.8.2004 – B 13 RJ 167/03 B.

gilt aber dann, wenn auf einen von einem Beteiligten vorgetragenen eigenständigen Weg zur Begründung des geltend gemachten Anspruchs nicht eingegangen wird.[34]

b) Abgekürzte Gründe – Abs. 3. Abs. 3 wurde durch das Gesetz zur Entlastung der Rechtspflege vom 11.1.1993 (BGBl. 1993 I 50) mit Wirkung ab 1.3.1993 eingefügt. Die § 117 Abs. 5 VwGO entsprechende Regelung soll unnötige Formulierungs- und Schreibarbeit verhindern (vgl. BT-Drs. 12/1217, 51). Die Regelung ist über § 153 Abs. 1 auch im Berufungsverfahren anwendbar.[35] Die Bezugnahme nach Abs. 3 auf die Begründung des Verwaltungsakts oder des Widerspruchsbescheides setzt voraus, dass diese eine Begründung enthalten. Auch eine teilweise Bezugnahme ist möglich. Eine weitere Begründung ist erforderlich, wenn eine Beweisaufnahme stattgefunden hat oder neuer Tatsachenvortrag erfolgt ist, ansonsten darf das Gericht von der Darstellung der Entscheidungsgründe absehen, soweit es der Begründung des Widerspruchsbescheides folgt und dies in seiner Entscheidung feststellt.[36] 20

Bezugnahmen sind **über Abs. 3 hinaus** möglich auf im Verfahren angefallene bzw. in das Verfahren eingeführte Schriftstücke (also auch auf Urteile in anderen Verfahren). Die Möglichkeit der Bezugnahme des Berufungsgerichts auf die Gründe des angefochtenen Urteils ist in § 153 Abs. 2 geregelt. 21

3. Verzicht auf Tatbestand und Gründe – Abs. 4. Durch das SGG- und ArbGÄndG wurde zum 1.4.2008 auch im sozialgerichtlichen Verfahren die Möglichkeit eingeführt, von der schriftlichen Begründung eines Urteils abzusehen, wenn alle rechtsmittelberechtigten Beteiligten auf Rechtsmittel verzichten. Um Probleme bei der Bestimmung des Streitgegenstandes und damit der Grenzen der materiellen Rechtskraft zu vermeiden, ist – anders als nach § 313 a ZPO – auch der Verzicht aller rechtsmittelbefugten Beigeladenen (→ § 75 Rn. 14) auf Rechtsmittel erforderlich. Die Vorschrift gilt nur bei Urteilen nach mündlicher Verhandlung, somit nicht für Urteile ohne mündliche Verhandlung nach § 124 Abs. 2. Obwohl die Regelung des § 313 a Abs. 3 ZPO nicht übernommen wurde, kann der Verzicht bereits vor der Verkündung des Urteils in der mündlichen Verhandlung, nach deren Schluss das Urteil ergeht, erklärt werden.[37] Der Verzicht ist einseitige Prozesshandlung, er ist nicht widerruflich (Ausnahme: Wiederaufnahmegründe) und nicht wegen Irrtums anfechtbar. Der unter einer Bedingung erklärte Verzicht ist unwirksam.[38] Es gibt keine zeitliche Grenze für die Erklärung des Verzichts wie in der ZPO. Fraglich ist, ob die Erklärung, auf Tatbestand und Entscheidungsgründe zu verzichten, auch einen Rechtsmittelverzicht enthält.[39] Dies ist zu verneinen, der Rechtsmittelverzicht muss ausdrücklich erklärt werden,[40] das abgekürzte Urteil ist lediglich Folge des Verzichts. Unschädlich ist es, wenn das Gericht ein Urteil trotz Verzichts der Beteiligten in vollständiger Form abfasst. 22

34 BSG 5.8.1999 – B 2 U 189/98 B; BSG 8.2.1996 – 13 RJ 65/95, SozR 3-1200 § 14 Nr. 19.
35 BSG 20.1.2000 – B 7 AL 116/99 B, SozR 3-1500 § 153 Nr. 10.
36 BSG 20.1.2000 – B 7 AL 116/99 B, SozR 3-1500 § 153 Nr. 10.
37 Zöller/Vollkommer ZPO § 313 a Rn. 6.
38 BLAH ZPO § 313 a Rn. 9; aA MüKoZPO/Musielak § 313 a Rn. 4, der eine innerprozessuale Bedingung (Verzicht nur für den Fall des Unterliegens bzw. Obsiegens) für zulässig hält. Dem Obsiegenden steht jedoch mangels Beschwer kein Rechtsmittel zu.
39 Dies legt die Gesetzesbegründung nahe.
40 Zöller/Vollkommer ZPO § 313 a Rn. 6; HK-ZPO/Saenger § 313 a Rn. 8.

23 **4. Verstoß gegen Begründungspflicht.** § 136 Abs. 1 Nr. 6 ist nicht erst dann verletzt, wenn überhaupt keine Gründe vorliegen, sondern auch dann, wenn **einzelne Ansprüche, Angriffs- oder Verteidigungsmittel nicht behandelt** worden sind oder wenn die Erwägungen, die das Gericht in einem entscheidungserheblichen Streitpunkt zum Urteilsausspruch geführt haben, dem Urteil selbst nicht zu entnehmen sind.[41] Fehlende Gründe sind ein **wesentlicher Verfahrensfehler** (§ 144 Abs. 2 Nr. 3) und ein absoluter Revisionsgrund (§ 202 Satz 1 iVm § 547 Nr. 6 ZPO). **Fehlende Gründe** liegen vor, wenn

- das Urteil überhaupt keine Entscheidungsgründe enthält, sofern die Voraussetzungen des Abs. 4 nicht vorliegen; § 317 Abs. 2 S. 2 ZPO ist nicht anwendbar.
- das Urteil **verspätet abgesetzt** wird: Wenn **mehr als 5 Monate** zwischen Verkündung (bzw. bei Urteilen ohne mündliche Verhandlung zwischen Beschlussfassung) und Übergabe des vollständig abgefassten und unterschriebenen Urteils an die Geschäftsstelle liegen.[42] Der Fristablauf ist auch an einem Sonnabend, Sonntag oder Feiertag möglich.[43]Auf den Zeitpunkt der Zustellung kommt es nicht an.[44] Dies gilt auch für Beschlüsse der Beschwerdeausschüsse der KÄV, die binnen 5 Monaten zum Zwecke der Zustellung herausgegeben werden müssen.[45] Ausnahmsweise kann auch bei Einhaltung der Fünfmonatsgrenze ein Fehlen der Urteilsgründe vorliegen, wenn sich aus den Umständen des Falls – zB bei aufwendiger Beweisaufnahme – ergibt, dass infolge der verzögerten Absetzung der Entscheidungsgründe die zuverlässige Wiedergabe des Beratungsergebnisses nicht mehr gewährleistet ist.[46]
- zu einer von einem Beteiligten aufgeworfenen, eingehend begründeten und für die Entscheidung erheblichen Rechtsfrage nur ausgeführt wird, diese Auffassung treffe nicht zu.[47]
- dem Urteil Gründe objektiv nicht entnommen werden können, etwa weil die angeführte Begründung nur nichtssagende Redensarten enthält, völlig **unverständlich und verworren** oder sonst derart unbrauchbar ist, dass die Entscheidungsgründe unter keinem Gesichtspunkt geeignet sind, den Tenor zu tragen.[48]
- zu einem entscheidungserheblichen Streitpunkt weder die angewandte Rechtsnorm noch die als erfüllt angesehenen Tatbestandsmerkmale und maßgeblichen Tatsachen angegeben sind,[49] weder in der Urteilsbegründung noch durch Bezugnahme nach § 153 Abs. 2 nicht mindestens die Überlegungen zusammengefasst sind, auf denen die Entscheidung über jeden einzelnen für den Urteilsausspruch rechtserheblichen Streitpunkt in tatsächlicher und rechtlicher Hinsicht beruht.[50]

---

41 BSG 11.7.2000 – B 1 KR 14/99 R, SozR 3-1300 § 39 Nr. 7.
42 GmSOGB 27.4.1993 – GmS-OBG 1/92, SozR 3-1750 § 551 Nr. 4. Nach BSG 17.2.2009 – B 2 U 189/08 B, ist der Fristablauf auch an einem Sonnabend, Sonntag oder Feiertag möglich.
43 BSG 17.2.2009 – B 2 U 189/08 B; offengelassen in BSG 18.6.2014 – B 3 P 5/14 B.
44 BSG 7.5.2014 – B 12 KR 30/12 B.
45 BSG 28.4.1999 – B 6 KA 79/97 R, SozR 3-1300 § 35 Nr. 8.
46 BSG 29.8.2012 – B 10 EG 20/11 R.
47 BSG 6.2.2003 – B 7 AL 32/02 B.
48 BSG 14.2.2006 – B 9 a SB 22/05 B; BVerwG 5.6.1998 – 9 B 412/98, NJW 1998, 3290; BSG 12.2.2004 – B 4 RA 67/03 B; BSG 17.4.2019 – B 13 R 83/18 B, juris Rn. 11.
49 BSG 27.8.1998 – B 9 V 1/98 R, SozSich 99, 192.
50 BSG 29.3.2007 – B 9 a SB 4/06 R.

- eine **Beweiswürdigung völlig fehlt**[51] bzw. entscheidungserhebliche Tatsachen nicht festgestellt sind[52] als auch dann, wenn in keiner Weise erkennbar ist, aufgrund welcher Tatsachen und Erwägungen das Gericht zu seinen Tatsachenfeststellungen und rechtlichen Folgerungen gekommen ist bzw. welche Gründe für die richterliche Überzeugung maßgebend waren.[53]

Eine rechtsfehlerhafte, unzureichende, unrichtige oder sachlich unvollständige Begründung verletzt dagegen nicht die Begründungspflicht.[54] Diese ist selbst dann nicht verletzt, wenn die Ausführungen des Gerichts zu den rechtlichen Voraussetzungen und zum tatsächlichen Geschehen aus Sicht eines Dritten falsch, oberflächlich oder wenig überzeugend sind[55] oder wenn das Gericht zu Fragen, auf die es nach seiner Auffassung nicht ankommt, nicht Stellung nimmt.[56] Ein Verstoß gegen die Verpflichtung des Gerichts, sein Urteil mit Entscheidungsgründen zu versehen, hat mit der Frage nach der Richtigkeit der dargelegten Gründe nichts zu tun.[57] 24

VI. Rechtsmittelbelehrung – Abs. 1 Nr. 7

Die Rechtsmittelbelehrung ist Teil des Urteils und muss deshalb **unterschrieben** werden. Sie dient der Information der Beteiligten über Rechtsmittel. Die Rechtsmittelfrist wird nur durch eine richtige und vollständige, insbesondere auch unterschriebene Rechtsmittelbelehrung in Lauf gesetzt. Nur solange noch nicht alle Bundesländer Rechtsverordnungen nach § 65 a erlassen haben muss die Rechtsmittelbelehrung keinen Hinweis auf die Möglichkeit der Rechtsmitteleinlegung in elektronischer Form enthalten.[58] Zur Nachholung einer fehlenden bzw. Korrektur einer unzutreffenden Rechtsmittelbelehrung → § 138 Rn. 5. 25

§ 137 [Urteilsausfertigung]

[1]Die Ausfertigungen des Urteils sind von dem Urkundsbeamten der Geschäftsstelle zu unterschreiben und mit dem Gerichtssiegel zu versehen. [2]Ausfertigungen, Auszüge und Abschriften eines als elektronisches Dokument (§ 65 a Absatz 7) vorliegenden Urteils können von einem Urteilsausdruck mit einem Vermerk nach § 65 b Absatz 4 erteilt werden. [3]Auszüge und Abschriften eines in Papierform vorliegenden Urteils können durch Telekopie oder als elektronisches Dokument erteilt werden. [4]Die Telekopie hat eine Wiedergabe des Gerichtssiegels, die Telekopie zur Erteilung eines Auszugs zusätzlich die Unterschrift des Urkundsbeamten der Geschäftsstelle zu enthalten. [5]Bei der Erteilung von beglaubigten Auszügen und Abschriften ist das elektronische Dokument mit einer qualifizierten elektronischen Signatur des Urkundsbeamten der Geschäftsstelle zu versehen.

---

51 BFH 20.5.1994 – VI R 10/94, NVwZ-RR 95, 239.
52 BSG 19.7.2007 – B 6 KA 1/06 r, SozR 4-2500 § 95 Nr. 12.
53 BGH 21.12.1962 – I ZB 27/62, BGHZ 39, 333; BGH 7.3.2001 – X ZR 176/99.
54 BSG 8.2.2006 – B 1 KR 65/05 B; BSG 8.8.2002 – B 11 AL 120/02 B.
55 BSG 18.12.2012 – B 13 R 305/11 B.
56 BSG 23.3.1999 – B 4 RA 165/98 B.
57 BSG 17.2.1998 – B 2 U 102/97 B; BSG 15.11.1988 – 4/11 a RA 20/87, SozR 1500 § 136 Nr. 10.
58 BSG 14.3.2013 – B 13 R 19/12 R, mAnm Mey SGb 2014, 95.

I. Allgemeines

1 Sätze 1 und 2 der Vorschrift entsprechen § 317 Abs. 3 und 4 ZPO. Sie gilt auch für den Gerichtsbescheid (§ 105) und urteilsersetzende Beschlüsse (§§ 153 Abs. 4, 158). Für Ausfertigungen von Beschlüssen gilt § 142 Abs. 3, dagegen sind die Sätze 2, 3 und 5 auch auf Beschlüsse entsprechend anwendbar.[1] VwGO und FGO kennen keine entsprechende Regelung, dort gilt § 317 Abs. 3 ZPO entsprechend. Durch das 6. SGGÄndG (BGBl. 2001 I 2144) wurde der Zusatz „in der Form des Prägesiegels" gestrichen. Durch Art. 4 Nr. 13 des Justizkommunikationsgesetzes – JKomG – vom 22.3.2005 (BGBl. 2005 I 837) wurden die Sätze 2 bis 5 mit Wirkung ab dem 1.4.2005 hinzugefügt. Durch das Gesetz zur Förderung des elektronischen Rechtsverkehrs mit den Gerichten vom 10.10.2013 (BGBl. 2013 I 3786) ist mit Wirkung zum 1.7.2014 das Wort „Ausfertigungen" in S. 3 gestrichen worden, da nach § 317 Abs. 2 Satz 1 ZPO Ausfertigungen nur noch in Papierform erteilt werden, sofern nicht ein Beteiligter eine Ausfertigung beantragt (§ 314 Abs. 2 Satz 1 ZPO). **Zugestellt** wird deshalb grundsätzlich nur eine **Abschrift.** Durch das 5. SGB IV-ÄndG v. 15.4.2015 (BGBl. 2015 I 583) wurde Satz 4 mit Wirkung ab dem 16.4.2015 neu gefasst. Zum 1.1.2018 wurden die Sätze 2 und 3 der Änderung der § 65 a und § 65 b durch das Gesetz zur Förderung des elektronischen Rechtsverkehrs mit den Gerichten (BGBl. I 2013, 3786) redaktionell angepasst und die Sätze 2, 3 und 5 erneut mWv 1.7.2020 durch das 7. SGB IV-ÄndG (BGBl. I 1248) geändert.

II. Ausfertigung

2 Die Ausfertigung ist eine in gesetzlich bestimmter Form gefertigte **Abschrift** des Originals einer öffentlichen Urkunde, die diese im Rechtsverkehr ersetzt,[2] die wortgetreue Wiedergabe der Urschrift (vgl. § 47 BeurkG). Sie umfasst das **gesamte Urteil** mit dem in § 136 vorgegebenen Inhalt einschließlich des Verkündungsvermerks des Urkundsbeamten nach § 134. Seit dem 1.7.2014 sind von Amts wegen nur noch beglaubigte Abschriften zuzustellen (§ 202 SGG iVm § 317 Abs. 1 S. 1 ZPO). Ausfertigungen sind jedoch weiterhin erforderlich für die Vollstreckung, wobei hierzu die Ausfertigung ohne Tatbestand und Entscheidungsgründe erteilt werden kann (§ 199 Abs. 4). Das Original, die Urschrift des Urteils bleibt bei den Akten.

3 Die Ausfertigung wird durch den Urkundsbeamten der Geschäftsstelle hergestellt, der sie mit dem Gerichtssiegel versieht und den Ausfertigungsvermerk unterschreibt. Es gibt keine bestimmte Formvorschrift für die Ausfertigung. Üblich und ausreichend ist der Vermerk „Ausgefertigt" mit Ort, Datum, Amtsbezeichnung und Unterschrift.[3] Die Ausfertigung darf erst nach Unterschrift durch die Berufsrichter erfolgen, weil erst dann das Original des Urteils vorliegt, vgl. §§ 134, 153 Abs. 3. Bei offenbarer Unrichtigkeit der Ausfertigung, wenn sie also vom Original abweicht, berichtigt der Urkundsbeamte der Geschäftsstelle ana-

1 AA Keller in Meyer-Ladewig/Keller/Leitherer/Schmidt § 137 Rn. 1.
2 BSG 12.2.1964 – 10/11 RV 1216/61, Breith. 1964, 625.
3 BSG 12.2.1964 – 10/11 RV 1216/61, Breith. 1964, 625.

log § 138 (Rückforderung und Vermerk der Berichtigung, aber ohne Beschluss und Begründung).

III. Unterschrift der Richter

Die Ausfertigung muss erkennen lassen, dass und welche Richter unterschrieben haben. Es müssen deren Namen wiedergegeben werden oder so bezeichnet werden, dass kein Zweifel über ihre Identität aufkommen kann. Ausreichend ist der Name mit dem Zusatz „gez." auch ohne besonderen Hinweis auf die Unterzeichnung. Üblich und ausreichend ist auch der Name des Richters ohne Klammern in Maschinenschrift, wenn sich daraus keine Unklarheiten ergeben.[4] Nicht ausreichend soll sein der Name des Richters in Klammer ohne weiteren Zusatz.[5] Unschädlich ist, wenn der Richter die Ausfertigung selbst unterschreibt. Weicht der Name des Richters im Rubrum und in der Unterschrift voneinander ab, besteht keine Klarheit über die Identität des Richters, der das Urteil gefällt hat (→ Rn. 6). 4

IV. Mängel der Ausfertigung

Die Ausfertigung wird **zugestellt,** §§ 133, 135. Anders als die verkürzte Ausfertigung nach § 313 b Abs. 2 ZPO muss das vollständige Urteil zugestellt werden (zur Zustellung, die seit dem 1.7.2001 nach den Vorschriften der ZPO erfolgt, → § 63 Rn. 4 ff.). Durch Zustellung der Ausfertigung wird die Rechtsmittelfrist in Lauf gesetzt. Maßgeblich sind die äußere Form und der Inhalt der zugestellten Ausfertigung. Bei Abweichungen zwischen Urschrift und Ausfertigung ist allein die **Ausfertigung maßgeblich,** weil nur sie nach außen in Erscheinung tritt.[6] 5

Die Zustellung einer Ausfertigung mit **schwerwiegenden Mängeln** ist unwirksam, sie setzt die Rechtsmittelfrist nicht in Lauf. Hierzu zählen: 6

- kein vollständiges Urteil (nur verkürzte Ausfertigung).
- Urschrift und Abschrift stimmen in wesentlichen Punkten nicht überein.[7]
- Fehlen des Ausfertigungsvermerks und der Unterschrift des Urkundsbeamten der Geschäftsstelle.[8]
- Richter ist nicht identifizierbar, zB bei abweichendem Namen des Richters in Rubrum und Unterschrift,[9] oder es ist nicht feststellbar, dass der Richter das Original unterschrieben hat.
- Fehlen von Siegel und Stempel.[10]
- Anbringen des Ausfertigungsvermerks vor Verkündung des Urteils, weil sich dann der Ausfertigungsvermerk nur auf den Urteilsentwurf bezieht.[11]

Zur Heilung von Zustellungsmängeln → § 63 Rn. 18. Eine **Heilung** ist immer möglich durch Zustellung einer formgerechten Ausfertigung, welche die Rechtsmittelfrist in Lauf setzt. 7

---

4 BSG 2.3.1994 – 1 RK 58/93, SozR 3-1500 § 137 Nr. 1.
5 BGH 30.5.1990 – XII ZB 33/90, FamRZ 1990, 1227.
6 BGH 24.1.2001 – XII ZB 75/00, NJW 2001, 1653.
7 BGH 24.1.2001 – XII ZB 75/00, NJW 2001, 1653; BSG 9.2.1989 – 3 BK 25/88.
8 BSG 16.4.1998 – B 3 KR 14/96 R, SozR 3-2500 § 60 Nr. 2.
9 BSG 22.10.1998 – B 5/4 RA 68/97 R, ZfS 1999, 79: selbst wenn die Beteiligten aus dem vorangegangenen Verfahren wissen, welcher Richter das Urteil verkündet hat.
10 Hauck in Hennig § 137 Rn. 32, Bley in GesKomm § 137 Rn. 5; Keller in Meyer-Ladewig/Keller/Leitherer/Schmidt § 137 Rn. 3.
11 BGH BB 93, 1174.

8 Unschädlich ist

- das Fehlen des Verkündungsvermerks[12]
- die Angabe eines unrichtigen Aktenzeichens.[13]

Wird eine Ausfertigung wegen Abweichung vom Original zur Berichtigung zurückgefordert, setzt die erneute Übersendung der Ausfertigung die Rechtsmittelfrist nicht erneut in Lauf (jedoch → § 138 Rn. 13).

V. Medientransfer zwischen elektronischer Form und Papierform – Sätze 2 bis 5

9 Die durch das JKomG zum 1.4.2005 angefügten Sätze 2 bis 5 regeln in Satz 2 den Medientransfer eines elektronischen Originalurteils in eine Ausfertigung, Abschrift oder einen Auszug in Papierform. Die Ausfertigungen, Abschriften und Auszüge sind danach zunächst mit dem Transfervermerk gemäß § 65 b Abs. 4 Satz 2 zu versehen, sodann vom Urkundsbeamten der Geschäftsstelle zu unterschreiben und mit dem Gerichtssiegel zu versehen (BT-Drs. 15/4952, 67). Auf die so hergestellte Ausfertigung sind die sonstigen Regelungen über Ausfertigungen in Papierform anwendbar.

10 Die Sätze 3 und 4 regeln die Erteilung von Auszügen und Abschriften eines in Papierform vorliegenden Urteils durch Teleskopie oder in elektronischer Form (vgl. § 65 a Abs. 7; nicht jedoch von Ausfertigungen, da diese nur noch in Papierform erteilt werden). Wegen der Besonderheit der Übertragungsform reicht die Wiedergabe des Gerichtssiegels auf der beim Empfänger erstellten Ausfertigung aus, nur auf einem Auszug ist auch die Unterschrift des Urkundsbeamten der Geschäftsstelle erforderlich (Satz 4). Bei einer Übermittlung als elektronisches Dokument wird das Gerichtssiegel durch die qualifizierte elektronische Signatur (→ § 65 a Rn. 7) ersetzt. Durch Satz 5 wird nunmehr klargestellt, dass die strengen Formvorschriften nicht für einfache elektronische Auszüge und Abschriften gelten. Die Erteilung einer Ausfertigung findet in der elektronischen Welt keine Entsprechung. Das Institut der Ausfertigung ist deshalb nicht auf den elektronischen Rechtsverkehr übertragbar. Urteile und – über § 142 – Beschlüsse werden vorbehaltlich eines Antrags auf Erteilung einer Ausfertigung nach § 317 Abs. 2 Satz 1 ZPO nur noch in Form einer beglaubigten Abschrift (§ 63 Abs. 2) zugestellt.[14]

§ 138 [Berichtigung des Urteils]

[1]Schreibfehler, Rechenfehler und ähnliche offenbare Unrichtigkeiten im Urteil sind jederzeit von Amts wegen zu berichtigen. [2]Der Vorsitzende entscheidet hierüber durch Beschluß. [3]Der Berichtigungsbeschluß wird auf dem Urteil und den Ausfertigungen vermerkt. [4]Werden die Akten elektronisch geführt, hat der Urkundsbeamte der Geschäftsstelle den Vermerk in einem gesonderten Dokument festzuhalten. [5]Das Dokument ist mit dem Urteil untrennbar zu verbinden.

12 BSG 23.12.1965 – 9 RVSozR § 64 Nr. 3.
13 BVerwG 24.5.1996 – 3 B 55/95, SGb 97, 422.
14 BT-Drs. 17/12634, 37.

I. Allgemeines

Der seit Inkrafttreten des SGG unveränderten Vorschrift wurden durch Art. 4 Nr. 14 des Justizkommunikationsgesetzes – JKomG – vom 22.3.2005 (BGBl. 2005 I 837) mit Wirkung zum 1.4.2005 die Sätze 4 und 5 angefügt. Grundsätzlich ist das Gericht mit der Verkündung bzw. Zustellung an seine Entscheidung gebunden und kann sie nicht abändern, § 202 Satz 1 iVm § 318 ZPO. Aus Gründen der **Prozessökonomie** bestimmt § 138 hiervon eine Ausnahme. Übereinstimmende Vorschriften enthalten die anderen Verfahrensordnungen (§ 118 VwGO, § 107 FGO, § 319 ZPO). Die Vorschrift gilt für Urteile und Beschlüsse in allen Instanzen, ebenso für den Gerichtsbescheid, nicht jedoch für Verwaltungsakte.[1] Eine weitere Korrekturmöglichkeit für den Tatbestand enthält § 139. 1

II. Anwendungsbereich

Alle Teile des Urteils (Rubrum, Tenor, Tatbestand, Entscheidungsgründe und Rechtsmittelbelehrung) können berichtigt werden. Korrigiert wird das Original der Urteilsurkunde. Betrifft die Unrichtigkeit das verkündete Urteil (das verlesene Urteil weicht von dem schriftlich Niedergelegten ab), ist die Berichtigung bereits bei der Abfassung des schriftlichen Urteils vorzunehmen. Hierbei gilt als Leitlinie: Korrigiert werden können Fehler im **Ausdruck des Willens** – das Gewollte ist fehlerhaft ausgedrückt –, **nicht Fehler der Willensbildung** – das Gewollte ist nicht richtig.[2] Die Korrektur einer nachträglich als unzutreffend erkannten Entscheidung ist nicht über § 138 möglich.[3] Weicht die Urteilsausfertigung vom Original ab, gilt § 138 entsprechend. Hier berichtigt der Urkundsbeamte, der die Ausfertigung in eigener Verantwortung herstellt, selbst (§ 137). 2

III. Offenbare Unrichtigkeit

Eine **offenbare Unrichtigkeit** liegt vor bei einer Differenz zwischen Gewolltem und tatsächlichem Inhalt. Sie muss auf der Hand liegen, durchschaubar, eindeutig oder augenfällig sein.[4] Die offenbare Unrichtigkeit kann sich aus dem Urteil selbst, der Sitzungsniederschrift oder den Umständen bei Erlass und Verkündung des Urteils ergeben, nicht aus späteren Erklärungen der Beteiligten. Die Abgrenzung erfolgt nach den im Zivilrecht entwickelten Grundsätzen zur Abgrenzung zwischen Erklärungs-, Inhalts- und Motivirrtum.[5] Keine offenbare Unrichtigkeit liegt vor bei einem auf einer unrichtigen Tatsachenwertung oder einem Rechtsirrtum beruhenden Fehler in der Willensbildung des Gerichts. Offenbar ist die Unrichtigkeit, wenn sie auch für einen verständigen Außenstehenden klar erkennbar ist.[6] Bei Zweifeln liegt keine offenbare Unrichtigkeit vor, deshalb ist die Berichtigung nach § 138 ausgeschlossen. 3

Als Beispiele für offenbare Unrichtigkeiten nennt das Gesetz Schreib- und Rechenfehler. Wegen der Berichtigungspflicht (→ Rn. 9) fällt jedoch nicht jeder Schreibfehler unter § 138, sondern lediglich **sinnentstellende Fehler**. Eine Pflicht 4

1 BSG 31.5.1990 – 8 RKn 22/88, SozR 3-1300 § 38 Nr. 1.
2 BSG 15.10.1987 – 1 RA 57/85, SozR 1500 § 164 Nr. 33; Hauck in Hennig § 138 Rn. 9.
3 BSG 13.11.2012 – B 2 U 218/12 B.
4 BSG 31.5.1978 – 5 RJ 76/76, SozR 1500 § 77 Nr. 29; Keller in Meyer-Ladewig/Keller/Leitherer/Schmidt § 138 Rn. 3 d.
5 Vgl. Bley in GesKomm § 138 Rn. 2 b.
6 LSG BW 22.7.2003 – L 10 RJ 2402/03 B.

zur Berichtigung lediglich orthographischer Fehler, die sich auf das Verständnis nicht auswirken, ist nicht gewollt. **Rechenfehler** sind Fehler durch Verwechslung von Zahlen oder Fehler im Rechenvorgang selbst. Kein über § 138 zu berichtigender Rechenfehler liegt vor, wenn die Berechnung mathematisch richtig ist, aber auf einer falschen Rechtsanwendung oder falschen tatsächlichen Grundlagen beruht.

5 Eine offenbare Unrichtigkeit kann vorliegen bei

- unvollständigem Tenor: Wenn aus den Entscheidungsgründen klar ersichtlich ist, welche Entscheidung getroffen werden sollte.[7]
- fehlender Teilabweisung[8] (→ Rn. 8).
- Verwechslungen.
- falsche Bezeichnung des Datums, an dem die Entscheidung ergangen ist.[9]
- falschem Richter im Rubrum.
- der Beklagtenbezeichnung nur dann, wenn die Identität des wirklichen Beklagten unzweifelhaft ist und dieser im Verfahren beteiligt war.[10]
- fehlender Rechtsmittelzulassung, wenn sich aus den sonstigen Umständen ergibt, dass die Zulassung beschlossen, aber versehentlich nicht ausgesprochen ist. Eine Zulassung in den Entscheidungsgründen ist aber ausreichend (str., → § 144 Rn. 23).
- fehlerhafter Rechtsmittelbelehrung. Es gilt die Jahresfrist (§ 66 Abs. 2 SGG), erst mit Zustellung der berichtigten Entscheidung beginnt die Rechtsmittelfrist zu laufen.

6 Bei fehlender oder unvollständiger Kostenentscheidung im Tenor bedarf es keiner „weitherzigen Auslegung“,[11] da hier auch die Möglichkeit der Urteilsergänzung nach § 140 besteht. Diese Möglichkeit besteht nicht bei der Tenorierung „Außergerichtliche Kosten sind nicht zu erstatten“, da diese Kostenentscheidung vollständig ist und nur über eine Berichtigung nach § 138 korrigiert werden kann.[12]

7 **Keine offenbare Unrichtigkeit** liegt vor bei

- Verurteilung des falschen (unzuständigen) Beklagten (zB des Insolvenzverwalters statt des Gemeinschuldners).[13]
- einem Irrtum bei der Entscheidungsfindung, zB bei der Beweiswürdigung oder der Willensbildung.[14]
- unterlassener Rechtsmittelzulassung, wenn das Gericht davon ausging, das Rechtsmittel sei ohne Zulassung gegeben,[15]
- Rechtsmittelzulassung allein in der Rechtsmittelbelehrung, ohne dass sich die Absicht der Zulassung aus sonstigen Anhaltspunkten ergibt.[16]

---

7 BSG 13.4.2000 – B 7 AL 222/99 B.
8 OLG Bremen 22.6.1972 – 2 U 149/71, VersR 73, 226; enger Pawlak in Hennig § 138 Rn. 22: die unterlassene Entscheidung muss schon in der mündlichen Verhandlung zum Ausdruck gekommen sein.
9 BayLSG 14.5.2009 – L 14 R 377/08.
10 Vgl. Keller in Meyer-Ladewig/Keller/Leitherer/Schmidt § 138 Rn. 2 a.
11 So Keller in Meyer-Ladewig/Keller/Leitherer/Schmidt § 138 Rn. 3 a.
12 Vgl. BSG 4.11.2019 – B 1 KR 1/19 C, juris Rn. 3.
13 BGH 14.7.1994 – IX ZR 193/93, NJW 94, 2832.
14 BSG 19.1.1966 – 11/1 RA 344/62, BSGE 24, 203.
15 OVG SH 9.6.1994 – 3 O 15/94, NVwZ-RR 95, 59.
16 Redeker/v. Oertzen § 118 Rn. 3.

- Fehler im Aktenzeichen und der Angabe eines Beteiligten,[17] sofern nicht lediglich das Rubrum zu berichtigen ist.[18]

Eine versehentliche Unvollständigkeit des Tenors kann berichtigt werden, wenn das Urteil hinsichtlich des fehlenden Ausspruchs der beschlossenen Entscheidung für jeden Außenstehenden **erkennbar unrichtig** ist,[19] insbesondere wenn den Entscheidungsgründen eindeutig entnommen werden kann, dass die Entscheidung so getroffen werden sollte, wie sie der Berichtigungsbeschluss ausweist.[20] Ansonsten besteht bei einer fehlenden Entscheidung über einen Anspruch oder die Kosten die Möglichkeit der Urteilsergänzung nach § 140. Bei unterlassener Berufungszulassung (zur Form der Zulassung → § 144 Rn. 23) ist die Berufungszulassung durch das SG seit dem 1.7.2001 nicht mehr möglich (→ § 145 Rn. 1). 8

IV. Verfahren

Die Berichtigung hat **von Amts wegen** zu erfolgen. Der Antrag eines Beteiligten stellt lediglich eine Anregung dar, über den gleichwohl mit Beschluss zu entscheiden ist. 9

Deshalb lautet der

▶ **Antrag:**

Es wird beantragt, das Urteil des ... vom ... Az. ... von Amts wegen zu berichtigen.(Begründung: Angabe der Unrichtigkeit).◀

Bei offenbarer Unrichtigkeit muss das Gericht berichtigen, es hat **kein Ermessen** (anders bei der Berichtigung von Verwaltungsakten nach § 38 SGB X). Eine mündliche Verhandlung ist fakultativ (§ 124 Abs. 3).[21] Die Berichtigung kann auch noch nach Rechtskraft erfolgen, es gibt keine zeitliche Grenze, allenfalls kann **Verwirkung** eintreten. Erforderlich ist die vorherige Anhörung der Beteiligten, außer bei der Berichtigung reiner Formalien, welche Rechte der Beteiligten nicht beeinträchtigen können.

Die Entscheidung ergeht durch **Beschluss des Vorsitzenden** des Spruchkörpers, der die Entscheidung erlassen hat. Unzulässig ist eine Berichtigung durch den Senat.[22] Erfolgt jedoch gleichzeitig auch eine Tatbestandsberichtigung nach § 139, wirken alle Berufsrichter mit.[23] Bei einer Einzelrichterentscheidung im Berufungsverfahren nach § 155 Abs. 3, 4 erfolgt die Berichtigung durch diesen.[24] Hiervon gilt nach der Rechtsprechung des BSG nur eine Ausnahme: Offenbare Unrichtigkeiten können von der höheren Instanz (durch Senatsentscheidung) im Rahmen der Entscheidung über das Rechtsmittel berichtigt werden, solange der Rechtsstreit dort anhängig ist. Dies gilt auch für das Revisionsgericht, sofern keine neuen tatsächlichen Feststellungen erforderlich sind.[25] Ist ein Rechtsmittelverfahren anhängig, kann der Vorsitzende des Rechtsmittelgerichts 10

17 BSG 28.1.2004 – B 6 KA 95/03 B, SozR 4-1500 § 151 Nr. 1.
18 BSG 10.1.2005 – B 2 U 294/04 B.
19 HessLSG 14.11.1973 – L 5/V 205/71, Breith. 1974, 913.
20 BSG 13.4.2000 – B 7 AL 222/99 B.
21 AA Hauck in Hennig § 138 Rn. 40: eine mündliche Verhandlung ist unzulässig.
22 BSG 6.3.2012 – B 1 KR 43/11 B.
23 BayLSG 29.11.2019 – L 7 BA 166/18, juris Rn. 35.
24 BSG 14.2.1978 – 7/12 RAr 73/76, SozR 1500 § 138 Nr. 3.
25 BSG 6.3.2012 – B 1 KR 43/11 B.

die Berichtigung der angefochtenen Entscheidung im Rahmen einer Entscheidung über das Rechtsmittel analog § 138 vornehmen.[26] Eine **Begründung** ist erforderlich bei der Berichtigung erstinstanzlicher Urteile, § 142 Abs. 2, da diese beschwerdefähig sind, und zwar unabhängig davon, ob die zugrunde liegende Entscheidung anfechtbar ist, denn Gegenstand des Beschwerdeverfahrens ist lediglich die Überprüfung, ob die Voraussetzungen des § 138 erfüllt sind.[27] Die Geschäftsstelle fordert die Ausfertigungen zurück und vermerkt auf diesen wie auf dem Original die Berichtigung. Die Berichtigung wirkt ex tunc, unabhängig davon, ob der Berichtigungsbeschluss auf der Ausfertigung vermerkt wurde.

V. Elektronische Aktenführung

11 Durch das JKomG wurde zum 1.4.2005 die Möglichkeit der elektronischen Aktenführung eröffnet. Wird hiervon Gebrauch gemacht (aufgrund der Ermächtigung in § 65 b), regeln die Sätze 4 und 5, dass auch der Berichtigungsvermerk in einem elektronischen Dokument, das mit dem Urteil untrennbar zu verbinden ist, zu erfolgen hat. Eine Berichtigung lediglich in Papierform ist danach nicht zulässig. Die Berichtigung hat in einem gesonderten Dokument zu erfolgen, eine Veränderung des gespeicherten Originals ist nicht zulässig.

VI. Rechtsmittel

12 Berichtigung und Rechtsmittel sind **nebeneinander möglich**. Eine Berichtigung kann auch noch durch das Rechtsmittelgericht erfolgen.[28] Ein **Kostenrisiko** entsteht, wenn das Rechtsmittel allein zur Berichtigung eingelegt wurde, da bei einer Berichtigung durch das Ausgangsgericht das Rechtsmittel unzulässig wird. Solange ein entsprechender Berichtigungsantrag möglich ist, kann jedenfalls die Nichtzulassungsbeschwerde nicht auf die Unvollständigkeit der Urteilsformel gestützt werden.[29]

13 Die Berichtigung hat grundsätzlich keinen Einfluss auf den Beginn und Lauf der Rechtsmittelfrist. Die **Rechtsmittelfrist** wird durch die Zustellung der berichtigten Entscheidung (nicht lediglich des Berichtigungsbeschlusses)[30] nicht erneut in Lauf gesetzt, außer wenn

- das Rechtsmittel durch die Berichtigung erst zulässig wird,[31]
- ein Beteiligter durch die Berichtigung zusätzlich beschwert ist,
- die Berichtigung eine Unklarheit beseitigt, die bis dahin die Rechtsmitteleinlegung verhinderte,[32]
- erst die berichtigte Urteilsfassung zweifelsfrei erkennen lässt, gegen wen das Rechtsmittel zu richten ist,[33]
- die Urteilsausfertigung bzw. die beglaubigte Abschrift während des Laufs der Rechtsmittelfrist zum Zwecke der Berichtigung zurückgefordert wird, weil ansonsten die Berufungsfrist unzulässig verkürzt würde, da nicht er-

---

26 BSG 14.2.1978 – 7/12 RAr 73/76, SozR 1500 § 138 Nr. 3.
27 BayLSG 8.2.2018 – L 7 AS 114/18 B PKH, juris Rn. 18.
28 VGH BW 19.7.1995 – 5 S 348/94, NVwZ-RR 1996, 542.
29 BSG 13.4.2000 – B 7 AL 222/99 B, SGb 2001, 327.
30 BSG 28.1.2004 – B 6 KA 95/03 B.
31 BGH 9.12.1983 – V ZR 21/83, NJW 1984, 1041.
32 BGH 17.1.1991 – VII ZB 13/90, NJW 1991, 1834: Verwechslung von Erst- und Zweitbeklagtem.
33 BGHZ 113, 228 (231).

kennbar ist, wie wesentlich die Berichtigung ist.[34] Dies gilt jedenfalls dann, wenn bei der Rückforderung nicht mitgeteilt wird, was berichtigt werden soll.[35]

Die Rechtsmittelfrist beginnt auch dann erneut zu laufen, wenn die Berichtigung auf Beschwerde des Gegners wieder aufgehoben wird.[36]

Gegen den Berichtigungsbeschluss des Vorsitzenden beim SG ist das Rechtsmittel der Beschwerde gegeben (§ 172 Abs. 1), auch wenn gegen die berichtigte Entscheidung kein Rechtsmittel gegeben ist.[37] Berichtigungsbeschlüsse des Vorsitzenden beim LSG und BSG sind nicht anfechtbar (§§ 165, 177). 14

Der Berichtigungsbeschluss ist so lange wirksam, wie er nicht auf Beschwerde aufgehoben ist.[38] Streitig ist, ob dies auch gilt, wenn das Rechtsmittel erst durch den Berichtigungsbeschluss zugelassen wird, obwohl die Voraussetzungen zur Berichtigung nach § 138 nicht vorgelegen haben. Bei Zulassung des Rechtsmittels durch den Berichtigungsbeschluss soll dieser nur bindend sein, wenn das Urteil wegen des Fehlens der Rechtsmittelzulassung offenbar (für jeden Außenstehenden) unrichtig war.[39] 15

§ 139 [Berichtigung des Tatbestandes]

(1) Enthält der Tatbestand des Urteils andere Unrichtigkeiten oder Unklarheiten, so kann die Berichtigung binnen zwei Wochen nach Zustellung des Urteils beantragt werden.

(2) [1]Das Gericht entscheidet ohne Beweisaufnahme durch Beschluß. [2]Der Beschluß ist unanfechtbar. [3]Bei der Entscheidung wirken nur die Richter mit, die beim Urteil mitgewirkt haben. [4]Ist ein Richter verhindert, so entscheidet bei Stimmengleichheit die Stimme des Vorsitzenden. [5]Der Berichtigungsbeschluß wird auf dem Urteil und den Ausfertigungen vermerkt.

(3) Ist das Urteil elektronisch abgefasst, ist auch der Beschluss elektronisch abzufassen und mit dem Urteil untrennbar zu verbinden.

I. Allgemeines

Die Vorschrift ist § 320 ZPO nachgebildet, die entsprechenden Normen der anderen Verfahrensordnungen sind § 119 VwGO, § 108 FGO. Durch Art. 4 Nr. 15 des Justizkommunikationsgesetzes – JKomG – vom 22.3.2005 (BGBl. 2005 I 1

34 BVerwG 22.3.1991 – 7 B 30.91, DVBl. 1992, 775; BSG 28.1.2004 – B 6 KA 95/03 B, SozR 4-1500 § 151 Nr. 1 ist insoweit missverständlich, da das angefochtene Urteil einen Mangel aufwies, der eben nicht durch Berichtigung behoben werden konnte.

35 BSG 28.1.2004 – B 6 KA 95/03 B.

36 BGH NJW 1998, 3280.

37 BayLSG 8.2.2018 – L 7 AS 114/18 B PKH, juris Rn. 18.

38 Keller in Meyer-Ladewig/Keller/Leitherer/Schmidt § 138 Rn. 5; aA Redeker/v. Oertzen § 118 VwGO Rn. 6.

39 BSG 23.10.1962 – 9 RV 214/62, NJW 1963, 126; BGH 14.7.1994 – IX ZR 193/93, BGHZ 127, 74: keine Bindung, wenn die Berichtigung ein sonst ausgeschlossenes Rechtsmittel eröffnet.

837) wurde Abs. 3 mit Wirkung zum 1.4.2005 angefügt. § 139 stellt eine **Durchbrechung der Bindung** des Gerichts **an erlassene Urteile** dar. Die Regelung hat vor allem Bedeutung wegen der Beweiskraft des Tatbestands für das mündliche Beteiligtenvorbringen (§ 202 Satz 1 iVm § 314 ZPO). Sie gilt für Urteile, Gerichtsbescheide (§ 105 Abs. 1 Satz 3), urteilsersetzende Beschlüsse (§§ 153 Abs. 4, 158 Satz 2) sowie sonstige Beschlüsse, sofern zuvor eine mündliche Verhandlung stattgefunden hat, da diese einen Tatbestand enthalten müssen,[1] und nur, soweit der Tatbestand mündliches Vorbringen dokumentiert.

II. Unrichtiger Tatbestand

2 Nach § 139 berichtigt werden können **Tatsachendarstellungen**, dh der Tatbestand im Sinne von § 136 Abs. 1 Nr. 5. Da der Tatbestand aber nicht getrennt von den Entscheidungsgründen dargestellt werden muss, kann sich die Darstellung der tatsächlichen Vorgänge auch in der sonstigen Urteilsbegründung (den Entscheidungsgründen) befinden. Berichtigt werden können Unrichtigkeiten. Das sind fehlerhafte Darstellungen tatsächlicher Vorgänge, insbesondere wenn wesentliches tatsächliches Vorbringen eines Beteiligten fehlt, falsch oder widersprüchlich wiedergegeben ist, nicht dagegen falsche Tatsachenfeststellungen aufgrund fehlerhafter Beweiswürdigung. Berichtigt werden können weiter Unklarheiten wie Widersprüche, Dunkelheiten und Auslassungen (§ 320 ZPO), letztere jedoch nur dann, wenn das Weggelassene für die Überprüfung des Urteils erforderlich ist. Bedeutung hat die Urteilsberichtigung vor allem hinsichtlich in der mündlichen Verhandlung gestellter Anträge.

III. Berichtigung nur wegen Beweiskraft nach § 314 ZPO

3 Zweck der Berichtigung ist grundsätzlich die Vorbereitung von Rechtsmitteln. Deshalb können nur Tatsachen, die an der urkundlichen **Beweiskraft des Tatbestands** nach § 202 Satz 1 iVm § 314 ZPO teilnehmen, berichtigt werden. Da nach § 314 ZPO der Tatbestand nur Beweiskraft für das mündliche Parteivorbringen hat, ist eine Berichtigung nur möglich, wenn ein **Termin mit mündlichem Vortrag** stattgefunden hat.[2] Neben der mündlichen Verhandlung kann dies ein Erörterungstermin oder ein Beweisaufnahmetermin – auch vor dem beauftragten oder ersuchten Richter – sein. Der Urteilstatbestand beweist aber nicht nur, dass das, was in ihm als Parteivortrag ausdrücklich wiedergegeben wird, tatsächlich vorgetragen worden ist, sondern auch, dass der gesamte Inhalt der im Tatbestand in Bezug genommenen Schriftsätze vorgetragen worden ist.[3] Er beweist, dass beigezogene Akten Gegenstand der mündlichen Verhandlung waren oder dass Akteneinsicht gewährt wurde, wenn dies im Tatbestand so festgestellt ist.[4] Es empfiehlt sich deshalb, die wesentlichen Angaben protokollieren zu lassen (zu Inhalt und Umfang des Protokolls → § 122 Rn. 6). Eine Ausnahme besteht lediglich in der Revisionsinstanz bei Aufhebung und Zurückverweisung, da der Tatbestand des Revisionsurteils Beweiskraft für das weitere Verfahren gem. § 314 ZPO hat.[5]

---

1 Keller in Meyer-Ladewig/Keller/Leitherer/Schmidt § 139 Rn. 1 a und § 142 Rn. 3 a.
2 BGH 8.11.2007 – I ZR 99/05.
3 BGH 3.11.1982 – IVa ZR 39/81.
4 BSG 9.4.2014 – B 14 AS 293/13 B.
5 BGH 17.12.1998 – V ZR 224/97, NJW 1999, 796.

IV. Verfahren

Anders als die Urteilsberichtigung wegen offenbarer Unrichtigkeit nach § 138 erfolgt die Berichtigung nach § 139 Abs. 1 **nur auf Antrag**, der formlos möglich ist. Antragsberechtigt ist jeder Beteiligte. Die Antragsfrist von zwei Wochen ab Zustellung des Urteils ist eine Ausschlussfrist, innerhalb derer die Unklarheit des Tatbestands konkret bezeichnet werden muss.[6] 4

Die Entscheidung ergeht durch **Beschluss** mit fakultativer mündlicher Verhandlung. Grundlage des Beschlusses ist die Erinnerung der Richter. Nach Abs. 2 Satz 1 ist deshalb auch eine Beweisaufnahme nicht zulässig. Beteiligt sind nur die Richter, die das Urteil gefällt haben. Die ehrenamtlichen Richter wirken nicht mit, diese sind auch an der Abfassung des Urteils nicht beteiligt. 5

Bei Verhinderung eines Richters wird dieser **nicht vertreten**, deshalb ist eine Berichtigung nicht mehr möglich, wenn alle Richter dauernd verhindert oder ausgeschieden sind. Bei Stimmengleichheit entscheidet die Stimme des Vorsitzenden, bei dessen Verhinderung die Stimme des dienstältesten Richters. 6

Der Berichtigungsbeschluss wird bei Urteilen in Papierform auf dem Urteil und den Ausfertigungen bzw. beglaubigten Abschriften vermerkt, Abs. 2 Satz 4. Durch ihn wird grundsätzlich keine neue Rechtsmittelfrist für das berichtigte Urteil in Kraft gesetzt, außer wenn durch die Berichtigung das Rechtsmittel erst möglich wird (→ § 138 Rn. 13). 7

V. Elektronisches Dokument

Der zum 1.4.2005 durch das JKomG angefügte Abs. 3 bestimmt, dass auch der Berichtigungsbeschluss bei elektronisch abgefassten Urteilen im selben Medium zu erfolgen hat. Die Berichtigung wird danach in einem gesonderten Dokument erstellt und darf nicht durch Veränderung des gespeicherten Originals erfolgen.[7] Eine Berichtigung eines elektronisch abgefassten Urteils in Papierform ist danach nicht zulässig. Nicht ausdrücklich geregelt ist, ob ein in Papierform vorliegendes Urteil in elektronischer Form berichtigt werden kann. Dafür spricht, dass diese Möglichkeit in § 320 Abs. 4 ZPO vorgesehen ist.[8] In diesem Fall ist der Berichtigungsbeschluss auszudrucken, gem. § 65 b Abs. 4 Satz 2 mit einem Vermerk zu versehen, wen die Signaturprüfung als Inhaber der Signatur ausweist und welchen Zeitpunkt die Signaturprüfung für die Anbringung der Signatur ausweist (Transfervermerk) und gemäß Abs. 2 Satz 3 auf dem Urteil zu vermerken. Zum Formerfordernis der Unterschrift durch den Richter und den Vermerk durch den Urkundsbeamten vgl. § 65 a Abs. 3. 8

VI. Rechtsmittel

Der Beschluss ist grundsätzlich **nicht anfechtbar**, er kann jedoch mit dem Urteil selbst angegriffen werden. Zulässig ist jedoch die Beschwerde gegen den Beschluss, wenn der Antrag zu Unrecht als unzulässig abgewiesen wurde oder wenn schwere Verfahrensfehler vorliegen (insbesondere bei einer Entscheidung durch Richter, die nicht am Fällen des Urteils beteiligt waren). Das Rechtsmittelgericht hebt dann auf und verweist zurück, da die Berichtigung durch die am 9

6 LSG Brem 28.8.1986 – L 3 Vs 19/85, Breith. 1987, 522.
7 BT-Drs. 15/4067, 34.
8 Vgl. die Begründung zu § 320 ZPO in BT-Drs. 15/4067, 34.

Urteil beteiligten Richter und nicht durch das Beschwerdegericht zu erfolgen hat.[9]

§ 140 [Ergänzung des Urteils]

(1) [1]Hat das Urteil einen von einem Beteiligten erhobenen Anspruch oder den Kostenpunkt ganz oder teilweise übergangen, so wird es auf Antrag nachträglich ergänzt. [2]Die Entscheidung muß binnen eines Monats nach Zustellung des Urteils beantragt werden.

(2) [1]Über den Antrag wird in einem besonderen Verfahren entschieden. [2]Die Entscheidung ergeht, wenn es sich nur um den Kostenpunkt handelt, durch Beschluß, der lediglich mit der Entscheidung in der Hauptsache angefochten werden kann, im übrigen durch Urteil, das mit dem bei dem übergangenen Anspruch zulässigen Rechtsmittel angefochten werden kann.

(3) Die mündliche Verhandlung hat nur den nicht erledigten Teil des Rechtsstreits zum Gegenstand.

(4) [1]Die ergänzende Entscheidung wird auf der Urschrift des Urteils und den Ausfertigungen vermerkt. [2]Liegt das Urteil als elektronisches Dokument mit einer qualifizierten elektronischen Signatur (§ 65 a Absatz 3) vor, bedarf auch die ergänzende Entscheidung dieser Form und ist mit dem Urteil untrennbar zu verbinden.

I. Allgemeines

1 Abs. 1 bis Abs. 4 Satz 1 der Vorschrift gelten unverändert seit Inkrafttreten des SGG. Abs. 4 Satz 2 ist mit Wirkung zum 1.1.2018 eingefügt worden (BGBl. I 2017, 2208) für den Fall, dass das Urteil in elektronischer Form vorliegt. Die Vorschrift weicht von den entsprechenden Regelungen der anderen Verfahrensordnungen (§ 321 ZPO, § 120 VwGO, § 109 FGO) teilweise ab, insbes. hinsichtlich der Antragsfrist. Sie gilt in allen Rechtszügen für Urteile, Gerichtsbescheide (§ 105 Abs. 1 S. 3) und Beschlüsse,[1] soweit in diesen über Ansprüche entschieden wird. Anders als nach §§ 138, 139 wird die Entscheidung nicht korrigiert, sondern in einem selbstständigen, vom bisherigen Verfahren unabhängigen Verfahren ergänzt.

II. Fehlende Entscheidung

2 **1. Erhobener Anspruch.** Das Gesetz sieht ein Urteilsergänzungsverfahren vor, soweit das Urteil einen von den Beteiligten **erhobenen Anspruch** (das Klagebegehren, den prozessualen Anspruch iSv § 123) übergangen hat. Als Anspruch kommt nur ein prozessualer Anspruch iSv § 123 in Betracht, nicht jedoch die

9 BVerwG NJW 1965, 2316.
1 BSG 9.7.1997 – 3 BS 3/96, SozR 3-1500 § 140 Nr. 2.

Nichtberücksichtigung eines materiellrechtlichen Anspruchs[2] bzw. einer Anspruchsgrundlage. Eine Ergänzung ist auch bezüglich Widerklage (§ 100) und Hilfsantrag möglich. Ist aus dem Urteil nicht ersichtlich, dass der Anspruch erhoben wurde, ist ggf. zunächst die Tatbestandsberichtigung nach § 139 durchzuführen. Zu berücksichtigen sind auch die Bescheide, die nach § 96 Gegenstand des Verfahrens werden. Hat das Gericht dagegen einen gestellten Antrag unrichtig ausgelegt, liegt kein Fall der Urteilsergänzung vor. Auch hinsichtlich übergangener Angriffs- oder Verteidigungsmittel oder fehlender Tatsachenfeststellung kommt eine Urteilsergänzung nicht in Betracht.[3]

2. Kostenentscheidung und Nebenentscheidungen. Berichtigt werden kann auch 3
das ganze oder teilweise Fehlen einer Kostenentscheidung nach § 193 Abs. 1 oder § 197 a Abs. 1, die immer von Amts wegen zu ergehen hat und deshalb keinen Antrag voraussetzt. Hierzu gehört auch die Entscheidung über die Verschuldenskosten nach § 192. Die Kostenentscheidung, dass außergerichtliche Kosten nicht zu erstatten sind, ist immer vollständig und kann deshalb nicht ergänzt werden.[4]

Sonstige Nebenentscheidungen, insbes. eine fehlende **Rechtsmittelzulassung,** 4
können nicht im Wege der Urteilsergänzung erfolgen. Eine Urteilsergänzung ist nicht möglich, wenn das Rechtsmittel rechtsirrtümlich nicht zugelassen wurde.[5] Eine nachträgliche Zulassung würde die Rechtsfolge ändern, nicht nur eine fehlende Rechtsfolge ergänzen.

3. Fehlende Entscheidung. Die Ergänzung ist möglich, wenn das Urteil verse- 5
hentlich keine Entscheidung über einen erhobenen Anspruch enthält[6] Dabei ist die Urteilsformel, ggf. unter Heranziehung der Urteilsgründe insbesondere bei klagabweisenden Urteilen, auszulegen (→ § 136 Rn. 8 f.). Enthält der Tenor keine Entscheidung, ist den Entscheidungsgründen jedoch eindeutig zu entnehmen, dass aufgrund einer Beweiswürdigung das Vorliegen eines Anspruchs bejaht wurde, ist keine Urteilsergänzung, sondern die Berichtigung des Tenors nach § 138 vorzunehmen.[7] Bei teilweiser oder voller Klagabweisung sind immer die Urteilsgründe mit heranzuziehen, da sich nur aus ihnen ergibt, welche Ansprüche das Gericht geprüft hat. Die Ergänzung setzt weiter voraus, dass der Tenor **versehentlich keinen Ausspruch** über einen erhobenen Anspruch enthält, obwohl er diesen enthalten müsste. Ein versehentliches Übergehen eines Anspruchs liegt vor, wenn das Gericht den Streitgegenstand zwar korrekt bestimmt, bei der abschließenden Entscheidung aber irrtümlich einen aus seiner Sicht entscheidungserheblichen Punkt aus den Augen verloren, also schlicht übergangen hat. § 140 gilt jedoch nicht für die Fälle, in denen das Gericht einen Punkt **bewusst ausgeklammert** hat (→ § 143 Rn. 29 f.). Ein bewusstes Ausklammern liegt zB vor bei unzutreffender Auslegung des Klagebegehrens oder der irrtümlichen Annahme

2 BSG 8.8.2013 – B 10 EG 16/13 B: des sozialrechtlichen Herstellungsanspruchs.
3 BayLSG 23.2.2010 – L 13 R 907/09 B: Keine Urteilsergänzung bei übergangenem Antrag nach § 109 SGG.
4 Ebenso Hauck in Hennig § 140 Rn. 25.
5 BSG 4.12.1997 – 3 BS 1/97, SozR 3-1720 § 17 a Nr. 7: weitere Beschwerde nach § 17 a Abs. 4 Satz 4 GVG.
6 BSG 13.12.2018 – B 5 RE 1/18 R, juris Rn. 32; BSG 16.7.2004 – B 2 U 41/04 B, SozR 4-1500 § 160 a Nr. 4: auch die fehlende Entscheidung über den Rentenbeginn.
7 LSG BW 22.7.2003 – L 10 RJ 2402/03 R; aA Redeker/v. Oertzen VwGO § 120 Rn. 2: ob ein Antrag übergangen wurde bestimme sich allein nach der Urteilsformel, nicht nach den Entscheidungsgründen.

einer Beschränkung der Klage.[8] Wenn über einen Anspruch bewusst nicht entschieden wurde, ist die Ergänzung unzulässig. In diesen Fällen liegt ein wesentlicher Verfahrensmangel vor, der das Rechtsmittel eröffnet.[9] Hiervon zu unterscheiden ist das Teilurteil, bei dem auf Antrag das Verfahren bezüglich des noch nicht entschiedenen Teils fortzusetzen ist (→ § 125 Rn. 6).

III. Verfahren – Abs. 2

6 **1. Antrag.** Die Urteilsergänzung erfolgt nur auf **Antrag.**[10] Antragsberechtigt ist jeder Beteiligte nach § 69, nicht nur derjenige, dessen Anspruch übergangen wurde. Es gilt, anders als in den anderen Verfahrensordnungen (zwei Wochen), eine Antragsfrist von einem Monat ab Zustellung des Urteils. Eine Belehrung über die gesetzliche Frist (§ 64) ist nicht erforderlich. Der Antrag ist, wie die Klage, nicht an eine bestimmte Form gebunden und muss den erhobenen, aber nicht beschiedenen Anspruch substantiiert darlegen. Zumindest in der Revisionsinstanz muss substantiiert dargelegt werden, welche Ansprüche erhoben worden sind und über welche Ansprüche das Gericht nicht entschieden hat. Unterbleibt dies, ist der Antrag unzulässig.[11] Nach **Fristablauf** ist der Antrag auf Urteilsergänzung unzulässig, die **Rechtshängigkeit** des erhobenen Anspruchs **erlischt,**[12] ein angefochtener Verwaltungsakt wird bestandskräftig und kann nur noch über § 44 SGB X aufgehoben werden. (Zur Problematik des sog. „Heraufholens von Prozessresten" → § 143 Rn. 19 ff.).

7 **2. Ergänzungsverfahren.** Die Ergänzung erfolgt in einem **eigenständigen Verfahren** (§ 140 Abs. 2) mit neuem Aktenzeichen und selbstständiger Kostenentscheidung. Die ergänzende Entscheidung wird nach § 140 Abs. 4 lediglich auf der Urschrift und den Ausfertigungen des ergänzten Urteils vermerkt. **Zuständig** ist nicht der frühere, sondern der nach der Geschäftsverteilung des Gerichts zuständige Spruchkörper. Ein Antrag auf Fortsetzung des alten Verfahrens ist nicht zulässig. Streitgegenstand des Ergänzungsverfahrens ist allein der unerledigte Teil (§ 140 Abs. 3). Mit Vortrag zum erledigten Teil können die Beteiligten nicht mehr gehört werden.[13] Da im Urteilsergänzungsverfahren nur über die im Hauptverfahren erhobenen Ansprüche, die übergangen worden sind, befunden werden kann, sind Anträge unzulässig, über die bereits im Hauptverfahren entschieden wurde.[14]

8 Die Entscheidung ergeht grundsätzlich im **Urteilsverfahren**, bei Entscheidung nur über den Kostenpunkt und bei Ergänzung von Entscheidungen durch urteilsersetzende Beschlüsse ergeht sie auch im Beschlussverfahren.[15] Eine Entscheidung durch Beschluss ist auch möglich, wenn der Urteilsergänzungsantrag unbegründet ist, weil kein Anspruch übergangen wurde[16] oder unzulässig ist. Ist

8 BSG 2.4.2014 – B 3 KR 3/14 B mAnm Wolff-Dellen SGb 2016, 350.
9 BSG 26.8.1994 – 13 RJ 9/94, HVBG-Info 1995, 307.
10 AA LSG NRW 18.7.2001 – L 12 AL 142/00: Das Gericht kann von sich aus die Urteilsergänzung veranlassen, wenn es das Versäumnis, dass über den Hilfsantrag nicht entschieden wurde, bemerkt.
11 BSG 2.3.1977 – 3 RK 1/77, SozSich 1977, 151.
12 BSG 12.12.1985 – 7 RAr 23/84, SozR 4100 § 136 Nr. 4.
13 BSG 2.3.1977 – 3 RK 1/77, SozSich 1977, 151.
14 LSG NRW 13.2.2001 – L 18 KN 41/00.
15 BSG 9.10.2014 – B 13 R 157/14 B.
16 BSG 23.6.2016 – B 3 KR 4/16 B, juris Rn. 10; enger Vorauflage.

der Beschluss nicht anfechtbar, bedarf er keiner Begründung.[17] Die ergänzende Entscheidung ist auf der Urschrift des Urteils und den Ausfertigungen zu vermerken (Abs. 4, → § 138 Rn. 10).

3. Rechtsmittel. Die **Rechtsmittelfähigkeit** bemisst sich gesondert für das Ergänzungsurteil und das zuvor ergangene Urteil. Eine Ausnahme ist jedoch zulässig, wenn der Beschwerdewert nur durch Addition der Beschwer beider Verfahren die Rechtsmittelinstanz eröffnet.[18] Die gegenteilige Auffassung[19] berücksichtigt nicht, dass das Ergänzungsurteil auf einer unzureichenden Entscheidung des Gerichts beruht. Hierfür spricht auch die Regelung des § 518 S. 2 ZPO. 9

Die **Rechtsmittelfrist** für das erste Urteil läuft unabhängig vom Ergänzungsverfahren. Ausnahmsweise beginnt die Rechtsmittelfrist erst mit Zustellung des Ergänzungsurteils, wenn die Berufung erst zusammen mit dem Ergänzungsurteil zulässig wird oder gem. § 202 Satz 1 SGG iVm § 518 Satz 1 ZPO das Ergänzungsurteil innerhalb der Berufungsfrist ergeht. Der Ausschluss von Rechtsmitteln bei ergänzender Kostenentscheidung (§ 140 Abs. 2 Satz 2) entspricht der allgemeinen Regelung des § 144 Abs. 4, wonach Kostenentscheidungen nicht gesondert anfechtbar sind. Eine Anfechtung ist somit nur dann möglich, wenn das Rechtsmittel in der Hauptsache zulässig und erhoben ist. 10

4. Ergänzung in der Rechtsmittelinstanz. Eine unterlassene Kostenentscheidung kann im Rechtsmittelverfahren nachgeholt werden, weil die Entscheidung gerade deswegen unrichtig ist.[20] 11

Streitig ist, ob neben der Urteilsergänzung auch die Möglichkeit besteht, über den übergangenen Anspruch im Wege der Klageänderung nach § 99 im Rechtsmittelverfahren zu entscheiden („**Heraufholen von Prozessteilen**", → § 143 Rn. 19 ff.). Nach der Rechtsprechung des BSG ist dies zulässig, wenn alle Beteiligten zumindest konkludent zustimmen. Bei den in der Praxis relevanten Fällen von Bescheiden, die gemäß § 96 Gegenstand des Verfahrens geworden sind, über welche die Vorinstanz jedoch nicht entschieden hat, ist dagegen eine Einbeziehung ohne Einwilligung der Beteiligten geboten.[21] Hierbei muss ein **zulässiges Rechtsmittel** erhoben sein. Im Revisionsverfahren darf keine weitere Tatsachenermittlung erforderlich sein. Eine Entscheidung in der Rechtsmittelinstanz ist jedoch ausgeschlossen, wenn ein Antrag auf Urteilsergänzung gestellt wurde. 12

§ 141 [Rechtskraftwirkungen]

(1) Rechtskräftige Urteile binden, soweit über den Streitgegenstand entschieden worden ist,

1. die Beteiligten und ihre Rechtsnachfolger,

2. im Falle des § 75 Absatz 2 a die Personen und im Falle des § 75 Absatz 2 b die Versicherungsträger, die einen Antrag auf Beiladung nicht oder nicht fristgemäß gestellt haben.

---

17 Hauck in Hennig § 140 Rn. 53; Keller in Meyer-Ladewig/Keller/Leitherer/Schmidt § 140 Rn. 3 d.

18 Keller in Meyer-Ladewig/Keller/Leitherer/Schmidt § 140 Rn. 3 b; Hauck in Hennig § 140 Rn. 39 mwN.

19 Harks in Roos/Wahrendorf § 140 Rn. 14; BGH 20.6.2000 – VI ZR 2/00, NJW 2000, 3008.

20 BSG 9.7.1997 – 3 BS 3/96, SozR 3-1500 § 140 Nr. 2.

21 BSG 26.5.2011 – B 10 EG 12/10 R.

(2) Hat der Beklagte die Aufrechnung einer Gegenforderung geltend gemacht, so ist die Entscheidung, daß die Gegenforderung nicht besteht, bis zur Höhe des Betrags der Rechtskraft fähig, für den die Aufrechnung geltend gemacht worden ist.

I. Allgemeines

1 § 141 regelt die Reichweite der **materiellen Rechtskraft** in personeller und sachlicher Hinsicht. Die Regelung übernimmt die für die ZPO entwickelten Grundsätze über die materielle Rechtskraft für das sozialgerichtliche Verfahren. Die Bedeutung der materiellen Rechtskraft im sozialgerichtlichen Verfahren ist aber wegen §§ 44 ff. SGB X gegenüber anderen Verfahrensordnungen ungleich geringer. Durch das 6. SGGÄndG wurde Abs. 1 Nr. 2 mit Wirkung zum 2.1.2002 eingefügt. Diese Regelung entspricht § 121 Nr. 2 VwGO, wonach durch die Erstreckung der Bindungswirkung rechtskräftiger Urteile auch auf Personen, die im Falle des § 75 Abs. 2 a einen Antrag auf Beiladung nicht oder nicht fristgemäß gestellt haben, die **Einheitlichkeit der Entscheidung** gewahrt bleiben soll. Durch das 7. SGB IV-ÄndG (BGBl. I 1248) wurde zum 1.7.2020 die Neuregelung des § 75 Abs. 2 b ergänzt und in Abs. 1 Nr. 2 die Rechtskraftwirkung auch auf die dort genannten Versicherungsträger erstreckt. Weitere entsprechende Vorschriften enthalten § 110 FGO und § 322 ZPO. Die Vorschrift gilt neben Urteilen für Gerichtsbescheide und selbstständig anfechtbare Beschlüsse. Ein **Verzicht** auf die Rechtskraft ist **nicht möglich**.

II. Materielle Rechtskraft

2 **1. Formelle Rechtskraft.** Materielle Rechtskraft kann nur eintreten, wenn die Entscheidung **formell rechtskräftig** ist. Formell rechtskräftig sind Entscheidungen, die nicht oder nicht mehr angefochten bzw. die in höherer Instanz nicht mehr abgeändert werden können. Streitig ist, ob durch die Rücknahme der Berufung Rechtskraft eintritt und dies einer Nichtzulassungsbeschwerde nach § 145 Abs. 5 entgegensteht.[1] Entscheidungen, gegen die ein Rechtsmittel nicht stattfindet (alle Entscheidungen des BSG, die meisten Beschlüsse der LSGe, → § 142 Rn. 9), werden mit Verkündung bzw. Zustellung formell rechtskräftig. Entscheidungen, gegen die ein Rechtsmittel gegeben ist (auch die Nichtzulassungsbeschwerde §§ 145, 160 a), werden nach Ablauf der Rechtsmittelfrist formell rechtskräftig. Auch das unzulässige oder unbegründete Rechtsmittel hemmt

1 Verneinend BSG 17.6.2008 – B 8 AY 9/07 R: § 145 Abs. 5 geht § 156 Abs. 1 S. 2 vor; die NZB bleibt zulässig; zum Meinungsstand → § 156 Rn. 11.

den Eintritt der formellen Rechtskraft. Bei Zurückweisung der Nichtzulassungsbeschwerde gegen ein Berufungsurteil tritt die Rechtskraft des Berufungsurteils erst mit der Zustellung des Zurückweisungsbeschlusses ein.[2] Die Anhörungsrüge nach § 178 a ist lediglich ein der Wiedereinsetzung ähnlicher Rechtsbehelf und hindert nicht den Eintritt der Rechtskraft. Auch durch ein Urteil des EGMR wird die Rechtskraftwirkung nicht beseitigt.[3]

Da die Zustellung nicht bei allen Beteiligten am selben Tag stattfinden muss, 3 kann die formelle Rechtskraft für die Beteiligten auch zu unterschiedlichen Zeitpunkten eintreten. Ist ein Rechtsmittel eingelegt worden, wird die Entscheidung mit der rechtskräftigen Entscheidung über das Rechtsmittel, Rechtsmittelverzicht oder -rücknahme rechtskräftig. Die formelle Rechtskraft kann durch Wiederaufnahme des Verfahrens (§§ 179, 180) bzw. nach erfolgreicher Anhörungsrüge gem. § 178 a nachträglich entfallen.

2. Materielle Rechtskraft. Die materielle Rechtskraft bewirkt, dass in späteren 4 Prozessen derselben Parteien über denselben Streitgegenstand die Gerichte – auch anderer Gerichtszweige – an die Entscheidung gebunden sind und eine abweichende Entscheidung über denselben Streitgegenstand ausgeschlossen ist. Die Entscheidung ist unabänderlich, selbst bei Verstoß gegen Verfassungsnormen.[4]

Nach der materiellrechtlichen Theorie hat das Urteil nicht nur prozessuale, son- 5 dern materiellrechtliche Bedeutung, indem es die Rechtsbeziehung zwischen den Beteiligten unmittelbar selbst gestaltet. Nach der herrschenden **prozessrechtlichen Theorie** ist Folge der materiellen Rechtskraft lediglich, dass dem Gericht eine erneute Entscheidung über einen rechtskräftig entschiedenen Streitgegenstand verwehrt ist.[5]

3. Rechtskraftfähige Entscheidungen. Materieller Rechtskraft fähig sind alle 6 (Sach-)Urteile und Gerichtsbescheide, mit denen endgültig und vorbehaltlos entschieden wird. Hierzu zählen neben Endurteilen auch das Verfahren beendende Beschlüsse. Deshalb erwachsen nicht selbstständig anfechtbare Zwischenurteile nach § 130 Abs. 2 (Bindung nur nach § 318 ZPO), Vorbehaltsurteile und Grundurteile bei reinen Leistungsklagen nicht in materielle Rechtskraft. Materiell rechtskräftig wird aber das Grundurteil nach § 130 Abs. 1 bei kombinierter Anfechtungs- und Leistungsklage als Endurteil (→ § 130 Rn. 11). Ein Urteil mit inhaltlicher Widersprüchlichkeit, bei dem sich auch unter Heranziehung der Entscheidungsgründe kein eindeutiges Ergebnis hinsichtlich der Auslegung der Urteilsformel erzielen lässt, kann keine Rechtswirkungen entfalten.[6] Nicht in materielle Rechtskraft erwachsen auch nichtige Urteile sowie Scheinurteile (→ § 125 Rn. 19 f.).

Materiell rechtskräftig werden auch Entscheidungen im **einstweiligen Anord-** 7 **nungsverfahren.** Nur wenn nach Eintritt der Rechtskraft neue Tatsachen entstehen oder sich die Rechtslage ändert, ist ein wiederholter Antrag zulässig.[7]

2 BGH 19.10.2005 – VIII ZR 217/04, NJW 2005, 3724.
3 BVerfG 11.10.1985 – 2 BvR 336/85; BayLSG 17.3.2011 – L 6 R 1019/09.
4 Vgl. Peters/Sautter/Wolff § 141 Rn. 35.
5 HM, vgl. Keller in Meyer-Ladewig/Keller/Leitherer/Schmidt § 141 Rn. 3.
6 BSG 26.1.2000 – B 13 RJ 5/99 R, SGb 2000, 258.
7 LSG NRW 20.12.2010 – L 19 AS 1918/10B ER; LSG BW 5.11.2007 – L 8 AL 3045/07 B.

III. Wirkung der Rechtskraft

8 **1. Unzulässigkeit neuer Klage.** Die Rechtskraft eines Urteils soll verhindern, dass die aus einem festgestellten Tatbestand hergeleitete Rechtsfolge, über die durch ein Urteil rechtskräftig entschieden worden ist, bei unveränderter Sach- und Rechtslage erneut zum Gegenstand eines Verfahrens zwischen denselben Beteiligten gemacht wird; das Gericht ist im Folgeverfahren an einer erneuten Sachprüfung gehindert.[8]Eine neue Verhandlung und Entscheidung über denselben Streitgegenstand zwischen denselben Beteiligten ist nicht mehr möglich. Die Rechtskraft des ersten Urteils steht als negative Prozessvoraussetzung einer erneuten Entscheidung entgegen. Eine **erneute Klage** ist deshalb als **unzulässig** abzuweisen.[9] Eine neue Klage ist nur zulässig, wenn aus besonderen Gründen ein Rechtsschutzinteresse besteht.[10] Nach aA ist zwar eine neue Entscheidung möglich, diese darf jedoch von der ersten nicht abweichen.[11] Ein **Verzicht** auf die Rechtskraftwirkung ist nicht möglich. Die Klage ist auch zulässig, wenn nicht ein Zweitbescheid, sondern eine wiederholende Verfügung ergeht.[12] (Zur Abgrenzung von Zweitbescheid und wiederholender Verfügung → Rn. 14.) Ergeht ein nicht begünstigender Verwaltungsakt, ohne dass sich die Sach- oder Rechtslage geändert hat, wird er ohne erneute Sachprüfung aufgehoben.

9 **2. Umfang der Bindungswirkung in sachlicher Hinsicht.** Die Bindung reicht, soweit über den Streitgegenstand (→ § 123 Rn. 3) entschieden worden ist. Bindend wird grundsätzlich nur die **Urteilsformel**, soweit darin über den Streitgegenstand entschieden wird.[13] Nur wenn die Urteilsformel den Inhalt der Entscheidung nicht mit Sicherheit erkennen lässt, können die Entscheidungsgründe ergänzend zur Bestimmung herangezogen werden.[14] Die Rechtskraft des Urteils erfasst den sich aus den festgestellten Tatsachen und den angewandten Rechtsnormen ergebenden Subsumtionsschluss als Ganzes, nicht jedoch die einzelnen Glieder dieses Schlusses,[15] nicht die tatsächlichen und rechtlichen Voraussetzungen der Entscheidung, materiellrechtliche Vorfragen und Urteilselemente.[16] Die objektiven Grenzen der Rechtskraft sind auf den „in der Urteilsformel enthaltenen Gedanken“ beschränkt. Tatsächliche Feststellungen und rechtliche Erwägungen, die den Urteilsspruch tragen, sind zwar zum Verständnis heranzuziehen. Sie nehmen aber an der objektiven Rechtskraft nicht teil.[17] Enthält der Tenor darüber hinaus „unselbstständige Begründungselemente“, die keine Entschei-

---

8 BSG 25.8.2014 – B 11 AL 138/13 B.

9 BSG 15.11.2012 – B 8 SO 22/10 R.

10 BSG 13.12.1960 – 2 RU 189/56, BSGE 13, 181 (188); BSG 15.10.1987 – 1 RA 15/86, SozSich 1988, 127.

11 Redeker/v. Oertzen § 121 VwGO § 121 Rn. 5.

12 BVerwG 10.12.2001 – 9 B 86/01, NVwZ 2002, 482.

13 BSG 30.9.2002 – B 11 AL 33/02 B: Keine Bindungswirkung bzgl. Entscheidung über Wirksamkeit eines Prozessvergleichs.

14 BSG 25.8.2014 –B 11 AL 138/13 B: uU auch Rückgriff auf das Beteiligtenvorbringen zulässig.

15 BSG 17.12.1974 – 9 RV 76/74, BSGE 39, 14 (18); BSG 15.12.1999 – B 11 AL 53/99 R, DBlR 4591 a, AFG/§ 102.

16 BSG 21.3.2001 – B 2 U 2/05 R, SGb 2005, 2006, 304.

17 BSG 11.5.1999 – B 11 AL 69/98 R, SozR 3-1500 § 75 Nr. 2; BSG 18.9.2003 – B 9 V 82/02 B: Nur im Tatbestand erwähntes Antragsdatum; BSG 25.1.2017 – B 3 KR 41/17 B, juris Rn. 8.

dung über den Streitgegenstand enthalten, erwachsen diese nicht in Rechtskraft.[18]

10 Grundsätzlich entfalten die **Entscheidungsgründe** keine Bindungswirkung. Auch Ausführungen zu materiellrechtlichen Vorfragen und präjudiziellen Rechtsverhältnissen (diese können mit der Zwischenfeststellungsklage rechtskräftig festgestellt werden, § 202 Satz 1 iVm § 256 Abs. 2 ZPO) sowie tatsächliche Feststellungen nehmen an der Rechtskraft nicht teil. Ausnahmsweise werden sie jedoch von der Bindungswirkung umfasst, wenn sie zur **Auslegung** des Urteilstenors erforderlich sind. Dies gilt insbesondere bei stattgebenden Urteilen auf Anfechtungsklagen und bei Bescheidungsurteilen.[19] Auch bei klagabweisenden Urteilen sind die Gründe zur Auslegung heranzuziehen. Soweit sie zum Verständnis des Tenors erforderlich sind, unterliegen auch sie dessen Rechtskraft. Sie erwachsen aber nicht selbst in Rechtskraft.[20] An der Rechtskraft nehmen diejenigen Feststellungen teil, denen unmittelbar tragende Bedeutung zukommt.[21] Danach ist bei Ausführungsbescheiden zu prüfen, ob sie lediglich die vorangegangene Entscheidung vollziehen – dann Rechtskraftbindung – oder ob sie in bestimmten Punkten eine konkretisierende Regelung treffen.[22]

11 Ein **Prozessurteil** erwächst nur hinsichtlich der fehlenden Prozessvoraussetzung in Rechtskraft[23] und steht deshalb einem zweiten Rechtsstreit nicht entgegen. Auch ein Urteil mit inhaltlicher Widersprüchlichkeit kann keine Rechtswirkung entfalten[24] und steht deshalb einer erneuten Entscheidung nicht entgegen. Inhaltliche Widersprüchlichkeit liegt vor, wenn sich auch unter Heranziehung der Entscheidungsgründe zur Auslegung der Urteilsformel kein eindeutiges Ergebnis erzielen lässt.[25]

12 Erforderlich ist die **Identität des Streitgegenstandes.** Diese liegt nicht mehr vor, wenn sich die tatsächlichen Verhältnisse oder die Rechtslage nach dem letzten maßgeblichen Beurteilungszeitpunkt (Schluss der letzten mündlichen Verhandlung bzw. bei Entscheidung ohne mündliche Verhandlung nach Aufgabe des Urteils zur Post) geändert haben.[26] Eine Änderung der Rechtsprechung ist ohne Auswirkung auf die Rechtskraft.

13 **3. Rechtskraftwirkung und Urteilsart.** Ein stattgebendes **Anfechtungsurteil** bindet nur, aber auch soweit, als sich aus den Entscheidungsgründen die Rechtswidrigkeit des angefochtenen Bescheides ergibt. Ein Verwaltungsakt, der aufgehoben wurde, weil er inhaltlich gegen das Gesetz verstößt, darf bei gleicher Sach- und Rechtslage mit derselben Begründung nicht wiederholt werden. Bei Aufhebung allein wegen Formmängeln oder Ermessensfehlern ist nur bindend festgestellt, dass diese vorliegen; ein neuer Bescheid, der dies beachtet, ist zulässig.[27]

---

18 BSG 30.9.2002 – B 11 AL 33/02 B: Ausspruch, dass Verfahren durch Vergleich nicht beendet wurde.
19 BSG 27.10.1976 – 2 RU 127/74, BSGE 43, 1 (3); BSG 10.5.2017 – B 6 KA 58/16 B, juris Rn. 8.
20 Vgl. Peters/Sautter/Wolff § 141 Rn. 66.
21 BSG 18.11.2003 – B 9 V 82/02 B.
22 Vgl. LSG BW 23.4.2020 – L 7 AS 1145/19, juris Rn. 42.
23 BSG 29.3.2007 – B 9 a V 7/06 B.
24 BSG 29.6.2000 – B 13 RJ 41/99 R, SGb 2000, 475.
25 BSG 26.1.2000 – B 13 RJ 5/99 R, SGb 2000, 258.
26 BSG 10.10.1978 – 7 RAr 56/77, SozR 4100 § 151 Nr. 10.
27 BSG 10.5.2017 – B 6 KA 58/16 B, juris Rn. 8.

14 Bei klagabweisendem Urteil auf **Verpflichtungsklage** kann der Kläger erneut einen Antrag stellen. Erlässt die Behörde einen Zweitbescheid (erneute Sachprüfung und -entscheidung, im Gegensatz zur wiederholenden Verfügung, bei der die Behörde eine erneute Sachentscheidung unter Hinweis auf die frühere Verfügung ablehnt, also keine Entscheidung iSv § 31 SGB X trifft)[28] liegt ein anderer Streitgegenstand vor, so dass keine Bindung an die Rechtskraft der früheren Entscheidung besteht. Auch eine erneute Klage gegen die wiederholende Verfügung ist zulässig, da diese als Verwaltungsakt einer Rechtsbehelfsbelehrung zugänglich ist[29] und lediglich die gerichtliche Prüfung darauf beschränkt ist, ob die Voraussetzungen für ein Wiederaufgreifen des Verfahrens gegeben sind.

15 Beim **Bescheidungsurteil** besteht Bindung an die Rechtsauffassung des Gerichts, zu deren Auslegung die Entscheidungsgründe heranzuziehen sind.[30] Hierbei sind nicht nur die Gründe bindend, aus denen das Gericht den angefochtenen Bescheid aufhebt, sondern alle Rechtsauffassungen, die das Bescheidungsurteil zur Beachtung vorschreibt.[31] Zu weitgehend das BSG[32] jedoch, soweit die Bindungswirkung auch diejenigen Einwendungen des Klägers umfassen soll, die das Gericht in seiner für die Neubescheidung maßgeblichen Rechtsauffassung nicht ausdrücklich erwähnt hat. Hierzu müsste zur Bestimmung des Umfangs der Bindungswirkung nicht nur das Bescheidungsurteil, sondern der gesamte Vortrag des Klägers im Neubescheidungsverfahren herangezogen werden.

16 Beim klagabweisenden Sachurteil auf **Leistungsklage** steht fest, dass kein Anspruch aufgrund des zugrunde liegenden Sachverhalts besteht. Beim stattgebenden Urteil besteht Bindungswirkung nur hinsichtlich der ausgesprochenen Rechtsfolge, nicht der Entscheidungsgründe. In Rechtskraft erwachsen nur der Leistungsausspruch hinsichtlich Art, Höhe und Dauer der Leistung, nicht dagegen die Anspruchsvoraussetzungen. **Nicht in Rechtskraft** erwächst deshalb zB beim Leistungsurteil die Feststellung der Schädigungsfolgen (dies kann nur über die Feststellungsklage § 55 Abs. 1 Nr. 3 erreicht werden), das Vorliegen verminderter Erwerbsfähigkeit oder die Erfüllung der versicherungsrechtlichen Voraussetzungen bei einer Rentenbewilligung.[33] Bei rechtsirrtümlicher Rentengewährung entsteht keine Bindung hinsichtlich der Ansprüche der Hinterbliebenen.[34]

17 Bei der **Feststellungsklage** erwachsen bei Klagabweisung die Feststellung, dass das Rechtsverhältnis nicht besteht, bzw. das kontradiktorische Gegenteil in Rechtskraft. Bei Abweisung der negativen Feststellungsklage ist rechtskräftig festgestellt, dass das Rechtsverhältnis besteht.[35]

18 Ein **Grundurteil** stellt nicht nur das Stammrecht fest, sondern schließt auch Einreden aus, zu denen das Gericht in den Urteilsgründen nicht Stellung zu nehmen brauchte. Ein Grundurteil, das zur Rentengewährung ab einem bestimmten Zeitpunkt verurteilt, schließt für nach diesem Zeitpunkt liegende Zeiten die

28 BVerwG 10.10.1995 – 7 B 296/95, Buchholz 428.2 § 2 Nr. 3.
29 BVerwG 10.12.2001 – 9 B 86/01, NVwZ 2002, 382; aA Peters/Sautter/Wolff § 141 Rn. 77.
30 BSG 27.10.1976 – 2 RU 127/74, BSGE 43, 1.
31 BSG 27.6.2007 – B 6 KA 27/06 R, juris Rn. 22.
32 BSG 27.6.2007 – B 6 KA 27/06 R, juris Rn. 23.
33 LSG Nds 16.6.1994 – 10 J 119/92, Breith. 1995, 164.
34 BSG 21.3.1962 – 7/3 RLw 24/61, BSGE 16, 281.
35 Entspr. zur abgewiesenen positiven Feststellungsklage BVerwG 68, 306 (307).

nachträgliche Erhebung der Verjährungseinrede aus.[36] Ein Grundurteil auf Krankengeld schließt den Einwand der fehlenden Arbeitsunfähigkeitsmeldung aus.

4. Umfang der Bindungswirkung in persönlicher Hinsicht. Das rechtskräftige Urteil bindet die Beteiligten nach § 69, damit auch den einfach oder notwendig Beigeladenen, unabhängig davon, ob diese Anträge gestellt haben,[37] und ihre Rechtsnachfolger, wenn die Rechtsnachfolge nach Eintritt der Rechtshängigkeit eingetreten ist. Diesen ist die Partei kraft Amtes gleichgestellt (zB Insolvenzverwalter, Nachlassverwalter, Testamentsvollstrecker). Durch Abs. 1 Nr. 2 wird zum einen die Bindungswirkung rechtskräftiger Urteile auch auf die Personen erstreckt, die im Falle des § 75 Abs. 2 a (notwendige Beiladung von mehr als 20 Personen) einen Antrag auf Beiladung nicht oder nicht fristgemäß gestellt haben. Durch die zum 1.7.2020 eingefügte Änderung wird der Neuregelung des § 75 Abs. 2 b Rechnung getragen, die das Einzugsstellenverfahren (§ 28 h SGB IV), das Betriebsprüfungsverfahren (§ 28 p SGB IV) und das Anfrageverfahren zur Statusfeststellung (§ 7 a SGB IV) betrifft. Dadurch wird in diesen Gerichtsverfahren die Wirkung der Rechtskraft des Urteils auf alle Versicherungsträger erstreckt, die trotz vorheriger Benachrichtigung einen Antrag auf Beiladung nicht oder nicht fristgemäß gestellt haben. Hierdurch soll sichergestellt werden, dass die Entscheidung über ein Versicherungs- und Beitragsverhältnis in jedem Fall einheitlich ergeht. 19

IV. Andere Wirkungen des Urteils

1. Präjudizialität. Eine Bindungswirkung kann auch gegeben sein, wenn bei nicht identischem Streitgegenstand des früheren Verfahrens die dort rechtskräftig entschiedene Frage in einem neuen Prozess eine Vorfrage darstellt. **Präjudizialität** in diesem Sinn liegt vor, wenn die im zweiten Prozess angestrebte Rechtsfolge rechtlich von der bereits im ersten Prozess entschiedenen Rechtsfolge direkt abhängt. Danach ist das Gericht eines späteren Verfahrens durch eine rechtskräftige Entscheidung über ein Rechtsverhältnis oder einen Anspruch in einem früheren Verfahren gebunden, wenn diese ein Urteilselement oder eine Vorbedingung des Klageanspruchs darstellen.[38] Eine Nachprüfung oder abweichende Beurteilung ist dann unzulässig, auch wenn die ursprüngliche Entscheidung schon bei ihrem Erlass unrichtig war. Nicht ausreichend ist lediglich eine faktische Vorgreiflichkeit.[39] Ein Verstoß gegen die Rechtskraft eines früheren Urteils kann grundsätzlich einen **Verfahrensfehler** darstellen.[40] 20

Die Rechtsprechung des BSG hierzu ist nicht einheitlich. Präjudizialität wurde in folgenden Fällen **bejaht**: Verneinung der Arbeitnehmereigenschaft im arbeitsgerichtlichen Verfahren ist für den Anspruch auf Insolvenzgeld vorgreiflich[41] wegen der Besonderheit, dass der Insolvenzgeldanspruch in materieller Hinsicht einen durchsetzbaren Anspruch des Arbeitnehmers auf ausgefallenes Arbeitsentgelt voraussetzt. Eine rechtskräftige Entscheidung über die Leistungspflicht ist 21

36 BSG 30.4.1982 – 11 RA 29/81, SozR 1500 § 141 Nr. 12.
37 Keller in Meyer-Ladewig/Keller/Leitherer/Schmidt § 141 Rn. 18 a.
38 BSG 23.10.2014 – B 11 AL 52/14 B.
39 BSG 6.2.1992 – 12 RK 15/90, SozR 3-1500 § 54 Nr. 9.
40 BSG 22.9.1999 – B 13 RJ 71/99 B.
41 BSG 8.4.1992 – 10 RAr 4/91, SozR 3-4100 § 141 a Nr. 1.

zB im Erstattungsstreit zu beachten, wenn der Berechtigte beigeladen war.[42] Ein zivilrechtliches Urteil ist für die Verwaltung bindend im Sinne einer Tatbestandswirkung.[43]

22 Präjudizialität **verneint:** Verneinung der Arbeitnehmereigenschaft im auf Gewährung von Alg gerichteten Prozess gegen die BA für den Rechtsstreit des Arbeitgebers gegen die BA wegen Beitragszahlung.[44] Die Rechtskraft eines Urteils über die Ablehnung eines versicherungspflichtigen Beschäftigungsverhältnisses entfaltet keine Bindungswirkung für die Beurteilung, ob der Arbeitgeber zur Entgeltfortzahlung im Krankheitsfall verpflichtet ist.[45] Die Bejahung eines Arbeitsverhältnisses im arbeitsgerichtlichen Verfahren ist nicht vorgreiflich für die Frage, ob eine beitragspflichtige Beschäftigung vorliegt.[46]

23 Als maßgebliche Gründe für eine Bindung werden die Einheit der Rechtsordnung[47]bzw. die Respektierung von Hoheitsakten anderer Staatsorgane[48] genannt. In den Entscheidungen des BSG zur Frage der Bindungswirkung von Urteilen anderer Gerichtszweige[49] ist die Bindungswirkung dagegen dann verneint worden, wenn aufgrund der Besonderheiten der anderen Verfahrensordnungen – insbesondere der zivilrechtlichen Dispositionsmaxime – im Verhältnis zu dem das Sozialgerichtsverfahren beherrschenden Amtsermittlungsgrundsatz eine abweichende Entscheidung durch die Sozialgerichte im Falle der Durchführung einer eigenständigen Beweisaufnahme denkbar erscheint, insbesondere wenn zivilrechtliche Urteile auf kollusivem Zusammenwirken der dortigen Beteiligten zulasten eines Versorgungsträgers beruhen,[50] oder wenn weitere Tatsachen vorgetragen werden, die im anderen Verfahren mangels entsprechenden Vortrags nicht berücksichtigt werden konnten.

24 **2. Sonstige Wirkungen des Urteils.** Von der materiellen Rechtskraft zu unterscheiden sind die

- Tatbestands- oder Drittbindungswirkung auch gegenüber nicht am Verfahren Beteiligter, insbesondere bei Entscheidungen, die gestaltende oder konstitutive Wirkung entfalten wie zB Statusentscheidungen,[51]
- Gestaltungswirkung des Gestaltungsurteils,[52] die mit Rechtskraft die Rechtslage für und gegen alle gestalten,
- Bindungswirkung nach § 318 ZPO (Bindung des Gerichts an die eigene Entscheidung), die bereits mit dem Erlass der Entscheidung und nicht erst mit deren formeller Rechtskraft eintritt,
- Feststellungswirkung. § 118 SGB X umfasst zB auch die tragenden Feststellungen,

42 BSG 9.5.1984 – 4 RJ 44/83, SozR 1500 § 141 Nr. 13.
43 BSG 19.12.1968 – 5 RKn 17/67, SozR RVO § 1291 Nr. 25: bzgl. Schuldausspruch; BSG 23.11.1988 – 5/4 a RJ 37/87, SozR 1500 § 141 Nr. 16 bzgl. Unterhaltsanspruch.
44 BSG 6.2.1992 – 12 RK 15/90, SozR 3-1500 § 54 Nr. 9.
45 BSG 25.9.2000 – B 1 KR 2/00 R, SozR 3-7860 § 11 Nr. 1.
46 LSG Saarland 22.5.2001 – L 6 AL 64/99.
47 BSG 8.6.1993 – 1 RK 21/91, SozR 3-2200 § 182 Nr. 17.
48 BSG 30.7.1981 – 10/8 b Rar 4/80, SozR 1500 § 141 Nr. 9.
49 BSG 20.5.1976 – 8 RU 98/75; BSG 24.4.1991 – 9 a/9 RVg 1/89; BSG 8.4.1992 – 10 RAr 4/91; BSG 11.10.1994 – 9 RV 8/94.
50 BSG 28.8.1997 – 8 RKn 22/96, SozR 3-2200 § 1265 Nr. 19.
51 BSG SozR 3-2500 § 95 a Nr. 2.
52 Vgl. Peters/Sautter/Wolff § 141 Rn. 52.

- Bindungswirkung des Verwaltungsakts, die im Umfang vergleichbar ist. Auch die Bindungswirkung eines Bescheides erstreckt sich nur auf seinen Verfügungssatz, nicht auf die ihn tragenden Gründe.[53]

V. Durchbrechungen der Rechtskraft

Das Prozessrecht kennt eine Durchbrechung der Rechtskraft in Form der Wiederaufnahme des Verfahrens durch Nichtigkeitsklage (§ 179) und Restitutionsklage (§ 180) sowie durch die **Wiedereinsetzung in den vorigen Stand** (§ 67). Die Rechtskraft durchbricht auch die zur Entscheidung angenommene Verfassungsbeschwerde, nicht dagegen die Individualbeschwerde nach EMRK. Die Rechtskraft wird weiter durchbrochen durch die begründete Anhörungsrüge (vgl. § 178 a). Anwendbar ist die **Vollstreckungsgegenklage** (§ 767 ZPO), die Abänderungsklage nach **§ 323 ZPO** jedoch nur dort, wo ein Verwaltungsakt nicht ergehen kann, da insoweit die §§ 44 ff. SGB X, § 330 SGB III verfahrensrechtliche Sondervorschriften darstellen.[54] Nach der Rechtsprechung des BSG sind Abänderungen entspr. **§ 826 BGB** möglich bei sittenwidrigem Herbeiführen oder Ausnutzen eines Urteils, wenn zB der Zeuge durch den Kläger zu einer Falschaussage angestiftet wurde, auf der das Urteil beruht.[55] 25

Auf dem Vorrang des Gebots der materiellen Gerechtigkeit vor dem Prinzip der Rechtssicherheit, das grundsätzlich Vorrang hat, beruht die verwaltungsverfahrensrechtliche Durchbrechung der Rechtskraft in den **§§ 44 ff. SGB X**. Hierbei ist der geltend gemachte Anspruch wie bei einem Erstantrag zu prüfen, die Prüfung ist nicht auf die vom Antragsteller neu vorgebrachten Argumente beschränkt.[56] 26

Keinen Fall einer Durchbrechung der Rechtskraft stellt **§ 48 SGB X** dar, da hier gerade eine Änderung der Sach- oder Rechtslage oder eine Änderung der ständigen Rechtsprechung des zuständigen obersten Gerichtshofes des Bundes vorausgesetzt wird und damit ein anderer Streitgegenstand vorliegt.[57] 27

VI. Rechtskraftzeugnis

Der Urkundsbeamte der Geschäftsstelle des Gerichts, bei dem der Rechtsstreit anhängig ist, stellt das **Rechtskraftzeugnis** aus (§ 198 Abs. 1 iVm § 706 ZPO). Inhalt: „Das Urteil ist rechtskräftig". Die Bescheinigung hat nur formelle Wirkung und besagt nichts über die materielle Richtigkeit der Entscheidung oder die innere Bindung der Parteien, das Zeugnis bindet die Beteiligten nicht.[58] 28

VII. Rechtskraft der Gegenforderung – Abs. 2

In Erweiterung von Abs. 1 wird nach **Abs. 2** die Rechtskraft auch auf eine **zur Aufrechnung gestellte Gegenforderung** ausgedehnt. Die Regelung entspricht § 322 ZPO. Rechtskräftig wird die Entscheidung, dass die Gegenforderung nicht oder – nach Aufrechnung – nicht mehr besteht aber nur, wenn die mit der Klage 29

---

53 BSG 15.12.1999 – B 11 AL 53/99 R, BSG SozR 3-4100 § 105 Nr. 4.
54 Hauck in Hennig § 141 Rn. 38.
55 BSG 26.9.1986 – 2 RU 45/85, SozR 1500 § 141 Nr. 15.
56 BSG 16.5.2001 – B 5 RJ 25/00 R, SozR 3-2600 § 243 Nr. 8; BSG 21.3.2002 – B 7 AL 44/01 R, SozR 3-4100 § 119 Nr. 23.
57 Peters/Sautter/Wolff § 141 Rn. 145.
58 BGH 21.12.1959 – III ZR 138/58, BGHZ 31, 388 (391).

geltend gemachte Forderung besteht. Nur dann ist nämlich auch über die zur Aufrechnung gestellte Gegenforderung zu entscheiden (so die herrschende sog **Beweiserhebungstheorie**).[59] Das Gericht darf nicht offen lassen, ob die Klageforderung besteht, weil dann nicht festgestellt werden kann, ob die Aufrechnung berücksichtigt wurde und insoweit keine Rechtskraft eintreten kann.[60]

30 Die Vorschrift ist auch auf die Verrechnung nach § 52 SGB I anwendbar, wobei der Versicherungsträger, mit dessen Anspruch aufgerechnet wird, gem. § 75 Abs. 2 beizuladen ist. Die Gegenforderung wird rechtskräftig nur in Höhe des Betrages, mit dem die Aufrechnung erklärt wurde.

31 Die Entscheidung über die Gegenforderung kann auch aus den Gründen ersichtlich sein, sie muss **nicht im Tenor** ergehen. Die Vorschrift ist auch anwendbar bei Aufrechnung durch den Kläger. Wird mit einer Forderung aufgerechnet, für die der Rechtsweg zu den Sozialgerichten nicht gegeben ist, muss das Gericht aussetzen bis zur Entscheidung des zuständigen Gerichts über die zur Aufrechnung gestellte Forderung, es sei denn, diese ist unstreitig. Bei sachlicher oder örtlicher Unzuständigkeit ist im Hinblick auf § 114 zu differenzieren: Ist die Gegenforderung bereits Gegenstand eines anderen anhängigen Rechtsstreits, so ist dessen Entscheidung abzuwarten, ansonsten ist nicht auszusetzen. Ein trotzdem ergangenes Urteil ist aber nicht nichtig.

§ 142 [Beschlüsse, Form und Inhalt]

(1) Für Beschlüsse gelten § 128 Abs. 1 Satz 1, die §§ 134 und 138, nach mündlicher Verhandlung auch die §§ 129, 132, 135 und 136 entsprechend.

(2) [1]Beschlüsse sind zu begründen, wenn sie durch Rechtsmittel angefochten werden können oder über einen Rechtsbehelf entscheiden. [2]Beschlüsse über die Wiederherstellung der aufschiebenden Wirkung und über einstweilige Anordnungen (§ 86 b) sowie Beschlüsse nach Erledigung des Rechtsstreits in der Hauptsache sind stets zu begründen. [3]Beschlüsse, die über ein Rechtsmittel entscheiden, bedürfen keiner weiteren Begründung, soweit das Gericht das Rechtsmittel aus den Gründen der angefochtenen Entscheidung als unbegründet zurückweist.

(3) Ausfertigungen der Beschlüsse sind von dem Urkundsbeamten der Geschäftsstelle zu unterschreiben.

59 Peters/Sautter/Wolff § 141 Rn. 97.
60 Vgl. BSG 11.12.2019 – B 6 KA 10/18 R, juris Rn. 28.

I. Allgemeines

§ 142 Abs. 1 regelt, welche für das Urteil geltenden Verfahrensvorschriften auch im Beschlussverfahren anzuwenden sind. Die Vorschrift enthält jedoch keine abschließende Aufzählung.[1] Abs. 2 wurde durch Art. 1 Nr. 48 des 6. SGGÄndG zum 2.1.2002 neu gefasst und die **Begründungspflicht** entsprechend § 122 Abs. 2 VwGO erweitert. Gleichzeitig wurde die Möglichkeit der Bezugnahme bei Beschwerdeentscheidungen ausdrücklich geregelt. Die parallelen Regelungen der anderen Verfahrensordnungen sind § 122 VwGO, § 113 FGO, § 329 ZPO. Die Vorschrift gilt für Beschlüsse in allen Instanzen. 1

II. Beschlüsse

Beschlüsse lassen sich – ohne Anspruch auf Vollständigkeit – unterteilen nach ihrem **Gegenstand/Inhalt** in 2

- **urteilsersetzende Beschlüsse:** §§ 153 Abs. 4, 158 Satz 2, Nichtzulassungsbeschwerde § 160 Abs. 4 S. 2, Abs. 5.
- **Nebenentscheidungen:** Übernahme der Gutachtenskosten nach § 109, PKH, Kostengrundentscheidung § 193 Abs. 1 Satz 3, Beschwerde gegen die Kostenfestsetzung gem. § 197.
- **verfahrensleitende Beschlüsse:** § 113 Verbindungsbeschluss, § 75 Beiladungsbeschluss, Beweisbeschluss.
- Entscheidungen im **einstweiligen Rechtsschutz** nach § 86 b Abs. 4, einstweilige Regelungen nach § 131 Abs. 5.
- **Vorlagebeschlüsse** an den EuGH (Art. 77 EWG-Vertrag), das BVerfG (Art. 100 GG), den Gemeinsamen Senat der obersten Gerichtshöfe des Bundes (§ 11 RsprEinhG) sowie den Großen Senat des BSG (§§ 42, 43 SGG).

III. Ausdrücklich geltende Vorschriften

1. Alle Beschlüsse. Nach Abs. 1 Hs. 1 sind auf alle Beschlüsse ausdrücklich anwendbar § 128 Abs. 1 Satz 1 (Grundsatz der freien Beweiswürdigung), § 134 (Unterschrift durch den Vorsitzenden) und § 138 (Berichtigung bei offenbarer Unrichtigkeit). Darüber hinaus können – in der Praxis der Regelfall – nach § 124 Abs. 3 Beschlüsse auch ohne mündliche Verhandlung ergehen. Dies ist für Entscheidungen über PKH zwingend (§ 73 a iVm § 127 Abs. 1 Satz 1 ZPO). 3

2. Beschlüsse nach mündlicher Verhandlung. Auf Beschlüsse nach mündlicher Verhandlung weiter anzuwenden sind die für Urteile geltenden Regelungen der § 132 (Verkündung), § 129 (Erlass durch die Richter, die an der mündlichen Verhandlung teilgenommen haben), § 135 (Zustellung) und § 136 über den Inhalt des Urteils. **Nach mündlicher Verhandlung** ergangen ist ein Beschluss sowohl bei eigens hierfür durchgeführter Verhandlung als auch bei Erlass im Rahmen einer Verhandlung zur Hauptsache. Hierbei gelten die für das Urteil entwickelten Grundsätze zur Vertagung und Unterbrechung eines Termins (→ § 129 Rn. 3). 4

1 AllgM, vgl. Keller in Meyer-Ladewig/Keller/Leitherer/Schmidt § 142 Rn. 3; Peters/Sautter/Wolff § 142 Rn. 3 ff.

IV. Weiter anwendbare Vorschriften

5 Die Regelung in § 142 Abs. 1 ist **nicht abschließend.** Auch weitere für Urteile geltende Vorschriften sind entsprechend anwendbar. Abzustellen ist jeweils auf die Art des Beschlusses. Es gelten die **allgemeinen Verfahrensvorschriften** der §§ 60 bis 75, 103, 104, 108, 114, insbesondere die Vorschriften über die Gewährung rechtlichen Gehörs der §§ 62, 107, 128 Abs. 2, über die Amtsermittlung § 103, die Rechtsmittelbelehrung §§ 66, 173, die Beweisaufnahme §§ 107, 116, 118, 119 bis 122, bei **mündlicher Verhandlung** die §§ 110 bis 120, 115, 117, 121, 126, 127, über die Zustellung § 133 Satz 2, die Tatbestandsberichtigung § 139 und die Entscheidungsergänzung § 140.[2] Bei Beschlüssen im einstweiligen Rechtsschutzverfahren ist auch § 144 Abs. 4 anwendbar.[3]

6 Nach der ausdrücklichen Regelung des § 142 Abs. 1 SGG gilt § 136 SGG ausschließlich für Beschlüsse entsprechend, die nach mündlicher Verhandlung ergehen, also gerade nicht für solche nach § 153 Abs. 4 SGG.[4] Auf Verwerfungsbeschlüsse nach § 158 als urteilsersetzende Entscheidungen soll die Vorschrift des § 136 jedoch auch ohne mündliche Verhandlung anwendbar sein.[5] Eine Kostenentscheidung ergeht nur in selbstständigen Beschlussverfahren.

V. Form und Besetzung

7 Nach § 124 Abs. 3 können Beschlüsse grundsätzlich **ohne mündliche Verhandlung** ergehen. Dies ist der Regelfall. Sie sind dann gem. § 133 Satz 2 zuzustellen. Die **ehrenamtlichen Richter** wirken nur bei Beschlüssen mit, die aufgrund mündlicher Verhandlung ergehen.[6] Beschlüsse nach mündlicher Verhandlung werden verkündet. Beschlüsse sind **schriftlich** abzufassen und müssen von den erlassenden Berufsrichtern unterschrieben werden. Allein die Belehrung über das Beschwerderecht kann auch mündlich erfolgen (§ 173 Satz 2).

VI. Begründung

8 **1. Begründungspflichtige Beschlüsse.** In den nachfolgend dargestellten Fällen müssen Beschlüsse begründet werden. Im Übrigen müssen Beschlüsse weder Tatbestand noch Entscheidungsgründe enthalten.

9 **a) Durch Rechtsmittel anfechtbar.** Nach Abs. 2 Satz 1 Var. 1 sind Beschlüsse zu begründen, wenn sie durch Rechtsmittel angefochten werden können. Dies umfasst zunächst alle **erstinstanzlichen Beschlüsse**, gegen die nach § 172 die Beschwerde gegeben ist. Das Fehlen der Begründung ist ein wesentlicher Verfahrensmangel.[7] Nach § 172 Abs. 2 nicht mit der Beschwerde anfechtbar und damit nicht zu begründen sind Vertagungsbeschlüsse, Beweisbeschlüsse, Beschlüsse über die Ablehnung von Beweisanträgen und über Verbindung und Trennung von Verfahren und Ansprüchen. Da mit Rechtsbehelf anfechtbar, sind seit dem 2.1.2002 auch Beschlüsse des ersuchten oder beauftragten Richters zu begründen. Beschlüsse im **Berufungsverfahren** sind mit Ausnahme der urteilsersetzen-

2 LSG BW 22.1.2008 – L 7 AS 6003/07, juris.
3 LSG Bln-Bbg 17.10.2007 – L 28 B 1630/07 AS ER, mwN.
4 BSG 8.7.1998 – B 11 AL 89/98 B, SozR 3-1500 § 142 Nr. 1.
5 BSG 31.10.2002 – B 4 RA 51/02 R.
6 BSG 3.8.1994 – 9 BVs 6/94; Keller in Meyer-Ladewig/Keller/Leitherer/Schmidt § 142 Rn. 4.
7 BayLSG 14.3.2011 – L 2 VK 1/11 B.

den Beschlüsse (§§ 153 Abs. 4 Satz 3, 158 Satz 3) nicht anfechtbar (§ 177) und deshalb nicht zu begründen, wobei wegen der befriedenden Wirkung gleichwohl eine Begründung zweckmäßig ist.

b) Entscheidung über Rechtsbehelf. Eine Begründung ist weiter erforderlich bei Beschlüssen, wenn sie über einen Rechtsbehelf (bis zum 31.12.2001 nur Rechtsmittel) entscheiden (Abs. 2 Satz 1 Var. 2). Zu begründen sind danach urteilsersetzende Beschlüsse des LSG gem. §§ 153 Abs. 4 und 158 Satz 2[8] und die Verwerfung der Revision als unzulässig (§ 169). Aus rechtsstaatlichen Gründen ist eine Begründung auch bei Entscheidungen über Rechtsbehelfe, die keine Rechtsmittel sind, geboten. Damit sind Entscheidungen über Erinnerungen nach § 197 Abs. 2 gegen die Kostenfestsetzung des Urkundsbeamten und über Beschwerden nach § 178 begründungspflichtig. Gleiches gilt für Beschwerdeentscheidungen des LSG (§ 176) und des BSG (§ 165 Satz 1). Ausgenommen von der Begründungspflicht sind die Berufungs- bzw. Revisionszulassung auf Nichtzulassungsbeschwerde (§§ 145 Abs. 4 Satz 2, 160 a Abs. 4 Satz 3). 10

c) Anordnung der aufschiebenden Wirkung und einstweilige Anordnung. Abs. 2 Satz 2 erstreckt die Begründungspflicht auf Beschlüsse über die Wiederherstellung der **aufschiebenden Wirkung** und über die **einstweilige Anordnung**, die für die Betroffenen regelmäßig erhebliche Bedeutung haben. Es ist daher geboten, in beiden Fällen eine Begründung der gerichtlichen Entscheidung zu verlangen. Eine Begründung ist zudem geboten, wenn das Gericht nach Erledigung der Hauptsache gem. § 193 Abs. 1 Satz 3 nach billigem Ermessen über die Kosten entscheidet. 11

d) Sonderregelungen. Sonderregelungen über die Begründungspflicht gelten für Vorlagebeschlüsse (→ Rn. 2). Der Beiladungsbeschluss muss den Grund der Beiladung angeben (§ 75 Abs. 3 Satz 3). Verweisungsbeschlüsse sind immer zu begründen (§ 17 a Abs. 4 Satz 4 GVG). Eine Begründungspflicht wird auch angenommen, wenn ein nicht mehr anfechtbarer Beschluss vom eindeutigen Wortlaut und der Auslegung einer Norm abweicht, ohne dass dies von den Beteiligten unmittelbar erkennbar ist.[9] 12

2. Umfang der Begründungspflicht. Der Beschluss muss den maßgeblichen Sachverhalt und die Entscheidungsgründe enthalten, eine Trennung in Tatbestand und Gründe ist nicht erforderlich. Nicht ausreichend ist allein die Wiederholung des Gesetzeswortlauts, auf dem die Entscheidung beruht.[10] Die Beschlussgründe müssen erkennen lassen, welche Überlegungen für die richterliche Überzeugungsbildung in tatsächlicher und rechtlicher Hinsicht maßgeblich waren.[11] Beschlüsse sind jedoch nicht bereits dann nicht mit Gründen versehen, wenn sie sachlich unvollständig, unzureichend, unrichtig oder sonst rechtsfehlerhaft sind.[12] 13

Nach **Abs. 2 Satz 3** kann auf die Gründe ganz verzichtet werden, soweit das Gericht ein **Rechtsmittel** aus den Gründen der angefochtenen Entscheidung als unbegründet zurückweist. Dadurch sollen die Beschwerdegerichte entlastet werden 14

8 BSG 31.5.2000 – B 7 AL 42/99 B; BSG 31.10.2002 – B 4 RA 51/02 R.
9 BVerfG 4.4.1998 – 1 BvR 968/97, NJW 1998, 3484.
10 LSG Hamburg 8.10.1981 – PKHs 30/81, Breith. 1982, 356.
11 BSG 11.3.1998 – B 9 SB 6/97 R, SozSich 1998, 439.
12 BSG 10.3.2011 – B1 KR 134/10 B.

(BT-Drs. 14/5943, 26 f. zu Nr. 47). Zu begründen sind aber Entscheidungen über sonstige **Rechtsbehelfe.**

15 Das Fehlen oder wesentliche Mängel der Begründung stellen einen wesentlichen Verfahrensmangel dar.

VII. Abänderbarkeit von Beschlüssen

16 Da § 318 ZPO auf Beschlüsse keine Anwendung findet, sind diese grundsätzlich **jederzeit abänderbar,** sofern sie nicht in materielle Rechtskraft erwachsen. Beschlüsse können formell rechtskräftig werden, wenn sie selbstständig anfechtbar oder unanfechtbar sind. Materieller Rechtskraft fähig sind urteilsersetzende Beschlüsse und selbstständige Nebenentscheidungen (→ § 141 Rn. 6). Nicht mehr frei abänderbar ist auch der Verweisungsbeschluss, da das verweisende Gericht nicht mehr zuständig ist.

VIII. Ausfertigung

17 Ausfertigungen (§ 137) zum Zwecke der Zustellung sind erforderlich, wenn der Beschluss einen vollstreckungsfähigen Inhalt hat.[13] Sie sind nach Abs. 3 vom Urkundsbeamten lediglich zu unterschreiben. Sie müssen nicht wie das Urteil mit dem Gerichtssiegel (§ 137 Satz 1) versehen werden. Die Urschrift verbleibt, wie beim Urteil, beim Gericht.

Sechster Unterabschnitt (aufgehoben)

§ 142 a (aufgehoben)

Zweiter Abschnitt Rechtsmittel

Erster Unterabschnitt Berufung

§ 143 [Zulässigkeit der Berufung]

Gegen die Urteile der Sozialgerichte findet die Berufung an das Landessozialgericht statt, soweit sich aus den Vorschriften dieses Unterabschnitts nichts anderes ergibt.

I. Allgemeines/Normzweck

1 **1. Gesetzesentwicklung.** § 143 gilt seit dem Inkrafttreten des SGG inhaltlich unverändert. Die derzeitige Gesetzesfassung beruht auf dem Gesetz vom 23.9.1975 (BGBl. 1975 I 2335).

---

13 Vgl. Wahrendorf in Roos/Wahrendorf § 142 Rn. 19.

2. Parallelvorschriften. Im Zivilprozess (§ 511 Abs. 2 ZPO) ist das Berufungssystem vergleichbar dem des Sozialgerichtsverfahrens aufgebaut mit einer Wertgrenze und mit dem Zulassungserfordernis unterhalb der Wertgrenze. Im Verwaltungsgerichtsverfahren (§ 124 Abs. 1 VwGO) gilt das andersgeartete System der Zulassungsberufung. Das Finanzgerichtsverfahren ist zweizügig aufgebaut; § 115 Abs. 1 FGO sieht als Rechtsmittel nur die Revision vor, die zulassungsabhängig ist. 2

3. Normzweck. Die Berufung ist das Rechtsmittel gegen Urteile der Sozialgerichte. Wie jedes Rechtsmittel dient sie zwei Zwecken: dem **individuellen Interesse** des beschwerten Beteiligten an einer richtigen Entscheidung im Einzelfall und dem **Allgemeininteresse** an einer Kontrolle der richtigen Rechtsanwendung durch die Vorinstanz sowie der Einheitlichkeit der Rechtsprechung. Dabei unterscheidet sich das Berufungsverfahren von der Revision dadurch, dass eine vollständige Überprüfung des Streitstoffs in sachlicher und rechtlicher Hinsicht vorgenommen wird, während im Revisionsverfahren die angefochtene Entscheidung nur einer Rechtsprüfung unterliegt. Dies folgt aus § 157 einerseits und §§ 162, 163 andererseits. Die **Überprüfung** im sozialgerichtlichen Berufungsverfahren gemäß § 157 ist in tatsächlicher und rechtlicher Hinsicht umfassend und nicht wie in § 529 ZPO eingeschränkt auf eine Fehlerkontrolle der angefochtenen Entscheidung.[1] § 143 stellt nur die Grundlage für die Berufung dar, die weiteren Voraussetzungen und die Durchführung des Verfahrens sind in den §§ 144 ff. und in den Verfahrensbestimmungen des vierten und fünften Unterabschnitts des zweiten Teils des SGG geregelt oder ergeben sich aus allgemeinem Prozessrecht. Aus der Norm folgt der Grundsatz, dass die **Berufung nur gegen Urteile der Sozialgerichte** zulässig und dass hierfür die Landessozialgerichte zuständig sind. Landessozialgerichte sind funktional nicht nur gemäß § 29 Abs. 1 zweitinstanzlich als Berufungsgerichte, sondern auch erstinstanzlich in den Fällen des § 29 Abs. 2 (sowie der weiteren Spezialzuständigkeit des LSG Nordrhein-Westfalen gemäß Abs. 3 und des LSG Berlin-Brandenburg gemäß Abs. 4) und gemäß § 202 Satz 2 iVm §§ 198 ff. GVG für Entschädigungsklagen wegen überlanger Verfahrensdauer zuständig. Entscheidet danach das LSG erstinstanzlich über eine Klage, ist nach dem Wortlaut des § 143 dagegen eine Berufung nicht statthaft, sondern unter den Voraussetzungen des § 160 nur eine Revision. 3

II. Zulässigkeit der Berufung

Wie auch die Klage, muss die Berufung zulässig sein. Sie hat Erfolg, wenn sie **zulässig** und **begründet** ist. Neben den allgemeinen Sachentscheidungsvoraussetzungen, wie Partei-, Prozess- und Postulationsfähigkeit, für die wie im erstinstanzlichen Verfahren die allgemeinen Regeln der §§ 70 ff. gelten, müssen besondere Sachentscheidungsvoraussetzungen vorliegen. Insbesondere muss die Berufung **statthaft** sein. Sie ist ohne Sachprüfung durch **Prozessurteil** oder durch Beschluss „als unzulässig zu verwerfen" (§ 158), wenn sie nicht statthaft, nicht fristgerecht oder nicht schriftlich, in elektronischer Form oder zur Niederschrift des Urkundsbeamten der Geschäftsstelle eingelegt ist. Zu den weiteren Zulässigkeitsvoraussetzungen, deren Fehlen zu einer Verwerfung der Berufung führen, und zu den Wirkungen der Verwerfung als unzulässig vgl. die Kommentierung zu § 158, wegen der Wirkungen → § 158 Rn. 11. Insbesondere erstreckt sich die 4

1 Heßler in Zöller § 529 Rn. 1.

Rechtskraft des Prozessurteils nur auf die prozessuale, nicht aber auf die materielle Rechtslage, so dass die Berufung innerhalb der Berufungsfrist erneut eingelegt werden kann. Wegen des unterschiedlichen Umfangs der Rechtskraftwirkung darf grundsätzlich nicht offen bleiben, ob die Berufung unzulässig oder unbegründet ist. Von diesem Grundsatz wird gelegentlich eine Ausnahme gemacht (nicht unbedenklich), wenn die zu entscheidende prozessuale Frage schwer zu beantworten ist und den Beteiligten durch die offen gebliebene Frage der Zulässigkeit kein Nachteil entsteht oder das Rechtsmittel in der Sache offensichtlich unbegründet ist.[2] Wenn die Berufung zulässig ist, prüft das LSG den Streitfall als weitere Tatsacheninstanz im gleichen Umfang wie das SG (§ 157, anders gemäß § 162 im Revisionsverfahren). Dem entsprechend ist die im Revisionsverfahren nach § 168 S. 1 unzulässige **Klageänderung** im Berufungsverfahren unter den Voraussetzungen des nach § 153 Abs. 1 entsprechend anzuwendenden § 99 zulässig (→ § 153 Rn. 14). Liegen die Zulässigkeitsvoraussetzungen für eine Berufung nicht vor, ist zu erwägen, im Wege der **Umdeutung** das zulässige Rechtsmittel zu eruieren. Dies kommt vor allem in Betracht, wenn die Berufung gemäß § 144 zulassungsbedürftig ist und statt der Berufung eine Nichtzulassungsbeschwerde erhoben werden müsste. Der Grundsatz, möglichst effektiven und lückenlosen Rechtsschutz zu gewähren, spricht dafür, eine derartige Umdeutung im sozialgerichtlichen Verfahren zuzulassen,[3] jedoch verfährt das BSG jedenfalls bei rechtkundig vertretenen Klägern und bei Behörden im Hinblick auf schutzwürdige Belange des Gegners und das durch das andere Rechtsmittel verfolgte unterschiedliche prozessuale Ziel restriktiv,[4] in neuerer Rechtsprechung auch bei nicht rechtskundig vertretenen Beteiligten. Für eine Umdeutung einer Berufung in eine Nichtzulassungsbeschwerde bleibt danach kein Raum. Zuvor ist allerdings im Wege der **Auslegung des Antrags** zu ermitteln, ob der Beteiligte eine Berufung oder eine Nichtzulassungsbeschwerde wünscht.

5 Die Zulässigkeitsvoraussetzungen müssen grundsätzlich zum **Zeitpunkt** der Berufungseinlegung erfüllt sein.[5] Von ihnen sind die Zulässigkeitsvoraussetzungen der Klage zu unterscheiden, die Gegenstand der Begründetheit der Berufung sind. Die Zulässigkeitsvoraussetzungen der Berufung müssen grundsätzlich bis zum Erlass des Berufungsurteils vorliegen. **Ändern** sich nach der Berufungseinlegung die rechtlichen Zulässigkeitsvoraussetzungen der Berufung, so gilt vorrangig eine gesetzliche Regelung über die Anwendbarkeit des neuen Gesetzes auf anhängige Verfahren. Fehlen solche Übergangsregelungen, so gilt nach den Grundsätzen des intertemporalen Verfahrensrechts in Verbindung mit den Grundsätzen des Vertrauensschutzes zwar das neue Verfahrensrecht ab dem Zeitpunkt seines Inkrafttretens mit Wirkung auch auf anhängige Verfahren; hat jedoch der Rechtsmittelführer bereits eine geschützte Rechtsposition erlangt (das ist bei bereits eingelegtem Rechtsmittel regelmäßig der Fall, weil er damit bereits eine prozessuale Rechtsposition erlangt hat), so ist weiterhin das günsti-

2 BSG 29.1.2008 – B 7/7 a AL 6/06 R, SozR 4-4100 § 128 Nr. 8; Keller in Meyer-Ladewig/Keller/Leitherer/Schmidt vor § 143 Rn. 2 a unter Hinweis auf die Rechtsprechung; Sommer in Roos/Wahrendorf § 143 Rn. 7: keine Bedenken.

3 Vgl. Keller in Meyer-Ladewig/Keller/Leitherer/Schmidt vor § 143 Rn. 15 c mit ausführlicher Darstellung des Meinungsstandes.

4 BSG 19.11.1996 – 1 RK 18/95, SozR 3-1500 § 158 Nr. 1, für einen rechtskundig vertretenen Beteiligten; BSG 20.5.2003 – B 1 KR 25/01 R, SozR 4-1500 § 158 Nr. 1; BSG 10.11.2011 – B 8 SO 12/11 B, juris, jeweils für unvertretene Beteiligte.

5 BSG 6.5.1994 – 7 RAr 80/93, SozR 3-1500 § 147 Nr. 2.

gere ältere Recht anzuwenden.[6] Ist die Berufung zum Zeitpunkt ihrer Einlegung unzulässig und ändert sich die Rechtslage zugunsten des Rechtsmittelführers vor Ablauf der Rechtsmittelfrist, so erfasst die Änderung auch eine bereits eingelegte Berufung (**Meistbegünstigungsprinzip**).[7]

1. Statthaftigkeit. Die Berufung ist gegen **Urteile der Sozialgerichte** statthaft. 6
Gemäß § 105 Abs. 2 Satz 1 steht ein **Gerichtsbescheid** einem erstinstanzlichen Urteil gleich. Grundsätzlich bedarf die Berufung keiner Zulassung, die Ausnahmen von dem Grundsatz sind in § 144 Abs. 1 Satz 1 geregelt, darüber hinaus bestimmt § 144 Abs. 4 einen Berufungsausschluss, wenn es allein um die Kosten des Verfahrens geht (vgl. hierzu die Kommentierung zu § 144). Urteile im Sinne des § 143 sind alle die erste Instanz beendenden **Endurteile**, unerheblich, ob sie als Prozess- oder Sachurteil ergehen.[8] Dazu zählen auch **Teilurteile**, weil sie gemäß § 202 iVm § 301 Abs. 1 Satz 1 ZPO hinsichtlich des betreffenden Verfahrensteiles eine abschließende Entscheidung treffen[9], sowie gemäß §§ 130 Abs. 1, 202 iVm § 304 Abs. 2 ZPO **Grundurteile** aufgrund einer Anfechtungs- und Leistungsklage, auch wenn sie gemäß § 130 Abs. 2 als Zwischenurteil ergehen,[10] nicht jedoch andere **Zwischenurteile** im Sinne des § 130 Abs. 2.[11] **Ergänzungsurteile** sind gemäß § 140 Abs. 2 Satz 2 anfechtbar. **Nicht-** oder **Scheinurteile** sind zwar ohne eine materiellrechtliche Wirkung und es bedarf daher keiner Anfechtung, sie können aber einen Rechtsschein entfalten; um diesen zu beseitigen ist ein Rechtsmittel dagegen zulässig.[12] Das muss mit gleicher Begründung auch für **nichtige Urteile** gelten.

Das Urteil muss bereits ergangen, also verkündet (§ 132) oder zugestellt (§ 133) 7
sein. Eine Berufung gegen zukünftige Urteile ist unzulässig.[13] Sie wird auch durch das nachfolgend ergehende Urteil nicht wirksam, sondern muss erneut eingelegt werden. Dies gebietet der Grundsatz, dass die Sachentscheidungsvoraussetzungen im Zeitpunkt der Berufungseinlegung erfüllt sein müssen. Dies gilt ausnahmsweise nicht im Fall von Schein- oder Nichturteilen, bei denen schon begrifflich nicht von einer Bekanntgabe ausgegangen werden kann. Zulässig ist jedoch die Berufungseinlegung nach der Verkündung, aber vor der Zustellung des schriftlichen Urteils, da es mit der Verkündung bereits existent ist.

---

6 BVerfG 11.3.1975 – 2 BvR 135/75 ua, NJW 1975, 1013; BSG, Großer Senat, 19.2.1992 – GS 1/89, SozR 3-2500 § 240 Nr. 27; BSG 30.3.1993 – 3 RK 1/93, SozR 3-2500 § 15 Nr. 1; BSG 30.1.2002 – B 6 KA 12/01 R, SozR 3-2500 § 116 Nr. 24; BSG 25.4.2013 – B 8 SO 21/11 R, SozR 4-3500 § 43 Nr. 3; BGH 28.2.1991 – III ZR 53/90, NJW 1991, 1686; Keller in Meyer-Ladewig/Keller/Leitherer/Schmidt vor § 143 Rn. 10 e; Schreiber in Breitkreuz/Fichte § 143 Rn. 3.

7 BSG 9.3.1988 – 9/9 a RVs 13/87, SozR 3870 § 4 Nr. 2.

8 Keller in Meyer-Ladewig/Keller/Leitherer/Schmidt § 143 Rn. 2.

9 BSG 8.10.1981 – 7 RAr 72/80, SozR 1500 § 144 Nr. 18; Sommer in Roos/Wahrendorf § 143 Rn. 14; Schreiber in Breitkreuz/Fichte § 143 Rn. 5.

10 BSG 6.8.1999 – B 4 RA 25/98 B, SozR 3-1500 § 199 Nr. 1.

11 BSG 19.9.2007 – B 9/9 a SB 49/06 B, SozR 4-1500 § 130 Nr. 2; vgl. Komm. zu → § 130 Rn. 11.

12 BSG 17.12.2015 – B 2 U 150/15 B, juris; Keller in Meyer-Ladewig/Keller/Leitherer/Schmidt § 143 Rn. 2 a.

13 hM: BVerwG 31.8.1966 – V C 42.65, BVerwGE 25, 20; BVerwG 8.12.1977 – VII B 76.77, NJW 1978, 1870; Keller in Meyer-Ladewig/Keller/LeithererSchmidt vor § 143 Rn. 3 c; Schreiber in Breitkreuz/Fichte § 143 Rn. 3; vgl. auch Kopp/Schenke Vor § 124 Rn. 19.

8 Hat das Sozialgericht eine formal inkorrekte Entscheidung getroffen, gilt das **Meistbegünstigungsprinzip.** Grundsätzlich ist gegen eine gerichtliche Entscheidung das Rechtsmittel einzulegen, das gegen die äußere Form der Entscheidung gegeben ist (objektive Theorie; zB Beschwerde gegen Beschluss). Hat das Gericht jedoch in einer nicht korrekten Form entschieden, kann der Rechtsmittelführer neben dem formal gegebenen Rechtsmittel auch das Rechtsmittel einlegen, das gegeben wäre, wenn das Gericht korrekt entschieden hätte (subjektive Theorie; Berufung gegen Beschluss, wenn das Gericht durch Urteil hätte entscheiden müssen).[14] Die Entscheidung des Rechtsmittelgerichts erfolgt jedenfalls in der korrekten Form, dh zB durch Urteil auf eine Beschwerde gegen einen Beschluss, wenn die angefochtene Entscheidung durch Urteil hätte ergehen müssen. Die Zulässigkeitsvoraussetzungen des Rechtsmittels richten sich dabei nach der korrekt zu ergehenden Entscheidung; der Rechtsmittelführer erfährt daher durch den Fehler der angefochtenen Entscheidung weder einen prozessualen Vorteil noch einen Nachteil. Wäre ein Rechtsmittel gegen die rechtmäßig ergangene Entscheidung unzulässig, ist sie daher auch bei einer unkorrekten Entscheidung unzulässig.

9 Sofern die Voraussetzungen des § 144 Abs. 1 Satz 1 vorliegen, muss die Berufung **zugelassen** sein. Sie darf ferner nicht **ausgeschlossen** sein (vgl. § 144 Abs. 4).

10 **2. Berufungsberechtigung.** Berechtigt, die Berufung einzulegen sind die (bisherigen) **Beteiligten** des Verfahrens iSd § 69. Wer am Verfahren nicht beteiligt ist, kann grundsätzlich kein Rechtsmittel einlegen, weil die ergangene Entscheidung ihn nicht bindet und ihm gegenüber keine (unmittelbaren) Rechtswirkungen entfaltet. Ausnahmsweise kann auch der Sozialhilfeträger gemäß § 95 Satz 1 SGB XII Rechtsmittel in dem Verfahren des Sozialhilfeempfängers gegen den ablehnenden Bescheid eines anderen Sozialleistungsträgers einlegen, selbst wenn er bislang nicht zu dem Verfahren beigeladen war, denn er hat in jedem Stand des Verfahrens das Recht, das Verfahren an sich zu ziehen und im Wege der Prozessstandschaft fortzuführen.[15] Ob allerdings der Sozialhilfeträger aufgrund des Fristenprivilegs des § 95 Satz 2 SGB XII Berufung auch dann noch einlegen kann, wenn die erstinstanzliche Entscheidung bereits zwischen den Verfahrensbeteiligten Rechtskraft erlangt hat, ist fraglich, weil dann eine Verbindlichkeit der Verwaltungsentscheidung ggf. nie eintreten würde[16].

11 **3. Form und Frist.** Wegen der einzuhaltenden Frist und der zu wahrenden Form der Berufung wird auf die Kommentierung zu § 151 verwiesen.

12 **4. Rechtsmittelverzicht.** Der Berufungsführer darf nicht auf das Rechtsmittel verzichtet haben. Der Rechtsmittelverzicht ist im SGG nicht geregelt, gemäß § 202 ist jedoch der zivilprozessuale Verzicht auf die Berufung gemäß § 515

14 BSG 9.2.1993 – 12 RK 75/92, SozR 3-1720 § 17 a Nr. 1; BGH 16.10.2002 – VIII ZB 27/02, NJW-RR 2003, 277; BVerwG 13.4.2011 – 9 C 1/10, NVwZ-RR 2011, 882; Keller in Meyer-Ladewig/Keller/Leitherer/Schmidt vor § 143 Rn. 14; Knittel in Hennig vor § 143 Rn. 26; Wehrhahn in jurisPK-SGG § 143 Rn. 11; Kopp/Schenke Vor § 124 Rn. 22.

15 Zu § 91 a BSHG: BSG 19.12.1991 – 12 RK 24/90, SozR 3-5910 § 91 a Nr. 1; Kirchhoff in Hauck/Noftz SGB XII, Stand 3/2015, § 95 Rn. 35; Armbruster in jurisPK-SGB XII, Stand 3/2020, § 95 Rn. 95.

16 Dazu Armbruster in jurisPK-SGB XII § 95 Rn. 117.

ZPO auch im sozialgerichtlichen Verfahren anzuwenden.[17] Der erklärte Rechtsmittelverzicht hat zur Folge, dass das angefochtene Urteil rechtskräftig und die Berufung als unzulässig verworfen wird, § 158. Der **gegenüber dem Gericht** erklärte Rechtsmittelverzicht ist ausschließlich eine prozessuale Erklärung, die abgesehen von der Rechtskraft des Urteils und damit der Bindungswirkung der Verwaltungsentscheidung keinen Einfluss auf den materiellen Anspruch nimmt; wird auf diesen verzichtet, führt dies dagegen nicht zur Unzulässigkeit, sondern zur Unbegründetheit des Rechtsmittels.[18] Als **Prozesserklärung** muss der Verzicht die allgemeinen Voraussetzungen einer Prozesshandlung aufweisen: die allgemeinen Verfahrensvoraussetzungen müssen gegeben sein, der Verzicht muss eindeutig, klar, unmissverständlich und bedingungsfrei erklärt worden sein.[19] Dabei ist der Wortlaut der Erklärung entsprechend § 133 BGB auszulegen und dadurch der wirkliche Wille des Erklärenden zu erforschen.[20] Der Verzicht auf die Berufung kann auch **gegenüber dem Verfahrensgegner** erklärt werden. Dieser wirkt sich materiell-rechtlich aus und begründet die Einrede der Unzulässigkeit der Berufung.[21] Der prozessrechtliche Berufungsverzicht kann erst erklärt werden, nachdem das Urteil des Sozialgerichts ergangen, dh wirksam ist (§§ 132, 133); ausnahmsweise können sich die Beteiligten nach hM bereits vorher vertraglich zum Verzicht verpflichten.[22] Die außerprozessuale Vereinbarung ist wiederum im Wege der Einrede vom Gegner in das Verfahren einzubringen. Der Rechtsmittelverzicht als Prozesserklärung ist unanfechtbar; bei einer außergerichtlichen, vertraglichen Vereinbarung können die Beteiligten dagegen anschließend vereinbaren, dass der Prozessgegner von der Einrede keinen Gebrauch macht. Der Rechtsmittelverzicht kann sich auf einen Teil des Urteils beschränken, wenn dieses einen abtrennbaren Verfahrensgegenstand enthält (Teilverzicht).[23]

5. Beschwer. Als besondere Zulässigkeitsvoraussetzung verlangt die Berufung 13
die **Beschwer** des Berufungsführers, die Ausdruck des Rechtsschutzinteresses oder Rechtsschutzbedürfnisses ist.[24] Wird die Beschwer bejaht, besteht damit regelmäßig auch ein Rechtsschutzinteresse des Berufungsführers; anders kann dies ausnahmsweise sein, wenn trotz der Beschwer das Rechtsmittel unnötig, zweckwidrig oder missbräuchlich verfolgt wird,[25] zB wenn der Rechtsmittelführer sein

---

17 BSG 15.10.1963 – 11 RV 68/63, SozR Nr. 1 zu § 514 ZPO; Keller in Meyer-Ladewig/Keller/Leitherer/Schmidt vor § 143 Rn. 11 mit der weiteren Möglichkeit einer Analogie zu § 156 SGG; Knittel in Hennig vor § 143 Rn. 52; vgl. auch Kopp/Schenke § 126 Rn. 6.

18 BGH 24.10.2017 – X ARZ 326/17, NJW-RR 2018, 250; vgl. Kopp/Schenke § 74 Rn. 21 zum Klageverzicht.

19 Zu den Prozesshandlungen allgemein: Keller in Meyer-Ladewig/Keller/Leitherer/Schmidt vor § 60 Rn. 11; zur Bedingungsfeindlichkeit BSG 13.2.2014 – B 8 SO 15/12 R, SozR 4-3500 § 133 a Nr. 2; zur mangelnden Prozesshandlungsfähigkeit BSG 10.9.2002 – B 2 U 193/02 B, juris.

20 BSG 16.4.2002 – B 9 VG 1/01 R, SozR 3-3800 § 1 Nr. 21.

21 BGH 10.10.2013 – VII ZR 248/11, juris; BGH 12.3.2002 – VI ZR 379/01, NJW 2002, 2108.

22 BGH 24.10.2017 – X ARZ 326/17, NJW-RR 2018, 250; Keller in Meyer-Ladewig/Keller/Leitherer/Schmidt vor § 143 Rn. 12 unter Hinweis auf Bedenken wegen der unbekannten Tragweite der Erklärung.

23 BGH 7.11.1989 – VI ZR 246/88, NJW-RR 1989, 1344.

24 BSG 9.12.2008 – B 2 KN 2/07 U R, juris; BSG 12.2.1997 – 9 RVs 1/95, SozR 3-3870 § 4 Nr. 18; BVerwG 18.4.1997 – 3 C 3/95, BVerwGE 104, 289; Keller in Meyer-Ladewig/Keller/Leitherer/Schmidt vor § 143 Rn. 5; Wehrhahn in jurisPK-SGG § 143 Rn. 15.

25 BVerwG 23.7.2014 – 6 B 1/14, NVwZ 2014, 1594.

Ziel auch auf anderem, einfacherem Weg als mit der Berufung erreichen kann. Die Beschwer kann im Laufe des Berufungsverfahrens wegfallen, wenn durch eine Änderung der Verhältnisse die Erledigung der Hauptsache eingetreten ist. Sie muss eine **rechtliche** Beeinträchtigung beinhalten, eine ausschließlich tatsächliche, zB pekuniäre Beeinträchtigung ist nicht ausreichend. Ob eine Beschwer vorliegt, richtet sich nach dem Inhalt des erstinstanzlichen Urteils; daher kann nicht durch eine **Klageerweiterung** im Berufungsverfahren die Beschwer erst nach Erlass des sozialgerichtlichen Urteils begründet werden,[26] vielmehr muss sie gemäß § 202 S. 1 iVm § 4 Abs. 1 ZPO bei Einlegung der Berufung vorliegen.[27] Allerdings ist es unschädlich, wenn die Beschwer bei Einlegung der Berufung nicht vorliegt, jedoch noch innerhalb der Berufungsfrist (§ 151 Abs. 1) erfüllt ist. Fällt sie während des Berufungsverfahrens weg, wird die Berufung unzulässig.[28]

14 Für die Berufung des **Klägers** ist eine **formelle Beschwer** erforderlich.[29] Sie liegt vor, wenn der Urteilsausspruch des Sozialgerichts rechtlich hinter dem Begehren des Klägers, das sich in seinem Antrag ausdrückt, zurückbleibt und dem Kläger damit etwas, was er beantragt hat, nicht zugesprochen wird und dieses mit der Berufung erreicht werden soll. Dies ist bei einem **bezifferten Antrag** der Fall, wenn der ausgeurteilte Betrag hinter dem beantragten zurückbleibt. Bei einem unbezifferten oder **unbestimmten Antrag** liegt nach herrschender Meinung eine formelle Beschwer jedenfalls dann nicht vor, wenn das Urteil dem Kläger etwas zuspricht, was sich im Rahmen seines Antrags hält. Beantragt der Kläger vor dem Sozialgericht einen GdB oder eine MdE höher als 30 und spricht das Gericht einen GdB/ eine MdE von 40 zu, fehlt es für die Berufung, mit der der Kläger einen GdB/ eine MdE von 50 begehrt, nach hM an der Beschwer.[30] Diese Annahme ist abzulehnen, da der Kläger dadurch gezwungen ist, einen in der Höhe konkreten Antrag zu stellen und Nachteile hinnehmen muss, wenn der nicht unwahrscheinliche Fall eintritt, dass nicht diese konkrete, sondern eine andere Höhe ausgeurteilt wird. Zumindest ist nach den zu § 123 entwickelten Grundsätzen (vgl. Kommentierung zu § 123) der Antrag auszulegen und dabei der wirkliche Wille des Beteiligten zu erforschen; ergibt dieser, dass der Beteiligte unabhängig von seinem formalen Antrag („GdB höher als 30") eigentlich die Schwerbehinderteneigenschaft erreichen will, ist er trotz eines ausgeurteilten GdB in Höhe von 40 beschwert.[31] Der Urteilsausspruch bleibt hinter dem Kla-

26 BSG 25.7.1985 – 7 RAr 33/84, SozR 1500 § 144 Nr. 30; BGH 10.10.1973 – IV ZB 22/73, NJW 1973, 2287.

27 Keller in Meyer/Ladewig/Keller/Leitherer/Schmidt vor § 143 Rn. 10; Wehrhahn in juris-PK-SGG § 143 Rn. 17.

28 BGH 29.6.2004 – X ZB 11/04, NJW-RR 2004, 1365; unter Berufung darauf zum Rechtsschutzbedürfnis: BSG 5.10.2009 – B 13 R 79/08 R, SozR 4-1500 § 171 Nr. 1; offen gelassen noch in BSG 27.4.1989 – 9 RVs 2/89, juris; differenzierend Keller in Meyer/Ladewig/Keller/Leitherer, vor § 143 Rn. 10, 10 a.

29 BSG 2.12.2008 – B 2 KN 2/07 U R, juris; BSG 29.9.1999 – B 6 KA 30/98 R, SozR 3-1500 § 54 Nr. 40; BSG 31.5.1967 – 12 RJ570/63, SozR Nr. 63 zu § 160 SGG; Keller in Meyer-Ladewig/Keller/Leitherer/Schmidt vor § 143 Rn. 6; Sommer in Roos/Wahrendorf § 143 Rn. 22.

30 BGH 1.2.1966 – VI ZR 193/64, BGHZ 45, 91; BGH 13.10.1981 – VI ZR 162/80, NJW 1982, 340; BayLSG 25.3.1999 – L 15 SB 47/97, juris; Schreiber in Breitkreuz/Fichte § 143 Rn. 11; Kopp/Schenke Vor § 124 Rn. 41.

31 Vgl. auch BSG 27.4.1989 – 9 RVs 2/89, juris; nur willkürliches Verhalten soll ausgeschlossen werden.

geantrag zurück, wenn nicht dem Haupt-, sondern dem **Hilfsantrag** stattgegeben wird, wenn statt eines beantragten Leistungs- oder Verpflichtungsurteil ein **Bescheidungsurteil** oder statt eines Sachurteils ein **Prozessurteil** ergeht.[32] Auch im Fall eines beantragten Bescheidungsurteils kann der Kläger beschwert sein, wenn die Verpflichtung der Behörde zur Neubescheidung nach Maßgabe der Rechtsauffassung des Gerichts erfolgt und diese Rechtsauffassung von der des Klägers abweicht, sodass er mit der Neubescheidung etwas anderes/weniger erhält, als begehrt. Zwar ist ein Kläger durch den Inhalt der Begründung eines Urteils grundsätzlich nicht beschwert und kann die Berufung gegen ein zusprechendes Urteil nicht darauf stützen, er wolle eine andere Begründung für den Zuspruch;[33] da jedoch beim Bescheidungsurteil gemäß § 131 Abs. 3 die Urteilsgründe an der materiellen Rechtskraft teilnehmen, ist der Kläger in dem Fall auch durch die Begründung beschwert.[34] Die Gründe prägen die zu erlassende Entscheidung.

Die Berufung des **Beklagten** ist zulässig, wenn er **formell oder materiell** beschwert ist. Seine formelle Beschwer liegt vor, wenn seinem Klageabweisungsantrag nicht vollen Umfangs entsprochen wurde, unabhängig davon, ob dies mit einem materiellrechtlichen Nachteil für ihn verbunden ist.[35] Alternativ kann stattdessen auf seine materielle Beschwer abgestellt werden, insbesondere wenn er keinen Antrag gestellt hat. Denn das angefochtene Urteil ist auf den Antrag des Klägers, nicht aber den des Beklagten ergangen.[36] Der Beklagte stellt lediglich einen Prozessantrag, der nicht Gegenstand der Gerichtsentscheidung ist. Die materielle Beschwer liegt vor, wenn der Beklagte durch die angefochtene Entscheidung einen rechtlichen Nachteil erfährt und in seinen eigenen Rechten betroffen ist; diese Betroffenheit ist anhand der Rechtskraftwirkung des Urteils zu ermitteln.[37] Sie kann auch dann vorliegen, wenn die Klage durch Prozessurteil statt durch Sachurteil abgewiesen wird, weil der Kläger dann erneut klagen kann.[38] 15

Der **Beigeladene** muss für die Durchführung der Berufung ausschließlich **materiell beschwert** sein (→ Rn. 15). Hierfür ist es nicht ausreichend, dass er an dem 16

32 Zu Prozessurteil: BSG 21.9.1983 – 4 RJ 63/82, juris; BSG 30.11.1965 – 3 RK 26/62, NJW 1966, 1142; zu Hilfsantrag: BSG 31.8.1983 – 2 RU 29/81, SozR 1500 § 51 Nr. 32; BGH 15.5.1984 – VI ZR 155/82, MDR 1985, 40.

33 BSG 10.5.2000 – B 6 KA 20/99 R, SozR 3-2500 § 85 Nr. 37.

34 BSG 13.5.2015 – B 6 KA 20/14 R, SozR 4- 2500 § 120 Nr. 4; BSG 27.10.1976 – 2 RU 127/74, SozR 2200 § 690 Nr. 4; Knittel in Hennig vor Rn. 143 Rn. 42; Keller in Meyer-Ladewig/Keller/Leitherer/Schmidt vor § 143 Rn. 6.

35 BSG 26.6.1973 – 8/2 RU 112/70, SozR Nr. 5 zu § 562 RVO; BVerwG 9.8.1994 – 7 C 44/93, NVwZ 1995, 999; Keller in Meyer-Ladewig/Keller/Leitherer/Schmidt vor § 143 Rn. 7; Kopp/Schenke Vor § 124 Rn. 40.

36 BSG 16.1.2019 – B 7 AY 2/17 R, juris; BSG 17.11.2005 – B 11a/11 AL 57/04 R, SozR 4-1500 § 96 Nr. 4; BVerwG 4.6.1998 – 9 B 429/98, juris; Keller in Meyer-Ladewig/Keller/Leitherer/Schmidt vor § 143 Rn. 7.

37 BSG 2.7.1997 – 9 RVs 9/96, juris; BVerwG 10.10.2012 – 3 B 56/12, juris; Schreiber in Breitkreuz/Fichte § 143 Rn. 13; Keller in Meyer-Ladewig/Keller/Leitherer/Schmidt vor § 143 Rn. 7.

38 BVerwG 30.6.2014 – 2 B 99/13, juris; Knittel in Hennig vor § 143 Rn. 48; einschränkend Schreiber in Breitkreuz/Fichte § 143 Rn. 14 unter Hinweis auf BSG 26.10.1989 – 4 RA 19/88, juris: nur dann, wenn er ein Sachurteil beantragt hatte; dies stellt jedoch auf formalrechtliche Gesichtspunkte ab; anders noch BSG 8.3.1966 – 9/9 a RVs 13/87, SozR 3870 § 4 Nr. 2, da Anfechtungsfrist verstrichen sei; ebenso Keller in Meyer-Ladewig/Keller/Leitherer/Schmidt vor § 143 Rn. 7.

Rechtsstreit beteiligt ist und die Rechtskraftwirkung des angefochtenen Urteils ihn erfasst, sondern die Rechtskraftwirkung des Urteils, die sich aus dessen Tenor, ggf. unter Heranziehung der Urteilsgründe ergibt, muss ihn in eigenen materiellen Rechten im Sinne des § 54 Abs. 1 Satz 2 berühren.[39] Unerheblich ist, ob der Beigeladene im erstinstanzlichen Verfahren einen eigenen Antrag gestellt hat. Er muss geltend machen können, dass er mit der Berufung die Durchsetzung eigener subjektiver Rechte verfolgt. Das ist bei einem zu Unrecht Beigeladenen nicht der Fall. Ein beigeladener Versicherungsträger ist durch die Verurteilung des beklagten Versicherungsträgers materiell beschwert, wenn er diesem gegenüber erstattungspflichtig ist.[40] Materielle Beschwer liegt vor, wenn das Urteil eine Tatbestandswirkung entfaltet.[41] Eine beigeladene **Behörde** ist nur dann materiell beschwert, wenn sie in der Erfüllung der ihr übertragenen Aufgaben durch das angefochtene Urteil beeinträchtigt ist;[42] dies ist der Fall, wenn sie zu einer Leistung verurteilt wird. Eine KV ist bereits dann in eigenen Rechten betroffen, wenn sie in ihrer Gesamtverantwortung für die Durchführung der vertragsärztlichen Versorgung beeinträchtigt ist, zB durch Entscheidungen in Regress- oder Zulassungsstreitigkeiten.[43] Bei einem **Bescheidungsurteil** gemäß § 131 Abs. 3 reicht es für die Beschwer des Beigeladenen aus, dass die vom Sozialgericht für maßgeblich erachtete Rechtsauffassung für ihn ungünstiger als seine eigene ist und ihn in seinen subjektiven Rechten berühren kann.[44] Unter der Voraussetzung, dass ihn das Urteil des Sozialgerichts in seinen eigenen Rechten berührt, kann der Beigeladene auch dann Berufung einlegen, wenn der Rechtsstreit sich in der Hauptsache erledigt und er ein berechtigtes Interesse an der Klärung der Rechtmäßigkeit des Verwaltungsakts hat.[45]

III. Gegenstand des Berufungsverfahrens

17 Der Gegenstand des Berufungsverfahrens wird nach den Grundsätzen der auch im sozialgerichtlichen Verfahren geltenden **Dispositionsmaxime** (→ § 92 Rn. 8, → § 103 Rn. 2, → § 123 Rn. 1) durch den Antrag des Berufungsklägers bestimmt.[46] Dieser kann die Berufung auf einen Teil des angefochtenen Urteils beschränken, wenn dieses einen teilbaren Inhalt hat. Nimmt er eine derartige Beschränkung vor, wird der nicht angefochtene Teil des Urteils rechtskräftig. Der **Gegenstand des Berufungsverfahrens** ist daher grundsätzlich durch den **Umfang der erstinstanzlichen Entscheidung** und den **Antrag des Berufungsführers** begrenzt. Regelmäßig entscheidet das Landessozialgericht gemäß § 29 Abs. 1 **als Berufungsgericht zweitinstanzlich** auf der Grundlage der Entscheidung des Sozi-

39 BSG 8.10.2019 – B 1 A 1/19 R, SozR 4-2500 § 89 Nr. 9; BSG 15.9.2019 – B 6 KA 27/18 B, SozR 4-2500 § 299 Nr. 1; BSG 13.12.2000 – B 6 KA 26/00 R, SozR 3-2500 § 95 a Nr. 2; BSG 6.2.1992 – 7 RAr 78/90, SozR 3-1500 § 54 Nr. 9; BVerwG 29.1.1991 – 4 C 51/89, NVwZ-RR 1991, 601.
40 BSG 16.4.1959 – 5 RKn 27/58, BSGE 9, 250; Keller in Meyer-Ladewig/Keller/Leitherer/Schmidt vor § 143 Rn. 8.
41 Schreiber in Breitkreuz/Fichte § 143 Rn. 13; Wehrhahn in jurisPK-SGG § 143 Rn. 16.
42 BVerwG 17.5.1995 – 6 C 8/94, BVerwGE 98, 210; Keller in Meyer-Ladewig/Keller/Leitherer/Schmidt vor § 143 Rn. 8.
43 BSG 19.7.2006 – B 6 KA 14/05 R, SozR 4-2500 § 116 Nr. 3; BSG 5.2.2003 – B 6 KA 26/02 R, SozR 4-2500 § 117 Nr. 1.
44 BVerwG 30.5.1984 – 4 C 58/81, NVwZ 1984, 718; Kopp/Schenke Vor § 124 Rn. 46.
45 BSG 21.6.1995 – 6 RKa 48/94, SozR 3-1500 § 131 Nr. 5; aA Knittel in Hennig vor § 143 Rn. 50.
46 Arndt in Breitkreuz/Fichte § 157 Rn. 3.

algerichts. Daneben bestehen die Zuständigkeiten als erstinstanzliches Gericht gemäß § 29 Abs. 2 für alle Landessozialgerichte sowie zusätzlich gemäß § 29 Abs. 3 für das LSG Nordrhein-Westfalen und gemäß § 29 Abs. 4 für das LSG Berlin-Brandenburg. Unabhängig von diesen gesetzlich vorgesehenen erstinstanzlichen Zuständigkeiten des Landessozialgerichts gibt es Fälle, in denen dieses in Abweichung von dem o.a. Grundsatz, dass das Urteil des Sozialgerichts den maximalen Rahmen für das Berufungsverfahrens setzt, **im Rahmen des Berufungsverfahrens erstinstanzlich** über Klagen entscheidet. Dies führt dazu, dass der Verfahrensgegenstand des Berufungsverfahrens über den des angefochtenen Urteils hinausgehen kann.

Ergeht während des Berufungsverfahrens ein **neuer Verwaltungsakt**, der die Voraussetzungen des **§ 96** erfüllt, so wird dieser in gleicher Weise wie in der ersten Instanz Gegenstand des Berufungsverfahrens, allerdings mit der Maßgabe, dass das Berufungsgericht über seine Anfechtung im Klagewege entscheidet (→ § 96 Rn. 23, → § 153 Rn. 9). Ändert der Berufungskläger oder -beklagte die Klage während des Berufungsverfahrens in zulässiger Weise, so wird in entsprechender Anwendung des **§ 99** die **geänderte Klage** Gegenstand des Berufungsverfahrens, ggf. im Wege der Anschlussberufung. Über die geänderte Klage entscheidet das Berufungsgericht ebenfalls erstinstanzlich (→ § 99 Rn. 25; → § 153 Rn. 12). 18

Hiervon sind die Fälle zu unterscheiden, in denen das Sozialgericht nur über einen Teil des Streitgegenstandes entschieden hat (dieser Teil kann auch ein Bescheid nach § 96 oder eine geänderte Klage sein). Nicht abschließend ist geklärt, ob und in welchem Umfang das Landessozialgericht im Rahmen des Berufungsverfahrens auch über den noch bei dem Sozialgericht anhängigen („unentschiedenen") Prozessstoff mitentscheiden kann (**sog. Heraufholen von Prozessresten**).[47] Dabei sind der Zusammenhang und die Abgrenzung zu einer Urteilsergänzung gemäß § 140 zu berücksichtigen. Danach wird auf Antrag ein Urteil ergänzt, wenn das Sozialgericht versehentlich über einen erhobenen Anspruch nicht entschieden hat, nicht aber dann, wenn das Sozialgericht über einen Anspruch bewusst nicht entschieden hat (→ § 140 Rn. 5).[48] Unterschiedliche Auffassungen dazu, ob und gegebenenfalls in welchen Fällen das Landessozialgericht Streitgegenstände, über die das Sozialgericht noch nicht entschieden hat, in das Berufungsverfahren „heraufholen" kann, beruhen auf einer unterschiedlichen Beurteilung des Verhältnisses zwischen § 140 und § 143.[49] Bei der Beantwortung der Frage ist Art. 19 Abs. 4 GG zu beachten, der gebietet, dass ein Rechtsschutz gewährleistet sein muss mit der Folge, dass jedenfalls eine Überprüfungsmöglichkeit von Prozessstoff gegeben sein muss. 19

Es sind unabhängig von den Fällen gemäß §§ 96 und 99 verschiedene Konstellationen denkbar, wegen derer das Sozialgericht ein Verfahren entschieden, gleichwohl aber nicht den gesamten Streitstoff erfasst hat: 20

- es hat bewusst und rechtsfehlerfrei nur über einen Teil entschieden;
- es hat absichtlich und dabei rechtsfehlerhaft nur über einen Teil entschieden;

47 Schreiber in Breitkreuz/Fichte § 143 Rn. 17 ff.
48 BSG 2.4.2014 – B 3 KR 3/14 B, SozR 4-1500 § 140 Nr. 2; BSG 23.6.2013 – B 13 R 454/12 B, juris; BSG 18.8.1999 – B 4 RA 25/99 B, SozR 3-1500 § 96 Nr. 9.
49 Vgl. zum Meinungsstand Schreiber in Breitkreuz/Fichte § 143 Rn. 17 ff.; Arndt in Breitkreuz/Fichte § 157 Rn. 6 ff.; Frehse in Jansen § 157 Rn. 8 ff.; Keller in Meyer-Ladewig/Keller/Leitherer/Schmidt § 140 Rn. 2 a; Keller in Meyer-Ladewig/Keller/Leitherer/Schmidt § 143 Rn. 1 b; zur VwGO: Kopp/Schenke § 110 Rn. 7; § 128 Rn. 1.

- es hat versehentlich nur über einen Teil entschieden;
- es hat unbewusst und rechtsfehlerhaft nur über einen Teil entschieden.

21 Die Entwicklung der Abgrenzung zwischen § 140 und § 143 ist in der Rechtsprechung des BSG noch nicht abgeschlossen, es kommt jedoch immer zu einer vollständigen Überprüfungsmöglichkeit des gesamten Streitstoffes, so dass Art. 19 Abs. 4 GG nicht verletzt wird. In einigen Entscheidungen wird eine Abgrenzung zu § 140 als Spezialvorschrift vorgenommen und ein „Heraufholen" in das Berufungsverfahren durch das LSG für unzulässig erachtet, wenn die Voraussetzungen einer Urteilsergänzung vorliegen.[50] Dies ist der Fall, wenn das Sozialgericht über den gesamten Rechtsstreit entscheiden wollte, versehentlich aber nicht erschöpfend entschieden hat. Dementsprechend ist ein „Heraufholen" möglich, wenn die Voraussetzungen des § 140 nicht vorliegen.[51] Dies wird teilweise dahingehend ausgeweitet, dass ein „Heraufholen" auch dann zulässig ist, wenn die Voraussetzungen des § 140 zwar vorliegen, die Antragsfrist hierfür aber verstrichen oder eine Ergänzung aus sonstigem Grund unterblieben ist.[52] In anderen Entscheidungen stellt das BSG nicht darauf ab, ob das Sozialgericht bewusst oder unbewusst nicht über den Streitstoff vollständig entschieden hat.[53] In einigen neueren Entscheidungen wird weniger auf die Abgrenzung zwischen der Urteilsberichtigung und der Entscheidung des weiteren Prozessstoffes im Berufungsverfahren abgestellt, sondern die Mitbehandlung im Berufungsverfahren dann für zulässig erachtet, wenn die Beteiligten zustimmen; das wird bereits dann angenommen, wenn sie sich auf die Mitbehandlung rügelos einlassen.[54] Dabei wurde im Fall der Einbeziehung des § 96 auf die Zustimmung mit der Begründung verzichtet, dass die Mitbehandlung zwingende Rechtsfolge sei.[55] Unterschiedlich ist auch die Behandlung einer bewusst unterbliebenen Entscheidung durch das Sozialgericht; teilweise wird diese Entscheidung des Sozialgerichts für das Berufungsgericht als verbindlich und ein „Heraufholen" für unzulässig erachtet,[56] teilweise wird die Mitbehandlung durch das Berufungsgericht jedoch zumindest für zulässig erachtet, wenn das Sozialgericht zwar bewusst einen Streitstoff unbehandelt ließ, dies aber auf einem Rechtsirrtum beruhte.[57] Angesichts der unterschiedlichen Behandlung des Heraufholens insbesondere bei den Instanzgerichten, aber auch wegen der schwierigen Abgrenzung zwischen einer bewussten, unbewussten und rechtsirrtümlichen Nichtbehandlung wird teilweise aus Sicht der Beteiligten empfohlen, sowohl die Urteilsberichtigung

---

50 BSG 23.6.2016 – B 3 KR 4/16 B, SozR 4-1500 § 140 Nr. 3; BSG 16.7.2004 – B 2 U 41/04 B, SozR 4-1500 § 160 a Nr. 4; BSG 26.5.2011 – B 10 EG 12/10 R, SozR 4-7837 § 4 Nr. 2; BSG 13.6.2013 – B 13 R 454/12 B, juris; ebenso BSG 13.4.2000 – B 7 AL 222/99 B, juris zu § 138.

51 BSG 29.6.1979 – 8 b RK 4/79, SozR 5310 § 6 Nr. 2; BSG 26.8.1994 – 13 RJ 9/94, juris.

52 BSG 26.11.1986 – 7 RAr 55/85, SozR 4100 § 113 Nr. 5; BSG 9.7.1997 – 3 BS 3/96, SozR 3-1500 § 140 Nr. 2.

53 BSG 11.11.1987 – 9 a RV 22/85, juris; BSG 7.11.2006 – B 7 b AS 8/06 R, SozR 4-4200 § 22 Nr. 1; BSG 10.12.2013 – B 13 R 91/11 R, SozR 4-2600 § 249 b Nr. 1.

54 BSG 28.8.2007 – B 7/7 a AL 10/06 R, SGb 2007, 610; BSG 3.12.2015 – B 4 AS 59/13 R, SGb 2016, 93.

55 BSG 17.11.2005 – B 11a/11 AL 57/04 R, SozR 4-1500 § 96 Nr. 4.

56 BSG 27.6.2001 – B 6 Ka 7/00 R, SozR 3-2500 § 79 a Nr. 1.

57 BSG 2.4.2014 – B 3 KR 3/14 B, SozR 4-1500 § 140 Nr. 2 mit Anm. Wolff-Dellen SGb 2015, 352.

nach § 140 zu beantragen als auch die Mitbehandlung im Berufungsverfahren zu betreiben.[58]

Die **Literatur** geht überwiegend davon aus, dass ein „Heraufholen" von Prozessstoff in das Berufungsverfahren unzulässig ist, wenn das Sozialgericht bewusst und rechtsfehlerfrei nur ein Teilurteil erlassen hat.[59] Denn dann ist der Prozessrest noch im erstinstanzlichen Verfahren anhängig und die Entscheidung des Sozialgerichts, nur ein Teilurteil zu erlassen (§ 202 Satz 1, § 301 ZPO), ist vom Berufungsgericht zu respektieren. Hat dagegen das Sozialgericht versehentlich nur über einen Teil des Prozessstoffs entschieden und wollte es eigentlich ein vollständiges Urteil fällen, weil es zB den Umfang des Prozessstoffes nicht richtig gesehen hat (versehentlich und unrechtmäßig), ist eine Urteilsergänzung gemäß § 140 vorrangig und für die Behandlung des Prozessstoffes im Berufungsverfahren fehlt es am Rechtsschutzbedürfnis.[60] Ein „Heraufholen" von Prozessstoff ist in den übrigen Fällen möglich und erforderlich, weil anderenfalls keine Möglichkeit bestände, darüber zu entscheiden.[61] Dazu gehört insbesondere die Konstellation, dass das Sozialgericht zwar bewusst (daher keine Urteilsergänzung), aber verfahrensfehlerhaft (daher kein Teilurteil im Sinne des § 301 ZPO) über den Prozessstoff nicht entschieden hat. Dies kann auch der Fall sein, wenn das Gericht den Streitstoff geteilt hat, obwohl dieser keinen teilbaren Gegenstand hatte. Das Landessozialgericht entscheidet über die Klage im Rahmen des Berufungsverfahrens. Diese Tatsache muss im Urteilsausspruch erkennbar werden. 22

Die Frage, ob ein „Heraufholen" von Prozessstoff zulässig ist, muss sich an dem Gedanken orientieren, dass das Sozialgericht rechtmäßig ein Teilurteil erlassen kann; aus dem Gedanken des § 159 Abs. 1 folgt die Bindung dieser Entscheidung für das Landessozialgericht. Ferner geht die Urteilsergänzung gemäß § 140 dem „Heraufholen" vor, weil dies dem gesetzlichen Grundprinzip entspricht, dass über den Streitstoff zunächst erstinstanzlich entschieden und diese Entscheidung im Berufungsverfahren überprüft wird. § 157, in dessen Zusammenhang die Frage des „Heraufholens" sehr häufig diskutiert wird,[62] steht dem nicht entgegen. Denn das „Heraufholen" hat gerade zur Folge, dass das Berufungsgericht nicht in gleichem Umfang wie das Sozialgericht entscheidet; der „gleiche Umfang" des § 157 muss sich also auf §§ 103, 106 beziehen. Auch die Möglichkeit, innerhalb des Berufungsverfahrens die Klage gemäß § 99 zu ändern, steht diesem Ansatz nicht entgegen, denn es fehlt das Rechtsschutzbedürfnis an einer Berufungsentscheidung, wenn noch eine erstinstanzliche Entscheidung herbeigeführt werden kann. Diese Gründe sprechen auch gegen die jünge- 23

58 Schreiber in Breitkreuz/Fichte § 143 Rn. 19; Arndt in Breitkreuz/Fichte § 157 Rn. 9.
59 Arndt in Breitkreuz/Fichte § 157 Rn. 6; Schreiber in Breitkreuz/Fichte § 143 Rn. 18; Wagner in Hennig § 157 Rn. 10; Keller in Meyer-Ladewig/Keller/Leitherer/Schmidt § 157 Rn. 2 a; Sommer in Roos/Wahrendorf § 157 Rn. 6.
60 Wagner in Hennig § 157 Rn. 10: § 140 und Heraufholen möglich; Schreiber in Breitkreuz/Fichte § 143 Rn. 19, der allerdings den Fall des zu eng ausgelegten Prozessstoffs nicht unter § 140 fasst, weil der Prozessstoff nicht versehentlich, sondern bewusst übergangen sei; Peters/Sautter/Wolff § 157 Rn. 4; Frehse in Jansen § 157 Rn. 7; aA § 140 Rn. 14 f; Keller in Meyer-Ladewig/Keller/Leitherer/Schmidt § 140 Rn. 2 a, der sich der Position des BSG – Rn. 51 – annähert.
61 Wagner in Hennig § 157 Rn. 10; Schreiber in Breitkreuz/Fichte § 143 Rn. 20; Frehse in Jansen § 157 Rn. 8 mit der Maßgabe, dass das SG-Verfahren zwar formell durch Urteil beendet, rechtlich aber noch nicht abgeschlossen und das Urteil daher aufzuheben ist.
62 Arndt in Breitkreuz/Fichte § 157 Rn. 8; Wagner in Hennig § 157 Rn. 10; vgl. auch Kopp/Schenke § 128 Rn. 2.

re Tendenz des BSG, die im Zivilgerichtsverfahren sehr weitgehend verfolgt wird,[63] ein „Heraufholen" dann zuzulassen, wenn dies dem Willen der Beteiligten entspricht. Denn der Instanzenzug ist nicht disponibel. Es besteht für die Praxis keine Notwendigkeit, auch dann nicht, wenn der Prozessteil im Berufungsverfahren für den bei dem Sozialgericht verbliebenen Teil präjudizierend ist. Für das „Heraufholen" verbleiben unter dem Gebot des Art. 19 Abs. 4 GG die Fälle, in denen eine erstinstanzliche Entscheidung nicht mehr getroffen werden kann, also im Fall eines bewussten fehlerhaften Teilurteils; ob darüber hinaus auch im Fall einer unbewussten und rechtsfehlerhaften Entscheidung des Sozialgerichts ein Heraufholen möglich ist, hängt davon ab, ob man diese Konstellation entgegen der hM als „versehentlich" im Sinne des § 140 ansieht (dann kein „Heraufholen") oder nicht (dann „Heraufholen").

IV. Wirkung der Berufung

24 Als **Rechtsmittel** bewirkt die Berufung, dass für das weitere Verfahren das LSG als das Gericht des zweiten Rechtszuges (§ 29 Abs. 1) zuständig wird (**Devolutiveffekt**) und dass der Eintritt der Rechtskraft des angefochtenen Urteils des Sozialgerichts gehemmt wird (**Suspensiveffekt**). Die Hemmung der Rechtskraft ist von der in § 154 geregelten aufschiebenden Wirkung zu unterscheiden. Beide Wirkungen der Berufung sind begrenzt. Durch den Devolutiveffekt wird grundsätzlich nur Gegenstand der Berufung, was auch Gegenstand der angefochtenen Entscheidung war (jedoch → Rn. 19 ff.).[64] Die Rechtskraft wird nur durch ein an sich statthaftes und rechtzeitig eingelegtes (→ Rn. 9 f.) Rechtsmittel gehemmt; ein aus anderen Gründen unzulässiges Rechtsmittel hat bis zum Eintritt der Rechtskraft der Verwerfungsentscheidung dagegen Suspensiveffekt.[65] Bei einer nach § 144 zulassungsbedürftigen Berufung hemmt die Beschwerde gegen die Nichtzulassung die Rechtskraft (§ 145 Abs. 3). Die Hemmung der Rechtskraft erfasst auch den nicht angegriffenen Teil des Urteils, soweit und solange er durch Berufungserweiterung oder Anschlussberufung (→ Rn. 36) einbezogen werden kann.[66]

V. Die Anschlussberufung

25 Der Berufungsbeklagte kann nicht nur selbst nach den §§ 143 ff. Berufung einlegen, wenn deren Voraussetzungen erfüllt sind, sondern sich auch der vom Gegner bereits eingelegten Berufung (Hauptberufung) anschließen, um eine Änderung des angefochtenen Ersturteils zu seinen Gunsten zu erreichen; Berufung und Anschlussberufung müssen sich gegen dasselbe Urteil richten und dabei auf denselben Streitgegenstand beziehen.[67] Dies ist sinnvoll, wenn der Berufungsbeklagte prozessual mehr erreichen will, als die bloße Abweisung der Berufung. Da das SGG hierüber keine Bestimmungen enthält, ist über § 202 die durch das ZPO-RG in § 524 ZPO zusammengefasste Regelung der sog unselbstständigen

63 BGH 7.11.2007 – VIII ZR 314/04, juris; BGH 28.9.2006 – VII ZR 303/04, NJW-RR 2007, 59; BGH 12.1.1994 – XII ZR 167/92, NJW-RR 1994, 379.

64 Vgl. Knittel in Hennig § 143 Rn. 15; ebenso zur Revision BSG 18.8.1999 – B 4 RA 25/99 B, SozR 3-1500 § 96 Nr. 9, S. 20.

65 GmSOGB 24.10.1983 – 1/83, SozR 1750 § 705 Nr. 1; Keller in Meyer-Ladewig/Keller/Leitherer/Schmidt § 141 Rn. 2 a; Zeihe SGb 2000, 10 (11).

66 BGH 12.5.1992 – VI ZR 118/91, NJW 1992, 2296; Keller in Meyer-Ladewig/Keller/Leitherer/Schmidt § 143 Rn. 6.

67 BSG 5.5.2010 – B 6 KA 6/09 R, SozR 4-2500 § 106 Nr. 27.

Anschlussberufung entsprechend anzuwenden. Im sozialgerichtlichen Verfahren ist demnach wie im Zivilprozess die Anschließung auch statthaft, wenn die Berufungsfrist verstrichen ist; sie verliert ihre Wirkung, wenn die Berufung zurückgenommen, verworfen oder durch Beschluss zurückgewiesen wird (§ 524 Abs. 2 Satz 1, Abs. 4 ZPO). Die Anschlussberufung ist damit **kein eigenständiges Rechtsmittel**, sondern eine besondere Art eines prozessualen Angriffsmittels.[68] Daher erfordert sie nach hM keine eigene materielle Beschwer und ist von der Berufungssumme des § 144 unabhängig. Sie kann grundsätzlich nur von einem **Berufungsbeklagten** und nur gegen einen Berufungskläger gerichtet werden; daneben auch von einem **Beigeladenen**, wenn dieser sich durch eigene Anträge am erstinstanzlichen Verfahren auf Seiten des Berufungsbeklagten beteiligt hat.[69] Wegen der nach § 202 zu beachtenden Unterschiede der beiden Verfahrensarten sind dagegen die Vorschriften in der ZPO über die Anschlussschrift und die daran anknüpfende Monatsfrist nicht anzuwenden.[70]

§ 144 [Zulassung der Berufung]

(1) [1]Die Berufung bedarf der Zulassung in dem Urteil des Sozialgerichts oder auf Beschwerde durch Beschluß des Landessozialgerichts, wenn der Wert des Beschwerdegegenstandes

1. bei einer Klage, die eine Geld-, Dienst- oder Sachleistung oder einen hierauf gerichteten Verwaltungsakt betrifft, 750 Euro oder

2. bei einer Erstattungsstreitigkeit zwischen juristischen Personen des öffentlichen Rechts oder Behörden 10 000 Euro

nicht übersteigt. [2]Das gilt nicht, wenn die Berufung wiederkehrende oder laufende Leistungen für mehr als ein Jahr betrifft.

(2) Die Berufung ist zuzulassen, wenn

1. die Rechtssache grundsätzliche Bedeutung hat,

2. das Urteil von einer Entscheidung des Landessozialgerichts, des Bundessozialgerichts, des Gemeinsamen Senats der obersten Gerichtshöfe des Bundes oder des Bundesverfassungsgerichts abweicht und auf dieser Abweichung beruht oder

3. ein der Beurteilung des Berufungsgerichts unterliegender Verfahrensmangel geltend gemacht wird und vorliegt, auf dem die Entscheidung beruhen kann.

(3) Das Landessozialgericht ist an die Zulassung gebunden.

(4) Die Berufung ist ausgeschlossen, wenn es sich um die Kosten des Verfahrens handelt.

68 Keller in Meyer/Ladewig/Keller/Leitherer/Schmidt § 143 Rn. 5 a.

69 BSG 31.7.1963 – 3 RK 46/59, SozR Nr. 6 zu § 521 ZPO; zur Zulässigkeit der Anschlussberufung eines erst im Berufungsverfahren Beigeladenen BSG 14.6.1993 – 14a/6 RKa 37/91, SozR 3-2500 § 106 Nr. 19: zulässig aus Gründen der Prozessökonomie, im Grundsatz jedoch offen gelassen.

70 Keller in Meyer-Ladewig/Keller/Leitherer/Schmidt § 143 Rn. 5.

I. Allgemeines

1 **1. Gesetzesentstehung.** Die Vorschrift besteht in der Fassung des Art. 8 Nr. 5 des Gesetzes zur Entlastung der Rechtspflege vom 11.1.1993 (BGBl. 1993 I 50) und ist seit 1.3.1993 in Kraft (Art. 15 Abs. 1 d. Gesetzes v. 11.1.1993). Bis zum 28.2.1993 sahen §§ 144 bis 151 SGG ein unübersichtliches und wenig praktikables System für die Statthaftigkeit der Berufung vor. Neben der allgemeinen Beschränkung der Berufung in § 144 regelten §§ 145 bis 149 Beschränkungen für Verfahrensgegenstände der Bereiche Unfallversicherung, Rentenversicherung, Arbeitslosenversicherung, Kriegsopferversorgung und für Ersatz- oder Erstattungsstreitigkeiten. § 150 sah darüber hinaus die Möglichkeit der Berufungszulassung vor und regelte ferner die Zulässigkeit der Berufung für die Rüge eines wesentlichen Verfahrensmangels sowie für den ursächlichen Zusammenhang einer Gesundheitsstörung oder des Todes mit einem Arbeitsunfall oder einer Berufskrankheit oder einer Schädigung im Sinne des Bundesversorgungsgesetzes oder für den Fall, dass das Sozialgericht eine Gesundheitsstörung nicht als feststellbar erachtete. Mit §§ 144, 145 ordnete das Gesetz v. 11.1.1993 die Berufung wesentlich übersichtlicher, indem es sie für alle Bereiche der Sozialversicherung und Versorgung vereinheitlichte. Allerdings führte dies zu einer Ausweitung der Berufungsmöglichkeiten, da § 144 die „Bagatellstreitigkeiten“ enger fasst als die alte Gesetzeslage.[1] Für das SGG wurden damit Regelungen übernommen, die durch das Gesetz zur Entlastung der Gerichte der Verwaltungs- und Finanzgerichtsbarkeit vom 31.3.1978 (BGBl. 1978 I 446) bereits in die anderen öffentlichen Gerichtsbarkeiten eingeführt worden waren, in der Verwaltungsgerichtsbarkeit durch das 6. VwGOÄndG vom 1.11.1996 (BGBl. 1996 I 1626) allerdings wieder geändert wurden. Die ähnlichen, in den Ländern des Beitrittsgebiets geltenden Regelungen des Einigungsvertrages sind gemäß Art. 14 Abs. 3 d. Gesetzes v. 11.1.1993 nicht anzuwenden. Das 6. VwGOÄndG nahm in § 144 Abs. 2 Nr. 2 die notwendige Zulassung der Berufung im Fall einer Abweichung von einer Entscheidung des BVerfG auf. Durch das 6. SGGÄndG vom 17.8.2001 (BGBl. 2001 I 2144) wurden die Mindestwerte für den Beschwerde-

1 Vgl. deren § 145 Nr. 2: „Beginn oder Ende der Rente oder Rente für bereits abgelaufene Zeiträume“; Nr. 3: „vorläufige Renten“; Nr. 4: „Grad der MdE“ für die UV; § 146: Beginn oder Ende der Rente oder Rente für bereits abgelaufene Zeiträume“ in der RV; § 147: „Beginn oder Höhe der Leistung“ in der AlV.

gegenstand in Abs. 1 S. 1 Nr. 1 von 1000 DM in 500 Euro und in Nr. 2 von 10.000 DM in 5.000 Euro geändert. Das Gesetz zur Änderung des Sozialgerichtsgesetzes und des Arbeitsgerichtsgesetzes vom 26.3.2008 (BGBl. 2008 I 444) setzte die Beschwerdewerte in Abs. 1 Satz 1 Ziffer 1 von 500 auf 750 Euro und in Ziffer 2 von 5.000 auf 10.000 Euro herauf. Außerdem wurden in Ziffer 1 die Dienstleistungen eingefügt.

2. Normzweck. Die §§ 143–145 sehen in der ab 1.3.1993 geltenden Fassung ein übersichtliches System für die Statthaftigkeit der Berufung vor: diese ist **grundsätzlich zulassungsfrei**; § 144 regelt, wann sie ausnahmsweise der Zulassung durch das SG bedarf, wann die Berufung zuzulassen ist und wann sie grundsätzlich unzulässig ist (Kosten); § 145 regelt die Nichtzulassungsbeschwerde für den Fall, dass das Sozialgericht die Berufung nicht zugelassen hat. Die eingeschränkte Berufungsmöglichkeit – ausgerichtet am Beschwerdewert – ist **verfassungsrechtlich** zulässig und stellt keine unzulässige Einschränkung des Rechtsschutzes (Art. 19 Abs. 4 GG) dar. Die allgemeine Rechtsschutzgarantie und das Rechtsschutzgebot des Art. 20 Abs. 3 GG gewähren zwar den Rechtsweg, jedoch nicht in der größtmöglichen Ausprägung des Instanzenzuges.[2] Denn Art. 19 Abs. 4 GG garantiert den Rechtsschutz durch, nicht gegen den Richter. Verfassungsrechtlich bedenklich wäre es lediglich, wenn der Zugang zu einer nächsten/weiteren Instanz unzumutbar in einer aus Sachgründen nicht mehr zu rechtfertigenden Weise erschwert würde.[3] Dies ist bei der Einführung von Beschwerdewertgrenzen im Sinne von **Bagatellgrenzen** nicht der Fall, insbesondere im Hinblick auf die Möglichkeit der Nichtzulassungsbeschwerde und angesichts der Tatsache, dass dem Gerichtsverfahren bereits eine Überprüfung und Möglichkeit der Rechtsdarlegung im Rahmen des Vorverfahrens vorausgegangen ist. Art. 6 EMRK gewährt keinen über Art. 19 Abs. 4 GG in der vom BVerfG vorgenommenen Ausgestaltung hinausgehenden Rechtsschutz.[4] Zwar können auch Bagatellgrenzen einen Verstoß gegen Art. 19 Abs. 4 GG darstellen, wenn sie tatsächlich keine geringfügigen Werte beinhalten; die Anhebung der Werte für die zulassungsfreie Berufung durch das Gesetz vom 26.3.2008 entspricht jedoch in Ziffer 1 ungefähr dem seit 1993 eingetretenen Kaufkraftverlust.[5] 2

3. Anwendbarkeit. § 144 gilt für Berufungen gegen **Urteile** und ist gemäß § 105 Abs. 2 auf **Gerichtsbescheide** anwendbar. Die in § 105 Abs. 2 S. 2 vorgesehene Möglichkeit, eine mündliche Verhandlung zu beantragen, besteht nur dann, wenn eine Berufung gegen den Gerichtsbescheid gemäß § 144 nicht statthaft ist. § 144 gilt gleichermaßen für Prozess- und Sachurteile,[6] nicht aber für die **unselbstständige Anschlussberufung**, die kein Rechtsmittel im eigentlichen Sinne ist.[7] § 144 knüpft an § 143 an und gilt damit nur für Berufungen gegen Urteile der Sozialgerichte; wird das Landessozialgericht ausnahmsweise als Eingangsinstanz auf eine Klage hin tätig (zB wenn ein Bescheid gemäß § 96 SGG zum Gegenstand des Berufungsverfahrens wird oder gemäß § 29 Abs. 2 bis 4), ist dage- 3

2 BVerfG 21.10.1954 – 1 BvL 9/91, BVerfGE 4, 74; BVerfG 30.4.2003 – 1 PBvU 1/02, BVerfGE 107, 395.
3 BVerfG 12.1.1960 – 1 BvL 17/59, BVerfGE 10, 261.
4 Vgl. Keller in Meyer-Ladewig/Keller/Leitherer/Schmidt Vor § 60 Rn. 2.
5 Begr. RegEntwurf, BR-Drs. 820/07, 30.
6 BSG 27.7.1972 – 2 RU 2/69, BSGE 34, 236.
7 BSG 22. 9.1981 – 1 RI 94/80, SozR 1750 § 521 Nr. 3.

gen gleichwohl allein die Revision gemäß §§ 160 ff. eröffnet. Gegen Beschlüsse des Sozialgerichts ist allein die Beschwerde gemäß §§ 172 ff. gegeben.

4 **4. Parallelvorschriften.** § 511 ZPO enthält eine § 144 ähnliche Regelung, die einen Mindestwert von 600 Euro für die zulassungsfreie Berufung und die Möglichkeit der Berufungszulassung enthält. In den anderen öffentlich-rechtlichen Verfahrensordnungen hat die Regelung keine Entsprechung; § 124 VwGO sieht nur die Zulassungsberufung vor, nach § 36 ist in dem zweistufigen Rechtszug der FGO lediglich die Revision oder Beschwerde an den BFH als Rechtsmittel möglich.

II. Wertgrenzen – Abs. 1

5 **1. Begriffe.** Abs. 1 macht die Berufung allein vom **Wert des Beschwerdegegenstandes** abhängig. Dieser bestimmt sich danach, was das Sozialgericht dem Rechtsmittelführer – ausgehend von dessen Antrag – versagt hat und was von diesem zum Zeitpunkt der Berufungseinlegung im Berufungsverfahren begehrt wird.[8] Dies gilt sowohl für den Kläger im Falle eines – teilweise – klageabweisenden als auch für den Beklagten im Falle eines – teilweise – zusprechenden Urteils. Er ist von dem **Streitgegenstand**, dem **Verfahrensgegenstand** der Klage und der **Beschwer** zu unterscheiden (zum Streitgegenstand im SGG-Verfahren → § 94 Rn. 2 und → § 123 Rn. 3). Der Klagegegenstand ist durch das prozessuale Begehren des Klägers im erstinstanzlichen Verfahren gekennzeichnet.[9] Die Beschwer legt dar, in welcher Weise oder welchem Umfang der Beteiligte durch das Urteil des Sozialgerichts belastet ist. Weist das Sozialgericht die Klage vollen Umfangs ab und hält der Kläger seinen Antrag im Berufungsverfahren in gleichem Umfang wie vor dem Sozialgericht aufrecht, sind Klagegegenstand, Beschwer und Beschwerdegegenstand gleich. Bei Teilabweisung der Klage ist der Klagegegenstand größer als die Beschwer und der Beschwerdewert; verfolgt der Kläger darüber hinaus mit der Berufung nur einen Teil des abgewiesenen Teilanspruchs, so ist außerdem der Beschwerdegegenstand kleiner als die Beschwer. Der **Beschwerdegegenstand** bestimmt sich wie der Klagegegenstand nach dem **Begehren** des Rechtsmittelführers, unabhängig von dem tatsächlich bestehenden Anspruch.

6 **2. Geld-, Dienst- und Sachleistungen. a) Begriffe.** § 144 Abs. 1 S. 1 **Nr. 1** regelt die Zulässigkeit der Berufung gegen Urteile, die eine **Geld-, Dienst- oder Sachleistung** betreffen. Entgegen der alten Fassung des § 144, der mit den Leistungen nur die Sozialleistungen des Staates an den einzelnen Bürger erfasste,[10] zählt Nr. 1 nF hierzu auch **alle übrigen Geld- und Sachleistungen**, soweit es sich dabei nicht um Erstattungsansprüche zwischen juristischen Personen des öffentlichen Rechts im Sinne der Ziffer 2 handelt, insbesondere auch **Forderungen der Sozialleistungsträger** gegenüber dem Bürger.[11] Die Leistungen müssen ihren **Ursprung im materiellen Sozialrecht** haben; daher zählen zwar die im SGB I geregelten Ansprüche auf Auskunft (§ 15 SGB I) oder Beratung (§ 14 SGB I) dazu,[12] nicht aber verfahrens-

---

8 BSG 5.8.2015 – B 4 AS 17/15 B, juris.
9 Für die Anfechtungsklage vgl. § 95.
10 BSG 31.7.1990 – 11 RAr 21/90, SozR 3-1500 § 144 Nr. 1.
11 Vgl. BSG 28.1.1999 – B 12 KR 51/98 B, SozR 3-1500 § 144 Nr. 16 – Säumniszuschläge; des Weiteren Bußgelder, Zuzahlungen, Erstattungen, Beiträge; vgl. Keller in Meyer-Ladewig/Keller/Leitherer/Schmidt § 144 Rn. 10.
12 Breitkreuz/Schreiber in Breitkreuz/Fichte § 144 Rn. 9.

rechtliche Ansprüche.[13] Der **Leistungsbegriff** in diesem Sinne umfasst jedes Verhalten, dh Tun oder Unterlassen. Eine **Geldleistung** ist die Zahlung von Geld durch Übergabe oder – regelmäßig – Überweisung auf ein Konto des Leistungsempfängers. Eine **Sachleistung** betrifft die Hingabe oder Zurverfügungstellung von Sachen.[14] Durch § 1 Nr. 24 a des Gesetzes zur Änderung des Sozialgerichtsgesetzes und des Arbeitsgerichtsgesetzes wurden die **Dienstleistungen** in die Regelung des § 144 Abs. 1 Satz 1 Ziffer 1 eingefügt. Der frühere Wortlaut umfasste nur Geld- und Sachleistungen und war mit der Regelung des § 11 SGB I und dem darin verwendeten Leistungsbegriff nicht kongruent (zu weiterhin bestehenden Unterschieden → Rn. 7). Das entsprach nicht der Intention des Gesetzgebers, führte zu Ungereimtheiten[15] und die Anwendbarkeit war umstritten. Der Gesetzgeber beabsichtigte mit der Erweiterung des Wortlauts eine Klarstellung.[16] Dienstleistungen im Sinne des § 11 SGB I sind alle persönlichen Hilfen und Betreuungsleistungen, die keine Geld oder Sachleistungen sind,[17] zB ein Anspruch auf Arbeitsvermittlung.[18] Damit legt § 144 Abs. 1 Satz 1 Ziffer 1 nunmehr einen **umfassenden Leistungsbegriff** zugrunde.[19] Indem er sowohl Sach- als auch Dienstleistungen enthält, ist die frühere Abgrenzung und Zuordnung von Pflegeleistungen gemäß §§ 36 ff. SGB XI und §§ 61 ff. SGB XII oder Haushaltshilfe gemäß § 38 SGB V unerheblich. Eine Leistung ist auch dann Gegenstand, wenn die Klage/Berufung auf die **isolierte Anfechtung** eines VA gerichtet ist, mit dessen Wegfall die Leistung zu zahlen ist, zB bei einem Entziehungsbescheid.[20] § 144 Abs. 1 Satz 1 Nr. 1 Alt. 2 ist auch auf **Untätigkeitsklagen** anwendbar, die auf den Erlass eines Verwaltungsakts gerichtet sind, der Geld-, Dienst- oder Sachleistungen betrifft, die einen Wert von 750 Euro nicht übersteigen.[21]

b) Geld- und Sachleistungen. Der Begriff der Geld- und Sachleistungen geht **über den des § 11 SGB I hinaus**, der (nur) alle Vorteile erfasst, die nach den Vorschriften des SGB zur Verwirklichung sozialer Rechte dem Einzelnen zugutekommen sollen.[22] § 11 SGB I knüpft an die sozialen Rechte der §§ 3–10 SGB I an und meint mit den Sozialleistungen im Wesentlichen diejenigen der besonderen Teile des SGB.[23] Daher erfasst § 11 SGB I zB nicht die Zahlungen einer KV an die Vertragsärzte, Erstattungsleistungen, die nicht ihre Grundlage im SGB haben, Leistungen auf der Grundlage eines sozialrechtlichen Herstellungsanspruchs oder Zahlungen zwischen Sozialleistungsträgern. Diese Leistungen unterfallen dagegen dem Leistungsbegriff des § 144 Abs. 1 S. 1. Ebenso Säumniszu- 7

13 BSG 28.6.1991 – 2 RU 24/90, SozR 3-1500 § 144 Nr. 3 – Recht auf Akteneinsicht.
14 Keller in Meyer-Ladewig/Keller/Leitherer/Schmidt § 144 Rn. 9 a.
15 Vgl. hierzu die 1. Aufl., § 144 Rn. 5.
16 Begr.Reg.Entw., BT-Drs. 16/7716, 26.
17 Öndül in jurisPK-SGB I § 11 Rn. 44; Gutzler in Lilge/Gutzler SGB I § 11 Rn. 19.
18 BSG 4.12.1997 – 7 Rar 24/96, juris.
19 BSG 16.12.1976 – 10 RVs 1/76, SozR 1500 § 78 Nr. 7: Feststellung einer Behinderung und ihres Grades gem. § 4 Abs. 1 S. 1 = Leistung; BSG 31.7.1990 – 11 BAr 21/90, SozR 3-1500 § 144 Nr. 1: Zulassung zur Nachversicherung = Leistung; da es sich hierbei zwar um Leistungen, nicht aber um Sachleistungen handelt, bedarf die Berufung keiner Zulassung, ungeachtet des Gegenstandswertes.
20 BSG 5.6.1997 – 7 RAr 22/96, SozR 3-1500 § 144 Nr. 12.
21 BSG 6.10.2011 – B 9 SB 45/11 B, juris.
22 Begr.Reg.Entw., BT-Drs. 7/868, 24.
23 Seewald in KassKomm SGB I § 14 Rn. 5.

schläge[24] oder Befreiung von einer Zuzahlungspflicht.[25] Damit unterliegen dem Leistungsbegriff des § 144 Abs. 1 S. 1 einerseits die Leistungen des § 11 SGB I, ferner über das Leistungsrecht des SGB hinausgehende Zahlungsansprüche, Ansprüche zwischen Zivilpersonen, Ansprüche von Leistungsträgern gegenüber Zivilpersonen, zB auf Schadensersatz oder auf Rückerstattung.[26] Ein auf eine Geld- oder Sachleistung gerichteter Verwaltungsakt gewährt oder entzieht die Leistung ganz oder teilweise,[27] nicht jedoch ein sog **Grundlagenbescheid.**[28]

8 **3. Wertberechnung. a) Beschwerdewert.** Der Beschwerdewert, bis zu dem die Berufung der Zulassung bedarf, beträgt in Nr. 1 750 Euro. Nach dem Regel-Ausnahmeverhältnis des § 144 Abs. 1 Satz 1 muss sicher sein, dass der Beschwerdewert die Wertgrenze unterschreitet, damit die Berufung nicht statthaft ist, im Zweifelsfall ist sie statthaft.[29] Gemäß § 202 bemisst der Wert sich nach §§ 3–9 ZPO.[30] Bei Geldleistungen ist der eingeforderte Geldbetrag für die Wertberechnung maßgeblich. Rechtliche oder tatsächliche **Folgewirkungen** der Geld- oder Sachleistungen bleiben unberücksichtigt.[31] Nach § 4 Abs. 1 Hs. 2 ZPO bleiben Früchte, Nutzungen, **Zinsen und Kosten** unberücksichtigt, wenn sie als Nebenforderung geltend gemacht werden. Dies gilt allerdings nicht, wenn die Berufung eingelegt wird, weil der Kläger einen **bestimmten Geldbetrag als Zinsforderung** einfordert oder wenn der Rechtsstreit allein die Verfahrenskosten, zB für das Vorverfahren, zum Gegenstand hat.[32]

9 **b) Mehrheit von Ansprüchen.** Gemäß **§ 5 ZPO** werden **mehrere mit einer Klage geltend gemachte Ansprüche zusammengefasst;** dies gilt nicht für den Gegenstand der Klage und der Widerklage (s. u.). Die mehreren Ansprüche können in objektiver (§ 56) oder in subjektiver (§ 74) Klagehäufung geltend gemacht werden.[33] Dies gilt sowohl dann, wenn die Ansprüche mit einer Klage geltend gemacht werden, als auch dann, wenn mehrere Klagen gemäß § 113 Abs. 1 zur gemeinsamen Verhandlung und Entscheidung zusammen gefasst werden,[34] nicht aber, wenn mehrere Verfahren ohne einen entsprechenden zusammenfassenden Beschluss lediglich parallel verhandelt und entschieden werden. Eine **Trennung** der Verfahren gemäß § 113 Abs. 2 oder § 202 iVm § 145 ZPO führt dagegen zu einer getrennten Berechnung der mehreren Streitgegenstände, sofern sie nicht willkürlich erfolgt ist, insbesondere um die Berufungssumme zu unterschreiten.[35] Die Addition der Werte von Klage und **Widerklage** ist dann gemäß § 5

24 BSG 28.1.1999 – 11 BAr 21/90, SozR 3-1500 § 144 Nr. 10.
25 BSG 19.11.1996 – 1 RK 18/95, SozR 3-1500 § 144 Nr. 10.
26 Wehrhahn in jurisPK-SGG § 144 Rn. 14; Sommer in Breitkreutz/Fichte § 144 Rn. 8.
27 Auch Befreiung von einer Zuzahlung, vgl. BSG 19.11.1996 – 1 RK 18/95, NZS 1997, 388.
28 Kummer NZS 1993, 288.
29 SchlHLSG 10.10.2007 – L 5 KR 92/06, nicht veröffentlicht.
30 BSG 25.2.1966 – 3 RK 9/93, BSGE 24, 260.
31 BSG 26.9.2013 – B 14 AS 148/13 B, juris: die befristete Leistung gemäß § 41 SGB II ist unabhängig von Leistungen in Folgezeiträumen zu berechnen; BSG 6.2.1997 – 14/10 BKg 14/96, SozR 1500 § 144 Nr. 11; BSG 31.1.2006 – B 11 a AL 177/05 B, SozR 4-1500 § 144 Nr. 3: Sperrzeit.
32 Vgl. hierzu Erl. zu § 144 Abs. 5.
33 Herget in Zöller § 5 Rn. 3.
34 BSG 12.7.1989 – 7 RAr 100/88, SozR 4100 § 105 b Nr. 7; BSG 25.2.1966 – 3 RK 9/63, SozR 1500 § 149 Nr. 3.
35 BGH 20.7.1999 – X ZR 139/96, NJW 2000, 217; BGH 6.7.1995 – I ZR 20/93, NJW 1995, 3120; Keller in Meyer-Ladewig/Keller/Leitherer/Schmidt § 144 Rn. 18 a.

ZPO ausgeschlossen, wenn sie denselben Verfahrensgegenstand betreffen, anderenfalls werden sie gemäß § 45 Abs. 1 Satz 1 GKG addiert.[36] Das setzt jedoch voraus, dass sowohl die Klage als auch die Widerklage Gegenstand des Berufungsverfahrens sind, denn maßgeblich ist der Wert des Beschwerdegegenstandes, nicht des Klagegegenstandes. Diese Grundsätze gelten auch für einen **Haupt- und Hilfsantrag:** Eine Zusammenrechnung erfolgt nur dann, wenn sie auf einen unterschiedlichen Gegenstand gerichtet sind, nicht aber, wenn Haupt- und Hilfsantrag einen (teil)identischen Gegenstand haben.[37] Sind Haupt- und Hilfsantrag vom Sozialgericht abgewiesen worden und hält der Kläger beide Anträge in der Berufung aufrecht, werden sie im Rahmen der Berufung zusammengerechnet.[38] Ist dem Hilfsantrag des Klägers stattgegeben worden und legt er gegen die Abweisung des Hauptantrages Berufung ein, bemisst sich deren Gegenstandswert allein nach dem Hauptantrag; desgleichen bemisst sich der Wert des Berufungsgegenstandes des Beklagten allein nach dem Hilfsantrag. Ist die Klage insgesamt abgewiesen worden und hält der Kläger im Berufungsverfahren nur den Haupt- oder Hilfsantrag aufrecht, ist nur dessen Einzelwert für die Berufung maßgeblich. Problematisch ist es, wenn dem Hauptantrag vom Sozialgericht stattgegeben wurde und der Beklagte dagegen Berufung einlegt: Für die Berechnung des Beschwerdewertes allein nach dem Hauptantrag spricht, dass nur dieser vom SG ausgeurteilt wurde und damit er allein für den Gegenstand des angefochtenen Urteils wertbestimmend ist. Dies gilt auch jedenfalls dann, wenn sich der Beklagte mit der Berufung nur gegen den Hauptantrag, nicht aber gegen den Hilfsantrag wendet. Dagegen lässt die Betrachtung unberücksichtigt, dass eine unbeschränkte Berufung die gesamte Klage erfasst und das Berufungsgericht dann, wenn es der Berufung hinsichtlich des Hauptantrages stattgibt, auch über den Hilfsantrag zu entscheiden hat, wenn insoweit die Klage im Berufungsverfahren nicht zurückgenommen wird. Dies rechtfertigt es, auch in den Fällen den Gegenstandswert des Berufungsverfahrens nach Haupt- und Hilfsantrag zu bestimmen.[39]

c) Sachleistungen; unbezifferte Anträge. Bei **Sachleistungen** ist der Wert der be- 10
anspruchten Sache zugrunde zu legen. Jedoch ist zu prüfen, ob sich hinter dem Antrag auf eine einmalige Sachleistung nicht die Klärung auf den Sachleistungsanspruch dem Grunde nach verbirgt.[40] Bei **unbezifferten Anträgen, Anträgen auf Verurteilung dem Grunde nach** oder **Feststellungsanträgen** ist der Gegenstandswert unter Bewertung des wirtschaftlichen Interesses des Klägers zu schätzen. Gemäß § 3 ZPO ist der Wert vom Gericht nach freiem **Ermessen** festzusetzen, das unter Zuhilfenahme aller Anhaltspunkte und Erkenntnisquellen auszuüben ist. Gemäß § 3 Hs. 2 ZPO kann das Gericht hierzu Ermittlungen durchführen, Augenschein einnehmen oder eine Begutachtung durchführen lassen. Eine Verpflichtung hierzu besteht – trotz eines Antrags der Beteiligten – nicht.

---

36 Herget in Zöller § 5 Rn. 2; Keller in Meyer-Ladewig/Keller/Leitherer/Schmidt § 144 Rn. 17; Knittel in Hennig § 144 Rn. 24; umstritten im Hinblick auf den Wortlaut des § 5 Hs. 2 ZPO, vgl. Sommer in Roos/Wahrendorf § 144 Rn. 23.
37 Keller in Meyer/Ladewig/Keller/Leitherer/Schmidt § 144 Rn. 17; Knittel in Hennig § 144 Rn. 25; aA Wehrhahn in jurisPK-SGG § 144 Rn. 20; Herget in Zöller § 5 Rn. 4: nie Addition.
38 Ebenso Sommer in Roos/Wahrendorf § 144 Rn. 23.
39 Breitkreuz/Schreiber in Breitkreuz/Fichte § 144 Rn. 24; aA Keller in Meyer/Ladewig/Keller/Leitherer/Schmidt § 144 Rn. 17: nur Wert des Hauptantrags.
40 BSG 25.10.2011 – B 9 VI 5/10 B, juris.

Die Beteiligten sind jedoch zu hören; vielfach hilft eine Nachfrage beim Verwaltungsträger zur Wertermittlung.[41] Gebühren- und kostenrechtliche Anhaltspunkte sind dabei ebenfalls zu berücksichtigen. Eine **willkürliche** Erweiterung oder Einschränkung der Anträge mit dem Ziel, eine zulassungsfreie Berufung zu erwirken oder zu verhindern, bleibt unberücksichtigt. Willkür in diesem Sinne liegt nur vor, wenn die Erweiterung oder Beschränkung jeder sachlichen Grundlage entbehrt.

11 d) **Maßgeblicher Zeitpunkt.** Gemäß § 4 Abs. 1 ZPO ist für die Wertberechnung der Zeitpunkt der Klageerhebung, in der Rechtsmittelinstanz der **Zeitpunkt der Einlegung des Rechtsmittels**, bei der Verurteilung der Zeitpunkt des Schlusses der mündlichen Verhandlung, auf die das Urteil ergeht, maßgeblich. Die Zulassungsbedürftigkeit beurteilt sich daher grundsätzlich nach dem Zeitpunkt der Berufungseinlegung. Unerheblich ist es, ob der Kläger in der mündlichen Verhandlung einen demgegenüber eingeschränkten Antrag stellt, der unter der Wertgrenze liegt.[42] Allerdings ist der Kläger grundsätzlich nicht weitergehend als durch das angefochtene Urteil in seinen Rechten beeinträchtigt; eine Erweiterung seiner Anträge im Berufungsverfahren führt regelmäßig nicht zu einem höheren Beschwerdewert.[43] Das gilt jedenfalls dann, wenn er Anträge stellt, die über das Klagebegehren hinausgehen und das Berufungsgericht insoweit erstinstanzlich tätig wird oder im Rahmen des § 99. Anders ist dies allerdings, wenn sich der **Verfahrensgegenstand selbst und damit auch sein Wert ändern.** Die Änderung kann nachträglich zur Zulassungsfreiheit führen. Eine spätere Verringerung des Beschwerdewertes macht dagegen die Berufung grundsätzlich nicht unzulässig, zB wenn der Versicherungsträger ein Teilanerkenntnis abgibt oder das rechtliche Interesse sich aus sonstigen Gründen geändert hat, da es auf den Zeitpunkt der Berufungseinlegung ankommt.[44] Maßgeblich ist eine Änderung des Wertes während des laufenden Berufungsverfahrens jedoch, wenn sie nicht auf eine objektive Veränderung des Beschwerdegegenstandes oder einen anderen sachlichen Grund zurückzuführen ist.[45] Maßgeblich ist der begehrte Wert aber nur dann, solange der Kläger nicht missbräuchlich einen bestimmten Wert fordert, um die Berufungssumme zu erreichen, der sich aus den normativen Grundlagen nicht ableiten lässt (→ Rn. 11).[46]

12 **4. Erstattungen – Abs. 1 Satz 1 Nr. 2.** Der zulassungsfreie Beschwerdewert bei Erstattungsstreitigkeiten zwischen juristischen Personen des öffentlichen Rechts oder Behörden beträgt mindestens 10.000 Euro (**§ 144 Abs. 1 S. 1 Nr. 2**). Behörde ist nach § 1 Abs. 2 SGB X jede Stelle, die Aufgaben der öffentlichen Verwaltung wahrnimmt. Erstattungsansprüche gegenüber natürlichen oder juristischen Personen des Privatrechts fallen unter Nr. 1, denn sie bezwecken nicht den wirtschaftlichen Ausgleich zwischen Leistungsträgern, sondern regelmäßig die Rückabwicklung eines Leistungsvorgangs. Erstattungsansprüche sind solche der §§ 91, 102 ff. SGB X oder anderer gesetzlicher Regelungen, daneben auch öffentlich-rechtliche Bereicherungsansprüche oder Ansprüche aus einer öffentlich-

41 Kummer NZS 1993, 290 f.
42 BSG 23.2.2011 – B 11 AL 15/10 R, SozR 4-3250 § 51 Nr. 2.
43 BSG 25.7.1985 – 7 RAr 33/84, SozR 1500 § 144 Nr. 30; BSG 3.11.1959 – 9 RV 826/56, BSGE 11, 26.
44 BGH 17.7.2008 – IX ZR 126/07, NJW-RR 2009, 126.
45 BSG 7.12.1983 – 7 RAr 65/82, SozR 1500 § 144 Nr. 24.
46 Keller in Meyer-Ladewig/Keller/Leitherer/Schmidt § 144 Rn. 14 a mwN.

rechtlichen GoA[47] sowie Rückerstattungsansprüche gemäß § 112 SGB X.[48] Ein Rechtsstreit zwischen öffentlichen juristischen Personen über die Übernahme der Kosten für erbrachte **Leistungen,** zB Klage des öffentlich-rechtlich organisierten Krankenhauses gegen die Krankenkasse wegen der Kosten der stationären Behandlung, ist kein Erstattungsstreit iSd § 144 Abs. 1 Satz 1 Nr. 2.[49] Begründet wird dies damit, dass anderenfalls die Rechtsform des Leistungserbringers über die Berufungsmöglichkeit entscheidet. Demgegenüber weist LSG Schleswig[50] darauf hin, dass die Norm eine allgemeine Bagatellgrenze für Ansprüche zwischen öffentlich-rechtlichen Trägern enthält und es daher nicht darauf ankommt, ob es sich um Erstattungsansprüche ieS handelt oder die Erstattung von Leistungen begehrt wird. Erstattungsansprüche müssen **originäre Erstattungsansprüche der Leistungsträger** zum Gegenstand haben. Kraft Gesetzes übergegangene oder durch Verwaltungsakt übergeleitete Ansprüche von Zivilpersonen, die zwischen Leistungsträgern oder Behörden geltend gemacht werden, sind daher keine Erstattungsansprüche iSd § 144 Abs. 1 S. 1 Nr. 2, sondern unterfallen der Nr. 1, denn sie verlieren durch den Anspruchsübergang nicht ihre Rechtsnatur.[51]

5. Wiederkehrende oder laufende Leistungen. Die Wertgrenzen gemäß S. 1 gelten nach S. 2 nicht, wenn die Beteiligten über wiederkehrende oder laufende Leistungen für einen längeren Zeitraum als ein Jahr Dauer streiten. Die Höhe der Leistung ist dann unerheblich, ihr Wert kann auch insgesamt unter 750 Euro liegen, zB, wenn es um eine geringfügige Erhöhung der laufenden Leistungen für über 12 Monate geht. Den Begriffen der **wiederkehrenden** und **laufenden Leistung** sind die **Wiederholung,** die **Gleichartigkeit** und der **Ursprung in demselben Rechtsverhältnis** (Stammrecht) gemeinsam.[52] Wiederkehrende Leistungen sind Leistungen, die in größeren oder kleineren, regelmäßigen oder unregelmäßigen Abständen aufgrund desselben Rechtsverhältnisses wiederkehren.[53] Dies ist der Fall, wenn sie auf denselben Leistungsfall zurückzuführen sind.[54] Lediglich ein natürlicher oder wirtschaftlicher Zusammenhang oder dasselbe Sozialrechtsverhältnis reichen nicht aus. Während manche nicht zwischen wiederkehrenden und laufenden Leistungen unterscheiden,[55] sehen andere[56] in laufenden Leistungen solche, die in regelmäßigen und kleineren Zeitabständen erbracht werden, zB Renten, Krankengeld oder Beiträge. Angesichts der gleichen rechtlichen Behandlung wird die Unterscheidung jedoch kaum praktische Bedeutung erlangen. Typische Leistungen im Sinne des S. 2 sind Lohnersatzleistungen oder laufende Heilbehandlung, Heil- oder Arzneimittel, auch die Befreiung von der 13

47 Knittel in Hennig § 144 Rn. 16.
48 BSG 22.6.1977 – 10 RV 87/76, SozR 3100 § 81 b Nr. 7.
49 BSG 6.5.1998 – B 13 RJ 69/97 R, SozR 3-1500 § 144 Nr. 14; BSG 24.5.2006 – B 3 KR 15/05 R, SozR 4-1500 § 144 Nr. 4; LSG NRW 15.12.1998 – L 5 KR 25/97, Breith. 1999, 395; Leitherer in Meyer-Ladewig/Keller/Leitherer/Schmidt § 144 Rn. 12.
50 LSG Schleswig 17.7.2001 – L 1 KR 23/00, ZfS 2003, 117, Beschl. v. 31.3.2005 – L 5 KR 87/04, aufgehoben durch BSG 24.5.2006 – B 3 KR 15/05 R, SozR 4-1500 § 144 Nr. 4.
51 BSG 6.5.1998 – B 13 RJ 69/97 R, SozR 3-1500 § 144 Nr. 14.
52 BSG 22.9.1976 – 7 RAr 107/75, SozR 1500 § 144 Nr. 5; Sommer in Roos/Wahrendorf § 144 Rn. 27.
53 BSG 22.9.1976 – 7 RAr 107/75, SozR 3-1500 § 144 Nr. 5.
54 BSG 22.7.2010 – B 4 AS 77/10 B, juris.
55 BSG 22.9.2010 – B 4 AS 77/10 B, juris; Keller in Meyer-Ladewig/Keller/Leitherer/Schmidt § 144 Rn. 21 b; Kummer NZS 1993, 291.
56 Knittel in Hennig § 144 Rn. 31.

Zuzahlung zu Arzneimitteln.[57] Der Wortlaut des Abs. 1 S. 2 bezieht sich zwar vollen Umfangs auf S. 1 und erfasst damit auch die Erstattungsstreitigkeiten gemäß S. 1 Nr. 2, wenn ihnen wiederkehrende oder laufende Leistungen zugrunde liegen. Nach inzwischen herrschender Meinung gilt die Rückausnahme des Satzes 2 im Hinblick auf die Entstehung der Norm jedoch nicht für die Erstattungen nach Satz 1 Nr. 2.[58] Die gegenteilige Auffassung der Vorauflage wird daher aufgegeben. Im Gegensatz zu den wiederkehrenden und laufenden Leistungen erschöpfen sich **einmalige Leistungen** in einem Anspruch ohne zeitliche Erstreckung. Dazu zählen auch Beitragserstattungen.[59]

14 **6. Leistungen für mehr als ein Jahr.** Der **Jahresbegriff** des Satzes 2 bezieht sich auf den **Zeitraum**, nicht auf das Kalenderjahr. Aus dem Wortlaut „für mehr als ein Jahr betrifft" folgt, dass der Bezugszeitraum, nicht der Zahlungszeitraum oder -zeitpunkt gemeint ist. Daher ist es unmaßgeblich, wenn die Berufung Leistungen betrifft, deren **Bezugszeitraum** abgeschlossen in der Vergangenheit liegt, zB bei Erstattungsstreitigkeiten. Entscheidend ist, dass Leistungen **für** über ein Jahr noch Gegenstand der Berufung sind. Der Leistungszeitraum muss nicht **abgeschlossen** sein, **mehrere einzelne Zeiträume werden addiert**, wenn sie ihren Ursprung in demselben Rechtsverhältnis haben. Mehrere Bezugszeiträume von Verletztengeld für verschiedene Arbeitsunfälle oder von Krankengeld für verschiedene Erkrankungen werden daher nicht addiert. Für die Berechnung der Zeiträume ist § 26 SGB X heranzuziehen. Der Zeitraum einer ärztlichen Behandlung bemisst sich nicht nach den einzelnen Behandlungstagen, sondern nach dem Umfang der Gesamtbehandlung.[60]

III. Zulassung der Berufung – Abs. 2

15 **1. Zulassungsgründe des Abs. 2.** Die nach Abs. 1 ausgeschlossene Berufung ist unter den Voraussetzungen des Abs. 2 zuzulassen. Dessen Aufzählung ist abschließend.[61] Sie ist § 160 Abs. 2 nachgebildet und weist dazu nur geringe Abweichungen auf. Die Zulassungsgründe sind vom SG von Amts wegen zu beachten; ein Ermessensspielraum besteht nicht.

16 **2. Rechtssache von grundsätzlicher Bedeutung – Nr. 1.** Eine grundsätzliche Bedeutung besteht, wenn die Klärung einer **Rechtsfrage** für **die Einheit oder Fortbildung** des Rechts notwendig ist.[62] Die Voraussetzungen, unter denen dies der Fall ist, entsprechen denen des § 160 Abs. 2 Nr. 1. Auf die Kommentierung dazu wird verwiesen (→ § 160 Rn. 17 ff.). Da das LSG nicht der Beschränkung des § 162 unterliegt, kann eine grundsätzliche Bedeutung auch bei einer lokal oder regional anwendbaren Vorschrift anzunehmen sein, zB eine Regelung in einem HVM einer KV. Auch wenn das Berufungsverfahren anders als das Revisionsverfahren eine rechtliche und tatsächliche Überprüfung der angefochtenen Entscheidung erfordert, muss es auch hier um eine grundsätzliche **Klärungsbedürf-**

57 BSG 29.1.1981 – 11 RK 7/80, BSGE 51, 147 = SozR 2200 § 182 a Nr. 4.
58 BSG 17.12.2002 – B 4 RA 39/02 R, SozR 3-1500 § 144 Nr. 18; Keller in Meyer-Ladewig/Keller/Leitherer/Schmidt § 144 Rn. 21; Knittel in Hennig § 144 Rn. 30; Sommer in Roos/Wahrendorf § 144 Rn. 26; Wehrhahn in jurisPK-SGG § 144 Rn. 25; Breitkreuz/Schreiber in Breitkreuz/Fichte § 144 Rn. 13.
59 BSG 23.7.1959 – 3 RI 148/58, BSGE 10, 186.
60 LSG Nds 20.6.1985 – L 4 Kr 39/82, SozVers 1985, 193.
61 BT-Drs. 12/1217, 52.
62 BSG 7.1.2020 – B 14 AS 137/19 B, juris; BSG 2.9.2015 – B 14 AS 11/15 B, juris; BSG 13.7.2004 – B 2 U 84/04 B, juris; jeweils zu § 160 Abs. 2 S. 1 SGG.

tigkeit einer Rechtsfrage, nicht einer Tatsachenfrage gehen. Das ergibt sich zwar nicht zwingend aus dem Wortlaut „Rechtssache“, da dieser in anderem Zusammenhang gesehen werden könnte, jedoch aus dem Zweck der zugelassenen Berufung, der Rechtsvereinheitlichung und -fortbildung zu dienen. Daher reicht eine verallgemeinerungsfähige Tatsachenfrage, wie zB ein Ursachenzusammenhang in der Unfallversicherung oder Versorgung oder der Stand der medizinischen Erkenntnisse im Rahmen der Rechtsprechung zum Off-Label-Use der Krankenversicherung nicht aus.[63] Die Rechtsfrage kann das materielle oder das Verfahrensrecht betreffen. Die grundsätzliche Bedeutung ist bereits dann anzunehmen, wenn eine große wirtschaftliche Bedeutung im Allgemeininteresse berührt ist, nicht aber, wenn die Rechtssache einen hohen wirtschaftlichen Wert hat.[64] Die zu klärende Rechtsfrage muss ferner entscheidungserheblich sein; dies ist nicht der Fall, wenn das SG eine Alternativbegründung gegeben hat, bei der lediglich ein Begründungsteil die Rechtsfrage berührt.[65]

3. Divergenzzulassung – Nr. 2. Nr. 2 zählt **abschließend** die Fälle auf, in denen bei einer Abweichung von anderen Gerichtsentscheidungen zwingend die Berufung zuzulassen ist. Abgesehen vom BVerfG und vom Gemeinsamen Senat der obersten Gerichtshöfe besteht die Zulassungsbedürftigkeit nur innerhalb desselben Rechtswegs. Die Berufung ist daher nur bei einer Abweichung von einer Entscheidung des **zuständigen LSG** vorgesehen; abweichende Entscheidungen anderer LSG sind unmaßgeblich wie auch die Abweichung gegenüber anderen Ober- oder Bundesgerichten. Eine Entscheidung des Gemeinsamen Senats muss jedoch nicht notwendig eine Entscheidung des BSG zum Gegenstand haben. Eine **Abweichung** liegt vor, wenn die Entscheidung einen abstrakten Rechtssatz verfolgt, der in bewusster und gewollter Weise mit der anderen Rechtsprechung im Widerspruch steht.[66] Dies ist bei einer irrtümlichen Entscheidung des SG, durch die es sich mit einem Rechtssatz des anderen Gerichts in Widerspruch setzt, nicht der Fall, sondern nur dann, wenn es bewusst entgegen dem anderen Rechtssatz entscheidet.[67] Die Entscheidung des SG weicht nur dann von einer anderen Entscheidung ab, wenn die darin zugrunde gelegte Rechtsauffassung noch vertreten wird. Daher liegt keine Abweichung vor, wenn das andere Gericht seine Rechtsprechung inzwischen aufgegeben oder ein im Rechtszug übergeordnetes Gericht die Entscheidung aufgehoben hat.[68] Die Entscheidung muss auf der Abweichung **beruhen**. Das ist nicht der Fall, wenn das Urteil auf mehrere tragende Gründe gestützt ist und nur eine der Begründungen von der Rechtsauffassung der genannten Gerichte abweicht, vielmehr muss der Rechtsgrund entscheidungstragend sein. Weiter gehend liegt keine Abweichung vor, wenn das andere Gericht die entgegenstehende Rechtsauffassung nicht als tragende recht- 17

63 BSG 12.2.2014 – B 1 KR 30/13 B, juris zur Liposuktion; Keller in Meyer-Ladewig/Keller/Leitherer/Schmidt § 144 Rn. 29; LSG BW 20.1.2009 – L 7 SO 5864/08, juris; SächsLSG 15.2.2010 – L 3 AS 780/09 NZB, juris; LSG Bln-Bbg 10.6.2010 – L 7 B 156/07 KA NZB, juris; abweichend BayLSG 27.7.2010 – L 13 R 259/10 NZB, juris: „in Ausnahmefällen“ auch Klärung von Tatsachenfragen.

64 Knittel in Hennig § 144 Rn. 46.

65 Keller in Meyer-Ladewig/Keller/Leitherer/Schmidt § 144 Rn. 27 a; zu § 160 Abs. 2 Nr. 1: BSG 21.2.2017 – B 1 KR 41/16 B, juris; BSG 19.6.1975 – 12 BJ 24/75, SozR 1500 § 160 a Nr. 5.

66 Breitkreuz in Breitkreuz/Fichte § 144 Rn. 36.

67 Wehrhahn in jurisPK-SGG § 144 Rn. 35; Sommer in Roos/Wahrendorf § 144 Rn. 37.

68 Knittel in Hennig § 144 Rn. 53; Sommer in Roos/Wahrendorf § 144 Rn. 38.

liche Erwägung angesprochen, sondern etwa offen gelassen oder als obiter dictum geäußert hat. Die Regelung entspricht hinsichtlich der Divergenz – mit Ausnahme von der Abweichung von der Rechtsprechung des LSG – der des § 160 Abs. 2 Nr. 2. Auf die Kommentierung dazu wird verwiesen (→ § 160 Rn. 26 ff.).

18 **4. Verfahrensmangel – Nr. 3. a) Des erstinstanzlichen Verfahrens.** Nach der Begründung in BT-Drs. 12/1217, 52 zu Nr. 6 soll der Zulassungsgrund gemäß Nr. 3 der Verfahrensaufsicht des LSG über die Sozialgerichte dienen. Unabhängig von dem Ansatz dieser Begründung ist damit klargestellt, dass der Verfahrensmangel nur ein solcher des **erstinstanzlichen Verfahrens**, nicht des Verwaltungs- oder Vorverfahrens sein kann.[69] Ein Verfahrensmangel muss sich auf einen **Verstoß gegen das Prozessrecht** (error in procedendo), also das gesamte Verfahrensrecht, nicht des materiellen Rechts (error in iudicando) beziehen.

19 Der Verfahrensmangel muss der **Beurteilung des Berufungsgerichts** unterliegen. Dies ist bei solchen Entscheidungen des erstinstanzlichen Gerichts nicht der Fall, die unanfechtbar sind oder gegen die die Beschwerde eingelegt werden kann. Gemäß § 202 ist § 512 ZPO anwendbar.[70] Daher **keine Verfahrensmängel iSd Nr. 3:** Entscheidung über Ablehnungsgesuch, § 60; Wiedereinsetzung in den vorigen Stand, § 67; Klageänderung, § 99; Entscheidung über Rechtsweg, § 17 a GVG; ferner Mängel, die zwar zu rügen sind, wenn das Rügerecht jedoch verloren und der Fehler geheilt ist, § 295 ZPO.[71] Dies gilt nicht für unverzichtbare Vorschriften, zB fehlende Beteiligten-/Prozessfähigkeit, anderweitige Rechtshängigkeit.[72] Die Frage, ob ein Verfahrensmangel vorliegt, ist auf der Grundlage der Rechtsauffassung des SG zu beurteilen, denn das Urteil muss auf ihm beruhen. Der Verfahrensmangel muss die **Hauptsacheentscheidung** betreffen, daher nicht Kostenentscheidung, Entscheidung über Zulassung der Berufung oder Rechtsmittelbelehrung. Er muss sich **auf die Entscheidung ausgewirkt** haben können. Die Möglichkeit reicht aus. Das ist nicht der Fall, wenn sich das Urteil auf mehrere Begründungen stützt und der Verfahrensmangel nicht allen Begründungen zugrunde liegt. Entsprechendes gilt für verfahrensrechtliche Sollvorschriften.[73] § 144 Abs. 2 Nr. 3 ist weitergehend als § 160 Abs. 2 Nr. 3; die dort genannten Einschränkungen (→ § 160 Rn. 29, 36 ff.) gelten hier nicht.

20 **b) Abgrenzung zwischen Verfahrens- und materiellem Recht.** Auf die Kommentierung zu § 160 Abs. 2 Nr. 3 (→ § 160 Rn. 32 f.) wird verwiesen, allerdings mit der Maßgabe, dass das Revisionsverfahren eine Rechtsüberprüfung, das Berufungsverfahren auch eine Sachüberprüfung ist und sich aus diesem Unterschied Abweichungen ergeben können. Ein Verfahrensmangel kann auch die Hauptsacheentscheidung selbst betreffen. Bsp.: Prozess- statt Sachurteil oder umgekehrt,[74] widersprüchlicher Tatbestand oder Mängel der Entscheidungsgründe, Verstoß gegen § 96.[75] **Fehlerhafte Beweiswürdigungen** stellen zwar regelmäßig

---

69 BSG 18.4.1958 – 10 RV 1035/56, SozR Nr. 95 zu § 162 SGG, zur Ausnahme vgl. auch BVerwG 7.12.1983 – 7 B 159/83, DÖV 1984, 467.
70 Vgl. zur Anwendbarkeit BSG 1.3.1956 – 4 RI 129/54, BSGE 2, 229.
71 Knittel in Hennig § 144 Rn. 62.
72 Vgl. Keller in Meyer-Ladewig/Keller/Leitherer/Schmidt § 144 Rn. 34.
73 BGH 20.6.1991 – VII ZR 11/91, NJW 1992, 512.
74 BSG 10.10.2017 – B 12 KR 3/16 R, juris; BSG 25.2.1993 – 2 RU 30/92, SozR 3-1500 § 145 Nr. 2.
75 Keller in Meyer-Ladewig/Keller/Leitherer/Schmidt § 144 Rn. 34.

keine Verfahrensfehler iSd Nr. 3 dar.[76] Eine **Verletzung des Grundsatzes der freien Beweiswürdigung** kann jedoch ausnahmsweise ein Verfahrensmangel sein,[77] zB bei Tatsachenunterstellung[78] oder Verstoß gegen die Denk- oder allgemeinen Erfahrungssätze;[79] Verstoß bei Verletzung der **Amtsermittlungspflicht.**[80] Zum Umfang der notwendigen Amtsermittlungen → § 103 Rn. 8 ff. Ein Verfahrensfehler liegt vor, wenn das Gericht aus sachwidrigen Gründen von einer weiteren Sachverhaltsaufklärung absieht: Verzicht der Vernehmung eines Zeugen, der mitteilt, er könne nichts zur Sache aussagen;[81] schriftliche Äußerung statt Zeugenvernehmung; Verkennung der Bindungswirkung einer anderen Entscheidung;[82] fehlerhafte Behandlung eines Antrages gemäß § 109, fehlerhafte Behandlung eines Beweisantrages; Verfahrensfehler ferner bei unterbliebener notwendiger Beiladung;[83] Verletzung des Anspruchs auf rechtliches Gehör (s. Erl. zu §§ 62 und 178 a)[84] und fehlerhaftes Übergehen eines Verfahrensantrages (s. Erl. zu §§ 62 und 110) sowie fehlerhafte/unterbliebene Ladung; Entscheidung nach Lage der Akten oder ohne Durchführung einer mündlichen Verhandlung, ohne dass die Voraussetzungen der §§ 126 und 124 Abs. 2 vorliegen;[85] Verfahrensmangel bei Verstoß gegen Grundsatz ne ultra petita.[86]

Die Frage, ob ein Verfahrensfehler vorliegt, ist stets nach Maßgabe der Rechtsauffassung des erstinstanzlichen Gerichts zu beurteilen. Daher ist die Berufung nicht zuzulassen, wenn das Verfahren unter Annahme der – fehlerhaften – Rechtsansicht des SG richtig geführt wurde. Es ist auf das z.Zt. der Entscheidung geltende Recht abzustellen. 21

c) **Der Verfahrensmangel muss gerügt werden und vorliegen.** Da die Rüge regelmäßig erst im Rahmen der Nichtzulassungsbeschwerde erhoben werden kann, wird die Zulassung gemäß Nr. 3 regelmäßig nur im Beschwerdeverfahren erfolgen. Allein der schlüssige Vortrag eines Verfahrensmangels reicht als Zulassungsgrund nicht aus, sondern er muss tatsächlich vorliegen. Grund: der Beteiligte soll nicht durch einen schlüssigen Vortrag eine an sich nicht zulässige Berufung erzwingen können. Einer Rüge bedarf es auch bei solchen Verfahrensmängeln, die **von Amts wegen** zu beachten sind.[87] Anders als die Nichtzulassungsbeschwerde für die Revision gemäß § 160 Abs. 2 S. 3 ist die ohne weitere Begründung eingelegte Beschwerde für die Berufung zwar zulässig, jedoch insoweit un- 22

76 BVerwG 2.11.1995 – 9 B 710/94, DVBl. 1996, 109; BSG 15.5.1985 – 7 RAr 40/84, SozSich 1985, 346.
77 BVerwG 19.1.1990 – 4 C 28/89, NJW 1990, 1681.
78 BSG 14.2.1962 – 11 RV 1056/59, BSGE 16, 195.
79 BSG 15.5.1985 – 7 RAr 40/84, SozSich 1985, 346.
80 BVerwG 24.10.1984 – 6 C 59.84, BVerwGE 70, 222; BSG 16.6.1951 – 3 RI 118/54, BSGE 1, 91; BGH 4.7.1989 – VI ZR 309/88, NJW 1989, 2947.
81 BSG 25.8.1955 – 4 RI 21/54, BSGE 1, 194.
82 BSG 4.12.1958 – 3 RI 151/56, BSGE 8, 284.
83 BSG 25.10.2012 – B 9 VJ 5/10 B, juris.
84 BSG 2.4.2014 – B 3 KR 3/14 B, SozR 4-1500 § 140 Nr. 2.
85 Zur fehlerhaften Besetzung des Gerichts BSG 6.9.2017 – B 13 R 177/17 B, SozR 4-1750 3 547 Nr. 4 zu Mitwirkung eines unvereidigten ehrenamtlichen Richters; BSG 28.10.1992 – 6 RKa 38/91, SozR 3-2500 § 106 Nr. 14.
86 Vgl. BSG 21.1.1959 – 11/8 RV 151/57, BSGE 9, 80; jedoch auch BSG 13.11.1985 – 6 RKa 15/84, BSGE 59, 137: materielles Prozessrecht, das keinen Verfahrensfehler iSd § 144 Abs. 2 Nr. 3 begründet.
87 HM, zum alten Recht BSG 21.3.1978 – 7/12/7 RAr 41/76, SozR 1500 § 144 Rn. 64; Keller in Meyer-Ladewig/Keller/Leitherer/Schmidt § 144 Rn. 36; Knittel in Hennig § 144 Rn. 63.

begründet, als sie nicht zur Berufungszulassung führt.[88] Die Rüge muss die den Fehler begründenden **Tatsachen** genau, braucht aber die verletzte Verfahrensvorschrift nicht zu benennen, so dass aus dem Vortrag erkennbar wird, welcher Verfahrensmangel in Betracht zu ziehen ist. Keinesfalls ist allein der Vortrag ausreichend, das Verfahren leide an einem Fehler, da daraus der Mangel nicht abzuleiten ist.[89] Damit wird dem Umstand Rechnung getragen, dass für die Nichtzulassungsbeschwerde kein Vertretungszwang besteht. Die Rüge und Bezeichnung des Mangels sind vor der Entscheidung des LSG zu erheben. Es muss die **Möglichkeit** bestehen, dass die Entscheidung auf dem Verfahrensmangel beruht.[90] Ein tatsächlicher Zusammenhang ist nicht erforderlich. Die Möglichkeit eines Zusammenhanges fehlt, wenn sie unter jedem rechtlichen Gesichtspunkt auszuschließen ist, mit der Folge, dass trotz eines Verfahrensmangels die Berufung nicht zuzulassen ist. Bei den absoluten Revisionsgründen (vgl. § 547 ZPO) ist dies unwiderlegbar zu vermuten.[91] Ein Verfahrensmangel und ein Zusammenhang ist besonders bei dem Vorwurf der Gehörsverletzung gemäß § 61 zu prüfen.[92] Nach hM muss **Identität** zwischen dem **gerügten** und dem **vorliegenden** Verfahrensmangel bestehen; es genügt daher nicht, dass zwar schlüssig ein Verfahrensmangel gerügt wird, tatsächlich jedoch ein anderer Mangel vorliegt.[93]

IV. Zulassungsentscheidung, Wirkung – Abs. 3

23 **1. Form der Zulassungsentscheidung.** Die Zulassung ist eine **gebundene Entscheidung**; wenn deren Voraussetzungen vorliegen, hat das Gericht kein Ermessen.[94] Die **Entscheidung** über die Zulassung der Berufung kann **im Urteil** des SG oder auf die Beschwerde gemäß § 145 **durch Beschluss des LSG** ergehen. Das Sozialgericht kann nach der Änderung des § 145 Abs. 1 S. 2 und Abs. 4 durch das 6. SGGÄndG nicht mehr im Beschwerdeverfahren über die Berufungszulassung entscheiden. Die Entscheidung über die Berufungszulassung im Urteil des SG bedarf keines Antrags, sondern ist von Amts wegen zu treffen. Liegen die Zulässigkeitsvoraussetzungen gemäß § 144 Abs. 1 nicht vor, muss das SG daher stets prüfen, ob einer der Zulassungsgründe gemäß Abs. 2 gegeben ist. **Die Zulassung muss ausdrücklich ausgesprochen werden.** Ein Schweigen bedeutet Nichtzulassung.[95] Jedoch ist es zur Klarstellung sinnvoll, auch in dem Fall auszusprechen, dass die Berufung nicht zugelassen wird. Das Gesetz schreibt nicht ausdrücklich vor, an welcher Stelle im Urteil iSd § 136 Abs. 1 die Entscheidung über die Berufung darzustellen ist. Da es sich hierbei jedoch um eine prozessuale Nebenentscheidung handelt,[96] sprechen nicht nur tatsächliche, sondern systematische Gründe dafür, dass sie in den **Tenor** aufgenommen wird.[97] Jedoch ist es auch ausreichend, wenn die Entscheidung sich zweifelsfrei aus den **Urteilsgrün-**

---

88 Kummer NZS 1993, 342.
89 BSG 8.2.2013 – B 10 EG 18/12 B, juris; BSG 23.9.1955 – 3 RI 26/55, BSGE 1, 227; Keller in Meyer-Ladewig/Keller/Leitherer/Schmidt § 144 Rn. 36; Knittel in Hennig § 144 Rn. 63.
90 Entscheidungserheblichkeit; BSG 25.3.1987 – 7 RAr 84/85, SozR 1500 § 150 Nr. 28.
91 BSG 8.2.2013 – B 10 EG 18/12 B, juris.
92 Keller in Meyer-Ladewig/Keller/Leitherer/Schmidt § 144 Rn. 35 a.
93 Knittel in Hennig § 144 Rn. 65; Keller in Meyer-Ladewig/Keller/Leitherer/Schmidt § 144 Rn. 37; Wehrhahn in jurisPK-SGG § 144 Rn. 42; so wohl auch Kummer NZS 1993, 342.
94 Wehrhahn in jurisPK-SGG § 144 Rn. 47.
95 Vgl. zur Revision BSG 25.1.1984 – 9 a BVs 26/83, SozR 1500 § 160 Nr. 52.
96 BSG 20.12.1956 – 3 RK 22/55, BSGE 4, 206.
97 BSG 11.11.1987 – 9 a RVs 7/86, SozR 1500 § 150 Nr. 30.

den ergibt.[98] Die entsprechenden Ausführungen in den Entscheidungsgründen begründen danach die unwiderlegliche Vermutung, dass z.Zt. der Urteilsverkündung die Berufung zugelassen war. Ein Nachweis anhand der Sitzungsniederschrift ist nicht erforderlich, kann jedoch der Auslegung der „zweifelsfreien Zulassung" in den Urteilsgründen dienen.

Nach BSG v. 20.12.1956[99] kann sich die Zulassungsentscheidung sogar allein aus der Sitzungsniederschrift ergeben. Das ist jedoch abzulehnen, da § 144 Abs. 1 Satz 1 erfordert, dass die Berufung „in dem Urteil" oder auf Beschwerde zuzulassen ist.[100] Eine entsprechend abgefasste **Rechtsmittelbelehrung** ist dagegen keine Berufungszulassung.[101] Denn sie stellt keine Willenserklärung, sondern lediglich einen Hinweis dar. Regelmäßig kann sich daher kein Beteiligter darauf stützen, in der Rechtsmittelbelehrung sei die Berufung als gegeben bezeichnet. Ausnahmsweise kann dies anders sein, wenn nicht die übliche Formularbelehrung gewählt wird, sondern wenn durch individuelle Zusätze in der Rechtsmittelbelehrung ausgeführt ist, dass und ggf. aus welchem Grund die Berufung zugelassen wurde. Wenn **jeglicher Hinweis** auf eine Entscheidung im Urteil **fehlt**, dürfte eine Urteilsberichtigung gemäß § 138 mit dem Ziel, eine Berufungszulassung zu erreichen, regelmäßig nicht in Betracht kommen. Denn die Unrichtigkeit ist nicht offenkundig iSd § 138. Dies kann zB anders sein, wenn die Sitzungsniederschrift die Verkündung der Berufungszulassung ausweist, nicht aber, wenn lediglich über die Zulassungsentscheidung schon in einer mündlichen Begründung gesprochen wurde und sich hierüber weder im Protokoll noch im Urteil etwas findet. Denn die Sitzungsniederschrift ist für die verkündete Entscheidung maßgeblich. § 140 greift nicht ein, da die Zulassungsentscheidung keinen (materiellen) Anspruch eines Beteiligten betrifft. Die Zulassung kann auf einzelne **Streitgegenstände**, nicht aber auf einzelne **Rechtsfragen beschränkt** werden.[102] Das SG kann die Berufung auch für den Fall zulassen, dass sie nicht schon nach § 144 Abs. 1 zulässig ist (Eventualzulassung). Eine Eventualzulassung in der Weise, dass die Berufung für den Fall gegeben sein soll, dass einer der Gründe des Abs. 2 vorliegt, ist dagegen nicht zulässig. Die Berufungszulassung muss nicht **begründet** werden.[103] Die Zulassung der Sprungrevision ist auch eine Zulassung der Berufung.[104]

2. Wirkung der Zulassungsentscheidung. Das LSG ist an die Zulassung durch das SG gebunden (**Abs. 3**). Diese Vorschrift richtet sich nicht nur an das LSG, sondern gilt allgemein. Auch das Revisionsgericht kann daher nicht die Voraussetzungen für die Zulassung anders würdigen, sondern hat die **Bindungswirkung** für das LSG zu beachten.[105] Die Bindungswirkung besteht auch bei einer rechts- 24

98 BSG 18.1.1990 – 4 RA 40/89, juris; BSG 14.3.1988 – 10 BKg 20/87, juris; Keller in Meyer-Ladewig/Keller/Leitherer/Schmidt § 144 Rn. 39; Wehrhahn in jurisPK-SGG § 144 Rn. 53.
99 BSG 20.12.1956 – 3 RK 22/55, BSGE 4, 206.
100 Ebenso Keller in Meyer-Ladewig/Keller/Leitherer/Schmidt § 144 Rn. 39.
101 BSG 23.7.1998 – B 1 KR 24/96 R, NZS 1999, 156.
102 BGH 25.3.1980 – VI ZR 61/79, NJW 1980, 1579; Knittel in Hennig § 144 Rn. 72.
103 Keller in Meyer-Ladewig/Keller/Leitherer/Schmidt § 144 Rn. 42; vgl. auch § 145 Abs. 4 S. 3 zur Beschwerdeentscheidung des LSG im Fall der Zulassung und S. 4 im Fall der Ablehnung.
104 BSG 30.10.2019 – B 14 AS 279/18 B, juris; BSG 9.4.2014 – B 14 AS 46/13 B, SozR 4-1500 § 87 Nr. 2; BSG 28.7.1977 – 2 RU 5/77, SozR 1500 § 150 Nr. 9; Keller in Meyer-Ladewig/Keller/Leitherer/Schmidt § 144 Rn. 41 und § 161 Rn. 2.
105 BSG 3.6.2004 – B 11 AL 75/03 R, SozR 4-1500 § 144 Nr. 1.

widrig zustande gekommenen Zulassung, die zB auf einem Verfahrensfehler beruht oder für die die Zulassungsvoraussetzungen nicht erfüllt sind.[106] Teilweise wird die Bindungswirkung bei einer willkürlichen Zulassung verneint.[107] Dies wird mit einem Verstoß gegen den Gleichheitssatz gemäß Art. 3 Abs. 1 GG und gegen den Anspruch auf den gesetzlichen Richter gemäß Art. 101 Abs. 1 S. 2 GG begründet. Dagegen spricht jedoch das Abgrenzungsproblem zwischen einer willkürlichen und einer „nur" rechtswidrigen Zulassung. Eine Bindungswirkung besteht lediglich dann nicht, wenn keine ihrer Natur nach berufungsfähige Entscheidung, zB ein Beschluss, vorliegt.

25 Die Zulassung der Berufung **eröffnet den Rechtsmittelzug in vollem Umfang** mit einer vollständigen prozess- und materiellrechtlichen Überprüfung durch das Berufungsgericht. § 157 gilt bei einem nach § 144 Abs. 2 zugelassenen Verfahren ebenso wie bei Verfahren nach Abs. 1. Das LSG ist insbesondere nicht an die Zulassungsbegründung durch das SG oder die Begründung der Nichtzulassung gebunden. Der Rechtszug ist für alle Beteiligten eröffnet, auch wenn sie selbst keine Nichtzulassungsbeschwerde eingelegt haben.[108]

26 Die **Nichtzulassung** der Berufung durch das SG bindet das LSG in gleicher Weise wie die Zulassung. Der weitere Weg führt in dem Fall über die Nichtzulassungsbeschwerde.[109] Die **Umdeutung** einer unzulässigen Berufung in eine Nichtzulassungsbeschwerde ist – jedenfalls bei rechtskundig vertretenen Beteiligten – nicht zulässig.[110] Problematisch ist es, wenn das **SG irrtümlich davon ausgeht, die Berufung sei ohne Zulassung statthaft** und eine entsprechende fehlerhafte Rechtsmittelbelehrung erteilt. Die gemäß dieser Belehrung eingelegte Berufung ist tatsächlich nicht statthaft. Es liegt auf der Hand, dass der Irrtum des Gerichts nicht zulasten der Beteiligten gehen kann. Daher ist versucht worden, das LSG (zunächst) über die (nicht erhobene) Nichtzulassungsbeschwerde entscheiden zu lassen, um so den Weg für das Berufungsverfahren zu eröffnen.[111] Nach der herrschenden Rspr[112] verbleibt es bei dem allgemeinen Grundsatz, dass das Berufungsverfahren nur über die Nichtzulassungsbeschwerde eröffnet werden kann. Nach dieser Rechtsprechung besteht wegen der fehlerhaften Rechtsmittelbelehrung gemäß § 66 Abs. 2 eine Beschwerdefrist von einem Jahr. Der Grundsatz des fairen Verfahrens gebietet es, dass das LSG den Berufungskläger auf das Erfordernis einer Nichtzulassungsbeschwerde hinweist. Es ist zu erwägen, in

---

106 Keller in Meyer-Ladewig/Keller/Leitherer/Schmidt § 144 Rn. 43 a; Knittel in Hennig § 144 Rn. 75; Wehrhahn in jurisPK-SGG § 144 Rn. 49; Kummer NZS 1993, 292; Breitkreuz in Breitkreuz/Fichte § 144 Rn. 50: der Gegner kann einwenden, die Berufung sei nicht wirksam zugelassen, nicht aber, sie sei rechtswidrig zugelassen.

107 Peters/Sautter/Wolff § 144 Rn. 281; vgl. auch BSG 20.5.1987 – 10 RKg 11/96, SozR 1500 § 150 Nr. 29.

108 Knittel in Hennig § 144 Rn. 73.

109 BSG 23.7.1998 – 1 KR 24/96 R, NZS 1999, 156.

110 BSG 4.7.2018 – B 3 KR 14/17 R, juris; BSG 20.5.2003 – B 1 KR 25/01 R, SozR 4-1500 § 158 Nr. 1, nicht nur – wie schon früher – für den rechtskundig vertretenen Kläger, vgl. BSG 19.11.1996 – 1 RK 18/95, SozR 3-1500 § 158 Nr. 1, sondern auch für den nicht rechtskundig vertretenen Kläger.

111 Arg.: das LSG entscheidet ohnehin – nunmehr in jedem Fall, nach altem Recht auch im Fall einer Nichtabhilfe durch das SG – über die Zulässigkeit der Berufung; vgl. SchlHLSG 19.8.1996 – L 2 V 54/95, SozSich 1997, 360; offen in BSG 7.10.1976 – 6 RKa 6/76, SozR 1500 § 150 Nr. 2.

112 BSG 19.11.1976 – 1 RK 18/95, NZS 1997, 388; BSG 23.7.1998 – B 1 KR 24/96 R, NZS 1999, 157.

dem Fall, dass dies nicht geschah, höhere Gewalt iSd § 66 Abs. 2 anzunehmen.[113] Nach der durch das 6. SGGÄndG ab 2.1.2001 geänderten Fassung des § 145 Abs. 1 S. 2 und Abs. 4 besteht keine Veranlassung mehr, an dieser Rechtsprechung festzuhalten. Denn nach der neuen Rechtslage entscheidet das LSG ausschließlich über die Zulassung der Revision im Beschwerdeverfahren. Dies rechtfertigt es nunmehr nach dem Meistbegünstigungsprinzip, dass das LSG in dem Fall über eine Umdeutung der Berufung eine Entscheidung über deren Zulassung trifft.[114] **Wird das Nichtzulassungsverfahren nachgeholt,** so wird das Beschwerdeverfahren als Berufungsverfahren fortgesetzt (§ 145 Abs. 5 S. 1). Es empfiehlt sich daher, in jedem Fall die zunächst unzulässig eingelegte Berufung zurückzunehmen oder zu verwerfen, da anderenfalls zwei Berufungsverfahren nebeneinander geführt werden. Eine **irrtümliche Berufungszulassung,** ohne dass die Voraussetzungen des Abs. 1 vorliegen, ist unschädlich, da die Berufung jedenfalls eingelegt werden kann. Lehnt das SG die Zulassung einer tatsächlich zulassungsfreien Berufung ab, kann Beteiligter nach dem Prinzip der Meistbegünstigung sowohl Berufung als auch Nichtzulassungsbeschwerde einlegen.

3. Kosten – Abs. 4. Wegen der Kosten des Verfahrens kann eine Berufung gemäß Abs. 4 nicht eingelegt werden. Kosten des Verfahrens sind auch Verschuldungskosten gemäß § 192.[115] Abs. 4 gilt nur für die Kosten des laufenden Verfahrens und erfasst nicht solche Kosten, die gerade den Verfahrensgegenstand bilden, zB wenn ein Kostenerstattungsanspruch für ein Vorverfahren mit der Klage durchgesetzt werden soll.[116] 27

§ 145 [Beschwerde gegen Nichtzulassung]

(1) [1]Die Nichtzulassung der Berufung durch das Sozialgericht kann durch Beschwerde angefochten werden. [2]Die Beschwerde ist bei dem Landessozialgericht innerhalb eines Monats nach Zustellung des vollständigen Urteils schriftlich oder zu Protokoll des Urkundsbeamten einzulegen.

(2) Die Beschwerde soll das angefochtene Urteil bezeichnen und die zur Begründung dienenden Tatsachen und Beweismittel angeben.

(3) Die Einlegung der Beschwerde hemmt die Rechtskraft des Urteils.

(4) [1]Das Landessozialgericht entscheidet durch Beschluss. [2]Die Zulassung der Berufung bedarf keiner Begründung. [3]Der Ablehnung der Beschwerde soll eine kurze Begründung beigefügt werden. [4]Mit der Ablehnung der Beschwerde wird das Urteil rechtskräftig.

(5) [1]Läßt das Landessozialgericht die Berufung zu, wird das Beschwerdeverfahren als Berufungsverfahren fortgesetzt; der Einlegung einer Berufung durch den Beschwerdeführer bedarf es nicht. [2]Darauf ist in dem Beschluß hinzuweisen.

113 Vgl. Erl. zu § 66 Abs. 2.
114 Vgl. SchlHLSG 19.8.1996 – L 2 V 54/95, SozSich 1997, 360.
115 BSG 28.10.2010 – B 13 R 229/10 B, SozR 4-1500 § 192 Nr. 1; SchlHLSG 13.5.1974 – L 1 Sb 6/74, Breith. 1975, 77; anders für wesentliche Verfahrensmängel LSG RhPf 11.12.1974 – L 3 U 140/74, Breith. 1975, 452.
116 BSG 12.6.2013 – B 14 AS 68/12 R, SozR 4-1300 § 63 Nr. 20; BSG 29.1.1998 – B 12 KR 18/97 R, SozR 3-1500 § 144 Nr. 13.

I. Allgemeines

1 **1. Rechtsentwicklung.** Die Regelung beruht auf dem RpflEntlG vom 11. Januar 1993 (BGBl. 1993 I 50). Die ursprüngliche Fassung betraf die Statthaftigkeit der Berufung in der gesetzlichen Unfallversicherung. Im Zusammenhang mit der Neuregelung des Zugangs zum Berufungsrechtzug hat der Gesetzgeber auch hier die **Nichtzulassungsbeschwerde** eingeführt. Das 6. SGGÄndG vom 17.8.2001 (BGBl. 2001 I 2144) hat die Regelungen stärker als zuvor an der Nichtzulassungsbeschwerde zum BSG (§ 160 a) ausgerichtet; insbesondere ist die **Abhilfe** der Beschwerde durch das SG abgeschafft. Abs. 4 Satz 1 idF des 6. SGGÄndG hat das SGGArbGGÄndG vom 26.3.2008 (BGBl. 2008 I 444) als überflüssig gestrichen, weil es die Abhilfe im Beschwerdeverfahren (§ 174 aF) generell abgeschafft hat. Zuletzt sind mit Art. 18 Nr. 12 des Gesetzes zur Einführung der elektronischen Akte in der Justiz und zur weiteren Förderung des elektronischen Rechtsverkehrs vom 5.7.2017 mWv 1.1.2018[1] in Abs. 1 S. 2 die Wörter „zur Niederschrift" durch die Wörter „zu Protokoll" ersetzt worden.

2 **2. Vergleichbare Regelungen.** Für den Verwaltungsprozess enthält **§ 124 a VwGO** eine entsprechende Regelung. Allerdings stellt diese wegen des Vertretungszwangs vor dem Oberverwaltungsgericht (§ 67 Abs. 1 Satz 1 VwGO) strengere Anforderungen an Form und Inhalt der Beschwerde. Die **Fortsetzung** des Beschwerdeverfahrens **als Berufungsverfahren** im Falle der Zulassung durch das LSG (Abs. 5 Satz 1) ist § 124 a Abs. 2 Satz 3 VwGO (ursprünglich § 131 Abs. 8 VwGO aF idF des 4. VwGOÄndG v. 17.12.1990, BGBl. 1990 I 2809) nachgebildet. Nach § 511 Abs. 4 ZPO idF des 1. JustizmodernisierungsG vom 24. August 2004 (BGBl. 2004 I 2198) kommt eine Zulassung der Berufung zwar in Betracht, wenn die Beschwer von 600 Euro nicht erreicht wird (§ 511 Abs. 2 Nr. 1 ZPO). Eine Nichtzulassungsbeschwerde ist jedoch abweichend vom SGG nicht vorgesehen.

1 BGBl. I 2208.

II. Nichtzulassung und Beschwerde – Abs. 1

1. Systematik. Grundsätzlich ist gegen Urteile der Sozialgerichte (und gleichstehende Entscheidungen)[2] die Berufung nach § 143 SGG ohne Zulassung statthaft. Nach der Systematik der §§ 143 ff. ist die Zulassung der Berufung durch das SG nur ausnahmsweise erforderlich, nämlich in Fällen, für die der **Grundsatz der zulassungsfreien Statthaftigkeit** der Berufung (§ 143) nach Maßgabe von § 144 Abs. 1 Satz 2 durch Tatbestände des § 144 Abs. 1 Satz 1 Nr. 1 und 2 eingeschränkt ist. Die Zulassungsberufung ist also – anders als die Zulassungsrevision (§ 160) und heute abweichend von § 124 Abs. 1 VwGO (anders noch bei Inkrafttreten § 131 VwGO aF) – nur für die hier abschließend geregelten **Bagatellfälle** als Ausnahme eingeführt. Ob eine Berufung der Zulassung bedarf beurteilt sich ebenso wie die umgekehrte Frage, ob die Berufung zulassungsfrei statthaft ist, allein nach der vom SG getroffenen Entscheidung, bzw. danach, was das SG dem Rechtsmittelkläger versagt hat und was von ihm mit seinen Berufungsanträgen weiter verfolgt wird. Nachträglich – zB durch eine „Verbindung von Zulassungsbeschwerden" – kann daher eine im Zeitpunkt der erstinstanzlichen Entscheidung nicht gegebene Rechtsmittelfähigkeit ohne Zulassungsentscheidung nicht erreicht werden bzw. kann die Statthaftigkeit der Zulassungsentscheidung nicht in Wegfall geraten.[3] 3

Ist die Berufung nicht gegeben, kann nach Ergehen eines **Gerichtsbescheids** entweder mündliche Verhandlung beantragt (§ 105 Abs. 2 Satz 2) oder Nichtzulassungsbeschwerde eingelegt werden.[4] Werden beide Rechtsbehelfe eingelegt, findet die mündliche Verhandlung statt und gilt der Gerichtsbescheid als nicht ergangen (§ 105 Abs. 3 SGG), während die eingelegte Nichtzulassungsbeschwerde ins Leere geht und deshalb unzulässig ist.[5] Stellt ein Beteiligter einen zulässigen Antrag auf mündliche Verhandlung (§ 105 Abs. 2 S. 3 SGG), wird aufgrund des auch insofern maßgeblichen Vorrangs des Antrags auf mündliche Verhandlung die ursprünglich statthafte Berufung des Gegners gegen den Gerichtsbescheid unzulässig und kann vom LSG durch Beschluss ohne mündliche Verhandlung verworfen werden.[6] 4

2. Nichtzulassung. Die Nichtzulassungsbeschwerde ist nur statthaft, dh ihrer Art nach vorgesehen,[7] soweit die ausnahmsweise zulassungsbedürftige Berufung im (End-)Urteil des SG nicht zugelassen ist. Die **negative Tatbestandsvoraussetzung** der Nichtzulassung ist erfüllt, wenn das Urteil dies – nicht notwendig im Tenor – ausdrücklich bzw. sinngemäß ausspricht oder schweigt.[8] Eine Zulassung 5

---

2 Vgl. die Nachweise bei LSG BW 17.7.2012 – L 11 KR 965/12 NZB, juris.
3 Vgl. LSG LSA 28.6.2018 – L 4 AS 862/17 NZB, juris Rn. 17.
4 Nach Auffassung des LSG NRW 20.12.2010 – L 7 AS 65/10 NZB, juris, muss mündliche Verhandlung eingelegt werden, damit der Beteiligte ggf. alles tut, um sich rechtliches Gehör zu verschaffen.
5 LSG NRW 12.12.2017 – L 18 KN 44/17, juris Rn. 9 f.
6 BSG 12.7.2012 – B 14 AS 31/12 B, SozR 4-1500 § 105 Nr. 3 m. Anm. V. Keller in jurisPR-SozR3/2013 Anm. 4.
7 Entgegen Wehrhahn in juris-PK-SGG, 1. Aufl., Stand 1.2.2018, § 145 Rn. 13 geht es nicht um eine Frage der Statthaftigkeit, wenn die NZB die fehlende Anhörung vor Erlass eines Gerichtsbescheides als Verfahrensfehler rügt. Wie die zitierte Entscheidung LSG LSA 23.6.2016 – L 2 AS 714/15 NZB, juris Rn. 26, zutreffend ausführt, geht es in derartigen Fällen im Rahmen der Begründetheit um die vom Beschwerdeführer nicht genutzte Möglichkeit, sich rechtliches Gehör durch den Antrag auf mündliche Verhandlung zu verschaffen.
8 May SGb 1994, 53 (54).

ist nur in einer ausdrücklichen und eindeutigen[9] **gestaltenden Entscheidung** des SG enthalten, die als prozessuale Nebenentscheidung grundsätzlich in den Entscheidungssatz aufzunehmen – und nach mündlicher Verhandlung mit diesem zu verkünden (§ 132 Abs. 1) – ist.[10] Aus Gründen des Vertrauensschutzes hält allerdings die oberstgerichtliche Rechtsprechung eine Zulassung auch in den **Entscheidungsgründen** für wirksam.[11] Findet sich der Zulassungsausspruch im räumlichen Zusammenhang der Rechtsmittelbelehrung, ist dies nur unschädlich, wenn den Gesamtumständen des Urteilstextes ausnahmsweise entnommen werden kann, dass damit nicht ein bloßer Hinweis auf die Möglichkeit der Berufungsauslegung, sondern ein eindeutig gefasster Zulassungsausspruch verlautbart wird.[12] Erkennt das Sozialgericht die Notwendigkeit einer Entscheidung über die Zulassung nicht, weil es irrtümlich von der Statthaftigkeit der Berufung ausgeht, ist daher in der **unzutreffenden Rechtsmittelbelehrung** allein eine Zulassungsentscheidung **nicht** enthalten.[13] Erst recht liegt in der (zutreffenden) Rechtsmittelbelehrung eines den Kläger im berufungsfähigen Umfang beschwerenden SG-Urteils denkbar keine Zulassung einer vom Kläger nur beschränkt eingelegten Berufung.[14]

6 Spricht das SG die Nichtzulassung aus, obwohl die Berufung kraft Gesetzes statthaft ist, so ist dies – falls die Berufung entgegen der Rechtsmittelbelehrung gleichwohl eingelegt wird – unschädlich, weil LSG und BSG die Statthaftigkeit der Berufung als Sachurteilsvoraussetzung von Amts wegen zu prüfen haben.[15] Da eine Entscheidung über die Nichtzulassung auch dann vorliegt, soll nach Auffassung einiger[16] Landessozialgerichte dem **Grundsatz der Meistbegünstigung folgend** in derartigen Fällen auch die Einlegung des nach der unzutreffenden Rechtsmittelbelehrung „eröffneten" **Rechtsmittels** in Betracht kommen, um den **„Rechtschein einer wirksamen Nichtzulassung"** zu beseitigen.[17] Diese führt dann rechtlich notwendig (ausdrücklich oder sinngemäß) zur Aufhebung „der Nichtzulassung der Berufung"[18] und ggf. zusätzlich zu der klarstellenden Feststellung, dass die Berufung statthaft ist.[19] Das hieran anknüpfende Vorgehen ist uneinheitlich. Während etwa das Bayerische LSG in entsprechender Anwendung von § 145 Abs. 5 Satz 2 eine Fortführung des Verfahrens als Berufung auch in derartigen Fällen für möglich hält,[20] geht das LSG Baden-Württemberg[21] davon aus, dass „mangels einer Entscheidung über die Zulassung der Berufung die Rechtsfolge des § 145 Abs. 5 Satz 1 nicht eintritt" und es einer gesonderten Be-

9 BSG 14.12.1955 – 7 RAr 69/55, BSGE 2, 121.
10 BSG 29.6.1977 – 11 RA 94/76, SozR 1500 § 161 Nr. 16 mwN.
11 BSG 29.6.1977 – 11 RA 94/76, SozR 1500 § 161 Nr. 16 mwN.
12 BSG 23.3.1971 – 7 RKg 14/69, SozR Nr. 4 zu § 3 KGG; 29.6.1977 – 11 RA 94/76, SozR 1500 § 161 Nr. 16.
13 BSG 19.11.1996 – 1 RK 18/95, SozR 3-1500 § 158 Nr. 1 mwN.; s. zuletzt auch LSG RhPf 21.1.2019 – L 5 KA 35/18 NZB.
14 LSG NRW 5.4.2017 – L 11 KA 21/16, juris Rn. 9.
15 BVerwG 5.9.1991 – 3 C 26/89, BVerwGE 89, 27.
16 Offenbar nicht ThürLSG 19.3.2012 – L 4 AS 292/11 NZB, juris und vom 9.5.2012 – L 7 AS 7/10 NZB, juris.
17 LSG Nds 7.3.1996 – L VS Ka 26/95, NdsRpfl 1996, 191 und LSG RhPf 17.4.1997 – L 1 AR 128/96, juris.
18 LSG BW 15.2.2016 – L 9 AS 4693/15 NZB, juris.
19 Vgl. BayLSG 15.10.2013 – L 7 AS 463/13 NZB, juris.
20 BayLSG 15.10.2013 – L 7 AS 463/13 NZB, juris.
21 LSG BW 15.2.2016 – L 9 AS 4693/15 NZB, juris.

rufungseinlegung bedarf. Die irrtümliche Zulassung einer bereits kraft Gesetzes statthaften Berufung ist dem gegenüber zwar überflüssig, aber nicht schädlich.[22]

3. Gegenstand der Nichtzulassungsbeschwerde. Gegenstand der Nichtzulassungsbeschwerde ist – ähnlich § 160 a – allein die **Nebenentscheidung** über die Nichtzulassung der Berufung in einem **Urteil** oder **Gerichtsbescheid** des SG (§ 105 Abs. 2 Satz 1). Maßstab der Beschwerdeentscheidung sind danach die Merkmale der in § 144 Abs. 2 Nr. 1 bis 3 abschließend aufgezählten Zulassungsgründe. Erwägungen zur Richtigkeit der Entscheidung in der Hauptsache sind deshalb systematisch verfehlt.[23] Abweichend von § 124 Abs. 2 Nr. 1 und 2 VwGO sind „ernstliche Zweifel an der Richtigkeit des Urteils" oder „besondere tatsächliche oder rechtliche Schwierigkeit der Rechtssache" im sozialgerichtlichen Verfahren kein Grund für die Zulassung der Berufung. 7

4. Auslegung des Rechtsschutzgesuchs. In Fällen, in denen das Gericht die erforderliche Zulassung der Berufung nicht ausgesprochen, die Beteiligten aber belehrt hat, die Berufung sei gegeben, werden die Beteiligten durch **Fehler des Gerichts** in eine schwierige Situation gebracht. Die Berufung wird durch die fehlerhafte Rechtsmittelbelehrung allein nicht statthaft.[24] Ihre Umdeutung in die allein statthafte Nichtzulassungsbeschwerde ist nach ebenfalls stRspr. – unabhängig von der rechtskundigen Vertretung des Rechtsmittelführers – unzulässig.[25] Für eine Zulassungsentscheidung des LSG außerhalb des Beschwerdeverfahrens (als „Nebenentscheidung" des Berufungsverfahrens) fehlt dem Berufungsgericht die Entscheidungsmacht.[26] Die dennoch – eindeutig als solche – eingelegte Berufung ist zwingend zu verwerfen (§ 158 Satz 1). Insbesondere in derartigen Fällen kommt es daher auf die vorgelagerte grundrechtsorientierte – insbesondere an Art. 19 Abs. 4 GG ausgerichtete – **Auslegung**[27] eines angebrachten Rechtsschutzgesuches an. Dem Rechtsmittelführer darf der Zugang zum Berufungsrechtszug nicht in unzumutbarer, aus Sachgründen nicht mehr zu rechtfertigender Weise erschwert werden.[28] Dabei ist ua zu beachten, dass auch im Prozessrecht die bloße **Falschbezeichnung** („falsa demonstratio") unbeachtlich ist, sodass es sich trotz der vordergründigen Verwendung des Wortbegriffs „Berufung" in Fällen des erkennbaren Irrtums und bei Irreleitung durch die Vorinstanz[29] in „Wahrheit" – nach dem erkennbaren Sinn des Gemeinten und dem erkennbaren Prozessziel (vgl. § 133 BGB) also[30] – dennoch um eine Nichtzulassungsbeschwerde handeln kann. Schon der Umstand, dass Art. 19 Abs. 4 GG die 8

22 Kummer NZS 1993, 285 (292).
23 Kummer NZS 1993, 337; May SGb 1994, 53 (57); vgl. auch § 160 a Rn. 3 mwN.
24 BSG 23.7.1998 – B 1 KR 24/96 R, SozR 3-1500 § 158 Nr. 3 und Fn. 6.
25 BSG 19.11.1996 – 1 RK 18/95, SozR 3-1500 § 158 Nr. 1; BSG 23.7.1998 – B 1 KR 24/96 R, SozR 3-1500 § 158 Nr. 3; BSG 20.5.2003 – B 1 KR 25/01 R, SozR 4-1500 § 158 Nr. 1; BSG 14.12.2006 – B 4 R 19/06 R, SozR 4-3250 § 14 Nr. 3, zuletzt etwa LSG NRW 16.10.2017 – L 12 AS 1045/17 und BayLSG 2.2.2018 – L 10 AL 267/17 NZB.
26 BSG 19.11.1996 – 1 RK 18/95, SozR 3-1500 § 158 Nr. 1 mwN.
27 Vgl. zur Auslegung von Verfahrensrecht etwa Berchtold in Berchtold/Richter PHdB-SozS § 4 Rn. 61 ff.
28 BSG 14.12.2006 – B 4 R 19/06 R, SozR 4-3250 § 14 Nr. 3 Rn. 14 mit Hinweis auf BVerfG 11.2.1987 – 1 BvR 475/85, E 74, 228 (234 f.); BVerfG 2.12.1987 – 1 BvR 1291/85, E 77, 275 (282).
29 BSG 14.12.2006 – B 4 R 19/06 R, SozR 4-3250 § 14 Nr. 3 Rn. 16.
30 BSG 8.11.2005 – B 1 KR 76/05 B, SozR 4-1500 § 158 Nr. 2; BSG 9.10.2006 – B 1 KR 21/06 R, nicht veröffentlicht; BSG 14.12.2006 – B 4 R 19/06 R, SozR 4-3250 § 14 Nr. 3 Rn. 14.

Gerichte zur zweckentsprechenden Auslegung von Anträgen verpflichtet[31] und die sich hieraus ergebende Vermutung dass der Rechtsschutzsuchende grundsätzlich das einzig eröffnete Rechtsmittel einlegen will, genügen in Fällen der genannten Art regelmäßig von einer Nichtzulassungsbeschwerde auszugehen. Erlauben der Inhalt des Schriftsatzes und die Umstände des Falles die Auslegung, der Beteiligte wolle Nichtzulassungsbeschwerde einlegen, kommt es auf eine fehlende Benennung nicht an[32] und ist ggf. auch die Bezeichnung „Berufung" als falsa demontratio unschädlich.[33] Dagegen bestehen gegen die **Anwendung von § 106 Abs. 1** an dieser Stelle Bedenken.[34] Die Norm gilt innerhalb des Verfahrens, gewährleistet aber nicht etwa gerichtliche Assistenz auch beim – vorliegend in Frage stehenden – Weg in das Verfahren. Andernfalls bliebe es dem Rechtsschutz Begehrenden überlassen, erst nach einem gerichtlichen Hinweis eine Entscheidung zu offenbaren, ob und welchen Rechtsbehelf er eingelegt wissen will. Schon die Fristbestimmung des § 145 Abs. 2 Satz 2 würde durch ein derartiges Vorgehen unbeachtlich.

9 Ergibt die Auslegung, dass es sich um eine Nichtzulassungsbeschwerde handelt, ist hierüber vom LSG im (allein in Betracht kommenden)[35] **Beschlussverfahren** zu entscheiden. Erkennt erst das Revisionsgericht die wahre Rechtsnatur des Rechtsschutzgesuchs, ist das Berufungsurteil aufzuheben und der Rechtsstreit an das LSG zurückzuverweisen. Ist trotz Zulassungsbedürftigkeit unmittelbar Berufung erhoben worden, kann der Mangel der Zulassung innerhalb des laufenden Berufungsverfahrens nicht behoben werden.[36] Wird eine nicht statthafte Berufung zurückgenommen, um zunächst das Beschwerdeverfahren durchzuführen, so führt dies nicht zum Verlust des Rechtsmittels der Berufung nach § 156 Abs. 2 Satz 1.[37] Der im erstinstanzlichen Urteil über das statthafte Rechtsmittel unzutreffend informierte Beteiligte erfährt hinsichtlich der einzulegenden Nichtzulassungsbeschwerde Hilfe durch § 66 Abs. 2.[38] Die Monatsfrist des § 145 Abs. 1 Satz 2 verlängert sich nach § 66 Abs. 2 Satz 1 Regelung 1 auf ein Jahr, wenn die erforderliche Rechtsbehelfsbelehrung unterblieben ist oder unrichtig erteilt wurde. Auch die Jahresfrist läuft nicht, wenn „eine schriftliche Belehrung dahin erfolgt ist, dass ein Rechtsbehelf nicht gegeben sei" (§ 66 Abs. 2 Satz 1 Regelung 3). Das ist auch dann der Fall, wenn eine Belehrung nur über ein vermeintlich statthaftes Rechtsmittel (hier: Berufung) erfolgt, nicht aber über das nach dem Gesetz statthafte (NZB).[39] Für die Auslegung des Rechtsschutzgesuchs ist der „wirkliche Wille" des Beteiligten und sein erkennbares Prozessziel aus der Sicht von Prozessgegner und Gericht maßgeblich (arg. § 133 BGB). Nicht der Wortlaut, sondern Sinn und Zweck der Erklärung sind entscheidend.

Der Beteiligte ist auf die Notwendigkeit der NZB gegen die Nichtzulassung der Berufung hinzuweisen und das Beschwerdeverfahren durchzuführen. Der Zulas-

---

31 Exemplarisch BVerfG 15.9.2014 – 2 BvR 2192/13, juris Rn. 17 mwN.
32 BSG 14.12.2006 – B 4 R 19/06 R, SozR 4-3250 § 14 Nr. 3 Rn. 19.
33 So für den Fall einer als „Revision" bezeichneten „Berufung" BSG 8.12.2005 – B 13 RJ 298/04 R, SozR 4-1500 § 151 Nr. 1.
34 AA BSG 14.12.2006 – B 4 R 19/06 R, SozR 4-3250 § 14 Nr. 3, dort aber nicht tragend.
35 BSG 14.12.2006 – B 4 R 19/06 R, SozR 4-3250 § 14 Nr. 3 Rn. 25.
36 LSG NRW 5.4.2017 – L 11 KA 21/16, juris Rn. 32 mwN.
37 BSG 15.2.2000 – B 11 AL 79/99 R, nicht veröffentlicht.
38 BSG 20.5.2003 – B 1 KR 25/01 R, SozR 4-1500 § 158 Nr. 1 Rn. 18.
39 BSG 14.12.2006 – B 4 R 19/06 R, SozR 4-3250 § 14 Nr. 3.

sungsbeschluss muss vor Abschluss der mündlichen Verhandlung des fortgeführten Berufungsverfahrens gegenüber jedem Verfahrensbeteiligten wirksam sein.[40]

5. Bedingungen. Eine Nichtzulassungsbeschwerde, die nur hilfsweise für den Fall der Unzulässigkeit der primär eingelegten Berufung erhoben wird, ist unzulässig.[41] Es handelt sich insoweit um ein bedingt eingelegtes Rechtsmittel, das wegen der im Prozessrecht erforderlichen Klarheit über das Schweben oder Nichtschweben eines Rechtsstreits als unzulässig anzusehen ist. Dem entsprechend – wegen des Erfordernisses der prozessualen Klarheit – kommt einem solchen bedingt eingelegten Rechtsmittel auch für den Fall späterer unbedingter Einlegung keine fristwahrende Bedeutung zu.[42] 10

6. Beschwer. Die Nichtzulassungsbeschwerde setzt eine **Beschwer** durch die Entscheidung in der Hauptsache[43] – nicht eine besondere Beschwer durch die Nichtzulassung – voraus, denn die Beschwerde ist darauf gerichtet, Rechtsschutz im Berufungsrechtzug zu eröffnen.[44] Die Berufung findet gemäß § 143 iVm § 105 Abs. 3 Halbs. 1 SGG gegen Urteile und Gerichtsbescheide der Sozialgerichte statt. Liegt eine grundsätzlich angreifbare Entscheidung vor, setzt die Zulässigkeit eines jeden Rechtsmittels ferner voraus, dass der Rechtsmittelführer berechtigt ist, das jeweilige Rechtsmittel einzulegen. Über diese Rechtsmittelberechtigung verfügt nur derjenige, gegen den sich das anzufechtende Urteil richtet, dem die angegriffene Entscheidung gegenüber verkündet oder zugestellt wurde, weil er nach Ansicht des Gerichts am vorinstanzlichen Verfahren beteiligt war (§ 69) und deshalb auch gemäß § 141 Abs. 1 SGG der Bindungswirkung (Rechtskraft) der vorinstanzlichen Entscheidung unterliegen kann.[45] Mit dem Erfordernis der Beschwer ist in aller Regel gewährleistet, dass das Rechtsmittel nicht eingelegt wird, ohne dass ein sachliches Bedürfnis des Rechtsmittelklägers hieran besteht.[46] Die maßgebliche **formelle Beschwer**[47] ist durch einen Vergleich zwischen dem in der Vorinstanz gestellten Antrag und dem der Rechtskraft fähigen Inhalt des angefochtenen Urteils zu ermitteln.[48] 11

7. Beschwerdegericht und Beteiligte des Beschwerdeverfahrens. Die Nichtzulassungsbeschwerde ist nach Satz 2 idF des 6. SGGÄndG bei Entscheidungen, die ab 2. Januar 2002 verkündet oder zugestellt sind, an das **LSG als Beschwerdegericht** zu richten. Das ergibt sich folgerichtig aus dem Wegfall der Abhilfemöglichkeit nach Abs. 4 Satz 1 aF. Geht die Beschwerdeschrift nicht beim LSG, sondern beim SG, einem anderen Gericht oder einer anderen Behörde ein, so wirkt sie nicht fristwahrend, ist aber unverzüglich an das LSG weiter zu leiten. Geht sie nicht innerhalb der Frist beim LSG ein, kommt nur die Wiedereinsetzung unter den Voraussetzungen des § 67 in Betracht. 12

Abweichend von der Nichtzulassungsbeschwerde zum BSG (§§ 160 a, 166) und der Nichtzulassungsbeschwerde zum Oberverwaltungsgericht (§ 124 a Abs. 2,

40 BSG 14.12.2006 – B 4 19/06 R, SozR 43250 § 14 Nr. 2.
41 BFH 27.3.2013 – I R 71/12; LSG BW 13.12.2011 – L 11 R 3679/11.
42 LSG BW 4.10.2017 – L 10 R 2855/17 NZB, juris Rn. 18.
43 Zur dementsprechend fehlenden Beschwer bei Erledigung der Hauptsache s. etwa LSG Bln-Bbg 27.9.2012 – L 20 AS 2361/11 NZB, juris.
44 Kummer NZS 1993, 337 (339); Bernsdorff in Hennig § 145 Rn. 22 ff.
45 BSG 13.11.2012 – B 2 U 19/11 R, BSGE 112, 177 Rn. 13.
46 BSG 8.5.2007 – B 2 U 3/06 R, SozR 4-2700 § 136 Nr. 3 Rn. 13.
47 BSG 14.12.2006 – B 4 R 19/06 R, SozR 4-3250 § 14 Nr. 3 Rn. 19.
48 BSG 27.10.1972 – 2 RU 127/74, E 43, 1 (2 f.) = SozR 1500 § 131 Nr. 4 mwN.

§ 67 Abs. 1 Satz 1 VwGO) besteht vor dem LSG **kein Vertretungszwang.** Beteiligte des Beschwerdeverfahrens sind grundsätzlich die **Beteiligten der Vorinstanz,** nur sie können durch die angefochtene Entscheidung beschwert sein.

13 **8. Form und Frist. a) Einlegungsfrist.** Die (nicht zwingend zu begründende) Beschwerde kann ab Erlass des Urteils auch vor Beginn der Frist eingelegt werden. Die (nach § 64 SGG zu berechnende) Frist beträgt nach Abs. 1 S. 2 grundsätzlich einen Monat nach wirksamer Zustellung des vollständigen Urteils, dh ab 1.7.2014 der nach § 202 SGG iVm § 317 Abs. 1 S. 1 ZPO von Amts wegen zuzustellenden **beglaubigten Abschrift,** bei Zustellung im Ausland entsprechend § 87 Abs. 1 Satz 2 drei Monate.[49] Zu unterscheiden sind der Vorgang der Zustellung, die seit 1.7.2002 nach den Vorschriften der ZPO erfolgt (§ 63 SGG Abs. 2 SGG) und ihr Gegenstand, das „vollständige Urteil". Mangelt es bereits an letzterem, kann auch die (fiktiv) wirksame Zustellung die Frist nicht in Gang setzen. Diese beginnt dann erst mit der Zustellung insbesondere einer berichtigten Urteilsabschrift. Gibt folglich die beglaubigte Abschrift das vom SG beschlossene Urteil in wesentlichen Teilen unvollständig wieder[50] oder mangelt es bereits der Urschrift (und dann folgerichtig auch der Abschrift) an wesentlichen Bestandteilen, wird die Frist nicht in Gang gesetzt. Dasselbe gilt unabhängig vom Anlass eines derartigen Vorgehens insbesondere aus Gründen der Verfahrensfairness[51] auch, wenn das SG die übersandte Abschrift zur Berichtigung zurückerbittet. Dagegen hat die Berichtigung wegen offenbarer Unrichtigkeit (§ 138 S. 1 SGG)[52] regelmäßig keinen Einfluss auf Beginn und Lauf der Rechtsmittelfristen.[53]

14 Wird eine Berufung eingelegt, obwohl das Urteil des SG zutreffend auf die NZB verweist, kommt auch hier eine Umdeutung nicht in Betracht. Für die nachträglich eingelegte NZB kommt eine Wiedereinsetzung etwa dann in Betracht, wenn das als Berufungsgericht angegangene LSG in diesem Verfahren seiner prozessualen Hinweispflicht nicht genügt hat.[54] Bei unrichtiger oder unvollständiger **Rechtsmittelbelehrung** läuft an Stelle der Beschwerdefrist eine **Verschweigungsfrist** von einem Jahr (§ 66 Abs. 2). Auch diese entfällt ggf. in den Fällen des § 66 Abs. 2 Satz 1 Regelung 2 und 3. Die **Zustellung** richtete sich bis zum 31.6.2002 nach den §§ 2–15 VwZG (§ 63 Abs. 2 aF), seit dem 1.7.2002 sind die Vorschriften der ZPO einschlägig (§ 63 Abs. 2). Bei fehlendem Zustellungsnachweis oder Zustellungsmängeln wird nunmehr – abweichend von § 9 Abs. 2 VwZG aF – die Zustellung durch den tatsächlichen Zugang fingiert (§ 189 ZPO).[55]

15 **b) Prozessuale Schriftform.** Auch die **Schriftform des § 145 Abs. 1 Satz 2 Regelung 1** setzt grundsätzlich die **Unterschrift** des Beteiligten oder seines Vertreters (§ 73) voraus. Da allerdings im gerichtlichen Verfahrensrecht § 126 BGB nicht gilt, wird maßgeblich darauf abgestellt, welcher Grad an Formenstrenge nach den einschlägigen verfahrensrechtlichen Vorschriften jeweils als sinnvoll zu for-

49 Kummer NZS 1993, 337 (338) und BSG 3.8.960 – 3 RJ 244/58, SozR Nr. 11 zu § 151 SGG.
50 Zum Fehlen der Kostenentscheidung BFH 23.10.1975 – VIII R 99/75, BFHE 118, 1, juris Rn. 8 ff.
51 BSG 28.1.2004 – B 6 KA 95/03 B, SozR 4-1500 § 151 Nr. 1 Rn. 8.
52 Vgl. etwa LSG Bln-Bbg 11.9.2018 – L 18 AS 1364/18 B.
53 BSG 28.1.2004 – B 6 KA 95/03 B, SozR 4-1500 § 151 Nr. 1 Rn. 8; LSG Bln-Bbg 5.4.2006 – L 26 SB 27/05, und OVG LSA 11.9.2007 – 2 L 328/06.
54 Vgl. BayLSG 26.2.2013 – L 7 AS 37/13 NZB, juris.
55 Zu Einzelheiten des neuen Zustellungsrechts: Kummer SGb 2002, 413 ff.

dern ist.[56] Grundsätzlich soll die prozessuale Schriftform gewährleisten, dass der **Inhalt der Erklärung** und die **Identität der Person**, die sie abgibt, zuverlässig festzustellen sind und das Schriftstück mit Wissen und Wollen des Berechtigten in den **Rechtsverkehr** gelangt ist, es sich also nicht um einen bloßen Entwurf handelt. Danach ist eine Unterschrift zur Wahrung der Schriftform nicht gefordert, wenn deren Funktion auch ohne Unterschrift des Berechtigten auf andere Weise gewährleistet ist. Der GmSOGB hat angenommen, „in aller Regel (könne) nicht ernsthaft bezweifelt werden", dass auch ein nicht unterschriebener Schriftsatz dem Gericht zur Wahrung einer Rechtsmittelfrist zugehen solle.[57] Diese Rechtsprechung ist durch die **Entwicklung der Kommunikationstechnik** beeinflusst. Sie lässt für die **prozessuale Schriftform** auch ein fernmündlich aufgegebenes Telegramm, ein Fernschreiben, Telefax und die elektronische Übertragung einer Textdatei mit eingescannter Unterschrift auf ein Faxgerät des Gerichts (Computer-Fax; PC-Modem) genügen. Ausdrücklich hat das BSG ausgeführt, „Zweifel an der Echtheit der Erklärungen" seien „im Interesse der Beschleunigung des Rechtsverkehrs hinzunehmen".[58] Es geht davon aus, der früheren Rechtsprechung zur Schriftform sei durch die Entscheidung des GmSOGB vom 5.4.2000 „die Grundlage entzogen worden". Die elektronische Form (§ 65 a, eingeführt zum 1.4.2005 durch das JustizkommunikationsG vom 22.3.2005, BGBl. 2005 I 837), die es den Beteiligten ermöglicht, dem Gericht **elektronische Dokumente** zu übermitteln, soweit dies durch Rechtsverordnungen der Länder zugelassen ist, stellt demgegenüber in jedem Fall ein aliud gegenüber der Schriftform dar.[59] Sie bedurfte schon deshalb einer besonderen Rechtsgrundlage (s. näher zu § 65 a). Ungeachtet der Einhaltung der besonderen gesetzlichen Formvorschriften für den elektronischen Rechtsverkehr kann das mit „einfacher E-Mail" übersandte Rechtsschutzgesuch – auch die Nichtzulassungsbeschwerde – rechtlich Bedeutung erlangen, wenn nach der Gerichtspraxis regelmäßig ein Ausdruck – und damit eine Überführung in Schriftform(!) – erfolgt.[60] Anders als die hier vertretene Auffassung geht die stRspr des BSG seit 12.10.2016 – B 4 AS 1/16 R[61] davon aus, dass ua die Berufung nur im Rahmen von § 65 a SGG in elektronischer Form eingelegt werden kann und entgegen der dort zitierten Rechtsprechung von BGH und BAG ihr Ausdruck beim Gericht die Schriftform nicht wahrt.

Die NZB kann außerdem **zu Protokoll des Urkundsbeamten** der Geschäftsstelle 16
erhoben werden (§ 145 Abs. 1 Satz 2 Regelung 2). Die Rechtsänderung zum 1.1.2018 soll verdeutlichen, dass die „Niederschrift" bei elektronischer Aktenführung auch in elektronischer Form erstellt werden kann und soll im Übrigen der Begriffsvereinheitlichung dienen.[62] Dieser ist dann das gesetzliche Mittel,

56 GmSOGB 30.4.1979 – 1/78, BGHZ 75, 340 ff. = SozR 1500 § 164 Nr. 14; GmSOGB 5.4.2000 – 1/98, BGHZ 144, 160 ff. = SozR 3-1750 § 130 Nr. 1; die die Praxis lange bestimmende Entscheidung des BSG vom 28.5.1974 – 2 BU 259/73, E 37, 279 (280) = SozR 1960 § 5 Nr. 1 ist damit überholt.

57 GmSOGB 5.4.2000 – I/98, SozR 3-1750 § 130 Nr. 1. Zu dennoch möglichen Zweifeln s. LSG Bln-Bbg 31.7.2014 – L 29 AS 1052/14 NZB, juris und 10.11.2015 – L 29 AL 68/13, juris sowie BSG 17.3.2016 – B 11 AL 6/16 B, juris.

58 BSG 13.3.2001 – B 3 KR 12/00 R, E 88, 1 (3) = SozR 3-5425 § 1 Nr. 6.

59 Näher Berchtold in Berchtold/Richter PHdB-SozS § 6 Rn. 71.

60 Berchtold in Berchtold/Richter PHdB-SozS § 6 Rn. 72 mwN.

61 BSGE 122, 71 ff.

62 BT-Drs. 18/12203, 86 mH auf BT-Drs. 18/9416, 59.

das Rechtsschutzbegehren des Beteiligten in die gesetzliche Schriftform zu überführen. Die Beratung durch den Urkundsbeamten bezieht sich dem entsprechend im Wesentlichen auf Formalien wie Form und Frist des Rechtsmittels und Formulierungshilfe. Soweit dem Urkundsbeamten die Rechtsmittelbelehrung der anzufechtenden Entscheidung vorgelegt wird, kann er den Betroffenen auf deren Wortlaut hinweisen. Er ist aber nicht verpflichtet, wenn der Betroffene ausdrücklich ein bestimmtes Rechtsmittel einlegen will, zu überprüfen, ob die Rechtsmittelbelehrung in einem Urteil zutreffend ist oder das vom Betroffenen ausdrücklich gewollte Rechtsmittel das richtige ist.[63]

III. Inhalt der Beschwerde – Abs. 2

17 **1. Angaben zur Individualisierung.** Aus der **Sollvorschrift** des Abs. 2 entnehmen Praxis und Lehre, dass die Beschwerde lediglich Angaben zur Individualisierung des angefochtenen Urteils enthalten muss, nicht aber einen bestimmten Antrag oder die Darlegung bzw. Bezeichnung von Zulassungsgründen.[64] Die (nicht notwendig als solche zu bezeichnende) Beschwerde „soll" lediglich die zur Begründung dienenden Tatsachen und Beweismittel angeben. Die **Verletzung prozessualer Sollvorschriften** schränkt die Wirksamkeit von Prozesshandlungen nicht ein.[65] Damit trifft den Beschwerdeführer hier **keine Darlegungslast** für die Zulassungsgründe „grundsätzliche Bedeutung" und „Abweichung" wie bei der auf die Zulassung der Revision gerichteten Beschwerde (vgl. § 160 a Abs. 2 S. 3). Die geringen Anforderungen an die Beschwerdebegründung hängen mit dem Fehlen eines Vertretungszwangs zusammen. Nicht vertretene und rechtsunkundige Beteiligte sollen im Beschwerdeverfahren möglichst nicht an prozessualen Anforderungen scheitern.[66] Auch an den **Antrag** sind prozessuale Anforderungen nicht zu stellen. Es genügt, wenn dem Schriftsatz sinngemäß zu entnehmen ist, dass der Beteiligte sich gegen die Nichtzulassung der Berufung wendet. Ohne Bindung an das Vorbringen des Beschwerdeführers prüft das LSG von Amts wegen unter allen erdenklichen Gesichtspunkten, ob der vom SG nach § 103 ermittelte Sachverhalt einen Zulassungsgrund ergibt.[67] Allerdings ist es für jeden Prozessbeteiligten Ausdruck eines „aufgeklärten Eigeninteresses," unter Nutzung seines status activus processualis (Art. 19 Abs. 4 GG), auf die Wahrung und Durchsetzung seiner prozessualen Rechte – über das gesetzliche Minimum hinaus – auch selbst zu achten.

18 **2. Verfahrensmangel als Zulassungsgrund.** Ein Verfahrensmangel des SG[68] ist als Zulassungsgrund nach § 144 Abs. 2 Nr. 3 jedoch nur beachtlich, wenn der Beteiligte ihn **„geltend macht"**.[69] Daraus ergeben sich im Vergleich zu den anderen Zulassungsgründen weitergehende Anforderungen an die Beschwerdebegründung. Auch wenn diese nicht so streng sind wie bei der Beschwerde gegen

63 BayLSG 26.2.2013 – L 7 AS 37/13 NZB, juris.
64 BSG 14.12.2006 – B 4 R 19/06 R, SozR 4-2350 § 14 Nr. 3 Rn. 19. Vgl. im Gegensatz dazu für die Beschwerde auf Zulassung zur Revision § 160 a Abs. 2 Satz 3; für den Verwaltungsgerichtsprozess § 124 a Abs. 1 Satz 2 VwGO.
65 Bettermann, BSG-FS II, S. 783, 792.
66 Kummer NZS 1993, 337 (340) mit Hinweis auf BT-Drs. 12/1217, 51 f. und BT-Drs. 11/7030, 32; May SGb 1994, 53 (56); Bernsdorff in Hennig Rn. 25; Krasney/Udsching, VIII Rn. 49.
67 Vgl. etwa LSG Nds-Brem 5.4.2012 – L 11 AS 60/12 NZB, juris.
68 Zur Verletzung der Amtsermittlungspflicht BSG 28.3.2017 – L 11 AS 201/17 NZB.
69 BSG 14.12.2006 – B 4 R 19/06 R, SozR 4-2350 § 14 Nr. 3 Rn. 19.

die Nichtzulassung der Revision (→ § 160 a Rn. 28 ff.) oder der Verfahrensrüge in der Revision (vgl. § 164 Abs. 2 Satz 3, → § 164 Rn. 28), ist das LSG nicht verpflichtet, ohne Vorgaben der Beschwerde nach Verfahrensmängeln des SG zu suchen. Dies gilt **grundsätzlich** auch für Verfahrensmängel, die im Revisionsverfahren von Amts wegen zu beachten wären. Der Vorsitzende oder Berichterstatter hat aber nach § 106 Abs. 1 darauf hinzuwirken, dass ungenügendes Beschwerdevorbringen ergänzt wird.[70] Der Beschwerdeführer muss im Ergebnis unter Benennung der einschlägigen Tatsachen selbst aufzeigen, in welchem Vorgehen er einen Verfahrensfehler des SG erblickt. Die Bezeichnung der verletzten Rechtsnorm, ihrer Rechtserheblichkeit und der Kausalität der Rechtsverletzung sind jedoch nicht zu fordern; es genügt, wenn die Beschwerde **substantiierte Tatsachen** enthält, aus denen sich der Verfahrensmangel ergeben kann.[71] Weitergehende Anforderungen an die Begründung wären jedenfalls mit der in → Rn. 11 erörterten Zielsetzung des Gesetzes nicht vereinbar.[72] Ob ein Verfahrensfehler tatsächlich „vorliegt", hat das LSG ggf. nach Beweisaufnahme festzustellen.[73]

IV. Wirkung der Beschwerde – Abs. 3

Die **Hemmung der Rechtskraft (Suspensiveffekt)** und der **Devolutiveffekt** kennzeichnen die Nichtzulassungsbeschwerde als Rechtsmittel. Das besagt nur wenig über die Vollstreckbarkeit des angefochtenen Urteils. Diese richtet sich nach der in § 154 Abs. 1 SGG angeordneten aufschiebenden Wirkung des Rechtsmittels, die auf Fälle beschränkt ist, in denen „die Klage nach § 86 a Aufschub bewirkt". Für Anträge nach § 199 Abs. 2 ist also nur Raum, soweit die aufschiebende Wirkung nach § 86 a Abs. 2 oder 4 entfällt. 19

V. Entscheidung des LSG – Abs. 4

1. Besetzung. Ehrenamtliche Richter wirken bei Entscheidungen über die Zulassung nur mit, falls das LSG – ausnahmsweise – aufgrund mündlicher Verhandlung entscheidet (§ 33 Satz 2, § 12 Abs. 1 Satz 2). In der Regel entscheiden also die nach der internen Geschäftsverteilung des Senats zuständigen **Berufsrichter**. Wie bei der Berufung hat im **Einverständnis der Beteiligten** nach § 155 Abs. 3, 4 der Vorsitzende bzw. der Berichterstatter zu entscheiden – argumentum a maiore ad minus.[74] 20

2. Entscheidung. a) Zulassung. Hält das LSG einen Zulassungsgrund für gegeben, so lässt es die Berufung zu. Diese Entscheidung bedarf nach Satz 3 keiner Begründung und bindet iS einer vollständigen Überprüfung im Berufungsverfahren schon nach § 144 Abs. 3 auch das LSG selbst.[75] Die Aufhebung der Nichtzulassung durch das SG, die nach § 145 Abs. 1 Satz 1 Gegenstand der Beschwerde ist, ist dabei rechtlich stets notwendiges Zwischenstadium, wird aber regelmäßig nicht ausdrücklich ausgesprochen. Eine ausdrückliche Aufhebung bleibt in der Praxis den Fällen vorbehalten, in denen das SG zu Unrecht die Zulassung einer schon kraft Gesetzes statthaften Berufung verweigert hat, und dieser Aus- 21

70 Keller in Meyer-Ladewig/Keller/Leitherer/Schmidt, 13. Aufl. 2020, § 145 Rn. 4.
71 Kummer NZS 1993, 337 (342), wobei die angeführte Rechtsprechung zu § 160 a allerdings nicht überzeugt.
72 Vgl. auch May SGb 1994, 53 (56).
73 Kummer NZS 1993, 337 (342).
74 Ebenso Leitherer in Meyer-Ladewig/Keller/Leitherer/Schmidt § 145 Rn. 7.
75 BSG 25.4.2018 – B 8 SO 68/17 B, juris Rn. 5 = NZS 2018, 751 m. Anm. Bienert.

spruch angegriffen worden ist. Eine Kostenentscheidung erübrigt sich, denn das Verfahren ist nicht erledigt, weil es nach Abs. 5 Satz 1 als Berufungsverfahren fortgesetzt wird. Die Zulassung ist nicht anfechtbar (§ 177). Das BSG ist hieran im weiteren Rechtsmittelzug aus Gründen der Rechtssicherheit ebenso gebunden wie an eine (auch gesetzwidrige) Zulassung durch das SG (arg e § 144 Abs. 3).[76] Die Zulassung wirkt entgegen der hM[77] nur zugunsten des Beschwerdeführers.[78] Das SGG orientiert sich mit der Einheitlichkeit von (erfolgreichem) Beschwerde- und Berufungsverfahren an der VwGO. Dort ist die subjektiv beschränkte Wirkung für die entsprechende Vorgehensweise bei der Revisionsnichtzulassungsbeschwerde seit BVerwG vom 3.11.2000[79] geklärt. Für die Berufung gilt nichts anderes.[80]

22 b) **Ablehnung.** Für die **negative Entscheidung** über die Beschwerde wählt Satz 4 den Oberbegriff „Ablehnung". Die Vorschrift unterscheidet nicht zwischen Verwerfung wegen Unzulässigkeit und Zurückweisung wegen Unbegründetheit. Eine Verweisung auf § 158 – wie § 160 a Abs. 4 Satz 2 auf § 169 – enthält das Gesetz nicht. Danach ist eine differenzierende **Tenorierung** (auch im Blick auf die Besetzung) nicht geboten, aber unschädlich. Die Wirkung der Entscheidung ist ohnehin die gleiche; sie bewirkt nämlich, dass es endgültig bei der negativen Entscheidung über die Zulassung der Berufung verbleibt und die Rechtskraft eintritt (Abs. 4 Satz 4).[81] Obwohl die **Ablehnung der Zulassung nicht anfechtbar** ist (§ 177), soll der Entscheidung eine **kurze Begründung** beigefügt werden. Das ermöglicht dem Gericht, seine Entscheidung verständlich zu machen, bleibt aber im Fall der Unterlassung sanktionslos. Da die Ablehnung das Verfahren beendet, hat der Beschluss eine **Kostenentscheidung** entsprechend § 193 zu enthalten. Gegen den Beschluss ist im Rahmen der **Anhörungsrüge** (§ 178 a) und der **Gegenvorstellung**[82] die Prüfung durch den iudex a quo eröffnet.

VI. Wirkung der Zulassung – Abs. 5

23 Beschwerde und Berufung sind anders zugeordnet als Beschwerde und Revision nach § 160 a Abs. 4 Satz 3. Da das Verfahren im Falle der Zulassung **als Berufungsverfahren fortgesetzt** wird, setzt die Zulassung eine Berufungseinlegungsfrist nicht in Lauf. Der Beschwerdeführer braucht nicht Berufung einzulegen, worauf er nach Satz 2 im Zulassungsbeschluss ausdrücklich hinzuweisen ist. Als **konstitutive Gestaltung** des Verfahrens bindet die Zulassung der Berufung durch das LSG auch das BSG bei der Prüfung der Sachurteilsvoraussetzungen im Revisionsverfahren selbst dann, wenn es die Behandlung einer nicht statthaften Berufung als Nichtzulassungsbeschwerde für verfahrenswidrig hält.[83] Das Gleiche

76 BSG 26.1.2000 – B 6 KA 13/99 R, SozR 3-5533 Nr. 100 Nr. 1.
77 Exemplarisch: Cantzler in Berchtold/Richter PHdB-SozS § 7 Rn. 101; Fock in Breitkreuz/Fichte SGG, 2. Aufl., § 145 Rn. 21; Sommer in Roos/Wahrendorf § 145 Rn. 27; Keller in Meyer-Ladewig/Keller/Leitherer/Schmidt, 13. Aufl. 2020, § 145 Rn. 11 a; Jungeblut in BeckOK SozR § 145 Rn. 21; Littmann in Berchtold § 144 Rn. 25; ebenso Krasney in Brennpunkte des Sozialrecht 1998, S. 190.
78 Näher Berchtold/Guttenberger NZS 2017, 121 ff., 128 f. mwN.
79 BVerwG 3.11.2000 – 7 B 116/00, juris.
80 BVerwG 24.6.2009 – 5 B 69/08, juris.
81 Keller in Meyer-Ladewig/Keller/Leitherer/Schmidt, 13. Aufl. 2020, § 145 Rn. 7 a.
82 Vgl. Berchtold in Berchtold/Richter PHdB-SozS § 8 Rn. 177.
83 BSG 30.3.2000 – B 3 KR 19/99 R, E 86, 86 (87 f.).

soll für die unzutreffende Feststellung des LSG gelten, die Berufung sei nicht zulassungsbedürftig.[84]

VII. Antrag und Tenor

1. Antrag. Obwohl das Gesetz einen Antrag nicht verlangt, ist dieser zweckmäßig, um das (vorläufige) Verfahrensziel zu kennzeichnen. Da Gegenstand des Beschwerdeverfahrens die Nebenentscheidung über die Nichtzulassung der Berufung ist, lautet der Antrag zum Beispiel: 24

▶ Antrag:

Die Berufung gegen das Urteil des Sozialgerichts Hannover vom 8. Januar 2016 zuzulassen. ◀

2. Tenor. a) **Zulassung.** Der positive Entscheidungssatz hat zu berücksichtigen, dass das Beschwerdeverfahren als Berufungsverfahren **fortgesetzt** wird. Er weist hierauf hin (Abs. 5 Satz 2), enthält aber keine Kostenentscheidung: 25

▶ Tenor:

Auf die Beschwerde des Klägers/Beklagten/Beigeladenen wird die Berufung gegen das Urteil (den Gerichtsbescheid) des Sozialgerichts Hannover vom 8. Januar 2016 zugelassen.

Das Beschwerdeverfahren wird als Berufungsverfahren fortgesetzt. ◀

b) **Ablehnung.** Auch wenn das Gesetz in Abs. 4 Satz 3 und 4 für die negative Entscheidung einheitlich den Ausdruck „Ablehnung" verwendet, erscheint es zweckmäßig, zwischen der **Verwerfung** einer unzulässigen und der **Zurückweisung** einer zulässigen, aber unbegründeten Beschwerde zu unterscheiden. 26

▶ Tenor:

Unzulässige Beschwerde des Klägers (§ 183)

Die Beschwerde des Klägers gegen die Nichtzulassung der Berufung im Urteil des (Gerichtsbescheid) Sozialgerichts Hannover vom 8. Januar 2016 wird (als unzulässig) verworfen.

Kosten des Beschwerdeverfahrens sind nicht zu erstatten. ◀

▶ Unzulässige Beschwerde von anderen Beteiligten (§ 184)

Die Beschwerde des Klägers/Beklagten/Beigeladenen gegen die Nichtzulassung der Berufung im Urteil (Gerichtsbescheid) des Sozialgerichts Hannover vom 8. Januar 2016 wird (als unzulässig) verworfen.

Der Kläger/(die) Beklagte/Beigeladene trägt die Kosten des Beschwerdeverfahrens. ◀

▶ Unbegründete Beschwerde des Klägers (§ 183)

Die Beschwerde des Klägers gegen die Nichtzulassung der Berufung im Urteil (Gerichtsbescheid) des Sozialgerichts Hannover vom 8. Januar 2016 wird zurückgewiesen.

Kosten des Beschwerdeverfahrens sind nicht zu erstatten. ◀

84 BSG 3.6.2004 – B 11 AL 75/03 R, SozR 4-1500 § 144 Nr. 1.

▶ **Unbegründete Beschwerde von anderen Beteiligten (§ 184)**

Die Beschwerde des Klägers/Beklagten/Beigeladenen gegen die Nichtzulassung der Berufung im Urteil (Gerichtsbescheid) des Sozialgerichts Hannover vom 8. Januar 2016 wird zurückgewiesen.

Der Kläger/(die) Beklagte/Beigeladene trägt die Kosten des Verfahrens. ◀

§§ 146 bis 150 (aufgehoben)

§ 151 [Einlegung, Frist, Form]

(1) Die Berufung ist bei dem Landessozialgericht innerhalb eines Monats nach Zustellung des Urteils schriftlich oder zu Protokoll des Urkundsbeamten der Geschäftsstelle einzulegen.

(2) [1]Die Berufungsfrist ist auch gewahrt, wenn die Berufung innerhalb der Frist bei dem Sozialgericht schriftlich oder zu Protokoll des Urkundsbeamten der Geschäftsstelle eingelegt wird. [2]In diesem Falle legt das Sozialgericht die Berufungsschrift oder das Protokoll mit seinen Akten unverzüglich dem Landessozialgericht vor.

(3) Die Berufungsschrift soll das angefochtene Urteil bezeichnen, einen bestimmten Antrag enthalten und die zur Begründung dienenden Tatsachen und Beweismittel angeben.

I. Allgemeines/Normzweck

1 Abs. 1 und 3 gelten inhaltlich unverändert idF v. 3.9.1953 (BGBl. 1953 I 1239); in Abs. 2 wurde durch Gesetz vom 30.7.1974 (BGBl. 1974 I 1625) mWv 1.1.1975 neben der Niederschrift auch die Möglichkeit der schriftlichen Einlegung beim SG eingeführt. Durch Art. 18 des Gesetzes v. 5.7.2017 (BGBl. 2017 I 2208) erfolgte mWv 1.1.2018 lediglich eine sprachliche Anpassung, indem „Niederschrift" durch „Protokoll" ersetzt wurde. § 151 regelt Form und Frist der Berufungseinlegung. Wie § 151 Abs. 1 sieht auch § 519 ZPO die Einlegung des Rechtsmittels beim Berufungsgericht vor; nach § 124 a VwGO ist der Antrag auf Zulassung der Berufung beim VG zu stellen. Der Berufungseinlegung nach § 151 durch den Beschwerdeführer bedarf es nicht, wenn die Nichtzulassungsbeschwerde erfolgreich war (§ 145 Abs. 5 S. 1 Hs. 2).

II. Berufung

Für den Inhalt einer Berufungsschrift genügt das deutlich erkennbare Begehren nach einer Überprüfung des Urteils der ersten Instanz im Rechtsmittelweg; der Begriff „Berufung" braucht nicht unbedingt verwendet zu werden.[1] Als Prozesshandlung ist die Berufungseinlegung **bedingungsfeindlich**. Auch eine unter der Bedingung der Gewährung von Prozesskostenhilfe eingelegte Berufung ist daher unzulässig; vielmehr kann nach der Entscheidung über die Prozesskostenhilfe Wiedereinsetzung in den vorigen Stand gegen die Versäumung der Berufungsfrist gewährt werden.[2] 2

Bei **wiederholter Einlegung**, zB durch Nachreichen der Urschrift nach vorangehendem Telefax, liegt nur ein Rechtsmittel vor, über das das Gericht einheitlich entscheidet.[3] Ist die Berufungsfrist noch offen, können durch die zweite Einlegung Mängel der ersten geheilt werden. 3

III. Zeitpunkt der Berufungseinlegung

Berufungseinlegung ist schon vor Fristlauf möglich, insbes. ab Verkündung oder Bekanntgabe an einen anderen Beteiligten. Ein vor Erlass der Entscheidung eingelegtes Rechtsmittel ist unwirksam, da es sich tatsächlich um eine – unzulässig – bedingte Einlegung handelt; eine Heilung tritt auch dann nicht ein, wenn die Entscheidung später ergeht. 4

IV. Frist

§ 151 regelt die Frist zur Einlegung der Berufung, eine gesonderte Berufungsbegründungsfrist ist nicht vorgesehen[4] (→ Rn. 27). Sie kann nicht verlängert werden; Verlängerungsmöglichkeiten, wie in §§ 160 a Abs. 2 S. 2, 164 Abs. 2 S. 2 für die Begründungsfristen, sind nicht vorgesehen. 5

1. Dauer. Die Berufungsfrist beträgt einen Monat (Abs. 1), bei Zustellung im Ausland drei Monate, § 153 Abs. 1 iVm § 87 Abs. 1 S. 2.[5] Bei Bekanntgabe an einen Bevollmächtigten im Inland gilt wieder die einmonatige Frist. Eine öffentliche Zustellung wegen Unausführbarkeit einer Zustellung im Ausland soll eine solche im Inland sein.[6] Bei fehlender oder fehlerhafter Rechtsbehelfsbelehrung gilt die Jahresfrist des § 66 Abs. 2. Wird eine Rechtsmittelbelehrung durch weitere Informationen überfrachtet, stiftet sie durch Umfang oder Kompliziertheit Verwirrung oder erweckt sie den Eindruck, die Rechtsverfolgung sei schwieriger, als dies tatsächlich der Fall ist, gilt ebenfalls § 66 Abs. 2;[7] auf die Möglichkeit der Einlegung beim SG gem. § 151 Abs. 2 muss nicht hingewiesen werden.[8] Zur Fristberechnung bei § 64. 6

2. Fristbeginn. Die Berufungsfrist beginnt mit wirksamer **Zustellung des vollständigen Urteils**, bzw. des Gerichtsbescheides (§ 105 Abs. 2 S. 1) an den jeweili- 7

1 BSG 24.4.1991 – 9 a RV 9/90, juris.
2 BSG 13.10.1992 – 4 RA 36/92, SozR 3-1500 § 67 Nr. 5; 23.1.1997 – 7 RAr 102/95, SozR 3-1500 § 67 Nr. 11.
3 BGH 2.7.1996 – IX ZB 53/96, NJW 1996, 2659.
4 Anders § 519 Abs. 2 S. 2 ZPO oder für die Revision § 164 Abs. 2 S. 1 SGG.
5 BSG 30.1.2002 – B 5 RJ 10/01 R, SozR 3-1500 § 67 Nr. 21; 24.4.1991 – 9 a RV 9/90, juris.
6 BSG 24.4.1991 – 9 a RV 9/90, juris.
7 BSG 31.8.2000 – B 3 P 18/99 R, SGb 2001, 177.
8 BSG 10.12.1975 – 8 RU 46/74, SozR 1500 § 66 Nr. 2; im Einzelnen bei § 66.

gen Beteiligten; für jeden Beteiligten läuft daher eine individuelle Frist. Das gilt auch für Streitgenossen. Die Verkündung des Urteils hat somit keinen Einfluss auf den Lauf der Berufungsfrist. Zugestellt wird eine Ausfertigung der Entscheidung (§ 137). Eine irrtümliche **erneute Zustellung** setzt keine neue Frist in Gang; bei nicht rechtskundig vertretenen Beteiligten ist aber Wiedereinsetzung zu gewähren, wenn sie die Berufungsfrist nach der zweiten Zustellung berechnet haben.[9]

8 a) **Vollständigkeit.** Ob die zugestellte Ausfertigung vollständig in diesem Sinne ist, misst sich am **Zweck** der Regelung: Das Urteil muss nach Art und Umfang so zugestellt werden, dass die Beteiligten die Möglichkeit haben, die Entscheidung, wie sie getroffen wurde, zu überprüfen; sie müssen sich insbes. darüber klar werden können, ob sie ein Rechtsmittel einlegen wollen. Die zugestellte Ausfertigung muss das Urteil so wiedergeben, wie das SG es in seinen wesentlichen Teilen erlassen und abgesetzt hat. Sind wesentliche Teile unleserlich, läuft die Frist nicht.

9 Enthalten sein müssen Rubrum, Tenor, Tatbestand und Entscheidungsgründe (§ 136 Abs. 1). Bei fehlender Rechtsmittelbelehrung läuft die Jahresfrist des § 66 Abs. 2. Die Belehrung muss nur den Regelweg enthalten (→ § 66 Rn. 5), ein Hinweis auf die Möglichkeit nach Abs. 2 ist daher nicht nötig. Die Ausfertigung muss die Unterschrift des Kammervorsitzenden mit Namen wiedergeben, so dass über die Identität kein Zweifel aufkommen kann;[10] weicht der Name in Rubrum und Unterschrift ab, wird keine ordnungsgemäße Ausfertigung zugestellt, so dass die Berufungsfrist nicht in Gang gesetzt wird.[11] Enthalten sein muss auch die **Kostenentscheidung.** Fehlt der **Ausfertigungsvermerk,** beginnt die Frist nicht zu laufen, denn erst durch ihn wird die Übereinstimmung mit dem Original bezeugt.[12] Das Fehlen des Verkündungsvermerkes ist hingegen unschädlich.[13]

10 Unerheblich für den Lauf der Frist ist, ob das Gericht von der Möglichkeit der Bezugnahme auf Schriftsätze oder den Widerspruchsbescheid (§ 136 Abs. 2 u. 3) Gebrauch macht. Gleiches gilt bei der Bezugnahme auf einen vorausgegangenen Gerichtsbescheid gem. § 105 Abs. 4, wenn mündliche Verhandlung beantragt worden war. Nimmt das Gericht in der Entscheidung auf die Begründung einer anderen zwischen den Beteiligten gleichzeitig ergehenden Bezug, läuft die Frist erst mit Zustellung beider Entscheidungen.

11 Bei einem **Berichtigungsbeschluss** gem. §§ 138, 139 läuft grundsätzlich keine neue Frist. Ergibt sich aber erst hieraus die Beschwer oder der richtige Rechtsmittelgegner, läuft die Frist erst ab Zustellung des berichtigten Urteils, bzw. Gerichtsbescheides.[14] Das gilt jedoch nur, soweit der Rechtsmittelführer sich gerade gegen die Beschwer wendet, die erst durch die Berichtigung erkennbar geworden ist. Wenn das Gericht die Beteiligten innerhalb des ersten Monates nach Zustellung der fehlerhaften Ausfertigungen auffordert, diese zum Zwecke der Berichtigung zurückzusenden, läuft die Frist ebenfalls erst mit Zustellung des be-

9 BSG 31.10.2012 – B 13 R 165/12 B, SozR 4-1500 § 67 Nr. 11.
10 BSG 11.2.1981 – 2 RU 37/80, SozR 1500 § 151 Nr. 9.
11 BSG 22.10.1998 – B 5/4 RA 68/97 R, juris.
12 BSG 5.11.1959 – 3 RK 41/55, BSGE 11, 30 = SozR Nr. 6 zu § 63 SGG.
13 BGH 14.1.1953 – VI ZR 50/52, BGHZ 8, 303, 309.
14 BVerwG 6.5.2010 – 6 B 48/09, NVwZ 2010, 962; BGH 17.1.1991 – VII ZB 13/90, BGHZ 113, 228.

richtigten Urteils;[15] für die Beteiligten ist es dann nicht erkennbar, wie wesentlich die Berichtigungen sein werden. Bei **Urteilsergänzung** gem. § 140 ist zu unterscheiden: War die Berufungsfrist gegen die ursprüngliche Entscheidung bereits verstrichen, bleibt es dabei; lediglich für die Ergänzung läuft eine eigene Frist (§ 140 Abs. 2). Anderes muss aber dann gelten, wenn die Berufung erst durch die Ergänzung zulässig wird. Erfolgt die Ergänzung noch innerhalb der Berufungsfrist gegen die ursprüngliche Entscheidung, so beginnt die Berufungsfrist auch für diese von neuem (§ 518 ZPO iVm § 202 SGG). Bei **Ablehnung der Zulassung der Sprungrevision** durch das SG läuft eine neue Frist ab Zustellung des Ablehnungsbeschlusses (§ 161 Abs. 3).

b) **Zustellung.** Die Zustellung erfolgt von Amts wegen bis zum 30.6.2002 nach 12
§§ 2–15 VwZG (§ 63 Abs. 2 aF), ab dem 1.7.2002 nach den Vorschriften der ZPO (§ 63 Abs. 2 nF iVm §§ 166 ff. ZPO). Zu Art, Wirksamkeit und Zeitpunkt der Zustellung sowie der Möglichkeit der Zustellung durch ein elektronisches Dokument vgl. bei § 63. Bei fehlender Unterschrift unter der Zustellungsurkunde liegt ein wesentlicher Mangel vor.[16]

c) **Mängel.** Bei unvollständiger Zustellung oder wesentlichen Mängeln beginnt 13
keine Frist zu laufen, auch nicht die Jahresfrist des § 66 Abs. 2. Die **Verwirkung** des Berufungsrechts ist jedoch möglich, wenn der Berufungsführer über längere Zeit nach Verkündung oder Kenntnisnahme von der Entscheidung untätig bleibt, obwohl nach den Umständen vernünftigerweise mit rechtswahrenden Schritten zu rechnen wäre.

V. Form

1. **Schriftform.** Was darunter zu verstehen ist, ist im SGG nicht geregelt. Die 14
bürgerlich-rechtliche Vorschrift des § 126 BGB kann wegen der Eigenständigkeit des Prozessrechts auch nicht entsprechend angewendet werden. Es gilt eine eigenständige **prozessuale Schriftform**, die insbesondere der Entwicklung der Kommunikationstechnik Rechnung trägt. Maßgeblich ist, welcher Grad an Formenstrenge nach den maßgeblichen verfahrensrechtlichen Vorschriften sinnvoll zu fordern ist. Entscheidend ist auf die Rechtssicherheit als **Zweck des Formerfordernisses**[17] abzustellen. Die Schriftform soll gewährleisten, dass dem Schriftstück der Inhalt der Erklärung, die abgegeben werden soll, die Person, von der sie ausgeht, und der Wille, sie in den Rechtsverkehr einzubringen, hinreichend zuverlässig ohne weitere Beweiserhebung entnommen werden kann.[18] Eine eigenhändige **Unterschrift** (→ Rn. 15) genügt dem zwar grundsätzlich; sie ist aber zur Wahrung der Schriftform nicht gefordert, wenn deren Funktion auf andere Art gewährleistet wird (→ Rn. 16). Nach dem GemSOGB könne in aller Regel nicht ernsthaft bezweifelt werden, dass auch ein nicht unterschriebener Schriftsatz dem Gericht zur Wahrung der Rechtsmittelfrist zugehen soll.[19] Soweit das

15 BSG 28.1.2004 – B 6 KA 95/03 B, SozR 4-1500 § 151 Nr. 1.
16 BGH 15.1.1953 – VII ZR 50/52, BGHZ 8, 314.
17 BVerfG 11.2.1987 – 1 BvR 475/85, BVerfGE 74, 228 (235).
18 GmSOGB 5.4.2000 – GmS-OGB 1/98, SozR 3-1750 § 130 Nr. 1; 30.4.1979 – 1/78, SozR 1500 § 164 Nr. 14; BSG 15.10.1996 – 14 BEG 9/96, SozR 3-1500 § 151 Nr. 3; 16.11.2000 – B 13 RJ 3/99 R, SozR 3-1500 § 151 Nr. 4.
19 GmSOGB 5.4.2000 – GmS-OGB 1/98, SozR 3-1750 § 130 Nr. 1; überholt damit BSG 28.5.1974 – 2 RU 259/73, BSGE 37, 279 = SozR 1960 § 5 Nr. 1.

BSG[20] ausgeführt hat, Zweifel an der Echtheit der Erklärungen seien im Interesse der Beschleunigung des Rechtsverkehrs hinzunehmen, ist dies missverständlich; dies bezog sich allein auf die allgemeine Art der Übermittlung (Fax vom Fax); konkrete Zweifel an der Authentizität bestanden gerade nicht. Obwohl § 151 keine § 92 Abs. 1 S. 3 entsprechende Regelung enthält, kann somit auch ohne Unterschrift fristwahrend Berufung eingelegt werden. Für die Schriftlichkeit kommt es nur auf die auf Veranlassung des Rechtschutzsuchenden am Empfangsort (Gericht) erstellte **körperliche Urkunde** an, nicht auf eine vom Absender erstellte „Urschrift".[21] Zu einzelnen Fallgestaltungen → Rn. 17. Strikt zu trennen ist die Schriftform von der Einreichung **elektronischer Dokumente** iSd § 65 a (→ Rn. 18 und § 65 a).

15 **a) Unterschrift.** In der Rechtsprechung des BSG wird grundsätzlich die eigenhändige Unterschrift verlangt, um Rechtssicherheit zu gewährleisten;[22] zu den Ausnahmen → Rn. 16. Ggf. besteht bei fehlender Unterschrift eine Hinweispflicht des Gerichts.[23] Jedenfalls bei rechtskundiger Vertretung muss das Gericht nicht bereits bei Eingang die Rechtsmittelschrift unverzüglich bis ins Einzelne auf etwaige Mängel, die noch innerhalb der Frist beseitigt werden könnten, prüfen.[24] Lesbarkeit der Unterschrift ist nicht nötig; ein die Identität des Unterzeichnenden kennzeichnender Schriftzug, der sich als Wiedergabe eines Namens darstellt, reicht aus.[25] Auf eine Erkennbarkeit von Buchstaben kann aber nicht verzichtet werden;[26] nicht ausreichend ist eine erkennbar gewollte Abkürzung oder ein bloßes Handzeichen (Paraphe); dsgl. Faksimilestempel.[27] Die Unterschrift muss nicht vom Berufungsführer oder seinem Bevollmächtigten stammen; solches ist in §§ 151, 158 nicht vorgeschrieben:[28] Ob der Unterzeichnende Vollmacht besitzt, ist keine Frage der Schriftform, sondern der Vertretungsmacht; die zunächst schwebend unwirksame Prozesshandlung kann nachträglich auch noch nach Ablauf der Berufungsfrist genehmigt werden. Die Unterzeichnung „i.V." wahrt somit die Schriftform, auch wenn tatsächlich keine Vollmacht vorliegt.[29] Hingegen genügt die Unterzeichnung „iA" nicht, wenn der Unterzeichnende damit zum Ausdruck bringt, dass er nicht die Verantwortung für den Inhalt übernimmt, sondern nur als Erklärungsbote auftritt.[30]

16 **b) Ausnahmen. Keine Unterschrift** ist nötig, wenn der Zweck der Schriftform – Rechtssicherheit (→ Rn. 14) – anderweitig erreicht wird: Es muss gewährleistet

---

20 BSG 13.3.2001 – B 3 KR 12/00 R, BSGE 88, 1 = SozR 3-5425 § 1 Nr. 6.
21 GmSOGB 5.4.2000 – GmS-OGB 1/98, SozR 3-1750 § 130 Nr. 1 mit vielen weiteren Nachweisen zu verschiedenen Fallgestaltungen.
22 BSG 30.1.2002 – B 5 RJ 10/01 R, SozR 3-1500 § 67 Nr. 21; 14.1.1958 – 11/8 RV 97/57, BSGE 6, 256 (259) = SozR Nr. 7 zu § 151 SGG; sehr weitgehender Verzicht auf Unterschrift BSG 13.3.2001 – B 3 KR 12/00 R, BSGE 88, 1 = SozR 3-5425 § 1 Nr. 6, → Rn. 14.
23 Zuletzt BSG 31.3.2015 – B 12 KR 84/13 B, juris.
24 BSG 31.3.2015 – B 12 KR 84/13 B, juris; BSG 11.4.1957 – 7 RAr 85/56, BSGE 5, 110.
25 BSG 4.6.1975 – 11 RA 189/74, SozR 1500 § 151 Nr. 3; BGH 22.10.1993 – V ZR 112/92, NJW 94, 55.
26 BSG 4.6.1975 – 11 RA 189/74, SozR 1500 § 151 Nr. 3; BGH 11.10.1984 – X ZB 11/84, NJW 1985, 1227; aA BGH 8.10.1991 – XI ZB 6/91, NJW 1992, 243.
27 BSG 4.9.1958 – 11/10 RV 99/ 57, BSGE 8, 142 (145).
28 BSG 21.6.2001 – B 13 RJ 5/01 R, VersorgVerw 2002, 27.
29 BSG 21.6.2001 – B 13 RJ 5/01 R, VersorgVerw 2002, 27.
30 BGH 5.11.1987 – V ZR 139/87, NJW 1988, 210; 27.5.1993 – III ZB 9/93, NJW 1993, 2056.

sein, dass dem Schriftstück der Inhalt der Erklärung und die Person, von der sie ausgeht, hinreichend zuverlässig entnommen werden kann und feststeht, dass es sich nicht nur um einen Entwurf handelt; dabei sind alle Umstände und Unterlagen heranzuziehen, die bis zum Ablauf der Berufungsfrist vorliegen, ohne dass über sie Beweis erhoben werden müsste.[31] Als **Anhaltspunkte** sind dabei zu berücksichtigen: handgeschriebene Adressen auf dem Umschlag, Unterschrift auf beiliegender Prozessvollmacht, detaillierte Angaben zum Rechtsstreit, ärztliche Unterlagen, die den Berufungsführer betreffen;[32] handschriftliches Datum auf der Kopie, das innerhalb der Berufungsfrist und kurz vor Zugang des Schreibens beim LSG liegt.[33] Nicht ausreichend: lediglich maschinenschriftlicher Namenszusatz;[34] Berufungsschrift ohne Anschrift, Fax-Nummer, PC-Kennung und Hinweis auf technische Gründe für das Fehlen einer eigenhändigen Unterschrift.[35]

c) **Besondere Formen.** Für die Schriftform grundsätzlich ausreichend: Einlegung durch Telegramm[36] oder Telex (Fernschreiben); eine unterzeichnete Urschrift muss nicht vorliegen;[37] auch ein sog Computerfax, wenn beim Absender nur eine Textdatei existiert;[38] elektronische Textdatei mit eingescannter Unterschrift oder der Anmerkung, dass der benannte Urheber wegen der gewählten Übertragungsform nicht unterschreiben könne.[39] Die Übermittlung durch Telefax ist uneingeschränkt zulässig, ohne dass das Original nachgereicht werden müsste;[40] zur Unterschrift gelten die allgemeinen Grundsätze (→ Rn. 15, 16). Die mündliche oder telefonische Einlegung reicht hingegen auch dann nicht, wenn darüber ein Aktenvermerk gefertigt wird;[41] bei einer nachfolgenden schriftlichen Bestätigung ist erst diese die wirksame Berufungseinlegung. Die Vorlage einer unbeglaubigten Abschrift oder Fotokopie genügt grundsätzlich nicht.[42] Zum Ganzen GmSOGB 5.4.2000 – GmS-OGB 1/98 – SozR 3-1750 § 130 Nr. 1 mit vielen weiteren Nachweisen zu verschiedenen Fallgestaltungen. Eine Klageerhebung oder Berufungseinlegung per **E-Mail** erfüllt die Voraussetzungen der Schriftform nicht, da bei Gericht (anders als beim Computerfax) nicht unmittelbar eine körperliche Urkunde erstellt wird. Klageerhebung oder Berufungseinlegung durch E-Mail sind daher nur nach Maßgabe des § 65 a SGG zulässig (→ Rn. 18). 17

2. **Elektronische Form.** Bei der Einreichung elektronischer Dokumente iSd § 65 a handelt sich um eine eigenständige, zusätzliche und gleichberechtigte Kommunikationsform (im Einzelnen § 65 a) neben der herkömmlichen papier- 18

31 BSG 6.5.1998 – B 13 RJ 85/97 R, SozR 3-1500 § 151 Nr. 3; 30.1.2002 – B 5 RJ 10/01 R, SozR 3-1500 § 67 Nr. 21 mwN.
32 BSG 30.1.2002 – B 5 RJ 10/01 R, SozR 3-1500 § 67 Nr. 21.
33 BSG 16.11.2000 – B 13 RJ 3/99 R, SozR 3-1500 § 151 Nr. 4.
34 BSG 6.5.1998 – B 13 RJ 85/97 R, SozR 3-1500 § 151 Nr. 3.
35 LSG NRW 2.2.2001 – L 13 KG 47/00, juris; vgl. a. BSG 18.11.2003 – B 1 KR 1/02 S, SozR 4-1500 § 90 Nr. 1 zur Angabe der Anschrift als Sachurteilsvoraussetzung; → § 92 Rn. 3.
36 BSG 13.10.1955 – 1 RA 65/55, BSGE 1, 243 (245).
37 BSG 16.11.2000 – B 13 RJ 3/99 R, SozR 3-1500 § 151 Nr. 4.
38 BSG 6.5.1998 – B 13 RJ 85/97 R, SozR 3-1500 § 151 Nr. 3.
39 GmSOGB 5.4.2000 – GmS-OGB 1/98, SozR 3-1750 § 130 Nr. 1; BSG 13.3.2001 – B 3 KR 12/00 R, SozR 3-5425 § 1 Nr. 6 zu Hinweispflichten zur Wahrung rechtlichen Gehörs BSG 17.3.2016 – B 11 AL 6/16, juris.
40 BSG 21.6.2001 – B 13 RJ 5/01 R, VersorgVerw 2002, 27.
41 BVerwG 22.11.1963 – IV C 76.63, BVerwGE 17, 166 (168).
42 BSG 2.12.1992 – 6 RKa 5/91, SozR 3-1500 § 164 Nr. 3.

gebundenen Schriftform, die von dieser strikt zu trennen ist.[43] Die Zulässigkeit der Einreichung elektronischer Dokumente ist daher allein an § 65 a zu messen, der eine abschließende Regelung aller Fallgestaltungen elektronischer Kommunikation darstellt.[44] Eine **einfache E-Mail** stellt eine Einreichung elektronischer Dokumente dar, ist somit an § 65 a zu messen, erfüllt aber nicht dessen Anforderungen (im Einzelnen § 65 a). Schon wegen dessen abschließender Regelung kann sie auch nicht „hilfsweise" nach den Anforderungen der Schriftform gemessen werden. Ohnehin genügt sie dem Zweck des Schriftformerfordernisses (Authentizität und Sicherstellung, → Rn. 14) nicht; der Absender ist nicht ausreichend sicher identifizierbar, die Gefahr von Missbrauch und Täuschung durch Unbefugte größer.[45] Dies gilt auch dann, wenn die E-Mail vom Gericht ausgedruckt wird, unabhängig davon, ob die Datei oder ihr Anhang eine Unterschrift enthält und auf welche Weise diese Unterschrift generiert wurde.[46] Die Anerkennung des bloßen Ausdruckens einer einfacher E-Mail oder deren Anhangs als Schriftform, unterliefe die in § 65 a gesetzlich zum Schutz der Rechtssicherheit vorgesehenen Sicherungen. Vom Formerfordernis des § 65 a einer qualifizierten elektronischen Signatur sowie eines sicheren Übermittlungsweges kann auch dann nicht ausnahmsweise abgesehen werden, wenn sich aus der E-Mail oder begleitenden Umständen die Urheberschaft und der Wille, das elektronische Dokument in den Verkehr zu bringen, hinreichend sicher ergeben.[47]

19 **3. Zu Protokoll.** Der Berufungsführer, bzw. sein Bevollmächtigter muss bei der Aufnahme des Protokolls persönlich anwesend sein; die telefonische Erklärung reicht daher auch dann nicht, wenn deren Inhalt schriftlich fixiert wird. Der Urkundsbeamte ist zur Aufnahme der Erklärung verpflichtet; der Berufungsführer darf nicht auf die schriftliche Einlegung verwiesen werden. Der Urkundsbeamte muss die Berufung mit dem Inhalt aufnehmen, den der Berufungsführer wünscht. Einer Unterschrift des Berufungsklägers bedarf es nicht. Um Zweifel zu vermeiden, ist es sinnvoll, das Protokoll vorzulesen und genehmigen zu lassen, was auf dem Protokoll vermerkt wird. Das Gericht ist verpflichtet, Gelegenheit zur Protokollierung zu schaffen, allerdings nur innerhalb der üblichen Dienstzeiten. Das Protokoll kann auch durch den Richter in der Sitzung aufgenommen werden. Im Einzelnen → § 90 Rn. 6 f.

VI. Fristwahrende Einlegung

20 **1. Zugang.** Die schriftliche Berufung ist eingelegt, wenn das Schriftstück in die Verfügungsgewalt des Gerichtes gelangt und dieses die Möglichkeit der Kenntnisnahme erhält (Einwerfen in den Briefkasten, Einlegen in ein Postfach, persön-

---

43 BSG 12.10.2016 – B 4 AS 1/16 R, SozR 4-1500 § 65 a Nr. 3 = BSGE 122, 71; BSG 4.7.2018 – B 8 SO 44/18 B, juris.

44 BSG 12.10.2016 – B 4 AS 1/16 R, SozR 4-1500 § 65 a Nr. 3 = BSGE 122, 71.

45 BSG 12.10.2016 – B 4 AS 1/16 R, SozR 4-1500 § 65 a Nr. 3 = BSGE 122, 71; HessLSG 11.7.2007 – L 9 AS 161/07 ER, juris für die Widerspruchseinlegung.

46 BSG 12.10.2016 – B 4 AS 1/16 R, SozR 4-1500 § 65 a Nr. 3 = BSGE 122, 71, ausdrücklich gegen BGH 18.3.2015 – XII ZB 424/14, NJW 2015, 1527 (eine Beschwerdeschrift ist in schriftlicher Form eingereicht, sobald bei dem Gericht, dessen Beschluss angefochten wird, ein Ausdruck der als Anhang einer elektronischen Nachricht übermittelten, die vollständige Beschwerdeschrift enthaltenden PDF-Datei vorliegt) und BAG 11.7.2013 – 2 AZB 6/13, NZA 2013, 983.

47 BSG 4.7.2018 – B 8 SO 44/18 B, juris; aA BGH 15.7.2008 – X ZB 8/08, NJW 2008, 2649.

liche Abgabe; zum fehlenden Nachtbriefkasten → § 84 Rn. 12). Die materielle Beweislast für die Rechtzeitigkeit des Eingangs trägt der Berufungsführer. Das Gericht ermittelt aber von Amts wegen. Der Eingangsstempel ist öffentliche Urkunde iSd § 418 ZPO,[48] gegen die nur voller Gegenbeweis möglich ist; Glaubhaftmachung reicht nicht aus. Beim Eingang bei einer **gemeinsamen Posteinlaufstelle** mehrerer Gerichte erfolgt der Zugang nur bei dem Gericht, an das das Schreiben gerichtet ist;[49] gleiches gilt bei **gemeinsamer Telefax-Annahmestelle.**[50] Beim **Telefax** kommt es auf den Zeitpunkt des vollständigen Ausdruckes am Empfangsgerät an, also grundsätzlich einschließlich der Unterschrift;[51] zu den Ausnahmen → Rn. 16. Der Sendebericht des Absendegerätes liefert keinen Nachweis für den Zugang am Empfangsgerät, auch keinen Anscheinsbeweis.[52] **Technische Störungen am Empfangsgerät:** Wird der Text nicht vollständig, unlesbar oder verstümmelt ausgedruckt und liegt die Ursache hierfür in der Sphäre des Gerichts, liegt auch dann Zugang vor, wenn sich der Inhalt erst nach Fristablauf feststellen lässt.[53] Bei **technischen Störungen am Absendegerät** kann kein fristgerechter Zugang fingiert werden, lediglich Wiedereinsetzung in den vorigen Stand kommt in Betracht; allerdings nur, wenn die Übermittlung nicht noch auf anderem Wege möglich war.[54]

2. Sprache. Eine in **fremder Sprache** abgefasste Berufung erzeugt keine Rechts- 21
wirkungen (anders § 19 SGB X), wahrt also nicht die Frist;[55] die Gerichtssprache ist Deutsch (§ 61 Abs. 1 S. 1 SGG iVm § 184 GVG). Internationale Sozialversicherungsabkommen können aber Zurückweisungsverbote enthalten, so dass auch die fremdsprachliche Berufung Form und Frist wahrt.[56] Nach Art. 76 Abs. 7 EG-VO 883/2004 (früher Art. 84 Abs. 4 EG-VO 1408/71) dürfen Behörden, Träger und Gerichte die bei ihnen eingereichten Anträge und sonstige Schriftstücke nicht deshalb zurückweisen, weil sie in einer Amtssprache eines anderen Mitgliedsstaates abgefasst sind. Die Vorschrift gilt trotz der systematischen Stellung im Abschnitt über die Zusammenarbeit der Behörden gerade auch für Anträge des einzelnen Bürgers.[57]

3. Adressat. Die Berufung ist einzulegen beim **LSG** (Abs. 1), das über sie zu ent- 22
scheiden hat (iudex ad quem). Die Berufung kann fristwahrend auch bei dem **SG** eingelegt werden, das die angefochtene Entscheidung erlassen hat (Abs. 2 S. 1; → Rn. 25). Bei **anderen Behörden oder Gerichten** kann die Berufung nicht fristwahrend eingelegt werden; § 151 trifft eine abschließende Regelung, die einen Rückgriff auf § 91 ausschließt.[58] Aus internationalen Sozialversicherungs-

48 BVerwG 22.5.1969 – VIII C 2.65, NJW 1969, 1730.
49 BGH 10.1.1990 – XII ZB 141/89, NJW 1990, 990.
50 BSG 16.10.1991 – 11 RAr 1/91, BSGE 69, 274 = SozR 3-4100 § 91 Nr. 1.
51 BGH 3.6.1987 – IVa ZR 292/85, BGHZ 101, 276 (280); 4.5.1994 – XII ZB 21/94, NJW 1994, 2097.
52 BGH 7.12.1994 – VIII ZR 153/93, NJW 1995, 665.
53 BGH 19.4.1994 – VI ZB 3/ 94, NJW 1994, 1881; 4.5.1994 – XII ZB 21/94, NJW 1994, 2097; BVerfG 1.8.1996 – 1 BvR 121/95 u. 989/95, NJW 1996, 2857.
54 BSG 31.3.1993 – 13 RJ 9/92, SozR 3-1500 § 67 Nr. 7; zu den Einzelheiten und Sorgfaltspflichten → § 67 Rn. 9.
55 BSG 22.10.1986 – 9 a RV 43/85, SozR 1500 § 61 Nr. 1; BGH 14.7.1981 – 1 StR 815/80, NJW 1982, 532 mwN; Kissel GVG § 184 Rn. 5.
56 BayLSG 24.11.1994 – L 16 Ar 203/91, Breith 1995, 736 für die Nachfolgestaaten des früheren Jugoslawien.
57 EuGH 6.12.1977 – Rs 55/77 (Maris), Slg 1974, 1323 zu Art. 84 Abs. 4 EG-VO 1408/71.
58 BSG 22.10.1986 – 9 a RV 43/85, SozR 1500 § 61 Nr. 1.

abkommen oder supranationalem Recht kann sich jedoch Abweichendes ergeben, zB Art. 81 EG-VO 883/2004 (früher Art. 86 EWG-VO 1408/71), wonach Rechtsbehelfe innerhalb der maßgeblichen Frist auch beim entsprechenden Gericht eines anderen Mitgliedstaates mit Wirkung gegenüber dem deutschen Gericht eingelegt werden können. Nach der Rechtsprechung des EuGH[59] genügt die Einreichung bei Behörden, Trägern oder sonstigen Einrichtungen, die dem System der sozialen Sicherheit des betreffenden Mitgliedsstaates angehören. Dies gilt jedoch nicht, wenn der Betroffene in der Bundesrepublik wohnt oder hier durch einen Rechtsanwalt vertreten ist.[60]

VII. Folgen von Form- und Fristverstößen

23 Die verfristete Berufung ist gem. § 158 S. 1 **als unzulässig zu verwerfen**. Das LSG prüft aber von Amts wegen die Voraussetzungen einer Wiedereinsetzung in den vorigen Stand (§ 153 Abs. 1 iVm § 67). Der Formmangel kann bis zum Ablauf der Berufungsfrist geheilt werden, insbes. die Unterschrift nachgeholt werden; tatsächlich liegt erst darin die Berufungseinlegung. Geschieht dies nicht, erfolgt ebenfalls die Verwerfung gem. § 158 S. 1.

24 **Wiedereinsetzung in den vorigen Stand** ist zu gewähren, wenn der Formverstoß auch auf Versäumnissen des Gerichts beruht. So lässt zwar die nötige Sorgfalt außer Acht und handelt damit schuldhaft iSd § 67 SGG, wer die Berufungsschrift trotz bestehender Möglichkeit nicht unterschreibt; es fehlt jedoch an der Ursächlichkeit, bzw. Zurechenbarkeit der Fristversäumung, wenn die Frist bei pflichtgemäßem Verhalten einer anderen Stelle, insbes. des Gerichts, gewahrt worden wäre.[61] Das Gericht darf aus eigenen oder ihm zurechenbaren Fehlern und Versäumnissen keine Verfahrensnachteile für den Rechtsmittelführer ableiten;[62] kann zB nicht mehr auf die og Anhaltspunkte (→ Rn. 16) zurückgegriffen werden, weil der Umschlag des an das Gericht gerichtete Schreiben nicht aufbewahrt wurde, ist Wiedereinsetzung zu gewähren.[63]

VIII. Einlegung beim SG – Abs. 2

25 Die Berufung kann fristwahrend auch bei dem SG eingelegt werden, das die angefochtene Entscheidung erlassen hat (Abs. 2 S. 1; iudex a quo), nicht aber bei einem anderen SG. Anders als bei § 91 Abs. 1 für die Klage wird nach dem Wortlaut des § 151 Abs. 2 S. 1 dadurch nicht nur die Frist gewahrt, sondern das Rechtsmittel anhängig gemacht. Denn die Berufung wird beim SG „eingelegt“, während § 91 Abs. 1 nur von „Eingang“ spricht. Die Einlegung ist auch beim SG schriftlich oder zu Protokoll möglich. Das SG hat die Berufung sowie die eigenen Akten ohne Verzögerung an das LSG weiterzuleiten (Abs. 2 S. 2).

59 EuGH 3.12.1974 – Rs 40/74 (Belgien), Slg 1974, 1323.
60 BSG 13.2.1975 – 8 RU 22/73, BSGE 39, 172 = SozR 1500 § 151 Nr. 2 zur Vorgängerregelung des Art. 47 EWG-VO Nr. 3; sa LSG RhPf 9.2.1976 – L 2 J 110/75, Breith 1976, 621: nicht bei italienischer Behörde kraft EWG-Recht; LSG BW 12.9.1984 – L 2 Ua 1985/83, SGb 1985, 575: unzulässige Berufung durch franz. Anwalt ohne Benehmen mit deutschem.
61 BSG 30.1.2002 – B 5 RJ 10/01 R, SozR 3-1500 § 67 Nr. 21 zur Hinweispflicht des LSG.
62 BVerfG 22.5.1979 – 1 BvR 1077/77, BVerfGE 51, 188 (192); 14.4.1987 – 1 BvR 162/84, BVerfGE 75, 183 (190).
63 BSG 16.11.2000 – B 13 RJ 3/99 R, SozR 3-1500 § 151 Nr. 4.

IX. Inhalt der Berufung – Abs. 3

26 Angegeben werden sollen das angefochtene Urteil, also nach erkennendem Gericht, Tag der Entscheidung und Aktenzeichen, ein bestimmter Antrag und die zur Begründung dienenden Tatsachen und Beweismittel. Dies gilt trotz des Wortlautes („Berufungsschrift") auch für die zu Protokoll eingelegte Berufung, denn die genannten Angaben dienen der Bestimmung des Rechtsmittelbegehrens, sind also generell zweckmäßig, unabhängig von der Art der Berufungseinlegung. Nichts anderes gilt für die Fortsetzung der Berufung nach erfolgreicher Nichtzulassungsbeschwerde, soweit die Angaben nicht bereits in dieser enthalten waren.

27 Abs. 3 enthält lediglich eine **Soll-Vorschrift**; das Fehlen der genannten Angaben hat somit keine unmittelbaren prozessualen Konsequenzen. Gleichwohl sind sie essentielle Punkte eines Rechtsstreites, ohne die ein Sachurteil nicht ergehen kann. Spätestens in der letzten mündlichen Verhandlung, also nicht zwingend innerhalb der Berufungsfrist, müssen sie daher geklärt sein; der Vorsitzende wirkt darauf hin (§§ 106 Abs. 1, 112 Abs. 2). Spätestens dort muss dem Berufungskläger, der eine Begründung geben will, die Möglichkeit gegeben werden, diese nachzuholen.[64] Gelingt eine Klärung nicht, liegt keine zulässige Berufung vor. Zur Möglichkeit der Fristsetzung mit ausschließender Wirkung → Rn. 28. Die Angabe der Tatsachen und Beweismittel hat angesichts des Amtsermittlungsgrundsatzes keine große Bedeutung; ist dem Gericht eine weitere Aufklärung des Sachverhaltes aber nicht möglich, weil die Tatsachen und Beweismittel nicht angegeben werden, geht dies jedoch zulasten des Berufungsklägers. Aus Abs. 3 ergibt sich auch, dass **keine Begründung** der Berufung nötig ist. Unter den Voraussetzungen des über § 153 Abs. 1 auch im Berufungsverfahren anwendbaren § 106 a kommt jedoch eine Präklusion in Betracht. Hierfür bedarf es aber einer besonderen Fristsetzung (siehe bei § 106 a). Der bloße Ablauf der Berufungsfrist genügt nicht; das SGG sieht keine Berufungsbegründungsfrist vor.

28 Unverzichtbar sind die **Erkennbarkeit des Rechtsschutzzieles und die Bezeichnung der Beteiligten** (vgl. für die Klage § 92 Abs. 1 S. 1; → § 92 Rn. 2, 7). Nach der auch im SGG geltenden Dispositionsmaxime ist es in erster Linie Sache der Beteiligten, den Gegenstand des Verfahrens zu bestimmen. Werden hierzu keine ausreichenden Angaben gemacht, so dass unklar bleibt, worüber das Gericht entscheiden soll, ist die Berufung unzulässig; zuvor ist aber auf die Stellung sachdienlicher Anträge hinzuwirken und das Gesamtvorbringen auszuwerten. Nach § 153 Abs. 1 iVm § 92 Abs. 2 S. 2 in der ab 1.4.2008 geltenden Fassung des SGGArbGGÄndG kann dem Berufungskläger eine Frist mit ausschließlicher Wirkung gesetzt werden, um diese Punkte klarzustellen; bei fruchtlosem Ablauf dieser Frist ist die Berufung unzulässig. § 151 Abs. 3 steht der Anwendung des § 92 Abs. 2 S. 2 nicht als speziellere Vorschrift entgegen, da er zu diesen essentiellen Punkten gerade keine Regelung trifft. Anders als § 91 ist § 92 in § 153 Abs. 1 auch nicht ausdrücklich von der Anwendung im Berufungsverfahren ausgenommen. Aus der amtlichen Begründung zur Neufassung des § 92 lässt sich eine gesetzgeberisch gewollte Beschränkung auf das Klageverfahren nicht entnehmen. Zweck der Neuregelung ist es danach, dem Gericht die Aufklärungspflicht nach § 106 hinsichtlich dieser Mindestanforderung eines Rechtsschutzbe-

64 BSG 14.11.2013 – B 9 SB 31/13 B, juris.

gehrens zu erleichtern;[65] hier besteht kein Unterschied zwischen erster und zweiter Instanz. Die frühere Rechtsprechung des BSG, wonach die Identität der Beteiligten den dem LSG bis Ablauf der Berufungsfrist vorliegenden Angaben zu entnehmen sein muss,[66] ist mit der Einführung des § 92 Abs. 2 S. 2 überholt. Zur Angabe der Anschrift des Rechtschutzsuchenden als Sachentscheidungsvoraussetzung vgl. BSG SozR 4-1500 § 90 Nr. 1.[67]

§ 152 [Aktenanforderung]

(1) Die Geschäftsstelle des Landessozialgerichts hat unverzüglich, nachdem die Berufungsschrift eingereicht ist, von der Geschäftsstelle des Sozialgerichts die Prozeßakten anzufordern.

(2) Nach Erledigung der Berufung sind die Akten der Geschäftsstelle des Sozialgerichts nebst einer beglaubigten Abschrift oder einer beglaubigten elektronischen Abschrift, die mit einer qualifizierten elektronischen Signatur des Urkundsbeamten der Geschäftsstelle versehen ist, des in der Berufungsinstanz erlassenen Urteils zurückzusenden.

I. Allgemeines/Normzweck

1 Die Vorschrift galt unverändert idF v. 3.9.1953 (BGBl. 1953 I 1239). Durch Art. 18 Nr. 14 des Gesetzes v. 5.7.2017 (BGBl. 2017 I 2208) wurde mWv 1.1.2018 Abs. 2 um eine Regelung zur beglaubigten elektronischen Abschrift ergänzt. Eine vergleichbare Regelung enthält § 541 ZPO, der allerdings eine Anforderung innerhalb von 24 Stunden vorsieht. In der VwGO besteht kein Bedürfnis, da der Antrag auf Zulassung der Berufung beim VG zu stellen ist. § 152 regelt den internen Ablauf in der Gerichtsbarkeit.

II. Regelungsinhalt

2 Die Norm dient einer beschleunigten und reibungslosen Durchführung des Verfahrens. Die **Anforderung** hat unverzüglich, also ohne schuldhaftes Zögern zu erfolgen. Prozessakten des SG sind nur die Gerichtsakten; Verwaltungs- oder sonstige Beiakten sind aber entsprechend dem Normzweck ebenfalls zu übersenden. Eine Pflicht des SG zur Übersendung wird nicht normiert, besteht aber grundsätzlich; es sei denn die Akten werden nach bloßem Teilurteil oder in einem anderen Rechtsstreit noch benötigt.[1]

3 Vor **Rückgabe der Akten** nach Erledigung sollte die Rechtsmittelfrist abgewartet werden. Benötigt die Verwaltung jedoch ihre Akten zur Ausführung des Urteils, sind diese sofort zurückzugeben. Mit den SG-Akten wird eine beglaubigte Abschrift oder eine beglaubigte elektronische Abschrift, die mit einer qualifizierten elektronischen Signatur des Urkundsbeamten der Geschäftsstelle versehen ist, des Berufungsurteils übersandt.

65 BT-Drs. 16/7716, 22 zu Nr. 15 (§ 92).
66 BSG 6.12.1988 – 11 BJz 2/83, SozR 1500 § 151 Nr. 10; 26.11.1987 – 2 RU 42/87, SozR 1500 § 151 Nr. 11.
67 BSG 18.11.2003 – B 1 KR 1/02 S, SozR 4-1500 § 90 Nr. 1; → § 92 Rn. 4.
1 Bernsdorff in Hennig § 152 Rn. 5; aA Reichold in Thomas/Putzo § 541 Rn. 1.

§ 153 [Verfahren in der Berufung]

(1) Für das Verfahren vor den Landessozialgerichten gelten die Vorschriften über das Verfahren im ersten Rechtszug mit Ausnahme der §§ 91, 105 entsprechend, soweit sich aus diesem Unterabschnitt nichts anderes ergibt.

(2) Das Landessozialgericht kann in dem Urteil über die Berufung von einer weiteren Darstellung der Entscheidungsgründe absehen, soweit es die Berufung aus den Gründen der angefochtenen Entscheidung als unbegründet zurückweist.

(3) [1]Das Urteil ist von den Mitgliedern des Senats zu unterschreiben. [2]Ist ein Mitglied verhindert, so vermerkt der Vorsitzende, bei dessen Verhinderung der dienstälteste beisitzende Berufsrichter, dies unter dem Urteil mit Angabe des Hinderungsgrundes.

(4) [1]Das Landessozialgericht kann, außer in den Fällen des § 105 Abs. 2 Satz 1, die Berufung durch Beschluß zurückweisen, wenn es sie einstimmig für unbegründet und eine mündliche Verhandlung nicht für erforderlich hält. [2]Die Beteiligten sind vorher zu hören. [3]§ 158 Satz 3 und 4 gilt entsprechend.

(5) Der Senat kann in den Fällen des § 105 Abs. 2 Satz 1 durch Beschluss die Berufung dem Berichterstatter übertragen, der zusammen mit den ehrenamtlichen Richtern entscheidet.

I. Allgemeines

1. Gesetzesentstehung. Abs. 1 (bis auf die Einfügung des § 105 als zweite Ausnahme) und jetziger Abs. 3 gelten in der unveränderten Ursprungsfassung v. 3.9.1953. Abs. 2 und 4 sind mit Wirkung v. 1.3.1993 durch Art. 8 Nr. 6 des Gesetzes zur Entlastung der Rechtspflege v. 11.1.1993 (BGBl. 1993 I 50) eingefügt, Abs. 5 ist mit Wirkung v. 1.4.2008 durch Art. 1 Nr. 26 des SGGArbGGÄndG v. 26.3.2008 (BGBl. 2008 I 444) angefügt worden. 1

2 **2. Normzweck.** § 153 regelt das Verfahren für die Durchführung der Berufung. Abs. 1 verweist hierzu sehr abstrakt auf die Bestimmungen für das Verfahren vor dem Sozialgericht. Abs. 2 erlaubt in entsprechender Weise wie § 136 Abs. 3 die Bezugnahme auf die Begründung der angefochtenen Entscheidung. Abs. 3 bis 5 regeln Besonderheiten des Berufungsverfahrens. Abs. 3 löst das Problem einer Verhinderung an der Unterschrift durch ein Senatsmitglied. Abs. 4 dient der Verfahrensvereinfachung in eindeutigen Fällen und trägt der Tatsache Rechnung, dass bereits eine Gerichtsentscheidung vorliegt. Abs. 5 erlaubt eine Entscheidung durch einen Berufs- und zwei ehrenamtliche Richter in den Fällen, in denen das Sozialgericht durch Gerichtsbescheid entschieden hat. Das Berufungsgericht ist in den Fällen, die definitionsgemäß keine tatsächlich und rechtlich besondere Schwierigkeiten aufweisen (§ 105 Abs. 1), verpflichtet, nach Durchführung einer mündlichen Verhandlung zu entscheiden. Im Wege der Verfahrensvereinfachung wird vermieden, dass in diesen Fällen der gesamte Senat verhandelt.

3 **3. Vergleichbare Regelungen. Abs. 1** entspricht § 525 S. 1 **ZPO.** Der Abs. 1 entsprechende § 125 Abs. 1 S. 1 **VwGO** verweist auf den gesamten Teil II der VwGO, zu dem auch der Abschnitt über das Verfahren im ersten Rechtszug gehört; nach § 125 Abs. 1 Satz 2 VwGO ist § 84 VwGO über den Gerichtsbescheid nicht anzuwenden. Die 1993 eingefügten **Abs. 2 und 4** sind den durch das 4. VwGOÄndG v. 17.12.1990 (BGBl. 1990 I 2809) in die VwGO eingefügten §§ 130 a, 130 b nachgebildet. **Abs. 5** hat in der VwGO keine entsprechende Regelung. Deren § 6 Abs. 1 enthält für das Verwaltungsgericht eine Soll-Regelung für die Einzelrichterentscheidung in den Fällen, in denen die Sache keine besonderen Schwierigkeiten tatsächlicher oder rechtlicher Art aufweist und keine grundsätzliche Bedeutung hat. Die Regelung ist auf das Verfahren vor dem OVG nicht anwendbar.[1] § 87 a VwGO enthält lediglich eine dem § 155 SGG entsprechende Regelung.

II. Absatz 1

4 **1. Anwendungsbereich.** § 153 Abs. 1 gilt für das **Berufungsverfahren** vor dem Landessozialgericht. Die Norm ist nach dem analog aufgebauten § 165 mit entsprechenden Einschränkungen auch für das Revisionsverfahren anwendbar. Der Anordnung der **entsprechenden Geltung** in § 153 bedürfen **allein die §§ 87 bis 122,** da diese unmittelbar nur für das Verfahren im ersten Rechtszug gelten. Die übrigen Unterabschnitte der „Gemeinsamen Verfahrensvorschriften" (§§ 60–86 b und §§ 123–142) sind, soweit nicht die §§ 143–159 für das Berufungsverfahren Sonderregelungen enthalten, vom Landessozialgericht **unmittelbar** anzuwenden.[2] In der Rspr. werden dagegen zuweilen zu den Gemeinsamen Verfahrensvorschriften gehörende Normen ohne erkennbare Systematik iVm § 153 Abs. 1 oder § 157 angeführt. Im Übrigen sind unter den Voraussetzungen des § 202 die Berufungsvorschriften der **ZPO** entsprechend anzuwenden.[3] Ist das Landessozialgericht **gemäß § 29 Abs. 2 bis 4 erstinstanzlich** tätig, gilt § 153 Abs. 1 nicht, sondern für das Verfahren sind die Vorschriften der §§ 87 bis 122 für das Verfahren im ersten Rechtszug unmittelbar anzuwenden, sofern sich aus

---

1 Kopp/Schenke § 6 Rn. 2.

2 BSG 5.7.1979 – 9 RV 72/77, SozR 1750 § 543 Nr. 2; Keller in Meyer-Ladewig/Keller/Leitherer/Schmidt § 153 Rn. 2 a; Wagner in Hennig § 153 Rn. 5, 8; Burkiczak in jurisPK-SGG § 153 Rn. 17; s. auch → § 165 Rn. 2.

3 Im Einzelnen s. Keller in Meyer-Ladewig/Keller/Leitherer/Schmidt § 153 Rn. 3 und 3 a.

der anders gearteten Besetzung des Senats oder dem vor ihm erstinstanzlich geführten Verfahren nichts anderes ergibt.[4] Sofern die Besonderheiten des Landessozialgerichts gegenüber dem Sozialgericht es erfordern, sind die Verfahrensbestimmungen für das Berufungsverfahren für eine erstinstanzliche Tätigkeit des Landessozialgerichts entsprechend heranzuziehen, insbesondere die §§ 153 Abs. 3 und 155.

Bei zulässiger Berufung hat das LSG auch die Zulässigkeit der im ersten Rechtszug erhobenen **Klage** zu prüfen, die allerdings nicht Zulässigkeits-, sondern Begründetheitsvoraussetzung der Berufung ist (→ § 143 Rn. 14). Hierfür hat es wie das SG die §§ 87 ff. unmittelbar anzuwenden. Da aber „das Verfahren vor den Landessozialgerichten" die durch die Berufung beim LSG anhängig gewordene Klage umfasst, gelten nach Einlegung der Berufung für das weitere prozessuale Schicksal der Klage die in diesem Stadium noch in Betracht kommenden Vorschriften über das Verfahren im ersten Rechtszug nicht unmittelbar, sondern nach § 153 Abs. 1 entsprechend. Davon zu unterscheiden ist die Frage, inwieweit die §§ 87 ff. gelten, wenn ein LSG nach § 29 Abs. 2 ff. erstinstanzlich zu entscheiden hat. Nach Abs. 1 Hs. 1 sind von der entsprechenden Anwendung der Vorschriften über das Verfahren im ersten Rechtszug § 91 (wegen Vorrang des § 151) und § 105 (Vorrang von § 153 Abs. 4 und § 158 S. 2) ausgenommen. Im Übrigen gehen die in den §§ 143–159 enthaltenen spezielleren Regelungen nach Hs. 2 den §§ 87–122 vor. Für die Rücknahme der Berufung gilt § 156, für die auch im Berufungsverfahren zulässige Rücknahme der Klage aber § 153 Abs. 1 iVm § 102 Abs. 1 (→ Rn. 26; zur Rücknahmefiktion → Rn. 27). 5

2. Dem Verfahren vor dem LSG entsprechende Geltung. Da das LSG als Tatsacheninstanz gemäß § 157 den Streitfall im gleichen Umfang wie das SG zu prüfen hat, richtet sich das Verfahren grundsätzlich nach den gleichen Vorschriften wie das der ersten Instanz. Die **nur entsprechende Geltung** der **Vorschriften über das Verfahren im ersten Rechtszug** ermöglicht und gebietet aber, bei deren Anwendung den Besonderheiten des Verfahrens vor dem LSG gerecht zu werden.[5] Besonderheiten des Berufungsverfahrens ergeben sich insbesondere daraus, dass diesem bereits das erstinstanzliche Verfahren vorausgegangen ist und aus der anderen Zusammensetzung der Spruchkörper der Gerichte. 6

Da das LSG nach der gesetzlichen Regel des § 29 Abs. 1 als zweite Instanz für Rechtsmittel gegen Entscheidungen des Sozialgerichts zuständig ist, darf es **nur ausnahmsweise** in nach § 153 Abs. 1 entsprechender Anwendung von unmittelbar für die erste Instanz geltenden Vorschriften **als erste Instanz** entscheiden (→ Rn. 10).[6] Abgesehen von den gesetzlich in § 29 Abs. 2 bis 4 geregelten Fällen ist anerkannt, dass eine Klageänderung (§ 99) und eine Widerklage (§ 100) im Berufungsverfahren möglich ist, jedoch eine **zulässige Berufung** voraussetzen (→ Rn. 20 und 24, ferner → § 143 Rn. 18). Das Berufungsgericht soll nicht mit einer unmittelbar bei ihm angebrachten Klage befasst werden, wenn eine Sachentscheidung über die Berufung ausgeschlossen ist, das Berufungsgericht also die der Berufung zugrunde liegenden materiellen Rechtsfragen nicht zu prüfen 7

4 Keller in Meyer-Ladewig/Keller/Leitherer/Schmidt § 29 Rn. 8; anders Burkiczak in jurisPK-SGG § 153 Rn. 17.
5 So auch Keller in Meyer-Ladewig/Keller/Leitherer/Schmidt § 153 Rn. 2; Fock in Breitkreuz/Fichte § 153 Rn. 3; Wagner in Hennig § 153 Rn. 23.
6 Vgl. BSG 31.7.2002 – B 4 RA 20/01 R, SozR 3-1500 § 29 Nr. 1, zu § 96.

hat.[7] Nach hM entscheidet das Landessozialgericht dagegen auch im Fall einer unzulässigen Berufung sachlich über einen neuen Verwaltungsakt, der gemäß § 96 Gegenstand des Berufungsverfahrens geworden ist (→ Rn. 10 ff.).

8 **a) § 96 – Neuer Verwaltungsakt. aa) Entscheidung kraft Klage als erste Instanz.** Gemäß § 153 Abs. 1 wird in entsprechender Anwendung des **§ 96** Abs. 1 ein neuer Verwaltungsakt, der einen Verwaltungsakt, der Gegenstand des Berufungsverfahrens ist, abändert oder ersetzt, Gegenstand des Verfahrens vor dem LSG. Er wird aber nicht kraft Berufung, sondern **kraft Klage** Gegenstand des Verfahrens. Daher hat das LSG über den neuen Verwaltungsakt **als erste Instanz** zu entscheiden (→ § 143 Rn. 22).[8] Damit entfallen das Vorverfahren und auch die erste gerichtliche Instanz. Dies verletzt nicht die Rechtsweggarantie des Art. 19 Abs. 4 GG.[9]

9 Die Tatbestandsmerkmale des § 96 sind Sachentscheidungsvoraussetzungen. Die Rechtsfolge des § 96 tritt **kraft Gesetzes** ein und der neue Bescheid wird Gegenstand des Berufungsverfahrens (→ § 96 Rn. 17). Wenn ein neuer Verwaltungsakt die Voraussetzungen des § 96 nicht erfüllt, ist die **Klage** gegen ihn **unzulässig,** und zwar auch dann, wenn der Beklagte eingewilligt hat.[10] Denn dann läge eine Klageerweiterung vor, die jedoch zumindest die Durchführung eines Vorverfahrens erfordern würde. Wenn umgekehrt der Verwaltungsakt die Voraussetzungen des § 96 erfüllt, kann der Kläger wegen der zwingenden Rechtsfolge eine Sachentscheidung des LSG über den Regelungsgegenstand des Folgebescheides nur abwenden, indem er die Klage insoweit zurücknimmt.[11] All das gilt für einen während des Verfahrens vor dem LSG erlassenen ebenso wie für einen während des ersten Rechtszugs erlassenen Verwaltungsakt.

10 **bb) Bei unzulässiger Berufung.** Erfüllt ein während des Berufungsverfahrens erlassener Verwaltungsakt die Voraussetzungen des § 96, hat das LSG **nach hM** über ihn auch dann in der Sache zu entscheiden, wenn die Berufung nach § 144 Abs. 1 oder aus anderen Gründen unzulässig ist.[12] Dies wird damit begründet, dass die nach § 94 durch die Erhebung der Klage bewirkte Rechtshängigkeit auch bei einer unzulässigen Berufung bis zur rechtskräftigen Entscheidung fortbesteht[13] und der neue Verwaltungsakt nicht kraft Berufung, sondern kraft Klage Gegenstand des Verfahrens vor dem LSG wird.[14] Nach einer **Mindermeinung** ist **§ 96** bei einer unzulässigen Berufung **nicht anwendbar.**[15] Die hM setze sich darüber hinweg, dass § 96 nach § 153 Abs. 1 nur entsprechend gelte. Allein die Rechtshängigkeit rechtfertige es nicht, dass das Berufungsgericht auch dann für

7 BSG 25.5.1971 – 4 RJ 369/70, SozR SGG § 100 Nr. 7.
8 St. Rspr. seit BSG 30.1.1963 – 2 RU 35/ 60, BSGE 18, 231 (234); BSG 18.8.1999 – B 4 RA 25/99 B, SozR 3-1500 § 96 Nr. 9, mwN.
9 BSG 20.7.2005 – B 13 RJ 23/04 R, SozR 4-1500 § 96 Nr. 3, Rn. 18 mwN.
10 BSG 9.12.2003 – B 2 U 54/02 R, SozR 4-2700 § 160 Nr. 1; LSG BW 28.9.2006 – L 10 R 4911/05, juris, Rn. 25-26.
11 BSG 8.10.2019 – B 12 KR 8/19 R, SozR 4-1500 § 153 Nr. 18; BSG 31.7.2002 – B 4 RA 20/01 R, SozR 3-1500 § 29 Nr. 1; BSG 17.11.2005 – B 11a/11 AL 57/04 R, SozR 4-1500 § 96 Nr. 4 Rn. 22.
12 BSG 24.10.1956 – 2 RU 114/55, BSGE 4, 24; 26.1.1983 – 1 RA 55/81, SozR 1500 § 146 Nr. 14; vgl. → § 96 Rn. 23; Keller in Meyer-Ladewig/Keller/Leitherer/Schmidt § 153 Rn. 2 a, Schmidt in Meyer-Ladewig/Keller/Leitherer/Schmidt § 96 Rn. 7 a; Sommer in Roos/Wahrendorf § 153 Rn. 8; Fock in Breitkreuz/Fichte § 153 Rn. 4.
13 BSG 24.10.1956 – 2 RU 114/55, BSGE 4, 24 (26).
14 BSG 26.1.1983 – 1 RA 55/81, SozR 1500 § 146 Nr. 14, S. 29.
15 Nach Zeihe SGb 2000, 10, in allen Fällen einer unzulässigen Berufung.

die Klage gegen den neuen Bescheid zuständig werden solle, wenn es über die Berufung nicht in der Sache zu entscheiden habe. Der für die entsprechende Anwendbarkeit des § 96 maßgebende Gesichtspunkt sei nicht die bloße Rechtshängigkeit des früher erhobenen Anspruchs, sondern die als Rechtsfolge des § 96 eintretende Klageänderung. Eine Klageänderung in nach § 153 Abs. 1 entsprechender Anwendung des § 99 sei aber nur zulässig, wenn zumindest ein Teil des in erster Instanz erhobenen Anspruchs der sachlichen Prüfung durch das Berufungsgericht zugänglich sei. Die spezifisch berufungsrechtlichen Gründe für diese Begrenzung der Dispositionsbefugnis der Beteiligten gälten ebenso für die gesetzliche Klageänderung nach § 96.

b) § 99 – Klageänderung. Für die entsprechende Anwendung des § 99 im Verfahren vor dem LSG gelten die gleichen Grundsätze **wie in der ersten Instanz**, soweit dies **mit den Besonderheiten der Berufung vereinbar** ist. Der für die „Änderung der Klage" maßgebende Begriff des Streitgegenstandes hat in allen Rechtszügen den gleichen Inhalt. Für die Beurteilung der Sachdienlichkeit einer Klageänderung nach § 99 Abs. 1 ist allerdings auch die Verfahrenslage in der zweiten Instanz erheblich. Die zulässige Klageänderung setzt eine **zulässige Berufung** voraus.[16] Unabhängig von der Auslegung des § 99 im Einzelnen dürfen im Wege seiner entsprechenden Anwendung vor allem die Sachentscheidungsvoraussetzungen der Berufung nicht durch eine Klageänderung umgangen werden. In Fällen, in denen die Berufung mangels Beschwer unzulässig ist, weil der mit ihr geltend gemachte Anspruch im ersten Rechtszug noch nicht erhoben worden ist, kann der neue Anspruch **auch nicht mittels einer Klageänderung** zulässig im Verfahren vor dem Berufungsgericht geltend gemacht werden. In der Berufungsinstanz kann die Klage nur geändert werden, wenn durch eine zulässige Berufung wenigstens ein Teil des im ersten Rechtszug verfolgten Begehrens weiterverfolgt wird (→ § 99 Rn. 25).[17] 11

Im Falle einer Klageänderung hat das LSG über die geänderte Klage **als erste Instanz** zu entscheiden. Wenn bei einem teilbaren prozessualen Anspruch ein Teil erst im Berufungsverfahren geltend gemacht wird oder die Klageerweiterung im Berufungsverfahren sogar zu einer Klagenhäufung im Sinne des § 56 führt, ist über den Teil des Begehrens, der noch nicht Gegenstand des sozialgerichtlichen Verfahrens war, auf Klage und über den anderen Teil auf Berufung zu entscheiden. 12

Insbesondere ist auch hier zu beachten, dass das Rechtsmittel der Berufung der Beseitigung einer **Beschwer durch die angefochtene Entscheidung** dient und nur zur Verfolgung dieses Ziels zulässig ist (→ § 143 Rn. 11). **Eine Berufung** ist mangels Beschwer **unzulässig**, wenn sie nur eingelegt wird, um durch eine Kla- 13

16 BSG 2.2.2012 – B 8 SO 15/10 R, SozR 4-3500 § 19 Nr. 3; BSG 31.7.2002 – B 4 RA 20/01 R, SozR 3-1500 § 29 Nr. 1; BGH 8.3.1988 – VI ZR 234/87, NJW 1988, 2540; Schmidt in Meyer-Ladewig/Keller/Leitherer/Schmidt § 99 Rn. 12; Fock in Breitkreuz/Fichte § 153 Rn. 4.

17 BSG 31.7.2002 – B 4 RA 20/01 R, SozR 3-1500 § 29 Nr. 1, im Anschluss an die Rspr. des BGH; vgl. jedoch auch BSG 25.6.2008 – B 11 b AS 35/06 R, juris: anders bei fortwirkender Beschwer, indem die Beklagte verbindlich die Neuberechnung der ursprünglichen streitigen Leistungen nach Abschluss des Verfahrens hinsichtlich der ersatzweise erhobenen Klage erklärt hat.

geänderung eine Beschwer zu begründen.[18] Ebenso ist die Berufung eines aufgrund einer subjektiven Klageänderung erst am Berufungsverfahren Beteiligten unzulässig, wenn es an einer Entscheidung des Sozialgerichts über den von ihm erhobenen Anspruch fehlt.[19] Der Kläger ist zwar auch beschwert, wenn das SG unter Verstoß gegen § 123 über einen bereits im ersten Rechtszug erhobenen Anspruch teilweise nicht entschieden hat; weil dann das gesamte Begehren Gegenstand der Berufung ist, bedarf es in diesen Fällen aber keiner Klageänderung (→ § 143 Rn. 12, 23 ff.).

14 Auch wenn die Klageänderung in nach § 153 Abs. 1 entsprechender Anwendung des § 99 zulässig ist, hat das Gericht zusätzlich zu prüfen, ob **die geänderte Klage zulässig** ist.[20] Ist diese Voraussetzung nicht erfüllt, kann dahinstehen, ob die Klageänderung zulässig ist. In all den Fällen, in denen der Kläger sein mit der Klageerweiterung verfolgtes Ziel nicht durch eine echte Leistungsklage nach § 54 Abs. 5 erreichen kann, weil **ein Verwaltungsakt zu ergehen hatte**, ist die geänderte Klage unzulässig, wenn ein solcher Verwaltungsakt bereits bindend geworden oder noch nicht ergangen ist. Bereits bindend geworden ist eine durch Verwaltungsakt erfolgte Regelung, wenn sie der Kläger nicht schon mit seiner Klage angefochten oder die Klage später insoweit zurückgenommen hat[21] oder insoweit eine Abweisung der Klage durch die Vorinstanz bereits rechtskräftig geworden ist. In allen übrigen Fällen fehlt es unmittelbar an der Sachentscheidungsvoraussetzung eines anfechtbaren Verwaltungsaktes zu der begehrten Regelung.[22] Wenn über den geänderten Gegenstand der Klage bis zur mündlichen Verhandlung noch kein Verwaltungsakt ergangen und der Rechtsstreit im Übrigen entscheidungsreif ist, hat das LSG die geänderte Klage abzuweisen, weil sie unzulässig ist.[23] Die ältere Rspr, nach der die Tatsachengerichte den Beteiligten Gelegenheit zu geben haben, das Verwaltungsverfahren nachzuholen,[24] überschreitet den Rahmen einer nur entsprechenden Anwendung des § 99 auf das nach der gesetzlichen Regel des § 29 Abs. 1 im zweiten Rechtszug zuständige LSG. Die **Unanfechtbarkeit der Entscheidung**, dass eine Änderung der Klage nicht vorliege, gemäß **§ 99 Abs. 4** wird teilweise in Anlehnung an die Rechtsprechung des BGH nicht für den gewillkürten Beteiligtenwechsel in der Berufungsinstanz angesehen.[25]

---

18 BSG 3.11.1959 – 9 RV 826/56, BSGE 11, 26; Schmidt in Meyer-Ladewig/Keller/Leitherer/Schmidt § 99 Rn. 12, Vor § 143 Rn. 3; Sommer in Roos/Wahrendorf § 153 Rn. 10.

19 BSG 30.3.1962 – 2 RU 53/60, BSGE 17, 11; BSG 31.7.2002 – B 4 RA 20/01 R, SozR 3-1500 § 29 Nr. 1.

20 BSG 23.4.2015 – B 5 RE 23/14 R, SozR 4-2600 § 2 Nr. 20; BSG 31.7.2002 – B 4 RA 20/01 R, SozR 3-1500 § 29 Nr. 1; .

21 BSG 23.3.1993 – 4 RA 39/91, juris; BSG 22.9.1981 – 1 RJ 94/80, SozR 1750 § 521 Nr. 3, im Anschluss an BVerwG 23.3.1972 – III C 132.70, BVerwGE 40, 25; BSG 21.2.1969 – 3 RK 99/65, SozR SGG § 102 Nr. 10.

22 Vgl. BSG 10.2.2005 – B 4 RA 48/04 R, juris Rn. 36; BSG 26.1.2005 – B 12 KR 62/04 B, SozR 4-1500 § 160 a Nr. 6, Rn. 23; BSG 22.6.2004 – B 2 U 22/03 R, Rn. 16-19; BSG 15.8.1996 – 9 RVs 10/94, SozR 3-3870 § 4 Nr. 13; BSG 3.8.1999 – 4 RA 25/99 R, SozR 3-8570 § 10 Nr. 4.

23 Vgl. BSG 10.2.2005 – B 4 RA 48/04 R, juris Rn. 36; BSG 26.1.2005 – B 12 KR 62/04 B, SozR 4-1500 § 160 a Nr. 6, Rn. 23.

24 BSG 15.8.1996 – 9 RVs 10/94, SozR 3-3870 § 4 Nr. 13, mwN.

25 Schmidt in Meyer-Ladewig/Keller/Leitherer/Schmidt § 99 Rn. 16; vgl. BGH 13.7.1956 – VI ZR 32/55, NJW 1956, 1598.

c) **§ 100 – Widerklage.** In entsprechender Anwendung des § 100 ist im Berufungsverfahren auch die Widerklage statthaft.[26] Die **Zulässigkeit der Berufung** ist hierfür Sachentscheidungsvoraussetzung.[27] Das LSG entscheidet darüber erstinstanzlich.[28] 15

Bereits nach § 100 ist die Widerklage nur bei einem **Zusammenhang** mit dem in der Klage geltend gemachten Anspruch oder mit den gegen ihn vorgebrachten Verteidigungsmitteln zulässig. Im zivilrechtlichen Verfahren wird hierfür ein rechtlicher Zusammenhang gefordert.[29] Das BSG fordert ebenfalls, dass Klage und Widerklage auf demselben Rechtsverhältnis beruhen.[30] Die Literatur sieht dies für öffentlich-rechtliche Verfahren zT weiter und lässt jeden sachlichen, auch wirtschaftlichen Zusammenhang ausreichen.[31] Den entsprechenden Zusammenhang fordert auch die entsprechende Anwendung des § 153 Abs. 1. Da im sozialgerichtlichen Verfahren § 533 Nr. 1 ZPO nicht gilt, muss der Prozessgegner der Widerklage im Berufungsverfahren nicht zustimmen.[32] 16

d) **§ 102 Abs. 1 – Klagerücknahme.** In entsprechender Anwendung des § 102 Abs. 1 kann der Kläger auch noch im Berufungsverfahren die Klage zurücknehmen.[33] Die Rücknahme der Berufung regelt § 156. Das Urteil (bzw. der Gerichtsbescheid) des SG wird durch Rücknahme der Berufung rechtskräftig, durch Rücknahme der Klage gegenstandslos. Bei einem Teilerfolg in der ersten Instanz kommt eine auf den anderen Teil des Klagebegehrens begrenzte Rücknahme (→ § 102 Rn. 5) in Betracht. 17

e) **§ 102 Abs. 2 und 3 – Fiktion einer Klagerücknahme.** Durch das Gesetz vom 22.12.2011[34] ist in § 156 als neuer Abs. 2 eine der Klagerücknahmefiktion des § 102 entsprechende Fiktion der Berufungsrücknahme eingefügt worden. Im Verfahren vor dem LSG wird typischerweise diese Vorschrift anzuwenden sein. Da die Klage von der Berufung zu unterscheiden ist, bleibt aber für die nach § 153 Abs. 1 entsprechende Geltung der beiden schon durch das SGG-ArbGGÄndG dem § 102 angefügten Abs. 2 und 3 für die **Klage** ein eigener Anwendungsbereich.[35] Insbesondere sind die Regelungen auf den Kläger auch anwendbar, wenn er Berufungsbeklagter ist.[36] Dabei ist über den Ausnahmecharakter des § 102 Abs. 2 hinaus zu beachten, dass die Fiktion einer Klagerücknahme für das Verfahren vor dem LSG untypisch ist. Diese ist angezeigt, wenn der Kläger erstinstanzlich obsiegt hat, das LSG seinen Anspruch jedoch für aus- 18

26 BSG 30.9.2015 – B 3 KR 22/15 B, SozR 4-1500 § 51 Nr. 14.
27 BSG 25.5.1971 – 4 RJ 369/70, SozR SGG § 100 Nr. 7; vgl. Schmidt in Meyer-Ladewig/Keller/Leitherer/Schmidt § 100 Rn. 3 a; Behn in Peters/Sautter/Wolff § 153 Rn. 6; Bernsdorff in Hennig § 153 Rn. 14.
28 BSG 30.1.1963 – 2 RU 35/60, NJW 1963, 1222.
29 Schultzky in Zöller § 33 Rn. 4.
30 BSG 30.9.2015 – B 3 KR 22/15 B, SozR 4-1500 § 51 Nr. 14; BSG 25.3.1982 – 10 RAr 7/81, SozR 4100 § 145 N. 2.
31 Vgl. Kommentierung § 100, Rn. 8; Schmidt in Meyer-Ladewig/Keller/Leitherer/Schmidt § 100 Rn. 4; Müller in Roos/Wahrendorf § 100 Rn. 14; Kopp/Schenke § 89 Rn. 5.
32 BSG 29.6.1962 – 2 RU 109/58, SozR Nr. 5 zu § 100 SGG; Wagner in Hennig § 153 Rn. 14.
33 BSG 1.7.2010 – B 13 R 58/09 R, juris Rn. 36, SozR 4-1500 § 102 Nr. 1.
34 BGBl. 2011 I 3057, Art. 8 Nr. 7.
35 BSG 1.7.2010 – B 13 R 58/09 R, SozR 4-1500 § 102 Nr. 1, hat die nach § 153 Abs. 1 entsprechende Geltung des § 102 Abs. 2 und 3 für die Berufung verneint (Rn. 16 ff.) und für die Klage offengelassen (Rn. 34 ff.).
36 Vgl. BVerwG 9.12.1985 – 9 C 14/85, NVwZ 1986, 842.

sichtslos hält. An die Betreibensaufforderung sind dementsprechend noch strengere Anforderungen zu stellen (→ § 102 Rn. 21.).

19 f) **§ 103 und Regelungen der Sachverhaltsaufklärung.** Der vom Gesetzgeber als § 103 in die Vorschriften über das Verfahren im ersten Rechtszug eingegliederte **Amtsermittlungsgrundsatz** ist ein grundlegendes Merkmal des Verfahrens in der gesamten Sozialgerichtsbarkeit als eines Zweiges der öffentlichen Gerichtsbarkeiten (§ 1, → § 1 Rn. 23) und damit auch des Verfahrens vor den Landessozialgerichten.[37] Durch § 157 wird klargestellt, dass die Ermittlungspflicht des LSG nicht durch Bindungen an Feststellungen des SG eingeschränkt ist. Auch nach Abs. 2 des durch das SGGArbGGÄndG eingefügten § 157 a hat das Berufungsgericht zu prüfen, ob das SG Erklärungen und Beweismittel „zu Recht" zurückgewiesen hat (→ § 157 a Rn. 15). Das Vorbringen der Beteiligten und die Ergebnisse der Ermittlungen **im ersten Rechtszug** sind Teil des vom LSG nach § 128 zu würdigenden Gesamtergebnisses des Verfahrens. Damit kann im Einzelnen fraglich sein, wie das LSG bei der Aufklärung des Sachverhalts diesen erstinstanzlichen Prozessstoff zu berücksichtigen hat.

20 Nach § 153 Abs. 1 gelten die Vorschriften entsprechend, durch die das Verfahren zur Sachverhaltsaufklärung im ersten Rechtszug ausgestaltet wird, insbesondere § 106 (iVm § 155), § 117 und § 118. Ob das Berufungsgericht **eine Zeugenvernehmung in der ersten Instanz zu wiederholen** hat, beurteilt die hM nach dem gem. § 118 Abs. 1 Satz 1 **entsprechend** anzuwendenden **§ 398 Abs. 1 ZPO** und damit nach einer Vorschrift, die unmittelbar für die Wiederholung der Vernehmung im selben Rechtszug gilt. Bei der Frage, ob die zweite Instanz eine Zeugenvernehmung der ersten Instanz wiederholen muss, verengt sich nur das durch § 398 Abs. 1 ZPO eingeräumte Ermessen. Danach darf sich das Berufungsgericht jedenfalls nicht ohne Weiteres über die Glaubwürdigkeitsbeurteilung des Erstgerichts hinwegsetzen, ohne den Zeugen selbst gesehen und gehört zu haben (→ § 157 Rn. 11).[38] Der maßgebliche Gesichtspunkt ist also die – nach § 117 (iVm § 153 Abs. 1) grundsätzlich in beiden Tatsacheninstanzen gebotene – Unmittelbarkeit der Beweisaufnahme. Dies gilt entsprechend für die Erforderlichkeit der erneuten persönlichen Anhörung eines Beteiligten.[39]

21 Der nach § 153 Abs. 1 entsprechend anzuwendende **§ 109** gebietet nur dann, einen bereits im ersten Rechtszug auf Antrag des Berechtigten gutachtlich gehörten Arzt **im zweiten Rechtszug** zu derselben Beweisfrage **nochmals** zu hören, wenn sich dessen neuer Antrag aufgrund besonderer Umstände in den Grenzen zweckentsprechender Rechtsverfolgung hält. Auch dieser Grundsatz gilt ebenso für die Wiederholung eines Antrags nach § 109 in demselben Rechtszug.[40]

22 **g) § 106 a – Präklusion.** Der durch das SGGArbGGÄndG eingefügte § 106 a gilt nach § 153 Abs. 1 für Ermittlungen des LSG (durch den Vorsitzenden bzw. nach § 155 Abs. 1 den Berichterstatter) entsprechend. Auch die Präklusionsvorschrift des § 87 b VwGO, der § 106 a nachgebildet ist, gilt nach § 125 Abs. 1 VwGO

---

37 Zur Beschränkung der Aufklärungsrüge durch § 160 Abs. 2 Nr. 3 Hs. 2 → § 160 Rn. 20.
38 BSG 18.2.1988 – 6 RKa 24/87, SozR 2200 § 368 a Nr. 21; auch zu den weiteren Fällen einer Wiederholung der Beweisaufnahme Keller in Meyer-Ladewig/Keller/Leitherer/Schmidt § 157 Rn. 2 c mwN.
39 BSG 28.11.2007 – B 11a/7 a AL 14/07 R, SozR 4-1500 § 128 Nr. 7.
40 BSG 6.5.1958 – 10 RV 813/56, SozR SGG § 109 Nr. 18.

für das Berufungsverfahren entsprechend.[41] Die nach § 153 Abs. 1 entsprechende Anwendung des § 106 a durch das LSG selbst besteht zusätzlich neben den Folgeregelungen zu § 106 a in dem ebenfalls durch das SGGArbGGÄndG eingefügten § 157 a (→ § 157 a Rn. 4).[42] Die strengen Anforderungen an eine Präklusion nach § 106 a (s. dort) gelten ebenso für das Verfahren vor dem LSG.

h) **§ 113 – Verbindung.** § 113 gilt entsprechend. Unzulässig ist aber die Verbindung von zwei in verschiedenen Rechtszügen anhängigen Verfahren.[43] 23

III. Absehen von Urteilsgründen – Abs. 2

1. **Normzweck.** Die Regelung ermöglicht es dem Berufungsgericht, von einer **weiteren** Darstellung der Urteilsbegründung abzusehen, **soweit** es die Berufung aus den Gründen des angefochtenen Urteils als **unbegründet** zurückweist. Der Vorschrift, die nicht für das Revisionsverfahren gilt (§ 165 S. 2), entspricht § 136 Abs. 3, der gemäß § 153 Abs. 1 gleichfalls im Berufungsverfahren anwendbar ist. Daraus ist der Schluss gezogen worden, dass § 153 Abs. 2 allenfalls klarstellende Funktion habe.[44] Jedenfalls folgt aus beiden Vorschriften insgesamt, dass das Berufungsgericht sich sowohl auf die Begründung des Verwaltungsakts, des Widerspruchsbescheides und des erstinstanzlichen Urteils beziehen kann.[45] § 153 Abs. 2 dient der Verfahrensvereinfachung und soll – ebenso wie § 136 Abs. 3 – dem Gericht unnötige wiederholende Ausführungen ersparen. Verfassungsrechtliche Bedenken hinsichtlich des grundsätzlichen Begründungszwangs bestehen nicht.[46] 24

2. **Anwendungsbereich.** a) **Entscheidungsformen.** Der Wortlaut des Abs. 2 bezieht sich nur auf die Begründung von **Urteilen.** Für Beschlüsse enthält § 142 Abs. 2 Satz 3 eine entsprechende, ggf. noch weiterreichende Regelung, → § 142 Rn. 14.[47] Jedoch kann auch bei urteilsersetzenden **Beschlüssen gemäß § 153 Abs. 4** nach Abs. 2 Bezug genommen werden. Im Fall einer **Nichtzulassungsbeschwerde** gemäß § 145 dürfte Abs. 2 keine praktische Bedeutung mehr haben, nachdem dessen Abs. 4 Satz 1 in der Fassung des 6. SGGÄndG keine Abhilfe durch das SG mehr vorsieht. Abs. 2 regelt nur die Verweisung auf die **Entscheidungsgründe.** Für die vereinfachte Darstellung des **Tatbestandes** gilt auch für das Berufungsverfahren § 136 Abs. 2.[48] Liegen die Voraussetzungen beider Vorschriften vor, kann das Berufungsgericht sowohl wegen des Tatbestandes als auch wegen der Entscheidungsgründe verweisen. Zwar erlaubt § 136 Abs. 2 nur eine Verweisung auf die Schriftsätze und den Inhalt der Sitzungsniederschrift. Im Wege des erst-recht-Schlusses muss es aber auch zulässig sein auf den Tatbestand des erstinstanzlichen Urteils zu verweisen (vgl. für den Zivilprozess § 540 Satz 1 ZPO). 25

41 Schmidt in Meyer-Ladewig/Keller/Leitherer/Schmidt § 106 a Rn. 3; vgl. BVerwG 6.4.2000 – 9 B 50/00, NVwZ 2000, 1042.
42 So auch Redeker/v. Oertzen VwGO § 128 Rn. 3, § 128 a Rn. 1 für das Verhältnis zwischen § 87 b in nach § 125 Abs. 1 entsprechender Anwendung zu § 128 a VwGO.
43 BSG 14.2.1957 – 8 RV 691/55, BSGE 4, 281.
44 Keller in Meyer-Ladewig/Keller/Leitherer/Schmidt § 153 Rn. 6; Wagner in Hennig § 153 Rn. 25.
45 BSG 20.1.2000 – B 7 AL 116/99 B, SozR 3-1500 § 153 Nr. 10.
46 Vgl. BVerwG 20.7.1979 – 7 CB 21/79, NJW 1980, 953.
47 Keller in Meyer-Ladewig/Keller/Leitherer/Schmidt § 153 Rn. 5; abweichend LSG NRW 18.8.2009 – L 12 B 66/09 AS ER, juris, das auch bei Beschlüssen § 153 Abs. 2 anwendet.
48 Fock in Breitkreuz/Fichte § 153 Rn. 11.

26 **b) Unzulässigkeit.** Die Verweisung auf die Gründe des angefochtenen Urteils ist nur bei einer Zurückweisung als **unbegründet** geregelt. Sofern die Berufung **unzulässig** ist, wird eine Verweisung regelmäßig der Sache nach nicht in Betracht kommen. Denkbar ist jedoch ein Prozesshindernis, das sowohl im erstinstanzlichen als auch im Berufungsverfahren vorliegt und bereits Grund für die Klagabweisung durch das SG war. Es spricht nichts dagegen, Abs. 2 auch dann analog anzuwenden[49] (vgl. auch § 158).

27 **c) Gegenstand und Umfang.** Die Verfahrensweise nach § 153 Abs. 2 liegt im **Ermessen** des Gerichts[50]. Sie kommt nur bei einer **Zurückweisung**, nicht bei einer Stattgabe der Berufung in Betracht. Erforderlich ist, dass das Urteil des SG eine inhaltlich nachvollziehbare Begründung enthält (zu den Anforderungen an die Begründung → § 136 Rn. 12 ff.). Ferner muss das Berufungsgericht die Gründe benennen, wegen derer es auf die Begründung des SG Bezug nimmt. Fraglich ist die Anwendung bei einer Teilstattgabe angesichts des eindeutigen Wortlauts. Der Wortlaut („soweit") macht deutlich, dass nicht nur dann verwiesen werden kann, wenn das Berufungsgericht sich in vollem Umfang auf die Gründe des angefochtenen Urteils stützt, sondern **auch bei einer teilweisen** Bezugnahme und teilweiser eigenen Begründung.[51] Das LSG kann daher auch hinsichtlich einiger Begründungselemente Bezug nehmen und im Übrigen eine eigene Begründung vornehmen.[52] § 153 Abs. 2 ist jedoch nicht anwendbar, wenn das Berufungsgericht zwar die Berufung zurückweist, jedoch aus anderen Gründen entscheidet als das erstinstanzliche Gericht. Soweit das Berufungsgericht sich auf die Gründe des angefochtenen Urteils stützt, insbesondere bei nur teilweiser Bezugnahme, muss es dies in den Entscheidungsgründen – ggf. unter konkreter Angabe der Begründungselemente – **benennen.**[53] Insofern regelt § 153 Abs. 2 keinen Verzicht, sondern eine erleichterte Darstellung der Urteilsgründe.

28 **d) Grenzen.** Verweist das Berufungsgericht auf die Gründe der angefochtenen Entscheidung, ohne sich mit **relevantem Vortrag eines Beteiligten im Berufungsverfahren** auseinander zu setzen, liegt eine **Verletzung des rechtlichen Gehörs** vor.[54] Relevant in diesem Sinne sind alle substantiiert vorgetragenen Einwendungen. Das Berufungsgericht kann ohne Verletzung der Begründungspflicht weiteren Vortrag der Beteiligten unberücksichtigt lassen und auf die Entscheidungsgründe des SG verweisen, wenn diese Ausführungen offensichtlich als verfehlt zu erkennen sind und sich zB in unsubstantiiertem allgemeinem Vortrag erschöpfen. Das gilt auch bei Wiederholungen oder wenn der Berufungsführer zur Begründung lediglich auf seinen erstinstanzlichen Vortrag Bezug nimmt. Gleichwohl empfiehlt es sich auch in diesen Fällen, kurz zu begründen, dass und warum diese Ausführungen keinen Anlass zu einer weiteren Begründung geben. Setzt sich der Berufungsführer mit den Gründen des angefochtenen Urteils in seiner Berufungsbegründung auseinander, muss das LSG dies regelmäßig auch würdigen. Eine bloße Bezugnahme ist dann unzureichend. Das LSG muss sich

49 Wie hier Keller in Meyer-Ladewig/Keller/Leitherer/Schmidt § 153 Rn. 8; Wagner in Hennig § 153 Rn. 31; Fock in Breitkreuz/Fichte § 153 Rn. 13; zu § 130 b VwGO: Kopp/Schenke § 130 b Rn. 2.
50 BSG 21.8.2017 – 10 EG 1/17 B, juris.
51 Sommer in Roos/Wahrendorf § 153 Rn. 16; Kopp/Schenke § 130 b Rn. 1.
52 Vgl. auch BSG 13.10.1993 – 2 BU 79/93, SozR 3-1500 § 153 Nr. 1.
53 BSG 30.10.1997 – 13 RJ 31/97, SozR 3-1500 § 153 Nr. 5.
54 BSG 21.8.2017 – B 10 EG 1/17 B, juris; BSG 14.11.1996 – 2 RU 15/96, SozR 3-1500 § 153 Nr. 3.

auch damit auseinandersetzen, wenn Beweismittel angeboten oder Beweisanträge gestellt werden. Erst recht muss es die Ergebnisse eigener Ermittlungs- oder Beweiserhebungen würdigen.[55]

IV. Unterzeichnung des Urteils – Abs. 3

1. Unterschrift der Berufsrichter. Die Unterschriften der beteiligten Richter unter dem Urteil dokumentieren die Gesetzmäßigkeit der Entscheidung als Ergebnis der Beratung.[56] Daneben ist ein Protokoll über die Beratung und Abstimmung nicht erforderlich. Allerdings ist ein Ergebnisprotokoll bei einer Entscheidung ohne mündliche Verhandlung allgemein üblich und zweckmäßig. Entgegen dem Wortlaut des Abs. 3 („den Mitgliedern“) unterschreiben die **ehrenamtlichen Richter** nicht. Diese bereits früher vertretene Ansicht[57] ist für das erstinstanzliche Verfahren in § 134 Abs. 1 geregelt und ergibt sich für das Verfahren vor dem BSG aus dem mit Änderungsgesetz vom 30.7.1974 (BGBl. 1974 I 1625) eingefügten § 170 a. Daher ist kein Grund ersichtlich, vor dem LSG anders zu verfahren. Es unterschreiben die bei der Beratung und Abstimmung **beteiligten Richter**; ist das Urteil gemäß § 132 Abs. 1 S. 2 in einem gesonderten Termin verkündet worden, unterschreiben die bei der Verkündung anwesenden Richter nicht. Zu unterschreiben ist das Original des Urteils. Die Richter sind (dienstlich) zur Unterschrift verpflichtet, auch wenn sie in der Beratung überstimmt worden sind. Denn die Unterschrift dokumentiert nicht die individuelle oder die übereinstimmende rechtliche Auffassung der Richter, sondern das Urteil als gemeinsames, mehrheitliches Ergebnis der Beratung. Die Richter unterschreiben mit **vollem (Nach-)Namen**, der Vorname ist nicht erforderlich. Eine Paraphe genügt dem Unterschriftserfordernis ebenso wenig wie die in Klammern gesetzte maschinenschriftliche Wiedergabe der Namen.[58] Gemäß § 132 **verkündete Urteile** werden mit der Verkündung wirksam. Die Unterschriften der Richter sind für die **Wirksamkeit** daher nicht erforderlich.[59] Einig ist sich die hM jedoch darin, dass im Falle einer fehlenden Unterschrift die **Zustellung** des Urteils nicht wirksam ist[60] mit der Folge, dass die Rechtsmittelfrist gemäß § 151 Abs. 1 nicht zu laufen beginnt. Das bedeutet, dass **Urteile, die ohne mündliche Verhandlung ergehen** und bei denen die Zustellung an Stelle der Verkündung tritt (§ 133 S. 1), ohne Unterschriften und wirksame Zustellung nicht wirksam sind.[61] Eine fehlende Unterschrift führt ferner dazu, dass das Urteil als nicht mit Gründen versehen gilt. Dieser Verfahrensmangel kann allerdings binnen fünf Monaten nach der Entscheidung geheilt werden, indem die fehlende Unterschrift nachgeholt oder gemäß § 153 Abs. 3 Satz 2 ersetzt wird.[62] **Das Urteil muss von den Unter-** 29

55 BSG 20.10.2004 – B 5 RJ 58/03 R, juris.
56 BSG 18.12.1997 – 5 BH (J) 14/97, SozR 3-1500 § 153 Nr. 6.
57 S. dazu Keller in Meyer-Ladewig/Keller/Leitherer/Schmidt § 153 Rn. 9.
58 BGH 11.2.1982 – IX ZB 1/ 82, FamRZ 1982, 482; BVerwG 4.3.1993 – 8 B 186/92, NJW 1994, 746.
59 BGH 6.12.1988 – VI ZB 27/88, NJW 1989, 1156; für Beschluss BVerfG 17.1.1985 – 2 BvR 498/84, NVwZ 1985, 334: Entwurf, da er mangels Verkündung erst mit Zustellung wirksam wird.
60 BVerwG 3.12.1992 – 5 C 9/89, NJW 1993, 1811; BGH 14.7.1964 – VIII ZB 3/64, BGHZ 42, 96; Wagner in Hennig § 153 Rn. 43; vgl. auch Keller in Meyer-Ladewig/Keller/Leitherer/Schmidt § 153 Rn. 9 zu fehlerhaftem/fehlendem Vermerk gemäß § 153 Abs. 3 S. 2.
61 BVerfG 17.1.1985 – 2 BvR 498/84, NVwZ 1985, 334: es ist ein Entwurf.
62 BSG 10.10.2018 – B 13 R 265/17 B, juris.

schriften der Richter gedeckt sein. Dies ist nicht mehr der Fall, wenn es nach Unterzeichnung eines oder zweier Richter **in wesentlichen Teilen geändert** wird.[63] Bei einer nachträglichen Änderung ist das Einverständnis des oder der zuvor unterzeichnenden Richter einzuholen. Die Zustimmung kann nicht vorab erklärt werden. Die Unterschriften müssen das ganze Urteil erfassen, auch die Rechtsmittelbelehrung, die nicht noch im Anschluss angefügt oder auf einer Anlage dem Urteil beigefügt werden darf.[64]

30 **2. Verhinderung.** Im Falle einer **Verhinderung eines Richters** ist seine Unterschrift gemäß **Abs. 3 S. 2** zu ersetzen. Verhinderungsgründe können Tod, Krankheit, Ausscheiden aus dem Dienst, Eintritt in den Ruhestand, Abordnung an ein anderes Gericht sein, nicht jedoch die zwischenzeitliche Zugehörigkeit zu einem anderen Senat des Gerichts. Statt der Unterschrift des verhinderten Richters vermerkt hierzu grundsätzlich der **Vorsitzende**, bei dessen Verhinderung der **dienstälteste beisitzende Richter**, also nicht notwendig der Vertreter des Vorsitzenden, den Hinderungsgrund. Bei gleichem Dienstalter der Beisitzer sind die Regelungen der §§ 21 f. Abs. 2 S. 2 und 197 S. 1 GVG heranzuziehen.[65] Die Abwesenheit muss den Richter an der Unterschrift hindern; dies wird bei einer kurzfristigen Abwesenheit nicht der Fall sein.[66] Nach hM kann **auch ein Richter allein** unterschreiben, wenn beide anderen Berufsrichter verhindert sind.[67] Der **Verhinderungsvermerk**, muss seinerseits nicht zwingend unterschrieben werden.[68] Eine Unterschrift ist jedoch angezeigt, um die Urheberschaft des Vermerks zu belegen. Der Vorsitzende/dienstälteste Beisitzer kann jedoch auch mit einem Vermerk, zB:

► „zugleich für den wegen ... abwesenden ...“ ◄

unterschreiben. Der Verhinderungsvermerk muss den Grund der Verhinderung benennen, kann aber allgemein gehalten sein und braucht nicht in Details zu gehen. Die Tatsache der Verhinderung kann nicht durch Rechtsmittel gegen das Urteil als Verfahrensfehler geltend gemacht werden, sondern allein die Frage, ob der im Urteil angegebene ein zulässiger Hinderungsgrund war.[69] **Die Weigerung eines Richters** zur Unterschriftsleistung stellt keinen Hinderungsgrund iSd § 153 Abs. 3 S. 2 dar; in dem Fall ist der Verhinderungsvermerk unzulässig und das Urteil fehlerhaft unterzeichnet. Es liegt lediglich ein Urteilsentwurf ohne ausreichende Gründe vor, der stets mit der Revision angefochten werden kann.[70] Das gilt auch, wenn der Verhinderungsvermerk fehlt.

63 BGH 10.1.1978 – 2 StR 654/77, NJW 1978, 899; OLG Düsseldorf 28.5.1985 – 2 Ws 228-230/85, MDR 1985, 866.
64 BSG 3.8.2016 – B 6 KA 5/16 B, juris.
65 Wie hier Wagner in Hennig § 153 Rn. 55.
66 Umstände des Einzelfalles entscheiden. Der Ausnahmecharakter des § 153 Abs. 3 Satz 2 bringt es mit sich, dass die Unterschriftsleistung Vorrang vor anderen Belangen des Gerichts hat. Bei einer kurzfristigen Abwesenheit ist ein Hinderungsgrund daher auch dann nicht gegeben, wenn anderenfalls die Frist von 5 Monaten abläuft, ab der ein Urteil nicht mehr als mit Urteilsgründen versehen gilt, → § 135 Rn. 6.
67 HM; BGH 14.4.1992 – VI ZB 8/92, VersR 1992, 1155; Wagner in Hennig § 153 Rn. 55; Keller in Meyer/Ladewig/Keller/Leitherer/Schmidt § 153 Rn. 10; Burkiczak in jurisPK-SGG § 153 Rn. 52; nicht unbedenklich, da eine gegenseitige Kontrolle darüber, ob die Urteilsgründe dem Ergebnis der Beratung entsprechen, dann nicht mehr stattfindet; daher sollte von dieser Möglichkeit nur äußerst zurückhaltend Gebrauch gemacht werden.
68 BSG 26.7.1962 – 2 RU 190/60, Breith. 1963, 89.
69 BSG 18.12.1997 – 5 BH (J) 14/97, SozR 3-1500 § 153 Nr. 6.
70 § 551 Nr. 7 ZPO; BGH 27.1.1977 – IX ZR 147/72, NJW 1977, 765.

V. Zurückweisung der Berufung durch Beschluss – Abs. 4

1. Normzweck. Abs. 4 ist durch Art. 8 Nr. 6 Buchst. D des Gesetzes zur Entlastung der Rechtspflege vom 11.1.1993 (BGBl. 1993 I 50) eingeführt worden. Die Regelung entspricht § 130 a VwGO und dient dazu, eindeutig aussichtslose Berufungen rasch und ohne unangemessenen Verfahrensaufwand zu bearbeiten; sie soll zur Entlastung der Landessozialgerichte beitragen.[71] Daraus wird bereits deutlich, dass sie nur im Fall einer **Abweisung**, nicht aber der Stattgabe der Berufung in Betracht kommt. Die Vorschrift stellt eine Ausnahme vom Mündlichkeitsprinzip dar. Die Regelung wird durch § 158 ergänzt, der in Fällen bestimmter fehlender Zulässigkeitsvoraussetzungen eine **Verwerfung** der Berufung durch Beschluss zulässt. In den übrigen, nicht in § 158 genannten Fällen mangelnder Zulässigkeit der Berufung oder der Klage ist § 153 Abs. 4 – unabhängig davon, ob § 158 analog anzuwenden ist[72] – jedenfalls nicht anwendbar, denn er erfasst nur die Fälle **mangelnder Begründetheit.** Er füllt so zusammen mit § 158 die Lücke, die dadurch entsteht, dass § 105 gemäß § 153 Abs. 1 im Berufungsverfahren nicht anwendbar ist. Die Vorschrift verletzt weder das Gebot des rechtlichen Gehörs (**Art. 103 Abs. 1 GG**) noch des effektiven Rechtsschutzes (**Art. 19 Abs. 4 GG**), denn das GG schreibt die Durchführung einer mündlichen Verhandlung nicht zwingend vor. Auch **Art. 6 Abs. 1 EMRK** wird durch das Beschlussverfahren nicht verletzt. Zwar erfordert diese Vorschrift, dass jedermann im Rahmen des Anspruchs auf gerichtliches Gehör wenigstens einmal durch ein Gericht persönlich gehört werden muss, allerdings nicht notwendig in jedem Rechtszug; dieses Erfordernis gebietet, von der Verfahrensweise des § 153 Abs. 4 in allen Fällen abzusehen, in denen ein Verfahrensbeteiligter noch nicht die **Möglichkeit** hatte, sein Anliegen persönlich vorzutragen. Dies ist der Fall, wenn das SG verfahrensfehlerhaft von einer mündlichen Verhandlung abgesehen hat, ein Beteiligter nicht geladen oder an der Teilnahme an der mündlichen Verhandlung unverschuldet gehindert war oder ein Bescheid gemäß § 96 SGG erstinstanzlich im Berufungsverfahren angefochten wird oder eine Klagerweiterung im Berufungsverfahren gemäß § 99 vorliegt.[73] Haben dagegen die Beteiligten der Entscheidung des SG ohne mündliche Verhandlung (§ 124 Abs. 2) zugestimmt, liegt ein Fall des § 126 vor oder ist ein Beteiligter trotz ordnungsmäßiger Ladung nicht erschienen, war die **Möglichkeit** zur persönlichen Äußerung vor Gericht gegeben, und das Verfahren nach Abs. 4 ist nicht ausgeschlossen. Richtet sich die Berufung gegen einen Gerichtsbescheid (§ 105 Abs. 2), ist ein Beschluss gemäß Abs. 4 ausgeschlossen (vgl. jedoch Abs. 5). Unter den Voraussetzungen des § 124 Abs. 2, also mit Zustimmung der Beteiligten, kann das LSG jedoch auch in diesen sämtlichen Fällen ohne mündliche Verhandlung durch Urteil mit den ehrenamtlichen Richtern entscheiden. Im Fall einer **Zurückverweisung** (§ 170 Abs. 2 S. 2) kann ebenso wie im Fall einer Wiederaufnahmeklage nach Abs. 4 verfahren werden.[74] Werden im Berufungsverfahren neue Tatsachen vorgetragen oder Rechtsausführungen gemacht, muss die Möglichkeit eröffnet werden, diese in der mündlichen Verhandlung darzulegen, anderenfalls liegt eine 31

71 BT-Drs. 12/1217, 53 zu Nr. 7 Buchst. d.
72 Wagner in Hennig § 153 Rn. 62; Sommer in Roos/Wahrendorf § 153 Rn. 23; Burkiczak in jurisPK-SGG § 153 Rn. 84.
73 Dazu auch Keller in Meyer-Ladewig/Keller/Leitherer/Schmidt § 153 Rn. 15 b; anders LSG BW 29.12.1997 – L 3 Ar 3550/96, Breith. 1998, 761.
74 Vgl. OVG Bremen 19.3.1990 – 2 T 1/90, NJW 1990, 2337.

Verletzung des rechtlichen Gehörs vor; desgleichen bei einer Klageänderung.[75] Der Charakter der Norm als Ausnahmevorschrift legt es nahe, dass die Voraussetzungen des Abs. 4 eng ausgelegt werden müssen. Eine fehlerhafte Anwendung führt zu einer fehlerhaften Besetzung des Gerichts, da die ehrenamtlichen Richter nicht beteiligt sind.

32 **2. Voraussetzungen. a) Gebundenes Ermessen.** Abs. 4 erfordert Einstimmigkeit des Gerichts über die Unbegründetheit. Eine offensichtliche Unbegründetheit ist nicht gefordert, ebenso nicht – wie in § 105 Abs. 1 – mangelnde Schwierigkeiten tatsächlicher oder rechtlicher Art.[76] Die Übereinstimmung des Senats muss sich grundsätzlich nur auf das Ergebnis, nicht aber auf die Begründung beziehen; ausnahmsweise muss sich die Einstimmigkeit auch auf die Entscheidungsgründe erstrecken, wenn diese zur Bestimmung der Tragweite der Entscheidung herangezogen werden müssen oder bei Bescheidungsurteilen.[77] Die Begründung des Berufungsgerichts muss nicht der des angefochtenen Urteils entsprechen. Nach überwiegender Auffassung muss sich die Einstimmigkeit gemäß dem Wortlaut der Regelung nicht auf das mangelnde Erfordernis einer mündlichen Verhandlung beziehen.[78] Ob das LSG von der Möglichkeit des Abs. 4 Gebrauch macht, unterliegt seiner **Ermessensentscheidung.** Diese hat zwei Voraussetzungen, nämlich die Einigkeit über die Unbegründetheit und die Entbehrlichkeit einer mündlichen Verhandlung. Auch wenn die Voraussetzungen vorliegen, braucht das Gericht nicht entsprechend zu verfahren, selbst dann nicht, wenn es eine Beschlussentscheidung angekündigt und die Beteiligten entsprechend angehört hat.[79] Die Entscheidung über das Verfahren steht im pflichtgemäßen Ermessen des LSG und ist nur daraufhin überprüfbar, ob ihr sachfremde Erwägungen oder eine grobe Fehleinschätzung zu Grunde liegen.[80] Dies ist insbesondere bei einem umfangreichen oder schwierigen Streitstoff der Fall. Die Belange des rechtlichen Gehörs und der Verfahrensökonomie sind gegeneinander abzuwägen. Auch im Fall einer stattgefundenen mündlichen Verhandlung und Vertagung kann das LSG anschließend nach Durchführung weiterer Ermittlungen grundsätzlich durch Beschluss entscheiden.

33 **b) Anhörung.** Gemäß Abs. 4 S. 2 sind die Beteiligten vor Erlass des Bescheides **anzuhören.** Die Anhörung ist der Ausgleich zwischen der Ausnahme vom Mündlichkeitsprinzip und der Verfahrensökonomie; die Notwendigkeit, die Be-

---

75 BVerwG 10.9.1998 – 8 B 102/98, NVwZ 1999, 1000.

76 Anders die wohl hM: Keller in Meyer-Ladewig/Keller/Leitherer/Schmidt § 153 Rn. 15 b mwN. Dies beurteilt sich jedoch an dem Merkmal der Erforderlichkeit in Abs. 4.

77 So BVerwG 13.12.1983 – 9 B 1387/82, NVwZ 1984, 792; anders Wagner in Hennig § 153 Rn. 66; Keller in Meyer-Ladewig/Keller/Leitherer/Schmidt § 153 Rn. 17.

78 Keller in Meyer-Ladewig/Keller/Leitherer § 153 Rn. 18; Hintz in Hintz/Lowe § 153 Rn. 33; Kopp/Schenke § 130 a Rn. 6; BVerwG, 20.1.1998 – 3 B 1/98, juris; fraglich angesichts der Prämisse, nur zurückhaltend von der Möglichkeit des § 153 Abs. 4 SGG Gebrauch zu machen und sie eng auszulegen, vgl. ebenso Fock in Breitkreuz/Fichte § 153 Rn. 23; so auch Peters/Sautter/Wolff § 153 Rn. 45: abweichende Auffassung eines Richters in diesem Punkt ist schwerwiegender Grund, von Beschlussverfahren abzusehen; aA Wagner in Hennig § 153 Rn. 63: Einstimmigkeit muss sich auch auf die Verfahrensweise beziehen; so wohl auch BSG 21.6.2001 – B 7 AL 94/00 R, SozR 3-1500 § 153 Nr. 14, Rn. 16.

79 BSG 17.2.2016 – B 6 KA 44/15 B, juris; BSG 21.6.2001 – B 7 AL 94/00 R, SozR 3-1500 § 153 Nr. 14.

80 BSG 17.2.2016 – B 6 KA 44/15 B, juris; BSG 8.2.2016 – B 11 AL 70/15 B, juris; BSG 2.5.2001 – B 2 U 29/00 R, SozR 3-1500 § 153 Nr. 13.

teiligten anzuhören, folgt aus deren Anspruch auf rechtliches Gehör gemäß Art. 103 Abs. 1 GG und aus dem Gebot fairen und effektiven Rechtsschutzes. Um dieser grundrechtlichen Funktion gerecht zu werden, muss die Anhörung die Beteiligten in die Lage versetzen, den Verfahrensgang einzuschätzen und im Hinblick auf ihr Prozessbegehren oder die Gründe für eine mündliche Verhandlung vorzutragen. Regelmäßig wird die Anhörung erst nach der Berufungsbegründung oder nach Ablauf einer nicht genutzten Begründungsfrist durchgeführt.[81] Der Hinweis auf die beabsichtigte Verfahrensweise muss den Beteiligten **konkret** deutlich machen, dass der Senat die Berufung für unbegründet und eine mündliche Verhandlung nicht für erforderlich hält.[82] Sie muss erkennen lassen, dass er keine weitere Sachaufklärung mehr beabsichtigt und dass er etwaige schriftlich gestellte Beweisanträge lediglich als Beweisanregungen, nicht aber als förmliche Beweisanträge iSd § 160 Abs. 2 Nr. 3 ansieht.[83] Allein der Hinweis, es komme eine Beschlussentscheidung in Betracht, genügt diesen Anforderungen danach nicht. Die **Gelegenheit zur Stellungnahme** muss sich auf die beabsichtigte Verfahrensweise und auf einen Vortrag in der Sache erstrecken.[84] Haben die Beteiligten im Rahmen der Anhörung vorgetragen und formelle Beweisanträge gestellt, ist **erneut anzuhören**, wenn das LSG an seiner Absicht festhalten will, gemäß § 153 Abs. 4 durch Beschluss zu entscheiden.[85] Ebenso ist eine erneute Anhörung bei einer sonstigen Änderung der Sach- oder Rechtslage erforderlich. Insbesondere liegt eine wesentliche Änderung vor, wenn das LSG seine Auffassung über den Sach- und Streitstoff ändert.[86] Trotz weiteren Vortrags oder eines Beweisantrages des Beteiligten auf die (erste) Anhörung hin ist eine erneute Anhörung nicht erforderlich, wenn das Vorbringen oder der Antrag unsubstanziiert sind oder sich auf Wiederholungen bereits Vorgetragenen beschränken. Dann muss der Senat aber in dem Beschluss gemäß § 153 Abs. 4 darlegen, warum der Vortrag oder der Antrag unerheblich ist.[87] Grundsätzlich kann die Anhörung formlos ergehen. Sie kann vom Berichterstatter allein vor der entsprechenden Meinungsbildung des Senates durchgeführt werden.[88] Nicht erforderlich, aber empfehlenswert ist es, für die Stellungnahme eine Frist zu setzen. Ohne eine **Zustellung** fehlt der Nachweis, dass den Beteiligten rechtliches Gehör gewährt wurde. Bei fehlender Erwiderung kann nicht davon ausgegangen werden, dass alle Beteiligten das Schreiben erhalten haben; vor Erlass des Beschlusses muss sich das Gericht – ggf. im Wege einer wiederholten Anhörung – hierüber Gewissheit

---

81 BSG 17.9.1997 – 6 RKa 97/96, SozR 3-1500 § 153 Nr. 4.
82 BSG 22.4.1998 – B 9 SB 19/97 R, SozR 3-1500 § 153 Nr. 7.
83 BSG 9.3.2016 – B 1 KR 6/16 B, juris.
84 Geringere Anforderungen noch BSG 20.10.1999 – B 9 SB 4/98 R: bei anwaltlich vertretenen Klägern reicht der alleinige Hinweis auf die Absicht, nach § 154 Abs. 4 verfahren zu wollen.
85 BSG 17.11.2015 – B 1 KR 65/15 B, juris; BSG 29.8.2006 – B 13 R 37/06 B, SozR 4-1500 § 153 Nr. 5.
86 BSG 22.11.2012 – B 3 P 10/12 B, SozR 4-1500 § 153 Nr. 15.
87 BVerwG 19.4.1999 – 8 B 150/98, NVwZ-RR 1999, 537; Keller in Meyer-Ladewig/Keller/Leitherer/Schmidt § 153 Rn. 20 a.
88 So BSG 21.6.2001 – B 7 AL 94/ 00 R, SozR 3-1500 § 153 Nr. 14; vgl. jedoch auch BSG 25.11.1999 – B 13 RJ 25/99 R, SozR 3-1500 § 153 Nr. 9: Hinweis auf die Absicht des Senats erforderlich.

verschaffen.[89] Die unterbliebene Anhörung stellt einen Revisionsgrund dar.[90] Wird nach einer Anhörung ein Beweisantrag nicht wiederholt, gilt er als erledigt.[91]

34 **3. Entscheidungsform.** Der **Beschluss**, mit dem die Berufung als unbegründet zurückgewiesen wird, muss den Anforderungen des **§ 142 Abs. 2** genügen.[92] Denn gemäß § 153 Abs. 4 S. 3 iVm § 158 S. 3 ist gegen ihn das Rechtsmittel gegeben, das zulässig wäre, wenn das Gericht durch Urteil entschieden hätte; über das Rechtsmittel ist gemäß **§ 153 Abs. 4 S. 3 iVm § 158 S. 4 zu belehren.** Die Begründung muss daher eine Überprüfung durch das Revisionsgericht ermöglichen. Hierfür sind die maßgebenden Überlegungen in tatsächlicher und rechtlicher Hinsicht deutlich zu machen, die für die richterliche Überzeugungsbildung maßgebend waren. Allerdings kann der Senat von der erleichterten Begründungsmöglichkeit gemäß Abs. 2 Gebrauch machen.[93] Aus dem Beschluss muss sich ergeben, dass der Senat die Voraussetzungen des Abs. 4 als gegeben ansieht, die weiteren Gründe hierfür brauchen nicht benannt zu werden.[94] Wie auch im Urteil ist im Beschluss über die Zulassung der Revision zu entscheiden. Der Beschluss kann im Rahmen einer Beratung oder Abstimmung oder im Umlaufverfahren ergehen.[95] Nach überwiegender Meinung kann er auch durch den Vorsitzenden oder Berichterstatter als Einzelrichter gemäß § 155 Abs. 3 oder 4 erlassen werden.[96] Dieser Auffassung ist nicht zu folgen. Zwar steht der Wortlaut des § 155 Abs. 3 und 4 („auch sonst anstelle des Senats"), der nicht auf Urteile beschränkt ist, dem nicht entgegen; auch könnte es nahe liegen, die Regelung über den Einzelrichter für Urteile erst recht auf Beschlüsse gemäß Abs. 4 zu übertragen, zumal die Rechtsmittel gleich sind. Jedoch lässt dies das Erfordernis der Einstimmigkeit außer Acht, das naturgemäß beim Einzelrichter entfällt. Der Konsens stellt ein notwendiges Korrektiv dafür dar, dass den Beteiligten die mündliche Verhandlung genommen wird. Hierbei ist zu berücksichtigen, dass bei Abs. 4 – anders als bei § 124 Abs. 2 – ein **Einverständnis der Beteiligten** nicht gefordert wird. Die Ausnahmeregelung ist daher eng zu halten.[97]

35 Sofern der Senat verfahrensfehlerhaft die Berufung durch Beschluss gemäß Abs. 4 zurückgewiesen hat, liegt eine **fehlerhafte Besetzung des Gerichts** vor, da mangels einer erforderlichen mündlichen Verhandlung die ehrenamtlichen Richter an der Entscheidung nicht mitgewirkt haben[98] und damit ein **Revisionsgrund** gemäß § 202 SGG iVm § 551 Nr. 1 ZPO.

---

89 BSG 21.6.2000 – B 4 RA 71/99 R, SozR 3-1500 § 153 Nr. 11.
90 Im sozialgerichtlichen Verfahren kein absoluter Revisionsgrund, §§ 202, 547 ZPO, → § 160 Rn. 36; BVerwG 27.6.1984 – 9 C 44/84, NVwZ 1984, 792; vgl. auch zur notwendigen Fristsetzung – regelmäßig mindestens 2 Wochen – für die Anhörung BSG 31.3.2004 – B 4 RA 203/03 B, SozR 4-1500 § 154 Nr. 1.
91 BSG 18.12.2000 – B 2 U 336/00 B, SozR 3-1500 § 153 Nr. 12.
92 BSG 30.10.1997 – 13 RJ 31/ 97, SozR 3-1500 § 153 Nr. 5; abweichend Wagner in Hennig § 153 Rn. 71: §§ 136 Abs. 2, 153 Abs. 2.
93 Keller in Meyer-Ladewig/Keller/Leitherer/Schmidt § 153 Rn. 22.
94 BVerwG 13.12.1983 – 9 B 1387/82, NVwZ 1984, 792.
95 BVerwG 23.9.1991 – 2 B 99/91, NJW 1992, 257; Keller in Meyer-Ladewig/Keller/Leitherer/Schmidt § 153 Rn. 22; Wagner in Hennig § 153 Rn. 70.
96 Wagner in Hennig § 153 Rn. 72; Wagner in jurisPK-SGG § 153 Rn. 65; Peters/Sautter/Wolff § 153 Rn. 43; Keller in Meyer-Ladewig/Keller/Leitherer/Schmidt § 153 Rn. 14 a; aA BVerwG 21.3.2000 – 9 C 39/99, NVwZ 2000, 1040.
97 BSG 20.11.2001 – B 13 RJ 38/03 B, SozR 4-1500 § 153 Nr. 1.
98 BSG 2.5.2001 – B 2 Urt. 29/00 R, SozR 3-1500 § 153 Nr. 13.

VI. Entscheidung durch Berichterstatter und ehrenamtliche Richter – Abs. 5

36 Durch das Gesetz zur Änderung des Sozialgerichtsgesetzes und des Arbeitsgerichtsgesetzes vom 6. März 2008 (BGBl. 2008 I 444) ist Abs. 5 eingefügt worden, der eine Lücke in den Fällen schließen soll, in denen das Sozialgericht durch Gerichtsbescheid gemäß § 105 entschieden hat. Da nach Art. 6 Abs. 1 EMRK jedermann einen Anspruch darauf hat, im Verlauf eines Rechtsstreits wenigstens einmal persönlich vom Gericht gehört zu werden, verbietet sich in dem Fall eine Entscheidung gemäß § 153 Abs. 4 (→ Rn. 35). Es müsste daher der gesamte Senat entscheiden. Dies ist nicht angemessen, da der Gerichtsbescheid nach § 105 Abs. 1 Satz 1 nur in tatsächlich und rechtlich nicht schwierigen Fällen ergehen kann.[99] In dem Fall kann der Senat nach dem Wortlaut des Abs. 5 den Rechtsstreit dem **Berichterstatter** übertragen, der gemeinsam mit den ehrenamtlichen Richtern entscheidet. Hierfür ist ein **Beschluss** des Senats erforderlich, der ohne die ehrenamtlichen Richter ergeht. Eine Übertragung auf den **Vorsitzenden** des Senats sieht die Regelung nicht vor. Dies ist systemgerecht, denn die besonderen Befugnisse des Vorsitzenden sind auf die Aufgaben beschränkt, die im Gesetz ausdrücklich benannt sind und eine Kongruenz seiner Befugnisse mit denen des Berichterstatters zur Übertragung besteht nur im Rahmen des § 155. Eine Entscheidung des Vorsitzenden anstelle eines zu bestellenden Berichterstatters würde gegen den Geschäftsverteilungsplan des Senats und damit gegen den Anspruch auf den gesetzlichen Richter verstoßen, → § 155 Rn. 6. Sofern der Vorsitzende ein eigenes Dezernat als Berichterstatter führt, kann ihm als solchem allerdings der Rechtsstreit übertragen werden. Die Entscheidung des Berichterstatters und der ehrenamtlichen Richter muss nach **mündlicher Verhandlung** ergehen, wenn die Beteiligten hierauf nicht gemäß § 124 Abs. 2 verzichtet haben. Nach dem Wortlaut des Abs. 5 ist die Übertragung des Rechtsstreits auf den Berichterstatter losgelöst von den **Voraussetzungen des Abs. 4** möglich. Dies würde bedeuten, dass sie keine Einstimmigkeit der Senatsmitglieder über die Unbegründetheit der Berufung erforderte, sondern auch in anderen Fällen, insbesondere bei Zusprüchen, erfolgen könnte. Jedoch ist unter systematischen Gesichtspunkten zu beachten, dass Abs. 5 sich unmittelbar an Abs. 4 anschließt und daher ein Bezug angenommen werden kann, wenn auch die neue Regelung nicht als Satz 4 in Abs. 4 angefügt wurde. Maßgeblich ist, dass der Gesetzgeber mit der Regelung die Lücke in den Fällen des Abs. 4 schließen wollte, in denen das Sozialgericht durch Gerichtsbescheid entschieden hatte.[100] Er hatte also den Zusammenhang der Regelung des Abs. 5 mit Abs. 4 im Auge. Für die Übertragung müssen daher die weiteren Voraussetzungen des Abs. 4 erfüllt sein. Die Übertragung des Rechtsstreits auf den sogenannten kleinen Senat nach § 153 Abs. 5 SGG muss durch **Beschluss** des Senats ergehen, der **den Beteiligten zuzustellen** ist.[101] Anderenfalls ist die Übertragung nicht wirksam erfolgt und der Senat bei der Entscheidung nicht vorschriftsmäßig besetzt. Eine **Rückübertragung** des Rechtsstreits auf den gesamten Senat ist möglich.[102]

---

99 Begr. RegEntwurf, BT-Drs. 16/7716, 27.

100 RegEntwurf, BT-Drs. 16/7716, 27.

101 BSG 27.4.2010 – B 2 U 344/09 B, SozR 4-1500 § 153 Nr. 8.

102 Wagner in Hennig § 153 Rn. 86; Sommer in Roos/Wahrendorf § 153 Rn. 47; aA Burkiczak in jurisPK-SGG § 153 Rn. 151; Keller in Meyer-Ladewig/Keller/Leitherer/Schmidt § 153 Rn. 25 c, weil eine § 526 entsprechende Regelung fehle; Roller NZS 2009, 252.

Zwar könnte demgegenüber eingewandt werden, dass damit der gesetzliche Richter missachtet wird. Jedoch hält der Gesetzgeber eine derartige Rückübertragung ohne Verstoß gegen Art. 101 Abs. 1 Satz 2 GG grundsätzlich für möglich und hat sie in § 6 Abs. 3 Satz 1 VwGO und § 6 Abs. 3 Satz 1 FGO ausdrücklich geregelt. Aus dem Fehlen einer entsprechenden Regelung im SGG kann nicht geschlossen werden, dass die Rückübertragung aus grundsätzlichen Erwägungen im Sozialgerichtsprozess unzulässig wäre. In § 6 Abs. 3 Satz 1 VwGO und § 6 Abs. 3 Satz 1 FGO ist die Rückübertragung jedoch in die Kompetenz des Berichterstatters gestellt. Daraus, dass diese Kompetenzübertragung auf den Berichterstatter im SGG fehlt, muss geschlossen werden, dass nach dem SGG eine Rückübertragung durch den gesamten Senat erfolgen muss.[103] Dagegen spricht nicht der Gedanke, dass der Berichterstatter als „abgebender Richter" allein übertragungsbefugt ist, weil er sich seiner Befugnis, allein mit den ehrenamtlichen Richtern zu entscheiden, veräußert; denn durch die Übertragung ist der gesetzliche Richter im Sinne des Art. 101 Abs. 1 Satz 2 GG berührt, der Rechte der Verfahrensbeteiligten beinhaltet, nicht aber der mit der Entscheidung betrauten Richter. Eine Rückübertragung kann insbesondere erforderlich sein, wenn die Voraussetzungen des § 105 SGG für einen Gerichtsbescheid entgegen der Auffassung des erstinstanzlich entscheidenden Richters nicht vorlagen, wenn weitere umfängliche Ermittlungen erforderlich sind oder die materielle Rechtslage dies erfordert und sich dies erst im Verlauf des Berufungsverfahrens herausstellt.

§ 154 [Aufschiebende Wirkung]

(1) Die Berufung und die Beschwerde nach § 144 Abs. 1 haben aufschiebende Wirkung, soweit die Klage nach § 86 a Aufschub bewirkt.

(2) Die Berufung und die Beschwerde nach § 144 Abs. 1 eines Versicherungsträgers oder in der Kriegsopferversorgung eines Landes [ab 1.1.2024: *eines Trägers der Sozialen Entschädigung*] bewirken Aufschub, soweit es sich um Beträge handelt, die für die Zeit vor Erlaß des angefochtenen Urteils nachgezahlt werden sollen.

I. Allgemeines/Normzweck

1 Durch Art. 8 Nr. 7 des Gesetzes zur Entlastung der Rechtspflege v. 11.1.1993 (BGBl. 1993 I 50) wurde mWv 1.3.1993 die aufschiebende Wirkung auf die Nichtzulassungsbeschwerde ausgedehnt. Abs. 1 wurde zuletzt geändert durch

103 Ebenso LSG Bln-Bbg 15.4.2010 – L 13 SB 152/07, juris; Keller in Meyer-Ladewig/Keller/Leitherer/Schmidt § 153 Rn. 25 c.

das 6. SGGÄndG v. 17.8.2001 (BGBl. 2001 I 2144) mWv 2.1.2002; dadurch erfolgte die Anpassung an die durch dasselbe Änderungsgesetz neu geregelte aufschiebende Wirkung der Klage gem. § 86 a SGG; die frühere Regelung verwies auf die nun aufgehobene Regelung des § 97 (→ § 86 a Rn. 1 und § 97). § 154 regelt die aufschiebende Wirkung der Berufung und der Nichtzulassungsbeschwerde in weitgehender Übereinstimmung mit der aufschiebenden Wirkung der Klage; Abs. 2 enthält Sonderregelungen.

II. Regelungsinhalt

§ 154 bestimmt, in welchen Fällen der Berufung, bzw. der Nichtzulassungsbe- 2
schwerde gem. § 145 (die Bezeichnung mit § 144 stellt ein gesetzgeberisches Versehen dar) aufschiebende Wirkung zukommt. Gemeint ist damit nicht der Suspensiveffekt, also die Hemmung der Rechtskraft, der der Berufung als Rechtsmittel per se eigen ist. Geregelt ist die aufschiebende Wirkung des Rechtsmittels hinsichtlich der erstinstanzlichen Entscheidung, nicht die der Klage bzgl. des Verwaltungsaktes. Letztere ist in § 86 a geregelt, auch wenn die Klage im Rahmen des Rechtsmittelverfahrens vor dem Berufungsgericht anhängig ist, und besteht – vorbehaltlich einer Entscheidung nach § 86 b – bis zur Unanfechtbarkeit (→ § 86 a Rn. 12); so kann bspw. das LSG als Gericht der Hauptsache eine Bestimmung über die aufschiebende Wirkung der Klage gem. § 86 b Abs. 1 treffen.

Aufschiebende Wirkung der Berufung meint **die Hemmung der Vollstreckbarkeit** 3
der erstinstanzlichen Entscheidung. Das SGG kennt nicht wie die ZPO oder VwGO die vorläufige Vollstreckbarkeit von Urteilen (§ 198 Abs. 2: keine Anwendung der ZPO-Vorschriften über die vorläufige Vollstreckbarkeit). Nach § 199 Abs. 1 SGG kann aus sozialgerichtlichen Entscheidungen grundsätzlich sofort vollstreckt werden, es sei denn eine gesetzliche Vorschrift ordnet Aufschub an. § 154 stellt eine solche Ausnahmevorschrift dar.

III. Beginn und Ende der aufschiebenden Wirkung

Die aufschiebende Wirkung beginnt **mit Einlegung** der Berufung oder der Nicht- 4
zulassungsbeschwerde. Auf deren Begründetheit kommt es dabei nicht an. Ist die Berufung oder die Nichtzulassungsbeschwerde verfristet, ist die erstinstanzliche Entscheidung bereits rechtskräftig geworden, so dass die aufschiebende Wirkung nicht mehr eintreten kann. Entsprechend ihrem Zweck, effektiven Rechtsschutz zu gewähren, tritt die aufschiebende Wirkung bei Einlegung des Rechtsmittels mit Wirkung **ex tunc**, also rückwirkend ein; bereits erfolgte Vollstreckungsmaßnahmen verlieren ihre rechtliche Grundlage. Die aufschiebende Wirkung **endet** mit Rechtskraft der erstinstanzlichen Entscheidung rückwirkend.

IV. Aufschiebende Wirkung nach Abs. 1

1. Eintritt der aufschiebenden Wirkung. Nach Abs. 1 hat die Berufung aufschie- 5
bende Wirkung, soweit die Klage nach § 86 a Aufschub bewirkt, also im Falle des § 86 a Abs. 1, nicht aber in den Fällen der sofortigen Vollziehbarkeit nach Abs. 2 und 4; die aufschiebende Wirkung entfällt demnach auch, wenn die Verwaltung die sofortige Vollziehbarkeit anordnet. Hingegen tritt sie ein bei Aussetzung der sofortigen Vollziehung gem. § 86 a Abs. 3 durch die Verwaltung, bzw. Anordnung der aufschiebenden Wirkung gem. § 86 b Abs. 1 durch das Gericht.

6 Die aufschiebende Wirkung nach Abs. 1 tritt, anders als bei Abs. 2, unabhängig davon ein, welche Prozessrolle der jetzige Berufungs- oder Beschwerdeführer im erstinstanzlichen Verfahren eingenommen hatte; sie wird also auch durch Berufung oder Nichtzulassungsbeschwerde eines Beigeladenen ausgelöst.

7 **2. Inhalt der aufschiebenden Wirkung.** Worin der Anwendungsbereich des § 154 Abs. 1 besteht, erscheint jedoch fraglich. Die aufschiebende Wirkung der Berufung soll nur bestehen, soweit die Klage gem. § 86 a Aufschub bewirkt. Die Klage iSd § 86 a ist aber nur die isolierte Anfechtungsklage (→ § 86 a Rn. 7), nicht auch die mit einer Leistungs- oder Verpflichtungsklage kombinierte. Die erstinstanzliche Entscheidung über eine isolierte Anfechtungsklage ergeht als Gestaltungsurteil. Ein solches hat aber keinen vollstreckungsfähigen Inhalt (→ § 199 Rn. 4).[1] Eine Vollstreckung aus einem Urteil ist also unabhängig von § 154 Abs. 1 nicht möglich; in den Fällen des § 86 a ergeht kein Urteil mit vollstreckungsfähigem Inhalt. Auch die normale Kosten(-grund-)entscheidung ist, weil nicht beziffert, nicht vollstreckbar; hierzu bedarf es zunächst eines Kostenfestsetzungsbeschlusses. Gleiches gilt für klageabweisende Urteile. Soweit die erstinstanzliche Entscheidung gem. § 131 Abs. 1 zur Folgenbeseitigung verurteilt, liegt dem zum einen ein Leistungsantrag zugrunde, zum anderen war der Verwaltungsakt bereits vollzogen.

8 Die aufschiebende Wirkung nach § 154 Abs. 1 ist daher weiter zu verstehen. Sie erfasst nicht nur die Vollstreckung ieS, sondern **jede Verwirklichung des Inhaltes der erstinstanzlichen Entscheidung**, unabhängig davon durch wen oder in welcher Weise dies geschieht. Insbesondere bleibt trotz der Entscheidung über die Klage deren aufschiebende Wirkung nach § 86 a gegen den Verwaltungsakt erhalten, so dass dessen Vollziehung unzulässig bleibt.

V. Aufschiebende Wirkung nach Abs. 2

9 **1. Regelungsinhalt.** Der Regelung des Abs. 2 liegt der Fall zugrunde, dass ein Versicherungsträger oder ein Land in Sachen der KOV als Beklagter in einem Rechtsstreit über eine Leistung in Geld erstinstanzlich unterlegen ist. Die Berufung dieses Trägers hat aufschiebende Wirkung nur insoweit, als es um Beträge für die **Zeit vor Urteilserlass** geht. Zweck des § 154 Abs. 2 ist es, den laufenden Unterhalt des Leistungsempfängers für die Zukunft sicherzustellen; für die Vergangenheit ist dies nicht mehr möglich. Gleichzeitig führt die Regelung dazu, dass die Folgen des Rechtsstreites im Übrigen offen gehalten werden. Umfasst sind daher nicht nur laufende Geldzahlungen, sondern auch einmalige Erstattungen, soweit sie für die Zeit vor Erlass des Urteils bestimmt sind.[2]

10 **2. Eintritt der aufschiebenden Wirkung.** Diesem Zweck (→ Rn. 9) entsprechend gilt Abs. 2 nicht nur für Versicherungsträger ieS, sondern für **alle Leistungsträger**, auch wenn die fraglichen Leistungen nicht auf dem Versicherungsprinzip beruhen, sowie neben der KOV auch für die sonstigen Angelegenheiten des sozialen Entschädigungsrechts. Entsprechend anzuwenden ist § 154 Abs. 2 dem-

1 B. Schmidt in Meyer-Ladewig/Keller/Leitherer/Schmidt § 198 Rn. 3 a; Peters/Sautter/Wolff § 199 Anm. 1.
2 ThürLSG 26.3.2012 – L 2 R 1403/11, juris; SächsLSG 8.2.2012 – L 1 KR 13/12, juris.

nach auch auf Träger der Grundsicherung:[3] Die Interessenlage unterscheidet sich im Hinblick auf den genannten Zweck der Regelung nicht von der bei einer Versicherungsleistung. Dagegen spricht insbesondere nicht, dass dem Leistungsempfänger ggf. bereits für längere Zeit Leistungen vorenthalten worden waren, die zur Sicherung des Existenzminimums nötig gewesen wären. Die damit verbundenen Einbußen können rein tatsächlich für die zurückliegende Zeit nicht mehr ausgeglichen werden; idR wird die akute Notlage in den Fällen der Grundsicherung ohnehin durch Entscheidungen im Verfahren des einstweiligen Rechtsschutzes beseitigt worden sein, insbesondere wenn die Leistungsverweigerung zu später nicht mehr zu beseitigenden Folgen führen würde. In den übrigen Fällen ist dem Leistungsbezieher hinsichtlich der Nachzahlung ein weiteres Zuwarten bis zur Entscheidung über die Berufung oder die Nichtzulassungsbeschwerde zumutbar. **Vor Erlass** des Urteils ist die Zeit bis zu seiner Verkündung, bei einer Entscheidung ohne mündliche Verhandlung oder durch Gerichtsbescheid bis zu ihrer Zustellung (§§ 132, 133). § 154 Abs. 2 erfasst nicht nur laufende Geldleistungen, sondern auch einmalige Erstattungen.[4]

Für die Zeit **nach Erlass** des Urteils bewirkt die Berufung keinen Aufschub. Die angefochtene erstinstanzliche Entscheidung ist vollstreckbar. Sie stellt den – allerdings nur vorläufigen – Rechtsgrund für die Leistungsverpflichtung der Verwaltung dar; dieser entfällt im Umfange der Aufhebung der Entscheidung rückwirkend. Der Vorsitzende des LSG kann durch **einstweilige Anordnung gem. § 199 Abs. 2** die Vollstreckung aussetzen. 11

3. Vorläufige Ausführung des Urteils. Ob zur Ausführung des – vorläufig – vollstreckbaren Urteils ein Ausführungsbescheid zu ergehen hat, richtet sich nach dem Inhalt des Urteils; nötig ist die Umsetzung durch Verwaltungsakt insb., wenn die Leistung nach materiellem Recht durch Verwaltungsakt festzusetzen oder ein Grundurteil nach § 130 Abs. 1 S. 1 auszuführen ist. 12

Der **Ausführungsbescheid** trägt bereits nach seinem Wesen eine inhaltliche Beschränkung in sich, dass er bei Aufhebung oder Abänderung der erstinstanzlichen Entscheidung gegenstandslos wird;[5] unstreitig bedarf es keiner Aufhebung gem. § 45 SGB X. Der Bescheid wird nicht gem. § 96 Gegenstand des Berufungsverfahrens (→ § 96 Rn. 12); eine Aufhebung durch das LSG wäre ohnehin nicht nötig, da der Bescheid mit der Aufhebung der erstinstanzlichen Entscheidung gegenstandslos wird. 13

4. Rückabwicklung von „Urteilsrenten“. Die Rückabwicklung sog „Urteilsrenten“, also laufenden Leistungen, die in Ausführung des vorläufig vollstreckbaren Urteils gewährt werden, ist in § 154 Abs. 2 nicht geregelt. Zurückzugreifen ist auf **§ 50 Abs. 2 SGB X.**[6] Dabei spielt es keine Rolle, ob die Leistung auf dem Urteil direkt oder dem Ausführungsbescheid beruht, denn auch dieser muss nicht nach § 45 SGB X aufgehoben werden, da er mit Aufhebung der erstin- 14

3 LSG Bln-Bbg 20.4.2010 – L 10 AS 386/10, juris und 22.6.2007 – L 18 B 970/07 AS ER, juris; aA BSG 8.12.2009 – B 8 SO 17/09 R, SozR 4-1500 § 154 Nr. 1; SächsLSG 31.8.2010 – L 7 AS 512/10, juris; BayLSG 14.5.2014 – L 11 AS 620/13, juris; Keller in Meyer-Ladewig/Keller/Leitherer/Schmidt § 154 Rn. 3.
4 ThürLSG 22.8.2000 – L 6 KN 385/00 KR ER, SGb 2001, 246.
5 BSG 12.9.1984 – 4 RJ 79/83, BSGE 57, 138 = SozR 1300 § 50 SGB X Nr. 6.
6 BSG 25.2.1992 – 5 RJ 44/91, juris; BSG 15.5.1985 – 5 b/1 RJ 34/84, SozR 1500 § 154 Nr. 8; Meyer-Ladewig/Keller/Leitherer/Schmidt § 154 Rn. 4; offen gelassen in BSG 12.9.1984 – 4 RJ 79/83, BSGE 57, 138 = SozR 1300 § 50 SGB X Nr. 6.

stanzlichen Entscheidung gegenstandslos wird (→ Rn. 13). Die **Vertrauensschutzgrundsätze des § 45 Abs. 2 SGB X** sind jedoch zu beachten (§ 50 Abs. 2 S. 2 SGB X); die Schutzwürdigkeit des Vertrauens auf die Leistung ist an § 45 Abs. 2 S. 3 Nr. 3 SGB X zu messen: Sie entfällt, wenn der Empfänger mit der Rückforderung rechnete oder ohne Mühe rechnen konnte. Jedenfalls wenn der Ausführungsbescheid einen ausdrücklichen Rückforderungsvorbehalt enthält, kann sich der Empfänger nicht auf Vertrauen berufen.[7] Fehlt ein solcher, kommt es auf die Umstände des Einzelfalles an, insbes. auf die Erkenntnisfähigkeit des Betroffenen. Ob und in welcher Höhe eine Rückforderung erfolgt, steht im Ermessen der Verwaltung; § 50 Abs. 2 räumt ihr lediglich die Befugnis zur Rückforderung ein. Dabei sind die Regelungen des § 42 Abs. 3 SGB I und § 76 Abs. 2 Nr. 3 SGB IV zu beachten: Eine Rückforderung ist danach ausgeschlossen, wenn sich daraus für den Leistungsempfänger eine unbillige Härte ergeben würde, insbes. darf er durch die Erstattung nicht sozialhilfebedürftig werden.[8] Der Leistungsempfänger hat grundsätzlich alles zurückzugewähren, was er in Ausführung des Urteils nicht nur mittelbar erhalten hat. Die **Rückforderung ist durch Verwaltungsakt** festzusetzen (§ 50 Abs. 3 SGB X); eine Leistungsklage der Verwaltung ist mangels Rechtsschutzbedürfnisses unzulässig.

§ 155 [Berichterstatter]

(1) Der Vorsitzende kann seine Aufgaben nach den §§ 104, 106 bis 108 und 120 einem Berufsrichter des Senats übertragen.

(2) [1]Der Vorsitzende entscheidet, wenn die Entscheidung im vorbereitenden Verfahren ergeht,

1. über die Aussetzung und das Ruhen des Verfahrens;
2. bei Zurücknahme der Klage oder der Berufung, Verzicht auf den geltend gemachten Anspruch oder Anerkenntnis des Anspruchs, auch über einen Antrag auf Prozesskostenhilfe;
3. bei Erledigung des Rechtsstreits in der Hauptsache, auch über einen Antrag auf Prozesskostenhilfe;
4. über den Streitwert;
5. über Kosten.

[2]In dringenden Fällen entscheidet der Vorsitzende auch über den Antrag nach § 86 b Abs. 1 oder 2.

(3) Im Einverständnis der Beteiligten kann der Vorsitzende auch sonst anstelle des Senats entscheiden.

(4) Ist ein Berichterstatter bestellt, so entscheidet dieser anstelle des Vorsitzenden.

7 BSG 25.2.1992 – 5 RJ 44/91, juris; BSG 3.2.1888 – 5/5 b RJ 60/86, juris.
8 BSG 3.2.1988 – 5/5 b RJ 60/86, juris; BSG 15.5.1985 – 5 b/1 RJ 34/ 84, SozR 1500 § 154 Nr. 8.

I. Allgemeines

1. Rechtsentwicklung. Die Vorschrift regelt die Aufgabenverteilung zwischen Vorsitzendem und Berichterstatter. Sie geht im Wesentlichen auf das RpflEntlG vom 11.1.1993 (BGBl. 1993 I 50) zurück. Die durch Abs. 1 Satz 2 aF in das Ermessen des Vorsitzenden gestellte Ernennung eines Berufsrichters zum Berichterstatter hat das 6. SGGÄndG vom 17.8.2001 (BGBl. 2001 I 2144) mit Wirkung vom 2.1.2002 gestrichen. Das 1. JustizmodernisierungsG vom 24.8.2004 (BGBl. 2004 I 2198) hat die Entscheidungsbefugnis des Vorsitzenden (Einzelrichters) nach Abs. 2 auch auf Anträge zur Prozesskostenhilfe, die nach Erledigung der Hauptsache noch anhängig sind, und dringende Fälle des vorläufigen Rechtsschutzes erstreckt. 1

2. Normzweck. Die Vorschrift dient der **„Straffung des Verfahrens" und der Entlastung des LSG**; der Gesetzgeber geht davon aus, effektiver Rechtsschutz erfordere nicht immer die Mitwirkung von drei Berufsrichtern.[1] Mit dem Wegfall der Ermessenskompetenz des Vorsitzenden (Abs. 1 Satz 2 aF) trägt der Gesetzgeber der Entwicklung der Rechtsprechung zum Verfassungsverbot, Rechtsuchenden den gesetzlichen Richter zu entziehen (Art. 101 Abs. 1 Satz 2 GG),[2] Rechnung. Das BVerfG[3] sieht darin, dass das Verbot sich nicht nur auf das Gericht als organisatorische Einheit, sondern auch auf den einzelnen zur Entscheidung berufenen Richter bezieht, eine **„Verfeinerung der Vorstellungen"**. Der Berichterstatter ist nach abstrakt-generellen Merkmalen als gesetzliche Richter zu bestimmen. Ermessensentscheidungen im Einzelfall sind damit unzulässig.[4] 2

3. Parallelvorschriften. § 155 ist § 87 a VwGO idF d. 4. VwGO ÄndG vom 17.12.1990 (BGBl. 1990 I 2809) sowie § 79 a FGO idF d. FGO ÄndG vom 21.12.1992 (BGBl. 1992 I 2109) nachgebildet. Ähnliche Regelungen finden sich auch in § 349 und § 527 ZPO. § 155 Abs. 2 S. 2 findet seine Parallelen in § 80 Abs. 8 und § 123 Abs. 2 S. 3 VwGO, § 69 Abs. 3 Satz 5 und § 114 Abs. 2 S. 3 FGO sowie § 944 ZPO. 3

4. Anwendungsbereich. § 155 findet nicht nur im Berufungsverfahren Anwendung, sondern auch in Beschwerdeverfahren gegen Beschlüsse des SG, im Verfahren der Nichtzulassungsbeschwerde und des einstweiligen Rechtsschutzes. Dies gilt auch für § 155 Abs. 2 bis 4, die außerhalb des Berufungsverfahrens entsprechende Anwendung finden. Die in diesen Verfahren bestehende gesetzliche Regelungslücke kann durch Abs. 2 bis 4 gefüllt werden, da der Normzweck 4

1 BT-Drs. 12/1217, 53.
2 BVerfG 8.4.1997 – 1 PbvU 1/95, BVerfGE 95, 322 (329 ff., 333 f.).
3 BVerfG 8.4.1997 – 1 PbvU 1/95, BVerfGE 95, 322 (333).
4 BVerfG 8.4.1997 – 1 PbvU 1/95, BVerfGE 95, 322 (329); BSG 25.10.1995 – 5/4 RA 109/94, SozR 3-1500 § 155 Nr. 2; zur Durchführung näher: Lüdtke Sgb 2008, 682 (683).

(Straffung des Verfahrens) auch hier greift.[5] Die Einzelentscheidungsbefugnis des Vorsitzenden oder Berichterstatters nach § 155 Abs. 2 gilt dabei aber nur für Nebenentscheidungen, nicht für die mit Beschwerde angefochtene Entscheidung des SG (→ Rn. 13 ff.). Für letztere kommt eine Einzelentscheidungsbefugnis nur nach Abs. 3 (ggf. iVm Abs. 4) in Betracht. Entsprechend anzuwenden sind § 155 Abs. 2 bis 4 wegen des Normzwecks auch auf Verfahren in erstinstanzlicher Zuständigkeit des LSG nach § 29 Abs. 2 bis 4 SGG.[6] Die Besonderheiten dieser Verfahren stehen der analogen Anwendung nicht entgegen. Die Eingangszuständigkeit des LSG war eingeführt worden, weil es in den dort geregelten Verfahren vorwiegend um Rechtsfragen gehe, die die Beteiligten ohnehin durch ein Obergericht klären lassen wollten.[7] Davon sind die in § 155 Abs. 2 vorgesehenen Nebenentscheidungen ohnehin nicht betroffen. Die vom Gesetzgeber in § 29 Abs. 1 bis 4 SGG typisierend unterstellten komplexen Rechtsfragen und Sachverhalte machen es auch nicht notwendig, allgemein von der Anwendung des § 155 Abs. 3 (iVm Abs. 4) abzusehen. Es liegt in der Hand der Beteiligten, das notwendige Einverständnis zu erteilen, wenn sie die Entscheidung durch den Einzelrichter als angemessenen Rechtsschutz erachten (→ Rn. 19). Das BSG geht anders als die hier vertretene Auffassung (→ Rn. 19) zwar von einer weitergehenden Ermessensbindung bei der Entscheidung durch den Einzelrichter aus (→ Rn. 20). Auch dann lässt sich aber die Komplexität des konkreten erstinstanzlichen Verfahrens bei der Ermessensausübung im Einzelfall ausreichend berücksichtigten. Auf das Revisionsverfahren finden § 155 Abs. 2 bis 4 keine Anwendung (§ 165 S. 2 SGG). Eine entsprechende Anwendung des § 155 Abs. 4 ordnet § 73 a Abs. 7 SGG für die Entscheidungsbefugnisse des Vorsitzenden im Rahmen der Übertragung von PKH-Entscheidungen auf den Urkundsbeamten der Geschäftsstelle an.

II. Senatsinterner Mitwirkungsplan

5 Die Geschäftsverteilung innerhalb des Senats, die Mitwirkung der Mitglieder an den Verfahren, erfolgt nach § 6; § 21 g Abs. 1 und 2 GVG idF d. G. v. 22.12.1999 (BGBl. 1999 I 2598) durch **Beschluss** aller dem Spruchkörper angehörender Berufsrichter. Gleichwohl soll zwischen dem internen Mitwirkungsplan des Spruchkörpers und der Ernennung des Berichterstatters zu unterscheiden und der Vorsitzende weiterhin in der Ernennung des Berichterstatters frei sein, sofern die Sitzgruppe davon nicht betroffen wird.[8] Die Bestellung des Berichterstatters durch den Vorsitzenden nach Abs. 1 Satz 2 aF wurde zum 2.1.2002 gestrichen (→ Rn. 1). Nach § 21 g Abs. 2 GVG ist die Mitwirkung der Senatsmitglieder an den Verfahren **vor Beginn des Geschäftsjahres für dessen Dauer** nach „Grundsätzen" (abstrakt-generellen Merkmalen) festzulegen. Das folgt aus dem rechtsstaatlichen Anspruch der Beteiligten auf den gesetzlichen Richter, der die Auswahl des zur Mitwirkung berufenen Richters von Fall zu Fall ausschließt und eine **normative, abstrakt-generelle Vorherbestimmung** erfor-

5 LSG Bln-Bbg 5.3.2008 – L 14 B 133/08 AS ER, juris; LSG BW 7.2.2007 – L 13 AS 68/07 PKH-B, juris; Keller in Meyer-Ladewig/Keller/Leitherer/Schmidt § 155 Rn. 6; Zeihe § 155 Rn. 10 b; VGH BW 21.11.2006 – 11 S 1918/06, juris zu § 87 a VwGO.
6 Wie hier Keller in Meyer-Ladewig/Keller/Leitherer/Schmidt § 155 Rn. 6.
7 BR-Drs. 820/07, 17.
8 BVerfG 8.4.1997 – 1 PbvU 1/95, BVerfGE 95, 322 (331); BGH (VGS) 5.5.1994 – VGS 1-4/93, BGHZ 126, 63 (79); Kissel/Mayer § 21 g Rn. 41.

dert.[9] Dem Satz „einen gesetzlichen Berichterstatter gibt es nicht“[10] ist für das Berufungsverfahren der Sozialgerichtsbarkeit auch wegen der eigenständigen Entscheidungskompetenz des Berichterstatters nach Abs. 4 zu widersprechen.[11] Gerade wegen seiner Kompetenz nach Abs. 4 kommt der Bestellung des Berichterstatters unabhängig von einer Überbesetzung des Senats Bedeutung für die Bestimmung des gesetzlichen Richters zu. Darüber hatte das BVerfG nicht zu befinden; es ergibt sich jedoch aus den Ausführungen des BVerfG.[12] Eine senatsinterne Geschäftsverteilung, nach der dem Senat oder dem Vorsitzenden vorbehalten ist, im Einzelfall den Mitberichterstatter zum Berichterstatter zu ernennen, ist für das Berufungsverfahren auch dann nicht statthaft, wenn der an sich vorgesehene Berichterstatter als Mitberichterstatter an der Sache beteiligt bleibt. Wegen der **Zuständigkeit des Spruchkörpers** insgesamt für die interne Geschäftsverteilung des Senats ist eine Delegation an den Vorsitzenden zur Bestellung des Berichterstatters im Einzelfall ohnehin unzulässig. Deshalb hat der Mitwirkungsplan des Spruchkörpers auch die Bestimmung des Berichterstatters zu umfassen.

III. Übertragung von Aufgaben des Vorsitzenden – Abs. 1

1. Übertragungskompetenz. Zum Verständnis der Regelungen ist zwischen der Bestellung zum Berichterstatter und der Übertragung der Aufgaben des Vorsitzenden zu unterscheiden.[13] Allein Letztere regelt Abs. 1. Die Bestellung zum Berichterstatter erfolgt mit der Geschäftsverteilung durch Beschluss des Senats nach § 21 g GVG. In der Praxis überträgt der Vorsitzende die in Abs. 1 abschließend aufgezählten Aufgaben in der Regel dem Berichterstatter. Diese Praxis allein entspricht der **zwingenden Regelung** des Gesetzes. Andernfalls würde die Geschäftsverteilung durch Beschluss der Mitglieder des Spruchkörpers verletzt (vgl. § 6 iVm § 21 g Abs. 1 GVG).[14] Trotz des Wortlautes („kann“) ist die Übertragung von Aufgaben weder von einem Entschließungsermessen („ob“) noch von einem Auswahlermessen (beauftragter Richter oder Berichterstatter) abhängig. Anderes widerspräche Verfassungs- und Gerichtsverfassungsrecht (→ Rn. 5). Der Übertragung von Aufgaben durch den Vorsitzenden kommt nur noch deklaratorische Bedeutung zu. Der Vorsitzende kann sich deshalb die Übertragung von Aufgaben nicht vorbehalten. Er darf daher nicht die Aufgaben nach Abs. 1 in der Handbehalten, selbst die Entscheidungsreife (aus seiner Sicht) herbeiführen und erst dann dem Berichterstatter zum Abfassen des Votums übertragen. Andererseits darf der Vorsitzende, der selbst zum Berichterstatter bestellt ist, seine Aufgaben nach Abs. 1 nicht auf einen anderen senatsangehörigen Berufsrichter übertragen.[15] Auch der **Entzug der Aufgaben** durch den Vorsitzenden ist demnach nicht möglich.[16] Das BSG hat mit Hinweis auf § 21 g 6

9 BVerfG 8.4.1997 – 1 PBvU 1/95, BVerfGE 95, 322 (329); BSG 25.10.1995 – 5/4 RA 109/94, SozR 3-1500 § 155 Nr. 2; BSG 23.8.2007 – 4 RS 2/06 R, SozR 4-1500 § 155 Nr. 1; BGH 8.1.2009 – 5 StR 537/08, NJW 2009, 931 f.
10 Kissel/Mayer § 21 g Rn. 41.
11 Vgl. BSG 25.10.1995 – 5/4 RA 109/94, SozR 3-1500 § 155 Nr. 2; Fichte SGb 1996, 93 (95).
12 BVerfG 8.4.1997 – 1 PbvU 1/95, BVerfGE 95, 322 (331).
13 Frehse in Jansen § 155 Rn. 3.
14 BSG 25.10.1995 – 5/4 RA 109/94, SozR 3-1500 § 155 Nr. 2.
15 Keller in Meyer-Ladewig/Keller/Leitherer/Schmidt § 155 Rn. 3.
16 So aber noch BSG 9.2.1956 – 1 RA 57/55, BSGE 2, 197 (199).

GVG zutreffend entschieden, ein Berichterstatter könne von seinen Aufgaben nur entlastet werden, wenn dies wegen Überlastung, ungenügender Auslastung, Wechsels oder dauernder Verhinderung von Senatsmitgliedern nötig sei.[17] Zuständig dafür ist nicht der Vorsitzende, sondern der Senat als für die Geschäftsverteilung berufenes Organ, der eine sachgerechte Regelung in abstrakt-genereller Weise zu treffen hat. Vertretbar sind allenfalls Eingangsverfügungen des Vorsitzenden (zB Übersendung der Berufung und Fristsetzung für die Berufungsbegründung oder -erwiderung); nicht aber Entscheidungen, soweit sie ihm nicht zB nach § 155 Abs. 2; § 138 Abs. 2 oder § 199 Abs. 2 ausdrücklich vom Gesetz vorbehalten sind.[18]

7 **2. Übertragbare Aufgaben.** Die übertragbaren Aufgaben sind in Abs. 1 abschließend genannt. Bei sonstigen Aufgaben ist eine Übertragung nicht statthaft. Insoweit ist und bleibt der Vorsitzende gesetzlicher Richter. Im Falle seiner Verhinderung hat nicht der Berichterstatter, sondern der durch den Geschäftsverteilungsplan des Gerichts bestellte Vertreter tätig zu werden. Bei den auf andere Berufsrichter – das können nur die jeweiligen Berichterstatter sein – übertragbaren Aufgaben des Vorsitzenden handelt es sich um:

- Die Übersendung der Berufungsschrift (und der vorbereitenden Schriftsätze) einschließlich der Fristsetzung für die schriftliche Berufungserwiderung und den Hinweis, dass das Gericht auch bei Säumnis verhandeln und entscheiden könne (§ 104);
- Hinweise zur Beseitigung von Formfehlern, Ergänzung ungenügenden tatsächlichen Vorbringens, Abgabe von wesentlichen Erklärungen und Hinwirken auf sachdienliche Anträge (§ 106 Abs. 1);
- Maßnahmen im vorbereitenden Verfahren (→ Rn. 8, 10) mit dem Ziel, die Spruchreife herbeizuführen und den Rechtsstreit möglichst in einer mündlichen Verhandlung zu erledigen (§ 106 Abs. 2–4); hierzu gehören insbesondere:
  - Beweisaufnahme (→ Rn. 8),
  - Beiladung,
  - Durchführung von Erörterungsterminen;
  - Festsetzung von Ordnungsgeldern im Zusammenhang mit der Beweisaufnahme und der Durchführung von Erörterungsterminen;
- Fristsetzungen mit Präklusionshinweis (§ 106 a);
- Mitteilung von Beweisergebnissen (§ 107);
- Entscheidungen über die Versagung oder Beschränkung von Akteneinsicht (§ 120 Abs. 3).

8 **3. Beweisaufnahme.** Die Beweisaufnahme durch den Vorsitzenden oder Berichterstatter (→ Rn. 7) verletzt nicht den **Grundsatz der Unmittelbarkeit**, weil § 155 Abs. 1 iVm § 106 Abs. 2 bis 4 dies ausdrücklich vorsieht.[19] Der Vorsitzende oder Berichterstatter kann Unterlagen, insbesondere ärztliche, und Urkunden beiziehen, Auskünfte jeder Art einholen, Zeugen und Sachverständige vernehmen (§ 155 Abs. 1 iVm § 106 Abs. 3 Nr. 1 bis 4 SGG) sowie die Einnahme von Augenschein oder die Begutachtung durch Sachverständige anordnen (§ 106 Abs. 3 Nr. 5 SGG). Allerdings besteht die Möglichkeit, eine Beweisaufnahme

17 BSG 25.10.1995 – 5/4 RA 109/94, SozR 3-1500 § 155 Nr. 2.
18 Keller in Meyer-Ladewig/Keller/Leitherer/Schmidt § 155 Rn. 3.
19 BSG 8.12.1988 – 2 BU 52/88, juris.

von vornherein vor dem Senat durchzuführen oder zu wiederholen.[20] Soweit es auf die Glaubwürdigkeit des Zeugen/Sachverständigen ankommt, muss die Beweisaufnahme durch den Senat erfolgen. Lehnt der Vorsitzende (in seiner Funktion als Berichterstatter) oder Berichterstatter eine Beweisaufnahme, zB eine Zeugenvernehmung oder Anordnung einer Begutachtung, ab, bezieht sich diese Ablehnung nur auf das vorbereitende Verfahren. Zwar enthält § 155 Abs. 1 im Gegensatz zu Abs. 2 nicht ausdrücklich die **Beschränkung auf das vorbereitende Verfahren**, sie ergibt sich aber aus § 106 Abs. 3 SGG. Die dort vorgesehenen Maßnahmen dienen dem Zweck des § 106 Abs. 2 SGG, also der Vorbereitung der mündlichen Verhandlung. Das Recht des Klägers, aufgrund der mündlichen Verhandlung eine Entscheidung des Gerichts bei voller Besetzung über prozesserhebliche Beweisanträge zu verlangen, bleibt unberührt. Wird ein Beweisantrag in der mündlichen Verhandlung aufrechterhalten, hat der Senat hierüber ohne Bindung an die vorherige Ablehnung des Vorsitzenden oder Berichterstatters nochmals zu entscheiden.[21] Lediglich im Rahmen des § 155 Abs. 1 iVm § 106 a Abs. 3 SGG kann der Vorsitzende oder Berichterstatter die Voraussetzungen für einen Ausschluss von Beweismitteln schaffen; über die Präklusion entscheidet aber auch insoweit der Senat. Im Rahmen des § 155 Abs. 1 iVm § 106 Abs. 3 Nr. 5 SGG entscheidet der Vorsitzende (in seiner Funktion als Berichterstatter) oder Berichterstatter auch über die Einholung eines Gutachtens auf Antrag nach § 109 SGG. Zwar wird diese Vorschrift in der Aufzählung des § 155 Abs. 1 nicht genannt. Es handelt sich dabei aber nur um einen besonders geregelten Fall der Anordnung einer Begutachtung iSd § 106 Abs. 3 Nr. 5 SGG. Der Vorsitzende oder Berichterstatter hat vor der Entscheidung die Voraussetzungen des § 109 SGG zu prüfen und ist daher auch berechtigt, den Antrag abzulehnen.[22] Auch hier muss der Senat aber selbst entscheiden, wenn der Antrag in der mündlichen Verhandlung aufrechterhalten wird. Zur Entscheidung über die Kostenübernahme für ein Gutachten nach § 109 SGG → Rn. 14.

4. Richterliche Handlungen nach Abs. 1. Maßnahmen des Vorsitzenden oder 9
Berichterstatters nach § 155 Abs. 1 stellen in der Regel prozessleitende Verfügungen dar, die nach § 172 Abs. 2 SGG nicht anfechtbar sind. Da es sich um Aufgaben des Vorsitzenden oder Berichterstatters handelt, kann gegen sie auch nicht der Senat angerufen werden (zur Entscheidung über einen aufrechterhaltenen Beweisantrag → Rn. 8). Soweit der Vorsitzende oder Berichterstatter eigenständige Beschlüsse erlässt (zB Festsetzung von Ordnungsgeld im Zusammenhang mit Erörterungsterminen oder Beweisanordnungen), gilt der Beschwerdeausschluss nach § 177 SGG. Ergreift ein Mitglied des Senats Maßnahmen nach Abs. 1, ohne der vom Senat berufene Berichterstatter zu sein, so kann sein Vorgehen einen wesentlichen Verfahrensmangel begründen.[23]

20 BSG 8.12.1988 – 2 BU 52/88, juris; vgl. auch §§ 106 Abs. 4, 118 Abs. 1; § 355 ZPO.
21 BSG 26.8.1965 – 9 RV 1078/62, SozR Nr. 33 zu § 109 SGG.
22 BSG 26.8.1965 – 9 RV 1078/62, SozR Nr. 33 zu § 109 SGG.
23 BSG 9.2.1956 – 1 RA 57/55, BSGE 2 197; aus BSG 19.9.1991 – 6 Rka 8/91, SozR 3-150 § 160 a Nr. 5 lässt sich Gegenteiliges nicht entnehmen, weil die Entscheidung die Darlegung der Kausalität einer Rechtsverletzung für den Prozessausgang betrifft.

IV. Einzelrichterentscheidung im vorbereitenden Verfahren – Abs. 2

10 **1. Vorbereitendes Verfahren.** Der **Begriff** des vorbereitenden Verfahrens ist im Gesetz selbst nicht festgelegt.[24] Er ist auf die mündliche Verhandlung bezogen (§ 106 Abs. 2). Aus der Natur der Sache und den Materialien ergibt sich, dass dazu „Entscheidungen" nicht gehören, „die aufgrund einer mündlichen Verhandlung oder im Zusammenhang mit einer von dem Senat erlassenen Entscheidung ergehen".[25] Das heißt: Entscheidungen in der Sache (Urteile, Beschlüsse nach § 153 Abs. 4 oder § 158) gehören nicht zum vorbereitenden Verfahren. Für diese Entscheidungen stellt sich die Frage nach dem Ende des vorbereitenden Verfahrens ohnehin nicht, zumal sie nicht in den Katalog der Nr. 1–5 aufgenommen sind. Auch die dort genannten Entscheidungen sind aber vom Senat zu treffen, wenn sie in der mündlichen Verhandlung ergehen. Das vorbereitende Verfahren erfasst somit den Verfahrensabschnitt, der der mündlichen Verhandlung vorausgeht. Es endet mit Beginn des Termins zur mündlichen Verhandlung, in der die Entscheidung ergehen soll. In Fällen der Entscheidung ohne mündliche Verhandlung (§§ 124 Abs. 2, 126, 142, 153 Abs. 4, 158 SGG) ist maßgeblich der Beratungsbeginn in der zur Entscheidung berufenen Besetzung.[26] Unerheblich ist, ob es überhaupt zu einer mündlichen Verhandlung oder einer Hauptsacheentscheidung kommt. Erledigt sich die Sache vor der mündlichen Verhandlung ohne Entscheidung, verbleibt die Sache im vorbereitenden Verfahren (vgl. § 155 Abs. 2 S. 1 Nr. 2 und 3).[27] Kommt es in der mündlichen Verhandlung oder bei Befassen des Senats mit der Sache im schriftlichen Verfahren nicht zu einer Verfahrensbeendigung (zB Vertagung), fällt die Sache in das vorbereitende Verfahren zurück.[28] Trifft der Senat die abschließende Hauptsacheentscheidung[29] oder erledigt sich der Rechtsstreit in der mündlichen Verhandlung anderweitig[30] (zB Rücknahme, Vergleich, angenommenes Anerkenntnis), sind die in § 155 Abs. 2 genannten Entscheidungen vom Senat zu treffen. Dies ist sinnvoll, da die anderweitige Erledigung wie die Hauptsacheentscheidung Ausfluss des Ergebnisses der mündlichen Verhandlung ist.

11 **2. Einzelrichterkompetenzen.** § 155 Abs. 2 S. 1 regelt für das vorbereitende Verfahren eine verbindliche Zuständigkeit des Vorsitzenden oder des Berichterstatters (Abs. 4) für die abschließend aufgezählten Entscheidungen. Eine Entscheidung des gesamten Senats ist in diesen Fällen nicht möglich und stellte einen Verstoß gegen den gesetzlichen Richter dar. Die Entscheidungen des Vorsitzenden oder Berichterstatters sind nach § 177 SGG grundsätzlich nicht anfechtbar und der Rechtskraft fähig (§ 141 SGG). Die in Abs. 2 S. 1 genannten **Entscheidungen** sind idR **von untergeordneter Bedeutung,** so dass die Entscheidung durch den **Einzelrichter** gerechtfertigt erscheint. Sie sind nicht dem Vorsitzenden vorbehalten, sondern wegen Abs. 4 von dem regelmäßig nach § 21 g GVG vom Senat bestellten **Berichterstatter** zu treffen; der Vorsitzende ist mithin nur gesetz-

---

24 BSG 22.4.1955 – GS 1/55, BSGE 1, 1 ff.: Dreigliedrigkeit des Verfahrens (vorbereitendes Verfahren, Sitzung des Gerichts, der Sitzung nachfolgender Verfahrensabschnitt).
25 BT-Drs. 12/1217, 53.
26 Keller in Meyer-Ladewig/Keller/Leitherer/Schmidt § 155 Rn. 8.
27 LSG BW 26.3.1993 – L 4 Kr 1200/90, juris.
28 Keller in Meyer-Ladewig/Keller/Leitherer/Schmidt § 155 Rn. 8.
29 Keller in Meyer-Ladewig/Keller/Leitherer/Schmidt § 155 Rn. 8; aA LSG Saarl 29.6.2011 – L 2 U 99/05, juris.
30 Wie hier BVerwG 29.12.2004 – 9 KSt 6/04, NVwZ 2005, 466; aA Keller in Meyer-Ladewig/Keller/Leitherer/Schmidt § 155 Rn. 8.

licher Richter, wenn der Senat ein Berichterstatterdezernat für den Vorsitzenden bestimmt hat (→ Rn. 22).[31] Auch § 106 Abs. 2 ist nicht einschlägig, weil es sich nicht um Maßnahmen handelt, die eine Entscheidung in der mündlichen Verhandlung vorbereiten.

Nr. 1 erfasst die Entscheidung über das Ruhen (§ 251 ZPO iVm § 202 SGG) 12
und die Aussetzung des Verfahrens (§ 114 SGG). Die Aussetzung des Verfahrens im Zusammenhang mit einer Vorlage an das BVerfG nach Art. 100 Abs. 1 GG ist dem Senat vorbehalten;[32] die Entscheidung über die Aussetzung lässt sich nicht sinnvoll vom Beschluss über die Vorlage trennen. Mangels Nennung in § 155 Abs. 2 unterfällt die Verbindung und Trennung von Verfahren nach § 113 SGG nicht der Entscheidungsbefugnis des Vorsitzenden oder Berichterstatters.

Die Fälle der **Nr. 2 und 3** erfassen erledigende Prozesshandlungen, die eine ge- 13
richtliche Entscheidung in der Hauptsache erübrigen. Die Ermächtigung bezieht sich auf die nach Erledigung in der Hauptsache noch offenen Nebenentscheidungen. Erfasst sind die ohnehin nur **deklaratorischen Entscheidungen** über die Einstellung des Verfahrens nach Klagerücknahme und Feststellung der Berufungsrücknahme aufgrund der Fiktionswirkung (→ § 102 Rn. 26 und → § 156 Rn. 15), die **Kostenentscheidung** nach § 193 Abs. 1 Satz 2 oder § 197 a SGG und nicht behandelte Anträge auf Prozesskostenhilfe. Die Ermächtigung zur Entscheidung über Anträge auf **Prozesskostenhilfe** ist wie der Zusammenhang und die Materialien[33] ergeben, auf **nach Erledigung der Hauptsache** noch anhängige Prozesskostenhilfeanträge begrenzt. Auf noch anhängige Beschwerdeverfahren über Prozesskostenhilfe für die erste Instanz ist die Vorschrift nicht anzuwenden.[34] Bei Streit über die Wirksamkeit eines Erledigungsgrundes ist das Verfahren in der Hauptsache zu diesem Punkt fortzusetzen. Wegen der Kostenentscheidung bedürfte es der Aufnahme der Nummern 2 und 3 nicht, weil zu diesem Punkt nach Nr. 5 eine allgemeine Entscheidungskompetenz des Vorsitzenden im vorbereitenden Verfahren begründet ist.

Nr. 4 erfasst die Entscheidung über die vorläufige und endgültige Streitwertfest- 14
setzung in gerichtskostenpflichtigen Verfahren (§ 197 a SGG). Nicht erfasst sind Beschwerden gegen die Streitwertfestungsbeschlüsse des SG nach § 68 GKG. Ob die in § 68 Abs. 1 S. 5 iVm § 66 Abs. 6 GKG hierfür vorgesehene Einzelrichterentscheidung auch für die Sozialgerichtsbarkeit gilt, ist sehr umstritten.[35] Der Begriff der Kosten in **Nr. 5** ist weit zu verstehen. Umfasst werden auch die Kosten einer Begutachtung nach § 109 SGG[36] und die Auferlegung von Verschuldens- und Missbrauchskosten nach § 192 Abs. 1 SGG.[37] Dies gilt jeweils nicht für Beschwerdeentscheidungen über entsprechende Entscheidungen durch das SG.

---

31 Keller in Meyer-Ladewig/Keller/Leitherer/Schmidt § 155 Rn. 5; Frehse in Jansen § 155; Knecht in Breitkreuz/Fichte § 155 Rn. 19; Krasney/Udsching VIII Rn. 67 f.
32 Keller in Meyer-Ladewig/Keller/Leitherer/Schmidt § 155 Rn. 9 a.
33 BT-Drs. 15/1508, 29.
34 LSG BW 7.2.2007 – L 13 AS 68/07 PKH-B, juris.
35 Bejahend ThürLSG 10.12.2010 – L 6 KR 972/10 B; LSG NRW 1.4.2009 – L 10 B 42/08 P; LSG BW 16.12.2008 – L 10 R 5747/08 W-B; SächsLSG 9.7.2008 – L 1 B 351/07 KR, alle juris; aA LSG LSA 18.3.2013 – L 4 KR 104/12 B; LSG NRW 17.12.2009 – L 11 B 7/09 KA und 21.9.2012 – L 11 KA 54/11 B; LSG Bln-Bbg 23.2.2010 – L 22 R 963/09 und 5.10.2011 – L 27 P 23/11 B, alle juris.
36 LSG Saarl 29.6.2011 – L 2 U 99/05, juris.
37 LSG Brem 30.8.2001 – L 2 RA 9/01, juris.

15 **3. Einstweiliger Rechtsschutz.** Die Regelung des Satzes 2 erklärt sich aus der **Funktion des einstweiligen Rechtsschutzes,** durch vorläufige Sofortmaßnahmen Rechte zu wahren oder Nachteile zu vermeiden. Es handelt sich um eine Ausnahmevorschrift, die wegen der Gewährleistung des gesetzlichen Richters (Art. 101 Abs. 1 Satz 2 GG) eine einzelfallbezogene und zurückhaltende Anwendung erforderlich macht.[38] Die Entscheidungsbefugnis des Vorsitzenden oder Berichterstatters gilt nur für originäre Anträge auf einstweiligen Rechtsschutz; über Beschwerden gegen Beschlüsse des SG hat der Senat zu entscheiden.[39] Dies ergibt sich aus Wortlaut („Antrag", nicht Beschwerde) und systematischer Stellung der Ermächtigungsnorm. Ein **dringender Fall** ist gegeben, wenn bis zu einer Entscheidung des Senats eine „Gefahr für die Verwirklichung eines Rechts" oder „wesentliche Nachteile" im Sinne des § 86 b einträten. Entscheidend ist also, dass die abzuwendende Gefahr bzw. die wesentlichen Nachteile gerade bei dem Zeitverlust bis zu einer Entscheidung durch den gesamten Senat entstehen.[40] Die Konkretisierung im Einzelfall wird sich an dem Gebot effektiven Rechtsschutzes (Art. 19 Abs. 4 GG) zu orientieren haben. So nimmt die Praxis einen dringenden Fall an, wenn die Entscheidung des Senats „erhebliche Zeit in Anspruch nähme";[41] nicht dagegen, wenn eine Gefahr für die Rechtsverwirklichung erst in „zwei Monaten" absehbar ist.[42] Ein dringender Fall ist jedenfalls nicht gegeben, wenn die Entscheidung gegen den Antragsteller ausfallen müsste.[43] Soweit für den dringenden Fall eine – über die im einstweiligen Rechtsschutz ohnehin erforderliche – weitergehende Dringlichkeit gefordert wird,[44] bleibt offen, an welchem Maßstab sich die besondere Dringlichkeit feststellen lassen sollte. Die Ausrichtung an der Effektivität des Rechtsschutzes, der betroffenen Rechtsgüter, der Schwere und Tragweite des Eingriffs und eine Abwägung zwischen Individualrechten und Gemeinwohl dürften hinreichende Anhaltspunkte für die Beurteilung der Dringlichkeit im Einzelfall abgeben.[45] Wesentliche Bedeutung kommt der Befugnis in der Praxis danach nicht zu.

16 **4. Hängebeschluss.** Bei Schwierigkeit der Sach- und Rechtslage oder umfangreichem Aktenmaterial kann sich im Verfahren des einstweiligen Rechtsschutzes der Erlass einer Zwischenentscheidung (sog Hängebeschluss) durch den Vorsitzenden und die unverzügliche Nachholung der Entscheidung durch den Senat empfehlen (→ § 86 b Rn. 68).

V. Entscheidung des Einzelrichters im Einverständnis – Abs. 3

17 **1. Konsentierter Einzelrichter.** Mit Einverständnis der Beteiligten kann (zum Ermessen → Rn. 19) kann der Vorsitzende (Abs. 3) oder Berichterstatter (Abs. 3 und 4) „auch sonst anstelle des Senats" entscheiden (sog konsentierter Einzelrichter). Diese Befugnis steht – bei Einverständnis der Beteiligten – nur dem durch senatsinternen Mitwirkungsplan bestimmten Berichterstatter zu (→

38 BVerfG 28.9.2017 – 1 BvR 1510/17, NZS 2018, 321: stattgebender Kammerbeschluss.
39 Sommer in Roos/Wahrendorf § 155 Rn. 18; Zeihe § 155 Rn. 19 e; aA LSG Bln-Bbg 8.8.2014 – L 9 KR 133/14 B ER, juris.
40 BFH 14.4.2000 – V B 39/00, juris.
41 OLG Hmb 16.11.1995 – 11 W 60/95; OLG Karlsruhe 22.8.1988 – 6 W 103/88.
42 KG Berlin 20.4.1995 – KartW 2740/95.
43 KG 19.1.1979 – 21 W 249/79, MDR 1979, 590; OLG Frankfurt/M. 1.6.1979 – 17 W 16/79, VersR 1979, 943.
44 OLG Karlsruhe 15.4.1987 – 6 W 30/97; Reichhold in Thomas/Putzo § 937 Rn. 2.
45 Vgl. dazu Kopp/Schenke § 80 Rn. 96 mwN.

Rn. 5). Dieser verdrängt nach Abs. 4 den Vorsitzenden, der nicht parallel zum Berichterstatter nach Abs. 3 entscheidungsbefugt ist. Als konsentierter Einzelrichter kann der Vorsitzende nur entscheiden, wenn er nach dem senatsinternen Mitwirkungsplan zum Berichterstatter bestellt ist. Die Zuständigkeitsbestimmung zwischen Einzelrichter und Senat unterliegt dabei den Grundsätzen des gesetzlichen Richters nach Art. 101 Abs. 1 S. 1 GG (→ Rn. 5).[46] Der konsentierte Einzelrichter muss kein Richter am LSG, sondern kann auch – in Abordnung – ein Richter am SG sein.[47] Die Befugnis des konsentierten Einzelrichters umfasst alle Entscheidungen über die Fälle des § 155 Abs. 2 hinaus, gerade auch die Entscheidung in der Hauptsache durch Urteil. Dabei wirken die ehrenamtlichen Richter nicht mit (vgl. dagegen § 153 Abs. 5 SGG). Im Übrigen gelten die allgemeinen Regelungen. Das Urteil ergeht grundsätzlich aufgrund mündlicher Verhandlung (§ 124 Abs. 1 SGG), mit Einverständnis der Beteiligten (§ 124 Abs. 2 SGG) oder nach § 126 SGG ohne mündliche Verhandlung. Eine Entscheidung durch Beschluss nach § 153 Abs. 4 SGG kommt dagegen nicht in Betracht (str. → § 153 Rn. 34).[48] Zwar dienen § 153 Abs. 4 und § 155 Abs. 3 demselben Ziel der Straffung des Verfahrens und der Entlastung des LSG. Die in § 153 Abs. 4 SGG vorausgesetzte Einstimmigkeit, die notwendig einen Kollegialspruchkörper voraussetzt, soll sicherstellen, dass die mündliche Verhandlung als Kernstück des Berufungsverfahrens nur in Fällen entfällt, die von allen Mitgliedern des Spruchkörpers im Ergebnis einheitlich beurteilt werden (erhöhte Richtigkeitsgewähr). Die Möglichkeit des § 153 Abs. 5 SGG (Übertragung durch den Senat auf den Einzelrichter zur Entscheidung mit ehrenamtlichen Richtern) ist nicht lex specialis zum konsentierten Einzelrichter nach § 155 Abs. 3 und 4; beide Verfahrensweisen stehen gleichwertig nebeneinander.[49]

2. Voraussetzungen. Das Einverständnis ist – wie in § 124 Abs. 2 – durch schriftliche **Prozesshandlung** zu erklären, der die Erklärung zur Niederschrift des Gerichts gleichsteht (zur Schriftform → § 151 Rn. 14 ff.). Notwendig ist das Einverständnis aller Beteiligten, also auch der Beigeladenen.[50] Die Erklärung ist bis zur Herstellung des Einverständnisses aller Beteiligten widerruflich.[51] Sie muss klar, eindeutig und vorbehaltlos sein.[52] Das Einverständnis wird durch nachfolgende Prozesshandlungen des Gerichts oder der Beteiligten **verbraucht**, wenn diese mit einer wesentlichen Änderung der Prozesslage verbunden sind.[53] Das Einverständnis bezieht sich auf den für die Einzelentscheidung zuständigen („gesetzlichen") Richter (Vorsitzenden oder Berichterstatter), nicht auf die Person des Vorsitzenden oder Berichterstatters. Ein Richterwechsel ist deshalb keine wesentliche Änderung der Prozesslage. Ist ein Berichterstatter ernannt, ist der 18

46 BVerfG 8.4.1997 – 1 PBvU 1/95, BVerfGE 95, 322; BVerfG 2.6.2009 – 1 BvR 2295/08, NJW-RR 2010, 268.
47 BSG 10.2.2005 – B 4 RA 26/04 R, SozR 4-2600 § 58 Nr. 4.
48 Wie hier BVerwG 21.3.2000 – 9 C 39/99, BVerwGE 111, 69 zu §§ 87 a, 130 a VwGO; aA Keller in Meyer-Ladewig/Keller/Leitherer/Schmidt § 153 Rn. 14 a; Wagner in Hennig § 153 Rn. 72.
49 BSG 13.4.2011 – B 14 AS 123/10 B, juris.
50 BSG 30.3.2011 – B 12 KR 92/10 B, juris.
51 BGH 22.5.2001 – X ZR/00, BGHZ 147, 397 = NJW 2001, 2479.
52 BSG 13.2.2014 – B 4 AS 359/13 B, juris.
53 Zur wesentlichen Änderung der Prozesslage: BGH 19.10.1988 – IV b ZR 10/88, BGHZ 105, 270 (273) = NJW 1989, 229; BSG 6.10.1999 – B 1 KR 17/99 R, SozR 3-1500 § 124 Nr. 4 mwN.

Vorsitzende nicht gesetzlicher Richter für eine Entscheidung[54] und kann daher auch nicht mit Einverständnis der Beteiligten als Einzelrichter entscheiden.[55] Aus der Fassung des Abs. 4 folgt zwingend, dass den Beteiligten kein Wahlrecht zwischen der Entscheidung durch den Vorsitzenden oder den Berichterstatter zusteht. Eine Entscheidung des SG durch Gerichtsbescheid (§ 105 SGG) steht der Entscheidung durch den konsentierten Einzelrichter nicht entgegen.

19 **3. Ermessen.** Liegt das Einverständnis aller Beteiligten vor, **kann** der Vorsitzende bzw. der Berichterstatter anstelle des Senats entscheiden, muss es aber nicht. Ob er es tut, steht in seinem **Ermessen.**[56] Die Einräumung von Ermessen in Bezug auf die Besetzung des Spruchkörpers ist mit dem Grundsatz des gesetzlichen Richters in Art. 101 Abs. 1 S. 2 GG nicht unvereinbar;[57] auch anderer Stelle findet sich solches Ermessen (zB §§ 105, 153 Abs. 4 und 5, 158 S. 2 SGG mit der Folge des Ausschlusses ehrenamtlicher Richter von der Entscheidung). Bedenklich ist auch nicht das Fehlen von explizit aufgeführten Ermessenskriterien in § 155 Abs. 3.[58] Das Ermessen hat sich (wie sonst auch) am **Normzweck des § 155 Abs. 3** (Entlastung des LSG, Straffung des Verfahrens und die damit einhergehende Beschleunigung) auszurichten.[59] Danach ist die Aussetzung des Verfahrens und Vorlage an das BVerfG durch den Einzelrichter ermessensfehlerhaft, da eine Straffung des Verfahrens nicht erreicht wird.[60] Die in der Begründung des Gesetzentwurfs[61] angeführte Abwägung zwischen der Straffung des Verfahrens und dem Anspruch der Beteiligten auf einen „angemessenen Rechtsschutz" ist bereits durch den Gesetzgeber erfolgt: So hat er die zwingend durch den Einzelrichter erfolgenden Entscheidungen in § 155 Abs. 2 auf Nebenentscheidungen beschränkt. Die Entscheidung des Einzelrichters in der Hauptsache ist hingegen an das Einverständnis der Beteiligten gebunden. Der Gesetzgeber geht dabei davon aus, dass die Beteiligten am besten einschätzen können, ob ihnen der Einzelrichter „angemessenen Rechtsschutz" bietet. Der „angemessene Rechtsschutz" im Sinne einer höheren Richtigkeitsgewähr von Entscheidungen durch einen Kollegialspruchkörper ist daher kein Kriterium für die richterliche Ermessensausübung.[62] Die Bindung an den Willen der Beteiligten stellt auch keinen Verstoß gegen den Grundsatz des gesetzlichen Richters dar. Diese haben keinen Einfluss auf den konkret als Einzelrichter zuständig werdenden Richter. Denn die-

---

54 BSG 25.10.1995 – 5/4 RA 109/94, SozR 3-1500 § 155 Nr. 2.
55 AA wohl BSG 23.8.2007 – B 4 RS 2/06 R, SozR 4-1500 § 155 Nr. 1.
56 Eingehend dazu BSG 8.11.2007 – B 9/9 a SB 3/06 R, SozR 4-1500 § 155 Nr. 2 = BSGE 99, 189 und BSG 7.8.2014 – B 13 R 37/13 R, juris; ebenso BSG 18.5.2010 – B 7 AL 43/08 R, juris; Keller in Meyer-Ladewig/Keller/Leitherer/Schmidt § 155 Rn. 13; aA Lüdtke SGb 2008, 682 und hier in der 4. Auflage (Kompentez-Kann; mit Hinweis auf § 202 und §§ 348 Abs. 3, 348 a Abs. 2, 526 Abs. 2 ZPO); aA wohl auch BSG 23.8.2007 – B 4 RS 2/06 R, SozR 4-1500 § 155 Nr. 1.
57 BVerfG 5.5.1998 – 1 BvL 23/97, NJW 1999, 274; BVerfG 5.6.1998 – 2 BvL 2/97, BVerfGE 98, 145.
58 So aber BSG 8.11. 2007 – B 9/9 a SB 3/06 R, SozR 4-1500 § 155 Nr. 2 = BSGE 99, 189: „verfassungskonforme Auslegung".
59 BVerfG 5.5.1998 – 1 BvL 23/97, NJW 1999, 274.
60 BVerfG 5.5.1998 – 1 BvL 23/97, NJW 1999, 274.
61 BT-Drs. 12/1217, 53.
62 So aber BSG 8.11.2007 – B 9/9 a SB 3/06 R, SozR 4-1500 § 155 Nr. 2 = BSGE 99, 189; vgl. a. BVerfG 5.5.1998 – 1 BvL 23/97, NJW 1999, 274; anders BVerfG 2.6.2009 – 1 BvR 2295/08, NJW-RR 2010, 268: Das Kollegium kann nicht als besseres Gericht angesehen werden; allerdings zur gesetzlich ausdrücklich bestimmten Einzelrichterzuständigkeit.

ser wird durch den senatsinternen Mitwirkungsplan nach objektiven Kriterien bestimmt. Die Gefahr einer Manipulation durch den Einfluss auf die – abstrakte – Besetzung des Spruchkörpers (Senat oder Einzelrichter) ist theoretischer Natur, da das Einverständnis aller Beteiligten (mit widerstreitenden Interessen) erforderlich ist. Ein tatsächlicher Manipulationsversuch ließe sich ohnehin im Rahmen des Ermessens abwehren. Die Rechtsgedanken anderer Vorschriften über die Übertragung auf den Einzelrichter und die Rückübertragung auf den Kollegialspruchkörper (zB § 6 Abs. 1 und 3 VwGO, § 526 Abs. 1 und 2 ZPO, § 6 Abs. 1 und 3 FGO oder auch § 105 SGG) können im Rahmen des § 155 Abs. 3 nicht herangezogen werden. Sie sind ebenfalls Ergebnis der Abwägung des Gesetzgebers zwischen der Straffung und Beschleunigung des Verfahrens und dem Anspruch der Beteiligten auf „angemessenen Rechtsschutz“. Diese Regelungen unterscheiden sich aber von § 155 Abs. 3 (ebenso § 87 a Abs. 2 VwGO, § 79 a Abs. 3 FGO und § 527 Abs. 4 ZPO) entscheidend darin, dass die Übertragung auf den Einzelrichter dem Einfluss der Beteiligten entzogen ist, ihnen also aufgezwungen werden kann. Die dort zum Schutz der Beteiligten vorgesehenen Kautelen sind daher überflüssig, wenn die Beteiligten die Voraussetzungen für die Entscheidung durch den Einzelrichter selbst herbeiführen. Die Entscheidung durch den Einzelrichter nach § 155 Abs. 3 ist daher **nicht ermessensfehlerhaft**, auch wenn die Sache **besondere Schwierigkeiten** rechtlicher oder tatsächlicher Art aufweist, bei **grundsätzlicher Bedeutung**[63] oder **Divergenz**. Die Entscheidungsmacht des Einzelrichters beruht auf dem Einverständnis der Beteiligten und ist **prozessual unbeschränkt** (zur überwiegend abweichenden Rechtsprechung des BSG → Rn. 20).[64] Die Entscheidung durch den Einzelrichter ist daher in der Regel ermessensgerecht.

In der **Rechtsprechung des BSG**[65] wird (anders als hier vertreten, → Rn. 19) das Ermessen über die Entscheidung durch den Einzelrichter überwiegend an der Abwägung zwischen dem Zweck der „Straffung des Verfahrens“ und dem Anspruch der Beteiligten auf „angemessenen Rechtsschutz“ ausgerichtet. Ausgangspunkt sei, dass alle Gerichte der Sozialgerichtsbarkeit als Kollegialgerichte ausgestaltet seien, um die Qualität ihrer Rechtsprechung zu steigern. Der Entscheidung des Gesetzgebers, Kollegialgerichte einzurichten, liege die Annahme zugrunde, dass richterlichen Entscheidungen des Kollegiums eine höhere Richtigkeitsgewähr beizumessen sei. Die (ausnahmsweise mögliche) Verlagerung der Entscheidungskompetenz vom Kollegium auf den Vorsitzenden bzw. Berichterstatter sei auf die Vielzahl der Verfahren zugeschnitten, die insbesondere aus dem Grunde keine rechtlichen Schwierigkeiten aufwiesen, weil einer ständigen Rechtsprechung – auch des eigenen Senats – gefolgt werden solle. Eine Entscheidung durch den Vorsitzenden oder Berichterstatter komme bei Rechtssachen von **grundsätzlicher Bedeutung** oder im Fall einer **Divergenz** regelmäßig nicht in Betracht.[66] Dabei soll ein Ermessensfehler nicht nur dann vorliegen, wenn der 20

63 BSG 10.2.2005 – B 4 RA 26/04 R, SozR 4-2600 § 58 Nr. 4.

64 Wie hier BVerwG 4.9.2008 – 5 C 30/07, BVerwGE 132, 10 zu § 87 a VwGO.

65 Grundlegend BSG 8.11.2007 – B 9/9 a SB 3/06 R, SozR 4-1500 § 155 Nr. 2 = BSGE 99, 189 und BSG 7.8.2014 – B 13 R 37/13 R, juris; BSG 6.9.2018 – B 2 U 3/17 R, juris; ausdrücklich offengelassen BSG 12.12.2018 – B 6 KA 50/17 R, SozR 4-2500 § 95 Nr. 35.

66 BSG 8.11.2007 – B 9/9 a SB 3/06 R, SozR 4-1500 § 155 Nr. 2 = BSGE 99, 189; BSG 7.8.2014 – B 13 R 37/13 R, juris; aA BSG 10.2.2005 – B 4 RA 26/04 R, SozR 4-2600 § 58 Nr. 4.

Einzelrichter selbst von grundsätzlicher Bedeutung ausgeht (und deshalb die Revision zulässt), sondern schon dann, wenn deren Voraussetzungen objektiv vorlägen. Weiter gehend wurde ein Ermessensfehler schon dann angenommen, wenn es sich nicht um eine Sache ohne besondere Schwierigkeiten tatsächlicher oder rechtlicher Art (iSd § 105 SGG) handle.[67] Dagegen hat der 9. Senat zuletzt ausdrücklich offen gelassen, ob er an seiner Rechtsprechung in Zukunft uneingeschränkt festhalten will und jedenfalls keinen Grund für deren Ausdehnung auf nur tatsächlich nicht einfach gelagerte Fälle gesehen.[68] Kein Ermessensfehler soll vorliegen, wenn einer ständigen Rechtsprechung gefolgt werden soll oder sich der Einzelrichter auf eine vorhandene, verfahrensfehlerfrei in vollständiger Senatsbesetzung getroffene Leitentscheidung oder bereits beim BSG anhängige Parallelfälle bezieht[69] oder der Sache keine nennenswerte Breitenwirkung beimisst und die Beteiligten ihr Einverständnis mit einer Einzelrichterentscheidung auch für den Fall der Zulassung der Revision erklärt haben.[70]

21 Eine Entscheidung des konsentierten Einzelrichters, ohne dass die Voraussetzungen des § 155 Abs. 3 vorliegen, stellt einen Verfahrensmangel dar (absoluter Revisionsgrund nach § 547 Nr. 1 ZPO iVm § 202 SGG), auf den die Nichtzulassungsbeschwerde gestützt werden kann.[71] Im Revisionsverfahren ist er – anders als ein Fehler bei der konkreten personellen Besetzung der Richterbank – ohne Rüge von Amts wegen zu beachten.[72] Im Revisionsverfahren kann aber von einer Zurückverweisung abgesehen und durchentschieden werden, wenn feststeht, dass der Rechtsstreit in einer ganz bestimmten Weise zu entscheiden ist.[73] Die Zulassung der Revision durch den Einzelrichter ist wirksam, auch wenn die Voraussetzungen des § 155 Abs. 3 nicht vorlagen.[74]

22 **4. Vorsitzender als Berichterstatter.** Da der Berichterstatter vor Beginn des Geschäftsjahrs für dessen Dauer – also vorab – nach abstrakten Merkmalen als gesetzlicher Richter zu bestimmen ist,[75] kommen Entscheidungen des Vorsitzenden nach Abs. 2 und 3 nur noch in Betracht, wenn der senatsinterne Mitwirkungsplan nach § 21 g GVG ein **„Berichterstatterdezernat" für den Vorsitzenden** vorsieht (→ Rn. 5, 6, 11). Andernfalls ergibt sich aus Abs. 4 ein gesetzlicher Ausschluss von Entscheidungen des Vorsitzenden als Einzelrichter.[76]

VI. Entscheidung des Berichterstatters – Abs. 4

23 Der Berichterstatter tritt sowohl in den Fällen der zwingenden Einzelrichterentscheidung (Abs. 2) als auch in den Fällen der konsentierten Einzelrichterentscheidung (Abs. 3) als **gesetzlicher Richter** an die Stelle des Vorsitzenden. Deshalb können dem Berichterstatter die ihm zufallenden Aufgaben auch nicht im

67 BSG 18.5.2010 – B 7 AL 43/08 R, juris.
68 BSG 29.6.2015 – B 9 V 45/14 B, juris.
69 BSG 2.5.2012 – B 11 AL 18/11 R, SozR 4-4300 § 144 Nr. 24.
70 BSG 3.12.2009 – B 11 AL 38/08 R, SozR 4-4300 § 53 Nr. 4.
71 Keller in Meyer-Ladewig/Keller/Leitherer/Schmidt § 155 Rn. 14.
72 BSG 8.11.2007 – B 9/9 a SB 3/06 R, SozR 4-1500 § 155 Nr. 2 zum Ermessensfehler; BSG 23.8.2007 – B 4 RS 2/06 R, SozR 4-1500 § 155 Nr. 1 zum fehlenden Einverständnis; BGH 13.3.2003 – IX ZB 134/02, BGHZ 154, 200; aA Lüdtke SGb 2008, 682.
73 BSG 25.6.2009 – B 3 KR 2/08 R, SozR 4-2500 § 33 Nr. 24.
74 BSG 23.8.2007 – B 4 RS 2/06 R, SozR 4-1500 § 155 Nr. 1; BVerwG 28.9.2004 – 1 C 10.03, BVerwGE 122, 94.
75 BSG 25.10.1995 – 5/4 RA 109/94, SozR 3-1500 § 155 Nr. 2.
76 BSG 25.10.1995 – 5/4 RA 109/94, SozR 3-1500 § 155 Nr. 2.

Einzelfall entzogen werden, ohne dass ausreichende Gründe für eine abstrakt-generelle Änderung der Geschäftsverteilung vorliegen (→ Rn. 5).[77] Gegen Entscheidungen des Berichterstatters als Einzelrichters kann daher auch nicht der Senat angerufen werden (zu richterlichen Maßnahmen nach Abs. 1 → Rn. 9). Beschlüsse nach Abs. 2 sind nach § 177 SGG nicht mit der Beschwerde anfechtbar. Hauptsacheentscheidungen nach Abs. 3 iVm Abs. 4 unterliegen den normalen Rechtsmitteln (Nichtzulassungsbeschwerde oder Revision). Eine Mitteilung der Bestellung eines Berufsrichters zum Berichterstatter an die Beteiligten ist im SGG nicht vorgesehen.[78] Da ihm regelmäßig die Aufgaben nach Abs. 1 übertragen sind, hat er weitgehende Möglichkeiten zur Gestaltung des Verfahrens, mit denen er das Vertrauen der Beteiligten für ein Einverständnis zur Einzelrichterentscheidung erwerben kann. Es kann zweckmäßig sein, das Verfahren zu konturieren, insbesondere durch eine Schlussverfügung eine Zäsur zwischen vorbereitendem Verfahren und Entscheidung zu ziehen. Sie könnte zB Hinweise darauf enthalten, dass weitere Ermittlungen von Amts wegen nicht mehr vorgesehen sind, dass ein Gutachten nach § 109 in Betracht kommt und ein Kostenvorschuss Voraussetzung für die Einholung eines solchen Gutachtens erforderlich ist und von welcher Fassung der Anträge das Gericht ausgeht. Im Hinblick auf § 109 Abs. 2 kommt auch eine Fristsetzung für den Antrag in Betracht, um nicht erst in der mündlichen Verhandlung einem solchen Antrag ausgesetzt zu sein.

§ 156 [Berufungsrücknahme]

(1) [1]Die Berufung kann bis zur Rechtskraft des Urteils oder des nach § 153 Abs. 4 oder § 158 Satz 2 ergangenen Beschlusses zurückgenommen werden. [2]Die Zurücknahme nach Schluss der mündlichen Verhandlung setzt die Einwilligung des Berufungsbeklagten voraus.

(2) [1]Die Berufung gilt als zurückgenommen, wenn der Berufungskläger das Verfahren trotz Aufforderung des Gerichts länger als drei Monate nicht betreibt. [2]Der Berufungskläger ist in der Aufforderung auf die Rechtsfolgen hinzuweisen, die sich aus Satz 1 und gegebenenfalls aus § 197 a Absatz 1 Satz 1 in Verbindung mit § 155 Absatz 2 der Verwaltungsgerichtsordnung ergeben. [3]Das Gericht stellt durch Beschluss fest, dass die Berufung als zurückgenommen gilt.

(3) [1]Die Zurücknahme bewirkt den Verlust des Rechtsmittels. [2]Über die Kosten entscheidet das Gericht auf Antrag durch Beschluß.

77 BSG 25.10.1995 – 5/4 RA 109/94, SozR 3-1500 § 155 Nr. 2.
78 BSG 5.2.1998 – 10 BAr 11/87, juris.

I. Allgemeines/Normzweck

1 § 156 Abs. 1 gilt idF d. Art. 1 Nr. 53 nach Maßgabe d. Art. 17 6. SGGÄndG v. 17.8.2001 (BGBl. 2001 I 2144) mWv 2.1.2002; → Rn. 8 u. 9. Abs. 2 wurde durch das 4. SGBIV-ÄndG v. 22.12.2011 (BGBl. 2011 I 3057) mWv 1.1.2012 neu eingefügt. Der bisherige Abs. 2 wurde Abs. 3, der im Wortlaut unverändert idF v. 3.9.1953 (BGBl. 1953 I 1239) gilt. § 156 regelt die Voraussetzungen und Wirkungen der Rücknahme der Berufung sowie in Abs. 2 neu die Fiktion der Berufungsrücknahme. Ebenso wie die Rücknahme der Klage (→ § 102) ist die der Berufung Ausfluss der **Dispositionsmaxime.** Die Fiktion der Rücknahme der Berufung ergänzt die der Klage nach § 102 Abs. 2. Sie dient der Verfahrensbeschleunigung und unterstreicht die Mitwirkungspflichten der Beteiligten. § 126 VwGO und § 516 ZPO (allerdings ohne Rücknahmefiktion; bis zum 31.12.2001 § 515) treffen entsprechende Regelungen.

2 Zu unterscheiden ist die **Rücknahme der Klage;** diese ist bis zur formellen Rechtskraft, also noch im Berufungsverfahren möglich. Sie erledigt den Rechtsstreit (§ 102 S. 2); bereits ergangene gerichtliche Entscheidungen werden unwirksam. Die Berufungsrücknahme hingegen führt zur Rechtskraft der erstinstanzlichen Entscheidung (→ Rn. 11, 17). Werden sowohl Klage als auch Berufung zurückgenommen, kommt es auf die zeitliche Abfolge an: Geht die Berufungsrücknahme zuerst ein, wird die erstinstanzliche Entscheidung rechtskräftig; eine Klagerücknahme ist nicht mehr möglich. Die zuerst erfolgte Rücknahme der Klage erledigt den Rechtsstreit in der Hauptsache, so dass die spätere Berufungsrücknahme bedeutungslos wird. Bei gleichzeitiger oder nicht eindeutiger Erklärung bedarf es der Auslegung; im Zweifel dürfte die weitergehende Klagerücknahme gewollt sein.

3 Der **Verzicht** führt zum Verlust des Rechtes auf Überprüfung der angefochtenen Entscheidung, während die Rücknahme des Rechtsbehelfes einer erneuten Einlegung vor Fristablauf grundsätzlich nicht entgegensteht (§ 126 Abs. 3 S. 1 VwGO, § 516 Abs. 3 S. 1 ZPO); dies gilt nach hM nicht für die Berufungsrücknahme im SGG (→ Rn. 17).

II. Rücknahme der Berufung

4 **1. Rechtsnatur.** Als **Prozesshandlung** setzt die Berufungsrücknahme Prozessfähigkeit voraus. Um wirksam zu sein, muss sie eindeutig, klar und unmissverständlich ausgesprochen werden (aber → Rn. 5); sie ist bedingungsfeindlich.[1] Eine Anfechtung ist nicht möglich.[2] Die Beseitigung der Rücknahme kann nur unter den Voraussetzungen einer Wiederaufnahme des Verfahrens erfolgen oder in engen Ausnahmefällen, wenn es mit dem Grundsatz von Treu und Glauben unvereinbar wäre, einen Beteiligten der Prozesshandlung festzuhalten (zB uU bei fehlerhafter richterlicher Belehrung oder Empfehlung).[3] Ein einfacher Widerruf der Rücknahmeerklärung ohne diese besonderen Gründe hat lediglich Erfolg, wenn er vor oder gleichzeitig mit der Rücknahme eingeht. Eine abweichende Vereinbarung der Beteiligten ist nicht möglich.

---

1 BSG 29.5.1980 – 9 RV 8/80, SozSich 1980, 285.

2 BSG 24.4.2003 – B 11 AL 33/03 B, juris; 6.4.1960 – 11/9 RV 214/57, SozR Nr. 3 zu § 119 BGB; 19.3.2002 – B 9 V 75/01 B, HVBG-Info 2002, 2150; 24.4.2003 – B 11 AL 33/03 B, juris.

3 LSG Bln-Bbg 5.5.2015 – L 29 AS 2719/14 WA, juris; LSG Nds 26.1.1983 – L 5 Ka 19/82, juris; BVerwG 7.8.1998 – 4 B 75/98, NVwZ-RR 1999, 407.

5 **2. Erklärung.** Um zu bestimmen, ob und in welchem Umfang die Berufung zurückgenommen werden soll, ist die Erklärung auszulegen. Die **Auslegung** der Rücknahmeerklärung muss das wirklich Gewollte, das in der Äußerung erkennbar ist, ermitteln; dabei ist im Zweifel darauf abzustellen, was das Erklärte vernünftigerweise bedeuten soll.[4] Bei verbundenen Verfahren ist genau zu bestimmen, ob das Prozessrechtsverhältnis selbst oder nur die überflüssig gewordene Rechtsverfolgung in zwei Verfahren beendet werden soll.[5] Wird der Rechtsstreit für erledigt erklärt, kann darin auch die Rücknahme der Anschlussberufung liegen.[6] Die Auslegung unterliegt der vollen Nachprüfung durch das Revisionsgericht.[7] Haben zwei Prozessbevollmächtigte unabhängig voneinander Berufung wegen desselben Anspruchs eingelegt und nimmt einer von ihnen die Berufung ohne weitere Beschränkung zurück, so bewirkt dies den Verlust des Rechtsmittels; es sei denn die Vollmacht wurde zuvor ausdrücklich widerrufen.[8] **Adressat** der Rücknahmeerklärung ist das LSG, nicht der andere Beteiligte. Im letzten Fall kann aber eine rechtsgeschäftliche Verpflichtung zur Rücknahme vorliegen (→ Rn. 21).

6 Die Rücknahme kann in derselben **Form** wie die Einlegung (§ 151 Abs. 1) erfolgen, also schriftlich oder zu Protokoll der Geschäftsstelle (anders § 516 ZPO). Durch elektronisches Dokument kann die Rücknahme im Rahmen des § 65 a SGG erfolgen (→ § 151 Rn. 18). Die in der mündlichen Verhandlung erklärte Rücknahme wird sofort wirksam. Sie ist ins Protokoll aufzunehmen (§ 122 SGG iVm § 160 Abs. 3 Nr. 8 ZPO); dies dient aber nur dem Nachweis, ist also keine Wirksamkeitsvoraussetzung.[9] Auch eine **konkludente Rücknahme** ist möglich, insbes. durch Beschränkung des Antrags.

7 **3. Wirksamkeit.** Ob die Berufung zulässig ist, spielt für die Möglichkeit ihrer Rücknahme keine Rolle. Eine **teilweise Rücknahme** ist möglich bei Teilbarkeit des Streitgegenstandes.[10]

8 a) **Zeitpunkt.** Nach Erledigung des Rechtsstreites in der Hauptsache (§§ 101, 102) scheidet eine Rücknahme aus. Nach der bis zum 1.1.2002 geltenden Fassung war die Rücknahme nur bis zum Schluss der mündlichen Verhandlung möglich; einer Zustimmung des Rechtsmittelgegners bedurfte es nicht. Mit dem 6. SGGÄndG wurde mWv 2.1.2002 der zeitliche Rahmen für die Rücknahme erweitert. Sie kann nun bis zur Rechtskraft des Berufungsurteils bzw. der das Urteil ersetzenden Beschlüsse nach § 153 Abs. 4 oder § 158 S. 2 erklärt werden. Nach Schluss der mündlichen Verhandlung bedarf die Rücknahme aber der Einwilligung des Berufungsbeklagten (Abs. 1 S. 2, → Rn. 9).

---

4 BSG 29.5.1980 – 9 RV 8/80, SozSich 1980, 285.
5 BSG 25.6.2002 – B 11 AL 23/02 R, juris.
6 BSG 24.3.2003 – B 11 AL 33/03 B, juris.
7 BSG 25.6.2002 – B 11 AL 23/02 R, juris.
8 BSG 18.11.1997 – 2 RU 45/96, SozR 3-1500 § 156 Nr. 1; aA BSG 26.7.1989 – 11 RAr 31/88, SozR 1500 § 73 Nr. 6: Legt ein Prozessbevollmächtigter Berufung ein und bezeichnet er im Rubrum als Bevollmächtigten ausschließlich sich selbst, so liegt darin die Anzeige, dass die Prozessvollmacht eines früher tätig gewordenen Prozessbevollmächtigten, der seinerseits bereits Berufung eingelegt hatte, erloschen ist.
9 BSG 12.3.1981 – 11 RA 52/80, MDR 1981, 612; Reichhold in Thomas/Putzo § 159 Rn. 4; Keller in Meyer-Ladewig/Keller/Leitherer/Schmidt § 156 Rn. 2.
10 BSG 26.3.2014 – B 10 EG 2/13 R, juris; BSG 16.4.1964 – 11/1 RA 206/61, BSGE 21, 13 = SozR Nr. 5 zu § 156 SGG.

9 **b) Einwilligung des Rechtsmittelgegners.** Bis zum Schluss der – letzten – mündlichen Verhandlung bedarf die Rücknahme keiner Einwilligung des Berufungsbeklagten. Im schriftlichen Verfahren ist entscheidend die Herausgabe des Urteils oder der genannten Beschlüsse durch die Geschäftsstelle;[11] dies entspricht dem Zeitpunkt, bis zu dem Schriftsätze noch zu beachten sind.[12] Danach ist nach dem 6. SGGÄndG seit 2.1.2002 zwar die Rücknahme möglich, setzt aber die Einwilligung des Berufungsbeklagten voraus (§ 156 Abs. 1 S. 2). Die Änderung setzt nach der Gesetzesbegründung[13] die Rechtsprechung des BSG um;[14] die gesetzliche Regelung ist weiter; sie gilt generell, unabhängig davon, ob Anschlussberufung eingelegt war. Die Notwendigkeit der Einwilligung durch den Berufungsbeklagten soll diesen vor der willkürlichen Disposition des Berufungsklägers über den Streitgegenstand schützen. Dies entsprach auch der Regelung des § 515 Abs. 1 ZPO; dieser wurde aber durch Reformgesetz vom 27.7.2001 mWv 1.1.2002 (BGBl. 2001 I 1887) geändert und trifft nun eine entgegengesetzte Regelung (§ 516 Abs. 1 ZPO nF: Der Berufungskläger kann die Berufung bis zur Verkündung des Berufungsurteils zurücknehmen).

10 **4. Andere Beteiligte.** Die Rücknahme wirkt nur für den Beteiligten, der sie erklärt. Nimmt ein Beigeladener die von ihm eingelegte Berufung zurück, bleibt er Beigeladener, wenn ein anderer Beteiligter die selbst eingelegte Berufung weiterführt. Der einfache Streitgenosse scheidet bei Rücknahme aus dem Rechtsstreit aus, der notwendige bleibt beteiligt, wenn der andere Streitgenosse den Rechtsstreit fortführt.

III. Rücknahmefiktion – Abs. 2

11 **1. Allgemeines.** Mit dem SGGArbGGÄndG hat der Gesetzgeber mit Wirkung zum 1.4.2008 (BGBl. 2008 I 444) in § 102 Abs. 2 SGG in Parallele zu § 92 Abs. 2 VwGO eine Klagerücknahmefiktion bei Nichtbetreiben des Verfahrens eingeführt. Eine entsprechende Regelung für die Berufung wurde nicht getroffen. Eine Anwendung des § 102 Abs. 2 SGG auf die Berufung nach § 153 Abs. 1 SGG schied daher aus.[15] In Parallele zur bereits bestehenden Regelung des § 126 Abs. 2 VwGO wurde mWv 1.1.2012 (→ Rn. 1) in § 156 Abs. 2 die Fiktion der Rücknahme der Berufung ins SGG übernommen.[16] In den Wirkungen ist die Fiktion der Rücknahme der Berufung nach § 156 Abs. 2 von denen der Rücknahme der Klage im Berufungsverfahren nach § 153 Abs. 1 iVm § 102 Abs. 2 zu unterscheiden;[17] bei letzterer wird die erstinstanzliche Entscheidung wirkungslos (→ § 102 Rn. 10), bei ersterer rechtskräftig (→ Rn. 17). Der Wortlaut macht deutlich, dass es nur auf die Verfahrensrolle im Berufungsverfahren ankommt

11 Keller in Meyer-Ladewig/Keller/Leitherer/Schmidt § 156 Rn. 3 a; BayVGH 20.7.1960 – VerwRspr. 13, 121.
12 AA Wagner in Hennig § 156 Rn. 18: bis Zustellung an den ersten Beteiligten; BVerwG 6.2.1967 – VI C 8.67 u. 13.67, BVerwGE 26, 143: bis Eingang der letzten Verzichtserklärung.
13 BT-Drs. 14/5943, 27.
14 BSG 15.11.1999 – B 2 U 247/99 B, juris: keine Rücknahme ohne Einverständnis des Gegners nach Schluss der letzten mündlichen Verhandlung, jedenfalls wenn dieser unselbstständige Anschlussberufung eingelegt hatte.
15 BSG 1.7.2010 – B 13 R 58/09 R, SozR 4-1500 § 102 Nr. 1 = BSGE 106, 254; vgl. 3. Aufl. Rn. 16.
16 BT-Drs. 17/6764, 27 zu Nr. 7.
17 Zu deren Voraussetzungen bei § 153; vgl. auch BSG 1.7.2010 – B 13 R 58/09 R, SozR 4-1500 § 102 Nr. 1 = BSGE 106, 254.

(„Berufungskläger"); die Vorschrift gilt also auch für den Beklagten der ersten Instanz, wenn er die Berufung führt. Hintergrund der Rücknahmefiktion ist wie bei § 102 Abs. 2 ein unterstellter Wegfall des Rechtsschutzinteresses;[18] das BVerfG betont daher stets den strengen Ausnahmecharakter der Vorschrift aus verfassungsrechtlichen Gründen.[19]

2. Voraussetzungen. Vorausgesetzt wird eine richterliche Betreibensaufforderung (→ Rn. 13). Bereits diese darf jedoch nur ergehen, wenn schon zu diesem Zeitpunkt sachlich begründete Anhaltspunkte für einen Wegfall des Rechtsschutzinteresses bestehen, die so gravierend sind, dass der spätere Eintritt der Rücknahmefiktion gerechtfertigt erscheint.[20] Diese Voraussetzung kann unabhängig vom Verlauf des erstinstanzlichen Verfahrens auch im Berufungsverfahren erfüllt sein.[21] Maßgebliche Anhaltspunkte können sich insbesondere aus der Verletzung prozessualer Mitwirkungspflichten ergeben. Wenn in der Vorinstanz der Streitgegenstand geklärt, Klaganträge gestellt und bereits umfassend zur Sache vorgetragen worden ist, genügt eine lediglich pauschale und unsubstantiierte Aufforderung zur Berufungsbegründung einer Betreibensaufforderung nicht.[22] Ein Nichtbetreiben liegt vor, wenn der Berufungskläger sich gar nicht oder nur unzureichend innerhalb von drei Monaten äußert, so dass nicht oder nur unzureichend dargelegt ist, dass das Rechtsschutzinteresse im konkreten Fall ungeachtet der vorliegenden Indizien fortbesteht; die einfache Erklärung, das Verfahren weiterführen zu wollen, genügt nicht.[23] Bei der Dreimonatsfrist handelt es sich um eine gesetzliche Ausschlussfrist, die nicht durch das Gericht verlängert werden kann; auch eine Wiedereinsetzung in den vorigen Stand ist grundsätzlich ausgeschlossen. Wegen der weiteren Einzelheiten wird auf die ausführliche Kommentierung zu § 102 Abs. 2 verwiesen (→ § 102 Rn. 16 ff.), die für § 156 Abs. 2 gleichermaßen gelten. Bei Rückgriffen auf die zur Parallelvorschrift des § 126 Abs. 2 VwGO ergangene Rechtsprechung ist zu beachten, dass dort bei nicht fristgerechter und ausreichender Begründung der Berufung kein Bedürfnis für ein Verfahren nach § 126 Abs. 2 VwGO gesehen wird, weil die Berufung dann als unzulässig verworfen wird (§ 124 a Abs. 3 S. 5, Abs. 6 S. 3 VwGO).[24] Das SGG enthält keine entsprechenden Vorschriften. 12

Die **Betreibensaufforderung** erfolgt durch Verfügung des Vorsitzenden bzw. des bestellten Berichterstatters, nicht durch den gesamten Senat. Der gesetzliche Wortlaut („Aufforderung des Gerichts") steht dem nicht entgegen; vielmehr macht er zunächst deutlich, dass eine Entscheidung durch Beschluss hierfür nicht notwendig ist (anders bei § 156 Abs. 2 S. 3). Die Betreibensaufforderung steht in engem Zusammenhang mit den Aufgaben des Vorsitzenden nach § 155 Abs. 1 iVm §§ 104, 106 bis 108 und 120 bzw. des Berichterstatters gem. § 155 Abs. 4 und nach §§ 153 Abs. 1, 92 Abs. 2, das Verfahren zu betreiben und zu 13

18 BSG 28.11.2019 – B 7 AY 2/18 B, juris; BSG 19.10.2016 – B 14 AS 105/16 B, SozR 4-1500 § 156 Nr. 1.
19 BVerfG 19.5.1993 – 2 BvR 1972/92, NVwZ 1994, 62; BT-Drs. 16/7716, 23 f.
20 BVerfG 19.5.1993 – 2 BvR 1972/92, NVwZ 1994, 62; BSG 28.11.2019 – B 7 AY 2/18 B, juris; BSG 1.7.2010 – B 13 R 58/09 R, SozR 4-1500 § 102 Nr. 1 = BSGE 106, 254; BVerwG 12.4.2001 – 8 B 2/01, NVwZ 2001, 918.
21 BSG 19.10.2016 – B 14 AS 105/16 B, SozR 4-1500 § 156 Nr. 1.
22 BSG 28.11.2019 – B 7 AY 2/18 B, juris.
23 LSG Bln-Bbg 15.10.2009 – L 33 R 290/09 WA, juris; vgl. auch BVerfG 19.5.1993 – 2 BvR 1972/92, NVwZ 1994, 62.
24 Rudisile in Schoch/Schneider/Bier VwGO § 126 Rn. 13.

beschleunigen, insbesondere unter Einbeziehung der Beteiligten im Rahmen der diesen obliegenden prozessualen Mitwirkungspflichten. Gerade diese sind Anknüpfungspunkt und Inhalt der Betreibensaufforderung. Auch wenn die genannten Vorschriften anders als § 156 Abs. 2 S. 1 jeweils den Vorsitzenden ausdrücklich bezeichnen, ist die Betreibensaufforderung damit inhaltlich dennoch der Leitung und Vorbereitung des Prozesses zuzurechnen, die das SGG dem Vorsitzenden bzw. dem Berichterstatter zuweist.[25] Hierfür spricht auch die Parallele zur Klagerücknahmefiktion nach § 102 Abs. 2, wo die Betreibensaufforderung ebenfalls als Verfügung des Vorsitzenden angesehen wird. Die mit ihr verbundenen weitreichenden Folgen machen es nicht notwendig, dass die Aufforderung durch den gesamten Senat ergeht. Der Berufungskläger wird durch die zwingend vorgeschriebene Rechtsfolgenbelehrung (§ 156 Abs. 1 S. 2) und durch die richterliche Unterschrift durch den Vorsitzenden oder Berichterstatter ausreichend gewarnt.[26] Schließlich ist der Berufungskläger dadurch geschützt, dass der gesamte Senat über die Wirksamkeit der Betreibensaufforderung zu entscheiden hat, wenn die Rücknahmefiktion nach deren Feststellung in Frage gestellt wird (→ Rn. 14). Die Betreibensaufforderung muss aus den genannten Gründen vom Vorsitzenden oder Berichterstatter unterschrieben sein. Als prozessleitende Verfügung ist sie unanfechtbar. Wegen der Fristsetzung ist sie zuzustellen (§ 63). Nach Satz 2 hat sie eine Rechtsfolgenbelehrung zu enthalten, die bei kostenpflichtigen Verfahren (§ 197 a) auch den Hinweis umfasst, dass die Fiktion der Rücknahme dazu führt, dass der Berufungskläger zwingend die Kosten des Rechtsstreits zu tragen hat. Wegen der weiteren Anforderungen im Einzelnen kann auf die Kommentierung zu § 102 Abs. 2 (→ § 102 Rn. 20 ff.) verwiesen werden.

14 **3. Beschluss. a) Wirkung.** Nach § 156 Abs. 2 S. 3 hat das Gericht zwingend, also nicht nur auf Antrag, festzustellen, dass die Berufung als zurückgenommen gilt. Dem Wortlaut lässt sich nicht entnehmen, welche Wirkung diesem Beschluss zukommt. Zur Parallelvorschrift des § 126 Abs. 2 VwGO wird teils eine konstitutive,[27] teils eine rein deklaratorische[28] Wirkung angenommen. Es spricht zunächst für eine konstitutive Wirkung, dass in der amtlichen Begründung zu § 156 Abs. 2 ausgeführt wird, das Gericht stelle die fiktive Rücknahme der Berufung mit der Folge fest, dass die erstinstanzliche Entscheidung rechtskräftig werde.[29] Allerdings wird ebenso erläutert, dass die Neuregelung „entsprechend der Klagerücknahmefiktion" nach § 102 Abs. 2 bewirke, dass die Berufung als zurückgenommen gelte, wenn der Kläger das Verfahren länger als drei Monate nicht betreibe. Danach löst bereits das Nichtbetreiben innerhalb der Frist die Rücknahmefiktion aus, nicht erst der gerichtliche Beschluss. Für die nur **deklaratorische Wirkung** spricht auch die Parallele zur Klagerücknahmefiktion nach § 102 Abs. 2, der einen Beschluss mit entsprechendem Inhalt gar nicht vorsieht.

---

25 Ebenso BVerwG 23.4.1985 – 9 C 48/84, BVerwGE 71, 213 zur entsprechenden Vorschrift des § 33 AsylVfG.
26 BVerwG 23.4.1985 – 9 C 48/84, BVerwGE 71, 213.
27 Redeker/von Oertzen, § 126 Rn. 10; so wohl auch BayVGH 6.6.2000 – 12 B 99.317, BayVBl 2001, 21: „weitreichende Folgen".
28 Keller in Meyer-Ladewig/Keller/Leitherer/Schmidt § 156 Rn. 4 a; Rudisile in Schoch/Schneider/Bier VwGO § 126 Rn. 27; Kopp/Schenke, VwGO, § 126 Rn. 9; SächsOVG 15.5.2007 – 5 B 427/04, SächsVBl 2007, 189.
29 BT-Drs. 17/6764, 27 zu Nr. 7.

b) Besetzung. Den Beschluss nach § 156 Abs. 2 S. 3 erlässt „das Gericht", also grundsätzlich der gesamte Senat. Tritt die Fiktion noch im vorbereitenden Verfahren ein, entscheidet gem. § 155 Abs. 2 Nr. 2, Abs. 4 der Vorsitzende bzw. der Berichterstatter. Dem stehen die weitreichenden Folgen der Rücknahmefiktion nicht entgegen, da dem Beschluss nur deklaratorische Wirkung zukommt (→ Rn. 14).[30] 15

c) Rechtsmittel. Der Beschluss ist unanfechtbar (§ 177 SGG). Macht der Berufungskläger geltend, die Voraussetzungen für die Rücknahmefiktion lägen nicht vor, ist wie in → Rn. 20 ausgeführt zu verfahren. 16

IV. Wirkung – Abs. 3

Die Rücknahme führt zum **Verlust des Rechtsmittels** (Abs. 3 S. 1). Mit Rücknahme verliert der Rechtsmittelführer sein Berufungsrecht insgesamt, also sein Recht auf Überprüfung der erstinstanzlichen Entscheidung. Mit der Rücknahme der Berufung wird somit die erstinstanzliche Entscheidung **sofort rechtskräftig.** Anders als bei der Klagerücknahme kann nach Rücknahme der Berufung auch dann keine neue eingelegt werden, wenn die Berufungsfrist noch offen ist; eine dennoch eingelegte ist unzulässig. Dies ergibt sich aus dem Wortlaut des § 156 Abs. 2 S. 1, der – anders als § 126 Abs. 3 S. 1 VwGO, § 515 Abs. 3 S. 1 ZPO – keine Beschränkung auf „das eingelegte" Rechtsmittel vorsieht.[31] Damit besteht im SGG kein wesentlicher Unterschied zwischen Berufungsrücknahme und -verzicht. Darauf verweist auch die abweichende Auffassung,[32] die den Verlust deshalb in Übereinstimmung mit der hM in ZPO und VwGO auf das eingelegte Rechtsmittel beschränkt sieht, so dass es bei noch offener Frist wiederholt werden kann. Zur Begründung wird angeführt, der Wortlaut sei nicht eindeutig; es fehle eine eindeutige, § 102 Abs. 1 S. 2 entsprechende Regelung; die hM widerspreche den allgemeinen prozessrechtlichen Grundsätzen über den Unterschied zwischen Rücknahme und Verzicht, wie er in VwGO und ZPO beachtet werde und auch im SGG hinsichtlich der Klage gelte. Tatsächlich geht dieser Unterschied nach der hM verloren. Andererseits muss die gesetzgeberische Reaktion auf die genannte Rechtsprechung beachtet werden. Mit dem 6. SGGÄndG wurde § 156 SGG nur in Abs. 1 an die VwGO-Vorschrift angeglichen, nicht in Abs. 2 (jetzt Abs. 3); eine Klarstellung in Abs. 2 (jetzt Abs. 3) erfolgte nicht. Jedenfalls bis zu einer gesetzlichen Neufassung des Abs. 3 S. 1 muss daher angenommen werden, dass der Gesetzgeber die zu dieser Regelung ergangene Rechtsprechung gebilligt hat. Gegen diese gesetzgeberische Vorgabe lassen sich dogmatische Einwände nicht anführen. Der Verlust des Rechtsmittels schließt eine unselbstständige Anschlussberufung (§ 524 Abs. 1 ZPO iVm § 202 SGG) nicht aus, da diese nicht Rechtsmittel im eigentlichen Sinne ist, sondern nur ein angriffsweise wirkender Antrag, mit dem sich der Gegner an das Rechtsmittel des 17

30 Keller in Meyer-Ladewig/Keller/Leitherer/Schmidt § 156 Rn. 4 a; SächsOVG 15.5.2007 – 5 B 427/04, SächsVBl 2007, 189; Rudisile in Schoch/Schneider/Bier VwGO § 126 Rn. 30; Kopp/Schenke, VwGO, § 126 Rn. 9; aA BayVGH 6.6.2000 – 12 B 99.317, BayVBl 2001, 21; Redeker/von Oertzen, § 126 Rn. 10.

31 BayLSG 19.11.2014 – L 15 VS 22/12, juris; BSG 26.4.1963 – 2 RU 56/62, BSGE 19, 120 = SozR Nr. 4 zu § 156 SGG; 12.3.1976 – 4 BJ 141/ 75, SozR 1500 § 160 a Nr. 23; Peters/Sautter/Wolff § 156 Rn. 33.

32 Meyer-Ladewig in Meyer-Ladewig/Keller/Leitherer/Schmidt § 156 Rn. 5 a; Wagner in Hennig § 156 Rn. 42.

Berufungsführers anschließt.[33] Die **Rücknahme einer unstatthaften Berufung** (§ 144 Abs. 1) steht jedoch einer Zulassung der Berufung auf fristgerecht eingelegte Nichtzulassungsbeschwerde (§ 145) nicht entgegen: Die Vorschrift des § 145 Abs. 5, nach der das Beschwerdeverfahren nach der Berufungszulassung durch das LSG als Berufungsverfahren fortgesetzt wird, geht der Regelung des § 156 Abs. 3 S. 1 als speziellere Regelung vor.[34] Das BSG prüft in solchen Fällen die Rechtskraft des Urteils des SG wegen der Berufungsrücknahme nicht mehr.[35]

18 Die Wirkung der Rücknahme ist **von Amts wegen zu beachten** und einer Disposition der Beteiligten nicht zugänglich. Ein nach der Rücknahme ergehendes Urteil ist unwirksam. Mit der Rücknahme verliert die unselbstständige Anschlussberufung ihre Wirkung (§ 202 S. 1 SGG iVm § 522 Abs. 1 ZPO); die innerhalb der Berufungsfrist erklärte Anschließung bleibt als selbstständige Berufung bestehen (§ 522 Abs. 2 ZPO).

V. Gerichtliche Entscheidung

19 **1. Unstreitige Rücknahme.** Das Gericht entscheidet durch Beschluss über die Kosten (§ 156 Abs. 3 S. 2); in Fällen des § 193 nur auf Antrag und nach seinem Ermessen, in Fällen des § 197 a von Amts wegen nach den Grundsätzen der §§ 154–162 VwGO (§ 155 Abs. 2 VwGO: Wer Rechtsmittel zurücknimmt, hat die Kosten zu tragen). Der Beschluss ist nicht anfechtbar (§ 177). Ein feststellender Beschluss über den Verlust des Rechtsmittels wie in § 515 Abs. 3 S. 1 ZPO ist in § 156 Abs. 3 nicht vorgesehen. Nach BSG[36] enthält das SGG in § 156 Abs. 3 S. 2 eine abschließende Regelung. Die Entscheidung trifft bei Rücknahme im vorbereitenden Verfahren gem. § 155 Abs. 2 Nr. 5, Abs. 4 der Vorsitzende bzw. der Berichterstatter.

20 **2. Streitige Rücknahme.** Ist streitig, ob die Berufung wirksam zurückgenommen wurde, wird der ursprüngliche Rechtsstreit fortgesetzt. Liegt eine wirksame Rücknahme vor, stellt das LSG im Urteil (hM) fest, dass das Berufungsverfahren durch Rücknahme beendet ist; auch Beschluss nach § 153 Abs. 4 ist möglich. Andernfalls entscheidet es in der Sache und führt in den Entscheidungsgründen aus, weshalb es nicht von einer – wirksamen – Rücknahme ausgeht.

VI. Rechtsgeschäftliche Vereinbarungen

21 Die **Wirkungen der Rücknahme** (→ Rn. 17) können durch vertragliche Vereinbarungen weder ausgeschlossen noch abgeändert werden. Eine Anfechtung oder ein Widerruf (aber → Rn. 4) der Erklärung ist auch bei Zustimmung des Rechtsmittelgegners nicht möglich. Dagegen ist eine **rechtsgeschäftliche Verpflichtung** des Berufungsklägers **zur Rücknahme** der Berufung zulässig: Diese beendet nicht selbst das Verfahren, vielmehr muss die Rücknahme noch erklärt werden. Der Berufungsbeklagte kann jedoch die Verpflichtung zur Rücknahme als Einrede geltend machen, so dass eine dennoch eingelegte Berufung als unzulässig zu verwerfen ist.

---

33 SächsLSG 19.12.2013 – L 7 AS 637/12, juris.
34 BSG 17.6.2008 – B 8 AY 9/07 R, juris; BSG 15.2.2000 – B 11 AL 79/99 R, juris.
35 BSG 15.2.2000 – B 11 AL 79/99 R, juris.
36 BSG 8.11.1957 – 4 RJ 28/56, SozR § 156 Nr. 1.

§ 157 [Umfang der Prüfung, neue Tatsachen und Beweismittel]

[1]Das Landessozialgericht prüft den Streitfall im gleichen Umfang wie das Sozialgericht. [2]Es hat auch neu vorgebrachte Tatsachen und Beweismittel zu berücksichtigen.

I. Allgemeines/Normzweck

1. Geltung. Es gilt die unveränderte Ursprungsfassung v. 3.9.1953. 1

2. Normzweck. Nach § 143 fällt durch die Berufung der Streitgegenstand beim 2
LSG an. Nach der schon § 143 zugrunde liegenden Konzeption der Berufung (→ § 143 Rn. 3, 20 ff.) ist das Berufungsgericht nicht auf die bloße Nachprüfung der Richtigkeit der angefochtenen erstinstanzlichen Entscheidung beschränkt, sondern hat – innerhalb des Berufungsantrags – wie die erste Instanz über das Klagebegehren selbst zu entscheiden.[1] § 157 setzt diese Konzeption voraus und bestätigt sie, indem er in Satz 1 eine Einschränkung des Umfangs der Prüfung durch rechtliche Bindungen des Berufungsgerichts an Ergebnisse der Vorinstanz und in Satz 2 eine Einschränkung der Prüfung neuen Vorbringens in der Berufungsinstanz grundsätzlich ausschließt. Diese Konzeption wird auch nicht durch den durch das SGGArbGGÄndG eingefügten § 157 a in Frage gestellt, der nur eine Folgeänderung zu der zugleich eingefügten Präklusionsvorschrift des § 106 a ist.[2]

3. Parallelvorschriften. In der ZPO wurden der Umfang der Prüfung und Ent- 3
scheidung durch das Berufungsgericht durch das am 1.1.2002 in Kraft getretene ZPO-RG v. 27.7.2001[3] in §§ 528, 529 ZPO neu geregelt. Durch § 529 Abs. 1 iVm § 531 ZPO wird das Berufungsgericht im Gegensatz zu § 157 S. 1 SGG grundsätzlich an die Tatsachenfeststellungen im angefochtenen Urteil gebunden und wird im Gegensatz zu § 157 S. 2 SGG neues Vorbringen grundsätzlich ausgeschlossen. Danach hat das Berufungsgericht nur noch die Aufgabe einer Fehlerkontrolle und -beseitigung.

§ 128 VwGO[4] entspricht dagegen § 157 SGG. Dem 1990 eingefügten § 128 a 4
VwGO entspricht nun der durch das SGGArbGGÄndG eingefügte § 157 a SGG.

II. § 157 im System des Berufungsrechts

1. Eingrenzung. § 157 wird in der Rspr. und der Kommentarliteratur häufig als 5
„Aufhänger" für alle Rechtsfragen verwendet, die für den Umfang der Prüfung

1 Vgl. BSG 29.6.1979 – 8 b RK 4/79, SozR 5310 Nr. 2, S. 6; 22.3.1983 – 2 RU 37/82, SozR 2200 § 581 Nr. 17, S. 56.
2 Begründung zum Gesetzentwurf der Bundesregierung BT-Drs. 16/7716, 27.
3 BGBl. 2001 I 1887.
4 Unveränderte Ursprungsfassung.

durch das LSG erheblich sind. Eine Verletzung des § 157 kann aber einen Verfahrensmangel ergeben, aufgrund dessen nach § 160 Abs. 2 Nr. 3 die Revision zuzulassen ist.[5] Schon wegen dieser Rechtsfolge muss der **eigene Regelungsgehalt** der Vorschrift bestimmt und von den Regelungen unterschieden werden, deren Geltung von § 157 vorausgesetzt wird.[6] Sonst oft unter § 157 behandelte Grundfragen der Berufung sind systematisch § 143 und § 153 Abs. 1 zuzuordnen (s. dort).

6 **2. Keine Bindung an Urteil der Vorinstanz – Satz 1. a) Streitfall.** § 157 gilt nach **Satz 1** für den **„Streitfall"**, den das LSG nach § 143 aufgrund einer Berufung gegen ein Urteil (bzw. nach § 105 Abs. 1 S. 3 einen Gerichtsbescheid) eines SG zu entscheiden hat. Die Regelung setzt voraus, dass ein Rechtsstreit nach dem dafür maßgeblichen Verfahrensrecht zum Streitfall vor dem Berufungsgericht geworden ist. Zuvor zu prüfen ist die Zulässigkeit, insbesondere die Statthaftigkeit, der Berufung (→ 143 Rn. 4 ff.). Der **Streitgegenstand** des Berufungsverfahrens wird nicht durch § 157 geregelt,[7] sondern richtet sich nach dem Berufungsantrag und in dessen Grenzen nach dem Klagebegehren im Sinne des § 123, über das das SG in dem angefochtenen Urteil zu entscheiden hatte.[8] Das LSG verstößt daher nicht gegen § 157, sondern gegen § 143,[9] wenn es auf die Berufung des beklagten Sozialleistungsträgers gegen ein Teilurteil auf Antrag des Klägers über den noch beim SG anhängigen Teil des Streitgegenstandes entscheidet (→ § 143 Rn. 19 ff.); dieser Verfahrensfehler kann nicht nach § 295 Abs. 1 ZPO iVm § 202 durch Rügeverzicht geheilt werden.[10]

7 **b) Prüfung im gleichen Umfang.** Mit den Worten, das LSG prüfe den Streitfall „im gleichen Umfang" wie das SG, umschreibt § 157 S. 1 die Funktion des Berufungsgerichts als **zweite Tatsacheninstanz.**[11] In welchem Umfang das LSG den Streitfall zu prüfen hat, ist im Einzelnen nicht in § 157 S. 1 geregelt, sondern in den „Gemeinsamen Verfahrensvorschriften", dem Ersten Abschnitt des Zweiten Teils des SGG.[12] Dabei ist für die – nur – entsprechende Geltung der Vorschriften über das Verfahren im ersten Rechtszug (Vierter Unterabschnitt) § 153 Abs. 1 maßgebend.[13] Ebenso wie das SG ist das LSG bereits aufgrund von § 123 zur umfassenden Entscheidung über alle vom Kläger erhobenen Ansprüche verpflichtet. Das LSG hat danach den gesamten hierfür erheblichen Sachverhalt aufzuklären. Es ist **nach § 123, § 103 und § 128 Abs. 1 S. 1 zur umfassenden Prüfung der Sach- und Rechtslage verpflichtet.** Daneben wird ihm nicht durch § 157 noch einmal gesondert geboten, „über den gesamten Streitstoff zu entscheiden".[14]

5 So zB schon BSG 11.2.1958 – 10 RV 657/56, BSGE 6, 297 (298 f.).
6 So auch der Zuschnitt der Kommentierung des § 157 durch Bley im GesKomm.
7 Entgegen BSG 14.12.1988 – 9 BV 32/88, juris.
8 BSG 2.12.2008 – B 2 KN 3/07 U R, juris Rn. 12, SozR 4-2700 § 9 Nr. 13.
9 So auch Keller in Meyer-Ladewig/Keller/Leitherer/Schmidt § 157 Rn. 2 a.
10 So aber BSG 9.9.1993 – 7/9 b RAr 28/ 92, SozR 3-4100 § 58 Nr. 5.
11 Zur ausnahmsweisen erstinstanzlichen Zuständigkeit des LSG vgl. § 29 Abs. 2 bis 4 und → § 96 Rn. 23.
12 Wohl für Anwendung dieser Vorschriften iVm § 157 S. 1 Behn in Peters/Sautter/Wolff § 157 Rn. 2.
13 Zu den Besonderheiten wegen der verfahrensrechtlichen Stellung als Berufungsgericht → § 153 Rn. 7 ff.
14 So aber BSG 11.2.1958 – 10 RV 657/56, BSGE 6, 297 (298); in der Sache ging es hierbei um die nicht nach § 157 zu beurteilende Frage, welcher prozessuale Anspruch mit der Berufung zulässig weiter verfolgt werden durfte.

§ 157 S. 1 stellt somit nur klar, dass die sich nach dem Streitgegenstand bemessende umfassende Prüfungs- und Entscheidungspflicht des LSG **nicht** durch eine rechtliche Bindung an Ergebnisse der vorangegangen Prüfung durch das SG **beschränkt** wird.[15] Die in der Rspr. des BSG übliche Anführung des § 123 iVm § 157 S. 1[16] ist angebracht, wenn dies zum Ausdruck gebracht werden soll. Insbesondere ist das Berufungsgericht nicht – wie nach § 163 das Revisionsgericht – an die in dem angefochtenen Urteil getroffenen Tatsachenfeststellungen gebunden. § 157 schließt jede Bindung an bloße Begründungselemente der mit der Berufung angefochtenen Entscheidung aus. Entscheidungen des SG über Vorfragen binden das Berufungsgericht nur, wenn dies ausdrücklich gesetzlich bestimmt ist.[17] Auch bei einer Präklusion nach § 157 a Abs. 2 hat das Berufungsgericht zu prüfen, ob das SG Erklärungen und Beweismittel „zu Recht zurückgewiesen hat" (→ § 157 a Rn. 4, 14). Das Berufungsgericht verstößt demnach gegen § 157 S. 1, wenn es sich irrig an Elemente der Begründung des angefochtenen Urteils rechtlich gebunden glaubt und deshalb seiner sich nach dem gesamten Streitgegenstand bemessenden Pflicht zur umfassenden Prüfung der Sach- und Rechtslage nicht voll nachkommt. 8

In der Rspr. zur gesetzlichen Unfallversicherung findet sich ein Beispiel für eine solche vermeintliche Bindung des Berufungsgerichts an das Urteil des SG. Das LSG verstößt gegen § 157, wenn es sich bei der Feststellung der Minderung der Erwerbsfähigkeit gehindert sieht, innerhalb der Schwankungsbreite von 5 v.H. von dem Urteil des SG abzuweichen, weil es verkennt, dass diese nur für die Bewertung der einem Bescheid (als dem Streitgegenstand) zugrunde liegenden ärztlichen Feststellungen gilt.[18] 9

c) **Fortsetzung des erstinstanzlichen Verfahrens.** Der „Streitfall", den das LSG bei einer zulässigen Berufung nach § 157 zu prüfen hat, ist derselbe wie im ersten Rechtszug. In den Grenzen des Berufungsantrags ist das Klagebegehren weiterhin der Verfahrensgegenstand. § 157 ändert daher nichts daran, dass durch das Berufungsverfahren das erstinstanzliche Verfahren fortgesetzt wird. Unabhängig davon, dass durch § 157 eine rechtliche Bindung des Berufungsgerichts an Begründungselemente der angefochtenen Entscheidung ausgeschlossen ist, wirkt die im ersten Rechtszug geschaffene Prozesslage fort. Der Prozessstoff des ersten Rechtszugs gehört zu dem „Gesamtergebnis des Verfahrens" iS des § 128 Abs. 1 S. 1. Auch nach der Rspr. des BSG gebietet § 157 nicht, die Sache so zu verhandeln, als habe eine Verhandlung und Beweisaufnahme vor dem SG nicht stattgefunden.[19] 10

Demzufolge hat das LSG zum einen auch das Vorbringen der Beteiligten in der ersten Instanz zu berücksichtigen. Diese müssen ihre beim SG gestellten Anträge und ihren Vortrag grundsätzlich nicht wiederholen. Die gilt auch für einen Hilfsantrag, über den das SG nicht zu entscheiden brauchte, weil es dem Hauptantrag entsprochen hat; dieser fällt durch das Rechtsmittel des Unterlegenen beim Berufungsgericht an.[20] Beweisanträge müssen hingegen grundsätzlich bis zuletzt ausdrücklich aufrechterhalten bleiben (Warnfunktion, → § 160 Rn. 41). 11

15 Vgl. Bley in GesKomm, Erl. 2. b.
16 ZB BSG 11.11.1987 – 9 a RV 22/85, ZfS 1988, 46.
17 Zu Zwischenurteilen nach § 130 Abs. 2 → § 143 Rn. 18.
18 BSG 22.3.1983 – 2 RU 37/82, SozR 2200 § 581 Nr. 17, S. 56; 8.10.1981 – 2 RU 2/81.
19 BSG 6.5.1958 – 10 RV 813/56, SozR § 109 Nr. 18, D a 11.
20 BVerwG 5.4.2012 – 4 B 45/11, juris.

Zieht das Berufungsgericht ein Vorbringen im ersten Rechtszug, das nach seiner Rechtsauffassung erheblich wäre, nicht in Betracht, verstößt es gegen das Gebot rechtlichen Gehörs nach § 62 SGG.[21] Zum anderen hat das LSG auch die Beweisergebnisse des SG zu würdigen und die Beweisaufnahme nur unter bestimmten Voraussetzungen zu wiederholen (→ § 153 Rn. 19 f., insbesondere wenn es auf die Glaubwürdigkeit von Zeugen und Sachverständigen ankommt). In der ersten Instanz protokollierte Ergebnisse einer Beweisaufnahme werden nicht im Wege des Urkundenbeweises verwertet, sondern als das Beweismittel, als welches sie erhoben worden sind.

12 **3. Neues Vorbringen – Satz 2.** § 157 **Satz 2** gilt wie Satz 1 nur „im Streitfall", dh in den Grenzen des Streitgegenstandes des Berufungsverfahrens (→ Rn. 6). In diesen Grenzen ist das Berufungsgericht schon nach § 62, § 103 und § 128 verpflichtet, auch neues Vorbringen nach Maßgabe dieser Vorschriften „zu berücksichtigen". Jeweils nach diesen Vorschriften ist zu beurteilen, ob ein Verfahrensmangel im Sinne von § 160 Abs. 2 Nr. 3 vorliegt. § 157 S. 2 hat nur klarstellende Bedeutung.[22] Besonders bei einer Verweisung auf die Gründe der angefochtenen Entscheidung nach § 153 Abs. 2 hat das LSG darauf zu achten, dass es nicht neues Vorbringen übersieht (→ § 153 Rn. 28). Eine Präklusion nach § 157 a und nach § 153 Abs. 1 iVm § 106 a (→ § 153 Rn. 22) ist nur unter den für diese Ausnahmevorschriften geltenden Voraussetzungen zulässig. Bei der Anwendung des § 157 a Abs. 2 hat das LSG zu prüfen, ob das SG die Erklärungen und Beweismittel „zu Recht" zurückgewiesen hat (→ § 157 a Rn. 4, 14).

13 Für die Zulässigkeit eines „Nachschiebens von Gründen" durch den beklagten Sozialverwaltungsträger zur Stützung des angefochtenen Verwaltungsakts gelten die gleichen Grundsätze wie in der ersten Instanz (→ § 54 Rn. 74).

14 **4. Entsprechende Anwendung von Vorschriften der ZPO nach § 202.** Mit seinem gegen eine Beschränkung der Prüfungspflicht des LSG durch eine Bindung an Ergebnisse der Vorinstanz gerichteten Regelungssinn konturiert § 157 ein Strukturmerkmal der Sozialgerichtsbarkeit, das sich mit der zunehmenden **Beschränkung** des Prüfungsumfangs des Berufungsverfahrens **im Zivilprozess** zu einem **grundsätzlichen Unterschied** der beiden Verfahrensarten im Sinne des **§ 202** verfestigt hat. Dies galt schon für die 1977 in den Zivilprozess eingeführte Präklusion, insofern § 527 (jetzt § 530) ZPO für das Berufungsverfahren den für den ersten Rechtszug geltenden § 296 ZPO verschärfte. Infolge der Beschränkung des Prüfungsumfangs des Berufungsverfahrens durch § 529 idF des ZPO-RG (→ Rn. 3) hat § 157 für die Auslegung des § 202 eine tragende Bedeutung erhalten. Er schließt die entsprechende Anwendbarkeit der Vorschriften aus, durch die im Zivilprozess der Umfang der Prüfung des Streitfalls im zweiten Rechtszug beschränkt wird.

15 Inwieweit die Prüfung durch das LSG auch die Entscheidungen des SG umfasst, die dem – nach § 143 allein berufungsfähigen Endurteil (→ § 143 Rn. 6) – vorausgegangen sind, richtet sich nach § 202 iVm § 512 ZPO.

21 Zu Art. 103 GG BVerfG 21.4.1982 – 2 BvR 810/81, BVerfGE 60, 305 (309 ff.).
22 Bley in GesKomm, § 157, Erl. 3. a, f.

§ 157 a [Fristversäumnis]

(1) Neue Erklärungen und Beweismittel, die im ersten Rechtszug entgegen einer hierfür gesetzten Frist (§ 106 a Abs. 1 und 2) nicht vorgebracht worden sind, kann das Gericht unter den Voraussetzungen des § 106 a Abs. 3 zurückweisen.

(2) Erklärungen und Beweismittel, die das Sozialgericht zu Recht zurückgewiesen hat, bleiben auch im Berufungsverfahren ausgeschlossen.

I. Allgemeines

1 **1. Inkrafttreten.** Die Vorschrift beruht auf dem Gesetz zur Änderung des SGG und des ArbGG (8. ÄndGSGG) vom 26.3.2008 (BGBl. 2008 I 444) und ist am 1.4.2008 in Kraft getreten. Sie gilt ebenso wie § 106 a nach § 165 auch für das Revisionsverfahren,[1] soweit das BSG tatsächliche Feststellungen zu treffen hat (→ § 163 Rn. 5 ff.).

2 **2. Normzweck.** Die Regelung soll zur **Entlastung** der Gerichte bei der Sachaufklärung durch Mitwirken der Beteiligten beitragen. Die richterliche Fristsetzung mit der Möglichkeit zum Ausschluss (Präklusion) von Vorbringen der Beteiligten soll das Verfahren straffen und beschleunigen. Die Einführung des § 157 a ist eine Folgeregelung der Ausschlussvorschrift in § 106 a. Beide Vorschriften begründen nicht Mitwirkungspflichten, genauer: **Mitwirkungslasten von Beteiligten,** sondern setzen sie voraus. Nach § 92 Abs. 1 Satz 3 idF des Gesetzes vom 23.3.2008 (BGBl. 2008 I 444) soll der Kläger die zur Begründung seiner Klage dienenden Tatsachen und Beweismittel angeben. Nach §§ 106 Abs. 1, 153 Abs. 1, 155 Abs. 1, 4 hat der Vorsitzende (Berichterstatter) darauf hinzuwirken, dass „ungenügende Angaben tatsächlicher Art ergänzt sowie alle für die Feststellung und Beurteilung des Sachverhalts wesentlichen Erklärungen abgegeben werden". Diesen Aufgaben des Gerichts entsprechen Mitwirkungslasten der Beteiligten. Sie lassen die amtliche Amtsermittlungspflicht der Gerichte (§ 103) und die Förderungspflicht des Gerichts (§ 106) unberührt. Die Gerichte erhalten nunmehr die gesetzliche **Möglichkeit**, nicht die Pflicht, Verzögerungen des Verfahrens durch mangelnde Mitwirkung von Beteiligten durch Ausschluss von Vorbringen zu sanktionieren.[2] Im Interesse der Beschleunigung nimmt der Gesetzgeber damit Einschränkungen der Grundsätze der materiellen Wahrheit, der Gesetzmäßigkeit der Verwaltung und der Ausstrahlungswirkung durch die

1 BT-Drs. 16/7716, 27.
2 BT-Drs. 16/7716, 1.

„Richtigkeit gerechter Entscheidungen" in Kauf.[3] Er ist sich bewusst, dass er damit den rechtsstaatlichen **Justizgewährungsanspruch**, das rechtliche Gehör (Art. 103 GG), die Ziele des Sozialgesetzbuchs und die Substanz der in seinen Büchern im Einzelnen begründeten sozialen Rechte (§§ 1 ff. SGB I) begrenzt. Sofern die Beteiligten Gelegenheit hatten, sich zu entscheidungserheblichen Tatsachen zu äußern (Art. 103 GG), diese aber schuldhaft ungenutzt verstreichen lassen, sind Ausschlussvorschriften mit dem Grundgesetz vereinbar.[4] Solchen Einschränkungen des rechtlichen Gehörs kommt aber ein **„strenger Ausnahmecharakter"** zu.[5] Wegen der Folgen für den verfassungsrechtlich gewährleisteten Rechtsschutz knüpft die Rechtsprechung zu der § 106 a SGG entsprechenden Regelung des § 87 b Abs. 3 VwGO den Ausschluss von Vorbringen der Beteiligten an restriktiv anzuwendende Voraussetzungen und sachgemäße Ermessenserwägungen des Gerichts.[6] Mit dem Anspruch auf den gesetzlichen Richter sind Präklusionsvorschriften grundsätzlich vereinbar.[7] Da Voraussetzungen des Ausschlusses sowie deren Konkretisierung und Umsetzung einigen Aufwand erfordern, bestehen an dem Beschleunigungseffekt und der Praktikabilität der Vorschrift Zweifel. Ihre Wirksamkeit könnte vornehmlich in der **disziplinierenden Möglichkeit** der Ausschlussdrohung liegen.[8] Obwohl die amtliche Begründung ausdrücklich betont, die **Besonderheiten des sozialgerichtlichen Verfahrens"** seien zu beachten,[9] übernimmt der Gesetzgeber im Wesentlichen die Vorschriften der §§ 87 b, 128 a VwGO. Besonderheiten des Verfahrens dürften indes nicht nur darin bestehen, dass die Betroffenen häufig für sie existentiell betreffende Anliegen verfolgen. Typischer Weise stehen sie ohne entsprechende Kenntnisse und Erfahrungen in rechtlichen Angelegenheiten hoch spezialisierten Fachverwaltungen gegenüber und oft sind sie nicht gewöhnt, Sachverhalte und berechtigte Interessen schriftlich zu artikulieren. Soweit diese Umstände nicht in die Norm selbst eingeflossen sind, können sie jedoch im Ermessen des Gerichts Berücksichtigung finden, das § 106 a SGG, aber auch § 157 a Abs. 1 (gerade im Gegensatz zu § 128 a Abs. 1 VwGO) einräumt. Verfügungen mit Auflagen und Fristsetzungen werden dem Justizgewährungsanspruch dann nicht gerecht, wenn erst die Erfüllung der Aufklärungs- und Fürsorgepflicht des Gerichts gegenüber dem Rechtsuchenden die **Waffengleichheit**[10] herstellt. Die amtliche Begründung verweist deshalb mit Recht auf die verfassungsgerichtliche Rechtsprechung, wonach „unzulängliche Verfahrensleitung oder Verletzung der gerichtlichen Fürsorgepflicht" als Mitursache von Verzögerungen eine Sanktionierung der Beteiligten ausschließt.[11]

3 **3. Vergleichbare Vorschriften.** Parallelvorschriften zu § 157 a Abs. 1 finden sich in § 128 a Abs. 1 VwGO und § 531 Abs. 2 ZPO. Diese unterscheiden sich aber

---

3 BT-Drs. 16/7716, 25.
4 BVerfG 7.10.1980 – 1 BvL 50, 89/79, 1 BvR 240/79, E 55, 72 (90, 94); st. Rspr. vgl. zB BVerfG 2.2.2006 – 2 BvR 1453/03, juris.
5 BT-Drs. 16/7716, 25 mit Hinweis auf BVerfG 30.1.1985 – 1 BvR 99/84, E 69, 126 (136); BVerfG 30.1.1985 – 1 BvR 876/84, E 69, 145 (149).
6 BVerwG 6.4.2000 – 9 B 50/00, NVwZ 2000, 1042 f.
7 Pierroth/Jarass Art. 101 Rn. 1 mwN.
8 Schmid in Sodan/Ziekow VwGO § 87 b Rn. 1; Kohte in Redeker/von Oertzen, VwGO § 87 b Rn. 2.
9 BT-Drs. 16/7716, 1.
10 BT-Drs. 16/7716, 1, 25.
11 BT-Drs. 16/7716, 25 mit Hinweis auf BVerfG 21.2.1990 – 1 BvR 111/87, BVerfGE 81, 264 (273); BVerfG 2.2.2006 – 2 BvR 1453/03, juris.

von Abs. 1 maßgeblich dadurch, dass der Ausschluss neuen Vorbringens nicht ins Ermessen des Berufungsgerichts gestellt ist; § 531 Abs. 2 ZPO sieht weitergehend den Ausschluss unabhängig von einer Verzögerung vor. Abs. 2 findet hingegen seine genaue Parallele in § 128 a Abs. 2 VwGO und § 531 Abs. 1 ZPO.

4. Systematik. Die Vorschrift ist eine **Folgeregelung zu § 106 a.** Sie regelt nicht allgemein den Ausschluss von Beteiligtenvorbringen im Berufungsverfahren. Für diesen gilt § 153 Abs. 1, der § 106 a im Berufungsverfahren für entsprechend anwendbar erklärt. Auf die Erläuterungen zu § 106 a wird ergänzend Bezug genommen. Für das Berufungsverfahren regelt **Abs. 1** die Behandlung von neuen Erklärungen und Beweismitteln, die der Beteiligte entgegen einer vom SG gesetzten Frist nicht im ersten Rechtszug, sondern erst im Berufungsverfahren vorbringt. Damit kann das LSG der Taktik einer „Flucht in die Berufung" begegnen. **Abs. 2** enthält im Hinblick auf § 157 Selbstverständliches. Da das LSG den Streitfall grundsätzlich in gleichem Umfang wie das SG prüft und grundsätzlich auch neu vorgebrachte Tatsachen und Beweismittel zu berücksichtigen hat (§ 157), kann ein vom SG ausgesprochener Ausschluss von Vorbringen nur Bestand haben, wenn er **„zu Recht"** erfolgt ist. Die Bindung der zweiten Tatsacheninstanz an eine rechtswidrige Ausschlussentscheidung wäre mit dem rechtsstaatlichen Justizgewährungsanspruch und dem Anspruch auf rechtliches Gehör (Art. 103 GG) nicht vereinbar. 4

II. Gegenstand der Präklusion

Nach § 157 hat das LSG als Berufungsgericht den Streitfall grundsätzlich in gleichem Umfang – also in tatsächlicher wie rechtlicher Hinsicht – zu überprüfen wie das SG. Vorausgesetzt ist dabei nach dem **Dispositionsgrundsatz** (§§ 153 Abs. 1, 123), dass die Beteiligten ihre Rechte in gleichem Umfang verfolgen wie im ersten Rechtszug. Mit dem Ausschluss von Erklärungen und Beweismitteln ermächtigen §§ 106 a, 157 a das LSG zu **Ausnahmen** von der § 157 grundsätzlich zu entnehmenden Befugnis zu neuem Vorbringen. Diese Ausnahmen sind aus den in → Rn. 2 genannten Gründen **restriktiv** zu handhaben. 5

Der Ausschluss erfasst in § 157 a Abs. 1 und 2 jeweils „Erklärungen und Beweismittel". Neben den Beweismitteln sind lediglich Erklärungen zum Sachverhalt ausgeschlossen, nicht etwa rechtliche Ausführungen zur Klagebegründung oder prozessgestaltende Prozesserklärungen. Das ergibt sich aus dem Sachzusammenhang mit § 106 a Abs. 1 und 2, der sich ausdrücklich auf die Angabe von Tatsachen bezieht.[12] Die Vorschrift ermächtigt nicht dazu, sonstige **Prozesserklärungen**, deren Zulässigkeit in den §§ 99 ff. geregelt ist, Prozessanträge oder Verfügungen über den Anspruch (Aufrechnung, Verrechnung o. dgl.) auszuschließen. Gegenstand des Ausschlusses können auch nur solche Tatsachen sein, die ohne Mitwirkung eines Beteiligten überhaupt nicht oder nur unter sachlich nicht gerechtfertigtem Aufwand an Zeit und Mitteln (arg. § 106 a Abs. 3 Satz 3) zu klären sind. Dazu gehören insbesondere Tatsachen aus seiner **eigenen Sphäre** (zB Vermögensverhältnisse) und **subjektive Tatsachen** (Kenntnisse); auch solche, die erst nach Abschluss des Verwaltungsverfahrens entstanden sind. Die Ausschlussregeln ändern nichts an der Amtsermittlungspflicht des Gerichts und seiner Prozessförderungspflicht (→ Rn. 2). 6

12 Kopp/Schenke VwGO § 128 a Rn. 2; Ortloff/Riese in Schoch/Schneider/Bier VwGO § 87 b Rn. 21, 27.

III. Neue Erklärungen und Beweismittel – Abs. 1

7 **1. Neues Vorbringen. Neu** sind Tatsachen oder Beweismittel iS der Vorschrift, wenn sie Gegenstand einer Fristsetzung des SG waren (→ Rn. 8), aber erst nach Schluss der mündlichen Verhandlung des ersten Rechtszuges vorgebracht werden.[13] Nur gänzlich neues Vorbringen kann Gegenstand des Ausschlusses sein, nicht dagegen das bloße Konkretisieren oder Vertiefen erstinstanzlichen Vorbringens.[14] Wird ein Vortrag erst im Berufungsverfahren ausreichend substantiiert, handelt es sich um neues Vorbringen.

8 **2. Auflage und Fristsetzung des SG. a) Allgemeines.** Abs. 1 ermächtigt das LSG, den Ausschluss von Vorbringen an die Säumnis eines Beteiligten gegenüber einer **rechtmäßigen** Auflage und Fristsetzung des SG zu knüpfen. Die Entscheidung des LSG ist davon abhängig, dass das SG den Ausschluss form- und sachgerecht vorbereitet hat. Es entspricht der Prozesswirtschaftlichkeit, wenn das LSG sich die Vorarbeit des SG zu Nutze macht und nicht seinerseits nach §§ 153, 106 a vorgeht. Das ist aber nur möglich, wenn das Vorgehen des SG prozessrechtlichen Anforderungen entspricht.

9 **b) Form.** Auflagen mit Fristsetzungen nach § 106 a Abs. 1 und 2 ergehen in der Regel als **prozessleitende Verfügung**, die vom Richter zu unterschreiben und zur sicheren Feststellung der richterlichen Frist zuzustellen ist (§ 63); zu den Einzelheiten → § 106 a Rn. 5 ff. Ein **Auflagenbeschluss** ist nicht erforderlich, kann aber in Betracht kommen, wenn das Ergebnis der mündlichen Verhandlung ein solches Vorgehen nahelegt. Denkbar ist eine Auflage mit Fristsetzung auch als Ergebnis eines Erörterungstermins. In diesen Fällen muss der Inhalt, einschließlich der nach § 106 a Abs. 2 Nr. 3 unerlässlichen **Belehrung** über die Folgen einer Fristversäumnis, entweder der Niederschrift selbst oder einer Anlage zur Niederschrift zu entnehmen sein.[15] Die Niederschrift ist zuzustellen. Denkbar ist auch eine das Ergebnis des Termins ausführende Verfügung.

10 **c) Inhalt.** Das SG muss tatsächliche Angaben zur Klagebegründung vom **Kläger** (§ 106 a Abs. 1) oder von einem **Beteiligten** (Kläger, Beklagten oder Beigeladenen), Angabe von Tatsachen, Bezeichnung von Beweismitteln, Vorlage von Urkunden oder anderen beweglichen Sachen oder Übermittlung von Tatsachen von elektronischen Dokumenten (§ 106 a Abs. 2) verlangt haben. Es muss sich dabei um Umstände handeln, auf die sich die Mitwirkungspflicht des Beteiligten bezieht (vgl. § 106 a Abs. 2 Nr. 2 und → Rn. 2) und die das Gericht nicht selbst ohne Mitwirken des Beteiligten (§ 106 a Abs. 3 Satz 2) klären kann (→ Rn. 6). Ausgehend vom **Empfängerhorizont** des Beteiligten müssen Auflage und Fristsetzung so gefasst sein, dass der Betroffene sie verstehen und ihnen nachkommen kann. Obwohl das Gericht die Tatsachen nicht kennt und nicht kennen kann, hat es sie so zu thematisieren, dass der Beteiligte ihm bekannte Tatsachen vorbringen kann; das Gericht hat „genau zu bezeichnende Angaben zu bestimmten Tatsachen oder Tatsachenkomplexen (zu) verlangen".[16] Bei pauschalen Aufforderungen lässt sich nicht bestimmen, welches Vorbringen ausgeschlos-

---

13 BGH 2.4.2004 – V ZR 107/03, NJW 2004, 2382.
14 Kopp/Schenke VwGO § 87 b Rn. 9.
15 Ortloff/Riese in Schoch/Schneider/Bier VwGO § 87 b Rn. 24.
16 Ortloff/Riese in Schoch/Schneider/Bier VwGO § 87 b Rn. 21; ähnlich Kopp/Schenke § 87 b Rn. 4, ein Verzicht auf „nähere Bezeichnung" ist indes sachlich nicht geboten und rechtlich bedenklich.

sen sein soll.[17] Die **Frist** muss dem Gegenstand der Auflage und der Prozesslage angemessen sein. Sie richtet sich nach den Umständen des Einzelfalles, sollte aber keinesfalls die Dauer der ordentlichen Ladungsfrist von zwei Wochen (§ 110) oder besser nicht der Klage- und Rechtmittelfrist von einem Monat (§§ 87 Abs. 1, 151 Abs. 1, 164 Abs. 1, 173) unterschreiten. Bei richterlichen Fristen ist nach § 65 eine Verlängerung möglich, bei stichhaltigen Gründen notwendig. Dabei ist zu bedenken, je kürzer die Frist gesetzt wird, je leichter fällt es einem Beteiligten, seine Säumnis nach § 106 a Abs. 3 Satz 2 zu entschuldigen. Das Gericht hat das Verfahren in einer das rechtliche Gehör wahrenden Weise zu gestalten. Dazu gehört auch, dass es den Beteiligten auf die Möglichkeit hinweist, seine **Säumnis** zu **entschuldigen**, obwohl eine Belehrung nur über die Folgen der Fristversäumung in § 106 a Abs. 3 Nr. 3 ausdrücklich vorgeschrieben ist (→ § 106 a Rn. 7).

3. Entscheidung des LSG. a) Tatbestandliche Voraussetzungen. Neues Vorbringen kann das LSG nur zurückweisen, wenn die Voraussetzungen des § 106 a **kumulativ** vorliegen: 11

- Ausschließbare Tatsachen (→ Rn. 6) oder Beweismittel;
- Wahrung der gerichtlichen Prozessförderungspflicht;[18]
- hinreichend bezeichnete Auflage mit angemessener Fristsetzung (→ Rn. 10);
- Belehrung des Beteiligten über die Folgen der Fristversäumung;
- Säumnis des Beteiligten durch Fristablauf;
- durch die Säumnis bedingte, nicht unerhebliche Verzögerung der Erledigung des Rechtsstreits (→ § 106 a Rn. 11 ff.);
- keine Möglichkeit, den Sachverhalt ohne den Beteiligten mit geringem Aufwand zu ermitteln;
- nicht genügende Entschuldigung der Säumnis durch den Beteiligten (ggf. Glaubhaftmachung);
- Wahrung der Grundsätze eines fairen Verfahrens.

Zu den einzelnen Voraussetzungen des Ausschlusses → § 106 a Rn. 11 ff. Für die Feststellung der Verzögerung kommt es darauf an, ob das neue Vorbringen „in dem Zeitpunkt, in dem über“ verspätetes Vorbringen „zu entscheiden ist, die Erledigung des Rechtsstreits verzögern würde“[19] (sog **absoluter Verzögerungsbegriff**).[20] Maßgebend ist also nach Abs. 1 eine **Verzögerung des Berufungsverfahrens** und die Überzeugungsbildung des LSG.[21] Das Gericht hat eine **Prognose zur Verfahrensdauer** für die Alternative, Zulassung oder Ausschluss verspäteten Vorbringens, anzustellen. Dagegen kommt es nicht auf die hypothetische Überlegung an, ob der Rechtsstreit sich auch bei fristgerechtem Vorbringen nicht schneller erledigt hätte (sog relativer oder hypothetischer Verzögerungsbegriff).[22]

b) Pflichtgemäßes Ermessen. Mit dem Merkmal „kann“ räumt das Gesetz dem LSG wie § 106 a Abs. 3 dem SG pflichtgemäßes Ermessen dazu ein, ob es bei 12

17 Ortloff/Riese in Schoch/Schneider/Bier VwGO § 87 b Rn. 26.
18 BVerfG 14.4.1987 – 1 BvR 162/84, BVerfGE 75, 183.
19 BGH 12.7.1979 – VII 284/79, BGHZ 75, 138 (142); BGH 31.1.1980 – VII ZR 96/79, BGHZ 76, 133 (133); ebenso: Kopp/Schenke § 87 b Rn. 11; Ortloff/Riese in Schoch/Schneider/Bier § 87 b Rn. 13; aM Kohte in Redeker/von Oertzen § 87 b Rn. 10.
20 BVerwG 15.4.1998 – 2 B 26/98, juris.
21 BVerfG 26.1.1995 – 1 BvR 1068/93, NZW 1995, 2980.
22 So wohl ohne nähere Begründung: Kohte in Redeker/von Oertzen § 87 b Rn. 10.

Vorliegen der rechtlichen Voraussetzungen des Ausschlusses von Vorbringen (→ Rn. 11) von der Ausnahme zu Justizgewährung und rechtlichem Gehör im Interesse der Verfahrensbeschleunigung Gebrauch machen will. Das Entschließungsermessen ist auszuüben und zu begründen, wobei die Darlegung der tatbestandlichen Voraussetzungen des Ausschlusses zusammen mit dem Zweck der Vorschrift im Einzelfall die Ermessensausübung indizieren kann. Weiterer Begründungsbedarf kann sich aber aus dem bisherigen Verfahrensablauf oder dem Gewicht der Ausschlussfolgen für den Beteiligten ergeben.[23] Von einem Ausschluss wird abzusehen sein, wenn die Verfahrensweise des Gerichts zu beanstanden ist, indem es entweder die gebotene Verfahrensförderung vor Eintritt der Ausschlussvoraussetzungen unterlassen hat[24] oder nach deren Eintritt längere Zeit untätig bleibt. Häufig wird es in solchen Fällen schon an der Kausalität der Säumnis für die Verzögerung fehlen. Gleiches gilt, wenn die Auflage mit Fristsetzung an einen Beteiligten erging, der mit schriftlichem Vorbringen erkennbar überfordert ist (→ Rn. 2). Erfordert die sichere Feststellung der Ausschlussvoraussetzungen größeren Aufwand als die durch verspätetes Vorbringen verursachten Ermittlungen, erfüllt der Ausschluss nicht den Entlastungs- und Beschleunigungszweck des Gesetzes.[25] Ein solcher Ausschluss beruhte mithin auf einem Ermessensfehlgebrauch. Ein **intendiertes Ermessen** des Gerichts, das den Ausschluss als „Regelsanktion" vorsieht, ist nicht geregelt („kann", nicht „soll"). Solches wäre mit dem verfassungsrechtlich begründeten **Ausnahmecharakter** des Ausschlusses nicht zu vereinbaren.

13 c) **Entscheidung.** Das LSG **entscheidet nicht gesondert** über den Ausschluss neuen Vorbringens im Berufungsrechtszug, sondern in den Gründen des Urteils. Die Gründe haben sich auf alle Voraussetzungen des Ausschlusses, einschließlich der Ermessenserwägungen, zu erstrecken.[26] Eine ausdrückliche Zulassung neuen Vorbringens im Berufungsrechtszug ist nicht vorgesehen. Das Gericht lässt verspätetes Vorbringen zu, indem es Tatsachen zum Gegenstand von Ermittlungen macht oder sie bei seiner Endentscheidung berücksichtigt. Eine Zurückverweisung nach § 159 Abs. 1 Nr. 2 ist zulässig. Sie dürfte in der Regel nicht zweckmäßig sein und nicht dem Beschleunigungszweck der Regelung entsprechen.

IV. Ausgeschlossenes Vorbringen – Abs. 2

14 **1. Fortgeltung des Ausschlusses durch das SG.** Abs. 2 regelt die Bindung des Berufungsgerichts an die Ausschlussentscheidung des SG. Erklärungen und Beweismittel, die das SG zu Recht zurückgewiesen hat, bleiben auch im Berufungsverfahren zwingend unberücksichtigt; dem LSG steht insoweit anders als nach Abs. 1 ausdrücklich **kein Ermessen** zu. Auf eine Verzögerung des Verfahrens vor dem LSG kommt es nicht an. Betroffen sind nur solche Tatsachen, die das SG wegen Vortragssäumnis, nicht solche, die das SG wegen mangelnder Entscheidungserheblichkeit oder anderen Gründen zurückgewiesen hat.[27] Hat das SG ein Vorbringen nicht als verspätet zurückgewiesen, sondern berücksichtigt, darf

23 BVerwG 6.4.2000 – 9 B 50/00, NVwZ 2000, 1042.
24 BVerfG 21.10.1990 – 1 BvR 111/87, E 81, 264 (273).
25 Kopp/Schenke § 87 b Rn. 9 mit Hinweis auf die Materialien BT-Drs. 11/7030, 28.
26 Dazu: BVerwG 6.4.2000 – 9 B 50/00, NVwZ 2000, 1042; Rudisile in Schoch/Schneider/Bier VwGO § 128 a Rn. 13.
27 BGH 31.1.1980 – VII ZR 96/76, BGHZ 76, 133 (141) „beweisbedürftiges Vorbringen".

das LSG keine eigene Prüfung der Verspätung vornehmen; es hat den Vortrag zu verwerten.[28]

2. Prüfung der Ausschlussentscheidung des SG. Die Fortgeltung des Ausschlusses im Berufungsverfahren setzt voraus, dass das SG die Erklärungen und Beweismittel **zu Recht** zurückgewiesen hat. Das LSG hat also (dem Grundsatz des § 157 entsprechend) die tatbestandlichen Voraussetzungen des Ausschlusses in vollem Umfang zu überprüfen. Das bezieht sich auch auf die **freie Überzeugung** des SG von der Verzögerung (§ 106 a Abs. 3 Nr. 1). Allerdings kommt es für die Beurteilung allein auf den **Sach- und Streitstand zur Zeit der Entscheidung des SG** an. Anders als nach Abs. 1 ist unerheblich, ob durch die Berücksichtigung des Vorbringens das Berufungsverfahren verzögert würde. Die freie Überzeugung begründet keinen Beurteilungsspielraum des SG. Sie bezeichnet die Prognose über die Verzögerung der Erledigung lediglich als Tatsachenentscheidung. Der Grundsatz des § 157 wird nicht eingeschränkt. Eine Ausnahme vom maßgeblichen Beurteilungszeitpunkt für die Rechtmäßigkeit des Ausschlusses (Entscheidung des SG) ergibt sich aber aus der verfassungskonformen Auslegung des § 157 a Abs. 2: Eine in erster Instanz schuldlos unterlassene Entschuldigung für das verspätete Vorbringen ist in der Berufungsinstanz zu berücksichtigen, wenn sie dort erfolgt.[29] Andernfalls käme es zu einem endgültigen Ausschluss des Vorbringens, obwohl der Säumnis kein vorwerfbares Verhalten zugrunde lag. Die Überprüfung der **Ermessensausübung** des SG unterliegt dagegen den Einschränkungen des § 54 Abs. 2 Satz 2. Diese betreffen zwar das Ermessen der Verwaltung als eigenständiger Staatsgewalt und gelten grundsätzlich nicht für richterliches Ermessen. Die volle Überprüfung der Ausschlussentscheidung im Rahmen des § 157 schränkt der § 157 a Abs. 2 allerdings ein, indem er sie auf die Rechtmäßigkeit begrenzt und damit die Ersetzung von Zweckmäßigkeitserwägungen durch das LSG ausschließt. Die Prüfung des LSG richtet sich jedenfalls auf die Frage, ob Ermessen überhaupt ausgeübt worden ist, und der Ermessensbegründung.[30] Mängel begründen eine Ermessensunterschreitung, die nach § 54 Abs. 2 Satz 2 eine Rechtsverletzung enthält, die zur Unbeachtlichkeit der Ausschlussentscheidung des SG führt. 15

3. Entscheidung des LSG. Wie im Rahmen des Abs. 1 ergeht **keine gesonderte Entscheidung** über die Fortgeltung der Zurückweisung (→ Rn. 13). Ein **rechtmäßiger Ausschluss** von Tatsachen durch das SG bleibt auch im Berufungsverfahren ausgeschlossen. Das LSG ist in diesem Umfang von Ermittlungen entscheidungserheblicher Tatsachen entlastet und ausgeschlossen. Der Zweck des Gesetzes, das Verfahren zu straffen und zu beschleunigen und damit die Gerichte zu entlasten, wäre nicht zu erreichen, wenn der rechtmäßige Ausschluss von Vorbringen nicht die folgenden Rechtszüge fortwirkte.[31] Das LSG hat deshalb keinen Anlass zu weiteren Hinweisen oder Maßnahmen im vorbereitenden Verfahren. Bei **rechtswidrigem Ausschluss** ist das LSG nicht gehindert, den Sachverhalt seiner Rechtsansicht entsprechend aufzuklären (§ 103). Auch eine Zurückverweisung nach § 159 Abs. 1 Nr. 2 ist möglich. Sie sollte jedoch aus prozesswirtschaftlichen Gründen die Ausnahme sein (→ Rn. 13 und → § 159 Rn. 8). 16

28 BVerfG 26.1.1995 – 1 BvR 1068/93, NJW 1995, 2980.
29 BVerfG 14.4.1987 – 1 BvR 162/84, BVerfGE 75, 183.
30 BVerwG 6.4.2000 – 9 B 50/00, NVwZ 2000, 1043.
31 BGH 31.1.1980 – VII ZR 96/79, BGHZ 76, 133 (137) mwH.

V. Rechtsmittel

17 Die Entscheidung über den Ausschluss verspäteten Vorbringens nach Abs. 1 und über die Fortgeltung des Ausschlusses nach Abs. 2 ist jeweils nur mit der **Entscheidung zur Hauptsache** anfechtbar. Ist die **Revision** zugelassen, kann der Beteiligte geltend machen, die Ausschlussvoraussetzungen lägen nicht vor und die Entscheidung beruhe auf einer Verletzung des rechtlichen Gehörs und der Amtsermittlungspflicht des LSG. Ist die Revision nicht zugelassen, kann der Beteiligte die Zulassung mit der **Nichtzulassungsbeschwerde** zum BSG wegen Verfahrensmangels – Verletzung des rechtlichen Gehörs; nur begrenzt Verletzung der Amtsermittlungspflicht; gar nicht wegen Verletzung der Grenzen freier Beweiswürdigung (§ 160 Abs. 2 Nr. 3) – geltend machen. Nur wenn das BSG das Rechtsmittel als unbegründet zurückweist, kommt subsidiär bei Verletzung des rechtlichen Gehörs durch das BSG – also bei eigenständigem Anhörungsfehler des BSG und nicht, wenn dieses einen behaupteten Anhörungsfehler des LSG nach Auffassung des Rechtsmittelführers unzutreffend beurteilt hat – die **Anhörungsrüge** in Betracht. Im Rahmen der §§ 90 ff. BVerfGG kann der Beteiligte Grundrechtsverletzungen des BSG mit der **Verfassungsbeschwerde** zum BVerfG rügen. Das BSG darf die Überzeugungsbildung der Tatsacheninstanz wie bei der Beweiswürdigung nach § 128 nur in den Grenzen der §§ 163, 164 Abs. 2 Satz 2 auf zulässige und begründete Revisionsgründe hin überprüfen. Die Überprüfung der Ermessensentscheidung der Tatsacheninstanzen unterliegt wegen der Begrenzung der Revision auf die Rechtskontrolle nur der Überprüfung auf Ermessensmissbrauch und Ermessensfehlgebrauch (→ § 159 Rn. 2).

18 Macht das Gericht von der Möglichkeit nach Abs. 1, verspätetes Vorbringen zurückzuweisen, nicht Gebrauch, hat der **Gegner des säumigen Beteiligten kein Rechtsmittel.**[32] Der Ausschluss von verspätetem Vorbringen liegt im öffentlichen Interesse einer geordneten Rechtspflege. Die Voraussetzungen begründen **kein subjektives Recht des Gegners** auf Ausschluss. Dieser wäre allenfalls durch einen Reflex der Ausschlussregelung begünstigt, aber bei deren Nichtanwendung nicht beschwert. Gleiches gilt daher, wenn das LSG vom SG zu Recht präkludiertes Vorbringen berücksichtigt.[33]

§ 158 [Verwerfung der Berufung]

[1]Ist die Berufung nicht statthaft oder nicht in der gesetzlichen Frist oder nicht schriftlich oder nicht in elektronischer Form oder nicht zu Protokoll des Urkundsbeamten der Geschäftsstelle eingelegt, so ist sie als unzulässig zu verwerfen. [2]Die Entscheidung kann durch Beschluß ergehen. [3]Gegen den Beschluß steht den Beteiligten das Rechtsmittel zu, das zulässig wäre, wenn das Gericht durch Urteil entschieden hätte. [4]Die Beteiligten sind über dieses Rechtsmittel zu belehren.

32 BVerwG 11.1.2008 – 9 B 54/07, Buchholz 310 § 128 a VwGO Nr. 2.
33 Wie hier Keller in Meyer-Ladewig/Keller/Leitherer/Schmidt § 157 a Rn. 9; BGH 9.3.2005 – VIII ZR 206/03, NJW 2005, 1583; aA Lüdtke hier in der 4. Auflage Rn. 15; Ball in Musielak § 531 Rn. 24.

I. Allgemeines/Normzweck

1. Rechtsentwicklung. Die geltende Fassung beruht überwiegend auf dem RpflEntlG vom 11.1.1993 (BGBl. 1993 I 50). Die elektronische Form hat das Justizkommunikationsgesetz vom 22.3.2005 (BGBl. 2005 I 837) eröffnet. Durch Art. 18 des Gesetzes v. 5.7.2017 (BGBl. 2017 I 2208) erfolgte mWv 1.1.2018 lediglich eine sprachliche Anpassung, indem „Niederschrift" durch „Protokoll" ersetzt wurde. An die Stelle des Vorbescheids nach § 105 aF und § 158 Abs. 2 aF ist als dem Urteil gleichstehende Entscheidungsform für den ersten Rechtszug der Gerichtsbescheid (§ 105) und für den Berufungsrechtszug der Beschluss (§ 153 Abs. 4; § 158) getreten. 1

2. Normzweck. In den Grenzen des § 158 kann das LSG durch **Beschluss** ohne mündliche Verhandlung und ohne ehrenamtliche Richter entscheiden. Das Verfahren dient der **Prozesswirtschaftlichkeit.** Eine Entscheidung durch **Urteil** aufgrund mündlicher Verhandlung und Mitwirkung von ehrenamtlichen Richtern bleibt aber zulässig. Sie ist geboten, wenn die Berufung nicht aller Beteiligten oder nicht hinsichtlich sämtlicher Berufungsanträge unzulässig ist. Allerdings ist eine Teilentscheidung durch Beschluss denkbar. 2

3. Vergleichbare Vorschriften. Die Verwerfung unzulässiger Berufungen durch **Beschluss** ist auch in § 125 Abs. 2 VwGO und § 522 ZPO vorgesehen. Für das Revisionsverfahren enthält § 169 eine entsprechende Regelung. 3

II. Unzulässige Berufung

1. Anwendungsbereich. Die Vorschrift betrifft lediglich Entscheidungen zur **Unzulässigkeit der Berufung.** Rechtsfolge der Unzulässigkeit ist nach Satz 1 die **Verwerfung** der Berufung. Das ist der prozessuale Begriff für die negative **Entscheidung ohne Sachprüfung** über ein nicht statthaftes oder aus anderen Gründen nicht zulässiges Rechtsmittel. Über die **Zulässigkeit der Klage** kann das LSG nicht nach § 158 durch Beschluss entscheiden; sie betrifft die Begründetheit der Berufung.[1] Statthaft ist die Berufung unter den in §§ 143 bis 145 geregelten Voraussetzungen. Nicht statthaft ist die Berufung auch, wenn der Beteiligte durch Rücknahme den Verlust des Rechtsmittels ohne richterliche Entscheidung bewirkt hat (§ 156 Abs. 2 Satz 1). Dies gilt nicht bei Feststellung der Erledigung nach Streit über die Wirksamkeit eines Vergleichs.[2] Nicht nur eine nicht frist- oder nicht formgerecht eingelegte Berufung ist unzulässig. Die **Aufzählung** des Satzes 1 ist **nicht abschließend**; das LSG kann die Berufung in allen Fällen der Unzulässigkeit durch Beschluss verwerfen.[3] Als weitere Zulässigkeitsvoraussetzungen der Berufung kommen zB in Betracht: Beschwer, Beteiligtenfähigkeit, Prozessfähigkeit, schriftliche Vollmacht (§ 73) oder unbedingte Einlegung. 4

2. Grenzen. Nicht zulässig ist eine **Verwerfung,** soweit der Mangel zu beheben ist. Einem Prozessunfähigen hat das LSG einen besonderen Vertreter zu bestellen 5

1 BSG 20.7.2011 – B 13 R 97/11 B, SozR 4-1500 § 158 Nr. 4.
2 BSG 28.11.2002 – B 7 AL 26/02 R, juris.
3 BSG 20.7.2011 – B 13 R 97/11, SozR 4-1500 § 158 Nr. 4; Keller in Meyer-Ladewig/Keller/Leitherer/Schmidt § 158 Rn. 5.

(§ 72) oder die Betreuung anzuregen;[4] zu den Ausnahmen → § 72 Rn. 5. Die Zustimmung der Beteiligten ist nicht erforderlich, auch eine gesonderte **Anhörung** – wie in § 125 Abs. 2 Satz 2 VwGO – fordert die Vorschrift zwar nicht ausdrücklich, sie ist aber wegen des Gebots rechtlichen Gehörs unerlässlich. Auch für die Zulässigkeitsvoraussetzungen gilt der allgemeine Grundsatz des rechtlichen Gehörs (Art. 103 GG; § 62).[5] Setzt das LSG ausdrücklich eine Anhörungsfrist, sind zwei Wochen regelmäßig ausreichend; andernfalls muss es eine längere Frist von regelmäßig vier Wochen abwarten, bevor es einen Beschluss erlässt.[6] Ein Hinweis nach § 106 Abs. 1 auf die verspätete Einlegung dürfte idR zweckmäßig sein, um die Voraussetzungen für eine **Wiedereinsetzung** zu klären. Wird nach Erlass eines Verwerfungsbeschlusses Wiedereinsetzung gewährt, wird die Verwerfung gegenstandslos.[7] Das Berufungsverfahren bleibt anhängig. Der Beschluss über die Versagung der Wiedereinsetzung kann mit dem Beschluss über die Verwerfung der Berufung verbunden werden.[8] Der Mangel einer schriftlichen **Prozessvollmacht** (§ 73 Abs. 6) kann grundsätzlich noch nach Ablauf der Berufungsfrist durch Genehmigung der Prozessführung geheilt werden.[9] Dies gilt aber nicht, wenn für die Vorlage der Prozessvollmacht eine Frist gesetzt war, die der Beteiligte nicht eingehalten hat.[10] Allgemein fordert der rechtsstaatliche **Grundsatz fairen Verfahrens**, eine Verwerfung erst auszusprechen, wenn der Mangel nicht mehr behebbar ist.[11] Aus diesem Grunde ist von einer Verwerfung abzusehen, solange die verspätete Berufung noch als **unselbstständige Anschlussberufung** sachlich beschieden werden kann.[12]

6 **3. Auslegung und Umdeutung.** Wird eine zulassungsbedürftige Berufung (§ 144) ohne Zulassung eingelegt, hat das LSG zu prüfen, ob die Einlegungsschrift nach allgemeinen Regeln (§§ 133, 157 BGB) und allen Umständen des Falles eine **Auslegung** als Nichtzulassungsbeschwerde zulässt.[13] Das dürfte zutreffen, wenn bloß die Bezeichnung des Rechtsmittels verfehlt ist und erkennbar eine Nichtzulassungsbeschwerde gewollt ist (falsa demonstratio). Die Möglichkeit einer **Umdeutung** (§ 140 BGB) in eine Nichtzulassungsbeschwerde schließt das BSG auch bei Rechtsunkundigen wegen der unterschiedlichen Zielrichtung der Rechtsmittel aus.[14] Eine großzügigere Handhabung hätte sich mit dem rechtsstaatlichen Grundsatz der Rechtsmittelklarheit auseinanderzusetzen. Außerhalb des Beschwerdeverfahrens (§ 145) ist das LSG danach nicht befugt, über die in § 144 Abs. 2 Nr. 1–3 abschließend aufgezählten Zulassungsgründe zu be-

---

4 Vgl. für die Revision: BSG 29.6.1996 – 11 RAr 57/54, E 76, 178 (180) = SozR 3-4100 § 58 Nr. 7.
5 Vgl. BSG 28.11.1996 – 7 RAr 118/95, SozR 3-1500 § 158 Nr. 2; BSG 24.4.2008 – B 9 SB 78/07 B, SozR 4-1500 § 158 Nr. 3 Rn. 9.
6 BSG 2.7.2009 – B 14 AS 51/08 B, juris.
7 BGH 7.10.1981 – IVb ZB 825/81, NJW 1982, 887.
8 BSG 30.6.2004 – B 6 KA 1/04 B, juris.
9 BSG 21.6.2001 – B 13 RJ 5/01 R, juris.
10 BSG 23.1.1986 – 11 a RA 34/85, SozR 1500 § 73 Nr. 5 mwN.
11 BSG 28.11.1996 – 7 RAr 118/95, SozR 3-1500 § 158 Nr. 2.
12 Ebenso Keller in Meyer-Ladewig/Keller/Leitherer/Schmidt § 158 Rn. 2.
13 BSG 20.5.2003 – B 1 KR 25/01 R, SozR 4-1500 § 158 Nr. 1.
14 BSG 28.11.1996 – 1 RK 18/95, SozR 3-1500 § 158 Nr. 1; BSG 20.5.2003 – B 1 KR 25/01 R, SozR 4-1500 § 158 Nr. 1; bei Rechtskundigen vgl. BSG 11.5.1999 – B 11/10 AL 1/98 R, juris.

finden und die Berufung zuzulassen.[15] Ein Bedürfnis für eine Umdeutung besteht ohnehin nicht, wenn die Einlegung der nicht zugelassenen Berufung durch eine unzutreffende **Rechtsmittelbelehrung** veranlasst ist. In diesen Fällen kann die Nichtzulassungsbeschwerde nach § 66 Abs. 2 noch innerhalb eines Jahres nach der Zustellung des angefochtenen Urteils eingelegt werden. Das BSG hält die Einlegung der Nichtzulassungsbeschwerde innerhalb dieser Jahresfrist für die einzige Möglichkeit, den Folgen einer fehlerhaften Rechtsmittelbelehrung zu begegnen.[16] Das BVerwG hält nach Ablauf der Jahresfrist noch die Wiedereinsetzung für möglich.[17]

III. Verwerfung

Durch einen Beschluss nach § 158 wird die nicht statthafte oder nicht zulässige 7
Berufung **außerhalb der mündlichen Verhandlung** und **ohne ehrenamtliche Richter** verworfen und damit das Verfahren beendet. Ist ein Berichterstatter bestellt, so kann dieser nach § 155 Abs. 4 bei Einverständnis der Beteiligten an Stelle des Senats – dh hier ohne mündliche Verhandlung und ohne ehrenamtliche Richter – entscheiden. Nur die Verwerfung ist durch Beschluss nach § 158 zulässig. Satz 1 schreibt bei Unzulässigkeit der Berufung die Verwerfung zwingend vor; die Zulässigkeit der Berufung kann also nicht offen bleiben. Weist das LSG die Berufung im Beschluss zurück, so ist dies unschädlich, wenn die Gründe eindeutig ergeben, dass der Sache nach eine Verwerfung beabsichtigt war (falsa demonstratio). Davon ist auszugehen, wenn das LSG ausschließlich die Unzulässigkeit der Berufung begründet und eine Sachprüfung nicht vornimmt. Zur Sache kann das LSG durch Beschluss nur unter den Voraussetzungen des § 153 Abs. 4 entscheiden, wenn der Senat nach Anhörung der Beteiligten die Berufung einstimmig für unbegründet und eine mündliche Verhandlung nicht für erforderlich hält. Ob das LSG durch Beschluss ohne mündliche Verhandlung nach § 158 entscheidet, liegt in seinem **Ermessen** („kann“). Dabei ist insbesondere zu berücksichtigen, dass § 158 als Ausnahmevorschrift zur regelhaften mündlichen Verhandlung eng auszulegen und in einer für die Beteiligten möglichst schonenden Weise anzuwenden ist.[18] Zu Ermessenserwägungen → § 153 Rn. 41. Allerdings ist im Rahmen des § 158 zu berücksichtigen, dass wegen der Unzulässigkeit der Berufung eine Verhandlung zur Sache eigentlich nicht stattfindet. Im Revisionsverfahren ist die Überprüfung der Ermessensentscheidung beschränkt auf die Frage, ob das LSG Ermessen ausgeübt und sachfremde Erwägungen oder eine grobe Fehleinschätzung zugrunde gelegt hat.[19] Ergeht eine Entscheidung durch Beschluss, ohne dass die prozessualen Voraussetzungen vorliegen, so liegt wegen nicht vorschriftsmäßiger Besetzung des Gerichts ein wesentlicher Mangel des Verfahrens vor, der als absoluter Revisionsgrund (§ 202; § 547 Nr. 1 ZPO)[20]

15 BSG 28.11.1996 – 7 RAr 118/95, SozR 3-1500 § 158 Nr. 2; BSG 28.7.1998 – B 1 KR 24/96 R, SozR 3-1500 § 158 Nr. 3; BSG 6.2.1997 – 14/10 BKg 14/96, SozR 3-1500 § 144 Nr. 11; BSG 11.5.1999 – B 11/10 AL 1/98 R, juris; BSG 20.5.2003 – B 1 KR 25/01 R, SozR 4-1500 § 158 Nr. 1.

16 BSG 19.11.1996 – 1 RK 18/95, SozR 3-1500 § 158 Nr. 1; BSG 11.5.1999 – B 11/10 AL 1/98 R, juris.

17 BVerwG 25.6.1983 – VIII C 116.84, BVerwGE 71, 359 (361).

18 BSG 9.12.2008 – B 8 SO 17/08 B, juris.

19 BSG 9.12.2008 – B 8 SO 17/08 B, juris.

20 BSG 8.11.2005 – B 1 KR 76/05 B, SozR 4-1500 § 156 Nr. 2.

und bei nicht anfechtbaren Entscheidungen als Nichtigkeitsgrund (§ 179 iVm § 579 Abs. 1 ZPO) geltend zu machen ist.

8 Bei **Berufungen gegen Gerichtsbescheide** darf grundsätzlich nicht durch Beschluss entschieden werden[21] (vgl. auch § 153 Abs. 5), weil ohne Einverständnis der Beteiligten jedenfalls in einer Tatsacheninstanz eine mündliche Verhandlung nach Art. 6 EMRK zu gewährleisten ist (→ Rn. 8). Anderes gilt bei Unzulässigkeit der Berufung mangels Statthaftigkeit nach § 144 SGG. Ob eine Verletzung von Art. 6 Abs. 1 EMRK vorliegt, ist nach der Rechtsprechung des Europäischen Gerichtshofs für Menschenrechte (EGMR) anhand einer Würdigung im Hinblick auf die Besonderheiten des Verfahrens in seiner Gesamtheit zu beurteilen; es ist notwendig, das gesamte innerstaatliche Verfahren, wie es in der innerstaatlichen Rechtsordnung geregelt ist, und die Rolle des Berufungsgerichts in seiner Gesamtheit zu betrachten.[22] Wenn die Berufung wegen des fristgerecht gestellten Antrags auf mündliche Verhandlung unzulässig ist (§ 105 Abs. 2 S. 2, Abs. 3 Hs. 2 SGG), wird das Recht auf mündliche Verhandlung durch die aufgrund des Antrags vor dem SG durchgeführte gewahrt.[23] Weiter muss ein verwerfender Beschluss auch möglich sein, wenn der Antrag auf mündliche Verhandlung nach § 105 Abs. 2 S. 2 SGG nicht oder nicht fristgerecht gestellt wird.[24] Voraussetzung ist allerdings, dass der Berufungskläger über die Möglichkeit des Antrags auf mündliche Verhandlung belehrt wurde (bei fehlerhafter Rechtsmittelbelehrung im Gerichtsbescheid rechtzeitig innerhalb der Jahresfrist durch das LSG).[25] Er hat dann die Möglichkeit, sein Recht auf eine mündliche Verhandlung (vor dem SG) durch einen entsprechenden Antrag durchsetzen. Eine solche mündliche Verhandlung vor dem SG erfüllt den Zweck des Art. 6 Abs. 1 EMRK auch wesentlich besser als eine vor dem LSG. Denn dort kann der Berufungskläger mit seinem Vorbringen zur Sache wegen der Unzulässigkeit der Berufung gar nicht gehört werden. Verzichtet der beschwerte Beteiligte auf den Antrag unterscheidet sich die Situation nicht wesentlich von der – mit Art. 6 EMRK vereinbaren – Entscheidung ohne mündliche Verhandlung nach § 124 Abs. 2 SGG. Eine nur gegen die Kostenentscheidung eines Gerichtsbescheids gerichtete Berufung kann ebenfalls durch Beschluss verworfen werden.[26]

IV. Beschluss

9 **1. Verfassungsmäßigkeit.** Die Verwerfung durch Beschluss ist verfassungsgemäß, denn Art. 19 Abs. 4 GG garantiert lediglich den Rechtsweg, nicht den Instanzenzug. Der Beschluss ist zu begründen und den Beteiligten zuzustellen. Aus Satz 3 ergibt sich, dass der Beschluss einem **Urteil gleich** steht. Ob von der Vereinfachung des § 158 Gebrauch gemacht oder ein Termin zur mündlichen Verhandlung anberaumt wird, steht grundsätzlich im Ermessen des Gerichts. Hat jedoch das SG durch Gerichtsbescheid (§ 105) entschieden, ist eine weitere Entscheidung durch Beschluss im Berufungsverfahren wegen Art. 6 Abs. 1 EMRK

21 BSG 8.11.2005 – B 1 KR 76/05 B, SozR 4-1500 § 158 Nr. 2; Keller in Meyer-Ladewig/Keller/Leitherer/Schmidt § 158 Rn. 6.
22 EGMR 29.10.1991 – 22/1990/213/275, EuGRZ 1991, 415.
23 BSG 12.7.2012 – B 14 AS 31/12 B, SozR 4-1500 § 105 Nr. 3.
24 LSG Bln-Bbg 3.3.2015 – L 8 AL 192/14, juris und 18.6.2010 – L 10 AS 779/10, juris; Keller in Meyer-Ladewig/Keller/Leitherer/Schmidt § 158 Rn. 6; offengelassen in BSG 12.7.2012 – B 14 AS 31/12 B, SozR 4-1500 § 105 Nr. 3.
25 BSG 30.10.2019 – B 14 AS 7/19 B, juris.
26 BSG 8.4.2014 – B 8 SO 22/14 B, SozR 4-1500 § 158 Nr. 7.

ausgeschlossen (zu Ausnahmen → Rn. 8); danach muss in einer Instanz eine mündliche Verhandlung garantiert sein. Die entsprechende Regelung der §§ 153 Abs. 4 Satz 1, 105 ist an Art. 6 EMRK orientiert.[27] Im Rahmen des § 158 führt dies allerdings zu dem seltsamen Ergebnis, dass zwar eine mündliche Verhandlung durchgeführt werden muss, der Berufungskläger aber mit seinem Vorbringen zur Sache wegen der Unzulässigkeit der Berufung gar nicht gehört werden kann.

2. Begründung. Da der Beschluss einem Urteil gleichsteht und mithin anfechtbar ist (Satz 3), müssen die **Gründe** den Anforderungen des § 136 Abs. 2 entsprechen. Der Beschluss muss die erhobenen Ansprüche kennzeichnen, die Angriffs- und Verteidigungsmittel hervorheben und die Tatsachen feststellen, auf die das LSG seine Entscheidung stützt. Fehlt es daran, liegen keine ausreichenden Gründe vor, die eine Überprüfung durch das BSG ermöglichen.[28] Das Fehlen von Entscheidungsgründen ist ein absoluter Revisionsgrund (§ 202 iVm § 547 Nr. 6 ZPO). Er führt zur Aufhebung des Beschlusses und Zurückverweisung an das LSG (§ 170 Abs. 2 Satz 2). 10

3. Wirkung. Die Wirkung eines Verwerfungsbeschlusses entspricht derjenigen eines Urteils. Mit Eintritt seiner formellen Rechtskraft wird die erstinstanzliche Sachentscheidung materiell rechtskräftig. Er enthält von Amts wegen eine Kostenentscheidung und bewirkt die gleichen kosten- und gebührenrechtlichen Folgen wie ein Urteil. Misst das LSG seiner Beurteilung der Zulässigkeit grundsätzliche Bedeutung bei oder weicht es von höchstrichterlicher Rechtsprechung ab (§ 160 Abs. 2 Nr. 1 und 2), hat es die Revision zuzulassen. Eine fehlerhafte Beurteilung der Zulässigkeitsvoraussetzungen enthält einen wesentlichen Mangel des Verfahrens (→ Rn. 7). Beruht die Verwerfung auf der Versäumung der Berufungsfrist und ist über die Wiedereinsetzung noch nicht entschieden,[29] macht eine nachträgliche Wiedereinsetzung den Verwerfungsbeschluss gegenstandslos.[30] 11

V. Anfechtbarkeit

Da Satz 3 klarstellt, dass gegen den Beschluss ein Rechtsmittel wie gegen ein Urteil in Betracht kommt, hat das LSG ggf. die Zulassung der Revision zu erwägen. Lässt das LSG die Revision nicht zu, kommt eine Nichtzulassungsbeschwerde zum BSG nach § 160 a in Betracht, bei der – im Gegensatz zu § 145 – den Anforderungen der Darlegungslast (§ 160 a Abs. 2 Satz 3) zu genügen ist (→ § 160 a Rn. 13 ff.). Eine rechtsirrige Verwerfung enthält eine Verletzung des Grundsatzes des gesetzlichen Richters und auch eine Verletzung des rechtlichen Gehörs. 12

VI. Tenorierung

Der Entscheidungssatz lautet – von möglichen Teilentscheidungen abgesehen – immer gleich. Die Kostenentscheidung ist wegen §§ 183, 184, 193 Abs. 4 unterschiedlich. 13

27 BSG 8.11.2005 – B 1 KR 76/05 B, SozR 4-1500 § 158 Nr. 2.
28 BSG 31.10.2002 – B 4 RA 51/02 R, juris.
29 Dazu BSG 24.10.1961 – 9 RV 970/61, SozR Nr. 31 zu § 67 SGG.
30 BGH 7.10.1981 – IV b ZB 825/81, NJW 1982, 887.

▶ Tenor:

Berufung des Klägers (§ 183):

Die Berufung des Klägers gegen das Urteil (den Gerichtsbescheid) des Sozialgerichts Hannover vom 9. Januar 2016 wird (als unzulässig) verworfen.
Außergerichtliche Kosten des Berufungsverfahrens sind nicht zu erstatten.

Berufung anderer Beteiligter (§ 184):

Die Berufung des Klägers/der Beklagten/des Beigeladenen gegen das Urteil des Sozialgerichts Hannover vom 9. Januar 2016 wird (als unzulässig) verworfen.
Der Kläger/die Beklagte/der Beigeladene trägt die Kosten des Berufungsverfahrens. ◀

§ 159 [Zurückverweisung an das Sozialgericht]

(1) Das Landessozialgericht kann durch Urteil die angefochtene Entscheidung aufheben und die Sache an das Sozialgericht zurückverweisen, wenn
1. dieses die Klage abgewiesen hat, ohne in der Sache selbst zu entscheiden,
2. das Verfahren an einem wesentlichen Mangel leidet und auf Grund dieses Mangels eine umfangreiche und aufwändige Beweisaufnahme notwendig ist.

(2) Das Sozialgericht hat die rechtliche Beurteilung, die der Aufhebung zugrunde gelegt ist, seiner Entscheidung zugrunde zu legen.

I. Allgemeines

1 **1. Rechtsenwicklung.** § 159 Abs. 1 Nr. 1 sowie Abs. 2 bestehen unverändert idF v. 3.9.1953 (BGBl. 1953 I 1239). Durch das 4. SGB IV-ÄndG v. 22.12.2011 (BGBl. 2011 I 3057) wurden mWv 1.1.2012 Abs. 1 Nr. 3 aufgehoben und Nr. 2 um die Wörter ergänzt: „und aufgrund dieses Mangels eine umfangreiche und aufwändige Beweisaufnahme notwendig ist".

2 **2. Normzweck.** Die Vorschrift enthält eine **Ausnahme** von § 157 und der grundsätzlichen Ausgestaltung des LSG als vollwertige zweite Tatsacheninstanz, die nicht auf die bloße Nachprüfung der Richtigkeit der angefochtenen erstinstanzlichen Entscheidung beschränkt ist (kein kassatorischer Rechtsschutz; → § 157 Rn. 2). Durch die Änderungen zum 1.1.2012 (→ Rn. 1) sollten diese Stellung des LSG als Entscheidungsinstanz gestärkt und gleichzeitig im Interesse einer Verkürzung der Verfahrenslaufzeiten die Sozialgerichte entlastet werden.[1] Konsequenterweise wurde daher die frühere Nr. 3 ersatzlos gestrichen. Danach war eine Zurückverweisung auch zulässig, wenn neue Tatsachen oder Beweismittel nach Erlass des angefochtenen Urteils bekannt wurden. Dabei handelt es sich um eine Verfahrenslage, die gerade der Funktion der zweiten Tatsacheninstanz entspricht.

1 BT-Drs. 17/6764, 27 zu Nummer 8.

3. Parallelvorschriften. § 130 Abs. 2 und 3 VwGO enthalten entsprechende Regelungen; allerdings ist die Zurückverweisung dort nur auf Antrag eines Beteiligten möglich. Gleiches gilt für § 538 Abs. 2 ZPO, der weitere Zurückverweisungsgründe vorsieht, die überwiegend zivilprozessuale Besonderheiten darstellen. 3

II. Aufhebung und Zurückverweisung – Abs. 1

1. Gegenstand. Eine Aufhebung und Zurückverweisung kommt an Stelle von Urteilen nach § 153 Abs. 1 und Urteilen des Einzelrichters nach § 155 Abs. 3, 4 in Betracht. In den Fällen des § 153 Abs. 4 und § 158 steht mit der Zurückweisung bzw. Verwerfung der Berufung ein abweichender Ausspruch fest; ein Beschluss nach diesen Vorschriften ist daher nicht möglich. Im **Beschwerdeverfahren** ist § 159 grundsätzlich entsprechend anwendbar. Voraussetzung ist, dass Prozesswirtschaftlichkeit, Beschleunigungsgebot und Effektivität des Rechtschutzes dem nicht entgegenstehen.[2] Dies gilt auch für Beschwerden in **Prozesskostenhilfe**verfahren.[3] Verneint das SG unzutreffend die hinreichenden Erfolgsaussichten, ohne die persönlichen und wirtschaftlichen Voraussetzungen zu prüfen, kann das LSG eine Zurückverweisung an das SG zur Nachholung dieser Prüfung vornehmen.[4] Das ist sachgerecht, da das SG in diesem Fall eine eigene Sachentscheidung zu einer wesentlichen Voraussetzung der PKH nicht getroffen hat (Gedanke des § 159 Abs. 1 Nr. 1), die das Gesetz zuvorderst gerade ihm zuweist (vgl. § 172 Abs. 3 Nr. 2 a SGG). Die entsprechende Anwendung des § 159 Abs. 1 Nr. 2 ist umstritten. Die Entscheidung über die PKH ergeht in einem summarischen Verfahren, in dem eine aufwändige Beweisaufnahme grundsätzlich ausscheidet (§ 118 Abs. 2 S. 2 und 3 ZPO). Daraus wird teilweise der Schluss gezogen, bei der entsprechenden Anwendung von Abs. 1 Nr. 2 im Beschwerdeverfahren reiche ein Verfahrensfehler des SG aus, ohne dass es auf eine weitere Beweisaufnahme ankäme.[5] Dies entspricht aber weder Wortlaut und Normzweck des neugefassten § 159 Abs. 1 noch dem allgemeinen Grundsatz des § 157 SGG. Abgesehen von den äußerst seltenen Ausnahmen, in denen eine Beweisaufnahme durch Zeugen und Sachverständige auch nach § 118 Abs. 2 S. 3 ZPO in Betracht kommt, scheidet eine Zurückverweisung nach § 159 Abs. 2 Nr. 2 im PKH-Verfahren daher aus.[6] Eine andere Ansicht sieht bei begründeter Beschwerde die Möglichkeit, der Vorinstanz unter Aufhebung der angefochtenen Entscheidung die erforderlichen Anordnungen zu übertragen (§ 202 SGG iVm § 572 Abs. 3 ZPO);[7] ein Verfahrensmangel ist dort nicht vorausgesetzt. Dagegen spricht jedoch zum einen der abschließende Katalog der Zurückverweisungsgründe in § 159; zum anderen steht § 572 ZPO in engem Zusammenhang mit der Abhilfemöglichkeit des Ausgangsgerichts nach § 572 Abs. 1 ZPO. Eine solche ist im SGG gerade nicht mehr vorgesehen (§ 174 SGG wurde mWv 1.4.2008 aufgehoben), was einen grundsätzlichen Unterschied iS des § 202 SGG darstellen dürfte. Im **einstweiligen Rechtsschutz** ist maßgeblich die besondere 4

2 Vgl. Kopp/Schenke § 130 Rn. 3.
3 LSG Nds-Brem 16.8.2013 – L 8 AY 55/13 B, juris; LSG Bln-Bbg 30.1.2013 – L 20 AS 1247/12 B PKH, juris; BayLSG 20.3.2012 – L 7 AS 213/12 B PKH, juris.
4 BayLSG 7.6.2011 – L 11 AS 409/11 B PKH, juris.
5 LSG Bln-Bbg 30.1.2013 – L 20 AS 1247/12 B PKH, juris.
6 Ebenfalls ablehnend Keller in Meyer-Ladewig/Keller/Leitherer/Schmidt § 159 Rn. 1 a; Meßling in Hennig § 159 Rn. 36.
7 LSG BW 15.1.2015 – L 11 R 5040/14 B, juris; Knittel in Hennig § 73 a Rn. 110.

Eilbedürftigkeit zu berücksichtigen, die eine Zurückverweisung nicht per se ausschließt, aber zu einer besonders seltenen Ausnahme macht. Gefährdet eine Zurückverweisung die einstweilige Eingriffsabwehr oder Rechtssicherung, hat sie im Interesse eines effektiven Rechtsschutzes zu unterbleiben. Da die Entscheidung grundsätzlich im summarischen Verfahren ergeht, stellt sich wie im Rahmen der PKH (s. o.) die Frage der entsprechenden Anwendung des § 159 Abs. 1 Nr. 2.[8] Auch hier gilt, eine Auslegung, die auf das Erfordernis einer aufwändigen Beweisaufnahme verzichten will,[9] widerspricht Wortlaut, Normzweck und Systematik (s. o. zur Prozesskostenhilfe). Eine Zurückverweisung nach Abs. 1 Nr. 2 setzt daher eine für die Verhältnisse des einstweiligen Rechtsschutzes als summarisches Verfahren aufwändige Beweisaufnahme voraus.[10] In der Regel wird aber wegen der Dringlichkeit eine Folgenabwägung vorzuziehen sein (→ § 86 b Rn. 4).

5 **2. Tatbestandliche Voraussetzungen. a) Allgemeines.** Die Nummern 1 und 2 enthalten eine grundsätzlich **abschließende Aufzählung** der Möglichkeiten für Zurückverweisungen zwischen Tatsachenrechtszügen. Die strukturgleiche Vorschrift des § 538 Abs. 2 ZPO macht dies mit dem Wort „nur" deutlich. Gleichwohl wendet die Praxis die Nr. 1 ausdehnend an. Liegen die tatbestandlichen Voraussetzungen vor, liegt die Entscheidung über die Zurückverweisung im Ermessen des LSG (→ Rn. 8).

6 **b) Fehlende Sachentscheidung – Nr. 1.** Das Merkmal **„ohne in der Sache selbst zu entscheiden"** bedeutet nach allgemeinem prozessualem Sprachgebrauch eine Abweisung der Klage wegen Unzulässigkeit, also bei Erlass eines Prozessurteils. Das Tatbestandsmerkmal ist aber auch erfüllt, wenn das SG aus anderen Gründen nicht „in der Sache" entschieden hat, so bei Verkennung des Klageziels, so dass eine Entscheidung über den Streitgegenstand nicht vorliegt.[11] Die Praxis hält eine Zurückverweisung auch für zulässig, wenn das SG bei einer rechtlichen **Vorfrage** „die Weichen falsch gestellt" hat und deshalb über die „materiellen Voraussetzungen des Anspruchs" oder die **„eigentlichen Sachfragen"** nicht entschieden hat.[12] Dies ist sachgerecht, soweit es Fälle betrifft, in denen das SG die Klage wegen Versäumung der Widerspruchsfrist abgewiesen hat. Geht man davon aus, dass diese nicht zur Unzulässigkeit, sondern zur Unbegründetheit der Klage führt,[13] unterscheidet sich die Situation nicht vom Erlass eines Prozessurteils, weil das SG wegen der vermeintlichen Bindungswirkung des Verwaltungsakts in der Sache keine eigene Entscheidung trifft. Eine Zurückverweisung ist hier mit Wortlaut, Normzweck und Systematik zu vereinbaren. Eine weitere Ausdehnung des Anwendungsbereichs führt hingegen zu erheblichen Abgrenzungsschwierigkeiten, weil sie nicht am Streitgegenstand orientiert ist, sondern zwischen formellen und materiellen Anspruchsvoraussetzungen und uneigentlichen und eigentlichen Sachfragen unterscheidet. Entscheidungen des SG aufgrund einer vermeintlichen Tatbestandswirkung einer Behördenentscheidung

---

8 Ablehnend Keller in Meyer-Ladewig/Keller/Leitherer/Schmidt § 159 Rn. 1 a; Meßling in Hennig § 159 Rn. 37.
9 So aber LSG NRW 27.7.2015 – L 11 KR 66/15 B ER, juris.
10 LSG NRW 11.8.2014 – L 19 AS 1341/14 B ER, juris.
11 BayLSG 18.3.2015 – L 11 AS 152/14, juris.
12 Vgl. dazu: BSG 18.2.1981 – 3 RK 61/80, E 51, 202 (205) = SozR 1500 § 159 Nr. 2; Keller in Meyer-Ladewig/Leitherer § 159 Rn. 2 b; Kopp/Schenke § 130 Rn. 11 jeweils mwN.
13 Offengelassen in BSG 30.9.1996 – 10 RKg 20/95, juris.

oder wegen irrtümlicher Annahme formeller Rechtswidrigkeit des Verwaltungsakts sind eigene Entscheidungen des SG „in der Sache", die eine Zurückverweisung nicht zulassen.[14] „Eigentliche Sachfragen" ist kein im Gesetz vorgegebenes Tatbestandsmerkmal. Eine Sachentscheidung liegt auch vor, wenn das SG nach § 106 a Abs. 3 **verspätetes Vorbringen** zurückweist und ohne weitere Ermittlungen entscheidet. Eine Zurückverweisung kommt in solchen Fällen nur nach Nr. 2 in Betracht. Gleiches gilt, wenn das SG zu Unrecht zur Nachholung von Ermittlungen nach § 131 Abs. 5 an die Verwaltung zurückverweist. Anders als in § 159 Abs. 1 Nr. 1 vorausgesetzt, weist das SG die Klage hier nicht ab, sondern gibt ihr hinsichtlich des Anfechtungsbegehrens gerade statt. Auch bei der kombinierten Anfechtungs- und Leistungsklage erfolgt keine Klageabweisung im Übrigen. Es handelt sich um ein Sach-, kein Prozessurteil (→ § 131 Rn. 32). Eine Zurückverweisung an das SG kann nur unter den Voraussetzungen des § 159 Abs. 1 Nr. 2 erfolgen.[15] Die wohl hM in der Rechtsprechung wendet hingegen § 159 Abs. 1 Nr. 1 analog an.[16]

c) **Verfahrensmangel – Nr. 2.** Erheblich ist nur ein **Mangel des sozialgerichtlichen Verfahrens**, nicht des vorausgegangenen Verwaltungsverfahrens.[17] Verfahrensmängel betreffen Fehler auf dem Weg zum Urteil, nicht Fehler der Entscheidung selbst. Allerdings gibt es Entscheidungsmängel, die zugleich einen Verfahrensmangel enthalten (näher: → § 160 Rn. 32). **Wesentlich** ist ein Verfahrensmangel nur, wenn die Entscheidung auf dem Mangel beruhen kann.[18] Bei absoluten Revisionsgründen (§ 202 iVm § 547 ZPO) wird dies unwiderlegbar vermutet. Die Entscheidung beruht auf einem Verfahrensmangel, wenn die Möglichkeit besteht, dass bei richtiger Anwendung des Verfahrensrechts die Entscheidung anders ausgefallen wäre (näher: → § 160 Rn. 35 ff.). Bei der Beurteilung der Ursächlichkeit des Verfahrensfehlers für die Entscheidung ist von der **materiellen Rechtsansicht des SG**, nicht des LSG auszugehen. Seit 1.1.2012 rechtfertigt ein wesentlicher Verfahrensmangel die Zurückverweisung aber nur, wenn er eine **„umfangreiche und aufwändige Beweisaufnahme"** verursacht. Das dürfte idR zutreffen, wenn das SG die Amtsermittlungspflicht verletzt hat und ein medizinisches Sachverständigengutachten einzuholen ist. Der Urkunds- und der Zeugenbeweis werden dagegen häufig ohne großen Umfang abzuwickeln sein. Etwas anderes kann gelten, wenn der Zeugenbeweis einen komplexen Sachverhalt betrifft und nicht ohne auswärtigen Termin oder Rechtshilfe durchführbar ist. Kommt es auf lokale Verhältnisse an, dürfte das SG in der Lage sein, die Sachaufklärung mit geringerem Aufwand herbeizuführen als das LSG. Bloße Auskünfte sind mit geringem Umfang und Aufwand vom LSG einzuholen. 7

3. Ermessen. Liegen die tatbestandlichen Voraussetzungen der Nr. 1 oder 2 vor, entscheidet das LSG von Amts wegen; eines Antrags eines Beteiligten bedarf es 8

14 So aber BVerwG 13.12.1958 – VI C 198.56, JR 1959, 313; BVerwG 26.1.2012 – 3 C 8/11, NVwZ-RR 2012, 431; Keller in Meyer-Ladewig/Keller/Leitherer/Schmidt § 159 Rn. 2 b; wie hier Meßling in Hennig § 159 Rn. 16.

15 Ebenso Keller in Meyer-Ladewig/Keller/Leitherer/Schmidt § 131 Rn. 20 b; LSG BW 21.10.2015 – L 5 R 4256/13, juris.

16 Insbesondere gestützt auf Keller in Meyer-Ladewig/Keller/Leitherer/Schmidt § 159 Rn. 2 b: LSG BW 23.1.2020 – L 6 SB 3637/19, juris; LSG Bln-Bbg 19.4.2012 – L 11 SB 45/11, juris; LSG LSA 5.5.2011 – L 7 SB 42/09, juris; LSG NRW 17.3.2010 – L 8 R 145/09, juris; LSG Bln-Bbg 27.1.2009 – L 4 R 1519/08, juris.

17 BSG 31.7.1968 – 11 RA 307/67, E 28, 179 (180 f.) = SozR Nr. 7 zu § 159 SGG.

18 Kritisch: Fichte SGb 1987, 271.

nicht. Die Zurückverweisung ist nicht zwingend, sondern steht im Ermessen des LSG. Die Tatbestände der Nummern 1 und 2 sind darauf gerichtet, den Beteiligten **zwei Tatsacheninstanzen** zu erhalten. Bei der **Ermessensausübung**[19] ist jedoch auch zu berücksichtigen, dass § 157 Satz 2 die **Regel** enthält, wonach das LSG auch neu vorgebrachte Tatsachen und Beweismittel – „erstmals" (→ Rn. 2) – zu berücksichtigen hat. Die Zurückverweisung muss deshalb die **Ausnahme** sein,[20] für die Gründe der Prozesswirtschaftlichkeit, Beschleunigung des Verfahrens oder Effektivität des Rechtschutzes sprechen können. Im Zweifel soll das LSG selbst die Entscheidungsreife herbeiführen und abschließend entscheiden.[21] Dieser Tendenz entspricht die neue Fassung des Abs. 1 Nr. 2 durch das 4. ÄndG SGB IV (→ Rn. 1 und 2). Eine Zurückverweisung kommt jedenfalls nicht in Betracht, wenn die Sache spruchreif ist, weil der Verfahrensmangel durch den Berufungsrechtzug geheilt ist, oder unterlassene Prozesshandlungen ohne Weiteres vom LSG vorgenommen werden können. Eine Zurückverweisung kann eigentlich nur überzeugen, wenn die Sachaufklärung durch das ortsnahe SG wirtschaftlicher oder schneller vorzunehmen ist. Nach einer gewissen Dauer des Berufungsverfahrens ist die Zurückverweisung ermessensfehlerhaft, weil die Vorteile einer Zurückverweisung nicht erreichbar sind und auch das LSG selbst eine abschließende Entscheidung herbeiführen kann.

9 **4. Entscheidung.** Die Zurückverweisung erfolgt an „das Sozialgericht", also an dasjenige, das die angefochtene Entscheidung erlassen hat. Eine Zurückverweisung an eine andere Kammer des SG ist nicht vorgesehen. Das LSG erlässt ein **Endurteil** – Aufhebung und Zurückverweisung – **ohne Kostenentscheidung**, die der abschließenden Beurteilung durch das SG vorbehalten wird. Die Aufhebung beseitigt das Instanz beendende Urteil des SG. Die Aufhebung des Verfahrens ist nach dem eindeutigen Wortlaut nicht möglich;[22] eine Beweisaufnahme ist daher nicht zwingend zu wiederholen; anderes kann sich aus der Bindungswirkung nach Abs. 2 ergeben. Durch die Zurückverweisung wird das Verfahren im ersten Rechtszug fortgesetzt. Beteiligte und Gericht unterliegen – abgesehen von der **Bindungswirkung** nach Abs. 2 – keinen Einschränkungen. Das Verbot der reformatio in peius besteht nicht, dh das neue Urteil kann den Berufungskläger schlechter stellen als das Ausgangsurteil.[23] Die Ermessenserwägungen sind in den Entscheidungsgründen darzulegen.

10 **5. Prüfungsumfang des BSG.** Die (ermessens-)fehlerhafte Entscheidung über die Zurückverweisung kann einen Verfahrensmangel des LSG darstellen, der mit der Nichtzulassungsbeschwerde geltend gemacht werden kann.[24] Die Ermessensentscheidung des LSG ist in der Revision nur auf Ermessensfehlgebrauch überprüfbar.[25] Dazu ist § 54 Abs. 2 Satz 2 SGG als Maßstab heran zu ziehen. Bei Ermessensfehlern, die nicht zugleich Rechtsfehler enthalten (§§ 54 Abs. 2

---

19 Vgl. auch: Keller in Meyer/Ladewig/Keller/Leitherer § 159 Rn. 5 ff.
20 Vgl. Fichte SGb 1987, 271.
21 BSG 14.2.2006 – B 9 a SB 22/05 B, juris; BSG 11.12.2002 – 6 KA 1/02 R, SozR 3-2500 § 106 Nr. 57.
22 Keller im Meyer-Ladewig/Keller/Leitherer/Schmidt § 159 Rn. 5 g; aA Meßling in Hennig § 159 Rn. 48.
23 Keller in Meyer-Ladewig/Keller/Leitherer/Schmidt § 159 Rn. 6.
24 BSG 19.9.2013 – B 3 KR 3/13 B, juris.
25 BSG 11.12.2002 – B 6 KA 1/02 R, SozR 3-1500 § 106 Nr. 57; Keller in Meyer-Ladewig/Keller/Leitherer/Schmidt Rn. 5 c; Kopp/Schenke § 130 Rn. 6.

Satz 2, 162), kann das BSG als Revisionsgericht seine Entscheidung nicht an die Stelle des LSG setzen.

III. Bindungswirkung – Abs. 2

Die Wirkung der zurückverweisenden Entscheidung des LSG ist in gleicher Weise geregelt, wie bei der Zurückverweisung des BSG (§ 170 Abs. 5). Das SG ist nunmehr an die rechtliche Beurteilung des LSG gebunden (innerprozessuale Bindungswirkung). Das bezieht sich auf sämtliche rechtlichen Beurteilungen, die logische Voraussetzung der Aufhebung sind, weil sie eine Bestätigung des angefochtenen Urteils ausschließen (→ § 170 Rn. 20). Grenzen der Bindungswirkung ergeben sich aus einer Änderung des Sachverhalts durch ergänzendes Vorbringen oder weitere Sachaufklärung, das streitige Rechtsverhältnis ergreifende Rechtsänderungen oder auch eine Änderung der Rechtsprechung in anderen Verfahren, durch welche die rechtliche Beurteilung des zurückverweisenden Urteils überholt wird. In diesen Grenzen entsteht eine innerprozessuale Bindungswirkung nicht nur für das SG, sondern auch für das LSG, falls es erneut mit der Sache befasst wird (→ § 170 Rn. 22). 11

IV. Tenorierung

Da eine Kostenentscheidung der abschließenden Entscheidung des SG vorbehalten ist, lautet der Entscheidungssatz: 12

▶ **Tenor:**

Auf die Berufung des Klägers/der Beklagten/des Beigeladenen wird das Urteil des Sozialgerichts Hannover vom 9. Januar 2016 aufgehoben und der Rechtsstreit zur erneuten Verhandlung und Entscheidung an das Sozialgericht zurückverwiesen. ◀

Zweiter Unterabschnitt Revision

§ 160 [Zulässigkeit der Revision]

(1) Gegen das Urteil eines Landessozialgerichts und gegen den Beschluss nach § 55 a Absatz 5 Satz 1 steht den Beteiligten die Revision an das Bundessozialgericht nur zu, wenn sie in der Entscheidung des Landessozialgerichts oder in dem Beschluß des Bundessozialgerichts nach § 160 a Abs. 4 Satz 1 zugelassen worden ist.

(2) Sie ist nur zuzulassen, wenn

1. die Rechtssache grundsätzliche Bedeutung hat oder

2. das Urteil von einer Entscheidung des Bundessozialgerichts, des Gemeinsamen Senats der obersten Gerichtshöfe des Bundes oder des Bundesverfassungsgerichts abweicht und auf dieser Abweichung beruht oder

3. ein Verfahrensmangel geltend gemacht wird, auf dem die angefochtene Entscheidung beruhen kann; der geltend gemachte Verfahrensmangel kann nicht auf eine Verletzung der §§ 109 und 128 Abs. 1 Satz 1 und auf eine Verletzung des § 103 nur gestützt werden, wenn er sich auf einen Beweisantrag bezieht, dem das Landessozialgericht ohne hinreichende Begründung nicht gefolgt ist.

(3) Das Bundessozialgericht ist an die Zulassung gebunden.

I. Allgemeines

1 **1. Revision und Revisionsvorschriften.** Sowohl Art. 19 Abs. 4 GG als auch der allgemeine Justizgewährungsanspruch gebieten grundsätzlich nur den **Rechtsschutz** durch den Richter, nicht gegen den Richter. Ein Rechtsmittel ist auch ansonsten von Verfassung wegen nicht geboten, sodass die Verkürzung von Rechtsschutz durch die im Ergebnis unberechtigte Verneinung einer geltend gemachten Rechtsposition hingenommen wird. Es bleibt unter diesen Umständen dem einfachen Gesetzgeber überlassen, unter Abwägung und Ausgleich der verschiedenen betroffenen Interessen zu entscheiden, wann ein Rechtsstreit sein um der Rechtssicherheit und des Rechtsfriedens willen gebotenes Ende findet, sei es, dass es bei einer Instanz bleiben soll oder mehrere Instanzen bereitgestellt werden sollen. Kann daher das Gesetz den Zugang zur Rechtsmittelinstanz gänzlich versperren, kann es die Zulassung eines Rechtsmittels auch von formalen und inhaltlichen Voraussetzungen abhängig machen.[1] Als Ergebnis der insofern im SGG betätigten Regelungskompetenz ist vorliegend die Revision zum BSG nicht unmittelbar kraft normativer Anordnung statthaft, sondern bedarf hierzu in Abhängigkeit vom Vorliegen im Gesetz abschließend aufgeführter Zulassungsgründe einer **gebundenen positiven Entscheidung** des SG/LSG oder des BSG als Beschwerdegericht, wobei der faktische Schwerpunkt auf dem letztgenannten Zugangsweg liegt. Der Gesetzgeber des SGG hat insofern der generellen Gewährleistungsfunktion des Rechtsmittels den Vorzug gegenüber dem Ziel einer möglichst großen Einzelfallgerechtigkeit eingeräumt.

2 Die §§ 160 ff. regeln den Zugang und das Verfahren des Revisionsrechtszuges. Die **Revision** ist ein auf die Prüfung von Verletzungen des Bundesrechts und sonstiger über den Bezirk des Berufungsgerichts hinaus geltender Vorschriften (§ 162) begrenztes Rechtsmittel (näher: → Rn. 3) gegen Entscheidungen der So-

1 Näher Berchtold in Berchtold/Richter PHdB-SozS § 3 Rn. 83 ff. mwN.

zial- (§ 161) und Landessozialgerichte (§ 160) zum Bundessozialgericht (BSG).[2] Letztere, also die mit Verfahrens- oder Sachrügen angegriffene Entscheidung – und nicht die im Streit stehenden Verwaltungsakte[3] – sind iS von § 95 ihr „**Gegenstand**". „**Streitgegenstand**" im Revisionsverfahren ist die mit der Klage auf der Grundlage eines bestimmten Lebenssachverhaltes begehrte Rechtsfolge in dem Umfang, in dem die Entscheidung hierüber zulässig zum Revisionsgericht gelangt ist. „**Regelung**" (§ 31 S. 1 SGB X) ist die mit dem streitbefangenen Verwaltungsakt potenziell verbindlich gesetzte Rechtsfolge (Begründung, Änderung, Aufhebung, verbindliche Feststellung oder Ablehnung derartiger Rechtsfolgen).[4]

Im Wesentlichen nur innerhalb des hierin zum Ausdruck kommenden öffentli- 3
chen Anliegens kann das **Individualinteresse** an der Kontrolle und Ersetzung unzutreffender Instanzentscheidungen Platz greifen. Inhaltlich beschränkt sich die Revision im Wesentlichen auf die Kontrolle der Rechtsanwendung und umfasst grundsätzlich nicht die Feststellung von Tatsachen (§ 163). Ihre Statthaftigkeit setzt grundsätzlich die ausdrückliche **Zulassung** durch das Ausgangsgericht voraus (§ 160 Abs. 1 Regelung 1, § 161 Abs. 1 Satz 1), Nur im Fall der Nichtzulassung durch das LSG kann die Zulassung auch durch die Beschwerde (§ 160 a) eines Beteiligten zum BSG erstritten werden. Eine nachträgliche Zulassung durch das LSG ist nicht zulässig.[5] Die §§ 160 ff. enthalten **keine abschließende Regelung** des Revisionsverfahrens. Sie werden insbesondere ergänzt durch die allgemeinen Vorschriften (§§ 60 ff.) sowie die Verweisung des § 165 auf die Vorschriften über die Berufung (§§ 143–159) und die grundsätzliche Verweisung des § 153 Abs. 1 auf die Vorschriften über das Verfahren im ersten Rechtszug. Außerdem sind auch für die Revision nach § 202 Vorschriften der Zivilprozessordnung entsprechend anzuwenden, sofern spezielle Vorschriften der §§ 160 ff. oder die grundsätzlichen Unterschiede der Verfahrensarten – insbesondere die gegensätzlichen Verfahrensgrundsätze (Ermittlungsgrundsatz einerseits, Beibringungsgrundsatz andererseits) – dies nicht ausschließen.

Die **Zulassungspraxis** der Landessozialgerichte ist restriktiv und steht in der 4
Kreativität ihrer (seltenen) Begründungen derjenigen von Senaten des BSG hinsichtlich der Anrufung des dortigen Großen Senates (§ 41 SGG) nicht nach.[6] Im Jahr 2019 wurden 155 Revisionen nach Zulassung durch die Landessozialgerichte eingelegt (2018: 179), während von den im selben Zeitraum 1.681 erledigten **Nichtzulassungsbeschwerden** 1.348 durch Beschluss und 333 Beschwerden auf sonstige Weise erledigt wurden. Dabei ist in den durch Beschluss erledigten 1.348 Verfahren die Beschwerde in 1.191 Fällen als unzulässig verworfen worden und in 46 Fällen als unbegründet zurückgewiesen worden. In 111 Fällen (8,2 % der durch Beschluss erledigten Nichtzulassungsbeschwerden) war die Beschwerde erfolgreich. Von den insgesamt 356 im Kalenderjahr 2019 erledigten **Revisionen** wurden 226 durch Urteil entschieden, davon durch abschließende Entscheidung in 226 Fällen und durch Zurückverweisung an die Vorinstanz

2 Zu dessen Funktion s. vorstehend §§ 38 ff. und Berchtold in Berchtold/Richter PHdB-SozS § 8 Rn. 1 ff., 60 f.
3 Vgl. statt vieler etwa BSG 25.8.2011 – B 11 AL 13/10 R, BeckRS 2011, 79182 Rn. 10.
4 Engelmann in v. Wulffen/Schütze § 31 Rn. 23.
5 BSG 30.6.2008 – B 2 U 1/08 RH, SozR 4-1500 § 160 Nr. 17.
6 Näher Berchtold in Berchtold/Richter PHdB-SozS § 8 Rn. 60 f.

in 47 Fällen. Die übrigen Revisionsverfahren endeten durch Beschluss in 39 und auf sonstige Weise in 91 Fällen.[7]

5 **2. Rechtsentwicklung.** Nach dem **SGG von 1953** war die Revision nicht nur bei Zulassung durch das LSG (§ 162 Abs. 1 Nr. 1 aF), sondern auch bei der Rüge von Verfahrensfehlern (§ 162 Abs. 1 Nr. 2 aF) und bei Gesetzesverletzungen bei der Beurteilung des ursächlichen Zusammenhangs einer Gesundheitsstörung mit einer Schädigung im Sinne des BVG statthaft. Die geltenden Vorschriften für den Zugang zum Revisionsrechtszug beruhen auf dem Gesetz zur Änderung des **SGG vom 30.7.1974** (BGBl. 1974 I 1625, 2335), die **ausschließlich** die **Zulassungsrevision** vorsehen und dementsprechend als weiteres Rechtsmittel die Nichtzulassungsbeschwerde (§ 160 a) eingeführt haben. Die Zulassung der Revision eröffnet die **Überprüfung** des Urteils **unter jedem rechtlichen Gesichtspunkt** ohne Bindung an den Zulassungsgrund;[8] das BSG hat alle materiellen Rechtsfragen, die gerügten Verfahrensmängel (§ 164 Abs. 2 Satz 3) und die von Amts wegen (ohne Rüge durch Beteiligte) zu berücksichtigenden Verfahrensfragen zu prüfen.[9] Die zugelassene Revision eröffnet mithin die Nachprüfung des angefochtenen Urteils in materieller und prozessualer Hinsicht – vorbehaltlich der nach § 164 Abs. 2 erforderlichen Rügen – unabhängig vom Vorliegen bestimmter Mängel,[10] denn die Statthaftigkeit der Revision ist nicht vom Vorliegen bestimmter Mängel, sondern allein von der Zulassung durch die Vorinstanz oder das BSG in einem gesonderten Verfahren abhängig.

II. Revision als Rechtsmittel

6 **1. Gegenstand. Gegenstand der Revision** (begrifflich vergleichbar § 95, dh Angriffsziel des Rechtsschutzbegehrens)[11] sind ausschließlich **Urteile** (§ 125), Beschlüsse nur, wenn das LSG von der nach §§ 153 Abs. 4, 158 eingeräumten Möglichkeit Gebrauch macht, an Stelle eines Urteils einen Beschluss zu erlassen. Urteile der Sozialgerichte sind nur ausnahmsweise unter den Voraussetzungen des § 161 Gegenstand der Sprungrevision. Daneben ist eine Beschwerde gegen Beschlüsse des LSG nur ausnahmsweise in den in § 177 ausdrücklich genannten Fällen eröffnet. Das BSG prüft stets in vollem Umfang die **Zulässigkeit der Revision** (§ 169) und ist nur im Fall eines positiven Ergebnisses gesetzlicher Richter (Art. 101 Abs. 1 S. 2 GG) für die Sachentscheidung. Im Rahmen der zulässigen Revision sind die im Revisionsverfahren fortwirkenden **Grundlagen des Verfahrens** – insbesondere die ordnungsgemäße Klageerhebung, die Durchführung des Widerspruchsverfahrens, die Beteiligtenfähigkeit, die Zulässigkeit der Berufung[12] usw –, deren Fehlen eine Sachentscheidung in der Revisionsinstanz unmöglich macht, in jeder Lage des Verfahrens von Amts wegen zu prüfen. Ansonsten findet eine Überprüfung von Verfahrensmängeln – soweit sie nicht ohnehin ausgeschlossen ist (zB §§ 202, 98 iVm § 17 a Abs. 5 GVG) nur auf rechtzeitige und auch ansonsten ordnungsgemäße – Rüge statt (§ 164 Abs. 2 Satz 3, § 557 Abs. 3 Satz 2 ZPO). Die **prozessrechtliche Prüfungsbefugnis** des BSG ist in

7 Vgl. insgesamt Jahresbericht des Bundessozialgerichts 2019.
8 BSG 26.7.1956 – 2 RU 35/55, E 3, 180 (186).
9 BSG 10.6.1975 – 9 RV 124/74, E 40, 49 (51) = SozR 3100 § 30 Nr. 7; BSG 10.8.1995 – 11 RAr 103/94, nicht veröffentlicht.
10 Henckel in Rechtschutz im Sozialrecht S. 105, 110.
11 Vgl. Berchtold in Berchtold/Richter PHdB-SozS § 6 Rn. 97, 320.
12 BSG 21.1.1959 – 11/8 RV 181/57, BSGE 9, 80 ff., juris Rn. 14 mwN.

allen Fällen durch § 557 Abs. 2 ZPO beschränkt. Hiernach unterliegen unanfechtbare Vorentscheidungen – nicht aber deren Auswirkungen auf das weitere Verfahren – keiner Beurteilung des Revisionsgerichts. Dies gilt auch, wenn die Entscheidung nicht selbstständig in Form eines Beschlusses ergeht, sondern in den Entscheidungsgründen des Urteils mitgeteilt wird.[13] In seiner materiellrechtlichen Prüfung der Revision ist das BSG innerhalb der Anträge (§ 123) und des Verbots der reformatio in peius unabhängig vom Grund der Zulassung und den vorgebrachten Revisionsgründen frei. Als Rechtsbehelfe gegen die von ihm selbst erlassenen Entscheidungen hält das BSG auch nach Einführung der Anhörungsrüge (§ 178 a) im Rahmen der Prozesskostenhilfe und der Entscheidung über die Beiordnung eines Notanwalts **Gegenvorstellungen** für möglich.[14] Die **Gegenvorstellung** ist insofern unverändert vor allem dann möglich, wenn die getroffene Entscheidung in offensichtlichem Widerspruch zum Gesetz steht und insbesondere unter Verletzung von Grundrechten ergangen ist, so dass sie sonst nur im Wege der Verfassungsbeschwerde angegriffen werden könnte, oder wenn die Entscheidung zu einem groben prozessualen oder sozialen Unrecht führen würde.[15]

2. Rechtsmittelberechtigung und Beschwer. Rechtsmittelberechtigt, also (potenziell) befugt die Revision einzulegen, sind ausdrücklich (Abs. 1) nur die (alle)[16] am Verfahren des vorausgegangenen Rechtszugs „Beteiligten" (§ 69) und ihre Rechtsnachfolger (§ 202; §§ 239, 265 ZPO).[17] Nur diese können nämlich durch das Urteil des LSG beschwert sein, weil sich das anzufechtende Urteil an sie als Adressaten richtet und sie deshalb auch gemäß § 141 Abs. 1 SGG der Bindungswirkung der vorinstanzlichen Entscheidung unterliegen können.[18] Die erfolgreiche Nichtzulassungsbeschwerde macht (anders als in der Berufungsinstanz → § 145 Rn. 18) die Revision für alle Beteiligten statthaft (§ 160 a Abs. 4 S. 4 SGG).[19] Derjenige, der möglicherweise beizuladen gewesen wäre, aber nicht beigeladen worden ist, ist dagegen nicht Beteiligter geworden und daher nicht rechtsmittelberechtigt.[20] 7

Aus diesem Kreis kann die Revision nur einlegen, wer konkret rechtsmittelberechtigt ist, weil er ein **besonderes Rechtsschutzbedürfnis** für die Rechtsmittelinstanz hat und eine Benachteiligung durch den Entscheidungssatz des angegriffenen Urteils behaupten kann, weil dieses von seinem in der Vorinstanz gestellten Antrag abweicht bzw. ihm eine Sachentscheidung überhaupt verweigert[21] (sog 8

---

13 St. Rspr. des BSG, vgl. BSG 28.9.1999 – B 2 U 32/98 R, E 84, 282 f. = SozR 3-2200 § 605 Nr. 1; vgl. auch mwN BVerfG 6.5.2010 – 1 BvR 96/10 Rn. 19 ff. mit Folgerungen für die Statthaftigkeit der Anhörungsrüge.
14 S. näher Berchtold in Berchtold/Richter PHdB-SozS § 8 Rn. 289 ff., 294.
15 BSG 28.7.2005 – B 13 RJ 178/05 B, SozR 4-1500 § 178 a Nr. 3; BSG 8.11.2006 – B 2 U 5/06 C, SozR 4-1500 § 178 a Nr. 6, offen gelassen BSG 10.7.2013 – B 5 R 185/13 B, juris Rn. 2; ausdrücklich weiter statthaft BSG 28.9.2017 – B 10 ÜG 18/17 C, juris Rn. 7 mwN.
16 Zur Entwicklung der Rechtsprechung hinsichtlich des Beigeladenen s. BSG 10.12.1974 – GS 1/74, SozR 1500 § 161 Nr. 1 = juris Rn. 22.
17 Berchtold/Guttenberger NZS 2017, 121 (122).
18 BSG 29.11.2011 – B 2 U 27/10 R, E 109, 285 ff. Rn. 14 und 13.11.2012 – B 2 U 19/11 R, E 112, 177 Rn. 13.
19 S. hierzu im Einzelnen Berchtold/Guttenberger NZS 2017, 121 (128 f.).
20 BSG 29.11.2011 – B 2 U 27/10 R, E 109, 285 ff. Rn. 15.
21 BSG 10.5.2000 – B 6 KA 20/99 R, E 86, 126 ff. = juris Rn. 23.

formelle Beschwer).[22] Ist ein Anspruch von der Vorinstanz versehentlich übergangen worden, fehlt die Beschwer und muss ggf. zunächst im Wege der **Urteilsergänzung** (§ 140) eine Entscheidung erkämpft werden.[23] Ist die Vorinstanz dagegen – ohne Entscheidung durch Teilurteil – bewusst (typischerweise iS eines rechtsirrtümlichen Handelns) davon ausgegangen, sie habe in vollem Umfang über den Streitgegenstand entschieden und ist dieser in vollem Umfang zur Entscheidung des Revisionsgerichts gestellt, liegt die Belastung des Beteiligten in der **verfahrensfehlerhaften Nichtentscheidung** (§ 123).[24] Entsprechendes gilt, wenn die Vorinstanz unter Verstoß gegen das **Verbot des ne ultra petita** mehr zugesprochen hat, als beantragt. Ein derartiger Fehler kann wegen des Verbots der Klageänderung in der Revisionsinstanz (§ 168 Satz 1) dort auch dadurch nicht mehr geheilt werden, dass sich der Kläger den geänderten Klageantrag nachträglich zueigen macht.[25] Da die Entscheidungsgründe nicht rechtskräftig werden können (§ 141) und auch kein Anspruch auf eine bestimmte Begründung besteht,[26] führen sie zu einer formellen Beschwer nur soweit sie wie beim Bescheidungsurteil zur Bestimmung des Entscheidungssatzes heranzuziehen sind.[27]

9 Soweit in Literatur[28] und Rechtsprechung[29] für **in der Vorinstanz Beigeladene** auf eine „materielle Beschwer" in Gestalt der Verletzung eigener Rechte abgestellt wird (zur Berufung → § 143 Rn. 16), kann dem nicht gefolgt werden.[30] Insbesondere dem einfach Beigeladenen würde auf diese Weise unter Verstoß gegen Art. 19 Abs. 4 GG und „eine Forderung der Gerechtigkeit"[31] generell die Position ua als Rechtsmittelberechtigter wieder aberkannt, die ihm die mittlerweile stRspr. als Beteiligtem zugesteht. Der Beigeladene, für oder gegen den Rechtsschutz mit der Klage gerade nicht begehrt worden ist, hat weder Einfluss auf die Einleitung oder Beendigung des Prozesses noch kann er seine allein und erst durch den Beiladungsbeschluss vermittelte Position innerhalb des Verfahrens selbst aktiv begründen. Dem entspricht, dass sich die Position des Beigeladenen stets nur mittelbar aus dem Prozessrechtsverhältnis der Hauptbeteiligten (Parteien) erklärt.[32] Ihm trotz verfahrensrechtlicher Gleichstellung mit den Hauptbeteiligten hinsichtlich der Rechtsmitteleinlegung eine auf den Streitgegenstand bezogene materielle Beschwer abzuverlangen, verwechselt in ihrer schwachen – auf § 54 Abs. 1 Satz 2 abstellenden – Form die Klagebefugnis mit den für die Beiladung maßgebenden Interessen und in ihrer starken Form die Prüfung von Verfahrensvoraussetzungen mit dem – erst bei Rechtskraft feststel-

22 BSG 27.10.1972 – 2 RU 127/74, E 43, 1 (2 f.) = SozR 1500 § 131 Nr. 4 mwN.
23 BSG 30.3.1962 – 2 RU 53/60, E 17, 11 (14) = SozR Nr. 9 zu § 143 SGG.
24 BSG 21.1.1959 – 11/8 RV 181/57, BSGE 9, 80, juris Rn. 14 und 2.4.2014 – B 3 KR 3/14 B, SozR 4-1500 § 140 Nr. 2 Rn. 7 ff.
25 Vgl. BAG 18.12.1974 – 5 AZR 66/74, NJW 1975, 1336, juris Rn. 81.
26 BSG 10.5.2000 – B 6 KA 20/99, E 86, 126 ff. = juris Rn. 23.
27 BSG 27.10.1976 – 2 RU 127/74, E 43, 1 (3) = SozR 1500 § 131 Nr. 4.
28 Vgl. nur Keller in Meyer-Ladewig, 13. Aufl. 2020, vor § 143 Rn. 4 a.
29 BSG 26.2.1977 – 12/3 RK 79/71, E 35, 228 ff. = juris Rn. 5; BSG 20.3.1996 – 6 RKa 51/95, E 78, 98 ff. = juris Rn 13 und BSG 10.5.2000 – B 6 KA 20/99, E 86, 126 ff. = juris Rn. 22; BSGE 97, 279 ff. = juris Rn. 10; BSG 12.5.2011 – B 11 AL 24/10 R, SozR 4-1300 § 107 Nr. 4 Rn. 11; BVerwG 31.1.1969 – IV C 83.66, E 31, 233 ff. = juris Rn. 11.
30 S. zuletzt auch BSG 24.3.2016 – B 12 KR 6/14 R, SozR 4-2500 § 5 Nr. 27 und B 12 KR 5/14 R, juris.
31 So bereits BSG 10.12.1974 – GS 1/74, SozR 1500 § 161 Nr. 1 = juris Rn. 22.
32 Vgl. gleichermaßen BSG 10.12.1974 – GS 1/74, SozR 1500 § 161 Nr. 1 = juris Rn. 19 und GmS-OGB 1/75, SozR 1500 § 161 Nr. 18 = juris Rn. 18.

henden – Endergebnis des Verfahrens in der Sache. Für die **Beschwer des Beigeladenen** kann es daher grundsätzlich nur auf die Interessen ankommen, die zu seiner Beiladung geführt haben und die seine Bindung an das rechtskräftige Urteil (§ 141 Abs. 1) rechtfertigen.[33] Allein hierauf kann sich die Prüfung der auch bei ihm maßgeblichen formellen Betroffenheit – bis hin zur Überprüfung der Voraussetzungen der Beiladung[34] – beziehen.[35] Ergeben sich aus dem angefochtenen Urteil konkrete Folge, die den Beigeladenen in diesen Interessen betreffen, ist er – ungeachtet möglicher Schwierigkeiten bei der Beantwortung dieser Frage – auch beschwert.[36] Hat der (notwendig) Beigeladene Sachanträge gestellt, wird kaum zu begründen sein, dass er von einem abweichenden Sachurteil nicht betroffen ist. Dagegen hat bereits der GS des BSG – im Zusammenhang von § 161 – zutreffend auf die Zweifel hingewiesen, denen eine generelle Bestimmung der Position des Beigeladenen im Rechtsmittelverfahren nach Maßgabe seiner in der Vorinstanz gestellten „Anträge", zu denen er teilweise bereits nicht befugt (§ 75 Abs. 2 Satz 2), keinesfalls aber verpflichtet ist, vorzunehmen.[37]

3. Beteiligte des Revisionsverfahrens. Neben dem **Revisionskläger**, der sich in 10
diese Rolle selbst durch die Einlegung des Rechtsmittels bringt,[38] muss aus der **Revisionsschrift** auch hervorgehen, wer genau **Rechtsmittelbeklagter** ist. Denn die Anforderungen an die zur Kennzeichnung der Rechtsmittelpartei nötigen Angaben richten sich nach dem Zweck des prozessualen Erfordernisses. Im Hinblick auf das verfassungsrechtliche Verbot einer aus Sachgründen nicht mehr zu rechtfertigenden Erschwerung des Zugangs zur Rechtsmittelinstanz lässt die oberstgerichtliche Rechtsprechung einen Mangel der Bezeichnung unberücksichtigt, wenn dieser Mangel in Anbetracht der jeweiligen Umstände keine Zweifel an dem wirklich Gewollten aufkommen lässt. Ob dies der Fall ist, ergibt der objektiv erkennbare Inhalt der Erklärung aus der Sicht des bzw. der Erklärungsempfänger(s.), also des Gerichts und der Beklagten.[39] Lässt sich Klarheit weder aus der Rechtsmittelschrift noch aus beigefügten oder während der Rechtsmittelfrist eingereichten Unterlagen gewinnen, ist die Revision unzulässig. Dass das Gericht die maßgeblichen Angaben durch eigene Ermittlungen (zB Rückfragen beim Revisionskläger) zur Kenntnis bekommt, reicht nicht aus.[40] **Beigeladene**, die nicht selbst Rechtsmittelführer sind, behalten ihre Beteiligtenstellung. Dies gilt auch hinsichtlich der Einlegung der Sprungrevision eines Hauptbeteiligten. Der Beigeladene wird hier nicht zum Rechtsmittelgegner. Seiner Zustimmung zur Einlegung der Sprungrevision bedarf es aus Gründen der „Rechtsmittelklarheit und Praktikabilität" nicht.[41]

4. Suspensiveffekt. Als Rechtsmittel hat die Revision **Suspensiveffekt**, sie hemmt 11
grundsätzlich den Eintritt der Rechtskraft der angefochtenen Entscheidung. Für

33 Vgl. bereits BSG 4.12.1958 – 3 RK 7/58, E 8, 291 ff. = juris Rn. 17 mH auf BVerwGE 1, 27 ff. (29) und 10.12.1974 – GS 1/74, SozR 1500 § 161 Nr. 1 = juris Rn. 19.
34 BVerwG 10.12.1970 – VIII C 84.69, E 37, 43.
35 Ebenso BSG 6.2.1992 – 7 Rar 78/90, SozR 3-1500 § 54 Nr. 9 = juris Rn. 44, dahingestellt in BSG 21.9.2005 – B 12 KR 64/04 B, juris Rn. 9.
36 BSG 10.12.1974 – GS 1/74, SozR 1500 § 161 Nr. 1 = juris Rn. 24.
37 BSG 10.12.1974 – GS 1/74, SozR 1500 § 161 Nr. 1 = juris Rn. 26.
38 Zur grundsätzlichen Notwendigkeit der Erkennbarkeit aus der Revisionsschrift BSG 19.3.1980 – 11 RA 30/79, E 50, 59 ff.
39 BSG 29.1.2004 – B 4 RA 19/03 R, SozR 4-8570 § 8 Nr. 1 Rn. 22.
40 BSG 14.8.1986 – 2 RU 69/85, SozR 1500 § 164 Nr. 29.
41 GmSOGB 16.3.1976 – GmS-OGB 1/75, SozR 1500 § 161 Nr. 18.

die Nichtzulassungsbeschwerde ist das (trotz ihres begrenzen Devolutiveffekts) in § 160 a Abs. 3 ausdrücklich ausgesprochen. Der Suspensiveffekt besagt noch nichts über die **Vollstreckbarkeit** oder Vollziehbarkeit der angefochtenen Entscheidung. Diese regelt § 199 Abs. 1, wonach aus gerichtlichen Entscheidungen vollstreckt wird, soweit nach den Vorschriften des SGG kein Aufschub eintritt. Einer Erklärung der vorläufigen Vollstreckbarkeit bedarf es daher nicht (§ 198 Abs. 2). Bis zum Inkrafttreten des 6. SGG-ÄndG vom 17.8.2001 (BGBl. 2001 I 2144) am 2.1.2002 hatten Rechtsmittel gegen Urteile in der Sozialgerichtsbarkeit nach § 97 grundsätzlich keine aufschiebende Wirkung. Auch in diesem Punkt war der einstweilige Rechtsschutz im SGG gemessen an dem Gebot wirksamen Rechtsschutzes (Art. 19 Abs. 4 GG) wenig befriedigend geregelt.[42] Das 6. SGG ÄndG hat § 97 gestrichen und in § 86 a Abs. 1 Widerspruch und Anfechtungsklage **grundsätzlich aufschiebende Wirkung** beigemessen. Diese Rechtsfolge begründen §§ 165, 154 Abs. 1 auch für die Berufung und Revision. Im Übrigen eröffnen §§ 86 a, 86 b SGG in der ab 2.1.2002 geltenden Fassung den Eigenarten der in § 51 genannten Materie entsprechend **differenzierende Entscheidungsmöglichkeiten über Vollziehbarkeit und aufschiebende Wirkung.** Diese Regelung entspricht der Rechtslage nach § 80 VwGO. Sie betrifft aber nicht Entscheidungen des BSG, denn § 86 b Abs. 2 S. 3 nennt als Gericht der Hauptsache das Gericht des ersten Rechtszuges und bei Anhängigkeit einer Berufung das Berufungsgericht.

12 **5. Devolutiveffekt.** Die Einlegung der Revision bewirkt nach § 39 Abs. 1 den **Devolutiveffekt**, das heißt die Überwälzung der Entscheidungszuständigkeit für den Rechtsstreit in die höhere Instanz.[43] Ab diesem Zeitpunkt hat sich – in den Grenzen des Rechtsmittels – allein das BSG mit der Sache zu befassen. LSG oder SG sind daher weder Adressat des Rechtsschutzbegehrens an das BSG noch steht ihnen erst recht eine Befugnis zur Umdeutung in eine Gegenvorstellung und Abhilfe der Beschwer zu. Grenzen der Entscheidungszuständigkeit des BSG als Revisionsgericht ergeben sich aus seinen objektiv-rechtlichen und individualrechtlichen Aufgaben und aus deren Wechselseitiger Bedingtheit. So ist das BSG als oberstes Bundesgericht neben der Gewährleistung eines ordnungsgemäßen Verfahrens zunächst wesentlich damit betraut, für die **Einheit und Fortbildung** des revisiblen Rechts (§ 162) Sorge zu tragen. Nur innerhalb dieses öffentlichen Anliegens kann das **Individualinteresse** an der Beseitigung und Ersetzung unrichtiger Instanzentscheidungen zum Zuge kommen. Der Rechtsmittelführer dient damit gleichzeitig stets der Klärung des abstrakten Rechts und erhält seinerseits Rechtsschutz durch die dritte Instanz nur innerhalb von dessen primärer Aufgabenstellung im Allgemeininteresse, während umgekehrt das BSG seiner öffentlichen Aufgabe nur innerhalb des Rechtsmittelrechts genügen kann.[44] Als Rechtsmittel dient die Revision dem individuellen Rechtsschutz eines Beteiligten durch die Kontrolle der verfahrensordnungsgemäßen Rechtsanwendung auf einen von der Tatsacheninstanz grundsätzlich bindend vorgegebenen Sachverhalt (§ 163). Sie setzt die Äußerung eines Rechtsschutzbegehrens in einer Prozesshandlung und die Beschwer des Revisionsklägers (→ Rn. 4) durch die Entscheidung der Vorinstanz voraus. Ziel ist damit, die Richtigkeit der angefochtenen Entschei-

42 Vgl. auch Meyer-Ladewig, 6. Aufl., § 97 Abs. 1 Rn. 1 mwN.
43 BSG 1.8.1978 – 7 RAr 37/77, BSGE 47, 28 ff. = juris Rn. 19 und 22.5.1962 – 9 RV 126/59, SozR Nr. 9 zu § 149 SGG.
44 Vgl. Berchtold in Berchtold/Richter PHdB-SozS § 8 Rn. 2 ff.

dung in einem Einzelfall in rechtlicher, nicht tatsächlicher Hinsicht zu überprüfen.[45] Da die Revision kein originärer Rechtsbehelf, sondern Rechtsmittel ist, muss sich die Entscheidung des BSG als Revisionsgericht auf den (gemäß § 123 SGG vom Kläger bestimmten) **Streitgegenstand** beschränken, der („objektiv" zutreffender) Gegenstand des angefochtenen Urteils war, soweit er vor das Revisionsgericht gelangt ist. Das BSG darf weder von Amts wegen noch auf einen entsprechenden Antrag über einen anderen oder über einen weitergehenden Streitgegenstand entscheiden als das Vordergericht. Das ergibt sich schon aus dem Devolutiveffekt der Revision, mit dem nur das in die Revisionsinstanz erwächst, was auch Gegenstand der angefochtenen Entscheidung war. Abgesehen davon, dass eine allein auf die Geltendmachung eines anderen als des von der Vorinstanz entschiedenen Streitgegenstandes gestützte Revision schon mangels Revisionsbeschwer unzulässig wäre, läge darin zugleich eine Klageänderung, die in der Revisionsinstanz nach § 168 Satz 1 auch dann ausdrücklich unzulässig ist, wenn der Gegner damit einverstanden ist.[46] Die Revision steht daher in den Fällen nicht offen, in denen eine **Urteilsergänzung** nach § 140 Abs. 1 beansprucht werden kann, wenn also das Urteil des LSG (inhaltlich) einen von einem Beteiligten erhobenen Anspruch (Streitgegenstand) ganz oder teilweise (versehentlich) übergangen hat.[47] Hat dagegen das LSG absichtlich – insbesondere rechtsirrig – einen von mehreren Streitgegenständen oder den Teil eines Streitgegenstandes übergangen, steht hiergegen die Revision offen, soweit der Streitgegenstand auch insofern zum BSG gelangt ist.[48] Hat schließlich der Revisionskläger bei teilbarem Streitgegenstand nur begrenzt Revision eingelegt (revisionsrechtlicher Streitgegenstand), hat er zulässigerweise auch die Grenzen der Prüfungs- und Entscheidungsbefugnis des BSG und dessen im Allgemeininteresse zu verrichtender Rechtskontrolle beschränkt.[49]

III. Zulassungsgründe – Abs. 2

1. Normzweck. Die Regelung der Zulassungsgründe in Abs. 2 ist abschließend.[50] Die Zulassungsgründe haben als Ausdruck von Allgemeinbelangen[51] **Filter-** und damit **Entlastungsfunktion** und **begrenzen umgekehrt** – auch insofern **verfassungsmäßig**[52] **– das Individualinteresse an der Beseitigung und Ersetzung unrichtiger Instanzentscheidungen auf den hiermit kompatiblen Bereich.**[53] Sie sollen dem BSG die Konzentration auf die Aufgabe des Revisionsgerichts, die einheitliche Rechtsanwendung zu wahren und der Rechtsfortbildung zu dienen, ermöglichen.[54] Die **Rechtseinheit** als Ziel bestimmt die Konkretisierung der Tatbestände des Abs. 2. Die Zulassungsgründe sind **Maßstab** für die verfahrensgestaltende Entscheidung über die Zulassung. Erst diese, nicht schon das Vorliegen 13

45 Eingehend: May, S. 16 ff.
46 BSG 18.8.1999 – B 4 RA 25/99 B, SozR 3-1500 § 96 Nr. 9 = juris Rn. 16.
47 BSG 18.81999 – B 4 RA 25/99 B, SozR 3-1500 § 96 Nr. 9 = juris Rn. 16; BSG 1.12.2003 – B 4 RA 45/03 B, SozR 3-1500 § 96 Nr. 9; BSG 27.3.2012 – B 5 R 468/11 B, juris.
48 BSG 2.4.2014 – B 3 KR 3/14 B, SozR 4-1500 § 140 Nr. 2 Rn. 7 ff.
49 BSG 28.10.2004 – B 4 RA 7/03 R, juris.
50 Hennig § 160 a Rn. 62.
51 Berchtold/Guttenberger NZS 2017, 121 (122).
52 BVerfG 19.2.1992 – 1 BvR 1935/91, SozR 3-1500 § 160 Nr. 6; BVerfG 23.1.2006 – 1 BVR 1786/01, SozR 4-1500 § 160 a Nr. 12; BVerfG 15.2.2006 – 1 BvR 2597/05, SozR 4-1500 § 160 a Nr. 16.
53 Berchtold/Guttenberger NZS 2017, 121 (121).
54 Henckel, in Rechtsschutz im Sozialrecht, S. 105.

eines Zulassungsgrundes macht die Revision statthaft. Die konstituierende Wirkung der **Zulassungsentscheidung** zeigt sich auch daran, dass das BSG nach Abs. 3 an die Zulassung des LSG gebunden ist. Die Begrenzung des individuellen Rechtsschutzes ist verfassungsmäßig,[55] sofern nicht willkürliche Anforderungen an die Darlegungslast der Beschwerdeführer nach § 160 a Abs. 2 S. 3 gestellt werden.[56]

14 Die Zulassungsgründe sind inhaltlich identisch, unabhängig davon, ob es um die Zulassung bereits in der ursprünglichen Entscheidung des LSG geht oder Zulässigkeit/Begründetheit der Nichtzulassungsbeschwerde in Frage stehen. Dass das LSG allerdings einen tragenden Verfahrensfehler erkannt und im Blick hierauf die Revision zulassen könnte, erscheint jedenfalls praktisch ausgeschlossen. Während zudem das Berufungsgericht allein auf den Zeitpunkt seiner Entscheidung abstellen kann, ergibt sich im Rahmen der Nichtzulassungsbeschwerde durch die Möglichkeit, noch auf während der längstens dreimonatigen Begründungsfrist (§ 160 a Abs. 2 Satz 1, 2) eingetretene Umstände abzustellen, ein ggf. anderer Zeitrahmen auch für die Beurteilung der Begründetheit des Rechtsmittels, die grundsätzlich auf den Zeitpunkt der Entscheidung des Beschwerdegerichts abstellt. Eine positive Begründung von Zulassungsentscheidungen iS einer nachvollziehbaren Subsumption unter die gesetzlichen Regelungen findet sich allenfalls ausnahmsweise. Dies liegt bei den ohnehin wenigen originären Zulassungen durch die Berufungsinstanz (→ § 160 Rn. 3) schon daran, dass die Entscheidung keiner Überprüfung durch das BSG unterliegt (§ 160 Abs. 3), bei den – ebenfalls wenigen – positiven Entscheidungen des BSG (→ § 160 Rn. 3) daran, dass regelmäßig von § 160 a Abs. 4 Satz 2 Hs. 2 Gebrauch gemacht wird. Sich positiv mit den gesetzlichen Zulassungsgründen auseinanderzusetzen, bleibt unter diesen Umständen wesentlich dem Beschwerde führenden Beteiligten überlassen, der in Verfolgung seines Individualinteresses (Art. 19 Abs. 4 GG) die **Bürde des Vortrags der Allgemeinbelange** trägt und damit – nolens volens – entscheidender Sachwalter der zweiten Funktion von Nichtzulassungsbeschwerde und Revision ist.[57] Die wesentliche Richtschnur für sein Tun ergibt sich dabei neben dem Gesetzestext aus der erdrückenden Vielzahl von Negativentscheidungen – soweit nicht auch insofern wegen § 160 a Abs. 4 Satz 2 Halbsatz 2 von einer Begründung abgesehen wurde.

15 Das Verständnis der Voraussetzungen der Revisionszulassung und das zugehörige Verfahren unterliegen in der Praxis einem höchst **heterogenen Gebrauch** der einzelnen Spruchkörper, deren Arbeitsergebnisse allenfalls faktisch Instanz übergreifend in einer extrem restriktiven Zulassungspraxis mit sich kontinuierlich verfeinernden Anforderungen an den Sachvortrag der Beschwerdeführer konvergieren. Allerdings fehlt es rechtlich nicht von vorne herein an Regularien zur Einheitlichkeit der Rechtsprechung. Zwar ist das BSG an Zulassungsentscheidungen der Instanzgerichte schon qua lege gebunden (§ 160 Abs. 3, § 161 Abs. 2 S. 2) bzw. ist die Ablehnung der Zulassung der Sprungrevision unanfechtbar (§ 161 Abs. 2 S. 3), doch handelt es sich jedenfalls bei den eigenen (Nicht-)Zulassungsentscheidungen des BSG jedenfalls partiell um divergenzfähige Entschei-

---

55 BVerfG 19.2.1992 – 1 BvR 1935/91, SozR 3-1500 § 160 Nr. 6; BVerfG 23.1.2006 – 1 BVR 1786/01, SozR 4-1500 § 160 a Nr. 12; BVerfG 15.2.2006 – 1 BvR 2597/05, SozR 4-1500 § 160 a Nr. 16.

56 BVerfG 24.10.2000 – 1 BvR 1412/99, SozR 3-1500 § 160 a Nr. 31.

57 Berchtold/Guttenberger NZS 2017, 121 (122).

dungen iS von §§ 41 Abs. 2, 160 Abs. 2 Nr. 2. Als **divergenzfähige Entscheidungen** kommen nämlich neben Urteilen grundsätzlich auch alle Arten von Beschlüssen in Betracht, wenn in ihnen die (endgültige) Entscheidung einer Rechtsfrage erfolgt.[58] Soweit daher die Beschlüsse des BSG im Verfahren nach § 160 a für ihren Zusammenhang abschließend eine Frage des Revisionszulassungsrechts (zB „was ist eine Rechtsfrage?" bzw. „wann ist sie höchstrichterlich geklärt?") entscheiden, tun sie dies jedenfalls iS von § 41 Abs. 2 auch divergenzfähig.

Nicht divergenzfähig entscheiden Beschlüsse des BSG nach § 160 a dagegen zu bloßen **Vorfragen** in diesem Zusammenhang, also etwa der in Frage stehenden Rechtsfrage selbst. Insofern treffen Beschlüsse, die lediglich ein Rechtsmittel zulassen (oder die Zulassung verweigern) keine Entscheidung zur „angesprochene Rechtsfrage" selbst,[59] sondern beschränken sich darauf, ob diese Frage überhaupt beantwortet werden kann. Bei Ausführungen zu Vorfragen handelt es sich entgegen der Publikationspraxis ua des BSG selbst[60] und einer verbreiteten Zitier- und Rezeptionsweise in Literatur und Instanzrechtsprechung nicht um **„Rechtsprechung"**. Allenfalls kann bei Senaten mit ausschließlicher Rechtsprechungszuständigkeit – wie etwa im Vertragsarztrecht – aus praktischen Gründen (!) eine Tendenz zur faktisch „Rechtsprechung ersetzenden" Einschätzung bestimmter Rechtsfragen angenommen werden. 16

2. Grundsätzliche Bedeutung. a) Merkmale. Grundsätzliche Bedeutung hat eine Sache, wenn sie eine **Rechtsfrage** aufwirft, die sich nach der gegenwärtigen Gesetzeslage sowie dem Stand von Rechtsprechung und Lehre nicht ohne Weiteres beantworten lässt, einer verallgemeinerungsfähigen Antwort des Revisionsgerichts im Allgemeininteresse der Rechtseinheit oder der Fortbildung des Rechts aber bedarf, dh **klärungsbedürftig** ist (→ Rn. 9 f.) und eine Antwort des Revisionsgerichts nach den Gegebenheiten des Falles für die Entscheidung unumgänglich, die Rechtsfrage damit **klärungsfähig** ist (→ Rn. 11).[61] Eine **Rechtsfrage** liegt vor, wenn sie sich abstrakt, nicht also begrenzt auf den konkreten Fall, zum Anwendungsbereich einer bestimmten revisiblen Norm verhält und mit den Mitteln juristischer Methodik zu beantworten ist.[62] Letztendlich muss Ziel der Revision also die Bildung eines Norm konkretisierenden rechtlichen Obersatzes als Antwort auf eine grundsätzlich mit ja oder nein zu beantwortende, also nicht offen formulierte Fragestellung zu einem Tatbestandsmerkmal einer revisiblen 17

---

58 Voelzke in jurisPK-SGG 1. Aufl. (Stand: 25.3.2019), § 41 Rn. 32.

59 Vgl. Leitherer in Meyer-Ladewig/Keller/Leitherer/Schmidt, 13. Aufl. 2020, § 160 Rn. 11 a und BVerwG 28.8.1998 – 2 B 70/98, NVwZ 1999, 406 f., juris Rn. 4 mH auf BVerwG 6.3.1967 – 8 B 1.67, Buchholz 310 § 132 Nr. 55 und vom 22.6.1988 – 9 B 186.88, Buchholz 310 § 132 Nr. 262.

60 Vgl. etwa den materiellen Leitsatz in SozR zu BSG 30.8.2016 – B 2 U 40/16 B, SozR 4-1500 § 183 Nr. 12, obwohl dort in Wahrheit allein die Nichtzulassungsbeschwerde des Beigeladenen verworfen wird; ebenso zum (der Sache nach betroffenen) Prozessrecht exemplarisch BSG 20.1.2016 – B 14 AS 180/15 B, SozR 4-1500 § 73 Nr. 10; 28.6.2016 – B 14 AS 33/16 B, SozR 4-1500 § 132 Nr. 1; 23.3.2017 – B 5 RE 1/17 B, SozR 4-1500 § 123 Nr. 6.

61 BSG 4.6.1975 – 11 BA 4/75, E 40, 41 f. = SozR 1500 § 160 a Nr. 4; BSG 26.6.1975 – 12 BJ 12/75, SozR 1500 § 160 a Nr. 7; BSG 27.1.1999 – B 4 RA 131/98 B, SozR 3-1500 § 160 Nr. 26.

62 Schmidt-Aßmann, Ordnungsidee S. 216 f.; ebenso BSG 7.10.2005 – B 1 KR 107/04, SozR 4-1500 § 160 a Nr. 9 mit der bedenklichen Folgerung, generelle Tatsachen könnten nicht von grundsätzlicher Bedeutung sein.

Norm sein. Rechtspolitische oder bloße Zweckmäßigkeitsfragen zu beantworten, ist dagegen so wenig im Allgemeininteresse zu erledigende Aufgabe des Revisionsgerichts wie erst recht die Entscheidung über den Streitgegenstand bereits im Rahmen der Entscheidung über die Statthaftigkeit der Revision. Ziel der Grundsatzrevision ist – wenn auch im unverzichtbaren Kontext der Entscheidung des Einzelfalls – die Befriedigung des Allgemeininteresses am Inhalt des geltenden Rechts und nicht die Überprüfung des angegriffenen Urteils im Blick auf den entschiedenen Einzelfall als notwendiges Resultat des vorausgegangenen Subsumptionsakts.[63] Die Frage muss sich indes nicht auf eine der in § 51 genannten Materien beziehen. Auch verfassungsrechtliche,[64] gemeinschaftsrechtliche oder sonstige Vorfragen können einem Verfahren grundsätzliche Bedeutung geben.[65] Das BSG hält allerdings eine Zulassung wegen grundsätzlicher Bedeutung für ausgeschlossen, wenn das LSG nur wegen der Bindungswirkung einer unrichtigen Rechtswegentscheidung (§ 17 a Abs. 5 GVG) zur Sache entschieden hat.[66] Das kann wegen mangelnder Folgerichtigkeit nicht überzeugen. Der Beschleunigungszweck rechtfertigt es gerade nicht, die Effektivität des Rechtsschutzes (Art. 19 Abs. 4 GG) durch den gesetzlich bestimmten Richter zu verkürzen.

18 Mit der Nichtzulassungsbeschwerde kann die grundsätzliche Bedeutung auch dann zulässig geltend machen, wenn sich die hierfür maßgeblichen Umstände erst nach Erlass der angegriffenen Nichtzulassungsentscheidung und vor Ablauf der Beschwerdebegründungsfrist ergeben.[67] Soweit derartige Umstände allerdings vor Ablauf der Begründungsfrist nicht vorliegen, ist ein Nachschieben von Gründen unzulässig.[68] Maßgeblicher **Zeitpunkt für die Begründetheit** der Nichtzulassungsbeschwerde wegen grundsätzlicher Bedeutung ist grundsätzlich der Zeitpunkt der Entscheidung über das Rechtsmittel, maßgeblicher Sachstand daher der jeweils aktuelle Stand der bundesgerichtlichen Rechtsprechung zu diesem Zeitpunkt.[69] Hiervon ist jedoch aus verfassungsrechtlichen Gründen eine Abweichung geboten, wenn die grundsätzliche Bedeutung – etwa wegen Klärung der Rechtsfrage in einem anderen Verfahren – nachträglich entfallen ist und die Revision Aussicht auf Erfolg hatte. Hier darf der Wegfall der Allgemeinwohlbelange nicht dazu führen, dass dem Beschwerdeführer der Erfolg seines Rechtsmittels aus der Hand geschlagen wird.[70] Letztendlich dieselben Gründe

63 Vgl. BSG 24.5.2007 – B 3 P 7/07 B, juris Rn. 7.
64 BSG 22.8.1975 – 11 BA 8/75, E 40, 158 ff.
65 BSG 22.8.1975 – 11 BA 8/75, E 40, 158 = SozR 1500 § 160 a Nr. 11; BSG 22.10.1975 – 8 BU 88/75, SozR 1500 § 160 a Nr. 17 die dort erörterte gegenteilige Auffassung des BGH dürfte überholt sein.
66 BSG 12.5.05 – B 3 P 13/04 B, SozR 4-1500 § 160 Nr. 6 mit Hinweisen auf Rspr. des BVerwG.
67 Vgl. entsprechend zum nachträglichen Ergehen einer divergenzfähigen Entscheidung BSG 8.9.2015 – B 1 KR 34/15 B, SozR 4-1500 § 160 Nr. 28 im Anschluss an BSG 15.12.1976 – 4 BJ 1/76, SozR 1500 § 160 Nr. 25. Zu Erleichterungen der Begründung in diesem Fall BSG 29.11.1989 – 7 BAr 130/88, SozR 1500 § 160 a Nr. 67.
68 Vgl. entsprechend zur Divergenz BSG 26.6.2006 – B 1 KR 19/06 R, SozR 4-1500 § 160 Nr. 10 Rn. 4.
69 BSG 16.10.1986 – 5 b BJ 338/85, SozR 1500 § 160 Nr. 61; 31.5.2006 – B 6 KA 44/05 B, MedR 2006, 672; 19.7.2006 – B 6 KA 5/06 B und 28.11.2007 – B 6 KA 45/07 B, juris; 9.2.2011 – B 6 KA 49/10 B, SozR 4-5520 § 21 Nr. 1, Rn 22 und 16.4.2013 – B 14 AS 206/12 B, juris.
70 Vgl. zum Wegfall der grundsätzlichen Bedeutung BVerfG 29.9.2010 – 1 BvR 2649/06, juris Rn. 23.

führen zum Erfolg der zulässig wegen grundsätzlicher Bedeutung eingelegten Nichtzulassungsbeschwerde, wenn erst nachträglich (nach Ablauf der Beschwerdebegründungsfrist) die umstrittene Rechtsfrage in einem der Auffassung der Vorinstanz widersprechenden Sinn entschieden wird.[71]

b) **Klärungsbedürftigkeit. Klärungsbedürftig** ist eine entscheidungserhebliche Rechtsfrage, wenn die Antwort auf sie nicht praktisch außer Zweifel steht,[72] oder nicht so gut wie unbestritten ist.[73] Hieran fehlt es offensichtlich, wenn die Beantwortung der aufgeworfenen Rechtsfrage nach der dazu ergangenen höchstrichterlichen Rechtsprechung keinem vernünftigen Zweifel unterliegt, die Frage also „geklärt ist".[74] Auch wenn allerdings höchstrichterliche Rechtsprechung vorliegt, aus der sich die Beantwortung der aufgeworfenen Rechtsfrage zumindest mittelbar ergibt, ist die Klärungsbedürftigkeit grundsätzlich zu verneinen.[75] 19

Klärungsbedürftigkeit kann sich aber **erneut** ergeben, wenn der Rechtsprechung in nicht geringfügigem Umfang und mit nicht von vornherein abwegigen Einwänden in Praxis oder Lehre entgegengetreten wird.[76] Um darzulegen, dass eine geklärte Problematik noch oder wieder grundsätzliche Bedeutung hat, muss aufgezeigt werden, in welchem Umfang, von welcher Seite und mit welcher Begründung der Rechtsprechung widersprochen wird bzw inwiefern die Beantwortung der Rechtsfrage umstritten ist oder welche neuen erheblichen Gesichtspunkte zu berücksichtigen sind, die zu einer Neubetrachtung der bereits entschiedenen Rechtsfrage führen könnten und eine anderweitige Entscheidung nicht offensichtlich ausschließen. Diese Umstände müssen substantiiert dargetan werden, was nur auf der Grundlage der bisherigen Rechtsprechung und in Auseinandersetzung mit ihr möglich ist.[77] Selbst wenn verschiedene Berufungssenate widersprüchliche Entscheidungen treffen, folgt allein daraus noch nicht zwingend, dass der Entscheidungsmaßstab wieder klärungsbedürftig geworden ist.[78] Entscheidend ist dabei die Substanz der Argumente, nicht wo die Einwände in Rechtsprechung, Schrifttum oder durch den Beteiligten erhoben werden. Dies gilt auch für die Frage, ob abweichende Entscheidungen oder Begründungen der Vorinstanzen ein Indiz für die Klärungsbedürftigkeit darstellen.[79] Daran fehlt es, wenn ein Gericht die Rechtsfrage nicht erkannt hat.[80] Auch ohne Änderung der einschlägigen Norm kann sich erneut Klärungsbedürftigkeit durch die weitere Rechtsentwicklung (Gesetzgebung, Rechtsprechung) ergeben, wenn eine Frage 20

---

71 So bereits BSG 15.12.1976 – 4 BJ 1/76, SozR 1500 § 160 Nr. 25.
72 BSG 22.8.1975 – 11 BA 8/75, E 40, 158 (159 f.) = SozR 1500 § 160 a Nr. 11; BSG 30.5.2005 – B 4 RA 257/04 R, SozR 4-1500 § 160 a Nr. 7.
73 BSG 22.10.1975 – 12/11 BA 116/75, SozR 1500 § 160 Nr. 17.
74 ZB BSG 12.2.2014 – B 1 KR 30/13 B Rn. 6, juris; BSG 21.10.2010 – B 1 KR 96/10, juris Rn. 7 mwN.
75 BSG 4.6.1975 – 11 BA 8/75, E 40, 42 = SozR 1500 § 160 a Nr. 4; BSG 9.12.1993 – 2 BU 87/93, SozR 3-2200 § 550 Nr. 7; zuletzt etwa BSG 30.8.2016 – B 2 U 40/16 B, SozR 4-1500 § 183 Nr. 12.
76 BSG 25.9.1975 – 12 BJ 94/75, SozR 1500 § 160 a Nr. 13.
77 BSG 18.1.2017 – B 5 RS 44/16 B, juris Rn. 9 mwN.
78 BSG 18.1.2017 – B 5 RS 44/16 B, juris Rn. 9 mwN.
79 BSG 8.10.1970 – 9 RV 556/69, SozR Nr. 194 zu § 162 SGG.
80 Kummer, S. 61.

damit in anderen Zusammenhängen zu sehen ist.[81] Ebenso können grundlegende Veränderungen der Lebensverhältnisse (Normbereich; → § 1 Rn. 21) ein erneutes Klärungsbedürfnis begründen.[82] Wie bei der Berufung auf verfassungsrechtliche Grundsätze bedarf es hierzu substantieller Argumentation,[83] allgemeine Behauptungen oder die Ausbreitung der eigene Rechtsmeinung[84] genügen nicht. Auch wenn dadurch der Anspruch auf den gesetzlichen Richter berührt wird, gesteht das BVerfG dem BSG in der Frage, ob Einwendungen gegen eine bereits vorliegende Grundsatzentscheidung gewichtig genug sind, um eine erneute Klärungsbedürftigkeit zu begründen, allgemein ein gewisser Beurteilungsspielraum ein.[85]

21 c) **Breitenwirkung.** Grundsätzliche Bedeutung fordert eine **fallübergreifende Bedeutung,** die für eine Vielzahl von Fällen von Belang sein könnte (sog Breitenwirkung).[86] Die Sache muss geeignet sein, das BSG zu einer **verallgemeinerungsfähigen Aussage** zu veranlassen.[87] Daran fehlt es, wenn sich die Rechtsfrage nur wegen der besonderen Verhältnisse des Einzelfalls stellt,[88] bei auslaufendem oder nicht mehr geltendem Recht,[89] Übergangsvorschriften nach einer gewissen Zeit des Inkrafttretens des Gesetzes[90] oder Maßnahmegesetzen.[91] Breitenwirkung kann in solchen Fällen aber bestehen, wenn die Revisionsentscheidung noch eine Vielzahl anhängiger Verfahren beeinflussen könnte oder sich die Rechtsfrage auch weiterhin im geltenden Recht stellt.

22 **Höchst ausnahmsweise** verzichtet das BSG auf schlüssige Angaben zur Breitenwirkung in der Beschwerdebegründung. Eine etwaige Mangelhaftigkeit des Vortrags ist ausnahmsweise unschädlich, weil die fallübergreifende Bedeutung der angestrebten Entscheidung bereits aufgrund der Vielzahl anhängiger Parallelverfahren offenkundig ist (§ 202 S. 1 SGG iVm § 291 ZPO). Konkrete Darlegungen zu diesem Punkt sind dann entbehrlich.[92]

23 d) **Klärungsfähigkeit. Klärungsfähig** ist eine Rechtsfrage nur, wenn sie im konkreten Verfahren eine die Entscheidung tragende Antwort erfordert.[93] Daran fehlt es, wenn ein in den Revisionsrechtszug fortwirkender und von Amts wegen zu beachtender Verfahrensmangel einer Sachentscheidung entgegensteht,[94] wenn das angefochtene Urteil mehrere voneinander unabhängige Begründungen auf-

81 Sehr kategorisch allerdings BSG 12.2.2014 – B 1 KR 30/13 B, juris Rn. 6: „Fragen tatsächlicher Art können nicht zur Zulassung der Revision wegen grundsätzlicher Bedeutung der Sache führen, wenn lediglich die Klärungsbedürftigkeit konkret-individueller oder so genannter allgemeiner (genereller) Tatsachen von nicht normativer Qualität betroffen ist."
82 Kummer, S. 61.
83 BSG 22.4.1997 – 11 BAr 3/97, SozR 3-1500 § 160 a Nr. 23.
84 BSG 10.12.2012 – B 13 R 361/12 B, juris Rn. 6.
85 BVerfG 14.6.1994 – 1 BvR 1022/88, BVerfGE 91, 93 ff. = juris Rn. 87.
86 Etwa BSG 26.10.2015 – B 10 ÜG 13/15 B, juris.
87 BSG 26.6.1975 – 12 BJ 12/75, SozR 1500 § 160 a Nr. 7.
88 Kummer, S. 62 f.
89 BSG 28.11.1975 – 12 BJ 150/75, SozR 1500 § 160 a Nr. 19.
90 Kummer, S. 69.
91 BSG 14.8.2000 – B 2 Urt. 86/00 B, SozR 3-1500 § 160 a Nr. 30.
92 BSG 30.6.2016 – B 5 RS 40/15 B, juris mH ua auf BVerfG 6.2.2007 – 1 BvR 191/06, NJW-RR 2007, 862 = juris Rn. 15; BGH 18.3.2004 – V ZR 222/03, NJW 2004, 1960 = juris Rn. 10; BFH 9.5.1988 – IV B 35/87, BFHE 153, 378 = juris Rn. 11 seither in stRspr.
93 BSG 27.8.2019 – B 11 AL 28/19 B, juris Rn. 8.
94 BSG 25.6.1980 – 1 BA 23/80, SozR 1500 § 160 Nr. 39; zuletzt etwa BSG 17.2.2020 – B 1 KR 21/19 B, juris Rn. 8.

weist, eine Entscheidung deshalb auch ohne Antwort auf die Rechtsfrage möglich ist,[95] das BSG nach einer Zurückverweisung einer innerprozessualen Bindungswirkung unterliegt[96] oder dem angefochtenen Urteil tatsächliche Feststellungen fehlen, die keine abschließende Entscheidung über die Rechtsfrage zulassen.[97] Durch das BSG klärungsfähig sind auch nur Rechtsfragen, die sich auf revisibles Recht (§ 162) beziehen.[98]

Klärungsbedürftigkeit ergibt sich nicht auf Basis des Beteiligtenvortrags, sondern immer nur auf der Grundlage der bereits vorliegenden[99] **Feststellungen**, die das LSG für das Revisionsgericht verbindlich (§ 163) getroffen hat.[100] Fragen, die sich nur entscheidungserheblich dann stellen würden, wenn die Vorinstanzen andere oder weitere tatsächliche Feststellungen getroffen hätten, können im Revisionsverfahren nicht geklärt werden.[101] Mit der Beschwerde muss daher substantiiert dargelegt werden, was das LSG im Einzelnen verbindlich festgestellt oder festzustellen unterlassen hat. Nur dann lässt sich abschließend beurteilen, ob sich die aufgeworfenen Rechtsfragen in einem Revisionsverfahren überhaupt entscheidungserheblich stellen würden.[102] 24

Dies gilt nach BSG 31.7.2017[103] auch, wenn es im Revisionsverfahren zu einer **Zurückverweisung** zur weiteren Sachaufklärung kommen kann. Auch hiernach genügt nicht, dass lediglich die bloße Möglichkeit besteht, dass die formulierte Rechtsfrage nach Zurückverweisung der Sache an das Berufungsgericht aufgrund weiterer Sachverhaltsaufklärung entscheidungserheblich werden kann. Es ist nicht Aufgabe des Revisionsgerichts, über eine **abstrakte Rechtsfrage** zu entscheiden, deren Bedeutung für den konkreten Rechtsstreit (noch) nicht feststeht, zumal die Revisionszulassung hier zur Umgehung der Beschränkung der Verfahrensrevision in § 160 Abs. 2 Nr. 3 Hs. 2 führen würde. Dagegen handelt es sich bei den weiteren Ausführungen in dieser Entscheidung zur Frage, ob jede Zurückverweisung im Revisionsverfahren ausgeschlossen sein und eine Entscheidung des BSG nicht in einer Zurückverweisung bestehen darf,[104] evident um **obiter dicta.** 25

3. Abweichung. a) Maßstab. Der Tatbestand der **Abweichung** gilt als besondere Form der grundsätzlichen Bedeutung idF des Gesetzes vom 2.8.1993 (BGBl. 1993 I 1442). Danach sind möglicher Gegenstand einer Abweichung (Rechtssätze in) Entscheidungen des BSG, des Gemeinsamen Senats der OGH und des BVerfG, nicht aber der anderen Obersten Bundesgerichte, die mit tragenden Rechtssätzen des angefochtenen Urteils unvereinbar sind. Mit der Nichtzulassungsbeschwerde kann eine Divergenz auch dann geltend machen, wenn ei- 26

95 BSG 24.9.1980 – 11 BLw 4/80, SozR 1500 § 160 a Nr. 38; BSG 19.3.1986 – 7 BAr 75/85, SozR 1500 § 160 a Nr. 58; BSG 8.2.2000 – B 1 KR 29/99 B, SozR 3-1500 § 160 a Nr. 28.
96 BSG 14.6.1984 – 1 BJ 72/84, SozR 1500 § 160 Nr. 53.
97 BSG 16.12.1993 – 7 BAr 126/93, SozR 3-1500 § 160 a Nr. 16.
98 BSG 15.10.1975 – 11 BA 88/75, SozR 1500 § 160 Nr. 10.
99 Hiervon geht zutreffend auch BSG 31.7.2017 – B 1 KR 47/16 B, SozR 4-1500 § 160 Nr. 30 Rn. 10 aus.
100 BSG 31.7.2017 – B 1 KR 47/16 B, SozR 4-1500 § 160 Nr. 30 Rn. 8; BSG 13.1.2017 – B 12 R 23/16 B, juris Rn. 20.
101 BSG 26.8.2019 – B 9 V 6/19 B, juris Rn. 15 mH auf Karmanski in Roos/Wahrendorf SGG, 2014, § 160 a Rn. 64.
102 BSG 26.8.2019 – B 9 V 6/19 B, juris Rn. 16.
103 B 1 KR 47/16 B, SozR 4-1500 § 160 Nr. 30 Rn. 10.
104 BSG 31.7.2017 – B 1 KR 47/16 B, SozR 4-1500 § 160 Nr. 30 Rn. 8 f.

nes der genannten Gerichte erst nach Erlass der angegriffenen Nichtzulassungsentscheidung und vor Ablauf der Beschwerdebegründungsfrist einen Rechtssatz aufstellt, von dem die angegriffene vorinstanzliche Entscheidung entscheidungstragend abweicht.[105] Ist allerdings die Entscheidung vor Ablauf der Begründungsfrist nicht wirksam ergangen, kommt eine „Abweichung" schon begrifflich nicht in Betracht und ist ein Nachschieben von Gründen unzulässig.[106] Die Nichtzulassungsbeschwerde kann in derartigen Fällen nur dann zulässig sein, wenn sie frist- und formgerecht die Voraussetzungen der grundsätzlichen Bedeutung iS der Nr. 1 dargelegt hat.[107] Maßgeblicher **Zeitpunkt für die Begründetheit** der Divergenzrüge ist grundsätzlich der Zeitpunkt der Entscheidung über das Rechtsmittel, maßgeblicher Sachstand daher der jeweils aktuelle Stand der bundesgerichtlichen Rechtsprechung zu diesem Zeitpunkt.[108] Hiervon ist jedoch aus verfassungsrechtlichen Gründen eine Abweichung geboten, wenn die Divergenz – etwa wegen Aufgabe des divergenzfähigen Rechtssatzes – nachträglich entfallen ist und die Revision Aussicht auf Erfolg hatte. In diesen Fällen darf das Entfallen der Allgemeinwohlbelange nicht dazu führen, dass dem Beschwerdeführer der Erfolg seines Rechtsmittels aus der Hand geschlagen wird.[109] Letztendlich dieselben Gründe führen zum Erfolg der zulässig wegen grundsätzlicher Bedeutung eingelegten Nichtzulassungsbeschwerde, wenn erst nachträglich (nach Ablauf der Beschwerdebegründungsfrist) die umstrittene Rechtsfrage in einem der Auffassung der Vorinstanz widersprechenden Sinn entschieden wird.[110]

27 **b) Merkmale.** Es handelt sich um einen **prozesstechnischen Begriff**, der im Hinblick auf den Zweck der Revision (Rechtseinheit) und die Entlastungsfunktion der Zulassungsgründe zu verstehen ist (→ § 41 Rn. 2 ff. mwN). In diesem Sinne ist Abweichung ein Sonderfall der grundsätzlichen Bedeutung[111] und betrifft daher auch den **Dissens im Grundsätzlichen**. Sie setzt die Identität der in verschiedenen Entscheidungen beantworteten Rechtsfrage voraus.[112] Abweichung besteht in einem **Widerspruch im abstrakten Rechtssatz**; sie liegt vor, wenn das LSG einen tragenden abstrakten Rechtssatz zum revisiblen Recht – einschließlich ua des Verfahrensrechts[113] – (objektiv) abweichend von einem (aktuell aufrecht erhaltenen) tragenden Rechtssatz in einer Entscheidung des BSG, des GmSOGB oder des BVerfG aufgestellt hat.[114] Mit dem mehrdeutigen Begriff „Rechtssatz" ist eine rechtliche Aussage zum Obersatz des Syllogismus gemeint,

105 BSG 8.9.2015 – B 1 KR 34/15 B, SozR 4-1500 § 160 Nr. 28 im Anschluss an BSG 15.12.1976 – 4 BJ 1/76, SozR 1500 § 160 Nr. 25. Zu Erleichterungen der Begründung in diesem Fall BSG 29.11.1989 – 7 BAr 130/88, SozR 1500 § 160 a Nr. 67.
106 BSG 26.6.2006 – B 1 KR 19/06 R, SozR 4-1500 § 160 Nr. 10 Rn. 4.
107 BSG 26.6.2006 – B 1 KR 19/06 R, SozR 4-1500 § 160 Nr. 10 Rn. 4 mwN.
108 BSG 16.10.1986 – 5 b BJ 338/85, SozR 1500 § 160 Nr. 61; 31.5.2006 – B 6 KA 44/05 B, MedR 2006, 672; 19.7.2006 – B 6 KA 5/06 B, und 28.11.2007 – B 6 KA 45/07 B, juris; 9.2.2011 – B 6 KA 49/10 B, SozR 4-5520 § 21 Nr. 1 Rn 22 und 16.4.2013 – B 14 AS 206/12 B, juris.
109 Vgl. zum Wegfall der grundsätzlichen Bedeutung BVerfG 29.9.2010 – 1 BvR 2649/06, juris Rn. 23.
110 BSG 15.12.1976 – 4 BJ 1/76, SozR 1500 § 160 Nr. 25.
111 BSG 12.5.1999 – B 4 RA 181/98 B, SozR 3-1500 § 160 Nr. 26.
112 BSG 6.12.1979 – GS 1/79, E 49, 175 (178) = SozR 5050 § 15 Nr. 13.
113 Vgl. BSG 16.11.1987 – 5 b BJ 118/87, SozR 1500 § 160 a Nr. 60.
114 BSG 29.11.1989 – 7 BAr 130/88, SozR 1500 § 160 a Nr. 67.

nicht also seine lediglich fehlerhafte Anwendung im Einzelfall.[115] Es muss sich dabei jeweils um eine tragende Begründung der Entscheidung handeln, die Entscheidung hätte also anders ausfallen müssen, wäre der in Frage stehende Rechtssatz nicht zur Anwendung gekommen. Beruht eine Entscheidung des Berufungsgerichts auf mehreren selbstständig tragenden Begründungen, so kann die Nichtzulassungsbeschwerde nur dann zur Zulassung der Revision führen, wenn für jede dieser Begründungen ein Zulassungsgrund erfolgreich geltend gemacht wird.[116]

Bloß **beiläufige Bemerkungen** zur Rechtslage (obiter dicta) sind nicht geeignet, eine Abweichung zu begründen. Es kommt nicht darauf an, ob das LSG von höchstrichterlicher Rechtsprechung abweichen will, wohl aber darauf, dass es seinem Verständnis des revisiblen Bundesrechts (§ 162) einen durch dessen Auslegung gewonnenen (objektiv) abweichenden abstrakt-generellen Rechtssatz unterhalb der normativen Regelung zugrunde legen will.[117] Eine Abweichung ist auch gegeben, wenn das LSG eine abweichende Rechtsansicht idS entwickelt, ohne die höchstrichterliche Rechtsprechung zu kennen. Soweit eine Divergenzbeschwerde einen konkludent, dh **verdeckt aufgestellten** Rechtssatz behauptet,[118] muss sie darlegen, dass dieser Rechtssatz sich nicht erst nachträglich logisch induktiv aus dem Entscheidungsergebnis herleiten lässt, sondern dass dieses Ergebnis deduktiv aus dem Rechtssatz folgt, der in der Entscheidung zweifellos enthalten ist.[119] Dabei kommt es nicht darauf an, ob die Rechtsprechung übersehen oder verkannt wurde oder zum Zeitpunkt der Entscheidung noch gar nicht bekannt sein konnte.[120] Auch in einem solchen Fall ist der Allgemeinbelang der **Rechtseinheit** betroffen. 28

4. Verfahrensmangel. a) Verfahrensaufsicht. Der Zulassungsgrund Verfahrensmangel nach Nr. 3 rechtfertigt die Befassung des BSG, ohne dass der Sache über den Einzelfall hinaus Bedeutung zukommt. Das Revisionsgericht übt bundesweit Verfahrensaufsicht aus[121] und gewährleistet auch insoweit Rechtseinheit. Den mit der ausschließlichen Zulassungsrevision angestrebten Entlastungseffekt für das BSG hält das Gesetz nach § 160 Abs. 2 Nr. 3 aber für gefährdet, wenn die Verletzung des prozessualen Rechts, einen bestimmten Sachverständigen zu verlangen (§ 109), die Verletzung der Grenzen tatrichterlicher Beweiswürdigung (§ 128 Abs. 1 S. 1) und die Verletzung der Amtsermittlungspflicht (§ 103) uneingeschränkt den Revisionsrechtszug eröffneten. Diese **Einschränkung des Rechtsschutzes** durch die Revision ist – jedenfalls ausgehend von der Belastungssituation des BSG im Jahre 1974 – verfassungsmäßig.[122] Es fällt indessen auf, dass der Gesetzgeber trotz deutlich veränderter Ausgangslage beim BSG seiner **Beobachtungspflicht** hinsichtlich möglicher Missstände nicht nachgekommen ist und we- 29

115 BSG 12.5.1999 – B 4 RA 181/98 B, SozR 3-1500 § 160 Nr. 26.
116 Vgl. BSG 24.9.1980 – 11 BLw 4/80, SozR 1500 § 160 a Nr. 38; 22.4.2010 – B 1 KR 145/09 B; 5.12.2007 – B 11 a AL 112/07 B; 25.6.2007 – B 3 KR 28/06 B; 27.7.2006 – B 7 a AL 52/06 B; zuletzt 24.2.2016 – B 8 SO 88/15 B.
117 Missverständlich: BSG 12.5.1999 – 4 RA 181/98 B, SozR 3-1500 § 160 Nr. 26; nicht zutreffend: BSG 6.5.2009 – B 6 A 1/08 R, E 103, 106 = SozR 4-2500 § 94 Nr. 2 Rn. 31.
118 BSG 31.7.2017 – B 1 KR 47/16 B, SozR 4-1500 § 160 Nr. 30 Rn. 13 ff.
119 BSG 25.10.2016 – B 10 ÜG 24/16 B, juris Rn. 13 mH auf BSG 19.12.2011 – B 12 KR 42/11 B und vom 27.1.1999 – B 4 RA 131/98 B, SozR 3-1500 § 160 Nr. 26.
120 Kummer, S. 76 f.
121 Henckel in Rechtsschutz im Sozialrecht, S. 105, 107.
122 BVerfG 12.4.1989 – 1 BvR 1425/88, SozR 1500 § 160 Nr. 69.

der die teilweise vollständig fehlende Beachtung des prozessualen Rechts aus § 109 Abs. 1 Satz 1 noch die weithin zu beobachtende Vernachlässigung von Ermittlungspflichten (§ 103 Satz 1 SGG) zum Anlass für Reformüberlegungen genommen hat.[123] Die Verfahrenseinheitlichkeit im Bundesgebiet bleibt damit nur unvollständig geschützt.

30 b) **Merkmale.** Verfahrensmängel sind Verletzungen von revisiblen Normen (nicht nur in den Prozessgesetzen), die den Weg zur richterlichen Entscheidung sowie die Art und Weise von deren Erlass regeln (zB Entscheidung durch Prozess- statt durch Sachurteil)[124] und das Gericht bei der Urteilsfindung beeinflusst haben (error in procedendo). Hiervon umfasst ist das unmittelbare Handeln des Gerichts einschließlich der fehlerhaften Beurteilung von dessen prozessualen Voraussetzungen. Sie sind von Verstößen gegen Regelungen zu unterscheiden, die den Inhalt der richterlichen Entscheidung bestimmen (error in iudicando) und für die Statthaftigkeit der Revision grundsätzlich keine Rolle spielen. Schon der letztgenannte Gesichtspunkt macht die Unterscheidung ungeachtet mit ihr möglicherweise verbundener Schwierigkeiten unumgänglich. Da auch Normen des Verfahrensrechts Rechtsfragen von grundsätzlicher Bedeutung aufwerfen können (→ Rn. 22 ff.), ist eine Abgrenzung auch insofern erforderlich. Ein geeignetes Differenzkriterium könnte darin liegen, Verfahrensfehler iS der Nr. 3 nur bei geklärtem Anwendungsbereich einer Verfahrensnorm anzunehmen, während ansonsten nur die Grundsatzrevision verbleibt.[125]

31 aa) **Berufungsverfahren.** Verfahrensmängel iSd Nr. 3 sind grundsätzlich nur **Rechtsverletzungen im Berufungsverfahren.** Verfahrensfehler im Verwaltungsverfahren sind aus der Sicht des Gerichtsverfahrens solche materieller Art und damit vorliegend generell unbeachtlich.[126] Verfahrensfehler des erstinstanzlichen Verfahrens liegen dem Berufungsurteil nur ausnahmsweise zugrunde, wenn sie im Berufungsverfahren fortwirken, folglich (auch) als Mangel des dortigen Verfahrens anzusehen sind und von Amts wegen in jeder Instanz zu berücksichtigen sind (so etwa, wenn das SG zu Unrecht eine Prozessurteil gefällt und das LSG dieses bestätigt, also ebenfalls nicht zur Sache entschieden hat).[127] Dagegen stellt die unzutreffende Beurteilung von Mängeln im Verfahren der ersten Instanz durch das Berufungsgericht keinen Mangel des Berufungsverfahrens dar.[128]

32 bb) **Verfahrensmangel – Entscheidungsmangel.** Verfahrensmängel sind Rechtsverletzungen auf dem Weg zum Urteil und im Urteilsverfahren einschließlich des äußeren Ausdrucks der Entscheidung (error in procedendo).[129] Sie erfassen auch

123 BVerfG 27.1.2011 – 1 BvR 3222/09, juris.
124 Zuletzt etwa BSG 15.6.2016 – B 4 AS 651/15 B, juris.
125 Anders wohl BFH 26.2.1970 – IV B 93/69, BFHE 99, 6 ff.: Ausschluss der Verfahrensrüge bei rechtlich falscher Beurteilung von verfahrensrechtlichen Vorschriften, die den Inhalt der Entscheidung selbst bilden (Wiedereinsetzung), weil andernfalls jede Unzulässigkeitsentscheidung anfechtbar wäre und der Gesetzgeber das offenbar nicht gewollt habe. Abgesehen davon, dass eine derartige Entscheidung des Gesetzgebers jedenfalls dem SGG nicht entnommen werden kann, bleibt dabei unberücksichtigt, dass in Fällen der vorliegenden Art die Frage des zu Unrecht ergangenen Prozessurteils im Raum steht, die der BFH selbst dem Bereich „Verfahrensmangel" zuordnet.
126 BSG 18.4.1958 – 10 RV 1035/56, SozR Nr. 95 zu § 162.
127 BSG 25.4.2001 – B 9 V 70/00 B, SozR 3-1500 § 73 Nr. 10 und 15.12.1955 – 4 RJ 108/54, SozR Nr. 40 zu § 162.
128 BSG 15.12.1955 – 4 RJ 108/54, SozR Nr. 40 zu § 162.
129 Vgl. die Beispiele bei Berchtold/Richter PHdB-SozS § 8 Rn. 120.

die äußeren Grenzen der richterlichen Entscheidungskompetenz in Gestalt des Verstoßes gegen § 123 einschließlich des Verbots der Schlechterstellung (reformatio in peius)[130] und der Zurückverweisung an die Verwaltung ohne Vorliegen der Voraussetzungen.[131] Die Verletzung des **Rechts auf zügiges Verfahren** (Art. 6 und 13 EMRK und Art. 2 Abs. 1, 20 Abs. 3 GG Justizgewährungsanspruch) durch überlange Verfahrensdauer hat mittlerweile eine eigenständige abschließende Regelung durch das Gesetz über den Rechtsschutz bei überlangen Gerichtsverfahren und strafrechtlichen Ermittlungsverfahren vom 24.11.2011 (BGBl. 2011 I 2302) erhalten und kann nicht mehr zur Zulassung der Revision führen.[132] Verfahrensfehler betreffen auch die (in ihrem Ergebnis dem materiellen Recht zugehörige) **Bildung der tatrichterlichen Überzeugung** vom Vorliegen des rechtlich relevanten Sachverhalts nach (§ 128 Abs. 1 Satz 1),[133] soweit deren äußere Grenzen, dh die Frage der Vollständigkeit sowie die Berücksichtigung von Denkgesetzen oder Erfahrungssätzen,[134] in Frage stehen. Für die **Nichtzulassungsbeschwerde** ist die Berücksichtigung derartiger im Zusammenhang des § 128 Abs. 1 Satz 1 stehenden Verfahrensfehler durch § 160 Abs. 2 Nr. 3 Teilsatz 2 Regelung 2 (einschließlich einer in der Beweiswürdigung liegenden Verletzung des Rechtssicherheitsgebots, des Willkürverbots und des Gleichheitssatzes, allerdings ohne die gesondert zu würdigende Rüge der Verletzung des Rechts auf rechtliches Gehör)[135] kategorisch ausgeschlossen, während mit der **Revision** die Tatsachenfeststellung des Berufungsgerichts, soweit sie auf der tatrichterlicher Würdigung des Gesamtergebnisses beruht, gerade nur durch entsprechende Rügen als „zulässige und begründete Revisionsrügen" (§ 163) vorgebracht werden können. Dagegen kann weder der Beschwerde- noch der Revisionsführer inhaltlich mit dem Vortrag gehört werden, das Ergebnis der (allein dem Tatsachengericht vorbehaltenen!) Beweiswürdigung sei sachlich unrichtig.

Dagegen sind inhaltliche Mängel der Entscheidung selbst (error in iudicando) 33
grundsätzlich kein Verfahrensmangel. Dies gilt zB für **Subsumtionsfehler** bei der Rechtsanwendung, soweit sie sich nicht gerade auf die Anwendung von Verfahrensnormen beziehen, sowie für die Verletzung von Beweislastregeln.[136] Die herkömmliche Unterscheidung in Verfahres- und Entscheidungsfehler scheint an Trennschärfe zu verlieren, wo es um **Entscheidungsmängel** geht, die zugleich einen **Verfahrensmangel** enthalten. Typischerweise trifft dies für den Erlass eines Prozessurteils anstelle einer Sachentscheidung oder eines Sachurteils anstelle eines gebotenen Prozessurteils zu.[137] Die gebotene Zuordnung zu den Verfahrensfehlern beruht in der Sache darauf, dass es nicht um den Inhalt derartiger Entscheidungen, sondern um ihr „ob" einer Sachentscheidung geht, das in beiden Fällen aus allein verfahrensrechtlichen Gründen verkannt wurde. „In iudican-

130 BSG 30.9.2002 – B 11 AL 33/02 B, juris.
131 BSG 14.11.1961 – 11 RV 20/61, E 15, 240 (242).
132 Berchtold in Berchtold/Richter PHdB-SozS § 8 Rn. 152 mH auf BSG 21.5.2013 – B 14 AS 315/12 B, juris.
133 Vgl. etwa Berchtold, Juristische Anforderungen an sozialmedizinische Gutachten, DRV 1999, 420 (unter III a) und in Berchtold/Richter PHdB-SozS § 6 Rn. 416 ff.
134 BSG 26.1.1977 – 11 BA 184/76, SozR 1500 § 160 Nr. 26; 11.8.2015 – B 9 SB 1/14 R.
135 Zuletzt BSG 7.6.2016 – B 13 R 40/16 B, juris.
136 Hennig § 160 Rn. 113; Kummer, Rn. 454; aA May SGb 1958, 378 (379).
137 BSG 27.10.1955 – 4 RJ 105/54, E 1, 284 (287); BSG 9.12.1969 – 9 RV 358/69, SozR Nr. 191 zu § 162 SGG; BSG 17.12.2019 – B 8 SO 8/19 B, juris Rn. 6.

do“ betrifft folglich allein die Sachentscheidung, zu der der Richter gesetzlich ermächtigt war.

34 cc) **Sonstige Verfahrensmängel.** Verfahrensfehler, die nicht den Weg zur Entscheidung in der Hauptsache betreffen – fehlerhafte Rechtsmittelbelehrung,[138] Nichtzulassung der Revision,[139] fehlerhafte Kostenentscheidung[140] – begründen keinen Zulassungsgrund. Fehler bei Entscheidungen, die nicht oder nur mit besonderen Rechtsmitteln anfechtbar sind, können die Revision ebenfalls grundsätzlich nicht eröffnen.[141] Mängel, die bei der Abfassung des Urteils auftreten (säumige Absetzung, Unrichtigkeit im Tatbestand) führen nicht zur Zulassung, weil sie mit §§ 134, 135 bloße Ordnungsvorschriften betreffen[142] bzw. das Rechtsschutzbedürfnis fehlt, wenn der Mangel sich durch Urteilsberichtigung (§ 138), Tatbestandsberichtigung (§ 139) oder Urteilsergänzung (§ 140) beheben lässt. Enthält das Urteil allerdings **nicht hinreichende tatsächliche Feststellungen,** die eine Nachprüfung der Entscheidung im Revisionsrechtszug ermöglichen[143] oder **fehlen Entscheidungsgründe,** weil das Urteil überhaupt keine Gründe enthält oder die vorhandenen Gründe so extrem mangelhaft sind, dass sie ihrer Funktion nicht genügen können,[144] weil das rechtserhebliche Vorbringen der Beteiligten im Tatbestand nicht vollständig angesprochen sind,[145] das LSG zu Unrecht auf den Tatbestand einer anderen Entscheidung verweist,[146] zusammenfassende Erwägungen, auf denen die Entscheidung zu einem wesentlichen Streitpunkt in tatsächlicher und rechtlicher Hinsicht beruht, fehlen,[147] oder ein bei Verkündung noch nicht vollständig abgefasstes Urteil nicht binnen **fünf Monaten** nach Verkündung schriftlich niedergelegt, von den Richtern besonders unterschrieben und der Geschäftsstelle übergeben worden sind,[148] ist ein **Verfahrensmangel** gegeben. Umstritten ist, ob eine Verletzung des Art. 100 GG einen Verfahrensmangel enthält.[149] Hält das LSG die anzuwendende Vorschrift nach seiner maßgeblichen Überzeugung nicht für verfassungswidrig, liegt die Voraussetzung für Aussetzung und Vorlage nicht vor. Unterbleiben diese jedoch, obwohl das LSG die anzuwendende Vorschrift für verfassungswidrig hält (zB bei Verletzung der Grenzen verfassungskonformer Auslegung) ist einer der Fälle gegeben, in denen ein Entscheidungsmangel zugleich einen Verfahrensmangel (Verletzung der grundrechtsgleichen Garantie des gesetzlichen Richters, Art. 101 Abs. 1

138 BSG 26.8.1958 – 2 RU 239/57, SozR Nr. 112 zu § 162.
139 BSG 25.1.1984 – 9 AVs 26/83, SozR 1500 § 160 Nr. 52.
140 BSG 8.1.1985 – 7 BAr 109/84, SozR 1500 § 160 Nr. 54.
141 BSG 29.4.1982 – 2 BU 42/82, SozR 1500 § 160 Nr. 48; BSG 21.2.1986 – 5 a BKnU 9/85, SozR 1500 § 160 Nr. 57. S. aber zur Überprüfung einer ablehnenden Entscheidung im Verfahren der Prozesskostenhilfe BSG 9.10.2012 – B 5 R 168/12 B, SozR 4-1500 § 73 a Nr. 9.
142 BSG 31.5.1990 – 10 BKg 4/90, SozR 3-1500 § 160 Nr. 1.
143 BSG 16.12.1959 – 9 RV 644/56, SozR Nr. 8 zu § 136.
144 BSG 14.10.2016 – B 1 KR 59/16 B, juris Rn. 7.
145 BSG 10.8.1995 – 11 RAr 91/94, E 76, 233 (234) = SozR 3-1750 § 945 Nr. 1.
146 BSG 21.7.2009 – B 7 AL 116/08 B, juris.
147 BSG 9.10.1986 – 4 b RV 9/86, juris.
148 GmSOGB 27.4.1993 – GmS-OGB 1/92, BVerwGE 92, 367 ff. = SozR 3-1750 § 551 Nr. 4.
149 Bejahend: BSG 14.3.1957 – 8 RV 359/54, E 5, 26 (29); ebenso wohl 30.12.2015 – B 13 R 345/15 B, juris; BVerwG 17.7.1975 – II B 2.75, Buchholz 310 § 132 VwGO Nr. 136.

Satz 2 GG) begründet.[150] Die gegenteilige Auffassung des BVerwG,[151] stellt zu Unrecht darauf ab, dass das Revisionsgericht ggf. selbst zur Vorlage verpflichtet wäre und daher eine Zurückverweisung nicht in Betracht komme. Indessen sind Verfahrensfehler iS von § 160 Abs. 2 Nr. 3 nicht nur solche, die im späteren Revisionsverfahren zu einer Zurückverweisung führen (der aus der für das Zulassungsverfahren maßgeblichen Rechtsauffassung des LSG verfahrensrelevante Verfahrensfehler kann etwa im Revisionsverfahren seine Bedeutung verlieren, wenn das BSG eine andere Auffassung vertritt). Insbesondere aber kann dem Beschwerdeführer der Erfolg der begründeten Nichtzulassungsbeschwerde kaum unter Berufung auf eine „Alternative" versperrt werden, die ihm die negative Entscheidung des Beschwerdegerichts gerade versperrt.

c) **Wesentlicher Verfahrensmangel. Wesentlich** ist ein Verfahrensmangel nur, wenn die Entscheidung (ausgehend von der insofern allein maßgeblichen Rechtsauffassung des LSG) auf dem Mangel beruhen „kann". Es muss also die Möglichkeit bestehen, dass die Entscheidung bei richtiger Anwendung der Verfahrensnorm anders ausgefallen wäre.[152] An der Entscheidungsrelevanz fehlt es, wenn die Entscheidung zB auf zwei selbstständige Gründe gestützt ist, der Verfahrensmangel aber nur einen von ihnen betrifft.[153] Bei den **absoluten Revisionsgründen** (§ 202; § 547 ZPO) wird eine Ursächlichkeit idS unwiderlegbar vermutet. Ansonsten muss der Vortrag in der Beschwerdebegründung grundsätzlich so substantiiert und schlüssig sein, dass sich das Gericht bereits auf dieser Grundlage ein Urteil darüber bilden kann, ob die geltend gemachten Tatsachen – ihre Richtigkeit unterstellt – es als möglich erscheinen lassen, dass das Urteil darauf beruht.[154] Ist ein Beteiligter gehindert worden, an der mündlichen Verhandlung teilzunehmen, sind Überlegungen zur Kausalität entbehrlich; sie würden sich – rechtlich und tatsächlich unmöglich – auf einen ursächlichen Zusammenhang beziehen, der sich wegen der Unwiederholbarkeit der mündlichen Verhandlung jeder Überprüfbarkeit entzieht.[155] 35

d) **Ausnahmen – vollständig ausgeschlossene Rügegründe.** Die Beschränkung der Verfahrensrevision ist bereits ursprünglich fragwürdig. Eine Neubewertung durch den Gesetzgeber unter Beachtung seiner **Produktbeobachtungspflicht** fehlt unverändert.[156] De lege lata § 160 Abs. 2 Nr. 3 SGG ist hinsichtlich der dort benannten Rügegründe abschließend und nicht „erweiterungsfähig".[157] 36

Die **Ausnahme des § 109** von den eine Zulassung eröffnenden Verfahrensmängeln gilt absolut.[158] Der gesetzliche Ausschluss von Verfahrensfehlern, die sich auf die hiernach ausnahmsweise auf Antrag bestimmter Beteiligter vorzunehmende Be- 37

150 BVerfG 16.12.2014 – 1 BvR 2142 /11, BVerfGE 138, 64 ff.
151 BVerwG 17.7.1975 – II B 2.75, Buchholz 310 § 132 VwGO Nr. 136 und 19.4.2011 – 8 B 7/11, ZOV 2011, 135.
152 BSG 9.2.1956 – 1 RA 57/55, E 2, 197 (201); BSG 13.11.1958 – 8 RV 193/96, E 8, 228 (233).
153 BSG 9.2.1956 – 1 RA 57/55, E 2, 197 (201); BSG 13.11.1958 – 8 RV 193/96, E 8, 228 (233).
154 BSG 16.11.2000 – B 4 RA 122/99 B, SozR 3-1500 § 160 Nr. 33 mwN.
155 Vgl. BSG 16.11.2000 – B 4 RA 122/99 B, SozR 3-1500 § 160 Nr. 33 Rn. 18.
156 Vgl. Berchtold in Berchtold/Richter PHdB-SozS § 8 Rn. 128.
157 BSG 29.3.2001 – B 7 AL 214/00 B, SozR 3-1500 § 123 Nr. 1.
158 BSG 31.1.1979 – 11 BA 129/78, SozR 1500 § 160 Nr. 34; auf § 109 lässt sich auch grundsätzliche Bedeutung nicht stützen: BSG 30.5.2006 – B 2 Urt. 86/06 B, SozR 4-1500 § 160 Nr. 19.

weiserhebung beziehen, kann daher auch nicht etwa mit der Rüge umgangen werden, die Vorgehensweise des Berufungsgerichts werfe grundsätzlich bedeutsame Rechtsfragen hinsichtlich des Umfangs des Antragsrechts aus § 109 Abs. 1 SGG sowie der Ausfüllung des Maßstabs der groben Fahrlässigkeit in § 109 Abs. 2 SGG auf.[159] Das BVerfG billigt diese Auffassung grundsätzlich und sieht eine fehlerhafte Anwendung von § 109 Abs. 2 nur dann als verfassungsrechtlich bedenklich an, wenn der Fehler gerade in der Nichtbeachtung von Grundrechten liegt.[160] In der Regelung des § 160 Abs. 2 Nr. 2 Halbsatz 2 SGG liege jedoch keine Missachtung des Art. 103 Abs. 1 GG. Vielmehr stimme diese Rechtsprechung durchaus mit der angesichts des Amtsermittlungsgrundsatzes (§ 103 SGG) verfassungsrechtlich unbedenklichen Intention des Gesetzgebers überein, von einer Revisionszulassung grundsätzlich alle Entscheidungen auszuschließen, die eine fehlerhafte Anwendung des § 109 SGG aufweisen, unabhängig davon, worauf dieser Verfahrensmangel im Einzelnen beruhe. Wenn danach selbst das Übergehen eines rechtzeitig gestellten, formgültigen Antrages nach § 109 SGG keine Zulassung der Revision rechtfertige, so könne der Beschwerdeführer auch unter Berücksichtigung des Art. 103 Abs. 1 GG keine bessere Rechtsposition beanspruchen, indem er geltend mache, er sei vom LSG auf die Unvollständigkeit seines gemäß § 109 SGG gestellten Antrages nicht rechtzeitig hingewiesen worden.[161] Soweit damit ein Rechtsmittel gegen die Entscheidung des LSG nicht gegeben ist, können einschlägige Verletzungen des rechtlichen Gehörs im Berufungsverfahren nunmehr mit der Anhörungsrüge (§ 178 a) beim LSG geltend gemacht werden.[162]

38 Der – ebenfalls unbedingte – Ausschluss einer Geltendmachung von Verfahrensfehlern, die sich auf die **Verletzung von § 128 Abs. 1 Satz 1** stützen, beschränkt sich auf die richterliche Überzeugungsbildung hinsichtlich des Vorliegens des rechtlich maßgeblichen Sachverhalts. Er kann nicht dadurch umgangen werden, dass die Rüge einer fehlerhaften Beweiswürdigung durch das Berufungsgericht zusätzlich als eine Verletzung des Rechtssicherheitsgebots, des Willkürverbots und des Gleichheitssatzes bezeichnet wird.[163] Die tatrichterliche Überzeugung ist als innerer geistiger Vorgang externer Überprüfung a priori allenfalls begrenzt zugänglich und im Verhältnis der Instanzen grundsätzlich dem Tatsachengericht als (materieller) Teil von dessen „ureigener tatrichterlicher Aufgabe“[164] vorbehalten (§ 163). Materielle Beanstandungen des im Einzelfall gefundenen Ergebnisses und Versuche, es durch ein eigenes abweichendes zu ersetzen, sind damit von vorne herein zum Scheitern verurteilt.[165] Auf Aspekte einer damit (rechtlich und tatsächlich) allein in Betracht kommenden äußeren Überprüfung des Vorgangs der Überzeugungsbildung hinsichtlich der Einhaltung eines ordnungsgemäßen Verfahrens (Vollständigkeit sowie die Berücksichtigung von

159 BSG 30.5.2006 – B 2 U 86/06 B, SozR 4-1500 § 160 Nr. 9 und 8.6.2015 – B 9 SB 25/15 B, juris.
160 BVerfG 12.4.1989 – 1 BvR 1425/88, juris mH auf BVerfG 6.10.1987 – 1 BvR 875/87, SozR 1500 § 109 Nr. 4.
161 BVerfG 12.4.1989 – 1 BvR 1425/88, juris und BSG 31.1.1979 – 11 BA 129/78, SozR 1500 § 160 Nr. 34; BSG 8.6.2015 – B 9 SB 25/15 B, juris.
162 Berchtold in Berchtold/Richter PHdB-SozS § 8 Rn. 130.
163 BSG 7.6.2016 – B 13 R 40/16 B, juris.
164 BSG 11.3.2016 – B 9 V 3/16 B, juris.
165 BSG 8.2.2000 – B 1 KR 13/99 R, Die Beiträge Beilage 2002, 380 ff. und 6.5.2004 – B 4 RA 44/03 R, juris Rn. 20.

Denkgesetzen[166] oder Erfahrungssätzen) kann die Zulassung der Revision (anders diese selbst) kraft ausdrücklicher gesetzlicher Anordnung nicht gestützt werden. Dies gilt selbst dann, wenn offensichtliche Widersprüche zwischen der Folgerung des Gerichts und der Aussage des Sachverständigen vorliegen.[167] Um eine ausgeschlossene Rüge der Beweiswürdigung handelt es sich auch, soweit die angefochtene Entscheidung auf einer beweisrechtlichen Würdigung prozessualer Zulässigkeitsvoraussetzungen,[168] der Fachkunde des Sachverständigen[169] oder dem unzureichenden Gutachten eines sog Termins- oder Sitzungsarztes[170] beruht. Ebenso gehört die Würdigung unterschiedlicher Gutachten zur Beweiswürdigung.[171]

Von der Ausschlussregelung des § 128 Abs. 1 Satz 1 **nicht erfasst** sind dagegen die 39
sonstigen Teile der zum subsumtionsfähigen Untersatz führenden Wertschöpfungskette. Das betrifft neben der – gesondert geregelten und unmittelbar anschließend behandelten – Frage des „ob" einer weiteren Beweiserhebung (§ 103 SGG)[172] insbesondere die – von der Beweiswürdigung zu unterscheidende[173] – **Durchführung der Beweisaufnahme**[174] einschließlich zB der Verwertung eines verfahrensfehlerhaft zustande gekommenen und deshalb unverwertbaren Gutachtens. Ebenso ist nicht erfasst das Recht auf das rechtliche Gehör im besonderen Zusammenhang des § 128 Abs. 2 (Gelegenheit zur Stellungnahme zu „Tatsachen und Beweisergebnissen").[175] Soweit es dem gegenüber um die Gewährung rechtlichen Gehörs zur Beweiswürdigung selbst geht, ist das Prozessgericht grundsätzlich nicht verpflichtet, die für die richterliche Überzeugungsbildung möglicherweise leitenden Gesichtspunkte vorher mit den Beteiligten zu erörtern. Etwas anderes gilt nur dann, wenn das Gericht seine Entscheidung auf einen rechtlichen Gesichtspunkt stützt, mit dem auch ein gewissenhafter und kundiger Prozessbeteiligter selbst unter Berücksichtigung der Vielfalt vertretbarer Rechtsauffassungen nicht zu rechnen brauchte, sog Überraschungsentscheidung. Insofern stellt auch die Sperre von Rügen zu § 128 in § 160 Abs. 2 Nr. 3 keine Sperre dar.[176]

e) **Der bedingte Ausschluss der Aufklärungsrüge.** Die **Rüge mangelhafter Sach-** 40
aufklärung (§ 103) war historisch ein wesentlicher Grund für die Belastung des BSG durch (zulassungsfreie) Verfahrensrevisionen nach dem bis zum 31.12.1974 geltenden Recht. Nach Nr. 3 ist die Verletzung der Amtsermittlungspflicht bis heute ein nur noch eingeschränkter Zulassungsgrund, soweit sich der Verfahrensmangel auf einen Beweisantrag bezieht, dem das LSG „ohne hinreichende Begründung" – soll heißen: eines hinreichenden Grundes[177] – nicht gefolgt ist. Soweit der Ausschluss tatbestandlich reicht, verdrängt er gleichzeitig die Gehörsrüge. Zwar kann der Anspruch auf Gewährung rechtlichen Gehörs verletzt sein, wenn das Unterlassen von Zeugenvernehmungen im Prozessrecht keine Stütze mehr findet.

166 Hierzu BSG 15.4.2019 – B 13 R 233/17 B, juris Rn. 17 mwN.
167 BSG 25.10.2017 – B 1 KR 18/17 B, juris Rn. 5 mwN.
168 BSG 24.6.1996 – 13/4 BA 179/94, SozR 3-1500 § 160 Nr. 16.
169 BSG 13.8.2018 – B 13 R 397/16 B, juris Rn. 7.
170 BSG 16.11.1987 – 5 b BJ 118/87, SozR 1500 § 160 a Nr. 60.
171 BSG 12.12.2003 – B 13 RJ 179/03 B, SozR 4-1500 § 160 a Nr. 3.
172 BSG 19.4.1983 – 5 b BJ 334/82, SozR 1500 § 160 Nr. 49.
173 BSG 18.9.2003 – B 9 VU 2/03 B, SozR 4-1750 § 407 a Nr. 1.
174 BSG 25.10.2012 – B 9 SB 18/12 B, juris.
175 Etwa BSG 8.2.2012 – B 5 RS 76/11 B, juris.
176 StRspr. vgl. zuletzt BSG 11.3.2016 – B 9 V 3/16 B, juris.
177 BSG 31.7.1975 – 5 BJ 28/75, SozR 1500 § 160 Nr. 5.

Allerdings dürfen auch in diesen Fällen die besonderen gesetzlichen Anforderungen an die Sachaufklärungsrüge durch ein Ausweichen auf die Gehörsrüge nicht umgangen werden. Andernfalls liefen die Beschränkungen, die § 160 Abs. 2 Nr. 3 Halbsatz 2 SGG für die Sachaufklärungsrüge normiert, im Ergebnis leer.[178] Damit entfallen auch Fehler bei der Heranziehung der Beteiligten nach § 103 Satz 1 Halbsatz 1 sowie die Unterlassung von Hinweisen auf die Folgen einer fehlerhaften Mitwirkung im Gerichtsverfahren als Zulassungsgrund.[179] Eine Hinweispflicht des Berufungsgerichts gibt es – auch bei unvertretenen Beteiligten – grundsätzlich nicht.[180] Die für ein rechtsstaatliches Verfahren fundamentale Pflicht, zur prozessualen Sicherstellung der Normanwendung allein auf Sachverhalte der vom Gesetzgeber verbindlich vorgegebenen Art (Art. 20 Abs. 3 GG)[181] von allen Ermittlungsmöglichkeiten Gebrauch zu machen, die vernünftigerweise zur Verfügung stehen,[182] unterliegt damit einer nur höchst eingeschränkten revisionsrechtlichen Kontrolle. Dem Beteiligten, dem diese Aufgabe wesentlich zugeordnet ist, ist zudem mit dem „Beweisantrag" ein stumpfes Schwert an die Hand gegeben, einer wesentlich statistisch und ökonomisch bedingten Verweigerung der gerichtlichen Ermittlungstätigkeit,[183] die derjenigen im Verwaltungsverfahren folgt,[184] zu begegnen.[185]

41 Die **zentrale Bedeutung des Beweisantrags** in § 160 Abs. 2 Nr. 3 überrascht zunächst im Blick auf § 103 Satz 2. Der scheinbare Widerspruch ist in der Weise aufzulösen, dass es sich vorliegend – anders als im Kontext des § 103 Satz 2 nicht um einen Beweisantritt/Beweisantrag iS der ZPO (§ 118 Abs. 1 iVm §§ 371, 373, 403, 420 ff. ZPO) handelt, sondern – wenn auch inhaltsgleich – um ein Mittel zur konkreten Benennung von Defiziten der Sachverhaltsaufklärung von Amts wegen. Der Beteiligte muss auch hierzu eine im Licht des Tatbestands einer anwendbaren Norm relevante (Einzel-)Tatsache als Beweisthema und ein zur Vermittlung der richterlichen Überzeugung vom tatsächlichen Vorliegen dieser Tatsache geeignetes Beweismittel benennen.[186] Mit einem derartigen Beweisantrag verdeutlicht der Beteiligte dem LSG, dass er die von Amts wegen zu leistende Sachaufklärung zu einem oder mehreren benannten Punkten noch nicht als ausreichend erachtet („**Warnfunktion**") und zeigt auf, wie diesem Mangel konkret abgeholfen werden kann („**Hinweisfunktion**"). Eine bloße Beweisanregung genügt mangels Warnfunktion,[187] eine nur inhaltliche Kritik man-

178 BSG 28.5.2013 – B 5 R 38/13 B, juris mwN.
179 BSG 31.1.1979 – 11 BA 129/78, SozR 1500 § 160 Nr. 34.
180 Berchtold in Berchtold/Richter PHdB-SozS § 8 Rn. 141 mwN.
181 Vgl. Berchtold in Berchtold/Richter PHdB-SozS § 6 Rn. 416.
182 BSG 11.12.1969 – GS 2/68, BSGE 30, 192 ff.
183 Berchtold NZS 2011, 401 ff.
184 S. exemplarisch zuletzt etwa SG Karlsruhe 22.2.2018 – L 6 SB 4718/16, ASR 2020, 76 ff.
185 Zur günstigeren Lage in der allgemeinen Verwaltungsgerichtsbarkeit (§ 86 Abs. 2 VwGO) Berchtold in Berchtold/Richter PHdB-SozS § 8 Rn. 143 f.
186 BSG 12.12.2003 – B 13 RJ 179/03, SozR 4-1500 § 160 a Nr. 3 und Beispiele etwa bei Berchtold in Berchtold/Richter PHdB-SozS § 8 Rn. 135.
187 BSG 1.7.2010 – B 5 R 126/10 B, juris mH auf BSG 24.5.1993 – 9 BV 26/93, SozR 3-1500 § 160 Nr. 9.

gels Hinweisfunktion nicht.[188] Ein **Antrag nach § 109** ist kein Beweisantrag;[189] die Aufnahme in einen Hilfsantrag ist unschädlich.[190]

Der Beteiligte muss die Zulassung der Revision vorausschauend im Berufungsverfahren vorbereiten, indem er einen **Beweisantrag** stellt und bis zum Schluss des Berufungsverfahrens, dh grundsätzlich bis zum Schluss der mündlichen Verhandlung (Warnfunktion), aufrechterhält.[191] Stellt der rechtskundige Vertreter in der mündlichen Verhandlung nur noch einen Sachantrag und wiederholt den schriftsätzlich gestellten Beweisantrag nicht durch ausdrückliche Bezugnahme, fehlt es an der Aufrechterhaltung.[192] Der **Nachweis**, dass ein Beweisantrag noch am Schluss der mündlichen Verhandlung aufrechterhalten wurde, erfordert formal zwingend, dass Anträge in das Protokoll aufgenommen worden sind oder wenigstens im Tatbestand des Berufungsurteils (§ 136 Abs. 1 Nr. 5, Abs. 2) wiedergegeben sind.[193] Im schriftlichen Verfahren (§ 124 Abs. 2, 153 Abs. 4) muss der Antrag im letzten Schriftsatz gestellt oder aufrechterhalten werden. Die Obliegenheit, den Beweisantrag in diesem Sinne zumindest sinngemäß zu stellen, dh anzugeben, welche konkreten Punkte er am Ende des Verfahrens noch für aufklärungsbedürftig gehalten hat und auf welche Beweismittel das Gericht hätte zurückgreifen sollen, um diese weiter aufzuklären,[194] trifft auch den **unvertretenen Beteiligten**. War der Beschwerdeführer in der Berufungsinstanz durch keinen rechtskundigen Prozessbevollmächtigten vertreten, sind an Form, Inhalt, Formulierung und Präzisierung eines Beweisantrags verminderte Anforderungen zu stellen.[195] Dem Unvertretenen werden Erleichterungen lediglich hinsichtlich der Aufrechterhaltung des Beweisantrages eingeräumt.[196] So besteht bei ihm etwa eine entsprechende Hinweispflicht des Gerichts in der mündlichen Verhandlung.[197] Durch die Anhörung nach § 153 Abs. 4 ist ein Beweisantrag nicht erledigt.[198] 42

Für die Zulassung erheblich ist ein Beweisantrag nur, wenn er sich auf Tatsachen bezieht, die nach der maßgeblichen materiellen **Rechtsansicht des LSG** entscheidungserheblich sind.[199] Nur hiervon ausgehend kann zunächst überprüft werden, ob sich das Gericht zu weiterer Sachaufklärung gedrängt sehen muss- 43

188 BSG 29.3.2007 – B 9 a VJ 5/06 B, SozR 4-1500 § 160 Nr. 13.
189 BSG 24.11.1988 – 9 BV 39/88, SozR 1500 § 160 Nr. 67 und Berchtold in Berchtold/Richter PHdB-SozS § 8 Rn. 131; BSG 7.6.2018 – B 9 V 69/17 B, juris Rn. 10.
190 BSG 22.6.2004 – B 2 Urt. 78/04 B, SozR 4-1500 § 160Nr. 4.
191 BSG 24.5.1993 – 9 BV 26/93, SozR 3-1500 § 160 Nr. 9; BSG 18.12.2000 – B 2 Urt. 336/00 B, SozR 3-1500 § 160 Nr. 31; zuletzt etwa BSG 14.10.2016 – B 1 KR 59/16 B, juris Rn. 6 mwN.
192 BSG 3.3.1999 – B 9 VJ 1/98, juris.
193 BSG 1.2.2000 – B 8 KN 7/99 UB, SozR 3-1500 § 160 Nr. 29 und Berchtold in Berchtold/Richter PHdB-SozS § 8 Rn. 138.
194 BSG 2.6.2003 – B 2 U 80/03 B, juris Rn 4 und 22.7.2010 – B 13 R 585/09 B, juris Rn. 11.
195 BSG 18.9.2003 – B 9 SB 11/03 B, SozR 4-1500 § 160 Nr. 1; BSG 1.3.2006 – B 2 U 403/05 B, juris Rn 5; BSG 29.3.2007 – B 9 a VJ 5/06 B, SozR 4-1500 § 160 Nr. 13 und BVerfG 19.2.1992 – 1 BvR 1935/91, SozR 3-1500 § 160 Nr. 6; BSG 8.5.2018 – B 1 KR 3/18 B, juris Rn. 5.
196 BSG 6.10.2011 – B 9 SB 6/11 B, juris.
197 BSG 18.9.2003 – B 9 SB 11/03 B, SozR 4-1500 § 160 Nr. 1.
198 BSG 6.2.2007 – B 8 KN 16/05 B, SozR 4-1500 § 160 Nr. 12; vgl. auch BSG 6.7.2006 – B 9 a SB 52/05 B, SozR 4-1500 § 160 Nr. 11; überholt: BSG 18.12.2000 – B 2 Urt. 336/00 B, SozR 3-1500 § 160 Nr. 1.
199 BSG 16.3.1979 – 10 BV 127/78, SozR 1500 § 160 a Nr. 34.

te[200] bzw. ob ein Grund vorlag, der hinreichend für die Annahme ist, dass das LSG sich nicht hätte gedrängt fühlen müssen, den beantragten Beweis zu erheben.[201] Von einer Beweisaufnahme darf regelmäßig nur abgesehen bzw. ein Beweisantrag nur abgelehnt werden, wenn es auf die ungeklärte Tatsache nicht ankommt, wenn sie also als wahr unterstellt werden kann, wenn das Beweismittel völlig ungeeignet oder unerreichbar ist oder wenn die behauptete Tatsache bereits erwiesen oder wenn die Beweiserhebung wegen Offenkundigkeit überflüssig ist.[202] Insofern ist stets das Verbot der vorweggenommenen Beweiswürdigung zu beachten.[203] Geht es – wie häufig – darum, ob trotz bereits vorliegender Ergebnisse weiterer Ermittlungsbedarf nach Maßgabe eines entsprechend angepassten (!) Beweisantrages bestand, kommt es darauf an, dass diese Ergebnisse „objektiv“ nicht ausgereicht haben, dem Gericht die erforderliche Überzeugung von den maßgeblichen Beweistatsachen zu vermitteln.[204] Der Umstand, dass insofern (!) und als Zwischenschritt in vollem Umfang eine Überprüfung auf der Grundlage von §§ 103, 128 Abs. 1 Satz 1 stattfinden muss, steht der Rügefähigkeit des übergangenen Beweisantrags nicht grundsätzlich entgegen.[205]

44 Auch die fehlerhaft unterlassene Befolgung eines Beweisantrages führt nur dann zur Zulassung der Revision, wenn sie **rechtlich kausal** ist, die angegriffene Entscheidung also auf ihr beruhen kann (→ Rn. 18). Die Durchführung der unterlassenen Beweisaufnahme unterstellt, muss also – auch insofern ausgehend von der Rechtsauffassung des Berufungsgerichts – eine Bestätigung der behaupteten Tatsache zumindest möglich sein.

45 Letztendlich verengt § 160 Abs. 2 Nr. 3 den zentralen Aspekt der gerichtlichen Sachermittlung (§ 103 SGG) auf den vordergründigen Aspekt der **Belastung des BSG**, um es stattdessen – ungeachtet des fundamentalen öffentlichen Interesses an der prozessualen Wahrheit[206] – einseitig den betroffenen Beteiligten aufzuerlegen, die Vollständigkeit der Tatsachenbeschaffung zu überwachen. Der Gesetzgeber verschwendet auf die fundamentalen Gefahren dieser Vorgehensweise[207] für das von ihm zu verantwortende materielle Recht wie für die Effizienz des Rechtsschutzes (Art. 19 Abs. 4 GG) seit über vierzig Jahren keinen Gedanken. Wie im Verwaltungsverfahren (§ 20 SGB X)[208] begünstigt jedoch die Objektivität der Amtsermittlung die Beteiligten auch im Verfahren der Tatsachengerichte nur so lange, als ihr die entsprechenden Amtsinhaber in strenger Rechtsorientierung dienen und mit einer vollständigen Tatsachengrundlage sicherstellen, dass Regelungen des öffentlichen Rechts allein auf Sachverhalte der tatbestandlich umschriebenen Art Anwendung finden. Ist dies gewährleistet, mag idealiter auch der Beweisantrag vor dem LSG als – nur ausnahmsweise erforderliches – Korrektiv ausreichen.

---

200 BSG 19.4.1983 – 5 b BJ 334/82, SozR 1500 § 160 Nr. 49.
201 BSG 31.7.1975 – 5 BJ 28/75, SozR 1500 § 160 Nr. 5.
202 BSG 27.11.2007 – B 5a/5 R 406 /06 B, juris.
203 BSG 24.4.2014 – B 13 R 325/13 B, juris.
204 Vgl. die Beispiele nicht ausreichender Vorermittlungen bei Berchtold in Berchtold/Richter PHdB-SozS § 8 Rn. 147.
205 Vgl. etwa BSG 20.12.2012 – B 13 R 333/12 B, juris, 19.4.1982 – 5 BJ 334/82, SozR 1500 § 160 Nr. 49 und v. 30.12.1987 – 5 a BKn 10/86, SozR 1500 § 160 a Nr. 61.
206 BSG 15.12.2016 – B 5 RS 4/16 R, BSGE 122, 197 ff. Rn. 14 mwN.
207 Vgl. etwa Wagner, Ende der Wahrheitssuche, München 2017, speziell z. Sozialgerichtsbarkeit S. 175 ff.
208 Vgl. Berchtold, Das Verbot des vorzeitigen Verfahrensabschlusses, SGb 2020, 393 ff.

Ist jedoch die Verfehlung des von § 20 Abs. 1, Abs. 2 SGB X rechtlich gebotenen Ermittlungsaufwandes nicht mehr nur dem Rechtsirrtum im Einzelfall geschuldet und zeigt er sich vielmehr auch als Resultat einer **Hintanstellung von Rechtstreue** gegenüber den in Budgets und Pebsy-Zeitquanten erfassten Aspekten von Kosten und Geschwindigkeit[209] geraten auch die für derartiges Denken nicht unempfindlichen Gerichte[210] unter Druck. Die erbitterte Diskussion um die Verteilung des Ermittlungsaufwands in den auffällig betroffenen Streitsachen aus dem Schwerbehindertenrecht macht das exemplarisch deutlich.[211] In derartigen Situationen kann jedenfalls der Beteiligte, der schon im Verwaltungsverfahren – selbst hinsichtlich für ihn günstiger Umstände (§ 20 Abs. 2 SGB X) – ohne aus § 20 SGB X ableitbares subjektives Recht[212] praktisch keine Einflussmöglichkeit auf die Tatsachengrundlage der Entscheidung hat, mit „Beweisanträgen" nicht ernsthaft steuernd eingreifen. Dies gilt umso mehr, als er im Verfahren der Sozialgerichtsbarkeit mangels Kenntnis der bisherigen Beweiswürdigung des Gerichts schlechter steht als im Zivilprozess (§§ 139, 279 Abs. 3 ZPO) oder in Verfahren nach der VwGO (§ 86 Abs. 2). Damit ist er gezwungen, seine **Anträge „ins Blaue" hinein** zu stellen. 46

f) Verletzung des rechtlichen Gehörs. Viele Verletzungen von Verfahrensnormen können gleichzeitig eine Verletzung dieses Prozess(grund)rechts (Art. 103 GG; § 62 SGG) und seiner spezialgesetzlichen Ausgestaltungen etwa in §§ 104 Satz 1, 107, 108 Satz 2, 120, 127, 128 Abs. 2, § 118 Abs. 1 iVm § 411 Abs. 3 ZPO,[213] § 153 Abs. 4 in der Weise enthalten, dass Vorbringen während des Verfahrens verhindert worden ist[214] oder das Gericht Vorbringen – ausweislich der schriftlichen Entscheidungsgründe – nicht ausreichend in seine Erwägungen einbezogen und seiner Entscheidung nicht zu Grunde gelegt habe (Erwägungsrüge).[215] Abweichend von § 138 Nr. 3 VwGO ist die Verletzung des rechtlichen Gehörs im sozialgerichtlichen Verfahren **kein absoluter Revisionsgrund** (§ 202; § 547 ZPO). Eine entsprechende Rüge greift also nur durch, wenn die Entscheidung auf der Verletzung **beruhen kann.** Wegen der „besonderen Wertigkeit" der mündlichen Verhandlung geht das BSG aber bei Verfahrensverstößen, die einen Beteiligten daran hindern, an der mündlichen Verhandlung teilzunehmen, davon aus, dass die Entscheidung auf der Verfahrensverletzung beruht und keines Vortrags zur Entscheidungskausalität bedarf.[216] Auch der Strafgefangene, der mit der Nichtzulassungsbeschwerde die Verletzung rechtlichen Gehörs wegen der Verhinderung seiner Teilnahme an der mündlichen Verhandlung rügt, muss allerdings zunächst aufzeigen, dass er alle zumutbaren Maßnahmen ergriffen hat, um das LSG von seiner Verhinderung in Kenntnis zu setzen.[217] 47

---

209 Vgl. Berchtold, Das Verbot des vorzeitigen Verfahrensabschlusses, Sgb 2020, 393 (398) mH auf BSG 7.4.2016 – B 5 R 26/15 R, SozR 4-2600 § 89 Nr. 3 Leitsatz 2: „Weder rechtliche noch tatsächliche Beschleunigungsgebote haben Einfluss auf den Inhalt des Verwaltungsverfahrens."
210 Berchtold NZS 2011, 401 ff.
211 Vgl. SG Karlsruhe 15.1.2020 – S 12 SB 3054/19, ASR 2020, 76 ff.
212 Engel/Pfau in Mann/Sennekamp/Uechtritz VwVfG, 2. Aufl. 2019, § 24 Rn. 89.
213 Vgl. etwa BSG 4.9.2012 – B 5 R 82/12 B, juris.
214 BSG 9.8.1990 – 11 AR 119/88, E 69, 280 (284) = SozR 3-41000 § 128 a Nr. 5.
215 Vgl. BSG 3.8.2005 – B 6 KA 22/05 R, juris.
216 BSG 22.9.1977 – 10 RV 79/76, E 44, 292 (295) = SozR 1500 § 124 Nr. 2; BSG 16.11.2000 – B 4 RA 122/99 B, SozR 3-1500 § 160 Nr. 33.
217 BSG 30.8.2018 – B 2 U 230/17 B, SozR 4-1500 § 160 a Nr. 38.

48 g) **Rügeverlust.** Als Zulassungsgrund kommt ein Verfahrensfehler nur in Betracht, wenn er nicht bereits durch das weitere Verfahren der Vorinstanz geheilt ist oder der Beteiligte durch sein Verhalten einen **Rügeverlust** herbeigeführt hat.[218] Das ergibt sich aus § 202, §§ 556, 295 ZPO und trifft mithin nur auf die Verletzung von verzichtbaren – (in der Revision) nicht von Amts wegen zu beachtenden – Verfahrensverstößen (§§ 558, 292 Abs. 2 ZPO)[219] im sozialgerichtlichen Verfahren zu.[220] Die Verletzung einer das Verfahren und insbesondere die Form einer Prozesshandlung betreffenden Vorschrift kann daher nicht mehr gerügt werden, wenn der Beteiligte auf die Befolgung der Vorschrift verzichtet oder sie in der nächsten mündlichen Verhandlung, die aufgrund des betreffenden Verfahrens stattgefunden hat oder in der darauf Bezug genommen worden ist, den Mangel nicht gerügt hat, obgleich sie erschienen und ihr der Mangel bekannt war oder bekannt sein musste. Soll etwa als Vorstufe zur Darlegung der Erforderlichkeit einer weiteren Beweisaufnahme gerügt werden, das LSG habe sich nicht unter Verstoß gegen den (verzichtbaren)[221] Grundsatz der Unmittelbarkeit der Beweisaufnahmen auf das Ergebnis einer vorweggenommenen Beweiswürdigung stützen dürfen, muss dieser Mangel bereits in der Vorinstanz ordnungsgemäß gerügt worden sein.[222] Zu den verzichtbaren Verstößen gehört auch das Recht auf das rechtliche Gehör,[223] sodass es insofern grundsätzlich des Vortrags bedarf, dass der Beteiligte seinerseits bis zum Schluss der mündlichen Verhandlung alles Erforderliche getan hat, mit seinem Vorbringen Gehör zu finden.[224] Ebenso kann auf die Vorschriften über die Öffentlichkeit im sozialgerichtlichen Verfahren iS des § 295 Abs. 2 ZPO wirksam verzichtet werden.[225] Wird ohne den verhinderten Prozessbevollmächtigten mit dem Beteiligten verhandelt, so tritt ein Rügeverlust gegenüber einem Verfahrensmangel in der mündlichen Verhandlung nur ein, wenn der Beteiligte über die prozessualen Zusammenhänge aufgeklärt worden ist.[226] Die gleichen Grundsätze gelten für Gegenrügen des Revisionsbeklagten.[227]

IV. Entscheidung über die Zulassung – Abs. 3

49 1. **Prozessgestaltende Entscheidung.** Die gebundene (von den im Gesetz abschließend aufgeführten Zulassungsgründen abhängige) **Entscheidung des LSG** ersetzt die andernfalls unmittelbar durch normative Anordnung zu treffende Regelung über die Statthaftigkeit der Revision.[228] Sie beseitigt damit grundsätzlich für den Streitfall im Ganzen[229] und – wie sich bereits aus dem Wortlaut von

---

218 BSG 25.10.1956 – 6 RKa 2/56, E 4, 60 (64 f.).
219 BSG 12.4.2000 – B 9 SB 2/99 R, juris.
220 BSG 30.12.1987 – 5 a BKn 10/86, SozR 1500 § 160 a Nr. 61.
221 BSG 17.12.1970 – 7/2 RU 168/86 und 16.10.1986 – 5 b RJ 56/85, jeweils juris.
222 BSG 17.12.1997 – 13 RJ 69/96, juris.
223 Kummer, Rn. 458 mwN.
224 Vgl. BSG 12.4.2000 – B 9 V 57/99 B.
225 BSG 17.10.2018 – B 9 V 20/18 B, juris Rn. 14 mH auf BSG 28.3.2000 – B 8 KN 7/99 R, SozR 3-1500 § 61 Nr 1.
226 BSG 30.8.1955 – 7 RAr 17/54, E 1, 126; 12.4.2000 – B 9 SB 2/99, juris und 1.2.2000 – B 8 KN 7/99 UB, juris.
227 BSG 2.4.2003 – B 6 KA 30/02 R, SozR 4-2500 § 95 Nr. 5.
228 Seibert in Sodan/Ziekow § 124 a Rn. 308 f., Berchtold/Guttenberger NZS 2017, 121 (121 f.).
229 Exemplarisch BSG 12.4.2000 – B 9 VS 2/99 R, SozR 3-1750 § 411 Nr. 1, juris Rn. 16 mwN.

§ 160 Abs. 1 ergibt – zugunsten aller Beteiligten[230] und ohne Bindung der Revisions- an die Zulassungsgründe[231] die Zulassungsschranke zur Revisionsinstanz. Wegen § 554 Abs. 2 Satz 1 ZPO macht die Zulassung in den Grenzen ihres sachlichen Anwendungsbereichs damit gleichzeitig den Weg für die Anschlussrevision frei (→ Rn. 41). Dies betrifft folglich allein die Frage, ob das Rechtsmittel als solches in Betracht kommt (es statthaft ist), noch nicht die – insbesondere von dessen gesondert zu prüfender Rechtsmittelbefugnis abhängige Frage, ob der einzelne Beteiligte zulässig die Revision einlegen kann.[232]

Die Zulassung erfolgt durch **Ausspruch im Urteil** und wird zweckmäßigerweise als Nebenentscheidung in den Tenor aufgenommen. Auch die Verlautbarung in den Entscheidungsgründen oder (ausnahmsweise) in der Rechtsmittelbelehrung ist wirksam, sofern der Grundsatz der **Rechtsmittelklarheit** gewahrt bleibt.[233] Schweigt das Urteil über die Zulassung der Revision, so ist sie nicht zugelassen.[234] Das Urteil muss eine gestaltende abweichende Prozessentscheidung verlautbaren. Eine **fehlerhafte Rechtsmittelbelehrung** enthält dagegen keine Zulassung.[235] Die nachträgliche Zulassung durch Beschluss des LSG ist nicht zulässig;[236] sie ist dem BSG im Beschwerdeverfahren nach § 160 a vorbehalten; die **Umdeutung** einer nicht statthaften Revision in eine Nichtzulassungsbeschwerde ist nach der Rechtsprechung des BSG unzulässig.[237] 50

2. Bindende Wirkung. Die Zulassung durch das LSG ist für das BSG auch im Falle offensichtlicher Rechtswidrigkeit (Fehlens eines Zulassungsgrundes) bindend (Abs. 3). Die Vorschrift schließt die Anwendung des § 552 a Satz 1 Regelung 1 ZPO idF des 1. JustizmodernisierungsG vom 24.8.2004 (BGBl. 2004 I 2198) nach § 202 und damit den Erlass eines Zurückweisungsbeschlusses ohne mündliche Verhandlung aus. Die – allein mit Verbindlichkeit ausgestattete – Entscheidung des Berufungsgerichts über die **Statthaftigkeit der Revision** (dh ihre Eröffnung als solche) hindert das BSG nicht, das eingelegte Rechtsmittel aus einem anderen Grunde (zB Frist, Begründung) durch Beschluss nach § 169 als unzulässig zu verwerfen. Die Bindung verhindert im Übrigen lediglich die inhaltliche Prüfung der Zulassung darauf, ob das LSG zutreffend einen Zulassungsgrund angenommen hat, sodass sie ausnahmsweise nicht eintritt, wenn es sich bei der Zulassungsentscheidung um eine **Nichtentscheidung oder Scheinentscheidung** oder um eine sonst völlig wirkungslose Entscheidung handelt.[238] Hat daher etwa das LSG verkannt, dass gegen das von ihm erlassene unselbstständige Zwischenurteil bereits seiner Art nach die Revision nie zulässig sein kann, liegt es außerhalb seiner Entscheidungsmacht, das gesetzlich ausgeschlossene Rechtsmittel durch eine richterliche Entscheidung zu ermöglichen.[239] 51

230 Berchtold/Guttenberger NZS 2017, 121 (127 ff.).
231 BSG 12.4.2000 – B 9 VS 2/99 R, SozR 3-1750 § 411 Nr. 1.
232 Zutreffend etwa BVerwG 30.4.1990 – 5 ER 616/90, juris.
233 BSG 11.11.1976 – 10 RV 181/75, SozR 1500 § 150 Nr. 3; BSG 29.6.1977 – 11 RA 94/94, SozR 1500 § 161 Nr. 16.
234 BSG 25.11.1984 – 9 a BVs 26/83, SozR 1500 § 160 Nr. 52.
235 BSG 28.3.1957 – 7 RAr 103/55, E 5, 92 (95); BSG 19.11.1996 – 1 RK 18/95, SozR 3-1500 § 158 Nr. 1.
236 BSG 30.6.2008 – B 2 U 1/08 RH, SozR 4-1500 § 160 Nr. 17.
237 BSG 30.6.2008 – B 2 U 1/08 RH, SozR 4-1500 § 160 Nr. 17.
238 BSG 18.11.1980 – GS 3/79, E 51, 23 (29) = SozR 1500 § 161 Nr. 27.
239 Vgl. BSG 25.8.1960 – 5 RKn 53/59, BSGE 13, 32 ff.

52 **Teilzulassungen** sind möglich, soweit das Gericht durch Teil- oder selbstständiges Zwischenurteil (§ 202, § 304 ZPO) über einen abtrennbaren Streitgegenstand entscheiden oder der Revisionskläger seine Revision beschränken könnte.[240] Sie ist daher bei subjektiver und objektiver Klagehäufung möglich und kann mithin auf einen bestimmten Anspruch oder einen abtrennbaren Teil hiervon (zB Verjährung)[241] beschränkt werden.[242] Dementsprechend ist die Zulässigkeit der Revision für „selbstständige Teile des Streitgegenstandes" gesondert zu prüfen.[243] Nicht zulässig ist die Beschränkung auf einzelne Rechtsfragen; in diesen Fällen ist die Revision in vollem Umfang zugelassen.[244] Eine auf die Kostenentscheidung beschränkte Zulassung ist unzulässig und unwirksam, weil Kostenentscheidungen nur zusammen mit der Hauptsache anfechtbar sind (§§ 165, 144 Abs. 4).

53 **3. Anschlussrevision.** Wie bei der Berufung (→ § 143 Rn. 25) steht dem Beteiligten, der vor dem LSG teilweise unterlegen, aber noch nicht selbst Rechtsmittelkläger ist, ein **Wahlrecht** zu. Er kann zunächst (in den Grenzen der Zulassung selbst gegen das Urteil Revision einlegen. Die weitere Revision hat dann die für diesen Beteiligten gesondert laufenden Fristen für die Revisionseinlegung (§ 164 Abs. 1 Satz 1) und die Revisionsbegründung (§ 164 Abs. 2 Satz 1) zu wahren. Wegen dieser Anforderungen, die Unabhängigkeit von der bereits eingelegten Revision gewährleisten, besteht für die selbstständig Anschlussrevision kein gesonderter Regelungsbedarf, denn es handelt sich um ein eigenständiges Rechtsmittel,[245] das lediglich parallel zu einer bereits eingelegten Revision betrieben wird. Alternativ kann sich der weitere Beteiligte indessen auch der bereits eingelegten Revision eines anderen Beteiligten anschließen und sich damit innerhalb von dessen Rechtsmittel mit eigenen Angriffsmitteln verteidigen. Was gewollt ist, muss ggf. durch Auslegung ermittelt werden.[246]

54 Derartige Anschlussrevisionen sind auch in der Sozialgerichtsbarkeit eröffnet.[247] Sie erfordern notwendig eine bereits eingelegte Revision und sind in ihrem Bestand von deren Fortführung mittelbar abhängig (vgl. § 554 Abs. 4 ZPO).[248] Mit ihnen wird erreicht, dass das Revisionsgericht das angefochtene Urteil nicht nur innerhalb der Anträge des Revisionsklägers, sondern darüber hinaus auch im Rahmen der Anträge des Revisionsbeklagten nachprüfen kann, ohne das Verbot der reformatio in peius zu verletzen.[249] Der **Sinn der unselbstständigen Anschlussrevision** besteht darin, die Revision mit einem Risiko für den im angefochtenen Urteil erreichten status quo zu belasten. Diesem Risiko kann sich der

240 Berchtold/Guttenberger NZS 2017, 121 (122).
241 Vgl. BSG 27.6.2012 – B 5 R 88/11 R, BSGE 111, 107 ff.
242 BSG 3.7.1956 – 1 RA 87/55, E 3, 135 (137 ff.).
243 BSG 30.10.2007 – B 2 U 272/07 B, SozR 4-1500 § 160 a Nr. 19.
244 BSG 25.4.1962 – 3 RK 21/58, SozR Nr. 170 zu § 162 SGG.
245 Krasney/Udsching, IX Rn. 348.
246 Ist die Frist für beide Rechtsmittel nicht eingehalten, bedarf es keiner Zuordnung, vgl. BSG 25.9.2014 – B 8 SO 5/13 R, juris.
247 S. bereits BSG 11.12.1973 – 2 RU114/71, BSGE 37, 28 ff.
248 Vgl. auch BSG 13.10.1992 – 4 RA 40/91, SozR 3-5050 § 15 Nr. 5. Darauf, die Anschlussrevision – überflüssigerweise – als „unselbstständig" zu bezeichnen, wird vorliegend verzichtet. Das ist sie im genannten Sinne gegenüber der Revision bereits begriffsimmanent. Ansonsten gehört die (interne) Unterscheidung in „selbstständige" und „unselbstständige" Anschlussrevisionen einem früheren Rechtszustand der ZPO an, der für das SGG ohnehin keine Bedeutung hatte und damit nur zur Verwirrung beiträgt.
249 BSG 29.7.1958 – 1 RA 109/57, BSGE 8, 24 ff.

Revisionskläger durch Rücknahme der Revision entziehen (§ 202; § 554 Abs. 4 ZPO). Auf diese Weise soll es dem „friedfertigen Beteiligten", der gewillt war das Berufungsurteil hinzunehmen, ungeachtet eines vorher erklärten Verzichts auf die (eigene) Revision und ungeachtet des Ablaufs der hierfür maßgeblichen Frist (§ 554 Abs. 2 Satz 1) ermöglicht werden, innerhalb des von der Revision betroffenen Teils des berufungsgerichtlichen Urteils (nicht also lediglich des revisionsrechtlichen Streitgegenstandes) und inhaltlich beschränkt auf den durch die Zulassungsentscheidung für die Revision eröffneten Bereich[250] selbst Angriffe gegen das Berufungsurteil zu richten. Die missverständliche Fassung des § 554 Abs. 2 Satz 1 ZPO („... auch statthaft, wenn ... die Revision nicht zugelassen worden ist.") stellt lediglich klar, dass die Anschlussrevision keiner gesonderten eigenen Zulassung bedarf – also ggf. auch der Misserfolg des anschließenden Beteiligten mit seiner eigenen Nichtzulassungsbeschwerde unerheblich bleibt –, ermöglicht es ihr aber nicht etwa, das Berufungsurteil in weiterem Umfang anzufechten, als dies dem Revisionskläger möglich ist.[251] **Typischer Anwendungsfall** der Anschlussrevision ist daher der Teilerfolg des Berufungsklägers bei der Durchsetzung seines streitgegenständlichen Anspruchs, gegen den sich dieser selbst nach Zulassung mit dem Ziel der vollständigen Verurteilung mit der Revision wendet, während sich der Beklagte mit dem Begehren der vollständigen Klageabweisung anschließt. Dagegen steht die Anschlussrevision hinsichtlich eines nicht mit der eingelegten Revision zum BSG gelangten weiteren Streitgegenstandes mangels des erforderlichen inneren Zusammenhanges selbst dann nicht zur Verfügung, wenn auch insofern eine Zulassung vorliegt. Hier ist der Beteiligte auf die eigene Revisionseinlegung beschränkt.

Die Anschlussrevision kann nur bis zum Ablauf einer **Frist von einem Monat** 55 nach Zustellung der Revisionsbegründung erklärt werden (§ 202; § 554 Abs. 2 Satz 2 ZPO).[252] Sie setzt die Beschwer des Beteiligten wie bei einer Revision und ein dem Revisionsantrag entgegengesetztes Verfahrensziel voraus.[253] Für die Anschlussrevision eines Beklagten ist eine Beschwer zu verneinen, wenn die Klage als unbegründet statt als unzulässig abgewiesen worden ist. Der Beklagte kann in diesem Fall die Unzulässigkeit der Klage des Klägers auch ohne Anschließung an die Revision aufgrund der Revision des Klägers in der Revisionserwiderung geltend machen. Zudem ist die Zulässigkeit der Klage als eine unverzichtbare Prozessvoraussetzung durch das Revisionsgericht von Amts wegen zu prüfen. Die Anschlussrevision muss „in der **Anschlussschrift**" begründet werden (§ 202; § 554 Abs. 3 Satz 3 ZPO), jedoch dürfte eine Begründung innerhalb der Anschlussfrist ausreichen.[254]

4. Gegenrüge. Unabhängig von einer Revisionseinlegung oder Anschließung 56 kann der Revisionsbeklagte **prozessuale Gegenrügen** zu tatsächlichen Feststellungen des angefochtenen Urteils erheben. Daran besteht ein Interesse, weil nach der Rechtsansicht der Vorinstanz nicht beschwerende Umstände im Rah-

250 BSG 13.10.1992 – 4 RA 40/91, SozR 3-5050 § 15 Nr. 5.

251 Gehrlein, Keine Erweiterung der Anschlussrevision durch die ZPO-Reform, NJW 2008, 896.

252 S. die Nachweise bei BSG 27.4.2010 – B 5 R 8/08 R, SozR 4-2600 § 233 a Nr. 1 Rn. 21.

253 BSG 11.12.1973 – 2 RU 114/71, E 37, 28 (33) = SozR Nr. 3 zu § 658 ZPO; BSG 30.1.1990 – 11 RAr 87/88, SozR 3-4100 § 155 Nr. 1.

254 Krasney/Udsching, IX. Rn. 352; zum früheren Recht ebenso: Rosenberg, Lehrbuch, 8. Aufl., § 140 VI 2; aM: BSG 29.7.1958 – 1 RA 109/57, E 8, 24 (29).

men einer abweichenden Rechtsansicht des BSG erheblich sein können. Mit einer bis zum Schluss der mündlichen Verhandlung möglichen Gegenrüge[255] kann der Revisionsbeklagte die Bindung des BSG an tatsächliche Feststellungen der Tatsacheninstanz (§ 163) ausschließen. Auch die Gegenrüge hat aber nur Erfolg, wenn nicht bereits durch das Verhalten in der Vorinstanz ein **Rügeverlust** (§ 202; §§ 556, 295 ZPO) eingetreten ist. Sie ist nicht zulässig, wenn der Revisionsbeklagte die maßgeblichen Gesichtspunkte schon in der Tatsacheninstanz hätte geltend machen können.[256]

§ 160 a [Nichtzulassungsbeschwerde]

(1) [1]Die Nichtzulassung der Revision kann selbständig durch Beschwerde angefochten werden. [2]Die Beschwerde ist bei dem Bundessozialgericht innerhalb eines Monats nach Zustellung des Urteils einzulegen. [3]Der Beschwerdeschrift soll eine Ausfertigung oder beglaubigte Abschrift des Urteils, gegen das die Revision eingelegt werden soll, beigefügt werden. [4]Satz 3 gilt nicht, soweit nach § 65 a elektronische Dokumente übermittelt werden.

(2) [1]Die Beschwerde ist innerhalb von zwei Monaten nach Zustellung des Urteils zu begründen. [2]Die Begründungsfrist kann auf einen vor ihrem Ablauf gestellten Antrag von dem Vorsitzenden einmal bis zu einem Monat verlängert werden. [3]In der Begründung muß die grundsätzliche Bedeutung der Rechtssache dargelegt oder die Entscheidung, von der das Urteil des Landessozialgerichts abweicht, oder der Verfahrensmangel bezeichnet werden.

(3) Die Einlegung der Beschwerde hemmt die Rechtskraft des Urteils.

(4) [1]Das Bundessozialgericht entscheidet unter Zuziehung der ehrenamtlichen Richter durch Beschluss; § 169 gilt entsprechend. [2]Dem Beschluß soll eine kurze Begründung beigefügt werden; von einer Begründung kann abgesehen werden, wenn sie nicht geeignet ist, zur Klärung der Voraussetzungen der Revisionszulassung beizutragen. [3]Mit der Ablehnung der Beschwerde durch das Bundessozialgericht wird das Urteil rechtskräftig. [4]Wird der Beschwerde stattgegeben, so beginnt mit der Zustellung dieser Entscheidung der Lauf der Revisionsfrist.

(5) Liegen die Voraussetzungen des § 160 Abs. 2 Nr. 3 vor, kann das Bundessozialgericht in dem Beschluss das angefochtene Urteil aufheben und die Sache zur erneuten Verhandlung und Entscheidung zurückverweisen.

255 BSG 24.11.1963 – 8 RK 12/81, SozR 1500 § 164 Nr. 24.
256 BSG 2.4.2003 – B 6 KA 30/02 R, SozR 4-1500 § 95 Nr. 5.

I. Allgemeines

1. Rechtsentwicklung und Normzweck. Die Vorschrift ist durch das Änderungsgesetz vom 30.7.1974 (BGBl. 1974 I 1625) zusammen mit der ausschließlichen Zulassungsrevision eingeführt worden. **Gegenstand der Nichtzulassungsbeschwerde** ist allein die negative (Neben-) Entscheidung des LSG zur Nichtzulassung der Revision, ihr „**Streitgegenstand**" der stets gleichzeitig im Allgemeininteresse stehende Anspruch eines Beschwerten auf die verfahrensgestaltende Nebenentscheidung „Zulassung der Revision", nicht indes der in der Hauptsache selbst verfolgte Anspruch. Die Norm erlegt es in allen Fällen, in denen nicht ausnahmsweise bereits das LSG die Revision zugelassen hat, dem Rechtsschutz suchenden Beteiligten in Verfolgung seines Grundrechts aus Art. 19 Abs. 4 GG auf, den in § 160 Abs. 2 aufgeführten Allgemeinwohlaspekten zur Geltung zur verhelfen (→ Rn. 35) und zudem ggf. als Sachwalter der Interessen anderer Verfahrensbeteiligter zu agieren. Das zeigt sich besonders bei der nach § 160 a Abs. 2 Satz 3 geforderten Darlegung bzw. Bezeichnung von Zulassungsgründen. Der hiermit verbundene Arbeitsaufwand, der so weder einem zulassenden Gericht noch dem BSG als Beschwerdegericht abverlangt wird, führt im Erfolgsfall (als Besonderheit des SGG) zur Statthaftigkeit der Revision für alle Beteiligten (vgl. § 160 Abs. 1)[1] und ggf. aufgrund spezialgesetzlicher Anordnung in § 202, § 554 Abs. 2 Satz 1 ZPO auch zur Statthaftigkeit der Anschlussrevision. 1

Dass in dieser Ausgestaltung eine gelungene Lösung liegen könnte, kann allenfalls insofern behauptet werden, als sie unverändert das 1974 angestrebte Ergebnis einer Belastungsverminderung für das BSG hinsichtlich der Zahl der zu bearbeitenden Revisionen gewährleistet[2] (→ § 160 Rn. 3). Die Situation ist wesentlich dadurch gekennzeichnet, dass das Verfahren einerseits – auch durch eine traditionsreiche Judikatur – hochgradig differenzierend ausgestaltet wurde, andererseits der übergroße Anteil der ihrerseits in aller Regel unzulässigen Beschwerden auf niedrigstem Niveau – und weit unterhalb des von einem „durchschnittlichen Verfahrensbevollmächtigten" Erwartbaren – aufgrund des Fehlens ganzer Begründungselemente scheitert. Angesichts von Nichtzulassungsentscheidungen der Berufungsgerichte, die sich vielfach des mangelnden Erfolgs einer hiergegen gerichteten Beschwerde erkennbar gewiss sind, führt dies letztlich zu einer **Gefährdung der bundesstaatlichen Funktion des BSG** und mittelbar der Rechtsanwendungsgleichheit bei der Anwendung von Bundesrecht.[3] Die Praxis einiger Senate angesichts dieses schwerwiegenden Befundes – zumindest im Ein- 2

1 Seibert in Sodan/Ziekow § 124 a Rn. 308; Berchtold/Guttenberger NZS 2017, 121 (127 ff.).
2 Vgl. zur Problematik näher Berchtold in Berchtold/Richter PHdB-SozS § 8 Rn. 67.
3 Zu diesem Aspekt Berchtold in Berchtold/Richter PHdB-SozS § 8 Rn. 59.

zelfall – zur „Zulassungsrevision“ überzugehen, ist verständlich, mit dem geltenden Recht jedoch unvereinbar.

3 Immerhin eröffnet die Nichtzulassungsbeschwerde (NZB) den Beteiligten die Möglichkeit, unabhängig von der Entscheidung des LSG unter den strengen Voraussetzungen des Abs. 2 S. 3 überhaupt eine revisionsgerichtliche Überprüfung des LSG-Urteils durch das BSG zu erwirken. Die grundsätzliche **Trennung von Revisions- und Beschwerdeverfahren** hat der durch das 6. SGGÄndG vom 17.8.2001 (BGBl. 2001 I 2144) eingefügte § 160 a Abs. 5 verringert. Abs. 1 S. 4 hat das Justizkommunikationsgesetz vom 22.5.2005 (BGBl. 2005 I 837) eingefügt. Das BSG hat bei ordnungsgemäßer Bezeichnung eines Verfahrensmangels (§ 160 Abs. 2 Nr. 3) seit 1.1.2002 die Möglichkeit, das angefochtene Urteil im Beschwerdeverfahren durch Beschluss aufzuheben und die Sache an das LSG zurückzuverweisen. In Ausnahmefällen ist auch eine abschließende Entscheidung möglich. Das SGGArbGGÄndG vom 26.3.2008 (BGBl. 2008 I 444) hat Abs. 4 Satz 1 aF aufgehoben. Die klarstellende Vorschrift, eine Abhilfe des LSG sei nicht zulässig, erübrigte sich, nachdem die Abhilfemöglichkeit im Beschwerdeverfahren nach § 174 durch das gleiche Gesetz ab 1.4.2008 aufgehoben worden ist. Für die Nichtzulassungsbeschwerde hat sich die Rechtslage nicht geändert.

4 **2. Vergleichbare Vorschriften.** Die Vorschriften sind **§ 133 VwGO** nachgebildet und entsprechen § 116 FGO. Sie unterscheiden sich jedoch von § 133 Abs. 3 und 5 VwGO insofern, als das LSG einer Beschwerde gegen die Nichtzulassung der Revision nicht abhelfen kann (Abs. 4 S. 1) und die Beschwerde demgemäß beim BSG einzulegen ist (Abs. 1 S. 2). Da das BSG über zulässige Beschwerden „unter Zuziehung der ehrenamtlichen Richter“ (Abs. 4 S. 2), über nicht statthafte oder sonst unzulässige Beschwerden dagegen allein durch die Berufsrichter entscheidet (§ 160 a Abs. 4 Satz 1 Halbs. 2), ergibt sich auch in der Praxis eine gegenüber der VwGO abweichende **Strukturierung des Verfahrens.**

II. Beschwerde gegen Nebenentscheidung – Abs. 1

5 **1. Gegenstand der Beschwerde.** Gegenstand der Nichtzulassungsbeschwerde ist die **Nebenentscheidung des LSG** über die Nichtzulassung der Revision. Das Rechtsmittel hat daher einen nur begrenzten Devolutiveffekt, führt aber ungeachtet des **begrenzten Streitgegenstandes** kraft ausdrücklicher gesetzlicher Anordnung zur Hemmung der Rechtskraft des angegriffenen Urteils insgesamt (§ 160 a Abs. 3). Erwägungen über die Richtigkeit der Entscheidung in der Hauptsache sind deshalb systematisch verfehlt.[4] Sie sind für das BSG in seiner Funktion als Beschwerdegericht und allein hierzu berufender gesetzlicher Richter (Art. 101 Abs. 1 Satz 2 GG) weder in den Fällen grundsätzlicher Bedeutung (§ 160 Abs. 2 Nr. 1 und 2) noch erst recht bei Geltendmachung eines Verfahrensfehlers (§ 160 Abs. 2 Nr. 3) zulässiger Prüfungsgegenstand. Das dem SGG zugrundeliegende Konzept der funktionellen Zuständigkeitsverteilung zwischen Beschwerde- und Revisionsgericht hat in den gesetzlichen Bestimmungen über die Nichtzulassungsbeschwerde eine vollständige Ausprägung gefunden („Lücke“). Die Anwendung von § 170 Abs. 1 Satz 2 SGG im Zusammenhang

4 BSG 16.11.2000 – B 4 RA 122/99, SozR 3-1500 § 160 Nr. 33; BSG 21.5 2005 – B 12 KR 62/04 B, SozR 4-1500 § 160 a Nr. 6; vgl. auch BGH 23.6.2002 – VI ZR 91/02, NJW 2002, 3334 = JZ 2002, 1116 zu § 544 Abs. 2 S. 3 ZPO idF des Gesetzes zur Reform des Zivilprozesses vom 27.7.2001 – BGBl. 2001 I 1887.

mit einer auf Verfahrensfehler gestützten Nichtzulassungsbeschwerde würde dem gegenüber einen umfassenden weiteren materiellen Prüfungsschritt erfordern, der gleichermaßen mit dem gesetzlichen numerus clausus der Zulassungs- (und spiegelbildlich der Zurückweisungs-)gründe wie mit dem Ziel einer Entlastung des BSG im Bereich der Verfahrensrevision unvereinbar ist. Darüber hinaus korrespondiert § 170 Abs. 1 Satz 2 SGG mit der Prüfungskompetenz des Revisionsgerichts hinsichtlich der Verletzung von Bundesrecht nach § 162 SGG, sodass es erkennbar auch an einer Ähnlichkeit der Verhältnisse fehlt.[5]

Allerdings muss in den Fällen der grundsätzlichen Bedeutung (§ 160 Abs. 2 Nr. 1 6
und 2) jeweils dargelegt und geprüft werden, ob über die in Frage stehenden Rechtssätze im Rahmen einer künftigen Revisionsentscheidung auch notwendig zu entscheiden sein wird, also Klärungsfähigkeit besteht. Hierzu sind – unabhängig von der angegriffenen Entscheidung – zumindest naheliegende rechtliche Überlegungen anzustellen.[6] Ebenso ist im Zusammenhang des § 160 Abs. 2 Nr. 3 die Entscheidungsrelevanz des Verfahrensfehlers zu prüfen. Ungeachtet dessen, dass auch dieser Prüfungsschritt grundsätzlich auf der Basis der Rechtsauffassung des LSG vorzunehmen ist, rechtfertigt doch der prospektive Ausblick auf das künftige Revisionsverfahren ausnahmsweise einen objektiven Prüfungsmaßstab. Der 4. Senat[7] hatte deshalb auch ausdrücklich ausgeführt: „Es liegt auch keiner der extremen Ausnahmefälle vor, in denen eine Zurückweisung der Nichtzulassungsbeschwerde durch das Beschwerdegericht in Betracht kommen könnte, weil unter allen denkbaren Umständen schlechthin auszuschließen ist, dass die angestrebte Revision Erfolg haben kann (zB bei rechtsmissbräuchlicher Klageerhebung oder Berufungseinlegung) ...“ Warum es (nach Anfrage beim 4. Senat nach Änderung von dessen Zuständigkeit und in geänderter personeller Besetzung)[8] einer „Aufgabe“ seiner Entscheidung mit dem Satz „Für die Zulassung der Revision ist indes kein Raum, wenn feststeht, dass das angefochtene LSG-Urteil unabhängig vom Vorliegen der geltend gemachten Zulassungsgründe aus anderen als den vom Berufungsgericht angestellten Erwägungen Bestand haben wird.“[9] bedurft haben könnte, bleibt daher offen.

Maßstab der Entscheidung über die Zulassung sind allein die in § 160 Abs. 2 abschließend genannten Zulassungsgründe. Satz 1 enthält eine Ausnahme von dem Grundsatz, dass Nebenentscheidungen nur im Zusammenhang mit der Entscheidung über die Hauptsache angefochten werden können. Ein **Rechtsschutzbedürfnis**[10] besteht nur, wenn die Beschwer mit anderen Rechtsbehelfen – zB Urteilsberichtigung (§ 138), Tatbestandsberichtigung (§ 139) oder Ergänzungsurteil (§ 140) nicht zu beheben ist.[11] Die „selbstständige **Anschlussbeschwerde**“, letztlich also die eigenständige weitere Nichtzulassungsbeschwerde eines weiteren Beteiligten, ist statthaft, nicht aber die unselbstständige Anschlussbeschwerde, denn sie ist – anders als bei Berufung und Revision – auf das gleiche Ziel gerichtet wie das Rechtsmittel des Gegners.[12]

5 Vgl. BSG 16.11.2000 – B 4 RA 122/99, SozR 3-1500 § 160 Nr. 33.
6 BSG 12.7.1985 – 7 BAr 114/84, SozR 1500 § 160 a Nr. 54.
7 BSG 12.7.1985 – 7 BAr 114/84, SozR 1500 § 160 a Nr. 54.
8 BSG 19.2.2009 – B 4 AS 9/09 S.
9 BSG 3.32009 – B 1 KR 69/08 B, SozR 4-1500 § 160 a Nr. 23 Rn. 8.
10 Vgl. auch Berchtold in Berchtold/Richter PHdB-SozS § 8 Rn. 74.
11 BSG 16.7.2004 – B 2 Urt. 41/04 B, SozR 4-1500 § 160 a Nr. 4.
12 BSG 21.2.1991 – 6 Bka 40/90, SozR 3-1500 § 160 Nr. 3; mit Hinweis auf: BVerwG 23.12.1969 – III B 68.69, E 34, 351.

7 **2. Rechtsmittel/Antrag. Adressat** der Beschwerde ist nach Satz 2 ausschließlich das BSG. Sie ist grundsätzlich durch einen vom Prozessbevollmächtigten (§ 73 Abs. 4) unterschriebenen Schriftsatz einzulegen (→ § 145 Rn. 12). Die Einlegung zur Niederschrift des Urkundsbeamten ist damit ausgeschlossen.[13] **Formgerecht** ist dagegen die Einlegung durch Telegramm, Fernschreiben, Computerfax, Telefax oder elektronisches Dokument nach § 65 a.[14] Insofern hat die flexible Rechtsprechung die Einhaltung rechtlicher Formerfordernisse stets insoweit hintangestellt, als dies gerade durch die Nutzung technischer Hilfsmittel bedingt war.[15] Soweit Rechtsmittel entgegen § 65 a mit **„einfacher E-Mail"** eingelegt werden, sind sie – entgegen der hM – jedenfalls dann in „Schriftform" überführt und beachtlich, wenn dies – wie beim BSG – der üblichen Praxis entspricht.[16] Ergänzend stellte Abs. 4 S. 1 aF klar, das BSG entscheide über die NZB durch Beschluss; das LSG kann also der Beschwerde nicht abhelfen (→ Rn. 1, 21). Die Vorschriften kennzeichnen zusammen mit der Hemmung der Rechtskraft nach Abs. 3 die Beschwerde als echtes Rechtsmittel (mit begrenztem Devolutiv- und vollständigem Suspensiveffekt). Der Grundsatz der **Rechtsmittelklarheit** erfordert, dass die Beschwerde eindeutig als solche bezeichnet wird. Eine als Revision bezeichnete Rechtsmittelschrift ist nach der Rechtsprechung grundsätzlich nicht umzudeuten und als Beschwerde zu behandeln.[17] Das gilt auch für Prozesshandlungen ohne rechtskundige Vertretung.[18] Hat das LSG die Revision nur teilweise zugelassen, kann die Beschwerde auf den nicht zugelassenen Teil der Entscheidung gerichtet sein, während im Übrigen kraft Zulassung durch das LSG die Revision daneben statthaft ist.[19] Ein bestimmter **Antrag** ist nicht erforderlich, denn das Verfahrensziel ergibt sich aus der Beschwerde gegen die Nichtzulassung der Revision. Jedenfalls sachgerecht ist ein Antrag,

▶ die Revision gegen das Urteil des Landessozialgerichts Niedersachsen/Bremen vom 11. April 2016 zuzulassen. ◀

Allerdings bleibt dabei – wie auch beim üblichen Tenor der positiven Entscheidung über die Nichtzulassungsbeschwerde – unberücksichtigt, dass es der Sache nach zunächst um die Beseitigung der negativen Entscheidung des Berufungsgerichts geht, und daher folgerichtig eigentlich auch ein Aufhebungsausspruch erforderlich wäre (→ § 145 Rn. 21).

8 **3. Beschwerdefrist.** Zur Berechnung der **Beschwerdefrist** von einem Monat seit Zustellung vgl. § 64. Der Lauf der Frist setzt eine zutreffende **Rechtsmittelbelehrung** durch das LSG voraus (§ 66 Abs. 1).[20] Bei Zustellung im **Ausland** beträgt die Beschwerdefrist entsprechend § 87 Abs. 1 S. 2 drei Monate.[21] Die Frist wird

---

13 Leitherer in Meyer-Ladewig/Keller/Leitherer/Schmidt § 160 a Rn. 4; Fichte in Breitkreuz/Fichte § 160 a Rn. 14.
14 Leitherer in Meyer-Ladewig/Keller/Leitherer/Schmidt § 160 a Rn. 4.
15 S. zusammenfassend GmSOGB 5.4.2000 – GmS-OGB 1/98, BGHZ 144, 160 ff.
16 S. näher Berchtold in Berchtold/Richter PHdB-SozS § 6 Rn. 72.
17 BSG 23.6.1975 – 12 BJ 72/75, SozR 1500 § 160 a Nr. 6 mwN aus der Rechtsprechung des BVerwG und des BFH; BSG BSG 19.11.1996 – 1 RK 18/95, SozR 3-1500 § 144 Nr. 10; BSG 19.11.1996 – 1 RK 18/95, SozR 3-1500 § 158 Nr. 1; Hennig § 160 a Rn. 18; Kummer Rn. 139 mit dem Hinweis offensichtliches Versehen bei der Bezeichnung des Rechtsmittels sei unschädlich.
18 BSG 20.5.2003 – B 1 KR 25/01 R, SozR 4-1500 § 158 Nr. 1.
19 Hennig § 160 a Rn. 21.
20 Hierzu gehört nach BSG 14.3.2013 – B 13 R 19/12 R, SozR 4-1500 § 66 Nr. 3 nicht der – mittlerweile allerdings übliche – Hinweis auf die elektronische Form.
21 BSG 4.6.1975 – 11 BA 4/75, E 40, 40 = SozR 1500 § 160 a Nr. 4.

nur durch den Eingang eines formgerechten Antrags beim BSG gewahrt. Unter den Voraussetzungen des § 67 kommt eine Wiedereinsetzung in Betracht.[22]

Darf sich ein Beteiligter für unfähig halten, die Prozesskosten ohne Beeinträchtigung des für sich selbst und seine Familie notwendigen Unterhalts zu bestreiten, kann er sich zunächst auf den **Antrag auf Gewährung von Prozesskostenhilfe** beschränken und die Einlegung der Nichtzulassungsbeschwerde bzw. die Begründung der bereits eingelegten Beschwerde hintanstellen. Dabei ist allerdings zu berücksichtigen, dass sich die Prüfung der Erfolgsaussicht – anders als bei der Zulassungsentscheidung[23] – nicht nur auf die Zulassungsgründe (§ 160 Abs. 2) beschränkt, sondern auch auf die angestrebte Revision und ggf. das Ergebnis einer weiteren Verhandlung und Entscheidung des LSG nach Zurückverweisung. Die in § 73 a, § 114 ZPO geforderte **Erfolgsprognose** soll gerade ausschließen, dass öffentliche Mittel auf Verfahren verwendet werden, deren eigentliches Ziel absehbar nicht zu erreichen ist.[24] Der Bedürftige darf auch sonst nicht ungerechtfertigt bevorzugt werden und muss daher fristgerecht alles in seinen Kräften stehende getan haben,[25] um das der rechtzeitigen Vornahme entgegenstehende Hindernis zu beheben. Nur dann ist ohne weiteres Wiedereinsetzung in die versäumte Einlegungsfrist zu gewähren.[26] Andernfalls ist Prozesskostenhilfe mangels Erfolgsaussicht abzulehnen: Dem Beteiligten könnte bei Nachholung der versäumten Rechtshandlung mangels unverschuldeter Säumnis Wiedereinsetzung nicht gewährt werden. Die dennoch eingelegte Nichtzulassungsbeschwerde ist zu verwerfen. Ist dagegen auf einen isolierten Antrag Prozesskostenhilfe gewährt worden, ist binnen eines Monats nach Zustellung des Beschlusses über die Bewilligung an den Antragsteller (§ 67 Abs. 2 Satz 1) die Einlegung der formgültigen Nichtzulassungsbeschwerde nachzuholen.[27] Hat allerdings der bereits durch einen postulationsfähigen Bevollmächtigten vertretene Rechtsmittelführer zusammen mit dem Antrag auf Prozesskostenhilfe einen Schriftsatz eingereicht, der den formalen Anforderungen an die Nichtzulassungsbeschwerde genügt, ist vorbehaltlich einer sich ausnahmsweise aus dem Schriftsatz selbst oder aus Begleitumständen mit erforderlicher Deutlichkeit ergebenden Beschränkung von einem bereits unbedingt eingelegten Rechtsmittel auszugehen.[28] Dann muss auch folgerichtig die Begründung innerhalb üblicher Frist eingehen. Fehlt es hieran, muss sich der Hilfebedürftige dies auch im Rahmen der Wiedereinsetzung in den vorigen Stand gem. § 67 Abs. 1 iVm § 73 Abs. 3 Satz 2 zurechnen lassen. 9

4. Angefochtenes Urteil. Die Sollvorschrift des Satzes 3 behandelt die Rechtsprechung als bloße **Ordnungsvorschrift**. Ist eine Ausfertigung oder beglaubigte Abschrift des Urteils der Beschwerdeschrift nicht beigefügt, so ist die Beschwerde zulässig, wenn das angefochtene Urteil durch Angabe des Gerichts, des Urteilsdatums und des Aktenzeichens klar zu erkennen ist.[29] Die Beifügung erüb- 10

22 BSG 20.10.1977 – 1 BA 55/77, SozR 1500 § 164 Nr. 9.
23 Dazu: BSG 16.11.2000 – B 4 RA 122/99 B, SozR 3-1500 § 160 Nr. 33.
24 BSG 10.3.1976 – 7 BAr 36/75, SozR 1750 § 114 Nr. 1; BSG 25.6.1980 – 7 BH 4/80, SozR 1750 § 114 Nr. 5 – st. Rspr.; vgl. auch: BGH 14.12.1993 – VI ZR 235/92, NJW 1994, 1160.
25 Zu den Anforderungen vgl. Berchtold in Berchtold/Richter PHdB-SozS § 8 Rn. 11.
26 BSG 10.9.1978 – 7 BAV 18/78, SozR 1500 § 67 Nr. 13.
27 Vgl. zur neuen Praxis des BSG Berchtold in Berchtold/Richter PHdB-SozS § 8 Rn. 15.
28 BGH 7.3.2012 – XII ZB 421/11, MDR 2012, 731 f.
29 BSG 22.10.1975 – 8 BU 58/75, SozR 1500 § 160 a Nr. 16.

rigt sich – mit der Folge der Unzulässigkeit der Nichtzulassungsbeschwerde – nur dann nicht, wenn die genannten Umstände innerhalb der Beschwerdefrist überhaupt nicht mitgeteilt worden sind.[30] Allerdings steht die Missachtung nicht selten der unverzüglichen Bestimmung des nach der Geschäftsverteilung zuständigen Senats entgegen und ist daher zumindest nobile officium des Beteiligten und seines Bevollmächtigten. Mit Satz 4 idF des Justizkommunikationsgesetzes trägt das Gesetz Gegebenheiten der elektronischen Datenübermittlung Rechnung.

III. Beschwerdebegründung – Abs. 2

11 **1. Begründungsfrist.** Unabhängig vom Zeitpunkt der Beschwerdeeinlegung legt Satz 1 eine **eigenständige Frist** für die Begründung innerhalb von 2 Monaten nach Zustellung des Urteils fest. Die **Begründungsfrist** umfasst also die Einlegungsfrist. Bei Zustellung im **Ausland** beträgt die Begründungsfrist demgemäß 4 Monate.[31] Abweichend von § 164 Abs. 2 S. 2 kann die Begründungsfrist für die Beschwerdebegründung nur einmal (!) bis zu einem Monat verlängert werden. Der Antrag, nicht aber die Entscheidung, muss vor Ablauf der Begründungsfrist erfolgen. An die nicht ausdrücklich im Gesetz verlangte, aber allgemein übliche Begründung des Verlängerungsantrags werden keine hohen Anforderungen gestellt.[32] **Häufigster Fehler** von Antragstellern ist die Begrenzung ihres Antrags auf ein vor Ablauf der Monatsfrist liegendes Datum nach dem Kalender, das alle Möglichkeiten einer Rechtsschutz fördernden Auslegung versperrt. Der Vorsitzende entscheidet durch Verfügung, die den Beteiligten bekannt gegeben wird. Wegen der an die Fristwahrung zu stellenden Anforderungen → Rn. 4 ff.

12 **2. Prozesshandlungen.** Zur Wahrung der Einlegungs- und Begründungsfrist sind **Prozesshandlungen eines postulationsfähigen Prozessbevollmächtigten** (§ 73 Abs. 4) erforderlich.[33] Die strengen formalen Anforderungen des Verfahrens beim BSG rechtfertigen sich gerade aus dessen Funktion, der es nur mithilfe qualifizierter Prozessvertreter genügen kann.[34] Die dennoch „privatschriftlich" eingelegte Nichtzulassungsbeschwerde ist unzulässig.

13 **3. Darlegungslast. a) Funktion.** Mit der Darlegungslast nach Satz 3 baut das Gesetz neben den Zulassungsgründen des § 160 Abs. 2 Nr. 1–3 einen weiteren **verfahrensrechtlichen Filter** für den Zugang zum Revisionsrechtszug ein. Diese Begrenzungen sind nur zu verstehen, wenn die wesentliche **Aufgabe des Revisionsgerichts** in der Wahrung der Rechtseinheit und der Fortentwicklung des Rechts gesehen wird. Sie rechtfertigt die Konzentration des BSG auf Verfahren, die zugleich diesen überindividuellen Belangen und nicht nur dem individuellen Rechtsschutz dienen. Die Rechtsprechung stellt hohe Anforderungen an die Beschwerdebegründung, für die in S. 3 zwingend vorgeschrieben ist, die grundsätzliche Bedeutung der Rechtssache darzulegen oder die Abweichung von höchstrichterlicher Rechtsprechung oder Verfahrensmängel zu bezeichnen. Dabei ist verfassungsrechtlich im Grundsatz nicht zu beanstanden, dass das Gericht die Zulässigkeit der Nichtzulassungsbeschwerde von der Darlegung bestimmter sachlicher Voraussetzungen für die Zulassung der Revision abhängig macht.

30 BSG 22.10.1975 – 8 BU 58/75, juris.
31 BSG 4.6.1975 – 11 BA 4/75, E 40, 40 = SozR 1500 § 160 a Nr. 4.
32 Kritisch dazu: Fichte SGb 1999, 693 ff.
33 BSG 15.4.1981 – 1 BA 23/81, SozR 1500 § 160 Nr. 44.
34 Näher Berchtold in Berchtold/Richter PHdB-SozS § 8 Rn. 24 ff.

Das gilt auch hinsichtlich der Klärungsbedürftigkeit der aufgeworfenen Rechtsfragen. Art. 101 Abs. 1 Satz 2 GG wäre allerdings verletzt, wenn der Umfang der Darlegungsanforderungen sich von den Anforderungen an die Begründetheit einer Nichtzulassungsbeschwerde nicht mehr hinreichend unterscheiden würde.[35]

Die Wirksamkeit dieses Filters wird durch die ernüchternde **Statistik belegt** (→ § 160 Rn. 3). Die Mehrzahl der Verwerfungsbeschlüsse dürfte darauf beruhen, dass die Begründungen nicht den Anforderungen an die Darlegung bzw. Bezeichnung von Zulassungsgründen genügten. Dieser Befund hat Besorgnis und Kritik zu den **Anforderungen** an eine hinlängliche Darlegung von Zulassungsgründen hervorgerufen.[36] Hieran ist einmal zutreffend, dass der Funktion des BSG und den Gemeinwohlaspekten seiner Tätigkeit durch die faktische nahezu vollständige Überwälzung auf individuelle Vortragslasten offensichtlich kein guter Dienst erwiesen wird. Zum anderen ist sicher zuzugestehen, dass die gesetzlichen Anforderungen in ihrem von der oberstgerichtlichen Rechtsprechung entwickelten Verständnis sicherlich eines außergewöhnlichen Aufwands und größter Sorgfalt bedürfen.[37] Allerdings beruht das faktische Scheitern an Begründungserfordernissen in aller Regel nicht daran, dass insofern unter Verstoß gegen Art. 19 Abs. 4 GG Anforderungen gestellt würden, die „auch von einem durchschnittlichen, nicht gerade auf das einschlägige Rechtsgebiet spezialisierten Rechtsanwalt mit zumutbarem Aufwand nicht mehr erfüllt werden könnten."[38] Vielmehr begibt sich eine Vielzahl von Prozessvertretern auf erkennbar unbekanntes Terrain und lässt nicht selten bereits die Kenntnis des besonderen Verfahrensgegenstandes und des Gesetzestextes vermissen. Selbst renommierte Fachanwälte mit Lehrtätigkeit verzichten auf ganze Prüfungskomplexe. Hinzu kommt auch bei häufiger auftretenden Vertretern eine schwer nachvollziehbare Lernverweigerung auch gegenüber geduldigen Wiederholungen von Prüfungsschemata. Dennoch eingelegte Verfassungsbeschwerden sind regelmäßig erfolglos geblieben. Das **BVerfG** hat die Anforderungen an die Darlegung von Zulassungsgründen unter verschiedenen Aspekten für **verfassungsgemäß** gehalten und dies wesentlich mit dem erörterten Zweck und Ziel von Revisionsverfahren begründet.[39] 14

Verfassungsrechtlich ist es unbedenklich, die Beschreitung des Rechtswegs von der Erfüllung bestimmter formaler Voraussetzungen abhängig zu machen. Dies gilt insbesondere für die Begründungs-, Darlegungs- und Bezeichnungserfordernisse im Verfahren vor den Revisionsgerichten.Eine nachfolgende Verfassungsbeschwerde ist dann in der Regel unzulässig, wenn ein an sich gegebenes 15

35 BVerfG 14.6.1994 – 1 BvR 1022/88, BVerfGE 91, 93 ff. = juris Rn. 87.
36 ZB Hennig § 160 a Rn. 196; Merz SGb 1978, 286 ff.
37 S. etwa Becker, Die Nichtzulassungsbeschwerde zum BSG, SGb 2007, 261 ff., 328 ff.
38 BVerfG 8.12.2009 – 2 BvR 758/07, BVerfGE 125, 104 (137) mwN.
39 BVerfG 15.3.1982 – 2 BvR 206/82, SozR 1500 § 160 a Nr. 44; BVerfG 8.6.1982 – 2 BvR 1037/71, SozR 1500 § 160 a Nr. 45; BVerfG 6.9.1983 – 1 BvR 237/83, SozR 1500 § 160 a Nr. 48; BVerfG 12.9.1991 – 1 BvR 765/91, SozR 3-1500 § 160 a Nr. 6; BVerfG 18.12.1991 – 1 BvR 1411/91, SozR 3-1500 § 160 a Nr. 7; BVerfG 19.2.1992 – 1 BvR 1935/91, SozR 3-1500 § 160 a Nr. 8; BVerfG 24.10.2000 – 1 BvR 1412/99, SozR 1500 § 160 a Nr. 31; BVerfG 23.1.2006 – 1 BvR1786/01, SozR 4-1500 § 160 a Nr. 12; BVerfG 15.2.2006 – 1 BvR2597/05, SozR 4-1500 § 160 a Nr. 16, wo auch darauf hingewiesen wird, die vom BSG gestellten Anforderungen entsprächen der Rechtsprechung des BVerwG; BVerfG 14.4.2010 – 1 BvR 2856/07, SozR 4-1500 § 160 a Nr. 24.

Rechtsmittel wie die Beschwerde wegen der Nichtzulassung der Revision, durch dessen Gebrauch die behaupteten Grundrechtsverstöße hätten ausgeräumt werden können, aus prozessualen Gründen erfolglos bleibt.[40] Da die Verwerfung einer Nichtzulassungsbeschwerde als solche jedoch nicht in jedem Falle ausreicht, um von der Unzulässigkeit auch der Verfassungsbeschwerde auszugehen, muss ein Beschwerdeführer vor dem BVerfG seinen Vortrag im Nichtzulassungsbeschwerdeverfahren jedenfalls im Wesentlichen mitteilen und regelmäßig die zur Begründung eingereichten Schriftsätze vorlegen.[41] Der Zugang zur Revisionsinstanz als solcher stellt dabei keine Frage des rechtlichen Gehörs dar, sondern des Rechts auf den gesetzlichen Richter und des effektiven Rechtsschutz. Art. 103 Abs. 1 GG schützt nämlich nicht davor, dass der Sachvortrag eines Beteiligten aus Gründen des formellen oder materiellen Rechts teilweise oder ganz unberücksichtigt bleibt. Eine Gehörsverletzung wäre in diesem Zusammenhang nur von Bedeutung, wenn der Beschwerdeführer substantiiert vorträgt, dass die Gerichte bei der Entscheidung über die Zulassung der Revision oder im Rahmen des Nichtzulassungsbeschwerdeverfahrens wesentliches Vorbringen außer Acht gelassen hätten.[42]

16 Auch wenn der Verfassungsbeschwerdeführer geltend machen will, auf Grund der Nichtzulassung durch das BSG sei eine Vorlage an den Europäischen Gerichtshof unterblieben, die im Revisionsverfahren selbst möglicherweise notwendig geworden wäre, sei er in seinen Grundrechten aus Art. 101 Abs. 1 Satz 2 GG und Art. 19 Abs. 4 GG verletzt, gilt nichts anderes. Er muss dann beim BVerfG zunächst substantiiert darlegen, dass das BSG die Voraussetzungen für die Revisionszulassung in verfassungsrechtlich relevanter Weise verkannt habe.[43]

17 b) **Anforderungen.** Die **Darlegungslast** des Beschwerdeführers wird durch die Begriffe „darlegen“ bzw. „bezeichnen“ festgelegt. Die Begründung muss deshalb – verfassungsrechtlich unbedenklich[44] – auf die Merkmale jedenfalls eines der in § 160 Abs. 2 Nr. 1–3 abschließend aufgezählten Zulassungsgründe substantiiert eingehen. Sie muss Ausführungen zu allen Voraussetzungen des geltend gemachten Anspruchs enthalten.[45] Der Zulassungsgrund ist dem Revisionsgericht zur Prüfung vorzulegen, das BSG prüft ihn vermittelt durch die Beschwerdebegründung und ermittelt die Umstände des Zulassungsgrundes nicht selbst. Andernfalls wäre die mit der Darlegungslast angestrebte **Entlastung des BSG** nicht zu erreichen. Bloße Behauptungen, floskelhafte Wendungen oder pauschale Bezugnahmen auf Verfassungsgrundsätze sind nicht ausreichend.[46] Ausführungen zur Richtigkeit der Entscheidung in der Hauptsache sind verfehlt, weil sie nicht den **Gegenstand der Beschwerde** betreffen, die die Statthaftigkeit der Revision erstrebt und sich daher allein gegen die Nebenentscheidung über die Zulassung der Revision richtet.[47] Der Entlastungszweck ist auch nur durch eine übersichtli-

40 BVerfG 23.12.2016 – 1 BvR 1723/14, juris Rn. 4.
41 BVerfG 7.11.2016 – 1 BvR 574/13, juris Rn. 5 mwN.
42 BVerfG 16.12.2016 – 1 BvR 1336/14, juris Rn. 3.
43 BVerfG 17.11.2016 – 1 BvR 2472/12, juris Rn. 6.
44 Die entsprechenden Anforderungen der oberstgerichtlichen Rechtsprechung sind vom BVerfG grundsätzlich gebilligt. Vgl. exemplarisch BVerfG 12.9.1991 – 1 BvR 765/91, BeckRS 1991, 6888 und zu BSG 4.2.2016 – B 11 AL 84/15 B, BVerfG 27.6.2016 – 1 BvR 625/16, juris.
45 BSG 30.8.2004 – B 2 Urt. 401/03 B, SozR 4-1500 § 160 a Nr. 5.
46 BSG 22.4.1997 – 11 BAr 3/97, SozR 3-1500 § 160 a Nr. 23 – st. Rspr.
47 BSG 16.11.2000 – B 4 RA 122/99 B, SozR 3-1500 § 160 Nr. 33.

che, auf die geltenden Zulassungsgründe bezogene **Gliederung des Prozessstoffs** und klare **Gedankenführung** zu erreichen.[48] Sie muss erkennen lassen, dass der Prozessbevollmächtigte den Prozessstoff gesichtet und rechtlich durchdacht hat, weshalb die Zusammenstellung von Lesefrüchten oder Textbausteinen, die es dem Revisionsgericht überlassen, den Zusammenhang zum konkreten Prozessstoff herzustellen, nicht ausreichen. Die Vorlage von **Ausarbeitungen des Beteiligten** mit dem Bemerken, der Prozessbevollmächtigte mache sich die Ausführungen zu eigen, genügt weder der Darlegungslast noch dem Vertretungszwang.[49] Bezugnahmen auf Schriftsätze in vorangegangenen Verfahren oder Rechtszügen sind nicht ausreichend; es ist nicht Aufgabe des Revisionsgerichts, sich aus solchen Schriftsätzen zur Darlegung oder Bezeichnung von Zulassungsgründen geeignetes Vorbringen herauszusuchen.[50] Ist das angefochtene Urteil auf **mehrere selbstständige Gründe** gestützt, muss die Beschwerdebegründung gegen jeden Urteilsgrund Zulassungsgründe geltend machen.[51] Nur dann ist gewährleistet, dass der Prozessbevollmächtigte vor einer Inanspruchnahme des BSG das angefochtene Urteil überprüft, den Prozessstoff gesichtet und die Notwendigkeit einer Zulassung der Revision rechtlich durchdacht hat.[52]

c) Grundsätzliche Bedeutung. Die Darstellung dieses Zulassungsgrundes ist eine äußerst arbeitsintensive – innerhalb der Begründungsfrist von maximal drei Monaten oft kaum zu bewältigende – Aufgabe. Alle materiell in der Voraussetzung der „grundsätzlichen Bedeutung" zum Ausdruck kommenden Aspekte müssen sich in der Begründung als Gliederungspunkt und im Einzelnen dargelegt wiederfinden. 18

Nicht nur der konkrete Prozessstoff ist zu sichten, die Beschwerdebegründung hat auch darzustellen, inwiefern nach dem **Stand von Rechtsprechung und Lehre** ein Klärungsbedürfnis für eine in der Begründung aufgeworfene **Rechtsfrage** besteht, inwiefern diese nach der prozessualen Situation oder mangels konkurrierender Anspruchsgrundlagen notwendig **entscheidungserheblich** ist und inwiefern schließlich eine **Breitenwirkung** über den Einzelfall hinaus von dem angestrebten Revisionsverfahren zu erwarten ist (im Einzelnen → § 160 Rn. 14 ff.). Hier wirkt sich aus, „dass die grundsätzlich und divergierend entschiedenen Rechtsfragen dem Revisionsgericht nur durch ein von der Parteiinitiative abhängigen Rechtsmittel zugetragen werden können und zur Wahrung der überindividuellen Zwecke der Rechtsfortbildung und Rechtseinheit das individuelle Parteiinteresse mobilisiert wird".[53]

aa) Entscheidungserhebliche Rechtsfrage. Die Begründung muss eine **konkrete** und **entscheidungserhebliche Rechtsfrage** aufwerfen, die grundsätzlich mit ja oder nein beantwortet werden kann[54] und sich auf den Anwendungsbereich 19

---

48 BSG 12.5.1999 – B 4 RA 181/98 B, SozR 3-1500 § 160 a Nr. 26; BVerfG 24.10.2000 – 1 BvR 1412/99, SozR 3-1500 § 160 a Nr. 31.
49 BSG 15.4.1981 – 1 BA 23/81, SozR 1500 § 160 Nr. 44; BSG 24.2.1992 – 7 BAr 86/91, SozR 3-1500 § 66 Nr. 4.
50 Vgl. auch: Hennig § 160 a Rn. 196, 200 f.; Kummer Rn. 298; Leitherer in Meyer-Ladewig/Keller/Leitherer/Schmidt § 160 a Rn. 13 d; Fichte in Breitkreuz/Fichte § 160 a Rn. 21.
51 BSG 19.6.1975 – 12 BJ 24/75, SozR 1500 § 160 a Nr. 5; BSG 24.9.1980 – 11 BLw 4/80, SozR 1500 § 160 a Nr. 38; BSG 18.6.2002 – B 2 Urt. 34/01 R, SozR 3-1500 § 164 Nr. 12.
52 BSG 24.2.1992 – 7 BAr 86/91, SozR 3-1500 § 166 Nr. 4.
53 Henckel in Rechtsschutz im Sozialrecht S. 105, 110.
54 BSG 17.11.2010 – B 6 KA 45/10 B, juris Rn. 5.

einer Norm des revisiblen Rechts (§ 162) bezieht.[55] An einer grundsätzlichen Bedeutung fehlt es, wenn sich die Rechtsanwendung einer Verallgemeinerung entzieht.[56] Fragen nach der richtigen Entscheidung des Streitgegenstandes oder solche, die sich schon ihrem Wortlaut nach auf den konkreten Kläger beziehen, sind keine (abstrakten) Rechtsfragen, solche mit offenem Wortlaut („Was ist … iS von?") nicht bestimmt genug. Missverständlich ist die Formulierung, die Frage müsse geeignet sein, „in künftigen Revisionsverfahren die Rechtseinheit zu erhalten oder zu sichern oder die Rechtsfortbildung zu fördern".[57] Gemeint kann nur sein, dass das konkret angestrebte Revisionsverfahren eine Antwort erwarten lässt, die der Rechtseinheit oder Rechtsfortbildung dient und deshalb künftige Verfahren erübrigt. Wörtlich genommen enthielte der zitierte Satz überzogene Anforderungen an die Begründung.[58] Auch wären die Grenzen verfassungsrechtlich zulässiger Anforderungen an die Begründung überschritten.[59] Für die Entscheidungserheblichkeit kommt es nicht auf die Rechtsansicht des LSG, sondern auf die mit der Begründung zu antizipierende Sichtweise des BSG in einem künftigen Revisionsverfahren an. Nur seine Entscheidung voraussichtlich tragende Aussagen des BSG führen zur Klärung von Rechtsfragen.[60] Es muss sich um eine **ernsthafte Frage** handeln. Lässt sich die Antwort unmittelbar aus dem Gesetz entnehmen, steht sie „praktisch außer Zweifel", also nicht in Frage; im Übrigen fehlt es jedenfalls an der Klärungsbedürftigkeit.[61]

20 Keiner Klärung über die Grundsatzrevision zugänglich sind **Tatsachen(würdigungs)fragen von grundsätzlicher Bedeutung** einschließlich der Unterschiede bei der tatsächlichen Bewertung identischer Tatsachengrundlagen.[62] Die Klärungsbedürftigkeit muss in Bezug auf den anzuwendenden rechtlichen Maßstab, nicht die richterliche Tatsachenwürdigung und -bewertung bestehen.[63] Auch der Umstand, dass das Ergebnis der zur Feststellung und Würdigung des Tatsachenstoffes berufenen Instanzgerichte für eine **Vielzahl von Verfahren** von Bedeutung ist, lässt für sich allein nach geltendem Revisionszulassungsrecht eine Zulassung wegen grundsätzlicher Bedeutung nicht zu.[64] Die Frage nach den Therapiemöglichkeiten für ein einzelnes Leiden und den darauf bezogenen krankenversicherungsrechtlichen Behandlungsanspruch ist damit ebenso wenig eine „Rechtsfrage von grundsätzlicher Bedeutung"[65] wie etwa die unterschiedliche Würdigung der Situation in einem Herkunftsland für das Asylverfahren.[66] Etwas anderes kann allenfalls gelten, wo es um generelle **Tatsachen von normativer Qualität**, wie die generellen Tatsachen für die Feststellung von Berufskrankheiten, die für alle einschlägigen BK-Fälle gleichermaßen von Bedeutung sind,[67] oder die MdE-

55 BSG 15.10.1975 – 11 BA 88/75, SozR 1500 § 160 Nr. 10.
56 Weyreuther, Revisionszulassung und Nichtzulassungsbeschwerde in der Rechtsprechung der obersten Bundesgerichte, 1971, Rn. 61, S. 27.
57 BSG 26.6.1975 – 12 BJ 12/75, SozR 1500 § 160 a Nr. 7.
58 So Bley, BSG-FS II S. 822; Merz SGb 1978, 287; vgl. auch Hennig Rn. 235.
59 Vgl. BVerfG 9.5.1978 – 2 BvR 952/75, E 48, 263 = SozR 1500 § 160 a Nr. 30.
60 Hennig § 160 a Rn. 223.
61 BSG 4.6.1975 – 11 BA 4/75, E 40, 40 (42) = SozR 1500 § 160 a Nr. 4.
62 BVerwG 24.4.2017 – 1 B 22/17, NVwZ 2017, 1204 ff., juris Rn. 5.
63 BVerwG 24.4.2017 – 1 B 22/17, NVwZ 2017, 1204 ff., juris Rn. 4.
64 BVerwG 24.4.2017 – 1 B 22/17, NVwZ 2017, 1204 ff., juris Rn. 4.
65 BSG 7.10.2005 – B 1 KR 107/04 B, SozR 4-1500 § 160 a Nr. 9.
66 BVerwG 24.4.2017 – 1 B 22/17, NVwZ 2017, 1204 ff., juris Rn. 4.
67 BSG 23.4.2015 – B 2 U 10/14 R, BSGE 118, 255 und 6.9.2018 – B 2 U 10/17 R, BSGE 126, 244 ff., Rn. 27.

Tabellenwerte als gemeinsame Grundlage der MdE-Einschätzung im Einzelfall[68] geht. Hierbei handelt es sich um generelle Tatsachen die den Einzelfall übergreifend für die Auslegung des revisiblen Rechts, also das Normverständnis selbst, maßgeblich sind (Rechtstatsachen).[69] Auch insofern kann allerdings das BSG an die Grenzen der freien richterlichen Beweiswürdigung stoßen und darf sich nicht auf durch eigene Interpretation gewonnene Erkenntnisse beschränken, wo sich eine Auslegung unter strikter Anwendung der juristischen Methodenlehre verbietet und es daher der Zuziehung weitern einschlägigen Sachverstandes bedarf.[70]

bb) Darlegen der Klärungsbedürftigkeit. Klärungsbedürftig sind solche entschei- 21
dungserheblichen Rechtsfragen, auf die sich noch nicht ohne Weiteres aus dem Gesetz eine Antwort finden lässt, die durch die oberstgerichtliche Rechtsprechung noch nicht unmittelbar geklärt ist, auf die sich eine Antwort auch nicht zumindest mittelbar aus bereits vorhandenen Judikaten finden lässt. Bloße Behauptungen hierzu oder oberflächliche Verweise auf Fundstellen genügen zur Erfüllung der Darlegungslast ebenso wenig wie die bloße Wiedergabe von Texten/Textpassagen (also der gedruckten Zeichenträger) mithilfe von „copy and paste“. Vielmehr muss die vorhandene Rechtsprechung als Ausdruck rechtlicher – geistiger! – Aussagen als von diesen Zeichenträgern Bezeichnetes erkannt, eingeordnet und in Bezug zu den jeweils entschiedenen Sachverhalten gesetzt werden. Die Begründung hat hierzu den Stand der jeweils einschlägigen **Rechtsprechung** darzustellen und den Schritt zu kennzeichnen, den das BSG zur weiteren Klärung der Rechtslage tun soll, um hiervon ausgehend die unverzichtbare Entscheidungsrelevanz dieses Schrittes darzustellen.[71]

Ist die Rechtsfrage vom BSG bereits entschieden, ist auszuführen, inwiefern 22
gleichwohl Klärungsbedarf verblieben oder erneut eingetreten ist. Dazu muss die Begründung zB auf **neuere Rechtsentwicklungen** zu vergleichbaren Fragen in Gesetzgebung, Rechtsprechung oder Schrifttum oder Einwände in Rechtsprechung und Schrifttum substantiiert eingehen.[72] Auch durch eigenständige Argumente lässt sich die Klärungsbedürftigkeit darlegen, sofern diese Substanz aufweisen und nicht bloß auf eigenwilligem Widerspruch beruhen. Die Klärungsbedürftigkeit bezieht sich nicht nur auf den entschiedenen Fall, weshalb die Begründung – sofern dies nicht ausnahmsweise, etwa wegen einer Vielzahl bereits anhängiger Streitsachen, offenkundig ist – ausführen muss, dass der angestrebten Revisionsentscheidung **Breitenwirkung** zukommt, sie mithin im Allgemeininteresse liegt. Ausführungen zur grundsätzlichen Bedeutung in dem Sinne, dass die angestrebte Entscheidung des BSG über den Einzelfall hinaus allgemeine Be-

68 BSG 20.12.2016 – B 2 U 11/15 R, BSGE 122, 232 ff., Rn. 18 mwN.

69 BSG 10.12.1987 – 9 a RVs 11/87, E 62, 273 (277) = SozR 3870 § 60 Nr. 2 „tatsächliche Gehgewohnheiten der Bevölkerung“; BSG 25.10.1994 – 3/1 RK 57/93, SozR 3-2500 § 34 Nr. 4 S. 19 „durchschnittliche Kosten für Hörbatterien“. BSG 23.4.2015 – B 2 U 10/14 R, BSGE 118, 255 ff., „die einzelnen Tatbestandsmerkmale der jeweiligen BK unterfütternde allgemeine (generelle) Tatsachen“.

70 BSG 6.9.2018 – B 2 U 10/17 R, BSGE 126, 244, juris Rn. 27. Der Text lässt offen, warum der Rechtsstreit auch insofern an das LSG zurückverwiesen worden ist und ob sich das BSG unter diesen Umständen konsequenterweise selbst für befugt angesehen hätte, ein derartiges Gutachten einzuholen.

71 BSG 25.10.1978 – 8/3 RK 28/77, SozR 1500 § 160 a Nr. 31.

72 BSG 25.9.1975 – 12 BJ 94/75, SozR § 160 a Nr. 13; BSG 2.3.1976 – 12/11 BA 116/75, SozR 1500 § 160 Nr. 17; BSG 9.10.1986 – 5 b BJ 174/86, SozR 1500 § 160 a Nr. 58.

deutung besitzt, sind für eine formgerechte Darlegung des Zulassungsgrundes auch nicht deshalb von vorne herein entbehrlich, weil der Beschwerde führende Versicherungsträger das Recht erfahrungsgemäß nicht nur in Einzelfällen anwendet.[73] Besonderer Ausführungen bedarf es insbesondere, wenn die Rechtsfrage sich zu nicht mehr geltendem oder auslaufendem Recht,[74] zu einer Übergangsvorschrift[75] oder zu einem Maßnahmegesetz stellt.[76] Der Umfang der Ausführungen richtet sich nach der Eigenart der Rechtsfrage und dem Streitstand in Rechtsprechung und Schrifttum. Ergibt dieser eine Antwort auf die Rechtsfrage, fehlt es an einem Klärungsbedürfnis. Die Äußerung **verfassungsrechtlicher Bedenken** allein begründet noch nicht die Klärungsbedürftigkeit;[77] sie erübrigt auch nicht die Auseinandersetzung mit einschlägiger Rechtsprechung des BSG.[78]

23 cc) **Darlegen der Klärungsfähigkeit.** Nähere Ausführungen sind zu diesem Punkt zunächst erforderlich, wenn die Revisibilität der angewandten Vorschrift oder Sachurteilsvoraussetzungen zweifelhaft sein könnten. Zur Klärungsfähigkeit ist zudem stets auszuführen, dass gerade die vom LSG **festgestellten** und in einem künftigen Revisionsverfahren für das BSG verbindlichen (§ 163 SGG) **Tatsachen** ausreichen, um die Rechtsfrage revisionsgerichtlich zu klären.[79] Andernfalls könnte der Beschwerdeführer schon nicht geltend machen, dass die Klärung gerade zu seinen Gunsten erforderlich ist, bzw. wäre das BSG funktionsfremd zu einer gutachterlichen Äußerung gezwungen. An einer ausreichen Darstellung des Sachverhalts fehlt es vielfach bereits zugunsten frei formulierter und in ihrer Herkunft völlig offener Narrative („Die Parteien streiten um folgendes …“). Da das BSG jedoch als Revisionsgericht grundsätzlich selbst keine (weiteren) Tatsachen feststellt und für seine Rechtsanwendung notwendig auf die Feststellungen des hierzu als gesetzlicher Richter unvertretbar allein berufenen Tatsachengerichts angewiesen ist, ist notwendiger Bestandteil aller Ausführungen des Beschwerdeführers zum Sachverhalt zumindest die Behauptung, dass es sich bei den mitgeteilten Tatsachen gerade um vom LSG festgestellte handelt. Die Beschreibung des Sachverhalts durch das LSG repräsentiert im Revisionsverfahren den sog. Untersatz, auf den im Rahmen des Syllogismus die in Frage stehende revisible Norm Anwendung findet. Sind „festgestellte Tatsachen“ in der angegriffenen Entscheidung schon nicht wiedergegeben, kommt die Bezeichnung eines entsprechenden Verfahrensmangels in Betracht (§ 136 Abs. 1 Nr. 6). Das kann auch dann der Fall sein, wenn sich das LSG durchgehend auf eine bloße Wiedergabe von Äußerungen während des Verfahrens beschränkt, ohne anzugeben, dass und welche eigenen Schlüsse es hieraus ziehen möchte. Ansonsten richten sich Aufwand und Intensität des Eingehens auf die tatrichterlichen Feststellungen nach deren eigener Qualität und sind naturgemäß am geringsten, wenn das Tatsachengericht in (den Gründen oder an anderer Stelle) seiner Entscheidung ausdrücklich kundgetan hat, wovon es aufgrund des Gesamtergebnisses des Verfahrens überzeugt ist und was es demgemäß festgestellt hat. Die Auf-

73 BSG 19.1.1981 – 7 Bar 69/80, SozR 1500 § 160 a Nr. 39.
74 BSG 28.11.1975 – 12 BJ 150/75, SozR 1500 § 160 a Nr. 19.
75 Kummer, S. 69 mwN.
76 BSG 14.8.2000 – B 2 Urt. 86/00 B, SozR 3-1500 § 160 a Nr. 30.
77 BSG 5.6.1981 – 11 BA 59/81, unveröffentlicht; BSG 22.4.1997 – 11 BAr 3/97, SozR 3-1500 § 160 a Nr. 23.
78 BSG 25.9.2002 – B 7 AL 142/02 B, SozR 3-1500 § 160 a Nr. 34.
79 BSG 19.1.1991 – 7 BAr 69/80, SozR 1500 § 160 a Nr. 39; BSG 13.6.2002 – B 11 AL 75/02 B, unveröffentlicht und vorstehend → § 160 Rn. 18–18 b.

gabe des Beschwerdeführers wächst in dem Umfang, in dem das LSG von dieser Idealform abweicht und Feststellungen auf den Gesamttext seiner Entscheidung verteilt und/oder nur mittelbar in der Weise trifft, dass allenfalls aus seiner weiteren Rechtsanwendung deutlich wird, von welchem Sachverhalt es überzeugt war. Auch hier kann der Beschwerdeführer mit „copy and paste“ nichts gewinnen.[80] Vielmehr geht es auch beim Text einer angegriffenen Entscheidung um die Ermittlung von deren rechtlichem Sinngehalt als geistige Entität und nicht um die spiegelbildliche Wiedergabe physischer Zeichenträger bzw. des hierdurch unmittelbar verkörperten „buchstäblichen Sinns“ (§ 133 BGB). Dem hat sich die Beschwerdebegründung zu stellen, um hiervon als Zwischenstufe (!) ausgehend die Notwendigkeit einer Entscheidung des Streitfalls wie gleichzeitig der Rechtsfrage darzulegen. Das scheidet aus, wenn das LSG seine Entscheidung nur auf das Fehlen eines von mehreren Tatbestandsmerkmalen gestützt hat, während das Vorliegen anderer offen geblieben ist oder wenn das BSG den Rechtsstreit zunächst zur weiteren Sachaufklärung zurückverweisen müsste (§ 170 Abs. 2 Satz 2; hierzu → § 160 Rn. 25).

d) Abweichung. Zur **Bezeichnung einer Abweichung** gehört die genaue Angabe der Entscheidung des BSG, des GmSOGH oder des BVerfG, von der das LSG abgewichen sein soll. Eine Divergenz iS von § 160 Abs. 2 Nr. 2 ist grundsätzlich nur dann hinreichend dargetan, wenn aufgezeigt wird, mit welcher genau bestimmten entscheidungserheblichen rechtlichen Aussage die angegriffene Entscheidung des LSG von welcher ebenfalls genau bezeichneten rechtlichen Aussage des BSG, des GmSOGB oder des BVerfG abweicht und dass die angegriffene Entscheidung auf dieser Abweichung beruht. Weicht allerdings ein Landessozialgericht offenkundig von der Rechtsprechung des Bundessozialgerichts ab, lässt es jedoch – objektiv willkürlich – die Revision nicht zu, dürfen die Anforderungen an den Vortrag des Beschwerdeführers zur Bezeichnung des Revisionsgrundes der Divergenz nicht überspannt werden.[81] 24

Dazu ist zunächst die **Angabe von Datum und Aktenzeichen** oder einer allgemein zugänglichen **Fundstelle** erforderlich.[82] Außerdem muss die Begründung den Merkmalen des rechtstechnischen Begriffs „Abweichung“ (vgl. § 160) Rechnung tragen, was vielfach verkannt wird. Eine Abweichung ist daher nicht schon mit dem Hinweis ausreichend dargelegt, die Entscheidung des LSG entspreche nicht den Kriterien, die das BSG, der GmSOGB oder das BVerfG aufgestellt haben, sondern erst, wenn herausgearbeitet wird, das LSG habe diesen Kriterien widersprochen, also **eigene rechtliche Maßstäbe** entwickelt. Denn nicht die Unrichtigkeit der Entscheidung im Einzelfall, sondern die Nichtübereinstimmung im Grundsätzlichen begründet die Zulassung der Revision wegen Abweichung.[83] Anhand des Prozessstoffs sind daher auf der Grundlage des jeweils zugrunde liegenden Sachverhalts die hierzu in Beantwortung einer **identischen Rechtsfrage** im angefochtenen Urteil und der herangezogenen höchstrichterlichen Rechtsprechung aufgestellten Rechtssätze zu bezeichnen. Auch dies ist Auslegung der zugrunde liegenden Rechtstexte und mit der Begründung je nach der Güte dieser Texte in unterschiedlicher Intensität zu leisten. Die Begründung hat mithin darzustellen, dass das LSG einen seine Entscheidung **tragenden** 25

80 So aber wohl BSG 24.2.2016 – B 13 R 31/14 R, SozR 4-1500 § 164 Nr. 4.
81 BSG 26.9.2017 – B 1 KR 37/17 B, SozR 4-1500 § 160 a Nr. 37 Rn. 4.
82 BSG 29.9.1975 – 8 BU 64/75, SozR 1500 § 160 a Nr. 14.
83 Zuletzt etwa BSG 12.4.2016 – B 11 AL 100/15 B, juris.

rechtlichen Obersatz (sog abstrakter Rechtssatz) aufgestellt hat, der mit einem die bezeichnete höchstrichterliche Entscheidung tragenden Obersatz im Widerspruch steht.[84] Die Begründung hat die **Obersätze** der Entscheidungen **herauszuarbeiten** und **gegenüberzustellen.**

26 Hat das LSG einen abweichenden entscheidungstragenden abstrakten Rechtssatz nicht ausdrücklich formuliert, sondern nur **implizit zugrunde gelegt**, muss der Beschwerdeführer nach stRspr[85] (und im Gegensatz zu BSG 26.9.2017[86] nicht etwa „bloß") darlegen, dass sich aus den Ausführungen des Berufungsurteils unzweifelhaft ein sinngemäß zugrunde gelegter abstrakter Rechtssatz schlüssig ableiten lässt, den das LSG als solchen auch tatsächlich vertreten wollte. Das gilt nicht nur, wenn das LSG den Rechtssatz nur sinngemäß und in scheinbar fallbezogene Ausführungen gekleidet entwickelt („bottom up") hat, sondern auch umgekehrt, wenn es den divergierenden Rechtssatz auf einen hochabstrakten, konkretisierungsbedürftigen Rechtsgrundsatz (zB „Treu und Glauben") gestützt hat, ohne insbesondere ausdrücklich den einschlägigen Unterfall zu benennen („top down"). Bei **„offenkundiger Divergenz"** soll es demgegenüber genügen, dass die Beschwerdebegründung den abweichenden Rechtssatz des LSG umschreibt.[87]

27 **Tragend** ist eine rechtliche Aussage, wenn die Entscheidung ohne die Aussage, diese also hinweggedacht, so nicht ergangen wäre. Mit einer solchen Analyse der Entscheidungen macht die Begründung deutlich, dass nicht etwa nur beiläufige Bemerkungen (obiter dicta), Hilfsbegründungen oder sonstige nicht entscheidungserhebliche rechtliche Aussagen beanstandet werden. Die Begründung muss ferner deutlich machen, dass sie sich nicht nur gegen ungenaue oder unzutreffende Rechtsausführungen oder einen **Rechtsirrtum** im Einzelfall („Hier ist das aber anders ...") wendet, denn solche Mängel stellen die einheitliche Rechtsanwendung nicht in Frage und machen die Inanspruchnahme des Revisionsgerichts nicht erforderlich. Da die Abweichung ein Sonderfall der grundsätzlichen Bedeutung ist, muss schließlich auch hier aufgezeigt werden, dass auch das Revisionsgericht die oberstgerichtliche Rechtsprechung in einem künftigen Revisionsverfahren seiner Entscheidung zugrunde zu legen haben wird.

28 e) **Bezeichnen des Verfahrensmangels.** Die **Bezeichnung eines Verfahrensmangels** hat klarzustellen, dass das Vorgehen des LSG einen prozessualen Mangel enthält, der geeignet ist, den Revisionsrechtszug zu eröffnen. Dies trifft nicht nur bei den nach § 160 Abs. 2 Nr. 3 ausgeschlossenen Verfahrensmängeln nicht zu, sondern auch nicht bei Mängeln des Verwaltungsverfahrens, (grundsätzlich) Mängeln im ersten Rechtszug sowie bei Mängeln der Entscheidung selbst, sofern diese nicht ausnahmsweise zugleich als Verfahrensmängel anzusehen sind (→ § 160 Rn. 14 ff.).

29 aa) **Umfang.** Die **Bezeichnungslast** erstreckt sich im Beschwerdeverfahren uneingeschränkt auch auf solche Verfahrensmängel, die im Revisionsverfahren nicht rügebedürftig, weil von Amts wegen zu berücksichtigen wären.[88] Entsprechend § 164 Abs. 2 S. 3 gehört zur **Bezeichnung** eines Verfahrensmangels, dass

84 BSG 29.11.1989 – 7 BAr 130/88, SozR 1500 § 160 a Nr. 67 – st. Rspr.
85 BSG 25.10.2016 – B 10 ÜG 24/16 B, juris Rn. 13 mH auf BSG 19.12.2011 – B 12 KR 42/11 B und vom 27.1.1999 – B 4 RA 131/98 B, SozR 3-1500 § 160 Nr. 26.
86 B 1 KR 37/17 B, SozR 4-1500 § 160 a Nr. 37 Rn. 6.
87 BSG 26.9.2017 – B 1 KR 37/17 B, SozR 4-1500 § 160 a Nr. 37 Rn. 6.
88 Hennig § 160 a Rn. 308.

die verletzte Verfahrensnorm und die eine Verletzung begründenden Tatsachen, die hier selbstverständlich nicht vom LSG festgestellt sind, substantiiert und schlüssig dargelegt werden (→ § 164 Rn. 1). Das BSG soll durch die Begründung davon entlastet werden, die Prozessakten durchzuarbeiten, um die Grundlagen des Verfahrensmangels selbst ausfindig zu machen.[89] Das tatsächliche Vorbringen ist durch eine **verfahrensrechtliche Würdigung** auch zur Ergebnisrelevanz zu ergänzen, um den Verfahrensmangel konkret zu bezeichnen; auch hier reichen Floskeln oder allgemeine Behauptungen (zB: „Das Verfahren des LSG widerspricht allen rechtsstaatlichen Anforderungen") nicht aus. Dazu gehört auch das Eingehen auf **Heilungsmöglichkeiten** und bei der **Besetzungsrüge** die Darlegung willkürlicher oder manipulierender Erwägungen,[90] denn Art. 101 GG erfasst grundsätzlich nur willkürliche Verstöße. Die Begründung muss darstellen, dass eine Vorschrift betroffen ist, deren Befolgung unverzichtbar ist, oder dass dem Beteiligten der Mangel in der Vorinstanz nicht bekannt war oder, falls er ihm bekannt war oder bekannt sein musste, dass er ihn im Berufungsverfahren gerügt hat (§ 202; § 295 ZPO). Das den Verlust des Rügerechts ausschließende Verhalten des Beteiligten ist konkret zu bezeichnen.[91]

bb) Kausalität. Da Zulassungsgrund nur ein Verfahrensmangel ist, auf dem die angefochtene Entscheidung **beruhen** kann (§ 160 Abs. 2 Nr. 3), sind Ausführungen dazu unerlässlich, dass die Entscheidung bei Beachtung des Verfahrensrechts und ausgehend von der Rechtsauffassung des LSG anders ausgefallen wäre (hypothetische Kausalität). Inhalt und Umfang solcher Ausführungen hängen von der Eigenart des gerügten Verfahrensmangels ab. Die Praxis des BSG geht dahin, das Fehlen solcher Ausführungen nur zu sanktionieren, wenn „Veranlassung dafür bestand",[92] und sie nicht auch in selbstverständlichen Fällen (Prozess- statt Sachurteil) zu fordern. Ausführungen sind dagegen insbesondere bei der Rüge der **Verletzung rechtlichen Gehörs erforderlich**. Da diese im sozialgerichtlichen Verfahren abweichend von § 138 Nr. 3 VwGO kein absoluter Revisionsgrund ist (§ 202; § 547 ZPO), ist jeweils konkret auszuführen, welches Vorbringen nicht zur Kenntnis genommen wurde bzw. an welchem Vorbringen der Beteiligte durch das Vorgehen des LSG gehindert wurde und weshalb die Entscheidung bei Berücksichtigung dieses Vorbringens anders ausgefallen wäre.[93] Für die **Besetzungsrüge** nach Zurückweisung eines Ablehnungsantrags fordert die Rechtsprechung grundsätzlich die substantiierte Behauptung, die Besetzung beruhe auf willkürlichen oder manipulativen Erwägungen.[94] 30

cc) Aufklärungsrüge. Wegen der Einschränkung des § 160 Abs. 2 Nr. 3 bedarf die **Aufklärungsrüge** (Verstoß gegen § 103) besonderer Ausführungen. Die Begründung hat hierzu zunächst darzustellen, dass der Beteiligte einen Beweisantrag (→ § 160 Rn. 21) – nicht nur einen Beweisantritt, einen Antrag nach § 109 oder eine Beweisanregung – im Berufungsverfahren gestellt hat und mit welcher 31

89 BSG 29.9.1975 – 8 BU 64/75, SozR 1500 § 160 a Nr. 14 – st. Rspr.
90 BSG 5.8.2003 – B 3 P 8/03 B, SozR 4-1500 § 160 Nr. 1; BVerwG 10.11.1999 – 6 C 30.98, E 110, 40 (46).
91 BSG 30.12.1987 – 5 a BKn 10/86, SozR 1500 § 160 a Nr. 61.
92 BSG 28.8.1991 – 7 BAr 50/91, SozR 3-1500 § 160 a Nr. 4.
93 BSG 18.2.1980 – 10 BV 109/79, SozR 1500 § 160 a Nr. 36; BSG 16.10.1991 – 11 RAr 23/91, E 69, 280 (284) = SozR 3-4100 § 128 a Nr. 5 – mit Hinweisen auf Rspr. des BVerfG.
94 BSG 3.8.2003 – B 3 P 8/03 B, SozR 4-1500 § 160 a Nr. 1.

Prozesshandlung dies geschehen ist.[95] **Merkmal des Beweisantrags** ist eine bestimmte Tatsachenbehauptung und die Angabe des Beweismittels für die Behauptung.[96] Wegen der **Warnfunktion** für das LSG ist darzustellen, dass der Beweisantrag in der mündlichen Verhandlung vor dem LSG oder in dem letzten Schriftsatz bei schriftlichen Verfahren noch aufrechterhalten worden ist. Hat der Beteiligte im Berufungsverfahren nur noch einen Sachantrag gestellt, obwohl er zuvor auch einen Beweisantrag gestellt hatte, so ist dieser nicht aufrechterhalten, wenn der Beteiligte in der Vorinstanz durch einen „berufsmäßigen Rechtsvertreter" gehandelt hat.[97] Die Begründung selbst muss die Stellung eines Beweisantrags ergeben; die Verweisung auf die Beiakten oder die Anregung zu ihrer Beiziehung genügt der Darlegungslast nicht.[98] Da für den Umfang tatsächlicher Ermittlungen die **Rechtsansicht des LSG** maßgebend ist, ist auszuführen, dass sich das Thema des Beweisantrages aus der Sicht des LSG auf entscheidungserhebliche Tatsachen bezog.[99] Schließlich ist – insofern auch unter Berücksichtigung von § 128 Abs. 1 Satz 1 – gründlich und genau auszuführen, dass das LSG sich nach dem Ergebnis des Verfahrens gedrängt sehen musste, dem Beweisantrag zu entsprechen. Das BSG hat die **Anforderungen an die Bezeichnung eines Aufklärungsmangels** wie folgt zusammenfassend klargestellt; zu bezeichnen sind:

- Ein in der Vorinstanz gestellter und aufrechterhaltener Beweisantrag;
- die für die Sachaufklärung maßgebliche Rechtsansicht der Vorinstanz;
- Umstände, die der Vorinstanz Anlass für weitere Sachaufklärung gegeben haben;
- das voraussichtliche Ergebnis der Beweisaufnahme;
- Anhaltspunkte, weshalb die Entscheidung der Vorinstanz auf dem Aufklärungsmangel beruhen kann.[100]

IV. Hemmung der Rechtskraft

32 Die Hemmung der Rechtskraft kennzeichnet die Nichtzulassungsbeschwerde als Rechtsmittel. Dies besagt nur wenig über die **Vollstreckbarkeit** des angefochtenen Urteils. Diese richtet sich nach der aufschiebenden Wirkung (§ 86 a) bzw. der Anordnung des sofortigen Vollzugs (§ 86 b). Die Anwendbarkeit dieser Vorschriften ergibt sich aus §§ 165, 154 Abs. 1. Da die Hemmung der Rechtskraft sich auf die Entscheidung des LSG in der Hauptsache bezieht, hat die Einlegung der Beschwerde über ihren Gegenstand – die Nebenentscheidung über die Zulassung – hinaus Wirkung.

V. Entscheidung über die Beschwerde – Abs. 4

33 **1. Zuständigkeit.** Abweichend von § 133 Abs. 5 VwGO stellte Satz 1 aF früher klar, dass über die Beschwerde abweichend von § 174 aF ohne Abhilfemöglich-

95 BSG 24.5.1993 – 9 BV 26/93, SozR 3-1500 § 160 Nr. 9; BSG 28.5.1997 – 9 BV 194/96, SozR 3-1500 § 160 Nr. 20; BSG 20.1.1998 – B 13 RJ 207/97 B, SozR 3-1500 § 160 Nr. 22.
96 BSG 12.12.2003 – B 13 RJ 179/03, SozR 4-1500 § 160 a Nr. 3.
97 BSG 18.9.2003 – B 9 SB 11/03 B, SozR 4-1500 § 160 Nr. 1.
98 BSG 28.7.2005 – B 13 BJ 78/05 B, SozR 4-1500 § 178 a Nr. 3.
99 BSG 31.1.1979 – 11 BA 144/78, SozR 1500 § 160 Nr. 35.
100 BSG 19.11.2007 – B5a/5 R382/06 B, SozR 4-1500 § 160 a Nr. 21, ständige Rspr; vgl. auch Fichte in Breitkreuz/Fichte § 160 a Rn. 55; Leitherer in Meyer-Ladewig/Keller/Leitherer/Schmidt, 13. Aufl. 2020, § 160 a Rn. 16 e f. mwN.

keit des LSG ausschließlich das BSG zu entscheiden hat. Der § 1 Nr. 28 des Gesetzes zur Änderung des SGG und ArbGG vom 26.3.2008 (BGBl. 2008 I 444) hat als Folgeregelung der Aufhebung des § 174 durch Art. 1 Nr. 30 die überflüssig gewordene Klarstellung gestrichen. Sachlich hat die Streichung keine Änderung bewirkt.

2. Besetzung. Das **BSG** entscheidet nach Satz 1 rechtlich grundsätzlich mit der **gesamten Richterbank,** bestehend aus drei Berufs- und zwei ehrenamtlichen Richtern durch Beschluss (§§ 40, 33). Durch die Verweisung auf § 169 Satz 3 ist diese Regelung jedoch auf die Fälle eingeschränkt, in denen über die Beschwerde sachlich zu befinden war. Ist die Beschwerde nicht statthaft oder nicht zulässig – statistisch ist das die überwiegende Mehrzahl der Fälle (→ § 160 Rn. 3) – entscheidet das BSG durch Beschluss der drei Berufsrichter.[101] Das BVerfG hat diese Praxis schon auf der Basis einer früher nur analogen Anwendung von § 169 Abs. 3 als mit Art. 101 GG vereinbar angesehen, weil insbesondere die von den ehrenamtlichen Richtern typischerweise einzubringende Kenntnis des sozialen Lebens erst bei der Beurteilung der Begründetheit Bedeutung erlangt.[102] Allerdings hat das BVerfG darauf hingewiesen, eine solche Praxis dürfe nicht dazu führen, die Anforderungen an die Zulässigkeit der Nichtzulassungsbeschwerde auf Kosten der Begründetheitsprüfung zu überdehnen.[103] 34

3. Beschlüsse. a) **Zulassung.** Die zulässige und begründete Beschwerde führt – (als Besonderheit der Sozialgerichtsbarkeit)[104] für **alle Beteiligten,** also nicht nur für den Beschwerdeführer – zur Zulassung der Revision durch Beschluss, der trotz der Trennung von Beschwerde- und Revisionsverfahren keiner Kostenentscheidung und rechtlich grundsätzlich auch keiner Begründung bedarf. Der Zulassungsbeschluss muss allerdings eine **Rechtsmittelbelehrung** enthalten. Andernfalls wird der Lauf der Revisions- und Revisionsbegründungsfrist nicht ausgelöst (§ 66 Abs. 1 und 2). Bei Zulassung wegen Verfahrensmängeln ist ausnahmsweise eine Begründung außer aus Gründen der Verfahrensfairness auch deshalb geboten, weil nur bei deren unzweideutiger Benennung auch für das spätere Revisionsurteil klar gestellt ist, inwiefern dieses mit Gründen versehen sein muss (§ 170 Abs. 3 Satz 2).[105] 35

b) Zurückverweisung an das LSG – Abs. 5. Seit dem 1.1.2002 kann das BSG zudem nach seinem Ermessen nach Abs. 5 verfahren. Diese Regelung ist § 133 Abs. 6 nachgebildet. Nunmehr kann auch das BSG im Beschwerdeverfahren bei Zulassung wegen eines Verfahrensfehlers ohne nachfolgendes Revisionsverfahren die Entscheidung des LSG in der Hauptsache aufheben und die Sache zur weiteren Verhandlung und Entscheidung an das LSG zurückverweisen. Das ist wegen der Identität von **Zulassungs- und Revisionsgrund** bei Verfahrensmängeln angemessen. Als Ausnahmefall bestätigt die Vorschrift die Regel, dass das absehbare Ergebnis des Revisionsverfahrens keinen Einfluss auf das Beschwerdeverfahren hat.[106] Es handelt damit aufgrund **begrenzter spezialgesetzlicher Anordnung** als Revisionsgericht, ohne dass es eines formellen Abschlusses des 36

---

101 BSG 15.4.1975 – 5 BKn 1/75, SozR 1500 § 160 a Nr. 1, st. Rspr.
102 BVerfG 9.5.1976 – 2 BvR 952/75, E 47, 253 ff. = SozR 1500 § 160 a Nr. 30 und 9.5.1978 – 2 BvR 952/75, AP GG Art. 1 Nr. 38.
103 BVerfG 9.5.1976 – 2 BvR 952/75, E 47, 253 ff. = SozR 1500 § 160 a Nr. 30.
104 Guttenberger/Berchtold NZS 2017, 121 (127 ff.).
105 Berchtold in Berchtold/Richter PHdB-SozS § 8 Rn. 173.
106 BSG 16.11.2000 – B 4 RA 1 22/99 B, SozR 3-1500 § 160 Nr. 33.

Beschwerdeverfahrens und zunächst der zulässigen Einlegung der nach Zustellung des Zulassungsbeschlusses nunmehr statthaften Revision bedürfte. Kommt ausnahmsweise – etwa beim Fehlen der Klage/Berufung oder bei einem unzulässigen Rechtsmittel – nur eine einzige Entscheidung in Betracht, kann sich das BSG auf die Aufhebung des Urteils beschränken und eine verfahrensbeendigende Entscheidung treffen.[107]

37 Die Zurückverweisung ergeht in der **Besetzung** mit drei Berufs- und zwei ehrenamtlichen Richtern. Der Umstand, dass es sich um eine Entscheidung außerhalb der mündlichen Verhandlung handelt, rechtfertigt – wie Abs. 4 Satz 2 zeigt – nicht, ohne ehrenamtliche Richter zu befinden. Für Verwerfungsbeschlüsse ermächtigt § 169 Satz 3 ausdrücklich dazu, auf die Mitwirkung von ehrenamtlichen Richtern zu verzichten. Dort handelt es sich um eine reine Prozessentscheidung, während die Zurückverweisung an die Vorinstanz eine nicht abschließende Sachentscheidung ist, die eine nach § 170 Abs. 5 für das LSG bindende rechtliche Beurteilung enthält. Nur ausnahmsweise kommt eine **abschließende Entscheidung des BSG** in Betracht, wenn das LSG bei fehlendem Rechtsschutzbegehren – also Verstoß gegen den Dispositionsgrundsatz (§ 123) – zur Sache entschieden hat.

38 c) **Verwerfung.** Die Verweisung auf § 169 Satz 2 ergibt, dass die Beschwerde („als unzulässig") zu verwerfen ist, wenn sie nicht statthaft oder nicht zulässig ist.[108] **Verwerfungsbeschlüsse** werden in der Regel (jedenfalls beim 2. Senat des BSG allerdings praktisch durchgehend nicht)[109] begründet und den Beteiligten der Grund der Verwerfung mitgeteilt. Bei Nichterfüllung der Darlegungslast (Abs. 2 S. 3) entspricht es dabei – ungeachtet ihres mangelnden pädagogischen Erfolgs – einer unveränderten grundsätzlichen Praxis des BSG, außer den Anforderungen an die Darlegung bzw. Bezeichnung auch kurz mitzuteilen, welche Umstände zu behandeln gewesen wären. Ansonsten wird von der Möglichkeit, von einer Begründung abzusehen, grundsätzlich nur Gebrauch gemacht, wenn das Beschwerdevorbringen überhaupt keinen Zusammenhang mit einem Zulassungsgrund (§ 160 Abs. 2 Nr. 1–3) erkennen lässt. In solchen Fällen ist eine „Begründung" von vorne herein nicht geeignet, die Voraussetzungen der Revisionszulassung zu klären.

39 d) **Zurückweisung.** Erst recht werden Beschlüsse begründet, mit denen eine Nichtzulassungsbeschwerde zurückgewiesen wird. Meistens handelt es sich dabei um Fälle, in denen Verfahrensmängel schlüssig bezeichnet sind, nähere Prüfung – möglicherweise auch Ermittlungen[110] – aber ergeben, dass sie nicht vorliegen. Wird die Beschwerdebegründung den Anforderungen an die Darlegung bzw. Bezeichnung eines Zulassungsgrundes gerecht, so führt dies idR zur Zulas-

107 BSG 26.1.2005 – B 12 KR 62/04 B, SozR 4-1500 § 160 a Nr. 6; BSG 13.6.2006 – B 4 RA 24/05 B, SozR 4-1500 § 160 a Nr. 13.

108 BSG 15.4.1975 – 5 BKn 1/75, SozR 1500 § 160 a Nr. 1.

109 Vgl. zur grundsätzlichen verfassungsrechtlichen Unbedenklichkeit einer derartigen Vorgehensweise auch dann, wenn mit der Nichtzulassungsbeschwerde eine Verletzung des rechtlichen Gehörs in der Vorinstanz gerügt wird, BVerfG 8.12.2010 – 1 BvR 1382/10, NJW 2011, 1497 und BVerfG 32.12.2016 – 1 BvR 1723/14, BeckRS 2016, 115218 m. Anm. Bittner NZS 2017, 267.

110 BSG 10.6.1975 – 9 RV 390/74, E 40, 53 = SozR 1500 § 33 Nr. 1: Die „dem Revisionsgericht obliegende Prüfung in tatsächlicher Hinsicht" umfasst unumgänglich die Notwendigkeit, bei ungeklärter Tatfrage Ermittlungen anzustellen; dies zu Fichte in Breitkreuz/Fichte § 163 Rn. 12 Fn. 23.

sung der Revision. Eine Ausnahme soll nach der Rechtsprechung des BSG gelten, wenn trotz formgerechter Bezeichnung eines Verfahrensfehlers (durch das BSG als Beschwerdegericht!) „mit Sicherheit" zu erwarten ist, dass die angefochtene Entscheidung (vor dem BSG als Revisionsgericht!)[111] im Ergebnis Bestand haben wird. Auch in diesem Falle soll die Nichtzulassungsbeschwerde unbegründet sein.[112]

4. Wirkungen. Mit der **Verwerfung oder Zurückweisung** der (bei mehreren Beschwerdeführern letzten) Beschwerde durch das BSG wird das Urteil des LSG rechtskräftig, Fragen der aufschiebenden Wirkung oder der sofortigen Vollziehung stellen sich nicht mehr. Entscheidungen zu diesen Fragen werden obsolet. Rechtsmittel gegen den ablehnenden Beschluss des BSG sind nicht statthaft. Bei entscheidungserheblicher Verletzung des rechtlichen Gehörs kommt nach § 178 a idF des AnhörungsrügenG vom 9.12.2004 (BGBl. 2004 I 3220) der Rechtsbehelf der **Anhörungsrüge** in Betracht.[113] Ungeachtet des Plenarbeschlusses des BVerfG v. 30.4.2003[114] gehen das BVerfG[115] und ihm nach anfänglichen Unsicherheiten zumindest teilweise folgend auch das BSG[116] weiterhin davon aus, dass gegen einen Beschluss des BSG im Verfahren der Nichtzulassungsbeschwerde die sog **Gegenvorstellung** statthaft ist, wenn sie zur Beseitigung einer greifbaren Gesetzwidrigkeit, insbesondere eines Grundrechtsverstoßes, erforderlich ist oder wenn die Entscheidung zu einem groben prozessualen und sozialen Unrecht führen würde.[117] Gegen den Beschluss des BSG über die Verwerfung/Zurückweisung der Nichtzulassungsbeschwerde ist zudem ohne Weiteres die Verfassungsbeschwerde statthaft.[118] Die als unzulässig verworfene Nichtzulassungsbeschwerde eröffnet allerdings nur ausnahmsweise die zulässige Verfassungsbeschwerde, wenn entweder die Nichtzulassungsbeschwerde umstrittene verfassungsrechtliche Fragen aufgeworfen hat, über die das BVerfG noch nicht entschieden, das BSG die Frage aber nicht für klärungsbedürftig erachtet hat oder das BSG nach Auffassung des BVerfG die Anforderungen an die Nichtzulassungsbeschwerde überspannt hat, insbesondere den Zugang zur Revision in schlechterdings nicht vertretbarer, objektiv willkürlicher Weise erschwert hat.[119] Schließlich führt auch die negative Entscheidung über die Nichtzulassungsbeschwerde zur Verfahrensbeendigung iS von § 179 Abs. 1. Hinsichtlich der Entscheidung über den unzulässigen Wiederaufnahmeantrag wendet das BSG[120] §§ 160 a Abs. 4 Satz 1 Hs. 2, 169 an. 40

5. Beschwerde- und Revisionsverfahren. Beschwerde und Revision sind nach Satz 4 grundsätzlich voneinander getrennt. Allerdings bewirkt die Beschwerde gegen die Nichtzulassung der Revision die Hemmung der Rechtskraft der Entscheidung in der Hauptsache, obwohl diese nicht Gegenstand des Beschwerde- 41

111 Vgl. zur Situation bei Bewilligung von Prozesskostenhilfe BVerfG 13.7.2005 – 1 BvR 1041/05, BeckRS 2005, 28905.
112 BSG 3.3.2009 – B 1 KR 69/08 B, SozR 4-1500 § 160 a Nr. 23.
113 Näher Berchtold in Berchtold/Richter PHdB-SozS § 8 Rn. 269 ff.
114 BVerfG 30.4.2003 – 1 PBvU 1/02, BVerfGE 107, 395.
115 BVerfG 25.11.2008 – 1 BvR 848/07, BVerfGE 122, 190 ff. und 13.2.2008 – 2 BvR 256/08, NJW 2008, 1582.
116 BSG 7.4.2005 – B 1 KR 5/04 S, SozR 4-1500 § 178 a Nr. 1.
117 Näher Berchtold in Berchtold/Richter PHdB-SozS § 8 Rn. 289 ff., 293 ff .
118 Näher Berchtold in Berchtold/Richter PHdB-SozS § 8 Rn. 179 f.
119 Vgl. BVerfG 23.12.2016 – 1 BvR 1723/14, BeckRS 115218.
120 BSG 23.4.2014 – B 14 AS 368/13 B, SozR 4-1500 § 179 Nr. 1.

verfahrens ist. Die Zustellung des Zulassungsbeschlusses setzt nicht nur den Lauf der **Revisionsfrist** (Satz 5), sondern auch der **Revisionsbegründungsfrist** (§ 164 Abs. 2 S. 1) in Gang. Dies gilt nach § 66 Abs. 1 nur, wenn dem Beschluss eine Rechtsmittelbelehrung mit dem dort vorgeschriebenen Inhalt beigefügt ist. Im Verwaltungsgerichtsprozess sind Beschwerde- und Revisionsverfahren nach § 139 Abs. 2 VwGO abweichend zugeordnet. Lässt das BVerwG die Revision zu, so wird das Beschwerdeverfahren als Revisionsverfahren fortgesetzt. Eine entsprechende Regelung enthält § 145 Abs. 5 für die Nichtzulassungsbeschwerde an das LSG. Im sozialgerichtlichen Verfahren entlastet die Beschwerdebegründung den Revisionskläger nicht davon, die **Revision eigenständig zu begründen.**

§ 161 [Sprungrevision]

(1) [1]Gegen das Urteil eines Sozialgerichts steht den Beteiligten die Revision unter Übergehung der Berufungsinstanz zu, wenn der Gegner schriftlich zustimmt und wenn sie von dem Sozialgericht im Urteil oder auf Antrag durch Beschluß zugelassen wird. [2]Der Antrag ist innerhalb eines Monats nach Zustellung des Urteils schriftlich zu stellen. [3]Die Zustimmung des Gegners ist dem Antrag oder, wenn die Revision im Urteil zugelassen ist, der Revisionsschrift beizufügen.

(2) [1]Die Revision ist nur zuzulassen, wenn die Voraussetzungen des § 160 Abs. 2 Nr. 1 oder 2 vorliegen. [2]Das Bundessozialgericht ist an die Zulassung gebunden. [3]Die Ablehnung der Zulassung ist unanfechtbar.

(3) [1]Lehnt das Sozialgericht den Antrag auf Zulassung der Revision durch Beschluß ab, so beginnt mit der Zustellung dieser Entscheidung der Lauf der Berufungsfrist oder der Frist für die Beschwerde gegen die Nichtzulassung der Berufung von neuem, sofern der Antrag in der gesetzlichen Form und Frist gestellt und die Zustimmungserklärung des Gegners beigefügt war. [2]Läßt das Sozialgericht die Revision durch Beschluß zu, so beginnt mit der Zustellung dieser Entscheidung der Lauf der Revisionsfrist.

(4) Die Revision kann nicht auf Mängel des Verfahrens gestützt werden.

(5) Die Einlegung der Revision und die Zustimmung des Gegners gelten als Verzicht auf die Berufung, wenn das Sozialgericht die Revision zugelassen hat.

I. Allgemeines

1 **1. Inkrafttreten.** Die Fassung beruht auf dem SGG ÄndG vom 30.7.1974 (BGBl. 1974 I 1625). Das Entlastungsgesetz vom 11.1.1993 (BGBl. 1993 I 50) hat Abs. 3 S. 1 der Einführung der Nichtzulassungsbeschwerde zum Berufungsrechtszug (§ 145) angepasst.

2. Normzweck. Die **Sprungrevision** ist nach allen Verfahrensordnungen mit dreistufigem Gerichtsaufbau bei unterschiedlichen Voraussetzungen im Einzelnen statthaft (vgl. §§ 134, 135 VwGO; § 566 ZPO idF des Art. 2 ZPO-Reformgesetz vom 27.7.2001 – BGBl. 2001 I 1887; § 76 ArbGG). Die Sprungrevision soll den Weg zum Revisionsgericht abkürzen, wenn sich bei problemlosem Sachverhalt eine Rechtsfrage von grundsätzlicher Bedeutung klären lässt. Das ist nicht ohne **Gefahren**, weil erst die Klärung von Rechtsfragen Probleme des Sachverhalts deutlich machen kann, die Einlegung der Sprungrevision mit Zustimmung des Gegners als Verzicht auf die Berufung gilt (§ 161 Abs. 5; § 134 Abs. 5 VwGO; § 566 Abs. 4 ZPO) und vor allem Verfahrensmängel mit der Sprungrevision nicht gerügt werden können (Abs. 4). 2

II. Voraussetzungen der Sprungrevision

1. Gegenstand. Gegenstand der Sprungrevision sind rechtsmittelfähige **Urteile** (§ 125) eines Sozialgerichts. Die Zulassung der Revision in einem **Gerichtsbescheid** des SG (§ 105) ist nicht folgerichtig, weil ein Gerichtsbescheid voraussetzt, dass die Sache „keine besonderen Schwierigkeiten ... rechtlicher Art" aufweist. Das trifft bei Zulassungsgründen für die Revision gerade nicht zu. Lässt das SG die Revision im Gerichtsbescheid (ohne ehrenamtliche Richter) zu, verletzt es das Verbot, Beteiligten den gesetzlichen Richter zu entziehen. Die Zulassung ist zwar wirksam, die Entscheidung beruht aber auf einem wesentlichen Mangel des Verfahrens, den das BSG überwiegend nicht von Amts wegen beachtet.[1] Ist die Berufung nicht statthaft (§ 144), ist die Sprungrevision nur zuzulassen, wenn auch die Berufung zugelassen wird. Die nachträgliche Zulassung der Revision durch Beschluss des SG (Abs. 1 S. 1) ist zulässig und auch bei fehlender Beteiligung der ehrenamtlichen Richter für das BSG bindend[2] – im Gegensatz zur Berufung (§ 144 Abs. 1). Die Sprungrevision soll den Weg zum BSG verkürzen, nicht aber ein Rechtsmittel gegen nicht anfechtbare Entscheidungen eröffnen.[3] Ist die Zulassung der Berufung versehentlich unterblieben, kann die **Bindung des BSG** an die fehlerhafte Zulassung der Sprungrevision (Abs. 2 S. 2) helfen,[4] den Rechtsschutz zu erhalten. Die Zulassung der Sprungrevision führt bei 3

---

1 BSG 16.3.2006 – B 4 RA 59/04, SozR 4-1500 § 155 Nr. 1; entgegen: BSG 16.7.1996 – 1 RS 1/94, E 79, 41 (43 f.) = SozR 3-2500 § 34 Nr. 5, BSG 21.8.2008 – B 13 RJ 44/05 R, SozR 4-2600 § 96 a Nr. 12 sowie BSG 6.5.2009 – B 6 A 1/08 R, E 103, 206 = SozR 4-2500 § 94 Nr. 2 Rn. 31; vgl. für den insoweit vergleichbaren Fall des § 155 Abs. 3 oder 4: BSG 8.11.2007 – B 9/9 a SB 3/06 R, E 99, 189 (192) = SozR 4-1500 § 155 Nr. 2; dagegen Lüdtke SGb 2008, 682 ff.; vgl. auch → § 155 Rn. 14 mwN.

2 BSG 28.8.2018 – B 8 SO 31/16 R, SozR 4-1500 § 86 Nr. 4 Rn. 9 mH auf BSG 11.12.2007 – B 8/9 b SO 13/06 R, juris Rn. 9.

3 BSG 10.3.1993 – 14 b/4 REg 21/91, SozR 3-7833 § 6 Nr. 3; BSG 29.6.1977 – 11 RA 52/76, SozR 1500 § 161 Nr. 15; aM: BSG 23.11.1976 – 5 RKn 34/75, SozR 1500 § 161 Nr. 11; Leitherer in Meyer-Ladewig/Keller/Leitherer/Schmidt, 13. Aufl. 2020, § 161 Rn. 2: die Zulassung der Sprungrevision enthalte auch die Zulassung der Berufung; ebenso Krasney/Udsching, IX Rn. 24; Frehse in Jansen § 161 Rn. 3; die Ansicht von Fichte in Breitkreuz/Fichte § 161 Rn. 4, die Sprungsrevision setze nicht die Statthaftigkeit der Berufung voraus, enthält eine Spekulation auf den Willen des Gesetzgebers, die auch im Hinblick auf § 66 Abs. 1 SGG nicht überzeugt; vgl. ferner BSG 28.7.1977 – 2 RU 5/77, E 44, 203 f. = SozR 1500 § 150 Nr. 9; BSG 15.11.1979 – 11 RK 2/79, E 49, 136 f. = SozR 1500 § 161 Nr. 24.

4 BSG 10.3.1993 – 14 b/4 REg 21/91, SozR 3-7833 § 6 Nr. 3 mit Hinweis auf den Grundsatz fairen Verfahrens und BVerfG 15.1.1992 – 1 BvR 1140/96, NJW 1992, 1496 und BSG 18.11.1980 – GS 3/79, E 51, 23 (29) = SozR 1500 § 161 Nr. 27.

statthafter Berufung zur **Konkurrenz von Anfechtungsmöglichkeiten**. Macht der Rechtsmittelkläger von beiden Gebrauch, führt die Einlegung der Sprungrevision ohne Rücksicht auf die zeitliche Priorität nach Abs. 5 zur Unzulässigkeit der Berufung.

4 **2. Zulassungsgründe und Zustimmung des Gegners.** Zulassungsgründe sind ausschließlich **grundsätzliche Bedeutung** der Rechtssache und **Abweichung** von höchstrichterlicher Rechtsprechung (§ 160 Abs. 2 Nr. 1 und 2; → § 160 Rn. 10 ff. und 15), **nicht** aber **Verfahrensmängel**, auf die eine Sprungrevision ohnehin nicht gestützt werden kann (Abs. 4). Bei nachträglicher Zulassung durch Beschluss ist die Zustimmung des Gegners zur Einlegung, nicht etwa zur Zulassung der Sprungrevision (arg. Abs. 5) dem Antrag beizufügen. Der Antrag ist innerhalb eines Monats nach Zustellung des Urteils schriftlich beim SG zu stellen. Die Zustimmung von **Beigeladenen** ist grundsätzlich entbehrlich;[5] etwas anderes gilt nur, wenn ein Beigeladener nach § 75 Abs. 5 zur Leistung verurteilt ist.[6] Dem Zweck des Gesetzes ist genügt, wenn die Zustimmung innerhalb der Einlegungsfrist nachgereicht wird.[7] Das Gesetz geht davon aus, erst nach Zustellung des Urteils könne der Gegner entscheiden, ob er der Einlegung der Sprungrevision zustimmen will; ohne die Zustimmung ist die Belastung des SG mit der Entscheidung über die Zulassung überflüssig und unzulässig. Ohne die Zustimmung ist die Zulassung zwar im Urteil, jedoch nicht durch Beschluss zulässig. Die Zulassung durch Beschluss ohne Zustimmung des Gegners zur Einlegung der Sprungrevision ist fehlerhaft, aber nicht unwirksam.[8] Bei Zulassung im Urteil braucht die Zustimmung dem SG nicht vorzuliegen, weil sie der Einlegung der Sprungrevision gilt. Sie ist aber weitere Zulässigkeitsvoraussetzung der Sprungrevision und muss dem BSG innerhalb der Revisionseinlegungsfrist vorliegen (→ Rn. 6).

5 **3. Form der Zustimmung.** Die Zustimmung ist eine Prozesshandlung, die mit Zugang bei Gericht unwiderruflich wird. Auch wenn sie gegenüber dem BSG erklärt wird, unterliegt sie nicht dem Vertretungszwang.[9] Bei unverschuldeter Säumnis kommt Wiedereinsetzung in Betracht.[10] Für die **Schriftform** gelten die gleichen Maßstäbe wie für bestimmende Schriftsätze (→ § 164 Rn. 5).[11] Die Vorlage einer unbeglaubigten Abschrift oder Fotokopie reicht dagegen nicht aus.[12] Der BGH hält eine nicht unterschriebene Abschrift (Fotokopie) der unterschriebenen Zustimmungserklärung auch dann nicht für ausreichend, wenn der Prozessbevollmächtigte des Revisionsklägers die Übereinstimmung der Unter-

5 GmSOGB 16.3.1976 – GmS-OGB 1/75, BVerwGE 50, 369 ff.
6 BSG 17.12.2009 – B 3 P 3/08 R, E 105, 126 (129) = SozR 4-3300 § 89 Nr. 2 Rn. 15.
7 BSG 14.9.1976 – 11 RA 128/75, SozR 1500 § 161 Nr. 10.
8 BSG 30.1.1985 – 1 RA 5/84, SozR 1500 § 161 Nr. 31; überholt: BSG 22.2.1977 – 10 RV 9/76, SozR 1500 § 161 Nr. 13.
9 Arg. § 566 Abs. 2 S. 4 ZPO; BSG 13.2.1964 – 3 RK 94/59, E 20, 154 (155) = SozR Nr. 17 zu § 161 SGG.
10 BSG 2.3.1994 – 1 RK 58/93, SozR 3-1500 § 137 Nr. 1; BSG 19.11.1996 – 1 RK 8/96, SozR 3-1500 § 161 Nr. 11; überholt: BSG 15.3.1978 – 1 RA 33/77, SozR 1500 § 67 Nr. 11; Krasney/Udsching, S. 308.
11 BSG 13.3.2001 – B 3 KR 12/00 R, E 88, 1 (2 f.) = SozR 3-5425 § 1 Nr. 6 mit Hinweis auf GmSOGB 5.4.2000 – GmSOGB 1/98, SozR 3-1750 § 130 Nr. 1 = NJW 2000, 2340; dazu → § 151 Rn. 14 ff.; → § 164 Rn. 5.
12 BSG 2.12.1992 – 6 RKa 5/91, SozR 3-1500 § 161 Nr. 3; überholt: BSG 13.2.1964 – 3 RK 94/59, E 20, 154 (155) = SozR Nr. 17 zu § 161 SGG.

schrift mit der Abschrift durch einen Beglaubigungsvermerk bestätigt.[13] Das dürfte über die Anforderungen hinausgehen, die das BSG bei bestimmenden Schriftsätzen stellt.[14] Der Große Senat hatte eine beglaubigte Abschrift des Protokolls der mündlichen Verhandlung vor dem SG, in der die Beteiligten vor Verkündung des Urteils übereinstimmend erklärt hatten, sie seien mit der Einlegung der Sprungrevision einverstanden, für ausreichend erachtet; allerdings hat er zur Begründung auf die entsprechende Anwendung des § 126 Abs. 3 BGB aF (= § 126 Abs. 4 BGB nF) Bezug genommen, wonach die schriftliche Form durch die notarielle Beurkundung ersetzt wird.[15] Die Vorlage einfacher Abschriften oder Fotokopien reicht jedenfalls nicht aus.[16] War die Zustimmung der Revisionsschrift nicht beigefügt, befindet sie sich aber bei den Akten, reicht eine Bezugnahme auf die Akten aus, sofern diese dem BSG innerhalb der Revisionsfrist zugehen.[17] Fehlt der Hinweis auf die Akten in der Revisionsschrift, ist die Revisionsfrist nicht gewahrt.[18]

4. Inhalt der Zustimmung. a) Zweck. Zweck der Zustimmung ist, den Gegner vor dem Verlust der zweiten Tatsacheninstanz (Abs. 5) zu schützen.[19] Deshalb betrifft die Zustimmung die Einlegung der Sprungrevision, nicht deren Zulassung. Hat der Gegner die Zustimmung schon vor Zustellung des Urteils erteilt, ist zu prüfen, ob er wirklich die Zustimmung zur Einlegung erklären wollte.[20] Von einer Zustimmung vor der Zustellung des SG-Urteils ist abzuraten, weil der Beteiligte sich der Möglichkeit begibt, unrichtige tatsächliche Feststellungen mit der Gegenrüge (→ § 160 Rn. 28) anzugreifen.[21] 6

b) Gegner. Gegner ist grundsätzlich derjenige, den die Revisionsschrift als Revisionsbeklagten bezeichnet.[22] Bei Streitgenossenschaft ist die Zustimmung sämtlicher gegnerischer Streitgenossen erforderlich. Von Beigeladenen, auch notwendig Beigeladenen, ist die Zustimmung auch nicht erforderlich, wenn der Beigeladene durch die Entscheidung des SG begünstigt ist;[23] lediglich im Falle seiner Verurteilung durch das SG (§ 75 Abs. 5) ist er Gegner des eine weitergehende Verurteilung betreibenden Klägers.[24] 7

---

13 BGH 5.7.1984 – I ZR 102/83, BGHZ 92, 76 = NJW 1994, 2890; ähnlich: BSG 4.5.1994 – 6 RKa 20/92, NVwZ 1996, 104.

14 BSG 16.11.2000 – B 13 RJ 3/99 R, SozR 3-1500 § 151 Nr. 4, wo aus „anderen Umständen" auf die Urheberschaft und den Willen, die Rechtsmittelschrift in Verkehr zu bringen, geschlossen wird.

15 BSG 30.6.1960 – GS 1/59, E 12, 230 (234 f.) = SozR Nr. 14 zu § 161; BSG 28.11.1990 – 4 RA 19/90, SozR 3-2200 § 1304 a Nr. 1, wonach ein in Maschinenschrift wiedergegebener Name des Verfassers mit einem Beglaubigungsvermerk versehen der gesetzlichen Schriftform entspreche; mit Hinweis auf die Anforderungen an die Revisionsschrift von Behörden GmSOGB 30.4.1979 – GmSOGB 1/78, SozR 1500 § 164 Nr. 14.

16 BSG 2.12.1992 – 6 RKa 5/91, SozR 3-1500 § 161 Nr. 3; BSG 19.11.1996 – 1 RK 8/96, SozR 3-1500 § 161 Nr. 11; überholt: BSG 13.2.1964 – 3 RK 94/59, E 20, 154 f. = SozR Nr. 17 zu § 161 SGG.

17 BSG 7.5.1975 – 11 RA 198/74, SozR 1500 § 161 Nr. 2.

18 BSG 1.7.1976 – 4 RJ 135/75, SozR 1500 § 161 Nr. 8.

19 BSG 15.12.1993 – 11 RAr 99/92, SozR 3-4100 § 249 c.

20 BSG 3.6.1981 – 11 RA 4/81, SozR 1500 § 161 Nr. 29; BSG 26.10.2004 – B 4 RA 38/04, SozR 4-1500 § 161 Nr. 1.

21 Vgl. dazu: Krasney/Udsching, IX Rn. 31.

22 Leitherer in Meyer-Ladewig/Keller/Leitherer/Schmidt § 161 Rn. 3 a.

23 GmSOGB 16.3.1976 – GmS-OGB 1/75, BVerwGE 50, 369 ff.

24 GmSOGB 16.3.1976 – GmSOGB 1/75, SozR 1500 § 161 Nr. 18.

III. Entscheidung über die Zulassung – Abs. 2

8 **1. Prozessgestaltung.** Die **Zulassung** (jdf. nach dem Wortlaut nicht auch die Ablehnung[25]) ist grundsätzlich im (Entscheidungssatz des) Urteils auszusprechen, sofern sie nicht nachträglich durch Beschluss erfolgt. Schweigen des Urteils über die Zulassung bedeutet Nichtzulassung. Ein Ausspruch in den Entscheidungsgründen und sogar in der Rechtsmittelbelehrung ist ebenfalls wirksam, sofern sie eine **prozessgestaltende Entscheidung** und nicht nur eine falsche Rechtsmittelbelehrung enthalten.[26] Eine **fehlerhafte Zulassung** bindet nur dann nicht, wenn es sich um eine „Nicht- oder Scheinentscheidung" oder eine sonst völlig wirkungslose Entscheidung handelt, oder der Mangel so schwerwiegend ist, dass er zur Unwirksamkeit der Entscheidung führt.[27]

9 Ob die negative Entscheidung über die Zulassung der Sprungrevision (über den Wortlaut hinaus) ebenfalls bereits im Urteil getroffen werden darf, hat BSG 27.2.2020[28] offen gelassen. Entscheidet jedoch ein SG ausdrücklich bereits im Urteil (bzw. in dessen Gründen)[29] auf den von einem Beteiligten gestellten Antrag hin, dass eine Sprungrevision nicht zugelassen wird, ist ein (erneuter) Antrag auf Zulassung durch Beschluss (vgl. § 161 Abs. 1 S. 1 Alt. 2) nicht mehr zulässig.[30] Das SG ist an die einmal getroffene Entscheidung gebunden und darf sie nicht noch einmal ändern (vgl. § 202 SGG iVm § 318 ZPO). Die fehlerhafte Rechtsmittelbelehrung allein führt hier nicht zur Statthaftigkeit eines weiteren Antrags auf Zulassung der Sprungrevision.[31] Hat dennoch das SG in einem weiteren Beschluss das Rechtsmittel zugelassen, soll auch dieser das BSG binden,[32] was allerdings allenfalls im Blick auf § 161 Abs. 2 S. 2 SGG und entgegen BSG v. 16.2.1989[33] nicht zusätzlich in Abhängigkeit von Rechtsirrtümern des SG und deren jeweiliger Qualität gelten kann.

10 Auch die nachträgliche Zulassung auf Antrag eines Beteiligten ergeht durch Beschluss der Kammer mit **Beteiligung der ehrenamtlichen Richter**, nicht allein des Vorsitzenden. Erlässt der Vorsitzende den Zulassungsbeschluss allein, führt dies allerdings nicht zur Unwirksamkeit, so dass eine **Bindung des BSG** (Abs. 2 S. 2) eintritt.[34]

11 **2. Unanfechtbarkeit.** Als **Nebenentscheidung** ist die Zulassung **nicht anfechtbar,** weil das Gesetz eine Ausnahme von dem Grundsatz selbstständiger Unanfechtbarkeit von Nebenentscheidungen nicht vorsieht. Dafür besteht auch kein Bedarf, denn wegen der Zustimmung des Gegners zur Revisionseinlegung ist keiner der Beteiligten durch die Zulassung beschwert. Auch die **Nichtzulassung** ist nach Abs. 2 Satz 3 **nicht anfechtbar.** Eine Nichtzulassungsbeschwerde gegen die Nichtzulassung der Sprungrevision gibt es nicht. Kommt das SG der Anregung

---

25 Offen gelassen in BSG 27.2.2020 – B 8 SO 65/19 B, juris Rn. 8 mwN zum Meinungsstand.
26 BSG 29.6.1977 – 11 RA 94/76, SozR 1500 § 161 Nr. 16.
27 BSG 18.11.1980 – GS 3/79, E 51, 23 (29) = SozR 1500 § 161 Nr. 27.
28 B 8 SO 65/19 B, juris Rn. 8.
29 Vgl. zur Entscheidung über die Zulassung im Urteil BSG 29.4.2010 – B 9 SB 2/09 R, Rn. 18, insoweit in BSGE 106, 101 = SozR 4-3250 § 2 Nr. 2 nicht abgedruckt.
30 BSG 27.2.2020 – B 8 SO 65/19 B, juris Rn. 8 mwN.
31 BSG 27.2.2020 – B 8 SO 65/19 B, juris Rn. 8 f. mwN.
32 BSG 16.2.1989 – 4 REg 6/88, SozR 1500 § 131 Nr. 33.
33 4 REg 6/88, SozR 1500 § 131 Nr. 33, juris Rn. 10.
34 BSG 18.11.1977 – 5 RI 24/76, E 49, 138 = SozR 1500 § 161 Nr. 20; BSG 18.11.1980 – GS 3/79, E 51, 23 (29) = SozR 1500 § 161 Nr. 27.

zur Zulassung der Sprungrevision im Urteil nicht nach, bleibt nach Abs. 3 Satz 1 der Antrag auf nachträgliche Zulassung durch das SG. Andernfalls ist der Beschwerte auf die Berufung bzw. die Nichtzulassungsbeschwerde gegen die Nichtzulassung der Berufung zum LSG angewiesen (§ 145).

IV. Wirkung der Zulassung – Abs. 3

Die Zulassung bewirkt die **Statthaftigkeit der Sprungrevision**, nicht aber die Zulässigkeit im Übrigen (Form, Frist, Beschwer). Bei Zulassung im Urteil bewirkt die Zustellung des Urteils den Lauf der Revisionsfrist nach der allgemeinen Regel des § 164 Abs. 1 S. 1. Bei Zulassung durch Beschluss löst die Zustellung des Beschlusses die Revisionsfrist aus (Abs. 2 Satz 2), sofern er eine Rechtsmittelbelehrung enthält. Lehnt das SG die Zulassung der Sprungrevision bei Wahrung der formellen Voraussetzungen (!) ab, wahrt das Gesetz die Belange des Beschwerten nach Abs. 3 Satz 1), indem die Zustellung dieses Beschlusses erneut die Berufungsfrist oder die Frist für eine Nichtzulassungsbeschwerde zum LSG (§ 150) auslöst.[35] 12

V. Folgen der Einlegung – Abs. 5

Die Einlegung der Sprungrevision mit Zustimmung des Gegners bewirkt den Verlust des Rechtsmittels der Berufung. Dies gilt auch, wenn die Berufung an sich statthaft und die Berufungsfrist offen ist. Bei Vorliegen der Zulässigkeitsvoraussetzungen im Übrigen führt die Sprungrevision zur **materiell-rechtlichen Überprüfung** des Urteils im Rahmen des § 162. Auf Mängel des sozialgerichtlichen Verfahrens kann die Sprungrevision grundsätzlich nicht gestützt werden (Abs. 4). Dieser Satz bedarf der Einschränkung für Verfahrensmängel, die den Inhalt der Entscheidung betreffen (zB fehlerhaftes Prozessurteil an Stelle eines Sachurteils[36]). Auch Verfahrensmängel, die in jeder Lage des Verfahrens ohne Rüge von Amts wegen zu beachten sind (zB Sachurteilsvoraussetzungen) sind auch in der Sprungrevision zu berücksichtigen.[37] Ferner sind Mängel des Verwaltungsverfahrens nicht Verfahrensmängel iSd Abs. 4.[38] Eine auf Verfahrensmängel iSd Abs. 4 gestützte Sprungrevision ist unbegründet.[39] 13

§ 162 [Revisionsgründe]

Die Revision kann nur darauf gestützt werden, daß das angefochtene Urteil auf der Verletzung einer Vorschrift des Bundesrechts oder einer sonstigen im Bezirk des Berufungsgerichts geltenden Vorschrift beruht, deren Geltungsbereich sich über den Bezirk des Berufungsgerichts hinaus erstreckt.

35 Vgl. auch BSG 31.1.2012 – B 8 SO 37/11 B, juris.
36 BSG 17.12.2019 – B 8 SO 8/19 B, juris Rn. 6.
37 BSG 1.7.1992 – 14 a/6 RKa 1/90, E 71, 42 (43) = SozR 3-2500 § 87 Nr. 4; BSG 23.7.2015 – B 5 RE 17/14 R, SozR 4-2600 § 2 Nr. 22 und – B 5 RS 9/14 R, juris.
38 BSG 24.4.1980 – 1 RJ 54/79, SozR 1500 § 161 Nr. 26 mwN.
39 BSG 24.4.1980 – 1 RJ 54/79, SozR 1500 § 161 Nr. 26 mwN.

I. Allgemeines

1 **1. Rechtsentwicklung.** Die Fassung beruht auf dem SGG ÄndG vom 30.7.1974 (BGBl. 1974 I 1625). Zuvor waren in Abs. 1 Nr. 1–3 die Revisionsgründe geregelt, während Abs. 2 die Revisibilität betraf. Inhaltlich ist die Regelung dem § 549 Abs. 1 ZPO aF nachgebildet und stellt zusätzlich neben dem Bundesrecht auf Vorschriften ab, die im Bezirk des LSG gelten, sich aber über diesen Geltungsbereich hinaus erstrecken. Die jetzt geltende Fassung des § 545 Abs. 1 ZPO ist weiter gefasst, sie setzt nicht mehr voraus, dass die Norm im Bezirk des OLG gilt. Zwingende Gründe für die abweichende Fassung von § 162 und § 549 Abs. 1 ZPO sind nicht zu erkennen. Möglicherweise hat der Gesetzgeber des SGG-ÄndG 1974 versäumt, § 162 wie § 545 Abs. 1 ZPO zu fassen, weshalb eine „berichtigende“ Auslegung vorgeschlagen wird.[1] Auch im Übrigen ist die Revisibilität in den Verfahrensordnungen unterschiedlich geregelt (vgl. § 137 Abs. 1 VwGO; § 118 Abs. 1 FGO; § 73 ArbGG).

2 **2. Normzweck.** Nach verbreiteter Ansicht regelt § 162 die Voraussetzungen der Begründetheit einer Revision.[2] Dafür spricht die in § 162 angesprochene **Kausalität der Gesetzesverletzung** für die angefochtene Entscheidung. Bei Rechtsänderungen nach Erlass des angefochtenen Urteils kann die Revision jedoch ohne Gesetzesverletzung begründet sein. **Maßgeblicher Zeitpunkt** für die Beurteilung der Rechtslage ist nämlich der Zeitpunkt der Revisionsentscheidung, nicht etwa der des angefochtenen Urteils.[3] Richtiger Ansicht nach regelt die Vorschrift den **Umfang der revisionsrichterlichen Prüfung** der vorgerichtlichen Entscheidung über den Streitgegenstand: Richtigkeit der Rechtsanwendung im Gegensatz zur Tatsachenfeststellung (dazu § 163) und Bestimmung der als Maßstab heranzuziehenden Rechtsnormen – Revisibilität.[4]

II. Gesetzesverletzung

3 **1. Rechtspflegeziele.** Neben der Zulassung und den Zulassungsgründen (§ 160) zeigt § 162 mit der **Gesetzesverletzung** eine weitere, die Revision kennzeichnende Grenze der Überprüfung von Entscheidungen auf. Gerade darin unterscheidet sie sich von der Berufung (vgl. § 157). Die Revision verfolgt neben dem **Schutz subjektiver Rechte** von Beteiligten gerade die überindividuellen Rechtspflegeziele der **einheitlichen Rechtsanwendung** und der **Rechtsfortbildung.** Der Konzentration auf diese Ziele dienen die Grenzen revisionsrichterlicher Prüfung.[5] Das BSG überprüft vorinstanzliche Entscheidungen grundsätzlich nicht in tatsächlicher Hinsicht, sondern nur daraufhin, ob sie ausgehend von bereits anderweitig verbindlich getroffenen Tatsachenfeststellungen auf einer Gesetzesver-

1 May, S. 337, 342.
2 Leitherer in Meyer-Ladewig/Keller/Leitherer/Schmidt, 13. Aufl. 2020, § 162 Rn. 2.
3 BGH 21.2.1962 – V ZR 144/60, BGHZ 36, 348 (350) = NJW 1962, 961; May, S. 320.
4 May, S. 320 f.
5 Esser JZ 1962, 513 ff.; Henckel in Rechtsschutz im Sozialrecht, S. 105, 110.

letzung beruhen. Das macht ungeachtet der hiermit verbundenen Schwierigkeiten und der partiellen Unlösbarkeit der Aufgabe[6] zunächst die hieran orientierte **Abgrenzung von Tat- und Rechtsfrage** unerlässlich. Im zweiten Schritt geht es darum, inwieweit das BSG trotz seiner scheinbar kategorischen Bindung an alle Tatsachenfeststellungen des angefochtenen Urteils (§ 163) zur eigenen Überprüfung und Feststellung von Tatsachen berufen sein kann.

Zutreffend weist **Dreher**[7] darauf hin, dass entsprechend der speziellen Aufgabe des BSG unzweifelhaft alle Feststellungen zum konkreten Sachverhalt des Einzelfalls der Kontrolle durch das BSG grundsätzlich entzogen sind und nur im Rahmen der zulässigen Revisionsrüge zu dessen Prüfung gestellt werden können (§ 163). Sind Tatsachen nicht für die Rechtsfindung im Einzelfall, sondern für eine Vielzahl von Fällen bedeutsam, kommt es im Grundsatz darauf an, ob es ihrer Kenntnis zur näheren Bestimmung eines **normativen Begriffs** (Rechtstatsache) bzw. zur (insofern zulässigen) Überprüfung der **tatrichterlichen Beweiswürdigung** (Regeltatsache), also innerhalb der revisionsrichterlichen Zuständigkeit der rechtlichen Bewertung in letztlich normähnlicher/normprägender Funktion,[8] oder lediglich zur (dieser entzogenen) Feststellung des konkreten Anwendungssachverhalts bedarf. Das bleibt unverändert vielfach schon im Ansatz unerörtert oder zumindest nicht tiefergehend erörtert. 4

2. Rechtsfrage. Rechtsfragen sind dadurch gekennzeichnet, dass sie mit Mitteln der juristischen Methodik zu beantworten sind (→ § 160 Rn. 17).[9] Nach § 202; § 546 ZPO ist das Gesetz verletzt, wenn eine Rechtsnorm nicht oder nicht richtig angewendet worden ist. Der Grund der **Verletzung** (zB fehlerhafte Auslegung des Gesetzes, Übersehen oder bewusstes Außerachtlassen einer Vorschrift, fälschliche Berufung auf allgemeine Rechtsgrundsätze, Denkfehler bei der Anwendung auf den Sachverhalt – Subsumtionsfehler) ist unerheblich. Als Vorschrift, deren Verletzung einen **Revisionsgrund** bilden kann, ist jede **Rechtsnorm** (§ 164 Abs. 2 Satz 2) zu verstehen (vgl. auch § 9 EGZPO). Dazu gehören nicht nur die Gesetze (des Bundes), einerlei welchen Ranges, sondern auch allgemeine Regeln des Völkerrechts (Art. 25 GG); überstaatliches Recht der EU einschließlich unmittelbar anwendbarer Richtlinien; zu innerstaatlichem Recht transformierte völkerrechtliche Verträge (Sozialversicherungsabkommen); Gewohnheitsrecht; allgemeine Rechtsgrundsätze; autonome Satzungen und normativ wirkende Tarifverträge (→ Rn. 10 ff.). Auch ausländisches Recht kann anzuwenden sein, obwohl es nicht den Maßstab für eine revisionsgerichtliche Prüfung abgibt. Allgemein lässt sich als Gesetz, Rechtsnorm oder Vorschrift des Revisionsrechts jede **hoheitliche Anordnung** begreifen, die an einen Tatbestand Rechtsfolgen anknüpft.[10] Aus der Sicht des **Subsumtionsmodells** betrifft die Revision die Anwendung des Obersatzes auf den bereits vom Tatrichter nach Maßgabe von dessen Überzeugung (§ 128 Abs. 1 S. 1) festgestellten Sachverhalt (Untersatz), der 5

6 Vgl. Leitherer in Meyer-Ladewig/Keller/Leitherer/Schmidt SGG, 13. Aufl. 2020, § 162 Rn. 3 mwN.
7 Festschrift 50 Jahre Bundessozialgericht, S. 791 ff.
8 Vgl. zuletzt etwa BSG 27.6.2019 – B 5 RS 2/18 R, SozR 4-8570 § 6 Nr. 8.
9 Schmidt-Aßmann, Ordnungsidee S. 216 f.; jetzt auch: BSG 7.10.2005 – B 1 KR 107/04 B, SozR 4-1500 § 160 a Nr. 9, wobei der Ausschluss genereller Tatsachen problematisch erscheint, vgl. auch: → § 163 Rn. 8.
10 May, S. 322.

bei der Rechtsanwendung eine der Voraussetzungen für den Ausspruch der Rechtsfolge darstellt.

6 **3. Tatfrage.** Für das Revisionsverfahren relevante „Tatsachen" bestehen vornehmlich in dem **Untersatz**, den die Tatsachengerichte in Gestalt der von ihnen gefertigten Beschreibung des festgestellten rechtlich maßgeblichen Sachverhalts (§ 128 Abs. 1 S. 2, 136 Abs. 1 Nr. 6) auf der Basis ihrer Ermittlungen (§ 103, 128 Abs. 2) und der allein ihnen vorbehaltenen freien, aus dem Gesamtergebnis des Verfahrens, insbesondere einer Beweisaufnahme, gewonnenen Überzeugung (§ 128 Abs. 1 Satz 1) im Urteil formuliert haben.[11] Sie sind als Verkörperung des geistigen Internums „Überzeugung" einer externen Überprüfung ihres Inhalts a priori faktisch nicht zugänglich und folgerichtig rechtlich grundsätzlich entzogen (§ 128 Abs. 1 Satz 1, § 163). Nach § 162 können sie nicht Gegenstand der gegen eine Gesetzesverletzung gerichteten Sachrüge (Rüge der Rechtsanwendung) sein und müssen folglich in der Nichtzulassungsbeschwerde mit der **Aufklärungsrüge** gerügt werden, sofern es sich nicht ausnahmsweise um **Rechtstatsachen** handelt.[12] Für die Zulassung der Revision reicht eine Tatsachenfrage grundsätzlicher Bedeutung nicht aus; die Klärungsbedürftigkeit muss vielmehr in Bezug auf den anzuwendenden rechtlichen Maßstab, nicht die richterliche Tatsachenwürdigung und -bewertung bestehen.[13] Tatsachenfeststellungen sind ihrem Inhalt nach grundsätzlich nicht das Feld der Revision (vgl. § 163). Denkbare Angriffe gegen sie können sich nur auf die Art und Weise ihres Zustandekommens beziehen, sodass die **Verfahrensrüge** (§ 164 Abs. 2 Satz 3) das einzige revisionsrechtliche Mittel des Revisionsklägers ist.

7 **4. Einzelfragen.** Im Einzelfall kann die Abgrenzung von Gesetz und Tatsache schwierig sein. Die Rspr. des BSG dazu ist nicht einheitlich.

8 **a) Willenserklärungen und Verwaltungsakte.** Bei der Ermittlung des rechtlichen Sinngehalts von **Willenserklärungen und Verwaltungsakten (Auslegung)** überschneiden sich jeweils rechtliche und tatsächliche Aspekte. Beide Erklärungsformen beinhalten – einschließlich der Ermittlung des „natürlichen" inneren Willens – der Wahrnehmung zugängliche Elemente. Es ist insofern jeweils Aufgabe der Tatsachengerichte zunächst festzustellen, ob etwas und was ggf. erklärt wurde (§ 163). Einschließlich ihres sachlich-rechtlichen Gehalts liegen insofern bei privaten Willenserklärungen bindende Tatsachenfeststellung vor, die ggf. nur auf Rüge darauf geprüft werden, ob das Berufungsgericht Verfahrensvorschriften, insbesondere Denkgesetze oder Erfahrungssätze verletzt hat.[14] Geht es jedoch um die Frage, ob das Tatsachengericht bei seiner Ermittlung des rechtlich maßgeblichen Sinns einer Willenserklärung die revisiblen bundesrechtlichen Auslegungsgrundsätze (§§ 133, 157 BGB), anerkannte Auslegungsgrundsätze sowie allgemeine Erfahrungssätze beachtet und bei der Ermittlung des Bedeutungsgehalts nicht gegen Denkgesetze verstoßen hat, darf das Revisionsgericht das Aus-

---

11 Vgl. zur Unterscheidung von Rechts- und Tatsachenfrage exemplarisch BSG 19.7.2012 – B 1 KR 65/11 B, SozR 4-1500 § 160 a Nr. 32 Rn. 8: konkrete Gewebeentnahme im Gegensatz zum Begriff der „Inzision" im Zusammenhang einer normvertraglichen Regelung. Zur Bemessung des Grades der MdE im UV-Recht BSG 20.12.2016 – B 2 U 11/15 R, BSGE 122, 232 ff., Rn. 15.

12 BSG 7.10.2005 – B 1 KR 107/04 B, SozR 4-1500 § 160 a Nr. 9, 20.11.2007 – B 1 KR 118/07 B, juris und 12.2.2014 – B 1 KR 30/13 B, juris; vgl allerdings zur Aufklärungsrüge auch bei Rechtstatsachen BSG 21.3.2013 – B 3 KR 37/12 B, juris.

13 BVerwG 24.4.2017 – 1 B 22/17, NVwZ 2017, 1204 ff., juris Rn. 4.

14 BSG 24.11.1976 – 1 RA 151/75, BSGE 43, 37 ff.

legungsergebnis hinsichtlich der Wahrung der generell vorgeschriebenen Methodik unabhängig von einer Rüge vollinhaltlich prüfen.[15] Das BSG hat dabei insbesondere zu prüfen, ob diese Anforderungen auf der Grundlage der festgestellten Tatsachen überhaupt und ggf. zutreffend beachtet sind. Hat das LSG weitere einschlägige Umstände zwar festgestellt, aber nicht – zutreffend – in seine Auslegung einbezogen, kann das BSG diese selbst vornehmen. Da der Anwendungsbereich des § 163 SGG auf positiv getroffene Feststellungen beschränkt ist, prüft das Revisionsgericht zudem in eigener Zuständigkeit auch, ob die zur Auslegung erforderlichen Umstände von der Vorinstanz vollständig ermittelt worden sind. Fehlt es hieran, ist die Sache zur erneuten Verhandlung und Entscheidung nach weiterer Sachaufklärung zurückzuverweisen.[16]

Noch ausgeprägter ist die rechtliche Prüfungskompetenz des BSG nach dessen stRspr. bei der **Auslegung von Verwaltungsakten** (§ 31 Satz 1 SGB X).[17] Dies gilt unzweifelhaft zunächst, soweit es im Rahmen der Prüfung der **Prozessgrundlagen** von Amts wegen um das Vorliegen eines Verwaltungsakts (im dann maßgeblichen prozessualen Sinn) geht, ebenso aber im Rahmen der materiellen Prüfung.[18] Einer uneingeschränkten Überprüfung durch das Revisionsgericht unterliegen jedenfalls **Formularbescheide** eines für das gesamte Bundesgebiet zuständigen Versicherungsträgers. Formularbescheide bestehen aus vorformulierten Texten, die in einer Vielzahl von Fällen im Wesentlichen wortgleich verwendet werden. Derartige Formularbescheide sind den sogenannten **typischen Erklärungen** gleichzustellen.[19] Typische Erklärungen sind Äußerungen, die in großer Zahl wortgleich abgegeben werden, zB bei der Verwendung von Formularen, in denen der Erklärende entweder einen vorformulierten Text ankreuzt oder unterschreibt.[20] 9

Mit Verwaltungsakten verlautbarte behördliche Regelungen (§ 31 S. 1 SGB X) nehmen für sich in Anspruch, eine für den Bürger potenziell verbindliche Rechtsfolge zu setzen, also durch die Maßnahme ohne weiteren Umsetzungsakt Rechte zu begründen, zu ändern, aufzuheben oder verbindlich festzustellen oder die Begründung, Änderung, Aufhebung oder verbindliche Feststellung solcher Rechte abzulehnen.[21] Noch mehr als bei der Verlautbarung von Rechtsfolgen, die grundsätzlich eintreten, weil sie gewollt sind (Willenserklärungen), steht im Bereich des unmittelbaren Gesetzesvollzuges durch Verwaltungsakt die insbesondere an der normativen Vorgabe orientierte **rechtliche Würdigung** der Erklärungen und die richtige Anwendung von Auslegungsgrundsätzen im Vordergrund. Die Auslegung solcher Erklärungen (Verwaltungsakte) ist jedenfalls dann revisibel, wenn diese aufgrund von Rechtsnormen ergangen sind, deren Geltungsbereich sich über den Bezirk des Berufungsgerichts hinaus erstreckt, die 10

15 BSG 30.10.2014 – B 5 R 8/14 R, BSGE 117, 192 ff. Rn. 34.
16 BSG 30.10.2014 – B 5 R 8/14 R, BSGE 117, 192 ff. Rn. 43 mwN.
17 Zuletzt etwa BSG 14.3.2019 – B 5 RS 1/18 R, SozR 4-8570 § 1 Nr. 22 Rn. 13 mwN.
18 BSG 13.12.2018 – B 5 RE 1/18 R, SozR 4-2600 § 6 Nr. 18 Rn. 37 m wN; BFH 21.6.2017 – V R 3/17, BFHE 259, 140, juris Rn. 19.
19 Zu Befreiungsbescheiden der BfA als Rechtsvorgängerin der Deutschen Rentenversicherung Bund vgl. BSG 13.12.2018 – B 5 RE 1/18 R, SozR 4-2600 § 6 Nr. 18 Rn. 38 mwN.
20 Zur Definition BSG 17.5.1988 – 10 RKg 3/87, BSGE 63, 167 ff., juris Rn. 26 f.
21 Engelmann in v. Wulffen/Schütze § 31 Rn. 23.

deshalb auch in anderen Gerichtsbezirken erlassen werden können (§ 162 SGG).[22]

11 **b) Normative Begriffe.** Bei normativen Begriffen (zB grobe Fahrlässigkeit, wichtiger Grund) beruht die Rechtsanwendung (Subsumtion) überwiegend auf tatrichterlicher Beurteilung. Dem Revisionsgericht ist nur die Prüfung zugänglich, ob die rechtlichen Merkmale des Begriffs zutreffend bestimmt sind.[23]

12 **c) Erfahrungssätze. Allgemeine** Erfahrungssätze sind wie gerichtskundige Tatsachen keines Beweises bedürftig und deshalb auch vom Revisionsgericht zu berücksichtigen.[24] **Spezielle** Erfahrungssätze dagegen sind ausschließlich Gegenstand tatrichterlicher Feststellung.[25] Sie sind nur mit formgerechter Verfahrensrüge (§ 164 Abs. 2 Satz 2) revisionsrechtlich angreifbar.

III. Revisibilität

13 **1. Bundesrecht, ausländisches Recht, Gemeinschaftsrecht, Völkerrecht.** Alle **Normen des Bundesrechts** sind nach ausdrücklicher Regelung revisibel. Zum Bundesrecht gehören außer den Bundesgesetzen[26] und Rechtsverordnungen das Recht der EU (Art. 24 Abs. 1 GG), die allgemeinen Regeln des Völkerrechts (Art. 25 GG), Sozialversicherungsabkommen als in deutsches Recht transformierte völkerrechtliche Verträge und die **allgemeinen Grundsätze des Verwaltungsrechts.** Ihre Revisibilität ist im sozialgerichtlichen Verfahren weniger problematisch als im allgemeinen Verwaltungsrecht, weil das Landesrecht nur eine geringe Rolle spielt und sie aus Bundesrecht – vor allem Grundsätzen des GG – abgeleitet sind.

14 **2. Sonstige überregionale Normen. Autonome Satzungen** öffentlich-rechtlicher Körperschaften oder Anstalten des Bundes sind kein Bundesrecht. Ihre Revisibilität ergibt sich nach dem Gesetzeswortlaut aus einem Geltungsbereich der sich über den **Bezirk eines LSG** hinaus erstreckt und dem hieraus erwachsenden Bedürfnis nach einer einheitlichen Auslegung. Da dieses Merkmal Voraussetzung der Revisibilität ist, nicht die Herkunft der Norm, kann auch Landesrecht oder autonomes Recht landesunmittelbarer Körperschaften oder Anstalten des öffentlichen Rechts revisibel sein. Das Gleiche gilt für **Tarifverträge.** Die Rechtsprechung hat das Tatbestandsmerkmal des „Geltungsbereichs“ einer Norm (also ihrer unmittelbaren Vollziehbarkeit innerhalb eines bestimmten Territoriums) Sinn und Zweck der Norm entsprechend durch dasjenige des **übereinstimmenden Anwendungsbereichs** unterschiedlicher (parallel geltender) Normen ersetzt.

15 Die Revisibilität insbesondere von **Landesrecht** ist daher auch gegeben, wenn inhaltsgleiche Vorschriften verschiedener Länder in den Bezirken verschiedener LSG gelten und die Übereinstimmung nicht nur zufällig, sondern im Interesse der Rechtsvereinheitlichung bewusst und gewollt ist.[27] **Verweisungen oder Be-**

---

22 BSG 1.3.1979 – 6 RKa 3/78, BSGE 48, 56 ff., juris Rn. 2; BSG 18.2.1987 – 7 RAr 41/85, juris.

23 BSG 28.11.1978 – 4 RJ 130/77, E 47, 180 (181) = SozR 2200 § 1301 Nr. 8.

24 S. näher BSG 7.19.2005 – B 1 KR 107/04 B, SozR 4-1500 § 160 a Nr. 9 Rn. 6 mwN.

25 BSG 7.8.1975 – 10 RV 313/74, SozR 1500 § 162 Nr. 7.

26 Vgl. zu § 30 BNatSchG exemplarisch BSG 23.1.2018 – B 2 U 10/16 R, SozR 4-2700 § 123 Nr. 24 Rn. 24.

27 Zum Thüringer Landesblindengeldgesetz BSG 10.9.2003 – B 7 SF 1/03 B, juris, zum BayBlindG BSG 11.8.2015 – B 9 BL 1/14 R, SozR 4-5921 Art. 1 Nr. 3; ebenso zum Sächsischen Landesblindengeldgesetz zuletzt BSG 30.10.2017 – B 9 BL 1/17 B, juris.

zugnahmen auf Bundesrecht ermöglichen die Revision nur dann, wenn eine solche Regelung kraft eines Gesetzesbefehls des Bundesgesetzgebers gilt,[28] dagegen nicht, wenn ein im Landesrecht ausgelegter Begriff auch in revisiblen Normen enthalten ist.[29] Dasselbe gilt für Tarifverträge.[30] Stimmen daher die Vereinbarungen eines regionalen Tarifvertrages mit denen anderer Bezirke überein und ist die Übereinstimmung nicht nur zufällig, sondern bewusst und gewollt, so ist eine einheitsstiftende Rechtsprechung des Revisionsgerichts auch hier begründet.[31] Dieselbe Lage tritt insbesondere bei Regelungen auf, die **Mustersatzungen** eines Verbandes folgen. Die Kenntnis des BSG von solchen revisiblen Normen wird jedoch nicht vorausgesetzt. Die Beteiligten haben sie vorzutragen (§ 160 a, § 164) und nachzuweisen, wobei allerdings das BSG ist auf diese Nachweise nicht beschränkt ist (§ 202; § 293 ZPO).[32] Die Auslegung von Landesverträgen über die allgemeinen Bedingungen der Krankenhausbehandlung überprüft das BSG nur auf einen Verstoß gegen Bundesrecht und auf Willkür[33] (→ Rn. 13).

3. Ausländisches Recht. Sätze des geltenden **ausländischen Rechts** sind für deut- 16
sche Gerichte Rechtssätze, nicht Tatsachen.[34] Sie kommen auch im Sozialrecht zur Anwendung, weil revisible Normen sie tatbestandlich in Bezug nehmen oder hierauf (kollisionsrechtlich) verweisen.[35] Fremdes, insbesondere ausländisches Recht ist in der Sozialgerichtsbarkeit dennoch nicht revisibel. Das ergibt sich ohne Rückgriff auf die ZPO schon aus der abschließenden („nur") Fassung von § 162 und die dortige Beschränkung auf „Bundesrecht" neben bestimmtem innerhalb der Bundesrepublik geltenden Recht. § 545 ZPO weicht hiervon trotz der scheinbar weiteren Fassung („Verletzung des Rechts") auch in der seit 1.9.2009 geltenden Fassung des FGG-RG nicht ab.[36] Auch das BSG ist daher unverändert an die (positiven und negativen)[37] Feststellungen des Tatsachengerichts und an dessen rechtliche Schlussfolgerungen gebunden (§ 202 SGG, § 560 ZPO).

Dies gilt jedoch dann nicht, wenn die Nichterwähnung der irrevisiblen Norm in 17
der angefochtenen Entscheidung darauf beruht, dass sie dem Tatsachengericht unbekannt war.[38] Hat das Tatsachengericht eine ausländische Rechtsnorm **übersehen** und in der angefochtenen Entscheidung **nicht gewürdigt**, handelt es sich nicht um die Überprüfung der Auslegung einer irrevisiblen Norm, sondern um die Anwendung des geltenden Rechts auf einen vom Berufungsgericht festgestellten Sachverhalt. Das BSG hat sich hiervon ausgehend etwa als berechtigt

---

28 BSG 22.3.2018 – B 5 RE 5/16 R, SozR 4-2600 § 6 Nr. 16 Rn. 55 mH auf BVerwG 24.3.1986 – 7 B 35.86, und 2.7.1990 – 5 B 37.90, Buchholz 310 § 137 VwGO Nr. 132 und 160 mwN.
29 BSG 26.10.2017 – B 8 SO 12/16 R, SozR 4-1750 § 524 Nr. 1 Rn. 23 f. mwN.
30 Vgl. BSG 7.3.2016 – B 11 AL 103/15 B, juris.
31 BSG 15.11.1983 – 1 S 10/82, E 56, 45 (50) = SozR 2100 § 70 Nr. 1; BSG 12.12.1984 – 7 RAr 16/84, SozR 4100 § 117 Nr. 14.
32 Zu den Darlegungsanforderungen in der Nichtzulassungsbeschwerde vgl. BSG 7.3.2016 – B 11 AL 103/15 B, juris und 30.10.2017 – B 9 BL 1/17 B, juris. Vgl. BSG 7.3.2016 – B 11 AL 103/15 B, juris.
33 BSG 22.7.2004 – B 3 KR 20/03 R, SozR 4-2500 § 112 Nr. 3.
34 BGH 4.7.2013 – V ZB 197/12, FGPrax 2013, 239 = BGHZ 198, 14, Beck RS Rn. 19.
35 Vgl. entsprechend zur Beschränkung des originären Anwendungsbereichs von § 293 ZPO auf das deutsche internationalen Privatrecht Geimer in Zöller ZPO § 293 Rn. 9.
36 BGH 4.7.2013 – V ZB 197/12, FGPrax 2013, 239 = BGHZ 198, 14.
37 BGH 23.10.1963 – V ZR 146/57, BGHZ 40, 197 ff., juris Rn. 22 mwN.
38 BGH 23.10.1963 – V ZR 146/57, BGHZ 40, 197 ff., juris Rn. 22.

angesehen, die (vom LSG nur fragmentarisch berücksichtigten) Vorschriften des Schweizer Krankenversicherungsgesetzes selbst anzuwenden und im Übrigen die Strukturen der Schweizer Krankenversicherung als generelle Tatsachen selbst festzustellen.[39]

18 **4. Folge der Irrevisibilität.** Beruht die angefochtene Entscheidung auf irrevisiblen Normen, so ist das **Revisionsgericht** grundsätzlich nicht nur an die Entscheidung (§ 202; § 560 ZPO), sondern auch an die Auslegung und Anwendung der irrevisiblen Norm durch die Vorinstanz gebunden.[40] Eine an sich irrevisible Vorschrift wird auch nicht allein dadurch revisibel, dass sie im Kontext bundeseinheitlichen Verwaltungsverfahrensrechts anzuwenden ist[41] oder bei ihrer Auslegung auch allgemeine Rechtsgrundsätze berücksichtigt werden. Ungeachtet des normativen Charakters derartiger Grundsätze kommt ihnen gegenüber den Vorschriften, bei deren Auslegung sie zur Anwendung gelangen, im Rahmen des § 162 SGG keine eigenständige Bedeutung zu. Anderenfalls könnte nämlich jede Fehlauslegung irrevisiblen Rechts, die letztlich immer auf der Verletzung von irgendwelchen Auslegungsgrundsätzen beruht, eben wegen dieser Verletzung als Verstoß gegen Bundesrecht deklariert und damit revisibel gemacht werden.[42] Hat das Instanzgericht dagegen irrevisibles Recht **übersehen oder willkürlich ausgelegt,**[43] ist das BSG ausnahmsweise befugt, auch irrevisibles Recht festzustellen und anzuwenden.[44] Mit anderen Worten hindert § 162 das BSG daran, irrevisibles Recht als Kontrollmaßstab an vorinstanzliche Entscheidungen anzulegen, nicht aber es eigenständig anzuwenden, wenn die Vorinstanz dies unterlassen oder willkürlich getan hat.[45] Das BSG hat danach die Möglichkeit, den Rechtsstreit abschließend zu entscheiden, kann die Sache aber auch an das LSG zurückverweisen, falls es eine Entscheidung in der Sache selbst für untunlich hält (§ 170 Abs. 2 S. 2).

IV. Kausalität der Rechtsverletzung

19 Die allgemeinen Rechtspflegeziele einheitliche Rechtsanwendung und Rechtsfortbildung sind auch im Revisionsrechtszug nur im Rahmen der **Leitentscheidung für den individuellen Rechtsschutz** (Art. 19 Abs. 4 GG) zu verfolgen. Der Revisionskläger muss daher, um Erfolg zu haben, in einem subjektiven Recht verletzt – iS des § 54 Abs. 1 Satz 2, Abs. 2 Satz 1 beschwert sein.[46] Eigentlicher Gegenstand revisionsrichterlicher Prüfung ist das **Entscheidungsergebnis** der Vorinstanz, nicht die Gesetzesverletzung als solche.[47] Das Gesetz bringt dies dadurch zum Ausdruck, dass es einen Revisionsgrund nur anerkennt, wenn das angefochtene Urteil auf der Verletzung einer revisiblen Vorschrift beruht. Das trifft zu, wenn die Entscheidung der Vorinstanz bei Beachtung der Rechtsansicht

39 BSG 27.5.2014 – B 5 RE 8/14 R, USK 2014-46, juris Rn. 43.
40 Zum Versorgungsauftrag eines Plankrankenhauses etwa BSG 19.6.2018 – B 1 KR 32/17 R, BSGE 126, 87 ff., Rn. 13.
41 Vgl. BSG 30.10.2017 – B 9 BL 1/17 B, juris Rn. 10.
42 BSG 18.5.1983 – 6 RKa 22/80, BSGE 55, 115 ff. mwN.
43 BSG 10.9.1987 – 10 RAr 10/86, E 62, 131 (135) = SozR 4100 § 141 b Nr. 40.
44 May, S. 343.
45 BSG 17.4.1958 – 8 RV 271/56, E 7, 122 (125); BSG 22.7.2004 – B 3KR 20/03 R, SozR 4-2500 § 112 Nr. 3.
46 BSG 11.5.1999 – B 11 AL 69/98, SozR 3-1500 § 75 Nr. 31.
47 May, S. 344 ff. – st. Rspr.

des BSG zu einem anderen Ergebnis geführt hätte.[48] Wirkt sich eine materielle oder prozessuale Gesetzesverletzung – aus welchen Gründen auch immer – nicht auf das Entscheidungsergebnis aus, ist die Revision als unbegründet zurückzuweisen (§ 170 Abs. 1 S. 2). Aus diesem Grunde führt die Revision gegen eine auf **mehrere selbstständige Gründe** gestützte Entscheidung nur zum Erfolg, wenn gegen sämtliche Begründungen Revisionsgründe erfolgreich vorgebracht werden. Auf **Verfahrensmängeln** beruht eine Entscheidung, wenn nach hypothetischer Prüfung die Möglichkeit nicht auszuschließen ist, dass sie bei ordnungsgemäßem Verfahren anders ausgefallen wäre. Bei den abschließend aufgezählten **absoluten Revisionsgründen** (§ 202; § 547 Nr. 1–7 ZPO) wird die Kausalität der Gesetzesverletzung unwiderlegbar vermutet. Die Verletzung des rechtlichen Gehörs ist im sozialgerichtlichen Verfahren im Gegensatz zu § 138 Nr. 3 VwGO kein absoluter Revisionsgrund.

V. Maßgeblicher Zeitpunkt

Maßgebender Zeitpunkt für die Beurteilung der Rechtslage ist der Zeitpunkt 20
der **Entscheidung des Revisionsgerichts**.[49] Nach Erlass des angefochtenen Urteils eingetretene Rechtsänderungen können deshalb eine Rechtsverletzung iSd § 162 darstellen, auf denen die Entscheidung beruht, obwohl die Vorinstanz die Änderung noch nicht berücksichtigen konnte. Die gegenteilige Ansicht des Reichsgerichts zu §§ 549, 550 ZPO aF hat der BGH aufgegeben.[50]

§ 163 [Bindung an die tatsächlichen Feststellungen]

Das Bundessozialgericht ist an die in dem angefochtenen Urteil getroffenen tatsächlichen Feststellungen gebunden, außer wenn in bezug auf diese Feststellungen zulässige und begründete Revisionsgründe vorgebracht sind.

I. Allgemeines

Die Regelung besagt nicht etwa, dass es auf **Tatsachen im Revisionsverfahren** 1
nur deshalb nicht ankommt, weil das BSG grundsätzlich nicht selbst mit ihrer

48 Meyer-Ladewig/Keller/Leitherer/Schmidt § 162 Rn. 9.
49 BSG 5.7.2000 – B 3 KR 12/99 R, E 87, 14 (17) = SozR 3-2500 § 40 Nr. 3 mwN; BSG 15.2.2005 – B 2 U 1/04 R, SozR 4-2700 § 8 Nr. 12.
50 Dazu näher: May, S. 345 f. mwN.

Feststellung befasst ist (→ § 162 Rn. 3 f.). Die Feststellung einer Rechtsverletzung (§ 202 SGG, 546 ZPO) und einer hierauf beruhenden Sachentscheidung des Tatsachengerichts (§ 202 SGG, § 545 Abs. 1 ZPO) ist ohne Prüfung des Subsumtionsschlusses, dh der Anwendung einer revisiblen Norm (Obersatz) gerade auf den im Einzelfall festgestellten Sachverhalt (Untersatz) im Wege des Justizsyllogismus nicht denkbar.[1] § 163 ist als **funktionsgerechte Aufgabenbeschränkung** lediglich die Kehrseite der Konzentration der Revision auf Rechtskontrolle und Verfahrensaufsicht. Ihr dient die grundsätzliche Bindung des Revisionsgerichts an tatsächliche Feststellungen der Vorinstanz. Übereinstimmende Vorschriften finden sich in § 559 Abs. 2 ZPO, § 137 Abs. 2 VwGO, § 118 Abs. 2 FGO.

II. Bindende Feststellung von Tatsachen

2 **1. Tatsachen.** Die meisten Aussagen in der Literatur über „Tatsachen" beruhen (unbewusst) auf dem vorkritischen **naiven Realismus** des Alltagslebens und der hieraus erwachsenden Annahme der Bezeichnung äußerer Gegebenheiten durch die Sprache: die Welt besteht aus Dingen, die sich in uns abbilden und aufgrund einer unmittelbaren Verbindung von Wort und Sache eindeutig bezeichnet werden können. Beides wird mit einer Änderung der Frageperspektive vom „ob" zum „wie" unmittelbar problematisch.[2] Die vorkritische Sichtweise lässt insbesondere unberücksichtigt, dass dem Menschen „das Ding an sich" gerade unzugänglich ist und seine „Wahrnehmung" auf unteilbare Sinneserlebnisse als innere/geistige Entitäten sowie hieraus (weitgehend unbewusst) gezogene Schlussfolgerungen verwiesen ist, ist die Frage des Vorliegens einer Tatsache in der Außenwelt des Wahrnehmenden („ist") also stets nur in Abhängigkeit von dessen individueller Überzeugung, (auch bei kollektiv geteilten Überzeugungen) aber nicht „objektiv" beantwortbar ist.[3]

3 Von der conditio humana ist die Beweisaufnahme als etwas „dem Richter Widerfahrendes" (probatio fit iudici) notwendig mit umfasst. Zutreffend stellt daher das SGG – wie auch alle anderen Verfahrensordnungen – hinsichtlich der tatsächlichen Grundlagen des Verfahrens und seiner zentralen Aufgabe der Durchsetzung subjektiver Rechte von vorne herein nicht auf eine materielle (objektive/philosophische/historische) Wahrheit, sondern auf eine formelle Wahrheit im prozessualen Kontext ab. Soweit diese nicht ihrerseits bereits rechtlich[4] durch Präklusions- (§ 106 a Abs. 3), Beweis(last)-, Fiktions- und Vermutungsregelungen (exempl. § 51 Abs. 2 SGB I, § 7 Abs. 3 a SGB II, § 9 Abs. 2 S. 3 SGB II, § 7 a Abs. 4 SGB IV, § 46 Abs. 2 a SGB VI, § 9 Abs. 3 SGB VII, § 63 Abs. 2 SGB VII, § 39 Abs. 1 S. 1 SGB XII 3, §§ 415 ff. ZPO, § 292 S. 1 GVG) vorgegeben ist,[5] stellt daher § 128 Abs. 1 Satz 1 (ebenso §§ 286 Abs. 1 S. 1 ZPO; § 96 Abs. 1 S. 1 Hs. 1 FGO, § 108 Abs. 1 S. 1 VwGO, § 37 StPO) wesentlich auf die

---

1 Vgl. Heßler in Zöller ZPO § 546 Rn. 6.

2 S. näher etwa Maturano/Varela, Der Baum der Erkenntnis, 7. Aufl. 2018. S. auch Werner Heisenberg: „Die Wirklichkeit von der wir sprechen können, ist nie die Wirklichkeit an sich, sondern eine gewusste Wirklichkeit oder sogar in vielen Fällen eine von uns gestaltete Wirklichkeit." Physik und Philosophie, S. Hirtzel, Stuttgart, 1959.

3 Näher Berchtold, Auslegung sozialrechtlicher Normen und „eindeutiger Wortlaut", Festschrift 50 Jahre Bundessozialgericht, 97 ff.

4 Und insofern im Rahmen der statthaften Revision in vollem Umfang überprüfbar, vgl. etwa 23.1.1989 – 2 BU 137/88, juris.

5 Näher Brand, Grenzen zivilprozessualer Wahrheit und Gerechtigkeit, NJW 2017, 3558 ff.

richterliche Überzeugung[6] ab; beschränkt sich mithin insbesondere auf eine rechtliche Festlegung, auf wessen Überzeugung es – auch im Instanzenzug (§ 163) – ankommt und unterstellt das Ergebnis ansonsten einer Kontrolle allein hinsichtlich der äußeren Bedingungen seiner Genese. Herkömmliche Aussagen, die unter Tatsachen iS des Revisionsrechts „konkrete, nach Raum und Zeit bestimmte, vergangene und gegenwärtige Geschehnisse und Zustände der Außenwelt und des Seelenlebens" verstehen,[7] bedürfen damit schon aus Rechtsgründen zwingend (!) einer Einbettung in den genannten Kontext. Rechtswissenschaft und Prozessrecht stellen keine Erkenntnistheorie zur Verfügung, sondern eine Methode zur Konfliktlösung.[8]

Für das Revisionsverfahren relevante **„Tatsachen"** bestehen damit in dem Unter- 4
satz, den die Tatsachengerichte in Gestalt der von ihnen gefertigten Beschreibung des festgestellten rechtlich maßgeblichen Sachverhalts (§§ 128 Abs. 1 S. 2, 136 Abs. 1 Nr. 6) auf der Basis ihrer Ermittlungen (§§ 103, 128 Abs. 2) und der allein ihnen vorbehaltenen freien, aus dem Gesamtergebnis des Verfahrens, insbesondere einer Beweisaufnahme, gewonnenen Überzeugung (§ 128 Abs. 1 Satz 1) im Urteil formuliert haben. Der **Untersatz** kann gleichermaßen in positiven wie in negativen Aussagen bestehen. Das BSG darf hiervon weder abweichen noch fehlende Feststellungen ohne Zurückverweisung selbst nachholen. Tatsachenfeststellungen unterscheiden sich insofern von der abstrakten Erkenntnis normativ vermittelter Rechtsideen (Obersätze), die der Welt des Sollens zugehören, und deren denkende Anwendung auf die Welt des Seins durch den Syllogismus erfolgt. Tatsachen sind damit Aussagen über Umstände in der „Außenwelt", hinsichtlich deren Vorliegen nach Maßgabe der (un-)mittelbaren Sinneswahrnehmung des hierzu rechtlich berufenen Tatsachengerichts (!) eine Aussage (ist/ist nicht) getroffen werden kann. Behauptungen über das Vorliegen von Tatsachen können auf dieser Grundlage den Kategorien „wahr" bzw. „unwahr" zugeordnet werden. Dem Tatbestand öffentlich-rechtlicher Normen entspricht damit in der Praxis grundsätzlich der Umstand, dass der einschlägige Sachverhalt im Vollbeweis iS einer rechtskonform gewonnenen subjektiven richterlichen Gewissheit feststeht und einen entsprechenden äußeren Ausdruck im Urteil gefunden hat.[9]

2. Feststellung von Tatsachen.[10] Die für Beteiligte und das BSG als Revisionsge- 5
richt bindende **Feststellung von Tatsachen** ist nach § 163 grundsätzlich den Instanzgerichten als deren unvertretbare Aufgabe vorbehalten. Die entsprechenden Sätze müssen sich im Urteil als erkennbar feststellende Aussage finden. Andernfalls (dh bei teilweisevollständigem Fehlen von Feststellungen im Gesamttext) hat das Urteil insofern keine Gründe (§ 136 Abs. 1 Nr. 6). Insofern ist im rechtlichen Ergebnis unerheblich, ob sich tatsächliche Feststellungen aus dem **Tatbestand** oder den **Entscheidungsgründen** der vorinstanzlichen Entscheidung ergeben.[11] In einem Verfahren mit Ermittlungsgrundsatz gehören tatsächliche Feststellungen lege artis in die Entscheidungsgründe, weil das zu Objektivität verpflichtete Gericht (aus diesem Grunde) an Vorbringen und Beweisanträge der

6 Instruktiv: Kotsoglu, Das Fehlurteil gibt es nicht, JZ 2017, 123 ff.
7 So Frehse in Jansen § 163 Rn. 6 mit Hinweis auf BGH NJW 1981, 1562.
8 Brand, Grenzen zivilprozessualer Wahrheit und Gerechtigkeit, NJW 2017, 3558 ff.
9 Vgl. BSG 15.12.2016 – B 5 RS 4/16 R, BSGE 122, 197, Rn. 14.
10 Exemplarisch BSG 23.7.2015 – B 5 RE 17/14 R, SozR 4-2600 § 2 Nr. 22 Rn. 20.
11 Krasney/Udsching, S. 397.

Beteiligten ausdrücklich nicht gebunden ist (§ 103 S. 2) und sich daher (in der Praxis immer wieder missachtet) auch bei **unstreitigem Vorbringen** eine eigenständige Überzeugung vom Vorliegen tatsächlicher Umstände bilden muss.[12] Initiativen des Bundesrates für eine „Einschränkung des Streitstoffs" durch übereinstimmende Erklärungen der Beteiligten im Höhenverfahren der gRV betreffen,[13] sind bislang nicht Gesetz geworden.[14] Bei streitigen Tatsachen ist deshalb in den Entscheidungsgründen zumindest ein Hinweis darauf erforderlich, dass das Gericht sich das im Tatbestand mitgeteilte Beweisergebnis zu eigen macht und daher von weiteren Ermittlungen abgesehen hat.[15] Fehlt ein derartiger Hinweis oder bleiben die tatsächlichen Feststellungen **widersprüchlich,**[16] zumindest aber **unklar**, sind sie keine geeignete Grundlage für die rechtliche Prüfung durch das Revisionsgericht.[17]

6 Die – vielfach gebräuchliche – inhaltliche oder wörtliche (und – vielfach länderspezifisch – bis zur Unlesbarkeit ermüdend umfangreiche) **Wiedergabe der Bekundungen** von Zeugen oder Sachverständigen im Tatbestand reicht nicht aus, um eine eigene Entscheidung des Gerichts über tatsächliche Feststellungen zu treffen.[18] Stets muss erkennbar bleiben, welche konkreten Tatsachen das Gericht aufgrund **eigener Erkenntnis** zugrunde gelegt hat und kann sich ergänzend auch auf eine konkrete (!) Bezugnahme auf Schriftstücke in den Verwaltungs- und Gerichtsakten (§ 136 Abs. 2 S, 1) beschränken.[19] Tatsächliche Grundlage der berufungsgerichtlichen Entscheidung ist nicht die Bekundung des Zeugen oder Sachverständigen an sich, sondern die eigenständige tatrichterliche Ermittlung von deren **Sinngehalt** und dessen verschriftlichte Wiedergabe und Würdigung im Gesamtkontext des Verfahrens im Rahmen der Überzeugungsbildung nach § 128 Abs. 1 Satz 1.

7 Dagegen kommt es für die **Bindungswirkung** von Tatsachenfeststellungen nicht darauf an, ob die Entscheidung der Vorinstanz auf den festgestellten Tatsachen beruht. Das BSG ist an (positive oder negative) Feststellungen von Tatsachen gebunden, wenn und soweit es auf der Grundlage seiner (!) Rechtsauffassung hierauf ankommt. Reichen die bisherigen Tatsachenfeststellungen aus, kann das BSG deshalb anstelle eines aus seiner Sicht unrichtigen Urteils der Vorinstanz auf der Grundlage seines eigenen Subsumtionsschlusses unabhängig davon, ob das LSG sich auf von ihm festgestellte Tatsachen als Untersatz gestützt hatte, in der Sache selbst entscheiden.[20] Fehlen nach der Rechtsansicht des BSG ausreichende tatsächliche Feststellungen, ist eine abschließende Entscheidung mangels eigener Kompetenz zur Nachholung „untunlich" iS von § 170 Abs. 2 Satz 2. Das

12 BSG 31.1.2017 – B 5 AL 3/16 B, juris Rn. 8; 21.3.2017 – B 5 RS 39/16 B, juris Rn. 10; 22.3.2018 – B 5 RE 5/16 R, SozR 4-2600 § 6 Nr. 16 Rn. 63.
13 Vgl Gesetzesentwurf des BR zur Änderung des SGG vom 28.6.2016 – BR-Drs. 18/8971 Anl. 1 S. 5, 7, 9; vgl auch Plenarprotokoll 964 über die Sitzung des BR vom 2.2.2018 S. 10, Wortmeldung von Staatsminister Gemkow aus Sachsen.
14 Vgl. Beschluss des BR vom 2.2.2018 über die erneute Einbringung des Entwurfs eines Gesetzes zur Änderung des SGG beim Deutschen Bundestag – BR-Drs. 29/18.
15 BSG 13.5.2009 – B 4 AS 58/08 R, BSGE 103, 153 ff., Rn. 13 mwN.
16 Vgl. BSG 9.9.1986 – 5 b RJ 50/84, SozR 2200 § 1246 Nr. 139.
17 BSG 20.11.1959 – 1 RA 161/58, SozR Nr. 6 zu § 163 SGG.
18 BSG 26.10.2004 – B 2 Urt. 16/04 R, SozR 4-1500 § 163 Nr. 1; BSG 15.2.2005 – B 2 Urt. 1/04 R, SozR 4-2700 § 8 Nr. 2.
19 BSG 14.3.2018 – B 12 KR 12/17 R, SozR 4-2400 § 7 Nr. 34 Rn 26 ff.
20 Vgl. Zur Entscheidung durch Sach- statt Prozessurteil BSG 10.11.1993 – 11 RAr 47/93, E 73, 195 (196) = SozR 3-4100 § 249 R Nr. 3.

BSG hebt die angefochtene Entscheidung wegen eines materiellen Fehlers der Rechtsanwendung auf und verweist die Sache zur erneuten Verhandlung und Entscheidung zurück.[21] Gibt es für eine vom BSG für entscheidungserheblich gehaltene Tatsache nach dem vom LSG festgestellten Sachverhalt keine Anhaltspunkte, ist die Revision unbegründet.[22] Eigene tatsächliche Feststellungen darf das BSG grundsätzlich – dh vorbehaltlich der unter → Rn. 5 ff. erörterten Ausnahmen – nicht selbst treffen und nicht den Akten entnehmen.[23] Neues tatsächliches Vorbringen der Beteiligten ist im Revisionsrechtszug grundsätzlich unzulässig und nicht zu berücksichtigen.[24]

Maßgeblicher Zeitpunkt für die Entscheidung im Revisionsverfahren ist bei Vornahmeklagen regelmäßig der letzte Termin zur mündlichen Verhandlung. Daher sind alle Rechtsänderungen/Änderungen des rechtlichen Maßstabs, die während der Rechtshängigkeit eintreten, grundsätzlich vom Gericht zu beachten, auch wenn sie erst nach dem Erlass der mit der Revision angefochtenen Entscheidung wirksam geworden sind. Voraussetzung hierfür ist bei einem neuen Gesetz, dass dieses nach seinem zeitlichen Geltungswillen das streitige Rechtsverhältnis erfassen will.[25] Das BSG ist an die festgestellten Tatsachen, nicht aber an deren (rechtlichen) Kontext gebunden. Dies kann dazu führen, dass Feststellungen des LSG ihre Bedeutung gänzlich verlieren, erstmals rechtliche Bedeutung erlangen oder nunmehr in geändertem rechtlichen Kontext zu beachten sind. Alle genannten Konstellationen verbieten eine Fortführung des Revisionsverfahrens ohne Hinweis des BSG, nicht aber notwendig auch dessen Sachentscheidung. Für die **besondere Konstellation** der erstmaligen Überprüfung des Nutzenbewertungsbeschlusses (erste Stufe) auf der Grundlage eines abweichenden Maßstabes der gerichtlichen Überprüfung und des hierauf gestützten Schiedsspruchs über den Erstattungsbetrag (2. Stufe) im Rahmen des Streits über die Festsetzung des von den Krankenkassen zu tragenden **Erstattungsbetrages** sieht das BSG von der grundsätzlich eröffneten eigenen Entscheidung zugunsten „möglicherweise anderer Feststellungen und Einschätzungen" des Tatsachengerichts ab.[26] 8

Erst recht gilt: Wird **während des Revisionsverfahrens** ein Umstand, der vom Berufungsgericht für das BSG bindend festgestellt worden war, sich dort aber für einen Beteiligten nicht nachteilig ausgewirkt hatte, auf Grund einer geänderten Rechtslage/Änderung einer oberstgerichtlichen Rechtsprechung zu dessen Lasten potentiell rechtlich relevant, muss der Beteiligte im Rahmen des rechtlichen Gehörs auf diesen erstmals relevanten Aspekt auf hingewiesen werden (§§ 106 Abs. 1, 153, 155, 165). Jedenfalls wenn daraufhin auf Einwände verzichtet wird oder ein substanzieller Vortrag im Rahmen einer Gegenrüge nicht erfolgt, fehlt es an einem Anhalt, von § 163 abzusehen. Werden demgegenüber die bisherigen Feststellungen nunmehr mit zulässigen und begründeten Revisionsrügen angegriffen, insbesondere Tatsachen und Beweismitteln bezeichnet, die eine gegenteilige Feststellung nahelegen, darf das BSG seiner Entscheidung die gegenteilige Feststellung des LSG nicht mehr zugrunde legen, darf sie allerdings auch nicht durch eigene ersetzen und damit auf neuer Grundlage in der Sache entschei- 9

21 BSG 20.11.1959 – 1 RA 161/58, SozR Nr. 6 zu § 163 SGG.
22 BSG 18.12.2001 – B 12 KR 8/0 R, SozR 3-2400 § 7 Nr. 19.
23 BSG 1.10.1964 – 11/1 RA 246/61, SozR Nr. 9 zu § 163 SGG.
24 BSG 21.4.1959 – 2 RU 293/96, E 9, 266 (271); vgl. aber Mattern JZ 1963, 649 ff.
25 BSG 27.10.1976 – 2 RU 127/74 BSGE 43, 1 ff., juris Rn. 29 mwN.
26 BSG 28.3.2019 – B 3 KR 2/18 R, SozR 4-2500 § 130 b Nr. 3 insbes. Rn. 55 ff.

den.[27] Die Erhebung durchgreifender Revisionsrügen lässt vielmehr auch hier nur die Bindung des BSG entfallen und dessen Sachentscheidung mangels einer nunmehr fehlenden rechtlich notwendigen Feststellung als untunlich entscheiden (§ 170 Abs. 2 S. 2).

10 **3. Gesetzliche Ausnahme: zulässige und begründete Revisionsgründe.** Die das BSG bindende „**Tatsachenfeststellung**" ist die schriftliche Formulierung und Begründung, die der Tatrichter hierzu im Urteil auf der Grundlage seiner Überzeugung vom rechtlich maßgeblichen Sachverhalt (§ 128 Abs. 1, § 136 Ab. 1 Nr. 6) nach eigener Ermittlung von Amts wegen (§ 103 Hs. 1) und einem ggf. formalisierten Beweisverfahren nach den Regeln der ZPO (§ 118 Abs. 1) gegeben hat. In Bezug auf jeden dieser Schritte können im Rahmen der statthaften Revision über § 160 Abs. 2 Nr. 3 hinaus in der Revisionsbegründung des Revisionsklägers oder der Gegenrüge des Gegners **Rügen** vorgebracht werden (§ 164 Abs. 2 S. 3). Allerdings ist auch insofern zu beachten, dass das Rügerecht nicht verloren gegangen bzw. kein Ausschluss eingetreten sein darf (§ 295 Abs. 1 ZPO, § 106 a SGG). Die Beteiligten sind damit nicht etwa auf (grundsätzlich das materielle Recht betreffende) Rügen eines Verstoßes der Überzeugungsbildung (zu Zwischen- und Endergebnissen) gegen die sog. Denkgesetze oder allgemeine Erfahrungssätze[28] beschränkt, sondern können (in den Grenzen des [unterstellten] Verzichts!) grundsätzlich eine Verletzung des gesamten einschlägigen Prozessrechts (vornehmlich durch das Berufungsgericht, bei Fortführung von dessen Ergebnissen auch des Sozialgerichts) rügen. Dies betrifft insbesondere (ohne das Erfordernis eines „Beweisantrages")[29] die Vollständigkeit der gerichtlichen Sachaufklärung, die Modalitäten der Beweiserhebung, vor allem die nahezu generell verfehlten normativen Anforderungen an den Beweis durch Sachverständige, das in vielfältigen Variationen geschützten Recht auf rechtliches Gehör (§ 164 Abs. 2 S. 3) und die Fassung des Urteils (§ 136) bzw. dessen Zustellung.[30]

11 **4. Fehlende Bindung bei absoluten Revisionsgründen.** Teilweise wird angenommen, dass eine abschließende Entscheidung des Revisionsgerichts l auch bei Vorliegen eines **absoluten Revisionsgrunds** in Betracht kommen soll, wenn auf der Grundlage „eines in tatsächlicher Hinsicht geklärten und nicht umstrittenen Sachverhalts" in rechtlicher Hinsicht nur in einer ganz bestimmten Weise entschieden werden kann.[31] Indessen kann es im vom Grundsatz der Amtsermittlung geprägten sozialgerichtlichen Verfahren für die Feststellung von Tatsachen weder überhaupt je darauf ankommen, ob diese umstritten sind, noch kann das Revisionsgericht über § 164 SGG an die Feststellung von Tatsachen gebunden sein, die ihrerseits auf einem von Amts wegen zu beachtenden Verfahrensfehler beruht.[32] Das einfachgesetzliche Verfahrensrecht ist insofern im Licht seiner eigenen Wertungen (§ 202 SGG iVm § 547 ZPO) und ggf. des Art. 101 Abs. 1 S. 2 GG zu verstehen.[33]

27 BSG 24.5.1966 – 1 RA 281/64, juris Rn. 15.
28 BSG 30.10.2014 – B 5 R 8/14 R, BSGE 117, 192 ff., Rn. 21.
29 BSG 30.10.2014 – B 5 R 8/14 R, BSGE 117, 192 ff., Rn. 24.
30 BSG 8.2.2012 – B 5 RS 76/11 B, juris Rn. 3 ff.
31 Vgl. BSG 7.8.2014 – B 13 R 37/13 R, SGb 2014, 557 mwN; 25.6.2009 – B 3 KR 2/08 R, SozR 4-2500 § 33 Nr. 24 Rn. 11.
32 Vgl. BSG 29.1.2019 – B 2 U 5/18 R, UV-Recht Aktuell 2019, 156 ff., juris Rn. 21 mwN.
33 Vgl. BSG 29.1.2019 – B 2 U 5/18 R, UV-Recht Aktuell 2019, 156 ff., juris Rn. 21 mwN.

5. Mittelbare Bindung über § 170 Abs. 5. Die Bindung an die ursprünglichen Feststellungen des LSG kann – ganz oder teilweise – nach **Maßgabe von § 170 Abs. 5** (!) mittelbar fortdauern, wenn das BSG dessen Entscheidung aufgehoben, die Sache zur erneuten Verhandlung und Entscheidung zurückverwiesen hat und der Streitfall dann erneut zum BSG gelangt. § 170 Abs. 2 S. 2 sieht eine Zurückverweisung ausnahmsweise dann vor, wenn die Entscheidung „untunlich" ist, eine eigene Entscheidung also insbesondere wegen noch ausstehender Ermittlungen nicht in Betracht kommt.[34] Dabei ist die Aufhebung der dem ersten Berufungsurteil nach zulässiger Sachentscheidung zugrunde liegenden Feststellungen durch das BSG (§ 170 Abs. 2 S. 2: „mit dem ihm zugrunde liegenden Feststellungen") nicht in jedem Fall, sondern nur nach Maßgabe der vom BSG beanstandeten Fehler erforderlich. Jedenfalls, soweit nach Auffassung des BSG weitere tatrichterliche Feststellungen nur zusätzlich und ergänzend erforderlich sind, weil etwa eines von mehreren Tatbestandsmerkmalen übersehen worden war, können die bereits getroffenen Feststellungen bestehen bleiben und sind vom Verbot der Fehlerwiederholung im fortgeführten Berufungsverfahren nicht betroffen. Das gilt erst recht wenn das BSG das Urteil des LSG insgesamt aufgehoben, über die Anerkennung einer Berufskrankheit auf der Basis der getroffenen tatsächlichen Feststellungen in den Gründen abschließend entschieden und den Rechtsstreit insgesamt an das LSG im Kern nur deshalb zurückverwiesen hat, um über die offen gebliebene Frage des Werts der Rente zu entscheiden.[35] Zur „Rechtlichen Beurteilung" iS von § 170 Abs. 5 gehören bei Abhängigkeit der schlussendlichen Subsumtion von der Ergänzung des Untersatzes auch die Aussagen des BSG zur Verwertbarkeit der schon vorhandenen Elemente. 12

III. Ausnahmen

Der scheinbar absolut formulierte Grundsatz der Bindung des primär zur Beantwortung von Rechtsfragen (→ § 162 Rn. 4) berufenen BSG an Tatsachenfeststellungen der Vorinstanz und des Verbots eigener Ermittlungen und Feststellungen erfährt jedoch **aus funktionalen Gründen** eine Reihe von Ausnahmen, die nur zum Teil dem Wortlaut des Gesetzes zu entnehmen sind. Auch Ermittlungen und tatsächliche Feststellungen des Revisionsgerichts kommen aber ggf. nur in Betracht, soweit dies nach den auch im Revisionsverfahren nach §§ 165, 157 a und 106 a zu beachtenden **Präklusionsvorschriften** nicht ausgeschlossen ist.[36] 13

1. Verfahrensmängel. § 163 beschränkt sich auf die **tatsächlichen Umstände**, die das Tatsachengericht seiner Entscheidung in der Sache bereits zugrunde gelegt hat. Dem gegenüber müssen Tatsachen, die einen gerügten **Verfahrensmangel** ergeben und in der angegriffene Entscheidung selbstredend nicht aufführt sind, in der Revisionsbegründung „bezeichnet" werden, um überhaupt in das Verfahren eingeführt zu werden. Das Revisionsgericht hat dem im Rahmen der ihm obliegenden Prüfung des Untersatzes nachzugehen und erforderlichenfalls Beweis zu erheben.[37] Das bezieht sich indes nur auf die Tatsachen, die den Verfahrensmangel ergeben, nicht auf solche, die in seiner Folge nicht oder formal mangelhaft festgestellt worden sind. Besteht der Mangel darin, dass die Vorinstanz die 14

34 Vgl. die Nachweise bei BSG 31.7.2017 – B 1 KR 47/16 B, SozR 4-1500 § 160 Nr. 30 Rn. 8.
35 Vgl. HessLSG 28.1.2020 – L 3 U 161/17 ZVW, juris.
36 BT-Drs. 16/7716, 27.
37 BSG 10.6.1975 – 9 RV 390/74, E 40, 53 = SozR 1500 § 33 Nr. 1.

Amtsermittlungspflicht (§ 103) verletzt hat oder die Grenzen tatrichterlicher Beweiswürdigung überschritten sind (§ 128), hat das BSG die angefochtene Entscheidung aufzuheben und zur weiteren Verhandlung und Entscheidung an das LSG zurückzuverweisen (§ 170 Abs. 2 S. 2). Mängel der Sachaufklärung oder der Beweiswürdigung in der Tatsacheninstanz darf das BSG nicht selbst beheben.

15 **2. Sachurteilsvoraussetzungen.** Tatsachen hat das Revisionsgericht von Amts wegen zu ermitteln und zu berücksichtigen, soweit sie **Sachurteilsvoraussetzungen** oder sonstige im **öffentlichen Interesse** erlassene und deshalb von den Beteiligten unverzichtbare Verfahrensvorschriften (§ 202; § 295 Abs. 2 ZPO) betreffen.[38] Es handelt sich dabei um die von Amts wegen zu beachtenden Verfahrensregeln. Zu dieser Gruppe von Verfahrensmängeln gehört das Fehlen der allgemeinen Sachurteilsvoraussetzungen, zB der **Prozessfähigkeit** des Klägers und der Parteifähigkeit eines Beteiligten sowie das Fehlen der besonderen **Zugangsvoraussetzungen** des Klage- und Berufungsverfahrens.[39] Das BSG prüft deshalb zB die Prozessfähigkeit eines Beteiligten, bestellt ggf. einen besonderen Vertreter, lässt durch ihn unwirksame Prozesshandlungen des Prozessbevollmächtigten als vollmachtlosem Vertreter genehmigen[40] und stellt bei Zweifeln an der Zulässigkeit der Berufung (zB prozessuale Schriftform) Ermittlungen an.[41] Die Zulässigkeit des zu dem angerufenen Gericht beschrittenen **Rechtsweges** gehört seit Erlass des § 17 a GVG nicht mehr zu den in die Revisionsinstanz fortwirkenden Prozessvoraussetzungen.[42] Nach § 17 a Abs. 5 GVG prüft das Rechtsmittelgericht nicht, ob der beschrittene Rechtsweg zulässig ist und nach § 98 iVm den genannten Regelungen des GVG auch nicht, ob die sachliche und örtliche Zuständigkeit gegeben war. Auch eine Verletzung des Art. 101 GG enthält bei einem Verstoß gegen § 153 Abs. 3, 4 einen in die Revsionsinstanz fortwirkenden und von Amts wegen beachtenden Verfahrensverstoß.[43]

16 **3. Willenserklärungen, Verwaltungsakte und Prozesshandlungen.** Bei der Ermittlung des rechtlichen Sinngehalts von Willenserklärungen und Verwaltungsakten (Auslegung) überschneiden sich jeweils rechtliche und tatsächliche Aspekte. Beide Erklärungsformen beinhalten – einschließlich der Ermittlung des „natürlichen" inneren Willens – der **Wahrnehmung** zugängliche Elemente. Insofern obliegt es den Tatsachengerichten, zu ermitteln und verbindlich festzustellen (§ 163), was ggf. erklärt wurde. Grenze dieser Bindung sind zulässige und begründete Verfahrensrügen (§ 164 Abs. 2 Satz 2).[44] Dem gegenüber unterliegt die Einhaltung von gesetzlichen **Auslegungsregeln** (§§ 133, 157 BGB), der Denkgesetze, allgemeiner Erfahrungssätze und des Willkürverbots der Prüfung durch

38 BSG 8.12.1970 – 11 RA 169/70, SozR Nr. 12 zu § 163.
39 BSG 12.8.1990 – 8 RKn 14/88, E 67, 190 (191) = SozR 3-2200 § 1248.
40 BSG 29.6.1995 – 11 RAr 57/94, E 76, 178 (181) = SozR 3-4100 § 58 Nr. 7.
41 BSG 14.12.2000 – B 11/7 AL 30/99 R, E 87, 208 (211) = SozR 3-4100 § 23 Nr. 2; vgl. zum Ganzen auch Kummer NJW 1989, 1569 (1570 f.).
42 BSG 11.5.1999 – B 11 AL 45/98 R, E 84, 67 (68) = SozR 3-4300 § 36 Nr. 1; überholt: BSG 28.10.1966 – 2 RU 183/62, E 25, 235 (236).
43 BSG 8.11.2007 – B 9/9 a SB 3/06 R, E 99, 189 (192) = SozR 4-1500 § 155 Nr. 2 m. abl. Anm. Lüdtke SGb 2008, 682 (684); BSG 23.8.2007 – B 4 RS 2/06 R, SozR 4-1500 § 155 Nr. 1; abweichend: BSG 21.8.2008 – B 13 RJ 44/05 R, SozR 4-2600 § 96 Nr. 12; BSG 3.12.2009 – B 11 AL 38/08 R, SozR 4-1500 § 155 Nr. 4.
44 BSG 24.11.1976 – 1 RA 151/75, E 43, 37 (39) = SozR 2200 § 1265 Nr. 24 mwN; anders BSG 1.3.1979 – 6 Rka 3/78, E 48, 56 (58 f.) = SozR 2200 § 368 a Nr. 5.

das BSG (→ § 162 Rn. 6 ff.). Nach allgemeiner Auffassung ist schließlich die Auslegung von **Prozesserklärungen** durch das Revisionsgericht uneingeschränkt **nachprüfbar** und eigenständig vorzunehmen.[45]

4. Rechtstatsachen. Das BSG beschränkt seine Bindung an tatsächliche Feststellungen der Vorinstanz entgegen dem uneingeschränkten Wortlaut von § 163 auf die Feststellungen zum **individuellen Sachverhalt.** Tatsachen die den Einzelfall übergreifend für die Auslegung des revisiblen Rechts maßgeblich sind (**Rechtstatsachen;** → § 162 Rn. 4), sollen dagegen vom Revisionsgericht eigenständig zu ermitteln und festzustellen sein.[46] Das dient dem Zweck der Revision, „die Einheit des Rechts zu wahren und eine einheitliche Rechtsprechung zu gewährleisten".[47] In der Regel wird es sich dabei um **generelle Tatsachen** handeln (→ Rn. 10). 17

5. Allgemeine Erfahrungssätze. Aus dem zu → Rn. 7 genannten Grund verfährt das BSG bei allgemeinen und speziellen Erfahrungssätzen unterschiedlich. **Allgemeine Erfahrungssätze** (→ § 162 Rn. 10) sind auch vom Revisionsgericht zu ermitteln und festzustellen.[48] **Spezielle Erfahrungssätze** sind dagegen vom Tatsachengericht festzustellen und binden das BSG, sofern nicht nach § 164 Abs. 2 Satz 2 Verfahrensmängel in der Revisionsbegründung bezeichnet sind. In der Frage der Ursächlichkeit von Belastungen bestimmter Berufsgruppen für das Entstehen bestimmter Erkrankungen (Straßenbauarbeiter – Bronchialkarzinom) ist eine Frage nach dem Stand der medizinischen Wissenschaft und damit nach einer generellen Tatsache oder Rechtstatsache enthalten, der auch vom Revisionsgericht nachzugehen ist.[49] 18

6. Generelle Tatsachen. Fragen tatsächlicher Art eröffnen nicht den Zugang zur Revisionsinstanz über die Geltendmachung der grundsätzlichen Bedeutung, und zwar selbst dann nicht, wenn dabei Erfahrungssätze allgemeiner Art (wie hier der Lebenserfahrung) betroffen sind.[50] Eine Befugnis des Revisionsgerichts zu eigenen Ermittlungen und Feststellungen nimmt die Rechtsprechung nur für ge- 19

---

45 BSG 27.9.1994 – 10 RAR 1/93, E 75, 92 (95) = SozR 3-4100 § 141 b Nr. 10 dabei wird bei doppelfunktionellen Prozesshandlungen (zB Prozessvergleichen) hinsichtlich der Prozesshandlung und der rechtsgeschäftlichen Vereinbarung differenziert.

46 BSG 10.12.1987 – 9 a RVs 11/87, E 62, 273 (277) = SozR 3870 § 60 Nr. 2 „tatsächliche Gehgewohnheiten der Bevölkerung"; BSG 25.10.1994 – 3/1 RK 57/93, SozR 3-2500 § 34 Nr. 4 S. 19 „durchschnittliche Kosten für Hörbatterien". BSG 23.4.2015 – B 2 U 10/14 R, BSGE 118, 255 ff., „die einzelnen Tatbestandsmerkmale der jeweiligen BK unterfütternde allgemeine (generelle) Tatsachen".

47 Fichte in Breitkreuz/Fichte § 163 Rn. 7.

48 BSG 17.12.1975 – 2 U 35/75, E 41, 99 (102) „allgemeine medizinische Erfahrungswerte über die MdE"; BSG 23.4.2015 – B 2 U 10/14 R, BSGE 118, 255 ff., „aktueller wissenschaftlicher Erkenntnisstand zu Verursachungszusammenhängen"; vgl. auch Frehse in Jansen § 163 Rn. 7.

49 BSG 16.6.1999 – B 1 KR 4/98 R, E 84, 90 (94, 97) = SozR 3-2500 § 18 Nr. 4 Behandlungsmöglichkeiten einer Krankheit; BSG 27.6.2006 – B 2 U 20/04 R, E 96, 291 (296) = SozR 4-2700 § 9 Nr. 7; BSG 27.6.2006 – B 2 U 5/05 R, E 96, 297 (301) = SozR 4-5671 § 6 Nr. 2; Leitherer in Meyer/Ladewig/Leitherer, § 163 Rn. 7; Fichte in Breitkreuz/Fichte § 163 Rn. 7; unklar Krasney/Udsching, IX Rn. 286 aE einerseits und IX Rn. 310 andererseits.

50 BSG 2.4.2015 – B 13 R 361/14 B, juris; BSGBeschl. v. 12.2.2014 – B 1 KR 30/13 B, juris Rn. 6, BSG 27.6.2018 – B 13 R 273/16 B, juris Rn. 30, BSG, 12.02.2014 – B 1 KR 30/13 B, juris.

nerelle Tatsachen mit normativer Qualität an (→ § 162 Rn. 4).[51] Dabei wird das Verhältnis zu Rechtstatsachen und Erfahrungssätzen nicht immer deutlich.[52] Soweit allgemeine Tatsachen nicht die Qualität und Funktion von Rechtsnormen erreichen, wie es zB für allgemeine Erfahrungssätze angenommen wird, sind sie weiterhin als „Tatsachen" zu qualifizieren.[53] In methodischer Hinsicht macht Friedrich Müller darauf aufmerksam, bei im Einzelfall ergiebigen und entscheidungserheblichen Normbereichsanalysen (→ § 1 Rn. 15), lasse sich die strikte Trennung von Tat und Rechtsfrage nicht mehr durchhalten. Werden Ermittlungen genereller Tatsachen zur Bildung des richterlichen Obersatzes für erforderlich gehalten, so gehöre die Bildung des Normbereichs als Strukturbestandteil der Rechtsnorm in Wahrheit zur Rechtsfrage und sei damit revisibel.[54] Trotz der angedeuteten Ansätze in der Rechtsprechung und verdienstvollen Einzeluntersuchungen[55] fehlt es an einer Untersuchung, die sich in der gebotenen Breite sozialrechtlicher Begriffsbildung und Methodik sowie der sich daraus ergebenden Folgerungen für den Umfang der Rechtskontrolle durch das BSG stellt.

20 **7. Bundesrecht, ausländisches Recht, Gemeinschaftsrecht, Völkerrecht.** Die Normen des Bundesrechts, die allgemeinen Regeln des Völkerrechts (Art. 25 GG) und des Recht der EU sind ihrerseits **revisibles Recht** und werfen daher keine Tatsachenfragen auf (→ § 162 Rn. 11). Dasselbe gilt für die von § 162 erfassten sonstigen überregionalen Normen (→ § 162 Rn. 12 f.). Sätze des ausländischen Rechts sind für das deutsche Recht kraft tatbestandlicher Bezugnahme oder Verweisung in Kollisionsnormen des inter- und supranationalen Rechts zwar Rechtssätze, sind aber dennoch grundsätzlich nicht revisibel. Feststellungen hierzu binden grundsätzlich kraft der spezialgesetzlichen Anordnung in § 202 SGG, § 560 ZPO (→ § 162 Rn. 12 b ff.).

21 **8. Vermeiden von Wiederaufnahmegründen.** Die Rechtsprechung lässt die **Berücksichtigung „neuer" Tatsachen** als Ausdruck „einer vernünftigen Prozessökonomie" auch dann zu, wenn andernfalls ein Wiederaufnahmegrund für das schwebende Verfahren bestünde.[56] Dabei ist aber darauf zu achten, dass die Möglichkeit der Manipulation, zB Beweis mit einer Urkunde anstelle anderer, keinen Restitutionsgrund abgebender Beweismittel, ausscheidet. Bei einer „Sachlage, die für eine diesen Namen noch verdienende Beweiswürdigung keinen Raum lässt", hält das BSG eine abschließende Entscheidung aus Gründen der Prozesswirtschaftlichkeit für geboten.[57]

22 **9. Sonstige dringende Bedürfnisse der Prozessökonomie.** Eine Befugnis des Revisionsgerichts zu eigenen tatsächlichen Feststellungen aus dringenden Gründen eines – nirgends ausgestalteten und erst recht nicht mit Verfassungsrang ausgestatteten – Grundsatzes der **Prozessökonomie** erscheint bedenklich, zumal der Rückgriff auf die **Akten und Beiakten** („… in dem angefochtenen Urteil getrof-

---

51 BSG 11.6.1974 – 9 RV 122/73, E 37, 282 (283); BSG 16.6.1999 – B 1 KR 4/98 R, E 84, 90 (97) = SozR 3-2500 § 18 Nr. 4.

52 Vgl. auch: BSG 10.12.1987 – 9 a RVs 11/87, E 62, 273 (277) = SozR 3870 § 60 Nr. 2; BSG 25.10.1994 – 3/1 RK 57/95, SozR 3-2500 § 34 Nr. 4.

53 Vgl BSG 7.10.2005 – B 1 KR 107/04 B, SozR 4-1500 § 160 a Nr. 9; BSG 12.2.2014 – B 1 KR 30/13 B, juris.

54 Friedrich Müller, Strukturierende Rechtslehre, S. 400 f.

55 Rauscher SGb 1986, 45 ff.; Eicher SGb 1986, 501 ff.; Dreher in v. Wulffen/Krasney, FS 50 Jahre BSG, 2004, S. 791 ff.

56 BSG 20.12.1962 – 3 RJ 85/55, E 18, 186 (187) = SozR Nr. 6 zu § 179 SGG.

57 BSG 20.12.1962 – 3 RJ 85/55, E 18, 186 (189) = SozR Nr. 6 zu § 179 SGG.

fenen tatsächlichen Feststellungen …") grundsätzlich ausgeschlossen wird.[58] Nur in sich **widersprüchliche Tatsachenfeststellungen**, nicht ohne Weiteres solche die im behaupteten Widerspruch zu externen Umständen stehen, binden das BSG von vorne herein nicht. Steht eine tatsächliche Feststellung mit dem Akteninhalt in Widerspruch und sind die Akten Gegenstand der mündlichen Verhandlung gewesen und im Urteil verwendet worden, so bindet die **„aktenwidrige" Feststellung** allenfalls nicht, wenn auf Rüge (!) zu prüfen ist, ob das Tatsachengericht das Gesamtergebnis des Verfahrens (§ 128 Abs. 1 Satz 1) gewürdigt hat.

10. Ausschluss von Tatsachenfeststellungen. Soweit das BSG als Revisionsgericht Tatsachen festzustellen hat, gelten nach § 165 die am 1.4.2008 in Kraft getretenen die Vorschriften zur Präklusion (§§ 106 a, 157 a idF des Gesetzes zur Änderung des SGG und ArbGG vom 26.3.2008 – BGBl. 2008 I 444) auch für das Revisionsverfahren.[59] 23

§ 164 [Einlegung, Frist, Begründung]

(1) [1]Die Revision ist bei dem Bundessozialgericht innerhalb eines Monats nach Zustellung des Urteils oder des Beschlusses über die Zulassung der Revision (§ 160 a Absatz 4 Satz 1 oder § 161 Abs. 3 Satz 2) schriftlich einzulegen. [2]Die Revision muß das angefochtene Urteil angeben; eine Ausfertigung oder beglaubigte Abschrift des angefochtenen Urteils soll beigefügt werden, sofern dies nicht schon nach § 160 a Abs. 1 Satz 3 geschehen ist. [3]Satz 2 zweiter Halbsatz gilt nicht, soweit nach § 65 a elektronische Dokumente übermittelt werden.

(2) [1]Die Revision ist innerhalb von zwei Monaten nach Zustellung des Urteils oder des Beschlusses über die Zulassung der Revision zu begründen. [2]Die Begründungsfrist kann auf einen vor ihrem Ablauf gestellten Antrag von dem Vorsitzenden verlängert werden. [3]Die Begründung muß einen bestimmten Antrag enthalten, die verletzte Rechtsnorm und, soweit Verfahrensmängel gerügt werden, die Tatsachen bezeichnen, die den Mangel ergeben.

I. Allgemeines

1. Rechtsentwicklung. Die Fassung beruht auf dem ÄndG vom 30.7.1974 (BGBl. 1974 I 1625). Seitdem gehört ein bestimmter Antrag nicht mehr in die Revisionsschrift, sondern ist nach Abs. 2 S. 3 Teil der Begründung. Abs. 1 Satz 3 1

58 BSG 1.10.1964 – 11/1 RA 246/61, SozR Nr. 9 zu § 163.
59 BT-Drs. 16/7716, 27.

hat das Justizkommunikationsgesetz (JKomG) vom 22.3.2005 (BGBl. 2005 I 837) eingefügt. Die Verweisung auf § 160 a Abs. 4 Satz 1 beruht ohne Änderung in der Sache auf Art. 8 a des 4. ÄndG SGB IV vom 22.12.2011 (BGBl. 2011 I 3057).

2 **2. Normzweck.** Die Vorschrift enthält **zwingende Formvorschriften** für die Revision, was wegen des Vertretungszwangs (§ 166) vertretbar ist. Sie dienen der Rechtmittelklarheit. Der 2. Halbsatz des Satzes 2 über die Beifügung einer Ausfertigung oder beglaubigten Abschrift ist eine Sollvorschrift, deren Verletzung die Wirksamkeit der Prozesshandlung nicht beeinträchtigt (→ § 145 Rn. 19). Satz 3 idF des JKomG (→ Rn. 1) stellt klar, dass sich die Beifügung einer Ausfertigung oder beglaubigten Abschrift bei elektronischer Übermittlung von Dokumenten erübrigt.

3 **3. Vergleichbare Vorschriften. Entsprechende Vorschriften** finden sich in § 139 VwGO; § 120 FGO und §§ 548–551 ZPO idF des ZPO-Reformgesetzes vom 27.7.2001 (BGBl. 2001 I 1939). Auch nach § 551 Abs. 2 S. 2 und 3 ZPO ist die Begründungsfrist nunmehr eine selbstständige, von der Einlegung der Revision unabhängige Frist, die grundsätzlich mit der Zustellung des Urteils beginnt. Entgegen der früheren Rechtsprechung, der zufolge die Wiedereinsetzung in die Einlegungsfrist eine Begründungsfrist von einem Monat auslöst, die mit der Zustellung des Wiedereinsetzungsbeschlusses beginnt,[1] geht das BSG in Fällen, in denen vor Revisionseinlegung Prozesskostenhilfe beantragt wurde, mittlerweile davon aus, dass mit der Zustellung des Beschlusses über die Bewilligung von Prozesskostenhilfe eine – verlängerbare – Begründungsfrist entsprechend § 164 Abs. 2 zu laufen beginnt. Ist dagegen nach zulässiger/fristgemäßer Einlegung der Revision nur die Begründungsfrist schuldlos versäumt worden, gilt ohne Weiteres § 67 Abs. 3.

II. Revisionseinlegung

4 **1. Prozesserklärung.** Die Revisionseinlegung ist eine **Prozesserklärung**, die der Auslegung durch das Revisionsgericht nach allgemeinen **Auslegungsgrundsätzen** für empfangsbedürftige Willenserklärungen des bürgerlichen Rechts (§§ 133, 157 BGB) unterliegt.[2] Der Revisionsschrift muss zu entnehmen sein, dass der Einlegende von dem Rechtsmittel der Revision Gebrauch machen will. Die Rechtsprechung lässt nur geringen Auslegungsspielraum, weil sie wegen des Vertretungszwangs (§ 166) die **Umdeutung** in eine Nichtzulassungsbeschwerde und umgekehrt selbst dann für unzulässig hält, wenn das Rechtmittel nicht zugelassen oder die Rechtsmittelbelehrung der Vorinstanz unzutreffend ist.[3] Die Einlegungsschrift hat zu individualisieren, gegen welche Entscheidung Revision eingelegt wird und wer die **Beteiligten** des Revisionsverfahrens sind.[4] Nach dem Grundgedanken des § 164 Abs. 1 Satz 2 ist diesem gesetzlichen Erfordernis nur dann genügt, wenn bei der Einlegung des Rechtsmittels aus der Rechtsmittelschrift und sonstigen beigefügten oder während der Rechtsmittelfrist eingereich-

1 BSG 20.10.1997 – 1 BA 55/77, SozR 1500 § 164 Nr. 9.
2 BVerwG 12.12.2001 – 8 C 17.01, DVBl. 2002, 1043.
3 BSG 19.11.1996 – 1 RK 18/95, SozR 3-1500 § 158 Nr. 1; BSG 3.12.1997 – 8 RKn 17/97; BSG 11.5.1999 – B 11/10 AL 1/98 R, beide unveröffentlicht; Keller in Meyer-Ladewig/Keller/Leitherer/Schmidt, 13. Aufl. 2020, Vor § 143 Rn. 15 c.
4 BSG 19.3.1980 – 11 RA 30/79, E 50, 59 f. = SozR 2200 § 1265 Nr. 49; BSG 14.8.1986 – 2 RU 69/85, SozR 1500 § 164 Nr. 29 mwN.

ten Unterlagen ua sowohl der Rechtsmittelkläger als auch der Rechtsmittelbeklagte erkennbar ist. Dies dient sowohl den Interessen des Rechtsmittelgerichts als auch denen des Rechtsmittelgegners an einem geregelten und damit der Rechtssicherheit dienenden Verfahren. Das **angefochtene Urteil** muss daher für das Rechtsmittelgericht und den Rechtsmittelgegner eindeutig und sicher gekennzeichnet werden; für Vermutungen über die Person der Verfahrensbeteiligten darf beim Ablauf der Rechtsmittelfrist kein Raum mehr bleiben.[5] Genügt die Revisionsschrift diesen Anforderungen nicht, ist die Revision als unzulässig zu verwerfen (§ 169). Als Rechtsmittel ist die Revisionseinlegung **bedingungsfeindlich.**[6] Dies gilt auch für den Fall, dass Revision unter der Bedingung einer erfolgreichen Nichtzulassungsbeschwerde eingelegt wird. Die Nichtzulassungsbeschwerde hemmt die Rechtskraft des Urteils (§ 160 a Abs. 3) und die Frist für die Einlegung der Revision beginnt erst mit dem Tag nach der Zustellung des Zulassungsbeschlusses des BSG (§§ 160 a Abs. 1 S. 2, 64 Abs. 1 S. 1).[7] Wird nicht von der Möglichkeit eines isolierten Prozesskostenhilfegesuchs Gebrauch gemacht, ist die Revisionsbegründungsfrist ohne Rücksicht auf die Bewilligung der Prozesskostenhilfe einzuhalten und eine Begründungsschrift einzureichen.[8] Mit einem **isolierten Prozesskostenhilfegesuch** kann mit der Revisionseinlegung und -begründung bis zur Entscheidung über den Prozesskostenhilfeantrag gewartet werden, wenn innerhalb der Revisionseinlegungsfrist alles Erforderliche für die Bewilligung der Prozesskostenhilfe getan wird (→ § 160 a Rn. 9 und → Rn. 12).

2. Schriftform. Für die Einlegung der Revision gilt die **prozessuale Schriftform,** 5
soweit nicht elektronische Dokumente zugelassen sind und übermittelt werden, Abs. 1 Satz 3 iVm § 65 a ab 1.1.2020 idF von Art. 12 Nr. 1 des Gesetzes zur Regelung der Wertgrenze für die Nichtzulassungsbeschwerde in Zivilsachen, zum Ausbau der Spezialisierung bei den Gerichten sowie zur Änderung weiterer prozessrechtlicher Vorschriften vom 12.12.2019 (BGBl. I 2633). Die prozessuale Schriftform ist nicht mit derjenigen des § 126 BGB identisch; sie schließt nicht notwendig die handschriftliche Unterzeichnung ein. Maßgeblich ist vielmehr, welcher Grad an Formenstrenge nach den maßgeblichen verfahrensrechtlichen Vorschriften sinnvoll zu fordern ist.[9] Grundsätzlich soll die prozessuale Schriftform gewährleisten, dass der Inhalt der Erklärung und die Person, die sie abgibt, zuverlässig festzustellen sind und das Schriftstück mit Wissen und Wollen des Berechtigten für den Rechtsverkehr bestimmt ist.[10] Für das Revisionsverfahren bedeutet Schriftform grundsätzlich ein vom postulationsfähigen Vertreter (§ 73 Abs. 4) handschriftlich **unterschriebenes Schriftstück.** Von diesem Grundsatz hat die Rechtsprechung jedoch im Hinblick auf die gekennzeichnete Funktion des Schriftformerfordernisses, den Gemeinplatz, dass Verfahrensvorschriften nicht Selbstzweck seien, und die Entwicklung der Kommunikationstechnik weitgehen-

5 BSG 14.8.1986 – 2 RU 69/85, SozR 1500 § 164 Nr. 29.
6 BSG 3.7.1985 – 3 RK 13/84; BSG 30.11.1988 – 8 BKn 27/77, beide unveröffentlicht.
7 BSG 24.4.1975 – 2 RU 63/75, SozR 1500 § 160 Nr. 1 – st. Rspr.
8 BSG 23.1.1957 – 4 RJ 230/56, SozR Nr. 10 zu § 67 SGG; BSG 29.9.1993 – 11 RAr 39/93; BSG 5.8.2002 – B 11 AL 137/02 B, mwN, beide unveröffentlicht.
9 GmSOGB 30.4.1979 – 1/78, BGHZ 75, 340 ff. = SozR 1500 § 164 Nr. 14; GmSOGB 5.4.2000 – 1/98, BGHZ 144, 160 ff. = SozR 3-1750 § 130 Nr. 1.
10 GmSOGB 30.4.1979 – 1/78, BGHZ 75, 340 ff. = SozR 1500 § 164 Nr. 14; GmSOGB 5.4.2000 – 1/98, BGHZ 144, 160 ff. = SozR 3-1750 § 130 Nr. 1.

de **Ausnahmen** zugelassen:[11] Danach genügt der prozessualen Schriftform auch ein fernmündlich aufgegebenes Telegramm, ein Fernschreiben, Telefax und die elektronische Übertragung einer Textdatei mit eingescannter Unterschrift auf ein Faxgerät des Gerichts (Computer-Fax; PC-Modem). Insofern hat die flexible Rechtsprechung die Einhaltung rechtlicher Formerfordernisse stets insoweit hintangestellt, als dies gerade durch die Nutzung technischer Hilfsmittel bedingt war.[12]

Im Ergebnis war mit dieser Rechtsprechung an die Stelle Rechtssicherheit gewährleistender „Formenstrenge" eine „prozessuale Billigkeit"[13] getreten, die sich mit der Annahme begnügt, „in aller Regel (könne) nicht ernsthaft bezweifelt werden", dass ein solcher Schriftsatz dem Gericht zugehen solle.[14]

6 Eine **Wende** scheint sich mit der „Eröffnung" digitaler Übertragungswege anzudeuten. Bei elektronischer Übermittlung muss das **elektronische Dokument** an die Stelle der Unterschrift nach § 65 a Abs. 3 Satz 1 mit einer elektronischen Signatur der verantwortenden Person versehen sein oder von der verantwortenden Person signiert und auf einem sicheren Übertragungsweg eingereicht werden. Soweit Rechtsmittel dennoch mit **„einfacher E-Mail"** eingelegt werden, sind sie jedenfalls dann in „Schriftform" überführt und beachtlich, wenn dies – wie beim BSG – der üblichen Praxis entspricht.[15] Anders als die hier vertretene Auffassung geht allerdings die stRspr des BSG seit 12.10.2016 – B 4 AS 1/16 R[16] davon aus, dass Rechtsbehelfe beim BSG nicht per einfacher E-Mail wirksam eingelegt werden können. Eine einfache E-Mail erfüllt nicht die Voraussetzungen des § 65 a SGG für die wirksame Einlegung eines Rechtsmittels durch ein elektronisches Dokument. Eine an das BSG gerichtete Beschwerdeschrift bedarf vielmehr einer hierfür zugelassenen elektronischen Signatur. Vom Formerfordernis einer qualifizierten elektronischen Signatur sowie eines sicheren Übermittlungsweges kann auch dann nicht ausnahmsweise abgesehen werden, wenn sich aus der E-Mail oder begleitenden Umständen die Urheberschaft und der Wille, das elektronische Dokument in den Verkehr zu bringen, hinreichend sicher ergeben.[17]

7 **3. Revisionsfrist.** Die **Revisionsfrist von einem Monat** beginnt grundsätzlich mit Zustellung des vollständig abgefassten Urteils, sofern diesem eine zutreffende Rechtsmittelbelehrung beigefügt war (§ 66 Abs. 1). Ein Empfangsbekenntnis erbringt als öffentliche Urkunde vollen Beweis für den Zeitpunkt der Zustellung, der nicht durch Zeugenaussagen über eine spätere Kenntnisnahme zu erschüttern ist.[18] Bei fehlender oder unzutreffender Rechtsmittelbelehrung läuft nach § 66 Abs. 2 die Verschweigungsfrist von einem Jahr. Bei Zulassung der Sprungrevision durch Beschluss des Sozialgerichts oder der Zulassung der Revision durch das BSG beginnt die Revisionsfrist mit der Zustellung dieses Beschlusses

11 GmSOGB 5.4.2000 – 1/98, SozR 3-1750 § 130 Nr. 1 mwN.
12 S. zusammenfassend GmSOGB 5.4.2000 – GmS-OGB 1/98, BGHZ 144, 160 ff.
13 Dazu allgemein: Vollkommer, Formenstrenge und prozessuale Billigkeit, 1973.
14 GmSOGB 30.4.1979 – 1/78, BGHZ 75, 340 ff. = SozR 1500 § 164 Nr. 14; GmSOGB 5.4.2000 – 1/98, BGHZ 144, 160 ff. = SozR 3-1750 § 130 Nr. 1; vgl. auch BSG 22.4.1998 – B 9 SB 7/97 R, SozR 3-1500 § 161 Nr. 13; BSG 13.3.2001 – 3 KR 12/00 R, E 88, 1 (2 f.) = SozR 3-5425 § 1 Nr. 6.
15 S. näher Berchtold in Berchtold/Richter PHdB-SozS § 6 Rn. 72.
16 BSGE 122, 71 ff.
17 BSG 4.7.2018 – B 8 SO 44/18 B, juris, Rn. 3 ff.
18 BSG 16.11.2005 – B 2 Urt. 342/04 B, SozR 4-1500 § 164 Nr. 1.

(§§ 161 Abs. 1 S. 1, 160 a Abs. 4 S. 1). Für die Berechnung der Frist gilt § 64. Die Frist ist durch einen formgerechten Schriftsatz eines postulationsfähigen Prozessbevollmächtigten (§ 73 Abs. 4 SGG) beim BSG[19] oder nach Zulassung (§ 65 a Abs. 1) mit Übermittlung eines mit einer qualifizierten elektronischen Signatur versehenen elektronischen Dokuments zu wahren.[20] Der Eingang bei einer anderen Behörde oder einem anderen Gericht wahrt die Frist nicht. Allerdings kann ein Rechtsschutz Suchender, der sein Gesuch versehentlich an das falsche Gericht übersandt hat, erwarten, dass offenkundige Versehen in angemessener Zeit bemerkt und innerhalb eines ordnungsgemäßen Geschäftsgangs die notwendigen Maßnahmen getroffen werden, um ein drohendes Fristversäumnis zu vermeiden.[21] Ist das dennoch nicht geschehen, ist ggf. Wiedereinsetzung zu gewähren.

III. Revisionsbegründung – Abs. 2

1. Funktion der Begründung. Die **form- und fristgerechte Revisionsbegründung** ist eine weitere Zulässigkeitsvoraussetzung der Revision. Sie dient – ähnlich § 554 Abs. 3 Nr. 2 ZPO aF (heute: § 551 Abs. 3 Nr. 2 ZPO), dem sie funktionsgleich nachgebildet ist[22] – der **Entlastung des Revisionsgerichts**, dem unnötige – weil nicht gehörig durchdachte – Revisionen ebenso wie unnötiges Aktenstudium erspart werden soll.[23] Eine die Zulässigkeitsschwelle überwindende Revisionsbegründung muss daher entsprechend der gebotenen strengen Auslegung der Norm[24] aus sich heraus erkennen lassen, dass der Prozessbevollmächtigte das angefochtene Urteil sorgfältig nachgeprüft hat.[25] 8

Die Begründungsfrist beträgt **2 Monate** und beginnt unabhängig vom Ablauf der Einlegungsfrist selbstständig mit der Zustellung des angefochtenen Urteils des Zulassungsbeschlusses oder bei einem isolierten Antrag auf Prozesskostenhilfe mit der Zustellung des bewilligenden Beschlusses. Bei Zustellung im Ausland beträgt die Begründungsfrist 4 Monate.[26] Das folgt aus der Erweiterung der Einlegungsfrist bei Auslandszustellung auf 3 Monate (§§ 165, 153 Abs. 1, 87 Abs. 1 S. 2). Andernfalls liefe die Begründungsfrist schon vor Ablauf der Einlegungsfrist ab. 9

2. Fristverlängerung. a) Antrag. Die **Verlängerung** der Begründungsfrist ist – abweichend von § 160 a Abs. 2 S. 2 für die Nichtzulassungsbeschwerde – mehrfach möglich. Der Antrag ist eine Prozesshandlung, die der Schriftform und dem 10

19 BSG 9.2.1955 – 3 RJ 94/54, SozR Nr. 1 zu § 164 SGG.
20 Zur Wiedereinsetzung bei einem über das elektronische Gerichts- und Verwaltungspostfach mit einer seit 1.1.2018 unzulässig angebrachten Container-Signatur übermittelten Dokument BSG 9.5.2018 – B 12 KR 26/18 B, SozR 4-1500 § 65 a Nr. 4.
21 Vgl. BVerfG 20.6.1995 – 1 BvR 166/93, BVerfGE 93, 99 ff.; BSG 10.12.1974 – GS 2/73, BSGE 38, 248 ff. und 30.1.2002 – B 5 RJ 10/01 R, SozR 3-1500 § 67 Nr. 21 S. 61.
22 BSG 30.6.1964 – 3 RK 38/60, SGG SozR Nr. 53 zu § 164 und 24.9.1957 – 2 RU 70/54, SozR Nr. 27 zu § 164.
23 RT-Drs. 1903/1905 Nr. 782 S. 81.
24 RG 26.11.1929 – VII 256, RGZ 126, 245 (249) und 16.6.1921 – VI 84/21, RGZ 102, 280 (281 f.).
25 RG 27.5.1927 – III 390/26, RGZ 117, 168 (170) und 6.11.1928 – VII 514/28, RGZ 123, 38; BSG 30.6.1964 – 3 RK 38/60, SGG SozR Nr. 53 zu § 164 und 24.9.1957 – 2 RU 70/54, SozR Nr. 27 zu § 164.
26 BSG 4.6.1975 – 11 BA 4/75, SozR 1500 § 160 a Nr. 4; Meyer-Ladewig/Keller/Leitherer/Schmidt § 164 Rn. 7 a; überholt: BSG 25.2.1963 – 9 RV 1214/61, SozR Nr. 51 zu § 164.

Vertretungszwang (§ 166) unterliegt.[27] Der Antrag muss vor Ablauf der Begründungsfrist beim BSG eingegangen sein; die Entscheidung über die Verlängerung kann nachträglich ergehen.

11 b) **Begründung.** Eine **Begründung** des Verlängerungsantrages verlangt das Gesetz nicht ausdrücklich. Sie ist aber geboten, weil der Vorsitzende nach pflichtgemäßem Ermessen zu entscheiden und dabei die Belange des Gegners an einer Prozessbeschleunigung zu berücksichtigen hat. Beim ersten Verlängerungsantrag kann der Prozessbevollmächtigte regelmäßig erwarten, dass seinem Antrag entsprochen wird, falls er einen Grund vorgetragen hat.[28] Er braucht mit einer hiervon abweichenden rechtswidrigen Verfahrenspraxis nicht zu rechnen.[29] Es besteht auch keine Pflicht des Prozessbevollmächtigten, sich spätestens am letzten Tage der Begründungsfrist zu erkundigen, ob diese Frist verlängert werde.[30] Wird die Fristverlängerung dennoch verweigert, beginnt mit diesem Zeitpunkt die Wiedereinsetzungsfrist.[31] Allerdings wird auch im sozialgerichtlichen Verfahren der Prozessbevollmächtigte nicht unter allen Umständen damit rechnen dürfen, dass ihm stets auch der beantragte Zeitraum zugestanden wird. Für weitere Anträge kommt es darauf an, ob der Prozessbevollmächtigte nach den Gegebenheiten des Einzelfalls eine weitere Verlängerung mit hinreichender Wahrscheinlichkeit erwarten durfte.[32]

12 c) **Entscheidung.** Die Verlängerung der Begründungsfrist ergeht durch **prozessleitende Verfügung** des Vorsitzenden, die keiner Zustellung, jedoch – weil sich hierdurch die Frist zur Einlegung der Anschlussrevision erweitert (§ 202 SGG iVm § 556 Abs. 1 ZPO) – der Bekanntgabe[33] und keiner Begründung bedarf. Ihre Wirkung ergibt sich aus § 65 und ist begrenzt für denjenigen Beteiligten, der Fristverlängerung beantragt hat.[34] Die **Ablehnung** des Verlängerungsantrags sollte wegen ihrer Folgen für den Rechtsschutz kurz begründet werden, weil das rechtliche Gehör des Betroffenen berührt ist.

13 **3. Prozesskostenhilfegesuch.** Ist die Revision vorbehaltlos zusammen mit einem **Prozesskostenhilfegesuch** eingelegt, so ist sie ohne Rücksicht auf die Bewilligung der Prozesskostenhilfe fristgerecht zu begründen.[35] Das lässt sich durch ein isoliertes Prozesskostenhilfegesuch vermeiden, zumal auch die Ablehnung der Prozesskostenhilfe wegen mangelnder Erfolgsaussicht die Wiedereinsetzung in die Einlegungsfrist begründet, sofern sich der Antragsteller für bedürftig halten durfte.[36]

14 **4. Bestimmter Antrag. a) Allgemeines.** Der **Antrag** ist nach Abs. 2 S. 3 idF des ÄndG vom 30.7.1974 (BGBl. 1974 I 1625) abweichend vom früheren Recht nicht mehr in der Einlegungsschrift zu stellen. Es ist jedoch unschädlich, wenn

27 BSG 18.6.1956 – 8 RV 183/54, SozR Nr. 10 zu § 166.
28 BVerfG 28.2.1989 – 1 BvR 649/88, E 79, 372.
29 BGH 24.10.1996 – VII ZB 25/96, NJW 1997, 400.
30 BVerfG 28.2.1989 – 1 BvR 649/88, E 79, 372.
31 BGH 24.10.1996 – VII ZB 25/96, NJW 1997, 400.
32 Vgl. BGH 4.3.2004 – IX ZB 121/0, BB 2004, 854.
33 BSG 16.12.1970 – 2 RU 239/68, BSGE 32, 169 ff. mwN; anders BFH 12.4.1991 – III R 203/90, BFHE 164, 182 ff.
34 BSG 16.12.1970 – 2 RU 239/68, SozR Nr. 56 zu § 164 SGG.
35 BSG 23.1.1957 – 4 RJ 230/56, SozR Nr. 10 zu § 67 SGG; BSG 29.9.1993 – 11 RAr 39/93, unveröffentlicht mit Hinweis auf RGZ 145, 228 f.; BGHZ 7, 280 (283) = NJW 1953, 503.
36 BSG 10.5.1978 – 7 BAr 18/78, SozR 1500 § 67 Nr. 13.

der Antrag bereits dort enthalten ist.[37] Das Merkmal „bestimmter Antrag“ ist weit auszulegen und erfordert nicht stets die hervorgehobene Formulierung den begehrten Urteilstenor antizipierender Sätze.[38] Es genügt, wenn das Vorbringen innerhalb der Begründungsfrist das prozessuale **Ziel der Revision** erkennen lässt.[39] Allgemeine Rechtsausführungen der Revisionsbegründung genügen jedoch dem Erfordernis, einen bestimmten Antrag zu stellen, nicht.[40] Nur soweit das Revisionsvorbringen diesen formalen Anforderungen überhaupt genügt, die Revision also zulässig begründet ist, bleibt auch im Revisionsverfahren Raum, darauf hinzuwirken, dass unklare Anträge erläutert und sachdienliche Anträge gestellt werden (§ 106 Abs. 1). Andernfalls würde das Revisionsgericht – zudem zulasten der anderen Beteiligten – den Weg in das Verfahren selbst eröffnen und die Einhaltung von Zulässigkeitsvoraussetzungen gewährleisten, die gerade dem rechtskundigen Bevollmächtigten zugewiesen ist.

b) **Praktische Durchführung.** Bei Rechtsmitteln ist allgemein zwischen dem **Kassatorium** – der Beseitigung oder Änderung der angefochtenen Entscheidung – und dem **Reformatorium** – dem angestrebten Verfahrensziel zu unterscheiden. Aus sachlichen und sprachlichen Gründen empfiehlt es sich, beides im Antrag auseinander zu halten. Zur Bestimmtheit des Antrags sollte die Wortwahl klarstellen, ob das angefochtene Urteil beseitigt („aufgehoben“) oder nur (teilweise) geändert werden soll. Für das Reformatorium stellt der Sachantrag der Vorinstanz eine Grenze im Rahmen des § 99 Abs. 3 dar. **Klageänderungen** sind im Revisionsrechtszug entsprechend dessen auf die Rechtskontrolle beschränkter Funktion unzulässig (§ 168 Satz 1). Überflüssig sind Anträge, auf Vorlage an den EuGH oder das BVerfG ebenso wie Kostenanträge und Anträge, nach § 170 Abs. 2 Satz 2 zu erkennen. Diese Entscheidungen trifft das BSG von Amts wegen. 15

Formulierungsvorschläge:

1. Reine Anfechtungsklage (§ 54 Abs. 1)

a) Revisionsantrag des Klägers,

▶ die Urteile des Landessozialgerichts Niedersachsen/Bremen vom 15. Februar 2016 und des Sozialgerichts Hannover vom 8. Oktober 2015 sowie den/die Verwaltungsakt(e) der Beklagten vom 6. Januar 2015 Gestalt des Widerspruchsbescheids vom 6. Mai 2015 aufzuheben. ◀

b) bei Erfolg im ersten Rechtszug,

▶ das Urteil des Landessozialgerichts Niedersachsen/Bremen vom 15. Februar 2016 aufzuheben und die Berufung der Beklagten gegen das Urteil des Sozialgerichts Hannover vom 8. Oktober 2015 abzuweisen. ◀

Bei **Teilanfechtungen** empfiehlt sich die Formulierung *zu ändern* oder *teilweise aufzuheben*. Außerdem ist der Umfang zu bezeichnen, in dem das angefochtene Urteil geändert werden soll. Dies kann je nach Sachlage zB durch personelle, sachliche oder zeitliche Merkmale geschehen, nämlich:

▶ soweit eine Versicherungs- und Betragspflicht der Mitarbeiter Jensen und Baltruweit festgestellt wird ◀

37 BSG 24.10.1975 – 5 RJ 84/75, SozR 1500 § 164 Nr. 2.
38 BSG 15.12.1976 – 10 RV 223/75, SozR 1500 § 164 Nr. 6.
39 BSG 26.4.1977 – 8 RU 14/77, SozR 1500 § 164 Nr. 8; BSG 2.9.1977 – 12 RK 10/76, SozR 1500 § 164 Nr. 10; BSG 26.9.1996 – 2 RU 14/96, SozR 3-1500 § 164 Nr. 9.
40 BSG 15.12.1976 – 10 RV 223/75, SozR 1500 § 164 Nr. 6.

oder

▶ soweit die Beklagte Beitragsnachzahlungen von mehr als 4.000 Euro oder Beitragszahlung für die Zeit ab/von ... bis verlangt ◀

oder

▶ soweit die Beklagte die Bewilligung der Verletztenrente für die Zeit vom 1. April bis 31. Dezember 2016 aufgehoben hat. ◀

c) bei Erfolg im ersten Rechtszug,

▶ das Urteil des Landessozialgerichts Niedersachsen/Bremen vom 15. Februar 2016 aufzuheben und die Berufung des Klägers gegen das Urteil des Sozialgerichts Hannover vom 8. Oktober 2015 zurückzuweisen. ◀

2. Kombinierte Anfechtungs- und Leistungs-(Verpflichtungs-)klage (§ 54 Abs. 1 und Abs. 4)

a) Revisionsantrag des Klägers,

▶ 1. die Urteile des Landessozialgerichts Niedersachsen/Bremen vom 15. Februar 2016 und des Sozialgerichts Hannover vom 8. Oktober April 2015 sowie den/die Verwaltungsakte der Beklagten vom 6. Januar 2015 in der Gestalt des Widerspruchsbescheids vom 6. Mai 2015 aufzuheben.

2. die Beklagte dem Grunde nach zu verurteilen, dem Kläger Rente wegen voller, hilfsweise wegen teilweiser Erwerbsminderung ab 1. Mai 2016 zu zahlen. ◀

Die Fassung berücksichtigt eine Besonderheit des sozialgerichtlichen Verfahrens, das in § 130 Abs. 1 Satz 1 ein Grundurteil ohne Nach-(Betrags-)verfahren vorsieht. Der Zahlbetrag ergibt sich aus dem Ausführungsbescheid der Beklagten, der wegen der Höhe des Zahlbetrags und der Berechnungsfaktoren eigenständig anfechtbar ist.

Bei **Verpflichtungsklagen** entfällt der Passus „dem Grund nach". Die Verurteilung der Beklagten ist auf die Regelung iS des § 35 Abs. 1 VwVfG gerichtet, die in dem beantragten, aber abgelehnten Verwaltungsakt von der Beklagten verlangt wird,

▶ die Beklagte zu verpflichten, den Kläger ab 1. Mai 2016 von der Versicherungspflicht in der gesetzlichen Kranken- und Rentenversicherung zu befreien. ◀

b) Für den Antrag der Beklagten gilt das zu 1. b) Gesagte.

▶ Bei Erfolg des Revisionsklägers, Kläger oder Beklagte im ersten Rechtszug, ergeben sich gegenüber 1. keine Änderungen. ◀

16 **5. Begründungserfordernisse.** Die **Revisionsbegründung** muss ferner die **verletzte Rechtsnorm** bezeichnen. Dies bedeutet nach der Rechtsprechung aller obersten Gerichtshöfe des Bundes, dass die Revisionsbegründung aus sich heraus[41] die Durcharbeitung, Sichtung und Gliederung des Streitstoffs in tatsächlicher und rechtlicher Sicht erkennen lässt.[42] Dazu genügt es zunächst, dass die **Vorschrift** inhaltlich deutlich umschrieben wird; die Paragrafenziffer ist entbehrlich und die unrichtige Anführung einer Gesetzesvorschrift unschädlich.[43] Die Begründungpflicht hat die **Funktion,** den Prozessbevollmächtigten zu veranlassen, die Rechtslage genau zu durchdenken und von aussichtslosen Revisionen abzu-

41 BSG 30.6.1964 – 3 RK 68/60, SozR 53 zu § 164; 17.1.1958 – 11/9 RV 1126/55, E 7, 269 (270), 24.9.1957 – 2 RU 70/54, SozR Nr. 27 zu § 164 SGG.

42 Vgl. BVerwG 2.4.1982 – 5 C 3/81, Buchholz 310 § 139 VwGO Nr. 61 = juris Rn. 3.

43 BSG 24.9.1957 – 2 RU 70/54, SozR Nr. 27 zu § 164 SGG.

sehen sowie die Vorbereitung einer gerichtlichen Entscheidung zu erleichtern.[44] Aus diesem Grund ist es in Verbindung mit dem Vertretungszwang (§ 166) unerlässlich, dass der Prozessbevollmächtigte selbst (!) den Rechtsstoff in rechtlicher und (auch bei Rügen des materiellen Rechts)[45] tatsächlicher Hinsicht sichtet, durcharbeitet, gliedert, darstellt[46] und innerhalb der Begründungsfrist ausführt, aus welchen rechtlichen Erwägungen die Entscheidung angefochten wird.[47] Die Revisionsbegründung muss deshalb **Rechtsausführungen** enthalten, die tragende Gründe des angefochtenen Urteils in Frage stellen.[48] Sie muss einen **Argumentationsweg,** der zu einem anderen **Ergebnis** als der angefochtenen Entscheidung führt, wenigstens andeuten.[49] Dies kann allein auf der Basis des vom LSG rechtlich abschließend und unvertretbar auf der Grundlage der allein ihm vorbehaltenen Überzeugung (§ 128 Abs. 1 S. 1) – grundsätzlich auch für das BSG verbindlich (§ 163) – festgestellten Sachverhalts geschehen.[50] Die Begründung darf an dieser Basis des gerügten Subsumptionsschlusses – ohne dass insofern abstrakte Obersätze formuliert werden könnten und im Einzelfall in Abhängigkeit von der Deutlichkeit der Sachverhaltsfeststellung im angefochtenen Urteil – im Ergebnis keinen Zweifel lassen und muss grundsätzlich von (eigenem) tatsächlichen Vorbringen frei sein.[51]

Die pauschale Rüge der Verletzung sachlichen Rechts genügt den Anforderungen des Abs. 2 S. 3 nicht.[52] Diese Anforderungen an die Revisionsbegründung entsprechen der Verfassung.[53]

Der **Große Senat des BSG** weicht von diesem hergebrachten Besitzstand ab und 17
hat der Veröffentlichung seines Beschlusses vom 13.6.2018[54] folgenden **Leitsatz** vorangestellt: „1. Eine Revisionsbegründung genügt bei Sachrügen den gesetzlichen Anforderungen, wenn sie neben der Stellung eines bestimmten Antrages und der Bezeichnung der verletzten Rechtsnorm die Gründe aufzeigt, die nach Auffassung des Revisionsklägers auf Grund einer rechtlichen Auseinandersetzung mit den Gründen der angefochtenen Entscheidung diese als unrichtig erscheinen lassen. 2. Der Bezeichnung von Tatsachen bedarf es bei Sachrügen nur, soweit dies zum Verständnis der gerügten Rechtsverletzung unerlässlich ist." Der GS hat damit im unzutreffenden Verfahren (→ § 41 Rn. 6, 17 ff., 20 f.) eine Frage selbstwidersprüchlich beantwortet, die er selbst zunächst dem vorlegenden Senat ausdrücklich als „nicht in vollem Umfang entscheidungserheblich" entgegen gehalten hatte (→ § 41 Rn. 27).

---

44 BSG 24.9.1957 – 2 RU 70/54, SozR Nr. 27 zu § 164 SGG.
45 Ausdrücklich bereits RG 27.5.1927 – III 390/26, RGZ 117, 168 (170) und 6.11.1928 – VII 514/28, RGZ 123, 38, hieran ausdrücklich anknüpfend etwa BSG 13.12.1976 – 12 RK 46/76, SozR 1500 § 164 Nr. 5 S. 5 und 2.1.1979 – 11 RA 54/78, SozR 1500 § 164 Nr. 12.
46 BSG 6.10.1977 – 5 RKn 1/78, unveröffentlicht, bestätigt durch BVerfG 7.7.1980 – 2 BvR 310/80, juris.
47 BSG 24.9.1957 – 2 RU 70/54, SozR Nr. 27 zu § 164; BSG 26.9.1996 – 2 RU 14/96, SozR 3-1500 § 164 Nr. 9.
48 BSG 8.2.2000 – B 1 KR 18/99 R, SozR 3-1500 § 164 Nr. 11.
49 BSG 20.5.2003 – B 1 KR 25/01 R, SozR 4-1500 § 158 Nr. 1.
50 BSG 2.1.1979 – 11 RA 54/78, SozR 1500 § 164 Nr. 12, dem sich alle Senate des BSG angeschlossen haben.
51 Vgl. BSG 2.1.1979 – 11 RA 54/78, SozR 1500 § 164 Nr. 12.
52 BSG 24.9.1957 – 2 RU 70/94, SozR Nr. 27 zu § 164.
53 BVerfG 7.7.1980 – 2 BvR 310/80, SozR 1500 § 164 Nr. 17.
54 GS 1/17, SozR 4-1500 § 164 Nr. 9.

18 Auf der Grundlage des **Ausgangssachverhalts im Vorlageverfahren** hätte allenfalls darüber entschieden werden können, in welchem Umfang es bei der Sachrüge einer Bezeichnung von Tatsachen über das in der dortigen Revisionsbegründung tatsächlich eingehaltene Niveau hinaus bedürfen könnte. Davon, dass es einer derartigen Bezeichnung überhaupt bedarf, waren nach den eigenen Feststellungen des GS mit Ausnahme des vorlegenden 1. Senats alle Senate des BSG ausgegangen.[55] Inwiefern die behaupteten „Divergenzen" mit der Folge einer zu befürchtenden Willkür je nach zuständigem Senat[56] Ausdruck konkreter Anwendungsbezüge sein könnte, wird nicht wenigstens andeutungsweise erörtert.[57] Zuletzt hatte der 12. Senat nach **drei Anfrageverfahren beim 5. Senat**[58] im Urteil vom 31.3.2017[59] ausgeführt:

„...Nach Klarstellung des 5. Senats im Beschluss vom 6.10.2016 zu den Anforderungen an eine hinreichende Revisionsbegründung, die sich mit denen des erkennenden Senats decken und daher eine Vorlage an den Großen Senat des BSG nach § 41 SGG entbehrlich machen, geht auch der erkennende Senat von den nachfolgend genannten Anforderungen an die Darstellung des entscheidungserheblichen Sachverhalts aus:

(1) Wird mit der Revision die Verletzung materiellen Rechts gerügt, ist in der Revisionsbegründung auf den Gedankengang des Vordergerichts und damit zumindest kurz auf die Gründe der angegriffenen Entscheidung einzugehen und der vom Vordergericht festgestellte entscheidungserhebliche Lebenssachverhalt darzulegen.

(2) Aufwand und Intensität des Eingehens auf die tatrichterlichen Feststellungen richten sich nach deren eigener Qualität und sind am geringsten, wenn in den Gründen der angegriffenen Entscheidung die ihr zugrunde liegenden Tatsachen ausdrücklich mitgeteilt werden.

(3) Weicht das Vordergericht von dieser Idealform tatrichterlicher Feststellungen ab und trifft es Feststellungen lediglich auf den Gesamttext seiner Entscheidung verteilt und/oder nur mittelbar in der Weise, dass allenfalls aus seiner Rechtsanwendung deutlich wird, von welchem Sachverhalt es ausgegangen ist, muss die Revisionsbegründung als Ergebnis eigener geistiger Arbeit – und nicht von „copy and paste" – darlegen, welchen Umständen sie dem angefochtenen Urteil den mitgeteilten Sachverhalt entnimmt.

(4) Eine formgerechte Revisionsbegründung erfordert weder stets eine geschlossene Darstellung des Streitstoffes und der angegriffenen Entscheidung als Ganzes noch bedarf sie zwingend der wörtlichen Wiedergabe der vom Vordergericht festgestellten, rechtlich relevanten Tatumstände.

---

55 ZB BSG 24.3.2016 – B 12 R 5/15 R, SozR 4-1500 § 164 Nr. 5, Rn. 10; 29.6.2016 – B 12 KR 14/14 R, NZS 2016, 919 ff., juris Rn. 12 mwN; Die Beiträge Beilage 2017, 216 ff.

56 GS 1/17, SozR 4-1500 § 164 Nr. 9 Rn. 26.

57 Dementsprechend bleibt auch unerwähnt, dass sich die angeblich besonders strenge Auffassung des 5. Senats (GS juris Rn. 28) nach dessen Antwortbeschlüssen an den 12. Senat vom 6.10.2016 – B 5 SF 3/16 AR, NZS 2017, 349, juris Rn. 25 und 23.2.2017 – B 5 SF 5/16 AR, juris Rn. 26 ausdrücklich auf besondere Konstellationen beschränkt.

58 Anfragebeschluss v. 27.4.2016 – B 12 KR 16/14 R, Die Beiträge 2016, 348 ff., Antwortbeschluss BSG 6.10.2016 – B 5 SF 3/16 AR, NZS 2017, 340 ff.; Anfragebeschluss 27.4.2016 – B 12 KR 17/14 R, Antwortbeschluss BSG 6.10.2016 – B 5 SF 4/16 AR, juris; Anfragebeschluss 29.6.2016 – B12 KR 2/15 R, Die Beiträge Beilage 2017, 131 ff., Antwortbeschluss BSG 23.2.2017 – B 5 SF 5/16 AR, juris.

59 B 12 KR 16/14 R, BSGE 123, 40 ff., Rn. 18 ff.

(5) Angaben, an welcher genauen Stelle dem angegriffenen Urteil bestimmte Tatumstände zu entnehmen sind, bedarf es in Ausnahmefällen nur dann, wenn nicht ohne Weiteres erkennbar ist, welchen Lebenssachverhalt sich das Tatsachengericht als für seine Entscheidung maßgebend vorgestellt hat und dieser erst ermittelt werden muss, weil die Urteilsgründe einer entsprechenden Interpretation bedürfen...“[60]

Warum dennoch auf ein **Anfrageverfahren** zumindest bei diesen Senaten, von deren übereinstimmender Rechtsprechung anschließend – zumindest offen – nicht abgewichen wurde, verzichtet werden konnte, bleibt ebenfalls dunkel.

19 Das BSG überprüft in der Sache den **Subsumtionsschluss** des angegriffenen Urteils. Das ist rechtlich und logisch ohne Untersatz nicht möglich, wovon daher zu Recht auch die bisherige Rechtsprechung grundsätzlich ausgeht. Das BSG wäre andernfalls zur bloßen Begutachtung abstrakter Rechtsfragen berufen, was ausdrücklich auch der GS nicht in Abrede stellt. Soweit Gesetz (s. ausdrücklich bereits § 169 S. 1, 2) und Rechtsprechung auch nach Einführung der Zulassungsrevision neben der Statthaftigkeit (verfassungsrechtlich unbedenklich) ausdrücklich gleichwertig gesondert ausgestaltete Anforderungen an die Zulässigkeit stellen (§ 164 Abs. 2 S. 3), und über die bloße form- und fristgerechte Einlegung hinaus dem Rechtsmittelführer **Darlegungs- und Bezeichnungserfordernisse** auferlegen, ist dem ausdrücklichen **Gesetzesbefehl** generell und nicht nur „ausnahmsweise“ auch durch den gesetzesgebundenen Richter zu genügen. Erst die Gesamtheit dieser Voraussetzungen eröffnet kumulativ den Weg zur Sachentscheidung und macht die zuständigen Richter zu „gesetzlichen“ (Art. 101 Abs. 1 S. 2 GG) insofern, weswegen die Zulässigkeit auch nicht einfach dahingestellt bleiben darf.[61] Weder darf daher die Mehrheit gleichwertiger Prüfungsschritte mit der Behauptung reduziert werden, ein bereits durch die Erfüllung einer dieser Voraussetzungen erreichtes unselbstständiges Zwischenstadium dürfe durch weitere Anforderungen nicht „unterlaufen“[62] werden, noch ist auch der GS ungeachtet einer möglichen Veränderung der Situation nach Einführung derartiger Begründungspflichten ermächtigt, anstelle des Parlamentsgesetzgebers neues („zweckmäßigeres“) Recht zu setzen, noch kommt es erst recht auf die statistische Belastungssituation des BSG oder die individuelle Billigung der zwischen 5. und 12. Senat erzielten Einigung an. Da für den Rechtsmittelführer kaum vorherzusehen ist, wann die Bezeichnung von Tatsachen aus der Sicht des Revisionsgerichts zum Verständnis der gerügten Rechtsverletzung „unerlässlich“ ist, dürfte die gewählte Lösung schließlich ihrerseits gegenüber Art. 19 Abs. 4 GG keineswegs bedenkenfrei sein,[63] obwohl sie angeblichen Missständen insofern gerade abzuhelfen verspricht.

20 Die Entscheidung des GS wird das rechtspolitisch **wünschenswerte Ergebnis** einer vermehrten oberstgerichtlichen Prüfung nicht bewirken können, solange sich der Gesetzgeber nicht zu einer dringendst erforderlichen **Reform des Zulassungsrechts** durchringt. Auch in diesem Zusammenhang wird mit in den Blick

---

60 Unter ausdrücklichem Hinweis auf die erreichte Deckungsgleichheit der Auffassungen beider Senate ebenso BSG 23.5.2017 – B 12 KR 2/15 R, SozR 4-2500 § 252 Nr. 1 Rn. 12.

61 So aber BSG 29.6.2016 – B 12 R 5/14 R, USK 2016-48, juris Rn. 18 und 30.11.2016 – B 12 KR 22/14 R, SozR 4-2500 § 228 Nr. 1 Rn. 20.

62 Etwa BSG 13.6.2018 – GS 1/17, SozR 4-1500 § 164 Nr. 9 Rn. 39.

63 Vgl. exemplarisch etwa BVerfG 11.2.2009 – 1 BvR 3582/08, WM 2009, 893 ff.

zu nehmen sein, dass zum Schutz der Rechte derjenigen Prozessbeteiligten, die in der **Vorinstanz obsiegt** haben, „nicht regelmäßig" zu den Aufgaben eines Revisionsgerichts gehört, sich dasjenige herauszusuchen, was zur Begründung der Revision geeignet sein könnte.[64] Selbst die reduzierten Anforderungen an die Revisionsbegründung gewährleistet im Übrigen offenbar noch keineswegs zwingend, dass ihnen nunmehr ohne weiteres genügt werden könnte.[65]

21 a) **Begründung durch Prozessbevollmächtigten.** Das Begründungserfordernis und der Vertretungszwang (§ 166) verlangen eine **eigenständige Tätigkeit** des Prozessbevollmächtigten. Die bloße Vorlage eines von einem Anwalt unterzeichneten, sonst aber unveränderten Schriftsatzes des Beteiligten selbst genügt den Anforderungen des Abs. 2 S. 3 nicht, wenn der Anwalt den Prozessstoff nicht selbst durchdacht hat, aber für die Begründung angeblich die „volle Verantwortung" übernimmt.[66] Aus diesem Grunde ist Vorsicht gegenüber der **Bezugnahme** auf Schriftsätze geboten, die nicht von postulationsfähigen Personen oder in früheren Verfahrensabschnitten verfasst sind. Deshalb genügt die Vorlage von Ausarbeitungen des Beteiligten auch dann nicht, wenn der Prozessbevollmächtigte sich nicht von diesen distanziert, sondern sie sich pauschal zu eigen macht.[67] Durch Bezugnahme auf Schriftsätze, die vor der Zustellung des angefochtenen Urteils abgefasst sind[68] oder in einem anderen Verfahren mit anderen Beteiligten eingereicht wurden,[69] ist die Revision nicht formgerecht zu begründen. Die Bezugnahme auf die Begründung der Nichtzulassungsbeschwerde oder deren erneute Vorlage reicht zur Revisionsbegründung grundsätzlich nicht aus. Dies folgt schon aus dem unterschiedlichen Gegenstand von **Nichtzulassungsbeschwerde und Revision** (→ § 160 a Rn. 9). Unschädlich ist solch ein Vorgehen nur, wenn die Begründung der Nichtzulassungsbeschwerde Ausführungen enthält, die sich auch als Revisionsgrund darstellen (zB Verfahrensfehler) und eine erneute eigenständige Begründung im Wesentlichen eine Wiederholung von bereits Vorgetragenen enthalten müsste. Die Revisionsbegründung muss aber auch in solchen Fällen erkennen lassen, welche Revisionsgründe geltend gemacht werden und inwieweit die Entscheidung der Vorinstanz angefochten wird.[70] Bei der Bezugnahme ist zu beachten, dass zur Rüge von **Verfahrensmängeln** außer der verletzten Rechtsnorm auch die **Tatsachen** zu bezeichnen sind, die den Mangel ergeben.[71] Die Bezugnahme auf einen innerhalb der Begründungsfrist gestellten **Prozesskostenhilfeantrag** ist zulässig, sofern er von einem postulationsfähigen Vertreter (§ 166) eingereicht ist und die zur Begründung der Revision erforderli-

64 BSG 28.3.2019 – B 3 KR 2/18 R, SozR 4-2500 § 130 b Nr. 3 Rn. 17 mwN.
65 BSG 28.3.2019 – B 3 KR 2/18 R, SozR 4-2500 § 130 b Nr. 3 Rn. 16; 26.9.2019 – B 5 R 6/18 R, juris Rn. 10.
66 BSG 4.3.1958 – 9 RV 126/55, E 35, 39; BSG 12.11.1962 – 9 RV 694/62, SozR Nr. 49 zu § 164; BSG 24.2.1992 – 7 BAr 86/91, SozR 3-1500 § 166 Nr. 4; zuletzt etwa BSG 3.4.2017 – B 12 KR 92/16 B, juris Rn. 7.
67 BSG 15.4.1981 – 1 BA 23/81, SozR 1500 § 160 Nr. 44; BSG 24.2.1992 – 7 BAr 86/91, SozR 3-1500 § 166 Nr. 4.
68 BSG 17.1.1958 – 11/9 RV 1126/55, E 7, 269 (270); BSG 30.6.1964 – 3 RK 68/60, SozR 53 zu § 164; BSG 23.7.1986 – 1 RA 1/86, SozR 1500 § 164 Nr. 28; BSG 24.2.2016 – B 13 R 31/14 R, SozR 4-1500 § 164 Nr. 4 Rn. 24 mwN.
69 BSG 16.10.2007 – B 8/9 b SO 16/06 R, SozR 4-1500 § 164 Nr. 3.
70 BSG 22.4.1986 – 10 RKg 22/85, SozR 1500 § 164 Nr. 27; BSG 26.9.1996 – 2 RU 14/96, SozR 3-1500 § 164 Nr. 9.
71 BSG 24.8.1976 – 8 RU 152/75, SozR 1500 § 164 Nr. 3.

chen Ausführungen enthält.[72] Die Bezugnahme auf die Revisionsbegründung eines – auch nur einfach – Beigeladenen genügt, wenn der Beigeladene dieselben Anträge stellt wie der Revisionskläger.[73] Nicht formgerecht dagegen ist eine Revisionsbegründung, die sich nur abschriftlich beigefügte Rechtsausführungen eines nicht am Verfahren Beteiligten zueigen macht.[74]

b) Inhalt. Um anhand der Revisionsbegründung nachvollziehen zu können, ob der Revisionskläger bzw. sein Prozessvertreter das angefochtene Urteil im Hinblick auf das Rechtsmittel überprüft und die Rechtslage genau durchdacht hat, muss die Revision sowohl bei prozessualen als auch bei materiell-rechtlichen Rügen sorgfältig begründet werden.[75] Die Revisionsbegründung muss die **rechtlichen Erwägungen** enthalten, mit denen der Revisionskläger sich gegen die Entscheidung der Vorinstanz wendet.[76] Die Rechtsausführungen müssen zumindest einen der die angefochtene Entscheidung tragenden Gründe in Frage stellen.[77] Betrifft die angefochtene Entscheidung **mehrere selbstständige Streitgegenstände**, ist die Revision nur hinsichtlich derer zulässig, auf die sich Ausführungen der Revisionsbegründung beziehen. Bei teilbarem Streitgegenstand muss sich die Revisionsbegründung zB auf einzelne Zeiträume, für die Rechte geltend gemacht werden, erstrecken.[78] Beruht die Entscheidung auf **mehreren voneinander unabhängigen tragenden Begründungen**, müssen sich Rechtsausführungen gegen jede einzelne Begründung richten, andernfalls ist die Revision unzulässig.[79] 22

Die erforderliche „Auseinandersetzung" mit dem angegriffenen Urteil erfordert, auf den **Gedankengang des Berufungsgerichts** einzugehen. Dies dient neben der Entlastung des Revisionsgerichts dazu, (auf einer früheren Stufe) bereits den Prozessbevollmächtigten von der Einlegung unsinniger Revisionen abzuhalten[80] und stellt nicht etwa unzumutbare Anforderungen dar, die allein durch „spezialisierte Anwälte" erfüllt werden könnten.[81] Im Gegenteil ist die Wiedergabe der rechtlich relevanten Tatumstände idealiter das mit dem geringsten Aufwand verbundene Element der Revisionsbegründung. Es bedarf im Wesentlichen nur der allgemeinen Erkenntnis, dass **Rechtsanwendung in ihrer grundlegendsten Form** darin besteht, dass ein Lebenstatbestand unter die maßgebende Rechtsnorm subsumiert wird, so dass sich eine bestimmte Rechtsfolge ergibt, sowie des Wissens, dass ein Revisionsgericht grundsätzlich an die tatsächlichen Feststellungen des Vordergerichts gebunden ist.[82] Hierzu reicht es allerdings nicht aus, die eige- 23

72 BSG 22.7.1960 – 3 RJ 40/58, E 12, 288 (290).
73 BSG 28.2.1962 – 2 RU 271/58, SozR Nr. 48 zu § 164.
74 BSG 15.1.1959 – 4 RJ 210/57, SozR Nr. 40 zu § 164; BSG 28.10.1980 – 9 RV 13/80, unveröffentlicht.
75 BSG 11.6.2003 – B 5 RJ 52/02 R, juris Rn. 12; NSG 3.7.2002 – B 5 RJ 30/01 R, juris Rn. 10; BSG 30.3.2011 – B 12 KR 23/10 R, juris Rn. 12; BSG 27.2.2008 – B 12 P 1/07 R, juris Rn. 14.
76 BSG 2.1.1979 – 11 RA 54/78, SozR 1500 § 164 Nr. 12; BSG 19.12.2001 – B 11 AL 50/01 R, juris.
77 BSG 8.2.2002 – B 1 KR 18/99 R, SozR 3-1500 § 164 Nr. 11.
78 BSG 26.1.1983 – 1 RA 31/82, SozR 1500 § 164 Nr. 22.
79 BSG 18.6.2002 – B 2 U 34/01 R, SozR 3-1500 § 164 Nr. 12; BSG 12.7.2002 – B 11 AL 85/01 R, unveröffentlicht – mwN.
80 BSG 6.10.2016 – B 5 SF 3/16 AR, NZS 2017, 340 ff., juris Rn. 19 mwN.
81 Vgl. etwa die substantiierten Begründungsanforderungen, die dem – anders als hier – nicht notwendig vertretenen Beschwerdeführer bei der Verfassungsbeschwerde abverlangt werden, BVerfG 24.10.2011 – 1 BvR 732/11, NVwZ 2012, 239 ff.
82 BSG 6.10.2016 – B 5 SF 3/16 AR, NZS 2017, 340 ff., juris Rn. 19 mwN.

ne Meinung des Kläger wiederzugeben. Vielmehr muss die Revisionsbegründung erläutern, dass und warum das LSG die als verletzt gerügte Vorschrift des materiellen Rechts unter Beachtung der höchstrichterlichen Rechtsprechung nicht richtig angewandt hat.[83]

24 Die Begründung kann diesen Anforderungen ua denkbar allein dadurch genügen, dass es die **Rechtsanwendung in der Vorentscheidung** gerade in Bezug auf den dort mit verbindlicher Wirkung auch für das BSG als Revisionsgericht festgestellten Sachverhalt (§ 163) rügt. Fehlen diesbezügliche Ausführungen, weil der Rechtsmittelführer den Streitstoff nicht in tatsächlicher und rechtlicher Hinsicht durchgearbeitet, gesichtet und gegliedert hat,[84] wird er weder zu einer ausreichenden eigenen Vorprüfung veranlasst noch wird das BSG in die Lage versetzt, ohne Studium der Gerichts- und Verwaltungsakten allein anhand der Begründung zu prüfen, ob die im Streit stehenden revisiblen Rechtsvorschriften gerade auf den festgestellten Sachverhalt (§ 163) nicht oder nicht richtig angewendet worden sind. Es ist deshalb nicht Aufgabe des Revisionsgerichts, das weder zur Entscheidung über abstrakte Rechtsfragen noch über solche Rechtsfragen berufen ist, die sich nur auf der Basis eines „erfundenen" Sachverhalts stellen,[85] die entscheidungserheblichen Tatsachen selbst zusammenzutragen.[86]

25 Nicht anders als bei der Darlegung der Klärungsfähigkeit in der Nichtzulassungsbeschwerde – wenn auch nicht funktionsgleich[87] – genügen auch hier nicht etwa frei formulierte und in ihrer Herkunft völlig offene Narrative („Die Parteien streiten um folgendes ..."). Sind **„festgestellte Tatsachen"** in der angegriffenen Entscheidung schon nicht (ordnungsgemäß) wiedergegeben, was keineswegs nur vereinzelt geschieht, kommt die Bezeichnung eines entsprechenden Verfahrensmangels in Betracht (§ 136 Abs. 1 Nr. 6) bzw. sind ausnahmsweise **geringere Begründungsanforderungen** zu stellen. Das kann auch dann der Fall sein, wenn sich das LSG durchgehend auf eine bloße Wiedergabe von Äußerungen während des Verfahrens beschränkt, ohne anzugeben, dass und welche eigenen Schlüsse es hieraus ziehen möchte. Ansonsten richten sich Aufwand und Intensität des Eingehens auf die tatrichterlichen Feststellungen nach deren eigenen Qualität und sind naturgemäß am geringsten, wenn das Tatsachengericht in den Gründen seiner Entscheidung ausdrücklich kundgetan hat, wovon es aufgrund des Gesamtergebnisses des Verfahrens überzeugt ist (§ 128 Abs. 1 S. 1) und was es demgemäß festgestellt hat. Die Aufgabe des Revisionsführers wächst in dem Umfang, in dem das LSG von dieser Idealform abweicht und Feststellungen auf den Gesamttext seiner Entscheidung verteilt und/oder nur mittelbar in der Weise trifft, dass allenfalls aus seiner weiteren Rechtsanwendung deutlich wird, von welchem Sachverhalt es überzeugt war. Auch hier kann der Beschwerdeführer mit „copy and paste" nichts gewinnen.[88] Vielmehr geht es auch beim Text einer angegriffenen Entscheidung um die Ermittlung von deren **rechtlichem Sinngehalt** und die anschließende sprachliche Wiedergabe der entsprechenden Erkenntnisse,

83 Die stRspr. vor dem Beschluss des GS vom 13.6.2018 – GS 1/17 zusammenfassend zuletzt etwa BSG 26.8.2015 – B 13 R 14/15 R, juris Rn. 11.
84 BSG 6.10.2016 – B 5 SF 3/16 AR, NZS 2017, 340 ff., juris Rn. 19 mwN.
85 BSG 6.10.2016 – B 5 SF 3/16 AR, NZS 2017, 340 ff., juris Rn. 19 mwN.
86 BSG 23.7.2015 – B 5 R 32/14 R, juris Rn. 7.
87 BSG 6.10.2016 – B 5 SF 3/16 AR, NZS 2017, 340 ff., juris Rn. 30 ff. mwN.
88 BSG 6.10.2016 – B 5 SF 3/16 AR, NZS 2017, 340 ff., juris Rn. 21 mwN; anders wohl BSG 24.2.2016 – B 13 R 31/14 R, SozR 4-1500 § 164 Nr. 4.

und nicht um die Wiedergabe physischer Zeichenträger bzw. des hierdurch unmittelbar verkörperten buchstäblichen Sinns (§ 133 BGB). Dem hat sich die **Revisionsbegründung** zu stellen, um hiervon ausgehend die Rechtsauffassung und Rechtsanwendung der Vorinstanz (wo dies im Einzelfall erforderlich ist[89] unter Bezeichnung des Fundorts verborgener Bezugsstellen) darzustellen. Logisch und rechtlich kann eine Rüge der Verletzung materiellen Rechts deshalb nur dann den Anforderungen genügen, wenn die Revisionsbegründung keine Zweifel lässt, dass sie die Anwendung von Bundesrecht allein und **gerade hinsichtlich des vom Tatsachengericht festgestellten Sachverhalts** durch das Revisionsgericht überprüft wissen will. Dies kann – auch angesichts des Verbots, Elemente der Begründetheitsprüfung in die Zulässigkeitsprüfung vorzuziehen – nicht offenbleiben. Ob dies der Fall ist, ergibt sich aus der revisionsgerichtlichen Auslegung des Revisionsvorbringens im Einzelfall.[90] Die so umschriebenen Anforderungen entsprechen der Rechtsprechung bereits des RG zu § 554 Abs. 3 Nr. 2 ZPO, dem § 164 Abs. 2 Satz 3 nachgebildet ist,[91] die vom BSG übernommen worden sind.

Allerdings dürfen sich **Mängel der angegriffenen Entscheidung** nicht zulasten des Revisionsklägers auswirken. Sein Grundrecht auf effektiven Rechtsschutz (Art. 19 Abs. 4 GG) darf nicht dadurch unzumutbar verkürzt werden, dass ihm abverlangt wird, Defizite der angegriffenen Entscheidung zu kompensieren. Fehlen daher Gründe iS von § 136 Nr. 6 SGG ganz oder teilweise – etwa in Gestalt einer Zusammenfassung der Erwägungen, auf denen die Entscheidung zu einem wesentlichen Streitpunkt in tatsächlicher und rechtlicher Hinsicht beruht – ist die von der Revisionsinstanz von Amts wegen zu beachten, weil eine zuverlässige revisionsrichterliche Nachprüfung des angefochtenen Urteils sonst nicht möglich wäre. Dem Revisionskläger kann folglich auch nicht unter Verstoß eine (fiktive) Auseinandersetzung mit derartigen Elementen zugemutet werden.[92] 26

c) Kausalität („Beruhen"). Die Revisionsbegründung muss auch die **Kausalität der Rechtsverletzung** für die angefochtene Entscheidung ergeben. Das wird formgerecht angebrachten Sachrügen regelmäßig zu entnehmen sein. Ist die Entscheidung auf **mehrere selbstständige Begründungen** gestützt, so beruht sie nicht auf einer Rechtsverletzung, wenn nur eine der Begründungen von dieser betroffen ist. Aus diesem Grunde müssen sich Revisionsrügen auf sämtliche alternativ tragende Entscheidungsgründe erstrecken (→ Rn. 16). Bei sog **absoluten Revisionsgründen** (§ 202; § 547 ZPO) wird die Kausalität der Rechtsverletzung für die Entscheidung unwiderleglich vermutetet.[93] Deshalb sind in diesen Fällen Ausführungen zur Kausalität der Rechtsverletzung entbehrlich. Die **Rügebedürftigkeit** gilt aber auch für absolute Revisionsgründe, die nicht etwa von Amts wegen zu beachten sind. 27

d) Verfahrensrügen. Bei **Verfahrensrügen**, auf die sich die Revision mit der Folge des Ausschlusses einer weitergehenden Sachprüfung beschränken kann,[94] sind nach Abs. 2 Satz 3 ausdrücklich die **Tatsachen** zu bezeichnen, die den Mangel ergeben. Die ausdrückliche Erwähnung dieses Umstandes beruht nicht etwa 28

89 BSG 6.10.2016 – B 5 SF 3/16 AR, NZS 2017, 340 ff., juris Rn. 23 ff.
90 BSG 16.3.2016 – B 5 RE 3/15 R, Beck RS 2016, 67705.
91 BSG 30.6.1964 – 3 RK 38/60, SozR Nr. 53 zu § 164 SGG und 24.9.1957 – 2 RU 70/54, SozR Nr. 27 zu § 164 SGG.
92 BSG 23.7.2015 – B 5 RS 9/14 R, juris Rn. 10 f.
93 BSG 18.2.1998 – 6 Rka 24/87, E 63, 43 (45) = SozR 2200 § 368 a Nr. 21.
94 BSG 20.7.2005 – B 13 RJ 23/04 R, SozR 4-1500 § 96 Nr. 3 Rn. 19.

auf einer inhaltlichen Abweichung gegenüber der Sachrüge (s. vorstehend), sondern darauf, dass das angegriffene Urteil derartige Umstände naturgemäß nicht als Bestandteil eines formalisierten Kanons notwendiger Bestandteile enthält, auf die Bezug genommen werden könnte. Vielmehr muss hier der Revisionsführer selbst sammelnd und bewertend aktiv werden, um die Grundlagen des Verfahrensverstoßes überhaupt erstmals in das Verfahren einzuführen. Der Entlastungsfunktion der Revisionsbegründung entsprechend muss sich das BSG diese Umstände seinerseits nicht etwa selbst aus den Akten zusammensuchen.

29 Hierzu sind zunächst Ausführungen zur **Rechtsauffassung des LSG** sowie die genaue und nachvollziehbare Angabe erforderlich, inwiefern das Gericht ausgehend von seiner Rechtsansicht gegen welche revisible gerichtsverfahrensrechtliche Norm verstoßen hat. Dabei bedarf es einer genauen Schilderung des Verfahrens bis zum behaupteten Mangel. Zur ordnungsgemäßen Rüge gehört schließlich die Bezeichnung der möglichen **Kausalität** des Verfahrensmangels für die angefochtene Entscheidung, also dessen Ergebnisrelevanz. Außer bei absoluten Revisionsgründen (§ 202; § 547 ZPO) hat die Revision deshalb darzulegen, dass die angefochtene Entscheidung auf dem gerügten Verfahrensfehler beruhen kann. Die **Aufklärungsrüge** (§ 103) hat auch darzustellen, welche Umstände die Vorinstanz zu weiteren Ermittlungen hätte veranlassen, welche konkreten Ermittlungen nach der Rechtsansicht des LSG hätten vorgenommen werden müssen und zu welchem Ergebnis diese Ermittlungen geführt hätten.[95] Die **Rüge der Verletzung rechtlichen Gehörs** hat auszuführen, an welchem Vorbringen der Beteiligte durch das Verfahren der Vorinstanz gehindert worden ist[96] bzw. welches Vorbringen unberücksichtigt geblieben ist. Zur Rüge, die **Grenzen freier Beweiswürdigung** seien überschritten, sind nicht nur die Tatsachen zu bezeichnen, die den Mangel ergeben, sondern auch diejenigen, aus denen die Möglichkeit folgt, dass das Gericht ohne Gesetzesverletzung anders entschieden hätte. Dazu reicht es nicht aus, eine eigene Würdigung an die Stelle derjenigen des Tatsachengerichts zu setzen, denn dem Revisionsgericht ist eine Wahl unter möglichen Beweiswürdigungen nicht gestattet. Die Begründung hat auszuführen, dass die Beweiswürdigung im angefochtenen Urteil rechtlich oder denknotwendig ausgeschlossen ist. Ein **Verstoß gegen Denkgesetze** liegt nur vor, wenn keine andere Folge aus den festgestellten Tatsachen denkbar ist[97] und bleibt umgekehrt ohne Erfolg, wenn die Schlussfolgerungen des LSG jedenfalls einer der in Betracht kommenden Möglichkeiten entsprechen. Bei **Erfahrungssätzen** ist darzulegen, dass der behauptete Erfahrungssatz besteht und das Tatsachengericht diesen Erfahrungssatz nicht angewandt hat.[98] Wesentlich für die Begründung von Verfahrensrügen ist auch, den **Verlust des Rügerechts** nach § 202; § 295 Abs. 1 ZPO auszuschließen.[99] Überdies können Verfahrensrügen ausgeschlossen sein, wenn sie in einem unlösbaren Widerspruch zu sonstigen Prozesshandlungen des Beteiligten stehen und deshalb nach **Treu und Glauben** unbeachtlich sind.[100]

---

95 BSG 20.2.1957 – 3 RJ 92/54, SozR Nr. 24 zu § 167; BSG 26.9.1957 – 4 RJ 214/56, SozR Nr. 28 zu § 164.
96 BSG 16.10.1991 – 11 RAr 23/91, E 69, 280 (284) = SozR 3-4100 § 128 a Nr. 5.
97 BSG 7.4.1987 – 11 b RAr 56/86, SozR 1500 § 164 Nr. 31.
98 BSG 11.11.1987 – 9 a RV 32/85, SozR 1500 § 103 Nr. 25.
99 BSG 30.12.1987 – 5 a BKn 10/86, SozR 1500 § 160 a Nr. 61.
100 BSG 15.10.1987 – 1 RA 57/95, SozR 1500 § 164 Nr. 33.

6. Rügebedürftigkeit. Abs. 2 Satz 3 ist als **Grundsatz** zu entnehmen, dass Verfahrensmängel **rügebedürftig**, also ohne formgerechte Rüge unbeachtlich sind. Obwohl eine zulässige Revision unabhängig von der Revisionsbegründung eine Überprüfung des Urteils unter jedem rechtlichen Gesichtspunkt eröffnet, ist das BSG nach § 164 Abs. 2 Satz 3 grundsätzlich nicht verpflichtet, den Prozessstoff von Amts wegen auf mögliche Verfahrensfehler zu überprüfen.[101] Das dient der Entlastung und der Konzentration des BSG auf die Rechtsfragen, welche insbesondere die Beteiligten mit Revisionsrügen und Gegenrügen aufwerfen. Die Beteiligten haben damit eine **Dispositionsbefugnis** über die Verfahrensfehler der Vorinstanz, die Gegenstand der Revisionsentscheidung werden sollen. **Ausnahmen** von diesem Grundsatz (→ § 163 Rn. 3 ff.) bestehen für solche Verfahrensmängel, die sich auf die Zulässigkeit des Verfahrens beziehen, insbesondere auf **Sachurteilsvoraussetzungen.** In der Praxis verbreitet sind allerdings gängige Argumentationsformeln wie „Vorschriften ..., auf deren Befolgung eine Partei nicht wirksam verzichten kann" (§ 202; § 295 Abs. 2 ZPO) und/oder deren „Verletzung bis in die Revisionsinstanz fortwirkt".[102] Es handelt sich um vergröberte Faustregeln, die für eine erste Annäherung an das Problem nützlich, aber als abschließende Maßstäbe für den Prüfungsumfang von Amts wegen nicht ausreichend sind. Genauer bezeichnen frühe Entscheidungen des BSG die Voraussetzungen der Prüfung von Amts wegen: „Voraussetzungen, von der das gesamte weitere Verfahren nach Einlegung der Berufung, also auch das Verfahren in seiner Rechtswirksamkeit abhängt" und „Voraussetzungen des auf eine sachliche Entscheidung gerichteten Revisionsverfahrens betreffen, die also **insofern** bis in die Revisionsinstanz fortwirken".[103] **Besetzungsrüge:** Praktische Auswirkungen hat das bei der Behandlung von Verstößen gegen Bestimmungsnormen bei der konkreten personellen Besetzung der Richterbank (Gesetz, Geschäftsverteilungspläne, senatsinterne Mitwirkungsregelung). Im Gegensatz zu Problemen bei der Anwendung von § 155 Abs. 3, 4, die die Zusammensetzung nach Zahl und/oder Status betreffen,[104] sind diese Verstöße nur auf Rüge in der Revisionsinstanz zu beachten. Andernfalls müsste sich das BSG folgerichtig in jedem Verfahren Geschäftsverteilungspläne und senatsinterne Mitwirkungsregelungen für seine Prüfung von Amts wegen vorlegen lassen. 30

§ 165 [Verfahren in der Revision]

[1]Für die Revision gelten die Vorschriften über die Berufung entsprechend, soweit sich aus diesem Unterabschnitt nichts anderes ergibt. [2]§ 153 Abs. 2 und 4 sowie § 155 Abs. 2 bis 4 finden keine Anwendung.

---

101 Krasney/Udsching, S. 417 = IX Rn. 331.

102 Dazu etwa: BSG 8.11.2007 – B 9/9 a 3/06 R, E 99, 189 (191) = SozR 4-1500 § 155 Nr. 2, wo allerdings zu Unrecht auf BSG 22.8.1990 – 8 RKn 14/88, E 67, 190 (191) = SozR 3-2200 § 1248 Nr. 2 Bezug genommen wird; die Ausnahme dort ist genauer und damit enger gefasst.

103 BSG 23.9.1955 – 3 RJ 26/55, E 1, 227 (230); BSG 28.7.1961 – 8 RV 145/59, E 14, 298 f.; vgl. auch: BSG 14.12.2000 – B 11/7 AL 30/99 R, E 87, 208 (211) = SozR 3-4100 § 23 Nr. 3.

104 BSG 23.8.2007 – B 4 RS 2/06 R, SozR 4-1500 § 155 Nr. 1; BSG 8.11.2007 – B 9/9 a SB 3/06 R, E 99, 189 (191) = SozR 4-1500 § 155 Nr. 2; BSG 7.8.2014 – B 13 R 37/13 R, juris Rn. 11; dagegen: Lüdtke SGb 2008, 682 ff.; vgl. auch: BGH 13.3.2003 – IX ZB 134/02, BGHZ 154, 200 (204); auch → § 155 Rn. 13 ff.

I. Allgemeines

1 Vergleichbare Vorschriften finden sich in § 141 VwGO und § 555 ZPO. Satz 2 ist durch das Entlastungsgesetz vom 11.1.1993 (BGBl. 1993 I 50) angefügt worden. Die genannten Vorschriften, die die Berufungsgerichte entlasten sollen, sind also im Revisionsrechtszug nicht anwendbar.

II. Systematik

2 Ohne ausdrückliche Verweisung in § 165 sind die **gemeinsamen Verfahrensvorschriften** des ersten Abschnitts, insbesondere die allgemeinen Vorschriften der §§ 60 ff. auch im Revisionsrechtszug anwendbar, soweit sie nicht durch speziellere Vorschriften des Revisions- oder Berufungsrechts verdrängt werden. Mit diesem Vorbehalt verweist Satz 1 auf die Vorschriften für die Berufung, die ihrerseits in § 153 Abs. 1 mit Ausnahme der §§ 91, 105 auf die Vorschriften über das Verfahren im ersten Rechtszug (§§ 87 ff.) weiter verweisen. Im Übrigen sind nach § 202 sowohl für die Revision wie das allgemeine Verfahren **Vorschriften der ZPO** heranzuziehen, soweit die unterschiedlichen Verfahrensgrundsätze (zB Amtsermittlung, Beibringungsgrundsatz) die Anwendung von Vorschriften der ZPO nicht ausschließen.

III. Einzelfragen

3 Von den Vorschriften für die **Berufung** sind die §§ 143 bis 151 wegen Spezialität der §§ 160 ff. nicht heranzuziehen. In den gemeinsamen Vorschriften verweist § 60 Abs. 1 S. 2 ausdrücklich auf § 171 Abs. 1. Die in § 153 Abs. 1 erwähnten Vorschriften über die Klageerhebungsfrist (§ 91) und den Gerichtsbescheid (§ 105) gelten für die Revision wegen der speziellen Vorschriften der §§ 164 Abs. 1, 169 nicht. Die Regelung über die **Beiladung** ist heranzuziehen, soweit im Revisionsverfahren ausnahmsweise die Beiladung nach § 168 zulässig ist. Wegen der Eigenart der Revision als Rechtskontrollinstanz kann § 157 nicht im Revisionsrechtszug gelten. Die §§ 158, 159 finden wegen der Spezialität der §§ 169, 170 keine Anwendung. Satz 2 schließt die §§ 153 Abs. 2 und 4, 155 Abs. 2–4 ausdrücklich aus;[1] es gibt also im Revisionsrechtszug generell **keine Einzelrichterentscheidung** des Vorsitzenden oder des Berichterstatters und keine Erledigung in der Hauptsache durch Beschluss (§ 169 S. 2). Beschlüsse im Beschwerdeverfahren nach § 160 a Abs. 5 können nur eine Zurückverweisung an das LSG enthalten, sofern die vorinstanzliche Entscheidung nicht ausnahmsweise wegen Überschreitens der Entscheidungskompetenz mit einer abschließenden Entscheidung aufzuheben ist (→ § 160 a Rn. 29). Der Grundsatz, dass Rechtsmittel ausschließlich gegen die **Kostenentscheidung** nicht statthaft sind (§ 144 Abs. 4), gilt auch für die Revision.[2] Die Vorschriften über die **einstweilige Anordnung** gelten nach § 86 b Abs. 2 S. 3 nicht für die Revision, aber für das BSG, soweit es erstinstanzlich tätig wird.

---

1 BSG 29.9.2017 – B 13 SF 8/17 S, juris Rn. 17.
2 BSG 8.1.1985 – 7 BAr 109/84, Breith. 1985, 626; BSG 19.5.1997 – 12 RK 45/86, Breith. 1988, 343.

§ 166 (aufgehoben)

Die Vorschrift ist durch Art. 12 Nr. 8 des Gesetzes zur Neuregelung des Rechtsberatungsgesetzes vom 12. Dezember 2007 (BGBl. 2007 I 1240) mit Wirkung ab 1.7.2008 (Art. 20 Abs. 1 Satz 2) aufgehoben. Der **Vertretungszwang** und die **Postulationsfähigkeit** ergeben sich nunmehr aus § 73 Abs. 4 idF dieses Gesetzes. 1

§ 167 (aufgehoben)

Die Vorschrift ist gestrichen. Sie enthielt ausschließlich für das Revisionsverfahren eine Armenrechtsregelung. Nachdem das Gesetz über die Prozesskostenhilfe vom 13.6.1980 (BGBl. 1980 I 677) die Prozesskostenhilfe durch § 73 a für alle Rechtszüge der Sozialgerichtsbarkeit eingeführt hat, hat sich die Vorschrift für das Revisionsverfahren erübrigt. 1

§ 168 [Klageänderung; Beiladung]

[1]Klageänderungen und Beiladungen sind im Revisionsverfahren unzulässig. [2]Dies gilt nicht für die Beiladung der Bundesrepublik Deutschland in Angelegenheiten des sozialen [ab 1.1.2024: *Sozialen*] Entschädigungsrechts nach § 75 Abs. 1 Satz 2 und, sofern der Beizuladende zustimmt, für Beiladungen nach § 75 Abs. 2.

I. Allgemeines

1. Inkrafttreten. Satz 1 gilt seit Inkrafttreten des SGG. Die Zulässigkeit der Beiladung der Bundesrepublik Deutschland beruht auf dem Änderungsgesetz vom 30.7.1974 (BGBl. 1974 I 1625). Die Möglichkeit, eine **notwendige Beiladung im Revisionsverfahren** nachzuholen, beruht auf dem Entlastungsgesetz vom 11.1.1993 (BGBl. 1993 I 40). Von der Befugnis des Revisionsgerichts, eine unzulässige Beiladung noch im Revisionsverfahren aufzuheben, waren BSG, BVerwG und BFH schon zuvor ausgegangen.[1] Das 6. SGG-ÄndG vom 17.8.2001 (BGBl. 2001 I 2144) hat nicht nur Satz 2 an § 10 Abs. 1 redaktionell angepasst, sondern mit der Verwendung des Oberbegriffs „soziales Entschädigungsrecht" die Möglichkeit, die Bundesrepublik Deutschland noch im Revisionsrechtszug beizuladen, über die Kriegsopferversorgung hinaus auf das gesamte soziale Entschädigungsrecht ausgedehnt.[2] Es handelt sich dabei um verschiedene Materien, für die Spezialgesetze auf das Bundesversorgungsgesetz verweisen.Mit Wirkung zum 1.1.2024 tritt das SGB XIV mit der Neuregelung des Sozialen Entschädigungsrechts in Kraft, weswegen ab diesem Zeitpunkt Satz 2 redaktionell (Großbuchstabe) angepasst wird (BGBl. I 2019, 2652). 1

1 Abweichend May NVwZ 1997, 251.
2 Jansen/Frehse § 168 Rn. 3.

2 **2. Normzweck.** Die Begrenzung hat ihren speziellen **Grund** in der Eigenschaft der Revision als Rechtskontrollinstanz. Ob § 168 daher Instanz übergreifend als Argument für den Umfang von Entscheidungsbefugnissen des LSG in Betracht kommen kann, ist eher zweifelhaft.[3] Das Revisionsgericht soll die bereits getroffene Entscheidung überprüfen und nicht erstmals (nach Änderung des Klageantrags oder des Klagegrundes) über einen neuen Streitgegenstand entscheiden, insbesondere auch nicht auf dem Umweg einer Klageänderung oder Beiladung mit Tatsachenfragen belastet werden, was § 163 grundsätzlich ausschließt. Dabei ist von dem **Begriff des Streitgegenstandes** auszugehen, der außer dem geltend gemachten Anspruch den Klagegrund – die den Anspruch begründenden tatsächlichen Grundlagen – einbezieht.[4] Eine erst im Revisionsverfahren erhobene Widerklage ist – auch ohne dass sie ausdrücklich in § 168 aufgeführt ist – aus denselben Gründen unzulässig, wie ein neuer Sachantrag.[5] Die Zulässigkeit einer Beiladung der Bundesrepublik Deutschland berücksichtigt, dass der Bund Kostenträger des sozialen Entschädigungsrechts ist, das von den Ländern ausgeführt wird. Diese Ausnahmeregelung enthält Elemente der Rechtsaufsicht und der Vertretung öffentlicher Interessen.

3 **3. Vergleichbare Vorschriften.** In § 142 VwGO; § 123 FGO finden sich **vergleichbare Vorschriften.** Nach § 142 Abs. 2 VwGO kann ein im Revisionsverfahren notwendig Beigeladener Verfahrensmängel nur innerhalb von zwei Monaten nach Zustellung des Beiladungsbeschlusses rügen. SGG und FGO kennen eine solche Beschränkung nicht. Hier dürften Verfahrensrügen auch als Gegenrügen bis zum Schluss der mündlichen Verhandlung möglich sein. Allgemein regt § 142 Abs. 2 VwGO dazu an, nicht nur Belange des Klägers in den Blick zu nehmen. Auch wenn die Anknüpfung der Klageänderung an den Begriff des Streitgegenstandes dies nahe legt. Zu bedenken ist deshalb bei einer bloßen Klageerweiterung (§ 99 Abs. 3 SGG) auch, ob die Verteidigungsmöglichkeiten des Beklagten in tatsächlicher Hinsicht im Revisionsverfahren beeinträchtigt werden. Der BFH hält Klageerweiterungen im Revisionsverfahren schon deshalb für ausgeschlossen, weil insoweit noch keine vorinstanzliche Entscheidung vorliege und es deshalb an der für die Zulässigkeit der Revision unerlässlichen formellen Beschwer fehle.[6]

II. Klageänderung

4 **1. Änderung des Klagegrundes.** Die Klageänderung besteht idR in der **Änderung des Streitgegenstandes** in der Hauptsache (→ § 99 Rn. 1), während der erstmals in der Revisionsinstanz erhobene Antrag auf Zinsen als Erweiterung des Klageantrags in Bezug auf Nebenforderungen zulässig ist.[7] Eine Klageänderung enthält auch ein **Beteiligtenwechsel,**[8] der mithin im Revisionsverfahren grundsätzlich nicht zulässig ist (→ Rn. 5). Die Klageänderung ist von der bloßen Erweiterung der Klage (§ 99 Abs. 3) zu unterscheiden. In objektiver Hinsicht hält das BSG selbst eine **„Erweiterung des Klageantrags"** für unzulässig, wenn

3 So aber HessLSG 11.3.2020 – L 6 AS 471/19, juris Rn. 84.
4 StRspr. – vgl. etwa BSG 17.12.2013 – B 1 KR 70/12 R, BSGE 115, 95 ff.
5 BSG 16.2.1967 – 10 RV 957/64, BSGE 26, 106 ff.
6 Vgl. Ruban in Gräber § 123 Rn. 2 mwN.
7 BSG 14.6.2018 – B 9 V 3/17 R, SozR 4-3100 § 35 Nr. 7 Rn. 14 mH auf BSG 6.2.2003 – B 7 AL 72/01 R, SozR 4-4100 § 119 Nr. 1 Rn. 6.
8 BSG 21.9.2016 – B 6 KA 77/15 B, juris Rn. 8.

sie sich auf eine neue Begründung in tatsächlicher Hinsicht stützt.[9] Bei Änderung des **Klagegrundes** liegt revisionsrechtlich keine bloße Klageerweiterung mehr vor. Der Höhe nach ist die Klageerweiterung zulässig, wenn damit nicht neue Revisionsgründe geltend gemacht werden.[10] Die Einschränkungen leuchten im Hinblick auf den Zweck der Vorschrift (→ Rn. 2) und die Aufgabe der Revisionsrechtszuges ein. Zulässig ist auch der Übergang von der Anfechtungs- zur **Fortsetzungsfeststellungsklage** (§ 131 Abs. 1 S. 3) oder zur allgemeinen Feststellungsklage, § 55 Abs. 1 Nr. 1.[11] Dies gilt auch für den Wechsel von der Untätigkeits- zur Fortsetzungsfeststellungsklage.[12] Nicht zulässig ist dagegen der Übergang von **der Bescheidungs- zur Verpflichtungsklage** oder von der Untätigkeits- zur Verpflichtungs- oder Leistungsklage; in diesen Fällen wird der Streitgegenstand und der Klagegrund geändert, was mit der Rechtskontrolle im Revisionsverfahren nicht vereinbar ist. Der **Folgenbeseitigungsanspruch** kann im Revisionsverfahren erstmals geltend gemacht werden, nicht dagegen der **Herstellungsanspruch**, weil er weitere Anspruchsvoraussetzungen aufweist als der Primäranspruch. Soweit eine Klageänderung für zulässig erachtet wird, wenn die erheblichen Tatsachen schon in der Vorinstanz festgestellt sind,[13] sind die Verteidigungsmöglichkeiten des Beklagten in tatsächlicher Hinsicht zu bedenken.

2. Beteiligtenwechsel. Die Unzulässigkeit des **gewillkürten Beteiligtenwechsels** 5
in der Revisionsinstanz[14] beruht darauf, dass dem Revisionsgericht nicht zustehende tatsächliche Prüfungen notwendig werden können.[15] Dagegen sind **gesetzliche Parteiwechsel** grundsätzlich zulässig, weil sie in der Regel lediglich eine Berichtigung der Beteiligtenbezeichnung bei Funktionsnachfolge enthalten.[16] Aus dem gleichen Grunde ist der Antrag, anstelle des Beklagten einen Beigeladenen zu verurteilen (§ 75 Abs. 5), im Revisionsverfahren zulässig.

3. Rechtsfolge. Über einen Antrag, der eine **unzulässige Klageänderung** im Revi- 6
sionsverfahren enthält, hat das BSG nicht sachlich zu entscheiden. Es kommt daher nicht eine Zurückverweisung an die Vorinstanz nach § 170 Abs. 2 S. 2, sondern insoweit nur die **Verwerfung der Revision** (§ 169) in Betracht.

III. Beiladung

Satz 2 eröffnet für das BSG die in seinem Ermessen stehende[17] Möglichkeit, eine 7
notwendige Beiladung im Revisionsverfahren nachzuholen, nicht aber den erst im Revisionsverfahren Beigeladenen nach § 75 Abs. 5 zu verurteilen.[18] Das dient der Verfahrenskonzentration. Die andernfalls unerlässliche Zurückverweisung

9 BSG 7.9.1962 – 9 RV 486/89, E 18, 12 = SozR Nr. 2 zu § 168 Nr. 2, der Leitsatz, der eine Klageerweiterung für unzulässig hält, wenn der Klagegrund unverändert bleibt, ist allerdings im Hinblick auf die Entscheidungsgründe nicht verständlich.
10 BSG 17.4.1970 – 3 RK 62/66, E 31, 112 (113) = SozR Nr. 55 zu § 164 SGG.
11 BSG 21.10.1958 – 6 RKa 22/55, E 8, 178 (180 f.); BSG 8.12.1993 – 14 a RKa 1/93, E 73, 244 (246) = SozR 3-1500 § 88 Nr. 1 mwN; BSG 14.12.2000 – B 11/7 AL 30/99 R, E 87, 208 = SozR 3-4100 § 23 Nr. 2.
12 BSG 8.12.1993 – 14 a RKa 1/93, E 73, 244 (246) = SozR 3-1500 § 88 Nr. 1 mwN.
13 Meyer-Ladewig/Keller/Leitherer/Schmidt § 168 Rn. 2 d mwN.
14 BSG 21.9.2016 – B 6 KA 77/15 B, juris Rn. 8.
15 BSG 3.5.1955 – 3 RK 1/54, E 1, 17 (20).
16 BSG 23.11.1966 – 3 RK 90/63, SozR 3 zu § 168 SGG.
17 BSG 8.3.2017 – B 8 SO 20/15 R, SozR 4- 3500 § 77 Nr. 3 Rn. 13 mH auf die stRspr.
18 Anders für den erstmals im Revisionsverfahren ausdrücklich gestellten Antrag auf Verurteilung des bereits vom LSG Beigeladenen BSG 30.1.1985 – 2 RU 69/83, SozR 2200 § 539 Nr. 108 Rn. 108.

an die Vorinstanz (§ 170 Abs. 2 S. 2) soll vermieden werden. Von der Möglichkeit der Nachholung einer unterbliebenen unechten notwendigen Beiladung in der Revisionsinstanz wird daher kein Gebrauch gemacht, wenn vom LSG ohnehin Feststellungen zu rechtlichen und tatsächlichen Gesichtspunkten nachzuholen sind[19] und dies zur Wahrung des rechtlichen Gehörs des Beizuladenden erforderlich ist.[20] Eine notwendige Beiladung im Revisionsrechtszug kann auch unterbleiben, wenn die Entscheidung des BSG sich weder verfahrensrechtlich noch materiell-rechtlich für den Beizuladenden nachträglich auswirken kann;[21] dies gilt nicht nur, wenn das BSG nicht zur Sache zu entscheiden hat.[22] Die Entscheidung des notwendig Beizuladenden über seine **Zustimmung** wird sich danach richten, ob er seine Interessen ohne im Revisionsrechtszug nicht verwertbaren neuen Tatsachenstoff wahren kann. Trifft dies nicht zu, wird er seine Zustimmung verweigern, um nach einer Zurückverweisung an die Vorinstanz nach der von dieser vorzunehmenden Beiladung uneingeschränkt vortragen zu können.

§ 169 [Umfang der Prüfung; Unzulässigkeit]

[1]Das Bundessozialgericht hat zu prüfen, ob die Revision statthaft und ob sie in der gesetzlichen Form und Frist eingelegt und begründet worden ist. [2]Mangelt es an einem dieser Erfordernisse, so ist die Revision als unzulässig zu verwerfen. [3]Die Verwerfung ohne mündliche Verhandlung erfolgt durch Beschluß ohne Zuziehung der ehrenamtlichen Richter.

I. Allgemeines

1 **1. Normzweck.** Das Verfahren dient der Prozesswirtschaftlichkeit und ist insbesondere verfassungsrechtlich hinnehmbar.[1] Das BSG kann durch Beschluss ohne mündliche Verhandlung und ohne ehrenamtliche Richter entscheiden. Eine Entscheidung durch Urteil aufgrund mündlicher Verhandlung und Mitwirkung von ehrenamtlichen Richtern ist aber zulässig. Sie ist geboten, wenn die Revision nicht aller Revisionskläger oder nicht hinsichtlich sämtlicher Revisionsanträge unzulässig ist.

2 **2. Vergleichbare Vorschriften.** Die Verwerfung unzulässiger Revisionen durch Beschluss ist auch in §§ 143, 144 Abs. 1 VwGO; §§ 124, 126 FGO und § 552

19 BSG 17.3.2016 – B 4 AS 32/15 R, juris Rn. 21 mH auf BSG 17.2.2016 – B 4 AS 24/14 R, juris.
20 BSG 17.2.2016 – B 4 AS 24/14 R, juris Rn. 21 mH auf BSG 2.2.2010 – B 8 SO 20/08 R, juris; 8.3. 2017 – B 8 SO 20/15 R, SozR 4-3500 § 77 Nr. 3 Rn. 13.
21 BSG 20.3.2018 – B 2 U 13/16 R, BSGE 125, 219 ff., Rn. 23 mwN.
22 BSG 18.1.1990 – 4 RA 4/89, E 66, 144 (146 f.) = SozR 3-5795 § 6 Nr. 1; BSG 31.7.1991 – 6 RKa 12/89, E 69, 138 (141) = SozR 3-2500 § 106 Nr. 6; BSG 24.11.1993 – 6 RKa 20/91, SozR 3-2200 § 268 n Nr. 6; BSG 2.8.2001 – B 7 AL 18/00 R, SozR 3-1500 § 55 Nr. 34.
1 BSG 1.2.1967 – 2 BvR 10/67, SozR Nr. 1 zu § 169.

ZPO vorgesehen. Für das Berufungsverfahren enthält § 158 eine entsprechende Regelung.

II. Unzulässige Revision

Die Vorschrift betrifft lediglich die **Zulässigkeitsvoraussetzungen der Revision** und die Rechtsfolge ihres Fehlens. Über Zulässigkeitsvoraussetzungen der Vorinstanzen kann das BSG damit nicht durch Beschluss nach § 169 befinden; sie betreffen die Begründetheit der Revision. **Statthaft**, dh ihrer Art nach vorgesehen, ist die Revision zunächst, wenn sie eine rechtsmittelfähige Entscheidung eines LSG oder SG (Sprungrevision) betrifft und die Revision vom LSG oder BSG (§ 160 Abs. 1) bzw. die Sprungrevision vom SG mit Zustimmung des Gegners (§ 161) zugelassen ist. Nicht statthaft ist die Revision auch dann, wenn sie zurückgenommen ist (§§ 165, 156 Abs. 2 S. 1). Fehlt es bereits an der Statthaftigkeit, ist die Revision schon deshalb unzulässig.[2] Auch eine **nicht form-/fristgerecht** eingelegte oder form-/fristgerecht[3] begründete Revision (§ 164)[4] ist unzulässig. Das Gleiche gilt bei Fehlen sonstiger Zulässigkeitsvoraussetzungen der Revision: Beschwer,[5] Beteiligtenfähigkeit, Prozessfähigkeit, Postulationsfähigkeit oder Vollmacht.[6] Sich daraus ergebende Verfahrensmängel können aber während des Verfahrens geheilt werden, soweit der Ablauf von Fristen nicht entgegensteht. Einem Prozessunfähigen hat das BSG einen besonderen Vertreter zu bestellen oder die Betreuung anzuregen.[7] Die Unzulässigkeit wegen Fristversäumnisses kann durch Wiedereinsetzung (§ 67) während des Revisionsverfahrens entfallen. Ein bereits zugestellter Verwerfungsbeschluss wird gegenstandslos (→ Rn. 6). 3

III. Verwerfung

Verwerfung ist ein prozessualer Begriff für die negative Entscheidung über ein Rechtsmittel **ohne Sachprüfung** wegen fehlender Statthaftigkeit oder Zulässigkeit. Nur diese Entscheidung ist durch Beschluss nach § 169 zulässig. Satz 2 schreibt die Verwerfung zwingend vor; (auch) die Zulässigkeit der Revision kann also nicht offen bleiben. Ergibt die Prüfung einen Mangel der Zulässigkeit, findet eine Sachprüfung der Revision nicht statt. 4

IV. Beschluss

1. Entscheidungsform. Durch § 169 wird das Verfahren vereinfacht; die nicht statthafte oder nicht zulässige Revision wird grundsätzlich durch **Beschluss** außerhalb der mündlichen Verhandlung und ohne ehrenamtliche Richter verworfen. Diese Regelung ist verfassungsgemäß.[8] Der Beschluss ist zu begründen und den Beteiligten zuzustellen. Nur bei Nichtzulassungsbeschwerden kann von 5

---

2 BSG 27.2.2017 – B 12 KR 4/17 R, juris.
3 BSG 5.6.2019 – B 12 R 3/19 R, juris Rn. 5 ff.
4 BSG 26.7.2016 – B 4 AS 25/15 R, juris Rn. 11.
5 BSG 11.5.1999 – B 11 AL 69/98 R, SozR 3-1500 § 75 Nr. 31; BSG 24.3.2016 – B 12 KR 5/14 R, juris Rn. 20: Keine Rechtsmittelbefugnis der als Sozialhilfeträger beigeladenen Kommune im Rechtsstreit zwischen einem Bürger und einer Krankenkasse über die Feststellung der Auffang-Versicherungspflicht nach § 5 Abs. 1 Nr. 13 SGB V.
6 BSG 29.6.1995 – 11 RAr 57/94, E 76, 178 (180 f.).
7 BSG 29.6.1995 – 11 RAr 57/54, E 76, 178 (180) = SozR 3-4100 § 58 Nr. 7.
8 BVerfG 9.5.1978 – 2 BvR 952/75, SozR 1500 § 160 a Nr. 30.

einer Begründung abgesehen werden (§ 160 a Abs. 4 S. 3). Ob von der Vereinfachung des § 169 Gebrauch gemacht oder Termin zur mündlichen Verhandlung anberaumt wird, steht im **Ermessen des Gerichts**. Die Vereinbarkeit eines solchen Ermessens mit Art. 101 Abs. 1 Satz 2 GG ist allerdings fraglich.[9]

6 **2. Wirkung.** Die **Wirkung eines Verwerfungsbeschlusses** entspricht derjenigen eines Urteils.[10] Nach Zustellung kann das Gericht den Beschluss nicht mehr ändern, nur im Rahmen des § 138 berichtigen. Er ist mithin der formellen und materiellen **Rechtskraft** fähig,[11] enthält von Amts wegen eine Kostenentscheidung und bewirkt die gleichen kosten- und gebührenrechtlichen Folgen wie ein Urteil.[12] Beruht die Verwerfung auf der Versäumung der Einlegungs- oder Begründungsfrist, kommt unter den Voraussetzungen des § 67 eine **Wiedereinsetzung** auch noch nach dem Verwerfungsbeschluss in Betracht, sofern das BSG über die Wiedereinsetzung nicht bereits negativ entschieden hat.[13] Eine nachträgliche Wiedereinsetzung macht den Verwerfungsbeschluss gegenstandslos.[14]

V. Unanfechtbarkeit

7 **1. Gegenvorstellung.** Außer der Rechtskraft entfaltet der Beschluss **innerprozessuale Bindungswirkung** für das BSG selbst. Ein gesetzliches Rechtsmittel oder ein Rechtsbehelf ist – abgesehen von der Verfassungsbeschwerde oder der Anhörungsrüge (§ 178 a) – nicht gegeben. Ungeachtet des Plenarbeschlusses des BVerfG v. 30.4.2003[15] gehen das BVerfG[16] und ihm nach anfänglichen Unsicherheiten zumindest teilweise folgend auch das BSG[17] indessen weiterhin davon aus, dass gegen einen Beschluss des BSG die sog **Gegenvorstellung** statthaft ist, wenn sie zur Beseitigung einer greifbaren Gesetzwidrigkeit, insbesondere eines Grundrechtsverstoßes, erforderlich ist oder wenn die Entscheidung zu einem groben prozessualen und sozialen Unrecht führen würde.[18]

8 **2. Außerordentliche Beschwerde.** Die Rechtsprechung des BGH zur außerordentlichen Beschwerde bei **greifbarer Rechtswidrigkeit** nicht anfechtbarer Entscheidungen ist aufgegeben. Das BSG hatte sich dieser Rechtsprechung ohnehin nicht angeschlossen (→ § 160 Rn. 3).

---

9 Vgl. dazu allgemein BVerfG 8.4.1997 – 1 PhvU 1/95, E 95, 322 (333); BSG 23.8.2007 – B 4 RS 2/06 R, SozR 4-1500 § 155 Nr. 1.
10 BSG 30.5.1967 – 4 RJ 231/67, SozR Nr. 5 zu § 169.
11 BSG 30.5.1967 – 4 RJ 231/67, SozR Nr. 5 zu § 169.
12 BSG 11.5.1955 – 3 RJ 7/55, SozR Nr. 1 zu § 192 SGG; BSG 20.4.1956 – 1 RA 150/55, SozR Nr. 3 zu § 184 SGG.
13 BSG 24.10.1961 – 9 RV 970/61, SozR Nr. 31 zu § 67 SGG; Leitherer in Meyer-Ladewig/Keller/Leitherer/Schmidt, 13. Aufl. 2020, § 169 Rn. 4 b.
14 BSG 24.10.1961 – 9 RV 970/61, SozR Nr. 31 zu § 67 SGG.
15 BVerfG 30.4.2003 – 1 PBvU 1/02, BVerfGE 107, 395.
16 BVerfG 25.11.2008 – 1 BvR 848/07, BVerfGE 122, 190 ff. und 13.2.2008 – 2 BvR 256/08, NJW 2008, 1582.
17 BSG 7.4.2005 – B 1 KR 5/04 S, SozR 4-1500 § 178 a Nr. 1; BSG 24.1.2019 – B 2 U 11/18 S, juris.
18 Näher Berchtold in Berchtold/Richter PHdB-SozS § 8 Rn. 289 ff., 293 ff.

§ 170 [Zurückweisung; Zurückverweisung]

(1) [1]Ist die Revision unbegründet, so weist das Bundessozialgericht die Revision zurück. [2]Ergeben die Entscheidungsgründe zwar eine Gesetzesverletzung, stellt sich die Entscheidung selbst aber aus anderen Gründen als richtig dar, so ist die Revision ebenfalls zurückzuweisen.

(2) [1]Ist die Revision begründet, so hat das Bundessozialgericht in der Sache selbst zu entscheiden. [2]Sofern dies untunlich ist, kann es das angefochtene Urteil mit den ihm zugrunde liegenden Feststellungen aufheben und die Sache zur erneuten Verhandlung und Entscheidung an das Gericht zurückverweisen, welches das angefochtene Urteil erlassen hat.

(3) [1]Die Entscheidung über die Revision braucht nicht begründet zu werden, soweit das Bundessozialgericht Rügen von Verfahrensmängeln nicht für durchgreifend erachtet. [2]Dies gilt nicht für Rügen nach § 202 in Verbindung mit § 547 der Zivilprozeßordnung und, wenn mit der Revision ausschließlich Verfahrensmängel geltend gemacht werden, für Rügen, auf denen die Zulassung der Revision beruht.

(4) [1]Verweist das Bundessozialgericht die Sache bei der Sprungrevision nach § 161 zur anderweitigen Verhandlung und Entscheidung zurück, so kann es nach seinem Ermessen auch an das Landessozialgericht zurückverweisen, das für die Berufung zuständig gewesen wäre. [2]Für das Verfahren vor dem Landessozialgericht gelten dann die gleichen Grundsätze, wie wenn der Rechtsstreit auf eine ordnungsgemäß eingelegte Berufung beim Landessozialgericht anhängig geworden wäre.

(5) Das Gericht, an das die Sache zur erneuten Verhandlung und Entscheidung zurückverwiesen ist, hat seiner Entscheidung die rechtliche Beurteilung des Revisionsgerichts zugrunde zu legen.

I. Allgemeines

1. Inkrafttreten. Die Vorschrift entspricht weitgehend der ursprünglichen Fassung des SGG. Die Entlastung des BSG von der Auseinandersetzung mit nicht begründeten Verfahrensrügen (Abs. 3 S. 1) ist durch das ÄndG vom 30.7.1974 (BGBl. 1974 I 1625) eingefügt worden. Die Fassung des Abs. 3 S. 2 ist dem Zivilprozessreformgesetz vom 27.7.2001 (BGBl. 2001 I 1687) angepasst. 1

2 **2. Vergleichbare Vorschriften.** In § 144 VwGO; § 126 FGO finden sich entsprechende Vorschriften; ferner enthält § 144 Abs. 3 S. 2 VwGO die Klarstellung, dass eine Zurückverweisung geboten ist, wenn der erst im Revisionsverfahren beigeladene Beteiligte (§ 168 S. 2) ein berechtigtes Interesse daran hat. Abweichend von § 144 VwGO; § 126 FGO betrifft § 170 ausschließlich Entscheidungen des BSG über zulässige Revisionen. Grundsätzlich ergehen diese durch **Urteil** (§§ 165, 153 Abs. 1, 125). Macht das BSG von der durch das 6. ÄndG SGG vom 17.8.2001 (BGBl. 2001 I 2144) eingeräumten Befugnis Gebrauch, nach § 160 a Abs. 5 zu verfahren und durch **Beschluss** die Sache an das LSG zurückzuverweisen, kommt eine entsprechende Anwendung der Absätze 2, 3 und 5 in Betracht. Unzulässige Revisionen kann das BSG nach § 169 Satz 3 durch Beschluss ohne ehrenamtliche Richter verwerfen.

3 **3. Prüfungsumfang.** Den Umfang der **Sachprüfung** bestimmt der Antrag des Revisionsklägers (§§ 164 Abs. 2 Satz 3, 165, 153 Abs. 1, 123). **Prüfungsgegenstand** iS von § 95 ist die angegriffene Entscheidung (nicht umstrittene Verwaltungsakte). Der **Streitgegenstand** wird auch im Revisionsverfahren allein durch die Klage (ggf. ergänzt durch § 96) bestimmt und ist im Revisionsverfahren insofern von Bedeutung, als die Entscheidung hierüber zulässig zur Überprüfung des Revisionsgerichts gestellt werden konnte. Der **Prüfungsumfang** ist von dem Zulassungsgrund und – soweit es sich nicht um rügebedürftige Verfahrensmängel handelt (§ 164 Abs. 2 S. 3) – von den vorgetragenen Revisionsgründen unabhängig. Es gilt das **Schlechterstellungsverbot** (reformatio in peius) zugunsten des Revisionsklägers. Jedoch kann das BSG ein die Berufung als unbegründet zurückweisendes Urteil aufheben und die Berufung als unzulässig verwerfen. Das Schlechterstellungsverbot ist nicht betroffen, wenn die Revisionsentscheidung die Rechtsfolgen ausspricht, die sich aus dem Fehlen einer Prozessvoraussetzung unausweichlich ergeben.[1] Verfahrensrügen können auch vom Revisionsbeklagten als sog **Gegenrügen** (→ § 160 Rn. 28) bis zum Schluss der mündlichen Verhandlung – ohne Wahrung der Revisionsbegründungsfrist – vorgebracht werden.[2] Selbstverständlich ergeht eine Entscheidung des BSG nur, soweit die Beteiligten von ihrer **Dispositionsbefugnis** nicht mit Prozesserklärungen Gebrauch gemacht und den Prozess nicht durch Rücknahme, angenommenes Anerkenntnis,[3] gerichtlichen Vergleich oder beiderseitige Erledigungserklärung beendet haben (§§ 101, 102).

4 **4. Maßgebliche Rechtslage.** Maßgebend für die rechtliche Beurteilung ist grundsätzlich das **zur Zeit der Entscheidung des BSG geltende Recht.**[4] Gesetzesänderungen, die das streitige Rechtsverhältnis betreffen, sind vom BSG auch zu beachten, wenn das LSG sie noch nicht berücksichtigen konnte.[5] Dieser Grundsatz ist unabhängig von der Klageart, denn die maßgebliche Sach- und Rechtslage bestimmt des materielle Recht, nicht das Prozessrecht[6] (→ § 162 Rn. 2 und 11).

1 BSG 29.2.1956 – 10 RV 75/55, E 2, 225 (228).
2 BSG 26.1.1983 – 1 RA 31/82, SozR 1500 § 164 Nr. 22.
3 S. hierzu BSG 9.4.2019 – B 1 KR 3/118 R, SozR 4-1780 § 161 Nr. 3 Rn. 9.
4 BSG 9.2.1956 – 1 RA 5/55, E 2, 188 (192); zu den allgemeinen Grundsätzen des sog. intertemporalen Prozessrechts: BSG 15.12.1982 – GS 2/80, E 54, 223 (227 ff.) = SozR 1300 § 44 Nr. 3; zur Bestimmung der maßgeblichen Rechtslage allgemein: BSG 13.3.1997 – 11 RAr 51/96, SozR 3-4100 § 152 Nr. 7 mwN.
5 BSG 11.8.1976 – 10 RV 165/75, E 42, 135 (137) = SozR 3100 § 10 Nr. 7; zu der abweichenden früheren Praxis des Reichsgerichts May S. 437.
6 BSG 13.3.1997 – 11 RAr 51/96, SozR 3-4100 § 152 Nr. 7 mwN.

II. Unbegründete Revision – Abs. 1

1. Gesetzesverletzung. Der Wortlaut des Satzes 1 wird durch Satz 2 klargestellt, indem er „die Entscheidung (der Vorinstanz) selbst", also nicht die Entscheidungsgründe, als **Gegenstand** (nicht „Streitgegenstand") der revisionsrichterlichen Prüfung bezeichnet. Ob eine Revision iSd Satzes 1 unbegründet ist, richtet sich mithin nicht nach § 164 Abs. 2. Dort sind nur Anforderungen an die Revisionsbegründung geregelt, deren Erfüllung Voraussetzung für die Sachprüfung durch das BSG ist. Auch eine Revision, die den Begründungserfordernissen des § 164 Abs. 2 entspricht, hat damit allenfalls die Anforderungen an die Zulässigkeit überwunden und kann iSd § 170 Abs. 1 dennoch in der Sache unbegründet sein. **Unbegründet** ist die Revision gegen eine Sachentscheidung, wenn von Amts wegen zu beachtende Verfahrensmängel nicht vorliegen, sonstige Verfahrensrügen nicht vorgetragen sind oder nicht durchgreifen und der bindend festgestellte Sachverhalt (§ 163) die von der Vorinstanz ausgesprochene Rechtsfolge rechtfertigt. Abs. 1 bringt dies zum Ausdruck, indem er **Gesetzesverletzungen** (§ 546 ZPO) nur für erheblich erachtet, wenn sie sich auf das **Entscheidungsergebnis** der Vorinstanz ausgewirkt haben oder – bei Verfahrensfehlern nach hypothetischer Prüfung – ausgewirkt haben können. Daran kann es aus verschiedenen Gründen fehlen. Ein Verfahrensmangel kann folgenlos bleiben, wenn auf seine Geltendmachung wirksam verzichtet wurde oder er durch das weitere Verfahren geheilt ist (§ 202; § 295 ZPO). Ein an sich begründeter Angriff gegen eine Tatsachenfeststellung kann unerheblich sein, weil es auf die verfahrensfehlerhaft festgestellte Tatsache nach der Rechtsansicht des BSG nicht ankommt. Auch eine sich aus den Entscheidungsgründen ergebende fehlerhafte Rechtsansicht zum materiellen Recht ist für die Entscheidung unerheblich, wenn die vom LSG festgestellten Tatsachen das Entscheidungsergebnis aufgrund eigener Kompetenz mit anderer rechtlicher Begründung rechtfertigen. 5

Abs. 1 S. 2 ist jedoch bei **absoluten Revisionsgründen** (§ 202; § 547 ZPO) grundsätzlich nicht anwendbar. Hier wird die Ursächlichkeit der Gesetzesverletzung unwiderleglich vermutet[7] und führt in der Regel zur Zurückverweisung.[8] Soweit angenommen wird, dass eine abschließende Entscheidung des Revisionsgerichts auch bei Vorliegen eines absoluten Revisionsgrunds in Betracht kommen soll, wenn auf der Grundlage eines „in tatsächlicher Hinsicht geklärten und nicht umstrittenen Sachverhalts" in rechtlicher Hinsicht nur in einer ganz bestimmten Weise entschieden werden kann, kann dem nicht gefolgt werden.[9] Weder kommt es im vom Grundsatz der Amtsermittlung geprägten sozialgerichtlichen Verfahren für die Feststellung von Tatsachen je darauf an, ob diese „umstritten" sind, noch kann das Revisionsgericht über § 164 SGG an die Feststellung von Tatsachen gebunden sein, die ihrerseits auf einem von Amts wegen zu beachtenden Verfahrensfehler beruht.[10] Allenfalls dann, wenn bereits die auch durch das Revisionsgericht von Amts wegen zu prüfenden und festzustellenden Sachurteilsvoraussetzungen nicht gegeben sind und daher die Klage („alternativ- 6

7 BSG 18.2.1988 – 6 RKa 24/87, E 63, 43 (45) = SozR 2200 § 368 a Nr. 21.

8 BSG 6.9.2018 – B 2 U 3/17 R, UV-Recht aktuell 2019, 120 ff., juris Rn. 12, 22; 29.1.2019 – B 2 U 5/18 R, UV-Recht Aktuell 2019, 156 ff., juris Rn. 20 mwN.

9 BSG 7.8.2014 – B 13 R 37/13 R, SGb 2014, 557 mwN; 25.6.2009 – B 3 KR 2/08 R, SozR 4-2500 § 33 Nr. 24 Rn. 11.

10 Vgl. BSG 6.9.2018 – B 2 U 3/17 R, UV-Recht aktuell 2019, 120 ff., juris Rn. 22 mwN; BSG 29.1.2019 – B 2 U 5/18 R, UV-Recht Aktuell 2019, 156 ff., juris Rn. 21 mwN.

los") in jedem Falle abgewiesen werden müsste, kann dennoch eine abschließende Entscheidung durch das Revisionsgericht in Betracht kommen.[11]

7 **2. Nicht anfechtbare Vorentscheidung. Zurückzuweisen** ist die Revision auch, wenn die Gesetzesverletzung in einer nicht mehr anfechtbaren Prozessgestaltung besteht (zB rechtswidrige Wiedereinsetzung; rechtswidrige Beiladung). Die rechtswidrige Unterlassung einer notwendigen Beiladung ist allerdings ein rügeabhängiger Revisionsgrund.[12] Begeht die Vorinstanz in einer nicht selbstständig mit der Beschwerde anfechtbaren Entscheidung (§§ 172 Abs. 2; 177) einen Verfahrensfehler, schließt dies die Verfahrensrüge und deren Berücksichtigung durch das BSG nicht in jedem Falle aus.[13] Der Ausschluss bezieht sich nur auf die **isolierte Anfechtung** mit der Beschwerde (→ § 172 Rn. 3), nicht auf die Rüge von Verfahrensfehlern mit Rechtsmitteln in der Hauptsache. Schon vor der Änderung des § 168 durch das 6. ÄndG-SGG hat das BSG eine unzulässige Beiladung im Revisionsverfahren für aufhebbar gehalten.[14] Unbegründet ist die Revision auch, sofern die Vorinstanzen den Rechtsweg zu den Sozialgerichten zu Unrecht bejaht haben (§ 17 a Abs. 5 GVG).

III. Begründete Revision – Abs. 2

8 **1. Gesetzesverletzung. Begründet** ist eine Revision – wie der Umkehrschluss aus Abs. 1 S. 2 ergibt – wenn die Entscheidung auf einer (für das Revisionsgericht relevanten) **Gesetzesverletzung** beruht. Diese übereinstimmende Regelung der Prozessordnungen wird für einen Umweg und die Revision für begründet gehalten, wenn die bindend festgestellten Tatsachen (§ 163) und nicht revisiblen Normen bei einer Anwendung des revisiblen Rechts durch das Revisionsgericht zu einem anderen Ergebnis führen.[15] Diese Ansicht ist geeignet, die **Aufgabe des Revisionsgerichts** klarzustellen. Es hat rechtlich eigenständig umfassend über den geltend gemachten Anspruch auf der Grundlage bindend festgestellter Tatsachen (§ 163) zu befinden und nicht etwa nur eine von den Beteiligten aufgeworfene oder von der Vorinstanz beantwortete Rechtsfrage nachzuprüfen. Das Gesetz ist verletzt, wenn eine Rechtsnorm nicht oder nicht richtig angewendet worden ist (§ 202; § 546 ZPO). Die **Gesetzesverletzung** kann in einer fehlerhaften Konkretisierung des Verfahrens- oder materiellen Rechts,[16] einem Fehler bei der Rechtsanwendung auf den festgestellten Sachverhalt[17] oder auch darin bestehen, dass die Vorinstanz die aus der Sicht des BSG entscheidungserheblichen Tatsachen nicht festgestellt, die Spruchreife also objektiv nicht herbeigeführt hat.[18] Hat die Vorinstanz der Klage stattgegeben, ist die Revision begründet,

11 BSG 29.1.2019 – B 2 U 5/18 R, UV-Recht Aktuell 2019, 156 ff., juris Rn. 20 mwN.
12 BSG 11.2.1988 – 8/5 a RKn 11/85, SozR 1500 § 75 SGG.
13 Vgl. BSG 27.6.2019 – B 5 R 1/19 B, juris Rn. 9 mwN: Fehlen einer Entscheidung über ein Ablehnungsgesuch; BSG 7.12.2017 – B 5 R 208/17 B, juris Rn. 9: Beruhen der Zurückweisung des Ablehnungsgesuchs auf willkürlichen manipulativen Erwägungen, grundlegende Verkennung von Bedeutung und Tragweite des Art. 101 Abs. 1 S. 2 GG durch die richterliche Entscheidung oder Mitwirkung eines abgelehnten Richters außerhalb einer bloßen „Formalentscheidung".
14 BSG 23.1.1980 – 12 RK 53/79, SozR 1500 § 75 Nr. 27; dagegen May NVwZ 1997, 251 f. mit Hinweis auf die „Prüfungssperre" nach § 202; § 557 Abs. 2 = § 548 aF ZPO.
15 May S. 346 im Anschluss an BGH 26.2.1953 – III ZR 214/50, BGHZ 9, 101 (102 f.) = NJW 1953, 941.
16 Verständnis- oder Auslegungsfehler – dazu May S. 377 ff.
17 Subsumtionsmangel – dazu: May S. 413 ff.
18 BSG 31.1.1974 – 4 RJ 235/72, E 37, 104 (107) = SozR 1500 § 170 Nr. 1.

wenn auch nur eine der regelmäßig vielfältigen Anspruchsvoraussetzungen rechtsfehlerhaft beurteilt oder ohne tatsächliche Feststellungen geblieben ist. Bei einer abweisenden Entscheidung hat die Sachrüge Erfolg, wenn die nach Ansicht der Vorinstanz zu einer nicht verwirklichten Anspruchsvoraussetzung rechtlicher Prüfung nicht standhält oder nicht auszuschließen ist, dass sich die tatsächlichen Merkmale im Rahmen der weiteren Sachaufklärung ermitteln lassen.

2. Entscheidungserheblichkeit. Die Entscheidung beruht auf einer Rechtsverletzung, wenn die Entscheidung ohne diese anders ausgefallen wäre. Es handelt sich also um eine (rechtliche!) **Kausalitätsprüfung**, bei der die Rechtsverletzung als **tragender Grund** der angefochtenen Entscheidung zu ermitteln ist. Führt die eigenständige Rechtsanwendung des BSG mit anderer Begründung zum gleichen Ergebnis, so ist die Revision nach Abs. 1 S. 2 nicht begründet.[19] Dies gilt nicht bei absoluten Revisionsgründen (§ 202; § 547 ZPO), bei denen unwiderleglich vermutet wird, dass ein solcher Verfahrensmangel für die Entscheidung ursächlich war (→ Rn. 5). Bei sonstigen Verfahrensmängeln beruht die Entscheidung auf diesen, falls sich bei ordnungsgemäßem Verfahren eine andere Entscheidung nicht ausschließen lässt.[20] 9

3. Reformatorischer Rechtsschutz. Auch der **Rechtsschutz** durch das Revisionsgericht ist **reformatorisch**, nicht nur kassatorisch zur Beseitigung einer auf einer Gesetzesverletzung beruhenden Entscheidung der Vorinstanz. Das BSG hat also „tunlichst" eine endgültige Entscheidung zur Sache zu treffen, soweit die bindenden tatsächlichen Feststellungen der Vorinstanz (§ 163) dies ermöglichen.[21] Das sprachlich nicht geglückte Gesetzesmerkmal **„tunlich"** soll dem BSG nicht etwa einen Entscheidungsspielraum nach Zweckmäßigkeitsgesichtspunkten dafür eröffnen, ob es abschließend zur Sache entscheidet oder an ein Tatsachengericht zurückverweist. Sind der vorinstanzlichen Entscheidung tatsächliche Feststellungen zu entnehmen, die sie selbst nicht für entscheidungserheblich gehalten hat, so kann das BSG seine Entscheidung auf diese Feststellungen stützen.[22] In solchen Fällen ist aber streng darauf zu achten, dass die Entscheidung wirklich eine Feststellung (!) nicht für rechtserheblich gehaltener Tatsachen und nicht nur den Bericht zum Streitstand enthält. Diese Möglichkeit besteht nicht bei fehlerhafter Besetzung der Richterbank. Der absolute Verfahrensmangel lässt sich nur durch eine Aufhebung des angefochtenen Urteils einschließlich der ihm zugrundeliegenden Feststellungen (Abs. 2) und Zurückverweisung an die Vorinstanz beheben.[23] Durch den zum 1.9.2004 eingeführten § 131 ist der Grundsatz des reformatorischen Rechtsschutzes durchbrochen und die Möglichkeit der Zurückverweisung an die Verwaltung zur weiteren Sachaufklärung eröffnet. Damit ergibt sich aber für das BSG kaum die Möglichkeit, das gerichtliche Verfahren abzuschließen und an Stelle der Zurückverweisung an die Vorinstanz (§ 170 Abs. 2) der Verwaltung die erforderlichen Ermittlungen aufzugeben. Im Revisi- 10

---

19 BSG 28.10.1966 – 4 RJ 339/64, E 25, 251 (254) = SozR Nr. 15 zu § 146 SGG; BSG 10.11.1993 – 11 RAr 47/93, E 73, 195 f. = SozR 3-4100 § 249 e Nr. 3 mwN.

20 BSG 7.4.1987 – 11 b RAr 56/86, SozR 1500 § 164 Nr. 31.

21 BSG 10.11.1993 – 11 RAr 47/93, E 73, 195 f. = SozR 3-4100 § 249 e Nr. 3 mwN; Krasney/Udsching, S. 421 f.

22 BSG 10.11.1993 – 11 RAr 47/93, E 73, 195 f. = SozR 3-4100 § 249 e Nr. 3; überholt: BSG 21.1.1959 – 11/8 RV 181/57, E 9, 80 (85 f.) = SozR Nr. 17 zu § 55 SGG.

23 BSG 6.9.2018 – B 2 U 3/17 R, UV-Recht Aktuell 2019, 120 ff., juris Rn. 22 ff.

onsverfahren wird die Ausschlussfrist des § 130 Abs. 5 Satz 4 von sechs Monaten seit Eingang der Behördenakten bei Gericht verstrichen sein.

11 **4. Mangelnde Spruchreife. Zurückzuverweisen** an eine Tatsacheninstanz ist die Sache grundsätzlich, wenn nicht alle tatsächlichen Feststellungen getroffen sind, welche (anders als bei der Prüfung eines Verstoßes gegen § 103 durch die Vorinstanz als Verfahrensfehler) ausgehend von der insofern maßgeblichen **Rechtsauffassung des BSG** die Anwendung oder den Ausschluss einer entscheidungserheblichen Rechtsnorm zulassen. Das **BSG** ist **nicht befugt**, die Sache durch eigene **Ermittlungen und Feststellungen** spruchreif zu machen[24] oder sich auf Feststellungen aus einem Verfahren zu stützen, dessen Ergebnis wegen eines absoluten Revisionsgrundes zwingend der Aufhebung (einschließlich der tatsächlichen Feststellungen) und Zurückverweisung unterliegt. Aus welchen Gründen die Vorinstanz die **Spruchreife** nicht herbeigeführt hat, ist unerheblich. Zu beachten sind aber die **Ausnahmen**, unter denen dem Revisionsgericht Ermittlungen und Tatsachenfeststellungen erlaubt sind (→ § 163 Rn. 3 ff.). Eine vergleichbare Lage (Entscheidung ohne Zurückverweisung) besteht dann, wenn die Vorinstanz zB wegen eines Prozessurteils tatsächliche Feststellungen nicht getroffen hat, die Klage aber wegen Unschlüssigkeit jedenfalls abweisungsreif ist, weil nach den Umständen ausgeschlossen ist, dass noch entscheidungserheblicher Prozessstoff vorgetragen oder ermittelt wird.[25] Gerade diese Möglichkeit rechtfertigt aber eine Zurückverweisung, wenn eine Beiladung im Revisionsverfahren erfolgt ist (→ § 168 Rn. 5), ein Vorverfahren nachzuholen (sehr zweifelhaft)[26] oder eine Rechtsfortbildung naheliegend ist, der nach der bisherigen Rechtsprechung entscheidungserhebliche Sachverhalt aber nicht geklärt ist,[27] eine Entscheidung des BVerfG oder des EuGH in Betracht kommt, die Entscheidungserheblichkeit der Vorlagefrage aber nach den bisherigen Feststellungen nicht zu beurteilen ist.[28]

12 **5. Zurückverweisung.** Wird das Urteil wegen eines Verfahrensmangels aufgehoben, so sind zugleich die zugrunde liegenden **Feststellungen** aufzuheben, sofern sie von dem Verfahrensmangel betroffen sind (§ 202; § 562 Abs. 2 ZPO). Dies gilt, wenn nicht auszuschließen ist, dass die Vorinstanz die Tatsache ohne den Verfahrensmangel nicht festgestellt hätte. Unerlässlich ist eine Zurückverweisung auch, wenn das Urteil der Vorinstanz nicht innerhalb von 5 Monaten nach Verkündung oder Beschlussfassung schriftlich niedergelegt und unterschrieben der Geschäftsstelle übergeben worden ist.[29] Dies gilt grundsätzlich bei absoluten Revisionsgründen (§ 202; § 547 ZPO).[30] Ausnahmsweise ist eine Zurückverweisung trotz eines absoluten Revisionsgrundes untunlich, wenn nach dem Revisionsvorbringen und den getroffenen Feststellungen[31] oder aus prozessualen Gründen (zB fehlende Klage) unter **keinem denkbaren Gesichtspunkt** ein Erfolg des Revisionsklägers eintreten kann.[32] Zurückverwiesen wird zur erneuten Verhandlung und Entscheidung, damit die Vorinstanz eine abschließende Entschei-

24 BSG 1.10.1964 – 11/1 RA 264/61, SozR Nr. 9 zu § 163 SGG.
25 BSG 14.9.1994 – 3/1 RK 36/93, E 75, 74 (76 ff.) = SozR 3-2500 § 33 Nr. 12; vgl. auch Fichte in Breitkreuz/Fichte § 170 Rn. 25.
26 BSG 20.3.1973 – 8/7 RU 11/70, E 35, 267 (272) = SozR Nr. 5 zu § 551 RVO.
27 BSG 9.11.1995 – 11 RAr 27/95, E 77, 48 (53) = SozR 3-4100 § 119 Nr. 9.
28 BSG 31.1.1974 – 4 RJ 235/72, E 37, 104 (107) = SozR 1500 § 170 Nr. 1.
29 GmSOGB 27.4.1993 – 1/92, SozR 3-1750 § 551 Nr. 4.
30 BSG 13.5.1998 – B 6 KA 31/97 R, E 82, 150 (156 f.) = SozR 3-1500 § 60 Nr. 4.
31 Vgl. BSG 17.12.2015 – B 2 U 150/15 B, juris.
32 BSG 14.9.1994 – 3/1 RK 36/93, E 75, 74 (76 ff.) = SozR 3-2500 § 33 Nr. 12.

dung „in der Sache" ohne Verletzung des materiellen und Verfahrensrechts trifft, an der das BSG wegen § 163 gehindert ist. Die Zurückverweisung eröffnet **nicht eine neue Instanz,** weil diese wegen der Aufhebung aufgrund einer Gesetzesverletzung nicht beendet ist. Das Verfahren wird in dem durch die Entscheidung des BSG gesetzten Rahmen (Abs. 5) fortgesetzt. Soweit das LSG keinen (revisionsgerichtlich beanstandeten) Verfahrensfehler begangen hat, bleibt der bisherige „Prozessstoff angefallen".[33] Das frühere Verfahren vor dem Berufungsgericht und das neue Verfahren nach Zurückverweisung bilden eine **Einheit.**[34] Die Beteiligten können neu disponieren (zB Klageantrag, Widerklage, Anschlussberufung) und in tatsächlicher Hinsicht neu vortragen, soweit durch die Entscheidung des BSG und das Verbot der Fehlerwiederholung keine Bindung des Berufungsgerichts eingetreten ist. Die Frage ob, eine fehlende Anhörung im Verwaltungsverfahren nach Zurückverweisung nachgeholt werden kann, ist wesentlich eine solche des § 41 Abs. 2 SGB X und nicht des Prozessrechts.[35] Das Gericht hat die zur Feststellung der entscheidungserheblichen Tatsachen erforderlichen Ermittlungen anzustellen. Maßgebend für den **Umfang der Ermittlungen** ist nunmehr wieder grundsätzlich die Rechtsansicht des Tatsachengerichts (§ 103), sofern nicht die Bindung in rechtlicher Hinsicht nach § 170 Abs. 5 eingreift. Bezeichnet das BSG mögliche, bisher nicht festgestellte Tatsachen als entscheidungserheblich, ist das LSG wegen der innerprozessualen Bindungswirkung des Revisionsurteils (§ 170 Abs. 5) verpflichtet, die Tatsachen zu ermitteln. Die Zurückverweisung ergeht bei Vorliegen ihrer Voraussetzung (Rechtsverletzung) von Amts wegen; ein entsprechender **Antrag oder Hilfsantrag** über den nach § 164 Abs. 2 Satz 3 unerlässlichen Sachantrag hinaus ist **nicht erforderlich.**

Die Bindung an die ursprünglichen Feststellungen des LSG kann – ganz oder teilweise – nach **Maßgabe von § 170 Abs. 5** (!) mittelbar fortdauern, wenn das BSG dessen Entscheidung aufgehoben, die Sache zur erneuten Verhandlung und Entscheidung zurückverwiesen hat und der Streitfall dann erneut zum BSG gelangt. § 170 Abs. 2 S. 2 sieht eine Zurückverweisung ausnahmsweise dann vor, wenn die Entscheidung „untunlich" ist, eine eigene Entscheidung also insbesondere wegen noch ausstehender Ermittlungen nicht in Betracht kommt.[36] Dabei ist die (schlüssige) **Aufhebung** der dem ersten Berufungsurteil nach zulässiger Sachentscheidung zugrunde liegenden Feststellungen durch das BSG (§ 170 Abs. 2 S. 2: „mit dem ihm zugrunde liegenden Feststellungen") nicht in jedem Fall, sondern nur nach Maßgabe der vom BSG beanstandeten Fehler erforderlich. Jedenfalls, soweit nur hinsichtlich einzelner Feststellungen Verfahrensfehler durchgreifen oder nach Auffassung des BSG weitere tatrichterliche Feststellungen nur zusätzlich und ergänzend erforderlich sind, weil etwa eines von mehreren Tatbestandsmerkmalen übersehen worden war, bleiben die bereits getroffenen Feststellungen (ansonsten) bestehen und sind vom Verbot der Fehlerwiederholung im fortgeführten Berufungsverfahren nicht betroffen. Das gilt erst recht wenn das BSG das Urteil des LSG insgesamt aufgehoben, über die Anerkennung einer Berufskrankheit auf der Basis der getroffenen tatsächlichen Feststellungen in den Gründen abschließend entschieden und den Rechtsstreit insgesamt an das 13

33 BSG 16.3.2017 – B 10 LW 1/15 R, BSGE 122, 302 ff., Rn. 19 mwN.
34 BSG 16.3.2017 – B 10 LW 1/15 R, BSGE 122, 302 ff., Rn. 19 mwN.
35 BSG 16.3.2017 – B 10 LW 1/15 R, BSGE 122, 302 ff., Rn. 19 ff. mwN.
36 Vgl. die Nachweise bei BSG 31.7.2017 – B 1 KR 47/16 B, SozR 4-1500 § 160 Nr. 30 Rn. 8.

LSG im Kern nur deshalb zurückverwiesen hat, um über die offen gebliebene Frage des Werts der Rente zu entscheiden.[37] Zur „rechtlichen Beurteilung" iS von § 170 Abs. 5" gehören bei Abhängigkeit der schlussendlichen Subsumtion von der Ergänzung des Untersatzes auch die Aussagen des BSG zur Verwertbarkeit der schon vorhandenen Elemente.

14 **6. Teilentscheidung.** In der Regel wird die Gesetzesverletzung die Entscheidung der Vorinstanz im Ganzen betreffen, so dass das Urteil in vollem **Umfang** aufzuheben ist. In Fällen der objektiven Klagehäufung oder – soweit der Gegenstand teilbar ist (Grund/Höhe; Zeiträume) – ist eine Teilaufhebung und Zurückweisung im Übrigen zulässig.

15 **7. Verweisungsgericht.** Zurückverwiesen wird an das Gericht, welches das angefochtene Urteil erlassen hat. Zuständig ist grundsätzlich der **gleiche Spruchkörper**, der nach der internen Geschäftsverteilung berufen ist, regelmäßig derjenige, der das angefochtene Urteil erlassen hatte. Nach § 202 Satz 1 iVm § 563 Abs. 1 Satz 2 ZPO kann die Zurückverweisung an einen **anderen Spruchkörper** desselben Gerichts mit ehrenamtlichen Richtern aus den gleichen Gruppen erfolgen. Diese vom Gesetz vorgesehene Möglichkeit der Zurückverweisung ist auch in der Sozialgerichtsbarkeit anerkannt.[38] Von einer solchen Möglichkeit macht das BSG Gebrauch, wenn das Vertrauen des Betroffenen in ein faires Verfahren durch den Spruchkörper der Vorinstanz erschüttert ist.[39] Dasselbe gilt, wenn ernstliche Zweifel daran bestehen, dass der Spruchkörper des LSG nach einer zweiten Zurückverweisung an ihn auf der Grundlage des vom BSG verbindlich ausgelegten Bundesrechts in einem fairen Verfahren abschließend entscheiden wird, ohne dass von einem Beteiligten erneut das Revisionsgericht wegen prozessverzögernder Missachtung der Bindungswirkung angerufen werden muss.[40]

16 Das BSG bestimmt insofern in Ausübung einer ihm gesetzlich zugewiesenen Kompetenz mit Vorrang gegenüber Geschäftsverteilung des LSG den **gesetzlichen Richter** für das weitere Verfahren. Da die Zurückverweisung an einen anderen Senat das Recht des Betroffenen aus Art. 101 Abs. 1 Satz 2 GG berührt, setzt sie allerdings besondere sachliche Gründe voraus, um eine willkürfreie Ermessensausübung zu gewährleisten. Die Zurückverweisung an einen anderen Senat kommt danach nur in Betracht, wenn ernstliche Zweifel an der Unvoreingenommenheit des erkennenden Senats des LSG bestehen.[41] Wegen der besonderen Lage bei der Sprungrevision → Rn. 15.

17 Kein Fall des § 563 Abs. 1 S. 2 ZPO liegt vor, wenn das BSG nach unzulässiger Entscheidung des LSG durch den Vorsitzenden/Berichterstatter des Senats zurückverweist. Grundsätzlich führt ein Verstoß gegen § 155 Abs. 3 iVm Abs. 4 SGG zu einer fehlerhaften Besetzung des Gerichts, durch die den Beteiligten der gesetzliche Richter (Art. 101 Abs. 1 GG) entzogen wird (absoluter Revisions-

37 Vgl. HessLSG 28.1.2020 – L 3 U 161/17 ZVW, juris.
38 BSG 26.4.2007 – B 4 R 89/06 R, SozR 4-1500 § 170 Nr. 2 Rn. 79 mwN.
39 BSG 24.3.1976 – RV 92/74, SozSich 1976, 208, juris Rn. 11: „Nichtbeachtung vorgelegter Beweismittel und unberechtigte Auferlegung von Mutwillenskosten"; 31.3.1998 – B 8 KN 7/97 R, SozR 3-1750 § 565 Nr. 1; BSG 7.7.1998 – B 5 RJ 16/98 R, SozR 3-1500 § 170; BSG 3.2.1999 – B 9 VJ 1/98 R, SozR 3-1750 § 565 Nr. 2: „Spiel mit verdeckten Karten" durch Zurückhalten eines Begleitbriefs des Sachverständigen und Hintanhalten einer Anzeige des Sachverständigen zu möglichen Befangenheitsgründen durch das LSG; überholt: BSG 13.3.1975 – 2 RU 267/73, SozSich 1976, 312.
40 BSG 26.4.2007 – B 4 R 89/06 R, SozR 4-1500 § 170 Nr. 2 Rn. 79.
41 Vgl. BFH 4.9.2002 – XI R 67/00, BFHE 200, 1, BStBl. II 2003, 142.

grund nach § 202 S. 1 SGG iVm § 547 Nr. 1 ZPO). Die hiernach regelmäßig erfolgende Zurückverweisung „an den eigentlich zuständigen Spruchkörper“[42] meint nicht einen „anderen Spruchkörper“ sondern den bisherigen in der Besetzung, die von Anfang an geboten gewesen wäre.

IV. Eingeschränkte Begründungspflicht bei Verfahrensrügen – Abs. 3

Die Vorschrift ist durch das ÄndG vom 30.7.1974 (BGBl. 1974 I 1625) eingefügt worden. Sie dient der **Entlastung** des BSG und enthält eine Ausnahme von dem auch für das Revisionsgericht geltenden Begründungszwang (§§ 165, 153 Abs. 1, 136 Abs. 1 Nr. 6). Sie betrifft gerade die Fälle, in denen die Verfahrensrüge – wäre sie begründet – zu einem anderen Ergebnis führte. Als Ausnahme von der Ausnahme gilt der Begründungszwang in Fällen des „bevorrechtigten Revisionsgrundes“, dh das BSG hat Gründe dafür anzugeben, wenn es zB die Rüge, das LSG habe zu Unrecht ein Prozessurteil erlassen, nicht für durchgreifend erachtet. Satz 2 verlangt mit Bezugnahme auf § 547 ZPO die Zurückweisung einer unbegründete Rüge von absoluten Revisionsgründen für begründungsbedürftig (ebenso § 565 a ZPO; § 138 VwGO). Hat die Revision ausschließlich Verfahrensmängel geltend gemacht, ist die Zurückweisung zu begründen (Satz 2), andernfalls könnte ein Revisionsurteil ergehen, ohne den Beteiligten die Gründe mitzuteilen. Die Einschränkung der Begründungspflicht ist verfassungsrechtlich nicht bedenklich.[43] Allerdings sollte von der Entlastungsmöglichkeit wegen der befriedenden Funktion von Begründungen nur zurückhaltend Gebrauch gemacht werden. Einschränkungen der Begründungspflicht für die Vorinstanzen (§§ 136 Abs. 3, 153 Abs. 2) gelten für das BSG nicht[44] (vgl. auch § 165 Satz 2). 18

V. Sprungrevision – Abs. 4

Es handelt sich um eine **Spezialvorschrift** für die Sprungrevision, die den Grundsatz des Abs. 2 S. 2 bestätigt, wonach Zurückverweisungen grundsätzlich an das Gericht gehen, welches das angefochtene Urteil erlassen hat. Für die Sprungrevision eröffnet S. 1 die Möglichkeit, die Sache an das LSG zu verweisen, das für die Berufung zuständig gewesen wäre. Von dieser Möglichkeit macht die **Praxis** regelmäßig Gebrauch. Wird auf eine Sprungrevision an das LSG zurückverwiesen, so hat dieses die Sache wie eine statthafte und zulässige Berufung zu bearbeiten. Eine Prüfung des Zugangs zum Berufungsrechtszug ist nach der Zurückverweisung durch das BSG wegen der innerprozessualen Bindungswirkung dieser Entscheidung nicht vorzunehmen. 19

VI. Bindungswirkung der Revisionsentscheidung – Abs. 5

1. Tragende Gründe. Bei abweichendem Wortlaut enthält Abs. 5 sachlich die gleiche Regelung wie § 563 Abs. 2 ZPO. Die **Bindungswirkung** erstreckt sich nämlich nur auf die rechtliche Begründung, die das BSG der Aufhebung des angefochtenen Urteils zugrunde gelegt hat,[45] Gründe, auf denen die Entscheidung 20

42 BSG 6.9.2018 – B 2 U 3/17 R, juris Rn. 22; 29.1.2019 – B 2 U 5/18 R, juris Rn. 20 mwN.
43 Eyermann/P. Schmidt § 144 Rn. 18 mwN.
44 Fichte in Breitkreuz/Fichte § 163 Rn. 28.
45 BSG 28.9.1961 – 3 RK 72/57, E 15, 127 (129 f.) = SozR Nr. 4 zu § 170 SGG; BSG 26.4.2007 – B 4 R 89/06 R, SozR 4-1500 § 89 Nr. 2.

des BSG beruht (tragende Gründe). Ebenso nimmt die Forderung in einem zurückverweisenden Urteil, bestimmte tatsächliche Feststellungen zu treffen, an der Bindungswirkung nach § 170 Abs. 5 SGG teil.[46] Der Sinn dieser Regelung besteht darin, dass vom Revisionsgericht gerügte Fehler bei der anderweitigen Verhandlung und Entscheidung nicht wiederholt werden (**Verbot der Fehlerwiederholung**), das Gericht aber im Übrigen unabhängig verfahren und entscheiden soll.[47] Die Bindung erstreckt sich nicht nur auf die vom LSG verletzte Rechtsnorm, sondern auch auf rechtliche Beurteilungen, die logische Voraussetzung der Aufhebung sind, weil sie eine Bestätigung des angefochtenen Urteils ausschließen.[48] Hebt das BSG ein Urteil aus Sachgründen auf, so sind damit denknotwendig die Sachurteilsvoraussetzungen bindend festgestellt. Ist ein Sachurteil der Vorinstanz wegen eines Verfahrensmangels, der nicht die Zulässigkeit der Berufung betrifft (zB fehlerhafte Besetzung), aufgehoben und der Rechtsstreit zurückverwiesen worden, so soll das LSG nicht gehindert sein, die Berufung als unzulässig zu verwerfen.[49] Das ist bedenklich, weil die Zulässigkeit der Berufung vom BSG von Amts wegen als Sachurteilsvoraussetzung zu prüfen ist. Dementsprechend kann mit einer Sachentscheidung des BSG bindend darüber befunden sein, dass die Voraussetzungen einer Vorlage nach Art. 100 GG oder Art. 234 EGV nicht vorliegen.[50] Wie die Rechtskraft erstreckt sich die innerprozessuale Bindungswirkung nur auf die Entscheidung in der Sache selbst, nicht auf Ansprüche, die nicht Gegenstand der Entscheidung des BSG waren und erst Recht nicht auf Parallelsachen.

21 **2. Beiläufige Bemerkungen (obiter dicta).** Da die Bindungswirkung auf die die Entscheidung tragenden Gründe beschränkt ist, erstreckt sie sich nicht auf **beiläufige Bemerkungen** rechtlichen Inhalts (obiter dicta), die also hinweggedacht werden können, ohne dass damit die Gründe für die Entscheidung des BSG entfielen. Das Gleiche gilt für sog **Segelanweisungen** – „gewisse Richtlinien oder Fingerzeige für die weitere Behandlung der Sache“.[51]

22 **3. Selbstbindung des BSG.** Eine **Selbstbindung des Revisionsgerichts** ergibt sich ohne ausdrückliche Regelung in einer Verfahrensvorschrift als logische Folge der Bindungswirkung der Vorinstanz nach Abs. 5.[52] Sie lässt sich auch auf § 202, § 318 ZPO stützen. Der GmSOGB hält die Selbstbindung des Revisionsgerichts für unerlässlich, um zu verhindern, dass die Entscheidung der Sache „ständig zwischen Vorinstanz und Revisionsgericht hin- und hergeschoben wird“.[53] Wird das BSG in der gleichen Sache ein zweites Mal angerufen, so ist es einschließlich der nicht (mittelbar) aufgehobenen Tatsachenfeststellungen grundsätzlich an die tragenden Gründe seiner ersten Entscheidung gebunden. Dies gilt auch dann,

---

46 BSG 31.3.2015 – B 12 KR 6/14 B, juris mH auf BVerwG 17.3.1994 – 3 B 24/93, juris.
47 BSG 31.3.2015 – B 12 KR 6/14 B, juris.
48 Leitherer in Meyer-Ladewig/Keller/Leitherer/Schmidt, 13. Aufl. 2020, § 170 Rn. 10 a; Krasney/Udsching, IX Rn. 397.
49 BSG 14.7.1965 – 6 RKa 16/63; Krasney/Udsching, IX Rn. 397 mit Hinweis auf abw. Rspr. des BVerwG.
50 Leitherer in Meyer-Ladewig/Keller/Leitherer/Schmidt, 13. Aufl. 2020, § 170 Rn. 10 b mwN.
51 BSG 17.3.1970 – 9 RV 328/68, E 31, 74 (75) = SozR Nr. 13 zu § 170 SGG.
52 GmSOGB 6.2.1973 – 1/72, BSGE 35, 293 (295) = SozR Nr. 15 zu § 170 SGG; zur Begrenzung bindender Aussagen auf „tragenden Gründe“: BSG 26.4.2007 – B4 R 89/06 R, SozR 4-1500 § 170 Nr. 2.
53 GmSOGB 6.2.1973 – 1/72, BSGE 35, 293 (296).

wenn wegen einer Änderung der Geschäftsverteilung nunmehr ein anderer Senat zu entscheiden hat.[54]

4. Ausnahmen. Die innerprozessuale Bindungswirkung wird hinfällig, wenn nach der Zurückverweisung eine **Rechtsänderung** eintritt, die das streitige Rechtsverhältnis erfasst,[55] das Berufungsverfahren nunmehr einen **anderen Sachverhalt** ergibt,[56] durch den erkennenden Senat, den Großen Senat des BSG, den GmSOGB, das BVerfG oder den EuGH in einem anderen Rechtsstreit eine **Rechtsfortbildung** stattgefunden hat, mit der die Rechtsansicht, die der Zurückverweisung zugrunde liegt, aufgegeben oder nicht vereinbar ist.[57] 23

§ 170 a [Urteilsabschriften an ehrenamtliche Richter]

[1]Eine Abschrift des Urteils ist den ehrenamtlichen Richtern, die bei der Entscheidung mitgewirkt haben, vor Übermittlung an die Geschäftsstelle zu übermitteln. [2]Die ehrenamtlichen Richter können sich dazu innerhalb von zwei Wochen gegenüber dem Vorsitzenden des erkennenden Senats äußern.

I. Allgemeines

Die Vorschrift ist durch das ÄndG vom 30.7.1974 (BGBl. 1974 I 1625) eingefügt worden. Die Fassung durch das JustizKommunikationsG vom 22.3.2005 (BGBl. 2005 I 837) soll die elektronische Übermittlung ermöglichen. Andere Verfahrensordnungen enthalten eine entsprechende Vorschrift nicht. 1

II. Zweck

Obwohl ehrenamtliche Richter das Urteil in der Sozialgerichtsbarkeit nicht unterschreiben – auch nicht in der Revisionsinstanz,[1] soll ihnen **Einfluss** auf die Abfassung des Urteils ermöglicht werden. Sie können binnen zwei Wochen auf Versehen, Unklarheiten oder Fehler hinweisen, Anregungen zu Ergänzungen, Änderungen oder Streichungen geben; einen **Anspruch** auf Berücksichtigung ihrer Vorschläge haben sie nicht.[2] Machen sie von der Möglichkeit nicht Gebrauch, ist das Urteil der Geschäftsstelle zuzuleiten. 2

Nach § 11 Abs. 2 S. 3 der Geschäftsordnung des BSG entscheiden die Berufsrichter durch **Beschluss**, wenn ein ehrenamtlicher Richter die Fassung der Urteilsgründe (des Entscheidungsentwurfs) beanstandet. Ein solcher Beschluss ist den Beteiligten ebenso wenig zuzustellen wie sonst interne Beschlüsse über die Abfassung der Entscheidung. Die schriftliche Absetzung eines solchen Beschlusses ist weder im SGG noch in der Geschäftsordnung des BSG vorgesehen. 3

---

54 BSG 25.10.1990 – 12 RK 19/90, SozR 3-1500 § 170 Nr. 1.
55 BSG 9.2.1956 – 1 RA 5/55, SozR Nr. 1 zu § 170.
56 BSG 5.8.1976 – 2 RU 1089/74, E 42, 126 (127) = SozR 2200 § 539 Nr. 24.
57 BSG 11.5.1962 – 4 RJ 69/61, E 17, 50 = SozR Nr. 56 zu § 170; BSG 14.3.1968 – 5 RKn 67/66, SozR Nr. 12 zu § 170 SGG; GmSOGB 6.2.1973 – 1/72, BSGE 35, 293 (296) = SozR Nr. 15 zu § 170 SGG; BSG 25.10.1978 – 9 RV 11/78, SozR 1500 § 110 Nr. 3.
1 BSG 21.4.1955 – GS 1/55, E 1, 1.
2 Schlegel in Hennig § 170 a Rn. 6 und 11.

§ 171 [Neuer Bescheid]

Wird während des Revisionsverfahrens der angefochtene Verwaltungsakt durch einen neuen abgeändert oder ersetzt, so gilt der neue Verwaltungsakt als mit der Klage beim Sozialgericht angefochten, es sei denn, daß der Kläger durch den neuen Verwaltungsakt klaglos gestellt oder dem Klagebegehren durch die Entscheidung des Revisionsgerichts zum ersten Verwaltungsakt in vollem Umfange genügt wird.

I. Allgemeines

1 Den ursprünglichen Abs. 1, der die Entscheidung über Ablehnungen von Gerichtspersonen betraf, hat Art. 8 Buchst. a des 4. ÄndG SGB IV vom 22.12.2011 (BGBl. 2011 I 3057) aufgehoben. Die Sondervorschrift ist wegen der Übereinstimmung mit § 60 Abs. 1 iVm § 45 Abs. 1 ZPO überflüssig. In anderen Verfahrensordnungen gibt es eine vergleichbare Vorschriften für während des Verfahrens erlassene Verwaltungsakte nicht. Es handelt sich um eine spezialgesetzliche Sonderregelung zu dem sonst von § 96 SGG erfassten Sachverhalt.[1]

2 § 171 enthält aus der Sicht des Revisionsgerichts, das selbstverständliche (§ 168 S. 1 Regelung 1) **absolute Verbot** der Entscheidung über während des Revisionsverfahrens ergehende weitere einschlägige Verwaltungsakte. Er stellt damit sicher, dass das BSG auch nicht im Wege gesetzlicher Klageänderung erstinstanzlich und als Tatsachengericht entscheidet. An die Stelle des im Revisionsverfahren nicht – nach Auffassung des BSG „modifiziert"[2] – anwendbaren (§ 165 S. 1) § 96 tritt zugunsten des Klägers ausnahmsweise eine fiktive Anfechtung durch Klage beim Sozialgericht und zwei (ebenfalls abschließende) Ausnahmen hiervon für Fälle vor, in denen eine Klage ohnehin mangels Rechtsschutzbedürfnisses abgewiesen werden müsste. Für eine Auffangzuständigkeit des BSG und erst recht für Reduktionen des Anwendungsbereichs von § 171 zugunsten von § 96 ist daneben kein Raum. Soweit sie von einer fiktiven Klageerhebung beim Sozialgericht ausgeht, gibt die Vorschrift (insofern übereinstimmend mit der Ausnahmeregelung in § 96) dem Gesichtspunkt der **„Prozesswirtschaftlichkeit"** den Vorzug gegenüber der **Dispositionsmaxime** und dem **Prinzip des subjektiven Rechtsschutzes** (Verteidigung subjektiver Rechtspositionen [§ 33 SGB I] nach Maßgabe allein der subjektiven Entscheidung des Betroffenen [Art. 19 Abs. 4 GG]). Ungeachtet des Ausnahmecharakters dürfte eine entsprechende Anwendung auch für Verwaltungsakte in Betracht kommen, die mit einer unmittelbar beim LSG anzubringenden Klage (§ 29) angefochten werden müssen.[3]

3 Zur Rechtfertigung derartiger **fiktiver Klageerhebungen** kraft gesetzlicher Anordnung und unabhängig vom Willen des Klägers, die auf den Grundgedanken des früheren § 1608 RVO zurückgehen, wird neben dem Gedanken der Vermei-

1 Berchtold in Berchtold/Richter PHdB-SozS § 8 Rn. 241.
2 BSG 22.11.2012 – B 3 KR 19/11 R, BeckRS 2013, 67328 Rn. 30.
3 So BSG 22.11.2012 – B 3 KR 19/11 R, BeckRS 2013, 67328 Rn. 30 allerdings mit dem nach hiesiger Auffassung unzutreffenden Ergebnis einer hieraus folgenden Anwendbarkeit von § 96.

dung von Rechtsstreitigkeiten bzw. der Verfahrenskonzentration der Schutz der Betroffenen angeführt, der vor Nachteilen bewahrt werden müsse, wenn er im Vertrauen auf den bereits eingelegten Rechtsbehelf weitere Maßnahmen unterlasse.[4] Die **Entmündigung aus guter Absicht** schafft gleichzeitig neue prozessuale Probleme, denen die Rechtsprechung an einigen Stellen mit methodisch eher kühnen Eigenschöpfungen begegnet, ohne aufgrund der Gesetzeslage eine Abweichung von den anderen obersten Gerichtshöfen des Bundes befürchten zu müssen.

II. Neuer Verwaltungsakt

1. Merkmale. Weder sonstige während des Revisionsverfahrens ergehende Verwaltungsakte noch die in § 171 spezialgesetzlich umschriebenen unterliegen der **Rechtsprechungszuständigkeit des BSG,** das damit grundsätzlich überhaupt keinen Anlass hat, sich zum Anwendungsbereich der Norm zu äußern. Tatbestandlicher Anknüpfungspunkt der Regelung, die systematisch etwa an die Stelle des aufgehobenen § 53 treten könnte, ist – grundsätzlich unabhängig von seiner äußeren Form (§ 33 Abs. 2 S. 1 SGB X)[5] – ein **„neuer Verwaltungsakt“** (regelmäßig iS von § 31 S. 1 SGB X), nicht ein „Bescheid“, der als schriftliche Verlautbarung auch von bloßen Wissens- und Wollenserklärungen auch einen (nur dann kommt es auf die begriffliche Unterscheidung nicht an)[6] oder mehrere Verwaltungsakte enthalten kann. Von mehreren in einem während des Revisionsverfahrens ergangenen und in einem Bescheid zusammengefassten Verwaltungsakten, wird daher nur derjenige (ggf. teilweise!) erfasst, der den bereits streitbefangenen abändert oder ersetzt. 4

§ 171 findet auf alle Verwaltungsakte Anwendung, die den angefochtenen Verwaltungsakt iSd § 96 Abs. 1 ändern oder ersetzen[7] und – letztlich unabhängig von der tatsächlichen Einlegung der Revision[8] – **nach Erlass des angefochtenen Urteils** ergangen sind. Maßgeblich ist damit schon dem Wortlaut nach nicht der „Streitgegenstand“, der ohnehin auch im sozialgerichtlichen Verfahren grundsätzlich vom Kläger und nicht durch den Verwaltungsakt bestimmt wird und bei der Anfechtungsklage in der Behauptung des Klägers besteht, er werde durch den Verwaltungsakt (den „Gegenstand“ seines Angriffs iS von § 95) in seinen Rechten verletzt. Der neue Verwaltungsakt bedingt damit einen **neuen Streitgegenstand** unabhängig davon, ob er mit (kombinierter) Anfechtungsklage angegriffen werden muss oder qua lege als angegriffen gilt. Für § 171 kommt es demgegenüber – wie für § 96 – darauf an, ob der maßgebliche Vergleich der zu (teil-)identischen Regelungsgegenständen getroffenen Regelungen eine **Abänderung oder Ersetzung** ergibt. Dies ist etwa der Fall, wenn der Beklagte die ursprüngliche Regelung durch eine wiederholende und ersetzende Neuentschei- 5

4 Vgl. BSG 24.11.1960 – 6 RKa 3/59, SozR SGG § 96 Nr. 14.

5 Zur äußerlichen Verortung im Begründungsteil eines Bescheides etwa BSG 17.4.2013 – B 9 SB 6/12 R, SozR 4-1300 § 48 Nr. 26 Rn. 39.

6 Nur deshalb ist etwa der Leitsatz von BSG 20.7.2005 – B 13 RJ 23/04 R sachlich richtig.

7 Vgl. etwa zur fehlenden Anwendbarkeit beim Streit um Gesamtsozialversicherungsbeiträge auf Prämien für eine Direktversicherung bei Erlass eines weiteren Betriebsprüfungsbescheides für einen späteren Zeitraum BSG 14.7.2004 – B 12 KR 10/02, BSGE 93, 109 ff., juris Rn. 16 ff.

8 Näher Berchtold in Berchtold/Richter PHdB-SozS § 8 Rn. 244.

dung (Zweitbescheid)[9] ersetzt und scheidet aus, wenn während des Revisionsverfahrens zur Höhe des GdB nach dem Schwerbehindertenrecht ein (gegenüber der ursprünglichen Festsetzung naturgemäß ergebnisneutraler) Neufeststellungsantrag abgelehnt wird.[10]

6 Nur im Ergebnis zutreffend erweist sich die Entscheidung des **BSG vom 17.4.2013.**[11] Dort war der beklagte Träger der gKV vom SG unter Aufhebung des allein angegriffenen Ablehnungs- und Widerspruchsbescheides in der Annahme einer fingierten Genehmigung zur Leistung verurteilt worden. Nach Einlegung der Sprungrevision hatte der Träger die „Genehmigungsfiktion" des Antrags „mit Wirkung für die Zukunft aufgehoben" und den „Antrag abgelehnt". Die erneute Ablehnung des Antrags (für die Zukunft auf der Grundlage der nunmehr erstmals erfolgten Aufhebung der fingierten Genehmigung) betrifft unzweifelhaft partiell den Regelungsgegenstand der streitigen früheren Ablehnung, sodass insofern § 171 anwendbar ist. Dagegen war die fingierte Genehmigung nicht ihrerseits Gegenstand einer Anfechtungsklage, sondern diente erstmals dem SG als bloßes Begründungselement seiner Entscheidung. Die während des Revisionsverfahrens erfolgte Aufhebung dieser Fiktion hatte damit zwar mittelbar Einfluss auf die angefochtene ursprüngliche Ablehnungsentscheidung, wurde aber nicht selbst iS der Regelung abgeändert oder ersetzt, sondern konnte von vorne herein nur gesondert (im Rahmen der Dispositionsmaxime) angegriffen werden. Insofern wäre allenfalls eine – aufgrund der Änderung von § 96 jedenfalls seit 2008 ausgeschlossene – analoge Anwendung in Betracht gekommen.

7 Mit **Urteil vom6.9.2017**[12] hat der 13. Senat des BSG entschieden, dass beim Streit über die Höhe des Übergangsgeldes ein „Bescheid", mit dem die Beklagte die von ihr akzeptierten Vorgaben des LSG-Urteils unter zusätzlicher Berücksichtigung von § 50 SGB IX vorbehaltlos umsetzt, zwar die ursprünglich angefochtene Höhenregelung zugunsten des Klägers ändert und dessen Beschwer verminderte. Das habe aber – zudem ohne Zugrundelegung eines neuen oder abweichender Sachverhalts – lediglich die Bemessung des Übergangsgeldes auf der Basis des tatsächlich erzielten Arbeitsentgelts betroffen und die vom Kläger primär angegriffene Ablehnung einer Bemessung auf der Grundlage eines höheren fiktiven tariflichen Arbeitsentgelts bestehen lassen. Die Sonderregelung des § 171 SGG könne in einer solchen Konstellation keine Anwendung finden. Vielmehr „verbleibe" es bei der Befugnis des BSG zur Entscheidung über das Revisionsbegehren im Hinblick auf den ursprünglich angefochtenen Verwaltungsakt und zwar nunmehr in der Gestalt, die dieser durch den ändernden Verwaltungsakt erhalten hat.[13] Das wirft mehrere **grundlegende Probleme** auf, die hier nur angedeutet werden können: Der Senat wendet letztlich ohne methodische Begründung § 171 nicht an, obwohl dessen tatbestandliche Grundlagen, zu denen ein „neuer oder abweichender Sachverhalt" von vorne herein nicht gehören, nach seinen eigenen Aussagen vorliegen. Hätte er in dem neuen Verwaltungsakt

9 Vgl. BSG 7.4.2016 – B 5 R 26/15 R, SozR 4-2600 § 89 Nr. 3 Rn. 21; zur Nichtanwendbarkeit in Fällen der wiederholenden Verfügung BSG 22.11.2012 – B 3 KR 19/11 R, BSGE 112, 201 ff., Rn. 31.
10 BSG 17.4.2013 – B 9 SB 6/12 R, SozR 4-1300 § 48 Nr. 26 Rn. 28.
11 B 1 KR 2/17 R, SozR 4-1500 § 171 Nr. 2 insbesondere Rn. 14 f.
12 B 13 R 20/14 R, BSGE 124, 89 ff., juris Rn. 18.
13 BSG 6.9.2017 – B 13 R 20/14 R, BSGE 124, 89 ff., juris Rn. 18 mwN.

(wohl zutreffend, aber so nur im juris-Leitsatz Nr. 4 enthalten) eine lediglich ausführende Regelung zum angegriffenen Urteil des LSG gesehen, wäre eine Anwendung von § 171 von vorne herein nicht in Betracht gekommen.[14] Selbst wenn eine tatbestandliche Reduktion der Norm in Betracht kommen sollte, bleibt die Frage, welche originäre Kompetenz zur erstmaligen Entscheidung über einen neuen Verwaltungsakt hierdurch beim BSG als Revisionsgericht „verbleiben" sollte. Jede Auseinandersetzung fehlt schließlich damit, dass §§ 96, 171 beim Höhenstreit im Rentenleistungsrecht dieselben Probleme aufwerfen und der Vormerkungsbescheid bzw. der Verwaltungsakt über den Wert von Rentenrechten auch dort nur insofern „abgeändert oder ersetzt wird", als der neue Verwaltungsakt gerade den Einfluss der schon streitigen wertbildenden Elemente betrifft.[15]

§ 171 gilt auch, wenn der Verwaltungsakt vor zulässiger Einlegung der Revision[16] oder während des Verfahrens der Nichtzulassungsbeschwerde ergangen ist.[17] Erlassen wird ein Verwaltungsakt im Zeitpunkt der Bekanntgabe oder Zustellung an den Betroffenen.[18] Schließlich soll § 171 auch dann bereits (entsprechend) anwendbar sein, wenn im Rahmen einer eingelegten Nichtzulassungsbeschwerde (§§ 160, 160 a) erst über die Statthaftigkeit der künftigen Revision zu entscheiden ist.[19] Eine bloß **wiederholende Verfügung** enthält nicht einen neuen Verwaltungsakt, auch wenn sie mit einer abweichenden Begründung versehen ist.[20] 8

2. Erstinstanzliche Rechtshängigkeit kraft Gesetzes. Ein nach Erlass des mit der Revision angefochtenen Urteils ergangener einschlägiger Verwaltungsakt wird aufgrund der abschließenden Sonderregelung also **nicht Gegenstand des Revisionsverfahrens.** Vielmehr fingiert § 171 als Rechtsfolge die Rechtshängigkeit vor dem SG und belässt es – auch insofern abschließend – in allen nicht erfassten Fällen beim **Normalfall der Dispositionsmaxime. Regelungsadressat** ist jeweils allein das Sozialgericht, für das die abschließende Entscheidung des BSG lediglich eine erstinstanzlich zu beurteilende (!) negative Tatbestandsvoraussetzung darstellt (nachträgliches Entfallen des Rechtsschutzbedürfnisses).[21] 9

Die **Rechtshängigkeit** tritt **kraft Gesetzes** ein; eine weitere Klage ist damit überflüssig, aber „unschädlich" in dem Sinne, dass diese die bereits fiktiv eingetretene Rechtshängigkeit beim Sozialgericht nicht beeinflusst.[22] Das ändert indessen nichts daran, dass die 2. Klage wegen Rechtshängigkeit unzulässig ist und – gerade anderes als eine mehrfach eingelegte Berufung – als Rechtsschutzgesuch gesondert zu verbescheiden ist, solange sie nicht zurückgenommen wird.[23] Verweist das BSG die Sache an das LSG zurück, sollen während des Revisionsverfahrens erlassene Verwaltungsakte zu behandeln sein, als seien sie während des 10

14 Zu § 96 etwa BSG 6.1.2003 – B 9 V 77/01 B, juris.
15 Vgl. BSG 14.12.2011 – B 5 R 36/11 R, BeckRS 2012, 68670.
16 BSG 3.12.1980 – 4 RJ 133/79, BSGE 51, 54–58 = SozR 6055 Art. 15 Nr. 3; BSG 13.11.1985 – 6 RKa 15/94, E 59, 137 (141) = SozR 2200 § 368 a Nr. 14 mwN.
17 BSG 23.6.1981 – 1 RA 3/80, SozR 1500 § 171 Nr. 2.
18 BSG 24.10.1961 – 6 RKa 25/60, E 15, 177 (180) = SozR Nr. 23 § 368 a RVO; BSG 13.11.1985 – 6 RKa 15/84, E 59, 137 (141).
19 BSG 23.6.1981 – 1 RA 3/80, SozR 2200 § 151 Nr. 86.
20 BSG 20.9.1961 – 7 RAr 28/58, SozR Nr. 3 zu § 171 SGG.
21 Vgl. BSG 25.8.2011 – B 11 AL 13/10 R, BeckRS 2011, 79182 Rn. 24.
22 BSG 15.12.1999 – B 9 VS 3/99 R, SozR 3-3200 § 81 e Nr. 2.
23 Das verkennt BSG 15.12.1999 – B 9 VS 3/99 R, SozR 3-3200 § 81 e Nr. 2, juris Rn. 10.

Berufungsverfahrens ergangen; sie werden also Gegenstand des wieder beim LSG anhängigen Berufungsverfahrens,[24] während die fingierte Rechtshängigkeit beim SG entfällt angeblich. Die oberstgerichtliche Rechtsprechung bleibt auch insofern jede methodische Begründung schuldig, warum sie unabhängig vom Gesetz berechtigt sein könnte, über die gesetzlich anderweitig abschließend begründete instanzielle Zuständigkeit überhaupt zu entscheiden und sie ggf. nachträglich wieder zu ändern. Ein nirgends umschriebener Grundsatz „allgemeiner Prozessökonomie" kann für eine Änderung des gesetzlichen Richters jedenfalls nicht ausreichen. Wird der angefochtene Verwaltungsakt während des Revisionsverfahrens **in vollem Umfang ersetzt**, so dass wegen der fingierten Rechtshängigkeit beim SG kein „Streitrest" für das Revisionsverfahren verbleibt, ist die Revision wegen Wegfalls des Rechtsschutzbedürfnisses als allgemeiner Zulässigkeitsvoraussetzung als unzulässig zu verwerfen.[25]

11 **3. Ausnahmen.** Das Gesetz bestimmt im Nebensatz zwei **abschließende Ausnahmen** von der Fiktion der Klageerhebung gegen abändernde/ersetzende Verwaltungsakte. Diese finden ihre Begründung in der evidenten Sinnlosigkeit der Regelanordnung, wenn Rechtsverletzungen denkbar nicht (mehr) behauptet werden können. Das Sozialgericht als Regelungsadressat (!), hat dann von einer Erfassung als Klage abzusehen (Ausnahme 1) bzw. nachträglich nach Maßgabe der von ihm zu beurteilenden (!) Auswirkungen der Entscheidung des Revisionsgerichts über das Fortbestehen eines Rechtsschutzinteresses zu entscheiden.

12 Die Vorschrift ist zunächst nicht anzuwenden, wenn der neue Verwaltungsakt den Kläger **klaglos stellt**, sich also die mit der Anfechtungsklage angegriffene beschwerende Regelung (§ 54 Abs. 1 Satz 2) aufgrund des neuen Verwaltungsakts erledigt. Dies hat das BSG unabhängig von § 171 von Amts wegen festzustellen, das SG zieht hieraus in eigener Zuständigkeit, die (vom Richter zu beurteilende!) Schlussfolgerung, dass der Anwendungsbereich der Norm nicht eröffnet ist. Die ursprüngliche Anfechtungs- (und Leistungs-)klage ist mit der Folge unzulässig geworden, dass die Revision zurückzuweisen ist,[26] soweit sie der Kläger nicht zurücknimmt. Soweit das BSG annimmt, dass der neue Verwaltungsakt dann ausnahmsweise **nach § 96** Gegenstand des Revisionsverfahrens wird, zieht es die notwendigen Konsequenzen gerade nicht und verzichtet auf die nach dieser Auffassung unumgängliche Verbescheidung der angenommenen Klage.[27] Bereits nach dem Wortlaut und rechtlich/logisch kann eine (weitere) „Ausnahme" nicht in Betracht kommen, wenn – wie im Fall der wiederholenden Verfügung oder „wenn eine getroffene rechtliche Regelung durch den neuen Verwaltungsakt lediglich [fortgeschrieben] wird" – schon die Voraussetzungen der Regelanordnung nicht erfüllt sind. Weder aus „prozessökonomischen" noch aus (sonstigen?) Rechtsgründen kann unter diesen Voraussetzungen in Betracht kommen,

---

24 BSG 21.1.1959 – 11/9 RV 1234/56, E 9, 78; BSG 14.12.2000 – B 11/7 AL 30/99 R, E 87, 208 (218) = SozR 3-4100 § 23 Nr. 2; offen gelassen in BSG 7.11.2006 – B 7 b AS 18/06 R, SozR 4-4200 § 22 Nr. 3.

25 BSG 5.10.2009 – B 13 R 79/08 R, SozR 4-1500 § 171 Nr. 1.

26 Insofern Zutreffend BSG 25.3.1997 – 4 RA 40/95, juris Rn. 14.

27 BSG 25.3.1997 – 4 RA 40/95, juris Rn. 14; zweifelhaft ebenso BSG 22.11.2012 – B 3 KR 19/11 R, BSGE 112, 201 ff., Rn. 31: Der ändernde Bescheid wird unmittelbar Gegenstand „des Revisionsverfahrens" und der Kläger muss mangels Beschwer die Klage/Revision zurücknehmen oder die Klage für erledigt erklären.

dass „…das BSG in solchen Fällen über den neuen Verwaltungsakt mitentscheiden [kann], wenn es ohne neue Ermittlungen möglich ist."[28]

Entspricht das BSG mit seiner **abschließenden Sachentscheidung** dem Klagebegehren gegen den Ausgangsbescheid in vollem Umfang, entfällt die Rechtshängigkeit des neuen Bescheids vor dem SG nicht etwa von selbst. Vielmehr muss das SG aufgrund der wenig glücklichen Konstellation den Gang des Revisionsverfahrens und das fortbestehende Rechtsschutzbedürfnis für die bei ihm ggf. nur auflösend bedingt zulässige Klage im Auge behalten und nach seiner Einschätzung die unzulässig gewordene Klage durch ein Prozessurteil verbescheiden. Warum sich für eine separate Anfechtung im Rahmen der Dispositionsmaxime etwas anderes ergeben sollte, ist nicht erkennbar.[29] 13

Dritter Unterabschnitt Beschwerde, Erinnerung, Anhörungsrüge

§ 172 [Zulässigkeit]

(1) Gegen die Entscheidungen der Sozialgerichte mit Ausnahme der Urteile und gegen Entscheidungen der Vorsitzenden dieser Gerichte findet die Beschwerde an das Landessozialgericht statt, soweit nicht in diesem Gesetz anderes bestimmt ist.

(2) Prozeßleitende Verfügungen, Aufklärungsanordnungen, Vertagungsbeschlüsse, Fristbestimmungen, Beweisbeschlüsse, Beschlüsse über Ablehnung von Beweisanträgen, über Verbindung und Trennung von Verfahren und Ansprüchen und über die Ablehnung von Gerichtspersonen und Sachverständigen können nicht mit der Beschwerde angefochten werden.

(3) Die Beschwerde ist ausgeschlossen

1. in Verfahren des einstweiligen Rechtsschutzes, wenn in der Hauptsache die Berufung der Zulassung bedürfte,

2. gegen die Ablehnung von Prozesskostenhilfe, wenn

a) das Gericht die persönlichen oder wirtschaftlichen Voraussetzungen für die Prozesskostenhilfe verneint,

b) in der Hauptsache die Berufung der Zulassung bedürfte oder

c) das Gericht in der Sache durch Beschluss entscheidet, gegen den die Beschwerde ausgeschlossen ist,

3. gegen Kostengrundentscheidungen nach § 193,

4. gegen Entscheidungen nach § 192 Abs. 4, wenn in der Hauptsache kein Rechtsmittel gegeben ist und der Wert des Beschwerdegegenstandes 200 Euro nicht übersteigt.

28 So aber BSG 22.11.2012 – B 3 KR 19/11 R, BSGE 112, 201 ff., Rn. 31.

29 So aber BSG 22.11.2012 – B 3 KR 19/11 R, BSGE 112, 201 ff., Rn. 31.

I. Allgemeines

1 **1. Rechtsentwicklung.** Die Vorschrift beruht auf § 120 des Regierungsentwurfs einer Sozialgerichtsordnung (BT-Drs. I/4357) und § 175 des Ausschussentwurfs eines SGG (BT-Drs. I/4567). Sie wurde durch Art. 8 Nr. 13 RpflEntlG vom 11.1.1993 (BGBl. 1993 I 50) redaktionell geändert, weil die Regelungen über den Vorbescheid durch dieses Gesetz mit Wirkung vom 1.3.1993 weggefallen sind. Das Gesetz zur Änderung des SGG und des ArbGG vom 26.3.2008 (BGBl. 2008 I 444) hat mit Wirkung ab 1.4.2008 in Abs. 2 auch Beschlüsse über die Ablehnung von Gerichtspersonen von der Anfechtung mit der Beschwerde ausgenommen und Abs. 3 eingefügt. Den Ausschluss der Beschwerde gegen Entscheidungen der Prozesskostenhilfe im einstweiligen Rechtsschutz hat das 3. ÄndG SGB IV vom 5.8.2010 (BGBl. 2010 I 1127) in Abs. 3 Nr. 1 angefügt, um für die Prozesskostenhilfe nicht einen weitergehenden Instanzenzug als in der Hauptsache anzubieten. Mit Art. 7 Nr. 11 des BUK-Neuorganisationsgesetzes vom 19.10.2013 (BGBl. 2013 I 3836) wurden in Abs. 2 die Wörter „und Sachverständigen" eingefügt und erhielten Abs. 3 Nr. 1 und 2 ihre aktuelle Fassung.

2 **2. Vergleichbare Vorschriften.** Entsprechende Vorschriften finden sich in § 567 ZPO; § 146 VwGO und § 128 FGO. Wie nach § 147 VwGO; § 129 Abs. 1 FGO ist die Beschwerde nach dem SGG befristet. Die Beschwerdefrist beträgt einen Monat nach Bekanntgabe der Entscheidung (§ 173; § 567 ZPO zwei Wochen; ebenso § 147 VwGO; § 129 Abs. 1 FGO). Mit der sofortigen Beschwerde der §§ 567 ff. ZPO hat die Beschwerde die Fristgebundenheit gemein, sie unterscheidet sich nach Aufhebung des § 174 **nicht mehr** durch die **Abhilfemöglichkeit** (Art. I Nr. 30 des Gesetzes zur Änderung des SGG und ArbGG vom 26.3.2008, BGBl. 2008 I 444). Eine weitere Beschwerde (§ 568 Abs. 2 ZPO aF) oder Rechtsbeschwerde (§§ 574 ff. ZPO) ist ebenso wie in § 152 VwGO nicht vorgesehen. Die Beschwerde ist grundsätzlich nur gegen Entscheidungen der Sozialgerichte eröffnet. Sie findet nicht gegen Entscheidungen der Landessozialgerichte statt (§ 177). Das BSG ist also (ähnlich wie das BVerwG nach § 152 Abs. 1 VwGO) nur in den Ausnahmefällen des § 160 a und § 17 a Abs. 4 Satz 4 GVG Beschwerdegericht. Dem zweistufigen Aufbau des Verfahrens entsprechend ist der BFH dagegen auch Beschwerdegericht (§ 128 Abs. 1 FGO).

3 **3. Normzweck.** Die Beschwerde soll die Überprüfbarkeit von Entscheidungen der **Sozialgerichte**[1] eröffnen, soweit es sich nicht um Urteile, denen Gerichtsbescheide gleichstehen (§ 105 Abs. 2 und 3), handelt.[2] Gegen diese sind unter den

1 Diese sind iS von § 95 „Gegenstand", nicht „Streitgegenstand" der Beschwerde, so aber LSG Ns-Brem 4.8.2016 – L 15 AS 166/16 B ER, juris Rn. 2.

2 Vgl. zur Anfechtbarkeit sog. Hänge-/Schiebebeschlüssen bzw. Zwischenverfügungen, sofern sie nicht lediglich als prozessleitende Maßnahme den Fortgang des Verfahrens gestalten, sondern unmittelbar in Rechte des unterlegenen Antragsgegners eingreifen, LSG Nds-Brem 4.8.2016 – L 15 AS 166/16 B ER, juris Rn. 3.

Voraussetzungen der §§ 143 ff. Berufung oder § 161 Sprungrevision vorgesehen. Übereinstimmend mit § 146 VwGO folgt § 172 **nicht** dem **Enumerationsprinzip** wie § 567 ZPO. Die grundsätzliche Statthaftigkeit der Beschwerde schränkt Abs. 2 wie § 146 Abs. 2 VwGO ein, indem er die isolierte Anfechtung von Entscheidungen im Verfahren ausschließt, um **Verzögerungen** zu vermeiden.[3] Die in Abs. 2 ausgenommenen Entscheidungen sind mithin nur mit der Entscheidung der Hauptsache im Berufungs- bzw. Revisionsverfahren überprüfbar, sofern jene Entscheidung auf der nicht beschwerdefähigen Entscheidung beruht (→ § 170 Rn. 6). Der Ausschluss von Beschwerden nach Abs. 3 soll der Entlastung der Landessozialgerichte bei Nebenentscheidungen von begrenzter wirtschaftlicher Bedeutung dienen.

II. Gegenstand – Abs. 1

1. Entscheidungen der Sozialgerichte. Über Beschwerden gegen Entscheidungen der **Sozialgerichte** und ihrer Vorsitzenden, soweit es sich nicht um Urteile oder Gerichtsbescheide handelt, entscheidet das **Landessozialgericht** als **Beschwerdegericht**[4] mit grundsätzlich gesonderter Kostenentscheidung für das Beschwerdeverfahren.[5] Gerichtsbescheide sind den Urteilen hinsichtlich ihrer Anfechtbarkeit gleichgestellt (§ 105 Abs. 2 Satz 1) – entsprechende Entscheidungen der Landessozialgerichte sind grundsätzlich nicht mit der Beschwerde anfechtbar (§ 177). Außer den in § 177 abschließend aufgezählten Fällen ist das **BSG nicht Beschwerdegericht.** Soweit Instanz beendende Entscheidungen der Sozialgerichte, der Landessozialgerichte und des BSG nicht anfechtbar sind, kommt bei änderbaren Entscheidungen – dh solchen ohne innerprozessuale Bindungswirkung für das Gericht selbst (§ 318 ZPO) – nur der formlose Rechtsbehelf der **Gegenvorstellung** (→ Rn. 18) in Betracht. Sind Entscheidungen im vorbereitenden Verfahren nicht mit der Beschwerde anfechtbar, ist Rechtsverletzungen allenfalls mit Rechtsmitteln in der Hauptsache zu begegnen. Eine **außerordentliche Beschwerde** ist selbst bei „greifbarer Rechtswidrigkeit" nicht statthaft. Der BGH hält seine dahin gehende Rechtsprechung nach Einführung der Nichtzulassungsbeschwerde in die ZPO nicht mehr aufrecht.[6] Sie widersprach – abgesehen von § 318 ZPO bei nicht änderbaren Entscheidungen – dem rechtstaatlichen Gebot der Rechtsmittelklarheit, wonach „Rechtsbehelfe ... in geschriebenen Rechtsordnungen geregelt und in ihren Voraussetzungen für den Bürger erkennbar sein" müssen.[7] Dem entsprechend ist ab 1.1.2005 nur bei Verstößen gegen den Anspruch auf rechtliches Gehör über die **Anhörungsrüge** subsidiär eine Abhilfemöglichkeit durch den iudex a quo gegeben (§ 178 a). 4

2. Beschwerdefähige Entscheidungen. a) Allgemeines. Der Abs. 1 zu entnehmende **Grundsatz der Statthaftigkeit** von Beschwerden an das LSG erhält aber einen für das Verständnis des Rechtsschutzes gegen nicht die Instanz beendende Entscheidungen wichtigen **Vorbehalt** für abweichende Regelungen: Abs. 2 nimmt bestimmte das Verfahren betreffende Entscheidungen von der Beschwer- 5

3 Schmidt in Meyer-Ladewig/Keller/Leitherer/Schmidt, 13. Aufl. 2020, § 172 Rn. 6; Kummer, Das sozialgerichtliche Verfahren, 2. Aufl. 2004, S. 301.
4 BSG 10.5.2011 – B 2 U 3/11 BH, juris.
5 LSG NRW 1.4.2016 – L 14 R 562/12 B, juris Rn. 9.
6 BGH 7.3.2002 – IX 11/02, BGHZ 150, 133 = NJW 2002, 1577.
7 BVerfG 7.10.2003 – 1 BvR 10/99, E 108, 341 (349) und BVerfG 6.9.2016 – 1 BvR 173/15, juris Rn. 11; BGH 10.7.2018 – XI ZB 7/18, juris Rn. 5.

defähigkeit aus (→ Rn. 10) und Abs. 3 sowie spezielle Regelungen des SGG ordnen die gleiche Rechtsfolge an (→ Rn. 11). Positiv lassen sich die beschwerdefähigen Entscheidungen der Sozialgerichte nicht abschließend nennen. Teilweise sind ablehnende Entscheidungen anfechtbar, während positive Entscheidungen zT nicht der Beschwerde unterliegen (zB Prozesskostenhilfe; Wiedereinsetzung). Eine **Beschwerdesumme** wie in § 567 Abs. 2 ZPO gilt im SGG-Verfahren mit Ausnahme bei Kostenbeschwerden nach Abs. 3 Nr. 4 nicht. Zwar wäre nach § 202 eine Anwendung des § 567 Abs. 2 ZPO denkbar, weil Unterschiede der Verfahrensarten dem an sich nicht entgegenstehen. Die Praxis sieht aber allgemein von einer solchen Beschränkung des Rechtsschutzes ab. Nach Einführung des Abs. 3 spricht diese **Spezialregelung** gegen eine solche Überlegung. Die *generelle* Feststellung des Beschwerdewertes belastete die Landessozialgerichte in der Mehrzahl der Fälle stärker als die materielle Entscheidung über die Beschwerde. Zu spezialgesetzlichen Ausnahmen → Rn. 8. Zur Orientierung lassen sich folgende **Typen anfechtbarer Entscheidungen** aufzeigen:

6 **b) Zugang zum Rechtsschutz. Praktische Bedeutung** haben Beschwerden vor allem bei Entscheidungen, die den Zugang zum Rechtsschutz betreffen: Das gilt für Beschlüsse über die Zulässigkeit und Unzulässigkeit des Rechtswegs (§ 202; § 17 a Abs. 4 Satz 2 GVG, wobei § 177 iVm § 17 a Abs. 4 Satz 4 GVG gegen Entscheidungen des LSG auch die Beschwerde an das BSG zulässt, wenn diese zugelassen worden ist);[8] für die ablehnenden Beschlüsse zur **Prozesskostenhilfe** (§ 73 a Abs. 1), es sei denn, es liegt einer der in Abs. 3 Nr. 2 enumerativ aufgeführten Ausnahmefälle vor, während die Bewilligung nur durch die Staatskasse anfechtbar ist (§ 73 a Abs. 2; § 127 Abs. 2 Satz 1, Abs. 3 ZPO); Ablehnung der **Wiedereinsetzung** in den vorigen Stand (§ 67); die Anordnung oder Wiederherstellung der **sofortigen Vollziehung** bzw. **aufschiebenden Wirkung** und der Aufhebung der Vollziehung nach § 86 b Abs. 1; § 926 ZPO; Ablehnung bzw. Erlass einer **einstweiligen Anordnung** nach § 86 b Abs. 2 und 4;[9] die Aufforderung zur Klagerhebung nach Erlass einer einstweiligen Anordnung (§ 86 b; § 926 ZPO); in Verfahren des einstweiligen Rechtsschutzes ist die Beschwerde nach § 172 Abs. 3 Nr. 1 indes nur statthaft, wenn in der Hauptsache die Berufung der Zulassung bedürfte;[10] Ablehnung des Antrags auf mündliche Verhandlung nach § 105 Abs. 2 Satz 3;[11] die Bestellung eines **besonderen Vertreters** und Ablehnung eines entsprechenden Antrages[12] sowie die Zurückweisung eines **Bevollmächtigten** oder Beistandes (§ 73 Abs. 4). In diesen Zusammenhang gehört auch der Beschluss, dass persönliches Erscheinen nicht geboten war (§ 191 Hs. 2).[13]

7 **c) Ordnungsmaßnahmen. Anfechtbar** sind auch die Festsetzung von Ordnungsmitteln (Ordnungsgeld; Ordnungshaft) im Rahmen der Sitzungspolizei (§ 61; §§ 178, 180, 181 GVG); Entscheidungen gegen nicht erschienene Beteiligte

8 Zum Ausschluss der Statthaftigkeit einer weiteren Beschwerde an das BSG zur Klärung des Rechtswegs für den im vorläufigen Rechtsschutzverfahren entstandenen Zwischenstreit über den Rechtsweg s. BSG 6.3.2019 – B 3 SF 1/18 R, SozR 4-1720 § 17 a Nr. 15 Rn. 13 mwN.

9 Vgl. Krasney/Udsching, X Rn. 14.

10 Vgl. zur Statthaftigkeit der Beschwerde bei vollständig fehlenden Ermittlungen des SG BayLSG 8.4.2016 – L 16 AS 203/16 B ER, juris Rn. 10.

11 Krasney/Udsching, X Rn. 7.

12 Vgl. SchlHLSG 22.6.1966 – L 2 Sb 3/66, Breith. 1967, 709; LSG Nds 28.8.1975 – L 3 S 29/75, Breith. 1976, 60; LSG NRW 19.12.1978 – L 15 S 2/78, Breith. 1980, 343.

13 Vgl. Schmidt in Meyer-Ladewig/Keller/Leitherer/Schmidt, 13. Aufl. 2020, § 191 Rn. 18.

(§§ 111, 202 iVm §§ 273 Abs. 4, 141 Abs. 3 ZPO), Zeugen und Sachverständige und ehrenamtliche Richter (§ 21). Anfechtbar ist auch der Beschluss über die Rechtmäßigkeit der **Zeugnisverweigerung** (§ 118 Abs. 1 Satz 1 iVm §§ 380 Abs. 3, 390 Abs. 3, 406 Abs. 5 ZPO), auch bei Vernehmungsersuchen nach § 22 SGB X.[14]

d) Kosten. Grundsätzlich sind Kostenentscheidungen in Urteilen oder Beschlüssen nicht ohne die Hauptsache anfechtbar (§ 144 Abs. 4; § 165). Endet das Verfahren nicht durch eine gerichtliche Entscheidung, ist eine **isolierte Entscheidung** über die Erstattung von außergerichtlichen Kosten zu fällen (§ 193 Abs. 1 Satz 2), die in den Grenzen des Abs. 3 Nr. 3 mit der Beschwerde anfechtbar ist. Auch die Auferlegung von sog Mutwillenskosten durch Beschluss nach § 192 Abs. 1 ist anfechtbar, die Auferlegung von Kosten an Behörden nach § 192 Abs. 4 nur in den Grenzen von Abs. 3 Nr. 4. Die Beschwerde gegen die **Wertfestsetzung** ist nach § 197 a iVm § 66 Abs. 2 GKG vom 24.5.2004 (BGBl. 2004 I 718) und §§ 33 Abs. 3, 56 Abs. 2 Rechtsanwaltsvergütungsgesetz (RVG) vom 5.5.2004 (BGBl. 2004 I 718, 788) zulässig, sofern der Beschwerdegegenstand 200 Euro übersteigt oder das SG die Beschwerde wegen grundsätzlicher Bedeutung einer Rechtsfrage zulässt. Die **gerichtliche Festsetzung** der **Entschädigung** von ehrenamtlichen Richtern, Zeugen, Sachverständigen und Übersetzern ua unterliegt nach § 1 Abs. 1 Nr. 2, 4 Abs. 3 Justizvergütungs- und -entschädigungsgesetz (JVEG) vom 5.5.2004 (BGBl. 2004 I 718, 776); § 118 Abs. 1 iVm §§ 401, 413 ZPO; §§ 1 Abs. 1 Nr. 1 und 3, 4 Abs. 3 der Beschwerde, sofern die **Beschwerdesumme 200 Euro** übersteigt. Dieses Verfahren entspricht im Wesentlichen dem Verfahren nach § 16 Gesetz über die Entschädigung von Zeugen und Sachverständigen idF d. Bek. vom 1.10.1969 (BGBl. 1969 I 1756), der nach § 25 JVEG noch für vor dem 1.7.2004 erteilte Aufträge und Heranziehungen maßgebend ist. 8

e) Sonstiges. Ohne Anspruch auf Vollständigkeit sind folgende **Beispiele** anfechtbarer Entscheidungen zu nennen: Ablehnung eines Antrags auf Beweissicherung (§ 76 Abs. 3 iVm § 490 Abs. 2 ZPO); Beschluss über endgültige Kostentragung nach § 109; Beschluss über Urteilsberichtigung oder deren Ablehnung (§ 138); Ablehnung der Protokollberichtigung (§ 122 iVm § 164 ZPO); Androhung und Festsetzung von Zwangsgeld (§ 201). Fraglich ist wegen § 172 Abs. 2 die Statthaftigkeit der Beschwerde gegen die Fristbestimmung nach § 88 Abs. 1.[15] Die Beschwerde ist statthaft bei Ablehnung des Rechtshilfeersuchens nach § 5 Abs. 3 iVm § 159 GVG (→ § 5 Rn. 5). 9

III. Nicht isoliert anfechtbare Entscheidungen – Abs. 2

Im Interesse der Prozessbeschleunigung sind **prozessleitende Verfügungen**[16] von der isolierten Anfechtbarkeit mit der Beschwerde ausgenommen.[17] Der gesetzlich nicht näher erläuterte Begriff umfasst Entscheidungen des Gerichts oder seines Vorsitzenden, die eine Förderung des Verfahrens zum Ziele haben, also den 10

14 Vgl. Krasney/Udsching, X Rn. 7.
15 Bejahend: Schmidt in Meyer-Ladewig/Keller/Leitherer/Schmidt, 13. Aufl. 2020, § 88 Rn. 8.
16 Dazu: Buck DÖV 1964, 537.
17 Schmidt in Leitherer in Meyer-Ladewig/Keller/Leitherer/Schmidt, 13. Aufl. 2020, § 172 Rn. 6; Kummer, Sozialgerichtliches Verfahren, 2. Aufl. 2004, S. 301.

ordnungsgemäßen Verlauf des gerichtlichen Verfahrens selbst betreffen.[18] Zu diesen gehören außer den im Gesetz ausdrücklich erwähnten Entscheidungen: Anordnung der öffentlichen Zustellung (§ 63 iVm § 15 VwZG), richterliche Fristsetzungen (§ 65), Beschluss über Beweissicherungsverfahren (§ 76 Abs. 3 iVm § 490 Abs. 2 Satz 2 ZPO), nicht aber dessen Ablehnung (→ Rn. 9), Anordnungen nach § 106, Terminbestimmung und Ladung (§ 110), Anordnung – auch nachträglich – des persönlichen Erscheinens bzw. Beschluss, dass dieses geboten war (§§ 111, 191), da es sich insoweit ebenfalls um eine prozessleitende Verfügung handelt, Terminsaufhebung und Vertagung (§ 202 iVm § 227 Abs. 2 Satz 3 ZPO), Verbindung und Trennung (§ 113). Gesetzesverletzungen können aber als Verfahrensfehler für die Anfechtbarkeit der Hauptsache (§§ 144 Abs. 2 Nr. 3, 157, 160 Abs. 2) und für die Entscheidung über **Berufung oder Revision** bedeutsam sein, sofern die Entscheidung in der Hauptsache auf dem Verfahrensmangel beruht (§§ 159 Abs. 1 Nr. 2, 164 Abs. 2, 170 Abs. 3).

11 Über **Ablehnungsgesuche** gegen Gerichtspersonen entscheidet seit dem 1.1.2012 im Dienste der „Verfahrensbeschleunigung" nicht mehr ein Richter des LSG, sondern ein Richter des SG, dem der Abgelehnte angehört (§ 60 Abs. 1 SGG, § 45 Abs. 2 Satz 1 ZPO). Hatte der neu gefasste § 60 Abs. 1 zunächst auch die spezialgesetzliche Verweisung auf § 46 Abs. 2 ZPO mit umfasst und damit die Beschwerde gegen die Ablehnung von Gesuchen als unbegründet eröffnet,[19] wurde diese Regelung durch das BUK-Neuorganisationsgesetz vom 19.10.2013 (BGBl. 2013 I 3836) gestrichen und auf diese Weise an versteckter Stelle „klargestellt"[20] (rechtlich: neu geregelt), dass Beschlüsse über die Ablehnung von Gerichtspersonen nicht mit der Beschwerde angefochten werden können (§ 172 Abs. 2). Gleichzeitig wurde die Regelung nunmehr („erst recht")[21] auf die Ablehnung von Sachverständigen erstreckt. Für Beschlüsse der Landessozialgerichte gilt dies gemäß § 177. Gravierende Mängel des Ablehnungsverfahrens wie die fehlende Entscheidung über ein Ablehnungsgesuch, die Mitwirkung ausgeschlossener oder erfolgreich abgelehnter Richter oder der Verstoß gegen die Wartepflicht (§ 47 ZPO) stehen damit erst im Rahmen **der Nichtzulassungsbeschwerde/des Rechtsmittelverfahrens** zur Überprüfung. Der Gesetzgeber entwertet durch die fragwürdige Gleichstellung von Ablehnungsentscheidungen und eher bedeutungslosen „Maßnahmen der Verfahrensförderung" einmal mehr in Sorge um die Geschwindigkeit des Verfahrens dessen Inhalt.[22]

IV. Ausschluss der Beschwerde – Abs. 3

12 **1. Allgemeines.** Abs. 3 beruht auf dem Gesetz zur Änderung des SGG und des ArbGG vom 26.3.2008 (BGBl. 2008 I 444) und wurde durch das BUK-Neuorganisationsgesetz in Nummer 1 und 2 neu gefasst. Die Vorschrift sollte einerseits das Verfahren vereinheitlichen und an § 146 VwGO anpassen, andererseits die Landessozialgerichte entlasten (BT-Drs. 16/7716, 27). Die Neufassung durch das BUK-Neuorganisationsgesetz soll durch eine „übersichtliche und klare Re-

18 BFH 2.12.1982 – IV B 35/82, BFHE 137, 393.
19 LSG NRW 29.5.2012 – L 11 KR 206/12 B, L 11 KR 299/12 B, abweichend LSG BW 2.7.2012 – L 13 AS 2584/12 B und Söhngen jurisRR-SozR 18/2012 Anm. 6.
20 BT-Drs. 17/12297, 39.
21 BT-Drs. 17/12297, 39 f.
22 Näher Berchtold in Berchtold/Richter PHdB-SozS § 6 Rn. 228.

gelung" erreichen, „dass die teilweise bestehenden Unsicherheiten bezüglich der Statthaftigkeit von Beschwerden beseitigt werden".[23]

2. Einstweiliger Rechtsschutz – Nr. 1. Der Ausschlusstatbestand in Nr. 1 knüpft an die Statthaftigkeit der Berufung für das Hauptsacheverfahren (§ 144 Abs. 1) an, sieht aber für das Beschwerdeverfahren eine eigenständige **Nichtzulassungsbeschwerde** (§ 145) nicht vor. Eine entsprechende Anwendung des § 145 ist nicht vorgesehen und nicht geboten, weil es sich bei dem Ausschlusstatbestand der Nr. 1 nur um einstweiligen Rechtsschutz in Angelegenheiten handelt, in denen – vor Art. 19 Abs. 4 GG zulässig – der Zugang zur Rechtsmittelinstanz auch in der Hauptsache beschränkt ist. Diese Wertung darf vom Gesetzgeber insofern im Wege des erst-recht-Schlusses übertragen werden. Bei Verletzungen des rechtlichen Gehörs folgt aus dem rechtsstaatlichen Justizgewährungsanspruch die Zulässigkeit der **Anhörungsrüge** unter den Voraussetzungen des § 178 a, ansonsten der Gegenvorstellung (→ § 160 Rn. 5, → § 160 a Rn. 34, nachfolgend → Rn. 34). 13

3. Prozesskostenhilfe – Nr. 2. Die Beschwerde gegen die **Ablehnung von Prozesskostenhilfe** ist nunmehr in drei Fällen unstatthaft. Nach Buchst. a), in allen Fällen, in denen das Gericht (auch) die persönlichen und wirtschaftlichen Voraussetzungen[24] verneint hat. Um eine willkürliche Entscheidung über die Statthaftigkeit der Beschwerde auszuschließen, erfordert dies ausnahmslos eine vorrangige begründete Entscheidung hierüber, die eine entsprechende Prüfung ermöglicht. Schweigt der Beschluss oder beschränkt er sich auf eine unbegründete Entscheidung, über das (Nicht-)Vorliegen der persönlichen und wirtschaftlichen Voraussetzungen, kann das angerufene Beschwerdegericht auf dieser Grundlage nicht über die Statthaftigkeit der Beschwerde entscheiden. Es liegt dann zur Vermeidung einer massenhaften Befassung des BVerfG nahe, die Beschwerde für statthaft zu halten.[25] Das LSG NRW will die Regelung auch dann anwenden, wenn nach der Bewilligung von Prozesskostenhilfe nachträglich Ratenzahlung angeordnet wird.[26] 14

Die Beschwerde gegen die Ablehnung der Prozesskostenhilfe ist zudem nach Abs. 3 Nr. 2 Buchst. b) auch ausgeschlossen, wenn in der Hauptsache die Berufung der Zulassung bedürfte.[27] Der Wortlaut stellt allein auf die **Zulassungsbedürftigkeit**, nicht auf die Zulassungsfähigkeit ab. Auch soweit daher das SG im Rahmen der Prüfung der Erfolgsaussicht berücksichtigt, ob eine Rechtsfrage grundsätzliche Bedeutung hat oder eine Abweichung in Betracht kommt, bleibt die Beschwerde dennoch unstatthaft.[28] 15

Schließlich ist die Beschwerde gegen die Ablehnung der Prozesskostenhilfe nach Abs. 3 Nr. 2 Buchst. c) auch ausgeschlossen, wenn das Gericht in der Sache durch **Beschluss** entscheidet, gegen den die Beschwerde ausgeschlossen ist. Damit soll nach Auffassung der Entwurfsverfasser sichergestellt werden, dass Beschwerden gegen die Ablehnung der Prozesskostenhilfe auch dann ausgeschlossen sind, wenn das SG in der Sache durch Beschluss endgültig entscheidet. Das gelte zB für Prozesskostenhilfeanträge, die für Kostenerinnerungsverfahren ge- 16

23 BT-Drs. 17/12297, 40.
24 Vgl. BayLSG 2.8.2016 – L 7 AS 450/16 B PKH, juris Rn. 7.
25 Vgl. insgesamt Berchtold in Berchtold/Richter PHdB-SozS § 2 Rn. 340 mwN.
26 LSG NRW 4.2.2016 – L 9 AL 19/16 B, juris-RR-SozR 18/2016 mAnm Reyels.
27 Vgl. BayLSG 2.8.2016 – L 7 AS 450/16 B PKH, juris Rn. 6.
28 Berchtold in Berchtold/Richter PHdB-SozS § 2 Rn. 340 mwN.

gen Kostenfestsetzungsbeschlüsse (§ 197 Abs. 1 und 2) oder für Anhörungsrügen (§ 178 a) gestellt würden. Die Regelung erfasse auch den bislang in § 172 Abs. 3 Nr. 1 Hs. 2 enthaltenen Fall des Beschwerdeausschlusses bei Entscheidungen über Prozesskostenhilfeanträge in Verfahren des einstweiligen Rechtsschutzes, wenn in der Hauptsache die Berufungssumme nicht erreicht werde.[29]

17 **4. Kostengrundentscheidungen – Nr. 3. Kostenentscheidungen** werden grundsätzlich nur im Zusammenhang mit der Entscheidung zur Hauptsache überprüft (§ 144 Abs. 4; § 165). Durch Beschluss entscheidet das Gericht nach § 193 Abs. 1 Satz 3 auf Antrag nur, wenn das Verfahren nicht durch Urteil beendet wird und die Beteiligten keine Regelung über die Kosten (§ 195) getroffen haben. Gegen die isolierte Kostengrundentscheidung nach § 193 Abs. 1 Satz 3 ist die Beschwerde – ohne Rücksicht auf den Umfang der Beschwer (vgl. dagegen Nr. 4) nicht statthaft.

18 **5. Gegenstände des § 192 Abs. 2 – Nr. 4.** Wie in § 567 Abs. 2 ZPO ist nach Nr. 4 bei Entscheidungen nach § 192 Abs. 4 (Auferlegung von Kosten auf die Behörde) zur Entlastung des LSG die Beschwerde ausgeschlossen, wenn in der Hauptsache kein Rechtsmittel gegeben ist und der Beschwerdegegenstand 200 Euro nicht übersteigt. Anwendbar ist die Vorschrift nur auf Kosten, die im Zusammenhang mit dem gerichtlichen Verfahren entstanden sind (zB: Zeugen- und Sachverständigengebühren), nicht aber die Erhebung von Kosten von Verwaltungshandeln.[30]

V. Nicht anfechtbare Entscheidungen

19 Zu den aufgrund spezialgesetzlicher Regelungen endgültigen und damit auch mit Rechtsmitteln in der Hauptsache **nicht angreifbaren Entscheidungen** gehören Maßnahmen der Sitzungspolizei mit Ausnahme der Festsetzung von Ordnungsmitteln (§ 61 iVm §§ 176, 177, 180 GVG); Entscheidungen über die Berechtigung zur Ablehnung des Amtes oder die Entlassung eines ehrenamtlichen Richters (§ 18 Abs. 4); Wiedereinsetzung in den vorigen Stand (§ 67 Abs. 4 Satz 2); Bewilligung von Prozesskostenhilfe mit Ausnahme der Staatskasse (§ 73 a iVm § 127 Abs. 2 Satz 1 und Abs. 3 ZPO); Beiladung (§ 75 Abs. 3 Satz 3); Verweisungsbeschlüsse wegen örtlicher oder sachlicher Unzuständigkeit (§ 98 iVm § 17 a Abs. 2 und 3 GVG; → § 98 Rn. 8 f.);[31] Entscheidung über Vorliegen und Zulässigkeit der Klageänderung (§ 99 Abs. 4); Entscheidung über die Beanstandung von Fragen der Beisitzer (§ 112 Abs. 4 Satz 2); erfolgreiche Ablehnung von Sachverständigen (§ 118 Abs. 1 iVm § 406 Abs. 5 ZPO); Versagung oder Beschränkung der Akteneinsicht (§ 120 Abs. 3); Protokollberichtigung (§ 122 iVm § 164 ZPO), nicht aber deren Ablehnung; Tatbestandsberichtigung (§ 139 Abs. 2 Satz 2); Kostenergänzungsbeschluss (§ 140 Abs. 2 Satz 2), der allerdings mit der Hauptsache anfechtbar ist; nachträgliche Ablehnung der Sprungrevision (§ 161 Abs. 2 Satz 3, → § 161 Rn. 9), Festsetzung der Pauschgebühr durch das Gericht (§ 189 Abs. 2 Satz 2); Entscheidung über Kostenfestset-

29 BT-Drs. 17/12297, 40.
30 BT-Drs. 16/7716, 27.
31 Nicht aber Rechtswegverweisungen, vgl. LSG NRW 25.7.2019 – L 20 SO 60/19 B, juris Rn. 12.

zung des Urkundsbeamten (§ 197 Abs. 2); Vorlagebeschlüsse an das BVerfG nach Art. 100 GG und an den EuGH nach Art. 177 EG-Vertrag.[32]

VI. Anwendbare Vorschriften

Die §§ 172 ff. regeln die Statthaftigkeit der Beschwerde und das Beschwerdeverfahren nur bruchstückhaft. Über § 202 sind folgende **Vorschriften der ZPO** im sozialgerichtlichen Beschwerdeverfahren anwendbar: § 571 Abs. 2 Satz 1 (neues Tatsachenvorbringen); § 572 Abs. 2 (Verwerfen unzulässiger Beschwerden), § 572 Abs. 3 (Zurückverweisung), § 567 Abs. 3 (Anschlussbeschwerde; → § 173 Rn. 2). Eine Anschlussbeschwerde ist nach Ablauf der Beschwerdefrist auch als unselbstständige Anschlussbeschwerde – ähnlich wie die unselbstständige Anschlussberufung – zulässig.[33] Das gilt allerdings nicht bei Nichtzulassungsbeschwerden. Außerdem ist auf die **Vorschriften der Berufung** (§§ 143 ff. entsprechend) und die **gemeinsamen Verfahrensvorschriften** (§§ 60 ff.) auch ohne besondere Verweisung als allgemeine Verfahrensgrundsätze zurückzugreifen. 20

VII. Beschwerde und Gegenvorstellung

Soweit Entscheidungen der Sozialgerichte unanfechtbar sind, ist ein Rechtsmittel („außerordentliche Beschwerde“,[34] „Untätigkeitsbeschwerde“) oder ein Rechtsbehelf – abgesehen von der Verfassungsbeschwerde oder der Anhörungsrüge (§ 178 a) – nicht gegeben.[35] Eine Ermächtigung zur Entwicklung und Ausgestaltung eigener Rechtsmittel/Rechtsbehelfe anstelle des Gesetzgebers gibt es nicht. Ungeachtet des Plenarbeschlusses des BVerfG v. 30.4.2003,[36] der gerade letzteres ausführlich darlegt, gehen das BVerfG[37] und ihm nach anfänglichen Unsicherheiten zumindest teilweise folgend auch das BSG[38] indessen weiterhin davon aus, dass gegen einen Beschluss des BSG die sog **Gegenvorstellung** statthaft ist, wenn sie im Wege richterlicher Selbstkontrolle zur Beseitigung einer greifbaren Gesetzwidrigkeit, insbesondere eines Grundrechtsverstoßes, erforderlich ist oder wenn die Entscheidung zu einem groben prozessualen und sozialen Unrecht führen würde.[39] Für die Entscheidungen des SG gilt – zumal im Blick auf die eigene Praxis des BVerfG[40] – nichts anderes.[41] Weist das SG die Gegenvorstellung zurück, ist gegen das Ergebnis dieser Selbstüberprüfung keine Beschwerde nach § 172 Abs. 1 und auch keine – in der Prozessordnung auch nicht 21

32 Schmidt in Meyer-Ladewig/Keller/Leitherer/Schmidt, 13. Aufl. 2020, § 172 Rn. 5 mwN; Böttiger in Breitkreuz/Fichte § 172 Rn. 42.
33 Vgl. Schmidt in Meyer-Ladewig/Keller/Leitherer/Schmidt, 13. Aufl. 2020, Vor § 172 Rn. 4 a; Peters/Sautter/Wolff § 172 Rn. 11–13; Schroeder-Printzen SGb 1957, 164; Krasney/Udsching, X Rn. 26; Bley, vor § 172 Anm. 2 d; Brackmann, S. 254 h.
34 BayLSG 22.9.2014 – L 15 SF 157/14 E, juris.
35 Vgl. zum sog. Hänge-/Schiebebeschluss bzw. Zwischenverfügung LSG NS-Bremen 4.8.2016 – L 15 AS 166/16 B ER, juris Rn. 3 f.
36 BVerfGE 107, 395.
37 BVerfG 25.11.2008 – 1 BvR 848/07, BVerfGE 122, 190 ff. und 13.2.2008 – 2 BvR 256/08, NJW 2008, 1582.
38 BSG 7.4.2005 – B 1 KR 5/04 S, SozR 4-1500 § 178 a Nr. 1.
39 Näher Berchtold in Berchtold/Richter PHdB-SozS § 8 Rn. 289 ff., 293 ff.
40 BVerfG 13.2.2008 – 2 BvR 256/08, NJW 2008, 1582.
41 Etwa HessLSG 28.10.2015 – L 8 KR 315/15 B, juris.

vorgesehene – außerordentliche Beschwerde an das im Instanzenzug nächsthöhere Gericht gegeben.[42]

§ 173 [Frist, Form]

[1]Die Beschwerde ist binnen eines Monats nach Bekanntgabe der Entscheidung beim Sozialgericht schriftlich oder zu Protokoll des Urkundsbeamten der Geschäftsstelle einzulegen; § 181 des Gerichtsverfassungsgesetzes bleibt unberührt. [2]Die Beschwerdefrist ist auch gewahrt, wenn die Beschwerde innerhalb der Frist bei dem Landessozialgericht schriftlich oder zu Protokoll des Urkundsbeamten der Geschäftsstelle eingelegt wird. [3]Die Belehrung über das Beschwerderecht ist auch mündlich möglich; sie ist dann aktenkundig zu machen.

I. Allgemeines

1 **1. Inkrafttreten.** Die Sätze 1 und 3 gelten unverändert seit Inkrafttreten des SGG. Das 6. SGG-ÄndG vom 17.8.2001 (BGBl. 2001 I 2144) hat Satz 2 eingefügt, Satz 2 aF wurde zu Satz 3. Zuletzt wurden mit Art. 18 Nr. 16 des Gesetzes zur Einführung der elektronischen Akte in der Justiz und zur weiteren Förderung des elektronischen Rechtsverkehrs vom 5.7.2017[1] mWv 1.1.2018 in Abs. 1 S. 1, 2 jeweils die Wörter „zur Niederschrift" durch die Wörter „zu Protokoll" ersetzt.

2 **2. Vergleichbare Vorschriften.** Die Länge der Beschwerdefrist weicht von den entsprechenden Vorschriften der VwGO und ZPO ab (→ § 172 Rn. 2). Durch Satz 2 ist Übereinstimmung mit § 147 Abs. 2 VwGO; § 129 Abs. 2 FGO hergestellt. Eine Satz 3 entsprechende Vorschrift findet sich in anderen Verfahrensordnungen nicht.

3 **3. Normzweck.** Die **Beschwerdefrist** ist geeignet, das Verfahren zu beschleunigen und der Rechtssicherheit zu dienen. Die Besonderheiten des sozialgerichtlichen Verfahrens erleichtern den Rechtsschutz. Auch nach Wegfall der Abhilfemöglichkeit (§ 174 aF) ist die Einlegung beim SG sachgerecht. Sie erleichert idR den Zugang bei Niederschrift durch den Urkundsbeamten. Die Fristwahrung durch Einlegung der Beschwerde beim LSG kann unzweckmäßig sein, weil § 175 Satz 3 das Sozialgericht ermächtigt, den Vollzug der angefochtenen Entscheidung einstweilen auszusetzen. Allerdings hat nach § 199 Abs. 2 auch der Vorsitzende des Beschwerdegerichts die Befugnis, die Vollstreckung durch einstweilige Anordnung auszusetzen.

42 LSG NRW 18.8.2015 – L 8 R 305/15 B, juris mH auf BFH 23.2.2005 – IX B 177/04 mwN.
1 BGBl. I 2208.

II. Beschwerdefrist

1. Allgemeine Beschwerdefrist. Die Beschwerdefrist nach § 173 beträgt einen Monat nach Bekanntgabe der angefochtenen Entscheidung. Unter **Bekanntgabe** ist in der mündlichen Verhandlung (unter Anwesenden) die Verkündung („Beschlossen und verkündet") zu verstehen (arg. §§ 63, 64). Wegen § 66 Abs. 1 beginnt die Beschwerdefrist aber nur, wenn mit der Verkündung eine **Rechtsbehelfsbelehrung** verbunden ist. Beschlüsse nach mündlicher Verhandlung sind überdies nach §§ 142 Abs. 1; 135 zuzustellen, so dass unter Abwesenden der Lauf der Beschwerdefrist – Rechtsbehelfsbelehrung vorausgesetzt – § 64 Abs. 1 zu entnehmen ist. Außerhalb der mündlichen Verhandlung ist nach § 63 Abs. 1 die **Zustellung** erforderlich, weil durch eine beschwerdefähige Entscheidung die Beschwerdefrist in Lauf gesetzt wird. Die Zustellung richtet sich nach den Vorschriften der ZPO (§ 63 Abs. 2). 4

2. Besondere Beschwerdefristen. Abweichend von der regelmäßigen Beschwerdefrist von einem Monat gelten nach spezialgesetzlichen Vorschriften kürzere Beschwerdefristen. Bei der Festsetzung von **Ordnungsmitteln** (Ordnungsgeld oder Ordnungshaft) gilt die Frist von einer Woche nach Bekanntgabe der Entscheidung (§ 202; § 181 GVG). Bei der Beschwerde gegen die Wertfestsetzung für **Rechtsanwaltsgebühren** beträgt die Frist zwei Wochen (§ 33 Abs. 3 Satz 3 RVG). Bei Bekanntgabe oder **Zustellung außerhalb des Geltungsbereichs** des SGG wird teilweise analog §§ 153 Abs. 1, 87 Abs. 1 Satz 2 eine Frist von drei Monaten angenommen.[2] Die **unselbstständige Anschlussbeschwerde** ist nach Ablauf der Beschwerdefrist zulässig. 5

3. Fristenberechnung. Für die Fristberechnung gilt § 64: Die Frist beginnt mit dem Tag nach der Bekanntgabe oder Zustellung der vollständigen mit einer **Rechtsbehelfsbelehrung** versehenen Entscheidung und endet mit Ablauf des Tages, welcher nach Benennung oder Zahl dem Tage entspricht, an dem der Beschluss bekannt gegeben oder zugestellt wurde (§ 64 Abs. 2). Die Rechtsbehelfsbelehrung ist nach Satz 3 auch mündlich möglich. Nur die Tatsache, nicht der Inhalt der Belehrung ist aktenkundig zu machen.[3] Da auch die mündliche Rechtsmittelbelehrung richtig und vollständig sein muss, empfiehlt sich aber die wörtliche Protokollierung. Bei fehlender, unvollständiger oder unrichtiger Rechtsbehelfsbelehrung gilt die **Verschweigungsfrist** von einem Jahr (§ 66 Abs. 2). Das Gleiche gilt, wenn die mündliche Belehrung nicht aktenkundig gemacht ist. Eine Fristverlängerung ist nicht möglich. Unter den Voraussetzungen des § 67 kommt die **Wiedereinsetzung** in Betracht. Bei änderbaren Entscheidungen bleibt die **Gegenvorstellung,** die aber nicht die Tätigkeit des LSG auslöst. 6

4. Fristwahrung. Die Beschwerdefrist ist durch Einlegung der Beschwerde beim SG (iudex a quo) zu wahren. Nach Satz 2 idF des 6. SGG-ÄndG wirkt die Einlegung beim LSG fristwahrend. Wie bei Rechtsmitteln ist die **Schriftform** geboten (→ § 90 Rn. 4 ff.; §§ 65 a ff. idF des Gesetzes zur Regelung der Wertgrenze für die Nichtzulassungsbeschwerde in Zivilsachen, zum Ausbau der Spezialisierung bei den Gerichten sowie zur Änderung weiterer prozessrechtlicher Vorschriften 7

2 Vgl. LSG Nds 19.11.1990 – L 7 Ar 414/90 eA, Breith. 1992, 159; Bley, § 173 Anm. 2 a; Böttiger in Breitkreuz/Fichte § 173 Rn. 5; aA Schmidt in Meyer-Ladewig/Keller/Leitherer/Schmidt, 13. Aufl. 2020, § 173 Rn. 5 mit Hinweis auf die Änderung des § 87 Abs. 1 Satz 2 durch das 6. ÄndG-SGG (→ Rn. 1); Krasney/Udsching, X Rn. 22.

3 Leitherer in Meyer-Ladewig/Keller/Leitherer/Schmidt § 173 Rn. 6; Krasney/Udsching, X Rn. 24.

vom 12.12.2019[4]). Der Schriftform entspricht ein (grundsätzlich) unterschriebener Schriftsatz oder die Erklärung zu Protokoll des Urkundsbeamten der Geschäftsstelle des SG oder des LSG, auch zu Protokoll in der mündlichen Verhandlung oder durch elektronisches Dokument nach § 65 (näher → § 164 Rn. 5 ff.). Nicht ausreichend sind aber mündliche oder telefonische Erklärungen. Eine Begründung ist nicht erforderlich, aber zweckmäßig.

8 **5. Verfahren bei prozessualen Mängeln.** Bei Unklarheiten hat das LSG, entsprechend § 106 Abs. 1 Fragen zu stellen, Hinweise zu geben und auf wesentliche Erklärungen hinzuwirken. Dem Beschwerdegegner ist rechtliches Gehör zu gewähren. Ist die Beschwerde nicht statthaft oder verstößt sie gegen Frist- oder zwingende Formvorschriften hat sie das LSG als unzulässig zu verwerfen (§ 202 Satz 1 iVm § 572 Abs. 2 ZPO).

§ 174 (aufgehoben)

1 Die Vorschrift über das Abhilfeverfahren vor dem SG ist durch Art. I Nr. 30 des Gesetzes zur Änderung des SGG und ArbGG vom 26.3.2008 (BGBl. 2008 I 444) aufgehoben. Der Gesetzgeber sieht in dem Abhilfeverfahren einen erhöhten Arbeitsaufwand der Sozialgerichte mit geringem Ertrag für die Betroffenen (BT-Drs. 16/7716, 28).

§ 175 [Aufschiebende Wirkung]

[1]Die Beschwerde hat aufschiebende Wirkung, wenn sie die Festsetzung eines Ordnungs- oder Zwangsmittels zum Gegenstand hat. [2]Soweit dieses Gesetz auf Vorschriften der Zivilprozeßordnung und des Gerichtsverfassungsgesetzes verweist, regelt sich die aufschiebende Wirkung nach diesen Gesetzen. [3]Das Gericht oder der Vorsitzende, dessen Entscheidung angefochten wird, kann bestimmen, daß der Vollzug der angefochtenen Entscheidung einstweilen auszusetzen ist.

I. Allgemeines/Normzweck

1 **1. Inkrafttreten.** Die Vorschrift gilt im Wesentlichen seit Inkrafttreten des SGG. Das EGStGB vom 2.3.1974 (BGBl. 1974 I 469) hat mWv 1.1.1975 das Wort „Strafe“ in S. 1 durch „Ordnungs- oder Zwangsmittels“ ersetzt.

2 **2. Vergleichbare Vorschriften.** Vergleichbare Vorschriften finden sich in § 570 ZPO; § 149 VwGO und § 131 FGO, wo allerdings eine Satz 2 entsprechende allgemeine Verweisung auf Regelungen für die aufschiebende Wirkung in der ZPO und im GVG nicht enthalten ist. Jedoch verweisen VwGO und FGO auf die Ausnahme von der Ausnahme bei Ungebühr vor Gericht (§§ 178, 181 Abs. 2 GVG).

4 BGBl. I 2633.

3. Normzweck. Die **grundsätzliche Vollziehbarkeit** von Beschlüssen dient der Durchsetzung gerichtlich als rechtmäßig erkannter Maßnahmen. Die **Ausnahmen** nehmen auf die Wirksamkeit des Rechtsschutzes bei Eingriffen in Freiheitsrechte Bedacht (→ Rn. 5). 3

II. Aufschiebende Wirkung

1. Grundsatz. Auch im SGG hat die Beschwerde grundsätzlich keine aufschiebende Wirkung, dh der Beschluss kann ohne Rücksicht auf die Anfechtung vollzogen werden. Soweit das Gesetz eine aufschiebende Wirkung vorsieht, tritt diese mit Einlegung der Beschwerde bzw. Bekanntgabe der Aussetzungsentscheidung ein und endet mit Entscheidung des Beschwerdegerichts. Sie betrifft den Vollzug des angefochtenen Beschlusses. Von dieser Wirkung ist der **Suspensiveffekt** zu unterscheiden, der den Eintritt der formellen **Rechtskraft** bis zur Erledigung des Beschwerdeverfahrens hemmt. 4

2. Ausnahmen. Der Grundsatz ist in der Vorschrift vorausgesetzt, die in **Satz 1** für die Festsetzung von Ordnungs- oder Zwangsmitteln als Ausnahme die aufschiebende Wirkung kraft Gesetzes anordnet. **Satz 2** übernimmt für die aufschiebende Wirkung Spezialvorschriften der ZPO und des GVG, soweit das SGG auf diese Gesetze verweist. Nach § 181 Abs. 2 GVG ist bei Maßnahmen zur Aufrechterhaltung der Ordnung zu unterscheiden: Bei Ordnungsmitteln (Ordnungsgeld und Ordnungshaft) wegen **Ungebühr vor Gericht** (§§ 178, 180 GVG) hat die Beschwerde keine aufschiebende Wirkung. Bei sonstigen Maßnahmen tritt wie nach Satz 1 die aufschiebende Wirkung ein. Die Ausnahme von der Vollziehbarkeit bei Ordnungs- und Zwangsmitteln lässt Eingriffe in Freiheit oder Vermögen erst zu, wenn ihre Rechtmäßigkeit feststeht. Die Ausnahme für Fälle der Ungebühr vor Gericht dient der Effektivität dieser Maßnahmen. Nach **Satz 3** kann der Vorsitzende oder das Gericht (iudex a quo) den Vollzug abweichend von dem vorausgesetzten Grundsatz der Vollziehbarkeit im Einzelfall aussetzen. Anhaltspunkte für die Entscheidung ergeben sich aus § 86 a Abs. 2 entsprechend (Interessenabwägung und Erfolgsprognose). 5

3. Aussetzung durch LSG. Die Befugnis des **Vorsitzenden des Beschwerdegerichts** nach § 199 Abs. 2 bleibt unberührt.[1] Um sich widersprechende Entscheidungen auszuschließen, sollte die Befugnis des iudex a quo zur Aussetzung des Vollzugs mit Anhängigwerden der Beschwerde beim Beschwerdegericht enden.[2] Die Entscheidung ergeht durch **Beschluss** auf Antrag oder von Amts wegen nach Interessenabwägung und summarischer Prüfung der Erfolgsaussichten der Beschwerde. Die Aussetzung des Vollzuges kann ganz oder teilweise erfolgen und jederzeit aufgehoben werden (§ 86 b entsprechend). Auflagen und die Anordnung einer Sicherheitsleistung sind möglich (vgl. § 86 b Abs. 1 Satz 3, Abs. 2 Satz 4 iVm § 921 Satz 1 und 2 ZPO). Die **Aussetzung des Vollzuges wirkt bis zur Entscheidung des Beschwerdegerichts.** 6

4. Anfechtbarkeit. Gegen die Aussetzung der Vollziehung bzw. die Ablehnung des Aussetzungsantrages durch das SG ist Beschwerde gegeben Die Beschwerde ist auch bei einer Aussetzung vor Vorlage der Sache an das LSG statthaft, da die 7

1 Vgl. Schmidt in Meyer-Ladewig/Keller/Leitherer/Schmidt 13. Aufl. 2020, § 175 Rn. 3; Zeihe § 175 Rn. 7 b.

2 Vgl. Krasney/Udsching, X Rn. 33; für entsprechende Anwendung des § 570 Abs. 3 ZPO Rohwer-Kahlmann, § 175 Rn. 6, 7.

Aussetzungsentscheidung nicht zur Anhängigkeit der Beschwerde beim Beschwerdegericht führt.[3] Nach dem Wegfall von § 97 Abs. 2 Satz 4 aF durch Einführung umfassenden einstweiligen Rechtsschutzes in §§ 86 a f. durch das 6. ÄndG SGG vom 17.8.2001 (BGBl. 2001 I 2144) dürfte nunmehr klargestellt sein, dass auch bei einer Aussetzung grundsätzlich die Beschwerde statthaft ist.

§ 176 [Entscheidung]

Über die Beschwerde entscheidet das Landessozialgericht durch Beschluß.

I. Allgemeines

1 Die Vorschrift gilt unverändert seit Inkrafttreten des SGG. Sie regelt die Entscheidungsform, in welcher das LSG über Beschwerden entscheidet. Übereinstimmende Regelungen finden sich in § 572 Abs. 4 ZPO; § 150 VwGO; § 132 FGO. **Beschwerdegericht** (iudex ad quem) ist das LSG; nur ausnahmsweise auch das **BSG** bei beschwerdefähigen Entscheidungen des LSG (→ § 172 Rn. 4; → § 177 Rn. 2).

II. Beschwerdeentscheidung durch das LSG

2 **1. Entscheidungsform.** Die Entscheidung ergeht durch Beschluss, der idR begründet (§ 142 Abs. 2 Satz 1) und zugestellt werden muss (§§ 133 Satz 2; 142 Abs. 1 iVm § 135). Wegen der zu beachtenden Verfahrensvorschriften wird auf → § 172 Rn. 17 Bezug genommen. Dem Beschwerdegegner ist **rechtliches Gehör** zu gewähren, sofern die Beschwerde nicht als unzulässig verworfen oder als unbegründet zurückgewiesen wird. Rechtliches Gehör ist immer zu gewähren, wenn die Entscheidung in Rechte des Betreffenden eingreift.[1] Das LSG prüft **Zulässigkeit** und **Begründetheit** der Beschwerde.

3 **2. Zulässigkeit.** Das Beschwerdegericht prüft, ob die Beschwerde statthaft und in der gesetzlichen Form und Frist (→ § 173 Rn. 4 ff.) eingelegt ist. Daneben müssen die **allgemeinen Zulässigkeitsvoraussetzungen** (Prozess- und Prozesshandlungsvoraussetzungen, Beschwer des Beschwerdeführers) vorliegen. Die Beschwer kann zwischenzeitlich durch eine Entscheidung in der Hauptsache entfallen sein. Fehlt eine Zulässigkeitsvoraussetzung, ist die Beschwerde **als unzulässig zu verwerfen** (§ 202 iVm § 572 Abs. 2 Satz 2 ZPO).

4 **3. Begründetheit.** Ist die Beschwerde zulässig, hat das LSG in tatsächlicher und rechtlicher Hinsicht über die Begründetheit der Beschwerde zu entscheiden. Neue Tatsachen sind zu berücksichtigen (§ 202 iVm § 571 Abs. 2 Satz 1 ZPO). Bei einer **Ermessensentscheidung** des SG kann das LSG eine eigene Ermessens-

3 Vgl. Krasney/Udsching, X Rn. 37; Schmidt in Meyer-Ladewig/Keller/Leitherer/Schmidt, 13. Aufl. 2020, § 175 Rn. 5.

1 Vgl. BVerfG 23.3.1971 – 2 BvR 465/70, BVerfGE 30, 406 (408).

entscheidung treffen.[2] Die Einschränkungen der Kontrolldichte bei Ermessensentscheidungen (§ 54 Abs. 2 Satz 2) gelten nur im Verhältnis zwischen den Staatsgewalten Verwaltung und Gerichtsbarkeit. Das Beschwerdegericht ist nicht auf die bloße Rechtskontrolle beschränkt, sondern überprüft die angefochtene Entscheidung in vollem Umfang (§ 202 iVm § 571 Abs. 2 ZPO). Mit der Beschwerde ist der Gegenstand der angefochtenen Entscheidung in vollem Umfang beim Beschwerdegericht angefallen (§ 157 entspr.), so dass dieses auch dem Anspruch des Betroffenen auf pflichtgemäße Ausübung des Ermessens (§ 39 Satz 2 SGB I entspr.) zu genügen hat. Soweit eine Zurückverweisung an das SG bei „Untunlichkeit" einer abschließenden Ermessensentscheidung im Beschwerdeverfahren für möglich gehalten wird (vgl. §§ 159, 170 Abs. 2 Satz 2 entsprechend), steht dies jedenfalls unter dem Vorbehalt einer intensiven Prüfung vor Art. 19 Abs. 4 GG. Dies gilt auch, soweit die Zurückverweisung nach § 159 Abs. 1 bei Verfahrensfehlern oder Notwendigkeit weiterer umfangreicher Ermittlungen in Betracht kommt. Nach einer Zurückverweisung ist das SG an die rechtliche Beurteilung des LSG gebunden (§ 159 Abs. 2 entspr.). Nach Möglichkeit sollte aber das Beschwerdegericht durchentscheiden. Die unbegründete Beschwerde wird zurückgewiesen, bei (teilweiser) Begründetheit ist der angefochtene Beschluss (teilweise) aufzuheben und im Übrigen die Beschwerde zurückzuweisen.

4. Kostenentscheidung. Eine auf das Beschwerdeverfahren begrenzte Kostenentscheidung hat nur dann zu ergehen, wenn weder Kläger noch Beklagter zu den privilegierten Personen des § 183 gehören (§ 197 a) oder der Beschwerdeführer nicht Beteiligter des Hauptsacheverfahrens ist (zB Zeugen oder Sachverständige). Ferner bei Abschluss des Hauptsacheverfahrens vor der Beschwerdeentscheidung und bei selbstständigen Antragsverfahren nach § 86 b,[3] weil Anträge nach § 86 b Abs. 1 und Abs. 2 schon vor Klageerhebung zulässig sind (§ 86 b Abs. 3). Die Beschwerde in Verfahren nach dem RVG ist gebührenfrei; Kosten sind nicht zu erstatten (§§ 33 Abs. 9, 56 Abs. 2 Satz 2 und 3 RVG). 5

5. Rechtsmittel. Die Entscheidung des LSG über die Beschwerde ist nicht rechtsmittelfähig (§ 177); Ausnahmen ergeben sich aus der abschließenden Regelung des § 177. Die Abänderbarkeit von Beschwerdeentscheidungen durch das LSG selbst ist umstritten, aber anzunehmen.[4] Bei Entscheidungen, die das Gericht der Hauptsache jederzeit aufheben oder ändern kann (vgl. § 86 b Abs. 1 Satz 4) sind jedenfalls Grenzen der innerprozessualen Bindungswirkung zu beachten. In solchen Fällen ist die Gegenvorstellung zulässig (→ § 172 Rn. 18). Bei Verletzung rechtlichen Gehörs kommt über die Anhörungsrüge eine Selbstkontrolle in Betracht (§ 178 a). 6

2 Wohl wie hier LSG Hmb 28.11.2007 – L 5 B 398/05 AS, juris Rn. 2; LSG Bln-Bbg 30.1.2013 – L 20 AS 1247/12 B PKH, juris Rn. 11; Schmidt in Leitherer in Meyer-Ladewig/Keller/Leitherer/Schmidt, 13. Aufl. 2020, § 176 Rn. 4 mwN; aA LSG BW 19.3.1985 – L 6 An 2227/84; LSG Nds-Brem 22.3.2018 – L 10 SB 126/17 B, juris Rn. 14.

3 Schmidt in Meyer-Ladewig/Keller/Leitherer/Schmidt, 13. Aufl. 2020, § 176 Rn. 5 a; Krasney/Udsching, X Rn. 58.

4 Wie hier Schmidt in Meyer-Ladewig/Keller/Leitherer/Schmidt, 13. Aufl. 2020, SGG § 176 Rn. 4 a.

§ 177 [Ausschluss der Beschwerde]

Entscheidungen des Landessozialgerichts, seines Vorsitzenden oder des Berichterstatters können vorbehaltlich des § 160 a Abs. 1 dieses Gesetzes und des § 17 a Abs. 4 Satz 4 des Gerichtsverfassungsgesetzes nicht mit der Beschwerde an das Bundessozialgericht angefochten werden.

I. Allgemeines

1 Die ursprüngliche Vorschrift ist durch das SGG ÄndG vom 30.7.1974 (BGBl. 1974 I 1625), Art. 2 und Art. 5 Nr. 3 des 4. VwGOÄndG vom 17.12.1990 (BGBl. 1990 I 2809; Hinweis auf § 17 a Abs. 4 Satz 4 GVG) geändert und zuletzt durch Art. 8 Nr. 14 RpflEntlG vom 11.1.1993 (BGBl. 1993 I 50) redaktionell angepasst worden. Entsprechende Vorschriften enthalten § 567 Abs. 1 ZPO und § 152 Abs. 1 VwGO.

II. Keine Beschwerde gegen Entscheidungen des LSG

2 **1. Grundsatz und Ausnahmen.** Beschlüsse des LSG, seines Vorsitzenden oder des Berichterstatters – erstinstanzliche und Beschwerdeentscheidungen – sind grundsätzlich **nicht beschwerdefähig.** Dies hat zur Folge, dass die Zurückweisung grundsätzlich[1] auch nicht als Verfahrensfehler des angefochtenen Urteils iS von § 160 Abs. 2 Nr. 3 geltend gemacht werden kann.[2] Als Ausnahmen nennt die Vorschrift ausdrücklich Entscheidungen über die Nichtzulassung der Revision, die mit der Nichtzulassungsbeschwerde (§ 160 a Abs. 1), und Vorabentscheidungen über den Rechtsweg bei Beschwerdezulassung, die mit der Rechtsbeschwerde (§ 17 a Abs. 4 Satz 4 GVG) anfechtbar sind. Beschlüsse des LSG, mit denen ein Rechtshilfeersuchen als unzulässig abgelehnt wird, wenn das ersuchende und das ersuchte Gericht verschiedenen LSG-Bezirken angehören (§ 5 Abs. 3 iVm § 159 Abs. 1 Satz 2 GVG) sind im sozialgerichtlichen Verfahren nicht anfechtbar.[3] Für Beschlüsse von Vorsitzenden über Ordnungsgeld gegen ehrenamtliche Richter ist nach § 35 Abs. 1 Satz 2 iVm § 21 Satz 3 und 4 eine endgültige Selbstkontrolle durch einen vom Präsidium bestimmten Senat eingeräumt.

3 **2. Sonstige Rechtsbehelfe.** Im Übrigen ist die Beschwerde auch nicht bei greifbarer Rechtswidrigkeit oder groben Verfahrensfehlern des LSG statthaft (→ § 172 Rn. 4). Verletzungen des rechtlichen Gehörs hat das LSG auf die **Anhörungsrüge** nach § 178 a abzuhelfen. Bei änderbaren Entscheidungen ist eine Selbstkontrolle des LSG und Änderung des Beschlusses auf **Gegenvorstellungen** möglich (→ § 172 Rn. 18). Eine **Wiederaufnahme** des Verfahrens analog §§ 179 ff. ist zulässig,[4] sofern ein Instanz beendender oder Urteil ersetzender Beschluss ergangen

1 Etwa BSG 27.6.2019 – B 5 R 1/19 B, juris Rn. 9.
2 BSG 7.6.2018 – B 9 V 69/17 B, juris Rn. 6.
3 Frehse in Jansen § 177 Rn. 3, § 177 als abschließende Regelung; aM Krasney/Udsching, X 10; Böttiger in Breitkreuz/Fichte § 176 Rn. 11, der §§ 5 Abs. 3; 159 GVG als Spezialnorm gegenüber § 177 ansieht.
4 Vgl. Krasney/Udsching, X Rn. 57; Meyer-Ladewig/Keller/Leitherer/Schmidt § 177 Rn. 6 mwN.

ist (zB nach § 153 Abs. 4). Ungeachtet des Ausschlusses einer unmittelbaren Überprüfung von Beschlüssen des Berufungsgerichts durch § 177 SGG kann im Verfahren der Nichtzulassungsbeschwerde ein Verfahrensmangel im Zusammenhang mit einer unanfechtbaren Entscheidung des LSG dann gerügt werden, wenn sich dieser Fehler als Folge der beanstandeten Vorentscheidung auf das angefochtene Urteil auswirkt.[5]

§ 178 [Beschwerde bei Entscheidungen des beauftragten oder ersuchten Richters oder des Urkundsbeamten]

[1]Gegen die Entscheidungen des ersuchten oder beauftragten Richters oder des Urkundsbeamten kann binnen eines Monats nach Bekanntgabe das Gericht angerufen werden, das endgültig entscheidet. [2]Die §§ 173 bis 175 gelten entsprechend.

I. Allgemeines

1 **1. Inkrafttreten.** Die Vorschrift gilt seit Inkrafttreten des SGG. Durch den mit dem 6. SGGÄndG vom 17.8.2001 (BGBl. 2001 I 2144) eingefügten Satz 2 in § 173 wird nunmehr die Frist auch durch Einlegung der Erinnerung bei dem Gericht gewahrt, das den Richter beauftragt oder ersucht hat oder das über die Entscheidung des Urkundsbeamten zu befinden hat.

2 **2. Vergleichbare Vorschriften.** Vergleichbare Regelungen finden sich in § 573 ZPO, § 151 VwGO und § 132 FGO. Jene Regelungen unterscheiden sich aber von derjenigen des § 178 dadurch, dass sie eine Beschwerde gegen die richterliche Entscheidung zulassen (§ 573 Abs. 2 ZPO; § 133 Abs. 1 Satz 3 FGO), während die dem **Antrag auf richterliche Entscheidung (Erinnerung)** folgende Entscheidung im sozialgerichtlichen Verfahren grundsätzlich[1] endgültig ist. Nach der VwGO entscheidet das Gericht nicht „endgültig", so dass auch hier die Beschwerde gegen die Entscheidung über die Erinnerung als zulässig angesehen wird.[2] Auch ist die Antragsfrist hier mit einem Monat doppelt so lang wie in den anderen Verfahrensordnungen.

3 **3. Normzweck.** Die **Erinnerung** ist kein Rechtsmittel, da ihr der Devolutiveffekt fehlt. Es handelt sich um einen form- und fristgebunden Rechtsbehelf, der eine richterliche Entscheidung des Gerichts der Hauptsache gegen Entscheidungen des ersuchten oder beauftragten Richters oder des Urkundsbeamten gewährleistet. Die in § 178 genannten Gerichtspersonen verfügen nicht notwendig über

5 Exemplarisch zur Verweigerung von Prozesskostenhilfe unter Verstoß gegen das Gebot der Verfahrensfairness BSG 9.10.2012 – B 5 R 168/12 B, SozR 4-1500 § 73 a Nr. 9, SozR 4-1750 § 118 Nr. 1; zur Entscheidung des LSG in Unkenntnis eines Ablehnungsgesuchs BSG 27.6.2019 – B 5 R 1/19 B, juris Rn. 9.

1 Vgl. zum Vorrang der Beschwerdemöglichkeit nach dem RVG (§ 1 Abs. 3 RVG) nach Inkrafttreten von § 73 a Abs. 1 S. 4 SGG aufgrund des Gesetzes zur Änderung des Prozesskostenhilfe- und Beratungshilferechts v. 31.8.2013 (BGBl. I 3433) LSG LSA 8.8.2016 – L 4 AS 334/16 B, juris Rn. 14.

2 Vgl. Krasney/Udsching, X Rn. 70.

den Status, den die Rechtsweggarantie (Art. 19 Abs. 4 GG) voraussetzt. Entgegen der in einigen Publikationen beigefügte Überschrift handelt es sich im sozialgerichtlichen Verfahren – abweichend von den anderen Verfahrensordnungen – gerade nicht um eine Beschwerde.

II. Erinnerung

4 **1. Statthaftigkeit und Wirkung.** Die Erinnerung richtet sich gegen Entscheidungen des ersuchten oder beauftragten Richters oder des Urkundsbeamten. Wegen ihrer Aufgabenbereiche handelt es sich der Sache nach um einen Rechtsbehelf gegen die **Art und Weise** ihres Vorgehens (vgl. § 766 Abs. 1 ZPO). **Ersuchter Richter** ist ein Richter eines anderen Gerichts, der im Wege der Rechtshilfe (§ 5) um eine Beweisaufnahme ersucht wird (§ 118 Abs. 1; §§ 362, 365, 372 Abs. 2, 375, 402 ZPO). **Beauftragter Richter** ist ein Richter des Gerichts der Hauptsache, dem eine Beweisaufnahme übertragen wird. Die Einlegung der Erinnerung hat keine aufschiebende Wirkung, weil diese vom Gesetz nicht vorgesehen ist (§§ 199 Abs. 1 Nr. 4, 197 iVm §§ 178, 175).[3]

5 Soweit der **Vorsitzende** oder **Berichterstatter** des LSG als Einzelrichter tätig werden (§ 155), sind sie nicht etwa beauftragter Richter, sondern das Gericht in der besonderen Besetzung.[4] Ihre Entscheidungen sind folglich nicht mit der Erinnerung und wegen § 177 auch nicht mit der Beschwerde anfechtbar. Bei Instanz beendenden Entscheidungen (zur Hauptsache) kommt die Revision (§ 160) oder die Nichtzulassungsbeschwerde (§ 160 a) in Betracht, soweit diese statthaft sind. Da Entscheidungen im einstweiligen Rechtsschutz durch Beschluss ergehen (§ 86 a Abs. 4), sind sie auch dann nicht mit der Erinnerung anfechtbar, wenn der Vorsitzende oder Berichterstatter des LSG sie treffen. Auch **Urkundsbeamte** treffen prozessuale Entscheidungen, namentlich bei der Festsetzung von Gebühren und der Erstattung von Kosten, gegen welche der Antrag auf richterliche Entscheidung (Erinnerung) gegeben ist (→ § 4 Rn. 3; §§ 189 Abs. 2, 197 Abs. 2).

6 **2. Zulässigkeit und Verfahren.** Die **Verweisungen** des Satzes 2 auf die §§ 173 bis 175 ergeben, dass das Verfahren weitgehend dem Beschwerdeverfahren entspricht. Die Erinnerung ist also form- und fristgebunden und hat idR keine aufschiebende Wirkung (näher → § 175 Rn. 4 ff.). Eine Pflicht zur eindeutigen **Bezeichnung** der mit der Erinnerung angefochtenen Entscheidung ist im Sozialgesetzbuch nicht ausdrücklich geregelt (vgl. § 178, § 197 Abs. 2). Für die Beschwerde, deren Formvorschriften auf die Erinnerung entsprechend anwendbar sind (§ 178 Satz 2 iVm § 173 Satz 1), ist diese Pflicht aber allgemein anerkannt. Danach muss die Beschwerde die angefochtene Entscheidung, wenn auch nicht genau, so doch identifizierbar bezeichnen und das Überprüfungsbegehren deutlich machen. Erforderlich, aber auch ausreichend für die Bezeichnung einer angefochtenen Entscheidung sind im Fall der Erinnerung – ebenso wie bei den Rechtsmitteln der Prozessordnungen – solche Angaben, anhand derer sich das angerufene Gericht über die Identität der angegriffenen Entscheidung Gewissheit verschaffen kann.[5] Nach Ablauf der Frist ist noch die unselbstständige Anschlusserinnerung zulässig. Im Übrigen sind – wie im Beschwerdeverfahren – die allgemeinen Verfahrensvorschriften heranzuziehen. Gegen die Ablehnung eines

3 SG Berlin 4.8.2017 – S 133 SF 900/16 E, juris Rn. 8.
4 Vgl. LSG NRW 6.10.1977 – L 11 V 22/76, Breith. 1978, 615.
5 VerfG Bbg 20.7.2018 – 171/17, juris Rn. 23 und 20.7.2018 – 186/17, juris Rn. 16.

Rechtshilfeersuchens durch das SG ist nicht die Erinnerung, sondern die Beschwerde statthaft (§ 5 Abs. 3 iVm § 159 GVG; → § 5 Rn. 5).

3. Richterliche Entscheidung. Zuständig ist das Gericht, das den Richter ersucht oder beauftragt hat oder dem der Urkundsbeamte angehört. Die Zuständigkeit des Spruchkörpers richtet sich nach der Zuständigkeit für die Streitsache, in welcher der Urkundsbeamte seine Entscheidung getroffen hat.[6] Das Gericht prüft Zulässigkeit und Begründetheit der Erinnerung im Blick auf Art. 19 Abs. 4 GG unter zweckentsprechend Auslegung und im Blick auf die recht verstandene Interessenlage des Erklärenden[7] und entscheidet durch **Beschluss**, der als Entscheidung über einen Rechtsbehelf zu begründen ist (§ 142 Abs. 2 Satz 1), es sei denn das Gericht weist die Erinnerung aus den Gründen der angefochtenen Entscheidung zurück (§ 142 Abs. 2 Satz 3). Eine Abhilfeentscheidung ist nach dem Wegfall des § 174 nicht vorgesehen. Fehlt eine Zulässigkeitsvoraussetzung, ist die Erinnerung als unzulässig zu verwerfen, bei (teilweiser) Begründetheit ist die angefochtene Entscheidung (teilweise) aufzuheben (zu ändern) und die Erinnerung im Übrigen zurückzuverweisen. 7

4. Rechtsmittel. Die Entscheidung über die Erinnerung ist nach dem klaren Wortlaut der Vorschrift „endgültig" und damit **nicht anfechtbar**. Dies gilt auch für Entscheidung des SG über eine Erinnerung. Es handelt sich dabei um eine der in § 172 Abs. 1 vorbehaltenen gesetzlichen Ausnahmen von der grundsätzlichen Anfechtbarkeit von Beschlüssen der Sozialgerichte. Bei Verletzung des rechtlichen Gehörs kommt mithin nur eine Anhörungsrüge (§ 178 a), ansonsten die Gegenvorstellung, in Betracht. 8

§ 178 a [Anhörungsrüge]

(1) [1]Auf die Rüge eines durch eine gerichtliche Entscheidung beschwerten Beteiligten ist das Verfahren fortzuführen, wenn

1. ein Rechtsmittel oder ein anderer Rechtsbehelf gegen die Entscheidung nicht gegeben ist und

2. das Gericht den Anspruch dieses Beteiligten auf rechtliches Gehör in entscheidungserheblicher Weise verletzt hat.

[2]Gegen eine der Endentscheidung vorausgehende Entscheidung findet die Rüge nicht statt.

(2) [1]Die Rüge ist innerhalb von zwei Wochen nach Kenntnis von der Verletzung des rechtlichen Gehörs zu erheben; der Zeitpunkt der Kenntniserlangung ist glaubhaft zu machen. [2]Nach Ablauf eines Jahres seit Bekanntgabe der angegriffenen Entscheidung kann die Rüge nicht mehr erhoben werden. [3]Formlos mitgeteilte Entscheidungen gelten mit dem dritten Tage nach Aufgabe zur Post als bekannt gegeben. [4]Die Rüge ist schriftlich oder zu Protokoll des Urkundsbeamten der Geschäftsstelle bei dem Gericht zu erheben, dessen Entscheidung angegriffen wird. [5]Die Rüge muss die angegriffene Entscheidung bezeichnen und das Vorliegen der in Absatz 1 Satz 1 Nr. 2 genannten Voraussetzungen darlegen.

(3) Den übrigen Beteiligten ist, soweit erforderlich, Gelegenheit zur Stellungnahme zu geben.

---

6 Vgl. Bley, § 178 Anm. 5 a.
7 VerfG Bbg 20.7.2018 – 186/17, juris Rn. 15.

(4) [1]Ist die Rüge nicht statthaft oder nicht in der gesetzlichen Form oder Frist erhoben, so ist sie als unzulässig zu verwerfen. [2]Ist die Rüge unbegründet, weist das Gericht sie zurück. [3]Die Entscheidung ergeht durch unanfechtbaren Beschluss. [4]Der Beschluss soll kurz begründet werden.

(5) [1]Ist die Rüge begründet, so hilft ihr das Gericht ab, indem es das Verfahren fortführt, soweit dies aufgrund der Rüge geboten ist. [2]Das Verfahren wird in die Lage zurückversetzt, in der es sich vor dem Schluss der mündlichen Verhandlung befand. [3]In schriftlichen Verfahren tritt an die Stelle des Schlusses der mündlichen Verhandlung der Zeitpunkt, bis zu dem Schriftsätze eingereicht werden können. [4]Für den Ausspruch des Gerichts ist § 343 der Zivilprozessordnung entsprechend anzuwenden.

(6) § 175 Satz 3 ist entsprechend anzuwenden.

I. Allgemeines/Normzweck

1 **1. Inkrafttreten.** Das Gesetz über die Rechtsbehelfe bei Verletzung des Anspruchs auf rechtliches Gehör (Anhörungsrügengesetz) vom 9.12.2004 (BGBl. 2004 I 3220) hat die Vorschrift mit Wirkung ab 1.1.2005 eingefügt. Die Kurzbezeichnung des (einführenden) Gesetzes, die sich in § 178 a selbst nicht wiederfindet, ist ungenau und verfehlt den Sinn der Langfassung. Nicht die Anhörung ist Gegenstand der Rüge, sondern die Verletzung des Anspruchs auf rechtliches Gehör durch Nichtanhörung. Die Darstellung folgt dennoch dem ungenauen gesetzlichen Sprachgebrauch. § 178 a erfüllt erkennbar seinen Zweck, als Voraussetzung der „Rechtswegerschöpfung“, den außerordentlichen Rechtsbehelf der nur subsidiär statthaften[1] Verfassungsbeschwerde zu filtern[2] und Aufwand hinsichtlich der Verletzung des (Grund-)Rechts auf rechtliches Gehör vom BVerfG fernzuhalten. Größere Erfolge für die Betroffenen sind schon aufgrund der beim judex a quo angesiedelten Prüfungstätigkeit weder zu erwarten noch festzustellen. Die noch in seltenen Fällen nachfolgende Verfassungsbeschwerde, die zur Rechtswegerschöpfung eine vorgehende (weitere) Anhörungsrüge nur er-

1 BVerfG 8.6.2016 – 1 BvR 2825/15, juris Rn. 1.
2 Was das BVerfG umfassend versteht, vgl. BVerfG 18.11.2018 – 1 BvR 589/18, juris Rn. 4.

fordert, soweit dort ein eigenständiger Gehörsverstoß im Verfahren der Anhörungsrüge gerügt werden soll,[3] scheitert in aller Regel an der nicht formgerechten Rüge im Vorverfahren[4] und deren strengen eigenen Erfordernissen einer „substantiierten und schlüssige Rüge" von Akten, die ihrerseits vielfach nur schlüssig verlautbart werden müssen.[5] Wie bereits zur Vorauflage fehlt es an substanziell fortführender fachgerichtlicher Rechtsprechung.

2. Normzweck. Mit der Anhörungsrüge hat der Gesetzgeber einer Forderung des Bundesverfassungsgerichts folgend gleichsam einen Mosaikstein in das Gebäude eines Lückenlosigkeit und Effektivität anstrebenden Schutzes subjektiver Rechte eingefügt.[6] Danach fordert der **rechtsstaatliche Justizgewährungsanspruch** über Art. 19 Abs. 4 GG hinaus einen ordentlichen – dh der jeweiligen Verfahrensordnung in seinen Voraussetzungen zu entnehmenden, also geschriebenen[7] – Rechtsbehelf gegen spruchrichterliche Verletzungen des rechtlichen Gehörs, soweit diese nicht schon durch Rechtsmittel oder Rechtsbehelfe zu beheben sind. **Außerordentliche Rechtsbehelfe** (zB „außerordentliche Beschwerde" oder Gegenvorstellung) genügen rechtsstaatlichen Anforderungen an die Rechtsmittelklarheit nicht.[8] Der „außerordentliche Rechtsbehelf" der Verfassungsbeschwerde lässt wegen der Annahmevoraussetzungen des § 93 a Abs. 2 BVerfGG Rechtsschutzdefizite offen, weil er solche Verletzungen des rechtlichen Gehörs nicht erfasst, die „kein besonderes Gewicht" haben und den Beschwerdeführer „nicht in existentieller Weise" betreffen.[9] Das BVerfG gewährt mithin Rechtsschutz eigener Art, seine Anrufung ist nicht als Fortsetzung des Rechtswegs zu den Fachgerichten zu verstehen. Dieser hat bei „Rechtsbeeinträchtigungen jeglicher Art" offen zu sein. Überindividuelle Merkmale können die Zugangsvoraussetzungen zu den Rechtsmittelgerichten bestimmen, weil der Justizgewährungsanspruch den Rechtsweg garantiert, nicht aber den Instanzenzug. Bei der Ausgestaltung der Nichtanhörungsrüge folgt der Gesetzgeber Vorgaben des BVerfG, das im Interesse des rechtsstaatlichen Werts der **Rechtssicherheit** – auch mit Rücksicht auf den Prozessgegner und die Funktionsfähigkeit der Gerichte – den „unendlichen Rechtsweg" ausschließt.[10] Die Anhörungsrüge ist gegenüber Rechtsmitteln und anderen ordentlichen Rechtsbehelfen **subsidiär** und mithin ausgeschlossen, wenn der Betroffene die **Möglichkeit** hat oder hatte, der Rechtsverletzung entgegenzutreten. Sie ist – in bewusst unvollständiger Erfüllung der Aufgabe des Gesetzgebers[11] – gegenständlich auf die Verletzung des rechtlichen Gehörs beschränkt, eröffnet den Rechtsweg nicht neu und entlastet auch nicht von dem Risiko fehlerhafter Überprüfung. Anhörungsrügen gegen Entscheidungen auf eine Anhörungsrüge sind nicht zulässig.[12] In den Instanzgerichten der 2

3 BVerfG 14.12.2018 – 2 BvR 1594/17, juris Rn. 15.
4 BVerfG 28.11.2018 – 2 BvR 882/17, juris Rn. 11.
5 Vgl. etwa BVerfG 8.6.2016 – 1 BvR 3046/15, juris insbes. Rn. 4 f.
6 BVerfG 30.4.2003 – 1 PvBU 1/02, E 107, 395 (408 ff.); rechtspolitisch fordert Berchtold NZS 2006, 9 (15) weitergehende Rügegründe für dem Anspruch auf rechtliches Gehör gleichrangige Verfahrensgrundrechte.
7 BVerfG 30.4.2003 – 1 PvBU 1/02, E 107, 395 (416).
8 BVerfG 30.4.2003 – 1 PvBU 1/02, E 107, 395 (416 f.).
9 BVerfG 30.4.2003 – 1 PvBU 1/02, E 107, 395 (413, 415).
10 BVerfG 30.4.2003 – 1 PvBU 1/02, E 107, 395 (401).
11 Näher Berchtold NZS 2005, 9.
12 BSG1.8.2007 – B 13 R 7/07 C, SozR 4-1500 § 178 a Nr. 7.

Sozialgerichtsbarkeit ist der **Anwendungsbereich** der Anhörungsrüge wegen der Ausgestaltung der Rechtsmittel gering (→ Rn. 8).

3 **3. Vergleichbare Regelungen.** Die Anhörungsrüge ist ein Institut des allgemeinen (rechtsstaatlichen) Prozessrechts. Sie findet sich gleichsinnig oder vergleichbar in allen Verfahrensordnungen: § 321 a ZPO; §§ 33 a, 356 a StPO; § 29 a FGG; § 78 a ArbGG; § 152 a VwGO; § 133 FGO; § 69 a GKG; §§ 131 d, 157 d KostenO; § 4 a JVG; § 12 a RVG; § 21 a WehrdisziplinarO; § 71 a Gesetz gegen Wettbewerbsbeschränkungen.

II. Statthaftigkeit – Abs. 1

4 Die Anhörungsrüge ist unter den in Abs. 1 aufgeführten Voraussetzungen statthaft, dh der seiner Art nach vorgesehene Rechtsbehelf. Zu den Voraussetzungen der Statthaftigkeit einer Rüge gehört damit der entscheidungserhebliche Gehörsverstoß[13] in einer nicht mehr anfechtbaren **Endentscheidung** einschließlich solcher im einstweiligen Rechtsschutz.[14] Die rechtzeitige formgerechte Erhebung nach Maßgabe von Abs. 2 Satz 5 betrifft demgegenüber die weiteren Zulässigkeitsvoraussetzungen (Abs. 4 Satz 1).[15] In kostenrechtlichen Verfahren nach dem JVEG ist die Anhörungsrüge nach dessen § 4 a eröffnet.

5 **1. Rüge.** Die **Rüge** (Anbringung/Geltendmachung) einer Verletzung des rechtlichen Gehörs erfolgt schriftlich oder zur Niederschrift des Urkundsbeamten der Geschäftsstelle gegenüber dem iudex a quo (Abs. 2 Satz 4). Inhaltlich hat sie den Anforderungen an eine entsprechende Verfahrensrüge im Revisionsverfahren zu entsprechen (Abs. 2 Satz 6; näher → Rn. 18).

6 **2. Nachrangigkeit – Nr. 1.** Die **Anhörungsrüge** dient dazu, Rechtsschutzlücken bei spruchrichterlichen Verletzungen des rechtlichen Gehörs in einer den Rechtszug abschließenden Entscheidung zu schließen. Sie ist verfassungsrechtlich nur geboten[16] und statthaft, wenn die Rechtsverletzung nicht bereits im Rahmen des allgemeinen Rechtsmittelsystems geltend gemacht werden kann. Die Nachrangigkeit gegenüber Rechtsmitteln und ordentlichen Rechtsbehelfen ist der Verfassungsbeschwerde vergleichbar (§ 90 Abs. 2 BVerfGG). Auch hier ist zunächst der Rechtsweg im Rechtsmittelsystem der jeweiligen Fachgerichtsbarkeit zu erschöpfen. Die **Nachrangigkeit** wirkt sich nur dann nicht aus, wenn ein Rechtsmittel oder ordentlicher Rechtsbehelf gegen die Entscheidung bereits nicht statthaft ist. Das trifft etwa auch für die ablehnende Entscheidung des LSG über einen Befangenheitsantrag zu, die den Beschwerderechtszug abschließt (§ 177) und sich insoweit als Endentscheidung darstellt.[17] Eine Rechtsschutzlücke besteht dagegen nicht, wenn der Betroffene von einem statthaften Rechtsmittel oder Rechtsbehelf nur erfolglos oder nicht Gebrauch gemacht hat. Der bezüglich Art. 103 Abs. 1 GG erforderliche Rechtschutz ist bereits gewährleistet, wenn der Betroffene die **Möglichkeit** hat oder hatte, die Rechtsverletzung abzuwenden. Hat er sie verspätet ergriffen oder sonstigen verfahrensrechtlichen Anforderungen an die Bezeichnung oder Darlegung der Rechtsverletzung nicht genügt, ist/wird deshalb die Anhörungsrüge nicht statthaft. Wer es im allgemeinen

---

13 Der an dieser Stelle nur einer Art nach in Betracht kommen, nicht vorliegen muss.
14 BVerfG 8.6.2016 – 1 BvR 3046/15, juris Rn. 4 mwN.
15 Vgl. BSG 10.5.2011 – B 2 U 3/11 BH, juris Rn. 7.
16 BVerfG 30.4.2003 – 1 PbvU 1/02, E 107, 395 (416).
17 BVerfG 6.5.2010 – 1 BvR 96/10, SozR 1500 § 178 a Nr. 11.

Rechtsmittelsystem unterlässt, die Verletzung des rechtlichen Gehörs „verfahrensgerecht“ geltend zu machen, ist zudem auch mit der Verfassungsbeschwerde ausgeschlossen.[18]

3. Rechtsmittel und ordentliche Rechtsbehelfe – Nr. 1. a) Rechtsmittel. Die Nachrangigkeit besteht nach Nr. 1 gegenüber Rechtsmitteln und sonstigen Rechtsbehelfen. Rechtsmittel sind jedenfalls **Berufung** und **Revision**, nach verbreiteter Ansicht auch die **Beschwerde.** Jedenfalls ist sie ein ordentlicher Rechtsbehelf, der vorliegend kraft ausdrücklicher spezialgesetzlicher Anordnung den Nachrang der Anhörungsrüge ebenfalls begründet. Berufung und Revision sind kraft Gesetzes bzw. kraft Zulassung statthaft und erlauben die Geltendmachung der Verletzung rechtlichen Gehörs als Verfahrensfehler (§§ 157, 160 Abs. 2 Nr. 3, 162). Soweit die Statthaftigkeit dieser Rechtsmittel erst mit der Nichtzulassungsbeschwerde erkämpft werden muss, kann der Gehörsverstoß, der der angegriffenen Entscheidung zugrunde liegt, als Verfahrensmangel dort geltend gemacht werden (§§ 144 Abs. 2 Nr. 3, 160 Abs. 2 Nr. 3). Im (statthaften) Anhörungsrügeverfahren gegen die ihrerseits unanfechtbaren Entscheidungen der Landessozialgerichte und des BSG kann jeweils nur der gerade in dem dort durchgeführten Verfahren neu und eigenständig unterlaufene Gehörsverstoß – und nicht etwa die angeblich fehlerhafte Beurteilung des Verstoßes, der einer beim Beschwerdegericht angegriffenen Vorentscheidung zugrunde liegt – geltend gemacht werden.[19] Daher genügt hier auch nicht etwa die bloße Wiederholung des Vorbringens aus dem Nichtzulassungsbeschwerdeverfahren.[20] 7

b) Andere Rechtsbehelfe. Sieht man die **Beschwerde** (§§ 172, 177) nicht als Rechtsmittel an, ist sie (im Rahmen ihrer Statthaftigkeit) jedenfalls als „anderer Rechtsbehelf“ einzustufen, der nach Nr. 1 die Anhörungsrüge ausschließt. Das Gleiche gilt für die **Erinnerung** (Antrag auf richterliche Entscheidung) nach § 178. Dagegen sind Gegenvorstellung und Dienstaufsichtsbeschwerde gerade keine anderen Rechtsbehelfe iS des Abs. 1 Nr. 1, weil ihre Voraussetzungen nicht im SGG geregelt sind. Die Verweisung auf sie entspräche nicht der mit dem Institut der Anhörungsrüge angestrebten Rechtsmittelklarheit. Die **Wiederaufnahme** mit ihren besonderen Voraussetzungen der Restitutionsklage und der Nichtigkeitsklage (§§ 179 ff.) ist Rechtsbehelf im anhängigen Verfahren und deshalb nicht geeignet, die Anhörungsrüge auszuschließen. Auch der außerordentliche Rechtsbehelf der Verfassungsbeschwerde schließt die Anhörungsrüge nicht aus, weil der umfassenderen Selbstkontrolle der Fachgerichtsbarkeit Vorrang vor dem Rechtsschutz eigener Art durch die Verfassungsgerichtsbarkeit zukommt.[21] 8

c) Anwendungsbereich. Wegen der Nachrangigkeit und der Ausgestaltung der Rechtsmittel im SGG verbleibt für die **Anhörungsrüge in den Instanzgerichten** nur ein geringer Anwendungsbereich. Da die Verletzung des rechtlichen Gehörs im Rahmen der Berufung gerügt werden kann bzw. zumindest die Nichtzulassungsbeschwerde nach § 145 hierauf gestützt werden kann und gegen sonstige 9

18 BVerfG 30.4.2003 – 1 PbvU 1/02, E 107, 395 (411); vgl. die st. Rspr. zur Nachrangigkeit der Verfassungsbeschwerde: BVerfG 15.5.1963 – 2 BvR 106/63, E 16, 124 (127); BVerfG 13.1.1987 – 2 BvR 209/84, E 74, 102 (114); „Nachlässigkeiten bei der Durchsetzung von Rechtsansprüchen werden nicht von der Anhörungsrüge ‚aufgefangen'“, so Fichte in Breitkreuz/Fichte § 178 a Rn. 14.
19 BGH 19.3.2009 – V ZR 142/08 (KG), NVwZ 2009, 1609 f.
20 BSG 20.12.2011 – B 2U 12/11 C, juris.
21 BVerfG 30.4.2003 – 1 PbvU 1/02, E 107, 395 (416, 418).

Entscheidungen regelmäßig die Beschwerde/Erinnerung eröffnet ist, bleibt für die Anhörungsrüge im ersten Rechtszug kaum eine Anwendungsmöglichkeit. Allerdings wird ihre Statthaftigkeit erweitert, soweit § 172 Abs. 3 idF des Gesetzes zur Änderung des SGG und ArbGG vom 26.3.2008 (BGBl. 2008 I 444) mit Wirkung ab 1.4.2008 die Beschwerdemöglichkeiten eingeschränkt. Auch bei Urteilen der Landessozialgerichte eröffnet § 160 Abs. 2 Nr. 3 über die Nichtzulassungsbeschwerde den Revisionsrechtszug, so dass eine Anhörungsrüge nach Abs. 1 Nr. 1 nicht statthaft ist.[22] Da die weitere Beschwerde und die Beschwerde gegen Entscheidungen der Landessozialgerichte nach § 177 grundsätzlich ausgeschlossen sind, bleibt ein Anwendungsbereich bei Entscheidungen, die nicht anfechtbar und auch keine nur vorbereitenden Entscheidungen iS des Satzes 2 sind. Mangels eines weiteren Rechtszuges sind Entscheidungen des **Bundessozialgerichts** der wesentliche Gegenstand der Anhörungsrüge. Sie sind Gegenstand der Anhörungsrüge etwa auch, wenn es um die Ablehnung eines Antrages auf Prozesskostenhilfe geht. Fachgerichtlicher Rechtsschutz gegen eine mögliche Gehörsverletzung ist hier nach dem Grundsatz wirkungsvollen Rechtsschutzes in Verbindung mit Art. 103 Abs. 1 GG notwendig, weil abschließend und mit Bindungswirkung für das weitere Verfahren über den Antrag befunden wird und die Entscheidung später nicht mehr im Rahmen einer Inzidentprüfung korrigiert werden kann. Denn spätestens mit Ablauf einer einmonatigen Frist zur Wiedereinsetzung in den vorigen Stand ab Zugang des ablehnenden Beschlusses kann der Beschwerdeführer die Nichtzulassungsbeschwerde nicht mehr erheben und ist daher auch ein weiterer Antrag auf Prozesskostenhilfe ohne Erfolgsaussicht. Ein neuer Antrag auf Prozesskostenhilfe könnte zudem auch nur zur Gewährung von Prozesskostenhilfe ab dem Zeitpunkt der erneuten Antragstellung führen können.[23] Dasselbe gilt für die Entscheidung über die Richterablehnung durch das LSG.[24]

10 **4. Entscheidungserhebliche Verletzung des rechtlichen Gehörs – Nr. 2.** a) **Begrenzung des Prüfungsmaßstabes.** Die Anhörungsrüge ist **kein allgemeiner Rechtsbehelf** bei „greifbarer Rechtswidrigkeit“. Sie ist vom Gesetzgeber bewusst – weil im Verfahren ausdrücklich so beraten – auf Verletzungen des rechtlichen Gehörs (Art. 103 Abs. 1 GG; § 62 SGG) begrenzt[25] und dient allein dazu, bei dieser Verletzung der Grundlage des Schutzes individueller Rechte durch ein Gericht und damit des Justizgewährungsanspruchs lückenlos Rechtsschutz zu gewährleisten. Sie gewährleistet weder die sonstigen Prozessgrundrechte noch führt sie entgegen einem weit verbreiteten Irrtum zu einer Vollüberprüfung des Verfahrens[26] oder eröffnet die Möglichkeit zur Nachholung von Verfahrenshandlungen noch können erst recht Defizite des Verwaltungsverfahrens § 24 SGB X kompensiert werden.[27] Ginge man davon aus, rechtliches Gehör sei nur durch den gesetzlichen Richter zu gewährleisten, enthielten alle Verstöße gegen den Grundsatz, nicht nur bei Verletzung „spezifischen Verfassungsrechts“,[28] zu-

22 LSG NRW 21.3.2019 – L 11 KR 830/18 RG, L 11 KR 303/17, juris Rn. 6 mwN.
23 BVerfG 3.3.2011 – 1 BvR 2852/10, juris.
24 BVerfG 6.5.2010 – 1 BvR 96/10, SozR 4-1500 § 178 a Nr. 11 Rn. 15.
25 Kritisch dazu: Berchtold NZS 2006, 9 (14 ff.).
26 Etwa BSG 29.11.2005 – B 1 KR 94/05 B.
27 Berchtold in Berchtold/Richter PHdB-SozS § 8 Rn. 269.
28 Zu diesem Begriff etwa: BSG 8.11.2007 – B9/9 a SB 3/06 R, E 99, 189 (191) = SozR 4-1500 § 155 Nr. 2; BSG 23.8.2007 – B 4 RS 2/06 R, SozR 4-1500 § 155 Nr. 1; Papier in Bundesverfassungsgericht und Grundgesetz Bd. I, S. 432 ff.

gleich eine Verletzung des rechtlichen Gehörs. Allerdings ist selbstverständlich auch im Verfahren der Richterablehnung Art. 103 GG zu beachten und kann gegen den dort ergehenden Beschluss ggf. Anhörungsrüge erhoben werden.[29]

b) Merkmale. Wegen der Merkmale des rechtlichen Gehörs und der Erfüllung des Anspruchs auf rechtliches Gehör in der Prozesspraxis wird auf → § 62 Rn. 3 ff. Bezug genommen. Ist dieser Anspruch auch mit der Anhörung durch ein nicht gesetzlich besetztes Gericht zu erfüllen, ist eine Verletzung des Verbots, einen Rechtsuchenden dem gesetzlichen, nach abstrakt generellen Merkmalen bestimmten, Richter zu entziehen, nicht mit der Anhörungsrüge zu verfolgen. 11

c) Entscheidungserheblichkeit. Verfahrensrechtlich bedeutsam ist die Verletzung rechtlichen Gehörs nur, wenn sie entscheidungserheblich ist. Im sozialgerichtlichen Verfahren ist die Verletzung rechtlichen Gehörs abweichend von § 138 Nr. 3 VwGO kein absoluter Revisionsgrund, bei dem die Entscheidungserheblichkeit der Rechtsverletzung vermutet wird. Die Anhörungsrüge ist deshalb nur zulässig, wenn die Möglichkeit besteht, dass die Entscheidung ohne die Verletzung des rechtlichen Gehörs anders ausgefallen wäre. Insoweit gelten die für das Revisionsverfahren maßgeblichen Grundsätze (→ § 160 Rn. 22; → § 164 Rn. 18). Allerdings dürfte es für die Zulässigkeit der Anhörungsrüge genügen, dass der Beschwerte die Verletzung des rechtlichen Gehörs und ihre Entscheidungserheblichkeit substantiiert und schlüssig darlegt (Abs. 2 Satz 4). 12

5. Endentscheidung – Satz 2. Der **Begriff Endentscheidung** ist missverständlich. Der Hinweis auf die „vorausgehende Entscheidung" in Abs. 1 Satz 2 zeigt, dass nur vorbereitendende und nicht (weiter) beschwerdefähige Entscheidungen (§§ 172, 177) – wie auch der Beschluss des LSG über die Anhörungsrüge[30] – nicht mit der Anhörungsrüge angegriffen werden können. Dafür besteht auch kein Bedürfnis, weil die Rechtsverletzung in der Regel durch das weitere Verfahren geheilt werden kann. Andernfalls bleibt dem Beschwerten die Anfechtung der „Endentscheidung" mit dem in Betracht kommenden Rechtsmittel und nachrangig mit der Anhörungsrüge unbenommen. Dies gilt aber nur, soweit eine Inzidentprüfung einer Verletzung des rechtlichen Gehörs in dem Rechtsmittelverfahren zu erwarten ist. Trifft dies nicht zu – wie grundsätzlich zB bei einem vor dem LSG erfolglosen Prozesskostenhilfe- oder Ablehnungsantrag – ist in dem Beschluss, der den Ablehnungsantrag ablehnt, eine „Endentscheidung" iS des Abs. 1 Satz 2 zu sehen.[31] Darauf ist in der Sozialgerichtbarkeit zu achten, weil das BSG nach § 202; § 557 Abs. 2 ZPO im Revisionsverfahren dem Endurteil vorausgehende Beschlüsse nicht überprüft, soweit diese nach § 177 nicht anfechtbar sind.[32] 13

III. Zulässigkeit – Abs. 2

1. Fristgebundenheit – Satz 1. Als **formeller Rechtsbehelf** ist die Rüge innerhalb von zwei Wochen nach Kenntnis der Verletzung zu erheben,[33] dh anzubringen und zu begründen.[34] Es ist also nicht notwendig die Bekanntgabe oder Zustel- 14

29 BVerfG 6.5.2010 – 1 BvR 96/10, SozR 4-1500 § 178 a Nr. 11.
30 BSG 10.12.2010 – B 4 AS 97/10 B, juris Rn. 11.
31 BVerfG 6.5.2010 – 1 BvR 96/10, SozR 4-1500 § 178 a Nr. 11 Rn. 19 ff.
32 BSG 28.9.1999 – B 2 U 32/98 R, E 84, 282 f. = SozR 3-2200 § 605 Nr. 1; BSG 5.8.2003 – B 3 P 8/03 B, NZS 2004, 222 f. mwN.
33 BSG 9.9.2010 – B 11 AL 4/10 C, SozR 4-1500 § 178 a Nr. 10.
34 BSG 18.5.2009 – B 3 KR 1/09 C, SozR 4-1500 § 178 a Nr. 8.

lung der Entscheidung das Ereignis, welches den Lauf der Frist auslöst. Soweit allerdings nach Auffassung des 2. Senats des BSG[35] die Frist bereits vor Bekanntgabe der Entscheidung mit der Verkündung beginnen kann, ist die im Blick auf die Vorläufigkeit und Unverbindlichkeit der mündlich bekannt gegebenen Gründe nicht unzweifelhaft. Regelmäßig wird die Kenntnis von der Verletzung gerade in der Entscheidung selbst liegen oder diese die Kenntnis von der Verletzung vermitteln, zumal erst eine „Endentscheidung" Gegenstand der Anhörungsrüge sein kann und die Entscheidungsrelevanz erst hier deutlich werden kann. In solchen Fällen ist der Zeitpunkt der Kenntniserlangung leicht glaubhaft zu machen, sofern er nicht ohnehin offenkundig ist.[36] In anderen Fällen hat der Beteiligte den Zeitpunkt der Kenntniserlangung glaubhaft zu machen. Zur **Glaubhaftmachung** dienen alle Beweismittel und die eidesstattliche Versicherung (§ 202; § 294 Abs. 1 ZPO), eine Beweisaufnahme, die nicht sofort erfolgen kann, ist unstatthaft (§ 202; § 294 Abs. 2 ZPO). In diesem Zusammenhang ist daran zu erinnern, dass nach § 202; § 295 Abs. 1 ZPO ohnehin ein Rügeverlust in Betracht kommen kann, denn beim Anspruch auf rechtliches Gehör handelt es sich um ein verzichtbares Recht (§ 202; § 295 Abs. 2 ZPO). Wegen der **Berechnung** der Frist wird auf § 64 Bezug genommen. Da der Lauf der Frist an den Zeitpunkt der Kenntniserlangung der Rechtsverletzung, nicht der Bekanntgabe oder Zustellung der Entscheidung anknüpft, kommt es für den Lauf der Frist auf eine Rechtsbehelfsbelehrung abweichend von § 66 Abs. 1 nicht an. Zur Wahrung der Frist ist nicht nur die Einlegung, sondern auch die **Begründung** (→ Rn. 18 ff.) der Anhörungsrüge erforderlich.[37]

15 **2. Verschweigung – Satz 2.** Die Verschweigungsfrist von einem Jahr beginnt abweichend von Satz 1 mit der Bekanntgabe der angegriffenen Entscheidung. Das entspricht § 66 Abs. 2 und dient der möglichst sach- und zeitnahen Behebung von Verfahrensfehlern. Ein unendlicher Rechtsweg ist nicht eingeräumt. Auch ist im Interesse der Rechtssicherheit das Risiko von Fehlern hinzunehmen, sofern – wie durch die Anhörungsrüge geschehen – die Möglichkeit wirkungsvollen Rechtsschutzes gewährleistet ist. Praktisch dürfte der Vorschrift Bedeutung zukommen, wenn sich nach **fehlerhafter Rechtsbehelfsbelehrung** erst im Rechtsmittelzug herausstellt, dass das Rechtsmittel nicht statthaft ist und eine Nichtzulassungsbeschwerde deshalb folgerichtig nicht eingelegt worden ist. In solchen Fällen sind allerdings auch die Ausnahmen des § 66 Abs. 2 (höhere Gewalt; falsche Rechtsbehelfsbelehrung) entsprechend heranzuziehen.

16 **3. Formlos mitgeteilte Entscheidungen – Satz 3.** Sofern die Endentscheidung nicht zugestellt wird (vgl. § 63 Abs. 1), übernimmt Satz 3 zur Berechnung der Verschweigungsfrist abweichend von § 64 Abs. 1 die Regelung des § 37 Abs. 2 SGB X, wobei die Fiktion darauf hindeutet, dass der Beweis späteren Zugangs im Einzelfall nicht eröffnet ist. Andernfalls hätte die Bezugnahme auf § 37 Abs. 2 SGB X nahe gelegen. In den Fällen, in denen der Beteiligte von der Verletzung des rechtlichen Gehörs durch die Entscheidung Kenntnis erlangt, ist die entsprechende Anwendung des Satzes 3 praxisgerecht.

17 **4. Schriftform – Satz 4.** Die Rüge ist schriftlich oder zur Niederschrift des Urkundsbeamten der Geschäftsstelle beim erkennenden Gericht (iudex aquo) zu

35 BSG 19.4.2012 – B 2 U 5/12 C, UV-Recht Aktuell 2012, 912 ff.
36 BSG 28.9.2006 – B 3 P 1/06 C, SozR 4-1500 § 178 a Nr. 5 mwN.
37 BSG 18.5.2009 – B 3 KR 1/09 C, SozR 4-1500 § 178 a Nr. 8.

erheben. Für die Wahrung der Schriftform gelten die Anforderungen an die **prozessuale Schriftform** (→ § 161 Rn. 5; → § 164 Rn. 6). Der Eingang der Rügeschrift bei einem anderen Gericht oder einer anderen Behörde wahrt die Frist nicht. Der Rechtsgedanke des § 173 Satz 3 ist hier nicht entsprechend anzuwenden, weil das übergeordnete Gericht mit der Anhörungsrüge nicht befasst werden kann. Führt die Abgabe nicht zur Fristwahrung, kommt eine Wiedereinsetzung in die Rügefrist nur unter den Voraussetzungen des § 67 in Betracht. Nur bei änderbaren Entscheidungen – also solchen, die eine innerprozessuale Bindungswirkung (vgl. § 318 ZPO) des Gerichts selbst nicht auslösen – kommt eine Selbstkontrolle auf die in der Rüge enthaltene Gegenvorstellung in Betracht (→ § 172 Rn. 13).

5. Vertretungszwang – Satz 5 aF. Satz 5 aF ist wie § 166 durch Art. 12 Nr. 8 des Gesetzes zur Neuregelung des Rechtsberatungsgesetzes vom 12.12.2007 (BGBl. 2007 I 1240) mit Wirkung ab 1.7.2008 (Art. 20 Abs. 1) aufgehoben. Der **Vertretungszwang** für Anhörungsrügen zum BSG und die **Postulationsfähigkeit** ergeben sich nunmehr aus § 73 Abs. 4 idF dieses Gesetzes. 18

6. Darlegung – Satz 5 (= Satz 6 aF). Die Anhörungsrüge ist nur in der **gesetzlichen Form** (Abs. 4 Satz 1) erhoben, wenn die Entscheidung bezeichnet und die entscheidungserhebliche Verletzung des rechtlichen Gehörs innerhalb der Frist des Satzes 1 schriftlich oder zur Niederschrift beim erkennenden Gericht dargelegt wird. Das Gesetz erlegt dem Rügeführer damit eine **substantiierte Darlegungslast** auf. Hierzu gehört insbesondere das Aufzeigen der tatsächlichen Umstände, aus denen sich die Verletzung des rechtlichen Gehörs durch (gerade) das Gericht ergibt, gegen dessen Entscheidung sich der Betroffene wendet.[38] Werden allein Gehörsverstöße der Vorinstanz und erst recht der Verwaltung gerügt, ist die Anhörungsrüge schon deshalb unzulässig.[39] 19

a) Bezeichnung. Die angegriffene Entscheidung ist durch Angabe ihres Datums und der Beteiligten, tunlichst auch des Aktenzeichens,[40] zu bezeichnen. Angaben der Rügeschrift, die durch Auslegung (§ 133 BGB) eine **Identifizierung** der angegriffenen Entscheidung zulassen, sind ausreichend; nur in diesem Rahmen sind Berichtigungen unrichtiger Angaben außerhalb der Rügefrist ausreichend.[41] 20

b) Darlegung. Die entscheidungserhebliche Verletzung des rechtlichen Gehörs ist darzulegen. Damit stellt das Gesetz für die Anhörungsrüge die gleichen Anforderungen wie für die Bezeichnung eines Verfahrensmangels zur Zulassung der Revision (§ 160 a Abs. 2 Satz 3). Das Verfahren ist durch die Endentscheidung abgeschlossen. Um das Gericht erneut mit der Sache zu befassen, hat der Beschwerte die eine Verletzung des rechtlichen Gehörs (vermeintlich) begründenden **Tatsachen** durch das angerufene Gericht[42] substantiiert und schlüssig darzulegen (vgl. § 164 Abs. 2 Satz 3). Daran schließt sich eine verfahrensrechtliche Würdigung an, die auch darauf einzugehen hat, dass der Mangel nicht durch **Heilung** oder **Rügeverlust** (§ 202; § 295 ZPO) vor der Entscheidung überholt ist. Die einen Rügeverlust ausschließenden Umstände sind konkret anzugeben (→ § 160 a Rn. 17). Unerlässlich sind Ausführungen zur Kausalität der Ver- 21

38 Zu den Anforderungen im Einzelnen Berchtold in Berchtold/Richter PHdB-SozS § 8 Rn. 278 f.
39 BSG 7.4.2005 – B 7 a AL 38/05 B, juris.
40 Vgl. aber BVerfG 19.3.2018 – 1 BvR 2313/17, juris Rn. 12.
41 Vgl. dazu: Rosenberg, Lehrbuch S. 668 = § 135 III.
42 BSG 7.4.2005 – B 7 a AL 38/05 B, SozR 4-1500 § 178 a Nr. 2.

letzung auf die Entscheidung. Nur ein nach der **Rechtsansicht des erkennenden Gerichts** tragender Grund bedarf des rechtlichen Gehörs. Die Entscheidungserheblichkeit ist auch durch **Benennen des Vorbringens** darzulegen, das unberücksichtigt geblieben ist oder an dem der Beschwerte durch die Verfahrensweise des Gerichts gehindert worden ist.[43] Ergibt das Vorbringen die Möglichkeit einer entscheidungserheblichen Verletzung des rechtlichen Gehörs, ist die Verletzung dargelegt und die Anhörungsrüge zulässig.

22 c) **Verfassungsmäßigkeit. Verfassungsrechtlich** genügt die gesetzliche Gestaltung der Anhörungsrüge den rechtsstaatlichen Geboten der Rechtsmittelklarheit sowie der Messbarkeit und Vorhersehbarkeit staatlichen Handelns.[44] Die **Selbstkontrolle** durch das Gericht, welchem die Rechtverletzung unterlaufen ist, gewährleistet den Zugang zu einer richterlichen Entscheidung. Eine Neueröffnung des Rechtsweges oder Rechtsschutz durch ein anderes oder höheres Gericht ist nicht geboten, weil ein Instanzenzug verfassungsrechtlich nicht gewährleistet ist.[45] Das „Risiko fehlerhafter Überprüfung" ist hinzunehmen.[46] Auch sind die **Zulässigkeitsvoraussetzungen** nicht so hoch, dass wirkungsvoller Rechtsschutz und damit der Justizgewährungsanspruch beeinträchtigt wäre. Bei der verfassungsrechtlichen Würdigung ist auch der Gedanke der Rechtssicherheit zu bedenken, mit dem ein „unendlicher Rechtsweg" nicht vereinbar wäre. Die Anforderungen an die Darlegung der entscheidungserheblichen Verletzung rechtlichen Gehörs sind gerechtfertigt, weil sie das Vertrauen des Verfahrensgegners auf den Bestand einer rechtskräftigen Entscheidung und den Schutz des Gerichts vor einer sachlich nicht gebotenen erneuten Inanspruchnahme mit abgeschlossenen Verfahren berücksichtigen.[47]

IV. Rechtliches Gehör – Abs. 3

23 Die Vorschrift enthält eine verfassungs- und verfahrensrechtliche Selbstverständlichkeit (Art. 103 Abs. 1 GG; § 62). Ist die Anhörungsrüge zulässig, so besteht die Möglichkeit einer abweichenden, einen anderen Beteiligten beschwerenden Entscheidung. Diesem steht damit rechtliches Gehör zu. Nicht erforderlich ist die Anhörung anderer Beteiligter, wenn das Gericht das Verfahren nicht fortführt (Abs. 5 Satz 1), weil es die Rüge für unzulässig oder für unbegründet hält (Abs. 4 S. 1 und 2).

V. Erfolglose Rüge – Abs. 4

24 Bei der Entscheidung über die Anhörungsrüge entscheidet das **Gericht in seiner regulären Besetzung** und nicht in der, in der die mit der Anhörungsrüge angegriffene Entscheidung getroffen worden ist. Bei einem Richterwechsel ist in der neuen Besetzung zu entscheiden. Im Fall einer willkürlichen Anwendung von Zuständigkeitsnormen unterliegt die Entscheidung im Verfahren der Anhörungsrüge der Aufhebung auf Verfassungsbeschwerde.[48]

---

43 Vgl. → § 160 a Rn. 36 mwN der Rspr. zu den Anforderungen an diese Verfahrensrüge nach § 160 a Abs. 2 Satz 3.
44 BVerfG 30.4.2003 – 1 PbvU 1/02, E 107, 395 (416 ff.); kritisch zur Ausführung des verfassungsgerichtlichen Auftrags durch den Gesetzgeber: Berchtold NZS 2006, 9 ff.
45 BVerfG 30.4.2003 – 1 PbvU 1/02, E 107, 395 (412).
46 BVerfG 30.4.2003 – 1 PbvU 1/02, E 107, 395 (411).
47 BVerfG 30.4.2003 – 1 PbvU 1/02, E 107, 395 (408, 411 f.).
48 BVerfG 18.2.2020 – 1 BvR 1750/19, juris.

Die Vorschrift folgt dem bei Rechtsmitteln des SGG üblichen Verfahren (vgl. §§ 158, 169, 176, 202 iVm § 572 Abs. 2 ZPO). Unstatthafte oder unzulässige Anhörungsrügen werden verworfen, unbegründete Rügen zurückgewiesen. Wegen Einzelheiten wird auf die Ausführungen zu den erwähnten Vorschriften Bezug genommen. Die Entscheidung ergeht durch Beschluss, so dass nach der Rechtsprechung des BSG eine **mündliche Verhandlung** und die **Mitwirkung ehrenamtlicher Richter** grundsätzlich nicht geboten sein soll.[49] Allerdings ist es dem Gericht unbenommen, aufgrund mündlicher Verhandlung zu entscheiden. In diesem Falle sind ehrenamtliche Richter heranzuziehen. Ist die angefochtene Entscheidung nach § 105 Abs. 2 Satz 1 oder § 153 Abs. 4 ergangen, gelten keine Besonderheiten. In den Fällen des § 155 Abs. 3 und 4 ist der Vorsitzende bzw. der Berichterstatter das Gericht, welches auch über die Anhörungsrüge zu befinden hat. Diese eröffnet nicht ein neues Verfahren, so dass nicht erneut das Einverständnis der Beteiligten nach § 155 Abs. 3 herbeigeführt werden muss. Für den Beschluss ist grundsätzlich eine **Begründung** erforderlich,[50] die ihrerseits Art. 103 Abs. 1 GG genügen muss, also jedenfalls nicht den Eindruck vermitteln darf, das Vorbringen des Rügeführers sei überhaupt nicht zur Kenntnis genommen worden. Die flexible Fassung soll insbesondere sicherstellen, dass ein Beteiligter die Anhörungsrüge nicht entgegen § 145 Abs. 4 Satz 3, § 160 a Abs. 4 zur Herbeiführung einer (weiteren) Begründung nutzt. Die Unanfechtbarkeit des Beschlusses (Satz 3) steht dem nicht entgegen. Zum einen handelt es sich um eine Entscheidung über einen Rechtsbehelf, zum anderen enthält Satz 4 eine Spezialvorschrift gegenüber § 142 Abs. 2 Satz 1. Entbehrlich kann eine Begründung sein, wenn die Darlegung in einem weiteren Schriftsatz angekündigt wird, aber nicht erfolgt. Im Allgemeinen dürfte die Begründung des Beschlusses auch im Interesse der Befriedung und zur Beseitigung von Missverständnissen angezeigt sein. 25

▶ **Muster:**

Nicht erfolgreiche Anhörungsrüge des Klägers

Die Anhörungsrüge gegen den Beschluss des Landessozialgerichts Niedersachsen/Bremen vom 12. Januar 2016 wird zurückgewiesen (verworfen).

Außergerichtliche Kosten sind nicht zu erstatten.

Nicht erfolgreiche Anhörungsrüge der Beklagten

Die Anhörungsrüge gegen den Beschluss des Landessozialgerichts Niedersachsen/Bremen vom 12. Januar 2016 wird zurückgewiesen (verworfen).

Die Beklagte hat dem Kläger die außergerichtlichen Kosten des Verfahrens der Anhörungsrüge zu erstatten. ◀

VI. Fortführung des Verfahrens – Abs. 5

Beruht die angefochtene Endentscheidung auf einer Verletzung des rechtlichen Gehörs, wird das Verfahren in den Grenzen, in denen die Rüge Erfolg hat, **„in die Lage zurückversetzt“**, in der es sich vor der angefochtenen Entscheidung befand, und fortgeführt. Es findet also nicht etwa eine Wiederaufnahme statt. Die 26

49 BSG 28.9.2006 – B 31/06 C, SozR 4-1500 § 178 a Nr. 5; BSG 8.11.2006 – B 2 Urt. 5/06 C, SozR 4-1500 § 178 a Nr. 6; anders Berchtold NZS 2006, 13 s. auch BVerfG 18.2.2020 – 1 BvR 1750/19, juris.

50 BVerfG 8.1.2004 – 1 BvR 864/03, juris.

Abhilfe betrifft lediglich die Verletzung des rechtlichen Gehörs und deren Auswirkungen. Ein Beschluss, mit der diese Gestaltung des Verfahrens den Beteiligten mitgeteilt wird, ist im Gesetz nicht ausdrücklich vorgesehen, wird aber im Schrifttum für zweckmäßig gehalten.[51] Mit einem solchen „Eröffnungsbeschluss“ kann das Gericht insbesondere deutlich machen, zu welchen Punkten weiteres Vorbringen trotz der „Endentscheidung“ zulässig ist. Ob in der Sache aufgrund des weiteren Vorbringens des Beschwerten eine andere Entscheidung zu treffen ist, ergibt erst die Fortführung des Verfahrens nach den für das fortgeführte Verfahren einschlägigen prozessualen Regelungen einschließlich ggf. weiterer Sachaufklärung. Die Lage ist derjenigen nach der erfolgreichen Anfechtung einer prozessbeendenden Erklärung vergleichbar. Das Verfahren wird in die Lage zurückversetzt, in der es sich vor dem Schluss der mündlichen Verhandlung oder dem Zeitpunkt, bis zu welchem Schriftsätze eingereicht werden können, befand. Insbesondere kann der Beschwerte das Vorbringen nachholen, an dessen Vortrag er durch die Verfahrensweise des Gerichts vor der Endentscheidung gehindert war. Dies geschieht schriftsätzlich und/oder in der mündlichen Verhandlung. Der Sache nach entspricht das Verfahren demjenigen nach einem zulässigen Einspruch gegen ein Versäumnisurteil (§ 342 ZPO), auf das Abs. 5 Satz 4 durch die dortige Verweisung auf § 343 ZPO auch Bezug nimmt. Führt das Verfahren zu einer abweichenden Entscheidung, wird die angefochtene Endentscheidung aufgehoben oder geändert und eine der Sach- und Rechtslage entsprechende **Entscheidung** an ihre Stelle gesetzt. Führt auch das weitere Vorbringen nicht zu einer abweichenden Entscheidung, so wird die angefochtene Endentscheidung aufrechterhalten (Abs. 5 mit § 343 Satz 1). Dieser Fall ist auch bei einer zulässigen und begründeten Anhörungsrüge denkbar, wenn erst die Fortsetzung des Verfahrens ergibt, dass die angefochtene Entscheidung aus anderen Gründen im Ergebnis zutreffend ist. Andernfalls ist die jeweils gebotene Sachentscheidung an die Stelle der angefochtenen Entscheidung zu setzen.

Eine **Kostenentscheidung** erübrigt sich, weil sie in der abschließenden Entscheidung des Gerichts zu treffen ist, die auch die Kosten des Verfahrens der Anhörungsrüge einschließt. Wird die angefochtene Entscheidung aufrechterhalten, ist über die Kosten des Anhörungsverfahrens entsprechend § 193 zu befinden.

VII. Aussetzung des Vollzuges – Abs. 6

27 Weil die Anhörungsrüge eine **rechtskräftige Endentscheidung** betrifft, kann der Rechtsbehelf weder den Eintritt der Rechtskraft hemmen (Suspensiveffekt) noch dem Vollzug der angefochtenen Entscheidung entgegenstehen. Die entsprechende Anwendung des § 175 Satz 3 eröffnet dem Richter, der diese Entscheidung getroffen hat, die Möglichkeit, deren Vollzug auf Antrag oder Amts wegen (→ § 175 Rn. 6) einstweilen auszusetzen. Eine solche prozessuale Maßnahme ist angezeigt, wenn zu besorgen ist, dass durch den Vollzug einer Entscheidung, die auf einer Verletzung des rechtlichen Gehörs beruhen kann, vollendete und nur schwer zu beseitigende Tatsachen geschaffen werden. Wegen der Maßstäbe und Modalitäten einer solchen Entscheidung wird auf die Ausführungen zu → § 175 Rn. 6 Bezug genommen.

51 Schmidt in Meyer-Ladewig/Keller/Leitherer/Schmidt, 13. Aufl. 2020, § 178 a Rn. 10 mwN.

Dritter Abschnitt Wiederaufnahme des Verfahrens und besondere Verfahrensvorschriften

§ 179 [Zulässigkeit]

(1) Ein rechtskräftig beendetes Verfahren kann entsprechend den Vorschriften des Vierten Buches der Zivilprozeßordnung[1] wieder aufgenommen werden.

(2) Die Wiederaufnahme des Verfahrens ist ferner zulässig, wenn ein Beteiligter strafgerichtlich verurteilt worden ist, weil er Tatsachen, die für die Entscheidung der Streitsache von wesentlicher Bedeutung waren, wissentlich falsch behauptet oder vorsätzlich verschwiegen hat.

(3) Auf Antrag kann das Gericht anordnen, daß die gewährten Leistungen zurückzuerstatten sind.

I. Allgemeines

1. Normzweck. Die geltende Fassung ist seit Inkrafttreten des SGG unverändert geblieben. Für bindende Verwaltungsakte enthielt § 1744 RVO ein der Wiederaufnahme vergleichbares Verfahren. Die Wiederaufnahme ist ein **außerordentlicher Rechtsbehelf**, mit dem die Rechtskraft von Urteilen und ihnen gleichgestellten Entscheidungen durchbrochen werden kann. Abgesehen von den Fällen des Schein- oder Nichturteils, eröffnen Wiederaufnahmegründe die Beseitigung eines nicht mehr anfechtbaren Urteils bei rechtsstaatswidrigen Organisationsmängeln (§ 579 ZPO) oder bestimmten Mängeln der Entscheidungsgrundlage (§ 580 ZPO). Aus diesen tatbestandlich abschließend aufgezählten Wiederaufnahmegründen (näher → Rn. 7) tritt der rechtsstaatliche Grundsatz der Rechtssicherheit hinter das **Allgemeininteresse** an einem ordnungsgemäßen Verfahren und Entscheidungen auf wahrheitsgemäßen tatsächlichen Grundlagen zurück. 1

2. Vergleichbare Vorschriften. In § 153 VwGO und § 134 FGO finden sich entsprechende Verweisungen auf die Vorschriften des 4. Buches der ZPO. 2

3. Praktische Bedeutung. Die praktische Bedeutung der Wiederaufnahme ist gering. Überdies eröffnen § 44 SGB X zugunsten von Leistungsempfängern oder sonstigen Berechtigten und § 45 SGB X zu ihrem Nachteil – in den Grenzen des Vertrauensschutzes Gutgläubiger – die Herstellung der Gesetzmäßigkeit der Ver- 3

1 Siehe §§ 578–591 ZPO.

waltung, ohne dass es auf Wiederaufnahmegründe ankäme. Nach ständiger Rechtsprechung hat die Verwaltung einen **Zugunstenbescheid** nach § 44 SGB X auch dann zu erlassen, wenn der fehlerhafte belastende Verwaltungsakt durch ein **rechtskräftiges sozialgerichtliches Urteil** bestätigt worden ist.[2] Folgerichtig steht die rechtskräftige Bestätigung eines rechtswidrig begünstigenden Verwaltungsaktes der Anwendung des § 45 SGB X nicht entgegen. Etwas anderes soll aber dann gelten, wenn der Verwaltungsakt ein die Verwaltung bindendes fehlerhaftes Urteil ausführt.[3] Auch in solchen Fällen lässt die Rechtsprechung aber den **Einwand der Arglist** gegen ein sittenwidrig erwirktes Urteil (§§ 242, 826 BGB) zu.[4] Regelmäßig dürfte es sich dabei um Fälle des § 580 Nr. 4 ZPO handeln. Allerdings dürften in solchen Fällen die Fristen des § 45 Abs. 3 und 4 SGB X, nicht des § 586 ZPO gelten.

II. Verweisung auf §§ 579 ff. ZPO – Abs. 1

4 **1. Spezialverweisung.** Absatz 1 enthält eine **Spezialverweisung** auf Gründe und Verfahren der Wiederaufnahme im 4. Buch der ZPO. Wie bei der generellen Verweisung des § 202 sind die Vorschriften der ZPO nur insoweit anzuwenden, als sie mit den Verfahrensgrundsätzen des SGG vereinbar sind. Der Restitutionsgrund des § 580 Nr. 1 ZPO kann im sozialgerichtlichen Verfahren nicht gelten, weil eine vorsätzliche oder fahrlässige Verletzung der Eidespflicht eine Parteivernehmung voraussetzt, die es im sozialgerichtlichen Verfahren nicht gibt. Auch die Verweisung auf die allgemeinen Verfahrensgrundsätze in § 585 ZPO kann nur so zu verstehen sein, dass für die sozialgerichtliche Wiederaufnahme der **Grundsatz der Amtsermittlung** gilt. Die Anforderungen an den **Inhalt der Klageschrift** in §§ 587, 588 ZPO sind auf den Anwaltsprozess zugeschnitten und deshalb nicht generell entsprechend anwendbar.[5] Allerdings sind bei Wiederaufnahmeklagen vor dem BSG wegen des Vertretungszwangs (§ 73 Abs. 4) die Anforderungen der §§ 587, 588 ZPO zu erfüllen.[6]

5 **2. Anwendungsbereich.** Der Anwendungsbereich der Vorschrift erstreckt sich auf alle die **Instanz beendenden rechtskräftigen Entscheidungen.** Schon der Wortlaut stellt abweichend von § 578 Abs. 1 ZPO nicht auf „durch rechtskräftiges Endurteil geschlossene Verfahren" ab.[7] Demgemäß kann die Klage auch Gerichtsbescheide (§ 105), Beschlüsse nach §§ 153 Abs. 4, 158 über die Berufung, nach §§ 145, 160 a über die Nichtzulassungsbeschwerde[8] und nach § 169 über die Revision sowie Kostenfestsetzungsbeschlüsse nach § 197 oder sonstige, das Verfahren beendende Beschlüsse betreffen. Nach § 585 ZPO erfolgt die Wiederaufnahme gegen Beschlüsse auf Antrag in dem einschlägigen **Beschlussverfahren.** Dies kann aber nicht gelten, soweit es sich um Beschlüsse handelt, die einem Urteil gleichstehen.[9]

---

2 BSG 22.9.1977 – 10 RV 15/77, E 45, 1 (3) = SozR 3900 § 40 Nr. 9; BSG 28.1.1991 – 9 RV 29/80, E 51, 139 (141) = SozR 3900 § 40 Nr. 15.
3 BSG 26.9.1986 – 2 RU 45/85, E 60, 251 (254) = SozR 1500 § 141 Nr. 15; Krasney/Udsching, XI Rn. 2.
4 BSG 26.9.1986 – 2 RU 45/85, E 60, 251 (254) = SozR 1500 § 141 Nr. 15.
5 Krasney/Udsching, XI Rn. 57 mwN.
6 BSG 23.3.1965 – 11 RA 304/64, E 23, 30 (31) = SozR Nr. 1 zu 3 579 ZPO.
7 BSG 23.3.1965 – 11 RA 304/64, E 23, 30 (31) = SozR Nr. 1 zu § 579 ZPO.
8 BSG 23.4.2014 – B 14 AS 368/13 B, SozR 4-1500 § 179 Nr. 1.
9 BSG 23.3.1965 – 11 RA 304/64, E 23, 30 (31) = SozR Nr. 1 zu § 579 ZPO.

3. Gegenstand der Wiederaufnahme. a) Anfechtbare Entscheidungen. Eine Wiederaufnahme findet nicht gegen Entscheidungen statt, die nicht selbstständig anfechtbar sind, zB nichtselbstständige Zwischenurteile (§ 202; § 303 ZPO). Beruht das Endurteil auf einer solchen **Zwischenentscheidung**, kommt die Wiederaufnahme gegen das Endurteil oder eine gleichstehende Entscheidung in Betracht (§ 583 ZPO). Die Wiederaufnahme findet auch nicht bei Beschlüssen über die aufschiebende Wirkung von Rechtsbehelfen (§§ 86 a, 175) und einstweiligen Anordnungen (§ 86 b) statt. Anträge auf solche Entscheidungen können wiederholt und Entscheidungen geändert werden. Da die Wiederaufnahme eine verfahrensbeendende Entscheidung voraussetzt, findet sie auch nicht statt, wenn Verfahren durch **Prozesserklärung:** Rücknahme (§ 102), angenommenes Anerkenntnis (§ 101 Abs. 2) oder Gerichtsvergleich (§ 101 Abs. 1) beendet worden sind. Beziehen sich die Einwände auf den jeweiligen verfahrensrechtlichen Erledigungsgrund, kommt nach allgemeinen Grundsätzen die Fortsetzung des Verfahrens in Betracht. Bei der **Rücknahme von Rechtsmitteln** findet die Wiederaufnahme gegen die dadurch rechtskräftig gewordene Entscheidung der Vorinstanz statt.[10] Im Übrigen sind bei Beendigung des Klageverfahrens ohne gerichtliche Entscheidung die Vorschriften über die Aufhebung bindender Verwaltungsakte (§§ 44 ff. SGB X) einschlägig. 6

b) Abschließende Regelung? Der Satz, die Wiederaufnahmegründe seien abschließend aufgezählt,[11] ist mit Vorsicht zu handhaben. Neben dem wohl mit § 580 Nr. 4 ZPO deckungsgleichen § 179 Abs. 2 ist an die Spezialtatbestände der §§ 180–182, die Rechtsprechung gegen die sittenwidrige Ausnutzung der Rechtskraft[12] und die Selbstberichtigung bei Verletzung von Verfahrensgrundrechten (vgl. die Nachweise zu → § 169 Rn. 7) zu denken. 7

c) Nichtigkeitsgründe. Die Gründe für eine Nichtigkeitsklage (§ 579 Abs. 1 Nr. 1–4 ZPO) betreffen absolute Revisionsgründe. Ihre **praktische Bedeutung** ist gering, zumal die Gründe Nr. 1 und 3 nach Abs. 2 nur geltend gemacht werden können, wenn der Kläger den Nichtigkeitsgrund bei Anwendung der **gebotenen Sorgfalt** nicht schon in einem Rechtsmittelverfahren hätte vorbringen können.[13] Das darüber hinausgehende obiter dictum in BSG 4.2.2019, eine fehlerhafte Besetzung der Richterbank liege bei einer (mangels vorheriger Anhörung) rechtswidrigen Übertragung auf den Einzelrichter (§ 153 Abs. 5) schon deshalb nicht vor, weil die Sache durch Beschluss des Senats auf den Senat zurückübertragen werden könne, wenn sich erst nach der Übertragung auf den Berichterstatter wegen einer wesentlichen Änderung der Prozesslage erweise, dass die Sache besondere tatsächliche oder rechtliche Schwierigkeiten aufweise oder grundsätzliche Bedeutung habe, ist indessen nicht unbedenklich. Es würde den absoluten Revisionsgrund der fehlerhaften und bis zum Schluss aufrecht erhaltenen Besetzung allein aufgrund der Möglichkeit für unbedenklich erklären, diesen Fehler durch eine neue Entscheidung aufgrund wesentlich geänderter Sachlage im Ergebnis zu revidieren. Der Nichtigkeitsgrund mangelnder Vertretung (Nr. 4) kann nicht (mehr) geltend gemacht werden, wenn der Kläger keiner Vertretung be- 8

10 BSG 27.3.1961 – 9 RV 1042/59, SozR § 179 Nr. 5.
11 Schmidt in Meyer-Ladewig/Keller/Leitherer/Schmidt, 13. Aufl. 2020, § 179 Rn. 3 c.
12 BSG 26.9.1986 – 2 RU 45/85, E 60, 251 (254) = SozR 1500 § 141 Nr. 15.
13 So im Ergebnis bei BSG Beschl. v. 4.2.2019 – B 8 SO 21/18 BH, juris Rn. 7 (der Orientierungssatz in der dortigen Veröffentlichung ist nicht tragend).

durfte und an der mündlichen Verhandlung nicht teilnehmen konnte.[14] Er wird häufig durch ausdrückliche oder stillschweigende Genehmigung geheilt sein.[15]

9 d) **Restitutionsgründe.** Von den **Restitutionsgründen** des § 580 Nr. 1–7 ZPO ist die Nr. 1 im sozialgerichtlichen Verfahren nicht heranzuziehen (→ Rn. 4). Die Nummern 2–5 betreffen Fälle, in denen für die Entscheidung eine strafbare Handlung ursächlich war. In den Fällen Nr. 6 und 7 wird bis zur rechtskräftigen Entscheidung nicht mögliches neues Vorbringen, das die Entscheidungsgrundlage beseitigt oder ergänzt, berücksichtigt. Die Restitutionsgründe Nr. 2–5 greifen nach § 581 Abs. 1 ZPO nur, wenn wegen der Straftat eine **rechtskräftige Verurteilung** ergangen ist oder wenn aus anderen Gründen als mangels an Beweis ein Strafverfolgungshindernis bestanden hat. Ein solcher Fall ist auch dann gegeben, wenn ein Strafverfahren nach § 153 a Abs. 2 StPO gegen Zahlung einer Geldbuße eingestellt worden ist.[16] Allgemein ist die Restitutionsklage nach § 582 ZPO nur statthaft, wenn der Kläger **ohne Verschulden** gehindert war, den Restitutionsgrund in dem früheren Verfahren, insbesondere durch **Rechtsbehelfe oder Rechtsmittel** geltend zu machen.

10 e) **Urkunde.** Der wohl wichtigste Restitutionsgrund ist das **Wiederauffinden** einer Urkunde, die dem Kläger einen günstigeren Prozessausgang ermöglicht hätte (§ 580 Nr. 7 b ZPO).[17] Unter Urkunde im verfahrensrechtlichen Sinn ist die Verkörperung einer Gedankenäußerung in Schriftzeichen zu verstehen, nicht dagegen Augenscheinsobjekte wie Fotografien.[18] Als Restitutionsgrund kann sie nur dienen, wenn ihr urkundlicher Beweiswert im Vorprozess zu einem anderen Ergebnis geführt hätte. Soll sie nur neue Beweismittel einführen, die im Vorprozess nicht benannt worden sind, liegt ein Restitutionsgrund nach § 580 Nr. 7 ZPO nicht vor.[19] Grundsätzlich muss die Urkunde schon im Vorprozess vorhanden, aber nicht greifbar gewesen sein.[20] Von diesem Grundsatz macht die Rechtsprechung jedoch Ausnahmen für Urkunden, die ihrer Natur nach nicht in zeitlichem Zusammenhang mit den durch sie bezeugten Tatsachen errichtet werden, und die deshalb zwangsläufig nur Tatsachen beweisen können, die einer zurückliegenden Zeit angehören; dies gilt insbesondere für **Personenstandsurkunden.**[21]

11 **4. Zuständiges Gericht. Zuständig** ist das Gericht, das im Vorprozess entschieden hat; § 584 ZPO enthält eine Spezialvorschrift, die die allgemeinen Zuständigkeitsregeln ausschließt.[22] Bei Entscheidungen im ersten Rechtszug kommt es nicht darauf an, ob ein Sach- oder Prozessurteil ergangen ist. Ist im Berufungsverfahren ein Sachurteil ergangen, ist das LSG für das Wiederaufnahmeverfahren zuständig. Das Gleiche gilt, wenn eine Entscheidung des BSG aufgrund des § 580 Nr. 1–3, 6 oder 7 ZPO angefochten wird. In diesen Fällen ist – wie bei § 580 Nr. 4 ZPO[23] – mit der Notwendigkeit neuer Tatsachenfeststellungen zu rechnen, die dem BSG grundsätzlich verwehrt sind (§ 163). Das BSG ist nach

14 BSG 19.1.2017 – B 8 SO 63/16 BH, juris Rn. 5 mwN.
15 Vgl. BSG 29.6.1995 – 11 RAr 57/94, E 76, 178 (180 f.) = SozR 3-4100 § 58 Nr. 7.
16 BSG 10.9.1997 – 9 RV 2/96, E 81, 46 (49) = SozR 3-1500 § 179 Nr. 1.
17 Vgl. Schmidt in Meyer-Ladewig/Keller/Leitherer/Schmidt, 13. Aufl. 2020, § 179 Rn. 5 d; Krasney/Udsching, XI Rn. 28.
18 Thomas/Putzo Rn. 1 vor § 415; BGH 28.11.1975 – V ZR 127/74, BGHZ 65, 300 ff.
19 BSG 14.11.1968 – 10 RV 471/65, E 29, 10 (14) = SozR Nr. 3 zu § 580 ZPO.
20 BSG 21.4.1959 – 2 RU 293/56, E 9, 266 (271).
21 BSG 20.12.1962 – 3 RJ 85/85, E 18, 186 (188) = SozR Nr. 6 zu § 179 SGG mwN.
22 Krasney/Udsching, XI Rn. 39.
23 Dazu: BGH 8.6.1973 – I ZR 25/72, BGHZ 61, 95.

§ 584 ZPO zuständig, wenn es erstinstanzlich entschieden hat (§ 39 Abs. 2) oder ein Revisionsurteil zur Sache nach §§ 579, 580 Nr. 4, 5 ZPO angefochten wird. Das BSG ist im Übrigen zuständig, wenn es selbst Tatsachenfeststellungen getroffen hat und sein Verfahren vom Wiederaufnahmegrund erfasst wird; dies gilt auch für Entscheidungen über Nichtzulassungsbeschwerden. Auch wenn das BSG nicht zur Sache entschieden hat, ist es für das Wiederaufnahmeverfahren zuständig, wenn dies sich gegen tatsächliche Feststellungen richtet, auf die das BSG die Verwerfung gestützt hat.[24]

5. Verfahren. Soweit die speziellen Vorschriften für die Wiederaufnahme nicht Abweichendes bestimmen, sind auch für das Wiederaufnahmeverfahren die allgemeinen **Vorschriften des sozialgerichtlichen Verfahrens** maßgebend (§ 585 ZPO). 12

a) Beschwer. Beteiligte des Wiederaufnahmeverfahrens sind die Beteiligten des Vorprozesses. Zulässig ist die Klage nur für einen Beteiligten, der geltend machen kann, durch die rechtskräftige Entscheidung im Vorprozess materiell beschwert, zu sein. Die Beschwer beurteilt sich ausschließlich danach, inwieweit nach dem Inhalt des rechtskräftigen Urteils, gegen das sich die Restitutionsklage richtet, dem damaligen prozessualen Begehren des Restitutionsklägers entsprochen worden ist oder nicht.[25] 13

b) Verfahrensabschnitte. Die Wiederaufnahme des Verfahrens ist in **drei Prüfungsabschnitte** gegliedert: Zulässigkeit der Wiederaufnahme, aufhebendes Verfahren und ersetzendes Verfahren.[26] 14

aa) Zulässigkeit. Zulässig ist die Wiederaufnahmeklage, wenn der durch die angefochtene rechtskräftige Entscheidung beschwerte Kläger einen Nichtigkeits- oder Restitutionsgrund (§§ 579, 580 ZPO) innerhalb der Klagefrist (§ 586 ZPO) schlüssig behauptet[27] und die allgemeinen Sachurteilsvoraussetzungen vorliegen. Dazu gehört bei Wiederaufnahmeverfahren vor dem BSG auch die Wahrung des Vertretungszwangs (§ 73 Abs. 4). Die Anforderungen der ZPO an den Inhalt der Klageschrift (§§ 587, 588 ZPO) sind wegen der abweichenden Grundsätze des sozialgerichtlichen Verfahrens (§§ 92, 103) nach überwiegender Ansicht nicht anwendbar.[28] 15

bb) Wiederaufnahmegrund. Die **materielle Prüfung** der Wiederaufnahmeklage bezieht sich auf das Vorliegen eines Nichtigkeits- oder Restitutionsgrundes in der Sache nach den allgemeinen Verfahrensgrundsätzen des sozialgerichtlichen Verfahrens. Kann sich das Gericht nicht die Überzeugung vom Vorliegen eines solchen Grundes bilden (§ 128), ist die Klage als unbegründet abzuweisen. Die **objektive Beweislast** für das Bestehen eines Wiederaufnahmegrundes trägt nach allgemeinen Grundsätzen[29] der Wiederaufnahmekläger. Überzeugt das Gericht sich vom Bestehen eines Nichtigkeits- oder Restitutionsgrundes, ist die Klage begründet und das angegriffene rechtskräftige Urteil rückwirkend aufzuheben.[30] 16

24 BSG 23.3.1965 – 11 RA 304/64, E 23, 30 (31) = SozR Nr. 1 zu § 579 ZPO.
25 BSG 26.4.1968 – 12 RJ 516/64, unveröffentlicht.
26 BSG 10.9.1997 – 9 RV 2/96, E 81, 46 (47) = SozR 3-1500 § 179 Nr. 1 mit Abgrenzung zu BSG 14.11.1968 – 10 RV 471/65, E 29, 10 (17) = SozR Nr. 3 zu § 580 ZPO.
27 BSG 10.9.1997 – 9 RV 2/96, E 81, 46 (47) = SozR 3-1500 § 179 Nr. 1.
28 Vgl. Krasney/Udsching, XI Rn. 57 mwN.
29 BSG 24.10.1957 – 10 RV 945/55, E 6, 70 (73).
30 Krasney/Udsching, XI Rn. 61.

17 cc) **Verfahren zur Hauptsache.** Gibt das Gericht der Wiederaufnahmeklage statt, wird das Verfahren zur Hauptsache in den Stand versetzt, in dem es sich vor Erlass des rechtskräftigen Urteils befunden hat (§ 590 Abs. 1 ZPO). Die erneute **Verhandlung der Hauptsache** ist eine Fortsetzung des früheren Prozesses, soweit dieser mit einem Wiederaufnahmegrund behaftet war (§ 590 Abs. 2 ZPO). Ist das frühere Verfahren nicht von einem Wiederaufnahmegrund betroffen, bleibt sein Ergebnis bestehen. Im Übrigen folgt das Verfahren den für das Verfahren der Hauptsache geltenden Grundsätzen und Regeln (§ 585 ZPO). Als **Revisionsgericht** kann das BSG Tatsachen nur feststellen, soweit sie sich auf die Zulässigkeit und Begründetheit der Wiederaufnahmeklage beziehen und der Wiederaufnahmegrund das Verfahren vor dem BSG allein betrifft; andernfalls hat das LSG zu entscheiden.[31] Soweit das BSG zuständig ist, erlässt es bei begründeter Wiederaufnahmeklage ein **Zwischenurteil** und verweist zur Neuverhandlung der Hauptsache an das LSG zurück.[32]

18 c) **Kostenentscheidung.** Über die Kosten ist bei erfolgloser Wiederaufnahmeklage für dieses Verfahren allein zu entscheiden. Ist die Klage erfolgreich, ergeht eine einheitliche Kostenentscheidung für das frühere Verfahren, das Wiederaufnahmeverfahren und das neue Verfahren; gebührenrechtlich gilt die Wiederaufnahme als selbstständiger Rechtsstreit (§ 188).

19 d) **Rechtsmittel.** Die Zulässigkeit von Rechtsmitteln gegen die Entscheidung im Wiederaufnahmeverfahren und im neuen Verfahren richten sich nach allgemeinen Grundsätzen (§ 591 ZPO).

III. Sondertatbestand – Abs. 2

20 Das BSG geht davon aus, dass der **Tatbestand des Abs. 2** den Restitutionsgrund nach § 580 Nr. 4 ZPO ergänzt. Die Vorschrift setzt nicht die für den Prozessbetrug erforderliche Absicht voraus, sich durch unwahre Behauptungen einen rechtswidrigen Vermögensvorteil zu verschaffen. Andererseits ist eine strafgerichtliche Verurteilung wegen wissentlich falscher Behauptung oder vorsätzlichen Verschweigens erforderlich.[33]

IV. Leistungserstattung – Abs. 3

21 Abs. 3 bietet nicht eine Anspruchsgrundlage für **Erstattungsansprüche;** diese richten sich nach materiellem Recht (§ 50 SGB X). Die Fassung der Vorschrift deutet darauf hin, dass es im pflichtgemäßen Ermessen des Gerichts steht, ob es im Hinblick auf § 130 das Verfahren mit der Entscheidung über die Höhe der Leistungserstattung belastet.[34]

§ 180 [Weitere Zulässigkeit]

(1) Eine Wiederaufnahme des Verfahrens ist auch zulässig, wenn

1. mehrere Versicherungsträger denselben Anspruch endgültig anerkannt haben oder wegen desselben Anspruchs rechtskräftig zur Leistung verurteilt worden sind,

---

31 Krasney/Udsching, XI Rn. 62.
32 Reichold in Thomas/Putzo § 590 Rn. 3.
33 BSG 10.9.1997 – 9 RV 2/96, E 81, 46 (48) = SozR 3-1500 § 179 Nr. 1.
34 Anders Leitherer in Meyer-Ladewig/Keller/Leitherer/Schmidt § 179 Rn. 10: Klagehäufung; wie hier: Arndt in Breitkreuz/Fichte § 179 Rn. 37.

2. ein oder mehrere Versicherungsträger denselben Anspruch endgültig abgelehnt haben oder wegen desselben Anspruchs rechtskräftig von der Leistungspflicht befreit worden sind, weil ein anderer Versicherungsträger leistungspflichtig sei, der seine Leistung bereits endgültig abgelehnt hat oder von ihr rechtskräftig befreit worden ist.

(2) Das gleiche gilt im Verhältnis zwischen Versicherungsträgern und einem Land, wenn streitig ist, ob eine Leistung aus der Sozialversicherung oder nach dem sozialen [ab 1.1.2024: *Sozialen*] Entschädigungsrecht zu gewähren ist.

(3) [1]Der Antrag auf Wiederaufnahme des Verfahrens ist bei einem der gemäß § 179 Abs. 1 für die Wiederaufnahme zuständigen Gerichte der Sozialgerichtsbarkeit zu stellen. [2]Dieses verständigt die an den Wiederaufnahmeverfahren Beteiligten und die Gerichte, die über den Anspruch entschieden haben. [3]Es gibt die Sache zur Entscheidung an das gemeinsam nächsthöhere Gericht ab.

(4) Das zur Entscheidung berufene Gericht bestimmt unter Aufhebung der entgegenstehenden Bescheide oder richterlichen Entscheidungen den Leistungspflichtigen.

(5) Für die Durchführung des Verfahrens nach Absatz 4 gelten im übrigen die Vorschriften über die Wiederaufnahme des Verfahrens entsprechend.

I. Allgemeines

1. Rechtsentwicklung. Das 6. Buch der RVO enthielt für das Spruchverfahren vergleichbare Vorschriften, die durch das SGG weggefallen sind. Das 6. ÄndG-SGG vom 17.8.2001 (BGBl. 2001 I 2144) hat in Abs. 2 das Wort „Kriegsopferversorgung" durch die Worte „nach dem sozialen Entschädigungsrecht" ersetzt. Wegen der umfassenden Regelung in § 86 b wurde ein Abs. 6 über einstweilige Anordnungen gestrichen. 1

Mit Wirkung zum 1.1.2024 tritt das SGB XIV mit der Neuregelung des Sozialen Entschädigungsrechts in Kraft, weswegen ab diesem Zeitpunkt Abs. 2 redaktionell (Großbuchstabe) angepasst wird (BGBl. I 2019, 2652).

2. Systematik – Normzweck. Das SGG hat Verfahren nach § 182 die **„besonderen Verfahrensvorschriften"** der Wiederaufnahme zugeordnet, obwohl es sich nur zum Teil um Wiederaufnahme, im Übrigen aber um die **Koordination von Verwaltungsentscheidungen im gegliederten Sozialleistungssystem** handelt. Die Vorschriften dienen dazu, positive und negative Kompetenzkonflikte zwischen Sozialleistungsträgern (§§ 180, 181) zu vermeiden (§ 182). 2

3. Praktische Bedeutung. Die praktische Bedeutung der Vorschriften ist gering. Die Entwicklung des Verwaltungsverfahrensrechts eröffnet allgemein Möglichkeiten, widersprechende Verwaltungsakte oder Urteile zu vermeiden und zu beseitigen (§ 43 Abs. 1 SGB I, §§ 12 Abs. 1 Nr. 4 und Abs. 2, 44 ff., §§ 102 ff. SGB X und § 75 Abs. 2 und 5 SGG). 3

II. Kompetenzkonflikt – Abs. 1

4 Die Vorschrift behandelt in Nr. 1 den **positiven Kompetenzkonflikt** (Doppelanerkennung) und in Nr. 2 den **negativen Kompetenzkonflikt.** Dabei zeigt die Nr. 2 (wie auch Abs. 4), dass **nur** ein **Konflikt über die Leistungszuständigkeit** (Passivlegitimation) Gegenstand der Regelung ist. Nur diese „besonderen Begründungsverhältnisse", nicht aber widersprüchliche Aussagen über sonstige Anspruchsvoraussetzungen, können die Zuständigkeit des gemeinsamen nächst höheren Gerichts (Abs. 3) über die Aufhebung der entgegenstehenden Entscheidungen und die Bestimmung des Leistungspflichtigen (Abs. 4) herbeiführen.[1] Wird das nächsthöhere Gericht angerufen, obwohl nicht die Passivlegitimation für einen unzweifelhaft bestehenden Anspruch, sondern der Anspruch selbst zweifelhaft ist, hat es eine Sachentscheidung nicht zu treffen und ist auch nicht berechtigt, die Wiederaufnahme des Verfahrens als unzulässig zu verwerfen, weil es nicht das nach Abs. 4 berufene Gericht ist. Es wird die Sache an das zuständige Gericht zur Prüfung verweisen, ob die Wiederaufnahme nach § 179 gerechtfertigt ist.[2] Gegenstand der Wiederaufnahme nach Abs. 1 können bindende Verwaltungsakte (§ 77) oder rechtskräftige Urteile sein (§ 141).

III. Soziales Entschädigungsrecht – Abs. 2

5 Die Vorschrift zieht die Folgerung aus dem Umstand, dass Sozialleistungsträger nicht nur selbstfständige Körperschaften oder Anstalten des öffentlichen Rechts sind, sondern auch die Länder, die Vorschriften über die soziale Entschädigung (Kriegsopfer- und Soldatenversorgung, Entschädigung von Gewaltopfern, Impfschäden) zu vollziehen haben. Der Konflikt eines Sozialhilfeträgers mit einem sonstigen Sozialleistungsträger wäre entsprechend zu behandeln.

IV. Zuständigkeit und Verfahren – Abs. 3 bis 5

6 Den **Antrag** auf Wiederaufnahme des Verfahrens kann bei positivem Kompetenzkonflikt (Abs. 1 Nr. 1) einer der Sozialleistungsträger, bei negativem Kompetenzkonflikt (Abs. 1 Nr. 2) der betroffene Leistungsberechtigte beim zuständigen Gericht der Sozialgerichtsbarkeit (Abs. 5 iVm § 584 Abs. 1 ZPO) stellen. Beim negativen Kompetenzkonflikt richtet er sich gegen sämtliche in Betracht zu ziehende Sozialleistungsträger. Das Gericht hat sie ohnehin vom Verfahren zu verständigen und als Beklagte, nicht als Beigeladene, hinzuzuziehen.[3] Die Verständigung erfolgt durch eine schriftliche **Darstellung des Sach- und Streitstands,** die den Beteiligten zuzustellen ist. Da Abs. 5 für die Durchführung des Verfahrens auf die ZPO verweist, kommt es nicht darauf an, ob die widersprechenden Entscheidungen vom Kläger durch Rechtsmittel hätten vermieden werden können. Die Anwendung des § 582 ZPO widerspräche auch dem öffentlichen Interesse, den Kompetenzkonflikt zwischen Sozialleistungsträgern auszuräumen. Es ist daher bedenklich, wenn die Rechtsprechung die Bestimmung der Leistungszuständigkeit eines Sozialleistungsträgers von der **Wahrung der Fristen** des § 586 Abs. 1 ZPO abhängig macht,[4] zumal es sich nur um die Lösung eines Zustän-

1 BSG 7.3.1979 – 9 S 3/78, SozR 1500 § 180 Nr. 1; Schmidt in Meyer-Ladewig/Keller/Leitherer/Schmidt, 13. Aufl. 2020, § 180 Rn. 15.
2 BSG 7.3.1979 – 9 S 3/78, SozR 1500 § 180 Nr. 1.
3 BSG 26.11.1959 – 8 RV 508/58, E 11, 92 (93); BSG 27.4.1961 – 2 S 1/60, E 14, 177 (179) = SozR Nr. 1 zu § 181 SGG.
4 BSG 26.11.1959 – 8 RV 509/58, E 11, 92 (95).

digkeitsproblems, nicht die Klärung materieller Anspruchsvoraussetzungen handelt. Dies gilt umso mehr, als § 44 SGB X Zugunstenbescheide in weiterem Umfang eröffnet (→ § 179 Rn. 1) und auch die Verurteilung eines notwendig beigeladenen Sozialleistungsträgers (§ 75 Abs. 2 und 5) unter den Voraussetzungen des § 44 SGB X trotz Vorliegens bindender Entscheidung möglich ist.[5]

Für die **Durchführung des Verfahrens** gelten die Vorschriften über die Wiederaufnahme entsprechend (Abs. 5; § 179 Abs. 1; § 585 ZPO, der eine Zurückverweisung auf die Verfahrensgrundsätze des SGG enthält). 7

V. Entscheidung – Abs. 4

Das Gericht entscheidet lediglich über die Leistungszuständigkeit (Passivlegitimation) des Sozialleistungsträgers, nicht über die Anspruchsvoraussetzungen im Übrigen. Bei positivem Kompetenzkonflikt hebt es Bewilligungsbescheide nicht zuständiger Sozialleistungsträger und ggf. zusprechende gerichtliche Entscheidungen auf. Die **Rückabwicklung** richtet sich nach materiellem Recht (§§ 45, 50 SGB X), so dass auch bei Doppelleistungen unter den Voraussetzungen des § 45 Abs. 2 SGB X Bestandsschutz unter dem Gesichtspunkt des Vertrauensschutzes denkbar ist. Im Interesse der Rechtsklarheit empfiehlt sich ein Ausspruch, der die Zuständigkeit feststellt oder die zusprechende Entscheidung aufrechterhält. Im Falle des negativen Kompetenzkonflikts hebt das Gericht den ablehnenden Bescheid und ggf. abweisende gerichtliche Entscheidungen auf und stellt die Zuständigkeit eines Sozialleistungsträgers fest. Die Entscheidung ergeht durch Urteil (§ 125), die Abgabe an das gemeinsam nächsthöhere Gericht (Abs. 3) durch Beschluss. 8

§ 181 [Gemeinsames nächsthöheres Gericht]

[1]Will das Gericht die Klage gegen einen Versicherungsträger ablehnen, weil es einen anderen Versicherungsträger für leistungspflichtig hält, obwohl dieser bereits den Anspruch endgültig abgelehnt hat oder in einem früheren Verfahren rechtskräftig befreit worden ist, so verständigt es den anderen Versicherungsträger und das Gericht, das über den Anspruch rechtskräftig entschieden hat, und gibt die Sache zur Entscheidung an das gemeinsam nächsthöhere Gericht ab. [2]Im übrigen gilt § 180 Abs. 2 und Abs. 4 und 5.

I. Allgemeines

Die Vorschrift ist seit Inkrafttreten des SGG unverändert geblieben. Sie betrifft nicht eine Wiederaufnahmeklage,[1] sondern ein von Amts wegen zu eröffnendes Verfahren (→ Rn. 5), um widersprüchlichen Entscheidungen über die Leistungszuständigkeit **vorzubeugen**. Bezug zur Wiederaufnahme besteht nur insofern, als das Verfahren zur Beseitigung bindender Verwaltungsakte oder rechtskräftiger 1

5 BSG 21.5.1980 – 7 RAr 19/79, E 50, 111 (114) = SozR 1500 § 181 Nr. 1; aM BSG 31.5.1988 – 2 RU 67/87, unveröffentlicht.
1 BSG 25.1.1973 – 2 RU 170/71, E 35, 147 (149) = SozR Nr. 3 zu § 181 SGG.

Entscheidungen eines anderen Verfahrens führen kann.[2] Auch in diesen Fällen hätte eine Koordination der Entscheidungen bereits im Verwaltungsverfahren stattfinden müssen (→ § 180 Rn. 1).

II. Tatbestand

2 Wie § 180 ist § 181 nur einschlägig, wenn die **Leistungszuständigkeit** (Passivlegitimation) von verschiedenen Sozialleistungsträgern (nicht Trägern der Sozialhilfe)[3] betroffen ist. Hält ein Gericht den geltend gemachten Anspruch materiell für begründet, zur Erfüllung aber nicht den Beklagten, sondern einen Leistungsträger für zuständig, dessen Zuständigkeit bereits bindend oder rechtskräftig verneint worden ist, so hat es nach § 181 zu verfahren. Dessen Anwendungsbereich ist nicht eröffnet, wenn das bereits erfasste SG für die Anfechtungsklage gegen den Verwaltungsakt des anderen Trägers zuständig gewesen wäre.[4] Bei Fehlen anderer Anspruchsvoraussetzungen als der Leistungszuständigkeit ist § 181 nicht anzuwenden.[5] Ein Konflikt über die Leistungszuständigkeit kann aber auch bestehen, wenn Ansprüche auf verschiedene tatsächliche Grundlagen zurückgeführt werden.[6] Bei negativen Kompetenzkonflikten von Leistungsträgern ist die Lage des Anspruchsberechtigten misslich. Deshalb kann bzw. hat der zuerst angegangene Träger unter den Voraussetzungen des § 43 Abs. 1 SGB I **vorläufige Leistungen** zu erbringen.[7] Ist die Zuständigkeit geklärt, sind die Leistungen zwischen den Trägern zu erstatten (§ 102 SGB X). Bei Überzahlungen kommt eine Erstattung durch den Berechtigten nach § 43 Abs. 2 SGB I in Betracht.

III. Rechtsfolgen

3 **1. Gericht.** Unter **Gericht** ist die Organisationseinheit, nicht der Spruchkörper zu verstehen. Kommen Entscheidungen zweier Spruchkörper desselben Gerichts in Betracht, so hat dieses den zuständigen Spruchkörper (nach dem Geschäftsverteilungsplan, hilfsweise durch Beschluss des Präsidiums) zu bestimmen. Das nächsthöhere Gericht ist nicht zur Entscheidung berufen.[8] Will das angerufene Gericht von der bindenden Entscheidung des anderen Sozialleistungsträgers oder dem rechtskräftigen Urteil des anderen Gerichts abweichen, so gibt es die Sache an das gemeinsame nächst höhere Gericht, idR also das LSG, im Berufungsverfahren oder bei potenzieller Abweichung von einem Gericht eines anderen Landes an das BSG ab.[9]

4 **2. Bestimmung der Leistungszuständigkeit.** Das nächsthöhere Gericht prüft, ob es bei zutreffender Sachbehandlung zu einem **Widerspruch über die Leistungszuständigkeit** kommt. Verneint es diese Frage, weil es den im Ausgangsverfahren in Anspruch genommenen Leistungsträger für zuständig hält oder die Klage aus anderen Gründen nicht Erfolg haben kann, hebt es den Abgabebeschluss auf

2 BSG 21.5.1980 – 7 RAr 19/79, E 50, 111 (115) = SozR 1500 § 181 Nr. 1.
3 LSG Nds-Brem 28.1.2016 – L 8 SO 385/12, juris Rn. 53.
4 BSG 29.11.2006 – B 12 KR 30/05 R, USK 2006-77.
5 BSG 13.8.1981 – 11 RA 56/80, SozR 1500 § 75 Nr. 38.
6 BSG 28.9.1972 – 7 RU 20/70, SozR Nr. 2 zu § 181 SGG.
7 Arndt in Breitkreuz/Fichte § 180 Rn. 3.
8 BSG 14.12.1966 – 8 RV 1049/65, E 26, 38 = SozR Nr. 3 zu § 180; BSG 25.1.1973 – 2 RU 170/71, E 35, 147 (148) = SozR Nr. 3 zu § 181 SGG.
9 BSG 7.4.1961 – 2 S 1/60, E 14, 177 (179) = SozR Nr. 1 zu § 181 SGG.

und verweist die Sache an das abgebende Gericht zurück. Liegen die Abgabevoraussetzungen vor, vermeidet das nächst höhere Gericht den **Kompetenzkonflikt**, indem es die bindenden bzw. rechtskräftigen Entscheidungen aufhebt und den passiv legitimierten Leistungsträger als Leistungspflichtigen bestimmt (§ 171 S. 2 iVm § 180 Abs. 4).

3. Objektives Verfahren. Die **Klagefristen** des § 586 ZPO sind bei dem Verfahren nach § 181 nicht entsprechend anwendbar, weil es sich hinsichtlich der bindenden bzw. rechtskräftigen Entscheidungen um ein vom angerufenen Gericht von Amts wegen durchzuführendes Verfahren handelt; der Kläger des Ausgangsverfahrens hat keinen Einfluss auf den Zeitpunkt, zu dem das Verfahren nach § 171 eingeleitet wird.[10] 5

§ 182 [Zwei leistungspflichtige Versicherungsträger]

(1) Hat das Bundessozialgericht oder ein Landessozialgericht die Leistungspflicht eines Versicherungsträgers rechtskräftig verneint, weil ein anderer Versicherungsträger verpflichtet sei, so kann der Anspruch gegen den anderen Versicherungsträger nicht abgelehnt werden, weil der im früheren Verfahren befreite Versicherungsträger leistungspflichtig sei.

(2) Das gleiche gilt im Verhältnis zwischen einem Versicherungsträger und einem Land, wenn die Leistungspflicht nach dem sozialen [ab 1.1.2024: *Sozialen*] Entschädigungsrecht streitig ist.

I. Allgemeines

Die Vorschrift gilt unverändert seit Inkrafttreten des SGG. Es handelt sich nicht um einen Fall der Wiederaufnahme, sondern der **Durchbrechung der subjektiven Grenzen der Rechtskraft** (§ 141 Abs. 1). Ein Fall des § 182 kann nur eintreten, wenn BSG oder LSG im vorausgegangenen Verfahren eine Beiladung nach § 75 Abs. 2 oder ein Verfahren nach § 181 unterlassen haben. 1

Mit Wirkung zum 1.1.2024 tritt das SGB XIV mit der Neuregelung des Sozialen Entschädigungsrechts in Kraft, weswegen ab diesem Zeitpunkt Abs. 2 redaktionell (Großbuchstabe) angepasst wird (BGBl. I 2019, 2652).

II. Tatbestandsvoraussetzungen

Die Vorschrift setzt voraus, dass das BSG oder ein LSG die **Leistungszuständigkeit** (Passivlegitimation) eines Sozialleistungsträgers rechtskräftig verneint hat. Das ist durch Auslegung der Gründe zu ermitteln. Wird in einem anderen Verfahren ein anderer Sozialleistungsträger in Anspruch genommen, kann dessen Leistungspflicht nicht mit der Begründung verneint werden, von Rechts wegen sei die Leistungszuständigkeit des Leistungsträgers gegeben, die das BSG oder ein LSG rechtskräftig verneint hat. Eine ablehnende Entscheidung aus anderen Gründen als der Leistungszuständigkeit ist nicht ausgeschlossen. 2

III. Rechtsfolgen

Die Vorschrift enthält nicht nur eine **Sperrwirkung**, sondern die **Erstreckung der Gründe** einer Entscheidung des BSG oder eines LSG in einem Verfahren, in dem der nunmehr angegangene oder verklagte Sozialleistungsträger nicht beteiligt 3

10 BSG 25.1.1973 – 2 RU 170/71, E 73, 147 (149) = SozR Nr. 3 zu § 181 SGG.

war. Damit wird die Rechtskraft der Entscheidung des BSG oder eines LSG nicht nur auf einen Ablehnungsgrund (die Passivlegitimation des im früheren Verfahren in Anspruch genommenen Sozialleistungsträgers), sondern auch die Grenzen der subjektiven und objektiven Rechtskraft (§ 141 Abs. 1) auf den nunmehr angegangenen oder verklagten Sozialleistungsträger erstreckt.[1] Liegen die materiellen Anspruchsvoraussetzungen im Übrigen vor, kann ein Sozialleistungsträger im Hinblick auf die Entscheidung des BSG oder eines LSGG die (fehlende) Leistungszuständigkeit eines anderen Trägers nicht einwenden, obwohl er verfahrenswidrig keine Gelegenheit hatte, seinen Standpunkt im vorausgegangenen Verfahren geltend zu machen. Eine solche technokratische Lösung eines drohenden negativen Kompetenzkonflikts begegnet **rechtsstaatlichen Bedenken**, zumal das rechtliche Gehör (Art. 103 GG) ein Prozessgrundrecht darstellt, das auch Trägern öffentlicher Gewalt zusteht.[2]

§ 182 a [Sachliche Zuständigkeit bei Ansprüchen privater Pflegeversicherungen]

(1) [1]Beitragsansprüche von Unternehmen der privaten Pflegeversicherung nach dem Elften Buch Sozialgesetzbuch können nach den Vorschriften der Zivilprozeßordnung im Mahnverfahren vor dem Amtsgericht geltend gemacht werden. [2]In dem Antrag auf Erlaß des Mahnbescheids können mit dem Beitragsanspruch Ansprüche anderer Art nicht verbunden werden. [3]Der Widerspruch gegen den Mahnbescheid kann zurückgenommen werden, solange die Abgabe an das Sozialgericht nicht verfügt ist.

(2) [1]Mit Eingang der Akten beim Sozialgericht ist nach den Vorschriften dieses Gesetzes zu verfahren. [2]Für die Entscheidung des Sozialgerichts über den Einspruch gegen den Vollstreckungsbescheid gelten § 700 Abs. 1 und § 343 der Zivilprozeßordnung entsprechend.

I. Allgemeines

1 **1. Entstehungsgeschichte.** Die Vorschrift hat das 5. SGG-ÄndG vom 30.3.1998 (BGBl. 1998 I 638) mit Wirkung vom 1.6.1998 in das SGG eingefügt.

2 **2. Parallelvorschriften.** Parallelvorschriften zu § 182 a existieren nicht, da die zugrundeliegende Konstellation, dass ein besonderes Verwaltungsgericht über

1 Schmidt in Meyer-Ladewig/Keller/Leitherer/Schmidt, 13. Aufl. 2020, § 182 Rn. 2.
2 BVerfG 8.11.1960 – 2 BvR 177/60, E 12, 6; BVerfG 7.4.1965 – 2 BvR 227/64, E 18, 441.

privatrechtliche Streitigkeiten entscheidet, nur im Bereich der privaten Pflegeversicherung vorkommt. § 182 a Abs. 1 S. 1 ist jedoch § 46 Abs. 1 WEG nachgebildet.[1]

3. Normzweck. Es handelt sich um eine Spezialvorschrift zur **Beitreibung von Beiträgen** zur privaten Pflegeversicherung, für die §§ 1 Abs. 2 S. 2, 23 f. SGB XI eine Pflichtversicherung vorsieht, die von privaten Krankenversicherungsunternehmen durchzuführen ist. Diese können – anders als die Träger der gesetzlichen Pflegeversicherung – fällige Beiträge nicht auf der Grundlage von Beitragsbescheiden nach § 66 SGB X bzw. den entsprechenden Vorschriften der Länder beitreiben. Die Rechtswegregelung des § 51 Abs. 1 Nr. 2, die mit Wirkung zum 1.1.1995 eingefügt wurde, umfasst nach der Rechtsprechung des BSG[2] auch die Beitragsangelegenheiten der privaten Pflegeversicherung und führte bis zur Einführung des § 182 a zu einer erheblichen Belastung der Sozialgerichte. 3

Dem wirkt die Vorschrift durch zwei Ausnahmen entgegen: Sie führt abweichend vom Klagensystem der §§ 54 ff. ein **Mahnverfahren** ein und eröffnet für dieses abweichend von § 51 Abs. 1 Nr. 2 den Rechtsweg zu den ordentlichen Gerichten (Amtsgericht) bis zur Einleitung des Streitverfahrens (§ 697 ZPO). Damit werden die Sozialgerichte davon entlastet, privaten Krankenversicherungsunternehmen **Vollstreckungstitel für die Beitreibung von Beiträgen** zur sozialen Pflegeversicherung im Klageverfahren nach § 54 zu beschaffen. Für das durch Widerspruch gegen den Mahnbescheid (§ 694 ZPO) oder Einspruch gegen den Vollstreckungsbescheid (§ 700 ZPO) einzuleitende streitige Verfahren verbleibt es bei der Rechtswegregelung des § 51 Abs. 1 Nr. 2 und der Anwendung des SGG.

4. Systematik. Die Eingliederung in den Abschnitt über die Wiederaufnahme des Verfahrens ist systematisch verfehlt, weil die Ausnahme von der Rechtswegregelung und dem Klagensystem im Zusammenhang der §§ 51 ff. zu größerer Übersichtlichkeit des Verfahrens zur Durchsetzung von Beitragsforderungen geführt hätte. 4

II. Amtsgerichtliches Mahnverfahren – Abs. 1

1. Zuständigkeit des Amtsgerichts. § 182 a Abs. 1 regelt die abweichende Zuständigkeit des Amtsgerichts und die Durchführung des Mahnverfahrens nach den §§ 688 bis 703 d ZPO. Die Vorschrift bezieht sich ausschließlich auf Beitragsansprüche von Unternehmen der privaten Pflegeversicherung. Mit dem Antrag auf Erlass des Mahnbescheids können zwar Nebenforderungen (Verzugs- und Prozesszinsen), nicht aber Ansprüche anderer Art verbunden werden (S. 2).[3] Dem Pflegeversicherer steht es aber frei, alternativ die Beitragsansprüche im Wege der Leistungsklage gleich beim SG geltend zu machen,[4] was insbesondere dann in Betracht kommen wird, wenn der Beitragsschuldner den Anspruch von vornherein bestreitet oder sein Aufenthaltsort unbekannt ist und daher eine öf- 5

1 Peters/Sautter/Wolff § 182 a Rn. 3.
2 BSGE 79, 80.
3 HM Peters/Sautter/Wolff § 182 a Rn. 16, 24; Hintz/Lowe § 182 a Rn. 3; Meyer-Ladewig/Keller/Leitherer/Schmidt § 182 a Rn. 2; Roos/Wahrendorf § 182 a Rn. 10; Zeihe § 182 a Rn. 2, 6; aA Breitkreuz/Fichte § 182 a Rn. 5, der auch überzahlte Leistungen der Versicherung mitumfasst sehen will.
4 Hennig/Behrend § 182 a Rn. 5; Hintz/Lowe § 182 a Rn. 1; Breitkreuz/Fichte § 182 a Rn. 1; Roos/Wahrendorf § 182 a Rn. 5; Zeihe § 182 a Rn. 3.

fentliche Zustellung erfolgen müsste (§ 688 Abs. 2 Nr. 3 ZPO).[5] Gleiches gilt beim Wohnsitz oder Aufenthaltsort des Schuldners im Ausland, da hier das Mahnverfahren nach § 688 Abs. 2 ZPO grundsätzlich unzulässig ist.[6]

6 a) **Verfahren bis Erlass Mahnbescheid.** Für das Mahnverfahren gelten die §§ 688 ff. ZPO. Zuständig ist das Amtsgericht, bei dem der Antragsteller, also das Versicherungsunternehmen seinen allgemeinen Gerichtsstand hat (§ 689 Abs. 2 S. 1 ZPO).

Den notwendigen **Inhalt des Mahnantrags** regelt § 690 ZPO, wobei nach Abs. 1 Nr. 5 das zuständige Sozialgericht als Prozessgericht anzugeben ist. Der Rechtspfleger erlässt bei Vorliegen der allgemeinen Verfahrensvorschriften und der besonderen Voraussetzungen des Mahnverfahrens den **Mahnbescheid**, wobei **eine inhaltliche Prüfung, ob dem Antragsteller die Forderung zusteht, nicht erfolgt** (§ 692 Abs. 1 Nr. 2 ZPO).[7]

7 b) **Wirkung des Mahnbescheids.** Mit dem Mahnbescheid wird das Mahnverfahren vorläufig abgeschlossen. Mit der Zustellung, die von Amts wegen zu erfolgen hat, erfolgt im Hinblick auf die Unterbrechung der Verjährung eine Rückwirkung auf den Antrag (§ 693 Abs. 2 ZPO).

8 c) **Widerspruch.** Gegen den Mahnbescheid kann der Antragsgegner binnen zwei Wochen nach Zustellung Widerspruch erheben. Ein verspätet erhobener Widerspruch wird gem. § 694 Abs. 2 S. 2 ZPO als Einspruch behandelt.

9 d) **Vollstreckungsbescheid.** Wird nicht oder nicht rechtzeitig Widerspruch eingelegt, so erlässt der Rechtspfleger den Vollstreckungsbescheid. Dieser ist Titel (§ 794 Abs. 1 Nr. 4 ZPO; § 199 Abs. 1 Nr. 5 SGG). Er steht einem vorläufig vollstreckbaren Versäumnisurteil gleich und mit seiner Zustellung gilt der Rechtsstreit mit Zustellung des Mahnbescheides als rechtshängig geworden.

10 e) **Einspruch.** Gegen den Vollstreckungsbescheid steht dem Antragsgegner der Einspruch zu, der binnen zwei Wochen ab Zustellung des Vollstreckungsbescheides eingelegt werden muss.

11 **2. Zuständigkeit des Sozialgerichts.** Der Widerspruch gegen den Mahnbescheid (§ 694 ZPO) und der Einspruch gegen den Vollstreckungsbescheid (§ 700 ZPO) bewirken das Ende des Mahnverfahrens und mit der Abgabe an das zuständige Sozialgericht den Übergang zum streitigen Verfahren (Abs. 2). Ist die Abgabe vom Amtsgericht verfügt worden, kann der Widerspruch gegen den Mahnbescheid nicht mehr zurückgenommen werden (S. 3). Grund für die zeitliche Verkürzung der Rücknahmemöglichkeit im Vergleich zum Zivilprozess, in dem nach § 697 Abs. 4 ZPO bis zu Beginn der mündlichen Verhandlung zurückgenommen werden kann, ist die Anwendung des § 699 Abs. 1 S. 3 ZPO auszuschließen. Dieser bestimmt, dass bei erfolgter Abgabe des Verfahrens bei verfristetem (oder zurückgenommenem Widerspruch) das Prozessgericht den Vollstreckungsbescheid zu erlassen hat. Das Sozialgericht müsste demnach den Vollstreckungsbescheid erlassen, den das SGG als Entscheidungsform aber gar nicht kennt.[8]

5 Hintz/Lowe § 182 a Rn. 4.
6 Peters/Sautter/Wolff § 182 a Rn. 11.
7 Breitkreuz/Fichte § 182 a Rn. 7.
8 Peters/Sautter/Wolff § 182 a Rn. 25 uVa BT-Drs. 13/9812, 10.

Von diesem Zeitpunkt an kann das Verfahren nur noch durch Rücknahme der Klage oder des Antrags auf Durchführung des Mahnverfahrens, Vergleich, übereinstimmende Erledigungserklärung oder angenommenes Anerkenntnis beendet werden, denn Abs. 2 bestimmt nunmehr die Geltung des SGG.

III. Streitiges Verfahren vor dem Sozialgericht – Abs. 2

1. SGG-Verfahrensrecht. Mit Ausnahme der Regelung des Abs. 1 S. 3 beschreibt S. 1 mit dem Eingang der Akten beim Sozialgericht die entscheidende Zäsur für die Anwendbarkeit der **Vorschriften des SGG** für den Rechtsstreit über Beitragsansprüche von Unternehmen der privaten Pflegeversicherung. Das mit dem Antrag auf Erlass eines Mahnbescheids eingeleitete Verfahren wird nunmehr als reine Leistungsklage **nach § 54 Abs. 5** fortgesetzt. Die prozessualen Anforderungen an die Begründung des Beitragsanspruchs richten sich nach §§ 92, 106. Es gilt der Amtsermittlungsgrundsatz (§ 103).[9] 12

2. Entscheidung, sonstige Beendigung und Vollstreckung. Dabei ist entsprechend S. 2 zu differenzieren, ob das Verfahren nach Widerspruch des Beklagten gegen den Mahnbescheid und Antrag auf Durchführung des streitigen Verfahrens an das Sozialgericht abgegeben worden ist oder dies erst auf Einspruch gegen den Vollstreckungsbescheid hin erfolgt ist. 13

Ist der Anspruch im ersten Fall begründet, verurteilt das Sozialgericht den Beklagten zur Zahlung von Beiträgen. Rechtsmittel haben nach §§ 153, 86 a Abs. 2 Nr. 1 **keine aufschiebende Wirkung.**

Ist der Anspruch nicht begründet oder stehen ihm rechtshemmende oder rechtsvernichtende Einwendungen oder Einreden entgegen, wird die Klage abgewiesen.

Wird die Sache **nach Einspruch gegen den Vollstreckungsbescheid** an das Sozialgericht abgegeben, stellt die Verweisung des Satzes 2 auf §§ 700 Abs. 1, 343 ZPO eine für das sozialgerichtliche Verfahren ungewöhnliche **Fassung des Streitstoffes und der Tenorierung**[10] fest: Auf die begründete Klage wird der Vollstreckungsbescheid aufrechterhalten. Ist die Klage nicht oder nur zum Teil begründet, wird der Vollstreckungsbefehl des Amtsgerichts durch das Sozialgericht aufgehoben, soweit er nicht begründet ist.[11] Die Auffassung, die bei teilweiser Unrichtigkeit des Vollstreckungsbescheides eine Entscheidung des Gerichts für richtig hält, verkennt die Regelung des S. 2 und die des § 343 ZPO. S. 1 und S. 2 des § 343 ZPO ist zu entnehmen, dass der Vollstreckungsbescheid bzw. das VU aufrechtzuhalten ist, soweit es richtig ist, und aufzuheben ist, soweit es unrichtig ist.[12] Für eine eigene Entscheidung des Gerichts ist darüber hinaus kein Raum.

Ist der Einspruch unzulässig, so wird dieser im sozialgerichtlichen Urteil verworfen.[13]

Die Beteiligten können ferner das Verfahren unstreitig beenden, etwa durch Klagerücknahme (§ 102), Anerkenntnis und gerichtlichen Vergleich (§ 101) sowie

9 Breitkreuz/Fichte § 182 a Rn. 8.
10 Hintz/Lowe § 182 a Rn. 25.
11 Hintz/Lowe § 182 a Rn. 25; Jansen § 182 a Rn. 8; aA Hennig/Behrend § 182 a Rn. 15; Meyer-Ladewig/Keller/Leitherer/Schmidt § 182 a Rn. 10 b; Roos/Wahrendorf § 182 a Rn. 24; Zeihe § 182 a Rn. 16 a: neue Entscheidung des Gerichts.
12 Zöller § 343 Rn. 3.
13 Roos/Wahrendorf § 182 a Rn. 23.

übereinstimmende Erledigungserklärung. Während das Gericht nach § 102 Abs. 3 bei Rücknahme auf Antrag das Verfahren durch Beschluss einstellt, kennt das SGG einen derartigen **Beendigungsbeschluss** weder bei übereinstimmender Erledigterklärung noch bei angenommenem Anerkenntnis. Eine entsprechende Anwendung kommt jedenfalls beim Anerkenntnis nicht in Betracht, da dieses nach Annahme gemäß § 199 Abs. 1 Nr. 3 Vollstreckungstitel ist. Zur Frage der Vollstreckungsfähigkeit von Anerkenntnissen → § 199 Rn. 6.

Der beklagte Versicherte hat nach Erlass des Vollstreckungsbescheides zudem die Möglichkeit, seinen Einspruch zurückzunehmen.[14] Dann verbleibt es beim Vollstreckungsbescheid, der für das Unternehmen nach § 199 Abs. 1 Nr. 5 Vollstreckungstitel ist. Ein zusätzlicher deklaratorischer Beschluss, dass das Verfahren beendet ist, hat keine Rechtsgrundlage im SGG.[15]

14 **3. Kosten.** Die **Gerichtskosten** für das Mahnverfahren werden auf die **Pauschgebühr** nach § 184 Abs. 1 angerechnet, die das Krankenversicherungsunternehmen zu entrichten hat. Die Zahlung der Pauschgebühr ist auch für private Krankenversicherungsunternehmen verfassungsgemäß.[16] Sie kann auch nicht im Wege des Verzugsschadens auf den Versicherten abgewälzt werden.[17]

Das Krankenversicherungsunternehmen kann vom beklagten Versicherten nach § 193 Abs. 4 keine **Anwaltskosten**[18] im sozialgerichtlichen Verfahren beanspruchen (→ § 193 Rn. 19).[19] So entscheidet das Gericht lediglich, ob das Versicherungsunternehmen dem Versicherten außergerichtliche Kosten zu erstatten hat, und nach § 193 Abs. 1 S. 2, welcher Beteiligte die **Gerichtskosten des Mahnverfahrens** zu tragen hat.

15 **4. Formulierungsbeispiele. Tenor des Urteils oder Gerichtsbescheids:**

Nach Widerspruch:

▶ Der Beklagte hat der Klägerin ...,– EUR nebst 5% Zinsen über dem Basiszinssatz ab ... zu zahlen.

Der Beklagte trägt die Gerichtskosten des Mahnverfahrens. Außergerichtliche Kosten sind nicht zu erstatten. ◀

Oder:

▶ Die Klage wird abgewiesen.

Die Klägerin trägt die Gerichtskosten des Mahnverfahrens und hat die außergerichtlichen Kosten des Beklagten zu erstatten. Im Übrigen sind außergerichtliche Kosten nicht zu erstatten. ◀

Nach Einspruch:

▶ Der Vollstreckungsbescheid vom ... wird (mit der Maßgabe) aufrechterhalten (, dass der Beklagte an die Klägerin ... zu zahlen hat).

14 Zeihe § 182 a Rn. 11 c.
15 AA mit wenig befriedigender Begründung SG Karlsruhe 21.7.2015 – S 10 P 1232/15, juris.
16 BVerfG 21.1.2008 – 1 BvR 1806/02, juris.
17 Ausführlich BSG 12.2.2004 – B 12 P 2/03, juris.
18 Hiervon zu trennen ist die Frage der vorgerichtlichen Anwaltskosten als Verzugsschaden. Diese hat der Beitragsschuldner nach hM zu tragen; aA LSG Nds-Brem 16.2.2017 – L 15 P 35/16, juris.
19 HM Hintz/Lowe § 182 a Rn. 26; Jansen § 182 a Rn. 11; Meyer-Ladewig/Keller/Leitherer/Schmidt § 182 a Rn. 11; Roos/Wahrendorf § 182 a Rn. 25.

Die Gerichtskosten des Mahnverfahrens trägt der Beklagte, außergerichtliche Kosten sind nicht zu erstatten. ◀

Oder:

▶ Der Vollstreckungsbescheid vom ... wird aufgehoben.

Die Klägerin trägt die Gerichtskosten des Mahnverfahrens und hat die außergerichtlichen Kosten des Beklagten zu erstatten. Im Übrigen sind außergerichtliche Kosten nicht zu erstatten. ◀

Vierter Abschnitt Kosten und Vollstreckung

Erster Unterabschnitt Kosten

§ 183 [Kostenfreiheit]

[1]Das Verfahren vor den Gerichten der Sozialgerichtsbarkeit ist für Versicherte, Leistungsempfänger einschließlich Hinterbliebenenleistungsempfänger, behinderte Menschen [ab 1.1.2024: *Menschen mit Behinderungen*] oder deren Sonderrechtsnachfolger nach § 56 des Ersten Buches Sozialgesetzbuch kostenfrei, soweit sie in dieser jeweiligen Eigenschaft als Kläger oder Beklagte beteiligt sind. [2]Nimmt ein sonstiger Rechtsnachfolger das Verfahren auf, bleibt das Verfahren in dem Rechtszug kostenfrei. [3]Den in Satz 1 und 2 genannten Personen steht gleich, wer im Falle des Obsiegens zu diesen Personen gehören würde. [4]Leistungsempfängern nach Satz 1 stehen Antragsteller nach § 55 a Absatz 2 Satz 1 zweite Alternative gleich. [5]§ 93 Satz 3, § 109 Abs. 1 Satz 2, § 120 Absatz 1 Satz 2 und § 192 bleiben unberührt. [6]Die Kostenfreiheit nach dieser Vorschrift gilt nicht in einem Verfahren wegen eines überlangen Gerichtsverfahrens (§ 202 Satz 2).

I. Allgemeines

1. Entstehungsgeschichte. Bis zum 6. SGGÄndG vom 17.8.2001 (BGBl. 2001 I 1
2144) war das sozialgerichtliche Verfahren für natürliche wie für juristische Personen **gerichtskostenfrei.** Die am Verfahren beteiligten Sozialversicherungsträger hatten unabhängig vom Ausgang des Verfahrens eine niedrige Pauschgebühr nach § 184 iVm der Verordnung über die Höhe der Pauschgebühren vom 31.3.1955 (BGBl. 1955 I 180) zu zahlen. Für die in § 183 nicht geregelten Rechtsanwaltsgebühren als wesentlicher Teil der außergerichtlichen Kosten war nach § 116 BRAGO nach einer meist geringeren Rahmengebühr und nicht nach dem Streitwert abzurechnen. Begründet wurde die kostenrechtliche Privilegierung von Privatpersonen im sozialgerichtlichen Verfahren mit sozialstaatlichen Erwägungen, die aber im Laufe der Zeit, wohl auch unter dem Aspekt der sich

stetig mehrenden Verfahren, immer mehr angezweifelt wurden. Auch Mieter oder Arbeitnehmer seien vor ordentlichen Gerichten zur Zahlung von Gerichtskosten verpflichtet, und dies, obgleich sie ebenfalls sozial schutzbedürftig seien. Über die Prozesskostenhilfe, die über § 73 a auch im sozialgerichtlichen Verfahren gelte, könne der soziale Schutz der Versicherten möglicherweise ebenfalls gewährleistet werden.[1] Eindeutig war zudem, dass die Kostenfreiheit Gruppen von Beteiligten, die sozial nicht schutzbedürftig waren, zugute kam, an die man im Jahre 1953 nicht gedacht hatte, nämlich Vertragsärzte und Arbeitgeber. So wurde vom Gesetzgeber für diese Konstellationen zunächst die Streitwertberechnung der Rechtsanwaltsgebühren nach § 116 Abs. 2 BRAGO mit Gesetz vom 20.8.1975 (BGBl. 1975 I 2189) eingeführt und durch Gesetz vom 20.8.1990 (BGBl. 1990 I 1765) erweitert. Der Bundesrat forderte die Bundesregierung jedoch zusätzlich auf, die generelle Gerichtskostenfreiheit zu überprüfen.[2] Die Bundesregierung sicherte zu, die Kostenregelung zu überprüfen.[3]

Im Rahmen der Novellierung des SGG war die Kostenregelung ein besonders umstrittener Punkt. Eine Kommission der LSG-Präsidentinnen und -Präsidenten erarbeitete insoweit einen Gesetzentwurf, der die Einführung einer pauschalen Gerichtsgebühr, die im Falle des Unterliegens 75 Euro für die erste Instanz, 150 Euro für die zweite und 225 Euro für die dritte Instanz vorsah. Die Gebühr sollte grundsätzlich vom Kläger im Voraus zu zahlen sein. Mit dieser Regelung sollte die Flut aussichtsloser, aber kostenfreier Verfahren eingeschränkt werden. Baden-Württemberg schloss sich dieser Kostenregelung an, und brachte einen eigenen Gesetzesentwurf in den Bundesrat ein, der jedoch in der 761. Sitzung des Bundesrates keine Mehrheit fand.[4]

Der Gesetzgeber entschloss sich mit dem 6. SGGÄndG für einen anderen Weg. Es bleibt bei dem Grundsatz der Kostenfreiheit für Versicherte und ähnlich sozial Schutzbedürftige,[5] für andere Beteiligte gilt über § 197 a das GKG und die VwGO.[6]

Durch das 8. SGGÄndG vom 26.3.2008 (BGBl. 2008 I 444) wurde § 183 lediglich redaktionell geändert.[7] Er spricht nunmehr nicht mehr von Behinderten, sondern von behinderten Menschen. Mit Gesetz vom 24.3.2011 (BGBl. 2011 I 453) wurde mit Wirkung zum 1.4.2011 ein vierter Satz angefügt. Mit dem Gesetz über den Rechtsschutz bei überlangen Gerichtsverfahren und strafrechtlichen Ermittlungsverfahren vom 24.11.2011 (BGBl. 2011 I 2302) hat der Gesetzgeber einen neuen Satz 6 angefügt, der das Entschädigungsverfahren wegen überlanger Verfahrensdauer von der Kostenfreiheit ausnimmt.

Satz 1 wird mWv 1.1.2024 durch das Gesetz zur Regelung des Sozialen Entschädigungsrechts vom 12.12.2019 (BGBl.2019 I S. 2652) redaktionell geändert und an die Terminologie des SGB IX angepasst. Die Wörter „behinderte Menschen" werden durch die Wörter „Menschen mit Behinderungen" ersetzt.

1 Meyer-Ladewig/Keller/Leitherer/Schmidt vor § 183 Rn. 3.
2 BR-Drs. 763/93; BT-Drs. 12/6962, 1117.
3 BT-Drs. 12/9692, 127.
4 BR-Drs. 73/01; BR-Stenographischer Bericht über die 761. Sitzung vom 30.3.2001, S. 143 zu Tagesordnungspunkt 10 a; Kummer SGb 2001, 705 (718).
5 BT-Drs. 14/5943 28 zu Nr. 61.
6 BT-Drs. 14/5943, 28 f. zu Nr. 68.
7 BT-Drs. 16/7716, 28 zu Nr. 31.

2. Parallelvorschriften. Allein das sozialgerichtliche Verfahren sieht größtenteils die Gerichtskostenfreiheit vor. In allen anderen Gerichtsbarkeiten werden Gerichtskosten nach dem **Gerichtskostengesetz** erhoben. Das verwaltungsgerichtliche Verfahren sieht jedoch für Angelegenheiten der Fürsorge mit Ausnahme der Sozialhilfe und des Asylbewerberleistungsgesetzes, der Jugendhilfe, der Kriegsopfer- und der Schwerbehindertenfürsorge sowie der Ausbildungsförderung in § 188 S. 2 VwGO Kostenfreiheit, soweit es sich nicht um Erstattungsstreitigkeiten zwischen Sozialleistungsträgern handelt, vor. 2

II. Gerichtskostenfreiheit für Versicherte, Leistungsempfänger, behinderte Menschen und deren Sonderrechtsnachfolger

Nach S. 1 ist das sozialgerichtliche Verfahren für Versicherte, Leistungsempfänger und behinderte Menschen sowie für deren Sonderrechtsnachfolger nach § 56 SGB I kostenfrei, wenn sie in dieser jeweiligen Eigenschaft als Kläger oder Beklagte beteiligt sind. Gebühren oder Auslagen sind nicht zu erheben. Für die Versendung von Akten sind keine Kosten zu erheben.[8] Nach S. 3 stehen den in S. 1 genannten Personen diejenigen gleich, die im Falle des Obsiegens zu diesem Personenkreis gehören würden. Ist im Verfahren streitig, ob Kläger oder Beklagter Versicherter, Leistungsempfänger oder Behinderter ist, so ist das Verfahren für diesen daher kostenfrei, selbst dann wenn er letztendlich unterliegt, denn die Frage, ob das Verfahren kostenfrei ist, kann nicht vom dem Ausgang eines Verfahrens abhängig gemacht werden, zumal Verfahrensgebühren nach dem GKG sofort mit Klageeinreichung fällig werden.[9] Dies gilt auch, wenn sich der **Kläger mit seiner Klage gegen die Zugehörigkeit zur Sozialversicherung wendet** und damit erfolgreich ist, denn auch hier klagt er in seiner Eigenschaft als Versicherter.[10] 3

Auch hier ist als Begründung anzuführen, dass das anzuwendende Kostenrecht nicht vom Ausgang des Verfahrens abhängig gemacht werden kann, sondern nur davon, ob der Kläger vom Hoheitsträger als Versicherter behandelt wird, was auch erklärt, dass für die umgekehrte Situation der Gesetzgeber eine ausdrückliche Regelung in Abs. 1 S. 3 für nötig erachtete.

Das Verfahren soll hingegen dann **nicht kostenfrei** sein, wenn ein Rechtsanwalt in eigenem Namen, sei es aus abgetretenem oder eigenem Recht, **Kosten des Widerspruchsverfahrens** mit der Klage geltend macht,[11] denn der Rechtsanwalt ist insoweit weder Versicherter noch Leistungsempfänger noch Behinderter. Anders verhält es sich aber, wenn der Privilegierte selbst Klage erhebt[12] (Ausnahme: im Widerspruchsverfahren wurde dem Begehren entsprochen und der Widerspruchsführer war demnach nicht mehr als Versicherter anzusehen).[13] In der Rechtsprechung wird auch zunehmend vertreten, dass unstatthafte Rechtsbehelfe der Kostenprivilegierung nicht unterliegen.[14] Das „indigene Volk G" ist als nichtrechtsfähige Personenvereinigung auch nicht kostenprivilegiert.[15]

8 Statt vieler: LSG MV 28.9.1998 – L 2 AL Ko 5/98, NZS 1999, 208.
9 BSG 5.10.2006 – B 10 LW 5/05 R, juris.
10 BSG 5.10.2006 – B 10 LW 5/05 R, juris.
11 SG Dresden 5.6.2005 – S 23 AL 1751/03; LSG BW 8.6.2004 – L 11 KR 79/03, beide juris.
12 Roos/Wahrendorf § 183 Rn. 29 u. Hinweis auf BSG 12.6.2013 – B 14 AS 68/12 R.
13 BSG 5.10.2006 – B 10 LW 5/05 R, SozR 4-1500 § 183 Nr. 4.
14 BayLSG 21.11.2019 – L 20 KR 1/19 B ER, aA ebenfalls BayLSG 10.4.2017 – L 12 SF 42/17 E; BSG 14.11.2016 – B 10 SF 14/16 S (jedenfalls bei Naturpartei), alle juris.
15 BSG 7.7.2017 – B 13 SF 9717 S, juris.

4 **1. Versicherter.** Das Verfahren ist kostenfrei, wenn der Kläger oder der Beklagte **in seiner Eigenschaft** als Versicherter klagt oder verklagt wird. Der Gesetzgeber hat damit klargestellt, dass nicht jede Klage zum SG kostenfrei ist, wenn der Kläger nur in irgendeinem Zweig der Sozialversicherung versichert ist, sondern nur diejenige Klage, die einen Bezug zu **seiner** Versicherung hat. Der Inhaber einer Einzelfirma kann durchaus sozialversichert sein (etwa in der Unfall- oder Pflegeversicherung), klagt er aber als Arbeitgeber wegen der Beitragspflicht für seine Arbeitnehmer gegen einen Sozialversicherungsträger, so klagt er nicht in seiner Eigenschaft als Versicherter. Gleiches gilt für den **land- oder forstwirtschaftlicher Unternehmer**, der nach den §§ 2, 3, 6 und 150 Abs. 1 S. 2 SGB VII verpflichtet ist, Beiträge zur gesetzlichen Unfallversicherung zu entrichten, als Versicherter anzusehen.[16] Versicherter ist auch der **in der privaten Pflegeversicherung versicherte Beamte oder Selbstständige.**[17]

Ein **Arbeitnehmer**, der sich gegen einen nach **§ 18 KSchG ergangenen VA der BA** wendet, ist nicht als Versicherter anzusehen.[18] Auch ein Arbeitnehmer, der gegen seinen ehemaligen Arbeitgeber auf **Berichtigung einer Arbeitsbescheinigung** klagt, ist insoweit Arbeitnehmer und nicht Versicherter.[19] Entsprechendes gilt für ein Klageverfahren vor dem Sozialgericht, in dem ein gesetzlich Krankenversicherter **von seinem Arzt Schadensersatz** einklagen will, denn auch hier klagt er nicht in seiner Eigenschaft als Versicherter, sondern als Patient.[20]

5 **2. Leistungsempfänger.** Das Verfahren ist weiterhin für Leistungsempfänger oder solche, die es werden wollen (Abs. 1 S. 3) kostenfrei, vorausgesetzt sie klagen in ihrer Eigenschaft als Leitungsempfänger.[21] Dabei ist nach der Auffassung des 11. Senats des BSG auch ein **Arbeitgeber** Leistungsempfänger, der im Hinblick auf die Gewährung oder die Rückzahlung von **Eingliederungszuschüssen nach den §§ 217 ff. SGB III** gegen die BA klagt.[22] Der 11. Senat stützt sich zur Begründung seiner Auffassung im Wesentlichen darauf, dass § 3 Abs. 2 Nr. 2 SGB III Eingliederungszuschüsse als Leistungen an den Arbeitgeber bezeichnet. Vor dem Hintergrund der Entstehungsgeschichte des 6. SGGÄndG und auch aus dogmatischer Sicht ist jedoch der Gegenauffassung[23] zu folgen, denn der Gesetzgeber hat in den Motiven des 6. SGGÄndG klar zum Ausdruck gebracht, dass er Kostenfreiheit nur auf sozialpolitisch Schutzbedürftige wie Versicherte, Rentner, Behinderte und Bezieher von Sozialleistungen beschränken will.[24] Mithin sind unter dem Begriff Leistungsempfänger nur Sozialleistungsempfänger zu verstehen, wobei der Arbeitgeber, der Eingliederungszuschüsse erhält, kein Sozialleistungsempfänger ist. Eine Sozialleistung liegt nur vor, wenn die Leistung im SGB einschließlich seiner besonderen Teile geregelt ist, sie durch einen Sozialleis-

16 BSG 26.11.2019 – B 2 U 29/19 R; aA LSG LSA 22.4.2014 – L 6 U 69/11; LSG BW 4.5.2005 – L 2 U 5059/04 ER-B; SächsLSG 22.11.2005 – L 2 B 207/05 U-LW, alle juris.
17 Zeihe § 183 Rn. 3 a.
18 LSG BW 8.1.2007 – B 8 AL 3242/06 AK-A.
19 LSG Bln-Bbg 14.1.2008 – L 16 B 426/07 AL, juris.
20 LSG NRW 14.6.2007 – L 16 B 5/07 SF, juris.
21 SächsLSG 30.8.2017 – L 8 SO 17/15, juris.
22 BSG 22.9.2004 – B 11 AL 33/03, juris; ebenso SG Stuttgart 29.1.2004 – S 3 AL 6332/02, juris; sowie Spellbrink/Eicher, S. 1760; Meyer-Ladewig/Keller/Leitherer/Schmidt § 183 Rn. 6.
23 LSG Bln 28.4.2004 – L 6 AL 10/03; ThürLSG 5.3.2003 – L 3 AL 979/02 ER, beide juris; Hennig/Nguyen, § 197 a Rn. 6; Groß, Anm. zu BSG 22.9.2004 – B 11 AL 33/03, SGb 2005, 243.
24 BT-Drs. 14/5943, 20.

tungsträger gewährt wird, und hierdurch die Person direkt und individuell begünstigt wird, die von einer durch das Sozialrecht definierten Bedarfslage betroffen ist.[25] Durch den Eingliederungszuschuss wird aber der Arbeitgeber begünstigt, während der Arbeitnehmer von der Bedarfslage (Arbeitslosigkeit) betroffen ist. Eingliederungszuschüsse sind daher keine Sozialleistungen, sondern Subventionen. Leistungsempfänger sollen Arbeitgeber auch dann sein, wenn es um die **Erstattung von Aufwendungen nach § 10 Abs. 1 LFZG (nunmehr §§ 1 ff. Aufwendungsausgleichsgesetz)** geht.[26] Der Arbeitgeber soll auch dann nach der höchstrichterlichen Rechtsprechung privilegierter Leistungsempfänger sein, wenn er Erstattungsansprüche nach § 17 Abs. 2 SGB V geltend macht,[27] einen Ausbildungsbonus nach § 421 r SGB III[28] oder sich gegen die Umlagepflicht nach dem Aufwendungsausgleichsgesetz wendet. Im letzteren Fall ist er gleichzeitig auch Versicherter[29] (→ Rn. 3 aE). Dass der Arbeitgeber ein ehrenamtlicher Verein[30] ist, führt im Verfahren gegen einen Betriebsprüfungsbescheid, da keine Privilegierungstatbestände erfüllt sind, nicht zu einer Kostenfreiheit.

Unter die (Sozial-)Leistungsempfänger fallen im Übrigen die Bezieher von **Renten, Krankengeld, Arbeitslosengeld, Überbrückungsgeld, Kurzarbeitergeld** (auch wenn dies vom Arbeitgeber in Prozessstandschaft geltend gemacht wird),[31] **Arbeitslosengeld II, Sozialhilfe** und von **Leistungen nach dem AsylBLeistG** sowie die Empfänger sonstiger Zuwendungen, die der og Definition von Sozialleistungen unterfallen. Sozialleistungen sind daher auch Arbeitgeberzuschüsse zur Krankenversicherung nach § 257 SGB V.[32] Wird der Anspruch auf **Insolvenzgeld einem Dritten** übertragen, so soll dieser wegen der Zession kraft Gesetzes nach § 188 Abs. 1 SGB III ebenfalls Sozialleistungsempfänger sein.[33] Ebenso soll es sich bei Leistungen nach **§ 19 Abs. 6 SGB XII** (früher § 28 Abs. 2 BSHG) an Heimeinrichtungen um Sozialleistungen handeln.[34] Gleiches gilt für den sog **Nothelferanspruch** des Krankenhauses gegen den Sozialhilfeträger nach **§ 25 SGB XII** (früher § 121 BSHG).[35]

Nicht unter die Sozialleistungen fällt hingegen der Vergütungsanspruch des privaten Arbeitsvermittlers aufgrund eines **Vermittlungsgutscheines.**[36] Entsprechendes gilt für Leistungen an einen Maßnahmeträger zur Schaffung von Arbeitsgelegenheiten mit Mehraufwandsentschädigungen nach § 16 d SGB II.[37] Auch ein Vertragsarzt, der an der erweiterten Honorarverteilung teilnimmt, ist kein Leistungsempfänger.[38]

Der Kostenprivilegierung sollen Ansprüche auf Sozialleistungen dann nicht unterfallen, wenn der Leistungsempfänger **Ansprüche an den Arbeitgeber abgetreten hat**

25 Hauck/Noftz/Ross SGB I § 11 Rn. 8 ff.; aA Mrozynski SGB I § 11 Rn. 11.
26 BSG 20.12.2005 – B 1 KR 5/05, juris.
27 BSG 28.9.2010 – B 1 KR 2/10 R, juris.
28 LSG NRW 12.7.2012 – L 9 AL 50/11, juris.
29 BSG 27.10.2009 – B 1 KR 12/09 R, juris.
30 ThürLSG 21.3.2013 – L 6 SF 285/13 B, juris.
31 LSG NRW 2.2.2006 – L 9 AL 76/05, juris.
32 Roos/Wahrendorf § 183 Rn. 24.
33 BSG 5.12.2006 – B 11 a AL 19/05 R, juris.
34 BSG 1.9.2008 – B 8 SO 12/08 R und 13.7.2010 – B 8 SO 13/09 R, beide juris.
35 BSG 11.6.2008 – B 8 SO 45/07 R, juris.
36 BSG 6.4.2006 – B 7 a AL 56/05 R; LSG NRW 20.11.2006 – L 19 B 34/06 AL, beide juris.
37 LSG NRW 2.5.2012 – L 19 AS 521/12 B, juris.
38 HessLSG 10.4.2019 – L 4 KA 29/17, juris.

und diese dennoch selbst in Prozessstandschaft einklagt, da hier der Arbeitnehmer nicht in seiner Eigenschaft als Sozialleistungsempfänger klagt.[39] Ein unterhaltsberechtigter **Angehöriger, der eine Abzweigung der Leistungen nach dem SGB II begehrt**, ist kein Leistungsempfänger und daher nicht kostenprivilegiert.[40] Gleiches gilt im Auskunftsverfahren, wenn ein Grundsicherungsträger vom Partner des Leistungsempfängers, der selbst keine Leistungen bezieht, **Auskunft** nach § 60 SGB II begehrt.[41] Kein Leistungsempfänger soll auch derjenige sein, der sowohl seinen eigenen Tod wie auch eine hinterbliebene Ehefrau erfindet, und dann gegen die Rückforderung der gezahlten Versicherungsleistungen klagt.[42]

S. 1 stellt ergänzend klar, dass zu den Leistungsempfängern auch die Empfänger von Hinterbliebenenleistungen zählen, was an sich unnötig ist, denn auch diese sind Sozialleistungen.

Der mit Wirkung zum 1.4.2011 neu eingefügte Satz 4 bestimmt, dass **Antragsteller im sog Normenkontrollverfahren nach § 55 a** (vgl. dort) den Leistungsempfängern gleichzustellen sind.

6 3. **Menschen mit Behinderungen.** Menschen mit Behinderungen (bis 31.12.2023 verwendet § 183 noch die Begrifflichkeit „behinderte Menschen") sind gemäß der **Legaldefinition des § 2 Abs. 1 S. 1 SGB IX** Menschen, deren körperliche Funktion, geistige Fähigkeit oder seelische Gesundheit mit hoher Wahrscheinlichkeit länger als sechs Monate von dem für das Lebensalter typischen Zustand abweichen, und die daher in ihrer Teilhabe am Leben in der Gemeinschaft beeinträchtigt sind. Dieser Fallgruppe unterfallen alle Streitigkeiten, in denen es um die Feststellung des Grades der Behinderung nach dem SGB IX geht. Auch hier gilt, dass der Kläger in seiner Eigenschaft als Behinderter klagt. Daran fehlt es, wenn ein schwerbehinderter Vertragsarzt Honoraransprüche gegen die KAV einklagt.[43]

7 4. **Sonderrechtsnachfolger.** Für die Sonderrechtsnachfolger nach **§ 56 SGB I**, also die Ehegatten, Kinder oder Eltern der Versicherten, Leistungsempfänger und Behinderten ist das Verfahren ebenfalls kostenfrei, wenn sie bis zum Tode des Berechtigten in einem Haushalt gelebt haben, oder von diesem wesentlich unterhalten worden sind. Liegen die Voraussetzungen des § 56 SGB I nicht vor, so sind die dort genannten lediglich sonstige Rechtsnachfolger[44] (→ Rn. 8). **Nicht unter § 183 S. 2 fallen Klagen gegen die Erbenhaftung nach § 35 SGB II**[45] oder **Kostenersatz durch Erben nach § 102 SGB XII.**[46]

III. Kostenfreiheit für sonstige Rechtsnachfolger

8 Für die sonstigen Rechtsnachfolger, also nicht die Sonderrechtsnachfolger nach § 56 SGB I, bleibt das Verfahren **in dem Rechtszug** kostenfrei. Geht der sonstige

39 BSG 4.6.2007 – B 11 a AL 153/06 B, juris.
40 BSG 17.3.2009 – B 14 AS 34/07 R, juris.
41 BSG 24.2.2011 – B 14 AS 87/09 R.
42 LSG NRW 30.4.2014 – L 17 U 482/13, juris.
43 BSG 6.6.2016 – B 13 SF 11/16 S, juris.
44 LSG NRW 21.4.2006 – L 14 B 3/06 R, juris; vgl. auch allg. Berchtold/Tresoret NZS 2014, 241 ff.
45 SächsLSG 27.8.2015 – L 2 AS 1161/13, juris.
46 BSG 23.3.2010 – B 8 SO 2/09 R, zur Vorgängernorm § 92 c BSHG, juris.

Rechtsnachfolger[47] oder der Nachlasspfleger[48] in die nächste Instanz, so hat er nach § 197 a Kosten zu zahlen.[49] Gleiches gilt, wenn der Rechtsvorgänger bereits im Widerspruchsverfahren verstorben ist und der Rechtsnachfolger das Verfahren von Anfang an führt.[50]

IV. Sachlicher Anwendungsbereich

§ 183 regelt nur die **Gerichtskosten** (Gebühren und Auslagen). Nach der durch das 6. SGGÄndG vom 17.8.2001 getroffenen Neuregelung ist hinsichtlich der Gerichtskosten strikt zu differenzieren: Ist Kläger oder Beklagter ein Privilegierter im Sinne von § 183, so ist das Verfahren für ihn nach § 183 kostenfrei. Der klagende oder beklagte Versicherungsträger hat die in § 184 geregelte Pauschgebühr zu zahlen. Es gilt also im Wesentlichen die bisherige Regelung. **Gehören weder Kläger noch Beklagte zu dem Personenkreis des § 183, so werden nach § 197 a Kosten nach dem GKG erhoben.** Wird in einem Rechtszug ein Rechtsmittel (Nichtzulassungsbeschwerde) sowohl von einem nicht nach § 183 privilegierten Beigeladenen wie auch von dem privilegierten Kläger (subjektive Klagehäufung) erhoben und besteht ein unteilbarer Streitgegenstand, so soll das Rechtsmittel nach § 183 kostenfrei sein,[51] da eine **einheitliche Kostenentscheidung** im Rechtszug ergehen müsse. Macht der Kläger hingegen einen Anspruch als Versicherter und hilfsweise als Prozessstandschafter für einen Leistungserbringer geltend oder wird im Rahmen von Haupt- und Hilfsantrag die Zahlung an den Sonderrechtsnachfolger nach § 56 SGB I bzw. an die Erbengemeinschaft als sonstige Rechtsnachfolger gefordert – und liegt daher eine **trennbare objektive Klagehäufung** vor – so ist eine **kombinierte Kostenentscheidung nach § 193 und § 197 a** zu treffen.[52] Diese Differenzierung zwischen subjektiver und objektiver Klagehäufung vermag jedoch nicht zu überzeugen, denn auch in Fällen der subjektiven Klagehäufung sind die Streitgegenstände trennbar, und eine kombinierte Kostenentscheidung somit möglich. Eine Ausnahme mag für Zulassungsbeschwerden gelten, die das gleiche Ziel verfolgen.[53] 9

V. Zeitlicher Anwendungsbereich

§ 183 nF gilt für Klagen, die **ab dem 2.1.2002 anhängig** werden, das bedeutet, dass Klagen, die vorher erhoben wurden, für Kläger oder Beklagte, die keine Versicherungsträger sind, nach § 183 aF kostenfrei bleiben, auch wenn sie nicht zu den Privilegierten des § 183 nF gehören. Maßgeblich ist insoweit, dass die Klage vor dem 2.1.2002 beim SG erhoben worden ist, auf die Einlegung der Berufung oder der Revision kommt es nicht an.[54] Die Kostenfreiheit gilt selbstverständlich **auch**, wenn ein Verfahren vor dem 2.1.2002 anhängig war, und **nach einem Ruhen oder einer Aussetzung, nach dem 2.1.2002 wieder angerufen wird.** 10

47 LSG Nds-Brem 19.11.2015 – L 10 SB 1/13, juris.
48 BSG 22.10.2015 – B 13 R 190/15 B, juris.
49 BSG 27.10.2016 – B 1 U 45/16 B mit Anm Breitkreuz SGb 2017, 602.
50 HessLSG 13.10.2017 – L 5 R 272/14; LSG SA17.5.2018 – L 3 R 8/1, beide juris.
51 BSG 29.5.2006 – B 2 Urt. 391/05 B, juris; aA BayLSG 23.4.2007 – L 11 B 818/06 AS ER, juris.
52 BSG 26.7.2006 – B 3 KR 6/06 B; BSG 26.9.2006 – B 1 KR 1/06 R, beide juris.
53 BSG 29.5.2006 – B 2 U 391/05 B, juris.
54 BSG 5.5.2003 – B 13 SF 5/02 S, SozR 4-1500 § 183 Nr. 1 unter Berufung auf Art. 17 Abs. 1 S. 2 6. SGGÄndG.

Für Sonderrechtsnachfolger hingegen ist das Verfahren nur in dem Rechtszug kostenfrei, in dem er das Verfahren übernommen hat[55] (→ Rn. 8).

VI. Ausnahmen von der Kostenfreiheit

11 S. 4 regelt klarstellend, dass trotz Kostenfreiheit nach § 93 S. 3 für Schriftsatzabschriften, nach § 109 Abs. 2 S. 1 für das Gutachten auf eigenes Kostenrisiko, nach § 120 Abs. 2 S. 1 für Aktenabschriften und nach § 192 wegen Verschulden bzw. Missbräuchlichkeit Kosten vom Gericht erhoben werden können. Diese Ausnahmen bestanden aber auch schon unter der Geltung des alten Rechts.[56] Eine weitere Ausnahme normiert der neu angefügte Satz 6, der das Entschädigungsverfahren wegen überlanger Verfahrensdauer von der Kostenfreiheit ausnimmt (vgl. auch § 197 a Abs. 1 Satz 1).

VII. Kostenfreiheit nach anderen Vorschriften

12 Gemäß § 64 Abs. 3 S. 2 SGB X sind die Träger der Sozialhilfe, der Grundsicherung nach dem SGB II und XII, der Jugendfürsorge und der Kriegsopferfürsorge von den Gerichtskosten befreit. Aus § 197 a Abs. 3 (→ § 197 a Rn. 30) ist daher im Wege des Umkehrschlusses zu folgern, dass Streitigkeiten, in denen diese Träger als Kläger oder Beklagte beteiligt sind, und die nicht Erstattungsstreitigkeiten mit anderen Sozialleistungsträgern zum Inhalt haben, gerichtskostenfreie Verfahren sind, für die die Kostenentscheidung nach § 193 und nicht nach § 197 a zu erfolgen hat (→ § 184 Rn. 4).

§ 184 [Pauschgebühr]

(1) [1]Kläger und Beklagte, die nicht zu den in § 183 genannten Personen gehören, haben für jede Streitsache eine Gebühr zu entrichten. [2]Die Gebühr entsteht, sobald die Streitsache rechtshängig geworden ist; sie ist für jeden Rechtszug zu zahlen. [3]Soweit wegen derselben Streitsache ein Mahnverfahren (§ 182 a) vorausgegangen ist, wird die Gebühr für das Verfahren über den Antrag auf Erlass eines Mahnbescheids nach dem Gerichtskostengesetz angerechnet.

(2) Die Höhe der Gebühr wird für das Verfahren

vor den Sozialgerichten auf	**150 Euro,**
vor den Landessozialgerichten auf	**225 Euro,**
vor dem Bundessozialgericht auf	**300 Euro**

festgesetzt.

(3) § 2 des Gerichtskostengesetzes gilt entsprechend.

55 Hennig/Knittel § 183 Rn. 9.
56 BT-Drs. 14/5943, 28 zu Nr. 61.

I. Allgemeines

1. Entstehungsgeschichte. § 184 wurde durch das 6. SGGÄndG vom 17.7.2001 (BGBl. 2001 I 2144), wie das Gerichtskostenrecht im sozialgerichtlichen Verfahren insgesamt, umfassend umgestaltet. So wurde S. 1 des ersten Absatzes neu gefasst, der bereits wegen der privaten Pflegeversicherungsunternehmen durch das 5. SGGÄndG vom 30.3.1998 (BGBl. 1998 I 638) geändert wurde. Abs. 1 S. 2 blieb in der seit Inkrafttreten des SGG bestehenden Fassung erhalten. Auch der mit dem 5. SGGÄndG vom 30.3.1998 eingefügte S. 3 blieb unverändert. Abs. 2 enthält nun nicht mehr wie bisher die Ermächtigung für den Erlass der Pauschgebührenverordnung, sondern regelt die Höhe der Gebühr gleich selbst. Neu eingefügt wurde Abs. 3, der § 2 GKG für entsprechend anwendbar erklärt. 1

2. Parallelvorschriften. Die anderen Verfahrensordnungen kennen keine dem § 184 vergleichbaren Regelungen. Die Beteiligten dort haben, von Ausnahmen wie § 188 S. 2 VwGO oder § 2 GKG abgesehen, nach dem GKG Gerichtsgebühren zu zahlen. 2

II. Sachlicher und zeitlicher Anwendungsbereich

Die Regelung gilt nur für Verfahren, in denen nicht über § 197 a Gerichtsgebühren nach dem GKG zu erheben sind. Damit setzt die Anwendbarkeit von § 184 voraus, dass an dem Verfahren **zumindest ein Privilegierter im Sinne von § 183 als Kläger oder Beklagter** beteiligt ist, denn sonst wären Gebühren nach § 197 a zu erheben. Die erhöhten Pauschgebühren nach § 184 nF gelten nach der Übergangsregelung des Art. 17 Abs. 1 S. 1 6. SGGÄndG, wenn die Pauschgebühr gemäß § 185 nach dem 1.1.2002 fällig wird.[1] Gegen Art. 17 Abs. 1 S. 1 6. SGGÄndG bestehen auch keine verfassungsrechtlichen Bedenken.[2] 3

III. Pauschgebühren

1. Pauschgebührenpflicht. Abs. 1 der Vorschrift verpflichtet **alle Kläger und Beklagte, die nicht zu den nach § 183 privilegierten Beteiligten** gehören, zur Zahlung einer Pauschgebühr, die unabhängig vom Unterliegen oder Obsiegen zu zahlen ist. Diese Regelung hat das BVerfG in der bis zum 31.5.1998 geltenden Fassung für mit dem Grundgesetz vereinbar erklärt.[3] 4

Nach S. 1 haben Kläger und Beklagte, die nicht zu den in § 183 genannten Personen gehören, für jede Streitsache eine Gebühr zu entrichten. Die alte Fassung des S. 1 bestimmte die Kostenpflicht für Körperschaften und Anstalten des öffentlichen Rechts, und ab dem 31.5.1998 auch die Kostenpflicht der privaten Pflegeversicherungsunternehmen.[4] Hieran soll sich nach dem Willen des Gesetzgebers auch durch die Neufassung nichts ändern.[5] Insoweit dürfte die Vorschrift nach wie vor verfassungsrechtlich nicht zu beanstanden sein, da sie vom Regelungsinhalt her mit der alten Fassung übereinstimmt. **Pauschgebührenpflichtig sind** demnach die Körperschaften und Anstalten des öffentlichen Rechts, also die Sozialversicherungsträger (Gesetzliche Krankenkassen und Ersatzkassen, Berufsgenossenschaf-

---

1 BSG 30.8.2002 – B 13 SF 1/02 S, SozR 3-1500 § 184 Nr. 2; aA SG Mainz 16.10.2002 – S 2 KA 362/01, juris – und die 1. Aufl.
2 BSG 30.8.2002 – B 13 SF 1/02 S, SozR 3-1500 § 184 Nr. 2.
3 BVerfG 1.7.1987 – 1 BvL 21/87, SozR 1500 § 184 Nr. 4.
4 LSG Nds 4.4.2000 – L 4 SF 4/00, juris.
5 BT-Drs. 14/5943, 28 zu Nr. 62.

ten, Rentenversicherungsträger und die Bundesagentur für Arbeit). Nach § 184 sind ferner gebührenpflichtig Unternehmen der privaten Pflegeversicherung. **Gebührenpflichtig sind auch die kommunalen Gebietskörperschaften,** wenn sie nicht als Träger der nachfolgend genannten Leistungen beteiligt sind (→ Rn. 10).[6] **Nicht gebührenpflichtig** sind dagegen **Bund und Länder nach Abs. 3 iVm § 2** GKG (→ Rn. 10 und 11), **die Träger der Sozialhilfe und der Grundsicherung für Arbeitsuchende, der Jugendhilfe und der Kriegsopferfürsorge nach § 64 Abs. 3 SGB X** und Kirchen sowie Kirchengemeinden und religiöse Gemeinschaften.[7] Pauschgebührenpflichtig waren jedoch vom 1.1.2005 bis zum 31.7.2006 die Träger der **Grundsicherung für Arbeitssuchende** nach dem SGB II,[8] und zwar auch dann, wenn der Träger auch für Grundsicherungsleistungen nach dem SGB XII zuständig war. Durch die Änderung des § **64 Abs. 3 S. 2 SGB X** sind aber auch diese ab 1.8.2006 **von der Zahlung der Pauschgebühr befreit,** wobei diese Befreiung nur für nach dem 31.7.2006 abgeschlossene Verfahren gilt.[9] Die Befreiung soll entsprechend gelten, wenn ein sonst gebührenpflichtiger Träger einzelne Aufgaben (zB Forderungseinzug) der og Träger übernimmt.[10]

Ebenfalls nicht nach § 184 gebührenpflichtig, wohl aber nach § 197 a SGG, sind Kassenärztliche und Kassenzahnärztliche Vereinigungen, denn sie sind nur in Verfahren als Kläger oder Beklagte beteiligt, in denen ihnen kein Versicherter im Sinne von § 183 gegenüber steht.[11] Gebührenpflicht entsteht aber nur dann, wenn der nach § 184 Gebührenpflichtige als Kläger oder Beklagter beteiligt ist. Im Gegensatz zum vorher geltenden Recht löst die Beiladung keine Gebührenpflicht aus.[12] Der Beigeladene ist auch dann nicht zur Zahlung der Pauschgebühr verpflichtet, wenn das Verfahren vor dem 6. SGGÄndG anhängig war, aber erst nach dem 2.1.2002 abgeschlossen wurde.[13]

5 **2. Streitsache.** Die Pauschgebühr ist für jede Streitsache zu entrichten. Dabei sind unter Streitsachen **nicht nur Klagen,** sondern **auch sonstige Verfahren** zu verstehen, etwa Anträge auf Aussetzung oder Anordnung der sofortigen Vollziehung nach **§ 86 b Abs. 1** oder auf Erlass von einstweiligen Anordnungen nach **§ 86 b Abs. 2,** unabhängig davon, ob eine Hauptsache bereits anhängig ist oder nicht, Wiederaufnahmeklagen nach **§ 177,** Wiederaufnahmeanträge nach Beschlüssen nach **§ 179, Nichtzulassungsbeschwerden,** soweit keine Berufung oder Revision sich anschließt, und Beweissicherungsverfahren nach **§ 76 sowie Verfahren nach § 199 Abs. 2 S. 1. Keine Streitsachen** sind hingegen **Anträge auf Prozesskostenhilfe** sowie **Anträge im laufenden Verfahren,** über die durch Beschluss entschieden wird, sowie Anträge auf Berichtigung oder Ergänzung des Urteils nach **§§ 138 bis 140.** Der Begriff Streitsache ist hier formal verfahrens- und nicht streitgegenstandsbezogen zu verstehen. Daher fallen bei versehentlich

6 ZB als Wohngeldstelle SG Karlsruhe 8.10.2015 – S 1 SF 3222/15 E; Versorgungsverwaltung ThürLSG 24.2.2014 – L 6 SF 1945/13 E und 25.2.2014 – L 6 SF 1884/13 E; BEEG ThürLSG 24.2.2014 – L 6 SF 1393/13 E, alle juris.
7 BSG 10.12.1979 – 5 S 1/78, SozR 1500 § 184 Nr. 2.
8 LSG Bln-Bbg 5.1.2006 – L 2 SF 1028/05, juris.
9 LSG Nds-Brem 8.1.2008 – L 5 SF 3/06, juris.
10 BSG 19.2.2018 – B 6 SF 3/17 S; SG Berlin 3.6.2013 – S 180 SF 404/12; SG Magdeburg 16.12.2014 – S 4 SF 3/14, alle juris.
11 Im Ergebnis ebenso Meyer-Ladewig/Keller/Leitherer/Schmidt § 184 Rn. 3.
12 BT-Drs. 14/5943, 28 zu Nr. 62.
13 LSG Nds-Brem 2.2.2007 – L 5 SF 1/03, juris.

mehrmals erhobenen Klagen gegen denselben Bescheid für jedes Verfahren Pauschgebühren an.[14]

3. Entstehung der Gebühr. Die Gebühr entsteht gemäß **S. 2** sobald die Streitsache rechtshängig geworden ist. Sie ist für jeden Rechtszug zu zahlen. Anders als in anderen Verfahrensordnungen, bei denen Rechtshängigkeit erst mit Zustellung der Klageschrift eintritt, wird eine Klage im sozialgerichtlichen Verfahren nach § 94 Abs. 1 schon **mit Klageerhebung,** also mit Eingang der Klageschrift bei Gericht **rechtshängig.** Dies gilt entsprechend für andere Antragsverfahren oder die Einlegung von Rechtsmitteln.[15] Auch diese werden mit Eingang bei Gericht rechtshängig. Nicht ausreichend ist der Eingang bei den in § 91 genannten Behörden.[16] Die Rechtssache wird erst mit Eingang des Schreibens bei Gericht rechtshängig. Mit der Rechtshängigkeit entsteht die Pauschgebühr. Die Gebühr entsteht unabhängig davon, ob die Klage, das Rechtsmittel oder Antrag zulässig oder begründet ist, oder Gegenstand des Verfahrens eine nicht dem Sozialrechtszug unterliegende Forderung ist,[17] und entfällt auch nicht durch eine sofort nach Klageerhebung eingereichte Rücknahme. Der beklagte Versicherungsträger hat die Gebühr auch zu zahlen, wenn er nicht der richtige Beklagte ist, also die Passivlegitimation fehlt. Maßgeblich ist insoweit nur, dass er im Rubrum der Klage- oder Antragsschrift als Gegner angegeben ist.[18] Die Fälligkeit der Gebühr ergibt sich aus § 185 (vgl. dort). Die Gebühr entsteht **für jeden Rechtszug neu.** Bei **Aufhebung und Zurückverweisung** entsteht bei dem Gericht, an das zurückverwiesen wird, **keine neue Gebühr,** da das gebührenrechtlich abgeschlossene Verfahren fortgesetzt wird. **Anderes gilt, wenn nach einer Sprungrevision an das LSG verwiesen wird,** denn dann wird kein altes Verfahren fortgeführt, sondern ein neues Verfahren in Gang gebracht. Entsprechend entsteht auch **für ein erneutes Revisionsverfahren nach Zurückverweisung und erneuter Entscheidung des LSG eine neue Gebühr.** 6

4. Anrechnung der Mahnverfahrensgebühr. Ging dem gerichtlichen Verfahren ein Mahnverfahren nach § 182 a betreffend die Beitragsforderungen eines privaten Pflegeversicherungsunternehmen voraus, so wird die von dem Unternehmen bereits entrichtete Gerichtsgebühr für das Mahnverfahren nach § 65 Abs. 3 GKG, Nr. 1100 Kostenverzeichnis auf die Pauschgebühr nach **S. 3** angerechnet. 7

5. Geltendmachung der Pauschgebühr als Verzugsschaden. Die Pauschgebühr, die ein privates Pflegeversicherungsunternehmen nach Durchführung des Mahnverfahrens im sozialgerichtlichen Verfahren zu entrichten hat, kann sie nicht als Verzugsschaden entsprechend § 286 BGB gegenüber dem säumigen Versicherten geltend machen.[19] 8

IV. Höhe der Pauschgebühr

Während § 184 Abs. 2 aF die Bundesregierung dazu ermächtigte, die Höhe der Gebühr durch Rechtsverordnung mit Zustimmung des Bundesrates zu regeln, wovon sie durch Verordnung vom 31.3.1955 (BGBl. 1955 I 180), zuletzt geän- 9

14 SG Fulda 29.8.2014 – S 1 SF 33/14, juris.
15 LSG Nds-Brem 23.2.2012 – L5 SF 5/11 (U), juris.
16 So noch ausdrücklich Meyer-Ladewig, 7. Aufl., § 184 Rn. 11.
17 SG Fulda 2.12.2015 – S 4 SF 1/15 E, juris.
18 SG Karlsruhe 8.10.2015 – S 1 SF 3222/15 E, juris.
19 BSG 12.2.2004 – B 12 P 2/03 R, SozR 4-1500 § 184 Nr. 1; aA SG Dortmund 21.6.2002 – S 39 P 64/01, VersR 2002, 1270.

dert durch die Verordnung vom 13.5.1968 (BGBl. 1968 I 412) Gebrauch gemacht hat, bestimmt der seit 2002 geltende Abs. 2 die Höhe der Gebühr selbst. Die Verordnung wurde durch Art. 16 des 6. SGGÄndG aufgehoben. Damit sind auch die darin enthaltenen Ermäßigungstatbestände entfallen. Zweck der Änderung war eine Vereinfachung der Gebührenerhebung. Die Höhe (§ 184 Abs. 2) und die Ermäßigung (§ 186) ergeben sich nun aus dem Gesetz, und es wird entweder eine oder eine halbe Gebühr erhoben.[20] Die Gebühr vor dem SG beträgt 150 Euro, vor dem LSG 225 Euro und vor dem BSG 300 Euro. Damit wurden die seit 13.5.1968 geltenden Gebührensätze verdreifacht.[21]

V. Entsprechende Anwendung von § 2 GKG

10 Nach Abs. 3 ist § 2 GKG entsprechend anzuwenden. Nach § 2 Abs. 1 S. 1 GKG sind der **Bund**, die **Länder** sowie **die nach Haushaltsplänen des Bundes oder eines Landes verwalteten Anstalten und Kassen** in sozialgerichtlichen und anderen Verfahren **von der Zahlung von Kosten befreit**. Ist der Bund oder ein Land, v.a. die Versorgungsverwaltung, Kläger oder Beklagter, so sind sie nicht nach § 184 gebührenpflichtig. Diese Rechtsauffassung, dass § 2 GKG entsprechend anzuwenden sei, galt auch schon vor der Einführung des Abs. 3,[22] der angesichts der Änderung von § 2 Abs. 1 GKG eigentlich überflüssig ist, denn dieser erwähnt seit dem 6. SGGÄndG vom 17.8.2001 (BGBl. 2001 I 2144) ausdrücklich das sozialgerichtliche Verfahren. Sinn und Zweck dieser Regelung ist, dass der Träger der Gerichtshoheit, der die Kosten der Gerichtshaltung trägt, nicht in seine eigene Kasse zahlen soll.[23] **§ 2 GKG gilt nicht für kommunale Gebietskörperschaften.**[24] Diese sind lediglich als Träger der unter → Rn. 4 genannten Leistungen von der Gebühr befreit. Sind diese in Angelegenheiten des Schwerbehindertenrechts Beklagte, so sind sie pauschgebührenpflichtig.[25] Nehmen die Kommunen jedoch Angelegenheiten des Bundes war, so sind sie ebenfalls nicht verpflichtet, eine Pauschgebühr zu entrichten.[26]

11 Der Wortlaut von § 2 GKG lautet wie folgt:

§ 2 GKG Kostenfreiheit

(1) [1]In Verfahren vor den ordentlichen Gerichten und den Gerichten der Finanz- und Sozialgerichtsbarkeit sind von der Zahlung der Kosten befreit der Bund und die Länder sowie die nach Haushaltsplänen des Bundes oder eines Landes verwalteten öffentlichen Anstalten und Kassen. [2]In Verfahren der Zwangsvollstreckung wegen öffentlich-rechtlicher Geldforderungen ist maßgebend, wer ohne Berücksichtigung des § 252 der Abgabenordnung oder entsprechender Vorschriften Gläubiger der Forderung ist.

(2) Für Verfahren vor den Gerichten für Arbeitssachen nach § 2 a Absatz 1, § 103 Absatz 3, § 108 Absatz 3 und § 109 des Arbeitsgerichtsgesetzes sowie nach den §§ 122 und 126 der Insolvenzordnung werden Kosten nicht erhoben.

(3) [1]Sonstige bundesrechtliche Vorschriften, durch die für Verfahren vor den ordentlichen Gerichten und den Gerichten der Finanz- und Sozialgerichtsbarkeit eine sachliche oder

20 BT-Drs. 14/5943, 28 zu Nr. 62.
21 BT-Drs. 14/5943, 28 zu Nr. 62.
22 BSG 10.12.1956 – 8 RV 391/54, BSGE 4, 180; Hennig/Knittel, § 184 Rn. 6; Meyer-Ladewig, 4. Aufl. 1991, § 184 Rn. 3.
23 BT-Drs. 14/5943, 35 zu Art. 1 Nr. 62.
24 BSG 29.3.2013 – B 13 SF 1/13 S, juris.
25 ThürLSG 24.2.2014 – L 6 SF 1945/13 E, juris.
26 LSG Bln-Bbg 11.5.2017 – L 2 SF 282/16 E, juris.

persönliche Befreiung von Kosten gewährt ist, bleiben unberührt. [2]Landesrechtliche Vorschriften, die für diese Verfahren in weiteren Fällen eine sachliche oder persönliche Befreiung von Kosten gewähren, bleiben unberührt.

(4) [1]Vor den Gerichten der Verwaltungsgerichtsbarkeit und den Gerichten für Arbeitssachen finden bundesrechtliche oder landesrechtliche Vorschriften über persönliche Kostenfreiheit keine Anwendung. [2]Vorschriften über sachliche Kostenfreiheit bleiben unberührt.

(5) [1]Soweit jemandem, der von Kosten befreit ist, Kosten des Verfahrens auferlegt werden, sind Kosten nicht zu erheben; bereits erhobene Kosten sind zurückzuzahlen. [2]Das Gleiche gilt, soweit eine von der Zahlung der Kosten befreite Partei Kosten des Verfahrens übernimmt.

§ 185 [Fälligkeit der Pauschgebühr]

Die Gebühr wird fällig, sobald die Streitsache durch Zurücknahme des Rechtsbehelfs, durch Vergleich, Anerkenntnis, Beschluß oder durch Urteil erledigt ist.

I. Allgemeines

1. Entstehungsgeschichte. Die Vorschrift besteht seit Inkrafttreten des SGG und wurde durch das 6. SGGÄndG nicht geändert. Zuletzt wurde sie mit Gesetz vom 11.1.1993 mit Wirkung zum 1.3.1993 (BGBl. 1993 I 50) geändert. Da die Möglichkeit der Entscheidung durch Vorbescheid abgeschafft wurde, wurde er auch aus § 185 gestrichen. 1

2. Parallelvorschriften. Da andere Verfahrensarten die Pauschgebühr nicht kennen, fehlt diesen eine § 185 entsprechende Regelung. 2

II. Anwendungsbereich

§ 185 setzt für seine Anwendbarkeit voraus, dass Kläger oder Beklagter eine unter § 183 fallende Person ist, ferner natürlich, dass der andere Beteiligte nach § 184 gebührenpflichtig ist. 3

III. Fälligkeit bei Erledigung

Aus der Regelung des § 185 ergibt sich, dass die **Pauschgebühr mit Erledigung des Rechtsstreits fällig** wird. Hieraus ergibt sich, dass die Gebühr erst mit Abschluss des Rechtsstreits und nicht als Vorschuss, wie in den meisten anderen Prozessordnungen üblich, zu entrichten ist. Da für jeden Rechtszug nach § 184 Abs. 1 S. 2 eine Gebühr zu zahlen ist, muss die Erledigung nicht rechtskräftig sein. Das Gesetz nennt verschiedene Erledigungstatbestände ausdrücklich, nämlich die **Rücknahme des Rechtsbehelfs**, den **Vergleich**, das **Anerkenntnis**, den **Beschluss** und das **Urteil**. Die Gebühr wird demnach bei **Rücknahme** der Klage nach § 102 (auch bei der fiktiven nach § 102 Abs. 2), der Berufung nach § 156, der Revision nach § 166 oder der Nichtzulassungsbeschwerde fällig. Die Fälligkeit tritt ferner mit Erledigung durch **Vergleichsschluss** ein, beim widerruflichen Vergleich daher erst mit Ablauf der Widerrufsfrist.[1] Fälligkeit auch bei Erledigung durch das **angenommene Anerkenntnis** nach § 101 sowie bei **Beschlüssen** 4

1 Jansen § 185 Rn. 3; Roos/Wahrendorf § 183 Rn. 11.

nach §§ 153 Abs. 4, 158, 169, die das Urteil ersetzen. Die Gebühr wird natürlich auch bei Abschluss des Verfahrens durch **Urteil** fällig. Gleiches gilt bei Entscheidung durch **Gerichtsbescheid** nach § 105, wobei die Fälligkeit beim nicht berufungsfähigen Gerichtsbescheid erst mit Rechtskraft[2] eintritt. Der Gerichtsbescheid ist in § 185 zwar nicht ausdrücklich aufgeführt, muss aber angesichts § 105 Abs. 3 Hs. 1 („wirkt als Urteil") ebenfalls einen Fälligkeitstatbestand darstellen. Nach herrschender Meinung sind die in § 185 aufgeführten Erledigungstatbestände im Hinblick auf die Pauschgebühr aber nicht abschließend.[3] So wird die Gebühr auch bei **übereinstimmender Erledigterklärung, Unterbrechung des Rechtsstreits wegen Todes des Klägers**, wenn er **nicht innerhalb von sechs Monaten wieder aufgenommen wird** und dann nach der Aktenordnung als erledigt gilt,[4] sowie bei **Ruhen oder Aussetzung über sechs Monate hinaus oder bei Ausscheidung eines Beteiligten**, etwa durch Klagerücknahme gegenüber einem Beklagten,[5] für diesen Beteiligten, nicht aber für die noch im Verfahren verbleibenden Beteiligten, fällig.

Die Gebühr des nicht führenden Verfahrens wird bei **Verbindung** fällig[6] und ist nach § 186 auf die Hälfte zu ermäßigen.[7] **Keine Fälligkeit** tritt hingegen **bei (Weg)verweisung**[8] ein. Wird an ein anderes SG verwiesen, so wird die Gebühr mit Erledigung dort fällig. Wird an ein Gericht eines anderen Rechtszweiges verwiesen, so richtet sich die Gerichtsgebühr nach den dort geltenden Regeln, eine Pauschgebühr fällt aber nicht an. Dies ergibt sich aus § 4 Abs. 1 GKG, der regelt, dass das Verfahren beim verweisenden Gericht als Teil des Verfahrens vor dem übernehmenden Gericht zu behandeln ist.[9] Wird an das SG von einem anderen Gerichtszweig aus verwiesen, so werden bereits gezahlte Gerichtsgebühren mit der Pauschgebühr verrechnet.[10]

IV. Höhe der Gebühr

5 Generell ist vom Versicherungsträger oder dem Pflegeversicherungsunternehmen eine Gebühr zu entrichten, deren Höhe sich aus § 184 Abs. 2 ergibt. Die Gebühr kann sich aber nach § 186 S. 1 auf die Hälfte oder bei mehreren Gebührenpflichtigen nach § 187 sogar um mehr ermäßigen, bzw. nach § 186 S. 2 ganz entfallen (vgl. insoweit § 186 und § 187).

V. Verjährung

6 Im Hinblick auf die Verjährung von Pauschgebühren trifft das SGG keine Regelung. Insoweit wird man jedoch auf eine **analoge Anwendung des § 5 GKG** zu-

2 Hennig/Münker § 185 Rn. 4; Zeihe § 185 Rn. 9 a.
3 SchlHLSG 27.6.1966 – L 2 Sk 2/66.
4 BSG 27.6.1966 – 5 RKn 54/63, Breith. 1967, 356.
5 BSG 19.12.1975 – B 5 S 1,2,3/75, SozR 1500 § 184 Nr. 1.
6 LSG Nds-Brem 23.2.2012 – L 5 SF 5/11, juris; LSG Hmb 23.3.1965 – 1 SV 1/65, Breith. 1965, 616.
7 LSG Nds-Brem 23.2.2012 – L 5 SF 5/11, juris; ThürLSG 22.9.1999 – L 6 SF 95/99, E-LSG B-158; Meyer-Ladewig/Keller/Leitherer/Schmidt § 184 Rn. 11; aA BayLSG 30.3.1979 – L 9 AL 84/78, AMBl. BY, B 16; SG Saarbrücken 18.7.1968 – S 1 AK 15/67, Breith. 1968, 1058; SG Darmstadt 19.11.1967 – S 7 S 27/68, SGb 1970, 472; LSG NRW 28.4.1969 – L 3 I 139/66; LSG Bln 7.2.1958 – L 1 S 9/57 ua, SGb 1958, 363.
8 SG Karlsruhe 8.10.2015 – S 1 SF 3222/15 E, juris; Roos/Wahrendorf § 185 Rn. 33 ff.; Zeihe § 184 Rn. 4 g und h.
9 Peters/Sautter/Wolff § 184 Anm. 2 c; Zeihe § 184 Rn. 4 h.
10 SG Kassel 15.1.1965 – S 12 Kr 26/63, Breith. 1965, 345.

rückgreifen können.[11] Anders als im GKG kann aber der Anknüpfungspunkt nicht die Rechtskraft der Entscheidung über Kosten sein, denn die Pauschgebühren fallen für jeden Rechtszug, unabhängig vom Unterliegen oder Obsiegen an und werden mit Erledigung des Rechtsstreits, unabhängig von der Rechtskraft des Urteils oder des Beschlusses, fällig. Demnach verjähren Ansprüche auf Zahlung von Kosten **in vier Jahren nach Ablauf des Kalenderjahres, in dem der Gebührenanspruch fällig geworden ist** (§ 5 Abs. 1 GKG).[12] Gleiches gilt für den Anspruch auf Rückerstattung von zu viel oder zu Unrecht gezahlten Gebühren. Diese verjähren in vier Jahren nach Ablauf des Jahres, in dem sie gezahlt wurden (§ 5 Abs. 2 GKG). Durch eine Aufforderung zur Zahlung oder durch eine dem Schuldner mitgeteilte Stundung beginnt die Verjährungsfrist, soweit der Gebührenbetrag 25 Euro übersteigt (§ 5 Abs. 2 S. 1 u. 4 GKG). Ansprüche auf Zahlung oder Rückerstattung von Gebühren sind analog § 5 Abs. 4 GKG **nicht zu verzinsen.** Hinsichtlich der Verwirkung des Anspruchs vor Ablauf der Verjährungsfrist gelten die allgemein hohen Voraussetzungen,[13] so dass dieser Fall kaum vorkommen dürfte.

VI. Nachforderung von Gebühren

Für die Nachforderung von Gebühren ist das GKG entsprechend heranzuziehen.[14] Nach § 20 S. 1 GKG dürfen Gebühren wegen irrigen Ansatzes nur nachgefordert werden, wenn dem Schuldner vor Ablauf des nächsten Kalenderjahres nach Eintritt der Fälligkeit der berichtigte Ansatz mitgeteilt worden ist. Ebenso ist die Verjährung nach § 5 GKG zu beachten. 7

§ 186 [Ermäßigung der Pauschgebühr]

[1]Wird eine Sache nicht durch Urteil erledigt, so ermäßigt sich die Gebühr auf die Hälfte. [2]Die Gebühr entfällt, wenn die Erledigung auf einer Rechtsänderung beruht.

I. Allgemeines

1. Entstehungsgeschichte. Die Vorschrift besteht unverändert in der Fassung vom 9.3.1953 und wurde auch durch das 6. SGGÄndG nicht verändert. Nachdem die Pauschgebührenverordnung der Bundesregierung durch das 6. SGGÄndG aufgehoben worden ist, regelt § 186 abschließend die Tatbestände der Ermäßigung bzw. des Entfallens der Gebühr. 1

2. Parallelvorschriften. Es existiert keine entsprechende Regelung, da andere Verfahrensordnungen die Pauschgebühr nicht kennen. 2

11 Meyer-Ladewig/Keller/Leitherer/Schmidt § 185 Rn. 7; Zeihe § 185 Rn. 3 d.
12 ThürLSG 27.2.2014 – L 6 SF 1867/13 E, juris.
13 ThürLSG 10.3.2014 – L 6 SF 1846/13 E, juris.
14 ThürLSG 17.6.2019 – L 1 SF 434/19 E, juris; Meyer-Ladewig/Keller/Leitherer/Schmidt § 185 Rn. 7.

II. Anwendungsbereich

3 § 186 gilt nur für Verfahren, in denen Kläger oder Beklagter nach § 183 gerichtskostenfrei ist, und in denen der andere nach § 184 Pauschgebühren zu entrichten hat.

III. Ermäßigung der Gebühr

4 Nach **S. 1** der Vorschrift ermäßigt sich die Pauschgebühr, die nach § 184 Abs. 2 zu zahlen ist, um die **Hälfte,** wenn sich die Sache **nicht durch Urteil erledigt.** Eine Rechtssache erledigt sich dann nicht durch Urteil, wenn eine sog **unstreitige Erledigung** vorliegt; also bei Rücknahme (auch fiktiv) des Rechtsmittels, Annahme eines Anerkenntnisses, Abschluss eines gerichtlichen Vergleichs, übereinstimmende Erledigterklärung, Ausscheiden eines Beteiligten oder die aktenmäßige Erledigung durch Ruhen oder Aussetzung über 6 Monate[1] sowie bei Verbindung (für das nichtführende Verfahren) (→ § 185 Rn. 4).[2]
Eine Erledigung im Sinne von S. 1 tritt ferner bei Entscheidung **durch Beschluss** ein, etwa bei **ablehnendem Beschluss über die Nichtzulassungsbeschwerde nach § 145 Abs. 4 S. 3**[3] bzw. § 160 a Abs. 4 S. 3 oder bei Beschluss, der die Berufung nach **§ 158**[4] oder die Revision nach **§ 169** als unzulässig verwirft.[5] Dies gilt auch bei rein deklaratorischen Feststellungsbeschlüssen nach § 102 Abs. 3 S. 1 oder § 278 Abs. 6 ZPO iVm § 202 S. 1.[6]
Die Gebühr ist aber **nicht zu ermäßigen,** wenn die Entscheidung durch **Gerichtsbescheid**[7] oder durch Beschluss nach **§ 153 Abs. 4** (Zurückweisung der Berufung als unbegründet ohne mündliche Verhandlung) ergeht.[8] Für den Gerichtsbescheid ist dies unbestritten, steht er doch nach § 105 Abs. 1 S. 3 dem Urteil gleich. Gleiches muss aber auch für den Beschluss nach § 153 Abs. 4 gelten, denn er entspricht dem Gerichtsbescheid, während sich die oben genannten Beschlüsse nur mit der Abprüfung formaler Vorschriften beschäftigen. Daher tritt die Ermäßigung auch **nicht bei der Entscheidung nach § 86 b** ein, die immer durch Beschluss erfolgt (§ 86 b Abs. 4).[9]

IV. Entfallen der Gebühr

5 Die **Gebühr entfällt** gemäß **S. 2,** wenn die Erledigung der Sache auf einer **Rechtsänderung beruht.** Der Begriff der **Rechtsänderung** ist eng auszulegen. Eine

---

1 Meyer-Ladewig/Keller/Leitherer/Schmidt § 186 Rn. 2; Jansen § 186 Rn. 2.
2 Meyer-Ladewig/Keller/Leitherer/Schmidt § 184 Rn. 11; Jansen § 186 Rn. 2; Breitkreuz/Fichte § 186 Rn. 3; Hintz/Lowe § 186 Rn. 4; aA Hennig/Münker § 186 SGG Rn. 16 mwN, der keine Gebühr ansetzt.
3 Jansen § 186 Rn. 2; LSG BW 21.6.1995 – L 9 X 1436/95 A, Breith. 1995, 977.
4 LSG BW 3.1.1995 – L 9 KoK 223/94, Breith. 1995, 814; aA Hennig/Münker § 186 Rn. 10; LSG Nds 22.8.1994 – L 4 S 10/94 sowie HessLSG 21.2.1994 – L 6/S. 52/93; beide Bibliothek BSG.
5 Breitkreuz/Fichte § 186 Rn. 2; aA Hennig/Münker, § 186 Rn. 10.
6 Hennig/Münker § 186 Rn. 13.
7 Hennig/Münker § 186 Rn. 8; Zeihe § 186 Rn. 2 b; Breitkreuz/Fichte § 186 Rn. 2; SG Hamburg 13.4.1994 – 252.22 K 8/94, Bibliothek BSG.
8 Zeihe § 186 Rn. 2 b; Hennig/Münker § 186 Rn. 9; LSG BW 3.1.1995 – L 9 KoB 225/94, Breith. 1995, 811; LSG Nds 22.8.1994 – L 4 S 10/94; HessLSG 21.2.1994 – L 6 S 52/93; aA Breitkreuz/Fichte § 186 Rn. 2; SchlHLSG 10.10.1994 – L 1 Sk 3/93, Bibliothek BSG und LSG Bln 9.9.1993 – L 12 Z 1/93, Breith. 1994, 174.
9 HM ThürLSG 19.12.2018 – L 1 SF 1289/18 E; BayLSG 7.5.2019 – L 12 SF 152/19 E; HessLSG 10.10.2019 – L 2 SF 45/19 E, juris; Breitkreuz/Fichte § 186 Rn. 2.

Rechtsänderung liegt nur vor, wenn das Gesetz durch den Gesetzgeber geändert wird, nicht aber bei Änderung der höchstrichterlichen Rechtsprechung oder bei Entscheidung des BVerfG über die Verfassungswidrigkeit einer Norm.[10] S. 2 setzt weiterhin voraus, dass die Erledigung **unstreitig** erfolgt, also nicht durch Urteil, Gerichtsbescheid oder urteilsentsprechendem Beschluss[11] (→ Rn. 4). Ergeht ein Urteil, so bleibt es bei der vollen Gebühr nach § 184, bei einem Beschluss ist nach § 186 S. 1 eine mögliche Halbierung zu prüfen. Die Erledigung **beruht** dann auf der Rechtsänderung, wenn diese wesentlich zu der Erledigung beigetragen hat.[12] Es ist aber nicht notwendig, dass sie die alleinige Ursache für die Erledigung war.[13]

V. Mehrere Beteiligte

6 Sind an einem Rechtsstreit mehrere nach § 184 Gebührenpflichtige beteiligt, so können für diese **nach § 186 unterschiedlich hohe Gebühren** entstehen. Scheidet etwa ein Beklagter aus dem Verfahren aus oder erfolgt ihn betreffend eine unstreitige Erledigung, so hat er nur die Hälfte der nach § 187 zu bestimmenden Gebühr zu zahlen bzw. im Falle von S. 2 gar keine. Ergeht gegenüber dem anderen Beklagten ein Urteil, so hat dieser die restliche Gebühr zu entrichten[14] (→ § 187 Rn. 7).

§ 187 [Mehrere Gebührenschuldner]

Sind an einer Streitsache mehrere nach § 184 Abs. 1 Gebührenpflichtige beteiligt, so haben sie die Gebühr zu gleichen Teilen zu entrichten.

I. Allgemeines

1 **1. Entstehungsgeschichte.** Die Vorschrift wurde seit Inkrafttreten des SGG bisher lediglich durch das 6. SGGÄndG vom 17.8.2001 (BGBl. 2001 I 2144) geändert. Die Änderung war jedoch rein redaktioneller Art. Indem § 187 nun nicht mehr von Körperschaften und Anstalten des öffentlichen Rechts, sondern von den nach § 184 Gebührenpflichtigen spricht, wird klargestellt, dass sich die Vorschrift auch auf private Pflegeversicherungsunternehmen bezieht.[1]

2 **2. Parallelvorschriften.** Da andere Prozessordnungen die Pauschgebühr nicht kennen, fehlen insoweit entsprechende Vorschriften.

II. Anwendbarkeit

3 § 187 setzt ebenso wie die vorhergehenden Normen voraus, dass ein Verfahren zwischen Nichtgebührenpflichtigen nach § 183 und Pauschgebührenpflichtigen

10 BSG 23.9.1987 – B 5 b 6/87, juris.
11 Meyer-Ladewig/Keller/Leitherer/Schmidt § 186 Rn. 4; Hennig/Münker § 186 Rn. 18.
12 BayLSG 31.1.1961 – L 5/J 3/59 B, Breith. 1961, 973.
13 SG Köln 9.2.1966 – S 4 An 190/65, DAngVers 1966, 191; LSG BW 25.11.1959 – L 3 J 35/59 B, Breith. 1960, 272.
14 Meyer-Ladewig/Keller/Leitherer/Schmidt § 187 Rn. 3.
1 BT-Drs. 14/5943, 28 zu Nr. 63.

nach § 184 gegeben ist. Liegt ein Verfahren nach § 197 a vor, so ist § 187 nicht anzuwenden.

III. Streitsache

4 Sind an einer Streitsache mehrere nach § 184 Abs. 1 Gebührenpflichtige beteiligt, so haben sie gemäß § 187 die Gebühr zu gleichen Teilen zu entrichten. Der Begriff **Streitsache** ist hier ebenso wie bei § 184 (→ § 184 Rn. 6) zu verstehen. Hierunter fallen nicht nur Klageverfahren, sondern auch andere Antragsverfahren, etwa Verfahren auf Aussetzung der Vollstreckung nach § 199 Abs. 2 S. 1.[2]

IV. Mehrere Gebührenpflichtige

5 § 187 setzt voraus, dass am Verfahren **mehrere Gebührenpflichtige** nach § 184 Abs. 1 beteiligt sind. Nachdem § 184 Abs. 1 seit dem 2.1.2002 nur noch **Kläger oder Beklagte** als gebührenpflichtig erfasst, sind beigeladene Versicherungsträger für **ab dem 2.1.2002** anhängige Verfahren nicht mehr gebührenpflichtig, und daher bei § 187 nicht zu berücksichtigen. Gleiches gilt, wenn das Verfahren zwar vor dem 2.1.2002 anhängig war, aber erst nach dem 2.1.2002 abgeschlossen wurde.[3] **Mehrere Gebührenpflichtige liegen nicht vor**, wenn neben einem Gebührenpflichtigen der **Bund oder ein Land** beteiligt sind, denn diese sind nach § 184 Abs. 3 iVm § 2 GKG nicht gebührenpflichtig nach § 184 Abs. 1. § 187 gilt dann nicht, und der andere Gebührenpflichtige hat die Gebühr nach den §§ 184 ff. allein zu tragen. Ist hingegen ein **Träger der Sozialhilfe oder der Grundsicherung nach dem SGB II oder XII** beteiligt, der nach **§ 64 Abs. 3 SGB X** von der Zahlung der Gebühr freizustellen ist, so liegen dennoch **mehrere Gebührenpflichtige** vor, denn er ist, anders als die in § 2 GKG Genannten, generell gebührenpflichtig. Der **andere Beteiligte hat daher nur die anteilige halbe Gebühr** zu entrichten. Der Sozialhilfeträger wird von seiner halben Gebühr freigestellt.[4]

V. Eine Gebühr

6 Aus § 187 ergibt sich, dass für **ein Verfahren jeweils nur eine Pauschgebühr** zu entrichten ist. Sind zB im Klageverfahren drei Klagen zu einem Verfahren verbunden worden, so entsteht in der Berufung nur eine Pauschgebühr.[5]

VI. Zu gleichen Teilen

7 Diese eine Gebühr ist von allen Gebührenpflichtigen **zu gleichen Teilen** zu erstatten.[6] Scheidet ein Beteiligter **vorzeitig ohne Urteil aus dem Prozess aus**, so ergeben sich in **Ausnahme** zu § 187 **unterschiedliche Anteile**. Der vorher ausgeschiedene Beteiligte hat in Anwendung von § 186 S. 1 1/4 der Gebühr, der ver-

2 LSG Nds 11.3.1998 – L 4 SF 1/98, HVBG-INFO 1998, 2230.
3 LSG Nds-Brem 2.2.2007 – L 5 SF 1/03, juris.
4 BSG 26.3.1960 – 4 RJ 150/58, Breith. 1960, 555.
5 SchlHLSG 8.9.2008 – L 1 SK 9/08, juris.
6 SchlHLSG 8.9.2008 – L 1 SK 9/08, juris.

bleibende 1/2 der Gebühr zu zahlen.[7] Dabei sind zunächst die Gebühren auf die Beteiligten zu verteilen und dann nach § 186 ggf. zu ermäßigen. Dies entspricht dem Willen des Gesetzgebers, eine einfache Handhabung der Pauschgebühr zu verwirklichen. § 187 ist eben nicht zu entnehmen, dass die Gesamtheit der Beteiligten genau eine Pauschgebühr[8] zu entrichten haben.

§ 188 [Pauschgebühr bei Wiederaufnahme]

Wird ein durch rechtskräftiges Urteil abgeschlossenes Verfahren wieder aufgenommen, so ist das neue Verfahren eine besondere Streitsache.

I. Allgemeines

1 **1. Entstehungsgeschichte.** Die Vorschrift besteht unverändert in Fassung vom 3.9.1953 und wurde auch durch das 6. SGGÄndG nicht geändert.

2 **2. Parallelvorschriften.** Mangels Existenz der Pauschgebühr in anderen Verfahrensordnungen fehlt es an entsprechenden Regelungen.

II. Erneute Pauschgebühr bei Wiederaufnahme

3 § 188 stellt klar, dass die Durchführung eines Wiederaufnahmeverfahrens nach § 179 Abs. 1 eine neue Streitsache ist, für die auch eine neue Gebühr zu entrichten ist.

4 Entgegen des engeren Wortlauts des § 188, der von einem durch Urteil abgeschlossenen Verfahren spricht, ist die Norm wohl im Sinne von § 179 Abs. 1 auszulegen, der von rechtskräftig beendeten Verfahren spricht. Eine neue Gebühr ist demnach auch fällig, wenn gegen einen rechtskräftigen Gerichtsbescheid oder Beschluss auf Wiederaufnahme des Verfahrens geklagt wird.[1]

5 Gibt das Gericht in den Fällen des § 180 oder § 181 das Verfahren an das nächsthöhere Gericht ab, so entsteht dort keine weitere Gebühr.[2]

§ 189 [Feststellung der Pauschgebühr, Verzeichnis]

(1) [1]Die Gebühren für die Streitsachen werden in einem Verzeichnis zusammengestellt. [2]Die Mitteilung eines Auszuges aus diesem Verzeichnis an die nach § 184 Abs. 1 Gebührenpflichtigen gilt als Feststellung der Gebührenschuld und als Aufforderung, den Gebührenbetrag binnen eines Monats an die in der Mitteilung angegebene Stelle zu zahlen.

---

7 Meyer-Ladewig/Keller/Leitherer/Schmidt § 187 Rn. 3; aA BSG 20.11.1964 – 3 RK 77/59, SGb 1965, 63, das der Auffassung ist, dass bei verbundenen Streitsachen bei vorzeitigem Ausscheiden des einen Gebührenpflichtigen dieser 1/2 Gebühr und der verbleibende eine weitere Gebühr zu zahlen hat.

8 Ebenso Breitkreuz/Fichte § 187 Rn. 2;Roos/Wahrendorf § 187 Rn. 8; Hintz/Lowe § 187 Rn. 5; Hennig/Münker § 187 Rn. 5; aA Jansen § 187 Rn. 3; Meyer-Ladewig/Keller/Leitherer/Schmidt § 187 Rn. 3; Zeihe § 187 Rn. 6 a.

1 Meyer-Ladewig/Keller/Leitherer/Schmidt § 188 Rn. 2.

2 Meyer-Ladewig/Keller/Leitherer/Schmidt § 188 Rn. 2.

(2) [1]Die Feststellung erfolgt durch den Urkundsbeamten der Geschäftsstelle. [2]Gegen diese Feststellung kann binnen eines Monats nach Mitteilung das Gericht angerufen werden, das endgültig entscheidet.

I. Allgemeines

1 **1. Entstehungsgeschichte.** Die Norm wurde in Abs. 1 S. 2 erstmals durch das 6. SGGÄndG vom 17.8.2001 geändert. Diese Änderung war aber ebenso wie bei § 187 (vgl. → § 187 Rn. 1) redaktioneller Art. Der Gesetzgeber wollte mit der Änderung sicherstellen, dass die Feststellung der Pauschgebühr nach § 189 nicht nur gegenüber Körperschaften und Anstalten des öffentlichen Rechts, sondern gegenüber allen nach § 184 Gebührenpflichtigen, v.a. gegenüber privaten Pflegeversicherungsunternehmen, möglich ist.[1]

2 **2. Parallelvorschriften.** Es gibt mangels Pauschgebühr keine entsprechende Regelung in anderen Prozessordnungen.

II. Anwendungsbereich

3 § 189 erfasst nur die Feststellung der Gerichtsgebühr in Gestalt der Pauschgebühr nach § 184, nicht die außergerichtlichen Kosten, die in den §§ 193 bis 197 geregelt sind, und auch nicht die Gerichtsgebühren, die nach § 197 a erhoben werden.

III. Feststellung der Gebühr nach Abs. 1

4 Der **Urkundsbeamte der Geschäftsstelle** setzt die in dem Verfahren angefallenen Gerichtsgebühren fest und stellt sie in einem Verzeichnis zusammen (Abs. 1 S. 1 und Abs. 2 S. 1). Bei der Gebührenfestsetzung handelt es sich um eine Aufgabe der Gerichtsverwaltung. Der Urkundsbeamte hat daher bei der Festsetzung Weisungen der Geschäftsleitung zu beachten.[2] Die Gebührenschuld des nach § 184 Abs. 1 Gebührenpflichtigen gilt mit der Übersendung eines Auszug aus dem Verzeichnis als festgestellt. Die Übersendung des Auszugs gilt gleichzeitig als Aufforderung, den Gebührenbetrag binnen eines Monats an die in der Mitteilung angegebene Stelle zu entrichten. Die **Zahlungsaufforderung** ist **auf dem Auszug ausdrücklich zu vermerken.**[3] Die Mitteilung ist nach § 63 Abs. 1 S. 1 **zuzustellen,** da sie eine Frist in Gang setzt. Da gegen die Mitteilung nach Abs. 2 S. 2 der Rechtsbehelf der Erinnerung zulässig ist, ist die Mitteilung auch mit einer **Rechtsbehelfsbelehrung** nach § 66 Abs. 1 zu versehen.[4] Die **Mitteilung** nach Abs. 1 S. 2 **ist** keine gerichtliche Kostenentscheidung, kein Kostenfestsetzungsbe-

---

1 BT-Drs. 14/5943, 28 zu Nr. 64.
2 Meyer-Ladewig/Keller/Leitherer/Schmidt § 189 Rn. 2; aA Baller SGb 1961, 296 und Richter SGb 1962, 266.
3 Meyer-Ladewig/Keller/Leitherer/Schmidt § 189 Rn. 2 a; Jansen § 189 Rn. 2; aA Hennig/Münker, § 189 Rn. 4.
4 AA BSG 19.10.1990 – 11 S 9/90, juris: RBB nicht nötig, da gebührenpflichtig nur Körperschaften des öffentlichen Rechts.

schluss und kein Vollstreckungstitel im Sinne von § 199, sondern ein (Justiz)Verwaltungsakt.

IV. Vollstreckung der Pauschgebühr

Die Vollstreckung der Gebühr erfolgt nach § 200 Abs. 2 S. 1 entsprechend den Vorschriften des VwVG, wobei die Vollstreckungsbehörde durch das Land nach § 200 Abs. 2 S. 2 bestimmt wird. 5

V. Rechtsbehelf gegen die Gebührenfeststellung

Nach Abs. 2 S. 2 kann gegen die Mitteilung bzw. Feststellung des Urkundsbeamten im Wege der **Erinnerung**[5] binnen eines Monats das Gericht angerufen werden, das endgültig entscheidet. Dabei ist die Regelung an sich überflüssig, da § 178 S. 1 bereits bestimmt, dass gegen Entscheidungen des Urkundsbeamten binnen eines Monats Erinnerung eingelegt werden kann, über die das Gericht endgültig entscheidet. **Erinnerungsberechtigt** sind der **Gebührenpflichtige** wie auch die **Staatskasse.**[6] Da es sich um eine Erinnerung handelt, sind die §§ 173 bis 175 entsprechend anzuwenden. Demnach kann die Erinnerung **binnen eines Monats nach der Bekanntgabe der Mitteilung** schriftlich, zur Niederschrift des Urkundsbeamten (§ 173), oder nach § 108 a Abs. 1 durch Einreichung als elektronisches Dokument erhoben werden. 6

Der Urkundsbeamte kann der Erinnerung auch **abhelfen** (§ 174). Die Erinnerung hat **keine aufschiebende Wirkung,** da sie nicht die Festsetzung eines Ordnungs- oder Zwangsmittels zum Gegenstand hat (§ 175). Über die Erinnerung entscheidet das **Gericht**, dem der Urkundsbeamte angehört. Die genaue Zuständigkeit ist aus dem Geschäftsverteilungsplan zu entnehmen. Dabei ist es zulässig, wenn dieser die Zuständigkeit einer Kammer für alle Erinnerungen nach § 189 begründet.[7] Das Gericht entscheidet durch **Beschluss**, der ohne mündliche Verhandlung ergehen kann und nach § 142 Abs. 2 S. 1 **zu begründen** ist. Eine reformatio in peius ist durch den Beschluss nicht zulässig.[8] Das Gericht entscheidet endgültig. Diese Entscheidung ist nach § 199 Abs. 1 Nr. 1 Vollstreckungstitel.

Die Erinnerung nach Abs. 2 Satz 2, nicht die beschwerdefähige Erinnerung nach § 66 GKG, ist richtiger Rechtsbehelf auch analog bei der Festsetzung nach Kosten nach § 59 RVG (Anspruchsübergang auf Staatskasse, wenn PKH von dieser ausbezahlt wurde).[9]

§ 190 [Niederschlagung der Pauschgebühr]

¹Die Präsidenten und die aufsichtführenden Richter der Gerichte der Sozialgerichtsbarkeit sind befugt, eine Gebühr, die durch unrichtige Behandlung der Sache ohne Schuld der gebührenpflichtigen Beteiligten entstanden ist, niederzuschlagen. ²Sie können von der Einziehung absehen, wenn sie mit Kosten oder

5 Jansen § 189 Rn. 3.
6 SG Saarbrücken 18.7.1968 – S 1 K 15/67, Breith. 1968, 1058; aA LSG Nds 29.3.1960 – L 4 S 73/59, Breith. 1960, 558.
7 SG Berlin 26.4.1956 – 65 SG (Geb) 18/55, Breith. 1956, 1061.
8 Meyer-Ladewig/Keller/Leitherer/Schmidt § 189 Rn. 3.
9 BSG 29.9.2017 – B 13 SF 8/17 S; LSG Bln-Bbg 15.1.2019 – L 39 SF 235/18 B E, beide juris.

Verwaltungsaufwand verknüpft ist, die in keinem Verhältnis zu der Einnahme stehen.

I. Allgemeines

1 **1. Entstehungsgeschichte.** Die Vorschrift besteht unverändert seit Inkrafttreten des SGG.

2 **2. Parallelvorschriften.** Für Verfahren, in denen Gebühren nach dem GKG erhoben werden, gilt **§ 21 GKG.**

II. Anwendbarkeit

3 § 190 betrifft wie die vorgehenden Vorschriften **nur** Verfahren, in denen **Pauschgebühren** nach § 184 erhoben werden. Er gilt nicht für Verfahren nach § 197 a, in denen Gerichtsgebühren nach der VwGO und dem GKG erhoben werden, denn dort gilt § 21 GKG. Er gilt auch nicht für außergerichtliche Kosten. Die Bedeutung der Vorschrift in der Praxis ist äußerst gering.[1]

III. Niederschlagung der Gebühr

4 Nach S. 1 sind die Präsidenten und Direktoren der Gerichte der Sozialgerichtsbarkeit befugt, die Pauschgebühr niederzuschlagen, wenn eine Gebühr durch eine unrichtige Sachbehandlung ohne Schuld der gebührenpflichtigen Beteiligten entstanden ist.

5 **1. Unrichtige Sachbehandlung.** Eine **unrichtige Behandlung der Sache** liegt vor, wenn das Gericht gegen **eindeutige, zwingende Vorschriften** verstoßen hat, und dadurch zu Unrecht eine Gebühr entstanden ist, oder sich die Gebühr in unrichtiger Weise erhöht. Vereinzelt wird sogar verlangt, dass es sich hierbei um einen **groben Fehler** handeln muss.[2] Dabei wird es sich in der Regel um **Verfahrensvorschriften** handeln, die das Gericht bei der Entscheidung zu beachten hat. Denkbar ist etwa, dass das Gericht trotz Erledigterklärung ein Urteil fällt, oder das BSG entgegen der zwingenden Vorschrift des § 169 S. 2 eine unzulässige Revision durch Urteil, statt durch Beschluss verwirft. In beiden Fällen wäre nach § 186 S. 1 bei richtiger Sachbehandlung nur eine halbe Gebühr angefallen, weswegen die zu Unrecht erhobene Gebühr niederzuschlagen wäre. Die unrichtige Sachbehandlung kann aber auch durch den **Urkundsbeamten der Geschäftsstelle** vorgenommen werden, indem dieser zu Unrecht eine Gebühr ansetzt oder diese zu hoch ist. Die Erinnerung gegen die Feststellung durch den Urkundsbeamten nach § 189 Abs. 2 S. 2 schließt die Anwendung von § 190 nicht aus;[3] die beiden Korrekturmöglichkeiten haben lediglich unterschiedliche Voraussetzungen. Während die Erinnerung fristgebunden ist, kann der Antrag nach § 190 S. 1 un-

1 Hennig/Münker § 190 Rn. 1; Hintz/Lowe § 190 Rn. 10.
2 AA nunmehr Meyer-Ladewig/Keller/Leitherer/Schmidt § 190 Rn. 2, der die Anforderungen nun nicht mehr überspannen will.
3 AA Meyer-Ladewig/Keller/Leitherer/Schmidt § 190 Rn. 4.

befristet gestellt werden. Andererseits setzt § 190 in materieller Hinsicht höhere Hürden, so ist neben der unrichtigen Sachbehandlung noch fehlendes Verschulden des Gebührenpflichtigen erforderlich.

2. Kein Verschulden des Gebührenverpflichteten. Die unrichtige Sachbehandlung muss **ohne Schuld des Gebührenpflichtigen** entstanden sein, dh diesem darf insoweit weder vorsätzliches noch fahrlässiges Handeln zur Last gelegt werden können. 6

3. Zuständigkeit. Zuständig für die Niederschlagung ist der **Präsident oder Direktor des jeweiligen Gerichts**, bei dem die Pauschgebühr angefallen ist. Aus dem Wortlaut „ist befugt" ist zu entnehmen, dass ihm bei der Entscheidung ein **Ermessensspielraum** eingeräumt ist.[4] Der Präsident wird auf Antrag tätig, er kann aber auch von Amts wegen niederschlagen.[5] Schlägt er die Gebühr nieder, so liegt darin ein Verzicht auf die Forderung. Die Forderung **erlischt** damit. 7

IV. Absehen von der Einziehung

Nach S. 2 kann der jeweilige aufsichtsführende Richter aber auch von der Einziehung **absehen**, wenn **diese mit Kosten oder Verwaltungsaufwand verknüpft sind, die in keinem Verhältnis zu der Einnahme steht.** Hauptanwendungsfall des S. 2 waren bislang die sogenannten Kleinbeträge, denn § 2 Abs. 3 S. 2 der bis 1.1.2002 geltenden Gebührenverordnung sah als Mindestgebühr einen Betrag von 3 DM vor. Zwar könnte auf diese Mindestgebühr noch immer als Anhaltspunkt zurückgegriffen werden, nachdem die Höhe der Pauschgebühr jedoch verdreifacht worden ist, ist ein Unterschreiten dieses Betrages aber nur bei sehr vielen Gebührenpflichtigen denkbar. Dies dürfte aber kaum vorkommen, da selbst bei Erhebung einer halben Gebühr vor dem SG 50 Gebührenpflichtige nötig wären, um auf einen Betrag von 3 DM bzw. 1,50 Euro je Gebührenpflichtigen zu kommen. **Der Anwendungsbereich** des S. 2 ist daher nunmehr **denkbar klein.** Zuständig für das Absehen von der Einziehung ist wie bei S. 1 der Präsident oder Direktor des jeweiligen Gerichts, dem auch hier **Ermessen** zusteht. Anders als die Niederschlagung führt die Unterlassung der Einziehung **nicht zu einem Erlöschen der Gebührenforderung** (aber → § 185 Rn. 6). 8

V. Endgültigkeit der Entscheidung

Die **Entscheidung** des aufsichtsführenden Richters, ob niedergeschlagen oder von der Einziehung abgesehen wird oder nicht, ist ein Justizverwaltungsakt[6] und **unanfechtbar.**[7] Es wird aber auch vertreten, dass hier Art. XI § 1 KostÄndG entsprechend anzuwenden ist.[8] Dann wäre das Gericht des ersten Rechtszuges zur Überprüfung anzurufen, selbst wenn der Präsident des BSG entschieden hätte. Gegen diese Entscheidung wäre dann die Beschwerde möglich. Diese Lösung erscheint wenig zweckmäßig, denn sie würde dazu führen, dass die Entscheidung eines Präsidenten von einem unter ihm im Rechtszug stehenden anderen Richter aufgehoben werden könnte. Auch ist es nachvollziehbar, dass **§ 190** als unbefristete Korrekturmöglichkeit **abschließend** und daher **unanfechtbar** 9

---

4 Meyer-Ladewig/Keller/Leitherer/Schmidt § 190 Rn. 5.
5 Meyer-Ladewig/Keller/Leitherer/Schmidt § 190 Rn. 5.
6 Jansen § 190 Rn. 3; Roos/Wahrendorf § 190 Rn. 12.
7 Breitkreuz/Fichte § 190 Rn. 7; Roos/Wahrendorf § 190 Rn. 22.
8 Meyer-Ladewig/Keller/Leitherer/Schmidt § 190 Rn. 6; Zeihe § 190 Rn. 4 d; Hennig/Münker § 190 Rn. 3; Jansen § 190 Rn. 3.

vom Gesetzgeber gedacht ist, etwa einem Gnadenrecht vergleichbar. Angesichts des sehr geringen Anwendungsbereiches der Norm erscheint dieses auch nicht als unzumutbar, zumal es sich ja auch um eine Entscheidung durch einen Richter, der hier zwar nicht in rechtsprechender, sondern in justizverwaltender Ausübung tätig ist, handelt. Auch die Entscheidung des Gerichts auf die Erinnerung nach § 189 Abs. 2 S. 2 hin ist ebenso wie die Kostenentscheidung nach § 193 Abs. 1 S. 3 nicht weiter anfechtbar.

§ 191 [Auslagenvergütung für Beteiligte]

Ist das persönliche Erscheinen eines Beteiligten angeordnet worden, so werden ihm auf Antrag bare Auslagen und Zeitverlust wie einem Zeugen vergütet; sie können vergütet werden, wenn er ohne Anordnung erscheint und das Gericht das Erscheinen für geboten hält.

I. Allgemeines

1 **1. Entstehungsgeschichte.** Die Norm besteht unverändert in der Fassung vom 3.9.1953.

2 **2. Parallelvorschriften.** Andere Verfahrensordnungen kennen keine entsprechenden Regelungen. Die Vorschrift ist § 1669 RVO nachgebildet.

II. Anwendungsbereich und Gesetzeszweck

3 § 191 ist nur in Verfahren anwendbar, in denen nicht Gerichtsgebühren nach § 197 a erhoben werden. Die versehentliche Aushändigung eines Entschädigungsantrages in einem Verfahren nach § 197 a begründet keinen Anspruch auf Kostenerstattung nach § 191.[1] In den Verfahren nach § 183 gilt zwar Gerichtskostenfreiheit. Die außergerichtlichen Kosten, zu denen Auslagen und Zeitverlust des Beteiligten gehören, muss der Beteiligte aber selbst tragen, es sei denn der andere Beteiligte wird in der Kostenentscheidung des Gerichts nach § 193 zu deren Tragung verurteilt. § 191 ist hierzu eine Ausnahmevorschrift. In den dort genannten Fällen trägt das Gericht die außergerichtlichen Kosten in Form von Auslagen und Zeitverlust, wenn der Beteiligte persönlich zum Termin erschienen

1 BayLSG 29.9.2006 – L 3 U 311/05 Ko und 11.8.2015 – L 15 RF 29/15, beide juris.

ist. **Die Vorschrift dient der Beschleunigung des Verfahrens und der Aufklärung des Sachverhalts.**[2]

III. Verhältnis zu § 193

Der Beteiligte erhält die Erstattung für Auslagen und Zeitverlust nur einmal. Dabei geht § 191 dem § 193 vor. Ersetzt das Gericht diese nach § 191 S. 1 oder S. 2, so kann der Beteiligte diese Kosten nicht mehr gegenüber dem Gegner nach § 193 geltend machen.[3] 4

IV. Vergütung des Beteiligten nach S. 1

Nach S. 1 werden einem Beteiligten auf Antrag bare Auslagen und Zeitverlust wie einem Zeugen vergütet, wenn sein persönliches Erscheinen angeordnet war. 5

1. Anordnung des persönlichen Erscheinens. Das Gericht muss daher nach § 106 Abs. 3 Nr. 7 oder § 111 **das persönliche Erscheinen des Beteiligten angeordnet** haben. Ob das Gericht das persönliche Erscheinen anordnet, steht in dessen **Ermessen.** Ihm steht insoweit ein großer Entscheidungsspielraum zu.[4] § 191 gilt in allen Rechtszügen, also auch vor dem BSG. Das persönliche Erscheinen kann für einen Erörterungstermin, einen Entscheidungstermin oder auch zu einem Termin vor dem beauftragten oder ersuchten Richter angeordnet worden sein. Der Anordnung des persönlichen Erscheinens durch das Gericht steht gleich, wenn ein Sachverständiger auf Anordnung des Gerichts einen Beteiligten zur Untersuchung einlädt.[5] Dabei sind Beteiligte nur die in § 69 genannten Personen, dh der Kläger, der Beklagte und der Beigeladene, nicht aber der Bevollmächtigte nach § 73.[6] Demnach kann weder der den verhinderten Kläger vertretende Rechtsanwalt[7] noch der begleitende Ehegatte oder Lebensgefährte[8] Entschädigung nach § 191 beanspruchen. Ist der Kläger selbst Rechtsanwalt, so kann er jedoch Entschädigung beanspruchen.[9] 6

Eine Entschädigung kommt aber nur bei **natürlichen Personen**[10] in Betracht, nicht bei juristischen Personen und deren Vertretern, auch nicht bei solchen nach § 111 Abs. 3 iVm § 81 ZPO.[11] Ebenfalls keine Vergütung kann der besondere Vertreter eines nicht prozessfähigen Beteiligten nach § 72 beanspruchen.[12]

2. Erscheinen. Weitere Voraussetzung der Erstattung der Kosten des Beteiligten ist, dass dieser auch zum Termin erscheint.[13] Bei schuldhafter Vereitelung der 7

2 LSG BW 11.5.2005 – L 3 AL 1306/00, juris.
3 Meyer-Ladewig/Keller/Leitherer/Schmidt § 191 Rn. 21; Peters/Sautter/Wolff § 191 Anm. 3.
4 BSG 2.10.2014 – B 9 SB 65/14 B, juris.
5 LSG Bln 1.6.1999 – L 3 B 13/99, juris; LSG BW 30.11.1965 – L 5 e 73/65 B, Breith. 1967, 87.
6 ThürLSG 16.9.2002 – L 6 B 51/01 SF, juris.
7 LSG NRW 6.10.2014 – L 4 SF 557/14 E, juris.
8 BayLSG 31.3.2015 – L 15 RF 8 8/15, juris.
9 Dies sogar ohne Abzug einer Mittagspause bei der Vergütung bei Verdienstausfall, so BayLSG 4.12.2013 – L 15 SF 226/11, juris.
10 SG Gießen 12.12.1961 – S 2 J 38/61, Breith. 1962, 1122; Meyer-Ladewig/Keller/Leitherer/Schmidt § 191 Rn. 3; Peters/Sautter/Wolff § 191 Anm. 1 a; aA SchlHLSG 3.11.1995 – L 1 SB 53/95, Breith. 1996, 697; Zeihe § 191 Rn. 3 a.
11 LSG LSA 5.2.1993 – L 51 SV 2/92; SG Berlin 8.1.1998 – S 71 Ka E 190/96, MedR 1998, 431 im Hinblick auf den Vorsitzenden des Berufungsausschusses.
12 Zeihe § 191 Rn. 3 a; Hintz/Lowe § 191 Rn. 4.
13 BayLSG 8.3.2016 – L 15 SF 209/15 und 10.3.2016 – L 15 RF 3/16, beide juris.

Durchführung einer Begutachtung durch Verlassen der Arztpraxis nach einer halben Stunde Wartezeit entfällt der Entschädigungsanspruch nach dem Grundsatz von Treu und Glauben.[14] Ein Erstattungsanspruch entfällt ebenfalls nach Treu und Glauben, wenn Kläger und Sachverständiger ohne Rücksprache mit dem Gericht die Begutachtung wegen Differenzen einfach abbrechen.[15] Gleiches gilt, wenn sich der Beteiligte eigenmächtig vor Zustellung der Beweisanordnung einen Termin beim Gutachter verschafft.[16]

8 **3. Antrag.** Die Kosten werden vom Gericht **nur auf Antrag** des Beteiligten erstattet. Für den Antrag gilt keine bestimmte Form, er kann auch mündlich gestellt werden.[17] In der Regel wird das Gericht dem Beteiligten zusammen mit der Ladung ein Antragsformular übersenden, das dieser dann bei Gericht einreichen kann.

9 **4. Antragsfrist.** Nach herrschender Meinung war bereits unter der Geltung des ZuSEG für den Antrag die **dreimonatige Frist des § 15 Abs. 2 ZuSEG**[18] zu beachten, weil § 191 den Beteiligten im Hinblick auf die Vergütung dem Zeugen gleichstellt und insoweit die Anwendung des ZuSEG anordnet. Nichts anderes gilt seit Inkrafttreten des JVEG zum 1.7.2004.[19] Die dreimonatige Frist **beginnt** nach § 2 Abs. 1 S. 2 Nr. 2 JVEG mit der Beendigung der Vernehmung oder Zuziehung, dh mit dem **Ende des Termins,** zu dem das Erscheinen angeordnet worden ist. Bei **Gutachten nach § 109** beginnt die Frist mit Zustellung des Beschlusses, der die Kostenübernahme auf die Staatskasse feststellt.[20] Die Frist kann gemäß § 2 Abs. 1 S. 3 JVEG verlängert werden, und ist anders als die des § 15 Abs. 2 ZuSEG keine **Ausschlussfrist**, denn nach § 2 Abs. 2 JVEG ist binnen Jahresfrist nach Ablauf der Frist Wiedereinsetzung in den vorigen Stand möglich.[21]

10 **5. Verjährung.** Der Anspruch auf Vergütung verjährt gemäß § 2 Abs. 3 S. 1 JVEG in drei Jahren nach Ablauf des Kalenderjahres, in dem der Beteiligte herangezogen worden ist.

11 **6. Umfang des Anspruchs auf Vergütung.** Liegen die Voraussetzungen des § 191 vor, so hat der Beteiligte wie ein Zeuge Anspruch auf Vergütung seiner baren Auslagen und seines Zeitverlusts. Der Anspruch ist, wie sich aus dem Wortlaut ergibt, ein gebundener Anspruch; es besteht kein Ermessen wie bei S. 2.

12 **a) Auslagen. Bare Auslagen** sind **Fahrtkosten** nach § 5 JVEG, Entschädigung für Aufwand nach § 6 JVEG und **sonstige Aufwendungen** nach § 7 JVEG, wie etwa Parkgebühren (§ 5 Abs. 2 S. 1 JVEG),[22] Kosten für einen notwendigen Vertreter oder eine notwendige Begleitperson. Vgl. hierzu auch den bei → § 19 Rn. 10 abgedruckten Text der §§ 5, 6 und § 7 JVEG. Hier sind nur Fahrtkosten zum **näheren Erstwohnsitz** zu erstatten, wenn der Beteiligte nicht darauf hinweist, dass

---

14 LSG Nds Beschl. v. 15.11.1999 – L 4 B 168/99 SF, juris.
15 BayLSG 18.8.2006 – L 3 U 267/03 Ko, juris.
16 BayLSG 15.9.2009 – L 15 SF 249/09, juris.
17 Meyer-Ladewig/Keller/Leitherer/Schmidt § 191 Rn. 6.
18 Meyer-Ladewig/Keller/Leitherer/Schmidt § 191 Rn. 7; Hennig/Knittel § 191 Rn. 14; zuletzt LSG RhPf 2.2.1994 – L 2 SB 89/93; aA LSG NRW 17.11.1987 – L 7 V 153/83, Breith. 1988, 880.
19 SG Köln 2.2.2007 – S 6 RA 328/04, juris.
20 ThürLSG 26.8.2011 – L 6 SF 84/11.
21 ThürLSG 9.4.2008 – L 6 SF 51/07, juris.
22 Jansen § 191 Rn. 9 a.

er von einem weiter entfernten Zweitwohnsitz anreist.[23] Höhere Fahrtkosten können nur bei besonderen Umständen gewährt werden.[24]

b) Entschädigung für Zeitverlust und Verdienstausfall. Die Entschädigung für den **Zeitverlust** wird in den §§ 20 bis 22 JVEG geregelt. Insoweit werden für die Zeitversäumnis 3,50 Euro je Stunde vergütet, wenn nicht Verdienstausfall oder Entschädigung für die Nachteile bei der Haushaltsführung geleistet werden; es sei denn dem Zeugen ist durch sein Heranziehen ersichtlich kein Schaden entstanden. Dies nimmt die Rechtsprechung etwa bei Rentnern[25] oder Studenten[26] an. Die Gewährung einer Entschädigung nach § 21 JVEG setzt voraus, dass der Beteiligte auch nur Hausfrau oder Hausmann ist, also kein Entgelt oder Entgeltersatzleistungen in der fraglichen Zeit bezieht.[27] 13

Keinen Verdienstausfall kann der dem Beteiligten bestellte Betreuer beanspruchen.[28]

§ 20 JVEG Entschädigung für Zeitversäumnis 14

Die Entschädigung für Zeitversäumnis beträgt 3,50 Euro je Stunde, soweit weder für einen Verdienstausfall noch für Nachteile bei der Haushaltsführung eine Entschädigung zu gewähren ist, es sei denn, dem Zeugen ist durch seine Heranziehung ersichtlich kein Nachteil entstanden.

§ 21 JVEG Entschädigung für Nachteile bei der Haushaltsführung 15

[1]Zeugen, die einen eigenen Haushalt für mehrere Personen führen, erhalten eine Entschädigung für Nachteile bei der Haushaltsführung von 14 Euro je Stunde, wenn sie nicht erwerbstätig sind oder wenn sie teilzeitbeschäftigt sind und außerhalb ihrer vereinbarten regelmäßigen täglichen Arbeitszeit herangezogen werden. [2]Zeugen, die ein Erwerbsersatzeinkommen beziehen, stehen erwerbstätigen Zeugen gleich. [3]Die Entschädigung von Teilzeitbeschäftigten wird für höchstens zehn Stunden je Tag gewährt abzüglich der Zahl an Stunden, die der vereinbarten regelmäßigen täglichen Arbeitszeit entspricht. [4]Die Entschädigung wird nicht gewährt, soweit Kosten einer notwendigen Vertretung erstattet werden.

§ 22 JVEG Entschädigung für Verdienstausfall 16

[1]Zeugen, denen ein Verdienstausfall entsteht, erhalten eine Entschädigung, die sich nach dem regelmäßigen Bruttoverdienst einschließlich der vom Arbeitgeber zu tragenden Sozialversicherungsbeiträge richtet und für jede Stunde höchstens 21 Euro beträgt. [2]Gefangene, die keinen Verdienstausfall aus einem privatrechtlichen Arbeitsverhältnis haben, erhalten Ersatz in Höhe der entgangenen Zuwendung der Vollzugsbehörde.

Entsprechend § 3 S. 1 JVEG kann dem Beteiligten auch ein Vorschuss für die Reisekosten gewährt werden, wenn bereits erhebliche Fahrtkosten oder sonstige Aufwendungen entstanden sind. 17

7. Zuständigkeit. Zuständig für die Feststellung der Entschädigung und die Gewährung des Vorschusses ist der **Urkundsbeamte der Geschäftsstelle.** Nach § 4 Abs. 1 S. 1 JVEG kann aber auch das **Gericht** die Entschädigung durch Beschluss festsetzen, wenn dies ausdrücklich vom Beteiligten beantragt wird oder 18

---

23 ThürLSG 21.11.2008 – L 6 SF 37/08, juris.
24 LSG NRW 29.4.2009 – L 6 SB 161/08, juris.
25 LSG NRW 29.4.2009 – L 6 SB 161/08, juris.
26 HessLSG 23.6.2009 – L 2 SF 54/08, juris.
27 LSG Bln 3.5.2010 – L 2 SF 159/09, juris.
28 LSG NRW 13.10.2010 – L 4 KR 192/10 B, juris.

wenn das Gericht eine richterliche Festsetzung für angemessen hält. Dies wird insbesondere der Fall sein, wenn zu erwarten ist, dass der Beteiligte gegen die Feststellung des Urkundsbeamten die richterliche Festsetzung beantragen wird. Nach § 4 Abs. 7 S. 3 JVEG ergeht der Beschluss ohne ehrenamtliche Richter.

19 **8. Rechtsbehelfe.** Gegen die Feststellung durch den Urkundsbeamten ist zunächst der **Antrag auf richterliche Festsetzung** nach § 4 Abs. 1 S. 1 JVEG möglich. Hierbei handelt es sich nicht um einen Rechtsbehelf an sich, so dass auch eine Schlechterstellung, dh eine niedrigere Erstattungsfestsetzung, vom Gericht vorgenommen werden kann.[29] Gegen die richterliche Festsetzung durch Beschluss kann entsprechend § 4 Abs. 3 JVEG **Beschwerde** erhoben werden, wenn der Beschwerdewert 200 Euro übersteigt oder das SG sie wegen grundsätzlicher Bedeutung zugelassen hat.[30] Dabei sind für den Beschwerdewert diejenigen Beträge nicht einzurechnen, die erstmals in der Beschwerdeinstanz geltend gemacht werden.[31] Die Beschwerde ist aber nur gegen Entscheidungen des SG möglich, da Beschlüsse des LSG nach § 177 nicht anfechtbar sind. **Beschwerdeberechtigt** sind entsprechend § 4 Abs. 1 S. 1 JVEG der **Beteiligte** und die **Staatskasse.** Die Beschwerde kann schriftlich oder zur Niederschrift der Geschäftsstelle bzw. erhoben werden (§ 4 Abs. 7 JVEG).

V. Vergütung des Beteiligten nach S. 2

20 Nach S. 2 kann das Gericht die baren Auslagen und den Zeitverlust eines Beteiligten vergüten, wenn dieser erscheint, ohne dass sein persönliches Erscheinen angeordnet war und das Gericht sein Erscheinen für geboten hält.

21 **1. Gebotensein des Erscheinens.** Das Erscheinen eines Beteiligten ist geboten, wenn seine Anwesenheit im Termin der Förderung des Rechtsstreit gedient hat, etwa zur Sachverhaltsermittlung beigetragen oder der Verfahrenserledigung gedient hat.[32] Dabei ist es unerheblich, ob der Prozessbevollmächtigte des Beteiligten anwesend war oder ob der Beteiligte letztendlich im Prozess unterlegen ist.

22 **2. Antrag.** Auch bei der Vergütung nach S. 2 ist ein Antrag des Beteiligten erforderlich, für den die dreimonatige Frist des § 3 JVEG ebenfalls gilt.

23 **3. Umfang des Anspruchs.** Die Vergütung nach S. 2 steht anders als diejenige nach S. 1 im Ermessen des Gerichts. Der Umfang der Entschädigung entspricht der des S. 1, wobei der Vorschuss naturgemäß nicht in Betracht kommen wird, da die Vergütung nach dem Erscheinen geltend gemacht wird.

24 **4. Zuständigkeit.** Zuständig für die Frage, ob das Erscheinen geboten war (Kostengrundentscheidung), ist das Gericht, das durch prozessleitende Verfügung[33] oder Beschluss entscheidet. Über die Feststellung der Vergütung entscheidet wie nach S. 1 der Urkundsbeamte. Das Gericht kann auch gleich über die Höhe der Vergütung entscheiden; dann wird über die Frage des Gebotenseins inzident entschieden.

---

29 ThürLSG 26.8.2011 – L 6 SF 84/11 und 13.4.2005 – L 6 SF 2/05, beide juris zu § 4 JVEG.
30 LSG NRW 29.5.2009 – L 19 B 101/09 AS, juris.
31 LSG NRW 17.11.1981 – L 5 S 62/81.
32 LSG Nds-Brem 23.7.2014 – L 13 SF 7/14 B, juris.
33 BayLSG 8.10.2015 – L 15 RF 41/15 und 9.10.2015 – L 15 RF 32/15, beide juris.

5. Rechtsbehelfe. Trifft das Gericht nur eine Kostengrundentscheidung[34] durch Beschluss, so ist diese ab dem 1.4.2008 wegen § 172 Abs. 3 Nr. 3 unanfechtbar. Gegen die Feststellung des Urkundsbeamten ist der Antrag auf richterliche Festsetzung nach § 4 Abs. 1 S. 1 JVEG möglich, und dagegen wiederum die unbefristete Beschwerde nach § 4 Abs. 3 JVEG, wenn sie zugelassen wird oder der Beschwerdewert 200 Euro überschreitet. Dies gilt auch, wenn das Gericht gleich über die Höhe der Vergütung entscheidet. 25

§ 192 [Verschuldenskosten]

(1) [1]Das Gericht kann im Urteil oder, wenn das Verfahren anders beendet wird, durch Beschluss einem Beteiligten ganz oder teilweise die Kosten auferlegen, die dadurch verursacht werden, dass

1. durch Verschulden des Beteiligten die Vertagung einer mündlichen Verhandlung oder die Anberaumung eines neuen Termins zur mündlichen Verhandlung nötig geworden ist oder

2. der Beteiligte den Rechtsstreit fortführt, obwohl ihm vom Vorsitzenden die Missbräuchlichkeit der Rechtsverfolgung oder -verteidigung dargelegt worden und er auf die Möglichkeit der Kostenauferlegung bei Fortführung des Rechtsstreites hingewiesen worden ist.

[2]Dem Beteiligten steht gleich sein Vertreter oder Bevollmächtigter. [3]Als verursachter Kostenbetrag gilt dabei mindestens der Betrag nach § 184 Abs. 2 für die jeweilige Instanz.

(2) [aufgehoben]

(3) [1]Die Entscheidung nach Absatz 1 wird in ihrem Bestand nicht durch die Rücknahme der Klage berührt. [2]Sie kann nur durch eine zu begründende Kostenentscheidung im Rechtsmittelverfahren aufgehoben werden.

(4) [1]Das Gericht kann der Behörde ganz oder teilweise die Kosten auferlegen, die dadurch verursacht werden, dass die Behörde erkennbare und notwendige Ermittlungen im Verwaltungsverfahren unterlassen hat, die im gerichtlichen Verfahren nachgeholt wurden. [2]Die Entscheidung ergeht durch gesonderten Beschluss.

34 AA LSG BW 18.2.2011 – L 12 KO 4691/10 B, juris, das eine prozessleitende Verfügung annimmt, die aber ebenfalls unanfechtbar ist.

I. Allgemeines

1 **1. Entstehungsgeschichte.** Die Vorschrift des § 192 bestand bis zum 6. SGGÄndG unverändert in der seit Inkrafttreten des SGG geltenden Fassung vom 3.9.1953. Durch das 6. **SGGÄndG** vom 17.8.2001 (BGBl. 2001 I 2144) wurden die **Voraussetzungen zur Erhebung von sog Mutwillenskosten erheblich geändert.** Abs. 1 S. 1 des neuen § 192 differenziert nunmehr zwischen Kosten, die dem Beteiligten auferlegt werden können, weil er die Vertagung einer mündlichen Verhandlung verursacht hat, und solchen Kosten, die ihm auferlegt werden können, wenn er trotz Hinweises einen Rechtsstreit missbräuchlich weiterführt. Der Begriff der Mutwilligkeit, den der alte § 192 als Kostengrund niederlegte, kommt im neuen Gesetz nicht mehr vor. S. 2 stellt klar, dass dem Beteiligten sein Vertreter gleich steht. In S. 3 wurde neu eine Kostenpauschale eingeführt, die in der Höhe der Pauschgebühr des § 184 Abs. 2 entspricht. Abs. 3 regelt die Bestandskraft der Kostenentscheidung nach § 192 trotz Rücknahme der Klage. Diese Regelung war nötig, da die herrschende Meinung der Auffassung ist, dass das Urteil durch Rücknahme nach Verkündung und vor Rechtskraft gegenstandslos gemacht werden kann. Die früher verhängten Mutwillenskosten konnten daher einfach durch Klagerücknahme umgangen werden, was der Gesetzgeber nunmehr verhindern will.[1] Durch Art. 4 des Vertragsarztrechtsänderungsgesetzes vom 22.12.2006 (BGBl. 2006 I 3439) wurde mit Wirkung zum 1.1.2007 ein eigener Absatz 2 für Klagen gegen die sog **Praxisgebühr** eingefügt, der nach Abschaffung der Praxisgebühr durch Art. 4 des Gesetzes zur „Regelung des Assistenzpflegebedarfs" zum 1.1.2013 wieder aufgehoben wurde.

Das 8. SGGÄndG vom 26.3.2008 (BGBl. 2008 I 444) strich in Abs. 1 S. 1 Nr. 2 die Notwendigkeit, den Hinweis in einem Termin zu erteilen und fügte einen weiteren Absatz an, der die Auferlegung von Kosten an Behörden regelt, wenn notwendige Ermittlungen im Verwaltungsverfahren unterlassen werden.

2 **2. Parallelvorschriften.** In den Verfahren nach § 197 a, in denen das GKG Anwendung findet, gilt § 38 GKG, der eine Kostenauferlegung bei Vertagung oder Verzögerung durch Verschulden des Beteiligten vorsieht. Gleiches regeln § 95 und § 97 ZPO für den Zivilprozess. § 155 Abs. 4 VwGO regelt die Kostenauferlegung bei Kosten, die ein Beteiligter verschuldet hat, ebenso § 137 FGO, nach dem dem Beteiligten auch Kosten auferlegt werden können, wenn er Tatsachen verzögert geltend macht. Vorbild für die Verhängung von Kosten wegen Missbräuchlichkeit war § 34 Abs. 2 BVerfGG, für die Verhängung von Verschuldenskosten § 34 GKG.[2]

II. Anwendungsbereich

3 § 192 gilt nur in Verfahren, die nach § 183 gerichtskostenfrei bzw. nach § 184 pauschgebührenpflichtig sind, nicht in Verfahren nach § 197 a.[3] Ausnahmsweise

1 BT-Drs. 14/5943, 28 zu Nr. 65.
2 BT-Drs. 14/5943, 28 zu Nr. 65.
3 LSG Bln 13.1.2011 – L 27 P 73/10 B, juris; BT-Drs. 14/5943, 28 zu Nr. 65.

gilt § 192, wenn ein Versicherter nach § 183 in einem Verfahren nach § 197 a beigeladen ist. Diesem können gemäß § 197 a Abs. 2 S. 2 Kosten nach § 192 auferlegt werden. Ansonsten gelten im Verfahren nach § 197 a § 155 Abs. 4 VwGO und § 34 GKG. Die Vorschrift ist insoweit eine Ausnahmeregelung zu § 183 und § 184. Sie ist nicht als Straf-, sondern als Schadensersatzvorschrift zu verstehen.[4] Dabei gilt § 192 nicht nur im Klageverfahren, sondern **auch in anderen Verfahren,** wie dem einstweiligen Rechtsschutz nach § 86 b oder sonstigen Beschlussverfahren.[5]

III. Verschuldenskosten – Nr. 1

Das Gericht kann nach § 192 Abs. 1 S. 1 Nr. 1 **im Urteil** oder, wenn das Verfahren anders beendet wird,[6] **durch Beschluss** einem Beteiligten ganz oder teilweise die Kosten auferlegen, die dadurch verursacht werden, dass durch Verschulden des Beteiligten die Vertagung einer mündlichen Verhandlung oder die Anberaumung eines neuen Termins zur mündlichen Verhandlung notwendig geworden ist. 4

1. Vertagung der mündlichen Verhandlung. Erste Voraussetzung für die Verhängung der sog Verschuldenskosten ist, dass durch Verhalten des Beteiligten **ein weiterer Termin zur mündlichen Verhandlung erforderlich** geworden ist. Dabei erfasst § 192 zwei Alternativen, nämlich einerseits die Vertagung, und andererseits die Anberaumung eines weiteren Termins, ohne dass der erste Termin abgehalten wurde. Dabei soll eine Vertagung nicht nur dann vorliegen, wenn nach einem begonnenen Termin ein weiterer Termin stattfindet, sondern auch wenn ein solcher nur geplant war, die Angelegenheit dann aber nach dem ersten Termin schriftlich ihren Abschluss gefunden hat.[7] Die Kostentragung in diesem Fall dürfte problematisch sein, denn die Vorschrift soll Kosten dafür auferlegen, dass mehr Termine zur mündlichen Verhandlung als nötig abgehalten werden. Ein einziger Termin dürfte aber nicht zu viel sein, so dass in dem vom LSG Niedersachsen entschiedenen Fall nicht einzusehen ist, warum der Kläger die Kosten der einen Verhandlung zu tragen hat, die auch stattgefunden hätte, wenn er sich pflichtgetreu verhalten hätte, und erschienen wäre. Bei den Terminen muss es sich nach dem klaren Gesetzeswortlaut jeweils um solche zur mündlichen Verhandlung handeln, Erörterungstermine reichen insoweit nicht aus.[8] 5

2. Verschulden des Beteiligten. Der erneute Termin muss von dem Beteiligten verschuldet worden sein, dh er muss vorsätzlich oder fahrlässig gehandelt haben. Verschulden liegt nicht vor, wenn das Gericht den Antrag nach § 109 Abs. 2 hätte zurückweisen können und eine Vertagung deswegen nicht nötig war.[9] Beteiligter ist auch hier im Sinne von § 69 zu verstehen; die Kosten können also auch einem Beigeladenen auferlegt werden, ferner auch Versicherungsträgern, dem Bund oder einem Land als Kläger oder Beklagten. § 192 ist in seinem 6

4 Meyer-Ladewig/Keller/Leitherer/Schmidt § 192 Rn. 1 a; Zeihe § 192 Rn. 1 b; BT-Drs. 14/5943, 28 zu Nr. 65.
5 LSG NRW 15.12.2010 – L 19 AL 285/10, juris; Meyer-Ladewig/Keller/Leitherer/Schmidt § 192 Rn. 3; s. auch BT-Drs. 16/7716, 28 zu Nr. 32.
6 AA gegen den ausdrücklichen Wortlaut SächsLSG 7.4.2010 – L 6 U 42/07, juris, das einen separaten Beschluss für möglich hält.
7 LSG Nds 30.9.2003 – L 4 B 6/03 SF, juris.
8 Berendes SGb 2002, 315 (317).
9 LSG Bln 27.5.2010 – L 31 R 52/09, juris.

Anwendungsbereich nicht auf natürliche Personen beschränkt. Nach Abs. 1 S. 2 ist dem Beteiligten das **Verschulden seines Vertreters oder Prozessbevollmächtigten zuzurechnen.** Dies war bereits unter der Geltung der alten Fassung herrschende Meinung,[10] ergibt sich nun aber eindeutig aus dem Gesetz. Die verschuldenskosten können auch dem Bevollmächtigten auferlegt werden.[11]

7 **3. Beispielsfälle.** Nachdem eine entsprechende Regelung im SGG bislang fehlte, ist insoweit auf die Rechtsprechung anderer Verfahrenszweige zu § 34 GKG zurückzugreifen. Verschulden wurde bislang angenommen, wenn ein Prozessbevollmächtigter zu spät beauftragt wurde,[12] oder für die mündliche Verhandlung entscheidender Vortrag zu spät vorgebracht wurde.[13] Paradebeispiel ist auch das Nichterscheinen zur Verhandlung,[14] wenn durch den Beteiligten eine weitere Sachaufklärung erforderlich ist. Verschulden ist ferner denkbar, wenn das Gericht dem Beteiligten aufgibt, Unterlagen zur Verhandlung mitzubringen, und er sie nicht mitbringt.

IV. Missbräuchlichkeitskosten – Nr. 2

8 Nach Abs. 1 S. 1 Nr. 2 kann das Gericht im Urteil oder durch Beschluss einem Beteiligten Kosten ganz oder teilweise auferlegen, die dadurch verursacht werden, dass der Beteiligte den Rechtsstreit fortführt, obwohl ihm vom Vorsitzenden in einem Termin oder schriftlich die Missbräuchlichkeit der Rechtsverfolgung oder -verteidigung dargelegt worden ist und er auf die Möglichkeit der Kostenauferlegung bei Fortführung des Rechtsstreits hingewiesen worden ist.

9 **1. Missbräuchlichkeit.** Voraussetzung für die Verhängung von Missbräuchlichkeitskosten ist, dass die Rechtsverfolgung oder Rechtsverteidigung des Beteiligten missbräuchlich ist.

10 **a) Offensichtliche Aussichtslosigkeit.** Die Führung eines Rechtsstreits ist dann missbräuchlich, wenn er trotz offensichtlicher Aussichtslosigkeit geführt oder weitergeführt[15] wird. Dabei ist die Führung eines Rechtsstreits offensichtlich aussichtslos, wenn im Hinblick auf das Ergebnis eine eindeutige höchstrichterliche Rechtsprechung des BSG vorliegt[16] oder sogar eine Entscheidung des BVerfG[17] vorliegt, bzw. wenn das Begehrte in eindeutigem Widerspruch zum Gesetzeswortlaut[18] steht. Nach dem LSG Schleswig-Holstein reicht es insoweit auch aus, wenn der Kläger in gleich gelagerten Prozessen in keinem anderen Bundesland vor den Sozialgerichten Erfolg hatte.[19]

Anders als der Begriff des „Mutwillens", der bereits nach dem Wortlaut ein subjektives Element enthält, ist bei der neuen Fassung des § 192 für den Miss-

10 Meyer-Ladewig, 6. Aufl. 1998, § 192 Rn. 3.
11 SchlHLSG 25.4.2016 – L 6 AS 63/16 B, juris.
12 OLG Koblenz 20.12.1974 – 6 W 610/74, NJW 1975, 395.
13 OLG München 17.7.2000 - 11 W 2003/00, NJW-RR 2001, 71.
14 LSG Nds 30.9.2003 – L 4 B 6/03 SF, juris.
15 BVerfG 26.11.1985 – 2 BvR 851/84, NJW 1986, 2102; aA Spellbrink, Sozialrecht aktuell 2016, 7 ff., der jedoch schon begrifflich verkennt, dass Nr. 2 anders als Nr. 1 nicht von einem „Verschulden" ausgeht und im Ergebnis die gesamte Regelung des § 192 für unvereinbar mit dem SGG hält.
16 ThürLSG 18.9.2003 – L 2 RA 379/03, juris; SchlHLSG 28.8.2003 – L 5 EG 1/03, Breith. 2004, 383; LSG BW 26.6.2003 – L 12 AL 3537/02, juris.
17 LSG Bln 10.5.2009 – L 21 R 898/07, juris.
18 BayLSG 30.10.2019 – L 13 R 53/19, juris.
19 SchlHLSG 26.11.2003 – L 8 U 119/02, Breith. 2004, 731.

brauch nun nicht mehr erforderlich, dass der Beteiligte subjektiv weiß, dass die Rechtsverfolgung aussichtslos und nun entgegen besserer Einsicht den Prozess trotzdem weiterführt.[20] Allein die objektive Aussichtslosigkeit des Rechtstreits genügt.[21] Dies ergibt sich aus der Intention des Gesetzgebers, den § 192 nach dem Vorbild des § 34 Abs. 2 BVerfGG zu gestalten, für dessen Anwendung nach herrschender Rechtsprechung **keine subjektive Komponente,** wie etwa Verschulden, erforderlich ist.[22] Auch die bloße (nicht durch ein konkretes Grund- oder Menschenrecht belegte) **Behauptung,** das Urteil wegen einer **Verfassungsbeschwerde**[23] **oder einer Beschwerde zum Europäischen Gerichtshof für Menschenrechte**[24] zu benötigen, **beseitigt die Missbräuchlichkeit nicht.** Auch die Behauptung, man erstrebe mit dem Urteil eine **Änderung der höchstrichterlichen Rechtsprechung,** vermag die Missbräuchlichkeit nicht zu beseitigen.[25]

Im Rahmen der zu § 192 ergangenen Rechtsprechung wird für das Vorliegen von Missbrauch vielfach verlangt, dass die Rechtsverfolgung von jedem Einsichtigen bzw. von jedem verständigen Dritten als völlig aussichtslos angesehen werden muss,[26] so dass eine gewisse, wenn auch objektivierte, subjektive Komponente[27] noch immer für die Annahme von Missbrauch ins Spiel gebracht wird. Dies soll im Ergebnis dazu führen, dass Kosten nicht verhängt werden können, wenn der Kläger im Einzelfall aus seelischen oder geistigen Gründen ausnahmsweise nicht in der Lage ist, die Missbräuchlichkeit der Rechtsverfolgung zu erkennen[28] oder wenn er sich in einem entschuldbaren Irrtum befindet.[29] Ist der Kläger rechtsanwaltlich vertreten, so soll insoweit dessen Einsichtsfähigkeit geprüft werden.[30] Diese Rechtsprechung führt – über die Hintertür – die früher für Mutwillen geltenden Voraussetzungen abgeschwächt erneut ein und ist daher abzulehnen.

b) Substanzlose Klagen in Bagatellfällen. Nach der Auffassung des Urhebers des 11
Gesetzentwurfs ist Missbrauch ferner in der **Erhebung substanzloser Klagen in Bagatellfällen** gegeben.[31]

c) Beleidigender Inhalt der Klage. Das **BVerfG** hat Missbrauch insbesondere an- 12
genommen, wenn das Gericht haltlos der vorsätzlichen Rechtsbeugung und der Begünstigung bezichtigt wird, also wenn die **Klage beleidigenden und verletzenden Vortrag enthält.**[32]

---

20 So zuletzt BSG 27.4.1994 – 10 RAr 10/93, juris; Meyer-Ladewig, 6. Aufl. 1998, § 192 Rn. 3.
21 LSG BW 26.6.2003 – L 12 AL 3537/02, juris; LSG MV 20.3.2003 – L 5 U 77/01, juris; HessLSG 11.12.2002 – L 6 AL 1000/01, juris; Berendes SGb 2002, 315 (318); aA HessLSG 13.8.2019 – L 3 U 175/17 (Analphabetin) und SächsLSG 19.9.2019 – L 3 AS 472/19, beide juris.
22 Maunz in MSKB BVerfGG § 34 Rn. 17; Mellinghoff in Umbach/Clemens BVerfGG § 34 Rn. 71 bis 75; Berendes SGb 2002, 315 (318).
23 LSG NRW 16.10.2008 – L 2 KN 64/08, juris.
24 LSG BW 10.10.2011 – L 13 R 2150/10, juris.
25 LSG LSA 20.4.2011 – L 3 R 183/09, juris.
26 LSG NRW 16.6.2004 – L 12 AL 59/03, juris; LSG RhPf 1.4.2004 – L 6 SB 197/03, juris; ThürLSG 18.9.2003 – L 2 RA 379/03, juris; LSG LSA 28.5.2003 – L 1 RA 36/03 ER, NZS 2003, 503.
27 So LSG NRW 16.6.2004 – L 12 AL 59/03, juris.
28 ThürLSG 18.9.2003 – L 2 RA 379/03, juris; SG Dresden 4.9.2003 – S 5 U 295/00, juris.
29 LSG NRW 5.5.2010 – L 7 AS 193/10.
30 LSG NRW 5.5.2010 – L 7 AS 193/10.
31 BT-Drs. 14/5943, 28 zu Nr. 65.
32 Mellinghoff in Umbach/Clemens BVerfGG § 34 Rn. 73.

13 d) **Zweckmissbrauch.** Missbräuchlichkeit liegt ferner vor, wenn die **Klage zur Erreichung sachfremder Ziele eingelegt wird.**[33] Missbrauchsgebühren hat das BVerfG insbesondere dann erhoben, wenn der Beschwerdeführer oder sein Bevollmächtigter **bewusst falsche Angaben** ins Verfahren einführten.[34] Dies muss auch bei § 192 gelten.

14 e) **Mutwillen.** Dabei ist Missbrauch auch gegeben, wenn bisher nach der alten Fassung des Gesetzes **Mutwillen** angenommen worden ist,[35] denn die Voraussetzungen für Mutwillen sind strenger als die für Missbräuchlichkeit (→ Rn. 10).

15 **2. Beteiligter.** Ebenso wie bei § 192 Abs. 1 S. 1 Nr. 1 ist Beteiligter im Sinne von Nr. 2 der Kläger, der Beklagte und der Beigeladene. Dem Beteiligten ist nach Abs. 1 S. 2 das Verhalten seines Vertreters oder Bevollmächtigen anzurechnen, dh bei Missbräuchlichkeit durch den Vertreter, etwa durch beleidigende Schriftsätze, können dem Beteiligten Kosten auferlegt werden. Wird der Beteiligte durch einen **Rechtanwalt** vertreten, so ist von diesem zu verlangen, dass er sich mit der Materie auseinandersetzt,[36] die Rechtsprechung zu den aufgeworfenen Fragen prüft und die Erfolgsaussichten eingehend abwägt.[37] Da S. 2 den Bevollmächtigten dem Beteiligten gleichstellt, schließt die Rechtsprechung nunmehr auch, dass aus diese Vorschrift nicht nur eine Verschuldenszurechnung (→ Rn. 6), sondern auch eine **Rechtsgrundlage zur Auferlegung von Kosten gegenüber dem Prozessbevollmächtigten,**[38] der ja kein Beteiligter ist, darstellt.

16 **3. Hinweis des Vorsitzenden.** Anders als § 34 Abs. 2 BVerfGG reicht für die Erhebung von Kosten die Missbräuchlichkeit der Rechtsverfolgung allein nicht aus. Weitere Voraussetzung ist, dass der Beteiligte oder sein Vertreter (Abs. 1 S. 2) **vom Vorsitzenden oder Berichterstatter (§ 155 Abs. 4) auf die Missbräuchlichkeit und die Möglichkeit der Kostenauferlegung hingewiesen**[39] worden ist.[40] Da Nr. 2 in seiner ab dem 1.4.2008 geltenden Fassung nicht mehr den Hinweis in einem Termin verlangt, kann dieser, wie unter der bis zum 2.1.2002 geltenden Rechtslage, auch **schriftlich**[41] erfolgen. Damit hat der Gesetzgeber den Anwendungsbereich der Vorschrift wieder erweitert. Zur Begründung verweist er darauf, dass die Abhaltung eines Termins zu einem zusätzlichen Aufwand geführt hätte, und dass die Verhängung in Eilverfahren praktisch ausgeschlossen war.[42]

17 Da der Hinweis Warnfunktion hat, muss er entsprechend klar sein. Der Vorsitzende darf es nicht offen lassen, ob Missbräuchlichkeit vorliegt.[43] Erfolgt er in einem Termin, so muss er ins Protokoll aufgenommen werden. Enthält das Protokoll den Hinweis nicht, so gilt er als nicht ergangen.[44] Ein wirksamer Hinweis

---

33 Mellinghoff in Umbach/Clemens BVerfGG § 34 Rn. 71 und 72.
34 BVerfG 9.12.1970 – 2 BvR 568/84, EuGRZ 1985, 27.
35 LSG NRW 17.9.2002 – L 6 SB 9/02, juris; LSG NRW 30.6.2003 – L 3 RA 2/02, Breith. 2003, 822 (823).
36 LSG NRW 24.5.2013 – L 14 R 1061/12, juris.
37 LSG Bln 17.4.2013 – L 22 R 31/12 und 25.11.2010 – L 22 LW 1/09, juris.
38 LSG Nds-Brem 26.8.2010 – L 8 SO 159/10; SG Karlsruhe 15.11.2012 – S 1 SO 3278/12; SG Halle 15.6.2015 – S 4 AS 5343/13; aA LSG Bln Bbg 10.5.2017 – L 32 AS 345/17 B; LSG BW 30.11.2017 – L 4 P 4479/17 B, alle juris.
39 Zum möglichem Wortlaut ausführlich Zeihe § 192 Rn. 22 a, b.
40 LSG NRW 16.6.2004 – L 12 AL 59/03, SGb 2004, 482.
41 BayLSG 10.1.2017 – L 15 VK 14/16, juris.
42 BT-Drs. 16/7716 S. 28 zu Nr. 32.
43 LSG LSA 1.6.2006 – L 7 V 2/06, juris.
44 BayLSG 19.1.2010 – L 17 U 9/05, juris.

liegt auch dann nicht vor, wenn der schriftliche Hinweis an eine nicht mehr aktuelle Adresse des Klägers gesandt wird und er sie deswegen nicht erhält.[45] **Erscheint der Beteiligte nicht** zum Termin, in welchem auf § 192 hingewiesen wird, so ist dies aber **unschädlich.**[46] Dies gilt auch dann, wenn ein persönliches Erscheinen nicht angeordnet worden ist, denn der Grundsatz des rechtlichen Gehörs nach Art. 103 GG besagt lediglich, dass Gelegenheit zur Stellungnahme gegeben werden muss.[47]

4. Fortführung des Prozesses. Voraussetzung für die Verhängung von Kosten ist ferner, dass der Beteiligte oder sein Vertreter den Prozess nach dem Hinweis fortführt. Wird auf den Hinweis hin die Klage zurückgenommen oder ein Anerkenntnis abgegeben, so können keine Kosten verhängt werden. 18

5. Beispielsfälle. In folgenden Fällen wurden nach § 192 nF Missbräuchlichkeitskosten verhängt: 19

- Trotz Gutachtens von Amts wegen kein Anhaltspunkt für höheren GdB/MdB als im Verwaltungsverfahren festgestellt;[48]
- Fortführung der Klage auf Rente wegen Erwerbsunfähigkeit trotz für Kläger negativen Gutachtens nach § 109 SGG,[49] Fortführung Klage wegen GdB[50]/MdE trotz neg. Gutachten nach § 109;[51]
- Klage auf eigenen Gefahrentarif für den Bund der Steuerzahler;[52]
- Zurechnung eines Diplom-Chemikers (DDR) zum Zusatzversorgungssystem nach dem AAÜG,[53] Klage auf Zusatzversorgung nach AAÜG bei Beschäftigung in staatl. Forstbetrieb,[54] Stichtag bei AAÜG nicht erfüllt;[55] Klage gegen § 22 Abs. 4 FRG;[56] Klage auf höhere Entgeltpunkte nach § 256 a S. 3 SGB VI trotz Nichterfüllung der notwendigen 10 Beschäftigungsjahre;[57] Klage gegen Verfassungsmäßigkeit der Überleitung der in der DDR erworbenen Anwartschaftszeiten;[58] Klage auf Zusatzversicherung der Freischaffenden Bildenden Künstler DDR im 2. Überprüfungsverfahren nach § 44 SGB X;[59]
- Klage eines Rechtsanwalts mit zahlreichen Beschäftigten gegen Versicherungspflicht in der Unfallversicherung;[60]

45 LSG Bln 27.11.2009 – L 34 AS 1183/09, juris.
46 LSG NRW 24.5.2013 – L 14 R 1061/12, juris bei Anwesenheit des Prozessbevollmächtigten; Jansen § 192 Rn. 10 mwN, Roos/Wahrendorf § 192 Rn. 32 verlangen Hinweis auf § 192 SGG in der Ladung.
47 LSG BW 18.5.2010 – L 13 AS 5202/07; aA BSG 12.12.2013 – B 4 AS 17/13, beide juris.
48 LSG RhPf 1.4.2004 – L 6 SB 197/03, juris; SG Düsseldorf 30.3.2007 – S 35 SB 106/05, juris; SG Duisburg 26.7.2006 – S 6 U 293/04, juris.
49 SG Frankfurt 10.12.2003 – S 21 RJ 4016/99, juris.
50 SchlHLSG 8.4.2008 – L 2 SB 15/06, juris.
51 SG Gießen 24.2.2006 – S U 2441/03, juris.
52 SchlHLSG 26.11.2003 – L 8 U 119/02, Breith. 2004, 7.
53 ThürLSG 18.9.2003 – L 3 RA 379/03, juris; ThürLSG 9.10.2006 – L 6 R 625/06 ER, juris.
54 ThürLSG 31.1.2006 – L 6 RA 383/04, juris.
55 ThürLSG 29.5.2008 – L 2 R 1154/06 und L 2 R 1100/06; 18.8.2005 – L 2 R 130/05; LSG Bln-Bbg 23.5.2007 – L 8 B 1695/07 R, alle juris.
56 LSG BW 10.10.2011 – L 13 R 2150/10, juris.
57 LSG NRW 11.3.2010 – L 2 KN 94/09, juris.
58 LSG Bln 20.5.2009 – L 21 R 898/07, juris.
59 SächsLSG 5.2.2020 – L 7 R 679/19 ZV, juris.
60 SG Dresden 4.9.2003 – S 5 U 295/00, juris.

- Klage gegen Rentenversicherungspflicht mit der pauschalen Behauptung, diese verstoße gegen den Generationenvertrag;[61]
- Tätigkeit eines Rentenberaters auf dem Gebiet der Arbeitslosenversicherung;[62]
- Trotz medizinischer Ermittlungen kein Anhaltspunkt für höheren MdE als 10 und für Vorliegen einer Berufskrankheit;[63] kein Anhaltspunkt für Grundpflegebedarf;[64] kein Ermessensfehler bei Übergangsleistung nach § 3 Abs. 2 BKV;[65]
- Unzulässige Berufung wegen Nichterreichens der Berufungssumme;[66] unzulässige Klage gegen Informationsschreiben;[67] unzulässige Untätigkeitsklage;[68]
- Klage auf höheren GdB als 30 für Fibromyalgie;[69]
- Klage auf Feststellung, dass trotz Abschaffung des Sterbegeldes bei Tod Sterbegeld gezahlt werde (bei Bestehen einer privaten Sterbegeldversicherung);[70]
- Mehrfache Klagen auf Versicherungsfreiheit in der Krankenversicherung trotz Nichterreichen der Beitragsbemessungsgrenze in der neuen Beschäftigung;[71]
- Erneutes Verfahren nach § 44 SGB X ohne neue Gesichtspunkte;[72] Wiederaufnahmeverfahren nach erfolgloser Klage, der bereits ein Überprüfungsverfahren zugrunde lag;[73] mehrfache eA-Anträge gleichen Inhalts;[74]
- Verfahren auf Rentennachzahlung über den Vier-Jahreszeitraum nach § 48 Abs. 4 SGB X iVm § 44 Abs. 4 SGB X hinaus;[75]
- Klage auf Mitgliedschaft in der KVdL trotz unstreitigem Nichterreichen der Mindestfläche;[76]
- Gleichzeitiger Bezug von Arbeitslohn und Krankengeld;[77]
- Zusicherung der BA auf Nichtanwendung der Vierjahresfrist nach § 147 Abs. 3 SGB III;[78]
- Verweigerung der Auskunft nach § 117 SGB XII trotz Auskunftserteilung an andere Behörde;[79]
- Zusammentreffen von Renten aus Renten- und Unfallversicherung;[80]

61 LSG NRW 30.6.2003 – L 3 RA 2/02, Breith. 2003, 822.
62 LSG BW 26.6.2003 – L 12 AL 3537/02, juris.
63 LSG MV 20.3.2003 – L 5 U 77/01, juris.
64 BayLSG 30.3.2011 – L 2 P 51/09, juris.
65 LSG NRW 29.1.2009 – L 2 KN 155/08 U, juris.
66 HessLSG 11.12.2002 – L 6 AL 1000/01, juris.
67 LSG NRW 17.9.2008 – L 12 AS 40/07, juris.
68 LSG Nds 26.8.2010 – L 8 SO 159/10, juris.
69 LSG NRW 17.9.2002 – L 6 SB 9/02, juris.
70 LSG NRW 22.3.2007 – L 16 KR 16/07, juris.
71 LSG BW 12.7.2006 – L 5 KR 4868/05, juris.
72 LSG BW 31.5.2005 – L 13 AL 4811/04 und 26.9.2013 – L 6 U 1529/13, beide juris.
73 LSG NRW 4.6.2009 – L 2 KN 8/09 U, juris.
74 LSG NRW 15.12.2010 – L 19 AL 285/10 B ER, juris.
75 LSG Bln-Bbg 22.2.2007 – L 3 R 1134/05, juris.
76 LSG RhPf 6.7.2006 – L 5 KR 51/06, juris.
77 LSG NRW 19.11.2009 – L 16 KR 135/09, juris.
78 LSG Bln 24.6.2009 – L 5 AL 293/08, juris.
79 LSG NRW 16.4.2008 – L 12 SO 4/07, juris.
80 LSG NRW 18.6.2009 – L 2 KN 281/08 und 16.10.2008 – L 2 KN 64/08, beide juris.

- Fortführung einer erledigten Untätigkeitsklage.[81]

V. Sonderfall: Kosten unterlassener Ermittlungen im Verwaltungsverfahren

Mit dem 8. SGGÄndG vom 26.3.2008 wurde mit Wirkung zum 1.4.2008 ein weiterer Sonderfall eingeführt, der sich gegen die zumeist als Beklagten am Verfahren beteiligten Behörden und Sozialversicherungsträger richtet. Grund für die Regelung war, dass durch unterlassene Ermittlungen im Verwaltungsverfahren die gerichtlichen Verfahren wegen nachzuholender Ermittlungen länger und teurer wurden. Die Vorschrift soll insoweit jedenfalls einen Ausgleich der Kosten ermöglichen, die Justizhaushalte entlasten und im Hinblick auf die vorzunehmenden Ermittlungen im Verwaltungsverfahren eine präventive Wirkung haben.[82] Ergänzt wird die Vorschrift auch durch § 131 Abs. 5, der die Zurückverweisung bei unterlassenen Ermittlungen vorsieht (s. auch dort). Die Regelung ist auf Verwaltungsverfahren anzuwenden, die vor dem 1.4.2008 begonnen haben[83] und noch nicht abgeschlossen waren.[84] 20

1. Unterlassen von Ermittlungen. Abs. 4 bestimmt insoweit, dass das Gericht der Behörde ganz oder teilweise die Kosten auferlegen kann, die dadurch verursacht werden, dass die Behörde erkennbare und notwendige Ermittlungen im Verwaltungsverfahren (§ 8 SGB X; auch Widerspruchsverfahren) unterlassen hat, die im gerichtlichen Verfahren nachgeholt wurden. Dabei muss es sich um **notwendige und ohne Weiteres erkennbare, nicht bloß sinnvolle**[85] **Ermittlungen** handeln. Dabei ist die Regelung aufgrund des klaren Wortlauts „Behörde" **nicht auf private Pflegeversicherungsunternehmen**[86] anzuwenden. **Notwendig sind** Ermittlungen, die im Zeitpunkt des Erlass des Widerspruchsbescheides unverzichtbar[87] waren; **erkennbar sind** sie, wenn sich der Behörde ihre Notwendigkeit ausgehend von den gesetzlichen Bestimmungen und ihrer höchstrichterlichen Auslegung bzw. – mangels einer solchen – von einem vertretbaren Rechtsstandpunkt aus erschließen musste.[88] Hieran soll es aber im Hinblick auf Ermittlungen zum Mehrbedarf bei Laktoseintoleranz fehlen, da die Rechtsprechung hier uneinheitlich ist.[89] Denkbare Fälle sind hier etwa die fehlende Befragung eines (potenziellen) Arbeitgebers in Sperrzeit- oder Sanktionsfällen im SGB III und II oder das Nichtbefragen von behandelnden Ärzten bzw. das Unterlassen der Einholung eines Gutachtens, obgleich dieses notwendig war und sich bereits aus einem anderen Gutachten ergab,[90] in Fällen mit medizinischem Hintergrund, wie Erwerbs- 21

81 LSG Nds-Brem 26.8.2010 – L 8 SO 159/10; SG Hamburg 22.9.2015 – (S) 57 AS 1303/15, beide juris.
82 BT-Drs. 16/7716, 28 zu Nr. 32.
83 LSG Nds 11.8.2009 – L 4 KR 108/09 B; aA ThürLSG 16.3.2009 – L 1 B 201/08 K, beide juris.
84 LSG LSA 16.1.2012 – L 5 AS 228/11 B; LSG Bln-Bbg 16.8.2012 – L 4 R 537/10 B, beide juris.
85 LSG RhPf 17.10.2011 – L 4 R 396/11 B; LSG NRW 16.4.2010 – L 18(8) R 199/05, juris.
86 Breitkreuz/Fichte § 192 Rn. 17.
87 LSG NRW 9.7.2015 – L 10 B 122/15.
88 LSG Bln-Bbg 23.11.2012 – L 3 R 750/12 B; SächsLSG 18.1.2011 – L 2 U 166/10 B mwN, beide juris.
89 SächsLSG 14.8.2013 – L 7 AS 604/12 B, juris.
90 ThürLSG 17.1.2017 – L 5 SB 1136/15 B und 25.9.2019 – L 5 SB 746/17 B; LSG NRW 3.3.2017 – L 18 KN 92/16 B; LSG Nds 22.3.2018 – L 10 SB 126/17 B und 13.3.2020 L 3 U 142/19 B, alle juris.

minderungsrenten-, Schwerbehinderten- oder Unfallverfahren. Auch erkennbare Mängel an durchgeführten Ermittlungen (Unverwertbarkeit des Gutachtens,[91] zB wegen Verletzung des § 200 Abs. 2 SGB VII, unschlüssige oder unklare Gutachten) müssen noch im Verwaltungsverfahren behoben werden.

22 **2. Nachholung im gerichtlichen Verfahren.** Voraussetzung für die Auferlegung der Kosten für diese Ermittlungen ist, dass die Ermittlungen im Gerichtsverfahren schließlich nachgeholt wurden, dh, dass das Gericht die ihm entstandenen Kosten für die Zeugenvernehmung und die Gutachtenserstellung ganz oder teilweise der Behörde auferlegen kann. Auch hier fordert das Gesetz keinen Hinweis des Gerichts wie in Abs. 1 S. 1 Nr. 2, aber auch hier muss das Gericht aufgrund des Verbots von Überraschungsentscheidungen (rechtliches Gehör) die Behörde auf die Möglichkeit der Kostenerhebung hinweisen. Da die Behörde im gerichtlichen Verfahren kaum die Möglichkeit hat, Ermittlungen nachzuholen, erscheint es sinnvoll, den Hinweis auf die Kostenauferlegung vor Nachholung der Ermittlungen zu geben, da die Beklagte dann die Zurückverweisung nach § 131 Abs. 5 beantragen kann und so die Möglichkeit erhält, die Ermittlungen selbst nachzuholen.

23 **3. Gesonderter Beschluss.** Nach Abs. 4 S. 2 hat das Gericht diese Kostenauferlegung in einem gesonderten Beschluss[92] auszusprechen. Dies ist erforderlich, damit die Beschwerdemöglichkeit nach § 172 Abs. 3 Nr. 4 bei einer Verhängung von Kosten über 200 Euro besteht.[93] Würde im Rahmen des Urteils oder eines Kostengrundbeschlusses entschieden, so bestünde kein Beschwerderecht wegen § 172 Abs. 3 Nr. 3 und die Berufung allein im Hinblick auf die Kosten wäre unzulässig (auch → Rn. 30). Das Beschwerdeverfahren der Behörde gegen die Auferlegung von Kosten ist ein gerichtskostenpflichtiges Verfahren nach § 197 a, da hier der privilegierte Versicherte oder Leistungsempfänger nicht mehr beteiligt ist.[94]

VI. Rechtsfolge Kostenauferlegung

24 **1. Ermessen.** Liegen die Voraussetzungen von Abs. 1 oder Abs. 4 vor, so kann das Gericht dem Beteiligten (s. § 69), nicht seinem Vertreter oder Bevollmächtigten,[95] die dadurch verursachten Kosten ganz oder teilweise auferlegen. Die Kostenauferlegung steht im **Ermessen** des Gerichts („kann"). Das Gericht kann dem Beteiligten die gesamten entstandenen Kosten auferlegen oder nur einen Teil davon.

25 **2. Kausalität.** Aus dem Wortlaut des § 192 ist zu entnehmen, dass nur die durch das Verhalten des Beteiligten entstandenen Kosten diesem auferlegt werden können. Das entspricht dem Schadensersatzcharakter der Vorschrift. Demnach kommen hier bei der Nr. 1 die Kosten für den abgeladenen oder neuen Verhandlungstermin in Betracht und bei Nr. 2 die Kosten für die Abfassung der Entscheidung (bei schriftlichem Hinweis vor der Verhandlung auch die Kosten der Verhandlung), bei Abs. 4 die Ermittlungskosten, die durch das Unterlassen verur-

91 LSG BW 16.9.2013 – L 8 U 3192/13 B, juris.
92 LSG BW 11.3.2011 – L 9 U 1083/10 B, juris.
93 BT-Drs. 16/7716, 28 zu Nr. 32.
94 LSG NRW 18.11.2013 – L 18 KN 83/13 B und 9.7.2015 – L 10 SB 122/15 B, juris.
95 AA gegen den eindeutigen Wortlaut von § 192 und § 69 unter Hinweis auf § 34 BVerfGG LSG Nds 26.10.2010 – L 8 SO 159/10, juris.

sacht wurden, nicht aber die bereits zuvor unabhängig vom Verhalten des Beteiligten entstandenen Kosten.

3. Kosten. Der Begriff der Kosten ist hier nicht im Sinne von § 1 Abs. 1 GKG zu verstehen, sondern im Sinne einer Schadensersatzregelung. Kosten können deshalb Kosten für eine Beweisaufnahme, für das schriftliche Absetzen eines Urteils oder allgemeine Gerichtshaltungskosten sein.[96] Dies sind diejenigen Kosten, die § 192 aF als Kosten des Gerichts bezeichnete. Obgleich § 192 in der ab 2.1.2002 geltenden Fassung nicht mehr zwischen Kosten des Gerichts und Kosten anderer Beteiligter differenziert, wurde der Wortlaut nicht dahin gehend verändert, dass nur Kosten des Gerichts in Betracht kommen,[97] so dass davon auszugehen ist, dass **einem Beteiligten** oder **einem Bevollmächtigten** (→ Rn. 15) auch die Kosten auferlegt werden können, die **er einem anderen Beteiligten verursacht hat**, etwa die ganze oder halbe[98] Pauschgebühr nach § 184 oder weitere Auslagen für die Wahrnehmung von Terminen.[99] 26

VII. Höhe der Kosten

Nach Abs. 1 S. 3 gilt als verursachter Kostenbetrag mindestens der Betrag nach § 184 Abs. 2 für die jeweilige Instanz, also 150 Euro vor dem SG, 225 Euro vor dem LSG und 300 Euro vor dem BSG. Dieser pauschalierte Kostenbetrag wurde auf Vorschlag des Bundesrates,[100] mit Zustimmung der Bundesregierung[101] in die Vorschrift eingefügt. Der Bundesrat begründete dies damit, dass die Feststellung der Kosten im Einzelfall problematisch sein dürfte, da bei Abfassung eines Urteils die Erfassung der Arbeitszeit sämtlicher befasster Mitarbeiter nötig wäre.[102] Den Mindestbetrag kann das Gericht nur unterschreiten, wenn es teilweise Kosten auferlegt, weil S. 3 nur den Betrag der verursachten Kosten meint.[103] Das Gericht kann aber auch wie bisher die Kosten schätzen. Dies wird insbesondere dann in Betracht kommen, wenn die tatsächlichen Kosten wesentlich höher als der Pauschbetrag liegen. In der Rechtsprechung und der Literatur wurde für die Richterstunde ein Betrag von 200–300 DM[104] bis zu 350–450 DM[105] angenommen. 27

Seit Geltung des § 192 in der ab 2.1.2002 geltenden Fassung wurden für das Verfahren vor dem SG Kosten bis zu 1000 Euro[106] sowie bis zu 2000 Euro für das Verfahren vor dem LSG[107] angesetzt, wobei zumeist der Pauschbetrag oder mehrere Hundert Euro oder sogar die tatsächlichen Kosten des Verfahrens von deutlich über 1.000 Euro[108] angesetzt werden (vgl. dazu im Einzelnen die unter → Rn. 19 aufgeführten Entscheidungen).

---

96 BT-Drs. 14/5943, 28 zu Nr. 65.
97 So aber Hennig/Knittel § 192 Rn. 16.
98 LSG BW 29.4.2010 – L 1 AL 5449/09 und 26.9.2013 – L 6 U 1529/13, juris.
99 Meyer-Ladewig/Keller/Leitherer/Schmidt § 192 Rn. 15.
100 BT-Drs. 14/5943, Anlage 2 S. 35 f. zu Nr. 11.
101 BT-Drs. 14/5943, Anlage 3 S. 38 zu Nr. 11.
102 BT-Drs. 14/5943, Anlage 2 S. 35 f. zu Nr. 11.
103 Meyer-Ladewig/Keller/Leitherer/Schmidt § 192 Rn. 18.
104 LSG NRW 3.8.1982 – L 5 U 106/81, Breith. 1983, 91.
105 Goedelt SGb 1986, 500.
106 SG Frankfurt 10.12.2003 – S 21 RJ 4016/99, juris.
107 SchlHLSG 8.4.2008 – L 2 SB 15/06; ThürLSG 18.9.2003 – L 2 RA 379/03, beide juris; mind. 1000 Euro: LSG NRW 30.6.2003 – L 3 RA 2/02, Breith. 2003, 822 (824).
108 LSG NRW 24.2.2017 – L 4 U 632/16, juris.

VIII. Entscheidung des Gerichts

28 Das Gericht muss bei der Verhängung der Kosten im Tenor des Urteils oder Beschlusses entweder die Kosten betragsmäßig auswerfen:

▶ Tenor:

- Dem Kläger werden wegen Verschulden (oder Missbräuchlichkeit) Kosten auferlegt. Er hat dem Gericht Kosten in Höhe von 150 Euro zu erstatten.
- Der Kläger hat dem Beklagten Verschuldens- oder Missbrauchskosten in Höhe von 150 Euro zu erstatten. ◀

oder die selbstständig ausrechenbare Kosten genau umreißen:

▶ – Der Kläger hat dem Gericht die Auslagen für die ehrenamtlichen Richter im Termin vom ... zu erstatten. ◀

Das Gericht entscheidet im Klageverfahren nach mündlicher Verhandlung durch Urteil unter Beteiligung der ehrenamtlichen Richter, in anderen Verfahren durch Beschluss. Ergeht dieser aufgrund mündlicher Verhandlung, so sind auch hier die ehrenamtlichen Richter zu beteiligen. Gleiches gilt, wenn sich das Klageverfahren anders erledigt, und das Gericht durch Beschluss nach § 193 Abs. 1 S. 3 entscheidet. Werden Kosten trotz Antrags nicht verhängt, so erfolgt die **Ablehnung in den Entscheidungsgründen.** Die Entscheidung über die Kosten nach § 192 erfolgt im Rahmen eines Beschlusses entsprechend dem klaren Wortlaut von Abs. 1 S. 1 erst nach Beendigung des Verfahrens.[109] Etwas anderes kann aber im Fall des Abs. 4 gelten, da dessen Wortlaut nicht auf die Beendigung des Verfahrens abstellt.

IX. Rechtsmittel

29 Gegen das verhängende Urteil des SG kann Berufung erhoben werden, falls diese zulässig ist. **Diese kann aber nicht auf den Kostenpunkt beschränkt werden (§ 144 Abs. 4).**[110] Gegen einen **Beschluss**, der Kosten nach § 192 Abs. 1 oder 2 festsetzt, ist die Beschwerde nach § 172[111] gegeben. Im Hinblick auf den **gesonderten Beschluss nach Abs. 4 S. 2** ist nur dann **Beschwerde** möglich, wenn in der Hauptsache kein Rechtsmittel gegeben ist und Kosten über 200 Euro verhängt werden (§ 172 Abs. 3 Nr. 4).

X. Endgültigkeit der Kostenentscheidung

30 Wird die Berufung zurückgenommen, so bleibt das erstinstanzliche Urteil einschließlich der Kostenentscheidung – wie bisher – erhalten. Nimmt der Kläger vor Eintritt der Rechtskraft (§ 102 S. 1) – sei es nach Verkündung des Urteils gegenüber dem SG oder im Berufungsverfahren – die Klage zurück, so wird **zwar das angefochtene Urteil hinfällig, nicht aber die Kostenentscheidung nach § 192,**[112] wie § 192 Abs. 3 S. 1 ausdrücklich klarstellt. Die Kostenentscheidung kann bei Rücknahme der Klage (nicht des Rechtsmittels) im Berufungsverfahren

---

109 LSG Nds-Brem 14.6.2007 – L 7 B 42/07 AS, juris; aA LSG Nds-Brem 30.9.2003 – L 4 B 6/03 SF, NdsRpfl 2004, 140.

110 BSG 19.10.2017 – B 3 KR 4/17 B und 6.8.2019 – L 5 R 151/19 B; grundsätzlich BSG 5.8.2008 – B 13 R 153/08 B; 25.2.2010 – B 11 AL 114/09 B; 20.10.2010 – B 5 R 303/10 B; 13.7.2004 – B 2 U 84/04, alle juris.

111 LSG BW 19.1.2016 – L 1 AS 4045/15 B, juris; Jansen § 192 Rn. 18; Hintz/Lowe § 192 Rn. 29; Roos/Wahrendorf § 192 Rn. 63; Zeihe § 192 Rn. 32 b.

112 LSG Bln 10.5.2010 – L 27 R 103/10, juris.

nach Abs. 3 S. 2 nur durch eine zu begründende Kostenentscheidung des Rechtsmittelgerichts aufgehoben werden. Das Rechtmittelverfahren ist das Berufungs- bzw. Revisionsverfahren, **nicht** aber die **Nichtzulassungsbeschwerde** auf Zulassung des Rechtsmittels. In der NZB ist eine Korrektur über Abs. 3 S. 2 nicht möglich.[113] Mit dieser Regelung hat der Gesetzgeber dem Beteiligten die zuvor bestehende Möglichkeit genommen, durch Klagerücknahme im Berufungsverfahren den Kosten nach § 192 zu entgehen. Ob er mit dieser Regelung den zuvor praktizierten Weg der „einfachen" Erledigung beim LSG verbaut hat,[114] mag bezweifelt werden, denn auch ein nicht anfechtbarer Kostenbeschluss oder ein Vergleich, der ein Entfallen der Kosten regelt,[115] ist weniger Aufwand als ein Berufungsurteil. Auch mit einer Rücknahme vor Einlegung der Berufung vermag der Kläger es aber nicht, die Kostenauferlegung anzugreifen, da eine Berufung nicht auf die Kosten beschränkt werden kann (→ Rn. 34). Er ist damit gezwungen, eine Berufung einzulegen, um eine Überprüfung durch das Rechtsmittelgericht zu erhalten.

XI. Vollstreckung

Die Kostenforderung nach § 192 wird nach § 199 Abs. 1 Nr. 1 vollstreckt.[116] 31

§ 193 [Kostenentscheidung]

(1) ¹Das Gericht hat im Urteil zu entscheiden, ob und in welchem Umfang die Beteiligten einander Kosten zu erstatten haben. ²Ist ein Mahnverfahren vorausgegangen (§ 182 a), entscheidet das Gericht auch, welcher Beteiligte die Gerichtskosten zu tragen hat. ³Das Gericht entscheidet auf Antrag durch Beschluß, wenn das Verfahren anders beendet wird.

(2) Kosten sind die zur zweckentsprechenden Rechtsverfolgung oder Rechtsverteidigung notwendigen Aufwendungen der Beteiligten.

(3) Die gesetzliche Vergütung eines Rechtsanwalts oder Rechtsbeistands ist stets erstattungsfähig.

(4) Nicht erstattungsfähig sind die Aufwendungen der in § 184 Abs. 1 genannten Gebührenpflichtigen.

113 BSG 28.10.2010 – B 13 R 229/10 B, juris.
114 Roos/Wahrendorf § 197 b Rn. 12.
115 Zeihe § 192 Rn. 32 c.
116 ThürLSG 9.10.2006 – L 6 R 625/06 ER, juris.

I. Allgemeines

1 **1. Entstehungsgeschichte.** § 193 wurde seit seinem Inkrafttreten am 3.9.1953 mehrfach geändert. Abs. 4 wurde mit Gesetz vom 21.12.1992 um einen zweiten Satz erweitert, der aber durch das 6. SGGÄndG vom 17.8.2001 wieder aufgehoben wurde, weil er Verfahren betraf, die nunmehr gem. § 197 a iVm § 162 VwGO geregelt sind.[1] Gleichzeitig wurde S. 1 des Abs. 4 an den geänderten § 184 angepasst,[2] wobei dem Gesetzgeber ein Redaktionsversehen unterlief, das er mit Gesetz vom 24.7.2003 (BGBl. 2003 I 1526) mit Wirkung zum 1.8.2003 korrigierte. Bereits durch Gesetz vom 30.3.1998 wurde dem Abs. 1 der S. 2 hinzugefügt, der wegen der Einführung des Mahnverfahrens nach § 182 a notwendig wurde.

Abs. 3 wurde im Rahmen des Kostenrechtsmodernisierungsgesetzes vom 5.5.2004 (BGBl. 2004 I 718) sprachlich an die Terminologie des RVG angepasst, das ab 1.7.2004 die BRAGO ersetzt.

2 **2. Parallelvorschriften.** §§ 154–164 VwGO, §§ 135–149 FGO und §§ 91–107 ZPO regeln die Kosten wesentlich umfangreicher als § 193.

II. Anwendungsbereich – Abs. 1

3 **1. Sachlicher Anwendungsbereich.** § 193 und die nachfolgenden Vorschriften bis § 197 regeln die **Kosten im Verhältnis der Beteiligten untereinander**, während die §§ 183 bis 191 die Kosten im Verhältnis zwischen Gericht und Beteiligten regeln. § 193 gilt nur in Verfahren, die nach **§ 183 gerichtskostenfrei bzw. nach § 184 pauschgebührenpflichtig** sind. Für Verfahren, die nach § 197 a gebührenpflichtig sind, gelten über § 197 a Abs. 1 S. 1 Hs. 3 die §§ 154–164 VwGO. Demnach hat das Gericht bei der Kostenentscheidung nach § 193 Abs. 1, von den Ausnahmen § 192 und § 193 Abs. 1 S. 2 abgesehen, nur über die **außergerichtlichen Kosten**, dh über die Kosten der Beteiligten dem Grunde nach zu entscheiden. Dabei ist im Rahmen der Kostenentscheidung auch über die Kosten des Widerspruchsverfahrens zu entscheiden (Grundsatz der Einheitlichkeit der Kostenentscheidung). **Schließt sich das Gerichtsverfahren an, so besteht kein Anwendungsbereich für § 63 SGB X und die Kostenentscheidung im Widerspruchsbescheid erledigt sich.** Besteht eine deutliche Diskrepanz zwischen dem Erfolg in dem einen und dem anderen, so kann das Gericht dies bei seiner Kostengrundentscheidung berücksichtigen.[3]

1 BT-Drs. 14/5943, 28 zu Nr. 66.
2 BT-Drs. 14/5943, 28 zu Nr. 66.
3 BSG 19.10.2016 – B 14 AS 59/15 R, juris.

Macht ein Beteiligter in einem Verfahren einen Anspruch als Versicherter geltend und einen Anspruch in Prozessstandschaft für einen Leistungserbringer, so ist eine kombinierte Kostenentscheidung nach § 193 für den ersten Anspruch und nach § 197 a für den letzteren zu treffen. Insoweit ist für den letzteren dann auch ein Streitwert festzusetzen.[4] Erheben hingegen ein nach § 183 privilegierter Beigeladener und der privilegierte Kläger eine Nichtzulassungsbeschwerde, so ist nach § 193 eine einheitliche Kostenentscheidung für den Rechtszug zu bilden[5] (zur Kritik hieran → § 183 Rn. 9).

2. Zeitlicher Anwendungsbereich. § 193 in der bis zum 1.1.2002 geltenden Fassung ist anzuwenden, wenn die Klage vor dem 2.1.2002 rechtshängig geworden ist. War dies der Fall, so erfolgt die Kostenentscheidung immer nach § 193, egal, ob nach neuem Recht ein Fall von § 193 oder § 197 a vorliegen würde (→ § 183 Rn. 10). Für danach eingegangenen Klagen ist § 193 nur in den privilegierten Verfahren nach § 183 anzuwenden. 4

3. Notwendigkeit der Kostenentscheidung. a) Entscheidung von Amts wegen. Nach § 193 Abs. 1 S. 1 hat das Gericht **im Urteil zwingend** eine Entscheidung darüber zu treffen, ob und in welchem Umfang, die Beteiligten einander Kosten zu erstatten haben. Dabei sind unter den Beteiligten entsprechend § 69 Kläger, Beklagte und Beigeladene zu verstehen. Das Gericht hat demnach auch darüber zu entscheiden, ob ein Beigeladener die Erstattung seiner außergerichtlichen Kosten verlangen kann (→ Rn. 19) oder dem beigeladenen Versicherungsträger Kosten aufzuerlegen sind.[6] Das Gericht entscheidet im Falle des S. 1 von Amts wegen. Ein Antrag der Beteiligten ist nicht erforderlich. Eine Kostenentscheidung **hat von Amts wegen** analog § 193 auch dann zu erfolgen, wenn das Gericht durch Gerichtsbescheid (§ 105 Abs. 3 S. 1), durch einen dem Urteil gleichgestellten Beschluss nach § 153 Abs. 4, § 158 oder § 169 entscheidet, ferner bei Beschluss über einstweiligen Rechtsschutz nach § 86 b oder bei Verwerfung oder Zurückweisung der Nichtzulassungsbeschwerde. Eine Kostenentscheidung hat auch im Verfahren der Rechtswegbeschwerde zu erfolgen, da das RVG und das VV hierfür eine besondere Gebühr vorsehen.[7] Zu Beschwerdeentscheidungen allgemein → § 177 Rn. 5. 5

b) Zwischenentscheidung. Eine Kostenentscheidung hat dann **nicht zu erfolgen,** wenn das **Urteil oder der Beschluss** den **Rechtsstreit nicht abschließt,** also im Zwischenurteil oder wenn der Nichtzulassungsbeschwerde stattgegeben wird, oder wenn das Gericht einen Verweisungs-, Ruhens- oder Aussetzungsbeschluss erlässt. Eine Kostenentscheidung erfolgt ferner nicht bei unselbstständigen Nebenverfahren, wie PKH-Verfahren und Beweissicherungsverfahren nach § 76, die neben einem Hauptsacheverfahren betrieben werden (→ § 76 Rn. 11). Die Kostenentscheidung hat in solchen Fällen bei Beendigung des (Hauptsache-)verfahrens zu erfolgen. Eine Kostenentscheidung ergeht auch nicht im Falle der **Aufhebung und Zurückverweisung durch das Rechtsmittelgericht,**[8] da das Verfahren hierdurch nicht beendet wird. 6

4 BSG 26.7.2006 – B 3 KR 6/06 B, juris.
5 BSG 29.5.2006 – B 2 U 391/05 B, juris.
6 SG Berlin 23.1.2013 – S 31 R 3460/09, juris.
7 BSG 1.4.2009 – B 14 SF 1/08 R, juris.
8 Meyer-Ladewig/Keller/Leitherer/Schmidt § 193 Rn. 2 a unter Hinweis auf Abweichung im Einzelfall durch BSG.

7 c) **Grundsatz der Einheitlichkeit der Kostenentscheidung.** Die Kostenentscheidung hat alle Kosten des Verfahrens (für alle Instanzen) und auch des Vorverfahrens[9] zu erfassen. Dies ist für das Vorverfahren im SGG anders als in § 162 Abs. 1 VwGO und § 139 Abs. 1 FGO nicht ausdrücklich geregelt, folgt nach herrschender Meinung aber aus dem Grundsatz der Einheitlichkeit.[10] Die Kosten des Rechtsstreits erfassen jedoch nicht die Kosten des Verwaltungsverfahrens; insoweit gelten die Kostenregelungen des Verwaltungsverfahrensrechts.[11]

8 d) **Rechtsmittelverfahren.** Im **Rechtsmittelverfahren** ist bei Verwerfung des Rechtsmittels als unzulässig nur eine Entscheidung über die Kosten des Rechtsmittelverfahrens zu treffen.[12] Dies ergibt sich aus allgemeinen prozessrechtlichen Grundsätzen; findet eine Entscheidung in der Sache nicht statt, so kann auch die Kostenentscheidung nicht abgeändert werden.[13] Gleiches gilt damit auch bei der Ablehnung der Nichtzulassungsbeschwerde.[14] Entscheidet das Rechtsmittelgericht in der Sache selbst, so hat es über die Kosten aller Instanzen zu entscheiden.[15] Das Rechtsmittelgericht kann die Kostenentscheidung des vorangehenden Gerichts auch ändern. Das Verbot der reformatio in peius gilt nicht, da die Kosten nach § 141 Abs. 1 nicht in Rechtskraft erwachsen.[16] Das Rechtsmittelgericht hat auch über die Kosten aller Instanzen zu entscheiden, wenn sich der Rechtsstreit in der Rechtsmittelinstanz auf sonstige Weise erledigt.[17] Auch wenn der in der ersten Instanz erfolgreiche Kläger im Berufungsverfahren die Klage zurücknimmt, entscheidet das Berufungsgericht über die Kosten beider Instanzen. Bei Aufhebung und Zurückverweisung erfolgt keine Kostenentscheidung; diese bleibt dem Gericht vorbehalten, an das verwiesen wird (→ Rn. 6).

9 **4. Entscheidung über Gerichtskosten bei vorausgehendem Mahnverfahren.** Nachdem § 193 nur im gerichtskostenfreien Verfahren gilt und S. 1 ausdrücklich von den Kosten der Beteiligten untereinander spricht, macht S. 2 hiervon eine **Ausnahme.** Ebenso wie bei der Verhängung von Kosten des Gerichts nach § 192 muss das Gericht bei seiner Kostenentscheidung neben den außergerichtlichen Kosten hier auch über die **Gerichtskosten** entscheiden, die bei einem vorausgegangen Mahnverfahren nach § 182 a beim Amtsgericht entstanden sind.

10 **5. Kostenentscheidung durch Beschluss.** Endet der Rechtsstreit auf andere Weise, also durch Klage- oder Rechtsmittelzurücknahme, übereinstimmende Erledigterklärung, angenommenes Anerkenntnis oder durch gerichtlichen Vergleich, in dem die Beteiligten die Kostenentscheidung durch das Gericht bestimmen (→ § 195 Rn. 7), so entscheidet das Gericht nach Abs. 1 nur **auf Antrag durch Beschluss.** Für den Antrag gelten weder Form noch Frist; erforderlich ist aber Rechtsschutzbedürfnis.[18] Dieses fehlt, wenn etwa bereits ein Kostenanerkenntnis der Gegenseite vorliegt.

---

9 BSG 20.10.2010 – B 13 R 15/10 R, juris.
10 Meyer-Ladewig/Keller/Leitherer/Schmidt § 193 Rn. 5 a; BSG 24.8.1976 – 12/1 RA 105/75, SozR 1500 § 193 Nr. 3.
11 LSG BW 26.1.1966 – L 2 Ua 123/65, Breith. 1966, 713; Zeihe § 193 Rn. 15 g.
12 LSG Nds-Brem 5.4.2012 – L 11 AS 60/12 NZB, juris; Roos/Wahrendorf § 193 Rn. 8.
13 Vgl. BGH 27.5.2004 – VII ZR 217/02, juris.
14 BSG 8.1.1985 – B Bar 109/84 und 28.10.2010 – B 13 R 229/10 B, beide juris.
15 LSG BW 19.11.2013 – L 13 R 1662/12, juris.
16 Roos/Wahrendorf § 193 Rn. 3.
17 BSG 7.9.1998 – B 2 Urt. 10/98 R, Breith. 1999, 724 und BSG 19.1.1999 – B 7 AL 62/98 R, Breith. 1999, 804.
18 Roos/Wahrendorf § 193 Rn. 16.

III. Umfang der außergerichtlichen Kosten – Abs. 2

Abs. 2 enthält eine Legaldefinition der außergerichtlichen Kosten. **Dies sind demnach alle zur zweckentsprechenden Rechtsverfolgung oder Rechtsverteidigung notwendigen Aufwendungen der Beteiligten.** Aufwendungen sind dann notwendig, wenn der Beteiligte diese zur Zeit der Vornahme verständigerweise für notwendig halten durfte. Dabei sind die Kosten so niedrig wie möglich zu halten.[19] Die Frage, welche Kosten im Einzelnen erforderlich waren, ist jedoch nicht im Rahmen der Kostenentscheidung zu klären, sondern im Kostenfestsetzungsverfahren nach § 197 durch den Kostenbeamten (→ § 197 Rn. 4). Als **notwendige Kosten** werden von der Rechtsprechung die Kosten für einen **besonderen Vertreter nach § 72,**[20] **Reisekosten zum Termin,** sofern diese nicht nach § 191 vom Gericht erstattet werden,[21] ferner **Verdienstausfall**[22] und die Kosten zur Vorbereitung des Rechtsstreits wie **Gebühren** und **Dolmetscherkosten**[23] für **ärztliche Atteste oder andere Urkunden** sowie **Auslagen für Porto und Ablichtungen**[24] anerkannt. Notwendige Kosten sind insbesondere die **Kosten eines Rechtsanwalts** (→ Rn. 12 ff.). Unter die notwendigen Kosten fallen in der Regel aber **nicht** die **Reisekosten zur Einnahme der Akteneinsicht beim Prozessgericht,** da die Akten an ein dem Wohnort des Beteiligten näheres Gericht oder eine Behörde übersandt werden können,[25] ferner nicht die Kosten für **Privatgutachten** auf medizinischem[26] wie auf rechtlichem Gebiet[27] oder der **allgemeine Zeitverlust** des Beteiligten durch die Prozessführung.[28] Umstritten ist, ob die von einem privaten Pflegeversicherungsunternehmen zu entrichtende Pauschgebühr nach § 184 unter Abs. 2 fällt und damit von dem Versicherten als säumigen Beitragsschuldner zu erstatten ist.[29] Die hM verneint dies unter Hinweis darauf, dass insoweit die Kostenprivilegierung des Versicherten nach § 183 umgangen werde (→ § 184 Rn. 8).[30] 11

IV. Rechtsanwaltsvergütung – Abs. 3

1. Grundsätzliche Erstattungsfähigkeit. Nach Abs. 3 ist die gesetzliche Vergütung eines Rechtsanwalts oder eines Rechtsbeistandes stets erstattungsfähig. Die Anwälte und Rechtsbeistände werden insoweit im Vergleich zum Widerspruchsverfahren, in dem nach § 63 SGB X die Anwaltskosten nur erstattet werden, wenn die Hinzuziehung des Anwalts notwendig war, privilegiert. Der Kostenbeamte darf bei der Kostenfestsetzung daher nicht prüfen, ob die Hinzuziehung notwendig war.[31] Die gesetzliche Vergütung der Rechtsanwälte ist in dem ab 12

---

19 Meyer-Ladewig/Keller/Leitherer/Schmidt § 193 Rn. 7.
20 Meyer-Ladewig/Keller/Leitherer/Schmidt § 193 Rn. 7 a.
21 OLG Koblenz MDR 1977, 673.
22 OVG NRW 19.2.1964 – VIII B 84/63, NJW 1964, 2128.
23 Thomas/Putzo § 91 ZPO Rn. 58.
24 SG Lübeck SGb 1990, 25; aA SG Koblenz 13.3.2007 – S 11 ER 67/06 KR, juris, im Rahmen eines ER-Verfahrens innerhalb der Grenzen des JVEG.
25 Meyer-Ladewig/Keller/Leitherer/Schmidt § 120 Rn. 4 a und § 193 Rn. 7 a.
26 SG Karlsruhe 24.2.2014 – S 4 SF 585/14 E, S 4 U 354/07; LSG Nds SGb 1968, 340; vgl. auch ausführlich Jansen § 193 Rn. 26.
27 BVerfG 26.1.1993 – 1 C 29/92, NJW 1993, 2793; Meyer-Ladewig/Keller/Leitherer/Schmidt § 193 Rn. 7 a; Jansen § 193 Rn. 26.
28 Meyer-Ladewig/Keller/Leitherer/Schmidt § 193 Rn. 8.
29 So BayLSG 12.12.2002 – L 4 B 83/02 P, VersR 2003, 235.
30 BSG 12.2.2004 – B 12 P 5/03 R; LSG NRW 10.3.2003 – L 3 P 49/02, juris.
31 LSG Bbg 18.4.2013 – L 13 SB 303/10, juris.

1.7.2004 geltenden RVG (→ Rn. 1) geregelt, und ist, wie in der bis dahin geltenden BRAGO, in Gebühren und Auslagen untergliedert (§ 1 Abs. 1 S. 1 RVG). Ist dem Rechtsanwalt der unbedingte Auftrag zur Erledigung der Angelegenheit vor dem 1.7.2004 erteilt worden, so ist seine Vergütung gem. § 60 Abs. 1 S. 1 und § 61 Abs. 1 S. 1 RVG noch nach der BRAGO zu berechnen,[32] wobei bei Einlegung eines nachfolgenden Rechtsmittels nach RVG abzurechnen ist (§§ 60 Abs. 1 S. 2, 61 Abs. 1 S. 2 RVG).

13 **2. Gebühren.** Für die gerichtskostenfreien Verfahren nach § 193 entstehen nach § 3 Abs. 1 S. 1 RVG Betragsrahmengebühren. Nach Anlage 1 zu § 2 Abs. 2 RVG (Vergütungsverzeichnis, kurz VV) Ziff. 3102/3103 fällt immer die sog Verfahrensgebühr an, die von 50 Euro bis 550 Euro reicht. Vor dem LSG/BSG erhöht sich diese auf 60 Euro bzw. 80 Euro bis 680 Euro bzw. 880 Euro (Ziff. 3204 u. 3212).

Bei Einigung (Vergleich) oder Erledigung des Rechtsstreits nach Änderung oder Aufhebung des VA durch anwaltliche Mitwirkung kommt noch die sog Einigungsgebühr zum Tragen, die gemäß Ziff. 1006,1005 50 Euro bis 640 Euro beträgt.

Hinzu kommt bei Durchführung einer Verhandlung die Terminsgebühr nach den Ziffern 3106, 3205 und 3213, die fiktiv bei einem omV-Termin, bei einem nicht berufungsfähigen Gerichtsbescheid und der Annahme eines Anerkenntnisses ohne Durchführung der mündlichen Verhandlung fällig wird. Sie beträgt vor dem SG/LSG 50 Euro bis 510 Euro und vor dem BSG 80 Euro bis 830 Euro.

14 **3. Auslagen.** Anders als die BRAGO definiert das RVG nicht mehr bestimmte Auslagen, sondern erwähnt nur noch die Reisekosten beispielhaft. Nach § 46 Abs. 1 RVG werden Auslagen, insbesondere Reisekosten nicht vergütet, wenn sie zur sachgemäßen Durchführung der Angelegenheit nicht erforderlich waren. Die Auslagen im Einzelnen und deren erstattungsfähige Höhe sind in Teil 7 der Anlage (VV) zu § 2 Abs. 2 RVG aufgeführt. Hierunter fallen Kosten für Ablichtungen, Post- und Telekommunikationsentgelte, Fahrtkosten, Prämien für Haftpflichtversicherungen und die Umsatzsteuer.

15 **4. Tätigwerden in eigener Sache.** Tritt ein Anwalt **in eigener Sache**[33] oder als **Partei kraft Amtes**[34] auf, so hat er **ebenfalls Anspruch auf Erstattung** der gesetzlichen Vergütung.

16 **5. Rechtsbeistand.** Erstattungsfähig sind nach Abs. 3 stets auch die Kosten eines **Rechtsbeistands.** Rechtsbeistand im Sinne von Abs. 3 ist nur, wem die Erlaubnis zur geschäftsmäßigen Besorgung fremder Rechtsangelegenheiten nach dem Rechtsberatungsgesetz erteilt ist. Ist ihm auch die Erlaubnis zum Auftritt vor Gericht erteilt, so spricht man von einem Prozessagenten. Hierunter fallen insbesondere die sog **Rentenberater**, die im sozialgerichtlichen Verfahren häufig auftreten. Auch für diese gelten über Art. IX KostÄndG die Regelungen des RVG. Höhere Kosten sind auch hier nicht erstattungsfähig. Ein **Rechtslehrer** kann als Prozessbevollmächtigter Kosten wie ein Rechtsanwalt verlangen.[35]

32 Zur BRAGO vgl. Rn. 12 f. der 2. Aufl.

33 LSG BW 12.4.1995 – L 5 B 264/94, AnwBl. 1996, 171 unter Hinweis auf die entsprechende Anwendung von § 91 Abs. 2 S. 4 ZPO.

34 LSG BW ebd; Peters/Sautter/Wolff § 193 Anm. 2 c; SG Würzburg 19.4.2006 – S 16 AS 16/05, juris.

35 SG Hamburg 12.1.1988 – 10 AN 368/85, SGb 1988, 161.

6. Verbandsvertreter. Die Kosten eines Verbandsvertreters fallen nicht unter die Regelung nach Abs. 3, sondern sind nach Abs. 2 zu erstatten. Erstattet werden können danach die Auslagen, die der Beteiligte nach der Satzung des Verbandes dem Verbandsvertreter zu zahlen hat.[36] Gebühren kann dieser nicht verlangen.[37] Erstattungsfähig sind auch nicht etwa die Mitgliedsbeiträge des Beteiligten an den Verband, denn diese Kosten dienen nicht der Rechtsverfolgung.[38] Im Rahmen von § 63 SGB X hat das BSG nunmehr entschieden, dass Kosten für einen Verbandsvertreter und insoweit gezahlte Kostenpauschalen notwendige Aufwendungen zur zweckentsprechenden Rechtsverfolgung im Widerspruchsverfahren sein können.[39] Dies dürfte entsprechend auch für den § 193 Abs. 2 gelten,[40] wobei gegen diese Entscheidung kritisch anzumerken ist, dass eine Kostenpauschale keine Aufwendung ist, die im jeweiligen Verfahren anfällt.[41] 17

7. Sonstige Beistände. Andere Rechtsbeistände, die nicht die Erlaubnis nach dem Rechtsberatungsgesetz besitzen, **unterfallen** ebenfalls nicht dem Abs. 3, sondern **dem Abs. 2.** Erstattungsfähigkeit besteht daher nur bei Notwendigkeit. Die Kosten nach Abs. 3 dürfen keinesfalls überschritten werden.[42] 18

V. Ausnahmen von der Erstattungsfähigkeit – Abs. 4

Nach Abs. 4 sind die Aufwendungen der in § 184 Abs. 1 genannten Gebührenpflichtigen nicht erstattungsfähig. Der Gesetzgeber hat mit Wirkung zum 1.8.2003 seinen ihm beim 6. SGGÄndG vom 17.8.2001 unterlaufenen Redaktionsfehler berichtigt (→ Rn. 1 und 1. Aufl. Rn. 18). Demnach können **die nach § 184 Abs. 1 Pauschgebührenpflichtigen keine Erstattung ihrer Aufwendungen verlangen**, außer das Gericht legt diese einem anderen Beteiligten nach § 192 auf. Damit ist nunmehr gesetzlich klargestellt, dass auch private Pflegeversicherungsunternehmen keine Erstattung ihrer außergerichtlichen Kosten geltend machen können. Dies war vor dem 2.1.2002 umstritten, denn Abs. 4 schloss damals nur Behörden, Anstalten und Stiftungen des öffentlichen Rechts von der Erstattung aus. Für die Zeit zwischen dem 2.1.2002 und 1.8.2003 hat das BSG entschieden, dass Abs. 4 so zu verstehen sei, dass er die Erstattung von Kosten der Behörden und der in § 184 genannten Gebührenpflichtigen ausschließe,[43] private Pflegeunternehmen daher als Pauschgebührenpflichtige nach § 184 keine Kostenerstattung geltend machen könnten. 19

Dieser Ausschluss soll sich in **Beitragsstreitigkeiten der privaten Pflegeversicherung** auch auf die Anwaltsgebühren für die vorgerichtliche anwaltliche Tätigkeit beziehen, da Anwaltskosten des vorangegangen Mahnverfahrens von den außergerichtlichen Kosten umfasst seien.[44] Dieser Ansatz ist einerseits im Sinne der Vereinfachung und Einheitlichkeit zu begrüßen, erscheint es doch nicht schlüssig, dem Beklagten die vorgerichtlichen Anwaltskosten aufzuerlegen, während

36 BSG 30.1.1991 – 9 a/9 RVs 10/89, NJW 1992, 197.
37 BGH NJW 1955, 422.
38 Jansen § 193 Rn. 36; Peters/Sautter/Wolff § 193 Anm. 2 d; Breitkreuz/Fichte § 193 Rn. 10; Roos/Wahrendorf § 193 Rn. 57.
39 BSG 29.3.2007 – B 9 a SB 3/05 R, SGb 2008, 181.
40 Roos/Wahrendorf § 193 Rn. 57.
41 BSG 17.10.2006 – B 5 R 16/06 S; Groß, Anm. zur Entsch. B 9 a SB 3/05 R, SGb 2008, 187.
42 OVG NRW OVGE 26, 144.
43 BSG 8.7.2002 – B 3 P 3/02 R, SozR 3-1500 § 164 Nr. 13.
44 ThürLSG 26.2.2019 – L 6 P 1387/14; LSG Nds 16.2.2017 – L 15 P 35/16, beide juris.

er die Anwaltskosten im Gerichtsverfahren nicht tragen muss. Andererseits begegnet dies dogmatischen Bedenken. Die private Pflegeversicherung ist eine zivilrechtliche Versicherung,[45] weswegen der Gesetzgeber letztlich auch das vorgeschaltete Mahnverfahren nach § 182 a vorgesehen hat. Die materiell rechtlichen Grundlagen sind daher dem Zivilrecht zuzuordnen. Die vorgerichtlichen Anwaltskosten für das Mahnverfahren unterfallen dem materiellen Recht des Verzugsschadens nach §§ 280, 286, 288 BGB und können nicht nachträglich durch eine prozessrechtliche Regelung wieder ausgeschlossen werden.

Abs. 4 schließt aber nicht die Kostenerstattung von Beigeladenen,[46] seien es natürliche oder juristische Personen, aus, denn nach § 184 Abs. 1 sind nur nichtprivilegierte Personen pauschgebührenpflichtig, soweit sie Kläger oder Beklagte sind.[47] Insoweit dürfte dem Gesetzgeber, jedenfalls soweit die juristischen Personen des öffentlichen Rechts und die privaten Pflegeversicherungsunternehmen betroffen sind, ein weiterer Fehler bei der Formulierung des Gesetzes unterlaufen sein. Das BSG schließt diese Lücke dahin gehend, dass es die Auferlegung der Kosten des Beigeladenen bei einem nach § 183 privilegierten Kläger oder Beklagten, der unterliegt, als unbillig betrachtet;[48] jedoch dem pauschgebührenpflichtigen unterlegenen Kläger oder Beklagten die Kosten des Beigeladenen auferlegt.[49]

VI. Inhalt der Kostenentscheidung

20 Anders als die §§ 91 ff. ZPO oder die §§ 154 ff. VwGO trifft § 193 zum Inhalt der Kostenentscheidung **keinerlei Aussagen**, insbesondere ist die **Kostentragung nicht an den Ausgang des Verfahrens** gekoppelt. Die außergerichtlichen Kosten können ganz oder teilweise den Beteiligten, also dem Kläger, dem Beklagten oder auch dem Beigeladenen auferlegt werden, wobei die Ausnahmevorschrift des § 193 Abs. 4 zu beachten ist. Daher wird der nach § 183 gerichtsgebührenfreie Kläger oder Beklagte Kosten nur dann zu tragen haben, wenn § 192 einschlägig ist, oder wenn ihm Kosten eines Beigeladenen auferlegt werden (→ Rn. 19). Die Gerichte der Sozialgerichtsbarkeit wenden bei der Entscheidung der Frage, wer die Kosten zu tragen hat, aber die **Rechtsgedanken der §§ 91 ff. ZPO** an.[50] Dabei sind die beiden grundlegenden Prinzipien, die die Gerichte hierbei heranziehen, der Verfahrensausgang, und wer den Anlass zur Klage gegeben hat.

21 **1. Orientierung am Verfahrensausgang.** Dabei hat grundsätzlich der die Kosten zu tragen, der unterliegt. Bei teilweisem Unterliegen sind die Kosten im Verhältnis des Unterliegens zu quoteln.[51]

22 **2. Veranlasserprinzip.** Neben der Frage des Verfahrensausgangs muss das Gericht aber auch andere Umstände des Einzelfalls berücksichtigen. So kann ein Beteiligter auch bei Obsiegen zur Kostentragung verurteilt werden, wenn er

---

45 BSG 25.11.2015 – B 3 P 3/14 R, juris.
46 LSG BW 21.2.2019 – L 10 BA 1824/18, juris.
47 AA SchlHLSG 13.1.2003 – L 1 B 111/02 KR, ZfS 2003, 211 und 21.2.2003 – L 1 B 125/02 KR, Breith. 2003, 413, das aber verkennt, dass nach § 184 Abs. 1 eben nur Kläger oder Beklagte gebührenpflichtig sind.
48 BSG 1.3.2011 – B 1 KR 10/10 R, juris.
49 BSG 17.6.2008 – B 1 KR 24/07 R, juris.
50 LSG BW 19.11.1993 – L 5 Ka 1759/92, Breith. 1995, 158; BayLSG 10.10.1996 – L 5 B 198/95 Ar, Breith. 1998, 454; aA ThürLSG 5.12.2002 – L 6 B 45/01 RA, juris.
51 HM Meyer-Ladewig/Keller/Leitherer/Schmidt § 193 Rn 12 a; aA wohl SG Hamburg 19.7.2004 – S 23 KR 122/04, juris.

durch sein Verhalten, etwa falsche Rechtsmittelbelehrung, Verletzung der Begründungspflicht nach § 35 Abs. 1 SGB X oder der Anhörungspflicht nach § 24 SGB X oder sonstige unklare Formulierungen in Bescheiden, die Klage veranlasst hat.[52] Andererseits muss die Behörde trotz Obsiegens des Klägers keine Kosten tragen, wenn der Erfolg auf Unterlagen beruht, die der Kläger verspätet erst im Klageverfahren vorgelegt hat.[53]

3. Entscheidung bei Erledigung des Rechtsstreits auf sonstige Weise. a) Ermessensabwägung. Erledigt sich der Rechtsstreit nicht durch Urteil, sondern durch Vergleich, angenommenes Anerkenntnis, Klagerücknahme oder übereinstimmende Erledigterklärung, so ist im Rahmen des Beschlusses nach Abs. 1 S. 3 **entsprechend dem Rechtsgedanken des § 91 a ZPO unter Berücksichtigung des bisherigen Sach- und Streitstandes nach billigem Ermessen des Gerichts zu entscheiden.**[54] Insoweit ist unter Berücksichtigung des Veranlasserprinzips und der Erfolgsaussicht eine Ermessensabwägung vorzunehmen.[55] Auch insoweit ist also auf die **Erfolgsaussichten der Klage zum Zeitpunkt der Erledigung**[56] des Rechtsstreits und das Veranlasserprinzip abzustellen. Die Rücknahme des Kostenantrages im Beschwerdeverfahren gegen den Kostenbeschluss nach Abs. 1 S. 3 führt nicht kraft Gesetzes zu dessen Nichtigkeit oder Wirkungslosigkeit.[57] 23

b) Sofortiges Anerkenntnis. Ferner soll auch der **Grundgedanke des § 93 ZPO** Anwendung finden. So hat der Versicherungsträger die Kosten nicht zu tragen, wenn er ein sofortiges Anerkenntnis abgibt. Umstritten ist, ob ein sofortiges Anerkenntnis auch noch nach einer Beweisaufnahme erfolgen kann.[58] Richtigerweise ist danach zu differenzieren, wann eine Änderung der Verhältnisse eingetreten ist,[59] und ob das Anerkenntnis unverzüglich abgegeben wurde. Demnach kann nicht von einem sofortigen Anerkenntnis ausgegangen werden, wenn sich die Verhältnisse schon während des Verwaltungsverfahrens geändert haben, oder wenn das Gericht die Beklagte mehrfach auffordern muss, ein Anerkenntnis abzugeben.[60] Wenn sich erst nach Klageerhebung die gesundheitlichen Verhältnisse geändert haben, und erkennt die Beklagte mit ihrer ersten Stellungnahme ab diesem Zeitpunkt an, so hat sie keine Kosten zu tragen.[61] 24

c) Verfassungswidrige Norm. Wird eine Norm im Nachhinein durch das Bundesverfassungsgericht für verfassungswidrig erklärt, so hat die Beklagte die Kosten zu tragen, auch wenn sie unverzüglich nach Bekanntwerden der Entscheidung eine Abhilfeentscheidung getroffen hat.[62] 25

52 BayLSG 10.10.1996 – L 5 B 198/95 Ar, Breith. 1998, 454.
53 LSG NRW 4.2.2002 – L 10 B 30/01, juris.
54 LSG BW 19.11.1993 – L 5 Ka 1759/92, Breith. 1995, 158; SG Düsseldorf 12.6.2001 – S 21 AL 112/00, NZS 2001, 672.
55 So der nachlesenswerte Beschluss des HessLSG 7.2.2003 – L 12 B 93/02 RJ, Breith. 2003, 470.
56 BSG 1.4.2010 – B 13 R 233/09 B, juris.
57 LSG Bln 3.11.2003 – L 3 B 131/02 U, juris.
58 Dafür: Hennig/Münker § 193 Rn. 48; dagegen: Meyer-Ladewig/Keller/Leitherer/Schmidt § 193 Rn. 13.
59 SG Wiesbaden 11.10.2002 – S 7 SB 1461/01, juris.
60 Hennig/Münker § 193 Rn. 48; Roos/Wahrendorf § 193 Rn. 12.
61 Hennig/Münker § 193 Rn. 48.
62 HM Meyer-Ladewig/Keller/Leitherer/Schmidt § 193 Rn. 12 a; Breitkreuz/Fichte § 193 Rn. 8; Roos/Wahrendorf § 193 Rn. 34; Hennig/Münker § 193 Rn. 45; Zeihe § 193 Rn. 7 b; LSG Nds 26.6.2003 – L 8 B 28/03 AL, juris.

26 d) **Rechtsänderung.** Führt eine Rechtsänderung zur Erledigung des Rechtstreits, so ist darauf abzustellen, wie ohne die Änderung entschieden worden wäre. Hätte die Klage ohne Rechtsänderung keinen Erfolg gehabt, so hat der Kläger keinen Anspruch auf Kostenerstattung.[63]

27 e) **Untätigkeitsklage.** Bei Erledigung einer Untätigkeitsklage nach § 88 sind **von der Beklagten keine Kosten zu erstatten**, wenn sie vor Ablauf der Frist des § 88 erhoben wurde und auch die Entscheidung der Beklagten vor diesem Ablauf ergeht. Gleiches gilt, wenn die Klage nach Ablauf der Frist erhoben wurde, die Beklagte einen zureichenden Grund für die Untätigkeit und dies dem Kläger auch mitgeteilt hatte. Eine Kostentragung kommt demnach nicht in Betracht, wenn der Kläger mit einer Bescheiderteilung nicht rechnen durfte (Rechtsgedanke des § 161 Abs. 3 VwGO), etwa, weil die Beklagte angekündigt hatte, noch weitere Ermittlungen durchführen zu müssen, und die Sache nicht entscheidungsreif war.[64] Hatte die Beklagte keinen zureichenden Grund oder durfte der Kläger mit Bescheiderteilung rechnen, so ist die **Beklagte zur Tragung der Kosten** verpflichtet, auf die Erfolgsaussichten der Klage in der Hauptsache kommt es insoweit jedenfalls nicht an.[65] Liegen **Versäumnisse auf beiden Seiten** vor, so kann auch eine **Kostenteilung**[66] in Betracht kommen.

VII. Tenorierung

28 Das Gericht trifft im Rahmen des Urteils oder des Beschlusses eine **Kostengrundentscheidung** für alle Instanzen unter dem Gesichtspunkt der Einheitlichkeit der Kostenentscheidung, keine Entscheidung über die Höhe der zu erstattenden Kosten.[67] Dies hat der Urkundsbeamte im Kostenfestsetzungsverfahren nach § 197 zu tun. Die Ausnahme hiervon bildet § 192, bei dem das Gericht bereits in der Kostengrundentscheidung die Höhe der Kosten darlegt (→ § 192 Rn. 24). Hat der Kläger als Privilegierter im Sinne von § 183 keinen Anspruch auf Erstattung seiner Kosten, so lautet der Ausspruch über die Kosten:

▶ Tenor:

Außergerichtliche Kosten sind (in allen Rechtszügen) nicht zu erstatten. ◀

Tritt eine Kostenerstattung ein, so kann der Tenor wie folgt lauten:

▶ Die Beklagte hat dem Kläger die (oder ein Drittel der) außergerichtlichen Kosten (in allen Rechtszügen) zu erstatten. ◀

VIII. Rechtsmittel

29 Ergeht die Kostenentscheidung im Rahmen des Urteils, so ist dieses **durch Berufung** anfechtbar. Diese kann aber **nicht gesondert nur gegen die Kostenentscheidung** gerichtet werden (§ 144 Abs. 4). Gegen den **Kostenbeschluss** nach Abs. 1 S. 3 des SG ist **Beschwerde** nach § 172 Abs. 3 Nr. 3 mit Wirkung zum 1.4.2008 ausgeschlossen worden. Er ist demnach unanfechtbar.[68] Kostenbeschlüsse des LSG sind ohnehin nicht anfechtbar (§ 177).

63 ThürLSG 5.12.2002 – L 6 B 45/01 RA, juris.
64 LSG Bln 3.11.2003 – L 3 B 131/02 U, juris.
65 LSG BW 25.9.2003 – L 11 KR 2720/03 AK-B, juris.
66 Roos/Wahrendorf § 193 Rn. 38 u. H. auf LSG Bln-Bbg 6.3.2006 – L 30 B 168/04 AL.
67 LSG NRW 10.4.1959 – L 2 BR 12/56, Breith. 1959, 1057.
68 BSG 28.10.2010 – B 13 R 229/10, juris.

§ 194 [Mehrheit von Kostenschuldnern]

[1]Sind mehrere Beteiligte kostenpflichtig, so gilt § 100 der Zivilprozeßordnung entsprechend. [2]Die Kosten können ihnen als Gesamtschuldnern auferlegt werden, wenn das Streitverhältnis ihnen gegenüber nur einheitlich entschieden werden kann.

I. Allgemeines

1. Entstehungsgeschichte. Die Norm besteht unverändert seit Inkrafttreten des SGG. 1

2. Parallelvorschriften. § 159 VwGO und § 135 Abs. 5 FGO treffen identische Regelungen, wobei nur § 159 VwGO auf den § 100 ZPO verweist. Für das zivilgerichtliche Verfahren gilt natürlich § 100 ZPO. 2

II. Anwendungsbereich

§ 194 regelt wie § 193 die Kosten im Verhältnis der Beteiligten untereinander. Er gilt nur in Verfahren, die gerichtskostenfrei bzw. pauschgebührenpflichtig sind. In Verfahren nach § 197 a gilt § 159 VwGO iVm § 100 ZPO. Seine praktische Bedeutung ist gering.[1] 3

III. Mehrere kostenpflichtige Beteiligte

Voraussetzung für die Anwendung von § 194 ist, dass mehrere Beteiligte kostenpflichtig sind. Beteiligte sind hier im Sinne von § 69 zu verstehen; dies sind demnach Kläger, Beklagter und Beigeladener. Die Kostenpflichtigen müssen nicht notwendig im Prozess unterlegen sein, wie das § 100 Abs. 1 ZPO verlangt, doch wird das auch im sozialgerichtlichen Verfahren in der Regel der Fall sein. Sind mehrere Beteiligte kostenpflichtig, so gilt nach S. 1 § 100 ZPO entsprechend. 4

IV. Kostenverteilung entsprechend § 100 ZPO

Sind mehrere Beteiligte kostenpflichtig, so haften sie generell nach § 100 Abs. 1 ZPO nach Kopfteilen. Lautet die Kostenformel dahin gehend, dass die Beklagten die außergerichtlichen Kosten des Rechtsstreits zu tragen haben, so trägt jeder den gleichen Teil. Das Gericht kann aber hiervon Ausnahmen machen. Nach § 100 Abs. 2 ZPO kann das Gericht bei einer erheblichen Verschiedenheit der Beteiligten nach seinem Ermessen nach dem Maßstab der Beteiligung die Kosten verteilen. Hat ein Streitgenosse ein besonderes Angriffs- oder Verteidigungsmittel geltend gemacht, so haben die übrigen Streitgenossen nach § 100 Abs. 3 ZPO nicht für die dadurch veranlassten Kosten zu haften. Dies muss das Gericht im Tenor aber ausdrücklich aussprechen.[2] 5

1 Hintz/Lowe § 194 Rn. 2.
2 Meyer-Ladewig/Keller/Leitherer/Schmidt § 194 Rn. 5; Breitkreuz/Fichte § 194 Rn. 1.

V. Haftung als Gesamtschuldner

6 Nach S. 2 können die Kosten mehreren kostenpflichtigen Beteiligten als **Gesamtschuldnern** (vgl. **§§ 421 ff. BGB**) auferlegt werden, wenn das Streitverhältnis ihnen gegenüber nur einheitlich entschieden werden kann. Dies ist der Fall, wenn die Beteiligten notwendige Streitgenossen oder notwendig Beigeladende[3] sind. Das Gericht muss die gesamtschuldnerische Haftung **im Rahmen des Kostentenors** aussprechen.[4] Von S. 2 abgesehen haften Kostenpflichtige aber unabhängig von der Tenorierung im Kostenpunkt als Gesamtschuldner, wenn sie bereits in der Hauptsache als Gesamtschuldner verurteilt worden sind. Dies ergibt sich aus S. 1 iVm § 100 Abs. 4 S. 1 ZPO.

§ 195 [Kostentragung bei Vergleich]

Wird der Rechtsstreit durch gerichtlichen Vergleich erledigt und haben die Beteiligten keine Bestimmung über die Kosten getroffen, so trägt jeder Beteiligte seine Kosten.

I. Allgemeines

1 **1. Entstehungsgeschichte.** § 195 besteht seit Inkrafttreten des SGG unverändert.

2 **2. Parallelvorschriften.** § 160 S. 2 VwGO und § 98 ZPO enthalten § 195 entsprechende Vorschriften. Die FGO enthält keine entsprechende Regelung, da im finanzgerichtlichen Verfahren ein Vergleich nur ausnahmsweise zulässig ist.

II. Anwendungsbereich

3 § 195 gilt nur in den Verfahren, die nach § 183 gerichtsgebührenfrei bzw. nach § 184 pauschgebührenpflichtig sind. Für Verfahren nach § 197 a, in denen das GKG gilt, ist über § 197 a Abs. 1 S. 1 der § 160 S. 2 VwGO anzuwenden, der jedoch die identische Regelung trifft.

III. Erledigung durch gerichtlichen Vergleich

4 Die Vorschrift findet nur Anwendung, wenn der Rechtsstreit durch einen **gerichtlichen Vergleich** erledigt wird. Ein gerichtlicher Vergleich liegt nur vor, wenn dieser zu Protokoll des Gerichts gegeben wird (§ 101 Abs. 1 S. 1)[1] oder ein schriftlicher Vergleichsvorschlag des Gerichts in Beschlussform von den Beteiligten schriftlich angenommen wird (§ 101 Abs. 1 S. 2).[2]

---

3 Meyer-Ladewig/Keller/Leitherer/Schmidt § 194 Rn. 4.
4 Hintz/Lowe § 194 Rn. 4.
1 BayLSG 6.5.1975 – L 3 B 3/75, Breith. 1975, 813; LSG Nds 21.6.1979 – L 3 SU 29/79, Breith. 1980, 433.
2 Vgl. hierzu ausführlich Breitkreuz ASR 2014, 5254 ff.

§ 195 findet auf **außergerichtliche Vergleiche**, die dieser Form nicht entsprechen, **keine Anwendung.**[3] § 195 ist auch **nicht** im Fall eines **angenommenen Anerkenntnisses** anzuwenden.[4] Liegt nur ein gerichtlicher Teilvergleich vor, der den Rechtsstreit nicht ganz erledigt, so ist § 195 ebenfalls nicht einschlägig, denn dieser setzt eine Erledigung des Rechtsstreits voraus. Das Gericht soll bei einem Teilvergleich in seiner endgültigen Kostenentscheidung den Grundgedanken des § 195 aber berücksichtigen können.[5]

IV. Keine Bestimmung über die Kosten

§ 195 setzt für seine Anwendung ferner voraus, dass die Beteiligten in dem Vergleich keine Bestimmung über die Kosten getroffen haben. Haben die Beteiligten eine solche Bestimmung getroffen, so gilt diese Regelung. § 195 soll nur die entstehende Lücke schließen, die durch eine fehlende Kostenbestimmung entsteht. 5

V. Kostenaufhebung

Haben die Beteiligten keine Bestimmung über den Kostenpunkt getroffen, so legt § 195 fest, dass jeder Beteiligte seine Kosten selbst trägt. Umstritten ist, ob im Fall des Eintretens von § 195 ein Kostenantrag und ein Kostenbeschluss des Gerichts nach § 193 Abs. 1 S. 3 zulässig ist.[6] Zwar ergibt sich die Kostengrundentscheidung insoweit direkt aus dem Gesetz, zur Klarstellung von Streitigkeiten muss das Gericht aber deklaratorisch diese Kostenfolge in einem **Beschluss** aussprechen dürfen. 6

VI. Abdingbarkeit des § 195

In Rechtsprechung und Literatur ist streitig, ob die Beteiligten die Rechtsfolge des § 195 abwenden können, ohne insoweit eine eigene Bestimmung über die Kosten zu treffen. Dies geschieht in der Regel dadurch, dass die Beteiligten im Rahmen des gerichtlichen Vergleichs vereinbaren, dass das Gericht im Rahmen einer Kostenentscheidung nach § 193 Abs. 1 S. 3 über die Kosten des Verfahrens zu entscheiden habe. Während einige Stimmen diese Möglichkeit unter dem Hinweis darauf, dass § 195 nicht disponibel sei, ausschließen,[7] ist die hM der Auffassung, dass eine solche Bestimmung möglich und eine **Kostenentscheidung des Gerichts nach § 193 Abs. 1 S. 1 zulässig** sei,[8] bei dem das Gericht entsprechend dem Rechtsgedanken des § 91 a ZPO **nach billigem Ermessen unter Berücksichtigung des bisherigen Sach- und Streitstandes** zu entscheiden hat.[9] Maßgebliche Kriterien werden auch hier der Verfahrensausgang und das Veranlasserprinzip sein (→ § 193 Rn. 21 f.), wobei sich das Gericht auch am Inhalt der vergleichsweisen Einigung orientieren kann, wenn diese dem bisherigen Sach- und 7

3 Jansen § 195 Rn. 6; Breitkreuz/Fichte § 195 Rn. 5; BSG 7.9.1998 – B 2 Urt. 10/98 R, juris; aA LSG LSA 28.7.2005 – L 4 B 7/05 SF, juris.
4 BayLSG 23.9.1955 – L 4/8 Ar 9/55, SGb 1956, 127.
5 Meyer-Ladewig/Keller/Leitherer/Schmidt § 195 Rn. 2.
6 Dafür: LSG NRW 26.1.1982 – L 12 S 19/81, Breith. 1982, 544; Meyer-Ladewig/Keller/Leitherer/Schmidt § 195 Rn. 3; dagegen LSG RhPf 22.10.1975 – L 2 Sb 3/75, Breith. 1976, 806; HessLSG 8.1.1973 – L 5 V 29/71, Breith. 1973, 506.
7 LSG NRW 6.1.2000 – L 10 P 19/99 P, NZS 2001, 163; LSG NRW 21.2.1997 – L 11 SKa 84/96, MedR 1997, 476; LSG Nds 8.3.1966 – L 2 S 60/65, Breith. 1966, 977.
8 LSG Bln 11.12.2002 – L 17 B 44/02 P, juris; LSG NRW 29.10.1998 – L 16 B 28/98 P, juris; LSG NRW 6.3.1989 – L 8 S 2/89.
9 LSG NRW 6.3.1989 – L 8 S 2/89; Meyer-Ladewig/Keller/Leitherer/Schmidt § 195 Rn. 3 a.

Streitstand erkennbar widerspricht.[10] Für die herrschende Meinung spricht, dass der Gesetzgeber mit der Regelung des § 195 nur eine Lücke schließen wollte, die entsteht, wenn im Vergleich keine Kostenbestimmung getroffen wird. Die Einigung der Beteiligten dahin gehend, dass das Gericht zu entscheiden habe, ist aber eine Bestimmung über die Kosten, die insoweit keine Lücke entstehen lässt, die § 195 schließen müsste. Es ist von daher nicht einzusehen, warum die Beteiligten nicht über die Rechtsfolge des § 195 disponieren dürfen sollten.

§ 196 (weggefallen)

1 Die Vorschrift wurde durch Art. X § 11 Nr. 6 des Gesetzes zur Änderung und Ergänzung kostenrechtlicher Vorschriften vom 26.7.1957 (BGBl. 1957 I 861) aufgehoben. Sie regelte die Gebühren der Rechtsanwälte und Rechtsbeistände im sozialgerichtlichen Verfahren. Seit dem 1.7.2004 gilt insoweit der nachfolgend abgedruckte § 3 RVG sowie das Vergütungsverzeichnis (VV) hierzu. Zur Höhe der Betragsrahmengebühren → § 193 Rn. 13 und Gerold/Schmidt/v. Eicken/Madert/Müller-Rabe, RVG, derzeit 24. Aufl. 2019.

§ 3 RVG Gebühren in sozialrechtlichen Angelegenheiten

(1) In Verfahren vor den Gerichten der Sozialgerichtsbarkeit, in denen das Gerichtskostengesetz nicht anzuwenden ist, entstehen Betragsrahmengebühren. In sonstigen Verfahren werden die Gebühren nach dem Gegenstandswert berechnet, wenn der Auftraggeber nicht zu den in § 183 des Sozialgerichtsgesetzes genannten Personen gehört; im Verfahren nach § 201 Absatz 1 des Sozialgerichtsgesetzes werden die Gebühren immer nach dem Gegenstandswert berechnet. In Verfahren wegen überlanger Gerichtsverfahren (§ 202 Satz 2 des Sozialgerichtsgesetzes) werden die Gebühren nach dem Gegenstandswert berechnet.

(2) Absatz 1 gilt entsprechend für eine Tätigkeit außerhalb eines gerichtlichen Verfahrens.

§ 197 [Kostenfestsetzung]

(1) [1]Auf Antrag der Beteiligten oder ihrer Bevollmächtigten setzt der Urkundsbeamte des Gerichts des ersten Rechtszugs den Betrag der zu erstattenden Kosten fest. [2]§ 104 Abs. 1 Satz 2 und Abs. 2 der Zivilprozeßordnung findet entsprechende Anwendung.

(2) Gegen die Entscheidung des Urkundsbeamten der Geschäftsstelle kann binnen eines Monats nach Bekanntgabe das Gericht angerufen werden, das endgültig entscheidet.

10 LSG BW 23.9.1992 – L 5 Ar 93/92, Breith. 1993, 342.

I. Allgemeines

1. Entstehungsgeschichte. Die Vorschrift bestand seit ihrer letzten Änderung durch Art. X § 11 Nr. 6 des Gesetzes zur Änderung und Ergänzung kostenrechtlicher Vorschriften vom 26.7.1957 (BGBl. 1957 I 861) unverändert bis zum 1.1.2002. Durch das 6. SGGÄndG vom 17.8.2001 (BGBl. 2001 I 2144) wurde Abs. 1 S. 2 um den Verweis auf § 104 Abs. 1 S. 2 ZPO ergänzt, der die Verzinsung der Kostenforderung regelt. 1

2. Parallelvorschriften. Die Kostenfestsetzung ist in § 104 ZPO, § 164 VwGO, § 149 FGO und § 61 ArbGG geregelt. Während im verwaltungs- und finanzgerichtlichen Verfahren die Kosten ebenso wie im SGG vom Urkundsbeamten festgesetzt werden, ist hierfür im zivilgerichtlichen Verfahren der Rechtspfleger zuständig, den die anderen Verfahrensordnungen nicht kennen. 2

II. Anwendungsbereich

§ 197 gilt sowohl **in gerichtgebührenfreien Verfahren** wie auch **in Verfahren, in denen Gerichtsgebühren nach dem GKG erhoben** werden. Dies ergibt sich aus § 197 a Abs. 1 S. 1, der zwar die Anwendung der §§ 184 bis 195, nicht aber die Anwendung des § 197 ausschließt. Auch verweist § 197 a nicht auf die Kostenfestsetzungsvorschrift des § 164 VwGO. 3

III. Festsetzung des Betrags der zu erstattenden Kosten

Nach § 197 Abs. 1 S. 1 setzt der Urkundsbeamte des Gerichts des ersten Rechtszugs auf Antrag der Beteiligten oder ihrer Bevollmächtigten den Betrag der zu erstattenden Kosten fest. Die Festsetzung erfolgt **betragsmäßig durch den sog Kostenfestsetzungsbeschluss.** Vor Erlass ist dem Kostenpflichtigen rechtliches Gehör zu gewähren (§ 62). Der Beschluss ist zu begründen, wenn der Antrag ganz oder teilweise zurückgewiesen wird.[1] Er ist den Beteiligten nach § 63 Abs. 1 S. 1 zuzustellen und mit einer Rechtsbehelfsbelehrung zu versehen, um die Frist für die Erinnerung in Lauf zu bringen (§ 66 Abs. 1). Die Vorschrift betrifft die Festsetzung der von den **Beteiligten untereinander** zu erstattenden Kosten, nicht die Kostenerstattung zwischen Rechtsanwalt und Mandant. In den **gerichtsgebührenfreien Verfahren** sind das **nur die außergerichtlichen Kosten.** Die Pauschgebühren werden nach § 189 festgestellt, die Auslagenvergütung für persönliches Erscheinen nach § 191.[2] **In Verfahren nach § 197 a** betrifft die Kostenfestsetzung sowohl die **Gerichtskosten** wie auch die **außergerichtlichen Kosten. Zuständig** für die Festsetzung ist immer der **Urkundsbeamter** des Gerichts des ersten Rechtszugs, also **des SG** bzw. **des LSG** bei erstinstanzlicher Zuständigkeit des LSG nach § 29 Abs. 2 bis IV, auch wenn die Kostengrundentscheidung durch das BSG erging. Diesem soll hierfür (im Rahmen der Entschädigung wegen überlanger Verfahrensdauer) eine Vorbereitungs- und Bedenkzeit von drei Monaten zustehen.[3] 4

IV. Antragserfordernis

Die Kostenfestsetzung erfolgt nur **auf Antrag der Beteiligten oder ihrer Bevollmächtigten.** Beteiligte sind auch hier im Sinne des § 69 Kläger, Beklagter und 5

1 Meyer-Ladewig/Keller/Leitherer/Schmidt § 197 Rn. 9 c.
2 LSG BW 26.11.1958 – L 5 V 11/58, Breith. 1959, 774.
3 SächsLSG 22.1.2018 – L 11 SF 45/16 EK, juris.

Beigeladener. Der Antrag kann schriftlich, zur Niederschrift oder durch Einreichung eines elektronischen Dokuments nach § 108 a gestellt werden. Nachdem § 197 Abs. 1 S. 2 auf § 104 ZPO verweist, ist der **Kostenansatz** nach § 104 Abs. 2 S. 1 ZPO **nur glaubhaft** zu machen. Demnach ist nach § 294 ZPO die eidesstattliche Versicherung als Mittel der Glaubhaftmachung zulässig. Hinsichtlich der dem Rechtsanwalt erwachsenden Auslagen für Post- und Telekommunikationsdienstleistungen genügt es nach § 104 Abs. 2 S. 2 ZPO, wenn der Rechtsanwalt versichert, dass die Auslagen entstanden sind. Zur Berücksichtigung der Umsatzsteuer bei der Festsetzung reicht es nach § 104 Abs. 2 S. 3 ZPO aus, wenn der Antragsteller erklärt, dass er nicht vorsteuerabzugsberechtigt ist.

V. Vorliegen einer Kostengrundentscheidung

6 Neben dem Vorliegen eines Antrags erfordert die Kostenfestsetzung weiterhin das Vorliegen einer **Kostengrundentscheidung,** denn der Urkundsbeamte kann die Kosten betragsmäßig nicht festsetzen, wenn er nicht weiß, wer welche Kosten zu erstatten hat. Demnach muss zuvor eine **Entscheidung des Gerichts nach § 193 Abs. 1 oder nach § 197 a Abs. 1** durch Urteil oder Beschluss vorliegen oder eine **Kostenregelung im Vergleich** oder **in dem angenommenen Anerkenntnis**[4] bestehen. Fehlt eine solche Kostengrundentscheidung, so ist diese vor der Kostenfestsetzung herbeizuführen.

VI. Zinsen

7 Durch die mit Wirkung vom 2.1.2002 eingeführte Verweisung auf § 104 Abs. 1 S. 2 ZPO hat der Gesetzgeber klar gestellt, dass die festgesetzten Kosten auf Antrag ab Eingang des Festsetzungsantrages bei Gericht mit fünf Prozentpunkten über dem Basiszinssatz nach § 247 BGB zu verzinsen sind. Dieser beträgt gem. § 247 Abs. 1 S. 1 BGB 3,62 Prozent und verändert sich jeweils zum 1.1. und 1.7. jeden Jahres um die Prozentpunkte, um welche die Bezugsgröße seit der letzten Veränderung des Basiszinssatzes gestiegen oder gefallen ist. Die Bezugsgröße ist insoweit der Zinssatz für die jüngste Refinanzierungsoperation der Europäischen Zentralbank vor dem Kalendertag des betreffenden Halbjahres. Die Deutsche Bundesbank gibt den geltenden Basiszinssatz nach § 247 Abs. 2 BGB im Bundesanzeiger bekannt.

VII. Kostenfestsetzung bei der Erstattung von Rechtsanwaltskosten

8 Bedeutendster Kostenposten sind die Gebühren und Auslagen von Rechtsanwälten, weswegen insoweit auf die hier vorliegenden Besonderheiten einzugehen ist. Dabei muss der Urkundsbeamte zunächst differenzieren, ob eine Berechnung der Gebühren nach den Rahmengebühren gemäß § 3 Abs. 1 S. 1 RVG oder eine Berechnung nach dem Gegenstandswert[5] nach § 3 Abs. 1 S. 2 RVG vorliegt.

9 **1. Rahmengebühr.** Wird in den gerichtskostenfreien Verfahren die Festsetzung einer Rahmengebühr (→ § 193 Rn. 13) nach § 3 Abs. 1 S. 1 RVG[6] beantragt, so hat der Urkundsbeamte die vom Rechtsanwalt nach § 11 Abs. 3 S. 1 RVG bestimmte Gebühr festzusetzen, außer diese erweist sich als unbillig (§ 14 Abs. 1

4 LSG NRW 18.5.1984 – L 15 kn 72/81; aA LSG NRW 26.1.1982 – L 12 S 19/81, Breith. 1982, 544 auch dann gerichtl. Kostenentscheidung erforderlich.
5 Vgl. hierzu die sehr ausführliche Darstellung bei Jansen § 193 Rn. 16–65.
6 Gesetzestext unter § 196 abgedruckt.

S. 4 RVG) und daher als nicht verbindlich. Die Gebührenbestimmung durch den Rechtsanwalt ist dann unbillig, wenn sie nicht nur geringfügig die angemessene Gebühr überschreitet. Eine mehr als geringfügige Überschreitung soll nach der Rechtsprechung dann vorliegen, wenn die Abweichung **mehr als 20%** beträgt.[7] Eine Korrektur soll dann nicht in Betracht kommen, wenn die beantragte Gebühr die angemessene lediglich um 25 bis 30 Euro übersteigt.[8] Bei der Bestimmung der angemessenen Gebühr ist zunächst von der Mittelgebühr auszugehen, und dann anhand von verschiedenen Kriterien zu bestimmen, ob diese im Einzelfall zu erhöhen oder zu vermindern ist. Als Kriterien sind insoweit Umfang und Schwierigkeit des Rechtsstreits, Umfang der anwaltlichen Tätigkeit sowie die Bedeutung des Rechtsstreits für den Beteiligten heranzuziehen (§ 14 Abs. 1 S. 1 RVG). Sind diese Punkte im Vergleich zu anderen Fällen im Einzelfall eher durchschnittlich, so wird die Mittelgebühr angemessen sein, sind sie unterdurchschnittlich, so ist diese zu mindern; war der Prozess hingegen umfangreich (zB mehrere Termine), von hoher Schwierigkeit und von großer Bedeutung für den Mandanten und mit hohem Arbeitsaufwand für den Anwalt verbunden, so kommt eine Erhöhung bis auf die Höchstgebühr in Betracht.[9]

2. Gegenstandswert. In den Verfahren nach § 197 a richtet die Bestimmung der 10
Rechtsanwaltsgebühren nach § 3 Abs. 1 S. 2 RVG iVm § 13 RVG nach dem Gegenstandswert. Ausnahmsweise wird die Gebühr nach § 3 Abs. 1 S. 1 RVG berechnet, wenn der Auftraggeber zu den in § 183 genannten Personen gehört. Dies kann nur ein Beigeladener sein, da andere Konstellationen bei § 197 a Abs. 1 S. 1 nicht denkbar sind. Werden die Gebühren nach § 3 Abs. 1 S. 1 RVG festgesetzt, so hat der Urkundsbeamte den Gegenstandswert zu bestimmen und dann die Anzahl der jeweiligen Gebühren festzusetzen. Der Gegenstandswert bestimmt sich nach den für das GKG geltenden Wertvorschriften (§ 23 Abs. 1 S. 1 RVG) und muss notfalls nach § 23 Abs. 3 S. 2 RVG nach billigem Ermessen festgesetzt werden. Er ist nach der Bedeutung zu bestimmen, die die Sache für den Kläger nach seinem Antrag hat. Richtet sich die Klage auf eine bestimmte Summe, so ist diese Summe der Gegenstandswert. Die Höchstgrenze beträgt nach § 52 Abs. 4 GKG 2,5, Mio Euro. Fehlt ein genauer Betrag, so muss der Wert geschätzt werden. Fehlen jegliche Anhaltspunkte für eine Schätzung, so ist nach § 52 Abs. 2 GKG der Betrag von **5000 Euro** anzusetzen. Ist der Streitwert für die Gerichtsgebühren bereits festgesetzt, so ist dieser auch für die Rechtsanwaltsgebühren maßgeblich (§ 32 Abs. 1 RVG). Liegt insoweit keine Festsetzung vor, so **kann der Anwalt nach § 32 Abs. 2 RVG Streitfestsetzung aus eigenem Recht durch das Gericht beantragen**. Für die Streitwertfestsetzung, die durch Beschluss erfolgt, ist das Gericht zuständig, das bei mündlicher Verhandlung mit ehrenamtlichen Richtern entscheidet, ansonsten ohne diese. Wird der Beschluss im vorbereitenden Verfahren getroffen, so entscheidet nach § 155 Abs. 2 Nr. 4 der Vorsitzende bzw. der Berichterstatter.

VIII. Rechtsbehelf

1. Erinnerung. Nach § 11 Abs. 3 S. 2 RVG und § 197 Abs. 2 kann gegen die 11
Entscheidung des Urkundsbeamten, also gegen den Kostenfestsetzungsbeschluss

7 BSG 1.7.2009 – B 4 AS 21/09 R, juris.
8 SG Hildesheim 6.11.1975 – S 13 U 30/75, Breith. 1976, 341; Gerold/Schmidt/Madert § 14 RVG Rn. 29.
9 Zu den Einzelheiten insoweit vgl. Gerold/Schmidt/Madert § 14 RVG Rn. 41 bis 70.

binnen eines Monats nach Bekanntgabe das Gericht angerufen werden, das endgültig entscheidet. Bei dem in Abs. 2 genannten Rechtsbehelf handelt es sich um eine **Erinnerung** iS von § 178 (sa § 178). Sie kann schriftlich, zur Niederschrift und durch elektronisches Dokument nach § 108 a erhoben werden. Die Erinnerung ist befristet, hat keine aufschiebende Wirkung[10] und kann von jedem Beteiligten oder seinem Bevollmächtigten erhoben werden, der durch den Kostenfestsetzungsbeschluss beschwert ist. Die Frist beginnt mit der Bekanntgabe des Kostenfestsetzungsbeschlusses und beträgt einen Monat. Die Abhilfemöglichkeit durch den Urkundsbeamten besteht seit der Streichung des § 174 durch das 6. SGGÄndG vom 26.3.2008 zum 1.4.2008 nicht mehr.

12 **2. Gerichtliche Entscheidung.** Das Gericht entscheidet durch Beschluss, der in der Regel ohne mündliche Verhandlung, und dann ohne Beteiligung der ehrenamtlichen Richter, erfolgen wird. Der Beschluss ist gem. § 197 Abs. 2 endgültig[11] und nach § 142 Abs. 2 S. 1 Alt. 2 zu begründen. Eine außerordentliche Beschwerde ist auch in Extremfällen, wie Willkür und greifbarer Gesetzeswidrigkeit, seit Inkrafttreten der Vorschriften über die Anhörungsrüge nicht mehr zulässig.[12] Der Beschwerdeausschluss sollte auch dann gelten, wenn die Vergütung im Rahmen der PKH erfolgt, da das SGG eine in sich geschlossenen Verfahrensordnung darstellt, neben der die Regelungen des RVG mit weiteren Beschwerdemöglichkeiten keine Anwendung finden sollten.[13]

§ 197 a [Kostenpflichtigkeit]

(1) [1]Gehört in einem Rechtszug weder der Kläger noch der Beklagte zu den in § 183 genannten Personen oder handelt es sich um ein Verfahren wegen eines überlangen Gerichtsverfahrens (§ 202 Satz 2), werden Kosten nach den Vorschriften des Gerichtskostengesetzes erhoben; die §§ 184 bis 195 finden keine Anwendung; die §§ 154 bis 162 der Verwaltungsgerichtsordnung sind entsprechend anzuwenden. [2]Wird die Klage zurückgenommen, findet § 161 Abs. 2 der Verwaltungsgerichtsordnung keine Anwendung.
(2) [1]Dem Beigeladenen werden die Kosten außer in den Fällen des § 154 Abs. 3 der Verwaltungsgerichtsordnung auch auferlegt, soweit er verurteilt wird (§ 75 Abs. 5). [2]Ist eine der in § 183 genannten Personen beigeladen, können dieser Kosten nur unter den Voraussetzungen von § 192 auferlegt werden. [3]Aufwendungen des Beigeladenen werden unter den Voraussetzungen des § 191 vergütet; sie gehören nicht zu den Gerichtskosten.
(3) Die Absätze 1 und 2 gelten auch für Träger der Sozialhilfe einschließlich der Leistungen nach Teil 2 des Neunten Buches Sozialgesetzbuch, soweit sie an Erstattungsstreitigkeiten mit anderen Trägern beteiligt sind.

---

10 Meyer-Ladewig/Keller/Leitherer/Schmidt § 197 Rn. 10; Hintz/Lowe § 197 Rn. 19.
11 HM LSG LSA 18.9.2012 – L 5 AS 44/10 B; BayLSG 5.12.2013 – L 15 SF 355/13 E, juris; Meyer-Ladewig/Keller/Leitherer/Schmidt § 197 Rn. 10; LSG Bln 14.10.2003 – L 5 B 14/02, juris.
12 LSG LSA 16.8.2016 – L 4 AS 218/16 B; LSG Bln-Bbg 18.6.2007 – L 18 B 732/07 AS, juris; aA LSG LSA 20.11.2003 – L 7 B 1/03 SF, juris; LSG Bln 14.5.2003 – L 17 B 27/03 RA, juris.
13 AA hM LSG LSA 16.8.2016 – L 4 AS 218/16 B; LSG NRW 24.9.2008 – L 19 B 21/08 AS und LSG Bln 16.8.2010 – L 18 SF 172/10 B; ebenso wie hier LSG LSA 17.1.2011 – L 5 B 37/07 AS; SchlHLSG 26.1.2011 – L 1 B 266/09 SF E; LSG Saarl 29.1.2009 – L 1 B 16/08 R; LSG NRW 2.5.2011 – L 10 P 112/10 B; alle juris.

I. Allgemeines

1. Entstehungsgeschichte. Die Vorschrift wurde mit dem 6. SGGÄndG vom 17.8.2001 (BGBl. 2001 I 2144) neu in das SGG eingefügt. Durch sie wurde die Kostenfreiheit des sozialgerichtlichen Verfahren auf die Verfahren beschränkt, in denen ein Privilegierter Kläger oder Beklagter ist (→ § 183 Rn. 1), denn nach dem Willen des Gesetzgebers ist ein sozialer Schutz der Kostenfreiheit bei Verfahren zwischen Versicherungsträgern, bei Streitigkeiten zwischen Arbeitgebern und bei Streitigkeiten des Vertragsarztrechtes nicht erforderlich.[1] Durch das 7. SGGÄndG vom 9.12.2004 (BGBl. 2004 I 3302) wurde Abs. 3 hinzugefügt. Durch das Vierte Gesetz zur Änderung des Vierten Buches Sozialgesetzbuch und anderer Gesetze vom 22.12.2011 (BGBl. 2011 I 3057) wurde der erste Satz von Absatz 1 auf das Entschädigungsverfahren wegen überlanger Verfahren erweitert. Abs. 3 wurde mit Wirkung zum 1.1.2020 durch das BTHG vom 23.12.2016 (BGBl. 2016 I, 3234) geändert, da die Eingliederungshilfe nun nicht mehr im SGB XII, sondern im 2. Teil des SGB IX verortet ist. 1

1 BT-Drs. 14/5943, 29 zu Nr. 68.

2 **2. Parallelvorschriften.** Da die anderen Verfahrensordnungen keine Unterteilung in gerichtskostenfreie bzw. pauschgebührenpflichtige Verfahren kennen, fehlt in diesen eine § 197 a entsprechende Regelung. Die Gebührenpflicht der Sozialhilfeträger in Erstattungsstreitigkeiten war bis zur Übertragung dieser Rechtssachen auf die Sozialgerichtsbarkeit in § 188 S. 2 VwGO geregelt.

II. Sachlicher und zeitlicher Anwendungsbereich

3 § 197 a gilt nur in Verfahren, in denen **kein Privilegierter nach § 183 Kläger oder Beklagter** (zur Abgrenzung → § 183 Rn. 3 ff.) ist. Auch wenn ein Privilegierter Kläger oder Beklagter ist, ist das Verfahren kostenpflichtig, wenn es sich um ein **Entschädigungsverfahren wegen überlanger Verfahrensdauer** handelt. § 197 a Abs. 1 S. 1 stellt auf den **Rechtszug** ab, weil der im ersten Rechtszug beigeladene Versicherte in der nächsten Instanz Berufungskläger sein kann.[2] Dann ist das Berufungsverfahren nach § 183 gerichtskostenfrei, und § 197 a nicht anzuwenden. Es ist daher für jeden Rechtszug gesondert festzustellen, ob die §§ 183 ff. oder § 197 a anzuwenden sind. Die Vorschrift gilt nur für Verfahren, die **ab dem 2.1.2002 rechtshängig** geworden sind. Bereits **zuvor rechtshängige Verfahren** sind nach § 183 aF gerichtskostenfrei. Die Kostengrundentscheidung ist in diesen Verfahren auch noch nach **§ 193** und nicht nach § 197 a zu treffen.[3]

III. Gerichtskosten nach dem GKG – Abs. 1 S. 1

4 **1. Allgemeines.** Nach Abs. 1 S. 1 sind in Verfahren, in denen kein Privilegierter Kläger oder Beklagter ist, Gerichtskosten nach dem GKG zu erheben. Dies gilt auch für Verfahren nach § 202 Satz 2, selbst wenn hier ein ansonsten Privilegierter klagt (vgl. § 183 S. 6). Fehlt für das angestrengte Verfahren ein Gebührentatbestand im GKG, so ist es trotz seiner Zuordnung zu § 197 a gerichtskostenfrei.[4] Damit hat der Gesetzgeber die bisher bestehende Gerichtskostenfreiheit durch das 6. SGGÄndG vom 17.8.2001 erheblich eingeschränkt. Durch das Kostenrechtsmodernisierungsgesetz vom 5.5.2004 (BGBl. 2004 I 718) hat der Gesetzgeber das GKG neu gefasst und in zahlreichen Punkten geändert. Hierdurch hat sich auch die Nummerierung der Paragrafen erheblich verändert. Für Verfahren, die vor dem 1.7.2004 anhängig waren gilt gem. § 72 Nr. 1 GKG nF das GKG in der bis zum 30.6.2004 geltenden Fassung. Dies gilt nicht für Rechtsmittel, die nach dem 1.7.2004 eingelegt wurden. § 1 Nr. 4 GKG verweist seinerseits wieder auf § 197 a Abs. 1 S. 1 Hs. 1, da er die Anwendbarkeit des GKG auf Verfahren beschränkt, in denen das SGG die Anwendung des GKG anordnet. S. 1 Hs. 1 regelt das Verhältnis der Beteiligten zur Gerichtskasse.

5 **2. Kostenfreiheit.** Nach § 2 Abs. 1 GKG sind der Bund, die Länder und die nach Haushaltsplänen des Bundes oder der Länder verwalteten Kassen und öffentlichen Anstalten vor den Sozialgerichten von der Zahlung der Kosten befreit.[5]

---

2 BT-Drs. 14/5943, 29 zu Nr. 68.

3 BSG 30.1.2002 – B 6 KA 12/01 R, SozR 3-2500 § 116 Nr. 24; BSG 30.1.2002 – B 6 KA 73/00 R, SozR 3-2500 § 135 Nr. 21; auch → § 183 Rn. 10 und → § 193 Rn. 4.

4 BSG 1.9.2009 – B 1 KR 3/09 D und B1 KR 1/09 D und 7.9.2010 – B 1 KR 1/10 D, für die sofortige Beschwerde in Vergabesachen; LSG RhPf 26.11.2007 – L 5 B 403/07 KR, juris, für die richterliche Gestattung der Wohnungsdurchsuchung im Rahmen der Zwangsvollstreckung.

5 Text des § 2 GKG bei → § 184 Rn. 11.

3. Gebührenerhebung nach Streitwert. Gerichtskosten sind nach § 1 GKG Gebühren und Auslagen. Die Gebühren richten sich gemäß § 3 Abs. 1 nach dem Streitwert. Nach § 3 Abs. 2 GKG werden die Kosten nach dem Kostenverzeichnis der Anlage 1 des GKG erhoben. 6

4. Fälligkeit der Gebühren. Die Gebühren im sozialgerichtlichen Verfahren werden seit dem 1.7.2004 bereits mit Einreichung der Klage fällig (§ 6 Abs. 1 Nr. 4 GKG). Daher muss nach § 63 Abs. 1 S. 1 GKG sogleich nach Klageerhebung ohne Anhörung der Beteiligten der Streitwert vorläufig festgestellt werden, wenn der Gegenstand des Verfahrens nicht eine bestimmte Geldsumme oder gesetzlich kein fester Wert bestimmt ist. Damit wird der vorläufige Streitwert in der Regel nach dem Auffangwert des § 52 Abs. 2 GKG in Höhe von 5000 Euro festzusetzen sein. Nach § 63 Abs. 1 S. 2 GKG erfolgt die Festsetzung durch Beschluss. Dieser ist nur im Rahmen der Beschwerde gegen den Beschluss, mit dem die Tätigkeit des Gerichts von der vorherigen Zahlung von Kosten abhängig gemacht wird, anfechtbar (§ 63 Abs. 1 S. 2 GKG). Nachdem dies im sozialgerichtlichen Verfahren wegen des Amtsermittlungsprinzips nicht möglich ist, ist der vorläufige Beschluss somit unanfechtbar. 7

5. Abschließende Streitwertfestsetzung. Sobald eine Entscheidung über den gesamten Streitgegenstand ergeht oder sich die Sache anderweitig erledigt, hat das Gericht den Streitwert von Amts wegen abschließend festzusetzen (§ 63 Abs. 2 S. 1 GKG). Dies erfolgt im Urteil oder durch gesonderten Beschluss, für jede Instanz gesondert. Ein Antrag der Beteiligten ist nicht erforderlich, dieser kann aber gestellt werden, auch vom Anwalt (§ 32 Abs. 2 RVG). 8

6. Beschwerde. Der endgültige Streitwertfestsetzungsbeschluss kann, falls er durch das SG erfolgt, mit **Beschwerde** angefochten werden, wenn der Beschwerdewert 200 Euro überschreitet (§ 68 Abs. 1 S. 1 GKG) oder das Gericht wegen grundsätzlicher Bedeutung der zur Entscheidung stehenden Frage die Beschwerde im Beschluss zulässt (§ 68 Abs. 1 S. 2 GKG). Beschlüsse des LSG oder BSG sind nicht durch Beschwerde anfechtbar. Die Frist für die Beschwerde beträgt nach § 68 Abs. 1 S. 3 GKG iVm § 63 Abs. 3 S. 2 GKG **sechs Monate** ab Rechtskraft der Entscheidung oder anderweitiger Erledigung der Hauptsache. Das Beschwerdeverfahren ist gebührenfrei. Kosten werden hierfür nicht erstattet (§ 68 Abs. 3 GKG). Beschwerdeberechtigt sind die Beteiligten, wohl aber nicht der beigeladene Privilegierte nach § 183, denn dieser hat nach § 197 a Abs. 2 S. 2 keine Kosten zu tragen. 9

7. Ermittlung des Streitwerts. Der Streitwert ist nach § 52 Abs. 1 GKG, soweit nicht anderes bestimmt ist, nach der sich aus dem Antrag des Klägers für ihn ergebenden Bedeutung der Sache nach Ermessen zu bestimmen. Bietet der Sach- und Streitstand für die Bestimmung des Streitwerts keine genügenden Anhaltspunkte – kann also weder eine betragsmäßige Berechnung oder wenigstens eine Schätzung vorgenommen werden[6] –, so ist der Auffangstreitwert von 5000 Euro anzunehmen (§ 52 Abs. 2 GKG). Betrifft der Antrag des Klägers eine bezifferte Geldleistung oder einen hierauf gerichteten Verwaltungsakt, so ist nach § 52 Abs. 3 GKG deren Höhe maßgebend. Der Höchststreitwert in Verfahren der Sozialgerichtsbarkeit beträgt 2,5 Mio. Euro (§ 52 Abs. 4 GKG). Bei wiederkehrenden Leistungen ist über § 42 Abs. 3 S. 1 und S. 2 GKG der Jahresbetrag der wiederkehrenden Leistung maßgeblich, und wenn dieser nicht bestimmbar ist, der 10

6 BSG 28.1.2009 – B 6 KA 38/08 B, juris.

sich aus § 52 Abs. 1 und Abs. 2 GKG ergebende Wert. Der Streitwert für den vorläufigen Rechtsschutz nach § 86 b bestimmt sich ebenfalls nach § 52 Abs. 1 und Abs. 2 GKG (§ 53 Abs. 3 Nr. 4 GKG).

11 **8. Einzelfälle.** Zur Bestimmung des Streitwerts im Einzelfall vgl. auch den Streitwertkatalog für die Sozialgerichtsbarkeit, zuletzt Stand März 2017.

12 **a) Vertragsärztliche Streitigkeiten.** Begehrt ein Arzt von der K(Z)ÄV eine höhere **Vergütung**, so ist der Erhöhungsbetrag als Wert anzusetzen. Der maßgebliche Betrag ergibt sich dabei in der Regel durch die Differenz der begehrten Punkte zu den tatsächlich zugestandenen Punkten.[7] Bei Honorarkürzungen im Rahmen der Wirtschaftlichkeitsprüfung ist der jeweilige Kürzungsbetrag maßgeblich.[8] Gleiches gilt bei Kürzungen im Rahmen der sachlich-rechnerischen Prüfung.[9] Geht es um die **Zulassung** oder Entziehung der Zulassung zur vertragsärztlichen Versorgung, so ist nach der ständigen Rechtsprechung des BSG der Streitwert bei Klageerhebung nach dem 1.1.2002 nach dem voraussichtlichen Praxisgewinn im Zeitraum von drei Jahren[10] zu bemessen (zuvor fünf Jahre).[11] Dieser Zeitraum gilt auch bei anderen nichtärztlichen Leistungserbringern nach dem SGB V[12] und bei Streitigkeiten um die Ermächtigung zur Teilhabe an der vertragsärztlichen Versorgung.[13] Der Gewinn bestimmt sich nach den Honorareinnahmen, wobei bei dem Streit um die Neuzulassung von den durchschnittlichen Einnahmen der jeweiligen Facharztgruppe auszugehen ist,[14] abzüglich der durchschnittlichen Praxiskosten der jeweiligen Facharztgruppe.[15]

13 **b) Sonstige Einzelfälle.** Bei der Klage auf Auskunft gegen Partner des ALG II-Empfängers[16] ist ebenso der Regelstreitwert wie Statusfeststellungsverfahren nach § 7 a SGB IV[17] anzusetzen. Der Streitwert einer eA auf umgehende Bescheidung einer Dienstaufsichtsbeschwerde soll auf ein Viertel des Regelstreitwerts (1250 Euro) festzusetzen sein;[18] dies vermag nicht zu überzeugen, da der Regelstreitwert ein Auffangstreitwert ist (→ Rn. 7); dieser kann nicht noch gequotelt werden. Das Verfahren betreffend die Androhung eines Zwangsgeldes nach § 201, hat einen Streitwert von 500 Euro, da es nicht um das Zwangsgeld selbst, sondern nur um dessen Androhung geht, daher nur die Hälfte des möglichen Höchstbetrages.[19] Säumniszuschläge wirken streitwerterhöhend, anders als Zinsen sind sie keine Nebenforderungen.[20]

14 **c) Einstweiliger Rechtsschutz.** Im Rahmen des einstweiligen Rechtsschutzes nach § 86 b wendet die Rechtsprechung überwiegend die Kriterien des Streitwertkataloges an,[21] der unter der Nr. 1.5 bei einstweiligen Anordnungen die

7 BSG 9.5.2000 – B 6 KA 72/97 R; BSG 5.5.2000 – B 6 Ka 71/97 R, juris.
8 BSG 13.10.2010 – B 6 KA 2/10 B, juris.
9 So Hennig/Knittel, § 197 a Rn. 36, Stand 2009.
10 BSG 1.9.2005 – B 6 KA 41/04 R; BSG 12.10.2006 – B 6 KA 47/04 B, beide juris.
11 Hennig/Knittel, § 197 a Rn. 37 f., Stand 2009 mwN.
12 BSG 10.11.2005 – B 3 KR 36/05, juris.
13 BSG 7.12.2006 – B 6 KA 42/06 R, juris.
14 SchlHLSG 21.1.2002 – L KA 38/00, juris.
15 Hennig/Knittel , § 197 a Rn. 37 f., Stand 2009.
16 BSG 24.2.2011 – B 14 AS 87/09 R, juris.
17 BSG 5.3.2010 – B 12 R 8/09 R, juris.
18 LSG Bln 27.4.2009 – L 18 AL 100/09, juris.
19 SG Berlin 4.3.2009 – S 164 SF 194/09 E, juris.
20 BSG 10.6.2010 – B 2 U 4/10 B, juris.
21 ThürLSG 23.4.2002 – L 6 RJ 113/02 ER, juris; LSG RhPf 18.12.2002 – L 2 ER-Urt. 18/02, NZS 2003, 388.

Hälfte, bei Anordnungen der aufschiebenden Wirkung ein Viertel des Hauptsachestreitwertes annimmt. In Verfahren des einstweiligen Rechtsschutzes, die die Entscheidung in der Sache ganz oder teilweise vorwegnehmen, kann der Streitwert nach der Nr. 1.5 des Katalogs bis auf den Hauptsachestreitwert angehoben werden. Dementsprechend beträgt der Streitwert in Verfahren nach § 86 b Abs. 1 ein Viertel, in Verfahren nach § 86 b Abs. 2 die Hälfte des Hauptsachestreitwertes, wobei bei Vorwegnahme der Hauptsache der Streitwert in Höhe der Hauptsache anzunehmen ist (insoweit auch → § 86 b Rn. 64).

d) **Untätigkeitsklagen.** Kann mit der Untätigkeitsklage nur der Anspruch auf Bescheidung geltend gemacht werden, so ist 10 bis 25 % des Auffangstreitwerts des § 52 Abs. 2 GKG von 5000 Euro anzusetzen.[22] Kann mit ihr ausnahmsweise gleich die begehrte Leistung geltend gemacht werden, so ist der Streitwert nach der Höhe der begehrten Leistung gem. § 52 Abs. 1 GKG zu bestimmen.[23] 15

9. Kostenansatz durch Urkundsbeamten. Entsprechend dem festgesetzten Streitwert setzt der **Urkundsbeamte** unter Anwendung des Kostenverzeichnisses[24] die Gerichtskosten an (§ 19 Abs. 1 GKG). Dabei setzt der Urkundsbeamte des SG nach § 19 Abs. 1 Nr. 1 GKG die Kosten des erstinstanzlichen Verfahrens an, die Urkundsbeamten des LSG/BSG nach § 19 Abs. 1 Nr. 2 GKG die Kosten des jeweiligen Rechtsmittelverfahrens. Im Falle einer unrichtigen Sachbehandlung erhebt er nach § 21 GKG keine Kosten. 16

10. Beschwerde gegen den Kostenansatz. Gegen den Kostenansatz können Kostenschuldner und Staatskasse[25] **Erinnerung,** und falls das SG entscheidet, **Beschwerde** erheben (§ 66 GKG). Auf die Erinnerung hin entscheidet das Gericht durch Beschluss, der bei Erreichen des Beschwerdewerts von 200 Euro oder bei Zulassung der Beschwerde wegen grundsätzlicher Bedeutung mit Beschwerde angefochten werden kann. Das SG kann der Beschwerde abhelfen. Geschieht das nicht, so entscheidet das LSG durch Beschluss. Erinnerungs- und Beschwerdeverfahren sind kostenfrei. Kosten werden nicht erstattet (§ 66 Abs. 8 GKG). 17

11. Schuldner der Gerichtskosten. Schuldner der Gerichtskosten ist nach § 22 Abs. 1 S. 1 GKG derjenige, der das **Verfahren beantragt** hat, also der Kläger oder der Antragsteller. Schuldner ist aber insbesondere auch derjenige, dem in der Kostengrundentscheidung die **Gerichtskosten auferlegt worden sind** (§ 29 Nr. 1 GKG). Dieser ist nach § 31 Abs. 2 GKG vorrangig heranzuziehen. 18

IV. Die Kostengrundentscheidung nach den §§ 154 bis 162 VwGO – Abs. 1 S. 2

1. Text der §§ 154 bis 162 VwGO

§ 154 VwGO [Kostentragungspflicht] 19

(1) Der unterliegende Teil trägt die Kosten des Verfahrens.

(2) Die Kosten eines ohne Erfolg eingelegten Rechtsmittels fallen demjenigen zur Last, der das Rechtsmittel eingelegt hat.

(3) Dem Beigeladenen können nur Kosten auferlegt werden, wenn er Anträge gestellt oder Rechtsmittel eingelegt hat; § 155 Abs. 4 bleibt unberührt.

22 Hennig/Nguyen, § 197 a Rn. 41.
23 Hennig/Knittel, § 197 a Rn. 47, Stand 2009; aA LSG Bln 23.8.1988, Breith. 88, 977: Ausmaß der Verzögerung und der hierdurch bewirkten wirtschaftlichen Betroffenheit.
24 Anlage 1 zum GKG.
25 Meyer-Ladewig, § 197 a Rn. 7.

(4) Die Kosten des erfolgreichen Wiederaufnahmeverfahrens können der Staatskasse auferlegt werden, soweit sie nicht durch das Verschulden eines Beteiligten entstanden sind.

§ 155 VwGO [Kostenverteilung]

(1) Wenn ein Beteiligter teils obsiegt, teils unterliegt, so sind die Kosten gegeneinander aufzuheben oder verhältnismäßig zu teilen. Sind die Kosten gegeneinander aufgehoben, so fallen die Gerichtskosten jedem Teil zur Hälfte zur Last. Einem Beteiligten können die Kosten ganz auferlegt werden, wenn der andere nur zu einem geringen Teil unterlegen ist.

(2) Wer einen Antrag, eine Klage, ein Rechtsmittel oder einen anderen Rechtsbehelf zurücknimmt, hat die Kosten zu tragen.

(3) Kosten, die durch einen Antrag auf Wiedereinsetzung in den vorigen Stand entstehen, fallen dem Antragsteller zur Last.

(4) Kosten, die durch Verschulden eines Beteiligten entstanden sind, können diesem auferlegt werden.

§ 156 VwGO [Kosten bei sofortigem Anerkenntnis]

Hat der Beklagte durch sein Verhalten keine Veranlassung zur Klage gegeben, so fallen dem Kläger die Prozesskosten zur Last, wenn der Beklagte den Anspruch sofort anerkennt.

§ 157 VwGO (aufgehoben)

§ 158 VwGO [Anfechtung der Kostenentscheidung]

(1) Die Anfechtung der Entscheidung über die Kosten ist unzulässig, wenn nicht gegen die Entscheidung in der Hauptsache ein Rechtsmittel eingelegt wird.

(2) Ist eine Entscheidung in der Hauptsache nicht ergangen, so ist die Entscheidung über die Kosten unanfechtbar.

§ 159 VwGO [Mehrere Kostenpflichtige]

Besteht der kostenpflichtige Teil aus mehreren Personen, so gilt § 100 der Zivilprozessordnung entsprechend. Kann das streitige Rechtsverhältnis dem kostenpflichtigen Teil gegenüber nur einheitlich entschieden werden, so können die Kosten den mehreren Personen als Gesamtschuldnern auferlegt werden.

§ 160 VwGO [Kostenpflicht bei Vergleich]

Wird der Rechtsstreit durch Vergleich erledigt und haben die Beteiligten keine Bestimmung über die Kosten getroffen, so fallen die Gerichtskosten jedem Teil zur Hälfte zur Last. Die außergerichtlichen Kosten trägt jeder Beteiligte selbst.

§ 161 VwGO [Kostenentscheidung; Erledigung der Hauptsache]

(1) Das Gericht hat im Urteil oder, wenn das Verfahren in anderer Weise beendet worden ist, durch Beschluß über die Kosten zu entscheiden.

(2) Ist der Rechtsstreit in der Hauptsache erledigt, so entscheidet das Gericht außer in den Fällen des § 113 Abs. 1 Satz 4 nach billigem Ermessen über die Kosten des Verfahrens durch Beschluß; der bisherige Sach- und Streitstand ist zu berücksichtigen. Der Rechtsstreit ist auch in der Hauptsache erledigt, wenn der Beklagte der Erledigungserklärung des Klägers nicht innerhalb von zwei Wochen seit Zustellung des die Erledigungserklärung enthaltenden Schriftsatzes widerspricht und er vom Gericht auf diese Folge hingewiesen worden ist.

(3) In den Fällen des § 75 fallen die Kosten stets dem Beklagten zur Last, wenn der Kläger mit seiner Bescheidung vor Klageerhebung rechnen durfte.

§ 162 VwGO [Erstattungsfähige Kosten]

(1) Kosten sind die Gerichtskosten (Gebühren und Auslagen) und die zur zweckentsprechenden Rechtsverfolgung oder Rechtsverteidigung notwendigen Aufwendungen der Beteiligten einschließlich der Kosten des Vorverfahrens.

(2) Die Gebühren und Auslagen eines Rechtsanwalts oder eines Rechtsbeistands, in Abgabenangelegenheiten auch einer der in § 67 Abs. 2 Satz 2 Nr. 3 genannten Personen, sind stets erstattungsfähig. Soweit ein Vorverfahren geschwebt hat, sind Gebühren und Ausla-

gen erstattungsfähig, wenn das Gericht die Zuziehung eines Bevollmächtigten für das Vorverfahren für notwendig erklärt. Juristische Personen des öffentlichen Rechts und Behörden können an Stelle ihrer tatsächlichen Aufwendungen für Post- und Telekommunikationsdienstleistungen den in Nummer 7002 der Anlage 1 zum Rechtsanwaltsvergütungsgesetz bestimmten Höchstsatz der Pauschale fordern.

(3) Die außergerichtlichen Kosten des Beigeladenen sind nur erstattungsfähig, wenn sie das Gericht aus Billigkeit der unterliegenden Partei oder der Staatskasse auferlegt.

2. Grundzüge der Kostengrundentscheidung nach § 197 a Abs. 1 S. 1 Hs. 2 und 3. Nach Abs. 1 S. 1 Hs. 2 finden die §§ 184 bis § 195 in den Verfahren nach § 197 a, in denen Kosten nach dem GKG erhoben werden, keine Anwendung. Stattdessen hat das Gericht die Kostengrundentscheidung gemäß Abs. 1 S. 1 Hs. 3 nach den §§ 154 bis 162 VwGO zu treffen. Damit betreffen diese beiden Halbsätze anders als der erste Halbsatz die Tragung der Kosten zwischen den Beteiligten untereinander. 20

Nach § 161 Abs. 1 VwGO hat das Gericht **von Amts wegen im Urteil oder bei anderweitiger Beendigung durch Beschluss** über die Kosten zu entscheiden. Unter den Kosten sind nach § 162 Abs. 1 VwGO die Gerichtskosten (Gebühren und Auslagen) und die zur zweckentsprechenden Rechtsverfolgung oder Rechtsverteidigung notwendigen Aufwendungen der Beteiligten einschließlich der Kosten des Vorverfahrens (außergerichtliche Kosten) zu verstehen. Dabei sind auch im Verfahren nach § 197 a die Gebühren und Auslagen eines Rechtsanwaltes oder Rechtsbeistandes privilegiert, da diese ebenso wie nach § 193 Abs. 3 stets erstattungsfähig sind (→ § 193 Rn. 12 ff.). Die Rechtsanwaltsvergütung richtet sich in den Verfahren nach § 197 a nach dem Gegenstandswert (→ § 197 Rn. 10), außer der Auftraggeber ist ein nach § 183 privilegierter Beigeladener (§ 1 Abs. 1 RVG). Die Kosten eines Bevollmächtigten im Vorverfahren werden anders als bei § 193 (→ § 193 Rn. 7) aber nur erstattet, wenn das Gericht die Hinzuziehung des Anwalts für notwendig erklärt. Behörden und juristische Personen des öffentlichen Rechts können nach § 162 Abs. 2 S. 3 VwGO statt den tatsächlichen Auslagen für Post und Telekommunikationsdienstleistungen den Höchstsatz der Pauschale nach der Nr. 7002 der Anlage 1 zum RVG (VV) geltend machen.

Ebenso wie bei § 193 gilt auch in der VwGO der **Grundsatz der Einheitlichkeit der Kostenentscheidung**, dh das Gericht entscheidet außer in den vom Gesetz vorgesehenen Ausnahmefällen, einheitlich und insgesamt über alle gerichtlichen und außergerichtlichen Kosten des Verfahrens (→ § 193 Rn. 7 f.). Die höheren Instanzen entscheiden über die Kosten der unteren Instanzen mit.[26]

3. Inhalt der Kostenentscheidung. Anders als § 193 enthalten die Vorschriften der VwGO zahlreiche Bestimmungen zum Inhalt der Kostenentscheidung. 21

a) Orientierung am Verfahrensausgang und am Veranlasserprinzip. Nach § 154 Abs. 1 und Abs. 2 VwGO trägt der **unterliegende Teil die Kosten**. Diese sind je nach Grad des Unterliegens verhältnismäßig zu quoteln oder gegeneinander aufzuheben (§ 155 Abs. 1 S. 1 VwGO). Werden die Kosten gegeneinander aufgehoben, so fallen die Gerichtskosten gemäß § 155 Abs. 1 S. 2 VwGO jedem Teil zur Hälfte zur Last. Unterliegt der eine Beteiligte nur zu einem geringen Teil, so können dem anderen die gesamten Kosten nach § 155 Abs. 1 S. 3 VwGO aufer- 22

26 Meyer-Ladewig/Keller/Leitherer/Schmidt § 197 a Rn. 11 a.

legt werden. Bei einem sofortigen Anerkenntnis fallen die Kosten dem Kläger zur Last (§ 156 VwGO).

23 **b) Kostenentscheidung bei Erledigung der Hauptsache.** Ist der Rechtsstreit in der Hauptsache erledigt, so entscheidet das Gericht nach § 161 Abs. 2 VwGO durch Beschluss. Anders als bei § 193 hat in diesem Fall zwingend von Amts wegen eine Kostenentscheidung zu ergehen.[27] Hierbei hat das Gericht außer bei Fortsetzungsfeststellungsklagen gemäß § 113 Abs. 1 S. 4 VwGO nach billigem Ermessen unter Berücksichtigung des bisherigen Streitstandes, dh nach den Erfolgsaussichten der Klage im Zeitpunkt der Erledigung, zu entscheiden.

Nach § 161 Abs. 2 S. 2 VwGO ist das Verfahren auch bei einseitiger Erledigungserklärung des Klägers erledigt, wenn der Beklagte nicht binnen zwei Wochen nach Zustellung der Erledigungserklärung und Hinweis des Gerichts auf diese Folge widerspricht. Im Übrigen dürfte im sozialgerichtlichen Verfahren, anders als im verwaltungsgerichtlichen Verfahren, auch in den Verfahren nach § 197 a der Rechtsstreit durch die einseitige Erledigungserklärung des Klägers beendet sein[28]. Diese Erklärung ist als Prozesserklärung je nach Prozessstand entweder als Klagerücknahme oder als Anerkenntnisannahmeerklärung auszulegen.

24 **c) Kostenentscheidung bei Klagerücknahme.** § 161 Abs. 2 S. 1 VwGO gilt im sozialgerichtlichen Verfahren aber nicht bei Rücknahme der Klage, des Antrags, des Rechtsmittels oder des Rechtsbehelfs, denn nach § 155 Abs. 2 VwGO hat der Zurücknehmende die Kosten zu tragen, und nach § 197 a Abs. 1 S. 3 ist in diesen Fällen § 161 Abs. 2 VwGO ausdrücklich nicht anzuwenden. § 155 Abs. 2 VwGO ist aber nicht anzuwenden, wenn der Kläger die Klage einseitig für erledigt erklärt hat, und sich dies nach der Prozesssituation nicht als Klagerücknahme darstellt, denn diese zwingende Kostenfolge soll nur bei ausdrücklicher Klagerücknahme erfolgen. In diesem Fall ist es zweckmäßig, § 161 Abs. 2 VwGO anzuwenden.

25 **d) Kostenentscheidung bei Untätigkeitsklage.** In den Fällen der Untätigkeitsklage fallen die Kosten der Beklagten zur Last, wenn der Kläger mit seiner Bescheidung vor Klageerhebung rechnen durfte (§ 161 Abs. 3 VwGO).

26 **e) Wiedereinsetzung und Wiederaufnahmeverfahren.** Kosten einer Wiedereinsetzung in den vorigen Stand fallen nach § 155 Abs. 3 VwGO dem Antragsteller zur Last. Kosten eines Wiederaufnahmeverfahrens können der Staatskasse auferlegt werden, wenn dieses erfolgreich war und die Kosten nicht durch ein Verschulden eines Beteiligten entstanden sind (§ 154 Abs. 4 VwGO).

27 **f) Verschuldenskosten.** Nach § 155 Abs. 4 VwGO können einem Beteiligten die Kosten auferlegt werden, die durch sein Verschulden entstanden sind.

28 **g) Kosten bei mehreren Beteiligten und Kostentragung bei Vergleich.** Nach § 159 S. 1 VwGO gilt § 100 ZPO, wenn der kostenpflichtige Teil aus mehreren Personen besteht. Kann diesen Beteiligten gegenüber nur einheitlich entschieden werden, so werden ihnen nach § 159 S. 2 VwGO die Kosten als Gesamtschuldner auferlegt. Damit entspricht § 159 VwGO der Regelung des § 194 (vgl. auch dort). Ist in einem Vergleich keine Regelung über die Kosten erfolgt, so tragen

---

27 AA SG Dresden 8.1.2003 – S 1 SF 12/02, juris, das ein Kostenentscheidung für entbehrlich hält, wenn Gerichtskosten nicht angefallen sind, und die übrigen Beteiligten keine Kostenerstattung beanspruchen.

28 AA BSG 9.4.2019 – B 1 KR 3/18 R (Fortsetzungsfeststellungsklage), juris.

die Beteiligten nach § 160 VwGO die Gerichtskosten je zur Hälfte, während sie ihre außergerichtlichen Kosten selbst tragen. Damit korreliert § 160 VwGO mit § 195. Er gilt nicht, wenn die Beteiligten im Vergleich die Kostenregelung der Entscheidung des Gerichts überlassen[29] (→ § 195 Rn. 7).

h) Beiladung. Nach § 154 Abs. 3 VwGO können Beigeladenen nur im Falle von Verschulden nach § 155 Abs. 4 VwGO, bei Einlegung eines Rechtsmittels oder nach der Stellung von Anträgen Kosten auferlegt werden. Diese Regelung wird für das sozialgerichtliche Verfahren über § 197 a Abs. 2 modifiziert (→ Rn. 32). Außergerichtliche Kosten des Beigeladen können nach § 162 Abs. 3 VwGO erstattet werden, wenn das Gericht diese dem unterliegenden Teil oder der Staatskasse aus Billigkeit auferlegt. 29

V. Abweichungen der Kostengrundentscheidung nach § 197 a zu den §§ 154 bis 162 VwGO

Abs. 1 S. 3 und Abs. 2 regeln abweichend bzw. zusätzlich zu den Regelungen der VwGO weitere Besonderheiten der Kostengrundentscheidung nach § 197 a. 30

1. Ausschluss des § 161 Abs. 2 VwGO bei der Klagerücknahme. Nach Abs. 1 S. 2 ist § 161 Abs. 2 VwGO, dh die Entscheidung nach billigem Ermessen unter Berücksichtigung des bisherigen Sach- und Streitstandes, bei der Klagerücknahme ausgeschlossen. Demnach gilt in diesem Fall die Vorschrift des § 155 Abs. 2 VwGO mit der Folge, dass der zurücknehmende Kläger die Kosten trägt. Dies gilt selbst dann, wenn dieser Klagerücknahme ein außergerichtlicher Vergleich zugrunde liegt, der eine hiervon abweichende Kostenregelung trifft.[30] 31

2. Kostentragung des Beigeladenen bei Verurteilung. Die VwGO kennt in § 154 Abs. 3 nur die Kostenerstattung für Beigeladene, wenn dieser Anträge gestellt hat[31] oder Rechtsmittel eingelegt hat[32] oder Kosten nach § 155 Abs. 4 VwGO verschuldet hat. Nachdem im sozialgerichtlichen Verfahren ein beigeladener Versicherungsträger nach § 75 Abs. 5 auch verurteilt werden kann, regelt Abs. 2 S. 1, dass der Beigeladene im Falle der Verurteilung mit der Tragung der Kosten belastet wird. 32

3. Sonderregelungen bei beigeladenem Privilegierten. Abs. 2 S. 2 und 3 treffen Sonderregelungen für den Fall, dass der Beigeladene ein Privilegierter im Sinne von § 183 ist. Diesem können, außer im Fall des § 192, **keine Kosten auferlegt werden.** Dem beigeladenen Versicherten können nach § 191 bei persönlichem Erscheinen seine Aufwendungen erstattet werden. S. 3 ist insoweit eine Rechtsgrundverweisung auf § 191.[33] Die Aufwendungen gehören nicht zu den Gerichtskosten, dh sie werden von der Staatskasse bezahlt,[34] und fließen nicht in die Kostengrundentscheidung nach § 197 a ein. 33

29 Kopp/Schenke § 160 Rn. 1.
30 BSG 29.9.2011 – B 1 KR 1/11 R, juris.
31 BSG 29.8.2011 – B 6 KA 18/11 R und 13.10.2010 – B 6 KA 2/10 B, beide juris.
32 BSG 6.5.2009 – B 6 KA 2/08 R, juris.
33 BT-Drs. 14/5943, 29 zu Nr. 68; zu den Voraussetzungen vgl. die Kommentierung zu § 191.
34 BT-Drs. 14/5943, 29 zu Nr. 68.

VI. Geltung für Sozialhilfeträger/Träger der Eingliederungshilfe bei Erstattungsstreitigkeiten – Abs. 3

34 Im Zuge des Übergangs der Zuständigkeit für Angelegenheiten der Sozialhilfe von den Verwaltungsgerichten auf die Sozialgerichte zum 1.1.2005 war eine dem § 188 S. 2 VwGO entsprechende Regelung erforderlich, da nach § 64 Abs. 3 S. 2 SGB X die Träger der Sozialhilfe von der Gerichtsgebührenpflicht befreit sind. Diese Privilegierung soll aber nicht für Erstattungsstreitigkeiten mit anderen Trägern gelten. Abs. 3 geht auf den Vorschlag des Bundesrates zurück.[35] Da die Eingliederungshilfe seit 1.1.2020 im 2. Teil des SGB IX geregelt ist und nicht mehr von den Trägern der Sozialhilfe, sondern den Trägern der Eingliederungshilfe gewährt wird, war hier eine ausdrückliche Nennung erforderlich.

Dabei trifft ihn **keine Kostenpflicht**, wenn der erstattungsberechtigte Sozialhilfeträger **nach § 95 S. 1 SGB XII** im Wege der gesetzlichen Prozessstandschaft gegenüber einem anderen Sozialleistungsträger klagt (dann § 183)[36] oder der Sozialhilfeträger einen Rechtsstreit mit einem anderen Beteiligten führt, der nicht kostenprivilegiert ist (dann § 197 a).[37]

Gerichtsgebühren sind gegenüber dem Sozialhilfeträger selbst bei Vorliegen eines Erstattungsstreits dann nicht festzusetzen, wenn dieser ein **Stadtstaat**[38] ist, denn die Bundesländer sind nach § 2 Abs. 1 S. 1 GKG (→ § 185 Rn. 11) von der Zahlung von Gerichtskosten befreit.

VII. Rechtsmittel

35 Die Kostenentscheidung im **Urteil** ist nur zusammen mit der Hauptsache durch Berufung anzufechten (§ 158 Abs. 1 VwGO). Eine Beschränkung nur auf die Kostenentscheidung ist nach § 144 Abs. 4 nicht zulässig. Die Kostenentscheidung durch **Beschluss** ist nach § 197 a Abs. 1 S. 1 iVm § 158 Abs. 2 nicht anfechtbar.[39] Nachdem nach der Einführung des § 172 Abs. 3 Nr. 3 Kostengrundentscheidungen nach § 193 auch unanfechtbar sind, sind nun die beiden Verfahrensarten insoweit einheitlich geregelt.

VIII. Tenorierung

36 Die Kostentenorierung kann zB lauten:

▶ **Tenor:**

Der Kläger trägt die Kosten des Rechtstreits/Verfahrens.

Der Kläger trägt ein Drittel, die Beklagte zwei Drittel der Kosten des Rechtstreits/Verfahrens.

Die Beigeladene trägt die Kosten des Rechtstreits/Verfahrens.

---

35 BT-Drs. 15/3169, 12 Nr. 8.
36 LPK-SGB XII § 95 Rn. 6.
37 BSG 28.1.2016 – B13 SF 3/16 S, juris.
38 SchlHLSG 3.9.2012 – L 5 SF 18/12 B KO, juris.
39 HessLSG 29.3.2004 – L 14 B 55/03 P, juris; aA LSG NRW 25.8.2003 – L 5 B 25/02, Breith. 2003, 877; LSG Bln 28.4.2004 – L 6 B 44/03 AL ER, juris; ebenfalls anders für den Ausnahmefall, dass nach Ergehen eines Urteils mit unzutreffender Kostenentscheidung nach § 193 noch ein anderslautender Kostenbeschluss nach § 197 a ergeht: LSG NRW 28.10.2015 – L 8 R 401/15 B, juris.

Die Beteiligten tragen die Gerichtskosten je zur Hälfte, die außergerichtlichen Kosten werden gegeneinander aufgehoben. ◀

§ 197 b [Ansprüche beim Bundessozialgericht]

[1]Für Ansprüche, die beim Bundessozialgericht entstehen, gelten das Justizverwaltungskostengesetz und das Justizbeitreibungsgesetz entsprechend, soweit sie nicht unmittelbar Anwendung finden. [2]Vollstreckungsbehörde ist die Justizbeitreibungsstelle des Bundessozialgerichts.

I. Allgemeines

1 **1. Entstehungsgeschichte.** Die Vorschrift wurde mit Wirkung zum 1.4.2008 durch das 8. SGGÄndG vom 26.3.2008 (BGBl. 2008 I 444) eingefügt, durch G. vom 23.7.2013 (BGBl. 2013 I 2586) mWz 1.8.2013 geändert, da nunmehr nicht mehr die Justizverwaltungsordnung, sondern das Justizverwaltungsgesetz gilt, sowie zuletzt geändert durch G. vom 21.11.2016 (BGBl. 2016 I 2591) mWz 1.7.2017, da ab diesem Zeitpunkt nicht mehr die Justizbeitreibungsordnung, sondern das Justizbeitreibungsgesetz gilt. Die Regelung wurde erforderlich, da es für die Beitreibung von Gerichtskosten, die am BSG entstehen, bisher keine Rechtsgrundlage gab. Das BSG war so gezwungen, sich bei den Zivilgerichten einen vollstreckbaren Titel zu besorgen.[1]

2 **2. Parallelvorschriften.** § 197 b orientiert sich an **§ 12 ArbGG.**

II. Geltung des Justizverwaltungskostengesetzes und der Justizbeitreibungsordnung

3 Nach § 197 b S. 1 sind hinsichtlich Ansprüchen auf Gerichtskosten, die beim BSG entstehen, das Justizverwaltungskostengesetz und die Justizbeitreibungsordnung (ab 1.7.2017 das Justizbeitreibungsgesetz) entsprechend anzuwenden, soweit diese nicht direkt Anwendung finden. Die Vorschrift hat in der Praxis bislang kein großes Streitpotential[2] entwickelt.

III. Vollstreckungsbehörde

4 Vollstreckungsbehörde ist insoweit nach S. 2 die Justizbeitreibungsstelle des BSG.

---

1 BT-Drs. 16/7716, 29 zu Nr. 33.

2 Zu den Rechtsbehelfen gegen Vollstreckungsakte aufgrund der JBeitrO vgl. Hennig/Münker § 197 b 6 f. und Zeihe § 197 b Rn. 4 a ff.

Zweiter Unterabschnitt Vollstreckung

§ 198 [Geltung der ZPO]

(1) Für die Vollstreckung gilt das Achte Buch der Zivilprozeßordnung[1] entsprechend, soweit sich aus diesem Gesetz nichts anderes ergibt.

(2) Die Vorschriften über die vorläufige Vollstreckbarkeit sind nicht anzuwenden.

(3) An die Stelle der sofortigen Beschwerde tritt die Beschwerde (§§ 172 bis 177).

I. Allgemeines

1 **1. Entstehungsgeschichte.** § 198 bestand bis zum 6. SGGÄndG vom 17.8.2001 (BGBl. 2001 I 2144) unverändert in der seit Inkrafttreten des SGG geltenden Fassung. Durch das 6. SGGÄndG wurde mit Wirkung zum 2.1.2001 die in Abs. 2 bislang niedergelegte Nichtanwendbarkeit der Vorschriften der ZPO über den Arrest und die einstweilige Verfügung aufgehoben. Dies wurde notwendig, da die Neuregelung über die einstweilige Anordnung in § 86 b Abs. 2 S. 4 nunmehr ausdrücklich auf die insoweit geltenden ZPO-Vorschriften verweist.[2]

2 **2. Parallelvorschriften.** Die §§ 167 bis 172 VwGO verweisen im Hinblick auf die Vollstreckung auf die ZPO und das VwVG; die §§ 150 bis 154 FGO auf die ZPO und die AO. Für die Vollstreckung zivilgerichtlicher Titel gilt das Achte Buch der ZPO.

II. Anwendungsbereich

3 Die §§ 198 bis 201 betreffen die Vollstreckung gerichtlicher Entscheidungen und anderer in § 199 Abs. 1 genannter Titel, nicht die Vollstreckung von Verwaltungsakten; hierfür gilt § 66 SGB X.[3] § 198 Abs. 1 und seine Verweisung auf die Vorschriften der §§ 704 bis 945 ZPO gilt nur für die Vollstreckung von Titeln, bei denen der Vollstreckungsgläubiger eine natürliche oder juristische Person des Privatrechts ist. Ist der Vollstreckungsgläubiger eine juristische Person des öffentlichen Rechts, so sind über § 200 die Vorschriften des VwVG anzuwenden. Die ZPO findet dann nur insoweit Anwendung wie das VwZG auf sie

1 Siehe §§ 704 bis 945 ZPO.
2 BT-Drs. 14/5943, 29 zu Nr. 69.
3 Hennig/Ruppelt § 198 Rn. 4; Meyer-Ladewig/Keller/Leitherer/Schmidt § 198 Rn. 3; Breitkreuz/Fichte § 198 Rn. 1; Jansen § 198 Rn. 1.

verweist.[4] Die Vollstreckung durch Personen des Privatrechts kann sich nach § 198 Abs. 1 und der ZPO gegen die öffentliche Hand oder eine andere Privatperson richten, was abgesehen von außergerichtlichen Kosten in Beiladungsfällen und Beitragsforderungen von privaten Pflegeversicherungsunternehmen nicht vorkommen dürfte.[5] Da demnach der Vollstreckungsschuldner in der Regel ein Leistungsträger oder die öffentliche Hand ist, die gerichtliche Entscheidungen in Erfüllung ihrer öffentlichen Aufgaben auszuführen haben, ist der Anwendungsbereich des § 198 in der Praxis gering.[6]

III. Vollstreckungsvoraussetzungen

Nach der ZPO setzt die Durchführung einer Vollstreckung das Vorliegen von Titel, Klausel und Zustellung voraus. 4

1. Titel. Vollstreckt wird nach der ZPO aus inländischen (§ 704 ZPO) und ausländischen (§§ 722, 723 ZPO) Urteilen, sowie aus den in § 794 ZPO genannten Titeln. Insoweit trifft das SGG in § 199 Abs. 1 eine Sonderregelung (→ § 199 Rn. 3), so dass die genannten ZPO-Vorschriften nach § 198 Abs. 1 keine Anwendung finden. Ein Urteil bzw. ein anderer Titel kann nur dann vollstreckt werden, wenn es einen vollstreckungsfähigen Inhalt hat (→ § 199 Rn. 4). Nicht vollstreckungsfähig sind insbesondere Feststellungs- und Gestaltungsurteile, da deren Rechtsfolge automatisch mit Verkündung eintritt. 5

2. Klausel. Ist das Urteil vollstreckungsfähig, so ist weiterhin erforderlich, dass dieses mit der Vollstreckungsklausel versehen wird. Insoweit sind über § 198 Abs. 1 die §§ 724 und 725 ZPO anzuwenden. Zuständig für die Klauselerteilung ist nach § 724 Abs. 2 ZPO der Urkundsbeamte des SG bzw., wenn der Rechtsstreit bei einem höheren Gericht anhängig ist, der Urkundsbeamte der Geschäftsstelle dieses Gerichts. Die Klausel ist nach § 725 ZPO auf einer Ausfertigung des Urteils anzubringen. Diese entstehende Urkunde bezeichnet man als vollstreckbare Ausfertigung (§ 724 ZPO). Auf Antrag kann dem Vollstreckungsgläubiger hierfür eine verkürzte Ausfertigung ohne Tatbestand und Entscheidungsgründe nach § 199 Abs. 4 erteilt werden (→ Rn. 7). 6

3. Zustellung. Die vollstreckbare Ausfertigung ist dem Schuldner nach § 750 ZPO zuzustellen. Es genügt nach § 750 Abs. 1 S. 2 ZPO die Zustellung durch den Gläubiger. Die Zustellung der vereinfachten Ausfertigung nach § 199 Abs. 4 genügt. Die Zustellung erfolgt über § 63 Abs. 2, der seit dem 1.7.2002 auf die §§ 166 ff. ZPO und nicht mehr auf die Vorschriften des VwZG verweist. 7

4. Durchführung. Zuständig für die Durchführung der Zwangsvollstreckung ist generell der Gerichtsvollzieher, soweit diese nicht den Gerichten zugewiesen ist (§ 753 ZPO). Der Gerichtsvollzieher ist für Vollstreckung von Geldforderungen in bewegliche Sachen zuständig. Soll wegen Geldforderungen in Forderungen oder andere Vermögensrechte vollstreckt werden, so ist das Gericht zuständig (§ 828 Abs. 1 ZPO). 8

IV. Differenzierung der Zwangsvollstreckung nach Inhalt des Titels

Für die Durchführung der Zwangsvollstreckung nach der ZPO ist danach zu unterscheiden, welchen **Inhalt der Anspruch des Vollstreckungsgläubigers hat.** 9

4 Hennig/Ruppelt § 198 Rn. 14.
5 Hennig/Ruppelt § 198 Rn. 13.
6 Breitkreuz/Fichte § 198 Rn. 1; Hintz/Lowe § 198 Rn. 2, 5.

Die ZPO kennt einerseits die Vollstreckung wegen Geldforderungen und die Vollstreckung zur Herausgabe von Sachen und zur Erwirkung von Handlungen und Unterlassungen.

10 **1. Geldforderungen.** Hat der Vollstreckungsgläubiger nach dem Titel Anspruch auf eine Geldforderung, was wohl der häufigste Fall sein wird, so gelten die §§ 803 bis 882 a ZPO. Dabei ist dann für die Durchführung der Zwangsvollstreckung weiter zu differenzieren, in welche Vermögensgegenstände vollstreckt werden soll (bewegliche und unbewegliche Gegenstände; körperliche Gegenstände und Forderungen). Hier ist bei Vollstreckungen gegen die öffentliche Hand § 882 a ZPO als Sondervorschrift zu beachten. Nach § 882 a Abs. 1 S. 1 ZPO ist die Vollstreckung erst vier Wochen, nachdem der Gläubiger angezeigt hat, dass er die Zwangsvollstreckung betreiben will, zulässig. Auch kann nach Abs. 2 nicht in Sachen vollstreckt werden, die für die Erfüllung der öffentlichen Aufgaben des Schuldners unentbehrlich sind, oder deren Veräußerung ein öffentliches Interesse entgegensteht.

11 **2. Herausgabe von Sachen.** Die Vollstreckung wegen der Herausgabe von Sachen regelt sich nach den §§ 883 bis 886 ZPO, wobei dies im sozialgerichtlichen Verfahren kaum vorkommen dürfte.

12 **3. Erwirken von Handlungen und Unterlassungen.** Für das Erwirken von Handlungen bzw. Unterlassungen des Schuldners gelten die §§ 887 bis 898 ZPO. Insoweit trifft aber § 201 eine Sonderregelung, die den ZPO-Vorschriften vorgeht (→ § 201 Rn. 3).

V. Sonderregelungen des SGG in der Zwangsvollstreckung

13 Nach § 198 Abs. 1 gelten die Vorschriften der ZPO nur, soweit sich aus dem SGG nicht etwas anderes ergibt. Es gelten die folgenden Abweichungen von der ZPO.

14 **1. Vorläufige Vollstreckbarkeit.** Nach Abs. 2 sind die Vorschriften über die vorläufige Vollstreckbarkeit von Urteilen nach der ZPO nicht anzuwenden. Dies ergibt sich daraus, dass sozialgerichtliche Urteile unabhängig von der Rechtskraft grundsätzlich sofort vollstreckbar sind.[7] Hat ein Rechtsmittel ausnahmsweise aufschiebende Wirkung, so ist eine Vollstreckung nach § 199 Abs. 2 (→ § 199 Rn. 4) ausgeschlossen.[8] Das SGG kennt damit keine vorläufige Vollstreckbarkeit, somit sind die Regeln der ZPO auch nicht anzuwenden.

15 **2. Beschwerde.** Im Zwangsvollstreckungsverfahren nach der ZPO ist nach § 793 ZPO gegen Entscheidungen des Vollstreckungsgerichts die sofortige Beschwerde gegeben. Nach Abs. 3 wird die sofortige Beschwerde im sozialgerichtlichen Verfahren durch die Beschwerde nach den §§ 172 bis 177 ersetzt, wenn das SG Vollstreckungsgericht ist. Dies gilt aber dann nicht, wenn das Amtsgericht als Vollstreckungsgericht tätig wird, denn hier besteht keine Notwendigkeit, § 198 Abs. 3 auf das zivilgerichtliche Verfahren zu übertragen.[9]

16 **3. Sonderregelungen der §§ 199 bis 201.** Die §§ 199 bis 201 treffen insoweit weitere Sondervorschriften, die jeweils der Kommentierung dort zu entnehmen sind.

---

7 Jansen § 198 Rn. 6.
8 Hennig/Ruppelt § 198 Rn. 16.
9 Hennig/Ruppelt § 198 Rn. 19; Meyer-Ladewig/Keller/Leitherer/Schmidt § 198 Rn. 7; aA GK/Bley § 198 Anm. 5 a.

VI. Rechtsbehelfe in der Zwangsvollstreckung

Die ZPO kennt in der Zwangsvollstreckung zahlreiche Rechtsbehelfe, die auch im sozialgerichtlichen Verfahren gelten. 17

Macht der Schuldner **materiellrechtliche Einwendungen gegen den Titel geltend**, so ist die **Vollstreckungsgegenklage nach § 767 ZPO** der richtige Rechtsbehelf. Hierfür sind die Sozialgerichte zuständig.[10] 18

Die Sozialgerichte sind auch dann zuständig, wenn **Einwendungen gegen die Erteilung der Klausel** (Klauselerinnerung) erhoben werden. Dies ergibt sich aus **§ 732 Abs. 1 ZPO.**[11] Die Sozialgerichte sollen auch für die einstweilige Einstellung der Zwangsvollstreckung zuständig sein, wobei auch das SG hier unanfechtbar entscheidet.[12] 19

Demgegenüber sind nach hM die **Amtsgerichte als Vollstreckungsgerichte** zuständig, wenn Einwendungen gegen die Art und Weise der Zwangsvollstreckung nach **§ 766 ZPO** erhoben werden oder eine Drittwiderspruchsklage nach **§ 771 ZPO** erhoben wird.[13] Die Gegenmeinung lässt sich weder mit dem Wortlaut des § 198 Abs. 1 vereinbaren (Abweichungen müssen sich aus dem SGG ergeben), noch erscheint es notwendig, diese Rechtsstreitigkeiten den mit den Modalitäten der Zwangsvollstreckung vertrauten Amtsgerichten zu entziehen.[14] 20

Gegen **Beschlüsse des Amtsgerichts** als Vollstreckungsgericht ist nach § 793 Abs. 1 ZPO die **sofortige Beschwerde zulässig**; gegen **Entscheidungen des SG** ist nach § 198 Abs. 3 iVm §§ 172 bis 177 die **Beschwerde** der richtige Rechtsbehelf. Entscheidungen des LSG oder BSG sind unanfechtbar. 21

§ 199 [Vollstreckungstitel]

(1) Vollstreckt wird
1. **aus gerichtlichen Entscheidungen, soweit nach den Vorschriften dieses Gesetzes kein Aufschub eintritt,**
2. **aus einstweiligen Anordnungen,**
3. **aus Anerkenntnissen und gerichtlichen Vergleichen,**
4. **aus Kostenfestsetzungsbeschlüssen,**
5. **aus Vollstreckungsbescheiden.**

(2) [1]Hat ein Rechtsmittel keine aufschiebende Wirkung, so kann der Vorsitzende des Gerichts, das über das Rechtsmittel zu entscheiden hat, die Vollstreckung durch einstweilige Anordnung aussetzen. [2]Er kann die Aussetzung und Vollstreckung von einer Sicherheitsleistung abhängig machen; die §§ 108, 109, 113 der Zivilprozeßordnung gelten entsprechend. [3]Die Anordnung ist unanfechtbar; sie kann jederzeit aufgehoben werden.

(3) [1]Absatz 2 Satz 1 gilt entsprechend, wenn ein Urteil nach § 131 Abs. 4 bestimmt hat, daß eine Wahl oder eine Ergänzung der Selbstverwaltungsorgane zu wiederholen ist. [2]Die einstweilige Anordnung ergeht dahin, daß die Wiederho-

10 Hennig/Ruppelt § 198 Rn. 18; Meyer-Ladewig/Keller/Leitherer/Schmidt § 198 Rn. 5 a.
11 BayLSG 27.3.2009 – L 8 SO 100/08, juris; Hennig/Ruppelt § 198 Rn. 18; Meyer-Ladewig/Keller/Leitherer/Schmidt § 198 Rn. 5 a.
12 LSG NRW 23.2.2017 – L 17 U 747/16 B ER; LSG Bln 8.3.2017 – L 39 SF 1/17 B E ER; aA LSG Nds-Brem 9.1.2017 – L 3 KA 87/16 B ER, alle juris.
13 Bürck DAngVers 1990, 445 (449); Hennig/Ruppelt § 198 Rn. 17; Meyer-Ladewig/Keller/Leitherer/Schmidt § 198 Rn. 5 und 5 a; aA GK/Bley § 198 Anm. 3 a.
14 Hennig/Ruppelt § 198 Rn. 17.

lungswahl oder die Ergänzung der Selbstverwaltungsorgane für die Dauer des Rechtsmittelverfahrens unterbleibt.

(4) Für die Vollstreckung können den Beteiligten auf ihren Antrag Ausfertigungen des Urteils ohne Tatbestand und ohne Entscheidungsgründe erteilt werden, deren Zustellung in den Wirkungen der Zustellung eines vollständigen Urteils gleichsteht.

I. Allgemeines

1 **1. Entstehungsgeschichte.** Der Vollstreckungsbescheid wurde mit dem 5. SGGÄndG vom 30.3.1998 (BGBl. 1998 I 638), die einstweilige Anordnung mit dem 6. SGGÄndG vom 17.8.2001 (BGBl. 2001 I 2144) als Vollstreckungstitel hinzugefügt. Davon abgesehen besteht die Vorschrift unverändert in der Fassung vom 3.9.1953.

2 **2. Parallelvorschriften.** §§ 704, 722, 723 und 794 ZPO enthalten die Vorschriften über Titel im zivilgerichtlichen Verfahren; § 168 VwGO und § 151 Abs. 2 bis 4 FGO für die anderen öffentlich-rechtlichen Verfahrensordnungen. Abs. 2 entspricht den §§ 709 und 719 ZPO.

II. Vollstreckungstitel im sozialgerichtlichen Verfahren

3 Abs. 1 enthält eine abschließende Aufzählung der Titel, aus denen im sozialgerichtlichen Verfahren vollstreckt werden kann. Abs. 1 ist damit eine Sonderregelung zu den §§ 704, 722, 723 und 794 ZPO, die daher nach § 198 Abs. 1 keine Anwendung finden.

4 **1. Gerichtliche Entscheidungen.** Die Vollstreckung findet in erster Linie aus gerichtlichen Entscheidungen statt. Dies sind Urteile, Gerichtsbescheide, die gem. § 105 Abs. 3 als Urteil wirken, und Beschlüsse. Voraussetzung ist jedoch, dass diese Entscheidungen der Vollstreckung fähig sind, dh auf ein bestimmtes oder bestimmbares Verhalten, etwa die Zahlung einer bestimmten Geldleistung oder die Gewährung einer konkreten Dienst- oder Sachleistung, gerichtet sind. Nicht vollstreckungsfähig sind Feststellungs- und Gestaltungsurteile, denn deren Rechtsfolge tritt mit Verkündung des Urteils ein, eine Vollstreckung ist daher insoweit unmöglich. Auf die kombinierte Anfechtungs- und Leistungsklage nach § 54 Abs. 4 ergehende Grundurteile sind nur hinsichtlich des Erlasses des ausführenden Verwaltungsaktes durch den Beklagten nach § 201 vollstreckbar (→

§ 201 Rn. 3 ff.).[1] Ferner nicht vollstreckungsfähig sind klageabweisende Urteile. Hier käme eine Vollstreckung nur für den Kostenausspruch in Betracht, der dazu aber beziffert sein müsste, was in der Regel nicht der Fall sein wird. Hauptanwendungsfall der Ziffer 1 ist demnach das Urteil auf eine echte Leistungsklage nach § 54 Abs. 5.[2] Auch aus Beschlüssen dürfte eine Vollstreckung in der Praxis kaum in Betracht kommen, denn in Betracht kämen hier nur bezifferte Kostenbeschlüsse nach den §§ 192, 193 Abs. 1 S. 2, die selten vorkommen, und Beschlüsse des LSG nach § 153 Abs. 4 und § 158 S. 2, die aber die Berufung als unzulässig oder unbegründet zurückweisen und daher nicht vollstreckungsfähig sind. Weitere Voraussetzung nach Nr. 1 ist, dass gegen die gerichtliche Entscheidung nach dem SGG keine aufschiebende Wirkung besteht. Denn dann wäre die Vollstreckung nicht zulässig. Aufschiebende Wirkung tritt ein, wenn ein Rechtsbehelf gegen die gerichtliche Entscheidung aufschiebende Wirkung hat oder wenn die Vollstreckung nach Abs. 2 ausgesetzt wird (→ Rn. 9 ff.).

Berufung, Revision und Nichtzulassungsbeschwerde haben nach § 154 Abs. 1 und § 165 aufschiebende Wirkung, wenn eine Klage nach § 86 a Aufschub bewirken würde, also nur bei reinen Anfechtungsklagen nach § 86 a Abs. 1. Aufschiebende Wirkung besteht ferner nach § 154 Abs. 2 und § 165, wenn der Versicherungsträger oder das Land in der Kriegsopferversorgung Beträge aus der Zeit vor Erlass des Urteils nachzahlen soll („Urteilsrente"; → § 154 Rn. 10 und Rn. 11 ff.).

Beschwerden haben nach § 175 nur dann aufschiebende Wirkung, wenn sie die Festsetzung eines Ordnungs- oder Zwangsmittels zum Gegenstand haben, das SGG auf die Vorschriften des GVG und der ZPO verweist und aufschiebende Wirkung nach diesen Vorschriften gegeben ist, also **nach § 181 Abs. 2 und § 572 ZPO**, oder wenn das Gericht den Vollzug nach **§ 175 S. 3** aussetzt.

2. Einstweilige Anordnungen. Seit dem 2.1.2002 fallen einstweilige Anordnungen nach § 86 b Abs. 2 unter Ziffer 2. 5

3. Anerkenntnisse und gerichtliche Vergleiche. Vollstreckungstitel sind nach der Nr. 3 ferner **angenommene Anerkenntnisse** und gerichtliche Vergleiche.[3] Ein gerichtlicher Vergleich liegt nur vor, wenn dieser **zur Niederschrift des Gerichts** erklärt wird,[4] ein gerichtlicher Vergleichsvorschlag in Beschlussform von den Beteiligten schriftlich angenommen wird (§ 101 Abs. 1 S. 2) oder das Gericht das Zustandekommen und den Inhalt eines außergerichtlicher Vergleichs nach § 202 S. 1 iVm § 278 Abs. 6 S. 2 ZPO durch Beschluss feststellt. Außergerichtliche Vergleiche werden nicht von der Nr. 3 erfasst.[5] Dieser Vergleich wird aber ebenso wie beim Beschluss nach § 278 Abs. 6 S. 2 ZPO zum gerichtlichen Vergleich, wenn er vom Gericht protokolliert wird.[6] Für die Vollstreckbarkeit von angenommenen Anerkenntnissen ist hingegen nicht erforderlich, dass diese zur Niederschrift des Gerichts erklärt werden. **Es reicht aus, dass Anerkenntnis und An-** 6

1 Hennig/Ruppelt § 198 Rn. 1 und 5.
2 Hennig/Ruppelt § 199 Rn. 5.
3 Hierunter fallen auch Überprüfungsvergleiche nach § 44 SGB X, BayLSG 8.3.2016 – L 7 AS 139/16 B ER, juris.
4 Hennig/Ruppelt § 199 Rn. 8.
5 Hennig/Ruppelt § 199 Rn. 9.
6 BayLSG 9.5.1965 – L 10 V 8/66 B.

nahme gegenüber dem Gericht schriftlich erklärt werden.[7] Dies ergibt sich aus dem **Wortlaut von Nr. 3**, der zwar von gerichtlichen Vergleichen, im Gegenzug aber nur von Anerkenntnissen spricht (sa § 101 Abs. 2).[8]

Da das **Anerkenntnis** selbst aber in der Regel **keinen vollstreckungsfähigen Inhalt** hat, kann die Vollstreckung hier nur erfolgen, wenn die vollstreckbare Ausfertigung den Klageantrag, das Anerkenntnis, die Annahme desselben und die gerichtliche Mitteilung, dass der Rechtsstreit durch das angenommene Anerkenntnis erledigt ist, enthält.[9] Anerkenntnisse in Anfechtungsklagen haben keinen vollstreckungsfähigen Inhalt, sondern unmittelbare rechtsgestaltende Wirkung, so dass es weder eines weiteren Vollzugsaktes oder Vollstreckung bedarf.[10]

7 **4. Kostenfeststellungsbeschlüsse.** Unter der Nr. 4 ist als Vollstreckungstitel weiterhin der Kostenfeststellungsbeschluss aufgeführt, der nach § 197 Abs. 1 S. 1 vom Urkundsbeamten getroffen wird. Daher fällt er nicht bereits unter § 199 Nr. 1.[11]

8 **5. Vollstreckungsbescheid.** Als letzter Vollstreckungstitel führt die Nr. 5 den Vollstreckungsbescheid nach § 182 a auf. Dieser wurde erst mit Einführung des Mahnverfahrens für Beitragsforderungen von privaten Pflegeversicherungsunternehmen eingefügt (→ Rn. 1). Hierfür ist eine Vollstreckungsklausel nach § 796 Abs. 1 ZPO grundsätzlich nicht erforderlich.[12]

III. Aussetzung der Vollstreckung nach Abs. 2

9 Nach Abs. 2 S. 1 kann der Vorsitzende des Gerichts, das über ein Rechtsmittel zu entscheiden hat, das keine aufschiebende Wirkung hat, durch einstweilige Anordnung die Vollstreckung aussetzen. Die Vorschrift gleicht das Fehlen des Rechtsinstituts der vorläufigen Vollstreckbarkeit (→ § 198 Rn. 14) aus.[13]

10 **1. Vorliegen eines vollstreckungsfähigen Titels.** Voraussetzung für die Aussetzung der Vollstreckung ist zunächst, dass ein Titel mit vollstreckungsfähigem Inhalt (→ Rn. 3 f.) vorliegt. Liegt ein solcher nicht vor, so ist keine Aussetzung nötig und möglich.[14]

11 **2. Eingelegter Rechtsbehelf.** Weitere Voraussetzung für Abs. 2 S. 1 ist, dass gegen den Titel ein Rechtsbehelf eingelegt worden ist, der keine aufschiebende Wirkung hat, denn bei aufschiebender Wirkung wäre der Titel nach § 199 Abs. 1 Nr. 1 nicht vollstreckungsfähig. Abs. 2 spricht zwar nur von Rechtsmittel, dies ist aber nach hM weit, nämlich im Sinne von Rechtsbehelf, auszulegen, da andernfalls im Fall der Erinnerung gegen einen Kostenfestsetzungsbeschluss nach § 197 Abs. 1 keine Anordnung nach Abs. 2 getroffen werden könnte.[15] Bei

7 HM Breitkreuz/Fichte § 199 Rn. 6; Jansen § 199 Rn. 5; aA Hennig/Ruppelt § 199 Rn. 7; LSG NRW 26.1.1982 – L 12 S. 19/81, Breith. 1982, 544; Hintz/Lowe § 199 Rn. 10 Protokollierung notwendig.
8 Meyer-Ladewig/Keller/Leitherer/Schmidt § 199 Rn. 3 c iVm § 101 Rn. 21 f.
9 Ähnlich Breitkreuz/Fichte § 199 Rn. 6; Jansen § 199 Rn. 5.
10 LSG LSA 27.1.2012 – L 5 AS 445/11 B, juris.
11 Hennig/Ruppelt § 199 Rn. 11.
12 Hennig/Ruppelt § 198 Rn. 12.
13 Breitkreuz/Fichte unter Bezugnahme auf Krasney/Udsching, XIII, Rn. 30.
14 Hennig/Ruppelt § 199 Rn. 17.
15 Hennig/Ruppelt § 199 Rn. 18; Meyer-Ladewig/Keller/Leitherer/Schmidt § 199 Rn. 7.

Beschlüssen besteht die Vorschrift in Konkurrenz zu § 175 Abs. 3, der die Aussetzung durch den iudex a quo vorsieht (→ § 175 Rn. 6).

12 **3. Keine aufschiebende Wirkung des Rechtsbehelfs.** Ob ein Rechtsmittel aufschiebende Wirkung hat, richtet sich nach § 154 und § 165 bzw. § 175 (→ Rn. 4). Berufung und Revision haben dann aufschiebende Wirkung, wenn es sich um reine Anfechtungsklagen handelt, die nicht den Ausnahmen des § 86 a Abs. 2 unterfallen. Im Rahmen des § 154 Abs. 2 ist insbesondere umstritten, ob die aufschiebende Wirkung nach dem Wortlaut nur gelten soll, wenn es um die Zahlung von Beträgen von **Versicherungsträgern** vor Erlass des Urteils geht oder auch dann, wenn **Grundsicherungsträger** beteiligt sind. Während der Vorsitzende des 8. Senats des BSG eine erweiternde Auslegung mangels Analogiefähigkeit für den Sozialhilfebereich ablehnt,[16] fehlt für das ALG II bislang eine höchstrichterliche Klärung. Während einige Gerichte mit guten Gründen für eine analoge Anwendung plädieren,[17] wird dies von anderen abgelehnt.[18] Da die Interessenlage gleich ist – sind doch Sozialleistungen und Sozialversicherungsleistungen beide existenzsichernd –, sollte § 154 vom Gesetzgeber ergänzt werden.

13 **4. Ermessensentscheidung.** Entsprechend dem Wortlaut von S. 1, 2 und 3 des Abs. 2 ist bei der Anordnung der Aussetzung oder deren Ablehnung eine Ermessensentscheidung zu treffen.[19] Der Gegenauffassung des 4. Senats des BSG[20] ist entgegenzuhalten, dass der Gesetzgeber bei Beabsichtigung einer gebundenen Entscheidung die Sätze 2 und 3 sicher nicht als „Kann-Vorschrift" ausgestaltet hätte.[21]

Im Rahmen der Ermessensentscheidung sind alle Umstände des Falles zu berücksichtigen und die Belange des durch die Entscheidung Begünstigten gegen das öffentliche Interesse, ein offensichtliches Fehlurteil nicht zu vollstrecken, gegeneinander abzuwägen.[22] Die Schwierigkeiten bei der Rückgängigmachung von „Urteilsrenten" sind in der Gestalt von konkreten Tatsachen geltend und glaubhaft zu machen.[23] Das allgemeine Vollstreckungsrisiko vermag eine Aussetzung im Regelfall aber nicht zu rechtfertigen.[24] Aussetzungsgrund kann auch die gegebene Erfolgsaussicht des Rechtsmittels in der Hauptsache sein.[25] Sind die Erfolgsaussichten des Rechtsmittels nicht überschaubar, so kommt es bei der Abwägung auf die betroffenen Interessen unter Berücksichtigung ihrer Dringlichkeit sowie der Möglichkeit oder Unmöglichkeit einer etwaigen späteren

---

16 BSG 8.12.2009 – B 8 SO 17/09 R, juris.
17 LSG Bln 20.4.2010 – L 10 AS 386/10, juris.
18 LSG Bln-Bbg 3.6.2013 – L 25 AS 1267/13 ER; LSG Nds 3.9.2009 – L 7 AS 919/09 B, juris.
19 BSG 8.12.2009 – B 8 SO 17/09 R; ThürLSG 14.9.2004 – L 6 KR 621/04 ER, beide juris; Hennig/Ruppelt § 199 Rn. 20; Meyer-Ladewig/Keller/Leitherer/Schmidt § 199 Rn. 8; Zeihe SGb 1994, 505.
20 BSG 6.8.1999 – B 4 RA 25/98 B, SozR 3-1500 § 199 Nr. 1.
21 Hennig/Ruppelt § 199 Rn. 20.
22 BSG 8.12.2009 – B 8 SO 17/09 R, juris; BayLSG 28.5.1959 – L 1 Bu 95/59, Breith. 1959, 943.
23 BayLSG 15.5.2009 – L 2 U 60/09 ER und 27.5.2009 – L 18 R 178/09 ER, beide juris.
24 Köhler SGb 2012, 522 (524 mwN).
25 BSG 8.12.2009 – B 8 SO 17/09 R, juris; aA BayLSG 27.5.2009 – L 18 R 178/09 ER, juris; Hennig/Ruppelt § 199 Rn. 20; Meyer-Ladewig/Keller/Leitherer/Schmidt § 199 Rn. 8.

Rückgängigmachung des Anspruchs an.[26] Bei existenzsichernden Leistungen kommt eine Aussetzung in der Regel nicht in Betracht.[27] Davon ist jedoch abzuweichen, wenn das Rechtsmittel offensichtlich keinen Erfolg hat.[28]

14 5. **Zuständigkeit und Verfahren.** Die Anordnung nach Abs. 2 setzt keinen Antrag voraus und ergeht daher von Amts wegen.[29] Ohne eine Anregung oder einen Antrag des Vollstreckungsschuldners wird das Gericht in der Praxis aber nicht tätig werden. Zuständig für die Anordnung ist der **Vorsitzende** des Gerichts, das über das Rechtsmittel zu entscheiden hat, also im Fall der Erinnerung gegen die Kostenfestsetzung nach § 197 der Vorsitzende der jeweiligen Kammer des SG, in allen anderen Fällen der Senatsvorsitzende des LSG oder BSG. Er entscheidet ohne ehrenamtliche bzw. Berufsrichter **durch Beschluss.**[30] Die Befugnis nach Abs. 2 kann auch nicht auf die Berichterstatter übertragen werden.[31] Den Beteiligten ist vor der Entscheidung **rechtliches Gehör** zu gewähren. Der Beschluss muss nicht begründet werden, **da er nicht anfechtbar ist.** Dies regelt S. 3 für die Anordnung der Aussetzung ausdrücklich. Dies gilt aber auch für den ablehnenden Beschluss; das SG entscheidet nur in Erinnerungen nach § 197 Abs. 2 und dies endgültig, und Beschlüsse des LSG bzw. BSG sind nicht anfechtbar. Nach S. 3 kann der Vorsitzende seine Anordnung **jederzeit**, nach Gewährung von rechtlichem Gehör, **ändern.**

15 6. **Sicherheitsleistung.** Nach S. 2 können die Aussetzung der Vollstreckung und die Vollstreckung von einer Sicherheitsleistung abhängig gemacht werden. Insoweit gelten die §§ 108, 109 und 113 ZPO entsprechend. Dabei regelt § 108 ZPO die Art und Höhe der Sicherheitsleistung, § 109 die Rückgabe der Sicherheit und § 113 die Frist, binnen derer Sicherheit zu leisten ist.

16 7. **Kosten.** Bei der Aussetzung der Vollstreckung handelt es sich um ein selbstständiges Verfahren. Daher ist nach § 193 bzw. § 197 a eine Kostenentscheidung im Beschluss erforderlich.[32]

IV. Aussetzung der Vollstreckung bei Wahlanfechtungsklage nach Abs. 3

17 Nach Abs. 3 ist eine Aussetzung der Vollstreckung nach S. 1 auch bei der Wahlanfechtungsklage möglich. Diese kann nicht von einer Sicherheitsleistung abhängig gemacht werden, da Abs. 3 nur auf S. 1 verweist. Dabei ist Abs. 3 nur anzuwenden, wenn das angefochtene Urteil bestimmt, dass die Wahl zu wiederholen ist. Stellt es nur die Gültigkeit fest, so hat das Urteil keinen vollstreckungsfähigen Inhalt (→ Rn. 4).

---

26 Bürck DAngVers 1990, 445 (448); LSG NRW 28.6.2013 – L 11 SF 74/13 ER; ThürLSG 14.9.2004 – L 6 KR 621/04 ER, juris.

27 BayLSG 28.4.2014 – L 7 AS 337/14 ER und 18.1.2013 – L 8 AY 5/12 ER; LSG NRW 4.12.2014 – L 6 SF 813/14, juris.

28 BayLSG 3.12.2019 – L 7 AS 754/19 ER, juris.

29 Hennig/Ruppelt § 199 Rn. 21.

30 Hennig/Ruppelt § 199 Rn. 22 f.; Meyer-Ladewig/Keller/Leitherer/Schmidt § 199 Rn. 7 a f., mit Berufsrichtern jedenfalls zulässig; aA BSG 26.11.1991 – B 1 RR 10/91, juris; BSG 23.6.1967 – B 12 RJ 403/66, BSGE 27, 31.

31 Breitkreuz/Fichte § 199 Rn. 13; Hennig/Ruppelt § 199 Rn. 222.

32 BSG 26.11.1991 – B 1 RR 10/91; Hennig/Ruppelt § 199 Rn. 27.

V. Vollstreckbare Ausfertigung

Zur Vollstreckung aus einem Urteil können die Beteiligten nach Abs. 4 eine Ausfertigung des Urteils ohne Tatbestand, Entscheidungsgründe und Rechtsmittelbelehrung[33] beantragen. Zweck der Regelung ist es, den Beteiligten schon vor Absetzung des Urteils eine Vollstreckung zu ermöglichen.[34] Diese vereinfachte Ausfertigung ist vom Urkundsbeamten mit der Vollstreckungsklausel zu versehen. Mit dessen Zustellung kann dann die Vollstreckung durchgeführt werden, da nach Abs. 4 dies der Zustellung des vollständigen Urteils gleichsteht. Der Urkundsbeamte hat vor Erteilung der vollstreckbaren Ausfertigung zu prüfen, ob ein Antrag des Beteiligten vorliegt, ob der Titel vollstreckungsreif ist und ob der Titel vollstreckungsfähig ist.[35] 18

§ 200 [Vollstreckung zugunsten der öffentlichen Hand]

(1) Soll zugunsten einer Bundesbehörde oder einer bundesunmittelbaren Körperschaft des öffentlichen Rechts oder einer bundesunmittelbaren Anstalt des öffentlichen Rechts vollstreckt werden, so richtet sich die Vollstreckung nach dem Verwaltungsvollstreckungsgesetz.

(2) [1]Bei der Vollstreckung zugunsten einer Behörde, die nicht Bundesbehörde ist, sowie zugunsten einer nicht bundesunmittelbaren Körperschaft oder Anstalt des öffentlichen Rechts gelten die Vorschriften des Verwaltungsvollstreckungsgesetzes entsprechend. [2]In diesem Falle bestimmt das Land die Vollstreckungsbehörde.

I. Allgemeines

1. Entstehungsgeschichte. § 200 besteht unverändert in der seit Inkrafttreten des SGG geltenden Fassung. 1

2. Parallelvorschriften. § 169 VwGO und § 150 FGO enthalten entsprechende Regelungen. § 66 Abs. 1 SGB X verweist für die Vollstreckung von Verwaltungsakten von Bundesbehörden ebenfalls auf das VwVG. 2

33 Hennig/Ruppelt § 199 Rn. 14.
34 Hennig/Ruppelt § 199 Rn. 14.
35 Hennig/Ruppelt § 199 Rn. 16.

II. Anwendungsbereich

3 § 200 gilt nur in den Fällen, in denen eine **Person des öffentlichen Rechts** gegen eine Person des Privatrechts oder eine andere Person des öffentlichen Rechts[1] **vollstrecken will.**

Dass § 200 nur gegen Personen des Privatrechts gelten soll, vermag nicht zu überzeugen, da § 198 Abs. 1 ja gerade die Geltung der ZPO nur vorschreibt, soweit sich aus dem SGG nichts anderes ergibt. § 200 erklärt aber bei der Vollstreckung zugunsten von Personen des öffentlichen Rechts anstelle der ZPO das VwVG für anwendbar. Auch das von der Gegenmeinung zitierte BSG-Urteil, das vor rund 30 Jahren in einem Wettbewerbsstreit zwischen zwei Krankenkassen ergangen ist, macht keine Ausführungen zur Abgrenzung zwischen § 200 und § 198, sondern erklärt lapidar, dass weder die §§ 198 bis 201 noch die ZPO eine Anwendung von § 890 ZPO (Ordnungsgeld) gegen Behörden ausschließen würden.

Die Vorschrift gilt auch nur für die Vollstreckung von Titeln nach § 199 Abs. 1, nicht dagegen für die Vollstreckung von Verwaltungsakten. Insoweit gilt § 66 SGB X, der jedoch seinerseits auf die Vorschriften des VwVG bzw. der jeweiligen Vollstreckungsgesetze der Länder verweist.

Für die Vollstreckung **zugunsten Personen des Privatrechts** gelten § 198 und das Achte Buch der ZPO (→ § 198 Rn. 3).

III. Vollstreckung zugunsten einer Bundesbehörde

4 **1. Anwendung des VwVG.** Ist Vollstreckungsgläubiger der Bund oder eine bundesunmittelbare Körperschaft oder Anstalt, so wird entsprechend der Vorschriften des VwVG vollstreckt. Das VwVG kann deswegen nur entsprechend angewandt werden, weil es eigentlich die Vollstreckung von Verwaltungsakten regelt, während § 200 die Vollstreckung von gerichtlichen Titeln nach § 199 Abs. 1 betrifft. Anwendbar sind nur Vorschriften des VwVG, die die **Ausführung der Zwangsvollstreckung** betreffen, nicht aber solche, die die Voraussetzungen der Vollstreckung betreffen (zB §§ 3 oder 6 VwVG), denn insoweit regelt das SGG in § 199 die Vollstreckbarkeit von gesetzlichen Titeln.[2]

5 **2. Vollstreckung von Geldforderungen.** Bei Vollstreckung von Geldforderungen trifft der Vollstreckungsgläubiger die Vollstreckungsanordnung und beauftragt die Vollstreckungsbehörde mit der Vollstreckung der Forderung. Vollstreckungsbehörden sind entsprechend § 4 Abs. 1 VwVG und § 249 AO die **Hauptzollämter**, die die Vollstreckung entsprechend § 5 Abs. 1 VwVG nach den Vorschriften der AO betreiben. Das jeweilig zuständige Hauptzollamt kann dabei nur in seinem örtlichen Zuständigkeitsbereich tätig werden.[3]

6 **3. Vollstreckung von Handlungen, Duldungen, Unterlassungen.** Im Hinblick auf deren Vollstreckung gelten die §§ 7 ff. VwVG entsprechend. Nach § 7 Abs. 1 VwVG sind hier die Behörden selbst Vollstreckungsbehörden.

---

1 Jansen § 200 Rn. 7; aA SG Fulda 29.12.2006 – S 9 AS 268/06, juris; Meyer-Ladewig/Keller/Leitherer/Schmidt § 200 Rn. 2; Roos/Wahrendorf § 200 Rn. 4; Breitkreuz/Fichte § 200 Rn. 1; Hintz/Lowe § 200 Rn. 3, die sich auf BSG 20.4.1988 – 3/8 RK 4/87, juris berufen.

2 Hennig/Ruppelt § 200 Rn. 1.

3 Hennig/Ruppelt § 200 Rn. 9.

IV. Vollstreckung zugunsten anderer Behörden

1. Anwendung des VwVG. Wird zugunsten **anderer Behörden als Bundesbehörden** vollstreckt, also zugunsten eines Landes oder einer Anstalt oder Körperschaft, die nicht bundesunmittelbar ist, so gelten nach Abs. 2 S. 1 die Vorschriften des VwVG im Hinblick auf die Ausführung der Zwangsvollstreckung ebenfalls entsprechend. Nach S. 2 bestimmt jedoch das Land insoweit die zuständige Vollstreckungsbehörde. 7

2. Vollstreckung von Geldforderungen. Ist eine Bestimmung der Vollstreckungsbehörde durch das Land nicht erfolgt, so sind die Behörden zuständig, die die Vollstreckung nach § 66 Abs. 3 SGB X vorzunehmen haben.[4] Im Hinblick auf das anzuwendende Verfahren sind über § 5 Abs. 2 VwVG die landesrechtlichen Bestimmungen über die Vollstreckung von Verwaltungsakten entsprechend anzuwenden. 8

3. Vollstreckung von Handlungen, Duldungen, Unterlassungen. Hier ist entsprechend § 7 VwVG die Behörde selbst Vollstreckungsbehörde. Für das Verfahren gelten ebenfalls die landesrechtlichen Vollstreckungsvorschriften für Verwaltungsakte. 9

V. Rechtsbehelfe

1. Vollstreckungsschutz. Die Fragen des Vollstreckungsschutzes im sozialgerichtlichen Verfahren sind bislang wenig geklärt, was einerseits auf die pauschalen Verweisungen in andere Verfahrensgesetze und andererseits auf die geringe praktische Bedeutung der Regelungen zurückzuführen ist.[5] Im Wesentlichen gilt Folgendes: 10

2. Behördliche Vollstreckungsanordnung. Umstritten ist, ob gegen die **Vollstreckungsanordnung,** dh den **Vollstreckungsauftrag** der Behörde an die Vollstreckungsbehörde, überhaupt vorgegangen werden kann. Während dies teilweise bejaht wird,[6] sind andere Stimmen der Auffassung, dass diese als behördeninterner Vorgang nicht angegriffen werden kann.[7] Der letzteren Meinung dürfte zu folgen sein, denn dem Schuldner stehen gegen das Vollstreckungsverfahren und den Anspruch selbst ausreichende Rechtsschutzmöglichkeiten zur Verfügung. Im Übrigen dürfte insoweit auch nicht der sozialgerichtliche Rechtsweg, sondern der verwaltungsgerichtliche Rechtsweg bzw. bei Vollstreckungsmaßnahmen des Zolls der Rechtsweg zu den Finanzgerichten nach § 33 Abs. 1 FGO gegeben sein.[8] 11

3. Materiellrechtliche Einwendungen. Einwendungen gegen den Anspruch selbst, zB Erlöschen durch Erfüllung, sind vor dem SG zu erheben und zwar in Gestalt einer **Anfechtungsklage.** Zuvor ist ein Widerspruchsverfahren durchzuführen.[9] Nach anderer Auffassung ist eine **Vollstreckungsgegenklage** gem. § 767 ZPO vor dem SG zu erheben.[10] Diese Auffassung übersieht aber, dass nach § 200 nicht die Vorschriften der ZPO anzuwenden sind. So sieht § 256 AO, der 12

4 Hennig/Ruppelt § 200 Rn. 7.
5 Hennig/Ruppelt § 200 Rn. 10.
6 HessLSG 18.5.1971 – L 2 802/70, ZfS 1972, 146.
7 Bürck DAngVers. 1990, 445 (449); Hennig/Ruppelt § 200 Rn. 11.
8 BayLSG 25.2.2015 – L 5 KR 83/15 B ER, juris.
9 HessLSG 18.5.1971 – L 2 802/70, ZfS 1972, 146.
10 Geschwinder SGb 1982, 500; Meyer-Ladewig/Keller/Leitherer/Schmidt § 200 Rn. 5.

über § 5 Abs. 1 VwVG Anwendung findet, vor, dass Einwendungen gegen den zu vollstreckenden Verwaltungsakt außerhalb des Vollstreckungsverfahrens mit den hierfür zugelassenen Rechtsbehelfen zu verfolgen ist.

13 **4. Drittwiderspruchsklage.** Für **Drittwiderspruchsklagen** nach § 771 ZPO sind nach § 262 AO die ordentlichen Gerichte zuständig.[11]

14 **5. Erinnerung – Rechtsweg.** Wird gegen die **Art und Weise des Vollstreckungsverfahrens** vorgegangen, so sind diese Einwendungen nach § 295 AO bei den Vollstreckungsbehörden anzubringen. Hat dies keinen Erfolg, so ist **für den Rechtsweg danach zu differenzieren, wer Vollstreckungsbehörde** ist. War es das Hauptzollamt, so ist der Rechtsweg zum Finanzgericht eröffnet; war hingegen eine andere Verwaltungsbehörde Vollstreckungsbehörde, so ist der Verwaltungsgerichtsweg einschlägig. War die Vollstreckungsbehörde der Leistungsträger selbst, so ist der Rechtsweg zu den Sozialgerichten gegeben.

§ 201 [Vollstreckung von Verpflichtungsurteilen]

(1) [1]Kommt die Behörde in den Fällen des § 131 der im Urteil auferlegten Verpflichtung nicht nach, so kann das Gericht des ersten Rechtszugs auf Antrag unter Fristsetzung ein Zwangsgeld bis zu tausend Euro durch Beschluß androhen und nach vergeblichem Fristablauf festsetzen. [2]Das Zwangsgeld kann wiederholt festgesetzt werden.

(2) Für die Vollstreckung gilt § 200.

I. Allgemeines

1 **1. Entstehungsgeschichte.** Die Norm wurde seit Inkrafttreten des SGG nur redaktionell geändert. Der anstelle des Begriffs „Zwangsgeld" früher verwandte Begriff „Erzwingungsstrafe" wurde durch das EGStGB vom 2.3.1974 (BGBl. 1974 I 469) geändert. Mit dem Euro-Einführungsgesetz vom 21.12.2000 (BGBl. 2000 I 1983) wurde mit Wirkung vom 1.1.2002 das Zwangsgeld von zuvor 2000 DM auf 1000 Euro festgesetzt.

2 **2. Parallelvorschriften.** Die §§ 172 VwGO und 154 FGO treffen § 201 entsprechende Regelungen.

II. Anwendungsbereich

3 § 201 betrifft die Vollstreckung eines Titels einer Person des Privatrechts oder des öffentlichen Rechts gegen eine Person des öffentlichen Rechts.[1] Damit ist die Vorschrift lex specialis zu § 198 und schließt die Anwendung der ZPO-Vor-

---

11 Hennig/Ruppelt § 200 Rn. 12; Meyer-Ladewig/Keller/Leitherer/Schmidt § 200 Rn. 5.
1 Hennig/Ruppelt § 201 Rn. 7.

schriften aus, soweit sie einschlägig ist.[2] Kassenärztliche Vereinigungen fallen nicht unter § 201, ihnen gegenüber kann lediglich nach § 198 Abs. 1 und § 890 ZPO ein Ordnungsgeld[3] verhängt werden, das jedoch höher als die in § 201 enthaltenen 1000 EUR sein kann.

III. Vorliegen eines Titels im Sinne von § 131 SGG

Voraussetzung für eine Zwangsvollstreckung nach § 201 ist, dass zugunsten des Vollstreckungsgläubigers ein Urteil im Sinne von § 131 vorliegt. Dabei enthält § 131 in seinen vier Absätzen insoweit vier Möglichkeiten: 4

- die Beseitigung von Vollziehungsfolgen nach erfolgreicher **Anfechtungsklage** (§ 131 Abs. 1),
- die erfolgreiche **Verpflichtungsklage** auf Erlass eines gebundenen Verwaltungsaktes (§ 131 Abs. 2),
- die erfolgreiche **Untätigkeitsklage** (§ 131 Abs. 3),
- die erfolgreiche **Wahlanfechtungsklage** (§ 131 Abs. 4).

IV. Entsprechende Anwendung auf Bescheidungs- und Grundurteile sowie Vergleiche

Nach herrschender Auffassung ist der Wortlaut des § 201 Abs. 1 jedoch zu eng gefasst. Die Vollstreckung nach § 201 ist demnach auch bei sog **Bescheidungsurteilen**[4] und bei sog **Grundurteilen (kombinierte Anfechtungs- und Leistungsklagen)**[5] gegeben. Die Vollstreckung nach § 201 ist nicht nur bei Urteilen möglich, sondern über den Wortlaut der Vorschrift hinaus auch bei **Anerkenntnissen** und **Vergleichen**,[6] die den gleichen Inhalt wie die vorgenannten Urteilsarten haben.[7] Ebenso ist eine Vollstreckung aus **einstweiligen Anordnungen**[8] möglich, soweit der bewilligende Zeitraum noch nicht abgelaufen ist[9] (→ § 199 Rn. 4).[10] 5

Eine entsprechende Anwendung des § 201 auf Kostenfestsetzungsbeschlüsse ist nicht möglich, die Vollstreckung erfolgt nach § 198 Abs. 1, Vollstreckungsgericht ist das Amtsgericht.[11] **Gleiches gilt für bezifferte Leistungsurteile**[12] oder **Beschlüsse im Rahmen einer eA.**[13]

2 Hennig/Ruppelt § 201 Rn. 1; aA SG Fulda 29.12.2006 – S 9 AS 268/06 und HessLSG 19.1.2007 – L 7 AS 10/07 ER, beide juris.
3 LSG Bln-Bbg 23.1.2012 – L 7 KA 71/11 B ER, juris.
4 SG Dresden 9.8.2016 – S 25 KR 1163/13, juris; Hennig/Ruppelt § 201 Rn. 4.
5 BSG 6.8.1999 – B 4 RA 25/98 B, SozR 3-1500 § 199 Nr. 1; LSG BW 27.4.2007 – L 8 AS 1503/ER; SG Berlin 23.10.2012 – S 37 AS 23126/12 ER, alle juris; Hennig/Ruppelt § 201 Rn. 5 f.; Meyer-Ladewig/Keller/Leitherer/Schmidt § 201 Rn. 2.
6 BayLSG 14.5.2012 – L 7 AS 196/12 B, juris.
7 LSG Hmb 5.3.2003 – L 1 B 171/02 ER, Breith. 2003, 871 = NZS 2004, 224; LSG Hmb 1.3.2004 – L 1 B 169/03 ER, Breith. 2004, 560; Hennig/Ruppelt § 201 Rn. 2; Meyer-Ladewig/Keller/Leitherer/Schmidt § 201 Rn. 2; aA GK/Bley § 201 Anm. 2 b.
8 LSG Bln 30.12.2009 – L 1 KR 350/09 B ER, unter Hinweis auf BayLSG 27.4.2009 – L 8 SO 29/09 B ER; LSG Bln-Bbg 21.8.2019 – L 23 SO 187/19 B ER; LSG NRW 23.11.2016 – L 9 SO 132/16 B; alle juris.
9 LSG Bln-Bbg 21.8.2019 – L 23 SO 187/19 B ER, juris.
10 LSG Bln-Bbg 6.4.2006 – L 18 B 251/06 AS ER, juris; LSG BW 5.11.2007 – L 8 AL 3045/07 B, juris.
11 LSG LSA 28.6.2012 – L 5 AS 179/12 B; SG Berlin 20.7.2011 – S 180 SF 4812/10 E, beide juris.
12 LSG Bln-Bbg 24.7.2012 – L 18 AS 1772/12 B, juris.
13 BayLSG 11.1.2026 – L 16 AS 251/15 B, juris; sehr instruktiv zum ganzen Themenkomplex Schneider, SGb 2018, 601–608.

V. Vorliegen der sonstigen Vollstreckungsvoraussetzungen

6 Weitere Voraussetzung der Vollstreckung nach § 201 sind die sonstigen allgemeinen Vollstreckungsvoraussetzungen, nämlich Klausel und Zustellung.[14]

VI. Untätigkeit der Behörde

7 Schließlich muss eine Untätigkeit der Behörde im Hinblick auf die Ausführung des Urteils vorliegen. Insoweit ist der Behörde je nach Ermittlungsaufwand eine angemessene Frist zuzugestehen.[15] Eine Untätigkeit ist aber zweifellos dann gegeben, wenn die Behörde erklärt, dem Urteil nicht nachkommen zu wollen, oder dem Urteil nur unzureichend nachkommt.[16]

VII. Verfahren

8 Die Vollstreckung nach § 201 wird nur durch einen **Antrag** des Vollstreckungsgläubigers, der schriftlich oder zur Niederschrift gestellt werden kann, in Gang gebracht. Liegen die Voraussetzungen vor, so erlässt das Gericht des ersten Rechtszuges, im Regelfall das SG, einen **Beschluss, in dem die Androhung des Zwangsgeldes mit der Setzung einer Frist verbunden wird.** Nach fruchtlosem Ablauf dieser Frist erlässt das Gericht den **Zwangsgeldbeschluss.** Die Anordnung von Zwangshaft ist nicht zulässig, da im Gesetz nicht vorgesehen. Auch ein Rückgriff auf die ZPO ist insoweit nicht möglich, da § 201 abschließend ist.[17] Auch für den Zwangsgeldbeschluss ist ein **Antrag** des Gläubigers von Nöten, da das Gericht die Erfüllung des Urteils nicht überwachen kann. Entgegen dem Wortlaut des Abs. 1 steht dem Gericht im Hinblick auf die Androhung und die Verhängung des Zwangsgeldes (wohl aber im Hinblick auf die Höhe) **kein Ermessen** zu, denn der Gläubiger hat nach Art. 19 Abs. 4 GG Anspruch auf Durchsetzung des von ihm erstrittenen Titels.[18]

VIII. Vollstreckung des Zwangsgeldes

9 Nach Abs. 2 wird das Zwangsgeld nach § 200 vollstreckt. Dabei erfolgt die Vollstreckung bei SG und LSG über § 200 Abs. 2 und § 5 Abs. 2 VwVG über die landesrechtlichen Vorschriften, beim BSG, wenn dieses nach § 39 das Gericht des ersten Rechtszuges ist, nach § 200 Abs. 1 und §§ 4 und 5 VwVG.

IX. Rechtsbehelfe

10 Gegen Androhungsbeschluss und Zwangsgeldbeschluss des SG kann die Behörde, gegen Ablehnung des Zwangsgeldes der Kläger **Beschwerde**[19] erheben, die nach § 175 S. 1 aufschiebende Wirkung hat. Gegen Beschlüsse des LSG ist nach § 177 keine Beschwerde möglich. Macht die Behörde Einwendungen gegen den

14 Hennig/Ruppelt § 201 Rn. 9; Meyer-Ladewig/Keller/Leitherer/Schmidt § 201 Rn. 3; aA LSG BW 29.11.1994 – L 13 B 176/94, Breith. 1995, 806.
15 BayLSG 8.11.2013 – L 8 SO 176/16 B, juris; Hennig/Ruppelt § 201 Rn. 9.
16 LSG BW 29.11.1994 – L 13 B 176/94, Breith. 1995, 806; aA SG Fulda 29.12.2006 – S 9 AS 268/06, und HessLSG 19.1.2007 – L 7 AS 10/07 ER, beide juris.
17 LSG Hmb 1.3.2003 – L 1 B 169/03, Breith. 2004, 560.
18 LSG Nds 3.3.2009 – L 7 AS 919/09, juris; Hennig/Ruppelt § 201 Rn. 12; Meyer-Ladewig/Keller/Leitherer/Schmidt § 201 Rn. 4; aA GK/Bley § 201 Anm. 3 a.
19 Roos/Wahrendorf § 201 Rn. 22.

Anspruch selbst geltend, so kann sie auch **Vollstreckungsgegenklage nach § 767 ZPO** vor dem SG erheben.[20]

Dritter Teil Übergangs- und Schlußvorschriften

§ 202 [Entsprechende Anwendung des GVG und der ZPO]

[1]Soweit dieses Gesetz keine Bestimmungen über das Verfahren enthält, sind das Gerichtsverfassungsgesetz und die Zivilprozeßordnung einschließlich § 278 Absatz 5 und § 278 a entsprechend anzuwenden, wenn die grundsätzlichen Unterschiede der beiden Verfahrensarten dies nicht ausschließen; Buch 6 der Zivilprozessordnung ist nicht anzuwenden. [2]Die Vorschriften des Siebzehnten Titels des Gerichtsverfassungsgesetzes sind mit der Maßgabe entsprechend anzuwenden, dass an die Stelle des Oberlandesgerichts das Landessozialgericht, an die Stelle des Bundesgerichtshofs das Bundessozialgericht und an die Stelle der Zivilprozessordnung das Sozialgerichtsgesetz tritt. [3]In Streitigkeiten über Entscheidungen des Bundeskartellamts, die die freiwillige Vereinigung von Krankenkassen nach § 172 a des Fünften Buches Sozialgesetzbuch betreffen, sind die §§ 63 bis 78 des Gesetzes gegen Wettbewerbsbeschränkungen mit der Maßgabe entsprechend anzuwenden, dass an die Stelle des Oberlandesgerichts das Landessozialgericht, an die Stelle des Bundesgerichtshofs das Bundessozialgericht und an die Stelle der Zivilprozessordnung das Sozialgerichtsgesetz tritt.

20 LSG BW 29.11.1994 – L 13 B 176/94, Breith. 1995, 806 (810); Hennig/Ruppelt § 201 Rn. 15; Meyer-Ladewig/Keller/Leitherer/Schmidt § 201 Rn. 5.

I. Allgemeines

1 Satz 1 besteht seit Inkrafttreten des SGG unverändert. Der Gesetzgeber hat im Zuge des Gesetzes zur Förderung der Mediation und anderer Verfahren der außergerichtlichen Konfliktbeilegung vom 21.7.2012 (BGBl. 2012 I 1577) hier die Geltung von § 275 Abs. 5 ZPO und § 278 a ZPO, die die Mediation für das zivilgerichtliche Verfahren regeln, mit Wirkung vom 26.7.2012 nun ausdrücklich festgelegt. Eine weitere Klarstellung hat er mit Gesetz vom 12.7.2018 (BGBl. 2018 I 1151) vorgenommen. **Die Musterfeststellungklage**, geregelt im 6. Buch der ZPO, findet im sozialgerichtlichen Verfahren **keine Anwendung**. Mit dem Gesetz über den Rechtsschutz bei überlangen Gerichtsverfahren und strafrechtlichen Ermittlungsverfahren vom 24.11.2011 (BGBl. 2011 I 2302) wurde mit Wirkung zum 3.12.2011 Satz 2 angefügt, der als dynamische Verweisung[1] nun ausdrücklich die Anwendung der §§ 198 bis 201 GVG vorsieht. Ergänzt wird diese Regelung für vor dem 3.12.2011 bereits anhängige bzw. abgeschlossene Verfahren durch die Übergangsregelungen der Art. 23 und 24 ÜGG. Satz 3 wurde mit Wirkung zum 30.6.2013 durch das Achte Gesetz zur Änderung des Gesetzes gegen Wettbewerbsbeschränkungen (8. GWB-ÄndG) vom 26.6.2013 (BGBl. 2013 I 1738) angefügt und durch Gesetz vom 1.6.2017 (BGBl. 2017 I 1416) mit Wirkung zum 9.6.2017 dahingehend geändert, dass nunmehr nur noch die entsprechende Anwendung der §§ 63 bis 78 (nicht mehr bis § 78 a) GWG in Betracht kommt.

2 § 173 VwGO enthält die wörtlich identische Regelung für das verwaltungsgerichtliche Verfahren; § 155 FGO die nahezu identische Regelung für das finanzgerichtliche Verfahren im Hinblick auf die Anwendbarkeit von GVG und ZPO, der Regelungen der ZPO über die Mediation und das Güteverfahren und des Entschädigungsverfahrens für die überlange Verfahrensdauer.

II. Entsprechende Anwendbarkeit der GVG- und ZPO-Vorschriften

3 **1. Keine Bestimmung im SGG.** Nach § 202 sind das GVG und die ZPO entsprechend anzuwenden, soweit das SGG keine Bestimmungen über das Verfahren enthält, wenn die grundsätzlichen Unterschiede der beiden Verfahrensarten dies nicht ausschließen. Das SGG regelt das sozialgerichtliche Verfahren nur unvollständig[2] und verweist **subsidiär** auf GVG und ZPO. Voraussetzung für deren Anwendung ist, dass **das SGG keine Bestimmung** trifft. § 202 ist daher nicht einschlägig, wenn das SGG eine eindeutige Bestimmung enthält, die Lücke durch entsprechende Anwendung anderer Bestimmungen des SGG geschlossen werden kann[3] oder das SGG bereits explizit auf bestimmte Vorschriften des GVG oder der ZPO verweist, wie zB in § 98 oder § 76 Abs. 3. Dabei ist der vom Gesetzgeber verwendete Wortlaut in Bezug auf **Verfahrensvorschriften** zu eng. § 202 ist auch anzuwenden, wenn eine anders nicht zu schließende **Lücke betreffend der Gerichtsverfassung** gegeben ist.[4]

4 **2. Entsprechende Anwendung von GVG und ZPO.** Liegt eine anders nicht zu schließende Lücke vor, so sind die jeweils geltenden **Bestimmungen des GVG**

---

1 Hintz/Lowe § 202 Rn. 10; Roos/Wahrendorf § 202 Rn. 31.
2 Hennig/Söhngen § 202 Rn. 2; aA Meyer-Ladewig/Keller/Leitherer/Schmidt § 202 Rn. 1: geschlossene Regelung.
3 Hennig/Söhngen § 202 Rn. 3.
4 Meyer-Ladewig/Keller/Leitherer/Schmidt § 202 Rn. 2.

und der ZPO entsprechend anzuwenden, dh die Regelung wird nach ihrem Sinn und Zweck auf das sozialgerichtliche Verfahren übertragen. Entsprechende Anwendung bedeutet nicht, dass im Wege des Umkehrschlusses zu verfahren ist,[5] denn dann sind GVG und ZPO eben gerade nicht anzuwenden und die Lösung muss in der freien Rechtsfindung, etwa durch entsprechende Anwendung der VwGO gefunden werden.[6]

3. Kein Ausschluss durch grundsätzliche Unterschiede der Verfahrensarten. Dabei kommt eine entsprechende Anwendung von Regelungen der GVG und ZPO nach § 202 nur dann in Betracht, wenn die grundsätzlichen Unterschiede zwischen ZPO/GVG und SGG dies nicht ausschließen. 5

a) Grundsätzliche Unterschiede. Als **grundsätzlich** sind folgende Besonderheiten des sozialgerichtlichen Verfahrens anzusehen: 6

- Gegenstand des Verfahrens ist zumeist ein **Verwaltungsakt; zwingendes Vorverfahren; Bestandskraft** bei nicht rechtzeitiger Anfechtung
- **Geringe Anforderungen** an bestimmende Schriftsätze (§§ 92, 151 Abs. 3)
- **Vertretungszwang erst ab dem BSG; erweiterter Kreis der Prozessbevollmächtigten** (§§ 73, 166 Abs. 2)
- **Verbot der Prorogation und Derogation** (§ 59)
- **Amtsermittlungsprinzip** (§§ 103, 106 ff.)
- **Beteiligung** der von Amts wegen **Beigeladenen** (§ 75)
- **Erleichterungen bei der Klagerücknahme und der Erledigung durch Anerkenntnis** (§§ 101 und § 102)
- Mitwirkung **ehrenamtlicher Richter** (§§ 9, 12, 30, 33, 38 Abs. 2, 40)
- **Kein Versäumnisurteil**
- Möglichkeit des **Gerichtsbescheides** (§ 105)
- **Weitgehende Kostenfreiheit** (nur in den Verfahren nach § 183).

Betrifft die zu schließende Lücke einen der oben genannten Grundsätze, so spricht viel dafür, dass die Vorschriften des GVG bzw. der ZPO nicht heranzuziehen sind.

b) Nichtanzuwendende Vorschriften. Nicht anwendbar sind insbesondere folgende Bestimmungen: 7

- Geständnis (§§ 288 bis 290 ZPO)
- Säumnisverfahren (§§ 330 ff. ZPO)
- Mahnverfahren (§§ 688 ZPO; Ausnahme § 182 a für Beitragsrückstände in der privaten Pflegeversicherung)
- Maßnahmen des Vorsitzenden zur Vorbereitung und Straffung der mündlichen Verhandlung (§§ 272 bis 277 ZPO)
- Streitverkündung (§§ 66 ff. ZPO)
- sofortige Beschwerde nach § 78 b Abs. 2 ZPO[7]
- **Musterfeststellungsklage** (Satz 1 2. HS).

c) Anzuwendende Vorschriften. Die auch im sozialgerichtlichen Verfahren anwendbaren Vorschriften des GVG und der ZPO sind zahlreich. Beispielhaft erwähnt seien hier insbesondere die Ausgestaltungen des Grundsatzes auf rechtli- 8

5 Breitkreuz/Fichte § 202 Rn. 6; Roos/Wahrendorf § 202 Rn. 14; aA Peters/Sautter/Wolff § 5 Anm. 5.
6 Breitkreuz/Fichte § 202 Rn. 6; Roos/Wahrendorf § 202 Rn. 14.
7 BSG 10.5.2011 – B 2 U 3/11 BH, juris.

ches Gehör, zB die Bestellung eines Dolmetschers nach § 187 GVG[8] oder die Vertagung des Termins auf Antrag nach § 227 Abs. 1 ZPO.[9] Zur vollständigen Gegenüberstellung von GVG/ZPO und SGG vgl. die Synopse in Hennig/Söhngen, § 202 Rn. 13. Im jeweiligen Einzelfall bietet sich eine aktuelle Recherche über eine Entscheidungsdatenbank an.

III. Anwendbarkeit der §§ 278 Abs. 5 und 278 a ZPO

9 Nach S. 1 sind die §§ 278 Abs. 5 und 278 a ZPO auch im sozialgerichtlichen Verfahren anzuwenden. Damit ist sowohl die Durchführung des Güteverfahrens vor dem Güterichter nach § 278 Abs. 5 ZPO möglich wie auch eine außergerichtliche Mediation oder ein anderes Verfahren der außergerichtlichen Konfliktbewältigung nach § 278 a ZPO.

1. Wortlaut der §§ 278 Abs. 5 und 278 a ZPO

10 **§ 278 ZPO Gütliche Streitbeilegung, Güteverhandlung, Vergleich**

(5) [1]Das Gericht kann die Parteien für die Güteverhandlung sowie für weitere Güteversuche vor einen hierfür bestimmten und nicht entscheidungsbefugten Richter (Güterichter) verweisen. [2]Der Güterichter kann alle Methoden der Konfliktbeilegung einschließlich der Mediation einsetzen.

§ 278 a ZPO Mediation, außergerichtliche Konfliktbeilegung

(1) Das Gericht kann den Parteien eine Mediation oder ein anderes Verfahren der außergerichtlichen Konfliktbeilegung vorschlagen.

(2) Entscheiden sich die Parteien zur Durchführung einer Mediation oder eines anderen Verfahrens der außergerichtlichen Konfliktbeilegung, ordnet das Gericht das Ruhen des Verfahrens an.

11 **2. Güteverfahren.** Nach § 278 Abs. 5 S. 1 ZPO iVm § 202 S. 1 kann das erkennende Gericht die Beteiligten für die Güteverhandlung sowie für weitere Güteversuche vor einen **hierfür bestimmten nicht entscheidungsbefugten Richter** verweisen. Dem erkennenden Gericht steht insoweit ein umfassendes Ermessen[10] zu, wobei nach dem Sinn und Zweck der Güteverhandlung ein Einverständnis aller Beteiligten (einschließlich des notwendigen Beigeladenen)[11] erforderlich sein dürfte. Die Verweisung erfolgt durch **Beschluss,**[12] der als prozessleitende Verfügung nicht anfechtbar ist. Die Güteverhandlung ist **nichtöffentlich;**[13] eine Protokollierung erfolgt nur auf **übereinstimmenden Antrag der Beteiligten.**[14] Der Güterichter darf die Einigung im Wege des Vergleichs oder anderer prozessbeendender Erklärungen protokollieren.[15] S. 2 des § 278 Abs. 5 regelt zudem, dass der Güterichter alle Methoden der Konfliktbeilegung einschließlich der Mediation ergreifen kann.[16]

8 BSG 19.7.2010 – B 8 SO 35/10 B, juris.
9 BSG 17.2.2010 – B 1 KR 112/09 B, juris.
10 Roos/Wahrendorf § 202 Rn. 20; im Ergebnis ebenso: Meyer-Ladewig/Keller/Leitherer/Schmidt § 202 Rn. 10; sehr ausführlich vgl. Breitkreuz/Fichte § 202 Rn. 75 ff.
11 Roos/Wahrendorf § 202 Rn. 20; Breitkreuz, § 202 Rn. 81; iE ebenso Meyer-Ladewig/Keller/Leitherer/Schmidt § 202 Rn. 10.
12 Breitkreuz/Fichte § 202 Rn. 80.
13 Meyer-Ladewig/Keller/Leitherer/Schmidt § 202 Rn. 12.
14 Breitkreuz/Fichte § 202 Rn. 85; Meyer-Ladewig/Keller/Leitherer/Schmidt § 202 Rn. 12.
15 Breitkreuz/Fichte § 202 Rn. 85; Meyer-Ladewig/Keller/Leitherer/Schmidt § 202 Rn. 13.
16 Vgl. ausführlich Breitkreuz/Fichte § 202 Rn. 82 ff.

3. Mediation und außergerichtliche Konfliktbewältigung. § 278 a Abs. 1 ZPO regelt das Vorschlagsrecht des zuständigen Richters, einen **außergerichtlichen** Versuch der Konfliktbeilegung anzuregen. Nach Abs. 2 ist im Falle der Durchführung zwingend[17] das Ruhen des Verfahrens anzuordnen. 12

IV. Anwendbarkeit der §§ 198 bis 201 GVG hinsichtlich Entschädigungsansprüchen wegen überlanger Verfahrensdauer

1. Allgemeines. Satz 2, der seit dem 3.12.2011 in Kraft ist, sieht eine ausdrückliche Anwendbarkeit der Vorschriften des 17. Titels des GVG vor, welches in den §§ 198 bis 201 den Rechtschutz bei überlangen Gerichtsverfahren regelt. Der Gesetzgeber hat sich insoweit zu einer **Kombination aus Präventions- und Entschädigungsregelung**[18] entschlossen, die nach Erhebung einer Verzögerungsrüge eingeklagt werden kann (→ § 1 Rn. 12). Es handelt sich hierbei um einen **staatshaftungsrechtlichen Anspruch sui generis,**[19] dessen Regelung insbesondere aufgrund der Rechtsprechung des EMRK[20] und des BVerfG[21] notwendig wurde. Seit Inkrafttreten der Vorschrift erachtet das BVerfG Verfassungsbeschwerden wegen überlanger Verfahrensdauer mangels Rechtsschutzbedürfnisses für unzulässig.[22] Eine Klageflut an Entschädigungsklagen, wie von manchen befürchtet, ist jedoch ausgeblieben.[23] 13

2. Wortlaut der §§ 198, 200 und 201 GVG

§ 198 GVG [Entschädigung; Verzögerungsrüge] 14

(1) [1]Wer infolge unangemessener Dauer eines Gerichtsverfahrens als Verfahrensbeteiligter einen Nachteil erleidet, wird angemessen entschädigt. [2]Die Angemessenheit der Verfahrensdauer richtet sich nach den Umständen des Einzelfalles, insbesondere nach der Schwierigkeit und Bedeutung des Verfahrens und nach dem Verhalten der Verfahrensbeteiligten und Dritter.

(2) [1]Ein Nachteil, der nicht Vermögensnachteil ist, wird vermutet, wenn ein Gerichtsverfahren unangemessen lange gedauert hat. [2]Hierfür kann Entschädigung nur beansprucht werden, soweit nicht nach den Umständen des Einzelfalles Wiedergutmachung auf andere Weise gemäß Absatz 4 ausreichend ist. [3]Die Entschädigung gemäß Satz 2 beträgt 1 200 Euro für jedes Jahr der Verzögerung. [4]Ist der Betrag gemäß Satz 3 nach den Umständen des Einzelfalles unbillig, kann das Gericht einen höheren oder niedrigeren Betrag festsetzen.

(3) [1]Entschädigung erhält ein Verfahrensbeteiligter nur, wenn er bei dem mit der Sache befassten Gericht die Dauer des Verfahrens gerügt hat (Verzögerungsrüge). [2]Die Verzögerungsrüge kann erst erhoben werden, wenn Anlass zur Besorgnis besteht, dass das Verfahren nicht in einer angemessenen Zeit abgeschlossen wird; eine Wiederholung der Verzögerungsrüge ist frühestens nach sechs Monaten möglich, außer wenn ausnahmsweise eine kürzere Frist geboten ist. [3]Kommt es für die Verfahrensförderung auf Umstände an, die noch nicht in das Verfahren eingeführt worden sind, muss die Rüge hierauf hinweisen. [4]Anderenfalls werden sie von dem Gericht, das über die Entschädigung zu entscheiden hat (Entschädigungsgericht), bei der Bestimmung der angemessenen Verfahrensdauer nicht be-

17 Breitkreuz/Fichte § 202 Rn. 93.
18 Jansen § 202 Rn. 14.
19 Söhngen NZS 2012, 493 (496) u.H.a. BT-Drs. 17/3802, 19; Jansen § 202 Rn. 14.
20 EGMR 8.6.2006 – 75529/01, juris.
21 BVerfG 25.11.2008 – 1 BvR 848/07, juris.
22 BVerfG 13.8.2012 – 1 BvR 1098/11, juris.
23 Vgl. im Einzelnen Steinbeiß-Winkelmann/Sporrer NJW 2014, 177 (179 f.).

rücksichtigt. [5]Verzögert sich das Verfahren bei einem anderen Gericht weiter, bedarf es einer erneuten Verzögerungsrüge.

(4) [1]Wiedergutmachung auf andere Weise ist insbesondere möglich durch die Feststellung des Entschädigungsgerichts, dass die Verfahrensdauer unangemessen war. [2]Die Feststellung setzt keinen Antrag voraus. [3]Sie kann in schwerwiegenden Fällen neben der Entschädigung ausgesprochen werden; ebenso kann sie ausgesprochen werden, wenn eine oder mehrere Voraussetzungen des Absatzes 3 nicht erfüllt sind.

(5) [1]Eine Klage zur Durchsetzung eines Anspruchs nach Absatz 1 kann frühestens sechs Monate nach Erhebung der Verzögerungsrüge erhoben werden. [2]Die Klage muss spätestens sechs Monate nach Eintritt der Rechtskraft der Entscheidung, die das Verfahren beendet, oder einer anderen Erledigung des Verfahrens erhoben werden. [3]Bis zur rechtskräftigen Entscheidung über die Klage ist der Anspruch nicht übertragbar.

(6) Im Sinne dieser Vorschrift ist

1. ein Gerichtsverfahren jedes Verfahren von der Einleitung bis zum rechtskräftigen Abschluss einschließlich eines Verfahrens auf Gewährung vorläufigen Rechtsschutzes und zur Bewilligung von Prozess- oder Verfahrenskostenhilfe; ausgenommen ist das Insolvenzverfahren nach dessen Eröffnung; im eröffneten Insolvenzverfahren gilt die Herbeiführung einer Entscheidung als Gerichtsverfahren;
2. ein Verfahrensbeteiligter jede Partei und jeder Beteiligte eines Gerichtsverfahrens mit Ausnahme der Verfassungsorgane, der Träger öffentlicher Verwaltung und sonstiger öffentlicher Stellen, soweit diese nicht in Wahrnehmung eines Selbstverwaltungsrechts an einem Verfahren beteiligt sind.

§ 200 GVG [Haftende Körperschaft]

[1]Für Nachteile, die auf Grund von Verzögerungen bei Gerichten eines Landes eingetreten sind, haftet das Land. [2]Für Nachteile, die auf Grund von Verzögerungen bei Gerichten des Bundes eingetreten sind, haftet der Bund. [3]Für Staatsanwaltschaften und Finanzbehörden in Fällen des § 386 Absatz 2 der Abgabenordnung gelten die Sätze 1 und 2 entsprechend.

§ 201 GVG [Zuständigkeit für die Entschädigungsklage; Verfahren]

(1) [1]Zuständig für die Klage auf Entschädigung gegen ein Land ist das Oberlandesgericht, in dessen Bezirk das streitgegenständliche Verfahren durchgeführt wurde. [2]Zuständig für die Klage auf Entschädigung gegen den Bund ist der Bundesgerichtshof. [3]Diese Zuständigkeiten sind ausschließliche.

(2) [1]Die Vorschriften der Zivilprozessordnung über das Verfahren vor den Landgerichten im ersten Rechtszug sind entsprechend anzuwenden. [2]Eine Entscheidung durch den Einzelrichter ist ausgeschlossen. [3]Gegen die Entscheidung des Oberlandesgerichts findet die Revision nach Maßgabe des § 543 der Zivilprozessordnung statt; § 544 der Zivilprozessordnung ist entsprechend anzuwenden.

(3) [1]Das Entschädigungsgericht kann das Verfahren aussetzen, wenn das Gerichtsverfahren, von dessen Dauer ein Anspruch nach § 198 abhängt, noch andauert. [2]In Strafverfahren, einschließlich des Verfahrens auf Vorbereitung der öffentlichen Klage, hat das Entschädigungsgericht das Verfahren auszusetzen, solange das Strafverfahren noch nicht abgeschlossen ist.

(4) Besteht ein Entschädigungsanspruch nicht oder nicht in der geltend gemachten Höhe, wird aber eine unangemessene Verfahrensdauer festgestellt, entscheidet das Gericht über die Kosten nach billigem Ermessen.

Da § 199 GVG nur das strafrechtliche Verfahren betrifft und im sozialgerichtlichen Verfahren daher keine Anwendung findet,[24] wird von einem Abdruck abgesehen.

---

24 Jansen § 202 Rn. 25; Roos/Wahrendorf § 202 Rn. 33.

3. Voraussetzungen des Entschädigungsanspruchs. a) Gerichtsverfahren. Voraussetzung für den Entschädigungsanspruch ist die unangemessene Dauer eines Gerichtsverfahrens und der hieraus entstandene Nachteil für einen Beteiligten des Verfahrens (§ 198 Abs. 1 S. 1 GVG). Dabei definiert § 198 Abs. 6 Nr. 1 als Gerichtsverfahren jedes Verfahren von der Einleitung bis zum rechtskräftigen Abschluss, einschließlich des Verfahrens auf einstweiligen Rechtsschutz und des PKH-Verfahrens. Nicht unter das Gerichtsverfahren fällt jedoch das Widerspruchsverfahren.[25] 15

b) Beteiligter. Beteiligte, die einen Entschädigungsanspruch geltend machen können, sind entsprechend § 69 und § 198 Abs. 6 Nr. 2 GVG Kläger, Beklagter und Beigeladener; letzterer aber erst ab dem Zeitpunkt seiner Beiladung.[26] Dabei sind als Beteiligte Verfassungsorgane ebenso wie Träger der öffentlichen Verwaltung und sonstige öffentliche Stellen ausgeschlossen, soweit diese nicht in Wahrnehmung ihrer Selbstverwaltungsrechts an dem Verfahren beteiligt sind (§ 198 Abs. 6 Nr. 2 GVG). 16

c) Unangemessene Dauer. § 198 Abs. 1 S. 1 und S. 2 GVG definieren nicht, wann ein Gerichtsverfahren unangemessen lange dauert. S. 2 bestimmt lediglich, dass sich die Angemessenheit nach den Umständen des Einzelfalls, insbesondere nach der Schwierigkeit und Bedeutung des Verfahrens und nach dem Verhalten der Verfahrensbeteiligten und Dritten richtet. 17

Der 10. Senat des BSG wendet hier ein dreistufiges Verfahren[27] an. In einem ersten Schritt bestimmt er die Gesamtdauer des Gerichtsverfahrens im Sinne von § 198 Abs. 6 Nr. 1 GVG von der Einleitung bis zum rechtskräftigen Abschluss. Dabei erfolgt die Feststellung der Verfahrensdauer bzw. Überlänge monatsweise.[28] Im zweiten Schritt ist der Ablauf des Verfahrens an den in § 198 Abs. 1 S. 2 genannten Kriterien zu messen. Abschließend ist im letzten Schritt im Rahmen der wertenden Gesamtbetrachtung und der Abwägung aller Einzelfallumstände festzustellen, ob die Verfahrensdauer die äußerste Grenze des Angemessenen deutlich überschritten hat. Dabei billigt das BSG den Ausgangsgerichten **je Instanz** eine Vorbereitungs- und Bedenkzeit (in der die Akte liegt und keine äußeren Ermittlungshandlungen getätigt werden) von **bis zu 12 Monaten**[29] zu, die für sich genommen noch nicht zu einer unangemessenen Verfahrensdauer führt.

Dabei sieht das BSG die letztgenannte 12-Monatsregel aber eher als Faustregel[30] an und will im Einzelfall, etwa bei Musterverfahren, nach unten oder in anderen Fällen nach oben abweichen.[31]

Kritisch ist insoweit anzumerken, dass der Gesetzgeber eben keine festen Zeiträume festgelegt hat, um eine Unangemessenheit wirklich im Einzelfall zu bestimmen. Mit der 12-Monats-Regel hat das BSG diese Intention aber ins genaue Gegenteil verkehrt.[32] Nachgezogen sind hier die Instanzgerichte; so soll für das Kostenfestsetzungsverfahren durch den Urkundsbeamten nach **§ 197 Abs. 2 drei**

25 LSG Bln-Bbg 13.9.2012 – L 38 SF 73/12 EK AS und 4.9.2013 – L 37 SF 66/12 EK VG; HessLSG 6.2.2013 – L 6 SF 6/12 EK U, juris.
26 SchlHLSG 16.8.2013 – L 12 SF 4/12 EK, juris.
27 Vgl. zuletzt BSG 5.5.2015 – B 10 ÜG 8/14 R, juris.
28 BSG 12.2.2012 – B 10 ÜG 11/13 R, juris.
29 BSG 12.2.2012 – B 10 ÜG 11/13 R, juris.
30 Stotz jurisPR-SozR 10/2015 Anm. 1.
31 BSG 12.2.2015 – B 10 ÜG 1/13.
32 Vgl. hierzu Berchtold/Richter PHdB-SozS § 4 Rn. 169 f.

Monate, für das sich anschließende Erinnerungsverfahren nach § 197 Abs. 2 wieder 12 Monate angemessen sein.[33]

18 d) **Nachteil.** § 198 Abs. 2 GVG unterscheidet zwischen materiellen und immateriellen Nachteilen. Dabei soll sich der Umfang des materiellen Nachteils nicht auf den entgangenen Gewinn erstrecken, da § 198 Abs. 1 GVG eine verschuldensunabhängige Entschädigung vorsieht.[34] Beim materiellen Nachteil muss der Kläger zudem belegen, dass die unangemessene Verfahrensdauer den Nachteil adäquat verursacht haben muss (**haftungsausfüllende Kausalität**).[35] Dem hingegen wird nach § 198 Abs. 2 S. 1 GVG bei einer unangemessenen Dauer das Vorliegen eines immateriellen Schadens vermutet. Einen immateriellen Nachteil kann auch **eine juristische Person des Privatrechts** erleiden.[36]

19 e) **Erhebung der Verzögerungsrüge.** Vor der Erhebung einer Entschädigungsklage muss der Kläger nach § 198 Abs. 3 GVG eine **Verzögerungsrüge** bei dem Gericht, das gerade mit der Sache befasst war, erhoben haben. Diese kann nach § 198 Abs. 3 S. 2 GVG erst erhoben werden, wenn Anlass zur Besorgnis besteht, dass das Verfahren nicht in einer angemessenen Zeit abgeschlossen wird. Bei der Rüge handelt es sich um das **präventive Element des Entschädigungsverfahrens,**[37] das kein Rechtsbehelf, sondern eine Obliegenheit[38] des Klägers ist. Wird sie nicht, nicht wirksam oder nicht rechtzeitig erhoben, so ist die Entschädigungsklage nicht unzulässig, sondern unbegründet.[39] Dabei sind an die Form und Inhalt der Rüge **keine übertriebenen Ansprüche**[40] zu stellen, eine Erhebung ist aber dann nicht als wirksam zu erachten, wenn keine Anhaltspunkte für eine Verzögerung bestehen und der Kläger gleich in mehreren Verfahren parallel – ohne Rücksicht auf den Verfahrensstand – eine solche erhebt.[41] Einer Verzögerungsrüge bedarf es nicht in sog Altfällen, dh, wenn das Verfahren schon vor dem 3.12.2011 beendet war.[42] Für Verfahren, die am 3.12.2011 bereits anhängig waren, war die Verzögerungsrüge nach Art. 23 S. 2 ÜGG unverzüglich nach Inkrafttreten des ÜGG zu erheben. Dabei ist nach der Auffassung des BSG eine Erhebung binnen drei Monaten ab Inkrafttreten noch unverzüglich, danach nicht mehr.[43]

20 f) **Rechtsfolgen.** An Rechtsfolgen sieht § 198 in Abs. 2 die **Entschädigung des Nachteils** und hierzu vorrangig[44] in Abs. 4 die **Feststellung der Unangemessenheit** der Verfahrensdauer vor. Diese Feststellung kann nach Abs. 4 bei schwerwiegenden Fällen neben der Entschädigung ausgesprochen werden oder allein, wenn diese als Wiedergutmachung ausreicht[45] (§ 198 Abs. 2 S. 2 GVG) oder

33 SächsLSG 22.1.2018 – L 11 SF 45/16 EK, juris.
34 Jansen § 202 Rn. 17.
35 BSG 5.5.2015 – B 10 ÜG 5/14 R, juris.
36 BSG 5.5.2015 – B 10 ÜG 5/14 R; BSG 12.2.2015 – B 10 ÜG 1/13 R, beide juris.
37 Jansen § 202 Rn. 14.
38 Jansen § 202 Rn. 19.
39 Zuletzt BSG 5.5.2015 – B 10 ÜG 8/14 R; BayLSG 23.5.2014 – L 8 SF 49/13 EK; aA LSG Bln-Bbg 9.4.2013 – L 38 SF 101/13 EK AS, alle juris; Berchtold/Richter PHdB-SozS § 4 Rn. 143.
40 Berchtold/Richter PHdB-SozS § 4 Rn. 143.
41 ThürLSG 18.6.2013 – L 3 SF 1759/12 EK, juris.
42 BSG 5.5.2015 – B 10 ÜG 5/14 R, juris.
43 BSG 3.9.2014 – B 10 ÜG 2/14 R und 5.5.2015 – B 10 ÜG 8/14 R, beide juris.
44 Roos/Wahrendorf § 202 Rn. 53; aA wohl BSG 12.2.2012 – B 10 ÜG 1/13, juris.
45 LSG Nds-Brem 28.3.2013 – L 15 SF 10/12 EK AS, juris.

wenn der Kläger keine oder keine ordnungsgemäße Verzögerungsrüge erhoben hat.

Dabei beträgt die Entschädigung für immaterielle Schäden für jedes Jahr der Verzögerung 1.200 EUR. Beträgt die Verzögerung weniger als ein Jahr, so ist diese ausgehend von 100 EUR je Monat zu quoteln.[46]

g) Passivlegitimation. Passiv legitimiert ist nach § 200 GVG bei Verzögerungen 21
der SG und LSG das jeweilige Bundesland, bei Verzögerungen beim BSG der Bund.[47]

4. Verfahren und Zuständigkeit. Die Entschädigungsklage kann **frühestens** 22
sechs Monate nach Erhebung der Verzögerungsrüge erhoben werden (§ 198 Abs. 5 S. 1 GVG). Sie muss **spätestens binnen sechs Monaten nach Eintritt der Rechtskraft** der das Verfahren beendenden Entscheidung oder einer anderen Erledigung des Verfahrens erhoben werden (§ 198 Abs. 5 S. 2 GVG).

Zwar bestimmt § 201 Abs. 2 S. 1 GVG, dass in den Verfahren die Vorschriften der ZPO über das Verfahren vor dem LG in erster Instanz anzuwenden sind, § 202 S. 2 trifft hier jedoch abweichend die Regelung, dass die **Vorschriften des SGG Anwendung** finden. Daher gilt zwar das **Verbot der Einzelrichterentscheidung** nach § 201 Abs. 2 S. 2,[48] die Vorschriften hinsichtlich der Rechtsmittel des Abs. 2 S. 3 sind aber nicht anzuwenden. Es gelten vielmehr die Regelungen des SGG hinsichtlich Revision bei Zulassung bzw. NZB.[49] Ist das Gerichtsverfahren, dessen Unangemessenheit gerügt wird, noch anhängig, so kann das Entschädigungsgericht nach § 201 Abs. 3 S. 1 aussetzen.

Abweichend von § 201 Abs. 1 S. 2 GVG bestimmt Satz 2, dass für Klagen auf Entschädigungen gegen ein Land das jeweilige LSG[50] und bei Klagen auf Entschädigungen gegen den Bund das BSG zuständig ist. Die in § 201 Abs. 2 S. 4 enthaltene Regelung, die einen Ausschluss der Gerichtspräsidenten und ihrer Vertreter in den Spruchkörpern für Entschädigungsklagen vorsah, wurde schon kurz nach Inkrafttreten mit Gesetz vom 6.12.2011 mit Wirkung zum 1.1.2012 (BGBl. 2011 I 2554) wieder aufgehoben.

5. Kosten. Das Entschädigungsverfahren ist ein **gerichtskostenpflichtiges Ver-** 23
fahren nach § 197 a (§ 183 S. 6 SGG). Damit richtet sich die Kostenentscheidung nach § 197 a Abs. 1 S. 1 iVm §§ 184 bis 195 VwGO und somit maßgeblich nach dem Obsiegen bzw. Unterliegen. Abweichend hiervon sieht § 201 Abs. 4 eine Kostenentscheidung nach billigem Ermessen vor, wenn ein Entschädigungsanspruch nicht oder nicht in der geltend gemachten Höhe besteht, jedoch gleichzeitig eine unangemessene Verfahrensdauer festgestellt wird. Nach §§ 12 Abs. 1 S. 1, 12 a GKG ist ein **Gerichtskostenvorschuss** zu leisten. Zahlt der Kläger diesen trotz Fristsetzung nicht ein, so wandte die Rechtsprechung in entsprechender Anwendung des § 102 Abs. 2 die **Klagerücknahmefiktion** an.[51] Eine **Anpassung an das Zivilprozessrecht** im Hinblick auf eine Differenzierung hinsichtlich Anhängigkeit (Eingang bei Gericht) und Rechtshängigkeit (Zustellung

46 BSG 21.2.2013 – B 10 ÜG 1/12 KL; LSG Bln-Bbg 2.8.2013 – L 37 SF 252/12 EK AL, juris.
47 Hennig/Söhngen § 202 Rn. 94.
48 Jansen § 202 Rn. 29 u.H.a. BT-Drs. 17/7217, 28.
49 Meyer-Ladewig/Keller/Leitherer/Schmidt § 202 Rn. 35.
50 BSG 23.11.2017 – B 10 ÜG 1/17 KL, juris.
51 LSG Nds-Brem 29.8.2013 – L 10 SF 12/13 EK KA WA; offengelassen in BSG 12.2.2015 – B 10 ÜG 8/14 B, beide juris.

an Beklagten nach Eingang des Vorschuss) hat der Gesetzgeber mit Gesetz vom 11.10.2016 (BGBl. 2016 I 2222) mit Wirkung ab dem 15.10.2016 durch Einführung des **§ 94 Satz 2** für die Verfahren wegen überlanger Verfahrensdauer vorgenommen, so dass der Rückgriff auf die Klagerücknahmefiktion jetzt nicht mehr notwendig ist.

24 **6. Rechtsmittel.** Gegen das Urteil des LSG ist Revision zum BSG nur bei Zulassung derselben gegeben. Bei Nichtzulassung kann NZB erhoben werden. Das Urteil des BSG ist unanfechtbar.[52]

V. Anwendbarkeit der §§ 63 bis 78 GWB bei freiwilligen Vereinigungen von Krankenkassen

25 Für die kartellrechtliche Fusionskontrolle nach § 172 a SGB V sind die Gerichte der Sozialgerichtsbarkeit zuständig. Mit S. 3 wird der sozialgerichtliche Rechtsschutz um das kartellrechtliche Beschwerdeverfahren, geregelt in den §§ 63 ff. GWB, erweitert.[53] Die erstinstanzliche **Beschwerde gegen Verfügungen des BKartA**, für die allein das LSG **NRW** nach § 29 Abs. 3 Nr. 4 zuständig ist, tritt insoweit an die Stelle der Aufsichtsklage nach § 54 Abs. 3. Nach § 68 GWB gilt hier abweichend **Anwaltszwang.** Gegen den nach § 71 GWB ergehenden Beschluss kann die **Rechtsbeschwerde zum BSG** erhoben werden.

§ 203 [Verweisungen auf aufgehobene Vorschriften]

Soweit in anderen Gesetzen auf Vorschriften oder Bezeichnungen verwiesen wird, die durch dieses Gesetz aufgehoben werden, treten an deren Stelle die entsprechenden Vorschriften oder die Bezeichnungen dieses Gesetzes.

I. Allgemeines

1 **1. Entstehungsgeschichte.** Die Vorschrift besteht unverändert seit dem Inkrafttreten des SGG am 1.1.1954.

2 **2. Parallelvorschriften.** § 195 Abs. 5 VwGO enthielt eine ähnliche Anpassungsformel, wurde aber schon 1991 wegen Bedeutungslosigkeit aufgehoben.

II. Kommentierung

3 § 203 enthält eine früher übliche **Anpassungsvorschrift**, die bei Inkrafttreten des SGG vom 3.9.1953 (BGBl. 1953 I 1239) erforderlich war, weil die verfahrensrechtliche Materie des Sozialversicherungsrechts bis dahin in verschiedenen Gesetzen, Rechtsverordnungen und Satzungen geregelt war. Die §§ 220 bis 224 des SGG in der Fassung vom 3.9.1953 enthielten insoweit zahlreiche Übergangs- und Aufhebungsvorschriften in Bezug auf das bisherige Verfahrensrecht. Für den Gesetzgeber war aber nicht abzusehen, ob damit alle alten Vorschriften erfasst wurden, daher wurde zur Sicherheit § 203 eingefügt. **§ 203 ändert die vorhandenen Vorschriften nicht**, ordnet aber an, dass diese **ihrem Sinn nach so zu lesen sind**, dass sie den **Prinzipien** und der **Struktur des SGG entsprechen.** § 203 hat heute **keine praktische Bedeutung mehr.**[1]

---

52 Roos/Wahrendorf § 202 Rn. 37 f.; Meyer-Ladewig/Keller/Leitherer/Schmidt § 202 Rn. 35.
53 Breitkreuz/Fichte § 202 Rn. 99.
1 Meyer-Ladewig/Keller/Leitherer/Schmidt § 203.

§ 203 a [Sitzungen des BSG in Berlin]

Die Senate des Bundessozialgerichts können Sitzungen auch in Berlin abhalten.

I. Allgemeines

§ 203 a wurde durch das 2. SGGÄndG vom 25.6.1958 in das SGG eingefügt, trat am 1.7.1958 in Kraft und wurde seitdem nicht mehr geändert. 1

II. Kommentierung

Die Vorschrift hat keinerlei praktische Bedeutung. 2

§ 204 [Zuständigkeit früherer Versicherungsbehörden und Versorgungsgerichte]

Vor die Gerichte der Sozialgerichtsbarkeit gehören auch Streitigkeiten, für welche durch Rechtsverordnung die Zuständigkeit der früheren Versicherungsbehörden oder Versorgungsgerichte begründet worden war.

I. Allgemeines

Die Vorschrift besteht seit Inkrafttreten des SGG unverändert in der Fassung vom 3.9.1953. 1

II. Kommentierung

§ 204 setzt die Zuständigkeit der Sozialgerichte auch für solche Streitigkeiten fest, die nach alten Verfahrensvorschriften den Versicherungsbehörden oder den Versorgungsgerichten zugewiesen sind. Die Vorschrift ist angesichts des Zeitablaufs heute gegenstandslos. 2

§ 205 [Vernehmung durch bestimmten Richter]

[1]Erfolgt die Vernehmung oder die Verteidigung von Zeugen und Sachverständigen nach dem Zehnten Buch Sozialgesetzbuch durch das Sozialgericht, findet sie vor dem dafür im Geschäftsverteilungsplan bestimmten Richter statt. [2]Über die Rechtmäßigkeit einer Verweigerung des Zeugnisses, des Gutachtens oder der Eidesleistung nach dem Zehnten Buch Sozialgesetzbuch entscheidet das Sozialgericht durch Beschluß.

I. Allgemeines

1. Entstehungsgeschichte. Die Norm wurde mit Inkrafttreten des SGB X durch Art. II § 30 SGB X vom 18.8.1980 (BGBl. 1980 I 1469) eingefügt und seither nicht mehr verändert. Der frühere § 205, der die Unfallfürsorge für Gefangene betraf, wurde gegenstandslos, da das betreffende Gesetz aufgehoben wurde. 1

2. Parallelvorschriften. § 180 VwGO und § 158 FGO enthalten § 205 entsprechende Vorschriften. 2

II. Kommentierung

3 **1. Zuständigkeit.** Nach S. 1 erfolgt die Vernehmung von Zeugen und Sachverständigen nach § 22 SGB X vor dem im Geschäftsverteilungsplan dafür bestimmten Richter. § 205 ist damit die verfahrensrechtliche Ergänzung zu § 22 SGB X, der die Voraussetzungen festlegt, unter welchen eine Behörde zur Vernehmung oder Vereidigung von Zeugen oder Sachverständigen das Gericht um Amtshilfe bitten kann. **Zuständig** für das Amtshilfeersuchen nach § 22 Abs. 1 S. 1 ist das **Sozialgericht** in sozialgerichtlichen Streitigkeiten, **an welchem der Zeuge oder Sachverständige seinen Wohnsitz oder Aufenthaltsort** hat. § 205 S. 1 stellt insoweit klar, dass für die Vernehmung oder Vereidigung nicht die Kammer, sondern der **Berufsrichter**, der hierfür im Geschäftsverteilungsplan bestimmt worden ist, zuständig ist.

4 **2. Verfahren.** Der zuständige Richter prüft bei Eingang des Ersuchens seine **Zuständigkeit**, und ob die **formalen Voraussetzungen** erfüllt sind. So muss das Ersuchen den Gegenstand der Vernehmung, Namen und Anschriften der Beteiligten und des Zeugen oder Sachverständigen enthalten und nach § 22 Abs. 4 SGB X vom Behördenleiter, dessen Vertreter oder einem Angestellten des öffentlichen Dienstes unterschrieben sein, der die Befähigung zum Richteramt besitzt. Im Falle der Frage der Vereidigung nach S. 2 ist es für die Durchführung der Amtshilfe **nicht Voraussetzung**, dass der **Zeuge zuvor von der Behörde vernommen worden ist.**[1] Das Gericht hat insoweit einen **eingeschränkten Überprüfungsspielraum.** Es darf die objektive Gebotenheit der Beeidigung nicht überprüfen.[2] Liegen die genannten Voraussetzungen vor, so bestimmt das Gericht einen Beweistermin, in welchem es in eigener Zuständigkeit nach S. 2 über die Verweigerung des Zeugnisses, des Gutachtens oder der Eidesleistung durch **Beschluss** entscheidet. Der Beschluss ist nach § 142 Abs. 2 S. 1 zu begründen.

5 **3. Rechtsmittel.** Gegen den Beschluss des Gerichts nach S. 2 können Zeuge bzw. Gutachter oder die Behörde **Beschwerde** nach § 172 zum LSG erheben.[3]

§ 206 [Übergangsvorschriften]

(1) Auf Verfahren in Angelegenheiten der Sozialhilfe und des Asylbewerberleistungsgesetzes, die nicht auf die Gerichte der Sozialgerichtsbarkeit übergehen, ist § 188 der Verwaltungsgerichtsordnung in der bis zum 31. Dezember 2004 geltenden Fassung anzuwenden.

(2) [1]Auf Verfahren, die am 1. Januar 2009 bei den besonderen Spruchkörpern der Gerichte der Verwaltungsgerichtsbarkeit anhängig sind, sind die §§ 1, 50 a bis 50 c und 60 in der bis zum 31. Dezember 2008 geltenden Fassung anzuwenden. [2]Für einen Rechtsbehelf gegen Entscheidungen eines besonderen Spruchkörpers des Verwaltungsgerichts, die nach dem 31. Dezember 2008 ergehen, ist das Landessozialgericht zuständig.

1 Die durch das 7. SGGÄndG (s. § 50 a SGG) eingeführte **Übergangsvorschrift** bestimmt in Absatz 1, dass die zum 31.12.2004 bei den Gerichten der Verwal-

---

1 BayLSG 19.3.1999 – L 12 B 202/98 KA, NZS 1999, 574; aA LSG BW 11.3.1996 – L 2 U 298/96.

2 BayLSG 19.3.1999 – L 12 B 202/98 KA, NZS 1999, 574; Meyer-Ladewig/Keller/Leitherer/Schmidt § 205 Rn. 4.

3 Hennig/Schmidt § 205 Rn. 5; Meyer-Ladewig/Keller/Leitherer/Schmidt § 205 Rn. 4.

tungsgerichtsbarkeit anhängigen Verfahren der Sozialhilfe und des Asylbewerberleistungsgesetzes, die nach dem Grundsatz der perpetuatio fori nicht auf die Sozialgerichte übergehen, weiter nach den bisher geltenden Regelungen der VwGO entschieden werden.

Absatz 2 bildet die Überleitungsvorschrift für die Verfahren, die am 1.1.2009 noch bei den besonderen Spruchkörpern nach § 50 a SGG anhängig sind. Sie werden dort zu Ende geführt, so dass die besonderen Spruchkörper solange fortbestehen. Für den Rechtsbehelf ist das LSG zuständig, was auch für Zurückverweisungen von Entscheidungen des OVG durch das BSG gilt.[1] 2

§ 207 [Beschlüsse, Form und Inhalt]

[1]Verfahren in Streitigkeiten über Entscheidungen von Vergabekammern, die Rechtsbeziehungen nach § 69 des Fünften Buches Sozialgesetzbuch betreffen und die am 28. Dezember 2010 bei den Landessozialgerichten anhängig sind, gehen in dem Stadium, in dem sie sich befinden, auf das für den Sitz der Vergabekammer zuständige Oberlandesgericht über. [2]Verfahren in Streitigkeiten über Entscheidungen von Vergabekammern, die Rechtsbeziehungen nach § 69 des Fünften Buches Sozialgesetzbuch betreffen und die am 28. Dezember 2010 beim Bundessozialgericht anhängig sind, gehen auf den Bundesgerichtshof über. [3]Die Sätze 1 und 2 gelten nicht für Verfahren, die sich in der Hauptsache erledigt haben.

I. Entstehungsgeschichte

Die Vorschrift wurde mit Gesetz vom 15.12.2008 neu besetzt und regelte vom 18.12.2008 bis 31.12.2010 den Übergang von Vergabeverfahren von den OLG auf die LSG bzw. vom BGH auf das BSG.[1] Mit dem Arzneimittelneuordnungsgesetz – AMNOG – vom 22.12.2010 (BGBl. 2010 I 2262) wurde die Zuständigkeit für Vergabestreitigkeiten wieder den Zivilgerichten zugewiesen, weswegen die Vorschrift nunmehr in die andere Richtung geändert wurde.[2] Satz 4 wurde durch Gesetz vom 17.2.2016 (BGBl. 2016 I 203) mWv 18.4.2016 aufgehoben, da für ihn aufgrund des Zeitablaufs keine Notwendigkeit mehr bestand. 1

II. Normzweck

Nachdem mit dem AMNOG die wettbewerbs- und kartellrechtlichen Streitigkeiten mit Wirkung zum 1.1.2011 der Zuständigkeit der Zivilgerichte zugewiesen wurden, hat sich der Gesetzgeber zusätzlich dazu entschlossen, insoweit auch den Grundsatz des perpetuatio fori zu durchbrechen und ordnet daher an, dass in der Hauptsache am 28.12.2010 noch anhängige Vergabeverfahren – in dem Verfahrenstand, in dem sie sich befinden – des LSG auf das zuständige OLG und des BSG auf den BGH übergehen. Aus Satz 2 der Regelung ist zu entnehmen, dass dies nicht gilt, wenn die Hauptsache am 28.12.2010 bereits erledigt war und nur noch über die Kosten zu entscheiden ist. Nach Satz 3 beginnt die Frist nach § 121 Abs. 3 GWB mit Eingang der Akten beim zuständigen OLG zu laufen. 2

1 BSG 26.5.2011 – B 14 AS 132/10 R; BSG 27.9.2011 – B 4 AS 202/10 R, SozR 4-4200 § 23 Nr. 13.

1 Vgl. BSG 1.9.2009 – B 1 KR 1/09 D, und 11.9.2009 – B 1 KR 3/09 D, beide juris.

2 BT-Drs. 17/2413, 34 zu Nr. 5.

§ 208 [Ehrenamtliche Richter]

(1) [1]Ehrenamtliche Richter, die vor dem 1. Januar 2012 nach § 23 Absatz 1 Satz 2 als Mitglieder des Ausschusses der ehrenamtlichen Richter gewählt worden sind, bleiben bis zum Ende der für sie geltenden Wahlperiode im Amt. [2]Dies gilt auch für ehrenamtliche Richter, die aus den Vorschlagslisten für den Kreis der Arbeitnehmer vor dem 25. Oktober 2013 in das Amt berufen worden sind.

(2) Ehrenamtliche Richter, die aus den Vorschlagslisten für den Kreis der Arbeitnehmer vor dem 25. Oktober 2013 in das Amt berufen worden sind, bleiben bis zum Ende der Zeit, für die sie berufen worden sind, im Amt und gehören so lange den für Angelegenheiten der Grundsicherung für Arbeitsuchende einschließlich der Streitigkeiten auf Grund des § 6 a des Bundeskindergeldgesetzes und der Arbeitsförderung zuständigen Kammern an.

I. Entstehungsgeschichte

1 Abs. 1 S. 1 wurde mit dem Vierten Gesetz zur Änderung des Vierten Buches Sozialgesetzbuch vom 22.12.2011 mit Wirkung vom 1.1.2012 neu eingefügt (BGBl. 2012 I 3057). Mit dem BUK-NOG vom 10.10.2013 (BGBl. 2013 I 3836) wurde § 208 um Abs. 1 S. 2 und den Abs. 2 erweitert.

II. Keine Änderung des Ausschusses durch Gesetzesänderung

2 Abs. 1 S. 1 ist eine Folgeänderung zu § 23 und regelt als Übergangsvorschrift, dass die vor Inkrafttreten der geänderten Wahlkriterien nach dem alten § 23 gewählten Ausschussmitglieder bis zum Ende Ihrer Wahlzeit Ausschussmitglieder bleiben. Allein anlässlich der Gesetzesänderung sind daher keine Neuwahlen erforderlich. Entsprechendes gilt für S. 2 und Abs. 2. Diese bestimmen als Übergangsregelung zu § 12 Abs. 2 und § 14 Abs. 1, dass trotz der Änderung der Vorschlagslisten für die ehrenamtlichen Richter (nur noch Versicherte, keine Arbeitnehmer mehr) keine Neuwahlen erforderlich sind. Die gewählten ehrenamtlichen Richter gehören bis zur turnusmäßigen Neuwahl nach fünf Jahren (§ 13 Abs. 1 S. 1) den Kammern an, die für Angelegenheiten der Arbeitsförderung und der Grundsicherung für Arbeitsuchende (einschließlich § 6 a BKKG) zuständig sind.[1]

§ 209 [Geltung des § 43 des Einführungsgesetzes zum GVG]

§ 43 des Einführungsgesetzes zum Gerichtsverfassungsgesetz gilt entsprechend.

§ 43 EGGVG [Anwendung von § 169 Abs. 2 GVG]

§ 169 Absatz 2 des Gerichtsverfassungsgesetzes findet keine Anwendung auf Verfahren, die am 18. April 2018 bereits anhängig sind.

I. Allgemeines

1 **1. Entstehungsgeschichte.** Die Vorschrift wurde durch das Gesetz zur Erweiterung der Medienöffentlichkeit in Gerichtsverfahren und zur Verbesserung der

1 Breitkreuz ASR 2014, 52 (53).

Kommunikationshilfen für Menschen mit Sprach- und Hörbehinderungen (EMöGG) vom 8.10.2017 (BGBl. 2017 I 3546) mit Wirkung zum 19.10.2017 eingefügt.

2. Parallelvorschriften. Die Vorschrift ordnet die entsprechende Geltung von § 43 EGGVG im sozialgerichtlichen Verfahren an. Gleiches gilt für das verwaltungsgerichtliche Verfahren nach § 175 VwGO, für das finanzgerichtliche Verfahren nach § 159 FGO und für das arbeitsgerichtliche Verfahren gemäß § 112 Abs. 2 ArbGG (→ § 61 Rn. 10). 2

II. Stichtagsregelung

§ 43 EGGVG ordnet an, dass § 169 Abs. 2 GVG mit der Möglichkeit zu wissenschaftlichen Zwecken Tonaufzeichnungen zu machen, nur für Verfahren Anwendung findet, die nach dem Inkrafttreten des § 169 Abs. 2 GVG, dem 18.4.2018, anhängig gemacht werden. Für Verfahren, die am 18.4.2018 schon bei Gericht anhängig waren, dürfen somit keine Aufnahmen angefertigt werden. Für solche Verfahren gilt weiterhin ein allumfassendes audio-visuelles Aufzeichnungsverbot. Zu § 169 GVG → § 61 Rn. 9. 3

§ 210 [Verfahrensübergang auf Landessozialgerichte]

(1) [1]Verfahren in Streitigkeiten über Entscheidungen der Schiedsstellen nach § 133 des Neunten Buches Sozialgesetzbuch, die am 23. Juni 2020 bei den Sozialgerichten anhängig sind, gehen in dem Stadium, in dem sie sich befinden, auf die Landessozialgerichte über. [2]Dies gilt nicht für Verfahren, die sich in der Hauptsache erledigt haben.

I. Entstehungsgeschichte

Die Vorschrift wurde als notwendige Folgeregelung zu § 29 Abs. 2 Nr. 1 SGG, der ab 1.7.2020 die erstinstanzliche Zuständigkeit des LSG nun auch gegen Schiedsstellenentscheidungen nach § 133 SGB IX vorsieht, durch das 7. Gesetz zur Änderung des SGB IV und anderer Gesetze vom 12.6.2020 (BGBl. 2020 I, 1248) mit Wirkung zum 1.7.2020 eingefügt. 1

II. Regelungsinhalt

Die Vorschrift ist eine Ausnahme des geltenden Grundsatzes der perpetuatio fori und ordnet an, dass die Streitigkeiten über Entscheidungen der Schiedsstellen nach § 133 SGB IX, die am 23.6.2020 bei einem Sozialgericht anhängig und in der Hauptsache nicht erledigt sind, auf das (zuständige LSG) übergehen. Die nach Erledigung der Hauptsache am 23.6.2020 noch anhängigen Nebenverfahren, wie Kosten- oder Streitwertverfahren verbleiben angesichts Satz 2 beim SG. 2

§ 211[1] [Epidemischen Lage von nationaler Tragweite][1]

(1) [1]Das Gericht kann einem ehrenamtlichen Richter bei einer epidemischen Lage von nationaler Tragweite nach § 5 Absatz 1 Satz 1 des Infektionsschutzgesetzes von Amts wegen gestatten, an der mündlichen Verhandlung von einem anderen Ort aus teilzunehmen, wenn es für ihn aufgrund der epidemischen Lage unzumutbar ist, persönlich an der Gerichtsstelle zu erscheinen. [2]Die Verhand-

1 § 211 aufgeh. mWv 1.1.2021 durch G v. 20.5.2020 (BGBl. I S. 1055).

lung wird zeitgleich in Bild und Ton an den anderen Ort und in das Sitzungszimmer übertragen. [3]Die Übertragung wird nicht aufgezeichnet.

(2) [1]Absatz 1 gilt entsprechend für die Beratung und Abstimmung sowie für Entscheidungen ohne mündliche Verhandlung. [2]Die an der Beratung und Abstimmung Teilnehmenden haben durch geeignete Maßnahmen die Wahrung des Beratungsgeheimnisses sicherzustellen; die getroffenen Maßnahmen sind zu protokollieren.

(3) [1]Bei einer epidemischen Lage von nationaler Tragweite nach § 5 Absatz 1 Satz 1 des Infektionsschutzgesetzes soll das Gericht den Beteiligten, ihren Bevollmächtigten und Beiständen im Falle des § 110 a von Amts wegen gestatten, sich während einer mündlichen Verhandlung an einem anderen Ort aufzuhalten und dort im Wege der zeitgleichen Bild- und Tonübertragung Verfahrenshandlungen vorzunehmen. [2]Satz 1 gilt entsprechend für Erörterungstermine nach § 106 Absatz 3 Nummer 7 sowie für die Vernehmung von Zeugen und Sachverständigen. [3]Die Übertragung wird nicht aufgezeichnet.

I. Allgemeines

1. Entstehungsgeschichte

1 **§ 211 wurde als Erweiterung des § 110 a mit Art. 4 des Gesetzes zu sozialen Maßnahmen zur Bekämpfung der Corona-Pandemie (Sozialschutz-Paket II) vom 20.5.2020 mit Wirkung zum 29.5.2020 ins SGG aufgenommen. Ebenfalls mit dem Sozialschutz-Paket II, Art. 5 und Art. 20 Abs. 3, ist bereits festgelegt, dass § 211 SGG mit Wirkung zum 1.1.2021 aufgehoben wird (BGBl. 2020 I 1055).**

2. Parallelvorschriften

2 **Mit § 114 ArbGG (Infektionsschutz bei epidemischen Lagen von nationaler Tragweite) existiert eine nahezu wortgleiche Vorschrift. Sie wurde zeitgleich ebenfalls mit dem Sozialschutz-Paket II eingeführt.**

II. Normzweck

3 Nach Auffassung des Gesetzgebers kommen in der außergewöhnlichen Krisensituation auf die Arbeits- und Sozialgerichtsbarkeit besondere Herausforderungen zu. Dabei ist die Funktionsfähigkeit der Sozialgerichtsbarkeit insbesondere vor dem Hintergrund des Justizgewährungsanspruches der Rechtsschutzsuchenden auch während der COVID-19-Pandemie zu gewährleisten. Zu berücksichtigen ist dabei, dass auf Empfehlungen der Justizverwaltungen der Sitzungsbetrieb in den Arbeits- und Landesarbeitsgerichten seit etwa dem 17.3.2020 eingestellt worden ist, um die Ausbreitung des Coronavirus SARS-CoV-2 in Deutschland zu stoppen. Nur in dringenden Verfahren fanden Verhandlungen statt. Zwar ist in den Prozessordnungen bereits die Möglichkeit enthalten, bei Zustimmung der Parteien in bestimmten Fällen im schriftlichen Verfahren zu entscheiden. Ebenso ist auch vorgesehen, dass den Parteien und anderen Prozessbeteiligten auf Antrag oder von Amts wegen eine Teilnahme per Videokonferenz gestattet werden kann. Damit gibt es grundsätzlich bereits Möglichkeiten, die Gestaltung des Ver-

fahrens an die besonderen Umstände anzupassen. Bei einer epidemischen Lage von nationaler Tragweite seien jedoch vorübergehend weitere Anpassungen im Prozessrecht der Sozialgerichtsbarkeit erforderlich, da die bestehenden Regelungen in den Prozessordnungen für das Erfordernis eines umfassenden Gesundheitsschutzes der beteiligten Personen nicht ausgelegt seien. Die so für erforderlich empfundene Änderung des Verfahrensrechts soll durch § 211 SGG umgesetzt werden. Die Sozialgerichte sollen weiter effektiv tätig sein und dabei gleichzeitig den besonderen Umständen, die (zB) mit der Corona-Pandemie einhergehen, gerecht werden. Durch die erleichterten Teilnahmebedingungen, können die allgemeinen Schutzmaßnahmen (Kontaktmeidung, Einschränkung der Reisetätigkeit etc.) umgesetzt und auch dem Bedürfnis der Verfahrensbeteiligten, sich nicht unnötig ins Risiko zu begeben (einige Behörden haben zB die Dienstreisetätigkeit ihrer Bediensteten auch zu Gerichtsverhandlungen untersagt oder zumindest erheblich eingeschränkt), nachgekommen werden.[2]

III. Bild- und Tonübertragung bei epidemischer Lage von nationaler Tragweite

Die Vorschrift gilt lediglich bei Vorliegen einer epidemischen Lage von nationaler Tragweite nach § 5 Abs. 1 Satz IfSG, wobei das Vorliegen einer solchen vom Bundestag ausgerufen und auch wieder beendet wird.[3] Aus diesem Grund macht die eingeführte Befristung wenig Sinn, da die Regelung angesichts der Koppelung an § 5 IfSG ihren Anwendungsbereich automatisch anpasst. 4

Abs. 1 und Abs. 2 der Regelung betreffen die ehrenamtlichen Richter. Diesen kann das Gericht gestatten, der mündlichen Verhandlung und der Beratung (bei mündlicher Verhandlung und bei Verhandlung ohne mündlicher Verhandlung nach § 124 Abs. 2) von einem anderen Ort bei Übertragung von Bild und Ton in den Sitzungssaal bzw. das Beratungszimmer (sog. Videokonferenz) teilzunehmen, **wenn ein (persönliches) Erscheinen aufgrund der epidemischen Lage unzumutbar** ist. Dem Gericht steht hier angesichts des klaren Wortlauts **Ermessen** zu; ein Antrag des ehrenamtlichen Richters ist nicht erforderlich, da die Entscheidung **von Amts** wegen ergeht, wird in der Praxis aber sicher vorausgehen. Voraussetzung, um in die Ermessensentscheidung eintreten zu können, ist, dass ein Erscheinen unzumutbar ist, was als unbestimmter Rechtsbegriff vom Gericht zuvor festzustellen ist. Zumutbar dürfte ein Erscheinen sein, wenn der ehrenamtliche Richter keiner Risikogruppe angehört und die nötigen Sicherheits- und Hygienemaßnahmen eingehalten werden. Die Übertragung wird nicht aufgezeichnet (Abs. 1 Satz 3). Die an der Abstimmung und Beratungen teilnehmenden haben durch geeignete und zu protokollierende Maßnahmen das Beratungsgeheimnis sicherzustellen (Abs. 2 Satz 2).

Abs. 3 regelt die Videokonferenz für Beteiligte, Bevollmächtigte und Beistände. Anders als bei Abs. 1 ist das Ermessen des Gerichts auf eine **„Soll-Entscheidung“** reduziert, auch die Frage der Zumutbarkeit stellt sich nicht. Da auch hier eine Entscheidung von Amts wegen zu treffen ist, führt **die Regelung faktisch dazu, dass – bei Vorhandensein der technischen Möglichkeiten[4] – immer – auch im Erörterungstermin (Abs. 3 Satz 2) eine Videokonferenz durchzuführen ist.**

2 Herbst in jurisPK-SGG, 1. Aufl. (Stand: 28.5.2020), § 211 SGG Rn. 9 f.
3 Herbst in jurisPK-SGG, 1. Aufl. (Stand: 28.5.2020), § 211 SGG Rn. 12.
4 BR-Drs. 245/20 (Beschluss), S. 3.

Unklar ist, ob die Regelung auch für Zeugen und Sachverständige gelten soll, oder nur für die Beteiligten bei Terminen, in denen Zeugen und Sachverständige vernommen werden (§ 106 Abs. 3 Nr. 4). Dem Gesetzgeber ist sicher angesichts der Gesamtumstände und allerorts herrschenden Panik nachzusehen, dass seine Regelungen nicht optimal sind, aber eine gewisse handwerkliche Sicherheit könnte man hier schon erwarten.

Sowohl bei der Entscheidung nach Abs. 1 wie auch nach Abs. 3 handelt es sich bei der Entscheidung des Gerichts hinsichtlich der Videokonferenz um einen Beschluss im Sinne einer **prozessleitenden Verfügung,** die für sich nicht anfechtbar ist (§ 172 Abs. 2 SGG). Gleichwohl kann bei fehlerhafter oder nicht erfolgter Beachtung der Soll-Vorschrift ein Verfahrensfehler (zB ggf. Verletzung rechtlichen Gehörs oder Begrenzung der Öffentlichkeit) vorliegen, der die Zulassung der Berufung durch das LSG bzw. die Zulassung der Revision durch das BSG erforderlich machen kann.[5]

§§ 212 bis 217 (gegenstandslos)

§ 218 (gegenstandslos)

§ 219 [Abweichungen der Länder]

Die Länder können Abweichungen von den Vorschriften des § 85 Abs. 2 Nr. 1 zulassen.

I. Allgemeines

1 **1. Entstehungsgeschichte.** § 219 wurde ursprünglich als sog Stadtstaatenklausel konzipiert. Die Vorschrift bestand bis zum 6. SGGÄndG vom 17.8.2001 (BGBl. 2001 I 2144) in der Fassung vom 3.9.1953. Seit der Änderung können nun alle Bundesländer eine andere als die nächsthöhere Behörde als Widerspruchsbehörde bestimmen.[1]

2 **2. Parallelvorschriften. § 185 VwGO** enthält eine ähnliche Regelung, allerdings auf die Stadtstaaten, Brandenburg und das Saarland beschränkt.

II. Kommentierung

3 Nach § 85 Abs. 2 Nr. 1 ist die Widerspruchsbehörde die nächsthöhere Behörde. Nach § 219 können die Bundesländer **hiervon abweichend** eine **andere Behörde zur Widerspruchsbehörde** bestimmen.

Soweit ersichtlich, haben hiervon bislang nur **Hamburg** in § 2 seines Ausführungsgesetzes sowie Rheinland-Pfalz in § 4 des Seinigen **Gebrauch gemacht.**

§§ 220 bis 223 (weggefallen)

5 Herbst in jurisPK-SGG, 1. Aufl. (Stand: 28.5.2020), § 211 SGG Rn. 36.
1 BT-Drs. 14/ 5943, 29 zu Nr. 71.

[§ 220 ab 1.1.2024:

§ 220 Übergangsregelung aus Anlass des Gesetzes zur Regelung des Sozialen Entschädigungsrechts

Für Personen, die Ansprüche nach dem Soldatenversorgungsgesetz in der Fassung der Bekanntmachung vom 16. September 2009 (BGBl. I S. 3054), das zuletzt durch Artikel 19 des Gesetzes vom 4. August 2019 (BGBl. I S. 1147) geändert worden ist, in Verbindung mit dem Bundesversorgungsgesetz in der Fassung der Bekanntmachung vom 22. Januar 1982 (BGBl. I S. 21), das zuletzt durch Artikel 1 der Verordnung vom 13. Juni 2019 (BGBl. I S. 793) geändert worden ist, geltend machen, gelten § 55 Absatz 1 Nummer 3 und § 109 Absatz 1 Satz 1 in der am 31. Dezember 2023 geltenden Fassung weiter.]

I. Entstehungsgeschichte

§ 220 wurde durch das Gesetz zur Regelung des Sozialen Entschädigungsrechts mit der Einführung des SGB XIV (BGBl. I 2019 2652) eingeführt und gilt ab dem 1.1.2024. 1

II. Normzweck Fortgeltung von §§ 55 und 109 in alter Fassung für Ansprüche nach dem Soldatenversorgungsgesetz

Die Vorschrift regelt im Rahmen einer Übergangsregelung, dass für Personen, 2 die Ansprüche nach dem Soldatenversorgungsgesetz geltend machen, § 55 Abs. 1 Nr. 3 und § 109 Abs. 1 Satz 1 SGG in der alten bis 31.12.2023 geltenden Fassung anzuwenden sind. Dies ist notwendig, da die Neuregelungen dieser beiden Vorschriften nun nicht mehr die Formulierungen „Versorgungsfall bzw. Versorgungsberechtigter“ enthalten, sondern lediglich „Schädigung bzw. Berechtigter nach (dem) SGB XIV“. Hierunter fällt der Antragsteller nach dem Soldatenversorgungsgesetz nicht, so dass er nach der neuen Regelung weder Feststellungklage erheben könnte, noch einen Arzt nach § 109 SGG benennen dürfte.

Stichwortverzeichnis

Fette Zahlen bezeichnen die Paragrafen, magere die Randnummern.